Kultur spiegel

des 20. Jahrhunderts – 1900 bis heute

Unipart-Verlag · Stuttgart

Dr. Ekkehard Böhm
Iris und Rolf Hellmut Foerster
Heinrich Goertz
Uta Gote
Dr. Theo Löbsack
Dr. Irmtraud Rippel-Manß
Margarete von Schwarzkopf
Rainer Wagner
Christoph Wetzel

Kultur spiegel

des 20. Jahrhunderts – 1900 bis heute

Inhalt

Vorwort

Einleitende Bildfolge

Die Erzeugung von Elektrizität wird um die Jahrhundertwende als die bedeutendste Errungenschaft des 19. Jahrhunderts eingeschätzt. Die Pariser Weltausstellung des Jahres 1900 demonstriert die Möglichkeiten, die sich durch diese Energiequelle eröffnen: Die gesamte Ausstellung wird mit Elektrizität betrieben. Die hierfür benötigten riesigen Generatoren sind – auch als spektakuläre Schauobjekte – im »Palast der Elektrizität« untergebracht. Die exotische Phantasiearchitektur verwandelt sich nachts durch fünftausend Lichter in ein Märchenschloß. Es wird durch ein Gefährt mit dem »Geist der Elektrizität« gekrönt, der farbige Flammen sprüht. Technik und Dekoration, Funktion und Pomp gehen eine für den Aufbruch ins 20. Jahrhundert kennzeichnende Verbindung ein.

Knapp 70 Jahre später kehrt – zumindest in der Galerie Schöne Aussicht in Kassel – das Thema Licht in einer kühlen Demonstration wieder. Der Blick in die Eingangshalle zeigt Exponate der 4. documenta (1968): Der Zementplattenweg des Amerikaners Carl Andre führt zu der flimmernden Montage Straße über Straßen von Peter Brüning, rechts das erleuchtete Glashaus Solstice von Robert Rauschenberg. Sprechen die einen Kritiker von Sterilität, die dem Kunst- und Kulturbetrieb Ende der sechziger Jahre insgesamt anhafte, so empfinden andere angesichts der »Zitate der Zivilisation« die Erleichterung, vom staunenden Bewundern befreit zu sein.

Der links wiedergegebene Blick über den Kleinen Schloßplatz in Stuttgart erfaßt Architektur und eine Skulptur, die durch mehr als hundert Jahre voneinander getrennt sind: eine zur Plakatsäule umfunktionierte Metallplastik von Otto Herbert Hajek im ästhetisch reizvollen Kontrast zum Dreieck eines klassizistischen Giebels. Kunst und (Stadt-)Kultur unserer Gegenwart besitzen – so das Thema der Aufnahme – ihren geschichtlichen »Hintergrund«. Gerade ein aufs jeweils Aktuelle eingestelltes »Kulturtagebuch« der vergangenen 84 Jahre kann und darf diese historische Perspektive nicht außer acht lassen.

Der Name dieses Buches ist Programm: Kultur spiegelt sich in diesem Buch, wobei diese Form nicht wortwörtlich zu nehmen ist, sondern in einem übertragenen Sinn: als die chronikalische Darstellung dessen, was sich von der Jahrhundertwende an bis heute kulturell ereignet hat. Es beginnt mit der Pariser Weltausstellung im Jahr 1900 und endet beim Waldsterben der achtziger Jahre. Gegliedert ist das Buch in Jahrzehnte und unterteilt in Kapitel, pro Jahr jeweils eines.

Daß selbst eine solche Chronik des Kulturgeschehens keine lückenlose Bestandsaufnahme bilden kann, bedarf keiner besonderen Begründung. Eine Auswahl mußte getroffen werden, und zwar so, daß sich ein möglichst umfassendes und repräsentatives Abbild des betreffenden Jahres ergibt.

In der Regel geht die Jahresdarstellung von der Architektur und der bildenden Kunst im engeren Sinne (Malerei, Grafik, Buchkunst, Skulptur) aus, gelangt über Notizen und Berichte zu Film und Theater zu den Themenbereichen Literatur und Musik und mündet in die Darstellung von Ereignissen in den Bereichen Naturwissenschaft, Technik und Medizin sowie soziokultureller Erscheinungen, sofern diese sich überhaupt von den genannten »Kernbereichen« trennen lassen.

Es liegt in der Natur der Sache, daß sich innerhalb der Jahreskapitel zahlreiche Berührungspunkte zwischen den einzelnen Themenbereichen ergeben. Und eben dies will das Kulturtagebuch: Es will Einsichten in kulturelle Zusammenhänge vermitteln, die nicht – oder zumindest nicht in erster Linie – durch eine thematische »Komposition« nahegelegt werden, sondern sich aus der Wiedergabe des jeweils unmittelbaren Zeitgeschehens ergeben. Das macht den Reiz dieses Buches aus.

Solche Zusammenhänge beschränken sich nicht nur auf Entsprechungen zwischen verschiedenen Ereignissen. Sie äußern sich auch in scheinbar unvereinbaren Gegensätzen. Daß in einem bestimmten Jahr der Rock 'n' Roll Journalisten und Pressefotografen ebenso beschäftigt wie Maler und Karikaturisten (Konrad Adenauer als dem westlichen Bündnis verschworener Rock-'n'-Roll-Tänzer beim »Bonner Karneval«), ist ein Beispiel für derartige Berührungspunkte.

Noch aufschlußreicher ist die zeitliche Nähe ganz unterschiedlicher Bearbeitungen von identischen Themen, das nämlich, was als »Gleichzeitigkeit des Ungleichzeitigen« bezeichnet werden kann: Eltern-

7

Vorwort

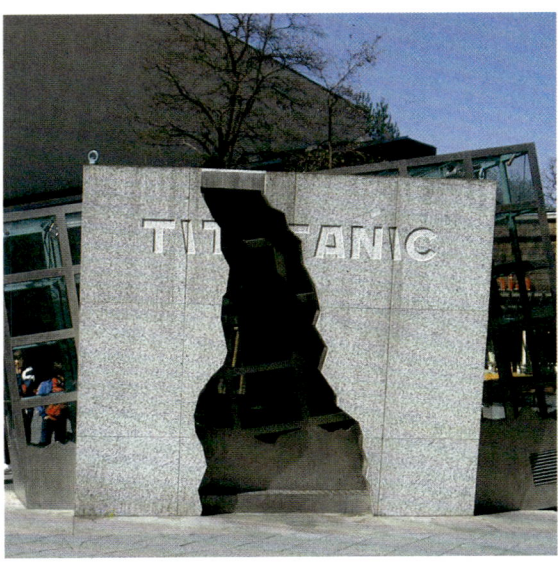

Architektur

Pavillon Titanic (1982, Büro Peter Stürzebächer) in West-Berlin, ein Beispiel für spielerische Katastrophen-Architektur der Gegenwart: »sprechende« Architektur im Sinne bewußter Widerspiegelung gesellschaftlicher Bewußtseinslagen.

Die Jahreskapitel setzen in der Regel mit Fragen an Erscheinungen im Bereich der Architektur ein, veranlaßt durch Architekturplanungen oder den Abschluß eines Bauvorhabens.

Gesellschaft

Punker – nicht ein So-sind-die!-Objekt, sondern ein Glied unserer Gesellschaft. Wie diese sich darbietet, ist ein Spiegel ihrer Kultur und daher letztlich Bezugspunkt aller Wort- und Bildbeiträge des »Kulturtagebuchs«.

Bildende Kunst

Stiftung Victor de Vasarély in Aix-en-Provence, eröffnet 1975. Malerei gewinnt durch farbliche und grafische Gestaltungsmittel, räumlich-plastische Wirkung und ist als Anstoß zu architektonischen Überlegungen, zu Gedanken über künstlerische Umweltgestaltung gedacht – die jüngsten Museumsbesucher dürfen sich ihre eigenen Gedanken machen. Die einzelnen Gattungen der bildenden Kunst, im weiteren und im engeren Sinne, sind jedenfalls vereinigt.

Die Kastentexte der Jahresübersichten »Bildende Kunst« nennen in alphabetischer Reihenfolge der Künstler Werke (Malerei, Grafik, Skulptur), die in diesem Jahr entstanden oder zum Abschluß gelangt sind; sie berichten ferner über Ausstellungen und über sonstige Kunst-Ereignisse.

Literatur

Gertrude Stein: a rose is a rose is a rose …; Teil einer Folge von 36 Schrifttafeln Josua Reicherts, abgeschlossen 1964 – eine Auftragsarbeit der Württembergischen Landesbibliothek.

Die Kastentexte der Jahresübersichten »Literatur« berichten in der alphabetischen Reihenfolge der Autoren über literarische Neuerscheinungen und über Ereignisse im Bereich der Literatur – die Dramatik ausgenommen (siehe Theater).

bildnisse des Realisten Otto Dix und des Surrealisten Max Ernst aus dem Jahr 1924; oder das Thema der spontanen malerischen Geste, von dem Actionpainter Georges Mathieu und von dem Popkünstler Roy Lichtenstein im Jahr 1965 gestaltet.

Jedes Jahreskapitel bildet gleichsam das Kabinett einer Ausstellung zum Thema »Kultur des 20. Jahrhunderts«. In diesen Kabinetten wird vielfältiges Beobachtungsmaterial angeboten. Es sind Notizen, Zitate, Berichte und Bilddokumente (Ansichten von Bauwerken zum Beispiel, Plakate, Gemälde, Karikaturen, Ereignisfotos und anderes mehr).

Die Reihung dieser »Kabinette« mit deren auf die Ereignisse eines Jahres bezogenen synchronen Darstellung hat noch einen weiteren Effekt: Die Beobachtung unmittelbar zeitlicher Zusammenhänge wandelt sich zur Beobachtung von Entwicklungen innerhalb bestimmter Teilbereiche. So gliedert sich die kulturgeschichtliche Gesamtdarstellung in eine Architekturgeschichte, in die Geschichte der bildenden Kunst, des Theaters, der Literatur, Musik, Naturwissenschaft und Technik.

Hierbei lassen sich thematische Einzellinien verfolgen: die Entwicklung des Wohnbaus, des Bildnisses in Malerei und Fotografie, der Luft- und Raumfahrt vom ersten Zeppelinstart im Jahr 1900 bis zu Funkbildern des Planeten Jupiter und seiner Monde, übermittelt durch die Raumsonden Voyager 1 und 2, die 1989 den Planeten Neptun erreichen sollen.

Die allererste Abbildung zeigt den Palast der Elektrizität auf der Pariser Weltausstellung 1900, eine Huldigung an das neue »Jahrhundert des Lichts«, das letzte Bild des Jahreskapitels 1983 eine kahle Bergkuppe im Oberharz, deren Bewaldung der Umweltbelastung unter anderem durch die Energiewirtschaft zum Opfer gefallen ist.

Breiten Raum nimmt die Geschichte des Films ein, also des Mediums, durch das kurz vor Beginn des 20. Jahrhunderts die Bilder »das Laufen lernten« und das in Gestalt von Fernsehen und Video eine kaum schon abzuschätzende Wirkungsbreite gewonnen hat. Daß aus diesem Bereich vergleichsweise mehr Abbildungen zu finden sind als aus den benachbarten Künsten des Sprech- und des Musiktheaters, korrespondiert mit der Tatsache, daß Filme in der Regel ein weitaus breiteres Publikum erreichen als Bühneninszenierungen. Die Orientierung des Films auf ein Massenpublikum bedeutet zugleich, daß er in stärkerem Maße als Sprech- und Musiktheater den politischen und gesellschaftlichen Zusammenhang und Rahmen des kulturellen Lebens verdeutlicht. Dies gilt für die Historienfilme aus scheinbar ruhmreicher preußischer Vergangenheit, wie sie in Deutschland bis unmittelbar vor dem Zusammenbruch des Faschismus gedreht worden sind; dies gilt ebenso für den deutschen Heimatfilm der fünfziger Jahre oder für den amerikanischen Katastrophenfilm der siebziger Jahre.

Vorwort

Theater

Jedermann. Das Spiel vom Sterben des Reichen Mannes, erneuert *von Hugo von Hofmannsthal; Uraufführung 1911 in Berlin. Szenenfoto (Salzburger Festspiele 1976) mit Curd Jürgens in der Titelrolle und Kurt Heintel als Mammon.*
Die Kastentexte der Jahresübersichten »Theater« berichten in der alphabetischen Reihenfolge der Autoren über Theaterpremieren sowie über Ereignisse aus der Welt des Sprechtheaters.

Film (und Fernsehen)

Der Regisseur Alfred Hitchcock 1966 bei den Dreharbeiten zu dem Spionagefilm (Schauplatz: DDR) Torn Curtain (Der zerrissene Vorhang), mit Julie Andrews und Paul Newman in den Hauptrollen.
Die Kastentexte der Jahresübersichten »Film« berichten in der alphabetischen Reihenfolge der Regisseure über Filmpremieren sowie über Ereignisse aus der Welt des Films.

Musik

Herbert von Karajan und der sowjetische Cellist Mstislaw Leopoldowitsch Rostropowitsch 1968 bei einer Schallplattenaufnahme (Dvořák, Cellokonzert; Tschaikowski, Rokoko-Variationen) in der Jesus-Christus-Kirche in West-Berlin.
Die Kastentexte der Jahresübersichten »Musik« berichten in der alphabetischen Reihenfolge der Komponisten über Opern-, Operetten-, Ballett-, Musicalpremieren und Uraufführungen konzertanter Musik, über Beginn oder Abschluß von Kompositionen sowie über sonstige Ereignisse des Musiklebens.

Naturwissenschaft, Technik, Medizin

Mondjeep (Lunar Roving Vehicle) und Astronaut von Apollo 16 auf dem Mond, April 1972; es ist das fünfte erfolgreiche Mondlandeunternehmen des 1960 bekanntgegebenen Apollo-Programms der NASA.
Die Kastentexte der Jahresübersichten berichten über Veröffentlichungen, Entdeckungen und sonstige Ereignisse aus den Bereichen Naturwissenschaft, Technik und Medizin.

Der Kulturspiegel hilft ferner beim Aufspüren zeitlich verschobener Wirkungszusammenhänge, etwa zwischen Wissenschaft und Kunst, Politik und Literatur, Technik und Musik. Sigmund Freuds Psychoanalyse zum Beispiel kommt Jahre nach ihrer wissenschaftlichen Erarbeitung im Surrealismus zur Geltung; die elektronische Musik stützt sich auf technische Entwicklungen.

Informationen über Gegenstände und Zeitabläufe sind interessant und wichtig. Noch interessanter freilich ist es, den Werdegang verschiedener Künstler an markanten Punkten ihres Schaffens zu verfolgen. Dies erhöht den Nutzwert des Buches beträchtlich. So treten – um nur zwei Beispiele aus dem Bereich der Architektur zu nennen – neben Le Corbusier zwei weitere Vertreter modernen Bauens in den Vordergrund. Arbeiten aus verschiedenen Phasen ihres Schaffens werden abgebildet: von Ludwig Mies van der Rohe der Entwurf eines Glashochhauses vom Beginn, der richtungsweisende Barcelona-Pavillon vom Ende der zwanziger Jahre, seine Apartmenthochhäuser in Chicago aus dem Jahr 1951 und die 1968 eröffnete Neue Nationalgalerie in West-Berlin; von Hans Scharoun dessen Beitrag zur Stuttgarter Weißenhof-Siedlung (1927) und seine beiden West-Berliner Bauten Neue Philharmonie und Staatsbibliothek Preußischer Kulturbesitz (letztere postum 1978 vollendet). Als Exponat der Ausstellung »Der Hang zum Gesamtkunstwerk« (1983) ist

Scharouns Aquarell *Der Volkshausgedanke* wiedergegeben.

Die Integration dieses Aquarells nicht zum Zeitpunkt seiner Entstehung, sondern als Illustration des Kurzberichts über die genannte Ausstellung entspricht einer weiteren Intention des Kulturspiegels, der Betonung der Wirkungsgeschichte innerhalb des 20. Jahrhunderts nämlich. In immer rascherer Folge wird die jeweils jüngste Vergangenheit »wiederentdeckt«, sei es in Gestalt nostalgischer Rückwendung, sei es als engagiertes Bemühen, verschüttete progressive Traditionen ins Bewußtsein zu heben oder dem Vorwurf mangelnden Geschichtsbewußtseins die Aufarbeitung der Vergangenheit entgegenzusetzen.

Als exemplarische wirkungsgeschichtliche Entwicklung verfolgt der Kulturspiegel das Thema Richard Wagner. Es setzt im Jahr 1900 mit dem Rollenfoto eines Wagner-Sängers ein und reicht bis zur Gesamtkunstwerk-Ausstellung im Richard-Wagner-Jahr 1983.

Offene Vielfalt der Dokumentation, die Auswahl und Zuordnung der Themen lassen dem Leser die Freiheit, eigene Fragen zu stellen, aus eigenem Blickwinkel zu beobachten, eigene Wege durch die Kulturlandschaft des 20. Jahrhunderts zu suchen. Zu wünschen ist, daß er etwas von den befreienden Kräften spürt, die im geistigen und materiellen Kulturleben unseres 20. Jahrhunderts enthalten sind.

Henri Rousseau
Die Muse inspiriert den Dichter
1909

Käthe Kollwitz
Die Gefangenen
1908

Eduard Thöny
Vor dem Reichstagsgebäude
1906

Formen des Realismus

Henri Rousseaus Allegorie Die Muse inspiriert den Dichter *zeigt die Malerin Marie Laurencin und den Schriftsteller Guilleaum Apollinaire, der als Kunstkritiker die künstlerischen Revolutionen des Fauvismus, des Kubismus und des Orphismus interpretierend begleitet und schließlich den Surrealismus vorbereitet. Wie kommt es, daß er einem Maler Modell steht, der doch so »ungeschickt« und »unmodern« zu Werke geht?*

Aus Apollinaires Sicht (und vor allem aus der Sicht seines Freundes Pablo Picasso) besitzt Rousseaus Malerei die Ausdruckskraft der ganz persönlichen Wahrnehmung und Gestaltung. Durch sie unterscheiden sich sämtliche künstlerischen Neuerungen des ausgehenden 19. und beginnenden 20. Jahrhunderts gemeinsam vom Akademismus und der Salonmalerei, die nach wie vor dominieren.

Der ehemalige Zolleinnehmer und Autodidakt Rousseau betrachtet sich in diesem Sinne als einen Realisten, ja sogar als auf dem »Weg, einer unserer besten realistischen Maler zu werden« (Selbstcharakterisierung im Katalog zur Ausstellung im Pariser »Salon der Unabhängigen« 1895).

Unterscheidet sich Rousseaus Gemälde durch seine »Naivität« von professionellen, austauschbaren Dichterbildnissen, so steht die Radierung Die Gefangenen *von Käthe Kollwitz in Opposition zur gängigen Historienmalerei. Das Blatt stammt aus der Folge* Der Bauernkrieg. *Die Gestaltung des historischen Themas gewinnt ihren Realismus durch den Verzicht auf historisierendes Beiwerk und wird zur sozialen Anklage.*

Demgegenüber verwendet der »Simplicissimus«-Mitarbeiter und einzigartige Militär-Karikaturist Eduard Thöny den Realismus der Detailgenauigkeit in Gestik und Mimik, um die letztlich entscheidende Aussage der Bildunterschrift auf optimale Weise zu unterstützen. Sie lautet bei der Karikatur Vor dem Reichstagsgebäude: »Warum macht man die Stänkerbude überhaupt nicht ganz zu? Wäre doch'n tadelloses Lokal für'n neues Hohenzollernmuseum.«

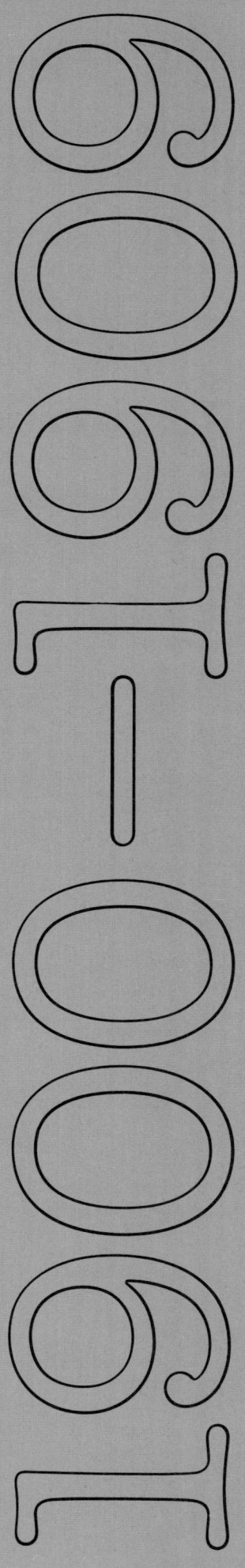

Daß mit dem 1. Januar 1900 das neue Jahrhundert begonnen hat, zieht zumindest ein gewisser Leutnant von Versewitz in Zweifel: »Wünschen von mir, / daß äuß're mich / Ueber neues Jahrhundert? / Wunsch ja berechtigt, sicherlich, / Zeitpunkt nur mich verwundert.« Die Begründung: »… Paßt mir nun mal nich, für 100 Mark / 99 zu kriegen!«
In seinem von der Zeitschrift »Jugend« veröffentlichten *Lyrischen Tagebuch* hat von Versewitz auch eine Erklärung für den aus seiner Sicht vorschnellen Abschied vom 19. Jahrhundert bereit: Das »Publikum«, so mutmaßt er, »Wünscht eben nur um Jahrhundert 'rum / Schnellstens in's neue zu kommen! // Hofft davon alles mögliche Heil, / Jänzliche Wandlung auf Erden! / Nich meine Meinung. Jejentheil! / Jar nich viel anders werden!«
Die düstern Aussichten des Leutnants: »Jlaube auch nich, daß Krieg in Sicht. / Halte das – leider! – für Märchen: / Jallier Buckel zu voll jekricht – / Reicht noch für etliche Jährchen! // Möglich, ›soziale Frage‹ bald / Brenzlich mal werden könnte! / Kerle dann einfach niederjeknallt – / Handumdrehn Chose zu Ende. // Judenfrage – stark kompliziert – / Lieber auf Aeuß'rung verzichten – – / Unsereins kaum dabei intressirt, / Höchstens in Wechseljeschichten. // Wissenschaft, Künste – spreche nich jern / Möchte Civil überlassen. / Aergert uns auch, wenn sich die Herrn / Unsern Affairen befassen.«
Die satirischen Verse, eine fingierte Selbstenthüllung der preußischen Offizierskaste, ist beispielhaft für die treffsichere Kritik, die sich in Deutschland um die Jahrhundertwende in vielerlei Gestalt Ausdruck verschafft. Sie reicht vom Kabarett über satirische Zeitschriften wie den »Simplicissimus« und die Feuilletons eines Alfred Kerr und Karl Kraus bis zur Wandervogel-Bewegung und dem Expressionismus der »Brücke«-Künstler und deren radikaler Abkehr von konventionellen Gestaltungsformen. Die Auflehnung gegen Plüsch und Pomp, selbstgefällige Ignoranz, Muff und Verlogenheit verbindet sich mit Zukunftsoptimismus. So bekennt der Schriftsteller Ernst von Wolzogen, der 1901 in Berlin mit seinem »Bunten Theater« bzw. »Überbrettl« das erste deutsche Kabarett gründet, zum Jahrhundertbeginn in der Zeitschrift »Das literarische Echo«: »Ich wüßte mir keine amüsantere Zeit zum Leben als unsere Gegenwart. Wir haben immer Wind in unseren Segeln für alle Schifflein, die wir schwimmen lassen, und aller dieser Schifflein Fahrt geht in einem berauschenden Tempo vonstatten. Was tut's, wenn wir manchmal dabei von Atem kommen, wenn empfindliche Mägen sich bisweilen umkehren, wenn im allgemeinen die Nerven schärfer hergenommen werden als je zuvor; es ist jedoch ohne Zweifel besser so, als in paradiesischer Sattheit und Wunschlosigkeit geistig zu verstumpfen und körperlich zu verfetten. Gönnen wir das Paradies den müder Gewordenen und den geborenen Philistern und erhalten wir Lebendigen und rüstig Schaffenden uns die tolle Fahrt!«
In der deutschen Politik herrscht eine ähnliche Stimmung, nur sind die Ziele vollkommen andere. Vier Jahre vor der Jahrhundertwende erklärte der deutsche Kaiser Wilhelm II. in einer Rede im königlichen Schloß in Berlin: »Aus Deutschland ist ein Weltreich geworden. Überall in fernen Teilen der Erde wohnen Tausende unserer Landsleute … An Sie, meine Herren, tritt die ernste Pflicht heran, mir zu helfen, dieses größere deutsche Reich auch fest an unser heimisches anzugliedern.« Die Worte sind ernst gemeint und werden in reale Politik umgesetzt: Deutschland ist auf dem Weg, sich ein Kolonialreich zu schaffen und mitzusprechen bei der Aufteilung der Welt. 1898 ermöglicht ein neues Gesetz den schnellen Aufbau der Flotte, ein Jahr später wird die Vergrößerung des Landheeres beschlossen, die Rüstungsausgaben steigen in kurzer Zeit um das Doppelte. Als nationales Ziel imperialistischer Politik formuliert der liberale Reichstagsabgeordnete Hans Delbrück: »Wir wollen eine Weltmacht werden und Kolonialpolitik treiben in großem Stil. Das steht fest. Hier gibt es keinen Schritt zurück. Die ganze Zukunft unseres Volkes unter den großen Nationen hängt davon ab.«
Aufgerufen wird zu einer großen Volksgemeinschaft, die rückhaltlos die Politik des Kaisers unterstützen soll. Nach der Aufhebung der Sozialistengesetze ist innenpolitisch eine relative Stabilisierung des Deutschen Reiches eingetreten, die eine stärkere Konzentrierung auf eine expansive Außenpolitik ermöglicht. Der Volkswirtschaftler Werner Sombart charakterisiert 1903 den Umschwung mit den Worten: »Die Politik ist in unseren Tagen ein entartetes Gewerbe; die Besten haben ihr längst den Rücken gekehrt; allgemein breitet sich das Gefühl aus, daß das Politisieren fürs leibhaftige Geschehen nahezu belanglos sei.«
Bei der Einweihung der Siegesallee in Berlin (1901) formuliert Wilhelm II. seine Erwartungen an das künstlerische Schaffen: »Wenn nun die Kunst, wie es

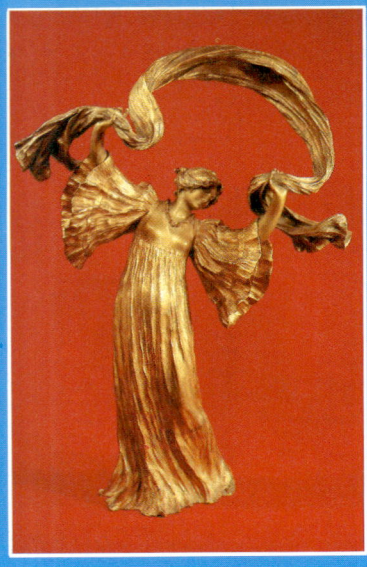  

Agathon Leonard
**Tanzendes Mädchen
mit Schärpe,** um 1900

Henkel & Co.
Persil-Werbung

Olaf Gulbransson
**Otto Brahm und
Gerhart Hauptmann,** 1909

Wilhelm Schulz
Illustrationen in einer deutschen
Ausgabe von Selma Lagerlöfs
**Wunderbare Reise des kleinen
Nils Holgersson mit den
Wildgänsen,** München 1909

Alexander Graham Bell
Telefon-Tischapparat, um 1900

Westermanns Monatshefte
Abdruck eines Farbfotos, 1904

jetzt viel geschieht, weiter nichts tut, als das Elend noch scheußlicher hinzustellen, wie es schon ist, dann versündigt sie sich damit am deutschen Volke. Die Pflege der Ideale ist zugleich die größte Kulturarbeit, und wenn wir hierin den andern Völkern ein Muster sein und bleiben wollen, so muß das ganze Volk daran mitarbeiten, und soll die Kultur ihre Aufgaben voll erfüllen, dann muß sie bis in die untersten Schichten des Volkes hindurchgedrungen sein. Das kann sie nur, wenn die Kunst die Hand dazu bietet, wenn sie erhebt, statt daß sie in den Rinnstein niedersteigt.«
Es hat jedoch nichts mit dieser obrigkeitlichen Attacke zu tun, daß der Naturalismus in Deutschland wie insgesamt in Europa an Bedeutung verliert. Zu seinen letzten Höhepunkten ist Maxim Gorkis Drama *Nachtasyl* zu rechnen, das 1902 im Moskauer Künstlertheater uraufgeführt wird und im folgenden Jahr zur deutschen Erstaufführung gelangt.
Als Gegenströmungen treten, im späten 19. Jahrhundert wurzelnd, in der Literatur der Symbolismus, die Neuklassik, die Neuromantik und die Décadence in Erscheinung. Die Lyrik wird zur repräsentativen literarischen Gattung: 1900 veröffentlicht Stefan George, zu dessen Kreis in dieser Zeit Hugo von Hofmannsthal gehört, seine Sammlung *Der Teppich des Lebens und die Lieder von Traum und Tod.* Nicht soziales Elend, sondern das rätselhaft gewordene Ich bilden für die neue Avantgarde die Herausforderung.
Als programmatisches Werk des in allen diesen Strömungen wirksamen Ästhetizismus erscheint 1902 Heinrich Manns Romantrilogie *Die Göttinnen oder Die drei Romane der Herzogin von Assy.* Die Hauptfigur Violante durchlebt drei Metamorphosen einer Lebenshaltung, bei der sich alles Handeln in ein Rollenspiel auflöst. Unter den allegorischen Vorzeichen der Göttinnen Diana, Minerva und Venus kämpft Violante für die Freiheit eines unterdrückten Volkes, verschreibt sie sich der Kunst und sucht sie Erfüllung in ekstatischem Liebesrausch. Doch keines der Ideale Freiheit, Schönheit und Liebe ist in der Wirklichkeit verankert. Vor allem der mittlere Teil, in dem der Renaissance-Kult der Jahrhundertwende mit unerbittlicher Schärfe bloßgestellt wird, verdeutlicht, daß Heinrich Mann bei aller subjektiven Bindung an das Thema seines Romans zugleich ein kulturkritisches Panorama im Sinn hat, das unter anderem den Einfluß Friedrich Nietzsches zeigt.

Von ähnlicher symptomatischer Bedeutung ist ein Werk, das sich mit den psychoanalytischen Forschungen Sigmund Freuds berührt. Der Maler, Grafiker und Schriftsteller Alfred Kubin veröffentlicht 1909 seinen mit 52 eigenen Illustrationen ausgestatteten Roman *Die andere Seite,* eines der großen Werke der phantastischen Literatur. Sein Schauplatz ist ein mit äußerster Präzision geschildertes Traumreich im Inneren Asiens. Die Häuser seiner Hauptstadt stammen aus Europa; sie wurden nach Perle versetzt, nachdem sie zum Schauplatz eines Mordes oder eines sonstigen Verbrechens geworden waren. Herrscher in diesem Traumreich ist ein in ständiger Verwandlung allgegenwärtiges Wesen, das auch die Gestalt seines Gegenspielers annehmen kann und letztlich zwei Grundkräfte verkörpert: den Lebenswillen und dessen »andere Seite«, die Todessehnsucht. Das Traumreich geht unter in einem Strom von »Schmutz, Abfall, geronnenem Blut, Gedärmen, Tier- und Menschenkadavern«. Wie kaum ein anderer Künstler ahnt und gestaltet Kubin die Schrecken, die hinter der glänzenden Fassade der »Belle époque« lauern.
Daß der Naturalismus auf den deutschen Bühnen heimisch wurde, ist nicht zuletzt das Verdienst Otto Brahms, der in Berlin von 1894 bis 1905 das Deutsche Theater, danach bis zu seinem Tod 1912 das Lessing-Theater leitet. In dem Maße aber, in dem der Naturalismus aufgrund seiner »platten« materialistischen Grundhaltung als überlebt erscheint, verliert auch die Brahmsche Musterbühne ihre Ausstrahlungskraft. Aus ihrem Ensemble geht Max Reinhardt hervor, der nach 1905 zu einer zentralen Gestalt des deutschen Theaterlebens wird.
Neben zeitgenössischen Dramatikern wie Frank Wedekind oder George Bernard Shaw sind es vor allem die Klassiker des Welttheaters – allen voran William Shakespeare –, mit deren Werken sich Reinhardt als Regisseur auseinandersetzt. »All sein Bemühen geht darauf aus«, so erkennt ein Kritiker, »ins Innere der Bühnendichtung zu dringen, aus ihr selbst die ihr eingeborene Stimmung, die heimliche Melodie zu erlösen und durch die Gestaltung der Szene in allem, was dazu gehört, in Aufbau, Dekoration, Kostümen, Requisiten, vor allem aber in der Ausnutzung des Lichts und, wenn es sein kann, durch Zuhilfenahme der Musik, möglichst genau diejenige seelische Resonanz in uns hervorzurufen, die das Werk erst zu vollem Leben erweckt.« Ein verzauberungssüchtiges Publikum nennt Reinhardt

Erbschaften des 19. Jahrhunderts

Sanfte Bewegungs-Seligkeit ist ein Wesenselement des Jugendstils. Agathon Leonards Bronzestatuette läßt die Verliebtheit in die Biegsamkeit des Körpers und in das Fließen und Wallen von Gewändern und Tüchern geradezu sinnlich nachempfinden. Kunst und Künstlichkeit liegen hierbei dicht nebeneinander. Vor allem aber ist der Alltag ausgeblendet.
Dem Jugendstil entspricht das Streben nach exklusiver Eleganz – kein Motiv für die Persil-Werbung, obwohl sie ein »selbsttätiges Waschmittel« anzupreisen hat. Als Werbemotiv reichen bürgerliche Sauberkeit und Ordnung aus, vorgeführt durch das Musterexemplar eines Hausmädchens.
Die »Simplicissimus«-Karikatur des Norwegers Olaf Gulbransson bezieht sich auf den Mißerfolg Gerhart Hauptmanns mit seinem Lustspiel Griselda, das am 6. März 1909 am Berliner Lessing-Theater uraufgeführt worden ist. Hausherr Otto Brahm malt seinem Autor, vor Jahren der Hauptvertreter des Naturalismus in Deutschland, eine weitere Sorgenfalte auf die hohe Dichterstirn. Mit Griselda hat Hauptmann versucht, einen schon von Giovanni Boccaccio bearbeiteten Stoff neu und doch im historischen Gewand auf die Bühne bringen.
Unerwartet erfolgreich ist Selma Lagerlöfs als Lesebuch für den Heimatkundeunterricht verfaßte Nils-Holgersson-Geschichte, deren Erstausgabe 1906/07 in Stockholm erschienen ist. Zu der Tierfabel wurde Selma Lagerlöf durch die Jungle Books (1894/95) von Rudyard Kipling angeregt. 1909 erhält die schwedische Erzählerin als erste (und bis 1938 einzige) Frau den Nobelpreis für Literatur.
Zu den schon im 19. Jahrhundert entwickelten modernen Errungenschaften gehört das 1876 patentierte Fernsprechgerät des Amerikaners Alexander Graham Bell. Möglicherweise eine Weltpremiere bildet der erste Abdruck eines Farbfotos im Jahr 1904; die Wiedergabe der mit Gegenlicht impressionistisch gestalteten Windmühlen-Aufnahme befindet sich im April-Heft von »Westermanns Monatsheften«.

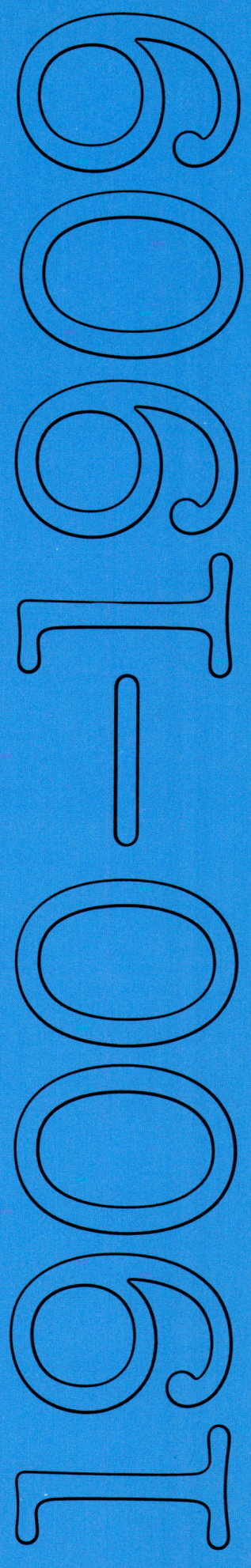

den »großen Zauberer des Theaters«. Als vergleichbar erscheint allenfalls Konstantin Sergejewitsch Stanislawski, der Gründer des Moskauer Künstlertheaters (1898); in seiner Bühnenkunst erkennt der oben zitierte Friedrich Düsel 1906 anläßlich einer Europatournee des Künstlertheaters »den Gipfel dessen, was eine mitschaffende Regie für ein Bühnenwerk leisten kann«.

Ebenso vielfältig wie die literarischen sind die Strömungen im Bereich der bildenden Kunst. Der Impressionismus, in Frankreich schon vor drei Jahrzehnten in der Malerei zur Entfaltung gelangt (aber jetzt erst durch Claude Debussy musikalisch aufgegriffen), wird in Deutschland von Max Liebermann, Max Slevogt und Lovis Corinth auf jeweils eigene Weise fortentwickelt.

Der Symbolismus findet in Ferdinand Hodler einen ebenso eigenwilligen wie umstrittenen Repräsentanten. Seine Gestalten wecken bei einem Rezensenten der zweiten Berliner Ausstellung des Deutschen Künstlerbundes (1906) den Eindruck, daß sie »mit seltsam verrenkten Gliedern und affektierten Gebärden einherschreitend etwas Unbegreifliches zu suchen scheinen. Auf den ersten Blick wirken sie wie tolle Karikaturen, und doch kann man nicht über sie lachen. Sie haben etwas Unheimliches.« Mehr Verständnis findet die Jugendstil-Malerei Gustav Klimts, die »gefangennimmt wie der Duft seltener Parfüms«, während der Maler, Grafiker und Bildhauer Max Klinger »schon heute dem kostbarsten Kunstbesitz unseres Volkes, zum Teil sicherlich dem der Kulturwelt zugerechnet werden« muß.

Im Vorjahr hat in Paris eine um Henri Matisse gescharte Malergruppe durch Gemälde mit ungewohnter Kontrastwirkung der Farben und völligem Verzicht auf Modellierung Empörung erregt. Ihren Spottnamen »Fauves« greift Franz Marc auf, als er 1912 im Almanach »Der Blaue Reiter« unter der Überschrift Die »Wilden« Deutschlands die jüngste Entwicklung rekapituliert: »In unserer Epoche des großen Kampfes um die neue Kunst streiten wir als ›Wilde‹, nicht Organisierte gegen eine alte, organisierte Macht. Der Kampf scheint ungleich; aber in geistigen Dingen siegt nie die Zahl, sondern die Stärke der Ideen.«

Zu den »Wilden« in Deutschland zählt Marc die 1905 in Dresden von Ernst Ludwig Kirchner, Erich Heckel, Karl Schmidt-Rottluff und Fritz Bleyl gegründete Künstlervereinigung »Brücke« und die 1909 von Wassily Kandinsky gegründete »Neue Künstlerver-

einigung München«. Unmöglich ist es, so Marc, »die letzten Werke dieser ›Wilden‹ aus einer formalen Entwicklung und Umdeutung des Impressionismus heraus erklären zu wollen ... Die schönsten prismatischen Farben und der berühmte Kubismus sind als Ziele diesen ›Wilden‹ bedeutungslos geworden. Ihr Denken hat ein anderes Ziel: Durch ihre Arbeit ihrer Zeit Symbole zu schaffen, die auf die Altäre der kommenden geistigen Religion gehören und hinter denen der technische Erzeuger verschwindet.«

Mit dieser Bemerkung hebt Marc einen Wesenszug der »Brücke«-Malerei hervor. Sie ist von der leidenschaftlichen Suche nach ursprünglicher Ausdruckskraft von Form und Farbe geprägt, wobei die Werke der ersten Jahre tatsächlich keine individuelle »Handschrift« aufweisen, sondern die einzelnen »technischen Erzeuger« hinter dem gemeinsamen Anliegen zurücktreten. Solche »Anonymität« kennzeichnet die Kunst der Südseevölker und die Negerplastik, die den »Brücke«-Künstlern unter anderem als Vorbilder dienen.

Afrikanische Skulpturen stehen auch Pate, als Pablo Picasso mit seinem 1907 vollendeten Gemälde Les Demoiselles d'Avignon den (von Marc nicht ohne Ironie als »berühmt« bezeichneten) Kubismus einleitet, an dessen systematischer Ausarbeitung vor allem Georges Braque beteiligt ist. Mit der kubistischen Auflösung der perspektivischen Einheit von Körper und Raum, die weit über eine expressive Steigerung der Form hinausreicht, stellen Picasso und Braque die bildende Kunst auf eine neue Grundlage. Die schöpferische, freie Nachahmung vorgegebener Formen und Farben wird erst jetzt zur radikalen Neuschöpfung. Hierbei bleiben Picasso und Braque stets »gegenständlich«, während Kandinsky auf dem Weg der Abstraktion zur Verselbständigung von Form und Farbe und damit zum »gegenstandslosen« Bild gelangt. Es sind dies Entwicklungen, die in den ersten Jahren des 20. Jahrhunderts einsetzen und in der zweiten Dekade zur Wirkung kommen.

Eine neue avantgardistische Richtung zeichnet sich um 1905 auch in Architektur und Formgebung ab. Durch die Abkehr vom ornamentalen, vegetativwuchernden Jugendstil gewinnt eine auf Sachlichkeit und Einfachheit gerichtete Architektur an Boden. Schrittmacher für diese Entwicklung sind Architekten wie Peter Behrens und Hermann Muthesius. Letzterer erklärt im Hinblick auf Bauaufgaben

Frank Lloyd Wright
Unity Church in Oak Park
(Innenansicht) 1905–1907

Otto Wagner
Kirche am Steinhof in Wien
(Innenansicht) 1904–1907

Jugendstil-Zierleiste in einer Villa in Berlin-Steglitz
um 1900

Bahnhof Friedrichstraße, Berlin
kolorierte Postkarte, um 1900

Hinterhof in Berlin-Moabit
um 1900

wie Bahnhöfe, Ausstellungshallen oder Fabrikgebäude: »In der Tat sehen wir gerade hier wirklich neuzeitliche Gedanken und neue Gestaltungsgrundsätze verkörpert, die uns zu denken geben müssen. Wir bemerken eine strenge, man möchte sagen, wissenschaftliche Sachlichkeit, eine Enthaltung von allen äußeren Schmuckformen, eine Gestaltung genau nach dem Zweck, dem das Werk dienen soll.« Nach diesen Grundsätzen entwirft Behrens 1909 die Turbinen-Montagehalle der AEG in Berlin. Die neue Einfachheit wird auch auf Gegenstände des täglichen Gebrauchs übertragen. 1907 gründen aufgeschlossene Architekten, Künstler, Schriftsteller und Fabrikanten den »Deutschen Werkbund« als eine »Auslese der besten in Kunst, Industrie, Handwerk und Handel tätigen Kräfte«. Zu seinem Programm gehört die Forderung: »Nicht nur ausgezeichnete, solide Werkarbeit und die Verwendung tadelloser, echter Materialien, sondern auch die mit diesen Mitteln durchgeführte organische Idee der sachlichen, edlen oder, wenn Sie wollen, künstlerischen Gestaltung.« Sehr bald setzt allerdings die Auseinandersetzung ein, ob dem meisterlich handgearbeiteten Einzelstück der Vorrang zu geben sei, oder ob nicht alles dafür getan werden müsse, um maschinengefertigte Gegenstände mit den ästhetischen Ansprüchen in Einklang zu bringen. Eine ebenso zeitgemäße Herausforderung wie diese Auseinandersetzung mit dem Verhältnis zwischen Architektur und künstlerischer Produktgestaltung einerseits und der Technik bzw. Industrie andererseits bildet angesichts wuchernder Großstädte, die Stadtplanung.

In gesetzgeberischer Hinsicht gehen die Niederlande voran: Das 1902 verabschiedete Wohnungsgesetz verpflichtet die Gemeinden zu Bauverordnungen, fördert den Genossenschaftsbau und sieht Enteignungsmaßnahmen vor. 1909 veröffentlichen die Architekten Daniel H. Burnham und Edward H. Bennett ihren Gesamtplan für den Ausbau von Chicago, einer Millionenstadt, in der 1885/86 das erste Hochhaus in Skelettbauweise errichtet worden ist. Der Plan ist ein frühes Dokument der sogenannten City-Beautiful-Bewegung. Ihr steht in Großbritannien und Deutschland die Gartenstadt-Bewegung gegenüber, ausgehend von den 1898 veröffentlichten planerischen und sozialreformerischen Ideen Ebenezer Howards. 1902 bildet sich die Deutsche Gartenstadtgesellschaft. 1903 wird als erste derartige Ansiedlung, die mit Grünanlagen durch-

setzt ist und sowohl aus Wohn- als auch aus Arbeitsstätten besteht, Letchworth in der Grafschaft Hertfordshire gegründet. 1909 folgt die Gründung der Gartenstadt Dresden-Hellerau. Hier ist Heinrich Tessenow tätig, unter anderem als Architekt der Bildungsanstalt für rhythmische Gymnastik.

Durch die erste Nobelpreisverleihung im Jahr 1901 eröffnet sich die Perspektive einer internationalen kulturellen, wissenschaftlichen und gesellschaftlichen Gemeinschaft. Die ersten Preisträger sind der Franzose Sully Prudhomme (Literatur), der Niederländer Jacobus Henricus van't Hoff (Chemie), die Deutschen Wilhelm Conrad Röntgen (Physik) und Emil von Behring (Medizin) sowie der Schweizer Henri Dunant und der Franzose Frédéric Passy für ihre Verdienste um die Erhaltung des Friedens. (Die bis 1905 bestehende Personalunion zwischen Schweden und Norwegen wirkt bis heute in der Tatsache nach, daß der Friedensnobelpreis in Oslo, die übrigen Preise in Stockholm überreicht werden.) Mit Marie Curie wird 1903 (gemeinsam mit ihrem Mann Pierre und ihrem Lehrer Antoine Henri Becquerel) eine Wissenschaftlerin auf dem Gebiet der Physik ausgezeichnet, in dem zu Beginn des Jahrhunderts einschneidende Erkenntnisse entwickelt werden: die Quantentheorie von Max Planck, die spezielle Relativitätstheorie von Albert Einstein.

In den Bereichen Verkehr und Kommunikation lassen die rasch über das experimentelle Anfangsstadium hinausgelangte »Benzinkutsche«, der Beginn der Luftfahrt und der drahtlosen Telegraphie sowie die Ausbreitung des Films als neues Unterhaltungsmedium die Umwälzungen erahnen, die von der Technik ausgelöst werden. Sie finden am Ende der Dekade in dem italienischen Schriftsteller Filippo Tommaso Marinetti ihren wortgewaltigen Interpreten. Sein 1909 in Paris veröffentlichtes *Manifeste du futurisme* proklamiert, »daß der Glanz der Welt um eine neue Schönheit reicher geworden ist, um die Schönheit der Geschwindigkeit. Ein Rennautomobil … ein aufheulendes Auto, das auf Kartätschen zu laufen scheint, ist schöner als die Nike von Samothrake«. Der eingangs zitierte Leutnant von Versewitz hatte sich 1900 noch mit der Lebensweisheit getröstet: »Echter Fortschritt marschiert nicht schnell! / Alles Hasten ihm peinlich. / Daß nächstens Mäntel wieder hell – / Find sehr unwahrscheinlich!« Und: »Alles in Allem – nich hoffnungslos / Zukunft entgegenschauen. / Festhalten an Parole blos: / Jugend, Armee un – Frauen!«

Bauaufgaben

Die beiden Sakralbauten des Amerikaners Frank Lloyd Wright und des Österreichers Otto Wagner führen die Umbruchsituation in der Baukunst um die Jahrhundertwende vor Augen. Das Ziel der nach neuen Lösungen suchenden Architekten ist die Loslösung von überkommenen Stilformen, wobei neue Baumaterialien und -techniken zugleich Anstoß und Hilfe bieten. So ist Wrights Unity Church eine Konstruktion aus Stahlbeton, die in der klaren Gliederung in horizontale und vertikale Bauteile spürbar bleibt. Wagners Kirchenraum ist dagegen bei aller Klärung des Raumkörpers noch einer dekorativen Wirkungsabsicht verpflichtet – im Unterschied zu seinem 1904 begonnenen Wiener Postsparkassenamt mit einer lichten, von einer Konstruktion aus Stahl und Glas überdachten Haupthalle.

Die drei Architekturmotive aus dem Berlin der Jahrhundertwende demonstrieren die Unterscheidung zwischen im herkömmlichen Sinne künstlerischem Bauen (am Beispiel eines Ausstattungsdetails), dem Verkehrsbau im vorgegebenen städtebaulichen Zusammenhang und einer Art und Weise des Bauens, die auf notdürftige Weise ihrem Zweck Genüge tut.

Die Abstufung von der gleichsam natürlichen, den Gegenstand in vollem Glanz reproduzierenden Farbaufnahme über das kolorierte Foto zur Schwarzweißaufnahme kann das von den drei Motiven angedeutete Wertgefälle verdeutlichen. Die Bildfolge weist damit zugleich auf die zu Beginn des neuen Jahrhunderts sich abzeichnende Notwendigkeit hin, die im 19. Jahrhundert entstandene Werteskala der Bauaufgaben zu überwinden. Der Jugendstil hat an dieser Revision insofern Anteil, als er dem stilarchäologischen Historismus ein neues Verständnis des Bauens als »organische« Gestaltung von Lebensräumen entgegengesetzt. Allerdings bleibt als das wesentliche Kennzeichen das Dekorative. So erfährt der Jugendstil eine Popularisierung bis hin zu serienmäßig hergestellten Fenstergriffen in Schmetterlingsform, doch das Linienspiel kann sich nicht mit der nüchternen Realität verbinden.

Berlin. Bahnhof Friedrichstrasse.

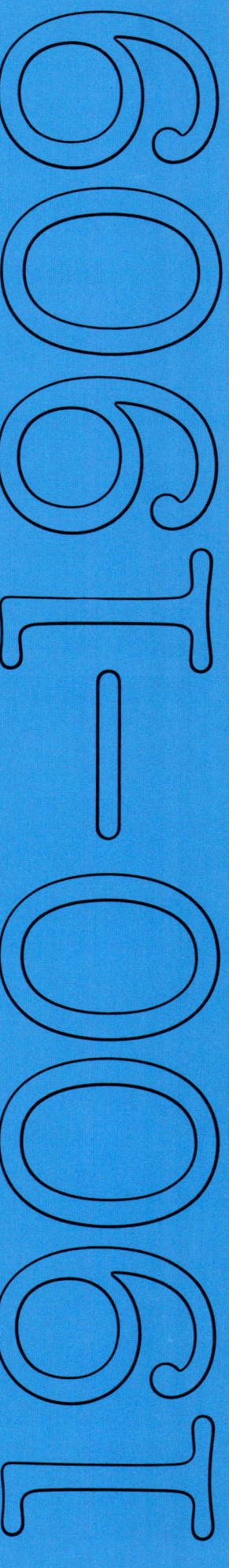

1900–1909

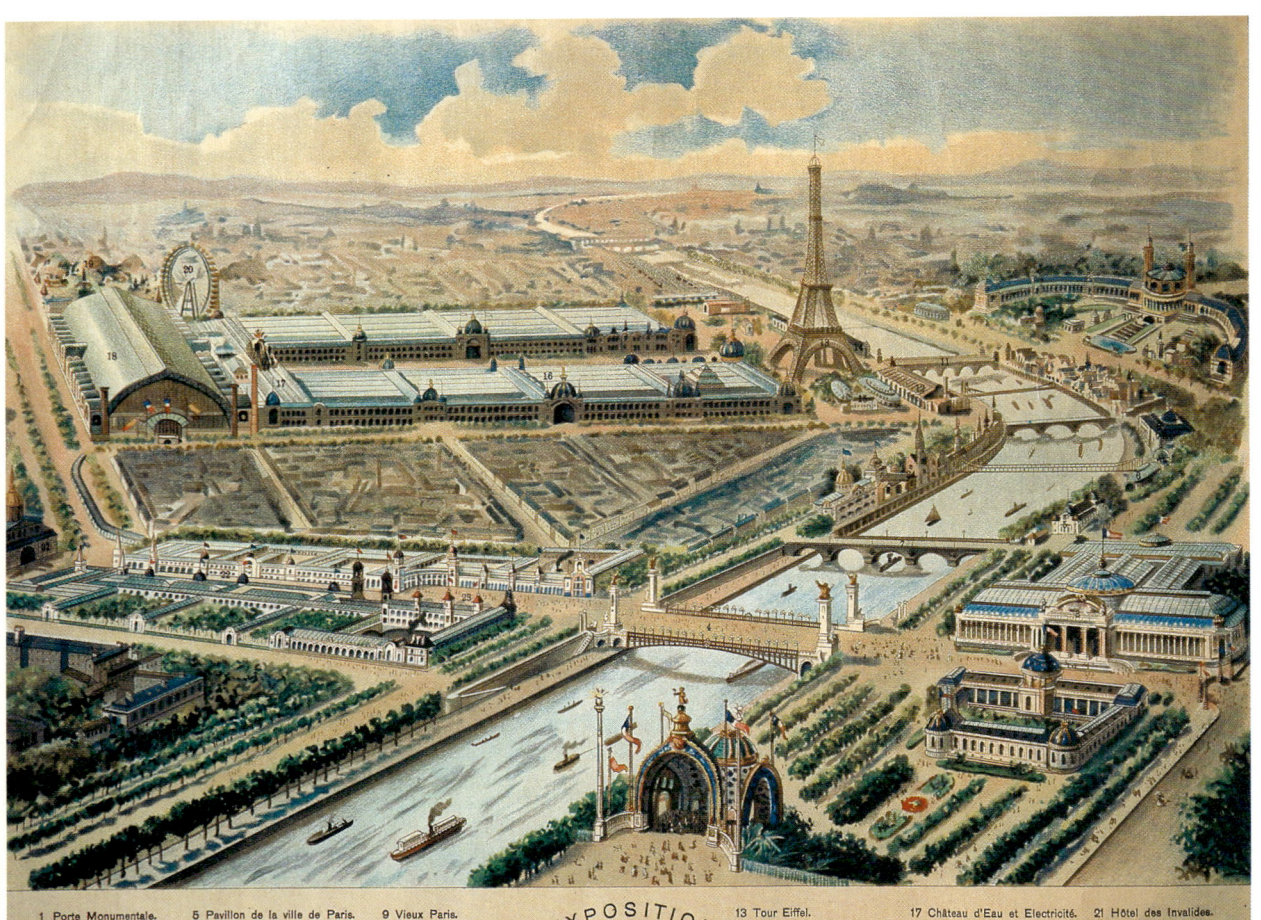

1 Porte Monumentale.	5 Pavillon de la ville de Paris.	9 Vieux Paris.	13 Tour Eiffel.	17 Château d'Eau et Electricité.	21 Hôtel des Invalides.
2 Petit Palais.	6 Pavillon de l'Horticulture.	10 Trocadero et Colonies.	14 Palais des Eaux et Forêts.	18 Agriculture salle des fêtes.	22 Exposition de l'Esplanade.
3 Grand Palais.	7 Pont des Invalides.	11 Pont d'Jena.	15 Tour du Monde.	19 Village suisse.	23 Gare des Invalides.
4 Pont Alexandre III.	8 Palais du Congrès.	12 Palais de la Navigation.	16 Palais du Champs de Mars.	20 Grande Roue.	24 Rue des Nations (sections étrangères).

EXPOSITION
→ ←
universelle
→ ←
1900.

**Gesamtansicht
der Weltausstellung
in Paris**
1900

Maurice Denis
Huldigung an Cézanne
1900

**Welt-Repräsentation und
neue Weltsicht**

*Die Gesamtansicht des Geländes der
Pariser Weltausstellung (Mitte April
bis Mitte November 1900) aus der
Sicht eines »Luftschiffers« vermittelt
einen Eindruck vom architektonischen Kunterbunt dieses internationalen »Jahrmarkts der Eitelkeiten«, der
zugleich den Rahmen für die II. Olympischen Spiele (14. bis 22. Juli) bildet.
Zwei der markantesten Bauten stammen von früheren Weltausstellungen:
das Palais du Trocadéro (rechts oben,
1878) und der Eiffelturm (1889), der
klassische »Ingenieurbau«. Zu den
Neubauten gehören das Petit Palais
und das Grand Palais (rechts unten),
letzteres mit neubarocker Fassadengestaltung und einer Eisen-Glas-Konstruktion als Dachung. Am rechten
Ufer der Seine zieht sich das pittoreske
»Alt-Paris« entlang, am linken die
»Straße der Nationen« (mit dem finnischen Pavillon von Eliel Saarinen).
Auf der Ausstellung französischer
Kunst des 19. Jahrhunderts im Grand
Palais ist Paul Cézanne mit drei Gemälden vertreten. Über den engen
Kreis seines persönlichen Umgangs
hinaus bekannt wurde er durch zwei
Ausstellungen (1895 und 1898) bei
Ambroise Vollard. Dessen Kunsthandlung in der Pariser Rue Laffitte ist
der Schauplatz der von Maurice Denis
gemalten Huldigung an Cézanne. Um
ein Stilleben des »Meisters von Aix« ist
die um 1890 entstandene Künstlergruppe »Les Nabis« (»Die Propheten«)
versammelt, als deren Theoretiker
Paul Sérusier die Mittelachse der Komposition bildet. Sein Gesprächspartner ist (ganz links) der von den »Nabis«
als eines ihrer Vorbilder verehrte Odilon Redon (und nicht, wie mitunter aufgrund der frappanten Ähnlichkeit angenommen wird, Cézanne selbst).
Zwischen Redon und Sérusier befinden sich Edouard Vuillard, Merillon,
Vollard (an der Staffelei) und Denis;
nach rechts schließen sich an: Paul
Ranson, Ker-Xavier Roussel, Pierre
Bonnard und Madame Denis. Cézanne
und die »Nabis« verbindet als Keimzelle einer neuen künstlerischen Weltsicht
das Streben nach einer Bildwelt »parallel zur Natur« (Cézanne).*

Die Botschaften der Weltausstellung

»Wissenschaft und Künste begrüßen das neue Jahrhundert« lautet das Thema eines Reliefs, das zum bauplastischen Schmuck des anläßlich der Weltausstellung in Paris erbauten Grand Palais gehört. Neubarocke Fassadengestaltung und Überdachung durch eine Eisen-Glas-Konstruktion verdeutlichen das Ziel einer Verbindung zwischen historischer Stiltradition und moderner Technik.

Das Grand Palais und das gegenüberliegende Petit Palais flankieren eine Prachtstraße zum Hôtel des Invalides, die über den Pont Alexandre III. führt. In dessen Benennung nach Zar Alexander III. manifestiert sich eine wesentliche Veränderung der politischen Landschaft Europas: die Annäherung zwischen Frankreich und Rußland, eine Reaktion auf die Verlagerung der deutschen Außenpolitik auf den Dreibund mit Österreich-Ungarn und Italien. Die »Auspizien«, unter denen der neue Staatspräsident Emil Loubet die Weltausstellung eröffnet, sind in dem Satz zusammengefaßt: »Bald werden wir einen wichtigen Schritt in der langsamen Entwicklung der Arbeit für Glück und Menschlichkeit getan haben.« Solche Hoffnungen stützen sich nicht zuletzt auf die technischen Errungenschaften des vergangenen Jahrhunderts, die im überwältigenden Anblick des elektrisch erleuchteten Ausstellungsgeländes sinnfällig werden. Illusionskunst, Wissenschaft und Technik verbinden sich in simulierten Ballon- und Weltraumreisen sowie der Kinematographie, die sich aus ihrem Jahrmarkts- und Varieté-Milieu zu lösen beginnt: Léon Gaumont zeigt einen Film, in dem Constant Coquelin seine »Tirade des nez« aus dem 1897 in Paris uraufgeführten Lustspiel *Cyrano de Bergerac* von Edmond Rostand vorträgt, während synchron eine Schallplatte den Ton wiedergibt. Sarah Bernhardt ist als Hamlet in *Le duel d'Hamlet* zu sehen.

Als »schaurige Schaustellung« empfindet ein Reporter die tausendfache Vergrößerung eines Wassertropfens durch ein Mikroskop; seine Empfindung angesichts von Beispielen der Röntgenfotografie ist nicht überliefert. Den Wandel im Luxus verkünden die mit einem eigenen Pavillon vertretenen großen Pariser Warenhäuser durch Möbel und Glaswaren etwa Émile Gallés im Stil des Art nouveau bzw. Jugendstils. Auf französisches Kapital zielen russische Landschaften mit Goldbergwerken, die an den Fenstern eines Eisenbahnzuges vorüberziehen.

Das Atomzeitalter beginnt

Lange schon bahnt sich die folgenschwere Spaltung eines Urankerns durch Otto Hahn im Jahre 1938 an. Henri Becquerel hatte 1896 die radioaktive Strahlung des Urans entdeckt, und Julius Elster vermutete 1899 zusammen mit Hans Friedrich Geitel, daß die Radioaktivität auf einem Atomzerfall beruhe. Im selben Jahr konnte Ernest Rutherford die Alpha- und Betastrahlung radioaktiver Elemente nachweisen.

Die wohl weitreichendste Entdeckung gelingt jedoch 1900 Max Planck mit seinem Gesetz über die Strahlung schwarzer Körper, mit dem er die Grundlage für die Quantentheorie schafft. Diese beruht auf der Annahme, daß die Strahlungsenergie von den Atomen nicht kontinuierlich und stetig in beliebiger Stärke abgegeben oder aufgenommen wird, sondern immer nur stoßweise in »Quanten« oder »Energie-Elementen«. Fünf Jahre später erweitert Albert Einstein Plancks Berechnungen. Niels Bohr wendet sie an, um 1913 die Architektur der Atome anschaulich zu machen. Man beginnt zu ahnen, welche Kraft in den Atomkernen steckt.

Neue Verkehrsmittel und Verkehrswege

Die Abbildung ganz oben zeigt den Start des ersten lenkbaren Luftschiffes am 2. Juli 1900 bei Friedrichshafen am Bodensee. Sein Konstrukteur ist der 1838 in Konstanz geborene Ferdinand Graf von Zeppelin, ein württembergischer Offizier, der sich ab 1892 dem Luftschiffbau gewidmet hat. Der erste »Zeppelin« (LZ 1) weist schon sämtliche Kennzeichen der ihm folgenden 129 Luftschiffe auf.

Mit der Erschließung der Luftverkehrswege geht der Rückzug des städtischen Schienenverkehrs in den Untergrund einher. So wird am 19. Juli 1900 die Pariser Metro eröffnet. Den Auftrag für die Gestaltung der Station erhielt 1898 der Jugendstil-Architekt Hector Guimard.

Oben: Start des ersten Zeppelins am Bodensee, 1900.
Mitte: Eingang, gestaltet von Hector Guimard, zu einer Pariser Metro-Station, eröffnet 1900.

1900

Bildende Kunst

Werke

- Pierre Bonnard: *Straßenverkehr* (Washington, Phillips Collection).
- Paul Cézanne: *Stilleben mit Zwiebeln* (begonnen 1895; Paris, Musée de l'Impressionisme).
- Guglielmo Ciardi: *Sonnenbeschienene Landschaft* (Venedig, Galleria Internazionale d'Arte).
- Thomas Eakins: *Der Denker* (New York, Metropolitan Museum of Art).
- Ferdinand Hodler: *Der Tag* (1. Fassung; Bern, Kunstmuseum).

- Ludwig v. Hofmann: *Bukolische Landschaft* (um 1900; Altenburg, Staatliches Lindenau-Museum).
- Gustav Klimt: *Dame am Kamin, Junge Birken* (Wien, Österreichische Galerie).
- Issaak Iljitsch Lewitan: *Sonniger Tag. Der See* (begonnen 1899; Leningrad, Russisches Museum).
- Antonio Mancini: *Signora Pantaleoni* (Rom, Galleria Nazionale d'Arte Moderna).
- Edvard Munch: *Tanz des Lebens* (begonnen 1899; Oslo, Nasjonalgalleriet).
- Auguste Renoir: *Bildnis Jean Renoir (Der Sohn des Künstlers)* (Chicago, Art Institute).

Ausstellungen

- Berlin, München, Wien: Ausstellungen der Mitglieder der jeweiligen Secession; Ferdinand Hodler wird Mitglied der Berliner und Ehrenmitglied der Wiener Secession.
- Paris: Im Rahmen der Weltausstellung internationale »Décennale« mit 1500 Werken der vergangenen zehn Jahre (aus Deutschland Gemälde von Franz von Stuck und Franz von Lenbach) sowie eine Retrospektive der französischen Kunst des Zeitraums von 1800 bis 1889, von Jacques Louis David bis Paul Cézanne.

Alptraum und Wunschtraum

Goyas Radierung Der Schlaf der Vernunft gebiert Ungeheuer, *entstanden 100 Jahre vor Sigmund Freuds Traumdeutung, führt deren Aufgabenstellung vor Augen: die Befreiung des Menschen von der Bedrohung durch verschlüsselte Traumbilder. Freud legt den auch im Alptraum enthaltenen Wunsch frei. Den sexuellen Charakter der im Traumleben sich regenden Wünsche gestalten zur selben Zeit symbolistische Künstler wie Edvard Munch. Tatsächlich gewinnt Freuds Traumdeutung ihre stärkste Wirkung in der bildenden Kunst, und zwar im Surrealismus.*

Die von Freuds Kollegen Sándor Ferenczi entdeckte Bildgeschichte Der Traum als Wächter des Schlafes *illustriert den Wunschcharakter vieler Träume: Das Schreien des Kindes, das sich naß gemacht hat, wird im Traum zu einer Geschichte verarbeitet, die es der Mutter erlaubt, das Schreien zunächst zu ignorieren.*

Mitte links: Francisco de Goya, Der Schlaf der Vernunft gebiert Ungeheuer; 1799.

Mitte rechts: Edvard Munch, Im männlichen Gehirn; 1897.

Unten: Der Traum als Wächter des Schlafes. Bildgeschichte aus der ungarischen Zeitschrift »Fidibuz«.

Träume sind keine Schäume

Der Volksweisheit, daß Träume Schäume seien, steht seit jeher die Auffassung des Traumes als Botschaft aus einer höheren Wirklichkeit entgegen: Träume wurden als Weissagung, Warnung, Wachruf des Gewissens erfahren. Sigmund Freud nun legt mit seinem ab 1897 konzipierten und 1900 veröffentlichten Werk *Die Traumdeutung* ein Verständnis des Traumes bzw. seiner Deutung als »Fensterlücke« dar, durch die man einen Blick in das Innere des »seelischen Apparates« werfen kann. Freuds Beschäftigung mit Träumen steht also im Zusammenhang der psychoanalytischen Forschung und Therapie, und zwar vor allem der Behandlung von Neurosen. Den Ausgangspunkt bildete die Tatsache, daß die Patienten gemäß der Freudschen »psychoanalytischen Grundregel« der assoziativen Erzählung in den Analysestunden häufig Träume mitteilten. Zugleich bezog sich Freud selbst in die Analyse ein: Ein Viertel der rund 200 Träume, die Freud analysiert, sind eigene Träume.

Freud unterscheidet zwischen dem »manifesten« und dem »latenten Trauminhalt«. Ersterer, der sich beim Erwachen erinnern läßt und als Traumerzählung den Gegenstand der Deutung bildet, besitzt lediglich den Charakter eines »unwesentlichen Scheins«. Er ist das Resultat von zensorischen Eingriffen in Form von Verschiebungen, Umkehrungen, Umbenennungen, Isolierungen und willkürlichen Verknüpfungen, kurz einer weitgehenden Verfremdung des »latenten Trauminhalts«. Besteht beispielsweise der Wunsch, von einer bestimmten Aufgabe befreit zu werden, so gaukelt der Traum ein unüberwindliches Hindernis vor, das der scheinbaren Entschlossenheit entgegensteht. Der »manifeste« Traum erspart es dem Betroffenen, sich die »latente« Abneigung einzugestehen.

Freud kann sich jedoch im Hinblick auf die Neurose-Therapie nicht auf die Analyse dieser relativ einfach zu durchschauenden psychischen Zensurvorgänge des Traumes beschränken. Der verdrängte Wunsch, »das Abgewehrte«, postuliert er, »ist immer die Sexualität«. Die Wurzeln der Träume reichen zurück bis in die frühesten Kindheitserfahrungen, die geprägt sind von der Furcht vor dem Verlust des ersten Liebesobjektes bzw. dem Wunsch nach inzestuöser Sexualbefriedigung. Dieser in allen Kulturen tabuisierte Wunsch erzeugt Abwehrmechanismen, an denen der neurotisch Erkrankte zu »erstik-

ken« droht. Die therapeutische Hilfe besteht in der schrittweisen Erhellung der biographischen Bedingungen, unter denen die in der Differenz zwischen »manifestem« und »latentem« Trauminhalt erkennbaren Verdrängungen ihre Ursache haben.

Ferdinand Hodler
Der Traum
1897–1903

Der Symbolismus
in Freudscher Sicht

Den Ausgangspunkt des in Mischtechnik ausgeführten Blattes Der Traum bildet der 1897 erteilte Auftrag der Zürcher Kunstgesellschaft, ein Plakat für die »ständige Ausstellung moderner Kunstwerke im Künstlerhaus« zu gestalten. Zwei Entwürfe entstanden, mit den Titeln Jungfrau in Wolken und Knieende Jungfrau mit Blumen. Der gebrauchsgrafische Anstoß blieb in dem rechteckigen Feld am unteren Bildrand wirksam, der den Plakattext aufnehmen sollte.

Modell für die weibliche Gestalt saß Hodlers Geliebte Berthe Jacques, die er 1898 heiratete. Der Traum erscheint »als eine Inkarnation der Liebessehnsucht«. Gegenüber der Auffassung des von Hodler schon 1885 gestalteten Motivs des blumenhaltenden Mädchens als Anzeichen »elegischer Versunkenheits-Introversion« kann Der Traum in Freudscher Sicht »auch symbolhaft-erotisch gedeutet werden. Für den sehnsüchtig verträumten, in seltsamer Disproportion unter ihr liegenden Jüngling verkörpert die Jungfrau ihrerseits gleichsam Schönheit und Liebe, Kunst und Leben. Bei ausdrücklicher Trennung der Figuren verdeutlicht somit der Liebestraum des Mädchens denjenigen des Jünglings und umgekehrt. Das Wesen der Geschlechter und ihre Beziehung zueinander erhalten dadurch eine echt Hodlersche Deutung, wobei die Eigenart sowie das Gemeinsame des männlichen und weiblichen Prinzips knapp und gehaltvoll an den Tag gelegt wird: in seiner gespannten, nach oben gerichteten Haltung verkörpert der Jüngling das sogar im Schlaf schöpferische Einbildungsvermögen des nach Höherem trachtenden Künstlers; seine ideale Blöße offenbart seine Empfindsamkeit, und sein träumendes Antlitz ist unmittelbar dem bildhaften Objekt seiner Sehnsucht zugewendet, während die Jungfrau ihre passive Beschaulichkeit nach unten – dem Elementaren, Alltäglichen – richtet, ihre Sinnlichkeit hinter einer zeitlosen Bekleidung verhüllt und der vermittelnden Blume bedarf, um das Objekt ihrer Träume zu verkünden« (Jura Brüschweiler, 1976).

19

Mihály von Munkácsy
Besuch bei der Wöchnerin
1879

Wilhelm Leibl und Johann Sperl
**Leibl und Sperl
bei der Hühnerjagd**
um 1890

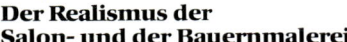

Der Realismus der
Salon- und der Bauernmalerei

Am 1. Mai 1900 stirbt in der Heilanstalt Bonn-Endenich im Alter von 56 Jahren der aus einer bayerischen, in Ungarn ansässigen Familie stammende Maler Michael Lieb. Von 1863 an nannte er sich aus patriotischer Verbundenheit mit seinem Heimatland nach seinem Geburtsort Munkács Mihály Munkácsy; 1878 wurde er geadelt. Im selben Alter stirbt am 4. Dezember in Würzburg der aus Köln stammende Maler Wilhelm Leibl.

Im Vorwort zum Katalog der großen Leibl-Ausstellung des Jahres 1929 in Köln und Berlin deutet Max Liebermann eine Verbindung zwischen den beiden Künstlern an: »Im Jahre 1873 sah ich in Munkácsys Behausung in Paris zum ersten Mal ein Bild Leibls Die Dachauerinnen, das jetzt in der Berliner Nationalgalerie hängt: es machte einen so überwältigenden Eindruck auf mich, daß ich zwanzig oder mehr Jahre später dem neu ernannten Direktor, Hugo von Tschudi, als ersten Erwerb für die Galerie den Ankauf dieses Bildes empfahl.«

Das verbindende Glied ist Paris. Hier wandte sich Munkácsy von der patriotischen und sozial engagierten Historienmalerei ab und der Salonmalerei zu: der gefühlvollen Schilderung des großbürgerlichen Lebens. Besuch bei der Wöchnerin zeichnet sich durch die detaillierte Darstellung des Interieurs aus mit dem obligaten Stellschirm und prunkvoll gerahmten Spiegel.

Für Leibl dagegen brachte der Parisaufenthalt 1869/70 die Festigung seiner Freundschaft mit Gustave Courbet, dem führenden Realisten in der französischen Malerei. Leibl eignete sich dessen Errungenschaften in Verbindung mit einer altmeisterlichen Malweise an, die Franz von Lenbach als »Sträflingsarbeit« verhöhnte; »Ideenmalern« wie Böcklin erschien Leibl als »Kopist« der Natur.

Ab 1878 lebte Leibl mit Johann Sperl in der Umgebung Münchens. Ihr Gemälde Leibl und Sperl bei der Hühnerjagd (mit dem Wendelstein im Hintergrund) ist ein Zeugnis ihrer Freundschaft, wobei Sperl die Landschaft, Leibl die Figuren gemalt haben dürfte.

1900

Der Beginn der Filmerzählung

Die ersten Filme sind Dokumentarstreifen mit nur einer Kameraeinstellung, die dem einen Blickwinkel des auf seinen Sitz gebannten Zuschauers im Theater entspricht. Doch schon fünf Jahre nach dem Beginn der Kinogeschichte am 1. November bzw. 28. Dezember 1895 sind die grundlegenden filmsprachlichen Mittel entwickelt: Wechsel der Kameraeinstellung und Montage von Szenen, die sich in zeitlicher Reihenfolge oder gleichzeitig auf verschiedenen Schauplätzen ereignen. Zu den frühesten Beispielen einer (fiktiven) Filmerzählung gehört *Attack on a China Mission* des Engländers James Williamson: Angehörige des Boxer-Geheimbundes bestürmen ein Missionshaus, Matrosen retten die Missionarsfamilie. Die räumlichen und zeitlichen Zusammenhänge ergeben sich hier nicht mehr aus der Einheit von Schauplatz und Handlungsablauf, sondern aus der Szenenfolge.

Varieté und Rummelplatz – die Heimat des jungen Kinos

Als die »amüsanteste und interessanteste Erfindung des 19. Jahrhunderts« preisen die Brüder Skladanowsky um 1900 ihren »Projektionsapparat für lebende Bilder« (Bioscop) an. Am 1. November 1895 hat der amtlicherseits als »Nebelbilddarsteller« bezeichnete Max Skladanowsky unter der Nr. 83 599 vom Kaiserlichen Patentamt den gesetzlichen Schutz für seine Erfindung erhalten, die am selben Tag im Berliner »Wintergarten« ihre öffentliche Premiere hat, gefolgt von der ersten Pariser Vorführung des Kinematographen der Brüder Lumière am 28. Dezember 1895.

Stolz verweisen die Skladanowskys in ihrer oben zitierten Anzeige auf Engagements im Pariser Folies Bergères und im Londoner Empire Theater.

Aus diesem Milieu stammt der Schöpfer des phantastischen Films, der Theaterdirektor und Zauberkünstler Georges Méliès.

Oben: Wander-Kinematograph, um 1900.
Mitte links: Max Skladanowsky und sein Bioscop, um 1900.
Mitte rechts: Georges Méliès mit Zauberspielkarte, um 1900.

Film

Premieren
● George Albert Smith: *Grandma's Reading Glass, As Seen Through a Telescope;* erstmals Wechsel von Groß- und Nahaufnahmen innerhalb einer Szene. ● James Williamson: *Attack on a China Mission;* durch den mit der Ermordung des deutschen Gesandten eingeleiteten Boxeraufstand angeregte, mit Schauspielern nachgestellte Szenen; Spieldauer 5 Minuten.

1900

August Strindberg – der Antipode Ibsens

Nietzsches Zarathustra-Wort »Du gehst zu Frauen? Vergiß die Peitsche nicht!« wird zum Leitmotiv im Leben und Schaffen des 1849 in Stockholm geborenen Dramatikers August Strindberg. Drei gescheiterte Ehen bestätigen ihn in seinem radikalen Antifeminismus, der sich nicht zuletzt gegen die (zumindest in feministischem Sinne interpretierbaren) Frauengestalten Henrik Ibsens richtet; Ibsen seinerseits betrachtet Strindberg als seinen »Todfeind«.

1900 schließt Strindberg sein zweiteiliges Drama *Dödsdansen* (*Der Totentanz*) ab: die Schilderung eines alten Paares, das nur vom gegenseitigen Haß aufrecht gehalten wird (Uraufführung 1905 in Köln, schwedische Erstaufführung 1909). Im selben Jahr findet in Stockholm die Uraufführung des auf den Expressionismus vorausdeutenden Stationendramas *Till Damaskus* (*Nach Damaskus*) statt, dem Strindberg zwei weitere Teile anfügt.

Zwei Interpreten der Décadence

Am 30. November stirbt in einem Pariser Hotel im Alter von 46 Jahren der in Dublin geborene englische Erzähler und Dramatiker Oscar Wilde. Er gilt als Verkörperung der Décadence, das heißt eines unbedingten und umfassenden Ästhetizismus, der gegen Ende des 19. Jahrhunderts mit der Loslösung der Kunst und des Lebens von bestehenden sittlichen Werten einhergeht. Hierbei wird übersehen, daß die von Wilde geschaffenen Gestalten – beispielsweise der geistreich-zynische »Dandy« Lord Henry Wotton in The Picture of Dorian Gray *(1891) – der Kritik ausgesetzt sind und keineswegs »Sprachrohre« des Autors bilden.*

Erhärtet wurde das Bild des »dekadenten« Wilde durch die Verurteilung zu zwei Jahren Zuchthaus wegen Homosexualität im Jahr 1895. Die Anklage wurde aufgrund einer Anzeige des Vaters von Lord Alfred D. erhoben.

Zum herausragenden und folgenreichsten Interpreten der Décadence als einer abendländischen Kulturkrise wurde der Philosoph Friedrich Wilhelm Nietzsche, der am 25. August im Alter von 55 Jahren stirbt. Die letzten elf Lebensjahre verbrachte er in geistiger Umnachtung in Jena, Naumburg und schließlich Weimar.

*Als typisch »dekadent« bezeichnete Nietzsche Richard Wagner. Aus der Kritik am bürgerlichen Bildungsbegriff und dem zeitgenössischen Historismus entwickelte Nietzsche die »Umwertung aller Werte« mit dem Leitbild des »freien Geistes« (*Also sprach Zarathustra, *1882–1885). Das Nietzsche-Bild der Jahrhundertwende wird wesentlich durch seine Schwester Elisabeth Förster-Nietzsche geprägt. 1894 hat sie in Weimar das Nietzsche-Archiv gegründet, 1895 veröffentlichte sie den ersten Band ihrer Biographie* Das Leben Friedrich Nietzsches *(abgeschlossen 1904); 1906 erscheint unter ihrer Mitwirkung aus dem Nachlaß* Der Wille zur Macht.

Oben: Hans Olde, Bildnis Friedrich Wilhelm Nietzsche; 1899.
Mitte: Oscar Wilde und Lord Alfred D., Fotografie, vor 1895.

Das »Jahrhundert des Kindes«

Unter dem Nietzsche-Motto »An euren Kindern sollt ihr gutmachen, daß ihr eurer Väter Kinder seid« veröffentlicht die 1849 geborene schwedische Pädagogin Ellen Key eine Reihe von Studien. Der Titel *Barnets århundrade* (deutsche Ausgabe *Das Jahrhundert des Kindes*, 1904) wird zum Schlagwort, das eine in allen sozialen Schichten zu verwirklichende Erziehung mit dem Ziel der individuellen Entwicklung propagiert.

So fordert Ellen Key beispielsweise die Gesamtschule für Jungen und Mädchen, unabhängig von Begabung und Herkunft. Im Sinne Nietzsches attackiert sie den Religionsunterricht und dessen Lehre von der ursprünglichen Verderbtheit und Schwäche des Menschen. Programmatische Titel einzelner Studien sind *Das Recht des Kindes, seine Eltern zu wählen, Das ungeborene Geschlecht und die Frauenarbeit* (mit der Forderung nach umfassendem gesetzlichem Schutz für arbeitende Frauen), *Die Seelenmorde in den Schulen* sowie *Kinderarbeit und Kinderverbrechen*.

Theater

Premieren

● Otto Ernst: *Flachsmann als Erzieher* wird am 1. Dezember in Dresden am Königlichen Schauspielhaus uraufgeführt. Die erfolgreiche Komödie übt von liberalem Optimismus getragene Kritik am Typ des Schultyrannen (Flachsmann), dem ein Idealist mit der Auffassung der »Schulmeisterei« als »Kunst« entgegentritt.

● Carl Hauptmann: *Ephraims Breite*, Uraufführung am 6. Januar in Breslau. Die Ehe der schlesischen Bauerntochter Breite Ephraim und des von Zigeunern abstammenden Knechts Joseph Schindler scheitert am Konflikt zwischen ungebundenem Individualismus und Bereitschaft zur sozialen Einordnung.

● Gerhart Hauptmann: *Schluck und Jau*, Uraufführung am 3. Februar am Deutschen Theater in Berlin. In der von einer Hofgesellschaft inszenierten Verkleidungskomödie erhalten die Kumpane Schluck und Jau die Rollen als Fürst und Bettler; Traum und Wirklichkeit treten als zwei gegensätzliche Erfahrungsbereiche in Erscheinung.

● Gerhart Hauptmann: *Michael Kramer*, Uraufführung am 21. Dezember am Deutschen Theater in Berlin. Arnold, der talentierte, mißgestaltete Sohn des »Brotkünstlers« Michael Kramer, scheitert an der aggressiven Mittelmäßigkeit seiner bürgerlichen Umwelt.

● Henrik Ibsen: *Wenn wir Toten erwachen* (*Når vi døde vågner*, Uraufführung 1899 in London) kommt am 26. Januar in Stuttgart zur deutschen Erstaufführung. Das letzte, als »dramatischer Epilog« bezeichnete Stück Ibsens handelt von der Trauer über den Verlust an Leben durch die Hingabe an die Kunst. Der Titel zitiert die Einsicht Irenes, die einst dem Bildhauer Rubek als Modell für eine Skulptur mit dem Thema *Auferstehungstag* gedient hat: »Wenn wir Toten erwachen, sehen wir, daß wir niemals gelebt haben.« Irene und Rubek finden den Tod durch eine Lawine.

● August Strindberg: *Gustav Wasa* (*Gustaf Vasa*, 1899). Mittelstück aus einem geplanten historischen Zyklus, kommt am Hoftheater in Schwerin zur deutschen Erstaufführung.

● Anton Tschechow: *Der Heiratsantrag* (*Predloženie*, 1889), deutsche Erstaufführung am 12. November in Berlin (Secessionsbühne). Die Groteske in einem Akt läßt einen Heiratsantrag am stets neu aufflammenden Streit der Partner scheitern.

Lovis Corinth
Bildnis Gerhart Hauptmann
1900

Heinrich Vogeler-Worpswede
Doppeltitel
»Der Kaiser und die Hexe«
1900

Soziales und lyrisches Drama

Corinths Bildnis zeigt den Dramatiker
Gerhart Hauptmann im Alter von 38
Jahren. Als Sohn eines Gastwirts und
Nachfahre schlesischer Weber in Bad
Salzbrunn geboren, durchlief er einen
unsteten Bildungsgang: abgebrochene
Realschule und Lehre als Landwirt-
schaftseleve, Studium der Bildhauerei,
als hospitierender Student in Jena Hörer Ernst Haeckels, Italienaufenthalt,
schließlich Niederlassung in Erkner
bei Berlin. Mit seinem Erstlingswerk
Vor Sonnenaufgang (1889), einer an
Gespenster von Henrik Ibsen orien-
tierten Familientragödie, erwies sich
Gerhart Hauptmann als Vertreter der
»Rinnsteinliteratur« des naturalistischen Dramas. Es folgten die Diebes-
komödie Der Biberpelz (1893) und das
historische Sozialdrama Die Weber
(1893), Florian Geyer (1896) sowie
Fuhrmann Henschel (1898). Zugleich
bezog Hauptmann Elemente des
Traum- und Märchenspiels in sein
Schaffen ein: in Hanneles Himmel-
fahrt (1893) und Die versunkene
Glocke (1896).
Hauptmann näherte sich damit der
Neuromantik, die u. a. durch Hugo von
Hofmannsthal geprägt wird. Dessen
lyrisches Drama Der Kaiser und die
Hexe (Uraufführung 1926) reflektiert
jedoch kritisch die Gefahren einer
Traum- und Kunstwelt: so zerbricht
Kaiser Porphyrogenitus seinen goldenen Reif als Schandmal versäumter
sozialer Verantwortung. Die Gegenspielerin des Kaisers ist die schließlich
in ihrer realen Häßlichkeit entlarvte
Hexe; der Doppeltitel zeigt sie in ihrer
zauberischen Schönheit.
Die Buchausgabe steht im Zusammenhang mit der 1899 gegründeten
Zeitschrift »Die Insel«. Heinrich Vogeler gehört zu der 1889 in Worpswede
bei Bremen gegründeten Künstlerkolonie (Fritz Mackensen, Hans am Ende,
Otto Modersohn und Paula Modersohn-Becker). Hier hält sich 1900 Rainer Maria Rilke auf. Über Vogelers Ju-
gendstil-Grafik phantasiert er: »... der
ganze Garten wird dichter und rauscht
immer mehr – und so reißen die Dinge,
die er in einen frühlinglichen Garten ge-
pflanzt hat, ihn mit in den Sommer
hinein.«

Heinrich Mann: »Im Schlaraffenland«

Der 1871 in Lübeck geborene Heinrich Mann veröffentlicht mit seinem »Roman unter feinen Leuten« eine Satire auf die Berliner bessere Gesellschaft der neunziger Jahre, in der er während seines Studiums und Volontariats im S. Fischer Verlag (1890–1892) verkehrte. Als literarisches Vorbild dienen neben Guy de Maupassants *Bel ami* Honoré de Balzacs *Verlorene Illusionen*. Im Mittelpunkt der Handlung steht der Student Andreas Zumsee, der »Typus des reinen Naturkindes, das ohne moralische Vorurteile an die Dinge herantritt«. Protegiert von einem korrupten Bankier und dessen ältlicher Gattin, als deren Liebhaber sich Zumsee bewährt, wird er zum Salondichter emporgehoben. Er gewinnt Zugang zum »Schlaraffenland« der adligen Müßiggänger, Bankiers und Börsianer, in deren Umkreis sich die Künstler und ihre Kritiker als Schmarotzer erweisen. Zu den breit ausgeführten Szenen des zeitgenössischen Kulturlebens gehört die Uraufführung des naturalistischen Dramas *Rache*, das Hauptmanns 1893 in Berlin uraufgeführten *Webern* nachgebildet ist; Zumsee übernimmt es, den Erfolg durch ein Ibsen-Plagiat *Die Verkannte* zu übertrumpfen. Seinen Sturz zurück auf die untersten Ränge verursacht Zumsee durch das Verhältnis, das er mit der Mätresse seines Gönners beginnt; was bleibt ist das »wehmütige Vergnügen, die Menschen zu durchschauen«.

Thomas Mann, der in diesem Jahr *Die Buddenbrooks* abschließt und auf der Suche nach einem Verleger ist, beobachtet nicht ohne Neid den Erfolg des von der Kritik als »sozialer Roman« eingestuften Werks, das schon 1901 ins Französische übersetzt wird: »Was für ein Spaß muß das für Dich sein«, bemerkt Thomas im Brief vom 28. Februar 1901. »Mit einem Wort, Du erblühst, während ich zur Zeit innerlich arg in die Brüche gegangen bin. Ich wünsche mir im Grunde nichts Besseres, als einen soliden Typhus mit befriedigendem Ausgang …«

Die Verabschiedung des Erzählers

In drei Veröffentlichungen dieses Jahres hat der Erzähler seine Funktion als Vermittler zwischen dem Leser und den Personen und Ereignissen des Geschens verloren; seine Verabschiedung durch den »inneren Monolog« der fiktiven Gestalten korrespondiert mit der wissenschaftlichen Erforschung des Unbewußten und der Auffassung des Bewußtseins als einer Art Bühne disparater, jedoch symptomatischer Empfindungen und Vorstellungen. Die beiden ersten Autoren, die den »Strom des Bewußtseins« unmittelbar zur Darstellung bringen, sind die Österreicher Richard Beer-Hofmann (*Der Tod Georgs*) und Arthur Schnitzler (*Lieutenant Gustl*). Im Unterschied zu der hier erreichten Unmittelbarkeit dient das Zurücktreten des Erzählers hinter Augenzeugen in Joseph Conrads *Lord Jim* der Aufhebung eines einheitlichen Erzählzusammenhangs; jede Mitteilung ist standortgebunden.

Leben und Tod als Motive des Symbolismus

Der dreiteilige Gedichtzyklus Stefan Georges mit dem Haupttitel Der Teppich des Lebens *erscheint zunächst in einer von Melchior Lechter, dem langjährigen Freund und Mitarbeiter des Dichters, gestalteten nicht öffentlichen Ausgabe von 300 Exemplaren. Der Band bildet in der Entwicklung des George-Kreises eine einschneidende Zäsur: Die Freunde werden nun als Jünger des zum Seher sich erhebenden Meisters angesprochen, der »taten« auch im außerkünstlerischen Bereich erwartet; die Forderungen richten sich an die jeweilige Persönlichkeit. Das gemeinsame Ziel ist die Herauslösung aus dem »Lebensteppich«.*

Stefan George, 1868 in Büdesheim bei Bingen als Sohn eines Weingutbesitzers geboren, in jungen Jahren auf mehreren Auslandsreisen, steht im Zusammenhang des vor allem in Frankreich geprägten Symbolismus. Anregungen gingen von der Bekanntschaft (1889) mit Stéphane Mallarmé aus. Zum Organ der »völlig von den Fesseln des Naturalismus gelösten« Bewegung (George an Mallarmé, 11. August 1892) werden die »Blätter für die Kunst« (gegründet 1892).

Im Symbolismus erfuhren okkulte Elemente eine Wiederbelebung, beispielsweise die Lehre der Rosenkreuzer. 1892 fand in Paris der erste »Salon Rose + Croix« statt, dessen Plakat Carlos Schwabe gestaltet hat: als sinnbildliche Darstellung der menschlichen Sehnsucht nach einer Reise in die Ewigkeit. Schwabes auf der gegenüberliegenden Seite wiedergegebenes Aquarell (mit Deckfarben) Der Tod des Totengräbers *enthält in der Gestalt des Todesengels ein Sinnbild der unsterblichen Seele. Das Motiv berührt sich mit der Gestalt des (nackten) Engels in Georges Vorspiel in* Der Teppich des Lebens, *der Erlösung und das »schöne Leben« verheißt.*

Melchior Lechter (Gestaltung), Der Teppich des Lebens; 1900.

Gegenüberliegende Seite:
Carlos Schwabe, Der Tod des Totengräbers; 1895–1900.

Literatur

Neuerscheinungen

● Richard Beer-Hofmann: *Der Tod Georgs*. Erzählung mit sparsamer äußerer Handlung und einem Traumgeschehen, das die Perspektive eines neuen Lebenszusammenhangs eröffnet. Die Erlebniswelt der Hauptgestalt Paul äußert sich anläßlich von Tod und Beisetzung des Freundes Georg in Gedanken und Gefühlen, an denen der Leser durch die Form des inneren Monologs unmittelbar teilhat.

● Henri Bergson: *Le rire* (*Das Lachen*, deutsch 1914). Drei Aufsätze über das Wesen des Komischen, das unser Lachen durch einen offenbar werdenden Defekt (z. B. Zerstreutheit) hervorruft. Das Komische bzw. das Lachen haben soziale Funktion, indem sie menschliche Schwächen aufdecken; Musterbeispiel sind aus dieser Sicht Molières Typenkomödien (*Der Geizige*).

● Joseph Conrad: *Lord Jim* (Vorabdruck 1899/1900 in »Blackwood's Magazine«, deutsch 1927). Roman um das zweimalige Scheitern eines englischen Seeoffiziers als junger Seemann und als späterer Schutzherr einer Südseeinsel. Jims Lebensgeschichte wird bruchstückhaft durch einen alten Kapitän zusammengetragen, so daß dem Leser eine unmittelbare Betrachtung der Vorgänge und ihrer Voraussetzungen verwehrt bleibt.

● Stefan George und Karl Wolfskehl (Hrsg.): *Deutsche Dichtung*. Band 1: *Jean Paul. Ein Stundenbuch für seine Verehrer*. Es folgen: *Goethe* (1901) und *Das Jahrhundert Goethes* (1902).

● Adolf Harnack: *Das Wesen des Christentums*. Hauptwerk des evangelischen, in Berlin lehrenden Kirchenhistorikers und führenden Vertreters der liberalen Theologie.

● Georg Simmel: *Philosophie des Geldes*. Kulturphilosophische Untersuchungen zum Symbolcharakter des Geldes für die neuzeitliche Kultur und deren Kennzeichen der bloßen Relationen: Geld ist die »substanzgewordene Relativität«.

● Arthur Schnitzler: *Lieutenant Gustl*. Durch die Form des inneren Monologs nimmt der Leser unmittelbar an dem Entschluß des Titelhelden teil, sich wegen eines nichtigen Vorfalls um seiner Ehre willen zu erschießen, was jedoch durch den plötzlichen Tod des »satisfaktionsunfähigen« zivilen Beleidigers überflüssig wird.

● Mark Twain: *Wie Hadleyburg verderbt wurde* (*The Man That Corrupted Hadleyburg*, 1900; wörtlich: *Der Mann, der Hadleyburg korrumpierte*). Einem Reisenden gelingt es, die Bürger einer ehrenwerten Stadt bloßzustellen und ihren guten Ruf zu ruinieren. Die Erzählung bringt die pessimistische Weltsicht des alten Twain zum Ausdruck.

1900

Wagner, Verdi und Puccini auf der Berliner Opernbühne

Die drei Abbildungen zeigen Rollenfotos, die sich auf Inszenierungen der Berliner Staatsoper aus der Zeit der Jahrhundertwende beziehen. Es handelt sich um Werke der um diese Zeit erfolgreichsten Komponisten. Ihr Schaffen repräsentiert die Entwicklung von Wagners Erneuerung des Musiktheaters im Sinne eines Gesamtkunstwerks zu Puccinis modernem Verismus, der sich in Verdis Spätwerk schon angekündigt hat.

Von links nach rechts präsentieren sich: Rudolf Berger in der Rolle des düsteren Friedrich von Telramund in Wagners Lohengrin *(uraufgeführt 1850 in Weimar unter Franz Liszt), Geraldine Farrar als Violetta Valéry in Verdis* La Traviata *(wörtlich »Die vom Weg Abgekommene«, 1853) und in der Titelrolle von Puccinis* Manon Lescaut *(1893).*

Rudolf Berger und Geraldine Farrar in Rollenfotos aus Berliner Operninszenierungen der Jahrhundertwende.

Der musikalische Verismus

Giacomo Puccinis 1900 in Rom uraufgeführte Oper *Tosca* wird als der vollendete Ausdruck des Verismus im Musiktheater aufgenommen. Er unterscheidet sich zunächst rein inhaltlich von der Gestaltung mythologischer Stoffe durch Richard Wagner und historischer bzw. der klassischen Weltliteratur entnommener Themen durch Verdi, indem »gewöhnliche« Menschen im Mittelpunkt der »wahren« (entweder einem tatsächlichen Vorgang nachgebildeten oder als wahrscheinlich empfundenen) Handlung stehen. Hierin liegt die Nähe zum Naturalismus, dessen Theoretiker in Deutschland, der Dramatiker Arno Holz, die Definition geliefert hat: »Die Kunst hat die Tendenz, wieder Natur zu sein…« Zu den frühesten veristischen Opern gehört Georges Bizets *Carmen* (1875). In seiner 1892 uraufgeführten Oper *I Pagliacci (Der Bajazzo)* ließ Ruggiero Leoncavallo in einem Prolog vor dem Vorhang dem Publikum versichern, der Komponist und Textdichter habe sein Stück nicht frei erfunden, sondern dem wirklichen Leben entnommen. Tatsächlich liegt der Tragödie um die durch Eifersucht motivierte Ermordung einer Komödiantin im Kostüm der Columbine durch ihren Mann, den Bajazzo, eine Kindheitserinnerung Leoncavallos zugrunde. Kennzeichnend ist das Motiv, daß das Spiel auf der Bühne, dessen »Realismus« das Publikum zu Beifallsstürmen hinreißt, sich als Wirklichkeit enthüllt.

Ein ähnlicher Vorgang steht am Ende von *Tosca:* nachdem das Exekutionskommando abgezogen ist, glaubt Tosca, ihr angeblich nur mit Platzpatronen »erschossener« Geliebter werde sich sogleich erheben, um mit ihr zu entfliehen. Doch Cavaradossi ist »wirklich« tot. Puccinis Oper geht jedoch insofern über den bisherigen Verismus hinaus und führt ihn damit zugleich zum weltweiten Erfolg, als er – Sardous Vorlage folgend – das blutrünstige Spektakel nicht scheut: ein blutüberströmter Gefolterter wurde bisher nicht auf der Opernbühne geboten. Musikalisch wird der Verismus durch die Verbindung zündender Melodien mit situationsgerechten musikalischen Motiven gekennzeichnet. Puccini steigert die schreckenerregende *Tosca*-Handlung durch eine grelle Orchestrierung, im Kontrast zu den lyrischen Aufschwüngen in den Duetten der Liebenden oder dem Meßgesang im I. Akt in der Kirche San Andrea della Valle. Wie der Inhalt, so bildet auch die Musik keine überhöhte »Kunstwelt«, sondern erzeugt eine packende »Wirklichkeit«.

Adolfo Hohenstein
**»Tosca«-Plakat des
Musikverlags Ricordi**
1900

»Tosca«-Premiere in Rom:
Der Verismus bricht sich Bahn

*Der 41jährige Giacomo Puccini, nach
den Welterfolgen* Manon Lescaut
(1893) und La Bohème *(1896) ein wirtschaftlich unabhängiger Opernkomponist mit Landgut, sieht einer für den
14. Januar in Rom am Teatro Constan-
zi angesetzten Premiere entgegen, die
unter ungünstigen Vorzeichen steht:
Drohbriefe an die Sänger und das Gerücht von einem geplanten Bombenattentat rufen bei Publikum und Ensemble Nervosität und Aufregung hervor.
Doch die befürchteten Attacken bleiben aus; fünf Musiknummern müssen
wiederholt werden, und das begeisterte Publikum ruft den Komponisten am
Ende sechsmal auf die Bühne. Die* »Ga-
zetta musicale« *befindet, daß die üblen
Begleitumstände ein Beispiel für* »jene
Kunstgriffe« *seien,* »deren sich einige
Mißgünstige bedienen, die dem Autor
seinen Ruhm neiden«*. Mit dem Erfolg
von* Tosca *setzt sich der Verismus endgültig durch. Die Oper gelangt in kürzester Zeit nach Paris und London; die
deutsche Erstaufführung findet 1902
in Dresden statt.*

*Tosca beruht auf einem Stück des Büh-
nendichters Victorien Sardou. Die
Handlung spielt in Rom im Jahr 1800.
Die republikanischen Anhänger Napoleons, der auf italienischem Boden
Krieg gegen Österreich führt, haben
einen gescheiterten Aufstand unternommen. Der verhaftete Anführer Cesare Angelotti kann entfliehen. Sein
Gesinnungsgenosse, der Maler Mario
Cavaradossi, kennt ebenso wie seine
Geliebte, die Sängerin Floria Tosca,
sein Versteck. Cavaradossi fällt in die
Hände des Polizeichefs Baron Scarpia
und wird in Toscas Anwesenheit gefoltert, bis sie Angelotti verrät und um der
Rettung des Geliebten willen die Wünsche des lüsternen Scarpia zu befriedigen bereit ist. Doch sie bricht ebenso
wie dieser ihr Wort: sie ersticht Scarpia
(Hohensteins Jugendstil-Plakat zeigt
das Ende des II. Akts: Tosca entzündet
Kerzenleuchter neben dem Leichnam
und legt ein Kruzifix auf seine Brust),
und Cavaradossi wird nicht zum
Schein, sondern tatsächlich exeku-
tiert; verzweifelt stürzt sich Tosca von
der Engelsburg in den Tod.*

Edmund von Hellmer
Wiener Goethe-Denkmal
1900

Mythos oder prophylaktische Geheimratsmiene?

Die in Bronze gegossene Sitzfigur richtet ihren Blick über den Opernring hinweg auf das Schiller-Standbild Johannes von Schillings, errichtet im Jahre 1876. Die zeitliche Reihenfolge der Wiener Ehrungen der beiden »Klassiker« durch Denkmäler entspricht der Entwicklung der Schiller- und Goethe-Rezeption des Bildungsbürgertums. Im Gegensatz zur Auffassung des »Freiheits-Dichters« Schiller bezeichnete der 100. Geburtstag Goethes 1849 »den tiefsten Stand seines Ansehens in der Nation; es war von der Nichtachtung fast bis zur Verachtung gesunken. ›Erst‹ als dann die Erhebung von 1848 schmählich gescheitert und der Rausch vergangen war, konnte leise und langsam der unbegreifliche (!) Zauber, der von Goethes idealer Welt ausging, wieder wirken und einen um den anderen ergreifen« (Viktor Hehn, 1887). Noch im Jubiläumsjahr 1882 wurden von verschiedenen Seiten scharfe Angriffe gegen Goethe bzw. die Goethe-Verehrung vorgetragen. So trat der Physiologe Emil Du Bois-Reymond sein Amt als Rektor der Berliner Universität mit einer Rede Goethe und kein Ende an, in der er Goethes naturwissenschaftliche Forschungen als die »totgeborene Spielerei eines autodidaktischen Dilettanten« bezeichnete; Begründung: Goethe fehlte die Einsicht in »mechanische Kausalitäten«. Im Jubiläumsjahr 1899 variierte Richard Dehmel psychologisierend die kritischen Einsichten Heinrich Heines, Ludwig Wienbargs, Ludwig Börnes und Friedrich Engels' aus den dreißiger und vierziger Jahren, indem er schrieb: Goethe »nannte seine Abgeklärtheit und die Geheimratsmiene nur eine prophylaktische Maske gegen die ewige innere Dumpfheit; Goethe hat sein ganzes Leben lang gegen die Werther-, Egmont-, Clavigo-, Fernando- und Eduard-Stimmung in sich gerungen, von Orest und Tasso gar nicht zu reden«. Zugleich feiern Stefan George und Hugo von Hofmannsthal in Jubiläumsgedichten den »Mythos Goethe«, der in Friedrich Nietzsches Unzeitgemäßen Betrachtungen erste Gestalt gewonnen hat.

Carl Röchling
The Germans to the Front!
1902

Lovis Corinth
**Bildnis
Eduard Graf von Keyserling**
(Ausschnitt) 1900

Deutscher Adel

Carl Röchlings zeitgeschichtliches Gemälde bezieht sich auf den im März
1900 ausgebrochenen Aufstand des
Boxer-Geheimbunds gegen die Anwesenheit Fremder in China. Ihm fällt am
20. Juni in Peking der deutsche Ge-
sandte Klemens Freiherr von Ketteler
zum Opfer. Das Attentat gibt dem
Deutschen Reich die Legitimation, die
Niederschlagung des Aufstandes als
Sühneaktion zu leiten. Ende September übernimmt der preußische Gene-
ralfeldmarschall Alfred Graf von Wal-
dersee das Kommando über die internationalen Truppen.
Selbstverständlich leitet mit Walder-
see ein Mitglied des nach wie vor politisch wie militärisch führenden Adels
die Vergeltungsmaßnahmen. Seinen
Auftrag formulierte Wilhelm II. in seiner »Hunnenrede« am 27. Juli anläßlich der Verabschiedung der deutschen
Truppen: »Wie vor tausend Jahren die
Hunnen unter ihrem König Etzel sich
einen Namen gemacht haben, der sie
noch jetzt in Überlieferung und Märchen gewaltig erscheinen läßt, so möge
der Name Deutscher in China auf tausend Jahre durch Euch in einer Weise
bestätigt werden, daß niemals wieder
ein Chinese es wagt, einen Deutschen
auch nur scheel anzusehen.«
Dem von der Weltöffentlichkeit mit
Beunruhigung zur Kenntnis genommenen martialischen Deutschland-
Verständnis des Kaisers stehen auch
und gerade in den Reihen des Adels
Persönlichkeiten entgegen, in denen
sich der Niedergang ihres Standes und
damit der feudalen Gesellschaftsordnung verkörpert. Zu ihnen gehört der
1855 auf Schloß Paddern in Kurland
geborene, in München als Schriftsteller
tätige Eduard Graf von Keyserling. Seine Prosawerke, darunter der Roman
mit dem charakteristischen Titel
Abendliche Häuser (1914), handeln
von dem stets scheiternden Versuch,
»das Leidenschaftliche und das Lebensvolle« zu erlangen.
Im Grunde bestätigen Keyserlings Gestalten den Befund, der in Lovis
Corinths Bildnis des kränklichen Literaten zum Ausdruck kommt: im eigentümlich leeren Blick und der feinnervi-
gen Sensibilität der Hände.

Richard Riemerschmid
**Zuschauerraum der
Kammerspiele in München**
1901

Peter Behrens
**Haus Behrens auf der
Mathildenhöhe in Darmstadt**
1901

Jugendstil-Architektur
in München und Darmstadt

*München, der Erscheinungsort der
Zeitschriften »Jugend« und »Simplicissimus«, ist ein Zentrum des Widerstandes gegen das Geschmacksdiktat von
Prunk und Protz der Gründerzeit.
Schon Nietzsche hatte die Gefahr eines
»prangenden Reichtums, der nicht
mehr erfreut, sondern übersättigt« ge-
spürt. München, das ist aus der Sicht
des »Jugend«-Herausgebers Georg
Hirth eine Stadt, »wo man vor Kronen,
Thronen, Traditionen keinerlei Respekt besaß, Aristokraten nach der
Glatze spuckte, Feigenblätter und
Masken abriß«.*
*Mit dem ehemaligen Maler und Archi-
tekten Richard Riemerschmid und
dem Kunstgewerbler (Textilkunst)
und Bildhauer Hermann Obrist (beides Mitbegründer der »Vereinigten
Werkstätten für Kunst und Handwerk«, 1897) sind in der bayerischen
Hauptstadt zwei Künstler tätig, die
eine Mitte zwischen dem esoterischen
ornamentalen Überschwang der »Befreiung« und rationalistischen Tendenzen suchen. So gibt Obrist in einem
1901 veröffentlichten Aufsatz zu bedenken: »Erst wenn man demokratisch und aristokratisch zugleich zu
fühlen vermag … wird man die Phan-
tasiekünstler des Handwerks, die in
den Gebilden des Kunstgewerbes noch
etwas anderes ausdrücken wollen als
die bloße Zweckmäßigkeit, richtig be-
werten … Wo aber die Grenze liegt, bis
zu der man mit dem Ausdrucke gehen
darf, ohne wieder unkünstlerisch, weil
unübersichtlich zu werden, das dürfte
bei den verschiedenen Nationen verschieden sein …«*
*Ein herausragendes Beispiel für die
Verbindung von Klarheit und festlicher Schmuckfreude ist Riemer-
schmids Innenausbau der Kammerspiele in München aus dem Jahr 1901.
Zur gleichen Zeit erbaut Peter Behrens
auf der Darmstädter Mathildenhöhe,
dem Schauplatz der im Mai eröffneten
Ausstellung Dokument Deutscher
Kunst, sein privates Wohnhaus. Als
»Musterhaus« ist es doch keine Wohn-
stätte für »Alltagsmenschen«, sondern
bildet die äußere Hülle für den im Inneren zelebrierten erlesenen Geschmack.*

Auf dem Weg zur Allgemeinkunst

Der Architekt Hermann Muthesius, von 1896 bis 1903 aus Studiengründen Mitglied der deutschen Botschaft in London, veröffentlicht 1901 unter dem Titel *Stilarchitektur und Baukunst* eine kritische Bestandsaufnahme der Jugendstil-Entwicklung und erinnert an die soziale Zielsetzung: »In einem Zusammenfassen all der schwankenden Bewegungen

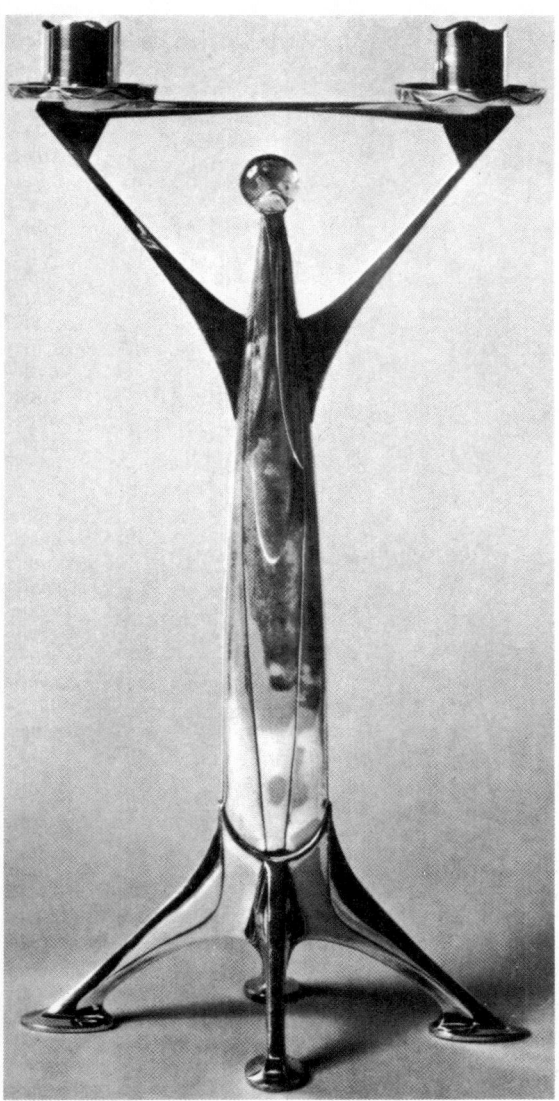

der Gegenwart mit klarer Erkenntnis ihres gemeinschaftlichen Gravitationspunktes wird heute das Ziel unseres Kunststrebens gesucht werden müssen, denn es gibt keine Spezialkünste, sondern nur eine große Allgemeinkunst. Aber es gehört zu deren Lebensmark, daß sie von einer einheitlichen Überzeugung getragen wird. Die Architektur wird als schwerfälligste der Künste naturgemäß erst zuletzt in die Lage kommen, die vollen Konsequenzen des neuen Geistes zu ziehen. Aber die neue Bewegung im Kunstgewerbe hat ihr nach Kräften vorgearbeitet. Trotz aller Irrungen und gelegentlichen Entgleisungen läßt sich doch von ihr sagen, daß sie in ihrem guten Kern sich den künstlerischen Zeitfragen sehr weit genähert hat, so daß sie bei weiterer Klärung ihrer Ziele vielleicht den Übergang zu einer zeitgemäßen Umgestaltung unseres tektonischen Schaffens bilden wird. Schon hat sich eine Gemeinde von Anhängern um die neuen Gedanken geschart. Die Führer der Bewegung haben bisher bereits eine Pionierarbeit verrichtet, die ihnen die Geschichte vielleicht als Großtat anrechnen wird. Der Weg zur Weiterentwicklung ist geebnet. Als Träger der neuen Idee ist eine Geistesaristokratie im Entstehen begriffen, die diesmal aus den besten bürgerlichen, nicht aus geburtsaristokratischen Elementen besteht und schon dadurch das neue und erweiterte Ziel der Bewegung deutlich kennzeichnet: die Schaffung einer zeitgemäßen bürgerlichen Kunst. Eine starke, vor zehn Jahren nicht für möglich gehaltene künstlerische Strömung durchflutet die deutschen Herzen, und eine tiefe Sehnsucht nach reineren Kunstzuständen bewegt ganz Deutschland. Jetzt gilt es für die Überzeugten, sicher und fest zu stehen und sich von den Launen der Mode nicht beirren zu lassen. Das Ziel bleibe Aufrichtigkeit, Sachlichkeit und eine Lauterkeit der künstlerischen Gesinnung, die alle Nebenrücksichten und Äußerlichkeiten fallen läßt, um sich ganz dem großen Zeitproblem zu widmen. Die Architektur wird sich entschließen müssen, in diesen Geist einzutreten, wenn sie sich die ihr gebührende Stellung im Konzert der Künste wieder erobern will.«
Ein Übungsfeld für dieses »Konzert der Künste« bildet die Mathildenhöhe in Darmstadt. Im Titel der 1901 veranstalteten Ausstellung *Dokument Deutscher Kunst* klingt, wie bei Muthesius, ein gesellschaftliches und nationales Ziel an: der politischen Einigung eine (bürgerliche) »Allgemeinkunst« folgen zu lassen.

Die Mathildenhöhe in Darmstadt

1899 gründete der seit 1892 regierende Großherzog Ernst Ludwig von Hessen-Darmstadt im Sinne fürstlichen Mäzenatentums eine Künstlerkolonie. Ihre Heimstätte wird die am Rande der Residenz gelegene Mathildenhöhe; als generelle Aufgabe ist die Erneuerung der Kunst in allen ihren Bereichen im Geist des Jugendstils gestellt.
Zu den mit festem Gehalt für drei Jahre nach Darmstadt berufenen Künstlern gehören die Wagner-Schüler Joseph Maria Olbrich, Erbauer des Ausstellungsgebäudes der Wiener Secession, und der als Maler ausgebildete, zur Formgestaltung und Baukunst übergegangene Peter Behrens. Die konkreten Aufgaben reichen von der Architektur bis zum Entwurf der Kellnerbekleidung im Restaurant der Mathildenhöhe. Das Zentrum bildet das 1901 von Olbrich erbaute Ernst-Ludwig-Haus. Es dient als Werkstattgebäude für die Mitglieder der Kolonie; 1907 wird im Untergeschoß die Ernst-Ludwig-Presse eingerichtet. 1907/08 entsteht auf der Mathildenhöhe Olbrichs »Hochzeitsturm«.

Mitte: Peter Behrens, Widmungsblatt in »Feste des Lebens und der Kunst«; 1900. Oben und unten: Zwei Werke Joseph Maria Olbrichs: Ernst-Ludwig-Haus in Darmstadt, 1900/01. Silberner Leuchter, 1901.

1901

Toulouse-Lautrec und Picasso

Am 9. September stirbt auf Schloß Malromé kurz vor seinem 37. Geburtstag Henri de Toulouse-Lautrec. Durch Gelenkmißbildungen zum »Gnom auf Kinderbeinen« verunstaltet, wurde der junge Graf zum Außenseiter, der seine Heimat in den Ateliers, Kneipen, Bordellen und Tanzpalästen des Montmartre fand.

Als Maler, Zeichner und vor allem Lithograph erlangte er nicht allein bei den Unterhaltungskünstlern und Impresarios (als Auftraggeber seiner Plakate) Beliebtheit, sondern er fand auch die Anerkennung der jungen künstlerischen Avantgarde.

Das der Zeichnung Toulouse-Lautrecs an die Seite gestellte Bildnis einer jungen Frau von Picasso, datiert 1901, läßt erkennen, an welchem Vorbild sich der Spanier orientiert. Das vorherrschende Ausdrucksmittel ist die an- und abschwellende Linie, die den Körper modelliert.

Ein eindeutiger bildhafter Beleg für Picassos Toulouse-Lautrec-Verehrung ist das ebenfalls 1901 entstandene Gemälde Das Bad. Es zeigt einen Akt in einer Fußwanne stehend. Das Interieur ist eine sehr genaue Schilderung des Ateliers am Boulevard de Clichy Nr. 130, das Picasso während seiner Ausstellung bei Vollard bewohnte. An der Wand hängt ein (wohl von einer Plakattafel am Montmartre abgerissenes) Plakat mit Toulouse-Lautrecs Darstellung der Tänzerin May Milton. Daß Abhängigkeit von künstlerischen Vorbildern dem Neuling zwar nachgesehen, aber dennoch angekreidet wird, erfährt Picasso durch den Rezensenten Félicien Fagus. Zwar macht er in der »Revue Blanche« auf die Vollard-Ausstellung aufmerksam, warnt den Künstler jedoch vor bloßer Imitation. Als Vorbilder Picassos erkennt er neben Edouard Vuillard, Vincent van Gogh und Théophile Alexandre Steinlen selbstverständlich Henri de Toulouse-Lautrec.

Mitte links: Henri de Toulouse-Lautrec, Mlle Cocyte in Jacques Offenbachs »Schöner Helena«; 1900.
Mitte rechts: Pablo Picasso, Bildnis einer jungen Frau; 1901.

Der Weg Pablo Picassos nach Paris

Pablo Ruiz (dies der väterliche Familienname) Picasso (dies der Familienname der Mutter) wurde 1881 in Malaga (Andalusien) geboren. Sein Vater war als Mal- und Zeichenlehrer tätig, mit Stilleben und Tauben als Lieblingsthemen seiner eigenen Malerei.

1894 soll José Ruiz Blasco die Malerei aufgegeben und feierlich seine Pinsel und Farben dem Sohn übergeben haben. Zwei Jahre später wurde dieser in Barcelona, dem neuen Wohnort der Familie, in die Akademie La Lonja und 1897 in die königliche Akademie San Fernando in Madrid aufgenommen. Doch der sture Lehrbetrieb stieß Picasso ab. Er kehrte nach Barcelona zurück und fand hier einen Freundeskreis von Schriftstellern (darunter Jaime Sabartès), Malern und Bildhauern. Ihre Bildnisse stellte er 1900 im Treffpunkt »Hostal dels 4 Gats« aus. Ende Oktober reiste der nun 19jährige Picasso zum ersten Mal nach Paris.

1901 kann Picasso in Barcelona seine Pastellzeichnungen ausstellen. Im selben Jahr veranstaltet der Kunsthändler Ambroise Vollard eine Ausstellung, nachdem Picasso Ende Mai in die französische Metropole zurückgekehrt ist.

Für Picasso beginnen Jahre tiefer Armut, die er teils in Paris verbringt, wo er sich 1904 in einem großen, verwinkelten Gemeinschafts-Atelierhaus am Montmartre mit dem Namen »Bateau-Lavoir« (»Waschboot«) niederläßt. Themen und Gestaltungsweise wandeln sich Ende 1901 radikal. An die Stelle des großstädtischen Publikums treten Elendsgestalten in nahezu monochromer blauer Färbung.

Picassos »Blaue Periode« der Jahre 1901 bis 1904 wird später auf allerlei äußerliche Gründe zurückgeführt: auf Geldmangel, um auch andere Farben zu kaufen, die Arbeit bei Nacht, das Vorbild billiger blauer Fotoabzüge. Statt dessen bildet Picassos Blau-Manie die erste seiner »Revolutionen«, getragen von einem extremen Ausdruckswillen.

Hoffotograf Höpfert
Friedrich Mann
1883

Buddenbrooks-Erstausgabe
1901

Max Slevogt
Feierabend
(Ausschnitt) 1900/01

Der »Verfall einer Familie«

Mit diesem Untertitel versieht Thomas Mann seinen im Vorjahr nach vierjähriger Arbeit abgeschlossenen Roman Buddenbrooks, der in Berlin erscheint. Den Ausgangspunkt bildete der Plan einer »erweiterten Novelle« um die Gestalt des jungen Hanno. In ihr konzentriert sich nun das Thema der »Lebensuntauglichkeit, welche das Leben steigert, denn sie ist dem Geist verbunden« (Thomas Mann).

Um diese Spätphase im »Seelenleben des deutschen Bürgertums« als Bestandteil einer historischen Entwicklung einsichtig zu machen, erweiterte Thomas Mann den Handlungszeitraum auf rund 40 Jahre, in denen sich vier Generationen der Lübecker Kaufmannsfamilie Buddenbrook ablösen. »Vorbilder« der Buddenbrooks sind Mitglieder der Familie Mann. Ein Beispiel: Friedrich Mann, der Onkel Thomas Manns. Sein oben links abgebildetes Porträt läßt durch die legere Haltung etwas von der Lebenseinstellung erkennen, die ihre dichterische Ausformung in der Gestalt von Hannos ebenso exzentrischem wie lebenslustigem Onkel Christian Buddenbrook erhalten hat.

Thomas Mann erklärt später den raschen Erfolg seines Romans nicht zuletzt mit seinem Verfahren der »Stilisierung« von »persönlich-familiären Erfahrungen«. Tatsächlich reizt es zumindest die teils verärgerten, teils schadenfrohen Lübecker Bürger, mittels langer Listen das gesamte Personal des Romans zu entschlüsseln.

Die Gestalten aus den »unteren Schichten« bleiben in Buddenbrooks schematisch. Demgegenüber bildet Max Slevogts Gemälde Feierabend (mit einem Hausmeister-Ehepaar als »Statisten«) den Versuch, auch in diesem Milieu psychologische Differenzierung aufzuspüren. Seiner Frau berichtet er, das Bild solle zwar »hauptsächlich Malerei werden, aber auch dunklen Empfindungen Spielraum lassen«. Slevogt bezieht sich auf das seiner Absicht gemäß »viel deutbare« Gesicht der Frau, in dessen Ausdruck die Abwehr gegenüber der ungelenk werbenden Zutraulichkeit des Mannes zu überwiegen scheint.

Arnold Böcklin
Die Toteninsel
(Ausschnitt) 1883

Ferdinand Keller
Böcklins Grab
1901/02

Kunst und Tiefsinn

Am 16. Januar stirbt in San Domenico bei Florenz im Alter von 73 Jahren der in Basel geborene Maler Arnold Böcklin. Sein Ansehen wandelte sich im letzten Drittel des 19. Jahrhunderts von empörter Ablehnung zu breiter Popularität. »Zwischen 1885 und 1900 durfte in keinem guten Bürgerhaus«, so bezeugt der Dichter Max Halbe, »die Reproduktion Böcklinischer Bilder, Die Toteninsel, Das Schloß am Meer, Der Frühlingstag, fehlen.«
Böcklin verband die Tradition der barocken »Heroischen Landschaft« mit einer oft kraftstrotzenden Darstellung mythologischer Naturwesen. Diesem mit tiefsinniger Bedeutung gepaarten malerischen Prunk setzt Julius Meier-Graefe, der publizistische Vorkämpfer Cézannes und van Goghs in Deutschland, 1905 mit Böcklin und die Lehre von den Einheiten eine entschiedene Absage entgegen: »Das innerste Eindringen in seine Anschauung bringt notwendig eine Verneinung aller Ästhetik mit sich … Ohne den Alkoholdunst deutscher Kommersstimmung ist Böcklin undenkbar.«
Immerhin wissen wir, daß Böcklin während seiner Tätigkeit in Zürich (1885–1892) nicht allein zu den treuesten, sondern auch trinkfestesten Freunden des Schriftstellers Gottfried Keller gehört hat. Was im übrigen Meier-Graefes Distanz zu Böcklin betrifft, so genügt es, sich den Gegensatz zwischen Zypressen, wie sie auf van Goghs Gemälden emporzüngeln, und Böcklins Inszenierung der Naturmotive vor Augen zu führen.
Die Toteninsel (den Titel prägte Böcklins Berliner Kunsthändler Fritz Gurlitt) existiert in mehreren Fassungen aus den Jahren 1880 bis 1886. Einzelne Motive kehren auf der Hommage mit dem Titel Böcklins Grab wieder, die der »badische Makart« Ferdinand Keller unmittelbar nach Böcklins Tod gemalt hat. Sein eigener Beitrag ist die Steigerung des Morbiden durch geradezu fluoreszierende Blau- und Lilatöne. Zu den späteren Zeugnissen der Toteninsel-Wirkung gehört eine Traumschilderung Salvador Dalís, in der sich die Insel zum Ort einer erotischen Initiation wandelt.

Musik

Premieren

- Ferruccio Busoni: *Violinsonate in e-Moll, op. 36 a.* Im letzten Satz komponiert Busoni Variationen über einen Bachschen Choralsatz. Er beschreitet, in Anschluß an Bach und Mozart, völlig eigene Wege einer neuen »Klassizität«.
- Antonín Dvořák: *Rusalka,* lyrisches Märchen in drei Akten von Jaroslav Kvapil, wird in Prag uraufgeführt (deutsche Erstaufführung Stuttgart 1929). Die Märchenoper mit ihren volkstümlich-liedhaften Melodien und zarten Leitmotiven verbindet Elemente aus Andersens *Geschichte der kleinen Seejungfrau* und Gerhart Hauptmanns *Versunkener Glocke* zu einer Naturpoesie, die keiner dramatischen Effekte bedarf.
- Gustav Mahler: *4. Sinfonie in G-Dur.* Die (Sopran-)Solostimme, das Wort, wird auch in dieser Sinfonie zum Träger der musikalischen Idee.
- Jules Massenet: *Griseldis* wird in Paris uraufgeführt. Das von Massenet vertonte Mysterienspiel (es wurde 1891 in der Comédie Française, Paris, aufgeführt) folgt der 100. Novelle in Giovanni Boccaccios *Decamerone.* Es ist die Geschichte von der hingebungsvollen Liebe eines einfachen Mädchens zu einem ihr vermählten Fürsten, das alle ihr auferlegten demütigenden Prüfungen erträgt und schließlich belohnt wird.
- Maurice Ravel: *Jeux d'eau (Wasserspiele).* Die Komposition greift dem sich bei Debussy entwickelnden impressionistischen Klavierstil in manchem voraus.
- Richard Strauss: *Feuersnot,* Oper (Text: Ernst von Wolzogen) in einem Akt, wird in Dresden uraufgeführt. In seiner zweiten Oper ist Strauss noch eng seinem Vorbild Wagner verbunden.

Der gerettete Gedankenstrich

1880 ist erstmals das *Vollständige orthographische Wörterbuch der deutschen Sprache* erschienen, verfaßt von dem Gymnasiallehrer Konrad Duden. Vier Jahre zuvor fand eine erste Rechtschreibkonferenz der deutschsprachigen Länder statt.

Die nun nach 25 Jahren folgende zweite Konferenz mit Vertretern aus Deutschland, Österreich und der Schweiz erzielt Einigung über eine weitere Vereinheitlichung des schriftlichen Sprachgebrauchs und vor allem über eine Modernisierung unter phonetischem Gesichtspunkt: So weit als möglich sollen Aussprache und Schreibweise einander entsprechen. Betroffen sind beispielsweise die vielfach noch in Anlehnung an das Französische mit »c« geschriebenen K-Laute und das »th«. Dieses wird in der Regel nur bei Wörtern beibehalten, die aus dem Griechischen stammen und dort ein Theta enthalten. So bleibt es zwar beim »Thron«; dagegen werden nicht mehr »Thür und Thor«, sondern »Tür und Tor« geöffnet.

Die neuen Regelungen treten im amtlichen Gebrauch am 1. Januar 1903 in Kraft; für die Schulen erhalten sie mit dem Schuljahr 1903/04 Gültigkeit. Die satirischen »Meggendorfer Blätter« nehmen die Neuerungen in Heft 9, 1903 zum Anlaß, einen »modernen« Dichter mit dem Stoßseufzer zu zitieren: »Das ›h‹ ist in manchen Wörtern abgeschafft, der Gebrauch des Kommas ist eingeschränkt worden, aber – Gott sei Dank! – den Gedankenstrich hat man uns gelassen.«

Literatur

Neuerscheinungen

- Marie von Ebner-Eschenbach: *Aus Spätherbsttagen.* Mährische Novellensammlung; darin Ehetragödien, die sich aus Gleichgültigkeit *(Uneröffnet zu verbrennen)* oder übersteigerter, starrer Sittlichkeit ergeben *(Maslans Frau).*
- Johann Hinrich Fehrs: *Ehler Schoof.* Niederdeutsche Rahmennovelle. Im Mittelpunkt steht der Zimmermann Schoof, der innerhalb kurzer Zeit seine gesamte Familie verloren hat und schrittweise in ein tätiges Leben zurückkehrt.
- Sigmund Freud: *Zur Psychopathologie des Alltagslebens. Über Vergessen, Versprechen, Vergreifen, Aberglaube und Irrtum.* Das Werk enthält die Analyse der (nach Freud benannten) »Fehlleistungen«: Abweichungen oder Störungen im Verlauf voll beherrschter Handlungsabläufe durch unbewußte, unterdrückte (verdrängte) Vorstellungen.
- Edmund Husserl: *Logische Untersuchungen* (1900/01). Erste systematische Darstellung einer auf »vollste Evidenz« der Gegenstände und intuitive Erfassung der »Wesen« gegründeten Logik und Erkenntnislehre. Sie findet ihre vollständige Ausgestaltung in den »Ideen zu einer reinen Phänomenologie und phänomenologischen Philosophie« (1913).
- Rudyard Kipling: *Kim* (deutsch 1908). Roman um den früh verwaisten Kimball O'Hara, Sohn eines in Indien verstorbenen irischen Unteroffiziers, der in Lahore aufwächst und die Freundschaft eines weisen Lama gewinnt. In einer Folge locker verbundener Episoden schildert Kipling das »indische« Indien. Zielpunkt des Romans ist Kims Entscheidungssituation zwischen (westlicher) aktiver und (östlicher) kontemplativer Lebenshaltung.
- Octave Mirbeau: *Tagebuch einer Kammerjungfer (Le journal d'une femme de chambre,* 1900). Fiktives Tagebuch der Kammerzofe Célestine als Spiegel der Gesellschaft des Fin de siècle, erfolgreich durch die im Stil der »Sittenschilderung« enthaltenen pikanten Details.
- Frank Norris: *The Octopus* (deutsch 1907). Roman über den Kampf kalifornischer Weizenfarmer gegen den Würgegriff der einem Polypen vergleichbaren Eisenbahngesellschaft um den Besitz ihres Landes. Das naturalistische, gegen die »Verhältnisse« im Zusammenhang des unaufhaltsamen technischen Fortschritts gerichtete Werk ist der erste Teil der Trilogie *Epic of the Wheat (Epos des Weizens).* 1903 erscheint postum *The Pit* (deutsch 1912 *Die Getreidebörse).* Als dritter Teil sollte *The Wolf* während einer Hungersnot in Europa spielen.
- Oscar Wilde: *Das Bildnis des Dorian Gray (The Picture of Dorian Gray,* zweite Fassung 1891). Roman über das Thema der Persönlichkeitsspaltung: der junge, faszinierend schöne Dorian Gray, von Lord Wotton zum hemmungslosen Ausleben verführt, erhält den Wunsch erfüllt, daß statt seiner das von ihm geschaffene Bildnis altert. Dem Mord an dem Maler folgt ein ruheloses Umherirren von Zerstreuung zu Verbrechen, bis schließlich die Zerstörung des Bildes den Tod des nun zu natürlichem Alter verfallenen Gray bedeutet.

Der Seelenflug in eine andere Welt

Im selben Jahr, in dem die Zeitschrift »Jugend« den Umschlag eines ihrer Hefte mit der Darstellung eines auf der Weltkugel reitenden geflügelten Kindes schmückt, veröffentlicht der 1863 geborene Schriftsteller Paul Scheerbart seinen »Seelenroman« Liwûna und Kaidôh. Der Titel nennt den Protagonisten Kaidôh und dessen gestaltgewordene »Sehnsucht« Liwûna, mit der er durch das Weltall fliegt.

Im Unterschied zum Umschlagbild der »Jugend«, das an die Tradition des Kindes als Sinnbild der Seele anknüpft, gestaltet Scheerbart eine vollkommen irreale Traumwelt, die sich einer sinnbildlichen Deutung widersetzt. Scheerbarts Bilder verselbständigen sich ebenso wie die Dinge. Kennzeichnend ist beispielsweise eine Szene, in der Liwûnas Zähne »aus dem Mund springen« und »auf den roten Lippen eine weiße Glanzschrift« bilden. Entsprechungen bestehen zu den Bildmöglichkeiten des Films. Tatsächlich spielt Scheerbart auf dessen Vorläufer, die Laterna magica, an: »Wo du auch hinüberfliehst, / Niemals kommst du an ein letztes Ziel! / Preise jede Welt und auch die Sterne. / Alles was du hier so siehst, / Ist ja nur ein feines Linienspiel, / Eine große Wunderweltlaterne.«

»Jugend«; Heft 2, 1901.

1901

Der Ketzer Tolstoi

Die jahrelangen Auseinandersetzungen zwischen Lew Nikolajewitsch Tolstoi und der russischen Staatskirche finden ihren Abschluß, indem der Heilige Synod den Schriftsteller am 22. Februar exkommuniziert. Die oben links wiedergegebene Titelseite des satirischen Magazins »Lustige Blätter« (Heft 17, 1901) mit einer Karikatur Lyonel Feiningers legt dem vor seinem Gutsgebäude Jasnaja Poljana aufragenden Grafen die Reaktion »Blitzt mir den Buckel lang!« in den Mund.

Den Unwillen der Kirche hat Tolstoi mit seiner 1882 veröffentlichten Bekenntnisschrift Ispoved' (Meine Beichte) erregt. In ihr schildert er die Hinwendung zum Glauben des leidensfähigen einfachen Bauernvolks; sie bedingte die Abkehr vom »Scheinleben« seiner »parasitären« Standesgenossen und die Ablehnung grundlegender, der Erfahrung jedoch entzogener kirchlicher Dogmen.

Von nun an genügten soziale Hilfsmaßnahmen wie die Einrichtung von Kantinen und Speisehallen während der Hungersnot 1891, um Tolstoi der subversiven Agitation zu verdächtigen.

In Deutschland bringt die erste vollständige Veröffentlichung der Beichte den Übersetzer Raphael Löwenfeld und den Verleger Eugen Diederichs 1902 wegen Gotteslästerung vor Gericht; der Freispruch stützt sich auf das Gutachten des Kirchenrechtlers Adolf Wach, Tolstois Angriffe richteten sich nicht gegen Gott, sondern die Kirche als Institution.

Das oben rechts wiedergegebene Foto zeigt Tolstoi gemeinsam mit Anton Tschechow, und zwar vermutlich im Herbst 1901 auf der Krim. Zur selben Zeit begegnen sich hier Tolstoi und Maxim Gorki, dessen Erinnerungen an Lew N. Tolstoi (deutsch 1920) zu den eindringlichsten Schilderungen des »sehr großen Künstlers und Weisen« gehören.

Oben links: Lyonel Feininger, »Excommunicirt«. Titelblatt der »Lustigen Blätter«, Heft 17, 1901.
Oben rechts: Anton Tschechow und Leo Tolstoi, wahrscheinlich 1901.

Die Gesellschaftssatire im Drama

Mit seinem Schauspiel *Der Marquis von Keith* bringt der 37jährige Frank Wedekind am 11. Oktober am Berliner Residenztheater eine beißende Satire auf die Bühne, in der sich Gehalt und dramatische Form wechselseitig bedingen. Beispielhaft hierfür ist, daß dem aus der Sicht des Autors »künstlerisch reifsten und geistig gehaltvollsten Stück« eine banale Schwindleraffäre als äußerer Rahmen dient: Dem Hochstapler Keith gelingt es, Gelder für die Errichtung einer modernen Kunststätte mit dem Namen »Feenpalast« anvertraut zu bekommen, die er bedenkenlos für seine persönlichen Lebensgenüsse verwendet. Seinen Meister findet er in der Lebedame Gräfin Werdenfels, während sein »Schüler« Scholz im Irrenhaus, seine Geliebte Molly im Freitod enden. Keith dient dem Autor als Medium seiner Gesellschaftskritik. So weiß der Betrüger, daß Moral »das glänzendste Geschäft in dieser Welt« ist und die »höheren Güter« ihren Namen daher haben, daß sie »aus dem Besitz hervorwachsen«.

Theater

Premieren

● Gerhart Hauptmann: *Der rote Hahn* wird am 27. November am Deutschen Theater in Berlin uraufgeführt. Im Mittelpunkt steht »Mutter Wolffen« aus dem Biberpelz, nun verheiratet mit dem Schuster Fielitz. Gemeinsam begehen sie einen Versicherungsbetrug, indem sie ihr Haus abbrennen lassen. Das Verbrechen bleibt unaufgedeckt, doch endet die Tragikomödie mit dem Tod einer von Schuldgefühlen geplagten Frau Fielitz. Die Dorfgemeinschaft ist der Spiegel der von Profitgier unterhöhlten wilhelminischen Gesellschaft.

● Wilhelm Meyer-Förster: *Alt-Heidelberg* (Dramatisierung des 1899 erschienenen Romans *Karl Heinrich*) wird in Berlin uraufgeführt. Das (auch in den USA erfolgreiche) Stück um den nach freudloser Jugend als Student in Heidelberg aufblühenden Erbprinzen, der sein Glück der Herrscherpflicht opfern muß, spiegelt das kleinbürgerliche Nachempfinden der tragischen Geschicke gekrönter Häupter.

● Fritz Stavenhagen: *Der Lotse*. Hamburger Drama in einem Akt wird in Kiel beim 5. Stiftungsfest des Vereins »Quickborn« uraufgeführt (erste öffentliche Aufführung in Hamburg 1904). Stavenhagen leitet mit dem Stück über den Tod des starrköpfigen alten Lotsen Ludwig Brenner die Entwicklung des neueren niederdeutschen Dramas ein.

● August Strindberg: *Ostern (Påsk)* kommt am 9. März in Frankfurt/Main zur Uraufführung; schwedische Erstaufführung am 4. April (Gründonnerstag). Die Handlungszeit der drei Akte sind Gründonnerstag, Karfreitag und Karsamstag. Gegenstand des Dramas ist die Zerrüttung einer Familie, deren Oberhaupt wegen Unterschlagung von Mündelgeldern im Gefängnis sitzt. Zur Künderin der Erlösung wird die in einer Heilanstalt untergebrachte Tochter Elenora, Verkörperung eines über Zeit und Raum hinausreichenden Mitleidens.

● Anton Tschechow: *Tri sestry (Drei Schwestern)* wird am Moskauer Künstlertheater uraufgeführt. Im Mittelpunkt stehen vier verwaiste Geschwister, deren Vater vor Jahren als General von Moskau in die Provinz versetzt worden ist. Der dramaturgische Motor in der Entwicklung der mehrfachen parallelen und doch verknüpften Handlungslinien ist das Streben der drei Schwestern, sich aus der (sinnbildlichen) Enge der Provinz zu retten, der ihr Bruder schon verhaftet ist.

Ereignisse

● Berlin: Ernst von Wolzogen eröffnet am 19. Januar mit seiner »Bunten Bühne« bzw. »Überbrettl« das erste bedeutende Kabarett in Deutschland; als Forum dient ihm die Secessionsbühne.

● München: Das Kabarett »Die elf Scharfrichter« wird eröffnet.

Heinrich von Kleist
(»Steckbriefbildnis«)
1807

Franz Gruber
Bühnenbild zu
»Der zerbrochne Krug«
Stadttheater Hamburg-Altona, 1901

Der unbekannte Kleist

Am 6. April wird am Berliner Theater als letztes der Dramen Heinrich von Kleists Robert Guiskard, Herzog der Normänner uraufgeführt. Das Fragment ist die Exposition jener Tragödie, deren nahezu abgeschlossenes Manuskript Kleist im Oktober 1803 in Paris verbrannt hat. Zwischen dieser Verzweiflungstat und der Veröffentlichung der wiederhergestellten ersten zehn Auftritte 1808 liegen die Gefangennahme Kleists als angeblicher Spion im französisch besetzten Berlin und die Gefangenschaft in Frankreich 1807. Hier dürfte das als »Steckbriefbildnis« bezeichnete Porträt entstanden sein.

Die durchaus dilletantische Darstellung widerspricht vollkommen dem Bild des »Nationaldichters« Kleist, das im kulturpolitischen Klima der deutschen Reichsgründung entstand. Eher ist an Rainer Maria Rilkes Verse aus dem Jahr 1898 zu denken: »Wir sind keiner klarer oder blinder, Wir sind alle Suchende, du weißt, – Und so wurdest du vielleicht der Finder, Ungeduldiger und dunkler Kleist.«

Der »dunkle Kleist« gehört ebenso zu den Entdeckungen der Jahrhundertwende wie die Einsicht, daß sein persönliches Schicksal bis hin zum Freitod der Spiegel eines »Urteils« ist, »das seine Zeit und sein Volk über ihn verhängt« hatten (Michael Georg Conrad, 1911). In diesem Zusammenhang entstehen auch neue Auffassungen des populären Lustspiels Der zerbrochne Krug. Das Bühnenbild von Franz Gruber aus dem Jahr 1901 für eine Inszenierung des Stadttheaters Hamburg-Altona läßt schon die Sorgfalt erkennen, mit der ein historisches Milieu vor Augen geführt wird. Dies steigert Gerhart Hauptmanns Berliner Inszenierung des Jahres 1913 im naturalistischen Sinne zu einer »Sprache« der Requisiten: »Die Gerichtsstube. Aber was für eine! Eine mit Bett, vergittertem Fenster, Wäschekorb und ausgespannter und behängter Wäscheleine; eine mit Vogelbauer, Spiegelscherbe und Tonpfeifenständer; eng, schmuddelig, nie gelüftet; von einer Poesie der Unordnung, die man riecht« (»Die Schaubühne«).

Wilhelm Gause
Hofball in der Wiener Hofburg
(Ausschnitt) um 1900

Kaiser Wilhelm II.
Kolorierte Fotografie, um 1900

Die Familie der europäischen Monarchen

Am 22. Januar 1901 stirbt auf Schloß Osborne (Insel Wight) im 82. Lebensjahr Viktoria, Königin von Großbritannien und Irland sowie Kaiserin von Indien. Ihre Regierungszeit von über 53 Jahren läßt die zweite Hälfte des 19. Jahrhunderts als die von ihr geprägte »Viktorianische Ära« erscheinen. Thronfolger wird als Edward VII. Viktorias ältester Sohn.

Zu Viktorias Enkeln gehört Wilhelm II., der 1888 die Nachfolge seines Vaters Friedrich III. als König von Preußen und deutscher Kaiser angetreten hat. Der auf ihn bezogene (deutsche) Epochenbegriff des »Wilhelminischen Zeitalters« findet seine Begründung darin, daß sich Charaktereigenschaften des Monarchen und kennzeichnende Zeiterscheinungen entsprechen: Das Bedürfnis nach äußerer Macht- und Prachtentfaltung, die tiefgreifende soziale Spannungen überdecken sollen; der Widerspruch zwischen Aufgeschlossenheit für Wissenschaft und Technik einerseits, dem Festhalten an traditionellen Wertnormen andererseits.

Zu den Trugschlüssen des Kaisers gehört das Zutrauen in die Belastbarkeit der mehr oder weniger familiären Beziehungen zwischen den Monarchen, deren Handlungsspielraum er ebenso wie den eigenen bei weitem überschätzt. Dies gilt beispielsweise für die Partnerschaft mit dem 1894 auf den russischen Thron gelangten Nikolaus II. (verheiratet mit einer Enkelin Viktorias). Zwar versucht Wilhelm II. sowohl mit England als auch mit Rußland zu bündnispolitischen Sicherungen zu gelangen. Tatsächlich verlagert sich jedoch das Schwergewicht der deutschen Außenpolitik auf das Zusammengehen mit Österreich-Ungarn, das seit 1848 von Franz Joseph I. regiert wird (die oben abgebildete Hofballszene zeigt den greisen österreichischen Kaiser innerhalb der rechten Gruppe). Deutschland und den Vielvölkerstaat verbindet schließlich die unabdingbare militärische »Nibelungentreue« (Bernhard von Bülow, ab 1900 Reichskanzler, in einer Reichstagsrede am 29. März 1909).

1901

Das Reich des »eisernen Kanzlers« rüstet auf

In Berlin wird das ein Jahr vor dem Tod (1898) des »Reichsgründers« begonnene Bismarckdenkmal von Reinhold Begas enthüllt. Den Hintergrund bildet das 1894 fertiggestellte neubarocke Reichstagsgebäude (von Paul Wallot). Das Standbild läßt keinen Zweifel daran, daß dem 1890 durch Wilhelm II. zum Rücktritt gezwungenen ersten Kanzler des Reiches die militärischen Requisiten Helm und Säbel zur höchsten Zierde gereichen. Tatsächlich war sein politisches Wirken immer wieder mit »Kampf« verbunden: gegen das preußische Parlament, Österreich, Frankreich, die katholische Kirche, die Sozialdemokratie. Bismarcks Erbe ist eine »verspätete Nation«, die aufrüstet. Die Rüstungsausgaben kommen zu einem erheblichen Teil der Gußstahlfabrik Krupp in Essen zugute. Sie steht hinter dem »Deutschen Flottenverein« und dessen Ziel einer publizistischen »Aufklärung des Volkes über deutsche Seeinteressen und die Notwendigkeit einer Kriegsmarine«. Mit seiner Kieler »Germaniawerft« ist das Stahlunternehmen Krupp auf das 1898 und 1900 durch Reichstagsbeschlüsse in Gang gesetzte deutsche Flottenbauprogramm eingestellt.

Zur (außerpolitischen) Opposition gegen das imperialistische Großmachtstreben gehört eine von Berlin ausgehende Strömung, die »Jugendbewegung«, die zunächst in Gestalt der »Wandervögel« in Erscheinung tritt. 1898 hat sich am Gymnasium in Berlin-Steglitz die erste Gruppe gebildet, 1901 wird ein »Ausschuß für Schülerfahrten« gegründet. Zu den Zielen gehört die Befreiung von den Wertvorstellungen der älteren Generation durch Selbsterziehung innerhalb der Jugendgruppen, die einen eigenen Lebensstil entwickeln; ihn prägen die Gemeinschaftserlebnisse der Wanderfahrten sowie die Pflege von Volkslied und -tanz.

Naturwissenschaft, Technik, Medizin

- Die beiden deutschen Meteorologen Arthur Berson und Reinhard Süring erreichen im offenen Freiballon 10 800 Meter Höhe und stellen damit einen Rekord auf, der bis 1906 hält.
- Der italienische Funktechniker Guglielmo Marconi übermittelt drahtlos Botschaften auf Kurzwellen über den Atlantik.

Die erste überseeische Funkverbindung zwischen England und Neufundland (3600 km) wird in Betrieb genommen.
- Im Kongo-Urwald wird das Okapi entdeckt, eine pferdegroße kurzhalsige Giraffenart mit Zebrastreifen auf den Schenkeln. Für die Zoologen bedeutet die Entdeckung eine Sensation.
- In der Dordogne (Südfrankreich) wird die Les-Combarelles-Höhle untersucht. An den Felswänden sind über 300 eiszeitliche Malereien erhalten geblieben. Die Eiszeitkunst etabliert sich als neues Forschungsgebiet.
- Erste Nobelpreisvergabe. Alfred Nobel hinterließ sein Vermögen einer Stiftung, aus deren Jahreszins hervorragende Leistungen auf den Gebieten Physik, Chemie, Physiologie oder Medizin, Literatur und Verdienste um die Erhaltung des Friedens ausgezeichnet werden.

Oben: Werkhalle der Gußstahlfabrik Krupp in Essen, um 1900.
Unten: Reinhold Begas, Bismarckdenkmal in Berlin; 1897–1901.

1901

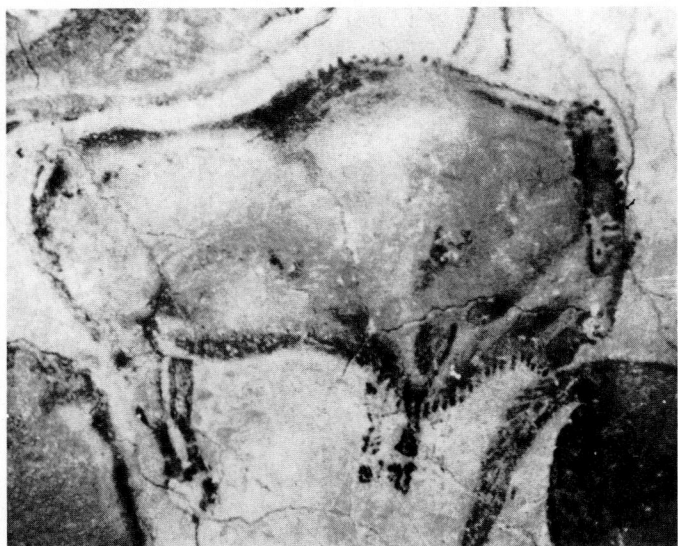

Neue Sehweisen

Eine isolierte Betrachtung der modernen Kunst erschwert die Einsicht in deren Beweggründe und die Voraussetzungen ihrer Durchsetzung. Zu letzterem gehören Anstöße, die sowohl von der Archäologie als auch von der kunstgeschichtlichen Forschung im engeren Sinne ausgehen.

Die früheste uns überlieferte Entdeckung von Werken der Höhlenmalerei der Altsteinzeit geschah 1879; ihr Schauplatz war die Höhle Altamira in der spanischen Provinz Santander. Ein 1880 publizierter Bericht mit Kopien der Tierdarstellungen stieß auf Unglauben; man sprach von Fälschung. Das ändert sich erst ab 1901 durch Entdeckungen vor allem südfranzösischer Höhlen, die entsprechende Malereien aufweisen. Nun läßt sich kaum mehr leugnen, daß die Menschen der Altsteinzeit die Fähigkeit zu einer ebenso abstrahierenden wie lebensnahen bildlichen Gestaltung besaßen.

Die grundlegende Bedeutung der 1901 von Alois Riegl veröffentlichten Untersuchung Spätrömische Kunstindustrie *(Titel der Neuauflage 1927) liegt in der (den Intentionen des Jugendstils entsprechenden) gemeinsamen Betrachtung von »hoher« Kunst und Gebrauchskunst sowie der entschiedenen Ablehnung von Bewertungsmaßstäben der »klassischen« Kunst. Zu seinen Beispielen gehören die Mosaiken von Ravenna. Die Beschreibung der rechts wiedergegebenen Gruppe schließt Riegl: »Wie angesichts solcher Werke ... von ›Verfall‹ gesprochen werden kann, ist unerfindlich, denn jede Linie zeugt von klarer Überlegung und positivem Wollen.« Das grundsätzlich jedem anderen gleichwertige »spätrömische Kunstwollen« äußert sich aus Riegls Sicht im (modernen) Vorrang von Rhythmus und Fläche im Unterschied zur klassischen »Raumeinheit«.*

Oben: Höhlenmalerei der Altsteinzeit in der Höhle von Altamira (links) und Niaux; um 10 000 v. Chr.
Unten: Kaiser Justinian und Erzbischof Maximian mit Gefolge, San Vitale in Ravenna; vor 550 n. Chr.

Die Geschichtlichkeit der Kunst

Der Kunsthistoriker Georg Dehio schließt mit dem siebten Band seine 1884 begonnene *Kirchliche Baukunst des Abendlandes* ab. Sein Mitarbeiter ist der Kunsthistoriker Gustav von Bezold, der 1892 die Direktion des Germanischen Nationalmuseums in Nürnberg übernommen hat.

Dehio, ursprünglich Historiker, erhielt 1883 eine Professur für Kunstgeschichte an der Universität in Königsberg und folgte 1892 einem Ruf nach Straßburg, wo er bis zum Ende des Ersten Weltkriegs lehrt. Schon die *Kirchliche Baukunst des Abendlandes* läßt Dehios Interesse an einer umfassenden beschreibenden Bestandsaufnahme erkennen. Auf dieser Grundlage wird sein *Handbuch der deutschen Kunstdenkmäler*, das von 1905 bis 1912 in fünf Bänden erscheint, zu einem grundlegenden systematischen Kunstführer durch Deutschland. Dehios letztes Werk seiner Straßburger Zeit (er lebt ab 1919 in Tübingen) ist die *Geschichte der deutschen Kunst* (1919). Im Vorwort zu dieser Darstellung der »Kunst als etwas mit der Ganzheit des geschichtlichen Lebensprozesses« Verbundenem erläutert Dehio sein Verständnis der Geschichtlichkeit des Kunstwerks: »Es ist also ein historisches Buch, das zu schreiben war. Etwas anderes ist Kunstpsychologie und Kunsterziehung, man suche sie hier nicht. Freilich ist zuzugeben, daß Kunstgeschichte in rein historischem, d. i. epischem Stil nicht vorgetragen werden kann; die Ursachenforschung wie die Werturteile werden neben der Erzählung einen nicht unbeträchtlichen Raum erhalten müssen. Aber weder jene noch diese darf rein ästhetisch umgrenzt werden. Ein Kunstwerk, wie alt es auch sei, wirkt in dem Augenblick, in dem wir es in uns aufnehmen, als Gegenwart. Es ist aber eine große, gleichwohl sehr verbreitete Täuschung, daß es zur Zeit seiner Entstehung ebenso gewirkt habe, wie heute auf uns. Nicht nur das hat Wert, worin die Menschen zu allen Zeiten sich gleich bleiben, es gibt auch psychologische Voraussetzungen, die so nie wiederkehren, und auch diese hat, so schwierig es sei, das historische Werturteil zu berücksichtigen.«

40

Philippe-Marie Chaperon
Bühnenbild zu »Aida«
Pariser Oper, 1901

Arthur Evans
Rekonstruktion des Thronsaals im Großen Palast von Knossos
entdeckt 1901

Kunst und Archäologie

Am 27. Januar 1901 stirbt in Mailand im 88. Lebensjahr der Komponist Giuseppe Verdi. Sein über mehr als 50 Jahre sich erstreckendes Schaffen – von Oberto, Graf von San Bonifazio (1839) bis Falstaff (1893) – hat der italienischen Oper Weltgeltung verschafft.

Zu Verdis größten Erfolgen gehört Aida, ein Auftragswerk des ägyptischen Vizekönigs Ismail für das Festprogramm der Eröffnung des Suezkanals am 17. November 1869. Zwar konnte Verdi den Termin nicht einhalten, doch blieb es bei Kairo als dem Ort der Uraufführung (24. Dezember 1871). Zugrunde liegt ein szenischer Entwurf des ab 1850 in Ägypten tätigen französischen Archäologen Auguste Mariette. Verdi schuf ein Werk, das die Ergebnisse der Ägyptologie mit dramatischem Leben erfüllte.

Entsprechend forschungsgetreu ist das Bühnenbild der Pariser Aida-Inszenierung des Jahres 1901. Der oben wiedergegebene Entwurf zum IV. Akt deutet durch die Figurinen das Verschließen der Grabkammer an, in der sich die Liebenden Radames und Aida im Tod vereinen.

Eine Wechselbeziehung zwischen Kunst und Archäologie läßt sich auch in den im Jahr 1900 begonnenen archäologischen Forschungen des Engländers Sir Arthur Evans auf Kreta erkennen. Zumindest ist es kein Zufall, daß seine Rekonstruktion der Fresken im Palast von Knossos eine Verwandtschaft mit den pflanzlichen Ornamenten des Jugendstils besitzt.

Mehr noch: die kretische Antike tritt als eine naturverbundene, unkriegerische und zugleich musische, auf Eleganz bedachte »tänzerische« Kultur in Erscheinung. Sie entspricht hierin den um die Jahrhundertwende mit dem Jugendstil verknüpften Erwartungen einer kulturellen Erneuerung, die aus ganz ähnlichen Quellen hervorgehen soll. Nicht Prunk, sondern natürliche Anmut, nicht die Demonstration von Stärke, sondern das geistreiche Spiel sind die kulturellen Erscheinungsformen, die das minoische Kreta trotz des grausamen Minotaurus-Mythos als »aktuell« erscheinen lassen.

Unter dem Titel *Moderne Architektur* findet die Antrittsvorlesung Verbreitung, mit der 1894 der 53jährige Otto Wagner seine Lehrtätigkeit an der Wiener Akademie eröffnet hat. Wagner leitet eine Spezialklasse für Architektur, aus der Josef Hoffmann und Joseph Maria Olbrich hervorgehen. Die von Wagner begründete »Wiener Schule« ist gleichsam ein Verbindungsglied zwischen einer im traditionellen Sinne auf »Stil« eingestellten und einer von neuen Gesichtspunkten geleiteten »modernen« Bauweise, wobei Theorie und Praxis bisweilen im Widerspruch zueinander stehen.

Wagner vertritt nach historistischen Anfängen eine von schmückendem Beiwerk gereinigte Architektur. Die Baukunst soll nicht dazu dienen, ein individuelles künstlerisches Ausdrucksstreben zu befriedigen, sondern findet eine tragfähige Grundlage allein in den Erfordernissen des »modernen Lebens«. Hieraus leitet sich der Gesichtspunkt der Funktionsgerechtigkeit ab. »Nichts, was nicht brauchbar ist, kann schön sein« lautet Wagners Formel, mit der er sich nicht allein gegen den Historismus wendet, sondern ebenso gegen die aus dem Ornament entwickelte und insofern künstliche Stileinheit des Jugendstils.

Dennoch zeigen Wagners um die Jahrhundertwende entstandene Bauten Merkmale eines Kompromisses. Ein Beispiel ist das 1901 fertiggestellte Stationsgebäude Karlsplatz der Wiener Stadtbahn, die Wagner in seiner ab 1890 erarbeiteten Neuplanung der Stadt Wien projektiert hat.

Einerseits erfüllt das Stationsgebäude durch die Verwendung eines Stahlskeletts die Forderung nach konstruktiver Klarheit. Vorbilder hierfür sind die »Ingenieurbauten« des 19. Jahrhunderts. Andererseits überspielt die reizvolle Verbindung von Geraden, Kurven, floralen Ornamenten und bauplastischem Schmuck die »bloße« Konstruktion. Das hier sich andeutende Spannungsverhältnis zeigt sich in der gegensätzlichen Entwicklung im Schaffen Hoffmanns und des gleichfalls von Wagner beeinflußten Adolf Loos.

Nach einem Studium in Dresden und dreijährigem Amerikaaufenthalt ließ sich Loos 1896 in Wien nieder. Als Schriftsteller attackierte er den Ästhetizismus der »Raumkunstwerke«. So schildert seine Satire *Von einem armen reichen Mann* (1900) die Leiden, die ein architektonisches Gesamtkunstwerk hervorruft: »Bequem war die wohnung, aber den kopf strengte sie sehr an. Der architekt überwachte daher in den ersten wochen das wohnen, damit sich kein fehler einschleiche ...«

Otto Wagner
Stationsgebäude Karlsplatz der Wiener Stadtbahn
1899–1901

Bildende Kunst

Werke
- Paul Gauguin: *Contes Barbares* (Essen, Museum Folkwang).
- Max Liebermann: *Samson und Dalila* (Frankfurt a. M., Städelsches Kunstinstitut).
- Edvard Munch: *Mädchenakt* (Stuttgart, Staatsgalerie).
- Pablo Picasso: *Zwei Frauen an der Bar* (New York, Sammlung Chrysler).
- Camille Pissarro: *Dieppe, Bassin Duquesne* (Paris, Musée de l'Impressionisme).
- Max Slevogt: *Das Champagnerlied* (*Der weiße d'Andrade*

in der Rolle Don Giovannis; Stuttgart, Staatsgalerie); Rollenbildnis des portugiesischen Sängers Francisco d'Andrade.
- Louis Tuaillon: *Rosselenker* vor dem Stadttheater Bremen.
- Michail A. Wrubel: *Gestürzter Dämon* (Moskau, Tretjakow-Galerie); letzte Fassung der 1890 begonnenen Folge von Gestaltungen des Luziferischen.

Ereignisse
- Hamburg: Der Kunst- und Kulturwissenschaftler Aby Warburg gründet die »Bibliothek Warburg« zur Geschichte der europäischen Kultur.

Ausstellungen
- Berlin: Bei Paul Cassirer Zeichnungen von Alfred Kubin.
- Madrid: Im Prado Retrospektive Dominikos Theotokopulos, genannt El Greco; das Werk des noch vor kurzem unbeachteten Hauptmeisters des Manierismus gewinnt zunehmenden Einfluß auf die moderne Malerei.
- Paris: Im »Salon der Unabhängigen« und bei Durand-Ruel Gedächtnisausstellungen Henri de Toulouse-Lautrec.
- Turin: Internationale Ausstellung des modernen Kunstgewerbes; Hauptgebäude von Raimondo D'Aronco.

Die neue Buchkunst

Die entscheidenden Anstöße zu einer Erneuerung der Buchkunst um die Jahrhundertwende kommen aus England. Hier war es der 1896 verstorbene »Dichter, Maler und Sozialist« (Grabinschrift) William Morris, der mit seiner 1891 gegründeten »Kelmscott Press« als Reaktion auf die »Verwilderung« des Buchdrucks durch den Einsatz der Schnellpresse zum Vorbild der Frühdrucke zurückkehrte. Als entschiedener Gegner der Maschine bestand er auf der handwerklichen Fertigung aller Bestandteile seiner Bücher: vom handgeschöpften Papier über die von Hand geschnittenen Lettern bis zum Druck auf der Handpresse. Üppige Zierleisten begleiten den in zwei Kolumnen gesetzten Text auf den Titelseiten der einzelnen Kapitel.
Eine Gegenbewegung geht von der 1900 gegründeten »Doves Press« aus. Thomas James Corden-Sanderson verzichtet in seinen Drucken auf jeglichen ornamentalen Zierat und vertraut auf die Aus-

druckskraft jeder einzelnen Letter im Gefüge des Satzblocks. Die Druckseiten sind nach Corden-Sandersons Vorstellung charakterisiert »durch den vorzüglichen Bau des Satzes, die kunstvolle Ausgeglichenheit der typographischen Arbeit, die maßvolle Verteilung der Schriftflächen im Raum, das gute Verhältnis der Schriftmassen zu den Überschriften und der Breite der Papierränder, durch die wohldurchdachte Raumdisposition des Gesamttextes von der ersten bis zur letzten Seite. Die überlegene Geistigkeit ist es, der sich die vorzüglichste Handwerksleistung unterordnet.«
In Deutschland üben beide buchgestalterische Konzeptionen parallel ihre Wirkung aus. Zu Trägern der neuen Bestrebungen werden einzelne Verlage, so der zunächst in Florenz ansässige, von Eugen Diederichs geleitete, und der Insel-Verlag. Er geht aus der 1899 von Otto Julius Bierbaum, Alfred Walter von Heymel und Rudolf Alexander Schröder gegründeten gleichnamigen Zeitschrift hervor; sein Leiter wird 1905 Anton Kippenberg.

Angewandte Kunst: Typographie und Raumgestaltung

1901 haben sich in Berlin-Steglitz Fritz Helmuth Ehmcke, Georg Belwe und Friedrich Wilhelm Kleukens zu einer Drucker-Werkstattgemeinschaft zusammengeschlossen. Ihre nun erscheinende programmatische Werbung in eigener Sache zeigt inhaltlich wie formal, was sie sowohl der Dutzendware als auch der Jugendstil-»Mode« entgegenzusetzen haben: eine klare, von ornamentalem Überschwang befreite und zugleich individuell gestaltete Typographie. Die Lettern hat Otto Eckmann entworfen, gegossen wurden sie in der Offenbacher Schriftgießerei der Brüder Karl und Wilhelm Klingspor. Eine ähnlich kritische Haltung gegenüber dem Jugendstil entwickelt der 1863 geborene Belgier Henry van de Velde. Von der Malerei wandte er sich der Formgebung und schließlich der Architektur zu. Ein Musterbeispiel für ein »Gesamtkunstwerk« bis hin zu Vorhängen und Gebrauchsgegenständen ist das 1895 in Uccle bei Brüssel errichtete eigene Haus Bloemenwerf.
Van de Velde sieht die Gefahr, daß die »Befreiung vom Joch der Vergangenheit« zur »bloßen Neuheit« führt. 1900/01 unternimmt er eine Reise durch Deutschland mit Vorträgen, die 1902 als Kunstgewerbliche Laienpredigten erscheinen. In diesem Zusammenhang steht van de Veldes Innenausbau und Ausstattung des Museums in Hagen, das für die Sammlung des Kaufmanns Karl Ernst Osthaus bestimmt ist und 1902 als Museum Folkwang (benannt nach der Halle der Göttin Freyja) eröffnet wird. Die Abbildung zeigt die Eingangshalle mit der durchaus noch dem Jugendstil verpflichteten ornamentalen Ausgestaltung konstruktiver Bauglieder. 1902 wird van de Velde als künstlerischer Berater nach Weimar berufen.

Mitte links: Programm der »Steglitzer Werkstatt«, 1902.
Mitte rechts: Henry van de Velde, Eingangshalle des Museum Folkwang in Hagen (heute Karl-Ernst-Osthaus-Museum); 1900–1902.

1902

Emile Zola, Mitbegründer und Verfechter des Naturalismus

Emile Zola, der einzige Sohn eines früh verstorbenen Ingenieurs italienischer Herkunft, arbeitete sich aus einfachen Verhältnissen zu einer dominierenden Stellung auf dem Literaturmarkt empor. Den Durchbruch brachte 1877 L'assommoir (Die Schnapsbude *bzw.* Der Totschläger) *aus dem schließlich 20bändigen Zyklus* Les Rougon-Macquart. Histoire naturelle et sociale d'une famille sous le Second Empire. *Zolas Verständnis des Kunstwerks als »ein Stück Natur, gesehen durch ein Temperament« hat nichts mit Subjektivismus zu tun, sondern zielt auf die Anwendung wissenschaftlicher Methoden der Beobachtung in der Literatur. Gegenstand der Beobachtung sind die durch Erbmasse, Triebe, Milieu und historisches Umfeld bedingten menschlichen Verhaltensweisen.*

Zolas aufsehenerregende Leistung bestand zunächst darin, daß er als erster das Proletariat schonungslos und (auch in sprachlicher Hinsicht) authentisch schilderte. Zu seinen frühesten Verteidigern gehörte Stéphane Mallarmé, der an Zola über L'assommoir *schrieb: »Da hätten wir also ein wirklich bedeutendes Werk, so recht würdig einer Epoche, in der die Wirklichkeit die gemeinverständliche Erscheinungsform des Schönen wird! Diejenigen, die Sie beschuldigen, Sie hätten nicht fürs Volk geschrieben, täuschen sich genauso wie andererseits jene, die einem entschwundenen Ideal nachtrauern. Sie aber haben ein neues aufgezeigt, das wahrhaft modern ist – womit bereits alles gesagt ist.«*

Dieses Bewußtsein der »Modernität« in Gestalt einer zumindest beabsichtigten rein wissenschaftlichen Darstellungsweise bildet den Kern dessen, was Zola als Naturalismus verfocht und in literarische Praxis umsetzte – mit dem Erfolg, daß die Gesamtauflage seiner Romane um 1900 die Anzahl von 2 283 000 Exemplaren erreicht hat.

Emile Zola an seinem Schreibtisch, um 1890.

Der Kampf eines Literaten um Gerechtigkeit

In der Nacht zum 29. September stirbt in Paris im Alter von 62 Jahren der Schriftsteller Emile Zola. Die Todesursache ist eine Kohlenmonoxydvergiftung, hervorgerufen durch einen verstopften Ofen; die Möglichkeit eines Selbstmords schließen die Behörden aus.

Zola wird am 5. Oktober auf dem Friedhof Montmartre beigesetzt. Anatole France fordert die am Grab Versammelten in seiner Grabrede auf: »Laßt uns nicht um Zola trauern, weil er gelitten hat! Laßt uns ihn beneiden … Er hat seinem Lande und der Welt durch ein gewaltiges Werk und eine große Tat Ehre erworben. Laßt uns ihn beneiden, denn seine Bestimmung und sein Herz haben ihm das edelste Los verliehen. Er war einen Augenblick das Gewissen der Menschheit.«

France bezieht sich auf Zolas publizistischen Kampf gegen die Verflechtung von Politik, Militär und Justiz, die in der »Affäre Dreyfus« offenkundig wurde. Am 15. Oktober 1894 war der französische Hauptmann jüdischer Abstammung Alfred Dreyfus unter Spionageverdacht verhaftet worden. Das Gerichtsverfahren begleitete eine antisemitische Hetzkampagne, das Urteil lautete auf lebenslängliche Deportation. Als am 11. Januar der (wie sich später herausstellte) tatsächliche Schuldige Major Walsin Esterházy trotz erdrückender Beweislast freigesprochen wurde, reagierte Zola mit einem offenen Brief an den Staatspräsidenten Félix Faure, der am 13. Januar 1898 unter der Schlagzeile »J'Accuse…!« auf der Titelseite der Zeitung »L'Aurore« veröffentlicht wurde und Zola eine einjährige Gefängnisstrafe eintrug. Noch vor der Entscheidung der Revisionsinstanz emigrierte Zola nach London. Die Aufhebung des Urteils gegen Dreyfus ermöglichte Zola 1899 die Rückkehr. Nun galt sein Kampf der völligen Rehabilitierung des Justizopfers, konkret: dem Plan eines Amnestiegesetzes, das die Aufklärung des Justizskandals verhindert hätte. 1901 veröffentlichte Zola seine gesammelten Aufsätze zur »Affäre Dreyfus« unter dem Titel *La vérité en marche (Die Wahrheit auf dem Vormarsch)*. Bis zur Rehabilitierung von Dreyfus und seiner Rückkehr in die Armee vergehen freilich noch fünf Jahre.

Zola hinterläßt sein letztes Projekt, die sozialutopische Romantetralogie *Les quatre évangiles (Die vier Evangelien)* unvollendet. 1899 ist als erster Band *Fé-*condité (Fruchtbarkeit) erschienen. Im Mittelpunkt steht ein Bauernpaar, dessen Fruchtbarkeit mit ökonomischem Aufschwung und seelischem Gleichgewicht einhergeht.

1901 folgte als zweiter Band *Travail (Arbeit)*, die Schilderung einer mustergültigen Gemeinschaftsleistung industrieller Aufbauarbeit. Postum erscheint 1903 der Band *Vérité (Wahrheit)*, in dem Zola seine Erfahrungen aus der »Dreyfus-Affäre« verarbeitet hat. Zu *Justice (Gerechtigkeit)* sind lediglich einige Entwürfe erhalten.

1908 werden Zolas sterbliche Überreste in das Panthéon überführt, den Ehrentempel Frankreichs, in dem unter anderen Voltaire, Jean-Jacques Rousseau und Victor Hugo beigesetzt sind.

Die Presse als Pranger

Der 28jährige Karl Kraus veröffentlicht in seiner seit 1899 erscheinenden Zeitschrift *Die Fackel* den Essay *Sittlichkeit und Kriminalität*. Er reagiert damit auf einen in der Wiener Presse schamlos ausgeschlachteten Prozeß. Dem Hohn und Spott wurde eine Frau ausgesetzt, die ihren Mann durch eine geringer als erwartet ausgefallene Mitgift »enttäuscht« hatte, von ihm mißhandelt wurde und eine außereheliche Beziehung eingegangen war. Als Ehebrecherin erlebte sie, so Kraus, »an den Pranger einer verhundertfachten Öffentlichkeit gepfählt, Torturen, welche ein Mittelalter, das bloß Daumenschrauben und nicht die Presse kannte, nicht zu vergeben hatte«. Kraus diagnostiziert eine Gesittung, »die der zwischen Arbeitstier und Lustobjekt gestellten Frau gleisnerisch den Vorrang des Grußes läßt, die Geldheirat erstrebenswert und die Geldbegattung verächtlich findet, die Frau zur Dirne macht und die Dirne beschimpft«. *Sittlichkeit und Kriminalität* ist auch der Titel der Essaysammlung, die Kraus 1908 veröffentlicht.

Kraus, dessen Attacken bisher der Korruption im Kulturleben, vor allem der Interessenverknüpfung zwischen Theaterkritik, Dramenproduktion und Spielplan galten, wendet seine Kritik nun gegen die staatlichen Institutionen, die sich als unfähig erwiesen haben, die Privatsphäre vor dem geifernden Interesse der Öffentlichkeit zu schützen. Zugleich öffnet er seine Zeitschrift zunehmend »dem literarischen Ausdruck starker, dem Philisterverständnis unbequemer und durch Cliquengunst nicht entwerteter Persönlichkeiten«.

John Singer Sargent
Lord Ribblesdale
1902

Das »leicht unheimliche Schauspiel eines Talents«

Mit diesen Worten charakterisiert Henry James, der aus den Vereinigten Staaten stammende Chronist des englischen Großbürgertums, das Schaffen seines Freundes John Singer Sargent. 1856 in Florenz als Sohn eines aus Philadelphia stammenden Arztes geboren, erhielt Sargent seine künstlerische Ausbildung in Rom, Florenz und Paris. Tätig ist er in London, Philadelphia, New York und Boston, mit einer ständig wachsenden Kundschaft aus der englischen Oberschicht sowie der Elite des amerikanischen Großbürgertums. Zu seinen offiziellen Auszeichnungen gehören die Mitgliedschaft in der französischen Ehrenlegion (1890), in der New Yorker National Academy of Design (1894) und der Londoner Royal Academy (1897). In der »Décennale«, der internationalen Kunstausstellung der vergangenen zehn Jahre im Rahmen der Pariser Weltausstellung von 1900, vertrat er neben Whistler, Louis Eakins und Winslow Homer die Vereinigten Staaten.

Jene »leichte Unheimlichkeit«, die Henry James empfindet, ergibt sich aus der Fraglosigkeit, mit der sich Sargent malerischer Errungenschaften vom Barock bis zum Impressionismus bedient. In seinem Blickfeld liegen van Dyck, Gainsborough und Reynolds ebenso wie Adolph von Menzel, Max Liebermann und Edouard Manet. Diese Vorbilder gerinnen jedoch zu einer konventionellen Gestaltungsweise. Sargent selbst bekennt: »Ich male, was ich sehe. Ich grabe nicht unter der Oberfläche nach Dingen, die nicht vor meinen Augen erscheinen.« Diese Äußerung könnte von einem Impressionisten stammen. Auf Sargents Praxis trifft jedoch zu, was Emile Zola schon in seinem 1886 erschienenen Künstlerroman Das Werk als publikumswirksame Verharmlosung des impressionistischen »Naturalismus« bloßgestellt hat: »...dieselbe Kunstformel, aber um wieviel gemildert, gemogelt, verdorben, von einer oberflächlichen Eleganz, die mit unendlicher Geschicklichkeit für die Befriedigung der niedrigen Instinkte des Publikums zurechtgemacht war.«

Ludwig von Hofmann
**Idyllische Landschaft
mit Badenden**
nach 1900

Max Liebermann
**Terrasse im Restaurant Jacob
in Nienstedten an der Elbe**
(Ausschnitt) 1902

**Jugendstil
und Impressionismus**

*Die beiden etwa zeitgleichen Gemälde
stammen von zwei Malern, die sich
zeitweilig persönlich nahestehen. Der
1861 in Darmstadt geborene, in Dresden, Karlsruhe, München und Paris
ausgebildete Maler Ludwig von Hofmann ließ sich 1890 in Berlin nieder.
Hier schloß er sich der von Max Liebermann geleiteten Künstlergruppe »XI«
an, die sich aus Protest gegen den »Verein Berliner Künstler« und dessen Präsidenten, den Historien- und Schlach-
tenmaler Anton von Werner, gebildet
hatte. Als 1899 die Berliner Secession
gegründet wird, der Liebermann bis
1911 vorsteht, befindet sich Hofmann
dagegen in Italien, um 1903 ein Lehramt an der Kunstschule in Weimar anzutreten.*

*Die Idyllische Landschaft mit Baden-
den (mit einem von Hofmann entworfenen und ausgeführten Schnitzrah-
men) führt das dem Jugendstil eigene
Streben nach formalen und inhaltlichen »organischen« Verbindungen vor
Augen. So vermitteln die beiden seitlichen gemalten Gestalten zwischen
geschnitztem Rahmenwerk und Bildraum. Der beleuchtete Rückenakt korrespondiert mit der Vorderansicht der
geschnitzten Aktdarstellung darüber
(zu deuten als Geburt der Venus). Erde
und Wasser der gemalten Szene kehren im Rahmenschmuck sinnbildlich
in den Callablüten und den Fischen
wieder; beides sind zugleich in Freudscher Sicht Sexualsymbole der Traumwelt. Jugendstil und Symbolismus erweisen sich hier als kaum zu trennende
Erscheinungen.*

*Punkt für Punkt unterscheidet sich die
Terrassenansicht des 55jährigen Berli-
ners Max Liebermann von Hofmanns
arkadischer Szene. Nicht irgendeine
»erfundene«, sondern eine ganz konkrete Lokalität bildet das Thema. Ein
Ausschnitt, der bei Hofmann das Bezugssystem zerstören würde, vermittelt im wesentlichen denselben Eindruck wie die Gesamtansicht. Vor
allem aber: die ihren Ausflug genießen-
den Menschen wirken letztlich natür-
licher als Hofmanns in einen erotischen Bedeutungszusammenhang ein-
gespannte Badende.*

Film

Premieren

● Georges Méliès: *Le voyage dans la lune* (Die Reise zum Mond); *Le miroir de Venis / Une mesaventure de Shylock* (nach

Shakespeares *Kaufmann von Venedig,* 1901?).

● Edwin S. Porter: *The Life of an American Fireman* (Verbindung dokumentarischer Aufnahmen mit inszenierten Details).

● G. A. Smith: *The Mouse in the*

Art School; At Last That Awful Tooth (Endlich der fürchterliche Zahn).

● Ferdinand Zecca: *Les victimes d'alcoolisme* (Die Opfer des Alkohols; nach Emile Zolas Roman *L'assommoir / Der Totschläger).*

Klamauk und Phantastik

Die ersten Filme sind Dokumentarstreifen mit Titeln wie Eine Stunde in Pompeji, Die Deutschen in China, Moderne Verkehrstechnik und ihre Gefahren.

1907 heißt es in der Zeitschrift »Der Kinematograph« rückblickend: »Vor ca. 11 Jahren wurden kinematographische Bilder zum ersten Mal auf der Varietébühne gezeigt, die Wirkung der ersten Darbietung war derart verblüffend, daß sich heute noch jeder der Zeit erinnert, wo er auf weißer Leinwand einen Eisenbahnzug in tollster Natürlichkeit heranbrausen sah.«

Zugleich stellt sich die Erkenntnis ein, daß die Schaulust des Publikums auf die Dauer nicht mit der Wiedergabe »des Lebens in voller Natürlichkeit« (Werbetext der Brüder Skladanowsky) zu befriedigen ist. Es entsteht einerseits das inszenierte Lustspiel, so die Parodie Die Jungfrau von Orleans *mit Eugen Skladanowsky als »Küchendragoner«, andererseits der phantastische Film.*

Sein Schöpfer ist Georges Méliès. 1898 hat er durch Zufall die Möglichkeit der Doppelbelichtung entdeckt; als Zauberkünstler ist er mit den Tricks der illusionistischen Bühnendarbietung vertraut.

1902 stellt Méliès, angeregt durch den Publikumserfolg der utopischen Romane Jules Vernes, seinen Film Die Reise zum Mond *her, mit der ungewöhnlichen Spieldauer von 16 Minuten. Ein parodistischer Einschlag ist unverkennbar: Bärtige Wissenschaftler lassen sich in einer Rakete auf den Mond schießen. Sie bohrt sich in ein Auge des Erdtrabanten, dessen Bewohner sich als äußerst kämpferisch erweisen. Die Rakete fällt zur Erde zurück und landet im Meer. Das Finale bestreiten uniformierte Girls, die den Kosmonauten eine Ovation bereiten.*

1904 läßt Méliès Die Reise durch das Unmögliche *folgen, 1906* Die hundert Streiche des Teufels.

Der Wander-Kinematograph

Der Schriftsteller Josef Ponten erinnert sich an den Versuch seines Vaters, um 1902 durch Filmdarbietungen seinen Unterhalt zu verdienen: »Etwas Neues: Der Kinematograph! Mein Vater schaute – »mit Seherblick«, nicht wahr? – ungeheure Möglichkeiten. Er kaufte einen Apparat. Ich weiß, er kostete tausend Mark. Wir gaben Vorstellungen in Aachen,

in Veviers in Belgien . . . Die Filme lieferte Pathé frères in Paris. Auch ein paar deutsche zeitchronistische Filme hatten wir: *Der Kaiser in Hildesheim.* Ferner Bilder aus dem Burenkrieg – aber Stehbilder, zum Füllen zwischen die Laufbilder einzuschieben. In einer Aachener Vorstellung riß der Film. Das Publikum verlangte sein Geld zurück, der Lokalvermieter die Miete, und er wollte uns verklagen, weil wir sein Lokal blamiert hätten . . .«

Oben: Die Jungfrau von Orleans, um 1902; Szenenfoto mit Eugen Skladanowsky.
Unten: Die Reise zum Mond, 1902; Szenenfoto.

1902

Ibsens »Typus der Menschheit« namens Peer Gynt

Das 1867 als Buchausgabe erschienene und 1876 (mit der Bühnenmusik von Edvard Grieg) in Kristiania (heute Oslo) uraufgeführte Versdrama *Peer Gynt* von Henrik Ibsen gelangt am 9. und 10. Mai am Deutschen Volkstheater in Wien zur deutschsprachigen Erstaufführung. Verwendet wird die 1901 innerhalb der *Sämtlichen Werke* erschienene Übersetzung Christian Morgensterns, die das Drama wie mit einem Peitschenhieb eröffnet: »Peer, du lügst!« Das vielfach für unaufführbar gehaltene Stück um den Irrweg des »Lügenprinzen« Peer und dessen Traum von seinem »Kaisertum« wurde in Deutschland zunächst für eine reine Satire auf norwegische Nationaleigenschaften gehalten. Hermann Bahr bereitet unter dem Eindruck der Wiener Inszenierung einer neuen Auffassung die Grundlage, indem er von Peer Gynt als dem »enfant du siècle«, ja sogar einem »Typus der Menschheit« spricht, »aber an einer norwegischen Gestalt gezeigt«. Der Phantast und Illusionist Peer Gynt erscheint als der erste »negative Held« des modernen Theaters.

Gorkis Erstlingswerk

Anläßlich eines Gastspiels in Petersburg bringt das Moskauer Künstlertheater am 26. März eine »dramatische Skizze« mit dem Titel *Die Kleinbürger* zur Uraufführung. Es ist das Erstlingswerk des 34jährigen Maxim Gorki. Sein Thema ist die dumpfe Enge in einer patriarchalisch geführten kleinbürgerlichen Familie. Als der »neue Mensch« tritt der Pflegesohn Nil in Erscheinung; als Arbeiter steht er den Kleinbürgern mit kritischer Distanz gegenüber und löst sich aus deren Verstrickungen. Das Drama erscheint noch im selben Jahr in deutscher Übersetzung (*Die Kleinbürger. Szenen im Hause Bessemjonows*) und wird in Breslau erstaufgeführt.

Büchners »Dramatische Bilder aus Frankreichs Schreckensherrschaft«

Mit diesem reißerischen und verfälschenden Untertitel ist 1835 das Drama Dantons Tod *als Buchausgabe erschienen; es kommt nach 67 Jahren im Berliner Belle-Alliance-Theater durch eine Inszenierung des dem Naturalismus verpflichteten Vereins Freie Volksbühne (Regie Friedrich Moest und Alfred Halen) zur Uraufführung.* Dantons Tod *ist das Werk des 21jährigen Georg Büchner, der kurz zuvor den revolutionären* Hessischen Landboten *als Flugschrift verfaßt und verbreitet hat. Die Grundlage des Stückes bildet ein intensives Studium historischer Quellensammlungen zur Französischen Revolution; geprägt ist es von Büchners eigener Auseinandersetzung mit den Voraussetzungen und Zielen einer revolutionären Veränderung der Gesellschaft.*

Die beiden Abbildungen verweisen auf den Kampf zwischen Robespierre und Danton im Jahr 1794, in dem Danton unterliegt. Dies ist jedoch nur die eine Seite des Dramas. Büchner ist nicht bei der auf einzelne Personen gerichteten Betrachtungsweise der Geschichte stehengeblieben.

Den Gegenpol zum Kampf der »Großen« bilden die Volksszenen, in denen es etwa heißt: »Unser Leben ist der Mord durch Arbeit; wir hängen sechzig Jahre lang am Strick und zappeln, aber wir werden uns losschneiden.«

Ein Verfasser solcher Sätze gilt im wilhelminischen Deutschland als gefährlicher Sozialist. Als 1891 die Leipziger »Volksstimme« Dantons Tod *abdruckte, erhielt der verantwortliche Redakteur wegen »sozialistischer Umtriebe« eine Gefängnisstrafe von vier Monaten. 1886 ist* Dantons Tod *erstmals in einer amerikanischen Ausgabe erschienen, und zwar als Veröffentlichung der »Socialistic Library«; zur Zeit der Petersburger Revolution des Jahres 1905 erscheinen* Dantons Tod *und der* Hessische Landbote *in russischer Übersetzung.*

Mitte links und rechts: Auguste Raffet, Maximilien François-Isidore de Robespierre und Georges Danton; um 1840

Der Naturalismus und Georg Büchner

Der eigentliche Beginn der Wirkungsgeschichte Georg Büchners in Deutschland, rund 50 Jahre nach seinem Tod im Jahr 1837 im Exil in Zürich, steht unter naturalistischem Vorzeichen. 1879 sind Büchners *Sämtliche Werke und handschriftlicher Nachlaß* erschienen, herausgegeben von Karl Emil Franzos; Gottfried Keller bemerkte hierzu in einem Brief an Paul Heyse: »Dieser germanische Idealjüngling weist denn doch in dem sogenannten Trauerspielfragment *Wozzeck* eine Art von Realistik auf, die den Zola und seine *Nana* jedenfalls überbietet, nicht zu reden von dem nun vollständig vorliegenden *Danton*, der von Unmöglichkeiten strotzt.« Als seinen »Heros« empfand der junge Gerhart Hauptmann Büchner. 1887 hat er vor dem Berliner literarischen Verein »Durch!« (dem der spätere Theoretiker des Naturalismus, Arno Holz, angehört) einen Büchner-Vortrag mit Rezitationen aus *Lenz* und *Dantons Tod* gehalten. Das Protokoll des Vereins berichtet, daß »die kräftige Sprache, die anschauliche Schilderung, die naturalistische Charakteristik des Dichters Büchner ... allgemeine Bewunderung« erregt habe.

Allerdings sieht sich der Dichter und Literaturwissenschaftler Moritz Heimann noch 1910 zu der Feststellung gezwungen: »Daß dieser Dichter so wenig bekannt ist, gehört zu den Unbegreiflichkeiten, ach nein: zu den Begreiflichkeiten im deutschen Geistesleben. Tot ist er nie gewesen; sein unmittelbarer Einfluß auf dichterische Temperamente begegnet uns bis in die jüngste Zeit ... Daß Hauptmann Büchner schon in seiner frühesten Zeit kannte und höchstlich verehrte, weiß ich ... Irre ich nicht, so war Hauptmann auch derjenige, dem Wedekind den Hinweis auf Büchner verdankte, was ihm geholfen haben könnte, zu seiner Form in *Frühlings Erwachen* durchzubrechen.« Die Gemeinsamkeit mit den Bestrebungen der Naturalisten erhellen nicht zuletzt Büchners theoretische Äußerungen, beispielsweise die gegen den Idealismus gerichtete Überzeugung, daß ein »Buch weder sittlicher noch unsittlicher als die Geschichte« sein dürfe.

48

Max Klinger
Beethovendenkmal
1886–1902

Alfred Roller
**Plakat zur Kunstausstellung
der Wiener Secession**
1902

Der 1857 in Leipzig geborene Maler, Grafiker und Bildhauer Max Klinger ist 1893 nach Studienjahren in Karlsruhe, Berlin, Paris und Rom in seine Heimatstadt zurückgekehrt. Hier vollendet er seine als Beethovendenkmal konzipierte, 1902 in Wien ausgestellte Skulptur (heute im Museum Leipzig). Die Sitzfigur kennzeichnet den Komponisten als Inbegriff der Willensstärke. Klinger bedient sich bei der Aktfigur (wie in seinen Gemälden und Grafikzyklen) naturalistischer Gestaltungsmittel. Künstlerische »Überhöhung« und Kostbarkeit erstrebt er durch die Erneuerung der Polychromie (Vielfarbigkeit) der antiken Plastik. Wie bei seiner um 1900 entstandenen Porträtbüste der Lebensgefährtin Elsa Asenijeff verwendet er unterschiedliche Materialien: verschiedenfarbige Marmorsorten, Bronze, Elfenbein und farbige Glasflüsse.

Alfred Rollers Ausstellungsplakat ist im Ornamentstil Gustav Klimts gestaltet, des Mitbegründers (1897) und ersten Präsidenten der Wiener Secession. Im folgenden Jahr widmet ihm die Secession eine Sonderausstellung. Ausgerechnet diese Ehrung führt, zusammen mit der herben Kritik von Publikum und Presse an Klimts 1903 vollendeten Deckengemälden in der Wiener Universität, zum Bruch.
Neben dem Hinweis auf Klingers Beethoven-Skulptur als dem herausragenden Exponat der Ausstellung verweist das Plakat auf die Zeitschrift »Ver Sacrum« (»Heiliger Frühling«), das publizistische Organ der Wiener Secession. Der Titel bezieht sich auf den altitalischen Brauch, in Zeiten großer Not den Nachwuchs eines Frühlings an Tieren und Menschen den Göttern zu opfern: das Vieh wurde geschlachtet, die Menschen zur Trennung (Seces-

sion) von ihrer Heimat gezwungen. Den hierin aus moderner Sicht enthaltenen Symbolgehalt hat schon Ludwig Uhland in einem Gedicht formuliert, das die Verszeile enthält: »Ihr seid das Saatkorn einer neuen Welt.« Dieses Sendungsbewußtsein gründet sich auf ein neues Kunstverständnis, das die »innere« über die (realistische, naturalistische, impressionistische) »äußere« Anschauung stellt. Roller gibt dieser Haltung durch seine mit geschlossenen Augen sich neigende geflügelte Gestalt auf gleichsam »plakative« Weise Ausdruck. Die Glaskugel gibt zu erkennen, daß die Gestalt die Versenkung in einen Zustand der Trance bzw. des Hellsehens verkörpert. Ein Vorbild dürfte das 1898 in »Ver Sacrum« besprochene Gemälde Die Einsamkeit des belgischen Symbolisten Fernand Khnopff sein, das eine solche Glaskugel enthält.

49

Der Plan des 1862 geborenen Komponisten Claude Debussy, das Drama Pelléas et Mélisande von Maurice Maeterlinck zu vertonen, läßt sich bis zum Jahr 1892 zurückverfolgen, in dem die Buchausgabe in Brüssel erschienen ist; am 16. Mai 1893 fand die Pariser Uraufführung statt. 1901 wurde Debussys Oper vom Direktor der Pariser Opéra Comique angenommen. Die Vorbereitung der Uraufführung am 30. April 1902 entwickelt sich zu einer skandalträchtigen Auseinandersetzung zwischen dem Autor des Stükkes und dem Komponisten, begleitet von nationalistischen Tönen. »Patrioten« äußern ihr Mißfallen darüber, daß der Oper das Stück eines Flamen zugrunde liegt, daß die Ausstattung einem Deutschen übertragen ist, daß die weibliche Titelrolle von dem schottisch-amerikanischen Star Mary Garden gesungen werden soll.

Der letzte Kritikpunkt wird von Maeterlinck selbst verfochten; der Dichter will seine Geliebte George Leblanc als Mélisande auf der Bühne erleben. Im übrigen hat er Vorbehalte gegen Debussys Bearbeitung seiner Vorlage. Am 14. Februar veröffentlicht der »Figaro« einen Brief Maeterlincks, der das bis zuletzt veränderte Libretto für widersinnig und bösartig erklärt und feststellt: »Von jetzt an ist das Stück in Feindeshand.« Ein Duell, zu dem Maeterlinck Debussy herausgefordert hat, verläuft nach dem (unbestätigten) Bericht von George Leblanc als Groteske: Der Herausforderer geht mit erhobenem Spazierstock auf seinen Gegner los, der sofort in Ohnmacht fällt und mittels Riechsalz wieder zu Bewußtsein gebracht wird. Bei der Generalprobe am 28. April werden vor dem Theater Textparodien feilgeboten, der Dirigent bricht angesichts der Leistung des

männlichen Titelhelden in Tränen aus und erntet gemeinsam mit dem Komponisten Hohngelächter.

Das Premierenpublikum reagiert zurückhaltender; Beifall spendet die Jugend dem neuartigen, »impressionistischen« Werk. Entgegen den Befürchtungen Maeterlincks ist Debussys Vertonung der Tragödie um die bis zum Mord sich steigernde Eifersucht Golos auf seinen Bruder Pelléas und den Liebestod Mélisandes eine kongeniale Leistung. Dennoch nimmt die Kritik die Oper zunächst mit kränkender Gleichgültigkeit auf und mokiert sich allenfalls über Mary Gardens Akzent oder zeigt sich enttäuscht über das »kränkliche« Werk »ohne Rückgrat«. Marcel Proust, der die Oper durch ein mit dem Theater verbundenes »Theaterphon« vernimmt, erklärt: »Der Duft der Rosen in der Partitur ist so stark, daß ich Asthma bekomme.«

Mary Garden als Mélisande
Jean Périer als Pelléas
Paris, 1902

Der musikalische Impressionismus

Sehr viel später als in der Malerei wird in der Musik von »Impressionismus« gesprochen, im Grunde erst knapp 30 Jahre nachdem der Journalist M. Louis Leroy die als Spott gedachte Bezeichnung geprägt hat; das Stichwort bezog er vom Titel *Impression. Soleil levant* eines Gemäldes von Claude Monet, das zu den Exponaten der ersten Ausstellung der »Société anonyme des Artistes« in den Räumen des Fotografen Nadar am Pariser Boulevard des Capucines (15. April bis 15. Mai 1874) gehörte. 1902 nun ziehen einzelne Kritiker anläßlich der Uraufführung der Oper *Pelléas et Mélisande* Vergleiche mit der längst anerkannten impressionistischen Malerei. Gemeinsamkeiten wurden schon bei Debussys *Prélude à l'après-midi d'un faune (Nachmittag eines Fauns*, 1894) erkennbar.

Die Vergleiche hinken, soweit sie sich auf inhaltliche Entsprechungen beziehen. Das *Pelléas et Méli-sande* zugrunde liegende Drama Maurice Maeterlincks ist aus symbolistischen Metaphern gewoben: Mélisande ist die Verkörperung der reinen Liebe, Pelléas die der Unschuld, ein Kind ahnt das Böse voraus, Pelléas ist zu einer langen Reise entschlossen, als Schauplatz dient ein düsteres Schloß. Derlei Motive ließen keinen Impressionisten zum Pinsel greifen. Erst recht nicht die Ermordung des Pelléas durch König Golo, der seinen Bruder belauscht, wie er von seiner Schwägerin Mélisande an einer Quelle Abschied nimmt und ihr seine Liebe gesteht.

Dagegen weist Debussys Abkehr von seinem ursprünglichen Vorbild Richard Wagner auf ein dem Impressionismus verwandtes Kunstverständnis hin: »Ich bin durchaus nicht gestimmt, das, was ich bei Wagner bewundere, auch nachzuahmen. Mir schwebt eine andere dramatische Form vor. Die Musik beginnt dort, wo das Wort versagt, die Musik drückt das Unausdrückbare aus … und ich möchte, daß sie manchmal verschwände wie ein Schatten und für Augenblicke wieder einträte, daß sie immer wie eine diskrete Person erscheine.« Hieraus folgt der Verzicht auf eine musikalische »Dramatik«, wie sie Wagner hervorgerufen hat. Es fehlen Chöre, vokale Ensembles, weitgehend auch Leitmotive, ganz zu schweigen von äußeren Effekten. Was die Kritik an Debussys Musik bemängelt, das Fehlen des »Rückgrats«, ist gerade das Kennzeichen einer Gestaltungsweise, die in ihrer musikalischen »Hellmalerei«, das heißt unter Ausschluß krasser »Hell-Dunkel«-Kontraste, die feinsten »farblichen Nuancen« als Spiegel seelischer Regungen zur Geltung bringt. Tragende Funktion gewinnt das Orchester, in dessen Klänge die Singstimmen eingebettet sind.

Wie die Impressionisten, so wurde auch Debussy durch die Begegnung mit der fernöstlichen Kunst auf neue Bahnen gewiesen. 1889 lernte er auf der Pariser Weltausstellung die javanische Musik kennen. Entfernt erinnern die Klangfarben in *Pelléas et Mélisande* an diese exotischen Skalen und rhythmischen Kontrapunkte.

Literatur

Neuerscheinungen

● Max von Eyth: *Der Kampf um die Cheopspyramide*. Trivialroman über den Wettstreit zweier spleeniger englischer Brüder um die Cheopspyramide, die der eine als Steinbruch verwerten, der andere als Kulturdenkmal erhalten will.

● Hugo von Hofmannsthal: *Ein Brief (Brief des Lord Chandos)*. Fiktiver Brief eines Lord Chandos an seinen Freund Francis Bacon, veröffentlicht in der Berliner Tageszeitung »Der Tag«. In historischer Einkleidung konstatiert Hofmannsthal den (literarischen) Sprachverlust als persönliches und kulturelles Krisensymptom, mit Ausblick auf eine Gestaltungsweise in einem »Material, das unmittelbarer, flüssiger, glühender ist als Worte«.

● Ricarda Huch: *Aus der Triumphgasse*. Die »Lebensskizzen« von Bewohnern der ärmlichen Triumphgasse in Triest basieren auf eigener Anschauung und bringen Mitleid ohne soziale Kritik zum Ausdruck.

● Selma Lagerlöf: *Jerusalem* (deutsch 1902/03). Roman in zwei Teilen (*In Dalarne, Im heiligen Lande*) über die Auswanderung schwedischer Bauern, um in Jerusalem die Wiederkehr Christi zu erwarten. Zugrunde liegen authentische Ereignisse sowie eine Studienreise der schwedischen Erzählerin nach Palästina (1899).

● Jonas Lie: *Wenn der Vorhang fällt. Aus der Komödie des Lebens* (*Naar jernteppet falder. Af livets komedie*, 1901). Norwegisches Vorbild zahlreicher Katastrophenromane: Die unmittelbar bevorstehende Explosion einer Zeitbombe (die jedoch ausbleibt) auf einem Überseedampfer bringt das wahre Wesen der einzelnen Passagiere zutage.

● Rainer Maria Rilke: *Das Buch der Bilder*. Gedichtband mit 45 Gedichten (ab 1898); editorisch maßgebend wird die vermehrte fünfte Auflage (1913). Vor allem die unter dem Eindruck des Aufenthaltes in Worpswede (1900) entstandenen Gedichte zeigen die Loslösung von einer ichbezogenen Stimmungslyrik.

● Peter Rosegger: *Als ich noch der Waldbauernbub war* (drei Bände 1900–1902). Autobiographischer Novellenzyklus in der Nachfolge Adalbert Stifters und der Arme-Leute-Erzählungen Berthold Auerbachs und Ludwig Anzengrubers. Das vom Hamburger Jugendschriften-Ausschuß herausgegebene Werk wird einer der größten Bucherfolge des 20. Jahrhunderts.

● Emil Strauß: *Freund Hein*. Heiner Linder, ein musikbegabter Gymnasiast, wählt den Freitod, nachdem er trotz aller Bemühungen das Klassenziel nicht erreicht und weder beim Vater noch in der Schule Verständnis für seine Begabung findet.

Lyrische Tragödie und gesellschaftskritische Satire

Ein Stück wie das von Debussy bearbeitete und vertonte Drama Pelléas et Mélisande enthält bei aller lyrischen Verhaltenheit die unabweisbare Frage nach den gesellschaftlichen Bezugspunkten des tragischen Geschehens. Sie findet ihre Antwort in der allgemeinen Perspektive auf eine bessere Ordnung als die bestehende.

Eine präzise Attacke auf den Untertanengeist ist Ludwig Thomas 1902 in München uraufgeführte Komödie Die Lokalbahn. Im Mittelpunkt steht der Bürgermeister einer Kleinstadt. Er brüstet sich mit einem geharnischten Protest bei der Regierung gegen die Bevorteilung eines adligen Fabrikanten zuungunsten seiner Gemeinde bei der Streckenführung der Lokalbahn. Was zunächst als Heldentat gefeiert wird, weckt kurz darauf größte Bedenken. Der Frieden wird durch das Eingeständnis des vermeintlichen Rebellen wiederhergestellt, zu keinem Zeitpunkt den untertänigsten Gehorsam verletzt zu haben.

Oben: Claude Debussy, 1902.
Mitte: Die Lokalbahn, 1902; Einband von Bruno Paul.

51

1902

Pawlow macht von sich reden

Iwan Petrowitsch Pawlow intensiviert seine tierpsychologischen Experimente, die zur Entdeckung des »bedingten Reflexes« führen. Tiere, die ihr Futter nach einem vorausgehenden Reiz oder Signal vorgesetzt bekommen (z. B. einer aufleuchtenden Lampe), reagieren nach einer gewissen Zeit und Übung schon auf das Signal allein mit der Absonderung von Speichel bzw. Verdauungssäften, ohne daß sie das Futter erblicken.

Später führt Pawlow nervenphysiologische Versuche durch, die bei Hunden verschiedene Temperamente ähnlich den menschlichen erkennen lassen. Er unterscheidet den »cholerischen«, »phlegmatischen«, »sanguinischen« und »melancholischen« Typ. »Das Verhalten von Mensch und Tier wird nicht nur durch die angeborenen Eigenschaften ihres Nervensystems bestimmt«, schreibt er, »sondern auch durch jene Einflüsse, die während des Lebens fortwährend auf den Organismus einwirkten und einwirken, das heißt, es ist die Folge einer ständigen Erziehung ... Wenn also vom individuellen Typ des Nervensystems die Rede ist, so muß man ständig auch alle jene Einflüsse ergründen und berücksichtigen, die auf den betreffenden Organismus vom Tage der Geburt an bis zur Gegenwart eingewirkt haben.«

Mitarbeitern Pawlows gelingt es, in Versuchen Zustände nervlicher Zerrüttung zu erzeugen, in denen sich Hunde völlig unerwartet (»paradox«) verhalten. Diese Versuche liefern später die theoretische Grundlage für die berüchtigte »Gehirnwäsche« beim Menschen, einer gewaltsamen geistigen Desorganisation.

Wie bedeutsam die Untersuchungen Pawlows über die höhere Nerventätigkeit bei Tieren werden sollten, zeigt die Tatsache, daß die gesamte sowjetische Medizin im Sommer 1950 im Pawlowschen Sinne neu orientiert wurde.

Rudolf Virchow stirbt

Am 5. September 1902 geht das Leben eines Mannes zu Ende, der zu den größten Medizinern des vergangenen Jahrhunderts gerechnet wird. Kaum ein Fachgebiet der Heilkunde, das Rudolf Virchow nicht befruchtet hätte. Die meistgenannte, im Jahre 1858 von ihm begründete Lehre ist die Zellularpathologie. Danach ist »Krankheit der Ausdruck von Störungen des normalen Lebens der Zelle« und die Zelle wiederum die »wahrhaft organische Einheit des Organismus, von der alle Tätigkeit des Lebens ausgeht«.

Der 1821 geborene Virchow wirkte in Würzburg und (hauptsächlich) in Berlin, wo er Direktor des Instituts für Pathologie gewesen ist. Diese seine Lehr- und Arbeitsstätte entwickelte sich unter seiner Leitung zu einem internationalen Zentrum der medizinischen Forschung. Die Fachwelt kannte ihn als Verfechter unumgänglicher Tierversuche in der Medizin. Häufig erhob Virchow Widerspruch gegen die Lehren nicht weniger bedeutender Kollegen. Unter den Attackierten befanden sich Ignaz Semmelweis, der Entdecker der infektiösen Ursache des Kindbettfiebers, und Robert Koch, der Entdecker der Milzbrand-, Tuberkel- und Cholerabazillen.

Außer als Anatom, Physiologe und Chirurg ist Virchow als Medizinhistoriker, Anthropologe und Archäologe hervorgetreten. Dem preußischen Abgeordnetenhaus gehörte er als überzeugter Liberaler an. Im Jahre 1861 gründete er die Fortschrittspartei, deren Vorsitzender er war. Im Verfassungskonflikt 1862–66 gehörte Virchow zu den erbittertsten Gegnern Bismarcks. Von ihm stammt der Ausdruck »Kulturkampf«, ein Wort, das er als »Kampf für die Kultur« verstanden wissen wollte. Schließlich ist Virchow als liberaler Kritiker der Kirche bekannt geworden. Mit seinem Tod (er stirbt an den Folgen eines Verkehrsunfalls) verliert die Ärzteschaft einen ihrer vielseitigsten und fähigsten, allerdings auch eigenwilligsten Köpfe.

Rudolf Virchow in seinem Arbeitszimmer im Institut für Pathologie in Berlin.

Elektrisch geladene Luftschichten

Oliver Heaviside vermutet die später bestätigten und nach ihm benannten, elektrisch geladenen Luftschichten in der Ionosphäre, in 60 und 400 km Höhe. Die Heaviside-Schichten wirken auf Kurzwellen wie ein Spiegel auf das Licht. Sie reflektieren von der Erde ausgesandte Funksignale und ermöglichen durch wiederholte Reflexion deren weltweite Ausbreitung im Zickzackkurs über den Erdball. Später erweist sich, daß eine »D-Schicht« in einer Höhe von 60–85 km, eine »E-Schicht« zwischen 85 und 140 km Höhe und zwei »F-Schichten« bis zu einer Höhe von 1000 km existieren. Die Aufladung (Ionisation) geschieht durch eine kurzwellige Sonnenstrahlung, die mit der Sonnenaktivität Schwankungen unterliegt.

Störungen der elektrisch geladenen Luftschichten treten häufig zu Zeiten starker Sonnenfleckentätigkeit auf, wenn »Schauer« sogenannter Korpuskularstrahlen von der Sonne auf die Ionosphäre treffen. Die Folge sind Störungen im weltweiten Kurzwellen-Funkverkehr, außerdem erdmagnetische Störungen, die zu verstärkten Polarlicht-Erscheinungen führen.

Die allergische Reaktion

Charles Richet entdeckt jenes Verhalten des menschlichen Körpers, das später als schockartige allergische Abwehrreaktion gegen Fremdstoffe (Anaphylaxie) erkannt wird. Normalerweise schützt sich der Körper mit seinen Abwehrsystemen im Blut gegen Krankheitskeime, aber auch andere »Eindringlinge« wie eingeatmete Pollenkörner oder gewisse Medikamente. Fällt die Abwehr übertrieben stark aus, spricht man von Allergie. Dann kann es zu Hautausschlägen, Asthma, auch schwerem allergischen Schock mit Todesfolge kommen. Im Lauf der Zeit nehmen die Allergien in der Bevölkerung ständig zu. Es werden Überempfindlichkeitsreaktionen entdeckt gegen Federn, Tierhaare, Hausstaub, Wolle, Bienengift, synthetische Fasern, sogar gegen Kälte und Schokolade. In den achtziger Jahren unseres Jahrhunderts leidet jedes fünfte Kind an einer Allergie in irgendeiner Form, was hauptsächlich auf die gestiegene Umweltbelastung zurückgeführt wird. Die Zahl der künstlich hergestellten Stoffe, so heißt es, sei unüberschaubar geworden, und ständig kämen neue »Allergene« hinzu. Statistische Erhebungen machen es wahrscheinlich, daß eine erhöhte Allergiebereitschaft auch bei solchen Kindern besteht, die nicht oder nur kurz von ihren Müttern an der Brust gestillt worden sind.

Zu Beginn des Jahrhunderts ist von alledem noch wenig, um nicht zu sagen nichts bekannt. Ein »allergisches« Reagieren mancher Menschen auf bestimmte Stoffe wird zwar registriert, die Zusammenhänge bleiben aber noch rätselhaft.

Radioaktive Strahlung beim Atomzerfall

Ernest Rutherford und Frederick Soddy erkennen das Rätsel der Radioaktivität. Sie deuten die Strahlung als Zerfall von Atomkernen. Die Radioaktivität ist eine Eigenschaft der Atomkerne vieler Isotope. Beim Zerfall wandeln sich instabile Atomkerne in stabilere um. Dabei wird durch die Strahlung Energie freigesetzt. Von der natürlichen Radioaktivität sind die künstlichen Kernumwandlungen zu unterscheiden. Durch »Beschuß« mit Elementarteilchen wie Protonen, Deuteronen usw. entstehen neue radioaktive Isotope fast aller Elemente. Auch die von radioaktiven Elementen ausgehenden Strahlen bewirken solche Umwandlungen.

Henri Fantin-Latour
Vorspiel zu »Lohengrin«
1902

Der französische Symbolismus und Richard Wagner

Symbolist kann nur sein, wer Wagnerianer ist – dieses Postulat kennzeichnet die Überzeugung einer Vielzahl vor allem französischer Künstler gegen Ende des 19. Jahrhunderts. Zu den Ausgangspunkten dieser Strömung innerhalb der Wirkungsgeschichte Richard Wagners gehört die Pariser Erstaufführung der Oper Tannhäuser im Jahr 1861. Sie wurde zwar zu einem (vom »Jockeyclub« inszenierten) Theaterskandal, und für bestimmte Kreise gehörte es von nun an zum guten Ton, Wagner-Aufführungen auszupfeifen; Dichter wie Charles Baudelaire dagegen begeisterten sich für Wagner.

Vor allem kamen Wagners Themen der Erlösungssehnsucht (Der fliegende Holländer, Parsifal) und der Verbindung von Liebe und Tod (Tristan und Isolde) den Empfindungen der Symbolisten entgegen. An Lohengrin faszinierte Wagners Deutung des Stoffes als Sinnbild für die Einsamkeit des Künstlers in einer von Wissenschaftlichkeit zersetzten glaubens- und empfindungslosen Zeit.

Das sowohl in Lohengrin als auch in Parsifal enthaltene Gralsthema übte durch seine okkulte Färbung besondere Anziehungskraft aus; 1891 nannte Joséphin Péladan seine esoterische Bewegung »Ordre de la Rose + Croix, du Temple et du Graal«.

Henri Fantin-Latour, bekannt und anerkannt als Spezialist für Gruppenbildnisse, beschäftigte sich schon früh mit Motiven aus Wagners Opern – in Darstellungen, die Kritiker wie André Pératé als »romantisierenden, wagnerianischen Plunder« verspotteten. Gleichwohl blieb Fantin-Latour, Mitarbeiter der »Revue Wagnérienne«, seiner Thematik treu. In Vorspiel zu »Lohengrin« bezieht er sich auf den Moment, in dem der reine Jüngling Titurel, der spätere Erbauer der Gralsburg und Stammvater der Gralskönige bis hin zu Parsifal und dessen Sohn Lohengrin, den Heiligen Gral empfängt; bis dahin wurde er von einer Engelsschar im Äther bewahrt. Das Ölgemälde gehört zu Fantin-Latours letzten Werken. Er stirbt 1904 im Alter von 68 Jahren in Buré (Orne).

Charles Rennie Mackintosh
Interieur im Hill House
1902/1903

Eugène Vallin und Victor Prouvé
Speisezimmer für M. Masson
1903–1905

Jugendstil-Innenarchitektur in Schottland und Frankreich

Während in England Jugendstil-Arbeiten, beispielsweise des Belgiers van de Velde sowie der Wiener Künstler um Otto Wagner, zunächst eher ablehnend betrachtet wurden, fand sich um 1893 in Glasgow eine Gruppe von Künstlern zusammen, die sich den avantgardistischen Bestrebungen in Europa anschloß. Zu ihnen gehört der 1868 in Glasgow geborene Charles Rennie Mackintosh, der 1896 den Wettbewerb für den Neubau der Glasgower Kunstschule gewann.

Mit seinen Inneneinrichtungen, die im Jahr 1900 im Wiener Secessionsgebäude erstmals auf dem Kontinent gezeigt wurden, beeindruckt Mackintosh nachhaltig österreichische Künstler wie Josef Maria Olbrich und Josef Hoffmann. Das für die »Schule von Glasgow« kennzeichnende »Kastenprinzip« findet sich hierbei im Möbelbau wieder. Die im Jugendstil insgesamt lebendige Auffassung der Architektur als organisch belebter Organismus wandelt sich in einen Zusammenhang von klar in ihrer Funktion bestimmten Einzelgliedern – mit einer Vorliebe für das überschlanke Rechteck. Die statischen Elemente senkrechter und waagerechter Begrenzungen erhalten einen Kontrast lediglich durch ebenso klare Kreise und Kreissegmente.

Ein anschauliches Beispiel für den voll entwickelten Mackintosh-Stil ist das Interieur aus dem 1902/1903 erbauten Hill House in Helensburgh bei Glasgow. Die Eleganz der Möbel und Wandgestaltung ergibt sich aus der Harmonie zwischen Form, Lackierung und farbiger Einlegearbeit.

Wenn auch in der Farbstimmung vollkommen verschieden, so ist das links unten abgebildete französische Interieur mit dem schottischen doch durch das Streben nach Einheitlichkeit verbunden. Das Speisezimmer (heute im Musée de l'Ecole in Nancy) ist ein Gemeinschaftswerk von Eugène Vallin und Victor Prouvé.

Von Bedeutung für die Weiterentwicklung einer Innenarchitektur »aus einem Guß« ist die Gründung der »Wiener Werkstätte« (1903–1932) durch Josef Hoffmann und Koloman Moser.

Bildende Kunst

Werke

- George Hendrik Breitner: *Flöße im Schnee* (Den Haag, Gemeentemuseum).
- Jozef Israels: *Judenhochzeit* (Amsterdam, Rijksmuseum).
- Wassily Kandinsky: *Der blaue Reiter* (Zürich, Sammlung Bührle); *Der Brautzug* (begonnen 1902; München, Städtische Galerie im Lenbachhaus).
- Paul Klee: *Die Schwester des Künstlers* (Bern, Klee-Stiftung).
- Gustav Klimt: *Die Hoffnung* (Turin, Galleria Galatea).
- Alfred Kubin: *Jede Nacht*

kommt uns ein Traum (Wien, Grafische Sammlung Albertina).
- Max Liebermann: *Polospieler im Jenischpark* (Hamburg, Kunsthalle).
- Henri Matisse: *Die Seine in Paris* (Zürich, Sammlung Bührle).
- Edvard Munch: *Die vier Söhne Dr. Lindes* (Lübeck, Behnhaus).
- Pablo Picasso: *Das Leben* (Cleveland, Museum of Art); *Frau Soler* (München, Neue Staatsgalerie); *Das Mahl auf der Wiese* (Familie Soler; Lüttich, Musée des Beaux-Arts).
- Henri Rousseau: *Kind mit Kasperle* (Winterthur, Privatsammlung).

- Hans Thoma: *Sommerglück* (Köln, Wallraf-Richartz-Museum).
- Jan Toorop: *In den Dünen* (Otterlo, Rijksmuseum Kröller-Müller).
- Felix Vallotton: *Die fünf Maler* (Winterthur, Kunstmuseum).
- Edouard Vuillard: *Im Café* (um 1903; München, Neue Pinakothek).

Ausstellungen

- Paris: Erster »Salon d'Automne« (»Herbstsalon«) im Petit Palais; Gründer und Präsident (bis 1925) ist der Architekt und Schriftsteller F. Jourdain.

Berlage und der Beginn der modernen Architektur in den Niederlanden

Am Anfang der modernen Architektur in den Niederlanden steht das Schaffen des 1856 in Amsterdam geborenen Architekten Hendrik Petrus Berlage. Seine Ausbildung erhielt er am Polytechnikum in Zürich, Studienreisen führten ihn nach Deutschland, Österreich und Italien. Wie sein Vorläufer und Zeitgenosse Petrus Joseph H. Cuypers gewann er aus seiner Beschäftigung mit der historischen Architektur nicht einen Musterkatalog von Stilformen, sondern die Einsicht in die Tragfähigkeit einer handwerklich geprägten und insofern »stillosen« Baukunst.

Den ersten Höhepunkt in seinem Werk bildet die 1903 vollendete Börse in Amsterdam. Berlage beteiligte sich 1883 und 1885 an dem von der Gemeindeverwaltung ausgeschriebenen internationalen Wettbewerb und erhielt den vierten Preis, doch blieb das Projekt auf dem Papier. 1896 schließlich wurde Berlage als technischer Berater herangezogen und entwickelte drei weitere Pläne, die zur Grundlage der 1898 begonnenen Erbauung wurden. Schrittweise entfernte Berlage alle »aufgesetzten« Schmuckformen bis hin zum Helm des Glockenturms. Entsprechend ruft der Stein gewordene

»Protest gegen Verzierungswut« die empörte Gegenreaktion hervor: der Bau gilt vielen als roh oder gar barbarisch. Verkannt wird das wegweisende Ziel, Räume und Bauglieder von unverwechselbarem Charakter zu schaffen.

Die Provokation der Nacktheit

Gemessen an der »sprechenden Architektur« des Historismus, für den ein Wirtschaftsgebäude ohne ausführliche Schmuckzitate aus der Renaissance undenkbar war, erscheint die Amsterdamer Börse von Hendrik Petrus Berlage als erschreckend nüchtern.

Die Abbildung zeigt den Saal der Warenbörse. Bei einer Breite von 22 Metern wird der Raum von einem Satteldach aus Glas und Eisen überdeckt. Zwar knüpfen die Seitenwände an die Renaissance an, doch ist das Motiv der mehrgeschossigen Arkaden viel zu frei verwendet, als daß sie beim Betrachter wohlgefällige Kunsterinnerungen wecken könnten.

Den Zeitgenossen erscheint der Bau als »nackt« – eine Vorstellung, deren grotesken Charakter Paul Klees satirische Radierung zu illustrieren vermag.

Mitte: Hendrik Petrus Berlage, Amsterdamer Börse, Saal der Warenbörse; 1898–1903.
Unten: Paul Klee, Zwei Männer, einander in höherer Stellung vermutend, begegnen sich; 1903.

1903

Theater

Premieren

● Maxim Gorki: *Nachtasyl. Szenen aus der Tiefe* (*Na dne*, 1902) kommt am 23. Januar in Berlin zur deutschen Erstaufführung. Schauplatz ist eine elende Kellerherberge, in der eine Gruppe heruntergekommener, jedoch individuell charakterisierter Existenzen haust. Neue Lebenshoffnung scheinen der Sträfling, der Dieb, die Prostituierte, der trunksüchtige Schauspieler, der heruntergekommene Baron durch den »Pilger« Luka schöpfen zu können, doch endet die Handlung in Totschlag und Selbstmord. Im Mittelpunkt des herausragenden Dramas des russischen Naturalismus stehen die Suche nach den im Menschen angelegten Kräften und die Frage nach den Voraussetzungen ihrer Verwirklichung.

● Gerhart Hauptmann: *Rose Bernd* wird am 31. Oktober in Berlin uraufgeführt. Soziales Drama im schlesischen Kleinbürgermilieu um die Ächtung einer jungen Frau, die zur Kindesmörderin wird.

● Hugo von Hofmannsthal: *Elektra*, kommt am 30. Oktober am Kleinen Theater in Berlin zur Uraufführung. Beginn von Hofmannsthals Bemühung um eine Erneuerung der Tragödie aus dem Geist der Antike, jedoch nicht in klassisch-harmonischer Sicht, sondern beeinflußt vom Griechenbild Nietzsches und Jacob Burckhardts. Im Mittelpunkt steht der unfruchtbare Haß der Titelheldin.

● Arthur Schnitzler: *Reigen. Zehn Dialoge* erscheint (nach dem Privatdruck 1900) als Buch und wird im nächsten Jahr verboten; die Szenen 4–6 werden am 23. Dezember in Berlin uraufgeführt (Uraufführung des Zyklus 1912 in ungarischer Sprache in Budapest).

Reinhardt und Gorki

Die Karriere des 1873 in Baden bei Wien geborenen Schauspielers Max Reinhardt als Theaterleiter beginnt 1903 mit der Direktion des Berliner Neuen Theaters. Zuvor inszeniert er am Kleinen Theater mit großem Erfolg Maxim Gorkis Drama Nachtasyl. Nicht zuletzt die Auseinandersetzung mit Gorki (und Ibsen) führt Reinhardt zu einer Überwindung der naturalistischen Theaterpraxis.

Die rechts wiedergegebene Lithographie von Théophile Alexandre Steinlen zeigt den 1868 in Nischni Nowgorod (heute Gorki) geborenen Schriftsteller in düsterer Eindringlichkeit. Der untere Bildstreifen charakterisiert Gorki als Autor von Pesnaja o burewestnike (Das Lied vom Sturmvogel, russisch und deutsch 1901). Das Bildnis dürfte aus dem Jahre 1906 stammen, in dem Gorki nach seiner zweimaligen Inhaftierung aus Rußland flieht und über Berlin nach Paris reist.

Theaterzettel des Berliner Neuen Theaters unter Reinhardt, 1903. Théophile Alexandre Steinlen, Maxim Gorki; um 1906.

Paul Gauguin
Nevermore
1897

Odilon Redon
Bildnis Gauguin
1903/1904

Die symbolistische Suche nach dem Ursprünglichen

Am 8. Mai stirbt in Atuona auf La Dominique kurz vor seinem 55. Geburtstag der französische Maler und Bildhauer Paul Gauguin. Die Südseeinsel ist der letzte Zufluchtsort des von der französischen Kolonialverwaltung als Schandfleck verdammten, an Syphilis erkrankten und vom Alkohol ausgezehrten Künstlers. Zuvor lebte Gauguin von 1891 bis 1893 und von 1895 bis 1901 auf Tahiti.

Über die Ende der achtziger Jahre in der Bretagne entstandenen Gemälde urteilte der Schriftsteller Octave Mirbeau, angeregt durch den Lyriker Stéphane Mallarmé: »Es gibt in diesem Werk eine beunruhigende und ausdrucksvolle Mischung von barbarischem Glanz, katholischer Liturgie, hinduistischen Träumereien, gotischen Bildvorstellungen und einem dunklen und subtilen Symbolismus; man findet die rauhe Wirklichkeit und poetische Höhenflüge« (»Echo de Paris«, 1891).

Die symbolistische Grundhaltung bewahrte Gauguin bei seiner Suche nach dem Ursprünglichen, das er im Erscheinungsbild von Mensch und Natur der Südsee zu finden hoffte. Der Titel seines Gemäldes Nevermore belegt die Verbindung zu Edgar Allan Poe, dessen Werk von den französischen Symbolisten in Anspruch genommen wurde. Nevermore ist das Wort, das ein Rabe in Poes Gedicht The Raven (1845) in magischer Wiederholung den Hoffnungen des Dichters entgegensetzt. Zur Verdeutlichung läßt Gauguin den Vogel im Fensterausschnitt erscheinen. Gauguins Schaffen blieb, fern jeglichem modischen Exotismus, von existentiellen Fragen des Menschseins geprägt.

Odilon Redons symbolistische Hommage mit dem Titel Bildnis Gauguin bezeugt eine tiefe Verbundenheit zwischen den beiden Künstlern, die sich wohl 1886 bei der letzten Gruppenausstellung der Impressionisten kennengelernt haben. »Ich möchte seine Werke mit Blumen eines neu entdeckten Gebietes vergleichen«, schreibt Redon 1903 in einem Nachruf, »in dem jede Blume das Vorbild ihrer Art ist.«

Auflage 12000.

III. Jahrg.
No. 4.
Bühne und Brettl
Preis
20 Pfg.

Elf Scharfrichter-Nummer

Thomas Theodor Heine
Die elf Scharfrichter
1903

Kabarett und Brettl-Bewegung in Deutschland

Als »Bretter, die die Welt bedeuten« konnte Schiller die Theaterbühne verstehen. Inzwischen hat sich die Theaterwelt trotz bühnentechnischer und dramaturgischer Fortschritte als erstarrt erwiesen. Den »Brettern« des (Ausstattungs-)Theaters tritt das »Brettl« der Kleinkunstbühne als Grundlage der Erneuerung gegenüber. Als Vorbild dienen die Pariser literarischen Kneipen. 1901 gründet Ernst von Wolzogen in Berlin seine als »Überbrettl« bezeichnete »Bunte Bühne« mit Oscar Straus als musikalischem Leiter. Im selben Jahr folgen in München die Gründung des Kabaretts »Die elf Scharfrichter« (mit Otto Falckenberg und Frank Wedekind) und der Zeitschrift »Bühne und Brettl«. Mit dem Untertitel »Brettl-Lieder« erscheint die Sammlung Deutsche Chansons mit Texten von Otto Julius Bierbaum, Arno Holz, Wedekind, Wolzogen u. a. 1902 eröffnet Max Reinhardt in Berlin das Kabarett »Schall und Rauch«, das sich der Literatur- und Theaterparodie widmet. Wesentlichen Anteil an den »Brettl«-Darbietungen hat der (etwa von Klavier und Laute begleitete) Gesang. So zeigt das Sonderheft »Elf Scharfrichter« von »Bühne und Brettl« aus dem Jahr 1903 als dominierende Gestalt die Sängerin Marya Delvard in ihrem schwarzen Gewand und mit bleichgeschminktem Gesicht. Geschaffen hat das auch als Plakat verwendete Motiv der »Elf Scharfrichter« Thomas Theodor Heine, der Mitbegründer des »Simplicissimus« (1896). Mögen die Sängerin und ihre elf teuflischen Spießgesellen auch noch so furchterregend wirken – Willy Rath beruhigt im ersten Band der Schriftenreihe Die elf Scharfrichter. Münchner Künstlerbrettl (1901) in einem »Vorspruch«: »... Wir treten mit dem Todesstrahl / Glutrot aufs Podium, / Doch richten wir nicht radikal: / Wir bringen Euch nicht um. // Wir üben treulich unser Amt, / Wir richten was sich selbst verdammt / Durch Eitelwahl und Heuchelei, / Durch Strebersinn und Krämergeist, / Durch dumme Geistestyrannei, / Durch alles, was uns häßlich heißt.«

58

Musik

Premieren

- Eugen d'Albert: *Tiefland,* Oper in zwei Akten (Uraufführung, Prag). Der mäßige Erfolg veranlaßt den Komponisten zur Kürzung von drei auf zwei Akte. In dieser Version erlebt *Tiefland* 1907 an der Berliner Komischen Oper in vier Monaten 70 Aufführungen.
- Leo Blech: *Alpenkönig und Menschenfeind,* volkstümliche Oper nach dem gleichnamigen Schauspiel (1828) von Ferdinand Raimund, wird in Dresden uraufgeführt.

- Anton Bruckner: *9. Sinfonie d-Moll* wird in Wien postum uraufgeführt. Imposante Themen und Häufung der Klangmittel kennzeichnen den Monumentalstil des Werkes, dessen Finale (4. Satz) der Komponist nicht mehr vollendet hat.
- Ermanno Wolf-Ferrari: *Die neugierigen Frauen.* Musikalische Komödie in drei Aufzügen nach Carlo Goldoni von Luigi Sugana (Uraufführung, München).
- Erik Satie: *Trois morceaux en forme de poire.* Die *Drei Klavierstücke in Form einer Birne* sind Saties Antwort auf den Vorwurf der Formlosigkeit in seiner Musik.

- Jean Sibelius: *Konzert in d-Moll für Violine und Orchester, op. 47.* Der langsame Satz mit seiner schwermütigen Melodik ist charakteristisch für den Stil des finnischen Komponisten.
- Alexandr Nikolajewitsch Skrjabin: *4. Sonate Fis-Dur, op. 30.* Letzte Klaviersonate des russischen Komponisten und Klaviervirtuosen, für die eine Tonartbezeichnung noch möglich ist. Das »Prestissimo volando« verweist nicht nur auf das ›Fliegen‹ als artistischen Begriff, sondern bezieht sich nach Skrjabin auch auf ein »philosophisch« verstandenes »Weg-von-dieser-Erde«.

Das »dritte Reich« bei Ibsen und Mereschkowski

1903 erscheinen in deutscher Übersetzung die historischen Romane (*Julian Apostata, Julian otsputnik* 1896) und *Leonardo da Vinci* (1901). Als Abschluß der Triologie *Christ und Antichrist* folgt 1905 *Peter der Große und sein Sohn Alexei.* In jedem der drei Teile gestaltet der russische Romancier Dmitri S. Mereschkowski an einer beispielhaften Persönlichkeit den Konflikt zwischen Heidentum und Christentum, Körper und Geist bzw. (in Heinrich Heines Begriffen) Sensualismus und Spiritualismus. Dasselbe Thema behandelt Henrik Ibsens Drama *Kejser og Galilaeer (Kaiser und Galiläer),* das 1903 zur norwegischen Erstaufführung gelangt

(Buchausgabe 1873, Uraufführung in deutscher Sprache 1896 in Leipzig). Auch hier dient der spätrömische Kaiser Julian mit seinem Versuch einer »Renaissance des antiken Heidentums« als Protagonist der weltgeschichtlichen Dialektik. Beide Schriftsteller orientieren sich an einem von Hegel abgeleiteten Entwicklungsmodell, das durch den Dreischritt vom Heidentum über das Christentum zur Synthese eines »dritten Reichs« führt, das bei Mereschkowski theokratischen Charakter besitzt. Popularität gewinnt vor allem der Roman *Leonardo da Vinci,* allerdings nicht aufgrund seiner geschichtsphilosophischen Thematik, sondern der erotischen »Sittenschilderung« des Lebens am Hof in Mailand sowie im Vatikan zur Zeit der Päpste Alexander VI., Julius II. und Leo X.

Hugo Wolf

Am 22. Februar stirbt kurz vor seinem 43. Geburtstag der »Meister des Liedes« Hugo Wolf in der Wiener Landesirrenanstalt, in der er die letzten fünf Lebensjahre verbracht hat. Der Komponist mag sein tragisches, durch ein von manischer Schaffenswut verschlimmertes Gehirnleiden verursachtes Ende vorausgeahnt haben, als er bekannte: »In der innigen Verschmelzung von Poesie und Musik hat die Musik etwas Vampirartiges an sich. Sie krallt sich unerbittlich an ihr Opfer und saugt aus ihm den letzten Blutstropfen aus.« Diese »Verschmelzung« von Musik und Text im Lied verweist auf Wolfs Bewunderung Richard Wagners, dessen musikdramatisches Schaffen ihm für die Vertonung von Gedichten zum Vorbild wurde, während er seinen Zeitgenossen Johannes Brahms als »Strophendrechsler« radikal ablehnte. Hauptwerke Wolfs sind die Liederzyklen mit Texten von Joseph von Eichendorff, Eduard Mörike, Goethe (darunter die Wilhelm-Meister-Lieder mit den niederdrückenden Gesängen des umnachteten Harfners) und Michelangelo. 1896 kam in Mannheim seine Oper Der Corregidor zur (erfolglosen) Uraufführung. 1883 entstand die sinfonische Dichtung Penthesilea nach Heinrich von Kleists gleichnamiger Tragödie.

Bildnis Hugo Wolf

Literatur

Neuerscheinungen

- Iwan Alexejewitsch Bunin: *Erzählungen,* darin: *Die Antonower Äpfel (Antonovskie jakbloki,* wörtlich: *Die Antonsäpfel),* eine bilderreiche Schilderung des dem Untergang geweihten altrussischen Dorflebens.
- Anatole France: *Crainquebille.* Sozialkritische Polemik gegen den von der Polizei repräsentierten Obrigkeitsstaat am Beispiel der willkürlichen Bestrafung des armen Gemüsehändlers Crainquebille. Die Erzählung erscheint in der französischen Ausgabe gemeinsam mit *Riquet* und *Pensées de Riquet;* hier erweisen sich die Vorstellungen eines Schoßhündchens von seinem Herrn als Analogie zu dessen Vorstellungen von Gott.
- Rudolf Herzog: *Die vom Niederrhein.* Populärer Roman um die Freundschaft und Konkurrenz zwischen einem Dichter und einem Maler mit verschwommener Gestaltung der Lebens- und Künstlerproblematik. Tragende Wertnormen sind natürliches Menschentum, hei-

matverbundenes Volkstum und deutsch-nationale Kunst.

- Elisabeth von Heyking: *Briefe, die ihn nicht erreichten.* Anonym veröffentlichter Briefroman der Gattin des deutschen Gesandten in China und Mexiko mit autobiographischem Hintergrund. Erfolgreich durch das Publikumsinteresse an aktuellen Fragen Chinas sowie das Trivialmotiv einer unerfüllten Liebe.
- Eduard Graf von Keyserling: *Beate und Mareile. Eine Schloßgeschichte.* Der Haupttitel nennt Ehefrau und Geliebte eines Adligen, der schließlich als »vom Leben besudelt, gebrochen« in sein Schloß zurückkehrt. Schauplätze sind das Baltikum und Berlin.
- Heinrich Mann: *Die Jagd nach Liebe.* Als »bajuwarisches Gegenstück« zum Berlin-Roman *Im Schlaraffenland* (1900) schildert der Roman die Münchner Jugendstil-Kultur der Jahrhundertwende als schwächlichen Ästhetizismus. Vorbild für die Gestalt der scheiternden Schauspielerin Ute Ende ist Heinrich Manns Schwester Carla.
- Thomas Mann: *Tristan. Sechs Novellen.* Schauplatz der Titelno-

velle ist das Sanatorium »Einfried«, in der die Gattin eines Großhändlers Klöterjahn (indem sie gegen das Verbot der Ärzte den Klavierauszug aus Wagners *Tristan und Isolde* spielt) das Opfer eines lebensfeindlichen Ästheten wird. Die Sammlung enthält ferner *Tonio Kröger,* eine gegenüber *Tristan* gemilderte Konfrontation von Bürger- und Künstlertum. Den Mittelteil bildet ein Literaturgespräch zwischen dem Literaten Tonio und der Malerin Lisaweta, die in ihrem Freund den »verirrten Bürger« erkennt, im Grunde erfüllt von Sehnsucht nach den »Wonnen der Gewöhnlichkeit«.

- Otto Weininger: *Geschlecht und Charakter.* Radikal antifeministische und antijüdische Schrift des 23jährigen österreichischen Juden, der noch im selben Jahr Selbstmord begeht. Nicht zuletzt dieser Umstand macht die »prinzipielle Untersuchung« mit ihrer Prophezeiung eines Kampfes »zwischen Judentum und Christentum, Geschäft und Kultur, Weib und Mann« zu einem kurzfristigen Sensationserfolg.

1903

Reales und fiktives Abenteuer

Der 17. Dezember 1903 gilt als das Geburtsdatum der motorischen Luftfahrt. An diesem Tag gelingen den amerikanischen Brüdern Wright – dem 36jährigen Wilbur und dem 32jährigen Orville – die ersten gesteuerten Motorflüge mit ihrem selbstgebauten Doppeldecker »Flyer«, dessen Motor eine Leistung von 24 PS besitzt. Der erste dieser Flüge dauert 12 Sekunden und bildet einen Hüpfer von etwa 50 Metern. Schauplatz des technischen Abenteuers ist ein Dünengelände bei Kitty Hawk im US-Bundesstaat North Carolina.

Am 20. September des folgenden Jahres schaffen die Brüder mit dem verbesserten Flugzeug »Flyer II« den ersten Rundflug. Der entscheidende Fortschritt liegt darin, daß Unabhängigkeit vom Auftrieb gebenden Gegenwind erreicht ist.

In Europa verbreitet sich die detaillierte Information über die Erfindungen und Erfolge der Wrights durch deren französischen Lehrmeister Octave Chanute, der selbst mit Gleitfliegern nach dem Vorbild der Flugapparate der Brüder Gustav und Otto Lilienthal experimentiert hat; der letztere Flugpionier ist 1896 bei einem Absturz ums Leben gekommen.

Das rechts wiedergegebene Szenenfoto stammt aus dem 1903 gedrehten Film The Great Train Robbery (Der große Eisenbahnraub). Sein Regisseur ist der 33jährige Amerikaner Edwin S. Porter, ein Angestellter der Edison Company. Bis 1902 drehte er wie viele andere Kameramänner als Dokumentarfilmer politische und sportliche Ereignisse, Sensationsdarstellungen und Genreszenen aus dem Alltag, wobei die Kameraeinstellung »stand« bis zum Durchlauf des Filmstreifens durch die Kamera. Nach dem Vorbild von aus Europa importierten Streifen inszeniert nun Porter seine Geschichte als Folge kurzer Szenen auf verschiedenen Schauplätzen.

Oben: »Flyer II« der Brüder Wright, 1904.
Unten: The Great Train Robbery, 1903; Szenenfoto.

Mendel wird wiederentdeckt

Schon in den sechziger Jahren des vorigen Jahrhunderts hatte der Augustinermönch Gregor Mendel bei seinen Kreuzungsversuchen an Erbsen die grundlegenden Erbgesetze entdeckt. Einfache Merkmale, wie die Blütenfarben, folgen danach bei der Kreuzung einem Erbgang, der bei den Nachkommen zu Zahlenverhältnissen führt. Ein heute noch gern in der Schule gebrauchtes Beispiel ist das der rot- und weißblühenden japanischen Wunderblume. Kreuzt man, so das erste Mendelsche Gesetz, zwei reinerbige Rassen, die sich in einem Merkmal (genauer: Allel) unterscheiden, so sind die Nachkommen unter sich alle gleich (bei der Wunderblume ergeben sich lauter rosarot blühende Pflanzen). Kreuzt man die Pflanzen dieser ersten Folgegeneration unter sich weiter, so sind die Nachkommen nicht gleich, sondern »spalten auf«. Daraus ergibt

sich das zweite Mendelsche Gesetz, das »Spaltungsgesetz«. Es besagt, daß in unserem Beispiel die rosablühenden Pflanzen zu 50 Prozent wiederum rosa, zu je 25 Prozent jedoch rot- und weißblühende Nachkommen haben. Das dritte Mendelsche Gesetz betrifft die Neukombination von Erbanlagen (heute sagen wir: der »Gene«). Kreuzt man Rassen, die sich in zwei oder mehreren Merkmalen unterscheiden, so werden die einzelnen Merkmale mit gewissen Ausnahmen unabhängig voneinander und entsprechend den beiden ersten Mendelschen Gesetzen vererbt.

Die Befunde des emsigen Klosterbruders fanden zunächst wenig Interesse, bis Carl Correns, Erich von Tschermak und Hugo de Vries 1900 ihre Bedeutung begreifen. Die Synthese dieser Vorarbeiten gelingt im Jahr 1903 Walter Sutton und 1904 Theodor Boveri mit der »Chromosomentheorie«, die die Mendelschen Gesetze verständlich macht.

Paul Lincke
Cakewalk »Negers Geburtstag«
Notentitel, 1903

Adolf Philipp
**»Vierländer Lied« aus der
Operette »Über'n großen Teich«**
Notentitel, 1903

Oskar Zwintscher
Gerechtfertigt
Meggendorfer Blätter, 1904

Aspekte des gesellschaftlich-kulturellen Lebens

Mit dem Cakewalk beginnt kurz nach der Jahrhundertwende die Folge der aus Amerika nach Europa importierten Modetänze, deren rascher Wechsel nicht zuletzt den Musikmarkt belebt. Der »Kuchentanz« (benannt nach dem als Preis ausgesetzten Kuchen) ist ein von nordamerikanischen Schwarzen ausgeformter Wettbewerbstanz indianischen Ursprungs, im Grundrhythmus (Zweivierteltakt) dem späteren Tango verwandt. Der Reiz des Tanzes liegt darin, daß die Partner ein in grotesken Bewegungen ausgeführtes Tanzspiel mit erotisch-werbendem Charakter ausführen, ohne sich zu berühren.

Derlei Brückenschläge über den »großen Teich« – etwa von der New Yorker Freiheitsstatue zur Berliner Siegessäule (vgl. den Notendruck »Vierländer Lied«) – gehen einher mit der technischen Nachrichtenverbindung zunächst durch Atlantikkabel, dann durch die Funktelegrafie. Ihre Erfindung gelang 1896 dem 24jährigen Italiener Guglielmo Marconi; 1903 wird in Berlin die Gesellschaft für drahtlose Telegrafie mit dem Warenzeichen Telefunken gegründet.

Zu den wesentlichen bildungspolitischen Ereignissen des Jahres 1904 in Preußen gehört die Zulassung weiblicher Studierender zum Examen für das Lehramt an Gymnasien. Aus der Sicht populärer humoristischer Zeitschriften sind Studentinnen freilich ein beliebter Gegenstand des Spottes: das rechts wiedergegebene Beispiel ist eine »Brotarbeit« des ab 1903 an der Dresdener Akademie lehrenden Malers Oskar Zwintscher, veröffentlicht auf der Titelseite von Heft 7 (1904) der »Meggendorfer Blätter«. In der Bildunterschrift rechtfertigt sich der Nachtwächter: »Aber Herr Bürgermeister, das waren ja Studentinnen, die vom Kommers kamen und sich in meinen Schutz begeben hatten.« Heft 3 (1904) der »Meggendorfer Blätter« enthält unter der Überschrift »Renommage« den Dialog:»Gnädiges Fräulein finden das Studium also nicht leicht?« – »Nein, wo man fortwährend durch Heiratsanträge im Studium gestört wird.«

Bürgermeister (der den Nachtwächter zur Rede stellt): »Was mußte ich sehen!«
Nachtwächter: »Aber Herr Bürgermeister, das waren ja Studentinnen, die vom Kommers kamen und sich in meinen Schutz begeben hatten.«

Tony Garnier
Hafen der Cité industrielle
1901–1904

Fernand Khnopff
Die verlassene Stadt
1904

Die Stadt der Zukunft und der Vergangenheit

1904 schließt der 1869 in Lyon gebore-ne Architekt Tony Garnier seine Pläne für eine Industriestadt ab. Er veröffent-licht sie 1917 unter dem Titel Une cité industrielle. Den Ausgangspunkt bil-dete 1901 Garniers Beteiligung am Wettbewerb um den Grand Prix de Ro-me. Der schon zu diesem Zeitpunkt in seiner Gesamtstruktur entwickelte Entwurf einer aus Beton, Eisen und Glas zu errichtenden Stadt, gegliedert in Wohn- und Industriebereiche, stieß auf die entrüstete Ablehnung der Jury, doch ließ sich Garnier nicht beirren.

Sein Plan einer völligen Durchgrü-nung der Stadt entspricht Grundsät-zen der Gartenstadt-Bewegung, die mit der Gründung von Letchworth bei London im Jahr 1903 hervortritt; wie Letchworth ist die Industriestadt für 35 000 Einwohner berechnet.

Garnier begründet die Wahl seines Themas »Industriestadt« mit der Er-wartung, daß »der größte Teil der neuen Städte, die in Zukunft gegrün-det werden, aus industriellen Beweg-gründen entstehen wird«. In gewisser Weise stimmt das Gemälde Die verlas-sene Stadt des 1858 geborenen belgi-schen Symbolisten Fernand Khnopff mit dieser Betrachtungsweise über-ein. Als menschenleer und endgültig der Vergangenheit überantwortet er-scheint das historische Ensemble von Bauten mit gotischen Treppengiebeln, deren Vorbild eine Gebäudegruppe am Memling-Platz in Brügge bildet. Zugleich bringt Khnopffs Stadtbild den Wunsch zum Ausdruck, dem »Lärm der Zeit« einen Zufluchtsort ab-soluter Ruhe entgegenzusetzen. Inso-fern ist Die verlassene Stadt nicht eine elegische Absage an die Vergangen-heit, sondern ein Traum- und Wunsch-bild, das durch den Kontrast zwischen der zeichnerischen Exaktheit in der Wiedergabe von Mauerwerk und Pfla-sterung und der malerischen Unbe-stimmtheit von Himmel und Meer eine »stille« Ausdruckskraft gewinnt.

Khnopffs Beschäftigung mit Architek-tur schloß den Entwurf eines eigenen, mit Marmor und Mosaiken ausgestat-teten Wohnhauses in Brüssel ein, das er 1902 bezogen hat.

Garniers Industriestadt

Mit der von Tony Garnier 1901 bis 1904 entworfenen Industriestadt gewinnt der Begriff Städtebau neuen Sinn. Angesichts wuchernder Großstädte mit Stilfassaden, lichtlosen Hinterhöfen und rußigen Fabrikanlagen vertritt Garnier eine Konzeption, die städtische Funktionen räumlich trennt und dem Wohnen Vorrang einräumt. Revolutionär ist Garniers Plan auch durch die Spannweite der Gesichtspunkte vom Bodenrecht bis zur Formensprache, von Maßverhältnissen bis zum Material.

Für die kubischen Wohnbauten sowie die Wohnviertel stellt Garnier die folgenden Regeln auf:

1. In den Wohnungen müssen die Schlafzimmer mindestens ein Südfenster haben, groß genug, um den ganzen Raum zu erhellen und die Sonnenstrahlen hereinzulassen.

2. Höfe und Innenhöfe, das heißt von Mauern umschlossene Räume, die der Belichtung oder Belüftung dienen, sind verboten. Jeder noch so kleine Raum muß unmittelbar von außen her belichtet und belüftet werden.

3. Die Mauern, Fußböden usw. im Innern sind aus glattem Material mit gerundeten Kanten.

Das Baugelände in den Wohnvierteln wird zunächst in Einzelgrundstücke aufgeteilt, die in ostwestlicher Richtung 150, in nordsüdlicher Richtung 30 Meter messen; diese werden ihrerseits in Parzellen von 15 × 15 Metern unterteilt, deren eine Seite immer auf die Straße geht. Ein Wohnhaus oder sonstiges Gebäude kann eine oder mehrere Parzellen in Anspruch nehmen, aber die bebaute Fläche muß stets kleiner sein als die Hälfte der Gesamtfläche, während der freibleibende Raum einer dem Fußgängerverkehr geöffneten Gartenanlage vorbehalten bleibt.

In der Architekturgeschichte wird Garnier meist nur wegen dieses Projekts genannt. In Lyon errichtet er jedoch zwischen 1904 und 1914 Bauten und Wohnviertel, die seine theoretischen Überlegungen wirkungsvoll bestätigen.

Eisenbahnarchitektur

Auf der Pariser Weltausstellung des Jahres 1900 fand der 1873 geborene Architekt Eliel Saarinen internationale Anerkennung für den von ihm entworfenen finnischen Pavillon. Zu Saarinens bedeutendstem Bau in Finnland, das er 1923 mit der Übersiedlung in die Vereinigten Staaten endgültig verläßt, wird der 1910 bis 1914 geschaffene Hauptbahnhof von Helsinki, dessen links oben wiedergegebener Entwurf aus dem Jahr 1904 stammt. Er bildet ein Beispiel für die mit der durchaus vagen Bezeichnung »frühe Moderne« umrissene Loslösung von stilgeschichtlichen Vorbildern, die sich naturgemäß in der einigermaßen jungen Bauaufgabe der Eisenbahnarchitektur anbietet. Saarinens Bahnhofsgelände beeindruckt die Zeitgenossen durch einen persönlichen Monumentalstil. Ihn kennzeichnet das Spannungsverhältnis zwischen horizontal gelagerter Baumasse und vertikaler »Bewegung«. Eine Entsprechung findet sich Jahre später in dem von Paul Bonatz entworfenen Stuttgarter Hauptbahnhof, mit dessen Bau 1913 begonnen wird.

Das links unten als Entwurf abgebildete Bahnhofsgebäude gehört zu Tony Garniers Industriestadt. Auch hier bildet der Turm einen aufwärtsstrebenden Impuls; die Offenlegung der Gerüstkonstruktion knüpft an den Ingenieurbau an. Vollkommen neuartig ist dagegen der freie Grundriß der zur Seite hin offenen Zonen. Die Überdachung ruht zwar auf Stützen, ragt jedoch über diese weit hinaus. Voraussetzung für eine solche Bauidee ist die vorausschauende Einsicht in die Verwendungsmöglichkeit des Stahlbetons, die zu dieser Zeit noch kaum erprobt ist. Garniers Entwürfe sind in ein sozialistisch fundiertes Gesamtkonzept eingebettet, in das auch das Thema »Bauform und Material« eingebunden ist und in dem zwei Bauaufgaben keinen Platz finden: die Kirche und die Kaserne.

Oben: Eliel Saarinen, Entwurf des Hauptbahnhofs von Helsinki; 1904.
Unten: Tony Garnier, Entwurf des Bahnhofs einer Industriestadt; 1901–1904.

1904

Das erste synthetische Hormon

Einen großen Schritt vorwärts macht die Medizin im Jahre 1904, als es dem Biochemiker Friedrich Stolz gelingt, Derivate des 1901 von Jokichi Takamine isolierten Hormons Adrenalin zu synthetisieren und seine Strukturformel zu ermitteln. Später gelingt auch die Vollsynthese. Adrenalin ist ein »Botenstoff«, der im Nebennierenmark gebildet wird und wie alle Hormone ins Blut gelangt. Einerseits steigert es den Stoffwechsel, denn es sorgt bei starkem Streß dafür, daß der Blutzuckerspiegel nicht zu stark absinkt. Es steuert damit gewissermaßen dem Insulin entgegen. Außerdem regt es die Durchblutung arbeitender Organe an und vermindert die der ruhenden. In hohen Dosen verabreicht, wirkt es allgemein stark blutdrucksteigernd, indem es die Blutgefäße verengt.

Da das Adrenalin alle diese Vorgänge im Fall einer plötzlichen Belastung sehr rasch auslöst, hat man es auch das »Notfallhormon« des Menschen genannt. Es steht immer dann zur Verfügung, wenn der Betreffende kurzfristig in starke Erregung gerät, etwa auch bei Angst oder Wut, oder bei der Abwehr von Gefahrensituationen, auf der Flucht oder beim Angriff. Das Adrenalin beschleunigt ferner die Herztätigkeit. Diese Eigenschaft kann nun gezielt therapeutisch genutzt werden, da das Hormon jetzt synthetisch herstellbar ist, etwa in Fällen von Herzstillstand zur Unterstützung der Wiederbelebungsversuche. Auch läßt es sich erfolgreich beim Bronchialasthma einsetzen. Hier versucht man, mit seiner Hilfe den Einfluß des sympathischen Nervensystems zu stärken, um die verkrampften Bronchien zu entspannen und den akuten Anfall zu lindern. Schließlich lassen sich mit dem Adrenalin einzelne Symptome allergischer Krankheiten unterdrücken. Seine synthetische Herstellung durch Stolz spornt zahlreiche Wissenschaftler an, auch andere Hormone chemisch zu gewinnen und künstlich herzustellen.

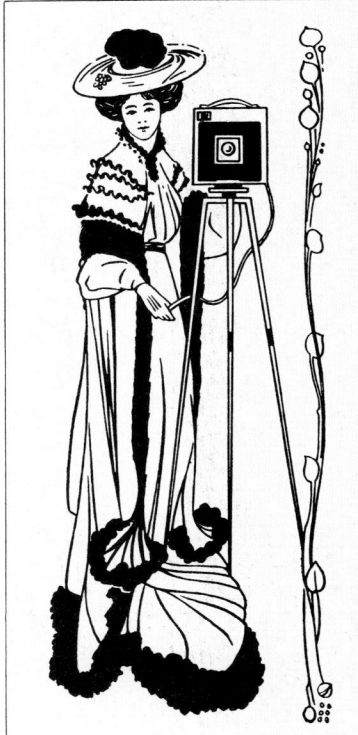

Wer hat Angst vor der Kamera?

Der um 1904 entstandene Jugendstil-Holzschnitt präsentiert den auf bedenklich schmalen Stativbeinen ruhenden quadratischen Kamerakasten als Gegenstand, den die fließenden Linien des Pflanzenornaments und der Gewandfalten zu umschmeicheln scheinen. Entsprechend beruhigend richtet die Dame ihren Blick auf den Betrachter, während sie zugleich den Auslöser in ihrer Rechten hält, um im geeigneten Augenblick das »Auge« der Kamera zu öffnen. Durch seine aufdringliche Harmonie verrät der Druck etwas von dem im Grunde zwiespältigen Verhältnis zu dem Ersatzgerät für die unmittelbare bildhafte Darstellung.

Mitte: Die Fotografin, um 1904.
Unten: Das Kurhaus von Ostende, Fotografie um 1900.

Bildende Kunst

Werke
● Paul Cézanne: *Montagne Sainte-Victoire* (Philadelphia, Museum of Art).
● Armand Guillaumin: *Holländische Segelschiffe* (Paris, Musée de l'Impressionisme).
● Leopold Graf von Kalckreuth: *Marie Zacharias (Sonnenstimmung)* (Hamburg, Kunsthalle).
● Wassily Kandinsky: *Am Meer bei Tunis* (München, Städtische Galerie im Lenbachhaus).
● Rudolf Levy: *Markt in Concarneau im Sonnenschein* (Hannover, Städtische Galerie).
● Max Liebermann: *Bildnis Wilhelm von Bode* (West-Berlin, Nationalgalerie).
● Claude Monet: *Das Parlament in London* (Paris, Musée de l'Impressionisme).
● Pablo Picasso: *Frau mit Krähe* (Toledo/Ohio, Museum of Art); *Frau mit Fächer* (Privatbesitz).

Henri Matisse
Luxus, Stille und Wollust
1904

C. H. Küchler
Vor dem Kurhaus
um 1900

Fotografie und Malerei

Es gehört zu den Binsenweisheiten der kunstgeschichtlichen Betrachtung, daß mit der Entstehung der Fotografie um 1830 und ihrer Ausbreitung in der zweiten Hälfte des 19. Jahrhunderts die Malerei von herkömmlichen Aufgaben und Formen der bildhaften Darstellung befreit worden ist. Dennoch bestehen neben dem zunehmend Trennenden der beiden Abbildungsmittel auch Wechselbeziehungen. So versuchen die frühen Fotografen, malerische Wirkungen etwa im Stil des Impressionismus zu erzielen. Umgekehrt bedienen sich Maler fotografischer Vorlagen. Ein Beispiel ist Paul Cézannes Gemälde Schneeschmelze im Wald von Fontainebleau.

Zwei weniger aufsehenerregende Dokumente sind die beiden einander gegenübergestellten Darstellungen der Strandpromenade von Ostende. Dennoch können sie auf anschauliche Weise bezeugen, in welcher Hinsicht sich die »realistische« Malerei der Fotografie bedient, um sie mit eigenen Mitteln zu übertrumpfen. Gemeinsam ist beiden Bildern die naturgetreue Wiedergabe des Kurhauses, wobei Küchler mit einiger Sicherheit das hier wiedergegebene oder ein entsprechendes Foto zu Hilfe genommen hat. Was dem Kollegen mit der Kamera zu dieser Zeit noch nicht gelingt, ist die Verbindung zwischen Personen in Nahsicht und einem ebenso deutlichen Hintergrund. Hier setzt der Maler seine Überlegenheit ein. Er beherrscht den gesamten Bildraum und vermag eine ebenso informative wie phantasievolle Schilderung des Kurlebens zu geben.

Dieses Beispiel kann den Blick dafür schärfen, daß und weshalb die »eigentliche« Entwicklung der Malerei sich mit Entschiedenheit von derlei Anleihen bei der fotografischen Wiedergabe abwendet. Die Strandszene des 1869 geborenen, durch den Symbolisten Gustave Moreau ausgebildeten Henri Matisse mit dem Titel Luxe, calme et volupté (Luxus, Stille und Wollust) beabsichtigt keine Schilderung. Vielmehr führt die (hier noch neoimpressionistisch geprägte) Malerei zu einer neuen Unmittelbarkeit der Wahrnehmung und Gestaltung.

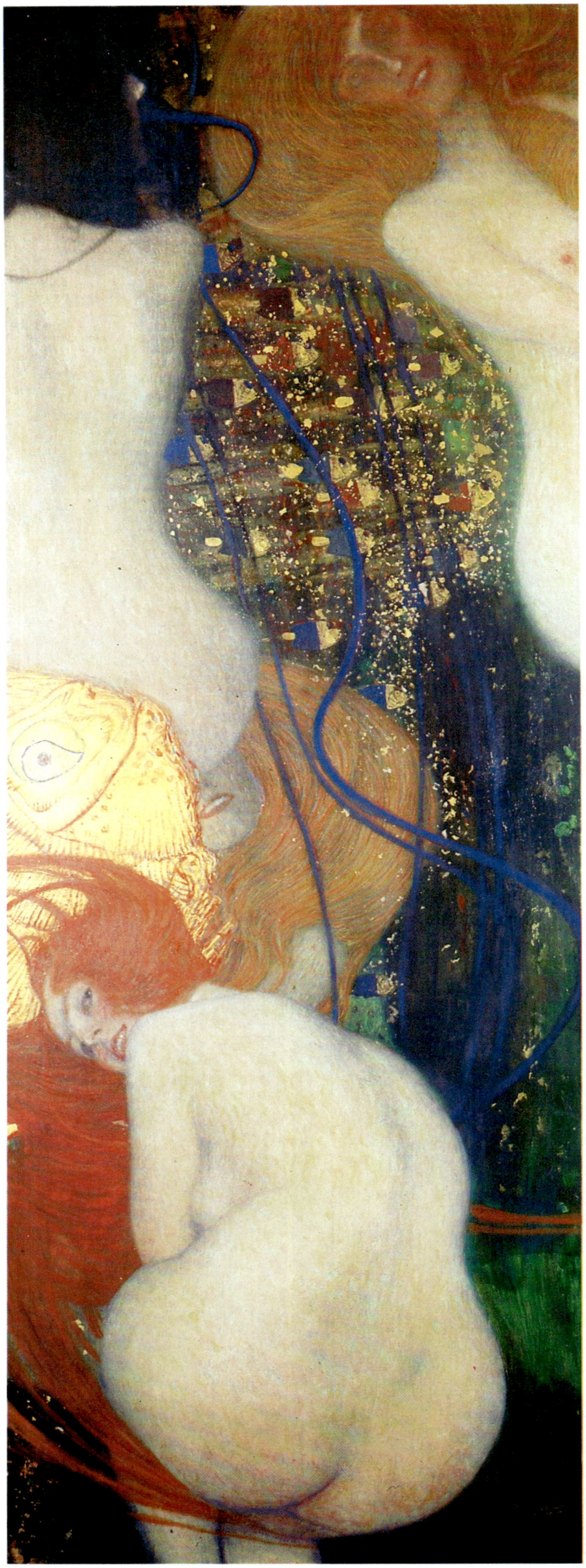

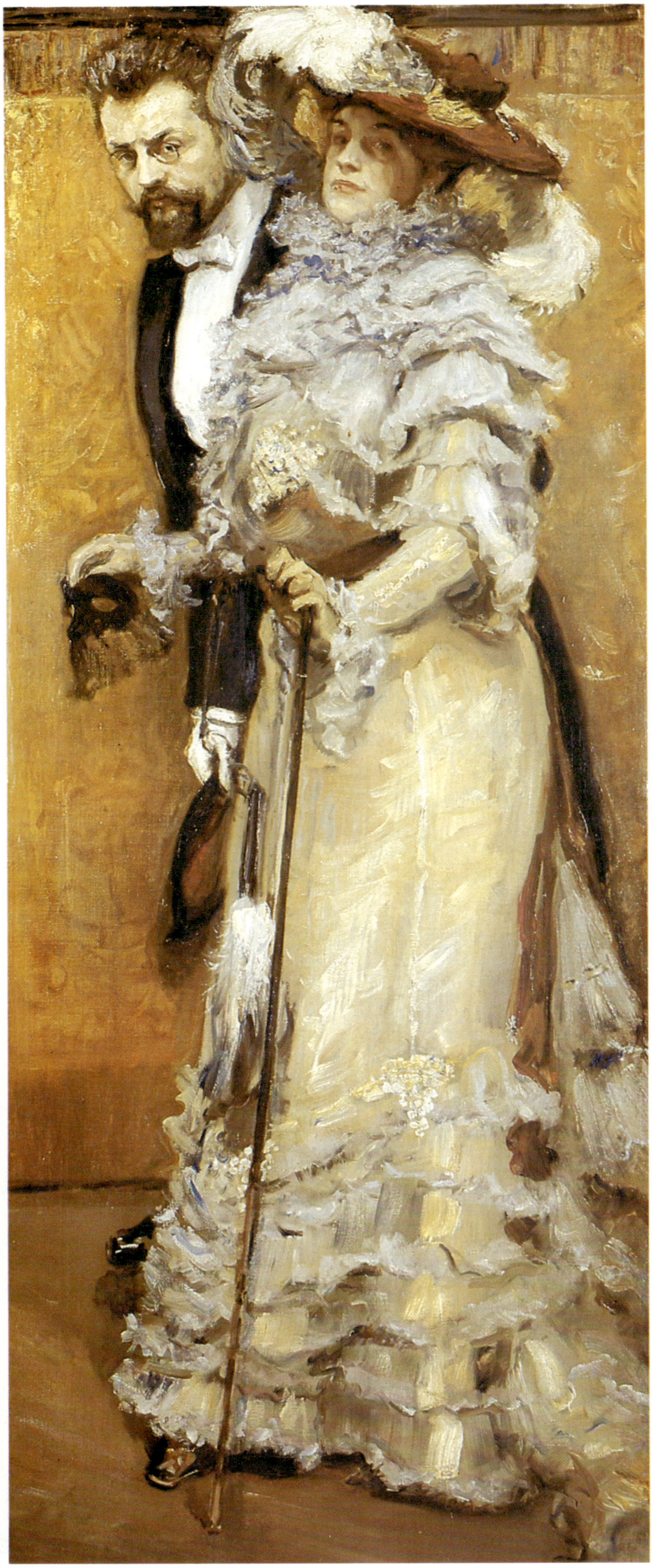

Tschechows letztes Drama

Am 17. Januar kommt am Moskauer Künstlertheater das Drama *Wischnevyj sad (Der Kirschgarten)* zur Uraufführung. Der Titel nennt das zentrale Sinnbild einer ökonomisch und damit auch historisch bedrohten (Natur-)Schönheit. Im jeweiligen Verhältnis der Personen zum Kirschgarten rings um das Herrenhaus eines russischen Gutes, der zu Beginn des Stückes in Blüte steht und am Ende abgeholzt wird, artikuliert sich deren Verhältnis zum Leben. Diametral entgegengesetzte Positionen verkörpern die aus freiwilligem Exil zurückkehrende Gutsbesitzerin Ranjewskaja und der Unternehmer Lopachin, der das Gut schließlich ersteigert. Die Hoffnung auf eine Überwindung des Gegensatzes zwischen niedergehendem Gutsadel und wirtschaftlichem Pragmatismus deutet sich in der Gestalt der Anja an, die den Kirschgarten zwar innig liebt, seinen Verlust jedoch in der Aussicht auf ein tätiges Leben verschmerzen wird. Das Drama läßt der Interpretation den Spielraum zwischen der Auffassung als reines »Seelendrama« um »Menschen im Futteral« (Tschechow) oder als hellsichtige Analyse einer historisch überlebten Gesellschaft.

Anton P. Tschechow, der 1860 in Taganrog am Asowschen Meer als Sohn eines Viehhändlers und Enkel eines Leibeigenen geboren wurde, studierte Medizin, widmete sich jedoch schon früh der Literatur. Mit großem Erfolg veröffentlichte er humoristische Kurzgeschichten, um sich schließlich dem Drama zuzuwenden. Sein engster Partner wurde der Gründer des Moskauer Künstlertheaters (1898) Konstantin S. Stanislawski, dessen Inszenierungen von *Die Möwe, Onkel Wanja, Drei Schwestern* und *Der Kirschgarten* das Tschechow-Bild prägen.

Seine Erkrankung an Tuberkulose (1884) zwang Tschechow zu wiederholten Aufenthalten auch in westeuropäischen Kurorten. Er stirbt am 15. Juli 1904 im Alter von 44 Jahren in Badenweiler.

Die »Belle époque«

Unter dieser Bezeichnung fassen wir Erscheinungen des ersten Jahrzehnts des neuen Jahrhunderts zusammen, die vor dem Hintergrund immer dichter aufeinander folgender sozialer und politischer Krisen sowie regionaler Kriege den luxuriösen Anschein üppigen Lebensgenusses erwecken. Das Zentrum der »Schönen Epoche« ist Paris; von hier gehen die Strahlen aus, die in den europäischen Metropolen die Auslagen in den Geschäften, den festlichen Putz des gesellschaftlichen Lebens und die privaten wie öffentlichen Dekorationen erstrahlen lassen.

Die beiden auf der gegenüberliegenden Seite wiedergegebenen Gemälde – Goldfische *von Gustav Klimt und* Selbstbildnis mit Gattin (Bal paré) *von Max Slevogt – spiegeln diesen Glanz auf jeweils eigene gebrochene Weise wider. Gemeinsam ist ihnen das extreme Hochformat. Es bedingt bei Klimt eine wie zufällig erscheinende Randüberschneidung, die »ständiges Erscheinen und Sich-Entziehen der Gestalten« bewirkt, »Symbol für das undurchschaubare Spiel des rätselvollen Weibes mit dem Mann« (Ingrid Jenderko).*

Bei Slevogt preßt das Format die Partner hintereinander, so daß die den Betrachter suchende Haltung des Mannes als Ausdruck mühsamer Behauptung erscheint.

Pablo Picassos Radierung Das kärgliche Mahl *stellt derlei malerischer Psychologie den Realismus existentieller Betroffenheit entgegen. Das wahre Gesicht der Epoche ist von Schmerz und Elend geprägt. Zugleich gibt Picasso in der Haltung und Gestik des Blinden, der seiner Gefährtin den Anblick des entstellten Gesichts nicht zumuten will und mit der Hand sich ihrer Nähe vergewissert, einer letzten Möglichkeit humaner Beziehung den ergreifenden Ausdruck.*

Pablo Picasso, Das kärgliche Mahl; Radierung 1904.

Gegenüberliegende Seite:
Gustav Klimt, Goldfische; 1901/02.
Max Slevogt, Selbstbildnis mit Gattin (Bal paré); 1904.

1904

Literatur

Neuerscheinungen

● Paul Ernst: *Der schmale Weg zum Glück.* Autobiographisch gefärbter Roman des ehemaligen Sozialisten Paul Ernst mit der entscheidenden Wende einer Rückbesinnung auf das Ethos schlichter Menschlichkeit.

● Hermann Hesse: *Peter Camenzind.* Der Roman am Beginn von Hesses literarischer Karriere schildert den Weg des Dorfhirten Peter Camenzind durch Schule, Studium, publizistische Tätigkeit und zurück in die dörfliche Idylle. Entscheidende Bildungserlebnisse sind Kellers *Grüner Heinrich* und die Lebensgeschichte des heiligen Franziskus.

● Hjalmar Söderberg: *Martin Bircks Jugend* (*Martin Bircks ungdom,* 1901). Der Roman mit autobiographischem Hintergrund schildert den vergeblichen Versuch des Sohns einer angesehenen Stockholmer Familie, die durch seine Erziehung bedingte Isolation gegenüber der Umwelt aufzuheben.

● Clara Viebig: *Das schlafende Heer.* Roman über den vergeblichen Versuch einer deutschen Familie, in Polen eine neue Heimat zu finden. Der Titel bezieht sich auf die Sage vom polnischen Heer, das unter dem Berg Lysa Góra schlafend auf seine siegreiche Wiederauferstehung wartet.

Ereignisse

● Berlin: Der Dichter Otto zur Linde gründet mit dem Kulturphilosophen Rudolf Pannwitz den (nach dem Fährmann der Toten in der antiken Mythologie benannten) »Charon-Kreis«. Dessen Monatsschrift »Charon« (bis 1914) enthält überwiegend Lyrik. Weltanschaulich verbinden sich Mythik und Mystik zu kosmischem »Sehertum«, das die Überwindung des Chaos verkündet.

Der George-Kreis und das göttliche »rote Kind«

Am 9. April stirbt in München kurz vor seinem 16. Geburtstag Maximilian Kronberger, der von Stefan George und seinem Kreis »Maximin« genannt wurde. Der lyrisch begabte Kaufmannssohn bildete zwei Jahre hindurch das Idol des von den »Kosmikern« um George gepflegten Antike-Kultes, zu dem die (vergeistigte) Knabenliebe gehört.

Gleichfalls antikem Vorbild folgt der Georgesche Fasching. Wie im alten Griechenland das dramatische Spiel einen Bestandteil des dionysischen Frühlingskultes bildete, so leitet hier ein symbolträchtiger Maskenzug das orgiastische Treiben ein.

Das Foto zeigt den in diesem Sinne veranstalteten »Dichterzug« vom 14. Februar 1904. Teilnehmer sind (von links) Kronberger als Florentiner Edelknabe in rotem Gewand, George als Dante, ein Unbekannter als Vergil und Karl Wolfskehl als Homer mit Knabenbegleitung.

In Erinnerung an dieses Maskenfest im Haus des Deutsch-Russen Henry von Heiseler verfaßt Wolfskehl das in antikem Stil auszuführende Schauspiel Maskenzug. Es enthält den folgenden Anruf des Chors an das »rote Kind«: »Komme du komme gebadet im heiligen strahle / Siehe wir harren auf dich beim opfermahle! (…) / Siehe wir alle dir mutter: glühendes kind!« In Maximin; ein Gedenkbuch (1907) findet sich schließlich das Bekenntnis Georges: »Was uns not tat war Einer der von den einfachen geheimnissen ergriffen wurde uns die dinge zeigte wie die augen der götter sie sehen.«

In Georges Maximin-Kult kommt am stärksten das Streben zum Ausdruck, die Weltüberwindung in einer durchaus diesseitigen Gegenwelt zu erlangen. Als eine Huldigung an Maximin lassen sich die Verse Georges verstehen: »Blühte am hang nicht die rebe? / Wars ein schein nicht der verklärte? / Warst es du nicht mein gefährte / Den ich suche seit ich lebe?«

Dichterzug mit Maximilian Kronberger, Stefan George und Karl Wolfskehl, 14. Februar 1904.

Janáčeks »Jenufa. Oper aus dem mährischen Bauernleben«

Die Uraufführung der mährischen Volksoper in drei Akten findet am 21. Januar im Brünner Theater statt. Unter der Leitung von Janáčeks Schüler Hrazdira wird das Werk als echte Nationaloper beifällig aufgenommen; einen durchschlagenden Erfolg allerdings erringt das Werk erst im nächsten Jahrzehnt (Prag 1916, Wien 1918, Berlin 1924). Nach Smetana und Dvořák ist Leoš Janáček der dritte tschechoslowakische Meister, der mit einer in der Volkskunst begründeten Musik internationale Wirkung erzielt. Der Komponist, der seit 1894 an *Jenufa* arbeitete, schreibt über die Beziehung von Sprache und Musik: »In der Zeit, als die *Jenufa* komponiert wurde, berauschte ich mich an den Melodien der gesprochenen Worte … Sprachmelodien, das sind meine Fensterchen in die Seele.« Janáček benutzt das klingende Wort und seine dramatisierende Wirkung als realistisches Ausdrucksmittel.

Skandal bei der Uraufführung von Puccinis »Madame Butterfly«

Zum Eklat wird am 17. Februar die Uraufführung der *Tragödie einer Japanerin in drei Akten* von Giacomo Puccini. Es gilt als sicher, daß Rivalen des Maestros den Puccini »unendlich hart« treffenden Mißerfolg inszeniert haben.

Die Rückblende zur *Tosca*-Premiere in Rom (1900) beleuchtet einen krassen Widerspruch in der Kritik: Auf dem Gipfel seines Ruhms wird dem die Verdi-Tradition fortführenden Meister das exotisch-lyrische Kolorit der *Madame Butterfly* zum Vorwurf gemacht – damals waren es die »übertriebenen« dramatischen Effekte. Puccini hat japanische Volksweisen in Ganztonfolge mit übermäßigen Dreiklängen und Quintenparallelen zu einer mondänen, gefühlvollen Tonsprache verarbeitet. Ihre musikalische Poesie bezaubert in den Liebesduetten des ersten Aktes, während im zweiten die veristische Oper zum Kammerspiel sublimiert ist.

Russisch-japanischer Krieg
**Die Seeschlacht
bei den Tsushima-Inseln**
1905

William Merritt Chase
Der japanische Holzschnitt
um 1903

»Ostasienmode« und Japans Aufstieg zur Großmacht

Nach seiner Öffnung für auswärtige Mächte ab 1853/54 (Freundschafts- und Handelsvertrag mit den USA) gelangte Japan innerhalb von 50 Jahren zu internationaler Geltung. Im Krieg mit Rußland um die Mandschurei (1904/05) besiegt Japan als erster asiatischer Staat eine europäische Großmacht.

Dieser Aufstieg des Inselreichs brachte Amerika und Europa auch in Kontakt mit der japanischen Kultur. Die Flächenkunst der fernöstlichen Malerei und Druckgrafik gehört zu den wesentlichen Voraussetzungen des Impressionismus, ihre Linienkunst wirkte auf den Jugendstil ein.

An der um 1900 sich ausbreitenden »Ostasienmode« hat Puccini mit seiner 1904 in Mailand zunächst durchgefallenen, noch im selben Jahr in Brescia mit großem Erfolg aufgeführten Madame Butterfly Anteil. Die Stoffgeschichte der Oper geht von dem autobiographischen Roman Madame Chrysanthème (1887) von Pierre Loti aus. Ihn verarbeitete der amerikanische Jurist, Japanforscher und Schriftsteller John Luther Long zu seiner Erzählung Madame Butterfly, die dem gleichnamigen Einakter des Amerikaners David Belasco zugrunde liegt. Von ihm erhielt Puccini 1901 die Rechte an der »Tragödie einer Japanerin«, die an der Leichtfertigkeit eines Amerikaners zugrunde geht. »Japan und Amerika« könnte die Darstellung einer japanisch gewandeten Amerikanerin bei der Betrachtung eines japanischen Holzschnitts betitelt werden. Der Maler ist William Merritt Chase, der gemeinsam mit John Sargent und dem 1903 verstorbenen James Whistler das »Dreigestirn der neueren amerikanischen Malerei« bildet. Chase führte seine in den USA begonnene künstlerische Ausbildung von 1872 bis 1877 in München fort. Seit 1885 war er mit Whistler befreundet, der ihn mit der Kunst Ostasiens vertraut machte. Der japanische Holzschnitt mag insofern auch als eine Hommage an den Freund entstanden sein, dessen Vorbild sich in den feinen Abstufungen von Grautönen erkennen läßt.

Jean Béraud, 1849 in St. Petersburg geboren, in Paris bei dem Modemaler Léon Bonnat ausgebildet und ab 1873 im »Salon« vertreten, gehört zu den Dokumentaristen des öffentlichen Pariser Lebens um die Jahrhundertwende. So besitzt das Musée Carnavalet in Paris neben der hier in einem Ausschnitt wiedergegebenen nächtlichen Boulevardszene die Gemälde Schulschluß im Lycée Condorcet und Die Confiserie Cloppe.

Mit Nachtmotten geht Béraud allerdings über die in der Regel engen Grenzen dieser modernen, der »Salonmalerei« zuzurechnenden Genremalerei hinaus. Unverkennbar zielt Béraud darauf ab, die Vertreterinnen der gehobenen Prostitution über das flüchtige äußerliche Erscheinungsbild hinaus zu charakterisieren, das Zerstörerische ihrer lächelnden Verlockung erkennbar zu machen.

Emile Zola notierte während der Arbeit an seinem Erfolgsroman Nana (1879/80): »Nana wird eine Elementarkraft, ein Ferment der Zerstörung, doch ohne dies zu wollen, nur durch ihr Geschlecht und durch ihren Frauengeruch zerstört sie alles, was in ihre Nähe kommt... Dies ist das philosophische Thema: Eine ganze Gesellschaft stürzt sich auf den Hintern. Eine Meute hinter einer Hündin, die nicht in der Brunst ist und sich über die Hunde lustig macht, die sie verfolgen. Das Gedicht von der männlichen Begierde, der große Hebel, der die Welt in Bewegung setzt.«

Durch die Literatur der Jahrhundertwende geistert diese Begierde in den verschiedensten Brechungen: von der schaudernden Verherrlichung des dämonischen Weibes bis zur Verabscheuung der Frau bei Strindberg und Otto Weiningers Urteil, daß die Frau »von der Geschlechtlichkeit ganz ausgefüllt« und »nichts als Sexualität« ist (Geschlecht und Charakter, 1903).

Auch die im ersten Jahrzehnt des Jahrhunderts sich häufenden »Schülertragödien« in Form von Dramen und Romanen beziehen ihren Konfliktstoff teilweise aus dem Widerspruch zwischen sittlicher Theorie und Praxis. So mißt beispielsweise die Titelgestalt des Dramas Traumulus (1904) von Arno Holz und Oskar Jerschke seine Schüler an ihrer »sittlichen Reinheit«, die »immer noch das Fundament einer gesunden Entwicklung ist«.

Vor diesem Hintergrund stößt Sigmund Freud mit seinen 1905 veröffentlichten Drei Abhandlungen zur Sexualtheorie auf erbitterten Widerstand, denn die probate Trennung zwischen sittlicher Theorie und Praxis, zwischen »eigentlicher Reinheit« und »Allzumenschlichem« wird hinfällig.

Jean Béraud
Nachtmotten
1905

Einsteins Relativitätstheorie

Albert Einstein stellt seine »Spezielle Relativitätstheorie« auf, die zu den wichtigsten physikalischen Einsichten des 20. Jahrhunderts werden soll. Der deutsch-schweizerische Physiker war von dem aus der Newtonschen Mechanik bekannten klassischen Relativitätsprinzip ausgegangen, wonach es unmöglich ist, durch mechanische Experimente eine gleichförmige und geradlinige Bewegung eines Körpers festzustellen, ohne dabei äußere Bezugspunkte zu Hilfe zu nehmen. Denn im Innern des gleichmäßig und geradlinig fahrenden Wagens laufen alle mechanischen Vorgänge genauso ab wie in einem ruhenden. Nur die »relativen« Bewegungen gegenüber äußeren Körpern (wie etwa Bäumen oder Häusern am Bahngleis) können wir beobachten und an ihnen die eigene Bewegung messen. Die Begriffe »absolute Ruhe« oder »absolute Bewegung« sind daher fragwürdig. Der Begriff der Geschwindigkeit ist relativ, weil diese nur mit Hilfe eines als Bezugspunkt dienenden äußeren Körpers meßbar ist. Sich ändernde Geschwindigkeiten (Beschleunigungen), auch Drehbewegungen sind dagegen absolut nachweisbar.

Einsteins Theorie ist nach den geltenden Vorstellungen von Raum und Zeit ein Paradoxon gewesen. Sie wurde nur plausibel, wenn man nicht mehr davon ausging, daß für alle Ereignisse im Universum dieselbe Zeit gilt. Einstein weist so auch nach, daß die Gleichzeitigkeit von Ereignissen an weit auseinanderliegenden Orten relativ ist. Mehr noch: man muß sich damit abfinden, daß auch Längen- und Zeitmaße relativ, das heißt abhängig vom Bewegungszustand des Beobachters sind.

Als schließlich wichtigste Folgerung aus der Einsteinschen Theorie gilt, daß Masse und Energie gewissermaßen austauschbar sind – eine Erkenntnis, die von grundlegender Bedeutung für die Physik der Atomkerne werden soll.

Die Provokation der Psychoanalyse

Sigmund Freud tritt mit drei Publikationen an die Öffentlichkeit, von denen zwei mit Empörung aufgenommen werden. Skandalös wirken *Bruchstück einer Hysterie-Analyse*, der Bericht über die 1900/1901 durchgeführte Behandlung eines achtzehnjährigen Mädchens, dem Freud den Namen Dora gibt, und *Drei Abhandlungen zur Sexualtheorie*, während *Der Witz und seine Beziehung zum Unbewußten* weitgehend unbeachtet bleibt.

Das *Bruchstück einer Hysterie-Analyse* bietet Einblick in das häusliche Milieu und die psychische Konstitution einer Tochter, deren (von Freud zuvor behandelter) Vater dem Psychotherapeuten den Auftrag gegeben hat, sie »wieder zur Vernunft zu bringen«, das heißt gefügig zu machen. Schockierend wirkt, daß Dora in sexuellen Fragen informiert ist und Freud als therapeutischer Gesprächspartner auftritt, der die Konvention indirekter Fragen und damit provozierter zweideutiger Anspielungen durchbricht. Die »Keuschheit« der Wissenschaft ist verletzt.

Die *Drei Abhandlungen zur Sexualtheorie* bilden neben der *Traumdeutung* (1900) gleichsam den zweiten Grundpfeiler der Freudschen Psychoanalyse. Sie sind im Unterschied zur Untersuchung der Wünsche (Ödipuskomplex, *Traumdeutung*) der Untersuchung der Triebe gewidmet. Freud behandelt in der ersten Ausgabe, die durch die späteren erweitert wird, den Partialtrieb, die Fixierung, die Regression und die Sublimierung. Die bis dahin vorliegenden Veröffentlichungen zur Sexologie beispielsweise des Engländers Henry H. Ellis (*Studies in the Psychology of Sex*, ab 1897) berichten überwiegend über pathologische Formen der Sexualität, die als Instinkt durch ihren natürlichen, moralisch überhöhten Endzweck definiert wird. Freud dagegen bricht mit der Wunschvorstellung vom »normalen« Instinkt. Vielmehr muß sich die »normale« Sexualität auf der Grundlage von Partialtrieben entwickeln, von denen jeder das repräsentiert, was als Perversion gilt, wenn eine »Normalisierung« mißlingt.

»Der Witz und seine Beziehung zum Unbewußten« ist »direkt ein Seitensprung von der *Traumdeutung* her« (Freud). Gemeinsam ist beispielsweise der Begriff der Verdichtung, den Freud zur Deutung des Wortwitzes »familionär« in Heinrich Heines *Bädern von Lucca* verwendet: die Wortschöpfung verdichtet die Bedeutung (»so familiär, wie es ein Millionär zustande bringt«) und löst hierdurch ein Lustgefühl aus. »Die Euphorie«, faßt Freud zusammen, »welche wir auf diesen Wegen zu erreichen streben, ist nichts anderes als ... die Stimmung unserer Kindheit, in der wir das Komische nicht kannten, des Witzes nicht fähig waren und den Humor nicht brauchten, um uns im Leben glücklich zu fühlen.«

Sigmund Freud

Das Foto aus dem Jahre 1906 (es gilt als eine Aufnahme seines Sohnes Oliver) zeigt den ab 1886 in Wien praktizierenden Psychotherapeuten im Alter von 50 Jahren. Seit seiner Veröffentlichung der Drei Abhandlungen zur Sexualtheorie im Jahre 1905 verschließt Freud zunehmend den Zugang zu seinem persönlichen Leben. Seine private Geschichte verschmilzt, wie er selbst betont, mit der Entwicklung seiner Lehre. So vertraut er dem Leser nichts mehr darüber an, wie er seine eigenen Widerstände überwindet. Dies gilt auch für die Beziehung zu befreundeten Fachkollegen. Als der Ungar Sandor Ferenczi sich über den Mangel an persönlicher Mitteilung beklagt, antwortet ihm Freud im Brief vom 6. Oktober 1910: »Daß ich kein Bedürfnis nach jener vollen Eröffnung der Persönlichkeit mehr habe, haben Sie nicht nur bemerkt, sondern auch verstanden und auf einen traumatischen Anlaß richtig zurückgeführt ... seit dem Fall Fliess, mit dessen Überwindung Sie mich gerade beschäftigt haben, ist dieses Bedürfnis bei mir erloschen. Ein Stück homosexueller Besetzung ist eingezogen und zur Vergrößerung des eigenen Ichs verwendet worden. Mir ist das gelungen, was dem Paranoiker mißlingt.«

Sigmund Freud spricht hier von einem Beispiel von Sublimierung, mit der er sich in den Drei Abhandlungen zur Sexualtheorie beschäftigt hat. Die Sublimierung bewertet Freud als eine Grundlage der Zivilisation.

Das Modell der Sublimierung, mit dem Freud höchste Tugenden und herausragende Leistungen von einem Rest »perverser« Triebe herleitet, eröffnet ihm auch den Blick auf künstlerische Fragen. Eine Gestalt, die ihn in diesem Zusammenhang besonders anzieht, ist Leonardo da Vinci. Woher, so fragt Freud, stammt dieser zwanghafte Wissensdrang Leonardos, der ihn weit über seine Zeitgenossen hinaushebt, aber seine Kunst in den Hintergrund treten läßt. Freud findet die Erklärung in der unvollkommenen Sublimierung einer homosexuellen Komponente.

Sigmund Freud

1905

Sozialer und psychologischer Realismus: Meunier und Menzel

Am 4. April stirbt in Ixelles (Belgien) kurz vor seinem 74. Geburtstag der belgische Maler und Bildhauer Constantin Meunier. In den achtziger Jahren wandelte sich seine religiöse Thematik in eine sozial engagierte. Er modellierte Fabrik- und Hüttenarbeiter (Puddler), die von der Last ihrer Lebensmühe gezeichnet sind.

Zu den frühesten künstlerischen Industriebildern gehört das Eisenwalzwerk in Königshütte, das Adolph Menzel 1875 geschaffen hat. Seine herausragende Bedeutung beruht neben dem »Vorimpressionismus« seiner frühen Stadtlandschaften, Interieurs und Bildnisse auf der psychologischen Eindringlichkeit seiner Fridericus-Darstellungen, denen malerisch opulente und zugleich distanzierte Hof- und Gesellschaftsgemälde folgten. Der rechts wiedergegebene Holzstich zeigt den »alten Menzel« (rechte Ecke) als den aufmerksamen Beobachter, der auch bei höfischen Festen auf Stühle stieg und zum Skizzenblock griff. Menzel stirbt am 9. Februar in Berlin in seinem 90. Lebensjahr.

Mitte: Constantin Meunier.
Unten: Adolph (von) Menzel im Berliner Café Bauer.

Die »Wilden« in Frankreich und Deutschland

Der Pariser »Herbstsalon« vereinigt die durch helle, leuchtende, meist ungemischte Farben provozierenden Landschaften und Bildnisse von Henri Matisse, André Derain, Maurice de Vlaminck und anderen in einem Saal mit einer Skulptur im Stil der Renaissance des Bildhauers Marque. Der Kritiker Louis Vauxcelles reagiert auf dieses Arrangement mit dem Ausruf »Donatello au milieu des fauves« (»Donatello inmitten der wilden Tiere«) und prägt damit den Gruppennamen »Fauves« (»Die Wilden«) bzw. die Stilbezeichnung »Fauvismus«.

Anfang Juni schließen sich in Dresden die Architekturstudenten Fritz Bleyl, Erich Heckel, Ernst Ludwig Kirchner und Karl Schmidt-Rottluff zur Künstlergemeinschaft »Brücke« zusammen. Der Name bezeichnet das Ziel einer Verbindung zu gleichgesinnten Künstlern und Kunstfreunden. Zu den kunst- und sozialgeschichtlichen Vorbildern gehört die mittelalterliche Bauhütte als Alternative zur Konkurrenz zwischen individualistischen Atelierkünstlern. Als gemeinsamer Arbeitsraum dient eine ehemalige Metzgerei; ein gemeinsames Tagebuch hält das autodidaktische Studium der Malerei und Grafik fest.

Grundlage der Arbeit ist das mit Zivilisationskritik verbundene Zutrauen zur schöpferischen Originalität. Wesentlichen Einfluß übt die im Jahr zuvor von Kirchner im Dresdner Völkerkundemuseum »entdeckte« anonyme Kunst Afrikas und der Südsee aus; von hier leitet sich die zeichnerische Deformation her. Mit den »Fauves«, die bald in ihr Blickfeld rücken, verbinden die »Brücke«-Maler die »ungezügelte« Verwendung der Farben.

Jens Ferdinand Willumsen
Nach dem Sturm
1905

André Derain
Boote vor Anker
1905

Expressiver Symbolismus und Fauvismus

In der Strandszene des Dänen Jens Ferdinand Willumsen ist das Naturgeschehen Bestandteil eines Dramas, in dem sich der Gegensatz zwischen Mensch und Naturgewalt manifestiert: Nach dem Sturm enthüllt sich das Stranden eines Bootes. Die Bedeutung dieses Unglücks vergegenständlicht sich in der Gestalt der Frau, die über den Strand hetzt, getrieben vom Entsetzen vor dem Anblick ihrer gescheiterten Hoffnungen. Die Dramatik des Geschehens wird durch das Motiv des Kindes gesteigert, dessen instinktive Wahrnehmung des Unheils sich mit der unmittelbaren Furcht verbindet, den Halt an der davoneilenden Mutter zu verlieren. 1916 malt Willumsen eine zweite Fassung mit dem Titel Angst vor der Natur. Als symbolistisch erweist sich das Gemälde durch das Streben des Malers nach der Gestaltung einer elementaren menschlichen Erfahrung, beispielsweise des tiefsten Schmerzes, die im Sinne jenes zweiten Titels allgemeine Bedeutung gewinnt. Thema und Darstellungsweise sind wesentlich von der Vorstellungswelt des Künstlers geprägt, wobei das Motiv der Sonne, die menschliches Leid überstrahlt, an die Dramen Henrik Ibsens – etwa den Schluß von Gespenster – denken läßt, der um die Jahrhundertwende eine Ausdeutung im Sinne des Symbolismus erfährt.

Eine Dramatik, die sich dagegen aus der »Hellsichtigkeit vor der Natur« (Paul Cézanne) entwickelt, kennzeichnet das in einem Ausschnitt wiedergegebene Gemälde von André Derain. Die Motive Wasser und Boot als Thema der malerischen Gestaltung gewinnen ihre »Bedeutung« durch die Art und Weise, in der die Farbe über das impressionistische und neoimpressionistische Verfahren hinaus von der Aufgabe befreit wird, das Erscheinungsbild der Natur nachzubilden. Der malerische Illusionismus ist aufgehoben zugunsten einer von Empfindungen geleiteten »Sprache« der reinen Farben und ungewohnten Farbkontraste. Dies kennzeichnet die 1905 sich herausbildende Bewegung des »Fauvismus«, an deren Spitze Henri Matisse tritt.

Jean-Louis Hamon
Die menschliche Komödie
1852

Théophile Alexandre Steinlen
Der Eindringling
1901

**Gesichtspunkte der
»Weltgeschichtlichen
Betrachtungen«
Jacob Burckhardts**

Als 1905 postum die Weltgeschichtlichen Betrachtungen des Schweizer Kunst- und Kulturhistorikers Jacob Burckhardt (gest. 1897) erscheinen, gilt dessen pessimistische Auffassung der historischen Entwicklung weithin als widerlegt. Zugleich jedoch erwachen erneut Zweifel am herrschenden Kulturoptimismus, wie sie sich schon um die Mitte des 19. Jahrhunderts regten. Das links oben wiedergegebene Gemälde von Jean-Louis Hamon bezieht sich auf Honoré de Balzacs Gesamtdarstellung der französischen Gesellschaft. Hamon historisiert die »Komödie« durch das Motiv eines antiken Kasperle-Theaters (die Gestalt des französischen Hanswurst bzw. Guignol ist eine Schöpfung des Puppenspielers Mourquet, gest. 1844). Zu den Zuschauern gehören im linken Bildteil der Philosoph Diogenes (gekennzeichnet durch sein Wohnfaß und die Lampe), Alexander der Große und rechts Dante Alighieri, der Verfasser der Göttlichen Komödie.

Der Puppenspiel-Travestie der Antike (im zeitgeschichtlichen Zusammenhang mit der Errichtung des Zweiten Kaiserreichs in Frankreich, 1851) entspricht Burckhardts Einsicht in die historischen Krisen, zu deren Kennzeichen die Verwandlung von »idealem Glanz« in ein »Narrenspiel« gehört.

Im Mittelpunkt der Weltgeschichtlichen Betrachtungen steht die Untersuchung der drei »Potenzen« Staat, Religion und Kultur. Steinlens Darstellung von Christus als Eindringling, umgeben von Kindern und den »Mühseligen und Beladenen«, entspricht sehr genau Burckhardts Analyse der wechselseitigen Korrumpierung von Staat und Religion bzw. »Kirchentum«. Burckhardt erwartet eine Erneuerung der vom »Machtsinn« des Staates angesteckten Kirche. So ist Steinlens Gemälde im tagespolitischen Zusammenhang ein Appell zur Trennung von Kirche und Staat, die in Frankreich durch das am 11. Dezember 1905 verkündete Gesetz schließlich durchgeführt wird.

Max Reinhardt übernimmt Deutsches Theater in Berlin

Max Reinhardt, der bereits im Jahr 1894 an das Deutsche Theater kam, allerdings zunächst als Charakterschauspieler, wird jetzt Direktor dieses Theaters und leitet eine Reform ein.

Sein Ziel ist es, so gibt er nach Antritt seiner neuen Stellung bekannt, die enge Gegenständlichkeit des naturalistischen Spielraumes zu überwinden und ihn frei von jeder Doktrin in einen impressionistisch-magischen, intuitiv erfühlbaren Bedeutungsraum zu verwandeln.

Das erste Bühnenstück, das unter Max Reinhardts Leitung inszeniert wird, ist Heinrich von Kleists *Käthchen von Heilbronn*.

Heinrich Manns »Professor Unrat«: Schulsatire oder Enthüllung der bürgerlichen Anarchie?

Mit dem Roman Professor Unrat oder Das Ende eines Tyrannen *löst sich Heinrich Mann vom Thema der großbürgerlichen und großstädtischen »décadence«, um im Milieu einer (nach dem Muster seiner Heimatstadt Lübeck geschilderten) Kleinstadt den Wilhelminismus in seiner provinziellen Ausprägung zu attackieren: »eine einflußreiche Kirche, ein handfester Säbel, strikter Gehorsam und starre Sitten« bilden die politisch-moralischen Ordnungsvorstellungen der Titelgestalt, gepaart mit chauvinistischem Nationalismus.*

Schauplatz der Handlung ist zunächst die Schule, wie sie sich in dem um 1905 entstandenen Klassenfoto präsentiert. Klein im Hintergrund, jedoch durch seine Stellung »im Nacken« der Schüler gefährlich dominierend, ist der Lehrer der inhaltliche Bezugspunkt. Dieses Arrangement übernimmt Jahrzehnte später Josef von Sternberg in seiner Filmversion Der blaue Engel *(1930), die wesentlich zur Verfestigung der Auffassung des Romans als Schulsatire beiträgt.*

Indem jedoch in der Filmversion Professor Raat bei dem Versuch, einige seiner Schüler zu »fassen«, in der Spelunke »Zum blauen Engel« die Sängerin Lola-Lola kennenlernt, wird eine Entwicklung eingeleitet, die zu einer völligen Umkehr der Perspektive führt. Aus dem Objekt der Satire wird der anarchistische Protagonist einer satirischen Handlung, in deren Verlauf der entlassene Lehrer zielstrebig die »Entsittlichung einer Stadt« durch verbotenes Glücksspiel und erotische Libertinage vorantreibt. Was die Bürger in Raats »Villa vor dem Tor« zieht, sind neben Gewinnsucht ihre »mit Sittlichkeit schlecht zugedeckten Lüsternheiten«, die sich in der Beliebtheit von erotischen Postkarten wie dem abgebildeten, um 1905 datierten Beispiel widerspiegeln.

Oben links: Lehrer mit Schulklasse um 1905.
Oben rechts: Erotische Postkarte »Vor dem Spiegel«, um 1905.

Literatur

Neuerscheinungen

● Leonid N. Andreev: *Der Abgrund (Bezdna,* 1902). Thema der Novelle um eine Vergewaltigung ist die zwiespältige Natur des Menschen als instinkt- und zivilisationsgeprägtes Wesen.

● Leonid N. Andreev: *Das rote Lachen. Fragmente aus einer aufgefundenen Handschrift (Krasnyj smech. Otryvki iz najdennoj rukopisi,* 1905). Den russisch-japanischen Krieg spiegeln fiktive Tagebuchaufzeichnungen eines Offiziers wider, dem der Wahnsinn des Krieges den Verstand raubt. Der Titel bezieht sich auf eine Vision, in der die Erde Leichen gebiert, die alles Leben in »rotem Lachen« ersticken.

● Kurt Breysig: *Der Stufenbau und die Gesetze der Weltgeschichte.* Das Werk des in Berlin lehrenden Kulturhistorikers beeinflußt Oswald Spengler.

● Jacob Burckhardt: *Weltgeschichtliche Betrachtungen.* Kulturkritisches Werk des Schweizer Kunst- und Kulturhistorikers mit den zentralen Themen Staat, Religion und Kultur.

● Arthur Conan Doyle: *Der Hund von Baskerville (The Hound of the Baskervilles,* 1902). Sherlock Holmes und Dr. Watson decken ein mysteriöses Verbrechen auf.

● Friedrich Wilhelm Foerster: *Christentum und Klassenkampf.* Der Erziehungswissenschaftler legt seine Ideen zur Bekämpfung des sozialen Unrechts dar. Im gleichen Jahr erscheint seine *Lebenskunde.*

● Gustav Frenssen: *Hilligenlei.* Erfolgreicher Trivialroman um die Bewohner von Hilligenlei.

● André Gide: *Der Immoralist (L'immoraliste,* 1902). Der Held gewinnt seine menschliche Freiheit, indem er sich von allen Konventionen abwendet.

● Richarda Huch: *Lebenslauf des heiligen Wonnebald Pück.* Scharfe Satire gegen skrupellose Frömmigkeit.

● Christian Morgenstern: *Galgenlieder.* Erste Sammlung der ursprünglich nur für die *Galgenbrüder* bestimmten, mit großem Erfolg in Ernst von Wolzogens *Überbrettl* vorgetragenen lyrischen Grotesken, erfüllt von Wort- und Sprachwitz.

● Rainer Maria Rilke: *Das Stundenbuch,* enthaltend die drei Bücher: *Vom mönchischen Leben, Von der Pilgerschaft, Von der Armut und vom Tod.* Lyrisches Werk, das in den Jahren 1899, 1901 und 1903 entstanden ist.

● Max Weber: *Die protestantische Ethik und der Geist des Kapitalismus.* Der Soziologe untersucht das Verhältnis von Religion, Gesellschaft und Wirtschaft.

● Herbert George Wells: *Die ersten Menschen im Mond (The First Men in the Moon,* 1901). Die phantastischen Erlebnisse eines Schriftstellers und eines Wissenschaftlers auf dem Mond.

● Oscar Wilde: *De profundis.* Postume Veröffentlichung eines Teiles aus einem briefähnlichen Manuskript, das Wilde kurz nach Verbüßung seiner Zuchthausstrafe 1895–1897 wegen Homosexualität im Sinne einer selbstanalytischen Bekenntnisschrift verfaßt hat.

Ereignisse

● Siegfried Jacobsohn gründet die linkspolitische theaterkritische Zeitschrift *Die Schaubühne* (ab 1919 *Die Weltbühne*).

1905

Musik

Premieren

- Claude Debussy: *La mer. Sinfonische Skizzen.* Der Vertreter des musikalischen Impressionismus überwindet mit diesem Werk die tonale Dreiklang- und Kadenzharmonik durch Verwendung der Klänge als akustische »Farbwerte«. Das Orchester wird zu einer Art »klingender Palette«.
- Engelbert Humperdinck: *Die Heirat wider Willen,* Oper (Uraufführung Berlin). Das schwache Libretto (nach Dumas) bringt die musikalische Komödie zum Scheitern.

- Jules Massenet: *Chérubin,* Oper (Uraufführung Monte Carlo). Wagnerismus und Verismus bestimmen das Werk des von Meyerbeer und Gounod herkommenden Meisters der »opéra lyrique«.
- Ottorino Respighi: *Re Enzo,* Oper (Uraufführung Bologna) in romantischem Stil.
- Richard Strauss: *Salome,* Oper in einem Akt nach Oscar Wilde (Uraufführung Dresden). Mit dieser Oper hat Richard Strauss seinen persönlichen Stil gefunden. Die Handlung baut weitgehend auf stimmungsmalerischen Elementen auf. Eindrucksvoll ist die Gegenüberstellung der musischen Welt der Salome und des asketischen Bereichs Jochanaans.

Ereignisse

- Manuel de Falla: *La vida breve,* Oper (Uraufführung Nizza, 1913), wird von der Madrider Akademie preisgekrönt. Tragödie einer jungen, von ihrem Geliebten verlassenen Andalusierin. Wegen fehlender Entwicklungsmöglichkeiten in Spanien geht der bedeutendste Vertreter der modernen spanischen Musik, dessen Stil auf der nationalen Volkskunst beruht, nach Paris.

Die moderne Salome

Die drei Abbildungen deuten das Interesse an, das die ursprünglich biblische, von Legenden überformte Gestalt der Salome um die Zeit der Jahrhundertwende weckt. Sie wird als die Verkörperung einer höchst problematischen Sinnlichkeit verstanden, die bis hin zur Nekrophilie reicht.

Während Beardsley die verzweifelte Haßliebe Salomes zu Johannes bzw. Jochanaan zum Ausdruck bringt, erscheint Klingers mörderische Prinzessin als das rätselhafte Weib; daneben wirkt das Rollenfoto als bloße Ausdrucksstudie. Beardsleys Grafik gehört zur Ausstattung der englischen Erstausgabe des Dramas *Salome,* das Oscar Wilde 1893 in französischer Sprache veröffentlicht hat. Anregungen erhielt er durch Flauberts Erzählung *Herodias* (1877) und die Beschreibung des Gemäldes *Tanz der Salome* von Gustave Moreau, die in Joris-Karl Huysmans' Roman *A rebours* (Gegen den Strich, 1884) enthalten ist. Die Oper *Salome* von Richard Strauss fußt auf Wildes Tragödie.

Mitte: Aubrey Beardsley, Salome; 1894.
Unten links: Max Klinger, Salome; 1893–1895.
Unten rechts: Emmy Destinn als Salome; Berlin 1906.

Triumph der Wiener Operette: »Die lustige Witwe«

Die Operette erlangt erneut ihre einstige Popularität. Ihr immenser Wirkungsbereich von den Operettenmetropolen Europas bis zu den kleinstädtischen Wanderbühnen und Sommertheatern ist eine Herausforderung für diejenigen, die der durch Strauß und Offenbach zu hohem Ansehen gelangten leichten Muse abgeneigt sind. Der gesellschaftliche Glanz, die Halbweltromantik und die rasch populär werdenden Melodien locken das mondäne wie das weniger anspruchsvolle Publikum an.

Der Beginn dieser Entwicklung läßt sich datieren mit der erfolgreichen Uraufführung von Franz Lehárs *Lustiger Witwe* am 28. Dezember in Wien. Widerlegt sind die Pessimisten, die nach dem Tode von Franz von Suppé (1895), Johann Strauß (1899) und Karl Millöcker (1899) unablässig das Ende der Operette prophezeiten.

In der *Lustigen Witwe* klingen seit Strauß' *Zigeunerbaron* erstmals wieder wienerisch-balkanische Akkorde an. Der Rückgriff der klassischen Wiener Operette auf die Historie wird durch eine modernisierte Romantik ersetzt. Es treten Menschen von heute auf, die der Traumwelt des »kleinen Mannes« wie der des »nouveau arrivé« entsprechen. Der Frackmantel des Barons und die Abendrobe der Diva dürfen im Kostümstück nicht fehlen. Das mehr tanzende als singende Buffo-Paar repräsentiert in der Titelgestalt der »lustigen Witwe« und der Person ihres Verehrers einerseits Sentiment, andererseits Pathos.

Der 35jährige Komponist slowakisch-ungarischer Abstammung und ehemalige k. und k. Militärkapellmeister verzichtet auf die Handlungsvielfalt der Straußschen und Offenbachschen Operette. Er entwickelt dabei ein kompositorisch und psychologisch probates Schema, so daß die *Lustige Witwe* zum Prototyp der neuen Operette wird.

Die Berliner Staatsoper
(»Lindenoper«)
Lithographie um 1900

Titelblatt eines Klavierauszugs
Oper »Salome«
1906

»Salome« von Richard Strauss: Kaiserliche Duldung und Popularisierung

Schon die Proben zur Dresdner Uraufführung der Oper wirbeln Staub auf. Die Sängerin der Titelrolle beispielsweise fordert erfolgreich, daß ihren »Tanz der sieben Schleier« die Ballerina der Oper als Double vorführt. Die Premiere des Einakters hat zwar heftige und teilweise auch gehässige Reaktionen zur Folge, doch die Zustimmung überwiegt, was nicht zuletzt die Annahme des Werks durch mehrere Bühnen zum Ausdruck bringt. Zunächst äußert sich auch Wilhelm II. »sehr, sehr zurückhaltend dem Stück gegenüber«, Ende 1906 steht es dann jedoch auf dem Programm der oben abgebildeten Berliner Lindenoper, mit Emmy Destinn in der Titelrolle. Ein Regieeinfall zur Besänftigung der Gemüter, die sich in ihrem religiösen Empfinden verletzt fühlen, ist das Erscheinen des Sterns von Bethlehem am nächtlichen Kulissenhimmel am Ende der Oper, nachdem Salome unter Soldatenschildern begraben ist.

Ein Hinweis auf das Ziel einer raschen Popularisierung der Oper ist die Gestaltung des gemeinsamen Titelblatts für verschiedene Klavierauszüge, die 1906 erscheinen. Als Blickfang dient jener Schleiertanz, den Strauss erst nach Abschluß der Komposition nachträglich eingefügt hat. Andererseits bildet er tatsächlich den Höhepunkt der äußeren Handlung. Die in dem Kuß auf das Haupt des Jochanaan gipfelnde Szene deutet darauf hin, daß Salomes Tod als Liebestod zu verstehen ist. Hierauf spielt Romain Rolland, der Strauss während der Arbeit am Operntext beraten hat, an, indem er Salome als das »gräßliche Meisterwerk mit einer zur jüdischen Prostituierten gewordenen Isolde« charakterisiert. Über das Kritikerurteil, die Oper sei eine »Symphonie mit begleitenden Singstimmen«, setzt sich Strauss rückblickend in dem Bewußtsein hinweg: »Nur mein so fein differenziertes Orchester mit seiner subtilen Nervenkontrapunktik konnte in der Schlußszene … sich in Gebiete vorwagen, die nur der Musik zu erschließen vergönnt war.«

Antoni Gaudí
**Kamine auf der Dachterrasse
der Casa Batlló in Barcelona**
1904–1906

Der »spanische Phantast« und die moderne Architektur

Antoni Gaudís Schaffen entwickelt sich abseits des internationalen Jugendstils, aber dennoch im Sinne des Erneuerungsgedankens, der um die Jahrhundertwende die europäische Architektur bewegt. Als Sohn eines Kupferschmieds war er von Jugend an mit Metallen vertraut und setzte seine impulsiven Ideen zunächst in ornamentalen Metallgittern und -toren um. Gaudís erster Bau – die Casa Vicens (1878–1880) ist ein Gemisch maurischer und gotischer Stilelemente; diese gehören auch weiterhin zu dem Fundus, aus dem Gaudí seine Ideen schöpft und aus dem sich sein Stil entwickelt. Jean Cassou schreibt: »Wir sahen bereits, welche aus den geheimsten Tiefen des Gemüts stammenden Impulse der Art nouveau empfing, gleicherweise wie der Symbolismus. Ein erotischer, allgemein gesagt ein poetischer Impuls hatte sie bewegt, ein überströmender poetischer Impuls, vergleichbar dem belebenden Element im Wachstum der Pflanzen, den kosmischen Strahlungen. Diese poetische Kraft hat Gaudí, die Synthese von Kunst und Handwerk vollziehend, in seiner Wirksamkeit als wahrhaft enzyklopädischer Künstler sichtbar gemacht: in seinen Möbeln, in der Innen- und Außengestaltung seiner Bauten, in der Anlage des Parks Güell und schließlich in den konstruktiven Leistungen seiner Bauten, der gigantischen, märchenhaften Kathedrale Sagrada familia. Er hat sich rein architektonische Aufgaben gestellt und sie als Mathematiker, als Techniker gelöst, aber auf seine absurde Weise und indem er seinen Lösungen eine lyrische – und warum nicht – theologische Unterlage gab. Jedes Stockwerk des Batlló-Hauses entsprach, wie ich mir sagen ließ, in seiner Vorstellung einem Geheimnis des Rosenkranzes …«

In der Casa Batlló sind die naturnahen Formen Bestandteile der Konstruktion. Die knochenförmigen Säulen, die wellenförmige Fassade und das schuppenartige Dach vermitteln zwischen Gaudís bildhauerischer Plastik der frühen Jahre und der strukturellen Plastik der späteren Schaffenszeit.

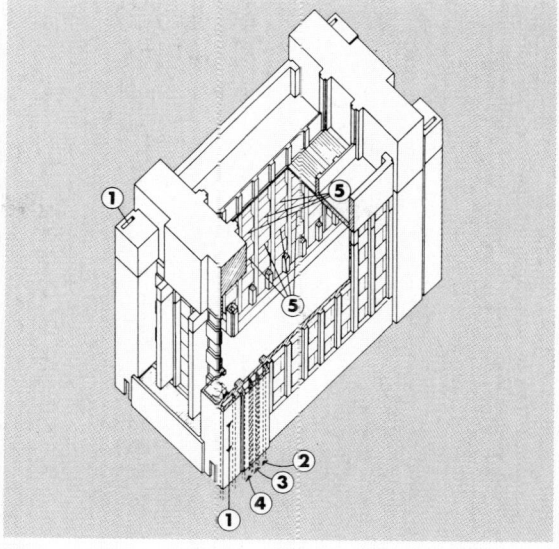

1906

Naturwissenschaft, Technik, Medizin

● Dem Norweger Roald Amundsen ist nach dreijähriger Fahrt die legendäre »Nordwest-Passage« gelungen, die Fahrt längs der nordamerikanischen Küste vom Atlantischen in den Pazifischen Ozean.

● Einen Hinweis auf die Existenz von Vitaminen liefert der britische Chemiker Frederick Hopkins, als er entdeckt, daß zur Ernährung des Menschen auch geringe Mengen noch unbekannter Stoffe gehören.

● Der österreichische Physiker Robert von Lieben entwickelt die Elektronenröhre weiter. In einem weitgehend luftleer gepumpten Glaskolben fließt zwischen zwei Elektroden, der »Kathode« und der »Anode«, ein »Anodenstrom«, der im Innern der Röhre durch ein »Steuergitter« geregelt werden kann, ein Prinzip, das vor allem in der Rundfunktechnik später große Bedeutung gewinnt.

Architektur und Technik

Die Abbildung links außen zeigt den Blick in das Berliner Fernsprechamt nach Einführung des Zentral-Batteriesystems im Jahr 1906. Technische Einrichtungen dieser Art verlangen den Hallenbau, dem die Glas-Eisen-Konstruktion als zweckmäßige Überdachung dient, zumal sie von außen weitgehend unsichtbar bleibt. Sie läßt, wie der anläßlich der Weltausstellung 1900 erbaute Pariser Grand Palais demonstriert, eine historisierende Fassadengestaltung zu, als konventionelle oder »sprechende« Architektur. Eine enge Verbindung zwischen Bauform und technischen Funktionen läßt dagegen die oben rechts wiedergegebene, 1906 datierte Konstruktionszeichnung erkennen. Es handelt sich um das von Frank Lloyd Wright in Buffalo erbaute Bürogebäude der Larkin Company, vom Architekten verstanden als »reine und einfache Maschine«. Das Gebäude ist weitgehend klimatisiert, und die zur Aufnahme der Installationen bestimmten Mauerpfeiler prägen die Gesamtform des Bauwerks. Die Ziffern bezeichnen die Frischluftzufuhr (1), die temperierte Luftzirkulation (2), die Abluft (3), die Sanitärinstallationen (4) und den Auslaß der temperierten Luft unter den Balkonrändern (5). Die Herausforderung der Technik an die Architektur berührt kaum die Wohnverhältnisse breiter Schichten in den Großstädten. Das 1906 entstandene Foto zeigt den Wohnraum einer Berliner Familie. Sie befindet sich im Keller eines Mietshauses und liegt mehr als anderthalb Meter unter dem Hofniveau. Gegen derart bedrückende Verhältnisse richtet sich die zu Beginn des Jahrhunderts in England entstandene Gartenstadt-Bewegung, die noch vor Abschluß des ersten Jahrzehnts auch in Deutschland, beispielsweise in Dresden-Hellerau, zu greifbaren Ergebnissen führt.

Oben links: Berliner Fernsprechamt, 1906.
Oben rechts: Belüftungssystem des Bürogebäudes der Larkin Company von Frank Lloyd Wright, 1906.
Unten: Berliner Kellerwohnung, 1906.

1906

Bildende Kunst

Werke

- Max Beckmann: *Kleine Sterbeszene* (West-Berlin, Galerie des 20. Jahrhunderts).
- Constantin Brancusi: Skulptur *Schlummernde Muse* (1. Fassung).
- Georges Braque: *Hafen von L'Estaque* (Paris, Musée National d'Art Moderne).
- Paul Cézanne: *Montagne Sainte-Victoire* (beg. 1904; Zürich, Kunsthaus).
- André Derain: *London Bridge* (New York, Museum of Modern Art).

- Raoul Dufy: *Plakate in Trouville* (Paris, Musée National d'Art Moderne).
- Alfred Kubin: *Tiefe See* (München, Städtische Galerie im Lenbachhaus); *Die Ahnung* (um 1906; Hamburg, Kubin-Archiv).
- Aristide Maillol: *Gefesselte Aktion* (Blanqui-Denkmal, um 1906; Paris, Musée National d'Art Moderne); *Die Nacht* (beg. 1902).
- Henri Matisse: *Lebensfreude* (beg. 1905; Merion/Pennsylvania, Barnes Foundation).
- Edvard Munch: *Selbstbildnis mit Weinflasche* (Oslo, Munch-Museet); *Bildnis Harry Graf von Keßler* (Berlin, Nationalgalerie).

- Pablo Picasso: *Bildnis Gertrude Stein* (New York, Museum of Modern Art); *Selbstbildnis* (Philadelphia, Museum of Art).
- Christian Rohlfs: *St. Patroklus in Soest* (beg. 1905; Köln, Wallraf-Richartz-Museum).
- Henri Rousseau: *Die Freiheit lädt die Künstler ein, an der XXII. Ausstellung der unabhängigen Künstler teilzunehmen* (New York, Museum of Modern Art).

Ausstellungen

- Berlin: »Jahrhundertausstellung« der deutschen Malerei von 1775 (Ende des Rokoko) bis 1875 (Beginn des Impressionismus).

Ateliers statt Kirchen

Der im Vorjahr verkündeten Trennung von Kirche und Staat in Frankreich folgen Enteignung und Verkauf von Kirchenbesitz. Einzelne Künstler ziehen hieraus Nutzen, indem sie in ehemals kirchlichen Gebäuden Ateliers einrichten. So beziehen Henri Matisse und Othon Friesz ein Kloster in der Rue de Sèvres. Ein Stadtpalast, der zuletzt als Konvent vom Heiligen Herzen diente, erhält seinen früheren Namen Hôtel Biron zurück und wird zum hauptsächlichen Atelier des Bildhauers Auguste Rodin, während Matisse hier seine Akademie einrichtet (der Unterricht ist kostenlos, lediglich die Ateliermiete wird gemeinsam aufgebracht). 1910 erhält Rodin vom Staat die Erlaubnis, bis zu seinem Lebensende das Erdgeschoß zu bewohnen; zu den Mitbewohnern gehört zeitweilig Rainer Maria Rilke. Nach Rodins Tod 1917 wird das Hôtel Biron in das heutige Musée Rodin umgewandelt, das den gesamten künstlerischen Nachlaß sowie Rodins Kunstsammlung aufbewahrt.

Künstlergruppen und Künstlerkreise

Die Abbildung oben rechts zeigt das 1906 von Ernst Ludwig Kirchner formulierte und in Holz geschnittene Programm der im Vorjahr in Dresden gebildeten expressionistischen Künstlergruppe »Brücke«. Ihr treten 1906 Emil Nolde, Max Pechstein, der Schweizer Cuno Amiet und der Finne Akseli Gallen-Kallela bei.

Das unten wiedergegebene Gemälde von Marie Laurencin aus dem Jahr 1906 trägt den Titel Guillaume Apollinaire und seine Freunde. *Zu ihnen gehört Pablo Picasso, der in Paris ab 1900 nach und nach Fuß faßt. Picasso auf dem Gruppenbildnis zu identifizieren, bereitet keine Schwierigkeit. Laurencin hat das Kennzeichen seiner Physiognomie mit aller Deutlichkeit hervorgehoben: Picassos »Augen des Jahrhunderts« (John Berger).*

Mitte links: Selbstbildnis Emil Nolde, um 1906.
Mitte rechts: »Brücke«-Programm, 1906.
Unten: Marie Laurencin, Guillaume Apollinaire und seine Freunde; 1906.

Paul Cézanne
Weibliche Badende
1905/06

Paul Cézanne
Die Hütte Jourdans
1906

Der Tod des Wegbereiters der modernen Malerei

Die beiden Abbildungen zeigen unvollendete Spätwerke des »Meisters von Aix«, der sich in seinen letzten Lebensjahren von jungen Künstlern bewundert sah, ohne das Bewußtsein zu verlieren, vollkommen mißverstanden zu werden. Seine Verkaufserfolge werteten die Mitbürger schadenfroh als gelungenen Versuch, die Pariser hereinzulegen. Inzwischen viel zitierte Äußerungen Cézannes in Briefen an seine »Schüler« (etwa: »Alles in der Natur modelliert sich wie Kugel, Kegel und Zylinder. Man muß aufgrund dieser einfachen Formen zu malen lernen«) sind keine eigene Theorie, sondern der resignierte Versuch, den Jungen wenigstens die Grundlagen der Malerei beizubringen. Für ihn selbst war (neben dem Vorbild der im Louvre vertretenen Meister und des Romantikers Delacroix) der 1903 verstorbene Camille Pissarro der wichtigste Lehrer. Unter seiner Anleitung löste er sich nach 1870 von der Hell-Dunkel-Malerei seiner »romantischen Periode«, um nun weit über den Impressionismus Monets, Pissarros und seines Freundes Renoir hinaus in malerisches Neuland vorzudringen. Ein grundlegend anderes Streben nach einer Kunst »parallel zur Natur« führte ihn zu Farb- und Formschöpfungen, die den Kubismus vorbereiteten. Deutliche Beispiele hierfür sind die Verbindung unterschiedlicher Perspektiven in Cézannes Stilleben oder die körperlichen Deformationen der Aktgestalten.

Das Thema der Badenden (ab etwa 1875) zeigt etwas von Cézannes persönlicher Problematik. Stellte er als junger Maler Gewaltszenen zwischen Mann und Frau dar, so trennte der Alternde als Spiegel seiner »Berührungsangst« die Geschlechter: hier die Gemälde mit männlichen, dort die mit weiblichen Badenden.

Cézanne stirbt am 22. Oktober im Alter von 67 Jahren in Aix-en-Provence unter elenden Umständen: sechs Tage zuvor erlitt er, vom »Motiv« (vermutlich der Hütte Jourdans) kommend, auf der Straße eine Ohnmacht; der Kutscher eines Wäschereiwagens hat den im Regen Liegenden aufgelesen.

Obere Bildreihe:

Edouard Manet
Halbakt, 1875–1878

Kees van Dongen
Mädchen mit großem Hut, 1906

Georges Rouault
Mädchen vorm Spiegel, 1906

André Derain
Frau im Hemd, 1906

Untere Bildreihe:

Philipp Andrejewitsch Maljawin
Wirbelwind, 1906

Lovis Corinth
Die Kindheit des Zeus, 1905/06

Bilanz an der Schwelle zum Kubismus

Von links nach rechts gelesen, demonstriert die obere Bildreihe malerische Errungenschaften unmittelbar vor der »Erfindung« des Kubismus. Zugrunde liegt die Befreiung der Malerei aus den Fesseln des Akademismus durch die Impressionisten (erste Gruppenausstellung 1874). Die Umwälzung läßt sich an einem charakteristischen Stilelement ablesen: der Farbigkeit der Schatten.

Manets Halbakt führt die neue Seh- und Malweise vor Augen, indem er die zarten Fleischtöne an ein lichtes Grün angrenzen läßt, das den modellierenden Schatten vertritt.

Van Dongen plaziert das Schatten-Grün in fauvistischer Ausdruckslust mitten im Gesicht. Beschattetes Antlitz und im Licht aufstrahlende Büste stehen so in einem rein farblich geschaffenen spannungsvollen Wechselbezug als Ausdruck sinnlicher Faszination.

Daß Rouault den Akt mit dunklen Konturen umgrenzt, erklärt sich zunächst aus seiner Herkunft von der Glasmalerei: Das künstlerische Problem ist die malerische Verwendung der »Nichtfarbe« Schwarz durch »Einmischung« von Blau und dessen Kontrast zum lichten Ocker. Der Körper gewinnt sein Volumen von diesen Randzonen aus.

Die Ausdruckskraft der farbigen Kontur und Fläche ohne den räumlichen und körperlichen Illusionismus zeigt schließlich Derains in einem Ausschnitt wiedergegebenes Bildnis.

Als Offenbarung der Farbe Rot mag Maljawins Wirbelwind erscheinen. Hier zeigen sich Wurzeln der modernen Malerei in der kühnen Farbigkeit der Volkskunst. Sie verbindet sich bei Maljawin mit der Lust an der Wiedergabe des Wechselspiels von Farbe und Licht. Wenn daneben Corinths mythologische Szene als »blaß« und zugleich »laut« erscheint, so hat dies seine Ursache in der Verbindung impressionistischer Errungenschaften (Hellmalerei) mit einer expressiven inhaltlichen Wirkungsabsicht: die von Nietzsche entdeckte bacchantische Antike beim (modernen) Wort zu nehmen.

Edvard Munch
**Szenenentwurf zu
»Gespenster«**
1906

Emil Orlik
**Szenenentwurf zu
»Ein Wintermärchen«**
1905/06

Zwei Maler als Mitarbeiter
Max Reinhardts

*Die Abbildung links oben zeigt einen
der Szenenentwürfe, die Henrik Ibsens
Landsmann Edvard Munch zu Max
Reinhardts Inszenierung von Gespenster geschaffen hat. Mit ihr werden am
8. November 1906 die von Reinhardt
eingerichteten Kammerspiele des Berliner Deutschen Theaters eröffnet. Der
Entwurf bezieht sich auf den III. Akt:
rechts die im Hause Alving angestellte
Regine, die Halbschwester des tod-
krank aus Paris heimgekehrten jungen Malers Osvald Alving, links Pastor Manders, Osvald und dessen
Mutter Helene Alving sowie Regines
Pflegevater, der Tischler Engstrand.
Regines leuchtende Bluse versinnbildlicht die »Lebensfreude«, die Osvald als
Opfer der Ausschweifungen seines Vaters vergeblich von ihr erhofft. Reinhardt und Munch verlassen den naturalistischen Stil der bisherigen »Gespenster«-Inszenierungen (beispielsweise Otto Brahms). Das Skandal-
stück (mit den Motiven vererbliche Ge-
schlechtskrankheit, drohender Inzest,
vom Sohn verlangte Euthanasie) wandelt sich von der Anklage gegen eine
mörderische Scheinmoral in eine Klage. In diesem Sinne schließt Siegfried
Jacobsohn seine Rezension der Inszenierung mit dem auf die »Schmerzens-
mutter« Helene Alving bezogenen
Satz: »Ecce mater dolorosa«.
Der Szenenentwurf zum Schauplatz
»Palast des Leontes« in William Shakespeares Wintermärchen stammt von
dem ab 1905 an der Berliner Kunstgewerbeschule lehrenden Maler und
Grafiker Emil Orlik. Er bezieht sich auf
Reinhardts 1905 begonnene Inszenierung, die 1906 zum Abschluß gelangt,
und entspricht dem Regiekonzept
einer zugleich einfachen und kostbaren Ausgestaltung des Spielortes. Bühnenarchitektur und Ausstattung sind
auf räumliche und dekorative Grundelemente reduziert, die durch klare Bezüge der Farben und Formen zu um so
feinerer Wirkung gelangen. Es ist dies
eine der vielfältigen Möglichkeiten, die
Reinhardt nicht zuletzt durch die Auseinandersetzung mit Shakespeare und
dessen »realistischer« Präsentation
durch die »Meininger« entwickelt.*

Literatur

Neuerscheinungen

- Leonid N. Andreev: *Der Gouverneur (Gubernator)*. Psychologische Studie der Läuterung eines russischen Gouverneurs, der rebellierende Arbeiter durch Kosaken niedermachen ließ, angesichts des als sicher angenommenen nahen eigenen Todes. Literarisches Vorbild ist Tolstois *Tod des Ivan Iljitsch*.
- Knud Hjortø: *Zwei Welten (To verderner*, 1904–1906). Die Roman-Trilogie des dänischen Romanciers problematisiert in drei Lebensläufen den Konflikt zwischen bäuerlich-elementarer Herkunft und städtischem Lebensbereich.
- Emuska Baroness Orczy: *Das rote Pimpernell (The Scarlet Pimpernel*, 1905). Romantischer Abenteurerroman aus der Zeit der Französischen Revolution. Im Mittelpunkt steht der vorgeblich snobistisch-beschränkte Sir Percy Blakeney, der in Wirklichkeit eine Gruppe englischer Adliger anführt, um in waghalsigen Unternehmungen Standesgenossen vor der Guillotine zu retten; sein Siegel ist eine »scharlachrote Blume«. Der Erfolg veranlaßt die Autorin zu einer Blakeney-Serie.
- Upton Sinclair: *Der Sumpf (The Jungle)*. Auf der Grundlage von Recherchen im Auftrag der sozialistischen Zeitschrift »Appeal to Reason« schildert Sinclair Ausbeutung, Terror und Korruption der amerikanischen Fabrikwelt am Beispiel der Schlachthöfe von Chicago. Im Mittelpunkt steht der aus Litauen stammende Jurgis Rudkus, der sich am Ende seines Leidensweges am Kampf gegen die kapitalistischen Ausbeuter beteiligt. Der Roman mindert den Fleischkonsum in Amerika und dient dem Deutschen Reich als Vorwand zur Erhöhung der Fleischimportzölle.

Max Reinhardt inszeniert »Frühlings Erwachen«

Am 20. November wird in den Berliner Kammerspielen Frank Wedekinds 1891 in Zürich veröffentlichte Kindertragödie *Frühlings Erwachen* unter der Regie von Max Reinhardt uraufgeführt. Der Erfolg dieser Aufführung ist sensationell. Das Stück wird in dieser und der folgenden Spielzeit 205mal wiederholt und entwickelt sich zum meistgespielten Stück der Reinhardt-Bühnen in Berlin.

Frühlings Erwachen kommt nur zensiert zur Aufführung, aber der herrschenden Moral zum Trotz, wirkt Wedekinds Angriff auf die verlogene Sexualmoral und die in Konventionen und Tabus erstarrte bürgerliche Gesellschaft aufrüttelnd. Der Theaterkritiker Alfred Kerr, einer der frühen Bewunderer des Dramatikers, schreibt über ihn schon 1905:

»Wedekind steht außerhalb der Gesellschaft, fast außerhalb der Welt. Er malt die Welt in leiser absonderlicher Verzerrung; doch ihr echtes Leben strahlt heraus.« Kerr erkennt feinfühliger die Intentionen Wedekinds, als Max Reinhardt dies vermag, denn Wedekind merkt über die Uraufführung in den Kammerspielen an: »Vor allem seitdem es Max Reinhardt auf die Bühne brachte, hält man es für eine bitterböse, steinernste Streitschrift im Dienste der sexuellen Aufklärung und was der spießbürgerlichen pedantischen Schlagworte mehr sind. Nimmt mich wunder, ob ich es noch erleben werde, daß man das Buch endlich für das nimmt, als was ich es vor 20 Jahren geschrieben habe, für ein sonniges Abbild des Lebens, in dem ich jeder einzelnen Szene an unbekümmertem Humor alles abzugewinnen suchte, was irgendwie daraus zu schöpfen war.«

Theater

Premieren

- Alexandr A. Blok: *Balagancik (Die Schaubude)* wird am 30. Dezember in Petersburg unter der Regie von W. Meyerchold uraufgeführt. Desillusionsstück unter Verwendung der Gestalten Pierrot, Harlekin und Columbina, die sich zuletzt als Pappmaché-Puppe erweist. Neben Schauspielern wirken Marionetten mit, die Dekoration wird auf offener Bühne umgebaut.
- Gerhart Hauptmann: *Und Pippa tanzt! Ein Glashüttenmärchen* wird am 19. Januar in Berlin uraufgeführt. Zum Material des aus realen und irrealen Elementen gemischten Dramas gehören schlesische Märchen. Den Zustand der Welt spiegeln die Sinnbilder des Eises und des erloschenen Glasofens. Nur in Pippa glüht noch ein »Fünkla« des Lebensfeuers einer ursprünglichen mythischen Einheit der Welt.
- Henrik Ibsen: *Catilina* (Erstlingswerk, Buchausgabe 1850, Uraufführung Stockholm 1881) kommt am 12. Oktober in Zürich zur deutschen Erstaufführung.
- Jizchak Leib Perez: *Di goldene kejt (Die goldene Kette)* wird am 13. April in Warschau uraufgeführt (es wird bis 1936 mehrfach vom Jüdischen Kulturbund in Berlin in deutscher Übersetzung inszeniert). »Chassidisches Familiendrama« in jiddischer Sprache. Der Titel bezieht sich auf die jeweilige Übertragung des Rabbi-Amtes vom Vater auf den Sohn innerhalb der chassidischen Dynastien.
- George Bernard Shaw: *Caesar and Cleopatra* (deutsche Erstaufführung, Berlin, 31. März; Uraufführung, Chicago, 1. Mai 1901). Das Stück richtet sich gegen das »romantische« Denken in Shakespeares Römerdramen. Shaws Caesar verdankt seine Macht, die er gegen mehrere Aufstände der Ägypter einsetzt, vor allem seiner Illusionslosigkeit.
- George Bernard Shaw: *Mensch und Übermensch* (Man and Superman, London 1905) kommt am 7. Dezember in Berlin (Kammerspiele) zur deutschen Erstaufführung (erste vollständige Aufführung mit *Zwischenspiel in der Hölle* 1915 in Edinburgh). Philosophisch intendierte Komödie, in der es der Frau als Verkörperung der »life force« gelingt, den Mann ihrer Wahl zu »erjagen«.
- John Millington Synge: *Der heilige Brunnen (The Well of the Saints*, Dublin, 1905) kommt im Januar in Berlin zur deutschen Erstaufführung. Ein blindes Bettlerpaar wird geheilt; der desillusionierende Anblick der Welt läßt sie nach ihrer erneuten Erblindung auf eine Wiederholung der Wunderheilung verzichten.
- Frank Wedekind: *Totentanz* (Veröffentlichung 1905 in »Die Fackel«) wird am 2. Mai in Nürnberg (Intimes Theater) uraufgeführt; zur Unterscheidung von Strindbergs gleichnamigem Drama ab 1909 *Tod und Teufel*. In einem Bordell treffen eine Frauenrechtlerin und ein Mädchenhändler aufeinander. Ihre »experimentellen Positionen« verkehren sich jeweils in ihr Gegenteil.

Schauplatz Maulbronn

1906 veröffentlichte Hermann Hesse den autobiographisch fundierten Roman *Unterm Rad*. Im Mittelpunkt steht der aus einem Schwarzwalddorf stammende Hans Giebenrath. Vom Ehrgeiz des Vaters und der Zucht seiner Lehrer angetrieben, besteht er (wie Hesse) das »Landexamen«. Es eröffnet die kostenlose höhere Schulausbildung durch das Seminar im ehemaligen Kloster Maulbronn mit anschließendem Studium. Die Freundschaft, die Hans mit einem phantasiebegabten, frühreifen Mitschüler schließt, bringt ihn in einen Konflikt mit Seminar und Familie, an dem er, in eine Handwerkslehre gepreßt, zerbricht. Ohne tödlichen Ausgang, jedoch gleichfalls in einem Eliteinternat angesiedelt und unter anderem mit dem Problem homoerotischer Beziehungen befaßt ist Robert Musils (einziger erfolgreicher) Roman *Die Verwirrung des Zöglings Törleß*, der drei Jahre nach seiner Entstehung 1906 erscheint. Die Titelgestalt verkörpert eine jugendliche Lebenshaltung, die angesichts einer »ziellosen Grenzenlosigkeit« Grenzsituationen aufsucht in Erwartung eines »Wachstums der Seele, des Geistes«.

Brunnenkapelle
im Kloster Maulbronn

1906

Musik

Premieren

● Jules Massenet: *Ariane*, Oper in fünf Akten, wird am 31. Oktober in Paris uraufgeführt. Der mit *Manon* (1884) und *Werther* (1892) zu Ruhm gelangte Komponist steht in der Tradition der französischen »opera lyrique«.
● Carl August Nielsen: *Maskerade*, Oper in drei Akten, wird am 11. November in Kopenhagen uraufgeführt. Nielsen steht als Komponist zahlreicher Opern, Sinfonien, von Kammer- und Klaviermusik sowie Chorwerken in der Nachfolge Beethovens.

● Sergej Wassiljewitsch Rachmaninov: *Skupoy Ritsar* und *Francesca da Rimini* werden am 24. Januar in Moskau uraufgeführt. Die letztere der beiden Kurzopern geht auf einen Stoff zurück, der im 19. Jahrhundert das Interesse von Dichtern und Malern gefunden hat. Es ist die Liebestragödie von Francesca und Paolo, die sich zu Dantes Lebzeiten ereignet hat. Mit dem V. Gesang des »Inferno« machte Dante die wegen angeblichen Ehebruchs Ermordeten unsterblich.
● Camille Saint-Saëns: *L'Ancêtre* (*Der Ahne*) wird am 24. Februar in Monte Carlo uraufgeführt.

● Ermanno Wolf-Ferrari: *Die vier Grobiane*, deutsch-italienische Oper in drei Akten, wird am 19. März im Münchner Nationaltheater uraufgeführt. Der gebürtige Venezianer greift mit diesem musikalischen Lustspiel nach *Die neugierigen Frauen* (1903) erneut auf eine Komödie Goldonis zurück.

Ereignisse

● Béla Bartók beginnt (mit seinem Freund Zoltán Kodály) an der Budapester Hochschule für Musik mit der Sammlung ungarischer Volkslieder, die seine Tonsprache nachhaltig beeinflussen.

Wilhelm Dilthey und die Geisteswissenschaft

Der ab 1882 in Berlin lehrende Philosoph veröffentlicht 1906 (teilweise schon früher erschienene) Essays. Sie betreffen Gestalten und Probleme der deutschen Geistesgeschichte. Der Titel der Sammlung lautet programmatisch Das Erlebnis und die Dichtung. Lessing. Goethe. Novalis. Hölderlin. *Dilthey legt exemplarisch seine Auffassung und Praxis einer geisteswissenschaftlich orientierten Literaturgeschichtsschreibung dar.*

Die Entwicklung seiner Methode läßt sich bis zu dem 1877 veröffentlichten Essay Goethe und die dichterische Phantasie *zurückverfolgen. In ihm lehnte Dilthey die positivistische Suche nach inhaltlichen und stilistischen Vorbildern von Werken sowie biografischen, im Schaffen wirksamen Fakten als unzureichend ab.*

An ihre Stelle tritt die Frage nach der Umwandlung und Steigerung der »Erlebnis«-Sphäre durch die dichterische Phantasie. Diese erhebt, wie Dilthey in Das Erlebnis und die Dichtung *ausführt, alles, was erlebnismäßig erfahren wird, zum »Typischen«, zum »Symbol eines Allgemeinen«. Wahrhafte Dichtung wird von der »Sehnsucht nach einem Dauernden, Wechsellosen, dem Druck der Dinge Entnommenen« bewegt. Sie zielt nicht auf das »Erkennen der Wirklichkeit«, sondern vermittelt die »lebendige Erfahrung vom Zusammenhang unserer Daseinsbezüge«. Diltheys befreiende Tat ist der Auftrag an die Literaturwissenschaft, ihren Gegenstand aus dem dürren Gestrüpp reiner Kausalzusammenhänge herauszulösen. Andererseits legt er die Grundlage für eine vorwiegend geistige Betrachtungsweise von Kunst, Literatur, Philosophie, Musik, die auf materielle, historische, gesellschaftliche Bedingungen einzugehen verabscheut. So entwirft Dilthey das Bild einer homogenen Epoche der deutschen Klassik und Romantik. Es findet seine Ausgestaltung in dem von 1923 bis 1953 in vier Bänden erscheinenden Werk mit dem Titel* Geist der Goethezeit *von Hermann August Korff.*

Wilhelm Dilthey, um 1905

Edvard Grieg bespielt Tonträger

Der 63jährige Edvard Grieg überspielt seine Komposition *Brudefolget drar forbi* auf ein »Welte-Mignon-Reproduktionspiano«. Bei dieser Technik, derer sich zuvor schon Musiker wie Max Reger, Ferruccio Busoni und Gustav Mahler bedient haben, werden Rollen mit eingestanzten Löchern verwendet. 1957 werden die bedeutendsten Aufzeichnungen auf Schallplatten übertragen.

Das Reproduktionspiano ist von Michael Welte, Gründer der Musikwerkfabrik in Freiburg im Breisgau, im Jahre 1904 entwickelt worden. Durch Grieg erlangt die norwegische Musik, deren nationale Eigenheit er mit der Satztechnik des 19. Jahrhunderts zu verbinden verstand, Weltgeltung. Neben einer reichen Fülle von Klavierstücken (*Lyrische Stücke*, 1867–1901, *Norwegische Tänze und Volksweisen*, 1870) schuf er Bühnenmusiken zu Bjørnstjerne Bjørnsons *Sigurd Jorsalfar* (1872) und Henrik Ibsens *Peer Gynt* (1874/75).

Albert Schweitzer über Orgelkunst und Leben-Jesu-Forschung

Der 31jährige elsässische Musiker und Theologe Albert Schweitzer gibt mit seiner musikgeschichtlichen Darstellung *Deutsche und französische Orgelbaukunst und Orgelkunst* den Anstoß zu einer Rückbesinnung auf das Klangbild der Barockorgel. Vorausgegangen ist eine Reihe technischer Erneuerungen im Orgelbau. So ermöglichte die Erfindung der »Walze« das Auslösen eines Anschwellens der Töne vom Piano bis zum Fortissimo. Die Orientierung an Orgelbau und -kunst des Barock bildet die Grundlage der in voller Breite in den zwanziger Jahren sich entfaltenden sogenannten Orgelbewegung.

Als kritischer Theologe tritt Schweitzer mit seinem Bericht *Von Reimarus bis Wrede* hervor. Der Titel steckt einen Zeitraum von 150 Jahren ab: von der um 1750 entstandenen, aber erst 1774 von Gotthold Ephraim Lessing unter dem Titel *Fragmente eines Ungenannten* in Auszügen veröffentlichten *Apologie oder Schutzschrift für die vernünftigen Verehrer Gottes* von Hermann Samuel Reimarus (gest. 1768) bis zu den Schriften des in Göttingen und Breslau lehrenden Theologen William Wrede (gest. 1906). Bei Reimarus findet sich die These, die für die Leben-Jesu-Forschung grundlegend wurde: Die Jünger haben nach Jesu Tod in ihrer Enttäuschung über das Ausbleiben der in Kürze erwarteten Wiederkunft des Messias an die Stelle des einfachen, praktisch-sittlichen Evangeliums das christliche Heils- und Erlösungssystems gesetzt. So wurde es zu einem Ziel der Leben-Jesu-Forschung, diese »Fehlentwicklung« des Christentums zu korrigieren, indem die im eigentlichen Sinne christliche Ethik der Liebe wieder in den Mittelpunkt gestellt wird. Nachfolge Christi heißt demnach, dem Vorbild des historischen Menschen Jesus verpflichtet zu sein, dessen Ethik beispielsweise in der Bergpredigt zum Ausdruck kommt. Der christliche Glaube ist aus Ehrfurcht vor der historischen Wahrheit gezwungen, seine »Unbefangenheit aufzugeben und sich einzugestehen, daß er aufgrund einer stattgefundenen Entwicklung so geartet ist«. 1913 veröffentlicht Schweitzer seinen Forschungsbericht in erweiterter Form unter dem Titel *Geschichte der Leben-Jesu-Forschung*; im selben Jahr eröffnet er, nachdem er Medizin studiert hat, als Konsequenz der ethnischen Verpflichtung zum rückhaltlosen Dienst am Menschen sein Urwaldhospital in Lambarene.

**Henrik Ibsens
Grabstätte in Oslo**

Gustav Vigeland
Henrik Ibsen
um 1906

Der Tod des »Ahnherrn des neuen deutschen Dramas«

*In Kristiania (ab 1925 wieder Oslo ge-
nannt) stirbt am 23. Mai im Alter von
78 Jahren der norwegische Dramatiker Henrik Ibsen. Der im Vorjahr wieder von Schweden losgelöste norwegische Staat ehrt ihn durch ein Staatsbegräbnis. Der Obelisk über Ibsens Grab
zeigt als Sinnbild der Wirkung seines
Schaffens einen Hammer.*
*Jahrelang stand Ibsen, von 1864 bis
1891 im »freiwilligen Exil« in Italien
und Deutschland (Dresden, München)
lebend, im Schatten seines 1903 mit
dem Nobelpreis für Literatur ausgezeichneten Freundes und Konkurrenten Bjørnstjerne Bjørnson auch
auf deutschen Bühnen. Nach ersten deutschsprachigen Aufführungen
1876 (Die Kronprätendenten, Nordische Heerfahrt), 1878 (Stützen der
Gesellschaft, Die Herrin auf Oestrot)
und 1880 (Nora oder Ein Puppenheim) lösten 1886/1887 Inszenierungen von Gespenster in Augsburg, Mei-
ningen und Berlin jene nachhaltige
Wirkung aus, über die der Theaterkritiker Alfred Kerr in seinem 1896 in der
»Neuen Rundschau« veröffentlichten
Ibsen-Essay Der Ahnherr. Zur Vorgeschichte des neuen deutschen Dramas urteilt: »Das Beste und Folgen-
reichste, das uns Ibsen gegeben hat, ist:
die Anregung zur Wahrheit, in einer
künstlerisch verlogenen Zeit; die Anregung zum Ernst, in einer künstlerisch
flachen Zeit; die Lust zur Bewegung, in
einer Zeit des Stagnierens; …«*
*Ibsens letztes Werk ist das Künstler-
drama Wenn wir Toten erwachen
(1899), das 1900 zur deutschen Erstaufführung gelangt ist. Es trägt den
Untertitel »dramatischer Epilog«. Im
Hinblick auf das Lawinenunglück, mit
dem das Stück endet, schreibt Rainer
Maria Rilke in Die Aufzeichnungen
des Malte Laurids Brigge (1910):
»…und die Lawinen, die die Landschaften begraben, verschütteten die
mit Greifbarem überladene Bühne um
des Unfaßlichen willen.« Hier drückt
sich das symbolistische bzw. neuro-
mantische Ibsen-Verständnis der Jahrhundertwende aus: Ibsen wird zum
Gestalter geheimnisvoller, nur im
Sinnbild greifbarer Zusammenhänge.*

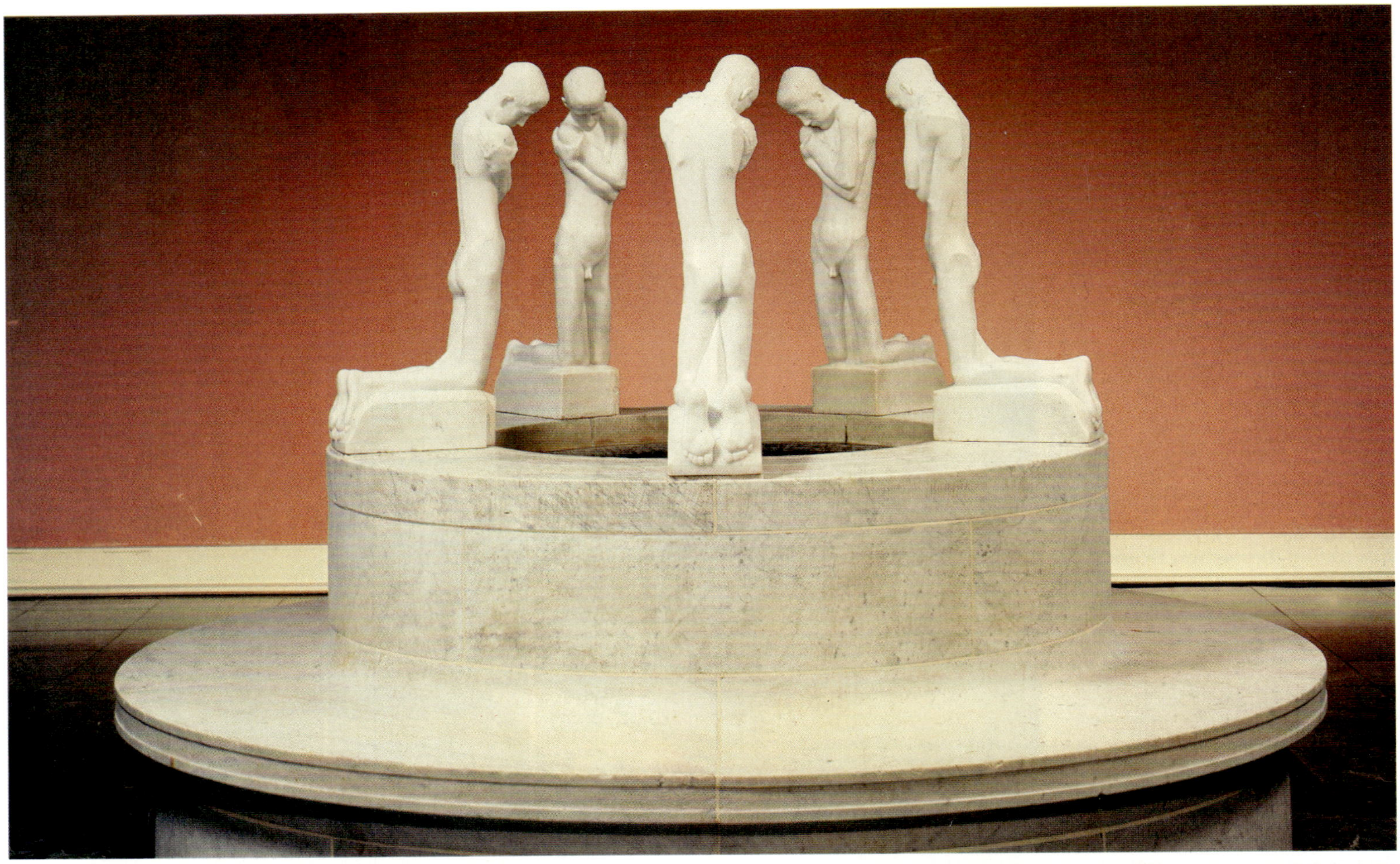

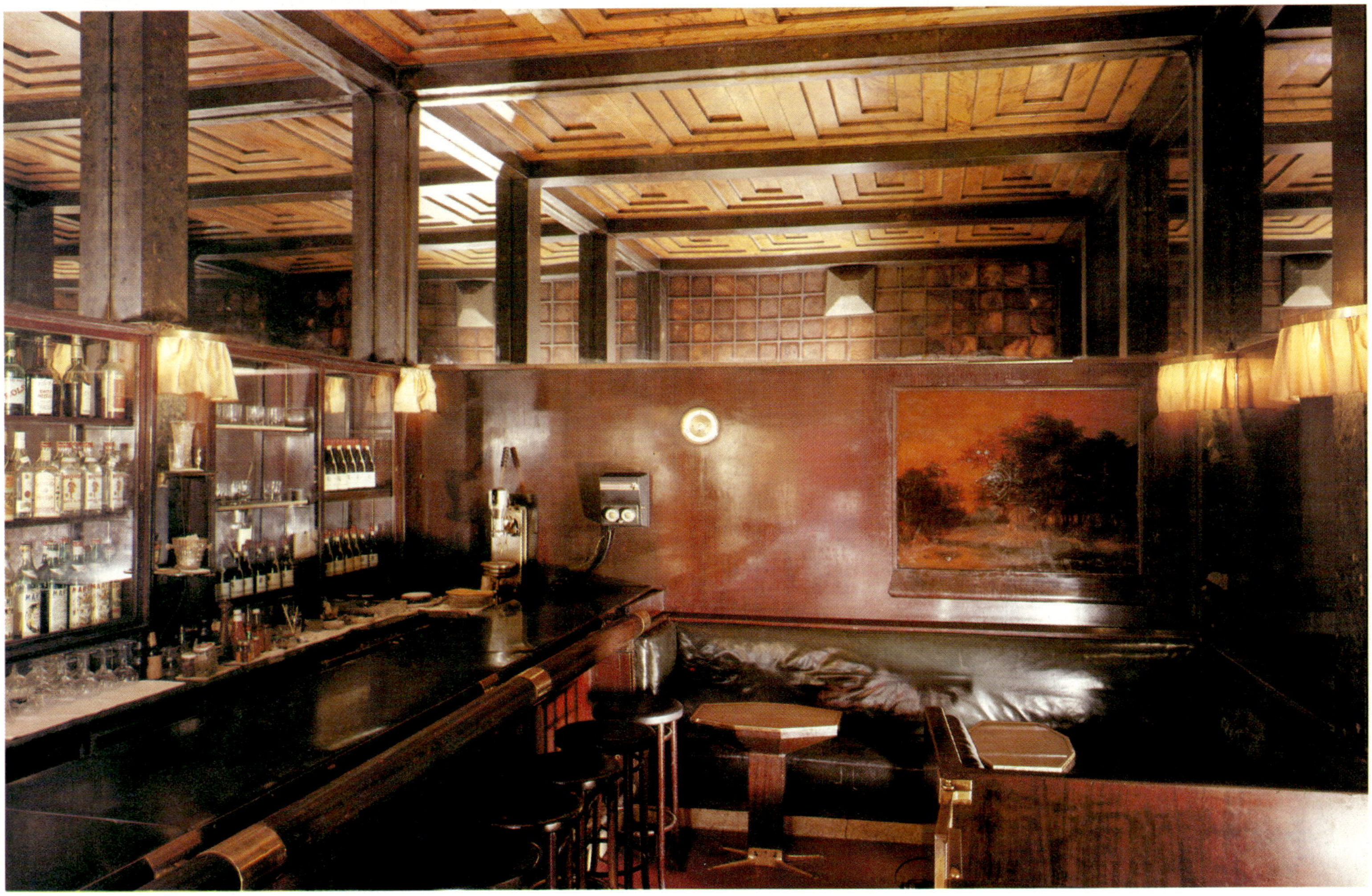

Bildende Kunst

Werke

- Othon Friesz: *Bildnis des Dichters Fernand Fleuret* (Paris, Musée National d'Art Moderne); fauvistisches Gemälde mit ungewöhnlicher Sicht von schräg oben auf den Porträtierten.
- Wassily Kandinsky: *Das bunte Leben* (München, Städtische Galerie im Lenbachhaus); sinnbildliche figürliche Einzelthemen vor dem Hintergrund von Tod (Friedhof) und Auferstehung (Kreml als himmlisches Jerusalem).
- Oskar Kokoschka: *Stilleben mit Ananas* (Berlin, Nationalgalerie); expressives Früchtestilleben in der Nachfolge Vincent van Goghs.
- Wilhelm Lehmbruck: *Mutter und Kind* (Essen, Museum Folkwang); Bronzeplastik in der Nachfolge Auguste Rodins.
- Henri Matisse: *Luxus I* (Paris, Musée National d'Art Moderne); Komposition mit drei Aktfiguren in abstrahierter Landschaft. *Bei der Toilette* (Stuttgart, Staatsgalerie); Akt- und Gewandfigur mit grellem Farbkontrast.
- Edvard Munch: zwölfteiliger *Lebensfries* (beg. 1906) für die Berliner Kammerspiele Max Reinhardts, davon heute acht Bilder in der Berliner Nationalgalerie (*Aasgaardstrand, Zwei Mädchen, Wald mit Strand, Sommernacht, Begier, Paar am Strand, Mädchen beim Äpfelpflücken, Zwei Mädchen mit Sonnenblumen*).
- Emil Nolde: *Anna Wieds Garten* (Hamburg, Privatbesitz); expressionistisches Gemälde.
- Henri Rousseau: *Schlangenbeschwörerin* (Paris, Louvre); magische Urwaldlandschaft im Mondlicht mit Schlangen und schwarzer Flötenspielerin.
- Max Slevogt: *Päonien* (Stuttgart, Staatsgalerie); spätimpressionistisches Blumengemälde.

Handwerk zwischen Kunst und Industrie

Am 6. Oktober wird in München der Deutsche Werkbund gegründet. Er bildet eine Vereinigung von Architekten, Handwerkern, Industriellen, Pädagogen und Publizisten. Zu den Initiatoren gehören Hermann Muthesius und Peter Behrens. Als Leitgedanken nennt die Satzung: »Ziel des Werkbundes ist es, die handwerkliche Arbeit zu veredeln und sie mit der Kunst und der Industrie zu verbinden. Der Bund will eine Auswahl treffen unter dem Besten, was Kunst, Industrie, Handwerk und die aktiven handwerklichen Kräfte hervorbringen; er will die in der Welt bestehenden Bemühungen um Qualitätsarbeit koordinieren; er ist Sammelpunkt für all die, die fähig und gewillt sind, Qualitätsarbeit zu leisten.«

Damit folgt der Deutsche Werkbund dem Vorbild der von William Morris inspirierten, um 1860 als Reaktion auf das Massenangebot geschmackloser industrieller Produkte entstandenen englischen Reformen. Muthesius machte die Ideen, die dieser Arts and Crafts-Bewegung zugrunde lagen, in Deutschland bekannt. Von 1896 bis 1903 Angehöriger der deutschen Botschaft in London, studierte er die zeitgenössische englische Architektur und Formgebung; sein Buch *Das englische Haus* (1904/05) wird zum Standardwerk. 1907 zum Referenten des Landesgewerbeamtes für die preußischen Kunstgewerbeschulen berufen, setzt er sich für Reformen im eigenen Land ein. Seine Kritik an der Situation des Kunstgewerbes in Deutschland gehört zu den unmittelbaren Anlässen der Werkbund-Gründung, wobei sich die Zielsetzung in einem entscheidenden Punkt von Morris' Lehren unterscheidet. Morris definierte Kunst als die »Art, wie der Mensch der Freude an seiner Arbeit Ausdruck verleiht«. Aus dieser Vorstellung heraus lehnte er jegliche maschinelle Produktion ab, da sie die »Freude an der Arbeit, die Kunst schlechthin« zerstöre. Die Mitglieder des Deutschen Werkbundes hingegen geben weder dem Handwerk eindeutig den Vorrang, noch liegt es in ihrer Absicht, gegen die maschinelle Serienproduktion künstlerisch gestalteter Gebrauchsgegenstände anzutreten. Damit ist die Industrie nicht von vornherein ausgeschlossen, doch wird zugleich Unsicherheit geschaffen. Während die englischen Reformer noch der handwerklichen Arbeitsweise treu bleiben konnten, steht der Deutsche Werkbund vor der Schwierigkeit, Handwerk, Industrie und Kunst mit ihren unterschiedlichen Arbeitsmethoden unter einem gemeinsamen Leitbild zu vereinigen. Das Problem beginnt bereits bei der Definition von Qualitätsarbeit, und bald schon setzen Auseinandersetzungen zwischen den Befürwortern der Standardisierung und denen der freien Formgebung ein.

Industrie-Design

Die Allgemeine Elektricitäts-Gesellschaft (AEG) mit Sitz in Berlin engagiert den Architekten und Formgestalter Peter Behrens als künstlerischen Berater. Zu seinen Aufgaben gehört es nicht nur, elektrische Geräte wie Ventilatoren oder Beleuchtungskörper zu entwerfen, sondern darüber hinaus Verpackungen, Katalogen, Plakaten, Briefpapier, schließlich Ausstellungsräumen und Werkstätten eine dem neuen Stilempfinden angemessene Form zu geben. Seine Tätigkeit erweist sich als Beginn der »Industriellen Formgebung« in Deutschland.

Kritik der »angewandten Kunst«

»Ich liebe die Gläser, die Steingutwaren, die Bronzegefäße, deren Linien den wiegenden Bewegungen der Hüften und der Brust, den menschlichen Profilen gleichen«, bekennt Henry van de Velde in seinem Liebespsalm. Gestalt und Gegenstand treten in eine für den Jugendstil kennzeichnende assoziative Beziehung, die ihren Ausdruck im Ornament findet.

Von demselben Geist durchdrungen erscheint der Brunnen mit fünf knienden Knaben des belgischen Bildhauers George Minne, entstanden für das Musuem Folkwang in Hagen (ab 1922 in Essen). Inhaltlich lassen sich die fünf Gestalten als Verkörperungen des Narzißmus betrachten. Die Hauptwirkung geht jedoch von der Tatsache aus, daß die Figuren fünf Ausführungen derselben (1898 entworfenen) Skulptur sind, deren verschiedene Ansichten aufgrund der kreisförmigen Gruppierung von einem Standort aus sichtbar sind. Wozu aber diese Wiederholung derselben Gestalt? Sie unterliegt damit einer Ornamentalisierung, die ihrer zeichenhaften Gestaltung entspricht, und sie erhält den Charakter eines beliebig wiederholbaren Gegenstands. Minnes Brunnenfiguren haben damit Anteil an der Verbindung von Kunst und Handwerk durch das Ornament.

Einer der schärfsten Kritiker dieser Verbindung ist Adolf Loos, der 1906 in Wien eine freie Architekturschule gegründet hat. Mit der Innenausstattung der Kärntner-Bar gibt er – ausgerechnet in Wien – ein frühes Beispiel für den Verzicht auf jeglichen ornamentalen Schmuck eines der Geselligkeit gewidmeten Raumes. Die »moderne Wandverkleidung« fand er »in den Paneelen, die den Wasserkasten der alten water closets verbergen«. Sein Mißtrauen gegenüber einer Banalisierung des Kunstbegriffs, die aus seiner Sicht im Begriff der »angewandten Kunst« gipfelt, führt ihn dazu, die Architektur aus dem Bereich der Kunst auszugrenzen.

Gegenüberliegende Seite:
George Minne, Brunnen; 1906.
Adolf Loos, Kärntner-Bar; 1907.

Film

Premieren

- Georges Méliès: *Le tunnel sous la Manche ou Le cauchemar franco-anglais* (*Der Tunnel unter dem Ärmelkanal oder Der französisch-englische Alptraum*). Parodie in einer »burlesken Phantasie in 30 Bildern« auf die Pläne zur Untertunnelung des Ärmelkanals.

Ereignisse

- Der im Vorjahr in den USA entstandene Film *The Haunted Hotel* (*Spuk im Hotel*) von Stuart Blackton erregt in Frankreich großes Aufsehen. Zum ersten Mal werden die Trickfilm-Möglichkeiten der Einzelbildaufnahme demonstriert: ein Messer schneidet selbständig Brot ab, von unsichtbarer Hand wird ein Glas eingegossen.
- Max Linder wird als Nachfolger von André Deed zum Star der populären Filmkomödien der französischen Firma Pathé. Er verkörpert den Typ des »aristokratischen« Komikers, dessen liebster Zeitvertreib der Flirt mit vornehmen Schönheiten ist. Zu Werbezwecken wird das Gerücht lanciert, Linder erhalte ungeheuer hohe Gagen.

1907

Premieren

- Gerhart Hauptmann: *Die Jungfern vom Bischofsberg*, Uraufführung am 2. Februar in Berlin. Gesellschaftskomödie mit zeitkritischer Polemik gegen das Schulwesen und dessen Repräsentanten, die »Vogelscheuchen auf den Kathedern«.
- Thomas Mann: *Fiorenza*, Uraufführung am 11. Mai in Frankfurt/M. Dieses einzige Schauspiel Thomas Manns gestaltet in der Konfrontation zwischen dem todkranken Lorenzo di Medici, gen. der Prächtige, und dem scheinbar siegreichen Bußprediger Savonarola den Gegensatz zwischen Schönheit und Geist, die beide danach streben, das Leben zu beherrschen.
- August Strindberg: *Ett drömspel*, Uraufführung am 17. April in Stockholm (deutsche Erstaufführung *Ein Traumspiel* 1921 in Berlin). Der hoffnungslose Versuch der Tochter des Gottes Indra, das Leid der Menschen zu lindern, indem sie an ihrem Leben teilnimmt. Formal beabsichtigt Strindberg, »das zusammenhanglose und scheinbar logische Muster des Traumes nachzuschaffen«.
- August Strindberg bringt nacheinander am Nya Intima Teatern in Stockholm, das er mitbegründet hat, vier »Kammerspiele« zur Uraufführung. Ihr gemeinsames Thema ist die Erschütterung einer scheinbar in den Lebensverhältnissen einer jeweils kleinen Gruppe von Menschen eingetretenen Ordnung: *Oväder* (deutsche Erstaufführung *Wetterleuchten*, Dresden 1912), *Spöksonaten* (deutsche Erstaufführung *Gespenstersonate*, Berlin 1916), *Brända tomten* (*Brandstätte*) und *Pelikanen* (deutsche Erstaufführung *Der Scheiterhaufen*, Wien 1908).

Teurer freund: leider meines Kommens nichtsicher. hier wald - des abend stille - der sterne oft sehr helle - wieder alles im grünen Kleid - am Tage. darum gebe ich Tag auf Tag. in steigender herzlichkeit, freudigen bangen gedenke ich meiner freunde. in wenigen

Proletarisches Bewußtsein

Der Erstveröffentlichung in »Appleton's Magazine« (1906) folgen die amerikanische und deutsche Buchausgabe sowie eine gekürzte russische Veröffentlichung von Maxim Gorkis Roman *Die Mutter*. Er schildert in einer für den späteren Sozialistischen Realismus grundlegenden Weise die Entwicklung proletarischen Bewußtseins.

Im Mittelpunkt steht die Arbeiterfrau Pelageja Wlassowa. Sie wandelt sich vom Opfer der elenden, in der Trunksucht und Aggressivität des Mannes sich manifestierenden Lebensverhältnisse zum Mitkämpfer in der Arbeiterbewegung. Diese Entwicklung wird durch ihren Sohn Pawel ausgelöst, der sich den Sozialisten angeschlossen hat. Bei einer Maidemonstration verhaftet, erklärt er in seiner Verteidigungsrede vor Gericht die Ziele der proletarischen Revolution mit solcher Klarheit, daß das zunächst instinktive Handeln der Mutter die Grundlage von Einsicht und Zuversicht erhält.

Ein esoterischer Kreis

Es entspricht vollkommen dem auf der heiligen Zahl sieben aufbauenden numerischen Ordnungsprinzip des Bandes, daß Der siebente Ring, eine Gedichtsammlung Stefan Georges, im Jahr 1907 erscheint. Er gliedert sich in sieben Gruppen von Gedichten, deren Anzahl jeweils ein Vielfaches von sieben bildet, ausgenommen von den 14 Gedichten der ersten Gruppe Zeitgedichte. Durch diese Veröffentlichung erweitert sich die Gemeinde der George-Leser beträchtlich. Zugleich schließt sich der George-Kreis um so enger um den »Seher« zusammen. Einen Eindruck vom Gemeinschaftsverständnis des esoterischen Kreises vermittelt ein Brief Hanna Wolfskehls vom 2. Dezember 1907 an George: »... daß wir gerne dabei wären, wenn der 7te Ring als lebendiger Kreis gezogen ist und gar gern uns darin einbezogen wüßten in der Wirklichkeit: nachdem wir uns in Wahrheit so ganz und seelig darin beschlossen fühlen, das werden Sie wissen auch ohne unsre Worte!« Georges Handschrift kann den gewählten Umgangston des Kreises illustrieren.

Autograph Stefan Georges, 1908.

Literatur

Neuerscheinungen

- Otto Julius Bierbaum: *Prinz Kuckuck, Leben, Taten, Meinungen und Höllenfahrt eines Wollüstlings. In einem Zeitroman.* Mit dem Lebensweg des Emporkömmlings Felix Henry Hauart karikiert der Schriftsteller den Lebenswandel der zeitgenössischen höheren Gesellschaft.
- Rudolf Borchardt: *Das Buch Joram* (unter dem Titel *Die Geschichte des Heimkehrenden* als Privatdruck 1905 erschienen). Die Erzählung behandelt die Abkehr und Wiederhinwendung Jorams und Jezebels zu Gott; mit der Erzählung strebt Borchardt eine Erneuerung der Dichtersprache an.
- Johann Hinrich Fehrs: *Maren*. Der Dorfroman spielt in der Zeit von 1848/51 und schildert das Schicksal einer Bauernfamilie wobei gleichzeitig der Kampf Schleswig-Holsteins um seine Freiheit dargestellt wird.
- Carl Hauptmann: *Einhart der Lächler*. Der autobiographische Roman beschreibt den Lebensweg des Einhart Selle, der als Jüngling sein bürgerliches Vaterhaus verläßt und in der Kunst seine Lebensaufgabe findet.
- Hugo von Hofmannsthal: *Der Dichter und diese Zeit*. Vortrag Hofmannsthals, den er 1906 auf einer Reise durch Deutschland gehalten hat und der seine grundlegenden Ansichten über die Aufgabe der Literatur darlegt.
- Friedrich Huch: *Mao*. Als das schwächliche Kind Thomas aus seiner gewohnten Welt, deren Mittelpunkt das Bild des Jungen Mao über seinem Bett bildet, herausgerissen wird, zerbricht sein Lebenswille.
- Johann Vilhelm Jensen: *Madame d'Ora* (1904). Erster Teil eines skurrilen Kriminalromans, dessen Handlungsort das junge aufblühende Amerika ist; die Fortsetzung erscheint 1908 unter dem Titel *Das Rad*.
- Karl Liebknecht: *Militarismus und Antimilitarismus unter besonderer Berücksichtigung der internationalen Jugendbewegung*. In diesem politischen Werk beschreibt Liebknecht die Gefahren des Militarismus und weist der Sozialdemokratie als Ziel den Antimilitarismus zu.
- Jack London: *The Iron Heel* (*Die eiserne Ferse*, 1922). Politisch-utopischer Roman (mit einem Vorwort von Anatole France) über den Kampf der revolutionären Arbeiterbewegung gegen die faschistische Organisation »Die eiserne Ferse«, mündend im Sieg des Sozialismus.
- Robert Walser: *Geschwister Tanner*, Roman. Die Geschichte des leichtfertigen Simon, eines von fünf Geschwistern, der ein nichtseßhaftes sorgloses Leben führt.

Wassily Kandinsky
Reitendes Paar
1907

Oskar Kokoschka
Die träumenden Knaben
Blatt 7 und Blatt 8
1907/08

Träume

1896 hat der 30jährige Jurist Wassily Kandinsky einen Ruf an die Moskauer Universität abgelehnt und ist nach München übergesiedelt, um Malerei zu studieren. Zwischen 1903 und der erneuten Niederlassung in München 1908 führen ihn Reisen nach Venedig, Odessa, Moskau, Tunis, Paris und Sèvres, wo er sich 1906/07 aufhält. Hier entsteht das Gemälde Reitendes Paar, *über das Kandinsky in* Rückblicke *(1913) schreibt: »Ich habe eigentlich nach einer gewissen Stunde gejagt, die immer die schönste Stunde des Moskauer Tages war und bleibt … Die abendliche Sonne schmilzt ganz Moskau zu einem Fleck zusammen, der wie eine tolle Tuba das ganze Innere, die ganze Seele in Vibration versetzt.« Kandinskys* Reitendes Paar *gehört innerhalb seines frühen Schaffens, in dem spätimpressionistische Landschaften und Stadtansichten überwiegen, zu einer Gruppe von Gemälden mit Märchen- und Sagenmotiven in an die Volkskunst anspielender Gestaltungsweise. Als Abbild einer traumhaften, verklärten Erinnerung zeigt das Bild auch den Reiter als harmonische Erscheinung: als Prinzen, der mit seiner Geliebten durch den schon schattigen Birkenhain reitet.*

Im selben Jahr verfaßt der 21jährige Kunststudent Oskar Kokoschka sein alptraumartiges Drama, Mörder, Hoffnung der Frauen *und den lyrischen Prosatext* Die träumenden Knaben. *Beide Werke werden Ende 1907 im Wiener Kabarett »Die Fledermaus« vorgetragen. Sie handeln in sinnbildlichen Vorgängen und Sprachbildern von der verzehrenden Macht der Geschlechtlichkeit.*

Die 1908 von der Wiener Werkstatt verlegte Buchausgabe der Träumenden Knaben *ist mit acht im Stil von Holzschnitten gestalteten Farblithographien Kokoschkas ausgestattet. Sie begleiten den Text mit expressiven, im Unterschied zu Kandinskys kultivierter Traumpoesie archaischen Bildzeichen, so das achte Blatt die Schlußverse: »…und ich war ein taumelnder / als ich mein fleisch erkannte / und ein allesliebender / als ich mit einem mädchen sprach.«*

Zwei Szenen

*Das Thema der beiden Gemälde sind
Frauen im Bordell. Henri de Toulouse-
Lautrec hat dieses Sujet zwar nicht als
erster in die Malerei eingeführt, jedoch
in besonderer Weise geprägt. Grundlage hierfür war seine Teilnahme am Leben im Bordell. Sie ermöglichte es ihm,
Sentimentalität wie Lüsternheit zu
vermeiden und Szenen im Sinne eines
Sozialreports zu gestalten. Im Salon
der Rue des Moulins zeigt Madame
im hochgeschlossenen Kleid, umgeben
von ihren »Töchtern«, in Erwartung
der Gäste. Diese Situation des Wartens
korrespondiert mit dem Warten der
Ehefrauen, deren Männer hier auftauchen werden. Die nur mittelbare Anwesenheit der Männer läßt sie als ge-
sichtslose Wesen erscheinen; der Maler
forscht nach der Individualität der zur
Ware degradierten Frauen.*

*Damit sind Gesichtspunkte genannt,
unter denen sich auch Pablo Picassos
Mädchen von Avignon betrachten
lassen. Auch auf diesem Bild sind die
männlichen Gestalten aus der Szene
ausgeschlossen. Dies ist ein Ergebnis
der fortschreitenden Arbeit an der
Konzeption des Gemäldes, denn die
Entwürfe zeigen noch eine Komposition mit fünf Frauen und zwei Männern. Auch bei Picasso ist das Ziel einer
bestimmten Form von Individualisierung zu erkennen, und auch er gestaltet
eine bestimmte Perspektive.*

*Zugleich wird deutlich, daß sich Picas-
sos Werk unter allen drei Gesichtspunkten grundsätzlich von dem Toulouse-Lautrecs unterscheidet. Der Ausschluß der Männer dient dazu, das szenische Element zu tilgen und zur reinen
Aktdarstellung zu gelangen. Die Individualisierung erfolgt unter dem Einfluß afrikanischer Negerkunst, die gerade im Gegenteil auf Typisierung abzielt. Der Vergleich der beiden Gesichter in der rechten Bildhälfte mit der
rechts oben abgebildeten Katangi-
Maske mit konkav gewölbter Ge-
sichtshälfte macht die Beziehung überdeutlich. Vollkommen anders als bei
Toulouse-Lautrec ist schließlich die
Verwendung der Perspektive, die bei
Picasso ihre Einheitlichkeit und räumliche Wirkung verloren hat: ein erster
Schritt zum Kubismus.*

Cézanne und der Kubismus

Im Pariser »Herbstsalon« wird Paul Cézanne postum mit einer umfangreichen Retrospektive geehrt. Sie zeigt, was er unter nichtillusionistischer Malerei verstanden hat: eine Darstellungsweise, deren »Grund« im wörtlichen wie im übertragenen Sinne die Bildfläche ist. Hierzu gehört die Auflösung der perspektivisch einheitlichen Ansicht. Eine ganze Reihe von Stilleben Cézannes zeigen ihre Gegenstände aus unterschiedlichen Blickwinkeln. Nicht ihre Anordnung im Raum bestimmt ihre Erscheinungsweise im Bild, sondern die auf der Fläche angeordneten Einzelaspekte.

Hinzu kommt der Einfluß afrikanischer Kunst, die auf der Pariser Weltausstellung des Jahres 1889 durch das »afrikanische Dorf« in breiterem Umfang bekannt wurde. Sie übte schon auf die Fauvisten und die Expressionisten ihre Wirkung aus, doch erst Pablo Picasso bedient sich unmittelbar der Formensprache geschnitzter Masken in der Malerei. Dies geschieht in seinem Gemälde *Les Demoiselles d'Avignon*. Georges Braque, der 1907 durch Vermittlung des Schriftstellers Guillaume Apollinaire Picasso kennenlernt, sieht das Bild in dessen Atelier und erfaßt sofort den Vorstoß zu einem neuen Verständnis der Malerei. Die Umformung der menschlichen Gestalt in ein Gefüge aus flächigen Dreieck- und Rautenformen, aus plastischen Details und realistischen Fragmenten eröffnet eine radikale Neuordnung der Bildgegenstände.

Im folgenden Jahr stellt Braque in der 1907 in Paris eröffneten Galerie des deutschen Kunsthändlers Daniel-Henry Kahnweiler eine Reihe von Bildern aus, die dem von Picasso gewiesenen Weg folgen. Der Kritiker Louis Vauxcelles, der 1905 den Begriff Fauvismus veranlaßt hat, spricht in seinem Ausstellungsbericht von »cubes«, um Braques Darstellungsweise als primitiv zu charakterisieren; er wird damit zum Schöpfer der Stilbezeichnung Kubismus. Zugleich macht er, wohl unwissentlich, auf den Zusammenhang mit der von Cézanne in einem Brief an Emile Bernard geäußerten Forderung aufmerksam, die Bildgegenstände auf ihre geometrischen bzw. stereometrischen Grundformen zurückzuführen, auf Kugel, Kegel und Zylinder.

Irritationen

Mit dem Kubismus löst das »Vorstellungsbild«, das heißt eine auf neue Weise auf das Vorstellungsvermögen gegründete Gestaltungsweise, das »Ansichtsbild« ab. Diese Umwälzung geht nicht allein mit wissenschaftlichen und technischen, sondern ebenso mit gesellschaftlichen Entwicklungen einher, durch die gleichsam »geschlossene Ansichten« im politischen und sozialen Bereich brüchig werden. Eine starke innenpolitische Erschütterung erfährt das bürgerliche Vertrauen in die Monarchie in Deutschland durch die von Maximilian Harden provozierten Prozesse der »Eulenburg-Affäre«. Es geht um die Klärung des Verdachts sittlichen Fehlverhaltens in der engsten politischen Umgebung des Kaisers. »Na, Berlin is jetzt das reinste Sodom und Gomorrha.« – »Un der Schwefelregen von oben wird ooch nich ausbleiben.« So lautet der Dialog zu Ernst Heilmanns 1907 im »Simplicissimus« veröffentlichter Karikatur Biblische Zustände.

Zugleich wird das Bügertum durch das Erstarken der internationalen Arbeiterbewegung verschreckt.

Mitte: Ernst Heilmann, Biblische Zustände; 1907.
Unten: Rosa Luxemburg als Rednerin auf dem 7. Internationalen Sozialistenkongreß in Stuttgart, 1907.

1907

Persönlichkeiten

Um 1890 bildete sich in Worpswede im Teufelsmoor bei Bremen eine Künstlerkolonie, deren Mitglieder nach dem Vorbild der Maler von Barbizon im unmittelbaren Kontakt mit der Natur und der ansässigen einfachen, bäuerlichen Bevölkerung lebten und arbeiteten. Eine herausragende Persönlichkeit dieses Kreises ist Paula Becker, verheiratet mit dem Maler Otto Modersohn. Ihr eigenständiger künstlerischer Weg läßt sich an der Entwicklung von toniger Landschaftsmalerei zu ebenso empfindsamen wie kraftvollen Darstellungen von Blumen, Stilleben, Bauernkindern sowie an ihren Bildnissen ablesen (Rainer Maria Rilke, der Soziologe Werner Sombart, um 1906). Schon ihre erste Reise nach Paris im Jahr 1900 brachte sie in Kontakt zur neuen französischen Malerei, der sie wesentliche Anregungen verdankt. Wenige Wochen, bevor sie in Worpswede am 20. November 1907 im Alter von 31 Jahren stirbt, schreibt sie an ihre Mutter: »Ich wollte wohl gern für eine Woche nach Paris reisen. Da sind 56 Cézannes ausgestellt.« Zu ihren letzten Werken gehört das Selbstbildnis mit Kamelienzweig. Es mutet wie ein Nachklang der frühesten Form des auf Individualisierung bedachten Bildnisses an, nämlich der auf Holz gemalten Mumienporträts.

Der Kontrast, den hierzu das weltmännische Erscheinungsbild Harry Graf Keßlers bildet, könnte kaum größer sein. Doch Keßler ist, auch in den Augen Munchs, nichts weniger als ein Dandy nach Pariser Geschmack. Als Schriftsteller, Förderer der Buchkunst durch seine Cranach-Presse (1912) und als Mäzen (zu den von ihm geförderten Künstlern gehört Aristide Maillol) verkörpert er in Weimar das Ideal tatkräftiger Mitverantwortung am kulturellen Leben.

Das Ehepaar Paula Modersohn-Becker und Otto Modersohn.

Gegenüberliegende Seite:
Paula Modersohn-Becker, Selbstbildnis mit Kamelienzweig; 1907.
Edvard Munch, Bildnis Harry Graf Keßler; 1906.

Langstrecken- und Produktions-Rekorde

1901 beschränkte sich die Strecke der Langstrecken-Rekordfahrt noch auf 392 Kilometer: von Nizza nach Salon und zurück. Der siegreiche Automobilist benötigte 6 Stunden und 45 Minuten.
1907 sind derlei Leistungen schon längst keine Schlagzeile mehr wert. Die Pariser Zeitung »Le Matin« ruft zu einer Wettfahrt von Peking über Moskau nach Paris auf. Von 25 Bewerbern gehen fünf an den Start. Nach zwei Monaten erreicht der Italiener F. Scipione Borghese mit seinem Itala-Wagen, ausgestattet mit vier Zylindern und 45 PS, als erster die französische Metropole.
Das folgende Jahr bringt prompt die nächste Steigerung: Am 12. Februar starten in New York am Times Square sechs Wagen zum ersten Rennen »Rund um die Erde«; der Sieger erreicht das Ziel Paris am 26. Juli.
Im selben Jahr ist man bei der 1903 gegründeten Ford Motor Company in Detroit soweit, daß das erste Modell T die Montagehalle verlassen kann. Es ist die sogenannte »Tin Lizzi« (Blech-Liese), ein offener Zweisitzer (Roadster), der bald auf dem Fließband montiert wird.
Henry Ford hat mit diesem in der Konstruktion einfachen, bei etwas Geschick vom Besitzer selbst zu wartenden Automobil sein Ziel erreicht, einen Massenartikel auf den Markt zu bringen. Der Kaufpreis sinkt innerhalb von zehn Jahren von 950 auf 525 Dollar. Amerika begibt sich auf den Weg in die automobile Gesellschaft. Bis zum Jahr 1927 werden mehr als 15 Millionen Autos vom Modell T produziert.
Henry Fords Grundsatz, durch rationale Produktionsweise (Arbeitsteilung, Fließband) bei günstigen Arbeitsbedingungen (kurze Arbeitszeit, gute Bezahlung) preisgünstige und zugleich hochwertige Industrieprodukte herzustellen und dadurch den Absatz zu steigern, geht als Fordismus in die Wirtschaftstheorie ein.

Der erste Europäer?

In einer Sandgrube bei Mauer in der Nähe von Heidelberg findet Otto Schoetensack ein bemerkenswertes Knochenstück. Es ist der sogenannte Unterkiefer von Mauer, ein einige hunderttausend Jahre alter Überrest eines Menschen. Nach bestimmten Indizien der Fundstelle dürfte der »Heidelberger« in einer Umgebung mit Waldklima gelebt haben, vielleicht vor 300 000, vielleicht vor 500 000 Jahren oder mehr. Eine sichere Datierung des Knochens ist nicht möglich. Festzustehen scheint jedoch, daß dieser *Homo heidelbergensis* schon Steingeräte benutzt hat: primitiv zugeschlagene Schaber, Kratzer und andere Werkzeugtypen, die der deutsche Fachforscher Alfred Rust später an zahlreichen europäischen Plätzen entdeckt und beschrieben hat.

Musik

Premieren
● Frederick Delius: *Romeo und Julia auf dem Dorfe.* Lyrisches Drama in vier Akten mit einem Prolog. Die Oper wird in Berlin uraufgeführt. Der Komponist hat Gottfried Kellers gleichnamige Novelle aus *Die Leute von Seldwyla* (1856) selbst als Textbuch bearbeitet und dabei einzelne romantische Grundmotive verstärkt. Delius gehört zu den wichtigsten Vertretern der Musik des Fin de siècle.

● Paul Dukas: *Ariane et Barbe-Bleue* (nach Maurice Maeterlinck) wird in Paris uraufgeführt. Die Akte der Oper entsprechen im Aufbau den Sätzen einer Sinfonie. Dukas wendet sich vom traditionellen lyrischen Drama ab, das er durch die Form der dramatischen Sinfonie ersetzt.
● Jules Massenet: *Thérèse*, Oper, wird in Monte Carlo uraufgeführt. Die beachtlichen Theatererfolge verdankt der teilweise noch im Stil der Grand Opéra schreibende Komponist seinen sensiblen, lyrischen Melodien.

● Nikolai Rimski-Korsakow: *Die Legende von der unsichtbaren Stadt Kitesch und der Jungfrau Fewronia* (1904), Oper, wird in Petersburg uraufgeführt. Der russische Komponist verbindet Folkloristik und Realismus. Er folgt damit den Intentionen der auch als »mächtiges Häuflein« bezeichneten Gruppe »Fünf«, zu der vor Jahrzehnten neben Rimski-Korsakow selbst Mili Alexejewitsch Balakirew und Zesar Antonowitsch Kjui sowie Modest Mussorgski und Alexandr Porfirjewitsch Borodin gehörten.

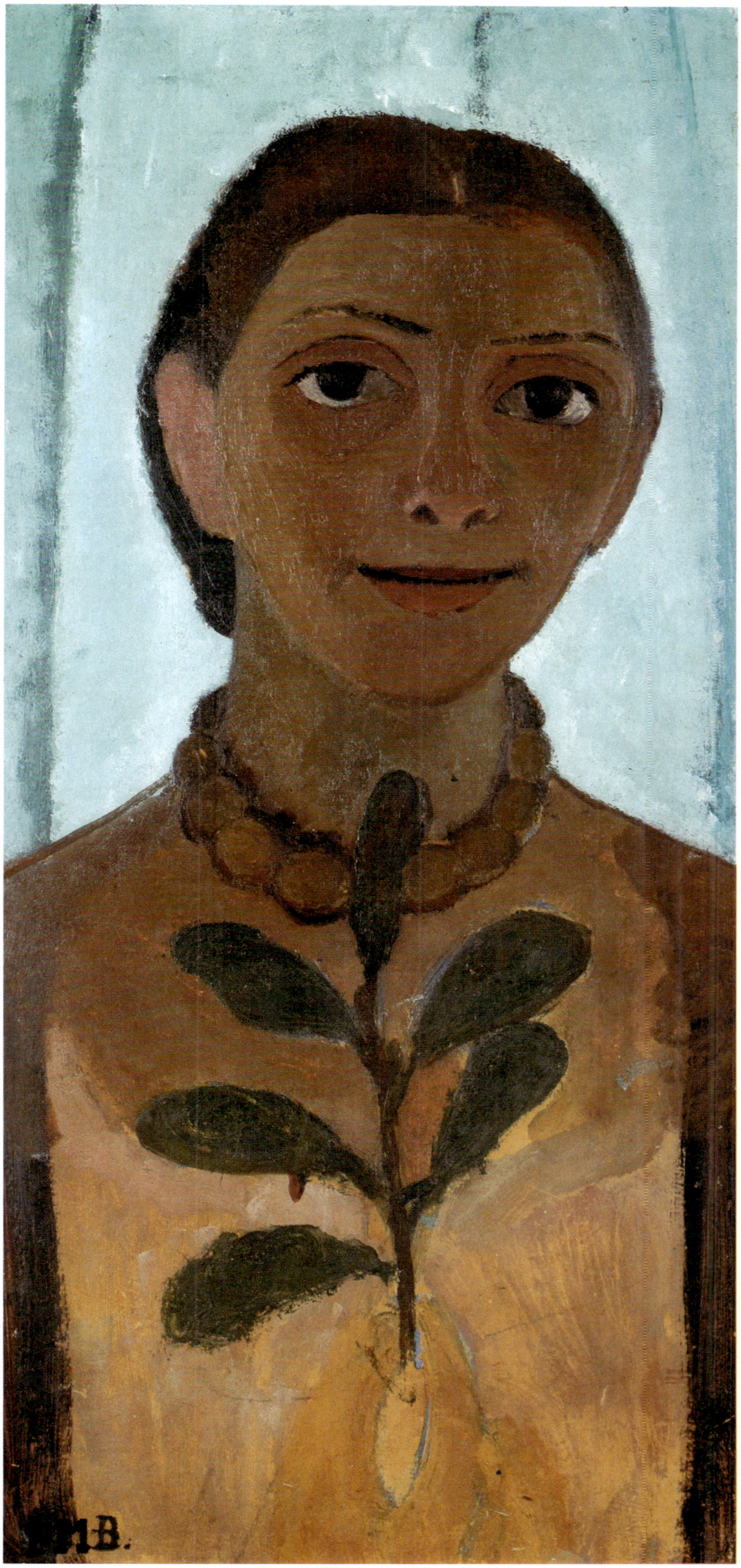

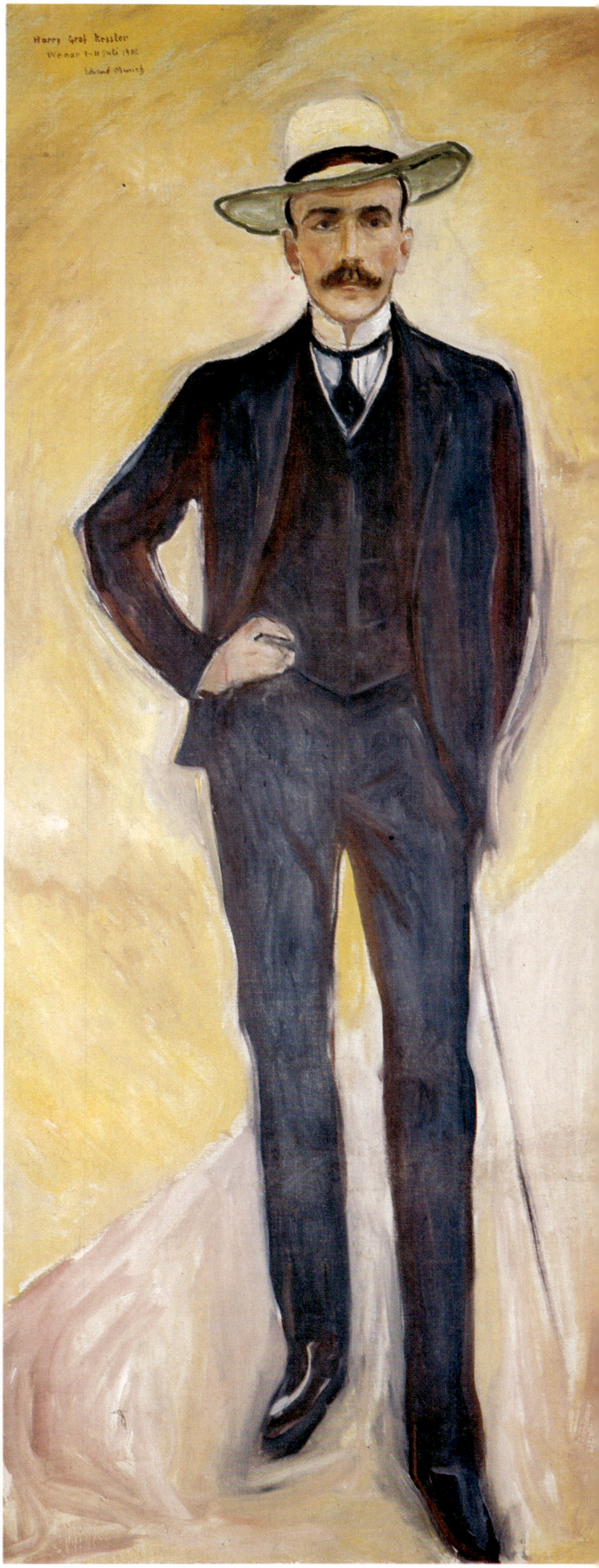
Harry Graf Kessler

Josef Hoffmann, 1903 gemeinsam mit Koloman Moser Begründer der »Wiener Werkstätte«, erklärte 1905 in deren Programm: »Es kann unmöglich genügen, wenn wir Bilder, und wären sie auch noch so herrlich, erwerben. Solange nicht unsere Städte, unsere Häuser, unsere Räume, unsere Schränke, unsere Geräte, unsere Kleider und unser Schmuck, solange nicht unsere Sprache und unsere Gefühle in schlichter, einfacher und schöner Art den Geist unserer eigenen Zeit versinnbildlichen, sind wir unendlich weit gegen unsere Vorfahren zurück, und keine Lüge kann uns über alle diese Schwächen hinwegtäuschen.«

Im selben Jahr begann Hoffmann mit dem Palais Stoclet in Brüssel, dessen Fertigstellung und vor allem Innenausbau sich bis 1911 hinzieht. Der Kunstsammler Karl Ernst Osthaus urteilt über diesen Bau: »Ein Werk von solcher Reife und künstlerischer Hoheit, wie kein zweites in Europa seit den Tagen des Barock entstand.«

Mit diesem Vergleich meint Osthaus nicht eine stilistische Entsprechung, sondern die Erneuerung der Idee des Gesamtkunstwerks, wie sie in Hoffmanns »Wiener Werkstätten«-Programm zum Ausdruck kommt. Sie entspricht den Intentionen des Jugendstils, doch gehört ihm das Palais Stoclet allenfalls durch das Streben nach außergewöhnlicher Eleganz an. Die Faszination, die das Bauwerk ausübt, spiegelt sich noch in der etwas wirren, jüngst vorgenommenen stilgeschichtlichen Charakterisierung als »ein poetisches Meisterwerk des Nachimpressionismus und Symbolismus, bereits ganz auf die Ästhetik des Rationalismus bezogen und doch von einem Reichtum und einem Raffinement, die bis an die Grenze des Dekadenten gehen«.

Letzteres bezieht sich vornehmlich auf den von Gustav Klimt entworfenen Wandschmuck im Speisesaal des Palais Stoclet. Die mehr als sieben Meter langen Mosaike der beiden Längswände zeigen über die ganze Fläche das Motiv des Lebensbaumes, dem die sinnbildlichen Figuren bzw. -gruppen Die Erwartung und Die Erfüllung (auch Der Kuß genannt) eingefügt sind. Pflanzenhafte Ornamentik ist hier zu äußerster Stilisierung getrieben und zugleich auf höchst artifizielle Weise mit geometrischen Formen wie Dreieck, Rechteck und Quadrat verbunden.

Zugrunde liegt Gustav Klimts intensives Studium der japanischen Holzschnitt- und Textilkunst (Klimt besaß eine Sammlung prächtiger Kimonos) mit ihrer vielfältigen Ausgestaltung der Beziehung zwischen Muster und Grund.

Josef Hoffmann
Palais Stoclet in Brüssel
1905–1911

Gustav Klimt
Die Erwartung
Die Erfüllung (Der Kuß)
Werkvorlagen zum Mosaikfries im Speisesaal des Palais Stoclet um 1905–1909

Bildende Kunst

Werke

● Max Beckmann: *Ballonwettfahrt* (Stuttgart, Staatsgalerie); Start einer Gordon-Bennett-Wettfahrt in Berlin.

● Georges Braque: *Stilleben mit Kaffeekanne* (Stuttgart, Staatsgalerie) und *Häuser in L'Estaque* (Bern, Kunstmuseum); frühkubistische Gemälde mit Eingliederung der stereometrisch und farblich vereinfachten Gegenstände in die Fläche.

● Hermann Hahn: *Jugendlicher Reiter;* neuklassizistische Bronzeplastik in der Nachfolge Adolf von Hildebrands.

● Alexej von Jawlensky: *Sommerabend in Murnau* (München, Städtische Galerie im Lenbachhaus); abstrahierte Landschaft aus Farbflächen als Ausdruck der Naturstimmung.

● Wassily Kandinsky: *Vor der Stadt* (München, Städtische Galerie im Lenbachhaus), *Straße in Murnau mit Frauen* und *Landschaft mit Turm* (beide Paris, Privatbesitz); abstrahierte Stadt- bzw. Dorfansichten in leuchtender Farbigkeit.

● Gustav Klimt: *Der Kuß* (Wien, Österreichische Galerie); bildmäßige Ausführung eines Motivs aus den Wandmosaiken im Palais Stoclet in Brüssel.

● Auguste Renoir: *Ambroise Vollard* (Paris, Orangerie); impressionistisches, farblich gesteigertes Bildnis des Pariser Kunsthändlers bei der Betrachtung einer Akt-Statuette von Aristide Maillol.

● Henri Rousseau: *Ballspieler* (Privatbesitz); schnappschußartige Darstellung von vier trikotbekleideten Männern mit grotesk verrenkten Bewegungen beim Ballspiel in einer herbstlichen Waldlichtung.

Ausstellungen

● Düsseldorf: »Sonderausstellung« von sieben Malern in der Kunsthalle; aus ihr geht der »Sonderbund westdeutscher Kunstfreunde und Künstler« hervor mit dem Ziel, »Probleme der gegenwärtigen Kunst durch Ausstellungen verständlich zu machen und miterleben zu lassen«.

Positionen

Adolf Loos, der entschiedene Gegner Josef Hoffmanns, faßt seine in jahrelangem publizistischem Kampf gegen die »Verschweinung des praktischen Lebens durch das Ornament« (Karl Kraus) vorgetragenen Argumente in dem Aufsatz Ornament und Verbrechen zusammen. Ein Echo ist die »Simplicissimus«-Karikatur Thomas Theodor Heines mit dem Titel Sachlichkeit, deren Bildunterschrift lautet: »In konsequentem Kampf gegen das Ornament hat ein moderner Architekt sich und seiner ganzen Familie die Ohren abgeschnitten.«

Heine ist in dieser Frage nicht ganz unbefangen, hat er sich doch von dem Verleger Hans von Webern dazu überreden lassen, trotz seiner Ablehnung der Buchillustration (»Ich hasse illustrierte Romane, die Illustrationen schließen die Phantasie des Lesers aus!«) eine bibliophile Ausgabe von Friedrich Hebbels Drama Judith mit zehn Zeichnungen und zehn Vignetten auszustatten, wobei er sich mit der Jugendstil-Linienkunst Aubrey Beardsleys auseinandersetzt. Das Ergebnis läßt Heines vorrangige satirische Begabung erkennen und verdeutlicht zugleich die Grenze, an die eine vom Ornament ausgehende Linienkunst stößt.

Die Gegenbewegungen zum Jugendstil erfolgen nicht allein unter der Parole der Sachlichkeit, sondern sind auch von der Wiederentdeckung volkstümlicher Gestaltungsformen geprägt. Sie gehören zu den Quellen der Formvereinfachung, die Franz Marc in seinen Tierplastiken zu erreichen sucht.

Für Aristide Maillol bedeutet eine 1908 unternommene Griechenlandreise die Bestärkung seines Strebens nach sinnlicher Körperlichkeit. Seine Bildnisbüste der 67jährigen Auguste Renoir ist in dieser Hinsicht Ausdruck einer Wahlverwandtschaft.

Oben links: Franz Marc, Panther; 1908.
Oben rechts: Thomas Theodor Heine, Sachlichkeit; 1908.
Unten links: Aristide Maillol, Bildnisbüste Auguste Renoir; 1908.
Unten rechts: Thomas Theodor Heine, Judith und Holofernes; 1908.

1908

Film

Premieren

● Emile Cohl: *Le cauchemar du fantoche (Der Alptraum der Marionette).* Beginn des Zeichentrickfilms. Cohls Figuren, »fantoches« genannt, sind auf einfache Grundformen reduziert. Um das Flimmern des hellen Untergrunds zu vermeiden, werden die Strichfiguren als Negativ projiziert, so daß sie wie mit Kreide auf schwarzen Grund gezeichnet erscheinen.

● David Wark Griffith: *The Adventures of Dolly (Dollies Abenteuer).* Erster Regieauftrag des Porter-Schülers. *For Love in Gold (Aus Liebe zum Gold),* nach Jack London.

● Charles Le Bargy und Lavedan: *L'assassinat du Duc de Guise (Die Ermordung des Herzogs von Guise).* Beginn des »Kunstfilms« in Frankreich im Unterschied zum (proletarischen) Unterhaltungsfilm, inszeniert von und mit prominenten Schauspielern der Comédie-Française.

● Luigi Maggi: *Gli ultimi giorni di Pompei (Die letzten Tage von Pompeji).* Der Erfolg des Monumentalfilmes zieht eine Folge pompös inszenierter Massen- und Kostümfilme nach sich.

● Georges Méliès: *Le locataire diabolique (Die diabolische Miete);* Burleske, in der ein Mann das Mobiliar eines Zimmers samt Gästen und Bedienten aus einem Koffer holt.

Ereignisse

● Beherrschend auf dem Filmmarkt ist die französische Firma Pathé frères; sie verkauft 1908 in den USA doppelt soviel Filme wie alle amerikanischen Produzenten zusammen. In Frankreich rivalisieren mit Pathé Gaumont und die Gesellschaft Eclair. Das *Pathé Journal* (ab 1908) ist die erste Wochenschau.

Hollywood

Zuverlässiger Sonnenschein während des ganzen Jahres als ideale Aufnahmebedingung und unterschiedliche Kulissen-Landschaften wie schneebedeckte Gebirge und Wüste in nächster Nachbarschaft – dies sind Gründe, die schon 1907 Filmemacher nach Südkalifornien lockten. Als Beginn von Hollywood als Zentrum und Inbegriff des amerikanischen Films gilt jedoch die Fertigstellung des ersten Streifens in dem auf Hügeln im Nordwesten von Los Angeles gelegenen Städtchen. 1908 bringt hier Francis Boggs den Film *The Count of Monte Cristo* zum Abschluß, den William Selig in Chicago begonnen hatte. Selig selbst folgt 1909 nach Hollywood, um hier Western-Filme zu drehen; ab 1910 arbeitet David Wark Griffith regelmäßig hier.

1909 bietet die Gründung des ersten Filmtrusts, der Motion Picture Patents Company (MMPP), einen neuen Grund für die Niederlassung im südlichen Kalifornien; unabhängige Filmemacher tuen gut daran, weit ab vom Machtzentrum New York und in unmittelbarer Nähe zur mexikanischen Grenze zu arbeiten. Das erste Studio entsteht 1911 an der Ecke Gower Street/Sunset Boulevard.

Schaulust

Vorläufer der Lichtspieltheater mit ihrer Darbietung »lebender Bilder« sind die verschiedensten Formen von Guckkasten-Apparaten, die auch noch nach der Jahrhundertwende ihr Publikum finden. So errichtet der Kgl.-Preußische Kommissionsrat August Fuhrmann in Berlin an der Prachtstraße Unter den Linden sein »Kaiserpanorama«, das freilich nichts mit den im 19. Jahrhundert beliebten Rundgemälden zu tun hat, die vom meist verdunkelten Mittelpunkt aus betrachtet wurden. Vielmehr sind die Guck-Plätze um einen Rundbau angeordnet. Von einem Uhrwerk bewegt, ziehen Bildserien am Betrachter vorbei, der die Beleuchtung regulieren kann. Themen der Schau sind ferne Länder und Städte – die Schauplätze des mit der Entwicklung der modernen Medien sich zum bunten Schauspiel entwickelnden Weltgeschehens.

Kaiserpanorama in Berlin, Unter den Linden, um 1908.

Literatur

Neuerscheinungen

● Leonid Nikolajewitsch Andrejew: *Die Geschichte von sieben Gehenkten (Rasskaz o semi povesennych),* Erzählung. Andrejew beschreibt unter dem Eindruck der Revolution von 1905 die Stimmungen und Veränderungen sieben Gefangener, die kurz vor ihrer Hinrichtung stehen.

● Leonid Nikolajewitsch Andrejew: *Judas Ischariot und die anderen (Juda iskariot i drugie,* 1907), Erzählung. Eine Deutung des Verräters Judas als eines Jüngers, der sich in seiner Verehrung für Jesus einzigartig glaubt.

● Joseph Conrad: *Im Taifun (Typhoon,* 1902). Erzählung über das Verhalten der englischen Besatzung eines siamesischen Dampfers während eines Taifuns auf der Fahrt durch die Formosastraße. Bis heute unübertroffen ist die Beschreibung des Taifuns.

● Ricarda Huch: *Die Romantik.* Umfassende Darstellung der um die Jahrhundertwende verkannten und übergangenen Romantik als Literaturepoche in zwei Bänden, die einzeln schon 1899 und 1902 erschienen sind.

● Erwin Guido Kolbenheyer: *Amor dei.* Historisch-biographischer Roman, der den Lebensweg Baruch Spinozas verfolgt und dessen Philosophie interpretiert.

● Selma Lagerlöf: *Wunderbare Reise des kleinen Nils Holgersson mit den Wildgänsen (Nils Holgerssons underbara resa genom Sverige,* 1906/1907). Im Auftrag des schwedischen Lehrerverbandes geschriebenes Buch für den Heimatkundeunterricht. Der zum Däumling verwandelte Nils überfliegt mit den Wildgänsen seine Heimat.

● Arthur Schnitzler: *Der Weg ins Freie.* Breit angelegter Roman über das Problem der persönlichen Freiheitsfindung.

● Robert Walser: *Der Gehülfe.* Der junge Joseph Marti erlebt in einer schweizerischen Gemeinde den durch den Besitzer selbst verschuldeten Verfall eines Unternehmens.

● Jakob Wassermann: *Caspar Hauser oder Die Trägheit des Herzens,* Roman über die Geschichte des Nürnberger Findlings. Wassermann hält sich eng an die bekannten Tatsachen und belebt erneut die Forschungen über die Herkunft Kaspar Hausers.

Liebespostkarte
(Ausschnitt) 1908

Leo von König
Bohème-Café
1909

Biederkeit und Bohème

Zwei Paare, deren Mimik und Gestik sich in wechselseitiger Erhellung ergänzen: die Blicke der beiden Café-Gäste werden um so indiskreter, je länger sie dem Schmachten konfrontiert sind, mit dem das Postkarten-Liebespaar sein Treuegelübde begleitet.

Die in Massen hergestellten Karten mit dem in Bild und Text verkündeten Motto »Auf ewig Dein!« wenden sich an ein bürgerlich-biederes Publikum, dem die Presse zugleich Einblicke in die Affären der höheren Gesellschaft gewährt. Zu den in aller Öffentlichkeit ablaufenden Skandalen des ersten Jahrzehnts gehört die Untreue der sächsischen Kronprinzessin Luise, die 1903 wegen Ehebruchs geschieden wurde, danach den Titel einer Gräfin von Montigosa führte und 1907 ihren Liebhaber, den italienischen Komponisten Enrico Toselli, geheiratet hat.

Leo von König, aus einer Offiziersfamilie stammend, erhielt seine Ausbildung unter anderem in Berlin und Paris und ließ sich 1900 in der Reichshauptstadt nieder. Hier ist er bis 1911 als Lehrer an der Unterrichtsanstalt des Kunstgewerbemuseums tätig; auch gehört er der Berliner Sezession an, die nach der Jahrhundertwende unter der Leitung Max Liebermanns ihre Glanzzeit erlebt.

Als bedeutender Porträtist erweist sich König vor allem in den zwanziger und dreißiger Jahren durch Bildnisse von Schriftstellern (Julius Meier-Graefe, Reinhold Schneider, Rudolf Alexander Schröder) und Künstler (Ernst Barlach, Emil Nolde, Käthe Kollwitz), die er aus menschlicher Solidarität zur Zeit ihrer Verfemung malt.

Königs Bohème-Café (gemeint ist das Café des Westens am Kürfürstendamm) gehört zu seinen wenigen Gemälden, die eine Szene darstellen oder zumindest andeuten. Auch hier ist jedoch das Interesse am »Modell« vorherrschend, verbunden mit der Absicht, ein Doppelbildnis ohne alle Pose zu gestalten. Hierzu dient die impressionistisch lockere Gestaltungsweise, die zugleich den Eindruck unterstützt, daß König mit dem Bohème-Café »Pariser Atmosphäre an die Spree bringt« (F. Nemitz).

Musik

Premieren

● Béla Bartók: *Vierzehn Bagatellen für Klavier op. 6.* Uraufführung durch Bartók selbst vor geladener Gesellschaft in Berlin. (Die öffentliche Uraufführung, ebenfalls durch den Komponisten, am 12. März 1910 in Paris, ungarische Erstaufführung am 19. März 1910 in Budapest.) Feruccio Busoni empfiehlt die Klavierstücke nach dem Berliner Vortrag dem Musikverlag Breitkopf und Härtel: »Ich rechne diese Stücke zu den interessantesten und persönlichsten der Gegenwart, de-

ren Inhalt ungewöhnlich und original ist.« Die letzte *Bagatelle* instrumentiert Bartók im Entstehungsjahr zum zweiten der *Zwei Porträts für Orchester op. 5* (Uraufführung 1911).
● Leo Blech: *Versiegelt,* Oper in einem Akt. Die Uraufführung dieser letzten der fünf Opern Blechs findet in Hamburg statt. Als Schüler Engelbert Humperdincks steht Blech stilistisch in dessen Nachfolge (volksliedhafte Melodien, großer Orchesterapparat, Leitmotiv- bzw. Erinnerungsmotiv-Technik).
● Jan Blochx: *Baldie,* flämische Volksoper des Schülers von Pe-

ter Benoit, wird am 25. Januar in Antwerpen uraufgeführt.
● Karl Goldmark: *Ein Wintermärchen,* Oper in vier Akten des österreichischen Komponisten nach William Shakespeares Romanze *A Winter's Tale,* wird am 2. Juni in Wien uraufgeführt.
● Emile Jacques-Dalcroze: *Les jumeaux de Bergame,* Oper des Schweizer Bruckner-Schülers, wird am 30. März in Brüssel uraufgeführt. Bedeutung gewinnt Jacques-Dalcroze vor allem als Musikpädagoge.
● Oscar Straus: *Der tapfere Soldat,* Operette, wird am 14. November in Wien uraufgeführt.

Theater

Premieren

● Ernst Hardt: *Tantris der Narr,* Uraufführung am 23. Januar in Köln. Erfolgreiches neuromantisches Drama des Generalintendanten des Deutschen Nationaltheaters in Weimar. An die Stelle des Liebestodes von Tristan und Isolde tritt die psychologisch begründete endgültige Trennung der Liebenden: Nachdem der verbannte Tristan unter der Maske des Narren Tantris zu Isolde zurückgekehrt ist und diese aus der Gewalt geiler Bettler und Kranker errettet hat, verkörpert er für sie dennoch lediglich das verzerrte Trugbild ihrer Liebe.
● Gerhart Hauptmann: *Kaiser Karls Geisel. Ein Legendenspiel,* Uraufführung am 11. Januar in

Berlin. Das Versdrama zeigt Karl den Großen im Banne einer triebhaften Frau, die vom Kanzler des Kaisers vergiftet wird. Rückblickend erkennt Hauptmann in dem Stück seinen Versuch, als Vierzigjähriger »von den gefährlichen Emotionen der Liebe, ja vom Leben selbst Abschied zu nehmen«.
● August Strindberg: *Svanevit,* Uraufführung am 8. April in Helsinki (deutsche Erstaufführung *Schwanenweiß* 1913 in Berlin). Märchenspiel (Aschenbrödel) als Ausdruck des Verlangens nach reiner Liebe, die auch das Böse überwindet, in konsequenter Stilisierung.
● Ludwig Thoma: *Moral,* Uraufführung am 20. November in Berlin. Die Komödie ist 1906 während Thomas sechswöchiger

Haftstrafe entstanden, die er wegen fortgesetzter Beleidigung des königlich-bayerischen Sittlichkeitsvereins als »Simplicissimus«-Redakteur verbüßen mußte. Das Stück prangert in der Form des Volksstücks die Scheinmoral der gutbürgerlichen Gesellschaft an. Die Verhaftung der Inhaberin eines diskreten Etablissements, die ein genaues Tagebuch geführt hat, löst eine Untersuchung aus, die im Interesse der Stadthonoratioren niedergeschlagen wird.
● Frank Wedekind: *Musik. Sittengemälde in vier Bildern,* Uraufführung am 11. Januar in Nürnberg. Schicksalsweg eines als »Privatschülerin« eines Musikers von diesem geschwängerten und zur Abtreibung gezwungenen Mädchens.

Darstellende und bildende Kunst

Schon zu Lebzeiten besitzt der Schauspieler Josef Kainz einen legendären Ruf. Er gründet sich gleichermaßen auf seine rhetorische Begabung, die geistige Intensität der Rolleninterpretation und die Leidenschaftlichkeit des Spiels. Nach Engagements unter anderem bei den »Meiningern« und am Deutschen Theater in Berlin, ist er von 1899 bis zu seinem Tod im Jahr 1910 am Wiener Burgtheater tätig. Das Szenenfoto zeigt den 50jährigen als König Alfons in Franz Grillparzers Trauerspiel Die Jüdin von Toledo.

Zur überragenden Gestalt auf den Bühnen der großen Opernhäuser entwickelt sich der Tenor Enrico Caruso, ein gebürtiger Neapolitaner. Sein Weg führt von Italien aus über England nach New York an die Metropolitan Opera. Das 1908 in London skizzierte Selbstbildnis des 35jährigen deutet sein vielfach bewiesenes Talent als Karikaturist an. Während Caruso den Erfolg auf eine »große Brust«, einen »großen Mund« zurückführt, wird die Begeisterung des Publikums durch die Verbindung von ungewöhnlichem musikalisch-stimmlichem und darstellerischem Können erregt.

»Musikalismus« ist ein Begriff, der für das Schaffen des tschechischen, seit 1895 in Frankreich tätigen Malers Frank Kupka geprägt wird. Gemeint ist damit der schon in den Bildtiteln zum Ausdruck gebrachte Versuch, Malerei und Musik in unmittelbare Verbindung zu bringen. Das Gemälde Klavierlandschaft *führt vor Augen, daß Kupka hierbei in gewissem Sinne gegenständlich bzw. wortwörtlich vorgeht. Das Bild stellt gleichsam die Aufgabe, das in ihm enthaltene zusammengesetzte Wort zu finden. Dennoch ist Kupka ein Wegbereiter der gegenstandslosen Malerei.*

Mitte links: Josef Kainz als König Alfons, 1908.
Mitte rechts: Enrico Caruso, Selbstbildnis; 1908.

Gegenüberliegende Seite:
Frank Kupka, Klavierlandschaft; 1909.

1908

Ägyptischer Stil und moderne Art

Henri Rousseau, der »naive« unter den Pariser Künstlern der Jahrhundertwende, besitzt in Pablo Picasso einen aufrichtigen Bewunderer. 1908 geben er und sein Kreis ein Fest zu Ehren Rousseaus, von dem Daniel-Henry Kahnweiler den denkwürdigen, an Picasso gerichteten Satz überliefert: »Wir beide sind die Größten. Du im ägyptischen Stil, ich in der modernen Art.« Was auf den ersten Blick als kauziger Einfall erscheinen mag, Picasso als den »Modernsten« zu den alten Ägyptern zu versetzen, gewinnt im Licht von Wilhelm Worringers Thesen zum Verhältnis zwischen Abstraktion und Einfühlung seinen tieferen Sinn. Rousseau, der sich auf dem Weg sieht, »einer unserer besten realistischen Maler zu werden«, besitzt die Voraussetzung für die »Einfühlung«, der gegenüber Picasso als Vertreter der bis zu den Ägyptern zurückreichenden »Abstraktion« erscheint.

Ein Idol aus der Altsteinzeit

Der Bau der niederösterreichischen Eisenbahnlinie von Mauthausen über Grein nach Krems in der Wachau wird von einer großangelegten Suche nach Bodenfunden durch Wissenschaftler der Prähistorischen Sammlung des Wiener Naturhistorischen Museums begleitet. Als bedeutendster Fundort der Altsteinzeit in Österreich erweist sich Willendorf im Bezirk Krems.

Am 7. April 1908 kommt eine 11 cm hohe Statuette aus Kalkstein zutage, die als Venus von Willendorf weltberühmt wird. Aufgrund der Bodenschicht, in der sie gefunden wird, ergibt sich ein Alter von etwa 20 000 Jahren. Der prähistorischen Forschung gelingt es, die Figur in einen Zusammenhang einzuordnen, der sich als Kulturbereich von Südfrankreich über Oberitalien und Mitteleuropa bis nach Sibirien abzeichnet. Die religionsgeschichtliche Gemeinsamkeit dokumentieren die nach und nach zu einer Anzahl von 100 Exemplaren ansteigenden Statuetten vom Typus des Willendorfer Fundes. Sie werden als Symbole der Fruchtbarkeit gedeutet, die auf magische Weise den Bestand der Sippe sichern sollten. Gemeinsame Merkmale der Figuren sind die Gesichtslosigkeit, die Überbetonung der weiblichen Anatomie und die spitz zulaufenden Beine, die darauf hindeuten, daß die Statuetten in den Boden oder eine Vertiefung gesteckt wurden.

Die Bezeichnung der Willendorfer Gestalt als »Venus« mag auf den ersten Blick als pure Ironie erscheinen – gemessen am klassischen oder pseudoklassischen Schönheitsideal. Der Fund fällt jedoch in eine Zeit, in der zumindest im avantgardistischen Bereich der Kunst derlei Normen aufgehoben sind. Von Anfang an überrascht an der Venus von Willendorf die Verbindung von Abstraktion, etwa im Sinne des Schaffens von Brancusi, und Naturalismus, die bezeugt, daß es sich um das Werk einer hochentwickelten Kunsttradition handelt.

Oben: Constantin Brancusi, Der Kuß; 1908.
Mitte: Venus von Willendorf, Seiten- und Rückenansicht.

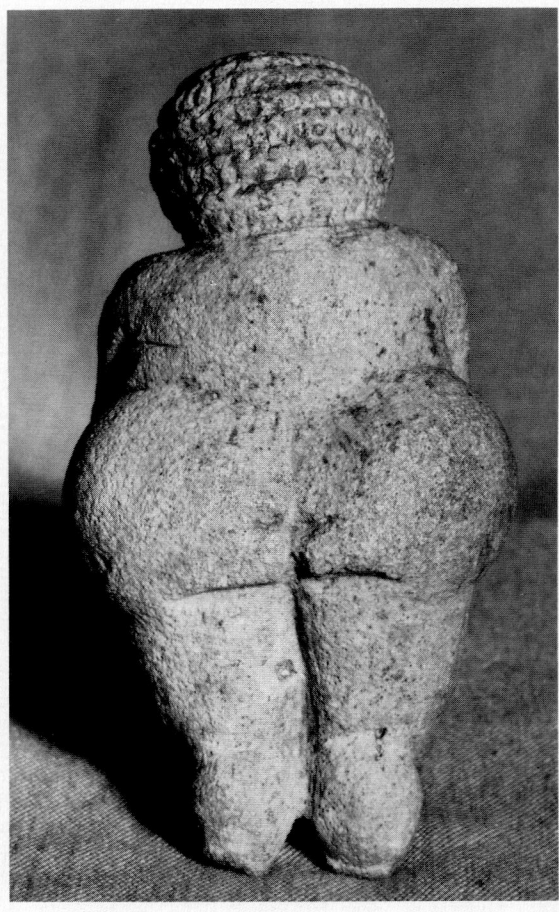

Altägyptische Kunst
Sphinx und Pyramide bei Gise
um 2500 v. Chr.

Gotische Kunst
Sainte-Chapelle in Paris
13. Jahrhundert

Kunsttheoretisches Rüstzeug für die Moderne

Mit Abstraktion und Einfühlung. Ein Beitrag zur Stilpsychologie veröffentlicht der Kunsthistoriker Wilhelm Worringer eine fachwissenschaftliche Untersuchung, die eine weit über ihr eigentliches Ziel (die Diskussion des normativen, an Antike und Renaissance orientierten Kunstverständnisses) hinausreichende Wirkung gewinnt. Sie liefert den neuen Kunsttendenzen durch den Abstraktionsbegriff theoretisches Rüstzeug.

Worringer stützt sich im wesentlichen auf Alois Riegls Begriff des Kunstwollens. Dieser zielt darauf ab, das künstlerische Schaffen ganzer Epochen aus seinen eigenen Voraussetzungen, seinem »Wollen« heraus zu erfassen. »Stilpsychologisch« ist Worringers Abhandlung insofern, als im Sinne dieses Kunstwollens zwei Grundformen des ästhetischen Erlebens unterschieden werden, nämlich Abstraktion und Einfühlung.

Der Drang zur Abstraktion entspringt der »großen inneren Beunruhigung des Menschen durch die Erscheinungen der Außenwelt«. Er sucht seine Erfüllung im »lebensverneinenden Anorganischen, im Kristallinischen, allgemein gesprochen, in aller abstrakten Gesetzmäßigkeit«. Er ist vorherrschend in den Anfängen der Kunst und äußert sich beispielsweise in der stereometrischen Grundform der ägyptischen Pyramiden. Der »Urkunsttrieb« sucht »nach reiner Abstraktion als der einzigen Ausruh-Möglichkeit innerhalb der Verworrenheit und Unklarheit des Weltbildes und schafft mit instinktiver Notwendigkeit aus sich heraus die geometrische Abstraktion«. Demgegenüber dient Worringer die gotische Kathedrale als Beispiel für eine Kunst, die »zwar nur mit abstrakten Elementen arbeitet, aber dennoch einen äußerst starken und nachhaltigen Appell an unser Einfühlungsvermögen richtet«. Der Einfühlungsdrang bejaht die diesseitige Welt und regt an, die Schönheit im Organischen zu suchen. Ihm entspricht der Naturalismus, allerdings nicht als »Imitation eines Naturvorbilds«, sondern als »Annäherung an das Organisch-Lebenswahre«.

Gabriele Münter
Bildnis Marianne von Werefkin
1909

Alexej von Jawlensky
Mädchen mit Pfingstrosen
1909

Murnauer Gemeinschaft

1908 kehrten Wassily Kandinsky und seine ehemalige »Phalanx«-Schülerin Gabriele Münter nach Jahren eines unruhigen Reiselebens nach München zurück. Hier und im südlich der bayerischen Residenzstadt gelegenen Murnau schlossen sie sich mit Alexej von Jawlensky und der Malerin Marianne von Werefkin (beide hatten wie Kandinsky 1896 Rußland verlassen) zu gemeinsamer Arbeit zusammen. 1909 erwirbt Gabriele Münter in Murnau ein Haus, in dem sie mit Kandinsky zusammenlebt. In ihrem Tagebuch erinnert sie sich: »Ich habe da nach einer kurzen Zeit der Qual einen großen Sprung gemacht – vom Naturabmalen – mehr oder weniger impressionistisch – zum Fühlen eines Inhaltes, zum Abstrahieren – zum Geben eines Extraktes … Ich zeigte Jawlensky besonders gern meine Arbeiten, einerseits lobte er gern viel, andererseits erklärte er mir auch manches, gab mir von seinem Erlebten und Erworbenen und sprach von »Synthés«. Die befreundeten Maler gründen die »Neue Künstlervereinigung München«, der Alfred Kubin beitritt. Die erste gemeinsame Ausstellung Ende 1909 stößt zwar auf Ablehnung; sie veranlaßt jedoch Franz Marc, mit Kandinsky Verbindung aufzunehmen.

Dies alles sind Schritte auf dem Weg zum »Blauen Reiter«. Die beiden Gemälde von Gabriele Münter und Jawlensky lassen etwas von der für diesen Weg kennzeichnenden befreienden Kraft der expressiven Verwendung von Form und Farbe spüren. Nicht allein das impressionistische »Naturabmalen«, sondern auch der schwüle Psychologismus, der im Jugendstil-Frauenbildnis vorherrscht, sind überwunden. Im Bildnis Marianne von Werefkin gewinnt diese Befreiung den für Malerin wie Modell gleichermaßen gültigen Ausdruck selbstbewußter Keckheit bis hin zum farbigen Triumph des blumengeschmückten Hutes. Wenn demgegenüber das Bild Mädchen mit Pfingstrosen als verhaltener, empfindungsreicher erscheint, so überwiegt doch die Gemeinsamkeit der Faszination durch die sinnliche Pracht der Farben.

Egon Schiele
Pflaumenbaum mit Fuchsien
1909

Wassily Kandinsky
Eisenbahn bei Murnau
1909

Erstarrung und Dynamik

Der 19jährige Egon Schiele bricht 1909 sein Kunststudium an der Wiener Akademie ab und gründet eine »Neukunstgruppe«. Zugleich löst er sich vom Vorbild Gustav Klimts. Den eigenen Weg deutet das Gemälde Pflaumenbaum mit Fuchsien an. Zwar bildet die flächige Gliederung des Bildes noch eine schmale Brücke zu Klimts opulentem Ornamentalstil. Die eckigen Linien und Umrisse enthalten jedoch schon den Duktus der hageren, verrenkten Aktfiguren, mit denen Schiele der Klimtschen Jugendstil-Erotik ein Existenzbewußtsein zwischen Sexualität und Tod entgegensetzt. »Das Leben spinnt das Beste unsrer Seele aus uns hinaus und spinnt es still hinüber auf andre unschuldige Geschöpfe wie Bäume, Blumen, solche Instrumente, in denen lebt es dann und altert nicht« – diesen Satz Hugo von Hofmannsthals scheint Schieles Pflaumenbaum mit Fuchsien in eine Bildsprache expressiver Zeichen zu übersetzen.

Vermittelt Schieles Naturdarstellung bei aller Bewegtheit der Linienführung den Eindruck der Erstarrung, so läßt der Vergleich mit Kandinskys Eisenbahn bei Murnau (die Eisenbahnlinie führte an Gabriele Münters Grundstück vorbei) um so stärker die hier erzielte Wirkung rascher Bewegung erkennen. Die Abfolge von Hell und Dunkel im Bereich der Räder assoziiert (obwohl der stehende Zug den gleichen Beleuchtungseffekt hervorrufen würde) auf eigentümliche Weise die Vorstellung von Geschwindigkeit. Dennoch bleibt Kandinskys Eisenbahn eine »Kleinbahn« im Vergleich zu jenen »breitbrüstigen Lokomotiven, die auf den Schienen wie riesige, mit Rohren gezäumte Stahlrosse einherstampfen«, von denen Marinetti in seinem Manifest des Futurismus spricht. Die Bewegung ist eingebunden in eine leuchtende Landschaft, über die Wolken ziehen. Diese korrespondieren mit dem kleinen weißen Tuch, das links unten von einem Figürchen geschwenkt wird. Letztlich ist es die Dynamik der Farben, die Kandinskys Gemälde von dem Schieles unterscheidet und den Schritt zum gegenstandslosen Bild begründet.

Bildende Kunst

Werke

● Alexander Archipenko: Skulptur *Schwarzer Torso* (New York, Privatbesitz); abstrahierende Bronzeplastik.
● Pierre Bonnard: *Akt im Gegenlicht* (Brüssel, Musées Royaux des Beaux Arts de Belgique); spätimpressionistische Interieur- und Aktdarstellung.
● Antoine Bourdelle: *Herkules, den Bogen spannend* (Brüssel, Musée Bourdelle); Bronzeplastik mit Steigerung der körperlichen Aktion.
● Ferdinand Hodler: *Auszug der Jenenser Studenten in den Frei-*

heitskrieg 1813 (beg. 1908; Jena, Universität); Wandgemälde mit ausdrucksstarken Einzelgestalten und Gruppen.
● Alexej von Jawlensky: *Die weiße Feder* (Stuttgart, Staatsgalerie); abstrahiertes Profilbildnis des Tänzers Alexander Sacharoff in Halbfigur im Kostüm einer Frauenrolle.
● Wassily Kandinsky: *Der blaue Berg* (New York, Guggenheim Museum) und *Arabischer Friedhof – Araber I* (Hamburg, Kunsthalle); Landschafts- und Figurenbilder auf dem Weg zur reinen Abstraktion.
● Oskar Kokoschka: *Stilleben mit Hammel und Hyazinthe*

(Wien, Österreichische Galerie); Anti-Stilleben mit weißer Maus und Molch. *Bildnis Adolf Loos* (Berlin, Nationalgalerie).
● Henri Matisse: *La Serpentine*; Bronzeskulptur unter dem Einfluß der Negerplastik. Beginn der Serie *Rückenakt* (Flachreliefs).
● Emil Nolde: *Das Abendmahl* (Kopenhagen, Statens Museum for Kunst); expressionistisches Gemälde, Beginn der biblischen Thematik in Noldes Schaffen.
● Pablo Picasso: *Frauenkopf*; kubistische Bronzeplastik. *Frauenkopf* und *Sitzende Frau* (Berlin, Nationalgalerie); zwei Gemälde im Stil des analytischen Kubismus.

Kultur und Technik

Am 20. Februar veröffentlicht der italienische Schriftsteller Filippo Tommaso Marinetti in der Pariser Zeitschrift »Le Figaro« sein Manifest des Futurismus. Das rasch als Anfang eines neuen Vandalismus verketzerte futuristische Kunst- und Kulturverständnis gründet sich, wie Marinetti 1913 in seinem Manifest Die drahtlose Einbildungskraft erläutert, »auf die vollständige Erneuerung der menschlichen Sensibilität als Folge der großen wissenschaftlichen Entdeckungen. Diejenigen, welche heutzutage Dinge benutzen wie Telephon, Grammophon, Eisenbahn, Fahrrad, Motorrad, Ozeandampfer, Luftschiff, Flugzeug, Kinematograph und große Tageszeitungen, denken nicht daran, daß diese verschiedenen Kommunikations-, Verkehrs- und Informationsformen auch entscheidenden Einfluß auf ihre Psyche ausüben.« Zu den provokativen Thesen des 1909 veröffentlichten Manifests gehört das Bekenntnis: »Ein Rennwagen ist schöner als die Nike von Samothrake.« Lobpreis soll der »großen Menschenmenge« gelten, »die die Arbeit, das Vergnügen oder der Aufruhr erregt«.

Auf der Suche nach dem »Zeitgeist« läßt sich der industrielle Zweckbau als eine dem futuristischen Appell schon zuvorgekommene Form der Verbindung von Kultur und Technik betrachten. Zu den bahnbrechenden Bauten gehört die von Peter Behrens entworfene Turbinen-Montagehalle der AEG in Berlin. Ihr liegt allerdings eine im Grunde klassizistische Konzeption der Verbindung von Zweckmäßigkeit und Monumentalität zugrunde, über die Behrens 1908 in einem Vortrag im Hamburger Kunstgewerbemuseum ausgeführt hat: »Die monumentale Kunst ist der höchste und eigentliche Ausdruck der Kultur einer Zeit. Nach ihr ist der geistige und künstlerische Gehalt zu beurteilen, von ihr sind auch alle anderen Kunstäußerungen bis hinab ins alltägliche Leben abhängig.«

Oben: Eisenbahn und Zeppelin-(schatten), um 1910.
Unten: Peter Behrens, Turbinen-Montagehalle der AEG; 1908/09.

1909

Ein schwäbischer Welterfolg

Margarete Steiff hinterläßt bei ihrem Tod im schwäbischen Giengen an der Brenz ein Unternehmen, das neben Puppen und sonstigen Spielwaren einen erst vor kurzem entwickelten und schon weltweit verbreiteten und nachgeahmten Artikel herstellt: den Teddybär, benannt nach dem als Fell verwendeten Plüsch mit langem Flor; als Steiff-Erzeugnis ist er durch den »Knopf im Ohr« ausgewiesen. Die Neuheit wurde 1903 auf der Leipziger Messe vorgestellt, wo ein amerikanischer Einkäufer gleich 3000 Exemplare orderte. Ihre Verwendung als Tischdekoration bei der Hochzeit einer Tochter von Präsident Theodore (»Teddy«) Roosevelt bildete die beste Voraussetzung für die Teddy-Weltkarriere.

Weniger spektakulär erschien die Tatsache, daß Margarete Steiff schon 1903 in Giengen ein Fabrikgebäude mit Flachdach errichten ließ, das ringsum verglast ist.

Jugendherbergen

Das Jugendwandern und -reisen besitzt in dem Volksschullehrer Richard Schirrmann einen tatkräftigen Förderer. In der Burg Altena im Sauerland richtet er 1909 die erste Jugendherberge als preiswerte Aufenthalts- und Übernachtungsstätte für Jugendliche ein. Zuvor hat er während der Sommerferien die durch Strohsäcke in Schlafräume verwandelten Klassenzimmer seiner Altenaer Schule angeboten.

Schirrmann geht es nicht zuletzt um die Unterstützung der Teile der Jugendbewegung, die sich neben den gymnasialen Wandergruppen gebildet haben. Diese Arbeiterjugendbewegung fand 1906 ihre organisatorische Form im Zusammenschluß süddeutscher Arbeiterjugendvereine im »Verband junger Arbeiter Deutschlands«, der ebenso wie ein entsprechender norddeutscher Verein 1908 in der »Zentralstelle für die arbeitende Jugend Deutschlands« aufgegangen ist.

1910 gründet Schirrmann das Deutsche Jugendherbergswerk mit dem Ziel, in ganz Deutschland ein Netz von Jugendherbergen einzurichten.

Der Zupfgeigenhansl

Eine besonders rege Wandervogel-Gruppe sind die Heidelberger »Pachanten«, vorwiegend Schüler und Studenten. Zu ihnen gehört Hans Breuer, der jahrelang Volkslieder gesammelt und unter dem Titel Der Zupfgeigenhansl zum Jahresende 1908 herausgegeben hat. Das Liederbuch (mit Weisen wie »Ich weiß ein Maidlein hübsch und fein«, Nürnberg um 1550) findet vor allem bei dem Teil der Jugendbewegung Anklang, dessen Abwendung von den konventionellen Lebensformen der modernen städtischen Bevölkerung sich in der Pflege von Volkslied und Volkstanz ausdrückt. Allein bis 1915 erlebt der Zupfgeigenhansl 26 Auflagen mit insgesamt über 200 000 Exemplaren.

Oben: Margarete Steiff.
Mitte: Heidelberger »Pachanten« mit Hans Breuer (er trägt die Klampfe auf dem Rücken), 1909.
Mädchen in Cowboy-Kleidung mit Teddybär und Gewehr im Fotoatelier, Aufnahme 1909.

Pfadfinder

Neben der Jugendbewegung, die sich ihrerseits in weltanschaulich und sozial unterschiedliche Strömungen gliedert, entsteht mit der Gründung von Pfadfindergruppen eine in gewisser Weise entgegengesetzte Bewegung. Als Vorbild dient der »Scoutism«, den der Generalleutnant Robert Baden-Powell 1907 in England ins Leben gerufen hat. Die ersten deutschen Pfadfindergruppen bilden sich 1909.

Baden-Powells Konzept verbindet in der Form des Kundschafterspiels die Abenteuerlust mit der Ausbildung praktischer Fertigkeiten wie selbständige Orientierung im Gelände bei Tag und bei Nacht. Ideale sind Tüchtigkeit, Sittlichkeit und Pflichterfüllung, zu deren Durchsetzung nicht zuletzt militärischer Drill angewandt wird. So bildet die Pfadfinderbewegung in ihren Anfängen einen Ansatzpunkt für die Militarisierung der Jugend.

Dieses Ziel gibt der preußische Kriegsminister Josias von Heeringen offen zu erkennen, wenn er empfiehlt, daß Offiziere an der Vorbereitung beispielsweise sportlicher Wettkämpfe der Pfadfindergruppen beteiligt werden sollten.

Theater

Premieren

● Hermann Bahr: *Das Konzert*, Uraufführung am 23. Dezember in Berlin, Dresden und Frankfurt a. M. Lustspiel über das Thema Freiheit und Beschränkung durch die Ehe. Ein umschwärmter Pianist täuscht eine Konzertreise vor, um sich mit einer seiner Schülerinnen auf seine Jagdhütte zurückziehen zu können. Doch die Pläne werden durchkreuzt, was zu einem Feuerwerk geistreicher Dialoge im Stil der Konversationskomödie Anlaß gibt. Das Lustspiel wird ein Welterfolg.

● Gerhart Hauptmann: *Griselda*, Uraufführung in Berlin und Wien am 6. März. Hauptmann konzentriert den unter anderen von Giovanni Boccaccio bearbeiteten Stoff auf zwei Hauptmotive: die Zähmung der zur Ehe mit Graf Ulrich von Saluzza gezwungenen Griselda und die Trennung aus übergroßer, vernichtender Liebe. Das Publikum lehnt die Einkleidung der durchaus zeitgemäßen Problematik kraß wechselnder Gefühle in das mittelalterliche Gewand ab.

● Carl Rössler und Alexander Roda Roda: *Der Feldherrnhügel*, Uraufführung am 23. Dezember in Wien. Oberst von Leuckfeld sieht die Gelegenheit gekommen, bei der bevorstehenden Manöverübung so viele »Patzer« zu machen, daß ihm die vorzeitige Pensionierung gewährt wird. Statt dessen droht am Schluß die Beförderung zum General, da die Inspizienten in dem ganzen Durcheinander das vortreffliche Muster eines Umgehungskrieges nach »japanischem Vorbild« erkennen. Das von der Zensur zunächst verbotene Stück wird durch seine witzige Entlarvung des ›kommoden‹ österreichisch-ungarischen Militarismus zu einem großen Bühnenerfolg.

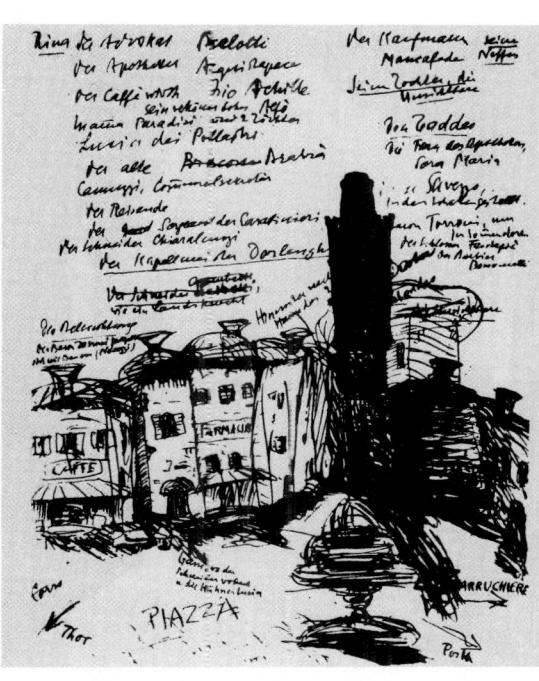

Literatur

Neuerscheinungen

● Anatole France: *Die Insel der Pinguine* (*L'île des pingouins*, 1908). Der in acht Bücher gegliederte Roman schildert die Entwicklung der Bewohner einer Insel in Anlehnung an die weltgeschichtlichen Epochen.

● André Gide: *Die enge Pforte* (*La porte étroite*). Roman um die Beziehung Alissas und Jérômes, die durch die asketische Haltung Alissas keine Erfüllung finden kann.

● Friedrich Huch: *Pitt und Fox. Die Liebeswege der Brüder Sintrup*. Roman über die Dekadenz des deutschen Bürgertums nach 1871.

● Alfred Kubin: *Die andere Seite*, Roman. Die phantastische Stadt Perle wird durch den Macht-kampf zwischen dem Herrn des Traumreiches und einem fremden Revolutionär zugrunde gerichtet.

● Karl May: *Aristan und Dschinnistan*. Der allegorische Roman ist das bedeutendste Alterswerk des Schriftstellers.

● V. Ropschin: *Das fahle Pferd* (*Kon blednyj*). Ein Terrorist des vorrevolutionären Rußland erzählt in seinem Tagebuch von drei Attentaten auf einen Generalgouverneur durch fünf Revolutionäre.

● Paul Scheerbart: *Katerpoesie*. Die 1898/99 entstandenen Gedichte sind Ausdruck eines »Katzenjammers« angesichts der Machtlosigkeit der Phantasie gegenüber der Banalität des Alltäglichen, sprachlich von kunstvoller Trivialität, mit umgangssprachlichen Elementen.

● Hermann Stehr: *Drei Nächte*. In der Schilderung des Lebensweges des Lehrers Faber spiegelt sich Stehrs eigene Biographie.

● Ludwig Thoma: *Briefwechsel eines bayerischen Landtagsabgeordneten*. Die Briefe des königlich bayerischen Landtagsabgeordneten Jozef Filser an verschiedene Adressaten geben satirisch ein Bild der politischen Welt vor dem Ersten Weltkrieg.

● Robert Walser: *Jakob von Gunten. Ein Tagebuch*. Entwicklungsroman, dessen Handlungsort ein Knabenpensionat ist, in dem der zurückhaltende Schüler Jakob aufwächst.

● Gustav Wied: *Die Väter haben Herlinge gegessen* (*Fædrene æde druer*, 1908). Der groteske Roman des dänischen Schriftstellers schildert den Niedergang der aristokratischen Bauern seiner Heimat.

Schauplätze der Brüder Mann

Heinrich Mann veröffentlicht Die kleine Stadt, Thomas Mann Königliche Hoheit. Beide Romane stellen, eingehüllt in ein Geflecht von Themen, die Frage nach den Entfaltungsmöglichkeiten der demokratischen Gesellschaft in Deutschland.

Thomas Manns Schauplatz ist eine deutsche Residenz, die im kleinen den Berliner Hof widerspiegelt (so ist die Hauptgestalt Prinz Klaus Heinrich wie Wilhelm II. mit dem körperlichen Makel eines kürzeren Arms behaftet). Die kleine Stadt spielt im italienischen Palestrina, dessen Marktplatz Heinrich Mann in der links wiedergegebenen Zeichnung skizziert hat. Erscheint dieser Schauplatz zunächst als von der deutschen Wirklichkeit entrückt, so deutet der Autor das Romangeschehen doch als »im höchsten Sinn aktuell«: »Was hier klingt, ist das hohe Lied der Demokratie. Es ist da, um zu wirken in einem Deutschland, das ihr endlich zustrebt.«

Die kleine Stadt ist Modell einer in politische und soziale Gruppen gespaltenen Gesellschaft, deren Gegensätze anläßlich der Aufführung einer Oper durch reisende Schauspieler offen und gewalttätig zutage treten, um dann doch in eine Versöhnung zu münden, die sich einerseits auf die »Begeisterung« durch die Kunst, andererseits auf die Einsicht in jeweils eigenes Fehlverhalten gründet.

Der Schauplatz von Königliche Hoheit bedingt, daß die »Hinwendung zum Demokratischen« (so versteht Thomas Mann rückblickend sein Werk) sich am Problem der »sinnbildlichen«, rein »formalen Existenz«, an der »aristokratischen Absurdität« einer auf Repräsentation beschränkten »Hoheit« artikuliert. Der Thronfolger Klaus Heinrich vollzieht die Hinwendung »zur Gemeinschaft und sozialen Sympathie« (Thomas Mann) unter dem Einfluß des Millionärs Spoelmann und seiner Tochter Imma, die ihrerseits zu »königlicher Hoheit« gelangt.

Mitte links: Berliner Schloß.
Mitte rechts: Heinrich Mann, Marktplatz von Palestrina.

1909

Premieren

- Modest Mussorgski: *Zhenitba (Die Hochzeit)*. Komische Oper nach Nikolai Gogol, Fragment (1868), veröffentlicht von Rimski-Korsakow, ergänzt und instrumentiert von Tscherepnin, wird in Petersburg uraufgeführt.
- Nikolai Rimski-Korsakow: *Der goldene Hahn*, Märchenoper, wird ein Jahr nach dem Tode des Komponisten in Moskau uraufgeführt. Die sozialkritische Satire mit skurriler Allegorie.
- Arnold Schönberg: *Fünf Orchesterstücke op. 16* und das Monodrama *Erwartung* werden in Wien uraufgeführt.
- Richard Strauss: *Elektra*, Vertonung der Tragödie Hugo von Hofmannsthals, Uraufführung in Dresden. Der Komponist will mit der Oper das »dämonische, ekstatische Griechentum des sechsten Jahrhunderts Winckelmannschen Römerkopien und Goethischer Humanität entgegenstellen«. In der Musik verbinden sich die wilden Affekte mit naturalistischen Details.
- Anton Webern: *Sechs Stücke für Orchester op. 6*. Der dritte Meister der »Neuen Wiener Schule« und bis 1908 Schönbergs Schüler vollzieht in diesem Werk den Übergang von der Spätromantik zur freien Atonalität. Die spezifische Klangfarbe von Harfe, Celesta, Flöte, Glockenspiel kontrastiert mit dem vollen Symphonieorchester, das sich durch eine starke Besetzung von Bläsern und Schlagzeug auszeichnet.
- Ermanno Wolf-Ferrari: *Susannens Geheimnis*, Oper in einem Akt, wird in München uraufgeführt. Das kleine Ehe-Intermezzo ist inspiriert von Pergolesis *La serva padrona*, das der deutsch-italienische Musiker während der Goldoni-Feier 1907 in Venedig zur Aufführung gebracht hat.

Gustav Mahler

Zwei Jahre vor Gustav Mahlers Tod gestaltet Auguste Rodin dessen Bildnisbüste. Der französische Bildhauer zeigt sich fasziniert von der Persönlichkeit des Komponisten (Mahler sitzt ihm in Paris Modell), in dem er »eine Mischung aus Franklin, Friedrich dem Großen und Mozart« sieht. Entsprechend hebt er weniger die Merkmale des Künstlertyps hervor als die eines gebildeten Intellektuellen.

Mahler, als Dirigent auf der Höhe seines Ruhmes, befindet sich als Komponist in einer schweren Krise. Während er in New York als Kapellmeister an der Metropolitan Opera Triumphe mit Aufführungen von Mozarts Don Giovanni *oder Wagners* Tristan *feiert, ist sein eigenes sinfonisches Werk an einem Punkt angelangt, wo Erneuerungswille in tiefste Resignation umschlägt.*

Wie schon das Lied von der Erde *(1908) ist auch die 1909 beendete* Neunte Sinfonie *(beide werden erst postum aufgeführt) Dokument eines Rückzugs in Selbstversenkung, der deutliche Parallelen zu Beethovens Spätphase aufweist. Wie Beethoven nimmt auch Mahler alles zurück, was zu einer sinnlichen Schönheit des Klanges beitragen könnte. Es bleibt eine Musik, die in ihrer tief durchlittenen Tragik, in ihrer Reduziertheit auf den entsinnlichten, vergeistigten Ausdruck unmittelbar auf die Werke der zweiten Wiener Schule um Arnold Schönberg hinführt. Alles Pathos, das die späten Romantiker (Brahms, Wagner, Bruckner) dem individuellen Leid an der Wirklichkeit noch abzugewinnen vermochten, bricht bei Mahler in sich zusammen, schlägt zunächst um in Ironie, Grimasse und Spott und wandelt sich schließlich zur verzweifelten, verstummenden Klage. Mahler sieht in der historischen Gegenwart keine Möglichkeit mehr für den Menschen, sich im Getriebe der Welt als Mensch zu behaupten. »Ohne Verheißung sind seine Symphonien Balladen des Unterliegens, denn ›Nacht ist jetzt schon bald‹« (Adorno).*

Auguste Rodin, Bildnisbüste Gustav Mahler; 1909.

Russisches Ballett in Paris

Nach Diaghilews erfolgreichen Präsentationen russischer Malerei und Musik in Paris beschließen er und der Impresario Gabriel Astruc, den nächsten Schritt zu wagen und den Parisern russisches Ballett vorzuführen. Das ist insofern konsequent, als in Moskau das Ballett im Begriff ist, eine organische Verbindung von Musik, Tanz und bildender Kunst zu entwickeln. Um den Choreographen Michail Fokin sammeln sich berühmte Tänzer sowie Maler wie Alexander Benois und Léon Bakst, die Bühnenbilder und Kostüme entwerfen.

Am 18. Mai wird die »Saison russe« mit einem Ballett- und Opernabend eröffnet, auf dessen Programm Tänze nach der Musik von Nikolai Tscherepnin (*Le pavillon d'Armide*), Rimski-Korsakow, Glinka, Tschaikowski und Glasunow (*Le festin*) stehen sowie Auszüge aus Borodins Oper *Fürst Igor*. Unter den Tänzern befinden sich Tamara Karsawina und Waslaw Nijinsky, Bühnenbilder und Kostüme stammen unter anderem von Benois und Bakst, das Orchester leitet Nikolai Tscherepnin.

Insgesamt wird ein sehr gemischtes Potpourri unterschiedlicher künstlerischer Qualität geboten, aber das geladene Publikum sieht sein modisches Bedürfnis nach Exotismus befriedigt und macht den Abend zu einem Riesenerfolg. Diaghilew und Astruc werden dadurch ermuntert, in der eingeschlagenen Richtung weiterzuarbeiten. Und dies ist das eigentlich Bedeutsame des Abends: In der Folgezeit gruppieren sich um das russische Ballett fast alle namhaften Pariser Künstler, insbesondere Komponisten, und es kommt zu einer intensiven Zusammenarbeit, von der sowohl das moderne Ballett wie auch die zeitgenössische Musik und Malerei befruchtet werden.

Naturwissenschaft, Technik, Medizin

- Der Amerikaner Robert Edwin Peary betritt wahrscheinlich den Nordpol oder kommt ihm zumindest sehr nahe, während sich Ernest Henry Shackleton im gleichen Jahr mit seiner englischen Crew dem Südpol bis auf etwa 21 Meilen nähert.
- Leo Hendrik Baekeland stellt einen der ersten wichtigen Kunststoffe her, das nach ihm benannte härtbare Bakelit.
- Frederick Soddy findet heraus, daß die Atome eines und desselben Elements verschiedene Massen (Atomgewichte) haben können. In ihrem chemischen Verhalten unterscheiden sie sich dadurch nicht. Man nennt sie »Isotope«.
- Der Firma »Goedecke« gelingt die Herstellung leicht zerfallender gepreßter Tabletten, Basis für das Analgeticum »Gelonida«.

Waslaw Nijinsky

Sergei Diaghilew

Michail Fokin

Walentin A. Serow
Anna Pawlowa
1909

Akteure

Die obere Bildreihe zeigt drei Hauptakteure der russisch-französischen Transaktion des Jahres 1909, die zu einem Ausgangspunkt der modernen, durch die Gleichrangigkeit von Tanz, Musik und Ausstattung gekennzeichneten Ballettkunst wird.

Die Mitte nimmt, seinem Selbstverständnis entsprechend, Sergei Diaghilew ein, der bekannt hat: »Ich bin erstens ein Scharlatan, wenn auch ein recht brillanter; zweitens ein Charmeur; drittens völlig furchtlos; viertens ein Mann mit sehr viel Logik und sehr wenig Skrupeln und fünftens ohne wirkliches Talent.«

Von 1899 bis 1901 war Diaghilew künstlerischer Berater am Moskauer Marynski-Theater (Marien-Theater), einem der kaiserlichen Privattheater mit angeschlossener Ausbildungsstätte, bis er als Impresario seinen Hang zum Kosmopolitismus entdeckte. Paris, so schien ihm, besaß noch keine rechte Vorstellung von russischer Kunst. Eine Gemäldeausstellung (1906), Konzerte mit dem Sänger Fedor Schaljapin (1907) und eine Inszenierung von Modest Mussorgskis Boris Godunow an der Pariser Oper (1908) bildeten die erfolgreichen Vorstufen zur »Saison russe«, einem gemischten Ballettprogramm, dargeboten von Mitgliedern des Marynski-Theaters.

Die künstlerische Leitung liegt bei dem Tänzer Michail Fokin (oben rechts), den Diaghilew als Chefchoreographen engagiert hat. Er ist die tragende Kraft bei der Überwindung einer zwar technisch hochgezüchteten, jedoch inhaltlich erstarrten Tanzkunst.

Das herausragende Talent auf der Bühne ist neben Tamara Karsawina und Anna Pawlowa Waslaw Nijinsky (oben links), der seit 1907 dem Marynski-Theater angehört.

Das Plakat, mit dem für die »Saison russe« geworben wird, zeigt Anna Pawlowa, die Primaballerina des Marynski-Theaters, in dem Ballett Les Sylphides, das heißt in einer Rolle, die zum klassischen Repertoire der Ballerinen gehört. Die Wahl des Motivs zeigt, daß sich die Initiatoren der »Saison russe« noch keineswegs über ihren Weg in Neuland im klaren sind.

Amedeo Modigliani
Bildnis Victoria
(Ausschnitt) 1916

Fritz Koch-Gotha
Titelillustration »Drauf!«
Ausgabe der »Berliner Illustrirten
Zeitung« vom 16. August 1914

Fritz Koch-Gotha
Illustration zu einem
**Spendenaufruf
Gerhart Hauptmanns**
»Berliner Illustrirte Zeitung«, 1919

Das Ende einer Epoche

Um 1910 sammeln sich in der französischen Metropole zahlreiche ausländische Künstler, darunter Marc Chagall. Sie werden als die (erste) »Ecole de Paris« bezeichnet. Zu ihnen gehören die »peintres maudits«, die »vom Fluch verfolgten Maler« Moïse Kisling, Amedeo Modigliani, Jules Pascin und Chaïm Soutine. In ihrem Schaffen widerstreiten das Streben nach Natürlichkeit, Sinnlichkeit, Harmonie mit tiefer Melancholie. Sie ist nicht nur in den persönlichen, von mangelnder Anerkennung belasteten Lebensumständen begründet, sondern spiegelt auch das Ende der »Belle époque«.

Dies gilt vor allem für die bei oberflächlicher Betrachtung »anonymen« Porträts und Aktgemälde des auch als Bildhauer tätigen Modigliani, eines Italieners jüdischer Abstammung. Sein Bildnis Victoria kann als Beispiel dafür dienen, mit welcher Sensibilität er Wehmut, Verletzlichkeit und Schönheit in Einklang zu bringen vermag. Unmittelbar nach Modiglianis Tod im Jahr 1920 wird sein von Ausschweifungen und Krankheit zerstörtes Leben zur Legende.

Mit dem Ersten Weltkrieg endet eine Epoche europäischer Geschichte und Kultur, als deren Beginn die Zeit der nationalstaatlichen Einigung Italiens und Deutschlands zu betrachten ist. In dieser Epoche gaben, aufs Ganze gesehen, der Adel und das am Adel orientierte Großbürgertum den Ton an. Das Ende der Monarchie in Rußland, Deutschland und Österreich-Ungarn sind die äußeren Anzeichen tiefgreifender gesellschaftlicher Veränderungen. Zu den unmittelbaren Folgen der Niederlage Deutschlands gehören, neben dem Verlust sämtlicher Kolonien, die Verluste von Grenzgebieten. Die oben rechts wiedergegebene Zeichnung illustriert einen Spendenaufruf des Schlesiers Gerhart Hauptmann in der »Berliner Illustrirten Zeitung«. Er bittet im Sinne nationaler Selbsthilfe um Unterstützung seiner Landsleute sowie aller Deutschen, die in den »Abstimmungsgebieten« beheimatet sind. Sie sollen in die Lage versetzt werden, an der Entscheidung über die staatliche Zugehörigkeit teilzunehmen.

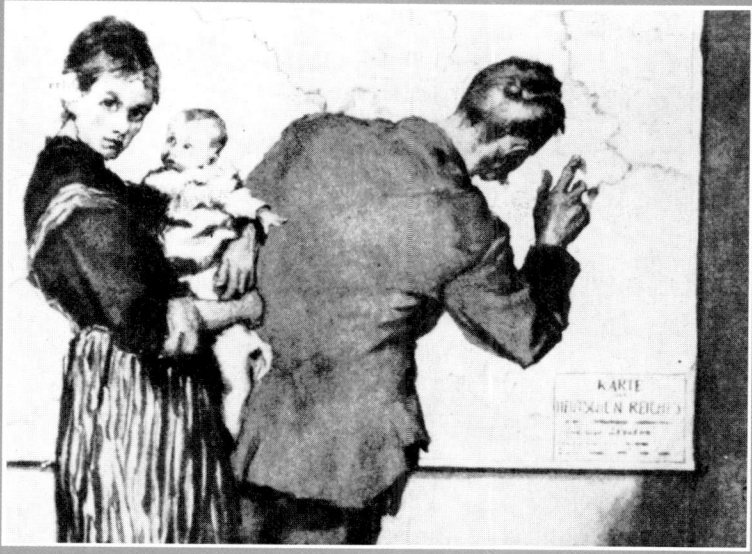

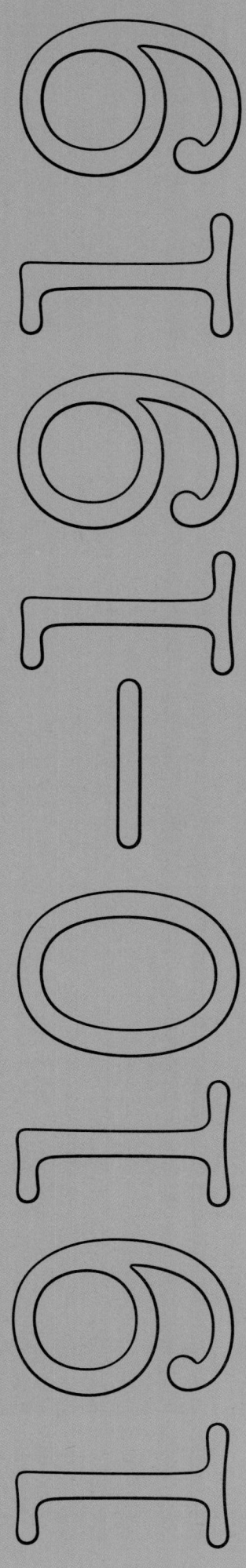

»… Wir wollen den Krieg verherrlichen – diese einzige Hygiene der Welt –, den Militarismus, den Patriotismus, die Vernichtungstat der Anarchisten, die schönen Ideen, für die man stirbt … Wir wollen die Museen, die Bibliotheken und die Akademien jeder Art zerstören und gegen den Moralismus, den Feminismus und gegen jede Feigheit kämpfen, die auf Zweckmäßigkeit und Eigennutz beruht. Wir werden die großen Menschenmengen besingen, die die Arbeit, das Vergnügen oder der Aufruhr erregt; besingen werden wir die vielfarbige, vielstimmige Flut der Revolutionen in den modernen Hauptstädten; besingen werden wir die nächtliche, vibrierende Glut der Arsenale und Werften, die von grellen elektrischen Monden erleuchtet werden; die gefräßigen Bahnhöfe, die rauchende Schlangen verzehren; die Fabriken, die mit ihren sich hochwindenden Rauchfäden an den Wolken hängen; die Brücken, die wie gigantische Athleten Flüsse überspannen, die in der Sonne wie Messer aufblitzen; die breitbrüstigen Lokomotiven, die auf den Schienen wie riesige, mit Rohren gezäumte Stahlrosse einherstampfen, und den gleitenden Flug der Flugzeuge, deren Propeller wie eine Fahne im Winde knattert und Beifall zu klatschen scheint wie eine begeisternde Menge« (*Manifest des Futurismus*).

1909 hat der in Ägypten geborene, französisch gebildete italienische Schriftsteller Filippo Tommaso Marinetti durch sein Pariser *Manifeste du futurisme* Parolen ausgegeben, die für das politisch und kulturell zur Bedeutungslosigkeit abgesunkene Italien bestimmt sind. Doch sie finden in ganz Europa Anklang und in sämtlichen Bereichen des künstlerischen und gesellschaftlichen Lebens: in der bildenden Kunst, der Architektur, auf dem Theater, in Literatur, Musik und Mode. Zwar bleibt der reine Futurismus in vielen Bereichen auf die Formulierung von Manifesten beschränkt, doch gewinnt er durch die Verbindung beispielsweise mit dem Kubismus in Malerei und Skulptur oder mit dem literarischen Expressionismus eine Breitenwirkung, die ihn als repräsentative Erscheinung der Vorkriegsjahre erscheinen läßt.

So besteht letztlich auch eine Beziehung zwischen Marinettis Aufforderung zur Verherrlichung des Krieges als der »einzigen Hygiene der Welt« und des Patriotismus einerseits und einer *Erklärung der Hochschullehrer des Deutschen Reiches* aus dem ersten Kriegsjahr andererseits: »… Der Dienst im Heere macht unsere Jugend tüchtig auch für alle Werke des Friedens, auch für die Wissenschaft. Denn er erzieht sie zu selbstentsagender Pflichttreue und verleiht ihr das Selbstbewußtsein und das Ehrgefühl des wahrhaft freien Mannes, der sich willig dem Ganzen unterordnet.« Zum propagandistischen Sinnbild totaler Einsatzbereitschaft der Jugend wird die mit ungeheuren Verlusten erkaufte Erstürmung des westflandrischen Ortes Langemark am 22./23. Oktober 1914 durch Freiwilligenregimenter, gebildet aus dem akademischen Nachwuchs.

Nicht allein in sprachlicher Hinsicht, beispielsweise durch die Zertrümmerung grammatikalischer Formen oder die Reihung von Analogien, die Kausalität und Psychologie überwinden sollen, sondern vor allem durch die Haltung des »Künders« und die Sehnsucht nach dem »neuen Menschen« übt Marinetti Einfluß auf den literarischen Expressionismus aus. Als repräsentative Sammlung deutscher expressionistischer Lyrik gibt der Schriftsteller und Kritiker Kurt Pinthus am Ende des Jahrzehnts die Anthologie *Menschheitsdämmerung* heraus (1. und 2. Auflage Berlin 1920). Sie bleibt das einzigartige Dokument, in dem sich Vorkriegs-, Kriegs- und unmittelbare Nachkriegszeit als Krise spiegeln, in der sich Hoffnungszwang und Entsetzen mischen. Gegliedert in die Abteilungen *Sturz und Schrei, Erweckung des Herzens, Aufruf und Empörung* und *Liebe den Menschen* und eingeleitet durch das Gedicht *Weltende* von Jakob van Hoddis (»Dem Bürger fliegt vom spitzen Kopf der Hut, / In allen Lüften hallt es wie Geschrei. /…«), enthält die Sammlung Gedichte unter anderen von Gottfried Benn, Theodor Däubler, Albert Ehrenstein, Iwan Goll, Walter Hasenclever, Else Lasker-Schüler, Alfred Lichtenstein, René Schickele, Ernst Stadler, August Stramm, Georg Trakl, Franz Werfel, Alfred Wolkenstein und Paul Zech. Die zweite Auflage ist mit Dichterbildnissen von Ludwig Meidner, Oskar Kokoschka, Marc Chagall und Egon Schiele ausgestattet.

Repräsentativ ist *Menschheitsdämmerung* nicht zuletzt durch den thematischen Bogen, der sich von den düster-prophetischen Versen eines Georg Heym (*Der Krieg*: »Aufgestanden ist er, welcher lange schlief, / Aufgestanden unten aus Gewölben tief. / In der Dämmrung steht er, groß und unbekannt, / Und den Mond zerdrückt er in der schwarzen Hand. /…«, 1911) bis zu den Nachrufgedichten auf Rosa Luxemburg und Karl Liebknecht von Johannes R. Becher und Rudolf Leonhard spannt: »… Bürger! Würger! Faust und Kolben / Stampften

kotwärts deinen Kopf./! Doch du gewitterst. Deine Himmel platzen./Ob allen Ländern steht dein Morgen-Rot.//Durch die Welt rase ich –:/Den geschundenen Leib/Abnehmend vom Kreuz,/In weichste Linnen ihn hüllend/Triumph dir durch die Welt blase ich:/Dir, Einzige!! Dir, Heilige!! O Weib!!!« (Becher, *Hymne auf Rosa Luxemburg*).

Diese Dichtung ist, so Pinthus in seinem 1919 datierten Vorwort, »politische Dichtung, denn ihr Thema ist der Zustand der gleichzeitig lebenden Menschheit, den sie beklagt, verflucht, verhöhnt, vernichtet, während sie zugleich in furchtbarem Ausbruch die Möglichkeiten zukünftiger Änderung sucht. Aber – und nur so kann politische Dichtung zugleich Kunst sein – die besten und leidenschaftlichsten dieser Dichter kämpfen nicht gegen die äußeren Zustände der Menschheit an, sondern gegen den Zustand des entstellten, gepeinigten, irregeleiteten Menschen selbst. Die politische Kunst unserer Zeit darf nicht versifizierter Leitartikel sein, sondern sie will der Menschheit helfen, die Idee ihrer selbst zur Vervollkommung, zur Verwirklichung zu bringen. Daß die Dichtung zugleich dabei mitwirkte, gegen realpolitischen Irrsinn und eine entartete Gesellschaftsordnung anzurennen, war nur ein selbstverständliches und kleines Verdienst. Ihre größere überpolitische Bedeutung ist, daß sie mit glühendem Finger, mit weckender Stimme immer wieder auf den Menschen selbst wies, daß sie die verlorene Bindung der Menschen untereinander, miteinander, das Verknüpftsein der einzelnen mit dem Unendlichen – zur Verwirklichung anfeuernd – in der Sphäre des Geistes wiederschuf.«

In diesem Sinne ist die philosophische Schrift *Geist der Utopie*, die der 33jährige Ernst Bloch 1918 in einer ersten Fassung veröffentlicht, ein expressionistisches Werk. Dies zeigt sich etwa in der Einschränkung der Anerkennung, die Bloch der ökonomischen Theorie von Karl Marx zollt: Der atheistisch-diesseitigen Weltanschauung stellt Bloch die Erwartung einer »spirituellen Konföderation« entgegen. Expressionistisch im Sinne des Anrennens »gegen realpolitischen Irrsinn und eine entartete Gesellschaftsordnung« ist Heinrich Manns satirischer Roman *Der Untertan*; im Sinne einer Darstellung des »entstellten, gepeinigten, irregeleiteten Menschen« sind es die frühen Erzählungen Franz Kafkas.

Eine Alternative zum Expressionismus (den Begriff prägte 1911 der Publizist Kurt Hiller) bildet die Prosa von James Joyce, der 1914 mit zwei Werken an die Öf-

fentlichkeit tritt: In London erscheint *Dubliners* (deutschsprachige Erstausgabe *Dublin* 1928), eine Sammlung von 15 handlungsarmen, in Dublin angesiedelten Erzählungen aus dem Milieu des kleinen und mittleren Bürgertums; auf Empfehlung von Ezra Pound veröffentlicht die New Yorker Zeitschrift »The Egoist« in Fortsetzungen den weitgehend autobiographischen Roman *A Portrait of the Artist as a Young Man* (deutschsprachige Erstausgabe *Jugendbildnis* 1926). Knüpfen die *Dubliners*-Erzählungen durch die konsequente Darstellung des Geschehens entsprechend dem Bewußtsein der handelnden bzw. betroffenen Personen an eine Gestaltungsweise an, die sich zu Beginn des Jahrhunderts in Form der »erlebten Rede« etwa bei Arthur Schnitzler findet, so entfaltet das *Jugendbildnis* ein subtiles Geflecht von sprachlichen Mitteln und Motiven, in dem sich der »Strom des Bewußtseins« manifestiert. Dieses Geflecht gleicht dem kunstvollen Labyrinth, das Dädalus, der Namenspatron der Hauptgestalt Stephan Dedalus, einst auf Kreta erbaut hat, und ist doch weit entfernt von mythischem Dunkel. Mit der zeitgenössischen Literatur ist das *Jugendbildnis* durch das Motive der Auflehnung gegen Autoritäten, beispielsweise die Kirche, verbunden, doch spiegelt allein die sprachliche Gestaltung den Prozeß der Emanzipation des Individuums. Dies wiederum ist ein Kennzeichen der Übereinstimmung von Form und Inhalt, denn Stephen selbst wird fasziniert von der »Betrachtung einer inneren Welt individueller Gefühle, widergespiegelt in durchsichtiger, geschmeidiger, gegliederter Prosa«.

Zur Entsprechung zwischen Literatur und Kunst im Zeichen des Expressionismus bemerkt Pinthus im Vorwort zu *Menschheitsdämmerung*: »Die bildende Kunst dieser Jahre zeigt dieselben Motive und Symptome, zeigt das gleiche Zersprengen der alten Formen und das Durchlaufen aller formalen Möglichkeiten bis zur Konsequenz völliger Auflösung der Realität, zeigt den gleichen Ausbruch und Einbruch des Menschlichen und den gleichen Glauben an die lösende, bindende Macht des menschlichen Geistes, der Idee.«

Pinthus könnte sich vor allem auf die um Wassily Kandinsky und Franz Marc gescharten Künstler berufen, deren Almanach *Der Blaue Reiter* (1912) die Feststellung enthält: »Es gibt … keinen Stil mehr; er geht, wie von einer Epidemie erfaßt auf der ganzen Welt ein. Was es an ernster Kunst seitdem gegeben

Kunst, Film und Musik

hat, sind Werke einzelner; mit ›Stil‹ haben diese gar nichts zu tun, da sie in gar keinen Zusammenhang mit dem Stil und Bedürfnis der Masse stehen und eher ihrer Zeit zum Trotz entstanden sind. Es sind eigenwillige, feurige Zeichen einer neuen Zeit, die sich heute an allen Orten mehren.«

Solche »feurige Zeichen« sind die ersten abstrakten Bilder (ab 1910) von Kandinsky, der 1912 seine für die gegenstandslose, später als »konkret« bezeichnete Malerei programmatische Schrift *Über das Geistige in der Kunst* veröffentlicht; die futuristische Malerei eines Umberto Boccioni; der Orphismus Robert Delaunays; die aus Bildzeichen komponierten Gemälde Paul Klees.

August Macke erklärt in seinem Almanach-Beitrag *Masken:* »Unfaßbare Ideen äußern sich in faßbaren Formen. Faßbar durch unsere Sinne als Stern, Donner, Blume, als Form.« Und: »Wie zum Hohn europäischer Ästheten reden überall Formen erhabene Sprache. Schon im Spiel der Kinder, im Hut der Kokotte, in der Freude über einen sonnigen Tag materialisieren sich leise unsichtbare Ideen. / Die Freuden, die Leiden des Menschen, der Völker stehen hinter den Inschriften, den Bildern, den Tempeln, den Domen und Masken, hinter den musikalischen Werken, den Schaustücken und Tänzen. Wo sie nicht dahinterstehen, wo Formen leer, grundlos gemacht werden, da ist auch nicht Kunst.«

Betrachten wir von diesem Standpunkt aus die sich von 1914 an überstürzende Entwicklung im Bereich der bildenden Kunst, so lassen sich die Gegensätze zwischen den neuen Erscheinungen als Unterschiede im letztlich gemeinsamen Versuch verstehen, das Leben in Form zu fassen – wobei Marcs verneinende Feststellung von nun an als entscheidende Frage in der kunstgeschichtlichen Entwicklung mitwirkt: Inwiefern ein Zusammenhang mit dem »Stil und Bedürfnis der Masse« besteht.

1914 stellt Marcel Duchamp seine ersten Readymades als Kunstgegenstände aus; um 1915 entwickelt Kasimir Malewitsch seinen gegenstandslosen, geometrischen Suprematismus; 1916 entsteht – als übergreifende Ausdruckskunst – der Dadaismus; 1917 bildet sich die Künstlergruppe »De Stijl«, formulieren Giorgio de Chirico und Carlo Carrà das Programm der »Pittura metafisica«, verwendet Guillaume Apollinaire erstmals den Begriff »Surrealismus« (zunächst bezogen auf Theater und Ballett), veröffentlicht George Grosz seine ersten Collagen; 1919 fertigt Kurt Schwitters seine ersten MERZ-Bil-

der an, El Lissitzky seine ersten konstruktivistischen »Prounen«-Bilder, proklamiert der mexikanische Maler Diego Rivera in Paris die Rückkehr zum erzählenden, gegenständlichen, der Aufklärung des Volkes gewidmeten Wandmalerei.

Stil und Bedürfnis der Masse – mit dem Film hat sich ein Medium entwickelt, das wie kein anderes diesen Forderungen gerecht zu werden vermag. Dies jedenfalls ist die Einsicht, die sich schon in den Vorkriegsjahren durchsetzt, um im Krieg unter propagandistischen Gesichtspunkt zur Gewißheit zu werden. Die Diskussion, ob Film auch »Kunst« sein könne, verliert an Bedeutung.

»Es war eine ganz richtige Premiere«, berichtet Alfred Richard Meyer 1913 in seiner Zeitschrift »Die Bücherei Maiandros« über die Uraufführung des Films *Der Student von Prag* im Mozartsaal am Berliner Nollendorfplatz. »Viele Smokings. In der Fremdenloge der Dichter bisweilen sichtbar mit sehr schönen Damen… Goethe, Chamisso, E. T. A. Hoffmann, Alfred de Musset, Oscar Wilde waren auch anwesend. Nämlich als Paten dieses 2000-Mark-Films. Sie hatten gar nichts dagegen, daß unter ihrem erlauchten Beistand dem Dr. H(anns) H(einz) Ewers, dem sagenhaften Celebranten moderner schwarzer Messen, unter dem lauten Beifall der Menge ein technisches Kunststück ersten Ranges gelang. Sie erlagen ganz dem einzigen Zauber des goldenen Prag und konnten hernach in der Bar noch lange nicht die unglaublich schlanken, schönen, kletterlustigen Beine der Dame (Lydia) Salmonowa vergessen« – die an der Seite ihres Mannes Paul Wegener das fahrende Mädchen Lyduschka verkörpert, während Wegener selbst als Titelheld eine Doppelrolle zu gestalten hatte, was »nur das Kino, nie aber die Bühne in solcher Vollendung zeigen kann« (Programmheft der Deutschen Bioscop GmbH).

Noch liegt der Schwerpunkt der Filmproduktion allerdings in Frankreich, den Vereinigten Staaten und Italien. Hier entstehen aufwendige Ausstattungsfilme wie *Cabiria* oder *Quo vadis?*, über dessen Berliner Erstaufführung ein Rezensent 1913 mit unverhohlener Begeisterung berichtet: »… Man sah packende Gemälde der römischen Caesarenzeit, die markante Köpfe des Sittenschilderers Petron, des Blutkaisers Nero. Die Christenverfolgungen im Zirkus, die Löwenschlachten, die Begegnung Jesu Christi mit Petrus auf der Via Appia: nichts fehlte, alles war von einer außerordentlich kultivierten Regie zu

Untergang der Titanic
1912

Szenenfoto mit
Mack Sennett

Fritz Schumacher
Lichtwark-Schule in Hamburg
1913/14

Walter Gropius und Adolf Meyer
Faguswerke in Alfeld
1910/11

Paul Bonatz und
Friedrich Eugen Scholer
Hauptbahnhof in Stuttgart
1911–1927

großer Wirkung gebracht. Sprechfilms waren nicht angewandt; aber zu großer Überraschung des Publikums begann der harfenschlagende Nero plötzlich beim großen Brande Roms zu singen.« Über den egalitären Charakter des Kinos hat schon Macke im oben zitierten Aufsatz *Masken* bemerkt: »Im Kinematrographen staunt der Professor neben dem Dienstmädchen.«

Als ein weiteres Beispiel für die unmittelbare Wirkung von »Formen« in »unserer komplizierten und verworrenen Zeit« nennt Macke das Varieté, in dem »die schmetterlingsfarbene Tänzerin die verliebtesten Paare ebenso stark, wie im gotischen Dom der Feierton der Orgel den Gläubigen und Ungläubigen ergreift«. Er könnte sich hierbei auch an Eindrücke erinnert haben, die er in Paris durch die »Ballets Russes« empfangen hat. Sergei Diaghilews Tanztheater verzaubert und erregt Skandale; vor allem aber wird es zu einem Anziehungspunkt für avantgardistische Komponisten: Mit dem Ballett *Der Feuervogel* (nach einem russischen Märchen) wird Igor Strawinski 1910 im Westen bekannt, 1917 kommt das von Jean Cocteau entworfene und von Pablo Picasso ausgestattete Ballett *Parade* des Komponisten Erik Satie zur Pariser Uraufführung.

Satie ist es auch, den 1918 die sechs Musiker der Gruppe »Les Six« (darunter Darius Milhaud und Arthur Honegger) zu ihrem Oberhaupt wählen. Einen anderen Sammelpunkt für Vertreter der neuen Musik bildet vor dem Krieg »Der Blaue Reiter«; der Almanach der Gruppe enthält Kompositionen von Arnold Schönberg (der auch als Maler und als Theoretiker der absoluten Musik vertreten ist), Alban Berg und Anton (von) Webern.

Die großen Publikumserfolge des zeitgenössischen Musiktheaters erringen jedoch Hugo von Hofmannsthal als Librettist und Richard Strauss, von 1909 bis 1919 Generalmusikdirektor der Berliner Oper, als Komponist: Dem *Rosenkavalier* (1911) folgen *Ariadne auf Naxos* (1912, Neufassung 1916) und *Die Frau ohne Schatten* (1919). Rokoko, Antike und orientalische Märchenwelt sind die Sujets dieser drei Opern, die gleichwohl als Werke der Neuromantik zum Spiegel ihrer Zeit gehören: Ihrer Bereitschaft, den unabwendbaren Niedergang einer überlebten Gesellschaft als wehmütig-heiteres Historienspiel mit (anachronistischen) Walzerklängen vorweggenommen zu sehen, oder sich aus der chaotischen Gegenwart in eine bedeutungsschwangere Symbolwelt locken zu lassen.

Doch neben Niedergang und Realitätsverweigerung regen sich Kräfte eines von der Last der alten Gesellschaftsordnung befreiten Aufbauwillens. »Große Technik regiere«, fordert Ernst Bloch 1918 in *Geist der Utopie*, »ein entlastender, kühler, geistreicher, demokratischer Luxus für alle, ein Umbau des Sterns Erde mit dem Ziel abgeschaffter Armut, maschinell übernommener Mühsal.« Er entwickelt diese Forderung aus der kunstphilosophischen Erörterung von »Zweckform« und »ausdrucksvollem Überschwang«, von praktischem und ästhetischem Gestaltungsprinzip. Es handelt sich um dieselbe Auseinandersetzung, die den 1914 mit einer ersten großen Ausstellung an die Öffentlichkeit getretenen Deutschen Werkbund seit seiner Gründung beschäftigt.

Den in Deutschland entschiedensten Versuch, diesen Konflikt zu lösen, unternimmt das Staatliche Bauhaus in Weimar, das 1919 unter der Leitung von Walter Gropius durch die Vereinigung der ehemaligen Hochschule für bildende Kunst und der ehemaligen Kunstgewerbeschule gebildet wird. Von Anfang an politisch angefeindet (etwa spartakistischer Beziehungen verdächtigt), beginnt die in Meister, Gesellen und Lehrlinge gegliederte Gemeinschaft ihre Arbeit mit dem Ziel: »Das Bauhaus erstrebt die Sammlung alles künstlerischen Schaffens zur Einheit, die Wiedervereinigung aller werkkünstlerischen Disziplinen – Bildhauerei, Malerei, Kunstgewerbe und Handwerk – zu einer neuen Baukunst als deren unlösliche Bestandteile. Das letzte, wenn auch ferne Ziel des Bauhauses ist das Einheitskunstwerk – der große Bau –, in dem es keine Grenze gibt zwischen monumentaler und dekorativer Kunst.« Diese Sätze aus dem ersten Bauhaus-Programm enthalten eine soziale und geistige Perspektive, die Gropius in einer Ansprache an die Studierenden mit den Sätzen verdeutlicht: »Bisher stand der Künstler ganz allein, da keine sammelnde Idee in dieser chaotischen Zeit zu sehen ist, die geistig und materiell das Unterste nach oben kehrt ... Fehlen solche geistigen Gemeingüter, so bleibt ihm nichts übrig, als sein metaphysisches Element allein aus seinem Ich sich aufzubauen. Er steht allein, und allenfalls verstehen ihn wenige Freunde, nicht aber die Allgemeinheit. Wir Künstler brauchen also die Gemeinsamkeit im Geistigen des ganzen Volkes wie das Brot. Wenn nicht alle Zeichen trügen, so sind die ersten Anzeichen einer neuen Einheit, die auf das Chaos folgen wird, schon zu erkennen.«

Gebrochene und neue Fortschrittsgläubigkeit

Der Untergang des zu dieser Zeit größten Passagierschiffs, der Titanic, am 14. April 1912 wirkt nicht allein durch die mehr als 1500 Todesopfer als Schock. Die Katastrophe erbringt vor allem den Beweis für die Schwächen scheinbarer technischer und organisatorischer Perfektion.

Die Kehrseite des technischen Fortschritts ist, in Form der täglichen Katastrophen des Alltags, ein Hauptmotiv der Slapstick-Comedy. Geprägt wird dieses Filmgenre durch den Schauspieler, Regisseur und Produzenten Mack Sennett, bei dem Charlie Chaplin 1914 als Filmschauspieler debütiert.

Zur Kernfrage der Architektur der Vorkriegsjahre wird ihr Verhältnis zur Industrie, dem Motor des wirtschaftlichen und sozialen Fortschritts: Soll sie ein Gegengewicht zum technischen Rationalismus herstellen, oder soll sie sich von ihm leiten lassen?

Zwei der drei rechts abgebildeten Bauwerke zeigen trotz schmuckloser Sachlichkeit das Streben nach Gestaltung ausdrucksvoller Baukörper im Sinne herkömmlicher Baukunst. Die Verwendung traditioneller regionaler Baumaterialien betont die Distanz gegenüber der modernen Technik: Bei Fritz Schumachers Lichtwark-Schule (benannt nach dem Leiter der Hamburger Kunsthalle Alfred Lichtwark) sind es Ziegelsteine, beim Stuttgarter Hauptbahnhof Muschelkalk-Bossenquader; sie verkleiden eine Konstruktion aus Stahl und Beton.

Solche Verhüllung moderner Baumittel liegt Walter Gropius und Alfred Meyer fern. Die Fabrikhalle der Faguswerke im niedersächsischen Alfeld legt die Stahlskelett-Konstruktion demonstrativ offen. Daß die Wände keine tragende Funktion haben, zeigt der Verzicht auf Eckpfeiler. An den Ecken stößt statt dessen Glas auf Glas. Den Fagus-Bau prägt ein Ethos, das darauf abzielt, die Arbeitswelt gleichsam dem Licht der natürlichen Außenwelt zu öffnen. Dieses Zutrauen in die Möglichkeiten einer humanen Gestaltung der modernen Gesellschaft gehört auch zu den Grundlagen, auf die Gropius 1919 das Bauhaus stellt.

1910—1919

Kubismus und Futurismus

*Auf den ersten Blick mutet das Archi-
tekturbild Eiffelturm wie das verzerrte Spiegelbild der Gebäude in einer un-
regelmäßigen Glasfläche oder in leicht
bewegtem Wasser an. Dieser Eindruck
entspricht genau Robert Delaunays
Darstellungsweise, die an zwei avantgardistischen Bewegungen teilhat: am
Kubismus und am Futurismus. Der
Vergleich mit der Spiegelung in einer
Glasfläche, die sich aus räumlich gegeneinander versetzten Teilflächen zu-
sammensetzt, betont das kubistische
Element, der Vergleich mit der Spiegelung auf der Wasseroberfläche das futuristische Element. Kubistisch ist die
Zerlegung der Gegenstände in Teile,
die aus verschiedenen Blickwinkeln –
aus Unter- und Obersicht, von unterschiedlichen Seiten – dargestellt werden, futuristisch ist die hieraus sich er-
gebende Dynamik, von der die Gegenstände ergriffen zu sein scheinen, im
Einklang mit der sie umgebenden
großstädtischen Atmosphäre von
Lärm, Hektik und Energie.
Als paradox mag wirken, daß die perspektivische und dynamische Auflösung und Zersplitterung der Gegenstände im Gegenteil darauf abzielt, das
Erscheinungsbild zu neuer Klarheit zu
steigern, wobei die angebliche Ver-
trautheit der Dinge in Frage gestellt
wird. »Der Kubismus unterscheidet
sich dadurch von der früheren Malerei«, schreibt Guillaume Apollinaire in
seinem 1913 veröffentlichten kunst-
theoretischen Essay Les peintres cubi-
stes (Die Maler des Kubismus, 1956),
»daß er nicht eine Kunst der Nachahmung, sondern eine Kunst der Vorstellung ist, die sich bis zum Schöpferischen zu erheben sucht.«
Delaunays Eiffelturm (Teil einer 1909
begonnenen Serie) ist ein Beispiel dafür, wie die kubistische und futuristische Neuschöpfung vom Gegenstand
ausgeht, um dessen vielfältige Aspekte
als bildmäßige Einheit zu gestalten.
Die Eisenkonstruktion überragt ihre
Umgebung bis hinauf zu den Wolken
und wird doch von zwei Gebäuden
flankiert, die sich zur selben Höhe auf-
türmen, um in ein Wechselspiel der Formen mit dem Turm und dem ihn umgebenden Raum einzutreten.*

Bildende Kunst

Werke

- Georges Braque: *Stilleben mit Violine und Krug* (Basel, Öffentliche Kunstsammlung) und *Frau mit Mandoline* (München, Bayerische Staatsgemäldesammlung); Gemälde im Stil des analytischen Kubismus.
- Lovis Corinth: *Morgensonne* (Darmstadt, Hessisches Landesmuseum); stimmungsvolles Bildnis einer erwachenden Frau.
- Wassily Kandinsky: *Erstes abstraktes Aquarell* (Paris, Privatsammlung); freie Füllung der Bildfläche mit Farbfeldern und graphischen Zeichen. *Studie zu Komposition II* (New York, Guggenheim Museum); landschaftliche und figürliche Elemente, Studie zur zweiten der insgesamt zehn als *Komposition* bezeichneten Werke aus dem Zeitraum 1910 bis 1939.
- Oskar Kokoschka: *Dr. August Forel* (Mannheim, Städtische Kunsthalle); antinaturalistisches Bildnis, das in Mimik und Gestik den späteren Schlaganfall Forels vorwegzunehmen scheint.
- Henri Matisse: *Der Tanz* (Leningrad, Eremitage); figürliche ornamentale Komposition.
- Pablo Picasso: *Bildnis Ambroi-se Vollard* (Moskau, Puschkin-Museum); Gemälde im Stil des analytischen Kubismus.
- Odilon Redon: *Violette Heymann* (Cleveland, Museum of Art); Profilbildnis in Halbfigur mit üppigem Blumenarrangement.
- Auguste Renoir: *Gabrielle mit Schmuckkästchen* (Genf, Sammlung Skira); Bildnis des Kindermädchens der Familie Renoir, das zum bevorzugten Aktmodell des Malers wird.
- Karl Schmidt-Rottluff: *Selbstbildnis mit Einglas* (Berlin, Nationalgalerie); expressionistisches Gemälde.

Die Manifeste des Futurismus

Das am 20. Februar 1909 im »Figaro« veröffentlichte *Manifest des Futurismus* des italienischen Schriftstellers Filippo Tommaso Marinetti löst eine Welle programmatischer Erklärungen aus, die allesamt das mit »Futurismus« umrissene Programm einer der Zukunft verpflichteten, jegliche Tradition mit Mißtrauen betrachtenden Bewegung zu konkretisieren versuchen. Bedeutung gewinnen – neben Manifesten für futuristische Musik, Literatur, Choreografie, zur Kleidung des Mannes und über die Frau sowie gegen den Philosophen Benedetto Croce und die Mailänder Scala – zwei von den Malern Umberto Boccioni, Carlo Carrà, Luigi Russolo und Giacomo Balla unterzeichnete Erklärungen: das *Manifest der futuristischen Maler* (11. Februar 1910) und das *Technische Manifest der futuristischen Malerei* (11. April 1910). Das Ziel ist die Entwicklung eines neuen Kunstverständnisses, das auf der Grundlage der Bedingungen des technischen Zeitalters mit seiner Dynamik, Vielfältigkeit der einander durchdringenden Eindrücke und Wandelbarkeit der Normen aufbaut. Die von nun an unüberhörbare Losung lautet: Einklang von Kunst und wirklichem Leben statt musealer und elitärer Kunst-Idylle.
In den zwanziger Jahren verbindet sich der Futurismus mit dem italienischen Faschismus.

Wright und die europäische Architektur

Unter dem Titel *Frank Lloyd Wright, ausgeführte Bauten und Entwürfe* erscheint im Berliner Verlag Wasmuth ein Buch, das einen Überblick über das Schaffen des 1869 geborenen amerikanischen Baumeisters gibt und, im Jahr darauf um einen zweiten Band ergänzt, die Architekten Europas unmittelbar und nachhaltig beeinflußt. Als Mitarbeiter Louis Sullivans am Aufbau Chicagos beteiligt und früh

mit dem Stahlskelettbau vertraut, hat er sich zunächst dem Bau intimer Behausungen, dem »menschlichen Obdach«, zugewandt. Seine »Prärie-häuser« zeichnen sich durch flexible Grundrisse in X-, L-und T-Formen mit freiem Raumfluß und durchlaufenden Fensterreihen aus. Aufsehen erregt er auch mit seinen Großbauten in Stahlbeton. Sein bedeutendster Beitrag zur modernen Architektur ist aber die Innenraumgestaltung, die Bewegung in die versteiften Formen brachte.

Film

Premieren

- Emile Cohl: *Le tout petit Faust* (*Der ganz kleine Faust*); einer der ersten Puppenfilme.
- Giovanni Pastrone: *Agnese Visconti* und *La caduta di Troia* (*Der Fall von Troja*); letzterer einer der ersten italienischen Historienfilme mit großem Aufwand an Kulissen und Statisten, bemerkenswert durch seine effektvolle Massenregie.
- Urban Gad: *Afgrunden* (*Der Abgrund*) mit Asta Nielsen als Bürgermädchen, das im Zirkus auftritt und schlimm endet.

Der Entdecker der Kubisten

Ein Merkmal des Kubismus ist seine Durchsetzung durch einige wenige Kunsthändler, unterstützt durch Literaten wie Guillaume Apollinaire oder Sammler wie die in Paris lebende Amerikanerin Gertrude Stein. Die kubistischen Experimente sind weder für einen esoterischen Kreis von Eingeweihten noch für das breite Publikum der großen Ausstellungen bestimmt, sondern gewinnen ihre revolutionierende Wirkung durch kleine Galerien, die den Ateliers der avantgardistischen Künstler ähneln.
Geradezu als Entdecker und tatkräftigster Förderer der Kubisten ist der aus Mannheim stammende Daniel-Henry Kahnweiler zu betrachten. Seine 1907 in Paris eröffnete Kunsthandlung bildet vor allem für Pablo Picasso eine Art Stützpunkt. Kahnweiler wird schließlich zu Picassos ausschließlichem Händler.
Picassos Bildnis Daniel-Henry Kahnweiler gehört der Phase des sogenannten analytischen Kubismus an. Die Bezeichnung betont die zergliedernde Darstellungsweise. Hierbei unterscheiden Picasso und der in enger Verbindung mit ihm arbeitende Georges Braque nicht mehr zwischen körperhafter Figur und umgebendem Raum, sondern verschmelzen körperliches und räumliches Volumen durch Konstruktionen aus einer Vielzahl flächiger Elemente. Der wesentliche Unterschied zur reinen Abstraktion, die Wassily Kandinsky 1910 mit seinem ersten abstrakten Aquarell vornimmt, liegt in der konsequenten Bindung des Kubismus an den Gegenstand, der eine neue malerische Definition erhält. Diese bezieht sich sowohl auf seine Erscheinungs- als auch auf die Wahrnehmungsweise im Raum und in der Zeit. Daß es neuer Definitionen bedarf, steht im Zusammenhang mit den vor allem von Albert Einstein entwickelten Einsichten in Raum-Zeit-Verhältnisse – auch wenn es für eine solche Verbindung zwischen Kunst und Wissenschaft keine »Beweise« etwa in Form der Lektüre Picassos gibt.

Pablo Picasso, Bildnis Daniel-Henry Kahnweiler; 1910.

1910

Gruppenbild mit Klassikern

Über den Anlaß, der die Gruppe im Festsaal (einer Schule?) unterm Weihnachtsbaum zusammengeführt hat, lassen sich nur Vermutungen anstellen. Ist es eine Betriebs-, eine Vereinsfeier mit Kind und Kegel? Wurde, worauf die rechts im Hintergrund kulissenartig aufgespannten, mit Sinnsprüchen bestickten Tücher hinweisen könnten, ein Theaterstück aufgeführt? Gestaltungswille läßt sich ebenso im Vordergrund erkennen, wo drei Paar Würstchen einen Balanceakt auf einer Bierflasche vorführen.

Über allem thronen in Gips die beiden deutschen Dichterfürsten, deren Nobilitierung vielen als Gütesiegel gilt. »Lohnjrin – janz nette Oper, was?« beginnt die Bildunterschrift zu einer »Simplicissimus«-Zeichnung von Eduard Thöny: »Aber so was janz Bedeutendes kann der Wagner nich jewesen sein. Sehn se mal: Schiller wurde von Schiller, Joethe – – – von Joethe, na un Wagner – Sehnse woll?«

Doch dies ist preußischer Offizierston, mit dem unsere eher kleinbürgerliche Gesellschaft nichts zu tun hat. Eher erfreut sie sich an den unsterblichen Schiller-Parodien, etwa auf die in Würde der Frauen enthaltenen Verse: »Ewig aus der Wahrheit Schranken / Schweift des Mannes wilde Kraft, / Unstet treiben die Gedanken / Auf dem Meer der Leidenschaft. / Gierig greift er in die Ferne, / Nimmer wird sein Herz gestillt, / Rastlos durch entlegne Sterne / Jagt er seines Traumes Bild.« Schon August Wilhelm Schlegel hat die Verse so verstanden: »...Zum gegornen Gerstensafte / Raucht er immerfort Tabak; / Brummt, wie Bären an der Kette, / Knufft die Kinder spat und früh; / Und dem Weibchen, nachts im Bette, / Kehrt er gleich den Rücken zu.« Die neueste, durch die Zeitschrift »Jugend« verbreitete Version lautet: »Ewig aus des Hauses Schranken / Treibt den Mann die wilde Kraft / Unermüdlich, bis zum Schwanken / Übt er sich am Gerstensaft. / Gierig greift er nach dem Krügel, / Nimmer wird sein Durst gestillt, / Und die Kinder kriegen Prügel, / Machen sie ihn alsdann wild.«

Gruppenfoto, um 1910.

Publizistische Zentren des Expressionismus

Nicht eine, sondern *die* Lebensform der Zeit nennt noch kurz vor Kriegsausbruch der Lyriker Yvan Goll den Expressionismus und gibt damit zugleich zu erkennen, daß dieser Begriff viel mehr bezeichnet als lediglich eine bestimmte Kunstrichtung. Im Ursprung kaum etwas anderes als eine abgrenzende Markierung gegenüber dem noch allgegenwärtig-allmächtigen Impressionismus und damit vorwiegend auf die bildende Kunst bezogen, greift er um 1910 auch auf alle anderen Kunstformen über und wird zu einer fundamentalen Lebensäußerung.
Im Expressionismus artikuliert sich die Opposition gegen die dumpfe Selbstherrlichkeit der Vorkriegszeit, und frühe expressionistische Äußerungen sind denn auch von rabiater Militanz. Krieg fordert man, während Frieden als »so faul, ölig und schmierig wie

Leimpolitur auf alten Möbeln« geschmäht wird, so 1910 vom Lyriker Georg Heym.
In diesem Jahr erhält der Expressionismus mit der in Berlin erscheinenden Wochenzeitschrift »Der Sturm« (sie erscheint bis 1932) sein wichtigstes publizistisches Forum in Deutschland. Sein Gründer, der 1878 geborene und bis 1911 mit der Lyrikerin Else Lasker-Schüler verheiratete Herwarth Walden, wird einer der bedeutendsten Theoretiker und Förderer des Expressionismus.
In Innsbruck gründet 1910 Ludwig von Ficker die Zeitschrift »Der Brenner«, deren wichtigster Mitarbeiter Georg Trakl ist. Vom folgenden Jahr an erscheint in Berlin die von Franz Pfemfert, zuvor Redakteur der Freidenker-Zeitschrift »Demokraten« herausgegebene Zeitschrift »Die Aktion« (bis 1932), um die sich der »Aktionskreis« bildet. Herausgeber der 1913 gegründeten »Weißen Blätter« ist ab 1915 René Schickele.

Erich Heckel
Schlafender Pechstein
1910

Oskar Kokoschka
Bildnis Peter Baum
1910

Franc Marc
Pferd in Landschaft
1910

Deutscher Expressionismus

Die drei Gemälde aus dem Jahr 1910 re-
präsentieren drei Spielarten des Ex-
pressionismus in der deutschen Male-
rei. Erich Heckels Schlafender Pech-
stein ist ein Beispiel für den Stil der
Dresdner »Brücke«-Maler, Oskar Ko-
koschka gehört zur Gruppe um die
1910 in Berlin gegründete Zeitschrift
»Der Sturm«, Franz Marc ist Mitglied
der von Wassily Kandinsky in Mün-
chen gegründeten »Neuen Künstler-
vereinigung«, aus der der »Blaue Rei-
ter« hervorgeht. Zwischen den drei
Gruppierungen ergeben sich zwischen
1910 und 1912 enge Verbindungen.
Gemeinsamkeiten und Unterschiede
lassen sich an der Verwendung der Far-
be Rot in den drei Gemälden ablesen.
Bei Heckel steht sie in extremem Kon-
trast zur herkömmlichen farblichen
Gestaltung eines so »sanften« Themas,
wie es der Schlaf bildet. Der Maler-
freund scheint ebenso wie der Boden zu
glühen. Wie ein Faun ruht er, den Kopf
in die Beuge des rechten Arms ge-
schmiegt, in der sommerlichen Hitze.
Das komplementäre Grün, Spuren
von Gelb und Blau sowie das Schwarz
halten dem Rot nur mühsam die Waa-
ge und ordnen sich dem Streben nach
größter Intensität des vitalen Aus-
drucks unter.
Vitalität bringt auch Kokoschkas Bild-
nis Peter Baum zur Darstellung, je-
doch auf eine gebrochene, psychisch
angespannte Weise. Das gedämpfte
Rot des Hintergrunds dringt gleichsam
in Form nervöser Linien und Flecken
in die Gesichtszüge ein. Unbeein-
druckt von der flächigen Verwendung
ungemischter Farben, wie sie Heckel
demonstriert, macht Kokoschka seine
malerische Handschrift in Linien, Flek-
ken und Kratzern geltend. Vorherr-
schend ist der Ausdruck von Sensibili-
tät, den – im Kontrast zu Pechsteins
Behaglichkeit – das Motiv des gleich-
sam nur gegen die rechte Hand gelehn-
ten Kopfes unterstützt.
Franz Marcs rotes Pferd läßt sich zwar
vom Natureindruck herleiten, doch be-
sitzt hier die Farbe sinnbildliche Be-
deutung. Sie drückt Kreatürlichkeit
aus, Einklang mit der Natur in festli-
cher Steigerung der Farben und rhyth-
mischer Schwingung der Formen.

Albert Anker
Die kleine Genesende
(Ausschnitt) um 1900

Hanns Fechner
Wilhelm Raabe
1892

Der Blick zurück in die Kindheit

Am 15. November stirbt in Braunschweig im Alter von 79 Jahren der Schriftsteller Wilhelm Raabe. Sein Bildnis stammt aus der Zeit der Veröffentlichung des Romans Stopfkuchen *mit dem ironisch gegen den herrschenden Publikumsgeschmack gerichteten Untertitel* Eine See- und Mordgeschichte. *Mit Raabe stirbt nach Theodor Storm, Gottfried Keller und Theodor Fontane der letzte bedeutende Vertreter des Poetischen Realismus, jener spezifisch deutschsprachigen, durch Brechungen oft humorvoller Art gekennzeichneten Form der literarischen Gestaltung gesellschaftlicher Wirklichkeit. In der von sentimentaler Rührung oder Herablassung freien Darstellung des einfachen Lebens besitzt der Poetische Realismus eine Parallele im Realismus etwa des Schweizer Malers Albert Anker, der am 16. Juli in Ins im Berner Seeland in demselben Alter wie Raabe stirbt.*

Ankers Gemälde Die kleine Genesende *greift ein Thema auf, das in den häufig als Entwicklungsromane gestalteten Werken des Poetischen Realismus einen breiten Raum einnimmt: die Erlebniswelt der Kindheit. Sie ist auch das Thema von Raabes unvollendetem Spätwerk* Altershausen, *das 1911 erscheint. Das auf einen Handlungszeitraum von 24 Stunden zusammengedrängte Geschehen wird von der Wiederbegegnung des Geheimrats Feyerabend mit dem Ort seiner Kindheit und den ehemaligen Gefährten ausgefüllt. Allerdings eröffnet sich nicht der Blick zurück in eine »goldene Kindheit«; vielmehr begegnet sie dem Besucher im Zerrbild des durch einen Unfall auf dem Entwicklungsstand eines Zwölfjährigen stehengebliebenen ehemaligen Freundes und dem greisenhaften Minchen. In der von tiefer Skepsis geprägten, Vergangenheit und Gegenwart zueinander in Beziehung setzenden Betrachtungsweise berührt sich* Altershausen *mit Rainer Maria Rilkes 1910 veröffentlichten Aufzeichnungen des* Malte Laurids Brigge, *die gerade im Blick zurück in die Kindheit die Grunderfahrung der Heimatlosigkeit zum Ausdruck bringen.*

Karl Kraus und Heinrich Heine

Am 3. Mai hält Karl Kraus in Wien seinen berühmt gewordenen, noch in diesem Jahr als Essay veröffentlichten Vortrag *Heine und die Folgen*. Kennzeichen der Moderne ist für Kraus ein erschreckender Verfall des Kunstgefühls. Er sieht eine sich vertiefende Kluft zwischen der Kunst und dem Leben, eine desolate Sprache, die die Beziehung zu ihrem Inhalt mehr und mehr einbüßt. Für Kraus nimmt diese verhängnisvolle Entwicklung bei Heinrich Heine und seiner Dichtung ihren Anfang, habe er doch eine Form geschaffen, die »nur eine Enveloppe des Inhalts, nicht er selbst ist«. Die Auseinandersetzung mit dem »Problem Heine«, mit dem Problem der sich auflösenden Beziehung zwischen Gegenstand und Form gerät Kraus zu einer scharfen Polemik gegen den »Fluch der literarischen Utilität«, den »Geist der Utiliteratur«, wie er nicht zuletzt den modernen Journalismus kennzeichnet. Stellt sich auch die Frage, ob Heine (der laut Kraus der deutschen Sprache »das Mieder gelockert hat«) ein geeignetes Angriffsziel ist – die von Kraus konstatierten »Folgen« haben sicherlich nicht an Aktualität verloren.

Steiners »Geheimwissenschaft«

Rudolf Steiner, der schon 1902 mit einem Vortrag über Anthroposophie diese begründet hat, legt das ihre Grundzüge enthaltende Werk *Die Geheimwissenschaft im Umriß* vor – auch dies ein Versuch, in einer Zeit der Verunsicherung neue Orientierungen anzubieten. Gegen den Rationalismus und den Atomismus der Wissenschaften gewandt, erstrebt Steiner eine ganzheitliche Weltsicht, in der Philosophie, Religion und Wissenschaft eine Synthese eingehen. Aus vielen Quellen gespeist, entsteht seine Lehre von einer geistigen Welt mit stufenweiser Entwicklung, die es nachzuvollziehen gilt, um höhere seelische, zur übersinnlichen Erkenntnis führende Fähigkeiten auszubilden.

Zu einem wesentlichen Bestandteil der anthroposophischen Arbeit werden neben Steiners Vorträgen seine Mysterien-Dramen. 1913 erfolgt nach der Konstituierung der Anthroposophischen Gesellschaft (der Steiner weder als Leiter noch als Mitglied angehört) in Dornach bei Basel die Grundsteinlegung zum Goetheanum, konzipiert als »freie Hochschule für Geisteswissenschaft«.

Tolstois Tod auf dem Weg in die Einsamkeit

Am 20. November stirbt im Alter von 82. Jahren Graf Lew Nikolajewitsch Tolstoi, einer der wahrhaft Großen der russischen und der Weltliteratur. Es mag bezeichnend sein, daß ihn der Tod gleichsam als einen Heimatlosen auf dem fluchtartigen Weg in die selbstgewählte Einsamkeit im Bahnhofsgebäude von Astapowo ereilt. Denn Tolstoi war ein umgetriebener Mensch, in dessen Leben sich die Umwälzungen spiegeln, die in der Oktoberrevolution von 1917 gipfeln – ein Mensch in einer Übergangszeit, noch nicht ganz fremd, aber auch nicht mehr ganz heimisch in dem Leben, das ihm so fraglos vorbestimmt zu sein schien.

Aus altem Adelsgeschlecht stammend und früh verwaist, wächst er bei Verwandten auf. Er studiert, wird Soldat, erlebt den Krimkrieg als Offizier mit, zieht sich dann auf das Familiengut Jasnaja Poljana zurück, um sich dessen Verwaltung zu widmen, und heiratet 1862 – alles scheint wohlgeordnet. Doch schon bald findet er über Tagebuchaufzeichnungen, in denen er Rechenschaft über sich selbst ablegt, zur Literatur. Es beginnt eine lebenslange Suche nach dem Sinn des Daseins, nach absoluter Wahrheit und Gerechtigkeit. Einem vitalen, sinnenfrohen Leben durchaus zugeneigt, entwickelt er gleichzeitig eine Art urchristlichen Agrar- und Kulturkommunismus, für den die selbstlose Nächstenliebe, die Gewaltfreiheit und das Ideal einer Rückkehr zu bäuerlicher Naturverbundenheit bestimmend sind.

Der Adressat eines seiner letzten Briefe ist der 41jährige Mohandas Karamchand Gandhi mit dem späteren Ehrennamen Mahatma (»dessen Seele groß ist«), von dessen Eintreten für die indische Minderheit in Südafrika und das Prinzip des gewaltfreien Widerstands, des Nichtwiderstrebens, Tolstoi erfahren hat.

Zu den Würdigungen Tolstois gehört ein Artikel Lenins, der prophezeit, daß das russische Proletariat das Erbe Tolstois antreten werde.

Lew N. Tolstoi auf dem Totenbett im Bahnhofsgebäude von Astapowo.

Literatur

Neuerscheinungen

● Gilbert Keith Chesterton: *Der Mann, der Donnerstag war* (*The Man Who Was Thursday*, 1908). Burlesker Roman über eine Anarchistengruppe, deren Mitglieder nach den Wochentagen benannt sind und sich allesamt als eingeschleuste Detektive erweisen, während sich der geheimnisvolle Anführer Sonntag, nach einer wilden Verfolgungsjagd durch London, als göttliches Wesen enthüllt, als »Sabbat« im Sinne von »Gottesfriede«. Letztlich gestaltet der Roman das Streben nach dem Einklang mit der Schöpfung. Im folgenden Jahr erscheint mit *The Innocent of Father Brown* (*Priester und Detektiv*, 1920) der erste von fünf Sammelbänden der in verschiedenen Zeitungen publizierten Kriminalgeschichten Chestertons mit der Figur des einfühlsamen Pater Brown als Hobbydetektiv.

● Alfred Döblin: *Die Ermordung einer Butterblume*. Die dem Frühexpressionismus zuzurechnende Erzählung handelt von der nach und nach erlahmenden Buße, die ein Bürger für seine »Ermordung« einer Butterblume leistet. In Frage gestellt ist der Vorrang der Vernunft gegenüber irrationalen Kräften.

● Gerhart Hauptmann: *Der Narr in Christo Emanuel Quint*. Einfühlsame Schilderung des um 1890 in Schlesien aufgetretenen »Giersdorfer Heilands« Quint, eines Bußpredigers aus dem Volk, um den sich Bruderschaften gesammelt haben.

● Hermann Löns: *Der Wehrwolf. Eine Bauernchronik*. Historischer Roman aus der Zeit des Dreißigjährigen Kriegs, in dem sich Bauern der Lüneburger Heide als »Wehrwölfe« zusammenschlossen, um sich gegen marodierende Soldaten zu wehren. Im Gegensatz zu Löns' empfindsamen Naturschilderungen ist der Roman mit seiner drastischen Darstellung von Gewaltakten der von Paul de Lagarde proklamierten »germanischen Renaissance« verpflichtet.

● Rainer Maria Rilke: *Die Aufzeichnungen des Malte Laurids Brigge*. 1904 in Rom begonnener und in Paris beendeter Tagebuchroman. Der fiktive Schreiber ist ein 28jähriger verwaister dänischer Adliger, der in Paris als mittelloser Dichter lebt. Vergangenheit und Gegenwart, eigenes und fremdes Schicksal durchdringen sich.

1910

Technik in Verkehr und Kommunikation

Während die riesigen Freiballone noch an die Anfänge des Fliegens Ende des 18. Jahrhunderts erinnern, gehört das Motorflugzeug dem 20. Jahrhundert an. Nachdem sich auch in Europa erste Erfolge gezeigt haben, etwa durch den Flug des Franzosen Louis Blériot über den Ärmelkanal am 25. Juli 1909, nimmt der Flugzeugbau im zweiten Jahrzehnt eine rapide technische Entwicklung: seine militärische Bedeu-

tung ist erkannt. In den Kriegsjahren beträgt die Weltproduktion an Flugzeugen aller Art 210 000.
Ein wesentlicher Fortschritt im Fernsprechwesen ist die Automatisierung der Telefonvermittlungsanlagen. Das erste automatische Amt in Deutschland wurde Ende 1909 in München-Schwabing in Betrieb genommen. Im deutschen Ortsverkehr dominiert die vollautomatische Vermittlung allerdings erst um 1930.

Oben links: Vergangenheit und Zukunft bei der Berliner Herbstflugwoche 1910.
Oben rechts: Start zum Großen Preis des Aero Clubs in Paris, um 1910.
Mitte: Telefonapparat für Selbstwählgespräche, um 1910.

Naturwissenschaft, Technik, Medizin

● Der Flugzeug- und spätere Autokonstrukteur (»Tropfenauto«) Edmund Rumpler baut in seiner Berliner Rumpler Luftfahrzeugbau GmbH (gegründet 1908) eine Weiterentwicklung der »Taube« der österreichischen Flugzeugbaupioniere Igo und Ignaz Echter. Es handelt sich um ein Eindecker-Flugzeug.
● Hugo Junkers, Professor an der TH Aachen, konstruiert ein Nurflügel-Flugzeug.

● Der amerikanische Pathologe Howard Taylor Ricketts entdeckt den Erreger des Rocky Mountain-Fleckfiebers. Es ist eine Mikrobe, die nach ihrem Entdecker Rickettsia benannt wird. Übertragen wird das Fleckfieber durch Zecken.

Rudolf Diesels Erfindung

1910 wird erstmals ein Dieselmotor in ein Kraftfahrzeug eingebaut. In dieser Verbrennungsmaschine, die von Rudolf Diesel in den Jahren 1893–97 zusammen mit der Firma Friedrich Krupp und der Maschinenfabrik Augsburg entwickelt worden ist, wird das Brennstoffgemisch nicht wie beim Ottomotor durch einen Zündfunken, sondern durch Verdichtungswärme entzündet. Im Zylinder saugt der niedergehende Kolben zunächst reine Luft an. Kehrt der Kolben zurück, wird die Luft im Zylinder so stark »verdichtet«, daß sie sich auf 500 bis 700 Grad Celsius erhitzt. In diese Luft wird der Diesel-Kraftstoff, ein Gasöl, eingespritzt und entzündet sich selbst. Daraufhin treibt der Verbrennungsdruck den Kolben im »Arbeitshub« wieder nach unten. Die verbrannten Gase werden beim zweiten Rückgang des Kolbens aus dem Zylinder ausgeschoben.

Gustav Mahlers Achte Sinfonie in München

Drei Sopranistinnen, zwei Altistinnen, je ein Tenor, Bariton und Baß, ein Knabenchor, zwei gemischte Chöre und ein gigantischer Orchesterapparat zuzüglich Orgel machen die Uraufführung der *Achten Sinfonie Es-dur* von Mahler in München zum Ereignis. Die 1030 Mitwirkenden geben dem Werk seinen Namen: *Sinfonie der Tausend*. Die Sinfonie ist von Anfang bis Ende vokal ausgerichtet, dem ersten Satz sind Teile des Hymnus *Veni creator spiritus*, dem zweiten die Schlußszene aus *Faust II.* unterlegt. Mahler selbst schreibt über das 1907 fertiggestellte Werk: »Dies ist das Bedeutendste, was ich bisher komponiert habe. Stellen Sie sich vor, das ganze Universum beginne zu tönen…Alle meine früheren Sinfonien sind nur Vorspiele zu diesem Werk. In ihnen geht es immer noch um subjektive Tragik, hier aber herrscht große Freude.«

Musik

Premieren
● Claude Debussy: *Le promenoir des deux amants (Der Wandelgang der beiden Liebenden)* und *Trois ballades de François Villon*, beides Vokalwerke zu Gedichten. Der Kompositionsstil von Debussys mittlerer Schaffensperiode zeichnet sich durch ein Streben nach klar umrissenen Formen aus. Die Balladen Villons sind in eine periodische Struktur gebunden, die bei Debussy bislang nicht bekannt war.

● Giacomo Puccini: *La fanciulla del west*, Uraufführung am 10. Dezember in New York (mit Emmy Destinn und Enrico Caruso); deutsche Erstaufführung *Das Mädchen aus dem Westen* 1913 in Berlin. Die Liebesgeschichte zwischen einem Räuberhauptmann und einer Kneipenwirtin, die den Geliebten vor der Hinrichtung bewahrt, spielt zur Zeit des Goldrauschs in Kalifornien. Puccini verzichtet weitgehend auf den Belcanto und bedient sich amerikanischer Klangfarben sowie einzelner Elemente des Jazz.

● Igor Strawinski: *L'oiseau de feu (Der Feuervogel)*, Ballettmusik. Uraufführung in Paris durch das Russische Ballett; Choreographie Michail Fokin, Kostüme und Ausstattung Léon Bakst. Die Aufführung, mit der sich der 28jährige Strawinski erstmals dem Pariser Publikum vorstellt, wird ein triumphaler Erfolg, nicht zuletzt wegen der tänzerischen Leistung der Tamara Karsawina, die allerdings Strawinskis Musik so distanziert gegenübersteht, daß sie in derselben Saison das Russische Ballett verläßt.

Ernst Ludwig Kirchner
Selbstbildnis mit Modell
1910 (übermalt 1926)

Der verlorene Traum vom Paradies

Das Selbstbildnis mit Modell des 30jährigen Ernst Ludwig Kirchner ist atypisch für die Atmosphäre, die in den Gemälden der Dresdner »Brücke«-Maler um das Jahr 1910 vorherrscht. Umso deutlicher läßt es die Spannung spüren, die über der gemeinsamen Arbeit liegt. Typisch ist ein Gemälde wie Kirchners Akte in der Sonne, entstanden bei den Moritzburger Seen, an deren Ufern die Freunde ihre Staffeleien aufgeschlagen haben. Männliche und weibliche Aktgestalten, in kräftigem Gelb und Rot, liegen oder stehen in grellgrünem Gras. Hinter dunkelgrünen Bäumen leuchtet blau das Wasser. Der Himmel strahlt violett, während sich eine rote Wolke mit weißem Rand auftürmt. Eine paradiesische Landschaft in impulsiver Gestaltung von Form und Farbe.

Demgegenüber problematisiert das Selbstbildnis mit Modell die Beziehung zwischen den Gestalten. Das Modell ist kauernd in den rechten Bildhintergrund gerückt. Das Interesse des Malers ist ausschließlich auf die eigene Person gerichtet, die im leuchtend bunten Morgenrock wie ein orientalischer Pascha das Bild beherrscht.

Biographische Fakten untermauern den Eindruck des Zwiespältigen. Kirchner beginnt, sich aus der Idylle Dresden zu lösen; Berlin lockt. Nachdem Max Pechstein in die Reichshauptstadt übergesiedelt ist, folgen 1911 Kirchner, Erich Heckel und Karl Schmidt-Rottluff. Eine Privatschule für »Modernen Unterricht in Malerei« soll den Lebensunterhalt sichern.

In Berlin geht zwar das Thema von Figur und Landschaft nicht verloren; Aufenthalte auf der Insel Fehmarn halten es lebendig. In den Mittelpunkt rücken jedoch kolonnenartige Figurengruppen und grellfarbene Kokotten, die wie gefallene Schutzengel der Großstadt erscheinen, die den jungen expressionistischen Lyriker Georg Heym mit der Ahnung erfüllt: »Wie gehetzt, wie hohl, wie gottverlassen. Das kann nicht bleiben, das muß zugrunde gehen. Irgend etwas Ungeheures muß kommen, ein großer Krieg, eine Revolution oder sonst was.«

Ferdinand Hodler
Thuner See mit Stockhornkette
1910

Emil Orlik
Ferdinand Hodler beim Entwurf der Wandbilder für das Rathaus in Hannover
1911

Monumentaler Idealismus

Natur und Geschichte bilden zwei Themenbereiche des Schweizer Malers Ferdinand Hodler, dessen Anerkennung um 1910 ihren Höhepunkt erreicht. Vergessen sind die Proteste gegen sein Wandgemälde Rückzug von Marignano *(1898–1900) im Schweizerischen Landesmuseum in Zürich oder die Entfernung der figürlichen Komposition* Die Nacht *kurz vor Eröffnung des Genfer Frühjahrssalons 1891 als »gegen die Sitten verstoßend«; 1900 wurde* Die Nacht *auf der Pariser Weltausstellung als ein Hauptwerk moderner Malerei geehrt.*

Im Landschaftsgemälde wie im Historienbild überwindet Hodler die Staffage, das kleinliche Detail, die scheinbare Objektivität der natur- bzw. geschichtsgetreuen Inszenierung. An ihre Stelle tritt im Sinne der künstlerischen Errungenschaften des späten 19. Jahrhunderts eine von Fläche und ausdrucksvoller Kontur geprägte Gestaltungsweise, mit der es Hodler gelingt, eine gleichsam vergeistigte Monumentalität zu erreichen. Sie entspricht einem Bedürfnis nach Steigerung und Idealisierung.

Als Hauptwerk einer neuen Form der Historienmalerei entstand 1908/09 im Auftrag der »Gesellschaft der Kunstfreunde in Jena und Weimar« in der neuerbauten Friedrich-Schiller-Universität in Jena das Wandgemälde Auszug der Jenenser Studenten in den Freiheitskrieg 1813 *– ein Werk, das der russische Maler Alexandr Alexandrowitsch Deineka 1928 in seinem Gemälde* Die Verteidigung von Petrograd *nahezu »wortwörtlich« wiederholt. 1910 erhielt Hodler vom Magistrat der Stadt Hannover den Auftrag, im Rathaus das Thema* Der Reformationsschwur der Hannoveraner Bürger am 26. Juni 1533 *zu gestalten. Nach zahlreichen Vorstudien, von deren Erarbeitung Emil Orliks Gemälde aus dem Jahr 1911 einen Eindruck vermittelt, vollendet Hodler 1913 das Wandgemälde* Einmütigkeit *in friesartiger, zugleich stilisierender und individualisierender Darstellungsweise, die freilich vom Enthusiasmus des expressionistischen Figurenbildes weit entfernt ist.*

Bildende Kunst

Werke
- Umberto Boccioni: *Elastizität* (Mailand, Privatbesitz); futuristische Darstellung eines Reiters.
- Carlo Carrà: *Begräbnis des Anarchisten Galli* (beg. 1908; New York, Museum of Modern Art); futuristisches Gemälde.
- Marc Chagall: *Ich und das Dorf* (New York, Museum of Modern Art); traumartiges Erinnerungsbild mit expressiver Farbgebung und Verknüpfung winziger figürlicher Szenen mit Großformen.
- Robert Delaunay: *Fensterbild* (Hamburg, Kunsthalle); abstrak-

tes, geometrisch gegliedertes Gemälde mit prismatisch gebrochenen Farben (Orphismus), dessen Malerei auf dem Rahmen fortgeführt ist.
- Erich Heckel: *Spaziergänger am See* (Essen, Museum Folkwang); expressionistisches Landschafts- und Figurenbild mit flächiger Gestaltung durch extreme Obersicht.
- Wassily Kandinsky: *Komposition IV* (Paris, Privatbesitz); abstrahierendes Landschafts- und Figurenbild mit Verselbständigung von Farbfläche und Linie sowie der Betonung von Bewegungselementen.

- Piet Mondrian: *Grauer Baum* (Den Haag, Gemeentemuseum); Komposition mit abstrahierter Baumform, deren Stamm, Äste und Zweige die Bildfläche im Sinne des Kubismus gliedern.
- Gabriele Münter: *Kandinsky am Tisch* (München, Städtische Galerie im Lenbachhaus); abstrahiertes Bildnis mit Stilleben.

Ausstellungen
- München: Am 18. Dezember wird in der Galerie Heinrich Thannhauser die *Erste Ausstellung der Redaktion »Der Blaue Reiter«* (Wassily Kandinsky, Franz Marc) eröffnet.

Städtebau als soziale Aufgabe

Hatte Stadtplanung im ausgehenden 19. Jahrhundert sich nach Georges Eugène Haussmanns Pariser Vorbild in der Anlage geradliniger monotoner Straßenzüge mit vielstöckigen Mietshäusern erschöpft, so geben ihr um die Jahrhundertwende künstlerisch empfindende, den technischen und sozialen Veränderungen aufgeschlossene Architekten wie der Franzose Tony Garnier (Projekt Cité Industrielle 1901–1904), der Holländer Hendrik Petrus Berlage (Plan Amsterdam-Süd 1902) und der Wiener Otto Wagner neue Impulse. Anders als der 1903 verstorbene Wiener Stadtplaner Camillo Sitte, der mit der Rückkehr zu den mittelalterlichen Methoden organischen Städtebaus die Monotonie und künstlerische Sterilität der rasch wachsenden Neubau-Städte zu überwinden hoffte, gehen sie von einer realistischen Einschätzung der Entwicklung zur modernen Industriegesellschaft aus.

In dem von Sitte und anderen vorgeschlagenen Konzept einer Gartenstadt sieht Wagner keine Lösung für das Wohnproblem der Großstädte. Die Konzentration großer Menschenmassen auf begrenztem Raum hält er für unvermeidlich, und die Schaffung einer den Bedürfnissen des durchschnittlichen Stadtbewohners angemessenen gesunden Umgebung ist für ihn vereinbar mit dem Zwang zu wirtschaftlichem Bauen. Die dadurch bedingte Uniformität des Wohnungsbaus soll durch Kunst zur Monumentalität erhoben werden. Weitere Expansion muß in einer zukunftsweisenden Stadtplanung berücksichtigt werden: »Die Ausdehnung der Städte kann nicht mehr länger wie in der Vergangenheit dem blinden Zufall überlassen werden, indem künstlerischer Einfluß als überflüssig bezeichnet wird und die Entwicklung großer Städte scheußlicher Wucherei überantwortet bleibt.« Wagner fordert wie viele andere Stadtplaner die Überführung des Baugeländes in Gemeineigentum.

Stadtplanung

1911 werden zwei internationale Wettbewerbe ausgeschrieben: für New Delhi (ihn gewinnt der Engländer Edwin Lutyens) und für Australiens neue Hauptstadt Canberra (Sieger: der Amerikaner Walter Burley Griffin). Der Idealentwurf für den XXII. Wiener Bezirk, mit dem Otto Wagner sich der öffentlichen Diskussion stellt, ist dagegen Teil seiner Arbeiten an einem Generalregulierungsplan von Wien, mit dem der Architekt 1892/93 den Ersten Preis eines Wettbewerbs gewonnen hat. Verwirklicht wurde von dem großen städtebaulichen Projekt bisher nur der Bau der Stadtbahn.

Das historische Wien vor Augen, sieht Wagner eine konzentrische Erweiterung der Donau-Metropole vor. Bezirke mit jeweils 100 000 bis 150 000 Bewohnern bilden einen Ring um die Altstadt, jeder mit einem eigenen Zentrum und durch Radialen mit dem Stadtinnern verbunden. Jeder Bezirk soll über einen Hauptplatz, über Theater, Kirche, Schulen, Warenhäuser und Ausstellungsgebäude verfügen, über »Luftzentren«, Spielplätze, Parks und Gärten. Einen das polyzentrische Stadtgefüge zertrennenden Wald- und Wiesengürtel, wie ihn der britische Gartenstadt-Verfechter Ebenezer Howard propagiert, lehnt Wagner ab. Straßen und Wohneinheiten sollen geradlinig angelegt sein, »schon aus dem einfachen Grund, weil der Mensch immer in gerader Linie geht«.

Als Grundelement seines Entwurfs für den XXII. Bezirk erscheint der geschlossene fünfstöckige Wohnblock, der in fast allen größeren Städten des Kontinents anzutreffen ist. Hierzu entwickelt Wagner keine Alternative, wie sie Garnier in seinen Betonhäusern mit offenen Treppenhäusern und Dachgärten gefunden hat.

Bürokratische Hemmnisse und der Krieg verhindern die Ausführung von Wagners Plänen. 22 Jahre später nimmt der 1928 gegründete Congrès Internationaux d'Architecture Moderne (CIAM) in Athen die Ideen des Österreichers in sein Programm auf.

Otto Wagner, Idealentwurf des XXII. Wiener Bezirks; 1910/11.

1911

Theater

Premieren

● Gerhart Hauptmann: *Die Ratten*, Uraufführung am 13. Januar in Berlin. Soziales Drama im Milieu der Berliner Mietskasernen. Der Versuch der Frau John, Ehefrau eines Maurers und Putzfrau, sich durch Betrug das vom Mann erhoffte Kind anzueignen, führt schließlich zum Selbstmord der tragischen Heldin, nachdem ihr Bruder um ihretwillen zum Mörder geworden ist. Die auf dem Dachboden hausenden Ratten sind das Sinnbild sozialer Verhältnisse, in denen die menschlichen Beziehungen gespenstischen Charakter erhalten.

● Hugo von Hofmannsthal: *Jedermann. Das Spiel vom Sterben des reichen Mannes*, erneuert, Uraufführung (Regie: Max Reinhardt) am 1. Dezember in Berlin, Zirkus Schumann. Zugrunde liegt unter anderem die englische Bearbeitung des Stoffes *The Somonynge of Everyman* (1509).

● Arthur Schnitzler: *Das weite Land*, Uraufführung am 14. Oktober in Berlin, Breslau, Bochum, Hamburg, Hannover, Leipzig, München, Prag und Wien. Die erfolgreiche Tragikomödie um einen Fabrikanten läßt die eigentliche Handlung (Ehebruch, Duell) als belanglos erscheinen angesichts einer zur trügerischen Verspiegelung verformten Konversation. Das »weite Land« der Seelen liegt brach. Zentrale Motive sind das Spiel und die Maskenhaftigkeit.

● Fritz von Unruh: *Offiziere*, Uraufführung am 15. Dezember in Berlin. Erstlingswerk des preußischen Offiziers als Dramatiker. Das Stück problematisiert (in Anlehnung an Kleists *Prinz Friedrich von Homburg*) den Pflichtbegriff. Der Schauplatz ist im zweiten Teil Südwestafrika zur Zeit des Herero-Aufstands.

Ein glanzvoller Abgesang

Das Dresdner Opernpublikum von 1911 hat noch den Schrei der Elektra-Musik im Ohr, mit dem im Jahr zuvor der schon weltberühmte Richard Strauss seine Gemeinde schockiert hat, als es am 26. Januar einem ganz anderen Strauss begegnet. Seine neue Oper Der Rosenkavalier scheint fast in Mozart-Nähe angesiedelt und verwöhnt ihre Zuhörer mit süß-opulenten Klangfluten und schwirrend-silbrigen Walzerklängen.

Initiator dieses melodiösen Rückgriffs auf eigentlich schon überholte Formen ist jedoch weniger der Komponist als sein Librettist Hugo von Hofmannsthal, von dem sich Strauss nach der gemeinsamen Elektra einen blutrünstig-dramatischen Stoff in der Art Giuseppe Verdis gewünscht hatte, der dann aber lieber eine »Komödie in Musik« geliefert hat.

Der Rosenkavalier ist ein erotisches Reigenspiel im Rokoko-Kostüm um eine alternde Marschallin (»S'ist ein seltsam Ding, die Zeit«), ihren jugendlichen Galan und den täppisch-sinnlichen Ochs von Lerchenau, der ursprünglich dem Werk den Titel geben sollte. Als vorweggenommen erscheint hier, was Hofmannsthal erst ein rundes Jahrzehnt später in seinem Meisterwerk, der Komödie Der Schwierige, zur Vollendung führt: der verklärende Abgesang auf Glanz, Charme und Lebensart der unheilbar schwindsüchtigen k. u. k.-Epoche.

Der Rosenkavalier ist eigentlich ein großes Endspiel, der letzte Walzer einer zum Untergang verurteilten Welt, die sich vor ihrem Ende noch einmal zu rauschend-berauschtem Fest zusammenfindet und den eigenen nahen Abschied von der Bühne zu Walzerklängen feiert. Mit ihm hat das Idealgespann Hofmannsthal/Strauss den allergrößten, bis heute anhaltenden Erfolg seiner Zusammenarbeit. Sie reicht über Hofmannsthals Tod hinaus bis zur 1933 in Dresden uraufgeführten Arabella, die einen Nachklang des Rosenkavaliers bildet.

Der Rosenkavalier, Theaterzettel zur Dresdner Uraufführung am 26. Januar 1911.

Bürgerliches Heldenleben

Eine Frau verliert während einer kaiserlichen Parade ihre Hose, was zur Folge hat, daß sie und ihr Mann recht gute Einnahmen durch die Vermietung von Zimmern erzielen und sich daher ein Kind leisten können. Im Ehebett nimmt eine Kassette mit Wertpapieren den Platz der Ehefrau ein. Dies sind Motive und Szenen aus zwei Stücken, die Carl Sternheim, Sohn eines Bankiers und seit 1906 als freier Schriftsteller tätig, in Berlin zur Uraufführung bringt: am 15. Februar *Die Hose*, am 24. November *Die Kassette*. Beide Komödien attackieren Geld- und Machtgier sowie Prüderie und doppelte Moral. Sternheim bedient sich der Mittel grotesker szenischer Situationen (in *Die Kassette* mit Anleihen bei Molières *Der Geizige*) und einer meist verknappten Sprache, deren »Ökonomie« die Grundhaltung der Personen spiegelt. Zur Satire, die durch Lächerlichkeit tötet, gelangt Sternheim durch den Mangel an Vertrauen in die Wandlungsfähigkeit der bürgerlichen Welt.

Die beiden Stücke werden von Sternheim später in den Zyklus *Aus dem bürgerlichen Heldenleben* eingegliedert. *Die Hose* ist zugleich der erste Teil der *Maske-Tetralogie* über den Aufstieg der Familie Maske aus dem Kleinbürgertum zum Adel. Es folgen 1914 *Der Snob*, 1913 (veröffentlicht 1915, uraufgeführt 1919) und *Das Fossil* (1923).

Literatur

Neuerscheinungen

● Max Dauthendey: *Die acht Gesichter am Biwasee. Japanische Liebesgeschichten*. Acht Erzählungen mit einem Hang zum Phantastischen und Überwirklichen, verfaßt von dem mit fernöstlicher Lebensart vertrauten spätimpressionistischen Maler.

● Hanns Heinz Ewers: *Alraune*. Phantastischer Roman über die immer perversere Entwicklung Alraunes bis hin zum Vampir.

● Georg Heym: *Der ewige Tag*. Erster Gedichtband des 24jährigen Lyrikers, mit dem dreiteiligen Zyklus *Berlin*, der zu den frühesten literarischen Manifestationen des Expressionismus gehört. Vorherrschend ist die Klage über die Erniedrigung und Verdinglichung des Menschen. Im folgenden Jahr urteilt Ernst Stadler: »Heym ist ein Priester der Schrecken. Ein Visionär des Grauenerregenden und (auch in der Strenge seiner Rhythmik und der metrischen Gefüge) Grotesken. Ein Bruder der Poe und Baudelaire (diesem verwandt) und mehr noch vielleicht der Rops und Kubin.«

● Börries von Münchhausen: *Das Herz im Harnisch*. Sammlung von Liedern und Balladen, in denen die Neoromantik hinter dem Streben nach Volkstümlichkeit zurücktritt. Der Band enthält die *Ballade vom Brennesselbusch* und die *Lederhosen-Saga*.

● Ludwig Thoma: *Der Wittiber*. Roman über das Schicksal einer Bauernfamilie, deren Konflikte der junge Thoma in Dachau kennengelernt hat.

● Franz Werfel: *Der Weltfreund*. Erster Gedichtband des 21jährigen Schriftstellers, darin hymnische Gedichte an das Leben mit dem Motiv der Brüderlichkeit: »Mein einziger Wunsch ist, dir, o Mensch, verwandt zu sein.«

Maurice Utrillo
Ansicht von Montmartre
1910

Umberto Boccioni
**Der Lärm der Straße dringt
in das Haus**
1911

Wahrnehmungen

Die Ansicht von Montmartre *des
27jährigen Maurice Utrillo zeichnet
sich durch eine am Impressionismus
geschulte Farbgebung aus. Sie belebt
das Grau des Himmels, des Straßenpflasters und des Gemäuers und verleiht der menschenleeren Szenerie malerischen Glanz. Utrillo ist der uneheliche Sohn von Suzanne Valadon, die als
Modell von Henri de Toulouse-Lautrec
bekannt geworden ist und sich selbst
zu einer hervorragenden Malerin entwickelt hat. 1902 gelang es ihr, den an
Trunksucht leidenden Sohn zum Malen anzuregen. Dieser biographische
Hintergrund deutet darauf hin, daß für
Utrillo die Wahrnehmung und Darstellung seiner Umwelt dazu dient,
Halt zu finden. Von hier aus gewinnt
auch die Wahl des Themas Architektur ihre tiefere Bedeutung.
In vollkommen entgegengesetzte Richtung zielt der um ein Jahr ältere Italiener Umberto Boccioni mit seinem Gemälde* Der Lärm der Straße dringt in
das Haus. *Getreu der 1910 im Manifest
der futuristischen Malerei proklamierten Kunstauffassung bringt er sämtliche Gegenstände ins Wanken. Die
Zersplitterung der Formen ist zwar
vom Kubismus beeinflußt, die grelle
Farbgebung vom Neoimpressionismus und Fauvismus, doch ist das Gemälde insgesamt von dem Streben geprägt, der Gleichzeitigkeit sinnlicher
Wahrnehmungen (Formen, Farben,
Geräusche, Bewegungen) bildhafte
Gestalt zu geben.
Der Futurismus knüpft hierbei an die
vor allem in der Literatur in Form von
Metaphern wie »farbiger Klang« realisierte Synästhesie, die Verschmelzung
optischer und akustischer Reize, an.
Entscheidend ist jedoch der Versuch,
Geräusche und Bewegungen darzustellen. Hierbei scheut sich Boccioni
nicht, das Eindringen des Lärms der
Baustelle in das Haus durch ein Pferdchen zu vergegenständlichen, das
rechts unten an der im Vordergrund
aufragenden Frau vorbeigaloppiert.
Ein Mißverständnis wäre es, das Gemälde als Protest gegen Lärmbelästigung zu betrachten. Im Gegenteil:
Lärm verwandelt sich in malerische
Schönheit.*

Ernst Stern
**Szenenentwurf zu
»Penthesilea«**
Berlin 1911

Léon Bakst
Bacchantin
1911

Das rasende Weib

*Heinrich von Kleists Tragödie Penthe-
silea, 1808 veröffentlicht und 1876 am
Königlichen Schauspielhaus in Berlin
uraufgeführt, erlebt 1911 am Berliner
Deutschen Schauspielhaus unter der
Regie von Felix Hollaender eine
Neuinszenierung. Der Szenenentwurf
von Ernst Stern zeigt den Einheitsschauplatz Schlachtfeld bei Troja.
Die durchaus klassische räumliche
und zeitliche Konzentration der Büh-
nenhandlung ist zugleich die Voraussetzung für die Modernität, die Kleists
Gestaltung der Begegnung zwischen
der Amazonenkönigin Penthesilea
und Achilleus besitzt. Die äußere
Handlung, beispielsweise die Kampf-
szenen, vollzieht sich weitgehend außerhalb des Bühnenraumes. Dies gilt
auch für den Tod des Achilleus, der von
Penthesilea in rasender Liebe zer-
fleischt wird. Was sich dem Betrachter
darbietet, ist eine letztlich auf die Gestaltungsmittel des Tanztheaters an-
gewiesene »dionysische Verbalmusik«
(Günter Blöcker), ein Sprachtaumel,
der im Expressionismus zum vorherrschenden literarischen Gestaltungsmittel wird. Es ist daher kein Zufall,
daß der 1911 von dem Redakteur des
»Berliner Tageblatts« Fritz Engel angeregte und ab 1912 durch die Kleiststif-
tung vergebene Kleistpreis in erster Linie an expressionistische Dichter vergeben wird.
Als Entfesselung von Erotik und Grausamkeit bot im Vorjahr das Russische
Ballett in Paris eine Inszenierung der
sinfonischen Dichtung Scheherazade
des 1908 verstorbenen Nikolai Rimski-
ski-Korsakow: Haremsfrauen feiern
mit den schwarzen Sklaven eine Orgie,
während sich der Herrscher auf der
Jagd befindet. In der Rolle der verräteri-
schen Sultanin: Ida Rubinstein; als
verführerischer Goldener Sklave:
Waslaw Nijinski.
Die größte Bewunderung erringt jedoch der Bühnen- und Kostümbildner
Léon Bakst, der den Ruf eines Eroto-
manen erhält. 1911 läßt er mit der Ausstattung des Balletts Narcisse, aus
dem die Gestalt der Bacchantin
stammt, dem orientalischen einen
ebenso glutvoll dargebotenen griechischen Rausch der Farben folgen.*

Film

Premieren

● Francis Robert Benson: *Julius Caesar, Macbeth, Richard III., The Taming of the Shrew (Der Widerspenstigen Zähmung)*; Filmversionen der Stücke Shakespeares mit Mitgliedern des Shakespeare Memorial Theatre in Stratford.
● Gérard Bourgeois: *Les victimes de l'alcool (Die Gefangenen des Alkohols)*. Zweite Filmversion von Emile Zolas Roman *L'assommoir (Die Schnapsbude* bzw. *Der Totschläger)*.
● Wassili Gontscharow: *Oborona Sewastopolja (Die Verteidigung von Sewastopol)*; erste Verfilmung der *Sewastopoler Erzählungen* von Lew N. Tolstoi.
● Maurice-André Maitre: *Anna Karenina*; erste Verfilmung des Romans von Lew N. Tolstoi.
● Piotr Tschardynin: *Krejtserowa sonata (Die Kreutzersonate)*; erste Verfilmung der Erzählung von Lew N. Tolstoi.

Ereignisse

● Mit *Max cherche une fiancée (Max sucht eine Braut)* beginnt die Max-Serie (bis 1915) des Komikers Max Linder. Als zweiter Teil folgt noch im selben Jahr *Max et le quinquina (Max und der Quinquin)*, eine Burleske mit dem betrunkenen Max, dem es gelingt, einen Polizeikommissar und einen General zu narren.
● Louis Feuillade beginnt für die Firma Gaumont seine Serie *Scènes de la vie telle qu'elle est (Szenen aus dem Leben, wie es ist)*. Sie bildet den »ersten Versuch, den Realismus auf die Leinwand zu bringen, wie das vor Jahren schon in der Literatur, dem Theater und den Künsten geschehen ist« (Feuillade). Einzeltitel: *En grève (Ein Streik), Le trust (Der Trust), Les braves gens (Die rechtschaffenen Leute), Le destin des mères (Das Schicksal der Mütter)*.

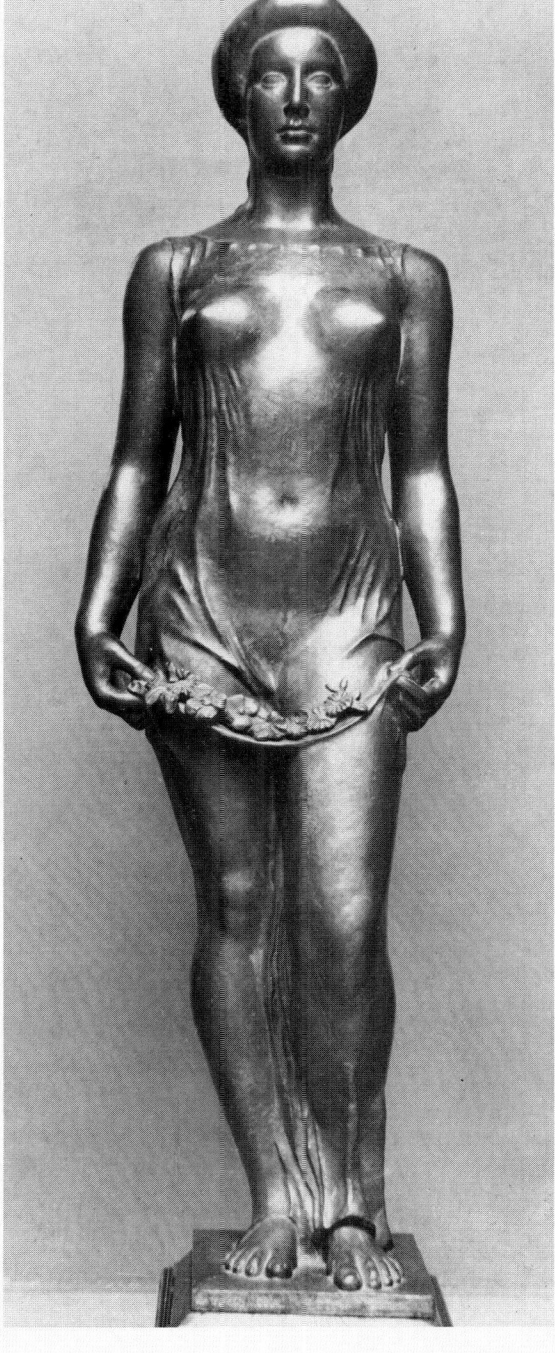

Weiblichkeit

Die drei hier vereinigten Darstellungen zum Thema Weiblichkeit repräsentieren die neben den avantgardistischen Bewegungen des Kubismus und des Futurismus fortbestehenden Versuche einer produktiven Aneignung älterer oder außereuropäischer Kunstformen.

Ernst Ludwig Kirchners Holzschnitt läßt in der maskenhaften Gestaltung des Gesichts und der »primitiven« Darstellung der Brüste und Gliedmaßen den Einfluß von Südsee-Skulpturen erkennen. Gleichwohl besitzt der expressionistische Akt eine herbe Sinnlichkeit, die über Jahrhunderte hinweg einem Dichter der Frührenaissance huldigt: Kirchner hat den Holzschnitt als Titelblatt für eine geplante Folge von Illustrationen zu Francesco Petrarcas Triumph der Liebe geschaffen. Die Gotik als eine Epoche des Strebens nach Vergeistigung einer zugleich mit wachen Sinnen erlebten Natur- und Menschenwelt ist die künstlerische Heimat des Bildhauers Wilhelm Lehmbruck und seiner überschlanken Gestalten.

Der »antike« Antipode zum »barocken« Auguste Rodin ist innerhalb der französischen Plastik Aristide Maillol. Seine Orientierung an der klassischen Kunst erhielt ihre Bestärkung durch eine Griechenlandreise, die Maillol 1908 gemeinsam mit seinem Mäzen Harry Graf Kessler und Hugo von Hofmannsthal unternommen hat. Seine Flora erinnert in ihrer strengen, aufrechten Haltung, in der Vereinfachung der körperlichen Form und der sparsamen Faltengliederung des Gewandes an antike Karyatiden, etwa jene am Erechteion der Athener Akropolis. Flora ist ein Bestandteil des Statuenzyklus, den Maillol im Auftrag des russischen Kunstsammlers Iwan Morosoff geschaffen hat. Zu ihm gehören auch die Skulpturen Frühling, Sommer und die Gestalt der Gartengöttin Pomona.

Mitte links: Ernst Ludwig Kirchner, Triumph der Liebe; 1911.
Unten: Wilhelm Lehmbruck, Weibliche Büste; 1911.
Rechts: Aristide Maillol, Flora; 1911.

1911

Musik

Premieren

● Gustav Mahler: *Das Lied von der Erde*, Uraufführung der Sinfonie für Tenor, Alt (oder Bariton) und Orchester nach chinesischen Gedichten aus dem 8. Jahrhundert in der Übertragung von Hans Bethge (*Die chinesische Flöte*, 1907). Das Werk in sechs Sätzen markiert eine Wende in Mahlers Schaffen, ein krisenhaft sich vollziehendes Abrücken von humanistisch-idealistischen Zielsetzungen und ein Versinken in resignativer Grundstimmung. So sind die ersten Sätze überschrieben mit »Trinklied vom Jammer der Erde« und »Der Einsame im Herbst«.

● Maurice Ravel: *L'heure espagnole* (*Die spanische Stunde*, 1909). Musikalische Komödie in einem Akt, Text von Franc-Nohain. Uraufführung am 19. Mai an der Opéra comique in Paris. Toledo im 18. Jahrhundert: Die Frau eines von seiner Arbeit besessenen Uhrmachers treibt Possen mit ihren Verehrern, die sich in Uhrenkästen verstecken müssen. Ausgangspunkt für Ravels brillant instrumentierte Komposition ist das vielfältige Klingen, Ticken, Schlagen der Uhren und Spieldosen in der Werkstatt des Uhrmachers.

● Igor Strawinski: *Pétrouchka. Scènes burlesques* (*Petruschka*). Uraufführung durch die Balletts russes in Paris (Bühnenbild und Kostüme: Alexandre Benois; Choreographie: Michail Fokin). Das Ballett leitet die »russische Periode« Strawinskis ein. Die stark folkloristisch geprägte Melodik wird gegenüber früheren Werken vereinfacht, die Instrumentation trägt realistische Züge mit oft grellen Farben. Mit Gassenhauern und Drehorgelklängen kommt erstmals ein parodistisches Element zum Tragen.

Luftfahrt-Neuigkeiten

»…und ab geht die Post!« heißt es nun auch in der Luftfahrt. Im Rahmen eines in New York veranstalteten internationalen Luftfahrttreffens wird ein erster, zwei Wochen lang durchgeführter Versuch unternommen, Post als Luftfracht zu transportieren. Die Aufnahme zeigt den Flugpionier Earle Ovington, wie er am 23. September 1911 den ersten Postsack erhält. In Deutschland wird mit der Beförderung von Post auf dem Luftweg im folgenden Jahr begonnen. Für Postflüge zwischen Darmstadt und Frankfurt/Main dient der Euler-Doppeldecker »Gelber Hund«. Das Bedürfnis, Nachrichten in Form von Zeitungen, Briefen, Prospekten, Angeboten und Anfragen rascher zu erhalten bzw. mitzuteilen, gehört zu den Triebfedern des Luftverkehrs. Dies drückt sich darin aus, daß in allen Ländern die Postverwaltungen durch Subventionen an der Entwicklung der Luftfahrt und des Luftverkehrs mitwirken. In den Vereinigten Staaten bestehen ab 1918 reguläre Luftpostlinien, in Deutschland nehmen die Postämter vom April 1919 an Luftpostsendungen entgegen.

An technischen Neuerungen sind zu Beginn des Jahrzehnts Senkrechtstarter bzw. Helikopter im Gespräch. Eine 1911 anonym erscheinende Denkschrift A Pea for the Direct Lifter führt aus: »Der eine Vorteil vertikal steigender Maschinen ist ihre Fähigkeit zum stehenden Fliegen. Ferner ist es ihnen möglich, von jedem Gelände und von kleinen Flächen aus aufzusteigen. Militärisch wird sofort erkennbar, daß zum Zwecke der Aufklärung eine Maschine, die ihre Position für eine gewünschte Dauer halten kann, nutzbringender ist als jene, die der Stelle nur nahe bleiben kann, indem sie mit 60 km/h Geschwindigkeit wie wild im Kreis herumjagt. Außerdem sind die mit den ersten Senkrechtstarter gebotenen Möglichkeiten für erfolgreiche Bombenabwürfe, die gegenwärtig etwas fragwürdig sind, nicht zu unterschätzen.«

Earle Ovington übernimmt die erste Luftpostsendung, 23. September 1911.

Sieg und Tod im ewigen Eis

Am 15. Dezember entscheidet sich der im Herbst begonnene Wettkampf um die Entdeckung des Südpols. Als erste Menschen erreichen ihn der 39jährige Norweger Roald Amundsen und seine vier Begleiter. Sie gewinnen damit den Wettlauf gegen die britische Antarktis-Expedition unter Führung des 43jährigen Robert Falcon Scott. Dieser hat nach der Erforschung des Ross-Meeres einen um 60 Meilen längeren, ihm jedoch als günstiger erscheinenden Weg zum Südpol eingeschlagen. Als Scott sein Ziel am 17. Januar 1912 erreicht, findet er die norwegische Fahne vor.

Während Amundsens Expedition sich der traditionellen Hundeschlitten bedient hat, vertraute Scott auf Motorschlitten, die jedoch bei Kälte und Sturm ausfielen, sowie auf Pferde, die ebenfalls dem Klima nicht gewachsen waren. Der Rückweg wird für Scott und seine vier Begleiter zum Marsch in den Tod. Nur elf Meilen vom rettenden Stützpunkt entfernt, werden sie tagelang von einem Blizzard in ihrem Zelt festgehalten. Scotts letzte Tagebucheintragung stammt vom 29. März 1912.

Naturwissenschaft, Technik, Medizin

● Albert Einstein beschreibt die ablenkende Wirkung, die große Massen auf den Lichtstrahl ausüben.

● Der britische, in Manchester lebende und 1908 mit dem Nobelpreis für Chemie ausgezeichnete Physiker Ernest Rutherford stellt sein Atommodell vor. Um den kleinen, massereichen Atomkern kreisen Elektronen wie die Planeten um die Sonne.

Heinrich Zille
Weihnachtsmarkt an der Petrikirche
(Ausschnitt) 1911

Paul Lincke
Potpourri
»Die große Kanone«
Notendruck 1911

Berliner Luft

Im Jahr des vierzigsten Jubiläums der deutschen Reichsgründung erreicht die Reichshauptstadt eine Einwohnerzahl von knapp 2,1 Millionen. Der baulichen Erweiterung liegt ein Straßenbebauungsplan zugrunde, den der Berliner Stadtbaumeister James Hobrecht schon 1858 entwickelt hat. Er bildet nichts anderes als ein städtisches Parzellierungsschema unter dem Gesichtspunkt, möglichst viele Einwohner möglichst platzsparend unterzubringen. Als Mindestgröße für Innenhöfe sind lediglich 28 Quadratmeter vorgeschrieben, was der Spekulation mit dem Bau von Mietskasernen Vorschub leistet.

Das Leben in den Elendswohnungen, Kneipen, Laubenkolonien, in den Freibädern in und um Berlin, auf den Straßen und öffentlichen Plätzen findet seinen Niederschlag in den Bildern und Zeichnungen Heinrich Zilles. 1907 im Alter von 49 Jahren aus der Berliner »Photographischen Anstalt« entlassen, ist er als freier Künstler tätig. Sein oben in einem Ausschnitt wiedergegebener Weihnachtsmarkt an der Petrikirche gehört zu den »harmlosen«, nicht zuletzt durch den Zwang zum Broterwerb für ein bürgerliches Publikum bestimmten Arbeiten. Doch auch hier bewährt sich die Verbindung von volksverbundenem Humor und genauer Schilderung charakteristischer Details, wobei es immer wieder die Kinder sind, die Zilles aufmerksame Betrachtung anziehen. Inmitten des Angebots von Luftballons und Büsten der Kaiser Wilhelm eins und zwei oder Ankündigungen an der Litfaßsäule von Aufklärungsfilmen wie Die Befruchtung des Eies suchen sie das ihnen erreichbare kleine Glück, während Gören den Paradeschritt üben.

Frei von Sentimentalität wie Zilles Zeichnungen sind auch die Operetten des Berliner Komponisten und Kapellmeisters Paul Lincke. Mit »Das ist die Berliner Luft, Luft, Luft...« (aus Frau Luna, 1899) schuf er so etwas wie die Berliner Nationalhymne; das 1911 veröffentlichte Potpourri enthält Lieder aus den Operetten Donnerwetter – tadellos (1906) und Hallo! Die große Revue, die 1909 uraufgeführt worden ist.

133

Adolf Loos
Geschäftshaus am Michaelerplatz in Wien
1910/11

Adolf Loos
Haus Horner in Wien
1912

Rationalismus und Architektur

»Genug des Originalgenies! Wiederholen wir uns unaufhörlich selbst!« Oder: »Der Mensch liebt das Haus, aber er haßt die Kunst.« Auf Leitsätzen dieser Art stützt der Architekt Adolf Loos sein publizistisches, pädagogisches und praktisches Schaffen, in dem der Rationalismus seine früheste und konsequenteste Ausprägung in der Architektur des 20. Jahrhunderts gewinnt. Als Grundhaltung läßt sich der Rationalismus in der Architektur bis zu Vitruv zurückverfolgen, der in seinem Werk De architectura feststellt, die Baukunst sei eine vernunftmäßig erfaßbare Wissenschaft. Die innerhalb der Architekturgeschichte konkurrierende Haltung ist am klarsten im Barock ausgeprägt – eine Epoche, zu der ein Architekt wie Josef Hoffmann, der Antipode zu Adolf Loos, in ideeller Beziehung steht.

Das erste aufsehenerregende Bauwerk von Loos ist das 1910 errichtete Haus Steiner in Wien, ein völlig kahler Stahlbeton-Kubus, an dessen einer Seite ein kleinerer Kubus ausgespart ist, so daß sich eine seitlich von zwei Quadern flankierte Terrasse ergibt.

An dem im folgenden Jahr fertiggestellten Geschäftshaus am Wiener Michaelerplatz, an den die Hofburg angrenzt, erinnert heute eine Gedenktafel an den Ärger, den der schmucklose Bau dem Hofburg-Hausherrn Kaiser Franz Joseph I. bereitet hat. Im Inneren besitzt das Bauwerk versetzte Geschoßebenen, durch die Loos' Suche nach dem idealen »Raumplan« zum Ausdruck kommt.

Das Haus Horner im Wiener Villenviertel Unterer St. Veit (XVIII. Bezirk) gliedert sich in einen einfachen rechtwinkligen Baukörper, an den ein ebenso schlichter Anbau mit Wintergarten angefügt ist. Als Dach dient ein halbtonnenförmiges Kupferblech, das nicht nur billig ist, sondern auch so wirken soll. Profillos eingeschnittene Fenster betonen die Nacktheit der Wände. Größe und Plazierung der Öffnungen sind durch den Lichtbedarf der Innenräume bestimmt. Raumhülle und Rauminhalt stehen in einem auch wirtschaftlich sinnvollen Verhältnis zueinander.

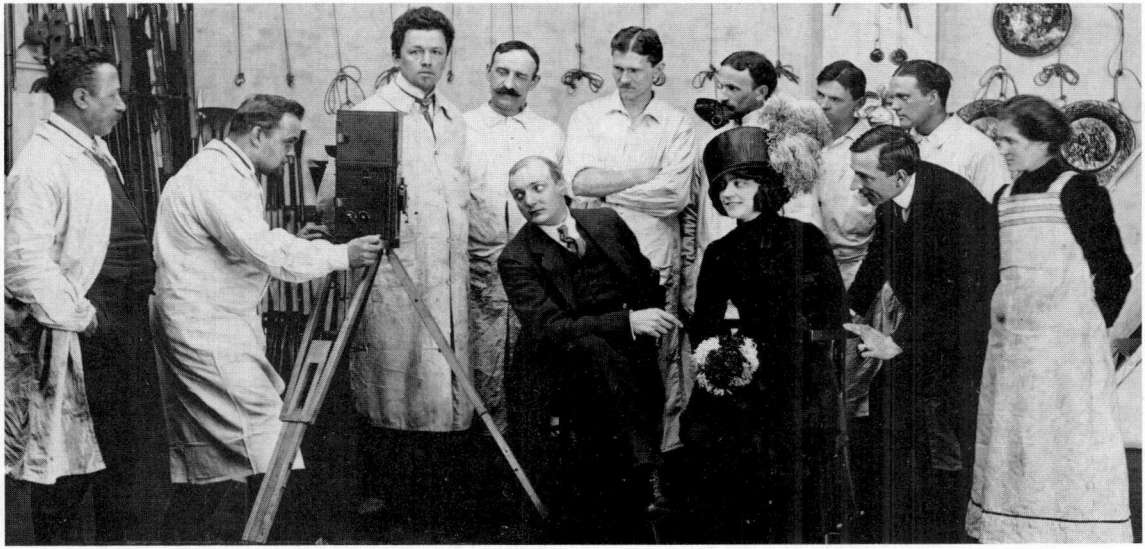

Ein dänisch-deutscher Filmstar

Asta Nielsen, der erste Star des dänischen Stummfilms, dreht zusammen mit ihrem Ehemann, dem Regisseur Urban Gad, in Berlin. Nach den ersten Erfolgen, vor allem mit dem Debütfilm *Afgrunden* (1910), in dem sie ein Bürgermädchen spielt, das im Zirkus auftritt und böse endet, sind beide in die deutsche Filmmetropole eingeladen worden. Asta Nielsen, die femme fatale mit den ausdrucksvollen dunklen Augen und den außerordentlichen mimischen und gestischen Fähigkeiten, ist bereits international bekannt. 1912 entstehen in Berlin *Der Totentanz, Die arme Jenny, Die Sünden der Väter*, 1913 *Engelein*, 1914 *Vorderhaus und Hinterhaus*.

In einigen dieser Filme spielt sie Dirnen, sich aufopfernde Mütter, Arbeiterinnen. Meistens jedoch bleibt die Schauspielerin dem Typ treu, den ihre dänischen Filme kreiert haben: Sie verkörpert den »Reiz des Verbotenen, den Glanz des Mondänen« (Enno Patalas), die gesetzlose Außenseiterin. Das deutsche Publikum ist begeistert von der Nielsen; bis in die späten zwanziger Jahre bleibt sie eine der beliebtesten Schauspielerinnen.

Kino in Deutschland

Das »ortsfeste« Kino hat sich im Jahr 1912 bereits etabliert. Es gibt etwa 1500 Spielstätten in Deutschland; jede Stadt von Bedeutung besitzt ein Kino. In Berlin machen die Kammerspiele am Potsdamer Platz auf, in Frankfurt/Main und Stuttgart entstehen weitere Union-Theater, und in München eröffnet der Schausteller und Kaufmann Carl Gabriel die Sendlingertor-Lichtspiele. 1911 zählte die Projektions-AG Union als größtes deutsches Kino-Unternehmen vier Millionen Besucher in ihren Häusern.

Doch auch die kleinen, karg ausgestatteten »Ladenkinos«, die 1904 erstmals den »Wanderkinos« Konkurrenz gemacht haben, existieren noch. Diese in jeder Hinsicht billigen Vorstadt-Lichtspielhäuser heißen volkstümlich wegen ihres Zuschnitts oft »Schlauch-Kino« oder »schmales Handtuch«. Ihre tatsächlichen Namen hingegen sind meist bombastisch, beispielsweise Grand Bioskop-Theater.

Gesellschaftsfähig sind diese Kintopps noch nicht. Erst als eine Wende in der Filmdarstellung eintritt – das »Sensationsdrama« kommt auf –, ziehen die Lichtspieltheater aus den engen, dumpfen Räumen in behaglich ausgestattete oder luxuriöse Häuser.

Die Kleinkinos, die »Flimmerkisten« des Proletariats, sind durchaus noch einträglich. Sie locken ihr Publikum mit reißerischen, sensationellen Plakaten, die weit mehr versprechen, als der Film halten kann. In diese Kinos geht man sozusagen inkognito, und oft herrscht ein ständiges Kommen und Gehen. Die neuen, eleganten Lichtspieltheater hingegen werden zu einem Ort leichter Unterhaltung, der alle Schichten anzieht.

Steuern mußten die Kinobesitzer, die in Berlin bereits seit zwei Jahren im Verein der Kinematographenbesitzer organisiert sind, bisher nicht bezahlen. Doch ab 1913 wird die sogenannte Lustbarkeitssteuer erhoben.

Oben: Atelieraufnahme mit Asta Nielsen und Urban Gad, an der Kamera Guido Seeber; 1911.
Unten: Das Metropol-Kino-Theater in Berlin; um 1912.

Film

Premieren
● Franz Porten und Gerhard Dammann: *Theodor Körner*. Historienfilm über Theodor Körner als vaterländischen Dichter und Freiheitskämpfer, der »zur Nacheiferung mahnt« (ein anonymer Rezensent in der 1912 gegründeten »Licht Bild Bühne«).

Ereignisse
● Der amerikanische Sänger, Tänzer und Clown Mack Sennett, der ab 1908 als Filmschauspieler (zumeist unter der Regie von David W. Griffith) bei der Produktionsfirma Biograph tätig gewesen ist, wird Direktor von Keystone Company, einer für die Herstellung von Filmlustspielen gegründeten Firma. Sennett ist hier zugleich Regisseur und Schauspieler. Mit seinen 1912/13 gedrehten Kurzfilmen begründet er die Slapstick-Comedy.

1912

Bildende Kunst

Werke

● Marcel Duchamp: *Akt, eine Treppe herabsteigend* (Philadelphia, Museum of Art); kubistisch-futuristisches Gemälde mit mehreren Phasen der Bewegung des Herabschreitens.
● Wassily Kandinsky: *Mit dem schwarzen Bogen* (Paris, Privatbesitz); abstrahierende Komposition mit landschaftlichen Elementen.
● Georg Kolbe: *Tänzerin;* Bronzeplastik in harmonischer Gestaltung der Geste träumerisch ausgebreiteter Arme.

● Fernand Léger: *Frau in Blau* (Basel, Kunstmuseum); kubistisches Suchbild aus stereometrischen Klein- und flächigen Großformen.
● Franz Marc: *Die kleinen gelben Pferde* (Stuttgart, Staatsgalerie); abstrahierende Tierdarstellung.
● Amadeo Modigliani: *Kopf* (London, Tate Gallery); archaisierende Steinskulptur.
● Emil Nolde: *Das Leben Christi* (Neukirchen, Stiftung Seebüll); neunteiliges Polyptychon.
● Gino Severini: *Bal Tabarin* (New York, Museum of Modern Art); futuristische Darstellung von Tänzern.

● Rik Wouters: *Die wahnsinnige Jungfrau* (Antwerpen, Musée des Beaux-Arts); Aktskulptur in ekstatischem Bewegungsgestus, inspiriert durch die Tänzerin Isadora Duncan.

Ausstellungen
● München: *Zweite Ausstellung der Redaktion »Der Blaue Reiter«.*
● Paris: Erste Ausstellung der Gruppe *Section d'Or (Goldener Schnitt),* deren Mitglieder (Jacques Villon, Albert Gleizes, Jean Metzinger, Francis Picabia, Juan Gris, Marcel Duchamp) ihren Bildern die Ästhetik geometrischer Formen zugrunde legen.

Die »Wilden« Deutschlands

Unter dieser Überschrift skizziert Franz Marc im Almanach Der Blaue Reiter *den Beginn des »Kampfes um die neue Kunst«; er ehrt hierbei die »Brücke« als die erste Gruppe, die diesen Kampf in Deutschland aufgenommen hat – mit dem Ideal der bildhaften Gestaltung ursprünglicher kreatürlicher Sinnlichkeit.*

Ernst Ludwig Kirchner; Akt mit Hut (nach Lucas Cranach d. J.); 1912.

Bestandsaufnahme des Expressionismus

Mit einer Ausstellung von Gemälden der Münchner Künstlergruppe »Der Blaue Reiter«, Oskar Kokoschkas, des Franzosen Robert Delaunay und anderer junger Maler eröffnet Herwarth Walden, Gründer und Herausgeber der Avantgarde-Zeitschrift »Der Sturm«, seine gleichnamige Galerie in Berlin. Der Schriftsteller und Musiker, Prototyp des künstlerischen Intelektuellen und entschiedener Befürworter der neuen »expressionistischen« Kunst, überträgt in seinen Begleitworten den für diesen spezifisch deutschen Beitrag zur Moderne geprägten Begriff auf die gesamte europäische Avantgarde: »Wir heißen die Kunst dieses Jahrhunderts Expressionismus…« In den Reaktionen der Öffentlichkeit überwiegen die negativen Stimmen. Vor allem Kandinsky ist Zielscheibe heftiger Angriffe. Der Kritiker Fritz Stahl schreibt: »Der Reiz bleibt rein optisch und wird im Vergleich mit dekorativen Arrangements durch die Gewaltsamkeit der Linien überdies gestört. In dieser Wirkung steht aber der Aufwand eines großen Bildes in lächerlichem Kontrast. Das kann man auf einem Läppchen Papier erreichen.« Und ein anderer höhnt: »Herr Delaunay zeigt uns die Sonne in vier verschiedenen Fassungen. Aber was er gibt, sind Schützenscheibenbilder, wie trunkene Dorfburschen sie produzieren.« Franz Marc reagiert betroffen: »Es ist tieftraurig, was für einen Haß gute Kunst heute erregt. Am traurigsten, da der Haß einem einfachen Mißverständnis entspringt.«

Am 24. Mai eröffnet der »Sonderbund westdeutscher Künstlerfreunde und Künstler« in Köln seine vierte Ausstellung. Sie »will einen Überblick über den Stand der jüngsten Bewegung in der Malerei geben, die nach dem atmosphärischen Naturalismus und dem Impressionismus der Bewegung aufgetreten ist und nach einer Vereinfachung und Steigerung der Ausdrucksformen, einer neuen Rhythmik und Farbigkeit, nach dekorativer oder monumentaler Gestaltung strebt, einen Überblick über jene Bewegung, die man als Expressionismus bezeichnet hat«. Neben einer Vielzahl französischer Maler, neben Paul Cézanne, Pablo Picasso, Vincent van Gogh und Edvard Munch sind die »Brücke«-Künstler eindrucksvoll vertreten, wohingegen dem »Blauen Reiter« die geforderte geschlossene Demonstration versagt bleibt. Die Ausstellung erregt über Europa hinaus Aufsehen.

Zwei Manifeste des »Neuen Bildes«

Im Frühjahr erscheint im Münchener Verlag R. Piper & Co. der Almanach *Der Blaue Reiter,* dem Andenken an Hugo von Tschudi gewidmet, herausgegeben von Wassily Kandinsky und Franz Marc. Mitarbeiter sind unter anderem Roger Allard, (*Die Kennzeichen der Erneuerung in der Malerei*), Arnold Schönberg (*Das Verhältnis zum Text*), August Makke (*Die Masken*) und der russische Futurist David Burliuk (*Die »Wilden« Rußlands*). Mit den Vorarbeiten haben Marc und Kandinsky noch während ihrer Zugehörigkeit zur »Neuen Künstlervereinigung« begonnen, der sie im Dezember 1911 den Rücken kehrten, zusammen mit Gabriele Münter und Alfred Kubin, einige Monate später gefolgt von Marianne von Werefkin und Alexej von Jawlensky. Geplant ist eine in loser Folge erscheinende Publikation »für alle neuen, echten Ideen« (nicht nur in der bildenden Kunst), in der die Künstler sich über ihre eigenen Anliegen äußern sollen. Nur der Künstler selbst ist nach Meinung Kandinskys berufen, über Kunst zu reden.

Das vom Verleger als zu großes Risiko betrachtete Vorhaben wurde durch den als Mäzen gewonnenen Berliner Sammler Bernhard Koehler vor dem Scheitern gerettet. Wider Erwarten wird der Almanach ein großer Erfolg (zweite Auflage 1914), sein ritterlich-romantischer Titel zum Kennwort für die kleine, durch Freundschaft verbundene Gruppe gegensätzlicher Künstlerpersönlichkeiten. Gemeinsam ist ihnen das Streben nach Befreiung von entwicklungshemmenden Regeln und nach einer Malerei, nicht als »Kunst des optischen Sehens«, sondern als Ausdruck unseres Wissens, »daß das Ding mehr ist, als seine Außenseite zu erkennen gibt«.

Noch vor dem Almanach erscheint bei Piper das andere bedeutende Manifest dieses neuen Kunstwillens: Kandinskys Schrift *Über das Geistige in der Kunst.* Der Repräsentant des »Neuen Bildes« fordert die Autonomie der Formen und Farben, ihre Unabhängigkeit vom Gegenstand. Nicht nur berechtigt, sondern verpflichtet sei der Künstler, mit den Formen so umzugehen, wie es für seine Zwecke notwendig ist. Den Ursprung des Kunstwerks nennt Kandinsky »geheimnisvoll und rätselhaft«. Mit seinen Betrachtungen über die Farben, ihre psychischen Reizwirkungen und über die Ausdruckskraft der Linie gibt er der gegenstandslosen Malerei die geistigen und theoretischen Grundlagen.

Robert Delaunay
Das Fenster
1912

Wassily Kandinsky
Lyrisches
1911

Die Befreiung vom Gegenstand

»Solange sie sich nicht vom Gegenstand befreit, bleibt alle Kunst Beschreibung und Literatur«, schreibt Robert Delaunay 1912, und in demselben Sinne prägt Guillaume Apollinaire im gleichen Jahr für die neue Gestaltungsweise, die Delaunay und seine Frau Sonia Delaunay-Terk entwickelt haben, die Bezeichnung Orphismus. Sie bezieht sich auf Orpheus als den mythologischen Repräsentanten des »reinen« Gesangs, der »reinen« Kunst mit machtvoller Wirkung auf die seelisch-geistigen Kräfte.

Delaunay gehört zu den Künstlern, die im Almanach Der Blaue Reiter durch mehrere Abbildungen vertreten sind und denen ein Textbeitrag gewidmet ist. Der von Wilhelm Worringer beeinflußte Kunsthistoriker Erwin Ritter von Busse verfolgt unter der Überschrift Die Kompositionsmittel bei Robert Delaunay den Weg von der »einfachen Wiedergabe der äußeren Natur« über die Folge der Eiffelturm-Bilder und deren »Vermeidung der imitativen Wiedergabe« bis hin zur »Raumdynamik« der jüngsten Bilder. Busse erkennt in Delaunays vom Gegenstand losgelösten Farbkompositionen die Intention, »die innere Gesetzmäßigkeit alles Bestehenden« zur Darstellung zu bringen.

Die Berührungspunkte mit den Bestrebungen Wassily Kandinskys, des »Erfinders« der gegenstandslosen Malerei, liegen auf der Hand, wobei nicht übersehen werden darf, daß Kandinskys Kompositionen der Jahre 1910 bis 1920 aus durchaus »gegenständlichen« Studien wie der Reiterdarstellung Lyrisches hervorgehen. Sie ist im Blauen Reiter einer Märchenillustration des 19. Jahrhunderts gegenübergestellt: als Beispiel dafür, daß unterschiedliche Darstellungen von »gleich tiefer Innerlichkeit des künstlerischen Ausdrucks« sein können (Franz Marc), aber auch als Beleg für die Einsicht, daß der heutige Betrachter Kandinskys Bild »nicht mit der Selbstverständlichkeit genießen kann wie der Biedermeier sein Märchenbild ... Die heutige Isolierung der seltenen echten Künstler ist für den Moment durchaus unabwendbar« (Franz Marc).

In Stuttgart gelangt ein Werk zur Uraufführung, das nach dem Rosenkavalier einen weiteren Höhepunkt in der Zusammenarbeit zwischen Hugo von Hofmannsthal und Richard Strauss bildet. Im Grunde handelt es sich um zwei zu spannungsvoller Einheit verbundene Bühnenstücke: Die nach einem Libretto von Hofmannsthal komponierte Strauss-Oper Ariadne auf Naxos und Hofmannsthals Bearbeitung von Molières Ständekomödie Le bourgeois gentilhomme (Der Bürger als Edelmann), die anläßlich eines Festes König Ludwigs XIV. auf Schloß Chambord entstanden und mit der Bühnenmusik von Jean-Baptiste Lully am 14. Oktober 1670 zur Uraufführung gelangt ist. Die Verbindung wird dadurch hergestellt, daß die Oper ein theatralisch-musikalisches »Divertissement« bildet, das Herr Jourdain, der um seinen Aufstieg in den

Adelsstand bemühte wohlhabende Bürger, seinen Gästen bieten läßt.
Die Konfrontation zwischen Komödie und Oper erfährt innerhalb der Ariadne-Einlage insofern eine Variation, als in ihr zwei zur Zeit Molières vorherrschende Tendenzen im Musiktheater gegeneinander ausgespielt werden: die »opera seria« und die »opera buffa«. Erstere wird durch die Handlung zwischen der von Theseus auf Naxos ausgesetzten Ariadne und dem Gott Bacchus repräsentiert, letztere durch fünf Gestalten aus der Commedia dell'arte mit der leichtfertigen Tänzerin Zerbinetta, für die Liebe ein munteres Spiel bildet, während Ariadne, die Bacchus für den Todesboten Hermes hält, an das Geheimnis von Liebe, Tod und Wiedergeburt rührt.
Dies alles wird eingeleitet durch die glänzende Satire der Molièreschen Komödie um den Neureichen Jourdain

und den verarmten Adligen Dorantes, der jenem in höchst eigennütziger Weise dabei behilflich sein will, adlige Lebensart zu entwickeln (indem er beispielsweise die Kunst des Fechtens erlernt). Die von Ernst Stern für die Stuttgarter Uraufführung entworfenen, unten wiedergegebenen Figurinen zeigen links den durchaus schurkischen Dorantes, daneben Jourdain in vier verschiedenen Verkleidungen.
Der Bürger als Edelmann mit Ariadne auf Naxos als »Spiel im Spiel« bleibt ohne Erfolg. Strauss und Hofmannsthal entschließen sich daher zu einer Neufassung (1916), die der Oper mehr Gewicht gibt, indem ihr lediglich ein Vorspiel im Haus eines reichen Wieners vorangestellt wird. Die Handlung beschränkt sich auf die Vorbereitung der Opernaufführung, wobei die Beteiligten Hinweise auf den Sinngehalt von Ariadne auf Naxos geben.

Ernst Stern
Figurinen und Szenenentwurf zu »Der Bürger als Edelmann«
Stuttgart 1912

Dorantes

Jourdain im Schlafrock

Jourdain im Hauskleid und im Fechtanzug

Jourdain

1912

Literatur

Neuerscheinungen
● Waldemar Bonsels: *Die Biene Maja und ihre Abenteuer.* Märchenhaftes (sprechende Tiere) und spannendes Tierbuch mit der zentralen Gestalt der als Individuum geschilderten Titelheldin. Es erreicht in 50 Jahren eine deutsche Millionenauflage und wird in alle bedeutenden Sprachen übersetzt.
● Else Lasker-Schüler: *Mein Herz. Ein Liebesroman mit Bildern und wirklich lebenden Menschen.* Tagebuchartige Zusammenstellung von Briefen an ihren zweiten Mann Herwarth Walden, ein phantasievoller Spiegel des Berliner Bohéme-Lebens mit dem Romanischen Café als Zentrum, in dem Lasker-Schüler, der »Prinz von Theben«, residiert.
● Rudolf Alexander Schröder: *Gesammelte Gedichte.* Neuausgabe von Zyklen wie *Bodensee-Sonette* und *Elysium,* deren Ziel die »Harmonisierung des Unharmonischen« bildet.

Eine kranke Welt

Georg Heym hat im Vorjahr seinen Lyrikband *Der ewige Tag* veröffentlicht – düstere Bilder aus der als mörderisch erfahrenen Großstadt Berlin. Nun erscheint postum (Heym ist am 18. Januar 1912 24jährig beim Schlittschuhlaufen eingebrochen und ertrunken) ein weiterer Band unter dem Titel *Umbra vitae,* dessen Gedichte das subjektive Erleben von Bedrohung, Verfall und Tod noch eindringlicher zur Sprache bringen. Das in dem Band enthaltene Gedicht *Krieg* zeigt eine bedrückende Vision jener Schrecken, die in der Weltkatastrophe von 1914 Wirklichkeit werden.
Ähnliche Erlebnisinhalte prägen den unter dem Titel *Morgue und andere Gedichte* erscheinenden Zyklus des 26jährigen Arztes Gottfried Benn, auch wenn dieser – und das ist neu in der Lyrik – eine seinem Beruf entsprechende Wahl der Stoffe (etwa *Blinddarm, Mann und Frau gehen durch die Krebsba-*

racke) bevorzugt. Ein Schrei der Entrüstung erhebt sich angesichts des Verstoßes Benns gegen das, was die bürgerliche Welt für guten Geschmack hält. Benn stellt die lyrische Tradition radikal in Frage, er provoziert bewußt durch seine eklen Bilder, durch die Rücksichtslosigkeit, mit der er jeden »schönen Schein« durchbricht, durch eine Sprache, die ihre Konventionen zu überwinden beginnt.
Beide, Heym und Benn, stehen im Zusammenhang des literarischen Expressionismus, der zwischen 1910 und 1920 zu einem ebenso intensiven wie schnell wieder abklingenden Höhepunkt gelangt. Es liegt in der Zeit begründet, daß Endzeitstimmung ebenso zu seinen Inhalten gehört wie das Drängen auf die verändernde Tat. Was ihn ausmacht, das ist die Bejahung des inneren Erlebens, des Visionären, des sich in ungebändigter Sprache ausdrückenden Pathos'; den Nenner bildet der berühmte, später oft polemisch gegen ihn gerichtete »O Mensch«-Schrei.

Theater

Premieren
● Gorch Fock: *Doggerbank,* Uraufführung in Altona. Ehedrama auf einem Fischkutter. Der schwächliche Liebhaber der Kapitänsfrau will den Rivalen ermorden und findet selbst den Tod.
● Gerhart Hauptmann: *Gabriel Schillings Flucht,* Uraufführung am 14. Juni in Lauchstädt. Der Maler Schilling geht daran zugrunde, an Ehefrau und Geliebte gekettet zu sein.
● Arthur Schnitzler: *Professor Bernhardi,* Uraufführung am 28. November in Berlin. Die Weigerung des jüdischen Arztes Bernhardi, einen Priester an das Bett einer in letzte Euphorie geratenen Sterbenden zu lassen, bringt den in seiner Umgebung herrschenden Antisemitismus zum Vorschein. Ein Prozeß soll »der christlichen Bevölkerung Wiens Genugtuung« verschaffen. Als das »politische Opfer klerikaler Umtriebe« wird Bernhardi nach Verbüßung seiner Haftstrafe rehabilitiert. Schnitzler strebte kein »Tendenzstück« an, sondern eine »Typenkomödie«.

Schauplätze

Abgebildet sind Schauplätze zweier Werke, die 1912 erscheinen; sie sind so gegensätzlich wie die beiden Werke. Links das 1734–1739 von Georg Wenzeslaus von Knobelsdorff erbaute Schloß Rheinsberg bei Potsdam, Ort der Handlung in Kurt Tucholskys erstem Buch Rheinsberg. Ein »Bilderbuch für Verliebte«, erzählt es von Claire und ihrem Freund Wolfgang, die für drei Tage der Großstadt Berlin entfliehen, um sich ihres Jungseins und ihrer Liebe zu erfreuen. Dem Glanz der Vergangenheit, den das Schloß ausstrahlt, entspricht die der vorherrschenden Prüderie entgegengesetzte Sorglosigkeit der beiden als Ehepaar auftretenden jungen Menschen.
Der rechts abgebildete Ort ist nicht minder beziehungsreich. An dieser Kapelle auf dem Münchner Nordfriedhof setzt die Novelle Der Tod in Venedig von Thomas Mann ein. Hier begegnet der Held der Erzählung einem fremden Reisenden, der seine »ins Leidenschaftliche, ja bis zur Sinnestäuschung« anwachsende Reiselust weckt. Als Nebenprodukt der Arbeit am Felix Krull entstanden, bildet die Novelle eines der Hauptwerke des Autors. Ihr Thema ist die Entwürdigung und der ihr nachfolgende Untergang des Schriftstellers Gustav von Aschenbach (zu dem der 1911 gestorbene Komponist Gustav Mahler Pate gestanden hat). Nicht ohne kritisch-ironische Distanz wird Aschenbachs Reise gen Süden erzählt, auf der er mit einer Fülle von Personen zusammentrifft, die alle ebenso »wirklich« sind wie sie auf den Tod hinweisen. In Venedig begegnet Aschenbach dem Knaben Tadzio, zu dem er in homoerotischer Liebe entbrennt. Diese Liebe wird zur inneren Entsprechung der körperlichen Erkrankung an Cholera; als geistige »Ausschweifung« begriffen, bewirkt sie den Tod des Künstlers, denn sie läßt alle bürgerlichen Wertvorstellungen, denen Aschenbach Leistung und Würde verdankt, zusammenbrechen.

Oben links: Schloß Rheinsberg.
Oben rechts: Kapelle auf dem Münchner Nordfriedhof.

139

1912

IMAGO

ZEITSCHRIFT FÜR ANWENDUNG DER PSYCHOANALYSE AUF DIE GEISTES-
WISSENSCHAFTEN / HERAUSGEGEBEN VON PROFESSOR DR· SIGM. FREUD

SCHRIFTLEITUNG:

OTTO RANK
IX 4, Simondenkgasse 8

DR· HANNS SACHS
XIX/1, Peter Jordanstrasse 76

VERLAG HUGO HELLER & CO., WIEN, I. BAUERNMARKT 3

Abonnementspreis ganzjährig (6 Hefte, etwa 30 Bogen) K 18·— = Mk. 15·—

WIEN, _____ 191

Kulturgeschichtliche Spiegelungen

Mit der Gründung der Zeitschrift »Imago« gewinnt Sigmund Freud ein Forum für die Anwendung seiner Forschungsmethoden und -ergebnisse auf kulturgeschichtliche Fragestellungen und Erscheinungen. Der Titel bezieht sich auf das in der Kindheit vom einzelnen Menschen entwickelte Idealbild von Personen der sozialen Umwelt, insbesondere von Vater und Mutter, das im sozialen Verhalten des Erwachsenen fortwirkt. Für Freuds Beschäftigung mit der Kulturgeschichte ist die Annahme grundlegend, daß Analogien zwischen der Entwicklung der Gattung Mensch und der Ontogenie (Individualentwicklung) des Einzelnen bestehen. Unter dieser Voraussetzung können sich aktuelle und historische Befunde wechselseitig erhellen.
Als Versuch, »Gesichtspunkte und Ergebnisse der Psychoanalyse auf ungeklärte Probleme der Völkerpsychologie anzuwenden«, veröffentlicht Freud 1912/13 (in »Imago« 1/2) seine Untersuchung Totem und Tabu. *Hierin betrachtet er die Ureinwohner Australiens als »eine gut erhaltene Vorstufe unserer eigenen Entwicklung«. Die Verehrung von Tier-Totems, auf die australische Stämme ihre Herkunft zurückführen, enthüllt sich Freud als Überformung der vom universalen Ödipus-Komplex geleiteten Aggression gegen den Ur-Vater.*
Auf sehr viel anschaulichere Weise setzt sich Ludwig Thoma mit Autorität und Heuchelei auseinander. Als Fortsetzung des 1909 erschienenen Briefwechsels eines bayerischen Landtagsabgeordneten veröffentlicht er Jozef Filsers Briefwexel *mit Schreiben (in »Originalorthographie«) des aus Dachau stammenden Bauern an seine Frau, an Geistliche, Kollegen und Bittsteller. Mittelbar enthüllt Thoma das kulturgeschichtliche Panorama vor dem Ersten Weltkrieg, so beschränkt der Blickpunkt des in »bolidische« und sonstige Kämpfe verwickelten Filser auch zu sein scheint.*

Oben: »Imago«-Briefkopf.
Unten: Karl Bauer, Bildnis Ludwig Thoma; 1911.

Naturwissenschaft, Technik, Medizin

- Alfred Wegener stellt in zwei Vorträgen seine Kontinentalverschiebungstheorie vor: Die Erdkruste ist in Bewegung; die Kontinente bilden riesige, ursprünglich zusammenhängende Schollen.
- Der bayerische Forschungsreisende Wilhelm Filchner, Leiter der 1911 begonnenen Zweiten deutschen Südpolarexpedition, entdeckt die Prinzregent-Luitpold-Küste.
- Am 14. April stößt der britische Luxusdampfer Titanic auf seiner Jungfernfahrt im Nordatlantik mit einem Eisberg zusammen und sinkt. Mehr als 1 500 Menschen finden den Tod. Dieses Drama moderner Technik führt zum Abschluß einer internationalen Konvention zum Schutz des menschlichen Lebens auf See und zur Einrichtung eines Eiswarndienstes.

Strahlen aus dem Weltall

Victor F. Hess und Werner Kolhörster entdecken bei Ballonaufstiegen in die Troposphäre (die unterste Schicht der Atmosphäre) die kosmische Höhenstrahlung. Es ist eine energiereiche Strahlenart, die bis zu einer Höhe von 20 Kilometern zunimmt und darüber konstant bleibt. Sie kommt aus dem Weltraum, doch weiß man nicht genau, wie und wo sie entsteht.
Unterschieden wird zwischen primärer und sekundärer Höhenstrahlung. Die primäre wird in der Erdatmosphäre vollständig absorbiert und damit unschädlich gemacht. Höhenstrahlen, welche die Er-de erreichen, sind sekundäre, das heißt Umwandlungsprodukte, die unter anderem nach atomaren Reaktionen in der oberen Atmosphäre entstehen. Sie haben sowohl eine weiche als auch eine harte Komponente. Die weiche wird von wenige Zentimeter dicken Bleiplatten »verschluckt«, die harte, die zum Teil aus Myonen (einer Gruppe instabiler Elementarteilchen) besteht, dringt selbst durch Bleiklötze von einem Meter Dicke hindurch und läßt sich noch etwa 1 300 Meter tief im Ozean nachweisen. Die kosmische Höhen- oder Ultrastrahlung ist, wie man später erkennt, eine Teilchenstrahlung aus Protonen und leichteren Atomkernen von extrem hoher Energie.

Ravel und Debussy

Mit der Pariser Uraufführung der »tänzerischen Sinfonie« *Daphnis et Chloé* durch das Russische Ballett festigt der 37jährige Maurice Ravel seinen Ruf als – neben Debussy – wichtigster französischer Komponist des frühen zwanzigsten Jahrhunderts. *Daphnis et Chloé,* das neben dem *Klavierkonzert G-Dur* als Ravels Hauptwerk gilt, war 1909 von Sergei Diaghilew in Auftrag gegeben worden. Die Orchesterpartitur weist eine sensibel nuancierte und farbenreiche Instrumentation auf, in die ein wortloser Chor integriert wird.
In derselben Vorführung tanzt Waslaw Nijinsky in eigener Choreographie nach Claude Debussys 1894 entstandenem *Prélude à l'après-midi d'un faune* (der Schlüsselkomposition für Ravels Auseinandersetzung mit dem musikalischen Impressionismus) und verursacht einen Skandal. Nijinsky löst sich entschieden von dem traditionellen, weich fließenden Tanzstil und gibt sich, durchaus dem Sujet, nicht jedoch der Musik folgend, als ein in der Bewegung unbeholfenes erotisiertes tierisches Wesen.

Erich Heckel
**Zwei Männer am Tisch
(An Dostojewski)**
1912

August Macke
Russisches Ballett
1912

Verbindungen

Die Entfaltung der modernen Kunst in den Vorkriegsjahren hat einen regen geistigen Austausch zur Grundlage. Er bildet den Kontrast zu den »Krieg-in-Sicht-Krisen«, ohne diese Konfrontationen im Zeichen von Nationalismus und Imperialismus im mindesten mildern zu können.

Ein Beispiel für die Nähe des Expressionismus zur russischen Literatur ist das Gemälde Zwei Männer am Tisch des »Brücke«-Künstlers Erich Heckel. Es wurde durch eine der konfliktgeladenen Dialogszenen im Roman Die Brüder Karamasow (1879/80) angeregt, läßt sich aber ebenso auf das vorletzte Kapitel von Der Idiot (1868/69) beziehen, das den Fürsten Myschkin und den Mörder Rogoschin zusammenführt. In dieser Szene wird der »ungeheure Kratereinsturz« erkennbar, dem nach einer Formulierung Walter Benjamins »die ganze Bewegung des Romans gleicht«.

Was Heckel zu dieser Zeit an Dostojewski fasziniert, ist nach einem Zeugnis Ludwig Thormaehlens die »russische Schreckwelt der Idealisierung und Heroisierung des Gebrochenen und Geschädigten«.

August Mackes Gemälde Russisches Ballett steht im Zusammenhang von deutschem, französischem und russischem Avantgardismus. Macke erlebt die Tanzgruppe Sergei Diaghilews 1912 während seines Parisaufenthalts (gemeinsam mit Franz Marc), bei dem er Robert Delaunay und Guillaume Apollinaire persönlich kennenlernt. Das Streben nach Verbindungen über nationale, soziale und historische Grenzen hinweg bringt Macke in seinem Beitrag Die Masken im Almanach Der Blaue Reiter zum Ausdruck: »Im Kinematograph staunt der Professor neben dem Dienstmädchen. Im Varieté bezaubert die schmetterlingsfarbene Tänzerin die verliebtesten Paare ebenso stark, wie im gotischen Dom der Feierton der Orgel den Gläubigen ergreift... Die Freuden, die Leiden des Menschen, der Völker stehen hinter den Inschriften, den Bildern, den Tempeln, den Domen und Masken, hinter den musikalischen Werken, den Schaustücken und Tänzen«.

HAUTANA

S. Lindauer & Co.
Hautana-Werbetafel
um 1912

Busenfreiheit

Die in Stuttgart-Bad Cannstatt ansässige Korsettfabrik S. Lindauer & Co. entwickelt 1912 ihr (im folgenden Jahr patentiertes) Produkt Hautana, den »ersten Brusthalter in schmiegsamen Trikots und Seide, direkt auf dem Körper zu tragen ohne jegliche Versteifung. Eine moderne, elegante Ergänzung der tiefen Korsetts, welche außerordentlichen Anklang findet« (Lindauer-Prospektwerbung 1913).

Die schwäbische Erfindung entspricht der Tendenz des Pariser Modeherrschers Paul Poiret, der von sich behauptet: »Ich habe die Büste aus der Gefangenschaft befreit, den Beinen jedoch Fesseln angelegt«. Bisher bildete das Mieder einen Panzer – Sinnbild der Ehrbarkeit und zugleich die zu erstürmende Festung der Kokotte. Er formte die Körperlinie; statt der Brüste besaß die elegante Frau eine Büste, hochgeschnürt und gewölbt und geschmückt mit glitzernden Pailetten, Spitzenvolants und Musselinrüschen. Nun gewinnt die Mode an Natürlichkeit, die Poiret durch seinen Stil der langen engen Röcke wieder einschränkt. Anny Latour vermutet in ihrer Modegeschichte Magier der Mode. Macht und Geheimnis der Haute Couture (1956) hinter Poirets »Fesselung der Beine« ein psychoanalytisch zu untersuchendes Streben nach »absoluter Herrschaft über die Frauen«.

Poirets unangefochtene Stellung kommt 1912 im Erwerb eines Palais im Pariser Faubourg Saint-Honoré zum Ausdruck, mit einem nach dem Vorbild der Anlagen von Versailles gestalteten Park. Er wird ebenso wie ein in der Umgebung von Paris erworbenes ehemaliges Jagdschloß Ludwigs XV. zum Schauplatz der Kostümfeste Poirets, die sich zu herausragenden gesellschaftlichen Ereignissen entwickeln – mit Themen wie »Die Tausendundzweite Nacht« oder einer olympischen Feier, deren Mittelpunkt der Modeschöpfer als Jupiter in elfenbeinfarbiger Drappierung mit goldenem Bart und goldenen Locken bildet. Der Ausbreitung des Poiret-Stils dient neben Auslandsreisen des Meisters und seiner Mannequins auch seine 1912 in Paris gegründete Kunstgewerbeschule.

Thomas Theodor Heine
Der Brand am Balkan
1912

Titelbilder der
Modeillustrierten
Elegante Welt
Hefte 14 und 27, 1912

Vor dem großen Weltbrand

*Die beiden unten wiedergegebenen Ti-
telbilder (rechts zu einer Sondernum-
mer über die zunehmend freizügige Ba-
demode) rücken die Frau als die Haupt-
adressatin der Modeillustrierten in
den Vordergrund. Eleganz ist die Parole einer Gesellschaft, die das warnende
Wetterleuchten am europäischen Horizont als lästige Begleiterscheinung des
Lebensfestes ignoriert.*

*Krisengebiete im Vorfeld des Ersten
Weltkrieges sind das nordwestliche
Afrika (Marokko) und der Balkan.
Hier führt die südslawische National-
bewegung unter der Protektion Rußlands 1912 zum Balkanbund, einem
System von vier zweiseitigen Kriegs-
bündnisverträgen zwischen Bulgarien, Serbien, Griechenland und Mon-
tenegro mit dem Ziel der Beseitigung
der osmanischen Herrschaft auf dem
Balkan.*

*Dies gelingt im Ersten Balkankrieg
(1912/13), dem sofort die kriegerische
Auseinandersetzung um die Beute
folgt. Hier stehen sich das von Österreich-Ungarn protegierte Bulgarien
und die ehemaligen Bündnispartner
gegenüber. Bulgariens Niederlage
kommt einer Niederlage Österreich-
Ungarns und indirekt Deutschlands
gleich. Zuvor schon provozierte eine
Warnung an die von Serbien repräsen-
tierte südslawische Bewegung von
deutscher Seite eine britische Erklärung, Deutschland könne im Falle eines Kontinentalkriegs nicht mit
britischer Neutralität rechnen.*

*Thomas Theodor Heines Karikatur
Der Brand am Balkan (ein früher Beleg
für den Vergleich politisch-militäri-
scher Aktionen mit dem Einsatz der
Feuerwehr) trägt die Bildunterschrift:
»Der vereinigten europäischen Feuerwehr gelang es leider nicht, den Brand
zu löschen«. Heines Darstellung der
Löschaktion enthält die Erklärung:
Der britische Löwe, der österreichisch-
ungarische Doppeladler und der gallische Hahn auf der einen Seite, russischer Bär und preußisch-deutscher Adler auf der anderen Seite blockieren
sich aufgrund ihrer Interessengegen-
sätze gegenseitig; der große Weltbrand
rückt in greifbare Nähe – von vielen als
»reinigendes Feuer« begrüßt.*

ELEGANTE WELT

1912. Nr. 27.   Preis 30 Pf.

August Macke
Dame in grüner Jacke
1913

Giorgio de Chirico
Piazza d'Italia
1913

Räumlichkeit

*»Was ich an Neuem in der Malerei ge-
funden habe, ist folgendes: Es gibt
Farbzusammenklänge, meinethalben
ein gewisses Rot und Grün, die beim
Ansehen sich bewegen, flimmern.
Wenn Du nun einen Baum vor einer
Landschaft siehst, so kannst Du entweder den Baum ansehen oder die
Landschaft … Wenn Du nun etwas
Räumliches malst, so ist der farbige
Klang, der flimmert, räumliche Farb-
wirkung, und wenn Du eine Landschaft malst und das grüne Laub flimmert ein wenig mit dem durchschei-
nenden blauen Himmel, so kommt das
daher, weil das Grün auch in der Natur
auf einer anderen Ebene liegt als der
Himmel. Diese raumbildenden Energien der Farbe zu finden, statt sich mit
einem toten Helldunkel zufrieden zu
geben, ist unser schönstes Ziel«.*
August Macke könnte sich mit diesen
Zeilen aus einem am 12. Februar 1914 an
Hans Thuar gerichteten Brief auf sein
Gemälde Dame in grüner Jacke berufen, das dieses »schönste Ziel« so überzeugend vor Augen führt: die rein farbliche Gestaltung eines Bildraumes,
dessen Harmonie und Energie von be-
glückender Wirkung ist. Die theoretischen Formulierungen lassen den engen persönlichen Kontakt mit Robert
Delaunay erkennen, der 1913 in Köln
ausstellt. In Bonn beteiligt sich Macke
im selben Jahr an der Gründung der
Künstlergruppe »Das junge Rheinland«, der unter anderen Heinrich
Campendonk und Heinrich Nauen angehören, sowie an der Organisation
der »Ausstellung Rheinischer Expressionisten«. Die Atmosphäre kennzeichnet Max Ernst rückblickend:
»Uns verband der Durst nach Leben,
Poesie, Freiheit, nach dem Absoluten,
nach Wissen«.
Zur gleichen Zeit bildet sich im Schaffen des in München ausgebildeten, von
1911 bis 1915 in Paris tätigen Italieners
Giorgio de Chirico das Bildthema der
Italienische Plätze heraus, in dem der
linearperspektivische illusionistische
Raum eine rätselhafte Ausdruckskraft
gewinnt, die nicht allein auf Chiricos
»metaphysische« Malerei, sondern
darüber hinaus auf den Surrealismus
vorausweist.

144

Bildende Kunst

Werke
- Constantin Brancusi: *Porträt Mlle Pogany* (Paris, Musée National d'Art Moderne); Bronzebüste mit auf Eiform reduziertem Kopf.
- Georges Braque: *Stilleben mit Spielkarten* (Paris, Musée National d'Art Moderne); kubistisches Papier collé mit aufgeklebten Furnier-Imitationen.
- Marc Chagall: *Der Geiger* (Amsterdam, Stedelijk Museum); traumhaftes Erinnerungsbild an die dörfliche Welt.
- André Derain: *Die Gabe* (Bremen, Kunsthalle); Halbfiguren-bild unter dem Einfluß von afrikanischen Skulpturen.
- Lyonel Feininger: *Leuchtbake* (Essen, Museum Folkwang).
- Kasimir Malewitsch: *Schwarze Quadrate auf weißem Grund* (Leningrad, Staatliches russisches Museum); radikale geometrische Abstraktion im Sinne des Suprematismus.
- Franz Marc: *Tierschicksale* (Basel, Öffentliche Kunstsammlung); ahnungsvolle Darstellung der herannahenden Kriegskatastrophe in Gestalt von Tieren in einem verwüsteten Wald. *Der Turm der blauen Pferde* (verschollen); vier in die Höhe gestaffelte Pferde als Inbegriff hoheitsvoller Kreatur.
- Ludwig Meidner: *Revolution* und *Apokalyptische Landschaft* (Vorder- und Rückseite; Berlin, Nationalgalerie).
- Piet Mondrian: *Komposition mit Bäumen Nr. 3* (beg. 1912; Den Haag, Gemeentemuseeum); abstrakte Komposition.
- Pablo Picasso: *Die aufgehängte Geige* (Bern, Kunstsammlung); kubistisches Papier collé.

Ausstellungen
- Berlin: *Erster deutscher Herbstsalon* zeitgenössischer Kunst in der Galerie »Der Sturm«.

Die Armory Show

Nach dem Vorbild der Kölner Sonderbund-Ausstellung von 1912 veranstaltet die eigens zu diesem Zweck gegründete Association of American painters and sculptors in einem ehemaligen Regiments-Zeughaus in New York die erste umfassende Ausstellung moderner europäischer und amerikanischer Kunst in den USA.

Ursprünglich war nur eine Bestandsaufnahme der zeitgenössischen Kunst der Vereinigten Staaten geplant, doch veranlaßt der Erfolg der Kölner Veranstaltung die Initiatoren Walt Kuhn und Arthur B. Davies, den Rahmen durch die Einbeziehung von Werken der antiakademischen europäischen Kunst, vor allem der modernen französischen Malerei, zu erweitern. Besonders gut vertreten ist der Fauvismus mit Matisse und Derain, sowie van Gogh, Gauguin, Cézanne, aber auch der Kubismus und Futurismus mit Albert Gleizes, Marcel und Raymond Duchamp. Die moderne europäische Plastik wird u. a. durch Archipenko, Brancusi und Lehmbruck repräsentiert. Heftige Auseinandersetzungen erregen die Kubisten, und vor allem Marcel Duchamp mit seinem futurischen Gemälde *Akt, eine Treppe herabsteigend*. Die Ausstellung wird auch noch in Chicago und Boston gezeigt und zieht insgesamt rund 300 000 Zuschauer an.

In der Entwicklungsgeschichte der amerikanischen Kunst markiert die Armory Show den entscheidenden Wendepunkt. Bis dahin hat die in der Kolonial- und Siedlungsepoche vorherrschende realistische, symbolistische und Genremalerei ihren Vorrang behauptet, während die bedeutendsten amerikanischen Maler des 19. Jahrhunderts, die mit Degas befreundete Mary Cassatt und James A. McNeill Whistler, im eigentlichen Sinne europäische Künstler sind. Auf der amerikanischen Kunstszene ruft die Ausstellung auch insofern eine grundlegende Änderung hervor, als sie zur Gründung neuer Galerien und zu freien Ausstellungen anregt, mit denen die Monopolstellung der National Academy of Design erschüttert wird, und den Anstoß zu einer regen Sammlertätigkeit gibt. Im Endeffekt aber ist sie der Beginn einer Entwicklung, die Barbara Rose später in ihrem Buch *Amerikas Weg zur modernen Kunst* zu der Äußerung veranlaßt, Amerikas Kunst sei in einer plötzlichen Explosion auf einmal zur großen internationalen Macht geworden, analog zur politischen Dominanz in der westlichen Hemisphäre.

Auflösung der »Brücke«

Nach acht Jahren erfolgreicher, fruchtbarer Zusammenarbeit, in der sie ihren unverwechselbaren Stil gefunden und der Graphik, vor allem dem Holzschnitt mit seinen expressiven Ausdrucksmöglichkeiten den Rang einer selbständigen künstlerischen Kategorie verschafft haben, beschließt die Künstlergemeinschaft »Brücke« in Berlin ihre Auflösung. Immer stärker hervortretende Gegensätze in der Wesensart ihrer Mitglieder, vor allem zwischen dem übersensiblen, nervösen Kirchner, dem strengen, schweigsamen Karl Schmidt-Rottluff und dem wendigen, vitalen Max Pechstein, der dann auch bereits vor dem Auflösungsbeschluß wegen seines nicht gebilligten Beitritts zur Neuen Berliner Sezession ausgeschlossen wird, erweisen sich mächtiger als die Kraft der Gemeinsamkeit. Der äußerer Anlaß für die Auflösung der 1905 gebildeten Gruppe sind Meinungsverschiedenheiten über die von Ernst Ludwig Kirchner verfaßte Chronik der gemeinsamen Arbeit.

Futur-Balla

Mit dieser Signatur bekennt sich der italienische Maler Giacomo Balla zu einer Gestaltungsweise, die sein Gemälde Geschwindigkeit eines Autos und Licht programmatisch vor Augen führt. Es geht um die suggestive, über den Illusionismus eines Edgar Degas mit seinen aus dem Schwerpunkt gerückten Gestalten weit hinausreichende Wiedergabe der Sinneswahrnehmung von Bewegung und Reflexen durch das »statische« Medium Malerei. Hierzu dient die Darstellung einzelner Bewegungsphasen. Das Ziel ist freilich nicht, den Betrachter darüber aufzuklären, daß sich ein Auto anders als eine Statue verhält. Wohl aber soll dieses »Wissen« einer neuen, futuristischen Auffassung von Kunst und Leben zugeführt werden.

Giacomo Balla, Geschwindigkeit eines Autos und Licht und Ton; 1913.

1913

Statt eines Denkmals: Jahrhunderthalle in Breslau

Hundert Jahre nachdem König Friedrich Wilhelm III. von Preußen in Breslau mit seinem Aufruf »An Mein Volk« den Beginn der Befreiungskriege proklamiert hat, wird in der schlesischen Hauptstadt eines der kühnsten Bauwerke der neueren Architekturgeschichte eingeweiht. Anders als den meisten Denkmalbauten, etwa dem gleichfalls 1913 errichteten Leipziger Völkerschlachtdenkmal, ist der Jahrhunderthalle ein konkreter Gebrauchswert zugedacht. Von dem 1870 in Stettin geborenen Breslauer Stadtbaurat Max Berg entworfen und von der Firma Dyckerhoff & Widmann auf dem Breslauer Ausstellungsgelände errichtet, soll der gewaltige Kuppelbau sportlichen, musikalischen und szenischen Veranstaltungen sowie Kongressen als Forum dienen.

Den 10 000 Personen fassenden Hauptsaal überwölbt eine kuppelförmige Rippenkonstruktion aus Stahlbeton, deren Spannweite von 65 Metern die des Pantheon in Rom, der größten Massivkuppel der Welt, um fast die Hälfte übertrifft – ein dem Repräsentationsbedürfnis des wilhelmischen Reiches willkommener Rekord. Seine überwältigende Wirkung erzielt der große Zentralraum allerdings auf eine Weise, die mit wilhelminischer Architektur nichts gemeinsam hat, nämlich durch das unverhüllt sichtbare Tragwerk.

Über dem kreisförmigen Grundriß stehen die mächtigen Hauptbogen des Unterbaus räumlich gekrümmt und nehmen zu den Widerlagern hin an Stärke zu. Die seitlichen Kräfte werden von den Strebebogen der vier Apsiden aufgefangen. Von diesem runden Unterbau aus schwingen sich 32 Rippen zu einem oberen Druckring empor, der eine kleine krönende Kuppel trägt. Die für die Belichtung notwendigen umlaufenden Fensterbänder erforderten einen terrassenförmig gestuften Außenbau, dessen Anblick nichts von dem dynamischen Kräftespiel der Konstruktion erkennen läßt.

Max Berg, Jahrhunderthalle in Breslau, 1913; Außen- und Innenansicht.

Stahlbeton und moderne Architektur

Mit dem Aufkommen des Jugendstils zu Beginn der neunziger Jahre entdeckten Architekten den Stahlbeton als Baumaterial, dessen funktionelle und technische Eigenschaften ihren Wünschen nach freierer Raumgestaltung und kühner Formensprache weitgehend entgegenkam. Erfunden um 1850 von dem französischen Gärtner Joseph Monier, der Blumenkästen und Schalen durch Einlage von Drahtgeflecht in den Beton unzerbrechlich machte, erweitert dieser inzwischen fortentwickelte, erforschte und auf den Umfang seiner Verwendbarkeit geprüfte monolithische Werkstoff die dem Massivbau bislang gesteckten Grenzen beträchtlich. Als einer der ersten verwendete François Hennebique eine Stahlbetonkonstruktion 1895 beim Bau der Mühle Charles' VI. in Tourcoing; Anatole de Baudot errichtete 1894/97 in Paris im Stil einer ver-

einfachten Betongotik die Kirche St. Jean-de-Montmartre, und Auguste Perret baute 1903 in Paris ein Wohnhaus, in dem er die Vorteile der Skelettkonstruktion aus Stahlbeton – geringe Dimensionen der Stützen und größere Freiheit der Raumeinteilung – ausnutzte und die Fassade durch die im tragenden Gerüst vor- und zurücktretenden Wandflächen gliederte. Der Schweizer Robert Maillart baut die ersten seiner vierzig Brücken, in denen das alte Prinzip der Trennung von Tragen und Lasten aufgehoben ist: Die Fahrbahn wird nicht mehr als Last durch die Brückenbogen getragen, sondern ist konstruktives Element der Gesamtkonzeption. Völlig neue architektonische Möglichkeiten eröffnen sich im Hallenbau; Max Berg nutzt sie für den Bau der Jahrhunderthalle in Breslau. Im zweiten Jahrzehnt des 20. Jahrhunderts ist der Stahlbeton (neben Stahl und Glas) fast schon zum Kennzeichen der modernen Architektur geworden.

Apolinari Michailowitsch
Wasnezow
**Kuriere. Frühmorgens
im Kreml**
1913

Franz von Stuck
Das Diner
1913

Kulissenzauber
in der Malerei

*Das Historiengemälde Kuriere. Früh-
morgens im Kreml schildert, wie
schon der Titel andeutet, kein bestimmtes historisches Ereignis. Es versetzt den Betrachter ganz allgemein in
eine geschichtliche Stimmung. In dieser Weise ließe sich die Eingangsszene
eines historischen Romans illustrieren
oder eines Historienfilms mit Kulissen
ausstaffieren – als Gemälde des Jahres
1913 bildet das Werk Wasnezows ein
Beispiel für den romantisch-historisie-
renden Akademismus, über den die
Entwicklung auch in Rußland längst
hinweggegangen ist.*

*Als eine Spielart der abstrakten Male-
rei entwickelten etwa Mihail Larionoff und seine Frau Natalija Gontscha-
rowa ab 1911 den Rayonismus (benannt nach rayons =Strahlenbündel),
einen Stil, »der unabhängig von den
Formen der Wirklichkeit besteht und
sich den bildnerischen Gesetzen gemäß entwickelt« (Larionoff). Nach
1914 schließen sich die beiden Künstler
in Paris als Bühnenausstatter der
Tanzgruppe Sergei Diaghilews an, ihr
Streben nach absoluter Malerei wirkt
im Schaffen Wladimir Tatlins fort.*

*Eine Kulisse im erlesenen Stil der Jahr-
hundertwende beherrscht das Gemälde Das Diner. Es zeigt das Atelier in der
1897/98 erbauten Stuck-Villa an der
Münchner Prinzregentenstraße, die
der 1906 geadelte Maler und Bildhauer
Franz von Stuck entworfen und ausgestattet hat.*

*Hier findet am 23. Februar 1913 ein
Festmahl anläßlich von Stucks 50. Geburtstag statt. Der Künstler hält es in
einer Weise fest, die an eine Darbietung
auf einer prunkvoll ausgestatteten Ka-
stenbühne denken läßt – ein Eindruck,
den der Effekt der gleichsam fotografischen Bewegungsunschärfe in der
Darstellung der Figuren im Vordergrund noch verstärkt.*

*Das Diner ist ein später Nachklang je-
ner symbolistischen Theatralik, die
Stuck als ein Hauptmeister des (süddeutschen) Jugendstils entwickelt hat,
etwa in dem als Die Sünde betitelten
weiblichen Halbakt mit Schlange, von
dem zwischen 1891 und 1912 zahlreiche Fassungen entstanden sind.*

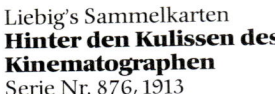

Liebig's Sammelkarten
Hinter den Kulissen des Kinematographen
Serie Nr. 876, 1913

Leinwand-Zauber

Die spezifische Möglichkeit des Films ist die Vortäuschung unwahrscheinlicher Ereignisse bzw. ein fingierter Realismus. Die sechsteilige Serie Hinter den Kulissen des Kinematographen aus »Liebig's Sammelkarten« (eine Zugabe, die man mit jeder Dose »Liebig's Fleisch-Extract« erhält) enthüllt das Geheimnis der zwischen Fischen und Algen schwimmenden Sirene (Doppelprojektion), der Verfolgung von Kürbissen (der Film wird im Rückwärtsgang bzw. »von unten nach oben« laufend projiziert) oder eines Eisenbahnunglücks (Modell).

Ein Automobil-Unfall wird mit Hilfe eines Beinamputierten inszeniert: »Zur Aufnahme werden ihm ein Paar künstliche Unterschenkel ... angesetzt, und so schmerzt es ihn nicht, wenn ihm diese Beine von dem dahersausenden Automobil abgefahren werden. Daß der Krüppel, nachdem ihm der Besitzer des Automobils die Beine mit Hammer und Zange wieder befestigt hat, vergnügt von dannen gehen kann, findet seine Erklärung in einem ganz gleich gekleideten und gesunden Mann, der im geeigneten Moment an die Stelle des ›Verletzten‹ tritt. Während dieser Zeit hat natürlich der Apparat nicht gearbeitet und dem Publikum bleibt die Auswechslung bei der Vorführung des Films unsichtbar«.

Der Modistin Traum wird sichtbar, indem der Deckel ihres Kartons genau dem Fenster in der Kulisse entspricht, hinter der die Tänzerinnen ihren »anmutigen Reigen« vollführen.

Zum Klettergewandten Dieb lautet die Erklärung: »Unwahrscheinlich, ja geradezu unmöglich scheinende Handlungen führt der kinematographische Film dem staunenden Beschauer vor Augen und doch müssen alle diese aufregenden Ereignisse ›nach der Natur‹ aufgenommen sein. Das sind sie in der Tat, wenn auch hinter den Kulissen des Kinema-Theaters mit Hilfe verschiedener Tricks der Natur erheblich ›nachgeholfen‹ wird. Der Dieb beispielsweise ... kriecht in Wirklichkeit auf einem unter ihm wegrollenden, mit einer Hausfront bemalten Teppich ...«

Theater

Premieren

● Carl Hauptmann: *Die armseligen Besenbinder*, Uraufführung am 17. Oktober in Dresden. Märchenspiel mit Traum- und Zauberszenen. Es bringt in krasser Abkehr vom Naturalismus die Überzeugung zum Ausdruck, daß auch die Ärmsten nicht das bloße Produkt ihres Millieus sind, sondern ihr eigenes Schicksal und ihre eigenen Träume haben. Wie sein Bruder Gerhart schöpft Carl aus der volkstümlichen schlesischen Überlieferung; seine Helden sind arme Besenbinder »irgendwo in einem enlegenen Gebirgsdorf«.

● George Bernard Shaw: *Pygmalion*, Uraufführung (in deutscher Sprache) am 16. Oktober in Wien (englische Erstaufführung 1914 in London). Moderne Version der antiken Sage vom König bzw. Bildhauer Pygmalion, der sich in eine weibliche Statue verliebt, die er geschaffen hat. Das »Geschöpf« ist bei Shaw das Blumenmädchen Eliza Doolittle, dem der Phonetiker Prof. Henry Higgins einwandfreie Aussprache und Manieren andressiert, ohne jedoch danach zu fragen, was diese Äußerlichkeiten für den Menschen Eliza bedeuten. Das sich abzeichnende »romantische« Happy-End einer Ehe Elizas mit Higgins vermeidet Shaw.

● Carl Sternheim: *Bürger Schippel*, Uraufführung am 5. März in Berlin unter der Regie von Max Reinhardt. Komödie aus dem elf Stücke umfassenden Zyklus *Aus dem bürgerlichen Heldenleben*. Gegenstand der Satire ist die Entwicklung des Proletariers Schippe zum Bürger, ausgehend von seiner Aufnahme in ein Sängerquartett, das sich unmittelbar vor einem Wettbewerb befindet und daher dringend Ersatz für seinen verstorbenen Tenor benötigt.

Ein Forum junger Literatur

Der Leipziger Verleger Kurt Wolf gründet in Zusammenarbeit mit Franz Werfel, Walter Hasenclever und Kurt Pinthus eine Buchreihe, die den Titel *Der jüngste Tag* erhält. Dieser Reihentitel kommt auf recht ungewöhnliche Weise zustande: Um einen passenden Namen verlegen, durchsticht man mit einem Bleistift die gerade auf dem Tisch herumliegenden Korrekturbogen des neuen Gedichtbandes *Wir sind* von Franz Werfel und trifft auf der letzten Seite auf die letzte Zeile, die »O jüngster Tag!« lautet. Anders als im Falle der schon wohletablierten und florierenden Fischer-Bücherei, sollen bei Wolf solche Autoren ein Forum finden, die »als charakteristisch für unsere Zeit und als zukunftsweisend zu gelten haben« (Wolf). Das hochgesteckte Ziel ist es, jungen und noch ganz oder weitgehend unbekannten Schriftstellern, soweit sie die von Wolf festgelegten Kriterien erfüllen, die Möglichkeit zu geben, ihre Werke zu veröffentlichen und damit diese neue Literatur einem weiteren Leserkreis bekannt zu machen. Voraussetzung ist dafür natürlich auch ein erschwinglicher Preis, und man setzt diesen auf 80 Pfennige pro Bändchen fest.

Das kühne Unternehmen erweist sich als so erfolgreich, daß es bis ins Jahr 1921 fortgeführt wird. Insgesamt erscheinen 86 Titel. Die Titelliste liest sich wie ein Kapitel aus der neueren deutschen Literaturgeschichte – da sind so gut wie alle Autoren vertreten, die die Literatur des 20. Jahrhunderts nachhaltig bestimmt haben: Werfel und Kafka, Trakl und Benn, Schickele, Hasenclever, Brod, Toller, um nur einige wenige Namen zu nennen. Nicht zu vergessen, daß auch bedeutende Übersetzer wie Heinrich Lautensack, Franz Blei oder Ernst Stadler vertreten sind, ebenso wichtige Illustratoren wie Meidner, Kokoschka und Lyonel Feininger.

Wedekinds Hauptwerk

Eines der aufregendsten Theaterereignisse des Jahres 1913 findet nicht auf der Bühne, sondern zwischen Buchdeckeln statt. Erstmals liegen die zwei Dirnentragödien Frank Wedekinds, *Erdgeist* und *Die Büchse der Pandora*, unter dem gemeinsamen Titel *Lulu* in einer Fassung vor, die dann später auch Grundlage für viele Bühnenaufführungen des Doppelwerks wird.

Erdgeist, die Geschichte vom Aufstieg der großstädtischen Sumpfblüte Lulu zur Frau ihres »Entdekkers« Doktor Schön, den sie schließlich ermordet, ist schon 1898 uraufgeführt und nach einer Berliner Inszenierung im Jahr 1902 zu einem der meistgespielten Wedekind-Werke geworden.

Die Büchse der Pandora hingegen, Lulus Niedergang von der gehetzten Gattenmörderin zum Opfer Jack the Rippers in einer Londoner Absteige, kann bis 1918 nur in geschlossenen Vorstellungen gegeben werden. Hartnäckig hält sich dabei das Mißverständnis, in Lulu den Prototyp des verderbten und zynisch männermordenden Vamps zu sehen, eine Art wilhelminische Salome, die dann in der Gestalt des Lustmörders Jack die Rache der betrogenen Männer zu Recht trifft – ein Grund auch, die Rollen des Jack und des Dr. Schön mit dem gleichen Darsteller zu besetzen.

Wedekind selbst, kein Sinnverwandter August Strindbergs, der persönlichen Frauenhaß in seine Gestalten eingehen ließ, sieht in Lulu die Verkörperung von »Selbstverständlichkeit, Ursprünglichkeit, Kindlichkeit«. Bezeichnenderweise war denn auch des Dichters persönliche Ideal-Lulu keine andere als seine eigene Frau Tilly, die die Rolle nicht als femme fatale spielte sondern als Kindweib und korrumpierte Unschuld aus erdhafter Tiefe, die verzweifelt sie selbst zu sein versucht.

Büchners »Woyzeck«

Durch Berlin hallt der Klageruf des Kritikers: »Wo war Reinhardt?« Siegfried Jacobsohns Frage gilt Victor Barnowskys Berliner Inszenierung von Georg Büchners Woyzeck drei Wochen nach der Münchner Uraufführung (8. November) des Fragments aus dem Nachlaß Büchners, der vor 100 Jahren geboren wurde. Woyzeck wird, wie das gesamte Büchner-Werk, zur wichtigsten Wiederentdeckung aus dem 19. Jahrhundert. In dieser vermeintlichen Kriminalgeschichte um einen Soldaten, der aus Eifersucht seine Geliebte ersticht, nimmt Büchner nicht nur die sozialen Anklagen des späteren Naturalismus vorweg, sondern entfaltet eine Sprach- und Ausdruckskraft, die ganz dem 20. Jahrhundert zugehörig scheint. Die Berliner Aufführung kann dies nur ahnen lassen. Erst acht Jahre später inszeniert tatsächlich Max Reinhardt das Werk, und das deutsche Theater hat von nun an ein Drama von stets neuer, unheimlicher Aktualität.

Julius Graumann, Albert Steinrück als Woyzeck in der Münchner Uraufführung am 8. November 1913.

Film

Premieren

● Louis Feuillade: *Fantômas*. Beginn einer sechsteiligen Serie mit der Titelgestalt eines Banditen und Verwandlungskünstlers, der als Verkörperung des Bösen zu einem anarchistischen Leitbild wird.

● Stellan Rye: *Der Student von Prag* (Drehbuch: Hanns Heinz Ewers). Filmdebüt des Reinhardt-Schauspielers Paul Wegener in der Titelrolle. Das von Balduin verkaufte Spiegelbild entwickelt ein ruchloses Eigenleben; beim Versuch, es zu erschießen, tötet sich der Unglückliche selbst. Ein Meisterwerk des Phantastischen Films.

1913

Strawinskis »Sacre du printemps«

Die Pariser Uraufführung von Igor Strawinskis *Sacre du printemps (Frühlingsriten)* am 29. Mai in der Choreographie von Waslaw Nijinsky gerät zum wilden Spektakel. Schuld daran sind offensichtlich die tänzerischen Darbietungen, die mit dem traditionellen Ballett nichts mehr gemein haben und nicht nur durch die archaisierende Choreographie, sondern auch durch die allgemeine Überforderung der Tänzer beim Publikum den Eindruck eines barbarischen Chaos hinterlassen: Nijinsky muß hinter der Bühne laut den Takt angeben, um Musik- und Tanzrhythmen einigermaßen zu synchronisieren; am Ende soll es etliche Knieverrenkungen gegeben haben.

Folgt man zeitgenössischen Berichten, so ist von der Musik recht wenig zu vernehmen. »Sowie die Musik und der Tanz anfingen«, schreibt Gertrude Stein, »begannen sie zu zischen. Andere applaudierten. Wir konnten nichts hören…man konnte tatsächlich die ganze Vorstellung hindurch nicht einen Ton der Musik hören.« Aber das Barbarische (aus dem »sacre« wird spöttisch ein »massacre«) findet auch seine Liebhaber, die wohl annehmen, hier werde ihnen slawische Ursprünglichkeit dargeboten. Der Kritiker E. Vuillermoz notiert: »Den Sacre du printemps analysiert man nicht: man unterwirft sich ihm, je nach Veranlagung mit Schaudern oder mit Wollust.«

Avantgarde-Choreographie

Hatte das Russische Ballett 1909 noch nach einem Chopin-Verschnitt wie Les Sylphides getanzt, so werden jetzt moderne Komponisten zu Ballettwerken angeregt. Zur Uraufführung kommen 1913 Debussys Jeux (Spiele) und Strawinskis Le sacre du printemps in der Choreographie von Nijinsky. Allerdings richtet sich dessen Avantgardismus lediglich auf den Tanz. In Jeux läßt Nijinsky die Tänzer (als Tennisspieler gekleidet) mit abrupten Bewegungen gegen die Musik agieren.

Oben: Claude Debussy. Bildnis (1903) von Emile Blanche und Karikatur (nach dem Gemälde, 1913) von Lindloff.
Mitte: Le sacre du printemps in der Choreographie von Nijinsky, 1913.

Literatur

Neuerscheinungen
● Hans Carossa: *Doktor Bürgers Ende.* Erste Prosaveröffentlichung Carossas. In Form von Tagebuchaufzeichnungen entsteht das Bild eines zwischen Todessehnsucht und Hinwendung zum Leben schwankenden Lungenheilarztes, der sich nach dem Tod einer von ihm geliebten Patientin das Leben nimmt. 1916 folgt *Die Flucht. Ein Gedicht aus Doktor Bürgers Nachlaß.*
● Georg Heym: *Der Dieb. Ein Novellenbuch.* Postum veröffent-

licht. Sammlung expressionistischer Erzählungen mit den Themen Krankheit, Wahnsinn, Tod.
● Franz Kafka: *Das Urteil* Herausragende Gestaltung des im Expressionismus zentralen Vater-Sohn-Konflikts. Das Bewußtsein der inneren Herzenskälte, die bis zum Wunschgedanken des Vatermordes reicht, läßt den Sohn den Urteilsspruch des Vaters – Tod durch Ertrinken – annehmen und an sich vollziehen.
● Else Lasker-Schüler: *Hebräische Balladen.* Volksliedhafte Gedichte um Gestalten des Alten Testaments.

● Gustav Meyrink: *Des deutschen Spießers Wunderhorn.* Neuausgabe von drei 1903, 1904 und 1907 erschienenen Sammlungen satirischer Novellen.
● Jack London: *John Barleycorn* (wörtlich etwa: »Hans Gerstenkorn«, englischer Spitzname für den Alkohol; *König Alkohol,* 1925). Autobiographischer Roman über den Kampf gegen den eigenen Alkoholismus.
● Georg Trakl: *Gedichte.* Expressionistische, von Farbmetaphorik geprägte Lyrik mit dem Grundtenor: »Wie scheint doch alles Werdende so krank.«

Nofretete: Die Schöne ist gekommen

Ein glücklicher Fund wird von den Ausgrabungen der Deutschen Orient-Gesellschaft in der oberägyptischen Königsstadt von El-Amarna gemeldet. In den Trümmern der von Amenophis IV., der seinen Namen in Echnaton änderte, etwa 1360 v. Chr. als Landeshauptstadt erbauten, unter seinen Nachfolgern zerstörten ausgedehnten Stadtanlagen sind die Forscher auf eine Bildhauerwerkstatt mit einer Anzahl gut erhaltener Plastiken gestoßen. Zu ihnen gehört die bemalte Kalksteinbüste der Königin Nofretete, der Gemahlin Echnatons. Ihr Name bedeutet soviel wie »Die Schöne ist gekommen«.

Die Skulptur zählt nicht nur wegen ihrer Schönheit und Anmut zu den berühmtesten Werken altägyptischer Rundplastik, sondern auch wegen ihrer von den Wissenschaftlern festgestellten Zweckbestimmung: Sie diente den Bildhauern einst als Vorlage für offizielle Porträtbüsten der Herrscherin; nach ihr wurden die Köpfe für andere Statuen der Königin angefertigt.

Die Nofretete-Büste ist also im Grunde kein fertiges Kunstwerk, ein Umstand, der ihre Wirkung in keiner Weise beeinträchtigt. Mit dem Teil der Ausbeute, der den deutschen Ausgräbern zugesprochen wird, gelangt sie in die Ägyptische Abteilung des Neuen Museums der Reichshauptstadt, wo sie sofort zum Liebling des Berliner Publikums wird.

Nofretete trägt als Kopfschmuck eine konisch geformte Haube, um die sich ein Diadem in Gestalt der Uräusschlange windet. Sie ähnelt damit Darstellungen der Göttin Tefnut, ein Hinweis auf ihre außergewöhnliche, vergöttlichte Stellung in dem von Echnaton begründeten religiösen Kult um den Sonnengott Aton. Die fehlende Einlage des linken Auges der Büste kann bei den Grabungsarbeiten, die seit zwei Jahren, allein finanziert von dem Berliner Kaufmann James Simon, im Gange sind, nicht gefunden werden.

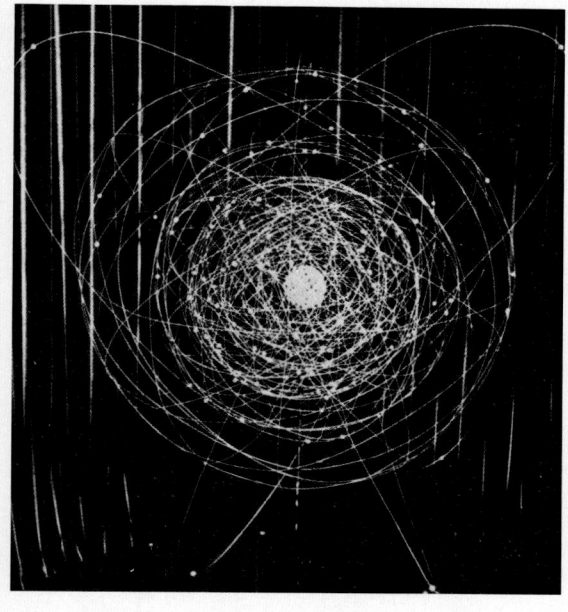

Das Atom als Planetensystem

Die Forschungen der Physiker in Labor und Freiland geben immer mehr Aufschluß darüber, »was die Welt im Innersten zusammenhält«. So machte 1911 der britische Physiker Charles Thomas Rees Wilson in der von ihm konstruierten »Nebelkammer« die Bahnen schnell fliegender, elektrisch geladener Elementarteilchen sichtbar, aus denen die Atomkerne bestehen. Vergleichbar den Kondensstreifen eines Flugzeuges, hinterlassen die Teilchen in der Nebelkammer ihre Spuren, die fotografiert werden können. Aus der Länge, Stärke und Richtung der Bahnen lassen sich Rückschlüsse auf Masse und Geschwindigkeit der Teilchen ziehen.

1913 stellt der Däne Niels Bohr sein Atom-Modell vor, das später verfeinert wird, jedoch als Grundschema noch lange brauchbar ist. Danach besteht das Atom aus einem positiv geladenen Kern, um den herum eine Anzahl negativ geladener Elektronen wie Planeten um die Sonne kreisen. Alle Elektronen besitzen die gleiche elektrische Ladung, und die positive Ladung des Kerns entspricht der Summe der negativen Elektronenladungen. Demgemäß verhält sich das Atom elektrisch neutral. Angegeben wird die »Kernladungszahl«, zum Beispiel 12 beim Atom-Modell des Magnesiums, was der Zahl der Protonen des Kerns entspricht. Mit der Kernladungszahl wächst auch das Atomgewicht, das zu 99,9 Prozent in der Masse des Atomkerns steckt.

Kleinbild-Fotografie

Oskar Barnack, Leiter der Entwicklungsabteilung bei den Optischen Werken Ernst Leitz in Wetzlar, benötigt 1913 für Filmaufnahmen mit einem Kinoapparat Belichtungsproben. Dazu konstruiert er ein kleines Gehäuse mit Verschluß und abblendbarem Objektiv, mit dem er kurze Kinofilmstreifen belichten kann. Vergrößerungen von den gewonnenen Negativen im Kinofilmformat 18 mal 24 Millimeter fallen gar nicht schlecht aus, und dies bringt ihn auf die Idee, eine Kleinkamera für Kinofilm zu entwickeln. Barnack faßt zwei Kinobildformate zusammen und kommt damit auf das Format von 24 mal 36 Millimetern. So wird im Jahr 1913 die »Ur-Leica« geboren. Doch dauert es noch über zehn Jahre, bis die Leitz-Werke sich entschließen, Barnacks revolutionäre Idee aufzugreifen und eine derart kleine Taschenkamera herzustellen. Auf der Frühjahrsmesse 1925 wird das erste Serienmodell der Leica (Leitz-Camera) der Öffentlichkeit vorgestellt.

Naturwissenschaft, Technik, Medizin

● Henry Russell veröffentlicht seine Arbeit über die wahrscheinliche Entwicklung der Sterne. Zu seiner Theorie kam er aufgrund eines Diagramms, in dem die Sterne nach Leuchtkraft und Spektraltyp eingetragen sind.

● Hans Geiger entwickelt den (1928 zum Geiger-Müller-Zählrohr verbesserten) Spitzenzähler zum Nachweis energiereicher Strahlen.

● Beginn des großtechnischen Ausbaus des Haber-Bosch-Verfahrens zur Gewinnung von Ammoniak durch die Vereinigung von Stickstoff und Wasserstoff unter hohem Druck bei Temperaturen von 500 bis 600 Grad Celsius.

Mitte links: Bohrsches Atommodell.
Mitte rechts: Ur-Leica; 1913.

1913

Deutsches Wesen

Das Deutsche Reich ist nicht allein eine »verspätete Nation«, sondern ebenso eine verspätete Kolonialmacht, deren Aufbau vom missionarischen Selbstbewußtsein begleitet wurde, am deutschen Wesen könne, ja müsse die Welt genesen. Zu den deutschen »Schutzgebieten« gehört seit 1899 der westliche Teil der Samoainseln, nachdem sich die Vereinigten Staaten, Großbritannien und Deutschland 1889 zunächst auf eine gemeinsame Verwaltung der Inselgruppe im südlichen Pazifik geeinigt hatten.

Die Verbindung von Kolonialismus und Rassismus dokumentiert die Aufnahme von Samoanerinnen in einem Gehege des Tierparks in Hamburg-Stellingen, einer Gründung (1907) des Tierhändlers und Zirkusunternehmers Carl Hagenbeck, der 1913 in Hamburg im Alter von 68 Jahren stirbt. 1908 hat er seinen Lebensbericht Von Tieren und Menschen veröffentlicht.

»Der Ozean ist unentbehrlich für Deutschlands Größe. Der Ozean beweist uns, daß auf ihm und jenseits von ihm ohne Deutschland und ohne den Deutschen Kaiser keine Entscheidung mehr fallen darf, denn das Weltgeschäft ist heute das Hauptgeschäft« – mit diesen Parolen aus der Rede des Papierfabrikanten Dr. Diederich Heßling anläßlich der Einweihung eines Denkmals Kaiser Wilhelms I. schließt Heinrich Mann seinen ab 1911 in verschiedenen Zeitschriften in Auszügen veröffentlichten Roman Der Untertan. Er erscheint 1914 in russischer Übersetzung, während die deutsche Buchausgabe 1916 als Privatdruck und 1918 in einer Massenauflage folgt. *»Mannhaftigkeit und Idealismus«*, so bekennt Heßling, hat er in der Verbindung gelernt, doch ein *»Rausch, höher und herrlicher als der, den das Bier vermittelt«* ergreift ihn, als er zum ersten Mal dem Kaiser begegnet, der *»Macht, die über uns hingeht und deren Hufe wir küssen«.*

Oben: Samoanerinnen im Tierpark Hagenbeck in Hamburg, um 1910.
Unten: Semester-Abschlußkneipe von Studenten der TH Berlin, 1913.

Militarismus

Der 1912 gewählte deutsche Reichstag (in dem die Sozialdemokraten mit 110 Sitzen erstmals die stärkste Fraktion bilden) bewilligt 1913 der Regierung die Mittel für die Heeresvermehrung in Form eines einmaligen Wehrbeitrags und einer Vermögenszuwachssteuer. Entsprechende Rüstungsanstrengungen unternehmen Österreich-Ungarn, Rußland, Großbritannien und Frankreich.

Ein für den deutschen Militarismus kennzeichnender Vorfall ereignet sich im elsässischen Zabern. Hier erklärt ein Leutnant seinen Soldaten: »Wenn Sie angegriffen werden, dann machen Sie von der Waffe Gebrauch; wenn Sie dabei so einen »Wackes« (Schimpfwort für den Elsässer) niederstechen, bekommen Sie von mir noch zehn Mark Belohnung.« Bei der durch diese in der Presse kolportierte Äußerung ausgelösten Protestkundgebung in Zabern greift das Militär widerrechtlich anstelle der Polizei ein und nimmt Verhaftungen vor.

Nestbeschmutzer

Wie kaum eine andere bildhafte Vokabel bringt der Vergleich mit dem Vogel, der das eigene Nest beschmutzt, die Norm absoluter Loyalität zum Ausdruck.

Ein Beleg für den Wortgebrauch ist ein Inserat (Oktober 1913) von Thomas Manns Onkel Friedrich Mann, der im Hinblick auf den vor zwölf Jahren erschienenen Roman *Buddenbrooks* erklärt: »Wenn der Verfasser der »Buddenbrooks« (sic!) in karikierender Weise seine allernächsten Verwandten in den Schmutz zieht und deren Lebensschicksale eklatant preisgibt, so wird jeder rechtdenkende Mensch finden, daß dies verwerflich ist. Ein trauriger Vogel, der sein eigenes Nest beschmutzt.«

Angegriffen von anderer Seite sind die Brüder Mann ausgesetzt, nachdem Adolf Bartels in *Deutsche Dichtung der Gegenwart* (1910) erklärt hat, sie seien zwar keine Juden, aber »ihre Kunst erscheint wesentlich jüdisch«.

Prehlisch
**Auf dem Rennplatz
Berlin-Karlhorst**
1913

Hans Baluschek
Zechenarbeiterinnen
1913

Prosperität

*1913 veröffentlicht die Dresdner Bank
einen Überblick über Die wirtschaftlichen Kräfte Deutschlands. Als Teil
des Jubiläumswerks Soziale Kultur
und Volkswohlfahrt während der ersten 25 Regierungsjahre Kaiser Wilhelms II. erscheint Karl Helfferichs Bericht Deutschlands Volkswohlstand
1888–1913. Beide Publikationen zeichnen ein optimistisches Bild der volks-
wirtschaftlichen und gesellschaftlichen Entwicklung. Das gesamte
Volksvermögen beträgt 270 (Dresdner Bank) bis 310 (Helfferich) Milliarden Mark. Von der Bevölkerung, die
seit 1875 um 52 Prozent auf 65 Millionen angewachsen ist, haben 60 Prozent das steuerpflichtige Mindestein-
kommen erreicht; 1890 waren es lediglich 30 Prozent. Der Außenhandel ist
von 1891 bis 1911 um 143 Prozent auf
17,8 Milliarden Mark gestiegen, 5340
Aktiengesellschaften verteilen im
Durchschnitt Dividenden von 8,1 Prozent, die Roheisen- und Stahlproduk-
tion beträgt jeweils etwa ein Viertel der
Weltproduktion, die bergbaulichen
Grundlagen werden auch für die Zukunft als gut beurteilt.*
Dennoch sind diese Daten wachsen-
der Prosperität zugleich Daten, die
einen Teilaspekt der Kriegsgefahr beleuchten. Hatte der Aufbau eines welt-
umspannenden imperialistischen Ko-
lonialsystems die europäischen Spannungen an die Peripherie verlagert, so
kehrten sie nach 1900 nach Europa zurück, verschärft durch die Rivalität der
weiter expandierenden Industrie um
Rohstoffquellen und Absatzmärkte.
Innenpolitisch tritt vor allem in
Deutschland der Klassenkampfge-
danke hinter einer insgesamt nationalen Haltung auch in der Arbeiterschaft
zurück. Kennzeichnend hierfür ist die
führende Rolle Friedrich Eberts, Gustav Noskes und Carl Leiens in der
SPD. Der Kontrast zwischen mondä-
nem Leben, dessen Akteure sich auf
Schauplätzen wie dem Berliner Rennplatz mit ihrem neuesten Renault-Mo-
dell der Kamera stellen, und dem Werk-
tagsleben des Proletariats spiegelt sich
in der expressionistischen Literatur in
einer allgemeinen Sehnsucht nach
einem »neuen Menschen«.

»Dies ist die Hauptdummheit der modernen Architektur, die sich mit dem Beistand der kommerziell orientierten Akademien immer wieder holt, diesen Zwangsaufenthalten der Intelligenz, wo man die Jugend zum onanistischen Nachkopieren klassischer Modelle zwingt, anstatt ihren Sinn für die Suche nach den Grenzen und den Lösungen des neuen und gebieterischen Problems aufzuschließen, das heißt: das futuristische Haus und die futuristische Stadt.«

Diese Sätze stammen aus dem Anfang August 1914 veröffentlichten Manifest der futuristischen Architektur, das Filippo Tommaso Marinetti redigiert und der 26jährige Antonio Sant'Elia unterzeichnet hat. Zugrunde liegt der Katalogtext zu einer Ausstellung von Architekturentwürfen Sant'Elias, die in Mailand in der ersten Ausstellung der Gruppe »Nuove Tendenze« gezeigt

wurden. Diese Entwürfe gelten der Nuova città, der Neuen Stadt, ausgehend von der Überzeugung: »Wir fühlen, daß wir nicht mehr die Menschen der Kathedralen, der Paläste und der Versammlungssäle sind, sondern wir sind die Menschen der großen Hotels, der Bahnhöfe, der breiten Straßen, der riesigen Tore, der überdachten Märkte, der erleuchteten Tunnels…«

Die beiden Zeichnungen verdeutlichen durch die Entsprechung zwischen dem Entwurf für eine rein technische Einrichtung und ein Wohngebäude den Verzicht auf eine Unterscheidung zwischen verschiedenen Funktionen. Der Technizismus gilt Sant'Elia als Möglichkeit, »die Welt der Dinge als eine direkte Projizierung der Welt des Geistes wiederzugeben«.

Die futuristische Stadt, so fordert Sant'Elia, »müssen wir wie einen riesigen, lärmenden Bauplatz planen«, wo-

bei er möglicherweise Umberto Boccionis Gemälde Der Lärm der Straße dringt ins Haus (1911) vor Augen hat. Zum futuristischen Haus als einer »gigantischen Maschine« erklärt das Manifest: »… die Treppen, die überflüssig geworden sind, müssen abgeschafft werden, und die Aufzüge müssen sich wie Schlangen aus Eisen und Glas an den Fassaden hinwinden« – eine Forderung, die rund 60 Jahre später im Pariser Centre Pompidou von den beiden Italienern Renzo Piano und Richard Rogers geradezu wortwörtlich verwirklicht wird.

Zur Ausführung kommt zunächst keiner der Entwürfe Sant'Elias. Er selbst wird nach dem Kriegseintritt Italiens 1915 an die Front geschickt und fällt im folgenden Jahr. Die Nuova città bildet jedoch ein Bindeglied zwischen Tony Garniers Cité industrielle und Le Corbusiers Ville contemporaine.

Antonio Sant'Elia
Nuova città, Elektrizitätswerk und Wohngebäude
1914

Der Deutsche Werkbund gibt Rechenschaft

Im Juni 1914 wird mit der ersten großen Ausstellung des Deutschen Werkbundes in Köln ein Überblick über die Arbeit dieser Vereinigung in den sieben Jahren seit ihrer Gründung gegeben. Die heterogenen Bauten der Ausstellung vom Neoklassizismus eines Peter Behrens bis hin zur strengen Sachlichkeit von Walter Gropius und Alfred Meyer deuten allerdings auf starke Gegensätze innerhalb des Bundes hin. Den repräsentativen Festsaal gestaltet Peter Behrens. Bruno Taut demonstriert mit seinem ungewöhnlichen Glaspavillon phantasievoll die Möglichkeiten des Baumaterials Glas. Josef Hoffmann, der schon zu Beginn des Jahrhunderts einen Weg zwischen Bürgerlichkeit und repräsentativer Würde gesucht hat, strebt mit seinem Österreichischen Haus nach kühler Monumentalität.

Mit dem Theater der Ausstellung führt Henry van der Velde zahlreiche Neuerungen ein: der Saal in Form eines Amphitheaters, unabhängiges Proszenium, Rundhorizont und dreigeteilte Bühne. Die Rückseite des Theaters mit dem Bühnenhaus zeigt besonders ausdrucksvoll van de Veldes großzügigen Umgang mit Volumina, seinen »unerbittlichen, sittlichen Ernst« (Peter Jessen). In dem ranglosen Zuschauerraum finden 600 Besucher Platz. Die Bühne wird durch bewegliche Säulen in drei Teile gegliedert.

Für den Bau einer Modellfabrik wurden anstelle von Hans Poelzig, der auf seine Teilnahme verzichtete, Walter Gropius und dessen Partner Adolf Meyer verpflichtet.

Nach Ansicht der Werkbundsmitglieder ist die vielbeachtete Ausstellung nur ein halber Erfolg, zumal sie auch durch den Ausbruch des Ersten Weltkriegs überschattet wird. »Die Gesamtstimmung ist die einer gewissen Ruhe und Unentschiedenheit, um nicht zu sagen Flauheit« (Hermann Muthesius). Über grundsätzliche Anschauungen wird auch jetzt keine Einigung erzielt. Auf der Kölner Werkbund-Tagung Anfang Juli desselben Jahres treffen die unterschiedlichen Meinungen in voller Härte aufeinander. Anders als 1911 tritt jetzt Muthesius für die Standarisierung ein und proklamiert als Ziele der Werkbund-Arbeit Konzentration und Typisierung. Den Standpunkt des Künstlers als eines schöpferischen Individualisten vertritt im Gegensatz dazu Henry van der Velde. Diese Divergenzen bleiben auch in der Folgezeit bestehen.

Musterbauten

Die drei Bauwerke – ein Theater, eine Fabrik und ein vergleichsweise zweckfreier Pavillon – gehören zum Angebot an architektonischer Orientierung, das der Deutsche Werkbund bei seiner Kölner Ausstellung bietet. Es kommt hierin nicht zuletzt die Überzeugung zum Ausdruck, daß der Architektur (wieder) eine führende Aufgabe zufällt. Die stärkste individuelle Prägung zeigen die Bauten von Henry van de Velde und Bruno Taut, doch auch die von Walter Gropius und Alfred Meyer errichtete Fabrik besitzt eine »Handschrift«. Die Maschinenhalle wurde von der 1913 in Leipzig veranstalteten Baufachmesse übernommen. Ihr ist nun ein Verwaltungstrakt zugeordnet, dessen verglaste Treppentürme oft nachgeahmt werden; im Hintergrund ein achteckiger Maschinenpavillon.

Oben: Henry van de Velde, Werkbundtheater; Köln 1914.
Mitte: Walter Gropius und Alfred Meyer, Musterfabrik; Köln 1914.
Unten: Bruno Taut: Pavillon der deutschen Glasindustrie; Köln 1914.

1914

Bildende Kunst

Werke

● Willi Baumeister: *Lesende unter Lampe* (Stuttgart, Staatsgalerie); abstrahierendes Figurenbild.
● Lovis Corinth: *Selbstbildnis in Rüstung* (Hamburg, Kunsthalle); Halbfigur in mittelalterlichem Harnisch.
● Adolf Hoelzel: *Abstraktion II* (Stuttgart, Staatsgalerie); abstrakte Komposition in leuchtenden Farben.
● Ernst Ludwig Kirchner: *Straßenszene* (Stuttgart, Staatsgalerie); expressionistisches Figurenbild.

● Oskar Kokoschka: *Die Windsbraut* (Basel, Öffentliche Kunstsammlung); Selbstbildnis mit Alma Mahler als einsames Menschenpaar, das in einem Kahn über das nächtliche Weltmeer getrieben wird.
● Wilhelm Lehmbruck: *Emporsteigender Jüngling* (beg. 1913); Bronzeplastik mit überschlanker Formung des Körpers.
● Kasimir Malewitsch: *Der Gardist* (Amsterdam, Stedelijk Museum); abstrakte Komposition.
● Piet Mondrian: *Ovale Komposition* (Den Haag, Gemeentemuseum); abstraktes Gemälde mit gitterartiger Struktur.

● Edvard Munch: *Heimkehrende Arbeiter* (Kopenhagen, Statens Museum for Kunst) und *Arbeiter im Schnee* (Nasjonalgalleriet); expressionistische Gemälde.
● Pablo Picasso: *Absinthglas;* kubistische Bronzeplastik mit realem Absinthlöffel in sechsfacher Ausführung und unterschiedlicher Bemalung.

Ereignisse

● Tunesien: Paul Klee, August Macke und Louis Moilliet halten sich im April in Tunesien auf; in ihren Aquarellen verdichtet sich das Landschaftserlebnis zu leuchtenden Farbschöpfungen.

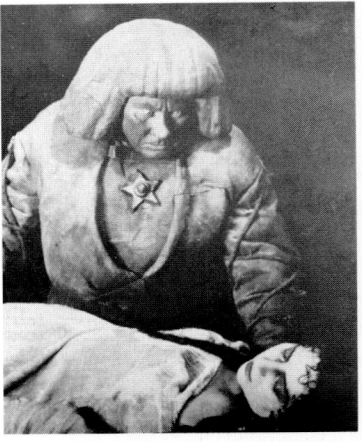

Das Übersinnliche im Film

Paul Wegener, der mit seinem Filmdebüt in Der Student von Prag (1913) innerhalb des Phantastischen Films das Element des Übersinnlichen zu alptraumartiger Wirkung gebracht hat, dreht gemeinsam mit dem Regisseur Henrik Galeen die erste Filmversion der Legende vom Golem. Er ist ein aus Lehm oder Ton mittels Buchstabenmagie geschaffenes stummes menschliches Wesen von meist riesenhafter Größe, das in Zeiten der Not als Retter der Juden erscheint. In Gustav Meyrinks Roman Der Golem (1915) wird er zum Symbol des jüdischen Volkes. Der von Galeen und Wegener gestaltete Film Der Golem (Länge 56 Minuten) erzählt von der Wiedererweckung des Riesen nach dem Tod seines Schöpfers, des weisen Rabbi Loew aus dem Prager Ghetto. Die Vorgeschichte bildet Wegeners Film Der Golem, wie er in die Welt kam, der 1920 entsteht. Das Szenenfoto zeigt den von einem Antiquitätenhändler zu neuem Leben erweckten Golem, wie er sich über dessen Tochter Miriam beugt. Mit dem Thema der vergeblichen Suche nach menschlicher Beziehung nimmt der erste Golem-Film inhaltliche Aspekte des Frankenstein-Stoffes vom unglücklichen Monster vorweg.

Der Golem, 1914; Paul Wegener als Golem und Lyda Salmonowa als Miriam.

Chaplin der Tramp

Im Vorjahr ist der 24jährige Charles Spencer Chaplin, Sohn englischer Schauspieler und selbst vom fünften Lebensjahr an auf der Bühne tätig, von Mack Sennett für die Keystone Company engagiert worden. Sein Filmdebüt hat er 1914 in der Komödie *Making a Living (Man schlägt sich durch),* die Chaplin in seiner Bühnenlieblingsrolle zeigt: als verarmten Dandy. Schon sein zweiter Film *Kid Auto Races in Venice (Seifenkistenrennen in Venice)* präsentiert den Chaplin, der zum Publikumsliebling wird. Gegenüber Sennett beschreibt er diese Kinogestalt als einen Tramp, einen Gentleman, einen Poeten, einen Träumer, einen einsamen Kerl, der ständig auf der Suche nach Liebe und Abenteuer ist. Aber auch als einen, der sich nicht zu gut ist, Zigarettenkippen aufzusammeln und kleinen Kindern die Bonbons zu klauen. Und natürlich wird er notfalls sogar einer Dame in den Hintern treten.

Chaplin erhält eine Wochengage von 150 Dollar. Zu einem Krach mit Sennett kommt es, als Chaplin, der selbst schreiben und inszenieren will, unter der Regie von Mabel Normand, einem 20jährigen Star der Keystone, spielen soll. Doch dann gibt Sennett nach und geht auf alle Wünsche Chaplins ein. Denn inzwischen sind dessen Filme mit großem Erfolg angelaufen. Seinen ersten Film als Autor, Regisseur und Darsteller dreht Chaplin im Mai 1914 (*Caught in the Rain / Im Regen ausgesperrt*). Mit *Tillie's Punctured Romance (Tillies gestörte Romanze)* gelingt ihm seine erste abendfüllende Filmburleske. Ende 1914, als man sich über eine Verlängerung des Vertrages nicht einigen kann, verläßt Chaplin (nach 35 Filmen) die Keystone; bei der Essanay bekommt er eine Wochengage von 1250 Dollar.

Die ersten Ready-mades

Der französische Maler Marcel Duchamp, der im Vorjahr mit seinem 1912 entstandenen Gemälde *Akt, eine Treppe herabsteigend* auf der Armory Show in New York heftige Kontroversen ausgelöst hat, erwirbt in einem Pariser Kaufhaus einen Flaschentrockner aus galvanisiertem Eisen, versieht ihn mit einer Inschrift und erklärt ihn ohne weiteres zu einem Kunstwerk.

Er nennt dieses und andere von ihm ausgewählte Objekte Ready-mades. (Das amerikanische Wort bedeutet soviel wie Konfektionsware.) Seinen Kritikern erklärt Duchamp, es sei unwichtig, ob der Künstler das Objekt mit eigenen Händen hergestellt habe oder nicht. »Er hat ein gewöhnliches Element unserer Existenz genommen und es so hergerichtet, daß seine Zweckbestimmung hinter dem neuen Titel und dem neuen Gesichtspunkt verschwindet – er hat einen neuen Gedanken für diesen Gegenstand gefunden.«

Duchamp gibt damit einer geistigen Strömung sinnfälligen Ausdruck, die das gesamte gesellschaftliche Wertsystem und damit auch den darin integrierten Kunstbegriff in Frage stellt. Eine persönliche Konsequenz ist für ihn die Aufgabe der Malerei zugunsten der Suche nach anderen, ästhetische Emotionen erzeugenden Ausdrucksmitteln. Als erster ersetzt er mit seinen Ready-mades die traditionelle Funktion der Kunst als Nachahmung der Wirklichkeit durch die Selbstdarstellung der Realität in ihren Objekten, ohne freilich auf den Kunstbegriff als solchen zu verzichten. Er leitet damit eine Entwicklung ein, in der auch die Kunst ihren von ihm entdeckten Objektcharakter in immer wieder andersgearteter Weise zur Schau stellt.

Film

Premieren

● Giovanni Pastrone (unter Mitarbeit von Gabriele D'Annunzio): *Cabiria.* Historienfilm über den »tragischen Kampf der Rassen« (D'Annunzio). Ein pompös inszenierter Ätna-Ausbruch löst eine Sklavenflucht aus. Die Titelheldin wird von Seeräubern entführt, auf einem orientalischen Sklavenmarkt verkauft und soll dem Feuergott Moloch geopfert werden, doch der bärenstarke Sklave Maciste entreißt sie den Priestern. Zu den Einblendungen von Szenen aus dem Punischen Krieg gehört Hannibals Alpenübergang. Filmästhetische Neuerungen sind Kamerafahrten und die dramaturgische Verwendung von künstlichem Licht.
● Nino Martoglio: *Sperduti nel buio (Im Dunkeln verloren).* Veristische Verfilmung eines Dramas des Neapolitaners Roberto Bracca um eine illegitime Grafentochter, die bei einem blinden Bettler aufwächst.

Raymond Duchamp-Villon
Großes Pferd
1914

Neben Marcel als dem bekanntesten Mitglied der Künstlerfamilie Duchamp sind auch zwei Brüder künstlerisch hervorgetreten: Gaston Duchamp mit dem Künstlernamen Jacques Villon, der sich als Maler dem von Robert Delaunay entwickelten Orphismus bzw. orphischen Kubismus angeschlossen hat, und der Bildhauer Raymond Duchamp-Villon, ein späterer Vertreter der kinetischen (beweglichen) Plastik.

Die Bronzeskulptur Großes Pferd aus dem Jahr 1914 (die Aufnahme zeigt das Werk im Freilichtmuseum für Plastik in Middelheim bei Antwerpen) besitzt ihre Grundlage in der vor allem von Constantin Brancusi und Alexander Archipenko vorangetriebenen Abstraktion der Naturformen. Sie wird, ähnlich wie bei Umberto Boccioni, zum Bestandteil der futuristischen Auffassung vom Bildwerk als Ausdruck von Bewegungsenergien, die sich nach dem Muster technisch-industrieller Apparate und Vorgänge darbieten.

Unter dieser Voraussetzung ist Duchamp-Villons Großes Pferd nicht einfach das Abbild eines willkürlich deformierten Naturwesens, dessen Gliedmaßen die Gestalt von Pleuelstangen erhalten haben, wie sie etwa bei Lokomotiven verwendet werden. Vielmehr liegt der Skulptur ein intensives Naturstudium zugrunde mit dem Ziel, Analogien zwischen Natur und Technik zu erkunden.

Das Ziel ist freilich nicht, ein Demonstrationsobjekt biologisch-technischer Art zu entwickeln, das etwa die Verwendung von Kugellagern in beiden Bereichen verdeutlichen würde.

Vielmehr vergegenständlicht Duchamp wie gleichzeitig Fernand Léger in der Malerei technische Funktionen in den Formen von Kugeln, Kegeln und Zylindern. Sie gewinnen im Kunstwerk einen vom Ursprung zwar nicht losgelösten, jedoch eigenständigen Funktionszusammenhang.

Duchamp-Villons Großes Pferd steht auf den ersten Blick in denkbar großem Kontrast zur Auffassung des Pferdes in der Malerei Franz Marcs, und doch bestehen Gemeinsamkeiten unter dem Gesichtspunkt der Mechanik als einer höheren Natur, wie sie etwa Heinrich von Kleist in seinem Aufsatz Über das Marionettentheater dargelegt hat. Die hierbei mitwirkende Utopie einer Vermittlung zwischen Natur und Technik wird durch den Krieg radikal zerstört. So mag Duchamp-Villons Skulptur vor dem Hintergrund dieser Erfahrung aus heutiger Sicht als Ausdruck einer naturwidrigen und lebensfeindlichen Mechanisierung der Welt erscheinen.

Theater

Premieren

● Hermann Burte: *Katte*, Uraufführung am 6. November in Dresden. Historisches Schauspiel über die Hinrichtung Hans Hermann von Kattes, des Jugendfreundes Friedrichs II. von Preußen, im Jahr 1730. Katte hatte die Flucht des Kronprinzen vor der despotischen Erziehung seines Vaters Friedrich Wilhelm I. vorbereitet. Der häufig bearbeitete Stoff dient Burte zur Verherrlichung des Preußentums. Die Szene der Enthauptung Kattes in Küstrin, der Friedrich auf Anordnung seines Vaters vom Fenster seiner Zelle aus zusehen muß, entspricht der Absicht des Königs: »Mein Sohn soll die Bitternis des Todes auskosten, ohne ihn zu erleiden. Das wird ihn läutern und endlich sein besseres Ich ans Licht bringen.«

● Gerhart Hauptmann: *Der Bogen des Odysseus*, Uraufführung am 17. Januar in Berlin. Das auf Korfu begonnene Schauspiel bewahrt Eindrücke von Hauptmanns Griechenlandaufenthalt im Jahr 1907. Es bildet eine Dramatisierung der letzten Gesänge der *Odyssee* bei starker Konzentration der Handlung und Reduzierung der Personen; als Einheitsschauplatz dient die Behausung des Schweinehirten Eumaios, der den Bogen des Odysseus in Verwahrung hat. Hauptmann zeigt einen durch seine Irrfahrt bis an die Grenze des Wahnsinns getriebenen Odysseus, der durch die Rückkehr in die Heimat neue Kraft gewinnt.

● Carl Sternheim: *Der Snob*, Uraufführung am 2. Februar am Deutschen Theater in Berlin. Erste Fortsetzung der mit *Die Hose* (1911) begonnenen *Maske-Tetralogie*. Aufstieg des Sohnes Christian Maske zum Generaldirektor und Gatten einer Gräfin.

Zwei Positionen im Expressionismus

»Es ist ein so namenloses Unglück, wenn einem die Welt entzweibricht.« Dieser Satz aus einem Brief Georg Trakls umschreibt die Grunderfahrung, die seine gesamte Dichtung prägt. Insbesondere gilt dies auch für die in dem Band *Sebastian im Traum* gesammelten Gedichte in denen nicht mehr die Welt Thema, sondern nur Material ist für Traumbilder, die erfüllt sind von Leid und Schuld und Todessehnsucht. Worte und Bilder sind nicht mehr auf die empirische Wirklichkeit bezogen, sondern assoziativ im Rahmen des jeweiligen Gedichtes zusammengefügt, einen Zustand evozierend, der die subjektive Erfahrung ebenso bestimmt wie die gesellschaftliche Realität – den Zustand der Kommunikationslosigkeit und Isolation.

Eine andere Facette der zeitgenössischen Lyrik zeigt Ernst Stadler, der den Gedichtband *Der Aufbruch* vorlegt. Noch an der impressionistischen Dichtung etwa eines Stefan George geschult, dessen Gedichtband *Der Stern des Bundes* ebenfalls in diesem Jahr erscheint, sieht auch Stadler das Dichteramt als das des »Künders«, dessen Botschaft aber eine andere ist: ihn will »Leben mit Erfüllung tränken«, ihn drängt es zur Tat, danach, ›Ackerschollen umzupflügen«. Verherrlicht erscheint ein vitales Leben, in dem das Schicksal zur Herausforderung, der Krieg zum Rausch, der Tod zum großen Ereignis wird. Ausdruck dieser Aufbruchstimmung ist nicht die Strenge der dichterischen Form, sondern eine diese Form sprengende Sprache, sind etwa freie Rhythmen und dynamisierende Metaphern, die die gewohnten Vorstellungen durchbrechen und aufrütteln wollen zu befreiendem Handeln, zum Abschütteln der Fesseln einer todgeweihten Welt, zu Neubesinnung gemäß des in den Mittelpunkt der Dichtung gestellten Wortes von Angelus Silesius: »Mensch, werde wesentlich.« Die Todessehnsucht Trakls, der sich am 3. November das Leben nimmt, lag wohl ebenso in der Luft wie die Sehnsucht nach der befreienden, das Alte überwindenden Tat.

Literatur

Neuerscheinungen

● Leonhard Frank: *Die Räuberbande*. Erfolgreiches Erstlingswerk des 32jährigen Schriftstellers, das noch im Erscheinungsjahr mit dem Fontane-Preis ausgezeichnet wird. Der Roman handelt von einer Gruppe Jugendlicher, die sich nach Karl Mays Gestalten als Winnetou, Falkenauge, Rote Wolke, Oldshatterhand bezeichnen und von ihren zukünftigen Abenteuern im Wilden Westen träumen, nachdem sie ihre verhaßte Heimatstadt Würzburg mitsamt den Eltern, Lehrern und Meistern niedergebrannt haben. Der Weg ins bürgerliche Leben läßt sie jedoch selbst zu engen Kleinbürgern werden. Lediglich »Oldshatterhand« Michael Vierkant gewinnt in München als Künstler ein gewisses Maß an Freiheit, endet aber durch Selbstmord.

● Stefan George: *Der Stern des Bundes*. Sammlung von 100 Gedichten, in wenigen Exemplaren für den engeren Freundeskreis schon 1913 erschienen. Ausdruck der Sendung des Dichters, zwischen Gott und Menschheit zu vermitteln. In einem Gedicht über das Gericht, das über die Gegenwart verhängt ist, heißt es: »Zu spät für stillstand und arznei/ Zehntausend muß der heilige wahnsinn schlagen/Zehntausend muß die heilige seuche raffen/Zehntausende der heilige krieg!«

● André Gide: *Les caves du Vatican* (*Die Verliese des Vatikans*, 1922). Grotesk-satirischer Roman um überkommene Moralvorstellungen, die sich unter anderem im Motiv des absoluten, weil durch keinerlei Interesse begründeten Verbrechens kristallisieren. Der Titel bezieht sich auf das in die Romanhandlung integrierte (historisch verbürgte) Gerücht von der Gefangennahme des Papstes Leo XIII. (1893), an dessen Stelle ein Doppelgänger getreten sei. Wie häufig bei Gide wird der Gegenstand des Romans reflektiert, indem eine der handelnden Personen sich mit der Tauglichkeit der Ereignisse als Romanstoff beschäftigt.

● Ricarda Huch: *Der große Krieg in Deutschland* (Erscheinungsbeginn 1912). Epische Darstellung des Zeitraums von 1585 bis 1650 auf der Grundlage zeitgenössischer Chroniken und Annalen, mit der zentralen Schilderung des Dreißigjährigen Kriegs, dessen Schrecken sich in den Augen des Lesepublikums mit dem Ausbruch des Ersten Weltkriegs wiederholen. Dieser Zusammenhang gibt dem Geschichtswerk seine aktuelle Bedeutung.

● Christian Morgenstern: *Wir fanden einen Pfad*. Rudolf Steiner gewidmete Sammlung von Gedichten.

Traumbilder

»Dem oberflächlichen Betrachter wird es wie eine Verrücktheit vorkommen. Es wäre auch zu einer solchen geworden, wenn ich die überwältigende Kraft der ursprünglichen Erlebnisse nicht hätte auffangen können.« Mit dieser Äußerung bezieht sich der Psychiater Carl Gustav Jung auf das Rote Buch, das er in diesem Jahr anlegt und bis 1930 fortführt. Von seiner wissenschaftlichen Tätigkeit her mit den Hervorbringungen des Unbewußten befaßt, beginnt er seine eigenen Träume und Visionen, aber auch bewußt gelenkte Wachträume aufzuzeichnen und zu illustrieren. Als »Auslöser« wirkt nicht zuletzt eine Vision aus dem Oktober 1913: die Vision einer ungeheuren Meeresflut, die über ganz Deutschland hereinbricht, wobei sich das Wasser in Blut verwandelt.

Die Darstellung einer Vision aus dem Januar 1914 ist ein Kreuz im Flammenkreis über einer Welt des Krieges und der Technik. Die große Sorgfalt, mit der Jung seine Träume und Visionen verzeichnet, verdankt sich einem durchaus wissenschaftlichen Anliegen: sprachliche und bildnerische Gestaltung geben ihm die Möglichkeit einer gleichsam kontrollierten Selbstbefragung und Selbsterfahrung, die der Suche nach den Quellen und der Bedeutung des Geschauten dienen. Wie er dies etwa in seiner Abhandlung Die Beziehungen zwischen dem Ich und dem Unbewußten (1928) ausführt, streben das Unbewußte und das Bewußte nach gegenseitiger Ergänzung zum Selbst, das dem Ich übergeordnet ist, und diese Ergänzung ist wesentlich für das seelische Gleichgewicht. Träume sind für ihn nicht Resteverwertung des Tageserlebens oder verschlüsselte Triebkonflikte, sondern »Kryptogramme über den Zustand meines selbst, die mir täglich zugestellt wurden«. Das bildnerische Gestalten hilft (und deshalb ist es auch heute noch Teil mancher Therapieformen und Übungen in Selbsterfahrungsgruppen), diese Botschaften gleichsam lesbar zu machen.

Gegenüberliegende Seite: Carl Gustav Jung, Kreuz im Flammenkreis; 1914.

1914

Verteidigung des Vaterlands

In der Schlußszene seines im Juli abge-schlossenen Romans Der Untertan *läßt Heinrich Mann seinen Anti-Hel-den Heßling erklären: »...Darum sol-len wir nach wie vor die höchste Pflicht in der Verteidigung des Vaterlandes se-hen, die höchste Ehre im Rock des Kö-nigs und die höchste Arbeit im Waffen-handwerk.« Tatsächlich versucht die deutsche Regierung noch am 3. Au-gust, dem Tag der Kriegserklärung an Frankreich, den Krieg als Verteidi-gungskrieg darzustellen: »Französi-sche Kompanien halten seit gestern deutsche Ortschaften besetzt. Bom-benwerfende Flugzeuge kommen seit gestern nach Baden, Bayern und...in die Rheinprovinz und versuchen, unsere Bahnen zu zerstören. Frankreich hat da-mit den Angriff gegen uns eröffnet und den Kriegszustand hergestellt.«*

Am 28. Juni wurde in Sarajevo, der Hauptstadt des 1908 von Österreich-Ungarn annektierten und andererseits von Serbien beanspruchten Bosnien, das österreichisch-ungarische Kron-prinzenpaar ermordet. Der Attentäter ist der 19jährige Gymnasiast und ser-bische Nationalist Gavrilo Princip. Vierwöchige diplomatische Aktivitä-ten bleiben ohne Ergebnis. Am 28. Juli erklärt Österreich Serbien den Krieg, Rußland mobilisiert am folgenden Tag. Am 1. August macht Frankreich mobil, Deutschland erklärt Rußland den Krieg; am 4. August billigt der deutsche Reichstag Kriegskredite in Höhe von fünf Milliarden Mark. Das nahezu einstimmige Votum entspricht der Erklärung des Kaisers vom 1. Au-gust: »Ich kenne keine Parteien mehr, ich kenne nur Deutsche.«

Der »Simplicissimus«, obwohl eben-falls »national« gestimmt, veröffent-licht doch Thomas Theodor Heines Zeichnung Der alte und der neue Kriegsgott, *die das an den Waggons der Truppentransportzüge vorherge-sagte »Preisschießen« auf seine wirt-schaftlichen Motive zurückführt.*

Oben und unten rechts: Ausrücken-de deutsche Soldaten; August 1914. Unten links: Thomas Theodor Hei-ne, Der alte und der neue Kriegsgott; 1914.

Musik

Premieren
● Igor Strawinski: *Le rossignol (Die Nachtigall).* Uraufführung des opernähnlichen »lyrischen Märchens« nach Hans Christian Andersens *Die chinesische Nach-tigall* am 26. Mai in Paris; Ausstat-tung Alexandre Benois. 1917 bearbeitet Strawinski den zwei-ten und dritten Akt zur sinfoni-schen Dichtung *Le chant du rossi-gnol (Der Gesang der Nachtigall;* Uraufführung als Ballett: Paris 1920, Ausstattung Henri Matisse).

Ereignisse
● Im italienischen Rovigo debü-tiert der 24jährige Beniamino Gigli in *La Gioconda* von Amilca-re Ponchielli. Der in Recanati ge-borene Sänger (Tenor) beginnt damit eine steile Karriere.
● In Freiburg im Breisgau grün-det der Volksliedforscher John Meier das Deutsche Volksliedar-chiv, das unter seiner Leitung zur Zentralstelle der Volksliedfor-schung in Deutschland wird.

Der Panamakanal

Wirtschaftliche Interessen, technischer Fortschritt und imperialistische Machtpolitik verbinden sich in einem Unternehmen, das 1914 zum Abschluß kommt. In den Jahren 1879 bis 1889 versuchte der Erbauer des Suezkanals, Ferdinand Lesseps, an der mittelamerikanischen Landenge eine Schiffahrts-verbindung zwischen Atlantischem und Stillem Ozean herzustellen. Die technischen Schwierigkei-ten des vorgesehenen schleusenlosen Kanals erwie-sen sich als unüberwindlich. Von 1901 an betrieben die Vereinigten Staaten ein modifiziertes Projekt mit Schleusen. Nachdem 1903 ein Vertrag mit Kolum-bien über die Rechte der USA an dem geplanten Ka-nal gescheitert war, veranlaßten die USA die Provinz Panama zur Loslösung von Kolumbien und zur Ver-pachtung der Kanalzone »auf unbegrenzte Zeit«. 1906 wurde mit den eine ungeheure Zahl von Men-schenopfern fordernden Bauarbeiten begonnen, begleitet von Aufständen (1908, 1912). Am 15. Au-gust 1914 wird der 81,6 Kilometer lange Kanal eröff-net; die volle Souveränität über ihn soll Panama im Jahr 2000 erhalten.

A. Roloff
Der Ausmarsch
1914

Feierlicher Volkskrieg

Es sind nicht allein die patriotischen Reden und Propagandamaterialien wie A. Roloffs Ausmarsch, der als Feldpostkarte verbreitet wird, in denen sich, martialisch, idyllisch oder idealistisch, die Verherrlichung des Krieges äußert. Thomas Mann, ein hellsichtiger Kritiker der spätbürgerlichen Gesellschaft, ist zugleich Gewährsmann für die im ersten Kriegsjahr umsichgreifende nationalistische Infizierung. Hierzu drei Stellen aus Briefen an seinen Bruder Heinrich.

30. Juli: »Ich war bis heute optimistisch und ungläubig – man ist zu civilen Gemütes um das Ungeheuerliche für möglich zu halten. Auch neige ich immer noch zu dem Glauben, daß man die Sache nur bis zu einem gewissen Punkt treiben wird. Aber wer weiß, welcher Wahnsinn Europa ergreifen kann, wenn es einmal hingerissen ist!« 7. August: »Ich bin noch immer wie im Traum, – und doch muß man sich jetzt wohl schämen, es nicht für möglich gehalten und nicht gesehen zu haben, daß die Katastrophe kommen mußte. Welche Heimsuchung!…Mein Hauptgefühl ist eine ungeheure Neugier – und, ich gestehe es, die tiefste Sympathie für dieses verhaßte, schicksals- und rätselvolle Deutschland, das, wenn es ›Civilisation‹ bisher nicht unbedingt für das höchste Gut hielt, sich jedenfalls anschickt, den verworfensten Polizeistaat der Welt zu zerschlagen.« Am 18. November schließlich antwortet Thomas Mann auf Heinrichs Erwartung, seine »Produktion (werde) nach dem Krieg so unverwendbar sein wie jetzt«: »Kannst Du wirklich glauben, daß durch diesen großen, grundanständigen, ja feierlichen Volkskrieg Deutschland in seiner Kultur oder Gesittung so sollte zurückgeworfen werden, daß es Deine Gaben dauernd abweisen könnte?«

Als Mahnung zur Brüderlichkeit erscheint 1914 bis 1917 die deutsche Ausgabe Johann Christof. Roman einer Generation von Romain Rollands autobiographisch geprägtem Roman Jean-Christophe (1904–1912). Zunächst von ungeheurem Erfolg begleitet, unterliegt der Roman nun diesseits wie jenseits der Grenze harter Kritik.

Fritz Gehrke
Die Kämpfe an der Aisne
1914

Ernst Ludwig Kirchner
Selbstbildnis als Soldat
1915

Der Alptraum Krieg

Zu den Opfern des ersten Kriegsjahres gehört der Maler August Macke, der kurz nach Verleihung des Eisernen Kreuzes am 26. September 1914 in Frankreich gefallen ist. Für Ernst Ludwig Kirchner ist, so scheint es, durch den Verlust der rechten Hand eine weitere künstlerische Tätigkeit ausgeschlossen. Doch das Selbstbildnis als Soldat ist keine »realistische« Darstellung, sondern ein Bild, in dem der Alptraum Krieg Gestalt gewonnen hat.
Kirchner, so läßt sich der Inhalt des Gemäldes ausdeuten, ist von der Front zurückgekehrt. Er trägt die Uniform des in Halle stationierten Mansfelder Feld-Artillerie-Regiments 75 mit breiten roten Schulterklappen und Feldmütze. Im Atelier erwartet ihn Erna Schilling, Modell und Lebensgefährtin der Berliner Jahre und spätere Ehefrau, an der Wand lehnen unvollendete Gemälde. Doch der Künstler kann nichts mehr tun; die verletzte Hand mußte amputiert werden, der blutige Armstumpf ragt aus dem Ärmel der Uniformjacke.
Daß die biographischen Fakten lediglich davon berichten, daß Kirchner, der sich 1914 als Freiwilliger gemeldet hat, nach seiner Einberufung und Stationierung in Halle von einem psychoseartigen Zustand ergriffen wurde, systematisch hungerte und im November 1915 als vorläufig untauglich entlassen worden ist, widerspricht nicht dem seelischen Realismus des Gemäldes. Er tritt um so deutlicher hervor, indem das Bild der genrehaften Kriegsszene eines Fritz Gehrke gegenübergestellt wird. Für Kirchner beginnt mit der Entlassung ein von der Furcht vor erneuter Einberufung begleiteter Weg durch verschiedene Sanatorien in Königstein im Taunus, Berlin und Kreuzlingen im Kanton Thurgau, bis er sich nach seinem ersten Aufenthalt 1917 – nach Kriegsende in Davos niederläßt. Kirchners Künstlerbiographie wird allerdings dadurch gekennzeichnet, daß die Flucht in die Krankheit seine künstlerische Entwicklung nicht hemmt, sondern mit der Entfaltung neuer gestalterischer Kraft verbunden ist. Zugleich erweitert sich der Kreis der Freunde und Förderer.

Bildende Kunst

Werke

● Alexander Archipenko: *Badende* (Philadelphia, Museum of Art); kubistisches Relief aus Holz und Metall, mit Malerei und Zeichnung.

● Hans Arp: *Statische Komposition* (Paris, Privatbesitz); abstraktes Gemälde mit Viereckformen.

● Erich Heckel: *Madonna von Ostende* (verschollen). *Frühling in Flandern* (Hagen, Karl-Ernst-Osthaus-Museum); expressionistische Landschaft.

● Ferdinand Hodler: *Bildnis Carl Spitteler* (Luzern, Kunstmu-

seum); Profilbildnis mit kräftiger Konturierung.

● Adolf Hoelzel: *Legende der heiligen Ursula* (Regensburg, Ostdeutsche Galerie); abstrahierende figürliche Komposition.

● Johannes Itten: *Raucher* (Stuttgart, Galerie der Stadt); abstrahierendes Figurenbild.

● Ernst Ludwig Kirchner: *Der Rote Turm zu Halle* (Essen, Museum Folkwang); expressionistisches Stadtbild aus starker Obersicht mit extremem Spannungsverhältnis zwischen Fläche und Raumwirkung.

● Paul Klee: *Der Niesen* (Bern, Kunsthalle); Landschaftsaqua-

rell mit zur Pyramide abstrahiertem Berg und zeichenhaften Gestirnen.

● Ludwig Meidner: *Der Schriftsteller Ferdinand Hardekopf* (Regensburg, Ostdeutsche Galerie); expressionistisches Bildnis.

● Amadeo Modigliani: *Bildnis des Malers Moïse Kisling* (Mailand, Pinacoteca di Brera); *Bildnis des Malers Chaïm Soutine* (Stuttgart, Staatsgalerie); abstrahierende und individualisierende Porträts der befreundeten Künstler.

● Egon Schiele: *Tod und Mädchen* (Wien, Österreichische Galerie); zeichnerisch-expressive Figurenkomposition.

Neue Maßstäbe in der Kunstwissenschaft

Mit seinem neuen Werk, das unter dem Titel *Kunstgeschichtliche Grundbegriffe* im Münchner Verlag F. Bruckmann erscheint, setzt der 1864 in Winterthur geborene Kunsthistoriker Heinrich Wölfflin, Lehrstuhlinhaber an der Universität München, neue Maßstäbe für die Betrachtung und das Verständnis von Kunst. Was der Schüler Jacob Burckhardts in seinem Werk *Die klassische Kunst* (1899) bereits begonnen hat – die Behandlung eines bestimmten Stils als ein überindividuelles Objekt, und zwar als etwas »Künstlerisches«, das »unbekümmert um allen Zeitenwechsel seinen inneren Gesetzen folgt« –, führt er in seinem neuen Buch zu Ende.

Wölfflin erhebt das Phänomen des »Stils« als der Grundform der jeweiligen Epoche zum obersten Begriff aller kunsthistorischen Erkenntnismöglichkeiten und fordert die folgerichtige Zusammenfassung aller Stilmerkmale einer bestimmten Epoche zu einem einheitlichen Begriffskomplex, der sich auf Vorstellungsformen wie das bloße »Sehen« stützt. Entscheidend ist nicht das Individuelle, sondern die Formen der »reinen« Anschauung: »Jeder Künstler findet bestimmte ›optische‹ Möglichkeiten vor, an die er gebunden ist. Nicht alles ist zu allen Zeiten möglich. Das Sehen an sich hat seine Geschichte, und die Aufdeckung dieser ›optischen Schichten‹ muß als die elementarste Aufgabe der Kunstgeschichte betrachtet werden.«

Um die Entstehung des Stils einer Epoche zu veranschaulichen, stellt Wölfflin für das 16. und 17. Jahrhundert, die er als Stileinheiten in Anspruch nimmt, fünf Begriffspaare zusammen: die Entwicklung vom Linearen zum Malerischen, vom Flächenhaften zum Tiefenhaften, von der geschlossenen zur offenen Form, vom Vielheitlichen zum Einheitlichen und schließlich die absolute und die relative Klarheit des Gegenständlichen. Auf die schon von Jacob Burckhardt und Georg Dehio angenommene Periodizität (Wiederholbarkeit) der Formentwicklungen in der Architekturgeschichte anknüpfend, weist Wölfflin darauf hin, daß sich in allen architektonischen Stilen des Abendlandes gewisse gleichbleibende Entwicklungen beobachten lassen. »Es gibt eine Klassik und einen Barock nicht nur in der neueren Zeit und nicht nur in der antiken Baukunst, sondern auch auf einem so ganz fremdartigen Boden wie der Gotik.« Die Entwicklung der Kunst vergleicht Wölfflin mit einer Spiralbewegung.

Kubo-Futurismus

Zwischen Kubismus und Futurismus bestehen trotz der stilistischen Ähnlichkeiten grundlegende Unterschiede. Während die Kubisten die Überwindung des Emotionalen anstreben, sind die Gestaltungsprinzipien der Futuristen von stürmischer Gefühlsbetontheit bestimmt. Von ihren malerischen Empfindungen heißt es in ihrem *Technischen Manifest:* »Wir wollen sie singen und hinausschreien in unseren Bildern…»Dennoch gelingt bisweilen die Verbindung beider Richtungen, so bei Gino Severini in raffinierter, ironischer Verschmelzung kubistischer und futuristischer Elemente.

Am ehesten zu einem eigenständigen Stil verschmolzen werden die Erfahrungen beider Richtungen in dem durch den Krieg vom Westen isolierten Rußland durch Maler wie Kasimir Malewitsch, David Burliuk und Iwan Puni. Ihr Kubo-Futurismus entspricht zugleich der Formensprache Fernand Légers zu dieser Zeit, auf die der Begriff ursprünglich gemünzt ist.

Ein Förderer der Kunst-Anschauung im Museum

Wilhelm von Bode setzt trotz der Kriegserschwernisse den Ausbau der Preußischen Kunstsammlungen fort, deren Generaldirektor er seit 1906 ist. Der 1909 nach Plänen von Alfred Messel begonnene Bau des Pergamonmuseums wird allerdings eingestellt und damit der Aufbau des Deutschen Museums gestoppt, in dem Bode deutsche und niederländische Kunst bis zum 18. Jahrhundert in ihrem historischen Kontext darstellen will.

Den Zusammenhang zwischen der Kunst und dem kunsthandwerklichen Gebrauchsgut einer Stilepoche sichtbar zu machen, hat er erstmals in dem nach fünfzehnjähriger Bauzeit 1904 auf der sogenannten Museumsinsel eröffneten Kaiser-Friedrich-Museum verwirklicht. Im »Renaissance-Museum« – der Bau beherbergt auch andere Sammlungen – sind die gesamten, durch Zukäufe laufend ergänzten Bestände aus dieser Zeit (Gemälde, Skulpturen, Gobelins und kunstgewerbliche Gegenstände) vereinigt, in Räumen, in die originale Architekturteile eingefügt sind.

Mit diesem Konzept der »Periodrooms« macht Wilhelm von Bode Museumsgeschichte. Führende Fachleute in aller Welt folgen seinem Beispiel. Unterstützt wird Bode in seinem Bemühen, Berlin zu einem führenden Sammelpunkt der Weltkunst zu machen, vom Kaiser-Friedrich-Museums-Verein, den er als Direktor der Gemäldegalerie und der Skulpturenabteilung 1897 ins Leben gerufen hat. Einer der eifrigsten Förderer, James Simon, hat unter anderem Grabungen in Assur und Babylon, die zur Gründung des Vorderasiatischen Museums führten, sowie in El-Amarna ermöglicht und ist Stifter wertvoller Sammlungen von Kunst der Gotik und der Renaissance. Freunde und Mäzene gibt es auch außerhalb Berlins. So kann die 1907 geschaffene Ostasiatische Kunstsammlung im zweiten Kriegsjahr durch ein Vermächtnis von Frau Marie Meyer in Freiburg ihren Bestand verdoppeln.

Max Liebermann, Bildnis Wilhelm von Bode; 1916.

1915

Revolutionäre Form und konservativer Gehalt

Als der amerikanische Regisseur David Wark Griffith 1913 nach sechsjähriger Tätigkeit aus der Filmproduktionsfirma Biograph ausschied, rühmte er in einer Zeitungsannonce als seine Neuerungen die Verwendung von Großaufnahme, Landschaftstotale, Rückblende, Ausblende sowie die »Zurückhaltung im Ausdruck, die die Filmherstellung auf ein höheres Niveau gehoben hat«.

1915 entsteht The Birth of a Nation *(Die Geburt einer Nation),* Griffiths *berühmtester und erfolgreichster Film, wie* Gone With the Wind *(1939) ein Filmepos über den amerikanischen Bürgerkrieg und dessen Folgen. Alle Erfahrungen, Experimente und Entdeckungen des anerkannten Meisters des amerikanischen Films sind in diesem Werk auf ästhetisch revolutionäre Weise verschmolzen.*

Der Film, von den Kritikern einhellig gelobt, bleibt für viele Jahre der erfolgreichste überhaupt. Wegen seiner rassistischen Darstellung der Schwarzen kommt es aber auch zu Auseinandersetzungen und zu Versuchen, Aufführungen von The Birth of a Nation *zu verbieten.* Griffith *wehrt sich mit einem von ihm verfaßten Pamphlet gegen »Zensur und Intoleranz«. Der Regisseur, der ein genialer Schöpfer neuer filmischer Ausdrucksmittel ist, bleibt im Gehalt seiner Werke konservativ. Die beiden oben abgebildeten Szenenfotos verweisen auf diese beiden Aspekte des Films: links die Aburteilung eines Schwarzen, rechts ein Beispiel für die freie Entfaltung des Geschehens im Landschaftsraum.*

Im Mittelpunkt des Films stehen zwei Familien, die Camerons als typische Südstaatler und die Stonemans aus dem Norden, die nach dem Sieg über die Separatisten an dem Rassengleichheitsprogramm mitwirken. Sie werden scheinbar widerlegt durch den Tod einer Cameron-Tochter auf der Flucht vor einem farbigen Soldaten.

Oben: The Birth of a Nation, 1915;
Szenenfotos.
Unten: Anzeige eines deutschen
Filmhändlers; 1915.

Film

Premieren

● Charlie Chaplin: *His New Job.* Erster von 14 Filmen, die Chaplin bis 1916 für die Produktionsfirma Essanay als Autor, Regisseur und Darsteller dreht; mit Chaplin als Arbeitsuchendem im Filmmilieu, Charlotte Mineau als Diva und Gloria Swanson als Sekretärin. Den Tramp verkörpert Chaplin in diesem Jahr in den Filmen *In the Park, A Jitney Elopement (Die Entführung im Münztaxi), The Tramp* u. a. Auf Chaplins wachsende Popularität deutet der Titel *Introducing Charlie Chaplin (Wir stellen vor: Charlie Chaplin)* hin, ein Promotions-Streifen der Essanay.

● Giovanni Pastrone: *Il fuoco (Das Feuer).* Drama um die Liebe einer Schloßherrin zu einem jungen Maler. Die weibliche Rolle des auf ein Zwei-Personen-Stück beschränkten Films verkörpert Pina Menichelli, die zu einem Prototyp der femme fatale wird.

● Stellan Rye: *Peter Schlemihl.* Filmversion der phantastischen Erzählung Adelbert von Chamissos vom verkauften Schatten, mit Paul Wegener in der Titelrolle.

Ereignisse

● Die Zeitschrift »Der Kunstwart« veröffentlicht einen Beitrag des Reformers Hermann Häfker, der den Importstop ausländischer Filme und das Erlahmen der deutschen Produktion als Voraussetzung für einen Neubeginn begrüßt: Im Kampf gegen den »Schund« kann der Krieg »Bundesgenosse und ein Erlöser sein … An uns ist es nun, dafür zu sorgen, daß der bisherige Zustand überhaupt nicht wiederkehren kann. Das Mittel dazu ist einzig: der Ersatz der bisherigen Schundfilmkilometer durch ein Besseres und Würdigeres, das die Kinotheater soweit erhalten hilft, wie sie nützlich sein können, indem sie in neue Bahnen einlenken.«

Die Diven

Sie verhelfen dem italienischen Film zu Ruhm und bewirken schließlich seinen Ruin: die Diven, die »gefährlichen« vamphaften Frauen. Die Schauspielerinnen Francesca Bertini, Lyda Borelli und Pina Menichelli (mit dem Beinamen »Königstigerin« aufgrund ihres Films *Tigra reale*, 1916) sind in den Diva-Filmen zwischen 1912 und 1917 erotisch anziehende, dämonische Frauen, Damen der Gesellschaft, Spioninnen, adlige Abenteurerinnen. Sie verkörpern für die Männer faszinierende Provokation und verderbliches Schicksal, sind zugleich soziale Aufsteigerinnen (manchmal auch im wirklichen Leben).

In Amerika stellt Theda Bara in dem 1915 entstandenen Film *A Fool There Was* den ersten Vampir der Filmgeschichte dar. Auf sie geht der Begriff Vamp zurück; sie verbreitet dämonisch-weibliche Ausstrahlung, wird als böses, als satanisches Weib stilisiert. Gloria Swanson, die in dem Film *Male and Female* (1919) eine verheiratete Frau aus guter Gesellschaft spielt, die ihren Butler verführt, gilt als die Erfinderin des mondänen Lebens und der Staralüren. Während die amerikanische femme fatale Menschen ins Unglück stürzt und die Männer ruiniert, ist die Dänin Asta Nielsen in ihren Filmen häufig selber die ausgebeutete, verletzte Frau, die sich mittels ihrer Erotik zur Wehr setzt.

Maxim Trübe
Begegnung auf hoher See
um 1915

Preußengeist/Deutscher Geist

»Von Ost und West drohn raubgierige
Nachbarn«, heißt es in der ersten Szene
des Dramas Preußengeist, das am 27.
Januar am Weimarer Hoftheater zur
Uraufführung kommt, »Belügen uns
ehrlos mit Friedensworten,/Und traun
wir ihnen ohne Arg, so stürzen/Sie hin-
terlistig sich mit Mord auf uns.«
Gegenstand des Stückes ist jedoch
nicht der aus offizieller deutscher Sicht
als Verteidigungskrieg gegen Rußland
einerseits, Frankreich und Großbritannien andererseits geführte Kampf
der Gegenwart, sondern ein Ereignis
aus der Jugend Friedrichs des Großen:
die Hinrichtung seines Freundes Hans
Hermann von Katte im Jahr 1730. Der
Autor Paul Ernst, ein Hauptvertreter
der Neuklassik, sieht in dem Stoff ein
Musterbeispiel heroischer Sittlichkeit,
verkörpert durch den »Soldatenkönig«
Friedrich Wilhelm I. von Preußen, der
sein Land in der Schlußszene als »deutsche Sonne für die ganze Welt« apostro-
phiert.
Pflichterfüllung, Gehorsam und Solda-
tenehre als zentrale Motive des Dramas stehen auch im Mittelpunkt der
Auseinandersetzung um den U-Boot-
Krieg. Wilhelm II. verbietet Anfang Juni die Torpedierung von Passagier-
schiffen, nachdem die Versenkung der
»Lusitania« zu einem scharfen Protest
der Vereinigten Staaten geführt hat.
Großadmiral Alfred von Tirpitz reicht
daraufhin sein Rücktrittsgesuch ein,
worauf der Kaiser mit einem scharfen
Tadel reagiert, von einer »Militärver-
schwörung« spricht und dem Admiral
befiehlt, in seinem Amt zu bleiben.
Weder im Inland noch im Ausland darf
der Verzicht auf den Einsatz von
U-Booten gegen Passagierschiffe bekannt werden. Nachdem die Kriegspropaganda diese Waffe als Wunder-
mittel verherrlicht hat, Großbritannien von seiner Versorgung abzuschneiden und damit auszuhungern,
befürchtet man Empörung. Im Ausland würde, so wird vorausgesehen,
der Verzicht als Schuldanerkennung
im Fall der »Lusitania«-Versenkung
verstanden werden. Insgeheim setzt
die deutsche Regierung jedoch Präsident Woodrow Wilson über die Entscheidung in Kenntnis.

Deutscher Geist zu Land und Meer
Ist uns'rer Helden Siegesehr!

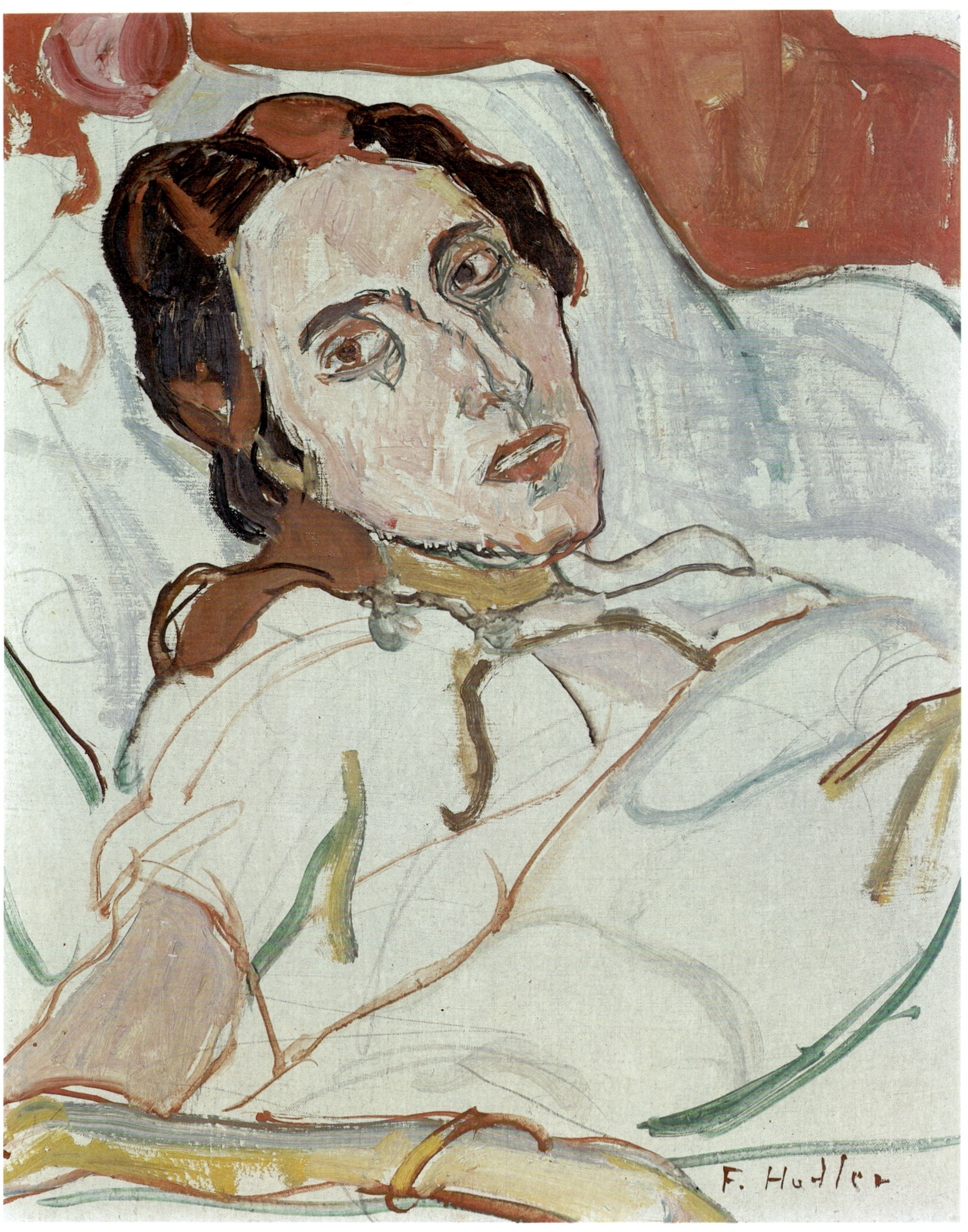

166

Theater

Premieren

● Paul Ernst: *Preußengeist*, Uraufführung am 27. Januar in Weimar. Historisches Schauspiel über die Hinrichtung Hans Hermann von Kattes im Jahr 1730. Die nationalistische, Preußen und Deutschland gleichsetzende Tendenz verdeutlichen die Schlußverse: »Mit goldnen Pfeilen das erschrockne Dunkel / Zur lügnerischen Unterwelt verjagend / Steigt donnernd hoch am morgendlichen Himmel / Die deutsche Sonne für die ganze Welt.«

● Karl Schönherr: *Der Weibsteufel,* Uraufführung am 6. April in Wien. Das Drama schildert das Dreiecksverhältnis zwischen einem »blutschwachen« Hehler, seiner vitalen Frau und einem kraftstrotzenden Grenzjäger, der seinen Rivalen am Ende ersticht. Schönherrs Typisierung enthält schon Elemente seiner »Blut-und-Boden-Dramen«.

● Carl Sternheim: *Der Kandidat,* Uraufführung am 6. Dezember in Wien. Bearbeitung von Gustav Flauberts Komödie *Le candidat* (1874) als Teil des Zyklus *Aus dem bürgerlichen Heldenleben.* Im Mittelpunkt steht der Fabrikant und Reichstagskandidat Russek. Er will es im Wahlkampf allen recht machen, stößt dabei alle vor den Kopf und erreicht schließlich doch sein Ziel, wobei ihn Rücksichtslosigkeit und Stolz als »bürgerlichen Helden« kennzeichnen.

● Anton Wildgans: *Armut,* Uraufführung am 16. Januar in Wien. Soziales Drama im Wiener Hinterhausmilieu. Krankheit und Tod des Postbeamten Suller bringen die Brüchigkeit der Beziehungen in der Familie zum Vorschein. Erfolgreich wird eine 1916 von Max Reinhardt inszenierte Neufassung.

Eine Krankheit zum Tode: Kafkas »Verwandlung«

Wie kein anderer Autor hat Franz Kafka – dessen eigentliche Wirkung erst nach dem Zweiten Weltkrieg einsetzt – in seinem Werk das Problem der Selbstentfremdung thematisiert. Beispielhaft ist die Erzählung *Die Verwandlung,* in der der »Reisende« Gregor Samsa eines Morgens als Käfer erwacht. Seine Verwandlung ist Grund und Folge zugleich des Verlustes aller menschlichen und sozialen Beziehungen. Er wird zum hilflosen und unnützen »Ungeziefer«, ein Tier, das zugleich – über das Bewußtsein – an das Menschsein gebunden bleibt. »Jedes Eingehen auf die Entstellung muß ihn als Menschen verletzen, jedes Ignorieren das Tier quälen« (Ewald Rösch). Nur der Vater hält an Gregors Verantwortung fest, er wirft einen Apfel – Symbol der Schuld – nach ihm und fügt ihm damit eine Verletzung zu, an der Gregor dahinsiecht. Er verweigert schließlich jede Nahrungsaufnahme, um sich selbst und die anderen von sich zu erlösen. Nur das Violinspiel der Schwester, die Musik verbleibt ihm als Verheißung.

Österreich-Ungarn auf der Operettenbühne

Mit der Operette *Die Csárdásfürstin* (Uraufführung am 13. November in Wien) festigt Emmerich Kálmán seinen durch *Herbstmanöver* (1908) begründeten Weltruhm als bedeutender Vertreter der »silbernen« Operettenära (nach der »goldenen« Ära mit Johann Strauß, Franz von Suppé und Karl Millöcker). Die Handlung der *Csárdásfürstin* ist dem Genre angemessen: Die nicht standesgemäße Liebe eines Fürstensohnes zu einer Chansonette bringt den Vater, Leopold Maria Fürst von und zu Lippert-Weylersheim, auf den Plan. Er stellt ersatzweise eine Komtesse zur Verfügung, für die sich dann aber ein anderer Bewerber findet, so daß nach einigen Wirren letztlich doch die reine Liebe über Standesdenken triumphieren kann. Angesiedelt ist das Geschehen in Wien und Budapest, wodurch es möglich ist, der Wiener Operette ein – auch in der Musik – ungarisches Kolorit mitzugeben. Mitten im Weltkrieg und drei Jahre vor ihrem Zusammenbruch darf die Donaumonarchie wenigstens auf der Operettenbühne noch bejubelt werden.

Die Enttabuisierung des Sterbens

Wie das Schaffen aller herausragenden Künstler ist auch die Malerei Ferdinand Hodlers der Spiegel eines von Höhen und Tiefen geprägten Lebensweges. Er drückt sich in den von religiösen Vorstellungen durchdrungenen symbolistischen Figurenbildern wie Eurythmie (1894/95) oder Heilige Stunde (1907/08) mit ihrer programmatischen Ablehnung des Realismus ebenso aus wie in den erschütternden, die Grenzen des Realismus auf andere Weise überschreitenden Darstellungen des Sterbens der beiden Lebensgefährtinnen und Mütter seiner beiden Kinder. Augustine Dupin, Tagelöhnerin und Wäscherin, starb 1909. Hodler malte sie in Agonie und Tod. Anfang 1915 stirbt nach langer, qualvoller Krankheit die aus gehobener Schicht stammende, jedoch verarmte Valentine Godé-Darel an Krebs. Auch ihren Leidensweg verfolgt Hodler als Maler. Die schonungslose Wiedergabe des körperlichen Zerfalls knüpft über Jahrhunderte hinweg an mittelalterliche und barocke Darstellungen des Leidens an und berührt sich mit der beispielsweise in der Lyrik Gottfried Benns vollzogenen Enttabuisierung von Sterben und Tod. Die zweimalige unmittelbare Betroffenheit von tiefem menschlichem Schmerz führt Hodler zurück zum Selbstbildnis. Bis zu seinem Tod am 19. Mai 1918 in Genf im Alter von 65 Jahren unternimmt er es immer wieder, die eigene Person gestaltend in Frage zu stellen.

Zu den tiefen Enttäuschungen der letzten Lebensjahre gehört der Nationalismus, der Hodler entgegenschlägt. Nachdem er 1914 zusammen mit 120 Genfer Künstlern und Intellektuellen einen Protest gegen die Beschießung der Kathedrale von Reims durch die deutsche Artillerie unterzeichnet hat, wird er aus allen deutschen Ehrenämtern ausgestoßen; sein Wandbild in der Universität von Jena wird für die Dauer des Krieges hinter Brettern verborgen.

Gegenüberliegende Seite:
Ferdinand Hodler, Valentine Godé-Darel auf dem Krankenbett; 1915.

Literatur

Neuerscheinungen

● Alfred Döblin: *Die drei Sprünge des Wang-lun.* Expressionistischer Roman mit einer Flut von Bildern und Motiven, begünstigt durch den historisch-fernöstlichen Stoff. Döblin schildert die Entwicklung Wang-luns, der im 18. Jahrhundert den Aufstand einer taoistischen Sekte geführt hat, die sich zur Lehre vom »Wuwei« (Nichthandeln) bekennt. Die »drei Sprünge« repräsentieren drei unterschiedliche Haltungen des Titelhelden: aus Gerechtigkeitsgefühl zum Dieb, Räuber und Mörder geworden, verkündet er die Lehre vom »Wuwei« mit der Konsequenz fatalistischer Weltflucht, um der Verfolgung der »Wahrhaft Schwachen« dann doch mit blutigem Kampf zu begegnen und schließlich zum »Nichthandeln« zurückzukehren. Zu den von Döblin verarbeiteten Einflüssen gehört die Lehre des späten Lew N. Tolstoi.

● Kasimir Edschmid: *Die sechs Mündungen.* Sammlung von Novellen, deren zumeist auf exotischen Schauplätzen angesiedelte, um Abenteurer und Gewaltmenschen kreisende Handlungen in Überdruß, Verzicht und Tod münden.

● William Somerset Maugham: *Of Human Bondage (Des Menschen Hörigkeit,* 1939). Autobiographisch gefärbter Roman über die Entwicklung eines durch einen Klumpfuß belasteten Knaben, der sich nach vielen Enttäuschungen die Existenz eines Landarztes aufbauen kann. Der Spinozas *Ethik* entnommene Titel bezieht sich auf die unter naturalistischem Einfluß gestaltete Beziehung des Romanhelden Philip Carey zu einer Kellnerin, der er in einem seinem wahren Wesen zuwiderlaufenden Ausschließlichkeit verfallen ist, um schließlich durch die Einsicht in seine Erniedrigung die Loslösung zu vollbringen. *Of Human Bondage* wird ein Welterfolg und gehört zu Maughams am meisten verbreiteten Werken.

● Romain Rolland: *Au-dessus de la mêlée (Der freie Geist,* 1946). Sammlung von 1914 in verschiedenen Zeitungen veröffentlichten Essays gegen den Krieg, die zu einem wirkungsvollen Manifest des Wunsches nach dauerhafter Versöhnung zwischen den Völkern werden. Rolland unterscheidet klar zwischen preußischem Militarismus und Deutschland.

1915

Allgemeine Relativitätstheorie: Ewige Jugend für Raumpiloten?

Albert Einstein macht erneut Schlagzeilen, diesmal mit seiner Allgemeinen Relativitätstheorie. Sie ist freilich so kompliziert, daß sie außer den Fachleuten kaum jemand vollständig versteht. In dem neuen Gedankengebäude, das auf der Speziellen Relativitätstheorie aufbaut, geht es um die grundsätzliche Gleichberechtigung aller raumzeitlichen Koordinatensysteme und die theoretischen Grundlagen einer modernen Kosmologie, die bestimmte Vorstellungen vom Universum und aller in ihm wirkenden Gesetze zum Ziel hat.

Wie abstrakt diese Zusammenhänge sind, zeigt sich in der von Einstein erkannten »Relativität der Zeit«. Danach würde beispielsweise für einen Raumpiloten, der mit nahezu Lichtgeschwindigkeit durchs All flöge, die Zeit langsamer vergehen als für die auf der Erde zurückgebliebenen Menschen.

Lieder für den Sieg

Der französische Grafiker und Maler schweizerischer Herkunft Théophile Alexandre Steinlen – wegen seiner Ausstattung des Pariser Lokals »Chat noir« sowie der gleichnamigen Zeitschrift mit Katzendarstellungen in allen erdenklichen Posen auch »Katzenraffael« genannt – steht in der Tradition der kritischen, dem Leben des einfachen Volkes verbundenen Zeichenkunst eines Honoré Daumier. Sie bewahrt ihn davor, nach 1914 in den in allen Lagern grassierenden Hurra-Patriotismus zu verfallen. Das äußerste, was er an zeichnerischer Verklärung zustande bringt, ist die von der Ballettbühne entlehnte Viktoria. Die Mehrzahl seiner Darstellungen des Krieges schildern dessen nacktes Elend.

Mitte: Théophile Alexandre Steinlen, Singende Viktoria; 1915.
Unten: Warnung vor Verseuchung durch Gelbkreuz-Kampfgas.

Daß dies nicht ein spitzfindiges Gedankenspiel ist, läßt sich am Verhalten der sogenannten μ-Mesonen nachweisen. Sie entstehen beim Zusammenprall von Partikeln der von Victor Heß entdeckten Höhenstrahlung mit Atomkernen der Erdatmosphäre etwa 30 Kilometer hoch über der Erde. Ein μ-Meson, das kann man berechnen, hat im Ruhezustand nur eine Lebensdauer von 2,2 millionstel Sekunden, dann zerfällt es wieder. Wenn es mit Lichtgeschwindigkeit in Richtung Erde fliegt, also mit 300 000 km/sek, würde es eigentlich nur einen Weg von 660 Metern in der Luft zurücklegen können – zu größeren Strecken dürfte seine Lebenszeit nicht reichen. Tatsächlich lassen sich μ-Mesonen aber noch an der Erdoberfläche nachweisen. Das heißt, sie müssen den fünffachen Weg – mindestens 30 Kilometer – zurückgelegt haben.

Die Erklärung für dieses paradoxe Spiel der Natur liefert Einstein. Es ist die Relativität der Zeit. In dem Bezugssystem des schnell dahinfliegenden Mesons läuft die Zeit langsamer ab als in dem des irdischen Beobachters. Folglich kann das Meson auch einen längeren realen Weg zurücklegen als berechnet, denn es hat – von seinem »Standpunkt« aus – mehr Zeit für den Flug zur Verfügung.

Berechnet man den Flug des Mesons erneut und berücksichtigt dabei die Relativität der Zeit in Abhängigkeit von der Geschwindigkeit, so ergibt sich statt der zu erwartenden 660 Meter tatsächlich ein Wert von etwa 30 000 Metern für die durchflogene Strecke.

Kampfgas als Kriegswaffe

Wenig rühmlich für die kriegführenden Mächte ist der erstmalige Einsatz von Kampfgas an der Westfront. Nachdem die Franzosen schon im Jahre 1914 das vergleichsweise harmlose Tränengas eingesetzt haben, antworten die Deutschen am 22. April 1915 bei Ypern mit einem Chlorgas-Angriff. Aus einer beträchtlichen Anzahl von Stahlflaschen ziehen bei günstigem Wind 168 Tonnen erstickender Chlorgas-Schwaden gegen die französischen Linien. Kein späterer Gasangriff des Ersten Weltkrieges, sagt man, sei wieder so »erfolgreich« gewesen wie dieser, obgleich die hohen Gefallenenzahlen bei den Franzosen weitgehend auch auf das nachfolgende Trommelfeuer zurückgeführt werden müssen. Wäre das Völkermorden im Jahre 1918 nicht beendet worden, so hätte man sich ab 1919 wahrscheinlich nur noch mit Gas aus Granaten bekämpft. Dieser Schluß scheint berechtigt angesichts der ungeheuren Gasmengen, die bis dahin in deutschen Fabriken produziert worden sind.

Die allgemeine Bezeichnung für die im Ersten Weltkrieg verwendeten chemischen Kampfgase lautet Gelbkreuz bzw. Gelbkreuzkampfstoffe. Zu ihnen gehört unter anderen das gefährliche Hautgift Senfgas. Bei Ypern wirkt sich das Chlorgas deshalb so verheerend aus, weil der im Grunde einfache Schutz gegen das Gas – durch Masken mit Thiosulfat-Filtern – im Jahre 1915 noch nicht existiert. Als die Masken dann hergestellt und verwendet werden, geht man zu dem wesentlich giftigeren Phosgen über, das bereits bei einer Konzentration von fünf Milligramm in einem Liter Luft in kurzer Zeit tödlich wirkt. Aber auch gegen das Phosgen werden Filter entwickelt, und so geht es weiter: Auf neue sogenannte »Maskenbrecher-Gase« folgen neue Filter. Erst das Kriegsende 1918 und das Genfer Protokoll vom 17. Juni 1925 machen dem Einsatz der Kampfgase vorläufig ein Ende.

Des Reiches neuer Schmied

»Des Sieges Lorbeer krönt Dein Werk«
lautet das Motto der Bildpostkarte,
das der – als Briefmarkenmotiv allge-
genwärtigen – Germania als Verkörperung des Reiches in den Mund gelegt
wird. Paul von Hindenburg erscheint
mit Arbeitsschürze, Hammer und Am-
boß als ein zweiter Bismarck, der einst
das Reich geschmiedet hat. Der 1914
im Alter von 67 Jahren reaktivierte General ist als Befehlshaber der 8. Armee
der Sieger der Ende August 1914 bei
Tannenberg im westlichen Masuren
gegen die 2. russische Armee ausge-
fochtenen Schlacht. Hier hatte 1410 der
Deutsche Orden gegen ein polnisch-
russisches Heer eine vernichtende Niederlage erlitten.
Ende August 1916 übernimmt Hindenburg als Chef des Generalstabs des
Feldheeres die 3. Oberste Heeresleitung, die uneingeschränkt über die
strategische Planung und Leitung des
Krieges verfügt und in der Frage der
Kriegsziele stark von industriellen
Führungsgruppen beeinflußt ist.
1915 ist es noch Kanzler Theobald von
Bethmann Hollweg, der im Auftrag
des Kaisers eine Umfrage der amerikanischen Presseagentur United Press
über die Kriegsziele der kriegsführen-
den Staaten beantwortet. Die deutsche
Auskunft lautet allgemein: »Der von
uns erstrebte Frieden wird allen Völkern die Freiheit der Meere verschaffen
und allen Nationen die Möglichkeit
eröffnen, den Werken des Fortschritts
und der Gesittung durch einen freien
Verkehr in der ganzen Welt zu dienen.«
Hinter dieser Erklärung verbirgt sich
das Ziel, das der »Kriegsausschuß der
deutschen Industrie« und der »Central-
verband deutscher Industrieller«
schon Ende 1914 formuliert haben, sowohl im Osten als auch im Westen das
Reichsterritorium zu erweitern, um
neue Rohstoffquellen zu gewinnen.
Auch die französische Regierung läßt
nichts über Annexionspläne verlau-
ten, obwohl die Rheingrenze das eigentliche Kriegsziel bildet, verbunden
mit dem Bestreben, die Einheit des
Deutschen Reichs zu zerstören. Eine
von Großbritannien unterstützte Forderung ist die Rückgewinnung von Elsaß-Lothringen.

Bildende Kunst

Werke

- Hans Arp: *Relief Dada* (Basel, Kunstmuseum); Relief aus bemalten Holzteilen.
- Umberto Baccioni: *Der Komponist Ferrucio Busoni* (Rom, Galleria Nazionale d'Arte Moderna).
- Albin Egger-Lienz: *Den Namenlosen 1914* (Wien, Heeresgeschichtliches Museum); Antikriegsbild mit gesichtslosen, in den Kampf gejagten Gestalten.
- Naum Gabo: *Frauenkopf* (New York, Museum of Modern Art); abstraktes Relief aus Metall und Zelluloid.

- Juan Gris: *Syphon, Glas und Zeitung* (Köln, Wallraf-Richartz-Museum); kubistisches Stilleben.
- Wassily Kandinsky: *Bild auf hellem Grund* (Paris, Privatbesitz); Komposition aus abstrakten, landschaftlichen und pflanzlichen Formen.
- Gustav Klimt: *Apfelbaum II* (Wien, Österreichische Galerie); stilisierte Naturdarstellung.
- Wilhelm Lehmbruck: *Gestürzter*; abstrahierende Skulptur einer bogenförmig gespannten, auf Knien und Armen sich abstützenden Gestalt.
- Jacques Lichpitz: *Kopf*; Bron-

zeskulptur aus geometrisch vereinfachten Formen.
- Edvard Munch: *Die Sonne* und *Die Geschichte* (beg. 1910); Wandgemälde (Öl auf Leinwand) in der Aula der Osloer Universität.
- Pablo Picasso: *Tänzerpaar* (London, Sammlung R. Penrose); Komposition aus rhythmisch kombinierten Flächen mit dem Bewegungseindruck des Schaukelns.
- Constant Permeke: *Der Fremde* (Musées Royaux des Beaux-Arts); expressionistisches Gemälde, entstanden zur Zeit der englischen Evakuierung des verwundeten belgischen Malers.

Die Geburt des Dadaismus

Der Mann heißt Hugo Ball, ist wie eine blaugoldene Säule gewandet und trägt mit fast priesterlicher Andacht sein Gedicht vor: »Gadji beri bimba/ glandridri lauli lonni cadori…« Das Publikum versteht kein Wort. Doch hat sich das biedere Zürich längst daran gewöhnt, inmitten der Kriegswirren neutrales Sammelbecken für alle möglichen Arten von Revolutionären zu sein. Und einige von ihnen, neben Ball Tristan Tzara, Hans Arp, Marcel Janco und Richard Huelsenbeck, gründen 1916 in einer kleinen Kneipe ihr »Cabaret Voltaire«, zugleich Titel einer Zeitschrift, und starten dort unter Beifall und Protest ihre Simultanlesungen und Montagen aus Wort, Tanz und Musik. Der Dadaismus ist geboren. Der Name »Dada« findet sich in einem französischen Lexikon unter dem Stichwort »Holzpferdchen«. Obwohl die Dadaisten der ersten Stunde laut Hans Arp »eigentlich überhaupt nicht (wußten), was sie wollten«, obwohl sich unter Dada nur die »Fetzen einer modernen Kunstbetätigung« sammelten (Arp), strahlt der Dadaismus dennoch bis in die Pop-art der sechziger Jahre aus.

Alfred Stieglitz

1864 als Sohn jüdisch-deutscher Einwanderer bei New York geboren, erhielt Alfred Stieglitz seine Ausbildung ab 1882 an der Technischen Hochschule in Berlin. Im folgenden Jahr begann er zu fotografieren, 1890 kehrte er nach New York zurück. Ab 1903 leitet er die Little Galleries of the Photo-Secession, nach der Hausnummer des an der Fifth Avenue gelegenen Gebäudes auch kurz »291« genannt. Die Galerie und eine gleichnamige Zeitschrift sowie die gleichfalls 1903 gegründete Zeitschrift »Camera Works« bilden ein Zentrum des Avantgardismus in New York.

Stieglitz veröffentlicht ab 1915 Francis Picabias *Maschinenbilder*: Bunte Gebilde aus Zahnrädern und Gestänge mit teilweise erotischen Anspielungen. Als Picabia im Januar 1917 seine Zeitschrift »391« erscheinen läßt, tritt Stieglitz mit seinem Blatt hinter der neuen, dem Dadaismus verpflichteten Publikation zurück.

Der Fotograf und Verleger Stieglitz bleibt bis zu seinem Tod 1946 ein bedeutender Förderer der modernen Kunst.

Suprematismus und Stijl

Die Loslösung der Malerei vom Gegenständlichen vollzieht sich im Zeitraum von 1910 bis 1915 quer durch die europäische Kunstlandschaft. Den radikalsten Bruch mit der Tradition vollzieht der Russe Kasimir Malewitsch, der Begründer des Suprematismus. Die Stilbezeichnung ist im Sinne von »Vorherrschaft der reinen Empfindung« zu verstehen.

Wann der Suprematismus als geometrische Gestaltungsweise entstanden ist, bleibt offen. Malewitsch selbst erklärt: »1913, in meinem verzweifelten Bemühen, die Kunst vom Ballast der gegenständlichen Welt zu befreien, floh ich zur Form des Quadrats.« Das Gemälde *Schwarzes Quadrat auf weißem Grund*, die »nackte, ungerahmte Ikone meiner Zeit« (Malewitsch), ist jedoch erstmals im Dezember 1915 in der letzten Futuristen-Ausstellung in Petrograd gezeigt worden.

Das auf der gegenüberliegenden Seite wiedergegebene Gemälde *Suprematismus* entspricht durch die Komposition aus schwebenden geometrischen Grundformen dem Streben, die Wirklichkeit der Erscheinungen »auf der Leinwand erkennbar zu machen, indem er (der Maler) sie nach inneren Beziehungen ordnet. Erst dann wird die Feierlichkeit der unendlichen Erregung, die Feierlichkeit des Weltalls spürbar« (Malewitsch).

In diesem kosmischen Bezug berühren sich der Suprematismus und die Programmatik der niederländischen Gruppe »De Stijl«, die sich 1917 bildet. Zu ihr gehört der Architekt Robert van't Hoff, dessen Bauten aus den Jahren 1914 bis 1916 schon die Forderung nach einer rein kubischen Gestaltung des Baukörpers erfüllen. Entscheidend ist, daß sich diese Kuben nicht – wie etwa bei Adolf Loos – als geschlossen zeigen, sondern sich – hier in dem Vorbild von Frank Lloyd Wright folgend – dem (unendlichen) Raum öffnen.

Robert van't Hoff, Wohnhaus in Huis ter Heide bei Utrecht; 1916.

Gegenüberliegende Seite:
Kasimir Malewitsch, Suprematismus; 1914–1916.

1916

Theater

Premieren

• Walter Hasenclever: *Der Sohn*, Uraufführung am 30. September in Prag. Expressionistisches Verkündigungsstück als »Drama der Menschwerdung«. Der Kampf des Sohnes um seine Freiheit wird zum »Kampf gegen alle Kerker der Erde«; die sich zusammenrottenden Freunde repräsentieren eine Jugend, die sich als »preisgegeben der Peitsche und dem Wahnsinn des väterlichen Gespensts« versteht. Das Stück ist ein Prototyp expressionistischer Bühnenkunst.

• Heinrich Mann: *Madame Legros*, Uraufführung am 26. April in Berlin. Der Stoff stammt aus Jules Michelets *Histoire de la Révolution française*. Das (vom Autor seiner Epik als gleichrangig an die Seite gestellte) Stück handelt vom Kampf einer Frau aus dem Kleinbürgertum um die Freilassung eines unschuldig in der Bastille Gefangenen. Das Ethos der Madame Legros erscheint in den aristokratischen Kreisen bis hin zur Königin als amüsante Kuriosität und wird mit der Verleihung des Tugendpreises belohnt. Als die Revolution beginnt, zieht sich Madame Legros angesichts der Kompromisse, die sie bei ihrem Kampf schließen mußte, wieder in ihr unscheinbares Privatleben zurück. Das 1913 entstandene Werk beschwört angesichts der drohenden machtpolitischen Konfrontation die Macht der Menschlichkeit, verbunden mit einer allgemeinen sozialrevolutionären Konzeption.

• René Schickele: *Hans im Schnakenloch*, Uraufführung am 16. Dezember in Frankfurt/Main. Drama über die Konflikte der Elsässer angesichts der Notwendigkeit, sich zwischen der Parteinahme für Deutschland oder Frankreich zu entscheiden.

Zwei Bühnenstars

Das europäische Schicksalsjahr 1914 bedeutete auch für zwei der größten Schauspielerkarrieren einen entscheidenden Einschnitt: Kurz vor Beginn des Ersten Weltkriegs zog sich Eleonora Duse im Bewußtsein, für ihre Paraderollen wie Nora oder als Kameliendame nicht mehr jung genug zu sein, auch tief enttäuscht von ihrer Verbindung mit dem Dramatiker Gabriele D'Annunzio, von der Bühne zurück, um nur noch einige Male vor ihrem Tod im Jahr 1924 auf der Bühne und im Film aufzutreten. Fast gleichzeitig wurde Max Pallenberg Ensemblemitglied an Max Reinhardts Deutschem Theater in Berlin. Die Seite aus Reinhardts Regiebuch seiner Berliner Macbeth-Inszenierung mag einen Eindruck von der Präzision der Regiearbeit des »Magiers« vermitteln.

Pallenberg (auf der gegenüberliegenden Seite dargestellt in einem Rollenbildnis von Lovis Corinths Ehefrau Charlotte Berend) ist ein Genie unbändig komödiantischer Verwandlungslust, ein Genie auch im freihändigen Umgang mit dem Rollentext und damit ein Schrecken der Kollegen. Dagegen die Duse: ein Wunder an Verinnerlichung und Innigkeit, eine Künstlerin, deren Intensität die hochartistische Virtuosenkunst ihrer großen Vorgängerin Sarah Bernhardt ablöste und zu einer neuen, modernen Ausdrucksdimension fand. Alfred Kerr: »Bei der Duse hört man die Ewigkeit rauschen, bei der Bernhardt die Kulisse wackeln...« Entsprechend ihre Rollenwahl: Von den Paradestücken eines Sardou und Dumas fand sie zum Naturalismus Ibsens, spielte in Nora und Rosmersholm und war zugleich in ihrer Verbindung mit D'Annunzio um eine Förderung zeitgenössischer Dramatik bemüht.

Mitte links: Eleonora Duse.

Mitte rechts: Seite aus Max Reinhardts Regiebuch seiner »Macbeth«-Inszenierung; 1916.

Gegenüberliegende Seite: Charlotte Berend-Corinth, Max Pallenberg als Ergaste in Reinhardts Inszenierung von Molières »Die Lästigen«; 1916.

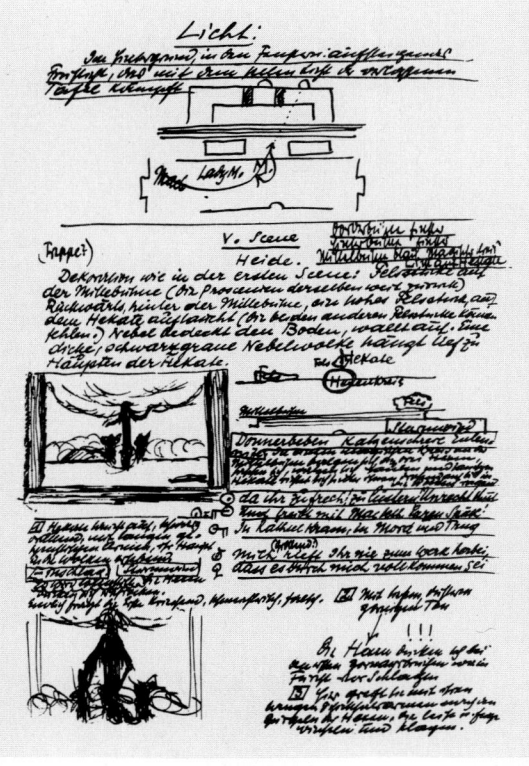

Film

Premieren

• Febo Mari: *Cenere (Asche)*. Eleonora Duse verkörpert eine Mutter, die aus Kummer über die Trennung von ihrem Sohn stirbt. Der Film ist nach einem Roman der sardischen Erzählerin Grazia Deledda entstanden, in deren Werken immer wieder die Mutter-Sohn-Beziehung als das letzte Geheimnis einer sich vom Kreatürlichen immer mehr entfernenden rationalen Welt dargestellt wird. Die Handlung spielt auf Sardinien; die karge Landschaft wird vom Film als dramaturgisches Element in das optische Geschehen einbezogen.

• David W. Griffith: *Intolerance*. Vier analoge Teile schildern den Kampf zwischen Gut und Böse als historische Grundsituation. Die vier Beispiele sind der Fall Babylons, die Passionsgeschichte, die Bartholomäusnacht (Blutbad unter den Hugenotten in Frankreich) und die Auseinandersetzung zwischen Kapitalisten und Arbeitern in Amerika. Diesem vierten Teil liegt das authentische Ereignis der Niedermetzlung streikender Arbeiter durch eine Fabrikmiliz zugrunde.

• Victor Sjöström: *Terje Vigen*. Zugrunde liegt die gleichnamige Ballade von Henrik Ibsen. Während der englischen Festlandsperre gegen Napoleon versucht ein norwegischer Fischer, Lebensmittel für seine hungernde Familie aus Dänemark zu beschaffen. Von einer englischen Patrouille abgefangen und eingekerkert, findet er nach der Entlassung seine Familie tot vor. Als sich nach Jahren die Gelegenheit zur Rache an dem verantwortlichen englischen Offizier bietet, läßt Terje Vigen diesen am Leben. Der schwedische Regisseur verwendet die Naturerscheinungen, beispielsweise den Sturm auf dem Meer, kahle Felsklippen und den Flug der Möwen, als Sinnbilder des menschlichen Geschehens und erreicht hierbei eine im Film bisher unbekannte Eindringlichkeit.

1–100

29

Charlotte Berend

M. Puccini

Literatur

Neuerscheinungen

- Johannes R. Becher: *An Europa*. Gedichtsammlung des 25jährigen Lyrikers, ein Hauptwerk des Expressionismus mit dem programmatischen Einleitungsgedicht *An die Dichter*, in dem es heißt: »Der Dichter meidet strahlende Akkorde./Er stößt durch Tuben, peitscht die Trommel schrill./Er reißt das Volk auf mit gehackten Sätzen…«Die meisten Gedichte sind von der Hoffnung getragen, daß aus den Schlachten und ihren Niederlagen »ein fabelhafter Morgen« aufzieht und durch das Grauen des Krieges die Menschheit zum Sieg gelangt. Leitbegriffe sind »Erweckung« und »Erneuerung« durch das dichterische Wort, das die Utopie zu beschwören vermag: »Füll, Utopia, füll des Chaos' Raum…«
- Max Brod: *Tycho Brahes Weg zu Gott*. Historischer Roman in der Tradition psychologisch-realistischer Erzählkunst. Im Mittelpunkt steht die Auseinandersetzung zwischen den beiden Astronomen Tycho Brahe und Johannes Kepler, wobei ersterer von dem Problem bewegt wird, »das Gesetz Gottes in all diesem Wust von irdischem Unglück zu erkennen«, während Kepler als einseitiger, von der Ratio geleiteter Wissenschaftler erscheint. Der Blick für die göttlichen Weltgesetze wird Tycho Brahe durch den Rabbi Loew geöffnet.
- Heinrich Lersch: *Herz, aufglühe dein Blut*. Kriegsgedichte des Arbeiterdichters, getragen von der Hoffnung, daß das gemeinsame Leiden einen Weg zur Bruderschaft des Volkes und zum Friedenswillen bildet.
- Christian Morgenstern: *Stufen*. Postume Veröffentlichung von Tagebuchnotizen und Aphorismen, darunter das *Tagebuch eines Mystikers*.

Heinrich Manns »Untertan«: Der Bürger und die Macht

Heute als eines der Hauptwerke der deutschen satirischen Literatur anerkannt, scheint der Roman zu bestätigen, daß es Satire nicht eben leicht hat in Deutschland: Heinrich Manns *Der Untertan* erscheint der Zensur wegen erstmals als Privatdruck in einer Auflage von zehn Exemplaren (die Veröffentlichung von Auszügen ab Anfang 1914 in verschiedenen Zeitschriften wurde nach Kriegsausbruch eingestellt). Der schließlich 1918 in einer Massenauflage veröffentlichte Roman wird lange, woran Bruder Thomas nicht ganz unschuldig ist, als »Pamphlet« abgetan.

Heinrich Mann greift erneut ein Thema auf, das er schon in dem 1905 erschienenen Roman *Professor Unrat oder Das Ende eines Tyrannen* behandelt hat. Es geht ihm um die Grundlagen des imperialistischen Kaiserreiches wilhelminischer Prägung, dargestellt in Form eines Bildungsromans am Beispiel des Bürgers Diederich Heßling und dessen Aufstieg zu Einfluß und Macht. Heßling paßt sich dem herrschenden System, dessen Macht er erleidet, bedingungslos an, da nur das System ihm den Freiraum zu eigenem Machtgewinn garantiert. So schluckt er alle Demütigungen, die ihm immer wieder von Stärkeren zugefügt werden, um sich da, wo er selbst der Stärkere ist – in der Familie, als Unternehmer und als Lokalpolitiker – schadlos zu halten. Am Ende des Romans huldigt Heßling in einer Festrede zur Einweihung eines Ehrenmals der Macht des Systems, deren rückhaltlose Verehrung er gar als »die Seele des deutschen Wesens« sieht. Ein Gewitter allerdings läßt die Festversammlung auseinanderstieben, alles löst sich in Unordnung auf – eine satirische Vorausschau auf das Ende des Wilhelminismus im Chaos des Krieges.

Was dem Autor im *Untertan* glückt, nämlich die Mischung aus Realismus und Allegorie, aus Einsicht in die Beweggründe der Figuren und satirischer Kritik, das kann er weder in *Die Armen, Roman des Proletariats* (1917) noch in *Der Kopf, Roman der Führer* (1925) – die drei Romane bilden die Trilogie *Das Kaiserreich* – wiederholen. Offensichtlich bewegt sich Heinrich Mann hier auf weniger vertrautem Boden, ist die Einsicht in die sozialen und ökonomischen Gegebenheiten zu gering, um den Figuren Leben, der Handlung Stringenz, dem Erzählstil Farbe verleihen zu können.

Gottfried Benns Dr. Rönne: Eine neue Sprache

Der Arzt Dr. Rönne soll den Chef des Krankenhauses vertreten und muß feststellen, daß er zum Handeln nicht fähig ist und auf ganzer Linie versagt. Was ihn lähmt, ist die Feststellung, daß die Beziehung zwischen seinem Ich und der Welt gestört ist, daß die ihm zur Verfügung stehenden Kategorien und Begriffe nicht mehr ausreichen, um die Realität in den Griff zu bekommen. Die Krise, die er durchlebt, ist Gegenstand des in der Schriftenreihe »Der jüngste Tag« erscheinenden Novellenzyklus *Gehirne* (so auch der Titel der den Band eröffnenden Novelle) von Gottfried Benn.

Schauplatz der ersten Novelle (entstanden 1914) ist noch Berlin, bei den folgenden dann aber Brüssel (Benn war dort seit 1914 als Krankenhausarzt tätig) und eine imaginäre Insel.

Die weitgehende Deckungsgleichheit der realen und fiktiven Schauplätze unterstreicht, wie sehr es eigene Erfahrungen sind, die Benn hier zu gestalten versucht – insbesondere die Erfahrung des Zerfalls von Welt, Wirklichkeit und Geschichte als Erfahrung des Zerfalls der eigenen Person, dazu der Versuch, das bedrohte Ich durch den Rückzug in die Innerlichkeit zu retten und gegen die Wirklichkeit zu behaupten. Rönne kommt zu der Einsicht, daß es nur in der Kunst noch möglich ist, das fremd gewordene Leben zu überwinden. Wie es an einer Stelle heißt: »Den Überschwang galt es zu erschaffen gegen das Nichts.«

Was Benns Novellen so bedeutend macht, besteht nicht darin, daß er die Geschichte eines Menschen und dessen inneres – möglicherweise zeittypisches – Erleben »beschreibt«, sondern daß er eine diesem Erleben entsprechende neue, eine »expressive« Erzählprosa schafft. Der Weg Rönnes ist der Weg von einem Ich, das Wirklichkeit erfährt, zu einem Ich, das sich selbst im künstlerischen Ausdruck verwirklicht. Er tritt gleichsam immer mehr zurück hinter seinen Monologen, erlebten Reden, lyrischen Einschüben und Erlebnisbildern, hinter einer dynamischen, assoziativen, »unlogischen« Sprache, die alle logischen Zusammenhänge und syntaktischen Ordnungen aufhebt. Aus der sprachlichen Zerstörung eines festgefügten Weltbildes entsteht eine neue Welt des künstlerischen Ausdrucks, in welcher das Ich seine Freiheit zu bewahren vermag.

Satire und Chauvinismus

Die vier auf der gegenüberliegenden Seite wiedergegebenen satirischen Bildbeiträge aus dem vierten Band des Kriegsalbums der »Lustigen Blätter« sind Beispiele für die Verbindung von Satire und Chauvinismus, der in den ersten Kriegsjahren bei nahezu allen ursprünglich kritischen oder zumindest der Kritik Raum gebenden Magazinen anzutreffen ist – in Deutschland wie im gegnerischen Lager.

Die Zeichnung oben links mit der Bildunterschrift »Also sprach Poincaré: ›Deutschland wird Frankreich um Frieden bitten!‹« bezieht sich auf eine Rede des französischen Staatspräsidenten (ab 1913) Raymond Poincaré im Zusammenhang der von Februar bis Dezember 1916 geführten Schlacht um Verdun. Wilhelm II. ist in derselben Haltung mit blitzenden Augen dargestellt, in der Heinrich Mann in seinem 1916 als Privatdruck veröffentlichten Roman Der Untertan das Sinnbild der namenloser Arroganz erstarrten wilhelminischen Gesellschaft sieht.

Verdun ist auch das Thema der unten links wiedergegebenen Karikatur Schwacher Trost des ab 1910 in Berlin tätigen Walter Trier. »Verdun verliere ich, aber den ›toten Mann‹ behalte ich!« legt die Bildunterschrift den französischen Marianne in den Mund. Erst 1918 entstehen antimilitaristische Zeichnungen des späteren Erich Kästner-Illustrators.

Die Karikatur Das Opfer (oben rechts) von W. A. Wellner trägt die Bildunterschrift: »Tier, du! Schlepptest Griechenland / An des Abgrunds jähen Rand; / Dies irae, dies illa / Naht für dich auch – John Gorilla!« Gemeint ist die Unterstützung der Entente unter Führung Großbritanniens für die kriegswillige griechische Gegenregierung, die den auf Neutralität beharrenden König Konstantin I. 1916 zwingt, das Land zu verlassen. Das vierte Beispiel bezieht sich auf den von Deutschland ab 1915 geführten uneingeschränkten Unterseebootkrieg.

Gegenüberliegende Seite:
Vier Karikaturen aus dem vierten Band des Kriegsalbums der »Lustigen Blätter«, 1916.

1916

Kriegsopfer

Die entsetzlichen Folgen des Einsatzes von Kampfgas sind das Thema des oben in einem Ausschnitt wiedergegebenen Gemäldes von John Singer Sargent. Es erinnert in gewisser Weise an Pieter Bruegels Parabel von den Blinden, doch liegt Singer eine sinnbildliche Darstellungsabsicht fern. Sein Bild hat vielmehr Reportagecharakter. Es steht im Zusammenhang der Tätigkeit des einst als Porträtist geschätzten Gesellschaftsmalers als Kriegsmaler an der englischen Front.

Der Chirurg Ferdinand Sauerbruch konstruiert ab 1916 künstliche Gliedmaßen, darunter auch den nach ihm benannten »Sauerbruch-Arm«. Dieser besteht aus einer Arm- und Handprothese, bei der sogar die Fingerglieder beweglich sind.

Im Krieg hat Sauerbruch zahlreichen Soldaten in den Lazaretten von Ypern und in den Vogesen durch Amputationen das Leben gerettet. Damals schon hat er nach Wegen gesucht, den Betroffenen nach dem Verlust eines Armes zu helfen. Als Dozent an der Zürcher Universität läßt sich Sauerbruch die noch existierende Eiserne Hand des Götz von Berlichingen zeigen, der 1504 im Alter von 24 Jahren im Kampf die rechte Hand verlor und daraufhin eine kunstvoll geschmiedete Prothese erhalten hat. Bei ihrem Anblick kommt Sauerbruch auf den Gedanken, bei der Konstruktion von Prothesen die noch verbliebenen Muskelstümpfe der Amputierten zu berücksichtigen. So beginnt er erneut zu operieren, und es gelingt ihm, die Muskelreste anatomisch zu verändern. Er schafft Hohlräume in ihnen, in die er Elfenbeinstäbe steckt. Von diesen aus spannt er Schnüre durch den künstlichen Arm bis in die Fingerglieder, die auf diese Weise wenigstens teilweise bewegt werden können. Schwere Arbeit kann ein solcher Patient nicht verrichten, doch erweisen sich die Prothesen als praktikabel und werden bald berühmt.

Oben: John Singer Sargent, Kampfgas-Opfer (Ausschnitt).
Unten: Von Ferdinand Sauerbruch ab 1916 entwickelte Hand- und Armprothese.

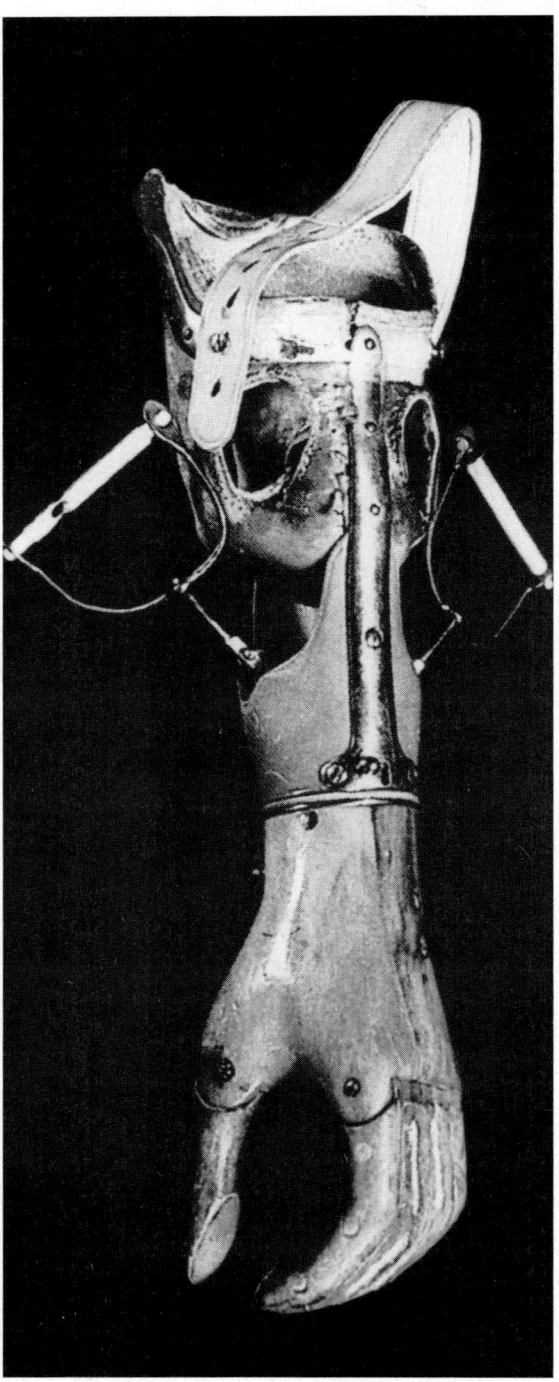

Franz Schubert als Operettenheld

In der Musikstadt Wien, jener Filiale des Himmels, der bekanntlich voller Geigen hängt, wird im dritten Kriegsjahr die Operette *Das Dreimäderlhaus* uraufgeführt, eine der peinlichsten Entgleisungen der Operettengeschichte.

Die von Heinrich Berté nach Melodien Franz Schuberts zusammengestellte und von Oskar Stalle arrangierte Operette bietet nicht nur ein abgeschmacktes Zerrbild des historischen Schubert, sondern sucht zugleich durch Gruppierung von Ereignissen um das Leben eines Künstlers die Ausbeutung seiner Musik zu überspielen.

Doch die auf der Kitsch-Biographie *Schwammerl* von Rudolf Hans Bartsch aus dem Jahre 1912 basierende, sentimental-nostalgische Handlung ist so recht nach dem Herzen des breiten Publikums. Sie deklassiert den großen Liederkomponisten Schubert, hin und her gerissen zwischen Zechrunden und Weibergeschichten, zur pseudo-volkstümlichen Figur und will so vergessen machen, daß, »wo die letzten Chancen musikeigener Produktion leichter Musik geschrumpft sind, die Operette dafür den »schöpferischen« Künstler glorifiziert, indem sie ihm die Melodien stiehlt« (Theodor W. Adorno). Die Librettisten A. M. Willner und Heinz Reichert stellen den Menschen Schubert in eine kleinbürgerliche Umwelt, deren süßlicher Operettenromantik die Herabwürdigung seiner Werke zu seichter Salonmusik zur Seite steht. Das Werk wird ein Welterfolg.

Einblick in die Pflanzenwelt der Vorzeit

Die schon länger bekannte Pollenanalyse wird zu einer Methode ausgebaut, die Kenntnisse über die vorzeitliche Pflanzenwelt vermittelt. Blütenstaubkörner von unterschiedlichen Pflanzen aus einer Bodenprobe lassen sich mikroskopisch auszählen und prozentual bestimmen. Untersucht man auf diese Weise geologisch aufeinanderfolgende und sicher datierbare Erdschichten, so läßt sich aus den prozentual gewonnenen Zahlen auf den Wandel der Vegetation von Epoche zu Epoche schließen. Die Tatsache, daß wir heute einigermaßen gut über die Waldbedeckung und die vorherrschenden Baumarten in der Vorzeit Bescheid wissen, ist nicht zuletzt der inzwischen noch verfeinerten Pollenanalyse zu verdanken.

Giorgio de Chirico
Die beunruhigenden Musen
1916

Die Metaphysik der Statik und Stille

Versucht Kasimir Malewitsch im Suprematismus »die Kunst vom Ballast der gegenständlichen Welt zu befreien«, so strebt Giorgio de Chirico umgekehrt danach, diesen »Ballast« der Kunst in neuer Weise zugänglich zu machen. Chiricos Thema bilden Figuren im Raum. Seine 1917 gemeinsam mit Carlo Carrà, den er während eines Lazarettaufenthalts in Ferrara kennenlernt, als »Pittura metafisca« definierte Darstellungsweise ist zugleich eine unmittelbare Reaktion auf den Futurismus und dessen Verherrlichung moderner technischer Dynamik bis hin zu der des Krieges.

Den Kontrast zum Futurismus arbeitet Chirico in seinem Gemälde Die beunruhigenden Musen mit programmatischer Genauigkeit heraus. An die Stelle perspektivischer Zersplitterung tritt wieder die linearperspektivisch konstruierte »statische« Raumbühne. An die Stelle der kubistischen und futuristischen Auflösung von Figuren und Gegenständen durch die Wiedergabe von Bewegungsphasen und vielfältigen Erscheinungsaspekten tritt wieder die Darstellung der klar umgrenzten, plastisch modellierten Gestalt.

Dennoch bildet Chiricos »Metaphysische Malerei« nichts weniger als eine Rückkehr zum Realismus. Zwar enthält das Gemälde Die beunruhigenden Musen realistische Elemente, etwa die Darstellung des Kastells von Ferrara im Hintergrund rechts. Woraus aber bestehen die Musen? Aus Fragmenten von Säulen und Statuen, aus Schneiderpuppen, die aus Stoff hergestellt sind, und dies alles in grotesken Proportionen.

Das von Statik und Stille durchdrungene Gemälde bringt bildhaft Chiricos Auffassung zum Ausdruck: »Der gesunde Menschenverstand und das logische Denken sind (in der Kunst) fehl am Platz. Das wirklich tiefgründige Werk muß vom Künstler aus den entlegensten Tiefen seines Wesens emporgehoben werden: Dorthin gelangt kein Rauschen eines Flusses, kein Lied eines Vogels, kein Rascheln des Laubes« – eine Botschaft, die im Kern den Surrealismus enthält.

Marc Chagall
Das rote Tor
1917

Max Pechstein
Stilleben mit Negerplastik
1917

Verlust der Poesie?

Der Weg des aus einer russisch-jüdischen Arbeiterfamilie stammenden Marc Chagall führte über eine künstlerische Ausbildung in Witebsk und Petersburg (bei Léon Bakst) 1910 nach Paris. Hier trat er 1911 mit seinem bei den »Unabhängigen« ausgestellten Gemälde Ich und das Dorf an die Öffentlichkeit. Es besitzt den schon voll entwickelten Stil der alogischen Anordnung von Gestalten und Gegenständen im unbestimmten Bildraum, der zwar kubistisch gegliedert, jedoch innerhalb dieser Struktur von phantasievollem Leben erfüllt ist.

1914 kehrte Chagall auf dem Weg über Berlin (Ausstellung in Herwarth Waldens Galerie »Der Sturm«) nach Rußland zurück, um ab 1915 Heeresdienst zu leisten. Durch die Revolution erhält er das Amt des Direktors der Künste im Gouvernement Witebsk.

Aus dieser Zeit stammt das Gemälde Das rote Tor, das auf den ersten Blick nichts weniger als ein »typischer Chagall« ist: Kein Mensch, kein Haus steht auf dem Kopf, nirgends schwebt jemand oder etwas durch die Luft; die Ziege wendete sich der Henne so zu, wie sie es auch in Wirklichkeit tut: durch eine Wendung des Kopfes. Tatsächlich »entbehrt« das Gemälde gleichsam der Poesie der Heimatlosigkeit; geblieben ist die expressive Verwendung der Farbe.

Demgegenüber wirkt das Stilleben mit Negerplastik des ehemaligen »Brücke«-Malers Max Pechstein geradezu gedämpft, obwohl es in Gestalt der Negerplastik ein expressionistisches Grundmotiv anklingen läßt: die Suche nach poetischer Ursprünglichkeit. Sie führte Pechstein 1913 auf die Palau-Inseln in der Südsee, von wo er nach Kriegsausbruch auf abenteuerlichem Weg über Japan, die USA, England und Holland nach Deutschland zurückgekehrt ist, um sofort zum Militärdienst eingezogen zu werden. Etwa zur selben Zeit wie die Folge von aufrüttelnden Radierungen mit dem Titel Somme-Schlacht entstanden, ist das Stilleben von eigentümlicher Wehmut erfüllt, an der selbst die im Schatten aufleuchtenden Lupinen Anteil zu haben scheinen.

De Stijl

Auf Initiative des Malers Theo van Doesburg schließen sich in Leiden Maler, Bildhauer und Architekten, unter ihnen Piet Mondrian und Jacobus Johannes Pieter Oud, zu einer Künstlergruppe zusammen, die nach ihrer von van Doesburg herausgegebenen Zeitschrift »De Stijl« benannt wird. Die Mitglieder der Gruppe verpflichten sich zu folgenden Grundsätzen ihres Schaffens: Dem Streben nach vollkommener Abstraktion durch Ausschluß des ganzen Bereichs direkter Wahrnehmung; der Beschränkung auf die gerade Linie und den rechten Winkel, also auf Horizontale und Vertikale; ferner der ausschließlichen Anwendung der drei primären Farben Rot, Gelb, Blau und der drei primären Nicht-Farben Schwarz, Grau, Weiß. Mit diesem radikal begrenzten Rüstzeug an Ausdrucksmitteln entwickelt die Gruppe eine neue Form der bildenden Kunst, die unter den Kennworten »Neue Gestaltung« und »Neoplastizismus« bald über die Grenzen der Niederlande hinaus wirksam wird.

Wie bei den meisten revolutionären Richtungswechseln auf der internationalen Kunstszene liegen dem bildnerischen Programm der Stijl-Gruppe auch weltanschauliche Überlegungen zugrunde. Die Kunst der eigenen Gegenwart soll in Übereinstimmung mit dem Wesen der Zeit, dem neuen Zeitgeist, gebracht werden. In ihm sehen die Stijl-Künstler einen Zug zum Gemeinschaftlichen, zur Entpersönlichung, gleichzeitig aber auch zur mathematischen Exaktheit, zur formelhaften Präzision. In ihrem ersten Manifest heißt es dazu: »Es besteht ein altes und ein neues Zeitbewußtsein. Das alte richtet sich auf das Individuelle. Das neue richtet sich auf das Universelle...Der Krieg destruktiviert die alte Welt und ihren Inhalt: die individuelle Vorherrschaft auf jedem Gebiet. Die neue Kunst hat das, was das neue Zeitbewußtsein enthält, ans Licht gebracht: gleichmäßiges Verhältnis des Universellen und des Individuellen.«

Diesen Begriff der universellen Harmonie, der in der ganzen Schöpfung als Gesetz herrscht, durch die Sichtbarmachung der »Figur« (im mathematischen Sinn) eines Inhalts darzustellen, ist in der Sicht des Stijl die Aufgabe der non-figurativen Kunst. Unter diesem Aspekt gewinnt die Blaupause symbolische Bedeutung in der Stijl-Kunst: In ihr »existiert« ein Bauwerk bereits, ebenso wie eine Symphonie schon in der Partitur ein Kunstwerk ist.

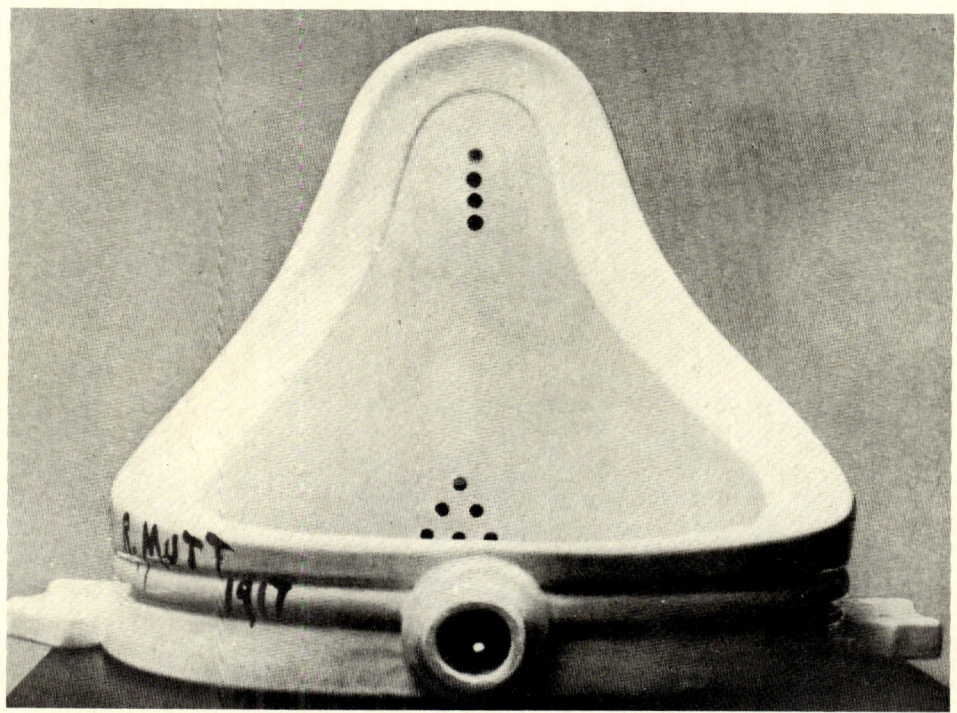

Pittura metafisica

Ein gleichzeitiger Lazarettaufenthalt führt in Ferrara den griechisch-italienischen Maler Giorgio de Chirico mit den ehemaligen Futuristen Carlo Carrà und Filippo de Pisis zusammen. Festgestellte Gemeinsamkeiten der künstlerischen Auffassungen führen zu ersten theoretischen Formulierungen, die in den Nachkriegsjahren zur Grundlegung der »Scuola metafisica« verdichtet werden. Ihr Ziel ist es, »durch Malerei eine neue metaphysische Psychologie der Dinge zu konstruieren«, wobei für de Chirico Metaphysik die Sichtbarmachung der geistigen Spannung über das gegebene Reale hinaus bedeutet. Indem die Dinge ihrer normalen Umwelt enthoben und in die magische Ruhesphäre der Vereinzelung gestellt werden, wird die hinter ihnen wirkende geheimnisvolle Kraft entschleiert. Während de Chirico seine Bildsprache von den »Italienischen Plätzen« über die Gliederpuppen-Bilder zu seinen »Metaphysischen Kompositionen« weiterentwickelt, wenden sich Carrà und Giorgio Morandi mehr den Dingen selbst als ihrem Geheimnis zu.

Anti-Kunst

Marcel Duchamp, der sich 1915 in New York niedergelassen hat, sendet 1917 als Jurymitglied einer Ausstellung heimlich eine mit R. Mutt signierte und als Fountain (Fontäne) betitelte Urinschüssel ein.

Er stellt amüsiert fest: »Die einen behaupten, die Fontäne von Richard Mutt sei unmoralisch, vulgär; die anderen, sie sei ein Plagiat, ein simpler Installationsartikel.«

Duchamp setzt mit dieser Aktion seine Versuche fort, durch sogenannte Ready-mades bestimmte Normen des Kunstbegriffs wie Werthaltigkeit oder Originalität in Frage zu stellen. Seine in diesem Sinne als Anti-Kunst zu verstehenden Arbeiten spiegeln das Bewußtsein der Verdinglichung des Lebens ebenso wie – auf ganz andere Weise – die Pittura metafisica oder das bewußt dieser Verdinglichung entgegenwirkende Stijl-Programm.

Marcel Duchamp, Fontäne; 1917.

1917

Literatur

Neuerscheinungen

● Leonhard Frank: *Der Mensch ist gut.* Fünfteiliger Novellenzyklus (Vorabdruck teilweise 1916 in »Die weißen Blätter«), der in Deutschland sofort nach seinem Erscheinen verboten wird. Das »leidenschaftlichste Buch gegen den Krieg, das die Weltliteratur aufweist« (Kurt Pinthus), stilistisch dem Expressionismus verpflichtet, schildert am Beispiel einzelner Menschen das Grauen des Krieges und mündet in einen Demonstrationszug, der zur »Revolution der Liebe« aufruft.

● Ivan Goll: *Requiem. Für die Gefallenen Europas.* Zyklus von 24 Gedichten gegen den Krieg, getragen vom Glauben an das Menschliche im Menschen und der Hoffnung auf Erneuerung. Die 1916 erschienene französische Ausgabe ist Romain Rolland gewidmet.

● Erwin Guido Kolbenheyer: *Die Jugend des Paracelsus.* Erster Teil der Romantrilogie *Paracelsus* (abgeschlossen 1925), die sich zu einer Mystifizierung des Deutschtums entwickelt, wobei das »faustische Wesen« des Paracelsus dessen Verkörperung bildet. Jedem der drei Teile geht ein einleitendes Gespräch zwischen Wotan und Christus über das deutsche Volk voraus. Der erste Teil handelt von der Kindheit des späteren Naturforschers und Mediziners in seinem Schweizer Heimatdorf. Der Tod seiner Mutter, die im Wahnsinn endet, weckt in dem Knaben den Wunsch, den Menschen als Arzt zu helfen. Die weiteren Bände schildern das Leben des Paracelsus inmitten der Kämpfe der Reformationszeit. Die Befreiung der Medizin vom Dogmatismus erscheint als Auseinandersetzung »deutscheigenen Wesens« mit der »fremden Kirche«.

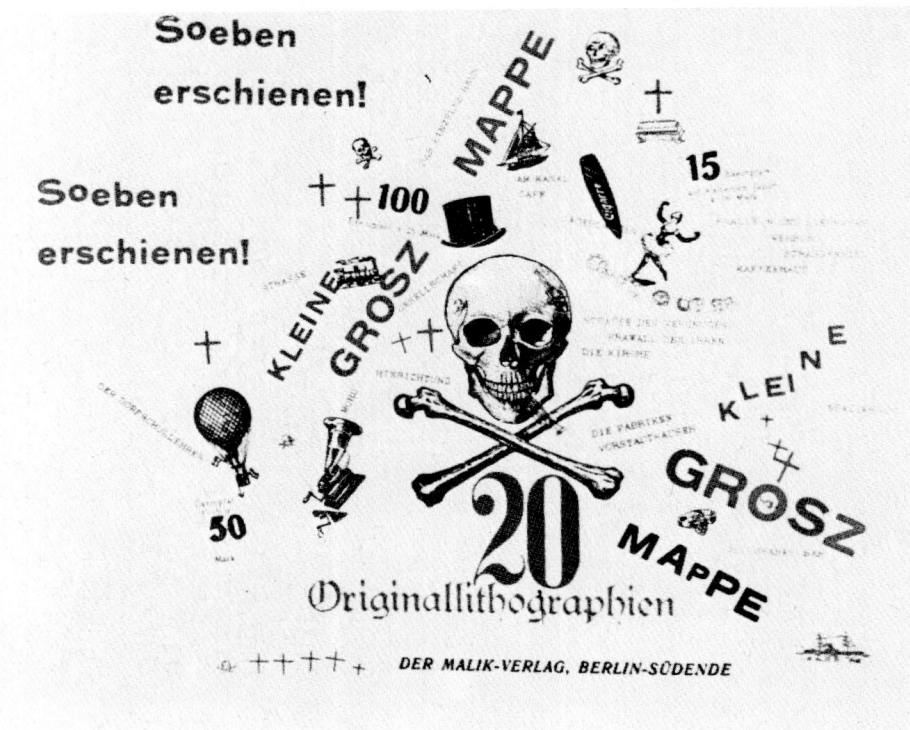

Kunst als Agitation

Der 24jährige George Grosz veröffentlicht im Jahr nach dem Abschluß seiner Ausbildung bei Emil Orlik an der Berliner Kunstgewerbeschule seine erste Mappe mit Lithographien. Verlegt wird sie beim 1917 gegründeten Malik-Verlag, der von Anfang an eine antimilitaristische und revolutionäre Haltung vertritt.

Seine Gründer sind die Brüder Wieland Herzfelde und Helmut Herzfeld; letzterer hat seinen Namen im Jahr 1916 aus Protest gegen die englandfeindliche Propaganda in John Heartfield anglisiert.

Die Anzeige deutet die Zielrichtung an, mit den (dadaistischen) Mitteln der Collage von Bild- und Textzitaten zu provozieren und zugleich das scheinbar spielerische Chaos in agitatorischer Absicht zu präzisieren.

Werbeanzeige zur ersten Grosz-Mappe, 1917.

Kriegsliteratur

Wenn es nicht den Titel gäbe, der heute noch gern – wenn auch zumeist falsch – in Reden vor allem von Politikern zitiert wird, um zu umschreiben, was man nicht zu sein behauptet, so wäre das Werk wohl längst vergessen. Gemeint ist das Buch von Walter Flex mit dem Titel *Der Wanderer zwischen beiden Welten,* »Ein Kriegserlebnis«, wie der Untertitel schlicht lautet. Flex erzählt darin von seiner Begegnung mit dem Studenten der Theologie und Wandervogel Ernst Wurche, mit dem er 1915 an der Front Freundschaft schließt und der ihm als eine Idealfigur erscheint, gleich weit entfernt von beiden Welten: von Himmel und Erde, von Leben und Tod. Erzählt wird von den gemeinsamen Erlebnissen und Erfahrungen – bis zum Verlust des Freundes, der den Soldatentod stirbt.

Was Flex da verfaßt hat, ist sicherlich nicht von hohem literarischem Rang – dennoch das schmale Bändchen weit über die Kriegsjahre hinaus außerordentlicher Erfolg. *Der Wanderer zwischen beiden*

Welten wird von jungen Lesern insbesondere aus der Jugendbewegung mit Begeisterung gelesen und erweist sich später als überaus geeignet zur ideologischen Aufrüstung der wieder einmal für den Waffengang benötigten Jugend. Der Grund? Flex gehört zu jenen, die von Aufbruchsstimmung erfaßt werden und die im Krieg eine heroische Bewährungsprobe für den Einzelnen ebenso wie für das gesamte Volk sehen. Was der »heldische« Wurche erlebt, die schwärmerische Begeisterung, mit der er für Volk und Vaterland sich zu opfern bereit ist – das alles sprudelt dem Autor aus seinem innersten Herzen und kleidet sich in hohes Pathos. Inhalt und Stil dienen dazu, den Schicksalskampf eines auserwählten, edlen Volkes gegen die allseits bedrohlich heranflutende Welt des Bösen und des Niedrigen – verkörpert beispielsweise durch die »Russenhorden« zu – verherrlichen. Ein Satz wie »Einen echten und rechten Sturmangriff zu erleben, das muß schön sein« reicht schon aus, um die fehlgeleitete und doch so ansteckende Begeisterung und auch Unreife sichtbar zu machen, die Wurche und Flex (er fällt 1917 kurz nach dem Erscheinen seines Buches im Alter von 30 Jahren auf Ösel) und viele Tausende willig in den Tod gehen läßt. Das Buch ist es sicherlich wert, erinnert zu werden: als Zeitdokument, mehr noch aber als eines der grausigsten Bücher der deutschen Literatur.

Der Wanderer zwischen beiden Welten repräsentiert allerdings nur eine Spielart der Literatur, die das Erlebnis des Krieges verarbeitet und sich damit auseinandersetzt.

Das Spektrum der Literatur, in der sich der Erste Weltkrieg spiegelt, reicht vom »Tagebuch eines Stoßtruppführers« *In Stahlgewittern* (1920) von Ernst Jünger mit seiner technokratisch-nüchternen, die Reflexion meidenden Beobachtung des Krieges über ein Drama wie *Opfergang* (1919) von Fritz von Unruh, in dem das Bewußtsein des Mörderischen und Sinnlosen dieses Krieges aufdämmert, bis zu dem heute noch vielgelesenen Roman von Ernst Maria Remarque *Im Westen nichts Neues* (1929), der, aus der Perspektive des einfachen Soldaten erzählt, das Schicksal der »verlorenen Generation« mit ihrer anfänglichen, vom Grauen des Krieges bald erstickten Begeisterung nachzeichnet. Zu denken ist auch an Ernest Hemingways Roman *A Farewell to Arms* (1929; *In einem anderen Land,* 1930), der die Schockwirkung der Katastrophe und die Niederlage der »lost generation«, dargestellt an der Figur des Frederic Henry, eindrücklich vergegenwärtigt.

Feldpostkarten
um 1917

Die Religion in
und nach dem Kriege

Unter dieser Überschrift stellt der in Gießen lehrende Theologe Martin Schian im Juniheft 1917 von »Westermanns Monatsheften« Mutmaßungen darüber an, welche Auswirkungen der Krieg auf das religiöse, vor allem das kirchliche Leben haben wird. Fest steht eine Wirkung, die allerdings schon der Vergangenheit angehört: »Gott (ist) in den Herzen der europäischen Kulturvölker niemals lebendiger gewesen als während dieses Krieges, wenigstens während seiner ersten Periode«.

Schian erinnert an die »ungemeine Steigerung aller unsrer Empfindungen: wie hätten nicht auch gerade die religiösen Kräfte an ihr teilnehmen sollen?« An einen Feldgottesdienst wie den links oben dargestellten läßt er denken, wenn er aus Oskar Höckers Bericht An der Spitze meiner Kompanie zitiert: »So ruhig ist mir, so gehoben. Das also war das Wunder des Gebets: die Kraft zu einem glückhaften Soldatentod zu finden.« Wobei Schian der skeptischen Volksweisheit »Not lehrt beten« nur eine eingeschränkte Wahrheit zuerkennt: »... wenn sie so beten lehrt, ist sie wahrhaftig kein minderwertiger Lehrmeister.«

Doch das Bild hat sich geändert, die Kirchen sind wieder leerer geworden; nur die Hoffnung bleibt, »daß unser Volk in seines Herzens Tiefen viel mehr Religion hat, als wir ihm vorher zumeist zutrauten«. Dies ist letztlich die Hoffnung auf den Fatalismus, den die Darstellung Christi angesichts des Schlachtfelds ausdrückt: »Mich erbarmt des Volks.« Kein Wort Schians über den Mißbrauch des Christentums, wenn Gedenkblätter für die Gefallenen das Zitat aus dem 1. Johannesbrief (3, 15) als Motto tragen: »Wir sollen auch unser Leben für die Brüder lassen.« Kein Wort auch über den Synkretismus, den die links unten wiedergegebene Feldpostkarte mit dem Titel Der Traum des sterbenden Kriegers dokumentiert: Das Eiserne Kreuz bildet die Botschaft aus dem Walhalla, als dessen Eingangspforte das Brandenburger Tor, die Kulisse nationaler deutscher Triumphmärsche, in den Wolken erscheint.

Pablo Picasso
Bühnenvorhang zu dem Ballett Parade
(Gesamtansicht und Ausschnitt)
1917

Lyrische Einführung zu einem schockierenden Spiel

Zu Beginn des Jahres arbeitet Pablo Picasso in Rom gemeinsam mit Jean Cocteau und dem Komponisten Erik Satie an einer neuen Produktion des Russischen Balletts, das den Titel Parade erhält. Er erinnert an Music Hall und Zirkus, und in diesem Sinne versammelt Picasso auf seinem Bühnenvorhang Pierrot, Harlekin und Stierkämpfer sowie eine geflügelte Reiterin auf dem Rücken des Pegasus.

Die lyrisch gestimmte Darstellung bildet die Einführung zu einer höchst irritierenden Darbietung. Die Akteure sind sieben Gestalten (chinesischer Zauberer, amerikanisches Mädchen, zwei Akrobaten, drei Spielleiter), deren Kostüme Picasso im Stil kubistischer Plastiken entwirft. Der amerikanische Spielleiter wird als drei Meter hoher Wolkenkratzer verkleidet, ein anderer tritt als Pferd auf.

Cocteaus Anweisungen für den Handlungspart des amerikanischen Mädchens lauten unter anderem: »Sie macht ein Wettrennen mit, fährt auf einem Fahrrad, bewegt sich zuckend wie die Gestalten in den frühen Filmen, imitiert Charlie Chaplin, verfolgt mit einem Revolver einen Dieb, boxt, tanzt Ragtime, legt sich schlafen, wird schiffbrüchig, wälzt sich an einem Aprilmorgen im Gras, macht mit einem Fotoapparat einen Schnappschuß …«

Zu einem Zeitpunkt, an dem der Krieg in seine grauenhafteste Phase der Materialschlacht getreten ist und zugleich Kunst nur noch unter dem Vorzeichen politischer Parteinahme möglich zu sein scheint, bildet Parade den Versuch, den künstlerischen Freiraum mit den Mitteln des Schocks abzustecken und zu verteidigen.

Die Uraufführung von Parade findet am 17. Mai am Pariser Théâtre du Châtelet statt. Die Premierengäste fühlen sich weniger schockiert als vielmehr verhöhnt und wollen mit Gewalt gegen den Theaterdirektor vorgehen. Guillaume Apollinaire, durch einen Kopfverband und seine Kriegsauszeichnung als »patriotischer Held« ausgewiesen, appelliert mit Erfolg an die Toleranz des verhaßten bourgeoisen Publikums.

Theater

Premieren

● Richard Dehmel: *Der Menschenfreund,* Uraufführung am 10. November in Berlin. Selbstprüfung eines Mannes, der eine Erbschaft zu wohltätigen Zwecken verwendet hat; offen bleibt, ob er durch einen Mord zu seinem Reichtum gelangt ist.

● Carl Hauptmann: *Tobias Buntschuh,* Uraufführung am 26. März in Berlin. Erster Teil der Trilogie *Die goldenen Wege,* die vom Scheitern eines Erfinders, eines Schauspielers und eines Musikers handelt.

● Hanns Johst: *Der Einsame,* Uraufführung am 2. November in Düsseldorf. Szenenfolge aus dem Leben des an seiner Umwelt scheiternden Dramatikers Christian Dietrich Grabbe.

● Georg Kaiser: *Die Bürger von Calais,* Uraufführung am 29. Januar in Frankfurt/Main. Expressionistisches Historiendrama über eine Episode aus dem Hundertjährigen Krieg, angeregt durch die gleichnamige Figurengruppe (1884–1895) von Auguste Rodin. Todesmutige Opferbereitschaft kennzeichnet den am historischen Beispiel dargestellten »neuen Menschen«.

● Georg Kaiser: *Von morgens bis mitternachts,* Uraufführung am 28. April in München. Expressionistisches Stationendrama über den im Selbstmord endenden Ausbruch eines Bankkassierers aus seinem ereignislosen Dasein. Schauplätze sind das Sechstagerennen, ein Nachtklub und ein Lokal der Heilsarmee.

● Reinhard Johannes Sorge: *Der Bettler,* postume Uraufführung am 23. Dezember in Berlin. Expressionistisches Drama über die Aufgabe des Dichters (der auch als »der Jüngling« und »der Sohn« auftritt), »Bilder der Zukunft zu erzählen«.

Apollinaire und der Surrealismus

Im Programmheft zu Erik Saties Ballett *Parade* und im Untertitel seines am 24. Juni 1917 in Paris uraufgeführten Theaterstücks *Les mamelles de Teirésias (Die Brüste des Tiresias),* das er »un drame surréaliste« nennt, verwendet Guillaume Apollinaire erstmals den Begriff Surrealismus.

Im gesamten Werk des französischen Dichters polnisch-italienischer Abstammung findet ein in der poetischen Literatur bisher unbekannter Wille Ausdruck, die Wirklichkeit als jene Überwirklichkeit zu begreifen, die menschliche Vorstellungskraft einst nur in einer jenseitigen Sphäre angesiedelt sah. Poesie begreift Apollinaire als Mittel, Alltäglichkeit in »Überwirklichkeit« zu verwandeln. In diesem Sinne bejaht er den Zufall und die Souveränität des frei waltenden Verlangens, deren Gesetzmäßigkeiten man, wie er voraussieht, erforschen wird. Die Wirklichkeit als solche erweist sich dann als das tägliche, das »praktische« Wunder. Apollinaire nennt dafür ein Beispiel: »Als der Mensch den Gang nachahmen wollte, schuf er das Rad, das keineswegs einem Bein ähnlich sieht. Ohne es zu wissen, hat er auf diese Weise Surrealismus bewirkt.« In einem Vortrag über den *Neuen Geist und die Dichter* formuliert er Grundzüge einer Theorie des beginnenden Surrealismus. Die Sprache ist für ihn nicht weniger Vermittlerin von Ideen als vielmehr spontaner Ausdruck der Dinge. Offiziell übernommen wird der von Apollinaire geprägte Begriff von der neuen Bewegung aber erst 1924 in André Bretons *Manifest des Surrealismus.* Apollinaire nimmt an dieser Bewegung nicht mehr teil. Er stirbt 1918 in Paris im Alter von 38 Jahren an den Folgen seiner Kriegsverletzung.

Filme für den Sieg

»Der Krieg hat die überragende Macht des Bildes und Films als Aufklärungs- und Beeinflussungsmittel gezeigt. Gerade aus diesem Grund ist es für einen glücklichen Abschluß des Krieges unbedingt erforderlich, daß der Film überall da, wo die deutsche Einwirkung noch möglich ist, mit dem höchsten Nachdruck wirkt.« Mit seinem am 4. Juli 1917 an das Kriegsministerium gerichteten Brief, in dem er eine zentralisierte Filmindustrie vorschlägt, bringt der Generalquartiermeister Erich Ludendorff Verhandlungen in Gang, die Ende des Jahres zur Gründung der Universum Film AG (Ufa) führen.

Ein deutsches Filmkartell

Die Universum Film AG (Ufa), am 18. Dezember 1917 in Berlin von einflußreichen Spitzenkräften der deutschen Wirtschaft unter finanzieller Beteiligung der Reichsregierung gegründet, soll ursprünglich nationalen propagandistischen Zielen des kaiserlichen Deutschland dienen. Doch der Zeitpunkt dafür ist zu spät gewählt; der Erste Weltkrieg nähert sich seinem Ende. In das Riesenunternehmen gehen die BUFA (Bild- und Filmamt) sowie die drei Filmkonzerne Nordisk, Meßter und Union mit ihren zahlreichen Untergruppen ein. Das Aktienkapital beträgt bei Gründung 25 Millionen Reichsmark, woran die Regierung mit acht Millionen beteiligt ist.

Als Studio dient zunächst Oskar Meßters »Riesenglashaus« in Tempelhof. Von Anfang an gehören der Ufa die Künstler Emil Jannings, Pola Negri und Ernst Lubitsch an. Weitere große Namen stehen auf dem ersten Produktionsprogramm der Jahre 1918/19: Henny Porten, Fern Andra, Lotte Neumann, Mia May, Paul Wegener. 1918 werden unter anderem die Filme Die Augen der Mumie Ma *und* Carmen *von Ernst Lubitsch mit Pola Negri in der Hauptrolle gedreht sowie* Veritas Vincit *von Joe May. Lange Zeit bleiben diese Filme richtungweisend für herausragende Ufa-Produktionen. Im übrigen bemüht sich die Ufa schon in den Anfangsjahren darum, die großen Regisseure des deutschen Films für sich zu gewinnen und durch Verträge zu binden. Doch die Gesellschaft stellt nicht nur abendfüllende Kinofilme her. Eine spezielle Kulturabteilung (Leiter: Ernst Krieger) produziert Kultur- und Lehrfilme. Sie werden im neutralen Ausland in von der Ufa angekauften Kinos gezeigt und sollen das Deutschlandbild günstig beeinflussen. Ebenfalls im Jahr 1918 gründet die Ufa einen eigenen Verleih.*

Im September 1919 schließlich eröffnet die Gesellschaft in Berlin den riesigen Ufa-Filmtheater-Palast am Zoo mit der Uraufführung von Ernst Lubitschs Madame Dubarry – *dem späteren Welterfolg.*

Ernst Ludendorff

Film

Premieren

● Charlie Chaplin: *Easy Street,* mit Chaplin als Tramp, dann als Polizist. Realistische Schilderung der Slums und sarkastische Entlarvung der Illusion, sie durch Gesittung und Wohltätigkeit beseitigen zu können. *The Immigrant (Der Einwanderer).* Zielscheibe des Spotts ist das Bild von Amerika als Land der Freiheit und Hoffnung auf ein Leben ohne Armut.

● Paul Wegener: *Hans Trutz im Schlaraffenland.* Märchenfilm mit Ernst Lubitsch als Teufel. Vorausgegangen ist *Rübezahls Hochzeit* mit Wegener in der Titelrolle und seiner Schwester Hedwig Gutzeit als Buschfrau.

● Victor Sjöström: *Berg-Eyvind och hans hustru (Berg-Eyvind und seine Frau).* Liebestragödie zwischen einer Bäuerin und einem Vagabunden in der Bergwelt Islands.

● Franz Hofer: *Die Glocke,* »Drama in vier Akten, frei nach Motiven von Friedrich von Schiller«; Erinnerungen eines alten Glockengießers.

1917

Musik

Premieren

● Feruccio Busoni: *Turandot.* Uraufführung am 11. Mai in Zürich. Das von Busoni nach Carlo Gozzi verfaßte Libretto handelt von der orientalischen Kaisertochter Turandot, die ihre Freier enthaupten läßt, wenn sie die drei ihnen aufgegebenen Rätsel nicht lösen können. Schließlich kann der Prinz Kalaf, nachdem er die Rätsel gelöst hat, auch die Liebe der Prinzessin erwecken. Busonis Oper wird später durch Puccinis Bearbeitung des Stoffes weitgehend verdrängt.

● Leon Jessel: *Schwarzwaldmädel.* Operette. Uraufführung am 25. August in Berlin. Das volkstümliche Werk wird zu einem großen Publikumserfolg, nicht zuletzt wegen einer Reihe melodiöser Gesangsnummern wie *Mädle aus dem schwarzen Wald, Malvine, ach Malvine* oder *Erklingen zum Tanze die Geigen.* Jessels Werke dürfen nach 1933 in Deutschland nicht mehr gespielt werden. 1942 wird der Komponist polnisch-jüdischer Abstammung wenige Tage vor seinem 71. Geburtstag von der Gestapo zu Tode gefoltert. *Schwarzwaldmädel* dient 1950 als Vorlage für

den deutschen Heimatfilm gleichen Titels mit Sonja Ziemann.

● Modest Mussorgski: *Sorotschinskaja jarmarka (Der Jahrmarkt von Sorotschinzy).* Komische Oper nach Nikolai Gogol. Erste vervollständigte Aufführung des fragmentarischen Werks am 26. Oktober in Petersburg in der Bearbeitung von César Cui.

● Hans Pfitzner: *Palestrina.* Musikalische Legende. Uraufführung am 12. Juni in München. Die Titelgestalt ist der italienische Kirchenmusiker des 16. Jahrhunderts, Giovanni Pierluigi Palestrina.

Möge friedlich alle Welt / Deine Schöpfung bald besiegen.

Über Wolken heiß im Kampf / Furchtlos Deine Schiffe fliegen.

Unser Zeppelin

Tod Graf Zeppelins

Am 8. März stirbt in Berlin im Alter von 78 Jahren Graf Ferdinand von Zeppelin. Sein Name ist nicht allein mit der Entwicklung der Luftschiffahrt, sondern ebenso mit der des Luftkriegs verbunden: »Über Wolken heiß im Kampf / Furchtlos Deine Schiffe fliegen«, *preist ihn die Bildpostkarte* Unser Zeppelin, *um in eigentümlicher Logik den Wunsch zu äußern:* »Möge friedlich alle Welt / Deine Schöpfung bald besiegen.«

Diesem Ziel dienten mehr als 50 Zeppelinangriffe, die im Zeitraum von Mitte Januar 1915 bis Anfang August 1918 geflogen werden. Beim Tod des Grafen ist das 225 Meter lange Riesenluftschiff LZ 70 im Bau, das eine Höhe von 5000 Metern erreichen kann. Seine Reichweite beträgt 12 000 Kilometer. Mit ihm plant der Luftschiff-Fregattenkapitän Peter Strasser nach dem Kriegseintritt der Vereinigten Staaten (6. April 1917) einen Angriff auf New York. Bevor es zu diesem Einsatz kommt, wird LZ 70 bei einem Angriff über England vollständig zerstört.

Mitte links: Marine-Luftschiff L 53 (LZ 100).
Mitte rechts: Bildpostkarte mit dem Porträt Graf Zeppelins, um 1916.

Wagner in chauvinistischer Sicht

»Es war kein Zufall, daß Wagner seine Musik der Zukunft aus der ruhmvollen Sagenwelt von Deutschlands Vergangenheit aufbaute. Er wollte alles von Grund auf in diesem Sinne erneuern, eine rein deutsche Kunst gründen, das Deutschtum zum verherrlichten Sinnbild erheben. Er ward der Urteutone, erfüllt von den einsichtslosesten, schroffsten Rassentheorien.« Dieses Urteil der amerikanischen Zeitung »The Republicain« steht im Einklang mit Stimmen aus Italien und Frankreich, die Wagner zu den geistigen Urhebern des Weltkriegs zählen. So hält es der Komponist Camille Saint-Saëns für undenkbar, daß in seinem Heimatland jemals wieder ein Werk Wagners zur Aufführung gelangt, da dieser als »Seeleneroberer« dem »Schwerteroberer« Wilhelm II. den Boden bereitet hat.

Umgekehrt erklärt Hermann Seeliger Wagner zum »Erkennungszeichen des Echtdeutschen«, »des unzerstörbaren, in das Reich des Außerweltlichen langenden Idealismus, der Empfindungstiefe, der Treue«. Auf den Kriegseintritt des ehemaligen Bündnispartners Italien an der Seite der Alliierten im Jahr 1915 anspielend, fragt Seeliger: »...sollte etwa die Ablehnung der Werke Wagners als ›unzeitgemäß‹ bei den heutigen Römern und ihren Gesippen als ein Rest von Schamgefühl zu deuten sein, weil darin so viel von der Treue und dem Fluch des Goldes die Rede?«

Die Sowjets

Aus der Februarrevolution am 12. März (nach dem in Rußland noch gültigen julianischen Kalender am 27. Februar) geht nach der Abdankung des Zaren eine provisorische Regierung als Repräsentanz des Bürgertums hervor. Daneben bestehen die schon vor Jahren gebildeten volksdemokratischen Räte (russisch: sowjets). Bei zunehmender Unfähigkeit der von Alexandr Fjodorowitsch Kerenski geführten Regierung, die staatlichen Funktionen aufrechtzuerhalten, repräsentieren vor allem in den Städten zunehmend die Arbeiter- und Soldatenräte den Staat.

Wladimir Iljitsch Lenin, der im April nach Rußland zurückgekehrt ist, verkündet in seinem Aktionsprogramm (»Aprilthesen«) neben dem »Frieden um jeden Preis« und der Landverteilung an die Bauern die Parole: »Alle Macht den Sowjets!« Sie sind es, die nach der mißglückten Arbeiter- und Soldatenrevolte im Juli und der organisatorisch durch Leo Trotzki vorbereiteten Oktoberrevolution (6./7. November bzw. 24./25. Oktober) zunächst die Staatsgewalt übernehmen. Der Zweite Allrussische Sowjetkongreß bestätigt am 7. November (25. Oktober) den Rat der Volkskommissare unter Lenins Vorsitz als neue Regierung.

Grundsätzlich bildet die Rätedemokratie im Unterschied zur repräsentativen Demokratie den Versuch einer Selbstbestimmung der Massen.

**Nikolaus II. Alexandrowitsch
als Heerführer**
um 1915

**Nikolaus II. Alexandrowitsch
als Gefangener**
1917

**Wladimir Iljitsch Lenin
bei der Ankunft in Petrograd**
April 1917

Weltgeschichtliche Wende

»… Aber mag die Auflösung noch größer werden oder eine Partei einen gewaltsamen Versuch zur Herstellung
der Ordnung machen: es ist ein ungeheurer weltgeschichtlicher Erfolg der
deutschen Waffen, daß das eroberne
Zarentum, das die Mittelmächte seit
Jahrhunderten bedroht hat, zusammengebrochen und das großrussische
chauvinistische Bürgertum, als es dieselbe Gewalt- und Eroberungspolitik
betreiben wollte, nach ihm zu Boden
gefallen ist.« In dieser Bewertung, die
Prof. Gustav Roloff in seinem am
2. Dezember 1917 abgeschlossenen
»Zeitgeschichtlichen Monatsbericht«
(in »Westermanns Monatshefte«, Ja-
nuarheft 1918) vornimmt, spiegelt sich
die in Deutschland vorherrschende
Meinung, das in Rußland durch zwei
Revolutionen herrschende Chaos bilde
die Voraussetzung, die eigene Niederlage abwenden zu können. Tatsächlich
bildet die katastrophale militärische
Lage Rußlands eine der Vorausssetzun-
gen für das Gelingen der Februar- und
der Oktoberrevolution, wobei die
deutsche Regierung zugleich gezielt auf
das Eingreifen Lenins gesetzt hat. Ihm
wurde die Durchreise durch Deutschland in einem plombierten Eisenbahn-
wagen gestattet, um über Stockholm
am 16. April in Petrograd (ab 1924 Leningrad) einzutreffen.
Vorausgegangen ist am 15. März
(2. März) die Abdankung des 1894 auf
den Kaiserthron gelangten Zaren Nikolaus II. Alexandrowitsch als Folge
der Februarrevolution. Seit 1915 hatte
er den russischen Oberbefehl inne. Zunächst interniert und nach Sibirien
verbannt, wird er im Bürgerkrieg am
16. Juli 1918 in Jekaterinburg mit seiner
Familie von Bolschewiken ermordet.
Die deutsche Erwartung eines Frie-
densschlusses mit dem bolschewistisch regierten Rußland erfüllt sich
durch den am 3. März 1918 geschlossenen Friedensvertrag von Brest-
Litowsk, in dem die deutschen Forderungen nach der Unabhängigkeit von
Finnland, Polen und der Ukraine anerkannt werden sowie das Recht
Deutschlands, Schutztruppen in Est-
land, Livland, Kurland, Litauen und
der Ukraine zu stationieren.

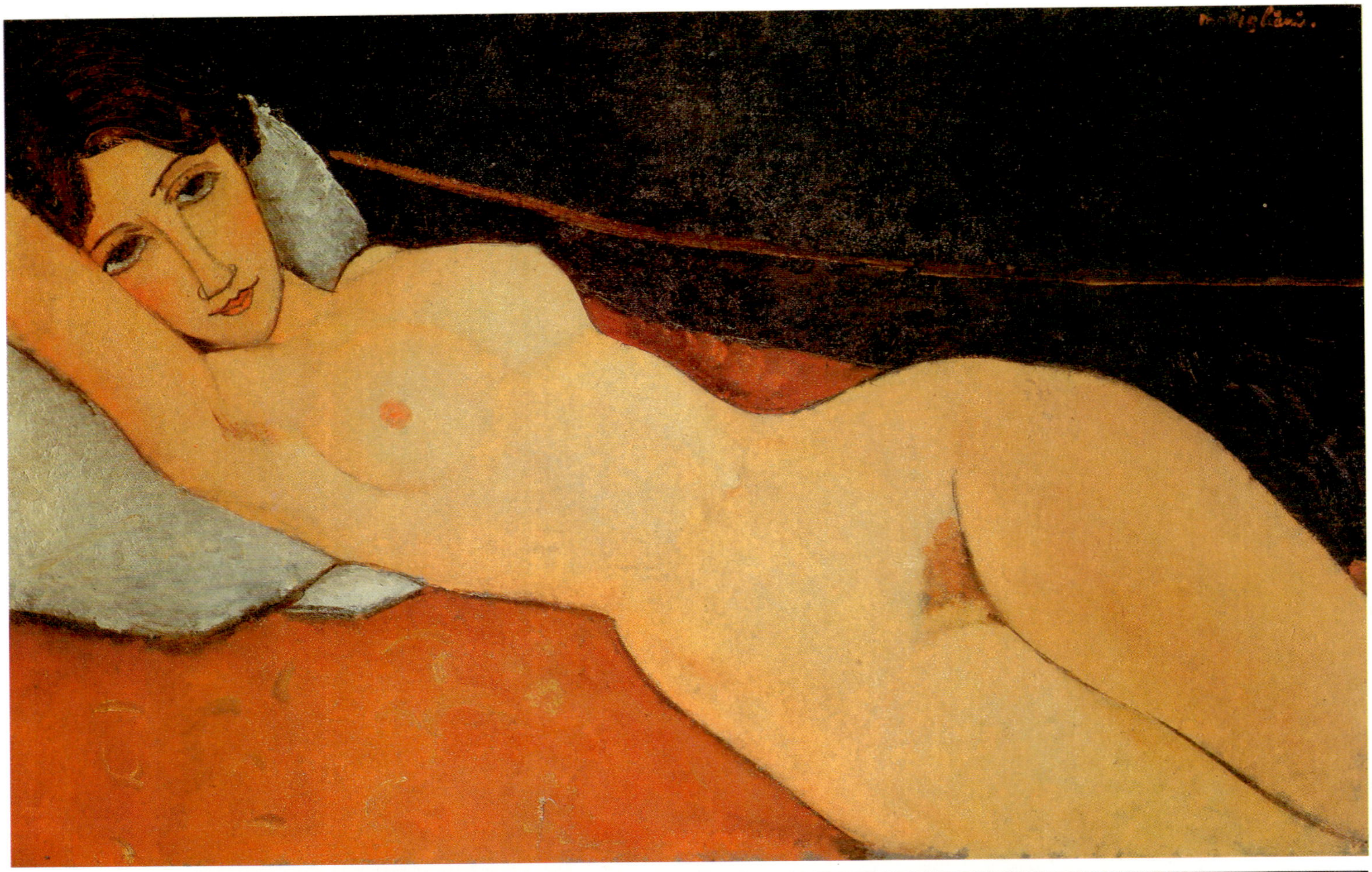

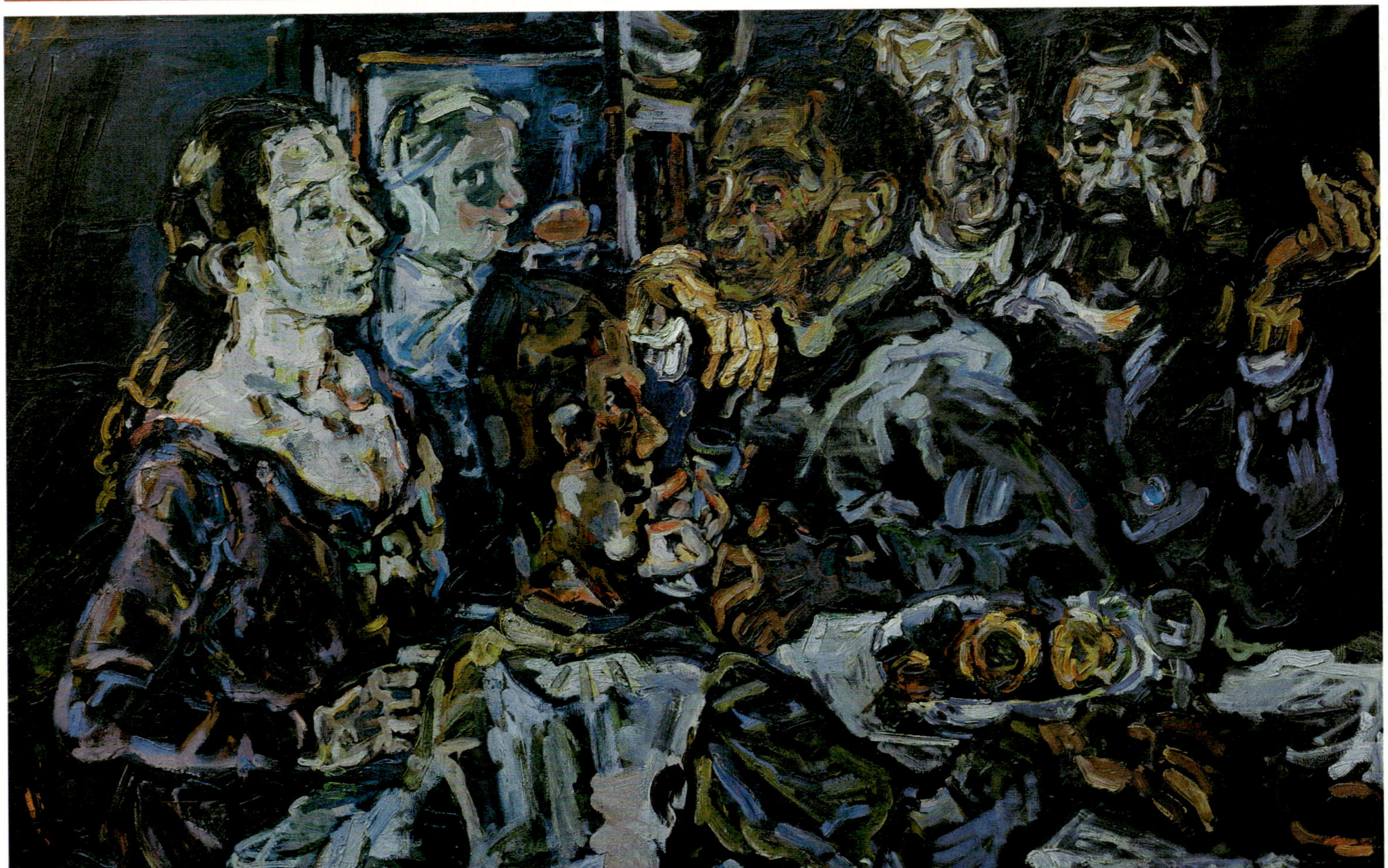

Bildende Kunst

Werke

- Ernst Barlach: *Mann im Stock* (Hamburg, Kunsthalle); Holzplastik mit expressiver Gestaltung der Trennung des Kopfs und der Hände vom Körper durch das Strafinstrument.
- Georges Braque: *Musikalische Formen* (Philadelphia, Museum of Art); kubistisches Stilleben.
- Theo von Doesburg: *Komposition XII in Weiß und Schwarz* (Basel, Kunstmuseum); abstrakte Komposition aus rechtwinkligen schwarzen Balkenformen auf weißem Grund.
- George Grosz: *Leichenbegängnis (Widmung an Oskar Panizza)* (begonnen im Jahr 1917; Stuttgart, Staatsgalerie); formal vom Futurismus beeinflußtes sozialkritisches, karikierendes Panoptikum.
- Johannes Itten: *Vogelthema* (Wien, Museum für moderne Kunst); abstrakte Komposition aus geometrischen Formen.
- Alexej von Jawlensky: *Dornenkrone* (Düsseldorf, Sammlung Ernst Schneider); Beginn der Reihe stark abstrahierter, frontal gesehener Gesichter im Sinne meditativer Form- und Farbkompositionen.
- Paul Klee: *Hafenbild* (München, Staatsgalerie moderner Kunst); mosaikartige Komposition mit gegenständlichen Elementen.
- Gustav Klimt: *Adam und Eva* (Wien, Österreichische Galerie); letztes, unvollendetes Gemälde.
- Christian Rohlfs: *Petrikirche in Soest* (Mannheim, Kunsthalle); abstrahierte Architekturdarstellung mit flackernd bewegten Formen.
- Egon Schiele: *Der Maler Paris von Gütersloh* (Minneapolis, Institute of Arts); Ganzfigurenbildnis des Malers und Dichters mit intensiver Farbgebung.

Strawinskis »Geschichte vom Soldaten«

Am 28. September wird in Lausanne Igor Strawinskis Operntanzspiel (nach einem Märchen von Charles Ferdinand Ramuz) *L'histoire du soldat* uraufgeführt (deutsche Erstaufführung *Die Geschichte vom Soldaten* 1923 in Frankfurt am Main). Nach dem Muster der Moritat wird mit volkstümlichen, märchenhaften Zügen vom Soldaten erzählt, dessen Schicksal es ist, vom zunächst überlisteten Teufel schließlich doch geholt zu werden. Nicht zuletzt aus praktischen Erwägungen resultiert Strawinskis Entscheidung für ein kleines Ensemble (vier Sprech- bzw. Tanzrollen und sieben Instrumente), das als Wandertheater überall spielen kann. Dem verfremdenden Aufbrechen der gemeinsam mit Charles Ferdinand Ramuz entworfenen Spielhandlung in mehrere Ebenen entspricht Strawinskis Vorstellung einer anti-illusionistischen Einbeziehung der Musik.

»Ein Muster guter Musik aus Abfall, Traum und Lumpen« nennt Ernst Bloch das Werk, das trotz seines Reichtums an metrischen Kontrapunkten und tonalen Reibungen durchaus folkloristisch anmutet. Da es erfahrbare menschliche Wirklichkeit widerzuspiegeln trachtet, kann Strawinski mit einigem Recht behaupten, es sei sein »einziges Bühnenwerk mit aktuellen Bezügen«.

Chaplin als Patriot

Nach dem Kriegseintritt der Vereinigten Staaten durch die Kriegserklärung an Deutschland am 6. April 1917 geht eine Propagandawelle von bisher ungekanntem Ausmaß über das Land. Die über 33 Milliarden Dollar, die für Kriegszwecke, aber auch für die Finanzierung von Lebensmitteln und Rohstoffen für die Alliierten, aufgebracht werden, fließen zu einem Drittel aus Anleihen. Um für diese zu werben, werden rund 15 000 Schriftsteller, Schauspieler und Künstler engagiert. Charlie Chaplins Beitrag ist 1918, neben seiner Liberty Bond-Tournee als Redner und seinem (die Auftraggeber keineswegs zufriedenstellenden) Agitationsfilm *The Bond (Die Kriegsanleihe)*, sein fragmentarischer Film *Shoulder Arms (Gewehr über)*. Er zeigt Chaplin als Soldat im Schützengraben, in einer Situation, deren Absurdität durch sein absolut normales Verhalten zur Anschauung gebracht wird, was nur dem Nonkonformisten Chaplin gelingen kann. Erfolg hat er mit diesem Streifen vor allem bei Soldaten, die ihre Frustration in einem Chaplin widergespiegelt sehen, der sich nach vergeblichen Versuchen, mit einiger Bequemlichkeit zur Ruhe zu gehen, in Kauf nimmt, zum Schlafen unter das Wasser im Unterstand tauchen zu müssen. Daß Chaplin den deutschen Kaiser gefangen nimmt, ist ein Traum.

Sinnlichkeit und höhere Ordnung

Mit seinen etwa 20 liegenden weiblichen Aktdarstellungen der Jahre 1916/17 knüpft Modigliani an Edouard Manets Olympia und damit an eine bis zur Renaissance zurückreichende Tradition an. Ihm gelingt es, eine durch die Farbgebung gesteigerte sinnliche Unmittelbarkeit und zugleich sublimierte Distanz zu schaffen, indem das körperliche Volumen in die Fläche eingebunden bleibt.

Als ebenfalls »nackt« und zugleich einer »höheren Ordnung« eingegliedert empfindet Oskar Kokoschka die Gestalten seines Gruppenporträts Die Freunde: »Jeder in seiner Leidenschaft, nackt zum Erschrecken und alle eingetaucht in eine Farbigkeit höherer Ordnung, die sie zusammenbindet wie das Licht ein Ding und sein Spiegelbild in eine Kategorie erhöht, die etwas vom Realen und etwas vom Spiegelbild hat und dadurch von beiden mehr.«

Das Gemälde steht am Anfang des Aufenthalts in Dresden. Hier erhält der im Krieg verletzte Kokoschka 1919 eine Professur an der Akademie. Er selbst ist im Vordergrund dargestellt, links die mit ihm befreundete Schauspielerin Käthe Richter, in der Mitte der expressionistische Schriftsteller Walter Hasenclever.

Der Maler hat im Vorjahr Aufsehen als Dramatiker erregt durch die Dresdner Ur- bzw. Erstaufführung seiner Stücke Hiob, Der brennende Dornbusch und Mörder, Hoffnung der Frauen – drei Hauptwerke des expressionistischen Dramas, in denen biblische und mythologische Motive zur quälenden Darstellung des Antagonismus der Geschlechter umgeformt sind. Empfindungen, die in Modiglianis Aktgemälde anklingen, finden bei Kokoschka, der sich als Aktmodell eine Puppe herstellen läßt, ihren Ausdruck in grotesken literarischen Mitteln.

Film

Premieren

- Charlie Chaplin: *A Dog's Life (Ein Hundeleben)* mit Chaplin als Tramp und Edna Purviance als Sängerin. Der Film zieht die Parallele zwischen dem Leben eines Hundes und dem des Tramps in einer Welt erbärmlichster Armut. Die erste Bildfolge zeigt die Rettung eines Hundes aus dem Kampf mit anderen, dann die Rettung eines Mädchens aus einem Tanzpalast. Die Handlung ist »strukturell« aufgebaut, das heißt »jede Bildfolge mußte mit der nächsten in Zusammenhang stehen, und alle Szenen sollten wieder auf das Ganze bezogen sein« (Chaplin).
- Ernst Lubitsch: *Die Augen der Mumie Mah* und *Carmen* (nach der Novelle von Prosper Mérimée), zwei frühe Ufa-Produktionen, jeweils mit Pola Negri in der Hauptrolle.
- Mauritz Stiller: *Sangen om den eldröda blomman (Das Lied von der feuerroten Blume)*. Der neben Sjöström bedeutendste Regisseur des frühen skandinavischen Films schildert in der Landschaft der finnischen Wälder den Weg eines Don Juan zur Selbsterkenntnis.
- Erich von Stroheim: *Blind Husbands (Blinde Ehemänner)*. Erste Regiearbeit des 1906 aus der österreichischen Armee desertierten und nach Amerika emigrierten Schauspielers, der sich im Krieg als Darsteller brutaler preußischer Offiziere einen Namen gemacht hat. Mit Stroheim in der Rolle eines galanten österreichischen Offiziers, der versucht, in Tirol eine verheiratete amerikanische Touristin zu verführen. *Blind Husbands* ist der erste Teil einer Trilogie von Ehebruchsdramen, in denen der Schauplatz Europa als dekadent geschildert wird; es folgen *The Devil's Passkey* (1920, *Des Teufels Nachschlüssel*) und *Foolish Wives* (1921, *Närrische Frauen*).

Gegenüberliegende Seite:
Amedeo Modigliani, Liegender Akt auf weißem Kissen; 1917.
Oskar Kokoschka, Die Freunde (Selbstbildnis mit Käthe Richter, Walter Hasenclever und Fritz Neuburger); 1917/18.

1918

Premieren

● Christian Dietrich Grabbe: *Hannibal*, Uraufführung des 1835, im Jahr vor Grabbes Tod erschienenen Dramas am 20. Dezember in München. Historisches Schauspiel über Leben und Tod des karthagischen Feldherrn, der nicht als idealisierter Held, sondern als Opfer der Gebrechen seiner Zeit (vor allem des engstirnigen Kaufmannsgeistes seiner Vaterstadt) in Erscheinung tritt.

● Karl Leberecht Immermann: *Merlin. Eine Mythe*, Uraufführung des 1832 erschienenen Dramas am 4. September in Berlin. Das bisher als unaufführbar geltende Stück deutet den Zauberer Merlin als Verkörperung von »jämmerlichstem Wahnwitz«, in den ein ungestümes Sendungsbewußtsein gerät. Merlin ist hier der Sohn Satans und der Jungfrau Candida. Von seinem Vater dazu bestimmt, die heidnische Sinnenfreude zu erneuern, strebt Merlin im Gegenteil danach, als »dritter Zeuge« das Heilswerk Gottes und Christi zu vollenden. Die Liebe zu der elfisch-dämonischen Niniane vereitelt jedoch seine Mission, die Helden der Artus-Tafelrunde zum heiligen Gral zu geleiten.

● Georg Kaiser: *Der Brand im Opernhaus*, Uraufführung in Hamburg und Nürnberg. Kaiser verbindet den Brand der Pariser Oper (1763) mit einer tragischen Handlung um einen Adligen, der ein Mädchen aus einem Waisenhaus geheiratet hat.

Ereignisse

● Der 34jährige Emil Jannings hat als Dorfrichter Adam in Max Reinhardts Berliner Inszenierung von Kleists Lustspiel *Der zerbrochne Krug* seinen ersten überragenden Bühnenerfolg.

Fritz von Unruh

Als »neuer Kleist« ist der 1885 geborene Generalssohn, Offizier und Schriftsteller Fritz von Unruh schon 1913 gefeiert worden, als er mit *Louis Ferdinand, Prinz von Preußen* ein Preußendrama in der Nachfolge von Kleists *Prinz Friedrich von Homburg* veröffentlicht und sich promt ein Aufführungsverbot des Kaisers eingehandelt hat. Noch unterliegt die Darstellung von Mitgliedern des Hauses Hohenzollern der Zensur. Das Drama gelangt 1921 in Darmstadt zur Uraufführung. Zu sich selbst scheint jedoch der Sproß preußischen Uradels erst mit seinem Stück *Ein Geschlecht* zu finden, das zunächst 1917, in geschlossener Vorstellung, dann im Jahr darauf in Frankfurt/Main und Berlin uraufgeführt wird. Hinter dem Zögling preußischer Kadettenanstalten liegt nun der Krieg, er ist Pazifist geworden und hat sich dem Expressionismus genähert. Sein Werk beherrscht jetzt die Vision von einem neuen Menschen in neuer Zeit, das er endgültig in seinem Drama *Platz* (1920) formuliert. Zu *Platz* nimmt sich *Ein Geschlecht* wie das Vorspiel aus: Unruh zeigt den mythischen Urgrund, aus dem der neue Mensch entstehen wird, zeichnet das Bild einer Mutter als Sinnbild für »Mutter Erde« schlechthin und mater gloriosa wie mater dolorosa in einem vor dem Hintergrund einer entfesselten, aus allen Fugen geratenen und alle Ordnung umstürzenden Welt, wie sie etwa *Der Schänder* verkörpert. Verse utopischer Hoffnung bilden den Schluß: »Es naht der Tag, voll Lachen steigt er auf/ da wir von der Erinnerung harter Last/ die uns in unsres Ursprungs Dämmer zwingt/ befreit sind, und wie Adler hoch im Flug/ der Qualgebirge Gipfel selig streifen!/ O Mutterleib, o Leib, so wild verflucht/ und aller Greuel tiefster Anlaß erst/ Du sollst das Herz im Bau des Weltalls werden/ und ein Geschlecht aus deiner Wonne bilden/ das herrlicher als Ihr den Stab gebraucht/ Ihm werf ich ihn erschauernd so entgegen...«

Ein Geschlecht, Frankfurt 1918; Figurine Der Schänder von August Babberger.

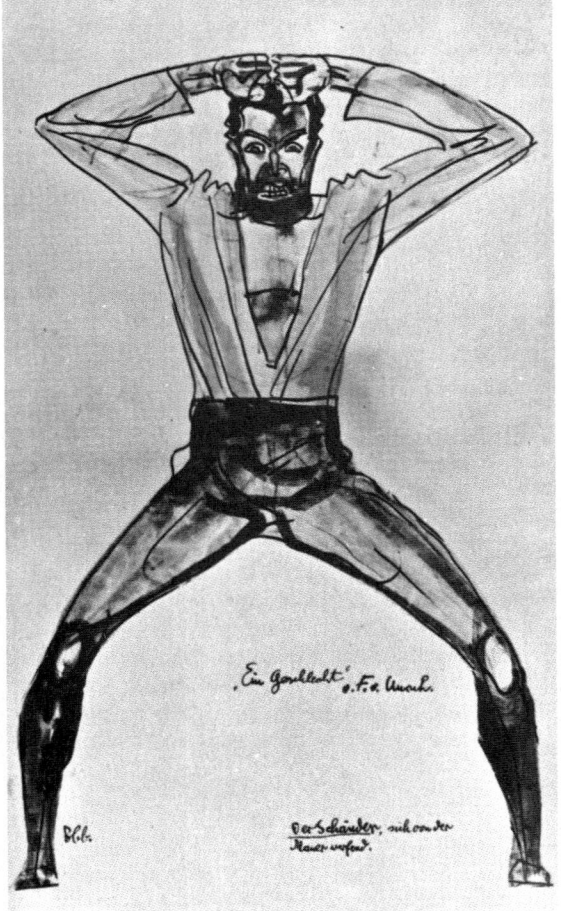

Ein Gestalt, o. F. v. Unruh.

Der Schänder, sich an der Mauer aufrichtend.

Expressionistische Dramatik

Sieben Matrosen im Panzerturm eines Kreuzers eingeschlossen, ihren Ängsten, Hoffnungen, Gesichten hingegeben – im Jahr nach der Schlacht am Skagerrak ist diese Szenerie von bedrückend hautnaher Aktualität, und so wird denn auch 1917 das Drama *Seeschlacht* des 1887 geborenen Reinhard Goering, ähnlich wie Fritz von Unruhs *Ein Geschlecht*, als präziser Ausdruck dieser Zeit empfunden, als der große Aufschrei einer ganzen Generation, die auf den Schlachtfeldern des Kriegs geblieben ist, auch wenn sie seinen Granaten entkam, wie es ein rundes Jahrzehnt später der Romançier Erich Maria Remarque ausdrückt. Der Vorkriegs-Expressionismus jedoch, dem Goering zugerechnet wird, scheint damit als zentrale Kunst- und Lebensform seine erneute Blüte zu erleben, scheint auszudrücken, was Millionen im Zeichen des durchlittenen Kriegsgrauens fühlen und hoffen. Doch bleibt es eine Scheinblüte. Im Kern ist die Kraft des Expressionismus längst gebrochen, vermag er mehr als allgemeine Aufschreie nicht zu artikulieren, und sein plötzlich aufflammender Radikalpazifismus, die bemühte Humanitas seines »O Mensch!«-Wehgeschreis wirkt vor dem Hintergrund umfassender sozialer Neustrukturierungen ebenso künstlich und aufgesetzt wie in der Vorkriegszeit seine ganz unreflektiert antibürgerliche Bilderstürmer-Pose. Goerings *Seeschlacht*-Stück, das ihm noch im gleichen Jahr den Kleist-Preis bringt, ist dafür bezeichnend: Der konkreten, von zahllosen Menschen in der Wirklichkeit erlebten Situation gewinnt das Drama mit seiner Pathetik kaum anderes ab als poetisch verquollene Metaphern für die höchst privaten Sehnsüchte und Gedanken der betroffenen Kriegsopfer. Diese Zeit und ihre Konflikte zu analysieren, ihnen theatralisches Leben und damit einer gesamten Epoche mit ihren aus den Fugen geratenen moralisch-sozialen Kategorien eine neue Transparenz zu verleihen, ist der expressionistischen Kriegs- und Nachkriegsdramatik nicht mehr gegeben, so explosiv sie zunächst auch noch in ihrer hemmungslosen Emotionalität wirkt. Doch kommt diese Emotionalität über das verschwommene Streben nach mythischen Urmustern nicht hinaus, auch wenn sich ein expressionistischer Dramatiker wie Georg Kaiser in seinem im gleichen Jahr wie Goerings *Seeschlacht* uraufgeführten fünfaktigen Schauspiel *Gas* um konkrete politisch-soziale Aussagen bemüht. So führt der Weg vieler expressionistischer Autoren entweder in den politischen Radikalismus wie bei Ernst Toller oder in die Unverbindlichkeit. Karl Kraus spottet über den Expressionisten Franz Werfel, für ihn sei die Erkenntnis »Der Mensch ist gut« längst zur Feststellung »Der Mensch ißt gut« geworden. Dramatiker wie Arnolt Bronnen oder Hanns Johst finden sich im Rechtsradikalismus wieder, während sich Fritz von Unruh, Georg Kaiser oder Walther Hasenclever mehr oder minder erfolgreich an Gesellschaftskomödien versuchen. In Hasenclevers Gaunerkomödie *Ein besserer Herr* heißt es denn auch in selbstironisch in Anspielung auf *Der Sohn*: »Laß das, Papa! Hasenclever ist nicht mehr modern!«

Michail Wasilewitsch Matjuschin
Abstraktion
1918

Henri Laurens
Gitarre auf dem Tisch
1918

Musik und Malerei

Was sich im einen Fall als Welle oder Kaskade in Wogen aus Farbpunkten zu ergießen scheint, hat im anderen den Charakter eines strengen Gefüges vorwiegend rechtwinkliger Formen in zugleich flächiger und geschichteter Anordnung. Beiden Gemälden gemeinsam ist die Gestaltung von Empfindungen als Nachklang musikalischer Erlebnisse.

Michail Wasilewitsch Matjuschin ist der Komponist des Singspiels Der Sieg über die Sonne, das als »erste futuristische Oper« bei seiner Petersburger Premiere Ende Dezember 1913 Aufsehen erregt hat. Den Bühnenvorhang malte Kasimir Malewitsch, die Dekoration war ein frühes Beispiel für den von Malewitsch entwickelten Stil des Suprematismus.

Die Papiercollage Gitarre auf dem Tisch greift ein Thema auf, das die Schöpfer des Kubismus, Pablo Picasso und Georges Braque, in unzähligen Variationen zum Anlaß genommen haben, ihr neues Verständnis von Bildgegenstand und Bildfläche zu artikulieren. Der mit ihnen und dem Kreis um Guillaume Apollinaire in freundschaftlicher Beziehung stehende Henri Laurens übersetzt ihre Experimente gleichsam in eine beruhigte Formensprache, ausgehend von dem zu diesem Zeitpunkt schon »klassischen« Umkippen der Perspektive von der Vorderansicht beispielsweise des Tisches in der Bildecke unten rechts zur Aufsicht auf Gitarre und Notenblätter. Dem melodiösen Wogen bei Matjuschin steht die rhythmische Kontrastierung gegenüber. Die Frage der Gegenständlichkeit tritt hierbei in den Hintergrund.

Das Bild läßt kaum ahnen, daß Laurens vor allem als Bildhauer tätig ist. In diesem Medium künstlerischer Gestaltung entwickelt er als eines seiner Hauptthemen das der Sirenen, jener mythologischen Gestalten, die mit ihrem bezaubernden Gesang von einer Insel im Tyrrhenischen Meer aus die vorbeifahrenden Seeleute an sich locken, um sie zu töten – in christlich-moralisierender Mythendeutung die Verkörperungen der zu Sinnenlust verführenden Reize der Welt.

Le Petit Journal

ADMINISTRATION
61, RUE LAFAYETTE, 61

Les manuscrits ne sont pas rendus

On s'abonne sans frais
dans tous les bureaux de poste

15 CENT.
29me Année

SUPPLÉMENT ILLUSTRÉ

15 CENT.
Numéro 1.459

ABONNEMENTS

France et Colonies.... 3 fr. 9 fr.
Étranger .... 6 fr. 10 fr.

DIMANCHE 8 DÉCEMBRE 1918

METZ ET LA LORRAINE RENDUES A LA FRANCE

Le Maréchal Pétain commandant en chef des armées françaises et le Général Fayolle, commandant d'un groupe d'armées, qui entrèrent à Metz à la tête des troupes françaises. ··· Le Général Mangin qui signa la Proclamation adressée aux Lorrains. ··· Le Général de Maud'huy, gouverneur militaire de Metz. ··· Le Blason de la Lorraine.

Literatur

Neuerscheinungen

● Gerhart Hauptmann: *Der Ketzer von Soana*. Verherrlichung eines dionysischen, von heidnischer Naturverbundenheit getragenen Daseins. Die Erzählung hat die Form von Lebenserinnerungen eines ehemaligen italienischen Priesters. Sein Auftrag, einem in Geschwisterehe lebenden Hirtenpaar die Verwerflichkeit seiner Beziehung vor Augen zu führen, ließ ihn in den Bann der einsamen Gebirgswelt geraten, als deren vitale Verkörperung ihm Agata begegnet. Zu

Agata zog es ihn nach dem Scheitern seiner Mission zurück, um mit ihr ein einsames, jedoch von allen Verkrümmungen christlicher Weltabgewandtheit befreites Hirtenleben zu führen. Zugrunde liegen die nachhaltigen Eindrücke von Hauptmanns Griechenlandaufenthalt (1907).
● Jakob van Hoddis: *Weltende*. Sammlung expressionistischer Gedichte mit schwermütig-visionärer und grausig-grotesker Grundstimmung in der Gestaltung von Großstadt-Motiven.
● Arthur Schnitzler: *Casanovas Heimkehr*. Die Erzählung hebt das Verbrecherische im Leben

des Abenteurers hervor, der in seine Heimatstadt Venedig unter der demütigenden Bedingung zurückkehren darf, daß er ihr als Spion dient.
● Hermann Stehr: *Der Heiligenhof*. Von der Mystik beeinflußter Roman mit den zentralen Begriffen »Auge der Seele« und »inneres Licht«. Erzählt wird vom Bauern Sintlinger und dessen blindem Töchterchen, das ihn dazu führt, die Welt mit »anderen Augen« zu sehen. Ein Liebeserlebnis gibt dem herangewachsenen Mädchen das Augenlicht, das Ende seiner Liebe bedeutet für das Mädchen zugleich den Tod.

Eine Stellungnahme Thomas Manns

Die Zeit und das Ende des Ersten Weltkrieges, die das Schicksal des pracht- und machtstrotzenden Kaiserreiches besiegeln und die Erfahrung des Elends und der Niederlage, aber auch die der Unsicherheit gegenüber der Zukunft mit sich bringen, fordern die Intelligenz in Deutschland dazu heraus, Stellung zu beziehen. Zu denen, die dies tun, gehört der 43jährige Thomas Mann, der seine zwischen 1915 und 1917 entstandenen *Betrachtungen eines Unpolitischen* vorlegt, ein »Mittelding zwischen Werk und Erguß, Komposition und Schreiberei«, wie es in der Vorrede heißt.

Gegenstand der *Betrachtungen* ist die Demokratie als die neue Gesellschaftsordnung – und der Autor sieht sie keineswegs als uneingeschränkt positiv an, sondern gelangt zu der Auffassung, daß die westlichen Demokratien geist- und kulturfeindlich sind, da in ihnen das besitzende, auf Systemerhalt bedachte Bürgertum den Ton angibt und die Macht ausübt. Es ordnet alles geistige und künstlerische Schaffen, jedes individuelle Handeln dem sozialen Zweck und politischen Interesse unter. Dieser Tendenz zu einer totalen Politisierung und Organisierung der geistig-schöpferischen Tätigkeit gilt es, entschiedenen Widerstand entgegenzusetzen. »Ich meine, daß wichtige Teile des Menschengeistes, Religion, Philosophie, Kunst, Dichtung, Wissenschaft, neben, über, außer dem Staate und oft genug gegen ihn existieren; jede Verwendung und Verwendbarkeit dieser Organe des Menschengeistes als Staatsorgane, jede offizielle, uniformierte und reglementierte Geistigkeit also scheint mir die Ironie herauszufordern.« Zu Thomas Manns Gewährsleuten gehört Friedrich Nietzsche: »Die ungeheure Männlichkeit seiner Seele, sei Antifeminismus, Antidemokratismus – was wäre deutscher?«

Auch wenn die Polemik gegen jede totalitäre Vereinnahmung des Individuums durch die bürgerliche Gesellschaft in weitestem Sinne demokratisch ist, erregt doch der konservative Grundgehalt der *Betrachtungen* erhebliches Ärgernis und fordert insbesondere die Liberalen in Deutschland zu entschiedenen Protesten heraus, die dem Autor eine reaktionäre, demokratiefeindliche Haltung vorwerfen. Obwohl Thomas Mann die Neuausgabe von 1922 um einige Teile kürzt, gibt er die in den *Betrachtungen* bezogene Position in der Annäherung an seinen Bruder Heinrich nur schrittweise auf.

Die Summe der Ereignisse?

Zum Schlagwort erstarrt, bringt der Titel des Werkes, dessen erster Band im Jahr der deutschen Niederlage erscheint, vielleicht am klarsten die in Deutschland vorherrschende Zeiterfahrung auf einen Nenner. Gemeint ist Oswald Spenglers *Der Untergang des Abendlandes*, die »Umrisse einer Morphologie der Weltgeschichte«, wie der Untertitel lautet.

Spengler hat sich, nicht zuletzt unter dem Eindruck der Agadir-Krise, 1911 aus dem Hamburgischen Gymnasialdienst nach München (wo er bis zu seinem Tode 1936 lebt) zurückgezogen, um sich ganz seiner schriftstellerischen Tätigkeit widmen zu können. Eigentlich fühlt er sich zum Dichter berufen, aber schon die frühen Versuche zeigen, daß ihm die Grenzen der reinen Dichtung zu eng sind. Sein Ziel ist vielmehr eine poetische Gesamtschau der »Welt als Geschichte«, eine Standortbestimmung der Gegenwart, eine Analyse der historischen Gesetzmäßigkeit. Seine Lehrmeister sind neben anderen vor allem Goethe, von dem er die organische Entwicklungsidee, die vergleichende Morphologie und die Intuition der Phänomene übernimmt, und der Kulturkritiker Nietzsche.

Was Spengler schließlich vorlegt, ist weder ein dichterisches noch ein philosophisches noch ein analysierendes Werk, sondern eine Mischung aus allem, geschrieben in einer bilderreichen, herausfordernden Sprache, die das Selbstverständnis widerspiegelt, von jener poetischen Gesamtschau zu einer gültigen, für die Zeit notwendigen Philosophie vorgedrungen zu sein.

Gigantische Ausdehnung der Milchstraße

Der amerikanische Astronom Harlow Shapley macht Entfernungsmessungen zu kugelförmigen Sternhaufen im All und zu den Galaxien. Er errechnet dabei die Ausdehnung der Milchstraße, der auch unser Sonnensystem angehört, und gibt ihren Durchmesser mit etwa 100 000 Lichtjahren (etwa 940 000 Billionen Kilometer) an.

Der astronomische Laie erfährt: Wenn wir zur Milchstraße hinaufsehen, blicken wir in die scheibenförmige Ebene eines scheibenförmigen Sternensystems; bei dieser Blickrichtung verschmelzen die Sterne zu einem weißen Band; auch die übrigen Sterne gehören der Milchstraße an.

Ein Bruderzwist

Die Titelseite des »Petit Journal« illustriert ein Ergebnis des am 11. November – zwei Tage nach der Abdankung Wilhelms II. und der Proklamation der deutschen Republik sowohl durch Philipp Scheidemann als auch durch Karl Liebknecht – zwischen Frankreich und Deutschland geschlossenen Waffenstillstands. Er enthält die Bestimmung: »Die Deutschen räumen die besetzten Gebiete in Frankreich, einschließlich Elsaß-Lothringen, Belgien und Luxemburg innerhalb von 14 Tagen.« Ferner: »Deutschland läßt sämtliche alliierten Kriegsgefangenen frei. Die Rückführung der deutschen Kriegsgefangenen wird erst im Friedensvertrag geregelt.«

Die Hoffnung auf einen mit dem Ende des Krieges einsetzenden demokratischen Prozeß der gesellschaftlichen Neuordnung in Deutschland und auf eine Weltfriedensordnung steht eine breite Barriere der Skepsis gegenüber. Sie trennt auch die Brüder Heinrich und Thomas Mann und treibt sie zu öffentlichen Äußerungen, deren Wunden über Jahre hinaus offen bleiben.

»Scheidemann sagte neulich«, so zitiert Thomas Mann in einem Ende des Vorjahres veröffentlichten Zeitungsartikel, »die Demokratie werde aufgrund der allgemeinen Erschöpfung reißende Fortschritte machen«, um daraus den Schluß zu ziehen: »Das ist nicht sehr ehrenvoll für die Demokratie – und für die Menschheit auch nicht. Denn die Moral aus Erschöpfung ist keine so recht moralische Moral ... Die Rousseau-Lehre vom ›guten Volk‹, der revolutionäre Optimismus überhaupt, das heißt: Der Glaube an die Politik, an den Ameisenbau, den Sozialismus und die république démocratique, sociale et universelle – ich weiß genau, was sich heute gehört, aber meiner Natur und Erziehung nach kann ich dieser Lehre nicht anhängen und diesen Glauben nicht teilen.«

Gegenüberliegende Seite:
Le Petit Journal, 8. Dezember 1918: Die Rückkehr von Metz und Lothringen (Lorraine) zu Frankreich nach dem deutsch-französischen Waffenstillstandsabkommen.

1918

Deutsche Revolution

»Man sagt mir zwar, im Zeitalter des Maschinengewehrs gebe es keine Revolution. Ich glaube nicht daran, ich glaube es noch weniger, seit wir die Ereignisse in Petrograd kennen. Daß das regierende Haus, und noch dazu in Rußland, so sang- und klanglos … verschwindet, gibt doch zu denken« (HAPAG-Generaldirektor Albert Ballin am 4. April 1917 an den Chef des Zivilkabinetts Wilhelms II., Rudolf von Valentin).

Es dauert anderthalb Jahre, bis sich Ballins Ahnung in Deutschland bewahrheitet. Den Ausgangspunkt bildet Anfang November 1918 die Meuterei der Matrosen der Kriegsmarine, die den Befehl zum Auslaufen erhalten hat; in nahezu sämtlichen größeren Städten organisieren sich Arbeiter- und Soldatenräte. Als erster Monarch flieht Ludwig III. von Bayern am 7. November außer Landes; Kurt Eisner, Mitglied der linkssozialistischen USPD, proklamiert den republikanischen Freistaat Bayern. Am 9. November übernimmt nach dem Rücktritt Wilhelms II. der Rat der Volksbeauftragten die Regierung, dem neben drei Mitgliedern der USPD Friedrich Ebert und zwei weitere SPD-Mitglieder angehören.

Damit sind zugleich die Weichen gestellt für den Verzicht auf den Aufbau einer Rätedemokratie, den am 19. Dezember der Allgemeine Deutsche Rätekongreß durch seine Unterstützung der Abhaltung allgemeiner Wahlen für eine Verfassunggebende Nationalversammlung bestätigt. An die Spitze des Widerstands stellt sich die im Berliner Schloß einquartierte Volksmarinedivision. Aus Protest gegen den Einsatz von Militär am 24. Dezember verlassen die USPD-Mitglieder den Rat der Volksbeauftragten, der nun ausschließlich aus SPD-Mitgliedern besteht.

Oben: Berliner Elendswohnung, 1918.
Unten links: Aufruf des Rats der Volksbeauftragten; 1918
Unten rechts: Das durch die Kämpfe am 24. Dezember beschädigte Berliner Schloß; Foto von Willi Ruge.

Künstler und Räte-Bewegung

Unter dem Eindruck der Bildung von Arbeiterräten in den Betrieben, von Soldatenräten bei den Truppen und der damit Gestalt gewinnenden volksdemokratischen Bewegung entstehen im Dezember in Berlin zwei Gruppen von Künstlern, die sich die Entwicklung einer neuen, unmittelbaren Verbindung zwischen Kunst und Volk als Ziel setzen.
Der Arbeitsrat für Kunst wird durch den Architekten Bruno Taut initiiert. Zu seinen Mitgliedern gehören unter anderem die Architekten Otto Bartning, Walter Gropius, Erich Mendelsohn, Hans Poelzig und Max Taut, die Maler und Grafiker Lyonel Feininger, Erich Heckel, César Klein, Käthe Kollwitz, Ludwig Meidner, Max Pechstein und Karl Schmidt-Rottluff, die Bildhauer Rudolf Belling, Oswald Herzog und Gerhard Marcks. Ihr Kampf gilt der von den Akademien und Baubehörden des zusammengebrochenen wilhelminischen Staates gepflegten Architektur und Kunst und darüber hinaus generell jeder Bevormundung durch den Staat. Gefordert wird die Bildung von Auftragskommissionen aus Künstlern und »radikalen Laien«. Die gesellschaftliche Zielvorstellung kommt in Projekten von Volksbauten zum Ausdruck. Wie die Novemberrevolution, so bleibt jedoch die vom Arbeitsrat für Kunst erhoffte Bewegung auf halber Strecke stecken. Ende Februar 1919 tritt Bruno Taut von der Leitung zurück; sein Nachfolger wird Walter Gropius, dessen Bauhaus-Konzeption wesentlich von den im Arbeitsrat für Kunst diskutierten Ideen geprägt ist. Im April 1921 löst sich die Gruppe auf.
Personell weitgehend mit dem Arbeitsrat für Kunst identisch ist die von Max Pechstein und César Klein gegründete Novembergruppe, zu der auch Schriftsteller und Komponisten (Hanns Eisler) gehören. Obwohl sie sich das Ziel setzt, auf alle öffentlichen Maßnahmen im kulturellen Bereich Einfluß zu nehmen und eigene Initiativen zu entfalten, etwa durch die Umwandlung von Museen in Volkskunststätten, entwickelt sich die Novembergruppe zu einem bloßen Ausstellungsverein; als solcher besteht sie bis zum Verbot durch die NSDAP im Jahr 1933.

Aufruf
vom 9. November 1918

Arbeiter! Soldaten! Bauern!
An Alle!

Die alte Regierung ist gestürzt. Die alten Machthaber sind geflohen. Die Beauftragten des Volkes haben die Gewalt in ihre Hände genommen.

1. Das Deutsche Reich ist eine Republik.
2. Das deutsche Volk hat auf der ganzen Linie gesiegt.
3. Der Präsident der Vereinigten Staaten Amerikas sichert uns

einen Frieden der Versöhnung und Verständigung zu ohne Annexionen und Entschädigungen.

4. Der Weltfriede ist somit für die Zukunft gesichert.
5. Das französische und englische Volk beglückwünschen bereits das deutsche Volk zum Sturze seines Imperialismus.
6. Die englische Marine hat die rote Flagge gehißt.
7. Damit ist die Periode des Imperialismus endgültig beendet.
8. Der allgemeinen Abrüstung steht hinfort kein Hindernis mehr im Wege.
9. Die Weltrevolution marschiert.
10. Die Geheimdiplomatie ist abgeschafft, indem sich in Zukunft die Völker selbst regieren.

herrscht nunmehr das Recht.

11. Der Kapitalismus gehört in Zukunft einer überwundenen Zeit an.
12. Jede Werktätige erhält gerechte Entlohnung.
13. Die Republik garantiert jedem Werktätigen Arbeit und Brot.
14. Die Lebensmittelpreise werden sofort herabgesetzt, die ungerechten Steuern beseitigt.
15. Die Vollsozialisierung beginnt.
16. Schieber und Wucherer werden nunmehr ihrer gerechten Strafe zugeführt.
17. In der Republik ist kein Platz für Korruption.
18. Die Bürokratie ist beseitigt, das Volk regiert sich selbst. Ein allgemeiner politischer Aufstieg wird die Folge sein!
19. Durch diese Revolution tritt unser Volk in den Zustand einer wahren Freiheit, Schönheit und Würde.

Werktätige! Bildet überall Arbeiter-, Bauern- und Soldatenräte!
Rüstet zum Kampf gegen die Reaktion!
Nie wieder Krieg! Es lebe die Republik! Es lebe die Weltrevolution!
Berlin, den 9. November 1918.

Der Rat der Volksbeauftragten.

Verantwortlich für den Inhalt: Deutschnationaler Kreisverein, Köslin. — Druck C. G. Hendeß G. m. b. H., Köslin.

**Hohenzollernfries
der Kaiser-Wilhelm-
Gedächtniskirche**
(Ausschnitt) vollendet 1912

**Wilhelm II.
bei der Abreise ins Exil**
10. November 1918

Das Ende des Kaiserreichs

In der Vorhalle der zu Ehren Wilhelms I. erbauten Berliner Gedächtniskirche präsentieren sich in langer, an byzantinischen Vorbildern orientierter Prozession die Herrscher aus dem Haus Hohenzollern. Der Ausschnitt zeigt ganz links den »Romantiker auf dem Thron«, König Friedrich Wilhelm IV. von Preußen, der 1849 die Kaiserwürde und damit die Einigung Deutschlands auf liberaldemokratischer Grundlage abgelehnt hat. Es folgen Wilhelm I., dessen Sohn Friedrich (1888 für 99 Tage im Amt) und schließlich Friedrichs Sohn Wilhelm II. mit seiner ersten Gemahlin Auguste Viktoria.

Sechs Jahre vor dem Ende des Kaiserreichs vollendet, gibt das Mosaik etwas von dem Rollenbewußtsein des letzten Kaisers zu erkennen. Heinrich Mann läßt ihn im 1918 erstmals in einer Massenauflage publizierten Roman Der Untertan als talentierten Schauspieler erscheinen, und dies nicht allein im Hinblick auf das Vergnügen Seiner Majestät an Kostümen. Gedanken hierzu enthält Berthold Viertels Bericht (in der Zeitschrift »März«, 1910) über einen Besuch Wilhelms II. in Wien bei Franz Joseph II., in dessen Verlauf die Monarchen ein Kinematographentheater aufsuchten. »Sie sahen dort sich selbst zu. Sie sahen ein getreues Abbild ihrer selbst, welches zu sprechen, zu grüßen und zu lachen schien. Und das Publikum im Bild applaudierte. Und das Publikum im Zuschauerraum applaudierte auch. Und die Monarchen im Bilde dankten. Und die wirklichen Monarchen dankten in der Wirklichkeit. Aber plötzlich riß ein Film, und es ward dunkel. – Bei dieser Stelle des Berichts lief es mir kalt über den Rücken. Wie? Ging dieser Riß auch durch die Wirklichen? Und mit Entsetzen fragte ich mich: Ja, wer ist denn hier der Wirkliche?«

Der Applaus des Publikums ist verstummt, als Wilhelm II. (die Aufnahme zeigt ihn als vierten von links) am 10. November 1918 ins niederländische Exil abreist. Er stirbt 1941 in Schloß Doorn im Alter von 82 Jahren. Auf Anordnung Hitlers erfolgt die Beisetzung mit militärischen Ehren.

**Plakat der
Bayerischen Volkspartei**
1919

**Plakat der Kommunistischen
Arbeiter-Partei**
1919

Dämonisierung

Unmittelbar nach Gründung der Kommunistischen Partei Deutschlands auf einem Parteitag (30. Dezember 1918 bis 1. Januar 1919) des 1916 von Rosa Luxemburg, Karl Liebknecht und Franz Mehring gegründeten Spartakusbundes ist es das unmittelbare Ziel der linksgerichteten Kräfte, die für den 19. Januar angesetzten Wahlen zur Verfassunggebenden Nationalversammlung zu verhindern.

Die auf dem Aufruf zum Wahlboykott zugleich verlangte »Direkte Aktion!« ist der sogenannte Spartakusaufstand in Berlin. Am 5. Januar besetzen Kommunisten und Linkssozialisten das Berliner Zeitungsviertel. Nur ein Teil der Berliner Arbeiterschaft folgt jedoch dem Aufruf zur Vollendung der Revolution, die Berliner Regimenter lehnen einen Putsch gegen die Regierung ab. Regierungstruppen unter dem Befehl Gustav Noskes, Mitglied des Rats der Volksbeauftragten, werfen den Aufstand am 11. und 12. Januar nieder. Rosa Luxemburg und Karl Liebknecht werden am 15. Januar als Gefangene ermordet.

Räteregierungen bestehen zu diesem Zeitpunkt in Bayern und Bremen. Auf erstere bezieht sich das Plakat der Bayerischen Volkspartei. Es entspricht dem Stil des politischen Plakats, der bald die Oberhand gewinnt: die Dämonisierung des Gegners, die ihre Wirkung nicht verfehlt. Am 21. Februar wird der bayerische Ministerpräsident Kurt Eisner ermordet.

Ein 1919 von einem »Verein zur Bekämpfung des Bolschewismus« verbreitetes Plakat enthält die Schlagzeilen: »Deutsche Männer, deutsche Frauen! Volk der Dichter und Denker! Wißt ihr, was Bolschewismus ist? Kennt Ihr seine Gefahren? ... Bolschewismus ist die Erhebung des Verbrechertums der ›Schwarzen Hand‹ zur Herrschaft am hellen Tage! Die Macht des ›Schinderhannes‹, übertragen in das maschinelle Zeitalter! Die Organisation des Diebstahls und der Beraubung unter dem Schlagwort ›Kommunismus‹ ... Seine Gefahren sind: Arbeitslosigkeit! Hunger! Raub, Mord, Plündern! Entkräftung! Seuchen! Verzweiflung!«

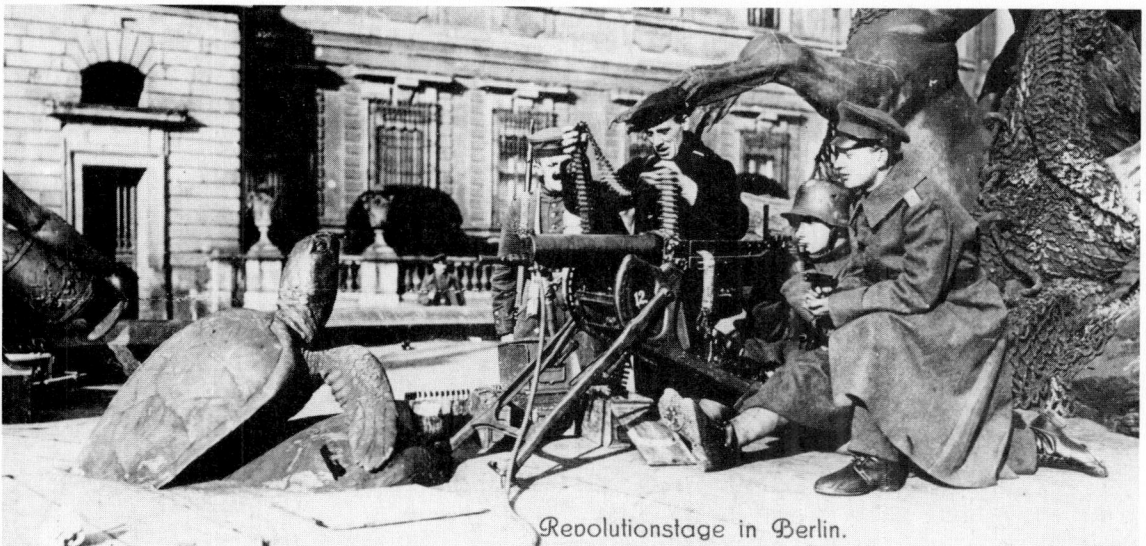

Revolutionstage in Berlin.

Auf dem Dache des Brandenburger Tores.

1919

Gründung der United Artists

Ihren künstlerischen und finanziellen Spielraum wollen sich die Stars Charlie Chaplin, Douglas Fairbanks, Mary Pickford und David Wark Griffith erhalten, als sie 1919 in Hollywood die United Artists Corporation (UA) gründen. Die Gesellschaft hat das Ziel, Filme unabhängig zu produzieren und zu verleihen. Direkter Anlaß für die Gründung der UA war die Drohung der mächtigen Produktionsfirmen Adolph Zukors Famous Players und First National, die Stargagen zu limitieren.

Das neue System der United Artists ist einmalig: Weder unterhält die Gesellschaft ein eigenes Studio oder ein Vertragssystem mit Stars und Technikern noch eigene Kinos. Sie verläßt sich bei der Auswertung auf die Attraktivität und Qualität ihrer Produktionen – meist mit Erfolg. Beispiele hierfür sind Fairbanks *His Majesty the American* und Griffiths *Broken Blossoms*, beide 1919 gedreht.

Bildende Kunst

Werke
- Max Beckmann: *Die Nacht* (beg. 1918; Düsseldorf, Kunstsammlung Nordrhein-Westfalen); Alptraum von Mord und Folterung.
- Rudolf Belling: *Dreiklang;* abstrakte Holzplastik.
- Conrad Felixmüller: *Der Vater und seine Söhne* (Stuttgart, Staatsgalerie); expressives Selbstbildnis mit Vater und Bruder.
- Wassily Kandinsky: *Im Grau* (Paris, Privatbesitz); Komposition aus einer Vielzahl dicht gedrängter abstrakter Formen und Zeichen.
- Paul Klee: *Villa R* (Basel, Kunstmuseum); märchenhafte Bühnenlandschaft mit großem grünem R. *Komposition mit schwarzem Brennpunkt* (Stuttgart, Staatsgalerie); schachbrettartige Farbkomposition mit schwarzen Zeichen und Kreisform.
- Oskar Kokoschka: *Frau in Blau* (Stuttgart, Staatsgalerie); liegendes Frauenbildnis, für das eine lebensgroße Puppe als Modell gedient hat.
- El Lissitzky: *Proun 1 D* (Basel, Kunstmuseum); Beginn der abstrakten, konstruktivistischen Prounen-Serie (abgeleitet vom russischen Kürzel Pro Unowis = Für eine Erneuerung in der Kunst).
- Otto Mueller: *Liebespaar* (Hamburg, Sammlung Max Lütze); expressionistisches Figurenbild.
- Emil Nolde: *Blumengarten am blauen Zaun* (Ludwigshafen, Wilhelm-Hack-Museum); expressionistische Naturschilderung in leuchtenden Farben.

Bildreportage

Die Reportagefotografie wird technisch vorbereitet in der vergleichsweise anspruchsvoll entwickelten Sportfotografie. Schon vor dem Ersten Weltkrieg gelangten Fotografen wie Lothar Rübelt und Martin Munkacsi zu einem Stil der Bildberichterstattung ohne gestellte Posen.

Aber die moderne Reportagefotografie ist von Beginn an eine Mischung von journalistischer Dokumentation und politischer Propaganda. Reportagen von begeistert ausrückenden Truppen dienten der Kriegspropaganda. Zu den Schlachtfeldern war den zivilen Fotografen der Zutritt verboten. Es blieb Armeefotografen vorbehalten, Aufnahmen von Kriegsschauplätzen zu machen, die obendrein vor ihrer Veröffentlichung einer Militärzensur unterlagen. Erst nach dem Krieg etabliert sich in Deutschland eine professionelle Reportagefotografie durch den Fotoreporter. Revolutionäre Aufstände, Straßenkämpfe, große Demonstrationen werden bekanntgemacht und dokumentiert mittels der Bildberichterstattung zahlreicher Fotografen; der bekannteste unter ihnen ist der Fotoreporter Willi Ruge in Berlin.

Die berühmten Fotojournalisten kommen erst zu Beginn der zwanziger Jahre zum Zuge, nachdem durch die Entstehung der modernen »Illustrierten« eine Massenverbreitung von Fotoreportagen möglich geworden ist. Unmittelbar davor entsteht in Berlin und Hamburg eine Sonderform der Bildreportage: die aktuelle Aufnahme im Postkartenformat, die im Straßenverkauf angeboten wird. Hierzu gehören die beiden in einem Ausschnitt wiedergegebenen Reportagefotos. Das obere wird durch folgenden Text erläutert: »Revolutionstage in Berlin. Maschinengewehrwache am Begasbrunnen vor dem Schloß« (24. Dezember 1918), das untere: »Auf dem Dache des Brandenburger Tores. Regierungstreue Truppen sind mit Maschinengewehren und Handgranaten zum Kampf gegen die Anhänger der Spartakusgruppe ausgerüstet.«

Reportagefotos aus Berlin, Dezember 1918 und Januar 1919.

1919

Die »Gläserne Kette«

Im Unterschied zu seiner Initiative, die 1918 zur Bildung des Arbeitsrats für Kunst geführt hat, wendet sich Bruno Taut nun an eine Reihe von Architekten, Künstlern und Kritikern mit dem Vorschlag, eine private Organisation zu bilden, um architektonische Ideen, Zeichnungen und Phantasien auszutauschen. Der Gruppe, die sich hierauf als Korrespondenzgemeinschaft (unter Verwendung von Pseudonymen) zusammenfindet, erhält von dem Dichter Alfred Brust den Namen »Gläserne Kette«. Ihr gehören unter anderen Walter Gropius, die Brüder Hans und Wassili Luckhardt, Hans Scharoun sowie die Brüder Bruno und Max Taut an. Als Publikationsorgan dient Bruno Tauts Zeitschrift »Frühlicht«.

Zwar bildet sich durch den regen Austausch, der bis Ende 1920 anhält, kein Gruppenstil im eigentlichen Sinne heraus. Gemeinsam ist jedoch (im Unterschied etwa zu den technisch orientierten Projekten der sowjetischen Revolutionsarchitektur) die Tendenz, als Vorbilder für eine Architektur der Zukunft nach fundamentalen Konstruktionsformen in der Natur zu suchen, beispielsweise Kristallen, Muscheln, Amöben, Pflanzen. Als Baumaterialien werden Glas, Stahl und Beton bevorzugt. Anregungen gehen auch von dem Schriftsteller Paul Scheerbart und dessen Glasphantasien aus, zugleich vermittelt er Impulse der Berliner Dadaisten.

Beispiele für eine expressionistisch-utopische Architektur, die Bruno Taut schon während des Krieges entworfen hat, sind seine Vision einer Stadt der friedlichen Arbeit mit einer aus Bauten der Kultur und der Wissenschaft gebildeten *Stadtkrone* (1916/17) und die *Alpine Architektur* (1917/18). Eine dieser Zeichnungen (*Schnee, Gletscher, Glas*) ist mit dem Vermerk beschriftet: »Die Ausführung ist gewiß ungeheuer schwer und opfervoll, aber nicht unmöglich. ›Man verlangt so selten von den Menschen das Unmögliche‹ (Goethe).«

Expressionismus und Architektur

Als eine der bedeutendsten Raumschöpfungen expressionistischer Architektur entsteht in Berlin der von Hans Poelzig entworfene Umbau des Zirkus Schumann in Max Reinhardts Großes Schauspielhaus. Der Zuschauerraum bildet eine Art von »Raumhöhle«, die stalaktitenförmig verkleidet ist.

Ein Lieblingsmotiv expressionistischer Baukörpergestaltung ist das Kristall; es läßt sich schon in Poelzigs 1910 erbautem Posener 16eckigem Wasserturm erkennen. Als kristallines Bauwerk erscheint Lyonel Feiningers Kathedrale auf der Titelseite eines Flugblatts, das im April 1919 erscheint; es enthält, verfaßt von Walter Gropius, das erste Bauhaus-Manifest und erste Bauhaus-Programm.

Mitte links: Hans Poelzig, Großes Schauspielhaus in Berlin; 1918/19.
Mitte rechts: Lyonel Feininger, Kathedrale; 1919.

Die Gründung des Bauhauses

Im März wird der Architekt Walter Gropius als Leiter der aus der Zusammenlegung der Großherzoglichen Hochschule für bildende Künste und der Kunstgewerbeschule hervorgegangenen, in »Staatliches Bauhaus in Weimar« umbenannten Schule für Gestaltung, Architektur und Handwerk bestätigt. Im April erscheint das erste Bauhaus-Manifest, in dem Gropius den Bau das Endziel aller bildnerischen Tätigkeit nennt und das bewußte Mit- und Ineinanderwirken aller Werkleute fordert: »Die alten Kunstschulen vermochten diese Einheit nicht zu erzeugen, wie sollten sie auch, da Kunst nicht lehrbar ist. Sie müssen wieder in der Werkstatt aufgehen.« Und weiter heißt es: »Architekten, Bildhauer, Maler, wir alle müssen zum Handwerk zurück! … Es gibt keinen Wesensunterschied zwischen dem Künstler und dem Handwerker. Der Künstler ist eine Steigerung des Handwerkers.«

Als Lehrer werden u. a. Hans Itten – er leitet den Vorkurs, der für jeden Neueintretenden obligatorisch ist und in Formlehre, vor allem aber im Studium und gestalterischen Gebrauch der verschiedensten Materialien besteht –, der Bildhauer und Töpfer Gerhard Marcks, der Maler Lyonel Feininger und Oskar Schlemmer als Formmeister berufen.

Auch die industrielle Produktion wird im Lehrplan berücksichtigt. Gropius wendet sich nicht gegen den von andern Formgestaltern abgelehnten zunehmenden Gebrauch von Maschinen bei der Herstellung formschöner Gegenstände; für ihn ist die Maschine ein vervollkommnetes Handwerkszeug. Die Ausbildung im Bauhaus ist deshalb vorrangig auf die Herstellung von Modellen für die industrielle Massenproduktion gerichtet. Der Künstler, der bei der Entwicklung einer Modellform, beispielsweise für eine Kaffeekanne, das Vorbild für die Serienfabrikation selbst mit den Händen aus Ton formt, ist nicht mehr nur Designer, sondern Formgestalter und Handwerker zugleich.

Kurt Schwitters
Undbild
1919

Hans Arp
Dada-Relief
1918/20

Sophie Taeuber(-Arp)
Komposition
um 1918

Dada-Köln / Dada-Hannover

Zu den Mitbegründern des Dadaismus gehört der gebürtige Straßburger Hans (Jean) Arp. 1919 gründet er, von Zürich kommend, in Köln gemeinsam mit Max Ernst und Johannes Theodor Baargeld die Gruppe »Dada W/3«, deren erste Ausstellung in einem Brauhaus (1920) von der Polizei als sittenwidrig geschlossen wird.

Arp und seine Gefährtin Sophie Taeuber, die er 1921 heiratet, sind in ihrem Schaffen dem Dadaismus insofern verbunden, als die freie Form der absoluten Phantasie verpflichtet ist; sie soll »in Kopf und Herzen die Sterne des Friedens, der Liebe, der Dichtung erblühen lassen«.

Wie Arp ist auch der Hannoveraner Kurt Schwitters als bildender Künstler und als Dichter tätig. Sein Gedicht An Anna Blume (1919) endet mit den Versen: »Weißt du es, weißt du es schon? / Man kann dich auch von hinten lesen, und du, du / Herrlichste von allen, du bist von hinten wie von vorne: / »a-n-n-a«. / Rindertalg träufelt streichelnd über meinen Rücken. / Anna Blume, du tropfes Tier, ich liebe dir!« Das Gedicht trägt den Untertitel Merzgedicht 1, der es in Schwitters MERZ-Gesamtwerk einordnet. Die Bezeichnung bezieht sich auf ein Wortfragment aus einer Anzeige der COMMERZ- und PRIVAT-BANK, das er 1919 in eine (verschollene) Collage, das erste MERZ-Bild, eingeklebt hat. Von einem entsprechenden Fragment leitet sich der Titel Undbild ab.

Collagen und reliefartige Assemblagen (Materialbilder) dienen Schwitters im dadaistischen Sinne radikaler Überschreitung vorgegebener Grenzen dazu, Kunst und alltägliche Wirklichkeit unter ästhetischen Gesichtspunkten gleichsam zu verzahnen. Bei dem Kritiker Franz Düllberg findet er 1920 allerdings nur insofern Verständnis, als dieser aus Schwitters' Collagen abliest, »daß das Leben der heutigen Menschen mit vielerlei bedrucktem Papier, mit unscheinbaren Kleiderstoffen und geringwertigem Material belastet ist. Eine schätzenswerte, vielleicht nicht ganz neue Erkenntnis. Mag sie denn einmal Bild geworden sein.«

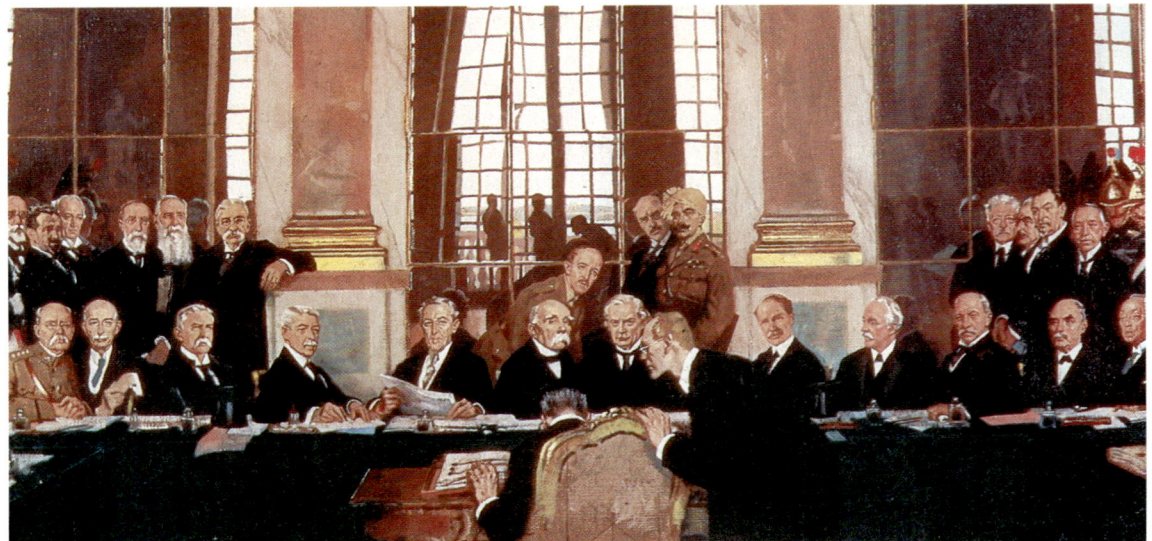

William Orpen
Unterzeichnung des Versailler Vertrags
(Ausschnitt) 1921

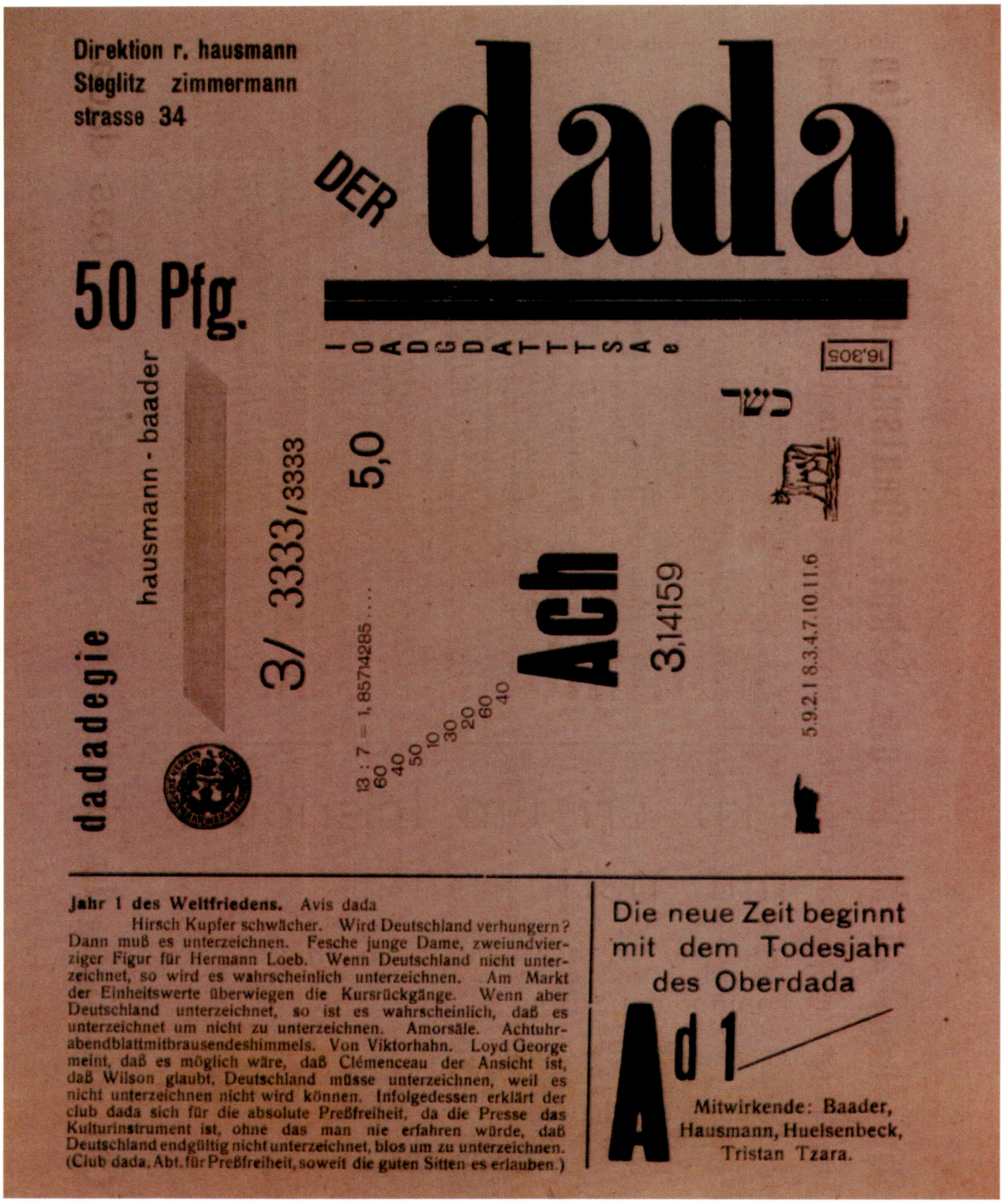
Direktion r. hausmann
Steglitz zimmermann
strasse 34

DER dada

50 Pfg.

hausmann - baader

dadadegie

3/ 3333/3333

5,0

Ach

3,14159

Jahr 1 des Weltfriedens. Avis dada
Hirsch Kupfer schwächer. Wird Deutschland verhungern? Dann muß es unterzeichnen. Fesche junge Dame, zweiundvierziger Figur für Hermann Loeb. Wenn Deutschland nicht unterzeichnet, so wird es wahrscheinlich unterzeichnen. Am Markt der Einheitswerte überwiegen die Kursrückgänge. Wenn aber Deutschland unterzeichnet, so ist es wahrscheinlich, daß es unterzeichnet um nicht zu unterzeichnen. Amorsäle. Achtuhrabendblattmitbrausendeshimmels. Von Viktorhahn. Loyd George meint, daß es möglich wäre, daß Clémenceau der Ansicht ist, daß Wilson glaubt, Deutschland müsse unterzeichnen, weil es nicht unterzeichnen nicht wird können. Infolgedessen erklärt der club dada sich für die absolute Preßfreiheit, da die Presse das Kulturinstrument ist, ohne das man nie erfahren würde, daß Deutschland endgültig nicht unterzeichnet, blos um zu unterzeichnen. (Club dada, Abt. für Preßfreiheit, soweit die guten Sitten es erlauben.)

Die neue Zeit beginnt mit dem Todesjahr des Oberdada

A d 1

Mitwirkende: Baader, Hausmann, Huelsenbeck, Tristan Tzara.

Titelblatt
Der dada
1919

Jahr 1 des Weltfriedens

Unter dieser Überschrift gibt die unten abgebildete Ausgabe der Zeitschrift »Der dada« auf der Titelseite eine Textkostprobe: »L(l)oyd George meint, daß es möglich wäre, daß Clémenceau der Ansicht ist, daß Wilson glaubt, Deutschland müsse unterzeichnen, weil es nicht unterzeichnen nicht wird können …«
Die Herren, die in dieser Parodie auf die Pressesprache genannt werden, zeigt das oben in einem Ausschnitt wiedergegebene zeitgeschichtliche Gemälde im Spiegelsaal des Schlosses von Versailles, in jenem Saal, in dem am 18. Januar 1871 der preußische König Wilhelm I. zum Deutschen Kaiser ausgerufen wurde. In der Mitte, erkennbar am weißen Schnauzbart, Georges Benjamin Clémenceau, französischer Ministerpräsident, Leiter der alliierten Friedensdelegation und Verfechter harter Friedensbedingungen für Deutschland; links von ihm der amerikanische Präsident Woodrow Wilson. Die deutsche Delegation unterschreibt den Friedensvertrag am 28. Juni 1919. Daß damit der Weltfrieden eingekehrt sei, bezweifelt nicht allein »Der dada«. Die Zeitschrift ist eines der Produkte der Berliner Dada-Gruppe, zu der neben dem Ur-Dadaisten Richard Huelsenbeck Raoul Hausmann, Johannes Baader, George Grosz, John Heartfield und vorübergehend Tristan Tzara gehören. Nirgendwo sonst als in Berlin verbindet sich die dadaistische Bürgerschreck-Pose mit direkter politischer Persiflage, Kritik, Attacke. Nichts liegt den Berliner Dadaisten ferner als eine letztlich in eine neue Ästhetik mündende Antikunst »an sich«.
Zwar wirken auch im Berliner Dadaismus der Expressionismus ebenso mit wie kubistische und futuristische Formexperimente sowie die Text- und Bildsprache der Medien Zeitung, Plakat und Film. Unmittelbarer Bezugspunkt bleibt aber die gesellschaftliche Realität mit ihrer Tendenz, die brutale Wirklichkeit zu verdrängen. Hiergegen richtet der Dadaismus in seiner kämpferischen Form seine Waffe, wobei eines erhalten bleibt: »Die Anfänge von Dada waren die Anfänge eines Ekels« (Tristan Tzara).

Theater

Premieren

● Ernst Barlach: *Der tote Tag*, Uraufführung am 22. November in Leipzig. Das 1912 erschienene erste Theaterstück des expressionistischen Bildhauers handelt in Form eines Familiendramas mit Märchenelementen (Hausgeister) von der Frage nach dem göttlichen Ursprung des von Dunkelheit und Gottferne bedrückten Menschen.

● Richard Beer-Hofmann: *Jaákobs Traum*, Uraufführung am 5. April in Wien. Dramatisierung der alttestamentlichen Erzäh-lung von Jakobs Erwähltsein als Stammvater des Volkes Israel, gedacht als Vorspiel zur Dramentrilogie (unvollendet) *Die Historien von König David*.

● Else Lasker-Schüler: *Die Wupper*, Uraufführung am 27. April in Berlin. Das 1909 erschienene Schauspiel besteht aus einer lokkeren Szenenfolge, angesiedelt in einer Fabrikstadt im Tal der Wupper. Die sozialen Gegensätze prägen die Atmosphäre der »Stadtballade«, zu deren Bühnengestalten neben einer Fabrikanten- und einer Arbeiterfamilie Landstreicher, Dirnen und Mörder gehören.

● Carl Sternheim: *Tabula rasa*, Uraufführung am 25. Januar in Berlin. Entlarvung kleinbürgerlicher Selbstsucht unter dem Deckmantel sozialrevolutionären Klassenbewußtseins.

● Ernst Toller: *Die Wandlung*, Uraufführung am 30. September in Berlin. Drama des Expressionismus mit dem Grundgedanken einer Erneuerung des Menschen, der vorläufig noch als Zerrbild in Erscheinung tritt.

● Anton Wildgans: *Dies irae...*, Uraufführung am 8. Februar in Wien. Familiendrama mit dem Hauptmotiv des ungewünschten Kindes, das im Freitod endet.

Ein Untergang der Menschheit

Nach dem Kriegsende kommt ein literarisches Ungetüm zum Abschluß, ein einmaliges, im weitesten Sinne des Wortes großartiges Werk, das mit eben diesem Krieg und den an ihm Beteiligten abrechnet. In einer Folge von 220 scheinbar wahllos aneinandergereihten Szenen, in denen Hunderte von Personen auftreten, werden von Karl Kraus *Die letzten Tage der Menschheit* (»Tragödie in fünf Akten mit Vorspiel und Epilog«) beschworen. Die erste Fassung (»Aktausgabe«) veröffentlicht Kraus 1918/19 in Sondernummern seiner Zeitschrift »Die Fackel«, die endgültige Fassung erscheint als Buchausgabe 1922. Kurz zu beschreiben ist das Werk kaum, gibt es doch keine Handlung und keine Entwicklung darin, nur ein Konglomerat von Szenen, von ständig wechselnden Schauplätzen in Österreich und in Deutschland, in Wien und Berlin, bevölkert von einer unüberschaubaren Fülle von Personen – die Kaiserlichen Majestäten Franz Joseph I. und Wilhelm II. treten ebenso auf wie hohe und niedere Militärs, Adelige, Bürgerliche und Kleinbürgerliche. Sie alle aber sind Repräsentanten einer Menschheit, deren wesentliches Merkmal die Unmenschlichkeit ist.

Der Text besteht zu zwei Dritteln etwa aus Zitaten, aus einer Montage von Ausschnitten aus Zeitungen, Anzeigen, literarischen Werken, Verlautbarungen, Tagesbefehlen, die der Groteske ihre schauerliche Authentizität verleihen. Kraus selbst spricht von einer »Dramatisierung des Dokumentarischen«, deren Sinn die satirische Variation eines einzigen Grundthemas ist: das zum Untergang führende Zu-

sammenspiel von Mittelmäßigkeit und politischem Verbrechen. Alles zusammen wird zu einem apokalyptischen »Angsttraum« (so der ursprüngliche Untertitel) vom Ende der Menschheit, das nicht mehr drohend in der Zukunft liegt, sondern mit dem Ende des Krieges zusammenfällt.

Der *Epilog* kommt 1923 in Wien zur Uraufführung, eine Kurzfassung des gesamten Werkes erst 1964.

Ein Wiener Schnauzbart

Eigentlich heißt er Richard Engländer, und eigentlich ist dieser typische Wiener Bohémien Sproß einer begütert-soliden Kaufmannsfamilie. Seinem eigenen Urteil zufolge hat der 1859 geborene Peter Altenberg von seiner Familie jedoch nur das eine geerbt: ein »pathologisches Gehirn«, eine überreizte Aufmerksamkeit seiner Umwelt gegenüber, deren Eigenarten und Verhaltensweisen er beobachtet, durchschaut und beschrieben hat.

Altenbergs Arbeitsplatz war das Wiener Caféhaus, wo in den Jahren vor dem Ersten Weltkrieg zwischen Wasserglas und Kaffee Kulturgeschichte gemacht wurde. Was er dort in raschen, kurzen Prosaskizzen festhielt, war ursprünglich gar nicht für die Öffentlichkeit bestimmt, doch sorgten Freunde dafür, voran Arthur Schnitzler und Karl Kraus, daß diese Momentaufnahmen Wiener Wirklichkeit als Buch unter dem Titel Wie ich es sehe *zusammengefaßt und 1896 veröffentlicht wurden. Es folgten* Was der Tag mir zuträgt *(1900) und* Märchen des Lebens *(1908). Das Wiener Feuilleton hatte damit einen Großmeister gefunden, den Hofmannsthal ebenso bewunderte wie Thomas Mann oder Else Lasker-Schüler.*

Dennoch schien Altenbergs Kunst, die immer noch gültigste Spiegelung Wiener Eigenart in all ihrer koketten Dekadenz, ihrer giftig-süßen Verspieltheit und morbid-hingebungsvollen Lust am Untergang, nur für den Tag bestimmt zu sein. Doch hielten sein Witz, seine melancholische Ironie, seine unübertroffene Gabe, eine Situation mit wenigen Strichen in all ihrer Absurdität und Widersprüchlichkeit aufzudecken, den Zeitläuften stand, so daß die Blüten Altenbergscher Sprachkunst immer noch entzücken, etwa seine schlagende Replik auf den verschlissenen Gemeinplatz, ein jeder sei so alt, wie er sich fühle: »So alt nun wieder auch nicht...« Altenberg stirbt am 8. Januar 1919 in Wien, wenige Wochen vor der Vollendung seines 60. Lebensjahres. Noch im selben Jahr veröffentlicht Karl Kraus eine umfassende Würdigung des Freundes.

Dolbin, Peter Altenberg; um 1918.

Literatur

Neuerscheinungen

● Hermann Hesse: *Demian. Die Geschichte einer Jugend von Emil Sinclair*, Erstausgabe anonym. Der Roman schildert den Weg des Schülers Sinclair zu sich selbst unter der Führung seines Freundes Demian. Das Ziel der mystisch verklärten inneren Erneuerung im Zeichen des Gottes Abraxas wird für Demian im Krieg durch eine lebensgefährliche Verletzung greifbar.

● Franz Kafka: *In der Strafkolonie* (entstanden 1914). Erzählung im Zusammenhang des 1914/15 entstandenen fragmentarischen Romans *Der Prozeß* (1925): Ein Reisender wird in einer Strafkolonie Zeuge, wie ein barbarisches Hinrichtungsinstrument einer »neuen milden Richtung« angepaßt wird, wobei das Selbstopfer des Verantwortlichen ohne das Anzeichen einer »Erlösung« bleibt.

● Jakob Wassermann: *Christian Wahnschaffe*. Breit angelegter Zeitroman über die gesellschaftliche Entwicklung seit der Jahrhundertwende. Im Mittelpunkt steht der Weg des Titelhelden, der aus reichem Hause stammt, jedoch von den sozialen Gegensätzen tief berührt wird. Sein äußerer Niedergang führt ihn zur Mitmenschlichkeit.

1919

Der kulturelle Neubeginn in der Sowjetunion

Unmittelbar nach der Oktoberrevolution erhielt Anatoli Wassiljewitsch Lunatscharski, ein früher Parteigänger Lenins, das Amt des Volkskommissars für das Bildungswesen in der Sowjetunion, das er bis 1929 innehat. Neben dem Aufbau des Schulwesens gilt seine Bemühung der Förderung neuer, aus der Revolution hervorgegangener oder mit deren Zielen verbundener Kunstformen, so des Konstruktivismus und der damit im Zusammenhang stehenden Revolutionsarchitektur. Diese knüpft in vielfältiger Weise an die weitgehend im Entwurfsstadium steckengebliebenen Projekte französischer Architekten des späten 18. Jahrhunderts an – jener ersten Phase einer Revolutionsarchitektur, die beispielsweise die Idee des Kugelhauses hervorgebracht hat. Gerade sein Versuch, den Aufbau einer »Proletarskaja kultura« (proletarische Kultur, abgekürzt Proletkult) mit neuen Strömungen in Einklang zu bringen, setzen ihn der Kritik Lenins und der Partei aus; er begeht »Irrtümer«, die er nach späterer Lesart »rasch zu korrigieren verstand«.

In die Frühzeit seiner kulturpolitischen Tätigkeit gehört die Förderung Marc Chagalls, den Lunatscharski nach der Oktoberrevolution zum Direktor der Künste für das Gouvernment Witebsk ernannt hat. Der Maler tritt jedoch nach der Empörung der Lehrer einer von ihm in Witebsk gegründeten Schule zurück und läßt sich wieder in Moskau nieder, wo er 1919/20 das Jüdische Theater ausstattet. 1922 emigriert Chagall über Berlin nach Paris.

Wie Chagall ist 1914 auch Wassily Kandinsky nach Rußland zurückgekehrt. Als Mitglied der Abteilung Kunst des Kommissariats für Volksaufklärung (ab 1918) gründet er 1919 in Moskau das Museum für malerische Kultur. Ende 1921 siedelt er wieder nach Deutschland über.

Oben links: Marc Chagall; 1919.
Oben rechts: Ernst Haeckel beim Malen in seinem Arbeitszimmer in Jena; 1914.

Die erste Waldorfschule

1907 hat Rudolf Steiner eine kleine Schrift mit dem Titel *Die Erziehung des Kindes vom Gesichtspunkte der Geisteswissenschaft* veröffentlicht. In ihr heißt es: »Die Geisteswissenschaft wird bis auf die einzelnen Nahrungs- und Genußmittel alles anzugeben wissen, was hier in Betracht kommt, wenn sie zum Aufbau einer Erziehungskunst aufgerufen wird. Denn sie ist eine realistische Sache für das Leben, nicht eine graue Theorie, als was sie allerdings heute noch nach den Verirrungen mancher Theosophen erscheinen könnte.«

Zwölf Jahre später wird Steiner zu diesem Aufbau aufgerufen, und zwar durch Emil Molt, den Direktor der Zigarettenfabrik Waldorf-Astoria, zu deren Sozialleistungen Arbeiterbildungskurse und eine Kinderbetreuung gehört; hinzu soll nun eine Schule kommen. So entsteht 1919 in Stuttgart die erste Waldorfschule als Betriebsschule einer Zigarettenfabrik.

Bis 1924 hält Steiner in Deutschland, England und Holland 15 Vortragszyklen, in denen er die pädagogischen Leitideen auf der Grundlage seiner anthroposophischen Menschenkunde gibt. Ein Zeugnis für das Verständnis, das er findet, ist ein Zeitungsbericht über einen Vortrag, den er 1922 als Gast einer Erziehungstagung in Oxford hält: »Er hat zu uns gesprochen von Lehrern, welche frei und gemeinschaftlich, unbeengt durch äußere Vorschriften und Reglementierungen, ihre Erziehungsmethode einzig und allein aus ihrer genaueren Kenntnis der menschlichen Natur entwickeln. Er hat zu uns von einer Art von Erkenntnis gesprochen, welche der Lehrer braucht, einer Erkenntnis der menschlichen Wesenheit und der Welt, die sowohl wissenschaftlich ist, als auch in das intimere Innenleben eindringt, die intuitiv und künstlerisch ist.«

Zu den Grundzügen der schulischen Waldorf-Pädagogik gehören: Die Zusammenfassung der Ausbildung in einer einheitlichen Volks- und Höheren Schule mit insgesamt zwölf Jahren (heute mit einem dreizehnten zur Vorbereitung auf das Abitur), kein Sitzenbleiben und keine Besten-Auslese, keine Zensuren, keine Zersplitterung des Unterrichts, sondern Unterrichtsepochen. Das oberste Ziel ist, dem Kind die Hilfe zu geben, sich selbst zu finden. Hierbei kommt dem musischen Unterricht in allen denkbaren Formen einschließlich der Eurythmie besondere Bedeutung zu.

Tod Ernst Haeckels

Am 9. August 1919 stirbt in Jena im Alter von 85 Jahren der Zoologe Ernst Haeckel, ein leidenschaftlicher Forscher und Anhänger der Darwinschen Abstammungslehre. Auf Haeckel gehen unter anderem die Urzeugungstheorie und das biogenetische Grundgesetz zurück. Letzteres besagt, daß während der Entwicklung des Einzelwesens sich die Stammesgeschichte der betreffenden Tierart in abgekürzter Form wiederholt. Ein Beispiel sind die an die Fische erinnernden Kiemenspalten, die bei allen Säuger-Embryonen nachweisbar sind, auch am menschlichen Embryo. Das biogenetische Grundgesetz wird später zur »Regel« relativiert, weil es nicht für alle Lebewesen zutrifft. Während Darwin den Menschen noch eher zaghaft in seine Deszendenztheorie einbezogen hatte, vertrat Haeckel konsequent die später bestätigte Auffassung, daß auch der Homo sapiens keine Ausnahme mache, also von affenähnlichen Vorfahren abstamme. Zu Haeckels einflußreichsten Werken gehört die *Natürliche Schöpfungsgeschichte* (1868).

Hofmannsthals Märchenwelt

Seit 1913 beschäftigt sich Hugo von Hofmannsthal mit einem Stoff, der nun als Erzählung und als Textbuch zur neuesten Oper von Richard Strauss erscheint: *Die Frau ohne Schatten*. Die Oper wird am 10. Oktober in Wien uraufgeführt, die deutsche Erstaufführung folgt am 22. Oktober in Dresden.

Die Titelgestalt ist die Tochter des Geisterkönigs Keikobad, die in Gestalt einer Gazelle vom Falken eines Kaisers erjagt wurde, menschliche Gestalt annahm und nun als Kaiserin lebt; als Fluch ruht auf ihr, daß der Geliebte in Stein verwandelt wird, wenn es ihr nicht gelingt, einen Schatten zu erhalten – Sinnbild der Schwangerschaft.

In einem dichten Gewebe aus orientalischen, skandinavischen und christlichen Märchen- und Legendenmotiven führt die Handlung die Kaiserin zu der Einsicht, daß sie Verzicht leisten muß – wodurch sie die ihr auferlegte Prüfung bestanden und das Menschsein gewonnen hat.

Während die Vertonung die Klangfülle einer großen Orchesterbesetzung ausspielt, durchbrochen von volkstümlich-einfachen Partien, besteht der eigentliche Wert des Werkes in seiner subtilen sprachlichen Gestaltung als Erzählung.

Max Pechstein
An die Laterne
1918/19

Max Pechstein
**Erwürgt nicht die
junge Freiheit**
1919

Heinrich Zille
**Warte man,
dir werd' ick helfen,
von wejen nicht fressen!**
1919

Notzeit

Als ein führendes Mitglied der im Dezember 1918 gebildeten Novembergruppe tritt der ehemalige »Brücke«-Maler Max Pechstein mit einer Reihe von politischen Plakaten an die Öffentlichkeit. Hierbei ist An die Laterne Mißverständnissen ausgesetzt, die um so mehr das politische Klima der Notzeit nach dem Krieg spiegeln. Es wird unterstellt, Pechstein propagiere die angeblich vom Spartakusbund geforderte Lynchjustiz. In Wirklichkeit wirbt das Plakat für eine gleichnamige Berliner Zeitschrift, die es sich zum Ziel gesetzt hat, alles ihr negativ Auffällige zu bekämpfen, das heißt sinnbildlich an die Laterne zu hängen.

Im Auftrag des Rats der Volksbeauftragten entsteht das Plakat Erwürgt nicht die junge Freiheit mit einem gleichsam verelendeten Putto. Es ist »in den dicken Konturen vor dem leuchtenden Rot weithin ins Auge fallend. In seinem intensiven Gefühlsgehalt wirkt es jedoch vielleicht zu stark vom Leben in seiner politischen Spannung und sozialen Not abstrahiert, so daß seine massenmobilisierende Kraft sich nicht voll entfalten kann« (Hellmut Rademacher, 1965).

Um so konkreter schildert Heinrich Zille menschliches und tierisches Verhalten. Ein ungetreues, weil durch Speiseverweigerung seinen Wert als Nahrungsmittel minderndes Ferkel wird auf eine Weise gezüchtigt, die den in zweiter Reihe zuschauenden Knirps voll Mitgefühl die eigenen Popobacken befühlen läßt. Rechts im Vordergrund ermahnt eine Göre ihr weißes Kaninchen, alles zu tun, um eine ähnliche Abreibung zu vermeiden. Ungerührt betrachtet dagegen der Kriegsheimkehrer die Szene.

Der Schauplatz dürfte der Hinterhof einer jener Berliner Mietshäuser sein, wie sie im Hintergrund erkennbar sind, während sich im Mittelgrund eine Laubenkolonie erstreckt, deren Bewohner gleichfalls Interesse an der geräuschvollen Strafaktion bekunden. Schildert Zille die Notzeit? Ja, aber betrachtet durch das Medium eines deftigen Humors, der nicht vernebelt, sondern sich auf volkstümliche Scharfsichtigkeit gründet.

Tamara de Lempicka
Bildnis der Herzogin La Salle
1925

Alfred Kubin
Eroberer Wurm
1920

Max Reinhardt (Regie)
Der Kaufmann von Venedig
1924
Rollenfoto Fritz Kortners
als Shylock

Mauritz Stiller (Regie)
Gösta Berlings Saga, 1924
Szenenfoto mit Gerda Lundequist-
Dahlström als Majorin Samzelius
und Greta Garbo als
Gräfin Elisabeth Dohna

Bildende Kunst, Theater, Film

*Mitte der zwanziger Jahre treten in der
bildenden Kunst zwei gegensätzliche,
jedoch beide zum Teil im Dadaismus
wurzelnde Haltungen in Erscheinung:
der Surrealismus und die Neue Sachlichkeit.*

*Der letzteren Stilrichtung ist das (in
der Gestaltung der Stadtansicht zugleich vom Kubismus beeinflußte)
Bildnis der Herzogin La Salle zuzu-
rechnen, ein Werk der in Warschau geborenen, in Paris tätigen Tamara de
Lempicka. Die lässige Haltung der
sportlichen Frau mit modisch kurzem
Haarschnitt im Reitkostüm bringt das
neue Ideal der emanzipierten, nicht
aufgrund ihres Standes, sondern vielmehr durch persönlichen Charakter
tonangebenden Gesellschaftsdame
zum Ausdruck.*

*Die Treppenstufen, die der Herzogin
La Salle als Podest dienen, lenken den
Blick hinüber zur Federzeichnung Er-
oberer Wurm des expressionistischen
Grafikers und Schriftstellers Alfred
Kubin. Sie illustriert das gleichnamige
Gedicht in Edgar Allan Poes Erzäh-
lung Ligeia. Zugleich erinnert Kubins
Darstellung der zu einem Thron hin-
aufführenden Treppe, zu deren Füßen
als Würmerfraß ein König liegt, an Leo-
pold Jessners Treppenaufbau in seiner
Berliner Inszenierung von Richard III.
(1920).*

*Neben Jessner, Jürgen Fehling und Er-
win Piscator behält Max Reinhardt
eine dominierende Stellung als Regisseur. 1924 verkörpert in seiner Wiener
Inszenierung von Shakespeares Kaufmann von Venedig der 32jährige Fritz
Kortner als ein Repräsentant expressiver Schauspielkunst den Shylock, den
er noch im hohen Alter gestaltet.*

*Zunächst ist sie in Reklamefilmen des
Kaufhauses, in dem sie als Verkäuferin
arbeitete, aufgetreten. Nach einer Ausbildung an der Königlichen Theater-
schule in Stockholm dreht die 19jähri-
ge Greta Gustafson alias Garbo 1924
ihren ersten bedeutenden Film, die Gösta Berlings Saga, nach einem Roman
von Selma Lagerlöf. Der Weg der Garbo führt über Deutschland, das sich
erst in den zwanziger Jahren zu einem
bedeutenden Filmland entwickelt,
nach Hollywood.*

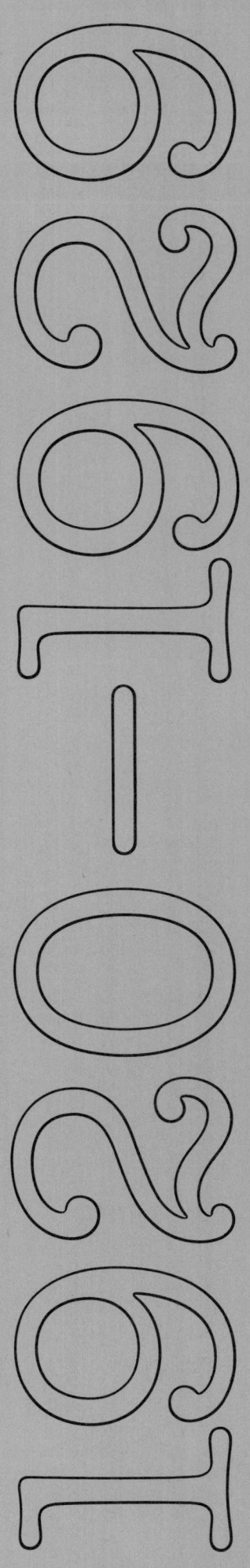

Die Goldenen Zwanziger Jahre, die in den USA die Roaring Twenties genannt werden, beginnen natürlich nicht genau am 1. Januar 1920 und enden nicht exakt Sylvester 1929. Die geistigen und künstlerischen Aktivitäten, die man den Zwanzigern zurechnet, beginnen lange vorher und enden erst Anfang bis Mitte der dreißiger Jahre. Die Wurzeln liegen im Ersten Weltkrieg. Die Ordnung des deutschen und des österreichischen Kaiserreichs hat sich selbst zerstört. Nach 1918 aber ist keine neue Ordnung geschaffen worden, es wird improvisiert, nach allen Seiten manövriert, und die reaktionären Kräfte lauern unentwegt auf ihre Chance. Die gesellschaftlichen, wirtschaftlichen und sozialen Spannungsfelder bilden einen fruchtbaren Nährboden für Aktivitäten jeglicher Art.

Die fortschrittlichen Künste stehen nicht abseits, nicht neben dem politischen Leben – sie reagieren darauf. Kunst ist immer *auch* politisch, selbst wenn sie die Machthaber kommentarlos gewähren lassen. Der aus den Schützengräben und Materialschlachten des Ersten Weltkriegs aufgestiegene »O-Mensch!«-Expressionismus wird schnell Geschichte; dieses naive Pathos hat nichts bewirkt. Es macht konkreten, veristischen Anstrengungen Platz. Die Stile laufen nebeneinander her, vorherrschend wird eine kämpferisch-kritische Kunst auf allen Gebieten, vor einem glitzernden Hintergrund unverbindlich dekorativer und unterhaltsam ablenkender Künste.

Die Augen sind gleichermaßen nach Paris und nach Moskau gewandt oder auch starr in eine dieser Richtungen. Sie suchen Anregungen, spähen nach Neuem. Nach dem Kahlschlag von 1918 muß alles neu sein. In den Goldenen Zwanzigern ändert sich wirklich vieles. Das Erlebnis des Weltkriegs, ob an den Fronten oder in der Heimat oder auch noch im Chaos und Elend des Nachkriegs läßt alles in anderem Licht erscheinen, erneuerungsbedürftig. Das Vaterland, die Kirchen, der technische Fortschritt, die Künste, die Wissenschaft – das alles hat an Glaubwürdigkeit, Vertrauen und Nimbus eingebüßt. Jessner, Piscator, Brecht, Meyerhold erneuern das Theater, Diaghilew organisiert in Paris das neue Ballett. Eine neuartige Musik schaffen Bartók, die Schönberg-Schüler Berg und Eisler, Schönberg selbst, Hindemith, Prokofjew, Weill. In der Innen- und Außenarchitektur dominieren das Bauhaus, Mies van der Rohe, Le Corbusier, Mendelsohn. Die neuen architektonischen Aufgaben heißen: Bal-

lungszentren, Wohnsiedlungen, Warenhäuser, Großkampfstätten, Filmpaläste, Rundfunktürme, Tankstellen. In der Malerei schaffen die Veristen Beckmann, Grosz, Dix und Schlichter ein erbarmungsloses Menschenbild. Die Themen sind wichtiger als die Gestaltungsmittel. Die ästhetischen Reize sind in den Dienst der Aussage gestellt. Das Dokumentarische gewinnt an Wert, auch in der Literatur. Es wird weniger phantasiert, dafür mehr ermittelt, untersucht, enthüllt, erforscht. Und das geradezu mit wissenschaftlicher Genauigkeit, aber auch, zumal am Anfang der Zwanziger, mit schwärmerischem Überschwang. Allerorten schießen Heilsbringer, Eiferer und Utopisten empor. Die Konstruktivisten, Bauhäusler und Stijlisten sind nicht frei davon. Im Dritten Manifest der holländischen »Stijl«-Gruppe von 1921 lesen wir: »Jetzt hat die neue Weltgestaltung angefangen. Die Kapitalisten sind Betrüger, aber die Sozialisten sind auch Betrüger. Die ersten wollen besitzen, aber die zweiten wollen auch besitzen. Die ersten wollen viel Geld, viele Menschen und viele Beefsteaks einschlucken, aber die zweiten wollen die ersten einschlucken. Was ist schlimmer? Soll es ihnen gelingen? *Es bleibt völlig gleichgültig!* Wir wissen nur eines: nur die Träger des Geistes sind aufrichtig, sie wollen nur geben.« Geben wollen sie die Utopie vom vollkommenen Menschen in einer vollkommenen Gesellschaft. Schon bald kommt die Ernüchterung; der Rausch weicht dem Streben nach Sachlichkeit, Vernünftigkeit, Wirtschaftlichkeit. Im Juni 1922 notiert der ans Bauhaus berufene Maler, Bildhauer und Bühnengestalter Oskar Schlemmer in seiner *Revolution gegen Utopia:* »Keine Kathedralen, sondern Wohnmaschinen!« Ludwig Mies van der Rohe haut in dieselbe Kerbe: »Die Bemühungen der Mystiker werden Episoden bleiben. Trotz einer Vertiefung unserer Lebensbegriffe werden wir keine Kathedralen bauen… Unsere Zeit ist unpathetisch, wir schätzen nicht den großen Schwung, sondern die Vernunft und das Reale.«

Der Neueinschätzung des Realen, der Erneuerung des Weltbildes dienen auch Wissenschaft und Technik, auch sie holen die Himmelsstürmer auf die Erde zurück. Die entdeckte »Rotverschiebung«, die Verschiebung der Spektrallinien im Spektrum ferner Sterne, führt zu der Erkenntnis, daß das Weltall sich ständig mit großer Geschwindigkeit ausdehnt. Frederick Banting und Charles Best gelingt es, das Insulin zu isolieren. Alexander Fleming entdeckt in einem Schimmelpilz das Penicilin. Bei der Massen-

Jeanne Lanvin
Gewand aus besticktem Crêpe georgette, 1927

Fernand Léger
Frau mit Vase, 1924/27

Roger de la Fresnaye
Bildnis Guynemer, 1921–1923

Leonetto Cappiello
Campari-Werbung, 1921

Karl Ehn
Karl-Marx-Hof in Wien 1926–1929

fabrikation zusammengesetzter Gegenstände wird die Stoff- und Werkstückzuteilung durch das Fließbandsystem mechanisiert. Sven Hedin legt seinen Forschungsbericht *Südtibet* vor. Der Mensch erfindet das Magnettonband, den dynamischen Lautsprecher, die Leica, das Acrylglas, fliegt über den Nordpol und von New York nach Paris. Mit der Entwicklung des Flugwesens, des Rundfunks, des Fernsehens, der Bildtelegraphie, neuer Rechen- und Nachrichtenanlagen – im Dienste der Verständigung und gegenseitiger Hilfe – sollen sich die Menschen einander näherkommen. Stets wissen aber Macht-und Gewinnstrebende, die Neuheiten auch für persönliche Interessen einzusetzen.

In Abwandlung eines Romantitels von Robert Musil haben Kritiker die zwanziger Jahre die »Zeit ohne Eigenschaften« genannt. Nichts falscher als das; das Gegenteil ist der Fall. Die Ursprünge der heutigen Künste liegen in den Zwanzigern: die Heftigen, die Wilden, die Maler von Träumen und Grimassen, die Erfinder mobiler Skulpturen, die Verpackungskünstler, Enthüllungsliteraten, die improvisierenden Jazzer, die singenden, tanzenden Ekstatiker und nicht zuletzt die engagierten Liedermacher.

Was kommt einem in den Sinn, wenn die Worte Zwanziger Jahre fallen? Damit verbinden nicht wenige Inflation, Streiks, Kapp-Putsch, Bankkrach, Massenmörder Haarmann, Arbeitslosigkeit, Al Capone. Andere mögen an Brechts *Dreigroschenoper* denken, an Thomas Manns *Zauberberg,* Chaplins *Goldrausch,* an Josefine Baker, die Einführung des Rundfunks, an Bauhaus und Piscators Schweik auf dem laufenden Band, Russenfilme, Filmstarkult.

Der Film ist das vielleicht einflußreichste Medium der Zeit. Die Filmindustrie produziert mit allen Raffinessen der Massenpsychologie neue Götter fürs Volk. Die beweglichen Bilder, beliebig oft zu reproduzieren, können jedes Unterhaltungs-und Aufklärungsbedürfnis befriedigen. Sie könnten sogar Kunst sein! Babelsberg bei Berlin und Geiselgasteig bei München werden Filmzentren. Die Ateliers in Hollywood werden zum Weltzentrum der Filmproduktion, zu Traumfabriken ausgebaut. Aus den Vereinigten Staaten werden der Jazz und die Filmgroteske, die Slapstick-Komödie, nach Europa importiert. Der Starfilm wird Lebensersatz für die Zukurzgekommenen, Eingeengten, Unterdrückten.

Als ein Verbrechen am deutschen Volk wird noch heute die Inflation – eine Geldinflation – der Jahre 1921 bis 1923 angesehen. Wie eine alles zermalmen-

de Lawine rollt die Geldentwertung über den Bürger hinweg. Um so betrogener muß er sich vorkommen, weil sich nicht wenige an der Inflation bereichern und diesen Reichtum ungeniert protzig zur Schau stellen. Das Gefühl des Ausgeliefertseins auch im Frieden befällt den Bürger. Von unten betrachtet sind die zwanziger Jahre nicht golden, sondern rabenschwarz. 1926 suchen 30 000 preußische Junglehrer vergebens eine Anstellung. Erwerbslose Frauen und Männer demonstrieren mit Transparenten. Am 20. Juni erreicht ein Volksbegehren zum Volksentscheid für eine Fürstenenteignung von 20 Millionen erforderlichen nur 12,5 Millionen Unterschriften. Damit bekommen die Fürsten Geld und Land. Die Demokratie wird reaktionär. 1928 demonstrieren 140 000 Bauern wegen überhöhter Steuern, die an ihrer Substanz fressen. Die Folgen: Selbsthilfe gegen Gerichtsvollzieher, Bombenanschläge u.a. im Reichstag, Gefängnisstrafen. Ein Teil der Steuerschulden wird gestrichen, aber das ist keine dauerhafte Lösung. Nach Tarifstreitigkeiten sperren Unternehmer 213 000 Metallarbeiter aus. Anfang 1929 steigt die Zahl der Arbeitslosen auf 2,8 Millionen. Niemand weiß Rat, niemand hat ein Programm.

»Zeit ohne Eigenschaften«, um darauf zurückzukommen, kann sich also nur auf die Politik beziehen. Die Demokratie ist schwach – der Staat nach allen Seiten offen, auch für die, die ihn beseitigen wollen. Die »Asphaltkultur« ist eine beliebte Zielscheibe der Völkischen, ewig Rückschrittlichen, die alles, was ihren Vorstellungen nicht entspricht, als Kulturbolschewismus beschimpfen. Sie können sich von den Konventionen ihrer gescheiterten Epoche nicht lösen. Wild wehren sie sich gegen jeden Einfluß aus Paris, New York oder Moskau, ohne Nachprüfung als einem unausrottbaren Vorurteil verhaftet. Expressionismus, Stahlrohrmöbel, eine wahrheitsfanatische Kunst – das alles ruiniert das Bild vom einfachen Leben, von der altdeutschen Tradition. Der republikfeindliche Kampf hört nie auf. Straßen- und Saalschlachten wüten während der ganzen Weimarer Zeit, geschürt von Verachtung und Haß auf allen Seiten.

Auch die Justiz trauert dem Obrigkeitsstaat nach. Über die gleichen politischen Gewaltverbrechen werden stark voneinander abweichende Urteile gefällt, je nachdem, ob sie von rechten oder linken Extremisten verübt worden sind. Gegen rechts gnädig gestimmt, sind die Richter gegen links mit hohen Zuchthausstrafen schnell bei der Hand.

Dekoration und Technik, Werbung und Wohnungsbau

Die Geometrisierung erfährt im Stil des Art Deco (benannt nach der Pariser Exposition Internationale des Arts Décoratifs, 1925) eine Abwandlung ins Exzentrische. Ein typisches Beispiel ist Jeanne Lanvins asymmetrisch geschnittenes Gewand mit seinen Dreieckformen.

Demgegenüber erweckt Fernand Légers Darstellung einer statuarischen Frau mit Vase den Eindruck, als sei zumindest der Oberkörper aus Fertigteilen zusammengesetzt, wie sie bei der Fließbandproduktion verwendet werden. Zugleich erinnert der Rock über der Taille an eine Säule. Aus Légers Sicht besitzt die maschinelle Technik Harmonie im klassischen Sinne.

Die von der Maschine erweckten Utopien beflügeln auch die als Abenteuer und technische Herausforderung verstandene Luftfahrt. Zu ihren Pionieren gehört der von Roger de la Fresnaye porträtierte Franzose Guynemer. Das herausragende Luftfahrt-Ereignis der zwanziger Jahre ist der von Bert Brecht als Oratorium nachgestaltete Alleinflug des Amerikaners Charles Lindbergh von New York nach Paris im Jahr 1927.

Während sich die politische Propaganda dämonisierter Feindbilder bedient, herrscht in der Konsumwerbung ein kecker Stil, wobei sich der Italiener Cappiello mit Vorliebe munterer Kerlchen in lustiger Verkleidung als Blickfang bedient.

Die größte Herausforderung an die überbevölkerten Städte ist der Wohnungsbau. Die sozialdemokratisch regierte Stadt Wien gibt mit ihrem 1923 beschlossenen Bauprogramm ein Beispiel. Aus staatlichen Mitteln entstehen Baukomplexe wie der Reumannhof oder der Karl-Marx-Hof, mit zwar kleinen Wohnungen, jedoch Gemeinschaftseinrichtungen wie Kindergärten, Bädern, Waschhäusern und Klubräumen. Die Außenbauten dieser Wohnanlagen prägt ein wehrhaft-proletarisches Pathos.

Impulse für den Wohnungs- und Städtebau gibt der 1928 ins Leben gerufene Congrès International d'Architecture Moderne (CIAM).

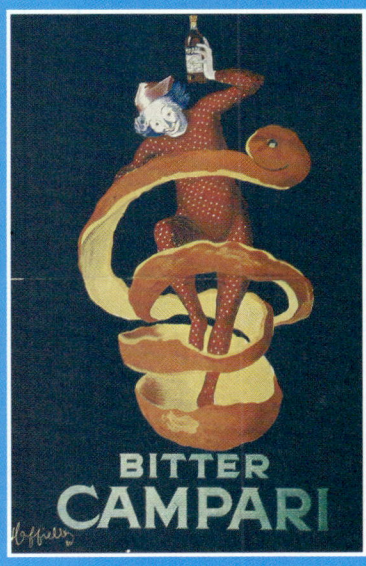

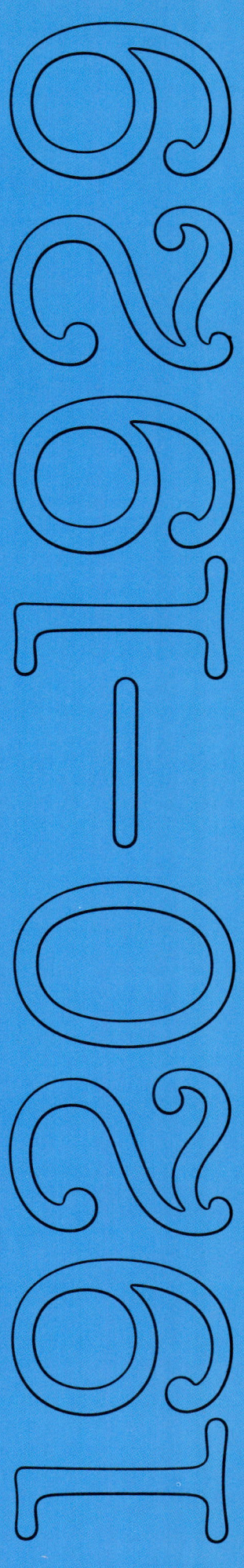

Rechts wird auf (vaterländische, militaristische, religiöse) Gefühle gesetzt. Analytischer Verstand wird bekämpft, der Intellektuelle als zersetzendes Element im Solde des Auslands diffamiert. Für die Monarchisten ist nicht Berlin, sondern Potsdam die Reichshauptstadt. Dort drängen sie sich ungestört zusammen. Die Weltwirtschaftskrise nach dem New Yorker Bankkrach 1929 gibt den Reaktionären die Chance, aufs Neue die Macht zu ergreifen, wenn auch in verschärfter, auf die Spitze getriebener Form, als Faschismus. Zu Diktaturen ist es schon 1922 in Italien, 1923 in Bulgarien und der Türkei, 1926 in Polen und Portugal gekommen.

Für Deutschland wird die faschistische Gefahr nur von wenigen, zu wenigen erkannt. Die übrigen machen weiter wie bisher, arbeiten an der »Erneuerung«, auch der des Menschen. Das Wort vom »Neuen Menschen« kommt auf. Gemeint ist ein vorurteilsfreier, von Vernunft geleiteter, sozial orientierter, selbstverantwortlicher und bildungsbeflissener Typ. Aber die Schulreformen halten mit der Bildungsexplosion nicht Schritt. Frauen, die im Krieg Männerstellen ausfüllen, Männerarbeit verrichten mußten, lassen sich nun nicht mehr ganz in die Familie zurückdrängen. Selbstbewußt machen sie ihre Vorstellungen, auch sexueller Art, immer deutlicher publik. Die Forderung nach Chancengleichheit für Frauen und Mädchen wird erhoben, wenn auch niemals verwirklicht. Besonderen Aufschwung nimmt der Frauensport. Während die Zahl der Sportler konstant bleibt, verdoppelt sich die der Sportlerinnen in ganz kurzer Zeit. 1926 durchschwimmt Gertrude Ederle als erste Frau den Ärmelkanal. Die Eiskunstläuferin Sonja Henie, genannt Häseken und Liebling des Berliner Sportpalastes, wird Weltstar.

1921 trägt die dänische Filmschauspielerin Asta Nielsen erstmals eine Pagenkopffrisur, bald Bubikopf genannt, die zuerst verlacht, dann schnell Mode wird. Der Erlösung des weiblichen Körpers von Dutt, Korsett und fußlangen Röcken entspricht die des männlichen von Vatermörder (Stehkragen), gestärkter Hemdbrust und Bart. Die weiblichen Waden kommen zum Vorschein und auch die männlichen Gesichter, da die Kaiser-Wilhelm-Schnurrbärte – Es ist erreicht!, die Backen-, Tirpitz- und Wotanbärte verschwinden. Das Gesicht wird frei, es täuscht nichts mehr vor, nichts Martialisches, Kraftmeierisches. Die Männer zeigen ihr wahres Gesicht – auch das ist ein Politikum.

Die Körper werden freier, auch in den Bewegungen. Etwas neues, für viele Unerhörtes, kommt auf: das Luftbad! Den wenig verhüllten Körper bei tänzerischen oder turnerischen Übungen der Luft oder gar dem Sonnenlicht auszusetzen, halten die ewig Gestrigen nicht nur für sittenwidrig, auch für gesundheitsschädlich. Aber das Wort »nackt« klingt allgemein nun doch nicht mehr so anstößig, umstürzlerisch, revolutionär. Ein Mann in Badehose und eine Frau im Trikot sind kein öffentliches Ärgernis mehr. In Berlin-Wannsee wird das größte europäische Freibad gebaut.

Fast hat es den Anschein, als ob die Goldenen Zwanziger ausschließlich in Berlin stattfinden. Berlin ist das Zentrum, wo »die neue Zeit« am schnellsten vorankommt. Die Berliner Atmosphäre macht produktiv. Wer vor dem überaus kritischen Berliner Publikum Erfolg nachweisen kann, hat sich durchgesetzt. Um das Theater als Beispiel zu zitieren – auch Hamburg, München und zeitweise Darmstadt haben überregional bedeutsame Bühnen, jedoch dienen sie den Protagonisten nur als Durchgangsstationen. Ziel ist Berlin. Elisabeth Flickenschildt, O.E. Hasse kommen von den Münchener, Gustaf Gründgens von den Hamburger Kammerspielen nach Berlin. Allerdings wird es den jungen Schauspielern nicht immer leicht gemacht, hier Fuß zu fassen, besonders den freischaffenden, selbständigen nicht.

In Berlin begegnet der Hannoveraner Dichter, Vortrags- und Klebebildkünstler Kurt Schwitters den Dadaisten Hans Arp und Raoul Hausmann. Obwohl sie sich für ihn einsetzen, wird er in den Berliner »Dada-Club« nicht aufgenommen. Richard Huelsenbeck konnte Schwitters' »Spießer-Physiognomie« nicht ertragen. Diese Abfuhr veranlaßt Schwitters, seine MERZ-Welt in der Vaterstadt Hannover auszugestalten. Dank Huelsenbeck behält Hannover seinen originellsten Sohn. Es ist die Zeit, in der man (fast) alles politisch nimmt. Die Politisierung der Künste ist in Deutschland und in Rußland, den Ländern, die gesellschaftliche Umwälzungen durchgemacht haben – Deutschland infolge des verlorenen Ersten Weltkriegs, Rußland nach der Oktoberrevolution – am entschiedensten. Wer nicht politisch fixiert ist, und zwar links, gilt als Neutrum, Unperson oder gar als Verräter. Viele glauben noch oder schon wieder an den Sieg der Vernunft. Andere verlassen sich auf den technischen Fortschritt. Eine gefährliche Fortschrittsgläubigkeit

grassiert und wirkt betäubend. Der Mensch berauscht sich an Großbauten und erhöhten Geschwindigkeiten – als wären sie auch ein moralischer Wertzuwachs. In den Großstädten werden Sechstagerennen zu Volksfesten. 1921 wird die AVUS (Automobil-Verkehrs- und Übungs-Straße), eine 9,8 km lange Rennstrecke in Berlin zwischen Grunewald und Nikolassee, eingeweiht. 1925–27 wird in der Eifel die längste Renn- und Prüfstrecke der Welt, der Nürburgring, gebaut. Rekorde sind die Zeichen der Zeit. Alles ist laut, grell und schrill: die Reklame, die Unterhaltungsmusik, das Parteiengezänk, die Reichstagsdebatten. Das alles mochte noch angehen, wenn die gesellschaftlichen Ziele Demokratie, soziale Gerechtigkeit, geistige Freiheit und Toleranz stärker im Bewußtsein der Bevölkerung verankert gewesen wären. Aber weit gefehlt! Für viele sind gerade das Bezeichnungen, die mit Schlappheit, Vaterlandsverrat, Auflösung gleichzusetzen sind.

Die Wende kommt schon 1925, als das deutsche Volk einen Recken der Vorzeit, den 78jährigen Heerführer a. D. Paul von Hindenburg, als Nachfolger des Sozialdemokraten Friedrich Ebert zum Reichspräsidenten, zu seinem Staatsoberhaupt wählt. Es ist der erste offensichtliche Schritt zurück, ein Schritt zur Diktatur, zur Katastrophe. Hindenburg soll ausgleichendes Symbol im Parteienstreit werden. Viel mehr als »Seid einig, einig, einig« bringt er nicht hervor. Ein Mann von gutem Bemühen, aber naiv, unfähig und im Herzen ein Monarchist. Ein Monarchist an der Spitze der Demokratie!

In der zweiten Hälfte der zwanziger Jahre läßt die Empörung, die Radikalität bei nicht wenigen Künstlern nach. Sie werden nicht gleichgültig, aber müde. George Grosz wird das »Fratzenzeichnen« satt, er will nur noch »schöne Bilder« malen. Er hat, wie Otto Dix, an ursprünglicher Kraft, an ätzender Schärfe eingebüßt. Dix flüchtet sich in Allegorien (*Die sieben Todsünden*) und später in die »reine« Natur (*Lärche im Engadin*). Auch die Kräfte Leopold Jessners, des Intendanten der Staatlichen Schauspiele Berlin, erlöschen. Der Schöpfer des Politischen Theaters, Erwin Piscator, bleibt sich treu; ein seinen Intentionen entsprechender Bühnenapparat steht ihm allerdings 1929 nach dem Verlust seines Theaters, der 1927 am Nollendorfplatz in Berlin eröffneten »Piscatorbühne«, nicht mehr zur Verfügung. Bertolt Brecht entwickelt sich unter dem Druck der Wirtschaftskrise zum Marxisten.

Kennzeichnend für die Zwanziger ist eine stetige wirtschaftliche Unsicherheit, ein Auf und Ab; die Entwicklung vollzieht sich in Wellen und Sprüngen. Nur zwischen Inflation und Weltwirtschaftskrise, von 1925 bis 1929, gibt es eine Zeit (scheinbarer) Stabilität. Aber die permanente Unruhe wühlt auch auf, macht produktiv. Die echten Nöte und der falsche Glanz rufen die Künstler immer wieder aufs Neue in die Arena. Aber nur wenige folgen. Die Dada-Bewegung erlebt Anfang des Jahrzehnts ihre letzten Höhepunkte, flaut dann rasch ab und geht in Surrealismus und Neuer Sachlichkeit unter. Die aggressive Anti-Kriegskunst verebbt nicht zuletzt unter der Wirkung der vier, fünf satten Jahre. Die Novembergruppe, genannt nach der Novemberrevolution 1918, wird von den Architekten, Malern und Bildhauern, die mit klassenkämpferischen Zielen angetreten sind, zur Ausstellungs- und Verkaufsorganisation deklassiert. An die Stelle der absterbenden Gruppen treten neue. 1928 entsteht in Berlin und Dresden die ARBKD – die Assoziation Revolutionärer Bildender Künstler Deutschlands – mit 500 Mitgliedern zwar, aber ohne Prominenz. In München gründet Alfred Rosenberg den nationalistischen »Kampfbund für deutsche Kultur«, vorerst ohne Wirksamkeit. Gegen Ende des Jahrzehnts gehen die politischen Aktivitäten von der Bildenden Kunst auf die Literatur über. Eine Flut radikaler Antikriegsromane erscheint.

Was sonst noch geschieht. Die Welt bietet jeden Tag ein neues Bild. Kaleidoskopartig dreht sie sich zu immer neuen Ausblicken und Einsichten. Das ist zu allen Zeiten so. Aber die zwanziger Jahre, so will es scheinen, werden von Extremen geradezu zerrissen. In Nordamerika sind es der Blues und der New-Orleans-Jazz, der die Menschen aufrichtet und erschüttert. Eine vergleichbare Volksmusik entsteht in Europa nicht. In Deutschland grassieren der Gassenhauer und Schlager.

Inzwischen stellt sich heraus, daß das Wirtschaftsgefüge nicht mehr funktioniert. Das Ende des Goldenen Zeitalters kündigt sich an. Der Künstler hat keine Mittel gegen die verantwortlichen Mächte. Er kann nur bloßstellen, aufrütteln. Aber die Politiker sind unempfindlich für die Sprache der Intellektuellen. Geist und Politik bewegen sich auf verschiedenen Ebenen. Trotz Inflation, Streiks, Massenarbeitslosigkeit, die Deutschen zerfließen nicht in Endzeitängsten. Die geistigen Potenzen im Lande sind für viele Halt und Trost.

Schau- und Kehrseite eines Jahrzehnts

Der beziehungsreiche Titel des Gedichtsbandes, dessen Geheimnis die turbanbehütete Dame lüftet, lautet The Four Swallows – Die vier Schlukke. Von 1922 bis 1933 herrscht in den Vereinigten Staaten die Prohibition: das Verbot von Herstellung, Transport und Verkauf berauschender Getränke. Es ist dies ein letzter Sieg der Verteidiger des einfachen, puritanischen Lebens über die moderne urbane Zivilisation.

Statt Abstinenz importiert Europa den Jazz aus Amerika. Zu dessen populärstem Vertreter wird der 1900 in New Orleans geborene Trompeter und Sänger Louis Armstrong. Gemeinsam mit »King« Olivers Creole Jazz Band erlebt »Satchmo« zu Beginn der zwanziger Jahre in Chicago einen gigantischen Aufstieg.

Jazz ist die Grundlage der Modetänze der zwanziger Jahre, beispielsweise des Shimmy (»Hemdchen«) bzw. Jimmy, über den die »Berliner Illustrirte« 1921 noch urteilt: »Als Tanz ist »Jimmy« kaum zu bezeichnen, sein Rhythmus ist Fieberdelirium.«

Ein viel gefährlicheres Delirium herrscht auf der politischen Szene. Der Faschistenführer Benito Mussolini führt mit seinen »Schwarzhemden« den Marsch auf Rom durch und wird von König Victor Emanuel III. am 29. Oktober 1922 mit der Regierungsbildung beauftragt. Anfang 1923 veranstaltet die NSDAP in München ihren ersten regulären Parteitag. Hitlers Putschversuch im November scheitert zwar, doch die rechtskonservativen bis -radikalen Kräfte gewinnen an Boden. Als wirksam erweist sich die durch Hindenburg vor einem Reichstagsausschuß bestätigte Dolchstoß-Legende: Das Heer habe mit realen Siegeschancen gekämpft, doch sei der Kampfeswille durch sozialistische Zersetzungstätigkeit gebrochen worden. Der auf dem DNVP-Plakat angeprangerte Zentrums-Politiker Matthias Erzberger ist den Rechten als Unterzeichner des Waffenstillstands mit Frankreich am 11. November 1918 verhaßt. 1921 wurde er von zwei ehemaligen Offizieren ermordet.

Wer hat im **Weltkrieg** dem deutschen Heere den Dolchstoß versetzt? Wer ist schuld daran, daß unser Volk und Vaterland so tief ins Unglück sinken mußte? Der Parteisekretär der Sozialdemokraten **Vater** sagt es nach der Revolution 1918 in Magdeburg:

"**Wir** haben unsere Leute, die an die Front gingen, zur Fahnenflucht veranlaßt. Die Fahnenflüchtigen haben wir organisiert, mit falschen Papieren ausgestattet, mit Geld und unterschriftslosen Flugblättern versehen. **Wir** haben diese Leute nach allen Himmelsrichtungen, hauptsächlich wieder an die Front geschickt, damit sie die Frontsoldaten bearbeiten und die Front zermürben sollten. Diese haben die Soldaten bestimmt, überzulaufen, und so hat sich der Verfall allmählich, aber sicher vollzogen."

Wer hat die **Sozialdemokratie** hierbei unterstützt? Die **Demokraten** und die Leute um **Erzberger.** Jetzt, am 7. Dezember, soll das Deutsche Volk den

zweiten Dolchstoß

erhalten. **Sozialdemokraten** in Gemeinschaft mit den **Demokraten** wollen uns

zu Sklaven der Entente machen,

wollen uns für immer zugrunde richten.

Wollt ihr das nicht,
dann
Wählt deutschnational!

Nr. 306

Deutschnationale Schriftenvertriebsstelle G.m.b.H., Berlin SW 11   Presse: Dr. Selle & Co. A.G., Berlin SW 29

1920–1919

El Lissitzky
Proun 30 T
1920

Charles Sheeler
Church Street EL
1920

Konstruktivismus

»Der Künstler wird vom Nachbilder zum Aufbauer der neuen Welt der Gegenstände.« Diese Worte El Lissitzkys, des Mitbegründers der russischen revolutionären Kunstrichtung, die sich teils als Abstraktionismus, teils als Konstruktivismus definiert hat, könnten als Programm für die neue Avantgarde-Kunst gelten: Nicht auf die Nachahmung der Realität, auf ihre Abbildung im Sinne illusionistischer Stimmigkeit kommt es an, sondern auf ihre Neuerschaffung kraft der Gesetze, die dieser Realität innewohnen. In dem weltgeschichtlichen Moment, da die westliche Welt angesichts der Oktoberrevolution und ihrer Folgen den Atem anhält, gewinnt dieser Gedanke mehr Überzeugungskraft als alle Künstlermanifeste und avantgardistische Kunstwerke zuvor. Für einen Augenblick scheint die ästhetische Revolution mit der gesellschaftlich-politischen auf gleicher Höhe und vom gleichen Schwung beseelt zu sein. Lissitzky beschreibt seine abstrakten Kompositionen denn auch als Gleichnisse des technischen Fortschritts: »Die materielle Form bewegt sich nach bestimmten Achsen im Raume: über die Diagonalen und Spiralen von Treppen, in der Senkrechten des Aufzuges, auf den Horizontalen der Geleise, in der Geraden oder den Kurven des Aeroplanes, entsprechend ihrer Bewegung im Raum muß materielle Form gestaltet sein, das ist die Konstruktion.« In vergleichbarer Weise verarbeitet der 1883 geborene amerikanische Maler Charles Sheeler sein Erlebnis der Großstadt New York durch die Darstellung einer räumlichen Konstruktion. Anders als bei Lissitzky bleibt jedoch die Verbindung zum Augenschein gewahrt. Die linke Hälfte von Church Street EL nimmt eine Häuserschlucht ein, die rechte eine Gleisanlage, wobei – um mit Lissitzky zu sprechen – die »Senkrechten des Aufzuges« und die »Horizontalen der Geleise« bei aller Abstraktion illusionistisch wiedergegeben sind. Zugrunde liegt eine Einstellung aus dem als Stadtporträt konzipierten Film Manhattan, den Sheeler 1920 zusammen mit Paul Strand gedreht hat.

Die Wirklichkeit ist die höchste Schönheit

Anfang August veröffentlichen die Brüder Naum Gabo und Antoine Pevsner in Moskau ihr *Realistisches Manifest*. Es enthält eine entschiedene Abrechnung mit dem künstlerischen Avantgardismus vor allem in Gestalt des Kubismus und des Futurismus angesichts der »Sackgasse, in die die Kunst nach über zwei Jahrzehnten des Suchens geraten ist«. Zugleich proklamiert es ein neues Verhältnis von Kunst und Wirklichkeit: Raum und Zeit sind »die einzigen Formen, in denen sich das Leben aufbaut und in denen sich deshalb die Kunst aufbauen muß«. Gabo und Pevsner entwickeln aus diesem Ansatz die abstrakte Raumkonstruktion und die bewegliche Skulptur.

Ihre Kritik richtet sich in erster Linie gegen den Futurismus, dem einerseits eingeräumt wird, daß man zu seiner Zeit »auf keine andere Weise … jene künstlerischen Barrikaden des ›guten Geschmacks‹ bekämpfen« konnte. Andererseits hat sich das futuristische Schlagwort von der modernen Dynamik als vordergründig erwiesen. Was ist die geräuschvolle Geschwindigkeit der Autos und Züge gegen die des Sonnenstrahls, der »stillsten aller stillen Kräfte«? Der entscheidende Gesichtspunkt ist die Frage nach der Überwindung des Illusionismus: »Im Bereich rein malerischer Probleme ist der Futurismus nicht weitergegangen als bis zu dem neuerlichen Versuch, einen rein optischen Reflex auf der Leinwand festzuhalten, ein Versuch, der schon bei den Impressionisten zum Mißerfolg geführt hatte … Die Versuche der Kubisten und der Futuristen, die visuellen Künste über die Sümpfe der Vergangenheit hinauszuheben, haben nur zu neuen Täuschungen geführt«. Im Sinne der »Maschinenkunst« Wladimir Tatlins schreiben Gabo und Pevsner: »… so gespannt wie ein Zirkel … konstruieren wir unser Werk wie das Universum das seine, wie der Ingenieur seine Brücken, wie der Mathematiker seine Formel der Planetenbahnen.«

Proletkult

Die Bemühungen in der Sowjetunion um die Schaffung der Proletarskaja kultura (proletarische Kultur, abgekürzt Proletkult) schließen in den ersten Jahren nach der Oktoberrevolution die avantgardistischen Strömungen der vorrevolutionären russischen Kunst (etwa den Suprematismus) mit ein und sind um 1920 vor allem vom Konstruktivismus geprägt. Kennzeichnend hierfür ist die Lehrtätigkeit El Lissitzkys an den Moskauer Höheren Staatlichen Künstlerisch-Technischen Werkstätten, an denen auch Wassily Kandinsky lehrt.

Zugleich setzt die Gegenbewegung der Kritik an experimenteller Kunst ein, ausgehend von Lenins Schrift *Über proletarische Kultur* (1920), die eine schrittweise Annäherung zwischen Kunst und Volk fordert. Die avantgardistischen russischen Künstler verlieren die Möglichkeit, in ihrer Heimat am Aufbau des Sozialismus mitzuwirken.

1920

Russische Revolutionsarchitektur

Die Gründung der III. Internationale in Moskau (1919) bildete für Wladimir Tatlin die Herausforderung, ein Monument für diese Vereinigung aller kommunistischen Parteien zu entwickeln. Sein 1920 in Petrograd ausgestelltes Modell des 600 Meter hohen Turmbaus wird zum Inbegriff der frühen, vom Konstruktivismus geprägten russischen Revolutionsarchitektur und darüber hinaus einer engagierten Ingenieurkunst, in der sich die Fortentwicklung von Wissenschaft, Technik, Kunst und Gesellschaft manifestiert.

Tatlins Konstruktion besteht aus einem »Skelett«, dessen »Rückgrat« schräg nach oben gerichtet ist, mit einer Abweichung von der Senkrechten, die der Neigung der Erdachse entspricht. Zwei gegenläufige Spiralen führen rampenartig in die Höhe. Dieses Gerüst umschließt drei Raumgebilde in Gestalt stereometrischer Grundformen: Halbkugel über Zylinder, Pyramide und Würfel. Sie sollen sich analog zu astronomischen Gesetzmäßigkeiten (Zeitspanne Tag, Monat, Jahr) drehen und als Arbeits- bzw. Versammlungsräume der Informationszentrale, der Exekutive und des Parlaments der III. Internationale dienen.

Die Wirkung dieser als vollkommen neuartig empfundenen Konzeption eines Bauwerks ist zunächst ungeheuer. Der Schriftsteller Ilja Ehrenburg ist überzeugt, »einen Blick ins 21. Jahrhundert getan« zu haben. Die Dada-Künstler prägen die Parole: »Die Kunst ist tot, es lebe die Maschinenkunst Tatlins!« Raoul Hausmann und El Lissitzky huldigen dem Meister durch Collagen.

Das Projekt kommt nicht zur Ausführung: es ist technisch zu kompliziert und ohnehin zu teuer. Zwei Jahre später ist Tatlin in Rußland schon weitgehend vergessen.

Oben: Wladimir Tatlin vor seinem Modell für das Monument der III. Internationale; Petrograd 1920.
Unten links: El Lissitzky, Tatlin bei der Arbeit; Collage 1920.
Unten rechts: Raoul Hausmann, Tatlin zu Hause; Collage 1920.

1920

Bildende Kunst

Werke

- George Grosz: *Gott mit uns. Politische Mappe*, mit neun Lithographien antimilitaristischen Inhalts (Malik-Verlag, Berlin).
- Pablo Picasso: Beginn einer Serie weiblicher Aktgemälde mit monumentaler Wirkung *(Drei badende Frauen, Zwei sitzende Frauen)*.
- Kurt Schwitters: *Die Kathedrale*, acht MERZ-Lithographien (Verlag P. Stegemann, Hannover).
- Heinrich Zille: *Die Landpartie*, eine Bildererzählung (Berliner Druckwerkstatt Birkholz).

Ausstellungen

- Berlin: Am 24. Juni in der Galerie Burchard Eröffnung der Ersten Internationalen Dada-Messe.
- Darmstadt: Am 10. Juni Eröffnung der Ausstellung *Deutscher Expressionismus* mit Werken von Emil Nolde, Ernst Barlach, Paul Klee, Wassily Kandinsky, Pablo Picasso u. a.

Literatur

- Richard Huelsenbeck (Hrsg.): *Dada-Almanach* (Erich Reiss Verlag, Berlin).
- Daniel-Henry Kahnweiler: *Der Weg zum Kubismus* erscheint in München. Kahnweiler eröffnet in der Rue d'Astrong 29, Paris, eine neue Galerie, die er nach seinem Freund und Partner André Salmon nennt.
- Otto Nebel: *Sturmbilderbuch IV* über Kurt Schwitters.

Ereignisse

- Berlin: Max Liebermann wird Präsident der Preußischen Akademie der Künste.
- Moskau: Wassily Kandinsky ist Mitbegründer des Instituts für künstlerische Kultur (INCHUK) in Moskau und wird zum Professor für Kunstwissenschaft an der Universität Moskau ernannt.

»Rumort! explodiert! zerplatzt!«

Ein Motto für die Dada-Kunst von George Grosz, das auch für die Erste Internationale Dada-Messe in Berlin im Juni 1920 gilt. Diese Ausstellung in der Kunsthandlung von Otto Burchard, dem »Finanz-Dada«, ist der Höhepunkt der Berliner Dada-Bewegung. 176 Werke werden ausgestellt, mehr als die Hälfte der Exponate stammen aus dem Berliner Dada-Kreis: von George Grosz, Raoul Hausmann, den Brüdern Heartfield/Herzfelde, Hannah Höch, Johannes Baader und Otto Schmalhausen, dem Schwager von Grosz. Aber auch andere Dada-Künstler sind vertreten, wie Francis Picabia, Hans Arp und Otto Dix. Schon die Ankündigung in den Zeitungen verwirrt das Publikum: »Dada ist Hellsicht der Einsicht in die Aussicht jeder Ansicht über Politik.«

Mitte: Pressefoto von der Eröffnung der Berliner Dada-Messe, 1920.
Unten: Raoul Hausmann, Der eiserne Hindenburg, 1920.

Einzug Dadas in Paris

Am 18. Januar trifft der Dada-Poet Tristan Tzara aus Zürich in Paris ein, eingeladen von Francis Picabia, einem wohlhabenden Kubaner, der sich in der mondänen Pariser Gesellschaft bewegt. Fünf Tage später, Freitag den 23., organisiert die Zeitschrift »Littérature« die Dada-Manifestation »Premier Vendredi de Littérature – matinée poétique« im Palais des Fêtes mit der Musik der Groupe Les Six. An den Wänden hängen Werke von Juan Gris, de Chirico, Léger und Picabia. Zu den Autoren und Vortragenden gehören Max Jacob, Jean Cocteau, Louis Aragon, André Breton und Tristan Tzara, der, von Glockengebimmel, Klingeln und Klappern begleitet, einen Zeitungsartikel vorliest. Den Bürgern soll klargemacht werden, womit sie in Zukunft zu rechnen haben. Die Bürger aber protestieren. »Geh wieder nach Zürich!« schreit der Kritiker Florent Fels. Die Veranstaltung löst sich in einem Riesenlärm auf. Diese Reaktion hatten die Dadaisten beabsichtigt. Ihre Schwäche ist, daß sie nur gegen den Geschmack der bürgerlichen Gesellschaft angehen, nicht gegen die bürgerliche Gesellschaft selbst. Die Pariser Dadaisten sind im wesentlichen unpolitisch.

Vom Dada-Happening zum Politischen Theater

Dada sucht nicht nur durch Texte, Bilder, Plastiken und Plakate zu wirken, sondern ebenso stark durch Veranstaltungen. Auf den Dada-Happenings geschieht immer etwas Unvorhergesehenes, Umwerfendes. Was soll umgeworfen werden? Die bürgerlichen Kunstübungen und Kunstprodukte. Nach Ansicht, Einsicht der Dadaisten haben sie ihre Gefährlichkeit bewiesen. Die ästhetischen Werte sind als Tünche, Kunst als Alibi der herrschenden Klasse entlarvt worden, als schöner Schein, der eine grausige Realität verdeckt. Bevor der Blick frei wird, müssen die alten Götter ausgerottet werden. »Kunst ist Scheiße« ist der Wahlspruch der Berliner Dada-Gruppe, die weit provokativer, aggressiver, politisch radikaler ist als die Dada-Bewegungen in Zürich, Köln, Hannover, Paris.

Bloß Verneinung kann auf die Dauer nicht befriedigen. Dada ist Durchgang, nicht Ziel. Die politischen Dadaisten, von denen George Grosz mit seinen satirischen Zeichnungen am weitesten vorgestoßen ist, rücken immer weiter nach links.

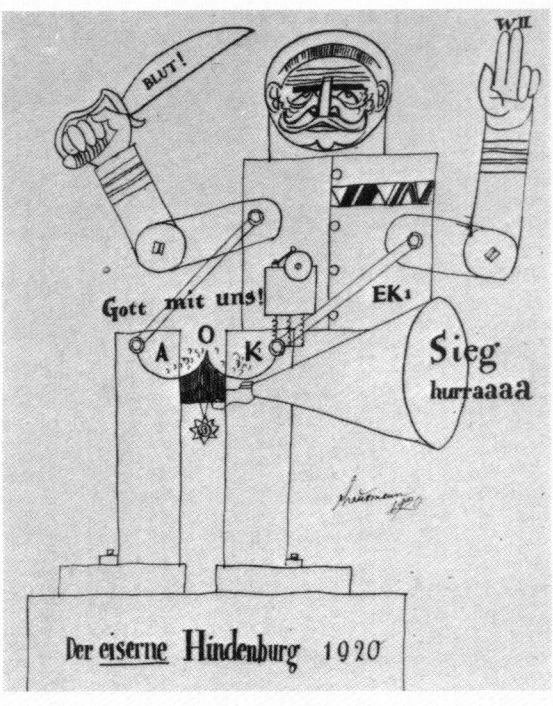

Hannah Höch
Schnitt mit dem Küchenmesser
Dada durch die erste Weimarer
Bierbauch-Kulturepoche
Deutschlands
(Ausschnitt) 1920

Otto Dix
Kartenspielende
Kriegskrüppel
1920

Dada-Messe und Dada-Prozeß

*Die Presse reagiert aufgeregt auf die
Provokationen der Berliner Dada-
Messe von 1920. Die rechtsstehende
»Neue Preußische Kreuzzeitung« wittert gar »Bolschewismus«. Es kommt
ein Jahr später zum Prozeß, veranlaßt
vom Reichswehrministerium wegen
Beleidigung der Armee. Anstoß erre-
gen der in der Dada-Messe aufgehäng-
te »ausgestopfte feldgraue Soldat mit
Offiziersachselstücken und der Maske
eines Schweinskopfes«, entworfen von
Rudolf Schlichter und John Heartfield,
darunter ein Plakat mit der Aufschrift:
»Von der Revolution erhängt«; weiterhin »ein ausgestopfter Frauenrumpf,
dessen Hinterteil ein eisernes Kreuz
zeigt« von George Grosz und John
Heartfield sowie eine Lithographien-
Mappe von Grosz (Gott sei mit uns).
Grosz wird zu 300 RM, der Verleger
Herzfelde zu 600 RM Strafe verurteilt.
Vor allem die Reichswehr reagiert
empfindlich auf die antimilitaristische
Stoßrichtung der Dada-Kunst. Als
einer ihrer Wortführer klagt Hugo Ball
»die grandiosen Schlachtfeste und
kannibalischen Heldentaten« des
Krieges an. Diesen Themen widmet
sich auch Otto Dix in seiner dadaistischen Phase der Jahre 1919/1920. Auf
der Dada-Messe stellt er die Gemälde
Kriegskrüppel und Kartenspielende
Kriegskrüppel aus. Das Grauen des
Krieges wird in Gestalt seiner überlebenden Opfer ins Karikaturistische
verzerrt. Zerschlagene, unmenschliche Visagen, ein ununterscheidbares
Gewirr von Prothesen, Stuhl- und
Tischbeinen, Hörrohren und künstlichen Kinnladen enthüllen das wahre
Gesicht des Krieges. Nichts liegt ferner
als die monumentale Ruhe und Gelassenheit der Kartenspieler Cézannes.
Zu den Exponaten der Berliner Dada-
Messe gehört auch die oben in einem
Ausschnitt wiedergegebene Collage
von Hannah Höch. Bild- und Textfrag-
mente bilden ein scheinbar willkürli-
ches Gefüge im Sinne eines »Quer-
schnitts«. Details wie der durch eine
auf den Kopf gestellte Ringkämpfer-
Gruppe gebildete Bart Wilhelms II.
(rechte Hälfte) verdeutlichen die minutiöse Handhabung der optischen Provokation.*

Emil Pirchan
**Szenenentwurf zu
Shakespeares »Richard III.«
in der Inszenierung
Leopold Jessners**
1920

Ernst Stern
**Szenenentwurf zu
Shakespeares »Julius Cäsar«
in der Inszenierung
Max Reinhardts**
1920

Jessner, Reinhardt und die Klassiker

Leopold Jessner, Intendant des Preußischen Staatstheaters in Berlin von 1919 bis 1930, wird in den zwanziger Jahren zum großen Rivalen und Gegenspieler Max Reinhardts. Er verbannt den illusionistischen Zauber von der Bühne, der das Geheimnis Reinhardtscher Inszenierungskunst war. Vor allem in seinen Schiller- und Shakespeare-Zyklen strebt Jessner eine radikale Aktualisierung des Klassiker-Repertoires an. Er beläßt das dramatische Geschehen nicht an seinem historischen, zeitlich entrückten Ort, sondern versucht es, in seinem Bezug zur Gegenwart zu interpretieren.

Berühmt wird Jessners Inszenierung von Shakespeares Richard III. (Premiere am 5. November 1920). Der junge Fritz Kortner in der Hauptrolle wird durch sie über Nacht zum Berliner Bühnenstar. Der Übergang vom Bühnenbild zur Bühnenarchitektur feiert Triumphe. Die »Jessner-Treppe«, ein Jahr zuvor noch ein Skandal, findet überall in Deutschland Nachahmung. Sie ist jedoch kein isolierter szenischer Einfall, sondern hat eine strenge Funktion für die Aufführung. In Richard III. ist die Treppe wechselnder Schauplatz als Thronzimmer, freie Landschaft, Zelt, Schlachtfeld. Im Aufwärtstrend befindet sich der Usurpator stets oben; der Geschlagene stürzt in die Tiefe. Siegfried Jacobsohn 1921 im »Jahr der Bühne«: »Bei Shakespeare stirbt Richard hinter der Szene. Jessner schickt ihn mit nacktem Oberkörper langsam die rote Treppe hinunter in die Speere der weißen Feinde. Bei diesem Abstieg stößt er drei-, viermal den berühmten Schrei nach dem Pferde aus ... Man erbebt bis in Mark.«

Max Reinhardt, seit etwa 1910 der absolute Souverän des deutschen Theaters, bei dem nahezu alle großen Regisseure und Schauspieler in die Schule gehen, beginnt seinerseits, von diesem neuen Stil zu lernen. Der Szenenentwurf (Mark Antonius enthüllt vor dem aufgeputzten Volk den Leichnam Cäsars) zu seiner Julius Cäsar-Inszenierung zeigt diese Anpassung an die expressive Dynamik der neuen Bühnenkunst.

Theater

Premieren

● Romain Rolland: *Danton* hat am 14. Februar im Großen Schauspielhaus Berlin Premiere. Regie: Max Reinhardt. Bühne: Ernst Stern. Darsteller: Paul Wegener (Danton), Werner Krauss (Robespierre), Ernst Deutsch (Saint-Just).

● Arthur Schnitzler: *Reigen*. (Uraufführung des gesamten Zyklus, bestehend aus zehn Szenen, Berlin, Kleines Schauspielhaus, 23. Dezember). Regie: Hubert Reusch. Verbot der Aufführung durch den preußischen Kultus-minister. Angeklagt werden die beiden Direktoren Maximilian Sladik und Gertrud Eysoldt »mit der Begründung, daß in dem Stück die Beischlafvollziehung in mehrmaliger Wiederholung angedeutet wird« (Gerichtsakte). Der Prozeß endet mit einem Frei-spruch.

● Ernst Toller: *Masse Mensch*, Revolutionsdrama (Uraufführung, Nürnberger Stadttheater, 15. November). Regie: Friedrich Neubauer. Da es um die Ereignisse der Münchner Räterepublik geht, genehmigt die Polizei nur vier geschlossene Veranstaltungen vor Gewerkschaftlern.

Ereignisse

● Berlin: Max Reinhardt erklärt am 25. September seinen Rücktritt von der Direktion der drei von ihm geleiteten Berliner Theater.

● Berlin: Die Schauspielerin Rosa Valetti eröffnet am 23. Dezember das Kabarett »Größenwahn«. Im Mittelpunkt der Programme steht das Chanson.

● Dresden: Mary Wigman, Schöpferin des »absoluten Tanzes«, gründet ihre Tanzschule. Sie stellt erstmalig großangelegte Themengestaltungen *(Schwingende Landschaften)* mit eigens für sie komponierter Musik dar.

Piscators Proletarisches Theater

Erwin Piscator und die Brüder Heartfield/Herzfelde gründen im September das »Proletarische Theater, Bühne der revolutionären Arbeiter Groß-Berlins«. Es ist der erste ernst zu nehmende und folgenreiche Schritt zu einem politischen Theater auf deutschem Boden. Am 14. Oktober findet in Kliems Festsälen im Arbeiterbezirk Neukölln die Premiere mit drei Einaktern statt: *Der Krüppel* von Karl August Wittfogel, *Vor dem Tor* von Ladislaus Sas und *Rußlands Tag* von einem Autoren-Kollektiv. Die Spielorte sind Lokale in Arbeitervierteln. Weitere Aufführungen: *Die Feinde* von Maxim Gorki (10. November), *Prinz Hagen* von Upton Sinclair (5. Dezember). Regie führt stets Piscator. Rückblickend erinnert er sich: »Bis auf einige Berufsschauspieler, die uns in der Gesinnung nahestanden, habe ich hauptsächlich mit Proletariern gespielt. Es erschien mir notwendig, mit Menschen zusammenzuarbeiten, die genau so wie ich in der revolutionären Bewegung den Motor ihres Schaffens sahen.«

Die Salzburger Festspiele eröffnet

»Unter dem Zeichen Mozarts, des heiteren und frommen Genius Salzburgs«, heißt es in Max Reinhardts Gründungspapier, »sollten hier Oper und Schauspiel, Lustspiel und Singspiel, das Volksstück ebenso wie die alten Mysterien- und Weihnachtsspiele zu einer erlesenen Einheit verwoben werden und jene reine, geistige Schönheit entfalten, zu der sich das Theater unter glücklichen Umständen zu erheben vermag.« Diese glücklichen Umstände zur feierlichen Krönung der Theaterkunst sollen jeden Sommer in Salzburg geschaffen werden.
Feierliche Eröffnung am 22. August mit *Jedermann* von Hofmannsthal auf dem Domplatz. Regisseur Reinhardt läßt die Stadt mitspielen: Die Domfassade mit ihren überlebensgroßen Skulpturen, das Geviert aus sakralen und weltlichen Bauten, Glockengeläut und Orgelmusik aus der Kathedrale tragen zum Gelingen des »Spiels vom Sterben des reichen Mannes« bei, das 1911 in Berlin im Zirkus Schumann zur Uraufführung gelangt ist.

Proletarisches und großbürgerliches Theater

Dem Klassenkampf und der sozialistischen Revolution soll das »Proletarische Theater« dienen, das Erwin Piscator vom März 1919 bis zum April 1921 in Berlin leitet. Aufgeführt werden Stücke mit sozialrevolutionärer Tendenz, gespielt wird in Kneipen und Versammlungslokalen. Neben Künstlern wie John Heartfield und George Grosz, der das Titelbild zum ersten Programm gezeichnet hat, sind Arbeiter die Akteure und Zuschauer. Schon durch den äußeren Aufwand hebt sich davon die Premiere ab, mit der Max Reinhardt 1920 die Salzburger Festspiele eröffnet, nachdem sich schon 1917 die »Salzburger Festspielhausgemeinde« gebildet hat.

Mitte links: Programm des Proletarischen Theaters, 1920.
Mitte rechts: Jedermann, Salzburger Festspiele, 1920.

1920

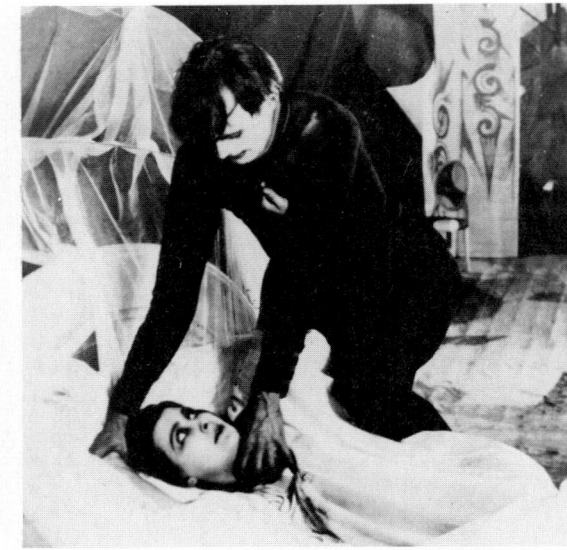

Expressionistische Tyrannen

*1920 werden zwei Stummfilme urauf-
geführt, die den expressionistischen
Film prägen und Weltruhm erlangen.
Werner Krauss verkörpert Dr. Caligari, den Direktor einer Irrenanstalt, der
den jungen Cesare (Conrad Veidt) hyp-
notisiert und ihn nachts grausame Verbrechen begehen läßt. Caligari wird
entlarvt und als Irrer interniert. Seine
Gewaltherrschaft ist gebrochen.*

*Paul Wegener (zugleich Regisseur des
Films) spielt wie schon 1914 den Golem. Geformt aus einem Lehmkloß und
durch den Wunder-Rabbi Loew zum
Leben erweckt, verwandelt sich der
ehemalige Diener zum Tyrannen seines Herrn. Vergeblich versuchen Rabbi Loew und der Golem, den Kaiser
zum Widerruf seines Befehls zu bewegen, die Juden von Prag aus dem Ghetto zu verjagen. Nach dem Scheitern der
Mission gerät der Golem in rasende
Zerstörungswut und setzt das Ghetto
in Brand.*

Oben links und rechts: Das Cabinet
des Dr. Caligari, 1920; Szenenfotos
mit Werner Krauss (Caligari) und
Conradt Veidt (Cesare) sowie Veidt
und Lil Dagover (Jane).
Mitte links und rechts: Der Golem,
wie er in die Welt kam, 1920; Szenenfotos mit Ernst Deutsch (Famulus),
Paul Wegener (Golem) und Albert
Steinrück (Rabbi Loew) sowie Mas-
senszene im Prager Ghetto.

Aus dem Lichtspielgesetz vom 12. Mai

Im Plenum der Nationalversammlung wird das
deutsche Lichtspielgesetz verabschiedet. Danach
fällt durch reichsrechtlich bindenden Spruch ein
Prüfungsrat einen Zensurenentscheid über jeden
Film und das dazugehörige Reklamematerial. »Die
Zulassung eines Bildstreifens erfolgt auf Antrag. Sie
ist zu versagen, wenn die Prüfung ergibt, daß die Vorführung des Bildstreifens geeignet ist, die öffentliche Ordnung oder Sicherheit zu gefährden, das religiöse Empfinden zu verletzen, verrohend oder ent-
sittlichend zu wirken, das deutsche Ansehen oder
die Beziehungen Deutschlands zu auswärtigen
Staaten zu gefährden. Die Zulassung darf wegen
einer politischen, sozialen, religiösen, ethischen
oder Weltanschauungstendenz als solcher nicht
versagt werden. Die Zulassung darf nicht versagt
werden aus Gründen, die außerhalb des Inhalts der
Bildstreifen liegen. Bildstreifen, zu deren Vorführung Jugendliche unter 18 Jahren zugelassen werden sollen, bedürfen besonderer Zulassung.« Gegen
den Entscheid ist bei der Film-Oberprüfstelle ein
Einspruch zulässig. Das Gesetz mit 20 Paragraphen
ist veröffentlicht im R.G.B. 107 (S. 953).

Die ursprüngliche Absicht, mit dem Lichtspielgesetz eine Handhabe gegen die nach dem Krieg üppig
wuchernden »Schmutz-und-Schund«- und zweifelhaften Aufklärungsfilme zu haben, ist schnell vergessen. Das Gesetz wird mehr und mehr mißbraucht zur Unterdrückung sozial engagierter
Filme.

Heinrich Mann in einem späteren Kommentar:
»Das Ganze ist eine Machtfrage.«

Film

Premieren

● Arnold Franck: *Das Wunder
des Schneeschuhs.* Hier werden
erstmals die großen filmischen
Möglichkeiten von Natur- und
Sportfilmen gezeigt.

● Carl Froelich: *Die Brüder Karamasow.* Kamera: Otto Tober. Ausstattung: Hans Sohnle. Darsteller: Emil Jannings (Dimitri), Werner Krauss (Smerdjakoff), Fritz

Kortner (der alte Karamasow),
Bernhard Goetzke (Ivan), Hermann Thimig (Alexej). Eine freie
Verfilmung des Romans von Dostojewski. »Einen ausgezeichneten Typ hat Werner Krauss mit
seinem epileptischen Koch
Smerdjakoff geschaffen. Eine Ka-
binettleistung für sich.« (Der Ki-
nomathograph, 1920)

● Ernst Lubitsch: *Kohlhiesels
Töchter.* Hauptdarsteller: Henny
Porten (Gretel und Liesel), Emil

Jannings (Peter Xaver), Gustav
von Wangenheim (Paul Seppl),
Jacob Tiedtke (Mathias Kohlhie-
sel). Ein Lustspiel, in dem Henny
Porten die Doppelrolle einer
schönen und einer häßlichen
Schwester spielt und sich als Ko-
mikerin von hohen Graden erweist. Schlüpfrige Anspielungen
und handfeste Schläge auf die
Hinterteile der Mägde zeugen
von »authentischen Kenntnissen«
der bayerischen Sitten.

Walter Reimann, Walter Röhrig
und Hermann Warm
Das Cabinet des Dr. Caligari
Filmarchitektur (Rekonstruktion)
1919

Lyonel Feininger
Ober-Weimar
(Ausschnitt) 1921

Filme müssen verlebendigte Zeichnungen sein

Mit diesen Worten charakterisiert der expressionistische Maler Hermann Warm das Ziel einer Verbindung zwischen Film und bildender Kunst. Zusammen mit Walter Röhrig und Walter Reimann – alle drei entstammen der Berliner Künstlergruppe »Der Sturm« – baut und malt er die Kulissen für den Caligari-Film.

Der expressionistische Film erlebt seinen Durchbruch nach dem Ersten Weltkrieg als ein Protest gegen den vordergründigen und klischeehaften Ausstattungsfilm. Er ist ein Glaubensbekenntnis zur eigenen Kraft und Fähigkeit, Natur und Gesellschaft neu zu formen und die zerstörte Nachkriegsgesellschaft psychologisch auszuleuchten. Eine ausdrucksstarke Ästhetik soll den Bruch mit dem Alten sichtbar machen: Die herkömmliche Perspektive wird aufgelöst, Formen und Bauten werden auseinandergerissen; durch eine effektvolle Lichtregie entstehen geheimnisvolle Helldunkel-Kontraste, die die äußere Welt künstlich verzerren. Die Darsteller bewegen sich in stilisierten Gesten, gekünstelten Posen oder überhasteten Bewegungen; sie tragen ausgefallene Kleider und sind grotesk geschminkt.

Die Kulissen werden nicht nur von expressionistischen Malern gestaltet, auch avantgardistische Architekten wirken mit. So entwirft Hans Poelzig, die Bauten für Der Golem, wie er in die Welt kam. Wegener ist begeistert: Poelzig habe ihm nicht Prag aufgebaut, sondern eine Stadt-Dichtung.

Vereinfachung und Deformation, Kontraste und perspektivische Vielfalt lösen die gegenständliche Welt auf, im Film wie in der Malerei.

Lyonel Feininger, seit 1919 in Weimar am Bauhaus tätig, ist innerhalb der Architekturmalerei Vorbild, Anreger und seinerseits wiederum beeinflußt von der expressionistischen Filmwelt. Der statische Raum erhält eine neue Dynamik durch schief ragende Häuserwände und Türme, durcheinandergewürfelte Dächer und zickzackförmige Linien. Es entsteht eine visionäre Stadtlandschaft, gebildet nach eigenen Gesetzen.

Rosa Valetti

1920

Claire Waldoff

Fern Andra

Jüngers »In Stahlgewittern« erscheint

Schon der Titel dieses heroisch-nihilistischen Kriegstagebuchs von Ernst Jünger ist irreführend. Krieg ist keine Naturerscheinung, kein Wetter, sondern wird von Menschen gemacht. Der Mensch hat es in der Hand, ob Krieg ist oder nicht. Gegen Unwetter ist er machtlos. *In Stahlgewittern* ist ein Widerspruch in sich selbst. Die Natur verfügt nicht über Stahl. Stahl ist eine menschliche Erfindung. Im Krieg wird sie wie alle Erfindungen zur Menschen- und Sachvernichtung mißbraucht. Jünger schildert in seinem im Selbstverlag herausgebrachten Buch das Grauen der Materialschlachten in einem nüchternen, sachlichen Ton, der auf Kriegsgegner aufreizend, ja abstoßend wirkt, weil er den Krieg und den von »Blutdurst, Wut und Trunkenheit« berauschten, beseligten Soldaten als ein männliches Idealbild hinstellt. Entsprechend begeistert wird der Roman von der rechtsgerichteten Presse aufgenommen.

Weisheit als Lehrfach

Am 23. November eröffnet der Kultur- und Geschichtsphilosoph Hermann Graf von Keyserling in Darmstadt die »Schule der Weisheit«. Er will den geistigen Kern des Menschen freilegen und bewußtmachen, will den Typ des geistig erneuerten Menschen schaffen, den Menschen durch *Schöpferische Selbsterkenntnis* (Titel eines seiner Bücher) zur Selbstverwirklichung führen. Keyserling lehrt Philosophie als Lebenskunst, eine Philosophie des Sinns. Des Sinns von was? Das bleibt letztlich ungeklärt. Die bisherige europäische Denkungsart genügt ihm nicht, und er orientiert sich auch an fernöstlicher Lebensweisheit (ex oriente lux!) – an Konfuzius, Brahma und Buddha. Seiner Schule wird vorgehalten, daß sie zu dünkelhaft aristokratischem, wenn nicht gar zu plutokratischem Denken und Verhalten erziehe.
Eine größere Werbung für fernöstliche Tendenzen ist die monatelange Reise des indischen Mystikers Rabindranath Tagore durch Europa. Der in vielen Künsten wirkende, optisch attraktive, populäre Mann besucht auch die »Schule der Weisheit« und verhilft ihr und ihrer Lehre zu einigem Ansehen.

Ganghofers Volksstücke

Mit 65 Jahren stirbt in Tegernsee der Verfasser vielgespielter Volksstücke und naiv-gemütvoller Unterhaltungsromane und Erzählungen voller Jagd- und Alpenromantik, die vom Autor bevorzugt in der bayerischen Bergwelt angesiedelt wurden. Auch Naturlyrik und Kriegslieder gehören zum Werk Ludwig Ganghofers. Der Förstersohn studierte Philologie und Philosophie und arbeitete ab 1881 als Dramaturg am Wiener Ringtheater. 1895 übersiedelte er als freier Schriftsteller nach München. Ganghofer hat spannend zu fabulieren gewußt, und seine Berg- und Heimatromane erreichten hohe Auflagenzahlen und werden fast alle verfilmt. Er pflegte einen seicht-pantheistischen Naturkult und oberflächlichen Fortschrittsglauben. Seine dreibändige Autobiographie nannte er *Lebenslauf eines Optimisten*. Er war der Lieblingsautor Kaiser Wilhelms II., der ihn gern mit auf Reisen nahm. Ganghofers Hauptwerke *Die Martinsklause, Schloß Hubertus, Edelweißkönig* und *Der Ochsenkrieg* werden auch heute noch viel gelesen.

Nobelpreis für Knut Hamsun

Am 10. Dezember nimmt der norwegische Schriftsteller Hamsun in Stockholm den Nobelpreis aus den Händen des Prinzen Carl entgegen. Er erhält die Auszeichnung nicht für sein bisheriges Gesamtwerk, sondern ausdrücklich für seinen Roman *Segen der Erde (Markens grøde)*. Gesellschaftskritische Werke wie *Kinder ihrer Zeit, Die Stadt Segelfoss, Die Weiber am Brunnen* werden nicht erwähnt.
Hamsun hat an *Segen der Erde* seit 1914 gearbeitet, der Roman erschien 1917 und hat mit Erfolg seine Runde um die Welt gemacht. Die Hauptfigur des Werks, der Bauer Isak, hat sich im Ödland, in der Allmende, ein Stück Land ausgewählt und beginnt es zu roden. Er verkauft das Holz, und vom Erlös erwirbt er die ersten Tiere. Er findet eine Frau, gründet eine Familie, der Hof wächst; dem ungebrochenen, von den Ängsten der Zivilisation unberührten Mann wird, wie selbstverständlich, der Segen der Erde zuteil. Am Ende des Buches heißt es: »Hier wächst und gedeiht alles, Menschen und Tiere und die Früchte des Feldes. Isak sät. Die Abendsonne bescheint das Korn, er streut es im Bogen aus seiner Hand, und wie ein Goldregen sinkt es auf die Erde… Der Wald und die Berge stehen da und schauen zu, alles ist Macht und Hoheit, hier ist ein Zusammenhang und ein Ziel.«
In seiner Stockholmer Rede bedankt sich Hamsun, der eigentlich Pedersen heißt und sich nach dem Ort Hamsund auf der nordländischen Insel Hamaröy nennt, auf der er aufwuchs, für den Preis nicht als Einzelperson, sondern als Stellvertreter seines Landes. Bis zum Anfang des Jahrhunderts war Norwegen mit Schweden zwangsweise vereinigt gewesen. Während des Kampfes um die Unabhängigkeit hatte Hamsun als einer der Wortführer des norwegischen Volkes patriotische Gedichte und Artikel gegen Schweden geschrieben. Nun aber in Stockholm tritt er als Symbol für den Geist der Verständigung auf; seine Worte sind Worte der Versöhnung der beiden Völker.
Hamsun arbeitet in diesem Jahr bereits an dem Roman *Siste Kapitel (1923; Das letzte Kapitel, 1924)*, der die Kritik an der modernen Zivilisation mit dem Todesthema verbindet.

Edle und unedle Frauen

Völlig anders als gewohnt, mit provozierender Selbständigkeit treten während der zwanziger Jahre Frauen ins Rampenlicht und vor die Kamera. Die großen Darstellerinnen des Theaters erhalten Konkurrenz durch einen neuen Typ des weiblichen Stars, der nicht mehr nur auf der Bühne, sondern vor allem im Stummfilm Triumphe feiert. Henny Porten, Pola Negri, Mia May, Lya Ley, Marisa Leiko sind neue Gesichter, Publikumslieblinge der Massen, von denen das Theater nur hatte träumen können. Der alle überragende Star, die große Tragödin des Mediums Film, ist die dänische Schauspielerin Asta Nielsen. Sie tritt oft in klassischen Rollen auf, aber sie spielt sie unklassisch, spröde, mit der herausfordernden Gebärde der Frau, die die Gesetze der Männerwelt negiert.
Vom »Vamp« bis zum plebejisch-ordinären Straßenmädchen reichen die Variationen von Frauengestalten, die in diesen Jahren Furore machen. Auch in der Kleinkunstform des Cabarets oder Kabaretts wimmelt es von Talenten und Genies in der Darstellung weiblicher »Verworfenheit«. Claire Waldoff wird mit ihrem Chanson Man ist nur einmal jung *im Kabarett »Roland von Berlin« über Nacht berühmt. Rosa Valetti schockiert ihr zum Teil bürgerliches Publikum mit rasant gesungenen Couplets über Kriegsgewinner und Inflationsschnorrer. Ohne daß diese Diseusen und Chansonetten in umständlich programmatischer Weise von der Emanzipation der Frau reden oder singen, werden sie zu Vorkämpferinnen einer neuen gesellschaftlichen Rolle der Frau.*
Ein Fundstück am Rande: Gulbranssons Karikatur Stars *und zwei der Starfotos, die er offensichtlich als Vorlagen verwendet hat.*

Olaf Gulbransson: Stars, 1920.

Gegenüberliegende Seite oben: Rosa Valetti und Claire Waldoff, zwei Porträtzeichnungen von Emil Orlik, um 1920.
Gegenüberliegende Seite unten: Starfotos von Lya Ley (links) und Fern Andra, um 1920.

1920

Musik

Premieren

● Erich Wolfgang Korngold: *Die tote Stadt*, Oper, kommt am 4. Dezember in Hamburg zur Uraufführung. Der Komponist huldigt einem spätromantischen Stil. Phantastisch-geheimnisvolle Stimmungen werden mit besonderer Eindringlichkeit wiedergegeben.

● Darius Milhaud: *Le boeuf sur le toit (Der Ochse auf dem Dach)*, Ballett nach Jean Cocteau (Uraufführung in der Comédie des Champs-Elysées, Paris, 21. Februar).

● Erik Satie: *Musique d'ameublement (Musik für Einrichtungsgegenstände)*, (Uraufführung, Galerie Barbazanges, Paris, 8. März). Satie erfindet neue musikalische Darbietungsformen. So soll das Publikum zu seiner *Musique d'ameublement* umherspazieren und auf die Klänge nicht mehr achten als auf die Möbel.

● Igor Strawinski: *Pulcinella*, Ballett nach Pergolesi (Uraufführung, Oper Paris, 15. Mai). Libretto von Léonide Massine und Sergei Diaghilew nach einer alten neapolitanischen Erzählung. Choreographie: Massine. Bühnenbild und Kostüme: Pablo Picasso. Produktion von Diaghilews *Ballets russes*. Die Musik löst die Welle des internationalen Neu-Klassizismus aus.

Ereignisse

● Mainz: Am 1. Februar erscheint die erste Nummer der Zeitschrift »Melos«. Herausgeber ist Hermann Scherchen, Vorkämpfer für neue Musik und Dirigent zahlreicher Uraufführungen.

● Paul Whiteman geht mit seiner Band auf Europatournee. Die neuartige Unterhaltungsmusik – Schlagzeuge, Rhythmen, Saxophone – wird von vielen für Jazz gehalten.

Picasso und Strawinski

Am 15. Mai 1920 wird in Paris Igor Strawinskis Ballett Pulcinella *uraufgeführt. Die Ausstattung stammt von Pablo Picasso. Sein Ziel ist es, die Gestalten der Commedia dell'arte wieder aufleben zu lassen. So folgt er in seiner Darstellung des boshaften, buckligen Pulcinella mit schnabelförmiger Nase historischen Vorbildern.*

Den Maler als Bühnen- und Kostümbildner gewonnen zu haben, ist das Verdienst von Jean Cocteau. Er holte Picasso 1917 nach Rom, um dort an dem Ballett Parade *des von Sergei Diaghilew geleiteten russischen Tanzensembles mitzuarbeiten.*

In Rom lernte Picasso Igor Strawinski kennen. Während der gemeinsamen Arbeit an Pulcinella *zeichnet Picasso den Komponisten. Picasso erneuert zu dieser Zeit seinen linearen Zeichenstil. Das Bildnis Igor Strawinski zeigt noch etwas anderes: Picassos Bereitschaft, psychologisch auf sein Gegenüber einzugehen, im Unterschied zu den Bildnissen der kubistischen Phase, in der der Porträtierte lediglich als Bild-Vorwand diente.*

Mitte: Pablo Picasso, Bildnis Igor Strawinski; 1920.
Unten: Pablo Picasso, Pimpinella und Pulcinella (Kostümentwürfe für das Ballett »Pulcinella«); 1920.

Der Neoklassizismus in der Musik

Die Vorliebe des breiten Publikums für alte Musik ist der (äußere) Anlaß für das Aufkommen einer neoklassizistischen Musikrichtung, bei der es sich zunächst um die Bearbeitungen von Partituren alter Meister handelt – Scarlatti, Monteverdi, Pergolesi, Lully, Bach.

Bei der Veränderung der musikalischen Sprache eines Klassikers geht es dem Klassizisten darum, die Musik dem zeitgenössischen Rhythmus anzupassen. »Ich begann«, schreibt der führende Neoklassiker Igor Strawinski, »direkt auf der Pergolesi-Partitur zu komponieren, so, als würde ich ein Werk von mir selbst korrigieren.« Das kann aber nur bei wenigen Stücken so gewesen sein. Immer weiter heben sich die neuen Partituren der Klassizisten von den Originalen ab. Es entstehen »Musiken über Musiken« – Werke von raffinierter Simplizität, in einem ausgeklügelt primitiven Stil. Bei diesem Komponieren nach Modellen werden in einem Prozeß der Neuaneignung die alten Musiken umgeformt, »verfremdet«. Wiederholungen, Takte und Taktteile werden weggelassen, Phrasen ummontiert, eigene hinzugefügt, neue Kontraste und Klanggebilde geschaffen, Rhythmus und Tempo ständig gewechselt, so daß sich die neue Musik mitunter zu verwirren und zu überstürzen scheint. Die Entwicklung führt zur Klanglichkeit um ihrer selbst willen, sogar zur Parodie der geheiligten Vorlagen, zu »lustigen Vergewaltigungen«. Schließlich kommt man auch ohne Vorlagen aus. Elemente dieser Bewegung eines Zurück zum 17. Jahrhundert lassen sich im Wirken von Ravel, Schönberg, Berg, Hindemith und Satie erkennen. Vorwürfen ihrer Kritiker entgegnen die Klassizisten: »Ihr respektiert, wir aber lieben.«

Pablo Picasso
Drei Frauen am Brunnen
(Aquarellstudie und Ölgemälde)
1921

Pablo Picasso
Die drei Musikanten
1921

Zwischen Kubismus und Neoklassizismus

Eine Zeit des erneuten Umbruchs in der Malerei reift heran, denn die noch vorherrschende kubistische Kunstrichtung beginnt sich zu überleben. Vor allem Pablo Picasso wehrt sich gegen die lähmende Wirkung des zur Doktrin erstarrenden Kubismus. Jean Cocteau beschreibt in seinen Erinnerungen die Stimmung: »Eine Diktatur lastete auf Montmartre und Montparnasse. Es galt, über die strenge Periode des Kubismus hinwegzukommen.«

Die drei Gemälde aus dem Jahr 1921 bezeugen Picassos Auseinandersetzung mit der von ihm selbst um 1907 »erfundenen« kubistischen Gestaltungsweise, das heißt der Zergliederung der gegenständlichen Welt in geometrische und stereometrische Einzelformen, aus denen eine neue, der »klassischen« Einheit des Bildraumes vollkommen entgegengesetzte Bildwelt hervorgeht.

Als kubistisch sind Die drei Musikanten insofern zu betrachten, als sie aus gleichsam ausgeschnittenen Farbpapieren zusammengesetzt erscheinen. Auch die Verbindung unterschiedlicher Perspektiven (erkennbar am nach vorn »geklappten« Notentisch) entspricht der kubistischen Technik. Dennoch zeichnet sich im Gefüge der Farbflächen eine Ordnung ab, die den heiteren Rhythmus der Musik empfinden läßt: das Bild »stellt etwas dar«. Hinzu kommt, daß die drei Maskierten vor einem räumlich entfernten Hintergrund auftreten; auch der durch Kopf (links) und Schwanz (Mitte) angedeutete Hund befindet sich deutlich hinter den Musikern.

Diese Räumlichkeit bildet die Voraussetzung für die plastische Darstellung von Körpern, die kennzeichnend für die neoklassizistische Stilrichtung in Picassos Schaffen ist. Die Drei Frauen am Brunnen verdeutlichen das Streben nach monumentaler Wirkung. Picasso erreicht sie in der Darstellung eines Geschlechts wahrer Riesinnen mit mächtigen Körpern in meist ruhender Haltung am Strand, an einem Brunnen. Schon diese »Schauplätze« lassen die Suche nach einem neuen Anfang erkennen.

Erich Mendelsohn
Der Einsteinturm bei Potsdam
1919–1921

Am 24. August 1921 wird auf dem bei Potsdam gelegenen Telegrafenberg im Rahmen eines Kongresses der deutschen Astronomen der Einsteinturm eingeweiht. Aus Spendenmitteln finanziert, ist das Bauwerk innerhalb von zwei Jahren nach den Plänen Erich Mendelsohns errichtet worden. Der »Turm« enthält ein astrophysikalisches Observatorium. Er dient dem seit 1913 in Berlin tätigen, Ende 1921 mit dem Nobelpreis für Physik ausgezeichneten Albert Einstein und seinen Mitarbeitern als Arbeitsstätte. Als erste konkrete Forschungsaufgabe stellt sich die Prüfung der von Einstein angenommenen »Rotverschiebung« von Spektrallinien im Lichtspektrum ferner Sterne.
Die These bestätigt sich, daß Sterne mit außerordentlich starken Gravitationsfeldern, wie sie sogenannte »weiße Zwerge« besitzen, imstande sind,

Licht zu beugen und sein Spektrum ins Rote zu verschieben. Die Materie im Inneren solcher Sterne ist so dicht gepackt, daß die Atome alle ihre Elektronen verloren haben und die Kerne »nackt« nebeneinander liegen.
Erich Mendelsohn schloß sich 1918 der revolutionären Künstlervereinigung »Arbeitsrat für Kunst« an. Seine frühen Bauten sind vom Expressionismus beeinflußt. Sein Ziel sind neue Bauformen im Sinne einer Ausdrucksarchitektur. So ist an einen Zusammenhang zwischen dem ursprünglich aus Stahlbeton geplanten, dann aus technischen und finanziellen Gründen als Ziegelbau mit Verputz ausgeführten Einsteinturm und Einsteins Relativitätstheorie gedacht. Die Verbindung bildet das Phänomen der Bewegung, das Wladimir Tatlin 1919/20 der Architektur mit seinem Monument der III. Internationale erschlossen hat.

Was Mendelsohn darunter in der Architektur versteht, erläutert er 1923 in seinem Vortrag »Dynamik und Funktion«: »Spricht man von ›Dynamik‹, so kann darunter niemals Bewegung verstanden werden im Sinne eines mechanischen Bewegungsvorganges.« Vielmehr handelt es sich darum, für »Bewegungskräfte« den »architektonischen Ausdruck zu finden«. Mendelsohn stellt zugleich die Bedingung: »Aber erst aus den Wechselbeziehungen zwischen Funktion und Dynamik, zwischen Realität und Irrealität … ergibt sich die Schöpferlust, die Raumlust des Architekten.«
An dieser »Raumlust« lassen selbst die expressiven Entwürfe Mendelsohns Anteil nehmen. Es sind Skizzen mit spontanem Duktus, wobei die Gebäude gleichsam mit einer einzigen Geste als etwas Unverwechselbares umrissen werden.

Dynamik und Geschwindigkeit

Im September 1921 wird die zehn Kilometer lange Berliner Avus (Automobilverkehrs- und Übungsstraße) eröffnet. An beiden Enden mit großen Schleifen (Nord- und Südkurve) verbunden, ist die Avus zugleich als Rennstrecke konzipiert. Noch im Monat der Einweihung findet, unter lebhafter Beteiligung der Bevölkerung, das erste Rennen statt. Die vorbeiflitzenden und -heulenden Rennwagen vermitteln ein packendes Gefühl von Moderne. Für den physikalisch Gebildeten demonstrieren sie den akustischen Doppler-Effekt. Er kommt dadurch zustande, daß die Zahl der Schallwellen, die das Ohr des Beobachters pro Zeiteinheit erreichen, zunimmt, wenn der Wagen sich nähert und abnimmt, wenn er sich entfernt. Der Effekt entspricht optisch der 1921 von Einstein untersuchten Rotverschiebung im Spektrum.

Im selben Jahr wird in Weimar das von Walter Gropius entworfene Mahnmal zur Erinnerung an die Opfer des rechtsgerichteten Kapp-Putsches vom März 1920 enthüllt. Ein scharfkantiges und im Sinne zielgerichteter Bewegungsenergie dynamisches Gebilde, das ein Flugzeug der Zukunft vorwegzunehmen scheint. Der Putsch wurde nach wenigen Tagen durch Generalstreik und bewaffnete Kämpfe niedergeschlagen. Das Denkmal soll den Sieg über die Reaktion symbolisieren, die vorwärtsdrängenden Formen und die sie begrenzenden Linien ein Bekenntnis für den Fortschritt zum Ausdruck bringen. Programmatisch äußert sich Gropius, Begründer und Leiter des Bauhauses in Weimar, zu den neuen Aufgaben der Kunst: »Wollen, erdenken, erschaffen wir gemeinsam den neuen Bau der Zukunft, der alles in einer Gestalt sein wird: Architektur und Plastik und Malerei, der aus Millionen Händen der Handwerker einst gen Himmel steigen wird als kristallenes Sinnbild eines neuen kommenden Glaubens.«

Oben: Autorennen auf der Berliner Avus, 1921.
Mitte: Walter Gropius, Weimarer Denkmal für die Opfer des Kapp-Putsches; 1921.

Insulin für Zuckerkranke

Eine Entdeckung, die für ungezählte Zuckerkranke lebensrettend werden soll, wird 1921 aus Kanada gemeldet. Frederick Banting und Charles Best gelingt es, das den Zuckerhaushalt regulierende Hormon, das Insulin, aus der Bauspeicheldrüse eines Hundes zu isolieren. Im Tierversuch beweisen sie, daß die im Gewebe der Bauchspeicheldrüse liegenden »Langerhansschen Inseln« die Produktionsstätten des Insulins sind. Sie gewinnen aus dem »Insel«-Gewebe eine Lösung, die Diabetessymptome sofort behebt. Später erhält man das Insulin aus den Bauchspeicheldrüsen von Rindern und Schweinen. Der 14jährige Kanadier Leonard Thompson ist 1922 der erste erfolgreich behandelte Patient.

Naturwissenschaft, Technik, Medizin

● Friedrich Bergius erfindet ein Verfahren zur Gewinnung von synthetischem Benzin durch die Verflüssigung von Kohle.
● In den USA beginnt der Unterhaltungsrundfunk. Erste primitive Geräte kommen auch in Deutschland auf den Markt (Detektor, Audionröhre, Kopfhörer).
● Eine englische Expedition scheitert erstmals bei dem Versuch, den Mount Everest, den mit 8882 Metern höchsten Berg der Welt, zu besteigen (weitere mißlungene Versuche 1922 und 1924).
● Von Thomas Morgan erscheint in Deutschland als Übersetzung des 1919 erschienenen englischsprachigen Werkes eine Zusammenfassung der auf der Chromosomenforschung beruhenden Genetik mit dem Titel *Die stofflichen Grundlagen der Vererbung.*
● Der entscheidende Schritt zur Verschmelzung von Physik und Astronomie zur Astrophysik gelingt dem indischen Physiker Meghnad Saha mit der Erstellung einer Theorie der Sternmaterie.
● Am 21. September explodiert das Stickstoffwerk Oppau der BASF und fordert Hunderte von Menschenleben.

1921

Bildende Kunst

Werke
- Otto Dix: *Bildnis der Eltern,* die erste von drei Fassungen.
- George Grosz: *Das Gesicht der herrschenden Klasse,* 55 Zeichnungen (Malik-Verlag, Berlin).
- Alfred Kubin: Illustrierung von Jean Pauls *Wunderbare Gesellschaft in der Sylvesternacht* mit 27 Federzeichnungen (Verlag R. Piper & Co., München).

Literatur
- Maurice Raynal: *Pablo Picasso,* erste Picasso-Monographie (München).

Ereignisse
- Berlin: Die Nationalgalerie erwirbt eine größere Anzahl Zeichnungen von Heinrich Zille.
- Paris: Am 30. Mai Versteigerung der bedeutenden Sammlung Wilhelm Uhde, die die französische Regierung während des Ersten Weltkrieges beschlagnahmt hatte, mit 13 Werken Picassos, darunter das kubistische *Bildnis Wilhelm Uhde,* das *Mädchen mit Mandoline* von 1910 und eine ovale *Violine* von 1912. Die Versteigerung aller 78 Werke bringt 247 000 Francs, fast das Dreifache des erwarteten Betrags.
- Paris: Am 13.–14. Juni erste von insgesamt vier Versteigerungen von Werken aus der Galerie Kahnweiler, die die französische Regierung 1914 beschlagnahmt hatte. Darunter 36 Gemälde Picassos wie das kubistische Porträt *Daniel-Henry Kahnweiler.* Kahnweiler kauft einige Werke zurück.
- Paris: Man Ray erfindet die »Rayographie« (Fotogramm).
- Weimar: Dada-Frühlingsfest im Rahmen der jährlichen Bauhausfeste (Laternen- und Drachenfeste) mit Improvisationstheater, Pantomimen, Mechanischem Ballett, Lichtspielen.

Gesichter

Die Masse Mensch darzustellen, wie der Titel eines Bühnenstücks von Ernst Toller ankündigt, wird in den zwanziger Jahren zu einem neuen Thema der Literatur und bildenden Künstler. Zugleich kommt die Identitätskrise des autonomen Ich in Gestalten zum Ausdruck wie Robert Musils *Mann ohne Eigenschaften,* Thomas Manns *Hochstapler Felix Krull, Haseks Schwejk,* Brechts *Galy Gay* in *Mann ist Mann, der* »wie ein Auto ummontiert wird«. Jede dieser Verkörperungen beschädigter oder verlorener Identitäten ist aber in einzigartiger Weise beschrieben, gleichsam porträtiert.

Tatsächlich ist kaum eine andere Kulturepoche so reich an originellen Porträtisten. So ist ein großer Teil des Werks von Otto Dix und von Max Beckmann dem Bildnis gewidmet. Die vier Abbildungen berühren Aspekte dieser künstlerischen Gattung.

Lovis Corinth in einem Bildnisfoto und einem Selbstbildnis: der Vergleich läßt erkennen, wie sich die fotografisch festgehaltene (durch Licht und Schatten gestaltete) Realität durch die künstlerische Bearbeitung gleichsam lockert und sich die Individualität durch die leicht verzerrende »Handschrift« behauptet.

Raoul Hausmanns »mechanischer Kopf« mit dem Titel *Der Geist unserer Zeit* läßt als Bildnis nur noch den mit Attributen versehenen »Holzkopf« gelten. Rückblickend erläutert der Künstler 1967: »Schon lange hatte ich entdeckt, daß die Leute keinen Charakter haben und daß die Gesichter nur ein vom Friseur gemachtes Bild sind.« Dieser Haltung stellt das Foto eines arbeitslosen Arbeiters den Realismus der engagierten Fotografie entgegen: sichtbar werden die Verwüstungen der kapitalistischen Wirklichkeit und zugleich Ausdruck von unverzichtbarer Persönlichkeit.

Mitte: Bildnisfoto Lovis Corinth, um 1920, und Selbstbildnis Lovis Corinth, 1921.
Unten links: Raoul Hausmann, Der Geist unserer Zeit; um 1921.
Unten rechts: Bildnisfoto eines arbeitslosen Arbeiters, um 1920.

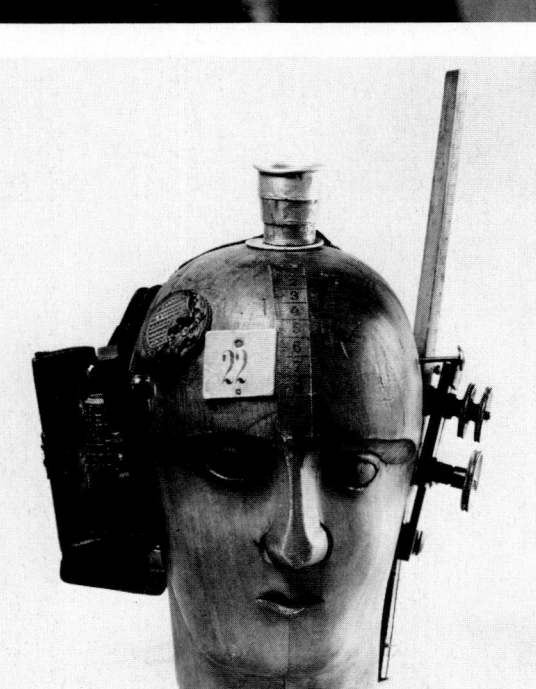

Max Slevogt
Sonnige Gartenecke in Neukastell
1921

Claude Monet
Seerosen
(Ausschnitt) um 1918–1921

Das Beharrungsvermögen des Impressionismus

Mit Max Liebermann und Lovis Corinth gehört Max Slevogt zu den bedeutendsten Vertretern des deutschen Impressionismus. Fast unglaubhaft scheint es, daß seine Sonnige Gartenecke in Neukastell im Jahre 1921 gemalt ist, also einer Zeit entstammt, die voller dramatischer politischer und sozialer Ereignisse ist. Zu der stürmischen Entwicklung der Zeitgeschichte paßt die Explosion des expressionistischen Pathos, auch die bald darauf einsetzende Strömung der »Neuen Sachlichkeit«, die vielfach mit Sympathien für die Ziele der Arbeiterschaft und der sozialistischen Revolution Hand in Hand geht. Aber impressionistische Naturstimmungen, das Schwelgen in der Auflösung der Formen unter der optischen Wirkung des Lichts oder der Spiegelung im Wasser – ist dies zu Beginn der zwanziger Jahre nicht vollkommen veraltet?

Mit einer schematisierenden Kunstbetrachtung, für die sich die Epochen in ein bloßes Nacheinander verschiedener Stile ordnen, ist dem Reichtum künstlerischer Erscheinungen gerade in einer kulturell aufgewühlten Zeit nicht beizukommen. So gehört auch das Beharrungsvermögen des Impressionismus zum künstlerischen Zeitgeschehen, zumal das impressionistische Grunderlebnis des Zusammenwirkens von Farbe, Licht und Atmosphäre rund 50 Jahre nach seiner ersten künstlerischen Gestaltung keineswegs überholt, sondern Allgemeingut geworden ist. Die Wertschätzung, die Slevogt genießt, deutet der Erwerb seiner Sonnigen Gartenecke für die Neue Pinakothek in München 1922 an.

Sowohl Slevogts als auch Monets Gemälde ist schließlich auch in dem Sinne ein Ausdruck der Zeit, als beide der liebevoll gepflegten, nach außen abgeschirmten Privatatmosphäre entstammen. Slevogt erwarb kurz vor dem Ersten Weltkrieg das in der Pfalz gelegene Landgut Neukastell; er stirbt hier 1932 im 64. Lebensjahr.

Monets Seerosenbilder sind im Garten seines Hauses entstanden, das er 1890 in Giverny gekauft hat. Er stirbt hier 1926 im Alter von 86 Jahren.

La puberté proche n'a pas encore enlevé la grâce tenue de nos pléiades / Le regard de nos yeux pleins d'ombre est dirigé vers le pavé qui va tomber / La gravitation des ondulations n'existe pas encore

Max Ernst
Die Plejaden
1920

Dada-Max in Paris

Vom 3. Mai bis 3. Juni 1921 stellt Max Ernst im Zentrum der Pariser Dadaisten, der Verlagsbuchhandlung »Au Sans Pareil«, zum erstenmal in der französischen Hauptstadt Collagen aus. Zwei Jahre zuvor hat er zusammen mit Hans Arp den Kölner Dada-Kreis ins Leben gerufen. Max Ernst zeigt in Paris 56 Werke, den einleitenden Artikel des Ausstellungskatalogs verfaßt André Breton.

Die Eröffnung der Ausstellung wird zum großen dadaistischen Spektakel, wie ein Zeitgenosse berichtet: »Aragon mimte im Keller ein Känguruh; Soupault spielte mit Tzara Verstecken; Péret und Charchoune schüttelten sich anderthalb Stunden lang die Hände; Tzara stieg auf einen Stuhl und verkündete, daß in eines der Weingläser ein starkes Abführmittel geschüttet worden sei. Die Bedeutung der gezeigten Bilder erfaßten vermutlich nur wenige.«

Die wohlmeinendere Kunstkritik vermerkt über Ernsts Arbeiten: »Ohne plastischen Wert, doch poetisch.« Aggressiver lautet schon eine Rundfrage in der Pariser Presse: »Soll man die Dadaisten erschießen?«

Solche Anwürfe können weder die Pariser Dadaisten noch Max Ernst aus der Fassung bringen, im Gegenteil, sie sind entzückt über solche Reaktionen. Über seine dadaistischen Werke, zu denen die Collage Die Plejaden gehört, äußert Max Ernst: »Collage-Technik ist die systematische Ausbeutung des zufälligen oder künstlich provozierten Zusammentreffens von zwei oder mehr wesensfremden Realitäten auf einer augenscheinlich dazu ungeeigneten Ebene – und der Funke Poesie, welcher bei der Annäherung dieser Realitäten überspringt.«

Dada ist für Max Ernst die große geistige Befreiung von allen Konventionen, die permanente Revolution, ein ständiger Prozeß von Zerstörung und Geburt. Diese Negation ist für Max Ernst Voraussetzung für seine späteren visionären Bilder, die die Banalität des Realen überwinden. Er trennt sich schon bald vom Dadaismus und wird einer der bedeutendsten Vertreter des Surrealismus.

Literatur

Neuerscheinungen

● Jaroslav Hašek: *Die Abenteuer des braven Soldaten Schwejk während des Weltkrieges* (1. Band, Prag, im März). Ein antimilitaristisch-humoristischer Fortsetzungsroman mit umwerfender Situationskomik. Das Buch erringt in wenigen Jahren eine weltweite Popularität.

● Andreas Heusler: *Nibelungenlied und Nibelungensage.* Der Schweizer Germanist und Erforscher der Verskunst gilt als einer der Förderer der Nibelungenforschung.

● Norbert Jacques: *Dr. Mabuse, der Spieler.* Der – manchmal etwas schwülstige, aber spannend erzählte – Roman von dem an der Spitze eines Verbrecherimperiums stehenden skrupellosen Psychiater und Hypnotiseur dient als Vorlage zahlreicher Verfilmungen (erstmals 1922).

Ereignisse

● London: Am 5. Oktober Gründung des PEN-Clubs; PEN ist die Abkürzung für Poets, Essayists, Novelists (Dichter, Essayisten, Erzähler). Begründerin ist die Schriftstellerin C. A. Dowson-Scott. Die Mitglieder sind verpflichtet, sich für Frieden und Menschenrechte einzusetzen. Erster Präsident: John Galsworthy. Das PEN-Zentrum der Bundesrepublik wird 1951 gegründet und ein Jahr später anerkannt.

● Der indische Dichter, Philosoph, Musiker und Maler Rabindranath Tagore reist um die Welt und auch durch Deutschland. Er möchte, daß die Menschen so sind wie er selbst: leise, sanft, gütig. Er erklärt den Unterschied zwischen östlicher und westlicher Weltanschauung. Die Inder schaffen *in sich* eine neue Weltordnung, die Europäer *außer sich,* mit Gewalt.

Prokofjew in Amerika und Paris

Seit 1908 tritt Sergej Prokofjew als Pianist auf, die meisten seiner Klavierwerke schafft er zum eigenen Gebrauch, vor allem das 1921 in Paris und der Bretagne fertiggestellte *Klavierkonzert Nr. 3, C-Dur, opus 26,* mit dem er in der westlichen Welt seinen Ruhm als Komponist begründet. Er sucht Anschluß an die Entwicklung der Musik seiner Epoche und beschließt, vorläufig nicht in sein Heimatland, das revolutionäre Rußland, zurückzukehren. (Das wird er erst 1933 tun.)

Die Oper *Die Liebe zu den drei Orangen* schreibt er im Auftrag der Operngesellschaft von Chicago, die die Arbeit großzügig bevorschußt. Es ist der erste offizielle Auftrag, den ein amerikanisches Unternehmen an einen ausländischen Musiker vergibt. Beide Werke, das dritte Klavierkonzert (18. Dezember) und die pathetische und zugleich heitere und surrealistisch verspielte Märchenoper (30. Dezember) werden in Chicago eher kühl aufgenommen. Der Komponist kommt zu der Erkenntnis, daß die Amerikaner seine Musik »nicht recht verstehen«. Durch die reaktionäre Haltung der musikalischen Kreise Amerikas seiner Illusion beraubt, zieht er die Bilanz: »Ich bin zu früh hierhergekommen. Das Kind ist noch nicht alt genug, um meine Musik zu schätzen.« Er kehrt nach Paris zurück.

Theaterskandal nach Hindemiths Einaktern

Mörder, Hoffnung der Frauen, opus 12 (Text: Oskar Kokoschka) und *Das Nusch-Nuschi,* opus 20 (Text: Franz Blei) werden in Stuttgart uraufgeführt. Die Operneinakter in den Bühnenbildern von Oskar Schlemmer erregen einen Theaterskandal. Der 26jährige Hindemith steht zu seiner eigenen Überraschung im Mittelpunkt erregter Debatten.

Caruso stirbt

Am 2. August stirbt der italienische Opernsänger Enrico Caruso in seiner Heimatstadt Neapel. Er war einer der größten Operntenöre seiner Zeit und wurde in aller Welt nicht nur wegen seines außergewöhnlichen Gesangstalentes, sondern auch wegen der Natürlichkeit seines musikalischen Vortrags und seiner starken schauspielerischen Begabung begeistert gefeiert.

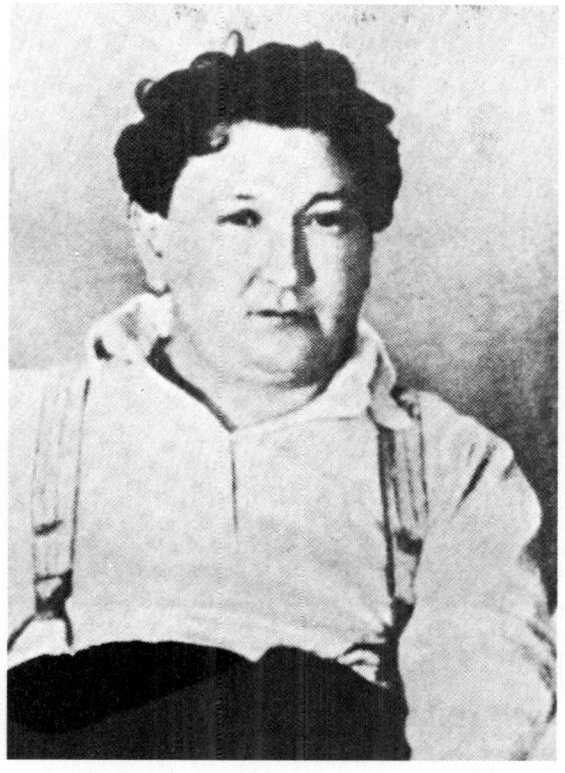

Ludwig Thoma – Satiren über den Untertanengeist

Ludwig Thoma stirbt an den Folgen einer im Kriegsdienst zugezogenen Krankheit mit 54 Jahren. Ein saugrober Bayer mit dem Herzen auf dem rechten Fleck und viel Gemüt, kämpft er mit Satiren, Spottgedichten, Theaterstücken und Erzählungen gegen den preußischen Militarismus, die Großsprecherei Wilhelms II., gegen den politisierenden katholischen Klerus, gegen das Muckertum protestantischer Pfarrer, gegen die Knechtseligkeit der oberen Bürgerschichten. Der gewesene Rechtsanwalt saß mehrmals im Gefängnis. Als Mitarbeiter des »Simplicissimus« und mit seinem Stück *Erster Klasse* wird er früh berühmt. Seine *Lausbubengeschichten* (1905) mit der Fortsetzung *Tante Frieda* (1907) werden noch heute gern gelesen und seine Komödie *Die Lokalbahn* (1902), sein Volksstück *Magdalena* (1912) und besonders die Satire gegen bürgerliche Scheinmoral, *Moral* (1909), viel gespielt.

Der brave Soldat Schwejk

Der tschechische Schriftsteller Jaroslav Hašek beginnt 1921 mit der Veröffentlichung seines Romans Osudy dobrého vojáka Švejka za světové války *(Die Abenteuer des braven Soldaten Schwejk während des Weltkrieges). Noch vor Beendigung seines satirischen Romans stirbt Hašek in Lipnice nad Sázavou im Ostböhmischen Gebirge im Alter von 39 Jahren. Karel Vaněk vollendet den Roman, der 1923 in vier Bänden vorliegt. 1926/27 erscheint die deutsche Übersetzung von Grete Reiner.*

Schwejk erlebt den Krieg als Soldat der k. u. k. Monarchie, war früher von Beruf Hundehändler, gehört den unteren Prager Volksschichten an und ist laut amtlichem Attest schwachsinnig. Mit scheinbarer Naivität stellt er alles auf den Kopf. Die geforderte Loyalität wird von ihm überschwenglich bejaht, jeder Befehl wird so genau ausgeführt, daß er sich selbst ad absurdum führt. Für alles hat er kleine Lebensweisheiten bereit, um selbst die alltäglichsten Situationen in Frage zu stellen. Sein Widerstand gegen die Herrschenden ist lautlos, aber desto wirkungsvoller. Aus dem angepaßten Ja-Sager wird ein aufsässiger Rebell, nur daß man ihn nicht zu fassen bekommt. Listig schlägt er sich durch alle politischen Wirren und wird dadurch zur Verkörperung ungebrochener Volkskraft. Jaroslav Hašek führte seinerseits ein abenteuerlustiges Leben. Er vagabundierte durch Europa, schloß sich den Anarchisten an, desertierte aus der Armee, wurde 1918 Mitglied der KPdSU und der Roten Armee und kehrte 1920 im Auftrag der Komintern nach Prag zurück. Der bäuerliche Schalk, den er mit dem Schwejk geschaffen hat, steckt in ihm selbst, ist Teil seines Lebens. Klug zu überlegen und sich dennoch nicht beugen zu lassen, ist seine Lebensphilosophie. Der brave Soldat Schwejk wird schnell eine populäre Figur. 1928 bringt Erwin Piscator in Berlin eine erste Bühnenfassung des Stoffes heraus. Bertolt Brecht aktualisiert das Thema mit seinem Theaterstück Schwejk im Zweiten Weltkrieg.

Jaroslav Hašek, um 1920.

1921

Das Proletarische Theater verboten

Letzte Inszenierung: *Wie lange noch, Hure bürgerliche Gerechtigkeit* (Februar) und *Die Kanaker* (März), beide Stücke von Franz Jung. Insgesamt hat es Erwin Piscators »Proletarisches Theater« auf über 50 Aufführungen gebracht, und es haben sich 5000 bis 6000 Arbeiter für diese Institution organisiert. Die Polizei empfindet die Arbeiterbühne als eine Bedrohung der bestehenden Ordnung, und auf Veranlassung des Berliner Polizeipräsidenten Richter wird ihr am 21. April die Verlängerung der Konzession verweigert.

Am Anfang ist auch die KPD gegen diese Bühne, und das Parteiblatt bringt vernichtende Kritiken. Theater müsse schließlich zuerst *Kunst* sein! Dann bequemt sich die »Rote Fahne« am 12. April zur Einsicht: »Das ist das grundlegende Neue an diesem Theater, daß Spiel und Wirklichkeit in einer ganz sonderbaren Weise ineinander übergehen. Du weißt oft nicht, ob du im Theater oder in einer Versammlung bist, du meinst, du müßtest eingreifen und helfen, du müßtest Zwischenrufe machen. Die Grenze zwischen Spiel und Wirklichkeit verwischt sich … Das Publikum fühlt, daß es hier einen Blick in das wirkliche Leben getan, daß es Zuschauer nicht eines Theaterstücks, sondern eines Stückes wirklichen Lebens ist … Daß der Zuschauer mit einbezogen wird in das Spiel, daß alles ihm gilt, was sich auf der Bühne abspielt.«

Das Theater protestiert vergeblich gegen das Verbot: »Die Besucher sind entrüstet, daß jedem Theater oder Kino oder Varieté oder jedem Tingeltangel, auch wenn sie nachweislich minderwertigen Kitsch bieten, die Konzession erteilt wird, während das Proletarische Theater, ein Arbeiterunternehmen, das gegen die schädigenden Einflüsse des Schundfilms, des Varietékrams und der Kitschbühne ankämpft, durch Entziehung der Spielerlaubnis unterdrückt werden soll.«

Arthur Schnitzlers »Reigen« und die Zensur

Kaum ein Werk der Weltliteratur wurde so von Verboten verfolgt wie Schnitzlers Reigen. In zehn Dialogen führt der Schriftsteller die Austauschbarkeit menschlicher Beziehungen vor, frivol und zärtlich, ironisch und melancholisch. Den ersten Dialog führt die Dirne mit dem Soldaten, den letzten der Graf mit der Dirne – der Reigen schließt sich. Im Jahre 1900 ließ Schnitzler das Werk als Privatdruck erscheinen, da der Verleger Samuel Fischer aus juristischen Gründen den Druck ablehnte. Als das Werk drei Jahre später in einem Verlag erscheint, wird es in Deutschland sofort verboten. Die Zensoren halten es für obszön und unmoralisch. Der gefürchtete Theaterkritiker Alfred Kerr dagegen ist hingerissen: »Alles flutet durcheinander: Innigkeit und Eleganz, Weichheit und Ironie, Weltstädtisches und Abseitiges, Lyrik und Feuilletonismus, Lebensraffinement und volksmäßige Schlichtheit, Schmerz und Spiel, Lächeln und Sterben.« Erst am 23. Dezember 1920 findet die Uraufführung des Reigen am Kleinen Schauspielhaus in Berlin statt. Sofort wird ein Verbot erlassen, es muß aber nach kurzer Zeit wieder aufgehoben werden. Am 18. Februar 1921 kommt es während einer Wiener Vorstellung zur Saalschlacht: 500 junge Leute sprengen die Aufführung und verprügeln die Zuschauer. Einige Tage später provozieren rechtsgerichtete Kreise auch in Berlin einen Theaterskandal. Kaum eine Aufführung des Reigen geht ohne Eklat über die Bühne. Im September 1921 wird in Berlin von der Staatsanwaltschaft gegen die Direktion, den Regisseur und die Schauspieler Anklage wegen Erregung öffentlichen Ärgernisses erhoben. Noch nie zuvor waren Schauspieler wegen eines Stückes angeklagt worden. Im November werden nach sechs Verhandlungstagen alle Angeklagten freigesprochen. Arthur Schnitzler ist so entnervt, daß er jede weitere Aufführung verbietet.

Robert Forster-Larringa (Graf) und Blanche Dergan (Dirne) im »Reigen«, Berlin, 23. Dezember 1920.

Theater

Premieren

● Hugo von Hofmannsthal: *Der Schwierige* (Uraufführung, Residenztheater, München, 7. November). Die Kritiker waren von der Vollkommenheit dieses sinnlich-komödiantischen Lustspiels überzeugt.
● Wladimir Majakowski: *Misterija-buff* (*Mysterium Buffo*, Uraufführung der Neufassung seines Stückes, Moskau, Meyerhold-Theater, 1. Mai). Im Juni: Festaufführung des Stückes zum III. Komintern-Weltkongreß in Moskau in deutscher Sprache.
● Luigi Pirandello: *Sei personaggi in cerca d'autore* (*Sechs Personen suchen einen Autor*, deutsche Erstaufführung Berlin, 4. April 1924) wird in Rom im Teatro Valle am 10. Mai uraufgeführt. Ein die Theatergeschichte revolutionierendes Stück, das nicht in Szenen unterteilt ist, weil es vor den Augen der Zuschauer »erst gemacht werden soll«. Nach einem Riesenskandal bei der Premiere kam der sensationelle Erfolg.
● Fritz von Unruh: *Louis Ferdinand, Prinz von Preußen* (Uraufführung, Darmstadt, Hessisches Landestheater, 22. März). Das Stück befaßt sich mit der persönlichen Tragödie des Prinzen, basierend auf den historischen Ereignissen im Oktober 1806.

Johannes Schröder
Szenenentwurf zu
»Die echten Sedemunds«
von Ernst Barlach
Hamburg 1921

Walter von Wecus
Szenenentwurf zu
»Der eingebildete Kranke«
von Molière
Düsseldorf 1921

Expressionistisches Theater
in der Krise

Am 2. April 1921, kurz nach der Uraufführung an den Hamburger Kammerspielen, bringt das Berliner Staatliche Schauspielhaus Die echten Sedemunds des in Güstrow ansässigen expressionistischen Bildhauers und Dramatikers Ernst Barlach heraus. Regie führt Leopold Jessner. Darsteller: Lothar Müthel (der junge Sedemund), Rudolf Forster (Grude), Fritz Kortner (der alte Sedemund).

Herbert Ihering schreibt über die Aufführung im »Berliner Börsen-Courier« vom 3. April: »Sein (des Dramas) geistiger Wille heißt: Das Gewissen zu wecken und brüllend umgehen zu lassen. Es verschlingt die echten Sedemunds. Das sind nicht nur Vater, Sohn und Onkel, das ist eine Familie, das sind alle, die in Laster verstrickt, in Konvention erstarrt, von Gier gepeitscht, von Unglauben umdunkelt bleiben. Das sind Schneider und Leichenkutscher, Polizisten und Schaubudenbesitzer, banale Schützen und verschrobene Narren, die der panische Schrecken aus sich herausjagt. Die echten Sedemunds – das ist eine satte, verfaulte, geschwollene Zeit. Der Löwe des Schaubudenbesitzers ist krepiert. Daß er ausgebrochen sei, braucht nur unter die Menge geworfen zu werden, um sie auf der Flucht vor sich selbst durch Hölle, Selbstbezichtigung und Buße zu peitschen.«

Es ist die einzige Aufführung eines seiner Stücke, die Barlach je besucht, und er ist enttäuscht. »Diese Menschen sind nicht aus Güstrow«, rügt er.

Die Blütezeit des expressionistischen Theaters, die 1918 beginnt, zeigt schon, bevor sie 1923 zu Ende geht, Ermattungserscheinungen. Namhafte expressionistische Dramatiker, so Georg Kaiser und Walter Hasenclever, gehen zur leichten Komödie und zum Vaudeville über. Wie sehr die Kost des Boulevardtheaters der Tendenz der Zeit entspricht, deutet selbst Walter von Wecus' Szenenentwurf für die Düsseldorfer Inszenierung (1921) des Molièreschen Eingebildeten Kranken an: Nichts deutet auf einen Versuch hin, der Komödie ein problematisierendes Verständnis abzugewinnen.

Paul Klee
**Der große Kaiser,
zum Kampf gerüstet**
1921

Paul Klee am Bauhaus

*Im Januar 1921 siedelt Paul Klee, von
Walter Gropius ans Bauhaus berufen,
nach Weimar über. Gropius ist Leiter
der »Hochschule für Bau und Gestaltung« und zieht Maler wie Feininger,
Schlemmer oder Moholy-Nagy ans
Bauhaus; ein Jahr nach Klee folgt Kandinsky dem Ruf nach Weimar.*
*Da keine geeignete Planstelle frei ist,
erhält Klee den Auftrag, als Formmeister für Glasmalerei und später für Weberei zu arbeiten. Das Bauhaus stärkt
bei Klee die Kräfte des Konstruktiven,
durch den Unterricht in den Klassen
für Weberei und Glasmalerei lernt er
den Wert der exakten Forschung im Bereich des Bildnerischen kennen.*
*In einem grundlegenden Aufsatz mit
dem Titel Wege des Naturstudiums
formuliert er 1923 seine künstlerischen Grundgedanken: »Die Zwie-
sprache mit der Natur bleibt für den
Künstler Conditio sine qua non. Der
Künstler ist Mensch, selber Natur und
ein Stück Natur im Raume der Natur.«
Klee versteht sich weder als Konstruk-
tivist noch als abstrakter Maler. Zum
Konstruktiven gehört für ihn immer
auch die Intuition dazu, und für abstrakte Kunst möchte er lieber den Begriff absoluter Kunst setzen, denn abstrakte Kunst kann in seinen Augen
sehr konkret und ungeistig werden. Er
liebt komplizierte, wohldurchdachte
Kompositionen, aber er will frei bleiben von jedem Schema, wie er bekennt:
»Theorie ist ein Behelf zur Klärung. Wir
haben Gesetze und haben die Möglichkeit, von ihnen abzuweichen. Nimmt
man das Gesetzmäßige zu streng, so
kommt man auf dürres Gebiet. Man
kann den Standpunkt verschieben
oder die Dinge, auf jeden Fall ist die befreiende Bewegung sozusagen moralische Pflicht. Man kann etwas darstellen um des Gesetzes willen, das Künstlerische ist aber damit nicht getan.«
Die Monarchismus-Satire Der große
Kaiser, zum Kampf gerüstet (Schnurrbart und Pickelhelm verweisen auf
Wilhelm II.) mit dem Motiv der unsichtbaren Drahtzieher ist ein Beispiel
für Klees Reflexion gesellschaftlicher
Phänomene, die der eines George
Grosz hier an Direktheit kaum nach-
steht.*

Film

Premieren

● Arzen von Czerépy: *Miss Venus*. In der Filmoperette – einem seiner ersten Filme – spielt Willy Fritsch die Hauptrolle. Neben dem Filmband werden Musiknoten und Orchestereinsätze aufgenommen, um sie bei der Vorführung über ein Spiegelsystem ins Orchester zu projizieren. Mit diesem Verfahren wird es möglich, die Begleitmusik synchron zum Filmbild erklingen zu lassen.

● Leopold Jessner: *Hintertreppe* (Uraufführung, Dezember). Buch: Carl Mayer. Kamera: Karl Hasselmann. Darsteller: Henny Porten (das Dienstmädchen), Wilhelm Dieterle (der Mann) und Fritz Kortner (der Briefträger). Ein soziales Thema, mit welchem sich der Bühnenregisseur (und Intendant des Staatlichen Schauspielhauses Berlin) zum erstenmal erfolgreich in einem Film versucht.

● Fritz Lang: *Der müde Tod, ein deutsches Volkslied* (Uraufführung, Oktober). Buch: Thea von Harbou. Bauten: Robert Herlth, Walter Röhrig, Hermann Warm. Kamera: Erich Nietschmann, Hermann Saalfrank, Fritz Arno Wagner. Darsteller: Lil Dagover (das junge Mädchen), Rudolf Klein-Rogge (Derwisch), Walter Janssen (der junge Mann), Bernhard Goetzke (der Tod). In dem poetisch ausdrucksvollen Stück möchte ein Mädchen den Geliebten dem Tod entreißen, aber der Wunsch würde ihr nur erfüllt, wenn sie ein anderes Leben opferte. Dessen unfähig, rettet sie ein Kind aus den Flammen, stirbt dabei und ist so am Ende wieder mit dem Geliebten vereint.

● Lotte Reiniger: *Der fliegende Koffer*, ein chinesisches Märchenspiel. Schon mit dem ersten ihrer vielen Scherenschnittfilme hat Lotte Reiniger großen Erfolg.

Viermal Fridericus Rex

1921 sind drei Filme der insgesamt vierteiligen von Arzen von Czerépy produzierten und inszenierten Reihe *Fridericus Rex. Ein Königsschicksal* fertiggestellt. 1. Teil: *Sturm und Drang*; 2. Teil: *Vater und Sohn*; 3. Teil: *Sanssouci*; 4. Teil (1922/23): *Schicksalswende*.

Otto Gebühr erhält als Friedrich II. die Rolle seines Lebens. Friedrich Wilhelm I. wird von Albert Steinrück dargestellt. Der Handlungsrahmen umfaßt das Leben Friedrichs von der Jugend als Kronprinz, über seine Konflikte mit dem Vater, die ersten Jahre seiner Reformherrschaft bis hin zu den Kriegen mit Österreich, Frankreich und Rußland. Der friderizianische Triumph der Schlacht von Leuthen ist Höhepunkt des Vierteilers. Trotz Boykott-Aufrufs fortschrittlicher Blätter ist der Film ein großer Erfolg. Bei Paraden und Marschmusik applaudieren die Zuschauer. Nach der Niederlage im Ersten Weltkrieg erfreut man sich preußischer Siege.

Stummfilm-Stars

Zwei aufsehenerregende Filme flimmern über die Leinwand. In den USA erscheint von Charlie Chaplin The Kid, der erste Langspielfilm des großen Komikers. Ein armer Glaser (Charlie Chaplin) findet ein ausgesetztes Kind und zieht es auf. Das Glück der beiden dauert nicht lange, die Mutter, inzwischen eine berühmte Schauspielerin, will dem Vagabunden ihr Kind wieder abjagen. Chaplin präsentiert sich als tiefsinniger Tragöde, malt ein realistisches Bild von den Elendsvierteln, aber den Traum vom Paradies läßt er sich nicht nehmen. Jackie Coogan wird über Nacht zum Kinderstar.

Schon berühmt ist Asta Nielsen, als sie als Hamlet in der sehr freien Shakespeare-Verfilmung von Sven Gade und Hein Schell auf der Leinwand erscheint. Das Publikum reagiert zurückhaltend; Hamlet, der sich als verkleidete Prinzessin erweist, setzt sich nicht durch, wohl aber Asta Nielsens »Bubikopf«.

Mitte: Asta Nielsen als Hamlet, 1921. Unten links: Otto Gebühr als Friedrich der Große. Unten rechts: The Kid, 1921; Szenenfoto mit Charlie Chaplin und Jackie Coogan.

1921

Bertolt Brecht

Brecht hat *Trommeln in der Nacht* beendet und schreibt am *Dickicht der Städte*. In sein Tagebuch schreibt er: »Einmal sind wir abends in einem Atelier viele Leute. Ich betrinke mich frühzeitig, fülle mich mit Branntwein, Rotwein, Likör, steige zur Decke des Zimmers auf, kann mich nicht mehr an Lieder erinnern. Klabund singt, am Klavier, Soldaten- und Hurenlieder, tanzt, erwehrt sich mühsam der Weiber, die verschossen in ihn sind, die schwarze Pelzgarnitur darunter. Mir werden die Zähne nach keiner lang. Esther, die Rose von Saron, trägt leichtfüßig, aber ritisch ihren Assyrierkopf durch das rauchige Nachtlokal, eine Malaiin tanzt mit mir wie eine Hure, wir fallen auf den Kohlenkasten, dann singt sie mit einer tiefen verrauchten Altstimme in der Höhe der Herzspitze französische Chansons, Couplets mit Steißbegleitung, und dann tanzen H. E. Jacob und ich den Tanz der (Sofakissen-)

Bucklien. Einmal sitzt Klabund still da, hört mir zu, wie einer, der schon Mantel und Hut anhat, keinen Reiseplan, kein Geld, kein Interesse an beidem und nur noch zuhört: Es sind die ersten barbarischen ungeschlachten Lieder der Neuen Zeit, die aus Gußeisen ist. Dann setzt sich die verehelichte Grete von der Kapp-Putschzeit gegen mich und sagt: ›Von Ihnen allein könnte ich es erfahren. Sagen Sie mir es: Was ist die vierte Dimension?‹ – ›Ja. Das ist die Hauptsache! Aber jetzt kann ich nicht, weil ich getrunken habe.‹ – ›Ja, jetzt können sie nicht.‹«

Trommeln in der Nacht wird das in den zwanziger Jahren meistgespielte Stück von Brecht (Uraufführung 1922). Aber weder mit diesem noch mit *Baal*, *Im Dickicht der Städte* und *Mann ist Mann* setzt er sich beim Publikum durch. Brecht bleibt Bürgerschreck. Erst durch *Die Dreigroschenoper* (1928) wird er allgemein bekannt und anerkannt – bemerkenswerterweise mit einem Werk, auf das er viel weniger Wert legt als auf seine didaktischen Stücke.

Brecht und Valentin

»Es ist nicht einzusehen, inwiefern Karl Valentin dem großen Charlie (Chaplin), mit dem er mehr als den völligen Verzicht auf Mimik und billige Psychologismen gemein hat, nicht gleichgestellt werden sollte, es sei denn, man legte allzuviel Gewicht darauf, daß er ein Deutscher ist«, urteilt Bertolt Brecht 1922 in einer seiner Augsburger Theaterkritiken. Die Freundschaft und Zusammenarbeit zwischen Valentin und Brecht entsteht 1920 in München: Der noch völlig unbekannte Dramatiker, dessen erstes Stück erst zwei Jahre später aufgeführt wird, rechnet es sich zur hohe Ehre an, bei den kabarettistischen Sketchen Karl Valentins gelegentlich als Klarinettenspieler mitwirken zu dürfen. Brechts Bewunderung für das Münchener Komiker-Original ist so groß, daß er Valentin neben Georg Büchner und Frank Wedekind als seinen wichtigsten Lehrer nennt. Karl Valentin scheint die Zuneigung erwidert zu haben, wenn auch auf seine eigene kauzige Weise: Als 1922 an den Münchener Kammerspielen Brechts Stück Trommeln in der Nacht uraufgeführt wird, gehört Karl Valentin, der sonst nie ein Theater besucht, zu den Premierengästen.

Zu dem oft unternommenen Versuch, das Besondere der Komik Valentins zu ergründen, hat auch Brecht einen Beitrag geleistet: »Wenn Karl Valentin in irgendeinem lärmenden Bierrestaurant todernst zwischen die zweifelhaften Geräusche der Bierdeckel, Sängerinnen, Stuhlbeine trat, hatte man sofort das scharfe Gefühl, daß dieser Mensch keine Witze machen würde. Er ist selbst ein Witz. Dieser Mensch ist ein durchaus komplizierter, blutiger Witz. Er ist von einer ganz trockenen, innerlichen Komik, bei der man rauchen und trinken kann und unaufhörlich von einem innerlichen Gelächter geschüttelt wird, das nichts besonders Gutartiges hat … Hier wird gezeigt die Unzulänglichkeit aller Dinge, einschließlich uns selber.«

Bert Brecht, Karl Valentin und Liesl Karlstadt in »Die Oktoberfest-Schaubude«, um 1921.

Kabarett und Cabaret

Max Reinhardts politisch-literarisches Kabarett »Schall und Rauch« in den Kellerräumen des Großen Schauspielhauses an der Weidendammer Brücke (Mitarbeiter u. a. Walter Mehring, George Grosz, Kurt Gerron, Kurt Tucholsky, Gussy Holl, Blandine Ebinger, Joachim Ringelnatz, Paul Graetz, Trude Hesterberg) wird wegen finanzieller Schwierigkeiten im Zuge der Geldentwertung in ein Cabaret, sprich Tingeltangel, umgewandelt (1923 endgültig geschlossen).

Am 15. September eröffnet Trude Hesterberg die »Wilde Bühne«, ein Kellerkabarett unter dem Berliner Theater des Westens. Weil hier fast alle namhaften Berliner Diseusen auftreten, sprechen die Kritiker von »Weiberkabarett«. Der ihrem rheinischen Elternhaus entlaufenen Kate Kühl schreibt Tucholsky den *Graben* »auf den Leib«. Joachim Ringelnatz be-

ansprucht nach jedem Vortrag eines Gedichts ein Glas Schnaps. Der 23jährige Bert Brecht trägt seine Ballade *Apfelböck oder die Lilie auf dem Felde* und die *Legende vom toten Soldaten* vor – ein einziges Mal, zu einem zweiten Auftritt kommt es nicht. Wilhelm Bendow wird von der Polizei ermahnt, ehrenrührige Bemerkungen über Personen der Zeitgeschichte zu unterlassen. Bendow meint nur, er müsse sich an jenem Abend versprochen haben. 1924 macht er in den Räumen der »Wilden Bühne« ein eigenes Kabarett auf.

Ende 1921 gibt es in Berlin 38 Kabaretts und Cabarets, in Deutschland 140. Die meisten sind vorwiegend Unterhaltungslokale mit Zotenkomikern und Tanz, sogenannte Tingeltangel, in denen nur nebenher ein sozialkritisches Wort fällt oder ein anspruchsvolles Chanson vorgetragen wird. Schieber, Spekulanten, Raffkes applaudieren vornehmlich Nacktttänzerinnen.

Max Beckmann
Selbstbildnis als Clown
1921

Der Künstler –
selbst als Clown sich fremd

*Im deutschen Expressionismus lebt
eine Tradition weiter, die seit der Jahrhundertwende in der Avantgarde-
kunst eine nicht zu übersehende Rolle
spielt: In der Literatur, in der bildenden
Kunst, im Bereich des Theaters bevölkerte sich um die Jahrhundertwende
die Szene mit Fahrendem Volk, mit
Motiven aus dem Varieté und Zirkus,
mit Harlekinen, Pierrots und Clowns.
Es ist kein Zufall, daß sich zur gleichen
Zeit mit der Revue und dem Kabarett
neue theatralische Formen ausbilden,
die in der großstädtischen Kultur der
zwanziger Jahre kulminieren. Die Hinwendung der Künstler zur Zirkus-The-
matik beruht nicht auf bloßer Nachahmung einer absonderlichen Welt. In
der Entdeckung und Darstellung der
Clownerie und der Harlekinade steckt
der Protest gegen das hohle Pathos der
akademischen Kunst des 19. Jahrhunderts, zugleich auch eine bewußte Identifizierung des Künstlers und Bohe-
miens mit denen, die – als Artisten und
Spaßmacher – am Rande der bürgerlichen Gesellschaft leben. Das fröhlich-
spielerische Element, das in Petruschka-
ka- und Pulcinella-Motiven vorzu-
herrschen scheint und – etwa bei Strawinski und Picasso – den Übergang
zum Neoklassizismus andeutet, erweist sich als nur eine von verschiedenen Varianten. Max Beckmanns
Selbstporträt als Clown zeigt eine andere, tragisch-düstere Seite desselben
Phänomens.*

*Selbsterkenntnis als Welterkenntnis –
seit Rembrandt hat sich kein Maler
dieses Ziel mit solcher Besessenheit
und Konsequenz gesetzt wie Beckmann. Über sechzig seiner Gemälde,
der überwiegende Teil des malerischen
Œuvres, sind Selbstbildnisse. Südlän-
dische Heiterkeit, ästhetischer Selbst-
genuß ist ihnen allen fremd. Die zahlreichen Utensilien, die ihn als Clown
ausweisen sollen, bilden eine Staffage,
der sich das Ich des Künstlers letztlich
verweigert. Eine unaufgelöste Spannung beherrscht das Bild: Der Maler
möchte sich in alle Gestalten und Rollen dieser Welt verwandeln, aber es gelingt ihm nicht, nicht einmal als von
allen belachter Clown.*

Piet Mondrian
Bild I
1921

Neoplastizismus

Nach einer vom Kubismus bestimmten Periode entstanden 1914 die ersten
geometrischen Kompositionen Piet
Mondrians. 1917 begründete er zusammen mit dem Maler Theo van Doesburg sowie den Architekten Jacobus Johannes Pieter Oud und Gerrit Thomas
Rietveld die »Stijlgruppe«, die sich um
die gleichnamige Monatsschrift »De
Stijl« gruppiert.
In der ersten Ausgabe erklärt Mondrian programmatisch: »Das Leben
des heutigen kultivierten Menschen
kehrt sich allmählich von der Natur
ab: es wird mehr und mehr zu einem
abstrakten Leben... So auch die
Kunst! Sie wird sich als ein Produkt
einer anderen Dualität im Geiste des
Menschen äußern, als Produkt eines
kultivierten Äußeren und eines vertief-
ten, bewußteren Inneren. Als reine
Darstellung des menschlichen Geistes
wird sie sich in einer rein ästhetischen
Form, das heißt einer abstrakten
Form, ausdrücken.«
Mondrian entwickelt in der Malerei
eine auf einfachste Grundelemente zu-
rückgeführte, geometrische Formen-
sprache. Sie beschränkt sich auf die
Senkrechte und Waagerechte, auf
Quadrate und Rechtecke sowie die
Grundfarben Rot, Blau, Gelb und die
Nichtfarben Schwarz und Weiß. Er bezeichnet seine Flächenkunst als »Neoplastizismus«.
Der Fundamentalbegriff der Stijl-
Kunst ist »elementare Gestaltung«.
Mondrian möchte eine neue Art des
ästhetischen Schauens entwickeln, um
sich mit dem Universellen abstrakt,
das heißt geistig, zu vereinen: »Das
Ziel der Malerei war es immer, das
Universelle zu gestalten und in Farbe
und Form zu versinnlichen. Und wo
sich die Malerei der Zukunft dadurch
erweist, daß sie mit größter Bestimmt-
heit das Universelle hervorbringt und
sich dabei von der natürlichen Erscheinungsform löst, müssen wir dieses als
den Durchbruch des neuen Zeitgeistes
verstehen. Es ist eine Zeit, in der die
Menschen allmählich bewußter werden und so immer mehr die Möglichkeit haben, die Momente des Schauens
zu einem Moment, zum permanenten
Schauen, zusammenzufügen.«

Die »große Sonne der Baukunst«

Von 1920 bis 1922 gibt der Architekt Bruno Taut, ab 1921 als Stadtbaurat in Magdeburg tätig, die Zeitschrift »Frühlicht« heraus. Unter dem Motto »Die Kunst ist überhaupt nichts, wenn sie nicht neu ist« von Karl Friedrich Schinkel, enthält die erste Magdeburger Ausgabe das folgende Bekenntnis zur »ewigen Wandlung« als dem »einzigen Lebenswert«. Der manifest-artige Text gehört (nicht zuletzt durch seine lyrische, bildhafte Sprache) zu den Dokumenten einer utopischen Grundstimmung, die zu Beginn der zwanziger Jahre vor allem in Deutschland unter zahlreichen avantgardistischen Architekten angesichts noch ausbleibender Bauaufträge verbreitet ist: »Gläsern und hell leuchtet im Frühlicht eine neue Welt auf, sie sendet ihre ersten Strahlen aus. Vorglanz der jubelnden Morgenröte. Jahrzehnte, Generationen – und die große Sonne der Baukunst, der Kunst überhaupt, beginnt ihren Siegeslauf. Der Frühlichtgedanke findet in dieser Folge seinen Spiegel nicht zum ersten Male… Es gibt schon Proben der Verwirklichung des neuen Gedankens im Stoff, und vorwiegend dieser Verwirklichung sollen diese Blätter dienen, ausgehend von dem Wirken in einer zukunftsfrohen Stadtvertretung. Sie sollen die Kameraden in Deutschland freudiger mit uns schreiten lassen, und unsere Wege werden sich mit denen begegnen, die unsere Brüder im Geiste sind jenseits der Grenzen.«

Projekte

Vom 1. November 1921 bis zum 2. Januar 1922 ist ein internationaler Wettbewerb für den Bau des Verwaltungsgebäudes der Chicago Tribune ausgeschrieben. Eine große Anzahl europäischer Architekten beteiligen sich, darunter auch Walter Gropius. Die eingesandten Entwürfe bieten ein Panorama aller Stilrichtungen: neogotische, barocke, klassizistische Burgen, Kirchen und Türme werden entworfen, um Macht und Größe des Zeitungsimperiums zu symbolisieren. Der Entwurf von Gropius findet beim Preisgericht keine Beachtung.

Im Zusammenhang mit dem Wettbewerb für ein Hochhaus an der Berliner Friedrichstraße entwickelt Mies van der Rohe den »Glaswolkenkratzer« mit gekurvtem Grundriß. Die Glasverkleidung ist für ihn elementar, denn ausgemauerte Fronten zerstören die konstruktive Gliederung. Zu seiner architektonischen Idee der reinen Glasverkleidung erklärt er: »Meine Versuche an einem Glasmodell wiesen mir den Weg, und ich erkannte bald, daß es bei der Verwendung von Glas nicht auf eine Wirkung von Licht und Schatten, sondern auf ein reiches Spiel von Lichtreflexen ankam…«

Walter Gropius verfolgt ein ähnliches Ziel wie Mies van der Rohe: auch er will die Massivität durchbrechen. Aber die Mittel sind andere. Unterschiedlich abgestufte Gebäudekomplexe lockern den Gesamtbau auf, der Turm entwickelt sich organisch aus den davor gestaffelten Baugliedern.

Noch ganz in frühen Vorstellungen von Industriewohnsiedlungen ist das Siedlungskonzept der Siemensstadt in Berlin befangen, entworfen von Hans Hertlein. Der Durchbruch für soziale Wohnsiedlungen kommt erst in der zweiten Hälfte der zwanziger Jahre.

Oben: Hans Hertlein, Siemensstadt in Berlin, Einfamilien-Kleinhäuser an der Rapsstraße; 1922.
Unten links: Ludwig Mies van der Rohe, Glaswolkenkratzer (Rekonstruktion des Modells); 1922.
Unten rechts: Walter Gropius, Verwaltungsgebäude der Chicago Tribune (Wettbewerbsentwurf); 1922.

1922

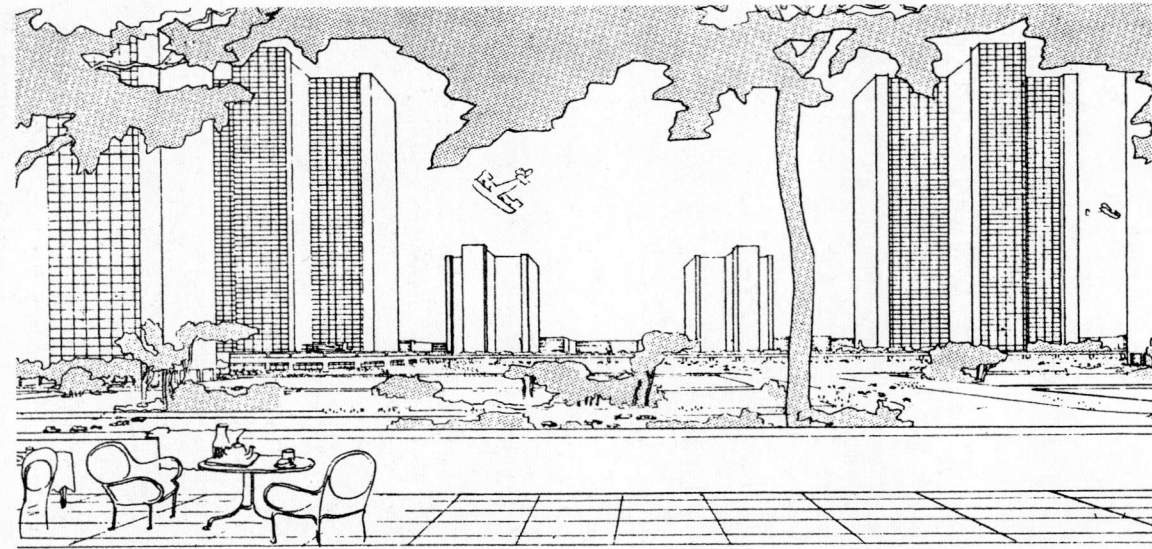

Le Corbusiers »Stadt der Gegenwart«

»Die Baukunst befaßt sich mit dem Haus, mit dem gewöhnlichen Durchschnittshaus für den gewöhnlichen Durchschnittsmenschen. Sie läßt die Paläste fallen. Dies als Zeichen der Zeit« – so schreibt Le Corbusier 1922 in seiner programmatischen Aufsatzsammlung Ausblick auf eine Architektur«.

Le Corbusier stellt in den Mittelpunkt seiner theoretischen und praktischen Arbeiten das zeitgemäße Wohnen in der Großstadt. Die alten Paläste fallen, es entstehen neue Paläste, »Wohnmaschinen« – wie sie Le Corbusier nennt. Er entwickelt ein konsequentes Programm: Ausnutzung neuer Technologien für einen neuen Grundriß, aus dem neuen Grundriß entsteht ein neuer Haustyp, das Einzelhaus wird zur Serienproduktion weiterentwickelt – und schließlich der Entwurf idealer Städtebauprojekte.

Eine erste Zusammenfassung dieser Überlegungen ist sein Entwurf für »une ville contemporaine«, eine Stadt der Gegenwart und nicht der Zukunft, wie er betont, geplant für drei Millionen Einwohner. Über Funktion und Sinn von Hochhäusern äußert Le Corbusier im selben Jahr: »Ausgehend von dem konstruktiven Hauptereignis, nämlich vom amerikanischen Hochhaus, würde es durchaus genügen, wenn man an einigen seltenen Punkten solch äußerste Bevölkerungsdichte schüfe und hier sechzig Stockwerke hohe, ungeheure Konstruktionen emporführte. Eisenbeton und Stahl erlauben diese Kühnheiten und bieten sich überdies von selbst für eine bestimmte Gliederung der Fassaden an, dank der alle Fenster volles Sonnenlicht empfangen werden. So wird man künftig die Höfe unterdrücken. Vom vierzehnten Stockwerk aufwärts wird man vollkommene Ruhe, reine Luft genießen. In diesen Türmen... werden sich... alle Dienstleistungen vereinigt finden, und diese Vereinfachung des Betriebs wird Kraft, Ersparnis von Zeit und Energie... schenken.«

Le Corbusier, Une ville contemporaine, Diorama und Grundriß; 1922.

Ein neuer Geist ist in der Welt

Charles-Edouard Jeanneret-Gris (geb. 1887) erhielt seine künstlerische Ausbildung an der Akademie seiner Schweizer Heimatstadt La-Chaux-de-Fonds. Von 1907 bis zur endgültigen Niederlassung in Paris 1917 nahm er mit herausragenden Architekten Verbindung auf: in Wien mit Josef Hoffmann, in Lyon mit Tony Garnier, in Paris mit Auguste Perret und in Berlin mit Peter Behrens. Reisen führten ihn unter anderem nach Griechenland (*Parthenon-Skizzen*, 1911) und in die Türkei. Als Maler setzte er sich mit dem Kubismus auseinander. Zeitweilig schätzte er seine epigonale Malerei höher ein als seine revolutionäre Baukunst.

Eine erste Summe seiner Erfahrungen und Vorstellungen zieht Jeanneret, der in diesem Jahr das Pseudonym Le Corbusier annimmt, 1922 mit dem Entwurf einer Stadt für drei Millionen Einwohner. Mit größter Entschiedenheit faßt er die Stadt und deren Elemente Haus und Verkehrsweg als Gebrauchsgegenstände auf. Zu den Grundsätzen des zeitgemäßen Städtebaus gehört für Le Corbusier die flächensparende Gruppierung von Hochhäusern als Kollektivwohnbauten. Sie verkürzt die Verkehrswege und hilft somit, Zeit und Bewegungsraum zu gewinnen. »Die Industrie, ungestüm wie ein Fluß, der seiner Bestimmung zuströmt«, so erklärt Le Corbusier, »bringt uns die neuen Hilfsmittel, die unserer von einem neuen Geist erfüllten Epoche entsprechen.«

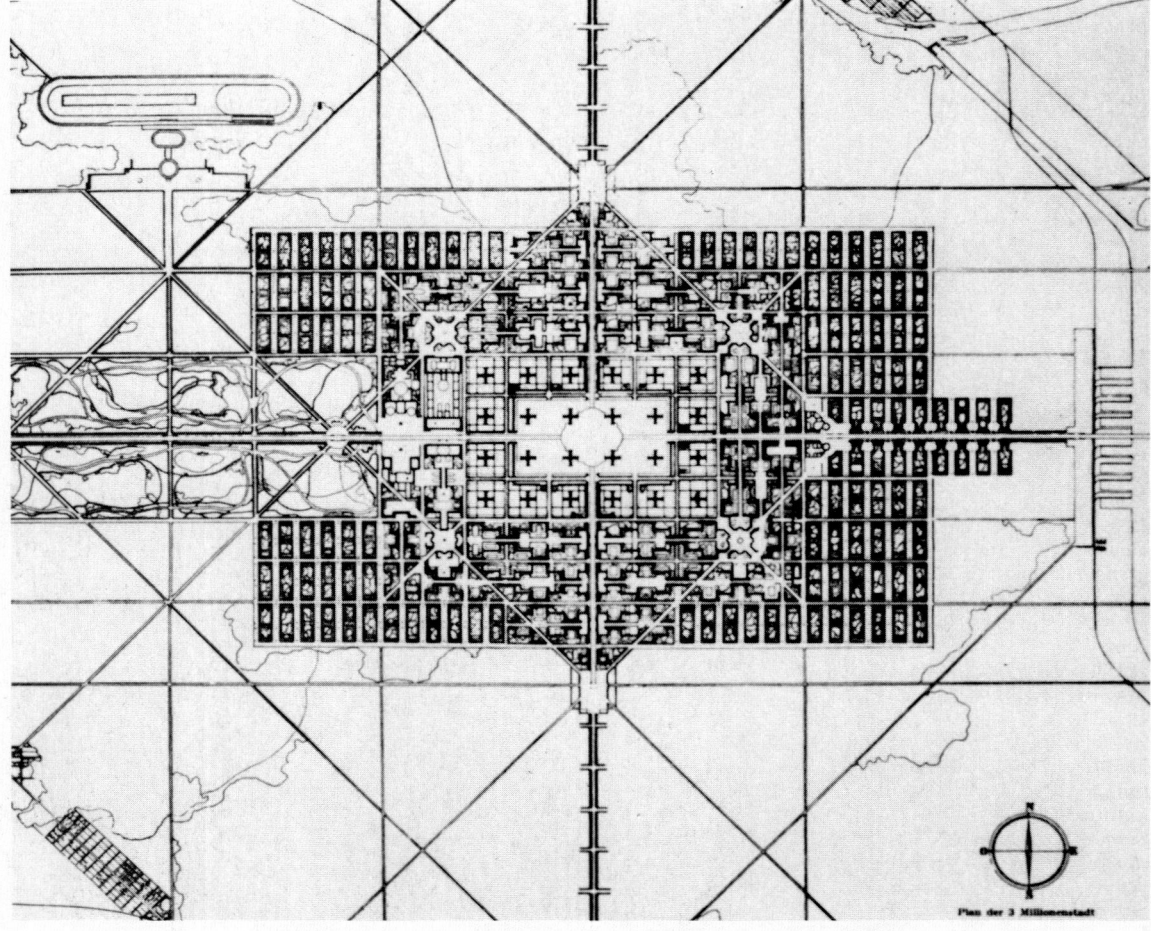

Max Ernst
Das Rendezvous der Freunde
(Gesamtansicht und Ausschnitt)
1922

Gliederpuppen in Erwartung
einer Botschaft

*1922 siedelt Max Ernst von Köln nach
Paris über. Im Dezember desselben
Jahres malt er ein Gruppenbildnis der
ihm nahestehenden Vertreter des Dadaismus, deren Namen auf zwei
Schriftrollen zu beiden Seiten verzeichnet sind. Zwei »Fremde« sind einbezogen: Dostojewski, auf dessen Schenkeln Max Ernst (im grünen Anzug)
und Jean Paulhan Platz genommen haben; hinter ihm Raffael, der Hans Arp
und Paul Eluard über die Schultern
schaut. Als Statue figuriert in der rechten Gruppe der Begründer der »Metaphysischen Malerei« Giorgio de Chirico. Indirekt ist Raffael ein zweites Mal
anwesend: der von rechts übergroß
heranstürmende André Breton ahmt
die Gestik einer der Gestalten auf der
Verherrlichung der Eucharistie (Dis-
puta) in den Stanzen des Vatikan
nach. Seine Hand weist freilich nicht
auf eine göttliche Dreifaltigkeit, sondern auf magisch anmutende Kreiszei-
chen am Firmament.
Der Ausschnitt lenkt die Aufmerksamkeit auf das Spielzeug, mit dem
sich René Crevel beschäftigt: mechanische Figuren in einem Gehäuse, die sich
durch Stäbe bewegen lassen. Von diesem Motiv aus gewinnen Haltung und
Gestik der Versammelten einen ganz
ähnlichen Anschein des Puppenhaf-
ten, automatisch Bewegten.
Das Rendezvous der Freunde zeugt
vom Übergang des Dadaismus in den
Surrealismus, mit dessen Definition
Breton 1924 an die Öffentlichkeit tritt.
Die Dadaisten sind verstummt – nur
die Hände »sprechen«, jedoch nicht als
gestische Hilfsmittel des Dialogs, der
gemeinsamen Auseinandersetzung.
Verwundert betrachtet Arp seine seltsam geformte Handhaltung, andere
zeigen eine ganz gleichartige Handhaltung mit abgespreiztem kleinem Finger. Üben sich hier Taubstumme in der
Zeichensprache – jeder für sich? Oder
handelt es sich um Medien in Erwartung einer Botschaft, die sich in unwill-
kürlicher Gestik artikuliert? In diesem
Sinne weist das Gemälde auf den »psychischen Automatismus« voraus, der
den Kern von Bretons Verständnis des
Surrealismus bildet.*

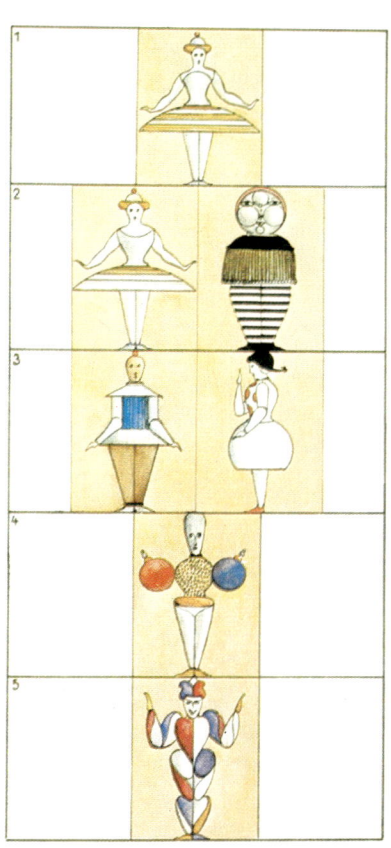

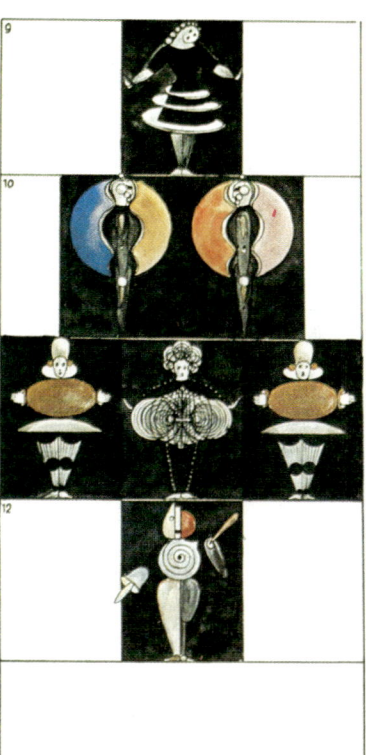

Oskar Schlemmer
**Plan zum
»Triadischen Ballett«,
Kostüme »Goldkugel« und
»Der Abstrakte«**
1922

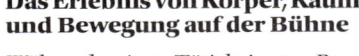

**Das Erlebnis von Körper, Raum
und Bewegung auf der Bühne**

Während seiner Tätigkeit am Bauhaus entwickelt Oskar Schlemmer sein Triadisches Ballett, das im September 1922 am Stuttgarter Landestheater uraufgeführt wird. Eine Tänzerin und zwei Tänzer führen in 18 verschiedenen Kostümen zwölf Tanznummern vor. Schlemmers Ziel ist die Gestaltung eines erhöhten Raum- und Körpererlebnisses durch die in neuer Weise zum Ausdruck gebrachte Wechselbeziehung von Körper, Raum und Bewegung. Als Voraussetzung hierfür betrachtet er die Verwandlung der Tänzer in Gebilde, die schon bestimmte Grundelemente von Körper, Raum und Bewegung zur Anschauung bringen. Bei der Uraufführung agieren Schlemmer selbst sowie sein ehemaliger Stuttgarter Lehrmeister Adolf Hölzel und dessen Ehefrau.

*Auf die Frage nach dem Sinn des Ballett-Titels antwortet Schlemmer:
»Warum triadisch? Weil die Drei eine eminent wichtige, beherrschende Zahl ist, bei der das monomane Ich und der dualistische Gegensatz überwunden sind und das Kollektive beginnt … Abgeleitet von Trias – Dreiklang, ist das Ballett ein Tanz der Dreiheit zu nennen, des Wechsels und der Variation der Eins, Zwei, Drei. Solche Dreiheiten sind zum Beispiel Form, Farbe, Raum; oder die drei Dimensionen des Raums: Höhe, Tiefe, Breite; oder die drei geometrischen Grundformen: Quadrat, Kreis, Dreieck (Kugel, Kegel, Kubus); oder die drei Grundfarben: Blau, Rot, Gelb. Weiterhin die Dreiheit von Tanz, Kostüm und Musik, usw.«*

Schlemmers Interesse an der darstellenden Kunst verdrängt zeitweise das an der Malerei. 1925 notiert er in seinem Tagebuch: »Bühne! Musik! Meine Leidenschaft … Hier kann ich neu sein, abstrakt, alles … Hier deckt sich das Wollen mit dem mir Entsprechenden und mit dem Zeitgemäßen. Hier bin ich selbst und bin neu.« Dennoch dient Schlemmers Arbeit dem umfassenden Zusammenwirken der Künste: Malerei, Skulptur, Architektur, Musik, Bühnengestaltung und Tanz streben nach einer Vereinigung im Gesamtkunstwerk.

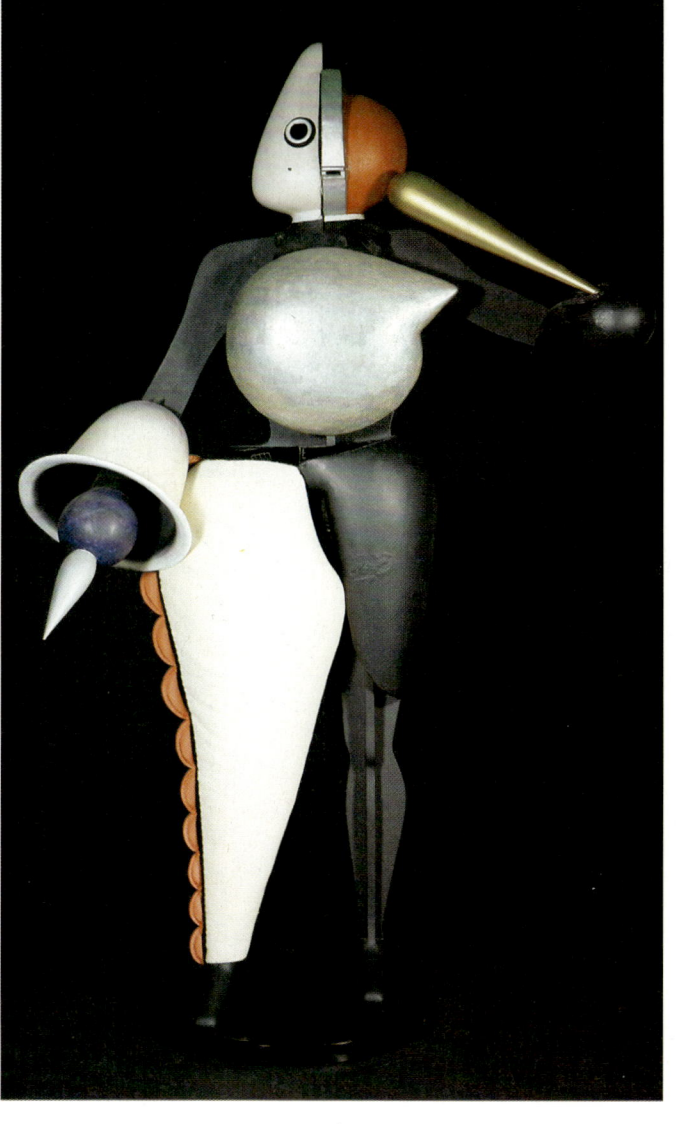

Karl Valentin – eine der eindringlichsten Figuren der Zeit

9. Dezember. Karl Valentins Einakter *Der Firmling* mit Karl Valentin und Liesl Karlstadt wird im Münchener Germaniabrettl uraufgeführt. In dem Stück will ein Vater seinem Sohn einen angenehmen Nachmittag in einem Wirtshaus bescheren. Im selben Maße, wie die Trunkenheit des Vaters wächst, nimmt dessen Selbstbeherrschung ab. Wilhelm Hausenstein schreibt, Valentins Darstellung sei »von jener unergründlichen Traurigkeit, ja Schwermut umwittert, die überall in der Geschichte genialer Komik das letzte Geheimnis ist.« Bertolt Brecht im Programmheft der Münchener Kammerspiele über Karl Valentin: »Dieser Mensch ist ein durchaus komplizierter, blutiger Witz. Er ist von einer ganz trockenen, innerlichen Komik, bei der man rauchen und trinken kann und unaufhörlich von einem innerlichen Gelächter geschüttelt wird, das nichts besonders Gutartiges hat. Denn es handelt sich um die Trägheit der Materie und um die feinsten Genüsse, die durchaus zu holen sind. Hier wird gezeigt die Unzulänglichkeit aller Dinge, einschließlich uns selber. Wenn dieser Mensch, eine der eindringlichsten geistigen Figuren der Zeit, den Einfältigen die Zusammenhänge zwischen Gelassenheit, Dummheit und Lebensgenuß leibhaftig vor Augen führt, lachen die Gäule und merken es tief innen.«

Junge Bühne in Berlin eröffnet

Am 14. Mai startet die Berliner Junge Bühne mit Arnolt Bronnens *Vatermord* unter der Regie von Berthold Viertel ihre fünfjährige Arbeit für Stücke von jungen Autoren. Bis 1926 bringt der Leiter dieser Matinee-Veranstaltungen, Moritz Seeler, elf Inszenierungen zustande, darunter sieben Uraufführungen. Die Autoren außer Bronnen sind Bertolt Brecht, Marieluise Fleißer, Carl Zuckmayer und Hans Henny Jahnn. Die Mitwirkenden arbeiten ohne Gage. Erfolgreiche Inszenierungen werden von dem Theater, bei dem man Gast ist, in den Abendspielplan übernommen. Die Junge Bühne ist ein Kraftzentrum für radikal realistische Stücke. Sie will aufreißen, schockieren, die Fesseln des konventionellen Theaters sprengen. Die vorherrschende Thematik ist der Generationskonflikt, und es kann nicht verwundern, daß viele Aufführungen mit einem Skandal enden.

Anklage gegen soziale Unterdrückung

Am 30. Juni wird im Großen Schauspielhaus Berlin Ernst Tollers Stück *Die Maschinenstürmer* uraufgeführt. Regie hat Karl Heinz Martin. Für Bühnenbauten und Kostüme ist John Heartfield verantwortlich. Das Stück, das gegen soziale Unterdrückung und Ausbeutung Stellung bezieht, behandelt einen historischen Stoff aus der Frühzeit der Industrialisierung, den englischen Weberaufstand von 1815: Arbeiter, die in der Verwendung von Maschinen die Hauptursache ihrer Notlage sehen, zerstören die Fabriken. Das Stück, emotional stark aufgeladen, in seelischer Erregung geschrieben, wird zwingend realistisch inszeniert. Hermann Kienzl im Steglitzer Anzeiger vom 1. Juli: »Es war ein Orkan! Eine elementare Massendemonstration. In den Zwischenakten Volksreden gegen die bayrische Regierung« (die den Autor in der Festung Niederschönenfeld bei Rain am Lech bis 1924 gefangen hielt).

Brechts Bühnendebüt

Am 29. September wird als erstes Stück Bertolt Brechts sein Zeitdrama Trommeln in der Nacht an den Münchner Kammerspielen uraufgeführt. Die Regie führt Otto Falckenberg, das Bühnenbild entwirft Otto Reigbert.

Brecht begann bereits 1919 unter dem unmittelbaren Eindruck der Berliner Januar-Ereignisse (Spartakusaufstand) in München mit der ersten Fassung des Dramas. Dargestellt wird die zerrissene Nachkriegsgesellschaft: Auf der einen Seite das alte Bürgertum, die Fabrikbesitzerfamilie Balicke, die nun statt »Geschoßkörben« ihre Produktion auf Kinderwagen umgestellt hat, und Murk, der Kriegsgewinnler, »selbst von unten kommend«, der sich nun satt etabliert. Auf der anderen Seite der Kriegsheimkehrer Kragler, der mißtrauisch als Spartakist behandelt wird. Er findet keinen Platz mehr in der Gesellschaft, sogar seine Braut ist »besetzt«, denn Murk hat sie geschwängert.

Der Krieg erscheint als Fortsetzung der bürgerlichen Verhältnisse. Krieg und Geschäft gehören eng zusammen. In Frage gestellt wird diese Gesellschaft einen Moment lang durch den Heimkehrenden. Der aber paßt sich schließlich an, verzichtet auf seine Rechte; auch er wird einer, der bereit ist, über Leichen zu gehen.

Die Reaktionen auf das Stück sind gespalten. Alfred Kerr lehnt es ab: »Kein Schauspiel«, moniert er, »ein Chaos mit Möglichkeiten«, »ein betrübend schlechter Bau«.

Ein anderer tonangebender Theaterkritiker, Herbert Ihering, ist begeistert: »Der vierundzwanzigjährige Dichter Bert Brecht hat über Nacht das dichterische Antlitz Deutschlands verändert. Mit Bert Brecht ist ein neuer Ton, eine neue Melodie, eine neue Vision in der Zeit.« Er setzt durch, daß Brecht der Kleist-Preis zur Förderung junger deutscher Dichter verliehen wird.

Oben: Trommeln in der Nacht, Szenenfoto mit Wilhelmine They als Anna Balicke, München 1922.
Mitte: Im Berliner Zeitungsviertel verschanzte Spartakisten, 1919.

1922

Premieren

● Bertolt Brecht und Erich Engel: *Mysterium eines Frisiersalons.* Karl Valentin und Liesl Karlstadt sind die Hauptakteure dieser in München gedrehten phantastischen Kurzfilm-Groteske.

● Ludwig Czerny: *Jenseits des Stroms.* Für diese erste »Filmoper« zur Stummfilmzeit hat der Regisseur folgendes Verfahren erfunden: Am unteren Rand des Bildes läuft ein Notenband von links nach rechts mit, auf dem ein Markierungsstrich den Takt angibt, den der Kinodirigent beachten mußte, wollte er Orchester und Sänger synchron dirigieren.

● Allan Dwan: *Robin Hood.* Dieser Film gilt als das Vorbild aller Ritterfilme und besticht durch sein monumentales Konzept (das Schloß soll die riesigste jemals in Hollywood entstandene Kulisse sein). Im Vordergrund steht Douglas Fairbanks, der Produzent, Drehbuchmitautor und Hauptdarsteller ist.

● Robert Flaherty (Buch, Regie und Kamera): *Nanook of the North (Nanuk der Eskimo).* Flaherty berichtet über den Alltag einer Eskimofamilie – Mahlzeiten, Jagd, Fischfang, Bau der Iglus (Eishütten). Nanuk, dessen Frau Nyla und ihre Kinder stellen sich dem Filmemacher als »Darsteller« zur Verfügung. Nanuk ist für Flaherty der unverdorbene Wilde, der nur einen Feind hat, die Natur. Die Sensation ist, daß sich dieser »Wilde« als faszinierender Darsteller seiner selbst erweist. Der Film, 1920 und 1921 gedreht, kommt 1922/23 in die Kinos und wird ein Welterfolg.

● Erich von Stroheim: *Foolish Wives (Närrische Frauen).* Mit diesem groß angelegten Film beginnt der bisher nur als Schauspieler bekannte Erich von Stroheim seine Regiekarriere.

Nosferatu, Symphonie des Grauens

Dieser Klassiker des Horrorfilms hat am 5. März Premiere. Regie: Friedrich Wilhelm Murnau. Buch: Henrik Galeen nach dem Roman Dracula *von Bram Stoker. Kamera: Fritz Arno Wagner, Günther Krampf. Bauten und Kostüme: Albin Grau. Darsteller: Max Schreck (Nosferatu), Gustav von Wangenheim, Greta Schroeder.*

Ein Bremer Grundstücksmakler sendet seinen jungverheirateten Buchhalter auf Nosferatus Schloß in den Karpaten, um dort Geschäfte zu regeln. Der Vampyr Nosferatu will sich über den jungen Mann hermachen, aber im gleichen Augenblick erwacht dessen junge Frau in der Bremer Wohnung und spricht beschwörend den Namen ihres Mannes aus. Nosferatu läßt von seinem Opfer ab, die überirdische Macht der Liebe hat den Buchhalter gerettet. Nun zieht es Nosferatu aus seinen Schloß fort, er durchstreift wie eine Heimsuchung die Welt. Wo immer er sich aufhält, breiten sich Schwärme von Ratten aus, und die Menschen fallen tot um. Nosferatu ist der unheilverkündende Bote der Pest. Schließlich kommt er nach Bremen und trifft auf Nina, die junge Frau des Buchhalters. Sie weicht nicht vor ihm zurück, sie geht ihm mit ausgestreckten Armen entgegen und – wie ein Wunder – die Sonne bricht durch die Wolken und vernichtet Nosferatu.

Effekte des Grauens und des drohenden Unheils werden durch die Kulisse des Films eindrucksvoll gesteigert. Als expressionistischer Protagonist beherrscht Nosferatu, ebenso wie Dr. Caligari oder der Golem, für eine bestimmte Zeit das Geschehen, bis die Macht gebrochen wird.

Das Thema der Tyrannei, des Chaos', übt in der Nachkriegszeit eine eigenartige Faszination aus. Die politisch unsicheren Nachkriegsverhältnisse in der jungen Weimarer Republik lassen Schreckgespenster der Diktatur aufleben, die nicht durch politischen Widerstand, sondern durch die Kraft der Liebe besiegt werden.

Nosferatu, 1922; Szenenfoto mit Max Schreck.

Dr. Mabuse, der Spieler

1. Teil: *Der große Spieler – ein Bild der Zeit* (27. März). 2. Teil: *Inferno – Ein Spiel um Menschen unserer Zeit* (25. Mai). Regie: Fritz Lang. Buch: Fritz Lang, Thea von Harbou, nach dem gleichnamigen Roman von Norbert Jacques. Kamera: Carl Hoffmann. Bauten: Carl Stahl-Urach, Otto Hunte, Erich Kettelhut, Karl Vollbrecht. Kostüme: Vally Reinecke. Darsteller: Rudolf Klein-Rogge (Dr. Mabuse), Aud Egede Nissen (Cara Carozza), Alfred Abel (Graf Told). Die Titelfigur ist ein genialer Verbrecher, der in vielerlei Masken und mit hypnotischen Tricks seine Umwelt suggestiv unter seinen Willen zwingt und mit Vorliebe Schwache und Blinde für seine Machtpläne einsetzt. Er beherrscht die Börse und wird zum Falschmünzer großen Stils – bis er an seinem Größenwahn zugrunde geht.

Den Erfolg verdankt der Film vor allem seiner großen Zeitnähe und nicht zuletzt der geschickten, durchdachten, kunstvollen Kameraführung. Kurt Pinthus im »Tage-Buch«: »Wie in nächtlicher Straße mit Stadtbahn aus dem Dunkeln Lichter rasen, schwanken, schwelen; wie im Blick durchs Opernglas die beobachtete Gruppe durch das Drehen des Stellrädchens von verzerrender Verschwommenheit ins Klarumrissene sich verwandelt; wie der drohende Schatten des Bösewichts vorankündigend ins Bild fällt, – das sind photographische Neuerungen, die man bisher nicht sah.«

Dr. Mabuses, des Spielers, Devise: »Es gibt keine Liebe, es gibt nur Begehren! Es gibt kein Glück, es gibt nur Willen zur Macht!« Alles im Leben sei Spiel. Ihn selbst reize am meisten das Spiel mit Menschen und Schicksalen. Dr. Mabuses hybrides Ziel ist die Allmacht…

Lyrik von Schwitters

Der als Vorläufer der »konkreten Poesie« geltende Dada-Künstler Kurt Schwitters lehnt sich mit seinen Gedichten gegen die von Presse und Technokratie mißbrauchte Sprache auf. Angeregt von Raoul Hausmanns phonetischem Gedicht *fmsbwtäzäu,* beginnt er mit der Arbeit an der *Sonate in Urlauten,* kurz *Ursonate* genannt, die er in immer weiter ausgefeilten Fassungen vorträgt. Die sprachmusikalische Schöpfung, die Schwitters erst in zehn Jahren völlig »vollendet«, beginnt mit dem viermaligen Vers »rakete rinnzekete«.

Erfolg für einen Schelmenroman

Josef Wincklers »Westfälischer Schelmenroman« *Der tolle Bomberg* erzählt – z. T. authentisch, z. T. frei erfunden – Geschichten aus dem Leben des in der zweiten Hälfte des 19. Jahrhunderts im Münster-land wohnenden reichen Barons, dessen skandalöse Streiche, tollkühne Ritte und derbe Liebesabenteuer in deftiger Sprache geschildert werden. Die Absicht des Autors, mit dem Roman den Protest gegen den wirtschaftlichen Imperialismus der Gründerjahre zum Ausdruck zu bringen, wird zugunsten der Würdigung der hanebüchenen Tollheiten der adeligen Hauptperson in den Hintergrund gedrängt. Pikante Passagen machen den Roman zu einem Bestseller.

Der »Babbitt«

Sinclair Lewis' *Babbitt* erscheint. Der Roman schildert psychologisch einfühlsam, satirisch, aber niemals böse, eher mit Sympathie das amerikanische Kleinbürgertum im Mittelwesten der USA. Das Buch wird ein Welterfolg und Babbitt der Spottname für den geschäftstüchtigen, aber philiströsen Spießer nicht nur in Amerika.

In Paris erscheint der Roman »Ulysses«

Autor ist der Ire James Joyce. Wegen der »Behandlung sexueller Dinge in der Alltagssprache der unteren Klassen« ist das Buch in Großbritannien und den USA jahrelang verboten. Auf 900 Seiten (in der Übersetzung von Hans Wollschläger) werden uns bis in alle Einzelheiten 19 Stunden (am 16. Juni 1904) aus dem Alltagsleben des Annoncen-Akquisiteurs einer Dubliner Zeitung, Mr. Bloom, vorgeführt, auch physische Vorgänge. So banal und mikroskopisch genau ist das Leben eines Menschen in der Literatur noch niemals dargestellt worden. Bloom-Odysseus ist auf der Wanderung in seinem kleinen Bezirk. Das Sensuelle spielt bei diesem Durchschnittstyp die Hauptrolle. Der Autor sucht mit Geburt, Kampf, Freundschaft, Liebe und Sterben das ganze menschliche Leben zu erfassen, und doch ist sein Mr. Bloom in Dublin nur ein winziger Punkt im Weltgeschehen. Das Leben dieses Mannes wird ohne Umschweife, ohne Fassade gezeigt, es spricht aus sich selbst heraus. *Ulysses* gilt als eine der größten Leistungen, als das interessanteste literarische Experiment unserer Zeit.

Ein solches Werk fordert zu höchst kontroversen Interpretationen heraus – und auch zu den verschiedenartigsten Urteilen: Sie reichen vom Kübel voller Schmutz bis zur Odyssee unserer Zeit, Joyce ist mal Pornograph, mal der neue Homer. Edward Moran Forster 1927 in *Ansichten des Romans:* »›Ulysses‹ ist ein hartnäckiger Versuch, die Welt in den Schlamm zu ziehen, eine Umkehrung des Viktorianismus, ein Versuch, die anmutige Seite des Lebens scheitern und statt dessen Verkehrtheit und Unflat triumphieren zu lassen, eine Vereinfachung des menschlichen Charakters im Dienste der Hölle.« Und Ivan Goll 1932 in *James Joyce:* »Das ist Dichtung. Aber doch kalte Dichtung. Ohne Pathos, ohne Improvisation, ohne Pomp; aber nicht ohne Melodie, nicht ohne innere Gestaltung, nicht ohne Gefühl. Das ist dichteste Dichtung. Joyce ist im Gegensatz zu den aufbrausenden betrunkenen Romantikern ein kaltes Genie, das sich an der Gesetzmäßigkeit, an der Arithmetik des Sternenhimmels berauscht, nicht an den Sternschnuppen. Er ist kein alkoholischer Taumler, sondern ein Hirndichter.«

Schließlich empfiehlt Thomas Stearns Eliot 1951 im Nachwort einer *Ulysses*-Ausgabe, zunächst als Einstieg in Joyce' Werk dessen *Dubliners* (1914) zu lesen.

Antiker Mythos im modernen Gewand

Eine »spaßhaft-geschwätzige allumfassende Chronik mit vielfältigstem Material« nennt James Joyce selbst sein Hauptwerk, den Roman Ulysses, der 1922 erscheint und zu den Jahrhundertwerken der modernen Erzählkunst gehört. Eine Ausnahmestellung nimmt dieser Roman nicht nur durch seine kühne sprachliche Form, die etwa die Technik des »inneren Monologs« erweitert, und durch seinen komplexen Inhalt ein. Ungewöhnlich in der epischen Literatur dieser Zeit ist auch, daß der Dichter unablässig die Assoziation an die Antike, an die griechische Mythologie heraufbeschwört, um die Schilderung der Gegenwart gleichsam ironisch zu verfremden. Schon der Titel stellt den Zusammenhang zur Odyssee her. Stephen Dedalus ist der beziehungsreiche Name einer der drei Hauptfiguren, deren Leben während eines einzigen Tages als zeitgenössisches Epos dargestellt wird.

Eines von unzähligen Beispielen für die spezifische Spiegelung von antikem Stoff und moderner Realität ist die Begegnung zwischen dem »Odysseus« Leopold Bloom und einem irischen Nationalisten und Antisemiten. Dieser beleidigt Bloom und schleudert dem Davoneilenden eine Teebüchse nach. Diese Szene besitzt ihr Vorbild in jener der Odyssee, in der Polyphem, der geblendete Einäugige, versucht, das Schiff des Odysseus und seiner Gefährten mit Felsbrocken zu versenken. Das Spiegelungsverhältnis beschränkt sich nicht auf eine bloße Modernisierung. Vielmehr ergibt sich aus Parodie und zugleich konsequenter Durchführung der Odysseus-Thematik ein ständiger Wechsel von Verengung und Erweiterung der Perspektive. Durch ihn werden die »Normalmenschen« des Romans zugleich zu Kristallisationspunkten moderner Realitätserfahrung. Jahrzehnte später greift Rudolf Hausner mit seinem Gemälde Die Arche des Odysseus in ähnlicher Absicht auf die Gestalt des listenreichen Dulders zurück.

Friedrich Preller d. Ä.: Odysseus und Polyphem; 1860/62.

1922

Jazz aus den USA

Der französische Komponist Darius Milhaud, führendes Mitglied der »Groupe Les Six«, lernt während eines Amerikaaufenthaltes den authentischen Jazz kennen, zuerst durch eine Band im Hotel Brunswick in Washington, dann vor allem durch eine New Orleans-Jazzband, die im Capitol an der Lenox Avenue in Harlem spielt. Milhaud bringt Jazz-Schallplatten und Jazzlehrer von der Winn School of Popular Music mit nach Europa.

Die Jazzmusik beeinflußt und bereichert die gesamte moderne Musikproduktion. Sie wird in den zwanziger Jahren neben Charlie Chaplin und Henry Ford zum dritten Symbol des amerikanischen Lebensrhythmus, der die Europäer begeistert. So wie dem Tango der Reiz der Morbidität anhaftet, so bewundert man am Jazz, namentlich am klassischen New-Orleans-Jazz, die Ursprünglichkeit und natürliche Frische. Daß diese »Negermusik« auch die Faszination des Exotischen ausstrahlt, spielt eine wichtige, aber nicht die entscheidende Rolle. Da der Jazz sowohl Elemente der afroamerikanischen Folklore als auch solche der angloamerikanischen Militär- und Tanzmusik enthielt, war er zugänglich auch für weiße Musiker und Zuhörer; der Dixiland und Chikago-Jazz sind solche Formen der Adaption.

Für das europäische Publikum der zwanziger Jahre ist der Jazz in erster Linie Unterhaltung. Und er wird zur Grundlage für Tänze wie Shimmy, Boston, Charleston oder Ragtime.

Aber auch in die »ernste Musik« dringt der Jazz ein. Beim zweiten Donaueschinger Kammermusikfest (1922) steht Paul Hindemiths Kammermusik, opus 24, Nr. 1 im Mittelpunkt, die Jazzrhythmen – Foxtrott, Shimmy und Rag – verwendet. Der Musikkritiker Hans Heinz Stuckenschmidt geht in einem Aufsatz so weit zu erklären, daß ohne den Jazz »90 Prozent der neuen Musik nicht denkbar sind«.

Oben: Tom Brown Dixiland Jazz Band, 1921.
Mitte: Joe »King« Oliver, der große alte Mann des New-Orleans-Jazz und Lehrer von Louis Armstrong, um 1920.

Lob der Gebrauchsmusik

Der Erste Weltkrieg hat mit vielen anderen Idealen auch die bis dahin weitverbreitete Anschauung über den absoluten Charakter der Musik ins Wanken gebracht. So verlassen beispielsweise etliche Komponisten, gescholten von den intellektuellen Kritikern aller politischen Schattierungen, den Tugendpfad der elitär gewordenen Konzertmusik, um mit ihren Kompositionen die Menschen im Alltag anzusprechen. Es entsteht der Begriff Gebrauchsmusik. Fürs Kino, für politische Veranstaltungen, Kirche, Theater oder Kaberett werden – vom Geist der Aktualität beseelt – Musikstücke komponiert, die nicht nur anzuhören sind, sondern mit denen man umgehen, die man einsetzen kann, die die Menschen in Bewegung bringen. Ihre Repräsentanten sind Paul Hindemith, Hanns Eisler, Ernst Křenek, Kurt Weill. Sinfonie und Sonatenform werden als veraltet angesehen. Das Artifizielle und Differenzierte ist verpönt. Die Maxime »l'art pour l'art« gilt als überholt, reaktionär. Křenek gibt der Überzeugung Ausdruck, daß »die Kunst gar nichts so Wichtiges vorstellt«, wichtiger sei das »Leben«. Musik und Leben, und zwar das Alltagsleben, sollen eines sein. Sergej Prokofjew schreibt das Ballett *Der Tanz des Stahls* (1925), Arthur Honegger *Pacific 231* (1923) und *Rugby* (1928), Darius Milhaud vertont Texte eines Katalogs landwirtschaftlicher Maschinen, Hindemith verwendet in seiner *Kammermusik* Jazz- und dem Jazz nachempfundene Tanzrhythmen. Komponisten bringen nicht nur Musikinstrumente zum Einsatz, sondern auch Geräusche von Schwungrädern, Motoren und Gegenständen wie Schreibmaschinen, Nähmaschinen und Kindertrompeten.

Naturwissenschaft, Technik, Medizin

● In der Münchener Medizinischen Klinik wird die erste Lungenoperation in der Unterdruckkammer ausgeführt. Das Verfahren geht auf eine Idee Ferdinand Sauerbruchs zurück. Der Zweck ist, bei der Eröffnung des Brustraums zu verhindern, daß die Lungenflügel zusammenfallen und der Patient erstickt. Später wird daraus die »Eiserne Lunge«.

● Der englische Polarforscher Ernest Shackleton erkrankt bei dem Versuch, die Antarktis zu umfahren, und stirbt.

● Die wissenschaftliche Forschung auf dem Gebiet der Kunststoffe nimmt in der von Hermann Staudinger begründeten »makromolekularen Chemie« ihren Anfang.

● *Southern Tibet*, das zwölfbändige Werk über Südtibet des schwedischen Asienforschers Sven Hedin, liegt vor.

● Vilhelm Bjerknes entwickelt eine Theorie über die atmosphärische Zirkulation im Polargebiet und liefert der Wettervorhersage damit eine wichtige Hilfe.

Notendruck »Kokain«
1921

»Camp Meeting Blues«
1923

**Goldmaske der Mumie
Tutanchamuns**
1337 v. Chr., entdeckt 1922

Ein Königsgrab und ein Grabgesang

*Für eine archäologische Sensation
sorgt 1922 der Engländer Howard
Carter, als er die Vorkammer zum
Grab des ägyptischen Pharao Tutanchamun im Tal der Könige bei Theben entdeckt. Völlig unversehrt von
Plünderern und angefüllt mit unschätzbar wertvollen Gegenständen,
hat das Grab mehr als drei Jahrtausen-
de überdauert. Der noch jugendliche
Herrscher der 18. Dynastie (1347 bis
1338 v. Chr.), dessen Mumie 1929 in
der eigentlichen Grabkammer in
einem goldenen Sarg ans Tageslicht
kommt, ist mit prachtvoll vergoldeten
Schreinen, Königsstatuen, Streitwa-
gen, dem mit Blattgold, Silber und Ala-
baster reich verzierten Thronsessel
und zahlreichen anderen Kostbarkei-
ten beigesetzt worden, die später im
Ägyptischen Museum in Kairo ausgestellt werden. Für die Ägyptologie ist
die Entdeckung Carters von großer Bedeutung, weil sie den Wissenschaftlern
zum ersten Mal ein authentisch gebliebenes Königsgrab zugänglich macht.
Im gleichen Jahr veröffentlicht Oswald
Spengler den zweiten, abschließenden
Band seines Werkes Der Untergang
des Abendlandes. Es wird zu einem
Kultbuch der zwanziger Jahre und übt,
so zufällig das zeitliche Zusammentreffen mit der Entdeckung des Pha-
raonengrabs auch ist, eine ähnliche
Faszination aus. Für Spengler ist die
Weltgeschichte ein vom Willen und
Handeln der Menschen unabhängiger
Prozeß, der wie die Natur in Zyklen des
Blühens, der Reife und des Verfalls verläuft. Die abendländische Kultur hat
die Zeit ihrer Blüte und Reife überschritten, sie befindet sich im Stadium
unabänderlichen unaufhaltsamen
Niedergangs. Oft angegriffen wegen
seiner fatalistischen Geschichtsphilo-
sophie, hat Spenglers Buch doch auch
das Verdienst, das Überlegenheitsge-
fühl der Europäer in Frage zu stellen
und den Blick auf die außereuropäischen Kulturen zu lenken. Dominierend ist jedoch der konservative
Grundgedanke, daß Herrschafts- und
Rassengesetze schicksalhafte Gegebenheiten sind, denen sich die Menschen nicht entziehen können.*

**Berliner Tanzkabarett
»Casanova«**
Werbepostkarte, um 1922

Christian Rohlfs
Ecce homo
1922

Lebensrausch
und innere Einkehr

Die Inflation zerrüttet durch den rapiden Wertverfall des Geldes die Existenzgrundlage der einen und saniert die anderen, die Sachwertbesitzer. Entsprechend tritt eine Polarisierung in Moral und Lebensgefühl ein, wobei Endzeitstimmung hier wie dort herrscht. Wer es sich leisten kann, überläßt sich einem »Nach-mir-die-Sintflut«-Rausch; die anderen suchen Zuflucht in politisch radikalen Organisationen oder bei religiösen Heilslehrern. In Berlin, aber auch in anderen Großstädten sprießen Vergnügungslokale aus dem Boden, die mit Angeboten wie dem folgenden locken: »Vollendete Körperformen, packende Darstellungen, verbunden mit der meisterhaften Beherrschung der Bewegung, lassen die Pantomime ›Im unmächtigen Liebesrausch‹ zu einem Erlebnis werden. Mit drei bescheidenen Feigenblättern wirken die modernen ›Evastöchter‹ ebenso originell wie sie den Stempel der schnellebigen neuen Zeit tragen.« Zugleich treten selbsternannte Propheten, die sogenannten »Inflationsheiligen«, auf und sammeln Gemeinden um sich. Zu den bekanntesten gehören Louis Christian Häusser (der »Oberdeubel im Höllenstaat der Psychopathen«), Max Schulze-Sölde und Leonhard Stark.
Vor diesem Hintergrund ist das Gemälde Ecce homo zu sehen, das der 72jährige Christian Rohlfs 1922 malt. Es zeigt den gegeißelten, mit einem Dornenkranz gekrönten Messias, den Pilatus den Anklägern mit den Worten vor Augen führte: »Sehet, welch ein Mensch!« (Joh. 19,5.) Von Martin Schongauer über Hieronymus Bosch bis zu Honoré Daumier diente das Thema dazu, den gepeinigten Christus mit dem fanatischen Volk zu konfrontieren. Bei Rohlfs ist es der Betrachter selbst, an den sich der Mitleids-Appell richtet. Rohlfs greift damit auf die Gattung des Andachtsbildes zurück, das zur inneren Einkehr auffordert. Christus ist »der Mensch« in der Hand (moderner) Schergen. In ganz ähnlicher Weise aktualisiert Lovis Corinth in seinem Todesjahr 1925 das Ecce homo-Thema.

Das Chaos der Inflationszeit

Im Jahr 1923 erreicht die Inflation in Deutschland ihren Höhepunkt. Der Dollar wird schließlich mit 4,2 Billionen Papiermark gehandelt. Die Beamten tragen ihr Gehalt wöchentlich in Waschkörben nach Hause. Der Heizwert eines Bündels Papiergeld ist höher als der der Kohlenmenge, die man dafür kaufen könnte. Brennmaterial, Eier, Zigaretten, alle Arten von Naturalien werden zur eigentlichen Währung; der Schwarzmarkt, die Schieberei und die Spekulation mit Sachwerten und Devisen blühen. Der Kampf ums Überleben betrifft nicht allein die Arbeitermassen, sondern auch der Mittelstand ist ruiniert und der Republik entfremdet. Was die Kriegsniederlage und die fehlgeschlagene Revolution noch nicht an Hoffnungen und Illusionen zerstört haben, geht in dieser Zeit verloren: das Vertrauen in die demokratische Gesellschaftsordnung.

Zur Jahreswende 1922/23 bringt der Malik Verlag in Berlin eine Sammelmappe mit 84 Zeichnungen und 16 Aquarellen von George Grosz heraus, genauer: er will sie veröffentlichen. Doch die Staatsanwaltschaft beschlagnahmt die Druckunterlagen. 1924 kommt es zum Prozeß gegen Grosz sowie seine Verleger Julian Gumpertz und Wieland Herzfelde. Die Anklage lautet: Verbreitung unzüchtiger Schriften; das Urteil: 6000 Reichsmark Strafe und Vernichtung von 24 Druckplatten. Verurteilt wird die schonungslose Darstellung von Repräsentanten einer Gesellschaft, in der sich neben hoffnungsloser Armut hemmungslose Besitzgier behauptet. Ihr Berührungspunkt ist die öffentliche wie heimliche Prostitution. Der Titel Ecce Homo, den Grosz der Sammlung gibt, läßt sich unmittelbar auf die Darstellung des Hypochonders Otto Schmalhausen beziehen, über dessen Haupt Christi Dornenkrone schwebt.

Oben links: Zwei Kriegsblinde, 1923.
Oben rechts: Zwei indische Prinzen mit der deutschen Tänzerin Maddy Encla in St. Moritz, 1923.
George Grosz: Der Hypochonder Otto Schmalhausen, 1921; enthalten in: Ecce Homo, 1922/23.

Bildende Kunst

Werke

● Ernst Barlach: Bronzeplastik *Der Rächer* und die Holzplastik *Weinende Frau.*

● Marcel Duchamp: Vollendung seines 1915 begonnenen, 277,5 x 175,5 cm großen Bildes *Das Große Glas oder Die Braut, von ihren Junggesellen nackt entblößt sogar* – Öl und Bleidraht auf Glas (Museum of Art, Philadelphia).

● Max Ernst: *Die schöne Gärtnerin.* Der Titel des Bildes spielt auf die Raffaelsche Madonna von 1507 (im Louvre) an. (Verschollen).

● Kurt Schwitters: Beginn seiner zehnjährigen Arbeit am (ersten) *MERZ-Bau,* der zuletzt zwei Etagen seines Hauses in Hannover einnimmt.

Ausstellungen

● Berlin: »Große Berliner Kunstausstellung« mit dem konstruktivistischen »Prounen-Raum« von El Lissitzky. Der Prounen-Raum ist eine Synthese von Plastik, Architektur und Malerei, ein gestalteter Bild-Raum; der Betrachter begibt sich in dieses Kunstwerk hinein. Rekonstruktion des Prounen-Raumes 1965 im Abbe-Museum Eindhoven.

● Paris: Ausstellung der Gruppe »De Stijl« in der »Galerie de l'Effort« von Léonce Rosenberg (Architekturmodelle von Theo van Doesburg und Cornelius van Eesteren).

● Petrograd: Die »Ausstellung aller Tendenzen« zeigt zum letzten Mal in der Sowjetunion Werke der gegenstandslosen Kunst, die Lenin als »Linklertum« und »Formalismus« verurteilt.

Ereignisse

● Weimar: Der ungarische Maler, Graphiker, Bühnenbildner und Publizist László Moholy-Nagy wird ans Bauhaus engagiert.

Dada wird autonom

Im Januar gibt Kurt Schwitters die erste, der Dada-Bewegung in Holland gewidmete Ausgabe der Zeitschrift MERZ heraus, die bis 1932 existiert. Seine MERZ-Kunst löst sich von der unmittelbar gesellschaftskritischen Anti-Kunst-Gebärde des Dadaismus. So enthält MERZ 2 ein von Hans Arp, Theo van Doesburg, Tristan Tzara und Schwitters verfaßtes Manifest *Proletkunst. Es erkennt der Kunst Kräfte zu, »die stark genug sind, die ganze Kultur zu beeinflussen, statt durch soziale Verhältnisse sich beeinflussen zu lassen«.* Äußeres Kennzeichen der Wandlung ist der MERZ-Bau von Schwitters.

Ein Beispiel für die dadaistische Gestaltung komplexer, über die reine Provokation hinausreichender Sinnbilder ist das Objekt *Gegenstand der Zerstörung* des amerikanischen, ab 1921 in Paris tätigen Malers, Fotografen und Filmregisseurs Man Ray.

Titelblatt MERZ 1, 1923.
Ausschnitt aus dem MERZ-Bau von Kurt Schwitters, begonnen 1923.
Unten rechts: Man Ray, *Gegenstand der Zerstörung*, 1923.

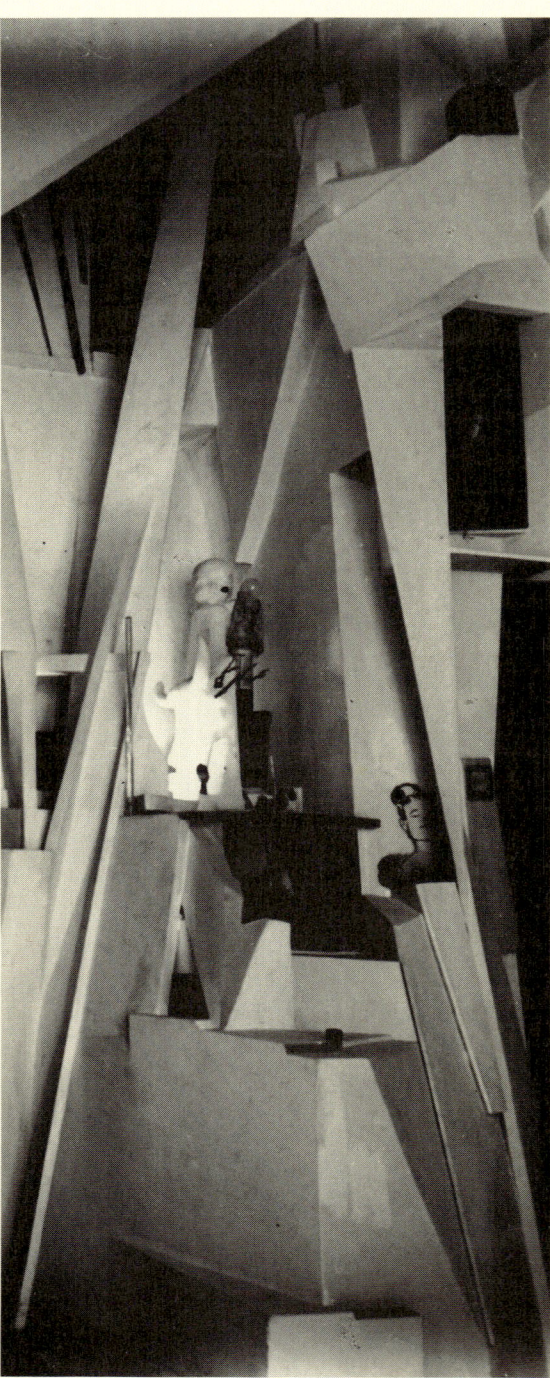

Ende von Paris-Dada

Am 6. Juli findet in Paris die »Soirée du ›Coeur à barbe‹«, (»Abendveranstaltung des ›Bärtigen Herzens‹«) statt. Der Clou des Abends ist ein Stück von Tristan Tzara: *Le cœur à gaz, Das Gas-Herz.*
Die Veranstaltung richtet sich gegen den selbsternannten Pariser Dadapapst André Breton, der Tristan Tzara einen Eindringling aus Zürich und publizitätshungrigen Hochstapler genannt hat. Plötzlich schreit jemand: »Picasso tot auf dem Schlachtfeld!« – was sich auf den Kubismus beziehen soll. Breton springt auf die Bühne, um Picasso zu verteidigen. Er schlägt auf die Darsteller des *Cœur à gaz* ein. Diese versuchen zu fliehen, was ihnen allerdings kaum gelingt, da sie in Sonja Delaunays Kostüme aus Karton eingezwängt sind.
Dada, das ist die verbreitete Ansicht, müsse sich täglich selbst zerstören und von neuem geboren werden. Aber Dada ist schon tot. Das Veralbern etablierter Werte befriedigt nicht mehr. Die Pariser Gruppe fällt auseinander.

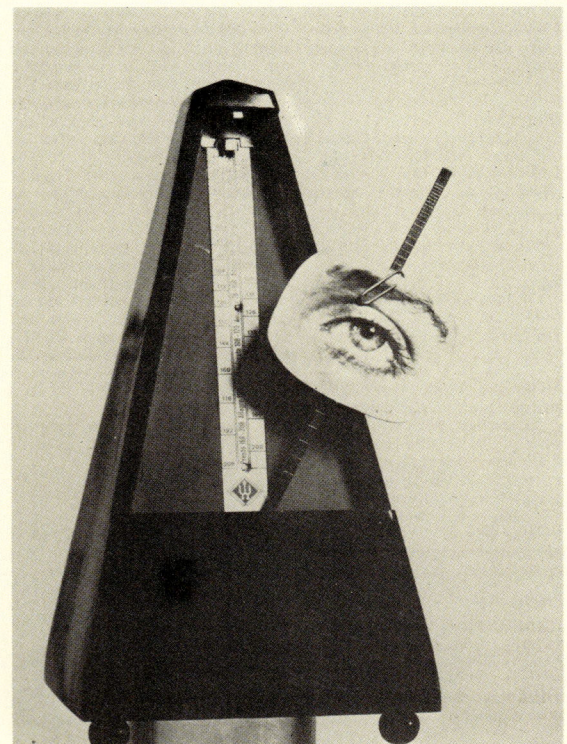

Wassily Kandinsky
Komposition
1923

Bewußtseinsbilder, Gedankenverbindungen

Von Picasso abgesehen, hat kein anderer Künstler der Avantgarde des frühen 20. Jahrhunderts die Möglichkeiten der Malerei und die Bewußtseinsräume, die sie eröffnet, mit solchen Riesenschritten abgemessen wie Kandinsky. Motive und Farben der russischen Volkskunst hat er ebenso in sich aufgenommen wie die Finessen des Jugendstils, die koloristischen Provokationen der Fauvisten, die konstruktiven Elemente des Kubismus. Bei keiner dieser Phasen bleibt Kandinsky jedoch stehen.

Eine mystische Versenkung in die Natur und in die menschliche Seele korrespondiert mit höchster Rationalität im Prozeß der künstlerischen Gestaltung.

Nachdem Kandinsky 1922 seine Lehrtätigkeit am Bauhaus begonnen hat, zeichnet sich die Wendung zu einer kühleren, klassizistischen Malweise ab – nicht anders als zuvor schon bei Picasso. Die elementaren Gegensätze seiner Weltsicht bleiben indessen weiter wirksam. Bei der Komposition des Jahres 1923 liegen organische und geometrische Formen im Widerstreit miteinander, amöben- und quallenartige Elemente befinden sich neben Linien, die aus einem mathematischen Vektorenbild stammen könnten. Der helle Untergrund gibt diesem Spiel und Kampf der bildnerischen Elemente freieren Raum als auf den früheren Bildern.

Im Briefwechsel zwischen zwei der bedeutendsten Atomphysiker finden sich Parallelen zu den von Kandinsky aufgeworfenen Fragen. Werner Heisenberg äußert die Vermutung, »daß sich die Gebilde einer objektiven Fixierung in vorstellbaren Bildern weitgehend entziehen, daß sie eher eine Art abstrakter Ausdruck für die Naturgesetze sind« und Niels Bohr antwortet, daß die Sprache in bestimmten Bereichen »nur ähnlich gebraucht werden kann wie in der Dichtung, in der es ja auch nicht darum geht, Sachverhalte präzis darzustellen, sondern darum, Bilder im Bewußtsein des Hörers zu erzeugen und gedankliche Verbindungen herzustellen«.

Gobelin
um 1922
(Entwurf)

Georg Muche
Zwei Eimer
1923

Vielseitigkeit und Einheit der künstlerischen Tätigkeit am Bauhaus

Die am Bauhaus versammelten Lehrer sind einem Programm verpflichtet, das die Einheit der Künste postuliert und die Aufgabe stellt, die Verbindung zwischen Kunst und Handwerk zur Verbindung zwischen Kunst und Technik bzw. industrieller Fertigung weiterzuentwickeln. Dies erfordert Vielseitigkeit und die Fähigkeit zur Berücksichtigung auch allgemeiner Gesichtspunkte, beispielsweise der Materialgerechtigkeit.

Eine durchaus traditionelle Verbindung zwischen Kunst und Handwerk ist der von einem Maler entworfene Bildteppich. So liegt dem links oben abgebildeten, in der Bauhaus-Weberei hergestellten Gobelin aus Wolle (Format 142 x 285 cm) ein Entwurf Paul Klees zugrunde, der die Weberei zeitweise stellvertretend für Georg Muche leitet. Gunta Stölzl, die 1927 Muches Nachfolgerin wird, schreibt (im Einklang mit Klees Komposition) über die Teppichweberei: »Das Gewebe ist ein ästhetisches Ganzes, eine Komposition von Form, Farbe und Materie zu einer Einheit. Es hat Fläche zu sein und muß immer als Fläche wirken. Das schließt nicht aus, daß statische, dynamische, plastische, funktionelle, konstruktive und räumliche Elemente in seinem Bereich liegen.«

1920 wurde Georg Muche, Maler und Lehrer an der Kunstschule des »Sturm«, ans Bauhaus berufen. Gropius urteilt rückblickend über ihn: Muche »gab sich dem Bauhausexperiment mit voller Verantwortung hin und trug vieles zur Vertiefung der Idee des Bauhauses bei, nicht nur im Durchdenken und Formulieren, sondern auch durch die Vielseitigkeit seiner eigenen aktiven Teilnahme«. Muche beteiligt sich am Vorkurs-Unterricht, ist Formmeister der Bildhauerei, leitet die Weberei und entwirft 1923 das Versuchshaus in Weimar »Am Horn«. Als Maler wendet er sich von der abstrakten wieder einer gegenstandsbezogenen Gestaltungsweise zu. Sein Ölgemälde Zwei Eimer fügt kubistische und geometrische Formelemente zu einem harmonischen Stilleben zusammen.

Erster Bauhaus-Höhepunkt

Das Jahr 1923 bildet einen ersten Höhepunkt in der Bauhaus-Tätigkeit in Weimar: eine umfassende Ausstellung und die »Bauhauswoche« mit Bühnenkunst (Oskar Schlemmers *Triadisches Ballett,* uraufgeführt 1922), Musikaufführungen und Vorträge geben Einblick in vier Jahre Aufbauarbeit, die trotz der finanziellen Beschränkungen durch die Inflation und trotz der ebenfalls schon 1920 einsetzenden massiven Angriffe aus völkisch-bürgerlichen Kreisen geleistet worden ist. Zu den Gästen gehören Marc Chagall, Albert Einstein und Piet Mondrian. Als Rechenschaftsbericht mit stark programmatischem Charakter erscheint das Buch *Staatliches Bauhaus Weimar 1919–1923.* Beispielhaft für das Bauhaus-Ziel einer organischen Eingliederung der bildenden Kunst in die Architektur sind zwei 1923 geschaffene Wandgestaltungen: vier abstrakte Wandreliefs von Joost Schmidt im Vestibül des (vor dem Krieg von Henry van de Velde erbauten) Kunstschulgebäudes sowie Reliefs und Wandgemälde im Treppenhaus des Werkstattgebäudes nach Entwürfen von Oskar Schlemmer, ausgeführt von der durch Wassily Kandinsky als Formmeister geleiteten Werkstatt für Wandmalerei. (Schlemmers abstrahierende Kompositionen fallen 1930 als »nicht dem deutsch-nordischen Wesen entsprechend« einer der ersten »Säuberungen« zum Opfer.)

Die wirtschaftliche Misere wirkt sich darin aus, daß statt der geplanten Bauhaussiedlung auf dem freien Gelände »Am Horn« mit Wohnbauten für das Lehrpersonal und die Studierenden lediglich das »Musterhaus« (auch »Versuchshaus« genannt) fertiggestellt worden ist, ein von Georg Muche entworfenes Einfamilienhaus. Die Ausgestaltung und Einrichtung haben drei Bauhaus-Werkstätten, die Tischlerei, die Metallwerkstatt und die Weberei, übernommen. Muche reflektiert den Funktionszusammenhang zwischen Gestaltung und Nutzung in einem der ab 1925 erscheinenden *bauhausbücher,* wobei ihm klar ist, daß »die schönsten Häuser nichts nützen, wenn die Bewohner sich die Errungenschaften der modernen Zeit nicht auch in der Lebensführung zu eigen machen«.

In Ironie verpackte Kritik am Bauhaus-Stil äußert unter anderem Paul Westheim, der in seinem »Kunstblatt« schreibt: »Der Fortschritt: an den Kunstgewerbeschulen wurden die Schüler damit gequält, Kohlblätter nach der Natur zu stilisieren, am Bauhaus

quält man sich damit, Quadrate nach der Idee zu stilisieren. Drei Tage Weimar, und man kann auf Lebenszeit kein Quadrat mehr sehen… Das höchste Bauhausgefühl: das individuelle Quadrat. Talent ist Quadrat, Genie ist das absolute Quadrat. Die Leute vom ›Stijl‹ zeigen in Jena eine Protestausstellung: sie behaupten, die einzig wahren Quadrate zu haben.« Im Hinblick auf Bauhaus-Lehrer wie Kandinsky und Klee erklärt Westheim: »Am Bauhaus gibt's ein paar Meister, die Meister auch ohne Bauhaus sind, die anderen sind eben Bauhaus-Meister.«

Aber auch innerhalb des Lehrkörpers regt sich Kritik. So schreibt Lyonel Feininger, der seit 1919 am Bauhaus tätig ist und zunächst die grafische Druckerei leitet, an seine Frau: »Gegen die Parole: ›Kunst und Technik, die neue Einheit!‹ lehne ich mich mit ganzer Überzeugung auf – diese Verkennung der Kunst ist aber ein Symptom unserer Zeit. Und die Forderung nach ihrer Zusammenkoppelung mit der Technik ist in jeder Hinsicht unsinnig. Ein wirklicher Techniker wird sich mit Recht jede künstlerische Einmischung verbieten; und auch die größte technische Vollkommenheit, andererseits, kann niemals den Gottesfunken der Kunst ersetzen! Aber die Zwecklosigkeit der üblichen Kunstschulen usw. ist, denke ich, bewiesen und die Aussichtslosigkeit für die meisten jungen Kunststudierenden, jemals ohne Nebenberuf auszukommen.«

DER MUSTER·BAUHÄUSLER

Das Bauhaus stellt aus

Nach einer Ausstellung von Lehrlingsarbeiten 1922 stellt das Bauhaus von Juli bis September 1923 zum ersten Mal seine Ergebnisse der Öffentlichkeit vor. Kernstück der Ausstellung ist das Versuchshaus in Weimar »Am Horn«, entworfen von Georg Muche. Nach seinen Plänen wird das Einfamilienhaus errichtet: ein eingeschossiger, quadratischer, flachgedeckter Bau mit einem zentral gelegenen Wohnraum von annähernd sechs Metern Seitenlänge, in den das Licht durch eine überhöhte Fensterzone einfällt. Die Verwendung genormter Einzelteile und standardisierter Einrichtungsgegenstände entspricht den Grundsätzen der Bauhaus-Architektur.

Von Herbert Bayer, der am Bauhaus studiert und 1925 Leiter der Druckerei und Reklamewerkstatt am Bauhaus wird, stammt die ironische Zeichnung vom Muster-Bauhäusler: mag die Programmatik des Bauhaus auch noch so logisch und einleuchtend erscheinen – Fragezeichen sind erlaubt.

Oben: Georg Muche, Versuchshaus in Weimar »Am Horn«; 1923.
Mitte: Herbert Bayer, Typografischer Entwurf zur ersten Bauhaus-Ausstellung; 1923.
Unten: Herbert Bayers Muster-Bauhäusler; 1923.

1923

Zweimal Brecht

Am 9. Mai wird am Münchner Residenztheater Im Dickicht der Städte von Bertolt Brecht uraufgeführt. Regie führt Erich Engel, das Bühnenbild gestaltet Caspar Neher. Mit dieser Aufführung beginnt die einzigartig belebende Zusammenarbeit des Trios: Engel/Neher/Brecht.

Zum Inhalt: George Garga ist mit seiner Familie in die Großstadt gekommen, um hier einen neuen Lebensunterhalt zu suchen. Der Vater bleibt arbeitslos und ist ein »lästiger Mitesser«, die Mutter muß sich als Wäscherin unter elenden Bedingungen abrackern, die Tochter trägt im buchstäblichen Sinne ihre Haut zu Markte, und George arbeitet für einen Hungerlohn in einer Leihbibliothek. Die Großstadt bringt keine Sicherheit, sie zerstört die ehemals intakte Familie. Vergeblich bleiben alle Anstrengungen, Einsamkeit und Vereinzelung zu überwinden. Die Mehrzahl der Kritiker reagiert ablehnend. Von »Schmierereien heutiger Literatur« und der »Aftermuse des Dramas« ist die Rede. Einzig Herbert Ihering verteidigt das Stück: »Die dramaturgische Aufgabe diesem Drama gegenüber ist nicht die, ›Klarheit‹ zu schaffen. ›Klarheit‹ würde das Beste: Die Atmosphäre des Stückes, zerstören.«

Am 8. Dezember wird Brechts Baal von Alwin Kronacher im Leipziger Alten Theater zum ersten Mal auf die Bühne gebracht. Der Titelheld ist eine Herausforderung an die bürgerliche Scheinmoral. Als Dichter lehnt er jedes Mäzenatentum ab, er unterwirft sich nicht den Gesetzen der Gesellschaft. Er scheut geregelte Arbeit, hält sich am liebsten in Kneipen auf, tritt in Kabaretts auf, vagabundiert, frißt und säuft mit Vergnügen – in allem, was er tut und denkt, ist er unmäßig. Nach der Uraufführung läßt der Leipziger Oberbürgermeister das Stück vom Spielplan absetzen.

Oben: Im Dickicht der Städte, Szenenfoto 9. Bild: »Bar gegenüber dem Gefängnis«, München 1923.
Unten: Baal, Titelblatt der 2. Ausgabe, Potsdam 1922 (Erstausgabe München 1920).

Ende der expressionistischen Dramatik

3. November: *Nebeneinander*, ein Stück von Georg Kaiser, wird uraufgeführt durch die Schauspielervereinigung »Die Truppe« unter der Regie von Berthold Viertel im Lustspielhaus Berlin. Bühnenbild: George Grosz. Vom expressionistischen Pathos zum *Volksstück 1923*, wie Kaiser *Nebeneinander* im Untertitel selbst nennt.

Dem tragisch umwitterten Pfandleiher und seiner Tochter stehen satirische Bilder kleinbürgerlicher Idylle und neureicher Mondänität gegenüber – ein makaberes Gesellschaftspanorama aus der Inflationszeit. Die Sprache, der Carl Sternheims verwandt, wird zerhackt, verknappt, gehärtet.

Kaiser, der 20 Jahre lang erfolglos Stücke geschrieben hatte, wurde der produktivste und – neben Gerhart Hauptmann – der erfolgreichste Dramatiker der zwanziger Jahre. *Die Koralle, Gas I und II, Papiermühle, Kolportage, Oktobertag* und zwei Dutzend anderer Stücke werden auf fast allen Bühnen der Alten und Neuen Welt gespielt.

BERTOLT BRECHT

BAAL

POTSDAM
GUSTAV KIEPENHEUER VERLAG

Tairow auf Tournee

Ein großes Ereignis des Jahres ist die Gastspielreise von Aleksander Tairows Moskauer Kammertheater durch Europa. Tairow will fort von der Schauspielkunst des Stimmungs- und Gefühlvollen. Die Schauspieler werden auf gezirkelte Bewegungen und eckige Gesten gedrillt, nichts wird dem Zufall oder gar der Intuition überlassen. In Berlin gastiert die Bühne u. a. mit *Giroflé-Girofla*, einer Operette nach Alexandre Charles Lecocq. Es ist zu bewundern, wie bei äußerster Präzision im einzelnen eine Gelöstheit im ganzen herrscht.

Zur gleichen Zeit kommt Tairows 1921 in der Sowjetunion erschienenes Buch *Das entfesselte Theater* in deutscher Sprache heraus. Dem Schauspieler sagt er: »Du sollst nicht Schauspieler spielen, du, Schauspieler, sollst spielen.« Gern inszeniert Tairow Romane und Novellen, so *Der Mann, der Donnerstag war* von Gilbert Keith Chesterton und »Prinzessin Brambilla« von E. T. A. Hoffmann. Am liebsten stellt er sich seine Spielvorlagen aus verschiedenen literarischen Werken gleichen Themas zusammen.

Kuttel Daddeldu

Schon 1920 veröffentlichte Joachim Ringelnatz (eigentlich Hans Bötticher aus Wurzen in Sachsen) das Heftchen *Kuttel Daddeldu* und bereicherte damit die deutsche Literatur um die unsterbliche Gestalt des lärmenden, prahlenden und dabei gutmütigen und weichherzigen Seemanns Kuttel Daddeldu. 1923 erscheint der Gedichtband wesentlich erweitert im Verlag Kurt Wolff, München. Von diesem Zeitpunkt an datiert Ringelnatz' Ruhm und Erfolg. Er wird mit seinem *Kuttel Daddeldu* nahezu identifiziert. Schließlich ist er Schiffsjunge, Maat und Marineleutnant gewesen! Im Matrosenanzug artikuliert der untersetzte schmächtige Mann mit der imposanten Hakennase auf Kleinkunstbühnen seine skurril komischen, unauslotbar hintergründigen, um nicht zu sagen hinterlistigen Verse mit großem Behagen. Obwohl er auch Prosa schreibt – seine Lebenserinnerungen –, ist er kein Literat mit regelmäßigen Arbeitsstunden. Er ist meist auf Reisen, und alle seine Gedichte entspringen spontanen Einfällen, Begegnungen, Erlebnissen, es sind Gelegenheitsgedichte. In seiner Freizeit malt er. Seine kauzig-idyllischen Ölbilder stellt erstmals 1923 die Galerie Flechtheim in Berlin aus.

Dämonie der Straße – Film von Karl Grune

Der unter der Regie von Karl Grune gedrehte Film *Die Straße* wird uraufgeführt. Buch: Karl Grune, Julius Urgiss nach einem Entwurf von Carl Mayer. Kamera: Karl Hasselmann. Ausstattung: Karl Görge, Ludwig Meidner. Darsteller: Eugen Klöpfer (Der Mann), Lucie Höflich (Seine Frau), Aud Egede Nissen (Die Dirne), Anton Edthofer (Der Zuhälter). Ein Kleinbürger wird für eine Nacht aus seiner ruhigen, allzu ruhigen Bahn gerissen, wird von Dirnen ausgeraubt, eines Mordes verdächtigt, um am Ende entlastet zum Ausgangspunkt seiner einförmigen Existenz zurückzukehren. Stefan Großmann 1923 in »Das Tagebuch«: »Herrliche Aufnahmen, die den Wirrwarr, das geordnete Durcheinander einer

Großstadtstraßenkreuzung wiedergeben. Die Straße am Abend, die Straße in der Frühdämmerung, die nächtliche Straße, die Straße der Zinskasernen, das alles ist zu einer wahren Symphonie großstädtischen Lichtes geworden. Aufnahmen von einem bezwingenden Rhythmus.« Einigen Kritikern war das zu viel Expressionismus, anderen zu wenig. Lotte H. Eisner in ihrem Buch *Die dämonische Leinwand*: »In den Interieurs wird der expressionistische Stil besser gewahrt: den Spielsalon erfüllt ein drohendes Dunkel, das der Schein der Hängelampe zerreißt und so die Figuren scharf vom Hintergrund abhebt.« In heutiger Sicht zeigt der Film den typischen deutschen Kleinbürger, der in seinen vier Wänden abenteuerliche, wollüstige Pläne ausheckt, um sodann draußen, sie verwirklichend, Unheil anzurichten oder an ihnen zu scheitern.

Pionierzeit des Tonfilms und Rundfunks

Versuche, den Stummfilm zum Sprechen zu bringen, gibt es in Europa und in Amerika seit Anfang des Jahrhunderts. Die eigentlichen Schöpfer des Tonfilms sind drei Deutsche: Benedict Engl, Joseph Massolle und Hans Vogt, die Erfinder des Triergon-Verfahrens (tri-ergon = Werk der Drei). Ihr Laboratorium in Berlin-Wilmersdorf ist die Geburtsstätte des Tonfilms. Sie bringen als erste die Forschungsergebnisse der Elektrotechnik und der Elektroakustik in der Tonfilmarbeit zum Tragen und bauen vor allem die Verstärkeranlagen aus. Für die Wiedergabe wird von Engl, Massolle und Vogt der elektrostatische Lautsprecher unter dem Namen »Statophon« entwickelt. Insgesamt melden sie 170 Patente an, von denen 106 geschützt werden. 1923 ist es soweit. In einem mit mehr als tausend geliehenen Kartoffelsäcken akustisch abgedichteten Atelier machen sie die ersten Tonfilmaufnahmen, und in der »Alhambra« am Kurfürstendamm wagen sich die Pioniere mit ihrer Erfindung an die Öffentlichkeit. Die Sensation ist groß, die Anwesenden glauben, der Geburtsstunde eines neuen Mediums beizuwohnen. Die Ufa finanziert zwei kurze Tonfilmstreifen: Das Mädchen mit den Schwefelhölzern und Das Leben auf dem Dorfe. Sie fallen bei der Aufführung völlig durch, denn die Tonwiedergabe ist miserabel. Vorerst will niemand mehr Tonfilme sehen. Die enttäuschten Erfinder verkaufen ihre Patente in die Schweiz. Der Stummfilm hat eine Gnadenfrist erhalten, in der er seine letzte Blütezeit erlebt.
Die sprunghafte Entwicklung eines anderen Massenmediums, des Rundfunks, geht von den USA aus. In Deutschland sendet der posteigene Langwellensender Königs Wusterhausen 1920 zum ersten Mal ein Konzert. Im Oktober 1923, nach der Aufhebung des anfänglichen Verbots des privaten Rundfunkempfangs, entsteht in Berlin der erste deutsche Rundfunksender.

Tonfilm-Dreharbeiten im Sitzungssaal der Berliner Zahnärzte, Foto 1923.

Literatur

Neuerscheinungen

● Martin Buber: *Ich und Du,* philosophisches Hauptwerk Martin Bubers. Der Dichter und Philosoph entwickelt darin sein »dialogisches Prinzip«, das seinen weiteren Werken (*Erzählungen des Chassidim, Gog und Magog*) zugrunde liegt. Seine Hauptthese »Alles wirkliche Leben ist Begegnung« konkretisiert er in dem »Grundwort Ich – Du, die Welt der Beziehung«. Der Mensch ist für eine »dialogische Existenz« angelegt und findet zum Ich als Individuum erst durch das Du, dem Mitmenschen.

● Sigmund Freud: *Das Ich und das Es.* Das »Es« ist der der Kontrolle entzogene Teil des Seelischen, das Triebhafte, Animalische, im Unterschied zum »Ich«. Der Begriff »Es« wurde 1910 von Ludwig Klages, wahrscheinlich im Anschluß an Nietzsche, gebraucht, 1923 von Georg Groddeck monographisch behandelt und von Freud übernommen. Freuds »Es« besteht aus physi-

scher Energie, die unbewußt ist, und aus der Libido (Triebkraft von ausgesprochen sexuellem Charakter) und dem Todestrieb stammt.

● Knut Hamsun: *Das letzte Kapitel.* Auf die Frage, wovon das Buch handelt, antwortet Hamsun lakonisch: »Vom Tod.« Die Handlung spielt in dem einsam gelegenen Sanatorium Torahus. Zwei Welten stehen einander gegenüber: die von der Zivilisation geprägten Stadtmenschen Julie D'Espard und Fleming und der arbeitsame Bauer Daniel. Der Konflikt zwischen ihnen endet mit dem Sieg des einfachen Bauernlebens über die skrupellose moderne technisierte Welt.

● Arthur Moeller van den Bruck: *Das Dritte Reich.* Diese antidemokratische Programmschrift der »Konservativen Revolution« spielt in der ideologischen Untermauerung des Nationalsozialismus eine verhängnisvolle Rolle.

● Rainer Maria Rilke: *Duineser Elegien.* Als sein berühmtestes Werk haben sie die unterschiedlichsten Kommentare hervorge-

rufen und gelten als Höhepunkt und Abschluß der mit Rilke endenden lyrischen Epoche. Erinnerungen, Namen, Themen, Orte, Begriffe aller Rilkeschen Erfahrungen und Begegnungen sind, als Summe bisherigen Denkens und Schaffens, umgeschmolzen zu »reinem Gesang«.

● Rainer Maria Rilke: *Die Sonette an Orpheus,* ein Gedichtzyklus, der aus zwei Teilen besteht (1. Teil 24 Sonette; 2. Teil: 29 Sonette). Die Sonette bilden die Vervollständigung der *Duineser Elegien.* Es sind Lobgesänge auf die Gabe des Gesanges, dessen Inbegriff Orpheus ist. Gesang ist Auftrag der Erde an den Dichter. Er soll gerettet werden im Zeitalter der Maschine. Das letzte große Werk des 48jährigen Dichters.

Ereignisse

● Eine große Zahl literarischer Werke werden in Deutschland verfilmt: u. a. *Die Buddenbrooks* von Thomas Mann, *Nora* von Ibsen, *Raskolnikow* von Dostojewski, *Erdgeist* von Wedekind, *Wilhelm Tell* von Schiller.

1923

Naturwissenschaft, Technik, Medizin

● Mercedes wartet mit einem rasanten, 220 km/h schnellen Rennwagen auf, dessen spitze »Schnauze« und seitlich hervorquellenden Kompressorschläuche bewundert werden.
● Der Physiker August Karolus konstruiert eine Zelle, in der elektrische Spannungsschwankungen in Lichtschwankungen umgewandelt werden.
● Der Meteorologe und Klimatologe Wladimir Köppen gibt sein Werk zur Klimaklassifikation heraus: *Grundriß der Klimakunde*, auf dem die heute verbreiteten Klimakarten überwiegend beruhen.

Die Homöopathie gewinnt an Boden

Wachsenden Zulauf an Patienten verzeichnen in den zwanziger Jahren zum Unwillen der Schulmediziner die homöopathischen Ärzte in Deutschland. Sie sind die Jünger Samuel Hahnemanns, der im Jahre 1796 das sogenannte »Ähnlichkeitsgesetz« entdeckt zu haben meinte. Danach sollten Krankheiten durch solche Arzneistoffe geheilt werden können, die – würde man sie Gesunden eingeben – bei diesen die gleichen oder ähnliche Krankheiten hervorrufen würden wie das Leiden des Kranken. Nach Hahnemann steigert sich angeblich die Wirkung einer Arznei, je mehr man sie verdünnt, weil auf diese Weise eine »größere Angriffsfläche« für die Wirksubstanz geschaffen werde.

Schönberg und die Zwölftontechnik

Mit seinen *Fünf Klavierstücken op. 23* und der *Serenade op. 24* (beide 1923 fertiggestellt) vollzieht der Wiener Komponist Arnold Schönberg zu Beginn seiner dritten Schaffensphase den Übergang zur rein zwölftönigen Kompositionstechnik, einer Technik deren theoretische Grundlagen er sich in langen Jahren erarbeitet hatte.

Vorangegangen war eine Periode atonaler Komposition, beginnend 1908 mit den *15 Liedern nach Stefan George op. 15.* In diesen atonalen Stücken wird die schon bei Wagner sich abzeichnende Aufhebung der Tonalität konsequent zu Ende geführt. Dur-Moll-Tonarten bestimmen nicht mehr den harmonischen und melodischen Ablauf. Zwar werden weiterhin bis dahin gebräuchliche Tonverbindungen (Akkorde) verwendet, aber es fehlt das harmonische Zentrum, auf das sich alles musikalische Geschehen bezieht. Insbesondere verzichtet Schönberg zum ersten Mal konsequent auf die Auflösung von Dissonanzen. Die völlig freie und regellose Verwendung der zwölf Töne der chromatischen Tonleiter (die schwarzen und weißen Tasten der Klaviatur) ermöglichte zwar die Verfeinerung subjektiver Ausdrucksformen. »Aber«, so schreibt der Schönberg-Schüler Hanns Eisler, »die Aufhebung der Grundtonarten führte zum Verfall der musikalischen Form. Es war notwendig, neue Ordnung zu schaffen, mit der es möglich war, wieder Formen aufzubauen. Denn in der Form findet Musik ihre Sprache und ihre Gedanken, und ohne Form schwatzt man, aber man spricht nicht.«

Dieser Problematik war sich Schönberg bewußt, und er suchte deshalb nach einer Möglichkeit, der Musik eine neue Ordnung zu geben. Sein Anliegen, alle Töne gleichwertig zu behandeln (bei der tonalen Komposition ist immer der Grundton der jeweiligen Tonart bestimmend), brachte ihn auf die Idee, der Komposition eine Reihe aus allen zwölf Tönen zugrunde zu legen, wobei in dieser Reihe aus Gründen der Gleichwertigkeit jeder Ton nur einmal vorkommen durfte. Die kompositorische Leistung bestand darin, zunächst die Tonfolge festzulegen (Intervallfolge und rhythmische Gestaltung) und dann durch die Aufeinanderfolge bestimmter Variationen der Reihe (Umkehrung, Krebs, Umkehrung des Krebses sowie Transposition dieser vier Grundformen auf alle zwölf Tonstufen) ein geschlossenes musikalisches Werk zu erarbeiten.

Das Ende der Inflation

Vierzehn Tage vor der Währungsreform, die das neue Kabinett Stresemann auf der Basis der »Rentenmark« am 17. November durchsetzt, kostet ein Pfund Brot 260 Milliarden. Mit dem Tag der Reform ist eine Billion in Papiergeld eine Goldmark bzw. eine Rentenmark wert. Die Produkte des täglichen Lebensbedarfs, bisher von den Händlern zurückgehalten, füllen wieder die Läden und Auslagen der Geschäfte.

Mit der einsetzenden Stabilisierungsphase, die von 1923 bis zur Weltwirtschaftskrise 1929 andauert, normalisiert sich auch das öffentliche Leben, treten neue Strömungen im kulturellen und künstlerischen Bereich auf den Plan. Die subjektive Rebellion des Expressionismus geht zu Ende; der Dadaismus hat sich ausgetobt. An ihre Stelle treten die Stilrichtungen der Neuen Sachlichkeit einerseits, der Surrealismus andererseits.

Mitte: Postkarte (Stempel vom 24.11. 1923), frankiert mit 10 Milliarden Mark.
Unten: László Moholy-Nagy, 25 Pleitegeier; um 1923.

Walter Dexel
Lokomotive von vorn
1922

Maschinengesänge

»Maschinen sind nicht literarisch oder
poetisch, der Versuch, Maschinen in
Gedichten zu besingen, ist Quatsch …
Die Lehre der Maschinen ist Präzision,
wertvoll für den bildenden Künstler
und für Literaten« schrieb Ezra Pound,
und von Bertolt Brecht stammt ein An-
ti-Hymnus auf die Maschine mit dem
Titel 700 Intellektuelle beten einen
Öltank an (1929): »Eilet herbei, alle /
Die ihr absägt den Ast, auf dem ihr sit-
zet / Werktätige! / Gott ist wiederge-
kommen / In Gestalt eines Öltanks. /
Du Häßlicher / Du bist der Schönste! /
Tue uns Gewalt an / Du Sachlicher!«
Solche Kritik ist in den Jahren 1922 bis
1926 jedoch noch nicht oder selten zu
vernehmen. Die Ästhetik des Maschi-
nenkults gelangt in dieser Zeit, stark
beeinflußt vom russischen Konstruktivismus, erst zu ihrem Höhepunkt. Die
Maschinenbilder Fernand Légers, sein
Film Ballet méchanique, Karel Ča-
peks Roboterstück RUR, viele Bau-
hausprodukte stehen als Beispiel für
diese Tendenz. Über Arnold Schönbergs erste reine Zwölftonkompositio-
nen schreibt dessen Schüler Theodor
W. Adorno: »Ganz und gar zwölftönig
sind erst die Klaviersuite op. 25 und
das Bläserquintett op. 26. Sie heben
das Zwanghafte eigens hervor, eine
Art Bauhausmusik, metallischer Konstruktivismus, dessen Schlagkraft gerade von der Absenz primären Ausdrucks herrührt.«
Zur gleichen Zeit entstehen Arthur
Honeggers Pacific 231, eine musikalische Huldigung an eine Schnellzuglo-
komotive, und das Gemälde Lokomotive von vorn des Malers und Bühnen-
bildners Walter Dexel. Die Maschine
erscheint aufgelöst in Form-, Farb-und
Bewegungszusammenhänge, die die
funktionelle Dynamik der Lokomotive
veranschaulichen. Als 1927 eine erste
Gesamtschau der Kunst des Maschi-
nenzeitalters in New York stattfindet,
ist die Hauptwelle dieser ästhetischen
Strömung bereits abgeebbt und ins
Feuer der Kritik geraten. Brechts Gedicht endet ironisch mit den Versen:
»Darum erhöre uns / Und erlöse uns
von dem Übel des Geistes. / Im Namen
der Elektrifizierung / Der Ratio und
der Statistik!«

Fritz Höger
Chilehaus in Hamburg
1922/23

Gerrit Thomas Rietveld
Haus Schröder in Utrecht
1924

Expressives und esoterisches Bauen

Im Zusammenhang mit dem Ergebnis des von der Berliner »Turmhaus-Aktien-Gesellschaft« ausgeschriebenen Wettbewerbs (1921/22) zur Errichtung eines Hochhauses in Berlin schreibt Walter Curt Behrendt: »Für die Großstadt als Siedlungsform betrachtet, ist der Wolkenkratzer eine innere, gesetzmäßige Konsequenz. Seine Tendenz zu äußerst verstärkter Konzentration entspricht durchaus dem Geist großstädtischer Entwicklung... Der bauliche Ausdruck dieser Verdichtungstendenz ist das Turmhaus, das jetzt auch bei uns Einzug halten soll, freudig begrüßt von den Kaufleuten wegen seiner angeblichen Zweckmäßigkeit, herbeigesehnt von den Architekten als neuartige monumentale Bauaufgabe.« Die geforderte neue Ausdrucksform wird großzügig realisiert durch das von Fritz Höger entworfene Chilehaus in Hamburg. Der Bau beginnt 1922, vollendet wird er im Spätherbst 1923. Wie ein mächtiger Schiffsbug ragt die Ostspitze dieses ersten »Büroturmhauses« der Hansestadt auf. Es ist insofern ein Beispiel »sprechender Architektur«; als plastisches Gebilde im Raum entspricht das Chilehaus den Bauvorstellungen des Expressionismus.

Das Haus Schröder in Utrecht entsteht 1924; Architekt ist Gerrit Thomas Rietveld, der das Haus für die Innenarchitektin Truus Schröder baut. Die rechtwinklige Komposition quadratischer und rechteckiger Wandteile sowie die Verwendung der Grundfarben Rot, Gelb, Blau (neben den Nichtfarben Schwarz und Weiß) lassen den Bau als eine Umsetzung der von Piet Mondrian geprägten Stijl-Malerei in ein räumliches Gebilde erscheinen. 1923 schreibt der Maler Theo van Doesburg, der ebenso wie der Architekt und Möbeldesigner Rietveld der Stijl-Gruppe angehört: »Die Entwicklung geht von der Beherrschung der elementaren Konstruktionsmittel aus, unter Aufhebung aller metaphysischen Illusionen. Der Zukunft bleibt der Ausdruck einer neuen Dimension in der dreidimensionalen Realität vorbehalten.«

Siegeszug des Rundfunks

Am 1. April des Vorjahres haben die Siegermächte das Verbot des Rundfunkempfangs für Privatpersonen aufgehoben, und am 29. Oktober 1923, 20 Uhr ist das erste öffentliche Konzert von der Radiostunde AG in Berlin zu hören gewesen: »Hier Sendestelle Berlin, Voxhaus, Welle 400.«

Im Januar 1924 gibt es in Deutschland 1580 Rundfunkhörer. Einer der frühesten deutschen Rundfunkempfänger war der Siemens »Expreßzug« von 1923, ausgestattet mit einem großen, auf dem Gerät befestigten Lautsprecher. Die Rundfunkgebühr beträgt 60 RM (Rentenmark) im Jahr. Nach der Senkung der Gebühr auf 2 RM monatlich steigt die Zahl der Rundfunkteilnehmer bis zum 1. Juli auf 100 000. Am 15. September bringt der Rundfunk die erste Werbesendung. Am 4. Dezember eröffnet Reichspräsident Friedrich Ebert die erste Funkausstellung in Berlin. Sie dauert zehn Tage.

1923 begann die Entwicklung mit dem Bau von Detektor- und Einröhren-Audion-Empfängern für Kopfhörer. Nun werden Empfänger in Baukastenform für Wechselstrom-Netzanschluß und Lautsprecherwiedergabe vorgestellt. 1926 wird anläßlich der 3. Funkausstellung der von Heinrich Straumer entworfene »lange Lulatsch«, der 138 Meter hohe Berliner Funkturm, eingeweiht.

Das Radio, bisher als Nachrichtenübertragungsmittel eingesetzt, als Teil des Postdienstes, als Kriegsgerät, ist zum öffentlichen Rundfunk geworden. Die

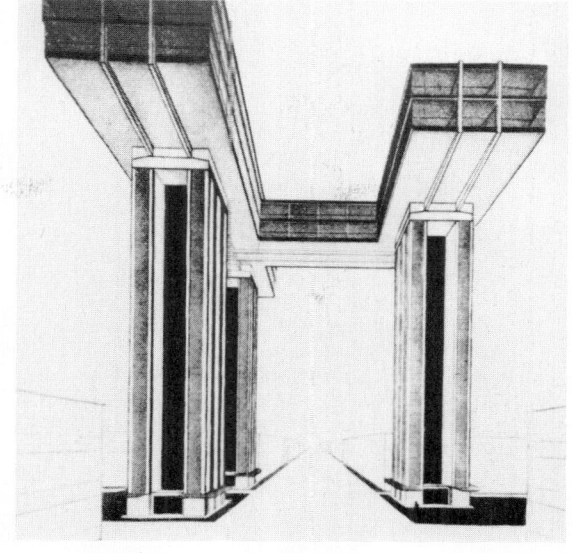

Programme umfassen bald sämtliche Bereiche des gesellschaftlichen Lebens. Damit in Zusammenhang und von fast gleicher Bedeutung, besonders wenn es sich um Musik handelt, ist die Verbesserung der Wiedergabe auf dem Grammophon: die elektrische Aufzeichnung gibt es von den frühen zwanziger Jahren an, die ersten doppelseitigen Schallplatten erscheinen 1923 auf dem Markt. Der Rundfunk bedient sich der neuen Schallplatte in zunehmendem Maße.

Die Zukunft im Äther suchen

Neben dem Pragmatismus der funktionsbewußten, ausführungsreifen Projekte gibt es in der Architektur der frühen zwanziger Jahre eine Richtung, die man »futuristisch« im Wortsinne nennen könnte, wenn der Begriff nicht schon in anderem Stilzusammenhang festgelegt wäre. Es handelt sich um »utopische« Skizzen und Entwürfe von Städten und Gebäuden, die ganz im Geiste der neuen »Ingenieurkunst« konzipiert, aber nicht für die praktische Ausführung gedacht sind oder sich ihr entziehen.

Diese Strömung existiert in Italien, in Deutschland, in den Vereinigten Staaten, in besonderem Maße aber in der Sowjetunion. Dort schießt die Ekstase des revolutionären Elans weit über das Ziel des »Machbaren« hinaus. Nicht nur Mangel an Geld und Material stehen im Weg, die Funktionäre machen das gewagte Spiel nicht mit. Die utopischen Wolkenkratzer, Volkspaläste, Zukunftsstädte bleiben auf dem Papier. Ein Beispiel dafür ist El Lissitzkys Wolkenbügel, ein für Moskau entworfenes Bürohochhaus, das sich über Stützen horizontal frei entfaltet.

Die Phantasiearchitektur vereinigt in kühner Weise Monumentalität mit Leichtigkeit, wuchtige Plastizität mit dynamischem Schwung. Der Wolkenbügel wirkt er wie ein Denkmal für die zukunftsbegeisterte Stimmung, von der die künstlerische Avantgarde der jungen Sowjetunion in diesen Jahren noch geprägt ist.

Zukunftsmusik aus dem Äther hört der Radiobastler, dem das Grammophon nicht mehr genügt. Wie sehr der technische Pioniergeist bis in die gutbürgerliche Wohnstube dringt, beschreibt der Katalog zur großen Berliner Realismus-Ausstellung (1982): »Der Radiobastler mit seinen Kopfhörern ist ein beliebtes Thema der Neuen Sachlichkeit. Seine aufmerksame Passivität zeigt an, daß er, über die Familie hinaus, Teil einer drahtlosen Gemeinschaft ist.«

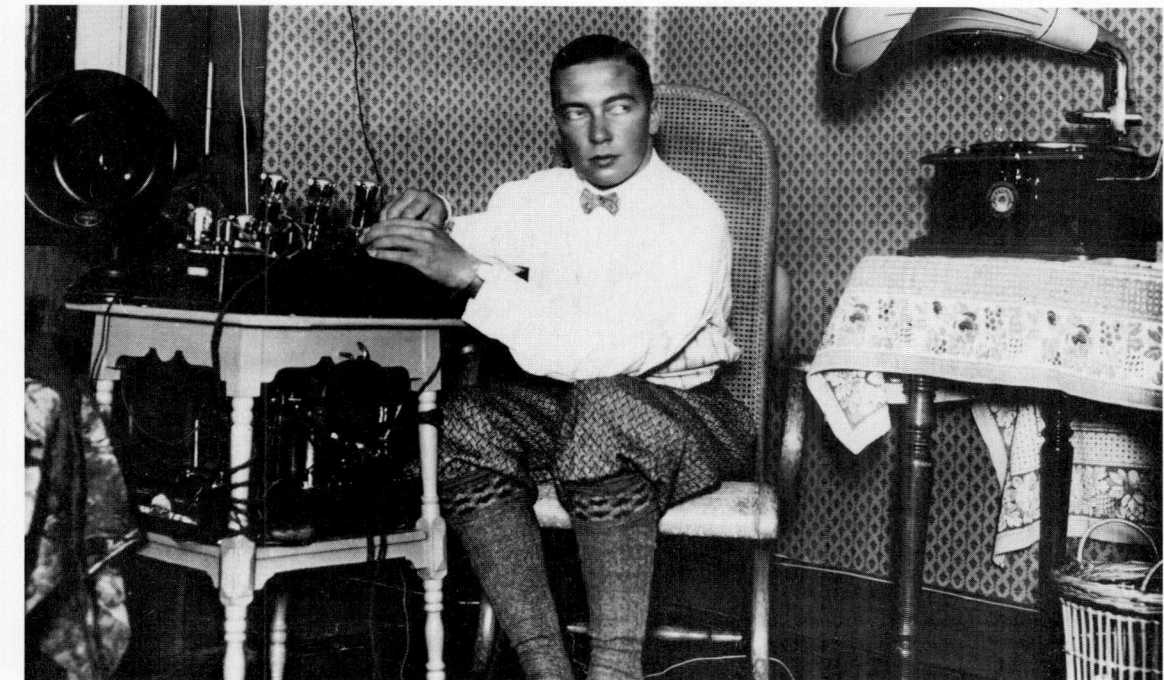

Naturwissenschaft, Technik, Medizin

● Edwin Hubble erkennt den Andromeda-Nebel, knapp eine Million Lichtjahre von unserem Sonnensystem entfernt, als ferne Weltinsel ähnlich der Milchstraße.

● Knud Rasmussen erforscht auf der bisher längsten arktischen Expedition (1921–1924), zu der er von Thule aus mit einem Hundeschlitten startete, das Leben der Eskimos in Nordamerika.

● C. W. Rice und E. W. Kellog erfinden den dynamischen Lautsprecher, der auch heute noch neben dem elektrostatischen Anwendung findet.

● Aufregende Funde machen die Anthropologen. In Südafrika entdecken sie Knochenreste des »Australopithecus«, eines der frühesten Vorfahren des Menschen mit noch affenartig vorspringender Mundpartie, aber einem Vorderhirn, das gegenüber dem der Schimpansen schon deutlich größer ist.

Oben: El Lissitzky, Wolkenbügel; Entwurf 1924.
Mitte: Radiobastler am selbstgebauten Gerät.

1924

Bretons erstes Manifest des Surrealismus

André Breton, Kritiker, Dichter und Essayist, ist der bedeutendste Theoretiker des Surrealismus. Sein Werk hat einen außerordentlichen Einfluß auf alle geistigen Gebiete. Seine führende Rolle in der surrealistischen Bewegung gründet sich auf seine besonders zähen Bemühungen, den inneren Zusammenhalt der Gruppe zu bewahren, und auch auf das Streben, in Kontakt mit den politischen Ereignissen zu bleiben. Sein erstes Manifest erscheint im Oktober 1924.

Der Surrealismus behauptet von sich, das Unbewußte, die Traumwelt anzusprechen bzw. zu verdeutlichen und damit die von der Psychoanalyse Sigmund Freuds entdeckten Seelenbereiche sichtbar zu machen. »Freuds Entdeckung gebührt unser Dank. Aufgrund dieser Entdeckung bildet sich endlich eine neue geistige Richtung heraus, die es begünstigt, daß der Erforscher des Menschlichen seine Untersuchungen weiter vorantreiben kann, ihn bevollmächtigt, nicht mehr nur summarische Erfahrungen zu berücksichtigen.«

Deutsche Klassik im Spiegel des Expressionismus

1898 eröffneten die Vettern Paul und Bruno Cassirer in Berlin einen Kunstsalon, aus dem sich bald darauf ein Verlag entwickelt hat. In den zwanziger Jahren erscheinen hier Ausgaben einzelner Texte aus der Epoche der deutschen Klassik mit Illustrationen von Künstlern der Gegenwart. Zu den herausragenden Beispielen eines von steriler Klassiker-Ehrfurcht befreiten Verständnisses gehören die Arbeiten von Ernst Barlach. 1923 erscheint die Walpurgisnacht *aus Goethes* Faust I, *ausgestattet mit 20 Holzschnitten. 1923/24 arbeitet Barlach an Illustrationen zu Goethes Gedichten, 1927 erscheint Schillers Lied* An die Freude *mit neun Holzschnitten. Das oben wiedergegebene Blatt bezieht sich auf die siebte Strophe:* »Freude sprudelt in Pokalen, / In der Traube goldnem Blut / Trinken Sanftmut Kannibalen, / Die Verzweiflung Heldenmut…«

Ernst Barlach, Holzschnitt zu Schillers Lied »An die Freude«.

Künstler-Mutter Ey

Johanna Ey, 1864 geboren, zehn Kinder, 1910 geschieden, ist eine Düsseldorfer Institution. Eine Bäckereifiliale, in der sie nach ihrer Scheidung arbeitet, wird bald zum Treffpunkt von Malern. Frau Ey beginnt alsbald mit Bildern zu handeln, ein kleines Ladengeschäft dient als Galerie. Otto Dix, Gert Wollheim, Max Ernst, Otto Pankok und viele andere gehen bei ihr aus und ein und stellen bei ihr aus. Otto Dix malt ihr Porträt. Der Maler Karl Blech malt das Ladenschild: »Kommt alle zu mir, die ihr mühselig und beladen seid.« Das »Ich will euch erquicken« braucht nicht hingeschrieben zu werden, das versteht sich von selbst.

Mutter Ey hilft manchem in Not geratenen Künstler – vorausgesetzt, sie ist von ihm überzeugt. Sie geht von den Malern selbst aus, ihrem Wesen, ihrem Ernst und Eifer. Ihre Kaffeestuben-Galerie wird Zentrum der Gruppe »Junges Rheinland«. Zu ihrem 65. Geburtstag schickt Max Ernst ihr ein Telegramm: »Großes Ey, wir loben Dich, Ey wir preisen Deine Stärke. Vor Dir neigt das Rheinland sich und kauft gern und billig Deine Werke.« Johanna Ey übersteht die Nazizeit und stirbt 1946.

Paris: Surrealistisches Pamphlet

Am 13. Oktober stirbt der 80jährige Nobelpreisträger für Literatur von 1921 Anatole France (*Les dieux ont soif – Die Götter dürsten*), ein humanistisch geschulter Skeptiker. Die Surrealisten reagieren mit einem bitterbösen Pamphlet: »Un cadavre«, darin André Breton mit dem inzwischen geradezu klassisch gewordenen *Refus d'inhumer – Verfügung über die Nichtfreigabe der Leiche zur Bestattung:* »Mit France ist ein kleines Stück knechtischen Geistes von uns gegangen. Der Tag, an dem die Hinterlist, der Traditionalismus, der Patriotismus, der Opportunismus, die Skepsis und die Herzlosigkeit zu Grabe getragen werden, muß gefeiert werden… Schmeißen wir die alten Schmöker, ›die er so liebte‹, aus der Kiste eines Trödlers vom Seine-Ufer, packen seinen Leichnam da hinein, wenn es schon sein muß, und schleifen das Ding in den Fluß. Es fehlte gerade noch, daß er auch als Toter noch viel Staub aufwirbelt.« Die Kulturwelt schreit auf vor Entrüstung, und die Surrealisten werden ihrerseits von den Zeitungen »geohrfeigt«. Die Surrealisten bleiben ungerührt und versprechen, bei nächster Gelegenheit gebe es einen neuen ›cadavre‹.

Otto Dix
Die Eltern des Künstlers
zweite Fassung, 1924

Max Ernst
Weib, Greis und Blume
zweite Fassung, 1924

Eltern im Spiegel von Realismus und Surrealismus

Der Zettel in der rechten oberen Ecke des Doppelbildnisses von Otto Dix umreißt das Thema des Gemäldes: »Mein Vater, 62 Jahre, meine Mutter, 61 Jahre alt, gemalt im Jahre 1924.« Dies sind die Tatsachen: Ein langes, hartes Arbeitsleben hat Gestalt und Physiognomie von Mann und Frau geformt und die Grenzen abgesteckt, in denen sie ihren »Lebensabend« verbringen werden. Das Gemälde gewinnt seinen sozialen und psychologischen Realismus aus Widersprüchen. Obwohl die beiden Gestalten frontal gesehen und somit eigentlich dem Betrachter zugewandt sind, weichen ihre Blicke aus. Still auf dem Sofa zu sitzen, um porträtiert zu werden, widerspricht ihrem Selbstverständnis – die zur Ruhe verurteilten übergroßen Hände geben dies deutlich zu erkennen. Andererseits ist nichts von Bloßstellung zu spüren. Das Elternbildnis lebt von der Spannung zwischen vollkommener Sachlichkeit und Empfindung, die sich in eben dieser Gestaltungsweise Ausdruck verschafft.

Daß auch Max Ernsts Gemälde ein Eltern- bzw. Vaterbildnis ist, ergibt sich unmittelbar nur durch die Tatsache, daß in der ursprünglichen, 1924 übermalten Fassung die linke Gestalt die Physiognomie des Vaters des Malers besaß. Hinzu kommen biographische Fakten: Dem Bild liegt ein Traum zugrunde, den Max Ernst als Kind gehabt hat. Sich Träume mitzuteilen, um Unbewußtes und Verdrängtes freizusetzen, ist Ziel der Zusammenkünfte der in Paris um André Breton gescharten Künstler, zu denen Ernst gehört. Mittelbar läßt sich die Vater-Thematik erschließen, indem das Motiv des »Greises« mit affenartigem Kopf, einem als zerbrochenes Tongefäß gebildeten Leib, Röhrenbeinen ohne Füße und einer Frau in seinem Besitz das Ödipus-Thema anklingen läßt. Hier wird beispielhaft deutlich, daß der 1924 von Breton als reiner Automatismus definierte Surrealismus in der künstlerischen Praxis die Erkundung des Unbewußten mit der Gestaltung rätselhafter Bilderfindungen verbindet.

255

256

George Grosz
Vor dem Kino
1924

Kolorierte Postkarte
Liebespaar
Anfang der zwanziger Jahre

Vor Gefühlen wird gewarnt

*Die Bewußtseinsveränderung, die der
Weltkrieg und die Nachkriegswirren
in Deutschland hervorbringen, drückt
sich auch in der Geschlechter-Bezie-
hung, in einem gewandelten Verhältnis zur Erotik und Sexualität aus. In
einer Fülle neuer Frauentypen definieren sowohl Männer als auch die
Frauen selbst ihr Idealbild. Neben dem
schmachtenden Stummfilmstar entsteht der Typ des Vamp, der modernen
Femme fatale, von der man annehmen
darf und soll, daß sie die Männer in
Scharen beglückt, ruiniert und wegwirft. Henny Porten, Asta Nielsen, Pola Negri verkörpern in unterschiedlichen Varianten solche Frauengestalten. Daneben floriert die Gattung des
als »Aufklärungsfilm« getarnten por-
nografischen Lichtspiels.
Die Ausschweifung und das Bekenntnis zur »Unmoral«, die Propagierung
der freien Partnerwahl und der »Ehe zu
dritt« sind ein Protest gegen die verlogene Moral des wilhelminischen Bürgertums, die schwerer abzuschaffen ist
als die Monarchie. Die freizügige Bekleidung kommt ebenso in Mode wie
der Bubikopf und die Männerkleidung
für Frauen. Wer Gefühle zeigt, gerät in
den Verdacht, nicht auf der Höhe der
Zeit oder ein Spießer zu sein.
George Grosz schreibt in seinen Lebenserinnerungen über den »brodeln-
den Kessel« Berlin: »Wer den Kessel
heizte, sah man nicht; man sah ihn nur
lustig brodeln und fühlte die immer
stärker werdende Hitze … Es war eine
völlig negative Welt, mit buntem
Schaum obenauf, den viele für das
wahre glückliche Deutschland vor
dem Anbruch der neuen Barbarei hielten. Fremde, die uns damals besuchten,
ließen sich nur zu leicht durch das
scheinbar sorglose, lustige, wirbelnde
Leben an der Oberfläche täuschen,
durch die Nachtlokale und die sogenannte Freiheit und Kunstblüte. Aber
das war eben doch nur bunter Schaum,
nichts weiter. Dicht unter dieser lebendigen Oberfläche, die so schön wie ein
Sumpf schillerte und kurzweilig war,
lagen der Bruderhaß und die Zerrissenheit, und die Regimenter formierten
sich für die endgültige Auseinandersetzung.«*

Theo Matejko
Plakat für das Varieté-Kabarett Metropol

Josef Fennecker
Plakat für die Revueoperette »Heut' bin ich verliebt!«

Theo Matejko
Plakat für das Palais der Friedrichstadt

Revue- und Kabarettkultur

Ein für das Theaterleben in Berlin symptomatischer Vorgang: 1923 gab die Direktion Reinhardt das von Hans Poelzig umgebaute Neue Schauspielhaus auf: das riesige Theater – ehemals Zirkus Schumann – kommt seinem alten Bestimmungszweck wieder näher: es wird Revue- und Operettentheater. Am 22. Oktober 1923 startete Erik Charell hier seine erste Mammut-Revue An alle! Der Titel ist kennzeichnend für den Typus des Bühnenspektakels, der plötzlich wieder in Mode kommt und zeitweise das Schauspiel und die Operette an Popularität weit überholt. Andere Revuen heißen: Der–die–das, Wann und wo, Drunter und drüber usw. – je unverbindlicher, desto besser. Denn die Revue bietet von allem etwas, sowohl Tanz als auch Sketche, Chansons und Artistik, anzügliche Conférencen, Couplets, kabarettistische Einlagen und große Ausstattungseffekte. Die Girl-Truppen werden zur besonderen Attraktion dieser Veranstaltungen.

Eine ähnliche Blüte erlebt zur gleichen Zeit das literarisch-satirische Kabarett, das mit der Revue vieles gemeinsam hat. Auch hier werden ohne tieferen Handlungszusammenhang einzelne Nummern präsentiert, auch hier spielt der Conferencier eine wichtige Rolle. Rosa Valetti, Claire Waldoff, Joachim Ringelnatz, Trude Hesterberg gehören in den zwanziger Jahren zur Darstellerprominenz dieser Kleinbühnen; Autoren wie Kurt Tucholsky und Walter Mehring produzieren Chansons und Satiren für das Kabarett. Es gibt auch Zwischenformen zwischen der aufwendigen Großform der Revue und des Cabarets. »Aus einem Thema 10 Variationen: Literatur, Politik und Satire in eine Form gegossen? Wie hieße diese Form? Revue? Dann müßte es aber eine Form sein, in der das Fleisch nicht so willig und der Geist nicht so schwach wäre«, lautet die Definition Friedrich Hollaenders, eines der witzigsten Autoren der Kabarett-Revue. Zu einem der wichtigsten Kabaretts in Berlin wird ab 1924 das »Kabarett der Komiker«, das viele bedeutende Parodisten, unter ihnen Max Hansen, um sich versammelt.

258

Film

Premieren
- René Clair: *Entr'acte* (Zwischenspiel). Buch: Francis Picabia. Musik: Erik Satie. Darsteller: Man Ray, Jean Borlin, Erik Satie, Marcel Duchamp. Mit diesem Film gelingt zum erstenmal die Darstellung von tänzerischen Bewegungen in einer »absoluten«, nicht immer gegenständlichen Form. Der Film besteht aus einer Folge absurder Situationen. Mit diesem reizvollen, vom Surrealismus beeinflußten »cinéma pur« will man gegen den kommerziellen Film protestieren.

- Paul Czinner: *Nju*. Buch: Carl Mayer nach dem gleichnamigen Schauspiel von Ossip Dymow. Darsteller: Czinners Ehefrau Elisabeth Bergner (Nju), Emil Jannings (ihr Mann), Conrad Veith (ein Schriftsteller). Nju wird in ihrer allzu bürgerlichen Ehe nicht glücklich. Sie folgt einem faszinierenden Mann, stellt aber fest, daß es bei ihm nicht viel anders ist. Sie will zurück, aber ihr Mann hat eine neue Frau. Nju nimmt sich das Leben.

Ereignisse
- Ihre ersten Filmrollen spielen Lilian Harvey in *Der Fluch* und Luis Trenker in *Der Berg des Schicksals*.
- Zum erstenmal erscheint in Deutschland ein Filmskript (von Carl Mayer) als Buch, eine Tatsache, die in literarischen Kreisen viel Beachtung findet. Der Kiepenheuer Verlag in Potsdam veröffentlicht das Drehbuch des Films *Silvester* (Uraufführung 3. 1. 1924; Regie: Lupu Pick). Am Silvesterabend streiten sich Frau und Mutter des Mannes. Es kommt zum Handgemenge. Der Mann ist der häuslichen Misere nicht gewachsen und erhängt sich. Ein typisches Werk des subtilen Kammerspiels.

»Die Nibelungen«

Die Nibelungen, 1. Teil: *Siegfried* (Uraufführung Februar), 2. Teil: *Kriemhilds Rache* (Uraufführung Mai). Regie: Fritz Lang. Buch: Thea von Harbou. Kamera: Carl Hoffmann, Günther Rittau. Bauten: Otto Hunte, Erich Kettelhut, Karl Vollbrecht. Kostüme: Paul Gerd Guderian, Änne Willkomm, Heinrich Umlauff. Masken: Otto Genath. Musik: Gottfried Huppertz. Darsteller: Paul Richter (Siegfried), Margarethe Schön (Kriemhild), Hanna Ralph (Brunhild), Hans Adalbert Schlettow (Hagen), Rudolf Klein-Rogge (Etzel), Theodor Loos (Gunther).
Dieser Film, »dem deutschen Volk zu eigen«, gilt zu seiner Zeit als epochemachend. Die Studioinszenierung (ein Wald aus Gips) zeigt Kitsch neben Erhabenem in ornamentaler Stilisierung. Die beiden Teile weisen zwei verschiedene Stilrichtungen auf. Die epische Breite des ersten Teils, sein langsamer Rhythmus, die mit balladesker Schwere ausgesponnene Idylle von Liebe und Hinsterben weicht in »Kriemhilds Rache«, animiert durch das Auftreten der Hunnen, einem wilden, dynamischen Schwung, einem sich überschlagenden Tempo. Das Grundmotiv des Films ist Haß und Rache. Für jede Missetat muß gebüßt werden. Die Ereignisse über-

stürzen sich, die Menschheit richtet sich in einer Orgie gegenseitiger Vernichtung zugrunde.
Die Nibelungen wird in den höheren Schulen vorgeführt, während der Unterrichtsstunden, und die »Filmwoche« kommentiert: »Wir brauchen wieder Helden!«

»Letzte Aufgebote« im Stummfilm

Am 23. Dezember 1924 wird im Berliner Zoo-Palast der von Friedrich Murnau nach einem Drehbuch von Carl Mayer inszenierte Film Der letzte Mann uraufgeführt. In der Hauptrolle: Emil Jannings. Der Film zeigt die Geschichte eines alten Mannes, der seiner Position als Portier eines großen Hotels zum Toilettenwart degradiert wird und über diesen gesellschaftlichen Abstieg verzweifelt. Zur Hochzeit seiner Nichte stiehlt er die alte Uniform, um bei der Feier zu glänzen, doch der Schwindel fliegt auf. Es gelingt dem Regisseur, komplizierte Zusammenhänge und seelische Vorgänge in filmischen Bildern darzustellen, die geradezu einen kammerspielartigen Gegenpol zu den Monumentalszenen des Nibelungen-Films bilden. Doch der Realismus hat Grenzen: Auf Verlangen des Produzenten – gegen den Willen von Mayer und Murnau – endet Der letzte Mann mit einem Happy-End: der Toilettenwärter beerbt einen Millionär.

Mitte: Der letzte Mann, Foto von den Dreharbeiten mit Emil Jannings (rechts), 1924.
Unten: Siegfried, 1924; Szenenfoto und Plakat mit Paul Richter in der Titelrolle.

1924

Musik

Premieren

● George Gershwin: *Rhapsod in Blue* (Uraufführung, Aeolian Hall, New York, 12. Februar), mit Gershwin am Klavier und unter Paul Whiteman. Mit diesem 15minütigen Musikstück für Soloklavier, mittelgroßes Orchester, 2 Altsaxophone, einem Tenorsaxophon und Banjo beginnt man den 26jährigen Gershwin, der mit Musicals und im Broadway-Schlagergeschäft ein Vermögen verdient hat, ernst zu nehmen. Ihm gelingt eine originale Einschmelzung von Jazzelementen und Bluesstimmungen in die Konzertmusik.

● Darius Milhaud: *Le train bleu (Der blaue Zug)*. (Uraufführung, Paris, Théâtre des Champs Elysées, 20. Juni), getanzt von Serge Diaghilews Russischem Ballett. Buch: Jean Cocteau. Choreographie: Bronslawa Nijinska. Bühnenbild: Henri Laurens. Kostüme: Coco Chanel. Das Ballett, genannt nach dem Luxusexpreß, der an der Côte d'Azur fährt, hat sich Cocteau ausgedacht, um die athletischen Talente des jungen Tänzers Patrick Kay, der sich von da an Anton Dolin nennt, zur Schau zu stellen.

● Erik Satie: Ballett *Mercure*. (Uraufführung, Paris, Théâtre de la Cigale, 18. Juni). Bühnenbild und Kostüme: Pablo Picasso. Choreographie: Léonide Massine. Das Ballett gehört zu der Reihe »Les Soirées de Paris«. Picasso kreiert sogenannte *practicables*: Dekorationen, die von den Tänzern hin und her bewegt werden.

Ereignisse

● Am 1. Januar wird am Platz der Republik die Kroll-Oper als Dependance der Berliner Staatsoper eröffnet. Sie ist für moderne Werke und avantgardistische Inszenierungen bestimmt.

»Das schlaue Füchslein«

Am 16. November wird in Brünn Leoš Janáčeks zauberhafte »Un-Oper« *Das schlaue Füchslein* uraufgeführt, in der Tiere und Menschen einander lieben, überlisten, nachstellen und bekämpfen, und in der der Wald selber als Mysterium des sich ständig erneuernden Lebens die Hauptrolle spielt. Die Partitur hat der 70jährige Komponist (Hauptwerk die Oper *Jenufa*, 1904) mit großer Begeisterung geschaffen, sie überzeugt durch Feinheit der motivischen Arbeit und Reichtum der Naturstimmen. Die Melodik beruht auf dem Studium des Volksliedes und der Sprachmelodie von Kindern. Janáček sammelt seine Melodien auf Spaziergängen und Wanderungen. Seine Beobachtungen und Entdeckungen sind im *Schlauen Füchslein* verarbeitet, einer der wundersamsten und zartfühlendsten Opernpartituren der Musikgeschichte. In den fünfziger Jahren erlebt sie eine glanzvolle Wiederauferstehung in der Komischen Oper Ost-Berlin unter der Regie von Walter Felsenstein.

Das religiöse Weihefestspiel

Neben den avantgardistischen Experimenten auf den großstädtischen Bühnen erlebt das an theatralische Traditionen anknüpfende Festspiel in den zwanziger Jahren eine Wiederbelebung, ausgehend von den Salzburger Festspielen. Sie bilden 1922 den Rahmen für die Uraufführung von Hugo von Hofmannsthals Großem Salzburger Welttheater. Es handelt sich um eine Bearbeitung des vermutlich 1645 uraufgeführten Fronleichnamspiels Das große Welttheater (El gran teatro del mundo) *des spanischen Dichters Pedro Calderón de la Barca. Im Schweizer Kloster Einsiedeln bildet sich die Tradition, Calderóns Drama – in der erstmals 1846 veröffentlichten Übersetzung Joseph von Eichendorffs – alljährlich als religiöses Weihefestspiel zur Aufführung zu bringen. Das Szenenfoto zeigt den Chor der Bettler. Über der irdischen öffnet sich die himmlische Bühne mit der Gestalt Gottes, der sich als »Autor« des Dramas zu erkennen gibt.*

Das große Welttheater, Kloster Einsiedeln 1924.

Theater

Premieren

● Bertolt Brecht und Lion Feuchtwanger: *Leben Eduards II. von England* nach Christopher Marlowe (Uraufführung, München, Kammerspiele, 18. März). Regie: Bertolt Brecht. Bühnenbild: Caspar Neher. Darsteller: Erwin Faber (Eduard), Erich Riewe (Gaveston), Oskar Homolka (Mortimer), Maria Koppenhöfer (Königin Anna), Hans Schweikart (Baldock), Kurt Horwitz (Lightborn). Das Untergangsdrama vom in sich selbst und den Knaben Gaveston verliebten König gerät dem Regisseur zu einer ersten Demonstration seines epischen Theaterstils.

● Alfons Paquet: *Fahnen*. (Uraufführung, Berliner Volksbühne, 26. Mai). Regie: Erwin Piscator. Bühnenbild: Edward Suhr. Inhalt: 1887 kämpfen Chicagoer Arbeiter um den Achtstundentag. Auf Leinwände links und rechts der Bühne werden während der ganzen Vorstellung Texte projiziert – Nutzanwendungen, Schlagworte, Zitate, Parolen. Aber diese Sprüche sind auch auf den Arbeitskampf in Deutschland zu beziehen! So rückt das Bühnengeschehen dem Zuschauer intensiv nahe, es wird gegenwärtig. Die Kritik lehnt die Projektionen als störend ab. Das Publikum auch der Wiederholungsvorstellungen ist gebannt. Die Inszenierung, für eine Matineenreihe vorgesehen, wird in den Abendspielplan übernommen.

Ereignisse

● Bayern: Der Dramatiker Ernst Toller, Symbolfigur der Revolution und Vorsitzender der bayerischen Arbeiter-, Bauern- und Soldatenräte in der Münchener Räterepublik, wird aus dem Gefängnis Niederschönfeld entlassen, nachdem er seine Haftstrafe von fünf Jahren abgesessen hat, und nach Thüringen abgeschoben.

● Berlin: Für die Spielzeit 1924/25 werden Bertolt Brecht und Carl Zuckmayer als Dramaturgen an das Deutsche Theater engagiert.

● Berlin: Max Reinhardt läßt sich von Oskar Kaufmann am Kurfürstendamm das Boulevard-Theater »Komödie« bauen. Am 1. November eröffnet er das durch Logen und Eleganz an Hoftheater erinnernde Haus mit dem Lustspiel *Diener zweier Herren (Il servitore di due padroni)* von Carlo Goldoni, einer Inszenierung, mit der er schon das Wiener Theater in der Josephstadt eröffnete. Nach zwei Jahren Berlin-Abstinenz ist Reinhardt nach Berlin zurückgekehrt und enthusiastisch empfangen worden.

1924

»Der Zauberberg«

Im Herbst erscheint Thomas Manns Monumentalwerk *Der Zauberberg*. Dieses Buch im Format und Stil der großen europäischen Bildungs- und Entwicklungsromane, Gegenstück zu den *Buddenbrooks*, ist das literarische Ereignis des Jahres. Im Mittelpunkt steht der norddeutsche, aus dem »Flachland« stammende Patriziersohn Hans Castorp, der zu Beginn nichts weiter ist als ein Patient im Lungenkurort Davos, ein Neutrum, aber wißbegierig und erlebnishungrig. Langsam erliegt er dem »hermetischen Zauber« des von der Außenwelt abgeschlossenen Sanatoriums. Zwei kontrastierende Geister, ein Jesuit und ein Freimaurer, suchen ihn von ihren Anschauungen zu überzeugen. Der naturfeindliche, auch die menschliche Natur verachtende Jesuit Naphta und der auf die menschliche Vernunft bauende Humanist Settembrini hecheln in ihren Streitgesprächen vor dem jungen Mann das ganze menschliche Leben durch; alle Lebensbereiche werden aufgewühlt und in Frage gestellt. Schopenhauers Animosität gegen das Geschlechtliche, Nietzsches Psychologismen zur »Genealogie der Moral«, Novalis' naturphilosophische Spekulationen spielen hinein. Hans Castorp indes schließt sich keinem der pädagogischen Streithähne an. Er verläßt die Heilstätte bei Ausbruch des Ersten Weltkrieges.

Dieses Meisterwerk der Erzählkunst enthält eine Fülle von erschütternd komischen Szenen und Figuren und ist, bei allem makaberen Ernst, zugleich ein humoristischer Roman. Tragisches und Burleskes lösen sich ab und durchwirken einander. Carl Sternheim und Bertolt Brecht lehnen den Roman ab. Ein Teil der Kritik findet ihn »zersetzend«.

Andere, unter ihnen Arthur Schnitzler, André Gide und Georg Lukács, sparen nicht mit Lob und Anerkennung. Das Buch wird in alle europäischen Sprachen übersetzt und erreicht nach vier Jahren bereits eine Auflage von einhunderttausend Exemplaren. Mann selbst hat den *Zauberberg*, alles Dazwischenliegende übergehend, zum literarischen Gegenstück der *Buddenbrooks* erklärt, zu »einer Wiederholung dieses Buches auf anderer Lebensstufe«. In noch höherem Maß als die *Buddenbrooks* hat *Der Zauberberg* autobiographische Qualität.

Literatur

Neuerscheinungen
● André Gide: *Corydon*, endgültige Ausgabe einer Schrift, in der er sich freimütig zur Homosexualität bekennt. Seine Freunde und Gegner entrüsten sich. Gide kontert mit der Versteigerung seiner Widmungsbibliothek.

● Franz Kafka: *Ein Hungerkünstler*. Im Sommer, kurz nach seinem Tod, erscheint der Band mit vier Erzählungen, darunter *Ein Hungerkünstler*, der dem Buch den Titel gibt.

Ereignisse
● Am 29. August Gründung der Büchergilde Gutenberg, hervorgegangen aus dem Verband der gewerkschaftlich organisierten Buchdruckergehilfen. Die Büchergilde Gutenberg ist nach dem Verein für Bücherfreunde und der Deutschnationalen Hausbücherei die dritte Buchgemeinschaft. Im Dienste der Volksbildung, bezeichnen sie sich selbst als gemeinnützig.

Die Welt als Labyrinth

Am 3. Juni stirbt, unbeachtet vom Getriebe der Literaturwelt, im Sanatorium Kierling bei Wien der 41jährige Franz Kafka. Die meisten seiner Werke, darunter die Romane Der Prozeß, Der Verschollene (Amerika) und Das Schloß erscheinen erst postum. Nur wenige Eingeweihte, Verleger und Schriftsteller nehmen zu Kafkas Lebzeiten und in den ersten Jahren nach seinem Tod von seinem künstlerischen Schaffen Kenntnis; in Deutschland wird die Auseinandersetzung mit Kafkas Werk, ehe sie wirklich begonnen hat, durch den Faschismus abgebrochen und erst 20 Jahre später in vollem Umfang aufgenommen.

In Kafkas Todesjahr erscheint Thomas Manns Roman Der Zauberberg. Lebensgeschichtlich läßt sich ein größerer Kontrast als der zwischen beiden Dichtern kaum denken. Der aus einem angesehenen Lübecker Patrizierhaus stammende Thomas Mann gehört schon seit seinem 1901 veröffentlichten Buddenbrooks-Roman zu den bekannten Schriftstellern, zu einer Zeit, in der Kafka noch nicht von den Fieberqualen des Schreibens geschüttelt wird. Im Leben wie in der literarischen Produktion kann Thomas Mann sich einen großbürgerlichen Gestus leisten; Kafka hingegen ist, solange es ihm seine Lungenkrankheit gestattet, Versicherungsangestellter. Dennoch gibt es zwischen dem gewaltigen Prosawerk des einen und dem schmalen Œuvre des anderen innere Beziehungen. Der Zauberberg ist ein Beispiel dafür: Hans Castorp, der Held des Romans, kommt nur zufällig, um seinen lungenkranken Vetter zu besuchen, in das Sanatorium, in dem er dann selbst erkrankt und sieben Jahre lang bleibt – die geistige Verwandschaft zu einem Grundmotiv aller Erzählungen Kafkas wird schon in dieser Konstellation evident. Daß der Ausbruch Castorps aus dem Labyrinth ein jauchzender Aufbruch in den Weltkrieg wird, könnte gleichfalls einer der rätselhaften Parabeln Kafkas entstammen.

Oben: »Zauberberg«-Schauplatz »Valbella« in Davos.
Mitte: Bildnisfoto Franz Kafka.

1925

Das »Milljöh« feiert

Heinrich Zille, der Altmeister proletarisch-plebejischer Milieukunst, bekommt in den zwanziger Jahren unverhofft viele Anhänger und Mitstreiter. Am 31. März 1925 wird im Berliner Großen Schauspielhaus der erste »Hofball bei Zille« gefeiert, der bis zum Tode des Künstlers 1929 Jahr für Jahr wiederholt wird.

Bei der »Premiere« ist unter anderem die große Kabarettistin Claire Waldoff zu Gast, von Zille als Berliner Type im Bild festgehalten. Obwohl die Waldoff aus dem Ruhrgebiet stammt, wird sie – ebenso wie Zille – als Berliner Original verehrt.

In Stuttgart wird Zille wegen einer im »Simplicissimus« veröffentlichten Lithographie, die Aktmodelle im Atelier zeigt, trotz der rechtfertigenden Gutachten von Max Liebermann, Wilhelm Hausenstein, Alfred Kubin und Max Slevogt, zu einer Geldstrafe verurteilt.

Heinrich Zille: Claire Waldoff auf dem »Hofball bei Zille«, 1925.

Trotz alledem!

Die Kommunistische Partei Deutschlands bestellt bei dem Volksbühnen-Regisseur Erwin Piscator zur Eröffnung ihres X. Parteitages am 12. Juli im Großen Schauspielhaus die Revue *Trotz alledem!* Der Untertitel: *Historische Revue aus den Jahren 1914 bis 1919 in 24 Szenen mit Zwischenfilmen.* Den Zuschauern soll in charakteristischen Ausschnitten die Zeit vorgeführt werden, aus der heraus die KPD entstanden ist. Anders als in der *Revue Roter Rummel* vom Vorjahr, in der Piscator und sein Autor Felix Gasbarra neben vorhandenen Texten auch selbst geschriebene verwendet hatten, stützen sie sich jetzt ausschließlich auf dokumentarisches Material. »Die ganze Aufführung war eine einzige Montage von authentischen Reden, Aufsätzen, Zeitungsausschnitten Aufrufen, Flugblättern, Fotografien, Filmen des Krieges, der Revolution, von historischen Personen und Szenen«, schreibt Piscator in seinem Buch *Das politische Theater*. Rosa Luxemburg, Karl Liebknecht, Karl Radek, Friedrich Ebert und Philipp Scheidemann treten auf. Auch die Darstellung lebender Personen – Radek und Scheidemann leben noch – ist neu. Und neu ist der Film. Piscator: »Die Aufnahmen zeigten brutal das Grauen des Krieges: Angriffe mit Flammenwerfern, zerfetzte Menschenhaufen, brennende Städte; die ›Mode‹ der Kriegsfilme hatte noch nicht eingesetzt. Auf die proletarischen Massen mußten diese Bilder aufrüttelnder wirken als hundert Referate. Ich verteilte den Film über das ganze Stück, und wo er nicht ausreichte, nahm ich Projektionen zu Hilfe.«

Zu dem ungeheuren Erfolg der Revue trägt bei, daß alle Mitwirkenden, vom Regisseur bis zum kleinsten Statisten, vom Wert und von der Notwendigkeit des Unternehmens überzeugt sind und sich mit ihren Aufgaben leidenschaftlich identifizieren. Jeder spielt eine Rolle – und sich selbst! Unerträglich herablassend und von einer Arroganz, wie sie nur Dilettanten haben können, ist die Besprechung von Otto Steinicke im Parteiblatt der KPD, der »Roten Fahne«, vom 14. Juli 1925: »Ihr spielt gut, aber ihr solltet noch besser spielen, noch mehr geben. Ihr könnt es bestimmt! Denn es handelt sich ja um unsere Sache. Im ganzen: Großartig war die Kombination von Film und Theater. John Heartfield hatte seine Hand im Spiele. Hier ist er unübertrefflich… Und dann zum Schluß wäre noch etwas mehr Begeisterung aus der Masse auf die Bühne zu holen. Ihr wart bei der Sache, aber ihr müßt euch noch mehr steigern, in den Schlußbildern, Arbeiterschauspieler, noch etwas mehr Kraft, mehr Wucht. Und nicht so viele ›tragische‹ Abschlüsse. Aus der Tragik muß sogleich das ›Trotz alledem!‹ viel stärker, unterstrichener, herausgestaltet werden, klingen! Haltet euch nicht so krampfhaft an das, ›wie es war‹.« Die bürgerliche Presse ist verständnisvoller: »Gesinnung… ihr fanatischer, rührend heiliger Ausdruck fließen zu etwas zusammen, was auf Höhepunkten auf gewissermaßen rätselhafte Art zu dem gleichen sichtbaren Resultat führt wie ganz hohe dramatische Kunst«, liest man im »Neuen Berliner 12 Uhr Blatt«. Piscators Resümee: »Nachdem auch der zweite Abend einen solchen Zustrom von Besuchern gebracht hatte, daß Hunderte keinen Einlaß mehr fanden, drang ich darauf, die Aufführung wenigstens 14 Tage zu wiederholen … Die maßgebenden Instanzen (der KPD) scheuten jedoch wieder einmal das Risiko, und so wiederholte sich zum soundsovielten Male die bittere Erfahrung, daß trotz aller Zustimmung, allen Erfolges, trotz des Massenandrangs, um den uns jedes bürgerliche Theater beneidet hätte, auch diese Station des politischen Theaters äußerlich nicht weiterführte.«

Max Ernst
Der Ausbrecher
1925

George Grosz
**Bildnis des Schriftstellers
Max Herrmann-Neiße**
1925

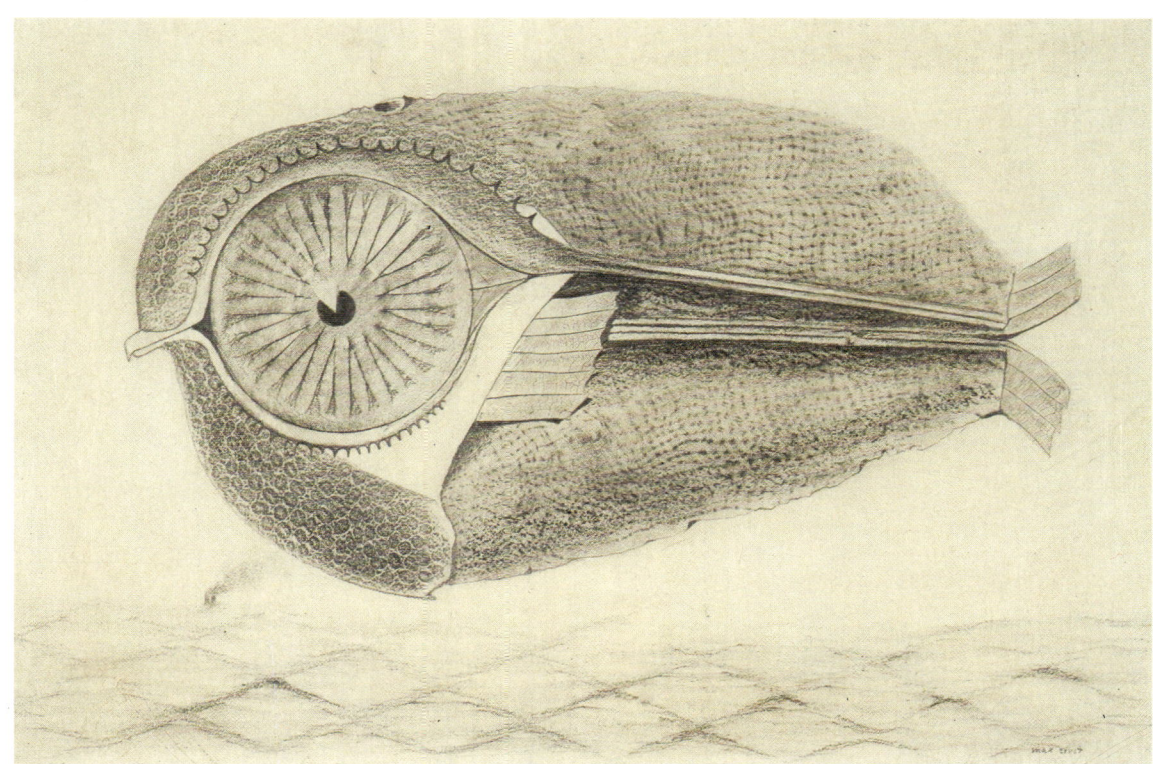

Surrealistische Materialkunst und malerischer Verismus

Max Ernst verbringt die Ferien in der Bretagne. An einem regnerischen Abend im Gasthof kommt ihm beim Betrachten der zerfurchten Fußboden- dielen eine Erleuchtung: »Ich beschloß, dem Symbolismus dieser Besessenheit nachzugehen, und um meine mediati- ven und halluzinatorischen Möglich- keiten zu unterstützen, machte ich von den Brettern Zeichnungen, indem ich willkürlich einige Blätter auf sie legte, über die ich dann mit schwarzem Blei- stift zu reiben begann.« Die Durchrei- be- bzw. Frottage-Technik ist erfunden. Sie bildet, so Ernst, »nichts anderes als ein technisches Mittel, die halluzinato- rischen Fähigkeiten des Geistes so zu steigern, daß ›Visionen‹ sich automa- tisch einstellen, ein Mittel, sich seiner Blindheit zu entledigen«.

Ernst benutzt als Unterlagen Materia- lien wie Holz, Blätter, Gips, Steine, Leinwand, Muscheln und schafft mit ihnen nie zuvor gesehene Lebewesen in künstlichen Räumen und Landschaf- ten. Er faßt seine Frottagen unter dem Titel Histoire naturelle (Naturge- schichte) in einer Mappe von 34 Blät- tern zusammen, die 1926 im Verlag Jeanne Bucher in Paris erscheint. Hans Arp verfaßt die Einleitung, der Lyriker Paul Eluard stellt die Frage: »Hat der Spiegel seine Illusion verloren oder hat die Welt sich ihrer Undurchsichtigkeit entledigt?«

Die zeitgemäße Alternative zum sur- realistischen Automatismus mit hallu- zinatorischem Charakter ist der male- rische Verismus, den beispielsweise George Grosz vertritt. Sein Bildnis des Schriftstellers Max Herrmann-Neiße läßt zugleich erkennen, daß diese Form des Realismus in einer dem Surrealis- mus vergleichbaren Weise darauf ab- zielt, die gegenständliche Welt »durch- sichtig« zu machen, und zwar durch den Verzicht auf jegliche Form der Idealisierung. Grosz gehört zu den Künstlern, »die der positiven greifba- ren Wirklichkeit mit einem bekenneri- schen Zug treu geblieben oder wieder treu geworden sind« (Gustav Friedrich Hartlaub 1923 in der Ausschreibung zur Ausstellung »Neue Sachlichkeit«, 1925).

Alexander Kanoldt
Stilleben
1925

Karl Hubbuch
Entenräuber
um 1925

Die »Neue Sachlichkeit«

Der Stilbegriff »Neue Sachlichkeit« wird von dem Kunsthistoriker Gustav Friedrich Hartlaub geprägt, der von 1923 bis 1933 die Mannheimer Kunsthalle leitet. Gleich nach seinem Amtsantritt wandte er sich in einem Rundschreiben an alle zumindest in Ansätzen in der neuen Stilrichtung arbeitenden Künstler und umriß das Programm der vorgesehenen Ausstellung: »Es liegt mir daran, repräsentative Werke derjenigen Künstler zu vereinigen, die in den letzten zehn Jahren weder impressionistisch aufgelöst noch expressionistisch abstrakt, weder rein sinnenhaft äußerlich noch rein konstruktiv innerlich gewesen sind.«
Im Zusammenhang mit der 1925 in Mannheim unter dem Titel Neue Sachlichkeit veranstalteten Ausstellung definiert Wilhelm Michel den Inhalt der neuen Kunstrichtung: »Es handelt sich um eine neue Sachlichkeit. Es handelt sich keineswegs um eine Rückkehr zur Sachlichkeit der vorexpressionistischen Zeit. Es handelt sich um eine Ding-Entdeckung nach der Ich-Krise. Es handelt sich um eine Weltergreifung nach jener wichtigen Wandlung, die das schroff idealistische Zwischenspiel des letzten Jahrzehnts herbeigeführt hat.« Im Gegensatz zum Expressionismus will die »Neue Sachlichkeit« die Realität objektiv und genau (»veristisch«) wiedergeben. Dabei kann die dargestellte Wirklichkeit durch Überschärfe auch einen unheimlichen, nahezu surrealen Charakter annehmen; dies hebt die Stilbezeichnung »Magischer Realismus« hervor.
»Neusachlich« in reinster Form sind beispielsweise die Stilleben von Alexander Kanoldt oder die figürlichen Darstellungen (Mädchen am Fenster, 1925) von Georg Schrimpf. Zur »Neuen Sachlichkeit« zählt aber auch die sozial engagierte gesellschaftskritische Malerei von George Grosz und Otto Dix. Ihnen steht der 1891 in Karlsruhe geborene Karl Hubbuch nahe, von dem die Presse anläßlich seiner Einzelausstellungen in Karlsruhe, Stuttgart und Frankfurt/Main (1923) erwartete, er werde sich »von diesem Kino sozialer Klitterung eines Tages freimachen«.

Chaplins »Goldrausch«

The Gold Rush (Goldrausch); Produktion, Drehbuch und Regie: Charles Chaplin, der diesen Film während des Skandals um seine Scheidung und zweite Heirat drehte. Kamera: Roland H. Totheroh, Chaplin und Jack Wilson. Dekorationen: Charles D. Hall. Darsteller: Chaplin (Tramp), Mack Swain (Big Jim), Tom Murray (Black Larsen), Georgia Hale (Georgia), Henry Bergman (Hank Curtis und acht weitere Rollen).

Auf die unmögliche Frage nach Chaplins bestem Film wird *The Gold Rush* am meisten genannt, und das mit Recht, aber *The Kid (The Kid/Der Vagabund und das Kind)*, *Modern Times (Moderne Zeiten)* und *City Lights (Lichter der Großstadt)* – Chaplins Lieblingsfilm – sind beinahe ebenso populär.

Goldrausch spielt Ende der neunziger Jahre des neunzehnten Jahrhunderts bei Goldgräbern in Alaska. Unter den rauhen und gierigen Burschen ist Charlie als kleiner Tramp völlig verloren, kämpft sich aber durch, behauptet sich auch gegen Schneestürme und wilde Tiere. Im Goldgräbercamp Klondike verliebt er sich in eine Tänzerin, wird verlacht, verhöhnt, hinausgeworfen – und durch glückliche Umstände Goldmillionär. Auf der Heimfahrt per Schiff holt er die schöne Tänzerin, die ihn verschmäht, aber doch auch in Schutz genommen hat, in seine Luxuskabine. In diesem Film ist beinahe jede Szene ein Film für sich und ein Meisterwerk. Besonderen Anklang findet der Brötchentanz. Mit zwei Gabeln und Brötchen persifliert Chaplin das moderne Revueballett. »Der melancholische Optimismus Chaplins drückt unser aller Revolte gegen die menschliche Gesellschaft aus«, schreibt der ungarische Filmtheoretiker Béla Bálazs.

Buster Keaton mit zwei Filmen

Zwei neue Buster-Keaton-Filme werden in den Vereinigten Staaten uraufgeführt: *Seven Chances* und *Go West*.

Seven Chances ist die Umsetzung einer Broadway-Komödie (von der der Film allerdings praktisch nichts übernahm) mit einer der grandiosesten Verfolgungsjagden, die jemals gefilmt wurden.

Bei *Go West* handelt es sich um eine Western-Komödie; eine Parodie, die, bedingt durch die Machart, besonderes Gelächter hervorruft. Der Film hat nämlich nur denselben zeitlichen und geographischen Hintergrund wie ein Western und bedient sich nur gelegentlich dessen Konventionen. Auf diese Weise wird nicht, wie sonst üblich Fremdmaterial verspottet, sondern der Film geht mit großer Unmittelbarkeit an seine Aufgaben heran, Heiterkeit zu erzeugen. Buster Keatons – wie immer wenig intelligente – Filmpartnerin ist eine Kuh.

Keaton ist Regisseur, Autor und Hauptdarsteller »seiner« Filme. Auch diesmal spielt er mit »eisigem Gesicht«, ohne jemals zu lächeln, die Rolle eines zerstreut erscheinenden Sonderlings, der sich mit den Tücken der Umwelt herumschlagen muß. Niemals läßt er sich doublen, seien die Stürze auch noch zu tief, die Schläge noch so stark, die Zusammenstöße noch so heftig.

Gags werden nie dem Zufall überlassen: »Eine komische Szene muß mathematisch besser berechnet werden als manche mechanische Konstruktion«, ist seine Devise. So verwundert es nicht, daß Buster Keaton, der eigentlich Joseph Francis Keaton heißt und als Kind schon als Zirkusartist aufgetreten ist, inzwischen eine weltweite Anhängerschaft gewonnen hat.

Kraftvoll kontra freudlos

Zwei Filme, gelangen zur Uraufführung, der eine vom Publikum im In- und Ausland begeistert aufgenommen, der andere von der Zensur verfolgt.

Wege zu Kraft und Schönheit (Regie: Wilhelm Prager) ist eine Lobeshymne auf Körper- und Nacktkultur. Der Film wurde mit Unterstützung der Regierung gedreht, da er erzieherischen Wert habe und deshalb auch an Schulen vorgeführt werden soll. Das allgemeine Urteil lautet: »Die unbefangene Anschauung der menschlichen Nacktheit triumphiert über das Übel der dunklen Triebe.« In einer Broschüre der Ufa wird als Ziel des Films »die Erneuerung der menschlichen Rasse« genannt. Ein Kritiker der »Weltbühne«, Ernst Moritz Häufig, demaskiert den Film als Propagandarummel: »Es dürfte angesichts dieser Verbindung von Musik und Filmbild, bei dem sich nur reine Schönheit zu Schönheit gesellt, auch dem Kurzsichtigsten nicht zweifelhaft sein, daß unser lieber Hindenburg und die Einführung der alten Stammrolle samt der Unfreiwilligkeit des Heeresdienstes das einzige Ziel sind, auf das wir stoßen, wenn wir den Weg zu Kraft und Schönheit gehen.«

Im gleichen Jahr begründet der von Georg Wilhelm Pabst inszenierte Film Die freudlose Gasse einen neuen Typus des realistischen Films. Bekannte Schauspieler wie Greta Garbo, Asta Nielsen und Werner Krauss wirken mit. Der Film beschreibt in packenden, leidenschaftlichen Bildern die Not der Inflationszeit in Wien. Der Film öffnet sich der gesellschaftlichen Realität. Der schroffe Gegensatz zwischen rücksichtslosen Kriegsgewinnlern und verarmtem Bürgertum, protzendem Reichtum und bitterem Kampf gegen Hunger und Not zeigt eine andere Realität als die kraftvolle Rasse-Kultur. Kein Wunder, daß der Film überall nur zensiert in die Kinos kommt, in England wird er ganz verboten.

Oben links: Wege zu Kraft und Schönheit, 1925; Szenenfoto (Urteil des Paris).

Oben rechts: Die freudlose Gasse, 1925; Szenenfoto mit Werner Krauss.

Film

Ereignisse

● Berlin: Im Tauentzien-Palast kommt am 26. Juni *Das Cabinet des Dr. Caligari* fünf Jahre nach seiner Premiere zur Wiederaufführung.

● Berlin: Der Ufa-Palast am Zoo, das repräsentativste aller Ufa-Theater, wird im Laufe des Sommers umgebaut. Das Innere wird über und über vergoldet und mit weinroten Teppichläufern ausgestattet. Am 25. September wird das neue Haus mit der festlichen Premiere von *Charley's Tante* eingeweiht. Zwischen barocken Samtportieren begrüßen livrierte Diener die Besucher.

● Hollywood: Emil Jannings und Conrad Veith werden in die amerikanische Filmstadt verpflichtet. Pola Negri kehrt aus Hollywood zurück.

● In Deutschland werden ca. 200 Filme produziert, aber die Geschäfte gehen schlecht, und einige kleinere Firmen müssen schließen.

1925

Armstrong und Beiderbecke

Am 22. November macht der 25jährige Louis Armstrong aus New Orleans in Chicago mit seinen »Hot Five« seine ersten Plattenaufnahmen: *Gut Bucket Blues* und *Yes, I'm in the Barrell*. Die »Hot Five« mit Armstrong (Cornett und Gesang), Kid Ory (Posaune), Johnny Dodds (Klarinette), Lil Hardin (Klavier), und Johnny St. Cyr (Banjo und Gitarre) zählt zu den bedeutendsten Formationen der Jazzgeschichte, und ihre Aufnahmen sind Klassiker. Die Musiker spielen in große Trichter, von wo ihre Musik auf mechanischem Wege auf eine Nadel übertragen wird, die die Schallschwingungen auf eine Wachsplatte ritzt. Trotz ihrer für heutige Ohren geringen Tonqualität werden gerade diese authentischen Aufnahmen von Jazzfreunden hochgeschätzt. Später werden die Aufnahmen elektroakustisch ausgebessert, ohne daß sie ihre Ursprünglichkeit einbüßen. Zur gleichen Zeit wie Armstrong etabliert sich in Chicago der 23jährige Cornettist und Bandleader Bix Beiderbecke. Studenten und Musiker sind von der aus New Orleans zu ihnen dringenden Musik derart begeistert, daß sie sie nachzuahmen versuchen. Das gelingt nicht. Statt der Nachahmung entsteht etwas Eigenes: Der Chicago-Stil, eine einfachere Gangart des Negerjazz. Die Negermusiker lassen denn auch nur einen einzigen neben sich gelten: Bix Beiderbecke.

Bix (Abkürzung für Bismarck), dessen Vorfahren aus Mecklenburg und Pommern stammen, gründet, um nicht länger in mittelmäßigen Orchestern spielen zu müssen, eine eigene Band, die »Wolverines«. Armstrong urteilt begeistert über Beiderbecke: »Sein lyrischer Ton, seine Phrasierungskunst, seine Kompositionen, seine Ideen – ich wußte nicht, was ich darüber sagen sollte. Ich schüttelte ihm nur die Hand. Nimm einen Mann mit einem reinen Ton wie seinem, und es ist egal, wie laut die andern spielen: sein Ton ist überall da…«

Naturverbundenes kontra mondänes Leben

Zum Bild der »goldenen« zwanziger Jahre gehört eine außerordentliche Vielfalt theatralischer und modischer Selbststilisierungen. Neben dem Proletarier-Look, den sich die linken Intellektuellen zulegen, blühen Extravaganzen in Kleidung, Schminke und Frisuren. Aufzufallen ist kein Tabu, sondern gesellschaftliche Pflicht, insbesondere in den Kreisen, die sich im Krieg und in der Inflationszeit saniert haben.

Diesem als dekadent empfundenen Großstadtgehabe tritt die Jugend- und Wandervogelbewegung mit der Alternative des einfachen, naturverbundenen Lebens radikal entgegen. Sie ist nicht in den zwanziger Jahren, sondern bereits um die Jahrhundertwende entstanden, als Protestbewegung gegen die industrielle, verwaltete Welt. Die Erfahrungen des Weltkriegs und der Nachkriegswirren, das Erlebnis der Brutalität und des Zynismus einer naturentfremdeten Großstadtgesellschaft geben dieser Bewegung in den zwanziger Jahren einen neuen, mächtigen Auftrieb. Viele Jugendliche brechen aus der erstickenden Enge ihres Elternhauses, ihres Berufs- oder Schulalltags aus und suchen, ausgerüstet mit Klampfe, Rucksack und Kochtopf, einen neuen Lebenssinn bei freier Bewegung in der Natur und unter Gleichgesinnten. Das Wort »Kontakt« gewinnt eine geradezu glückverheißende mystische Bedeutung: »Wenn wir wandern Seit' an Seit' / und die alten Lieder singen, / fühlen wir, es muß gelingen…« Was muß gelingen? Es geht darum, das eigene Leben mit der Umgebung und den Mitmenschen in Einklang zu bringen, nicht nur als Freizeitveranstaltung, sondern als praktizierte Utopie eines erfüllten Lebens.

In der Mehrzahl werden die Wanderjugendbünde später vom Nationalsozialismus absorbiert, die oppositionellen und freigeistigen Gruppierungen unterdrückt und verfolgt.

Dame im Hosenanzug mit Faltengewand-Überwurf; Modefoto um 1925. Rastende Wandervögel beim Abkochen, Foto um 1925.

Alban Bergs »Wozzeck«

Nachdem Alban Berg 1924 durch die Frankfurter Uraufführung der *Drei Bruchstücke für Gesang und Orchester* aus der Oper *Wozzeck* schlagartig berühmt geworden ist, findet in der Berliner Staatsoper unter der musikalischen Leitung von Erich Kleiber am 14. Dezember 1925 die Uraufführung der gesamten Oper statt. Heftigste und gehässigste Attacken in der Presse können den Erfolg des epochemachenden Werks nicht verhindern: Allein in Berlin kommt es bis 1933 zu zwei weiteren Neueinstudierungen, bis Ende 1936 wird der *Wozzeck* in 29 verschiedenen Städten 166mal aufgeführt.

1914, kurz vor Beginn des Ersten Weltkriegs, hatte Berg eine Inszenierung von Georg Büchners als Fragment hinterlassenen Dramas *Woyzeck* an den Wiener Kammerspielen erlebt und war von dem Stück so fasziniert, daß er weitere Aufführungen besuchte und eine Vertonung beschloß.

Obwohl seine Freunde und selbst sein Lehrer Arnold Schönberg ihm dringend abgeraten haben, stellte Alban Berg 1917 die dramaturgische Einrichtung fertig: Aus den ihm vorliegenden 23 Szenen (eine Angabe der Reihenfolge durch Büchner ist nicht überliefert) fügte er drei Akte mit je fünf »Bildern« zusammen. Im Jahr 1921 konnte er die Komposition abschließen.

Wozzeck ist die Tragödie eines mißhandelten Menschen, endend in Mord und Selbstmord, ohne Ausblick auf Erlösung. Es ist die schonungslose Bloßlegung der doppelten Moral einer militaristischen Gesellschaft, in der jeder Appell nach Humanität in Sprachlosigkeit erstickt.

Entsprechend reduziert Berg im letzten der drei Akte die musikalischen Formen aufs Äußerste. Ein Ton, ein Akkord, ein Rhythmus bilden die musikalischen Keimzellen. Das Stammeln der geknechteten Kreatur verweist visionär auf die sich ankündigende faschistische Diktatur.

Zuckmayers Durchbruch auf der Bühne

Zu einem der großen Theatererfolge der zwanziger Jahre wird Der fröhliche Weinberg *des 30jährigen Carl Zuckmayer. Das Stück erlebt am 22. Dezember am Theater am Schiffbauerdamm in Berlin seine Uraufführung. In seiner Autobiographie* Als wär's ein Stück von mir *(1966) schreibt Zuckmayer über die Reaktion des Premierenpublikums: »Es war der Ausbruch einer ansteckenden Lachkrankheit, einer epidemischen Heiterkeitsekstase, eines mittelalterlichen Massenrausches ...«*

Aber nicht alle können mitlachen. In dem sinnlich-derben Volksstück geht es um die Versteigerung eines Weinguts, aber auch, je mehr alle Beteiligten im Laufe des Tages dem Wein zusprechen, um Liebeshändel und Affären, in denen Geschäft und Liebe sich verquicken. Als absoluter Depp wird ein junger Mann aus der Stadt geschildert, Korpsstudent und deutschnational, der sich nach der turbulenten durchzechten Nacht auf dem Misthaufen wiederfindet.

Vor allem im Rheinhessischen, wo die Handlung angesiedelt ist, kommt es zu scharfen Reaktionen. Der Weinbauernverband mischt sich ein, desgleichen der Bischof von Mainz. Studentische Verbindungen provozieren Skandale. Eine Karikatur im Simplicissimus *gibt dem Geschehen die zutreffende satirische Pointe: Ein junges Mädchen liegt weinend in den Armen ihrer Mutter, weil ihr Verlobter, ein Korpsstudent, die Verlobung löst – seine Braut ist entehrt, weil sie den Fröhlichen Weinberg gesehen hat.*

Alfred Kerr lobt den Dramatiker, weil »er das Theater heute vielleicht vor dem hemmungslosen Literatenmist rettet: vor der anspruchsvollen Ohnmacht, vor dem sauberen Chaos ...«

Was hinter diesem Lob steckt, ist klar: die Zeit der expressionistischen Leidensdramatik, des Oh-Mensch-Schreis auf der Bühne ist vorbei.

Mitte links: Karl Arnold, »Simplicissimus«-Karikatur zum »Fröhlichen Weinberg«; 1926.
Mitte rechts: Alfred Kerr, um 1925.

Literatur

Neuerscheinungen
● John Dos Passos: *Manhattan Transfer*. Hauptrolle spielt in dem nach Art der Filmtechnik aus Hunderten von Einzelbeobachtungen, Szenen, Meldungen und Schlagworten montierten Roman die Stadt New York.
● Lion Feuchtwanger: *Jud Süß*. Der Roman bringt dem Autor Weltruhm ein. Er behandelt das Leben des Württembergischen Schatullenverwalters und Geheimen Finanzrats Joseph Süß-Oppenheimer, der 1738 in Stuttgart hingerichtet wurde. Mit seinen historischen Romanen wird Feuchtwanger bei den Lesern populär, bei der Literaturkritik aber verschaffen sie ihm nicht den verdienten Rang. Feuchtwanger, Jude, ist vom Antisemitismus gleicherweise fasziniert wie angewidert. Ende der zwanziger Jahre

schreibt er über den Kampf der Juden gegen die Römer die *Josephus-Trilogie*.
● Franz Kafka: *Der Prozeß*, Roman, geschrieben 1914 und 1915 von dem am 3. Juni 1924 41jährig gestorbenen Autor, herausgegeben von Kafkas Freund Max Brod. Es ist die seltsame, rätselhafte und vieldeutige Geschichte vom Bankprokuristen K., eines Mannes ohne geistig-weltanschauliche Orientierung, zudem menschlich isoliert. K. wird, ohne daß ihm eine Straftat vorgehalten wird, angeklagt. Der Roman, von schaurig groteskem Humor, ist von einem dichten Gewebe autobiographischer Bezüge durchzogen. Die Welt bleibt wie sie ist. Der Mensch in ihr kämpft, mit untauglichen Mitteln, um seine immer wieder in Frage gestellte Daseinsberechtigung.
● Egon Erwin Kisch: *Der rasende*

Reporter. Der Journalist veröffentlicht eine Auswahl seiner politischen Reportagen. Erst durch dieses Buch setzt sich in Deutschland die Reportage als Genre und Begriff durch.

Ereignisse
● Am 20. August wird der kommunistische Dichter Johannes R. Becher wegen literarischen Hochverrats verhaftet. Seine Gedichte *Vorwärts die Rote Fahne!* und *Der Leichnam auf dem Thron* waren schon im Frühjahr konfisziert worden.
● Gründung der »Gruppe 1925« mit Johannes R. Becher, Egon Erwin Kisch, Bertolt Brecht, Alfred Döblin, Leonhard Frank, Rudolf Leonhardt, Ernst Toller, Kurt Tucholsky u. a. Die Gruppe debattiert über »bürgerliche und proletarisch-revolutionäre Kunst«, ohne zielgerichtete Aktivitäten zu entwickeln.

1925

Das Kamera-Auge

Die Fotografie gewährleistet Aktualität und unbestechliche Dokumentation. Die Eroberung der Wirklichkeit durch dieses Medium ist mit der aufreibenden Arbeit des Fotoreporters verbunden. Da agiert etwa das Team »Foto aktuell« mit Motorrad und Beiwagen, der zu einer Dunkelkammer umgebaut ist, so daß es den Reportern möglich ist, noch während der Fahrt die Platten zu entwickeln. Der Fotograf, der den Start des Großen Staffellaufs in Berlin-Potsdam im Juni 1925 aufnimmt, muß sich mit Stativ und Kamera eilig vor den losstürmenden Läufern in Sicherheit bringen. Schneller ist der rittlings auf dem Motorrad sitzende Bildberichterstatter.

1925 stellt Kurt Tucholsky die Frage: »Warum kann man den ›Simplicissimus‹ nicht mehr lesen?... Weil der Typus dieses alten Witzblattes unmöglich geworden ist.« Die Karikatur ist in den Augen Tucholskys langweilig geworden, er hat etwas Neues entdeckt: »Es gibt aber ein sehr witziges, politisch unendlich wirksames Kampfmittel – und das ist die Tendenzfotografie.« Er fährt fort: »Die Fotografie ist unwiderlegbar. Sie ist gar nicht zu schlagen. Was allein mit fotografischen Gegenüberstellungen zu machen ist, weiß nur der, der's einmal probiert hat. Die Wirkung ist unauslöschlich und durch keinen Leitartikel der Welt zu übertreffen. Eine knappe Zeile Unterschrift – und das einfachste Publikum ist gefangen. Ludendorff in Zivil; das Automobil eines Bankiers; die Wohnung eines Portiers; Richtergesichter einer preußischen Strafkammer und ihre Opfer... das sind Themen, die mit Worten gar nicht so treffend behandelt werden können, wie es die unretuschierte, wahrhaftige und einwandfreie Fotografie kann. Sie ist eine maßlos gefährliche Waffe. Der Zeichner kann sich etwas ausdenken. Der Fotograf nicht.«

Oben: Pressefotograf nach einem Staffellauf-Start, 1925.
Mitte: Bildberichterstatter auf dem Motorrad, 1925.
Unten: Pressefotografen mit Motorrad-Dunkelkammer, 1925.

Gefahren durch Röntgenstrahlen

Als Wilhelm Konrad Röntgen im Jahr 1895 die nach ihm benannten Strahlen entdeckte, ahnte er noch nicht, wie nützlich sie für die Ärzte noch werden sollten. Tatsächlich tat sich eine neue Welt auf. Der menschliche Körper war jetzt auf einer Mattscheibe sozusagen von innen zu besichtigen. Herz, Lunge und Leber, das Skelett, verschluckte Gegenstände im Körper wurden sichtbar, Knochenbrüche und manches mehr ließen sich erkennen, und all das erleichterte die Diagnose und die Therapie.

Doch werden in den ersten Jahrzehnten unseres Jahrhunderts auch die Kehrseiten der Medaille sichtbar. Um 1925 herum erkennt man, daß es nach Anwendung der »neuen Art von Strahlen« hier und da zu Verbrennungen und Krebsleiden kommt, weil man noch nicht gelernt hat, die Strahlen beim Durchleuchten richtig zu dosieren. Auch weiß man noch zu wenig darüber, wie der menschliche Körper auf die Strahlen reagiert. Denn wer immer sich durchleuchten läßt, er spürt ja die Strahlen nicht, jedenfalls nicht sofort, weil wir Menschen kein Sinnesorgan für sie haben. Nichts läßt uns die Strahlen sofort registrieren wie etwa Wärme oder Kälte auf der Haut.

Mangels Erfahrung wird die Strahlendosis nur grob geschätzt, etwa nach der Helligkeit des Leuchtschirmbildes. Es wird berichtet, bis zum Jahre 1922 seien schon etwa hundert mit Röntgenstrahlen umgehende Ärzte und Forscher an den Folgen übermäßiger Bestrahlung gestorben, und immer neue Fälle werden bekannt. Der Tod dieser Menschen kommt nicht schnell, sondern erst nach einer gewissen Zeit, wie durch ein langsam wirkendes Gift.

In Unkenntnis der Strahlengefahr haben nicht nur Wissenschaftler und allzu unbekümmert geröntgte Patienten Schaden genommen. Ein warnendes Beispiel sind 42 Arbeiterinnen, die in einem amerikanischen Werk in New Jersey Uhrenziffern mit Leuchtfarbe bemalten. Die jungen Frauen tauchen bei ihrer Arbeit feine Pinsel in die radiumhaltige, also strahlenaussendende Leuchtmasse. Damit die Leuchtfarbe besser haftet, benetzen sie die Pinselspitzen regelmäßig mit der Zunge und nehmen dabei fortwährend winzige Radiummengen in den Körper auf.

Alle 42 Arbeiterinnen sterben an Krebs, hervorgerufen durch Radiumstrahlen, die letzte am 2. September 1958 im Alter von 57 Jahren.

Das Deutsche Museum in München

Knapp zwanzig Jahre nach der Grundsteinlegung durch Kaiser Wilhelm II. im Jahre 1906 wird am 7. Mai 1925 der Sammlungsbau des 1903 durch Oskar von Miller gegründeten Deutschen Museums in München eingeweiht. Es ist der Geschichte der Naturwissenschaften und der Technik gewidmet und versteht sich als Bildungsstätte für breite Bevölkerungsschichten. So erfolgt die Darstellung der Funktionsweise technischer Apparate nicht nur an Originalen, sondern auch in Form von Nachbildungen, Modellen und Dioramen. Die Gesamtanlage mit 430 m Länge und 100 m Breite auf einer Insel inmitten der Isar gliedert sich in den Sammlungsbau mit 64 m hohem Turm, Bibliotheksbau (1932 eingeweiht) und Kongreßsaal (1935 eingeweiht).

Bei der Eröffnung bildet das von der Optikfirma Carl Zeiss erbaute Planetarium, das erste seiner Art, eine der Hauptattraktionen. In einem verdunkelten Raum können die Besucher an der kuppelförmigen Decke über sich das Firmament mit seinen Sternen und Galaxien betrachten. Eine geniale technische Konstruktion macht es möglich, den Gang der Sonne, des Mondes und der Wandelsterne wie in einem Zeitraffer zu zeigen. In einem zugleich ablaufenden Vortrag erfährt man Interessantes aus der Astronomie. Man hört Neuigkeiten über das Sonnensystem wie etwa die, daß die »Sonnenprotuberanzen« viele Hunderttausende Kilometer über den Sonnenrand hochgeschleuderte Gasmassen sind. Es wird über die Sonnenflecken informiert, aus denen Ströme geladener Elementarteilchen hervorbrechen; nach 26 Stunden erreichen diese Teilchen die Erde, um dort magnetische Stürme auszulösen, die den Funkverkehr stören und dort, wo sie auf das Magnetfeld der Erde treffen, Polarlichter erzeugen.

Während der Eröffnungsfeier des Deutschen Museums werden den 2000 geladenen Gästen »große Worte« über die einzigartigen Verdienste der deutschen Naturwissenschaft um den technischen Fortschritt geboten. Kaiser Wilhelm, wäre er zugegen, hätte seine Freude gehabt. Sieben Jahre nach dem Ende der Materialschlachten des Ersten Weltkriegs klingen die kernigen Worte, mit denen Reichskanzler Hans Luther seine Festrede beschließt, wie ein unfreiwilliges Menetekel: »Das Deutsche Museum ist ein Bekenntnis des deutschen Volkes zur Technik. Das Deutsche Museum ist ein Bekenntnis des deutschen Volkes zu sich selbst. Das Deutsche Museum ist ein Bekenntnis des deutschen Volkes zum Frieden.«

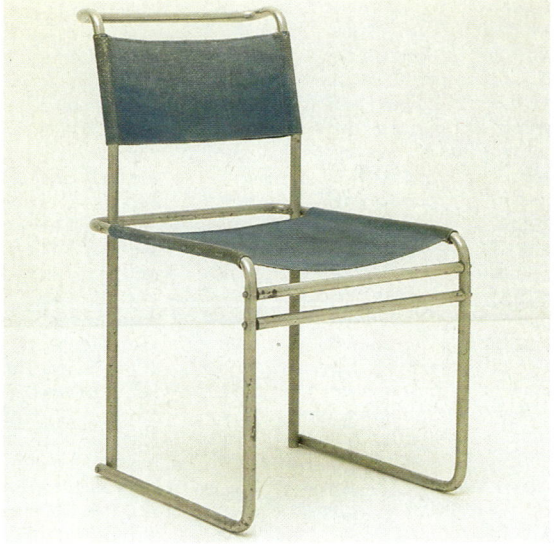

Marcel Breuer
Eßzimmer
1926

Marcel Breuer
Stahlrohrstuhl
1926

Vermutlich Ecole Martine
Damenschreibtisch
um 1920–1925

Art-deco und Bauhaus-Stil

Zum neuen Bauen gehört auch das neue Wohnen. In den zwanziger Jahren überschneiden sich in der Design-Kunst die ältere Richtung des mondänen bis exzentrischen Art-deco und der neusachliche Stil des Bauhaus.

Wegweisend für Art-deco wurde die Gründung der Ecole Martine 1909 durch Paul Poiret, aus dessen Atelier wohl auch der abgebildete Damenschreibtisch aus poliertem Holz, Pergament und Metall stammt. Bevorzugt von der Art-deco werden ferner Lackarbeiten, Furnierungen und Perlmuttarbeiten.

1925 findet in Paris eine große Design-Ausstellung statt, die Exposition Internationale des Arts Décoratifs et Industriels Modernes (von der sich die Bezeichnung »Art-deco« herleitet). Le Corbusier reagiert schroff ablehnend, seine Vorstellung von Wohnen drückt sich in Zweckmöbeln aus. Dennoch ist der Unterschied nicht grundsätzlich, denn der Art-deco-Damenschreibtisch aus der Schule Martine ist symmetrisch, logisch und funktionsgerecht – Eigenschaften, denen auch das Bauhaus-Design verpflichtet ist.

Der Bauhausmeister Marcel Breuer entwirft 1926 im Auftrag und unter Assistenz von Wassily Kandinsky das abgebildete Eßzimmer, eine Komposition aus verchromtem Metall sowie weiß- und schwarzlackiertem Holz. (An der Wand hängt ein Bild Kandinskys aus dem Jahre 1923). In einem programmatischen Artikel über metallmöbel und moderne räumlichkeit schreibt Breuer 1928: »die metallmöbel sind teile eines raumes. Sie sind »stillos«, denn sie sollen außer ihrem zweck und der dazu nötigen konstruktion keine beabsichtigte formung ausdrükken. der neue raum soll kein selbstporträt des architekten darstellen, auch nicht von vornherein individuelle fassung der seele seiner gebraucher ... diese metallmöbel sollen nichts anderes als notwendige apparate heutigen lebens sein.« Trotz aller Beteuerungen – Breuers Möbel sind exklusiv. Daneben entstehen am Bauhaus auch einfache Möbelentwürfe, die in Serie für einen großen Verbraucherkreis produziert werden können.

Das Bauhaus in Dessau

Die Institutionalisierung des Bauhauses gilt als bedeutendste Tat der zwanziger Jahre in Deutschland. Seine damals so radikalen, aufsehenerregenden Ideen und Formen sind inzwischen in jeden Haushalt eingezogen, sie haben die Welt erobert, trotz ununterbrochener Anfeindungen. Gleichzeitig mit der Gründung 1919 veranstalteten Weimarer Bürger die erste Protestversammlung. Die kahlgeschorenen Köpfe und Ponyfrisuren, die extrem schlichte Bauhaustracht, die Künstlerfeste, die ausländischen Namen einiger Dozenten und Mitarbeiter – das alles stieß die meisten Weimarer Bürger, die auf Goethe, Schiller, Herder und Wieland fixiert waren, vor den Kopf, und was in der Schule selbst vorging, davon konnten sie sich überwiegend kein Bild machen. Die Angriffe Unbefugter, die hinter jeder Neuerung »Kulturbolschewismus« witterten, gingen den Bauhäuslern auf die Nerven. Die Aversion war gegenseitig. Im September 1924 strich die neugewählte nationalkonservative thüringische Regierung dem Bauhaus die staatlichen Mittel und kündigte den Meistern. Ende des Jahres erklärte das Bauhaus seine Auflösung zum 1. April.

Frankfurt, Hagen, Mannheim, Darmstadt und Dessau bewarben sich, das berühmte Institut in ihre Mauern zu bekommen. Der Gründer und Leiter der Schule, Walter Gropius, gab der aufstrebenden Industriestadt Dessau den Vorzug. Er entwarf einen eigenen Gebäudekomplex und lieferte wieder ein Beispiel für die Schönheit modernen Bauens.

Im Frühjahr 1925 siedelte das Bauhaus nach Dessau über und nannte sich, als eine der städtischen Kunstgewerbeschule gleichgeordnete kommunale Einrichtung, »Hochschule für Gestaltung«. Nicht mehr Meister, wie in Weimar, nennen sich die Lehrkräfte, sondern Professoren, und die ehemaligen Lehrlinge, Gesellen und Jungmeister sind nun Studenten. Der Schulbetrieb wurde am 14. Oktober wieder aufgenommen, das neue Gebäude am 4. Dezember 1926 eingeweiht. Es kamen 60 Pressevertreter und mehr als 1500 Besucher. Reichskunstwart Edwin Redslob hielt die Ansprache.

In dem neuen Programm eliminiert Gropius die letzten Reste der romantischen, schwärmerischen, sektiererischen Elemente, die die Arbeit der ersten Jahre belastet hatten. Dem Unterrichtsbetrieb werden kommerziell arbeitende Produktionsstätten für Möbel und Gebrauchsgegenstände angeglie-

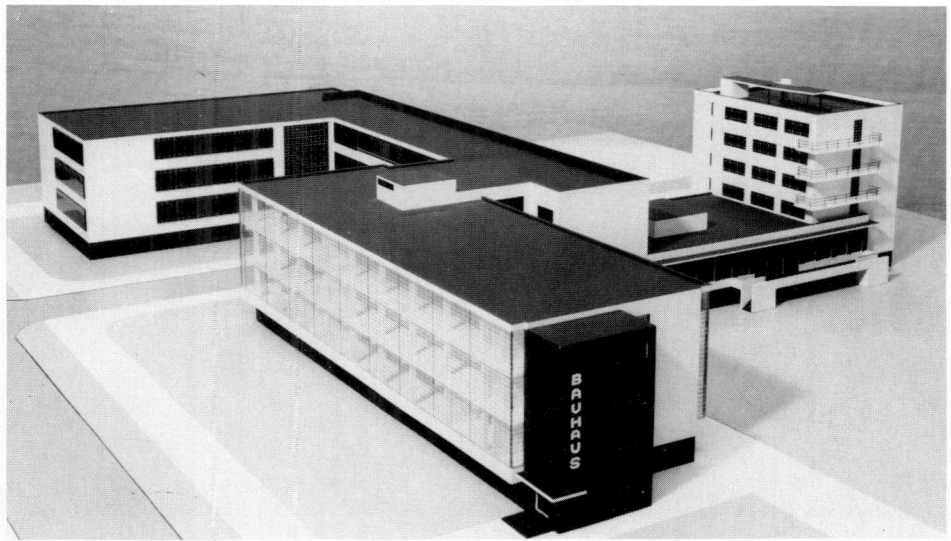

dert. Darüber hinaus sucht Gropius Kontakt zu gewinnorientierten Fertigungsbetrieben. Er strebt eine solche Zusammenarbeit in erster Linie deswegen an, weil das Bauhaus finanziell unabhängig werden soll. Aber auch ideelle Motive sind im Spiel. Aus Gropius' *Grundsätzen der Bauhaus-Produktion:* »Die in den Bauhauswerkstätten endgültig durchgearbeiteten Modelle werden in fremden Betrieben vervielfältigt. – Die Bauhausproduktion bedeutet also keine Konkurrenz für Industrie und Handwerk, sondern schafft vielmehr für diese einen neuen Aufbaufaktor. – Das Bauhaus kämpft gegen Ersatz, minderwertige Arbeit und kunstgewerblichen Dilettantismus für eine neue Qualitätsarbeit.«

Walter Gropius und László Moholy-Nagy geben die Bauhausbücher heraus. Es erscheinen u. a. von Walter Gropius: *Neue Arbeiten der Bauhaus-Werkstatt;* von Paul Klee: *Pädagogisches Skizzenbuch;* von Piet Mondrian: *Die neue Gestaltung;* von Wassily Kandinsky: *Punkt und Linie zur Fläche;* von Oskar Schlemmer: *Die Bühne im Bauhaus.* Schlemmer will die Bühne mit abstrahierenden Figuren beleben, in Anlehnung an Edward Gordon Craig, der fordert, daß den Platz des Schauspielers ein unbelebtes Wesen – eine »Über-Marionette« einnehmen soll.

Dem neuen Programm entsprechend wurde das Theater, schon immer Randerscheinung neben den Hauptvorhaben, nur mehr Freizeitthema.

Das Bauhaus in Dessau

Der Lehrkörper des Bauhauses in Dessau stellt sich vor, aufgenommen auf dem Dach des Lehrgebäudes. Das Foto oben zeigt von links nach rechts: Josef Albers, Hinnerk Scheper, Georg Muche, László Moholy-Nagy, Herbert Bayer, Joost Schmidt, Walter Gropius, Marcel Breuer, Wassily Kandinsky, Paul Klee, Lyonel Feininger, Gunta Stölzl, Oskar Schlemmer.

Im Dezember 1926 wird der von Walter Gropius entworfene Gebäudekomplex in Anwesenheit von über tausend Gästen eingeweiht. Sein freier Grundriß wird wegweisend für die moderne Architektur. Die Konstruktion ist ein Eisenbetongerippe mit Ziegelmauerwerk; bahnbrechend sind die (von Gropius schon im Industriebau verwendeten) Fensterbänder.

An der Innenausstattung sind die Bauhaus-Werkstätten beteiligt. So stellt etwa die Metallwerkstatt die Beleuchtungskörper her und die Tischlerei die Möbel.

Oben: Der Bauhaus-Lehrkörper in Dessau, 1926.
Mitte: Modell des Bauhaus-Komplexes in Dessau aus der Zeit des Baubeginns, etwa Juli 1925.

1926

Gedächtnisstätte für Revolutionäre

Am 13. Juni wird auf dem Berliner Friedhof Friedrichsfelde ein Denkmal für Rosa Luxemburg, Karl Liebknecht und die 31 gefallenen Kämpfer des Spartakusaufstandes vom Januar 1919 enthüllt. Entworfen hat die Gedächtnisstätte kein geringerer als Ludwig Mies van der Rohe im Auftrag der KPD. Am 15. Januar 1919 wurden Rosa Luxemburg und Karl Liebknecht verhaftet und von Freikorpsoffizieren ermordet. Wilhelm Pieck wurde gleichzeitig festgenommen; ihm gelang jedoch die Flucht. Nun hält er die Gedenkrede. Das Denkmal ist eine Mauer aus unterschiedlich vorragenden Klinker-Quadern. Es hat ein Vorbild: die Mauer auf dem Pariser Friedhof Père Lachaise für die gefallenen Kämpfer der Pariser Commune.

Mies van der Rohes Denkmal ist Bekenntnis. Über das Verhältnis von Form und Inhalt schreibt er: »Form als Ziel mündet immer in Formalismus. Denn dieses Streben richtet sich nicht auf ein Innen, sondern auf ein Außen. Aber nur ein lebendiges Innen hat ein lebendiges Außen.«

Ludwig Mies van der Rohe, Gedächtnisstätte für Rosa Luxemburg und Karl Liebknecht; 1926.

Anita Berber und andere

Es herrscht Freiheit, der »Selbstverwirklichung« sind keine Grenzen gesetzt. Eine absolut unverwechselbare Persönlichkeit zu sein, ist die Grundlage des Erfolgs.

Der tiefsinnige und lebensklug spottende Matrose Joachim Ringelnatz durchzieht die Cabarets und Kneipen des deutschen Sprachraums. Die Filmschauspielerin und Grotesktype Valeska Gert mit ihren 30-Sekunden-Ausdruckstänzen in eigener Berliner Kneipe gehört zur Bohème wie die Lyrikerin Else Lasker-Schüler, selbsternannter Prinz von Theben, über und über mit Billigschmuck behangen.

Eine der Schlüsselfiguren zum Verständnis der Zeit ist die Tänzerin Anita Berber, die die Ausdrucksmöglichkeiten des erotischen Tanzes um etliche Nuancen erweitert. Aber ihr Leben ist noch dramatischer als ihr Tanz. Sie versucht Opium, schnupft Kokain, trinkt. Sie glaubt nicht an irgendeine Zukunft, nur an den Augenblick. Und der kostet, bei ihren Ansprüchen, Geld. Sie flaniert über die Boulevards, und wenn sie jemand anspricht, sagt sie nur: »200 Mark.« Geld muß her. Zerbrochene Ehen, Skandale, Zusammenbrüche, Reisen in den Vorderen Orient, gefeierte Tänzerin in den Cabarets von Beirut, Entziehungskur, 1929 Rückkehr nach Berlin, Tod. Total erschöpft mit noch nicht 30 Jahren. Lebendig geblieben ist sie in einem Porträt von Otto Dix.

Josephine Baker, der »Schwarze Stern« Europas

Über den Atlantik kommen der Charleston und die Verkörperung dieses Tanzes, Josephine Baker, die 1906 in St. Louis geboren ist. Rudolf Nelson, Komponist und Chef des Berliner Nelson-Theaters, holt sich aus Paris die Show der Josephine Baker mit Tanzensemble und fünfköpfiger Kapelle. Die Baker bleibt in Berlin, spielt in anderen Revuen, wirkt auch in Revue-Filmen mit, wird zeitweise Berlinerin. Ihr Bananen-Tanz ist populär. Sie und der Charleston sind Symbole der Zeit.

Harry Graf Kessler, ein Freund des Dichters und Dandys Karl Gustav Vollmoeller (Max Reinhardt hat 1914 im Zirkus Busch seine Pantomime *Das Mirakel* inszeniert), schreibt am 13. Februar 1926 in sein Tagebuch: »Um eins rief Max Reinhardt an, er sei bei Vollmoeller, sie bäten mich beide, ob ich nicht noch hinkommen könne? Miß Baker sei da, und nun sollten noch fabelhafte Dinge gemacht werden. Ich fuhr also zu Vollmoeller in seinen Harem am Pariser Platz und fand dort außer Reinhardt und Huldschinsky zwischen einem halben Dutzend nackter Mädchen auch Miß Baker, ebenfalls bis auf einen rosa Mullschurz völlig nackt, und die kleine Landshoff (eine Nichte von Sammy Fischer) als Junge im Smoking. Die Baker tanzte mit äußerster Groteskkunst und Stilreinheit, wie eine ägyptische oder archaische Figur, die Akrobatik treibt, ohne je aus ihrem Stil herauszufallen. So müssen die Tänzerinnen Salomos und Tut-ench-Amuns getanzt haben. Sie tut das stundenlang, scheinbar ohne Ermüdung, immer neue Figuren erfindend wie im Spiel, wie ein glückliches Kind. Sie wird dabei nicht einmal warm, sondern behält eine frische, kühle, trockene Haut. Ein bezauberndes Wesen, aber fast ganz unerotisch. Man denkt bei ihr an Erotik ebensowenig wie bei einem schönen Raubtier.«

Andere erlebten die Baker anders. Walther Kiaulehn in seinem Buch *Berlin – Schicksal einer Weltstadt*: »Braun wie ein gut gebratenes Steak, langbeinig und paradiesisch; in provokanter Unschuld trug sie nur ihre Bananengirlande um ihre Hüften. Das straffgekämmte, blauschwarze Haar, die wippende Hüfte und das blitzende, weiße Gebiß, aus dem das helle, lustig gutturale Französisch purzelte, sprach den ganzen Inhalt der neuen Vokabel aus, die damals aus Amerika über den Ozean nach Berlin herübergeweht war: Sex-Appeal!«

Karl Alfredy
Ich danke Allah für Pinosalla
Notendruck 1928

Die neue Haller-Revue
Berliner Admiralspalast, um 1925

Charleston
um 1925

Schlager der Saison – Schlager des Jahrzehnts

Ein wesentlicher Bestandteil der alltäglichen Freizeit, die mit der Entwicklung der modernen Massenmedien mehr und mehr zu einem Beuteobjekt der Vergnügungsindustrie wird, ist der Schlager. Je einschmeichelnder die Melodie, desto erfolgsversprechender, und je alberner der Text, desto vergnüglicher ist er, ja manche Texte werden gerade ihres Blödsinns wegen populär. »Ich hab das Fräul'n Helen' baden seh'n, das war schön! – da kann man Waden seh'n, rund und schön im Wasser steh'n« – man braucht nur im Hotel die falsche Türe zu erwischen. Die vermarktete Frivolität sucht und findet ihre Schauplätze überall, besonders aber dort, wo der Schlagerkonsument selbst zu erleben hofft, was die Schlagerproduzenten ihm vorgaukeln: im Kino, im Tanzsalon, im Freibad, in der Kneipe. Manche Schlager halten sich jahrelang und werden zu »Evergreens«. Beispielsweise der Paso doble (2/4 Takt) der Dame, die mit ihrem »dicken, gar nicht schicken Hans« höchst unzufrieden ist. Tanzen jedenfalls kann er nicht oder er hat anderes im Sinn: »Was machst du mit dem Knie, lieber Hans, beim Tanz?«

Der Schlager der zwanziger Jahre kann gemütvoll-melancholisch sein (»Schöner Gigolo, armer Gigolo, denke nicht mehr an die Zeiten…«), er kann leidenschaftlich-fordernd daherkommen wie der Onestep Valencia, oder er übertrifft die absurde Realität noch an Verrücktheit. »Was macht Herr Maier am Himalaya?« fragt sich eine ganze Damenschar; »Ausgerechnet Bananen verlangt sie von mir«, beklagt sich ein Schlagerheld, der mit seinen Rosen und Levkojen bei seiner Dame nichts ausrichtet – der Schlager wird schon 1923 gesungen, als Bananen unerschwinglich sind.

Der beherrschende Modetanz der zwanziger Jahre ist der Charleston mit seiner exaltierten Beinakrobatik, die den ganzen Körper erschüttert. Was Tanz an körperlicher Enthüllung und erotischer Animation zu vermitteln vermag, demonstrieren die Girl-Truppen auf den Bühnen der großen Revuetheater.

**Russisches Plakat zu
Sergej Eisensteins
»Panzerkreuzer Potemkin«**
1925

Stierkampfszene

Das Filmepos der Revolution und der Roman der »verlorenen Generation«

Der am 21. Dezember des Vorjahres im Moskauer Bolschoi-Theater uraufgeführte Eisenstein-Film Panzerkreuzer Potemkin kommt Ende April 1926 in die deutschen Kinos. Der Film zeigt den Aufstand der russischen Schwarzmeerflotte im Januar 1905. Der Russisch-Japanische Krieg ist verloren, die Mannschaft des Kriegsschiffes Aurora wird schikaniert. Ihr wird faules, mit Maden durchsetztes Fleisch vorgesetzt. Die Matrosen wehren sich. Ihr Aufstand weitet sich aus und findet Sympathie bei der ebenfalls geschundenen Bevölkerung an Land. Doch die zaristischen Kosaken rücken vor und unterdrücken die revolutionäre Verbrüderung mit blutigem Terror.

Die einfache Handlung ist in eine Folge mitreißender Bilder umgesetzt. Neben den expressiven Porträtaufnahmen und Massenszenen ist es vor allem die konsequente Verwendung der Montagetechnik, die ein neues Kapitel der Filmgeschichte eröffnet.

Kein anderer Film der zwanziger Jahre wird von den deutschen Zensurbehörden so erbittert bekämpft wie der Panzerkreuzer Potemkin. Dem generellen Verbot durch die Filmprüfstelle Berlin im Januar 1926 folgt eine Teilerlaubnis, die Kürzungen und den Ausschluß von Jugendlichen und Reichswehrangehörigen verfügt. Der Freigabe schließt sich eine Kette neuer Schikanen an.

Im selben Jahr veröffentlicht der 27jährige Ernest Hemingway, der sich seit 1921 als Zeitungskorrespondent in Europa aufhält, seinen Roman The Sun Also Rises (deutsch 1928 Fiesta). Schauplätze der (weitgehend autobiografischen) Ereignisse in einem Kreis von Exilamerikanern sind Paris und das spanische Pamplona. Hier führt die Konfrontation mit dem Stierkampf zur Eskalation der Gruppen-Krise. »Außer Stierkämpfern«, bemerkt der Ich-Erzähler Jake Barnes, »lebt kein Mensch immer in Ekstase.« Als Motto verwendet Hemingway das Urteil Gertrude Steins: »Ihr seid eine verlorene Generation« – der Roman wird als Dokument der »lost generation« aufgenommen.

Film

Premieren

● Friedrich Wilhelm Murnau: *Faust. Eine deutsche Volkssage.* Drehbuch: Hans Kyser nach Motiven von Johann Wolfgang von Goethe, Christopher Marlowe und der alten Faust-Sage. Kamera: Carl Hoffmann. Bauten und Kostüme: Robert Herlth, Walter Röhrig. Darsteller: Gösta Ekman (Faust), Emil Jannings (Mephisto), Camilla Horn (Gretchen), Wilhelm Dieterle (Valentin), Yvette Guilbert (Marthe Schwerthlein). Trotz ungeheuren Aufwands an filmischen Tricks oder gerade deswegen wird der Film von der deutschen Kritik abgelehnt: Geistiges Schicksal sei nun mal im Film nicht wiederzugeben.

● Fred Niblo: *Ben Hur.* Drehbuch: Carea Wilson und Bess Meredith nach dem gleichnamigen Roman von Lewis Wallace, mit Ramon Novarro in der Titelrolle. Ben Hur ist der teuerste aller bisher gedrehten Filme. Produktionsfirma: Metro-Goldwyn-Mayer. Drehzeit: zwei Jahre. Der Film ist in Rom fast fertiggestellt, als man sich entschließt, ihn in Hollywood noch einmal zu drehen. Allein das große Wagenren-nen verschlingt eine Million Dollar. Gesamtkosten: fünf Millionen Dollar.

Ereignisse

● Jean Renoir, Sohn des Malers Auguste Renoir, verfilmt in deutschen Ateliers Émile Zolas Roman *Nana* mit Catherine Hessling. Werner Krauss erzielt in einer der drei tragenden Rollen einen bedeutenden Erfolg.

● Die Eröffnung des Gloriapalastes am Kurfürstendamm in Berlin am 25. Januar ist ein gesellschaftliches Ereignis. Premierenprogramm: *Tartüff.* Regie: Friedrich Wilhelm Murnau.

André Gides »Falschmünzer«

Als »Roman eines Romans« erscheint von André Gide das *Journal des faux-monnayeurs (Tagebuch der Falschmünzer)*, ein Konvolut von Notizen zur Theorie und Technik des 1925 erschienenen Buches *Les faux-monnayeurs (Die Falschmünzer, 1928).* Gegenstand des Romans ist der Roman *Les faux-monnayeurs* selbst. Ihn schreibt oder will schreiben Edouard (Gide), der über seine Bemühungen Tagebuch führt. Dieses Tagebuch füllt fast ein Drittel des Buches über die geistigen Falschmünzer, junge Leute, die sich um den Schriftsteller Passavant (Jean Cocteau) scharen.

Hans Grimms »Volk ohne Raum«

Aus der Sicht eines Auslandsdeutschen stellt Grimm in diesem Roman die afrikanische Weite der deutschen Enge gegenüber. Farbige Landschaftsschilderungen und eine spannende Gestaltung der Handlung wechseln ab mit penetranten Zurecht-weisungen des Autors, der im letzten Teil seines Buches selbst auftritt. Der Roman wird ein Handbuch der Nationalsozialisten bei ihren Eroberungskriegen. An die Stelle Südafrikas als Kolonisationsziel tritt die Kornkammer Europas, die Ukraine.

Franz Kafkas »Schloß«

Kafkas Roman *Das Schloß*, in dem der Landvermesser K. um Arbeit, Aufenthaltserlaubnis, Daseinsberechtigung in einem Dorf ringt, das am Fuße eines Schloßbergs liegt, wird postum (entstanden 1922) herausgegeben von Max Brod. Wie im *Prozeß* gibt es Parallelen zum Leben des Autors, zu seiner Existenzangst. Der K. des Romans ist in ein Dorf geraten, in dem Fremden mit Mißtrauen begegnet wird. Aber alles hängt von der Beamtenschaft ab, die so gut wie unsichtbar im Schloß haust. Die verschlungenen Pfade, auf denen K. in Kontakt zum Schloß kommen will, werden mit selbstquälerischem, skurrilem Humor erzählt. Der Interpretation sind kaum Grenzen gesetzt.

Theater

Premieren

● Ernst Barlach: *Der blaue Boll* (Uraufführung, Stuttgart, 13. Oktober). Im Dezember Inszenierung von Jürgen Fehling am Berliner Staatstheater. Bühnenbild: Rochus Gliese. Darsteller: Heinrich George (Boll). Der fette selbstgefällige mecklenburgische Gutsbesitzer Boll kommt im Laufe seines Läuterungsprozesses zu der Erkenntnis: »Der Mensch wird; er ist nicht.« In diesem zwielichtigen Stück helfen ihm eine Hexe, der liebe Gott und der Teufel persönlich. Boll geht den Weg von einem animalisch dumpfen Dasein zu festlicher Gottesergriffenheit. Die Inszenierung Jürgen Fehlings gilt als einer der Höhepunkte des Theaters in den zwanziger Jahren.

● Bertolt Brecht: *Mann ist Mann* (Uraufführung, Darmstadt, 26. September). Regie: Jacob Geis. Bühnenbild: Caspar Neher. Der Packer Galy Gay (Ernst Legal) aus Kilkoa wird von den Soldaten einer englischen Maschinengewehrabteilung, die ihren vierten Mann verloren haben, in eben diesen vierten Mann verwandelt. Aus dem friedlichen Galy Gay wird Jeraiah Jip, eine »Kampfmaschine«.

● Jean Cocteau: *Orphée (Orpheus).* Tragödie in einem Akt, wird am 17. Juni im von Georges und Ludmilla Pitoëff geleiteten Théâtre des Arts, Paris, uraufgeführt. Orpheus ist ein Dichter im modernen Paris. In seiner Ehe mit Eurydike kriselt es. Hauptgrund: Das Ehepaar teilt die Wohnung mit einem Pferd, das dem Poeten mittels Klopfzeichen geheimnisvolle poetische Sätze diktiert. Orpheus ist fasziniert von dieser Art Inspiration. Aus einem Spiegel tritt der Tod...

● Marieluise Fleißer: *Fegefeuer in Ingolstadt* (Uraufführung Berlin, Deutsches Theater, 25. April, geschlossene Aufführung der Jungen Bühne Moritz Seelers). Regie: Paul Bildt, Mitarbeit: Bertolt Brecht. Bühnenbild: Traugott Müller. Das Stück spielt in der Heimatstadt der Autorin. Im Mittelpunkt einer Fülle intuitiv gestalteter Figuren steht der junge Roelle (Mathias Wieman), ein von Sexualfoltern und religiösen Wahnvorstellungen gequälter Mensch.

● Sergej Tretjakow: *Ryči, Kitaj!* (*Brülle, China!*, Uraufführung, Meyerhold-Theater, Moskau, 23. Januar). Regie: W. Fjodorow, unter der Oberleitung von Wsewolod Meyerhold. Das Stück, basierend auf einem wirklichen Vorfall, dreht sich um den Aufstand chinesischer Kulis, an dessen Niederschlagung englische Kanonenboote beteiligt sind.

Starkult

Hollywood erobert die Welt, ausländische Filme verschwinden aus den Programmen der Kinos in den USA, in anderen Teilen der Welt macht der Anteil von Hollywood-Filmen 60 bis 90 Prozent aus. Die geldhungrige Filmindustrie setzt nicht mehr auf große Regisseure sondern auf die Stars. Lautstarke Reklame setzt die neuen Idole ins Rampenlicht der Öffentlichkeit. Schwülstige Legenden um ihre Liebes- und Scheidungsaffären, ihre Lebensgewohnheiten und privaten Intimitäten werden genüßlich ausgebreitet. Einer dieser Stars ist Rudolpho Valentino, der in seinen ersten Filmen als edler Herzensbrecher das Publikum in Rührung und Begeisterung versetzt, später aber auch humorvolle Rollen übernimmt.

Valentino stirbt 1926 im Alter von 31 Jahren. 100 000 Menschen nehmen an seiner Beerdigung teil, es kommt zu Ausschreitungen. Verehrerinnen sollen ihrem Idol durch Selbstmorde in den Tod gefolgt sein. Die letzten Tage seiner Krankheit beschäftigen die amerikanische Öffentlichkeit mehr als aktuelle politische Themen. Selbst noch der Tod des Schauspielers wird für Hollywood zum Kassenschlager.

Plakat zu Rudolpho Valentinos letztem Film »Der Sohn des Scheichs«, 1926.

1926

Befreiung von der Gemütlichkeit

Drei Jahre vor Bertolt Brechts Ozeanflug, der in Form einer »Radio-Kantate« Charles Lindberghs Atlantik-Flug besingt (Musik von Kurt Weill und Paul Hindemith), ist die zeitgenössische Musik bereits erfüllt von Assoziationen an die stampfenden Rhythmen der Fabriken und den Lärm von Maschinen. 1924 hat der amerikanische Komponist George Antheil ein Ballet mécanique für 16 mechanische Klaviere geschrieben. 1926 ändert er die Besetzung für acht herkömmliche Klaviere, ein mechanisches Klavier, vier Xylophone, zwei elektrische Klingeln, zwei Flugzeugpropeller, ein Tamtam, vier große Trommeln und eine elektrische Sirene. Das Flugzeug feiert Antheil in seinem Airplane-Sonato für Klavier. Sergei Prokofjews Stil läßt in einigen Werken dieser Zeit an einen Verbrennungsmotor denken. In Berlin arbeitet Sergej Eisenstein mit dem Filmkomponisten Edmund Meisel an der Musik für seinen Film Panzerkreuzer Potemkin.

Oben: Dreimotorige Junkers-Verkehrsmaschine, um 1925.
Mitte: Sonderheft der »Musikblätter des Anbruchs«, 1926.

»Der wunderbare Mandarin« in Köln

Diese Tanzpantomime ist des Ungarn Béla Bartók drittes Bühnenwerk. Es ist 1918/19 entstanden und wartete sieben Jahre auf seine Uraufführung in Köln.

Drei Ganoven zwingen eine Dirne, mit erotischen Tänzen am Fenster Passanten anzulocken, u.a. einen reichen Chinesen, den wunderbaren Mandarin, der das Mädchen begehrt. Ihr aber graut vor ihm. In einem rasenden Verfolgungstanz kommt er der Tänzerin schon sehr nahe. Die Strolche rauben den Mandarin aus und versuchen dreimal, ihn zu ermorden. Der wunderbare Mandarin aber kann erst sterben, wenn das Mädchen ihn in die Arme genommen hat. Sie erfüllt sein Verlangen, und die Wunden beginnen zu bluten. Der Mandarin bricht leblos zusammen.

Mehr noch als die Handlung provoziert die Musik. Die peitschenden und zuckenden Rhythmen, brutal hämmernd oder auch apart »hinkend«, versinnbildlichen treffend die Triebhaftigkeit des Mandarins. Der Lärm der Großstadtstraße, die Lockrufe des Mädchens (Solo-Klarinette), der Auftritt des Mandarins (Blechbläser-Akkorde) werden witzig charakterisiert, und allen Personen sind eigene Schrittkombinationen (z.B. kleine Terz, Quint-Quart-Schritt etc.) zugeordnet. Mit seinen Tänzen, dissonanten Harmonien und der Klangvielfalt gehört Der wunderbare Mandarin zu den packendsten Werken des expressionistischen Realismus.

Eine Aufführung in Ungarn wird aus »Sittlichkeitsgründen« nicht erlaubt. Die Kölner Uraufführung endet mit einem Skandal. Kirche und bürgerliche Konservative protestieren. Der Oberbürgermeister, Konrad Adenauer, verbietet weitere Vorstellungen.

Puccinis »Turandot«

Am 25. April wird in der Mailänder Scala zwei Jahre nach Giacomo Puccinis Tod die Oper *Turandot* uraufgeführt. Dirigent: Arturo Toscanini. Der Librettist Renato Simoni hatte den Komponisten auf Carlo Gozzis 1771 entstandenes Drama *Turandot* aufmerksam gemacht. Aber Puccini lernte das Stück nicht im Original kennen, sondern durch die ins Italienische übertragene Bearbeitung Friedrich Schillers! *Turandot* geriet Puccini zur Ausstattungsoper mit großen Chören und Aufmärschen, aber auch zur Oper für große Stimmen. Als Puccini 1924 starb, vollendete sein Schüler Franco Alfano das Werk nach hinterlassenen Entwürfen.

Seinen ersten Erfolg erzielte der große volkstümliche Opernkomponist 1893 mit *Manon Lescaut*. Diese Oper führt die typische Puccini-Heldin ein, ein zartes, junges, liebevolles Mädchen, das für seine Reize jammervoll leiden muß. 1896 erzielte Puccini mit *La Bohème*, der Tragödie der Näherin Mimi, die inmitten ihrer Künstlerfreunde an Schwindsucht stirbt, einen Welterfolg.

Mit seinem Gespür für dramatische Effekte und seiner gefühlsbetonten, sinnlichen Musik wird Puccini der populärste Opernkomponist seiner Zeit. Auch außerhalb der Opernhäuser werden Puccini-Arien (*Wie eiskalt ist dies Händchen* und *Man nennt mich jetzt Mimi*) viel gesungen. Mit *Tosca* (1900) entstand eine kraftvolle, grausame Oper, im Stil des Verismo. Die populärste Oper wird *Madame Butterfly* (1904), die Tragödie der japanischen Geisha, die einen amerikanischen Offizier heiratet, verlassen wird und Selbstmord begeht. Nach *Das Mädchen aus dem Goldenen Westen* (La fanciulla del West, 1910) folgte als letzte große Oper *Turandot*.

Naturwissenschaft, Technik, Medizin

● Der amerikanische Bakteriologe Paul de Kruif veröffentlicht sein vielbeachtetes populäres Werk *Microbehunters* (*Die Mikrobenjäger*, 1924). Mit ihm gewinnt die bakteriologische Forschung öffentliches Interesse.

● Erste Versuche einer mathematisch gestützten Wettervorhersage in England. Wetterdaten aus zahlreichen Ländern werden gesammelt und systematisch ausgewertet. Spürbar effizienter wird die Auswertungsarbeit jedoch erst nach dem Zweiten Weltkrieg, als elektronische Rechner eingesetzt werden.

● Eine »Junkers F 13«, die Standardmaschine der im Januar gegründeten Deutschen Lufthansa AG, beginnt ihre regelmäßigen Flüge. Der 1919 erbaute Ganzmetall-Kabinentiefdecker kann zwei Besatzungsmitglieder sowie vier Fluggäste transportieren. Er erreicht eine Geschwindigkeit von 185 km/h.

Leo Pasetti
**Szenenentwurf zu
Paul Hindemiths Oper
»Cardillac«**
Bayerische Staatsoper, 1927

Hans Leitherer
Bildnisbüste E. T. A. Hoffmann
1926

**Das Hoffmann-Haus
in Bamberg**
1930 als Museum eröffnet

Huldigung an E. T. A. Hoffmann

*Die Gedenkfeiern zum 150. Geburts-
tag E. T. A. Hoffmanns, die 1926 begangen werden, unterscheiden sich äußerlich nicht von den regelmäßig zelebrierten kulturellen Jubiläen. Es gibt
während der zwanziger Jahre jedoch
eine innere Wahlverwandtschaft, eine
untergründig wirksame Beziehung zu
dem Dichter der Nachtseiten des
menschlichen Lebens. Kennzeichnend
für das Hoffmann-Verständnis ist der
Titel Dämon Kunst, unter dem Walter
Harich 1926 eine biografische Dokumentation veröffentlicht. Im deutschen expressionistischen Stummfilm
kommt die Gedankenverbindung zu
E. T. A. Hoffmann in besonderer Weise
zum Tragen: Filme wie Das Cabinet
des Dr. Caligari und Nosferatu entleh-
nen ganze Motivkreise aus den phantastischen Geschichten des Dichters,
und Der Student von Prag, eine direkte Verarbeitung Hoffmannscher Themen, wird zwischen 1913 und 1935
gleich dreimal verfilmt.*

*An der Sächsischen Staatsoper Dres-
den, einem der modernsten Opernhäuser Deutschlands, kommt am 9. November 1926 Paul Hindemiths dreiak-
tige Oper Cardillac auf die Bühne. Die
musikalische Leitung hat Fritz Busch,
die Inszenierung besorgt Issel Dobro-
wen, die Titelpartie singt Robert Burg.
Dem Libretto von Ferdinand Lion liegt
Hoffmanns Erzählung Das Fräulein
von Scuderi zugrunde, die unheimliche Geschichte des von seiner Kunst
besessenen Pariser Goldschmiedes
Cardillac.*

*Hindemith macht eine Nummernoper
daraus – ein Gegenstück zum Pathos
und zur Stimmungsschwelgerei des
herkömmlichen Musikdramas, dennoch ironisch auf diesen Typus bezogen: die Arien werden wie in einer Ba-
rockoper von konzertierenden Instrumenten begleitet. Die Handlung gipfelt
in der Entlarvung Cardillacs, die den
Komponisten zu einer gewaltigen
Chor-Passacaglia inspiriert. Anfang
der fünfziger Jahre bearbeitet Hindemith die Oper von Grund auf. Die Neufassung gewinnt an textlicher Intensität und musikalischer Fundierung, ohne daß vom Dämonisch-Zwielichti-
gen der Urfassung etwas verlorengeht.*

277

Paul Klee
Abfahrt der Schiffe
(Ausschnitt) 1927

René Magritte
La découverte (Die Entdeckung)
1927

Realität, als Irrealität entlarvt

Im August 1927 siedelt der belgische Maler René Magritte von Brüssel nach Paris über. Er ist bis zu diesem Augenblick ein Namenloser, der im gleichen Jahr seine erste größere Ausstellung – in der Brüsseler Galerie Le Centaure – vorzuweisen hat. Nach eher zufälligen Begegnungen mit Werken des Futurismus und Giorgio de Chiricos »Pittura metafisica« hat er sich, wie bereits diese Ausstellung zeigt, völlig selbständig zu einem Meister des Surrealismus herangebildet. Nach Paris, ins Zentrum der surrealistischen Kunst zu gehen, ist nur die Konsequenz der eigenen bis dahin geleisteten Arbeit.

Magrittes Werke dieser Zeit zeigen eine enge Verwandtschaft zu denen Max Ernsts, obwohl beide Künstler sich in Paris selten direkt treffen und aufeinander beziehen. Das 1927 gemalte Bild La découverte *(Die Entdeckung) korrespondiert mit den ab 1925 entstandenen Frottagen von Ernst, in denen gewöhnliche Strukturen etwa von Holz als rätselhaft verfremdende Elemente ins Bildgeschehen einbezogen oder wie eine Geheimschrift dargestellt sind. Der Frauenakt, den Magritte fast naturalistisch abbildet, ist überlagert von einer anderen Natur; die stellenweise die Haut ersetzende Holzmaserung wirkt wie eine Tätowierung oder die Striemen einer Mißhandlung. Die Verbindung von Haut und Holz erzeugt die Wirkung von Fremdheit, Aggression. Magritte versucht später seine Intention so zu definieren: »Wenn der Betrachter findet, daß meine Bilder dem gesunden Menschenverstand Hohn sprechen, wird er sich einer offensichtlichen Tatsache bewußt. Ich möchte aber trotzdem hinzufügen, daß für mich die Welt ein Hohn auf den gesunden Menschenverstand ist.«*

Paul Klee, der dem provozierenden Schockdenken der Surrealisten gewiß fernsteht, stimmt in seinen Werken mit denen Max Ernsts und René Magrittes mehr überein, als es die klassifizierende Kunstgeschichte wahrhaben will. Ein Bild wie Abfahrt der Schiffe *ist ebenfalls »mehrdimensional«, indem es gegenständliche und abstrakte Bildzeichen (Richtungspfeil) verknüpft.*

278

Heisenbergs »Unschärfeprinzip«

Der deutsche Physiker Werner Heisenberg stellt 1927 sein »Unschärfeprinzip« auf. Er zerstört damit die Grundlage des deterministischen Weltbildes, wie es der französische Astronom und Mathematiker Laplace vertrat, und widerlegt das Gesetz von Ursache und Wirkung, das immerhin seit Thales von Milet als unumstritten galt. Schon 1925 hatte Heisenberg zusammen mit Max Born und Paul Jordan eine Theorie der »Quantenmechanik« entwickelt, mit deren Hilfe die Eigenschaften der Atome besser verständlich werden.

Um das »Unschärfeprinzip« zu verstehen, muß man wissen, daß jede elektromagnetische Welle und jedes Korpuskel (z. B. ein Elementarteilchen) sowohl die Eigenschaft einer Wellenbewegung als auch die eines Teilchens aufweisen kann, je nachdem, welche Versuchsbedingungen gegeben sind. Andererseits ist von zwei Größen, beispielsweise Ort und Geschwindigkeit eines Elementarteilchens, immer nur eine beliebig genau meßbar. Das erklärt den Umstand, daß für den Eintritt bestimmter Ereignisse im atomaren Bereich jeweils nur Wahrscheinlichkeitsaussagen möglich sind.

Daß in der Welt der sichtbaren Dinge (der Makrokörper) dennoch feste Gesetze gelten, beruht darauf, daß sich aus dem unvorhersehbaren Einzelverhalten vieler Atome und Moleküle ein Mittelwert ergibt, der die strenge Kausalität im Verhalten der Makrokörper erklärt. Dagegen herrscht bei den Atomen und Molekülen nur eine statistische Kausalität, weil deren Einzelverhalten zu einem bestimmten Zeitpunkt nicht voraussagbar ist.

Heisenbergs »Unschärfeprinzip« findet nicht nur den Beifall seiner Fachkollegen. Albert Einstein kann sich mit dem Gedanken, daß der Zufall die Welt der Elementarteilchen regiert, überhaupt nicht anfreunden. Er vermutet tieferliegende Gesetzmäßigkeiten: ›Gott würfelt nicht.‹

Siedlungsbauten

»Wir haben neue Werte zu setzen, letzte Zwecke aufzuzeigen, um Maßstäbe aufzuzeigen«, fordert Ludwig Mies van der Rohe von den Architekten. Nicht mehr nur das Einzelhaus steht auf dem Programm, sondern nach der Gartenstadt-Bewegung werden nun wieder die ersten Siedlungen nach architektonischen und städtebaulichen Gesichtspunkten geplant.

Otto Haesler baut in den Jahren 1924 bis 1926 in Celle die Siedlung Georgsgarten, eine großzügige Anlage.

Walter Gropius entwirft 1926 die Siedlung Törten bei Dessau. Ausgehend von der Typisierung des Grundrisses entstehen hier verschiedene individuelle Häuser bei gleichzeitiger Industrialisierung des Baus durch standardisierte Einzelteile.

Im selben Jahr beginnt Ernst May in Frankfurt am Main mit der Wohnstadt Praunheim, einer Vorortsiedlung aus Reihenhäusern mit mehr als 15 000 Wohnungen.

In den Jahren von 1925 bis 1927 entsteht als richtungsweisendes Bauvorhaben die sogenannte Hufeisensiedlung von Bruno Taut und Martin Wagner. Häuser mit insgesamt mehr als 16 000 Wohnungen, davon 679 in Einfamilienhäusern, werden hufeisenförmig um einen kleinen See in Berlin-Britz angeordnet.

Mies van der Rohe leitet 1927 die Gesamtplanung für die Weißenhof-Siedlung in Stuttgart. Er lädt 15 der bekanntesten modernen Architekten, darunter Gropius, Le Corbusier und Hans Scharoun, zur Teilnahme ein. Das Bauprojekt ist Teil einer Ausstellung des Deutschen Werkbundes zum Thema »Die Wohnung«. Mies van der Rohe, der den Bebauungsplan aufstellt, verzichtet bewußt darauf, Richtlinien zu geben, »um jedem einzelnen mögliche Freiheit für die Durchführung seiner Ideen zu geben«. Tatsächlich entsteht eine Modellsiedlung von höchster Qualität der Einzelbauten, die sich zu einem abwechslungsreichen Ensemble zusammenfügen.

Hans Scharoun, Einfamilienhaus in der Weißenhof-Siedlung in Stuttgart; 1927.

Naturwissenschaft, Technik, Medizin

● Hermann J. Muller setzt Taufliegen im Experiment Röntgenstrahlen aus und erzeugt bei ihnen Änderungen am Erbgut.
● Charles Lindbergh, ein amerikanischer Postflieger, überquert vom 20. zum 21. Mai den Atlantik im Nonstop-Flug allein von West nach Ost. Für die 6 000 km lange Strecke braucht er 33 Stunden und 29 Minuten. Noch am Vorabend seines Fluges war ein französischer Versuch gescheitert.
● Der elf Kilometer lange Hindenburgdamm, ein eingleisiger Eisenbahndamm zwischen Festland und der Insel Sylt, wird fertiggestellt.
● Der deutsche Techniker Fritz Pfleumer erfindet das Magnettonband.

1927

Der objektive Film

Ein neuer Filmtypus entsteht durch Walter Ruttmanns Berlin. Die Sinfonie einer Großstadt. Der Regisseur, beeinflußt vom russischen Film, arbeitet ohne Schauspieler, ohne Kulissen und Atelierbauten. Die Kamera wird auf einem Lastwagen oder in einer Litfaßsäule vor einer Fabrik versteckt, um heimlich die Vorbeikommenden aufzunehmen. Über seine filmische Intention schreibt Ruttmann: »Hauptmacht des Films ist das Unerbittliche seiner Ehrlichkeit: seine unbestechliche Objektivität. Hier sollten also nicht Schauspieler möglichst natürlich spielen, sondern die erschütternde Gebärde des sich unbeobachtet glaubenden Menschen mußte eingefangen werden. Das konnte natürlich nur dadurch gelingen, daß ich mich an die ahnungslose Menschheit heranschlich wie der Jäger an sein Wild.« Und so werden unversehens die Menschen zu Opfern. Der Titel des Films verweist auf dessen musikalisches Kompositionsprinzip: »Vom zartesten Pianissimo mußte konsequent bis zum Fortissimo gesteigert werden... Ein Kontrapunkt mußte entstehen aus dem Rhythmus von Maschine und Mensch« (Walter Ruttmann).

Kritik richtet sich gegen das bei aller dokumentarischen Authentizität gleichsam abstrakte Bild der Großstadt Berlin, die ihres geschichtlichen und gesellschaftlichen Charakters entblößt ist. »Jede Minute in dieser Stadt ist ausgefüllt von Klassengegensatz und Klassenkampf. Und diese geschichtliche Tendenz muß erfaßt und dargestellt werden. Wer das nicht tut, filmt bloß Fassade« (Paul Friedländer in »Die rote Fahne«). Unter diesem Aspekt ergeben sich bei allen formalen Gegensätzen Berührungspunkte zwischen Ruttmanns dokumentarischer Montage und Fritz Langs Enthistorisierung und Dämonisierung der Klassengegensätze in Metropolis.

Oben links: Sinfonie einer Großstadt, Einladung zur Uraufführung am 23. Oktober 1927 im Berliner Tauentzien-Palast.
Oben rechts: Metropolis, 1927; Szenenfoto.

Das 21. Jahrhundert im Film

Metropolis. Regie: Fritz Lang. Drehbuch: Thea von Harbou, Fritz Lang. Kamera: Karl Freund, Günther Rittau. Bauten: Otto Bunte, Erich Kettelhut, Karl Vollbrecht. Darsteller: Brigitte Helm (Maria/Der Maschinenmensch), Gustav Fröhlich (Freder Fredersen), Alfred Abel (Johann Fredersen), Heinrich George (Groth), Rudolf Klein-Rogge (Rotwang).
Metropolis, die Stadt der Zukunft, ist zweigeteilt: Tief unter der Erde die Stadt der Maschinen und Arbeitssklaven. Auf der Erde das Paradies der Reichen, der Herrenmenschen, sie leben in einer stets luxuriösen Orgie. Obligatorischer Konflikt nach den Gesetzen des Kintopps: Unternehmersohn liebt Maria, schönes armes edles Mädchen aus der Unterstadt. Zwischen denen im Licht und denen im Schatten, in einer Zwischenwelt, konstruiert der Erfinder Rotwang, leicht verrückter Typ wie aus einem Monsterfilm, einen menschlichen Automaten. Eines Tages sollen Automaten die Arbeitskräfte ersetzen. In Langs Film wird vieles angesprochen, was nach wie vor aktuell ist, die Klassengegensätze, die Entfremdung der Arbeiter von ihrer Arbeit, ihre Er-

setzung durch computergesteuerte Roboter. Dem Automaten Rotwangs werden auf Veranlassung des Unternehmers die Gesichtszüge Marias verliehen, und die falsche Maria wiegelt die Massen auf. Ihr Aufstand soll als Vorwand für ihre endgültige Unterdrückung dienen. Die Arbeiter zerstören die Maschinen und beschwören Katastrophen herauf, deren erste Opfer sie selbst sind. Die richtige Maria und der Unternehmersohn stellen den Kontakt unten/oben her. Happy-End: Ein Händedruck des Unternehmers mit dem Revolutionsführer symbolisiert, daß die Klassengegensätze beseitigt sind.
Metropolis ist Krönung und Ende des großen deutschen Films nach dem Ersten Weltkrieg. Finanziell wird der ambitiös überfrachtete Film für die Ufa ein Fiasko. Auch der erhoffte Kassenerfolg in Amerika bleibt aus, und der deutsche Markt deckt (nach Jahren) gerade ein Siebtel der 5 Millionen Herstellungskosten. Solche Verluste kann die Ufa nicht auffangen, deren Schuldenlast sich in den Jahren 1925 bis 1927 auf 50 Millionen verdoppelt. Im April übernimmt Alfred Hugenberg die Sanierung der Firma, wird Leiter des Aufsichtsrates und richtet den deutschen Film nationalbewußt aus.

Film

Premieren

● Alan Crosland: *The Jazz Singer (Der Jazzsänger)*. Drehbuch: Alfred A. Cohn nach einem Schauspiel von Samson Raphaelson. Kamera: Hal Mohr. Darsteller: Al Jolson. Die sentimentale Geschichte des jüdischen Sängers in New York ist künstlerisch ohne Belang, aber filmgeschichtlich interessant: Seine Premiere am 23. Oktober gilt als Beginn des Tonfilm-Zeitalters.
● Abel Gance: *Napoléon (Napoleon)*. Kamera: Ein Kollektiv. Jugend und Aufstieg Napoleons bis zur Übernahme des Kommandos über die italienische Armee. Ein dynamisches Filmwerk nie gekannten Ausmaßes. Auf drei im Winkel zueinander aufgestellten Leinwänden laufen das dra-

matische Ende der französischen Revolution und die Anfänge Napoleons ab. Das Publikum soll nicht zuschauen, es soll sich mitten in dem tollhäuslerischen Geschehen befinden. Die statische Monumentalität früherer historischer Filme erfährt hier erstmals eine dynamische Auflockerung. Der Geldgeber, Hugo Stinnes, stirbt während der Dreharbeiten. Der Film bleibt Torso, ein Vorspiel ohne Hauptteil.
● Buster Keaton: *The General (Der General)*. Drehbuch und Hauptdarsteller: ebenfalls Keaton. Einer der bezauberndsten und erfolgreichsten Filme Buster Keatons, der einen Lokomotivführer spielt. Unabkömmlich, darf er nicht in den amerikanischen Bürgerkrieg, schlittert mit seinem »General«, der Lokomotive, aber doch hinein, gerät stets

unbeweglichen Gesichts, in einen Hexenkessel von Gefahren, entscheidet die große Schlacht und wird zum Leutnant befördert. Der Film ist eine ununterbrochene Kette von Gags, die aber niemals aufgesetzt wirken, sondern sich aus der Handlung entwickeln.
● Wsesolod Pudowkin: *Das Ende von Sankt Petersburg (Konez Sankt-Petersburga)*. Drehbuch: Mathan Sarchi. Kamera: Anatoli Golownja. Ein junger Bauer kommt nach St. Petersburg, gerät in einen Streik, wird Soldat. In den Schützengräben geschunden, kommt er zum Bewußtsein seiner Lage und wird Bolschewik. An einem Einzelschicksal wird die Hinwendung eines ganzen Volkes zur Revolution dargestellt. Einer der großen russischen Filme.

**Renault 40 CV auf der
Place de la Concorde
in Paris**
1927

Rudolf Schlichter
Bildnis Egon Erwin Kisch
um 1928

Der rasende Reporter

*Vor dem Romanischen Cafe in Berlin,
dem Treffpunkt der Literaten und
Künstler, steht Egon Erwin Kisch, der
»rasende Reporter«. Hinter ihm eine
Litfaßsäule, deren Anschläge die politischen Positionen des Autors wie des
Malers Rudolf Schlichter markieren.
Links unten die Ankündigung des
Films Zehn Tage, die die Welt erschüt-
tern (Sergej Eisensteins Film über die
Oktober-Revolution); links oben ein
Aufruf des Aktionskomitees zur Befreiung von Max Hoelz, der 1920 den
bewaffneten Widerstand gegen den
Kapp-Putsch organisiert hat und zu le-
benslanger Zuchthausstrafe verurteilt
worden ist. Kisch setzt sich wie viele
seiner Zeitgenossen für Hoelz' Freilassung ein, die 1928 erreicht wird. Des
weiteren ist ein Aufkleber des Neuen
Deutschen Verlags zu erkennen, der
zum sogenannten »Anti-Hugenberg-
Konzern« von Willi Münzenberg gehört. Münzenberg gibt die bekannte
»AIZ« (»Arbeiter-Illustrierte-Zeitung«)
heraus, für die Kisch wie Schlichter arbeiten. Und schließlich finden sich auf
der Litfaßsäule auch Verlagsankündi-
gungen der Werke des Reporters; die
von Kisch protokollierte Sportbegei-
sterung drückt sich in einem Fußball-
Plakat aus, und auch ein Zigaretten-
Plakat für den Kettenraucher Kisch
fehlt nicht.*

*Kisch übt auf viele Schriftsteller seiner
Zeit eine starke Faszination aus, denn
er entwickelt die Reportage zur Kunstform. Er überwindet die traditionellen
Erzählformen der Schilderung, des Berichts, mit denen Unmittelbarkeit und
Authentizität der Wiedergabe des Erlebens nicht mehr gewährleistet sind. So
stellt er fest: »Nichts ist verblüffender
als die einfache Wahrheit, nichts ist
exotischer als unsere Umwelt, nichts
ist phantasievoller als die Sachlichkeit. Und nichts Sensationelleres gibt
es in der Welt als die Zeit, in der man
lebt.«*

*Kisch ist um die ganze Welt gereist –
und nicht zuletzt sein Tempo des
Schauplatzwechsels fasziniert das Publikum bis hinein in die mondäne Welt,
die ihre Erlebnis-Sensationen aus dem
Tempo und der Motorenstärke ihrer
Luxusautos bezieht.*

Piscator-Bühne
Szenenentwurf zu »Hoppla, wir leben!«
1927

Walter Gropius,
Totaltheater
1927

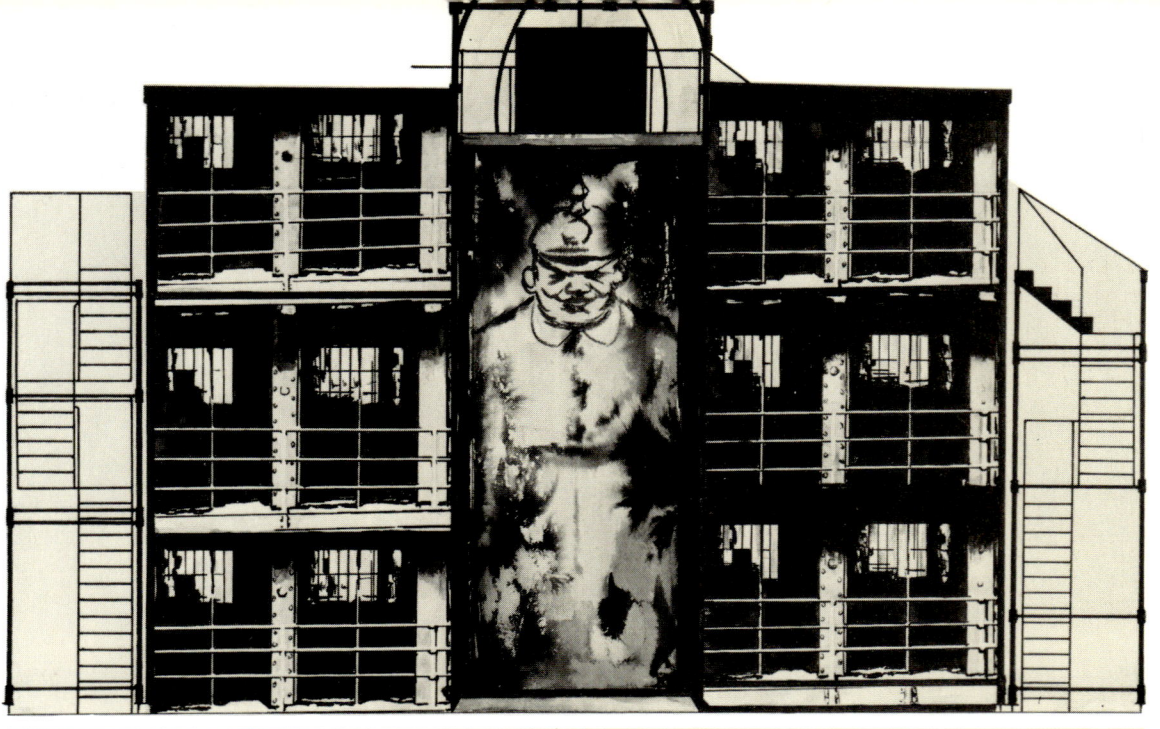

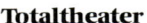

Totaltheater

Walter Gropius und Erwin Piscator arbeiten Pläne für ein Totaltheater aus, für eine Raumbühne mit Spielmöglichkeiten abwechselnd und gleichzeitig auf Seitenbühnen und im Zuschauerraum. Die Pläne zeigen drei verschiedene Bühnenpositionen, je nachdem wie der kreisförmige Teil des Zuschauerraums gedreht wird.
Aus Gropius' Ausführungen über Sinn und Umfang dieses Entwurfs zitiert Piscator in seinem Buch Das politische Theater: *»Eine vollständige verwandlung des hauses tritt ein, wenn die große parkettscheibe um ihren mittelpunkt um 180 grad gedreht wird! Dann liegt die in ihr eingebettete, versenkbare kleine scheibe als allseitig von ansteigenden zuschauerreihen umgebene rundarena zentrisch in der mitte des hauses! Auch während der vorstellung kann diese drehung maschinell vollzogen werden ... Piscators forderung, allenthalben projektionsebenen und filmapparate einzuordnen, habe ich besonderes interesse entgegengebracht, da ich im vorgang der lichtprojektion das einfachste und wirksamste mittel moderner bühnenscenerie erblickte ... In meinem ‚totaltheater' habe ich nicht nur für die drei tiefenbühnen die möglichkeit der filmprojektion auf den gesamten rundhorizont mit hilfe eines systems von verschiebbaren filmapparaten vorgesehen, sondern kann auch den gesamten zuschauerraum – wände und decken – unter film setzen ... Zwischen den zwölf tragsäulen des zuschauerraums werden zu diesem zweck projektionsschirme ausgespannt, auf deren transparenten flächen aus zwölf filmkammern zu gleicher zeit von rückwärts gefilmt wird, so daß sich die zuschauerschaft z. b. mitten in wogendem meer befindet oder allseitig menschenmassen auf sie zulaufen ... Es ist die große raummaschine, mit der der leiter des spiels je nach seiner schöpferischen kraft sein persönliches werk gestalten kann.« Das Totaltheater bleibt Entwurf. Von ihm gehen jedoch die vielfältigsten Anregungen für den modernen Theaterbau aus. Unmittelbare Bühnenpraxis wird zunächst das Gestaltungsmittel der Projektion.*

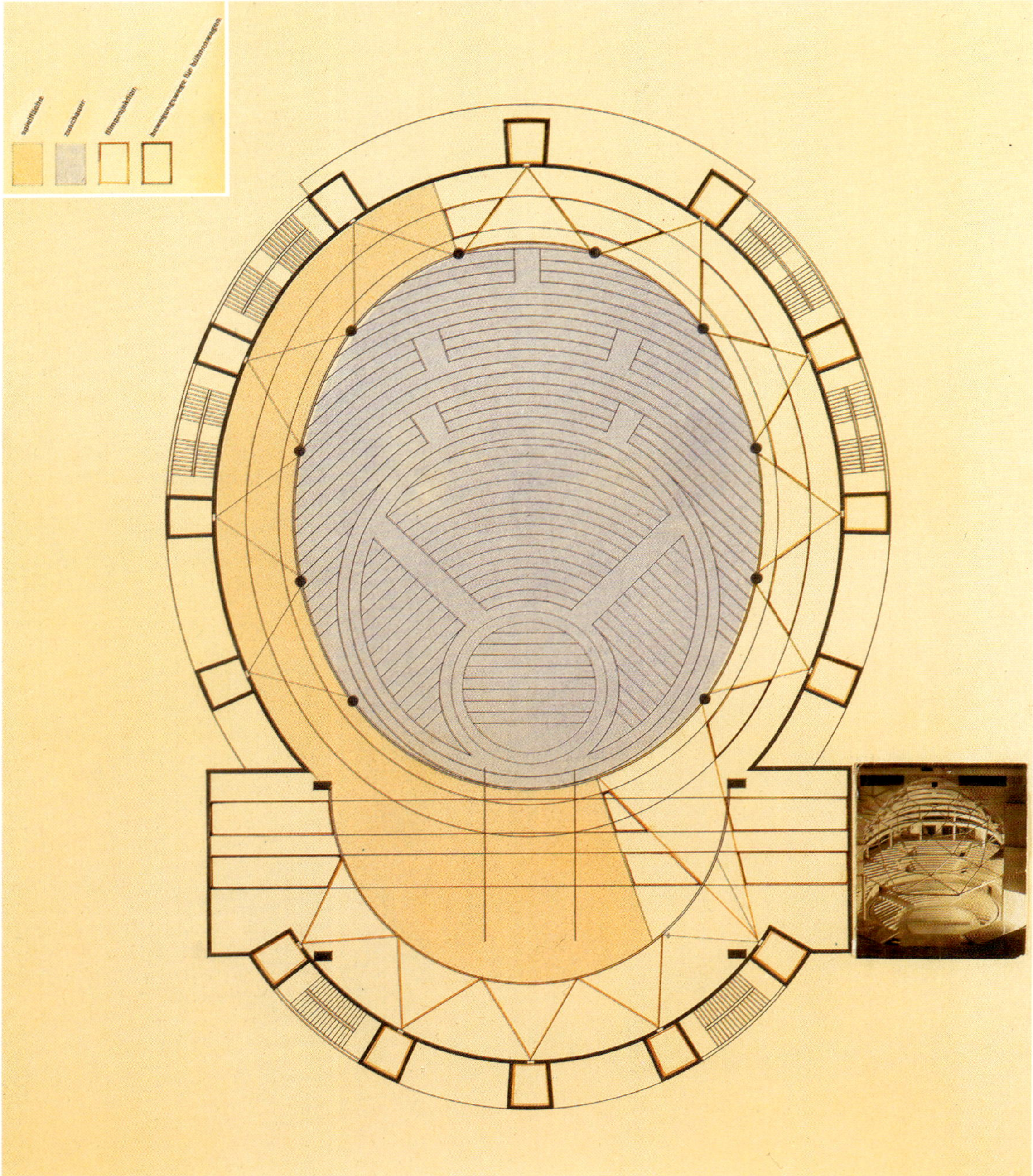

Piscator-Phantaſie unſeres Zeichners Arnſtam nach der Toller-Premiere

1927

Statuarisches Musiktheater

Oedipus Rex (König Oedipus). Szenisches Oratorium in zwei Teilen von Igor Strawinski. Libretto nach Sophokles von Jean Cocteau. Übersetzung ins Lateinische von Jean Daniélou. Konzertante Uraufführung am 30. Mai im Théâtre Sarah-Bernhardt, Paris. Szenische Erstaufführung am 27. Februar 1928 in der Kroll-Oper, Berlin. Dirigent: Otto Klemperer. Cocteau komprimiert die Handlung auf sechs Episoden und bietet so einen Extrakt der Tragödie des Sophokles. Gesungen wird in lateinischer Sprache. Strawinski wünschte sich dieses »Medium, das nicht tot, sondern versteinert und durch seine Monumentalität über alles Vulgäre erhaben« sei. Um den Zuhörer durch die Handlung zu führen, tritt ein Sprecher im Frack auf. Die Musik hat Größe, eine verhaltene Gespanntheit, sie ist knapp und von einer unerbittlichen Härte. Die Partitur ist zugleich ein Schmelztiegel aller neoklassizistischen Stilrichtungen, von Bach und Händel bis Gluck. Auch Anklänge an Verdi und Mussorgski und an russische Volkslieder sind herauszuhören. Der Chor der Männer von Theben gibt dem musikalischen Geschehen einen festen Unterbau.
Mit *Oedipus Rex* hat Strawinski ein epochemachendes Werk geschaffen, den Typus des »statuarischen Musiktheaters«, gleichermaßen auf der Bühne wie im Konzertsaal aufzuführen.

Schaufensterbummel

Schaufenster sind vor allem für Städte Visitenkarten. Mitte der zwanziger Jahre läuft die Wirtschaft auf Hochtouren, Arbeiter und Bürger haben Arbeit, die Mark hat Wert, und die Schaufenster quellen über und gewinnen einen zusätzlichen, geradezu magischen Reiz.
»Schaufensterbummel« ist ein konstanter Begriff. Ebenso wie »deutsche Wertarbeit«. Es gibt alles zu sehen – vom angestrahlten Automobil zwischen Spiegeln bis zum Fahrrad mit Freilauf, vom letzten Modeschrei atemberaubender Eleganz bis zu den einfachsten und raffiniertesten Gebrauchsgegenständen in attraktivem Dekor. Das alles ist in solcher Qualität und Masse neu. Es herrscht Warenüberschuß. Also wird Begehrlichkeit geweckt. Schaufensterdekorateure sind hochbezahlte Leute. Eine Vitrine mit Damenhüten, Schleiern und Schals, alles farblich aufeinander abgestimmt, kann ein ästhetischer Genuß sein, an der Grenze des Selbstzwecks. Die Gestalter legen auch Wert auf Beiwerk – Springbrunnen, Stahlrohrmöbel, gestellte Szenen von Boxern oder Eishockeyspielern. Sportgeschäfte hängen die neusten Sportnachrichten aus, frischgedruckt und bebildert. Kindermoden werden mit mobilem Spielzeug angeboten. Der Kult der wohlangezogenen Schaufensterpuppen mit extravaganten Gesten und Sex-Appeal lebt auf.

Politischer Avantgardismus auf der Bühne

Das Berliner Theaterereignis der Saison 1927/28 ist die Inszenierung von Ernst Tollers Hoppla, wir leben!, *mit der Erwin Piscator sein eigenes Haus, das Theater am Nollendorfplatz, am 3. September eröffnet (Uraufführung 1. September, Hamburger Kammerspiele). Kollektivarbeit prägt die Vorbereitung dieser wie auch anderer Inszenierungen Piscators.* »Tage hindurch ist um jede einzelne Passage gekämpft worden. Toller verließ kaum noch meine Wohnung. Er hatte sich an meinem Schreibtisch eingerichtet und füllte mit unglaublicher Schnelligkeit Blatt nach Blatt mit seinen riesigen Schriftzügen, um die Blätter ebenso rasch in den Papierkorb zu befördern«, *berichtet Piscator. Das Resultat ist selbst für das verwöhnte Berliner Theaterpublikum etwas sensationell Neues. Das Drama des in den Nachkriegsjahren verzweifelt herumirrenden und scheiternden jungen Revolutionärs spielt sich auf Spielgerüsten ab, die immer neue Schauplätze für die sich jagenden Szenen und für eingeblendete Filmprojektionen schaffen. Gegen den Vorwurf, mit technischem Aufwand und szenischem Raffinement die von ihm in Szene gesetzten Stücke an die Wand zu spielen, verteidigt sich Piscator später gerade am Beispiel von* Hoppla, wir leben! *überzeugend:* »Toller hatte im Stück durch die Wahl und Gruppierung der Schauplätze bereits den sozialen Querschnitt angedeutet. Es mußte also eine Bühnenform geschaffen werden, die diesen Querschnitt präzisierte und sichtbar machte: Ein Etagenbau mit vielen verschiedenen Spielplätzen über- und nebeneinander, der die gesellschaftliche Ordnung versinnbildlichen sollte.« *In der linksgerichteten und liberalen Presse wird die Inszenierung bejubelt; konservative und rechtsradikale Blätter sprechen von* »kommunistischem Aufpeitschungskino«.

Oben links: Sascha Stone, Spielgerüst zu »Hoppla, wir leben!« mit Piscator-Silhouette; 1927.
Oben rechts: A. Arnstam, Karikatur aus »BZ am Mittag«; 1927.

Theater

Premieren
● Else Lasker-Schüler: *Die Wupper* (Aufführung am 15. Oktober, Berliner Staatstheater). Regie: Jürgen Fehling. Darsteller: Lucie Höflich (Frau Sonntag), Viktoria Strauß (Marte), Elsa Wagner (Dienstmädchen), Albert Florath (Wallbrecke), Lucie Mannheim (Lieschen Puderbach). Ziel- und Sinnlosigkeit im Leben einer Fabrikantenfamilie. Zerfall, Zusammenbruch. Das Stück ist 1919, in expressionistischem Stil, uraufgeführt worden. Aber erst durch Fehlings realistische Inszenierung wird die Lyrikerin Lasker-Schüler als Dramatikerin entdeckt.
● Ehm Welk: *Gewitter über Gotland* (Uraufführung 23. März, Berliner Volksbühne). Regie: Erwin Piscator. Bühnenbild: Traugott Müller. Hauptdarsteller: Heinrich George. Inhalt: Kampf der mächtigen Hanse gegen die Vitalienbrüder, eine kommunistisch eingestellte Volksgemeinschaft um 1400. Das Stück gerät dem Regisseur zur »Lenin-Feier«, worüber sich ein Teil der Presse und des Publikums empört. Der Volksbühnenvorstand verstümmelt die Inszenierung, es kommt zu einem öffentlichen Protestschreiben, das alle fortschrittlichen Künstler Berlins unterzeichnen. Piscator kündigt seinen Vertrag mit der Volksbühne.

Ereignisse
● Friedrich Hollaender schafft einen neuen Cabaret-Typ, die »Revuette« ohne Ausstattung, Orchester und Straußenfedern, vielmehr auf geistreiche Pointen, sanfte Satire und jazznahe Melodien gestellt, die er selbst gemeinsam mit Marcellus Schiffer schreibt. Einer der Höhepunkte ist das Programm *Bei uns um die Gedächtniskirche rum*.

1927

»Montesproust«

Robert Comte des Montesquiou-Fézensac war für Proust der wichtigste Helfer bei seinem Eintritt in die Welt des hochadeligen Faubourg Saint-Germain. Der Graf Montesquiou verkörperte wie kein anderer den snobistischen adeligen Intellektuellen; Marcel Proust verband eine lange Freundschaft mit dem Dandy, er ist das Vorbild für Prousts Baron de Charlus in seinem Roman A la recherche du temps perdu. *Charlus führt Swann in die noble Gesellschaft ein, wie dies Graf Montesquiou mit dem Schriftsteller getan hat.*

Giovanni Boldinis Gemälde zeigt den Grafen als den überlegenen, zugleich sensiblen und auf verfeinerte Eleganz bedachten Herrn. Montesquiou kultivierte »das Vergnügen, staunen zu machen, und die Befriedigung, durch nichts ins Staunen versetzt zu werden«. Der literarisch ambitionierte Graf mußte allerdings erkennen, daß er selbst zu wenig Talent zum Schreiben besaß, sondern als Person nur literarischen Stoff für andere bot. So bemerkte er kurz vor seinem Tod 1921 im Hinblick auf sein bedeutendstes literarisches Porträt: »Eigentlich sollte ich mich von nun an Montesproust nennen.«

Giovanni Boldini, Bildnis Robert Comte de Montesquiou-Fézensac; 1897.

Proust

Marcel Proust: *A la recherche du temps perdu (Auf der Suche nach der verlorenen Zeit)*. Das siebenbändige Werk des 1922 verstorbenen Autors liegt nun vollständig vor. Die deutsche Übersetzung wird 1957 abgeschlossen. Proust selbst hat sein Erzählwerk, das die Pariser Aristokratie und die großbürgerliche Gesellschaft der Jahrhundertwende durchleuchtet, mit einer Kathedrale verglichen. Dieser Vergleich ist nicht zu hoch gegriffen. Im Aufbau sowohl wie in den Details ist der Roman den größten epischen Werken aller Zeiten ebenbürtig.

»Ein unerhörtes Glücksgefühl, das ganz für sich allein bestand und dessen Grund mir unbekannt blieb, hatte mich durchströmt. Mit einem Schlag waren mir die Wechselfälle des Lebens gleichgültig…; es vollzog sich damit in mir, was sonst die Liebe vermag, gleichzeitig aber fühlte ich mich von einer köstlichen Substanz erfüllt: oder diese Substanz war vielmehr nicht in mir, sondern ich war sie selbst. Ich hatte aufgehört, mich mittelmäßig, zufallsbedingt, sterblich zu fühlen.«

Diese Zeilen aus dem ersten Band *Du côté de chez Swann (In Swanns Welt)* von 1913 geben Aufschluß über die Gefühlslage und geistige Verfassung, in der Proust, abgeschirmt von der Welt, gleichwohl mitten in Paris, in durch Krankheit bedingter, aber auch willkommener Isolation, das große Werk schrieb. Übrigens wollte kein Verlag den ersten Band herausgeben. Proust mußte ihn auf eigene Kosten drucken lassen. 1919 wurde ihm für den zweiten Band, *Im Schatten junger Mädchenblüte*, der Prix Goncourt verliehen.

Wir sind Gefangene

Oskar Maria Graf gehört zu den Kämpfern für die Bayerische Räterepublik. In seinem Roman *Wir sind Gefangene* beschreibt er den konfliktreichen Weg eines Dorfjungen, der in die Stadt verschlagen wird und verzweifelt einen Platz in der ihm feindlichen Gesellschaft sucht. Graf gibt dem Roman die Form einer Autobiographie und schildert darin mit hoher Bewußtheit, die die eines Dorfjungen allerdings übertrifft, den eigenen Weg des Protestes gegen den Imperialismus. Zu jener Zeit ist der Erzähler bäuerlich-plebejischen Lebens stark von anarchistischen Utopien beeindruckt. Graf ist einer der beliebtesten und mutigsten Autoren der zwanziger Jahre.

Die Flucht ohne Ende

Im Auftrag der Frankfurter Zeitung reist der ostjüdische Schriftsteller Joseph Roth durch die Sowjetunion. Hier vollzieht sich eine Veränderung seiner politischen Einstellung. Er wendet sich vom Sozialismus ab, seine religiöse Sensibilität nimmt zu. Der »Bericht« mit dem bezeichnenden Titel *Die Flucht ohne Ende* und auch sein Roman *Hiob* sind die ersten Ergebnisse dieser Entwicklung. Die Heimatlosen, die Schwachen, die Haltlosen und Traurigen sind die Helden des selbst heimatlosen, umhergetriebenen Joseph Roth. Roths Bücher lesen sich leicht, sie sind spannend und unterhaltsam. Aber hinter dieser Leichtigkeit verbergen sich Leid und Gram und die schreckliche Unrast eines Unbehausten, Gehetzten.

Erté
**Zwei Beispiele aus dem
Figurenalphabet**
1927–1967

**Szenenentwurf zu »Jonny
spielt auf«**
1928

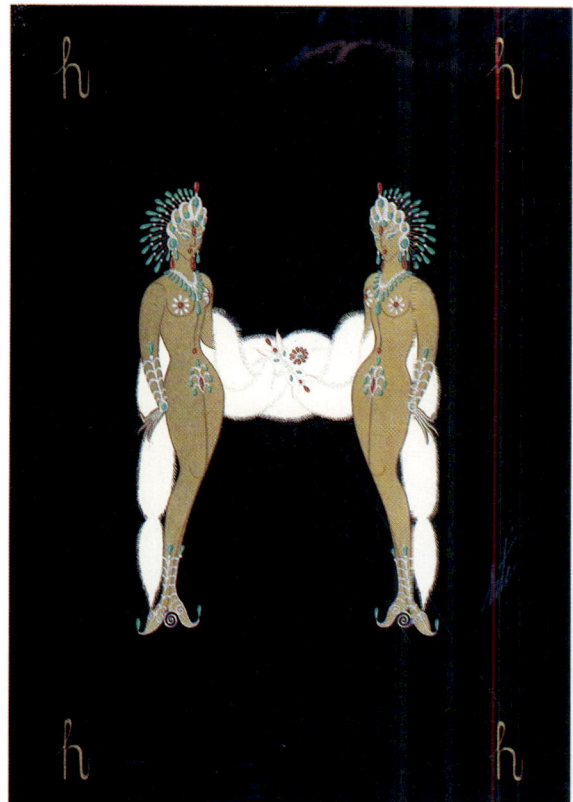

Glamour

Jonny spielt auf – schon der Titel enthält so etwas wie ein ästhetisches Programm der zwanziger Jahre. Am 27. Januar 1927 wird die zweiaktige Oper in
Leipzig uraufgeführt. Der Komponist,
Ernst Křenek, hat nicht nur die Musik,
sondern auch das Libretto geschrieben.
Es enthält eine Folge turbulenter
Szenen, wie sie auch in einer Kriminal-
film-Komödie vorkommen könnten:
Jonny, ein schwarzer Jazzgeiger, stiehlt
eine Violine, und nach vielen, auch
amourösen Verwicklungen behält er
sie schließlich. Die Musik hat
Schwung und Farbe, sanfte und romantische Übergänge, aber auch mo-
noton auf der Stelle tretende Phasen.
Daß die »Jazzoper« nur Jazz aus zweiter Hand bietet, eine eher gefällige
Nachahmung der schon assimilierten
Tanzmusik, stellen zwar die Kritiker
fest; der Begeisterung des Publikums
tut dies keinen Abbruch. Ein Neger als
Titelheld! Allein das verbürgt beim
jazz- und rhythmusbesessenen Publikum Beifallsstürme. Von den Fans
zum »tönenden new look« erhoben, hat
die Oper des 27jährigen Komponisten
einen sensationellen Tageserfolg. Jonny spielt auf wird in 18 Ländern nachgespielt.
Die parallele Verwendung der Bezeichnungen »roaring twenties« und »golden twenties« kommt nicht von ungefähr. Neben dem Vergnügen am »brüllenden« Ton entwickelt sich die Tendenz zur Konfektionierung, zu Glamour und Goldflitter. Křeneks Oper ist
nur eine Eintagsfliege, gemessen an
den Erfolgen, die Erté mit seiner Art-de-
co-Eleganz entfaltet. Der junge russische Adlige Roman de Tirtoff, abgekürzt R. T. = Erté, kam 1911 nach Paris,
bewarb sich als Modezeichner bei dem
berühmten Couturier Poiret und hatte
auf Anhieb Erfolg. In den zwanziger
Jahren genießt er bereits internationalen Ruhm als Modedesigner und Aus-
statter für Broadway-Musicals und
Revuen. 1927 beginnt er mit der Arbeit
an seinem bekanntesten Werk, dem Figurenalphabet, einer Serie von 26
Gouachen, die teilweise mit Blattgold
und Silber gearbeitet sind. Die Reihe
wird – ein später Abglanz der »Goldenen Zwanziger« – erst 1967 beendet.

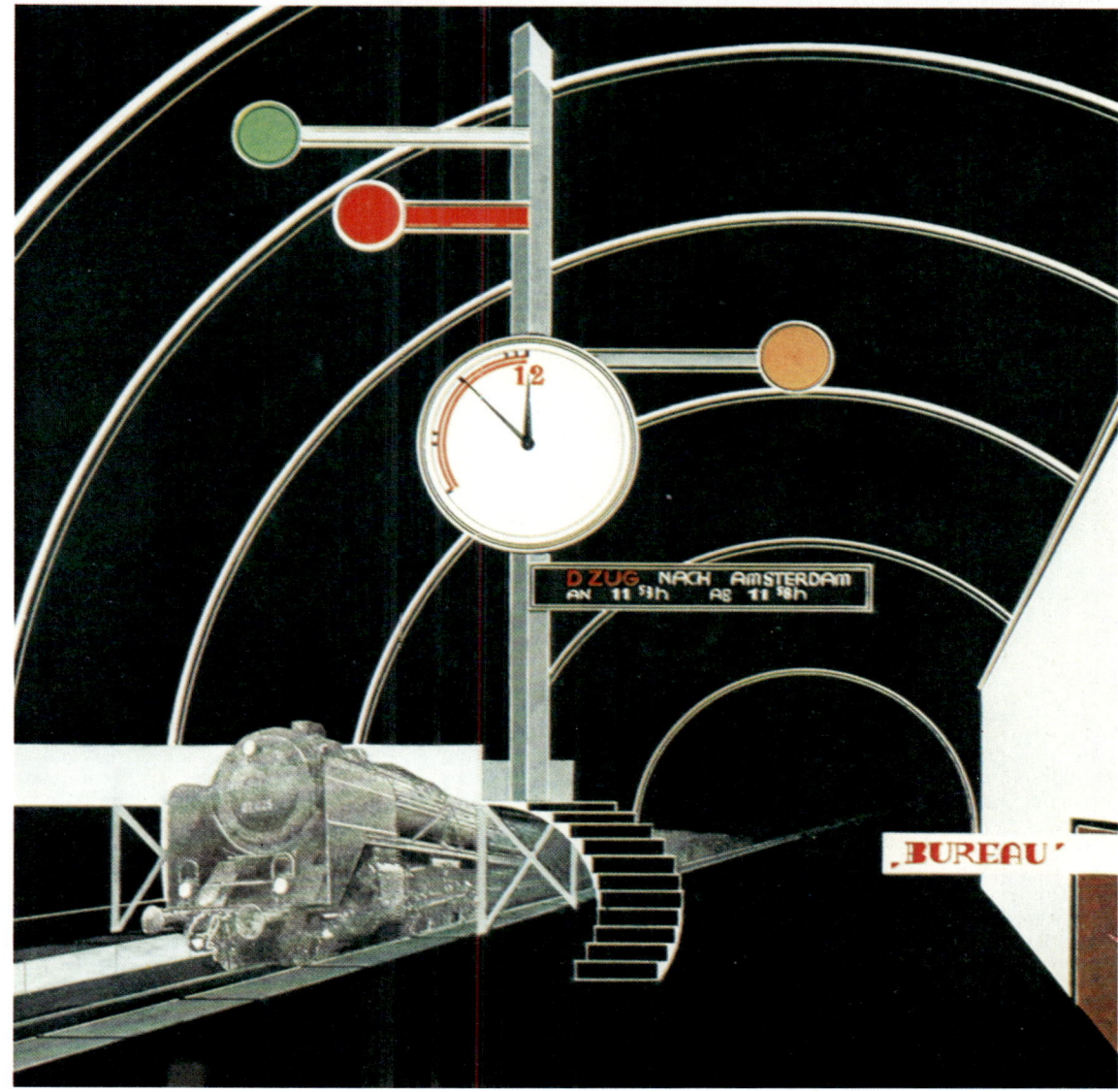

Ernst Barlach
Der Geisteskämpfer
1928

Ein pazifistischer Erzengel

Immer wieder drängt es den expressionistischen Grafiker, Dramatiker und Bildhauer Ernst Barlach, Skulpturen für sakrale Räume zu schaffen. Eine der ersten dieser Arbeiten ist das Totenmal im Dom zu Güstrow, eine mit geschlossenen Augen schwebende Bronzegestalt, gedacht als Mahnzeichen an die Gefallenen des Ersten Weltkriegs. Ein weiteres Ehrenmal für die Gefallenen formt Barlach aus Eichenholz für den Magdeburger Dom. Zwischen einem alten Mann mit Gasmaske vor der Brust und einer Frau mit verhülltem Haupt und geballten Fäusten befindet sich der Tod, dargestellt als Knochenmann mit einem Stahlhelm auf dem Schädel. Aufrecht daneben zwei Krieger, ein Russe und ein Deutscher: gewidmet den toten Soldaten aller Fronten.

Das 1928 geschaffene, in Bronze gegossene Bildwerk Der Geisteskämpfer nähert sich wieder der Güstrower Skulptur im Sinne einer überzeitlichen, alle aktuellen Bezüge vermeidenden Symbolik. Das Denkmal entsteht als Auftragsarbeit zum Gedenken an die gefallenen Kieler Studenten, wird 1938 als Beispiel »entarteter Kunst« von den Nationalsozialisten entfernt und befindet sich heute an der Nikolaikirche am Alten Markt in Kiel. Nach dem Vorbild des Drachentöters Michael gestaltet, ist die Hauptfigur dennoch nichts weniger als eine martialische Kämpfergestalt. Sie steht, mit ihren bloßen Füßen eher mühsam balancierend als sicher, auf dem Rücken der kampfwütigen Bestie »Krieg«, einer Wolfsgestalt, deren Energie nicht wirklich besiegt ist. Das mit beiden Händen umklammerte Schwert des Engels ist nicht zum Schlag erhoben, sondern wird fast ängstlich vor der Brust gehalten, Assoziationen weckend auch an das von einem Priester gehaltene Kreuz. Der trauernd geneigte, nach rechts gewandte Kopf vervollständigt den Eindruck der Hilflosigkeit, verglichen mit Posen der Kampfesfreude und Siegesgewißheit. Als gegenständlicher Bildhauer auf den »äußeren Anschein« angewiesen, strebt Barlach um so mehr nach einer Vergeistigung des Menschenbildes.

Plastische Baukörper

Im Jahre 1928 werden zwei Gebäude des Architekten Erich Mendelsohn fertiggestellt, die in besonderer Weise Bauvorstellungen von Funktion und Dynamik, die »Raumlust des Architekten« erkennen lassen.

Das Kaufhaus Schocken in Stuttgart und das Universum-Kino in Berlin sind plastisch aufgefaßte Baukörper mit großzügigen Schwingungen, kühnen Licht- und Schattenwirkungen und rhythmisch aufgelockert durch lange Fensterbänder.

Mendelsohn kritisiert an den zeitgenössischen Architekten, daß sie, begeistert von den neuen Materialien Stahl und Beton, sich einseitig auf den Skelettbau für vielstöckige kommerzielle Bauten konzentrieren und hierbei eine spröde konstruktive und wirtschaftliche Bautätigkeit entwickeln. Er will seine Gebäude leben lassen durch die Eleganz der Kurvenführung; sein Ziel ist eine »musikalische Architektur«.

Diese Vorstellungen beziehen sich nicht nur auf das Äußere, sondern auch das Innere des Baus muß harmonisch gestaltet sein. Nach der ersten Beleuchtungsprobe im Berliner Universum-Kino notiert er: »Die Lichtdecke ist herrlich, und ich glaube, wir bekommen das rote Mahagoni mit zarten blauen und gelben Tönen der Rangrückwand sehr streng und duftig zusammen. Alles dort macht einen geschlossenen und großzügigen Eindruck, trotz sparsamen Materials und einfachen Anstrichen.«

Ihm schwebt eine »Architektur der elastischen Geschlossenheit« vor, die sich organisch in städtebauliche Gesamtkonzeptionen einfügt, die ihrerseits in umfassenderen Zusammenhängen stehen: »Faßt zu, konstruiert, umrechnet die Erde! – Aber formt die Welt, die auf euch wartet. – Formt mit der Dynamik eures Blutes die Funktion ihrer Wirklichkeit, erhebt ihre Funktionen zu dynamischer Übersinnlichkeit. – Formt aus den realen Voraussetzungen die Kunst, aus Masse und Licht den unfaßbaren Raum.«

Erich Mendelsohn, Universum-Kino in Berlin (oben) und Kaufhaus Schocken in Stuttgart, fertiggestellt 1928.

Wechsel im Bauhaus

Die diffamierenden Angriffe auf die radikale Linie und Arbeit im Bauhaus werden, nach Weimar, in Dessau fortgesetzt. Walter Gropius, der geniale Gründer und Leiter des Bauhauses, glaubt, es sei vornehmlich seine Person, die die Gegner reizt. So tritt er, das Bauhaus, sein Werk, zu retten, zurück. Nicht zuletzt veranlaßt ihn eine private Krise zu diesem Schritt. Seine Frau Alma verläßt ihn, um den Dichter Franz Werfel zu heiraten.

Für die Bauhauslehrer und -studenten kommt Gropius' Rücktritt völlig überraschend. Ein Sprecher der Studentenschaft sucht ihn umzustimmen: »Du hast manches falsch gemacht, Gropius, aber niemand kann die Karre schmeißen wie du; du darfst uns nicht verlassen!«

Gropius' Nachfolger wird am 1. April der Leiter der Architekturabteilung, der Schweizer Hannes Meyer. Er sucht in verstärktem Maße, in Verbindung mit der Industrie, den »Bauhausstil« kommerziell auszuwerten.

1928

Der letzte Tag der Jeanne d'Arc

Der Film *La Passion de Jeanne d'Arc (Die Passion der heiligen Johanna)* wird uraufgeführt. Regie: Carl Theodor Dreyer. Drehbuch: Dreyer und Joseph Delteil. Kamera: Rudolf Maté. Bauten: Hermann Warm und Jean Hugo. Darsteller: Renée Falconetti (Johanna), Eugene Silvain (Cauchons), Antonin Artaud (Bruder Martin).

Filmische Richtlinien des dänischen Regisseurs sind historische Echtheit und menschliche Wahrhaftigkeit. Handlungsablauf und Texte halten sich an die Prozeßakten. Vor der Inquisition steht das Mädchen Johanna, geschmäht, verhöhnt – aber nicht bereit, sich selbst als Ketzerin zu bezeichnen. Wir sehen fast nur Großaufnahmen der Gesichter. Auf ihnen spielt sich alles ab. Auf Schminke und falsche Haare wird verzichtet. Der Film umfaßt nur einen Tag, den letzten im Leben der Jeanne d'Arc, und ist auf einen Ort konzentriert, Gefängnis und Scheiterhaufen. Besonderen Wert legt der Regisseur auf Porträtähnlichkeit. Die Falconetti hat bisher nur als Modell für kosmetische Erzeugnisse gearbeitet. Die Einstellungen werden in der chronologischen Reihenfolge gedreht. Alle Schauspieler sprechen den richtigen Text des Dialogs. Das macht Zwischentitel notwendig, die den Rhythmus der Großaufnahmen etwas zu oft unterbrechen. Dreyer: »Nichts in der Welt ist mit dem menschlichen Gesicht vergleichbar. Das ist ein Land, das zu erforschen man niemals müde wird.«

La Passion ist eines der bedeutendsten Werke der Stummfilmzeit. Einige Kritiker wissen es besser: Georg Herzberg beschuldigt im »Film-Kurier« vom 23. November den Regisseur, er sehe den Film der Zukunft als »illustriertes Bild zum geschriebenen Wort«. In Frankreich findet der Film trotz der Proteste des Erzbischofs von Paris und einiger Zensurschnitte beim intellektuellen Publikum Resonanz, ist aber finanziell ein Mißerfolg.

Der Surrealismus im Film

Der Surrealismus bemächtigt sich des Films. Die beiden Spanier Luis Buñuel und Salvador Dalí entwerfen gemeinsam das Szenarium für Un chien andalou *(Ein andalusischer Hund). Im Pariser Cinéma des Ursulines wird die Premiere des Films gefeiert.*

Der Dichter Lautréamont ist für die Surrealisten wegweisend geworden durch seinen Ausspruch: »Schön wie die Begegnung eines Regenschirms und einer Nähmaschine auf einem Seziertisch« – und diese Form der Ästhetik scheint auch Buñuel und Dalí bei ihrem Film angeregt zu haben.

Der Streifen dauert knapp 20 Minuten, er hat keine durchgehende Handlung und keinen symbolischen Sinngehalt. Es gibt darin weder Andalusier noch Hunde. Buñuel und Dalí suchen geradezu rauschhaft nach überraschenden und absurden Requisiten, die immer neue, verblüffende Effekte auslösen.

So zeigt die Szene, aus der das rechts wiedergegebene Foto stammt, wie ein Mann eine Frau begehrt und sie umarmen will; er wird aber zurückgehalten durch zwei lange Stricke, an denen Kürbisse, zwei Seminaristen und mit verwesten Eseln gefüllte Flügel befestigt sind. Berühmt wird die Bildsequenz, die den von einer Wolke geteilten Mond mit einem brechenden Auge vergleicht, das von einem Rasiermesser aufgeschnitten wird.

Der Versuch, den Film psychoanalytisch zu interpretieren, entspricht nicht den Intentionen Buñuels und Dalís. Die im Vergleich mit einer Filmerzählung zusammenhanglose Montage verschiedener Bilder, die ihr Vorbild im Cinéma pur *besitzt (*Entr'acte *von René Clair, 1924), soll provozieren und ist Ausdruck einer verworrenen, intellektuellen Revolte. Allegorische und symbolische Anspielungen liegen nicht in der Absicht der beiden Filmemacher, das Schockierende soll unbegreiflich bleiben. In Madrid ermahnt Buñuel herausfordernd sein Publikum: »Ich will nicht, daß der Film Sie erfreut, er soll Sie beleidigen.«*

Un chien andalou (Ein andalusischer Hund), 1928; Szenenfoto.

Zwei Werke von Breton

In diesem Jahr erscheinen zwei wichtige Werke des Schriftstellers André Breton. *Nadja* ist eine surrealistische Meistererzählung. Die Geschehnisse in diesem klassischen Roman des Surrealismus sind derart unglaubhaft, daß man sie für frei erfunden hält. Aber mehrere haben Nadja gekannt. Breton hat nur aufgezeichnet, was sie ihm von sich erzählte, was er mit ihr erlebte und die Fakten mit Fotos, Collagen und Zeichnungen unterstützt. Nadja hat Halluzinationen, der Dichter kann ihren extravaganten Höhenflügen bald nicht immer folgen. Er löst sich von ihr. Nadjas Geist umnachtet sich. Man bringt sie in eine Anstalt. Das Buch ist ein Riesenerfolg und erlebt schon im ersten Jahr 20 Auflagen.

Das zweite Buch *Le surréalisme et la peinture (Der Surrealismus und die Malerei)* ist zusammengestellt aus Aufsätzen über Picasso, Joan Miró, Georges Braque, Giorgio de Chirico, Max Ernst, Man Ray, André Masson, Yves Tanguy und Hans Arp. Salvador Dalí verschreibt sich ebenfalls in diesem Jahr dem Surrealismus.

Film

Premieren

● Charles Chaplin (Regie und Hauptrolle): *The Circus (Zirkus).* Ein armer Teufel, zu Unrecht des Diebstahls verdächtigt, wird wider Willen Zirkusartist, verliebt sich in die Kunstreiterin, die seine Liebe nicht erwidert, sondern mit einem Seiltänzer davonzieht. Ein abendfüllender Film mit einer großen Zahl brillanter Szenen.

● René Clair: *Un chapeau de paille d'Italie (Der Florentiner Hut).* Drehbuch: René Clair nach einer Komödie von Eugène Labiche. Darsteller: Olga Tschechowa, Albert Préjean. Die Jagd nach einem Strohhut bildet die Handlung. Clair erzielt seinen ersten großen Erfolg.

● Sergej Eisenstein (Regie und Buch): *Zehn Tage, die die Welt erschütterten (Oktjabr).* Ein teils der historischen Wirklichkeit nachgestellter, teils künstlerisch gestalteter Film über die zehn Tage, in denen Lenin die Kerensky-Regierung stürzte und das Sowjetregime errichtete. Der Film soll zum Jahrestag der Revolution in die Kinos kommen, wird aber nicht rechtzeitig fertig: Trotzki, inzwischen in Ungnade gefallen, muß herausgeschnitten werden. Lenin wird gespielt von dem Arbeiter Nikandow, der dem Revolutionsführer täuschend ähnlich sieht. Kerensky und die anderen Gegner werden zu Karikaturen verzerrt.

Ereignisse

● Berlin: In Steglitz wird der neuerbaute Titania-Palast eröffnet, eines der größten Kinotheater der Reichshauptstadt. Innen und außen wird Licht als Ausdrucksmittel eingesetzt.

● Ihre ersten Filme drehen Dita Parlo, Paul Hörbiger und Peter Lorre.

● Paris: Der für die Entwicklung des künstlerischen Films in der Frühzeit so verdienstvolle Georges Méliès – er drehte bereits 1896 80 Filme von je 20 Meter Länge – wird, nachdem er längst vergessen ist und als Pächter eines Süßwarenstandes auf dem Bahnhof Montparnasse in Not lebt, in einem Bistro »entdeckt«. Man veranstaltet einen Galaabend für ihn, und die Chambre Syndicale setzt ihm eine kleine Rente aus.

● Walt Disney, der amerikanische Produzent von Zeichentrickfilmen, zeigt seine ersten Micky-Maus-Filme.

● Mit einem Anteil von 85 % aller Filme der Weltproduktion stehen die USA an der Spitze der filmproduzierenden Länder.

Cagnaccio di San Pietro
Nach der Orgie
1928

Emil Nolde
Blumen und Wajangfiguren
1928

Enthüllung und Verklärung, Dinglichkeit und Poesie

Die beiden Gemälde aus dem Jahr 1928 markieren zwei Pole der gegenständlichen Malerei der zwanziger Jahre. Stilgeschichtlich sind sie der Neuen Sachlichkeit und dem Expressionismus zuzuordnen, wobei allein schon die Themenwahl die jeweilige künstlerische Grundhaltung charakterisiert.

Versteht man die »Neue Sachlichkeit« als Ausdruck der Ernüchterung, so gibt es kaum ein »sachlicheres« Sujet als die Stunden »nach der Orgie«. Hierbei vermeidet es San Pietro, der Szene eine sinnbildliche Bedeutung überzustülpen. Kein triefäugiger Katzenjammer, kein Memento mori, kein Symbol für Lebensüberdruß oder Endzeitstimmung stört die kühle Bestandsaufnahme. Die fotografisch getreue, gleichrangige Wiedergabe von Dingen und menschlichen Körpern dient als das ausschließliche Mittel der Enthüllung eines dionysischer Steigerung längst entfremdeten Lebens.

In eine deutlich andere Richtung zielt Emil Noldes Stilleben aus heimischen Blumen und fernöstlichen Wajangfiguren – Protagonisten javanischer Legendenspiele. Seit dem Stilleben mit exotischen Figuren des Jahres 1911 hat sich Nolde wiederholt mit dieser Verbindung des Nahen und Fernen, des Vertrauten und des Geheimnisvollen beschäftigt, wobei eine Wechselwirkung einzutreten scheint. Auch die Blumen können sich für den Betrachter in seltsame Wesen verwandeln, die ein Erstaunen über die sonderbar emporgeblühte, kraftvolle Schönheit wecken.

Noldes Gemälde bewahrt thematisch einen Wesenszug der expressionistischen Malerei, die sich um 1905 bei den »Brücke«-Malern nicht zuletzt unter dem Einfluß exotischer Skulpturen entwickelt hat. Expressionistisch ist ferner die aus reinen Farben gewonnene Ausdruckskraft. Nolde verbindet allerdings das dunkle Grün, dunkle Blau und verhalten glühende Rot mit silbrigem Grau und Gold. Auch hierin entfaltet das Stilleben sein Thema des Zusammenlebens von Kunstvollem und Natürlichem.

Caspar Neher
Szenenentwurf zum Finale der »Dreigroschenoper«
1928

Otto Dix
Großstadt-Triptychon (Mitteltafel)
1928

Der Mensch lebt nur von der Missetat allein

In der Inszenierung von Erich Engel (unter tatkräftiger Regie-Mitwirkung des Autors Bertolt Brecht) geht am 31. August am Berliner Theater am Schiffbauerdamm zum ersten Male die Dreigroschenoper über die Bühne. Sie wird zum größten Theatererfolg der zwanziger Jahre, läuft fast ein Jahr vor ausverkauftem Haus und wird von zahlreichen Theatern übernommen. Weltstadtzynismus, kaltschnäuziger Humor, ein Unterweltmilieu mit dem Verbrecherboß Mackie Messer, der die Zeichen der bürgerlichen Zeit erkennt, und dem Bettlerkönig Peachum, der das Geschäft mit der Armut im Stil eines Konzernmanagers betreibt – das sind die Elemente, mit denen Brecht seine Vorlage, die englische Barocktravestie The Beggar's Opera, in die Gegenwart projiziert. Die revueartige Anordnung der Szenen, die süffisante Musik Kurt Weills, die Vielfalt grotesker Charaktermasken, der reitende Bote am Schluß, der als »deus ex machina« das Happy-End bringt, verleihen dem Stück einen unwiderstehlich komödiantischen Zug.

Der Kritiker der »Vossischen Zeitung«, Monty Jacobs, verfaßt nach der Premiere enthusiastisch folgende Kritik: »Aus einer Welt, in der ein Mordbandit noch der anständigste Kerl der Welt ist, grinst es katzenjämmerlich heraus. Aber diese Stimmung ist glücklich im Galgenhumor produktiv geworden. Das Menschenleid des Bettelns, das Menschenunrecht des Verbrechens – alles ist Geschäft, wohlorganisierte Gesellschaft mit beschränkter Haftung. Weil sich die Tragik aber selbst ausschaltet, so wird die Laune dieses Spiels mit Tragik durchtränkt, bis sie zum Humor wird.«

Eine vergleichbare Umkehrung überkommener Werte nimmt Otto Dix durch sein Großstadt-Triptychon vor, indem er die Form des mittelalterlichen Flügelaltars verwendet, um die Polarität der Gegenwart aufzuzeigen. Während die Seitenflügel in engen Gassen Huren und verkrüppelte Bettler zeigen, präsentiert die Mitteltafel den trügerischen Pomp des angenehmen Lebens im »jazz age«.

Musik

Premieren

● George Gershwin: *An American in Paris (Ein Amerikaner in Paris)*, Tondichtung für mittleres Orchester, drei Saxophone und Autohupen in der Carnegie Hall, New York; Dirigent Walter Damrosch. Gershwin: »Es ist meine Absicht, die Eindrücke eines amerikanischen Reisenden wiederzugeben, der den Straßenlärm hört und die französische Atmosphäre in sich aufnimmt.« Eine Mischung aus Ragtime, Blues und Charleston ergibt ein wirkungsvolles Musikstück.

● Igor Strawinski: *Apollon musagète (Apollo, der Musenführer)*, Ballett. Die drei Musen Kalliope, Polyhymnia und Terpsichore werden zu den Klängen der Apotheose zum Parnaß geführt. Mit dieser Einstudierung gelingt Sergej Diaghilews »Ballets Russes« (Choreographie: George Balanchine) ein großer Wurf. Sie etabliert den Neoklassizismus als die dominierende Stilrichtung des modernen Tanztheaters.

Ereignisse

● Maurice Ravel komponiert sein berühmtes Ballett *Boléro* (Uraufführung in Paris 1929), das sich aber sehr bald von der Bühne in den Konzertsaal verlagern soll. Schockiert oder fasziniert ist das Publikum nicht etwa durch eine fremdartige Tonsprache, sondern durch den zugleich einfachen wie raffinierten Bau des etwa 17 Minuten einnehmenden Musikstücks. Über einem gleichbleibenden Rhythmus (ostinat von der Trommel markiert) wird eine ebenfalls gleichbleibende Melodie bei unveränderter Harmonik vielfach wiederholt. Lediglich die wechselnde Instrumentierung und das orchestrale Crescendo sorgen für Abwechslung und Spannung.

Gründgens wird bekannt

23. Oktober. Uraufführung von Ferdinand Bruckners Stück *Die Verbrecher* im Berliner Deutschen Theater. In dieser Inszenierung von Heinz Hilpert wird der soeben von Hamburg nach Berlin engagierte 28jährige Gustaf Gründgens entdeckt, jedoch in einer Rolle, die ihm wenig behagt. Neben Lucie Höflich und Hans Albers spielt er den sadistischen Homosexuellen Ottfried Berlessen. Das Stück ist ein Angriff auf die damalige Justiz.

Mit dieser Rolle wird Gründgens Berlins meistbeschäftigster Schauspieler und Regisseur. Er wird Spezialist für leichte Stücke, Revuen und im Film für Schurken mit Krawatte, für sogenannte Gentlemen-Verbrecher.

»Schwejk« auf der Piscator-Bühne

Jaroslav Hašeks Schwejk-Roman auf die Bühne zu bringen ist eine der grandiosen Ideen, mit denen Erwin Piscator seine »soziologische Dramaturgie« demonstriert. Nach monatelanger mühevoller Vorarbeit, an der Max Brod, Bert Brecht, Felix Gasbarra, Max Pallenberg (als Darsteller des Schwejk) und George Grosz teilnehmen, kommt es im Januar 1928 zur denkwürdigen Premiere.

Gemäß der Idee, die Kriegsodyssee des listigen kleinen Mannes, der an allen Fronten herumgestoßen wird, szenisch darzustellen, werden zwei gegenläufige Rollbänder in Bewegung gesetzt, auf denen sich Schwejk und seine Mitspieler abstrampeln; auf Projektionsflächen im Hintergrund erscheinen Zeichnungen von Grosz.

Mitte links: Plakat zu Ferdinand Bruckners Schauspiel »Die Verbrecher«, Neuinszenierung von Alwin Kronacher, 1929.

Mitte rechts: Zeichnung von George Grosz zu Erwin Piscators »Schwejk«-Inszenierung, 1928.

Theater

Premieren

● Peter Martin Lampel: *Revolte im Erziehungshaus*. Erste Produktion der Gruppe Junger Schauspieler als Nachmittagsvorstellung am 2. Dezember im Berliner Thaliatheater. Regie: Hans Deppe. Bühnenbild: Wolfgang Böttcher. Erzieher und Jugendliche werden im Zusammenprall nicht einseitig dargestellt, die Erzieher nicht als Sadisten und die Jugendlichen weder als Engel noch verroht. Bloßgestellt wird das unmenschliche System. Die Aufführung wird in den Abendspielplan übernommen.

● Marcellus Schiffer und Mischa Spolansky: *Es liegt in der Luft* wird im Mai in Friedrich Hollaenders Komödie am Kurfürstendamm uraufgeführt. Stars der leicht satirischen kleinen Revue: Marlene Dietrich und Margo Lion.

Ereignisse

● Moskau: 16. Dezember. *Hoppla, wir leben!* von Ernst Toller wird im Theater der Revolution aufgeführt. In der Inszenierung von Fedorow erreicht das Stück 100 Vorstellungen.

● Dresden: Mary Wigman, Meisterin des rhythmischen Ausdruckstanzes, beendet die Arbeit an ihrem dreiteiligen, abendfüllenden Tanzwerk *Die Feier*, die den Höhepunkt der modernen, anti-akademischen Tanzbewegung in Europa markiert.

● Der Arzt und Dramatiker Friedrich Wolf (*Der arme Konrad, Cyankali*) tritt der KPD bei und verkündet: »Kunst ist Waffe!«

1928

Fleming entdeckt das Penicillin

Eine zufällige Beobachtung führt 1928 zur Entdeckung des ersten Antibiotikums, des Penicillins. Im September dieses Jahres untersucht der Engländer Alexander Fleming in seinem Labor des Londoner St. Mary's Hospital krankheitserregende Staphylokokken, die er auf Nährböden in flachen Glasschalen züchtet und wachsen läßt. Von Zeit zu Zeit kontrolliert er die Kulturen und entnimmt Proben für sein Mikroskop. Da bemerkt er eines Tages auf einer der Schalen einen ungebetenen Gast. Ein wahrscheinlich durch das Fenster hereingewehter Schimmelpilz hat sich auf der Bakterienkultur angesiedelt. Pilzkolonien breiten sich am Schälchenrand aus.

Nun fällt Fleming etwas Merkwürdiges auf. Am Rande der Schimmelpilzkolonien sind die Staphylokokken auf dem Nährboden verschwunden. Er geht der Sache nach und findet heraus, daß der Schimmelpilz – Penicillium notatum, wie sich später herausstellte – eine Substanz absondert, die Bakterien töten kann. Er hat das »Penicillin« entdeckt. Außer den Staphylokokken vernichtet es Pneumokokken, Starrkrampfbazillen, Diphteriebakterien, Milzbrandbazillen und andere, an deren Infektionen immer wieder Menschen sterben. Die »Abwehrtruppen« im Blut dagegen, die Weißen Blutkörperchen, bleiben vom Penicillin unbehelligt.

Mit Flemings Fund beginnt das Zeitalter der Antibiotika, wenn auch das Penicillin erst Anfang der vierziger Jahre einsatzbereit ist. In seiner Folge werden später zahlreiche ähnliche, von Mikroben produzierte Stoffe gefunden und auch künstliche Antibiotika hergestellt: Substanzen, die »bakterizid« oder »fungizid« (pilztötend) wirken. Ein imponierender Siegeszug über viele Infektionskrankheiten beginnt. Vom Gegenschlag der Krankheitserreger, von ihrem »Resistentwerden« gegen die Antibiotika, ahnt man damals noch nichts.

Das »Geiger-Müller-Zählrohr« wird erfunden

Hans (Johannes) Geiger und Walter Müller, zwei deutsche Physiker, konstruieren das »Geiger-Müller-Zählrohr«, mit dem man sogenannte Alphateilchen, die von radioaktiven Substanzen abgestrahlt werden, nachweisen kann.

Das Gerät ist auch zur Zählung einzelner Teilchen, wie Elektronen, Gammaquanten oder Mesonen geeignet. Es handelt sich um ein dünnwandiges, meist mit dem Edelgas Argon gefülltes Metallrohr von einigen Zentimetern Durchmesser, in dem ein leitender Draht aufgespannt ist. Der Draht wird an eine hohe positive Spannung angeschlossen (etwa 1000 bis 3000 Volt). Gelangt nun ein Teilchen durch ein dafür vorgesehenes Fenster in das Zählrohr, so bildet es durch Ionisation Elektronen. Diese vermehren sich im Feld in der Nähe des Zähldrahtes durch Stoßionisation lawinenartig. Es entsteht ein kräftiger Stromstoß, den man durch Anschluß eines Lautsprechers auch als knackendes Geräusch hörbar machen kann.

Vorläufer des Zählrohrs war der 1913 gebaute »Spitzenzähler« von Geiger, der »Geigerzähler« genannt wurde. Dieser Name hat sich im Volksmund auch für das »Geiger-Müller-Zählrohr« durchgesetzt. Man nutzt das Zählrohr in erster Linie in physikalischen Laboratorien, um radioaktive Strahlung nachzuweisen (und damit auch zum Strahlenschutz) und kann es bei der Suche nach Uran verwenden.

Naturwissenschaft, Technik, Medizin

● In den USA kommt der erste Fernsehempfänger auf den Markt. Sein Preis: 75 Dollar.

● Thomas H. Morgan und seine Schüler weisen nach, daß man die Erbmerkmale der Taufliege auf den Chromosomen in den Zellkernen regelrecht »kartographieren« kann. Die Gene scheinen hier aufgereiht zu sein wie Perlen auf einer Schnur: solche für die Flügelform, die Augenfarbe, für behaartes oder unbehaartes Hautskelett und andere. Morgans »Chromosomenkarten« werden zu einem starken Impuls für die Vererbungsforschung.

● Der Einsatz von Fernschreibern, vor dem Ersten Weltkrieg in den USA erfunden und 1926 von der deutschen Lorenz AG in Lizenz nachgebaut, erhält in Deutschland die postalische Genehmigung. Mit ihm ist die Übertragung von Schreibmaschinenschrift über eine Drahtverbindung möglich geworden.

● Fritz von Opel und Max Valier bauen das erste Automobil, das von Raketen angetrieben wird (es handelt sich um Pulverraketen von Friedrich Wilhelm Sander). Das Fahrzeug erreicht eine Geschwindigkeit von 138 Stundenkilometern. Noch im gleichen Jahr erreicht Opel Geschwindigkeiten über 200 Stundenkilometern. Valier verunglückt 1930 tödlich.

Hermann Lehmann
Szenenentwurf zu
»Die ägyptische Helena«
Dresden 1928

In Dresden gelangt am 6. Juni die Oper Die ägyptische Helena zur Uraufführung. Hugo von Hofmannsthal hat Richard Strauss, mit dem er über zwanzig Jahre als Librettist zusammengearbeitet hat, zu diesem mythologischen Bühnenwerk angeregt.

Hofmannsthal hat eine Vielzahl von Quellen herangezogen, das Ergebnis ist ein gedanklich schwer befrachteter Text, der beim Publikum auf Unverständnis stößt. Gewitzt durch diese Erfahrung der Uraufführung drängen Dichter wie Komponist bei der wenige Monate später stattfindenden Münchner Aufführung darauf, daß der Zuschauerraum des Nationaltheaters soweit erhellt bleiben müsse, daß im Textheft der Verlauf der Handlung nachgeschlagen werden kann. Verständlich ist nur der Schluß der Oper, die in einer Verherrlichung der braven Ehe nach allen Zweifeln, Selbsttäu-

schungen und Versuchungen endet – von einem fesselnden antiken Seelendrama ist nichts zu spüren. Antikisierende Beigaben wie die »Alleswissende Muschel« im I. Akt, die der Nymphe Aithra die Vorgänge in der Ferne und auf dem Meer vorsingt, haben mit dem Bekenntnis des Dichters zu »höchster klassischer Reife« wenig zu tun.

Die Handlung wird vom Motiv der zweifelhaften Identität beherrscht. Menelas, der mit Helena von Troja heimkehrt, strandet an der von Aithra bewohnten Insel. Hier soll ihm weisgemacht werden, daß Paris einst ein Phantom nach Troja entführt hat, während Helena bei Aithra in einem Zauberschlaf gelegen und ihrem Mann auf diese Weise die Treue gehalten habe. Dieses Märchen hat unter anderem zur Folge, daß Menelas nun die wirkliche Helena für ein Phantasiegebilde hält.

So sehr Strauss von dem Libretto angetan ist, seiner schwelgerischen Musik sind durchaus Verlegenheiten anzumerken. Selbstironisch äußert Strauss über seine Komposition: »Melodiös, wohlklingend und bietet für Ohren, die über das neunzehnte Jahrhundert hinausgewachsen sind, leider keinerlei Probleme.« In einem Brief schreibt Strauss – und man kann ihn wohl getrost auf Die ägyptische Helena beziehen: »In meinem Alter gerät man leicht ins Fahrwasser der bloßen Routine, und die ist der Tod der Kunst.«

Die ägyptische Helena ist das letzte Gemeinschaftswerk von Strauss und Hofmannsthal. Der Lyriker, Erzähler, Essayist und Dramatiker, ein Hauptvertreter der Neuromantik und des Neuklassizismus im Sinne einer kritischen Bewahrung des europäischen Kulturerbes, stirbt 55jährig am 15. Juli 1929 in Rodaun bei Wien.

Daß sachlich-funktionelle Wohnkultur nicht nur in der »eigentlichen« Architektur, in Fassade und Grundriß, bestehen, sondern bis ins Detail der Einrichtung sichtbar werden müsse, gehört zum Credo aller avancierten Bau- und Design-Künstler dieser Jahre. In seinem Buch L'art décoratif moderne von 1926, das vor allem eine kritische Auseinandersetzung mit der Pariser Art-deco-Ausstellung des Vorjahrs enthält, beschreibt Le Corbusier an einem Beispiel die Intention der »Neuen Sachlichkeit«: »Wenn das Haus ganz weiß ist, tritt der Umriß der Dinge unzweideutig hervor; ihr Volumen wirkt scharf, ihre Farbe ist als solche kategorisch. Das Weiß des Kalkes ist vollkommen, alles hebt sich von ihm ab, zeichnet sich großartig ab, Schwarz auf Weiß. Es ist eine anständige freie Sache. Wenn Sie ungeeignete oder gar geschmacklose Gegenstände

nehmen, springt das sofort ins Auge. Das Weiß ist so etwas wie Röntgenstrahlen der Schönheit. Es ist ein ständig tagendes Schwurgericht. Es ist die Wahrheit des Auges.« Und programmatisch formuliert Le Corbusier: »Das ist kalt und brutal, aber es ist genau und ehrlich.«

In seinem vielbewunderten Bau des deutschen Pavillons für die Weltausstellung 1929 in Barcelona stellt Mies van der Rohe unter Beweis, daß solche Brutalität die spielerische Eleganz nicht ausschließt. Für die Innenausstattung des Pavillons konstruiert der Architekt aus verchromtem Spezialstahl und Kupfer den sogenannten Barcelona-Stuhl, der zu einem Klassiker des modernen Möbeldesigns wird. Die Firma »Knoll« baut ihn bis heute nach.

Zwei Jahre zuvor hat Mies van der Rohe anläßlich der von ihm in der Ge-

samtplanung geleiteten Weißenhof-Ausstellung in Stuttgart den sogenannten Weißenhof-Stuhl entworfen. Seine Materialien sind Stahlrohr und Binsengeflecht. Eine Konstruktion aus Stahlrohr gibt auch dem von Le Corbusier entworfenen Liegestuhl seinen unverwechselbaren Charakter konstruktiver Ehrlichkeit, die auf schmückendes Beiwerk verzichtet.

In der Intention ähnlich, aber weniger rigoros in der Absage an dekorative Elemente ist der Textilentwurf der französischen Designerin Hélène Henry. Der von Robert Mallet-Stevens entworfene Stuhl aus grünlackiertem Stahlrohr ist mit Polstern und Kissen ausgestattet, deren Bezüge sie gewebt hat; das Muster des Kissenbezugs geht auf ein Wandgemälde Fernand Légers aus dem Jahre 1926 zurück. Solche Anleihen werden vor allem in den fünfziger Jahren üblich.

Mitte links und rechts:
Ludwig Mies van der Rohe
Weißenhof-Stuhl
1927
Barcelona-Stuhl mit Hocker
1929

Unten links:
Le Corbusier
Liegestuhl
1928

Unten rechts:
Robert Mallet-Stevens und
Hélène Henry
**Stahlrohrsessel
mit Polstern und Kissen**
um 1928

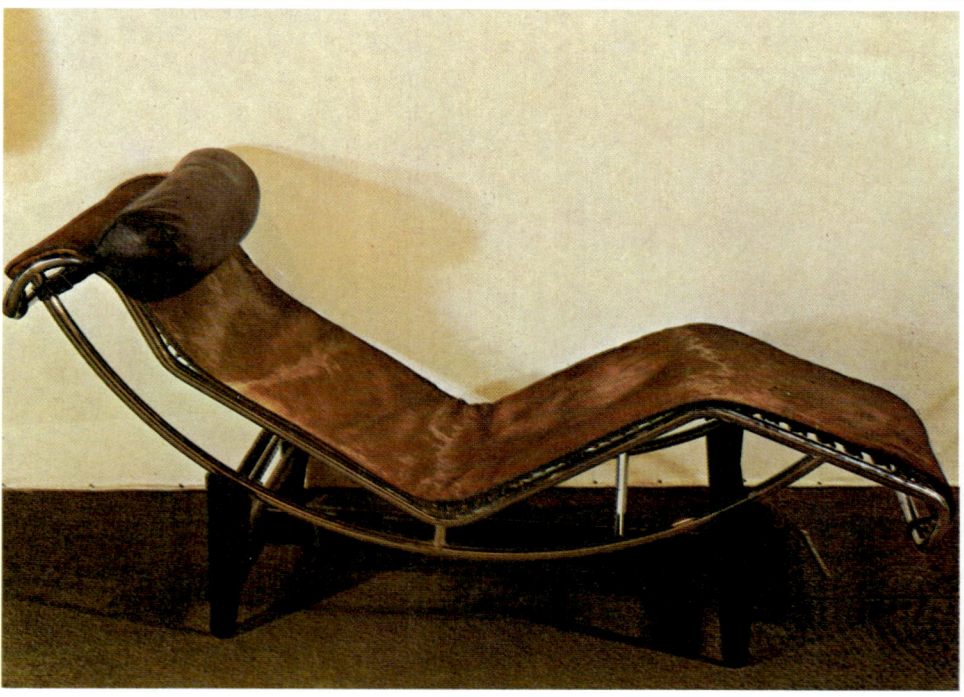

Profanbau und Kultbau

Der Ausstellungsbau bietet mehr als andere Bauaufgabe die Gelegenheit zu freier Raumgestaltung. Der Zweck, einer Vielzahl von Menschen eine gleichsam gezielte Bewegungsfreiheit zu gewähren, führt zu Grundrißformen mit fließenden Raumübergängen. Ludwig Mies van der Rohe findet hierfür eine klassische Lösung, indem er beim deutschen Pavillon auf der Weltausstellung in Barcelona die festen Abgrenzungen zwischen Innen- und Außenraum sowie Einzelräumen aufhebt. Die aus kostbarem Material ausgeführten Wände bilden selbständige Bauelemente mit der Funktion, Raumbereiche spürbar zu machen.

1924 stellte Mies van der Rohe fest: »Das ganze Streben unserer Zeit ist auf das Profane gerichtet. Die Bemühungen der Mystiker werden Episode bleiben.« Er könnte sich mit dieser Äußerung auf die anthroposophisch geprägte Bauweise beziehen. Anfang 1929 wird nach fünfjähriger Bauzeit das Goetheanum in Dornach fertiggestellt. Es ist dies der zweite Bau, nachdem das 1913 bis 1916 aus Holz errichtete erste Goetheanum in der Silvesternacht 1922 einer Brandstiftung zum Opfer gefallen ist. Dem in Beton ausgeführten Neubau liegt ein Modell zugrunde, das der am 30. März 1925 im Alter von 64 Jahren gestorbene Rudolf Steiner, ab 1923 Vorsitzender der neu gegründeten »Allgemeinen Anthroposophischen Gesellschaft«, geschaffen hat. Als kultisches Zentrum der »Hochschule für Geisteswissenschaft« ist das Bauwerk zugleich Ausdrucksarchitektur. Über das nach Westen, zum »Abend-Land« ausgerichtete Bauwerk schreibt Johannes Hemleben: »Es ist, als ob mit diesem Bau die Stein gewordene Frage unerbittlich und streng sich erhebt: Wird das Abendland, dem es bestimmt war, mit der Technik den Kulturtod über die Erde zu tragen, auch die Kraft finden, aus diesem Untergang einen Aufgang zu bewirken?«

Bildende Kunst

Werke
- Pablo Picasso: *Frauenbüste mit Selbstbildnis.* Picasso stellt einen wild aussehenden Frauenkopf mit gefräßigen Kiefern einem klassisch gemalten Profil von sich selbst gegenüber. In den folgenden Monaten entstehen noch viele andere Arbeiten mit ähnlich aggressiven Frauen.

Ausstellungen
- Berlin: Die Galerie Flechtheim widmet im Dezember Paul Klee eine Ausstellung zu dessen 50. Geburtstag. Im folgenden Jahr wird die Ausstellung im Museum of Modern Art in New York gezeigt.
- New York: Eröffnung des Museum of Modern Art im November.
- Paris: Vom 20. November bis 5. Dezember erste Salvador-Dalí-Ausstellung in der Galerie Goemans.

Ereignisse
- Aus der großen Anzahl bedeutender Fotografen ragen drei Persönlichkeiten hervor, die vom Menschen ihrer Zeit authentische Bildnisse hinterlassen. August Sander nimmt neben Künstlern vor allem kleine Leute auf: den Handlanger, die Portiersfrau, den Sonderling. 1929 gibt er einen Auswahlband mit 60 Aufnahmen heraus: *Antlitz der Zeit.* Erich Salomon ist der Vertreter des modernen Bildjournalismus, ein Mann für Prominentenbälle, Konferenzen auf hoher und höchster Ebene. Hugo Erfurth ist der Porträtist bedeutender Leute in Kunst und Wissenschaft.

Oben: Ludwig Mies van der Rohe, Deutscher Pavillon in Barcelona; 1929.
Unten: Rudolf Steiner, Goetheanum in Dornach; 1924–1929.

1929

Premieren
- Elisabeth Hauptmann, Bertolt Brecht und Kurt Weill: *Happy End*. (Uraufführung, 31. August, Berlin, Theater am Schiffbauerdamm). Regie: Brecht. Brecht denkt daran, seinen Erfolg bei der *Dreigroschenoper* mit einem weiteren Musical auszunutzen. Die Presse ist vernichtend. Nach wenigen Vorstellungen wird das Stück abgesetzt.
- Walter Mehring: *Der Kaufmann von Berlin* (Uraufführung, Berlin, Theater am Nollendorfplatz). Regie: Erwin Piscator.

Bühnenbild: László Moholy-Nagy. Musik: Hanns Eisler. Zeit: Inflation der zwanziger Jahre. Der Ostjude Kaftan kommt nach Berlin, macht Geschäfte, wird reich und von der kapitalistischen Konkurrenz ausgeraubt. Er endet, wie er gekommen ist: arm. Die Geschäfte, die Kaftan reich und wieder arm machen, sind Luftgeschäfte – Handel mit nicht vorhandenen Waren. Ein noch so gut besuchtes Haus kann die Kosten für den aufwendigen bühnentechnischen Apparat nicht tragen. Nach sechs Wochen ist auch die zweite Piscator-Ära zu Ende.

Literatur:
- Erwin Piscator veröffentlicht *Das politische Theater*, ein Buch über seinen Werdegang, seine Erfolge und Tendenzen.

Ereignisse
- Berlin: Am 16. Oktober Eröffnungsvorstellung des politisch-satirischen Kabaretts »Katakombe« im Keller des Vereinslokals der Berliner Künstler. Conférence: Werner Finck, der die zentrale Figur dieser Neugründung ist. Mitwirkende: Hans Deppe, Kate Kühl, Dolly Haas, Ernst Busch, für den Hanns Eisler die Musik schreibt.

Gegen den Paragraphen 218

Am 6. September wird im Berliner Lessing-Theater Friedrich Wolfs Agitationsstück Cyankali uraufgeführt. Der Arzt und Autor bereitete die Inszenierung persönlich mit der »Gruppe Junger Schauspieler« vor. Erich Kästner reagiert fünf Tage später in der Neuen Leipziger Zeitung: »Der größte Erfolg der gegenwärtigen Spielzeit ist Friedrich Wolfs Cyankali.« Und in seinem Überschwang fährt er fort: »Cyankali wird bestimmt eine stärkere Erörterung des Abtreibungsparagraphen und seiner Grausamkeit nach sich ziehen. Das Theater vermag es also, die Gesetzgebung und die innere Politik zu beeinflussen.«

Das Stück ist aufrüttelnd und erschütternd; die strafrechtliche Bedrohung von 500 000 bis 800 000 Frauen, die sich jährlich zu einer Abtreibung gezwungen sehen, ändert es freilich nicht. Das Stück handelt von der jungen Arbeiterfrau Hete, die schwanger ist. Als ihr Freund arbeitslos wird, sieht sie aus finanziellen Gründen keinen anderen Ausweg als die Abtreibung. Ein bürgerlicher Arzt lehnt dies mit Hinweis auf § 218 ab. Hete versucht einen Selbsteingriff, muß sich schließlich in die Hände einer Kurpfuscherin begeben, die der verblutenden Hete aus Mitleid Cyankali gibt. Hete stirbt an den Folgen des Giftes. Ihr Freund Paul klagt das Gesetz an, das für die einfachen Leute so viel Elend, Not und sogar den Tod bringt.

Klerikale und nationalistische Kreise protestieren gegen das Stück, provozieren Skandale und setzen auch Spielplanabsetzungen durch. Sie können gegen die brennende Aktualität von Cyankali letztlich nichts unternehmen. Die Frankfurter Zeitung berichtet über die Publikumsreaktionen: »Ein aufrüttelnder Eindruck für den Zuschauer ... jedes Wort klingt echt ... Friedrich Wolf, der dies dramatische Plädoyer führt, hat Atem. Seiner Forderung nach Aufhebung des § 218 wird von gepackten Zuhörern zugejubelt.«

Ankündigung der Berliner Uraufführung des Dramas »Cyankali« von Friedrich Wolf, 1929.

Kampf gegen Zensur

Am 5. März wird Peter Martin Lampels *Giftgas über Berlin* im Berliner Theater am Schiffbauerdamm von der Gruppe Junger Schauspieler uraufgeführt. Regie: Bertolt Brecht. Bühnenbild: Wolfgang Böttcher.

Die Reichswehr veranlaßt den Polizeipräsidenten Zörrgiebel (SPD), zunächst nur eine einzige Vorstellung für Militär, Polizei, Parlament, Presse und andere »Persönlichkeiten« zu erlauben. Danach wird das Stück verboten. Das Stück stützt sich auf Tatsachen. Drohende Militärdiktatur und die Schrecken des Giftgases – wehe wenn da ein Tank platzt! Im Mittelpunkt steht der 1926 verabschiedete, aber noch lebende Generaloberst von Seeckt. Das Stück ist schlecht, wird aber durch das Verbot berühmt und gefragt. Offiziell gibt es keine Zensur. Die Kunst ist frei. Insgeheim wird immer wieder gekürzt, verstümmelt, schikaniert, gedroht, verboten. Die herrschende Klasse will kein aufsässiges Volk. Seit 1793 gibt es eine Verfügung, wonach die Behörde eingreifen kann, wenn sie die »öffentliche Sicherheit und Ordnung« gefährdet sieht. Das ist ein »Gummiparagraph«, der anscheinend jeden behördlichen Terror rechtfertigt. Die fortschrittliche Presse kämpft um das freie Wort, die freie Meinung, die freie Kritik. Auf der Bühne müsse der Autor aussprechen dürfen, was er für änderswert hält. Herbert Ihering zitiert im »Berliner Börsen-Courier« vom 12. März Heinrich Mann: »Der Kampf gegen die Zensur soll ewig sein wie der Kampf um das täglich Brot.«

Majakowski

Am 13. Februar wird *Klop* (*Die Wanze. Zauberkomödie in neun Bildern*) von Wladimir Majakowski im Moskauer Meyerhold-Theater uraufgeführt. Regie: Wsewolod Meyerhold. Bühnenbild: Alexander Rodtschenko, Musik: Dmitri Schostakowitsch. Meyerhold hat für sein Theater keine Stücke. Er wendet sich an Majakowski. Der schreibt ihm *Die Wanze* – Sinnbild des verbürgerlichten Arbeiters. In Form einer Gesellschaftskomödie hält Majakowski Gericht über den Typus des Kleinbürgers. Majakowski: »*Die Wanze* ist die Bühnenvariante eines Grundthemas, dem ich Gedichte, Poeme, zeichnerische Plakate und Agitationssprüche gewidmet habe: ich meine das Ringen mit dem Spießbürger.« Der geniale, volkstümliche, revolutionäre Dichter und sein Regisseur sind von vornherein Intrigen, Hetze, Kesseltreiben oder Totschweigen – je nachdem – ausgeliefert. Die auf des Dichters Haupt niederprasselnden Kränkungen unterminieren seine Gesundheit. 1930 tötet er sich.

Fleißer-Premiere

30. März. Im Berliner Theater am Schiffbauerdamm wird Marieluise Fleißers Stück *Pioniere in Ingolstadt* aufgeführt. Regie: Jacob Geis. Mitarbeit: Bertolt Brecht. Bühnenbild: Caspar Neher. Darsteller: Leo Reuß (Feldwebel), Lotte Lenya (Alma), Albert Hoerrmann (Korl), Hilde Körber (Berta) und Peter Lorre (Fabian).

Pioniere kommen nach Ingolstadt (Heimatstadt der Fleißer), um über das Altwasser eine Brücke zu schlagen. Diese Gelegenheit nutzen die Dienstmädchen Alma und Berta, um ihrem stumpfsinnigen Alltagstrott für einige Nächte zu entrinnen. Die soziale Lage der Personen spiegelt sich in ihrem Verhalten und in jedem ihrer Worte wider. Der Mangel an Ausdrucksfähigkeit verhindert die Möglichkeit, sich anderen Menschen mitzuteilen und damit die trostlosen Verhältnisse zu verbessern.

Auf dem Programmzettel steht als Regisseur Brecht-Freund Geis, aber das Szepter führt von Anfang an Brecht. Die Autorin ist mit Brechts »Mitarbeit« nicht einverstanden. Auch das Publikum nicht. Die Drastik sexueller Szenen übertrifft das Maß des Erträglichen. Nach der Premiere werden Szenen gestrichen. Die Wiederholungsvorstellungen verlaufen ohne Störungen.

Edward Suhr
Szenenentwurf zu
»Dantons Tod«, Schauplatz
Vor dem Gefängnis
Berliner Volksbühne 1929

Adolf Mahnke
Szenenentwurf zu
»Dantons Tod«, Schauplatz
Conciergerie
Staatstheater Dresden 1929

Ein Brennpunkt des literarischen Erbes: Georg Büchner

Wie kaum ein zweiter Schriftsteller des 19. Jahrhunderts fordert der nach 1900 neu entdeckte Georg Büchner auch in den zwanziger Jahren zur Auseinandersetzung heraus. Einzelne Literaten verschreiben sich der Aufgabe, diese Auseinandersetzung tatkräftig voranzutreiben, zumal Büchners Werke in der Gefahr stehen, als »Vorahnungen« des Expressionismus dessen Niedergang zu teilen. So bringt der österreichische Dramatiker Franz Theodor Csokor 1926 in Innsbruck und 1928 am Wiener Raimundtheater eine überarbeitete und ergänzte Fassung des Woyzeck-Fragments mit der Absicht auf die Bühne, das Sozialdrama vom nachträglichen »Pathos des ›Oh Mensch‹-Intellektualismus« zu befreien. 1929 verfaßt Csokor Die Gesellschaft der Menschenrechte. Ein Stück um Georg Büchner, in dem der Revolutionär Büchner im Mittelpunkt steht. Aus dieser Arbeit geht Csokors Beteiligung an einer vielbeachteten Inszenierung des Revolutionsdramas Dantons Tod hervor, die 1929 unter der Regie von Karl Heinz Martin von der Berliner Volksbühne gezeigt wird. Im selben Jahr inszeniert Josef Gielen das Drama gemeinsam mit dem Bühnenbildner Adolf Mahnke am Dresdner Staatstheater. Zum Programm der Wiener Festwochen 1929 gehört Max Reinhardts Neuinszenierung von Dantons Tod. Die Wiedergabe der beiden Szenenentwürfe Vor dem Gefängnis (Berlin) und Conciergerie (Dresden) entspricht dem Schwerpunkt, den die Gefängnisszenen in Büchners Drama bilden.

Zu einem Repräsentanten deutscher Literatur wurde Büchner durch die Stiftung des Büchnerpreises des Landes Hessen im Jahre 1923. Preisträger sind 1927 Kasimir Edschmid, der 1916 seine Novelle Das rasende Leben dem Andenken des »großen toten Bruders Georg Büchner« gewidmet hat, und 1929 Carl Zuckmayer. Ihm ist vor allem der Denker Büchner wichtig, »für den die Natur nicht nach Zwecken handelt und der die Lehre ausspricht: › Alles, was ist, ist um seiner selbst willen da ‹.«

Georg Salter
**Schutzumschlag zu
»Berlin Alexanderplatz«**
1929

John Heartfield
**Schutzumschlag zu
»Deutschland, Deutschland
über alles«**
1929

Heinrich Zille
Cirkusspiel im Hinterhof
(Ausschnitt) 1922

Dokumentation und Satire

Einer der großen Bucherfolge der zwanziger Jahre (und einziger Erfolg des Autors) ist Alfred Döblins Berlin Alexanderplatz. Eine Bearbeitung des Romans wird 1930 von der Berliner Funkstunde als Hörspiel gesendet, 1931 wird er verfilmt. Hörspiel und Film reduzieren das Werk auf das Schicksal der Hauptgestalt Franz Biberkopf. Im Buch ist nicht er die Hauptperson, sondern gleichsam Berlin rings um den Alexanderplatz. Die Stadt erscheint als Gegenspieler des ehemaligen Transportarbeiters Biberkopf, der, aus der Strafanstalt Berlin-Tegel entlassen, nunmehr ein ehrliches, anständiges Leben führen will. Der Dschungel der Großstadt ist stärker. Biberkopf gerät in Abhängigkeit von einem Verbrecher, der seine Geliebte tötet. Des Mordes verdächtigt, bricht der Antiheld zusammen und kommt ins Irrenhaus. Von dort entlassen, wird er Hilfsportier. Die Weltstadt Berlin hat ihn restlos fertiggemacht.

Ein Meister nicht nur der Prosa, sondern auch des scharfen Verses ist Kurt Tucholsky. Als Feuilletonist und Satiriker gefürchtet, scheint er allgegenwärtig zu sein und nie zu ermüden. Weil die Wochenzeitschrift »Die Weltbühne« nicht zu erkennen geben will, daß sie überwiegend Texte von Kurt Tucholsky veröffentlicht, schreibt »Tucho« auch unter anderen Namen: Kaspar Hauser, Ignaz Wrobel, Theobald Tiger und Peter Panter. Von Zeit zu Zeit erscheint eine Auswahl dieser Kurzprosa, so 1929 Deutschland, Deutschland über alles, eine Sammlung, die aufgrund ihrer Brandmarkung nationalistischer und militaristischer Tendenzen ein starkes Echo hervorruft.

Humor und Satire verbinden sich in Heinrich Zilles Szenen aus den proletarischen Hinterhöfen, Elendswohnungen, Kneipen, Laubensiedlungen und Vergnügungsstätten Berlins. In Zilles Todesjahr 1929 (er stirbt am 9. August im Alter von 71 Jahren) entsteht – auf (mündlichen) Erzählungen Zilles basierend – der Film Mutter Krausens Fahrt ins Glück, gewidmet »dem großen Menschen und Künstler Prof. Heinrich Zille«.

Literatur

Neuerscheinungen

● Hans Henny Jahnn: *Perrudja.* Preislied auf den Eros, mythisch durchwobene Schilderung von Mensch und Tier in der Natur. Urwesen Perrudja träumt von einer neuen Welt mit Naturmenschen, vom »Gesetz des Fleisches« bestimmt.

● Erich Kästner: *Emil und die Detektive.* Kästner, Gebrauchslyriker (*Herz auf Taille*), wird aufgrund dieser Geschichte einer der wichtigsten Kinderbuchautoren der Welt. Er schreibt in kurzen Sätzen, schildert das Leben von einfachen Leuten und wendet sich dabei an die Kinder selbst, die, so redet er ihnen ein, durchaus in der Lage sind, die anfallenden Probleme zu lösen.

● Theodor Plievier: *Des Kaisers Kulis.* Ein Marinebuch ohne durchgehende Handlung. Roman einer deutschen Kriegsflotte. Plievier selbst war Matrose und schildert die Schrecken der Schlacht auf der Doggerbank, die Wirkungslosigkeit des Kieler Aufstands, die Verurteilung der Meuterer aus der Unterdeck-Perspektive. Plievier, Anarchist, will nach eigenen Angaben der deutsche Zola werden.

● Erich Maria Remarque: *Im Westen nichts Neues.* Das Buch gibt einen unsentimentalen, jedoch nicht gefühllosen Einblick in die extremen Kriegssituationen. Bericht über eine Generation, »Vom Krieg zerstört – auch wenn sie seinen Granaten entkam«. Größter Antikriegsbucherfolg.

● Thomas Wolfe: *Look Homeward, Angel! (Schau heimwärts, Engel!)* Die persönliche Legende eines jungen Mannes, der, verloren und verirrt, eine Heimat sucht. Er ist hungrig nach Leben, Liebe und Ruhm, Sinnbild für die Jugendkraft der amerikanischen Nation.

Kompositionen von Hindemith

Paul Hindemiths »Lustige Oper« *Neues vom Tage* hat am 8. Juni in der Berliner Kroll-Oper Uraufführung. Das Libretto stammt von Marcellus Schiffer. Regie: Ernst Legal. Bühnenbild: Traugott Müller. Dirigent: Otto Klemperer.

Ein veritabler Ehestreit wird von einem Showmann »entdeckt« und endet als Zugnummer im Varieté. Den satirischen Sketchstil übernimmt Hindemith in seine Musik. Das flotte Werk muß auf Drängen des Kartenabnehmers Volksbühne bald abgesetzt werden. Im gleichen Jahr vertont Hindemith zusammen mit Kurt Weill Brechts didaktische Experimente, die auf dem Baden-Badener Musikfest Ende Juli vorgestellt werden.

Gründgens' Operndebüt

27. September. Der später als Opernregisseur so erfolgreiche Gustaf Gründgens gibt in der Kroll-Oper Berlin sein Debüt mit drei Einaktern: *Spanische Stunde (L'heure espagnol)* von Maurice Ravel, *Der arme Matrose (Pauvre matelot)* von Darius Milhaud und *Angélique* von Jacques Ibert. Gründgens: »Es war für mich ein Abenteuer. Ich wußte immer, daß das niemals mein dominierendes Gebiet sein würde, aber ich war fasziniert von dem Neuen.«

Sein größter Erfolg als Opernregisseur ist am 18. Dezember 1938 in der Berliner Staatsoper Unter den Linden die Inszenierung der *Zauberflöte* von Wolfgang Amadeus Mozart. Dirigent ist Herbert von Karajan.

Naturwissenschaft, Technik, Medizin

● Edwin Hubble vermutet aufgrund der »Rotverschiebung« im Spektrum ferner Galaxien, daß unser Universum sich mit hoher Geschwindigkeit ausdehnt.

● Das Luftschiff »Zeppelin« umfliegt die Erde unter seinem Kapitän Hugo Eckener.

● Werner Forßmann schiebt sich einen dünnen elastischen Schlauch durch eine Armvene in die rechte Herzkammer. Mit seinem Selbstversuch begründet er die Herzkatheterisierung zur Diagnose von Herzkrankheiten.

Neue Erzählformen in der Literatur

Thomas Mann erhält in diesem Jahr den Literatur-Nobelpreis, und zwar für seinen ein Vierteljahrhundert zuvor erschienenen Roman Buddenbrooks. Die Literaturwelt und das lesende Publikum fasziniert inzwischen ein anderes monumentales Romanwerk jüngeren Datums weit mehr. Der Zauberberg, der nach Thomas Manns eigenen Worten »das innere Bild einer Epoche, der europäischen Vorkriegszeit zu entwerfen versucht«, steht den Lesern nicht nur wegen der geschilderten Problematik näher; der 1924 veröffentlichte Roman zeigt auch eine außerordentliche Steigerung der ironisch-verschränkten Erzählkunst des Autors. Zusammen mit Robert Musils Der Mann ohne Eigenschaften und Hermann Brochs Trilogie Die Schlafwandler gehört Der Zauberberg zu den komplexesten literarischen Zeitbildern der Weimarer Epoche.

Alfred Döblins 1929 veröffentlichter Roman Berlin Alexanderplatz gewinnt eine fast gleichrangige Bedeutung, jedoch aus einem anderen Grund. Die Geschichte des aus der Bahn geworfenen Arbeiters Franz Biberkopf, der sich vornimmt, »vom Leben mehr zu verlangen als das Butterbrot«, ist der fast simpel erscheinende Gegenstand des Romans. Als Sensation wird jedoch empfunden, wie diese Geschichte vermittelt wird – nicht als kompakte Fabel, nicht als Schilderung eines individuellen Schicksals, sondern als ein lärmendes Großstadtkonzert, in dem die Grenzen von subjektiver und objektiver Welt fließend werden. Döblin selbst sagt: »Ich bin der Feind des Persönlichen. Es ist nichts als Schwindel und Lyrik damit. Zum Epischen taugen Einzelpersonen und ihre sogenannten Schicksale nicht. Hier werden sie Stimme der Massen, die die eigentliche … epische Person ist.« Die Technik der Montage, die für den Film, und der Reportage, die für den Journalismus bestimmend ist, greifen auf den Roman über.

Mitte links: Alfred Döblin, um 1929. Mitte rechts: Thomas Mann, um 1929.

1929

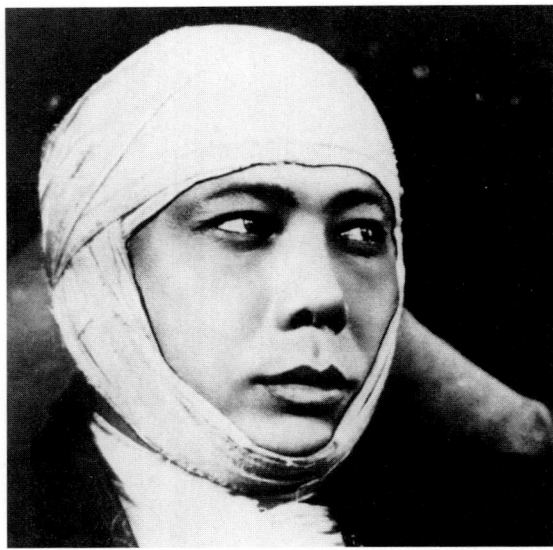

Ein neuer Höhepunkt des russischen Films

Wsewolod Pudowkins Stummfilm Sturm über Asien (Drehbuch: Ossip Brik) handelt vom Unabhängigkeitskampf der Äußeren Mongolei (1920–1924), der zur Gründung der Mongolischen Volksrepublik geführt hat.

Ein mongolischer Pelzhändler, Bair, wird miserabel bezahlt, empört sich, soll erschossen werden, wälzt sich halbtot im Dreck. Da entdeckt man in ihm den Erben des Dschingis Khan. Die Weißrussen und die englischen Militärs flicken ihn wieder zusammen, um ihn zum Statthalter seines Landes zu machen, gedacht als ihre Marionette. Sie staffieren ihn aus mit Smoking und Frack, aber der Nachfolger Dschingis Khans erwacht zum Selbstbewußtsein, zerfetzt die Kleider, zerfetzt die Verträge, und der Sturm der Revolution bricht los.

Das Drehbuch ist genau ausgearbeitet, eine ausgefeilte kontrapunktische Montagetechnik wird mit mathematischer Genauigkeit eingesetzt. Pudowkin ist nicht spröde, er liebt dokorative Bauten; der Prunk einer buddhistischen Zeremonie deutet eine Parallele zwischen den mongolischen Herrschern und der imperialistischen Militärkaste an. Aber »während ein Film von Eisenstein wie ein Schrei ist«, so der Filmkritiker Léon Moussinac, »sind die Filme von Pudowkin modulierte und ergreifende Gesänge«.

Herbert Ihering, der Theaterkritiker, ist hingerissen: »Sturm über Asien ist das größte Filmepos geworden, das die Geschichte des Films kennt. Er gibt Erdgeschichte, er gibt Weltperspektive … Pudowkins Sturm über Asien eröffnet eine neue Reihe der herrlichen russischen Filme. Seine Wirkung ist ungeheuerlich. Dieser Sturm, der Bäume und Menschen umwirft, der ganze Armeen zum Rückwärtsrollen bringt, bis nur noch die Gegenstände, bis Mützen und Konservenbüchsen rollen – dieser Abschluß riß wieder hin.« Aus sowjetischer Sicht krankt dieses Finale allerdings an seiner Metaphorik.

Potomok Tschingis-Chana, 1928 (Sturm über Asien, 1929); Szenenfotos mit Waleri Inkishinow als Bair.

Film

Premieren

● Paul Czinner: *Fräulein Else*. Czinner schreibt das Drehbuch nach Motiven der gleichnahmigen Novelle von Arthur Schnitzler. Kamera: Karl Freund, Adolf Schlasy, Robert Baberske. Darsteller: Elisabeth Bergner (Else), Albert Bassermann (Thalhoff), Albert Steinrück (Dorsday). Die Geschichte eines jungen Mädchens, dessen Vater vor dem Bankrott steht. Sie bittet einen Finanzmann um Hilfe. Der ist dazu bereit, wenn Else sich ihm unbekleidet zeigt. Sie geht auf die Bedingung ein, nimmt eine Überdosis Schlaftabletten, läßt in einer Hotelhalle die Hüllen fallen und bricht zusammen. Der Film zeigt hauptsächlich Szenen aus dem Leben der vornehmen Wiener Gesellschaft und ist durch den herben Charme der Bergner sehenswert.

● Arnold Franck: *Die weiße Hölle vom Piz Palü*. Kamera: Hans Schneeberger. Hauptdarsteller: Leni Riefenstahl, Ernst Udet. Die Menschen glauben, die Berge bezwingen zu können, verfallen aber ihrem Zauber und Fluch. Unter schwierigsten Bedingungen, vor dem Hintergrund der majestätischen Dolomiten, gelingen hervorragende Naturaufnahmen.

● Georg Wilhelm Pabst: *Die Büchse der Pandora* (Uraufführung, Februar). Drehbuch: Ladislaus Vajda nach den Dramen *Erdgeist* und *Büchse der Pandora* von Frank Wedekind. Kamera: Günther Krampf. Darsteller: Louise Brooks (Lulu), Fritz Kortner (Dr. Schön), Gustav Diessl (Jack the Ripper). Die Revuetänzerin Lulu bringt den Männern, die ihr gefallen, den Tod – und wird zum Schluß Opfer eines Lustmordes durch Jack the Ripper. Der Film, der in der Hauptsache aus Totalen und expressiven Großaufnahmen besteht, wird von der Presse verrissen, und die Brooks, 22jährige Anwaltstochter aus Kansas, als Fehlbesetzung abgetan. Erst viel später werden die Qualitäten des Films erkannt.

● Victor Turin: *Turksib* (Uraufführung, Oktober). Der dokumentarische russische Film schildert den schwierigen Bau der Eisenbahnstrecke, die den Baumwoll- und Kornreichtum Turkestans erschließen soll.

Ereignisse

● 30. November: *Dich hab ich geliebt*. Regie: Rudolf Walther-Fein. Erster in Deutschland gedrehter vollständiger Spieltonfilm; technisch noch unbefriedigend.

● 23. Dezember: *Die Nacht gehört uns*. Regie: Carl Froehlich, Hauptdarsteller: Hans Albers und Charlotte Ander; endgültiger Sieg des sprechendes Films über den Stummfilm.

● 16. Mai: »Academy Award« ist der ab 1929 jährlich von der »Academy of Motion Picture Arts and Science« in Hollywood verliehene Preis für die beste künstlerische Leistung im in- und ausländischen Film in Form einer Statuette, die volkstümlich, wie auch der Preis selbst, »Oscar« genannt wird. Insgesamt werden jährlich 24 Oscars verliehen. Für seine Leistungen in *The Way of all Flesh* (*Der Weg allen Fleisches*, 1927), Regie: Victor Fleming, und *The Last Command* (*Der letzte Befehl*, 1928), Regie: Josef von Sternberg, wird Emil Jannings mit dem Oscar ausgezeichnet.

Ein Film aus dem Arbeitermilieu

Piel Jutzis Film *Mutter Krausens Fahrt ins Glück* wird am 30. Dezember uraufgeführt. Drehbuch: Jan Fethke und Willy Döll nach (mündlichen) Erzählungen von Heinrich Zille. Bauten: Robert Scharfenberg, Karl Haacker. Musik: Paul Dessau. Darsteller: Alexandra Schmidt (Mutter Krause), Holmes Zimmermann (Paul), Ilse Trautschold (Erna). Der Film entsteht unter dem Protektorat von Käthe Kollwitz, Hans Baluschek und Otto Nagel.

Mutter Krause, Zeitungsausträgerin, wohnt mit Sohn Paul und Tochter Erna, beide erwerbslos, in der Küche ihrer Wohnung, das einzige Zimmer ist an eine Prostituierte und ihren Zuhälter vermietet. Die schwierigen sozialen und privaten Verhältnisse bringen Frau Krause in eine ausweglose Situation. Sie kocht sich eine letzte Tasse Kaffee und öffnet den Gashahn. Die kleine Tochter der Prostituierten nimmt sie mit auf ihre »Fahrt ins Glück«: »Was hast du armet Wesen auf dieser Welt zu verlieren?« Gedreht wird der Film im Berliner Stadtteil Wedding: in den engen Wohnungen, den Kneipen, auf Hinterhöfen, Rummelplätzen. Einmal erscheint als Zwischentitel das Zille-Zitat: „Man kann einen Menschen genauso mit einer Wohnung töten wie mit einer Axt!« Der Film, ein Meisterwerk, gibt die Atmosphäre des Arbeiterviertels authentisch wieder. Die Schauspieler gehören der linken Theaterbewegung an und geben sich mit einem Minimum an Gage zufrieden. Das und die außerordentlich kurze Drehzeit ermöglichen den Film.

**Bildnisfoto Franz Lehár
im Alter**

Notendruck
Land des Lächelns
1929

Notendruck
Die lustige Witwe
1929

**»Lehár, mein Lehár, wie lieb
ich dich!«**

*Die eigentlichen Stars der späten
zwanziger Jahre sind die Künstler der
heiteren Muse. Operettensänger wie
Fritzi Massary und Richard Tauber
werden vergöttert. Vor allem Franz Lehárs Operetten, darunter das im Jahr
der Weltwirtschaftskrise uraufgeführte Land des Lächelns, oder die 1929
von Eric Charell neuinszenierte, 1905
uraufgeführte Lustige Witwe besitzen
ein breites Publikum.
Lehár ergründet den Erfolg seiner Bühnenwerke: »Warum besitzt nun die
Operette eine weit größere Anziehungskraft auf das Publikum als irgend ein anderes Bühnenwerk? Meiner Meinung nach liegt es daran, daß
die Operette dem allgemeinen Geschmack am meisten gerecht wird. Die
Oper, das Schauspiel, die Komödie,
ebenso die Novelle oder das Gedicht
bleiben in ihrer Wirkung auf einen Teil
des Publikums beschränkt. Die Operette dagegen wendet sich an die gesamte Bevölkerung und findet überall
Liebhaber. Man hat oft genug behauptet, daß die Operette dem seichten Geschmack des Publikums entgegen-
komme. Trotzdem möchte ich behaupten, daß eine gute Operette durchaus
geschmacksbildend wirken kann…
Alles in der Operette dient nur dem
einen Zweck, dem Zuschauer eine un-
getrübte Freude zu bereiten. In jedem
Menschen schlummert, wie Nietzsche
sagt, das große Kind. Diese Bemerkung… trifft besonders auf die Frau
zu, die mächtigste Verbündete der
Operette. Sie sieht sich selbst in den
Primadonnen verkörpert, von der Bewunderung, die man der Heldin entgegenbringt, fühlt sie sich selbst um-
schmeichelt.«
»Dabei klingen alle seine Melodien
ganz gleich«, kommentiert Kurt Tucholsky Lehár, »es ist gewissermaßen
die ewige Melodie, und man kann sie
alle untereinander auswechseln…
Und dieser Dreck ist international,
und die ausübenden Künstler bilden
sich gewiß ein, sie erfüllten eine hohe
Kulturmission… Brot und Spiele. Mit
dem Brot ist es zur Zeit etwas dünn.
Na, da spieln mir halt. Lehár, mein Lehár, wie lieb ich dich!«*

Diego Rivera
Tage der Eroberung
(Ausschnitt)
Aus einem Zyklus von Wandgemäl-
den zur Geschichte Mexikos im Na-
tionalpalast in Mexico City
1929–1951

»Superman«
1938

Gotthard Schuh
**Niederösterreichischer
Bauernknecht am Sonntag**
1937

Amazing Stories
Cities of Tomorrow
1939

Realität und Utopie

In den zwanziger Jahren haben die
»großen Drei« der mexikanischen Malerei, nämlich José Clemente Orozco,
Diego Rivera und David Alfaro Si-
queiros, die Wandmalerei erneuert.
Anklang findet die Abkehr vom »privaten« Tafelbild nicht nur in Mexiko
und in der UdSSR, sondern auch bei
Künstlern der Vereinigten Staaten, wo
die genannten Maler in den dreißiger
Jahren überwiegend tätig sind. 1933
kommt es allerdings zu dem Skandal,
daß Riveras Wandgemälde Man at the
Crossroads (Der Mensch am Schei-
deweg) im Rockefeller Center in New
York noch vor seiner Vollendung zerstört wird. Die Komposition enthielt,
»als der historischen Wahrheit entsprechend«, eine Darstellung Lenins
als des »herausragenden Führers des
Proletariats« (Rivera).
Durch die Arbeit Riveras in San Francisco, Detroit und New York wird die
Ausmalung des Nationalpalasts in
Mexico City (begonnen 1929) immer
wieder unterbrochen und erst 1951
zum Abschluß gebracht. Das Thema
ist die Geschichte Mexikos. In Tage der
Eroberung geißelt Rivera die von den
Spaniern im Zeichen des Kreuzes begangenen kolonialen Schandtaten.
Die hier am historischen Beispiel dargestellte Ausbeutung beschäftigt die
amerikanischen Wandmaler. Mittelbare Spiegelungen der Misere sind dagegen Comic-Helden wie Superman
oder der maskierte Übermensch Phantom, der 1936 schwört: »Ich weihe mein
Leben der Zerschlagung jeglicher
Form von Piraterie, Habgier und Grausamkeit … und meine Nachkommen
werden mein Werk fortführen!«
Phantom und Superman-Abenteuer
stehen im größeren Zusammenhang
der Science-fiction, die seit Ende der
zwanziger Jahre von Magazinen wie
den »Amazing Stories« gepflegt wird.
Eine Alternative zur Bilder-Utopie ist
der Fotojournalismus, zu dessen bedeutenden Vertretern in den dreißiger
Jahren Gotthard Schuh gehört. Ihm gelingt es, abseits der spektakulären
Zeitereignisse das gleichwohl aktuelle,
vor allem aber realistische Bild des
Menschen in seinen Freuden und Leiden einzufangen.

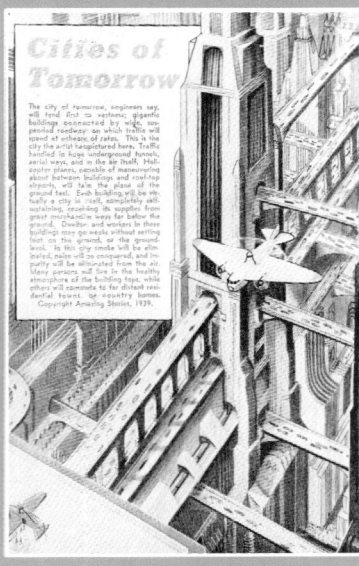

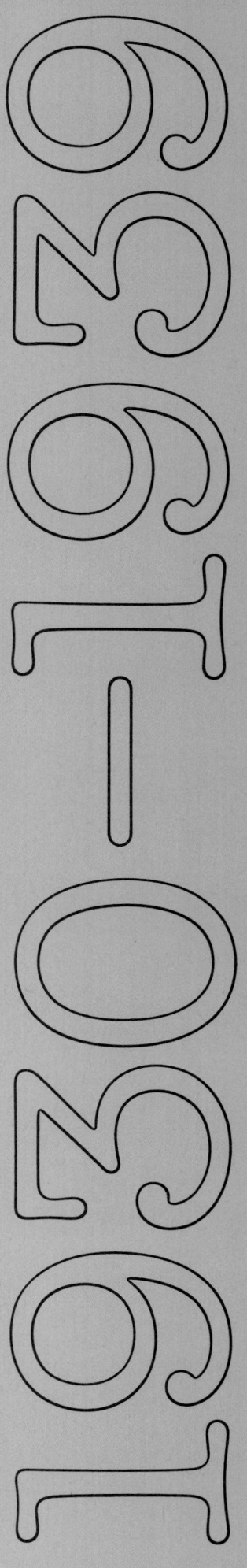

Die dreißiger Jahre dieses Jahrhunderts sind das letzte Jahrzehnt, in dem die Welt noch einen Abglanz jener Zeit erkennen läßt, der Europa seit seinem geistigen und räumlich ausgreifenden Aufbruch in der Renaissance das Gesicht gegeben hat. Die großen Kolonialreiche bestehen noch, und die europäischen Nationalstaaten mit ihren Rivalitäten untereinander üben gemeinsam die Herrschaft über den größten Teil der Welt aus. Zwar hat schon der Erste Weltkrieg manchen Einsichtigen gezeigt, wohin politisches Machtstreben in Verbindung mit der Industrialisierung führen kann. So schreibt Paul Valéry im Jahr 1921: »Wir Kulturvölker, wir wissen jetzt, daß wir sterblich sind.« Aber ein Jahrzehnt später gibt es gerade in Deutschland, und nicht nur hier, viele Menschen, die in Krisengefühlen den Ausdruck westlicher Dekadenz sehen sowie vor allem eine Aufforderung, noch einmal das auferstehen zu lassen, was ins Unheil geführt hat: den nationalen Machtstaat, der sich nun auf Ideologien – in Deutschland »Weltanschauung« genannt – stützt. Europa ist von Diktaturen überzogen, die innere Stabilität zu garantieren scheinen und von denen zwei, das Deutsche Reich und die Sowjetunion, die Herrschaft über Europa und die Welt anstreben. Die meisten Menschen wissen nicht, daß sie in einer Endzeit leben. Denn die Vorzeichen für die Zukunft sehen günstig aus. Die Industrienationen überwinden im Laufe dieses Jahrzehnts allmählich die Weltwirtschaftskrise, deren Höhepunkt 1932 erreicht ist. Die Weltausstellung in Paris im Jahr 1937 versammelt sie zum ersten Mal nach dem Weltkrieg wieder friedlich zu einer Schau ihrer Leistungen. Neben die früher führenden Industriestaaten England, Frankreich und Deutschland sind nun zwei neue Kräfte getreten. In der Sowjetunion übertrifft schon 1930 erstmals die Industrieproduktion mit 53 Prozent die landwirtschaftliche Produktion. Die UdSSR wird damit ebenfalls zum Industriestaat – zumindest statistisch, wenn auch nicht dem äußeren Anschein nach. Sichtbar ist dagegen der industrielle Aufschwung in den Vereinigten Staaten. Die enorme Bautätigkeit, u. a. die Entstehung des Empire State Building und des Rockefeller Center in New York, sind einer von vielen Indikatoren für die wachsende wirtschaftliche Bedeutung dieses Landes, das auch kulturell eine führende Rolle übernimmt. Die amerikanische Literatur, das Musical und die aus dem Jazz hervorgegangene Swingmusik haben längst Weltgeltung.

Viele naturwissenschaftlich-technische Errungenschaften versprechen der zivilisierten Menschheit ein Leben mit Erleichterungen, die man sich noch im vorigen Jahrhundert nicht hätte vorstellen können. Es ist fast von symbolhafter Bedeutung, daß im Jahr 1931 Thomas Edison stirbt, daß ein Jahr später Werner Heisenberg den Nobelpreis für die Theorie der Quantenmechanik erhält und 1938 Otto Hahn und Fritz Straßmann die Spaltbarkeit des Uranatoms entdecken – an die Stelle der klassischen tritt eine ganz neue Physik, von deren Existenz noch wenige Jahrzehnte vorher niemand etwas ahnte und deren Möglichkeiten auch jetzt noch kaum in das Bewußtsein der Menschen dringen. Technisch im Vordergrund stehen die vielfältigen neuen Kommunikationsmöglichkeiten. Das Automobil tritt einen Siegeszug um die Welt an wie vor ihm kein anderes technisches Gerät. 1933 fährt Malcolm Campbell einen Autogeschwindigkeitsrekord mit 437,91 Stundenkilometern. Die Deutsche Lufthansa unternimmt 1936 Versuchsflüge über den Nordatlantik zur Vorbereitung eines regelmäßigen Passagierverkehrs. 1938 fliegt die Focke-Wulf FW »Condor« die Strecke Berlin – New York in 24 Stunden, 56 Minuten. In diesem Jahr gibt es in New York 20 000 Fernsehteilnehmer.

Man sollte denken, die neuen Verständigungsmöglichkeiten müßten dazu beitragen, die Konflikte in der Welt zu entschärfen. Aber die technischen Errungenschaften ändern nichts am Nationalismus, am Machtstreben, an Rachegefühlen und Unterdrückungswünschen. Friedensinitiativen gibt es genug, aber sie bringen wie üblich mehr propagandistisches Aufsehen als Erfolg. Im Jahr 1932 bitten der Völkerbund und das Internationale Institut für geistige Zusammenarbeit in Paris Albert Einstein, mit einer Person seiner Wahl ein freigestelltes Problem zu erörtern. Einstein wählt das Thema »Warum Krieg?« und als Gesprächspartner Sigmund Freud. »Gibt es einen Weg«, so fragt Einstein, »die Menschen von dem Verhängnis des Krieges zu befreien? Die Einsicht, daß diese Frage durch die Fortschritte der Technik zu einer Existenzfrage für die zivilisierte Menschheit geworden ist, ist ziemlich allgemein durchgedrungen, und trotzdem sind die heißen Bemühungen um ihre Lösung bisher in erschreckendem Maße gescheitert.« Er vermutet, daß mächtige psychologische Kräfte am Werk seien, die alle Friedensbemühungen zum Scheitern verurteilen. Im Menschen lebe ein Bedürfnis zu hassen und zu ver-

nichten. Sigmund Freud trägt als Antwort ein Stück seiner Trieblehre vor. »Der ideale Zustand wäre natürlich eine Gemeinschaft von Menschen, die ihr Triebleben der Diktatur der Vernunft unterworfen haben… Aber das ist höchstwahrscheinlich eine utopische Hoffnung.«

Der krasse Wandel, der sich im Deutschen Reich nach dem 31. Januar 1933 vollzieht, erscheint, oberflächlich betrachtet, zunächst positiv. 1931 gibt es fast fünf Millionen Arbeitslose und viele notleidende Arbeiter bzw. kleine Angestellte. Nach Hitlers Machtübernahme verschwindet die Arbeitslosigkeit rasch, bewirkt durch große Bauprojekte wie den Reichsautobahnbau und vor allem die Aufrüstung Deutschlands. Während der Olympischen Spiele 1936 in Berlin wird den begeisterten Teilnehmern und Besuchern ein neues Deutschland präsentiert, dessen Ideale Schönheit, Kraft, Gemeinschaftsgeist und Ehre heißen. Deutschland erwirbt nicht zuletzt durch diese Spiele Vertrauen in der Welt, und es gelingt nur wenigen, hinter die Fassade zu blicken.

Hitler kann, getragen von der Begeisterung eines Großteils des Volkes, ungehindert durch das mißtrauischer werdende Ausland und gestützt auf die gestärkte Wehrmacht, 1938 Österreich, dann das Sudetenland dem Deutschen Reich einverleiben und schließlich die Tschechoslowakei zu einem deutschen Protektorat machen. Innerer Terror, von vielen unbemerkt, schaltet die Gegner seiner Politik aus. Der große Krieg, auf den Hitler zusteuert, um die Weltherrschaft zu gewinnen, wird inzwischen erkennbar.

Auf kulturellem Gebiet hat der Katastrophenkurs in Deutschland nicht erst mit der Machtübernahme der Nationalsozialisten, sondern schon Jahre vorher begonnen, und zwar durch das Übergewicht der nationalen Rechten und die im Volk weit verbreitete Abneigung gegen die Demokratie. Die individuelle und geistige Freiheit spielt neben nationalen und völkischen Emotionen nur eine untergeordnete Rolle. Axel Eggebrecht schreibt schon 1932 in der von Carl von Ossietzky herausgegebenen »Weltbühne«:

»Noch kurze Zeit Geduld: Wer in Deutschland noch von geistiger Freiheit spricht, der hält Leichenreden. Denn schon liegt er kläglich im Sterben, der vielgeliebte Held, der freie Geist. Eigentlich gibt es ihn schon gar nicht mehr… Man legt die Hände in den Schoß und wartet auf Hitler.«

Am 30. Januar 1933 kommt Hitler an die Macht, umjubelt nicht nur von einem Teil des deutschen Volkes, das sich von ihm eine Besserung der wirtschaftlichen Verhältnisse erhofft, sondern auch von einem großen Teil der akademischen Jugend und der Hochschullehrer, die sich vom sogenannten »Dritten Reich« eine neue Machtstellung Deutschlands in der Welt und eine kulturelle Erneuerung erhoffen, die an Stelle der sogenannten »Asphaltkultur« der Weimarer Republik eine volksnahe, Blut und Boden verherrlichende Kunst und Literatur bringen soll. Am Abend des 10. Mai 1933 lodern in deutschen Universitätsstädten Scheiterhaufen. In ihnen brennen die Bücher der meisten namhaften deutschen Autoren, die von nun an in Deutschland nicht mehr schreiben und nicht mehr gelesen werden dürfen. Es ist ein symbolträchtiger Akt, der die Zerstörung nicht nur der zeitgenössischen deutschen Literatur, sondern auch der Malerei, Bildhauerei, des Theaters und des Films, der modernen Musik und Architektur beinhaltet. Er symbolisiert die Demontage der Kultur, die Loslösung des kulturellen und intellektuellen Deutschland von Europa. Durch ein Gesetz vom 22. September 1933 wird die »Reichskulturkammer« gegründet. Sie untersteht dem Propagandaministerium und setzt sich aus sieben Fachbehörden zusammen, und zwar für Musik, bildende Künste, Theater, Schrifttum, Presse, Rundfunk und Film. Jeder Künstler, Schriftsteller und Journalist, jeder Musiker und Dirigent muß bei der Kammer registriert sein, was seine arische Abstammung und politische Zuverlässigkeit voraussetzt. Berufsverbote werden erlassen.

Schriftsteller, Publizisten und Kritiker verlassen Deutschland, manche über Nacht. Die einen müssen fliehen, die anderen gehen freiwillig. Viele Autoren, unter ihnen Carl von Ossietzky, werden in Konzentrationslager interniert. Nicht wenige werden später in ihren europäischen Asylländern, Frankreich vor allem, während des Krieges von den Verfolgern eingeholt und müssen ein zweites Mal fliehen. Bedeutende bildende Künstler, die verfemt werden und auswandern, sind unter anderen Max Beckmann, Max Ernst, George Grosz, Hans Hartung, Karl Hofer, Wassily Kandinsky, Paul Klee, Oskar Kokoschka, László Moholy-Nagy, Kurt Schwitters. Weniger sichtbar, aber ebenso schwer werden die darstellenden Künste betroffen. Ein Theaterstück, das erst im Augenblick seiner Aufführung auf der Bühne Realität gewinnt, kann man nicht de-

Der Propaganda-Staat

Zu Beginn der dreißiger Jahre ist das Instrumentarium der Massenbeeinflussung voll entwickelt. Zu Presse und Plakatwerbung ist der Rundfunk hinzugekommen, der es ermöglicht, das Publikum einer Veranstaltung zu vertausendfachen. So gehört es zu den ersten Maßnahmen der Nationalsozialisten, die knapp 30 deutschen Hersteller von Rundfunkgeräten zur Produktion eines preiswerten Einheitsgeräts zu verpflichten. Dieser »Volksempfänger« wird erstmals Ende August 1933 auf der Berliner Funkausstellung angeboten.

Schwieriger ist der Weg zu einem entsprechenden Einheits-Automobil, dem Volkswagen. Erst 1938 werden drei von Ferdinand Porsche konstruierte Modelle vorgestellt. Der Kaufpreis von 990 Reichsmark soll im Rahmen der Organisation »Kraft durch Freude« (KdF) durch ein Sparsystem mit 5-Mark-Sparmarken aufgebracht werden. Zur Auslieferung der KdF-Wagen kommt es nicht. Statt dessen erhält die Wehrmacht die vom Volkswagen abgeleiteten Kübelwagen.

Jährliche Höhepunkte der nationalsozialistischen Selbstdarstellung sind die NSDAP-Parteitage auf dem von Albert Speer gestalteten Parteitagsgelände in Nürnberg. Anläßlich des Parteitags von 1935 läßt Hitler vom Reichstag die »Nürnberger Gesetze« verabschieden, die als juristische Grundlage für die Diskriminierung und Verfolgung der Juden in Deutschland dienen. Im selben Jahr veröffentlicht der Verlag der 1923 gegründeten, von Julius Streicher herausgegebenen antisemitischen Hetzzeitschrift »Der Stürmer« ein Bilderbuch mit abstoßenden Darstellungen von Juden. Noch wird die Auswanderungs-Politik propagiert, an deren Stelle im zweiten Kriegsjahr die »Endlösung« tritt.

Zu den Kriegsvorbereitungen gehört der am 22. Mai 1939 geschlossene deutsch-italienische Militärpakt. Dieser »Stahlpakt« erweitert die »Achse Berlin-Rom« zur Offensivallianz. Die 1938 (Anno XVI der Machtergreifung Mussolinis 1922) publizierte Propaganda-Postkarte spricht von Frieden, Zivilisation und Arbeit.

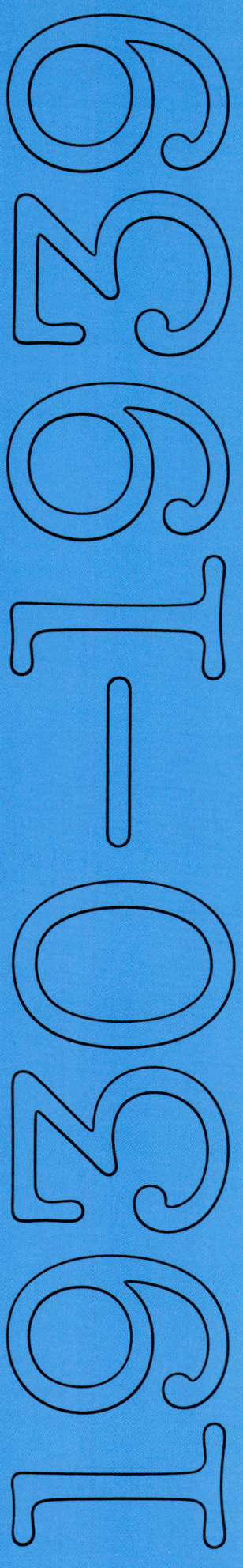

monstrativ verbrennen. Aber man kann seine Aufführung verhindern und es lautlos seines Daseins
berauben. Zwar gibt es in Deutschland im Dritten
Reich ebenso hervorragende Klassikeraufführungen wie zuvor; denn während von den Malern und
Schriftstellern nur wenige Persönlichkeiten von
Rang in Deutschland bleiben, lassen sich zahlreiche
Schauspieler, Regisseure und Intendanten mit dem
Nationalsozialismus ein. Sie setzen unter den günstigen Arbeitsbedingungen, die man ihnen bietet,
das traditionelle Theater bis in den Krieg hinein fort.
Die reiche zeitgenössische Dramenliteratur aber
verschwindet von den Bühnen: die Stücke von Barlach, Brecht, Bruckner, Hasenclever, Jahnn, Kaiser,
Klabund, Mehring, Toller, Werfel, Zuckmayer und
vielen anderen, ebenso ein großer Teil der zeitgenössischen ausländischen Literatur. Immerhin verlassen etwa viertausend Theaterleute Deutschland.
Die deutsche Filmproduktion wird von der Anfang
der zwanziger Jahre gegründeten UFA fast allein beherrscht und leistet schon in der Stummfilmzeit Bedeutendes. Der englische Filmhistoriker Paul Rotha
urteilt: »In der Mitte der zwanziger Jahre war es
üblich, sich an deutschen Filmen zu orientieren. Ein
einziger neuer deutscher Spielfilm wog in London
die Premiere von zwanzig amerikanischen Großfilmen auf.«
Aber die UFA stellte schon seit den zwanziger Jahren
neben harmlosen Lustspielen auch nationalistische Filme her. Die Nationalsozialisten gehen bei
der Produktion von Tendenzfilmen geschickt vor.
Im Dritten Reich gibt es, auf Anweisung des Propagandaministers Joseph Goebbels, bald keine offenen Propagandafilme mehr, aber es gibt Filme über
das Leben »großer Männer« und Führerfiguren, in
denen Ideale wie Opferbereitschaft und Hingabe an
das Vaterland verherrlicht werden, oder auch Filme,
die den Krieg als Bewährungsprobe für allerlei Helden zeigen. Vor allem aber werden unter Mitwirkung beliebter Stars wie Zarah Leander, Marika
Rökk, Heinz Rühmann oder Willi Forst viele Unterhaltungs- und Ausstattungsfilme zur Ablenkung
von der Wirklichkeit hergestellt. In Hollywood arbeiten unterdessen viele deutsche und österreichische Film- und Theaterleute und bereichern ganz
wesentlich den amerikanischen Film.
Auf was für einer Ideologie aber beruht diese allgemeine Abkehr von der zeitgenössischen Weltkultur? Es handelt sich um eine Art politische Religion
und folglich um ein Phänomen, das sich rational

kaum erklären läßt. Das tragende Element der Geschichte, der Staatenbildung und aller Kultur sei die
rassische Substanz, so heißt es, also etwas Biologisches, das unveränderlich sei und minderwertige
von höherwertigen Völkern scheide. Die wertvollste Rasse aber sei die germanische. Dieser Gedanke
ist mit dem Antisemitismus unlösbar verbunden, ja
er ist das eigentlich tragende Gerüst der Rassenlehre. Die Juden spielen die gleiche Rolle wie der Teufel
in der christlichen Religion und werden in der nationalsozialistischen Presse und auf Plakaten auch
mit Teufelsfratzen dargestellt. Beim Kampf gegen
Humanität, Liberalität, Freiheit der Persönlichkeit,
Individualismus, Menschen- und Bürgerrechte
kommt Hitler und seinen Gefolgsleuten eine Zeitströmung entgegen, die viel zum Erfolg des Nationalsozialismus beiträgt, das Gefühl nämlich, in
einer großen Weltkrise zu leben. Die europäischen
Völker sind schon vor dem Ersten Weltkrieg von
diesem Gefühl ergriffen; im Expressionismus
drückt es sich eruptionsartig aus. Alle Strömungen,
die auf Veränderung des Bestehenden und Wandlung der Menschheit hindrängen, sammeln sich
hier. Die Expressionisten wollen nicht nur Bilder
malen und Dramen schreiben, sie wollen eine geistige Revolution herbeiführen, den Bruch mit jeder
Überlieferung.
Insofern arbeitet der Expressionismus der nationalsozialistischen Kulturbarbarei auf eine paradoxe
Weise vor, und er verschärft andererseits das Krisengefühl, das nach dem Ersten Weltkrieg aus wirtschaftlichen und politischen Gründen die Bevölkerung ergreift. Man kann die Stimmung nicht besser
ausdrücken als mit dem Titel von Oswald Spenglers Buch »Der Untergang des Abendlandes«. Der
Gedanke, daß die europäische Zivilisation an einem
Ende angelangt sei, daß sie vielleicht anderen, kräftigeren Kulturen Platz machen müsse, spricht das allgemeine Katastrophengefühl an. Den Ausgang des
Ersten Weltkrieges faßt man in Deutschland als eine
unverdiente Demütigung auf. Die ganze geistige
Entwicklung der beiden Jahrzehnte nach diesem
Krieg steht unter dem Schatten der Niederlage und
ihrer Begleitumstände. Der Zorn über den Vertrag
von Versailles schlägt sich in einem gesteigerten
Haß auf den Westen nieder und gibt der rechtsgerichteten Publizistik Auftrieb, die nun Grund zu
haben glaubt, gegen alles zu Felde zu ziehen, was
von dort kommt: gegen die dem deutschen Volk
aufgezwungene parlamentarische Demokratie, die

Lilian Harvey und Willy Fritsch
als Stars des Erik Charell-Films
Der Kongreß tanzt
1931

Mae West und W. C. Fields in
My Little Chickadee
1940

Otto Dix
Die sieben Todsünden
1933

als Import aus dem Westen, als eine Dekadenzerscheinung und Cliquenwirtschaft verteufelt wird, gegen Liberalität und Völkerverständigung. Da stehen auf der einen Seite die Patrioten und Nationalisten, die von einer Erneuerung des Deutschen Reiches unter einem Führer träumen, und auf der anderen Seite wird die Kommunistische Partei Deutschlands die größte KP außerhalb der Sowjetunion. Sie profitiert mindestens ebenso wie die Rechtsparteien von Wirtschaftskrise, Arbeitslosigkeit und Inflation.

Das alles betrifft nicht nur die Politik. Es hat auch mit der geistigen Kultur zu tun. Denn die Entfaltung des politischen Extremismus und der Ausbruch künstlerischer Experimentierfreude und Ideenfülle, die den zwanziger Jahren den Ehrentitel »die goldenen« eintragen, spielen sich im gleichen geistigen Klima nach der Befreiung von der Enge des Kaiserreiches ab. So wie jetzt die politischen Gegensätze gewaltsam aufbrechen können, so ist es die erklärte Absicht der Maler, Literaten und Musiker, das aufgeschreckte Bürgertum zu schockieren und die Zerissenheit der Welt deutlich zu machen.

Auch dies verschafft den Nationalsozialisten leichtes Spiel, denn sie können die oft krassen Kunstäußerungen als Ausdruck einer Kulturkrise darstellen, die eine Rückbesinnung auf die »wahren künstlerischen Werte« notwendig macht.

Seit dem Naturalismus gibt es in der Kunst und der Literatur viele Erscheinungen, die man als Auflösung herkömmlicher Formen zusammenfassen kann: in der Malerei, in der Musik, aber auch in der Literatur, in Lyrik und Drama. Gerade das, was modern ist, erscheint naiven Gemütern wie eine Zersetzung alles Schönen und Guten. So ist es ganz folgerichtig, daß die Nationalsozialisten zusammen mit der parlamentarischen Demokratie auch diese Kunst verdammen, die ihr zu entsprechen scheint. Der Ruf nach Ordnung, das heißt nach Abbau der Demokratie, wird immer lauter – und das gilt zugleich immer auch für die sogenannte »Asphaltkultur«. Die Exekutive steht lange vor Hitler rechts. Der gesamte Verwaltungsapparat und besonders die Justiz der Weimarer Republik stammen noch aus der wilhelminischen Zeit und machen aus ihrer Republikfeindlichkeit kein Hehl. Rechtsextremisten können meist mit Nachsicht rechnen, wenn ihre politischen Gewalttaten verhandelt werden, während die Gegner der Rechten oft sogar für erdichtete Verbrechen büßen müssen.

Die Verluste, die der Nationalsozialismus der deutschen Kultur zugefügt hat, sind in Zahlen und Namen allein nicht zu erfassen. Ein weiterer schwerer Verlust, den die nationalsozialistische Herrschaft für das deutsche Kultur- und Geistesleben mit sich bringt, ist das Ende der deutsch-jüdischen Gemeinsamkeit, die seit der Aufklärung, seit der Freundschaft zwischen Lessing und Moses Mendelssohn, für das deutsche Geistesleben so bedeutsam ist. Auch wenn Heinrich Heine schon im 19. Jahrhundert aus Deutschland vertrieben wird, so ist in keinem anderen Land die Verbindung zwischen einheimischem und jüdischem Kulturgut so eng wie im Deutschland vor dem Beginn der Hitler-Herrschaft. Das deutsche Geistesleben ist besonders im ersten Drittel des 20. Jahrhunderts ohne die Juden überhaupt nicht denkbar. Die deutsche Literatur, die Philosophie, die Wissenschaft – sie alle sind so stark vom jüdischen Element geprägt und bereichert, daß man von einer Symbiose sprechen kann, und es erübrigt sich, hier Namen aufzuzählen. Die deutsche Literatur, die deutsche Kultur insgesamt, ist durch den Haß auf die Juden unendlich verarmt. Das Fazit aus alledem ist bedrückend – die Selbstverstümmelung deutschen Geistes, die Leichtigkeit, mit der es einer Gruppe verbrecherischer Politiker gelingt, einen großen Teil des Volkes von seiner eigenen Kultur abzuschneiden, hat in der Geschichte sicher keine Parallele.

Unter den schwierigen Bedingungen des Exils setzen Deutsche deutsches Kulturleben fort. Los Angeles vor allem ist in diesen Jahren ein Zentrum deutschen Geisteslebens. Aber die aus Deutschland Verbannten bilden auch hier kein homogenes Ganzes. Unter den Exilierten sind bürgerliche Liberale, Radikal-Demokraten, Sozialisten, Kommunisten, und sie setzen ihre alten, aus Deutschland mitgebrachten Fehden fort.

Durch die politischen Umstände sind sie allerdings in eine gemeinsame Gegnerschaft gegen das nationalsozialistische Regime hineingezwungen, und gemeinsam ist ihnen das Bewußtsein, ein anderes Deutschland zu repräsentieren.

Vicki Baum schreibt am 8. Juni 1938 aus Pacific Palisades an Rudolf Olden, den Sekretär des Exil-PEN: »Manchmal hat man das Gefühl, daß uns die deutsche Sprache zur Aufbewahrung übergeben worden ist und daß jeder von uns sein Stückchen Verantwortung dafür trägt, sie unversehrt an die nächste Generation weiterzugeben.«

Moral

1931 präsentiert Der Kongreß tanzt ein Ufa-Traumpaar der dreißiger Jahre: die englische Schauspielerin Lilian Harvey und den Reinhardt-Schüler Willy Fritsch, der unter der Regie von Erik Charell den Zaren Alexander I. und dessen Double verkörpert. Mit dem Lied »Das gibt's nur einmal« liefert der Film das Motto, unter dem sich aus späterer Rückschau das mehr oder weniger von Operetten-Moral geprägte musikalische und filmische Unterhaltungsangebot in Deutschland um und nach 1930 verklärt.

Zwei amerikanische Schauspieler, die Unterhaltung mit Attacken gegen Scheinmoral verbinden, sind der schon seit den zwanziger Jahren populäre W. C. Fields und Mae West, die ihre Filmkarriere 1932 beginnt. Während sie durch ihre sexuelle Aggressivität schockiert (und sich promt Zensurvorschriften beugen muß), fällt er durch hinterhältige Bosheit, verbunden mit Trunksucht, Abscheu vor geheiligten Kulturgütern wie Weihnachten und Haß auf Kinder und Tiere, aus der Rolle des wohlanständigen Bürgers. Ihr Zusammenspiel in dem Western My Little Chickadee (Mein kleiner Gockel) wird zum Duell zweier Exzentriker, die Moral, oder was man dafür hält, mit Füßen treten.

Die Perversion jeglicher Moral könnte das Thema der Allegorie sein, die Otto Dix 1933 nach seiner Vertreibung aus dem Dresdner Lehramt gestaltet. Zumindest der Titel Die sieben Todsünden weist in diese Richtung. Auf der Verkörperung des Geizes reitet als der Neid ein Kind, das sich eine Hitler-Maske vor das Gesicht hält. Die mittlere Gruppe bilden Zorn, Trägheit des Herzens (das Kostüm des senseschwingenden Todes zeigt auf der linken Brust ein Loch) und die syphilitische Repräsentantin der Wollust. Hochmut und Völlerei beschließen den gespenstischen Umzug. Dient das Gemälde dazu, das Entsetzen, das den Künstler ergriffen hat, dadurch zu bewältigen, daß er das Unheil zumindest teilweise als Maskerade darstellt? Umso grauenerregender ist die Wirkung, denn es bleibt ja verborgen, was hinter den Masken steckt.

1930–1961

Alternative
zum Internationalen Stil

*Ende der zwanziger/Anfang der drei-
ßiger Jahre entstehen in den USA, vor
allem in New York, Hochhäuser, die im
luxuriösen Stil des Art deco, aber auch
durch neugotische Verschnörkelungen
oder klassizistische Dekorationen
dem vor allem in Amerika weit verbreiteten Vorbehalt gegenüber dem
Rationalismus und strengen Purismus
des Internationalen Stils entsprechen.
Ein Beispiel für diese Verbindung von
architektonischem Gigantismus, zeitgenössischer Dekorationslust und his-
torisierenden Reminiszenzen ist das
von dem amerikanischen Architekten
William van Alen entworfene Chrysler
Building in New York, ein Prestige-Mo-
nument des Automobil-Konzerns. Mit
seiner Höhe von 320 Metern hält das
77 stöckige Bauwerk für einige Monate
den Höhenweltrekord in der Architektur, bis es 1931 von dem gleichfalls
1928, im Jahr vor dem Ausbruch
der Weltwirtschaftskrise, begonnenen
Empire State Building (381 Meter Höhe) übertroffen wird. Die silbrig glänzende Spitze mit ihrer dekorativen
Verbindung von radial angeordneten
Dreieck- und gestaffelten Halbkreis-
formen bildet eine bauplastische Art
deco-Skulptur: das Chrysler Building
gehört zu den ersten Gebäuden, bei denen rostfreier Stahl bei der Außenver-
kleidung mitverwendet wird. An den
Ecken sind nach dem Vorbild der Was-
serspeier an gotischen Sakralbauten
stilisierte Adler, das Firmenemblem,
angebracht.*

*Das Chrysler Building läßt sich als
Versuch verstehen, das architektonische Erscheinungsbild eines Großkon-
zerns dem Stil anzupassen, der in Ver-
gnügungsbauten wie Tanzpalästen
oder Kinos die Hektik des »jazz age«
widerspiegelt. »Der tolerante, effektsi-
chere und manchmal vulgäre Gestus«,
schreibt Wolfgang Pehnt über den Art
deco in Amerika, »war auf den Geschmack der Masse berechnet. Dank
ihres populären und gleichwohl unverkennbar zeitgenössischen Stilkleids
konnten diese kommerziellen Bauten,
auch wo sie mit gewaltigem Volumen
auftraten, als eine Architektur nach de-
mokratischem Geschmack passieren.«*

Josephinen-Glashütte
Karaffe
um 1930

Jean E. Puiforcat
Teekanne
um 1930

Kunstgewerbe im Stil des Art deco

Gebrauchsgegenstände des täglichen Lebens fordern Künstler und Designer heraus, künstlerische Formen zu entwerfen, stilbildend bis in kleinste Details zu wirken. Seit Mitte der zwanziger Jahre gewinnt der Art deco, mit seinem Zentrum in Paris, europäischen Einfluß und wirkt bis hinüber nach Amerika.

Eine der Quellen des Art deco ist der Kubismus. Aus ihm entleiht diese Stil- oder genauer Geschmacksrichtung geometrische Formen, geometrisches Dekor und wendet sie in der Gestaltung von Möbeln, Lampen, Gläsern oder Geschirr phantasievoll und luxuriös an. Viele dieser Objekte sind kleine Kunstwerke. Glas und Keramik werden bevorzugte Materialien.

Die Karaffe aus der Josephinen-Glashütte in Schreiberhau im Riesengebirge zeigt etwas Typisches dieses Stils, die Mischung aus Kostbarkeit und Einfachheit, klare Konturen und transparente Helligkeit. Das Lebensgefühl der zwanziger Jahre wirkt trotz wirtschaftlicher Einbrüche im neuen Jahrzehnt fort. Die Ästhetisierung des Lebens, der Umgang mit schönen Gebrauchsgegenständen ist Ausdruck einer eleganten Moderne, die alle Bereiche des Lebens umfassen soll. Dazu gehören auch Experimente mit neuen Materialkombinationen, beispielsweise der Verbindung von Silber und Teakholz in der Teekanne von Jean E. Puiforcat: eine klare, leicht geschwungene Form, die ihren Reiz durch die sparsame Ornamentik erhält.

In Deutschland herrscht neben dem Art deco der funktionalistische Stil des Bauhaus weiter vor. Die Gebrauchskunst soll zweckmäßig und damit zugleich einfach in der formalen Gestaltung sein. Kaum eine Porzellanfirma, die nicht ein weißes, formstrenges und dekorationsloses Geschirr anbietet. So entwirft Trudi Petri für die Staatliche Porzellan-Manufaktur Berlin das Service »Urbino«, Hermann Gretsch das »Arzberg-Service«. Die Jenaer Glaswerkstätten und die Glashütte von Richard Süßmuth erhalten Aufmerksamkeit und Anerkennung wegen ihrer formvollendeten Gläser.

Fernand Léger
Stilleben, Kontrast der Objekte
1930

Emil Nolde
Hohe Sturzwelle
1930

Künstlerische Grundhaltungen

Das Lineare und das Malerische, Fläche und Tiefe, geschlossene und offene Form, Vielheit und Einheit, Klarheit und Unklarheit – dies sind die Begriffspaare, die der Kunsthistoriker Heinrich Wölfflin in seinem 1915 unter dem Titel Kunstgeschichtliche Grundbegriffe veröffentlichten Epochenvergleich zwischen 16. und 17. Jahrhundert, zwischen Renaissance und Barock, entwickelt hat. Der Vergleich zwischen den beiden Gemälden von Fernand Léger und Emil Nolde aus dem Jahr 1930 verführt zu der Vermutung, die beiden Maler hätten sich zusammengetan, um Wölfflins Polaritäten als zwei zeitgenössische Grundhaltungen zu demonstrieren und durch weitere Gesichtspunkte der Maltechnik und Thematik zu ergänzen: Ölgemälde kontra Aquarell, Stilleben kontra Landschaft, Geräuschassoziationen wie Klirren kontra Brausen, Künstlichkeit kontra Natürlichkeit, Ratio kontra Empfindung.

Bis in Einzelheiten läßt sich der Vergleich fortführen: Noldes Wellenberge scheinen Légers Kreis- bzw. Ringformen zu variieren, während Léger links unten auf Wellenmotive anspielt. Noldes »malerische« Verschwommenheit wird von Léger in Gestalt – allerdings schwarzer – Flecken verwendet; auch sie wirken jedoch technisch, indem sie an Partien auf Fotos mit falsch eingestellter Entfernung erinnern.

So immanent und »zeitlos« eine solche Betrachtungsweise auch ist, kann sie doch den Blick für die zeittypische Konfrontation zwischen Ratio und Emotion schärfen. In diesem Spannungsfeld gelangt in den dreißiger Jahren der Irrationalismus zu seiner Gewaltherrschaft. Ihr fallen im faschistischen Deutschland die Werke Légers ebenso zum Opfer wie die Noldes. Obwohl schon vor 1933 Mitglied des dänischen Ablegers der NSDAP und von Fürsprechern als »nordischer« Expressionist klassifiziert, ist Nolde 1937 mit seinen religiösen Bildern in der Ausstellung Entartete Kunst vertreten, werden 1938 über tausend Werke Noldes aus deutschen Museen entfernt und erhält er 1941 Malverbot.

Humanes Wohnen

Auf der 1930 im Grand Palais in Paris stattfindenden Werkbundausstellung werden die Thesen von Walter Gropius und anderen Mitarbeitern des Bauhauses demonstriert. Gropius hat sich die Aufgabe gestellt, zwischen Quantität und Qualität zu vermitteln. Er fordert technische Sauberkeit, Kontinuität zwischen den einzelnen Planungsstufen und den Dienst an der Gemeinschaft. Für die Ausstellung in Paris wählt er den Entwurf eines zehnstöckigen Appartementhauses und die Einrichtung eines Gemeinschaftsraumes mit Serienmöbeln. Marcel Breuers leichte Stahlrohrmöbel erregen besondere Bewunderung. László Moholy-Nagy liefert die Beleuchtungskörper und Herbert Bayer die Stoffe. Eng im Zusammenhang mit dieser Ausstellung steht die deutsche Architekturschau im darauffolgenden Jahr in Berlin, ebenfalls vom Werkbund gefördert. Hier liegt der Schwerpunkt vor allem auf

den Kleinwohnungen, die durch die Wirtschaftskrise zur Hauptaufgabe der Architekten geworden sind. Bruno Taut und Hans Scharoun bauen vorbildliche Sozialwohnungen. Die Großsiedlung Berlin-Siemensstadt integriert mustergültig Geschäfte, Restaurants und öffentliche Einrichtungen in den Wohn- und Arbeitsbereich. Besonderes Interesse auf der Ausstellung findet aber die Architektur von Ludwig Mies van der Rohe. In seinem luxuriösen Wohnhaus, einer Weiterentwicklung des Hauses Tugendhat in Brünn, führt er eine neue Raumqualität vor. Nicht feste Raumeinheiten sind hier die Grundlage der Gestaltung, sondern es werden konsequent Möbel und Trennwände zur Abgrenzung und Schaffung neuer Wohneinheiten eingesetzt, unterstützt durch das Zusammenwirken der Möbel, Vorhänge und Bilder. Seine Raumaufteilung ist funktional, und die Verwendung der elementaren Formen und Farben kommt den Ideen von Gropius sehr nahe.

Bildende Kunst

Werke
- Max Beckmann: *Selbstbildnis mit Saxophon* (Bremen, Kunsthalle).
- Lyonel Feininger: *Marktkirche in Halle* (München, Bayerische Staatsgemäldesammlung).
- Erich Heckel: *Landschaft in Angeln* (Hemmenhofen, Privatbesitz).
- Hannah Höch: *Symbolische Landschaft III* (Berlin, Nachlaß Hannah Höch).
- Alexej von Jawlensky: *Konstruktiver Kopf* (Köln, Museum Ludwig).
- Ernst Ludwig Kirchner: *Trabergespann* (Privatsammlung Campione d'Italia).
- Paul Klee: *Der Vogelfänger*

(London, Sammlung Nika Hulton) und *Schwebendes* (Bern, Klee-Museum).
- Oskar Kokoschka: *Fische am Strand von Djerba* (Den Haag, Amt für Kunst und Kulturgut).
- Ewald Mataré: *Liegende Kuh*, Bronze, 57,5 cm lang (München, Haus der Kunst).
- Piet Mondrian: *Komposition mit Rot, Blau und Gelb* (New York, Sammlung Bartos).
- Otto Nagel: *Asylisten* (Ost-Berlin, Staatliche Museen zu Berlin).
- Emil Nolde: *Badestrand* (Stiftung Seebüll Ada u. Emil Nolde).
- Pablo Picasso: *Sitzende Badende* (New York, Museum of Modern Art).
- Christian Schad: *Die Freundinnen* (Mailand, Galleria del Levante).

- Oskar Schlemmer: *Vierzehner Gruppe in imaginärer Architektur* (Köln, Museum Ludwig).
- Karl Schmidt-Rottluff: *Villa Adriana* (Berlin, Brücke-Museum).
- Kurt Schwitters: *Verschiebungen* (London, Marlborough Fine Art Ltd.).

Ereignisse
- Berlin: Eröffnung des Pergamon-Museums.
- Dessau: Als Nachfolger von Hannes Meyer, der unter politischem Druck entlassen worden ist, übernimmt Ludwig Mies van der Rohe die Leitung des Bauhauses.
- Paris: Erste Ausstellung der Gruppe »Cercle et Carré« (»Kreis und Quadrat«) in der Galerie 23.

Bauhausstil

In der Ausgabe der »Weltbühne« vom 21. Januar unternimmt der ungarische Schriftsteller Ernst Kállai (1928/29 Redakteur der Zeitschrift »bauhaus«) einen Rückblick auf zehn Jahre Bauhaus-Entwicklung. Sein Ausgangspunkt ist die Tatsache, daß die Bezeichnung »Bauhausstil« zum inhaltslosen Schlagwort geworden ist: »Wohnungen mit viel Glas und Metallglanz: Bauhausstil. Desgleichen mit Wohnhygiene ohne Wohnstimmung: Bauhausstil. Stahlrohrsesselgeripp: Bauhausstil. Lampe mit vernickeltem Gestell und Mattglasplatte als Schirm: Bauhausstil. Gewürfelte Tapeten: Bauhausstil. Kein Bild an der Wand: Bauhausstil. Bild an der Wand, aber was soll es bedeuten: Bauhausstil.«
Kállai erklärt die Inflation des Begriffs aus den Mechanismen eines auf Novitäten versessenen Marktes: Das Kaufhaus »Wertheim schafft eine neue Abteilung für moderne Stilmöbel und Gebrauchsgegenstände, einen kunstgewerblichen Salon für sachlich verbrämten Edelkitsch. Als besondere Zugkraft muß der Name Bauhaus herhalten. Eine Wiener Modezeitung empfiehlt, Damenwäsche nicht mehr mit Blümchen, sondern im zeitgenössischen Bauhausstil mit geometrischen Dessins zu schmücken ... der Snob wünscht etwas Neues.«
Doch Kállai sieht Gründe für Verwirrung und Mißbrauch auch im Bauhaus-Konzept selbst. Es kommen hierbei Gesichtspunkte zur Geltung, die sich mit Walter Triers Karikaturen Der Architekt und Der Erfinder der Stahlmöbel (veröffentlicht im Aprilheft 1930 des Ullstein-Monatsmagazins »Uhu«) berühren. Gerade weil das Gespenst des Architekten mit dem »(Lineal-)Brett vorm Kopf« im Raume steht, hat das Bauhaus-Credo »Kunst und Technik eine neue Einheit« auch unter der Leitung von Hannes Meyer seine Verlockung behalten, was zugleich dazu führte, daß das »eigentliche« Ziel die Kunst bleibt, wie für Triers Stahlmöbel-Erfinder das »eigentliche« Sitzmöbel der Polstersessel ist.

Walter Trier, Der Architekt und Der Erfinder der Stahlmöbel; 1930.

1930

Zwei Ufa-Erfolge und ein Filmverbot

Gedacht war an eine Glanzrolle für Emil Jannings als Professor Rath, der einem leichten Mädchen verfällt, die gequälte Mannesnatur verkörpert und einsam am ehemaligen Katheder stirbt. Doch Erfolg hat Josef von Sternbergs Tingel-Tangel-Melodram Der blaue Engel *(Drehbuch: Carl Zuckmayer und andere) nicht als Jannings-Film. Seine Anziehungskraft geht von der (auf dem Plakat der fünfziger Jahre in den Vordergrund gerückten) vulgärverführerischen Erscheinung Marlene Dietrichs als Lola-Lola aus. Noch 1930 beginnt sie mit Sternberg ihre Hollywood-Karriere* (Marocco, *mit Gary Cooper). Daß dem Blauen Engel Heinrich Manns Professor Unrat (1905) zugrunde liegt, wirkt als Zufall.*

Authentizität spiegelt dagegen, etwa durch die Nachbildung von Menzels Historiengemälde, die Ufa-Produktion Das Flötenkonzert von Sanssouci *(Regie: Gustav Ucicky) vor. Das Thema: Beginn des Siebenjährigen Kriegs; dem preußischen König wird die Meldung über sächsische Kriegspläne während eines seiner Konzerte auf den Notenständer gelegt. Von linker Seite wird vergeblich ein Verbot der filmischen Geschichtsverbiegung und Kriegsverherrlichung gefordert. Verboten wird die deutsche Fassung von* All Quiet on the Western Front *(Regie: Lewis Milestone) nach dem Roman* Im Westen nichts Neues *(1929) von Erich Maria Remarque. Ein Initiator der zum Verbot führenden Proteste gegen den mit ungewöhnlichem Realismus inszenierten Antikriegsfilm: Joseph Goebbels.*

Oben: All Quiet on the Western Front, 1930 (Im Westen nichts Neues, 1930); Szenenfoto.
Unten: Das Flötenkonzert von Sanssouci, 1930; Szenenfoto mit Otto Gebühr als Friedrich II. von Preußen.

Gegenüberliegende Seite:
Oben links: Der blaue Engel, 1930; Plakat zur Uraufführung; daneben Plakat aus den fünfziger Jahren.
Unten: Adolph (von) Menzel, Das Flötenkonzert; 1852.

Film

Premieren

● René Clair: *Sous les toits de Paris* (Unter den Dächern von Paris). Drehbuch: René Clair; Kamera: Georges Périnal; Musik: Armand Bernard; Lieder: Raoul Moretti; Darsteller: Albert Préjean, Pola Illery, Gaston Modot. Eine Dreiecksgeschichte aus der Pariser Unterwelt. René Clair gelingt es, in seinem ersten Tonfilm die steifen Dialoge mit frechen Einfällen zu überspielen.

● Mervin LeRoy: *Little Caesar.* Drehbuch: Francis Faragon nach dem Roman von W. R. Burnett; Kamera: Tony Gaudio. Der Film greift das bürgerliche Selbstbewußtsein und die scheinheilige Wohlanständigkeit, die in der Zeit der durch die Wirtschaftskrise und Massenarbeitslosigkeit ausgelöste Hoffnungslosigkeit in Amerika auf. Ein Gangster (Edward G. Robinson als Rico Randell, »Little Caesar«) repräsentiert den Zynismus, der nötig zu sein scheint, die gegenwärtigen Verhältnisse zu ertragen. Einer der einflußreichsten frühen Gangsterfilme Hollywoods.

● Ernst Lubitsch: *Liebesparade* (The Love Parade, Uraufführung New York 1929). Drehbuch: Ernest Vajda und Guy Bolton nach dem Stück *Prince Consort* von Leon Xanrof und Jules Chancel; Kamera: Viktor Milner; Musik: Viktor Schertzinger. Darsteller: Maurice Chevalier, Jeannette MacDonald, Lupino Lane. Ernst Lubitschs erster Tonfilm, eine heitere Operette um die Eheprobleme einer Königin, voll geistreicher Einfälle, verschwenderischer Ausstattung und mitreißender Melodien.

● Georg Wilhelm Pabst: *Westfront 1918.* Drehbuch: László Wajda, Peter Martin Lampel nach dem Roman *Vier von der Infanterie* von Ernst Johannsen; Kamera: Fritz Arno Wagner, Charles Métain; Darsteller: Gustav Diessl, Hans-Joachim Moebis, Fritz Kampers, Claus Clausen, Jackie Monnier. Ein harter Anti-Kriegsfilm, der die Schrecken des Grabenkrieges mit großem Realismus schildert, allerdings in der Darstellung der heimatlichen Familiendramen und der Beschwörung einer universalen Brüderschaft sentimental wirkt.

EMIL JANNINGS
Der blaue Engel
MARLENE DIETRICH
Ein UFATON-FILM der ERICH POMMER-PRODUKTION
REGIE: JOSEF VON STERNBERG
MUSIK: FRIEDRICH HOLLÄNDER
ufa
UFA-FILMVERLEIH G·M·B·H·

MARLENE DIETRICH
EMIL JANNINGS
DER blaue ENGEL
HANS ALBERS · KURT GERRON · ROSA VALETTI · EDUARD · WINTERSTEIN

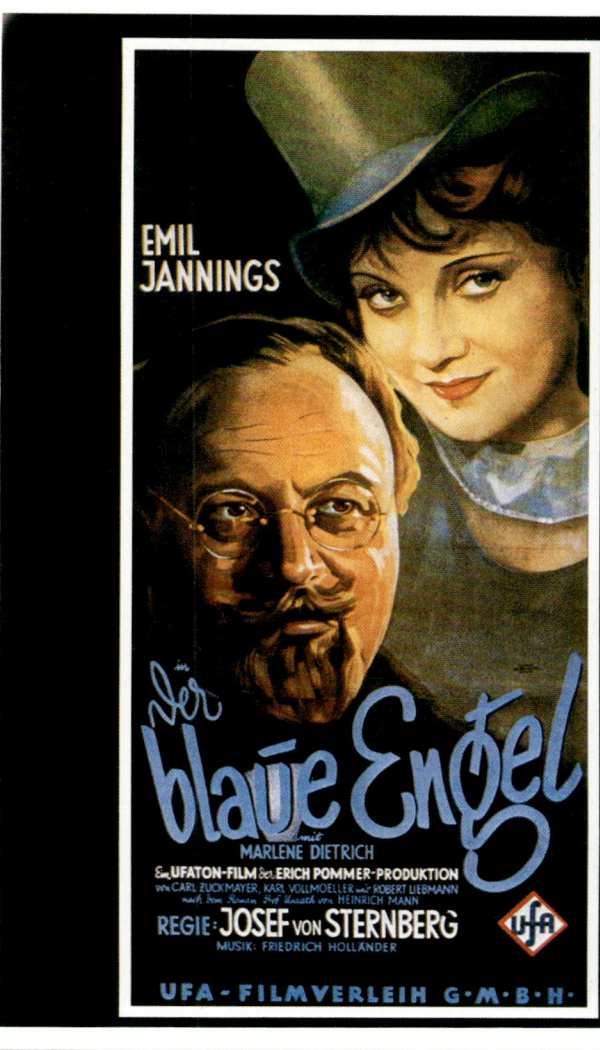

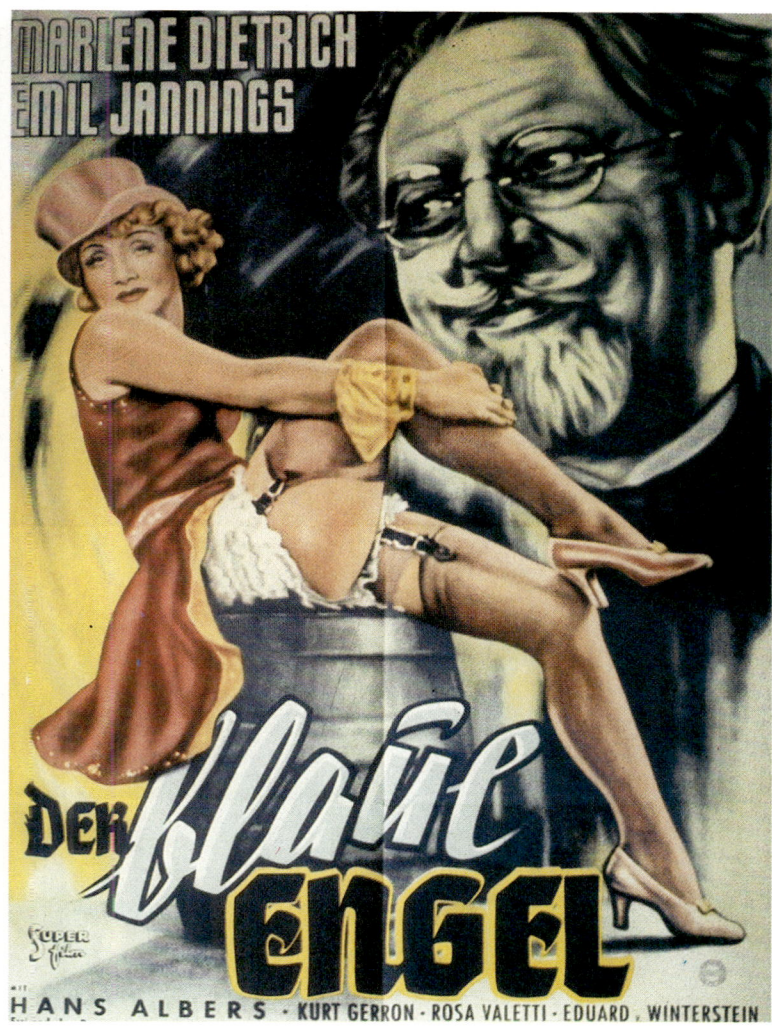

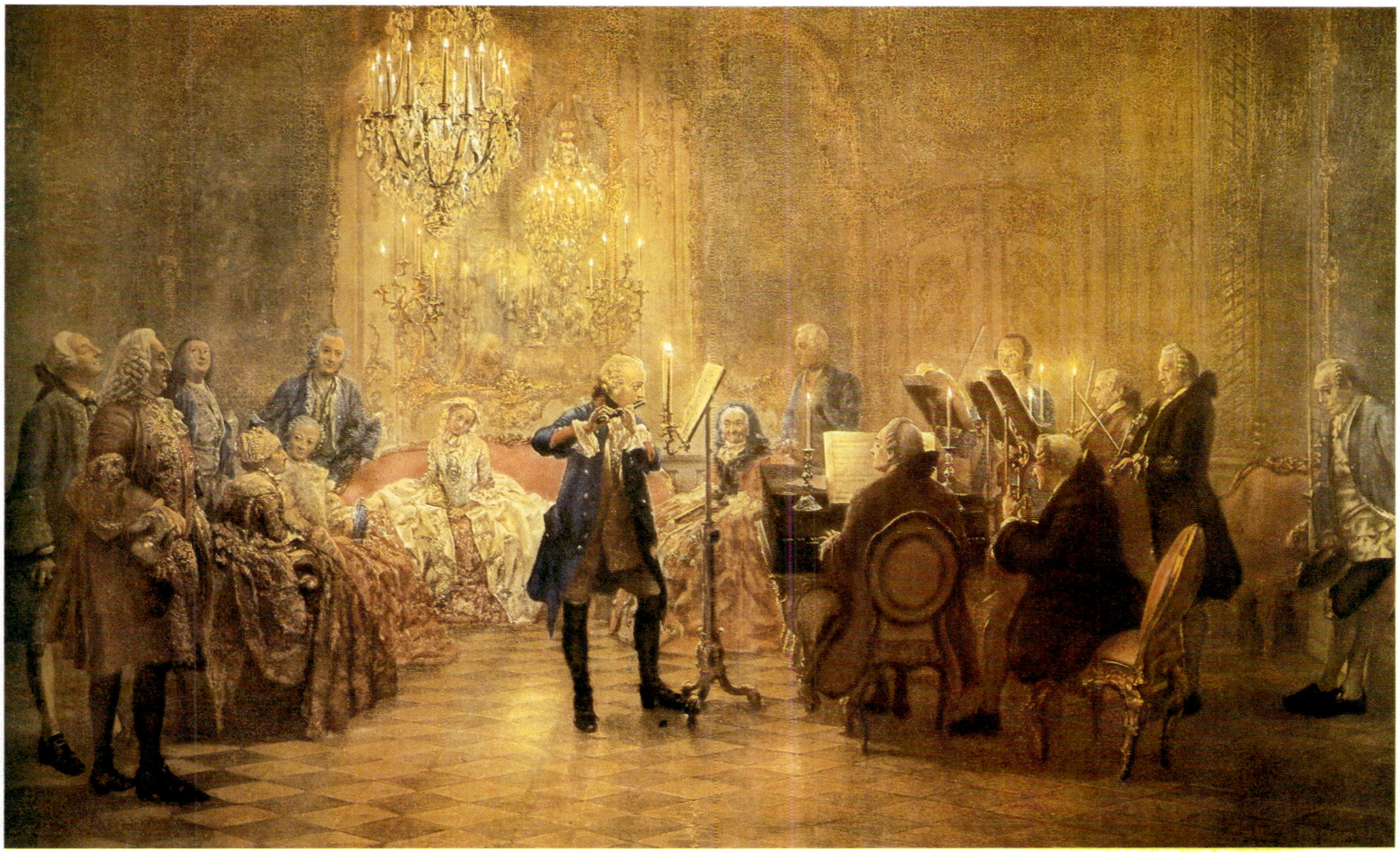

Solomon Borisowitsch Nikritin
Mann mit Wolke
1930

Reginald Marsh
Why not use the »L«?
1930

Sozialer Realismus

Mit ironischer Anschaulichkeit führt
Solomon Borisowitsch Nikritin in seinem Gemälde Mann mit Wolke (es
könnte auch Der Kopf in Wolken heißen) Malerei als illusionäres Schwelgen in Farben vor Augen – eine Haltung, gegen die sich schon in den zwanziger Jahren in Europa, aber auch in
Amerika eine breite Front des sozialen
Realismus gebildet hat.
Ein »Frontabschnitt« ist die sogenannte Fourteenth Street School in New
York, benannt nach der 14. Straße, in
der zahlreiche Künstler ihre Ateliers
haben. Ihre Gemeinsamkeit besteht im
Thema des großstädtischen Lebens
vor allem der Mittel- und Unterschicht. In einer Selbstcharakterisierung äußert Moses Soyer: »Kubismus,
Futurismus, Surrealismus und alle anderen künstlichen Malschulen sind an
ihm vorübergegangen. Er ist überzeugt
davon, daß der Künstler Interpret des
Lebens und der Sitten seiner Zeit sein
möchte.« Im Hinblick auf die zu Beginn
der dreißiger Jahre in den Vereinigten
Staaten sich bildende Bewegung mit
dem Ziel einer Verbindung von Kunst
und Proletariat bekennt er: »Der Mangel an Gemälden, die die Arbeiterklasse zu ihrem Gegenstand haben, sollte
nicht als Mangel an Klassenbewußt-
sein seitens des Moses Soyer gewertet
werden, sondern vielmehr als ein mangelndes Zutrauen in seine Fähigkeit,
eine geradezu unbewußte Abneigung,
sich eines derart ernsthaften Themas
anzunehmen.«
In gewisser Weise gilt dieser Verzicht
auf einen bewußten Klassenstand-
punkt auch für Reginald Marsh, der
zum bekanntesten Vertreter der Fourteenth Street School wird. In Gemälden wie Why not use the »L«? (der Titel
zitiert das Werbeplakat am oberen
Bildrand) schildert er in ausschnitthaf-
ten, von menschlichem Mitgefühl geprägten, malerisch expressiven Szenen das Elend der wirtschaftlichen
»Großen Depression« zu Beginn der
dreißiger Jahre. Sein Streben nach Realismus verdeutlicht der Satz: »Ich male
lieber einen alten als einen neuen Anzug, weil ein alter Charakter hat – die
Realität ist nicht versteckt, sondern
liegt offen zutage.«

Theater

Premieren

● Ferdinand Bruckner: *Elisabeth von England* (Uraufführung, Berlin, Deutsches Theater, 1. November). Regie: Heinz Hilpert. Das Stück wird zur gleichen Zeit in Bremen, Hamburg und Leipzig gespielt. Zu Beginn der Handlung vermutet man eine Liebesgeschichte zwischen Elisabeth und Essex, aber diese bleibt nur eine Episode. Das eigentliche Drama spielt sich zwischen Elisabeth und Philipp von Spanien ab. Bruckner schlüsselt die historischen Verhaltensweisen mit Hilfe der Psychoanalyse auf. Das Fragwürdige jeglicher Machtpolitik ist selten so geistreich und klug abgehandelt worden.

● Bruno Frank: *Sturm im Wasserglas*. Komödie in drei Akten (Uraufführung, Dresden, Schauspielhaus, 29. August). Das erfolgreichste Bühnenstück des Autors.

● Federico Garcia Lorca: *La zapatera prodigiosa (Die wundersame Schustersfrau)*, eine tolle Volkskomödie in zwei Akten (Uraufführung, Madrid, Teatro Español, 24. Dezember). Temperamentvoll stiftet die Schustersfrau in Ehe und Nachbarschaft Verwirrung. Ihr Mann flieht. Als Moritatensänger verkleidet, kehrt er zurück, und der Streit geht vergnügt weiter.

● Theodor Plivier: *Des Kaisers Kulis*. Das Stück wird am 31. August am Lessing-Theater in Berlin unter der Regie von Erwin Piscator uraufgeführt. Plivier hat seinen Kriegsroman für das Theater umgearbeitet.

● Franz Werfel: *Das Reich Gottes in Böhmen* (Uraufführung, Wiener Burgtheater, 6. Dezember). Das Drama schildert den Versuch Prokops, im 15. Jahrhundert ein kommunistisches Urchristentum aufzubauen.

Theater auf dem Theater

Luigi Pirandellos Stück *Heute Abend wird aus dem Stegreif gespielt (Questa sera si recita a soggetto*, Uraufführung in deutscher Sprache im Neuen Schauspielhaus in Königsberg am 25. Januar, italienische Erstaufführung am 14. April in Turin) bewegt sich auf zwei Ebenen.

Ein Regisseur läßt eine Schauspieltruppe aus dem Stegreif Pirandellos Novelle *Leonora addio* aufführen. In der dabei entstehenden Konfusion geht für den Zuschauer der Handlungsfaden mehr und mehr verloren, einzige Anhaltspunkte sind die Anweisungen des Regisseurs und Zwischenbemerkungen der Schauspieler. Den szenischen Höhepunkt des hochkomplizierten Aufbaus des Stückes bildet der Tod der weiblichen Hauptfigur. Eingeschlossen von ihrem eifersüchtigen Mann, kann sie ein Operngastspiel ihrer Schwester in Verdis *Macht des Schicksals* nicht besuchen. Während sie ihren Kindern den Inhalt der Oper erzählt, stirbt sie beim Intonieren der Arie »Nun naht die Todesstunde«. Aber nicht nur die Dramenfigur bricht tot zusammen, sondern auch die Schauspielerin. Regisseur und Schauspielerkollegen sind bestürzt, daß das Spiel auf der Bühne Wirklichkeit ist und die Zuschauer, die das »Theater im Theater« sehen, erleben die Handlung »potenziert«.

»Der Mann ohne Eigenschaften«

Der erste Band des Hauptwerks von Robert Musil, an dem er über zwanzig Jahre gearbeitet hat, erscheint. Drei Jahre später folgt der zweite Band, ein Jahr nach Musils Tod, 1943, wird der dritte Teil des unvollendeten Romans veröffentlicht.

Musil gehört zu den wichtigsten Begründern des klassischen modernen Romans. Er sprengt die traditionellen Grenzen des Erzählens, zerstört die epische Form; an die Stelle einer Handlung treten Reflexionen, Kommentare und langwierige Erörterungen. In Der Mann ohne Eigenschaften verwendet er das morbide Wien der k.u.k.-Zeit in den Jahren 1913/14 als Gegenstand der literarischen Darstellung. Musils Roman ist jedoch nach seinem eigenen Verständnis »ein aus der Vergangenheit entwickelter Gegenwartsroman«. Sein Thema ist die Identitätskrise und der gesellschaftliche Orientierungsverlust der bürgerlichen Intelligenz im Vorkriegseuropa. Ulrich, der Mann ohne Eigenschaften, ist zum erstenmal gescheitert, als er seinem Leben Sinn geben will durch seinen Beruf. Der Versuch, in der geistig-politischen Führung Österreichs Fuß zu fassen, mißlingt ebenfalls. Die gesellschaftliche Wirklichkeit verliert für ihn jede Legitimität, er sucht nach dem Möglichen. Die Begegnung mit seiner Schwester Agathe soll seine Idee von »gelungenem Leben« erfüllen.

Der Versuch, abseits der Gesellschaft eine neue Identität zu finden, schlägt in Identitätslosigkeit um. Der Titel des Buches bringt das Bewußtsein von der Entfremdung der Gesellschaft und der eigenen Subjektivität ironisch zum Ausdruck. Das bürgerliche Individuum verliert in der hochtechnisierten Industriegesellschaft jegliche soziale Beziehung. Psychische Deformationen und Identitätszerfall sind die Folge, das Individuum flüchtet in eine mystisch stilisierte Ferne. Ulrich, der ehemalige Offizier, Ingenieur und Mathematiker, ist kein Einzelgänger, er durchlebt Grunderfahrungen der bürgerlichen Intelligenz seiner Zeit.

Robert Musil

Literatur

Neuerscheinungen

● Wystan Hugh Auden: *Poems*. In seinen sozialkritischen Gedichten geißelt Auden, der zur linksgerichteten Intellektuellengruppe gehört, die spätbürgerliche, kapitalistische Gesellschaft Englands.

● Lion Feuchtwanger: *Erfolg. Drei Jahre Geschichte einer Provinz*. Erster Teil des Romanzyklus *Der Wartesaal* (2. Teil: *Die Geschwister Oppenheim*, 1933, 3. Teil: *Exil*, 1948). Der Roman schildert die Not, die wirtschaftliche Lage und die Politik Bayerns in den Jahren 1921 bis 1924 und analysiert das kleinbürgerliche Milieu, aus dem das Dritte Reich hervorgegangen ist. In vielen Fällen sind die Romanfiguren verschlüsselte Persönlichkeiten der Zeitgeschichte Feuchtwanger beendet den Roman in der Emigration in Kalifornien.

● John Dos Passos: *The 42nd Parallel (Der 42. Breitengrad)*. Erster Teil der Trilogie *U.S.A.*, deren zweiter Teil *Nineteen-Nineteen, (Auf den Trümmern)* im Jahr 1932 und dritter Teil *The Big Money (Der große Schatten*, 1939, später *Hochfinanz*, 1962) 1936 erscheint. Dos Passos erzählt im Montage-Stil, den er schon in seinem berühmten Roman *Manhattan Transfer* anwandte, die Geschichte seiner zwölf Hauptpersonen. In Prosablöcken wird das Leben der einzelnen erzählt. In diese Personenbeschreibungen schiebt Dos Passos Kurzbiographien von sechsundzwanzig Persönlichkeiten des öffentlichen Lebens ein und steigert so die Dramatik der Gesellschaftsschilderung.

● Ernst Penzoldt: *Die Powenzbande*. Dieser Schelmenroman spielt um die Zeit des Ersten Weltkriegs und ist die »gemeinverständlich dargestellte Zoologie einer kinderreichen Familie«, die sich einfallsreich die Zeitumstände zunutze macht.

1930

Freud: »Das Unbehagen in der Kultur«

Sigmund Freud, der neben Alfred Adler und C. G. Jung der bedeutendste Psychologe seiner Zeit ist, versucht mit seiner Psychologie des Unbewußten nicht nur die Vorgänge im einzelnen Menschen, sondern auch in der Gesellschaft zu erklären.

Seine berühmte Abhandlung *Das Unbehagen in der Kultur* gilt darüber hinaus zusammen mit *Die Zukunft einer Illusion* (1927) und *Der Mann Moses und die monotheistische Religion* (1939) als wichtigste der religionspsychologisch orientierten kulturtheoretischen Arbeiten Freuds. Seine Argumente basieren z. T. auf der Auseinandersetzung mit Thesen des Psychoanalytikers Wilhelm Reich, der das Verhältnis von »Natur« und »Kultur« ausgearbeitet hat. Freud lehnt die Theorie von Reich, dem er eine Verbindung von Psychoanalyse und dialektischem Materialismus nachsagt, ab, weil er die Gefahr einer Bindung an die sowjetische Ideologie sieht. Dem Kommunismus aber wirft Freud vor, unkritisch von einem stets positiven Menschenbild auszugehen. Freud dagegen ist sich der menschlichen Schwächen bewußt.

Das Werk beginnt mit den Worten: »Man kann sich des Eindrucks nicht erwehren, daß die Menschen gemeinhin mit falschen Maßstäben messen, Macht, Erfolg und Reichtum für sich anstreben und bei anderen bewundern, die wahren Werte des Lebens aber unterschätzen. Und doch ist man bei jedem solchen Urteil in Gefahr, die Buntheit der Menschenwelt und ihres seelischen Lebens zu vergessen. Es gibt einzelne Männer, denen sich die Verehrung ihrer Zeitgenossen nicht versagt, obwohl ihre Größe auf Eigenschaften und Leistungen beruht, die den Zielen und Idealen der Menge durchaus fremd sind.«

Die Aggressionsneigung des Menschen ist für Freud eine »ursprüngliche und selbständige Triebanlage«, die ein Hauptproblem der Gesellschaft darstellt.

Politische Radikalisierung

Die Reichstagswahlen vom 14. September werden zur einschneidenden Zäsur in der Geschichte der Weimarer Republik, indem die NSDAP die Anzahl ihrer Mandate von 12 auf 107 steigert. Die KPD gewinnt zu ihren 54 Sitzen 23 hinzu.

Vorausgegangen ist die Auflösung des Reichstags, nachdem er die von Kanzler Heinrich Brüning in Kraft gesetzten Notverordnungen abgelehnt hat.

Der Wahlkampf steht im Zeichen der Weltwirtschaftskrise. Rückgang von Konjunktur und Steueraufkommen sowie zunehmende Arbeitslosigkeit (mit der auf dem Wahlplakat der KPD zutreffenden Prognose von drei auf fünf Millionen) kennzeichnen die wirtschaftliche und gesellschaftliche Lage. Das Plakat der SPD Das sind die Feinde der Demokratie rückt zutreffend die NSDAP in den Vordergrund, die auf ihren eigenen Plakaten mit der Parole wirbt: »Volksgenossen! Wir hauen sie zusammen! Helft zuschlagen! Das Parlament kracht in seinen Fugen. Wir rütteln an ihm bis es zusammenbricht! Unser letzter Schlag!« Die Gestalt links mit einer Rotarmisten-Mütze spielt auf den Rückhalt der KPD in der Sowjetunion an, während der Kopf rechts wohl den »Stahlhelm – Bund der Frontkämpfer« meint.

Im Oktober des folgenden Jahres bildet sich in Bad Harzburg die sogenannte »Harzburger Front« mit dem Ziel der Aufhebung der demokratischen Staatsform. Diese »nationale Opposition« setzt sich zusammen aus der NSDAP, der von Alfred Hugenberg geführten Deutschnationalen Volkspartei, Teilen der Deutschen Volkspartei, dem Stahlhelm sowie einem Kreis von Großindustriellen; auch der frühere Reichsbankpräsident Hjalmar Schacht unterstützt die Ziele der »Harzburger Front«, die Hitler »gesellschaftsfähig« macht. Bei den Reichstagswahlen 1932 erhält die NSDAP 230 Sitze und ist damit stärkste Fraktion.

Mitte links: Wahlplakat der KPD, 1930.
Mitte rechts: Wahlplakat der SPD, 1930.

Ortega: »Der Aufstand der Massen«

José Ortega y Gassets Werk *La rebelión de las masas* (*Der Aufstand der Massen*, 1931) erscheint. Neben Karl Jaspers Schrift *Die geistige Situation der Zeit* (1931) gilt dieses Essay als wichtigstes zeitdiagnostisches Werk der dreißiger Jahre, das noch heute aktuell ist. Es wurde in zehn Sprachen übersetzt.

Ortegas Analyse der Zeit beruht auf der Grundüberzeugung von der aristokratischen Natur der Gesellschaft, der der Aufstieg der Massen zur Macht entgegensteht.

Am 15. November 1930 bezeichnet der Philosoph in einem aufsehenerregenden Presseartikel im »Sol« den spanischen Staat als abgewirtschaftet und schließt: »Delenda est Monarchia!« Im April 1931 wird Spanien Republik. Ortega gehört bis 1933 der Nationalversammlung an. Auch hier bleibt er seinem persönlichen Stil treu: »... Literat, Denker, Theoretiker, Freund der Wissenschaften, das zu sein, ... das bin ich bis auf den Grund meines Wesens.«

Die Arbeitsakademie

Max Horkheimer wird Leiter des Instituts für Sozialforschung an der Arbeitsakademie in Frankfurt/ Main. Die Akademie ist eine »völlig neue revolutionäre Institution des deutschen Bildungsgefüges«, wie Theodor Eschenburg schreibt, für nicht akademisch Vorgebildete.

Die Gründung erfolgte 1921 auf Anregung der SPD, die damals die stärkste Partei der Stadt war und bemängelte, daß nicht genügend Wert auf die Volksbildung gelegt werde. An der Akademie sind Lehrer der verschiedensten politischen Auffassungen tätig, »von einem etwas romantischen Konservativismus über katholische Sozialreform bis zum orthodoxen Marxismus«. Aufgabe ist die wissenschaftliche Durchleuchtung des Marxismus.

Bedroht von den Nationalsozialisten, emigrieren 1933/34 Horkheimer, der das Institut in New York weiterführt, und seine Mitarbeiter Herbert Marcuse, Theodor W. Adorno und Erich Fromm in die Vereinigten Staaten.

Musik

Premieren

● Arthur Honegger: *Les aventures de Roi Pausole* (Die Abenteuer des Königs Pausole, deutschsprachige Erstaufführung 1954 in Zürich). Die Operette ist eine der witzigsten Opernparodien, voller Ironie und mit einer publikumswirksamen, erotisch angehauchten Handlung. Musikalisch schockiert Honegger das Publikum nicht weniger als andere moderne Komponisten seiner Zeit, mit denen er sich durch sein musikalisches Schaffen eingehend auseinandersetzt.

● Darius Milhaud: *Christoph Colomb*, Operntriptychon (Uraufführung, Berlin, 5. Mai), Text: Paul Claudel. Milhaud versucht, epische Erzählung, rhythmische Sprechchöre, traditionelles Orchester und technisierte Klänge zu verschmelzen. Er ist der Klassiker der Polytonalität.

● Igor Strawinski: *Symphonie des psaumes* (Psalmensinfonie) für Chor und Orchester (ohne Geigen und Bratschen) wird im Palais des Beaux-Arts in Brüssel am 13. Dezember uraufgeführt. Wenige Tage später wird die Sinfonie in Boston unter Sergei Kussewizki mit dem Bostoner Symphonie-Orchester aufgeführt, dem Strawinski sie gewidmet hat. Ihr archaisierender Klang erinnert an die gregorianischen Gesänge, an die frühe Polyphonie. Es ist ein tiefreligiöses Werk, streng und klar.

● Kurt Weill: *Aufstieg und Fall der Stadt Mahagonny*, Oper; Text: Bertolt Brecht (Uraufführung, Leipziger Opernhaus, 9. März). Brecht vereinfacht das Wirtschaftsgefüge des Kapitalismus zum Modell der Stadt Mahagonny, in der alles straffrei erlaubt ist, nur nicht Geldmangel. Dieser wird mit dem Tode bestraft. Die Oper löst einen Skandal aus.

Theater in der Provinz

Herbert Ihering schreibt am 13. November zur Rolle der kleinen Provinzbühnen: »In Oldenburg sind bei der letzten Stadtwahl die Nationalsozialisten von 1 auf 18 gesprungen. Im Orchester hat sich eine nationalsozialistische Zelle gebildet. Ein Kammermusiker ist nationalsozialistischer Stadtverordneter geworden, kann also, wenn er in den Theaterausschuß gewählt wird, den Vorgesetzten seines eigenen Intendanten spielen.

…wenn der Vorhang zum Schluß fällt, applaudieren unermüdlich und ausgiebig die Jungen auf der Galerie und die alten Damen im Parkett, während ein Stahlhelmmann seine Pfeife aus der Westentasche zieht und trillert … Das Theater steht im Mittelpunkt des Interesses, der Gespräche, der politischen Kämpfe … Täglich anonyme Briefe, täglich Drohungen … Kein Berliner Theaterdirektor setzt täglich so seine Stellung aufs Spiel wie ein Provinzdirektor.«

Das Harlem-Orchestra

My Sweet Tooth Says »I Wanna«, but My Wisdom Tooth Says »No« ist einer der populären Schlager, den Fletcher Henderson Anfang der dreißiger Jahre mit seiner Zehn-Mann-Band spielt. Sein Orchester ist vielseitig, und Fletcher Henderson ist ein vorzüglicher Arrangeur. Er baut im Laufe der Jahre die eigentliche Big Band auf, die dann aus 17 bis 18 Musikern besteht, und faßt gleichartige Instrumente zu Klanggruppen zusammen und bildet Trompeten-, Posaunen- und Saxophonsätze, die von nun an das Kennzeichen der klassischen Jazz Big Band sind. Das Harlem-Orchestra, das er als erster jahrelang erfolgreich leitet, wird zum Begriff. Henderson besitzt Instinkt für die richtigen Solisten, wechselt sie aber häufig. Bei ihm spielen Benny Goodman, Don Redman und Benny Carter, die alle später eigene berühmte Orchester leiten, Coleman Hawkins, Ben Webster, Rex Stewart, Louis Armstrong, Bobby Stark, Henry Allen, Joe Thomas, Roy Eldridge, Emmett Berry, Sandy Williams, Walter Johnson und so weiter.

1939 löst Fletcher Henderson sein Orchester auf und geht als Pianist zu Benny Goodman, für den er schon während der ganzen letzten Jahre einer der wichtigsten und bestgeschulten Arrangeure gewesen war.

Im weißen Rössl

Die Revue ist tot, es lebe die Operette!

Am 8. November wird am Berliner Großen Schauspielhaus Ralph Benatzkys Operette Im weißen Rössl *uraufgeführt. Daß am Textbuch auch Erik Charell, der ungekrönte König des Revuetheaters, mitgearbeitet hat, besitzt geradezu symbolische Bedeutung: Die während der zwanziger Jahre für tot erklärte Operette feiert fröhliche Wiederauferstehung und verdrängt die Revue. Die Handlung besteht aus einem Verwirrspiel verschiedener sich kreuzender Liebesaffären, selbstverständlich mit drei glücklichen Paaren am Schluß. Zu den Akteuren gehören neben der Wirtin und ihrem Oberkellner Touristen des gehobenen Mittelstandes – vom Rechtsanwalt bis zum Trikotagefabrikanten, und als wäre 1918 vergessen und begraben, tritt auch der Kaiser auf. Dem Publikum gefallen nicht nur die Melodien, sondern auch die parodistischen Einlagen, mit denen der Tourismus durch den Kakao gezogen wird.*

Im weißen Rössl, 1930: Szenenfoto (Berlin) mit Max Hansen und Camilla Spira; Programmheft.

1930

Alfred Wegener: Forschung und Abenteuer

Der Geophysiker und Geologe Alfred Wegener gehört zu den Pionieren der modernen Polarforschung. 1930 organisiert er eine große deutsche Grönland-Expedition, zuvor hat der Forscher an zwei dänischen Expeditionen teilgenommen. Ziel der Unternehmung ist die Erforschung des Aufbaus des Inlandeises in seinem Zentralgebiet. Für diesen Zweck errichtet er auf dem 3000 Meter hohen Scheitelpunkt der Eismasse die Station »Eismitte« als Forschungsstützpunkt.

Das Foto zeigt Alfred Wegener bei der Ankunft im Kamarujuk-Fjord, wo die 120 000 kg schwere Ausrüstung auf Pferdeschlitten verladen wird. Im Herbst bricht Wegener zur Station Eismitte auf, um die Versorgung der dort lebenden Wissenschaftler für den Winter zu sichern. Die Herbststürme haben schon eingesetzt, die Fahrt ist nur unter größten Strapazen möglich. In einem seiner letzten Briefe schreibt Alfred Wegener: »Das ganze ist eine schwere Katastrophe, und es nutzt nichts, es sich zu verheimlichen. Es geht jetzt ums Leben.« Er schickt die Mehrzahl seiner Begleiter zurück. Wegener und seine übriggebliebenen Gefährten kämpfen sich hartnäckig weiter durch und erreichen tatsächlich die Station Eismitte. Am 1. November, seinem 50. Geburtstag, bricht er mit dem Eskimo Rasmus Villumsen zur Rückreise auf. Wegener ist den Anstrengungen nicht mehr gewachsen, im Mai des folgenden Jahres findet man sein Grab im Eis, der Eskimo hat ihn begraben. Auch Rasmus Villumsen, der Wegeners Tagebuch an sich genommen hat, findet im ewigen Eis den Tod.

Alfred Wegener wurde berühmt durch seine Theorie von der Kontinentalverschiebung – daß die Erdteile nämlich erst im Erdmittelalter weiter auseinanderrückten – die er 1915 in seinem Werk Die Entstehung der Kontinente und Ozeane *veröffentlichte. Zu seinen Lebzeiten heiß umstritten, ist seine Theorie heute wissenschaftlich anerkannt als Pionierleistung der Forschung.*

Alfred Wegener auf seiner letzten Grönland-Expedition, 1930.

Lärm macht krank

Das Jahr 1930 kann als das Datum gelten, an dem erstmals zweifelsfrei die Gefahren des Lärms für die Gesundheit erkannt werden und eine – wenn auch noch ungenügende – Lärmbekämpfung beginnt. Die Hauptgründe für den immer mehr zunehmenden Lärm sind die fortschreitende Motorisierung und Industrialisierung. Mehr und mehr Menschen fühlen sich durch unzureichend schallgedämpfte Auspuffanlagen der Autos und die Maschinengeräusche am Arbeitsplatz belästigt, werden nervös und schwerhörig durch Lärm.

Wer jahrelang starkem Lärm ausgesetzt ist, büßt zunächst unmerklich für sich selbst das Hörvermögen für hohe Töne im Bereich von etwa 4000 Hertz ein. Später – oft erst nach Jahren – folgt eine allgemeine Schwerhörigkeit, die gewöhnlich nicht wieder zu beheben ist.

Erste Untersuchungen lassen erkennen, warum das so ist: Alle lärmenden Geräusche wirken, ob es uns bewußt wird oder nicht, als Schreckreize. Das heißt, sie führen zu einer »Erwartungsspannung«. Wie ist das zu verstehen? Unser Ohr übt – ähnlich wie die Nase – eine Warnfunktion aus. Geräusche, die als Lärm empfunden werden, haben solchen gefahrverkündenden Alarmcharakter. Sie bewirken, daß sich der Körper auf eine Abwehrreaktion einstellt. Das Herz bereitet sich auf erhöhte Leistung vor, das Nervensystem gerät in einen Zustand der Anspannung.

Das Ärgerliche an diesem angespannten Zustand ist, daß er sich so rasch nicht wieder löst. Denn die erwartete Abwehrreaktion, die »Entladung«, bleibt ja aus. Der Schreckreiz stellt sich als blinder Alarm heraus. Und das nicht nur einmal, in lärmreicher Umgebung geschieht es immer wieder, mit jedem neuen Geräusch läuft das unbefriedigende Spiel des Erschreckens mit der darauf folgenden Enttäuschung über die ausbleibende Abwehrreaktion ab. Gefährlich sind Geräusche von schnell sich ändernder Reizstärke, wie Hundegebell, Kreischen von Kindern, wiederholtes Türenschlagen, auf- und abschwellende Motorengeräusche, ferner alle unverhofften und unberechenbaren Schallempfindungen, besonders solche von hoher Tonlage. Ein Mensch, der einem Lärm dieser Art für längere Zeit ausgesetzt ist, kann seine Arbeit nur noch mit Mühe weiter verrichten, besonders wenn er geistige Arbeit leistet. Hier tritt auch keine Gewöhnung und damit Abstumpfung ein, im Gegensatz etwa zu gleichmäßigen, leisen Geräuschen wie Uhrenticken. »Der Betroffene mag den Lärm ›vergessen‹ können«, befindet der Ohrenspezialist Samuel Rosen aus Boston (USA), »sein Körper vergißt ihn nicht.«

Alle diese Einsichten führen in den dreißiger Jahren zu ersten Maßnahmen gegen den Lärm: Die Schalldämpfer der Auspuffanlagen werden verbessert, der Schallschutz an lärmreichen Arbeitsstellen wird ernster genommen. Auch die Grundlagenforschung über die Wirkungen des Lärms auf die Gesundheit wird intensiviert.

Naturwissenschaft, Technik, Medizin

● Walter Bothe: Untersuchungen von Kernreaktionen, insbesondere die systematische Suche nach isotoper Gammastrahlung, führt zur Entdeckung der Kernanregung.

● Der Atomphysiker Paul Dirac sagt aufgrund der von ihm erweiterten Quantentheorie ein neues Elementarteilchen, das positiv geladene Elektron voraus. Es wird 1932 von Carl David Anderson mit einer Nebelkammer entdeckt und »Positron« genannt. Zum ersten Mal ist damit Antimaterie nachgewiesen worden.

● Ernest Lawrence entwickelt das erste Modell eines Zyklotron, ein magnetischer Resonanz-Beschleuniger, mit dem man unter anderem Versuche zur Atomkernumwandlung durchführen kann. Elektrisch geladene Teilchen können auf Energien von mehreren hundert Millionen Volt beschleunigt werden.

● Max Theiler gelingt die Serumschutzimpfung gegen das Gelbfiebervirus.

● B. Thomas durchquert in dreijähriger Expedition (von 1928 bis 1931) die Große Arabische Wüste und erforscht den größten Teil Arabiens mit seinen bislang zahlreichen »Weißen Flecken« auf der Landkarte.

● In Dresden wird das Deutsche Hygiene-Museum eröffnet. Die Hauptattraktion ist der vielgerühmte »Gläserne Mensch«, ein Schauobjekt, an dem die inneren Organe sichtbar gemacht und ihre Funktionen auf eine auch dem breiten Publikum verständliche Weise dargestellt sind.

Isaac Israilewitsch Brodski
**Lenin spricht vor den Arbeitern
der Putilow-Werke in Petrograd**
(Ausschnitt) 1926

Salvador Dalí
**Komposition
»Beschwörung Lenins«**
1931

Personenkult

Die frühesten zeitgeschichtlichen Revolutionsbilder des Repin-Schülers Isaac Israilewitsch Brodski stammen aus dem Jahr 1919. Ihr bevorzugtes Thema ist, den Personenkult der frühen dreißiger Jahre vorbereitend, die führende Rolle des 1924 verstorbenen Lenin. 1922 gehörte Brodski zu den Gründern der »Assoziation der Künstler des revolutionären Rußlands« (ab 1928 »Assoziation der Künstler der Revolution« an; sie wird 1932 wie alle übrigen Künstlerorganisationen zugunsten des einheitlichen »Verbands bildender Künstler der Sowjetunion« aufgelöst. Geeint wird die Assoziation durch die gemeinsame Front gegenüber dem Modernismus. Die eigenen Grundlagen reichen zurück bis zum Realismus des 19. Jahrhunderts, verbunden mit der Forderung nach »dokumentarischer« Gestaltung. Sie wird vor allem durch Brodski vertreten.

Sein Gemälde Lenin spricht vor den Arbeitern der Putilow-Werke in Petrograd (1926), bei dem die Zuhörer den gesamten Vorder- und Mittelgrund einnehmen, und Lenin im Smolny (im Kreml) aus dem Jahr 1930, das den Vorsitzenden des Rates der Volkskommissare bei der Niederschrift eines Textes zeigt, sind frei vom theatralischen Pathos Gerassimows (vgl. S. 330). Beide Haltungen finden im Sozialistischen Realismus Anerkennung; knapp 30 Jahre später, auf der Weltausstellung in Brüssel, repräsentieren Werke von Brodski und Gerassimow die sowjetische Malerei.

Ein Personenkult ganz anderer Prägung wird zum Kennzeichen der surrealistischen Malerei Salvador Dalís. Es ist die eigene Person, die eine Quelle neuer künstlerischer Erfahrungen bildet. Dalís Komposition »Beschwörung Lenins« thematisiert das Vertrauen auf die halluzinatorischen Fähigkeiten, wobei die sechsfache Erscheinung Lenins auf der Tastatur mit dem Rot der Kirschen in assoziativer Verbindung stehen mag. Dalís »paranoisch-kritische Methode« wird von ihm selbst definiert als »spontane Methode irrationaler Erkenntnis, begründet auf deutend-kritische Assoziationen deliröser Phänomene«.

Die erste »Säuberung«

Oskar Schlemmers Auseinandersetzung mit der Beziehung zwischen Figur und Raum, mit der Verbindung zwischen Malerei, Skulptur und Architektur, zwischen Musik, Tanz, plastischer Form und Farbe, seine ganz eigene, vom Rhythmus geprägte Form der figürlichen Abstraktion – dies alles fällt schon früh unter das nationalsozialistische Verdikt des »Artfremden«. So gehört eines seiner Werke zu den ersten Opfern nationalsozialistischer »Säuberung«.

Zwar endet am 1. April 1931 das erste Experiment einer Regierungsbeteiligung der NSDAP, indem der thüringische Landtag dem am 23. Januar 1930 zum Innen- und Volksbildungsminister ernannten Wilhelm Frick das Vertrauen entzieht. Die Amtszeit des NSDAP-Mitglieds hat jedoch ausgereicht, um völkisch-nationalsozialistische Kulturpolitik zu demonstrieren. Schon am 22. April 1930 erschien Fricks Programm Wider die Negerkultur für deutsches Volkstum. Fricks Berater und »Führer« der Vereinigten Kunstlehranstalten in Weimar ist der Architekt und Rassen-Ideologe Paul Schultze-Naumburg, ein Propagandist der »Ausmerzung«. Kurz vor Beginn des Wintersemesters 1930/31 läßt er Schlemmers 1923 geschaffene Wandfresken und Reliefs im Treppenhaus des ehemaligen Bauhaus-Werkstattgebäudes übertünchen bzw. abreißen. Kurz darauf ergeht die Anordnung, 70 Werke aus dem Weimarer Schloßmuseum zu entfernen, darunter Gemälde und Zeichnungen von Otto Dix, Lyonel Feininger, Wassily Kandinsky, Paul Klee; Grafiken von Ernst Barlach, Erich Heckel, Oskar Kokoschka, Franz Marc, Emil Nolde, Oskar Schlemmer und Karl Schmidt-Rottluff; Plastiken von Wilhelm Lehmbruck.

Schlemmer notiert in seinem Tagebuch: »Das Furchtbare, die Kulturreaktion, liegt darin, daß es sich hier nicht um die Verfolgung von Werken politischer Tendenz handelt, sondern um rein künstlerische, ästhetische Werke, die, lediglich weil sie neuartig, andersartig, eigenwillig sind, gleichgesetzt werden mit ›Bolschewismus‹.«

Die Plastik

In Deutschland arbeitet eine Fülle begabter Bildhauer: Ernst Barlach, Georg Kolbe, Käthe Kollwitz, Edwin Scharff, Joachim Karsch, Alfred Lörcher, Gerhard Marcks, Richard Scheibe, Ludwig Kasper, Karl Hartung, um nur einige zu nennen. Die Klarheit der Form und die menschliche Gestalt stehen im Vordergrund ihres plastischen Gestaltens.

Georg Kolbes *Pietà* von 1930 ist ein Beispiel für die in sich geschlossenen Figuren. Ihre Körperhaltung ist oft labil, und die Köpfe seiner Plastiken sind stark betont. Kolbes Schaffen fand Anregungen in der Ästhetik des Jugendstils: in der ausdrucksstarken Liniengestaltung und dem Interesse am Handwerklichen. In der Ausstellung *Modern German Painting and Sculpture* im Museum of Modern Art in New York (1931) ist er mit acht Plastiken der am stärksten vertretene Künstler.

Ernst Barlachs Ausdruckswelt ist dagegen eher gotisch. Seine Figuren sind in der Regel aus massivem Holz oder Stein gehauen. Von 1930 bis 1932 stellt er drei von insgesamt sechzehn Gewandfiguren für die Fassade der gotischen Katharinenkirche in Lübeck fertig, und seine Figuren fügen sich beispielhaft in die mittelalterliche Architektur ein. Der Mensch ist bei Barlach ein hilfloses Geschöpf, preisgegeben, »ausgesetzt zwischen Himmel und Erde«, und er verkörpert in seinen Plastiken die elementaren Gefühle wie Angst, Sorge, Not.

Käthe Kollwitz wendet sich erst im Alter intensiv der Bildhauerei zu und beendet in diesem Jahr das 1924 begonnene überlebensgroße *Trauernde Elternpaar*, ein unpathetisches Ehrenmal für die Soldatenfriedhof Esen in Flandern, auf dem ihr Sohn begraben liegt. Hermann Blumenthal, ein älterer Schüler von Edwin Scharff, schafft 1929/30 die Plastik *Großer Knieender*, ein scharf gewinkelter Körper, und wird in diesem Jahr mit dem Großen Staatspreis der Preußischen Akademie der Künste geehrt. Er arbeitet – wie zeitweise auch Käthe Kollwitz, Werner Gilles, Ludwig Kasper und Werner Heldt – im Atelierhaus der Berliner Klosterstraße. Heldt sagt über die innere Einstellung der hier vereinigten Künstler: »Wohl mag in jeder Zeit die revolutionäre Aufgabe der Kunst in einer leidenschaftlichen Rehabilitierung unterdrückter Teile der Wirklichkeit bestehen. Darüber hinaus aber gibt es Wesen und Dinge, die in unzerstörbarer Unschuld und Jugend den armen Menschen immer zugänglich sein können.«

Die Gruppe »Abstraction-création«

Georges Vantongerloo, Auguste Herbin und Etienne Béothy greifen die Denkanstöße von Michel Seuphor, Joaquín Torresy-García, Piet Mondrian und Hans Arp auf, die diese in ihrer Zeitschrift »Cercle et Carré« (»Kreis und Quadrat«) gaben, und gründen in Paris die Gruppe »Abstraction-création«, deren Ziel es ist, die abstrakte Kunst in gemeinsamen Ausstellungen zu fördern. Die Vereinigung zählt bis zu 400 Mitglieder und steht Malern und Bildhauern aller Länder offen. Zu ihr gehören außer den obengenannten Künstlern unter anderen: Willi Baumeister, Max Bill, Le Corbusier, Robert Delaunay, Lucio Fontana, Otto Freundlich, Juan Gris, Wassily Kandinsky, László Moholy-Nagy, Kurt Schwitters. »Abstrakte Kunst« will nicht »die Erinnerung oder die Beschwörung der Realität«, sagt Seuphor.

Licht und Bewegung

Als ein ungewöhnlich vielseitiger bildender Künstler bewahrt László Moholy-Nagy, von 1923 bis 1928 am Bauhaus Leiter des Vorkurses und der Metallwerkstatt, die Experimentierfreudigkeit der zwanziger Jahre im Bereich der Entwicklung neuer künstlerischer Medien. So gehört er zu den Erfindern der kameralosen, das heißt durch unmittelbare Belichtung hergestellten Photogramme. Die Verbindung von Licht und Schatten mit der Bewegung als Grundform filmischer Gestaltungsweise führen ihn verstärkt zu experimenteller Tätigkeit.

Einen ersten Höhepunkt seines Schaffens bildete 1930 die Vollendung der ersten größeren kinetischen Plastik. Ihr Grundgedanke läßt sich zurückverfolgen bis zum Realistischen Manifest (1920) von Naum Gabo und Antoine Pevsner sowie dem Beitrag Dynamisch-konstruktives Kraftsystem, den Moholy-Nagy 1922 in der Zeitschrift »Der Sturm« veröffentlicht hat. Mit Rücksicht auf die Elektroindustrie, die an der Entwicklung des Projekts finanziell beteiligt ist, nennt Moholy-Nagy die bewegliche Skulptur Lichtrequisit einer elektrischen Bühne, was auf einen praktischen Nutzen hinweisen könnte. In Wirklichkeit handelt es sich beim Licht-Raum-Modulator um eine »zweckfreie« Konstruktion (Höhe 152 cm) aus Stahl, Kunststoff und Holz. Ein Elektromotor versetzt die Einzelteile in komplizierte, zum Teil gegenläufige Bewegungen. Die »Verfilmung« der Plastik zeigt, daß die Erzielung von Lichtreflexen und Schattenwirkungen grundlegende Bedeutung für die Konzeption des Werkes besitzen.

Für Moholy-Nagy gilt: »Ob eine Darstellung plastisch, linear, malerisch, schwarzweiß, farbig, fotografisch oder auf andere Weise erfolgt, das ist theoretisch gleichgültig. Es ist aber heute praktisch eine selbstverständliche Forderung, daß man gegenüber einer mühsamen manuellen optischen Darstellung eine mechanisch-technische bevorzugt.«

László Moholy-Nagy, Licht-Raum-Modulator; vollendet 1930.

1931

Film

Premieren

- Erik Charrell: *Der Kongreß tanzt.* Produzent: Erich Pommer; Kamera: Carl Hoffmann; Musik: Werner Heymann; Lieder: Heymann, Robert Gilbert; Darsteller: Lilian Harvey, Willy Fritsch. Ein amüsanter Operettenfilm.
- Fritz Lang: *M.* Drehbuch: Lang, Thea von Harbou; Kamera: Fritz Arno Wagner; Musik: Adolf Jansen, Edvard Grieg; Darsteller: Peter Lorre, Gustaf Gründgens, Theo Lingen, Ellen Widmann. Die Massenhysterie, ausgelöst durch eine Mordserie, die verheerenden sozialen Verhältnisse, die Inkompetenz der Polizei und die straffe Organisation der Unterwelt zeichnet Lang mit grimmigem Humor.
- Georg Wilhelm Pabst: *Kameradschaft.* Kamera: Fritz Arno Wagner, Robert Baberske; Darsteller: Alexander Granach, Fritz Kampers, Ernst Busch. Das Grubenunglück 1906 in Courrières ist die Grundlage der Handlung. Pabst schildert beeindruckend seinen Glauben an die Solidarität unter den Menschen verschiedener Nationen.
- Georg Wilhelm Pabst: *Die Dreigroschenoper*, nach dem Stück von Bert Brecht und Kurt Weill; Kamera: Fritz Arno Wagner; Darsteller: Rudolf Forster, Caroline Neher, Lotte Lenya, Valeska Gert. Der harte Realismus und die politische Schärfe des Brecht-Stücks bleiben im Film erhalten, die Songs nur teilweise.
- Leontine Sagan: *Mädchen in Uniform.* Drehbuch: Christa Winsloe, F. D. Adam nach Winsloes Stück *Gestern und Heute.* Mit Emilia Unda und Dorothea Wieck. Thema ist das Leben in einem Internat für preußische Offizierstöchter. Aufsehen erregt der Film durch seine unverblümte Darstellung.

Verfilmte Literatur

Auf der Grundlage des 1818 erschienenen Romans Frankenstein, or The Modern Prometheus *(Frankenstein oder Der moderne Prometheus, 1912) von Mary Wollstonecraft Shelley sowie einer Bühnenfassung inszeniert James Whale den ersten Frankenstein-Film. Ebenso wie sich die Romanvorlage vom Gros der Schauerromane abhebt, so ist auch der Ur-Frankenstein kein bloßer Horrorfilm. Den Rang des Romans macht die mit aller Eindringlichkeit gestaltete Frage nach den unheimlichen Möglichkeiten der Wissenschaft aus. Im Film tritt das Thema der vergeblichen Suche des von Frankenstein aus menschlichen Teilen zusammengebauten Ungeheuers nach menschlicher Beziehung in den Mittelpunkt. Die (gegenüber der Romanvorlage wesentlich reduzierten) Mordtaten erscheinen als unmittelbare Folge des unverschuldeten Schreckens, den das Ungeheuer durch seine Gestalt erregt. Als geradezu seelenvoll läßt sich das Spiel von Boris Karloff in der Rolle des Monsters bezeichnen. Er knüpft damit an das Golem-Vorbild Paul Wegeners an.*

Der gleichwohl vorhandene Horror-Effekt wird durch einen Zensureingriff verstärkt. Eine Szene zeigt das Ungeheuer mit einem kleinen Mädchen an einem See; wie dieses wirft es Blumen ins Wasser, dann aber auch das Kind. Indem dieser Teil geschnitten wird, enthält der Film an dieser Stelle den Appell zu eigener grausamer Phantasietätigkeit.

Die Grenzen der Literaturverfilmung, zumal einer Vorlage mit ungewöhnlicher literarischer Struktur, zeigt Berlin Alexanderplatz. Die Geschichte Franz Biberkopfs nach dem gleichnamigen, 1929 erschienenen Roman von Alfred Döblin, der am Drehbuch mitgearbeitet hat. Dennoch gelingt dem Regisseur Piel Jutzi (mit Heinrich George in der Hauptrolle) eine realitätsnahe, fesselnde Milieuschilderung.

Mitte: Frankenstein, 1931; Szenenfoto mit Boris Karloff als Ungeheuer.
Unten: Berlin Alexanderplatz, 1931; Alfred Döblin (ganz rechts) bei den Dreharbeiten.

Spezialität: Horror

Die amerikanische Produktions- und Verleihfirma Universal Pictures profiliert sich durch zwei Filme als Horrorfilm-Produzent, anknüpfend an frühere Erfolge wie *The Phantom of the Opera* (1925) mit Lon Chaney in der Titelrolle, die Physiognomie zu einem lebendigen Totenkopf verunstaltet. 1931 entsteht neben *Frankenstein* die (nach Friedrich Wilhelm Murnaus *Nosferatu*, 1922) zweite Verfilmung von Bram Stokers Vampirroman *Dracula* (1897, deutsch 1908).

Die unmittelbare Vorlage bildet eine Bühnenfassung, in der 1927 Bela Lugosi die Titelrolle verkörperte. Ihm verdankt auch die Filmversion *Dracula* des Regisseurs Tod Browning ihre ungeheuer dichte Atmosphäre des Bösen. Frankenstein und Dracula – mit diesen beiden Namen verbindet sich von nun an, unterstützt durch reichliche Filmausbeute, die Vorstellung von lustvollem Schauder. Horror-Zitate und Klamauk verbindet 1948 die Universal-Produktion *Abbott and Costello Meet Frankenstein* (*Mein Gott, Frankenstein* bzw. *Abbott und Costello treffen Frankenstein*, 1958), in der Lugosi als Dracula versucht, Frankensteins Monster durch die Einpflanzung eines neuen Gehirns in sein willfähriges Werkzeug zu verwandeln.

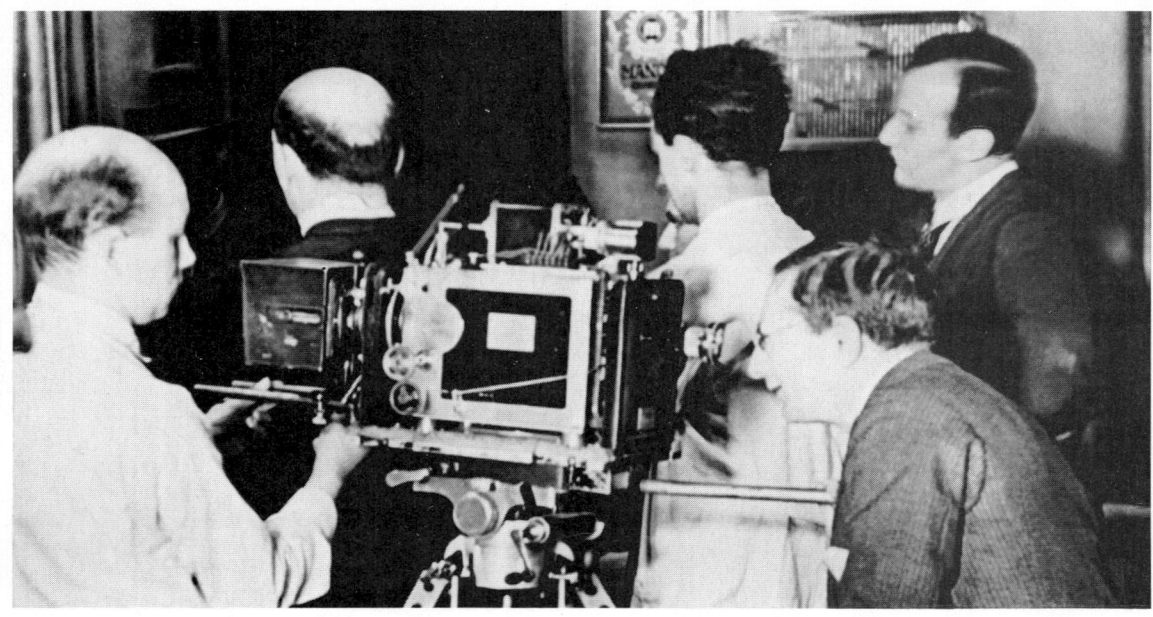

Berliner Mode
der frühen dreißiger Jahre

Im Erscheinungsbild der Frau zeichnet sich in den frühen dreißiger Jahren in der Mode wie im Film die Ablösung der Extravaganz durch betont frauliche Eleganz ab. Als Modeschöpferinnen machen die Italienerin Elsa Schiaparelli und die Französin Gabrielle (Coco) Chanel von sich reden. Generell gilt, daß Mode nicht mehr den »oberen Zehntausend« vorbehalten ist, sondern nach und nach zu einer Industrie wird, für deren Neuheiten sich Millionen auf der ganzen Welt interessieren. Kennzeichnend für diese Entwicklung ist die erste Direktübertragung einer Pariser Modenschau per Radio nach London und New York im Jahr 1938. Einige Modenotizen aus den ersten Jahren des Jahrzehnts: 1930 löst die Berliner Uraufführung von Ralph Benatzkys Operettenrevue Im weißen Rößl den Trachten-Look aus, dem sich auch ein angehender Weltstar wie

Marlene Dietrich nicht entziehen kann. 1931 zeigt Coco Chanel zum erstenmal in ihrer Kollektion 25 Kleider aus reiner Baumwolle. Madeleine Vionnet, die seit 1912 ihr eigenes Modehaus in Paris besitzt, zeigt eine seither oft kopierte, jedoch selten in ihrer Kunst der Drapierung erreichte Kollektion von Chiffonkleidern; ein Beispiel für eine gekonnte Nachahmung ist das Chiffonkleid mit Rüschen unten rechts. 1932 erfindet der Pariser Juwelier Cartier den Schmuckklips, eine Spange mit federnder Klemme, aus der sich der Ohrklips entwickelt. Derlei Accessoires werden zu einem unerläßlichen Bestandteil des Modeensembles. Hut, Schal, Kragen, Gürtel, Tasche und Handschuhe werden – wie das unten links abgebildete Jackenkleid aus Wollstoff mit Bluse und Schal aus Seide und das Wollgeorgette-Kleid mit seitlichen Biesen (Mitte) verdeutli-

chen – aufeinander abgestimmt. Keine gutangezogene Frau wagt sich ohne Hut auf die Straße.

Behütet im übertragenen Sinne ist die Frau, die im Film zunehmend in den Mittelpunkt tritt – zumindest ist es ihr Wunsch, ihren Platz an der Seite des ihr gegenüber privilegierten Mannes zu finden. Sie ist dafür bereit, ihr bisheriges Verhalten als verwerflich zu beurteilen. So beschwört Norma Shealer in The Divorcee (Die Geschiedene, 1930) ihren Gatten, sie nicht zu verlassen, nur weil sie ein Verhältnis mit einem anderen hatte. Joan Crawford kann in Laughing Sinners (Lachende Sünder, 1931) den geliebten Mann nicht bekommen (was im Film der zwanziger Jahre kaum vorstellbar war) und will sich ertränken; sie wird von einem Offizier der Heilsarmee (Clark Gable) gerettet und macht eine moralische Wandlung durch.

Walter Trier
**Illustration
zu einem Kindergedicht
Erich Kästners**
1913

Joachim Ringelnatz
**Einbandzeichnung zum
»Kinder-Verwirr-Buch«**
1931

Kinder=Verwirr=Buch

Joachim Ringelnatz

Heile Kinderwelt mit Fragezeichen

Da stehen sie, erwartungsvoll und staunend als Zeugen des Boxkampfes, in dem der scheinbar schmächtige, vor kurzem zugezogene Fritz dem gewalttätigen Adolf, dem Schrecken der Kleineren (»Er stieß. Er zog sie an den Haaren. Es war ihm gleich, wohin er traf…«) eine Lektion erteilt: »…Nun kamen, von dem Krach beflügelt, / die Kinder aus der Gegend an. / Sie wollten sehn, wie Adolf prügelt / und was der Fritz vertragen kann.« Bild und Text stammen aus der Sammlung Das verhexte Telefon. Ein Bilderbuch *von Erich Kästner und Walter Trier, das 1931 erscheint. Es enthält auch das Gedicht* Ferdinand saugt Staub, *eine modernisierte Fassung von Goethes* Zauberlehrling, *in der ein technikbegeisterter Junge die Herrschaft über einen wildgewordenen Staubsauger verliert: »…Die Straßenbahn sprang aus den Schienen / und überfuhr den Apparat. / Der Vater sah mit strengen Mienen / auf Ferdinand und die Ruinen / und sprach: ›Da hast du den Salat‹.«*
Die Zusammenarbeit zwischen Trier und Kästner begann 1929 mit Emil und die Detektive; *1931 folgt neben dem* Verhexten Telefon *der von Trier illustrierte Roman* Pünktchen und Anton, *1932* Der 35. Mai oder Konrad reitet in die Südsee, *1933* Das fliegende Klassenzimmer. *1936 emigriert Trier. Stets gelingt es ihm, Kästners spezifische Darstellung einer keineswegs heilen Kinderwelt aus der Sicht der Kinder in Bilder umzusetzen, die zugleich die tröstlich humorvolle Betrachtungsweise Kästners enthalten.*
Um einiges skurriler sind die Verse und Bilder von Joachim Ringelnatz, dem Schöpfer des Kuttel Daddeldu, der »so um die Welt schifft«. Zu seinen letzten Veröffentlichungen gehört das Ernst Rowohlt gewidmete Kinder-Verwirr-Buch *mit Ermutigungen wie dieser: »Kinder, ihr müßt euch mehr zutrauen! / Ihr laßt euch von Erwachsenen belügen / Und schlagen. – Denkt mal: fünf Kinder genügen, / Um eine Großmama zu verhauen.« Oder mit der Erfahrung: »Den Unterschied bei Mann und Frau / Sieht man durchs Schlüsselloch genau.«*

Literatur

Neuerscheinungen

● Georges Bernanos: *La grande peur des bien-pensants* (*Die große Angst der Rechtschaffenen*). Mit großer Eindringlichkeit behandelt Bernanos in seinem Essay die Erniedrigung des französischen Bürgertums. Es ist sein wichtigstes Werk aus der »Côte d'azur-Periode« (1930–1934).

● Hermann Broch: *Die Schlafwandler* (1931/32). Diese mystische Romantrilogie schildert die antihumanitäre Haltung der Deutschen von 1888–1919 und den Zerfall bürgerlicher Werte.

● John Galsworthy: *End of the Chapter* (*Das Ende vom Lied*). Die Trilogie ist die Fortsetzung der *Forsyte Saga*, seines bedeutenden spätbürgerlichen Romans. Sie ist sozialkritisch nicht sehr überzeugend und zu breit angelegt.

● Erich Kästner: *Fabian: Die Geschichte eines Moralisten*. Satire auf das im »Fieber« liegende Berlin und die an »Untertemperatur« leidende Provinz zur Zeit der Weltwirtschaftskrise; ein Versuch, in letzter Minute vor dem »Gang vor die Hunde« (ursprünglicher Untertitel) zu warnen.

● Getrud von Le Fort: *Die letzte am Schafott;* Novelle. Im Jahr 1794 angesiedelte Darstellung christlicher Überwindung von Lebens- und Todesangst einerseits, von Todesbereitschaft zugunsten des Lebens als einer Form »schwerer Buße«. Bernanos dramatisiert die Novelle 1948.

● John Boynton Priestley: *Engelgasse* (*Angel Pavement*, 1930). Priestley rüttelt mit seinen Romanen das soziale Gewissen Englands auf. Er ist der Autor des kleinen Mannes und beschreibt realistisch, humorvoll, sarkastisch und voller Mitgefühl die bürgerliche Welt, ihre tristen häuslichen Verhältnisse und die Trostlosigkeit der Städte.

Carl von Ossietzky

»Die Republikaner sind ohne Republik. Und es gibt keine Republik, weil es keine Linke gibt, sondern nur Parteien, die im Parlament links sitzen«, schreibt Carl von Ossietzky, der Herausgeber der Wochenzeitschrift »Weltbühne«. Ossietzky wird im November 1931 vom Reichsgericht wegen Verrats militärischer Geheimnisse zu 18 Monaten Gefängnis verurteilt. Er hatte einen Aufsatz von Walter Kreiser über die Verwendung von Geldern der Zivilluftfahrt zum Ausbau einer deutschen Luftwaffe veröffentlicht. Die Tatsache selbst war bekannt, denn der Reichstag hatte sie öffentlich kritisiert.

Der Prozeß empört das ganze liberale Europa, zumal Ossietzky keine Möglichkeit zur öffentlichen Verteidigung erhält. Kurt Tucholsky schreibt, die Regierung wolle sich an der »Weltbühne rächen, für alles, was hier seit Jahren gestanden hat«. Ossietzky selbst sagt dazu: »Anderthalb Jahre Freiheitsstrafe? Es ist nicht so schlimm, denn es ist mit der Freiheit in Deutschland nicht weit her. Mählich verblassen die Unterschiede zwischen Eingesperrten und Nichteingesperrten.«

Auftrittsverbote, Beschlagnahmungen, Verhaftungen

Behördliche Einschränkungen sind schon die ganzen letzten Jahre an der Tagesordnung: Presseverbot, Zensur, Beschlagnahme von Büchern, Diffamierungen, Verbote von Theateraufführungen, Prozesse gegen Schriftsteller, Künstler, Redakteure. *Die Chronik einer Verfolgung* schreibt, daß allein in der Zeit vom 20. Juni bis 24. Oktober fast wöchentlich ein Auftrittsverbot erlassen wird. In der »Arbeiter-Illustrierten-Zeitung« sind die Fotos von 65 Redakteuren abgebildet, die 1929 und 1930 wegen angeblichen Hochverrats verurteilt wurden.

Ein verkannter Autor

Als Arthur Schnitzler am 21. Oktober stirbt, erwähnt man ihn in der Presse in wenigen Zeilen als einen Autor einer vergangenen Epoche, überlebt und zu Recht nur wenig geschätzt.

Der österreichische Schriftsteller war einer der meistgespielten Dramatiker vor 1914 und ein bedeutender Kritiker.

Geist und Tat

Heinrich Mann veröffentlicht unter dem Titel Geist und Tat. Franzosen 1780–1930 *sieben Essays aus den Jahren 1905 bis 1931: Choderlos des Laclos, Stendhal, Victor Hugo, Gustave Flaubert und George Sand, Zola, Anatole France und Philippe Soupault. Sie spiegeln Manns Entwicklung vom Ästhetizisten zum engagierten Schriftsteller, der die Trennung zwischen »Geist« und »Tat« aufzuheben strebt. Heinrich Manns kulturpolitische Arbeit erhält ihre Anerkennung durch seine Berufung als Präsident der Sektion für Dichtkunst der Preußischen Akademie der Künste. Über ein mit Alfred Döblin entwickeltes Lesebuch schreibt er rückblickend: » ... sein Inhalt sollten die Arbeiten des Volkes und seine Freuden sein, die Geschichte Deutschlands sollte nicht länger beschränkt werden auf Schlachten, auf den Ruhm von Feldherrn und Fürsten. Das Buch wurde fertig, der Minister (Adolf) Grimme, der letzte sozialdemokratische, begünstigte es. Seine Beamten hüteten sich, es in die Schulen einzuführen: das Ende der Republik kam schon in Sicht.«*

Heinrich Manns 60. Geburtstag am 27. März 1931 wird zum Anlaß heftiger Polemik, ausgelöst durch eine Festrede Gottfried Benns, der in Mann »den Meister« sieht. Gemeint ist allerdings nur der frühe Mann, dessen Schaffen Benn unter dem Nietzsche-Satz aus Ecce Homo zusammenfaßt: »Nihilismus ist ein Glücksgefühl.« Benns Überzeugung von der »Folgenlosigkeit« wahrer Kunst attackiert der Architekt Werner Hegemann in der Wochenzeitschrift »Das Tagebuch«: »Angesichts der Übermacht der Naturgesetze und ›Urerlebnisse‹ nennt auch Hitler es einen ›echt judenhaft frechen, aber ebenso dummen Einwand der modernen Pazifisten‹, wenn sie behaupten: ›Der Mensch überwindet eben die Natur.‹«

Mitte links: Die Brüder Mann bei der Feier der Preußischen Akademie der Künste anläßlich Heinrich Manns 60. Geburtstag, 1931.

Mitte rechts: Gustav H. Wolf, Bildnisbüste Gottfried Benn, 1925.

1931

Ein deutsches Märchen

*So nennt Carl Zuckmayer sein Drama
Der Hauptmann von Köpenick. Die
Uraufführung findet am 3. März am
Deutschen Theater in Berlin statt. Das
Stück wird schnell so populär, daß es
noch im selben Jahr unter Zuckmayers
Mitarbeit von Richard Oswald ver-
filmt wird, mit Max Adalbert in der
Hauptrolle.
Grundlage des Theaterstücks sind
Zeitungsberichte und Prozeßakten
über den Geniestreich des historischen
Wilhelm Voigt aus dem Jahre 1906.
Der arbeitslose und herumvagabun-
dierende Schuster Voigt kommt in den
Besitz einer Gardehauptmannsuni-
form. Er zieht sie an, und aus dem passiv Erduldenden wird ein aktiv Han-
delnder. Die Uniform macht's. Erfahrungen im militärischen Befehlston
und Gebaren konnte der Schuster
während seiner zehnjährigen Haft am
Auftreten des Zuchthausdirektors studieren. Der neueingekleidete Hauptmann von Köpenick stellt eine vorbei-
ziehende Wache unter sein Kommando, zieht zum Köpenicker Rathaus,
nimmt den Bürgermeister fest und läßt
sich die Kasse übergeben. Sein eigentliches Ziel als Heimatloser ist es, einen
Paß zu bekommen, aber dafür ist Köpenick nicht zuständig. Er stellt sich
schließlich freiwillig.
Max Adalbert als Schuster und
Hauptmann ist die bis heute unübertroffene Verkörperung der »Doppelge-
stalt«. Der Schauspieler verzichtet auf
jede klamaukartigen Verwandlungs-
künste, die Uniform lebt, sie gibt ihm
eine zeitweilige neue Identität.
Der Stoff ist von Zuckmayer zu einem
Stück Zeitgeschichte verarbeitet: Mas-
senelend, zunehmende Militarisierung
des öffentlichen Lebens, die Allmacht
der Uniform. 1933 erhalten das Theaterstück und die Verfilmung Aufführungsverbot, nachdem der »Völkische
Beobachter« schon am 30. Dezember
1931 erklärt hat: »Das nennt man
auf gut deutsch: Unterhöhlung und
Zerschlagung des deutschen Sittlich-
keitsbegriffes.«*

Der Hauptmann von Köpenick, 1931;
Szenenfotos mit Max Adalbert in der
Titelrolle der Filmversion.

China erwacht

Erwin Piscator bringt am 15. Januar im Wallner-
Theater Berlin *Tai Yang erwacht* von Friedrich Wolf
heraus. Es ist die Eröffnungsvorstellung der Jungen
Volksbühne. Wolf schildert das junge China, in dem
das Glück aller über das Glück des einzelnen gestellt
wird. Die menschlichen Kreuz-und-Quer-Verbin-
dungen sind uninteressant. Aber die weltanschaulichen Thesen, mit denen sich Piscator und Wolf in
diesem Stück auseinandersetzen, machen es zu einem politischen Lehrstück. Von Konfuzius bis zu
Sun Yat-sen wird eine Linie gezogen.
Infolge der Not durch die Arbeitslosigkeit bleibt das
proletarische Publikum aus. Alfred Kerr schreibt
am 16. 1. im Berliner Tageblatt: »Was an diesem
Abend bewegt, ist nicht das Stück noch die Darstellung: sondern die Weltlage. Das Stück hätte noch
matter sein können, noch schabloniger, noch leerer,
noch abgegraster, dagewesener...so wäre doch der
Gedanke nicht gehindert worden, sich an die
Furchtbarkeit einer heut auf der Kippe stehenden
Welt zu erinnern.«
Friedrich Wolf findet nach dieser Aufführung kein
Theater mehr, das seine Stücke spielt. »Alle Bühnen
zuckten zurück aus Furcht, daß ihnen der Laden zu-
sammengeschlagen würde«, schreibt er.
Piscator, der ebenfalls gescheitert ist, dreht im glei-

chen Jahr in der Sowjetunion den Film *Vostanie ry-
bakow, Der Aufstand der Fischer von St. Barbara*
nach dem Roman von Anna Seghers (erschienen
1928), der allerdings in Rußland nicht in die Kinos
kam. Ein Angebot von Goebbels, ein nationalsozialistisches Propaganda-Theater aufzubauen, lehnt
Piscator ab und geht direkt von Moskau aus in die
Emigration.

Das beliebteste Berliner Varieté

Am 9. März 1933 kommt Charlie Chaplin nach Berlin und trotz Schneegestöbers erwarten ihn Tausende am Bahnhof Friedrichstraße. Gleich am ersten
Abend besucht der große Humorist Amerikas seinen deutschen Kollegen Erich Carow in seinem eigenen Theater am Weinsbergweg. Wer die echte
»Berliner Schnauze« hören will, geht in das Varieté
der Carows. Erich, wie ihn die Berliner nennen, tritt
gemeinsam mit seiner Frau Lucie auf und hat ein
buntgemischtes Publikum von Akademikern und
Arbeitslosen, Putzfrauen und Filmstars.
Eine Berliner Zeitung schreibt: »Bei den Carows gibt
es keine Klassen, keine Rassen; die erbittertsten politischen Gegner wälzen sich einträchtig nebeneinander am Boden vor Lachen. Bankdirektor und Stem-
pelbruder haben einen Abend lang dieselbe Lebens-
anschauung.«

Theater

Premieren

● Ödön von Horváth: *Geschichten aus dem Wienerwald* (Uraufführung im Deutschen Theater
Berlin, 2. November). Regie:
Heinz Hilpert, der an Horváths
und Carl Zuckmayers Stücken
ein Meister des »Poetischen Realismus« wird. Horváth schildert
nüchtern die verlogene Idylle
des Wiener Bürgertums, dessen
Egoismus, Prostitution, Liebe
und Mord. Im Mittelpunkt der
Geschichte steht ein triebhaftes
Mädchen, das mit seinem Kind
vom Liebhaber verlassen wird.
Der »gute Freund« opfert sich und

heiratet das Mädchen, und die
Großmutter befreit das Kind von
derart ominösen Eltern, indem
sie es so sehr der Zugluft aussetzt,
daß es stirbt. Roheit und Gutmü-
tigkeit wechseln in diesem bizarren, bunten Spiel einander ab.
Mit Paul Hörbiger und Hans Moser sind die Rollen wienerisch besetzt. Das Stück ist ein durch-
schlagender Erfolg.
● Eugene O'Neill: *Mourning Be-
comes Electra* wird am 26. Oktober in New York uraufgeführt
(deutschsprachige Erstaufführung *Trauer muß Elektra tragen*
1947 in Hamburg). Das Drama
besteht aus drei Teilen und dreizehn Akten. O'Neill verlagert in

dieser Schaffensperiode die Probleme vorwiegend in die Psyche
seiner Personen. Er hält sich in
der Tragödie an das antike Vorbild, verlegt aber den Schauplatz
in die Zeit des amerikanischen
Bürgerkriegs und modernisiert
die seelischen Triebkräfte. Elektra ist durch Inzestgefühle belastet. Aus Eifersucht auf den Liebhaber der Mutter versucht sie, ihren Bruder zum Muttermord an-
zustiften. Es mißlingt, aber der
Bruder begeht aus Reue Selbstmord. Es gibt für niemanden ein
Vergessen, es gibt keine glücklichen Inseln, die Welt ist ein Ort
der Buße, »und es geziemt sich für
Elektra zu trauern«.

Ein großer Cool-Solist des Jazz

Am 7. August stirbt in New York im Alter von 28 Jahren Leon Bismarck (»Bix«) Beiderbecke, einer der erfolgreichsten Jazzmusiker. Seine Familie war 1903 von Deutschland nach Amerika ausgewandert. Bix Beiderbecke wird von vielen geliebt, aber eigentlich erst berühmt, nachdem er tot ist und seine Fans auf der ganzen Welt nach seinen alten, abgespielten 78er Schallplatten suchen. Bix pflegte mit großer Perfektion den Chicago-Stil, und er spielte auf seinem Kornett in Paul Whitemans kommerziellem Orchester, weil ihn der Glanz der raffiniert geschriebenen Arrangements faszinierte und er dort ein Quentchen der farbenreichen Orchesterpalette von Ravel und Strawinski mitbekam.

Bix Beiderbecke war der erste große »Cool-Solist« des Jazz. Berendt nennt ihn auch einen »Novalis des Jazz«, der die ganze Gefühlswelt der deutschen Romantik in seine Musik einfließen läßt.

Anna Pawlowa – die berühmteste Tänzerin ihrer Zeit

Als Anna Pawlowa, die eigentlich Anna Pawlowna Matwejewa heißt, am 23. Januar (geb. 12. Februar 1881) in Den Haag stirbt, nimmt die Welt Abschied von der bekanntesten Tänzerin ihrer Epoche. Die Russin war seit 1899 Mitglied des Marientheaters in Petersburg und seit 1906 dort Primaballerina. Ihr Weltruhm beruht auf ihrer vollendeten Beherrschung der Technik und der von ihr mit hervorragender Intensität, Leichtigkeit und Grazie 1905 vorgetragenen Solopartie des *Sterbenden Schwans* in der Choreographie von Michail Fokin und nach der Musik von Camille Saint-Saëns.

Von 1909 bis 1911 war Anna Pawlowa Mitglied von Sergei Diaghilews »Ballets Russes« und Partnerin von Waslaw Nijinsky.

Zuletzt ging sie mit ihrem eigenen Ensemble auf Welttournee.

Oper von Pfitzner uraufgeführt

Am 12. November wird *Das Herz,* eine Oper von Hans Pfitzner, in zwei deutschen Städten uraufgeführt; in Berlin inszeniert von Wilhelm Furtwängler, in München von Hans Knappertsbusch. Das Libretto stammt von Hans Mahner-Mons.

Ein Arzt, Doktor Athanasius, der sich der schwarzen Magie verschrieben hat, läßt sich in einer Residenzstadt um das Jahr 1700 nieder. Als der kleine Sohn des dortigen Herzogpaares stirbt, erweckt ihn der Arzt mit Hilfe einer Geisterbeschwörung wieder zum Leben, bei der er das Herz von Helge, einem Hoffräulein, der späteren Frau Athanasius', opfert. Er wird bei seiner schwarzen Kunst belauscht, der

Zauberei beschuldigt und zum Tode verurteilt. Weil er das Ansinnen des Herzogs, dessen inzwischen wieder verstorbenen Sohn nochmals zu retten und dafür begnadigt zu werden, ablehnt und nicht bereit ist, ein weiteres Herz zu opfern, wird Athanasius aus den Händen des Dämons befreit. Er kann in Frieden sterben.

Besonders von der Kritik gelobt wird Pfitzners musikalische Darstellung der Helge. Ihr ist auch ein von Pfitzner besonders geschätztes Vorspiel im zweiten Akt gewidmet.

Modernes Tanztheater

1920 gründete die Tänzerin, Choreographin und Tanzpädagogin Mary Wigman in Dresden eine Tanzschule, die zu einer Pflegestätte des Ausdruckstanzes wird. Aus ihr geht Harald Kreutzberg hervor, einer der bedeutendsten Vertreter des mimischen Solotanzes.

Zu den von Kreutzberg nach literarischen Vorbildern geschaffenen Tanzgestalten gehören der Zeremonienmeister in Max Reinhardts Salzburger Turandot-Inszenierung und der biblische Hiob, Eulenspiegel und Orpheus. Wie Kreutzberg selbst betont, liegen ihm die heiteren Tänze besonders am Herzen – die vitale Gestaltung des Erzschelms Eulenspiegel mit seinen kühnen Drehsprüngen zeugt davon. Mit gleicher Eindringlichkeit bringt Kreutzberg Orpheus auf die Bühne, der im Zwiegespräch mit der Maske der toten Geliebten um deren Vergegenwärtigung ringt.

Harald Kreutzberg als Eulenspiegel (oben) und als Orpheus.

Musik

Premieren
- Ernst Křenek: *Thema und dreizehn Variationen, Opus 69* und *Kleine Blasmusik, Opus 70 a.* Křenek, der bisher von der Spätromantik beeinflußt war, wendet sich nun Schönberg und der Zwölftontechnik zu.
- Maurice Ravel: *(Erstes) Klavierkonzert in G-Dur* und *(Zweites) Klavierkonzert in D-Dur für die linke Hand,* bestehend aus einem Satz mit vielen Jazzeffekten. Ravel schrieb es für den österreichischen Pianisten Paul Wittgenstein, der im Ersten Weltkrieg seinen rechten Arm verloren hatte. Das G-Dur-Konzert mutet neo-

klassizistisch an, das D-Dur-Konzert romantisch.
- Igor Strawinski: *Concerto en ré* für Violine und Orchester, D-Dur. Strawinski widmet das Konzert Samuel Dushkin, der den Violinpart mitgestaltet hat, weil Strawinski mit den technischen Mitteln des Instrumentes nicht vollständig vertraut war.

1931

Vorstoß in den Mikrokosmos

Erste Arbeiten zur Konstruktion eines Elektronenmikroskops werden durch Borries, Brüche, Knoll, Mahl, Ruska und andere in Angriff genommen. Die Tatsache, daß das Auflösungsvermögen herkömmlicher Mikroskope an der Wellenlänge des Lichts seine Grenzen findet, hat die Tüftler nicht ruhen lassen. Unter dem Auflösungsvermögen versteht man die Fähigkeit optischer Geräte, zwei sehr dicht beieinanderliegende Linien noch getrennt abzubilden. Nutzt man alle technischen Möglichkeiten aus, wie die Verwendung ultravioletten Lichts (ganz kurze Wellenlängen) und von Ölimmersionen (hohe Lichtbrechzahlen), so ist die absolute Grenze der Lichtmikroskope bei etwa 3000facher Vergrößerung erreicht. Das heißt, es können noch Linien unterschieden werden, die etwa ein zwanzigtausendstel Millimeter auseinanderliegen.

Diese Grenze läßt sich jedoch beträchtlich hinausschieben, wenn man zur Abbildung mikroskopischer Objekte statt des Lichts Elektronenstrahlen verwendet, die sich unter geeigneten Bedingungen wie eine Wellenstrahlung verhalten. Elektronenstrahlen lassen sich durch elektrische und magnetische Felder ablenken, so daß es möglich ist, »Elektronenlinsen« zu konstruieren. Da die Elektronenstrahlen für das Auge unsichtbar sind, muß das Bild auf einem Fluoreszenzschirm sichtbar gemacht werden. Es dauert noch etwa zehn Jahre, bis das erste brauchbare Gerät fertiggestellt ist.

Elektronenmikroskope haben ein Auflösungsvermögen von etwa einer Ångström-Einheit, das heißt, man kann mit ihrer Hilfe noch Linien als getrennt wahrnehmen, die nur ein zehnmillionstel Millimeter auseinanderliegen. Erreichbar ist eine etwa 600 000fache Vergrößerung. Die Elektronenmikroskope haben besonders in der Biologie bei der Untersuchung von Krankheitserregern hervorragende Dienste geleistet.

Unternehmen Nautilus abgebrochen

Der australische Polarforscher George Hubert Wilkins unternimmt den Versuch, mit einem Tauchboot zum Nordpol vorzustoßen und damit eine Fahrt unterhalb des Polareises anzutreten. Als der Forscher am 8. September von Spitzbergen aus meldet, daß sein U-Boot beschädigt und das Sehrohr verlorengegangen ist, nimmt man überall in Europa Anteil und ist begeistert, daß Wilkins trotz der Schwierigkeiten seine Reise fortsetzen will. Am 11. September erreicht das Boot die Packeisgrenze bei 81° 59' nördlicher Breite. Aber nur ein Tauchversuch gelingt. Das Unternehmen muß abgebrochen werden; es wurden allerdings wichtige meereskundliche Forschungsergebnisse erzielt. Am 20. September läuft die Nautilus im norwegischen Hafen Bergen ein.

Naturwissenschaft, Technik, Medizin

● Dem Chemiker Adolf Butenandt gelingt es, das männliche Keimdrüsenhormon Androsteron rein darzustellen. Dazu benötigte er 15 000 Liter Männerharn.
● Edwin P. Hubble und Milton L. Humason veranschlagen das Alter des Universums aufgrund der Fluchtgeschwindigkeit des Andromedanebels auf zwei Milliarden Jahre.
● Der Optiker Bernhard Schmidt konstruiert den nach ihm benannten »Schmidt-Spiegel« für astronomische Zwecke.

Ben Shahn
**Das Begräbnis
der Hingerichteten
Sacco und Vanzetti**
1931/32

Eine Passion?

In der Nacht zum 23. August 1927
wurden die beiden Amerikaner italienischer Abstammung Nicola Sacco
und Bartolomeo Vanzetti in Boston
auf dem elektrischen Stuhl hingerichtet. Sie waren 1920 unter dem Verdacht
festgenommen worden, einen schweren Raubmord begangen zu haben,
und sind nach weit verbreiteter Überzeugung ein Opfer politischer Willkür
und Gesinnungsjustiz. In seiner letzten Aussage vor Gericht erklärte Vanzetti am 9. Oktober 1927: »... ich habe
in meinem ganzen Leben niemals gestohlen, getötet oder Blut vergossen,
sondern, seitdem ich denken kann, dafür gekämpft, daß das Verbrechen von
der Erde verschwindet.«
Als sich um 1930 der in Litauen geborene, 1906 im Alter von acht Jahren mit
seinen Eltern in die Vereinigten Staaten eingewanderte Maler Ben Shahn
einem Verständnis der Malerei als
Ausdruck sozialen und politischen
Engagements zuwendet, greift er das
Thema der Passion von Sacco und
Vanzetti auf. Der 1932 ausgestellte Zyklus findet nicht nur von rechter, sondern auch von linker Seite Kritik. »Eine
› Passion ‹ sollte doch bedeuten, daß
von den Leiden, die zu einem Opfer geführt haben, erzählt wird«, heißt es in
»The Nation«, »aber dieser Serie gelingt
es nicht, auch nur eine Vorstellung davon zu vermitteln, wie bedeutsam Sac-
cos und Vanzettis Leidensweg gewesen ist ... Solange seine (Shahns) Gefühle nicht leidenschaftlicher, spontaner und hingebungsvoller sind, wird er
jene ausdrucksvollen Symbole nicht
kreieren können, die typisch sind für
eine Kunst, die sich ernsthaft um eine
wahrhaftige Darstellung der Dinge bemüht.« Kritisiert wird die von Shahn
scheinbar gewahrte Distanz, die eine
auf den ersten Blick nur karikierende
Darstellungsweise nicht auf die (etwa
mit der Unschuldslilie ausgestatten)
Herrschenden beschränkt, sondern
auch auf ihre Opfer anwendet.
Anerkennung findet Shahn dagegen
durch Diego Rivera, der ihn als Assistenten engagiert und an die Wandmalerei heranführt, die im Amerika der
dreißiger Jahre als soziale Aufgabe
einen neuen Aufschwung erlebt.

Mitrofan Borrisowitsch Grekow
**Budjonnys Erste Reiterarmee
stürmt voran, 1919**
1927

Alexander Michailowitsch
Gerassimow
Lenin auf der Tribüne
1930

Der Sozialistische Realismus

*Am 23. April 1932 gibt das von Stalin
geleitete Zentralkomitee der KPdSU
eine Verordnung über die Umbildung
der Literatur- und Kunstorganisationen heraus, in der es heißt: »Heute, da
es den Kadern der proletarischen Literatur und Kunst bereits gelungen ist
heranzuwachsen, und neue Schriftsteller und Künstler aus den Betrieben,
Fabriken und Kolchoswirtschaften
hervorgegangen sind, wird der Rahmen der vorhandenen proletarischen
Literatur- und Kunstorganisationen
bereits zu eng und hemmt den ernsthaften Aufschwung des künstlerischen Schaffens. Dieser Umstand
bringt die Gefahr mit sich, daß diese
Organisationen aus einem Mittel, die
sowjetischen Schriftsteller und Künstler auf möglichst umfangreiche Weise
für die Aufgaben des sozialistischen
Aufbaus zu mobilisieren, sich in ein
Mittel zur Pflege eines in sich abgekap-
selten Zirkellebens, zur Loslösung
von den politischen Gegenwartsauf-
gaben ... verwandeln.«*

*Die Konsequenz ist die einheitliche
Künstlerorganisation der verschiedenen Sparten. 1934 präzisiert der ZK-
Sekretär Schdanow auf dem Schriftstellerkongreß die Ziele des Sozialistischen Realismus: Volkstümlichkeit,
Parteilichkeit und Darstellung der
Wirklichkeit in ihrer revolutionären
Entwicklung. Der positive Held ist
nun gefragt, der durch sein Klassenbe-
wußtsein, seine Treue zur Partei und
seinen Kampfeswillen für den Sozialismus zur typischen Idealgestalt erhoben wird. Für gesellschaftskritische
oder gar staatskritische Kunst ist kein
Platz mehr. Künstler und Schriftsteller,
die sich der Staatsdoktrin nicht unterordnen, emigrieren, verstummen oder
werden verfolgt.*

*Stilistische Vorbilder in der Malerei
sind die Historiengemälde der Revolu-
tionszeit von Isaac Israilewitsch
Brodski, Mitrofan Borrisowitsch Gre-
kows Schlachtenbilder des Bürgerkriegs, an dem er selbst als Freiwilliger
der Roten Armee teilgenommen hat
(unter anderem in der Ersten Reiterarmee Budjonnys), aber auch die Theatralik eines Alexander Michailowitsch
Gerassimow.*

Bildende Kunst

Werke

- Ernst Barlach: *Die lesenden Mönche*, Bronze, 58 cm hoch (Krefeld, Kaiser Wilhelm Museum).
- Oskar Kokoschka: *Selbstbildnis mit Mütze* (Surrey, Privatbesitz Epsom).
- John Marin: *Städtebau* (Buffalo, Albright Gallery).
- Paul Nash: *Pfeiler und Mond* (London, Tate Gallery).
- Ernst Wilhelm Nay: *Rauhreif* (Essen, Berthold von Bohlen und Halbach).
- Emil Nolde: *Norder Mühle* (München, Staatsgalerie moderner Kunst).
- Max Pechstein: *Heringsfischer* (Hamburg, Privatbesitz).
- Pablo Picasso: *Der Traum* (Chicago, Sammlung Mr. und Mrs. J. W. Alsdorf).
- Oskar Schlemmer: *Bauhaustreppe* (New York, Museum of Modern Art).
- Franz Wilhelm Seiwert: *Stadt und Land* (Köln, Wallraf-Richartz-Museum und Museum Ludwig).
- Max Slevogt: Vollendung des *Golgatha-Freskos* in der Friedenskirche von Ludwigshafen a. Rhein.

Ereignisse

- Breslau: Die Kunstakademie wird aus Sparsamkeitsgründen geschlossen. Ihr Leiter Oskar Moll wird wenig später als »Kunstbolschewist« seines Lehramtes enthoben.
- Dessau/Berlin: Das Bauhaus siedelt nach seiner Auflösung durch das Dessauer Stadtparlament nach Berlin über. Ludwig Mies van der Rohe führt es als Privatinstitut mit geringen finanziellen Mitteln weiter.
- New York: George Grosz erhält an der New Yorker Kunstschule Art Students League eine Professur.

Amerika am Beginn des »Roten Jahrzehnts«

Die nahezu menschenleere Straßenszene aus Chicago, fotografiert im Jahr 1932, mag bei aller Zufälligkeit solcher Momentaufnahmen doch etwas von der Stimmung der Depressionszeit zu Beginn der dreißiger Jahre vermitteln. Wie vereinsamte Monumente der selbstbewußten zwanziger Jahre ragen die Hochhäuser auf, links das Wrigley-Gebäude, rechts das 1925 fertiggestellte Verwaltungsgebäude der »Chicago Tribune«, im neugotischen Stil entworfen von Raymond Hood und John Mead Howells. Sie gingen 1922 als Sieger aus dem Wettbewerb hervor, an dem sich unter anderen Walter Gropius (mit seinem Partner Alfred Meyer), Bruno und Max Taut sowie Adolf Loos erfolglos beteiligt hatten und dessen Preisgericht befand, daß ein einziger ausländischer Entwurf Beachtung verdiene, nämlich das im Monumentalen und Dekorativen verhaftete Projekt des Finnen Eliel Saarinen und seiner amerikanischen Partner.

Vor dem Hintergrund der Depression wird 1932 Franklin Delano Roosevelt, der Gegenkandidat zum bisherigen Präsidenten Herbert Hoover, an die Spitze der Vereinigten Staaten gewählt. Sein »New Deal«, die »neue Art des Handelns, der Politik« ist der Versuch, durch interventionistische Reformen, wie Arbeitsbeschaffungsprogramme, und Einwirkung auf die Produktion die Folgen der Weltwirtschaftskrise (15 Millionen Arbeitslose 1932/33) zu überwinden.

Roosevelt gerät damit in den Verdacht, mit dem Kommunismus zu sympathisieren, der tatsächlich in den dreißiger Jahren in Amerika in Kunst und Literatur eine Rolle spielt. Das Schlagwort von der »red decade« bezieht sich hierbei auf ein breites Spektrum von politisch engagierten Positionen bis hin zu der in »New Masses« vertretenen Gleichsetzung von Amerikanismus und Kommunismus: »Die revolutionäre Tradition ist der Kern des Amerikanismus … Wir sind die Amerikaner, und Kommunismus ist der Amerikanismus des 20. Jahrhunderts« (Earl Browder in »New Masses«, 1935).
Chicago 1932

1932

Film

Premieren

● René Clair: *Le Million (Die Million)*. Drehbuch: René Clair; Kamera: Georges Périnal, Raulet; Darsteller: Annabella René Öefèvre, Vanda Gréville, Louis Allibert. Die Jagd nach einem verlorengegangenem Lotterielos. René Clair schafft dadurch, daß Handlung und Musik eine Einheit bilden, eine echte Filmoperette, die großen Einfluß auf die Entwicklung des Musicals hat.

● Carl Theodor Dreyer: *Vampyr*. Drehbuch: Dreyer, Christen Jul, nach der Erzählung *Carmilla* von Sheridan Le Fanu; Darsteller: Julian West, Henriette Gérard, Jan Hieronimko. Der erste Tonfilm des dänischen Regisseurs, der zum Vorbild späterer Vampirfilme wird. In und um Paris in drei Sprachen gedreht. Mit seiner gespenstischen Atmosphäre ist dies einer der gelungensten Filme seines Regisseurs.

● Ernst Lubitsch: *Trouble in Paradise (Ärger im Paradies, 1975)*. Drehbuch: Samson Raphaelson, Grover Jones, nach dem Stück *The Honest Finder* von Laszlo Aladar. Darsteller: Miriam Hopkins, Kay Francis, Herbert Marshall. Eine einfallsreiche Komödie über die Abenteuer eines verliebten Diebespaares.

● Josef von Sternberg: *Shanghai Express (Shanghai-Expreß)*. Drehbuch: Jules Futhman nach einer Idee von Harry Hervey; Kamera: Lee Garmes; Darsteller: Marlene Dietrich, Clive Brook, Anna May Wong. Die Geschichte von Shanghai Lily und ihrem früheren Geliebten in einem von Revolutionären aufgehaltenen Expreßzug. Eine raffinierte Regie und hervorragende schauspielerische Leistungen machen den Film zu einem von Sternbergs erfolgreichsten Werken der dreißiger Jahre.

Ein Kino-Lehrstück

Der Film Kuhle Wampe oder: Wem gehört die Welt? *wird im März in Berlin uraufgeführt und sofort verboten. Es ist während der Weimarer Republik der einzige kommunistische Spielfilm von Bedeutung, der in Deutschland entsteht. Zu dem illustren Team gehören Bert Brecht und Ernst Ottwald als Drehbuchautoren, der junge Bulgare Slatan Dudow als Regisseur, Hertha Thiele und Ernst Busch in den Hauptrollen; die Filmmusik komponiert Hanns Eisler. Brecht, der gegen Ende der zwanziger Jahre an seinen Lehrstücken wie auch an der Erprobung neuer Medien (Rundfunk, Film) experimentiert hat, zieht mit Kuhle Wampe Konsequenzen aus der negativen Erfahrung, die er mit der Verfilmung der Dreigroschenoper gemacht hat. Der neue Film sollte unabhängig von den Zwängen des kommerziellen Filmbetriebs entstehen.*

Der Film spielt im Arbeitermilieu zur Zeit der großen Arbeitslosigkeit. Ein junger Arbeiter stürzt sich aus Verzweiflung aus dem Fenster, seine Familie muß die Wohnung zwangsweise räumen und kommt in einer Laubenkolonie unter. Die Schwester verliebt sich in einen Kollegen, wird schwanger, Abtreibung wird überlegt, dann aber doch Hochzeit gefeiert. Weniger individuelle Gefühle als typische Situationen werden gezeigt, insbesondere politische und soziale Widersprüche innerhalb der Arbeiterschaft. Dies trägt dem Film Kritik und Tadel von orthodoxer kommunistischer wie auch von sozialdemokratischer Seite ein. Der Hauptangriff aber erfolgt von rechts. Die Zensoren machen Beleidigung des Staates geltend; außerdem vertrete der Film den Standpunkt, »die Gesellschaft veranlasse junge Menschen zum Selbstmord, indem sie ihnen Arbeitsmöglichkeiten verweigert«.

Brecht macht der Zensur das ironische Kompliment, daß sie wenigstens verstanden habe, um was es ging. Nach heftigen Protesten wird der Film dann doch mit Schnitten zugelassen, 1933 aber sofort wieder verboten.

Kuhle Wampe, 1931; Brecht, Eisler und Dudow bei der Arbeit.

Max Ophüls
Liebelei, 1932
Filmplakat mit
Wolfgang Liebeneiner als
Leutnant Fritz Lobheimer,
Willy Eichberger als dessen
Freund Theo Kaiser;
untere Reihe (von links):
Luise Ullrich als Mizi Schlager,
Olga Tschechowa als Baronesse
Egersdorf und Magda Schneider
als Christine Weiring

Der Meister der leisen Töne

Max Ophüls kommt ursprünglich vom Theater. Ende der zwanziger Jahre geht er zum Film, und 1932 gelingt ihm der Durchbruch mit zwei Arbeiten: der originellen Opernverfilmung Die verkaufte Braut *und der Filmfassung von Arthur Schnitzlers Theaterstück* Liebelei, *das 1895 zur Uraufführung gelangt ist. Knapp 20 Jahre später greift Ophüls mit* Der Reigen *erneut zu einem Stoff Schnitzlers. Die hintergründigen Liebesgeschichten Schnitzlers aus dem Wien der k.u.k.-Zeit, die scheinbare Fröhlichkeit, die meist von tiefer Melancholie überschattet wird, sind adäquate Vorlagen für die künstlerischen Absichten und den Stil von Max Ophüls' filmischer Gestaltungsweise.*

In seiner Verfilmung von Liebelei *wirken mit: Magda Schneider als Christine und Wolfgang Liebeneiner als ihr Geliebter Fritz Lobheimer, Gustaf Gründgens und Olga Tschechowa (Baron und Baronin von Egersdorf), Luise Ullrich als Christines lebenslustige Freundin Mizi, Paul Hörbiger als Christines Vater. Inhaltlich geht es um eines der Lieblingsthemen des Regisseurs, die in der sozialen Umwelt begründete Unmöglichkeit tiefer, reiner Liebe:*

Der junge Leutnant Lobheimer verliebt sich in ein einfaches Wiener Mädel namens Christine. Eines Tages wird er von Baron von Egersdorf zum Duell gefordert, da dieser von Lobheimers Verhältnis mit seiner Frau erfahren hat. Widersinn der Geschichte: diese Liebelei ist längst vorbei, da Lobheimer durch Christine die wahre Liebe entdeckt hat. Es kommt zum Duell. Lobheimer wird von seinem Herausforderer erschossen; Christine stürzt sich aus dem Fenster. Veraltete Moralvorstellungen und militärischer Ehrenkodex haben die junge Liebe zerstört. Ophüls verzichtet auf laute Effekte, er zeigt z.B. nicht das Duell – der Zuschauer erlebt es aus der Ferne durch die Reaktionen eines befreundeten Paares der beiden Liebenden.

Vor allem aber vermeidet Ophüls jede Sentimentalität, er enthüllt mit leiser Trauer die unmenschlichen Konventionen der Gesellschaft.

Ford-Arbeiter am Fließband
um 1913

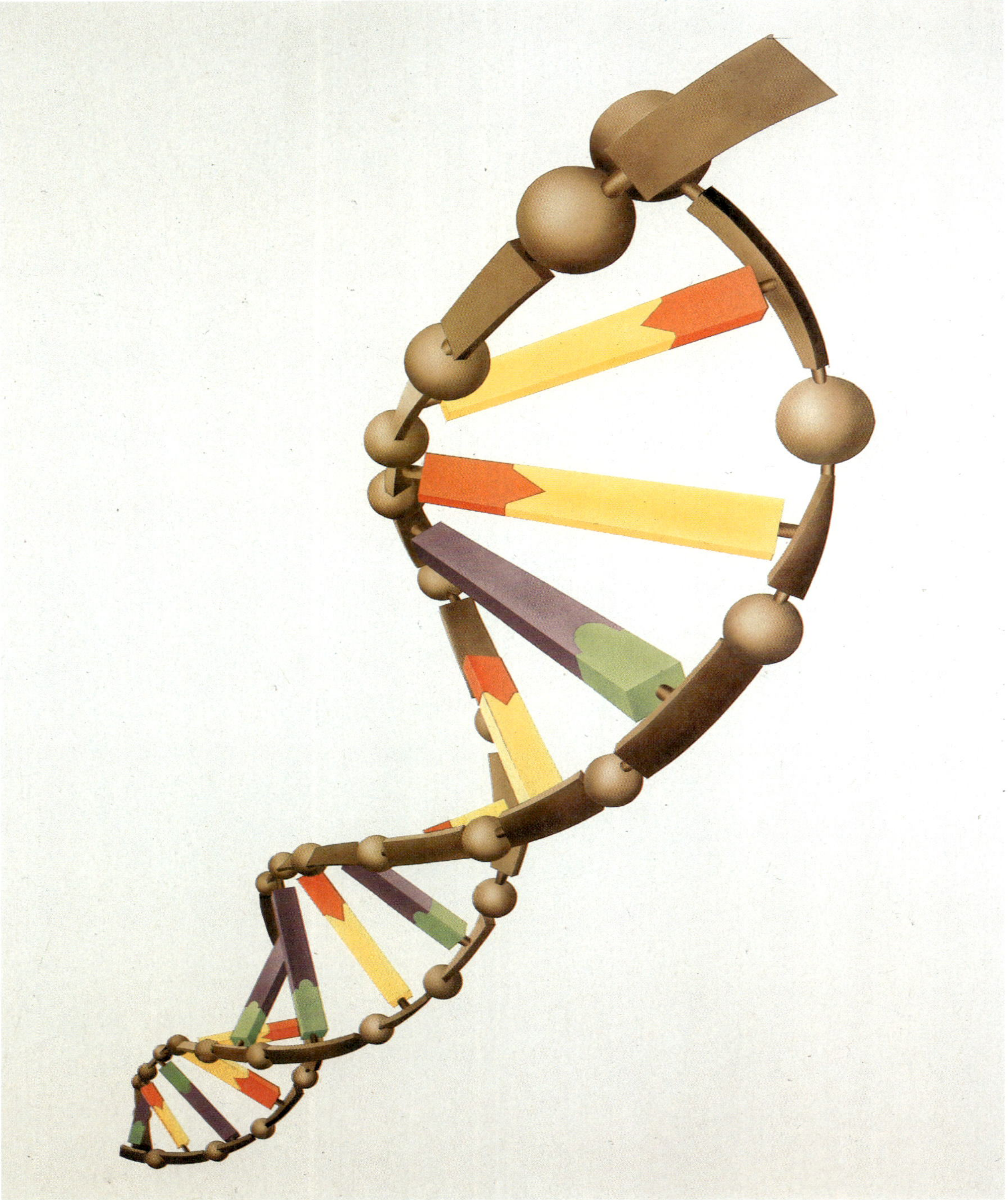

Genforschung
Raummodell des DNS-Moleküls (Doppelhelix)
auf der Grundlage der Entdeckung von F. H. C. Crick, J. D. Watson und M. H. F. Wilkins aus dem Jahr 1953

Im 7. Jahrhundert nach Ford ...

siedelt Aldous Huxley seinen satirischen Roman Brave New World an, dessen englischer Originalausgabe noch im selben Jahr eine erste deutsche Übersetzung mit dem Titel Welt – wohin? folgt (1950 Wackre neue Welt, 1953 Schöne neue Welt).

Henry Ford (der 1932 seinen Bericht Mein Leben und Werk veröffentlicht) tritt in der Zeitrechnung an die Stelle Christi als der wohl erste Industrielle, der im Interesse höherer Produktion, Umsätze, Löhne und kürzerer Arbeitszeit das Fließband eingesetzt hat. Montierte 1912 ein Arbeiter einen Schwungradmagneten in rund 20 Minuten, so teilte im folgenden Jahr ein bewegliches Montageband den Arbeitsablauf in 29 verschiedene Arbeitsplätze, mit dem Erfolg, daß die Montagezeit auf 13 Minuten, später auf fünf Minuten sank.

Huxley projiziert von hier aus unter Einbeziehung wissenschaftlicher und technischer Fortschritte, etwa der Genforschung und damit möglichen -manipulation, eine Entwicklung, die in jenem 7. Jahrhundert nach Ford eine Welt künstlicher, vollkommen funktionalisierter Menschen hervorgebracht hat. Sie werden nicht mehr geboren, sondern in Testrhören und Flaschen entwickelt. In genau abgewogener Dosierung erhalten die Retortenwesen die körperlichen und geistigen Eigenschaften, die ihrer vorherbestimmten Rolle im Leben entsprechen. Es gibt weder Krankheit noch Alter, der Tod bedeutet das Abschalten eines bis zuletzt jugendlichen Apparates.

Die Handlung des Romans entwickelt sich daraus, daß ein »Wilder«, der noch Eigenschaften aus der »Zeit vor Ford« besitzt, aus seinem Reservat aus- und in die »wackre neue Welt« einbricht; er endet hier im Selbstmord.

Mit dem Titel seines Romans greift Huxley auf drei Jahrhunderte »vor Ford« zurück, nämlich auf William Shakespeares Romanze The Tempest (Der Sturm, erste belegte Aufführung 1611). Hier bricht Miranda in ihrer Liebe zu dem jungen Ferdinand in den Jubel aus: »Wie schön der Mensch ist! Wackre neue Welt, / Die solche Bürger trägt.« (V, 1)

Literatur

Neuerscheinungen

● Louis-Ferdinand Céline: *Voyage au bout de la nuit (Reise ans Ende der Nacht,* 1933). Célines Stil, sein Gebrauch der Umgangssprache und seine bewußt unorthodoxe Prosa schockieren die literarische Welt Frankreichs. Der Pariser Armenarzt übt in seinem Romanerstling, der die Lebensgeschichte des Ich-Erzählers Ferdinand Bardamu beschreibt, beißende Kritik an der bürgerlichen Gesellschaft der dreißiger Jahre, ihrem Desinteresse ihrer korrupten Zivilisation.

● Hans Fallada: *Kleiner Mann, was nun?* In dem sozialkritischen Roman, der in der Zeit der Wirtschaftskrise um 1930 spielt, schildert Fallada realistisch den Mißerfolg eines kleinen Angestellten und sein Absinken in das Heer der Arbeitslosen. Nachdem er zu Frau und Kind zurückgekehrt ist, bleibt die Frage trotzdem offen: Kleiner Mann, was nun?
● Erich Kästner: *Gesang zwischen den Stühlen,* Lyrik. Kästner, der Moralist und wehmütige Satiriker sagt von sich: »Ich setze mich gern zwischen die Stühle.« Er haßt Ideologien und ist überzeugter Individualist.

● Joseph Roth: *Radetzkymarsch.* Der meisterlich erzählte Roman aus Österreich zwischen 1859 und 1916 macht den Autor berühmt. Roth beschreibt anhand der Familiengeschichte der Trottas über vier Generationen hinweg, die er schicksalhaft mit der Geschichte des österreichischen Kaiserhauses verbindet, den Glanz und die Auflösung der Donaumonarchie.

Ereignisse
● Das Goethe-Institut zur Pflege deutscher Sprache und Kultur im Ausland e.V. wird in München gegründet.

»Feuergefährliche Gesten«

Unter fadenscheinigen baupolizeilichen Begründungen wird nur noch eine Aufführung von Bertolt Brechts *Die Mutter,* einer Bühnenbearbeitung von Gorkis *Mutter,* erlaubt. Herbert Ihering, Theaterkritiker in Berlin und Förderer Brechts, schreibt am 29. Februar: »*Die Mutter* im episch-dramatischen Stil Brechts ist ausgezeichnet geeignet, überall gespielt zu werden, auf ein paar zusammengehauenen Brettern, in jedem Saal. Psychologisches Theaterspiel, realistisches Nuancentheater ist hier unmöglich. Der Stil Brechts ist anwendbar und übertragbar überall und überallhin. Das lehrte dieser peinliche, unter dem Druck einer unerlaubten Theaterzensur stehende Abend.
Aber nicht einmal dieses angedeutete Spiel durfte festgehalten werden. Mittendrin wurde verkündet, es dürfe nicht weiter gelesen werden.«

Faulkners bekanntester Roman

Ein symbolträchtiges Werk, von komplexer Struktur, das später Objekt zahlloser Interpretationsversuche sein wird, *Light in August (Licht im August,* 1935) erscheint. Der Dichter des amerikanischen Südens beschreibt die Geschichte der Lena Grove, die auf der Suche nach dem Vater ihres ungeborenen Kindes, Lucas Burch, von Alabama nach Jefferson zieht und nach der Geburt ihres Sohnes nach Tennessee weiterreist.
Einen zweiten Handlungsstrang des Romans bildet die Lebensgeschichte des in Jefferson wohnenden Joe Christmas, der durch das Verhalten seiner Mitmenschen ein gestörtes Verhältnis zu seiner Umwelt entwickelt hat. Mißtrauen, Frustrationen, Hilflosigkeit und das Fehlen einer Identität lassen ihn scheitern. Nachdem er seine Geliebte getötet hat, wird er auf der Flucht von der Polizei widerstandslos erschossen. Im Gegensatz zu Lena Groves Weg, der durch die Geburt ihres Kindes einen Neubeginn erlebt, ist Joe Christmas Lebenslauf ein Teufelskreis, dem er nur durch den Tod entgeht.
Ein dritter Handlungsfaden beschreibt das Schicksal des Pfarrers Gail Hightower, der sich des Dilemmas, in das er verstrickt ist, zwar genau bewußt ist, sich aber nicht davon befreien kann.

Die NSDAP und der deutsche Katholizismus

Die Nationalsozialisten sind in der Mehrzahl antikirchlich eingestellt, aber Hitler ist der Meinung, daß er die Hilfe der Katholiken benötigt, um an die Macht zu gelangen. Deshalb führt man den Kampf nur gegen den »politischen Katholizismus« und macht andererseits für die nominelle Zugehörigkeit Hitlers zur katholischen Kirche Propaganda. In kirchlichen Anzeigern werden Flugblätter abgedruckt: »Wenn sie sagen, Hitler meint es mit seinem katholischen Glauben nicht gut, so sind sie Lügner, denn Hitler ist ein überzeugter, tiefgläubiger und frommer Katholik … Hitler wählen, heißt, sich beugen in Demut und Liebe vor dem Kreuz Christi … wenn Dir göttliche Befehle höher stehen als Parteibefehle … dann wählst Du … Adolf Hitler.«

Zuflucht bei Goethe

Die Gedächtnisfeiern anläßlich des 100. Todestages Johann Wolfgang von Goethes beschwören das »Jahrhundert Goethes«, das »deutsche Jahrhundert einer Renaissance, die in Weimar ihren Höhepunkt erreichte. Es ist das Jahrhundert eines geistigen Universalismus, wie er seit Goethe nicht mehr verkörpert wurde. Es ist das Jahrhundert der Humanität, die als Erfüllung seines Lebens wie seiner Dichtung in ihm ihren größten Künder und Gestalter gefunden hat.« Julius Petersen, Germanistikprofessor und Präsident der Goethe-Gesellschaft, fährt in seiner Rede auf der Weimarer Reichsgedächtnisfeier fort: »In neuem Bewußtsein einer Weltwende schauen wir mit beängstigtem Grauen der Ungewißheit eines kommenden Zeitalters entgegen, das in apokalyptischen Zeichen sich ankündigt. Nach wem wird es sich nennen?«
Zu den wenigen kritischen Stimmen gehört José Ortega y Gasset. Er veröffentlicht in der »Neuen Rundschau« den Beitrag Um einen Goethe von innen bittend, *in dem er Goethe als den »fragwürdigsten aller Klassiker« charakterisiert, der vor einem »Tribunal von Schiffbrüchigen« nicht standhalten würde.*

Carl August Schwerdegeburth, Johann Wolfgang von Goethe; 1831.

Theater

Premieren
● Maxim Gorki: *Egor Bulyčov i drugie (Jegor Bulytschow und andere),* (Uraufführung, Moskau und Leningrad, 25. September). Der reiche Kaufmann Bulytschow durchschaut die Zweckheuchelei seiner angeblichen Freunde, kann aber an deren Weltsicht durch seinen frühen Tod nichts verändern.

● Gerhart Hauptmann: *Vor Sonnenuntergang* (Uraufführung, Deutsches Theater Berlin, 16. Februar). Zum 70. Geburtstag von Gerhart Hauptmann inszeniert Max Reinhardt die erfolgreiche Festaufführung dieses Stückes, eines Familiendramas um die Liebe einer Neunzehnjährigen zu einem Siebzigjährigen. Reinhards letzte Hauptmann-Regie mit Werner Krauss und Helene Thimig in den Hauptrollen.

Ereignisse
● Berlin: Max Reinhardt muß die Leitung der Komödie, des Kurfürstendammtheaters und des Deutschen Theaters abgeben. Er verläßt 1933 Deutschland.
● Berlin: Zum 100. Todestag Goethes inszeniert Lothar Müthel im Staatlichen Schauspielhaus den *Faust,* Teil 1 (Premiere am 2. Dezember). Gustaf Gründgens spielt schillernd den Mephisto, seine Traumrolle.

1932

Musik

Premieren

● Fritz Cohen: *Der grüne Tisch.* Ein Totentanz in acht Bildern. Libretto und Choreographie Kurt Jooss (Uraufführung, Théâtre des Champs-Elysées, Paris, 3. Juli). Das Tanzkunstwerk ist eine Mahnung und eine Warnung vor dem Krieg. Jooss, am Folkwang-Tanztheater Studio tätig, erringt mit ihm beim internationalen choreographischen Wettbewerb der »Archives de la Danse« in Paris den ersten Preis. Er regt mit diesem Werk eine breite Bewegung gesellschaftskritischer Ballette an.

● Paul Hindemith: *Philharmonische Konzerte* für Orchester. Hindemith hat das Konzert zum 50. Geburtstag des Berliner Philharmonischen Orchesters komponiert. Wilhelm Furtwängler dirigiert die Uraufführung. Hindemith kehrt zum Dreiklang zurück, den er »wie für den geschulten wie für den einfältigen Geist gleicherweise großartige Naturerscheinung« nennt.

● Sergei Prokofjew: *Fünftes Klavierkonzert in g-Moll, Opus 55* (Uraufführung mit dem Komponisten am Klavier, Berlin, 31. Oktober). Prokofjew hat das Werk selbst analysiert. »Der erste Satz ist ein Allegro con brio, mit einem Menomosso-Mittelteil … Ein Moderato ben accentuato bildet den marschartigen zweiten Satz … Der dritte Satz (Allegro con fuoco) ist eine Toccata, ein turbulentes und brillantes Virtuosenstück … Das nun folgende Larghetto ist der lyrische Satz des Konzerts … Der Aufbau des Finales ist: Vivo-Più mosso-Coda.«

Ereignisse

● Louis Armstrong gastiert zum ersten Mal in Europa. Er tritt im Londoner Palladium auf. 1933 kommt er zur 2. Konzertreise nach Europa.

Technik und Totalitarismus

Wenn eine Physiognomie ein Programm erkennen läßt, dann vielleicht die im fotografischen Abbild festgehaltene des 37jährigen Ernst Jünger im Kontrast zu der auf dem gegenüberliegenden Sauerbruch-Bildnis. Die Empfindung von Kälte stellt sich ein, und die Wahrnehmung eines bestenfalls esoterischen Blitzens des zur Selbstaufgabe bereiten Verstandes.

1932 veröffentlicht Jünger Der Arbeiter. Herrschaft und Gestalt, *der Form nach eine Untersuchung der Bedingungen des technischen Zeitalters, in der konkreten Durchführung ein Appell zur Unterwerfung unter angeblich vom »Leben« oder dem »Sein« gesetzte Tatsachen, wobei Argumente als »plebejische Verallgemeinerungen beiseite geschoben werden: »Das Klappern der Webstühle von Manchester, das Rasseln der Maschinengewehre von Langemarck – dies sind Zeichen, Worte und Sätze einer Prosa, die von uns gedeutet und beherrscht werden will. Man gibt sich auf, wenn man dies zu überhören, wenn man es als sinnlos abzutun gedenkt. Es kommt darauf an, daß man das geheime, das heute wie zu allen Zeiten mythische Gesetz errät und sich seiner als Waffe bedient. Der längst mit dem italienischen Faschismus verknüpfte Futurismus dringt durch, wenn es heißt: »Die Aufgabe der totalen Mobilmachung ist die Verwandlung des Lebens in Energie, wie sie sich in Wirtschaft, Technik und Verkehr im Schwirren der Räder, oder auf dem Schlachtfeld als Feuer und Bewegung offenbart.«*

Der Soldat im von der Technik dominierten Krieg erscheint als erste Ausprägung des neuen Typus des Arbeiters, der ebenso bedingungslos dem »Produktionskreis« ausgeliefert ist. Das Ziel ist nicht, ihn hieraus zu befreien, sondern vielmehr dieses Ausgeliefertsein als die entscheidende Herausforderung zur Bewährung zu begreifen: »Je zynischer, spartanischer, preußischer oder bolschewistischer … das Leben geführt wird, desto besser wird es sein.«

Ernst Jünger, 1932.

Hoch hinauf

Auguste Piccard erreicht bei einem Ballonaufstieg bis in die Stratosphäre 16 940 Meter Höhe. Sein Ballonflug ist der zweite spektakuläre Versuch, mit einem Fesselballon Höhen über 15 000 Meter zu erreichen. Den ersten hatte er ein Jahr zuvor mit seinem Assistenten Küpfer von Augsburg aus unternommen. Damals erreichte er 15 781 Meter Höhe. Sein diesjähriger Aufstieg erfolgt von einem Startplatz in der Nähe von Zürich.

Der Flug dient der Erforschung verschiedener ungeklärter Phänomene der Erdatmosphäre. Immerhin ist bekannt, daß die Atmosphäre in bestimmte »Stockwerke« gegliedert ist. Im untersten, der etwa zehn Kilometer hochreichenden »Troposphäre«, spielen sich die wesentlichsten Wettervorgänge ab. Die Temperatur nimmt in der Troposphäre mit der Höhe ab. Bei rund 10 Kilometern Höhe zeigt das Thermometer schon um $-60°$ C an.

Oberhalb der Troposphäre, in der »Stratosphäre«, herrschen andere Gesetze. Trocken und äußerst dünn ist die Stratosphärenluft. Sie umgibt die Höhenflieger – ob Flugzeug oder Ballon – wie eine riesige Unterdruckkammer. Aus einem Leck im Flugzeugrumpf würde die Luft hier herauspfeifen wie aus einem platzenden Fußball (schon auf hohen Bergen spritzt aus einem mitgenommenen und hier geöffneten Füllfederhalter die Tinte). Ungeschützt würde einem Menschen in einer offenen Ballongondel zwischen 20 und 25 Kilometern Höhe nicht nur die eisige Kälte, sondern auch der extrem geringe Luftdruck zu schaffen machen. Sein Blut beispielsweise würde schon bei 37 Grad Körpertemperatur zu kochen beginnen, denn der Siedepunkt einer Flüssigkeit liegt um so niedriger, je geringer der sie umgebende Luftdruck ist. Als Piccard nach seinem über 12stündigen Höhenrekordflug den Erdboden wieder erreicht, bringt er umfangreiches Beobachtungsmaterial mit, darunter Temperatur- und Luftströmungsmeßwerte und Aufzeichnungen über die noch wenig bekannte kosmische Strahlung.

Naturwissenschaft, Technik, Medizin

● James Chadwick entdeckt bei der Bestrahlung von Beryllium mit Alphateilchen das »Neutron«, das Ernest Rutherford aus theoretischen Überlegungen schon 1920 voraussagte und auch so bezeichnete.

● Werner Heisenberg stellt die Theorie auf, daß der Atomkern aus positiv geladenen Protonen und elektrisch neutralen Neutronen aufgebaut ist, nicht aus Protonen und Elektronen, wie angenommen worden ist.

● Neue Ausgrabungen durch Carl William Blegen deuten darauf hin, daß das Troja des Homer nicht 2200 vor Christus, wie es Schliemann vermutete, sondern möglicherweise tausend Jahre später existiert hat.

● Wernher von Braun beginnt mit den Arbeiten an einer Flüssigkeitsrakete. Er entwickelt zunächst die »V 1« und »V 2«. Nach dem Zweiten Weltkrieg konstruiert er in den USA unter anderem die Saturnrakete.

● Harold C. Urey entdeckt den schweren Wasserstoff, das Deuterium (D); es handelt sich um ein Isotop des Wasserstoffs mit der Massenzahl 2.

Max Liebermann
Bildnis Geheimrat Ferdinand Sauerbruch
1932

Ein Alptraum beginnt

Im Alter von 85 Jahren malt Max Liebermann eines seiner berühmtesten späten Porträts, das Bildnis Geheimrat Ferdinand Sauerbruch. Es zeigt den 1928 von München nach Berlin übergewechselten Chirurgen im Alter von 57 Jahren. Zu seinen bedeutendsten Neuerungen gehört der 1916 entwickelte »Sauerbruch-Arm«, eine Prothese mit beweglichen Gliedern, durch die Hunderte von Kriegsverletzten wieder einer Tätigkeit nachgehen können.

Doch nicht einen berühmten Mediziner bringt Liebermann zur Darstellung, der etwa durch Haltung, Kleidung, Umgebung seine gesellschaftliche Stellung zu erkennen gibt. All dies erscheint unwesentlich im Vergleich zur tief empfundenen Menschlichkeit im Antlitz des Wissenschaftlers, in dem sich zugleich Offenheit, Nachdenklichkeit und ein Zug von Melancholie erkennen lassen.

1932 noch geschätzter Porträtmaler und (seit 1920) Präsident der Preußischen Akademie der Künste, erhält Liebermann im folgenden Jahr als Jude Mal- und Ausstellungsverbot, seine Bilder werden aus den Museen entfernt.

Seinem Selbstverständnis nach ist Liebermann ein kosmopolitischer Deutscher, der in Berlin ein gepflegtes, großzügiges Leben führt. Wie ein Schock wirkt auf ihn der nun politisch in Kraft gesetzte Antisemitismus. Im Sommer 1933 schreibt er in einem Brief an den Museumsdirektor von Tel Aviv: »Wie ein fürchterlicher Alptraum lastet die Aufhebung der Gleichberechtigung auf uns allen, besonders aber auf den Juden, die wie ich sich dem Traum der Assimilation hingegeben hatten.« Er, der immer den Zionismus und betontes Judentum abgelehnt hatte, fährt in seinem Brief fort: »Heute denke ich anders. So schwer es mir auch wurde, ich bin aus dem Traum, den ich mein langes Leben geträumt habe, erwacht.«

Am 8. Februar 1935 stirbt Max Liebermann in Berlin. Die Trauergemeinde des früher gefeierten Malers ist klein. Nur vier Künstler folgen seinem Sarg, darunter Käthe Kollwitz, und sein Arzt, Ferdinand Sauerbruch.

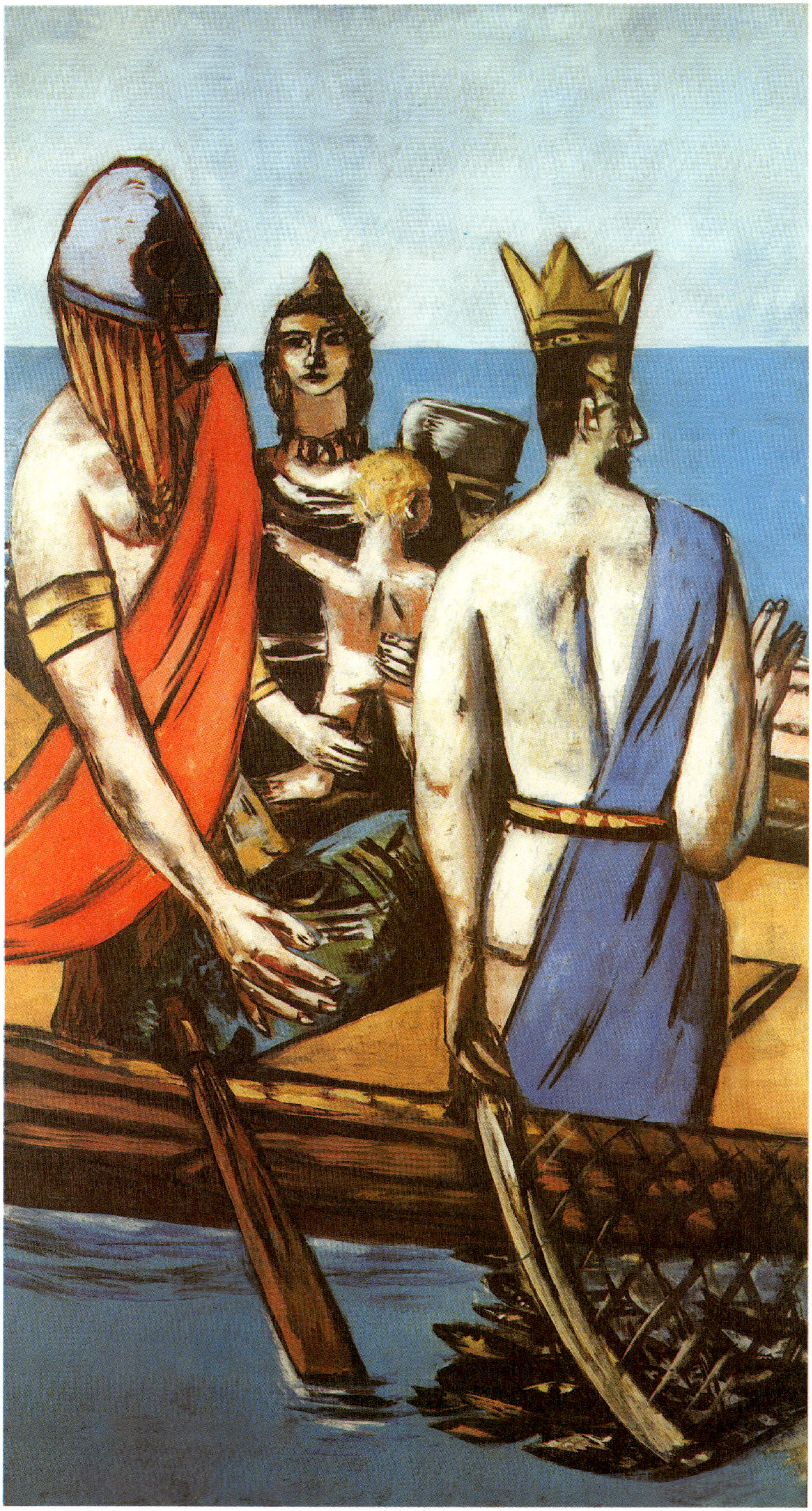

Max Beckmann
Abfahrt-Triptychon (Mitteltafel)
1932–1935

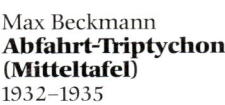

Auf der Suche nach Freiheit

Flankiert von zwei Seitentafeln (mit der Darstellung entsetzlicher Folterungen links, einem aneinandergefesselten Paar rechts), zeigt die Mitteltafel von Max Beckmanns erstem Triptychon eine mythisch anmutende Szene. Beckmann nennt als Thema seines Werkes die »Abfahrt vom trügerischen Schein des Lebens zu den wesentlichen Dingen an sich, die hinter den Erscheinungen stehen«.
Diese Deutung entspricht dem thematischen Bezug zur literarischen Grals-Überlieferung mit der Gestalt des Fischerkönigs. Beckmann »illustriert« jedoch nicht Wolframs Parzival. *Sein Fischerkönig ist eine durchaus selbständige Gestalt. Vorherrschend ist seine abwehrende Geste. Zugleich bietet der in Rückenansicht dargestellte Körper den Mitinsassen des Bootes gleichsam Schutz gegenüber dem Betrachter. Die Begleiter haben ihrerseits das Kind (einer Äußerung Beckmanns zufolge das Sinnbild der Freiheit) schützend in ihre Mitte genommen.*
Im Hinblick auf die Frauengestalt auf dem rechten Seitenflügel, an die ein Mann kopfüber gefesselt ist, äußert Beckmann, sie ziehe beim Versuch, sich zu befreien, einen Teil ihrer selbst, den Leichnam ihrer Erinnerungen und Fehler, unweigerlich mit sich umher.
Dieses metaphysische bzw. psychologische Verständnisangebot schließt nicht aus, das Triptychon Abfahrt *als mittelbare Zeitschilderung, ja als ein politisches Schlüsselbild der dreißiger Jahre zu betrachten. Es kennzeichnet ja Beckmann, zu dessen frühen Werken die Gemälde* Erdbeben von Messina *(1909) und* Untergang der Titanic *(1912) gehören, daß er die Katastrophen seiner Zeit ins Auge faßt und, über das äußerliche Ereignis mehr und mehr hinweggehend, die Betroffenheit des Menschen durch seine Zeit zum Ausdruck bringt.*
Zugleich besitzt Abfahrt *einen autobiographisch-prophetischen Gehalt. 1933 von den Nationalsozialisten aus seinem Frankfurter Lehramt (ab 1925) vertrieben, siedelt Beckmann zwar nach Berlin über, emigriert jedoch 1937, als »entartet« verfemt, über Paris nach Amsterdam.*

1932

Vor dem Ende der modernen Architektur in Deutschland

Gleichsam als letzter Triumph des freien, vom Streben nach individuellem Ausdruck und Eleganz einerseits, der Berücksichtigung städtebaulicher Gegebenheiten andererseits geprägten architektonischen Gestaltens wird 1932 das Shell-Haus in Berlin vollendet. Der Verwaltungsbau, entworfen von Emil Fahrenkamp, staffelt sich mit seiner wellenförmig geschwungenen Fassade zwischen Bendlerstraße und Landwehrkanal von fünf bis zu zehn Stockwerken empor. Als Konstruktion dient ein mit tuffähnlichen Gasbetonsteinen gefülltes Stahlskelett; die Verkleidung besteht aus Travertinplatten. Fahrenskamps Bau repräsentiert eine in der Weimarer Republik zur Entfaltung gelangte Baugesinnung, die nicht zuletzt durch Erich Mendelsohn geprägt worden ist. Die Abbildung unten zeigt das Gebäude des Buch- und führenden liberalen Presseverlags Mosse in Berlin. 1921 bis 1923 wurde das alte Verlagsgebäude aufgestockt und erhielt seine als Ecklösung vorbildliche Baugestalt, entworfen von Mendelsohn in Zusammenarbeit mit Richard Neutra und Paul Rudolf Hennig. Mendelsohn emigriert als Jude 1933 nach England, um zugleich in Palästina als Architekt zu arbeiten. Zum Signal für das Ende der modernen Architektur sowie Raum- und Produktgestaltung in Deutschland wird 1933 die Schließung des Bauhauses. Aus Dessau vertrieben, ist es zwar im Oktober 1932 in Berlin-Steglitz unter seinem Direktor Ludwig Mies van der Rohe mit den meisten bisherigen Lehrkräften und Studierenden als Privatinstitut neu eröffnet worden. Die nach der »Machtergreifung« der Nationalsozialisten verstärkte Bekämpfung als »bolschewistisch« und das Ausbleiben jeglicher Unterstützung zwingt das Kollegium jedoch am 20. Juli 1933 zum Auflösungsbeschluß.

Oben: Emil Fahrenkamp, Shell-Haus in Berlin; 1930–1932.
Unten: Erich Mendelsohn, Richard Neutra und Paul Rudolf Henning, Mosse-Verlagshaus in Berlin; Umbau 1921–1923 (Aufnahme 1932).

1932

Historische Weihe

Der 21. März ist der erste, propagandistisch aufwendig inszenierte National-feiertag der Nationalsozialisten. Das Datum ist beziehungsreich: Es ist Frühlingsanfang, Symbol für den Aufbruch in eine neue Zeit; am 21. März 1871 hatte Bismarck den ersten deutschen Reichstag eröffnet, und sich in diese historische Tradition stellend, eröffnen Hindenburg und Hitler gemeinsam den am 5. März gewählten neuen Reichstag. Der Ort der Eröffnungszeremonie ist die Potsdamer Garnisonskirche. Sie wurde unter dem Preußenkönig Friedrich Wilhelm I. erbaut, hier liegen er und sein Sohn Friedrich II. begraben.

Der Händedruck zwischen Reichskanzler Hitler und Reichspräsident Hindenburg wird als historischer Augenblick gefeiert. Das »Alte« und das »Neue« vereinigen sich, um der »nationalen Erhebung« des deutschen Volkes eine historische Grundlage zu geben. Das Foto des Handschlags bei der Begrüßung Hindenburgs erhält durch die Zeichnung von Carl Langhorst seine der aktuellen propagandistischen Absicht entsprechende Retouche: Die Szene vor der Berliner Krolloper wird in die Garnisonskirche verlegt. Hitler und Hindenburg begegnen sich vor dem Altar. Diesen entwickelt Langhorst aus dem Soldaten, der auf dem Foto die Mittelachse bildet.

Jedes Detail der Feier zur Reichstagseröffnung ist auf Wirkung hin geplant. Hitler will sich salonfähig machen, denn trotz der »Machtergreifung« erreichte die NSDAP bei den Wahlen am 5. März nicht die absolute Mehrheit, sie erhielt 44 Prozent der Stimmen. Für das Ermächtigungsgesetz benötigt Hitler jedoch zwei Drittel der Stimmen. Der Tag von Potsdam wird deshalb als Bekenntnis gegen Weimar und für die historische Kontinuität, angefangen bei Friedrich II., dem großen Preußenkönig, über Bismarck bis hin zu Hindenburg als einem Repräsentanten des autoritären Kaiserreiches.

Reichskanzler Hitler und Reichspräsident Hindenburg am Tag von Potsdam, 1933; Foto und dessen Nachgestaltung durch Carl Langhorst.

Arthur Kampf
Der 30. Januar 1933
1933

Teo Otto
Szenenentwurf zur
Klassischen Walpurgisnacht
Berlin 1933

Zweierlei Theatralik

*Die Theatralisierung der Politik und
des öffentlichen Lebens wird nach der
Ernennung Adolf Hitlers zum Reichskanzler mit größtem Aufwand fortgesetzt. Der 30. Januar 1933 ist der Titel
des Bildes von Arthur Kampf, das den
Fackelzug der Nationalsozialisten
durch das Brandenburger Tor zur
Reichskanzlei anläßlich der »Machtergreifung« darstellt.*
*Wie bei der zeichnerischen Neugestal-
tung des Fotos vom Händedruck zwischen Hitler und Hindenburg tritt
auch hier ein Merkmal propagandistischer Kunstpraxis hervor: Nicht genug damit, daß in den Zeitungen massenhaft Fotos erscheinen, daß Wochenschau und Propagandafilme die Mas-
seninszenierung gleichsam live präsentieren – der Triumph verlangt nach
Überhöhung durch »Kunst«. Wahrscheinlich als Wandschmuck für eine
der Kanzleien gedacht, in die die neuen
Machthaber jetzt einziehen, repräsentiert Kampfs Gemälde eine Ästhetik,
die in der Gestaltung der Reichspartei-
tage der NSDAP ihren Höhepunkt findet: eine monumentale klassizistische
Architektur, die marschierenden Kern-
truppen der Partei und ein ihnen zuju-
belndes, sich zu ihnen hindrängendes
Volk.*
*Im Berliner Schauspielhaus findet am
22. Januar die Premiere einer Inszenierung von Goethes Faust II statt; Regie
führt Gustav Lindemann, das Bühnenbild stammt von Teo Otto. Der
Szenenentwurf zur Klassischen Walpurgisnacht läßt sich als Gegenbild zu
Kampfs Propagandamachwerk betrachten. Die entfesselten mythischen
Gestalten brechen wie ein Chaos über
Faust herein, eine düstere Stimmung
liegt über der Szene. Die Sinnbilder
klassischer Harmonie und Größe,
Tempel und Säulen, verschwinden entweder am Horizont oder liegen zerbor-
sten am Boden. Dazwischen irren verloren die Akteure umher. Was die Sprache
der NS-Kulturpropaganda »zersetzend«
nennt, ist hier ebenso vorgeführt wie die
Ahnung der drohenden Katastrophe.
Noch im gleichen Jahr tritt Teo Otto,
seit 1928 Ausstattungschef des Preußischen Staatstheaters in Berlin, den
Weg in die Emigration an.*

Max Pechsteins Gemälde Aufgehende Sonne steht in der von Vincent van Gogh ausgehenden Tradition expressionistischer Naturschilderung als ein durch Form und Farbe gesteigerter Erlebnisausdruck. Eingeordnet in den zeitlichen Zusammenhang seiner Entstehung, könnte das Gemälde zugleich zu der Deutung veranlassen, es symbolisiere eine trotz oder gar mit der nationalsozialistischen »Machtergreifung« aufflammende Hoffnung.

Tatsache ist, daß Pechsteins Malerei zu den Bezugspunkten einer Mitte 1933 sich formierenden kunstpolitischen Opposition gehört, die sich gegen die unmittelbar nach dem 30. Januar 1933 im gesamten Reich einsetzenden »Säuberungen« der Museen und »Schandausstellungen« richtet. Sammelpunkt dieser Opposition unter der Parole »Jugend kämpft für deutsche Kunst« ist der NSD-Studentenbund, ihr Zentrum bildet Berlin. Die Agitation ist (vor dem Hintergrund der Rivalität zwischen dem »Kampfbund«-Führer Alfred Rosenberg und dem auch für die Kulturpolitik zuständigen Reichspropagandaminister Joseph Goebbels) darauf gerichtet, den deutschen Expressionismus als »nationale« und »nordische«, vom Fronterlebnis geprägte Kunstform vor der Verfolgung zu schützen.

Eine breite Öffentlichkeit erfährt vom Widerspruch gegen die zur Norm erhobenen Werke der »Gartenlaubekünstler und Literaturmaler« Ende Juni durch eine Veranstaltung in der Berliner Universität. Hier wird die These vertreten: »Die nationalsozialistischen Studenten kämpfen gegen die Kunstreaktion, weil sie an die lebendige Entwicklungskraft der Kunst glauben und weil sie die Verleugnung der deutschen Kunstgeneration, die der heutigen vorausging und deren Kräfte in die Zukunft münden, abwehren will.« Ernst Barlach, Erich Heckel, Emil Nolde, Max Pechstein und Karl Schmidt-Rottluff werden zum Programm erhoben.

Sie stehen auch im Mittelpunkt einer Austellung, die am 22. Juli in der Berliner Galerie Ferdinand Moeller eröffnet – und drei Tage später wieder geschlossen wird. Ähnlich ergeht es der Neuordnung der Sammlung moderner Malerei im Kronprinzenpalais mit dem Ziel, einen Zusammenhang zwischen Romantik (C. D. Friedrich), Neuklassik (Hans von Marées, Anselm Feuerbach) und dem Expressionismus herzustellen. Das Museum bleibt vorläufig geschlossen. Die Revolte bricht in sich zusammen. Pechstein verliert sein Lehramt. Er lebt, als »entartet« verfemt, bis 1945 in völliger Zurückgezogenheit in Pommern.

Max Pechstein
Aufgehende Sonne
1933

Die Bücherverbrennung

Am 10. Mai brennen Tausende von Büchern »undeutscher« Autoren in den Universitätsstädten, darunter Werke von Thomas und Heinrich Mann, Kurt Tucholsky, Carl Zuckmayer, Bruno Frank, Anna Seghers, Stefan und Arnold Zweig, Franz Kafka; sie brennen in München im Lichthof der Universität, in Dresden bei der Bismarck-Säule, in Breslau auf dem Schloßplatz, in Frankfurt auf dem Römerberg.

In einem Pressebericht aus Berlin heißt es: »Der Opernplatz war in weitem Umfange abgesperrt und von einer dichten Kette von Zuschauern umsäumt…Von Wagen, die das undeutsche Schriftmaterial bis zum Opernplatz in die Nähe des Scheiterhaufens gebracht hatten, bildete sich eine lange Kette von Studenten, und von Hand zu Hand gingen die Bücher, die dann dem Feuer überantwortet wurden … Während der Verbrennung der Bücher spielten SA- und SS-Kapellen vaterländische Weisen und Marschlieder, bis neun Vertreter der Studentenschaft … mit markanten Worten die Bücher des undeutschen Geistes dem Feuer übergaben.«

Am Ende der Veranstaltung richtete der Propagandaminister selbst das Wort an die versammelten Menschen, vor allem an die Studenten: »Jung schon den Mut haben, dem Leben in die erbarmungslosen Augen hineinzuschauen, die Furcht vor dem Tode zu verlieren… das ist die Aufgabe des jungen Geschlechts. Und deshalb tut ihr gut daran, um diese mitternächtliche Stunde den Ungeist der Vergangenheit den Flammen anzuvertrauen.«

Es wurde kaum öffentlicher Widerspruch laut. Deshalb erregte Oskar Maria Graf mit seinem Protestartikel »Verbrennt mich!« am 12. Mai in der »Wiener Abendzeitung« besonderes Aufsehen. Er hatte zu seinem Entsetzen festgestellt, daß seine Bücher, bis auf eines, von den Nationalsozialisten auf die »weiße Liste« empfohlener Bücher gesetzt worden waren. »Vergebens frage ich mich, womit habe ich diese Schmach verdient« schreibt er. »Nach meinem ganzen Leben und Schreiben habe ich das Recht, zu verlangen, daß meine Bücher der reinen Flamme des Scheiterhaufens überantwortet werden und nicht in die blutigen Hände und die verdorbenen Hirne der braunen Mordbanden gelangen.«

Seine Bücher werden in München im Rahmen eines Sonder-Autodafés verbrannt. Die Bücherverbrennung ist nur der Auftakt zur systematischen Säuberung des gesamten Literatur- und Kulturbetriebs von allen unerwünschten Werken. 12 400 Titel stehen am Ende der Vernichtungsaktion auf den Verbotslisten.

Gleichschaltung der Schriftstellerorganisationen

Im November wird der »Reichsverband Deutscher Schriftsteller« in die Reichskulturkammer integriert. Die Gleichschaltung deutscher Schriftstellerorganisationen wird vorrangiges Ziel der faschistischen Literaturpolitik. Achtundachtzig Schriftsteller unterschreiben ein Treuegelöbnis. »Weiße Listen« für förderungswürdige Werke werden angelegt. Ab 1934 veranstalten die Nationalsozialisten jährlich eine »Woche des deutschen Buches«, die die Kritik des Auslands entkräften soll.

Der neue Staat und die Intellektuellen

Unter diesem Titel legt Gottfried Benn am 24. April im Berliner Rundfunk ein Bekenntnis zum nationalsozialistischen Regime ab. Er wiederholt es einen Monat später ebenfalls im Rundfunk in seiner Antwort an die literarischen Intellektuellen, veranlaßt durch einen Brief Klaus Manns, den dieser von Südfrankreich aus am 9. Mai an Benn mit der Aufforderung gerichtet hat, sich vom Nationalsozialismus öffentlich zu distanzieren.

Eine Erklärung für seine Einstellung, die Benn Mitte 1934 revidiert, um im folgenden Jahr durch seine Reaktivierung als Militärarzt diese Form der »Emigration« in die Wehrmacht zu wählen, enthält sein Aufsatz Verteidigung der Expressionisten, in dem es heißt: »… das praktisch Apolitische war ja bei uns Zuhause, so war Goethe, Hölderlin, so war Rilke und George.« Benns Ernennung als kommissarischer Nachfolger Heinrich Manns in der Leitung der Sektion Dichtkunst der Preußischen Akademie der Künste bleibt eine Episode.

Stefan George, der Prophet eines »Neuen Reichs«, auf den sich Benn beruft, entzieht sich der Werbung der Nationalsozialisten schon im Frühjahr durch sein Ausweichen in die Schweiz. Er stirbt am 4. Dezember in Minusio bei Locarno im Alter von 65 Jahren.

Oben: Bücherverbrennung am 10. Mai 1933 in Berlin.
Mitte: Rudolf Bosselt, Stefan George; 1935.

Literatur

Neuerscheinungen

● Hermann Broch: *Die unbekannte Größe.* Ein zeitkritischer Roman über die Einstellung des einzelnen zur Gemeinschaft und zur Wissenschaft.

● Trygve Gulbranssen: *Og bakom synger skogene* (*Und ewig singen die Wälder*, 1935). Erster Teil einer Trilogie um einen Ge-

nerations- und Geschlechterkonflikt im norwegischen Bauernmilieu um 1800. Die bis ins Mythische stilisierten, gegen die Urkraft der Natur kämpfenden Menschen entsprechen dem Zeitgeist in den Jahren des beginnenden Nationalsozialismus.

● Ödön von Horváth: *Die Unbekannte aus der Seine.* Vereinsamung und Hilfsbedürftigkeit sind das Thema dieser Komödie.

● Alexander Lernet-Holenia: *Ich war Jack Mortimer.* Ein Wiener Chauffeur wird in ein Verbrechen verwickelt.

● Anna Seghers: *Der Kopflohn.* Der Roman behandelt die nationalsozialistische Machtergreifung. Die Hauptfigur ist der verführte »anständige« Nationalsozialist, der aus Idealismus in die Partei eintritt und die Kommunisten aus Pflichtgefühl verrät.

1933

Premieren

● Federico García Lorca: *Bodas de sangre (Die Bluthochzeit)*, eine lyrische Tragödie, wird in Madrid im April uraufgeführt. Lorca verleiht in dem aus Vers und Prosa bestehenden Stück einem Fall von Familienfehde und Blutrache eine mystische Dimension.
● Jean Giraudoux: *Intermezzo*, Komödie, wird am 27. Februar in Paris in der Comédie des Champs-Elysées uraufgeführt. Das Stück ist ein bezauberndes, hintergründiges Gleichnis. Isabellas Lebensfreude und Phantasie bringen Unordnung und Fröhlichkeit in die ganze Stadt. Ihr Umgang mit einem »Geist« läßt die ausgefallensten Wunschträume in Erfüllung gehen.

Ereignisse

● Tilla Durieux, die unter Max Reinhardt am Deutschen Theater in Berlin die großen klassischen Rollen gespielt hat, emigriert nach Jugoslawien.
● Alfred Kerr, der meistbewunderte und meistgehaßte deutsche Kritiker, geht nach London ins Exil. Ab 1929 konnte er nur noch unter Polizeischutz ins Funkhaus fahren.

● 13. März: Das Reichsministerium für Volksaufklärung und Propaganda wird geschaffen. Der Reichspropagandaleiter der NSDAP, Dr. Joseph Goebbels, wird Reichsminister.
● 1. August: Die Reichstheaterkammer (RTK) wird gegründet, die berufsständische Organisation für die Bühnenangehörigen. Dr. Rainer Schlösser wird Reichsdramaturg.
● 22. September: Die Reichskulturkammer (RKK) wird eingerichtet, eine einheitliche berufsständische Organisation aller Kulturschaffenden. Ihr Präsident wird Joseph Goebbels.

Das neue deutsche Theater

Die nationalsozialistischen Kritiker schrecken vor nichts zurück. So muß sich Fritz Kortner gegen die Diffamierung wehren, er habe ein deutsches Mädchen vergewaltigt. Er geht am 31. Januar auf eine Auslandstournee und kehrt von dieser nicht mehr nach Deutschland zurück. Der »Völkische Beobachter« triumphiert und meint, auch auf dem Gebiet des Theaters hätten die Nationalsozialisten die Führung übernommen. Sie bereiten mit großer Schnelligkeit den »deutschen Spielplan« vor. Hermann Göring werden als Ministerpräsident die Berliner Staatstheater unterstellt; Hanns Johst, der ab 1935 Friedrich Blunck als Präsident der »NS-Reichsschrifttumskammer« ablöst, wird dessen Intendant. Und *Der Schlageter*, das Kampfstück von Hanns Johst, soll eine neue Kunst begründen, in der die Darstellung der Tat, die Verklärung des Todes zur Vitalisierung der Zuschauer beitragen soll. Das Stück wurde zunächst sechzehnmal im Rundfunk gesendet, ehe es am 20. April im Staatlichen Schauspielhaus in Berlin uraufgeführt wird.

Helfershelfer

Flankiert von Alfred Hugenberg (Reichswirtschafts- und Ernährungsminister) und Franz von Papen (Vizekanzler), zwei Politikern, die Hitler »zähmen« wollen, verfolgt der Reichskanzler am 2. Februar die Uraufführung der Ufa-Produktion Morgenrot (Regie: Gustav Ucicky). Sie gehört zu den Filmen im Vorfeld der »Machtergreifung«, die schon völlig der nationalsozialistischen Ideologie angepaßt sind. Das U-Boot-Epos aus dem Ersten Weltkrieg ist von einer Art Todesmythos geprägt, den ein preußischer U-Boot-Kommandant in dem Satz zusammenfaßt: »Leben können wir Deutschen vielleicht schlecht, aber sterben können wir fabelhaft.«
Nicht nur als politischer »Steigbügelhalter«, sondern auch als Chef des Hugenberg-Medienkonzerns, zu dem die Ufa gehört, ist Hugenberg bis 1933 einer der wichtigsten Verbündeten und Helfershelfer Hitlers.

Alfred Hugenberg, Adolf Hitler und Franz von Papen im Berliner Ufa-Palast, 2. Februar 1933.

Film

Premieren

● Fritz Lang: *Das Testament des Dr. Mabuse*. Kamera: Fritz Arno Wagner, Karl Vash; Darsteller: Rudolf Klein-Rogge, Oskar Beregi, Karl Meixner. Der Film handelt von einem dämonischen Verbrecher, dessen Organisation Sabotage- und Terrorakte inszeniert, um die herrschende Ordnung zu unterminieren und auf dem Chaos die »Herrschaft des Verbrechens« zu errichten. Der Film wird in Deutschland verboten.
● Ernst Lubitsch: *Design for Living (Serenade zu dritt)*, nach dem Stück von Noël Coward; Kamera: Victor Millner; Musik: Nat Finston; Darsteller: Frederic March, Gary Cooper, Miriam Hopkins. Der Film ist Lubitschs brillanteste Regiearbeit. Eine charmante Liebesgeschichte zwischen einem Maler, einem Dramatiker und einer Zeichnerin.
● Gustav Machatý: *Extase (Ekstase. Symphonie der Liebe)*, nach einer Erzählung von Viteslav Nezval; Kamera: Jan Stallich. Darsteller: Hedy Kiesler, Aribert Moog, Zvonimir Rogoz. Der tschechoslowakische Film erzählt eine zauberhafte Dreiecksgeschichte vor ländlichem Hintergrund. Die berühmten Nacktszenen mit Hedy Kiesler lösen Entrüstung aus.
● Reinhold Schünzel: *Viktor und Viktoria*. Kamera: Konstantin Irmen-Tschet; Musik: Franz Doelle; Darsteller: Renate Müller, Adolf Wohlbrück, Hermann Thimig, Hilde Hildebrand. Eine unterhaltsame Verwechslungskomödie, mit guter Regiearbeit und vorzüglichen darstellerischen Leistungen.

● Ernest Schoedsack, Merian Cooper: *King Kong (King Kong und die weiße Frau)*. Kamera: Edward Lindon; Trick: Willis O'Brien. Darsteller: Fay Wray, Robert Armstrong. Der klassische Hollywood-Horrorfilm lebt von den überzeugenden Trickaufnahmen, die die Größe der Figuren verändern. Spektakulär ist die Schlußszene, in der King Kong auf dem New Yorker Empire State Building von Flugzeugen aus erschossen wird.

Ereignisse

● 1. Juni: Gründung der Filmkreditbank »zur Wiederankurbelung der deutschen Wirtschaft«, wie Goebbels sagt. 1933 erhalten 22 Kurz- und Spielfilme eine Finanzierungsbeihilfe. 1934 sind es bereits 49 Spielfilme, die mit 50 Prozent ihrer gesamten Herstellungskosten unterstützt werden.

Die Aufhebung der Pressefreiheit

Am 15. März sagt Joseph Goebbels in einer Presse-konferenz, daß die Presse ein ungeheuer wichtiges Massenbeeinflussungsinstrument ist, dessen sich die Regierung bedienen kann.

Die Konsequenzen sind: Etwa ein Drittel der Presseorgane müssen im Laufe des Jahres ihr Erscheinen einstellen, 1300 von etwa 10 300 Journalisten ihre Arbeit aufgeben. Innerhalb weniger Monate ist die gesamte Presse in Deutschland »gleichgeschaltet«, ein Blatt gleicht wie ein Ei dem anderen. Das paßt wiederum auch Goebbels nicht, und er verlangt mehr Mut von den Journalisten. Der Chefredakteur der »Grünen Post«, Ehm Welk, schreibt daraufhin an Goebbels: »Früher, da konnten wir zum Beispiel diese geistige Übung gelegentlich auch an behördlichen Maßnahmen und behördlichen Personen erproben – Herr Reichsminister, bei aller Aufforderung von Ihnen: Ich weiß nicht recht.« Welk erhält Schreibverbot und kommt für einige Tage in ein Konzentrationslager.

Aus Rundfunkanstalten werden Reichssender

Unter der Kanzlerschaft Franz von Papens wurde 1932 zunächst der Deutschlandsender zum »Reichssender« umfunktioniert. Nun verlangt die Regierung, daß alle Sender täglich zwischen 18.30 Uhr und 19.30 Uhr eine halbstündige Regierungssendung ausstrahlen.

Am 17. März 1933 schreibt Goebbels in sein Tagebuch: »Im Rundfunk haben wir nun die für alle Kulturgebiete so notwendige Vereinheitlichung bereits durchgeführt... Ich nehme gleich eine Reihe von Kündigungen vor, um das Personal wenigstens in den Spitzen zu säubern.« Acht Tage später erklärt er vor den Intendanten der Funkhäuser: »Ich halte den Rundfunk für das allermodernste und für das allerwichtigste Massenbeeinflussungsinstrument, das es überhaupt gibt...«

Vom 1. April an heißen die zuvor selbständigen Rundfunkgesellschaften offiziell »Reichssender« und sind Filialen der Reichs-Rundfunkgesellschaft.

Appelle

Die 1926 als »Bund deutscher Arbeiterjugend« gegründete Hitlerjugend gliedert sich in das Deutsche Jungvolk bzw. den Jungmädelbund der 10- bis 14jährigen und die eigentliche Hitlerjugend der 14- bis 18jährigen. Kennzeichnend für den von den Nationalsozialisten als vorrangig betrachteten Zugriff auf die Jugend ist die Tatsache, daß sich der erste nach der »Machtergreifung« entstandene unmittelbare Propagandafilm mit der Hitlerjugend befaßt und ihr einen Helden und Märtyrer beschert. Hitlerjunge Quex (Regie: Hans Steinhoff), eine Ufa-Produktion, handelt vom Sohn eines überzeugten Kommunisten (Heinrich George) namens Heini Völker, genannt Quex, wird jedoch zu einem Anhänger des Nationalsozialismus. Als er in Berlin Propagandamaterial verteilt, wird er von Kommunisten erstochen.

Mit der Ausschaltung ihrer politischen Gegner beginnt die NSDAP schon vor dem Ermächtigungsgesetz vom 31. März, wobei zugleich angesichts der überfüllten Polizei- und Justizgefängnisse die Errichtung von Konzentrationslagern beginnt. Die Aufnahme aus dem KZ Oranienburg bei Berlin zeigt (von links) Ernst Heilmann, den Vorsitzenden der preußischen SPD-Landtagsfraktion, Fritz Ebert, Sohn des ersten Reichspräsidenten und Reichsbannerführer, Adolf Braun, Sekretär des SPD-Vorstandes in Berlin, Ministerialrat Giesecke von der Reichs-Rundfunkgesellschaft, Rechtsanwalt Dr. Magnus, ebenfalls vom Rundfunk, und den Intendanten der Funk-Stunde, Dr. Flesch.

Durch das Reichskulturkammergesetz vom 22. September erhält Joseph Goebbels, Reichsminister für Volksaufklärung und Propaganda, die Handhabe zur Einrichtung kultureller »Körperschaften des öffentlichen Rechts« unter staatlicher Kontrolle: der Reichsschrifttums-, Reichspresse-, Reichsrundfunk-, Reichstheater-, Reichsmusikkammer sowie der Reichskammer der bildenden Künste.

Oben: Hitlerjugend, 1933.
Unten: Appell im KZ Oranienburg, 1933.

Musik

Premieren

● Hans Pfitzner: *Sinfonie in cis-Moll, op. 36 a* (Uraufführung, München, 22. März). Die Einheit der vier Sätze ist aus einem einzigen Motiv entwickelt. Pfitzner hat die Symphonie aus dem Streichquartett cis-Moll umgearbeitet, das zu seinen bedeutendsten kammermusikalischen Werken zählt.

● Richard Strauss: *Arabella*, Text: Hugo von Hofmannsthal, (Uraufführung, Dresden, 1. Juli, Dirigent: Clemens Krauss). Strauss widmet das Werk Fritz Busch, dem die musikalische Leitung kurz vor der Uraufführung von den Nationalsozialisten entzogen wird. Viorica Ursuleac singt die Titelrolle. Die größten Bühnen des Reichs und des Auslands spielen die Oper erfolgreich nach.

Ereignisse

● Die Brüder Adolf und Fritz Busch emigrieren in die USA.

● Arnold Schönberg emigriert nach Frankreich, dann in die USA, wo er ab 1934 als Musikprofessor an der Staatsuniversität von Los Angeles tätig ist.

● Bruno Walter geht nach Wien.

● »Auch für die Musik muß es einen Scheiterhaufen geben«, so eine Forderung Karl Schlegels im Juli in der »Zeitschrift für Musik«: »Mit der literarischen Säuberungsaktion allein ist es aber nicht getan. Es bleibt noch manches zu tun übrig. Auch auf musikalischem Gebiete muß es anders werden.«

● Anton Webern definiert in einer Vortragsreihe in Wien den Begriff »Neue Musik« als »die durch Schönberg heraufgekommene Musik«. Er benutzt diese Bezeichnung völlig selbstverständlich, und nachfolgende Komponisten behalten sie bei.

Die Rechte der »wirklichen« Künstler

Der Dirigent und Komponist Wilhelm Furtwängler, seit 1922 Leiter der Berliner Philharmoniker und seit 1933 Direktor der Berliner Staatsoper, unternimmt in einem Schreiben an Joseph Goebbels den Versuch, den nationalsozialistischen Rassismus im Bereich der Kunst einzudämmen, indem er sich über die Vernachlässigung des »entscheidenden Trennungsstrichs ... zwischen gut und schlecht« beklagt, während der »Trennungsstrich zwischen Juden und Nichtjuden ... mit geradezu theoretisch unerbittlicher Schärfe gezogen wird«.

Furtwängler konzidiert: »Wenn sich der Kampf gegen das Judentum in der Hauptsache gegen jene Künstler richtet, die – selbst wurzellos und destruktiv – durch Kitsch, trockenes Virtuosentum und dergleichen zu wirken suchen, so ist das nur in Ordnung.« Dagegen mahnt er: »Wenn dieser Kampf sich aber gegen w i r k l i c h e Künstler richtet, ist das nicht im Interesse des Kulturlebens, schon weil Künstler, wo es auch sei, viel zu rar sind, als daß irgendein Land es sich leisten könnte, ohne kulturelle Einbuße auf ihr Wirken zu verzichten. Es muß daher klar ausgesprochen werden, daß Männer wie Walter, Klemperer, Reinhardt usw. auch in Zukunft in Deutschland zu Worte kommen müssen.«

Der Reichspropagandaminister belehrt Furtwängler im Antwortschreiben vom 11. April 1933:

»Kunst im absoluten Sinne, so wie der liberale Demokratismus sie kennt, darf es nicht geben ... (Zu) klagen, daß hier und da Männer wie Walter, Klemperer, Reinhardt usw. Konzerte absagen mußten, erscheint mir im Augenblick um so weniger angebracht, als wirkliche deutsche Künstler in den vergangenen 14 Jahren vielfach überhaupt zum Schweigen verurteilt waren ...«

In die Gefahr, in Ungnade zu fallen, gerät Furtwängler im folgenden Jahr, als er sich der Hetzkampagne gegen Paul Hindemith entgegenstellt.

Alexander Archipenko, Skulptur Wilhelm Furtwängler.

Genaue Zeit

Adolf Scheibe und Udo Adelsberger konstruieren eine genau gehende »Quarzuhr«. In Uhren dieser Art wird zur Zeitmessung die konstante Frequenz (Schwingung pro Sekunde) von schwingenden Quarzkristallen ausgenutzt. Legt man eine Wechselspannung an einen Quarzkristall, so führt dieser extrem gleichbleibende mechanische Schwingungen aus. Quarzuhren werden später dahingehend vervollkommnet, daß sie mit einer Abweichung von maximal nur noch einer Sekunde in drei Jahren arbeiten. Mit ihrer Hilfe wird es möglich festzustellen, daß die der Zeitmessung zugrunde liegende Umdrehungsdauer der Erde um ihre Achse geringen periodischen Schwankungen unterliegt.

Love You Madly

Love You Madly, Sophisticated Lady, In a Sentimental Mood, I Got It Bad and That Ain't Good, usw. – über fünftausend Musikstücke hat Duke Ellington komponiert. »Ich will die Musik des amerikanischen Negers machen«, sagt Ellington. Er ist ein außergewöhnlicher Bandleader, Arrangeur und Jazzkomponist. Auf seiner Europa-Tournee dieses Jahres erregt er mit seinem »Dschungelklang« Aufsehen, den er durch eine für ihn typische Harmonieführung und »gestopfte« Blechblasinstrumente erzielt. »Mit diesem Timbre verwandelt Ellington die traditionelle Bluestonalität des Jazz endgültig in eine ›Stimmung‹ (mood) mit stark impressionistischem Gepräge.«

In dieser Zeit vollendet das Orchester unter seiner Leitung die Bildung des Swing-Ideals. Er stellt sich an den Beginn der klassischen Swingperiode. Viele Ellington-Stücke sind Kollektivleistungen. Ellington weckt in seinen Musikern Ideen und entwickelt sie weiter. Die Klangfarbe seines Orchesters ist unnachahmlich. »Man kann ihm nichts stehlen« sagte einmal Paul Whiteman, nachdem er mit seinem Arrangeur Ferde Grofé nächtelang Ellingtons Band zugehört hatte, weil er dessen Klang nachahmen wollte, und es gibt keine gute Jazzband, die nicht von Ellington beeinflußt worden wäre.

Sein dauerhafter Erfolg beruht nicht zuletzt darauf, daß er es bei seinen Konzerten nie versäumt, die einzelnen Mitglieder seiner Band als Solisten herauszustellen, so daß viele von ihnen den gleichen Bekanntheitsgrad erreichen wie er selbst. Musiker wie der Altsaxophonist Johnny Hodges, der Tenorsaxophonist Paul Gonsalves oder der Trompeter Cat Anderson spielen jahrzehntelang in Ellingtons Orchester.

Naturwissenschaft, Technik, Medizin

● Sir Malcolm Campbell stellt mit einem Rennwagen einen Geschwindigkeitsrekord für Autos auf. Er erreicht 437,91 km/st.

● In Steinheim an der Murr (Württemberg) wird der etwa 200 000 bis 250 000 Jahre alte Schädel eines Frühmenschen entdeckt. Dieser sogenannte »Steinheimer« besaß schon primitive, als Werkzeug brauchbare Faustkeile und »Nasenschaber«.

● Theophilus Painter entdeckt in den Zellen der Speicheldrüsen von Fruchtfliegen die »Riesenchromosomen« (Träger der Erbanlagen).

● Tadeus Reichstein stellt das Vitamin »C« künstlich her. Es ist chemisch identisch mit Ascorbinsäure.

Richard-Wagner-Denkmal im Berliner Tiergarten
enthüllt 1903

Anläßlich des 50. Todestages von Richard Wagner hält Thomas Mann am 10. Februar 1933 in der Münchner Universität einen Festvortrag mit dem Titel Leiden und Größe Richard Wagners. Thomas Mann, der von Jugend an begeisterter Wagnerianer ist, geht in einer subtilen Analyse auf die Zweideutigkeit der Wagnerschen Musik ein: »Eine farbige und phantastische, tod- und schönheitsverliebte Welt abendländischer Hoch- und Spätromantik tut sich auf bei seinem Namen, eine Welt des Pessimismus, seltener Rauschgifte und einer Überfeinerung der Sinne ... Was ich ihm als Genießender und Lernender verdanke, kann ich nie vergessen, nie die Stunden tiefen, einsamen Glückes.«

Über den politisch-ideologischen Werdegang Wagners, der im Alter Anhänger des Bismarck-Reiches wurde, äußert Thomas Mann: »Richard Wagner als Politiker war sein Leben lang mehr Sozialist und Kulturutopist im Sinne einer klassenlosen, vom Luxus und vom Fluche des Goldes befreiten, auf Liebe gegründeten Gesellschaft, wie er sie sich als das ideale Publikum seiner Kunst erträumte, denn Patriot im Sinne des Machtstaates. Sein Herz war für die Armen gegen die Reichen. Die Teilnahme an den revolutionären Umtrieben von 1848, die ihn ein zwölfjähriges quälendes Exil kostete, hat er später, als er sich des ruchlosen Optimismus schämte und die gegebene Tatsache von Bismarcks Reich, so gut es gehen wollte, mit der Verwirklichung seiner Träume verwechselte, nach Möglichkeit verkleinert und verleugnet. Er ist den Weg des deutschen Bürgertums gegangen: von der Revolution zur Enttäuschung, zum Pessimismus und einer resignierten, machtgeschützten Innerlichkeit.«

Kurz nach der Rede begibt sich Thomas Mann mit seiner Familie zu einem Erholungsurlaub nach Südfrankreich. Er ahnt nicht, welche Empörung sein Vortrag hervorruft. Parteifunktionäre der NSDAP beschuldigen ihn, den Wagnerkenner und -liebhaber, der Verunglimpfung des Genies Wagners. Beschämender noch als das Verdammungsurteil der Nationalsozialisten ist ein »Protest der Richard-Wagner-Stadt München«, in dem die Rede ebenfalls verurteilt wird, unterzeichnet unter anderen von dem Dirigenten Hans Knappertsbusch sowie den Komponisten Hans Pfitzner und Richard Strauss. Ein Trommelfeuer der Hetze gegen Thomas Mann setzt ein. Er läßt sich im Oktober in Küsnacht bei Zürich nieder und verliert 1936 die deutsche Staatsbürgerschaft. Sein Bruder Heinrich ist Ende Februar 1933 nach Frankreich emigriert.

Blut und Boden
Heft 1, 1934

Bund Deutscher Osten
Der Ostraum verpflichtet
Plakat 1934

Gerardo Dottori
**Mit 300 Stundenkilometern
über die Stadt**
1934

Kunstpolitik

Im März findet in Berlin die Ausstellung »Italienische Futuristische Flugmalerei (Aeropittura)« statt. Zum Ehrenkomitee gehört der Begründer des Futurismus, Filippo Tommaso Marinetti, der 1924 in seiner Schrift Futurismo e fascismo die Einheit von futuristischer Kunst und faschistischer Politik proklamiert hat.

Ein kennzeichnendes Beispiel der Aeropittura als jüngster Ausprägung des Futurismus ist Gerardo Dottoris unten wiedergegebenes Gemälde: Das Erlebnis des Fliegens kommt in der Darstellung einer gleichsam aus den Fugen geratenen Landschaft zum Ausdruck. Entscheidend ist das Grundmotiv der Flugdynamik, die sich aus offizieller italienischer Sicht nahtlos mit der Dynamik faschistischer Stoßtrupps verbindet.

Im Zusammenhang mit der Ausstellung wird die Forderung nach der »Fortsetzung des Expressionismus« laut. Sie zielt darauf ab, Entwicklungsmöglichkeiten der künstlerischen Gestaltungsformen offen zu halten. Dieser letzte regimetreue Versuch, mit dem Hinweis auf die Kunstpolitik des faschistischen Italien die nationalsozialistische Kunstpolitik in Deutschland von ihrer völkischen Position zugunsten der Moderne umzulenken, wird jedoch im Sinne einer eindeutigen Festlegung der Kunst auf von der Partei vorgegebene Ziele und Ausdrucksformen unterbunden. Repräsentativ hierfür sind Bild-Appelle wie die beiden oben abgebildeten, die »Dynamik« ausschließlich als Ausdruck von Aggression vermitteln.

Die bisher in den eigenen Reihen vermißte kunstpolitische Entscheidung nimmt Hitler, nach dem Tod Hindenburgs (2. August 1934) zugleich Reichskanzler und -präsident, im September auf dem Nürnberger Parteitag vor. Nach seinen Worten wird die nationalsozialistische Kunstentwicklung zum Teil durch das »plötzliche Auftauchen jener Rückwärtse« bedroht, womit Anhänger Rosenbergs gemeint sind, vor allem aber durch die »Kunstverderber«, zu denen neben den Kubisten auch die Expressionisten und Futuristen gezählt werden.

Bildende Kunst

Werke

- Willi Baumeister: *Tennis mit Kreis* (Margarete Baumeister).
- Max Beckmann: *Selbstbildnis mit Bademantel und Kappe* (Sammlung Lilly von Schnitzler-Mallinckrodt).
- Julius Bissier: *Cista* (Privatsammlung).
- Arno Breker: *Büste Max Liebermann* (Galerie Marco, Bonn und Paris).
- Massimo Campigli: *Frauen am Strand* (Rom, Comune di Roma in der Galleria d'arte moderna).
- Otto Dix: *Flandern* (Berlin, Staatliche Museen Preußischer Kulturbesitz, Nationalgalerie).
- Lyonel Feininger: *Der rote Geiger* (Privatsammlung).
- Willy Jaeckel: *Berlinerin* (Bildnis Käthe Miketta), (München, Dr. Peter Jaeckel).
- Paul Klee: *Bergdorf (herbstlich)*, (Luzern, Sammlung S. Rosengart).
- Oskar Kokoschka: *Bildnis des Entarteten Künstlers* (Schottland, Privatbesitz). Das Selbstbildnis ist ein Teil des engagierten Widerstandes des Künstlers gegen den Faschismus.
- Man Ray: *Zur Stunde des Observatoriums, Zwei Liebende* (Paris, Privatsammlung). Zwei große Lippen schweben von einem bewölkten Himmel.
- Kurt Schwitters: *Pino Antonie* (London, Marlborough Fine Art Ltd.).

Ausstellungen

- Vom 7.–16. September findet in Berlin die IBA, die 8. Internationale Büro-Ausstellung statt. Plakate werben für die Veranstaltung. Sie nehmen einen bevorzugten Platz in der Reklame für Konsumartikel, Ausstellungen und den Tourismus ein, aber auch in der Propaganda der Nationalsozialisten.

Die Fabrikausstellungen

Ab 1934 werden von der DAF (Deutsche Arbeitsfront) sogenannte »Fabrikausstellungen« durchgeführt, die der Einflußnahme von Kulturfunktionären weitgehend entzogen sind. Die Ausstellungen moderner Kunst werden in Betrieben und Fabriken im ganzen Reichsgebiet gezeigt. Man sieht Arbeiten von Karl Schmidt-Rottluff, Gerhard Marcks, Max Pechstein, Renée Sintenis und anderen offiziell verfemten Künstlern, deren Werke aus Museen und Galerien entfernt wurden und ab 1937 von den Nationalsozialisten unter dem Begriff »entartete« Kunst zusammengefaßt wurden.

Die DAF führt diese Ausstellungen eigenständig durch und organisiert von 1934 bis 1942 viertausend Ausstellungen moderner Kunst. Der Grundstock jeder Fabrikausstellung ist eine Grafik-Kollektion, die unverändert und vollständig in allen Fabriken gezeigt wird, aber jeweils durch Werke gleichen Niveaus von Künstlern aus der Region ergänzt wird.

Das nationalsozialistische Schönheitsideal

Die Nationalsozialisten streben in der Kunst ein verändertes Schönheitsideal an. Es soll nach Alfred Rosenberg imstande sein, »Männerkraft und -willen zu schenken«. In *Mythus des XX. Jahrhunderts* beschreibt er genauer, wie er sich dieses Ideal vorstellt: »Die Gesichter, die unterm Stahlhelm auf den Kriegerdenkmälern hervorschauen, sie haben fast überall eine mystisch zu nennende Ähnlichkeit. Eine steile durchfurchte Stirn, eine starke gerade Nase mit kantigem Gerüst, ein festgeschlossener schmaler Mund mit der tiefen Spalte eines angespannten Willens. Die weitgeöffneten Augen blicken geradeaus vor sich hin. Bewußt in die Ferne, in die Ewigkeit. … aus Kampf, Not und Elend ringt sich ein neues Geschlecht empor, das endlich einmal ein arteigenes Ziel vor Augen sieht, das ein arteigenes alt-neues Schönheitsideal besitzt, das von einem arteigenen Schöpferwillen beseelt ist. Sein ist die Zukunft.«

Was ist Surrealismus?

Unter diesem Titel veranstaltet das Kunsthaus Zürich im Herbst eine Ausstellung, die Werke von Hans Arp, Max Ernst, Alberto Giacometti, Juan González und Joan Miró vereinigt. Im einführenden Katalogtext schreibt Ernst: »Da jeder ›normale‹ Mensch (und nicht nur der ›Künstler‹) bekanntlich im Unterbewußtsein einen unerschöpflichen Vorrat an vergrabenen Bildern trägt, ist es Sache des Muts oder befreiender Verfahren … von Entdeckungsfahrten ins Unbewußte, unverfälschte (durch keine Kontrolle verfärbte) Fundgegenstände (›Bilder‹) ans Tageslicht zu fördern, deren Verkettung man als irrationale Erkenntnis oder poetische Objektivität bezeichnen kann…«

Solche »Verkettung« ist ein Kennzeichen der von Ernst hergestellten Collagen. Die Entwicklung seiner Technik zeigt eine zunehmende handwerkliche Präzision. Die Einzelblätter fügen sich zu Serien und sogenannten Collagenromanen zusammen. Sie demonstrieren durch die Verwendung vorgegebener Materialien Ernsts Überzeugung: »Als letzter Aberglaube … blieb dem westlichen Kulturkreis das Märchen vom Schöpfertum des Künstlers. Es gehört zu den ersten revolutionären Akten des Surrealismus, diesen Mythus mit sachlichen Mitteln und in schärfster Form attakiert und wohl auf immer vernichtet zu haben…« Wie sieht aber die Praxis aus?

Zwar liegen einer Reihe von Blättern des Collagenromans Une semaine de bonté *aus dem Jahr 1934 Illustrationen zu dem 1883 erschienenen Schauerroman* Le damnées de Paris *von Jules Mary zugrunde. Ernst beschränkt sich darauf, die schon in der Vorlage enthaltene Verfremdung der Wirklichkeit durch einige wenige Zutaten zu verstärken. Wie dies geschieht, zeigt jedoch, daß hier ein hochentwickelter Kunst-Verstand als eine Form des Schöpfertums am Werke ist.*

Unten links: Les damnées de Paris, 1883; Illustration.
Unten rechts: Blatt aus dem Collagenroman Une semaine de bonté von Max Ernst; 1934.

1934

Film

Premieren

● Frank Capra: *It Happened One Night* (*Es geschah eines Nachts*). Drehbuch: Robert Riskin, nach der Erzählung *The Night Bus* von Samuel Hopkins Adams; Kamera: Joseph Walker. Eine Farce um eine mit ihrem Vater (Walter Connolly) zerstrittene Millionärin (Claudette Colbert) und einen entlassenen Zeitungsreporter (Clark Gable). Der Film ist eine der populärsten Screwball-Komödien der dreißiger Jahre und spielt fünf Oscars ein.

● W. S. van Dyke: *The Thin Man* (*Der dünne Mann*, 1969). Drehbuch: Albert Hackett, Frances Goodrich, nach dem Roman von Dashiell Hammett; Kamera: James Wong Howe; Darsteller: William Powell, Myrna Loy, Maureen O'Sullivan. Der humorvolle Grundton des klassischen Kriminalromans und die vorzügliche Besetzung der Hauptrollen bereichern das Genre des Detektivfilms.

● Gustaf Gründgens: *Die Finanzen des Großherzogs*. Drehbuch: Hans Rameau, nach dem Roman von Frank Heller; Kamera: Ewald Daub; Darsteller: Viktor de Kowa, Hilde Weissner, Paul Henckels, Heinz Rühmann. Der hochverschuldete Herrscher eines Zwergstaates verliebt sich in die Tochter eines russischen Großfürsten. Beide halten sich für Hochstapler, aber am Ende gibt es ein glückliches Herrscherpaar. Ein amüsanter Film.

● Rouben Mamoulian: *Queen Christina* (*Königin Christine*). Drehbuch: Salka Viertel, Margaret F. Levin; Kamera: William Daniels; Darsteller: Greta Garbo, John Gilbert. Der prunkvolle Historienfilm ist durch die Regie Mamoulians und die schauspielerische Leistung Greta Garbos bemerkenswert.

Ein Durchbruch zum filmischen Verismus

Der aus Südtirol stammende Schauspieler, Regisseur und Schriftsteller Luis Trenker verbindet in seiner Arbeit die mystifizierende Huldigung an Heimat und Natur mit einem oft historisch verbrämten Verteidigungswillen gegenüber der modernen Zivilisation. So spielt Berge in Flammen (1931), der erste von Trenker inszenierte Film, in einem von Feinden besetzten Tiroler Bergdorf. In Der Rebell (1932) steht ein (dem historischen Andreas Hofer nachgebildeter Freiheitskämpfer) im Mittelpunkt, der den heldenmütigen Verteidigungskampf gegen die Truppen Napoleons im Namen der Bodenständigkeit anführt. Joseph Goebbels spricht diesem Film ausdrücklich seine Anerkennung aus und erklärt ihn zu einem Vorbild für das nationalsozialistische Filmschaffen.

Um so überraschender ist die Leistung, die Trenker mit seinem Film Der verlorene Sohn vollbringt. Er handelt von einem Holzfäller aus den Dolomiten, der bei einem Skirennen einen amerikanischen Ehrenpreis gewinnt. Ihn zieht es nun in die Neue Welt, doch erlebt er in New York nur bittere Enttäuschungen.

Ideologisch schlägt zwar auch bei diesem Film die Frontstellung gegen die von aller Natürlichkeit entblößte Stadt durch. Von Bedeutung ist jedoch die Tatsache, daß Trenker sich bei den in New York durchgeführten Dreharbeiten von seinem gemeinsam mit Arnold Ulitz und Reinhart Steinbicker verfaßten Drehbuch löst und seine Wahrnehmungen unmittelbar mit der Kamera festhält. So dreht er mit »versteckter Kamera« aus Hauseingängen und durch Schaufenster hindurch die Schattenseiten des großstädtischen Lebens. Er gelangt hierbei zu einem Verismus, einer Selbstdarstellung der Auswirkungen der Weltwirtschaftskrise, wie ihn der zeitgenössische amerikanische Spielfilm konsequent vermeidet.

Der verlorene Sohn, 1934; Doppelseite aus dem Programmheft Film-Kurier, mit Luis Trenker in der Rolle des Tonio Feuersinger.

Der verlorene Sohn

Drehbuch und Manuskript: Luis Trenker
Spielleitung: Luis Trenker

Das Lichtspielgesetz

»Wir sind der Überzeugung, daß der Film eines der modernsten und weitreichendsten Mittel zur Beeinflussung der Massen ist, die es überhaupt gibt. Eine Regierung darf deshalb den Film nicht sich selbst überlassen«, sagt der Minister für Volksaufklärung und Propaganda, Joseph Goebbels, in seiner Rede »Die deutsche Kultur vor neuem Anfang«, am 9. Februar.

Am 16. Februar wird das Lichtspielgesetz verkündet, das auf dem Reichslichtspielgesetz von 1920 und 1931 basiert, aber wesentliche Neuerungen enthält. Die Vorzensur aller Spielfilme wird eingeführt; die Zulassung eines Filmes kann untersagt werden, »wenn die Prüfung ergibt, daß die Vorführung des Films geeignet ist ... das nationalsozialistische ... oder künstlerische Empfinden zu verletzen«; die Filmwertung, das heißt die Zensur, wird durch den Staat selbst vorgenommen. Das Gesetz ermöglicht das Eingreifen der Regierung schon vor der Filmproduktion, denn sämtliche deutsche Filmfirmen sind verpflichtet, »dem Reichsfilmdramaturgen fortlaufend die Themen, die sie zu verfilmen beabsichtigen, unter Beifügung einer kurzen Inhaltsangabe anzumelden. Wenn der Reichsfilmdramaturg von einem dieser Vorhaben Exposé und Drehbuch zur Begutachtung und Prüfung anfordert, so ist seinem Ersuchen nachzukommen und seinen etwaigen Wünschen bezüglich Änderungen, Umgestaltungen und Ausführungen der Filme Rechnung zu tragen. Zuwiderhandlungen ziehen den Ausschluß aus der Filmkammer nach sich.« (15. 12. 1934 »Der Kinematograph«). Ab 1939 sind Treatments und Drehbücher grundsätzlich der Filmabteilung des Reichsministeriums für Volksaufklärung und Propaganda zur Zensierung vorzulegen, und zwar spätestens vier Wochen vor Drehbeginn. Die Filmkreditbank darf erst nach Genehmigung des Ministeriums über die Finanzierungsgesuche entscheiden.

Karl Valentin und der Tonfilm

Der Tonfilm bringt ein wesentliches Element der Komik Karl Valentins auch im Kino zur Geltung: die mit konsequenter Logik gehandhabte Sprache. 1934 kommt Valentin gemeinsam mit Liesl Karlstadt in einer ganzen Reihe von Kurzfilmen auf die Leinwand, denen zumeist Bühnensketche zugrunde liegen: *Es knallt* (mit Adele Sandrock), *Der Theaterbesuch*, *Im Schallplattenladen*, *Der verhexte Scheinwerfer*, *So ein Theater* und *Der Firmling*. 1941 wird Valentin wegen seiner »Elendstendenzen« jegliche weitere Filmarbeit verboten.

Wiens elegante Melancholie

*Mit dem Beginn der Tonfilmzeit ent-
wickelt sich in Österreich ein eigener
Stil im Filmwesen heraus: der Musikfilm. Großmeister dieses Genres ist der
Regisseur Willi Forst.*
*1933 feierte Forst einen ersten großen
Erfolg mit dem Film* Leise flehen meine Lieder. *Nun folgt* Maskerade *mit
Paula Wessely in der Hauptrolle, die
durch diesen Film über Nacht berühmt
wird. Weitere Mitwirkende sind Adolf
Wohlbrück und Hans Moser sowie Olga Tschechowa. Schauplatz ist das
kaiserliche Wien der Jahrhundertwende in seiner eleganten Melancholie und
Morbidität. Der Inhalt des Films ist
leichte Kost. Die Frau eines Arztes läßt
sich von einem Maler in verführerischer Pose, nur mit Maske und Muff
bekleidet, malen. Der Muff gehört der
Verlobten eines Kapellmeisters, der
das Bild sieht, den Muff erkennt und
den Maler zur Rede stellt. Nun beginnt
das Karussell von Verwicklungen,
Ausflüchten, Eifersuchtsszenen, bis
sich schließlich alles in film- und publi-
kumsgerechter Versöhnung und Harmonie auflöst.*
*Der französische Filmhistoriker
Georges Sadoul charakterisiert die
österreichischen Filme der dreißiger
Jahre als »leicht, hübsch aufgeputzt
und liebenswürdig, aber oberflächlich
und ohne Gehalt; wie manche Kondi-
torwaren waren sie zu stark gezuckert.
Mit Vorliebe wurden sie in vergangene
Zeiten verlegt, als Wien noch die
Hauptstadt Zentraleuropas war.«*
*Nach dem Einmarsch der deutschen
Truppen und dem »Anschluß« Österreichs 1938 werden die österreichischen Filmateliers als »Wien-Film«
dem nationalsozialistischen Filmwesen gleichgeschaltet. Da die Nationalsozialisten die Erfahrung machen
müssen, daß reine Propaganda-Filme
keinen Anklang finden, ist ihnen der
Wiener Schmelz sehr willkommen –
temperamentvolle Unterhaltung mit
populärer Musik, viel fürs Herz. Willi
Forst kann unbeschadet die Linie seiner früheren Filme fortsetzen.
Schwungvolle Melodramen sollen zur
Zerstreuung des Publikums beitragen.
So entsteht 1940 der Film* Operette
und zwei Jahre später Wiener Blut.

KPD-Plakat
Genosse hilf mit!
1933

Nationalsozialistische
Plakette zum 1. Mai
1934

John Heartfield
**Fotomontage zur Ermordung
von NS-Gegnern**
(Ausschnitt) 1934

Einheitsfront

*Die von John Heartfield für seine Foto-
montage verwendete Aufnahme
drückt in der Gestalt der weinenden
Frau den namenlosen Schmerz aus,
den der nationalsozialistische Terror
über das Volk bringt. Zugleich deutet
die zur Faust verkrampfte rechte Hand
den ohnmächtigen Willen zum Widerstand an. Um diesen Widerstand zu
stärken, gab das ZK der KPD 1933 die
Frontstellung gegenüber der als »so-
zialfaschistisch« bekämpften Sozialdemokratie auf und forderte die SPD
zur Bildung einer antifaschistischen
Einheitsfront auf (Abbildung oben
links). Die Verhaftung Tausender von
Kommunisten und Sozialdemokraten,
die Aufhebung der Grundrechte und
die Auflösung der Parteien lähmen jedoch den viel zu spät einsetzenden gemeinsamen Kampf gegen den Nationalsozialismus.*

*Ebenso erfolglos sind Bemühungen,
die im Exil lebenden Künstler und
Schriftsteller in einer antifaschistischen Einheitsfront zu verbinden. In
diesem Zusammenhang steht der Erste Unionskongreß der Sowjetschrift-
steller in Moskau Ende September
1934, zu dessen Gästen Klaus Mann,
Oskar Maria Graf, Friedrich Wolf, Willi Bredel und Theodor Plivier gehören.
Eine Demonstration des guten Willens
bleibt im folgenden Jahr ein Pariser
Kongreß mit Schriftstellern wie Bert
Brecht, Lion Feuchtwanger, André
Gide, André Malraux, Heinrich und
Thomas Mann und Romain Rolland.
Sein Ziel ist, »wenigstens die gröbsten
Gegensätze auszugleichen und Huma-
nismus, Aneignung des bürgerlichen
Kulturerbes und Kampf gegen die Be-
sitzverhältnisse im faschistischen Va-
terland auf einen Nenner zu bringen«
(Johannes R. Becher).*

*Demgegenüber setzen die nationalso-
zialistischen Machthaber ihre Eini-
gungspolitik fort, etwa durch die Bildung der Deutschen Arbeitsfront. Die
oben rechts abgebildete Plakette zum 1.
Mai 1934 dokumentiert die hierbei auftretende makabere Verbindung von
Hakenkreuz, Hammer und Sichel als
Symbolen der Solidarität von Arbeitern und Bauern und einem Bildnis
Goethes.*

Literatur

Neuerscheinungen

● Walter Hasenclever: *Irrtum und Leidenschaft.* Dieser stark autobiographische Roman ist eine Auseinandersetzung Hasenclevers mit seiner Zeit. 1933 wird er ausgebürgert und lebt für einenhalb Jahre an der Côte d'Azur. 1940 nimmt er sich in einem Internierungslager das Leben, als die deutschen Truppen in Frankreich einmarschieren.

● Erich Kästner: *Drei Männer im Schnee.* Humorvoll erzählt Kästner die Feriengeschichte eines Millionärs und eines Preisaus-

schreiben-Gewinners, die zauberhafte Tage in den Bergen verbringen. Die Welt ist heil und Kästner sehr erfolgreich.

● Kurt Kluge: *Die silberne Windfahne.* Erster Teil des in fünf Büchern 1938 abgeschlossenen Romans *Der Herr Kortüm.* Kluge lehnt sich in seinem Hauptwerk an die Tradition großer europäischer Humordichtung an; Don Quijote und die Abenteuer des Simplicissimus sind seine Vorbilder.

● Wolfgang Koeppen: *Eine unglückliche Liebe.* Koeppen wird schon mit seinem ersten Roman bekannt. Es ist eine Liebesge-

schichte, in der in traumartigen Bildern die Zuneigung Friedrichs zu Sibylle, Mitglied einer Varietégruppe, dargestellt wird.

● Vladimir Nabokov: *Dar (Die Gabe,* 1931 begonnen). Geistvoll und virtuos beschreibt Nabokov drei Jahre aus dem Leben eines russischen Schriftstellers, der als Emigrant im Berlin der zwanziger Jahre lebt. Der Autor erzählt über dessen Liebe, die Beschäftigung mit der Literatur und zeichnet präzise und brillante Charakterstudien. Nabokov beherrscht sowohl im Russischen als auch im Englischen überlegen die sprachlichen Mittel.

Kulturpolitik in einer Hand

Alfred Rosenberg, der Chefredakteur des »Völkischen Beobachters« (ab 1925) und Leiter des 1927 gegründeten, gegen Judentum, Marxismus, Liberalismus und Demokratie gerichteten »Kampfbundes für deutsche Kultur«, hat 1930 durch seine Schrift *Der Mythus des 20. Jahrhunderts* den Anspruch erhoben, der nationalsozialistischen Bewegung die kulturphilosophische Grundlage zu geben. Zu Rosenbergs Hauptforderungen gehören die Unterordnung von Recht und Wahrheit unter den Nutzen der »germanischen Rasse« und ein neuer, rassegemäßer Glaube. 1933 gründete er den »Reichsverband deutsche Bühne«, 1934 wird er zum Beauftragten des Führers für die Überwachung der gesamten geistigen und weltanschaulichen Erziehung der NSDAP ernannt. Im »Amt Rosenberg« konzentrieren sich die kulturpolitischen Aktivitäten.

Die deutschen Universitäten

Bis zum Wintersemester 1934/35 werden an den deutschen Universitäten 1145 Lehrende ihrer Ämter enthoben, das sind etwa vierzehn Prozent der gesamten Hochschullehrer. Die Mehrzahl von ihnen ist jüdischer Abstammung.

Der Verband der deutschen Hochschulen erklärt die Entlassungen als eine Auslese nach dem »Adel von Zucht und Geist«.

Martin Heidegger begrüßt als neuberufener Rektor der Universität Freiburg das neue Regime; im November 1933 warb er auf der »Kundgebung der deutschen Wissenschaft« in Leipzig mit anderen Gelehrten in einem »Ruf an die Gebildeten der Welt« um Verständnis für die Politik der Nationalsozialisten. Im gleichen Monat legten 700 von 2000 Professoren ein »Bekenntnis« zu Adolf Hitler und dem Nationalsozialismus ab.

Der Großteil der Hochschullehrer wie der Studentenschaft ist nationalistisch eingestellt. Man sieht im Nationalsozialismus eine gesunde Erneuerungsbewegung.

Deutschland verliert durch die Entlassung der jüdischen Professoren in vielen Bereichen der Wissenschaft die führende Stellung. Werner Heisenberg und Max Planck werden als »weiße Juden« in der SS-Zeitung »Das schwarze Korps« beschimpft, weil sie sich nicht von der Relativitätstheorie Albert Einsteins distanzieren.

Die gespaltene Kirche

Der Duldung des nationalsozialistischen Regimes durch die katholische Kirche, die ihre Grundlage im Abschluß des Reichskonkordats zwischen Deutschland und dem Vatikan (20. Juli 1933) hat, entsprechen auf evangelischer Seite die Verankerung des Führerprinzips (Reichsbischof) in der neuen Verfassung des Deutschen Evangelischen Kirchenbunds sowie die schon Ende der zwanziger Jahre entstandene Bewegung Deutsche Christen mit völkischer und antisemitischer Prägung (Ablehnung des Alten Testaments).

Hiergegen hat sich schon 1933 der von Martin Niemöller initiierte evangelische Pfarrernotbund gebildet, aus dem 1934 die Bekennende Kirche hervorgeht. Auf der Barmer Bekenntnissynode wird Ende Mai als Bekenntnisschrift die *Barmer Theologische Erklärung* angenommen, deren sechs Abschnitte vorwiegend von dem Schweizer Theologen Karl Barth stammen; er lehrt von 1930 bis zu seiner Entlassung 1935 an der Universität Bonn. Zu den Bekenntnissätzen gehört: »Wir verwerfen die falsche Lehre, als solle und könne sich die Kirche über ihren besonderen Auftrag hinaus staatliche Art, staatliche Aufgaben und staatliche Würde aneignen und damit selbst zu einem Organ des Staates werden.« Die Bekenntnissynode »bittet alle, die es angeht, in die Einheit des Glaubens, der Liebe und der Hoffnung zurückzukehren«.

Die Reichskirchenbewegung

Ab 1933 amtiert der (evangelische) Reichsbischof Ludwig Müller; die Aufnahme zeigt ihn auf der Ehrentribüne des Nürnberger Parteitags 1934. Die Kerntruppe der Reichskirchenbewegung bilden die Deutschen Christen, in deren Ende 1934 verabschiedeten Richtlinien es heißt: »Wie jedem Volk, so hat auch unserem Volk der ewige Gott ein arteigenes Gesetz eingeschaffen. Es gewann Gestalt in dem Führer Adolf Hitler und in dem von ihm geformten nationalsozialistischen Staat … Dieses Gesetz spricht zu uns in der aus Blut und Boden erwachsenen Geschichte unseres Volkes. Die Treue zu diesem Gesetz fordert von uns den Kampf um Ehre und Freiheit …« In der »gläubigen deutschen Gemeinde« brennt »das Feuer heiliger Opfergemeinschaft. In ihr allein begegnet der Heiland dem deutschen Volke … Aus der Gemeinde Deutsche Christen soll im nationalsozialistischen Staat Adolf Hitlers die das ganze Volk umfassende Deutsche Christliche Nationalkirche erwachsen. Ein Volk! – Ein Gott! – Ein Reich! – Eine Kirche!«

Adolf Hitler begrüßt Reichsbischof Ludwig Müller auf der Ehrentribüne des Nürnberger NSDAP-Reichsparteitags, 1934.

1934

Konkurrenz der Verkehrsmittel

Die Fortschritte in der Luftfahrt wie im Automobilwesen führen beim Schienenverkehr zu verstärkter Anstrengung, die beherrschende Stellung der Eisenbahn zu erhalten. Zu den herausragenden Neuentwicklungen gehörte 1930 der in Leichtbauweise hergestellte Schienenzeppelin des deutschen Konstrukteurs Franz Kruckenberg, der eine Rekordgeschwindigkeit von 230 Stundenkilometern erreichte. Seine Erkenntnisse macht sich die deutsche Reichsbahn-Gesellschaft zunutze, indem sie zwischen Berlin und Hamburg die erste planmäßige Strecke für den Schienenschnellverkehr einrichtet. Sie wird von leichten dieselelektrischen Schnelltriebwagen befahren. Zugleich nimmt in den Vereinigten Staaten die Burlington-Bahn ihre in Leichtbauweise hergestellten Luxus-Diesel-Schnelltriebzüge in Betrieb.

In der Schweiz greift man zu tariflichen Maßnahmen, um der Eisenbahn neue Kunden zu gewinnen: 1934 werden die ersten verbilligten Sonntagsbillette ausgegeben. Zugleich wird die Elektrifizierung vorangetrieben. 1937 nehmen die Pilatus-Bahn, die steilste Zahnradbahn der Welt, und die Vitznau-Rigi-Bahn, die älteste Zahnradbahn Europas, den elektrischen Betrieb auf.

Als Anreiz für den Autoverkehr entstehen in den Vereinigten Staaten und in Deutschland die ausschließlich für das Automobil bestimmten Autobahnen. Als erste derartige Verkehrsstrecke wurde 1932 die Autostraße Bonn–Köln fertiggestellt. 1935 wird im Zuge der geplanten Reichsautobahn Hansestädte–Frankfurt–Basel der Abschnitt Frankfurt/Main–Darmstadt dem Verkehr übergeben. Die Pläne für die als nationalsozialistische Großtat gefeierten Autobahnen fanden die neuen Machthaber vor.

1934 beginnt der Konstrukteur Ferdinand Porsche mit dem Bau der Prototypen des späteren Volkswagens.

Luxus-Diesel-Schnelltriebzug der Burlington-Bahn in den Vereinigten Staaten, 1934.

Natürliche Geburtenkontrolle

Hermann Knaus und der Japaner Kiusako Ogino ermitteln die »empfängnisfreien Tage« der Frau. Die Praxis der »Zeitwahlmethode« hat Knaus selbst leichtverständlich beschrieben.

»1. Jede Frau muß wissen, daß eine Empfängnis – den neuen wissenschaftlichen Erkenntnissen zufolge – nur kurz vor oder unmittelbar nach dem Eibläschensprung erfolgen kann.
2. Will eine Frau wissen, an welchem Tage ihrer Periode sie empfangen kann, so muß sie zunächst zumindest ein Jahr lang gewissenhaft einen Menstruationskalender führen. Aus diesem Kalender muß sie den kürzesten und den längsten Menstruationszyklus, also den kürzesten und den längsten Abstand zwischen zwei Regeln, heraussuchen.
3. Hat eine Frau anhand ihres Jahresmenstruationskalenders einen kürzesten und einen längsten Zyklus ermittelt, so hat sie vom kürzesten – $15 + 2$ (also insgesamt 17) Tage, vom längsten – $15 - 2$ (also insgesamt 13) Tage abzuziehen.«

Berechnet man nach dieser Formel beispielsweise die empfängnisfähigen Tage einer Frau, deren Zyklus im Laufe eines Jahres zwischen 25 und 30 Tagen geschwankt hat, so ergibt sich, daß sie nur zwischen dem 8. und 17. Tage ihres Zyklus empfangen kann und – wenn eine Empfängnis unerwünscht ist – sich an jenen Tagen sexuell enthalten muß. Bei einer Frau, deren Zyklus zwischen 27 und 29 Tagen geschwankt hat, liegt der empfängnisfähige Zeitraum zwischen dem 10. und 16. Tag.

Die Methode nach Knaus-Ogino hat eine Versagerquote, deren Ursache nicht ganz klar ist. Darum ist sie nur beschränkt und überdies nur sehr disziplinierten Ratsuchenden zu empfehlen.

Künstliche Radioaktivität

Das Ehepaar Frédéric Joliot/Irène Curie entdeckt, daß bei der künstlichen Atomkern-Umwandlung durch »Beschuß« mit Elementarteilchen neue radioaktive Isotope (»Zwillingsbrüder«) fast aller Elemente entstehen, die in der Natur nicht vorkommen. Diese Isotope lassen sich für zahlreiche technische und medizinische Zwecke nutzen, so zur therapeutischen Bestrahlung bösartiger Geschwülste oder als Indikatoren zu diagnostischen Zwecken. Der Patient erhält beispielsweise kleine Mengen eines radioaktiv gemachten Elements, dessen Wanderweg durch den Körper man während des Stoffwechsels verfolgen will. Nach einiger Zeit läßt sich mit dem Geiger-Müller-Zähler der Verbleib des Stoffes ermitteln. Ein Jodisotop beispielsweise, von dem man weiß, daß es sich in der Schilddrüse sammelt (weil es die Schilddrüse zum Hormonaufbau braucht), läßt sich verwenden, um die Funktion der Schilddrüse zu testen.

Britten in Florenz

Benjamin Brittens Komposition *Phantasy*, Quartett für Oboe und Streichtrio op. 2, erregt auf dem Musikfest der »Internationalen Gesellschaft für Neue Musik« in Florenz großes Aufsehen und sie macht ihn international bekannt.

Britten verbindet in leicht faßbaren Formen viele Stilelemente der Musik des 19. Jahrhunderts bis zur Gegenwart. Besonders großen Einfluß übt Henry Purcell auf ihn aus. Brittens Verbindung mit dem Dichter Wystan Hugh Auden führt ihn zu Rimbaud, Baudelaire und regt ihn zu Liedtexten an. Mit äußerst sparsamen Mitteln wird Atmosphäre erzeugt.

Naturwissenschaft, Technik, Medizin

● William Beebe erreicht in der Bermuda-See mit einer Tauchkugel 923 Meter Wassertiefe. Seine Expedition liefert der Tiefseeforschung wertvolle Erkenntnisse.
● Adolf Butenandt, Ordinarius an der TH Danzig, gelingt es, das Gelbkörperhormon Progesteron zu isolieren, das die Schwangerschaft aufrechterhält und befristete Unfruchtbarkeit bewirkt. Die Forschungen Butenandts werden zur wichtigen Grundlage für die spätere Entwicklung der Antibabypille.
● Marcus Laurence Oliphant, Paul Hartek und Ernest Rutherford stellen durch Bombardierung von Deuterophosphorsäure mit schnellen Neutronen erstmals überschweren Wasserstoff, das leicht radioaktive Tritium, her. Es ist u. a. wichtig bei Kernfusionsreaktionen.
● H. A. Stuart entwickelt ein exaktes Molekülmodell (vervollkommnet von A. Briegleb).

Benny Goodman

Lionel Hampton

Lebensgroßer Puppen-Automat
Pneuma-Accordeon-Jazz
der Pariser Firma J. Bodson

Jazz und Swing

*Der »King of Swing« Benny Goodman
geht mit seiner Band auf eine anfangs
wenig erfolgreiche Tournee quer durch
die USA. Als er schließlich in Los Angeles ankommt, ist sein Name und seine
Truppe zum Inbegriff des Swing geworden. Goodman ist der erste Bandleader, der den »schwarzen« und den
»weißen« Jazz verschmilzt – ähnlich
wie der lebensgroße Puppenautomat
Pneuma-Accordeon-Jazz eine gemischtes Duo bildet. Zu der Improvi-
sationsgruppe, die er in sein Orchester
integriert, stoßen bald Lionel Hampton, Charlie Christian und Arthur
Bernstein. Goodman improvisiert auf
der Klarinette. Aaron Copland und
Paul Hindemith schreiben für ihn Kla-
rinettenkonzerte, Béla Bartók komponiert für ihn Contrasts.*

*Unterdessen steigert sich im faschisti-
schen Deutschland die Hetzpropagan-
da gegen diese »entartete« Musik, mit
neidvollen Untertönen angesichts
ihrer Popularität. 1934 heißt es auf
einer Intendantentagung in Berlin:
»Die Hörer der Grenzgebiete, die Gelegenheit haben, ausländische Sendesta-
tionen zu empfangen, müssen daran
gehindert werden … Sie können aber
nur dadurch daran gehindert werden,
daß wir ihnen eine noch bessere Tanzmusik bieten.« Damit ist es aber nicht
weit her. 1935 erläßt der »Reichssende-
leiter« Hadamovsky ein generelles
Jazzverbot: »Mit dem heutigen Tag
spreche ich ein endgültiges Verbot des
Niggerjazz für den gesamten deutschen Rundfunk aus. Was zersetzend
ist und die Grundlage unserer Kultur
zerstört, das werden wir ablehnen.«
Wie die Praxis aussah, beschreibt Joachim Ernst Berendt: »Es hat sie gegeben – die SS-Offiziere, die nachts in den
Bars der Kudamm-Gegend herumsa-
ßen und voller Begeisterung Jazz und
Swing hörten und die Musiker mit Vor-
namen anredeten und tagsüber im
Reichssicherheitshauptamt KZs auf-
füllen halfen …« Notfalls behilft man
sich damit, Titel und Namen arisch zu
»veredeln«. Aus Benny Goodmans
Christopher Columbus wird Auf Ent-
deckungsfahrt, aus Goodman selbst
»Gutmann« und aus Louis Armstrong
»Mann mit dem starken Arm«.*

Bildende Kunst

Werke

- Ernst Barlach: *Mutter und Kind*, Teakholz, 72 cm hoch (Hamburg, Ernst-Barlach-Haus).
- Max Beckmann: *Leiermann* (Köln, Wallraf-Richartz-Museum).
- Marc Chagall: *Bella in Grün* (Amsterdam, Stedelijk Museum).
- Salvador Dalí: *Brennende Giraffe* (Basel, Öffentliche Kunstsammlung) und *Der Angelus von Gala* (New York, Museum of Modern Art).
- Otto Dix: *Judenfriedhof in Randegg* (Saarbrücken, Saarland-Museum).
- Julio Gonzales: *Kopf*, Schmiedeeisen, 45 cm hoch (New York, Museum of Modern Art).
- Hans Grundig: *Das Tausendjährige Reich* (Triptychon) 1935 bis 1938 (Dresden, Staatliche Kunstsammlung). Linker Flügel: Karneval; Rechter Flügel: Chaos; Mittelteil: Vision einer brennenden Stadt.
- Karl Hofer: *Rufer* (Wuppertal, Von der Heydt-Museum).
- Wyndham Lewis: *Edith Sitwell* (London, Tate Gallery).
- Oskar Moll: *Balletteuse* (Berlin, Nationalgalerie).
- Diego Rivera: *Der Blumenverkäufer* (San Francisco, San Francisco Museum).
- Christian Rohlfs: *Große Canna Indica* (Essen, Helene-Rohlfs-Stiftung).
- Oskar Schlemmer: *Blaue Gruppe mit erhobener Hand* (Stuttgart, Nachlaß Schlemmer). Nach dem erzwungenen Weggang von Breslau zeigt sich in seinen Bildern Resignation.

Ereignisse
- New York: Das Museum of Modern Art bezieht die Fotografie und den Film in seine Sammelgebiete ein.

Die Malerei im »Dritten Reich«

Das nationalsozialistische Regime rühmt sich seiner kulturellen Leistungen und Werte und erklärt dessen Pflege als »bleibendes Interesse des Volkes gegen die Tagesbedürfnisse«. Hitler sagt auf der Kulturtagung des Reichsparteitages in Nürnberg: »Die Größe der Gegenwart wird man einst messen nach den Ewigkeitswerten, die sie hinterläßt.«

Man wünscht eine »Identität«-schaffende Kultur. Die traditionalistische Malerei, die sich an großen Vorbildern orientiert, wird beherrschend im »Dritten Reich«. Die bürgerliche Gattungsmalerei und die »ideell« feudale werden gepflegt. Tier- und Landschaftsbilder, Mutter-Kind-Bilder, Bauern- und Arbeiter-Bilder sind gefragt.

»Die Gestalt des Arbeiters, die erst in jüngster Zeit, mit dem Beginn des technischen Zeitalters, ihre kulturgeschichtliche Prägung gefunden hat, erfährt in unseren Tagen ihre soziologische Formung. Der Werkmann, vom Marxismus zum heimatlosen Proletarier degradiert, ist im Lebensraum unseres Volkes ein Soldat der Technik geworden, der die Waffen für die kämpfende Front schmiedet. In ihm verkörpert sich, wie im Bauern und Soldaten, die beste Substanz unserer Rasse.«

Kunst und Freiheit

1935 registriert die Reichskulturkammer 100 000 Mitglieder, darunter etwa 10 000 Maler, Grafiker, Bildhauer und Architekten.

Jeder kulturell Tätige hat einen detaillierten Fragebogen auszufüllen, und ab 1936 dazu noch den Nachweis der »arischen« Abstammung zu erbringen. Nur wer »reinrassig« im Sinne der Nationalsozialisten ist, darf Mitglied der Reichskammer der bildenden Künste sein und bleiben. Ein Ausschluß aus der Kammer bedeutet nicht nur faktisch Berufsverbot, sondern auch Fortfall der Kranken- und Sozialversicherung.

Die materielle Situation der Künstler hat sich seit 1933 erheblich verschlechtert. Nur wenige sind in der Lage, sich und ihre Familie mit ihrer künstlerischen Arbeit zu ernähren. Viele hängen von der Erwerbstätigkeit ihrer Frauen ab oder von eigener Nebenarbeit. So arbeiten beispielsweise Georg Muche und Oskar Schlemmer nach dem Verlust ihrer Lehrämter eine Zeitlang in der Lackfarbenfabrik K. Herberts. Unter den bildenden Künstlern breitet sich Resignation aus, und selbst Maler wie Nolde, Hofer, Kirchner, die anfangs dem Nationalsozialismus gegenüber positiv gesonnen und der Ansicht waren, sie würden nur »aus Versehen« von den Nationalsozialisten bekämpft, distanzieren sich spätestens 1935 von ihnen. In den »Deutschland-Berichten der Sozialdemokratischen Partei Deutschlands« ist die Klage eines Künstlers wiedergegeben: »Allgemein hört man, daß die Nazis für Kunstdinge, die nicht Reklamewert für sie besitzen, kein Geld übrig haben. Daher unterbleibt auch so mancher Ausstellungsversuch. Viele Künstler haben überhaupt keine Lust, noch auszustellen, da sie einer Jury, wie sie heute zustandekommt, weder künstlerische Urteilsfähigkeit noch Objektivität zutrauen. Immer wieder hört man von Künstlern, daß sie sich im Zustand innerer Lähmung fühlen ... Gewiß, man kann im ersten Halbjahr nach einer Umwälzung noch nichts Neues erwarten, weil erst die Trümmer des Zerstörten beseitigt werden müssen. Aber im Zeitraum von zwei Jahren müssen doch wenigstens Keime des Neuen sichtbar werden. Aber es ist buchstäblich nichts zu sehen!«

Aber es gibt auch Risse im Gefüge der nationalsozialistischen Kulturpolitik. Der Reichsjugendführer Baldur von Schirach bekundet offen seine Bewunderung für Künstler wie Käthe Kollwitz.

Revolte gegen die Stadt

»Kurz, Amerika betreibt eine Innenschau. Ob die ›Amerika-genügt-sich-selbst‹-Philosophie stimmt oder nicht, die Depression hat ganz sicher eine Wiederaufwertung unserer Quellen der Kunst und der Wirtschaft in Gang gesetzt und uns auf Werte aufmerksam gemacht, die vor dem großen Zusammenbruch von 1929 wenig bekannt waren und hauptsächlich nichtstädtisch sind«, erklärt der amerikanische Maler Grant Wood 1935 in seinem Manifest Revolt Against the City (Revolte gegen die Stadt). *Er spricht damit einem Teil seiner Generation aus dem Herzen, der aus den Städten flüchtet und in der Provinz seine Heimat sucht. Künstlerischen Ausdruck findet diese Tendenz im Regionalismus. Das »Zurück zur Natur«, zum einfachen Leben hat verschiedene Ursachen: In dem Protest gegen die verwaltete Industriewelt mischt sich die Ablehnung der ästhetischen Maßstäbe, die in den Metropolen an der Ostküste gesetzt werden. Ein ökonomischer Grund spielt ebenfalls eine Rolle: Präsident Roosevelt hat in der Public Works Administration ein Notprogramm für die von der Depression schwer betroffenen Künstler geschaffen, das ihnen in der Provinz ein Auskommen sichert.*

In der amerikanischen Kunstkritik wird Grant Wood und den anderen Regionalisten vorgeworfen, eine konservative, ja faschistoide Wertideologie zu propagieren. Vergleicht man jedoch das »urtümliche« deutsche Bauernbildnis mit Woods Porträts, so wird dessen unverkrampfte Zuwendung zum bäuerlichen Menschen deutlich. Death on the Ridge Road (veranlaßt durch den Unfalltod eines Freundes) ist ein Gemälde Woods, mit dem er die heile ländliche Welt in Frage stellt.

Rudolf Scheller, Bauer mit schwarzer Mütze; Große Deutsche Kunstausstellung 1940.

Gegenüberliegende Seite:
Oben: Grant Wood, Grandpa Eating Popcorn und Grandma Mending; 1934.
Unten: Grant Wood, Death on the Ridge Road; 1934.

1935

Triumph des Willens

Leni Riefenstahls *Triumph des Willens*, ein Reichsparteitag-Film der NSDAP, wird uraufgeführt. Fotografische Leitung: Sepp Allgeier; Musik: Herbert Windt; Produktion: Leni Riefenstahl.

Leni Riefenstahl erhielt vom Propagandaministerium den Auftrag, einen Film über den Parteitag der NSDAP von 1934 in Nürnberg zu drehen. Unterstützt von einem großen Kamerateam (weit über 30 Kameramänner und 120 Mitarbeiter), drehte sie einen Dokumentarfilm, in dem sie das Geschehen in mythische Zusammenhänge stellt. Durch ein Wolkengebilde schwebt Adolf Hitler in einem Flugzeug zur Erde, die der Erlösung durch ihn harrt. In dem Textbuch heißt es: »Froher Morgen. Sonne liegt über dem Land der Deutschen… Einem phantastischen Aar gleich, durchrast ein Flugzeug die Luft. Weit seine Flügel spannend… Der dröhnende Rhythmus der Motoren ruft in die Winde: ›Nürn-

berg… Nürnberg…‹ Tief unten leuchtet die Stadt. Unübersehbare Menschenmassen starren zum Himmel… Das Flugzeug! Der Führer kommt!… Als der Riesenvogel endlich über dem Flugplatz … steht, ist die erwartungsfrohe Spannung der Tausenden aufs Höchste gestiegen…

Glocken rufen ins Land… Aufmarsch der SA und SS. Fahnenwald der Amtswalter. Vorbeimarsch vor dem Führer. – Der Führer.«

Leni Riefenstahl bietet alle fotografischen Finessen auf. Die Kamera erfaßt im Aufwärtsfahren an Fahnenmasten die riesigen Ausmaße des Paradefeldes, auf dem in gewaltigen Blöcken die Formationen angetreten sind. Als Gestalter dieser Ordnung durchschreitet der Führer die Reihen, und die Kamera »vollführt in zwei Halbkreisbewegungen Schwenks um ihn herum, ohne sich ihm je zu nähern«. In der Kameraführung und der Montage liegt die Stärke des Films, der dazu gedacht ist, das Volk und das Ausland zu beeindrucken.

Varianten des Humors

Mit Amphitryon. Aus den Wolken kommt das Glück, der etwa 40. Bearbeitung der Komödie Amphitruo *des Plautus über den Mythos vom Beilager des Zeus mit Alkmene, gelingt dem Regisseur Reinhold Schünzel ein musikalisches Lustspiel, in dem alle Register der Verwechslungs- und Verkleidungskomödie gezogen werden. Obendrein darf darüber gelacht werden, daß sich Jupiter in Gestalt des Amphitryon als verhinderter Liebhaber erweist. Willy Fritsch in der Doppelrolle des Jupiter und des Amphitryon und Käthe Gold als Alkmene lassen die Herzen dennoch höher schlagen.*

Alfred Hitchcock, seit 1920 beim Film tätig, kultiviert indessen die Verbindung des Thriller-Genres mit humoristischen Elementen, etwa in der Verfilmung von John Buchans Roman The Thirty-Nine Steps *(39 Stufen).*

Mitte links: Amphitryon, 1935; Szenenfoto mit Adele Sandrock als Juno und Paul Kemp als Merkur in der Gestalt des Dieners Sosias.
Mitte rechts: The Thirty-Nine Steps, 1935; Szenenfoto mit Robert Donat.

Film

Premieren

● Carl Hoffmann: *Viktoria.* Drehbuch: Robert A. Stemmle, nach der Novelle von Knut Hamsun. Kamera: Günther Anders; Darsteller: Luise Ullrich, Mathias Wiemann, Theodor Loos. Johannes, der Müllersohn, scheitert an der unerfüllten Liebe zur adeligen Viktoria, die traditionsverhaftet ist und nicht ihrer Liebe leben will.

● Frank Lloyd: *The Mutiny of the Bounty (Meuterei auf der Bounty)* mit Charles Laughton, der in hervorragender Weise den tyrannischen Kapitän Bligh verkörpert, und Clark Gable.

● Paul Martin: *Schwarze Rosen.* Drehbuch: Curt J. Braun, Walter Supper und Paul Martin; Kamera: Fritz Arno Wagner; Musik: Kurt Schröder; Darsteller: Lilian Harvey, Willy Fritsch, Willy Bir-

gel. Die Tänzerin Marina Feodorowna ist mit dem russischen Gouverneur Abarow liiert. Sie verliebt sich in den Rebellen Collin und nimmt ihn bei sich auf. Um ihn zu retten, verspricht sie sich dem Gouverneur, begeht danach aber Selbstmord. Der Film wird begeistert aufgenommen und vor allem durch die tänzerische Leistung Lilian Harveys im In- und Ausland ein großer Erfolg.

● Jean Renoir: *Toni.* Drehbuch: Jean Renoir, Carl Einstein; Kamera: Claude Renoir; Musik: Paul Bozzi; Darsteller: Charles Blavette, Jenny Hélia, Célia Montalvan. Die Liebes- und Sozialtragödie eines italienischen Gastarbeiters. Der Film wird oft als Vorläufer des Neorealismus bezeichnet.

● Mark Sandrich: *Top Hat (Ich tanz' mich in dein Herz hinein, 1950).* Drehbuch: Dwight Taylor, Allan Scott; Musik und Songtex-

te: Irving Berlin; Darsteller: Fred Astaire, Ginger Rogers, Edward Everett Horton, Erik Rhodes, Erik Blore. Das Musical ist rasant und einfallsreich, und die Musik Irving Berlins regt Fred Astaire zu phantasievoller Choreographie an.

● Hans Steinhoff: *Der alte und der junge König.* Drehbuch: Thea von Harbou, Rolf Lauckner; Kamera: Karl Puth; Musik: Wolfgang Zeller; Darsteller: Emil Jannings, Leopoldine Kanstantin, Werner Hinz, Carola Höhn. »Gehorsam« ist die Tugend, die Friedrich als Kronprinz lernen muß. Er versucht sich der strengen Erziehung seines Vaters zu entziehen, was ihm aber nicht gelingt. Er gibt den Widerstand gegen seinen Vater recht schnell auf und arrangiert sich mit ihm. Der Film erhält das Prädikat »Staatspolitisch und künstlerisch besonders wertvoll«.

Jean Gabin in
Golgatha, 1935
Ausschnitt aus dem Plakat zur deutschen Fassung
Das Kreuz auf Golgatha, 1954

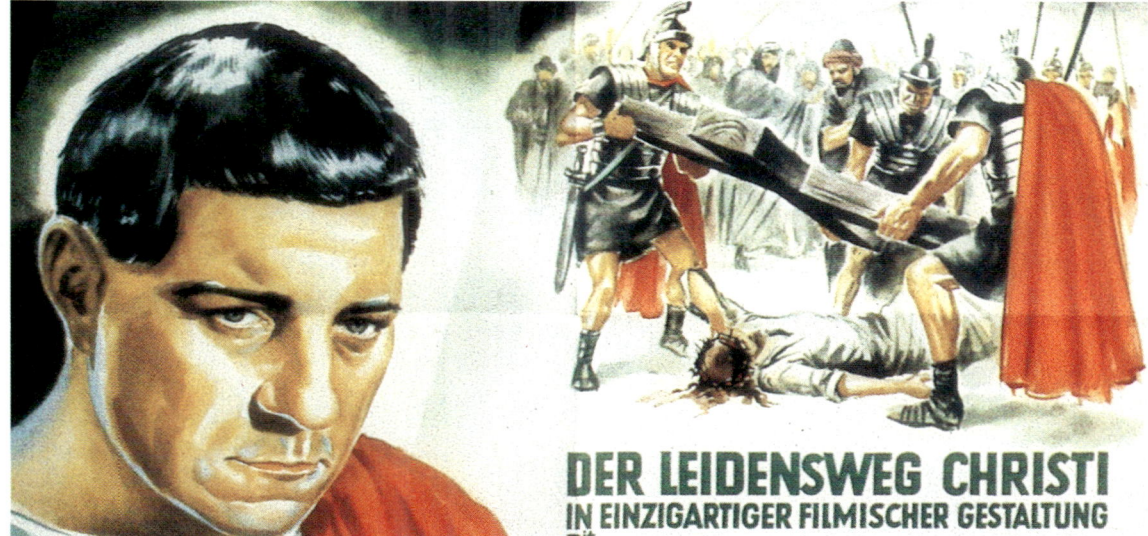

DER LEIDENSWEG CHRISTI
IN EINZIGARTIGER FILMISCHER GESTALTUNG

Greta Garbo in
Anna Karenina, 1935
Bildnis nach einem Standfoto

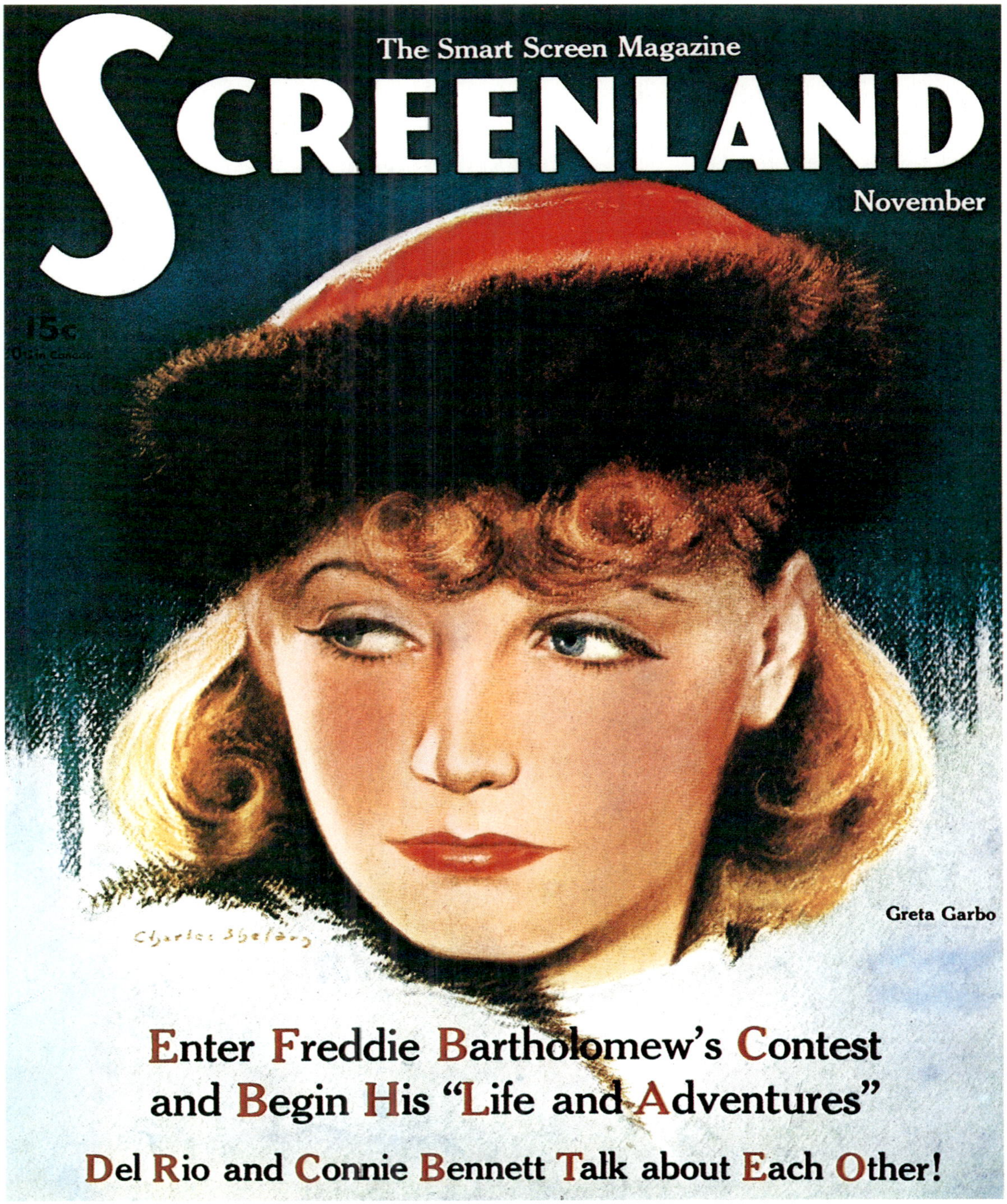
The Smart Screen Magazine
SCREENLAND
November
15c
Greta Garbo
Enter Freddie Bartholomew's Contest
and Begin His "Life and Adventures"
Del Rio and Connie Bennett Talk about Each Other!

Leidenswege im Historienfilm

Bevor es 1965/66 John Huston unternimmt, die ganze Bibel zu verfilmen (La Bibbia), *liefert die Heilige Schrift oft genug Stoffe für das Genre des Historienfilms. 1935 bringt Julien Duvivier die Passion auf die Leinwand, mit dem seit 1930 beim Film tätigen Jean Gabin als Pontius Pilatus.*
Im selben Jahr entsteht unter der Regie von Clarence Brown die neunte Filmversion von Lew Nikolajewitsch Tolstois Roman Anna Karenina *(1878). Wie in dem 1927 unter der Regie von Edmund Goulding gedrehten Stummfilm* Love *(mit Happy-End) verkörpert Greta Garbo die Titelrolle. Ist der Roman auch in der Gegenwart des Autors angesiedelt, so bildet er für den Film das Sujet für einen Historienfilm, in das sich zwangsläufig Klassikerverfilmungen verwandeln, sofern nicht eine radikale Aktualisierung vorgenommen wird.*
Doch weniger hierin liegt der Unterschied zwischen Vorlage und Adaption, sondern in dem »Mythos, in den die marmorne Schönheit der Garbo« die Titelgestalt hüllt, während Tolstoi sie zumindest auch als »hysterische, krankhaft egozentrische Frau« geschildert hat, »die mehr an ihrer Eigenliebe zugrunde geht als an den Konventionen der Zeit« (Hans Jansen). Als engstirniger Ehemann Karenin ist Basil Rathbone zu sehen, der ins Rollenfach des leicht sadistisch angehauchten Schufts gerät; Annas Geliebter Wronski, an dessen Seite die als Ehebrecherin Verfemte ihr Glück nicht findet und daher im Selbstmord endet, verkörpert Frederic March.
Nach Queen Christina *(1934) steht die 30jährige »göttliche« Garbo mit* Anna Karenina *auf dem Höhepunkt ihres Hollywood-Erfolgs. Die von schmerzlicher Resignation verklärte sanfte Ausstrahlung der Schwedin entfaltet sich erst auf der Leinwand. »Ihr Geheimnis bestand in einem gewissen Etwas in den Augen«, so berichtet ihr Regisseur Clarence Brown, »das dem Publikum zu verstehen gab, was sie meinte. Mit dem bloßen Auge konnte man es nicht erkennen, nicht einmal, wenn man bei einer Großaufnahme durch die Kamera blickte.«*

Literatur

Neuerscheinungen

● Ernest Hemingway: *The Green Hills of Africa* (*Die grünen Hügel Afrikas*, 1954), Jagderzählung, mit Reflexionen über Dichter (Flaubert, H. Mann, H. James, Poe, Tolstoi, Dostojewski) und über amerikanische Literatur.

● Wolfgang Koeppen: *Die Mauer schwankt*. In unkonventioneller Form wird die abenteuerliche Lebensgeschichte eines Baumeisters erzählt, der aus der Welt des Orients in die triste Nachkriegsatmosphäre einer ostdeutschen Stadt kommt.

● Henry de Montherlant: *Les jeunes filles* (*Erbarmen mit den Frauen*, 1957). Beginn einer Romantetralogie. Beherrschendes Thema ist das Verhältnis des Schriftstellers Pierre Costals, eines Freidenkers und Frauenhelden, zum weiblichen Geschlecht.

● Josef Weinheber: *Vereinsamtes Herz*, Gedichte über Angst, Verzweiflung, Einsamkeit und Leid. Im gleichen Jahr erscheint *Wien wörtlich*, eine poetische Huldigung an seine Heimatstadt, witzig, originell und teilweise im Wiener Dialekt geschrieben.

● Thomas Wolfe: *Of Time and the River. A Legend of Man's Hunger in His Youth* (*Von Zeit und Strom, eine Legende vom Hunger des Menschen in der Jugend*, 2 Bde. 1935), zweiter Teil eines geplanten, aber nie vollendeten sechsbändigen Romanzyklus. Hinter der Darstellung des Lebenslaufes von Eugene Grant verbirgt sich die Biographie des Autors in den Jahren 1920 bis 1925.

● Arnold Zweig: *Erziehung vor Verdun*. Zweig war im Ersten Weltkrieg Kriegsberichterstatter. In diesem Antikriegsroman beschreibt er die Geschichte des Schippers und Schreibers Werner Bertin während der Jahre 1916/17.

Tucholskys Tod in der Emigration

Am 21. Dezember scheidet Kurt Tucholsky im schwedischen Exil aus dem Leben. Niemals war er bereit, seine eigene Meinung aufzugeben. Er schrieb neben seinen Büchern für die »Weltbühne« und verteilte darin Hiebe und Schläge gegen die Nationalsozialisten, gegen den »Hordenwahnsinn, die Wonne, in Massen aufzutreten, in Massen zu brüllen und in Gruppen Fahnen zu schwenken«. 1933 wurde er ausgebürgert. Sein anfänglicher Glaube, die Leute würden nach dieser Zeitkrankheit »wieder Mut zu sich selber bekommen«, schwand immer mehr und schlug in Verzweiflung um.

Die Rechtfertigung der Emigranten

Mehr als 300 namhafte Schriftsteller gehen ins Exil. Ein Großteil der emigrierten Autoren ist sich einig, daß im Ausland eine kulturell-politische Aufgabe zu erfüllen ist. Heinrich Mann tritt wiederholt als der Wortführer der emigrierten Schriftsteller auf und schreibt in seinem Essay über die Aufgaben der Emigration:

»Die Emigration steht für Deutschland und für sich selbst, sie enthält menschliche Werte von höherem Lebensrecht als alles, was in dem niedergeworfenen Land sich breitmachen darf. Sie umfaßt Denker und Charaktere. Die andern dort hinten haben Gleichgeschaltete und Schwätzer. Sooft die Emigration öffentlich auftritt, sollte betont werden ihre Überlegenheit, viel mehr als ihr angetanes Unrecht zu empfehlen ist Stolz. Er könnte sogar zum gemeinsamen Handeln führen – anstatt daß jeder Abschnitt der Emigration nur an sich selbst denkt.«

Literaturzensur

Bernhard Payr, der spätere Leiter des Amtes zur Förderung des deutschen Schrifttums Rosenberg begründet die Zensur der Literatur mit folgenden Worten: »Es (das NS-Deutschland) benimmt... niemandem die Freiheit des künstlerischen Schaffens... Es erwartet... als weltanschauliche Mindestleistung Loyalität, und wo nicht einmal dieses selbstverständliche Minimum an Haltung aufgebracht wird, da freilich sieht es sich außerstande, einem dichterischen Kunstwerk eine zusätzliche, amtliche Förderung und Unterstützung zu gewähren.«

Verordneter Optimismus

Maxim Gorkis *Vragi* (*Die Feinde*), ein leninistisch geprägtes Schauspiel in drei Aufzügen (geschrieben 1906, von der zaristischen Zensur verboten), wird in der Sowjetunion erstmals in Moskau aufgeführt (Uraufführung Berlin 1906). Lenin, den Gorki 1905 kennenlernte, vertrat die Meinung, der Schriftsteller sei »Rädchen im Mechanismus der Parteiarbeit«. Als Mitbegründer des Sozialistischen Realismus verficht Gorki eine »wahrheitsgetreue, historisch-konkrete Darstellung der Wirklichkeit in ihrer revolutionären Entwicklung«, wie er es auf dem Sowjetischen Schriftstellerkongreß 1934 in Moskau definierte.

Der »positive Held« des Dramas glaubt an die Zukunft. Als Folge einer Aussperrung bringt die Belegschaft den Fabrikbesitzer um. Während der Ermittlungen opfert sich der Arbeiter für die Allgemeinheit und nimmt schuldlos die Tat auf sich. In diesem Akt der Solidarität demonstriert Gorki den Sieg der Partei und den Sieg der arbeitenden Klasse.

Schriftsteller im »Dritten Reich«

Die konservativen Schriftsteller, die im »Dritten Reich« geblieben sind, zeigen sich von dem nationalsozialistischen Regime enttäuscht. Es stellt sich heraus, daß die »Gleichschaltung« bei den meisten von ihnen nur rein formellen Charakter besitzt und im Grunde nur Verzicht auf die Äußerung der eigenen Meinung bedeutet und nicht Annahme der nationalsozialistischen Ideen. Schriftsteller und Künstler schätzen es am allerwenigsten, kontrolliert zu werden oder gezwungenermaßen an Versammlungen teilnehmen zu müssen.

Außerdem sind die Arbeitsbedingungen härter geworden; es gibt weniger Zeitungen und Zeitschriften, und die Honorare sind niedriger. Vielen wird auch endlich der Widerspruch zwischen Ideologie und Realität des Nationalsozialismus bewußt, und sie versuchen, das System zu kritisieren. Aber die Partei ist empfindlich, und ab einer bestimmten Grenze setzen auf kritische Äußerungen hin Repressalien ein, mag es sich um noch so geschätzte nationalsozialistische oder konservative Autoren handeln. Es gibt auch Schriftsteller, die sich erst gar nicht um die Aufnahme in den Reichsverband bemühen, die zwar weiterarbeiten, aber ihre Werke nicht veröffentlichen.

Versuche des Standhaltens

Die Abbildungen der gegenüberliegenden Seite geben Werke aus dem Jahr 1935 wieder, deren Maler versuchen, trotz der gegen sie gerichteten Angriffe ihre Arbeit in Deutschland fortzusetzen. Sie stehen in der Tradition des Expressionismus, der zu Beginn der »nationalen Erhebung« noch Verteidiger fand. Nun gilt für den Terror gegen »entartete Künstler« die Losung: »Die Freiheit des künstlerischen Schaffens muß sich in den Grenzen halten, die ihr durch die politische Idee, und nicht durch eine künstlerische Idee gesetzt sind« (Goebbels).

Lyonel Feininger steht durch seine ehemalige Zugehörigkeit zum 1933 aufgelösten Bauhaus außerhalb der »politischen Idee«. Das Aquarell Im Passat II mit der für Feininger charakteristischen Transparenz mag von dem Wunsch beseelt sein, sich der ruhigen Fahrt des Schiffes mit seinen leuchtend gelben Segeln anzuvertrauen. Feininger reist 1936 in die USA, um sich 1937 endgültig in seiner Geburtsstadt New York niederzulassen.

Erregung bringt Josef Scharl in seinem Zeitungsleser zum Ausdruck, wobei der Blick über das Blatt hinaus ins Leere zu starren scheint. Für Scharl bringt eine 1935 in Amsterdam veranstaltete Ausstellung internationale Anerkennung. 1937 in der Ausstellung »Entartete Kunst« gebrandmarkt, emigriert er 1938 in die Vereinigten Staaten.

Karl Hofers Zwei Mädchen, in zärtlicher Umarmung, sind zugleich Lauschende, die sich ihrer Bedrohung bewußt sind. 1935 gehört Hofer zu den Künstlern, deren »typisch kunstbolschewistische Darstellungen pornographischen Charakters« bei einer Berliner Auktion »beschlagnahmt und sichergestellt« werden. Im folgenden Jahr verliert Hofer sein Lehramt; er bleibt jedoch, in völliger Zurückgezogenheit, in Berlin.

Gegenüberliegende Seite:
Oben: Lyonel Feininger, Im Passat II; 1935.
Unten rechts: Josef Scharl, Zeitungsleser; 1935.
Unten links: Karl Hofer, Zwei Mädchen, 1935.

1935

Bayreuths Germanentum

Schon 1923 erklärte Winifred Wagner, die Schwiegertochter Richard Wagners und von 1930 bis 1944 Leiterin der Bayreuther Festspiele: »Ganz Bayreuth weiß, daß wir in freundschaftlicher Beziehung zu Adolf Hitler stehen.« Die Sympathie beruht auf Gegenseitigkeit. Hitler, der von sich behauptet, er sei als 12jähriger von einer Wagner-Aufführung überwältigt worden, gehört samt Gefolge zu den regelmäßigen Festspiel-Gästen. Wagner, geschätzt als »urdeutscher« Künstler und Antisemit, gilt den Nationalsozialisten als einer ihrer Vorkämpfer. Zu den Initiatoren dieser ideologischen Vergewaltigung gehört der mit Wagners Tochter Marie verheiratete britische Kulturphilosoph Houston Stewart Chamberlain, ein Mitbegründer der Rassenlehre und Verfasser einer zweibändigen Wagner-Biographie (1896, 1911). Der Ring des Nibelungen wird als Verherrlichung des (germanisch-deutschen) Machtstaates gedeutet.

Die Walküre; Rollenfoto von Martha Fuchs als Brünnhilde, Bayreuth 1935.

Aufführungsverbot

Die Operettenaufführungen an den deutschen Theatern geben dem nationalsozialistischen Staat besondere Probleme auf. Viele Komponisten gerade der beliebtesten Operetten sind jüdischer Abstammung. Obwohl die Maßnahme unpopulär ist, wird das Verbot erlassen, Werke von Offenbach, Kálmán, Hollaender, Oscar Straus und anderen jüdischen Komponisten zu spielen. Zahlreiche Operetten erhalten neue Textfassungen, weil die Librettisten Juden sind.

Auch tote Künstler fallen unter das Aufführungsverbot. Für die Dienststelle Rosenberg, die eine Überwachungsfunktion erfüllt, ist Franz Lehár »kulturpolitisch« umstritten, denn in seinen Adern fließt neben deutschem auch ungarisches und österreichisches Blut. »Abgesehen davon ist er sehr stark jüdisch verfilzt, seine Textdichter sind ja wohl ausschließlich Juden«, wird verkündet. Aber da Hitler persönlich Lehárs *Lustige Witwe* schätzt, gib er die Anweisung, daß Rosenberg Lehárs Operetten für öffentliche Aufführungen freizugeben habe.

Richard Strauss fällt bei den Nationalsozialisten vorübergehend in Ungnade, weil er sich in einem von der Gestapo abgefangenen Brief an Stefan Zweig abschätzig über das Dritte Reich geäußert hat, und Stefan Zweig, der das Libretto zur *Schweigsamen Frau*, schrieb, ist der Dienststelle Rosenberg ein Ärgernis. Er sagt dazu: »Januar 1933, als Adolf Hitler zur Macht kam, war unsere Oper, die *Schweigsame Frau* in der Klavierpartitur so gut wie fertig und ungefähr der erste Akt instrumentiert. Wenige Wochen später erfolgte das strikte Verbot an die deutschen Bühnen, Werke von Nichtariern oder auch nur solche aufzuführen, an denen ein Jude in irgendeiner Form beteiligt gewesen ist.«

Eingriff ins Gehirn

António Moniz und Almeida Lima begründen mit der »Leukotomie« (auch »Lobotomie« genannt) ein später wiederholt angewandtes Verfahren der »Psychochirurgie«. Dabei handelt es sich um eine Gehirnoperation bei schwersten Nervenleiden. Mit einem besonderen zweischneidigen Chirurgenmesser wird dazu die sogenannte Weiße Gehirnsubstanz zwischen dem Stirnhirn und anderen Gehirnabschnitten durchtrennt. Die Weiße Gehirnsubstanz besteht aus Nervenfasern, die Leitungsbahnen bilden. Diese steigen teils aus peripheren Körperbereichen auf, teils führen sie aus dem Gehirn abwärts in den Körper. Auf die Leukotomie setzt man in den folgenden Jahren große Hoffnungen. Scheint es doch so, als wäre mit dem operativen Eingriff endlich eine sichere, wenn auch drastische Methode entdeckt, um bestimmte unerträgliche Schmerzzustände zu beheben oder gewisse Geisteskrankheiten zu behandeln. Es soll sich jedoch zeigen, daß mit der Leukotomie auf die Dauer Persönlichkeitsveränderungen einhergehen, die nicht mehr rückgängig zu machen sind. Daher tritt das Verfahren später zunehmend wieder in den Hintergrund.

Erstes Fernsehprogramm wird ausgestrahlt

Das erste regelmäßig ausgestrahlte Fernsehprogramm der Welt startet am 22. März in Berlin mit einem 180-Zeilen-Bild und 25 übertragenen Bildern je Sekunde. Da Fernsehempfänger noch sehr teuer sind, werden Fernsehstuben eingerichtet, in denen man das zunächst an drei Tagen der Woche zwischen 20.00 und 22.30 Uhr ausgestrahlte Programm verfolgen kann. Ab Mai wird täglich gesendet.

Salvador Dalí
**Vorahnung des Bürgerkriegs –
Weiche Komposition
mit gekochten Bohnen**
1936

Richard Oelze
Erwartung
1935/36

Surrealismus
und politische Realität

*Die beiden Gemälde nehmen allein
schon durch ihre Titel in Anspruch, Er-
schütterungen der Gegenwart widerzuspiegeln. Zugleich hebt die Doppel-
benennung von Salvador Dalís Gemälde hervor, daß sich der konkrete
Bildbezug auf den Mitte Juli 1936 ausgebrochenen Spanischen Bürgerkrieg
in Bildgegenständen ausdrückt, die
auch »abstrakt« betrachtet werden
können, als »Komposition«, deren besonderes Merkmal die am unteren
Bildrand verstreuten, an Maden erinnernden »gekochten Bohnen« bilden.
Oder ist diese Zwei-Deutigkeit ein
Ausdruck der Unsicherheit, in der sich
Dalí als dem Faschismus zuneigender
und dadurch mit der Gruppe der Surrealisten um André Breton in Konflikt
geratener Künstler befindet?
Zwar dürfte Max Ernst kaum Dalí im
Auge gehabt haben, als er 1934 im Ka-
talogbeitrag zur Surrealismus-Ausstellung in Zürich die Abgrenzungen
vorgenommen hat: »Wenn man also
von den Surrealisten sagt, sie seien
Maler einer stets wandelbaren Traum-
wirklichkeit, so darf das nicht etwa
heißen, daß sie ihre Träume abmalen
(das wäre deskriptiver, naiver Naturalismus), oder daß sich ein jeder aus
Traumelementen seine eigene kleine
Welt aufbaue, um sich in ihr gütlich
oder boshaft zu gebärden (das wäre
»Flucht aus der Zeit«)...« Dennoch
läßt Dalís aus realistischen Elementen
und grauenvollen Motiven, wie dem
der gequetschten Brust, gestaltete alptraumartige Szene die Frage offen, inwiefern hier der Alptraum zum Selbstzweck wird.
Richard Oelzes Gemälde Erwartung
wirkt neben Dalís Vorahnung des
Bürgerkriegs zurückhaltend. Um so
eindringlichere Wirkung ermöglicht
der Verzicht auf den Schock. Die auf
ihre Weise surrealistisch gestaltete alptraumartige Verlassenheit einer großteils gesichtslosen Gruppe von Menschen angesichts eines Unwetters wird
zum Ausdruck ausweisloser Bedrohung. Eben hierdurch enthält das Gemälde zugleich den Appell, sich aus der
Erstarrung dieser passiven Erwartung
zu lösen.*

Kunst vom Reißbrett

1930 ließ sich der 22jährige gebürtige Ungar Victor de Vasarély in Paris nieder, nachdem er sich in Budapest intensiv mit dem Konstruktivismus auseinandergesetzt hat. Die französische Metropole ist nicht allein ein Zentrum des Surrealismus, sondern ebenso der Sammelplatz all jener Künstler, die ein Gegengewicht zu den als Traumphantasien verstandenen surrealistischen Bildern und Objekten schaffen wollen. Vasarély kreiert schrittweise eine mehr und mehr am Reißbrett entwickelte Gestaltungsweise, die schließlich als Op-art eine eigene Stilrichtung der Nachkriegskunst bildet. Als Themen dienen zunächst figürliche Motive, beispielsweise Zebras oder Tiger, deren gestreiftes Fell Anlaß zur ornamentalen Vereinfachung gibt. Beim Harlekin aus dem Jahr 1935 ist es das Rautenmuster des Kostüms, von dem sich Vasarély inspirieren läßt. Entgegen der Doktrin, zwischen Malerei als Flächenkunst und räumlichem Illusionismus eine klare Trennung vorzunehmen, zielt Vasarélys Gestaltungsweise darauf ab, plastisches Volumen und Bewegung zu suggerieren, und zwar durch die gezielte Ausnutzung von wahrnehmungsphysiologischen Gesetzmäßigkeiten. Er äußert hierzu Ende der sechziger Jahre, auf dem Höhepunkt seines Erfolgs: »Objektiv gesehen handelt es sich bei meinen Bildern um zweidimensionale Form-Farb-Kompositionen oder um mehrdimensionale Strukturen, an deren Entstehung Intuition, Wissenschaft und Technik gleichermaßer beteiligt sind, die visuellen Reize ausüben und dazu bestimmt sind, eine der zahlreichen plastischen Funktionen der modernen Stadt zu erfüllen.« Hierbei schimmert der konstruktivistische Ausgangspunkt durch, der sich auch in dem Ziel ausdrückt, die Unterscheidung zwischen »hoher Kunst« und Gebrauchskunst aufzuheben. So entspricht es durchaus Vasarélys Absicht, daß die Op-art in Form von Stoff- und Tapetenmustern populär wird, während die Originalwerke beispielsweise zu überdimensionalen Kugeltäuschungen anwachsen, zu denen der Bauch des Harlekin ein bescheidener Vorläufer ist.

Bildende Kunst

Werke

- Ernst Barlach: *Der Flötenbläser* (Duisburg, Wilhelm-Lehmbruck-Museum).
- Herbert Bayer: *Dunstlöcher weiß*, Fotomontage (München, Galerie Klihm).
- Salvador Dalí: *Heimkehr des Odysseus* (New York, Privatbesitz).
- Max Ernst: *Nymphe Echo* (New York, Museum of Modern Art).
- Hans Hartung: *Komposition G 36–10* (Essen, Museum Folkwang).
- Erich Heckel: *Der alte Clown stirbt* (Privatbesitz).
- Karl Hofer: *Kassandra* (Köln, Nachlaß Karl Hofer bei Baukunst-Galerie). Der Künstler warnt vor den kommenden Schrecken.
- Oskar Kokoschka: *Prag, Blick von der Moldaulände* (Berlin, Staatliche Museen Preußischer Kulturbesitz, Nationalgalerie).
- Henri Matisse: *Die grüne Bluse* (Kopenhagen, Statens Museum for Kunst).
- László Moholy-Nagy: *Komposition LK III* (München, Galerie Klihm).
- Piet Mondrian: *Komposition mit Rot und Blau* (Indianapolis, Sammlung Felix Witzinger).
- Henry Moore: *Zwei Formen* (London, Sammlung des verstorbenen Sir Michael Sadleir).
- José Clemente Orozco: *Opfer* (Mexiko, Wandmalerei in der Universität von Guadalajara).
- Hans Purrmann: *Korb mit Zitronen* (Privatbesitz).
- Karl Schmidt-Rottluff: *Spiegelnder See (Leba)*. (Essen, Museum Folkwang).

Ausstellungen

- Rotterdam: Hieronymus-Bosch-Ausstellung. Sie vereinigt erstmals alle seine Hauptwerke.

Baustein einer materialistischen Kunsttheorie

In der von Max Horkheimer herausgegebenen, seit 1933 in Paris erscheinenden »Zeitschrift für Sozialforschung« wird in französischer Übersetzung eine gekürzte Fassung von Walter Benjamins Aufsatz *Das Kunstwerk im Zeitalter seiner technischen Reproduzierbarkeit* veröffentlicht. Die postume erste deutschsprachige und vollständige Ausgabe (1963) enthält ein Vorwort, in dem es über die Intention der Schrift heißt: »Die im folgenden neu in die Kunsttheorie eingeführten Begriffe unterscheiden sich von den geläufigen dadurch, daß sie für die Zwecke das Faschismus vollkommen unbrauchbar sind. Dagegen sind sie für die Formulierung revolutionärer Forderungen in der Kunstpolitik brauchbar.« Der Verwertbarkeit der klassischen Ästhetik durch den Faschismus (z. B. in Begriffen wie Schöpfertum, Genialität, Ewigkeitswert usw.) stellt Benjamin die Entwicklung des Kunstwerks zum Massenmedium gegenüber, das etwa als Film ein neues ästhetisches, soziales und politisches Verhalten sowohl voraussetzt als auch hervorbringt. Die technische Reproduzierbarkeit des Kunstwerks (für welche die neuen Medien Fotografie und Film die kennzeichnenden Beispiele sind) hat dessen »Aura«, die unverwechselbare Einzigartigkeit, aufgehoben.
In der ästhetischen Verherrlichung des Krieges durch den Faschismus sieht Benjamin die Perversion jener auf dem Schöpfertum aufbauenden Kunstauffassung: »Das ist offenbar die Vollendung des l'art pour l'art. Die Menschheit, die einst bei Homer ein Schauobjekt für die Olympischen Götter war, ist es nun für sich selbst geworden. Ihre Selbstentfremdung hat jenen Grad erreicht, der sie ihre eigene Vernichtung als ästhetischen Genuß ersten Ranges erleben läßt.«
Unter Eingeweihten ist Walter Benjamin seit den zwanziger Jahren als Essayist, Kunstkritiker und Übersetzer hoch geschätzt. Die politische Radikalisierung seiner Gedanken wird jedoch gerade im mehr liberal orientierten Kreis um Max Horkheimer und Theodor W. Adorno mit zunehmender Distanz aufgenommen, was freilich auf Gegenseitigkeit beruht. Benjamins wissenschaftliche und kritische Arbeiten sowie sein Fragment gebliebenes Hauptwerk *Paris, die Hauptstadt des 19. Jahrhunderts* werden erst in den sechziger Jahren einem breiteren Publikum bekannt.

Ausstellungen im »Dritten Reich«

Unter dem Titel *Die Auslese* veranstalten der schon Ende der zwanziger Jahre von Alfred Rosenberg, Georg Strasser und anderen ins Leben gerufene »Kampfbund für deutsche Kultur« und die »NS-Kulturgemeinde« Ausstellungen, die planmäßig von der Reichshauptstadt aus durch die Ortsgruppen der NS-Kulturgemeinde im ganzen Reich eingesetzt werden.
Es ist der erste Versuch der nationalsozialistischen Bewegung, nicht nur das ihrer Weltanschauung gemäße Kunstschaffen zu zeigen, sondern – so wird propagiert – auch die Brücke zwischen Kunst und dem lebendigen Leben des Volkes zu schlagen. Man präsentiert überwiegend ländliche Motive und Landschaftsbilder. Für die Auswahl der vertretenen Künstler ist deren politische Haltung maßgebend.
Daneben sind thematisch gebundene Ausstellungen beliebt: *Ritter, Tod und Teufel; Blut und Boden; Geformte Kraft*, die in den Jahren 1935 und 1936 gezeigt werden. Inhaltlich festgelegte Ausstellungen werden oft auf Wanderschaft geschickt: *Seefahrt und Kunst* (Berlin 1935); *Lob der Arbeit* (Berlin 1936); *Die Straßen Adolf Hitlers in der Kunst* (Berlin 1936); *Der Wald* (Berlin 1937); *Das Bild der Heimat* (Oberhausen 1938); *Deutsches Land* (Gera 1938) und *Mensch und Landschaft* (Bautzen 1938).

Surrealistische Objekte

Der Surrealismus gewinnt in den dreißiger Jahren an Popularität. Es entsteht eine internationale Bewegung mit Paris als Zentrum. Erster Höhepunkt ist die hier von Charles Ratton im Mai veranstaltete Exposition surréaliste d'objets. Für diese Ausstellung gestaltet Meret Oppenheim ihr Objekt Le déjeuner en fourrure (Pelzfrühstück). Für den Objektkünstler und Fotografen Man Ray ist die aus Basel stammende Künstlerin das Idealbild der femme surréaliste.
Die Forderung der Surrealisten, widersprüchliche Beziehungen herzustellen, ist in Meret Oppenheims Pelzfrühstück in doppelter Weise eingelöst: Tasse, Untertasse und Löffel, mit Pelz überzogen, rufen ein geradezu körperliches Schaudern hervor, die ursprüngliche Gebrauchsfunktion der Gegenstände ist aufgehoben.
Der Titel des Objekts enthält aber auch ein beziehungsreiches Wortspiel. Frühstück heißt im Französischen petit déjeuner; mit déjeuner ist das vornehme zweite Frühstück mit Austern und Champagner gemeint, für das sich die Damen in Pelz hüllen.

Meret Oppenheim, Le déjeuner en fourrure (Pelzfrühstück); 1936.

1936

Ein deutscher Western

Der Kaiser von Kalifornien, ein Film, bei dem Drehbuch, Regieführung und Hauptdarsteller in der Person von Luis Trenker vereint sind, wird in diesem Jahr uraufgeführt. Er wird heute etwas ironisch als »der beste deutsche Western« bezeichnet.

Trenker hat die Geschichte des Buchdruckers Sutter verfilmt, der in der Schweiz politisch verfolgt wird, 1834 in die USA flieht, sich in Kalifornien ansiedelt und sich dort nach anfänglichen Mißerfolgen durchsetzt. 1848 findet einer von Sutters Leuten 40 Meilen nordwärts von dessen Fort Gold. Der Goldrausch bricht aus, Sutters Ernten werden niedergetrampelt, seine Arbeiter laufen davon, seine zwei Söhne werden erschossen. »Rache, Rache tickt es in allen Köpfen, Rache für eine verlorene Illusion«.

Trenker drehte den Film, wie er später erzählt, für 20 000 Dollar »in Arizona, in Nevada, Kalifornien und Texas. Wir besuchten im Staate Sacramento Sutters Fort, das heute als Nationaldenkmal gehütet wird, wir drehten in den Wäldern von Coloma, wo auf Sutters Grund und Boden von einem Mormonen die ersten Goldnuggets gefunden wurden, wir verfolgten Sutters abenteuerlichen Weg durch die Rocky Mountains, besuchten die armseligen Indianerreservationen, schlossen Freundschaft mit den Hopis und Navajos ... Die Hitze war fast unerträglich, das Thermometer zeigte im Schatten einhundertfünfundvierzig Grad Fahrenheit ... Als die Amerikaner nach dem Krieg in Deutschland einrückten, wurde *Der Kaiser von Kalifornien* von ihnen als »antiamerikanisch« verboten. Gleichzeitig aber verboten die Russen ihn in Wien als »proamerikanisch«; damit war die Welt wieder ins Gleichgewicht gekommen. Ich aber hatte mich an Verbote so gut gewöhnt wie an Auszeichnungen.« Der Film wird auf der Biennale 1936 als beste ausländische Produktion mit dem Mussolini-Pokal ausgezeichnet.

Fred Astaire, der Mann mit den gewitzten Beinen

Der Choreograph und Ballettmeister George Balanchine charakterisiert den unnachahmlichen Fred Astaire als den »interessantesten, erfindungsreichsten und elegantesten Tänzer der Welt«. Als sein Film Swing Time in die Kinos kommt, ist er bereits ein vielumworbener Publikumsliebling. Swing Time (Regie: George Stevens) ist Fred Astaires siebter Film seit 1933, und sein sechster Film, in dem er zusammen mit Ginger Rogers tanzt.

Die Stories der Astaire-Rogers-Filme sind sich stets ähnlich: Eine romantische Liebesgeschichte, bei der sich Fred anfangs unbeholfen der angebeteten Ginger nähert, bis sich beide dann im gemeinsamen Tanz ihre gegenseitige Liebe eingestehen. Swing Time mit der Musik von Jerome Kern und den Songtexten von Dorothy Fields ist allerdings in besonderem Maße durch die Mischung von Romantik und Ironie bis hin zum Sarkasmus gekennzeichnet.

Dieser Film lebt wie die anderen nicht vom Inhalt, der Handlung, sondern von der faszinierenden, mimisch-gestischen Tanzkunst Fred Astaires. Zylinder, Frack, Lackschuhe und das kokette Stöckchen sind die Accessoires des steppenden Künstlers. Seine flinken Schritte wirken mühelos und bezwingend natürlich. Zugleich ist Fred Astaire aber bekannt für sein unermüdliches Streben nach Perfektion; er übt oft tagelang die genaue Abfolge seiner Schritte und Bewegungen bis ins kleinste Detail. Sein Prinzip: keine Figur darf sich wiederholen. Die Songs berühmter Filmkomponisten, die der Tänzer mit seiner unausgebildeten Stimme singt, werden vor allem durch seinen tänzerischen Charme erfolgreich. Fred Astaire ist der nimmermüde Sonnyboy und Herzensbrecher, sein Tanz strahlt unverbrauchte Jugendlichkeit und fröhliches Temperament aus, die das Publikum bezaubern.

Swing Time, 1936; Szenenfoto mit Fred Astaire als Tänzer und Spieler Lucky Garnett und Ginger Rogers als Tanzlehrerin Penny.

Ein neuer meisterhafter Hitchcock

Mit *Sabotage* kommt ein typischer Hitchcock in die britischen Kinos, in dem der Regisseur einmal mehr seine Fähigkeit, Spannung zu erzeugen, unter Beweis stellt. Das Drehbuch schrieb Charles Bennett nach dem 1906/07 erschienenen Roman *The Secret Agent* (*Der Geheimagent*, 1926) von Joseph Conrad. Dagegen hat der ebenfalls in diesem Jahr angelaufene Hitchcock-Film *The Secret Agent* mit Conrads Roman nichts zu tun.

Es geht um den Agenten Verloc (Oscar Homolka), der einen Bombenanschlag plant und den kleinen Bruder (Desmond Tester) seiner Frau (Sylvia Sidney) als Werkzeug benutzt, indem er ihn die Bombe in einem Paket transportieren läßt. Jedoch klappt der Zeitplan nicht; die Bombe explodiert im Bus und tötet dabei den Kleinen. Als Verlocs Frau hinter die Machenschaften ihres Mannes kommt, bringt sie ihn um. In einer meisterhaft gelungenen Montagesequenz vermag Hitchcock, allein durch die Gegenüberstellung von Gegenständen und eine geschickte Kameraeinstellung Sylvias Mordabsicht und die Reaktion ihres Mannes zu vermitteln. Die Kameraführung oblag Bernard Knowles, Produzent war Michael Balcon.

Film

Premieren

● Pare Lorentz: *The Plow That Broke the Plains* (*Der Pflug, der die Felder aufbrach*). Produzent, Drehbuch und Schnitt: Pare Lorentz; Kamera: Paul Strand, Ralph Steiner, Leo Hurwitz, Paul Ivan; Musik: Virgil Thomson; Sprecher: Thomas Chalms. Ein Dokumentarfilm über die Auswirkungen einer katastrophalen Dürreperiode im amerikanischen Mittelwesten. Hollywood versucht, diesen von einer landwirtschaftlichen Organisation in Auftrag gegebenen Film zu boykottieren.

● Gustaf Molander: *Intermezzo*. Drehbuch: Gustaf Molander und Gösta Stevens; Kamera: Ake Dahlquist; Darsteller: Gösta Ekman, Ingrid Bergman, Inga Tidblad, Hasse Ekman. Der schwedische Film erzählt eine zarte Liebesgeschichte, die Ingrid Bergman berühmt macht.

● Jean Renoir: *Une partie de campagne*, Uraufführung 1946 (*Eine Landpartie*, 1955). Drehbuch: Jean Renoir, nach einer Kurzgeschichte von Guy de Maupassant; Kamera: Claude Renoir; Musik: Joseph Kosma, Germaine Montero; Darsteller: Jeanne Marken, Sylvie Bataille. Eine wehmütige Liebesgeschichte, die mit heiterer Gelassenheit erzählt wird.

● Jean Renoir: *Le crime de Monsieur Lange* (*Das Verbrechen des Herrn Lange*). Drehbuch: Jean Renoir, Jacques Prévert; Kamera: Jean Bachalet; Musik: Jean Wiener, Joseph Kosma; Darsteller: Jules Berry, René Lefèvre, Florelle, Nadia Sibirskaia, Sylvie Bataille, Henry Guisol, Marcel Levesque, Odette Talazac. Ein hervorragend inszenierter Film, der den Vorläufer für *La vie est à nous* (*Das Leben gehört uns*), den in diesem Jahr für die kommunistische Partei gedrehten (und von der Zensur verbotenen) Film, darstellt. Ein Arbeiterkollektiv übernimmt einen Verlag, dessen Besitzer untertaucht. Dieser kehrt zurück, nachdem die Arbeiter das Unternehmen zum Erfolg geführt haben, um wieder die Leitung zu übernehmen. Doch einer der Arbeiter tötet ihn.

Charlie Chaplin
Modern Times
1936

Am 5. Februar hat der Film Modern Times (Moderne Zeiten) Premiere. Drehbuchautor, Regisseur und Hauptdarsteller (zum letzten Mal als Tramp) ist Charlie Chaplin. Als seine weibliche Partnerin verkörpert Paulette Goddard ein Waisenkind, das mit seiner witzigen Munterkeit dem Tramp ebenbürtig ist.

Berühmt wird der Film vor allem wegen seines ersten Teils: Charlie Chaplin als Arbeiter gerät in das Räderwerk der Industrie. Die Monotonie und gleichzeitige Bedrohung durch die Maschine rauben ihm den Verstand, er führt einen grotesken Tanz auf und landet schließlich in der Heilanstalt. Über den weiteren Verlauf der Handlung berichtet Chaplin in seiner Geschichte meines Lebens: »Nach seiner Heilung wird der Tramp festgenommen und trifft mit einem vagabundierenden Mädchen zusammen, das auch

verhaftet worden ist, weil es irgendwo Brot gestohlen hat. Sie treffen sich in einem Transportwagen der Polizei. Von da an geht es darum, darzustellen, wie diese beiden versuchen, mit der modernen Zeit fertig zu werden. Sie geraten in die Wirtschaftskrise, erleben Streiks, Unruhen und Arbeitslosigkeit.«

Den Stoff entnimmt Chaplin den Erzählungen eines Journalisten über die Arbeit an den Fließbändern in Detroiter Fabriken. Die Szene, in der Chaplin in ein riesiges Räderwerk gerät, beruht aber auch auf einem Angsterlebnis aus der Zeit, in der das Kind Chaplin an einer Druckerpresse arbeitete: »Als mich der Meister an die Maschine führte, ragte sie wie ein Ungeheuer vor mir auf...Er zeigte mir den Hebel und stellte das Untier auf halbe Geschwindigkeit. Es begann zu rollen, zu knurren und zu mahlen. Ich glaubte, es werde mich verschlingen.«

Die Darstellung der menschenfeindlichen Technik und des Elends der Zeit bringen ihm von Linken wie von Konservativen den Ruf ein, »Kommunist« und »Sozialrevolutionär« zu sein. Chaplin geht aber nie von der Klassenfrage aus, er verurteilt die modernen Ausbeutungsmethoden moralisch; er ist gegen die Vermassung und sucht das Glück im Individualismus. Die letzte Szene von Modern Times bringt diese Haltung in rührender Einfalt zum Ausdruck: Der Tramp und das Mädchen ziehen Hand in Hand auf die weite Landstraße hinaus.

Modern Times ist ein Stummfilm. Chaplin versucht immer noch, den Tonfilm aufzuhalten, er lehnt ihn ab: »Die Tonfilme? Sie können sagen, daß ich sie verabscheue. Sie kommen und zerstören die älteste Kunst der Welt, die Kunst der Pantomime. Sie zerstören das schöne große Schweigen.«

Mosaike im
Baptisterium von Florenz
Die Träume des Pharao
und
**Joseph gibt sich seinen
Brüdern zu erkennen**
13. Jahrhundert

Peter Cornelius
**Joseph deutet die Träume
des Pharao**
und
**Joseph gibt sich seinen
Brüdern zu erkennen**
1816/17

Der erste Volkswirt

»Man muß dem intellektuellen Faschismus den Mythos wegnehmen und ihn ins Humane umfunktionieren«, äußert Thomas Mann gegenüber dem ungarischen Mythenforscher Karl Kerény. Er charakterisiert damit die Absicht, die er mit seiner Romantetralogie Joseph und seine Brüder verfolgt.

Ein Angelpunkt ist die Episode der Traumdeutung. Dem Bericht in Genesis 41 ff. zufolge sah der ägyptische Pharao im Traum, wie sieben magere Kühe sieben fette, sieben magere Ähren sieben fette verschlingen. Josephs Deutung der Träume setzt die sieben mageren Kühe bzw. Ähren einer Periode der Mißernte und Hungersnot gleich, die auf ertragreiche Jahre folgt. Sein Rat ist die Einrichtung von Vorratskammern. Thomas Mann fügt diesen Motivzusammenhang in seine Gesamtkonzeption einer »verschämten Menschheitsgeschichte« in der Weise ein, daß Joseph als erster »Volkswirt« das Heraustreten aus einem »Leben im Mythos« verkörpert.

Thomas Manns Ziel ist es, durch seine aus Erzählung und essayistischen Einschüben gemischte Darstellung die von den beiden Bildpaaren angedeutete Wirkungsgeschichte der Josephs-Gestalt gleichsam nach zwei Seiten hin zu ergänzen: zum mythischen Ursprung vorzudringen und eine heutige, nicht zuletzt von Sigmund Freud beeinflußte Betrachtungsweise des Mythos zu entwickeln.

Nach der Veröffentlichung der beiden ersten Bände (1933 und 1934) in Berlin erscheint der dritte Band Joseph in Ägypten 1936 in Wien. Am 12. Dezember desselben Jahres werden Thomas Mann und seine Familie, die seit 1933 in der Emigration leben, ausgebürgert. Den letzten Anstoß gab seine öffentliche Äußerung: »… daß aus der gegenwärtigen deutschen Herrschaft nichts Gutes kommen kann, für Deutschland nicht und für die Welt nicht – diese Überzeugung hat mich das Land meiden lassen.«

Thomas Mann schließt die Joseph-Tetralogie in den Vereinigten Staaten ab; der vierte Band Joseph, der Ernährer erscheint 1943 in Stockholm.

Terror gegen die Juden

Nach Abschluß der Olympiade wird die antisemitische Agitation gegen die Juden wiederaufgenommen. Es werden eine Anzahl neuer Erlasse von den Behörden herausgegeben. Hier eine Auswahl: Jüdische Medizinalpraktikanten dürfen nur noch in jüdischen Krankenhäusern tätig sein, jüdische Ärzte nur noch Juden behandeln, und man entzieht den Ärzten die Zulassung zu den Krankenkassen. Israelitische Nachrichten dürfen nicht mehr in der deutschen Presse veröffentlicht werden.

Jüdische Kunsthändler haben von der Reichskulturkammer die Anweisung erhalten, ihre Bestände innerhalb kürzester Zeit zu veräußern. Die jüdischen Zeitungen gehören vom 1. Oktober an nicht mehr der Reichspressekammer an.

Der »Reichsverband der jüdischen Kulturbünde«, eine von den Nationalsozialisten angeordnete Zwangsorganisation, wurde 1935 von Kurt Singer, Kurt Baumann, Werner Levie und Julius Bab gegründet, die auf diese Weise hofften, das jüdische Kulturleben aufrechterhalten zu können. 1936 hat der Kulturbund 180 000 Mitglieder. Bis zu seiner Auflösung (September 1941) finden allein über sechshundert Konzerte und über fünfhundert Opernaufführungen statt.

Den jüdischen Kindern wird der Besuch deutscher Schulen und Universitäten untersagt sowie die Benutzung öffentlicher Bibliotheken. Für ganz Deutschland werden acht jüdische Schulen zugelassen. In Thüringen ordnen die Behörden an, daß alle Bilder, die die Geschichte der Juden im Alten Testament illustrieren, aus den Klassenzimmern entfernt werden müssen. Das Kultusministerium gibt die Kapitel in Hitlers *Mein Kampf*, die die Judenfrage und das Rassenproblem behandeln, gesondert als Schul- und Jugendlektüre heraus. Die antijüdische Politik der Nationalsozialisten verschärft sich von Jahr zu Jahr.

Literatur

Neuerscheinungen

● Georges Bernanos: *Journal d'un curé de campagne (Tagebuch eines Landpfarrers*, 1936). Unter Einschränkung alles Romanhaften schildert Bernanos in Form eines Tagebuches das Wirken eines Landpfarrers und dessen kritische Auseinandersetzung mit sich selbst und seiner Pfarrgemeinde.

● Hans Carossa: *Geheimnisse des reifen Lebens.* Roman. Angermanns Ehe wird durch das Erscheinen zweier Freundinnen, Sibylle und Barbara, gestört. Der Mann bekennt sich schuldig, weil er sich verpflichtet fühlt, »auch in diesem Reich der Dämonen auf Ordnung zu halten«.

● William Faulkner: *Absalom, Absalom!* (deutsche Übersetzung 1938). Der Roman spielt in den Jahren 1833 bis etwa 1910 in den Südstaaten der USA, deren Probleme das beherrschende Thema darstellen (die Beziehungen zwischen Schwarzen und Weißen, die Auswirkungen des Sezessionskrieges).

● Trygve Gulbranssen: *Das Erbe von Björndal.* Die Familiengeschichte, die mit dem Roman *Und ewig singen die Wälder* begann, wird hier mit der Hochzeit des jungen Bauern Björndal und der Offizierstochter fortgesetzt.

● Oskar Loerke: *Der Wald der Welt.* Letzte von (ab 1911) sieben Gedichtsammlungen; zentrale Motive sind die Vergänglichkeit des Menschen und der Untergang eines Volkes, das seine Daseinsberechtigung an böse Dämonen verspielt hat.

● Klaus Mann: *Mephisto. Roman einer Karriere.* Sarkastisch und ironisch erzählt Klaus Mann den Aufstieg eines charakterlosen, skrupellosen Provinzschauspielers zum Intendanten, Urbild ist Gustaf Gründgens. Das menschliche Versagen ist das Hauptthema des Romans. Er ist eine glaubwürdige Beschreibung der korrumpierten, inhumanen Gesellschaft.

● Ferdinand Ramuz: *Der junge Savoyarde.* Der Schiffer Joseph verliebt sich während einer Zirkusvorstellung in eine Seiltänzerin. Aber die Unversöhnlichkeit zwischen Ideal und Wirklichkeit läßt ihn zugrunde gehen.

● Joseph Roth: *Beichte eines Mörders, erzählt in einer Nacht,* entstanden im französischen Exil. Der psychologisierende Unterhaltungsroman ist kolportageartig geschrieben. Golubtschik hält sich für den Mörder seines Halbbruders und dessen Freundin Luteria, bis er nach dem Weltkrieg seine vermeintlichen Opfer wiedertrifft.

● Frank Thieß: *Tsushima.* Roman über die Vernichtung der russischen Flotte 1905 bei Tsushima. Der Romancier prägte das Schlagwort von der »inneren Emigration«.

Die Staatsaufsicht über das deutsche Buch

Das Buch dient im »Dritten Reich« an erster Stelle einer Ästhetisierung der Politik. Das bedeutet für den Autor entweder Exil, Anpassung oder innere Emigration. Hans Erich Nossack und Elisabeth Langgässer z. B. machen den Nationalsozialisten gegenüber keine Kompromisse und veröffentlichen nichts mehr.

Es gibt andere Autoren, die vor der Machtübernahme gesellschaftskritisch geschrieben haben und nun erfolgreich harmlose Bücher verfassen, wie Hans Fallada, oder humanistische und christliche Themen wählen. Gottfried Benn, der mit 80 anderen Künstlern ein »Treuegelöbnis« für Hitler unterschrieben hat, darf seine *Ausgewählten Gedichte* 1936 zwar noch veröffentlichen, wird aber vom NS-Ärztebund als Jude verdächtigt und bekommt Schwierigkeiten wegen seiner frühen expressionistischen Gedichte.

Das Reichspropagandaministerium entscheidet, welche Autoren und welche Bücher »unerwünscht« oder »schädlich« sind. Bauern-, Geschichts-, Heimat- und Kriegsromane erzielen Spitzenauflagen; so Manfred von Richthofen: *Der rote Kampfflieger* (innerhalb von drei Jahren 747 000 verkaufte Exemplare); Richard Voß: *Zwei Menschen* (860 000); Waldemar Bonsels: *Die Biene Maja* (770 000).

Die »Blut und Boden«-Literatur verfügt über eine große Leserschaft. So hat Ganghofer allein in diesem Jahr mit acht Titeln eine Auflage von 3 289 000 Exemplaren. Aber auch die skandinavischen Autoren sind beliebt. *Und ewig singen die Wälder* von Trygve Gulbranssen erlebt eine Auflage von 545 000 Stück.

Es gelingt dem Propagandaministerium nicht, den gesamten Buchverkauf nach seinen Vorstellungen auszurichten. Aber die Gewichte verlagern sich, und etwa sechzig Prozent aller Buchkäufe gelten bereits dem NS-Schrifttum.

Kulturdiktatur

Das nationalsozialistische Deutschland präsentiert sich den Gästen der am 1. August eröffneten XI. Olympischen Sommerspiele als Land mit wirtschaftlichem Aufschwung und intensiver staatlicher Kulturpflege. Zugleich ist 1936 das Jahr, in dem der Ausbau des kulturpolitischen Instrumentariums zum Abschluß gelangt. Joseph Goebbels kann Ende des Jahres melden, daß die Reichskulturkammer nun »völlig judenrein« sei. Ende November verbietet Goebbels die Kunstkritik. In der »Tagesparole« vom 30. November heißt es: »Eine absolute Wertbestimmung können allein der Staat oder die Partei geben. Ist eine solche Wertbestimmung gegeben, dann selbstverständlich steht es dem Kunstschriftleiter frei, mit diesem Wert zu messen. Nur die Landesstelle kann dem Kunstschriftleiter eine derartige Weisung bzw. Erlaubnis geben. Sie muß diese Weisung in jedem Fall vom Ministerium erhalten haben.« Aus der Kunstkritik wird der »Kunstbericht«.

Joseph Goebbels eröffnet am 31. Juli die Berliner olympische Kunstausstellung.

Musik

Premieren

● Alban Berg: *Violinkonzert* (Uraufführung in Barcelona am 19. April). Berg beendete das Konzert vier Monate vor seinem Tod. Das Werk von 25 Minuten Spieldauer war ein Kompositionsauftrag des amerikanischen Geigers Louis Krasner und ist dem Andenken einer Tochter von Gustav Mahlers Witwe gewidmet (»Requiem für Manon«). Berg übernahm das Schönbergsche Ordnungssystem der Zwölftonreihe.
● Werner Egk: *Geigenmusik mit Orchester*. Egk verarbeitet in diesem Violinkonzert mit äußerstem Raffinement die urwüchsig kraftvolle bayerische Volksmusik.
● Sergei Prokofjew: *Peter und der Wolf*. Musikalisches Märchen für Sprecher und Orchester, op. 67, eine sinfonische Erzählung, in der jede Figur durch eine Melodie und ein bestimmtes Instrument gekennzeichnet ist.
● Arnold Schönberg: *Violinkonzert*, op. 36. Das Werk wandelt die klassischen Formen in phantasievoller Weise ab. Eine originale Variationentechnik spinnt sich um das Zwölftonthema.
● Norbert Schultze: *Schwarzer Peter*. Eine Oper für große und kleine Leute, nach dem niederdeutschen Märchen *Erika* von Heinrich Traulsen (Uraufführung, Hamburger Staatsoper, 6. Dezember).

Ereignisse

● Berlin: Tatjana Gsovsky kehrt an die Tanzschule Victor Gsovsky in Berlin, eine der bekanntesten Ballettschulen Deutschlands, zurück, die sie weiterführt.
● Paris: Die französische Komponistenvereinigung »Jeune France« wird von Yves Baudrier, André Jolivet, Daniel Lesur und Olivier Messiaen gegründet.

Übermenschen und Opfer

Die Olympischen Spiele in Berlin finden ihre ästhetisch-ideologische Überhöhung im offiziellen Olympia-Film von Leni Riefenstahl, der nach zweijähriger Montagearbeit fertiggestellt wird. Sportliche Siege erscheinen als Taten von Übermenschen, denen die Massen unter dem Lächeln Hitlers zujubeln. Ausgeblendet ist der Rassismus, der sich etwa darin zu erkennen gibt, daß Hitler es vermeidet, dem vierfachen Goldmedaillengewinner Jesse Owens bei der Ehrung die Hand zu geben. Rassismus begleitet auch das herausragende Sportereignis im Vorfeld der Olympiade: den Ausscheidungskampf um die Weltmeisterschaft im Schwergewicht zwischen dem (siegreichen) Max Schmeling und dem Farbigen Joe Louis in New York. Fletscher Martin stellt in seiner den Boxkampf verfremdenden Darstellung den Sieg des Weißen in physischer Hinsicht in Frage; am Boden liegt der Repräsentant der sozial Unterlegenen.

Das mörderische System des Faschismus enthüllt jedoch das Schicksal des Pazifisten Carl von Ossietzky. In der Nacht des Reichstagsbrandes am 27. Februar 1933 verhaftet, gerät er im KZ Papenburg-Esterwegen in die Hände des sadistischen SS-Schergen Hans Loritz. Als Ossietzky Ende November 1936 der Friedensnobelpreis für das Jahr 1935 verliehen wird, ist er längst das unmenschlich zugerichtete Opfer jenes olympiadisch verherrlichten Übermenschtums. Er stirbt am 4. Mai 1938 in einer Berliner Klinik an den Folgen der Folterungen. Die Preisverleihung bildet den Anlaß für das Verbot für Reichsdeutsche, einen Nobelpreis anzunehmen.

Carl von Ossietzky im KZ Papenburg-Esterwegen, um 1935.

Gegenüberliegende Seite:
Oben links: Hans Lischka, Einlauf des Marathon-Siegers Kitai Son in das Olympiastadion, 1936.
Oben rechts: Olympiade-Sonderheft, 1936.
Unten: Fletscher Martin, Down for the Count (Zu Boden zum Auszählen); 1936/37.

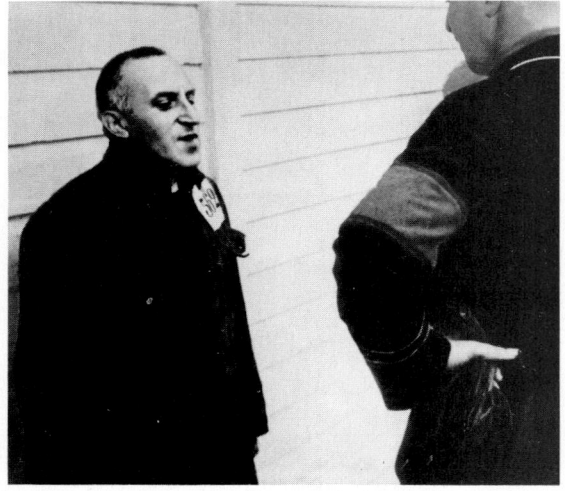

Unsere frühesten Vorfahren

Bei Sterkfontein in der südafrikanischen Provinz Transvaal werden neue Schädelfunde gemacht, bei denen es sich um Überreste des »Australopithecus africanus« handelt. Die auch in Südostafrika gefundenen Skelettreste deuten darauf hin, daß der Australopithecus zwischen den Menschenaffen und den heutigen Menschen gestanden hat und zu einer Zeit vor etwa zwei Millionen Jahren während des frühen bis mittleren Pleistozäns lebte. Der Australopithecus besaß stark schnauzenartig vorspringende Kieferknochen und eine fliehende Stirn, aber gegenüber dem Schimpansen hatte er schon ein deutlich vergrößertes Vorderhirn. Das läßt auf bereits gesteigerte geistige Fähigkeiten schließen, denn im Vorderhirn liegen zahlreiche Zentren, in denen kompliziertere Denkvorgänge möglich sind.

Das Mutterbild im Nationalsozialismus

Die Ende der zwanziger Jahre begonnene Emanzipation der Frau wird wieder rückgängig gemacht. Die Frau soll sich auf ihre Hausfrauen- und Mutterrolle besinnen, damit genügend Kinder heranwachsen, die im Sinne des Nationalsozialismus erzogen werden.

In »Deutsche Frauen, Bildnisse und Lebensbeschreibungen« kann man lesen: »Immer vom Abgrund bedroht, bietet sich die Frau zum Gefäß der Erneuerung ihres Volkes dar, und was sie willig empfängt, geduldig austrägt und unter Schmerzen zur Welt bringt, damit speist sich der Strom der Kraft, der ein Volk unsterblich sein läßt, solange der mütterliche Quell nicht versiegt … In ihrer Mütterlichkeit besitzt die Frau ihre einzige, aber … zugleich eine einzigartige Schlüsselstellung, nicht zur Eroberung, nicht zur Beherrschung, aber zur Durchdringung der Welt.« Zur Unterstützung dieses Idealbildes finden überall im Reich Muttertagsfeiern statt, und ab 1938 wird das dreistufige Mutterkreuz Müttern ab vier Kindern als Ehrenzeichen verliehen.

Der Frau wird die Gleichberechtigung in der Gesellschaft und am Arbeitsplatz abgesprochen. »Die Entfernung der Frauen aus dem öffentlichen Leben, die wir vornehmen, geschieht nur, um ihnen die Frauenwürde zurückzugeben«, sagt Goebbels in einer Rede. Zahlreiche verheiratete Ärztinnen, Lehrerinnen, Beamtinnen werden entlassen. Der Frauenanteil in allen akademischen Berufen geht spürbar zurück. Ab 1936 darf keine Frau mehr Richter oder Staatsanwalt sein. Die Nationalsozialisten begründen dies damit, daß Frauen angeblich weder logisch denken noch objektiv urteilen können. Erst als allenthalben bedrängender Arbeitskräftemangel herrscht, werden die Bestimmungen gelockert.

Naturwissenschaft, Technik, Medizin

● Marcel Laporte erfindet das elektronische Blitzlicht. Die bisher üblichen, nur einmal verwendbaren Blitzbirnen bekommen starke Konkurrenz.
● Der 297 Meter lange britische Turbinen-Ozeandampfer »Queen Mary« mit 66 000 Tonnen Wasserverdrängung und 180 000 PS Leistung gewinnt mit einer Ozeanüberquerung in drei Tagen, 23 Stunden und 57 Minuten das »Blaue Band«.
● Das Vitamin »B 1« wird synthetisch hergestellt. Sein Fehlen im menschlichen Körper führt zur »Beriberi«-Krankheit, einer Avitaminose, bei der sich Mangel in Form von Lähmungen, Kräfteverfall oder als Herzkrankheit äußert.

Berliner Illuftrirte Zeitung

2. SONDERHEFT

PREIS 1 MARK

BERICHT
in Wort und Bild

„Die 16 olympischen Tage"

Am 19. Juli wird in München das neoklassizistische, von dem 1934 gestorbenen Architekten Ludwig Troost entworfene Haus der Kunst eröffnet, das den 1931 abgebrannten Glaspalast ersetzen soll. Im Hinblick auf die angebliche technizistische Einheitsbauweise der verfemten Moderne, sei es in dem vom Bauhaus geprägten oder im futuristischen Stil, erklärt Adolf Hitler in seiner Eröffnungsrede, dies sei »ein Tempel der Kunst und keine Fabrik, kein Fernheizwerk, keine Bahnstation oder elektrische Umschaltzentrale«. Die nationalsozialistische Monumentalarchitektur besitzt ihr erstes Musterbeispiel. Das Haus der Kunst ist Schauplatz der nun alljährlich veranstalteten Großen Deutschen Kunstausstellung.

Eine weitere Ausstellung wird im alten Galeriegebäude der Münchener Hofgartenarkaden gezeigt. Ihr Thema: Entartete Kunst. Sie bildet den Abschluß des von Hitler 1936 auf dem Nürnberger Parteitag verkündeten »unerbittlichen Säuberungskriegs« gegen die »letzten Elemente« der »überwundenen Vergangenheit«.

In ihrer Auswahl und Präsentation entspricht diese Ausstellung den schon 1933 eingerichteten »Schreckenskammern« und »Schandausstellungen«, in denen Werke moderner Künstler mit Bildern von Insassen von Heilanstalten in Zusammenhang gebracht wurden; als ebenso wirksam erwiesen sich Hinweise auf die zum Ankauf moderner Kunst »vergeudeten« Steuergelder. Das Plakat links im verfemten Bauhaus-Stil wirbt für eine schon im März 1936 gezeigte Ausstellung »Entartete Kunst«, daneben ein Plakat zur Fortsetzung der Münchener Ausstellung von 1937 als Wanderausstellung. Rechts schließlich ein Plakat mit einer Skulptur in dem als artgemäß propagierten neuklassizistischen Weihestil. Zusammengestellt wurde die Ausstellung »Entartete Kunst« von 1937 durch eine Kommission unter Leitung des neuen Präsidenten der Reichskunstkammer, Adolf Ziegler. Der Erfolg, den die Wanderausstellung findet, ist nur zu einem kleinen Teil darauf zurückzuführen, daß Besucher Abschied von der nun endgültig aus Museen und Ausstellungen verbannten modernen Kunst nehmen. Mit ihrer Diffamierung der Gegenwartskunst vom Spätimpressionismus (Max Liebermann, Lovis Corinth, Max Slevogt) über Expressionismus und Abstraktion bis zur kritischen Neuen Sachlichkeit (Otto Dix, George Grosz) und zum Surrealismus entspricht die nationalsozialistische Kunstpolitik den Vorurteilen und Aversionen eines breiten Publikums.

Plakat zur Ausstellung
Entartete Kunst
1936

Plakat zur Wanderausstellung
Entartete Kunst
1937

Plakat zur
Münchener Jahresausstellung
1937

Ludwig Troost
**»Haus der Deutschen Kunst«
in München**
1933–1937

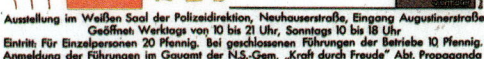

Bildende Kunst

Werke

- Peter Blume: *Die ewige Stadt* (New York, Museum of Modern Art). Dargestellt ist das faschistisch-klerikale Rom.
- Georges Braque: *Frau mit Mandoline* (Philadelphia, Museum of Art).
- Paul Delvaux: *Die rosa Schleifen (Die Schönen der Nacht)* (Antwerpen, Koninklijk Museum voor Schone Kunsten).
- Max Ernst: *Die versteinerte Stadt* (Manchester, City Art Gallery).
- Wassily Kandinsky: *Zwei usw.*

(Saint-Paul-de-Vence, Fondation Marguerite et Aimé Maeght) und *Dreißig* (Paris, Privatsammlung).
- Ernst Ludwig Kirchner: *Waldinneres 1937* (Privatbesitz).
- Paul Klee: *Blaue Nacht* (Basel, Kunstmuseum).
- Käthe Kollwitz: *Pietà*, Bronze (Kaiserslautern, Pfalzgalerie).
- Fernand Léger: *Le transport des forces* (Paris, Palais de la découverte).
- Henri Matisse: *Dame in Blau* (Philadelphia, Museum of Art).
- Joan Miró: *Der Schnitter*, Wandgemälde für den Pavillon der Spanischen Republik auf der Pariser Weltausstellung. Die

wachsende Gefährdung Europas durch den Faschismus läßt Miró aggressiv-gr massierende Figuren malen, die ins Groteske und Bedrohliche verzerrt werden. Noch im gleichen Jahr entwirft er das Plakat *Helft Spanien*.
- Lázló Moholy-Nagy: *Kupferbild* (Berlin, Bauhaus-Archiv).
- Georges Rouault: *Alter König* (Pittsburgh, Museum of Art, Carnegie Institute).
- Karl Schmidt-Rottluff: *Sommerliches Fenster*, expressionistisches Gemälde.
- Georges Vantongerloo: *Komposition* (Amsterdam, Stedelijk Museum).

Die Architektur im »Dritten Reich«

»Unsere Staatsform hat mit dem Begriff ›Modern‹, den der Führer schon einmal sehr deutlich in seinem Wesen gekennzeichnet hat, nichts zu tun«, schreibt Julius Schulte-Frohlinde in »Bauen-Siedeln-Wohnen«. Die Architektur im Dritten Reich ist monumental und lehnt sich an klassizistische Vorbilder an.

Am 30. Januar wird Albert Speer Generalinspekteur für die Neugestaltung der deutschen Hauptstadt. Seine persönlichen Beziehungen zu Hitler lassen seine architektonischen Pläne in gigantische Dimensionen wachsen. In Nürnberg baut er die Tribünen auf dem Zeppelinfeld, einem riesigen Aufmarschgelände, für die Pariser Weltausstellung das »Deutsche Haus« und in Berlin die Neue Reichskanzlei. Ihre Fassade ist neoklassizistisch: Lange Hallen und Korridore führen zum zentralen Arbeitszimmer Hitlers. Der Durchmesser der nicht fertiggestellten Kuppelhalle sollte 250 Meter betragen und die Halle selbst bis zu 180 000 Personen aufnehmen können.

Neben den Partei- und Staatsbauten, den Museen und Thingstätten werden Wehrmachtsneubauten und Aufmarschplätze gebaut. Allein 50 000 Hitlerjugend-Heime sind geplant.

Albert Speers Bauten werden für Adolf Hitler zum Symbol der offiziellen Staatsarchitektur und zum Symbol »des nationalsozialistischen Sieges und des kommenden Ruhmes des deutschen Volkes«.

Guernica

Im Juni vollendet Pablo Picasso sein monumentales Gemälde Guernica, ein Auftragswerk; es soll das republikanische Spanien auf der diesjährigen Weltausstellung in Paris repräsentieren. Picasso, der ein Jahr zuvor beim Ausbruch des Bürgerkriegs in Spanien ohne Zögern auf die Seite der Republikaner getreten ist, hat den ehrenvollen Auftrag schon seit Monaten, ohne zu einer klaren Bildidee zu gelangen.
Dies ändert sich in dem Moment, als das mörderische Bombardement des kleinen baskischen Städtchens Guernica durch die Franco zur Verfügung gestellte deutsche Legion Condor am 27. April 1937 bekannt wird. In wochenlanger ununterbrochener Arbeit malt Picasso nun, immer wieder den Aufbau und die Figuren verändernd, seine Anklage gegen den faschistischen Terror und gegen den Krieg. In das Leiden und Sterben der Menschen ist alles Kreatürliche einbezogen, so der qualvolle Todeskampf des Pferdes in der linken Bildhälfte. Aber es gibt auch Zeichen der Hoffnung, etwa in Gestalt des Stieres als Sinnbild der unvergänglichen Kraft des Volkes.
Das riesige Bild mit einem Format von 3,5 mal 8 Metern bezieht seine gewaltige Wirkung nicht zuletzt aus dem Kontrast zwischen den expressiven, berstenden Formen und den zurückhaltenden Farben, die ganz im Spektrum von grauen, schwarzen, zart gelben und violetten Tönen bleiben. Picasso verfügt nach dem Sieg Francos, daß dieses Gemälde bis zur Wiederherstellung demokratischer Verhältnisse in Spanien nicht gezeigt werden dürfe. Der Eindruck, den das Werk auf der Weltausstellung hinterläßt, ist außerordentlich.
Wie zum Hohn auf die Opfer deutscher Bomber präsentiert sich das nationalsozialistische Deutschland auf der Weltausstellung mit einem vom Reichsadler bekrönten neoklassizistischen Monumentalbau. Sein Architekt ist der Generalbauinspektor für Berlin, Albert Speer.

Mitte: Picasso, Guernica; 1937.
Unten: Deutscher Pavillon auf der Pariser Weltausstellung 1937.

1937

Verstaatlichung der deutschen Filmproduktion

»Nachdem vier Jahre des nationalsozialistischen Aufbaus auch auf dem Gebiet der deutschen Filmkunst hinter uns liegen, ist es an der Zeit, eine Bilanz zu ziehen, ich möchte fast sagen, mit einer gewissen Rücksichtslosigkeit…«, erklärt Goebbels am 5. März in der Berliner Philharmonie in seiner Rede vor den Filmschaffenden. »Das Programm, das ich für die folgenden Jahre aufstellen möchte, soll ein Programm der Grundsätze sein. Es geht nicht darum, nur die Methode des Filmschaffens zu ändern und Schäden abzustellen, sondern Grundsätze neu zu schaffen und Schäden abzustellen, die als logische und unvermeidliche Folge falscher Organisation auftraten.«

Dieser Aussage läßt Goebbels, der »Schirmherr des deutschen Films«, wenige Tage darauf, am 19. März, Taten folgen, indem insgesamt 72,6 Prozent des Aktienkapitals der Ufa Eigentum des Deutschen Reiches werden.

Seit 1934 wird die Beteiligung an Filmgesellschaften betrieben. Die Anteile gehen in den Besitz der Cautio-Treuhandgesellschaft mbH über, deren alleiniger Gesellschafter und Geschäftsführer im Auftrage des Deutschen Reiches Dr. h. c. Max Winkler ist. Am 1. Juli übernehmen die Cautio und die Ufa die beiden Verleihe Terra und Tobis-Rota und am 1. November die Tobis-Filmkunst GmbH. Im Dezember und im Februar 1938 wird auch der Bavaria-Konzern unter dem Namen »Bavaria-Filmkunst GmbH« Staatseigentum.

Innerhalb eines Jahres ist somit der größte Teil der deutschen Filmproduktion verstaatlicht. Für das Reichspropagandaministerium ist es nun einfach, in jeder Weise auf die Filmproduktion Einfluß auszuüben, und bei Nichtbeachtung der Vorschriften die verantwortlichen Produktionschefs aus der Reichsfilmkammer auszuschließen.

Dokumentarfilm und Spielfilm

Ernest Hemingway nimmt 1936/37 als Berichterstatter auf republikanischer Seite am Spanischen Bürgerkrieg teil. Gemeinsam mit den Schriftstellern John Dos Passos, Archibald MacLeish und Lillian Hellman produziert und gestaltet er (als Verfasser und Sprecher des Kommentars) den Film Spanish Earth (Die spanische Erde). Er bildet den Versuch, mit den Mitteln des Dokumentarfilms für die Sache der Republikaner Partei zu ergreifen und zu kämpfen. Als Regisseur hat die Gruppe den Niederländer Joris Ivens gewonnen, der sich auf Einladung von Wsewolod Pudowkin 1929/30 in der UdSSR aufgehalten hat. Bekannt wurde er durch Misère au Borinage (1934), einen leidenschaftlichen Film über die Auswirkungen eines Streiks im belgischen Kohlerevier.

Als engagierten Film, der sich gegen abstrakte nationale Loyalität, gegen nationale Grenzen und damit gegen eine Ursache von Kriegen wendet, inszeniert Jean Renoir La grande illusion (Die große Illusion, 1948). Die Protagonisten sind drei französische Kriegsgefangene im Ersten Weltkrieg: der Aristokrat Boïeldieu (Pierre Fresnay), der Offizier proletarischer Abstammung Maréchal (Jean Gabin) und der jüdische Bürger Rosenthal (Marcel Dalio). Ihr Gegenspieler ist der deutsche Lagerkommandant von Rauffenstein (Erich von Stroheim).

Der Titel La grande illusion bezieht sich auf den ursprünglich vorgesehenen Schluß, der die Erwartung desavouierte, zwischen den drei Vertretern unterschiedlicher Klassen könnte sich Solidarität entwickeln. Der tatsächliche Schluß, bei dem der Aristokrat seinen beiden Landsleuten zur Flucht verhilft (um sich selbst von Rauffenstein erschießen zu lassen), gibt dem Film ein versöhnliches Ende.

Mitte links: Spanish Earth, 1937; Joris Ivens, Ernest Hemingway und Ludwig Renn, ein deutsches Mitglied der Internationalen Brigade, bei den Dreharbeiten.

Mitte rechts: La grande illusion, 1937 (Die große Illusion, 1948); Szenenfoto mit Marcel Dalio und Jean Gabin.

Literatur

Neuerscheinungen

● Rudolf Borchardt: *Vereinigung durch den Feind hindurch.* Eine kühle Liebesgeschichte zwischen einem verabschiedeten Rittmeister und einer verarmten Gräfin, die nach dem Ersten Weltkrieg spielt und glücklich endet.

● Archibald Joseph Cronin: *The Citadel (Die Zitadelle, 1938).* Eine Schilderung der Situation der Ärzteschaft im England der zwanziger und frühen dreißiger Jahre.

● Hans Fallada: *Wolf unter Wölfen.* Reportageartig berichtet Fallada über die Verhältnisse des Jahres 1923. Brillant zeichnet er das Bürgertum, das Milieu der Unterwelt und die Politik. Drei ehemalige Soldaten – zwei Versager und ein Tüchtiger – stehen im Mittelpunkt des Geschehens. Die Nationalsozialisten lehnen das Buch strikt ab.

● Ernest Hemingway: *To Have and Have Not (Haben und nicht haben, 1951).* Es wird die Geschichte eines Mannes erzählt, dem übel mitgespielt wird, der aber nicht aufgibt und seine Familie in den Jahren der Depression mit Schmuggelgeschäften ernährt.

● Jochen Klepper: *Der Vater. Der Roman des Soldatenkönigs.* Klepper zeichnet ein positives, imponierendes Bild des preußischen Königs Friedrich Wilhelm I. Der Roman erregt Aufsehen und ist das deutsche literarische Ereignis des Jahres. Klepper stellt in ihm den Unrechtsstaat dem Gerechtigkeitswillen Preußens gegenüber. Für das Buch darf keine Werbung gemacht werden, weil der Autor mit einer Jüdin verheiratet ist.

● Thyde Monnier: *La rue courte (Die kurze Straße, 1947).* Der Roman schildert das trostlose Leben der armen Wäscherinnen in einer Vorstadt von Marseille mit ihren ständig betrunkenen Männern. Monnier klagt die Unterdrückung der Frauen in der sozialen Unterschicht an.

● George Orwell: *The Road to Wigan Pier (Der Weg nach Wigan Pier, 1982).* Orwell berichtet in reportageartiger Form über das Leben der Bergarbeiter und über die Arbeitslosigkeit im englischen Lancashire. Er ergänzt den Roman mit autobiographischen Notizen. Zum ersten Mal definiert er in diesem Roman seinen demokratisch-pragmatischen Sozialismus.

● Anna Seghers: *Die Rettung.* Die deutsche Arbeiterschaft und die Auswirkungen der Arbeitslosigkeit sind die Zentralthemen des Buches.

● Friedrich Torberg: *Abschied, Roman einer ersten Liebe.* Torberg beschreibt die Wiener Gesellschaft vor dem Einmarsch Hitlers in Österreich.

Walt Disney
Snow White and the Seven Dwarfs, 1937
Szenenfoto mit Schneewittchen
und den sieben Zwergen
Doc, Grumpy, Sleepy, Happy,
Bashful, Sneezy und Dopey

Marx Brothers
A Day at the Races, 1937
Szenenfoto mit (von links)
Maureen O'Sullivan, Allan Jones und
den drei Brüdern Marx:
Groucho (als Pferdedoktor
Hackenbush),
Chico (als Hausfaktotum Tony)
und Harpo (als Jockey Stuffy)

Animationsfilm und anarchische Filmkomödie

1934 investierte der 33jährige Walt Disney nach dem Erfolg der Mickey-Mouse-Filme (ab 1928) sein gesamtes Kapital in den ersten farbigen Tontrickfilm mit abendfüllender Länge; drei Jahre später kommt Snow White and the Seven Dwarfs *in die Kinos (die deutsche Fassung* Schneewittchen und die sieben Zwerge *folgt 1950). Damit erobert sich der durch Animation (das heißt die technisch hergestellte Vortäuschung bewegter Bilder) geschaffene Trickfilm, der bisher zum Beiprogramm gehörte, einen Platz im Hauptprogramm. Ein wesentlicher Unterschied zur Vorlage der Brüder Grimm besteht in der Individualisierung der sieben Zwerge, deren Namen durch einen Wettbewerb ermittelt wurden.*

Disneys Spekulation ist kommerziell ebenso erfolgreich wie die Vermarktung der vom Varieté stammenden fünf Marx-Brüder deutsch-jüdischer Abstammung mit den Künstlernamen Chico, Harpo, Groucho, Zeppo und Gummo; die beiden letzteren nehmen nur anfangs an der Filmkarriere teil. Groucho mit Bart und Brille karikiert die Vertreter der respektablen Gesellschaft, Chico (zugleich Klaviervirtuose) verkörpert den der Großstadt ausgesetzten bäuerlichen Typus, in Harpo (der konsequent auf sprachliche Kommunikation verzichtet, ein Virtuose an der Harfe) kulminiert die anarchische Grundhaltung des Trios.

In A Day at the Races *(Das große Rennen, 1980) geht es um die Sanierung eines Sanatoriums und Affären auf dem benachbarten Rennplatz, wobei in beiden Fällen den Geschäftemachern das Handwerk gelegt wird und Groucho schließlich sein Lieblingspferd heiraten kann.*

Im selben Jahr kommt die Western-Parodie Way Out West *mit Stan Laurel und Oliver Hardy in die Kinos (in den fünfziger Jahren in der deutschen Fassung* Zwei ritten nach Texas *bzw.* Dick und Doof im Wilden Westen*), einer der einfallsreichsten Langspielfilme des Komiker-Duos, dessen Karriere von 1926 bis zum Ende der vierziger Jahre reicht.*

Oskar Martin-Amorbach
Der Sämann
1937

Der Boden wird bereitet

»Früher«, so kann das satirische Wochenblatt »Simplizissimus« immerhin 1937 noch schreiben, »da besuchte man Ausstellungen und diskutierte, ob die Bilder Kunst waren oder Mist, ob der Maler sein Handwerk verstand und so weiter. Jetzt gibt's keine Diskussion – alles an den Wänden ist Kunst.« Die Bemerkung bezieht sich auf die staatlich verordnete Blut-und-Boden-Ästhetik.

In ihrem Buch Die Kunstpolitik des Nationalsozialismus gibt Hildegard Brenner einen statistischen Überblick über die Themen der offiziellen Kunst: »Unter den Motiven, betont innerhalb der Grenzen Deutschlands gehalten, standen Landschaften weitaus an der Spitze (40 %). Es folgten, nach Häufigkeit gemessen, Typen von Menschen und Rasse: ›Frauen- und Mannestum‹, Bauern, Sportler, Jugend (insgesamt 20 %) … Die typisierten ›deutschen Menschen‹, meist stehend, zeigten ›Haltung‹, seelischen Aufschwung, bisweilen herausfordernde Heroik … Die meist bäuerlichen Familienszenen zeigten stets ganze Sippen – spartanisch hart, kernig, kinderreich und barfuß.« Die Autorin hält weiterhin das fast vollständige Fehlen von Motiven der Industriewelt fest: »Als Arbeitsgeräte fungierten Handpflug, Handwaage, Spinnrocken … Augenscheinlich waren es überhaupt nur Schultern starker Männer, Hand- und Ochsenkarren, die in diesem neuen Deutschland Material und Gerät transportierten.«

Eine Reihe dieser Stereotype läßt sich auch in einem Bild wie dem von Martin-Amorbach wiederfinden: Der auf sich selbst gestellte Mann in der Natur, aufrecht schreitend, mit übergroßen Händen, harten Gesichtszügen.

Obwohl die Rüstung und Kriegsvorbereitung bereits auf Hochtouren läuft, sprechen die politischen Propagandalosungen vom Frieden. Später tauchen die Maschinen, Motorräder, Tanks und Flugzeuge auch als Bildmotive auf, da ist aber die Saat schon gesät – eine Einsicht, die John Heartfield 1937 durch eine Fotomontage mit dem Titel Die Saat des Todes verbildlicht.

Das deutsch-völkische Theater

1937 gibt es im Deutschen Reich 208 Theaterunternehmen. In den Spielplänen werden die Klassiker als besonders nützliches Propagandamittel gepflegt. Zwar »passen« viele Stücke nicht mehr, sie müssen bearbeitet werden. Im Amt Rosenberg rechtfertigt man die Änderungen klassischer Stücke in folgender Weise: »Wie war es möglich, daß man Dichter zu allen Zeiten anders inszenierte? Daß man Schiller z. B. liberalistisch und völkisch, kommunistisch und national sah? Weil die großen Dichter eben überzeitlich sind, und wir Heutigen haben die Verpflichtung, sie heutig zu bringen.«
Das Deutsche Reich scheut keine Mühe, »verkannte Genies« zu entdecken, aber die Qualität der Stücke ist unbefriedigend und selbst die Dienststelle Rosenberg gesteht: »Der Wille ist doch stärker als das Können, die Tendenz überwiegt die Gestaltung.«

Tagesausweis-Pflicht

Die Reichsmusikkammer erläßt die Bestimmung, daß nur derjenige öffentlich musizieren darf, der einen Ausweis der Kammer besitzt. Für Musiker, die nur gelegentlich in der Öffentlichkeit spielen, und für Volksmusikkapellen müssen Tagesausweise beantragt werden. Diese werden aber nur ausgestellt, wenn die Berufsmusiker vollbeschäftigt sind.
Ebenso groteske Formen nimmt die »Säuberung des deutschen Kulturlebens« von den Juden an. Musik jüdischer Komponisten und von Juden ausgeführte Musik darf nicht mehr auf Schallplatten aufgenommen werden. Bereits hergestellte »jüdische« Schallplatten müssen bis zum 31. März 1938 vernichtet werden. In einer Zusatzbestimmung werden die Lieder von Franz Schubert mit Texten von Heinrich Heine verboten. Die Tätigkeit der jüdischen Kulturbünde wird unter die Aufsicht eines Sonderbeauftragten gestellt.

Das Ende der Thingspiele

Von höchster Stelle, nämlich von Goebbels selbst, wird in diesem Jahr eine Kampagne abgeblasen, die vier Jahre zuvor mit großem Aufwand ins Leben gerufen worden war und der Erneuerung des Theaters im Sinne nationalsozialistischer Ideologie dienen sollte: die Thingspiel-Bewegung. Neben dem traditionellen Klassiker- und dem volkstümlichen Unterhaltungstheater sollte ein Massentheater entstehen, das Elemente des mittelalterlichen Passionsspiels mit dem Gedanken des Bühnenweihespiels, wie ihn das 19. Jahrhundert ausgeprägt hatte, auf der Grundlage der neuen »Volksgemeinschaft« verbindet.
Die Blamage, die das Abbrechen dieser »authentisch nationalsozialistischen Kulturinitiative« darstellt, wird offenkundig angesichts der pathetischen Ankündigungen, mit denen für sie geworben wurde. Reichsdramaturg Schlösser bezeichnete das Thingspiel als »Mittelpunkt des gesamten festlichen, national-politischen und künstlerischen Lebens der einzelnen Städte«. Im »Völkischen Beobachter« war zu Beginn der Kampagne zu lesen: »Nicht die Sage lebe auf! Nein, der Alltag werde Sage! Nicht das Mythologische scheine Thema für die Thingstatt, nein, der Tag, der Mythe wird!... Ohne Blutschwur und Beschwörung, ohne Acht und Bann kein Thing... Der das Spiel trägt, ist das Volk, nicht ein Dutzend Prominenter oder allgemein bekannter Stars... Nicht ein Dichter wird gespielt und ein Stück wird aufgezogen, sondern Festtag wird gefeiert.«
Von Dichtern kann in der Tat nicht die Rede sein. Zwar sind inzwischen 40 monumentale Thingspielstätten errichtet. Die zahlreich eingegangenen Spielvorlagen sind aber ein solcher Blut-und-Boden-Schwulst, daß die faschistischen Kulturbehörden fürchten müssen, sich lächerlich zu machen. Ein von jüdischen und linksverdächtigen Künstlern gesäubertes Klassikertheater erscheint ihnen, vor dem Kriege auch aus Gründen des internationalen Renommees, als besseres Aushängeschild ihrer Kulturpolitik.

Theater

Premieren
- Jean Anouilh: *Le voyageur sans bagage (Der Reisende ohne Gepäck)*. Schauspiel in fünf Bildern (Uraufführung, Théâtre de Mathurius, Paris, 16. Februar, Regie: Georges Pitoëff; Bühnenmusik: Darius Milhaud). Ein Soldat hat im Krieg das Gedächtnis verloren und kehrt als der verschollene Sohn eines Großindustriellen nach Hause zurück. Anhand von Erzählungen des Personals entpuppt er sich als ein skrupelloser Lebemann. So benutzt er eine sich bietende Gelegenheit, um sich als jemand anderer auszugeben und – ohne den Ballast der Vergangenheit – eine unbeschwerte Zukunft anzutreten.
- Franz Theodor Csokor: *Dritter November 1918* (Uraufführung, Burgtheater Wien, 10. März). Csokor zeichnet den Zusammenbruch der Donaumonarchie an dem Verhalten einer Offiziersgruppe nach. Als ein linksradikaler Deserteur die Nachricht vom Ende des Ersten Weltkriegs verbreitet, zerfällt die Disziplin der Offiziere des Vielvölkerstaates.
- Jean Giraudoux: *Electre (Elektra*, 1959), Tragödie in zwei Akten, wird im Théâtre de l'Athénée, Paris, am 13. Mai uraufgeführt (deutsche Erstaufführung Münchener Residenztheater, 15. November 1949). Die Geschichte vom Rachebegehren Elektras, die ihren Bruder Orest zum Muttermord anstiftet.
- François Mauriac: *Asmodée (Asmodi)*. Drama in fünf Akten (Uraufführung, Comédie Française, Paris, 22. November). Asmodée, der böse Dämon in Gestalt des Hauslehrers, beherrscht die Witwe Frau de Barthas, den jungen Fanning liebt, aber der Tochter zuliebe auf ihn verzichtet. Am Ende des Dramas herrscht Resignation und Trauer.
- John Boynton Priestley: *Time and the Conways (Die Zeit und die Conways*, deutschsprachige Erstaufführung Wien 1946), Drama in drei Akten wird am 26. August im Londoner Duchess Theatre uraufgeführt. Der erste Akt schildert das Leben der Familie Conway voller Zuversicht und Hoffnung am Ende des Ersten Weltkrieges. Der zweite Akt spielt vor Ausbruch des Zweiten Weltkrieges. Finanzielle Sorgen und Liebesleid sind vorherrschend. Im dritten Akt bleiben nur noch die zerschlagenen Hoffnungen und Einsamkeit.
- John Steinbeck: *Of Mice and Men (Von Menschen und Mäusen*, 1948). Die Uraufführung findet am 23. November im New Yorker Music Box Theatre statt. Das Stück spielt während der Depression im Milieu der heimatlosen Erntehelfer.

Ereignisse
- Gustaf Gründgens wird Generalintendant der »Preußischen Staatstheater« in Berlin.

Modelle von Thingspielstätten.

1937

Empress of the Blues

Am 26. September stirbt Bessie Smith nach einem Autobus-Unfall. Ihre letzten Lebensjahre, die von bitterer Armut geprägt gewesen sind, stehen in einem tragischen Widerspruch zu ihrem Ruhm in den zwanziger Jahren. In der an Genies so überreichen Welt der schwarzen Musiker herrschte Einmütigkeit, daß sie die größte aller Blues-Sängerinnen war. Die kindliche Freude an der Verleihung von Ehrentiteln in der schwarzen Jazz-Szene ließ Namen wie »Duke« Ellington und »Count« Basie entstehen – Bessie Smith aber wurde »the Empress of the Blues«, die Kaiserin des Blues genannt. Louis Armstrong erinnert sich: »Sie traf mich im Innersten, sobald sie zu singen begann. Die Art, in der sie eine Note herausbrachte – mit dem gewissen Etwas ihrer Stimme –, war jedem anderen Blues-Sänger unerreichbar. Sie hatte Musik in ihrer Seele. Sie fühlte alles, was sie sang. Die Aufrichtigkeit ihrer Musik war eine Inspiration.« Der Jazz-Experte Joachim Ernst Berendt versucht den Zauber ihrer Stimme so zu beschreiben: »Vielleicht liegt er darin, daß ihre Härte und Rauheit von einer tiefen Trauer umwoben scheinen – selbst in den ausgelassensten und lustigsten Melodien. Bessie sang als die Repräsentantin eines Volkes, das jahrhundertelang in der Sklaverei gelebt hatte und nun nach der Aufhebung der Sklaverei oft schlimmer diskriminiert wurde als in der dunkelsten Sklavenzeit. Daß ihre Trauer ohne einen Schatten von Sentimentalität eben in der Härte und Schärfe ihrer Stimme zum Ausdruck kommt, ist ihr Geheimnis.« Irgendwann in den neunziger Jahren geboren und irgendwo in Tennessee aufgewachsen, wurde Bessie Smith 1923 schlagartig berühmt. Mitte der zwanziger Jahre rettete sie mit ihren Schallplatten, von denen in wenigen Jahren über 150 produziert und in Millionenauflagen verkauft wurden, die Firma Columbia vor dem Bankrott. Die Produzenten dankten es ihr nicht; der Markt verlangte Neues, Bessie aber blieb sich selbst bis in den Ruin treu.

Bessie Smith

Luftschiff Hindenburg in Flammen

Auf seiner Jungfernfahrt am 6. Mai um 7.30 Uhr Ortszeit (nach Mitteleuropäischer Zeit am 7. Mai um 1.30 Uhr) gerät das von Kapitän Lehmann geführte Luftschiff LZ 129 »Hindenburg« in Brand und wird innerhalb von Sekunden völlig zerstört. Das Unglück passiert während der Landung in Lakehurst, New York bei der Berührung mit einem Haltemast vor den Augen der zum Empfang erschienenen vielen hundert Menschen. Dabei kommen elf der 36 Fahrgäste, 22 Mann der 60köpfigen Besatzung und ein Angehöriger des Bodenpersonals ums Leben. Die Unglücksursache kann von keiner der drei eingesetzten Untersuchungskommissionen – von der Deutschen Zeppelin-Reederei, Ludwigshafen, der amerikanischen Marine und dem Handelsministerium – aufgeklärt werden. Der so hoffnungsvoll gestartete Zeppelin-Verkehr über den Nordatlantik war damit beendet.

Musik

Premieren

● Béla Bartók: *Musik für Saiteninstrumente, Schlagzeug und Celesta* (Uraufführung, Basel, 21. Januar). Die einzelnen Klanggruppen sind einander gegenübergestellt. Das Thema im ersten Satz ist fast zwölftönig; der zweite Satz ist in freier Sonatenform komponiert; der dritte, das Adagio, klingt geheimnisvoll, im vierten Satz (Allegro molto) kehrt die Lebensfreude wieder.

● Alban Berg: *Lulu*, Oper. Die Uraufführung findet am 2. Juni in Zürich statt (deutsche Erstaufführung Essen, 7. März 1953). Berg schreibt das Libretto nach den Schauspielen *Die Büchse der Pandora* und *Erdgeist* von Frank Wedekind. Die Oper ist fragmentarisch, der dritte Akt nicht fertiggestellt. Die Melodie ist nach dem System der Zwölftonreihe aufgebaut.

● Boris Blacher: *Concertante Musik* für Orchester wird in Berlin uraufgeführt. Carl Schuricht dirigiert das Philharmonische Orchester. Kraftvoll und rhythmisch subtil ist das Werk Blachers. Ein zweitaktiges Ostinato im Fagott, im Mittelteil in den Bratschen, und eine Kantilene, die im Allegro die Schlußkrönung erfährt, sind die beherrschenden Themen. Das Konzert findet begeisterten Anklang.

● Benjamin Britten: *Variations on a Theme by Frank Bridge (Variationen für Streichorchester über ein Thema von Frank Bridge)* für Streichorchester op. 10. Das Thema wird kontrastreich variiert in Walzerklängen, Trauermarsch und einer Fuge am Schluß.

● Bohuslav Martinů: *Concerto grosso* für Kammerorchester. Das dreisätzige Werk gibt mit den Violinen, die mit Holzbläsern und Klavieren korrespondieren, eine moderne Variante des barocken Typs. Martinů hat eine Vorliebe für die alten Formen und läßt sich von Haydn inspirieren.

● Carl Orff: *Carmina burana, Weltliche Gesänge* für zwei gemischte Chöre, Sopran, Tenor, Bariton mit Orchesterbegleitung (Uraufführung, Frankfurter Opernhaus, 8. Juni). Eine Vertonung von Gedichten aus der gleichnamigen mittelalterlichen Anthologie (»Lieder aus der Benediktbeurer Handschrift«), die vorwiegend lateinische, dazwischen einige lateinisch-deutsche und französisch-deutsche Mischtexte haben. Die Musik ist von faszinierender rhythmischer und klanglicher Erregung. Orff entnahm der Benediktbeurer Handschrift Frühlings-, Tanz-, Liebes- und Vagantenlieder, die in eine bunte Bildfolge umgesetzt wurden.

● Igor Strawinski: *Jeu de cartes (Ein Kartenspiel)* Ballett (Uraufführung, New York, Metropolitan Opera, 27. April unter Leitung Strawinskis). Die einfallsreiche, heitere Musik ist oft auch im Konzertsaal zu hören. Strawinski hat sie im klassischen Stil geschrieben, pointiert sparsam und lyrisch. Er zitiert und parodiert in Reminiszenzen Rossini, Tschaikowski, Johann Strauß.

Ereignisse

● Paul Hindemith: *Unterweisung im Tonsatz*, ein Lehrbuch, erscheint. Diese Arbeit gilt neben Arnold Schönbergs *Harmonielehre* als umfassendste, detaillierteste Kompositionslehre ihrer Zeit.

Der Volksempfänger

In Deutschland werden auf dem Gebiet des Interior Design keine nennenswerten Leistungen mehr erbracht, seitdem das Bauhaus aufgelöst wurde und die maßgeblichen Künstler emigrierten. Die Innenarchitektur orientiert sich am klassizistischen Stil und gibt sich spartanisch und schlicht. Das Ausland nimmt kaum noch Notiz von der deutschen industriellen Formgestaltung. Daher bleiben lange Zeit auch der Volkswagen und der Volksempfänger unbeachtet.

Das preiswerte Kleinradio in seiner Schlichtheit wird in Deutschland ein Verkaufsschlager. Die Nationalsozialisten betrachten es als reines Propagandamittel, und es entspricht ihrem Werbeslogan »Rundfunk in jedes Haus« oder, wie es auf einem Werbeplakat heißt, »Ganz Deutschland hört den Führer mit dem Volksempfänger«.

Bereits ab 1933 wird der Volksempfänger von der »Gemeinschaftsproduktion der deutschen Rundfunkindustrie« hergestellt. Anfangs kostet er 76,– RM, später ist er für 35,– RM zu haben. Der niedrige Preis macht ihn zu einem Riesenerfolg, und bis 1939 sind 12,5 Millionen Stück davon verkauft, obwohl man mit ihm nur die nächstliegenden lokalen Sender und keine ausländischen empfangen kann. Die geringe Reichweite ist beabsichtigt, denn das Abhören »feindlicher« Sender wird als Landesverrat angesehen.

Herbert Agricola
**Plakat zur Ausstellung
Schönheit der Arbeit**
und
Die Arbeit in der Kunst
(Ausschnitt) München 1937

Richard Klein
**Nationalsozialistische
Kunstplakette als Emblem
der alljährlichen Großen
Deutschen Kunstausstellung
in München**

Paul Klee
Aufstand der Viadukte
1937

Ganzheit und Zerfall

*Der nationalsozialistische Staat prä-
sentiert sich als geschlossene Einheit.
Die beiden oben in jeweils einem Ausschnitt abgebildeten Plakate führen
dieses Selbstverständnis durch den
Rückgriff auf klassische Motive vor
Augen. Der von einem Zahnradkranz
umfangene, als Akt dargestellte Arbeiter symbolisiert im Sinne der betreffenden Ausstellung eine aus Technik und
Schönheit hervorgehende Ganzheit,
propagiert von einem Staat, von dessen Machthabern Heinrich Mann
schon 1934 sagen konnte: »Sie lassen
jetzt den letzten Vorwand ihrer sogenannten nationalen Erhebung fallen
und werden uneingeschränkt der Aus-
beuter- und Sklavenstaat, den die
Geldgeber immer gemeint haben« (an
Thomas Mann, 17. Dezember 1934).
Der damit verbundene Zerfall alles
Humanen ist das Thema des Gemäldes Aufstand der Viadukte von Paul
Klee, der – 1931 von Dessau an die
Düsseldorfer Akademie übergewech-
selt und 1933 aus seinem Lehramt vertrieben –, bis zu seinem Tod 1940 in
Bern lebt.
Aufstand der Viadukte ist allerdings
ein Gemälde, das sehr unterschiedliche
Deutungen findet. So bemerkt Carl
Georg Heise 1955: »Daß Heiterkeit
mitschwingt, mindert nicht seinen
Ernst.« Zum Inhalt äußert er: »Gefahr
der Technik, für jeden Denkenden
unabweisbar, wird im Kunstwerk aufgezeigt. Nichts wäre falscher, als ein
Gemälde wie dieses … als abstrakt, gegenstandslos, vom Urgrund menschlichen Empfindens abgelöst zu bezeichnen.«
Dagegen hat Klee aus der Sicht Georg
Schmidts (1960) die »braunen Kohor-
ten« dargestellt: »der Viadukt, sonst
hilfreich ein Tal überschreitend, zerfal-
len in rumpflos, kopflos, breitspurig
alles zerstampfende Beinpaare: ein
wahrer Angsttraum der unausweich-
lich auf uns zuschreitenden Gewalt.«
1974 schließlich Christian Geelhaar:
»Es manifestiert sich der Verfall einer
Ordnung, wie es dem Künstler zu gleicher Zeit das zerstörende Fortschrei-
ten seiner Krankheit und die nationalsozialistische Kulturreaktion … zum
Bewußtsein bringen mußte.«*

Marc Chagall
Die weiße Kreuzigung
1938

**Ausgebrannte Synagoge
in Berlin-Wilmersdorf**
9./10. November 1938

Die Kristallnacht

Nachdem Ende Oktober 17 000 jüdische Menschen nach Polen »abgeschoben« worden sind, erschießt der 17jährige Herschel Grynszpan, dessen Eltern zu den Deportierten gehören, in Paris den Botschaftssekretär Ernst Eduard vom Rath. Dieses Attentat dient der NS-Führung als Anlaß, in der Nacht vom 9. zum 10. November reichsweit ein Pogrom von Angehörigen der NSDAP und der SA durchführen zu lassen. Nahezu sämtliche Synagogen werden zerstört, ebenso zahllose jüdische Geschäfte. Die auf das zu Bruch gegangene Glas gemünzte Bezeichnung »Kristallnacht« ist eine zynische Verharmlosung, fallen dem Pogrom doch nahezu 100 Juden zum Opfer, 30 000 werden verhaftet. Ende des Jahres erklären sich sämtliche deutschen Verlage und Hochschulen als »judenrein«. Von der »Kristallnacht« aus führt ein direkter Weg zur »Endlösung der Judenfrage«.

Marc Chagalls Gemälde Die weiße Kreuzigung setzt die »Kristallnacht« in Gestalt der rechts oben dargestellten brennenden Synagoge nicht allein in Beziehung zu sowjetischen Pogromen (links oben), sondern stellt zugleich einen Zusammenhang mit der Passion Christi her. Zu dieser religiösen Gesamtschau gelangt Chagall, der seit 1931 an Radierungen zur Bibel arbeitet, nicht zuletzt angesichts des antireligiösen Faschismus.

Tatsächlich richtet sich die nationalsozialistische Verfolgung nicht mehr allein gegen Juden, sondern auch gegen die christlichen Kirchen, nachdem sich Papst Pius XI. 1937 erstmals öffentlich gegen den Nationalsozialismus gewandt hat, und zwar in der Enzyklika Mit brennender Sorge, die in nahezu allen katholischen Kirchen Deutschlands verlesen worden ist. Die evangelische Bekennende Kirche befindet sich ohnehin im Widerstand, etwa in Gestalt Dietrich Bonhoeffers, der seit 1935 das (illegale) Predigerseminar in Finkenwalde leitet, 1941 Schreibverbot erhält, 1943 verhaftet und in den letzten Kriegstagen erhängt wird. Zu den Grundlagen seiner politischen Tätigkeit gehört die »nicht-religiöse Interpretation biblischer Begriffe«.

Bildende Kunst

Werke

- Willi Baumeister: *Tori II* (Margaret Baumeister).
- Max Beckmann: *Tod* (Berlin, Nationalgalerie). Seine Malerei ist Anklage, moralische Aussage.
- Julius Bissier: *Frucht III* (Privatsammlung). Ein vergeistigtes, abstrahiertes Bild mit Einflüssen ostasiatischer Kalligraphie.
- Marc Chagall: *Das Brautpaar vor dem Eiffelturm* (Vence, Sammlung M. Chagall).
- Raoul Dufy: *Les Regattes* (Amsterdam, Stedelijk Museum) und *Elektrizität* (Paris, Musée National d'Art Moderne). Dufy löst sich von den Gegenständen und malt schwerelose, heitere Strandszenen, Rennplätze und Akte.

- Paul Klee: *Park bei L (Luzern)*. (Bern, Paul-Klee-Stiftung). Seine Bilder sind nun verschlossen und rätselhaft, das »Lächeln« ist aus ihnen gewichen.
- Fernand Léger: *Komposition auf blauem Grund* (Basel, Galerie Beyeler).
- Lázló Moholy-Nagy: *CH Space III* (Sammlung Hattula Hug/Moholy-Nagy).
- Henry Moore: *Liegende Frau*, grüner Horntonstein, Länge etwa 140 cm (London, Tate Gallery). Die Gestalt gewinnt ein Aussehen, als hätten sich die Formen aus über Jahrhunderte wirkender Erosion entwickelt.
- Hans Purrmann: *Villa Romana, Florenz* (Offenburg, Senator Dr. Franz Burda). Purrmann zieht sich in die Villa Romana zurück,

nachdem seine Malerei für »entartet« erklärt worden ist.

Ereignisse

- Paul Delvaux, belgischer Vertreter des veristischen Surrealismus, unternimmt eine Italienreise und beteiligt sich ab jetzt an großen internationalen Ausstellungen.
- Oskar Kokoschka emigriert nach Großbritannien und erwirbt die britische Staatsangehörigkeit. Er organisiert in England Ausstellungen »entarteter« deutscher Künstler.
- New York: Das Museum of Modern Art zeigt eine Ausstellung über die Tätigkeit des Bauhauses und gibt zum gleichen Thema ein umfassendes Standardwerk heraus.

Ausverkauf der »entarteten Kunst«

Zugunsten des nationalsozialistischen Staates werden »entartete« Kunstwerke aus deutschen Museen in Luzern versteigert, darunter Arbeiten von Barlach, Braque, Cézanne, Chagall, Chirico, Corinth, Delaunay, Derain, Ernst, Feininger, Gauguin, van Gogh, Klee, Kandinsky, Kirchner, Kokoschka, Léger, Modigliani, Matisse, Picasso, Signac und anderen. Viele Künstler zerbrechen an dieser Ächtung ihrer Bilder und Plastiken.

Willi Baumeister, einer der wenigen, die die »Bartholomäusnacht des Nationalismus« überstanden, stellt die grundsätzliche Frage, ob man sich überhaupt noch mit Kunst beschäftigen könne »angesichts der unsagbaren Leiden der Menschheit ... wenn der Satan über die Welt fegt, wenn die Stadt brennt und die Trümmer fliegen ... Angesichts der Erschütterung aller Lebensbedingungen hebt sich trotz allem ein vorsichtiges Periskop aus den verschütteten Kellern des Geistes durch den Druck angesammelter, gestauter Ungeduld. Kann der verhinderte Maler ein Schlupfloch finden, eine Orgelröhre, aus der sein letzter Ton pfeift? Kunst ist keine Beschäftigung, Kunst beschäftigt immerwährend den Künstler.«

Trauer und Provokation

»Man kann zur Flucht genötigt sein, aber man kann nur schaudernd erwägen, daß man in der Fremde sich selbst entfremdet wird – oder an Heimatlosigkeit vergeht.« Mit dieser Äußerung aus dem Jahr 1937, in dem über ihn das Ausstellungsverbot verhängt wird, gibt Ernst Barlach Einblick in die tiefe Hoffnungslosigkeit seiner letzten Schaffensjahre. Haß zog er sich vor allem durch seine gegen den Krieg gerichteten Gefallenen-Denkmäler in Güstrow, Kiel, Magdeburg und Hamburg zu. Als »entartet« gelten seine von oft qualvoller seelischer Anspannung geprägten Gestalten ebenso wie die Verkörperungen beseligter Muse. Barlach stirbt am 24. Oktober im Alter von 68 Jahren in Rostock.

Zu den Künstlern, die ihm viel für das eigene Schaffen verdanken, gehört Käthe Kollwitz. Ihre dem Gedenken Barlachs gewidmete Bronzeplastik *Die Klage* spiegelt stummen Schmerz und Abwendung vor dem herannahenden Grauen, dem sie andererseits Werke wie die Skulptur *Der Turm der Mütter* (1939) entgegenstellt.

Der Einsamkeit der trotz Verfolgung in Deutschland verbliebenen Künstler steht jenseits der Grenzen ein scheinbar ungebrochenes künstlerisches Leben gegenüber. Zu Beginn des Jahres veranstalten die Surrealisten um André Breton in Paris ihre Internationale Surrealismus-Ausstellung. Vorherrschend sind Objekte und in spontanen Aktionen ausstaffierte Figuren, etwa die Insassen des von Salvador Dalí gestalteten Taxi pluvieux (Regentaxi): ein Chauffeur mit Haifischkiefern als Kopfschmuck, eine Blondine zwischen von lebenden Schnecken bevölkerten Salatköpfen, beide unter ständiger Berieselung. Was hier noch an gemeinschaftlicher Provokation gelingt, zerbricht an den Auseinandersetzungen über die jeweilige politische Haltung der Gruppenmitglieder.

Oben links: Ernst Barlach in seinem Atelier in Güstrow, um 1935.
Oben rechts: Käthe Kollwitz, Die Klage (Klage um Ernst Barlach); 1938/39.
Unten: Salvador Dalí, Taxi pluvieux (Regentaxi); 1938.

1938

Theater

Premieren

● Jean Anouilh: *Le bal des voleurs (Ball der Diebe)*, Ballett für Schauspieler in vier Bildern (Uraufführung, Théâtre des Arts, Paris, 16. September). Das heitere Verwechslungsspiel von echten und falschen Taschendieben in der mondänen Welt eines Badeortes begründet Anouilhs Ruhm als Bühnendichter.

● Bertolt Brecht: *Furcht und Elend des Dritten Reichs*, 24 Szenen (Prosa und Vers), Musik von Paul Dessau (Uraufführung von 8 Szenen, Sale d'Jéna, Paris, 21. Mai), ab 1947 von Hanns Eisler. Das realistische Zeitstück spiegelt relativ unverfremdet die Wirklichkeit des »Dritten Reiches« wider, die Verlogenheit in allen Lebensbereichen, die Lüge und das Mißtrauen der einzelnen Menschen untereinander, im Parteiapparat, der Hitler-Jugend, im KZ, privat. Ärzten, Juristen, Pfarrern, Wissenschaftlern wirft Brecht moralische Schwäche und Selbstverblendung vor.

● Thornton Wilder: *Our Town (Unsere kleine Stadt*, deutschsprachige Erstaufführung Zürcher Schauspielhaus 1939) wird am McCarther Theatre in Princeton am 22. Januar uraufgeführt. Es geht um das alltägliche Leben alltäglicher Menschen. Ein Spielleiter sorgt für Requisiten, beschreibt Schauplatz und Personen und unterbricht die Handlung, um zu kommentieren oder Fragen aus dem Publikum zu beantworten.

Ereignisse

● 12. November: Eine Verfügung von Propagandaminister Goebbels untersagt allen Theaterleitern, Konzert- und Vortragsveranstaltern, Filmtheaterunternehmern usw., Juden den Besuch ihrer Veranstaltungen zu gestatten.

Tanz auf dem Vulkan

Diesen beziehungsreichen Titel trägt ein Film, der im November in Stuttgart uraufgeführt wird. Er scheint das Kunstschaffen im Dritten Reich zu persiflieren, aber dies bleibt nur Schein. Regisseur Hans Steinhoff hat einen aufwendigen Kostümfilm über Paris während der Juli-Revolution von 1830 gedreht, und die Historie findet ihre Deutung getreu den nationalsozialistischen Anforderungen.
Im Zentrum des Films steht Gustaf Gründgens, der den revolutionären und populären Schauspieler Debureau spielt. Er und König Karl X. lieben die Gräfin Héloise, die Frau eines Höflings. Die schöne Dame läßt sich von beiden Liebhabern verwöhnen und umschwärmen. Um den Nebenbuhler auszuschalten, verurteilt der König Debureau, der sich unter den Massen von Paris am wohlsten fühlt, zum Tod durch die Guillotine. Als der beliebte Schauspieler zum Richtplatz gefahren wird, befreit sich das Volk von dem verhaßten König und rettet Debureau vor dem Schafott. Gründgens verkörpert den listigen Aufrührer ohne große Überzeugung, seltener Höhepunkt des Films ist sein Chanson »Die Nacht ist nicht allein zum Schlafen da«, vertont von Theo Mackeben.
Gründgens weiß, daß der Film höchst mittelmäßig ist; der Intendant der Berliner Staatlichen Schauspiele überlegt, ob er den Film durch seinen Gönner Göring nicht verbieten lassen soll. Der Theaterkritiker Friedrich Luft urteilt später: »Ein flaches Singspiel von fast umgestöpselter Moral und Nutzanwendung. Fortschritt und revolutionärer Elan wurden hier ganz im Sinne des Dritten Reiches interpretiert und dargeboten. Gründgens selbst wirkte eher hektisch und überanstrengt in der billigen Offenlegung eines oberflächlichen und strapazierten Charmes. Man ahnte noch, was ihn an diesem Part gereizt haben könnte. Unter Steinhoffs Regie war davon kaum mehr etwas zu spüren.« Nach 1945 wird die Vorführung des Films durch die Alliierten verboten.

Tanz auf dem Vulkan, 1938; Szenenfoto mit Gustaf Gründgens.

Film

Premieren

● Anthony Asquith, Leslie Howard: *Pygmalion (Der Roman eines Blumenmädchens*, 1949). Drehbuch: W. P. Lipscomb und Cecil Lewis, nach dem Stück von George Bernard Shaw; Kamera: Harry Stradling; Musik: Arthur Honegger. Eine geistreich produzierte Filmkomödie, in der das Blumenmädchen (Wendy Hiller) von Covent Garden durch Professor Higgins (Leslie Howard) zur Dame ausgebildet wird.

● George Cukor: *Holiday*. Drehbuch: Donald Ogden Stewart und Sydney Buchman, nach dem Stück von Philip Barry; Kamera: Franz Planer; Darsteller: Katharine Hepburn, Cary Grant, Doris Nolan, Lew Ayres, Edward Everett Horton, Henry Kolker. Ein sympathisch-ironischer Film über die Schwächen der Reichen.

● S. M. Eisenstein: *Aleksandr Nevskij (Alexander Newski*, 1966). Drehbuch: Eisenstein, Pjotr Pawlenko; Kamera: Edvard Tissé; Musik: Sergei Prokofjew. Darsteller: Nikolay Tscherkarsow, Nikolaj Ochlopow, Alexander Abrikosow. Ein konventionell produziertes vaterländisches Epos.

● Adolf Minkin, Herbert Rappoport: *Professor Mamlock*. Drehbuch Friedrich Wolf, Minkin; Kamera: G. Filatow. Der sowjetische Film behandelt die Machtergreifung der Nationalsozialisten aus der Sicht eines jüdischen Chirurgen, der sich zunächst sicher fühlt, dann aber seiner Ämter beraubt und während einer leidenschaftlichen Anklage gegen das Regime erschossen wird.

Max Beckmann
Apachentanz
1938

Paul Cadmus
Golf
um 1938

Gesellschaftliches Treiben

*Max Beckmanns Apachentanz
stammt aus dem ersten Jahr des Exils
in Amsterdam. Der Schauplatz könnte einer der bei Paris-Touristen beliebten engen Apachenkeller sein. Die Bo-
genstellung im Hintergrund deutet jedoch Weiträumigkeit an, die andererseits für die Komposition selbst unerheblich ist. Für sie gilt vielmehr die Aufhebung von Räumlichkeit durch die in
den Vordergrund gerückte, die Bildfläche nahezu ausfüllende Figurengruppe der beiden Tänzer auf einem Podium, um das sich die Zuschauer drängen.*

*So beherrschend der Tänzer und seine
Partnerin auch erscheinen – als Akteure auf der Bühne, als Darsteller von
Rollen zur Unterhaltung des Publikums sind sie Gefangene. Die Wildheit
des Tanzes, bei dem die Frau wie eine
leblose Puppe über die Schulter und
den Rücken des Tänzers hängt, um im
nächsten Augenblick wieder in eine
andere Stellung geschleudert zu werden, richtet sich spürbar gegen die soziale Funktion dieser Rollen. So fällt es
schwer, Interpretationen zu folgen, die
in Beckmanns Tänzer die »Symbolfigur des Entführers und Siegers, des Gewalttätigen und Bezwingers« sehen.
Die Macht der Glatzköpfe im Smoking
kann auch er nicht brechen.*

*Dieses Publikum faßt Paul Cadmus
mit Golf unmittelbar ins Auge. Das
Bild ist Teil der Serie Aspects of Subur-
ban Life, die am Beispiel der drei Frei-
zeitbeschäftigungen Polo, Golf und Fischen drei sozial unterschiedliche Typen amerikanischer Vorstädte (upper
class suburbs, white collar suburbs,
blue collar suburbs) charakterisiert.
Cadmus, der 1934 mit seiner Darstellung von Suff und Hurerei unter dem
Titel Die Flotte ist da! einen Skandal
hervorgerufen hat, zielt darauf ab, die
Deformation des sozialen Lebens im
gesellschaftlichen Treiben der Freizeit
aufzuzeigen.*

*Während Cadmus dem direkten reali-
stischen Zugriff vertraut, folgt Beckmann einer Konzeption, für die sein Bekenntnis gilt: »...jeder Gegenstand ist
bereits unwirklich genug, so unwirklich, daß ich ihn nur durch die Malerei
wirklich machen kann.«*

Dem 1935 in Amsterdam erschienenen ersten Teil Die Jugend des Königs Henri Quatre folgt 1938 am selben Ort als zweiter Teil Die Vollendung des Königs Henri Quatre. Heinrich Mann wetteifert als Autor dieses 1925 in Angriff genommenen Romanprojekts mit seinem Bruder Thomas, aber auch anderen Autoren der deutschen Exilliteratur, die Gattung des historischen Romans zu neuem Leben zu erwecken. Je mehr der Faschismus die Erfüllung einer historischen Mission in Anspruch nimmt, desto dringender erscheint es, den Zusammenhang zwischen Geschichte und Gegenwart zu überprüfen.

Während Thomas Mann mit seiner Joseph-Tetralogie in mythische Vorzeit zurückgeht, setzt sich Heinrich Mann mit der Wende vom 16. zum 17. Jahrhundert auseinander, das heißt mit der ausgehenden Epoche von Reformation und Humanismus. Heinrich IV. von Frankreich verkörpert die Ideale des Friedens, der sozialen Gerechtigkeit und der Toleranz. Diese Forderungen der Gegenwart erhalten durch das auf umfangreichem Text- und Bildquellenstudium beruhende Romanwerk ihre historische Dimension und aktuelle Bekräftigung. Ebenso wichtig ist, daß die Lebensgeschichte des französischen Königs ein Bekenntnis zur wechselseitigen Befruchtung deutscher und französischer Kultur bildet. In diesem Sinne schließt jedes Kapitel des ersten Teils mit einer in französischer Sprache abgefaßten Moralité. »Ich wollte«, erklärt Heinrich im Brief vom 3. Oktober 1935 dem Bruder, »daß Deutsch und Französisch sich dies eine Mal durchdrängen. Davon erhoffte ich immer das beste für die Welt.«

Ebenso schließt der zweite Teil mit einer französischen Allocution d'Henri Quatrième…, einer Ansprache Heinrichs des Vierten, Königs von Frankreich und Navarra, von der Höhe einer Wolke herab…

Heinrich Mann knüpft damit in gewisser Weise an die Apotheose Heinrichs IV. an, die Peter Paul Rubens als Teil eines von Maria d'Medici, der Witwe Heinrichs IV. und französischen Regentin, in Auftrag gegebenen Zyklus 1622–1625 geschaffen hat. So wie der flämische Barockmaler Mühe hat, den »guten König« zu verherrlichen (Jupiter und Chronos schleppen ihn mit einem Kraftakt hinauf zum desinteressierten Halbgott Herakles), so legt auch Heinrich Mann seinem Heros Worte in den Mund, die wenig Verklärtes zum Ausdruck bringen. Es sind vielmehr Wünsche und Hoffnungen: »Gerechtigkeit und Wohlstand sind für jeden erreichbar. Und man kann die Völker nicht umbringen.«

Peter Paul Rubens
Apotheose Heinrichs IV.
(Ausschnitt) 1622–1625

1938

Das Exil

Die Emigranten sind in vielen Ländern ungern gesehene Gäste, besonders in der Schweiz und in Frankreich. Ihre Sorgen beginnen mit der Erlangung eines gültigen Visums oder eines ausländischen Passes, die nur sehr selten ausgestellt werden.

Besitzt man endlich ein Visum, ein amerikanisches oder ein kubanisches, beginnt der Kampf um die Schiffsplätze, denn viele Emigranten, die vor den Nationalsozialisten in die europäischen Nachbarländer geflohen sind, versuchen nun, vor allem in die USA zu kommen. Hollywood ist für viele Schauspieler und Schriftsteller das Traumziel, das sich für die meisten aber nicht als solches herausstellt.

Sie nehmen jede Rolle und jeden kurzfristigen Auftrag an, um leben zu können. In der Regel interessiert die geleistete schriftstellerische Arbeit die Filmchefs nicht, und die Manuskripte landen im Archiv. Das gibt den Autoren beständig ein Gefühl der Minderwertigkeit. Viele resignieren, werden depressiv, nehmen sich das Leben.

Lion Feuchtwanger, dem es in Kalifornien persönlich gut geht, schreibt: »Sehr viele Schriftsteller, die in ihrem eigenen Lande marktfähig waren, sind trotz höchster Begabung im Ausland nicht verkaufbar, sei es, weil ihr Wert vor allem im Sprachlichen liegt und dieses Sprachliche nicht übertragbar ist, sei es, weil ihre Stoffe den ausländischen Leser nicht interessieren.«

Ein Hauptproblem ist für fast alle Emigranten die Sprache. Selbst Kortner, der mit Energie und starkem Willen um Arbeit bemüht ist, meint: »Obwohl ich den eingerichteten englischen Text sozusagen im durch ihn gestörten Schlaf wußte ... verlor ich beides im Gedränge der Aufnahme«, es war so, »als würde man von einem Pianisten verlangen, sich auf Violine umzustellen.«

Kunstförderung

Die Zahl der Kunstpreise ist im Dritten Reich so groß geworden, daß es schwerfällt, geeignete Preisträger zu finden. Verliehen werden: Großer Nationalpreis für Kunst und Wissenschaft (jährlich 100 000 RM); Nationalpreis des 1. Mai (jährlich 12 000 RM); Schiller-Preis (alle 6 Jahre 7000 RM); Mozart-Preis (jährlich 10 000 RM); Shakespeare-Preis (jährlich 10 000 RM); Rembrandt-Preis (jährlich 10 000 RM) und weitere Preise der Länder und Städte.

Österreichs Vergangenheit im Spiegel zweier Romane

Am 10. April bestätigt eine in Österreich und Deutschland durchgeführte Volksbefragung die vier Wochen zuvor unter deutschem militärischem Druck erfolgte Vereinigung der beiden Länder zum Großdeutschen Reich.

Mit diesem »Anschluß« Österreichs endet der zeitgeschichtliche Roman Die Kapuzinergruft, den Joseph Roth noch im selben Jahr veröffentlicht. Er schließt, unmittelbar vor dem Ersten Weltkrieg einsetzend, an den 1932 erschienenen Roman Radetzkymarsch an. Geschildert aus der Perspektive des Ich-Erzählers Franz-Ferdinand Trotta, vollzieht sich am Beispiel von Trottas Familien- und Freundeskreis eine unaufhaltsame Entwicklung des Zerfalls wirtschaftlicher Existenz und menschlicher Beziehungen. Leitmotive sind das Bewußtsein städtischer Dekadenz (im Kontrast zu bäuerlicher »Ursprünglichkeit«) und das mit Resignation verbundene Bekenntnis zur »versunkenen Welt« der Monarchie. Roth, der Österreich schon 1933 verlassen hat, stirbt am 27. Mai 1939 im Alter von 44 Jahren in einem Pariser Armenhospital.

In der Zeit der Monarchie ist Stefan Zweigs Roman Ungeduld des Herzens angesiedelt, der nach Zweigs Emigration 1938 in Stockholm erscheint. Im Mittelpunkt steht ein moralphilosophisches Interesse: die Frage nach der wahren Natur des Mitleids. Die Handlung führt einen jungen Ulanenleutnant durch seine Beziehung zur gelähmten Tochter eines geadelten Arztes auf den Weg zum »schöpferischen Mitleid«, doch scheitert er angesichts der Aufgabe, sich gegenüber seinen Standesgenossen zu diesem Weg zu bekennen. Die Forderung, die Zweig angesichts der politischen Bedrohung an sich selbst stellt, bleibt im Roman unerfüllt: »geduldig und mitduldend alles durchzustehen bis zum Letzten seiner Kraft und noch darüber hinaus.«

Oben links: Kaiser Franz Joseph I.
Oben rechts: Adolf Hitler auf der Fahrt durch Wien nach dem »Anschluß« Österreichs 1939.

Literatur

Neuerscheinungen

● Alfred Döblin: *Die deutsche Literatur*, Essay. Der seit 1933 im französischen Exil lebende Schriftsteller vertritt die Auffassung, daß es keine »Emigranten-Literatur« gebe, sondern einfach deutsche Literatur, die im Ausland geschrieben werde. Die Autoren hätten die Themen nicht gewechselt. Literarhistorisch habe sich nichts geändert.

● Heimito von Doderer: *Ein Mord, den jeder begeht*, psychologischer Entwicklungsroman. Das erste größere Werk des Autors erzählt die Lebensgeschichte eines Jungen, der unwissentlich den Tod eines Mädchens verursacht.

● Erich Kästner: *Der kleine Grenzverkehr*. Eine Baronesse gibt sich vor einem jungen Mann, der die Salzburger Festspiele besucht, als Stubenmädchen aus, um ihrem schriftstellernden Vater zu einem Thema zu verhelfen.

● Gertrud von Le Fort: *Die Magdeburgische Hochzeit*. Der Roman schildert die Belagerung und Zerstörung Magdeburgs während des Dreißigjährigen Krieges.

● Daphne Du Maurier: *Rebecca*. (deutschsprachige Ausgabe Zürich 1940). Die Ehe der Ich-Erzählerin wird vom geheimnisvollen Tod der ersten Frau Maxim de Winters, der schönen, rücksichtslosen Rebecca, überschattet. Eine wohldosierte Mischung aus Spannung, Romantik und psychologischer Einfühlung, die die Wirksamkeit des angelsächsischen Unterhaltungsrezeptes beweist.

● Reinhold Schneider: *Las Casas vor Karl V. Szenen aus der Konquistadorenzeit*. Die Erzählung schildert im Rückblick die Raubzüge und Verbrechen der spanischen Eroberer, die diese im Zeichen des Kreuzes begingen, aus der Sicht des Dominikanermönches Fray Bartolomé de Las Casas (1474–1566), eines Streiters gegen den mit dem Missionsauftrag unvereinbaren Völkermord an den Indios.

● Carl Zuckmayer: *Herr über Leben und Tod*. Die gefühlsbetonte Erzählung eines jungen Ehepaares, das durch die Geburt eines mißgestalteten Kindes in eine Krise stürzt. Spannende Dialoge über Euthanasie und das soziale Verantwortungsgefühl.

1938

Der Sieg des Positiven

Der 37jährige Komponist und Kapellmeister an der Berliner Staatsoper, Werner Egk, 1936 mit einer Goldmedaille für seine Olympische Festmusik ausgezeichnet, bringt in Berlin die Oper Peer Gynt zur Uraufführung. Das Libretto hat Egk »in freier Nachgestaltung nach Ibsen« geschaffen.

Die stärkste Abweichung im Handlungsablauf besteht in der Streichung der in Nordafrika spielenden Szenen, die in Peer Gynts Aufenthalt im Irrenhaus von Kairo münden. An ihre Stelle treten zwei Szenen in einer mittelamerikanischen Hafenstadt mit den Themen: wirtschaftlicher Ruin (»die klassische Katastrophe des individualistischen Kapitalismus«, Egk) und derbe Sinnlichkeit.

Inhaltlich gravierend ist der von Egk abgewandelte Schluß: Peer Gynt stirbt nicht in den Armen einer erblindeten, vom Alter gebeugten Solveig, sondern die von ihm verlassene Geliebte ist »eine blühende Frau etwa Mitte der Dreißig«, die den Gescheiterten durch ihre Liebe und Treue vor dem rächenden Zugriff der dämonischen Trolle rettet. Egk betont jedoch im Programmheft zur Uraufführung: »Peer Gynt wird nicht von Solveig erlöst, die Tat, durch die er der Gefahr entgeht, im Meer der Niedrigkeit und Gemeinheit unterzugehen, ist seine eigene Tat ...«

Egks Oper steht in der Tradition des Peer Gynt-Verständnisses als »nordischer Faust« und bildet eine noch weitergehende Vereinfachung (im Sinne mannhafter Ertüchtigung) von Henrik Ibsens collageartiger Verarbeitung von Volkssage, Psychologie, Sozial- und Zeitkritik.

»Der Schluß meines Opernbuches«, so stellt der Komponist fest, »bedeutet einen endgültigen Sieg des Positiven und eine endgültige und vernichtende Niederlage alles dessen, was zur Welt der Trolle, zur Welt des Niedrigen, Triebhaften, Gemeinen und Negativen gehört.«

Peer Gynt, 1938; Bühnenbildentwurf von Paul Sträter zum Schauplatz Kai einer mittelamerikanischen Hafenstadt, Berliner Uraufführung der Opernversion von Werner Egk.

Gereinigte Musik

Anläßlich der Düsseldorfer Reichsmusiktage erklärt Goebbels: »Die Macht des Judentums ist jetzt auch auf dem Gebiete der deutschen Musik gebrochen, das deutsche musikalische Leben ist von den letzten Spuren jüdischer Anmaßung und Vorherrschaft gesäubert. Unsere klassischen Meister erscheinen vor der Öffentlichkeit wieder in reiner und unverfälschter Form.«

Die Besucherzahlen haben sich innerhalb von zehn Jahren verdoppelt. Konzerte mit Stardirigenten wie Wilhelm Furtwängler sind schon Wochen vorher ausverkauft. In den Konzertsälen und Opernhäusern wird alles gespielt, was nicht modern ist und nicht von jüdischen oder »feindlichen« Komponisten wie Ravel oder Tschaikowski stammt. Richard Strauss, Werner Egk, Carf Orff, Hans Pfitzner sind die Ausnahmen unter den Modernen, die gespielt werden dürfen.

Musik

Premieren

● Paul Hindemith: *Nobilissima Visione.* Die Suite weist ein klares Satzgefüge auf. Hindemith hat sie aus den Sätzen des gleichnamigen Tanzspiels komponiert.

● Arthur Honegger: *Jeanne d'Arc au bûcher (Johanna auf dem Scheiterhaufen).* Szenisches Oratorium. Text: Paul Claudel (Uraufführung der konzertanten Fassung, Basel). Honegger verschmilzt die heterogensten Elemente zu einem neuen Ganzen.

● Richard Strauss: *Friedenstag,* Oper. Text: Joseph Gregor (Uraufführung, München, Bayerische Staatsoper, 24. Juli, Dirigent: Clemens Krauss). Das pazifistische Werk spielt im Dreißigjährigen Krieg.

● Richard Strauss: *Daphne,* bukolische Tragödie. Text: Joseph Gregor (Uraufführung, Dresden, 15. Oktober, Dirigent: Karl Böhm). Apoll liebt Daphne und tötet seinen menschlichen Nebenbuhler. Idyllische und wehmütige Stimmungen wechseln einander ab.

● Igor Strawinski: *Dumbarton Oaks. Concerto in Es* für Kammerorchester (Uraufführung, Washington, 8. Mai). Das polyphone Werk ist von J. S. Bachs *Brandenburgischen Konzerten* angeregt.

Der entscheidende Schritt zur Atombombe

Otto Hahn und Fritz Straßmann beschießen die Kerne des Uranatoms mit Neutronen und entdecken, daß die Urankerne gespalten werden können. Hahns und Straßmanns Bericht über die gelungene Uranspaltung erscheint in der ersten Januar-Nummer 1939 der deutschen Fachzeitschrift »Die Naturwissenschaften«. Er trägt das Datum vom 22. Dezember 1938, und es heißt darin, beim Beschuß des Urans mit Neutronen seien mindestens drei Produkte entstanden (Hahn vermeidet zu dem Zeitpunkt noch den Terminus Kernspaltung). Mit den Kernprodukten fliegen bei dem Versuch jedoch aus dem Urankern zusätzliche Neutronen nach allen Richtungen auseinander. Zugleich ergibt sich etwas Merkwürdiges. Die Einzelgewichte der Kernbruchstücke, rechnet man sie zusammen, entsprechen nicht mehr dem Ausgangsgewicht der unbeschädigten Urankerne. Ein Zehntel fehlt! Die Überlegungen Einsteins finden durch das Experiment ihre Bestätigung: ein Zehntel der Masse des Uran-Atomkerns hat sich in Energie verwandelt.

Was den Hahn-Straßmannschen Versuch so bedeutsam macht, ist die Tatsache, daß bei der Spaltung des Urankerns auch Neutronen frei werden, die ihrerseits auseinanderfliegen und neue Urankerne spalten können. Auch in den neu getroffenen Kernen werden dann Neutronen frei, spalten erneut Kerne und bringen auf diese Weise eine Kettenreaktion in Gang, die eine ungeheure Energie zu entfesseln vermag.

Der ungezügelte Verlauf einer solchen Reaktion ist das Prinzip der Atombombe. Verlangsamt man die Reaktion, indem man etwa bremsende Graphitplatten in die Reaktionszone einbaut, so läßt sich Energie »in Raten« gewinnen, wie es später in den Kernreaktoren geschieht.

Naturwissenschaft, Technik, Medizin

● Ugo Cerletti und Lucio Bini führen die Elektroschock-Behandlung zur Besserung bestimmter Geisteskrankheiten ein: Ein Wechselstrom, der für etwa zehn Sekunden durch den Kopf des Kranken geleitet wird, löst bei ihm einen epilepsieähnlichen Muskelkrampf aus, der zur Heilung beitragen soll.

● Vor den Küsten Madagaskars wird der für ausgestorben gehaltene »Quastenflosser« gefangen. Der Fisch erhält den Namen »Latimeria chalumnae«. Er gehört zur Ordnung der Crossopterygier, deren Flossen auf kurzen Stielen sitzen und damit wie Quasten wirken. Der Quastenflosser lebt unter Felsen in mittleren Meerestiefen und hat sich seit dem Tertiär nicht verändert.

● Paul Schlack stellt »Polycaprolactam« her, das in Deutschland als »Perlon«, in den USA als »Nylon G« große Bedeutung als Synthetikfaser gewinnt.

Matthias Grünewald
**Engelskonzert
(Isenheimer Altar)**
Um 1513–1515

Mathis der Maler

Am 28. Mai findet in Zürich die Uraufführung von Paul Hindemiths Oper Mathis der Maler statt. Die Bearbeitung des Stoffes, den der Komponist aus dem Leben und Schaffen des Malers Matthias Grünewald gewonnen hat, reicht in die Jahre 1933/34 zurück. Schon mit dem Gedanken an eine Oper komponierte Hindemith zunächst eine Sinfonie, deren drei Teile nach drei Bildern des Isenheimer Altars benannt sind: Engelskonzert, Grablegung und Versuchung des heiligen Antonius. Der erste Satz (Engelskonzert) ist identisch mit der Einleitung des Bühnenwerks.

Die Opernhandlung, von Hindemith selbst entworfen und in Texte umgesetzt, enthält in sieben Bildern Stationen aus dem Leben Grünewalds, die ihre Dramatik jedoch weniger aus äußeren Ereignissen als vielmehr aus inneren Konflikten beziehen. Der Maler Mathis ist ein zerrissener Mensch, mit Sympathien für die revolutionären Bauern, aber auch Helfer der Adelspartei, voller Zweifel über seinen Auftrag als Künstler. Mit der Fertigstellung seines Altarwerks vollendet sich sein Schicksal in Weltentsagung und Todeserwartung.

Schon in Cardillac (1926) hatte Hindemith die Problematik des Künstlers im Widerspruch zwischen Genie und sozialem Ethos behandelt. In Mathis der Maler nimmt diese Thematik die Züge eines sehr persönlichen Bekenntnisses an, des Versuchs, mit der zunehmenden Verfolgung fertig zu werden. Nachdem schon 1933 Hindemiths Werke als »kulturbolschewistisch« aus den Konzert- und Opernhäusern verbannt wurden, spitzte sich der Konflikt im folgenden Jahr zu.

Wilhelm Furtwängler erklärte 1934 nach der von ihm musikalisch geleiteten spektakulären Uraufführung der Mathis-Sinfonie in einem Zeitungsartikel: »Sicher ist, daß für die Geltung deutscher Musik in der Welt keiner der jungen Generation mehr getan hat als Paul Hindemith.« Goebbels antwortete in einer Sportpalastrede, indem er den »atonalen Geräuschemacher« öffentlich beschimpfte. Hindemith emigriert 1940 in die USA.

Bildende Kunst

Werke

- Herbert Bayer: *Wolken ziehen durch das Tal* (New York, Marlborough Gallery). Ein Spiel mit Wolken und Regentropfen, ironisch und hintergründig.
- Julius Bissier: *Aufprallende Woge I* (Privatsammlung).
- Georges Braque: *Der Maler und sein Modell* (New York, Sammlung Chrysler).
- Alexander Calder: *Hummerfalle und Fischschwanz*, Stacheldraht und Aluminiumblech. Etwa 250 x 300 cm (New York, Museum of Modern Art). Eine bewegliche Plastik mit geometrischen Figurationen.
- Paul Delvaux: *Pygmalion* (Brüssel, Musées Royaux des Beaux-Arts).
- Paul Klee: *Angstausbruch* (Bern, Klee-Stiftung).
- Fernand Léger: *Komposition mit zwei Papageien* (Paris, Musée National d'Art Moderne).
- Henri Matisse: *Die Musik* (Buffalo, Albright Art Gallery).
- Chaim Soutine: *Windiger Tag in Auxerre* (Washington, Sammlung Philips).
- Graham Sutherland: *Eingang zum Hohlweg* (London, Tate Gallery).
- Friedrich Vordemberge-Gildewar: *Composition no. 111* (Amsterdam, Stedelijk Museum).

Ereignisse

- Die italienische Schriftsteller- und Künstlervereinigung »Corrente« setzt sich in ihrem zweimal monatlich erscheinenden Publikationsorgan »Corrente« für die Verfolgten des Mussolini-Regimes ein und bekämpft die Kunstbestrebungen des Faschismus.
- Otto Dix wird nach dem mißglückten Attentat auf Hitler am Vorabend des 9. November im Münchener Bürgerbräukeller Opfer einer Verhaftungswelle.

Bauprojekte diesseits und jenseits des Atlantiks

Albert Speer stellt für die nationalsozialistische Regierung die Neue Reichskanzlei in Berlin fertig und plant die Umgestaltung der Stadt. Er schreibt in *Der Deutsche Baumeister* (1939): »Nach den Ideen des Führers, die bereits viele Jahre zurückliegen, habe ich einen Plan für die neue Reichshauptstadt aufgestellt, dessen Gerippe das Kreuz der beiden großen Achsen ist, die Berlin von Osten nach Westen und von Norden nach Süden durchqueren und die Innenstadt an den Ring der Reichsautobahnen anschließen ... Etwa an der Stelle, wo die beiden Achsen sich im Herzen der Stadt schneiden, wird sich das größte Bauwerk Berlins erheben, die Große Halle des deutschen Volkes.«

Zur gleichen Zeit wird in New York mit den Gebäuden des Rockefeller Centers (Baubeginn 1931, Fertigstellung 1939) eine erste Integration von Bauwerk und Stadtorganisation demonstriert. Die Bürogebäude sind eine Gemeinschaftsarbeit unter der Leitung von Raymond Hood.

Neben den einheimischen Architekten haben in den Vereinigten Staaten die aus Europa eingewanderten Baumeister einen maßgeblichen Einfluß auf die Entwicklung in der Architektur: Richard Neutra, Ludwig Hilberseimer, Marcel Breuer, Eliel Saarinen und in besonderem Maße Walter Gropius und Ludwig Mies van der Rohe.

Gropius kam 1937 nach Cambridge/Mass. und erhielt an der Harvard University einen Lehrstuhl auf Lebenszeit. Er war zu diesem Zeitpunkt 51 Jahre alt und auf der Höhe seines Erfolges.

Noch gravierender ist der Einfluß von Mies van der Rohe. Er läßt sich 1938, im Alter von 52 Jahren, in Chicago nieder, erhält dort die Leitung des Illinois Institute of Technology und bekommt die Gesamtplanung und den Bau der Hochschule übertragen. Zusammen mit Ludwig Hilberseimer baut er den in rektanguläre Komplexe gegliederten Hochschulbezirk mit Instituten und Wohnheimen nach einer auf Standardisierung ausgerichteten Architekturkonzeption.

Mit Enthusiasmus und Elan setzt die Avantgarde der Architekten ihre zukunftsweisenden Ideen, die sie am Bauhaus entwickelt hat, in Amerika in die Tat um. In Deutschland dagegen wird am 15. November das Verbot aller nicht kriegswichtigen Neubauten erlassen.

Zerstörung der »verlogenen Modekunst«

Hitler erklärt zur Eröffnung der Großen Deutschen Kunstausstellung 1939: »Das erste Ziel unseres neuen deutschen Kunstschaffens ist ohne Zweifel schon heute erreicht. So wie von dieser Stadt München die baukünstlerische Gesundung ihren Ausgang nahm, hat hier auch vor drei Jahren die Reinigung eingesetzt auf dem vielleicht noch mehr verwüsteten Gebiet der Plastik und Malerei. Der ganze Schwindelbetrieb einer dekadenten oder krankhaften, verlogenen Modekunst ist hinweggefegt. Ein anständiges allgemeines Niveau wurde erreicht. Wir sind gewillt, nunmehr von Ausstellung zu Ausstellung einen strengeren Maßstab anzulegen und aus dem allgemeinen anständigen Können nun die begnadeten Leistungen herauszusuchen.«

Die Ausstellungen, die im Haus der deutschen Kunst gezeigt werden, sind gut besucht. Die Besucherzahlen steigen von 480 000 im Jahr 1937 auf 720 000 im Jahr 1943.

Die offiziellen, pseudokünstlerischen »Symbole des wiedererstarkten reinen deutschen Wesens« erfreuen sich relativ großer Beliebtheit. Dagegen werden im März 1939 im Hof der Berliner Hauptfeuerwache viertausend Gemälde und Aquarelle »entarteter« Künstler verbrannt.

Kunst und Ideologie

Das amerikanische Wirtschaftsmagazin »Fortune« beauftragt den Maler Charles Sheeler mit einer Bildfolge zum Thema Energie. Das Magazin kommentiert diese Power-Serie (mit dem Bild Rolling Power): »Sheeler zeigt die Instrumente der Kraft ... als das, was sie wirklich sind: nicht fremdartige, inhumane Materialmassen, sondern hervorragende Manifestationen menschlicher Vernunft. So wie die Künstler der Renaissance Leben wiedergaben, indem sie den menschlichen Körper malten, so der moderne Künstler durch Formen wie diese, Formen, die in einem tieferen Sinne human sind als die Muskeln eines Torsos, weil sie dem Muster des menschlichen Geistes folgen, der die grenzenlose Kraft der Natur gemeinschaftlich zu nutzen sucht.«

Diese Interpretation läßt die ideologische Verfügbarkeit der kühlen, nach Fotos entstandenen Bilder Sheelers erkennen, indem den dargestellten Gegenständen der Ausdruck von Humanität aufgrund angeblich gemeinschaftlicher, dem Wohl der Gemeinschaft dienender Nutzung von Natur und Technik angedichtet werden kann.

Solche Gemeinschaftsideologie tritt in Deutschland in historisierendem Gewand in Erscheinung: Durch das Anknüpfen an imperiale römische Bauformen in der Architektur, wie sie das Modell Albert Speers für die Neugestaltung Berlins zeigt, oder durch die Pflege einer als altdeutsch und damit »artgemäß« verstandenen Bauernmalerei. Die 1939 auf der Großen Deutschen Kunstausstellung in München vertretene Kahlenberger Bauernfamilie von Adolf Wissel zeigt das hierbei propagierte Muster von Sauberkeit und Ordnung, wobei nicht die Mühe der Arbeit, sondern sonntägliche Ruhe zur Darstellung kommt.

Albert Speer, Modell für die Neugestaltung Berlins; 1939.

Gegenüberliegende Seite:
Oben: Charles Sheeler, Rolling Power (Ausschnitt); 1939.
Unten: Adolf Wissel, Kahlenberger Bauernfamilie; 1939

1939

John Fords Western-Klassiker

In den frühen dreißiger Jahren dreht keiner der führenden Regisseure Western. Um so größeres Aufsehen erregt am Ende des Jahrzehnts John Ford mit Stagecoach. *Schon seit 1917 ist der Regisseur im Genre des Wildwestfilms aktiv. Rund 50 Streifen zu diesem Thema hat er bereits gedreht, bevor ihm 1924 mit* The Iron Horse (Das Feuerroß) *ein erster künstlerischer Erfolg gelungen ist. In den Schatten gestellt werden diese frühen Arbeiten durch sein 1939 uraufgeführtes Meisterwerk, das zum kaum je erreichten Vorbild einer Flut neuer Westernfilme wird.*

Stagecoach *zeigt eine durch äußere Gefahren und innere Widersprüche bedrohte Gruppe von Menschen: ein aus der Stadt verstoßenes Barmädchen, ein korrupter Bankier, ein stets betrunkener Arzt, ein Getränkevertreter, ein Glücksspieler, eine schwangere junge Frau, ein pflichtbewußter Sheriff, der den entsprungenen unschuldigen Häftling Ringo (John Wayne) verfolgt. Der amerikanische Mythos des Kampfes zwischen Outlaw und Bürgergesetz, äußerer Bedrohung und fragwürdiger Moralität im eigenen Lager wird in einer subtilen Balance zwischen Legende, Historie und psychologischem Realismus gehalten.*

Aber nicht die Handlung, sondern der Einsatz der filmischen Mittel macht die besondere Qualität des Films aus. Die geschlossene Gesellschaft der Postkutsche wird mit der weiträumigen Landschaft konfrontiert, dem Schauplatz der berühmten Verfolgungsjagd der Indianer auf die Kutsche. Der Kritiker Frank S. Nugent schreibt in der »New York Times«, Ford habe einen Film gemacht, der das »Lied der Kamera« singt: »Er bewegt sie – und wie er sie bewegt: über die Ebenen von Arizona hinauf zu den himmelstürmenden Mesas von Monument Valley, unter den Wolkengebirgen, von denen jeder Fotograf träumt, und querfeldein durch die altmodischen, aber niemals gestrigen Tage der Präriereisen in den skalpsträubenden siebziger Jahren…«

Stagecoach, 1939 (Ringo, 1950); Szenenfotos.

Die Kompetenzfrage

Im »Dritten Reich« gibt es im Bereich der Filmpolitik Kompetenzschwierigkeiten. Hitler besitzt durch das Führerprinzip die »absolute Verantwortung« und die »unbedingte Autorität«. Aber die »Rahmendirektiven« können beliebig gewandelt werden und sind vor allem von sehr unterschiedlicher Reichweite. So beschwert sich der Reichsfilmintendant: »Als wir untersuchten, aus welchen Gründen der Führerentscheid (über die Freigabe der Wochenschau) jetzt 24 Stunden später kommt, stießen wir auf die Tatsache, daß sich der Führer in letzter Zeit die Wochenschau nicht mehr regelmäßig persönlich ansieht. Wir erfuhren weiter, daß auch sehr oft die uns mitgeteilten Änderungswünsche keineswegs Meinungsäußerungen des Führers waren, sondern von irgendwelchen Mitarbeitern, die zufällig bei der Abwesenheit des Führers an der Zensur teilnahmen, ausgesprochen wurden… Nach unserer Auffassung kann nach der vom Herrn Minister an jedem Sonnabend durchgeführten Zensur nicht irgendein zufällig zusammengesetztes Gremium des Hauptquartiers Änderungen im Namen des Führers vornehmen…«

Über diese Kompetenzfragen und Abgrenzungen setzen sich lautlos nicht nur die Fachbeamten hinweg, sondern auch Goebbels, der in seinem Tagebuch über den Film *Die große Liebe* notiert : »Ich spreche noch telefonisch mit dem Reichsmarschall, der sich über das OKW (Oberkommando Wehrmacht) beschwert, weil es Protest gegen den neuen Leander-Film erhebt. In diesem Film wird ein Fliegeroffizier gezeigt, der eine Nacht mit einer berühmten Sängerin verbringt. Das OKW fühlt sich dadurch moralisch gestoßen und erklärt, ein Fliegerleutnant handle nicht so. Demgegenüber steht die richtige Meinung Görings, daß, wenn ein Fliegerleutnant eine solche Gelegenheit nicht ausnutze, er kein Fliegerleutnant sei… In diesem Falle können wir uns also ruhig auf Göring als den besseren Experten für die Luftwaffe verlassen.«

Film

Premieren

● Victor Fleming: *The Wizard of Oz (Das zauberhafte Land,* 1951). Drehbuch: Noel Langley, Florence Ryerson, Edgar Allan Woolf, nach dem Märchen von Frank L. Baum; Kamera: Harold Rosson; Musik: Harold Arlen. Ein märchenhafter Phantasiefilm, in dem ein Mädchen (Judy Garland) im Traum eine böse Hexe (Margaret Hamilton) bezwingt.

● Willi Forst: *Bel Ami.* Drehbuch: Willi Forst, Axel Eggebrecht, nach dem Roman von Guy de Maupassant (1885); Kamera: Ted Pahle; Musik: Theo Mackeben. Charme und Esprit zeichnen den Film aus.

● Gustaf Gründgens: *Der Schritt vom Wege.* Drehbuch: Georg C. Klaren, Eckart von Naso, nach dem Roman *Effi Briest* von Theodor Fontane (1894/95); Kamera: Ewald Daub; Musik: Mark Lothar. Effi Briest (Marianne Hoppe), die mit dem korrekten Baron von Instetten (Karl Ludwig Diehl) verheiratet ist, hat ein kurzes Liebesverhältnis mit Major von Crampas (Paul Hartmann), einem Freund ihres Mannes. Viele Jahre später entdeckt der gekränkte Ehemann die alten Liebesbriefe des Majors an Effi. Er fordert ihn zum Duell heraus und tötet ihn. Gründgens kommt den Forderungen der Nationalsozialisten nicht nach, die statt Selbstverwirklichung die Selbstaufgabe der Frau fordern, sondern gesteht, wie Fontane, Effi das Recht zu, ihr eigenes Schicksal zu leben.

● Ernst Lubitsch: *Ninotchka (Ninotschka,* 1948). Drehbuch: Charles Brackett, Billy Wilder, Walter Reisch; Kamera: William Daniels. Eine sowjetische Kommissarin (Greta Garbo) soll in Paris drei russische Funktionäre beobachten. Sie ist von der westlichen Lebensweise beeindruckt und verliebt sich in einen Grafen (Melvyn Douglas). Eine geistreiche Satire auf das sowjetische Überwachungssystem.

● Jean Renoir: *La règle du jeu (Die Spielregel,* 1972). Kamera: Jean Bachelet; Musik: arrangiert von Robert Desormières; mit Marcel Dalio, Nora Gregor, Roland Toutain, Jean Renoir, Mila Parély, Paulette Dubost. Ein satirisches Meisterwerk Renoirs, in dem er eine Gesellschaft entlarvt, die nur nach bestimmten Spielregeln zu leben gewillt ist und eisern daran festhält, selbst wenn das ganze verlogene Gebäude zusammenfällt.

● Fritz Thiery: *Prinzessin Sissy.* Drehbuch: Friedrich Fort-Burggraf, Rudolf Brettschneider; Kamera: Georg Bruckbauer; Musik: Willy Schmidt-Gentner; mit Paul Hörbiger, Gerda Maurus. Der Film schildert Episoden aus dem Leben der Kaiserin Sissy.

Gone with the Wind

Plakat zur Uraufführung 1939

Dänisches Plakat
zur Wiederaufführung 1961

Szenenentwurf von
William Cameron Menzies zum
Brand des Munitionslagers in Atlanta
und entsprechendes Szenenfoto

Hollywood pur

Das Originalnegativ des Films wird in einem Goldbehälter verwahrt. Die Auszeichnungen: Zwei Sonderpreise und acht Oscars, darunter ein Oscar für Hattie McDaniels, die erste Farbige, die in der amerikanischen Filmgeschichte nominiert worden ist, für die Verkörperung der Mammy (Scarlett O'Haras Amme). In den von sieben Technicolor-Kameras gefilmten Szenen des in Brand geratenen Munitionslagers von Atlanta wurden unter anderem die Dekorationen von Cecil De-Milles King of Kings und von King Kong verfeuert. Schon vor dem Erscheinen des gleichnamigen Südstaaten-Romans von Margaret Mitchell (1936; Vom Winde verweht, 1937) begann die Jagd nach den Filmrechten. Zwar erwarb sie der inzwischen selbständige Produzent David O. Selznick. Da aber das einhellige Votum der Öffentlichkeit die Besetzung der Rolle Rhett Butlers mit Clark Gable verlangte, mußte der Sieger im Austausch gegen das Engagement des bei Metro-Goldwyn-Mayer unter Exklusivvertrag stehenden Stars die Verleihrechte mit dieser Firma teilen. Derlei Kuriositäten und Superlative umranken einen Film, der hierdurch zum Inbegriff einer Hollywood-Produktion wird.

Ebenso charakteristisch ist, daß die nüchterne Kritik nur Schwächen feststellen kann: Die Konflikte, die zum Ausbruch des amerikanischen Bürgerkriegs geführt haben, werden mit beispielloser Naivität behandelt; die Handlung bewegt sich auf dem Niveau mittelmäßiger Schicksalsromane; das Technicolor-Verfahren ist mehr künstlich als kunstvoll gehandhabt.

Und doch ist auch alles ganz anders: Wenn Clark Gable Vivien Leigh (das heißt in Wirklichkeit der Stuntman Yakima Canutt das Double Dorothy Fargo) aus dem Flammeninferno von Atlanta rettet, oder wenn er ihr die Handschuhe auszieht, um ihr zu beweisen, daß sie keineswegs mehr das ehemalige Leben als Herrin führt, sondern hart arbeitet, dann führt Hollywood sein Zepter, dessen Herrschaft sich das Publikum willig beugt. Bis dies auch in deutschen Kinos geschieht, vergehen 14 Jahre.

Das Foto zeigt den deutschen Außenminister Joachim von Ribbentrop am 23. August 1939 im Kreml bei der Unterzeichnung des Deutsch-Sowjetischen Nichtangriffspakts; im Hintergrund der sowjetische Außenminister Wjatscheslaw Michailowitsch Molotow und Iossif Wissarionowitsch Stalin, der »rote Zar«. Der Pakt enthält in einer Geheimklausel eine Abgrenzung der deutschen und sowjetischen Interessengebiete in Polen, das durch eine Grenze entlang des Verlaufs von Weichsel, Narew und San geteilt wird. Auch ohne Kenntnis dieses Zusatzprotokolls ist klar, daß der Pakt dazu dient, Deutschland den Angriff auf Polen zu ermöglichen. Hitler, im Bund mit Italien und Japan, geht davon aus, daß die britische Garantieerklärung für die staatliche Unabhängigkeit Polens bei einem raschen Sieg Deutschlands wirkungslos bleibt.

Hellsichtig zeigt der aus Neuseeland stammende britische Karikaturist David Low, seit 1927 beim »Evening Standard« tätig, daß das deutsch-sowjetische Bündnis zum Ziel hat, Polen (symbolisiert durch den am Boden liegenden Leichnam) als Staat zu vernichten. Der Bildtext akzentuiert den scheinbar unüberbrückbaren Gegensatz zwischen den beiden Diktatoren: Hitler begrüßt Stalin als den »Abschaum der Menschheit« (»The scum of the earth, I believe«), und Stalin revanchiert sich mit gleicher Höflichkeit beim »blutigen Mörder der Arbeiter« (»The bloody assassin of the workers, I presume«).
Am 1. September überfällt die deutsche Wehrmacht Polen. Das Propagandaplakat verdeckt die Tatsache, daß dieser Angriffskrieg von den faschistischen nationalsozialistischen Machthabern planmäßig vorbereitet worden

ist. Nicht das Hakenkreuz fällt ins Auge, sondern das Eiserne Kreuz als Zeichen der Wehrmacht, an deren Traditionsbewußtsein appelliert wird. Außerhalb des Blickfelds bleibt auch, daß neben der Wehrmacht die SS ihren eigenen entsetzlichen Vernichtungskrieg führt.
Am 28. September treffen Ribbentrop und Molotow erneut im Kreml zusammen, um einen deutsch-sowjetischen Grenz- und Freundschaftsvertrag zu unterzeichnen. Am 17. September hat die Sowjetunion Polen angegriffen; am 27. September endete der Kampf um Warschau. Es wird zur Hauptstadt des Generalgouvernements Polen, das ein Nebenland des Großdeutschen Reichs bildet. Mit dem Mittel des »Blitzkrieges«, so die Erwartung Hitlers, kann auch im Westen, gegen Frankreich und Großbritannien, eine rasche Entscheidung herbeigeführt werden.

Unterzeichnung des Deutsch-Sowjetischen Nichtangriffspakts
23. August 1939

David Low
Karikatur zum Deutsch-Sowjetischen Nichtangriffspakt
1939

Plakat
Mit unsern Fahnen ist der Sieg!
um 1939

Mit unsern Fahnen ist der Sieg!

1939

Theater

Premieren

● Thomas Stearns Eliot: *The Family Reunion.* (Der Familientag, Zürich 1945). Das Versdrama in zwei Teilen wird im Londoner Westminster Theatre am 21. März uraufgeführt. Eliot lehnt sich an die Orestie des Aischylos an und versucht, antike, christliche und gegenwartsbezogene Elemente zu verarbeiten. Lord Harry kehrt nach dem geheimnisvollen Verschwinden seiner Frau von einem Ozeandampfer verstört auf das Familiengut zurück. Die Todesursache bleibt ungeklärt, aber sein wahnhaftes Schuldgefühl treibt ihn dazu, als Missionar zu sühnen. Er überläßt das Schloß seinem Bruder. Die Mutter überlebt, nach dem offenbar gewordenen, vor Jahren begangenen Ehebruch ihres Mannes, den Abschied des Sohnes nicht. Eliot läßt auch die Nebenfiguren ängstlich die alte Ordnung bewahren.

Der Absatz der Exilliteratur stagniert

Der Absatz der Bücher und Zeitschriften von Exil-Autoren ist im Ausland unbefriedigend. Sie bringen es in Ausnahmefällen – wie Lion Feuchtwangers *Die Geschwister Oppenheim* – auf eine Auflage von 10 000 bis 20 000 Exemplaren.
Selbst ein so angesehener Verlag wie Allert de Lange in Amsterdam ist bisweilen gezwungen, Manuskripte von Exil-Autoren mit der Begründung abzulehnen, daß »sie aus politischen Gründen dem Inseratengeschäft des Verlags geschadet hätten«! Den Pressionen der Reichsregierung kann man sich in den kleinen Exilländern schwerer entziehen. Manche Autoren wählen ausgefallene Lösungen und drucken und verkaufen ihre Werke selbst.

Literatur

Neuerscheinungen

● Wystan Hugh Auden: *Journey to War*, Gedichtband. Die moralische Ordnung ist sein Thema.
● James Joyce: *Finnegans Wake* (geschrieben von 1923 bis 1928). Das Werk gilt als einer der am schwierigsten zu interpretierenden Romane der Weltliteratur. Ein umfassendes, halb mythologisches, halb modellhaft-realistisches Epos der Menschheitsgeschichte in vier wiederkehrenden Phasen, entsprechend der von dem italienischen Philosophen Vico (1668–1744) aufgestellten zyklischen Geschichtstheorie. Joyce selbst erläutert, er habe den Versuch unternommen, »viele Erzählungsebenen zu einem einzigen künstlerischen Zwecke aufzuschichten.«
● Ernst Jünger: *Auf den Marmorklippen*. In diesem bekanntesten Buch des Autors erzählt eine anonym bleibende Person, wie ein primitives Hirtenvolk einen Wissenschaftler und dessen Bruder überfällt und die gesamte wissenschaftlichen Arbeiten und die Landschaft zerstört. Die politische Interpretation dieses Buches ist umstritten, denn es läßt sich als ein Dokument des »Widerstandes« nur insoweit verstehen, als Jünger zu den Ereignissen auf Distanz geht.
● Thomas Mann: *Lotte in Weimar.* Der Roman spiegelt die intensive Auseinandersetzung des Autors mit Goethe wider. Dabei stehen Probleme wie Kunst und Künstlertum im Mittelpunkt.
● Thomas Mann: *Bruder Hitler*, Essay, veröffentlicht am 25. März. Thomas Mann enthüllt profaschistische Züge in seinem Frühwerk. Der Antirationalismus, dem Hitler unter anderem seinen unbegreiflichen Erfolg verdanke, sei anfangs auch für sein eigenes Denken und Schreiben bestimmend gewesen.
● Henry Miller: *Tropic of Capricorn* (Wendekreis des Steinbocks, 1953), Roman. Miller schildert seine Arbeit als Telegrammbote. Seine Ablehnung der amerikanischen Gesellschaft schlägt in eine Bejahung seiner selbst um. Er verhöhnt soziales Engagement und glaubt ausschließlich an sich selbst.
● Eugen Roth: *Der Wunderdoktor*. In der heiter-lyrischen »Hausapotheke« finden sich Mittelchen gegen Gebrechen aller Art.
● John Steinbeck: *The Grapes of Wrath* (Die Früchte des Zorns, 1940). Eine Anklage gegen die sozialen Verhältnisse der dreißiger Jahre in den USA. Der Roman ist eine Leidenschronik der besitzlosen Farmarbeiter, die sich auf den großen Treck nach Kalifornien begeben.

Tod Sigmund Freuds

Am 23. September stirbt der Begründer der theoretischen und praktischen Psychoanalyse, Sigmund Freud, im Alter von 83 Jahren im Londoner Exil. Ein Jahr vor seinem Tod mußte Freud seine Heimat nach dem »Anschluß« Österreichs an das nationalsozialistische Deutschland verlassen.
Aus Wien mußte Freud fliehen, in London wurde er wie ein Held empfangen. Unvergessen sind die Feiern zu seinem 80. Geburtstag 1936. Thomas Mann schrieb anläßlich dieses Festtages:»Ich bin vollkommen überzeugt, daß man in Freuds Lebenswerk einmal einen der wichtigsten Bausteine erkennen wird, die beigetragen worden sind zu einer heute auf vielfache Weise sich bildenden neuen Anthropologie und damit zum Fundament der Zukunft, dem Hause einer klügeren und freieren Menschheit.«
1930 wurde Sigmund Freud der Goethe-Preis verliehen, den seine Tochter Anna in Frankfurt entgegennahm. Drei Jahre später gingen seine Werke in Berlin öffentlich in Flammen auf. Freud, der jüdischer Abstammung ist, aber niemals dem jüdischen Glauben anhing, war Atheist. Über seine Herkunft äußerte er:»Ich habe nie begriffen, warum ich mich meiner Abkunft, oder wie man zu sagen begann: Rasse, schämen sollte. Auf die mir verweigerte Volksgemeinschaft verzichtete ich ohne viel Bedauern.«
In den letzten fünf Jahren seines Lebens beschäftigte sich Sigmund Freud erneut mit der Gestalt des Moses, seiner Geburt und seinem Tod. Freud selbst charakterisiert seine letzte Schrift, die 1939 unter dem Titel Der Mann Moses und die monotheistische Religion erscheint, als »historischen Roman«.
Der jüdische Monotheismus beruht aus Freuds Sicht auf der Verdrängung der Ermordung des Ägypters Mooses, gegen dessen strenges Regime die Juden aufbegehrten. Freud ist davon überzeugt, daß »die religiösen Phänomene nur nach dem Muster der uns vertrauten neurotischen Systeme des Individuums zu verstehen sind«.

Sigmund Freud, 1938.

1939

Count Basie

Die klassische Bigband der Jazzmusik ist untrennbar mit dem Namen Count Basies verknüpft. Bis 1936 spielt der schwarze Musiker mit seinem Zehn-Mann-Orchester in Kansas-City, das durch ihn zu einem Zentrum des modernen Swing wird; danach wechselt er mit immer regelmäßigeren Auftritten und 1939 endgültig nach New York über. Äußerst sparsam im Gebrauch seiner musikalischen Mittel, pflegt Count Basie den Riff-Stil, das alte »call and response«-Schema afrikanischer Tradition; es beruht auf einer einfachen zwei- bis viertaktigen rhythmischen und/oder melodischen Phrase, die ständig wiederholt und abgewandelt wird, wobei das große Orchester und die Solisten aufeinander antworten. Count Basie selbst ist Pianist; in seinem charakteristischen Solospiel bringt er unregelmäßige Akkordanschläge und phrasierte Melodiestücke, die an seine Herkunft von Fats Waller erinnern. Count Basie »hing an jeder Note« von Fats Waller, wie er selbst sagt, und »saß immerzu hinter ihm, fasziniert von der Leichtigkeit, mit der seine Hände die Tasten schlugen und seine Füße die Pedale traktierten«.

Wie sonst nur von Duke Ellington, kann von Count Basie gesagt werden, daß seine Laufbahn identisch geworden ist mit der Geschichte des großen Orchesters in der Jazzmusik. Während Ellington aber unablässig experimentiert, fortwährend Kurswechsel im Stil seiner Musik vornimmt und von der puertorikanischen Minderheitenmusik bis zu den avantgardistischen Ausdrucksformen der E-Musik Anregungen aufnimmt und verarbeitet, bleibt Count Basie der einfachen Grundstruktur seiner Musik treu, um sie zur höchsten Virtuosität zu steigern. Mit der Präzision des Dirigenten, der ein großes Symphonieorchester leitet, entwickelt er einen Bigband-Sound, der das chorische Pendant für die Improvisation der Solisten bildet. Nicht zufällig wird der berühmte Tenorsaxophonist Lester Young, der zu einem Vorläufer des Modern Jazz wird, in seiner Schule groß.

Count Basie

Radiopropaganda

Das nationalsozialistische Regime tut alles, um die Verbreitung »illegaler Propaganda« über das Radio zu verhindern. Es selbst sendet allerdings über alle Grenzen hinweg scharfe Kritik gegen die Feindländer, stellt Ereignisse verzerrt dar. Aber das Vertrauen der Bevölkerung in die Glaubwürdigkeit dieser Sendungen fehlt. Man nimmt an, daß über achtzig Prozent der deutschen Radiobesitzer die Radioberichterstattung englischer und französischer Sender hören, die nüchtern und sachlich über die deutsche Politik berichten. Bis 1938 gibt es über zehn Millionen Rundfunkhörer in Deutschland.

Zur Hebung der Kriegsbegeisterung setzt man im deutschen Rundfunk zielbewußt musikalische Mittel ein. Wunschkonzerte stehen auf dem Programm mit Marschliedern wie: *Wir fahren gegen Engeland, Panzer rollen in Afrika vor, Von Finnland bis zum Schwarzen Meer* und Schlagern wie *Heimat, deine Sterne*.

Eröffnung des Atlantikfluges

Für die Fluggesellschaften war es Ende der dreißiger Jahre von großem Interesse, Flugzeuge konstruiert zu bekommen, die die Strecke über den Nordatlantik zurücklegen konnten, und damit die Barriere, die die mächtigsten Wirtschaftsregionen der Erde voneinander trennt, zu überwinden.

Die Deutsche Lufthansa versuchte es seit 1936 mit Flugbooten und Katapultschiffen und bewies auch auf mehreren Probeflügen ihre Leistungsfähigkeit. Konkurrent war die Pan American Airways, die mit großen Sikorsky-Flugbooten 1937 den Pazifik überflogen hatte.

Das Rennen macht die Pan Am. Am 28. Juni eröffnet sie mit einem Flugzeug vom Typ »Boeing Clipper«, ausgelegt für 74 Personen, den regulären Passagierflugdienst zwischen Washington auf Long Island und Lissabon, mit Zwischenstation auf den Azoren. Allerdings ist es für die Pan Am mehr ein Prestigegewinn als ein lukratives Unternehmen.

Otto Dix
Lot und seine Töchter
1939

Sodom und Gomorrha

Die landschaftliche Staffage mit Felsen und Bäumen erinnert an die »altdeutsche« Malerei Albrecht Altdorfers und der Donauschule. Das Thema des Bildes ist dem Alten Testament entnommen (Genesis 18 f.): Die einzigen Überlebenden der von Gott wegen ihrer Laster zerstörten Städte Sodom und Gomorrha sorgen für die Erhaltung ihres Geschlechts, indem die Töchter ihren Vater Lot betrunken machen und sich von ihm schwängern lassen. Die Szene im Hintergrund jedoch gehört der Zukunft an. Unverkennbar ist die im Feuer untergehende Stadt Dresden mit der Brühlschen Terrasse, der Kuppel der Frauenkirche und dem Turm der Hofkirche. Dieser Anblick wird in der Nacht vom 13. zum 14. Februar 1945 Wirklichkeit.

Wie bei zahlreichen anderen Künstlern verdichtet sich bei dem als »entartet« verfemten, 1933 aus dem Dresdner Lehramt vertriebenen Otto Dix das Erlebnis der Gegenwart zur Ahnung einer grauenvollen Katastrophe.

Weitgehend unbemerkt von der Öffentlichkeit arbeiten Wissenschaftler an den Voraussetzungen für eine Vernichtungswaffe, die alle Vorstellungen übersteigt. Einen Tag nach dem Überfall Deutschlands auf Polen schreibt Albert Einstein, der 1933 in die Vereinigten Staaten emigriert ist, an den amerikanischen Präsidenten Franklin Delano Roosevelt einen Brief, in dem er auf die Versuche des Italieners Enrico Fermi hinweist. Dem Kernphysiker wird es 1942 in Chicago als erstem gelingen, eine Kettenreaktion in die Praxis umzusetzen. Fermis Prinzip, so schreibt Einstein, enthalte die Möglichkeit, eine »Überbombe« zu konstruieren, die eine Million Mal wirksamer sei als die stärkste herkömmliche Bombe. »Eine einzige Bombe solcher neuen Art«, so Einstein, »die durch ein Schiff mitgeführt und in einem Hafen zur Explosion gebracht wird, vermag sehr wohl den ganzen Hafen zusammen mit dem umgebenden Gelände zu zerstören.«

Aus so einem »Hafen zusammen mit dem umgebenden Gelände« werden ganze Städte; der Weg zur Selbstzerstörung der Menschheit ist geöffnet.

Felix Nussbaum
Selbstbildnis mit Judenpaß
1943

**Aufseherinnen im
Konzentrationslager
Auschwitz**

Charlie Chaplin (Drehbuch
und Regie)
The Great Dictator, 1940
Szenenfoto mit Chaplin als Hynkel,
Diktator von Tomania

**Frauen in einer
deutschen Munitionsfabrik**

Endlösung und Endsieg

*Eine deutsche Polizeiverordnung vom
1. September 1941 besagt: »Juden, die
das sechste Lebensjahr vollendet haben, ist es verboten, sich in der Öffentlichkeit ohne einen Judenstern zu zeigen. Der Judenstern besteht aus einem
handtellergroßen, schwarz ausgezoge-
nen Sechsstern aus gelbem Stoff mit
der schwarzen Aufschrift ›Jude‹.« Am
20. Januar 1942 beschließt die Berliner
Wannseekonferenz unter Vorsitz des
mit der Gesamtplanung der »Endlösung der Judenfrage« beauftragten
Reinhard Heydrich, die Auswande-
rungspolitik durch die Inhaftierung in
Vernichtungslagern zu ersetzen. Zu ihnen gehörte das 1940 bei Krakau von
der SS errichtete Konzentrationslager
Auschwitz.
Eines der Millionen Opfern der »Endlösung« ist der 1904 in Osnabrück geborene Maler Felix Nussbaum. 1933
nach Belgien emigriert, wird er 1940
als unerwünschter Ausländer ausgewiesen und in Südfrankreich in einem
Lager interniert. Er kann fliehen und
lebt in Brüssel im Untergrund. Sein
Selbstbildnis mit Judenpaß (ausgestellt von belgischen Behörden) zeigt
ihn kurz vor der Verhaftung und Deportation als den abgestempelten und
damit der Vernichtung preisgegebenen
Menschen. Das Bild befindet sich heute im Besitz des Kulturgeschichtlichen
Museums seiner Heimatstadt. 1982
gehört es zu den Exponaten einer Ausstellung der Ruhrfestspiele Recklinghausen, die Werke von Künstlern vereinigt, die in den beiden Weltkriegen
ums Leben gekommen sind.
Tatsächlich stehen »Endlösung« und
der mit allen Mitteln propagierte »Endsieg« in engstem Zusammenhang.
Charlie Chaplin, der 1940 seinen
Great Dictator in die amerikanischen
Kinos bringt, rechtfertigt später die
grotesken Elemente des Films damit,
über das Geschehen in Deutschland
nicht ausreichend informiert gewesen
zu sein. So beschränkt sich Chaplin
auf eine Hitler-Karikatur namens
Hynkel und ein Plädoyer für Toleranz,
Menschlichkeit, Frieden und individuelle Freiheit, das Hynkels Doppelgänger, ein jüdischer Friseur, an die
Weltöffentlichkeit richtet.*

  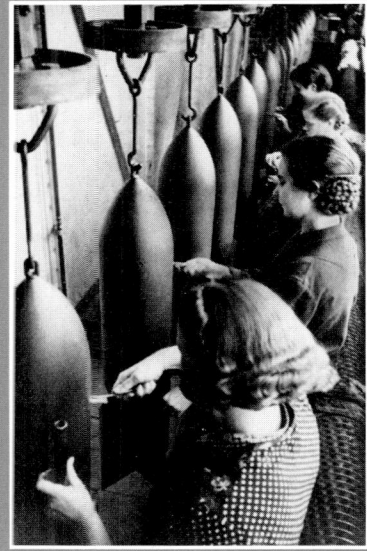

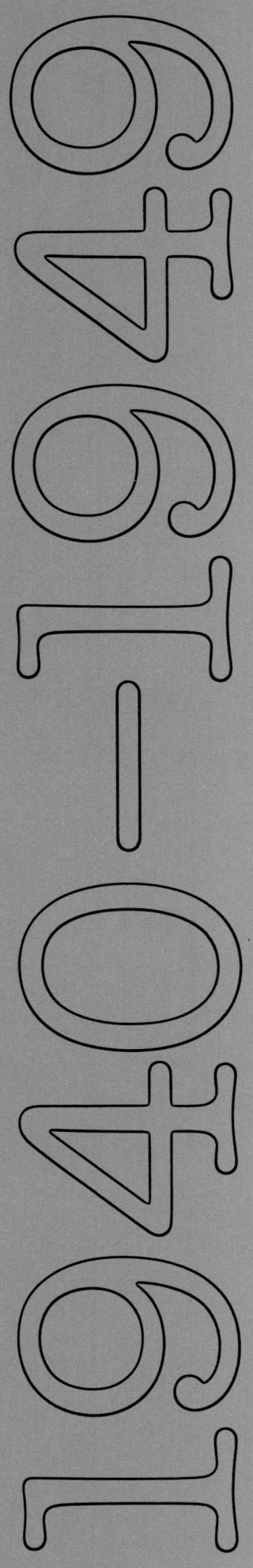

Wie in kaum einem anderen Jahrzehnt unseres Jahrhunderts prallen in dem Zeitraum zwischen 1940 und 1950 unerhörte Gegensätze aufeinander: Tod, Untergang, Verwüstung, Diktatur stehen neben Wiederaufbau und Wiedergeburt der Demokratie; neben kulturellem Brachland wächst ein Wald neuer Ideen und Entwicklungen. Es liegt nahe, dieses ungestüme, irritierende Jahrzehnt aus deutscher Perspektive zu sehen, zu beobachten, wie von außen nach dem Ende des »Dritten Reiches« neue Impulse hereinströmten, sich aus Schutt und Asche neues kulturelles Leben zu entwickeln begann.

Es erscheint heute fast wie ein Wunder, daß sich in diesen düsteren Jahren zwischen 1940 und 1945, da Europa in Trümmer fiel und die Völker sich in einem unsäglich grauenhaften Krieg zerfleischten, die Kultur nicht zum Erliegen kam. Doch Kultur gehört zum Menschen hinzu wie eine zweite Seele. Kultur in all ihren Erscheinungsformen ist ein lebensnotwendiger Bestandteil des menschlichen Daseins, nicht nur »Fluchtburg« für Schöngeistige, die die Realität zu verdrängen suchen, sondern auch die Möglichkeit, dem Grauen die schöpferischen Kräfte des menschlichen Geistes gegenüberzustellen.

Trotz des Krieges brach das kulturelle Leben nicht zusammen, malten Künstler wie Marc Chagall und Pablo Picasso weiter, schrieben Dramatiker ihre Werke, wurden Romane und Lyrik veröffentlicht, und die Philosophen hörten nicht auf, Fragen zu stellen und Antworten zu formulieren. Komponisten wie Benjamin Britten brachten ihre ersten Opern zur Aufführung, in Amerika blühte das Musical, das auch dem jungen Leonard Bernstein zu frühen Lorbeeren verhalf.

Aus heutiger Sicht mag es verführerisch erscheinen, die vierziger Jahre ganz einfach zu gliedern: Fünf Jahre Krieg, fünf Jahre Nachkriegszeit. Ebenso groß ist die Versuchung, die Kultur jener Zeit in bestimmte Schubladen einzuordnen: Hier Deutschland, dort der Rest der Welt. Hier Kulturdiktat und Pseudokultur, dort eine Fülle neuer Gedanken, große Werke, die auf Jahrzehnte hinaus die Kultur prägten, während man Deutschlands Kulturschaffen (oder was immer man damals als Kultur bezeichnete) am besten schnell wieder vergißt. Vieles mag daran wahr sein. Sicherlich sah es im »Dritten Reich« in zahlreichen Bereichen der Kultur desolat aus. Wie soll auch ein so empfindliches Gebilde, das ja von der Vielschichtigkeit lebt, gedeihen, wenn ständig

an ihm herumgesägt und experimentiert wird? Allein in der Musik scheint eine gewisse Lebendigkeit vorhanden gewesen zu sein, wurden Entwicklungen fortgeführt. Immerhin haben Komponisten wie Carl Orff und Werner Egk in jenen Jahren Werke geschaffen, die noch heute auf den Programmen großer Musikhäuser stehen. Von den heroischen Dramen oder züchtigen Lustspielen der Bühnen läßt sich das nicht sagen.

Doch viele Phänomene und Strukturen des Kulturlebens, die heute bei oberflächlicher Betrachtung eher vordergründig, konturenlos oder allzu grobschlächtig wirken, waren in der Tat wesentlich komplizierter. Es hat viele Künstler im »Dritten Reich« gegeben, die in einen schweren inneren Zwiespalt gerieten und deren Werke zum Teil zu Unrecht als Beiträge der offiziellen Kulturpolitik gewertet werden. Ein sehr typisches Beispiel aus der Literatur ist der Fall Ernst Jünger. Eigentlich müßte dieser Autor, der sein 1925 im Stahlhelm-Verlag erschienenes Buch *Feuer und Blut* Adolf Hitler mit der Widmung »dem nationalen Führer Adolf Hitler« geschickt hatte, zur Prominenz des »Dritten Reiches« gehört haben. 1925 erklärte der Schriftsteller, der Tag, an dem der parlamentarische Staat stürze und an dem die »nationale Diktatur« ausgerufen werde, »wird unser Festtag sein«. Als dann das Jahr 1933 heraufdämmerte, wurde es nicht Jüngers »Festtag«, sondern ein Jahr der aufkeimenden Besinnung und Ernüchterung.

So lehnte Jünger es bereits 1933 nach der »Säuberung« der Preußischen Dichterakademie strikt ab, der neuen Akademie anzugehören. Er trat außerdem aus dem Traditionsverein ehemaliger Angehöriger des 73. Füsilier-Regiments aus, mit dem er Ende 1914 an die Westfront gezogen war, da der Verein seine jüdischen Mitglieder ausgestoßen hatte. Von da an entwickelte sich Jüngers dichterische und menschliche Einstellung zum »Dritten Reich« in der Form, daß sie ihn schließlich in die innere Emigration führte, wo man den Autor der Tagebuchaufzeichnungen *In Stahlgewittern* nicht unbedingt vermutet hätte.

Ernst Jünger ist nicht der einzige Schriftsteller, der sich in die innere Emigration zurückzog. Ricarda Huch, die 1933 aus Protest gegen den Nationalsozialismus aus der Preußischen Akademie der Künste austrat, gehörte zu den Autoren, die sich nicht scheuten, laut Kritik zu äußern. Maler wie Otto Dix, Oskar Schlemmer und Erich Heckel zogen sich, als »entartet« geschmäht und in ihrer Arbeit behindert,

**Amerikanische
Propagandaplakate**
um 1941/42

**Amerikanisches Kernphysika-
lisches Forschungszentrum
in Oak Ridge**
gegründet 1942

Henri Laurens
**Farbholzschnitt zu
einer französischen Ausgabe
der »Idyllen« des Theokrit**
1945

Maurice Estève
**Les arbres et le train
de ceinture**
1947

in die innere Emigration zurück, während Max Beckmann, Max Ernst, Lyonel Feininger und Kurt Schwitters in die äußere Emigration gingen und ihre Heimat verließen – nicht nur aus politischen oder rassischen Gründen.

Gerade auf dem Gebiet der bildenden Künste wüteten die Nationalsozialisten wie kaum in einem anderen Bereich der Kultur. Joseph Wulf schreibt in seiner Dokumentation *Die bildenden Künste im Dritten Reich:* »Eigentlich war das Verhältnis des Dritten Reichs zur bildenden Kunst genauso degeneriert wie seine Beziehungen zum Menschen; es existierten lediglich schlankblonde Menschen oder Untermenschen; deshalb sollte die sogenannte entartete Kunst ebenfalls ausgerottet werden. Ästhetische oder räumliche Begriffe spielten dabei weniger eine Rolle als rassische Vorurteile.« Da Hitler sich selbst zum Maler berufen fühlte, glaubte er, er sei gerade auf diesem Gebiet ungeheuer kompetent. Noch 1942 grollte er jenen Professoren, die ihn 1907 mit der Note »ungenügend« von der Aufnahmeprüfung an der Wiener Kunstakademie heimgeschickt hatten. Nach Hitlers Meinung fehlten den »maßgebenden Männern der Akademie meist Einsicht und Urteilsvermögen«. Diese Eigenschaften aber glaubte er selbst zu besitzen. Hitler war zeitlebens der Magie der Kunst verfallen. Wenige Tage vor Kriegsausbruch erklärte er dem britischen Botschafter Henderson, er sei eigentlich von Natur aus ein Künstler. Wenn die polnische Frage gelöst sei, wolle er sein weiteres Leben als Künstler und nicht als Politiker und Kriegsherr verbringen.

Wie George Orwell es in seinem Werk *1984* beschreibt, so war auch im »Dritten Reich« der »große Bruder« immer zugegen, vor allem in kulturellen Fragen. »Big Brother« nutzte für seine Zwecke vor allem ein Medium aus, das sich bei der breiten Masse größter Beliebtheit erfreute, mehr als Literatur, Kunst oder Theater, die ja vorwiegend für bestimmte Gruppen von Bedeutung waren: das Kino. Es spielte in einer Zeit, da es noch kein Fernsehen gab, eine maßgebliche Rolle. Es ist deshalb leicht zu verstehen, daß gerade das Kino im »Dritten Reich«, und vor allem in den Kriegsjahren, Förderung und Beachtung von Regierungsseite erhielt.

Der deutsche Film hatte sich seit jeher eines guten Rufes erfreut. In den zwanziger Jahren pilgerten Regisseure aus aller Welt, so auch Alfred Hitchcock, nach Berlin, um bei deutschen Regisseuren, aber auch bei den deutschen Technikern ihr Handwerk

zu erlernen. Nach 1933 wanderten viele Regisseure und Schauspieler aus, die meisten davon nach Hollywood oder an den Broadway wie die Österreicher Otto Preminger oder Billy Wilder. Dennoch war der deutsche Film nicht ausgeblutet. Zum Beispiel wurden in den Studios in Babelsberg bei Berlin, trefflich mit allen technischen Raffinessen ausgerüstet, während der dreißiger und vierziger Jahre zahllose Streifen abgedreht, und Filmemacher wie Veit Harlan und Hans Steinhoff wußten, wie man Stoffe publikumsgerecht aufbauen mußte. Zudem waren noch immer vorzügliche Darsteller zur Hand, auch wenn die Lücken, die die Emigration gerissen hatte, sich nicht sofort wieder schlossen.

Während in den dreißiger Jahren zahllose politisch harmlose Filme, die alle aber selbstverständlich der Zensur unterstanden, gedreht wurden, änderte sich das in den vierziger Jahren. Das begann schon gleich 1940, in dem Jahr, in dem drei der schlimmsten antisemitischen Filme der nationalsozialistischen Ära entstanden: *Die Rothschilds, Der ewige Jude* und vor allem Veit Harlans *Jud Süß*. Der zuletzt genannte Film wurde immer dann in den Ostgebieten gezeigt, wenn »Aussiedlungen« in die Vernichtungslager bevorstanden. *Jud Süß* erwies sich als ein geradezu teuflisch ideales Mittel, die antisemitische Stimmung der Bevölkerung anzuheizen und das eventuelle Mitgefühl und schlechte Gewissen zu betäuben. Eng im Zusammenhang mit *Jud Süß* steht auch der Name Werner Krauss, der eines der größten Schauspieltalente im »Dritten Reich« war. Der »Filmjude vom Dienst« versuchte sich nach dem Krieg – wie auch Veit Harlan – mit Hilfe einer Autobiografie zu rechtfertigen. Noch 1958 erklärte er auf die Frage, weshalb er in *Jud Süß* fast alle Juden gespielt habe: »Ich sagte mir, es sind im Film einige Judenrollen. Wenn diese Judenrollen von verschiedenen Schauspielern gespielt werden, gibt's einen Wettstreit, ob nicht einer noch jüdischer wirkt als der andere.« Das zu verhindern sei für ihn der Grund gewesen, alle Juden selbst zu mimen. Werner Krauss war es auch, der 1943 in Wien in einer der äußerst raren Inszenierungen von William Shakespeares Drama *Der Kaufmann von Venedig* den Shylock verkörperte. Dieses Stück wurde auf besondere Anordnung von Goebbels aufgeführt und sollte der Aktivierung der antisemitischen Stimmung dienen.

Wer die Bühnenspielpläne der frühen vierziger Jahre bis zum Frühjahr 1944 durchblättert, als die Theater auf höchste Weisung geschlossen werden muß-

Vernichtung und Bewahrung

Die am 14. August 1941 vom amerikanischen Präsidenten Franklin D. Roosevelt und dem britischen Premier- und Verteidigungsminister Winston Churchill beschlossene Atlantikcharta enthält die Forderung nach »endgültiger Beseitigung der Nazi-Tyrannei«. Am 7./8. Dezember eröffnen der japanische Überfall auf den Flottenstützpunkt Pearl Harbor auf Hawaii und die japanische Kriegserklärung den Krieg zwischen Japan und den USA, am 11. Dezember 1941 erklärt Deutschland Amerika den Krieg.

Die beiden amerikanischen Propagandaplakate This is the Enemy *zeigen die beiden Feindbilder: den deutschen Wehrmachtsoffizier als Henker, in dessen an Karikaturen des preußischen Offizierstypus anknüpfendem Monokel sich ein Galgen spiegelt, und die japanische Bestie.*

Ein Bestandteil der amerikanischen Kriegsanstrengungen ist der Ausbau der kernphysikalischen Forschung mit dem Ziel, eine »Überbombe« zu schaffen. Der Schwerpunkt der Entwicklungsarbeit liegt beim Arbeitsstab des amerikanischen Physikers Robert Oppenheimer in Los Alamos in New Mexico. Sein späterer Widerstand gegen den Bau der Wasserstoffbombe setzt ihn 1953 dem Verdacht kommunistischer Gesinnung aus.

Der Abwurf der ersten Atombomben auf Hiroshima und Nagasaki am 6. und 9. August 1945 beendet – nach der bedingungslosen deutschen Kapitulation am 7. Mai – den Krieg im pazifischen Raum und eröffnet zugleich das Zeitalter der nuklearen Selbstvernichtungs-Gefahr der Menschheit.

Mehr denn je zuvor ist die Kunst vor die Frage gestellt, wie sie den Glauben an den Menschen bewahren oder erneuern kann. Gelingt es durch die Klassik einer vom Tages- und vom Weltgeschehen losgelösten Kunstwelt, wie sie sich in der Theokrit-Illustration des Grafikers und Bildhauers Henri Laurens andeutet? Oder im gegenstandslosen Bildgefüge eines Maurice Estève, das Anregungen der geometrischen Malerei mit denen der lyrischen Abstraktion und des Action painting verbindet?

ten, dem werden die vielen Premieren von Lustspielen auffallen, von denen heute niemand mehr etwas weiß. Aber auch »teutonische« Heldendramen gehörten zum Repertoire jeder Bühne, auf der dann die Cheruskerschlacht wogte oder Dietrich von Bern sich tapfer gegen den Feind aus dem Osten zur Wehr setzte.

Natürlich wurden auch weiterhin Schiller und Goethe aufgeführt, während dessen es bei Shakespeare schon öfter Diskussionen um seine »typisch undeutsche Art« gab. Jedes Werk jedoch, das im Verdacht stand, aus jüdischer, bzw. halbjüdischer Feder zu stammen, wurde rigoros vom Spielplan gestrichen. Wäre es im Grunde nicht ein Trauerspiel, so könnte man sich über die vielen Briefe von erfüllungseifrigen Beamten amüsieren, die ängstlich bei ihren Vorgesetzten anfragten, ob dieser oder jener Schriftsteller nicht doch ein Jude sei. Das traf Victor Hugo genauso wie Eichendorff.

Die bedeutendsten Theaterdirektoren hatten schon in den dreißiger Jahren Deutschland verlassen. Max Reinhardt und Erwin Piscator inszenierten in der Emigration erfolgreich Stücke. Bei der Betrachtung der vierziger Jahre darf man gerade die Emigration und ihr sehr reges kulturelles Leben nicht außer acht lassen. Denn was Thomas Mann, Bertolt Brecht, Franz Werfel, Stefan Zweig, Annette Kolb, Erich Maria Remarque und Hermann Broch, um nur einige von vielen Namen zu nennen, im Ausland taten, diente dem Fortbestand der deutschen Kulturtradition in einem Ausmaß, den Literaturhistoriker und Geschichtsschreiber erst in den letzten zehn Jahren vollends zu erkennen begonnen haben. Es gab sie, die andere deutsche Kultur; die Dichtkunst, die Malerei, ja selbst der Film lebten im Exil weiter. Hollywood zehrte in den dreißiger und vierziger Jahren von den Emigranten aus Europa. Viele dieser Männer und Frauen kehrten dann nicht mehr nach Deutschland zurück, als es ihnen wieder möglich gewesen wäre. Einige auch hatten die Entwurzelung nicht überlebt. Franz Werfel beging Selbstmord, andere starben im Exil, trotz aller Erfolge einsam und heimwehkrank, wie Lion Feuchtwanger.

Das Jahr 1945/46 bedeutete das Ende der Pseudokultur in Deutschland. Und endlich wurden die Tore geöffnet für all das, was in den letzten Jahren weltweit kulturell geschehen war. Jahrelang hatte man völlig isoliert gelebt, durch Zufall vielleicht von einem Jean-Paul Sartre, Tennessee Williams oder Thornton Wilder gehört. Schon kurz nach der Wiedereröffnung der Bühnen überfluteten die Erstaufführungen internationaler Theaterstücke die Häuser, erschienen auf dem Buchmarkt deutsche Übersetzungen berühmter Romane, wurden die in der Hitlerzeit verbotenen Autoren gedruckt.

Die Menschen waren ausgehungert, nicht nur nach physischer Nahrung, sondern auch nach geistigen Stoffen. Erste Ausstellungen einst als entartet verpönter Werke »entarteter« Maler wurden gezeigt, Filme gefeiert, deren deutsche Premiere sich bis zu 15 Jahre lang verzögert hatte.

Mit Staunen, vielleicht auch mit Entsetzen, merkten die Menschen, wie sehr die unsichtbaren Mauern des »Dritten Reiches« die geistigen Strömungen der Zeit von Deutschland ferngehalten hatten. Da gab es den Existentialismus in Frankreich mit all seinen Nuancen, einschließlich den Chansonniers, die in dunklen Kellerlokalen auftraten, da gab es Dramatiker wie Eugene O'Neill und den jungen Arthur Miller, da gab es völlig neue Formen der Malerei, Mischarten aus Surrealismus und Konkretismus, neue Wege der abstrakten Kunst, die so ganz anders waren als die Darstellungen reigen-tanzender Mädchen in der offiziellen Kunst des »Dritten Reiches«. Die Jugend begeisterte sich an den neuen Musikklängen aus Übersee, am Jazz, der inzwischen vom Bebop zum Modern Jazz weitere Entwicklungsstufen erklommen hatte. Begeistert nahm man auch den Big-Band-Sound des Orchesters Glenn Miller auf, dessen legendärer Band-Leiter 1944 mit einem Flugzeug abgestürzt war. Man tanzte Samba, Jitterbug und Boogie-Woogie, dichtete Schlager mit zeitkritischen Texten zu Rumba- und Samba-Melodien und lernte Coca Cola kennen.

Nachkriegszeit in Deutschland – das war die Zeit des Neubeginns, des Luftholens, des Tiefdurchatmens. Allzu leicht aber vergißt man, wie schwer diese Zeit war. Das Land lag in Trümmern, die Menschen froren, hatten oft nicht genug zu essen. Am besten konnte man sich der Probleme mit Humor erwehren, und so ist es kein Wunder, daß zwischen Berlin und München die Kabaretts wie Pilze aus dem Boden schossen. Vor allem auch der Rundfunk half dieser beliebten Unterhaltungsform zu weiter Verbreitung. Die »Insulaner« waren jahrelang Woche um Woche zu hören, andere Kabaretts machten es Günter Neumann und seinen Mannen nach. Einen ungeheuren Aufschwung erlebten auch die Zeitungen und Zeitschriften. Jahr um Jahr erfolgten

Neugründungen. Nach 1948 vergrößerte sich auch die Zahl der Rundfunkstationen rapide. Noch hatte das Fernsehen seinen Triumphzug nicht angetreten. Der Erfolg dieses neuen Mediums blieb wie so vieles, was später zum Symbol für Wohlstand und Fortschritt wurde, dem nachfolgenden Jahrzehnt vorbehalten. In den vierziger Jahren wurde zunächst die Saat in den Boden gebracht, die dann später während des viel zitierten Wirtschaftswunders Früchte tragen sollte.

Daß jede Zeit ihre Kultur prägt, ist eine Selbstverständlichkeit. Aber es wäre falsch zu behaupten, daß man die Kultur der vierziger Jahre deshalb in wenige von der historischen Entwicklung sozusagen vorgegebene Themenkomplexe aufteilen könnte. Sicherlich, George Orwells Utopie *1984* ist auch eine Summe der Erfahrungen des Autors mit dem Krieg und der Diktatur, ist eine Abrechnung mit jeder Form der Gewaltherrschaft und der Vernichtung der Menschenwürde. Sicherlich, Wolfgang Borcherts zunächst als Hörspiel gesendetes Theaterstück *Draußen vor der Tür*, entstanden nach der Heimkehr des Dichters aus russischer Kriegsgefangenschaft, trägt autobiografische Züge, und ganz gewiß sind die ersten Werke der Mitglieder der Gruppe 47 Versuche, die Hitlerzeit aufzuarbeiten. Doch die vierziger Jahre waren auch reich an anderen Einflüssen. T. S. Eliots Gesellschaftskritik wurzelt in seinem Vertrauen auf eine göttliche Gerechtigkeit und ist die Mahnung, den Pfad des Göttlichen nicht für immer zu verlassen. Jean Anouilhs poetisch-fröhliche Stücke, gepaart mit einem Hauch von Melancholie, scheinen unabhängig vom Schrecken der historischen Ereignisse. Jean Genets arrogante Verklärung des Bösen wurzelt in eigenen Erfahrungen, die jedoch keineswegs zwingend mit diesem Jahrzehnt verknüpft sind. Dennoch geistern das »Dritte Reich« und die Erfahrungen und Folgen des Zweiten Weltkriegs bis in unsere Zeit durch die kulturelle Landschaft, vor allem in Drama, Literatur und Film, weniger in den bildenden Künsten. Der Musik, so scheint es, kommt dabei eine Außenseiterrolle zu. Aber auch hier zeigen sich Entwicklungen, die zwar nicht unmittelbar von jener Zeit geprägt wurden, aber konsequente Fortführungen jener Tendenzen sind, die sich seit Beginn des Jahrhunderts zeigen. Instrumente wurden durch Geräusche ersetzt, die Elektronik dringt vor, die Traditionen verschwinden mehr und mehr.

Jedes Jahrzehnt unseres an Ereignissen überreichen Jahrhunderts hat seine eigene Faszination und Vielschichtigkeit. Das überraschende und zugleich Erschütternde aber an den vierziger Jahren, dieser »Brücke« zwischen dem Gestern, der Zeit nach dem Ersten Weltkrieg, und dem Heute, ist die Erkenntnis, daß es auch eine Zeit der vertanen Chancen war. Vieles, was in den vierziger Jahren angelegt wurde, kam erst Jahre, oft Jahrzehnte später voll zum Tragen, seien es politische Entwicklungen wie die Spaltung Deutschlands, die 1961 durch den Mauerbau vorerst besiegelt wurde, oder der Koreakrieg, dessen Nachwirkungen noch heute in Asien zu spüren sind.

Auch im kulturellen Bereich wurden die Weichen für die Zukunft gestellt. Das gilt in vielerlei Hinsicht vor allem für die Architektur, wobei aus heutiger Sicht gerade auf diesem Gebiet großartige Möglichkeiten der Gestaltung und des Neuansatzes verschleudert wurden. Alles neu, alles besser machen, lautete eine Devise der Nachkriegszeit. Doch die Wohnungsnot wirkte erdrückend. Und so entstanden im Eilverfahren jene Siedlungen gesichtsloser grauer Reihenhäuser, wie sie heute noch in allen Städten unseres Landes zu sehen sind. Erst Jahre später versuchten sich die Architekten zu korrigieren, wieder auch an die Menschen zu denken, die in diesen Häusern, in den willkürlich zerstörten Stadtbildern wohnen müssen. Städte wie Hannover, Frankfurt oder Köln kranken noch heute an dem Übereifer von Städteplanern und Architekten, die im Wiederaufbau eine Möglichkeit der totalen Umkehrung sahen.

Es ist immer verlockend, von der Warte späterer Jahrzehnte über ein Zeitalter zu urteilen. Denn bis dahin ist ja auch die Saat der damaligen Jahre aufgegangen, und alles fügt sich zu einem großen Gemälde zusammen. Ohne die totale Abkehr von der Kultur der Nationalsozialisten in den späten vierziger Jahren und die Hinwendung zu allen Einflüssen der lange entbehrten »Außenwelt« wäre manche Entwicklung im Kulturgeschehen der letzten dreißig Jahre nicht zu verstehen.

Die zunehmende Hektik bringt es mit sich, daß für viele junge Zeitgenossen die vierziger Jahre heute schon so weit in die Vergangenheit entrückt sind, daß sie nur noch schemenhaft wahrgenommen werden, eine Mischung aus Bedrückung und schier zügelloser Hoffnung. Dabei war es doch gerade erst gestern, daß der Mann auf der Straße *Maria aus Bahia* pfiff und Orson Welles als *Der dritte Mann* ein Millionenpublikum in seinen Bann zog…

Wiederaufbau im Kalten Krieg

Wie die Last der »Heimatfront« im Krieg, so liegt die Last der ersten Nachkriegsmonate auf den Schultern der Frauen. Als »Trümmerfrauen« beseitigen sie den Schutt und ebnen dem Wiederaufbau den Weg.

Anfang November 1947 taucht in der deutschen Presse die Vokabel vom Kalten Krieg zwischen Ost und West auf, vermutlich eine Übernahme des englischen Ausdrucks cold war aus einem Leitartikel des Journalisten Walter Lippmann in der »Washington Post«. Unter dem Vorzeichen des Kalten Krieges, der mit der sowjetischen Blockade West-Berlins ab Juni 1948 bis an die Schwelle des »heißen« militärischen Konflikts führt, wird am 4. Dezember 1948 durch eine Feier im Titania-Palast in West-Berlin die Freie Universität Berlin offiziell eröffnet.

Das Plakat mit der Aufschrift »Hurra wir leben noch«, mit dem der erste wieder zwischen Berlin und Hannover verkehrende Interzonenbus geschmückt ist, bringt nicht allein die Empfindung der Bewohner von West-Berlin nach der Aufhebung der Blockade zum Ausdruck, sondern kennzeichnet zugleich allgemein die Grundstimmung des Aufbruchs in die fünfziger Jahre. Hurra, wir leben noch lautet denn auch der Titel des Nachkriegsromans, den der österreichische Erfolgsautor Johannes Mario Simmel 1972 veröffentlicht und den Peter Zadek Anfang der achtziger Jahre als Porträt der Wilden Fünfziger verfilmt.

Zu den bedeutendsten Leistungen beim Wiederaufbau der Filmkunst in Europa gehört der italienische Neorealismus eines Roberto Rossellini, Luchino Visconti, Vittorio de Sica, Cesare Zavattini und Pietro Germi. Doch schon Riso amaro (1949; Bitterer Reis, 1950) von Giuseppe de Santis zeigt die Verbindung neorealistischer und spekulativer Elemente: Die im Ansatz sozialkritische Reportage über die Ausbeutung von Reisarbeiterinnen ist vornehmlich auf die körperlichen Reize Silvana Manganos zugeschnitten, die den Weg zum Film über einen Schönheitswettbewerb gefunden hat. Filmen heißt wieder, die Träume des Publikums zu befriedigen.

1949–1949

Krieg und Kunst

Ein mächtiges Segelschiff mit zerfetzter Takelage, zerbrochene Boote und einsam zum dunklen Himmel aufragende Flakgeschosse – so stellt Otto Engelhardt-Kyffhäuser 1940 auf einem Gemälde die Kriegsereignisse von Dünkirchen dar. Die Mischung aus Allegorie und Realismus ist kennzeichnend für das nationalsozialistische Kunstverständnis der Kriegsjahre. Doch hinter dieser Stilrichtung verbirgt sich meist nur dünn verhüllt das deutliche politische und ideologische Anliegen der Machthaber. Die Maler, die längst zu Handlangern der Mächtigen geworden sind, zeigen den Krieg nicht als historischen Konflikt, sondern als Auseinandersetzung der Rassen und Weltanschauungen, wie zum Beispiel Ferdinand Staegers Gemälde *Abwehr ostischer Einfälle* verdeutlicht. Arno Brekers Plastik *Der Rächer* und Josef Thoraks Statue *Der Schwertträger*, beides monumentale Gebilde im Stil der Zeit, demonstrieren den beliebten Heroismus in der Kunst, der kurz nach Ausbruch des Krieges seinen ersten Höhepunkt erreicht.

Alfred Rosenberg schreibt in dem 1940 erschienenen Band *Gestaltung der Idee – Reden und Aufsätze 1933–1935*: »… Und so entwickelt sich die nationalsozialistische Revolution immer mehr zu einem Kampf der Weltanschauungen, zu einem Kampf um die Rangordnung der Werte und letzten Endes zu einem Ringen um einen geschlossenen Lebensstil der Nation überhaupt. Denn unter dem Begriff Stil kann man nur die auf einen einheitlichen Willenskern zurückgehende Ausstrahlung in Politik, Kunst und Wissenschaft begreifen.«

Theaterleben im zweiten Kriegsjahr

Das Bühnenjahrbuch des Jahres 1941 vermerkt in seiner Rückschau auf die Saison 1939/40 wachsende Besucherzahlen. So gibt der Generalintendant der Volksbühne Berlin, Eugen Klöpfer, bekannt, daß die Saison des Winters 1939/40 die beste seit dem Jahre 1933 gewesen sei. Im Gebiet des Deutschen Reiches gibt es 1940 insgesamt 353 Theater, davon 55 in privater Hand, und 50 Sommertheater.

Von den Theaterstücken, die 1940 zur Uraufführung gelangen, sind die meisten heute längst wieder vergessen. Überaus beliebt sind Komödien wie *Götter auf Urlaub* von Paul Helwig oder *Drei blaue Augen* von Géza von Cziffra. Aber auch heroische Dramen sind gefragt, zum Beispiel das Schauspiel *Kampf ums Reich* von Wolfgang Goertz und Friedrich Wilhelm Hymmens Tragödie *Die Petersburger Krönung*. Das »perfide Albion«, England, geißelt Hanns Gobschs Drama *Maria von Schottland*.

Als was das Theater zu verstehen sei und welche Aufgabe ihm im nationalsozialistischen Kampf zukomme, verdeutlicht eine Doktorarbeit aus dem Jahr 1940, Universität Tübingen. Der Doktorand, Erich Brendler, schreibt zum Thema *Die Tragik im deutschen Drama vom Naturalismus bis zur Gegenwart*: »Das Drama braucht nicht Symbole der Ewigkeit, es braucht den vollen und ganzen Menschen… Der expressionistische Mensch… war bindungslos, entwurzelt, … ohne Bezug auf das Nächste … Bindung sucht die Zeit und fand sie schließlich im Völkischen und Religiösen. Das zeigt sich im Drama, das den Menschen in seiner biologischen und geistigen Gebundenheit an Volk und Staat zeigt.«

Der Rückzug ins Private

Das auf der gegenüberliegenden Seite wiedergegebene Gemälde von Udo Wendel entspricht der im Dritten Reich anerkannten Malerei. Das Bild weist zugleich darauf hin, daß es im nationalsozialistischen Deutschland nicht nur die pathetisch-militanten, von verordnetem Optimismus geprägten Machwerke der propagandistischen Staatskunst gibt, sondern daß daneben der Versuch des künstlerischen Rückzugs in die Privatsphäre bürgerlicher Kultur existiert.

Das Gruppenbildnis vereinigt den Maler und seine Eltern in der Beschäftigung mit einer Kunstzeitschrift. Nicht zufällig läßt die aufgeschlagene linke Seite eine der nach ästhetischer Verinnerlichung strebenden Skulpturen Georg Kolbes erkennen.

Wendels Darstellungsweise, realistisch und kühl beobachtend, knüpft an die Neue Sachlichkeit der zwanziger Jahre an. Ein Vergleich beispielsweise mit dem Elternbildnis von Otto Dix macht jedoch offenkundig, daß sich die Darstellung auf eine »Momentaufnahme« beschränkt. Vom Zutrauen zur Aussagekraft der getreulich wiedergegebenen Realität ist nur noch wenig zu spüren.

Zu den klarsten Analytikern und schärfsten Kritikern der bürgerlichen Misere gehörte seit den späten zwanziger Jahren Walter Benjamin, der 1933 nach Paris emigriert ist. Angesichts der drohenden Auslieferung an die Gestapo nimmt er sich Ende September 1940 im spanischen Port Bou das Leben.

Die Abbildung oben rechts zeigt den Palazzo della Civiltà Italiana (von den Römern »quadratisches Kolosseum« genannt). Er ist Bestandteil des von Mussolini geplanten Neubaukomplexes an der Achse Rom–Ostia, der anläßlich der für 1942 geplanten Weltausstellung die kulturelle Größe Italiens demonstrieren soll.

Oben links: Palazzo della Civiltà Italiana in Rom, 1940.
Oben rechts: Walter Benjamin.

Gegenüberliegende Seite:
Udo Wendel, Die Kunstzeitschrift; 1939/40.

Bildende Kunst

Werke
● Max Beckmann: *Der Zirkuswagen*. Das Gemälde ist in der holländischen Emigration (seit 1937) entstanden.
● Erich Heckel, Vertreter der modernen Kunst in der Inneren Emigration, malt die expressionistischen Aquarelle *Kresse* und *Berge in Kärnten*.

● Henry Moore: *Die Braut*, Plastik aus Blei und Kupferdrähten; *Zwei sitzende Frauen*, Gemälde.
● Emil Nolde: *Nachmittagswolken, Friesland*, expressionistisches Gemälde. Der Künstler wird wenig später aus der Reichskammer der bildenden Künste ausgeschlossen.

Ausstellungen
● München: Hauptthemen der Großen Deutschen Kunstausstellung in München sind »Der Polenfeldzug in Bildern und Bildnissen« und »Der Krieg«.

Ereignisse
● Die Wehrmacht gründet eine Organisation »Kunstschutz«, die beschlagnahmte Kunstgüter an der sogenannten Westfront inventarisieren und restaurieren soll.

1940

Literatur

Neuerscheinungen

● Graham Greene: *The Power and the Glory* (*Die Kraft und die Herrlichkeit*, 1948). Der Roman spielt im Mexiko der dreißiger Jahre. Hauptfiguren sind ein trunksüchtiger Priester, der zwischen Politik und Kirche, Revolution und Glauben gerät, und ein Polizeileutnant, der die Interessen des Regimes verkörpert.

● Arthur Koestler: *Darkness at Noon* (*Sonnenfinsternis*, 1948). Der Roman, eine bittere Kritik eines Insiders an den bolschewistischen Schauprozessen, wird in England veröffentlicht. Revolutionäre Ideale zerbrechen in politischen Machtkämpfen und am Bürokratismus der Partei.

● Roger Martin du Gard: *Epilogue* (*Epilog*, 1960). Dieses Werk des französischen Autors ist der letzte Band des achtteiligen Romanzyklus *Les Thibault* (*Die Thibaults*). Die individuellen Schicksale der Mitglieder der Familie Thibault werden in die Zeitgeschichte vom Beginn des Ersten bis zum Zweiten Weltkrieg eingebunden.

● Upton Sinclair: *Between Two Worlds* (*Zwischen zwei Welten*, 1945). Zweiter Band einer Romanserie, die das Leben des »Supermannes« Lanny Budd schildert, vor dem Hintergrund der Geschichte Europas und der USA vom Ende des Ersten bis zum Zweiten Weltkrieg.

● Thomas Wolfe: *You Can't Go Home Again* (*Es führt kein Weg zurück*, 1942). In dem postum erschienenen Roman schildert Wolfe unter anderem seine Eindrücke aus Deutschland während der dreißiger Jahre.

● Sigrid Undset: *Madame Dorthea* (*Madame Dorothe*, 1948). Entwicklungsroman um eine junge Frau zwischen Pflicht und Leidenschaft, Glück und Tod.

Hemingway und das Ende der spanischen Republik

Ernest Hemingway nahm 1936/37 als Kriegsberichterstatter auf der Seite der Republikaner am Spanischen Bürgerkrieg teil. Seine Erlebnisse schlagen sich in dem Roman For Whom the Bell Tolls *nieder, der 1940 in New York erscheint (deutschsprachige Erstausgabe* Wem die Stunde schlägt *1941 in Stockholm). Vorausgegangen ist das Bürgerkriegsdrama* The Fifth Column (*Die fünfte Kolonne*).

Im Mittelpunkt des Romans steht Robert Jordan, der für die Republik kämpft. Der Handlungszeitraum umfaßt die drei letzten Tage des Amerikaners. Sein Tod ist zugleich Sinnbild für das unabwendbare Ende der Republik. Als Mitstreiter der »Roten« ist Jordan überzeugt, nicht Kommunist, sondern Antifaschist zu sein. Er nährt sich von der Hoffnung: »Wenn wir hier siegen, werden wir überall siegen. Die Welt ist so schön und wert, daß man um sie kämpft, und ich verlasse sie ungern.« Im Tod sieht er sich mit der Welt durch den Gedanken versöhnt, für das gekämpft zu haben, woran er geglaubt hat.

Ernest Hemingway in seinem Haus auf Kuba, um 1940.

Innere und äußere Emigration

Im Jahre 1940 erscheint in den USA Thomas Manns Novelle *Die vertauschten Köpfe* nach einer alten indischen Legende, und Bertolt Brechts Hörspiel *Das Verhör des Lukullus* wird erstmals von Radio Beromünster (Schweiz) gesendet. Viele deutsche Schriftsteller haben, wie Brecht, seit 1933 Deutschland verlassen. Die Familie Mann geht nach Amerika, Lion Feuchtwanger siedelt sich in Kalifornien an, Stefan Zweig, Anna Seghers, Irmgard Keun und Erich Maria Remarque leben im Exil.

Im selben Jahr wie Manns Erzählung und Brechts Hörspiel erscheint eine weiteres Werk der deutschen Literatur, das von einem Schriftsteller verfaßt wurde, der den Nationalsozialisten alles andere als genehm ist, seine Heimat aber nicht verlassen hat: Werner Bergengruens historischen Roman *Am Himmel wie auf Erden*, den das Vertrauen in die unerschütterliche göttliche Weltordnung prägt. Bergengruen ist 1937 aus der Reichsschrifttumskammer ausgeschlossen worden, da er, wie es in der Begründung heißt, nicht geeignet sei, durch schriftstellerische Veröffentlichungen am Aufbau der deutschen Kultur mitzuarbeiten. Bergengruens Werke haben damals bereits eine Auflagenhöhe von über einer Million erreicht und sind in zehn Sprachen übersetzt worden. Neben Reinhold Schneider gehört Bergengruen zu den prominentesten Vertretern der literarischen Inneren Emigration. Über die Situation eines Schriftstellers im Dritten Reich schreibt Bergengruen in einem Gedicht:

»Wer will die Reinen von den Schuldigen scheiden?
Und welcher Reine hat sich nicht befleckt?
Es wird die Sichel Kraut und Unkraut schneiden,
wenn sie des Erntetages Spruch vollstreckt.«

Der Ortsgruppenleiter von München-Solln, wo Bergengruen wohnt, äußert in einer schriftlichen Beurteilung des Autors: »Bergengruen dürfte politisch nicht zuverlässig sein. Wenn er auch an seinem Fenster die Hakenkreuzfahne zeigt, …so gibt seine sonstige Haltung trotzdem Anlaß, ihn als politisch unzuverlässig anzusehen.«

Theater

Premieren

● Axel von Ambesser: *Globus-AG zeigt: Ein Künstlerleben.* (Uraufführung der Komödie in Bielefeld am 24. Januar.)

● Jean Cocteau: *Les Monstres Sacrés* (*Die heiligen Ungeheuer*). Uraufführung in Paris am 17. Februar; deutsche Erstaufführung am 11.3.1950 in Tübingen. Die »heiligen Ungeheuer« sind berühmte Schauspieler, die ihre Partner wechseln und nach Seitensprüngen wieder zueinanderfinden.

● Georg Kaiser: *Der Soldat Tanaka.* Kaiser schrieb dieses Stück, das am 9. November in Zürich uraufgeführt wird, im Schweizer Exil, wo er seit 1938 lebt. Der japanische Soldat Tanaka muß erkennen, daß sein Idealismus und seine Obrigkeitsgläubigkeit ihn ins Verhängnis führen.

● Benito Mussolini und Giovacchino Forzano: *Cavour* (*Villafranca*). Die deutsche Bearbeitung des Schwankes erfolgt durch Werner von der Schulenburg. (Uraufführung im Berliner Staatlichen Schauspielhaus am 9. Mai.)

● Franz Streicher: *Die Brautfahrt zu Petersburg.* Bearbeitet nach Nikolai Gogol. (Uraufführung in Freiburg am 25. Januar.)

● Roman Woerner: *König Ödipus.* Die Bearbeitung der Tragödie von Sophokles wird in Darmstadt am Hessischen Landestheater am 25. Mai uraufgeführt.

Ben Shahn
Willis Avenue Bridge
1940

Paul Klee
Tod im Feuer
1940

Bild-Zeichen

*Der amerikanische Maler Ben Shahn
wandte sich gegen Ende der zwanziger
Jahre der Fotografie zu. Von 1935 bis
1938 gehörte er zu den künstlerischen
Mitarbeitern der Resettlement Administration (Wiederansiedlungsbehör-
de) bzw. Farm Security Administration (Fürsorgebehörde für die Landwirtschaft). Die Organisation diente
der Durchsetzung des New Deal-Pro-
gramms des Präsidenten Franklin D.
Roosevelt. Die Aufgabe der Fotografen
war es, durch eine (schließlich 270 000
Fotos umfassende) Dokumentation
Einblick in die katastrophale Lage der
Landwirtschaft in den Südstaaten zu
geben und Verständnis für die Notwendigkeit staatlicher Hilfsmaßnahmen zu wecken. »Fotografien sind das
einzige Mittel, wie ich den Leuten, die
in der Stadt wohnen und die Entschei-
dungen treffen, zeigen kann, wie die
Verhältnisse und die Bedürfnisse draußen auf dem Land aussehen«, erklärte
der im Dienst der RA/FSA stehende
Ökonomieprofessor Paul Schuster
Taylor.
Für einige der Dokumentar-Fotogra-
fen wird die Zweckgebundenheit ihrer
Arbeit problematisch. So stellt etwa
Shahn von vielen seiner Fotos eine
zweite, gemalte Fassung her, die nicht
allein das zusätzliche Ausdrucksmittel der Farbe aufweist, sondern sich
auch in der Wiedergabe des Gegenständlichen vom fotografischen Dokument löst. Dies gilt etwa für das Gemälde Willis Avenue Bridge, dem zwei Fotos zugrunde liegen.
Die von Shahn gleichwohl aufgrund
seiner gesellschaftlich engagierten
Wirkungsabsicht gewahrte Nähe zur
Realität ist im Schaffen Paul Klees von
jeher durch die Gestaltung von Bild-
Zeichen vermittelt. Zu seinen letzten
Werken gehört Tod im Feuer, zu verstehen als Sinnbild apokalyptischer
Schrecken. Die Frage stellt sich: Wird
nicht unter dem Eindruck Klees auch
Shahns Gemälde zu einem Bild-Zei-
chen des (sozialen) Todes? Zeugen
nicht hier wie dort Schwarz und Rot
von Qual?
Paul Klee stirbt am 29. Juni 1940 in
Muralto bei Lugano nach fünfjähriger
Krankheit im Alter von 60 Jahren.*

Ein Hahn im Korb

*Hans Albers, »Hans Dampf in allen
Gassen«, wird in der Zeit der NS-Herr-
schaft zum umjubelten Filmliebling.
Er ist ein tollkühner Draufgänger,
gleichgültig ob er schönen Frauen
nachstellt oder sich verwegen (schurkischen) Feinden entgegenwirft. Er
strömt über vor Lebenskraft, ist ein
sorgloser unbesiegbarer Held.*
1940 spielt er die Hauptrolle in dem
Film Trenck, der Pandur. Historisches
Vorbild für diesen Abenteuer- und
Spionagefilm sind die Taten des Pan-
durenmajors Baron von der Trenck,
der im Dienste Österreichs 1748 ein
Freikorps zusammenstellte und in Ungarn für Maria Theresia tollkühne
Schlachten ausfocht. Hans Albers verkörpert nicht nur die Titelrolle, er übernimmt auch die Rolle des alten Trenck
und die seines preußischen Vetters,
eines Adjutanten Friedrichs II.
Hans Albers vollzieht in diesem Film
eine Wandlung: der stürmische Draufgänger wird durch seinen Vater zum
ernsthaften Verteidiger der nationalen
Sache erzogen. Nicht mehr reine
Kampfeslust, sondern Patriotismus
bestimmt schließlich sein Handeln.
Als Trenck, der Pandur wird Albers in
die Pflicht genommen, der Dienst an
Staat und Gesellschaft rückt ins Zentrum; das Idol wird damit auch
brauchbares Instrument mittelbarer
NS-Propaganda.
Einer Autorität beugt sich der Held allerdings nicht, nämlich der Kaiserin
Maria Theresia (verkörpert von Käthe
Dorsch). Trenck-Albers kehrt nach seinen Eroberungen siegesstolz an den
Wiener Hof zurück, aber einer Frau
gegenüber gibt es keinen absoluten
Gehorsam, das entspricht nicht dem
Männlichkeitsidol. Der starke Mann
muß sich weiblicher Herrschaft wider-
setzen, wie der starke Führer sich über
die Souveränität eines Staates hinweg-
setzen darf.
Die Dreharbeiten zu Trenck, der Pandur werden von der Wehrmacht unterstützt. Und so ergibt sich außer dem
Gruppenbild mit den Kollegen vom
Fach eines mit Offizieren, das schlaglichtartig das Mißverhältnis zwischen
Film und Wirklichkeit, Idol und defor-
mierter Realität, erhellt.

Veit Harlan dreht »Jud Süß«

Er habe sich stets mit Händen und Füßen dagegen gewehrt, diesen Film zu schreiben und zu inszenieren, behauptet Veit Harlan in seiner Autobiographie *Im Schatten meiner Filme;* doch Goebbels habe ihn dazu gezwungen, sich des Stoffes anzunehmen. Daß dies eine Lüge ist, schildert Géza von Cziffra Jahrzehnte später in seinen Erinnerungen *Kauf dir einen bunten Luftballon.* Darin beschreibt er ein Gespräch mit dem Regisseur Paul Brauer, der *Jud Süß* ursprünglich hatte drehen sollen, von Veit Harlan dann aber verdrängt wurde.

1940 kommt dieser berühmt-berüchtigte Film des Dritten Reiches in die Kinos. Er basiert sehr frei auf dem gleichnamigen historisch-psychologischen Roman von Lion Feuchtwanger, der bereits 1933 in die USA emigrieren mußte. Lothar Mendes verfilmte Feuchtwangers Buch erstmals 1934 mit Conrad Veidt unter dem Titel *Jew Suess.*

Zwar wird von der nationalsozialistischen Filmkritik immer betont, Harlan habe sich bei seiner Version der Geschichte vom Juden Süß, der am Hof Herzog Karl Alexanders von Württemberg zu hohen Ehren aufsteigt, schließlich aber seinem eigenen Ehrgeiz und Intrigen zum Opfer fällt, gestreng an die historischen Quellen gehalten. In Wahrheit aber hält sich der Regisseur in seinem Eifer, einen antisemitischen Propagandafilm zu schaffen, weder an die historischen Gegebenheiten noch an Feuchtwangers Roman. Während Feuchtwanger den Halbjuden Josef Süß Oppenheimer als einen intelligenten, wenn auch zunächst ehrgeizigen und eitlen Menschen zeichnet, verzerrt Harlan diese subtile Gestalt zu einem wahren Ungeheuer. Ferdinand Marian, ein hochbegabter Darsteller, spielt ihn als einen Fleisch gewordenen Dämon. Kaum besser kommt die Gestalt des Rabbi Loew davon, den Werner Krauss darstellt. Heinrich George mimt den Herzog, Kristina Söderbaum, Veit Harlans Ehefrau (aufgrund ihrer vielen »tragischen« Rollen »die Reichswasserleiche« genannt), spielt die Dorothea Sturm, der Jud Süß im Film nachstellt.

Der Film erzielt große Wirkung, da Harlan es versteht, seine böse Geschichte so dramatisch und subtil zu erzählen, daß sie Stimmungen erweckt, die wie ein schleichendes Gift wirken. Der Film wird in den Ostgebieten gern vor Einsätzen gegen die Juden gezeigt, um das eventuelle Mitgefühl der nichtjüdischen Bevölkerung im Keim zu ersticken.

Die Bestie und der Sanfte

Im selben Jahr haben Veit Harlans Jud Süß *und Charlie Chaplins* The Great Dictator *Premiere. Der eine Film ist ein Sensationserfolg antisemitischer Greuelpropaganda. Ferdinand Marian, bisher bewährt in der Rolle des eleganten Schurken, verkörpert Josef Süß Oppenheimer in* Jud Süß *als dämonische Bestie. Der andere Film wird in den USA triumphal als antifaschistischer Aufruf begrüßt. Charlie Chaplin, der während der Dreharbeiten durch nazistische Drohbriefe eingeschüchtert werden sollte, zweifelt anfangs am Erfolg seines Films, den er persönlich mit zwei Millionen Dollar finanziert hat. Er täuscht sich: sein Film, mit dem er »die Angst vor der Unbesiegbarkeit der Nazitruppen nehmen und den Menschen zeigen will, daß Hitler eine jämmerliche Figur, ein größenwahnsinniger Narr ist«, findet in den USA große Anerkennung.*

Chaplin spielt eine Doppelrolle: den kleinen jüdischen Friseur und den kleinen großen Diktator Hynkel. Die beiden Rollen sind als Aufspaltung einer Person, als die zwei extremen Seiten der kleinbürgerlichen Existenz zu verstehen. Der Diktator Hynkel ist ein maßloser, arroganter Despot, immer am Rande des Wahnsinns. Der sanfte jüdische Friseur, sein Gegenspieler, will schließlich nur noch in Ruhe seinem bescheidenen Geschäft nachgehen; er begehrt nicht auf, er duckt sich unter den Verhältnissen.

Chaplin dreht den Film zu einem Zeitpunkt, als die Truppen Hitlers bereits in Frankreich einmarschiert sind, die USA aber noch Neutralität wahren; zu einem Zeitpunkt vor allem, als Chaplin, wie er in seiner Autobiographie schreibt, das ganze Ausmaß der Judenverfolgung in Deutschland nicht kennt.

Oben links: Jud Süß, 1940; Kristina Söderbaum als Dorothea Sturm und Ferdinand Marian als Josef Süß Oppenheimer.

Oben rechts: The Great Dictator, 1940 (Der große Diktator, 1958); Paulette Goddard als Hannah und Charlie Chaplin als jüdischer Friseur (vgl. S. 397).

Film

Premieren

● Ludwig Berger, Michael Powell, Tim Whelan: *The Thief of Bagdad (Der Dieb von Bagdad).* Der märchenhafte exotische Fantasiefilm (ein Remake des gleichnamigen Streifens von Raoul Walsh aus dem Jahre 1924), in England und den USA gedreht, ist ein Meisterwerk der Tricktechnik und Farbfotografie. Musik: Miklós Rozsa. Kamera: George Périnal. Darsteller: Sabu, Conrad Veidt.

● John Ford: *The Grapes of Wrath (Früchte des Zorns,* 1953). Nach dem gleichnamigen Roman von John Steinbeck. Hollywoodfilm mit sozialem Engagement. Musik: Alfred Newman. Kamera: Gregg Toland. Darsteller: Henry Fonda, Jane Darwell, John Carradine.

● Willi Forst: *Operette.* Harmloser Unterhaltungsfilm, der unter anderem die Musik von Johann Strauß verwertet.

● Carl Froelich: *Das Herz der Königin.* Drehbuch: Harald Braun. Musik: Theo Mackeben. Darsteller: Zarah Leander, Willy Birgel.

● Alfred Hitchcock: *Rebecca* (deutsch 1951), nach dem Roman von Daphne du Maurier. Der erste Hollywoodfilm Hitchcocks, bereits angelegt als psychologisierender Thriller. Mit Laurence Olivier und Joan Fontaine.

● Wolfgang Liebeneiner: *Bismarck.* Musik: Norbert Schultze. Darsteller: Paul Hartmann, Werner Hinz. Wie in anderen Propagandafilmen des Dritten Reiches wird auch in *Bismarck* mit großem Aufwand eine Führerpersönlichkeit glorifiziert.

● Hans Steinhoff: *Die Geierwally.* Nach einem Roman von Wilhelmine von Hillern, mit der Musik von Nico Dostal. Kamera: Richard Angst. Die Hauptrollen in dem Heimatfilm spielen Heidemarie Hatheyer, Eduard Köck und Winnie Markus.

● Gustav Ucicky: *Der Postmeister.* Buch: Gerhard Menzel, nach einer Erzählung von Alexander Puschkin. Kamera: Hans Schneeberger. Heinrich George spielt den Postmeister, der seiner Tochter (Hilde Krahl) nach Petersburg folgt, um sich zu vergewissern, daß sie dort mit dem Rittmeister Minskij (Siegfried Breuer) ihr Glück gemacht hat. Die Beteiligten spielen die schlimme Komödie von der heilen Welt.

1940

Premieren

● Boris Blacher: *Harlekinade.* Die Komposition wird am 14. Februar im Krefelder Stadttheater uraufgeführt.

● Werner Egk: *Joan von Larissa.* Dramatische Tanzdichtung. (Uraufführung an der Berliner Staatsoper am 20. Januar.)

● Jacopo Napoli: *Der eingebildete Kranke,* Oper in einem Akt und zwölf Bildern, Text nach Molière von Mario Ghisalberti. (Uraufführung im Mannheimer Nationaltheater am 7. Februar.)

● Georg Friedrich Händel: *Ptolo-* *mäus,* Oper in drei Akten, eingerichtet von Fritz Lehmann. Text: Nicola Haym. (Aufführung in Wuppertal, 4. Juli.)

● Gino Marinuzzi: *Palla de Mazzi.* Oper in drei Akten. Text: Giovacchino Forzano, deutsch von Valdo Medicus. (Uraufführung in Berlin, Opernhaus, 12. April.)

● Peter Schacht und Erika Hanka: *Andreasnacht.* Ballett. (Uraufführung am 23. Mai im Opernhaus in Essen.)

● Friedrich Smetana: *Die verkaufte Braut.* Komische Oper in drei Akten. Neue Übersetzung und Bearbeitung von Pavel Ludikar und Ilse Hellmich. (Urauf-

führung in München, Nationaltheater am 5. März.) Der Erfolg von Smetanas Oper, deren Reiz in hinreißenden Melodien und folkloristischen Motiven liegt (Chöre und Tänze), ist seit Jahrzehnten ungebrochen.

● Friedrich Smetana: *Dalibor.* Oper in drei Akten. Neubearbeitet von Julius Kapp. (Uraufführung am Coburger Landestheater, 4. Februar.)

● Heinrich Sutermeister: *Romeo und Julia.* Oper in zwei Akten mit sechs Bildern, frei nach Shakespeare. (Aufführung in der Dresdener Staatsoper, am 13. April.)

Klassiker im deutschen Film

Im Kriegsjahr 1940 entsteht unter höchster Protektion der Film Friedrich Schiller. Der Triumph des Genies *mit Horst Caspar in der Titelrolle, Heinrich George und Lil Dagover in den weiteren Hauptrollen; Regie führt Herbert Maisch. Die Klassiker der deutschen Literatur für sich zu beanspruchen, ist von Anfang an eines der Hauptziele der nationalsozialistischen Kulturpolitik. Es wird um so verbissener verfolgt, je zahlreicher die besten der zeitgenössischen Künstler – gezwungen oder freiwillig – das Land verlassen. Am höchsten in der Gunst steht Friedrich Schiller. Im »Völkischen Beobachter« (Februar 1934) ist nachzulesen: »Erst dem Nationalsozialismus blieb es vorbehalten, den wahren Friedrich von Schiller dem deutschen Volk wiederzugeben und ihn als das zu zeigen, was er wirklich ist: der Vorläufer des Nationalsozialismus, ein deutscher Dichter und Idealist, der jene Worte poetisch formte, die heute den Wesenskern des Nationalsozialismus ausmachen: ›Immer strebe zum Ganzen, und kannst du selber kein Ganzes werden, als dienendes Glied schließ an ein Ganzes dich an‹.« Ein Jahr, nachdem der Schiller-Film den aufbegehrenden, der Zucht seines Herzogs entfliehenden Dichter gezeigt hat, dekretiert jedoch das Reichsministerium für Wissenschaft, Erziehung und Volksbildung: »Der Führer wünscht, daß das Schauspiel* Wilhelm Tell *von Friedrich Schiller künftig in den Theatern nicht mehr aufgeführt und als Lesestoff in den Schulen nicht mehr behandelt wird.« Der Freiheitsheld Wilhelm Tell ist den Machthabern unheimlich. Das hindert sie indessen nicht, andere Größen der deutschen Literatur für ihre Zwecke einzuspannen: 1940 kommt der Film* Das Fräulein von Barnhelm, *sehr frei nach Lessings Lustspiel, in die Kinos.*

Mitte links: Friedrich Schiller, 1940; Horst Caspar in der Titelrolle und Heinrich George als Herzog Karl Eugen von Württemberg.
Mitte rechts: Das Fräulein von Barnhelm, 1940; Ewald Balser als Major Tellheim.

Der Rhesusfaktor

Karl Landsteiner und Alexander Wiener entdecken bei Versuchen mit Rhesusäffchen das »Rhesus-Blutfaktorensystem«. Wichtigster Bestandteil dieses Systems ist der Rhesusfaktor. Rund 85 Prozent aller weißen Menschen besitzen diese vererbte Eigenschaft der roten Blutkörperchen und sind damit rhesus-positiv; 14–15 Prozent besitzen ihn nicht, sie sind rhesus-negativ. Die Bedeutung des Rhesusfaktors liegt darin, daß bei der Berührung von rhesus-positivem mit rhesus-negativem Blut sich im letzteren Rhesus-Antikörper gegen die Blutkörperchen

mit Rhesusfaktor bilden können, die diese verklumpen lassen. Das kann bei Bluttransfusionen oder bei späteren Schwangerschaften zum Risiko werden. Wenn der Vater den Rhesusfaktor besitzt, die Mutter jedoch rhesus-negativ ist, so wird beim ersten Kind meist noch alles gutgehen. Spätere Kinder können, weil die Antikörperbildung bei der Mutter fortgeschritten ist, mit schweren Blutschäden oder tot zur Welt kommen. Den Eheleuten wird geraten, Blutproben machen zu lassen, bevor sie an Nachwuchs denken. Heute besteht die Möglichkeit, das angegriffene Blut betroffener Kinder nach der Geburt durch gesundes Blut zu ersetzen.

Naturwissenschaft, Technik, Medizin

● Edwin Mattison McMillan und Philip Hauge Abelson weisen das erste »transuranische« Element nach. Es ist das von Otto Hahn seit 1936 vermutete Neptunium mit der Ordnungszahl 93. Transurane sind radioaktive chemi-

sche Elemente, die höhere Ordnungszahlen aufweisen als das Uran (92). Die Transurane werden künstlich durch Kernumwandlung gewonnen.

**Felsmalerei
in der Höhle Lascaux**
um 14 000 v. Chr.

**Jahresringe eines
Baumstamms**

Prähistorische Vorbilder

Eine Sensation ersten Ranges ist die Entdeckung der Höhle Lascaux; Bauernjungen finden 1940 durch Zufall in der Dordogne, im Gebiet der Gemeinde Montignac, das 140 Meter tief gelegene, weit verzweigte Höhlensystem, das mit Malereien aus jungpaläolithischer Zeit ausgestattet ist. Geradezu bestürzend wirkt die Verbindung von Naturalismus und Stilisierung, die von den Steinzeitmenschen offensichtlich mit Meisterschaft beherrscht wurde. Wildpferde, Rinder, Wildkatzen, ein sterbender Büffel sind auf den unebenen Höhlenwänden so dargestellt, daß sie – vor allem bei flackerndem Fackelschein – als lebendig erscheinen.

Nicht nur für die Wissenschaftler, auch für die Künstler ist die Entdeckung von höchstem Interesse. Die Berufung auf die Welt der »Primitiven«, worunter meist die Kunst der Afrikaner und der ozeanischen Völker verstanden wurde, bildete eine Legitimation für die avantgardistische Kunst. Jetzt wird man einer »primitiven« Kunst der eigenen Vorfahren ansichtig, die urtümliche Naturdarstellung mit einer fast klassizistisch anmutenden Eleganz vereinigt. Staunend muß das künstlerisch interessierte Publikum zur Kenntnis nehmen, daß Tiergebilde wie Picassos Stiere nichts willkürlich Modernes, sondern Wiederbelebung uralter Traditionen sind.

Im gleichen Jahr entsteht eine neue Wissenschaft, die sogenannte Dendrochronologie. Aus der Untersuchung der Jahresringe von Bäumen und alter Hölzer ergibt sich die Möglichkeit einer genauen Datierung von historischen und prähistorischen Naturvorgängen. Das Holz beginnt zu »sprechen«. Auch hier wird eine Parallele zu zeitgenössischen Vorgängen in der Kunst augenfällig. Max Ernst zum Beispiel beschäftigt sich seit der Mitte der zwanziger Jahre mit den scheinbar zufälligen Strukturen, die in der Natur zu finden sind: mit Gesteinsformationen, Schwämmen, Maserungen, Baumrinden; er beruft sich auf Leonardo da Vinci, der solche Phänomene bereits als Keimzellen künstlerischer Gestaltung verstanden hat.

Hans Schmitz-Wiedenbrück
Arbeiter, Bauern und Soldaten
ausgestellt 1941 auf der
Großen Deutschen Kunst-
ausstellung in München

Henry Moore
Tube Shelter Perspective
1941

Volksgemeinschaft und Gemeinschaft der Opfer

Die aus der Sakralkunst des Mittelalters stammende Form des Triptychons wird unter den modernen, als »entartet« verfolgten Künstlern, besonders von Max Beckmann wiederbelebt. Zugleich nimmt sie jedoch auch die nationalsozialistische Propagandakunst in ihren Dienst. Der Grundgedanke der dreigliedrigen Komposition, nämlich die Flankierung des im Mittelteil dargestellten Heilsgeschehens durch zwei hinweisende, untergeordnete Seitenteile, erfährt hier seine ideologische Umformung und politische Aktualisierung. Ins Zentrum rückt der Krieg; Arbeiter und Bauer haben diesem höchsten Zweck der Volksgemeinschaft zu dienen. An die Stelle der Kreuzigungsgruppe tritt die Gruppe der Krieger, von Schmitz-Wiedenbrück mit allen Details als Repräsentanten der drei Waffengattungen Heer, Luftwaffe und Marine gekennzeichnet.
Hier konkretisiert sich, was der Kunstgelehrte Bruno Kroll 1937 in seiner Darstellung Deutsche Maler der Gegenwart *noch allgemein umschrieben hat: »Der Nationalsozialismus hat die deutsche Kunst wieder in eine neue geistige, weltanschauliche Zentralgewalt genommen … In dem Maße, als der deutsche Mensch begreift, daß er nur gilt, inwieweit er für die Allgemeinheit von Wert ist, wird auch die deutsche Kunst auf dem Boden derselben verschworenen Schicksalsgemeinschaft ihr einheitliches und völkisch bestimmtes Gesicht sich erobern.«*
Auch der Bildhauer Henry Moore stellt eine Gemeinschaft dar, eine Gemeinschaft der Leidenden, eingepfercht in einen Tunnel, der sie schützen soll vor dem Grauen, das in dem Nazi-Triptychon verherrlicht wird. »Perspektive des Luftschutz-Tunnels«, so könnte der Titel von Moores Grafik übersetzt werden – der wirbelnde Sog der Kellerwände zieht den Blick des Betrachters in das schwarze Loch des Tunnels hinein. Durch eine meisterhaft gehandhabte Technik von Feder- und Kreidezeichnung, leicht getönt mit sparsam verwendeten Aquarellfarben, entsteht der Eindruck einer Zwischenzone zwischen Leben und Tod.

Bildende Kunst

Werke

- Max Beckmann: *Perseus*, ein Triptychon.
- Renato Birolli: *Akt mit schwarzem Schleier*, Gemälde.
- Hans Erni: *Ikarus-Lilienthal II.; Fliegen; Die neuen Ikarier.* Der Schweizer Maler, Grafiker und Plakatgestalter, der 1932 zu den ersten Mitgliedern der Pariser Künstlergruppe Abstraction-Création gehörte, beginnt an der Wende von den dreißiger zu den vierziger Jahren mit seiner Arbeit an Fresken, die abstrakte mit realistischen Elementen verbinden.

- Max Ernst: *Napoleon in der Wildnis*, Gemälde.
- Erich Heckel: *Königskerze, Wolken vor Bergen* und *Winterlandschaft*, expressionistische Aquarelle.
- Henri Matisse: *Die beiden Freundinnen*, ein Gemälde im fauvistischen Stil, zu dessen wichtigsten Vertretern der Franzose gehört.
- Emil Nolde: *Der große Gärtner.* Seinen nach dem Malerverbot (1941) entstehenden Aquarellen gibt Nolde den Namen »Ungemalte Bilder«.
- Pablo Picasso: *Natura morte* und *Meeresaale*, Stilleben; *Frau, sich kämmend.*

Ereignisse

- Der Architekt Erich Mendelsohn, der 1934 nach Palästina emigriert ist, übersiedelt in die USA.
- Karl Schmidt-Rottluff erhält Malverbot.
- Hitlers Antiqua-Verordnung tritt in Kraft, nach der alle parteipolitischen Publikationen in lateinischen Lettern abgefaßt werden müssen. Dennoch bleibt auch der gotische Schriftsatz weiterhin erhalten.
- Das Monats-Periodikum »Die Kunst im Dritten Reich« erscheint erstmals auch auf Französisch (bis 1944).

Ein Dichter nimmt Abschied

Am 15. November 1941 wird in Berlin Gerhart Hauptmanns Drama *Iphigenie in Delphi* uraufgeführt. Mit der Tragödie, die großteils auf dem antiken Stoff fußt und ihn fortentwickelt, beschwört der Dichter, der im Jahr darauf seinen 80. Geburtstag feiert, die dunklen Mächte, die Europa in Schutt und Asche legen. *Iphigenie in Delphi* ist der nach dem Handlungsablauf letzte, aber zuerst geschriebene Teil einer Tetralogie über den Untergang des Atridengeschlechts, dessen Geschick der Dramatiker als Symbol sieht für sein eigenes nahendes Ende und den Untergang seiner schlesischen Heimat. *Iphigenie in Aulis* hat 1943 Premiere, *Agamemnons Tod* und *Elektra* erscheinen erst nach Hauptmanns Tod.

Hauptmann gehört zu den wenigen großen deutschen Literaten, die nicht in die Emigration gehen. Er bleibt in Deutschland, obwohl er genau weiß, daß »dieser Dreckhund die ganze Welt mit Krieg überziehen wird, dieser elende braune Komödiant, dieser Nazihenker, der uns in den Weltbrand, in den Untergang stürzen wird«. So formuliert Hauptmann 1938 in einem Gespräch seine Meinung über Hitler und das Dritte Reich. Gefragt, weshalb er nicht auch emigriere, antwortet der Dramatiker: »Weil ich feige bin, feige!«

Dennoch schätzen die Nationalsozialisten den Dichter, der sein Land nicht verläßt, nur wenig. Kurz nach der erfolgreichen Premiere der *Iphigenie* – Hauptmann zählt während des Dritten Reiches zu den meistgespielten deutschen Autoren – schreibt Alfred Rosenberg an Joseph Goebbels: »Immerhin scheint mir die Tatsache, daß Sie jedem deutschen Theater ein Stück von Gerhart Hauptmann zur Aufführung übergeben, praktisch doch eine kulturpolitische Propaganda für Gerhart Hauptmanns Werk zu bedeuten. Ich bitte Sie deshalb, Ihren Beschluß in der Zahl der Aufführungen und Auswahl der Werke noch einmal zu überprüfen und rechtzeitig die Presse darauf aufmerksam zu machen, nicht etwa Gerhart Hauptmann als einen Dichter unserer Form zu feiern.«

Als sich der 80. Geburtstag des Dramatikers nähert, ordnet das Reichspropagandaamt an: »Bei geplanten Aufsätzen zum 80. Geburtstag Gerhart Hauptmanns ist darauf zu achten, daß der Dichter nicht als Exponent der nationalsozialistischen Weltanschauung bezeichnet wird.«

Tolstois Panorama der Revolutionsjahre

Alexei Nikolajewitsch Tolstoi vollendet die Romantrilogie *Choždenie po mukam* (*Der Leidensweg*, 1947). Der Schriftsteller aus der berühmten russischen Adelsfamilie, der, zunächst ein Anhänger der »Weißen«, von 1918 bis 1923 in der Emigration in Paris gelebt hat und danach in die Sowjetunion zurückgekehrt ist, hat seit 1920 an diesem Werk gearbeitet.

Es schildert am Schicksal der Schwestern Katja und Dar'ja und ihrer Ehepartner den Untergang der vorrevolutionären russischen Oberschicht in den Revolutionswirren und den Bürgerkriegsjahren. Vielfach umgearbeitet und ideologisch der Parteilinie angenähert, vermittelt es eine auf intensivem Quellenstudium basierende, Wertungen und Interpretationen vermeidende Übersicht über die dramatischen Jahre der jüngsten russischen Geschichte. Die Romantrilogie wird 1943 mit dem Stalinpreis ausgezeichnet.

Unter Denkmalschutz

Gerhart Hauptmann, der Mitbegründer des Naturalismus und nach Theodor Mommsen und Paul von Heyse dritte deutsche Träger des Nobelpreises für Literatur (1912), steht im Dritten Reich weitgehend unter Denkmalschutz. Anläßlich seines 80. Geburtstags am 15. November 1942 sucht ihn Arno Breker, Professor an der Staatlichen Hochschule für bildende Künste in Berlin und neben Josef Thorak der am meisten mit Aufträgen für die nationalsozialistischen Repräsentationsbauten beschäftigte Bildhauer, in Agnetendorf im Riesengebirge auf, um das an Altersbildnisse Goethes gemahnende Haupt des Dichters als Büste zu gestalten. Hauptmann stirbt am 6. Juni 1946 in Agnetendorf im Alter von 83 Jahren.

Arno Breker modelliert Gerhart Hauptmanns Bildnisbüste, 1942.

1941

Literatur

Neuerscheinungen
● Johannes R. Becher: *Abschied*. Der seit 1935 in der Sowjetunion lebende Autor veröffentlicht in Moskau diesen autobiographischen Roman mit dem Untertitel »Einer deutschen Tragödie erster Teil 1900–1914«. Die Themen des Buches bezeugen die Diskrepanz zwischen bürgerlicher Vergangenheit und der Hoffnung auf eine sozialistische Zukunft.
● Hans Carossa: *Das Jahr der schönen Täuschungen*. In seinem autobiographischen Roman schildert Carossa, ursprünglich Arzt, Erlebnisse während der ersten Semester in München. Das Werk schließt an die 1928 erschienenen *Verwandlungen einer Jugend* an.
● Carl Gustav Jung: *Einführung in das Wesen der Mythologie*. Versuch einer psychoanalytischen Deutung.
● Charles Plisnier: *Meurtres (Morde)*. Der französische Schriftsteller veröffentlicht den letzten Teil seines fünfteiligen Romanzyklus, an dem er seit 1939 schrieb.
● Frank Thieß: *Das Reich der Dämonen*. Der viel beachtete und umstrittene Roman kreist um die Auseinandersetzung mit der Macht und den Mächtigen. In der von Thieß dargestellten Geschichte Griechenlands und des Byzantinischen Reiches bis zum Ende des Kaisers Justinian spiegelt sich auch die Gegenwart.
● Franz Werfel: *Das Lied von Bernadette*. Werfel, einer der wichtigsten Dichter des deutschen Expressionismus, 1938 von Wien nach Frankreich und 1940 von dort in die USA emigriert, beendet die Arbeit an diesem Roman, der die Geschichte des Bauernmädchens Bernadette Soubirou schildert, dem in Lourdes die Muttergottes erschien.

Soll Mutter Courage zu Einsichten gelangen?

Am 19. April findet am Schauspielhaus Zürich die Uraufführung von Bertolt Brechts Drama Mutter Courage und ihre Kinder statt. In der Titelrolle: Therese Giehse. Der Untertitel des Stücks verweist auf die Darstellungsform des epischen Theaters. Brechts Chronik aus dem Dreißigjährigen Krieg schildert in zwölf dramatischen Bildern die Geschichte der Marketenderin Anna Fierling, die in einem endlosen, sinnlosen Krieg von Schauplatz zu Schauplatz zieht und von diesem Krieg lebt – ihn verfluchend, weil er ihr die Kinder raubt, und ihn dann wieder preisend, weil er ihr Lebensunterhalt ist.

Brecht ist unzufrieden über das Lob der bürgerlichen Presse, ihm und Therese Giehse sei die Gestaltung eines erschütternden Mutterschicksals gelungen. Gerade das Gegenteil habe er an der Mutter Courage zeigen wollen: »Ihr Händlertum hält sie für Muttertum, aber es zerstört ihre Kinder, eins nach dem anderen.«

Kritik wird von links geübt. Der Dramatiker Friedrich Wolf meint, die pädagogische Wirkung des Stückes wäre größer, wenn die Courage, statt sich am Schluß selbst vor den Marketenderwagen zu spannen, aus der Katastrophe lernen würde. Brecht entgegnet: »Wenn jedoch die Courage weiter nichts lernt – das Publikum kann, meiner Ansicht nach, dennoch etwas lernen.« Gerade darin sieht der Dramatiker Brecht einen Prüfstein für das, was er mit dem epischen Theater will: Nicht die Identifizierung des Zuschauers mit einer Bühnenfigur, die stellvertretend für ihn handelt, sondern die Distanzierung von ihr soll die Erkenntnis und den Lernprozeß fördern: »Dem Stückeschreiber obliegt es nicht, die Courage am Ende sehend zu machen ..., ihm kommt es darauf an, daß der Zuschauer sieht.« Daß das Stück zu einem Klassiker wird, kann Brechts Warnung vor Mißverständnissen nicht verhindern.

Therese Giehse als Mutter Courage; Schauspielhaus Zürich (Regie: Leopold Lindtberg), 1941.

Theater

Premieren
● Hans Caninenberg: *Zweimal klopfen*, Komödie in fünf Bildern. (Uraufführung in Gießen, Stadttheater, am 29. April.)
● Wilhelm Klefisch: *Dimitri*. Schauspiel in fünf Akten. (Uraufführung in Wiesbaden, Deutsches Theater, am 14. März.)
● Gábor von Vaszary: *Frauen lügen nie*. Das Lustspiel des in Paris lebenden Ungarn wird am 4. April an den Wiener Kammerspielen uraufgeführt.

Ereignisse
● New York: Erwin Piscator, einer der berühmtesten Berliner Regisseure der zwanziger Jahre, übernimmt den Dramatic Workshop der New York School for Social Research. Zu Piscators Schule gehört u. a. Marlon Brando.
● Washington: Das in Zusammenarbeit von Fritz Kortner und Carl Zuckmayer entstandene Stück *Somewhere in France* wird am 28. April 1941 in Washington am Theatre Guild uraufgeführt. Es handelt sich bei der Premiere um eine Art Probelauf, der den möglichen Einsatz des Stückes in New York testen soll. Die Uraufführung wird ein Mißerfolg.

1941

Der Krieg und sein propagandistisches Gewand

Die Abbildung links oben zeigt einen deutschen Fliegerangriff gegen eine schon weitgehend zerstörte englische Stadt. Großbritannien, schwer heimgesucht durch die Bombardements des Hitlerschen Luftkriegs 1940/41, hält den Angriffen militärisch stand. Eine spürbare Entlastung tritt nach dem Überfall der deutschen Armeen auf die Sowjetunion Ende Juni 1941 ein.

Die Ausweitung des europäischen zum globalen Krieg verstärkt die propagandistische Tätigkeit der nationalsozialistischen Machthaber. Das Foto links unten gibt hiervon einen Eindruck. Noch sind nicht Durchhalteparolen an der Tagesordnung, die militärischen Aggressionen werden im Bild fröhlicher Aufbruchsstimmung dargestellt. Der Text zu dem in einer Flugzeughalle aufgenommenen Propagandafoto lautet: »Und über allem auch hier die deutsche Frau, das deutsche Mädchen, die Millionen von Männern ersetzen, die heute an der Front sind.« Der Stolz, mit dem die politische und militärische Führung auf die Luftwaffe blickt, wird durch einen internen Vorfall gedämpft: Im November 1941 begeht der populäre Jagdflieger Ernst Udet Selbstmord. Intrigen und Querelen zwischen ihm, der obersten Heeresleitung und dem Kreis um Hitler sind der Grund für seinen Freitod. Was wirklich vorgefallen ist, bleibt jedoch der Öffentlichkeit verborgen. Im Sinne der Kriegspropaganda wird vielmehr die Lüge von einem tödlichen Unfall Udets verbreitet. Die Filmindustrie sorgt im gleichen Jahr für ein »humoristisches« Gegenstück: Während dem Generaloberst Ernst Udet ein heuchlerisch-feierliches Staatsbegräbnis zuteil wird, soll die Bevölkerung dem Abenteuer der Luft auch eine heitere Seite abgewinnen: durch Quax, der Bruchpilot (Regie: Kurt Hoffmann), mit Heinz Rühmann in der Rolle eines Preisausschreiben-Gewinners und Piloten wider Willen.

Oben: Deutscher Bombenangriff auf eine englische Stadt, 1940/41.
Unten: Deutsches Propagandafoto aus dem Jahr 1941.

413

1941

Unmenschen, die es sind, und solche, die es nicht sein dürfen

Die Mehrzahl der im Dritten Reich gedrehten Filme besitzt eine jeweils genau bestimmte propagandistische Funktion. So werden Beispiele aus früheren Epochen der (preußischen) Geschichte dazu benutzt, um soldatische Ergebenheit, Gehorsam und Kampfeswillen exemplarisch vorzuführen.

Der Film Kadetten (Regie: Karl Ritter) ist 1939, noch vor dem Hitler-Stalin-Pakt, entstanden, wird aber erst 1941 nach dem Überfall auf die Sowjetunion vorgeführt. Preußische Kadetten trotzen 1760 einer russischen Übermacht. Der Sieg scheint wie selbstverständlich auf ihrer Seite zu sein, denn sie kämpfen für die arische Sache. Der Oberst der Russen, Kosakenhetman Goroschew, ist der slawische Unmensch, ohne Kultur, verfressen und versoffen; soldatische Ehre kennt er nicht. Gut und Böse sind klar verteilt, und es ergibt sich von selbst, daß das Slawische besiegt werden muß. Dies ist das aktuelle Kriegsziel.

Gut und Böse spielen auch in Hollywood ihre Rolle, wenn auch unter anderen, von der Erwartungshaltung des Publikums bestimmten Gesichtspunkten. Alfred Hitchcock dreht 1941 Suspicion (Verdacht). Cary Grant als charmanter Playboy ist auf das Erbe seiner Frau aus und tötet sie zum Schluß mit einem Glas vergifteter Milch, so die ursprüngliche Handlung des Films. Hollywood protestiert: Cary Grant als Mörder, das darf nicht sein, und Hitchcock muß den Film verändern. Cary Grant ist nun nicht mehr der eiskalte Erbschleicher, sondern das Opfer der Phantasien seiner übersensiblen Frau (Joan Fontaine), die hinter jeder seiner Gesten einen Mordanschlag vermutet. Cary Grant als Publikumsliebling ist gerettet. Unschuldig trägt er das (von innen erleuchtete) Glas Milch die Treppe herauf – über jeden Verdacht (fast) erhaben.

Oben: Kadetten, 1941; Rittmeister von Tzülow (Mathias Wieman) und der Kosakenhetman Oberst Goroschew (Andrews Engelmann).
Unten: Suspicion, 1941 (Verdacht, 1948); Szenenfoto mit Cary Grant.

Citizen Kane – Erstlingswerk eines Berühmten

Orson Welles ist gerade 25 Jahre alt, als er 1941 seinen Film *Citizen Kane* über das Leben und Sterben eines Zeitungsmagnaten dreht. Die Ähnlichkeit zwischen Kane, dessen öffentliches Image in keiner Weise mit den privaten Einschätzungen und Erfahrungen von Bekannten und Verwandten übereinstimmt, und dem Zeitungsbesitzer William Randolph Hearst verursacht einen großen Skandal. Hearsts Zeitungen beginnen einen Kreuzzug gegen den Film, so daß er verspätet in die Kinos gelangt. Die Blätter des Verlegers ignorieren den Film zwar, die übrige Presse in den USA zeigt sich jedoch begeistert. *Citizen Kane* wird in New York und anderen Städten zu einem Kassenerfolg. Der Film gewinnt einen »Oscar« für das originellste Drehbuch des Jahres 1941.

Orson Welles gibt zwar mit diesem Film, der völlig neue Wege in Drehbuch und Fotografie beschreitet, sein Debüt als Regisseur. Berühmt aber ist das »Wunderkind« Hollywoods bereits seit Oktober 1938, als er das auf einem utopischen Roman von Herbert George Wells basierende Hörspiel *War of the Worlds (Krieg der Welten)* schreibt. Diese Radiosendung über die Invasion fremder Sternenbewohner auf der Erde wirkt so überzeugend, daß Tausende von verstörten Hörern glauben, dieser außerplanetarische Überfall finde in der Tat statt. Ihre Telefonate blockieren das Funkhaus.

Als Welles dann wenig später sein Skript über Aufstieg und Fall des Zeitungsmagnaten Kane verfilmen möchte, stehen ihm Tür und Tor in der Filmmetropole offen. Welles löst in seinem Drehbuch die Handlung von der bis dahin geltenden strengen chronologischen Folge und setzt den Ton im Film auf völlig neue, direkte Weise ein. Sein Kameramann Gregg Toland benutzt Weitwinkelobjektive mit großer Schärfentiefe, die es ermöglichen, die Handlung innerhalb einer einzigen Einstellung weiterzuführen. Abgesehen von der Fortentwicklung technischer Mittel sichern die überschwengliche Vitalität, die der Film zeigt, und vor allem Orson Welles' überragende schauspielerische Leistung *Citizen Kane* einen der vorderen Plätze in der Filmgeschichte.

Zwei Einzelgänger

Humphrey Bogart als Samuel Spade in The Maltese Falcon *und Orson Welles in* Citizen Kane *haben eines gemeinsam: sie enthüllten Symptome einer Krise im sozialen Selbstverständnis des Amerikaners.*

Der 42jährige Bogart, seit 1930 beim Film tätig, wird durch John Hustons Film über Nacht berühmt. Zugrunde liegt der erstmals 1930 veröffentlichte gleichnamige Kriminalroman von Dashiell Hammett (deutsch 1951 Der Malteser Falke). Es ist dies die dritte Filmversion des Stoffes. Bogart popularisiert durch seine Gestaltung des Privatdetektives Spade einen neuen Typus von Mann. Zynisch, skrupellos und dennoch an einen eigenen, pragmatischen Ehrenkodex gebunden, kämpft er ums Überleben. Weder fällt ihm etwas in den Schoß, noch hat er die Chance, sich als Selfmademan hochzuarbeiten; sein einziger Erfolg: er kommt mit dem Leben davon, indem es ihm gelingt, seine Widersacher der Polizei auszuliefern. Er ist kein strahlender Held, sondern ein wortkarger Einzelgänger, der sich durch ein armseliges Leben schlagen muß.

Auch der ebenso mächtige wie egozentrische Zeitungsmagnat mit politischen Ambitionen, Charles Forster Kane, ist im Grunde ein solcher Einzelgänger, der leer ausgeht. Durch skrupellose Machenschaften hat er sein Imperium geschaffen und darauf gebaut, auch Menschen beliebig formen und beherrschen zu können.

Die Fabel, die Orson Welles' Meisterwerk der Entfaltung filmischer Gestaltungsmittel zugrunde liegt, ist einfach: Reichtum und Macht führen in menschliche Vereinsamung. Der Mythos vom großen Mann erscheint als ebenso gebrochen wie derjenige des tatkräftigen Helden.

Oben links: The Maltese Falcon, 1941 (Die Spur des Falken, 1948); Humphrey Bogart als Samuel Spade mit Mary Astor als Brigid O'Shaughnessy, Spades krimineller Klientin.
Oben rechts: Citizen Kane, 1941 (deutsch 1962); Orson Welles als Charles Forster Kane.

Film

Premieren
- Kurt Hoffmann: *Quax, der Bruchpilot*. Verfasser des Drehbuchs ist der routinierte Autor und Regisseur Robert Adolf Stemmle. Musik: Werner Bochmann. Mit Heinz Rühmann in der Titelrolle inszeniert Hoffmann ein höchst erfolgreiches Lustspiel.
- John Huston: *The Maltese Falcon (Die Spur des Falken, 1948)*, nach dem klassischen Detektivroman des Amerikaners Dashiell Hammett. Huston schreibt auch das Drehbuch. Darsteller: Humphrey Bogart, der mit seiner Rolle weltberühmt wird, Mary Astor, Peter Lorre.
- Wolfgang Liebeneiner: *Ich klage an*. Eine unheilbar kranke Frau bittet ihren Mann, sie zu töten. Der Film verteidigt die Euthanasie. Darsteller: Heidemarie Hatheyer, Paul Hartmann, Mathias Wieman.
- Traugott Müller: *Friedemann Bach*. Buch: Helmut Brandis. Musik: Mark Lothar. Kamera: Ludwig Metzger. Gustaf Gründgens spielt die Titelrolle.
- Georg Wilhelm Pabst: *Komödianten*. Buch: Axel Eggebrecht. Darsteller: Käthe Dorsch, Hilde Krahl, Henny Porten. Film um Karoline Neuber.
- Arthur Maria Rabenalt: *... reitet für Deutschland*. Die Hauptrolle des reitenden Rittmeisters spielt Willy Birgel, Spezialist für die Verkörperung von kühl-distinguierten Persönlichkeiten.
- William Wyler: *The Little Foxes (Die kleinen Füchse)* nach Lillian Hellmanns Bühnenstück. Geschichte einer geldgierigen Frau in einer amerikanischen Kleinstadt. In der Hauptrolle: Bette Davis.
- Herbert Selpin: *Carl Peters*. Buch: Ernst von Salomon. Die Hauptrolle in diesem Film um den deutschen Kolonialpolitiker spielt Hans Albers.
- Hans Steinhoff: *Ohm Krüger*. Drehbuch: Harald Bratt und Kurt Heuser nach dem Roman *Mann ohne Volk* von Arnold Krieger. Musik: Theo Mackeben. Der mit hohen Kosten gedrehte Film (mit bemerkenswerten Massenszenen) schildert den Kampf der Engländer gegen die Buren. Die Titelrolle spielt Emil Jannings.
- Preston Sturges: *Sullivan's Travels (Sullivans Reisen)*. Der vor der Paramount produzierte Film schildert die Erlebnisse eines Komödienregisseurs, der bei dem Versuch, Material für einen sozialkritischen Film zu sammeln, mit allerlei Schwierigkeiten zu kämpfen hat: eine Satire auf den Hollywood-Betrieb.

1941

Karriere eines »Ungeliebten« – Boris Blacher

Am 5. Februar erlebt im Wuppertaler Stadttheater die Oper in drei Akten *Fürstin Tarakanowa* von Boris Blacher (Text: Kurt O. Koch) ihre Premiere. Das Werk des 38jährigen Komponisten erregt einiges Aufsehen. Otto Schumann vermerkt allerdings in seinem *Opernführer* von 1978: »Man muß sich in diese rhythmisch und harmonisch geschärfte Musik erst hineindenken und hineinhören, ehe man Stellung zu ihr beziehen kann. Die *Fürstin Tarakanowa* scheint ein bedeutendes Werk zu sein; doch sieht es so aus, daß es wieder vergessen ist.« Über den Mangel an musikalischen Aufträgen kann Blacher sich aber in jener Zeit nicht beklagen, auch wenn seine musikalische Sprache »herb und nicht immer leicht verständlich« erscheint. Seine Oper erlebt 1941 und im darauf folgenden Jahr eine Reihe von Aufführungen; Blacher arbeitet in dieser Zeit auch an einem großen »Zirkusballett« mit dem Titel *Harlekinade*, das noch im gleichen Jahr in Berlin uraufgeführt wird.

Blacher stammt aus einer baltischen Familie. Er wurde 1902 in China geboren und hat nach seiner musikalischen Ausbildung in Berlin und den ersten Jahren als Kinopianist und Instrumentator mit seinen kühlen, abstrakten und ironischen Kompositionen Karriere gemacht. 1938 wurde er als Dozent für Musiktheorie an das Dresdner Landeskonservatorium berufen. Wie dünn aber im Dritten Reich die Grenze zwischen Erfolg und Verdammnis, Wertschätzung und Ablehnung selbst gegenüber einem gefragten und begehrten Musiker ist, zeigt das Vorwort der zweiten Auflage des *Lexikons der Juden in der Musik*. Der Autor, Herbert Gerigk, schreibt: »Unter den lebenden Vierteljuden, die versehentlich des öfteren auch bei Veranstaltungen von Parteimitgliedern aufgeführt werden, sind Boris Blacher und Heinrich Kaminski die wichtigsten …«

Lili Marleen

Weder die Tatsache, daß das Lied eigentlich für einen männlichen Interpreten getextet ist, noch seine vermutete »wehrkraftzersetzende« Wirkung (der deutsche Soldat soll kämpfen statt zu träumen) können den Welterfolg verhindern, den Lale Andersen mit Lili Marleen *erringt. Den Text hat Hans Leip im Jahr 1915 verfaßt, die erste Vertonung stammt von Rudolf Zink. In dieser Version hatte das Lied 1935 in einem Schwabinger Kabarett Premie-*

re. Es wurde von Lale Andersen (die damals noch unter dem Namen Lieselott Wilke auftrat) vorgetragen. An der geringen Resonanz änderte sich zunächst auch durch eine erneute Vertonung, diesmal durch Norbert Schultze, nichts. Die Zweitpremiere fand im März 1939 in einem Berliner Kabarett statt, wieder durch Lale Andersen. Immerhin kam es zu einer Plattenaufnahme mit dem Titel Lied eines jungen Wachtpostens.
Zu den an Lili Marleen *geknüpften Widersprüchen gehört, daß Lale Andersen, die häufig in Zürich aufgetreten war, 1942 Auftrittsverbot erhält. Die englische Version* Underneath the Lantern *singt Marlene Dietrich.*

Lale Andersen, 1941.

Ein Lied geht um die Welt …

»Vom Singen hatte ich keine Ahnung. Ich sprach Texte zur Musik und war froh, wenn mir das so gelang, daß ich gleichzeitig mit der Musik fertig war«, sagt Lale Andersen in ihrer Autobiografie *Leben mit einem Lied*. Trotz dieser sehr selbstkritischen Einschätzung wird die Tochter eines Steuermanns aus Bremerhaven mit einem einzigen Lied berühmter als manche ihrer Kollegen. Das Lied, das um die Welt geht, heißt *Lili Marleen* und wird erstmals im Jahre 1941 vom Soldatensender Belgrad zum Programmschluß gesendet.

Lale Andersen hat das *Lied eines jungen Wachtpostens* bereits 1939 auf Platte aufgenommen. Aber erst zwei Jahre später gräbt der Soldatensender *Lili Marleen* aus und macht das Lied berühmt. Als es aus dem Programm genommen werden muß, weil die alte Plattenaufnahme nach einigen Wochen technisch abgenutzt ist, hagelt es von allen Fronten Proteste, bis die inzwischen vertrauten Verse wieder Abend für Abend erklingen:

> »Vor der Kaserne,
> vor dem großen Tor
> stand eine Laterne
> und steht sie noch davor.
> So wollen wir uns da wiederseh'n,
> bei der Laterne woll'n wir steh'n
> wie einst, Lili Marleen.«

Der amerikanische Schriftsteller John Steinbeck schreibt im selben Jahr in einem Artikel über die außerordentliche Resonanz, die dieses einfache Lied hervorruft: »Die Wirkung von *Lili Marleen* liegt in der Dreieinigkeit von Stimme, Text und Musik und ruft – ein modernes Mysterium – diese weltweite Massenpsychose hervor.«

Nylon kontra Perlon

In den USA ist 1940 eine chemische Faser entwickelt worden, die unter anderem die Strumpfmode revolutioniert hat. Die ersten Nylonstrümpfe sind zum Jahresende in den Handel gekommen und haben sich zu einem Verkaufsschlager in der Modebranche entwickelt.

Der Erfolg der amerikanischen Chemiker läßt die Deutschen nicht ruhen, und so bastelt man in den Labors an der »deutschen Antwort« auf das Nylon. 1941 stellen die Wissenschaftler die Perlon-Kunstseide vor. Dieses Material erweist sich ebenfalls als belastbar, zäh und verhältnismäßig preisgünstig. Als der Krieg vier Jahre später zu Ende geht, gibt es allerdings kein Perlon mehr für die Bekleidung, und die Nylonstrümpfe, die amerikanische Soldaten den deutschen »Fräuleins« bieten können, gewinnen ungeahnte Bedeutung.

Fischmenschen

Der Österreicher Hans Hass veröffentlicht sein Abenteuerbuch *Unter Korallen und Haien*. Mit Hilfe von Schwimmflossen, Tauchermaske und Schnorchel ist es ihm und zwei Freunden erstmals gelungen, sich frei unter Wasser, wie »Fische unter Fischen«, zu bewegen und dabei mit einer wasserdicht gemachten Kamera Aufnahmen unter dem Meeresspiegel zu machen.

Seine Erlebnisse in der Karibischen See schildert Hass in zahlreichen Vorträgen, später auch anhand von Unterwasserfilmen einem begeisterten Publikum. Zusammen mit den Tauchunternehmungen des Franzosen Jacques Cousteau begründen die Aktionen von Hass eine neue Ära der Unterwasserforschung und des Tauchsports.

Max Beckmann
Quappi und ein Inder
1941

Mythische Erleuchtung

*Nach seiner Entlassung aus dem Lehr-
amt an der Frankfurter Städelschule
im Jahr 1933 hat sich Max Beckmann
in Berlin niedergelassen (hier entstand
sein Gruppenbildnis Heinrich George
mit Familie), um 1937 nach Amsterdam zu emigrieren. Hier lebt er in völliger Zurückgezogenheit bis zur Übersiedlung in die Vereinigten Staaten im
Jahr 1947. Das 1941 entstandene Doppelbildnis steht im Umkreis der Auseinandersetzung Beckmanns mit mythischen Themen, obwohl zumindest
die weibliche Gestalt eine konkrete
Person darstellt, nämlich Mathilde
von Kaulbach, die zweite Ehefrau des
Künstlers, genannt Quappi. Vier Jahre
zuvor hat Beckmann sie als Quappi
mit weißem Pelz porträtiert, geradezu
modisch-kokett mit Schleierhut und
einem Hündchen auf dem Arm. Nun
tritt sie geheimnisvoll entrückt auf.
Die Kerze, ein Lieblingssymbol Beckmanns, beleuchtet ihr Gesicht von unten und unterstreicht ihre starre, fron-
tale Pose. Rätselhaft und archaisch
hebt sich das dunkle Profil des Inders
vor der lichten Gestalt ab. Ungewöhnlich ist für Beckmanns Gestaltungsweise der Raum, der durch diesen Kontrast zwischen den beiden Personen geschaffen wird. Ihn unterstreicht der
Größenunterschied zwischen den
Köpfen, wobei sich der Eindruck
einstellt, als dringe der Blick der Frau
über ihr Gegenüber hinweg in ahnungsvolle Ferne. Beckmann hat sich
stets geweigert, seine Werke zu interpretieren. In seinem Londoner Vortrag
Meine Theorie der Malerei (1938) äußert er, »nichts wäre läppischer oder bedeutungsloser als eine »philosophische
Konzeption«, rein intellektualistisch
gemalt, ohne die schreckliche Wut der
Sinne, die nach jeder sichtbaren Form
von Schönheit oder Häßlichkeit greifen«. Diese »schreckliche Wut der Sinne« scheint in Quappi und ein Inder
gebändigt zu sein. Es eröffnet sich der
Übergang vom Realen zum Transzen-
denten. »Drei in zwei Dimensionen zu
verwandeln«, so Beckmann, »ist für
mich ein magisches Erlebnis, währenddessen ich für einen Augenblick jene vierte Dimension erhasche, nach
dem mein Wesen sucht.«*

Bildende Kunst

Werke

- Max Beckmann: *Prometheus*, expressionistisches Gemälde.
- Georges Braque: *Toilettentisch am Fenster* und *Patience*, kubistische Gemälde.
- Raoul Dufy: *Das große Orchester*.
- Josef Hegenbarth: *Adler*.
- Max Ernst: *Europa nach dem Regen*.
- Wassili Kandinsky: *Wechselseitiger Gleichklang*.
- Fernand Léger: *Der Tanz*.
- Gerhard Marcks: *Rafaello*, Bronzeplastik.

- Henri Matisse: *Die rumänische Bluse*, expressionistisches Gemälde.
- Roberto Sebastian Matta: *Die Erde ist ein Mensch*, surrealistisches Gemälde des in den USA lebenden chilenischen Künstlers.
- Edvard Munch: *Selbstbildnis*. Der greise norwegische Maler, einer der Wegbereiter des Expressionismus, vollendet sein letztes Selbstporträt.
- Pablo Picasso: *Stilleben mit Stierschädel*, kubistisches Gemälde.
- Graham Sutherland: *Rote Landschaft*, Gemälde im expressionistischen Stil.

- Yves Tanguy: *Das Schloß mit dem Fenster-Felsen*, surrealistisches Gemälde des im amerikanischen Exil lebenden Franzosen.

Ausstellungen

- Basel: Retrospektive der Werke von Maurice Utrillo in der Kunsthalle.
- Paris: Die Galerie Charpentier zeigt eine Retrospektive mit Gemälden des Niederländers Kees van Dongen, eines Vertreters des Fauvismus.
- New York: Galerie Paul Rosenberg stellt Werke von Fernand Léger aus.

Tod im Exil

In der Nacht vom 22. zum 23. Februar nimmt sich in der brasilianischen Stadt Petrópolis nahe Rio de Janeiro der deutsche Schriftsteller Stefan Zweig gemeinsam mit seiner zweiten Frau das Leben. Der Präsident von Brasilien ordnet ein Staatsbegräbnis für den Dichter an, der das Grauen der Entwurzelung, des Exils, seelisch nicht hatte verkraften können. Stefan Zweig ist sechzig Jahre alt, als er aus dem Leben scheidet. Er hinterläßt eine unvollendete Biographie über den französischen Schriftsteller Honoré de Balzac.

Geboren am 28. November 1881 in Wien, studiert Zweig Philosophie, Germanistik und Romanistik und macht mehrere große Reisen nach Nordafrika, Indien, China und Amerika. Seine Werke – Lyrik, Novellen, Dramen, Essays – finden rasch Anerkennung. Sein Stil ist anfangs von der Neuromantik, dann vom österreichischen Impressionismus und von den französischen Symbolisten geprägt. Später gewinnen auch die Schriften Sigmund Freuds Einfluß auf Zweigs Schaffen. 1917 erlebt sein pazifistisches Drama *Jeremias* in der Schweiz, in der Zweig während des Ersten Weltkriegs lebt, die Uraufführung. Zu seinen bekanntesten Werken gehören *Amok* (1922), *Verwirrung der Gefühle* (1927) und die Biographien *Joseph Fouché* (1929), *Marie Antoinette* (1932) und *Triumph und Tragik des Erasmus von Rotterdam* (1934).

Zweig verfaßt auch das Libretto für die Oper *Die schweigsame Frau* von Richard Strauss. Um diese Oper kommt es zu lebhaften Auseinandersetzungen. Da den Nationalsozialisten der Komponist Strauss als Renommierfigur außerordentlich wichtig erscheint, darf die Oper zunächst aufgeführt werden. Die Premiere findet am 24. Juni 1935 in Dresden statt. Doch schon in einem Brief vom 20. Juni 1935 hat das »Amt zur Kunstpflege« in Berlin vor diesem Werk gewarnt, dessen Text »von dem jüdischen Österreicher Stefan Zweig« stamme. Die Oper wird nach wenigen Aufführungen vom Spielplan deutscher Bühnen abgesetzt.

1938 geht Zweig ins Exil nach England. 1940 wird er britischer Staatsbürger und reist im selben Jahr in die USA. Seine Bücher sind die am meisten übersetzten Werke der deutschsprachigen Exil-Literatur. 1941 übersiedelt Zweig nach Brasilien. Doch selbst hier, wo man den Emigranten freundlich empfängt, kann er keine Wurzeln mehr schlagen.

Seen through real string, Ernst's surrealistic bird paints with a man's hand

Siegeszug der Familie Antrobus

Im Shubert Theater in New Haven wird am 15. Oktober Thornton Wilders Schauspiel *The Skin of Our Teeth* (*Wir sind noch einmal davongekommen*) uraufgeführt. (Deutschsprachige Erstaufführung am 16. März 1944 am Schauspielhaus Zürich.)

Am Beispiel der Familie Antrobus, einer unauffälligen amerikanischen Durchschnittsfamilie mit Jedermann-Charakter, schildert Wilder Grundtypen der Menschheit und elementare soziale Beziehungen und Konflikte. So agieren etwa der Macher und Organisator, der Brudermörder, die Frau als Verführerin und als Hort der Familie.

Das Stück spielt auf drei Zeitebenen: in der Eiszeit, während der Sintflut und im Bombenkrieg. Die Familie entkommt den Katastrophen, die, nicht unverschuldet, über sie hereinbrechen, immer wieder durch ihren Lebenswillen und die Fähigkeit zu hoffen. Der Autor vermittelt diese optimistische Botschaft mittels einer publikumswirksamen Mischung von Darstellungstechniken, die von der Tragödie bis zur Burleske reichen und den Zuschauer in das Spiel einbeziehen.

Wucherungen

Der französischen Internierung Max Ernsts als »Ausländer« bei Kriegsbeginn folgten eine abenteuerliche Flucht-Odyssee nach Spanien und 1941 die Emigration in die Vereinigten Staaten. Der Intervention seiner (dritten) Frau Peggy Guggenheim verdankt er es, daß ihm eine erneute Internierung oder gar die Ausweisung erspart bleibt.

Mit seinem Gemälde Marlene *huldigt Ernst zumindest durch den Titel dem Filmstar Marlene Dietrich, die 1934 ein Angebot von Joseph Goebbels zur Rückkehr aus den Vereinigten Staaten abgelehnt, 1937 die amerikanische Staatsbürgerschaft erhalten hat und öffentlich gegen das nationalsozialistische Regime auftritt. Die bildhafte Gestaltung läßt* Marlene *als alptraumartiges Sexualobjekt erscheinen. Ihr bruchstückhaftes Gewand wird von wuchernden Schwämmen gebildet und wölbt sich an den Beinen zu Muschelrändern auf; die linke Hand knickt den Flügel eines Vogelwesens.*

Im Herbst 1942 erhält Ernst in New York die Gelegenheit zu einer Ausstellung im Whitelaw Reil Mansion an der Madison Avenue. Sie wird von der Coordinating Council of French Relief Society organisiert und von Marcel Duchamp arrangiert: Aus 2500 Metern Bindfäden knüpft er zwischen den Exponaten eine Art räumliches Spinnennetz, das auf eine Irritation des Besucherverhaltens abzielt. Die Kunstkritik interpretiert die Ausstellung als Beweis dafür, daß der Surrealismus als Aktionismus zu verstehen ist, der sich stärker in einem bestimmten Verhalten als in einzelnen Bildern Ausdruck verschafft. Neben Salvador Dalí, der sich seit 1940 in den USA aufhält, wird Ernst als ein Hauptvertreter der surrealistischen Bewegung begrüßt.

Ausschnitt aus dem Newsweek-Bericht (26. Oktober 1942) über die New Yorker Max-Ernst-Ausstellung; hinter Marcel Duchamps Fäden Ernsts Gemälde mit dem Titel: Surrealismus und Malerei.

Gegenüberliegende Seite: Max Ernst, Marlene; 1940/41.

1942

- Stefan Andres: *Wir sind Utopia*. Die Novelle des seit 1937 im italienischen Positano lebenden Autors erscheint als Vorabdruck in der »Frankfurter Zeitung« (Buchausgabe 1943). Die Handlung spielt in Spanien während des Bürgerkriegs. Ein ehemaliger Priester, mit anderen Gefangenen vor der Exekution in einem Kloster inhaftiert, verzichtet auf die Chance, sich und die Gefährten in einem Gewaltakt zu befreien.
- Ernst Jünger: *Gärten und Straßen*, erster Band des sechsteiligen Tagebuchwerks *Strahlungen*. Erinnerungen an den Frankreichfeldzug, an dem der Autor und hochdekorierte Offizier des Ersten Weltkriegs teilnimmt. Jünger, der die innere Emigration bevorzugt, nutzt das Tagebuch als geeignetes literarisches Mittel zum Rückzug aus der ungeliebten Realität.
- Klaus Mann: *The Turning Point* (*Der Wendepunkt*, 1952). Der Autor, ältester Sohn Thomas Manns und seit 1936 in der Emigration in den USA als Journalist tätig, schreibt seine Autobiographie zunächst in englischer Sprache; er übersetzt das Werk erst 1949.
- Josef Ponten: *Volk auf dem Wege. Roman der deutschen Unruhe*. Der letzte, sechste Band des Romanwerks über das Schicksal der Auslandsdeutschen wird veröffentlicht. Die Arbeit bleibt unvollendet; der Autor ist 1940 gestorben.
- Anna Seghers: *Das siebte Kreuz. Roman aus Hitlerdeutschland*. Ein Teilabdruck erfolgte bereits 1939 in der Moskauer Zeitschrift »Internationale Literatur«. Der Roman über das Schicksal von sieben entflohenen KZ-Häftlingen erscheint in Mexiko, wo die Autorin 1940–1947 im Exil lebt.

Aggression und innere Emigration

Das rechts oben als Handschrift wiedergegebene Gedicht des 63jährigen Arztes und Schriftstellers Hans Carossa verleiht brennpunktartig einem Streben nach geistiger Bewahrung Ausdruck, das einen Wesenszug der sogenannten inneren Emigration bildet: »Wer einem Wink folgt im Sein, / Vieles zu Einem erbaut, / stündlich prägt ihr den Stern, / und nach glühenden Jahren, / wenn wir irdisch erblinden / reift eine größre Natur.« *Schon in seinem erstmals 1924 veröffentlichten, 1934 neu aufgelegten* Rumänischen Tagebuch, *das die autobiographische Aufzeichnungen aus dem Ersten Weltkrieg enthält, hat Carossa das konkrete* »Sein«, *mit dem er als Militärarzt konfrontiert war, durch Bezeichnungen wie* »Ausfälle«, »Dezimierungen«, »frische Gräber« *umschrieben. Das stilistische und weltanschauliche Vorbild Carossas ist Goethe als Repräsentant einer im Geistigen wurzelnden Humanität. In demselben Maße, wie sich die unmenschlichen Züge des Faschismus unübersehbar enthüllen, in dem ganze Völker zu* »Untermenschen« *erklärt werden, wächst das Bedürfnis nach der Reife einer* »größeren Natur«, *die das* »irdische Erblinden« *voraussetzt. Oder genügt es schon, lediglich die Augen zu verschließen vor dem Toben des Ungeistes, um in der Verinnerlichung jenes Reifen zu gewährleisten?*

In Carossas 1936 erschienener Erzählung Geheimnisse des reifen Lebens *findet sich die Maxime:* »Höchste Seelenfülle, wenn sie sich irdisch verkörpert, scheint wehrlos bleiben zu müssen.« *Schuld führt* »zu neuer Erleuchtung und neuer Würde«.

Carossas Gedicht aus dem Jahr 1942 ist der 60jährigen Pianistin und Beethoven-Interpretin Elly Ney gewidmet, die seit 1939 am Mozarteum in Salzburg als Lehrerin tätig ist. Auch ihr künstlerisches Schaffen gründet sich auf die überzeitliche Bedeutung des klassischen Erbes.

Autograph Hans Carossas, 1942.
Der Untermensch. Titelseite einer antisowjetischen Propagandabroschüre der NSDAP, 1942.

Albert Camus: »Der Fremde«

1942 veröffentlicht Albert Camus die Erzählung *L'étranger* (*Der Fremde*, 1948). Zugleich erscheint das philosophische Hauptwerk *Le mythe de Sisyphe. Essai sur l'absurde* (*Der Mythos von Sisyphos. Ein Versuch über das Absurde*, 1950). Die Gedankenwelt des Essays – die existentielle Grunderfahrung des Absurden und ihre Überwindung in der Revolte, die dem Menschen die Chance der Selbstverwirklichung gibt – wird in der Erzählung dichterisch umgesetzt: Der in Algier lebende französische Angestellte Meursault begegnet nach der Beerdigung seiner Mutter einer Arbeitskollegin, mit der er die Nacht verbringt, wird in den Streit zwischen Bekannten verwickelt, tötet einen Araber, von dem er sich bedroht fühlt, wird des vorsätzlichen Mordes angeklagt und zum Tode verurteilt.

Meursault berichtet in der Ich-Form, nüchtern, reflexionslos, ohne Interpretation: das Leben als eine Kette zufälliger Ereignisse. Vier Jahre später schreibt Camus im Vorwort zur englischsprachigen Ausgabe des Werkes (*The Outsider*): »Ich habe den *Fremden* auf einem Wort aufgebaut, das ich vor langer Zeit hörte und das mir sehr merkwürdig erschien: »In unserer Gesellschaft riskiert ein Mensch, der bei der Beerdigung seiner Mutter nicht weint, zum Tode verurteilt zu werden«. Ich will damit sagen, daß die Hauptfigur in meinem Werk verurteilt wird, weil er das Spiel nicht mitspielen will … Er weigert sich zu lügen. Lügen bedeutet nicht nur, etwas zu behaupten, was nicht ist, sondern mehr zu sagen als das, was ist … *Der Fremde* ist die Geschichte eines Mannes, der ohne jegliche heroische Attitüde akzeptiert, für die Wahrheit zu sterben.«

Der französische Literaturhistoriker Roland Barthes schreibt nach Erscheinen der Erzählung, die größte Beachtung hervorruft: »Dieses Buch ist zweifelsohne der erste klassische Roman der Nachkriegszeit (ich spreche nicht vom Erscheinungsdatum, sondern von der Qualität) … Das Büchlein enthält eine völlig neue Philosophie, die Philosophie des Absurden.«

Die Geschichte des Außenseiters Meursault spiegelt das Lebensgefühl einer Generation, die in zwei Weltkriegen den Zusammenbruch des traditionellen Ordnungs- und Wertsystems erfahren hat. So wird *Der Fremde* zu einem Meilenstein in der Geschichte der modernen Philosophie, zu einem Drehpunkt der französischen Nachkriegsliteratur.

Edward Hopper
Nighthawks (Nachtfalken)
Gesamtansicht und Ausschnitt
1942

Menschen hinter Glas

Die Stadtszenen des amerikanischen Malers Edward Hopper, geb. 1882 in Nyack (New York) und ausgebildet als Gebrauchsgraphiker, besitzen eine Atmosphäre, wie sie in ähnlicher Weise in den Kriminalromanen von Dashiell Hammett und Raymond Chandler anzutreffen ist. Der Beobachter will selbst unbeobachtet bleiben, er treibt sich in den Ecken und Winkeln herum, in denen die Großstadt ohne Glanz und turbulentes Leben bleibt und die Menschen wie verloren in einer Steinwüste wirken. Bürohochhäuser, Imbißstuben, leere Gleisanlagen, Orte, an denen sich kaum etwas ereignet, sind kennzeichnende Schauplätze, deren Öde sich jedoch plötzlich mit einer schwer erklärbaren Spannung füllt. Wie der ungeliebte »Schnüffler« der Kriminalschriftsteller wirft auch Hopper gelegentlich einen unerlaubten Blick in irgendein nächtliches Zimmer, mit dem Unterschied freilich, daß das Bild ohne dramatisches Geschehen bleibt. Ein bezeichnendes Beispiel für Hoppers Umformung der seit dem Beginn des Jahrhunderts in Amerika, insbesondere in New York, gepflegten realistischen Großstadt-Malerei sind seine Nighthawks (Nachtfalken). Dieselbe Beziehungslosigkeit, die zwischen den vier »Insassen« der Bar besteht, prägt das Verhältnis des Malers zu seinem Gegenstand. Die Darstellung läßt sich zu einer Stelle in Albert Camus' Essay Le mythe de Sisyphe (1942, deutsch Sisyphos, 1947, Der Mythos von Sisyphos, 1950) in Parallele setzen, auf die Jean-Paul Sartre in einer Interpretation von Camus' gleichfalls 1942 veröffentlichtem Roman L'étranger (deutsch Der Fremde, 1948) ausdrücklich hinweist: »Ein Mensch spricht hinter einer Glaswand ins Telefon; man hört ihn nicht, man sieht nur sein sinnloses Mienenspiel.« Sartre sieht hierin ein Gleichnis für die Art und Weise, in der Camus in L'étranger einen Ich-Erzähler zu Wort kommen läßt, der »unhörbar« bleibt. Es ist dies Ausdruck einer Beziehungslosigkeit nicht allein zu anderen, sondern auch zum eigenen Leben. Camus' Titelgestalt erscheint als Protagonist und Opfer einer absurden Welt.

Ein Jahr, nachdem Walt Disneys fliegender Elefant Dumbo das Licht der Leinwand erblickt hat, erobert ein neuer Star die Filmmärkte und die Herzen der Zuschauer: Bambi, das zartgliedrige, großäugige Reh, dem kaum zuzutrauen ist, daß es all die bedrohlichen Abenteuer übersteht, die ihm zugemutet werden. Aber darin, daß es sie überlebt, liegt gerade die ungeheure Attraktion für Millionen von Kinobesuchern, die sich durch Bomben und Katastrophen bedroht fühlen. Die »New York Times« kommt nach der Uraufführung zu dem Urteil, Bambi sei »einer der liebenswürdigsten Filme, die je aus Walt Disneys Zauberküche kamen«. Zugrunde liegt der 1923 erschienene Tierroman Bambi. Eine Lebensgeschichte aus dem Walde des österreichischen Schriftstellers Felix Salten, der 1938 in die Vereinigten Staaten emigriert ist. Erzählt wird von der Geburt des Rehbocks und seiner Entwicklung zu einem von den Verwandten bewunderten Jungtier. Bambi lernt neben dem lustigen Leben im sommerlichen Wald die Not des Winters kennen, verliert seine Mutter, muß miterleben, wie leichtsinniges Zutrauen zu den Menschen mit dem Tod gebüßt wird, und tritt schließlich die Nachfolge des »Fürsten« an, eines alten Rehbocks, der Bambi in seine Obhut genommen hat, nachdem er eines Tages angeschossen worden ist.

Während Disney in Dumbo auf die humoristischen und karikierenden Stilmittel seiner früheren Arbeiten als Zeichentrickfilmer zurückgegriffen hat, bildet Bambi die Hinwendung zu einer bei aller zeichnerischen Stilisierung doch geradezu naturalistischen, auf ein intensives Studium der Tier- und Pflanzenwelt gegründeten Gestaltungsweise. Nicht zuletzt hierdurch bietet Disney mit Bambi dem erwachsenen Publikum die Möglichkeit, zoologische Kenntnisse und Neigungen als Alibi für das Vergnügen an dem doch eigentlich für Kinder bzw. Jugendliche bestimmten Zeichentrickfilm zu benützen.

In der Bundesrepublik, in der Bambi 1950 in die Kinos kommt, wird das Rehkitz zu einer Art Schutzpatron des publikumswirksamen Filmschaffens. Der schon 1948 von der Burda Druck und Verlags GmbH gestiftete Bambi-Preis wird alljährlich den durch eine Illustrierte ermittelten in- und ausländischen Leinwandlieblingen verliehen. Disneys »Naturalismus« setzt sich 1944 fort in The Three Caballeros (Drei Caballeros), der Trick- und Realszenen verbindet. 1950 folgt Treasure Island (Die Schatzinsel), Disneys erster Film ohne Elemente des Zeichentrickfilms.

Walt Disney
Bambi, 1942
Szenenfoto

Geburt eines Mythos – »Casablanca«

Am 26. November erlebt *Casablanca* im Warner's Hollywood Theater in New York seine Weltpremiere. Regisseur des Streifens, der auf einem Stück von Murray Burnett und Jean Alison basiert, ist der aus Ungarn stammende Michael Curtiz.

Die Story von *Casablanca* ist publikumswirksam und wird perfekt in Szene gesetzt. Dreh- und Angelpunkt des Geschehens ist eine zwielichtige Bar im marokkanischen Casablanca, Treffpunkt der Heimatlosen und Entwurzelten, der Emigranten aus Deutschland und den Ländern, die von den Nationalsozialisten besetzt sind. Die Menschen, die hier ihre Tage und die halben Nächte verbringen, hoffen, von Casablanca aus in eine neue Welt, in eine sichere Zukunft aufbrechen zu können. Viele warten vergebens, für sie bedeutet die Stadt in Marokko das Ende einer langen Reise.

Besitzer der Bar ist Rick, ein Zyniker mit Herz. Er hilft den Gestrandeten so gut er kann. Als dann aber seine große Liebe auftaucht, deren Mann ein Widerstandskämpfer ist und dem Rick zur Flucht verhelfen soll, wird er zwischen Liebe und Gewissen hin- und hergerissen. Zu den großen Szenen der Filmgeschichte gehört jener Auftritt am Flughafen, als Rick auf seine Geliebte verzichtet und sie mit ihrem Mann zusammen fortschickt.

Den Rick spielt Humphrey Bogart, seine Geliebte Ingrid Bergman. Bogart hat während der dreißiger Jahre in einer Reihe erfolgreicher Filme den kalten, rücksichtslosen Gangster dargestellt. Erst in *Die Spur des Falken* (1941) wird die klassische Bogart-Rolle entwickelt, mit der der Schauspieler Filmgeschichte macht und die auch für *Casablanca* verbindlich ist: der romantische Held mit einer exquisiten Mischung von Härte und Sensibilität, ein Mann, der sich etwas außerhalb der gesellschaftlichen Normen bewegt. Einen besonderen Reiz erhält *Casablanca* auch durch die vorzüglich besetzten Nebenrollen.

Der englische Schauspieler Claude Rains, der bereits eine lange Bühnenkarriere hinter sich hat, verkörpert den Captain Renault, einen korrumpierten Polizeioffizier und Ricks Gegenspieler, zynisch wie jener, doch auch er nicht ohne Charme.

Der Streifen ist ein Prototyp des romantischen, spannenden und handwerklich makellosen Hollywood-Films. Es gibt nur wenige Filme, die eine so starke Auswirkung auf andere Kinostücke gehabt haben. Unvergessen ist auch der Titelsong *As Time Goes By* von Herman Hupfeld.

Faschistische Durchhalteparolen und antifaschistischer Widerstand im Film

Der Verlauf des Krieges verlangt im faschistischen Lager immer eindeutigere Propagandafilme, im Lager der antifaschistischen Koalition treten auch im Film Themen des Widerstands stärker in den Vordergrund.

Ende 1942 zeichnet sich die Niederlage der 6. Armee in Stalingrad schon deutlich ab. Der Film Der große König (Regie: Veit Harlan) kommt wie gerufen. Otto Gebühr in der Rolle Friedrichs II. verkörpert den auf sich selbst gestellten Feldherrn, der aus eigener Machtvollkommenheit den Willen der Geschichte vollstreckt, nämlich zu siegen. Friedrich II. erscheint nicht mehr als volkstümlicher Preußenkönig, sondern er muß den Siebenjährigen Krieg gewinnen – als Vorbild Hitlers, der ebenfalls den Kampf gegen eine »Welt von Feinden« bestehen will. Der große König besitzt seine Quintessenz in der Drohung: »Am Sieg zweifeln, das ist Hochverrat!«

Der Film Der große König ist zu Recht vergessen, im Unterschied zu Casablanca. Humphrey Bogart in der Rolle des Barbesitzers Rick, den es nach Casablanca verschlagen hat, ist nicht das lautstarke Gegenbild zu den Repräsentanten faschistischer Durchhalteparolen; seine Unterstützung des Widerstands ist leise und voller Zweifel. Soll er dem persönlichen Glück die politische Verantwortung als Antifaschist unterordnen? Die Entscheidung ist nicht von vornherein vorgezeichnet (das Drehbuch ließ den Schluß bei Drehbeginn noch offen). Selbst in dem Moment, als Rick auf seine Geliebte verzichtet, ist dies kein heroischer Entschluß – die Situation erfordert es. Persönliche Gefühle werden zwar unterdrückt, doch ist Humphrey Bogart weder ein Held noch ein Opfer.

Oben links: Der große König, 1942; Otto Gebühr als Friedrich II.
Oben rechts: Casablanca, 1942 (deutsch 1952); Humphrey Bogart als Barbesitzer Rick und Ingrid Bergman als seine ehemalige, mit einem Widerstandskämpfer verheiratete Geliebte Ilsa Lund.

Film

Premieren

● Marcel Carné: *Les visiteurs du soir* (Die Nacht mit dem Teufel, 1950). Buch: Jacques Prévert. Musik: Maurice Thiriet. Kamera: Roger Hubert. Darsteller: Alain Cuny, Arletty. Phantasiefilm (der Teufel verwandelt ein Liebespaar in Stein) aus der Welt des Mittelalters.

● René Clair: *I Married a Witch* (Meine Frau, die Hexe, 1949). Buch: Robert Pirosh. Musik: Roy Webb. Kamera: Ted Tetzlaff. Darsteller: Fredric March, Veronica Lake. Eine Spielart des Phantasiefilms, in dem ein Geist menschliche Regungen zeigt.

● Walter Felsenstein: *Ein Windstoß*. Buch: Roland Schacht. Musik: Friedrich Schröder. Darsteller: Paul Kemp, Ursula Herking. Die einzige Spielfilmregie Felsensteins, die nicht vorrangig mit Musik zu tun hat.

● Veit Harlan: *Der große König*. Buch: Veit Harlan. Musik: Hans-Otto Borgmann. Kamera: Bruno Mondi. Darsteller: Otto Gebühr (in der Titelrolle), Kristina Söderbaum, Gustav Fröhlich. Letzter Film in der langen Reihe von Filmen über Friedrich den Großen mit Otto Gebühr.

● Veit Harlan: *Die goldene Stadt*. Buch: Alfred Braun, Veit Harlan nach Richard Billingers Bühnenstück *Der Gigant*. Musik: Hans-Otto Borgmann/Smetana. Kamera: Bruno Mondi (Farbfilm). Darsteller: Kristina Söderbaum, Eugen Klöpfer. Die Bauerntochter Anna scheitert in Prag an den verderbten Städtern.

● Rolf Hansen: *Die große Liebe*. Buch: Alexander Lernet-Holenia. Musik: Michael Jary. Kamera: Franz Weihmayr. Darsteller: Zarah Leander, Viktor Staal, Grethe Weiser. Der Film handelt von der Liebe eines Fliegeroffiziers zu einer Varietésängerin und wird in den drei Jahren bis Kriegsende 27 Millionen Besucher in die Kinos locken.

● William Wyler: *Mrs. Miniver*. Buch: Arthur Wimperis. Musik: Herbert Stothart. Kamera: Joseph Ruttenberg. Darsteller: Greer Garson, Walter Pidgeon. Für diesen Film, der den unter dem Krieg leidenden Engländern gewidmet ist, erhält Wyler seinen ersten »Oscar«.

1942

Musik

Premieren

● Michael Jary: *Faschingstraum.* Operette. Text von Rudolf Köller. (Uraufführung in Dresden, 25. Juni.)

● Hermann Reutter: *Odysseus.* Oper in drei Akten, Text von Rudolf Bach. Der zum epischen Theater neigende Komponist nennt sein Werk »Bericht, Bildnis, Chronik, Gleichnis«. (Uraufführung in Frankfurt im Oktober.)

● Dmitri Schostakowitsch: *Leningrader Sinfonie (Nr. 7).* Mit diesem Werk verherrlicht der sowjetische Komponist den Widerstand der Einwohner Leningrads, deren Stadt seit Ende 1941 von deutschen Truppen eingeschlossen ist. Das Werk wird im Jahr seiner Fertigstellung in der Sowjetunion, in den USA und in Großbritannien aufgeführt.

● Leo Spieß: *Die Liebenden von Verona.* Tanzspiel in vier Akten. Der Text stammt von Tatjana Gsovsky, die Anfang der vierziger Jahre in Leipzig als Choreographin tätig ist. (Uraufführung in Leipzig am 8. November.)

● Richard Strauss: *Capriccio.* Ein Konversationsstück für Musik in einem Akt. Text von Clemens Krauss, der auch die Uraufführung in München am 28. Oktober dirigiert. Das Stück spielt 1775, zu einer Zeit, als Christoph Willibald Gluck an der Reform der Oper arbeitete. Dieses eher spröde Thema bildet auch den Hintergrund für die Handlung des witzig-eleganten Werks.

● Heinrich Sutermeister: *Die Zauberinsel.* Oper in zwei Akten nach Shakespeares *Der Sturm.* (Uraufführung am Sächsischen Staatstheater in Dresden, 31. Oktober.) Der Schweizer Komponist, der ursprünglich Geschichte und Philosophie studierte, erobert Anfang der vierziger Jahre die deutschen Opernhäuser.

Atomkernspaltung – Segen oder Fluch?

»Die Entdeckung der atomistischen Kettenreaktion braucht den Menschen so wenig Vernichtung zu bringen wie die Erfindung der Zündhölzer. Wir müssen nur all das tun, was den Mißbrauch der Mittel beseitigt.« So schreibt Albert Einstein in *Mein Weltbild* (1934). Der Verlauf des Krieges macht ihn unsicher, ob eine atomare Katastrophe ausgeschlossen ist. Einstein befürchtet wie viele seiner Zeitgenossen, daß Hitler heimlich an der Konstruktion der Atombombe arbeiten läßt.

Der Physiker, der 1933 in die USA emigriert ist und an der Universität Princeton lehrt, fühlt sich als Wissenschaftler mitverantwortlich für die Folgen. Seine erste Reaktion: er verfaßt 1939/40 zwei Briefe an Präsident Roosevelt, in denen er der Regierung vorschlägt, die Atombombe zu bauen und Uranvorkommen sicherzustellen, um Hitler zuvorzukommen. Schon kurze Zeit darauf bereut Einstein diese Briefe *»als traurigste Erinnerung«* seines Lebens, denn auch der amerikanischen Regierung schenkt er kein volles Vertrauen. Zu diesem Zeitpunkt ist jedoch seine Haltung: lieber eine amerikanische als eine deutsche Atombombe.

Albert Einstein

Die Atombombe entsteht

Dem aus Italien stammenden Atomphysiker Enrico Fermi, der sich nach der Entdeckung der Uranspaltung (1938) vorwiegend diesem Phänomen und den Möglichkeiten seiner weiteren Entwicklung widmete, gelingt die erste fortlaufende Erzeugung von Atomkernenergie in Form einer Kettenreaktion durch die Bestrahlung von Urankernen. In Chicago setzt Fermi am 2. Dezember 1942 um 15.45 Uhr die erste kontrollierte und sich selbst erhaltende 28 Minuten laufende Kernreaktion hinter Graphitblöcken in Gang. In den USA wird mit großem Aufwand das sogenannte Manhattan-Projekt zur Entwicklung der Atombombe gestartet. Das Gemeinschaftsprojekt der Engländer und Amerikaner läuft auch unter dem Decknamen DSM (Development of Substitute Material). Die Arbeiten finden unter strenger Geheimhaltung und konsequenter geheimdienstlicher Überwachung aller Beteiligten statt. Die Entwicklung wird schnell vorangetrieben, obgleich Winston Churchill hofft, daß der Kriegsverlauf den Einsatz der neuen Waffe überflüssig machen werde. 150 000 Beteiligte, davon 14 000 Wissenschaftler und Ingenieure, führen die Arbeiten bei einem Kostenaufwand von zwei Milliarden Dollar 1945 zum Erfolg. In der Atombombe läuft, vereinfacht gesagt, folgendes ab: Bei der Spaltung schwerer Atomkerne (von Uran 235 oder Plutonium 239) durch ein Neutron werden zwei bis drei weitere Neutronen und die beträchtliche Energie von 200 Millionen Elektronenvolt frei. Die neu entstandenen Neutronen spalten ihrerseits weitere Atomkerne.

Werner Egks »Rundfunk-Oper«

Am 13. Januar 1942 erlebt Werner Egks Werk *Columbus* in Frankfurt am Main seine Bühnenpremiere. Zwar steht am Schluß des Klavierauszuges »Ende der Oper«, Egk jedoch bezeichnet *Columbus* als »Bericht und Bildnis«. Der Anlage nach steht das Werk dem szenischen Oratorium nahe; es wurde 1933 erstmals in der Funkfassung vom Bayerischen Rundfunk gesendet. Otto Schumann schreibt im *Opernführer, Columbus* sei eine echte Rundfunk-Oper, »einmal weil es des szenischen Beiwerks wie der Handlung entbehren kann, zum anderen wegen der durchsichtigen, knappen, mehr auf Zeichnung als auf Farbe gestellten Musik«. Der Text, den Egk selbst verfaßt hat, fußt auf authentischen Dokumenten und der altspanischen Literatur.

Werner Egk ist seit 1941 Leiter der Fachschaft Komponisten in der Reichsmusikkammer. Er zählt im Dritten Reich zu den beliebtesten Komponisten. Er selbst skizziert seinen Standpunkt unter anderem im »Völkischen Beobachter« (14. Februar 1943) in dem Aufsatz »Worum es ging und worum es geht«. Der Komponist sagt da: »… die Politik hat sich bemüht, den Nihilismus auszurotten, nicht nur in der Malerei, der Plastik, der Baukunst und der Architektur, sondern auch in der Musik … Nach einem Gesundungsprozeß, der sich musikalisch vor allem in einer deutlichen Hinwendung zur Volksklassik ausgedrückt hatte … hoffen wir auf die Vermählung einer idealen Politik mit einer realen Kunst, damit sich in unserem Leben alles dorthin wenden möge, woher es seine Kräfte nimmt.«

Naturwissenschaft, Technik, Medizin

● Oskar Paret veröffentlicht seine Theorie von der Herkunft der Pfahlbauten am Bodensee. Er bewertet die vorgeschichtlichen, auf Pfählen stehenden Hütten als Ufersiedlungen auf einem Untergrund, der damals zeitweise überflutet war.

● Der rasch expandierende Krabbennebel im Sternbild Taurus wird als Folge einer Supernova im Jahre 1054 erkannt. Supernovä sind die sichtbaren Zeichen gewaltiger Atomkern-Kettenreaktionen am Sternhimmel. Ihre Helligkeit übertrifft die der Sonne um das Hundertmillionenfache.

● Zur Flugabwehr werden automatisch rechnende Kommandogeräte benutzt, die ihre Werte mit Hilfe von Radar (radio detecting and ranging = Funkermittlung und Funkentfernungsmessung) ermitteln und an die Geschütze übertragen. Die Flugtechniker überspielen den gewonnenen Vorteil jedoch bald durch Gegenmaßnahmen, darunter den Abwurf von Stanniolstreifen zur Täuschung der Radarmessungen.

● Um dem zunehmenden Mangel an Benzin im Deutschen Reich entgegenzuwirken, werden Holzgeneratoren für Kraftfahrzeuge entwickelt, die flüssigen Kraftstoff durch festes Material ersetzen.

William Gropper
The Opposition
1942

Ben Shahn
**We French workers
warn you …**
Propagandaplakat 1942

Artist for Victory!

Zu Beginn der vierziger Jahre tritt im kulturellen Klima der Vereinigten Staaten eine konservative Wandlung ein. Ihr fallen Bewegungen zum Opfer, die beispielsweise 1936 zur Bildung des American Artists' Congress geführt hatten; der Gründungsaufruf erklärte: »Der einzige Maßstab einer Mitgliedschaft ist, daß er (der Künstler) einen bestimmten Grad an Bedeutung in seinem Beruf erreicht hat; die einzige Bedingung ist, daß er das Programm des Kongresses gegen Krieg und Faschismus unterstützt.«

Zur Zerreißprobe des auf die Volksfront gestützten Verbandes wird dessen Haltung zur sowjetischen Politik. Nach dem Pakt zwischen Stalin und Hitler und dem sowjetischen Einmarsch in Polen und Finnland führt die prostalinistische Stellungnahme des Vorstandes zum Austritt zahlreicher Mitglieder. Zugleich gewinnt der Antikommunismus auf breiter Front an Boden. Die Beschäftigung von Künstlern an Staatsprojekten im Rahmen der New-Deal-Politik wird nun davon abhängig gemacht, daß die Betreffenden »weder der Kommunistischen noch der Nazi-Partei angehören, ein Vorgang, der gänzlich illegal ist« (Stanford Pollock). William Groppers Gemälde The Opposition zeigt die Erschütterung des Vertrauens der Künstler in die Politiker.

Mit dem Kriegseintritt der Vereinigten Staaten kommen die Staatsaufträge, die vor allem im Bereich der Wandmalerei das soziale Engagement der Künstler herausgefordert hatten, weitgehend zum Erliegen. An ihre Stelle tritt die staatlich in Auftrag gegebene Propagandakunst. Groppers Darstellung Lidice wird vom Kriegsministerium allerdings als zu grausame Widerspiegelung der nationalsozialistischen Greueltaten abgelehnt. Zu den mit Plakataufträgen des Office of War Information ausgestatteten Malern gehört Ben Shahn.

Hatte sich nach Roosevelts Amtsantritt im Jahr 1933 die Hoffnung auf den »New Deal for Artists« gerichtet, so lautet nun die Losung: »Artist for Victory!« – die Arbeit des Künstlers hat dem militärischen Sieg zu dienen.

Bildende Kunst

Werke

● Michael Ayrton: *Fliegender Schläfer.* Gemälde im Stil des Surrealismus.

● Max Beckmann: *Junge Männer am Meer, Odysseus und Kalypso.* Beckmann malte diese beiden expressionistischen Werke in seinem holländischen Exil.

● Marc Chagall: *Kreuzigung in Gelb, Zwischen Dunkelheit und Licht, Der Krieg.* Alle diese Gemälde des in New York lebenden Malers sind Reflexionen über den Krieg und das Leid.

● Morris Graves: *Vogelgeist.* Das Gemälde des nordamerikanischen Malers spiegelt den Einfluß indianischer Kunst wider.

● Erich Heckel: *Herbsttag, Landschaft im Herbst* und *Mühle in der Landschaft,* expressionistische Aquarelle.

● Karl Hofer: *Der Trinker, Im grünen Kleid* und *Der Früchtekorb.* Hofer setzt mit diesen drei Gemälden die große Tradition des deutschen Expressionismus als Maler der inneren Emigration im Dritten Reich fort.

● Wassily Kandinsky: *Ein Konglomerat, Weiße Figur, Roter Akzent, Kreis und Quadrat;* abstrakte Bilder einer »grenzenlosen Wirklichkeit«.

● Oskar Kokoschka: *Wildentenjagd, Capriccio* und *Wofür wir kämpfen.*

● Gerhard Marcks: *Ver sacrum, Ecce homo* und *Große Maya,* Skulpturen. Der Künstler hat seit 1937 Ausstellungsverbot.

● Ernst Wilhelm Nay: *Liegende.* Gemälde in Öl auf Leinwand.

● Pablo Picasso: *Der Schaukelstuhl,* Gemälde.

Ereignisse

● Der jüdische abstrakte Maler Otto Freundlich, der seit 1924 in Frankreich lebt, wird dort verhaftet und deportiert. Er stirbt in Lublin-Majdanek.

Arno Breker: „Vergeltung", Entwurf für ein Relief in Stein

Unser Schwur: Vergeltung!

Musik

Premieren

● Cesar Bresgen: *Die schlaue Müllerin.* Das Singspiel nach einem Grimmschen Märchen (*Von der schlauen Frau*) wird am 13. Februar im Opernhaus Essen uraufgeführt.

● Paul Hindemith: *Streichquartett Es-Dur* und *Symphonische Metamorphosen über Themen von C.M. von Weber.*

● Carl Orff: *Die Kluge.* Oper nach dem Märchen der Brüder Grimm *Die Geschichte vom König und der klugen Frau.* (Uraufführung am 18. Februar in Frankfurt am Main.)

● Carl Orff: *Catulli Carmina.* Szenische Kantate nach Versen von Catull. Mischung aus Pantomime und Spiel mit A-capella-Chor. (Uraufgeführt am 6. November in Leipzig.)

● Richard Rodgers: *Oklahoma!* Musical. Buch: Oscar Hammerstein (II). Eine Liebesgeschichte aus dem Wilden Westen um 1907. (Uraufgeführt am 31. März, St. James Theater, New York.)

● Arnold Schönberg: *Variationen in g-Moll.* Komponiert im amerikanischen Exil.

● Kurt Weill: *One Touch of Venus.* Musical. Buch: S.J. Perelmann, Ogden Nash. Die Göttin Venus erlebt im New York der vierziger Jahre allerlei Abenteuer mit »menschlichen« Partnern. (Uraufführung am 7. Oktober, Imperial Theater, New York.)

Das schemenhafte Bild des Menschen

Am 13. April stirbt in Baden-Baden im Alter von 54 Jahren Oskar Schlemmer. Um den ehemaligen Bauhaus-Künstler ist es still geworden, nachdem seine Werke in Deutschland als »entartet« denunziert, verboten und zerstört worden sind. 1937 hat er Arbeit in einer Wuppertaler Lackfabrik gefunden.

Schlemmer wandte sich in seinen letzten Lebensjahren kleinformatigen Werken zu – gezwungenermaßen, denn er kann seine Idee, den menschlichen Körper in die Stereometrie des Raumes einzubinden, nicht mehr in großformatigen Fresken oder kühnen Theaterexperimenten verwirklichen. Das Gemälde Geneigter Kopf zeigt die Spuren der radikal veränderten Lebens- und Arbeitsverhältnisse. Das strenge Formbewußtsein, die plastische Objektivität und Geschlossenheit der Arbeiten aus den zwanziger Jahren sind der gleichsam privaten, individuellen malerischen Geste gewichen, wobei der Gegenstand der Darstellung schemenhafte Züge annimmt. Sie kennzeichnen in ähnlicher Weise Schlemmers Reihe der 18 Fensterbilder aus dem Jahr 1942: Darstellungen des Blicks durch verschlossene Fenster in Räume, deren Bewohner sich als Schatten auf den Scheiben abzeichnen. Eine eher inhaltliche Beziehung besteht zwischen dem Geneigten Kopf und den als Meditationen betitelten Köpfen Jawlenskys.

Wir begegnen jener Schemenhaftigkeit des Menschenbildes in fotografischen Bilddokumenten aus dem Krieg wieder. Der von Vernichtung bedrohte Soldat wird zum geisterhaften Schatten. Wie zum Hohn stellt die faschistische Staatskunst dieser Erfahrung den kraftstrotzenden Rächer entgegen.

Mitte links: Häuserkampf in Stalingrad, 1942.
Mitte rechts: Arno Breker, Vergeltung! Abgebildet auf der Titelseite des »Völkischen Beobachters« vom 4. Februar 1943.

Gegenüberliegende Seite:
Oskar Schlemmer, Geneigter Kopf; 1941.

1943

Theater

Premieren

● Friedrich Bethge: *Kopernikus*. Mysterium. Verherrlicht die Entdeckungen des großen Astronomen Kopernikus und betont sein Deutschtum. (Uraufgeführt am 23. Mai, Badisches Staatstheater, Karlsruhe.)

● Géza von Cziffra: *Das unsterbliche Antlitz*. Dramatisches Schauspiel um Liebe und Leid. (Uraufgeführt am 16. Februar im Landestheater Coburg.)

● John van Druten: *The Voice of the Turtle (Das Lied der Taube)*. Die Komödie, die sich über Kriegsgewinnler und falsche Pazifisten bzw. Heuchler lustig macht, wird am 8. Dezember am Morosco Theatre, New York uraufgeführt. (Deutsche Erstaufführung am 11. Juli 1947, Renaissancetheater, Berlin.)

● Wolfgang Friedebach: *Michael Kohlhaas*. Drama sehr frei nach Heinrich von Kleists Novelle, politisch auf das Dritte Reich genormt. (Uraufführung am 10. Januar, Landestheater Moselland, Koblenz.)

● Jean Giraudoux: *Sodome et Gomorrhe (Sodom und Gomorrha)*. Parabel auf die Sünde von Sodom und Gomorrha. Die körperlichen Todsünden werden vergeistigt zur Todsünde der Lieblosigkeit. (Uraufführung am 11. Oktober, Théâtre Hébertot, Paris; deutschsprachige Erstaufführung am 27. Januar 1944 in Zürich; deutsche Erstaufführung am 21. Mai 1946, Schauspielhaus Hamburg.)

● Fritz Hochwälder: *Das heilige Experiment*. Motto des Schauspiels: Die Welt ist ungeeignet zur Verwirklichung von Gottes Reich. Gezeigt am Beispiel des Jesuitenstaates in Paraguay. (Uraufführung am 24. März, Städtebundtheater in Biel-Solothurn.)

Zwei Brecht-Uraufführungen

In Zürich wird am 4. Februar Der gute Mensch von Sezuan, *am 9. September* Leben des Galilei *uraufgeführt (unter der Regie von Leonhard Steckel, der zugleich die Hauptrolle verkörpert). Schauplätze sind China und das Italien des 17. Jahrhunderts, und dennoch sind es zwei Stücke der europäischen Gegenwart.*

Brechts erste Fassung von Leben des Galilei *ist Ende der dreißiger Jahre in Dänemark unter dem unmittelbaren Eindruck der ersten Atomkernspaltung entstanden. Otto Hahn hatte seine Entdeckung vor den Nazis geheimgehalten und sie durch seine Assistentin Lise Meitner ins Ausland geschmuggelt. Der Forscher hat sich politisch verantwortlich verhalten, und diese Haltung prägt auch Brechts ursprüngliche Galilei-Gestalt; erst die Erfahrungen der Atombombenabwürfe auf Hiroschima und Nagasaki lassen den Forscher Galilei in Brechts zweiter und dritter Fassung zu einer problematischen Figur werden.*

Die erste Fassung enthält unmittelbare politische Anspielungen: »Inmitten der schnell wachsenden Finsternis über einer fiebernden Welt, umgeben von blutigen Taten und nicht weniger blutigen Gedanken, der zunehmenden Barbarei, die unhemmbar in den vielleicht größten und furchtbarsten Krieg aller Zeiten zu führen scheint, ist es schwer, eine Haltung einzunehmen, die sich für Leute an der Schwelle einer neuen und glücklichen Zeit schicken mag.«

Die Bilanz der drei Götter, die in Der gute Mensch von Sezuan *auf die Erde geschickt werden, um zu überprüfen, ob die Welt ein menschenwürdiges Dasein ermöglicht, fällt negativ aus: Der Mensch kann nur gut sein, wenn er zugleich schlecht ist. Menschenwürdig leben kann nur, wer es auf Kosten anderer Menschen tut. Schuld daran ist nicht der einzelne Mensch, die Welt als Ganzes muß verändert werden.*

Mitte links: Leben des Galilei; Leonhard Steckel (rechts) in der Titelrolle, Zürich 1943.

Mitte rechts: Der gute Mensch von Sezuan; Szenenfoto, Zürich 1943.

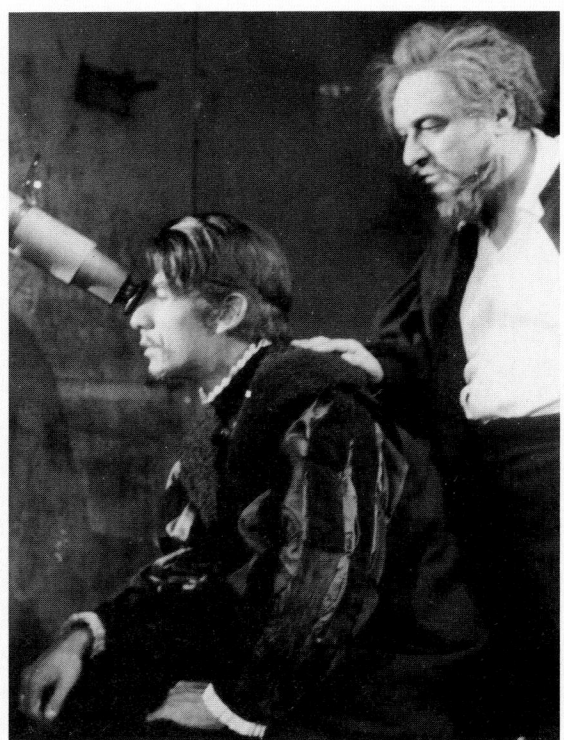

Franz Werfels Komödie einer Tragödie

Über den Dichter Franz Werfel schrieb der Literaturkritiker und Satiriker Franz Blei in seinem *Großen Bestiarium* in den zwanziger Jahren spöttelnd, Werfel sei heute einer der sehr beliebten »Schoßigel empfindsamer Seelen«. Von den Stacheln dieses »Schoßigels« sagt Blei: »Nur sind diese ganz zart und weich und manchmal auch, das Tier schmerzend, nach innen gekrümmt mit der Spitze.« Werfels satirisch angehauchte Stücke sind im Grunde nur Ausdruck eines Menschen, der andere weniger verletzt als sich selbst. So ist denn auch Werfels berühmtes Stück *Jacobowsky und der Oberst*, uraufgeführt am Theatre Guild in New York, eine merkwürdige Mischung aus Ironie und Wehmut, aus Verletzlichkeit und Satire.

Das Stück basiert auf Erzählungen eines gewissen Stephan S. Jacobowicz, der Werfels Zimmernachbar auf dessen Flucht in Lourdes war. Werfel hatte seine Heimat 1938 verlassen müssen, da er Jude war, und floh über Lourdes nach Paris und von da aus in die USA. In die Erzählungen des Stephan Jacobowicz mischen sich Werfels persönliche Erlebnisse als Flüchtling. Das Drama erzählt die Abenteuer von drei Männern, die im Jahre 1940 vor den deutschen Truppen von Paris bis an den Atlantik fliehen. Die Männer sind der Exilpole und ehemalige Oberst Stjerbinsky, ein Kavallerist und Kavalier, ein antisemitisch angehauchter Bilderbuchheld, sein Bursche Szabuniewicz und der von Deutschen gejagte polnische Jude Jacobowsky. Er rettet dem Oberst mehrfach das Leben, beschafft dem Haudegen und seiner zauberhaften Freundin Marianne eine alte Limousine, mit der sie gemeinsam zur Küste fahren. Jacobowsky und dem Oberst glückt schließlich die Flucht nach England. Jacobowsky ist ein unpolitischer Mensch, doch geprägt von den leidvollen Erfahrungen seines Volkes; hier verbindet sich listige Gewitztheit mit der Gelassenheit des Weisen.

Die deutschsprachige Erstaufführung des Stückes geht am 17. Oktober 1944 über die Bühne des Stadttheaters Basel, deutsche Erstaufführung ist im Juni 1947 im Berliner Hebbel-Theater.

Antoine de Saint-Exupéry
Illustrationen zu
Le petit prince
1943

Der kleine Prinz

Der Geschäftsmann

**Die gefährlichen
Affenbrotbäume**

Ein modernes Märchen

*Ein Jahr vor seinem Tod im Jahr 1944
(er kehrt von einem Aufklärungsflug
über dem Mittelmeer nicht zurück)
veröffentlicht der französische Flieger
und Schriftsteller Antoine de Saint-
Exupéry in New York sein Märchen Le
petit prince; 1945 folgt die Pariser Ausgabe, 1950 die deutsche Übersetzung
Der kleine Prinz. Den Text begleiten Illustrationen des Autors, die in ihrer
Gestaltungsweise der kindlich-poeti-
schen, leicht verständlichen, aber nie
gewollt naiven Sprache entsprechen.
Der Ich-Erzähler berichtet von der Begegnung mit dem »kleinen Prinzen«
während einer Notlandung in der Wüste. Ihr zwischen Traum und Wirklichkeit angesiedeltes Zwiegespräch wird
zur Parabel für die Aufhebung der Einsamkeit durch Freundschaft.
Der kleine Prinz hat seinen Stern verlassen. Auf seiner Reise durch den
Weltraum hat er Planeten besucht, von
denen jeder den hermetischen Lebens-
kreis eines ich-bezogenen Menschen-
typs versinnbildlicht: den des Later-
nenanzünders, des Geschäftsmanns,
des Königs und des Trinkers. Erst der
Fuchs auf der Erde lehrt den Prinzen
das Geheimnis der Bindung, der
Freundschaft und der Liebe: »Man
kennt nur Dinge, die man gezähmt
hat.« Zähmen bedeutet hier nicht ge-
waltsame Unterwerfung eines anderen Wesens, sondern daß man sich mit
dem anderen vertraut macht und Verantwortung für ihn übernimmt. Da erkennt der kleine Prinz, daß ein ganzes
Feld von Rosen, das ihm nicht vertraut
ist, nicht jene eine, für ihn einzigartige
Rose aufwiegen kann, die er auf seinem
Planeten gepflegt und allein zurückgelassen hat. Zu ihr kehrt er zurück.
Saint-Exupérys »Weltraummärchen«
enthält als zentrale Botschaft den Appell, das Menschliche im Mitmenschli-
chen zu suchen. Dies setzt die Abkehr
vom Macht- und Besitzstreben voraus, für das nicht nur der Geschäftsmann, sondern auch die wuchernden
Affenbrotbäume ein Sinnbild sind,
aber auch von der rationalen Denk-
und Betrachtungsweise: »Man sieht
nur mit den Augen des Herzens in der
richtigen Weise. Das Wesentliche ist
unsichtbar für die Augen.«*

Hermann Hesse
Aquarell im Umkreis von
Der Steppenwolf
um 1926

Hermann Hesse
Tessiner Landschaft
1928

E. Morgenthaler
Bildnis Hermann Hesse
1945

Widerspruch gegen den Absolutheitsanspruch des Geistigen

In Zürich erscheint ein zweibändiges Werk des als Schweizer Staatsbürger (ab 1923) im Tessin lebenden 66jährigen Malers und Schriftstellers Hermann Hesse. Teile dieses »Versuchs einer Lebensbeschreibung des Magisters ludi Josef Knecht samt Knechts hinterlassenen Schriften« mit dem Titel Das Glasperlenspiel sind schon 1934 bis 1942 in der »Neuen Rundschau« erschienen. In Deutschland wird das Werk 1946 veröffentlicht.
Das zentrale Thema bildet die Frage nach der Möglichkeit, in einer »pädagogischen Provinz« namens Kastalien dem Geist an sich zu leben. Das Glasperlenspiel ist Symbol und höchste Erfüllung für die Bewohner dieser Provinz. Es bedeutet die Vereinigung der Künste und Wissenschaften, musisch-spielerische und zugleich denkerische Vergegenwärtigung aller geistigen Möglichkeiten des Menschen, Einheit und Selbstzucht. Der »Magister ludi« Josef Knecht, der »Meister des Spiels«, bricht aus dieser Welt aus. Der Tod ereilt ihn an der Schwelle eines neuen Lebens. Hesse kritisiert nicht die humanistisch-ästhetische Geistigkeit schlechthin, sondern ihren Absolutheitsanspruch und ihre Selbstisolierung. Im Gesamtwerk Hesses bildet Das Glasperlenspiel den Versuch einer Zusammenfassung seiner bisherigen Bemühungen um die Gestaltung des Dualismus zwischen Trieb und Geist. Er bezieht sich hierbei ausdrücklich auf frühere Werke, indem er durch seine Widmung »den Morgenlandfahrern« auf Die Morgenlandfahrt (1932) anspielt. Ebenso finden sich Hinweise auf Siddharta (1922) durch das Thema des Verhältnisses des Dichters zur Meditation und auf den Steppenwolf (1927) im Motiv des Spiels als geistiger Orientierung. 1946 erhält Hesse den Nobelpreis für Literatur.
Wie Siddharta und Der Steppenwolf wird Das Glasperlenspiel zur Zeit der Hippie-Bewegung in den frühen siebziger Jahren eines der großen Kultbücher junger Menschen, die sich aus den Zwängen der erstarrten Gesellschaft lösen wollen.

Sartres Existentialismus

Am 3. Juni wird im Pariser Théâtre Sarah Bernhardt, das während der deutschen Besatzung Théâtre de la Cité genannt werden muß, Jean-Paul Sartres Drama *Les Mouches (Die Fliegen)* uraufgeführt, das erste existentialistische Thesenstück, eine aktualisierte Bearbeitung des Atridenstoffes.

Orest, Sohn des Agamemnon und der Klytämnestra, kehrt in seine Heimatstadt Argos zurück, in der Ägisth, der König Agamemnon ermordet und dessen Witwe geheiratet hat, ein Schreckensregiment führt. Die Angst- und Schuldpsychose, die seither die Bürger der Stadt beherrscht, von den Göttern als Instrument der Unterdrückung befürwortet, wird symbolisiert durch eine Fliegenplage. Die Fliegen spielen hier gleichsam die Rolle der Erinnyen. Orest tötet den Usurpator und seine Mutter Klytämnestra. Mit diesem Akt der Freiheit realisiert er die Selbstverantwortung des Menschen, nimmt die Schuld des Volkes auf sich und beendet damit die Fliegenplage. Orests Schwester Elektra, zunächst auf der Seite des Bruders, wird nun von Reue ergriffen und flieht zurück in den Schutz der Götter. Orest hingegen, der zu seiner als notwendig begriffenen Tat steht, ist nun frei im existentialistischen Sinne und weder den Göttern noch einem König untertan. Er verläßt, von den Fliegen verfolgt, die Stadt.

Das Drama *Die Fliegen* ist durchaus ein Beitrag zum Widerstand gegen die deutsche Besatzungsmacht. Sartre will seinen von der militärischen Niederlage verwirrten Landsleuten Mut machen zur befreienden Tat. Dieser Aufruf wird von der deutschen Zensur nicht verstanden, und das Stück kommt unbehindert auf die Bühne. Zugleich interpretiert *Les Mouches* auch Sartres Existenzphilosophie und den Begriff der Freiheit. Orest löst sich durch die »befreiende« Tat (den Doppelmord am Mörder seines Vaters und an der ehebrecherischen Mutter) aus allen traditionellen Vorstellungen von Schuld und Sühne. Indem er gegen die göttliche und irdische Macht zugleich revoltiert, gewinnt er eine neue Dimension von Freiheit und findet zu sich selbst.

Im gleichen Jahr erscheint Jean-Paul Sartres Werk *L'être et le néant. Essai d'ontologie phénoménologique (Das Sein und das Nichts. Versuch einer phänomenologischen Ontologie,* 1952).

Ausgehend von Husserls Phänomenologie und der deutschen Existenzphilosophie (Martin Heidegger und Karl Jaspers) beschreibt Sartre in seinem philosophischen Hauptwerk zwei unterschiedliche Seinsstrukturen: Das reine »Ansichsein« der Dinge, das sich nicht erklären und ableiten läßt (die Objektivität), und das »Fürsichsein« des Menschen, das ein Verhältnis zu sich selbst und zur Welt herstellen kann (das Bewußtsein). Das menschliche Sein entwickelt sich im Spannungsgefüge von Sein und Nichts. Das Nichts wird in der Existenzphilosophie aus dem theologischen Bezugsrahmen gelöst: Es ist die absolute Leere, in die der Mensch »geworfen« ist. Er hat jedoch die Chance, sich aus dem Nichts zu erheben, indem er seiner Existenz selbst einen Sinn gibt. Die Freiheit des Menschen besteht in der Fähigkeit, sich selbst zu ›machen‹, sich in jedem Augenblick neu für die Zukunft zu »entwerfen«.

Auch Simone de Beauvoir, der Lebensgefährtin und Schülerin Sartres, gelingt mit ihrem ersten, in diesem Jahr erscheinenden Roman die Umsetzung von Philosophie in Literatur. *L'invitée (Sie kam und blieb,* 1953) erzählt von einer Frau mit existentiellem Freiheitsbewußtsein die zwischen Reflexion und Aktion um ihre Liebe und die Treue zu sich selbst kämpft; sie erfährt den Mord an der Rivalin als befreienden Akt.

Jeder Gegenstand ist würdig, dem Kunstwerk zu dienen

Die unermeßliche Vielfalt im künstlerischen Schaffen Pablo Picassos besitzt dennoch ein Gemeinsames: die sinnlich wahrnehmbare Gegenständlichkeit des Dargestellten. Dieses von Picasso nie aufgegebene Ziel der Gestaltung wird in keiner anderen Gattung so überraschend deutlich wie in der Skulptur – am überraschendsten vielleicht am Stierkopf, gebildet aus einem Fahrradsattel und einer Lenkstange. Anders als Marcel Duchamps Ready-mades, die – zum Kunstwerk erklärt – als Mittel der Provokation, als Anstoß zur Reflexion dienten und diese Funktion nur dann erfüllten, wenn sie tatsächlich als Kunstwerke ausgestellt wurden, verwandelt Picasso die oft unbearbeitet belassenen Fundstücke, und sei es nur durch die Art und Weise ihrer Verbindung. Sie sind nicht, sondern sie werden Kunst. So entsteht aus einer Gabel, einer Schaufel und einem Stück Kabel ein Kranich, dem ein Gashahn als Federkrone dient; eine Frauenstatue besteht aus Wellpappe, einer Kuchenform und einem Motorradtank.

Picasso, der während der deutschen Besatzungszeit in Paris lebt und jeglichen Versuch einer Inanspruchnahme abwehrt, nimmt damit ein Wiederaufleben der Hetze gegen sein Schaffen in Kauf. Dies wiederholt sich 1944 auf beschämende Weise, als ihm im ersten Pariser »Herbstsalon« nach der Befreiung von Paris ein ganzer Saal zur Verfügung gestellt wird. Motiviert sind die – wenn auch vereinzelten – Protestaktionen nicht zuletzt durch Picassos Beitritt zur Kommunistischen Partei, der kurz vor der Eröffnung der Ausstellung bekannt wird. In einem Interview erklärt Picasso, dieser Schritt sei die logische Folge seines ganzen, auf die Erkenntnis der Welt und der Menschen gerichteten Schaffens. »Jetzt habe ich eingesehen, daß das allein nicht genügt; die Jahre der schrecklichen Bedrückung haben mir gezeigt, daß ich nicht nur mit den Waffen meiner Kunst, sondern mit meinem ganzen Dasein kämpfen müsse.«

Pablo Picasso, Stierkopf; 1943.

1943

Himmelfahrtskommando – humoristisch betrachtet

»Ein toller Knall / Pulverdampf verhüllt die Szene / Der Qualm verzieht sich. Das Kanonenrohr ist – leer! Potemkin und Ligne blicken mit pulvergeschwärzten Gesichtern zum Himmel empor / Trick: Münchhausen fährt, auf der Kanonenkugel reitend, durch den Himmel. Er zieht den Dreispitz und grüßt zur Erde hinunter.« So lautet die Regieanweisung zum berühmten Kanonenkugelritt im Drehbuch zum Münchhausen-Film, das

Erich Kästner unter dem Pseudonym Berthold Bürger verfaßt hat. Mit einem Knalleffekt und dem Feuerwerk eines opulenten Unterhaltungsfilms begeht die Ufa ihr 25jähriges Jubiläum. Daß die Geschichten des Lügenbarons den Stoff dafür abgeben, ist wohl weniger ein Zeichen von Selbstironie, sondern dient dem Zweck, dem Publikum im vierten Kriegsjahr heitere Ablenkung zu verschaffen.

Münchhausen, 1943; Hans Albers in der Titelrolle.

Film

Premieren

- Robert Bresson: *Les anges du péché (Das Hohelied der Liebe)*. Buch: Jean Giraudoux. Darsteller: Renée Faure, Jany Holt. Bressons erster großer Spielfilm, der von dem Kontrast Unschuld–Verworfenheit, Determination–Freiheit handelt und diese Thematik anhand zweier Frauen, einer Kloster-Novizin und einer Gefangenen, symbolisiert.
- Henri-Georges Clouzot: *Le corbeau (Der Rabe)*. Buch: Henri-Georges Clouzot. Darsteller: Pierre Fresnay. Psychologischer Thriller um einen anonymen Erpresser in einer Provinzstadt. Der Film löst in Frankreich einen Skandal aus, weil Clouzot ihn angeblich mit Hilfe der Deutschen zu Zwecken antifranzösischer Propaganda gedreht hat. Clouzot wird boykottiert und kann erst 1947 wieder Regie führen.
- Vittorio De Sica: *I bambini ci guardano (Kinder sehen uns an)*. Buch: Cesare Zavattini. Geschichte eines Kindes, das unter der gescheiterten Ehe seiner Eltern leidet. De Sicas vierter Spielfilm ist eine Kritik an der vom Faschismus verklärten Familie und der Gesellschaft in Italien.
- Veit Harlan: *Immensee*. Buch: Veit Harlan und Alfred Braun nach Theodor Storm. Kamera: Bruno Mondi. Musik: Wolfgang Zeller. Darsteller: Kristina Söderbaum, Karl Raddatz. Mit der subtilen Liebesgeschichte Storms hat Harlans *Immensee* nichts gemein. Er macht aus dem Musikerschicksal die Trivialgeschichte einer Frau zwischen zwei Männern.
- Alfred Hitchcock: *Shadow of a Doubt (Schatten eines Zweifels)*. Buch: Thornton Wilder. Kamera: Joe Valentine. Musik: Dimitri Tiomkin. Darsteller: Joseph Cotten, Teresa Wright. Ein junges Mädchen muß erfahren, daß ihr Lieblingsonkel, der zu ihren Eltern zu Besuch kommt, in Wahrheit ein gesuchter Frauenmörder ist.
- Kurt Hoffmann: *Kohlhiesels Töchter*. Neuverfilmung des bereits 1920 und 1930 verfilmten Stoffes. Buch: Georg Zoch. Kamera: Robert Baberske. Musik: Harald Böhmelt. Darsteller: Heli Finkenzeller, Eduard Köck. Verwechselspiel um eine angeblich reiche, aber häßliche Erbin.
- Helmut Käutner: *Romanze in Moll*. Kamera: Georg Bruckbauer. Musik: Lothar Brühne. Darsteller: Marianne Hoppe, Paul Dahlke, Ferdinand Marian. Liebesgeschichte zwischen der Frau eines Buchhalters und einem Komponisten.
- Heinz Rühmann: *Sophienlund*. Buch: Fritz Peter Buch. Kamera: Willi Winterstein. Musik: Werner Bochmann. Darsteller: Harry Liedtke, Käte Haack. Irrungen und Wirrungen einer Familie, deren Kinder erfahren, daß ihre Mutter gar nicht ihre leibliche Mutter ist.
- Herbert Selpin: *Titanic*. Buch: Walter Zerlett-Olfenius. Kamera: Friedl Behn-Grund. Musik: Werner Eisbrenner. Darsteller: Sybille Schmitz, Ernst Fritz Fürbringer. Der antibritische Film um den Untergang der Titanic (1912) überrascht mit hervorragenden Trickaufnahmen.
- Wolfgang Staudte: *Akrobat schö-ö-ön*. Kamera: Georg Bruckbauer. Musik: Friedrich Schröder. Darsteller: Charlie Rivel, Karl Schönböck. Dieses Regiedebüt Staudtes erzählt von der mühevollen, aber erfolggekrönten Karriere eines Clowns.

Auf den Wolken der Phantasie

Der französische Filmkritiker Alain Le Bris schreibt in seinem Buch *Midi-Minuit Fantastique* (1966): »Die Wonnen der Nostalgie sind für mich umschlossen in der Erinnerung an einen Film, den ich mit vierzehn Jahren in einem Vorstadtkino gesehen habe, einen Film des Deutschen von Baky, der meine ganze Kindheit verzaubert hat: Bollwerke aus buntem Gips, Blumen-Frauen, denen man den Kopf vom Rumpf weggezaubert hat, als Hommage an Méliès und das Theater Robert Houdin…«

Dieser Film, *Münchhausen*, wird von der Ufa anläßlich ihres 25jährigen Bestehens mit gewaltigen Unkosten gedreht. Er ist bis heute ein Meisterwerk der Phantasie geblieben, ein Ausstattungsfilm von verschwenderischer Pracht, ein Film voller Heiterkeit und Melancholie, voller Vergnügen und Lebensfreude. Regie führt Josef von Baky, das Drehbuch schreibt Erich Kästner unter seinem Pseudonym Berthold Bürger. Kästner steht eigentlich unter Schreibverbot. Für den *Münchhausen* aber, und nur für diesen Film allein, heben die Nazis vorübergehend das Schreibverbot auf. Die Kamera bedient Werner Krien, die Trickaufnahmen stammen von Konstantin Irmen-Tsched.

Hans Albers spielt den Lügenbaron. Mit von der Partie sind Hans Brausewetter, Marina von Ditmar und Brigitte Horney als Katharina II.; Ferdinand Marian mimt den düsteren Grafen Cagliostro, dessen Machtgelüste Münchhausen entlarvt. Die Szene, in der der angebliche Lügenbaron dem machthungrigen Grafen die Wahrheit unverblümt ins Gesicht sagt, ist ein Ausdruck von Freiheit, von Auflehnung gegen die Diktatur, die über die Menschen verfügt wie über Schachfiguren. Münchhausen sagt: »Sie wollen herrschen, ich will leben. Abenteuer, Kriege, fremde Länder, schöne Frauen – ich brauche das alles, Sie aber mißbrauchen es!«

So ist dieser großartige Film mehr als ein buntes Wolkengebilde der Phantasie, das die Zuschauer aus dem dunklen Kriegsalltag herausreißen soll. *Münchhausen* ist auch eine Parabel auf Leben und Freiheit, eine klare Absage an den Mißbrauch all jener Dinge, die das Leben – und nicht nur das des Lügenbarons – schöner machen.

Naturwissenschaft, Technik, Medizin

- Der Gebärmutterkrebs kann mit Hilfe der Abstrichmethode frühzeitig erkannt werden. Aus dem weiblichen Genital gewinnt man einen »Abstrich«, der mikroskopisch untersucht wird und in dem sich krebsig entartete Zellen gegebenenfalls erkennen lassen.
- Der Physiologe Otto H. Warburg findet heraus: Das vom Blattgrün (Chlorophyll) aufgefangene Licht liefert Energie, um in der Pflanzenzelle Wasser in Wasserstoff und Sauerstoff zu spalten. Der Wasserstoff baut mit dem Kohlendioxid aus der Luft Kohlenhydrate auf.
- Die fabrikmäßige Herstellung von Silikon-Kunstharzen wird möglich. Die vielseitigen, temperaturunempfindlichen Werkstoffe erweisen sich als ebenso nützlich in der Technik wie im Haushalt.

Gustav Vigeland
Brunnen und Obelisk im Frognerpark
1906–1943

Das nackte Panoptikum des Lebens

In Oslo stirbt im Alter von 73 Jahren der norwegische Bildhauer Gustav Vigeland. Er hinterläßt eine in dieser Form einzigartige und zugleich von Anfang an heftig umstrittene Anlage, den Frognerpark in Oslo, der mit etwa 100 Figuren und Figurengruppen ausgestattet ist. Das erste Modell stellte Vigeland im Jahr 1906 vor.

Die entscheidende Phase seiner Ausbildung erlebte Vigeland während eines Frankreichaufenthalts, als er im Jahr 1892 im Pariser Atelier Auguste Rodins arbeitete. Wie dieser beispielsweise bei seinem Höllentor (mit der Einzelfigur Der Denker) von einer literarischen Vorlage (Dantes Inferno) ausging, um sie in die Sprache der Skulptur zu übersetzen, so folgte auch Vigeland einer gleichsam epischen Grundvorstellung. Die als Aktfiguren gestalteten Skulpturen im Frognerpark bilden ein Panoptikum der Lebensstufen, Temperamente, der Formen zwischenmenschlicher Beziehungen von inniger Verbundenheit bis zu bedrückender Vereinsamung.

Im Mittelpunkt der Anlage ragt ein Obelisk aus 100 ineinander verschlungenen Leibern auf. Entsprechende Motive sind Rundformen, die aussehen, als seien sie aus drei Körpern geflochten worden, oder die Verbindung von Baumformen und Gestalten zu Trägern von Brunnenschalen. Während sich hier die Erinnerung an den Jugendstil einstellt, lassen die Menschenknäuel eine symbolistische Haltung erkennen; daneben kommt in einzelnen Figuren und Gruppen eine realistische Gestaltungsabsicht zum Ausdruck.

Die Kritik, der Vigelands Werk ausgesetzt ist, richtet sich gegen die alptraumartige Monumentalität, zu der die Abbilder menschlicher Existenz im Frognerpark erstarrt sind. Insofern besteht eine, wenn auch unbeabsichtigte, formale Nähe zur Monumentalplastik der faschistischen Staatskunst in Italien und im nationalsozialistischen Deutschland. Der wesentliche Unterschied besteht jedoch darin, daß Vigelands Schaffen frei ist von propagandistischer Absicht.

Wassily Kandinsky
Gemäßigter Aufschwung
1944

Piet Mondrian
Victory Boogie Woogie
1943/44

Die konkrete Bildwelt

Im Todesjahr Mondrians und Kandinskys wird die von ihnen wesentlich mitgeprägte abstrakte bzw. gegenstandslose Kunst in der Basler Kunsthalle zum erstenmal in einem internationalen Überblick präsentiert. Gezeigt werden unter anderen Werke von Hans Arp, Willi Baumeister, Alexander Calder, Wassily Kandinsky, Paul Klee, László Moholy-Nagy, Piet Mondrian und Henry Moore. Der Initiator der Ausstellung mit dem Titel »Konkrete Kunst« ist der Schweizer Maler, Bildhauer und Architekt Max Bill, der von 1927 bis 1929 am Bauhaus studiert hat. Zugleich gründet Bill die Zeitschrift »abstrakt/konkret«.
Terminologisch greifen Ausstellung und Zeitschrift auf die Forderung des Niederländers Theo van Doesburg zurück, die gegenstandslose Kunst nicht als abstrakt, sondern als konkret zu bezeichnen, um das Mißverständnis zu korrigieren, der Ausgangspunkt der Gestaltung sei die lediglich abstrahierte sinnliche Wahrnehmung. »Konkret« besagt, daß die gegenstandslose Kunst eine eigene Gesetzmäßigkeit besitzt, die beispielsweise in der selbständigen Realität geometrischer Formen und numerischer Verhältnisse zur Anschauung gelangt. Doesburg veröffentlichte seine Definition 1930 als »Manifest der konkreten Kunst« in seiner Zeitschrift »Art Concret«.
Piet Mondrian, der 1938 nach London und 1940 in die USA ging, stirbt am 1. Februar in New York im Alter von 71 Jahren. Die Boogie-Woogie-Serie seiner letzten Schaffensperiode entfaltet aus der formalen Beschränkung den Reichtum einer rhythmischen Dynamik der Farbflächen. Deutlich wird der Zusammenhang zwischen der Konkreten Kunst und der späteren Op(tical)-art eines Victor Vasarely, der von 1944 an als freier Maler tätig ist.
Wassily Kandinskys letztes Gemälde Gemäßigter Aufschwung steht wie sein gesamtes Spätwerk in Opposition zu jener Haltung, die »einen nur äußeren Blick kultiviert und über den inneren lächelt« (Zwei Richtungen, 1935). Kandinsky stirbt am 13. Dezember in Neuilly-sur-Seine bei Paris im Alter von 78 Jahren.

Bildende Kunst

Werke
- Max Beckmann: *Stilleben mit grünen Gläsern* und *Felsen bei Cap Martin*. Gemälde im expressionistischen Stil.
- Lyonel Feininger: *Flußdampfer auf dem Yukon* und *Hafen*. Zwei Aquarelle des aus Deutschland emigrierten Künstlers.
- Marc Chagall: *Man hört dem Haushahn zu*.
- Jean Dubuffet: *Straße mit Männern*.
- George Grosz: *Kain oder Der Zweite Weltkrieg*.
- Gerhard Marcks: Zwei Plastiken mit den Titeln *Mädchen im Hemd* und *Kämmende*.
- Henri Matisse: *Das weiße Kleid* und *Der blaue Hut*. Gemälde im spätfauvistischen Malstil.
- Pablo Picasso: *Stilleben mit Kerze*. Gemälde im Stil des expressionistischen Realismus.
- Graham Sutherland: *Sonnenuntergang*. Landschaftsgemälde im Stil des von Sutherland vertretenen phantastischen Realismus.

Ausstellungen
- München: Schließung der letzten *Großen Deutschen Kunstausstellung* im Haus der Kunst. Seit 1937 sind hier Gemälde und Skulpturen von Künstlern gezeigt worden, die der offiziellen Kunstpolitik genehm sind. Insgesamt 2000 Künstler nahmen an den Expositionen teil, über 1200 Arbeiten wurden verkauft. Die Besucherzahlen lagen bei maximal 840 000 (1942). Zum Vergleich: rund zwei Millionen Besucher sahen 1937 die Schau *Entartete Kunst* in München.
- New York: *Amerikanisches Bauen 1932–1944*, im Museum of Modern Art. Erstmals eine umfassende Darstellung der architektonischen Entwicklungen in den USA seit dem Einfluß des Bauhauses.

Ausdruckswelten der Gestalt

Wie die gegenstandslose, so verliert auch die gegenständliche Kunst zwei ihrer bedeutendsten Vertreter, die ihren Stil um die Jahrhundertwende entwickelt haben – der eine mit dem Ziel einer Erneuerung der klassischen Gestaltungsweise, der andere als Wegbereiter des Expressionismus.

Der Maler und Grafiker Edvard Munch stirbt am 23. Januar in Oslo im Alter von 80 Jahren. Sein Holzschnitt Spinnengewebe gibt einer Grundaussage im Schaffen des Norwegers bildhafte Gestalt: der Mensch ist ein Gefangener im Netz seiner Triebe, die schicksalhaft die Beziehung zwischen den Geschlechtern bestimmen. 1892 war die polizeiliche Schließung seiner Berliner Einzelausstellung der Anlaß zur Bildung der Berliner Secession. 1933 gehörte Munch zu denen, die durch die Karlsruher Schandausstellung »Regierungskunst von 1918 bis 1933« gebrandmarkt wurden.

Unangefochten blieb das Schaffen des französischen Malers, Bildhauers und Illustrators Aristide Maillol. Seine vorwiegend allegorischen Skulpturen huldigen dem Elementaren in Gestalt der Frau. Maillol stirbt am 27. September 82jährig in seinem Geburtsort Banyuls-sur-Mer.

Mitte links: Aristide Maillol, Der Fluß; 1939 bis 1943.
Mitte rechts: Edvard Munch, Spinnengewebe; 1943.

Naturwissenschaft, Technik, Medizin

- Ein britisches Düsenflugzeug erreicht eine Geschwindigkeit von mehr als 800 km/h.
- Selman A. Waksman, ein amerikanischer Biochemiker russischer Herkunft, entdeckt das stark wirkende Antibiotikum Streptomycin.
- Die deutsche »V 1«, die erste rückstoßgetriebene Geschoßrakete der Welt, fliegt mit einer Geschwindigkeit von 650 km/h in einer Höhe von etwa 2000 m und kann 1000 kg Sprengstoff transportieren. Sie hat eine Reichweite von 250 km. In den ersten drei Wochen ihres Einsatzes gegen London im Sommer 1944 kommen bei den Einschlägen 2752 Menschen um, etwa 8000 werden verletzt. Die 30 m langen Abschußrampen stehen bei Calais am Ärmelkanal. Im Herbst 1944 ist die mit fünffacher Schallgeschwindigkeit fliegende »V 2« einsatzbereit.
- Alfred Blalock gelingt erstmals die Operation eines »Blauen Babys«, indem er eine künstliche Verbindung zwischen Lungenschlagader und einer großen Körperschlagader herstellt. Auf diese Weise wird bei bestimmten angeborenen Herzfehlern das ungenügend Sauerstoff enthaltende Blut den Lungen zugeführt. Die Blaulila-Färbung dieser Kinder geht auf den mangelhaften Sauerstoffgehalt ihres Blutes zurück.
- Carl Friedrich von Weizsäcker entwickelt die von Kant und Laplace vertretene Hypothese weiter, nach der unser Sonnensystem aus einer rotierenden Gaswolke entstanden ist. Zwischen den Wirbeln sammelt sich die Materie.

1944

Literatur

Neuerscheinungen
- Saul Bellow: *Dangling Man (Der baumelnde Mann)*. Bellow zeigt die Existenzprobleme von Menschen, die zu Opfern anonymer Mächte werden.
- Joyce Cary: *The Horse's Mouth (Des Pudels Kern)*. Die Probleme eines Malers, der durch widrige Umstände und eigene Schwächen ständig daran gehindert wird, das große Lebenswerk seiner Träume zu schaffen.
- Colette. *Gigi (Gigi)*. Die junge Gilberte, dazu ausersehen, die Kurtisane eines reichen Mannes zu werden, erreicht durch ihre Weigerung, daß sie er sie heiratet. Heiterer Gesellschaftsroman.
- Leslie P. Hartley: *The Shrimp and the Anemone (Das Goldregenhaus)*. Erster Teil der tragischen Trilogie über die schicksalhafte Verbindung des sensiblen Eustace Cherrington und seiner robusten älteren Schwester Hilda.
- Aldous Huxley: *Time Must Have a Stop (Zeit muß enden)*. Anhand des Schicksals des jungen Sebastian erläutert Huxley seine Vorstellung einer möglichen Lösung der Lebensprobleme: In mystischer Kontemplation.
- Anna Seghers: *Transit*. In Mexiko auf spanisch, in Boston auf englisch erschienen (1948 auf deutsch). Geschichte eines jungen, verfolgten Monteurs, der 1940 in die Rolle eines Verstorbenen schlüpft, um ein Transitvisum zu erhalten.
- William Somerset Maugham: *The Razor's Edge (Auf des Messers Schneide)*. Erzählung um einen Fliegeroffizier, der durch das Erlebnis des Todes zum Asketen und Mystiker wird.
- Elsa Triolet: *Le premier accroc coute deux cents francs (Der erste Riß kostet zweihundert Franken)*. Vier Texte über die französische Widerstandsbewegung.

Eine existentialistische Hölle

Im Vorjahr hat Jean-Paul Sartre L'être et le néant *veröffentlicht (deutsche Teilübersetzung* Das Sein und das Nichts. Versuch einer phänomenologischen Ontologie *1952, vollständige Ausgabe 1962). Das sowohl von christlicher als auch von marxistischer Seite scharf kritisierte Werk knüpft unter anderem an Martin Heideggers* Sein und Zeit *an, steht aber auch in der Tradition der französischen Moralisten. Im dritten Teil handelt Sartre von der Grenze, die das Freiheitsstreben des einzelnen Menschen in dem des anderen findet. Das Dasein des Mitmenschen erscheint als Bedrohung der Selbstverwirklichung.*

Diese existentialistische Auffassung von der Unfähigkeit zur Mitmenschlichkeit setzt Sartre in seinem Drama Huis clos (Bei geschlossenen Türen) *in Szene, das am 27. Mai im noch besetzten Paris zur Uraufführung kommt (deutsche Erstaufführung unter dem Titel* Geschlossene Gesellschaft *1949 in Hamburg). Der Ort der Handlung ist ein verschlossener Hotelsalon im »Jenseits«; die handelnden Personen sind zwei Frauen und ein Mann unmittelbar nach ihrem Tod: der auf der Flucht erschossene Garcin, die lesbische Ines und die Kindsmörderin Estelle. Der Versuch, Verständnis für die jeweilige Lebensgeschichte zu finden, entwickelt sich zur qualvollen wechselseitigen Demaskierung und mündet in die Einsicht: »Also dies ist die Hölle ... Ihr entsinnt euch: Schwefel, Scheiterhaufen, Bratroste ... Ach, ein Witz! Kein Rost erforderlich, die Hölle, das sind die andern.«*

Die Abbildung verweist auf den biblischen bzw. eschatologischen Hintergrund, vor dem Sartre seine Szenerie aufbaut, um zugleich diesen Bezugsrahmen aufzuheben: dem verschlossenen Höllenrachen entspricht der verschlossene Raum, in dem sich Sartres Protagonisten aufhalten und der sich als Erfahrungsbereich zwischenmenschlicher Beziehungen erweist.

Der verschlossene Höllenrachen, nach einer Miniatur des im 12. Jahrhundert entstandenen Psalters von Winchester.

Aus der Welt der Zuhälter

Die Literaturkritik ist schockiert, das Publikum pikiert und zugleich fasziniert. Jean-Paul Sartre ergreift offen Partei für den geschmähten Autor. Jean Genet, 1910 geboren, veröffentlicht den Roman *Notre-Dame-des-fleurs* (mit dem gleichen Titel 1960 in deutscher Sprache), den er 1942 im Gefängnis von Fresnes geschrieben hat, wo er wegen Zuhälterei und anderer Delikte einsitzt. Das Buch ist Genets erster Roman und spielt in dem Milieu, das der Dichter am besten aus eigener Anschauung kennt – unter Homosexuellen, Prostituierten und Zuhältern rund um den Montmartre.

Die Namen der Hauptfiguren zeigen deutlich eine religiöse Komponente, was wiederum in kirchlichen Kreisen zu erheblichen Protesten führt. Notre-Dame heißt ein Mörder und Rauschgifthändler, der während der Gerichtsverhandlung in einer Art von Apotheose als Gottesmutter erscheint. Der Strichjunge Louis Culafroy wird unter seinem Decknamen Divine (Die Göttliche) zu einer der erfolgreichsten männlichen Prostituierten am Montmartre.

Genets erster Roman umfaßt bereits fast alle Elemente, die typisch sind für seine späteren Werke: Die Struktur ist komplex und vielschichtig, das Geschehen spielt auf verschiedenen Zeit- und Handlungsebenen. Dem entspricht auch die Sprache, die durch ihre große Spannweite auffällt. Sie reicht vom obszönen Verbrecherjargon über mystisch-religiöse Formeln bis zu bildreichen Allegorien. Gerade diese Mischung können viele Genet-Kritiker dem Dichter nicht verzeihen und sehen darin eine Verkitschung und eine Sentimentalisierung des Verbrechertums. Auch die Homosexualität werde von Genet zu einer »Vorstufe des Heiligtums« hochstilisiert. Genet selbst sagt über seine Veranlagung, sie ermögliche ihm höchste Kreativität und eine Freiheit des Geistes, die anderen Autoren versagt sei.

Theater

Premieren
- Jean Anouilh: *Antigone*. Drama, das auf der Tragödie des Sophokles beruht. Anouilh gibt dem Stoff durch politische Anspielungen auf die Situation Frankreichs während der deutschen Besetzung zeithistorische Nähe. (Uraufgeführt am 4. Februar im Théâtre de l'Atelier, Paris; deutsche Erstaufführung 30. März 1946 in Darmstadt.)
- Albert Camus: *Le malentendu (Das Mißverständnis)*. Ein unerkannt Heimkehrender wird von seiner Mutter und Schwester aus Geldgier erschlagen. Aufbau des Dramas im Stil griechischer Tragödien. (Uraufführung im Juni, Théâtre des Mathurins, Paris; deutsche Erstaufführung am 5. November 1950 in Stuttgart.)
- Albert Camus: *Caligula*. Drama um den römischen Kaiser, für den Mord und Vergewaltigung Symbole seiner eigenen, falsch verstandenen Freiheit sind. (Uraufführung Ende 1944 in der Comédie in Genf durch Giorgio Strehler unter dem Pseudonym Georges Firmy; in Paris am 26. September 1945 im Théâtre Hebertot; deutsche Erstaufführung am 29. November 1947, Staatstheater Stuttgart.)

Ereignisse
- Die schweren Bombenangriffe bringen das Theaterleben in Deutschland zum Erliegen.

Gösser Antependium
**Verkündigungsszene
mit Einhorn**
um 1240

El Greco
Die Verkündigung
um 1605

Thomas Hart Benton
City Activities
(Ausschnitt)
aus dem Zyklus
America Today
1930/31

Die »Schwäche eines Dichters für Symbole«

Mit diesem Eingeständnis stellt sich in Tennessee Williams' Drama The Glass Menagerie Tom Wingfield dem Publikum vor. Er ist »der Ansager, der Erzähler des Stücks, zugleich aber auch eine der in ihm auftretenden Personen«. Das Stück ist ein »Spiel der Erinnerung«, nämlich Toms Erinnerung an den Ausbruch der Krise im Zusammenleben mit seiner von ihrem Mann verlassenen, der »Legende ihrer Jugend« nachtrauernden Mutter Amanda und seiner introvertierten, körperlich behinderten Schwester Laura.

Die von Tom erinnerten Ereignisse spielen in einer Atmosphäre, die Thomas Hart Benton Anfang der dreißiger Jahre in seinem Wandbildzyklus America Today dokumentiert hat. Der unten wiedergegebene Ausschnitt zeigt die Zufluchtsorte aus dem tristen Alltag, von denen Tom spricht: »aufputschende Swingmusik und geistige Getränke, Tanzhallen, Bars und Kinos«. Vor diesem Hintergrund hebt sich Laura als jungfräuliches Wesen ab, das aus der Sicht Amandas in der Gefahr schwebt, als »alte Jungfer« zu enden. Dieser Umwertung entspricht die Deutung der Ankündigung eines »Herrenbesuchs« als »Verkündigung« (projizierte Inschrift). Die psychologisierende Verwendung christlicher Symbole wird besonders deutlich am Einhorn aus Lauras Sammlung von Glasfiguren. Das Fabeltier, unter anderem Symbol der unbefleckten Empfängnis (vgl. die Verkündigungsszene mit Einhorn oben links), versinnbildlicht Lauras »Andersartigkeit«. Als es bei der Begegnung Lauras mit ihrem seit der Schulzeit in heimlicher Liebe verehrten »Herrenbesuch« Jim zerbricht, scheint Laura den Weg aus ihrer Isolierung gefunden zu haben. Christliches hat Williams auch im Sinn, wenn er von der Beleuchtung verlangt, »eine Beziehung zur religiösen Malerei herzustellen, etwa zu El Greco«.

Mit The Glass Menagerie (Uraufführung am 26. Dezember in Chicago) gelingt dem 30jährigen Dramatiker der Durchbruch. Die deutschsprachige Erstaufführung von Die Glasmenagerie erfolgt im November 1946 in Basel.

Rita Hayworth in
My Gal Sal, 1942
Plakat zur deutschen Fassung 1949

Bud Abbott und Lou Costello in
Lost in a Harem, 1944
Plakat zur deutschen Fassung 1951

Laurence Olivier
Henry V, 1944
Ausschnitt aus dem Plakat zur
deutschen Fassung 1950

Karrieren

*Zu einem Idol der vierziger Jahre wird
die amerikanische Filmschauspielerin
Rita Hayworth, verheiratet mit Orson
Welles, der ihren Mythos 1947 in The
Lady from Shanghai in Szene setzt.
Erste Triumphe feierte sie 1942 als »Königin vom Broadway«, dem Schauplatz der Bühnenereignisse, die auch in
den Kriegsjahren Monat für Monat
das New Yorker Publikum begeistern.
Am 18. April 1944 hat an der Metropolitan Opera das Ballett Fancy Free Premiere. Der Komponist ist der 25jährige
Leonard Bernstein, den der Erfolg zu
einer Musical-Version ermutigt. Sie
wird am 28. Dezember am Adelphi
Theatre unter dem Titel On the Town
uraufgeführt und 1949 verfilmt (deutsche Erstaufführung unter dem Titel
New York, New York; 1977). Bern-
steins Erstlingswerk als Komponist
der leichten Muse handelt von den vorwiegend amourösen Abenteuern dreier Matrosen der Kriegsmarine während der 24 Stunden ihres Landaufent-
halts.*

*Das Komikerpaar Stan Laurel und
Oliver Hardy, seit 1918 gemeinsam vor
der Kamera, erhält eine vergröberte
Nachahmung durch den kleinen, dik-
ken, geschäftigen Tölpel Bud Abbott
und den langen, dünnen, seinen Partner ausgiebig mit Ohrfeigen traktie-
renden Spießer Lou Costello. Zu den
besseren ihrer Gags gehört der folgende in Lost in a Harem (1944): Unter
Hypnose halten sie sich für Termiten
und verzehren das gesamte Mobiliar.
Mit einer Filmversion von William
Shakespeares Königsdrama Henry V
gibt der Bühnen- und Filmschauspieler Laurence Olivier sein Debüt als Regisseur. Die Stoffwahl ist nicht zuletzt
durch die Sonderstellung des Stückes
als nationales Heldenepos bestimmt.
Olivier beginnt mit einer Kamerafahrt
über das im Modell nachgebaute London zur Zeit Shakespeares, die auf
dem Hof einer Herberge endet. Hier beginnt soeben eine Aufführung des Dramas, deren Wiedergabe sich zu Film-
szenen (etwa der Schlacht bei Azin-
court) erweitert. Das Plakat zeigt Olivier in der Titelrolle mit Renee Asher-
son als Heinrichs Braut Katharina von
Frankreich.*

Die Schwarze Serie
im amerikanischen Film

Zwischen 1941 und 1949 erlebt der amerikanische Film eine künstlerische Blüte wie nur zuvor in den Depressionsjahren 1930 bis 1934. Eine Welle realistischer Filme voll sozialkritischer Elemente überschwemmt die Kinos. Drei Gruppen lassen sich unterscheiden: die sogenannte Schwarze Serie, die dokumentarischen Kriminalfilme und die sozialkritischen Filme ohne Thriller-Handlung.

Die Schwarze Serie bezeichnet die bislang radikalste Absage an den »american way of life« und den traditionellen Optimismus Hollywoods. Sie knüpft an die Gangsterfilme der dreißiger Jahre an. Erster Höhepunkt der Schwarzen Serie ist *The Maltese Falcon* (1941) von John Huston. Zu den wichtigsten Werken des Film Noir zählen drei 1944 entstandene Werke: Das erste ist Edward Dmytryks Verfilmung des Romans von Raymond Chandler *Murder my Sweet (Mord, meine Süße)*.

Dick Powell spielt Chandlers Detektiv Philip Marlowe, dessen schäbige Aufmachung mit zerknittertem Regenmantel und schief in die Stirn gerücktem Hut symptomatisch ist für die Darstellung des Detektivs in diesen Filmen. Philip Marlowe wird in undurchschaubare Verhältnisse verwickelt und von einer schönen Mörderin sogar zum Komplizen gemacht. Auch das ist typisch für den pessimistischen Unterton der Schwarzen Serie. Der Detektiv, im früheren Hollywood-Kino eine Art von Superman ohne Furcht und Tadel, wandelt nun gefährlich nah am Abgrund der Illegalität.

Der zweite wichtige Film dieses Genres ist Otto Premingers *Laura*. Dana Andrews, Vincent Price und Gene Tierney spielen in diesem Thriller mit, den ein Kritiker der »New York Times« zum »besten aller schicken Mörderfilme der vierziger Jahre« erklärt. Auf der Suche nach einer vermeintlichen Toten

lernt der Detektiv die seltsamen Bekannten der Verschwundenen kennen: einen weiblichen Gigolo, eine Nymphomanin reiferen Alters und einen zynischen Literaturkritiker.

Der in die USA emigrierte Billy Wilder dreht den dritten großen Film der Schwarzen Serie. *Double Indemnity (Frau ohne Gewissen)* basiert auf einem Roman von James M. Cain. Hier macht eine schöne Blondine, die ihren Mann wegen seiner hohen Lebensversicherung ermorden will, den Versicherungsagenten zu ihrem Liebhaber. Raymond Chandler, der Klassiker des amerikanischen Detektivromans, der den Kriminalfall nahezu wissenschaftlich betrachtet, schreibt das Drehbuch zu diesem Film, der sich durch schonungslosen Realismus und spannungsgeladene Bildkompositionen auszeichnet. Fred McMurray und Barbara Stanwyk spielen die Hauptrollen.

Der Realismus
im Kriminalroman

Raymond Chandler, seit dem Vorjahr in Hollywood für die Paramount als Drehbuchautor tätig, veröffentlicht den Essay The Simple Art of Murder *(Die simple Kunst des Mordes), in dem er die Opposition des realistischen Kriminal- bzw. Detektivromans gegen dessen Gestaltung als Denksportaufgabe verteidigt: »Hammett brachte den Mord zu der Sorte von Menschen zurück, die mit wirklichen Gründen morden, nicht nur, um dem Autor eine Leiche zu liefern, und mit realistischen Gegenständen, nicht mit handgearbeiteten Duellpistolen, Curare und tropischen Fischen. Er brachte diese Menschen aufs Papier wie sie waren, und er ließ sie in der Sprache reden und denken, für die ihnen ... der Schnabel gewachsen war.«*

Von Chandler sind seit 1933 Kriminalerzählungen erschienen. 1939 hat er mit 51 Jahren seinen ersten Roman veröffentlicht: The Big Sleep *(Der tiefe Schlaf, 1950). Hier wie in* Farewell, My Lovely *(1940),* The High Window *(1942),* The Lady in the Lake *(1943) sowie den späteren Romanen* The Little Sister *(1949),* The Long Good-by *(1953) und* Playback *(1958) steht der Privatdetektiv Philip Marlowe als Ich-Erzähler im Mittelpunkt der Handlung. »Er ist ein relativ armer Mann, sonst wäre er ja nicht Detektiv. Er ist ein einfacher Mann, sonst könnte er nicht mit einfachen Menschen umgehen. Er hat Sinn für Charakter, sonst verstünde er nichts von seinem Beruf.« Marlowe kämpft in einer Welt, in der »Gangster ganze Nationen regieren können« und in der »sich vielleicht der Bürgermeister Ihrer eigenen Heimatstadt längst mit dem Mord als einer regulären Methode, zu Geld zu kommen, abgefunden hat, in der kein Mensch mehr sicher durch eine dunkle Straße gehen kann, weil Recht ein Ding ist, das wir zwar dauernd im Munde führen, aber in der Praxis nicht einführen wollen ... Es riecht nicht eben angenehm in dieser Welt, aber es ist die Welt, in der Sie leben« (*The Simple Art of Murder*).*

Raymond Chandler

Film

Premieren

● Geza von Bolvary: *Schrammeln.* Buch: Ernst Marischka. Kamera: Günther Anders. Musik: Willy Schmidt-Gentner. Darsteller: Paul Hörbiger, Hans Holt, Hans Moser, Fritz Imhoff. Die Entstehungsgeschichte des Wiener Schrammel-Quartetts.

● René Clair: *It Happened Tomorrow (Es geschah morgen,* 1947). Buch: Dudley Nicholls, René Clair. Kamera: Archie Stout. Musik: Robert Stolz. Darsteller: Dick Powell. Ein Reporter trifft einen alten Mann, der dank eines sechsten Sinnes die Schlagzeilen zukünftiger Zeitungsausgaben kennt.

● Helmut Weiß: *Die Feuerzangenbowle.* Buch: Heinrich Spoerl. Kamera: Ewald Daub. Musik: Werner Bochmann. Heinz Rühmann spielt einen jungen Schriftsteller, der sich in die Rolle eines Primaners versetzt und mit tolldreisten Pennälerstreichen zum Schrecken der Lehrer wird.

● Veit Harlan: *Opfergang.* Buch: Veit Harlan, Alfred Braun. Kamera: Bruno Mondi. Darsteller: Kristina Söderbaum, Carl Raddatz. Eine Edelschnulze um einen Mann, der schließlich zu seiner Frau zurückfindet.

● Alfred Hitchcock: *Lifeboat (Das Rettungsboot).* Buch: John Steinbeck. Kamera: Glen MacWilliams. Musik: Hugo Friedhofer. Darsteller: Walter Slezak, Tallulah Bankead. Der Film zeigt das Drama, das sich zwischen den Überlebenden eines im Krieg durch ein U-Boot versenkten Passagierschiffes abspielt. Einziger Schauplatz ist das Rettungsboot.

● Georg Jacoby: *Die Frau meiner Träume.* Buch: Johann Vaszary. Kamera: Konstantin Irmen-Tsched. Musik: Franz Grothe. Darsteller: Marika Rökk, Grethe Weiser. Geschichte eines Revuestars, der trotz aller Widrigkeiten sein Liebesglück bei einem »einfachen« Mann findet.

● Helmut Käutner: *Große Freiheit Nr. 7.* Buch: Helmut Käutner. Kamera: Werner Krien. Musik:

Werner Eisbrenner. Lieder u. a.: *La Paloma, Beim erstenmal, da tut's noch weh.* Darsteller: Hans Albers, Ilse Werner. Geschichte einer Seemannsliebe, stimmungsvoll erzählt, mit einem Hauch von Melancholie, die nicht in das Erscheinungsbild paßt, das die parteigelenkte Filmindustrie vermitteln möchte. Goebbels verhindert die Aufführung des Films, der erst nach dem Krieg in die Kinos gelangt.

● Laurence Olivier: *Henry V (Heinrich V.).* Buch: Laurence Olivier nach dem Drama von William Shakespeare. Kamera: Robert Krasker. Musik: William Walton. Darsteller: Laurence Olivier, Leo Genn. Oliviers Regiedebüt gilt noch heute als eine der besten Kino-Adaptionen eines Shakespeare-Dramas.

● Fred Zinnemann: *The Seventh Cross (Das siebte Kreuz).* Buch: Helen Deutsch nach Anna Seghers Roman. Kamera: Karl Freund. Musik: Roy Webb. Darsteller: Spencer Tracy. Drama um sieben Flüchtlinge aus einem KZ.

1944

Der 20. Juli 1944

»Das Attentat auf Hitler muß erfolgen, koste es, was es wolle. Sollte es nicht gelingen, so muß trotzdem der Staatsstreich versucht werden. Denn es kommt nicht mehr auf den praktischen Zweck an, sondern darauf, daß die deutsche Widerstandsbewegung vor aller Welt und vor der Geschichte unter Einsatz ihres Lebens den entscheidenden Wurf gewagt hat. Alles andere ist daneben gleichgültig.« Mit diesen Worten begründet Henning von Treskow das Attentat auf Hitler am 20. Juli 1944. Neben christlichen, sozialdemokratischen und kommunistischen Widerstandsgruppen hatte sich seit 1939 auch unter Heeresoffizieren eine Widerstandsbewegung gegen Hitler zu formieren begonnen. Viele frühere Widerstandspläne sind gescheitert. Im Sommer 1944 erscheint die allgemeine Lage günstig: Die alliierten Truppen sind in der Normandie gelandet, die sogenannte zweite Front ist eröffnet, und den sowjetischen Truppen ist ein Einbruch im Mittelabschnitt der Ostfront gelungen.

Claus Graf Schenk von Stauffenberg, Stabschef beim Befehlshaber des Ersatzheeres, hat direkten Zugang zu Hitler. Er deponiert am 20. Juli in Hitlers Hauptquartier »Wolfsschanze« bei Rastenburg in Ostpreußen eine Aktentasche mit einer Bombe. Nach dem gelungenen Attentat soll der Widerstandsplan »Walküre« in Berlin und Paris anlaufen, mit den Alliierten sollen unmittelbar Friedensverhandlungen aufgenommen werden.

Das Attentat scheitert, Hitler wird nur leicht verletzt. Die politischen Motive der Widerstandsgruppe vom 20. Juli sind unterschiedlich, sie reichen von monarchistischen, konservativen, christlichen bis zu liberalen Vorstellungen über die Neuordnung Deutschlands. Nach dem gescheiterten Umsturzversuch setzt eine Welle der grausamen Verfolgungen der Beteiligten ein. Etwa 170 werden hingerichtet, an die 1000 verhaftet.

Hitler und Mussolini besichtigen den durch das Bombenattentat vom 20. Juli zerstörten Konferenzraum des Hauptquartiers »Wolfsschanze«.

Ende einer Kulturmetropole

Die Geschichte erinnert an ein Räuberdrama. Da werden Tausende von Kunstschätzen in aller Eile zusammengerafft und in ein altes Salzbergwerk geschafft, damit sie nicht dem vorrückenden Feind in die Hände fallen.

Man schreibt den August 1944. Die Alliierten haben eben mit der Invasion Frankreichs begonnen, das Ende des Krieges rückt näher. Die Kunstwerke, die bei Nacht und Nebel in das Salzbergwerk bei Alt-Aussee transportiert werden, stammen aus den Museen und Galerien jener Länder, die von den deutschen Truppen erobert wurden. Vor allem unschätzbare Kunstwerke aus Frankreich sind darunter, aber auch Gemälde aus italienischen Beständen, aus niederländischen Museen und aus Museen des Ostens.

Mit diesen Kunstwerken, deren Zahl auf mindestens 15 000 geschätzt wird – ein großer Teil ist bis heute verschollen, obgleich die Alliierten beim Kriegsende 1945 im Salzbergwerk 10 000 Gemälde entdeckten –, will Hitler jene Stadt schmücken, die zu seinen Lieblingsstädten gehört: Linz in Österreich. Warum aber ist ausgerechnet Linz bis 1944 Bestimmungsort für diese Flut von Kunstschätzen, die aus ganz Europa zusammengestohlen oder zu Schleuderpreisen erworben werden? Schon in seinem Buch *Mein Kampf* (1925/26) attackierte Hitler die Stadt Wien heftig. Später ließ er die Donaumetropole noch nicht einmal in den großen Kreis der »restaurations- und umbauwürdigen« Städte aufnehmen. Statt dessen erteilte er am 26. Juni 1939 den

»Sonderauftrag Linz«, durch den die bis dahin fast unscheinbare Donaustadt zur Hauptstadt der Künste in einem von den Nationalsozialisten erträumten kontinentalen Reich deutscher Nation werden sollte. Bereits 1940 lag ein erstes Verzeichnis von 324 kostbaren Werken aus dem In- und Ausland vor, die für Linz bestimmt waren. Im März 1941 beliefen sich die Ausgaben für die Linzer Galerie auf 8,5 Millionen Reichsmark.

Bis 1944 sind weitere 10 000 Kunstwerke hinzugekommen. Alle Anschaffungen für Linz werden zunächst in den Luftschutzräumen unter dem Münchner »Führerbau« deponiert. Auch im Schloß Neuschwanstein stapeln sich die Gemälde für die Linzer Zukunftsmuseen. In Erwartung der großen Kriegsgewinne und der sich damit eröffnenden finanziellen Möglichkeiten beginnt eine hektische Planung. In Linz werden riesige Areale eingeebnet, damit hier später, nach dem Krieg, gewaltige neue Bauten errichtet werden können. Die emsige Bau- und Abrißtätigkeit verschafft Linz den Spitznamen »Hauptstadt der Bodenbewegung«. Unter anderem sollen hier ein großes europäisches Kulturzentrum im »griechisch-germanischen« Stil und eine Gauhalle für 35 000 Besucher entstehen. Schon machen sich die Architekten an die Arbeit.

Die Pläne können durch die dramatische Verschlechterung der militärischen Lage noch nicht einmal im Ansatz verwirklicht werden. 1944 enden Hitlers Linzer Träume. Die Gemälde werden nicht in die Stadt an der Donau, in Hitlers »zweites Budapest«, gebracht, sondern in das Salzbergwerk von Alt-Aussee.

Musik

Premieren

● Béla Bartók: *Konzert für Orchester.* Uraufführung des 1943 im amerikanischen Exil entstandenen Werks am 1. Dezember in Boston unter Leitung von Serge Kussewitzky.

● Aaron Copland: *Appalachian Spring.* Ballett für 13 Instrumente. Uraufführung in Washington. Choreographie: Martha Graham. Copland verarbeitet Einflüsse des Jazz und der Zwölftontechnik.

● Gottfried von Einem: *Prinzessin Turandot.* Ballett. Libretto: Luigi Malipiero. (Uraufführung am 5. Februar, Dresden.)

● Paul Hindemith: *Hérodiade.* Orchesterrezitation nach Stéphane Mallarmé. Uraufführung in Washington.

● Leo Justinus Kauffmann: *Das Perlenhemd* (Kammeroper). Uraufführung in Wien. Der elsässische Komponist stirbt im September bei einem Luftangriff auf Straßburg.

● Walter Kraft: *Christus.* Oratorium für drei Chöre a cappella.

● Darius Milhaud: *Zweite Symphonie.*

● Richard Strauss: *Die Liebe der Danae,* heitere Mythologie in drei Akten. (Generalprobe in Salzburg am 16. August, wird dort aber erst 1952 uraufgeführt.)

● Igor Strawinski: *Scènes de ballet.* Uraufführung der Ballettszenen in gekürzter Fassung in New York.

Alfred Manessier
Hahnenkampf
1944

Auguste Herbin
Air–feu (Luft–Feuer)
1944

Farbe und Form am Vorabend der Informellen Kunst

Die beiden im selben Jahr entstandenen Gemälde zweier französischer Maler mit (vom wenigen Grün bei Manessier abgesehen) nahezu denselben Farben unterscheiden sich offenkundig in ihrer Bildwirkung, und zwar aufgrund der jeweiligen Verwendung des Gestaltungsmittels der Formen. Sie sind bei Alfred Manessier »abstrakt« bzw. »abstrahierend« im Sinne einer Lockerung der Verbindung zwischen gegenständlichem Vorbild (zwei kämpfende Hähne) und Bildgegenstand (Gefüge aus vorwiegend gekrümmten, spitz zulaufenden Formen), bei Auguste Herbin »konkret« im Sinne der eigenständigen, nicht von Naturformen abgeleiteten bzw. auf diese verweisenden Realität geometrischer Formen.

Beide Auffassungen der Form bestehen seit Jahrzehnten nebeneinander und bilden ein jeweiliges Angebot an den Betrachter, die Gestaltungsabsicht des Malers nachzuvollziehen. Manessiers Hahnenkampf enthält die Möglichkeit, den durch Farben und Formen neu zur Darstellung gebrachten Vorgang als etwas Gegenständliches wiederzuerkennen und zugleich sinnbildlich zu deuten. So können die Hähne beispielsweise als der im Bruderkampf um die Befreiung Frankreichs in eine lichte und eine dunkle Gestalt aufgespaltene gallische Hahn verstanden werden. Es kann aber auch ein Kampf »an sich« gemeint sein. Eine solche Verallgemeinerung ergibt eine Annäherung an Deutungsmöglichkeiten von Herbins Gemälde, etwa über die Metapher vom Feuer des Kampfes.

Herbin gehörte 1931 zu den Gründungsmitgliedern der Interessengemeinschaft »Abstraction-Création« (Abstrakt-Schöpfung). Ihr Ziel der Durchsetzung der Konkreten Kunst greifen 1946 der in Paris eingerichtete »Salon des Réalités Nouvelles« und 1948 der in Mailand gebildete Künstlerkreis »Movimento arte concreta« (MAC) auf. Dennoch tritt die Konkrete Kunst in der zweiten Hälfte der vierziger Jahre hinter der als das erregend Neue und Zeitgemäße empfundenen Informellen Kunst in den Hintergrund.

442

1945

Bildende Kunst

Werke
- Max Beckmann: *Selbstbildnis vor der Staffelei* und *Messingstadt.* Expressionistische Gemälde. *Blinde Kuh.* Triptychon.
- Salvador Dalí: *Apotheose Homers.*
- Jean Dubuffet: *Die Kuh mit der feinen Nase.*
- Erich Heckel: *Teichrosenblüte.* Aquarell im expressionistischen Stil.
- Karl Hofer: *Alarm.*
- Fernand Léger: *Die große Julie.*
- Jacques Lipchitz: *Mutter und Kind II.* Plastik, in Arbeit seit 1941.
- Robert Motherwell: *La résistance.*
- Otto Nagel: *Berliner Ruinenstraße.* Der mit Arbeiterporträts und Berliner Stadtansichten hervorgetretene Maler dokumentiert die Zerstörung seiner Heimatstadt.
- Pablo Picasso: *Ile de la Cité.*
- Wols (Wolfgang Schulze): *Komposition.*

Ausstellungen
- Überlingen: Ab 20. Oktober wird in der Stadt am Bodensee eine der ersten Nachkriegsausstellungen mit Werken noch lebender deutscher Künstler der inneren und äußeren Emigration gezeigt.

Ereignisse
- Berlin: Karl Hofer wird Direktor der Akademie der Bildenden Künste.
- Paris: In der Galerie Drouin werden um die Jahreswende 1945/46 erstmals Bilder informeller Kunst gezeigt. Sie stammen von Jean Dubuffet und Jean Fautrier.
- Der niederländische Maler und Kunstfälscher Han van Meegeren, der jahrelang erfolgreich Gemälde Jan Vermeers gefälscht hat, erhebt Selbstanklage.

Architektur 1945 – Neubeginn in Ruinen

Der Zweite Weltkrieg hat seine Spuren in fast ganz Europa tief eingegraben: Über eintausend Städte und etwa 24 Millionen Wohnhäuser liegen in Trümmern. In Westdeutschland sind von 10,5 Millionen Wohnungen 2,3 Millionen irreparable Ruinen. Noch 1948 wird die Bedarfszahl an Wohnungen auf 6,5 Millionen geschätzt. Durch die Flüchtlinge aus den Ostgebieten hat sich die Wohnungsnot noch verstärkt. Keiner der großen Architekten, die den Krieg überlebt haben, zeigt Neigung, Deutschland im alten Stil wieder aufzubauen. Otto Bartning, der sich in den zwanziger Jahren durch die expressionistische Neudeutung des gotischen Raumes in seinem Modell einer Sternkirche für Essen einen Namen gemacht hat, interpretiert die Stimmung der Monate unmittelbar nach dem Krieg, als er sagt: »Wiederaufbau: Technisch, geldlich nicht möglich … was sage ich? – seelisch unmöglich!«

Es heißt also nicht nur in jenen Nachkriegstagen, ein Wohnungsdefizit ungeahnten Ausmaßes auszugleichen, sondern sich vor allem auch von einer Weltanschauung zu distanzieren. Diesen Neubeginn will man auch beim Städtebau und der Architektur demonstrieren – ein Unterfangen, das in den kommenden Jahren scheitern wird.

Die Architekten der allerersten Aufbauphase sind in der Regel Vertreter einer traditionellen, ortsgebundenen Baukunst, deren formale Einfachheit und handwerkliche Genauigkeit für die Epoche gerade recht erscheint. Wer meint, daß sofort nach Kriegsende eine junge, durch die Vergangenheit unbelastete Generation die Weichen im Bauwesen stellen könnte, irrt. Die meisten prominenten Architekten, die für das nationalsozialistische Regime gebaut haben, können nach dem Krieg wieder in Deutschland arbeiten, so zum Beispiel Paul Schmitthenner, Vorkämpfer einer bodenständigen Bauweise, der einst gegen den »Baubolschewismus« der Avantgarde-Architekten wetterte. Paul Bonatz, der Erbauer einiger der schönsten Autobahnbrücken, übernimmt allerdings schon 1946 eine Professur an der Technischen Universität in Istanbul.

Elektronen fahren Karussell

In den USA wird ein »Betatron«, eine sogenannte Elektronenschleuder, für 100 Millionen Volt konstruiert. Es handelt sich um eine Anlage zur Beschleunigung von geladenen Elementarteilchen auf hohe Energien, mit deren Hilfe man Einsichten in den Aufbau der Materie gewinnen kann. Beim Zusammenprall der hochbeschleunigten Teilchen mit einem »Target« (einem materiellen Ziel) entstehen aufschlußreiche Kernreaktionen. Elementarteilchen-Beschleuniger wie das Betatron werden zu wichtigen Forschungsmitteln in der Kernphysik. Es existieren mittlerweile mehrere Typen. Beispiele sind der Linearbeschleuniger, in dem die Teilchen in einer geradlinigen Vakuumröhre elektrische Felder durchlaufen, und Zirkularbeschleuniger, in denen sie kreisförmig durch ein starkes Magnetfeld geführt werden. Je nach Bauart und Leistung unterscheidet man Zyklotrone, Synchrozyklotrone, Synchrotrone und Betatrone. Das Betatron gehört zu den ringförmigen Typen. In ihm werden Elektronen an einer Glühkathode erzeugt und durch ein magnetisches Führungsfeld auf einer ringförmigen Bahn bewegt. Nach Erreichen der Endgeschwindigkeit können sie auf ein Target gelenkt werden, um dort Kernreaktionen auszulösen.

Naturwissenschaft, Technik, Medizin

- In Griechenland wird erfolgreich das DDT zur Bekämpfung der Malariamücke Anopheles eingesetzt.
- Das Langstreckenflugzeug Ju 390 mit sechs 1800-PS-Motoren und 18 000 km Reichweite wird von der nationalsozialistischen Führung als Fluchtmittel im Fall der militärischen Niederlage erwogen.
- Nordkanada und Alaska werden erschlossen. Um die Mitte der vierziger Jahre wohnen im nördlichen Drittel Kanadas nur 14 000 Menschen.
- Am 16. Juli wird auf einem Versuchsgelände bei Los Alamos in New Mexico die erste Atombombe zur Explosion gebracht. US-Präsident Truman entschließt sich zum Einsatz der Waffe, und wenige Wochen später, am 6. und 9. August, fallen die beiden Bomben auf Hiroshima und Nagasaki. 300 000 Tote, 50 000 Schwerverletzte.

Der »Vater der Geometrie«, surrealistisch betrachtet

In seinen Biographischen Notizen äußert sich Max Ernst über das Jahr 1945 lakonisch: »Am Tag des Zusammenbruchs des Dritten Reiches (8. Mai) Eröffnung einer Ausstellung bei Julien Levy. Kein Zulauf, kein Verkauf.« Erwähnt wird ferner die Fertigstellung von drei Bildern, darunter Euklid.

Das Gemälde hat einen Vorläufer aus dem Jahr 1942 mit dem Titel Junger Mann beunruhigt durch den Flug einer nichteuklidischen Fliege. Hier hat Ernst erstmals die vor allem von Jackson Pollock übernommene Tropftechnik (dripping) angewandt, und zwar zur Darstellung des ein maskenartiges Haupt umkreisenden Insektenflugs: die Farbe tropft aus einem pendelnden Behälter, dessen Bewegungen der Künstler steuert.

Mit Euklid gestaltet Ernst ein »Porträt« des um 300 v. Chr. lebenden Mathematikers, dessen Erkenntnisse 2000 Jahre hindurch grundlegende Bedeutung vor allem in der Geometrie besaßen. Intendiert er damit eine Auseinandersetzung mit dem »unaufhaltsamen« Fortschritt der Wissenschaft? Innerhalb der Entwicklung seines eigenen Schaffens bedeutet Euklid die Abkehr von der Abklatsch- und Durchschreibetechnik, die im unteren Bildteil noch angedeutet ist, und die Hinwendung zu geo- und stereometrischen Formen. Entsprechendes findet sich in den Skulpturen dieser Zeit (Der König spielt mit seiner Königin, 1944).

Dennoch wird Ernst nicht zum »geometrischen, konkreten« Künstler. Vielmehr knüpft der Pyramidenkopf seines Euklid an die Darstellungsweise des surrealistischen Ahnherrn Giuseppe Arcimboldo an, der seine Jahreszeiten-Bildnisse aus Blüten und Früchten zusammengefügt hat. Ernst bedient sich dieser allegorischen »Materialkunst« zur Gestaltung eines auf den ersten Blick grotesken, gleichwohl rätselhaften Wissenschafts-Bildes, wobei der Griff zum Fisch als Sinnbild des Versuchs zu verstehen ist, die Sphäre des Unbewußten zu »erfassen«.

Gegenüberliegende Seite:
Max Ernst, Euklid; 1945.

1945

Theater

Premieren

● Federico García Lorca: *La Casa de Bernarda Alba (Bernarda Albas Haus)*. Entstehungsjahr dieser »Frauentragödie in spanischen Dörfern« ist 1936. Doch erst am 8. März 1945 wird das Drama, in dem nur Frauen auftreten, in Buenos Aires im Teatro Avenida uraufgeführt. (Deutschsprachige Erstaufführung 22. November 1947 in Basel, deutsche Erstaufführung am 1. März 1950 in Essen.)

● Jean Giraudoux: *La tolle de Chaillot (Die Irre von Chaillot)*. Die »Irre«, eine skurrile Alte mit Herz und Verstand, kämpft für Lebensfreude und Poesie gegen die kalte Welt der von Profit- und Machtgier beherrschten Geschäftsleute. (Uraufführung unter Louis Jouvet am 19. Dezember am Théatre de l'Athénée, Paris. Deutschsprachige Erstaufführung 13. Juni 1946 in Zürich, deutsche Erstaufführung 27. Juli 1948, Kammerspiele München.)

● Thomas Stearns Eliot: *Der Familientag (The Family Reunion)*. (Deutschsprachige Erstaufführung am 21. Juni in Zürich; Uraufführung 1939 in London; deutsche Erstaufführung am 10. Februar 1950 in Düsseldorf.) Geschichte eines Mannes, der einen Mord zu sühnen versucht.

● Thornton Wilder: *Unsere kleine Stadt (Our Town)*. (Uraufgeführt am 22. Januar 1938 in Princeton, New Jersey. Deutschsprachige Erstaufführung am 9. März 1939 im Zürcher Schauspielhaus.) Deutsche Erstaufführung des Stückes, das auf Requisiten verzichtet, im August 1945 im Deutschen Theater Berlin. Anhand der »Forderungen, Hoffnungen und Verzweiflungen« der Bewohner einer amerikanischen Kleinstadt fragt Wilder nach dem Sinn des Lebens.

Interessensphären

Vom 4. bis 11. Februar treffen sich die Großen Drei, Winston Churchill, Franklin D. Roosevelt und Iossif W. Stalin, in Jalta auf der Krim, um über die Nachkriegsordnung zu beraten. Detaillierte Festlegungen werden getroffen, als friedensstiftender Staatenbund wird die Gründung der UNO abgesprochen. Das entscheidende Ergebnis der Konferenz von Jalta ist die Festlegung der gegenseitigen Einflußsphären in Europa.

Nach dem Ende des Zweiten Weltkriegs treten die Siegermächte vom 17. Juli bis zum 2. August in Potsdam zusammen. Präsident Roosevelt ist gestorben, an seine Stelle Harry S. Truman getreten. Die Vereinbarungen von Potsdam haben zum Ziel, alle Maßnahmen zu treffen, »damit Deutschland niemals mehr seine Nachbarn oder die Erhaltung des Friedens bedrohen« kann. So einig die Vertreter der ehemaligen Antihitlerkoalition sich nach außen geben, das alte Bündnis beginnt zu bröckeln. Erster Anlaß dafür ist die Festlegung der deutschen Reparationsleistungen.

Mitte links: Churchill, Roosevelt und Stalin auf Jalta, 1945.
Mitte rechts: Churchill, Truman und Stalin in Potsdam, 1945.

Wiedergeburt des Theaters

Knapp drei Wochen nach der Kapitulation regt sich wieder neues Theaterleben. In Berlin heißt es am 27. Mai im Renaissancetheater »Vorhang auf«. Gezeigt wird der Schwank *Der Raub der Sabinerinnen* von Franz und Paul von Schönthan. In Berlin gibt es in den Monaten von Juni bis Dezember 121 Premieren. Vor allem Schwänke, Operetten, Lustspiele und Klassiker kommen zur Aufführung. In den westdeutschen Besatzungszonen dauert es länger, bis die Theater wieder öffnen. In Bochum hat kurz vor Weihnachten Grillparzers *Weh dem, der lügt* Premiere. In Hamburg, Hannover und Mannheim beginnt die neue Saison mit Hugo von Hofmannsthals *Jedermann*.

Die Regisseure, Schauspieler und Bühnenbildner dieser Zeit des Neubeginns sind dieselben, die auch während des Dritten Reiches Theater gemacht haben. Nur die Theaterleiter können meist aufgrund von Maßnahmen der Alliierten zunächst nicht zurück an die Bühnen. In Berlin zeigen sich rasch große Veränderungen. Gründgens, der das Staatstheater geleitet hat, wird zwar 1946 rehabilitiert, verläßt aber 1947 Berlin, Eugen Klöpfer von der Volksbühne erhält als aktiver Nazi Arbeitsverbot, und Heinrich George, der das Schillertheater leitete, wird verhaftet und stirbt im Gefängnis. Heinz Hilpert, der das Deutsche Theater verwaltete, bleibt zunächst in Zürich und geht 1947 nach Frankfurt.

Orwells bitterböses Märchen

In England erscheint George Orwells *Animal Farm (Die Republik der Tiere*, 1951; auch *Die Farm der Tiere)* und entwickelt sich zu einem Bestseller. *Animal Farm* ist eine satirische Fabel. Unter der Führung der Schweine revoltieren die Tiere von Manor Farm gegen den Bauern Jones, vertreiben ihn und begründen eine »animalische« Farm als Gegenstück zur kapitalistischen, autoritären Gesellschaft der Menschen. Doch rasch wird aus dem vermeintlich besseren System ein weitaus schlimmeres. Als neue herrschende Klasse nehmen die Schweine mehr und mehr menschliche Züge an. (»Alle Tiere sind gleich, aber einige Tiere sind gleicher als andere.«) Die Masse der Tiere sind Schafe, die jede Propagandaformel widerspruchslos nachplärren. Schließlich kommt es zu einer Konferenz von Schwein und Mensch, wobei sich herausstellt, daß sie nicht mehr voneinander zu unterscheiden sind.

Orwell wendet sich mit seiner Satire, die er selbst ironisch ein »fairy tale« (Märchen) nennt, gegen die kommunistische Revolution und die Mißstände in der Sowjetunion. Doch gleichzeitig ist sein Werk eine Abrechnung mit allen autoritären Gewaltsystemen, so auch dem Nazi-Regime in Deutschland. Orwell drückt in diesem Buch auch seine im Laufe der Jahre immer stärker gewordenen Zweifel an der Möglichkeit der Verbesserung menschlicher Gesellschaftsformen aus.

Apolinari Michailowitsch Wasnezow
Zar Iwan IV.
1897

Iwan der Schreckliche

Iwan IV. Wassiljewitsch, der Moskauer Großfürst des 16. Jahrhunderts, der sich zum erstenmal »Zar« nannte, ist als eine wahre Gruselgestalt der russischen Geschichte überliefert. Größenwahnsinnig, macht- und mordlüstern, eine Bestie in Menschengestalt – so wird er von den Malern und Schriftstellern des 19. Jahrhunderts in der Regel dargestellt. Auf dem Bild A. M. Wasnezows, kurz vor der Jahrhundertwende gemalt, erscheint Iwan jedoch nicht als »der Schreckliche«, eher als ein strenger Herrscher, der im höfischen Prunk erstarrt ist, lebendig nur in dem zwischen Leiden und finsterem Brüten schwankenden Gesichtsausdruck.

Sergej Eisenstein, der berühmte russische Regisseur des Panzerkreuzer Potemkin, knüpft in seinem letzten, unvollendet gebliebenen Filmepos Iwan der Schreckliche an diese differenzierende Interpretation an. Der Herrscher wird als kühner Reformer gezeigt, der für die nationale und staatliche Einheit Rußlands eintritt und sich dadurch die mittelalterliche Feudalaristokratie zum Feind macht. Verrat und Intrigen seiner Gegner und Freunde lassen ihn zu einem einsamen Menschen werden, dessen spontane Reaktionen erschrecken, und der bisweilen zu ungezügelten Ausbrüchen neigt.

Der als Trilogie geplante Film stößt auf Widerstand im Zentralkomitee der KPdSU, und im Ausland frohlocken viele, daß Eisenstein in Iwan dem Schrecklichen Stalin porträtiert habe. Nach einem Gespräch zwischen Eisenstein und dem sowjetischen Führer setzt sich Stalin jedoch dafür ein, daß der Film zu Ende gedreht wird. Der erste Teil ist 1944 fertiggestellt worden, der folgende, der neben Schwarzweißszenen auch eine in Farbe gedrehte Passage enthält, wird 1946 vollendet. Die differenzierte Darstellung des Zaren stößt auf Kritik, und der Film wird erst 1958 in der UdSSR gezeigt. Eisenstein stirbt 1948. Das unvollendet gebliebene Werk des großen Regisseurs wird nicht nur durch seine monumentale und expressive Bildgestaltung zu einem Klassiker, sondern auch, weil es eine menschliche Tragödie psychologisch vollendet darstellt.

Plakat
**Der bestialische Faschismus
ist besiegt!**
Italien 1945

Plakat
**Frontstadt Frankfurt
wird gehalten!**
Deutschland 1945

Werner Heldt
**Fensterausblick
mit totem Vogel**
1945

Die Stunde Null

Die Welt liegt in Trümmern, steht in Flammen, aber Frankfurt soll gehalten werden. Es ist das letzte Aufgebot. Auffällig an dem Plakat oben rechts ist, daß Mann, Frau und Kind die Stadt nicht mehr mit der Waffe verteidigen; Gasmaske, Spitzhacke und Hammer zeugen von den Zerstörungen. Selbst aus der Sicht der Propaganda ist jeder Optimismus aus den Gesichtern der Menschen gewichen; warum noch durchgehalten werden soll und wofür, ist nicht mehr ersichtlich.

Nach der Befreiung Italiens: Der bestialische Faschismus ist besiegt. Das befrackte Untier ist zu Boden gezwungen, der Mensch kann wieder leben. Aber was er gerettet hat, ist nichts weiter als das nackte Leben.

Das Bild Fensterausblick mit totem Vogel malt Werner Heldt, in englischer Kriegsgefangenschaft, vor der Rückkehr in seine Heimatstadt Berlin im Jahr 1946. Die bedrückende Nachkriegssituation wird hier sinnbildlich festgehalten. Das einzige Lebewesen ist ein toter Vogel. Der Blick fällt auf die Häuser einer kaum zerstörten und doch eigentümlich leblosen Stadt mit Feuermauern und dunklen Fensterlöchern. In den Häusern gibt es kein Leben mehr, alles ist wie ausgestorben. Die gegenüberliegende kahle Hauswand ist rissig, der Baum hat alle Blätter verloren. Es ist ein Bild der Stunde Null, Hoffnungen auf eine neue Zukunft läßt die brüchige Realität nicht zu. Werner Heldt, bekannt als Maler von Berliner Stadtlandschaften, wurde wegen seiner früheren Bilder gerne als »Berliner Utrillo« bezeichnet. Durch das Erlebnis des Krieges und die Gedanken an die zerstörte Heimatstadt ist sein unbefangenes Verhältnis zum Thema seiner Malerei zerstört, die Stadt ist eine gespenstische Kulisse geworden.

In einem Brief drückt der heimgekehrte Maler seinen Pessimismus mit folgenden Worten aus: »Wer, Individuum oder Volk, einmal gescheitert ist vor einer Aufgabe, deren tapfere und ehrenhafte Lösung seine Bestimmung von ihm forderte, der ist in großer Gefahr, bei der nächsten Gelegenheit wieder zu versagen.«

Die Kinder des Olymp

Drei Jahre dauern die Dreharbeiten zu *Les enfants du paradis (Kinder des Olymp)*. 1945 ist es endlich soweit. Der zweiteilige Film mit einer Gesamtspieldauer von über drei Stunden hat Premiere. Marcel Carné führt die Regie. Buch: Jacques Prévert. Kamera: Roger Hubert. Musik: Maurice Thiriet, Joseph Kosma. Darsteller: Arletty, Jean-Louis Barrault, Pierre Brasseur.

Die Kritiker nennen den Film ein »Jahrhundertwerk«, eine »filmische Hymne«. Noch heute zählt *Kinder des Olymp* zu den Klassikern des französischen Kinos und wird immer wieder in Programmkinos gespielt.

Die Personen des Films sind Schauspieler und Pantomimen, deren Existenz sich mit ihrem Bühnendasein vermischt. Kunst und Leben werden zur Einheit. Die erste Einstellung zeigt einen Vorhang, der langsam in die Höhe schwebt und den Blick auf eine imaginäre Bühne freigibt. Im Mittelpunkt der Handlung steht die Liebe des berühmten Pantomimen Baptiste Debureau zu der geheimnisvollen Garance, zu deren Liebhabern ein Gauner, ein Schauspieler und ein Aristokrat gehören. Die Hauptrollen basieren auf historischen Personen.

Der Film gewinnt vor allem durch die ästhetische Perfektion seiner Machart an Intensität und ist ein Werk von großer emotionaler Ausstrahlung. Die eingeschobenen Pantomimen, die Jean-Louis Barrault in der Rolle des Baptiste als Meister der expressiven Geste und der Körperbeherrschung zeigen, resümieren in sich die Fabel des Films und transponieren sie auf eine poetische Ebene.

Alle Details des Streifens, der unter schwierigen Bedingungen während der deutschen Besetzung Frankreichs gedreht wurde, zeugen von erlesenem Geschmack – angefangen bei den Dekors und Kostümen aus dem 19. Jahrhundert bis hin zur Musik. Auch wenn spätere Kritiker dem Film manchmal vorwerfen, er passe eigentlich seiner literarischen Konzeption nach weniger in das 20. als in das 19. Jahrhundert, dessen Theatergesellschaft er beschwört, so ist er doch von Zeitlosigkeit geprägt.

Poetischer Realismus im Film

Zu den Bildern, durch die sich nicht nur ein einzelner Film, sondern eine ganze Richtung der Filmkunst unauslöschlich einprägen, gehört die Anfangsszene von Les enfants du paradis: *Über der wogenden Menschenmenge des Boulevard du Crime sitzt wie ein trauriges Denkmal der weiß gekleidete und weiß geschminkte Pierrot, völlig bewegungslos, die lustige Person als tödlich erstarrte Maske.*

Der 1943 begonnene Film wird im März 1945 in Paris uraufgeführt. François Truffaut urteilt später: »Im Gegensatz zum »Autorenfilm«, für den ich eine Vorliebe habe, weil er den Ausdruck einer einzigen Persönlichkeit darstellt, ist Kinder des Olymp vielleicht der beste »Film einer Equipe« des französischen Filmschaffens ... Es ist ein Film, der nicht altert, oder, was auf dasselbe hinausläuft, der sehr schön altert.« Die Equipe besteht aus Jacques Prévert als Drehbuchautor, Marcel Carné als Regisseur und der Crème der modernen französischen Schaupieler. Verglichen mit den gleichzeitigen Werken des italienischen Neoverismo, dem harten Realismus Luchino Viscontis oder Roberto Rossellinis, ist Les enfants du paradis ein romantisches Epos: Die verwickelte Liebesgeschichte spielt im 19. Jahrhundert; an Theatereffekten wird nicht gespart; Bösewichter und edle Personen begegnen sich wie eh und je im Melodram. Aber es ist ja auch die Welt des Theaterboulevards, die dargestellt wird und sich in der Ballade vom Pantomimen Baptiste Debureau und vom Schauspieler Frédéric Lemaitre verkörpert. Daß die Premiere des Films in die erste Zeit nach der Befreiung vom Faschismus fällt, ist ein glückhaft-symbolischer Zufall: Paris, die »Hauptstadt des 19. Jahrhunderts« (Walter Benjamin), nimmt wieder von sich Besitz.

Les enfants du paradis, 1945 (Die Kinder des Olymp, 1947).
Oben links: Jean-Louis Barrault als Baptiste Debureau in seiner Pantomime »Der Kleiderhändler«;
Oben rechts: Marcel Herrand als Verbrecher Lacenaire und Louis Salou als Compte de Montray.

Film

Premieren

● Veit Harlan: *Kolberg*. Buch: Veit Harlan, Alfred Braun. Kamera: Bruno Mondi. Musik: Norbert Schultze. Darsteller: Heinrich George, Kristina Söderbaum, Paul Wegener. Geschichte der Verteidigung der Festung Kolberg im preußisch-französischen Krieg 1806/07. Gedreht 1943/44 mit einem Riesenaufwand als »Durchhaltefilm«. (Uraufgeführt am 30. Januar in Berlin und dem noch von deutschen Truppen gehaltenen La Rochelle.)

● Helmut Käutner: *Unter den Brücken*. Kamera: Igor Oberberg. Musik: Bernhard Eichhorn. Darsteller: Hannelore Schroth, Carl Raddatz, Gustav Knuth. Die meisten Kopien dieser zarten Liebesgeschichte, die auf einem Havelkahn spielt, verbrennen in den letzten Kriegstagen. Es tauchen
aber Kopien in der Schweiz und in Schweden auf. Die Stockholmer Zeitung »Aftonbladet« schreibt: »Dieser ausgesucht künstlerische und liebenswürdige Film, den der Zufall aus dem Zusammenbruch gerettet hat, kann als ein Gruß aus dem anderen Deutschland betrachtet werden.«

● David Lean: *Blithe Spirit* (Geisterkomödie, 1946). Buch: Noel Coward. Kamera: Ronald Neame. Musik: Richard Addinsell. Darsteller: Rex Harrison, Margaret Rutherford. Komödie um einen Schriftsteller, der vom Geist seiner Frau heimgesucht wird.

● Jean Renoir: *The Southerner* (Der Mann aus dem Süden). Buch: Renoir. Kamera: Lucien Andriot. Musik: Werner Janssen. Darsteller: Zachary Scott, Betty Field. Der Film des im Jahr 1940 in die USA emigrierten Regisseurs schildert die Probleme armer
Farmer im tiefen Süden der Vereinigten Staaten.

● Roberto Rossellini: *Roma, città aperta* (Rom, offene Stadt, 1961). Buch: Sergio Amidei, Federico Fellini. Kamera: Ubaldo Arata. Musik: Renzo Rossellini. Darsteller: Anna Magnani, Aldo Fabrizzi, im übrigen Laiendarsteller. Drama um einen Widerstandskämpfer, dessen Freunde und Helfer von Nazis ermordet werden.

● Billy Wilder: *The Lost Weekend* (Das verlorene Wochenende, 1948). Buch: Charles Brackett. Kamera: John Seitz. Musik: Miklós Rozsa. Darsteller: Ray Milland, Jane Wyman. Zwei Tage aus dem Leben eines alkoholsüchtigen Schriftstellers. Milieuschilderung aus New York.

Ereignisse

● In diesem Jahr werden in Deutschland 72 Filme produziert, 27 bleiben unvollendet.

1945

Literatur

Neuerscheinungen

● Johannes R. Becher: *Ausgewählte Dichtung aus der Zeit der Verbannung 1933-45*. Sonette und Gedichte, die sich mit dem Schicksal der Emigranten auseinandersetzen.

● Hermann Broch: *Der Tod des Vergil*. Innerer Monolog des sterbenden Vergil, Gedanken über Transzendenz, Kunst, Vergänglichkeit, Tod. Die während der Kriegsjahre entstandene »Romandichtung« sprengt mit ihrer komplizierten Sprache die herkömmliche Erzählweise.

● Astrid Lindgren: *Pippi Langstrumpf*. Sehr beliebtes Kinderbuch. Die Abenteuer der respektlosen kleinen Pippi haben ihren Ursprung in den Geschichten, welche die Autorin ihrer Tochter am Krankenbett erzählte.

● André Malraux: *Les noyers de l'Altenburg (Die Nußbäume von Altenburg)*. Der Roman erzählt Schicksale aus dem Ersten und Zweiten Weltkrieg. Zentrales Thema sind Furcht und Hoffnung des Menschen, der in der Tat seine Selbstverwirklichung findet.

● Jean-Paul Sartre: *Les chemins de la liberté (Die Wege der Freiheit)*. Unvollendete Romantetralogie über Frankreich unter deutscher Besetzung und den Tod als Akt des Widerstands. Zwei Bände erscheinen 1945. Der dritte 1949.

● Evelyn Waugh: *Brideshead Revisited (Wiedersehen mit Brideshead)*. Anders als in seinen früheren satirischen Werken entwirft Waugh hier ein von Sympathie geprägtes Porträt des englischen Adels, der an seinen überholten Traditionen krankt.

● Ernst Wiechert: *Die Jerominkinder*. Geschichte einer ostpreußischen Bauernfamilie zwischen den Kriegen.

Nonkonformismus in humorvoller Sicht

Der Schauplatz ist die Cannery Row im kalifornischen Monterey. Hier befinden sich Konservenfabriken, Lagerschuppen, Kneipen und Bordelle. Bewohnt und belebt wird sie von Halbwüchsigen, Gelegenheitsarbeitern, Tagedieben und Huren sowie allerlei Sonderlingen, zu denen aus der Sicht der ehrbaren Bürger auch der Meeresbiologe »Doc« gehört, dessen Laboratorium sich in einem einfachen Holzhaus an der Cannery Row befindet.

Der 43jährige John Steinbeck fordert mit seinem von Sympathie für den Nonkonformismus geprägten und humoristisch gestalteten Roman Cannery Row *den herben Tadel zahlreicher Kritiker heraus: Mit Strolchen kann eine Industrienation ihre Weltmachtstellung nicht festigen. Zugleich gewinnt Steinbeck breite Zustimmung beim Publikum. Er knüpft damit an den Erfolg von* Tortilla Flat *an (Die wunderlichen Schelme von Tortilla Flat, Zürich 1943 und Hamburg 1951). In beiden Romanen konfrontiert Steinbeck das materialistische Treiben der Normalbürger mit dem Ideal einer natürlichen und uneigennützigen Lebensweise. Sie wird in Cannery Row durch den »Doc« verkörpert, der seine Gelassenheit nicht allein in Worten, sondern auch in Taten zur Geltung bringt: Als sein Laboratorium bei den Vorbereitungen zu einer Party in Flammen aufgeht, verzeiht er den Stromern der Cannery Row und hilft ihnen, eine zweite Party zu arrangieren.*

Die soziale Anklage, die Steinbeck in Of Mice and Men *(1937; Von Mäusen und Menschen, Zürich 1940, Stuttgart und Konstanz 1955) und* The Grapes of Wrath *(1939; Die Früchte des Zorns, Zürich 1940, Konstanz 1956) mit aller Entschiedenheit vorgebracht hat, ist nun gemildert durch die Form des in locker verbundene Episoden aufgelösten Unterhaltungsromans.*

Der Hang zur sentimentalen Idylle wird darin erkennbar, daß die Existenz am Rande der Gesellschaft als eine Möglichkeit erscheint, die natürliche Unschuld zu bewahren.

John Steinbeck, um 1950.

Brittens erste Oper

Am 7. Juni findet in London die Uraufführung der ersten Oper von Benjamin Britten statt. *Peter Grimes* wird von Kritik und Publikum gleichermaßen stürmisch gefeiert. Der Text der Oper stammt von Montague Slater nach einer Dichtung von George Crabbe. Die Handlung des Werkes spielt um 1830 in einem Fischerstädtchen an der Ostküste Englands. *Peter Grimes* ist eine »Milieu-Oper«, ein musikalisches Bühnenwerk, in dem die einzelnen Charaktere mehr skizziert als durchgebildet werden. Um so mehr Gewicht legt der Komponist auf eine realistische Darstellung der Umwelt, auf die Beschreibung der dämonischen Macht des Meeres und des Schicksals derer, die mit der See zu tun haben, auf die Enge des kleinen Fischerdorfes und seiner engstirnigen Bewohner, auf die geheimen Wünsche und Triebe der Menschen, auf das Leben zwischen Kirche und Pub, zwischen der harten Arbeit und der Flucht in den Alkoholrausch.

Im allgemeinen komponiert Britten tonal, scheut aber weder vor atonalen noch vor Jazzklängen zurück. Er bedient sich auch nahezu reißerisch-banaler Tänze für die »Music Band« in der Kaschemme. Zusammengehalten wird die musikalische Vielfalt des Werkes durch zwei Klammern: durch die vorwiegend rhythmisch bestimmte Gesamtsprache und den streng symmetrischen Aufbau. Die Oper besteht aus einem Vorspiel und drei Akten, jeder Akt hat zwei Hauptszenen. Das sind sieben szenische Vorgänge, und zwischen je zwei Szenen werden Orchesterzwischenspiele eingeschoben. Die deutsche Erstaufführung erfolgt 1947 in Hamburg.

Musik

Premieren

● Sergei Prokofjew: *Zoluška (Aschenbrödel)*, Ballett in 3 Akten, 7 Bildern. Libretto: Nikolai Wolkon. (Uraufführung: 21. November Bolschoi-Theater, Moskau.)

● Richard Rodgers: *Carousel (Karussell)*. Musical. Buch: Oscar Hammerstein. Nach dem Volksstück *Liliom* des ungarischen Autors Ferenc Molnár. (Uraufgeführt am 19. April, Majestic Theater, New York.)

● Dmitri Schostakowitsch: *Neunte Symphonie*.

Ereignisse

● Arnold Schönberg komponiert *Die Jakobsleiter*, ein unvollendetes Oratorium. (Uraufführung 1962 in Berlin.)

● Sergei Prokofjew komponiert *Vojna i mir (Krieg und Frieden)*, Oper in 13 Bildern, Text vom Komponisten und Mira Mendelsohn-Prokofjew nach Tolstois gleichnamigem Roman. (Uraufführungen: 1. Fassung, konzertant, 1944, Moskau; 1. Fassung, szenisch, 1946, Leningrad; 2. Fassung, gekürzt, 1955, Leningrad; 2. Fassung, vollständig, 1957, Moskau.)

Johnny Weissmuller in
Tarzan and the Amazons, 1945
Plakat zur deutschen Fassung 1950

Fuzzy '45
Plakate zu zwei deutschen Fassungen
1956

Das Gesetz der Serie

Zur Existenz der für ein Massenpublikum geschaffenen Phantasiehelden gehört die ständige Wiederholung ihrer Taten. Nur indem sie stets aufs neue das Wohl einzelner Menschen, den Sieg des Guten, ja das Fortbestehen der Welt gewährleisten, erfüllen sie ihre Funktion, dem in der Wirklichkeit nicht mehr erkennbaren Prinzip Hoffnung ersatzweise Gestalt zu verleihen. Die publizistische Form der wöchentlichen Errettung der Welt ist das Ende der zwanziger Jahre in den Vereinigten Staaten entstandene Comic-Book, dem Anfang der dreißiger Jahre die Comic-Verfilmung in Serienform folgte. Zu den Helden, die dem sozialpsychologisch wie wirtschaftlich bedingten Gesetz der Serie unterliegen, gehört neben Superman der Affenmensch Tarzan, eine Schöpfung von Edgar Rice Burroughs. 1912 erblickte Tarzan das Licht der Trivialliteratur; 1929 wurde er (nach Stummfilm-Versionen seiner Taten 1914 ff.) zum Comic-Helden. Seine klassische Filmgestalt erhielt er durch Johnny Weissmuller, den Goldmedaillen-Gewinner im Schwimmen bei den Olympischen Spielen 1924 und 1928. Von 1932 (Tarzan the Ape Man) bis 1948 verkörpert er den Herrn des Dschungels in 19 Filmen. Seine Nachfolger sind Lex Barker, Gordon Scott, Denny Miller und Bruce Bennett. Ist Tarzan »der Archetypus jener Schar allgemein anerkannter und außerhalb der gewohnten Norm stehender Individuen, die unsere Träume magisch belegen, der ideale Heros, der erhabene Streiter, die losgelöste Hälfte unserer selbst, befreit aus dem drückenden Gefängnis des Alltagslebens« (Burne Hogarth), so darf über Fuzzy gelacht werden. Um so stärker bindet der kauzige Kleine seit seinem ersten Auftreten zu Beginn der vierziger Jahre das Publikum an sich. Kein Held, kein Mythos – aber der Schrecken seiner Feinde. Wer könnte dem getretenen kleinen Mann von der Straße mehr ans Herz wachsen als Fuzzy, der sich nicht scheut, selbst Tritte auszuteilen? Als Banditen-Killer, Revolverheld und Teufelskerl – so die Filmtitel der deutschen Fassungen der fünfziger Jahre – räumt er auf und rechnet ab.

449

Bildende Kunst

Werke
- Alexander Camaro: *Rosa Dame*, expressionistisches Bildnis.
- Marc Chagall: *Kuh mit Sonnenschirm*.
- Edgar Ende: *Dädalos*. Surrealistisches Traumbildnis.
- Lyonel Feininger: *Verklärung*, Aquarell.
- Georg Kolbe: *Elegie* und *Die Niedergebeugten*, Plastiken.
- László Moholy-Nagy: *Doppelband*, abstrakte Plastik aus Plexiglas.
- Pablo Picasso: *Flötenblasender Faun*, *Zentaur mit Dreizack* und *Pastorale* (Öl auf Zement).

- Charles Sheeler: *Die Welt ist klein*. Landschaftsbild in einem durch die Fotografie beeinflußten Stil.

Ausstellungen
- Berlin: Werke Karl Hofers in der Akademie der Künste.
- New York: Umfassende Ausstellung von Werken Marc Chagalls im Museum of Modern Art.

Ereignisse
- München: Das Zentralinstitut für Kunstgeschichte (mit Bibliothek) wird gegründet.
- Paris: Der »Salon des Réalités Nouvelles« wird gegründet, der

die Nachfolge der Künstlervereinigung »Abstraction-Création« antritt. Er wird zum Zentrum der neuen konkreten Kunst.
- Die drei westlichen Besatzungsmächte errichten Kulturinstitute. Die Amerikaner die »Reading rooms« (später Amerikahäuser), die Briten »Die Brücke« (heute British Council), die Franzosen die »Centres d'Etudes françaises« (Instituts Françaises).
- Der italienische Maler Lucio Fontana fordert in seinem »Manifesto blanco« eine neue dynamische Kunst, in der Raum und Farbe, Klang, Licht und Bewegung zusammengefaßt werden.

Die Nachkriegsmedien in Deutschland

Noch ehe der Krieg vorüber ist, wird von den Alliierten bereits eine Art Pilotprojekt für die deutsche Presseentwicklung nach der Kapitulation entwickelt: Am 24. Januar 1945 sind die »Aachener Nachrichten« ins Leben gerufen worden. Herausgeber ist Heinrich Hollands. Im Herbst desselben Jahres entsteht in München in der ehemaligen Druckerei des »Völkischen Beobachters« ein neues Blatt mit dem Namen »Die Neue Zeitung«. Leiter ist zunächst der österreichische Schriftsteller Hans Habe, der emigrieren mußte und nun in amerikanischen Diensten nach Deutschland zurückkehrt. Sein Nachfolger wird im Frühjahr 1946 Hans Wallenberg, gebürtiger Berliner, der zuvor in seiner Geburtsstadt die als Konkurrenz zur sowjetischen »Täglichen Rundschau« gegründete »Allgemeine Zeitung« geleitet hat. Erich Kästner ist Chef des Feuilletons. Die Briten rufen 1946 in ihrer Zone »Die Welt« ins Leben, die Franzosen gründen die zweisprachige »Nouvelles de France«.

Im Mai 1945 nehmen bereits mehrere Radiostationen den Betrieb auf. So Radio Hamburg unter britischer Kontrolle, wenig später folgen die Sender München, Frankfurt, Stuttgart, Köln und Bremen. 1946 gibt es weitere Zeitungsgründungen, und die Einrichtung von Rundfunksendern wird fortgesetzt. Im Februar gründet die amerikanische Nachrichtenagentur »United Press« einen deutschen Dienst. »Associated Press« folgt schon bald diesem Beispiel. Im Oktober lassen auch die Sowjets in dem von ihnen besetzten Teil Berlins die Gründung einer Nachrichtenagentur zu; ab 1953 wird dann aus dem »Allgemeinen Deutschen Nachrichtendienst« (ADN) eine Staatsagentur.

Zwischen Juli 1945 und September 1949 werden insgesamt 155 neue Tageszeitungen von den Alliierten lizensiert und dürfen ihre Arbeit aufnehmen. Bis zur Währungsreform erscheinen diese Zeitungen aufgrund akuten Papiermangels nur zweimal in der Woche. Am 15. Dezember 1946 kommt die erste Nachkriegsillustrierte auf den Markt, Axel Springers Rundfunkprogramm-Zeitschrift »Hör zu!«.

Archetypen und Zeittypisches

Der Beginn der Nachkriegszeit spiegelt sich im Kulturgeschehen als rege Ausstellungstätigkeit im Sinne einer Bestandsaufnahme der modernen Kunst. So veranstaltet etwa das Museum of Modern Art in New York 1946 eine umfassende Retrospektive des 48jährigen englischen Bildhauers Henry Moore; 1948 erhält er auf der Biennale in Venedig den Plastikpreis; 1951 und 1953 folgen Ausstellungen in London und São Paulo.

Moores abstrahierte figürliche Skulpturen, die an Frühformen der plastischen Gestaltung erinnern und insofern archetypischen Charakter besitzen, lassen ein elementares »Begreifen« des körperlichen Volumens im Raum spüren und vermitteln hierdurch den Eindruck ungebrochener künstlerischer Ausdruckskraft. Als überwunden erscheint das Grauen der Überlebensangst in den Londoner Untergrundbahn-Tunnels, das der Graphiker Moore 1942 gestaltet hat. Die Familiengruppe thront als Sinnbild unvergänglicher Lebenskraft.

Eine demonstrative Verkümmerung der Ausdrucksmittel führen dagegen die in Weiß, Grau und Schwarz gemalten Bilder von Bernard Buffet vor Augen, der sich 1945 mit 17 Jahren in Paris als selbständiger Maler eingerichtet hat. Dennoch gewinnt er innerhalb weniger Jahre eine Spitzenstellung auf dem Kunstmarkt. Einer unbeachteten Ausstellung im Jahr 1947 folgt 1948 die Auszeichnung mit dem »Preis der Kritiker«. 1950 muß Buffet angeblich alle drei Tage ein Bild fertigstellen, um die Nachfrage zu befriedigen. Seine kargen Figurenbilder und Stilleben erscheinen als ehrliche Widerspiegelung des Zustands einer hoffnungslos verarmten Welt. Sie behalten – als Erinnerung an die kurze Zeit des Katzenjammers – ihre Anziehungskraft bis weit in die fünfziger Jahre hinein. 1958 konstatiert die Zeitschrift »Magnum«, Buffet sei »ein Symptom der Langeweile«.

Bernard Buffet, Pietà; 1946.

Gegenüberliegende Seite:
Henry Moore, Familiengruppe; 1945 bis 1949.

1946

Des Teufels General

Heinz Hilpert inszeniert die Uraufführung von Carl Zuckmayers 1942 im amerikanischen Exil geschriebenem Werk *Des Teufels General* am 14. Dezember 1946 im Schauspielhaus Zürich. Gustav Knuth spielt die Titelrolle. Die deutsche Erstaufführung findet am 8. November 1947 im Deutschen Schauspielhaus in Hamburg statt. *Des Teufels General* ruft im deutschsprachigen Nachkriegseuropa ein Echo hervor wie kaum je ein Stück zuvor oder danach. Das Drama spielt 1941 in Berlin, und der Autor trifft, ohne vor Ort zu sein, genau die Atmosphäre. General Harras ist zwar ein Gegner des Naziregimes, doch er steht als leidenschaftlicher Flieger in den Diensten Hitlers. Zuckmayer hat seinen Titelhelden dem Fliegergeneral Ernst Udet nachempfunden, der in das Räderwerk von Politik und Macht, Pflicht und Neigung geriet und sich 1941 das Leben nahm. Als Harras herausfindet, daß einer seiner Un-

tergebenen Sabotage betreibt und Kampfflugzeuge sozusagen auf Absturz programmiert, um so sein Scherflein zur deutschen Niederlage beizutragen, kann er sich weder dazu entschließen, ebenfalls aktiv gegen die Diktatur zu arbeiten noch weiterzuleben, als sei nichts geschehen. Er, der »auf Erden des Teufels General wurde und ihm die Bahn gebombt hat«, begeht Selbstmord mit einer der von den Saboteuren präparierten Maschinen.

Das Stück erregt nach seiner ersten Aufführung auf Jahre hinaus heftige Diskussionen. Angegriffen wird der verführerische Glanz, der von Harras und seinen Offizieren ausgeht, ebenso wie die Sinnlosigkeit der Sabotageakte, die nur Menschenleben kosten, ohne den Krieg tatsächlich zu beeinflussen. Doch eines hat dieses Drama sicherlich bewirkt: Erstmals werden auf der Bühne Fragen des aktiven und des passiven Widerstands und der Duldung des Regimes aus Trägheit oder Schwäche offen diskutiert, und damit gelangt diese Thematik in das Bewußtsein eines großen Publikums. Für viele junge Deutsche entwickelt sich dieses Drama, in dem so offen über heikle Fragen der jüngsten deutschen Vergangenheit gesprochen wird, zum Symbol für die Redefreiheit und für ein neues Demokratieverständnis.

Zuckmayer selbst bezieht 1948 in der Zeitschrift »Die Wandlung« Stellung zu seinem Stück, wobei er betont: »Ich habe mich mit Oderbruchs (des Saboteurs) Handlungsweise nie abfinden können, obwohl sie mir zwangsläufig erschien. Ebensowenig mit der des Generals Harras, der gegen die Nazis war und ihnen doch diente, bis er an seinem eigenen Zwiespalt unterging ... Wenn man ein Drama schreibt, das Lebensdeutung versucht, so sind seine Gestalten keine Prinzipienträger, sondern Menschen, die leiden und handeln, ihren Weg suchen oder ihn verfehlen.«

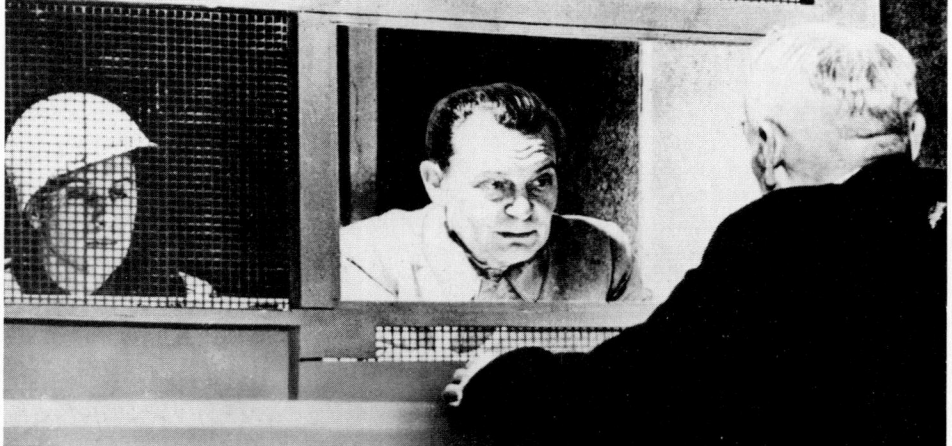

Der deutsche Faschismus im Kreuzverhör

Von 1945 bis 1949 müssen sich in Nürnberg 199 Komplizen und Handlanger des »Teufels« Adolf Hitler, dessen 1946 auf die Bühne gebrachter Fliegerheld Harras (alias Udet) seinen Bund durch den Freitod sühnt, vor einem Internationalen Militärgericht (Hauptprozeß) bzw. amerikanischen Militärgerichten wegen ihrer Taten verantworten.

Der Hauptprozeß vom November 1945 bis zum 1. Oktober 1946 gegen 22 Hauptkriegsverbrecher endet mit zwölf Todesurteilen, die am 15. Oktober vollstreckt werden. Hermann Göring entzieht sich der Hinrichtung durch Selbstmord. In zwölf Nachfolgeprozessen gegen 177 weitere Funktionsträger des NS-Staates werden 24 Todesurteile gefällt, von denen die Hälfte vollstreckt wird.

Robert M. W. Kempner, der stellvertretende Chefankläger, urteilt rückblickend über die Verfahren: »Je weiter weg von den Untaten und dem Mai '45, um so milder wurden die Anschauungen – insbesondere über die Strafhöhe. Die Klarheit über die Taten und das Beweismaterial war unerhört gewachsen und – sagen wir es ruhig – der Mut zur Bestrafung gesunken.«

Hermann Göring und sein Verteidiger, 1946.

Theater

Premieren

● Jean Anouilh: *Roméo et Jeannette* (Romeo und Jeannette). Théâtre de l'Atelier, Paris. (Deutschsprachige Erstaufführung Oktober 1947, Wien, deutsche Erstaufführung 29. Oktober 1949 in Bochum.) Dieses moderne Liebespaar stirbt nicht am Streit zweier Familien, sondern an der Unmöglichkeit der Liebe in einer Welt, in der es das Absolute nicht gibt.

● Jacques Audiberti: *Quoat-Quoat*, Stück in zwei Bildern. (Uraufführung am 28. Januar, Théâtre de la Gaîté Montparnasse, Paris. Deutsche Erstaufführung 18. Januar 1957, Köln.) Das phantastische Abenteuer eines Archäologen auf den Spuren des mexikanischen Gottes Quoat-Quoat wird in der Alptraumtechnik dahinerzählt.

● Max Frisch: *Die chinesische Mauer.* (Uraufführung am 10. Oktober, Schauspielhaus Zürich.) Parabel über das Tyrannentum und die Ohnmacht der Intellektuellen.

● Christopher Fry: *A Phoenix too Frequent* (Ein Phönix zuviel). (Uraufgeführt am 25. April, Mercury Theatre, London. Deutsche Erstaufführung 19. September 1951, Berlin.) Fry verarbeitet ironisch-souverän einen aus dem »Satiricon« des römischen Dichters Petronius stammenden Stoff: Eine Witwe, die gerade ihrem verstorbenen Mann ins Grab folgen will, erliegt dem Werben eines Soldaten. Als diesem unterdessen einer der Gehenkten, die er bewachen sollte, gestohlen wird, stellt sie die Leiche ihres Mannes zur Verfügung, um den Geliebten vor Strafe zu schützen.

● Eugene O'Neill: *The Iceman Cometh* (Der Eismann kommt). (Uraufführung am 9. Oktober, Martin Beck Theatre, New York. Deutschsprachige Erstaufführung 9. Dezember 1950, Schauspielhaus Zürich, deutsche Erstaufführung am 31. März 1954, Hannover). Ein Spiel über Träume und die Notwendigkeit der Illusion.

● John Boynton Priestley: *An Inspector Calls* (Ein Inspektor kommt). (Uraufführung 1946 in

Moskau und London, deutschsprachige Erstaufführung 1947, Wien, deutsche Erstaufführung 1947, Bremen.) Ein Kriminalstück der Gewissenserforschung und der sozialen Moral.

● Armand Salacrou: *Les nuits de la colère* (Die Nächte des Zorns). (Uraufführung am 12. Dezember, Théâtre Marigny, Paris.) Zweiteiliges Drama über die französische Résistance.

● Jean-Paul Sartre: *Morts sans sépulture* (Tote ohne Begräbnis). Uraufgeführt am 8. November, Théâtre Antoine, Paris, deutsche Erstaufführung 27. Oktober 1949, Bonn.) Ein Spiel »um scheinbare Sinnlosigkeit«, aufgehängt an dem Schicksal von Widerständlern in deutscher Haft. Motto: Eine Tat erhält ihren Sinn, wenn die Motive der Menschen sie rechtfertigen.

● Jean-Paul Sartre: *La putain respecteuse* (Die ehrbare Dirne). (Uraufführung am 8. November, Théâtre Antoine, Paris, deutsche Erstaufführung am 16. April 1949, Hamburg.) Attacke gegen den Rassenhaß in den amerikanischen Südstaaten.

Atombombe

Chinesische Mauer

Kabarettistisches Gericht über die Weltgeschichte

Am 10. Oktober bringt der 35jährige Max Frisch in seiner Heimatstadt Zürich das Drama Die chinesische Mauer zur Uraufführung. Es ist – nach dem am 29. März 1945 in Zürich uraufgeführten antifaschistischen Versuch eines Requiems mit dem Titel Nun singen sie wieder – das zweite Bühnenwerk des politisch engagierten Dramatikers, das zur Aufführung gelangt. In beiden Stücken verfolgt Frisch die Absicht, das Bühnengeschehen als Spiel wirken zu lassen; dieser Eindruck »muß durchaus bewahrt bleiben, so daß keiner es (das Spiel) am wirklichen Geschehen vergleichen wird, das ungeheuer ist«. Nur modellhaft und distanzierend kann die Kunst auf die Auseinandersetzung mit der Wirklichkeit vorbereiten.

Die chinesische Mauer verhindert jegliche Bühnenillusion allein schon durch die auftretenden Personen, vom chinesischen Tyrannen, der den Bau jener Mauer befiehlt, bis zum »Heutigen«, der die Weltgeschichte bis zur Herstellung der Kobaltbombe überblickt. Frisch gibt seinem Appell zum Kampf gegen Dummheit und Unmenschlichkeit, die beide den Verlauf der Geschichte geprägt haben, die Form der kabarettistischen Parodie.

Über die Handlungszeit heißt es, das Stück spiele »heute abend«: »Also in einem Zeitalter, wo der Bau von Chinesischen Mauern, versteht sich, eine Farce ist.« Dies klingt, als habe Frisch den Satz Winston Churchills im Ohr, der am 5. März 1946 anläßlich der Verleihung der Ehrendoktorwürde in Fulton erstmals vom »Eisernen Vorhang« gesprochen hat, der sich durch Europa ziehe und hinter dem die UdSSR Polizeistaaten errichte. Churchill warnt davor, das Geheimnis der Atombombe der 1945 gegründeten UNO anzuvertrauen und damit in den Besitz der UdSSR gelangen zu lassen.

Der Protest gegen jegliche atomare Rüstung, gegen die Möglichkeit einer die Zerstörung von Hiroschima und Nagasaki übersteigenden Vernichtung steht im Mittelpunkt der Zweitfassung der Chinesischen Mauer, die 1955 in Berlin uraufgeführt wird.

Thomas Hart Benton
Fluid Catalytic Crackers
1946

Edward Hopper
Approaching a City
1946

Das Vermächtnis
der American Scene

In der ersten Hälfte des 20. Jahrhunderts entwickelte und verbreitete sich in den Vereinigten Staaten eine bestimmte Art der realistischen Figuren-, Architektur- und Landschaftsmalerei, die von der Mitte der vierziger Jahre an durch neue Gestaltungsformen wie den Abstrakten Expressionismus aus dem Blickfeld der Kunstöffentlichkeit gedrängt wird.

Den Ausgangspunkt bildete die Großstadtmalerei der sogenannten Ashcan-School, der »Mülltonnenmaler« der ersten Dekade dieses Jahrhunderts. Neben der nüchternen Registrierung alltäglicher Szenen entstand eine von sozialreformerischer Absicht geprägte Richtung. Die »grüne Opposition« der sogenannten Regionalisten richtete sich gegen die Stadtkunst der vor allem in New York ansässigen Maler. Diese wandten sich der Wiedergabe banaler Gegenstände des täglichen Gebrauchs, aber auch der Architektur und technischer Anlagen zu.

Ein gemeinsames Kennzeichen ist die vielfach durch das Hilfsmittel der Fotografie erreichte Genauigkeit der Sachdarstellung. 1947 prägt hierfür Wolfgang Born in seiner zusammenfassenden Darstellung Still Life Painting in America die Bezeichnung »Präzisionismus«. Die damit angedeutete Grundhaltung lebt in der Pop-art der sechziger und im Fotorealismus der siebziger Jahre fort.

Ein Spätwerk des Präzisionismus ist die Industriedarstellung Fluid Catalytic Crackers, die Thomas Hart Benton in der Absicht gemalt hat, die »Kraft hinter Amerikas Industrie« zu zeigen. Ist Bentons Gemälde insofern nicht frei von technologischem Optimismus und propagandistischer Tendenz, so bewahrt Edward Hopper in Approaching a City die kritische Sicht seiner früheren Stadtszenen. Der Anblick, den die Stadt dem Ankommenden kurz vor dem Eintauchen des Zuges in das Dunkel der Unterführung bietet, beschränkt sich auf ein Gefüge kahler Mauern und klotziger Wohn- und Fabrikgebäude, die den beklemmenden Eindruck der Verlassenheit vermitteln.

454

Literatur

Neuerscheinungen

- Albrecht Haushofer: *Moabiter Sonette*. Im Gefängnis entstandene Gedichte autobiographischen Inhalts.
- Hermann Kasack: *Die Stadt hinter dem Strom*. Chronik einer Stadt, die das Reich der Verstorbenen symbolisiert.
- Elisabeth Langgässer: *Das unauslöschliche Siegel*. Dieser Roman um Schuld und Sühne ist stilistisch von James Joyce, gedanklich vom Katholizismus Georges Bernanos' geprägt.
- Erich Maria Remarque: *Arc de Triomphe*. Roman über einen vor den Nazis geflohenen deutschen Arzt, der kurz vor Ausbruch des Zweiten Weltkriegs in Paris lebt.
- Saint-John Perse: *Vents (Winde)*. Vierteiliges Prosagedicht über die Urkräfte im Kosmos und die schöpferische Macht der Winde.
- Reinhold Schneider: *Die neuen Türme*. Ausgewählte Sonette über das Ringen des Christen in unserer Zeit.
- Konstantin Simonow: *Dni i noči (Tage und Nächte)*. Roman über die Schlacht um Stalingrad. Russisches Heldenepos.
- Robert Penn Warren: *All the King's Men (Des Königs Troß/Der Gouverneur)*. Der Roman beschreibt den Aufstieg eines Südstaatenpolitikers zum Diktator, eine komplexe Studie von Macht und Korruption, geschrieben aus der Sicht eines zynischen Reporters. Einfluß von William Faulkner in Stil und Gehalt.
- Franz Werfel: *Stern der Ungeborenen*. Utopische Reise des Dichters »F. W.« als Bote des primitiven 20. Jahrhunderts in die Zeit nach 100 000 Jahren. Eine theologische Utopie, in der Phantasie und Wirklichkeit verschmelzen. Das Buch wird posthum in Stockholm veröffentlicht.

Ein Musical erobert Amerika

Der »Hit« der Broadway-Saison dieses Frühjahrs und Sommers ist ein Musical von Irving Berlin: *Annie Get Your Gun*. Bald singt und pfeift ganz Amerika die beliebtesten Melodien aus diesem Musical, Lieder wie *The Girl That I Marry* oder *You Can't Get a Man with a Gun*. Vor allem aber ein Song entwickelt sich zum Evergreen: *There Is No Business Like Show Business*.

Das Buch zu dem Musical, das auf Jahre hinaus ausgebucht ist und immer wieder in neuer Besetzung aufgeführt wird, stammt von Herbert und Dorothy Fields. Eine deutschsprachige Fassung der verrückten, turbulenten Geschichte von der schießwütigen Annie, die in der Buffalo-Bill-Show alle Männer an Treffsicherheit und Mut übertrifft, kommt an der Wiener Volksoper am 27. Februar 1957 zur Aufführung. Am 5. September 1963 öffnet sich der Vorhang im Berliner Theater des Westens zur ersten *Annie Get Your Gun*-Show in der Bundesrepublik Deutschland.

Sicherlich gehört das Musical des 1888 in Rußland geborenen Komponisten Berlin (der eigentlich Israel Baline heißt und als Sohn eines jüdischen Kantors bereits als Fünfjähriger auf der Flucht vor Pogromen in die USA kam) zu den erfolgreichsten und beliebtesten Werkes dieses Genres, die in der Nachkriegszeit entstehen. Auch wenn heute Feministinnen gegen das Ende der Story Sturm laufen würden – Annie verliert in einem Wettschießen, wodurch die Ehre ihres Verlobten, der beste Schütze zu sein, gerettet wird, so daß der Heirat der beiden nichts mehr im Wege steht –, so tut das dem Spaß an den munteren Liedern und frechen Dialogen keinen Abbruch.

Es gibt zahlreiche Plattenaufnahmen der Lieder, die bekanntesten davon auf Englisch mit Doris Day, auf Deutsch mit Heidi Brühl, die auch in der ersten Aufführung in Berlin die Annie spielt.

Kurt Tucholsky
SCHLOSS GRIPSHOLM
EINE SOMMERGESCHICHTE

ROWOHLT TASCHENBUCH VERLAG HAMBURG

Rowohlt-Rotations-Romane

Nach dem Zweiten Weltkrieg gründet Ernst Rowohlt zum drittenmal einen Verlag. Die Bedingungen sind schwierig, denn die Voraussetzung für eine verlegerische Tätigkeit ist eine Lizenz der jeweiligen Besatzungsmacht. Ernst Rowohlt erhält sie von den Briten in Hamburg, sein Sohn Heinrich Maria Ledig-Rowohlt in Stuttgart von den Amerikanern. Freunde warnen, es sei viel zu risikoreich in der jetzigen Zeit der geistigen und materiellen Not, einen Verlag aufzubauen. Ernst Rowohlt läßt sich nicht schrecken, seine Antwort: »Der Schlag soll den alten Rowohlt treffen, wenn er nicht mehr den Mut zum Wahnsinn aufbringt.« Die Nachkriegszeit erfordert andere, neue Methoden der Literaturvermittlung. Ledig-Rowohlt hat die Idee, Romane auf der Rotationsdruckmaschine im Zeitungsformat zu drucken. Sein Vater zögert zunächst, erkennt dann aber die revolutionierende Kühnheit dieses Konzepts. Die Rowohlt-Rotations-Romane werden auf den Markt gebracht und sind eine Sensation. Auf billigem Zeitungspapier gedruckt, werden sie zu dem wohlfeilen Preis von 50 Pfennig verkauft. Der billige Preis ist jedoch nicht entscheidend gewesen für die Herausgabe von rororo, wie die Romanhefte bald heißen, sondern der Mangel an Papier und sonstigen Materialien für gebundene Bücher. Nach zwölf Jahren Nazi-Herrschaft wollen die beiden Verleger dem deutschen Publikum möglichst schnell all die Autoren wieder zugänglich machen, die während der Hitler-Diktatur verboten waren. So haben die im Zeitungsdruck veröffentlichten Romane programmatischen Charakter. Titel erschienen wie Ernest Hemingway: In einem anderen Land, Theodor Plivier: Stalingrad, Sinclair Lewis: Mantrap, William Faulkner: Licht im August u. a. Die Auflage der ersten Hefte beträgt 100 000 Exemplare. Sie sind die Vorläufer der ab 1950 erscheinenden rororo-Taschenbücher.

Kurt Tucholsky: Schloß Gripsholm (Erstveröffentlichung 1931) als rororo 4, 1946; Titelseite mit Illustration von Wilhelm M. Busch.

Musik

Premieren

- Benjamin Britten: *The Rape of Lucretia (Der Raub der Lukretia)*, Oper in zwei Akten. (Uraufführung während der Sommerfestspiele in Glyndebourne.) Die Rezitative der Oper, die auf einer römischen Sage fußt, werden mit Klavier, die Arien mit Kammerorchester begleitet.
- Paul Hindemith: *The Four Temperaments (Die vier Temperamente)*. Ballett in vier Variationen. Choreographie: George Balanchine. (Uraufführung am 20. November, Ballet Society, New York.)
- Arthur Honegger: *Dritte Sinfonie* (»liturgique«) und *Serenade à Angélique* (Stück für Kammerorchester).
- Darius Milhaud: *Dritte Symphonie*.
- Arnold Schönberg: *Streichtrio op. 45*.
- Richard Strauss: *2. Sonatine für 16 Bläser* und *Metamorphosen für 23 Solostreicher*.
- Igor Strawinski: *Basler Concerto*, Konzert für Streichorchester und *Symphonie in Three Movements*.

Ereignisse

- Darmstadt: Im August und September 1. Internationale Ferienkurse für Neue Musik.
- Das Orchesterleben in Deutschland normalisiert sich.

Ein Filmmärchen von Unschuld und Erlösung

Schnatternde Gänse und Frauen mit weißen Hauben, in der Sonne leuchtende Laken an der Wäscheleine – aus den Wänden ragende menschliche Arme mit Kerzenleuchtern in der Hand, eine durch lange Korridore, vorbei an wehenden Vorhängen schwebende Gestalt: Impressionen aus dem Filmmärchen La belle et la bête, *in der deutschen Fassung mit dem Titel* Es war einmal …

Der 57jährige Jean Cocteau greift mit seinem Werk als Drehbuchautor und Regisseur auf einen Stoff der Madame Leprince de Beaumont zurück, um im historischen Gewand der erlösenden Macht von Unschuld und mitfühlender Menschlichkeit zu huldigen. Die weibliche Hauptrolle der Belle verkörpert Josette Day; Jean Marais spielt sowohl den in eine Bestie verzauberten Prinzen als auch den Draufgänger und Taugenichts Avenant, der sein frevelhaftes Eindringen in den Bereich des Ungeheuers mit dem Leben bezahlt und damit zugleich an der Erlösung des Prinzen teilhat.

Cocteau setzt mit La belle et la bête *Maßstäbe für die Gestaltung von Filmbildern als visuelle Entsprechungen poetischer Erfahrungen. Die Poesie entfaltet sich zunächst aus dem Kontrast zwischen der satirisch dargestellten Welt von Habsucht und Eitelkeit, vertreten durch die beiden Schwestern der Belle, und dem zerfallenden Zauberschloß mit seinem in Tiergestalt gezwungenen und vom Kampf mit tierischen Instinkten gequälten Herrscher, in dessen Gewalt Belle gerät. Im Mittelpunkt des Films steht die Fähigkeit Belles, Mitgefühl mit dem Scheusal zu empfinden, das seinerseits menschliche Züge gewinnt.*

Im selben Jahr fotografiert Cocteaus Kameramann Henri Alekan den mit Laienschauspielern inszenierten Film La bataille du rail *(Die Schienenschlacht, Drehbuch und Regie: Réne Clément) über den Widerstand französischer Eisenbahnarbeiter im Krieg.*

Gegenüberliegende Seite:
Le belle et la bête, 1946; Plakat zur deutschen Fassung 1947.

Film

Premieren

- Vittorio De Sica: *Sciuscià (Schuschia / Schuhputzer)*. Buch: Cesare Zavattini u. a. Kamera: Anchise Brizzi. Musik: Alessandri Ciccognini. Darsteller: Rinaldo Smordoni, Franco Interlenghi. Einer der bedeutenden Filme des italienischen Neorealismus. Im Mittelpunkt stehen die Erlebnisse zweier Schuhputzer im besetzten Rom nach 1945.
- Howard Hawks: *The Big Sleep (Tote schlafen fest, 1967)*. Buch: William Faulkner. Kamera: Sid Hickox. Musik: Max Steiner. Darsteller: Humphrey Bogart, Lauren Bacall. Eine der besten Verfilmungen eines Raymond-Chandler-Romans mit Bogart als kratzbürstigem Philip Marlowe.
- Alfred Hitchcock: *Notorious (Weißes Gift / Berüchtigt, 1951)*. Buch: Ben Hecht. Kamera: Ted Tetzlaff. Musik: Roy Webb. Darsteller: Cary Grant, Ingrid Bergman. »Politischer« Thriller, der zu Hitchcocks aufregendsten Filmen der vierziger Jahre gehört.
- Gerhard Lamprecht: *Irgendwo in Berlin*. Kamera: Werner Krien. Musik: Erich Einegg. Darsteller: Harry Hindemith, Hedda Sarow. Eine Kindheit im Nachkriegs-Berlin. Versuch, mit den falschen Heldenbildern des Dritten Reiches aufzuräumen.
- Robert Siodmak: *The Killers (Rächer der Unterwelt, 1950)*. Buch: Anthony Veiller. Kamera: Elwood Bredell. Musik: Miklós Rozsa. Darsteller: Burt Lancaster, Ava Gardner. Gelungene Verfilmung einer Kurzgeschichte von Ernest Hemingway über einen Killer, der auf seine eigene Ermordung wartet.
- Orson Welles: *The Stranger (Der Fremde)*. Buch: Anthony Veiller. Kamera: Russell Metty. Musik: Bronislau Kaper. Darsteller: Edward G. Robinson, Orson Welles, Loretta Young. Melodrama um einen Exnazi, der versucht, in den USA ein neues Leben zu beginnen.
- William Wyler: *The Best Years of Our Lives (Die besten Jahre unseres Lebens, 1948)*. Buch: Robert Sherwood nach *Glory For Me* von McKinlay Kantor. Kamera: Gregg Toland. Musik: Hugo Friedhofer. Darsteller: Fredric March, Myrna Loy. Packendes Drama von drei Männern, die bei ihrer Rückkehr aus dem Krieg nur schwer wieder zu Hause Fuß fassen. Realistische Schilderung des Kleinstadtmilieus.

Ereignisse

- Die Gesamtjahresproduktion des deutschen Films beträgt 1946 vier Filme.
- Am 17. Mai Gründung der Defa, einzige Filmgesellschaft der DDR.

Staudte dreht ersten Trümmerfilm

Wolfgang Staudte inszeniert seinen ersten deutschen Nachkriegsfilm, der am 15. Oktober in den Kinos anläuft: *Die Mörder sind unter uns*. Regie und Buch: Wolfgang Staudte. Kamera: Friedl Behn-Grund, Eugen Klagemann. Musik: Ernst Roters. Die Hauptrollen spielen Ernst-Wilhelm Borchert und Hildegard Knef.

Die Handlung des Films beruht auf einem persönlichen Erlebnis Staudtes während des Krieges. Ein SS-Obersturmbannführer hatte den Regisseur aus politischen Motiven mit der Pistole bedroht, aber nicht abgedrückt. Staudte überlegte damals, wie er reagieren würde, wenn er dem Mann nach dem Krieg wieder begegnete.

Der Film erzählt die Geschichte des Chirurgen Hans Mertens, der nach schweren Kriegsjahren desillusioniert und hoffnungslos in das zerstörte Berlin zurückkehrt. Er lebt in der Wohnung der Grafikerin Susanne, die ihn, obgleich selbst von leidvollen Erfahrungen geprägt, behutsam an ein normales Leben heranzuführen versucht. Als Mertens erfährt, daß sein ehemaliger Kompaniechef, der in Polen unschuldige Menschen als Geiseln erschießen ließ, nun als aufstrebender Geschäftsmann in Berlin lebt, lockt er ihn auf ein Trümmergrundstück, um ihn dort zu erschießen. Mertens glaubt, durch diesen Gewaltakt die Welt gleichsam wieder in Ordnung bringen und sich selbst von den quälenden Bildern der Vergangenheit befreien zu können.

Als Staudte das Exposé über sein Projekt den Kulturoffizieren der vier Besatzungsmächte vorlegt, ist nur der sowjetische Offizier ernsthaft an der Geschichte interessiert, fordert den Regisseur aber auf, den Schluß zu ändern. Der Russe sieht in dieser Szene eine unzulässige Aufforderung zur Selbstjustiz. Also läßt Staudte die Freundin eingreifen, die Mertens im letzten Augenblick an der Tat hindert, und darf mit den Dreharbeiten beginnen. Die Kulisse besteht aus der Trümmerlandschaft Berlins.

Der Streifen wird als erster Versuch gewertet, sich mit der Vergangenheit auseinanderzusetzen, und findet internationale Anerkennung.

Ein Radarstrahl zum Mond

Die Funkmeßmethode des Radar wird für eine Entfernungsmessung zum Mond eingesetzt. Der Radarstrahl besteht aus elektromagnetischen (Funk-) Wellen, die von dem angepeilten Objekt reflektiert werden. Das Radarecho läßt sich auf einem Bildschirm sichtbar machen. Beim Radar-»Beschuß« des Mondes kommt der Meßstrahl nach 2,6 Sekunden zurück und liefert damit einen Entfernungswert von 390 000 Kilometern (die Entfernung Erde–Mond schwankt in gewissen Grenzen). Auch Meteore und Meteoritenschwärme lassen sich mit Hilfe des Radar beobachten und sogar tagsüber orten. »Radar« ist eine Abkürzung der englischen Bezeichnung »Radio detecting and ranging« (Funkermittlung und -entfernungsmessung).

Naturwissenschaft, Technik, Medizin

- Zum Schutz gegen die Bodenerosion ist in den USA seit 1936 ein Baumgürtel aus 22 Millionen Bäumen in nordsüdlicher Richtung angepflanzt worden.
- In den USA nimmt der erste elektronische Digitalrechner ENIAC mit 18 000 Elektronenröhren seinen Betrieb auf.
- Richard E. Byrd unternimmt mit 4000 Mann und 12 Schiffen, darunter einem Flugzeugträger, eine großangelegte Südpolarexpedition. Er entdeckt ein bisher unbekanntes 5000 Meter hohes Gebirge und kartographiert auf 84 Flügen über das Inlandeis 2,4 Millionen Quadratkilometer. Seine Expedition, bei der er die gesamte Antarktis umschifft, dauert bis 1947.

Bildende Kunst

Werke
- Giorgio de Chirico: *Perseus und Andromeda*. Gemälde.
- Walter Bodmer: *Finale*.
- Otto Dix: *Selbstbildnis als Kriegsgefangener*.
- Lyonel Feininger: *Verlassen*. Aquarell.
- Erich Heckel: *Selbstbildnis*. Expressionistisches Ölgemälde.
- Auguste Herbin: *Rose*.
- Karl Hofer: *Frauen am Meer, In der Tür, Im Neubau* und *Stehende Mädchen*. Expressionistische Gemälde.
- Oskar Kokoschka: *Bildnis Werner Reinhart* und *Wirbelsturm von Sion*. Expressionistische Bilder.
- Georg Kolbe: *Beethovendenkmal*, Entwurf; Guß folgt 1948.
- Marino Marini: *Reiter*. Durch die strenge Formenlinie der etruskischen Kunst beeinflußte Skulptur.
- Henry Moore: *Familiengruppe*. Bronzeplastik im abstrakten Stil.
- Jackson Pollock: *Sternschnuppe*.

Ausstellungen
- Chicago: Ausstellung von abstrakter und surrealistischer Kunst im Art Institute.

Ereignisse
- Gründung der Malergruppe »Fronte nuovo delle arti« in Italien.

Literatur
- André Malraux: *Le musée imaginaire (Das imaginäre Museum)*, Essay aus der Reihe *Psychologie de l'art (Psychologie der Kunst)*. Kunstkritische Schrift mit nachhaltigem Einfluß auf die Kunstgeschichte. Moderne Reproduktionstechniken lösen die Kunstwerke aller Zeiten aus ihrer Umgebung, so daß nun, wie in einem »imaginären Museum«, der künstlerische Stil allein dominiert.

Tachismus und Action painting

In der Pariser Galerie Drouin werden vierzig Bilder des in Frankreich lebenden deutschen Malers Wols (Wolfgang Schulze) gezeigt, die großes Aufsehen erregen. Wenn auch der Begriff Tachismus (von la tache = der Fleck) erst um 1950 von Michel Seuphor geprägt wird, so sind die Arbeiten von Wols doch schon ganz von diesem Stil beeinflußt.

Der Künstler, schreibt Friedrich Bayl über Intention und Technik von Wols, »überschwemmt jegliche an etwas gemahnende Figur durch graue Flüsse, Bäche, Rinnsale von Terpentin, damit sie alles Feste, alle Konturen auflösen und zernagen… Andeutungen werden gefaßt, zusammengezogen, belebt, betont, gelöscht, durch farbige Spritzer, Kommata, Punkte, Linien, Pinselschwünge …«

Zur selben Zeit, da die Pariser Ausstellung die Kunstwelt in Erstaunen versetzt, entsteht in den USA eine Variante des Tachismus, das Action painting (Aktionsmalerei). In der Methode der Bildherstellung unterscheiden sich beide Malpraktiken allerdings erheblich. Bei dem Action painting wird die Farbe nicht mehr auf die Leinwand gepinselt, sondern geträufelt. Da ein solches, auch Drip painting (Tropfbild) genanntes Gemälde nicht auf der schräg gestellten Staffelei entstehen kann, legt der Maler die Leinwand auf den Fußboden und füllt sie dort mit Farben und Mustern.

Bereits 1942 hat Max Ernst und 1945 der aus Deutschland in die USA eingewanderte Hans Hofmann Versuche mit dieser neuen Technik angestellt. Zur vollen Reife entwickelt sich das Farbdripping aber erst durch den Amerikaner Jackson Pollock, der den Malprozeß in einen explosionsartigen Akt totaler Kreativität verwandelt. Er verzichtet auf eine reflektierte Bildstruktur und bedeckt die Leinwand mit Farben und Linien.

Überschallflug

Charles Yaeger erreicht mit einer amerikanischen Versuchsmaschine vom Typ Bell X-1 eine Geschwindigkeit von etwa 1700 Stundenkilometern und fliegt damit erstmals schneller als der Schall.

Welche neuen Probleme treten auf? Bewegt sich ein Flugzeug mit etwa 1150 Kilometern pro Stunde in den unteren Luftschichten, so erreicht es jene Geschwindigkeit, mit der sich der Schall in der Luft fortpflanzt. Techniker nennen sie »1 Mach«.

Im Bereich von 1 Mach tritt etwas Merkwürdiges ein. Wenn die Luftmoleküle bisher Zeit hatten, vor einem nahenden Flugzeug auszuweichen, ohne sich gegenseitig zu stoßen, so sind sie jetzt auf das Kommen der Maschine gewissermaßen nicht mehr vorbereitet. Ohne Ankündigung prallt sie auf die kleinen Teilchen, drängt sie zusammen und bohrt sich förmlich durch die zusammengequetschte Masse hindurch. Die Überschallmaschine ist in der Lage eines Motorradfahrers, der sich nach freier Fahrt auf der Landstraße plötzlich von einer dichten Menschenmenge umgeben sieht.

Ein Überschallflugzeug preßt die Luftmoleküle also vor sich zusammen, wobei sich das Strömungsschema an Tragflächen und Rumpf verändert. Hinter der Maschine weichen die Moleküle explosionsartig wieder auseinander. So entsteht beim Erreichen und Durchstoßen der »Schallmauer« (der Schallgeschwindigkeit) jene Druckwelle, die als »Überschallknall« bekannt wird.

Für das Flugzeug selbst bedeutet der Flug mit Überschallgeschwindigkeit eine sehr harte Belastung. Die Druckwellen schütteln, reißen, stoßen Rumpf, Tragflächen und Leitwerk hin und her. Nur widerstandsfähigstes Material und eine wohlberechnete Form der einzelnen Flugzeugteile sind diesen Stößen gewachsen.

Der Wendepunkt Wols

Das Gemälde Komposition des 34jährigen Malers Wolfgang Schulze mit dem Künstlernamen Wols kann als Darstellung eines Kopfes mit rotem Barett betrachtet werden. Im türkisfarbenen Farbstreifen zeichnen sich zwei Augen ab, im unteren Teil eine als Mund aufzufassende Ringform. Damit endet jedoch die Suche nach gegenständlichen Anhaltspunkten, die ohnehin vom Malwerk eher entfernt als zu ihm hinführt.

Es fordert dazu auf, als seelisches Seismogramm gelesen zu werden, wie es die Surrealisten zwar theoretisch gefordert, aber in dieser Konsequenz nie realisiert haben. Formen und Farben scheinen sich selbst überlassen zu sein und üben doch eine faszinierende Wirkung aus. Was als Kopf erscheinen könnte, ist zugleich eine Art von explosivem Vorgang, der von zierlichen Linien umspielt, von eingravierten Zeichen durchkreuzt wird.

Der Maler Georges Mathieu schreibt über den tiefen Eindruck, den er durch die 1947 in der Pariser Galerie Drouin ausgestellten Arbeiten von Wols empfangen hat: »Vierzig Meisterwerke, jedes zerschmetternder, aufwühlender, blutiger als das andere. Ein Ereignis, ohne Zweifel das wichtigste seit den Werken van Goghs. Wols hat alles vernichtet. Nach Wols war alles neu zu machen. Im ersten Anlauf hat Wols die Sprachmittel unserer Zeit genial, unabweisbar, unwiderlegbar eingesetzt.«

Das Aufsehenerregende ist die Abkehr nicht allein von der gegenständlichen, sondern auch und gerade von der geometrischen konkreten Kunst mit ihrem rationalen Verständnis von Form und Farbe.

Das persönliche Schicksal des Malers deutet an, daß er allein nach eigenen subjektiven Vorstellungen gearbeitet hat, auf der Flucht vor Faschismus und Krieg zuerst in Frankreich, dann in Spanien, seit 1946 in Paris lebend. Im Alter von 38 Jahren stirbt Wols 1951 nach einem zerrütteten Leben.

Naturwissenschaft, Technik, Medizin

- John Cobb stellt mit 630 km/st einen Geschwindigkeitsrekord für Autos auf.
- Thor Heyerdahl segelt mit einem primitiven, in vorgeschichtlicher Bautechnik hergestellten Floß von Peru nach Polynesien. Er will damit nachweisen, daß schon früh eine Besiedlung der pazifischen Inselgruppe durch Bewohner Südamerikas stattgefunden haben kann.
- Das Breitband-Antibiotikum Chloromycetin wird aus dem Strahlenpilz Streptomyces venecuelae gewonnen. Es läßt sich auch synthetisch (als Chloramphenicol) herstellen und erweist sich als wirksam vor allem gegen Typhus- und Paratyphus-Erreger. Die Typhus-Todesrate sinkt.

Gegenüberliegende Seite:
Wols (Wolfgang Schulze), Komposition; 1947.

1947

Gruppe 47

Die deutschen Schriftsteller und Publizisten, die sich auf Initiative von Hans Werner Richter am 10. September in München zur Gruppe 47 zusammenschließen, bekennen sich zu sehr unterschiedlichen Stilrichtungen. Doch sie beschränken sich bewußt auf die Diskussion und Kritik der poetischen Schreibweisen, die als prinzipiell gleichwertig anerkannt werden. Es gibt keine ideologische und inhaltliche Relevanz-Diskussion. Rolf Schroers schreibt später (1965) in der Zeitschrift »Merkur« (Nr. 19): »Die Gruppe ist ästhetisch ein erstaunlicher Vielfraß, dem schlechterdings alles zu schmecken scheint und alles verdaulich – außer dem, versteht sich, was sie für neofaschistisch und postfaschistisch hält, also prima vista keine ästhetische, sondern eine politische Kritik herausfordert.« Und in einem Interview mit Mitgliedern der Gruppe heißt es: »Wenn der symbolistische Lyriker Müller besser ist als der sozialistische Realist Maier, dann soll also das von der Gruppe entsprechend notiert werden, eine Entscheidung treffen wir nicht.«

Auf der ersten Tagung der Gruppe im Jahre 1947 liest das Gründungsmitglied Wolfdietrich Schnurre aus seinen Erzählungen vor. Der Gruppe, die sich als Sammelbecken »junger Literatur« versteht und auf jährlichen Herbsttagungen in wechselnder Besetzung zusammentrifft, gehören schon bald Autoren wie Heinrich Böll, Günter Eich, Martin Walser und Ingeborg Bachmann an. Obgleich die Bedeutung dieser Gruppierung für die deutsche Nachkriegsliteratur sehr groß ist, fallen ihre Bemühungen um die Literatur in den späten vierziger Jahren zunächst kaum auf, denn es herrscht allgemein Aufbruchstimmung. Um 1950 jedoch beginnt sich die Gruppe aus der deutschen Nachkriegsliteratur herauszuheben. Die zunehmend heterogene Vereinigung wird nach jahrelangen Zerfallserscheinungen 1977 endgültig aufgelöst.

Rückkehr aus dem Exil

Nicht zuletzt die Tätigkeit des »Ausschusses für unamerikanisches Verhalten« in Washington bringt Bert Brecht zu dem Entschluß, die Vereinigten Staaten zu verlassen. 24 Stunden nach seinem Verhör besteigt er das Flugzeug nach Paris. Er will jedoch nicht vorbehaltlos nach Berlin zurückkehren, sondern Verbindungen zu Theatern in den verschiedenen Besatzungszonen anknüpfen. So wird Zürich zunächst der Ort, an dem er sich niederläßt. Verlockende Angebote treffen aus Ost-Berlin ein, eine eigene Bühne aufzubauen. Nach langem Zögern entschließt sich Brecht, in den sowjetisch besetzten Teil der Stadt zurückzukehren, wo er 1949 gemeinsam mit seiner Frau Helene Weigel das Berliner Ensemble gründet.
Ost-Berlin wird zur wiedergewonnenen Heimat zahlreicher Vertreter der deutschen Exilliteratur. Aus der UdSSR sind schon 1945 Johannes R. Becher und Willi Bredel zurückgekehrt; aus dem westlichen Ausland folgen 1947 Stefan Hermlin und Anna Seghers, 1948 Arnold Zweig. Heinrich Mann wird 1949 zum Präsidenten der neugegründeten Akademie der Künste ernannt; er stirbt kurz vor Antritt der Reise nach Ost-Berlin.

Dolbin, Bertolt Brecht; 1947.

Literatur

Neuerscheinungen
● Wystan Hugh Auden: *The Age of Anxiety (Das Zeitalter der Angst,* 1949). Sechsteilige »barocke Ekloge« über die Problematik menschlicher Existenz und die Schwierigkeit der Kommunikation.
● Samuel Beckett: *Murphy.* Becketts tragisch-grotesker Titelheld ist Pfleger in einem Irrenhaus, wo er sich mit einem Insassen verbrüdert. Wie Becketts spätere Romanfiguren, versucht auch Murphy, sich der Wirklichkeit zu entziehen.
● Albert Camus: *La Peste (Die Pest).* Chronikartige Darstellung einer Pestepedemie in Nordafrika, deren Chaos nur durch den illusionslosen Gemeinschaftskampf der Menschen überwunden werden kann. Die Seuche symbolisiert die Heillosigkeit unserer Zeit.
● Hans Carossa: *Gesammelte Gedichte.* Von Goethe beeinflußte Gedichte, in denen die Natur zum Symbol für menschliche Schicksale wird.
● Malcolm Lowry: *Under the Vulcano (Unter dem Vulkan).* Roman über die Selbstzerstörung eines zu Liebe und Verantwortung unfähigen Mannes.
● Hans Erich Nossack: *Nekyia – Bericht eines Überlebenden.* Eine Rückbesinnung auf das Dritte Reich, beeinflußt durch existentialistische Ideen.
● Jean-Paul Sartre: *Situations (Situationen).* Essays, politische und kritische Schriften, Kommentare der Jahre 1938 bis 1946.
● Jean-Paul Sartre: *Qu'est-ce que la littérature? (Was ist Literatur?)*

Eine Stellungnahme zugunsten der marxistisch engagierten Literatur. »Lesen ist gelenktes Schaffen.«
● Günther Weisenborn: *Memorial.* Erinnerungen des Schriftstellers an seine Zeit im Gefängnis, in dem er die letzten Kriegsjahre zubrachte.

Ereignisse
● Die Schriftstellerin Ricarda Huch, die während des Krieges zeitweise Schreibverbot hatte, wird Ehrenpräsidentin des gesamtdeutschen Schriftstellerkongresses in Berlin.
● Die Zeitschrift »Merkur« wird gegründet.
● Fund der bis dahin ältesten Bibelhandschrift in Palästina: Jesaja-Rolle, Habakuk-Kommentar, Heoch-Buch. Die Rollen stammen aus der Zeit um Christi Geburt.

McCarthys Hexenjagd in Hollywood

Der 1938 gegründete Senatsausschuß für unamerikanische Aktivitäten (»House Committee on Unamerican Activities«) nimmt jetzt auch in Hollywood seine Untersuchungen auf. Einer der Gründe für die plötzliche Aufmerksamkeit für Hollywood liegt in Charlie Chaplins sehr offenem Eintreten für die Sowjetunion. Der Ausschuß steht seit 1945 unter dem Vorsitz von John E. Rankin und J. Parnell Thomas. Von 1950 bis 1954 leitet ihn der republikanische Senator Joseph Raymond McCarthy. Bis in die frühen fünfziger Jahre hinein ist der »HUAC« einer der treibenden Motoren des amerikanischen Antikommunismus. In Hollywood haben die Untersuchungen, denen sich Mitte der vierziger Jahre im übrigen auch Bert Brecht stellen mußte, zum Teil schlimme Auswirkungen. In den Studios werden die Personallisten mit dem Ziel durchforstet, »linke Kräfte« aufzudecken und auszuschalten. Regisseure und Schauspieler werden gezwungen, Kollegen zu denunzieren, um die eigene Haut zu retten, und müssen sich offiziell mit der Arbeit der Ausschüsse einverstanden erklären.

Neunzehn Zeugen werden schließlich wegen ihrer »Aussageunwilligkeit« gerügt und unter Strafandrohung zur Aussage gezwungen. Zehn von ihnen, die sogenannten »Hollywood Ten«, darunter Edward Dmytryk, Ring Lardner jr. und Dalton Trumbo, erklären jedoch den Ausschuß für verfassungswidrig und deshalb nicht befugt, Aussagen anzuordnen; sie werden wegen Mißachtung des Kongresses angeklagt und zu Gefängnisstrafen verurteilt.
Diese erste große Untersuchung ist jedoch nur der Auftakt zu einer mehrjährigen »Hexenjagd« in Hollywood. Viele Schauspieler und Regisseure, aber auch Techniker und Produzenten geraten auf merkwürdige Art und Weise auf die Liste der Verdächtigen und finden dann kaum wieder Arbeit. Einige Regisseure wie Joseph Losey, Jules Dassin und Carl Foreman verlassen Amerika und gehen nach Europa, andere arbeiten unter Pseudonymen. Charlie Chaplin entgeht der Anklage, indem er 1952 nach einer Europareise nicht in die USA zurückkehrt.
Die Aktivitäten des Ausschusses schwächen sich erst gegen Ende der fünfziger Jahre ab und versickern allmählich nach dem Tode McCarthys (1957).

Arnold Schönberg
Der rote Blick
(Ausschnitt) 1910

A. Paul Weber
Das Verhängnis
1932

Brennpunkt Faust

»Man erinnert sich ja, daß in dem alten Volksbuch, das Leben und Sterben des Erzmagiers erzählt, und dessen Abschnitte Leverkühn sich mit wenigen entschlossenen Griffen zur Unterlage seiner Sätze zurechtgefügt hat, der Dr. Faustus, als sein Stundenglas ausläuft, seine Freunde und vertrauten Gesellen … nach dem Dorfe Rimlich nahe Wittenberg lädt …« Mit diesen Worten leitet Thomas Mann bzw. sein Erzähler die Schlußszene des Romans Doktor Faustus ein, der (nach Teilveröffentlichungen 1944) in New York und Stockholm erscheint (weitere Veröffentlichungen 1948 in Wien und 1951 in Frankfurt am Main). Der Untertitel lautet Das Leben des deutschen Tonsetzers Adrian Leverkühn, erzählt von einem Freund, nämlich Dr. phil. Serenus Zeitblom, der als Augenzeuge selbst eine Figur des Romans ist. Leverkühns Schaffen gipfelt in der symphonischen Kantate Dr. Fausti Weheklag. Zugrunde liegt das Bekenntnis des Johann Faust in der oben angesprochenen Abschiedsszene: »Denn ich sterbe als ein böser und guter Christ.« Es bildet »das Generalthema des Variationswerks. Zählt man seine Silben nach, so sind es zwölf, und alle zwölf Töne der chromatischen Skala sind ihm (Leverkühns Werk) gegeben, sämtliche denkbaren Intervalle darin verwandt.«
Es ist dies ein Beispiel für Thomas Manns Technik der Verknüpfung des Faust-Stoffes (mit seinem zentralen Motiv des Teufelspaktes) mit der Kultur- und Zeitgeschichte der Gegenwart. So gehört Schönberg als der Schöpfer der Zwölftonmusik neben Friedrich Nietzsche und Hugo Wolf zu den »Vorbildern« für die Gestalt Leverkühns. Mann aktualisiert, reflektiert, zitiert und montiert sein Material in so umfassender Weise, daß der Arbeitsbericht den Stoff zu einem wiederum vielschichtigen Werk liefert: Die Entstehungsgeschichte des Doktor Faustus. Roman eines Romans (1949).
Die beiden Abbildungen verweisen auf die musikgeschichtliche Ebene des Romans sowie dessen eigentliches Thema: den Weg Deutschlands in das Verhängnis des Faschismus.

»Wenn ich überhaupt eine Heimat gehabt habe, dann ist dies New Orleans, wo ich seit 1938 immer wieder gelebt habe ... Ich wohnte ganz in der Nähe der Hauptstraße des alten Stadtviertels. Sie führt den Namen Royal. Diese Straße entlang, auf denselben Gleisen, fahren zwei Straßenbahnen. Die eine heißt Desire, Sehnsucht, die andere Cemetery, Friedhof. Ihre unentwegte Fahrt die Royalstraße hinauf und herab schien mir plötzlich von symbolischer Bedeutung für das Leben im Vieux Carré – und übrigens für das Leben überhaupt.« Tennessee Williams erinnert mit diesen Sätzen an die Entstehung seines Theaterstücks A Streetcar Named Desire, das am 3. Dezember 1947 in New York Premiere hat. Die Inszenierung wird ein großer Erfolg, der Autor erhält für das Drama den Pulitzer-Preis. Die deutschsprachige Erstaufführung unter dem Titel

Endstation Sehnsucht folgt am 10. November 1949 in Zürich.

Der noch heute zu besichtigende Straßenbahnwagen Desire ist eine nostalgische Erinnerung an die Hauptfigur des Stückes, Blanche DuBois. Nach dem Selbstmord ihres homosexuell veranlagten Mannes ist die aus einer alteingesessenen Pflanzerfamilie stammende Blanche aus der Bahn geworfen und flüchtet sich zu ihrer Schwester, bei der sie Sicherheit sucht. Mit der Straßenbahn Desire fährt sie zu deren Wohnung, in der Hoffnung, die »Endstation« ihrer Sehnsucht nach Geborgenheit erreicht zu haben. Sie gerät in neue Verstrickungen sexueller Unterdrückung und Demütigung und muß schließlich in eine Nervenklinik eingewiesen werden. Sie scheitert an der Brutalität ihrer Umwelt und kann selbst nicht genug Kraft aufbringen, sich dagegen zur Wehr zu setzen.

Dramaturgisch bedient sich Williams der vor allem durch Henrik Ibsen entwickelten Technik des Enthüllungsdramas, in dem vergangene Ereignisse in der Handlungsgegenwart ihre meist zerstörerische Wirkung gewinnen.

So wird die Katastrophe nicht zuletzt dadurch herbeigeführt, daß Blanches Schwager Kowalski herausgefunden hat, daß sie wegen ihres Treibens als Nymphomanin und Alkoholikerin aus dem Schuldienst entlassen und ihrer Heimatstadt verwiesen worden ist.

Für den biederen Mitch ist sie nun »nicht rein genug«, um seine Frau zu werden, und Kowalski rächt sich an ihr, indem er sie vergewaltigt.

Blanches völlige Zerstörung ist nicht zuletzt in einer Ambivalenz begründet, die der Namen jener Straßenbahn enthält. Er bedeutet nicht nur Sehnsucht, sondern auch Begierde.

New Orleans
Wagen der Straßenbahn Desire

Theater im Zimmer

Im Juli versammeln sich im obersten Stock eines Etagenhauses an der Alsterchaussee 5 in Hamburg fünfzig Zuschauer, um eine Schüleraufführung von Ibsens Drama *Gespenster* zu sehen. Damit beginnt die Zeit der Zimmertheater, die ohne Dekoration auskommen und ein Stück auf den Ausdruck der Sprache reduzieren. Eng mit den ersten Zimmertheatern verbunden ist der Name des Schauspielers und Regisseurs Helmuth Gmelin, der schon 1946 erste Versuche mit dieser Spielform unternahm. Nun sprießen die Winzlinge wie Pilze aus dem Boden. Frank Thieß erklärt im Januar 1951 in einem Artikel in der »Literarischen Welt« den Reiz der neuen Theater: »Das Zimmertheater holt den Zuschauer aus seiner snobistischen Isolation, es preßt ihn gleichsam in das Stück hinein … Und vergessen wir nicht: es gibt keine noch so kleine Stadt, die sich nicht ein solches Theater leisten könnte …«

Draußen vor der Tür

»Ein Stück, das kein Theater spielen und kein Publikum sehen will« nennt Wolfgang Borchert sein Werk *Draußen vor der Tür*. Der Schauspieler und Schriftsteller, 1921 in Hamburg geboren und 1941 an die Ostfront geschickt, schreibt sein Drama 1946 unter dem Eindruck des Krieges und der Gefangenschaft. Am 13. Februar 1947 strahlt der Nordwestdeutsche Rundfunk in Hamburg das Stück als Hörspiel aus. Am 20. November stirbt Borchert. Einen Tag nach seinem Tod kommt sein Hörspiel in den Hamburger Kammerspielen erstmals auf einer Bühne zur Aufführung. Im folgenden Jahr inszeniert Wolfgang Liebeneiner eine Filmversion mit dem Titel *Liebe 47*.

Draußen vor der Tür ist verwandt mit den pazifistischen Mitleidsdramen des Ersten Weltkrieges und in der Nachkriegsliteratur ohne Nachfolge geblieben. In ihm klingt auch noch ein letztes Echo des Expressionismus nach. Daß dieses Werk noch heute, nach mehr als drei Jahrzehnten, so lebendig wirkt,

liegt vor allem daran, daß die artifiziellen Lyrismen des Stückes immer wieder aufgebrochen werden durch die Realität. Denn vieles in diesem Drama beruht auf eigenen Erlebnissen des Autors.

Wie sein Held, der Unteroffizier Beckmann, ist auch Borchert 25jährig aus der Gefangenschaft zurückgekehrt, wie Beckmann kennt Borchert die Lebensmüdigkeit, die den Heimkehrer peinigt. Er plagt sich mit Selbstmordträumen, aber die Elbe, in die er sich wirft, nimmt ihn nicht an. In einem anderen Traum klagt Beckmann Gott an, »diesen ohnmächtigen alten Mann, an den niemand mehr glaubt«. Und er fragt: »Wo ist denn der alte Mann, der sich Gott nennt? Warum redet er denn nicht? Gebt Antwort! Warum schweigt ihr denn? Gibt keiner Antwort?« So wie Borchert fühlen viele, die in den ersten Nachkriegsjahren nicht den Neuanfang sehen wollen und können, sondern nur einen Nullpunkt, ein Tief, aus dem sich mancher nicht mehr befreien kann. Borcherts Heimkehrerdrama, das von fast allen deutschen Bühnen übernommen wird, findet deshalb eine außerordentliche Resonanz.

Trümmerliteratur

Am 20. November stirbt der Lyriker, Erzähler und Dramatiker Wolfgang Borchert im Alter von 26 Jahren in Basel. Zehn Monate Kriegslazarett, sechzehn Monate Gefängnis wegen Wehrkraftzersetzung, Gelbsucht und Fleckfieber haben seine Gesundheit ruiniert. Wolfgang Borchert gehört zur Generation der Enttäuschten und Betrogenen, deren Jugend und Ideale im Krieg zerstört worden sind. Er ist Sprachrohr der Kriegsgeneration, die heimkehrt in eine Trümmerwelt und die größten Schwierigkeiten hat, sich dort wieder zurechtzufinden.

Seine Texte sind ein ekstatischer Aufschrei gegen Krieg und Ungerechtigkeit, die Anklage einer verratenen Generation. Die Erlebnisse im Krieg haben ihn zu einem radikalen Pazifisten werden lassen.

Sprachlich scheut sich Borchert nicht vor expressionistischer Metaphorik, doch fordert er zugleich die eindeutige, klare Sprache und lehnt alles Artizielle ab: »Wir brauchen keine Dichter mit guter Grammatik. Zu guter Grammatik fehlt uns Geduld. Wir brauchen die, die zu Baum Baum und zu Weib Weib sagen und ja und nein sagen: laut und deutlich und dreifach ohne Konjunktiv.«

Borcherts Texte sind im Nachkriegsdeutschland so erfolgreich, weil sie Erleben und Fühlen einer ganzen Generation ausdrücken, die sich als Strandgut des Krieges empfindet.

In einem Brief schreibt Borchert: »Wenn ich nun schreibe: Alle Ankunft gehört uns, so meine ich damit nicht uns Deutsche, sondern sie gehört dieser enttäuschten, verratenen Generation – gleich, ob es sich um Amerikaner, Franzosen oder Deutsche handelt. Dieser Satz entstand aus einer inneren Opposition gegen die Generation unserer Väter, Studienräte, Pastoren und Professoren. Es soll heißen, sie haben uns zwar blind in diesen Krieg gehen lassen, aber nun wissen wir Sehend-gewordenen, daß nur noch eine Ankunft zu neuen Ufern uns retten kann, mutiger gesagt: Diese Hoffnung gehört uns ganz allein!«

Bildnisfoto Wolfgang Borchert, 1947.

Theater

Premieren

● Jacques Audiberti: *Le mal court* (*Der Lauf des Bösen*). Spiel in drei Akten. Audibertis erfolgreichstes Werk dreht sich um die Desillusionierung von Märchenträumen. »Das Böse muß genutzt werden, wenn das Gute getan werden soll.« (Uraufführung am 25. Juni, Théâtre de Poche, Paris; deutsche Erstaufführung am 5. April 1957, Essen.)

● Jean Genet: *Les bonnes* (*Die Zofen*). Die Zofen Claire und Solange, zwei in Haßliebe aneinandergekettete Schwestern, übernehmen das Rollenspiel Herrin–Dienerin. Sie bringen den »gnädigen Herrn« durch anonyme Briefe ins Gefängnis und planen den Mord an der »gnädigen Frau«. Eine im Grenzbereich von Schein und Wirklichkeit, Lust und Grauen angesiedelte Parabel auf Haß, Liebe und Macht. (Uraufgeführt am 17. April, Théâtre de l'Athénée, Paris; deutsche Erstaufführung 3. August 1957, Bonner Kellertheater »Contra-Kreis«.)

● Arthur Miller: *All My Sons* (*Alle meine Söhne*). (Uraufführung am 29. Januar, Coronet Theatre, New York. Deutschsprachige Erstaufführung 1948, Bern; deutsche Erstaufführung Januar 1949, Weimar.) Konventionell sozialkritisches Familiendrama in der Tradition Ibsens.

● Eugene O'Neill: *A Moon for the Misbegotten* (*Ein Mond für die Beladenen*). »Eine irische Ballade« um Träumer und Trinker, arme Farmer und Lebensmüde. Eine der Hauptfiguren sagt: »Wir können die Welt täuschen, doch wir können uns nicht selber etwas vormachen.« Entstanden 1943. (Uraufführung am 20. Februar, Hartman Theatre, Columbus [Ohio]. Deutsche Erstaufführung am 26. September 1954, Berlin.)

● Armand Salacrou: *L'archipel Lenoir ou il ne faut pas toucher aux choses immobiles* (*Der Archipel Lenoir oder Rühre nicht an schlummernde Dinge*). Satire auf eine von Geld- und Machtinstinkten getriebene bürgerliche Gesellschaft, demonstriert anhand einer Familie, die durch Likör reich geworden ist. (Uraufführung am 8. November, Théâtre Montparnasse, Paris.)

● Tennessee Williams: *Summer and Smoke* (*Der steinerne Engel*). Die sanfte Alma Winemiller gerät in den Zwiespalt zwischen sinnlicher (verbotener) und seelischer (reiner) Liebe. (Uraufgeführt 1947 im Arena-Theater, Dallas, Texas, danach am 6. Oktober 1948 im Music Box Theatre, New York. Deutsche Erstaufführung 1. Dezember 1951, Stuttgart und Hildesheim.)

1947

Musik

Premieren

• Benjamin Britten: *Albert Herring*. Komische Oper in drei Akten, frei nach Maupassant. Die Wirkung des Werkes liegt in der Situationskomik um den naiven Titelhelden, der zum Maienkönig gewählt wird. (Uraufführung am 20. Juli bei den Festspielen von Glyndebourne.)

• Gottfried von Einem: *Dantons Tod*. Oper in zwei Teilen. Text nach Georg Büchner von Boris Blacher und dem Komponisten. (Uraufführung des Werkes am 6. August, Salzburg.)

• Paul Hindemith: *Symphonia serena*, Kantate *Apparebit repentia dies*, Uraufführung in Cambridge, Mass. *Klavierkonzert*.

• Arthur Honegger: *4. Symphonie*.

• Frederic Loewe: *Brigadoon*. Musical. Libretto: Alan Jay Lerner. (Uraufgeführt am 13. März, Ziegfeld Theatre, New York. Deutsche Erstaufführung 1980, Karlsruhe.) Abenteuer zweier amerikanischer Touristen in einer verzauberten Stadt im schottischen Hochland.

• Burton Lane: *Finians Rainbow*. Musical. Buch und Gesangstexte: E. Y. Harburg, Fred Saidy. (Uraufführung am 10. Januar, 46th Street Theatre, New York. Deutsche Erstaufführung 28. September 1975, Kaiserslautern.) Märchen von einem Iren, der auszieht, um in den USA reich zu werden.

• Carl Orff: *Die Bernauerin*. Ein bairisches Stück in zwei Teilen. Texte vom Komponisten. Typisches Orff-Orchester, Chor, nur eine Singstimme. (Uraufführung am 8. Juni, Stuttgart.)

Ereignisse

• Gründung der Zeitschriften »Die Musikforschung«, »Musica« und »Musik und Altar«.

Musik und nur Musik

Der Hit der Saison heißt Möwe, du fliegst in die Heimat. Von Fernweh und Heimweh ist hier die Rede, von einsamen Schiffen auf nächtlichem Meer und von dem Herzen, das so schwer ist. Eine neue Blütezeit des Schlagers beginnt. Da singt Rudi Schuricke sein Lied von den Capri-Fischern, die mit ihren Booten hinausfahren, sobald bei »Capri die rote Sonne im Meer versinkt«. Und da tanzt man wieder ausgelassen zu den flotten Rhythmen des Sambas Maria aus Bahia. Wo die Schnulze gedeiht, da ist auch die Parodie nicht weit. Der Sanella-Samba macht seine Runde mit dem höchst einprägsamen Text: »Ei ei ei Sanella / Sanella auf dem Teller / Wenn Sanella ranzig wird / Dann wird sie's immer schneller …«

Neben der heimischen Schnulze aber feiern die Klänge aus dem fernen Amerika Triumphe. 38 Soldatensender überschwemmen Deutschland mit einer Musik, die bisher weitgehend unbekannt, weil offiziell verboten war. Der Bebop-Jazz, 1945 vor allem von Dizzy Gillespie in den USA populär gemacht durch Songs wie Shaw Nuff oder Salt Peanuts, kommt nach Deutschland und leitet auch hier die Begeisterung für den Modern Jazz ein. Man tanzt Boogie-Woogie und Jitterbug, versucht sich am Samba.

Die deutsche Schallplattenindustrie beginnt schon bald nach der Währungsreform (1948) Fuß zu fassen und Erfolge zu verzeichnen. 1949 werden immerhin schon sechs Millionen Platten verkauft, knapp zehn Jahre später sind es 58 Millionen. Wer sich noch keine Platten und keinen Plattenspieler leisten kann, der hört an Radios mit, wo immer es sie gibt, oder singt eben selbst von Capri und den Möwen, von der ranzigen Sanella oder dem »lover man«. Gastierende ausländische Stars, die man lange entbehren mußte, werden umjubelt. Aber auch Sänger und Schauspieler, die wie der Ufa-Star Zarah Leander schon im Dritten Reich das Publikum begeisterten, haben noch lange nicht ausgedient.

Zarah Leander und das Tanzorchester des Südwestfunks, 1948.

Film

Premieren

• Claude Autant-Lara: *Le diable au corps (Stürmische Jugend)*. Buch: Jean Aurenche. Kamera: Michel Kelber. Musik: René Clóerec. Darsteller: Micheline Presle, Gérard Philipe. Die ehebrecherische Affäre zwischen einem Jungen und der Frau eines zur Front abkommandierten Offiziers ist (für 1947) von großer Gewagtheit; der Film beeindruckt noch heute wegen der schauspielerischen Leistungen.

• Josef von Baky: *Und über uns der Himmel*. Buch: Gerhard Grindel. Kamera: Werner Krien. Musik: Theo Mackeben. Darsteller: Hans Albers, Paul Edwin Roth. Erlebnisse eines Kriegsheimkehrers, der fast in Schieberkreise gerät. Mischung aus dokumentarischer Präzision und Spielfilmelementen.

• Charles Chaplin: *Monsieur Verdoux*. Buch, Regie, Musik: Chaplin. Kamera: Rollie Tothero. Darsteller: Chaplin, Martha Raye. Ein Bankangestellter heiratet und ermordet reiche Frauen. Eine der späten Satiren von Chaplin, basierend auf der Geschichte des Frauenmörders Landru.

• René Clair: *Le silence est d'or (Schweigen ist Gold)*. Buch: Clair. Kamera: Armand Thirard. Musik: Georges Van Parys. Darsteller: Maurice Chevalier. Ein Komödiant wird 1906 Filmproduzent und verliebt sich in ein junges Mädchen. Ein fröhlich beschwingter Film ohne Tiefe, aber voller Wärme.

• Helmut Käutner: *In jenen Tagen*. Buch: Käutner und Ernst Schnabel. Kamera: Igor Oberberg. Musik: Bernhard Eichhorn. Darsteller: Erich Schellow, Winnie Markus. Anhand der Geschichte eines Autos rollt Käutner in mehreren Episoden Deutschlands Schicksal von 1933 bis 1945 auf.

• Kurt Maetzig: *Ehe im Schatten*. Buch: Kurt Maetzig. Kamera: Friedl Behn-Grund. Musik: Wolfgang Zeller. Darsteller: Paul Klinger, Ilse Steppat. Der DEFA-Film, Maetzigs Erstling, zeigt das Schicksal eines Ehepaares, das in die Strudel des Antisemitismus im Dritten Reich gerät.

• Hans Müller: *Und finden dereinst wir uns wieder*. Buch: Ernst Hesselbach. Kamera: Klaus von Rautenfeld. Musik: Michael Jary. Darsteller: Paul Dahlke, Käte Haack. Versuch dreier aus Berlin evakuierter Jungen, gegen Kriegsende ihre Heimatstadt zu erreichen, um sich dort dem Volkssturm anzuschließen. Ein sensibler, hervorragend fotografierter Film.

• Roberto Rossellini: *Paisà (Paisà, 1949)*. Buch: Federico Fellini u. a. Kamera: Otello Martelli. Musik: Renzo Rossellini. Darsteller: Robert van Loon, Carmela Sazio. Sechs Episoden aus den letzten Kriegsmonaten in Italien.

Jacques Robert erhält
den Existentialisten-Literaturpreis
Prix du Tabou
1948

Juliette Greco
um 1948

Christian Dior
Abendkleid
1948

Diors »New Look«
und die Mode der
»Kellerkinder« von Paris

»Mode zeigt am sichtbarsten, daß Leben Bewegung ist. Das Gesicht einer Epoche ist das Kleid ihrer Frauen, ihrer Männer und Kinder, in dem sich Wohlstand, Armut, Fortschritt oder Rückschritt ausdrückt.« Von dieser Überzeugung erfüllt, macht sich der 42jährige Christian Dior, ehemals Modellist von Lucien Lelong und Robert Piquet, daran, das Gesicht seiner Epoche mitzuprägen. Er eröffnet in einem kleinen Palais an der Pariser Avenue Montaigne sein eigenes Atelier. Von hier aus tritt der »New Look« seinen Siegeszug durch die Modewelt an.

Diors erste Modeschau wird zu einem sensationellen Erfolg. Paris besitzt mit ihm einen neuen Mode-Zaren, dessen Kollektionen die Welt Jahr um Jahr mit Spannung entgegenblickt. »Dior hat den Frauen ihre Weiblichkeit zurückgegeben«, jubeln die Modejournalisten. Vorbei ist die Zeit der engen Jakken, der männlich herb geschnittenen, praktischen Kleider. Der »New Look« sind weite Röcke, lockere Hemdblusen und Jacken mit ausgeprägten Schultern. Jugendlich beschwingt will Dior die Frauen sehen.

Doch das Lebensgefühl der Jugend in Paris stimmt nicht mit dem Schwingen des Diorschen Glockenrocks überein – zumindest nicht das Lebensgefühl der jugendlichen Intellektuellen und Künstler, der Redakteure der frisch gegründeten Zeitungen, die in den Kellerlokalen von Saint-Germain-des-Près heimisch sind. Wenn es bei ihnen überhaupt so etwas wie ein Modeideal gibt, so kommt ihm Juliette Greco mit schwarzem Rollkragenpullover und schwarzen Hosen am nächsten. Als Chansonette, deren Liedern Texte von Albert Camus, Raymond Queneau und Jean-Paul Sartre zugrunde liegen, bildet sie mit ihrer dunklen, herben Stimme gleichsam die Muse der dem Existentialismus verschworenen »Kellerkinder«. Bekannt wird sie durch einen Auftritt im Jahr 1950, der zu einem Triumph für die blasse junge Frau mit den wilden schwarzen Haaren und großen dunklen Augen wird.

465

Jackson Pollock
Composition No. 1
1948

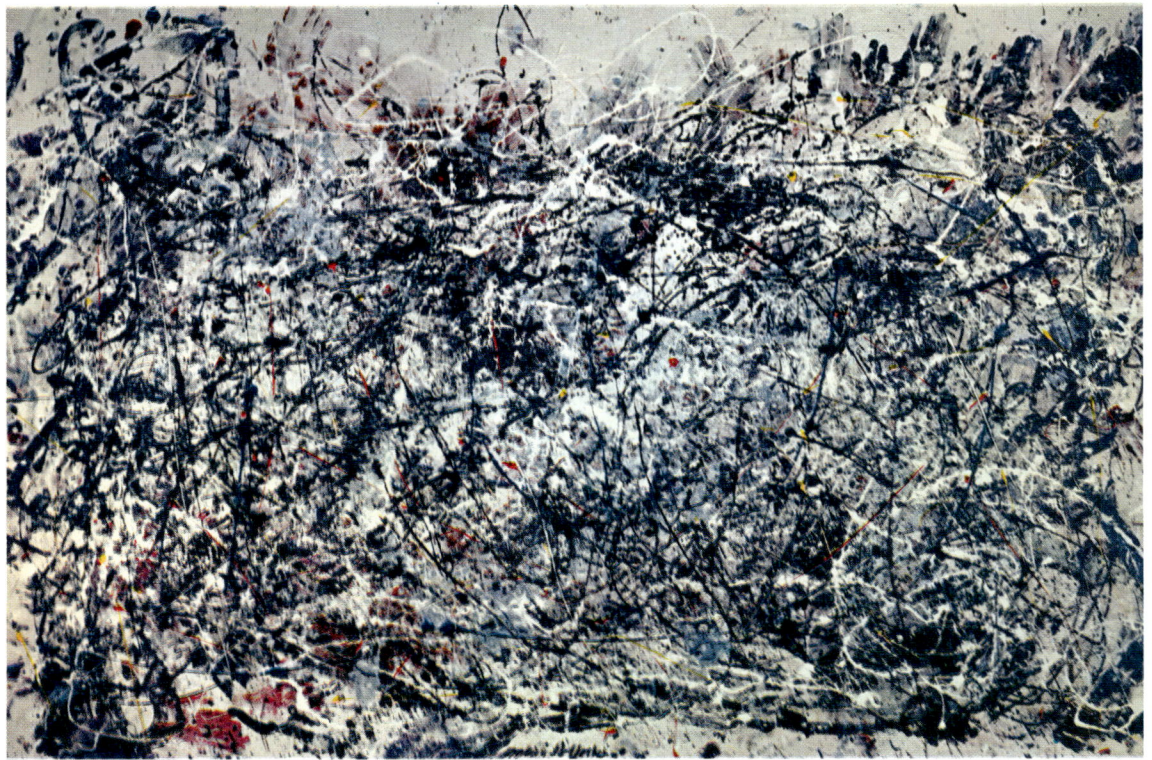

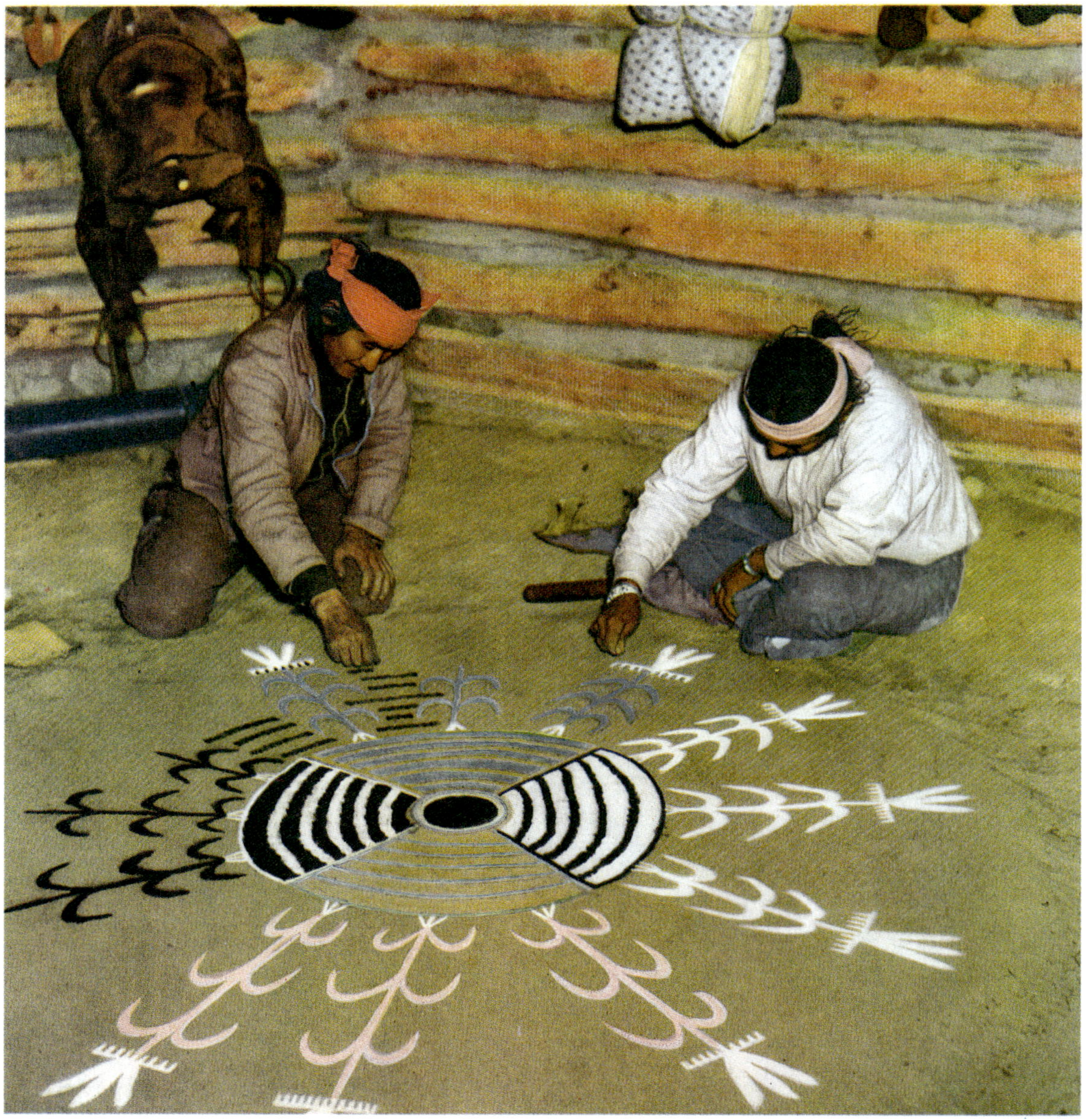

Indianische Sandmaler

Die Verabschiedung von Staffelei, Palette und Pinsel

Das Action painting als erregend neue Art und Weise der künstlerischen Gestaltung steht dennoch in einem Traditionszusammenhang, dessen sich beispielsweise Jackson Pollock durchaus bewußt ist. So schreibt er 1947/48 in My Painting: »Meine Malerei stammt nicht von der Staffelei. Selten spanne ich die Leinwand vor dem Malen auf. Ich befestige sie lieber an der harten Wand oder auf dem Boden. Ich brauche den Widerstand einer harten Oberfläche. Auf dem Boden fühle ich mich wohler. Ich fühle mich dem Bild näher, mehr als ein Teil davon, denn so kann ich mich um das Bild bewegen, von allen vier Seiten her arbeiten und buchstäblich im Bild sein. Dies entspricht der Methode der indianischen Sandmaler des Westens. Ich entferne mich mehr und mehr von den gebräuchlichen Malutensilien wie Staffelei, Palette, Pinsel usw. Ich gebrauche lieber Stöcke, Spachtel, Messer und fließende Farbe oder schweres Impasto aus Sand, zerbrochenem Glas und anderen ungewöhnlichen Materialien.«
Die Erwähnung der indianischen Sandmalerei rückt Pollocks Malerei in einen rituellen Zusammenhang, den auch die Berichte über seine Malaktionen spüren lassen: »Es war ein großes Schauspiel … die flammende Explosion, wenn die Farbe auf die Leinwand schlug, ihre tänzerischen Bewegungen … die Pein in den Augen Pollocks, bevor er wußte, wo die nächste Entscheidung, die nächste Farbspur fallen sollte, die Spannung, dann wieder die Entladung« (Hans Namuth).
Malerei ohne Pinsel und Palette ist freilich keine Erfindung Pollocks. 1942 ließ Max Ernst Farbe aus pendelnden Dosen auf die Bildfläche tropfen, und schon 1927 stellte André Masson seine ersten Sandbilder her: er warf Leim auf die unpräparierte Leinwand und bedeckte sie mit Sand: »Es ging darum, die völlig stumme Materie sprechen zu lassen, sie ihrer Trägheit zu entreißen …« Masson bekennt: »Es hat viele Jahre gedauert, bis ich imstande war, die rauhesten Mittel in heiterer Weise zu gebrauchen – ohne die leiseste provozierende oder polemische Absicht.«

Musik

Premieren

● Boris Blacher: *Die Nacht-schwalbe.* Dramatisches Notturno. Mit Songs und Jazz durchsetzte musikalische Erzählung aus dem Halb- und Viertelwelt-milieu. (Uraufführung am 29. Februar, Leipzig.)

● Gottfried von Einem: *Prinzessin Turandot.* Ballett nach einem Märchen. Erlebt nach der nur kurzzeitigen Uraufführung 1944 eine erneute Premiere und längere Laufzeiten.

● Ernst Pepping: *Missa Dona nobis pacem.*

● Cole Porter: *Kiss me Kate.* Musical. Buch von Samuel und Bella Spewack. Basiert auf William Shakespeares Komödie *Der Widerspenstigen Zähmung.* (Uraufführung am 30. Dezember, New Century Theater, New York. Deutsche Erstaufführung am 19. November 1955, Frankfurt/Main. Fassung von Günter Neumann. Deutschsprachige Version von Marcel Prawy, aufgeführt in Wien am 14. Februar 1956.) Mit diesem Musical gelingt Porter der große internationale Durchbruch. Einige der Lieder, die in die pfiffige Story eingebaut sind, werden weltberühmt, so etwa *Wunderbar* oder *Schlag nach bei Shakespeare.*

● Igor Strawinski: *Orpheus.* Ballett in drei Bildern. Choreographie: George Balanchine. (Uraufgeführt am 24. April, New York, City Center.)

Ereignisse

● Moskauer Musikkonferenz. Sogenannte »Moskauer Beschlüsse« vom 10. Februar gegen den »Formalismus« in der Musik. Prokofjew und Schostakowitsch müssen ihre »Irrtümer« eingestehen und Linientreue versichern.

● Musikwissenschaftlicher Kongreß in Rothenburg o. T.

Konkrete Musik

Der französische Komponist und Toningenieur Pierre Schaeffer tritt in Paris mit einer Musikform an die Öffentlichkeit, die zunächst Furore und dann bald Schule macht. »Musique concrète« nennt Schaeffer seine Schöpfung, konkrete Musik.

Das Tonmaterial, aus dem die konkrete Musik zusammengesetzt ist, besteht aus mehreren Komponenten. Es können alle traditionellen Instrumentalklänge sowohl der europäischen als auch der außereuropäischen Musik verwendet werden. Die menschliche Stimme läßt sich ebenso einsetzen wie alle Umweltgeräusche, zum Beispiel Verkehrslärm, Wasserrauschen, Vogelstimmen. Die nicht-synthetischen »konkreten« Klänge werden mit Hilfe von Generatoren, Filtern und verschiedenen technischen Verfahren nach musikalischen Klangeigenschaften geordnet und so lange manipuliert, durch Verfremdung immer wieder umgestülpt, bis man nicht mehr erkennen kann, aus welchem Bereich unserer Umwelt der Komponist sie ursprünglich entnommen hat.

Pierre Schaeffer verwendet auch die menschliche Stimme als Rohmaterial; dies geschieht erstmals für seine Oper *Orphée,* die 1951 in Paris Premiere hat. In den USA arbeitet John Cage seit 1951 mit einer Musikergruppe und Ingenieuren zusammen.

Triumphe des Tanzes

Am 6. Juni hat in der Bayerischen Staatsoper in München das Faust-Ballett *Abraxas* Premiere. Musik und Libretto stammen von Werner Egk. Er verwendet bei der Bearbeitung des Stoffes das »Tanzpoem« *Der Doctor Faust* von Heinrich Heine. Das Ballett, das der Komponist selbst dirigiert, wird zwar vor allem wegen einer im dritten Bild gezeigten Schwarzen Messe bald in München verboten, feiert dann aber in Berlin Triumphe. 116mal wird es dort gezeigt.

Der Erfolg von *Abraxas* liefert den Beweis auch für alle diejenigen, die bislang nicht daran hatten glauben wollen: Das deutsche Tanztheater, das Ballett, beginnt sich gegen die Oper, deren Anhängsel es jahrzehntelang war, durchzusetzen. Einen großen Verdienst daran hat vor allem das Berliner Ballett. 1948 führt es Prokofjews *Romeo und Julia* auf, mit Gert Reinholm und Gisela Deege, die das Berliner Publikum in Begeisterung versetzen, im Jahr darauf Beethovens *Geschöpfe des Prometheus* und Tschaikowskis *Dornröschen.*

Im allgemeinen aber ist in den ersten Nachkriegsjahren die Situation der deutschen Ballett-Truppen noch kläglich zu nennen. Nur sehr allmählich beginnen die Ensembles Morgenluft zu wittern. Vor allem an guten einheimischen Choreographen mangelt es noch sehr. Dafür feiert eine andere Art des Tanzes Triumphe: »German dance« oder auch der »deutsche Ausdruckstanz«, dessen Motor und Seele vor allem Mary Wigman ist, ursprünglich Marie Wiegmann aus Hannover. Die Meisterin des deutschen Ausdruckstanzes lebt bei Kriegsende in Leipzig. Ihre weltberühmte Schule in Dresden, in der sie den neuen absoluten Tanzstil lehrte, wurde von den Nationalsozialisten geschlossen, denn dieser Tanz galt als »entartet«. 1949 verläßt Mary Wigman Leipzig und geht nach West-Berlin, wo sie in der Rheinbaben-Allee ein Tanzstudio eröffnet.

Fast zur selben Zeit kommt ein weiterer Tanzstar nach Berlin, der im Gegensatz zum pantomimischen Ausdruckstanz der Wigman die Traditionen des klassischen Balletts vertritt. Die in Rußland geborene Tatjana Gsovsky, die ebenfalls während des Krieges in Leipzig arbeitete, geht 1945 in den Westen und beginnt das Berliner Ballett mit aufzubauen.

Der Cool Jazz entsteht

Als Gegenbewegung zum Bebop, dem dissonant-hektischen Jazz-Stil der vierziger Jahre, entsteht der Cool Jazz, der für das folgende Jahrzehnt tonangebend wird. Der Trompeter Miles Davis ist der Protagonist dieser Musik. Mit einem Konzert im Royal Roost in New York gelingt Davis 1948 der Durchbruch: Die Schallplattenfirmen und das Publikum reißen sich um ihn. Zu den wechselnden Mitgliedern seiner »Capitol Band« gehören Musiker wie Gerry Mulligan, John Barber, Joe Shulman und John Lewis.

Im folgenden entstehen Konkurrenzkämpfe um den Ursprung und die Ausprägung des neuen, unterkühlten Jazz-Klassizismus zwischen Bands an der Ost- und an der Westküste der USA. Joachim E. Berendt, der unumstrittene deutsche Experte auf diesem Gebiet, äußert sich dazu rückblickend: »Inzwischen scheint es erwiesen, daß sowohl »West Coast« wie »East Coast« weniger stilistische Begriffe als Verkaufsetiketten der Schallplattenfirmen waren. Die wirkliche Spannung in der Entwicklung des Jazz der fünfziger Jahre war nicht eine Spannung zwischen Ost- und Westküste, sondern eine solche zwischen einer klassizistischen Richtung einerseits und der Gruppe junger Musiker zumeist schwarzer Hautfarbe, die einen modernen Bebop spielte, andererseits.«

Miles Davis

Naturwissenschaft, Technik, Medizin

● Otis Barton erreicht mit einer Tauchkugel im Meer eine Tiefe von 1372 Metern.

● Der Ultrakurzwellen-Rundfunk findet rasche Verbreitung. Der Empfang von UKW-Programmen ist störungsfreier und klangschöner. Allerdings breiten sich die Ultrakurzwellen nur geradlinig aus. Zur Überwindung von Hindernissen im Gelände müssen deshalb die Sendeantennen auf hohen Bergen gebaut oder Umsetzer errichtet werden.

● In Schweden und Holland werden künstliche Herzen entwickelt. Mit diesen »Blutpumpen« kann der Blutkreislauf des Patienten bei einer Herzoperation aufrechterhalten werden.

Antisemitismus am Pranger

Am 3. Dezember kommt mit der *Affäre Blum* ein erstaunlicher Film in die vorweihnachtlichen Kinos. Verantwortlich für den von der DEFA in Ost-Berlin produzierten Streifen ist Erich Engel. Der Theaterregisseur, der in den zwanziger Jahren das Berliner Theater am Schiffbauerdamm leitete, wo er unter anderem 1928 die Uraufführung von Brechts *Dreigroschenoper* inszenierte, hat sich auch in der Filmkunst einen Namen gemacht (*Der Maulkorb*, 1938). Die *Affäre Blum* ist gleichsam die Abrechnung des Sozialisten Engel mit Faschismus und Antisemitismus. Das Drehbuch für den Film verfaßt Robert Adolf Stemmle, die Kamera führt Friedl Behn-Grund, die Musik komponiert Herbert Trantow. Der Film spielt im Jahre 1926. Der jüdische Fabrikdirektor Jakob Blum (Kurt Ehrhardt) wird verdächtigt, seinen Buchhalter ermordet zu haben, der ihn wegen angeblicher Steuerhinterziehung angezeigt hatte. Der antisemitische Untersuchungsrichter hält an dem Verdacht fest, obgleich sich abzeichnet, daß Blum unschuldig ist. Auch als immer mehr An-

zeichen dafür auftauchen, daß der ehemalige Freikorpsmann Gabler (Hans-Christian Blech) den Buchhalter getötet hat, will der fanatische Untersuchungsrichter gegen besseres Wissen und Gewissen Blum an den Galgen bringen. Nur dank des unermüdlichen Einsatzes eines aus Berlin angereisten Kommissars kann der Justizmord verhindert werden. Der wahre Mörder gesteht schließlich seine Tat, und Jakob Blum ist rehabilitiert.

Der Film beruht auf wahren Begebenheiten. Es gab in den zwanziger Jahren tatsächlich einen ähnlichen Fall, wobei der des Mordes verdächtigte Jude Haas und nicht Blum hieß. Für die Nachkriegszeit ist die *Affäre Blum* ein vergleichsweise teurer Streifen und von auffallender Kameraqualität. Auch die darstellerischen Leistungen sind vorzüglich. Der Film spiegelt den Antisemitismus rechtsgerichteter Bevölkerungskreise zur Zeit der Weimarer Republik und zeigt in vielen Details die Hexenjagdatmosphäre und die gesellschaftliche Haltung, die zum Nährboden für die weitere Entwicklung wurden. Die Kritiker zeigen sich begeistert und ziehen Parallelen zum Brechtschen Theater.

Die Regeneration der deutschen Medienlandschaft

1946 gründeten britische Nachrichtenoffiziere das Nachrichtenmagazin »Diese Woche«, das 1947 in deutsche Hände überging; es wird vom gleichen Jahr an von dem zu diesem Zeitpunkt 24jährigen Publizisten Rudolf Augstein unter dem Titel »Der Spiegel« weitergeführt. 1948 nun gründet der nach dem Krieg bei verschiedenen hannoverischen Zeitungen tätige 34jährige Henri Nannen die Illustrierte »Der Stern«, die er als Chefredakteur leitet. Beide Publikumszeitschriften entwickeln sich zu wesentlichen Vertretern der »Vierten Gewalt«, als welche die Medien in der modernen Gesellschaft ihre Funktion im Prozeß der Meinungsbildung ausüben.
Zu den bemerkenswerten deutschen Leistungen des Mediums Film im Jahr 1948 gehört neben Helmut Käutners Der Apfel ist ab die gleichfalls kabarettistische und vom Phantasiefilm geprägte Berliner Ballade von Robert Adolf Stemmle (Regie).

Oben links: Der Apfel ist ab, 1948; Szenenfoto.
Oben rechts: Berliner Ballade, 1948; Szenenfoto mit Gert Fröbe als Otto Normalverbraucher.
Mitte: »Der Stern« 1/1948.

Ingrid Bergman in
Joan of Arc, 1948
Plakat zur deutschen Fassung 1950

Jean Simmons in
The Blue Lagune, 1948
Plakat zur deutschen Fassung 1950

Alec Guinness in
Oliver Twist, 1948
Plakat zur deutschen Fassung 1949

Alfred Hitchcock
Rope, 1948
Szenenfotos
John Dall und Farley Granger als homosexuelle Mörder Shaw und Philip mit Partygästen
sowie mit James Stewart als Prof. Cadell

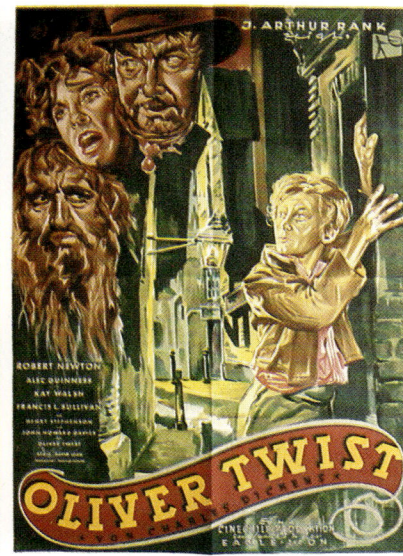

Angloamerikanische Filmszene '48

1946/47 feierte Ingrid Bergman am Broadway einen triumphalen Erfolg in Max Andersons Schauspiel Joan of Lorraine. *Sie verkörperte eine Schauspielerin bei der Erarbeitung ihrer Rolle als Jeanne d'Arc. Die nun fällige Filmversion verzichtet auf die Trennung zwischen Darstellerin und dargestellter Person: Ingrid Bergman ist Johanna. Das aufwendige Historienspiel (2½ Stunden Dauer, 5 Millionen Dollar Kosten)* Joan of Arc *bildet »einen der prächtigsten Filme«, bei dem jedoch »das Mysterium, die Bedeutung und Größe des armen Mädchens namens Johanna einfach verpaßt wurden« (The New Time).*

Jean Simmons, die Ophelia in Laurence Oliviers Hamlet *(1947/48), läßt die Südseefreuden der Blauen Lagune miterleben. Als zwölfte Filmversion des Romans von Charles Dickens entsteht* Oliver Twist. *Die Art und Weise, in der Alec Guinness den jüdischen Hehler Fagin verkörpert, wird 1949 in Berlin als antisemitische Provokation aufgefaßt; der Film wird hier vom Kinoprogramm abgesetzt.*

Für Alfred Hitchcock ist 1948 das Jahr neuer Experimente. Im Vorjahr wurde mit The Paradine Case *(Der Fall Paradin, 1952) der letzte der vier mit dem Produzenten David O. Selznick vereinbarten Filme fertiggestellt. Nun dreht Hitchcock mit* Rope *(Cocktail für eine Leiche, 1963) als unabhängiger Produzent erstmals in Farbe, und zwar in einer einzigen Dekoration (mit der Skyline von New York im Fensterausschnitt) und ohne Filmschnitt: jede Einstellung entspricht der Länge (10 Minuten) einer Filmkassette. Zugrunde liegt das gleichnamige Bühnenstück von Patrick Hamilton nach einem authentischen Kriminalfall: Zwei homosexuelle Studenten erproben das intellektuelle Vergnügen des perfekten Verbrechens, indem sie einen Kameraden erdrosseln und seinen Leichnam in dem Raum verstecken, in dem sich dessen Eltern und Verlobte zu einer Cocktailparty treffen. Überführt werden sie von ihrem ehemaligen Professor, den sie selbst auf die Spur ihres Verbrechens führen.*

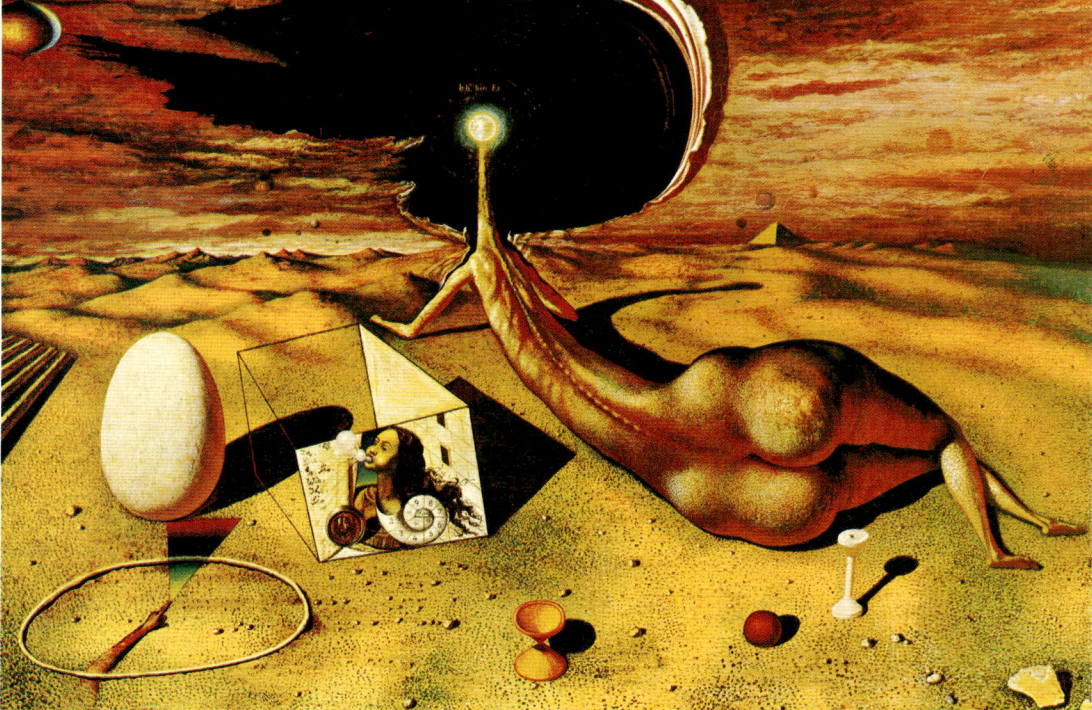

Georges Braque
Helios VI
1948

Rudolf Hausner
Ich bin Es
1948

Antike Mythologie und Tiefenpsychologie

Als ein Vertreter der »klassischen Moderne« vermittelt Georges Braque mit Helios VI den Eindruck heiterer Gelassenheit im Umgang mit Themen der antiken Mythologie. Seine Farblithographie steht im Zusammenhang mit der Beschäftigung mit Hesiods Theogonia, in der die Familienverhältnisse des Sonnengottes Helios, des Bruders von Selene (Mond) und Eos (Morgenröte), geschildert werden.

Das Gemälde des 34jährigen Wieners Rudolf Hausner bezieht sich durch den Titel Ich bin Es (er befindet sich als Inschrift über dem Kugelkopf) auf Sigmund Freuds Werk Das Ich und das Es (1923), eine Zusammenfassung von Einsichten in den psychischen Aufbau des Individuums: Während das Ich der Außenwelt und deren Wahrnehmung zugeordnet ist, wirken im Es die Triebe, das »Lustprinzip«; im Über-Ich kommen Instanzen wie Moral, Gewissen, Pflicht und Schuldgefühl zur Geltung. Ich bin Es postuliert demnach in monströser Gestaltung die Einheit bzw. das Zusammenwirken der psychischen Kräfte – vom Sexualkomplex des gewaltigen Hintern in rötlicher Beleuchtung bis zur weißen Kopf-Leuchtkugel vor dem Schwarz, das sich hinter dem aufgerissenen Himmelsprospekt auftut. Die scharfen Schatten mögen vom »Licht der Geschichte« herrühren, deren Anfänge die Pyramide versinnbildlicht.

Hausner gehört mit Ernst Fuchs und Wolfgang Hutter zu dem Freundes- und Interessenkreis, der 1947 in Wien erstmals gemeinsam ausgestellt hat und vom Kunsthistoriker Johann Muschik die Bezeichnung als Wiener Schule des Phantastischen Realismus erhält. Als zweite Generation von Surrealisten unternehmen die Wiener den »Versuch einer Synthese, welche die kleine und große Welt, das Außen und das Innen, das Helle und das Dunkle, Tag und Nacht, Sonne und Mond, Himmel und Hölle, Religion und Magie zu einem sinnlich-sinnfälligen Mythos der Phantasie zusammenspannt« (Wilhelm Mrazek im Katalog zur Ausstellung »Die Entwicklung der Wiener Schule«, Wien 1968).

Satire in der Nachkriegszeit

Zu Weihnachten 1948 bringt der Rundfunk des amerikanischen Sektors in Berlin, RIAS, einen Beitrag, der ein ungemein großes Hörerecho findet. Es ist eine kabarettistische Sendung, ursprünglich als einmalige Veranstaltung geplant. Aber Günter Neumann und seine »Insulaner« schlagen bei den Hörern so gut ein, daß aus ihren Auftritten schließlich zehn Jahre Serie werden. Alle vier Wochen unterhält Neumann die Berliner per Funk, und bald ist dieses Kabarett auch im übrigen Deutschland wohlbekannt. In den späten fünfziger und frühen sechziger Jahren halten die »Insulaner« sogar Einzug in den deutschen Film, als Neumann für Filme wie *Das Wirtshaus im Spessart* und *Der Engel, der seine Harfe versetzte* die Texte mitschreibt.

Für Kabarettisten ist das Deutschland der Nachkriegszeit ein weites Feld. Man hat Nachholbedarf, man will wieder über Politiker scherzen können, ohne das Gefängnis fürchten zu müssen, man möchte politische Geschehnisse nicht unkommentiert lassen. Was Wunder also, wenn ein Kabarett wie das »Kom(m)ödchen« aus Düsseldorf, das 1946 gegründet wird, schon zwei Jahre später kreuz und quer durch Deutschland zieht, um Tausende von Zuschauern mit seinem Programm »Im Westen nichts Neues?« bestens zu unterhalten. Als das »Kom(m)ödchen« im April 1948 in München gastiert, besteht das junge Kabarett mit seinem neuen Programm endgültig die Feuerprobe und wird zu einer im Kulturleben der Zeit fest verankerten Insti-

tution. 1949 erblicken die »Stachelschweine« in Berlin das Licht der Bühnen. Mit ihrem Programm »Es war so schön, privat zu sein« setzen sie sich 1950 gegen ihre anderen satirischen Kollegen durch. 1948 geht auch noch ein anderes Kabarett auf Reisen und verläßt die engen Kreise der Studentenlokale und der Universität Kiel, wo es seine ersten Erfolge feierte. »Die Amnestierten« werden zwischenzeitlich von den Behörden der britischen Besatzungsmacht verboten, dürfen dann aber wieder auftreten und 1949 sogar auf Auslandstournee gehen. Während andernorts die Kabaretts zwischen 1946 und 1949 an volle Häuser gewöhnt sind und prächtig gedeihen, gerät in München die »Schaubude«, das bekannteste Kabarett der Stadt, in die roten Zahlen und muß 1948 infolge der Währungsreform den Vorhang schließen. Zwei Jahre lang sieht es düster aus mit einem eigenen weißblauen Kabarett, und die Münchner Freunde der politischen Satire strömen in Scharen zu den Gastspielen der »Zugereisten« aus dem Norden. 1950 erblickt dann aber »Die Kleine Freiheit« das Rampenlicht der kabarettistischen Welt, und fünf Jahre später, zum Höhepunkt der Adenauer-Ära, folgt die »Lach- und Schießgesellschaft«. Gemein ist allen Nachkriegskabaretts, deren erste Blütezeit kurz vor und während der Währungsreform 1948 beginnt, die Lust an der Bosheit, die Respektlosigkeit, die Symbol für die neugewonnene Rede- und Gedankenfreiheit ist. Zu Anfang macht man sich über die vielen kleinen und größeren Notstände in Deutschland lustig, später attackiert man die Verlockungen des Wirtschaftswunders.

Existenzkampf und Kabarett

Im Juni wird in den Westzonen die Währungsreform durchgeführt. Jeder Bürger erhält für 40 Reichsmark, deren Kurs offiziell auf 0,30 Dollar (inoffiziell auf 0,01 Dollar) gesunken ist, 40 in den Vereinigten Staaten gedruckte Deutsche Mark.

Die Antwort auf die Währungsreform in den Westsektoren Berlins ist von sowjetischer Seite die Berlin-Blockade. Die Stadt wird von jeglicher Versorgung per Zug, Auto oder Schiff abgeschnitten. General Lucius D. Clay organisiert die Luftbrücke: Sogenannte Rosinenbomber versorgen die Bevölkerung der Westsektoren mit Lebensmitteln und Brennmaterial.

Das humoristische Ventil des Existenzkampfes ist das Kabarett. Zu den Veteranen des volkstümlichen Humors gehört Weiß Ferdl von der ehemaligen Münchner Volksbühne »Platzl«.

Oben links: Vor einer Wechselstube, 20. Juni 1948.
Oben rechts: Flugzeug der Berliner Luftbrücke 1948/49.
Mitte: Weiß Ferdl bei einem Auftritt in Frankfurt, 1948.

Bildende Kunst

Werke
- Marc Chagall: *Das fliegende Pferd.*
- Lyonel Feininger: *Der See, Hochhäuser in Manhattan* und *Thüringische Kirchen.* Aquarelle.
- Renato Guttuso: *Nächtlicher Fischfang.* Expressionistisches Gemälde.
- Erich Heckel: *Bildnis Otto Dix, Mann mit Baskenmütze, Wanderzirkus* und *Der Zeichner.* Litho-

graphien und Holzschnitte im expressionistischen Stil.
- Karl Hofer: *Die Blinden.*
- Gerhard Marcks: *Der gefesselte Prometheus.* Plastik.
- Gabriele Münter: *Wolken über Murnau, Winter in den Bergen.*

Ausstellungen
- St. Louis, USA: Umfassende Max-Beckmann-Retrospektive.

Ereignisse
- Kunstpreis »Junger Westen«

der Stadt Recklinghausen gegründet. Geht an Karl Otto Götz, Kurt Lehmann, Emil Schumacher, Heinrich Siepmann.
- Gründung des Verbandes deutscher Kunsthistoriker e. V.

Literatur
- Hans Sedlmayr: *Verlust der Mitte.* Das Buch des österreichischen Kulturhistorikers übt nachhaltige Wirkung auf die vorwiegend konservative Kunstkritik aus.

1948

Abspannung und Trauer

Im Zürcher Arche Verlag erscheint Gottfried Benns Gedichtsammlung Statische Gedichte. *Benn, der anfangs mit den Nationalsozialisten sympathisierte, sich dann zurückzog und 1938 Veröffentlichungsverbot erhielt, nimmt 43 Gedichte aus den Jahren 1937 bis 1947 in den Band auf. Sie tragen autobiographische Züge, »beugen sich über Stellen und Flecke zu Abspannung und Trauer meines Lebens«, so das Gedicht* Abschied, *in dem es heißt: »Entfremdet früh dem Wahn der Wirklichkeiten / versagend sich der schnell gegebenen Welt, / ermüdet von dem Trug der Einzelheiten, / da keine sich dem tiefen Ich gesellt.«*

Trotz des enthusiastischen Echos zögert Benn mit weiteren Veröffentlichungen. Im Berliner Brief an den Herausgeber der Münchner Zeitschrift Merkur *erklärt er: »...wenn man wie ich die letzten fünfzehn Jahre lang von den Nazis als Schwein, von den Kommunisten als Trottel, von den Demokraten als geistig Prostituierter, von den Emigranten als Renegat, von den Religiösen als pathologischer Nihilist öffentlich bezeichnet wird, ist man nicht so scharf darauf, wieder in diese Öffentlichkeit einzudringen.« Dennoch beginnt 1948 Benns zweite literarische Karriere.*

Gottfried Benn, April 1947.

Christopher Frys Spiel um Tod und Leben

Das Theaterereignis des Frühjahrs ist in London Christopher Frys neues Werk *The Lady's Not for Burning (Die Dame ist nicht fürs Feuer)*, uraufgeführt am 10. März im Arts Theatre. 1950 findet die deutsche Erstaufführung im Berliner Schloßpark-Theater statt. Die Verskomödie von Fry spielt um das Jahr 1400 und erzählt von dem lebensmüden Soldaten Thomas Mendip, der hingerichtet werden möchte und deshalb einen Mord gesteht, den er nicht begangen hat, und von der als Hexe angeklagten Jennet, die am Leben hängt. Als sich der Knoten löst, ziehen Thomas und Jennet in eine gemeinsame Zukunft. Obwohl der Soldat das schöne Mädchen liebt, ist er noch nicht ganz von seinem Lebensekel geheilt. »Ich liebe dich«, sagt er zu seiner »Hexe«, »aber die Welt ist nicht verändert.«

Das Thema ist zwar ernst, aber Fry bietet es als Komödie an, bringt mit scheinbar leichter Hand die Extreme Todessehnsucht und Lebensfreude ins Gleichgewicht. Er widmet dieses erste seiner Jahreszeitenstücke dem Frühling. Der April mit seinen wechselnden Stimmungen verkörpert für Fry Zauber und Tändelei und neue Lebensfreude.

1950 folgt Frys Herbstspiel *Venus Observed (Venus im Licht)*, 1954 das Winterthema *The Dark Is Light Enough (Das Dunkel ist Licht genug)*, 1970 das Sommerstück *A Yard of Fun (Ein Hof voller Sonne)*.

Norman Mailer holt den Krieger vom Sockel

Wenige Wochen nach dem Erscheinen des Romans *The Naked and the Dead (Die Nackten und die Toten, 1950)* spricht ganz Amerika von dem bis dahin unbekannten Autor. Norman Mailer trifft den Nerv der Zeit. Das Buch schildert Ereignisse aus dem Zweiten Weltkrieg. Die Amerikaner wollen die von den Japanern besetzte Insel Anopopei im Pazifik erobern. Mailer, der den Krieg aus eigener Erfahrung kennt, berichtet aus der Perspektive von dreizehn Soldaten, die in unterschiedlichen Funktionen an dem blutigen Feldzug teilnehmen. Der Kampf richtet sich nicht nur gegen den Feind, sondern auch untereinander führen Neid und Mißtrauen zu einem bösen Kleinkrieg, der für die Betroffenen noch gefährlicher ist als der Widerstand der Japaner.

Die amerikanische Öffentlichkeit ist schockiert. Mehr noch als die schonungslosen Darstellungen der Kämpfe erregt sie die Kühnheit des Autors, den Soldaten von seinem Heroensockel herabzustürzen und ihn als einen Menschen zu zeigen, der unter dem Druck der Verhältnisse die Gebote der Menschlichkeit aus den Augen verliert.

In Rückblenden verbindet Mailer das Schicksal der in eine militärisch hoffnungslose Lage manövrierten Männer mit dem sozialen Milieu, dem sie entstammen und übt harte Kritik an den gesellschaftlichen Verhältnissen in den USA.

Marie Laurencin
Mädchen mit Blumen
1948

Die französische Künstlerin Marie Laurencin ist dem deutschen Publikum nahezu unbekannt. Allenfalls Kenner der einstigen avantgardistischen Pariser Kunstszene des Fauvismus und Kubismus wissen, daß sie mit Georges Braque und Henri Matisse befreundet war und die Lebensgefährtin des Dichters und Kritikers Guillaume Apollinaire wurde. Welche eigenen Werke sie schuf, geriet über diesen persönlichen Beziehungen erst recht in Vergessenheit. Daß Marie Laurencin unter dem Pseudonym Louise Lalanne sich als Lyrikerin einen Namen machte, daß sie als Malerin zu den Mitbegründern des Kubismus gehörte, verdient deshalb besondere Erwähnung. Man merkt ihren Arbeiten an, daß sie vor allem im Kunstgewerbe tätig war; sie entwarf Kleider und Stoffe, Tapeten, Buchillustrationen und Bühnenbilder. Das 1948 entstandene Gemälde

Mädchen mit Blumen der 63jährigen Künstlerin ist ein Beispiel meisterlich gehandhabter dekorativer Kunst, gesättigt von den Erfahrungen impressionistischer Farbenpracht und koloristischer Übergänge, mit Erinnerungen an die Fauvisten und an die spätere Art déco. Merkwürdig flach bleibt dennoch der Ausdruck der beiden Mädchen, die eher an Puppen als an Menschen erinnern. Der Anklang an das Doppelporträt Gabrielle d'Estrées, der Geliebten Heinrichs IV. von Frankreich, und ihrer Schwester aus dem Jahr 1594 ist zu einer verhaltenen Geste zurückgenommen. Berührt bei dem alten Meister aus der Schule von Fontainebleau die eine Dame in einer aufreizenden Gebärde die Brust der anderen, so traut sich hier das links dargestellte Mädchen nur die schüchterne Berührung des Arms der Freundin zu. Während die Körper und Mienen der

beiden Schönen völlig unbewegt erscheinen und nur die Arme und Hände eine Art von Kontakt herstellen, blüht ringsumher eine Welt von Blumen. Es ist ein raffiniert gemaltes Bild, von »poetischer«, »zeitloser« Schönheit, zugleich aber ein Beispiel für das, was die Maler der Avantgarde, zu denen Marie Laurencin sich zugehörig fühlte, nicht wollten: eine ans Süßliche grenzende Harmonie.

Dennoch gehört diese Botschaft aus dem imaginären Reich der Flora in das Gesamtbild der Malerei der Nachkriegsjahre – weniger als individuelle Träumerei, sondern als auf ihre Weise repräsentative Erfüllung des Wunsches, in der Kunst das verklärte Bild einer schöneren Wirklichkeit zu finden. Insofern gehört das Schaffen Marie Laurencins einer »Grundströmung« an, der sie sich letztlich doch entzieht durch einen Hauch von Melancholie.

Neue Architektur

Am Beispiel des Wiederaufbaus beziehungsweise des völligen Neubaus von Hannover, der 1948 unter Stadtbaurat Rudolf Hillebrecht beginnt, zeigt sich der allmählich immer größer werdende Konflikt zwischen den Traditionalisten und den Modernisten in der deutschen Nachkriegsarchitektur. Die Städte werden geradezu aufgeteilt unter den Anhängern der einen und der anderen Richtung. In München, Freiburg und Würzburg sind die Traditionalisten am Werk, die einen behutsamen Wiederaufbau, vielfach nach historischen Vorlagen, anstreben. In Berlin, Frankfurt, Köln und vor allem in Hannover gehen die Modernisten ans Werk. Sie verändern die Straßenstruktur völlig und verwandeln in vielen Fällen eine ehemals baulich geschlossene und funktional gemischte Stadtstruktur in ein unansehnliches und unwirtliches Konglomerat von »Inseln«, zwischen denen der Straßenverkehr hindurchbraust. In Berlin wird ein ganzes Stadtviertel aus dem 19. Jahrhundert, das Hansaviertel, das zwar schwere Bombenschäden aufweist, aber im Stadtgrundriß noch existiert, dem Erdboden gleichgemacht.

In den ersten Nachkriegsjahren geht der Aufbau der zerstörten Städte nur langsam voran. Immerhin entstehen allerorten die Notkirchen (Zeltkirchen) im Stil von Otto Bartning, der 1946 die erste ihrer Art entworfen hat. Rudolf Schwarz baut zusammen mit Eugen Blank, Johannes Krahn und Gottlieb Schaupp anläßlich der Hundertjahrfeier des ersten Deutschen Parlaments die Frankfurter Paulskirche wieder auf. 1949 vollendet Hans Schwippert in Bonn den Umbau der Pädagogischen Akademie zum Bundeshaus. Eile tut Not, da in der von Adenauer zur provisorischen Bundeshauptstadt ausersehenen eher beschaulichen Universitätsstadt kaum Gebäude existieren, die den neuen Aufgaben Bonns gerecht werden können.

Bildende Kunst

Werke
- Max Beckmann: *Der verlorene Sohn* und *Stilleben mit Kerzen.*
- Marc Chagall: *Rote Sonne.*
- Karl Hofer: *Mädchen mit Orange* und *Die Flut.* Expressionistische Gemälde.
- Gerhard Marcks: *Sich Neigende.* Bronzeplastik.
- Max Pechstein: *Die Sonne kam wieder.* Expressionistisches Gemälde.

Ausstellungen
- New York: Das Museum of Modern Art zeigt eine große Oskar-Kokoschka-Ausstellung.

Ereignisse
- Dortmund: Gründung des Museums am Ostwall, das Kunst des 20. Jahrhunderts zeigt.
- München: Gründung der Künstlergruppe »Zen« (abstrakte Malerei).
- Der Maler und Zeichner Fritz Winter vernichtet in russischer Gefangenschaft mehrere hundert Zeichnungen, da ein sowjetischer Offizier befürchtet, sie könnten als Spionagematerial mißverstanden werden und Winters Heimkehr nach Deutschland verhindern.

Leben auf anderen Planeten?

Schätzungen zufolge gibt es allein in unserer Milchstraße rund zehn Milliarden Sterne mit Planeten ähnlich unserem Sonnensystem. Geht man davon aus, daß jede dieser Sonnen durchschnittlich nur fünf Planeten besitzt und nur jeder fünfzigste von ihnen auch von der Größe her ähnlich beschaffen ist wie unsere Erde (also eine Atmosphäre hätte, Land- und Wasserflächen besäße, weitgehend abgekühlt wäre und sich die für Lebensvorgänge notwendigen chemischen Elemente auf ihm vorfänden), so käme man auf einen Schätzwert von etwa einer Milliarde Planeten, auf denen sich Leben in irgendeiner Form entwickelt haben könnte. Gegen Ende der vierziger Jahre wird darüber diskutiert, welche Art von Leben dies sein könnte und ob sich, falls intelligente Wesen außerhalb der Erde im All existieren, eine Verbindung zu ihnen herstellen ließe. Als großes Problem für einen solchen »interstellaren Gedankenaustausch« mit Funksignalen werden jedoch bald die riesigen Entfernungen erkannt.

Die »Kohlenstoffuhr« zeigt das Alter an

Solange eine Pflanze lebt, nimmt sie neben allen anderen, für ihr Gedeihen wichtigen Stoffen aus der Luft auch den Kohlenstoff 14 auf. Dieser C 14 ist eine radioaktive Abart, ein Isotop des Elementes Kohlenstoff. Wie alle radioaktiven Elemente zerfällt C 14 in einer bestimmten Zeit. Die Hälfte einer gegebenen Menge zerfällt in 5760 Jahren, der sogenannten Halbwertzeit des Kohlenstoffs 14.

Da mit dem Tod der Pflanze auch der Nachschub an C 14 versiegt, nimmt der Gehalt des Isotops bzw. seine Radioaktivität im toten Holz fortlaufend ab. Aus dem Verhältnis von »normalem« zu radioaktivem Kohlenstoff in einer alten Holzprobe läßt sich demnach das Alter des Stückes recht zuverlässig ermitteln.

Die Idee zu dieser Meßmethode stammt von Willard Frank Libby. Mit der sogenannten Kohlenstoffuhr gelingt es, auch fossiles Holz von Bäumen und Holzreste aus prähistorischen Grabstellen altersmäßig zu bestimmen.

Naturwissenschaft, Technik, Medizin

- Mit Hilfe des nach dem amerikanischen Astronomen George Hale benannten Hale-Spiegels, eines Riesenteleskops von fünf Metern Spiegeldurchmesser auf dem Mount Palomar in Kalifornien, werden Spiralnebel in einer Entfernung von einer Milliarde Lichtjahren entdeckt. Das Bild, das von diesen Nebeln gewonnen wird, zeigt also ihren Zustand, wie er vor einer Milliarde Jahren war.
- Die Deutsche Astronomische Gesellschaft nennt die Astrologie unwissenschaftlich.
- Auf Ultraschallbildern des Gehirns kann man bösartige Geschwulste erkennen. Deren Lokalisierung hilft dem Arzt, Diagnosen zu stellen.

Die Wahr-Nehmung

Der Belgier René Magritte, gegen Ende der zwanziger Jahre in engem Kontakt mit den Pariser Surrealisten und ab 1930 wieder an seinem Studienort Brüssel lebend, entwickelte eine Form der gegenständlichen Darstellung, die als »superrealistisch« bezeichnet werden kann. Die zur Perfektion getriebene »Augentäuschung« (»trompe l'oeil«) wird zur Voraussetzung für die Irritation des Augenscheins, die mit der surrealistischen Vergegenständlichung des Unbewußten nur bedingt etwas zu tun hat. Magrittes Grundthema ist die Frage nach Wirklichkeit und Sinneseindruck, kurz: nach unserer Wahr-Nehmung.

Das Gemälde Die Domäne von Arnheim gestaltet diese Frage durch das Motiv der Fensterscheibe, auf der sich – als dem Medium der Betrachtung einer außerhalb des Raumes liegenden Landschaft – diese in genau derselben Weise abbildet, in der sie sich in »Wirklichkeit« darbietet, wobei »Urbild« und »Abbild« dieselbe phantastische Verformung als Adler-Gebirge aufweisen. Heißt dies, daß sich hinter den Sinneseindrücken keine »tiefere« Wirklichkeit verbirgt? Oder daß jegliche Wahrnehmung lediglich eine Projektion aus dem »Innenraum« bildet, wobei an die Stelle der Fensterscheibe der Landschaftsraum als Projektionsfläche tritt?

Den Symbolgehalt des Glases verdeutlicht – ganz im Sinne von Magrittes Gemälde – die folgende Äußerung des aus Chile stammenden Malers Matta in einem 1955 veröffentlichten Gespräch: »Ich liebe den Ton zerbrechenden Glases. Ich müßte einmal ein Stück schreiben, in dem die Handlung ununterbrochen vom Geräusch zerbrechenden Glases begleitet wird: Fensterscheiben, Trinkgläser, Glühbirnen usw. Vor allem würde es die Fragen begleiten. Eine unerwartete Frage zerstört die Glashülle, die das Gegenüber einschließt... Das Glas symbolisiert eine zugleich offene und geschlossene Welt.«

Gegenüberliegende Seite:
René Magritte, Die Domäne von Arnheim; 1949.

1949

Wien mit doppeltem Boden

Zitherklänge und mit Wasser verdünntes Penicillin, das Tod oder unheilbare Erkrankung bewirkt; ein amerikanischer Western-Autor vor einer kulturbeflissenen Literarischen Gesellschaft (»Was halten Sie von James Joyce?!«); das Riesenrad im kahlen Prater; die riesige Silhouette des liebenswürdigen Luftballonverkäufers; überhaupt: Schatten, Nebel, hallende Schritte. Der Schauplatz ist die Vier-Sektoren-Stadt Wien mit verwahrlosten Stadtpalästen, Schuttbergen, mondänen Schieber-Treffpunkten und einem System von Abwasserkanälen im Untergrund, das keine Sektorengrenzen kennt.

Nach einem Drehbuch von Graham Greene, das im folgenden Jahr als Roman erscheint (deutschsprachige Ausgabe Der dritte Mann, Zürich 1951) dreht Carol Reed The Third Man, mit Orson Welles als Harry Lime (der als »dritter Mann« nach einem Verkehrsunfall seinen eigenen Leichnam zur Seite getragen hat) und Joseph Cotten als dessen Freund Holly Martins, der erkennen muß, daß Harry, das Idol, ein abgebrühter Verbrecher geworden ist; letzte Freundespflicht: der Gnadenschuß.

The Third Man besitzt die Suggestionskraft der vollkommenen Verbindung von Bildatmosphäre (der Kameramann Robert Krasker erhält für seine Leistung einen Oscar), Handlung und Einzelgesten bis hin zur Schlußeinstellung, in der Harrys Freundin nach dessen zweiter, nun tatsächlicher Beisetzung die lange, lange Friedhofsallee entlanggeht (akustischer Hintergrund zum letzten Mal: Anton Karas auf der Zither mit dem Harry-Lime-Thema), vorbei am wartenden, an einen Holzstoß gelehnten Holly Martins, der seine Zigarette wegwirft.

The Third Man, 1949 (Der dritte Mann, 1950).
Oben links: Joseph Cotten verteilt während der Dreharbeiten CARE-Pakete. Oben rechts: Cotten als Holly Martins mit Harry Limes Freundin, dargestellt von Alida Valli.
Mitte: Szenenfoto mit Cotten im nächtlichen Wien.

Film

Premieren

● Harald Braun: *Nachtwache.* Buch: Braun, Paul Alverdes. Kamera: Franz Koch. Musik: Mark Lothar. Darsteller: Luise Ullrich, Dieter Borsche, René Deltgen. Einen »ökumenischen Heimatfilm« nennt ein Kritiker diesen erfolgreichsten Film der Saison 1949/50, der um Verlust und Wiedergewinnung des Glaubens, um Schuld und Vergebung kreist.
● Stanley Donen, Gene Kelly: *On the Town (Heute geh'n wir bummeln).* Kamera: Harold Rosson. Musik: Leonard Bernstein nach dem Ballett *Fancy Free.* Gene Kelly und Frank Sinatra spielen zwei Matrosen auf Landurlaub.
● Slatan Dudow: *Unser täglich Brot.* Buch: Hans Joachim Beyer. Kamera: Robert Baberske. Musik: Hanns Eisler. Darsteller: Paul Bildt, Viktoria von Ballasko. Eine Produktion der DEFA. Am Schicksal einer bunt zusammengewürfelten Familie wird das Leben im Nachkriegsdeutschland gezeigt.
● Kurt Maetzig: *Die Buntkarierten.* Buch: Berta Waterstradt. Kamera: Friedl Behn-Grund. Musik: H.W. Wiemann. Darsteller: Camilla Spira, Werner Hinz. Die Buntkarierten, gemeint ist damit Bettwäsche, sind das Symbol einer Epoche; gezeigt wird das Schicksal von drei Generationen zwischen 1884 bis 1948.
● Lewis Milestone: *The Red Pony (Gabilan, mein bester Freund,* 1950). Buch: John Steinbeck. Kamera: Tony Gaudio. Musik: Aaron Copland. Darsteller: Myrna Loy, Robert Mitchum. Die traurige Geschichte eines Jungen und seines Ponys.
● William Wyler: *The Heiress (Die Erbin).* Buch: Ruth und Augustus Goetz. Kamera: Leo Tover. Musik: Aaron Copland. Darsteller: Olivia De Havilland, Ralph Richardson. Geglückte Verfilmung des Romans *Washington Square* von Henry James.

Goethe-Haus in Frankfurt
wieder aufgebaut 1949

Der Proteus Goethe in Ost und West

Unmittelbar vor Gründung der Bundesrepublik Deutschland und der Deutschen Demokratischen Republik begehen Ost und West das Jubiläum des 200. Geburtstags Johann Wolfgang (von) Goethes am 28. August 1949. Eine Diskussion um die Person Goethe hat 1947 der Philosoph Karl Jaspers entfacht, indem er in seiner Dankrede als Empfänger des Frankfurter Goethe-Preises unter dem Titel Auflehnung gegen Goethe die These vertritt, Goethe habe den Bereich des Tragischen gemieden, »weil er sich zerbrochen fühlte, wenn er sich nahe an diese Grenze wagte, weil er selbst nicht scheitern wollte«. Im selben Jahr veröffentlichte Georg Lukács die Essay-Sammlung Goethe und seine Zeit. 1948 erschienen die ersten Bände der »Hamburger Ausgabe« und der »Artemis Ausgabe« (Zürich) der Werke Goethes.

Ein gesamtdeutscher Festredner des Jahres 1949 ist der amerikanische Staatsbürger (ab 1944) Thomas Mann. Seine Frankfurter Rede Goethe und die Demokratie leitet die Antwort im positiven Sinne aus Goethes »praktischer Vernunft« ab sowie aus seinem »Brückenwurf nach Amerika«, verstanden als »Verlangen fort aus der altersmüden Kompliziertheit, dem Gedankenraum, der mit geistiger und historischer Tradition überbürdeten und schließlich vom Nihilismus bedrohten europäischen Welt in eine Welt der Voraussetzungslosigkeit, der Natürlichkeit, Einfachheit«. Manns Weimarer Ansprache im Goethejahr interpretiert Goethes Alterswerke als »Vereinigung des Urbanen und des Dämonischen«, wie sie »in so gewinnender Größe kein zweites Mal vorgekommen ist in der Geschichte der Gesittung«.

Johannes R. Becher, Präsident des »Kulturbundes zur demokratischen Erneuerung Deutschlands«, grenzt in seiner im Nationaltheater in Weimar gehaltenen Rede Der Befreier das sozialistische Goethe-Verständnis gegen einen schwächlichen Individualismus sowie das »heuchelnde Elend« des Existentialismus ab und betont Goethes »hohen Menschheitsbegriff«.

Graham Sutherland
Bildnis William Somerset Maugham
1949

Herbert List
Bildnisfoto Maugham
1952

Ein Welt-Beobachter

Der 46jährige englische Maler Graham Sutherland porträtiert 1949 den 75jährigen englischen, der französischen Kultur verbundenen Erzähler und Dramatiker William Somerset Maugham. Das Ergebnis ist eine insgesamt fotografisch-naturgetreue Wiedergabe eines älteren Herrn mit eigentümlicher Backen- und Mundpartie sowie einer Kopfhaltung, die dem Blick eine Spur von arroganter Von-oben-herab-Distanz gibt. Der Vergleich mit dem rechts wiedergegebenen, drei Jahre später entstandenen Bildnisfoto (»Aber ich bin kein Snob«, soll Maugham das Lichtbild kommentiert haben) deutet an, daß Sutherland bei der Gestaltung des physiognomischen Erscheinungsbilds keineswegs karikierend übertreibt, sondern eher mildert durch die Zusammenfassung anatomischer Details. Eine gewisse Nachlässigkeit zeigt die Darstellung der linken Hand, so daß die Augenpartie als der am sorgfältigsten ausgearbeitete Bereich den Blick des Betrachters immer wieder anzieht.

Zur Zeit der Entstehung des Bildnisses ist Maugham längst als einer der erfolgreichsten englischen Schriftsteller des 20. Jahrhunderts etabliert. Sein jüngstes Werk ist der Roman The Razor's Edge (1944), dessen deutsche Übersetzung Auf Messers Schneide (1946) in Zürich 1949 in dritter Auflage erscheint. Maugham schildert den ehemaligen amerikanischen Bomberpiloten Larry Darrell auf dem »Weg zum Heil«, der ihn durch die ganze Welt bis nach Indien führt. Hier findet er unter der Anleitung von Yogis und frommen Hindus zum Verständnis des ewigen Kreislaufs des Seins. Die religiöse Fragestellung wird überlagert durch eine Vielzahl von Nebenpersonen und Einzelereignissen, in denen sich Maughams Grundhaltung der kritischen, meist skeptisch-ironischen und bisweilen zynisch-desillusionierenden Betrachtungsweise Geltung verschafft. Zu den farbigsten Gestalten gehört Elliott Templeton, ein »massiger Snob«, der aus nichtigen Gründen zum Katholizismus konvertiert und ein »trauriger Don Quijote ohne echten Lebensinhalt bleibt«.

Bertolt Brecht in Berlin

Anfang November 1948 beginnen die Proben zu Bert Brechts Stück *Mutter Courage und ihre Kinder* im Deutschen Theater in Berlin. Brecht und seine Frau Helene Weigel sind erst knapp zwei Wochen zuvor aus der Schweiz nach Berlin gekommen. Am 11. Januar öffnet sich dann zum ersten Mal flatternd die weiße, halbhohe Brecht-Gardine. Das 1941 in Zürich uraufgeführte Drama aus dem Dreißigjährigen Krieg feiert in Berlin Premiere. Die Titelrolle spielt Helene Weigel selbst.

Am 18. Mai beauftragt dann die »Deutsche Verwaltung für Volksbildung« Helene Weigel »ab sofort« mit dem weiteren Ausbau des Berliner Ensembles. Sie wird die Leiterin der Theatergruppe. Als Eröffnungsvorstellung des Berliner Ensembles gilt die Inszenierung von *Herr Puntila und sein Knecht Matti*. (Entstanden 1940/41; Uraufführung im Schauspielhaus Zürich, 5. Juni 1948.)

1949

Theater

Premieren

● Albert Camus: *Les justes (Die Gerechten)*. Schauspiel in fünf Akten. (Uraufführung am 15. Dezember, Théâtre Hébertot, Paris. Deutschsprachige Erstaufführung am 14. September 1950, Zürich; deutsche Erstaufführung 15. Oktober 1950, Hebbel-Theater, Berlin.) Spiel um den »gerech-ten« politischen Mord, ausgehend von dem historischen Attentat des Studenten Iwan Kaliajew auf den russischen Großfürsten Sergej, 1905.

● Jean Genet: *Haute surveillance (Unter Aufsicht)*. (Uraufführung 26. Februar, Théâtre des Mathurins, Paris. Deutsche Erstaufführung Januar 1960, Kiel.) Genet baut zur bürgerlichen Welt eine künstliche Gegenwelt des Ver-brechens auf, eine »Negativkopie« der bourgeoisen Welt. Das Stück spielt im Kerker; die Hauptpersonen sind drei Verbrecher.

● Sean O'Casey: *Cock-a-Doodle Dandy (Gockel, der Geck)*. (Uraufführung 11. Dezember, People's Theatre, Newcastle-on-Tyne. Deutsche Erstaufführung am 25. September 1960, Wuppertal.) Ein modernes Märchen aus Irland mit lyrischen Szenen.

Hoffnung und Lebenslüge

Der moderne Mensch im zerrissenen Geflecht seiner Bindungen, verunsichert zwischen Anspruch und Realität, hoffend und scheiternd, ist das Thema zweier Bühnenstücke, die in diesem Jahr ihren Siegeszug antreten. Bei den Edinburgher Festspielen am 22. August hat *The Cocktail Party (Die Cocktailparty)* von Thomas Stearns Eliot Premiere. (Deutsche Erstaufführung am 10. Dezember 1950 im Düsseldorfer Schauspielhaus.) Während T. S. Eliot den gewohnten Konversationsstil in Verse verwandelt, ändert er auch den Charakter des Konversationsstücks. Hinter dem brillanten Geplänkel der Gesellschaftskomödie werden die religiösen Probleme des dem Anglokatholizismus verbundenen Autors sichtbar, das Mysterium, die Suche nach einem neuen Menschen.

Harte Kritik an dem Erfolgsstreben und Leistungsdruck des »american way of life« übt Arthur Miller in seinem Drama *Death of a Salesman (Der Tod eines Handlungsreisenden)*, das am 7. Oktober im New Yorker Morosco Theater uraufgeführt wird (deutschsprachige Erstaufführung am 1. März 1950 in Wien und Linz, deutsche Erstaufführung am 26. April in München und Düsseldorf). Als der Handlungsreisende Willy Loman, der sein Leben lang geschuftet hat, erkennt, daß seine Kräfte nachlassen und die Erfolge ausbleiben, flüchtet er in Illusionen. Doch die Wirklichkeit holt ihn ein: Die Söhne versagen und scheitern, Loman selbst wird von seiner Firma entlassen und wählt den als Unfall dargestellten Freitod. Illusionslose Story von Leben und Tod eines Durchschnittsamerikaners.

Orwells Visionen

In London erscheint George Orwells *1984*, ein Roman über eine utopische Horrorwelt, in der die totale Diktatur über die Menschlichkeit triumphiert. Winston Smith, im »Wahrheitsministerium« eines Superstaats damit beschäftigt, das Zeitungsarchiv auf den jeweils neuesten Stand der Parteiwahrheit zu bringen, befindet sich auf der Suche nach der besseren Vergangenheit. Er beginnt ein Tagebuch zu schreiben und versucht, sich an seine Kindheit zu erinnern. Dies ist nahezu unmöglich, da die historische Wirklichkeit seit langem von der Partei manipuliert wird; es gibt keine Möglichkeit, die Erinnerungsfetzen zu überprüfen. Smith begeht noch ein zweites Verbrechen, indem er für Julia Gefühle entwickelt; dies gilt bereits als ein Akt der Rebellion. Beide werden verhaftet, und durch raffinierte Foltermethoden wird Smith zum Verrat an Julia getrieben, zerbricht und verliert seine Individualität.

Orwell schreibt noch unter dem Eindruck der Hitler-Diktatur in Deutschland und der stalinistischen Verfolgungen in der Sowjetunion. Voller Skepsis beobachtet er die technischen Entwicklungen seiner Zeit und den wissenschaftlichen Fortschritt, den er nicht nur als Segen für die Menschheit begreift. 1984 gilt seither als das »Orwell-Jahr«, obgleich der Titel eher zufällig gewählt wurde. »Ich habe meinen Roman 1984 genannt«, schreibt Orwell zu diesem Thema, »weil ich ihn 1948 vollendet habe. Da mir kein besserer Titel einfiel, habe ich einfach aus der 48 eine 84 gemacht. Das ist alles.« In unzähligen Aufsätzen ist inzwischen untersucht worden, inwieweit Orwells Visionen Realität geworden sind.

Totalitarismus

George Orwells Ozeanien ist ein Staat, der alle Merkmale des Totalitarismus besitzt bzw. der einer in den dreißiger Jahren entwickelten und in den fünfziger Jahren während des Kalten Krieges wieder aufgegriffenen Totalitarismus-Theorie entspricht. Sie beruht auf der Gleichsetzung von Bolschewismus und Faschismus und beschreibt ein Syndrom totalitärer Herrschaft anhand folgender Merkmale: ausgearbeitete Ideologie, Herrschaft einer einzigen Massenpartei, Monopol der Massenkommunikation, Waffenmonopol, zentrale bürokratische Lenkung der Wirtschaft und Terrorsystem der Überwachung jedes einzelnen. Tatsächlich entwickelte Orwell seine Schreckensvision unter dem Eindruck des Nationalsozialismus und des Stalinismus, aber auch der Wirtschaftspolitik der westlichen Industrienationen während des Zweiten Weltkriegs. Noch beklemmender als in Animal Farm (1945) bringt Orwell seine Überzeugung zum Ausdruck, daß die Zerstörung des Menschen durch die zunehmende Perfektionierung der Staatsmaschinerie unaufhaltsam ist.

Nationalsozialistisches Propagandaplakat, bestimmt für den Einsatz in der Sowjetunion; 1944.

1949

Musik

Premieren

● Reinhold Glier: *Mednyi vsadnik (Der eherne Ritter)*. Ballett. Libretto: Piotr Abolimow. Nach Puschkin. Der sowjetische Komponist belgischer Abstammung, Lehrer Prokofjews, wird stark von russischer Volksmusik beeinflußt. (Uraufführung 14. März, Kirow-Theater, Leningrad.)

● Anatoli Ljadow: *Die Prinzessin und die sieben Ritter*. Ballett. Libretto: G. Jagdfeld. Russische Variante des Märchens von Schneewittchen. (Uraufführung 16. Juni, Leningrad.)

● Martin Frank: *Golgatha*. Passionsoratorium des schweizerischen Komponisten.

● Ernst Pepping: *Heut und ewig*. Chorzyklus nach Goethe.

● Richard Rodgers: *South Pacific*. Musical. Buch und Gesangstexte: Oscar Hammerstein II. Nach James Micheners *Tales from the South Pacific*. Liebesgeschichte vor dem Hintergrund des Zweiten Weltkrieges im Pazifik. (Uraufführung 7. April, Majestic Theatre, New York.)

● Arnold Schönberg: *Fantasie für Violine und Klavier op. 47*, *Ode an Napoleon* und Kantate *Ein Überlebender aus Warschau*.

● Leo Spies: *Don Quijote*. Ballett. Libretto und Choreographie: Tatjana Gsovsky. (Uraufführung 11. November, Berlin.)

Ereignisse

● Franz Blume beginnt mit der Herausgabe der Reihe *Musik in Geschichte und Gegenwart*.

● Oskar Sala experimentiert mit dem Trautonium, einem elektronischen Musikinstrument, das zum Mixtur-Trautonium erweitert wird und zunehmend bei Hörspiel- und Filmmusik Verwendung findet.

● Internationaler Kongreß für Musik in Basel.

Richard Strauss, der letzte Romantiker

Am 11. Juni feiert Richard Strauss seinen 85. Geburtstag. In vielen Opernhäusern werden an seinem Ehrentag Strauss-Opern aufgeführt. Die bayerische Regierung veranstaltet einen Festakt, Strauss erhält die Ehrendoktorwürde der Münchner Universität, die Städte Garmisch und Bayreuth ernennen ihn zum Ehrenbürger. Zwei Monate nach den Feierlichkeiten erkrankt Richard Strauss schwer und stirbt am 8. September in Garmisch.

Im Vorjahr komponierte Strauss seine Vier letzten Lieder nach Texten von Hermann Hesse und Joseph von Eichendorff. In ihrem schwelgerisch-morbiden musikalischen Gestus lassen die Lieder eine verklärte Todesahnung anklingen; flieht die Musik in Traumsphären. Strauss fühlte den Tod herannahen; die letzten Worte zu seiner Frau lassen sein romantisches Verhältnis zur Musik noch einmal spüren: »Merkwürdig, Alice, das mit dem Sterben ist genauso, wie ichs in Tod und Verklärung komponiert hab'. Merkwürdig ist das ...«

Georges Villa, Richard-Strauss-Karikatur, auf die Opern »Salome« und »Der Rosenkavalier« anspielend.

Carl Orffs »Antigonae«

Carl Orffs Werk *Antigonae*, dessen Uraufführung während der Salzburger Festspiele am 9. August stattfindet, basiert auf dem Trauerspiel des Sophokles in der sprachgewaltigen Übersetzung Friedrich Hölderlins.

Eteokles hat die Stadt Theben verteidigt, die sein Bruder Polyneikes zu erobern versuchte. Beide sind im Kampf gefallen. Der nun in Theben herrschende König Kreon verbietet unter Androhung der Todesstrafe, den »Verräter« Polyneikes zu bestatten. Die eine Schwester der Brüder, Ismene, gehorcht dem Verbot, die andere aber, Antigonae, streut Erde über den Leichnam des Polyneikes und wird deshalb zum Tode verurteilt. Zu spät nimmt Kreon auf Drängen des Sehers Teiresias das Urteil zurück. Antigonae hat sich bereits selbst getötet, und Hämon, ihr Verlobter, der Sohn Kreons, ist ihr in den Tod gefolgt. Auch Kreons Frau Euridice nimmt sich das Leben, als sie vom Schicksal des Sohnes erfährt.

Orff folgt Wort für Wort der Hölderlin-Fassung von Sophokles' Drama, bedient sich aber bei seiner Vertonung nicht der traditionellen Ausdrucksarten der Oper oder des Musikdramas. Musikalische Mittel im gewohnten Sinn benutzt er, wo er auf weite Strecken die Sänger mittelalterlich psalmodieren läßt oder nach Art der großen Barock-Passionsmeister rezitativisch führt. Ungewöhnlich sind jene Szenen, in denen Orff die Musik durch Geräusche ersetzt. Alles dient nur dem Zweck, Vorgänge im Unterbewußtsein und den »Atem schicksalhaften Geschehens« hörbar werden zu lassen. Ton und Geräusch, Wort und Satz, Mensch und Schicksal sind einzig zusammengehalten durch den Rhythmus. Als Ganzes, so stellen die Musikkritiker nach der Premiere fest, sei Orffs *Antigonae* keine Oper, kein Musikdrama, keine Schauspielmusik, sondern ein Versuch, edle altgriechische Dramatik in edler deutscher Wortfügung durch »rhythmische Geräusche und rhythmisches Tonhöhensprechen emporzuheben«.

Literatur

Neuerscheinungen

● Nelson Algren: *The Man with the Golden Arm (Der Mann mit dem goldenen Arm)*. Dichte Schilderung des Elends polnischer Einwanderer in Chicago, verbunden mit Kritik an der amerikanischen Gesellschaft.

● Stefan Andres: *Das Tier aus der Tiefe*. Erster Teil der Trilogie *Die Sintflut*. Schilderung der Herrschaft des Antichrist in Süditalien. (2. Band, *Die Arche*, 1951.)

● Gottfried Benn: *Der Ptolemäer*. In eine schmale Handlung gekleidete Analyse der geistigen und seelischen Gegenwartssituation.

● Simone de Beauvoir: *Le deuxième sexe (Das andere Geschlecht)*. Zweiteiliger Essay über die künstlich erzwungene Vorherrschaft des Mannes über die Frau.

● Heinrich Böll: *Der Zug war pünktlich*. Erzählung über das Schicksal eines Fronturlaubers. Vermischt Visionäres mit Realem.

● Paul Bowles: *The Sheltering Sky (Himmel über der Wüste)*. Roman über eine Ehekrise. Einflüsse von Camus und Sartre.

● Hermann Broch: *Die Schuldlosen*. Roman in elf Erzählungen über die deutsche Entwicklung bis 1933.

● William Faulkner: *Knight's Gambit (Der Springer greift an)*. Sechs Kurzgeschichten über das Aufdecken von Geheimnissen. Faulkner erhält in diesem Jahr den Literatur-Nobelpreis.

● Robert Frost: *Complete Poems (Gesammelte Gedichte)*. 315 Gedichte, deren ländliche Motive der Selbsterkenntnis und didaktischen Belehrung dienen sollen.

● Jean Genet: *Journal du voleur (Tagebuch eines Diebes)*. Autobiographischer Roman, in dem Genet das Verbrechen zur Tugend umwertet.

● Ernst Jünger: *Heliopolis*. Bericht über eine Welt- und Residenzstadt der Zukunft. Jünger erörtert am Geschick seines utopischen Staates die Frage nach Gewalt und Widerstand, die Unvereinbarkeit von Macht und Liebe.

● Arno Schmidt: *Leviathan*. Schmidts erster großer Roman in Form dreier Erzählungen. Die Naturwissenschaft erscheint als einziger Halt in einer erbarmungslosen, sinnlosen Welt.

● Anna Seghers: *Die Toten bleiben jung*. Spielt zwischen 1918 und 1945. Anhand der Erlebnisse eines Vaters und seines Sohnes wird das deutsche Schicksal nachvollzogen. Fortsetzung 1959 mit *Die Entscheidung*.

Ereignisse

● Erste Frankfurter Buchmesse in der Paulskirche.

● Wiederaufbau des von Bomben zerstörten Frankfurter Goethe-Hauses.

Die Grundlegung des Wirtschaftswunders

Am Ende der vierziger Jahre steht in Westeuropa der wirtschaftliche Wiederaufbau auf der Grundlage der Marshallplanhilfe. Sie ist benannt nach dem von 1947 bis 1949 amtierenden US-Außenminister und späteren Verteidigungsminister George Catlett Marshall, der 1953 gemeinsam mit Albert Schweitzer den Friedensnobelpreis erhält. Die Bundesrepublik Deutschland tritt dem Abkommen über das Hilfsprogramm am 15. Dezember 1949 bei. Es umfaßt Sachlieferungen, Dienstleistungen, technische Hilfe sowie Geschenksendungen, wie sie schon seit 1946 von der Cooperative for American Remittences to Europe (CARE) vermittelt werden.

Die Marshallplanhilfe ist die wirtschaftspolitische Seite der 1946/47 von George Frost Kennan als Chef eines außenpolitischen Planungsausschusses konzipierten Containment-Politik, der »Eindämmung« der UdSSR. Kennan geht davon aus, daß die Sowjetunion den Status quo in Europa und Asien nicht mit militärischen Mitteln verändert, wenn jeder sowjetische Druck unmittelbar mit Gegendruck beantwortet und der sowjetische Einflußbereich insgesamt »eingedämmt« wird. Hierzu dient als militärpolitisches Instrument ein militärisches Paktsystem aus NATO (1949) und SEATO (1954). »Eindämmung« heißt zugleich »Kalter Krieg« – eine Bezeichnung, die schon 1947 als Übersetzung von »cold war« in der deutschen Presse übernommen wird.

Zugleich gehört die Marshallplanhilfe neben der Währungsreform zu den Voraussetzungen des bundesrepublikanischen Wirtschaftswunders zu Beginn der Ära Konrad Adenauers und seines Wirtschaftsministers Ludwig Erhard. 1949 freilich stellt der Textautor Kurt Feltz im Refrain eines Erfolgsschlagers angesichts der vom Wirt Runde um Runde herbeigeschleppten Biergläser, angesichts der neuen Unterwäsche, Strümpfe und Schuhe seiner Frau noch die Frage: »Wer soll das bezahlen, / wer hat das bestellt? / Wer hat soviel Pinke Pinke, / wer hat soviel Geld?«

SANTA CLAUS

SIGMUND FREUD

PROSPERITY

ART & COMMERCE

SCIENCE & INDUSTRY

The PURSUIT

of HAPPINESS

VICE & VIRTUE

LABOR & LEISURE

SEMANTICS

Unemployment

Statistics

INFLATION

UNCLE SAM

UNCLE TOM

STEINBERG

Saul Steinberg
Die Ideale Amerikas
1959

Erholung
Motorroller-Urlauber
1955

Wirtschaftswunder
Bundeswirtschaftsminister und Autor Ludwig Erhard
1957

Eleganz
Complet aus Kleid und pelzgefüttertem Mantel
Berliner Mode 1958

Wohlstand mit Widersprüchen

Das Amerika-Monument, das der gebürtige Rumäne Saul Steinberg am Ende der fünfziger Jahre seiner Wahlheimat errichtet, scheint eine allumfassende Harmonie zu verherrlichen: Einträchtig schütteln sich vice & virtue, labor & leisure, art & commerce, science & industry die Hände – Laster und Tugend, Arbeit und Freizeit, Kunst und Geschäft, Wissenschaft und Industrie stehen in schönstem Einklang, gehen »Hand in Hand«.
Allein schon dieses Sprachbild verweist auf Steinbergs Hintersinn, der sich in der Gruppierung der kleinen, austauschbaren grauen Männchen um die zentrale Szene verbirgt: einer von zwei Urweltwesen vorgeführten »Jagd nach Glück«, die sich gegenseitig in den Schwanz beißen.
Der Stufenbau wird von einer modernen Dreifaltigkeit überragt. Ihre Mitglieder sind der Konsum-Heilige Nikolaus, Sigmund Freud als Erzvater der fürs amerikanische Seelenleben unerläßlichen Psychiater und eine Wallstreet-Inkarnation der Freiheit auf dem Podest des Wohlstands.
Genau dieses zentrale Ideal vertritt der »Vater des deutschen Wirtschaftswunders« Ludwig Erhard, das personifizierte Bollwerk gegen sozialistische Planwirtschaft. Nimmt man es mit den Zahlen nicht ganz genau, so kann der Autor Erhard 1957 nach achtjähriger Tätigkeit als Bundeswirtschaftsminister durchaus den »Wohlstand für Alle« als gegeben darstellen.
Dieser Wohlstand zeigt sich zu Beginn der fünfziger Jahre noch zaghaft etwa in der Möglichkeit, ins Grüne oder in den Urlaub zu fahren, und sei's auch nur auf der für 40 DM die Woche geliehenen Lambretta. Er gewinnt auf der Stufenleiter des Erwerbs von Wohnungseinrichtung, immer reichhaltiger gefülltem Kühlschrank und komfortabler Musiktruhe das Bild kultivierter Modeeleganz im internationalen Maßstab. Wer arbeitet, darf Wohlstand ernten, so lautet die Devise und neue Gleichung für irdische Gerechtigkeit. Und wer es zu Wohlstand gebracht hat, darf und soll ihn frohgemut genießen – und in die CDU-Parole einstimmen: »Keine Experimente!«

482

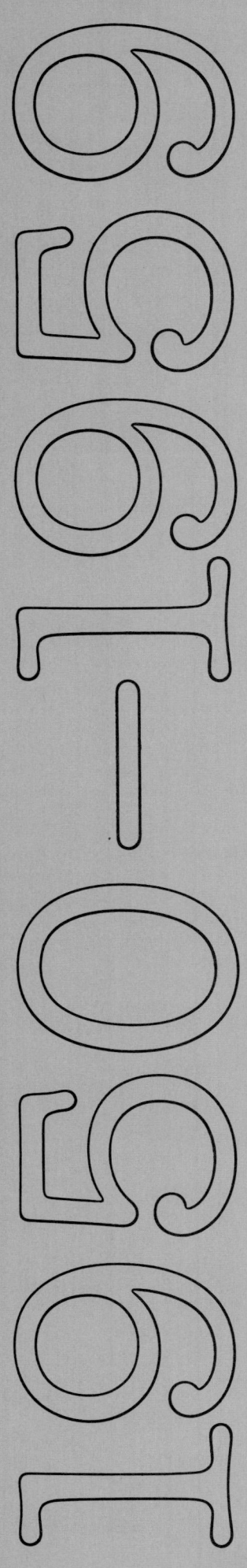

Man stellt es ganz gern ins blanke Schmuckrähmchen, das Kinderporträt der Republik. Es wird, je mehr sie selbst in die schlechten Jahre kommt, liebevoll abgestaubt, im Nostalgieschein gedreht und nicht ohne Stolz gewendet: War es nicht, bei allen Mängeln, doch eine ganz wohlgeratene Kindheit und Pubertät? Die Wende-Enkel Adenauers sind sich da ganz sicher. Und die jungen Nachgeborenen, die den Muff des Aufstieg-Rittertums nicht geatmet haben, nähern sich mit freundlicher Neugier der fernen Rock'n'Roll-Epoche ihrer Väter. Petticoat und Tütenlampe werden aus dem Museum der Trivialitäten geholt und gräßlich schön gefunden. Der Flitter der Verklärung lenkt davon ab, daß die Dekade auch unter anderen Namen läuft. »Jahrzehnt des Schreckens« zum Beispiel.

1950 ist die Republik noch kein halbes Jahr alt. Die Stimmung beim Start in lichtere Jahre, in die doch noch der Schatten der Katastrophe hineinreicht, ist gedämpft zuversichtlich. Die politischen Weichen sind bereits gestellt, und die Mehrzahl der Bürger hat begonnen, pfundweise ihr statistisch registriertes Untergewicht auszugleichen. Die Laufversuche ihrer Demokratie verfolgen sie in der Mehrzahl skeptisch distanziert. Ihr erster Kanzler, Konrad Adenauer, nach 1945 CDU-Gründer und zum zweiten Mal Oberbürgermeister von Köln, ist mit seinen 73 Jahren weniger demokratische Leitfigur als illusionsloser Pragmatiker, der in den 14 Jahren seiner Amtszeit seine Macht souverän zu nutzen weiß. Sein einziger großer Gegenspieler, der ihm an Intellektualität überlegene SPD-Politiker Kurt Schumacher, stirbt schon 1952.

Mit Adenauer haben sich die Deutschen für den Westen entschieden, für die Beendigung der internationalen Isolierung Deutschlands und für den wirtschaftlichen Aufschwung. Greifbare Erfolge werden sofort sichtbar: Aufnahme der Bundesrepublik in den Europarat, Aufhebung des Kriegszustandes, Montanunion, 1955 schließlich volle Souveränität, Mitgliedschaft in der Nato, 1959 Gründung der EWG. Parallel dazu verläuft die stete Vertiefung der Kluft zum östlichen Teil Deutschlands. Die Hallsteindoktrin 1955 wird zum hilflosen Versuch, die Entwicklung zweier deutscher Staaten aufzuhalten. Ihren steten Aufstieg auf der Vertrauensleiter internationaler Anerkennung erleben die Deutschen in einer teilweise explosiv geladenen, innerhalb kurzer Zeit rapide gewandelten weltpolitischen Situation. Aus den einstigen Verbündeten im Kampf gegen den Faschismus sind Gegner geworden, der Ost-West-Konflikt wird zum Kalten Krieg. Von dem hysterischen Antikommunismus, der in den USA zu den Verfolgungskampagnen des Senators McCarthy führt, spürt man auch in der Bundesrepublik Deutschland einiges. Schließlich werden die Bundesbürger täglich mit den Auswirkungen kommunistischer Politik konfrontiert, mit dem Strom von DDR-Flüchtlingen oder etwa den Erzählungen der späten Kriegsheimkehrer aus dem Osten. Die brutale Niederwerfung des Arbeiteraufstandes in Ostberlin am 17. Juni 1953, der blutige Sieg sowjetischer Panzer über das aufständische Ungarn 1956 tun ein übriges. Und ganz fremd ist den Deutschen nach zwölf Jahren antibolschewistischer Propaganda der Gedanke sowieso nicht, daß der ideologische Feind im Osten sitze.

Der ideologische Streit der Großmächte schürt in den fünfzigern ein Klima der Angst. Als 1950 der Koreakrieg ausbricht, rechnen viele Menschen damit, daß ein neuer Krieg auch für Deutschland bevorstehe. Und sie nehmen danach zähneknirschend die Remilitarisierung ihres Landes hin. Das Wechselbad von laut verkündetem deutschen Verzicht auf jegliche Neuformierung von Streitkräften und die konstant betriebene Wiederbewaffnungspolitik Adenauers stürzt die Republik in ihre erste große innenpolitische Krise.

Die Großmächte haben sich aus den gegenseitigen Drohgebärden unterdessen in ein Spiel mit der Apokalypse hineingesteigert. Seit die erste amerikanische Wasserstoffbombe zur Explosion gebracht ist, begleitet panische Angst vor Atomkrieg und Atomtod den Optimismus der Jahre. Es kommt zu einer zweiten großen Protestwelle, der Antiatombewegung, die von leichtfertigen Gedankenspielen in Bonn über eine atomare Aufrüstung der Bundeswehr angetrieben ist.

Der Widerspruch zwischen dem gesicherten Wohlbehagen über den Anschluß an guten Lebensstandard und dem Gefühl, doch nur einen grandiosen Ritt über den Bodensee zu absolvieren, gehört zur spannungsgeladenen Grundstimmung der Zeit. Als die Dekade ausklingt, hat die SPD mit dem Godesberger Programm den Wandel von der klassenkämpferischen zur Volkspartei eingeleitet, verspricht die katholische Kirche mit dem neuen Papst Johannes XXIII. den Aufbruch in eine liberalere Zukunft, hat Fidel Castro die Macht in Kuba übernommen und Charles de Gaulle die erste Präsidentschaft

Heinz Kiessling
Weltraumstation
1950

Joan Miro
Komposition
1953

Geschmackvolles Wohnen
Vorhang - Tapeten - Vasen - Arrangement
1955

Italien-Welle
Werbeanzeige für Belichtungsmesser
1958

Stan Laurel und Oliver Hardy in
Lange Leitung

der V. französischen Republik. In der Berlin- und Deutschlandfrage hat sich nichts bewegt, Willy Brandt ist Regierender Bürgermeister von Berlin und der konservative Heinrich Lübke als Verlegenheitslösung Nachfolger des liberalen Professors Theodor Heuss im höchsten Amt der Bundesrepublik. Er repräsentiert ein Land, das den rauschhaften Aufstieg von der Gesellschaft der Habenichtse mit über zwei Millionen Arbeitslosen, Wohnungsnot und Flüchtlingselend zur Wohlstandsgesellschaft mit Vollbeschäftigung hinter sich hat. Diese Karriere vom Trümmer- zum Wirtschaftswunderland ist begleitet von einer sprichwörtlichen Leistungseuphorie. »Kinder ihr müßt nicht so furchtbar viel denken, eßt nur, und alles wird gut« schmettern die »Stachelschweine« den konsumgierigen Vertretern der Freßwelle entgegen. Das Kabarett hat in diesen Jahren Hochkonjunktur, während vielen Dichtern und Denkern das Tempo des Fortschritts ohne Experimente sichtlich die Sprache verschlägt.

Die Deutschen, gründlich gebrannte Kinder in Sachen Politik, entschließen sich zur Ohnemichelei, werden Meister ohne Lorbeer im Verdrängen und Vergessen. Der Schock der Nazizeit sitzt ihnen allzu tief in den Knochen und bringt sie zur heimlichen Glaubensformel, daß die Welt am besten ohne Politik genesen könne. Letztlich leiden ideologische Gegner wie einstige Anhänger des Nationalsozialismus an gleichem Problem. Sie haben 1945 ihren ideologischen Fixationspunkt verloren, vermissen die sichere Orientierung. Der Verlust der moralisch-politischen Sensibilität wird mit hektischer Betriebsamkeiten überspielt. So vollzieht sich die phänomenale und vom Ausland beifällig bis skeptisch bestaunte Aufbauleistung auf einer Verschwörung des Schweigens.

So zahlt man Wiedergutmachung an Israel und duldet als Leiter des Bonner Kanzleramtes Hans Globke, der einst einen offiziellen Kommentar zu den Nürnberger Rassegesetzen verfaßt hat. Man regelt in bilateralen Gesprächen, daß nationalistischer Ballast aus den Schulbüchern verschwinden soll und läßt dafür im Schulbuch und der öffentlichen Meinung Hitler als eine Art Führer ohne Volk entstehen, betrachtet den Nationalsozialismus als Unheil, das aus heiterem Himmel über ahnungslose Menschen hereingebrochen ist. Man schwärmt für den großen Bruder Amerika, dessen Schutz und Lebensstil man dankbar genießt und singt beim Sieg der deutschen Fußballmannschaft bei der Fußball-

weltmeisterschaft in Bern die erste Strophe des Deutschlandliedes. Man läßt sich pflichtschuldig von Anne Franks Tagebuch rühren und einstige Naziregisseure wieder Filme machen.

Damit ihnen solch tönerner Boden unter den Füßen nicht zerspringt, zementieren sich die Deutschen wie symbolisch ein. In geradezu unerbittlicher Emsigkeit und kaum glaublichem Tempo werden die Wunden der kaputten Städte zubetoniert und der heile Rest dazu. Gigantische Netzquadrate öder Wohnblocks im Einheitsstil überziehen das Land. Wohnraum muß schließlich dringend geschaffen werden. Die Euphorie, endlich die ersehnte Alternative zu elenden Flüchtlingsquartieren, Gartenlauben, Bunkerprovisorien geschaffen zu haben, klingt spät ab. Für den Enkel der Fünfziger bleibt der Eindruck überwältigender, Stein gewordener Tristesse. Das Gesicht Deutschlands wandelt sich in diesen zehn Jahren grundlegend. Im Zentrum der Städte blüht die Bodenspekulation, Banken, Geschäftshäuser, Versicherungen machen, weithin sichtbar, das Rennen mit riesigen Bauten. Der pseudomoderne »Versicherungsstil« mit gekünstelten Stelzen à la Corbusier und bunten Kacheln wird zum Begriff. Aufbaugeist und Hang zum Eigenbesitz zersiedelt das Land vor den Stadtgrenzen mit einem Meer von Einfamilienhäusern.

Die Erinnerung an Traditionen und Identitäten, die Chance für einen Neubeginn der Phantasie und Humanität wird durch viele Architekten verspielt, die schon unter anderen Dienstherren Wiederaufbaupläne gezeichnet haben. Ratloses Mittelmaß beherrscht die Szene anderwärts; die Suche nach Konturen annektiert und trivialisiert Elemente der »Neuen Sachlichkeit« der Zwanziger. Die Erinnerung, daß Deutschland einst Pionierland der Baukunst war, fällt schwer. Denn die optimistische Formensprache des bewegten Betons, die Ablösung der rechtwinkligen Schwerfälligkeit in der Geste der neuen Architektur wird vornehmlich im Ausland erprobt. In den deutschen Fünfzigern hat sie wenig Chancen.

Mit um so größerem Schwung aber sind die Fluchttüren aus der schwierigen Gegenwart und der häßlichen Vergangenheit aufgestoßen worden. Die unaufhaltsame Motorisierung eines Volkes geht mit einer ungebremsten Reisewelle einher. Fanatisch exerzierte Mobilität ist das Pendant zu einem Gefühl der Obdachlosigkeit in der unwirtlichen Umgebung. Die Fahrt ins Grüne im neuen VW ist

Weltraumzukunft und Fragen des guten Geschmacks

»Die Rakete kam also als Waffe in die Welt ... Diese Entwicklung wurde gekrönt durch die Konstruktion der deutschen Großrakete ›A 4‹ in Peenemünde. Am Abend des 8. September 1944 fiel das erste Projektil, nun ›V 2‹ genannt, auf London nieder.« Mit diesen Sätzen erinnert Heinz Gartmann in einem von Heinz Kiessling illustrierten Beitrag Flug in den Weltenraum (»Westermanns Monatshefte« 12/1950) an deutsche Pionierleistungen im Raketenbau, der nun in sowjetischer und amerikanischer Hand ist, mit der Perspektive: Raumflug, Weltraumstation, Mondlandung. Sieben Jahre später umrundet der Sputnik die Erde.

Kiesslings Illustration hat ihr Pendant in den schwebenden abstrakten Gebilden des im Surrealismus wurzelnden Spaniers Joan Miró. Seine Kompositionen beflügeln ihrerseits Vorhang- und Tapetendesigner: »Wettbewerbe an Kunstschulen fördern Entwürfe zutage, die sich ihre Anregungen bei der benachbarten (!) ungegenständlichen Malerei holen«, kann Juliane Roth in ihrem Beitrag Schönheit und Gefahr des Dekors (»Westermanns Monatshefte« 3/1955) berichten, um zugleich das »Kernproblem der Tapete« ins Auge zu fassen: ›ihr Verhältnis zum gemalten Bilde‹. Italien, so gibt sie zu bedenken, »das klassische Land der Malerei, hält sich die Tapete fern«.

Doch die wenigsten Bundesbürger prüfen das Urlaubsland unter diesem Gesichtspunkt. Die Werbeanzeige für Belichtungsmesser aus dem Jahr 1958 rückt die Mindestausbeute eines Italienurlaubs ins rechte Licht: die Chiantiflasche, die zu Hause etwa als Kerzenständer der Party einen südländischen Schimmer gibt.

Daß die Anzeige zugleich darauf spekuliert, daß der Betrachter der Spaghetti-Esserin ob ihrer Ungeschicklichkeit herzlich lacht, entspricht der Erwartungshaltung, die bei der Vermarktung alter Streifen des Komiker-Duos Stan Laurel und Oliver Hardy vorausgesetzt wird: Die neue Benennung als Dick und Doof erniedrigt die Slapstick-Künstler zu Objekten hämischer Schadenfreude.

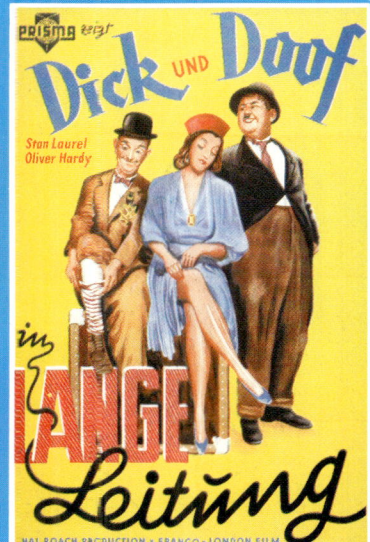
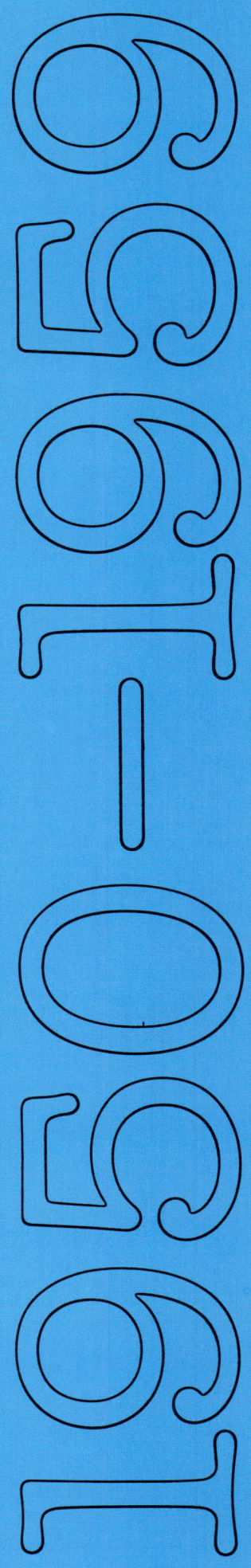

Statustat und Bedürfnis, die Chiantiflasche an der Wohnzimmerwand und das grelle Hawaiihemd ihr Requisit.

Die leichte Muse feiert weiter große Zeiten. Leichte Musik beherrscht zu 90 Prozent den Markt. Schlager- und Revuefilme überschwemmen die Lichtspielhäuser. Heimatschnulzen, heile Welt, Heimwehklamotten und Edelromanzen aus Fürstenhäusern markieren das beklagenswerte Niveau des deutschen Films. Die große Zeit des Kinos in Deutschland ist nicht die Zeit des großen Kinos. Während im Ausland Regisseure zu neuen künstlerischen Ufern aufbrechen, ihre Filme auch von deutschen Freunden guten Kinos bejubelt werden, kocht die Mehrzahl deutscher Filmemacher ein Süppchen der Nichtigkeiten. Es ist nicht ohne Ironie, daß die überragende Identifikationsfigur auch der deutschen Jugend in diesen Jahren ein amerikanischer Filmheld, James Dean, ist. Und daß das Fanal zum Aufbruch in eine selbstbewußte Jugendkultur im Kino geblasen wird, mit Bill Haleys rockiger Filmmusik.

Heiterkeit und Unbeschwertheit um jeden Preis gilt nicht nur als Freizeitmotto. Sie sind Devise der gesamten Alltagskultur und Teil der unermüdlichen Suche nach dem »modernen« Lebensstil, um den man doch so lange Jahre betrogen war. Was aus den USA kommt, wird von vornherein begeistert begrüßt, von Jeans bis zum stromlinienförmigen Hausgerät, von der überbordenden Hula-Hoop-Bewegung bis zum Design pompös gekurvter Autokarosserie. Die neue Lebenskultur fängt mit den technischen Geräten für die moderne Hausfrau an und hört bei Tips für Mode und Partyfreuden auf. Die lernwilligen Aufsteiger lassen geduldig Umerziehungsunterricht über sich ergehen. Die Kultur der Ratgeber blüht, guter Geschmack und guter Benimm ersetzen als Selbstwerte manche geistige Perspektive.

Der neue Wohnstil bedient sich ohne Verlegenheit aus dem bewährten Formenvorrat des Jahrhunderts. Ein bißchen Neue Sachlichkeit, ein bißchen Organic-Design, ein bißchen Stilnovo und Futurismus und ein bißchen altes Ornament – was dem eigenen Lebensgefühl nahekommt, wird aufgegriffen und führt zur Kultur des schrägen Geschmacks. Symmetrie wird zum Fremdwort für ein Design, das Möbel wie kühne Skulpturen schafft und andererseits vertraute Vorbilder zu zweidimensionaler Plattheit verkürzt. Als kühner Ausbruch aus dem nüchternen Formenkorset, der sich in sanfter Kurve doch zurücknimmt, wird der Nierentisch das Zeichen, in der die Zeit ihren dynamischen Wiederaufschwung und den Drang zur Angepaßtheit wiederfindet.

In der Wohnung der fünfziger Jahre läßt sich darüber hinaus ein Symptom neuartigen Kunstkonsums entdecken. Eine Häufung von unverstandenen Motiven, Kontrasten, Formen und Farben schafft eine hybride Mischwelt. Die »Klee-Tapete« an der Wand, abstrakte Krakel auf Vorhang und Möbelstoff, Drahtplastik und Mobile à la Calder und das bauchige Blumenkännchen mit Loch im Stile Henry Moores: Die Versöhnung mit der Moderne wird im Wohnzimmer gefeiert. Was in der bildenden Kunst Gegenstand von Grundsatzdebatten ist, die Rechtfertigung der abstrakten Kunst, wird im trivialen Design zur Selbstverständlichkeit aus Unverstand. »Abstrakt« wird zur Zauberformel der Modernität und verkürzt das heikle Verhältnis von Kunst und Gesellschaft auf einseitige Indienstnahme. Nur wo Kunst nützlich ist, ist sie auch beliebt – so ließen sich Umfrageergebnisse interpretieren, die ein vernichtendes Desinteresse der Bürger an moderner Kunst »an sich« vermelden. Ein deutscher Bernard Buffet, der den Zeitgenossen ihr ureigenes Lebensgefühl sinnlich faßbar und verstehbar machte, fehlt. Es gibt gute Gründe, angesichts des liebevollen Ausbaus der privaten Wohninseln, des gekonnten Inszenierungsstils der Illusion, des Rückzugs von jeglicher Politik, der Partykultur als beliebter Form der privaten Geselligkeit und der unsäglichen Prüderie der Zeit von einem Neo-Biedermeier zu sprechen. Die zahlreichen neuen Illustrierten, selbst die »Bildzeitung« in ihrer militanten Verweigerung jeglichen politisch-analytischen Denkens ließen sich der Rubrik zuordnen. Ebenso der neue Typ der Frau als Heimchen oder »Pelztier«, die den Staub der Trümmerjahre von den elegant gewandeten Schultern schüttelt und lautlos die Karriere ihres Mannes begleitet. Im Blick auf den Pariser Modehimmel und im Nachholbedürfnis an Eleganz und Mode haben viele Frauen gern vergessen, was ihnen Kriegs- und Nachkriegsjahre an unfreiwilligen Emanzipationsleistungen auferlegt haben.

Bei aller heimelig-unheimlichen Atmosphäre der Restauration tröstet ein Blick auf die Musikszene der Dekade: Es hat ihn doch gegeben, den kühnen Aufbruchsgeist. Und er hat Erfolge gefeiert. Schon bald nach 1945 entsteht in der Musik bei der Suche

Michail Kalatosow (Regie)
Letjat schurawli, 1957
(Wenn die Kraniche ziehen, 1958)
Szenenfoto mit
Alexej Batelow als Boris
und Tatjana Samojlowa als Veronika

Eugène Ionesco

Hugh Stubbins
Kongreßhalle in West-Berlin
1956/57

Helmut Hentrich, Hubert Petschnigg
und Partner
**Verwaltungsgebäude der
Phoenix-Rheinrohr AG
(Thyssenhaus) in Düsseldorf**
1957–1960

nach neuer Orientierung, neuen Anknüpfungspunkten in der Tradition der Moderne ein Klima der Diskussionsbereitschaft und Aufgeschlossenheit, das seinesgleichen sucht in diesen Jahren. In Darmstadt und Donaueschingen etwa institutionalisiert sich der programmierte Fortschritt. Die wichtigen Vertreter der internationalen Musikavantgarde treffen sich hier alljährlich, viele Deutsche zählen dazu. Das Publikum hört dem Aufbruch in das Reich der seriellen, der elektronischen oder aleatorischen Musik zwar mit konservativer Zurückhaltung zu. Lediglich Hans Werner Henze als singuläre Figur erntet von Anfang an spontane Begeisterungsstürme. Aber die experimentierfreudige Musikszene hebt das kulturelle Selbstbewußtsein in der Bundesrepublik: Man fühlt sich auf der Höhe der Zeit. In der Literatur stellt sich dieses Empfinden erst gegen Ende der Dekade ein. An ihrem Anfang steht das Bedürfnis, nachzuholen. Die intensive Auseinandersetzung mit der klassischen Moderne der Zwischenkriegszeit setzt sich fort, Kafka und Camus, André Gide, James Joyce und Marcel Proust werden in Kreisen des aufgeklärten Bildungsbürgertums verschlungen. Es findet eine Art intellektueller Entnazifizierung statt. Mit emphatischem Interesse wird die Literaturproduktion des Auslands registriert und konsumiert. Daß von deutschen Schriftstellern zunächst wenig beigetragen wird, eine neue Orientierung für eine neue Zeit zu finden, fällt dabei kaum auf. Die Stimme der Dichter als Gewissen der Nation geht teilweise auch am Publikum vorbei: Der Auseinandersetzung mit dem Nationalsozialismus, der sich etwa auch die Gruppe 47 anfangs verpflichtet fühlt und der sich viele Schriftsteller in traditioneller Formensprache unterziehen, verdrängt die Auseinandersetzung mit der Gegenwart. Wo Angst vor der neuen Bravheit, vor der Brüchigkeit der neuen Werte artikuliert wird, geschieht dies zunächst in Form verschlüsselter Botschaften wie bei Celan und Ingeborg Bachmann, die vom Publikum erst mühsam entziffert werden müssen. Schnellen Beifall findet dagegen die ironische, aber letztlich schonende Selbstkritik, wie sie etwa Hugo Hartung in seinem Bestseller *Wir Wunderkinder* betreibt. Die ergreifende Trümmerliteratur Bölls dagegen bewegt die Leser, aber sie kann in der Beschränkung auf den moralischen Impetus nicht richtungweisend sein.
Eine Art Wendepunkt der erzählenden Literatur markiert das Erscheinen der Romane Max Frischs.

In seinem Werk wird an den Nerv auch der bundesrepublikanischen Zeitgenossen gerührt. Daß es ein Schweizer ist, der ihnen den Spiegel kritischer Erkenntnis vorhält, spielt bei der Resonanz kaum eine Rolle, ähnlich wie auch die brillanten Dramen Dürrenmatts als Aufschwung deutschen Theaters empfunden werden. Mit der Erfolgstrias Johnson-Grass-Böll hat, als das Jahrzehnt zuende geht, die deutsche erzählende Literatur endgültig, auch mit neuen Strukturen und Formen, aufgeholt. Sie nennt die deutsche Wirklichkeit beim Namen, von der unseligen Spaltung Deutschlands, die die Seelenruhe der Bürger stört, bis zum Unvermögen der Zeitgenossen, sich in den Widersprüchen der neuen Realität zurechtzufinden. Der Aufbruch in eine neue Ära der Literatur wird euphorisch begrüßt.
In der deutschen Dramatik läßt er auf sich warten. Während einige deutsche Nachkriegsschriftsteller das Hörspiel als dramatische Form entdecken und ihm zu einer erstaunlichen Blüte mit einer Reihe dichter, zeitnaher Stücke verhelfen, bleibt ihr Beitrag zum Schauspiel belanglos. Wenige Ansätze zeitkritischer Art verlieren sich in einigen oberflächlichen Versuchen der Vergangenheitsbewältigung. Das entstehende Vakuum wird allerdings durch internationales Theater gefüllt. Zur großen Ausnahme wird das Ostberliner Theater am Schiffbauerdamm, in dem Bertolt Brecht sein Berliner Ensemble zu Leistungen führt, die Weltruhm erlangen und einen Höhepunkt deutscher Theatergeschichte markieren.
Die Begegnung mit dem Klassiker Brecht gehört ebenso zu den prägenden Theaterereignissen der Bundesrepublik wie die enthusiastische Begegnung mit Werken ausländischer zeitgenössischer Dramatiker. Die zornigen jungen Männer aus Großbritannien und den Vereinigten Staaten verzeichnen auch in Deutschland Beifall. Und dem absurden Theater Frankeichs, in dem die Wohlstandsbürger bei aller Provokation ihr Lebensgefühl eingefangen sehen, wird durch die deutschen Bühnen zum Durchbruch verholfen.
Das facettenreiche »Wunder« der fünfziger Jahre – es war unterm Strich ein Wunder mit arger Schlagseite. Restauration statt neuer Ideen, Ignoranz und Muffigkeit statt Neugier und Wachheit: Die Suche nach dem Glanz des hoffnungsvollen Aufbruchs stößt immer wieder in solche Leere. Man könnte sie ruhig aus dem Schmuckrahmen nehmen, die fünfziger.

Internationaler Austausch

Dem Tod Stalins im Jahr 1953 folgt im Ostblock die sogenannte Tauwetter-Periode, benannt nach dem 1954 und 1956 in zwei Teilen veröffentlichten Roman Ottepel' *(Tauwetter, 1957) des russischen Schriftstellers Ilja Grigorjewitsch Erenburg. Der Titel meint vor allem das »Auftauen« des unter dem Einfluß einer falsch verstandenen Kollektivideologie erstarrten und verarmten Innenlebens.*
In diesem Zusammenhang steht Michail Kalatosows Film Letjat schurawli *aus dem Jahr 1957, der im Osten wie im Westen außerordentlichen Erfolg hat. Er erzählt eine von Heroismus weitgehend freie Geschichte: Die Verlobten Boris und Veronika werden 1941 durch den Krieg getrennt; noch bevor sie Gewißheit über den Tod von Boris hat, heiratet Veronika dessen vom Frontdienst »freigestellten« leichtlebigen Bruder, den sie jedoch wieder verläßt. Vor allem Tatjana Samojlowa fasziniert durch ihre Gestaltung vielfältiger und gespaltener Empfindungen, mit der die filmische Gestaltung im Einklang steht – Eindrücke, wie sie in ähnlicher Intensität die Filme des japanischen Regisseurs Akira Kurosawa vermitteln.*
Im Bereich der Bühne geht neben der Theaterarbeit Bertolt Brechts eine nachhaltige internationale Wirkung von dem gebürtigen Rumänen Eugène Ionesco aus. Sein absurdes Theater stellt alle jene Leistungen und Errungenschaften in Frage, die beispielsweise von der neureichen Repräsentationsarchitektur unter Beweis gestellt werden sollen.
Als Beweisstück politischer Verbundenheit und bautechnischer Höchstleistung ist die Kongreßhalle (ein Geschenk der Vereinigten Staaten) in West-Berlin gedacht, deren kühne Dachkonstruktion aus Beton 1980 zusammenbricht: Aus der »schwangeren« wird die »niedergekommene Auster«. Beweiskraft nimmt auch das Düsseldorfer Thyssenhaus in Anspruch, das den Gigantismus der überdimensionalen Stahl- und Glaskuben als Ausdruck neuer internationaler Geltung eines nach dem Krieg entflochtenen Konzerns vor Augen führt.

1950–1959

Pierre Soulages
Peinture
1950

Die Ecole de Paris

In den fünfziger Jahren bildet Paris, der Ausgangspunkt der neueren existentialistischen Philosophie und Literatur, ein kulturelles Zentrum der westlichen Welt. Künstler, Kritiker, Kunsthändler und Sammler werden von der französischen Metropole angezogen: was hier geschieht, gilt als unmittelbarer und wegweisender Ausdruck der Zeit. Hierbei wirkt nach, daß von Paris künstlerische Revolutionen wie der Kubismus und der Surrealismus ausgegangen sind und bei Paris Wassily Kandinsky als der herausragende Vertreter der gegenstandslosen Malerei über ein Jahrzehnt tätig gewesen ist.

Die Bezeichnung »Pariser Schule« bezieht sich auf einen großen Kreis von Künstlern, die in mehr oder weniger lockerer Beziehung zueinander stehen. Gemeinsam ist ihnen die Auseinandersetzung mit den Ausdrucksmöglichkeiten der individuellen malerischen Geste. In ihr manifestiert sich die Alternative zur (nicht zuletzt durch das Beispiel der faschistischen Staatskunst und des Sozialistischen Realismus) unglaubwürdig gewordenen illusionistisch-gegenständlichen Malerei.

Insgesamt gehören die in Paris tonangebenden Maler dem Abstrakten Expressionismus bzw. der Lyrischen Abstraktion an – mit fließenden Übergängen zur Informellen Kunst (Informel), zum Tachismus und der Actionpainting. Namhafte Vertreter der »Ecole de Paris« sind Robert Bissière (eine Art Lehrmeister), Jean Bazaine, Hans Hartung, Georges Mathieu, die beiden gebürtigen Russen Serge Poliakoff und Nicolas de Staël sowie Maria Elena Vieira da Silva, ferner die aus Copenhagen, Brüssel und Amsterdam stammenden Mitglieder der 1948/49 gebildeten, nach den Heimatstädten der Künstler benannten Gruppe »Cobra«: Asger Jorn, Pierre Alechinsky und Corneille, Karel Appel und Constant.

Der Individualismus der »Ecole de Paris«-Künstler bringt zugleich »Markenzeichen« hervor. So ist das Gefüge aus dunklen, breiten Pinselstrichen vor hellem Hintergrund ein »typischer Soulages«, wobei die Reduzierung der Farbe auf die Veranschaulichung ihres geistigen Wesens abzielt.

Bildende Kunst

Ausstellungen

● Darmstadt: *Das Menschenbild in unserer Zeit* mit Plastiken und Gemälden, u. a. von Max Beckmann, Johannes Itten, Alexander Camaro als Begleitausstellung zum parallel geführten »Darmstädter Gespräch« mit gleichem Thema (15.–17. Juli). Kritiker beklagen den offenbar werdenden Verlust eines geschlossenen Menschenbildes.

● Hamburg: Ausstellung der von Willi Baumeister im Februar gegründeten Gruppe »ZEN 49« für gegenstandslose Kunst. Gezeigt werden in der November-ausstellung der Galerie Ruhrstrat Werke von Baumeister, Gerhard Fietz und Fritz Winter.

● Hamburg: Vom 18. März bis 16. April wird in der Kunsthalle zum ersten Mal in Deutschland ein Überblick über das Schaffen des englischen Bildhauers Henry Moore gegeben.

● München: Vorwiegend abstrakte Malerei repräsentieren 190 Gemälde aus dem »Deutschen Kunstpreisausschreiben 1949« im Gebäude des Central Collecting Point Mitte Februar – Mitte März. Den ersten Preis des Wettbewerbs, den der amerikanische Mäzen Blevin Davis ausgeschrieben hat, erringt der Solinger Georg Meistermann mit dem Bild *Der neue Adam.*

● München: 6. Mai – 1. Juli Gedenkausstellung *Maler am Bauhaus* im Haus der Kunst.

● München: *Oskar Kokoschka. Aus seinem Schaffen 1907–1950* im Haus der Kunst (4. September – 29. Oktober). Einen Monat später zeigt auch die Hamburger Kunsthalle eine große Kokoschka-Ausstellung.

● Recklinghausen: *Deutsche und französische Kunst der Gegenwart im Rahmen der Ruhrfestspiele* (21. Juni – 16. Juli).

Max Beckmann: Die Suche nach dem Ich

In New York stirbt am 27. Dezember eine der überragenden Gestalten der Malerei unseres Jahrhunderts, Max Beckmann. Als eine Art Testament hat er wenige Tage vor seinem Tod das Bild *Die Argonauten* fertiggestellt, dessen Titel sich auf die griechische Sage von den 50 Helden bezieht, die unter Führung Jasons ausfahren, um das Goldene Vlies des Äetes zu holen. Beckmanns Gestaltung des Themas läßt sich als visionäre Selbstschau interpretieren: Im Mittelteil des Triptychons ist ein alter Mann dargestellt, der in die Tiefe steigt; er ist bereit zur letzten Reise.

Die Tagebucheintragungen des 66jährigen spiegeln Zweifel und Hoffnungen, die den Gestaltungsprozeß begleiten. Da heißt es unter anderm: »12 Stunden an dem rechten Kopf (Mittelteil) von Argo – welcher Wahnsinn… Jetzt ist es gut, es war der Mühe wert.«

Max Beckmann ist der große Einzelgänger unter den Expressionisten. Als Zwanzigjähriger erregte er mit den *Jungen Männern am Meer* in Berlin Aufsehen – in einer Zeit, in der er stark von Lovis Corinth und Max Liebermann beeinflußt war. Später setzte er sich mit dem Expressionismus auseinander und schuf nach dem Grauen an der Front eine Reihe von Bildern, in denen er seine Umwelt brutal und aggressiv kritisierte. *Die Nacht, Hölle, Berlin* etwa sprechen von einem Sumpf aus Verbrechen, Lebensgier, Elend und Einsamkeit.

Im Vordergrund von Beckmanns Schaffen stehen die ganzen Jahre über eindringliche Selbstporträts. Mehr als ein Viertel der Gemälde des Künstlers sind Selbstbildnisse. In seiner *Theorie der Malerei* liefert er 1938 eine Begründung dafür: »Eines meiner Probleme ist, das Ich zu finden, das nur eine Gestalt hat und unsterblich ist.«

Max Beckmann emigrierte 1937 als »Entarteter« nach Amsterdam. 1947 siedelte er in die USA nach St. Louis um, 1949 nach New York. Daß er von seinen Zeitgenossen nicht mehr als »modern« empfunden wurde, registrierte der Künstler sehr genau, wie sich anhand seiner Tagebuchnotizen feststellen läßt. Doch bald nach seinem Tod ändert sich diese Haltung; Beckmann gewinnt auch in der breiten Öffentlichkeit ständig an Bedeutung.

Ein neuer Beginn?

Das fotografische Porträt des 64jährigen Max Beckmann läßt das Künstler-Antlitz als Spiegel der Enttäuschungen, Ängste, äußeren und inneren Kämpfe um das physische und geistige Überleben erscheinen, die ein halbes Jahrhundert Weltgeschichte im Zeichen von Terror und Krieg dem Individuum auferlegt hat. Wenn bei Beckmann von »trotzigem Vitalismus« gesprochen wird, so kann dies nicht über den Ausdruck der Bitterkeit hinwegtäuschen.

Pablo Picasso, der angeblich das Bild des Menschen »verhäßlicht« hat, gestaltet mit seiner Lithographie Jugend das hoffnungsvolle Sinnbild einer vor der heranwachsenden Generation liegenden Zukunft im Zeichen des von der Taube symbolisierten Friedens.

Mitte links: Bildnisfoto Max Beckmann, 1948.
Mitte rechts: Pablo Picasso, Jugend; 1950.

1950

Das Preußen-Schloß muß fallen oder: Die zweigeteilte Kultur

Weil der Ostberliner Magistrat einen Riesenplatz für Aufmärsche und Paraden schaffen will, muß am 7. September das barocke Schloß der preußischen Könige fallen. Um 10.25 Uhr sinkt der Prachtbau durch eine Sprengladung in Schutt und Asche. Die offizielle Begründung lautet, daß der Bau durch die Bombenschäden aus dem Krieg so angegriffen sei, daß ein Wiederaufbau nicht mehr lohne. Verschiedene Expertengutachten bestätigen allerdings übereinstimmend, daß die restlos erhaltene Fassade und ein Teil der Innenräume eine Wiederherstellung gerechtfertigt hätten. Das Berliner Schloß gilt als Höhepunkt im Schaffen des »Michelangelos des Nordens«, des Barockbaumeisters Andreas Schlüter, der ab 1699 aus Bauteilen verschiedener Epochen eine strahlende architektonische Einheit geschaffen hatte.

Der Kunsthistoriker und Ministerialrat im DDR-Ministerium für Volksbildung, Gerhard Strauß, befürwortet die Sprengung des »Denkmals der Reaktion und des Feudalismus als ein Beispiel des imperialistischen Untergangs«.

Einen ganz anderen Umgang mit dem gemeinsamen deutschen Kulturerbe zeigt die DDR bei den Feierlichkeiten zum 200. Todestag von Johann Sebastian Bach. Während die Bundesregierung eine Bach-Festwoche in Göttingen ausrichtet (23.–30. Juli), besteht die DDR darauf, daß nur Leipzig und Eisenach Orte für eine würdige Feier des Thomaskantors sein könnten. Sie hält unter Vorsitz von Albert Schweitzer vom 26.–30. Juli die »Deutsche Bachfeier 1950« ab und deklariert den Komponisten zum fortschrittlichen Musiker. Im Westen scheitert der Plan des Nordwestdeutschen Rundfunks, eine Reihe von Bachkantaten direkt vom Leipziger Sender zu übernehmen, an politischen Bedenken, damit könne Werbung für die »Sowjetzone« betrieben werden.

Ansätze einer demokratischen Erziehung?

Während auf bildungspolitischem Gebiet Vereinbarungen über ein einheitliches Schulwesen der Bundesländer noch in mühevollen Anfängen stecken, ergreifen einzelne Pädagogen die Initiative. Von welcher Situation sie wegzukommen und welche Ideale sie an deren Stelle zu verwirklichen versuchen, deuten die beiden Abbildungen an. Links eine Volksschul-Jungenklasse, die den Gedanken der Schule als Lernanstalt anschaulich macht: Disziplin als oberstes Gebot. Die notdürftig geflickten Fenster im Hintergrund sind ein Hinweis auf die Notsituation, die Zucht und Ordnung zu verlangen scheint. Rechts eine gemischte Klasse in einer aufgelockerten Atmosphäre, die Lehrerin inmitten der Kinder. Das Stichwort Johann Heinrich Pestalozzis von der »Schulwohnstube« wird wieder aufgegriffen.

Die Forderung, daß mit der Veränderung der äußeren Bedingungen auch eine innere Erneuerung einhergehen müsse, die soziale Chancengleichheit und demokratische Erziehung garantiere, bleibt in der schulischen Praxis umstritten.

Zwei Schulklassen, um 1950.

Die Kultur ist tot – es lebe die Kultur

In der Mai-Ausgabe der »Frankfurter Hefte« geißelt der 1949 aus der Emigration heimgekehrte Sozialphilosoph Theodor W. Adorno die Lähmung und den Anachronismus des geistigen Lebens im Nachkriegsdeutschland: »In der kulturellen Renaissance des gegenwärtigen Deutschlands fühlt man sich an Zarathustras Frage erinnert, ob der Tod Gottes noch nicht bekannt geworden ist: Es hat sich noch nicht herumgesprochen, daß Kultur im traditionellen Sinn tot ist, – daß sie in der Welt zu einer Ansammlung von katalogisiertem, an Verbraucher geliefertem, dem Verschleiß preisgegebenem Bildungsgut geworden ist, dem man eben jenen Ernst verweigert, der ihr in Deutschland heute wie stets gezollt wird ... Der Umgang mit Kultur im Nachkriegsdeutschland hat etwas von dem gefährlichen und zweideutigen Trost der Geborgenheit im Provinziellen ... Es ist ein gespenstischer Traditionalismus ohne bindende Tradition ... Der Stand des Bewußtseins wird bezeichnet durch Mangel an Sprengkraft, an Abenteuerlust, selbst an Neugier auf der einen Seite, und auf der anderen durch Unsicherheit in der Verfügung über die herkömmlichen Mittel, deren man sich bedient. Der Nachkriegsgeist, in allem Rausch des Wiederentdeckens, sucht Schutz beim Herkömmlichen und Gewesenen. Die Lähmung der geistigen Produktivität wird davon bewirkt, daß man insgesamt kein politisches Subjekt mehr ist ...«

Um die Frage der kulturellen Freiheit, allerdings in anderem Sinne als von Adorno gemeint, geht es in Berlin bei einem Kongreß, zu dem führende Wissenschaftler, Schriftsteller und Künstler aus verschiedenen Ländern der westlichen Welt vom 26. bis 30. Juni zusammentreffen. Der »Kongreß für kulturelle Freiheit« trägt unmißverständlich politischen Charakter und ist als Antwort auf die Berlin-Blockade gedacht. Dem internationalen Komitee gehören unter anderem der italienische Philosoph Benedetto Croce, der britische Historiker Hugh Trevor-Roper, der amerikanische Biologe Hermann Joseph Muller, die Schriftsteller Arthur Koestler, Gabriel Marcel, David Rousset, Tennessee Williams an. Unter den westdeutschen Vertretern sind Eugen Kogon, Carl Zuckmayer und Hermann Kesten.

Der deutsche Professor für Völkerrecht und SPD-Politiker Carlo Schmid sagt programmatisch: »Wir können dem Sog, der von Osten her auf Westeuropa wirkt, nur dann standhalten, wenn wir Verhältnisse schaffen, von denen die Bewohner Europas sagen können: In diesem Land und nach diesen Gesetzen lohnt es sich zu leben ... Dieses Ziel können wir erst dann schaffen, wenn es uns gelingt, eine Verfassung des täglichen Lebens zu schaffen, die aus dem Untertan des Wirtschaftsprozesses einen Bürger macht.«

Jacques Louis David
Bildnis Madame Récamier
1800

René Magritte
**Perspektive:
Madame Récamier von David**
1950

Verlust des Menschenbildes?

»Die Kunst strebt fort vom Menschen, vom Menschlichen und vom Maß«, so faßt der Kunsthistoriker Hans Sedlmayr die Entwicklung der modernen Kunst zusammen. Sein 1948 veröffentlichtes Buch Verlust der Mitte, *das in den fünfziger Jahren elf Neuauflagen erreicht, löst die heftigsten Kontroversen aus. Von der konservativen Kulturkritik wird es begrüßt und gefeiert, weil es die in der Adenauer-Ära propagierte Notwendigkeit einer Erneuerung des christlichen Abendlandes untermauert. Als reaktionäres Machwerk wird es von denen angegriffen, die nach der Hitler-Diktatur den Anschluß an die moderne Kunst wiedergewinnen wollen. Für beide Parteien liefert Sedlmayr reichlichen Stoff, etwa wenn er die neue Kunst »antihumanistisch« nennt oder für die Zukunft fordert: »Was aber die Kunst betrifft, so wird es zunächst vielleicht noch nicht möglich sein …, etwas in die leere Mitte zu setzen. Dann aber muß wenigstens das Bewußtsein davon lebendig bleiben, daß in der verlorenen Mitte der leergelassene Thron für den vollkommenen Menschen, den Gottmenschen, steht.«*

Wie eine Illustration dieser Thesen erscheint René Magrittes surrealistische Version des vom französischen Klassizisten Jacques Louis David anderthalb Jahrhunderte zuvor geschaffenen Bildnisses Madame Récamier. Die abgeknickte Form des Sarges zeichnet die Gestalt der Dame nach, vergegenwärtigt sie und entzieht sie zugleich – gewissermaßen für alle Ewigkeit – dem Blick des Betrachters. Sedlmayr scheint recht zu behalten: Der Mensch ist nicht nur aus dem Mittelpunkt, sondern überhaupt aus dem Bild verschwunden. An seine Stelle ist eine beunruhigende neue Realität getreten: eine Welt, in der die Spuren des klassischen Menschenbildes fortwirken als schöne Ruinen, aus denen sich der »Gottmensch« verabschiedet hat. Magrittes Gemälde erscheint darüber hinaus als die Vorausahnung einer Erde nach dem Einsatz der Neutronenbombe: Die Gegenstände, auch die der Kunst, existieren weiter, der Mensch aber hat sich selbst zerstört.

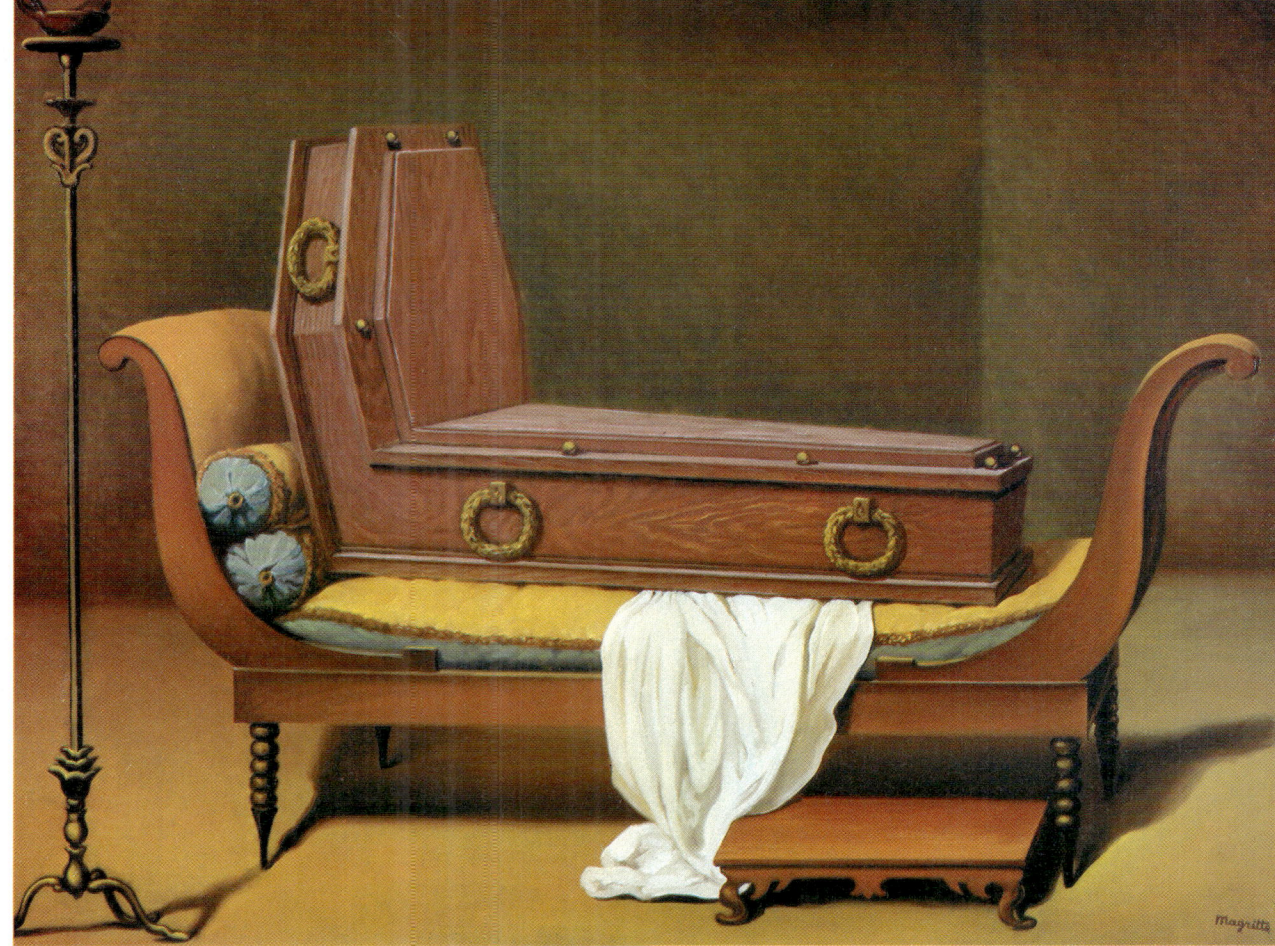

Billy Wilder
Sunset Boulevard, 1950
Plakat zur deutschen Fassung 1951

Eine Hollywood-Generation tritt ab

Der Film Sunset Boulevard (Boulevard der Dämmerung) schildert melodramatisch das Ende einer Generation ehemaliger Hollywoodstars. Nicht nur die Story des Films thematisiert den Verfall, Schauspielerinnen und Schauspieler wie Gloria Swanson, Erich von Stroheim und Buster Keaton spielen selbst ihren Niedergang.
In einer verwahrlosten Villa am Sunset Boulevard träumt der ehemalige Stummfilm-Star Norma Desmond (Gloria Swanson) von einem rauschenden Comeback. Ihr früherer Regisseur und Ehemann Max (Erich von Stroheim), nun in der Rolle des Dieners, bestärkt die Diva in ihrem Wahn. Ein junger Drehbuchautor (William Holden) gerät zufällig in das Haus, und Norma stürzt sich auf ihn. Er soll ein von ihr verfaßtes Drehbuch überarbeiten. Es kommt zu einem Liebesverhältnis zwischen ihnen, aber wie nicht anders zu erwarten, verliebt sich der Mann in ein junges Mädchen und beginnt unter ihrem Einfluß, die Arbeit an einem eigenen Drehbuch wieder aufzunehmen. Der ehrgeizige junge Mann will sein eigenes Glück machen. In einer Auseinandersetzung mit dem gealterten Star rechnet er mit Norma ab und zeigt ihr, daß sie eine abgetakelte Schauspielerin ist. Beim Weggehen schießt Norma den Autor nieder. Polizei und Wochenschau kommen ins Haus. Norma, deren Geist jetzt völlig verwirrt ist, glaubt ihr großer Filmauftritt sei gekommen. Majestätisch schreitet sie die Treppe herab, der ersehnte Augenblick ihres Neuanfangs – sie wird verhaftet.
Schonungslos entblößt der Regisseur Billy Wilder die Grausamkeit, mit der die einst erfolgreichen Stars vergessen werden, und die Skrupellosigkeit, mit der junge Aufsteiger ihr Glück suchen. Eitelkeit und Ehrgeiz sind gleichermaßen zerstörerisch in der brüchigen Filmwelt von Hollywood. Die Krise des amerikanischen Films Anfang der fünfziger Jahre, ausgelöst vom neuen Medium Fernsehen, und die politische Verfolgung vieler Regisseure und Schauspieler stellt Wilder als persönlichen Ruin der alten Garde dar.

Eine Heilige ist gefallen

Eine Liebesaffäre erregt die Gemüter. Ingrid Bergman wird am 2. Februar von einem Sohn entbunden, dessen Vater nicht ihr Ehemann Peter Lindström, sondern Roberto Rossellini ist. Das Ereignis wird in den Vereinigten Staaten wie ein Sittenskandal behandelt. Ebenso einflußreiche wie aktive Frauenverbände gießen die Empörung ihrer kleinkarierten Moral über den vor kurzem noch vielgeliebten schwedischen Star aus, der sich von Ehemann und Tochter trennt und im Mai den italienischen Regisseur heiratet. Die Beziehung zwischen beiden hatte sich während der Dreharbeiten zu *Stromboli, terra di dio* angebahnt und im Vorjahr schon die Film- und Klatschwelt in Atem gehalten. Als sich zeigt, daß die anfangs tolerierte Romanze nicht mehr gewinnbringend in der Rubrik »Reklame« unterzubringen ist, zieht die Hollywood-Obrigkeit rücksichtslos Konsequenzen. Die Bergman, in Amerika und Schweden Symbolfigur für Integrität und Unschuld, hat ihren Marktwert verloren. Die Angebote bleiben aus, und die Filmkarriere des Stars ist, wenn auch nur vorübergehend, zu Ende. Der Film *Stromboli*, der im Februar in den USA anläuft, wird trotzdem ein Kassenerfolg. In der Bundesrepublik widmet die sonst eher zurückhaltende »Welt« im Juni dem Paar eine Serie mit dem Titel »Aufstand der Liebenden«.

Der Spiegel als Zugang zum Unbewußten

Jean Cocteau ist auf dem Gebiet des Films kein Neuling mehr, als er 1950 seinen Film Orphée (Orpheus) der Öffentlichkeit vorstellt. Mit Le Sang d'un poète (Das Blut eines Dichters) hat der vielseitige Künstler schon 1930 seine ersten Versuche unternommen, das Medium der »Traumfabrik« für seine surrealistischen Phantasien in Dienst zu nehmen. Der erste Film, den Cocteau selbst als Regisseur gestaltet hat, ist La belle et la bête (Es war einmal) aus dem Jahr 1946. Es folgte 1948 Cocteaus Verfilmung seines Dramas Les parents terribles (1938, deutsche Übersetzung Nein, diese Eltern 1947).

Auch Orphée liegt ein literarisches Werk zugrunde, nämlich Cocteaus gleichnamiges Bühnenstück (1926). An die Stelle des Bühnen-Pferds, das den Dichter inspiriert, tritt ein Auto mit Radio; weitere Modernismen sind etwa die Todesengel in Gestalt von Motorradfahrern. Im übrigen ist der Film geradezu eine Anthologie filmtechnischer Gestaltungsmittel wie Rückwärts- und Negativaufnahmen, Zeitlupe und Montage.

Drama und Film enthalten das zentrale Sinnbild des Spiegels mit seinen vielfältigen Bedeutungsbereichen, wobei nicht ausgeschlossen ist, daß Cocteau sich durch Max Klingers Radierung Philosoph anregen ließ: Die am unteren Bildrand angedeutete schlafende (tote?) Frauengestalt ließe sich auf Eurydike beziehen, der Cocteaus Orpheus durch einen Spiegel ins Totenreich folgt, geleitet von der »Prinzessin«, die entgegen ihrem Auftrag als »Tod des Orpheus« diesen liebt. Modern ist die mit filmischen Mitteln umgesetzte Auffassung der Psychoanalyse, daß zwischen Bewußtsein und Unbewußtem keine »Mauern«, sondern Spiegelungen bestehen.

Oben: Orphée (Orpheus), 1950; Szenenfotos mit Maria Casarès als Prinzessin (links) und Jean Marais in der Titelrolle.
Mitte: Max Klinger, Philosoph; Blatt 3 aus dem Zyklus Vom Tode II, Opus XIII, 1885–1898.

Film

Premieren
- Josef von Baky: *Das doppelte Lottchen* nach dem gleichnamigen Roman von Erich Kästner. Zwei elfjährige Zwillingsschwestern, durch die Scheidung ihrer Eltern früh getrennt, finden sich und bringen die Eltern wieder zueinander. Mit Jutta und Isa Günther.
- Luis Buñuel: *Los olvidados* (*Die Vergessenen*, 1953). Im Auftrag des mexikanischen Erziehungsministeriums entstanden, schildert der Film die Jugendkriminalität in Mexiko-City.

- Hans Deppe: *Das Schwarzwaldmädel* mit Sonja Ziemann. Die operettenselige Geschichte vom braven Mädel, das sich auf einem Trachtenfest in einen Maler verliebt.
- Vittorio De Sica: *Miracolo a Milano* (*Das Wunder von Mailand*, 1953). Märchen vom Jungen Toto, der für die Armen am Stadtrand Wunder tun kann.
- Walt Disney: *Schneewittchen und die sieben Zwerge* (*Snow-White and the Seven Dwarfs*, 1937); farbiger Zeichentrickfilm.
- Curt Goetz: *Frauenarzt Dr. Prätorius* von und mit Curt Goetz sowie mit Valerie von Martens,

Erich Ponto und Bruno Hübner. Prätorius setzt sich mit Charme und Witz gegen die Kollegen durch und bekämpft den Bazillus der Dummheit.
- Helmut Käutner: *Königskinder* mit Jenny Jugo, Peter van Eyck, Hedwig Wangel. Zeitsatire über eine verarmte Prinzessin, die nach der Flucht ein altes Familienschloß bezieht und mit Hilfe eines Nichtadeligen die Not der ersten Besatzungsjahre besteht.
- Max Ophüls: *Der Reigen* (*La Ronde*). Nach dem gleichnamigen Stück von Arthur Schnitzler. Mit Adolf Wohlbrück (Erzähler). Musik: Oscar Straus.

1950

Heinrich Mann stirbt

Im kalifornischen Santa Monica stirbt am 12. März der Schriftsteller Heinrich Mann, 79 Jahre alt. Er stand kurz vor der Rückkehr nach Deutschland, um die ihm von der DDR angetragene Präsidentschaft der Deutschen Akademie der Künste zu übernehmen. Das Werk des 1933 emigrierten Schriftstellers findet, anders als das seines berühmten jüngeren Bruders Thomas, seit 1945 wenig Beachtung in Westdeutschland. Auf dem Büchermarkt ist es bei seinem Tode so gut wie nicht präsent. Die unerbittliche Gesellschaftskritik und das unbestechliche demokratische Engagement, die sich durch das Werk ziehen, sind den Zeitgenossen offenbar unbequem. Heinrich Mann verstand sich als Vertreter eines sozialistischen Avantgardismus. Aus dem umfangreichen Romanwerk des Schriftstellers sind *Der Untertan* (1916) und *Professor Unrat* (1905) am bekanntesten.

Das Böse fasziniert

»Es waren die Tage der Pest in Neapel« – so beginnt das Buch *Die Haut (La pelle)* des Deutschitalieners Curzio Malaparte (eigentlich Kurt Erich Suckert), das zum literarischen Ereignis des Jahres wird. Im Vorjahr hat Malaparte das Werk in Frankreich veröffentlicht, jetzt erscheint es in Italien – wo es im Handumdrehen vergriffen ist –, Amerika, Schweden, Deutschland, Spanien, Holland und läßt überall Wogen der Erregung hochschlagen. Malaparte beschreibt Eindrücke und Episoden während des alliierten Vormarsches von Neapel nach Mailand 1944, den er als italienischer Verbindungsoffizier erlebt hat. Er schildert, wie Neapel nach dem Einzug der Amerikaner »zu einem Abgrund der Schande und der Schmerzen, zu einer Hölle der Verworfenheit« wurde. Die Stadt Neapel soll dabei stellvertretend für das »von Fäulnis der Menschenseele« befallene Europa stehen.

Nick Knatterton und seine kleinen Brüder

Im Dezember 1950 macht sich zum ersten Mal Nick Knatterton den Lesern der Illustrierten »Quick« bekannt. Der Meisterdetektiv mit Schiebermütze und kariertem Knickerbocker-Anzug ist ein Geschöpf des Zeichners und Schriftstellers Manfred Schmidt und wird zu einer Art Symbolfigur der fünfziger Jahre. Eigentlich will Schmidt, wie er später schreibt, mit der Bildergeschichte nur eine Persiflage auf die amerikanischen Superman-Heftchen liefern, die er kurz nach Kriegsende kennengelernt hat. Er möchte deren Erzählform so gründlich parodieren, »daß den Leuten die Lust an der blasenreichen, auf Analphabeten zugeschnittenen Stumpfsinnsliteratur« vergeht. Doch Knatterton macht die Bundesdeutschen erst richtig süchtig nach Comics. Die mit Ironie und Unwahrscheinlichkeiten gespickten Geschichten zielen freilich nicht nur auf Unterhaltung. Mit Akteuren wie Max Klaute, dem Geschäftsmann, Pryscilla Cornflake, der Stewardeß, oder der Millionärstochter Evelyn Nylon inszeniert Schmidt auch eine Art politisches Kleinkabarett. Knattertons Abenteuer sind zugleich Kommentare zum Zeitgeschehen.

In den USA läßt im gleichen Jahr der kalifornische Laienprediger Charles Monroe Schulz zum ersten Mal seine Peanuts aufmarschieren. Es sind Comic strips um den ewigen Verlierer Charlie Brown, den zynischen Hund Snoopy, um Schroeder und Linus, den Intellektuellen mit der Schmusedecke, und Charlies Schwester Lucy. Diese altklugen Kinder sollen ursprünglich die Hauptfiguren einer Lausbubenserie sein, werden aber dann zu den Antihelden einer satirischen Serie, die die gesellschaftlichen Spielregeln beim Wort nehmen und deren Spießigkeit entlarven. Mitte der siebziger Jahre sind die Peanuts die erfolgreichste Comic-Serie der Welt und bevölkern über 1300 Tages- und Wochenzeitungen.

Mitte links: Manfred Schmidt, Nick Knatterton.
Mitte rechts: Charles Monroe Schulz, Charlie Brown und Lucy.

Literatur

Neuerscheinungen

● Felix Hartlaub: *Von unten gesehen*. Illusionslose Beobachtung des totalen Krieges. Hartlaub, der zeitweise als Obergefreiter und Historiker in der Abteilung »Kriegstagebuch« des Führerhauptquartiers eingesetzt war, ist 1945 in Berlin verschollen.
● Ernest Hemingway: *Across the River and into the Trees* (*Über den Fluß und in die Wälder*, 1954). Schilderung der letzten drei Tage im Leben eines kranken amerikanischen Obersts, der die verbleibende Zeit zu intensivem Erleben nutzt. Wird schnell ein Bestseller.
● John Hersey: *The Wall* (*Die Mauer*). Roman über die Vernichtung des Warschauer Ghettos. Innerhalb weniger Wochen Verkauf von 70 000 Exemplaren. Hollywood erwirbt für 100 000 Dollar die Filmrechte. Der Autor ist Träger des Pulitzer-Preises von 1945.
● Walter Jens: *Nein – die Welt des Angeklagten*. Roman, der das Modell des totalitären Machtstaates entwirft, in dem es nur noch Angeklagte, Zeugen und Richter gibt. Will keine Utopie, sondern eine »bereits in uns bestehende Welt« aufzeigen.
● Pär Lagerkvist: *Barabbas (Barabbas)*. Roman über die biblische Figur des Juden Barabbas, eines Menschen, der nicht glauben kann und sich im Innern nach Erlösung sehnt. Der schwedische Dichter erringt mit diesem Roman Weltgeltung.
● Luise Rinser: *Mitte des Lebens*. Roman über eine moderne Frau, die an der Unerbittlichkeit ihres Wahrheitsverlangens und Lebenswillens leidet.
● Erwin Strittmatter: *Ochsenkutscher*. Autobiographischer Roman über dörfliche Jugend zur Zeit der Weimarer Republik und der anbrechenden Nazi-Herrschaft. Erster wichtiger Roman eines DDR-Autors, der nicht durch Exilerfahrung geprägt ist.

Ereignisse

● Berlin: Gründung der Deutschen Akademie der Künste in Ost-Berlin als Nachfolgerin der alten Preußischen Akademie der Künste. Erster Präsident ist Arnold Zweig, Mitglieder sind u. a. Johannes R. Becher, Bertolt Brecht und Anna Seghers.
● Berlin: II. Deutscher Schriftstellerkongreß vom 4. Juni – 6. Juli in Ost-Berlin bei geringer Beteiligung von Schriftstellern aus der Bundesrepublik.
● Inzigkofen: Die Gruppe 47 verteilt bei ihrer Tagung erstmals einen Literaturpreis. Er geht an den Lyriker Günter Eich für sein »reines« Gedicht *Fränkisch-tibetanischer Kirschgarten* und markiert die Abwendung der Gruppe 47 von der strengen thematischen Bindung an die moralisch-politische Auseinandersetzung mit der Gegenwart.
● Paris: Welt-Esperanto-Kongreß vom 5.–12. August. Weltweit sind ungefähr 100 000 Esperantisten organisiert, in Deutschland ca. 4000.
● Am 3. Juni wird erstmals der durch private Initiative gestiftete Friedenspreis des Deutschen Buchhandels verliehen. Ausgezeichnet wird der im Jahr 1938 nach Norwegen emigrierte jüdische Erzähler und Essayist Max Tau, der in seinem Werk um Frieden und Völkerversöhnung bemüht ist.

Teures Vergnügen Theater

Das deutsche Theater lebt von Subventionen. Nur 34 der insgesamt 132 Bühnen sind zu Jahresbeginn privat betrieben, alle übrigen erhalten öffentliche Zuwendungen. Ein Vergleich unter 20 Großstädten ergibt, daß rund die Hälfte der städtischen Kulturetats von den Theatern verschlungen wird. 52,3 Millionen Mark werden in diesem Jahr insgesamt gezahlt. Als bekannt wird, wie hoch die Zuschüsse im einzelnen sind, die einige Städte den Theaterfreunden zahlen (Dortmund: Zuschuß pro Besucher jeweils 8,74 DM), entspinnen sich heiße, immer wieder neu entflammende Debatten über die Frage, ob es vertretbar sei, daß eine Minderheit von Theaterbesuchern von der Mehrheit der Steuerzahler so reich beschenkt wird.

Die hohen Kosten sind vor allem Personalkosten. Sie werden durch aufgeblähte Verwaltungsapparate verursacht. Während vor dem Ersten Weltkrieg noch ein Drittel der Theaterangestellten hinter den Kulissen, zwei Drittel auf der Bühne agierten, kehrt sich das Verhältnis jetzt langsam um. Die Künstlergagen liegen dabei oft unter den empfohlenen Richtwerten.

Seit der Währungsreform haben in der Bundesrepublik einschließlich West-Berlins 150 Theater schließen müssen. Einige Städte planen Fusionen ihrer Häuser, um Kosten zu sparen. Dagegen protestieren am 24. Januar in Köln 3000 Künstler, die eine Zunahme der Arbeitslosigkeit befürchten. Für die unbeirrte Theaterliebe der Bürger geben die Frankfurter ein Beispiel. Als der Magistrat die Schließung zweier Bühnen betreibt, um die eingesparten Gelder lieber zur »Sicherung der nackten Existenz unserer Mitbürger« zu verwenden, stößt er auf Ablehnung. In einem Volksentscheid stimmen 50 000 Frankfurter am 10. März für ihre Theater. Im Juni werden die öffentlichen Mittel dafür genehmigt. Der Kulturdezernent tritt zurück.

1950

Theater

Premieren

- Bertolt Brecht: *Mutter Courage und ihre Kinder*. Brecht inszeniert als einzige Arbeit in der Bundesrepublik sein 1941 uraufgeführtes Stück an den Münchener Kammerspielen. Die Aufführung mit Therese Giehse in der Hauptrolle wird ein großer Erfolg, obwohl vorher heftigste Kampagnen gegen den Dichter als »Vertreter des Ulbricht-Kurses« geschürt worden sind.
- André Gide und Louis Barrault: *Der Prozeß (Le procès*), Uraufführung 1947 in Paris). Das Schauspiel nach dem gleichnamigen Roman von Franz Kafka wird am 16. Juni im Schloßpark-Theater in Berlin-Steglitz erstaufgeführt. Regie: Willi Schmidt. Den Josef K. spielt Horst Caspar.
- Eugène Ionesco: *La cantatrice chauve (Die kahle Sängerin)*. Uraufführung am 11. Mai im Théâtre des Noctambules in Paris. Das erste Stück des Dramatikers, mit dem er gegen das traditionelle Theater demonstrieren und die Absurdität der menschlichen Existenz sichtbar machen will, wird zunächst kaum beachtet (deutsche Erstaufführung am 21. Juni 1956, Kleintheater Bern). Spektakuläre Erfolge des absurden Theaters stellen sich erst in den nächsten Jahren ein.
- Ernst Penzoldt: *Der gläserne Storch*, eine Zauberkomödie, wird am 19. Januar mit Ruth Leuwerik, Willy Grill und Werner Dahms in Hamburg uraufgeführt. Regie: Wolfgang von Stas.
- Frank Wedekind: *Lulu*. Unter diesem Titel gibt Wedekinds Tochter Kadidja die Urfassung der Stücke *Erdgeist* und *Büchse der Pandora* heraus. Aufführung am 7. März in Ida Ehres Hamburger Kammerspielen. Mit Hilde Krahl, Harald Paulsen, Franz Schafheitlin und Fritz Kampers. Regie: Wolfgang Liebeneiner.

Ereignisse

- Berlin: Premierenskandal im Berliner Hebbeltheater am 3. Dezember wegen einer stark aktualisierenden Inszenierung des *Don Carlos* von Friedrich Schiller durch Fritz Kortner.
- Berlin: Mit einem Theaterskandal endet am 12. Dezember das Gastspiel des Wiener Burgtheaters in Berlin. Das Publikum, vor allem Mitglieder der jüdischen Gemeinde, protestieren gegen den Auftritt von Werner Krauß, der in dem Hetzfilm *Jud Süß* von Veit Harlan (1940) mitgewirkt hat. Die Polizei setzt Wasserwerfer ein.
- Oberammergau: Eröffnung der Passionsfestspiele am 21. Mai. Für 30 Aufführungen bis zum September liegen allein aus dem Ausland 60 000 Anmeldungen vor.
- Im Frühjahr eröffnet Rudolf Rolfs in Frankfurt sein Kabarett »Die Schmiere«. Zunächst Auftritte in kleinen Sälen, dann in einem 500 Jahre alten Klosterkeller nahe dem Schauspielhaus. In Ost-Berlin startet im Frühjahr das Kabarett »Die Laterne«, und am 1. Juni beginnt das Programm des »Schachbrettl«.

Friedrich Luft als »Stimme der Kritik«

Ein junger Theaterpapst herrscht in Berlin: Friedrich Luft. Von 1945 bis 1955 ist er Feuilletonredakteur der »Neuen Zeitung«, 1955 wird er Chefkritiker der »Welt«. Bekannt und populär wird Friedrich Luft durch seine viertelstündigen Theaterkritiken in der Sendung Die Stimme der Kritik, *die jeden Sonntagvormittag vom RIAS ausgestrahlt wird. Die Sendung wird für viele Berliner zu einer festen Institution; ertönt Friedrich Lufts Stimme, füllen sich die Parkbänke um die öffentlichen Lautsprecher neben dem Gebäude des RIAS in Berlin-Schöneberg. In salopp-improvisierendem Stil kommentiert Luft jedes Theaterereignis, läßt hochleben und verdammt – und das alles in atemberaubendem Tempo. Eine original Berliner Schnauze, die vom Publikum gerade deshalb so geliebt wird. Man braucht sich die Theaterstücke gar nicht anzusehen. Friedrich Luft liefert alle Eindrücke sonntags frei ins Haus. Er popularisiert durch seine Kommentare die hehre Welt der Kunst.*

»Es ist schön zu leben, weil Friedrich Luft lebt« schreibt eine begeisterte Hörerin. Sie drückt die Gefühle vieler Berliner aus. Lufts sonntägliche Abschiedsfloskel »Gleiche Stelle, gleiche Welle« wird zur beliebten Redewendung.

Friedrich Luft

Alle sind in Schuld verstrickt

Am 3. November wird im Deutschen Theater in Göttingen unter der Regie von Heinz Hilpert das Résistance-Drama *Der Gesang im Feuerofen* von Carl Zuckmayer uraufgeführt: Am Weihnachtsabend stecken im französischen Ort Haut-Chaumond deutsche Besatzer das Schloß in Brand, in dem französische Widerstandskämpfer eingeschlossen sind. Die Todgeweihten, zu denen auch zwei Polizisten des Pétain-Regimes und ein deutscher Unteroffizier gehören, singen zusammen das *Te deum*. Zuckmayer behandelt in symbolhafter Überhöhung das Schuldproblem. Vor einem Engelsgericht zerfällt die Anklage gegen den Kollaborateur und Verräter Creveaux; es zeigt sich, daß alle in Schuld verstrickt sind. Die Sympathie des Autors gehört gleichwohl den Widerstandskämpfern.

Hörspiele werden immer beliebter

Mit Beginn der fünfziger Jahre erlebt die junge Literaturgattung Hörspiel eine Blütezeit. Viele der bedeutenden Nachkriegsautoren, etwa Ilse Aichinger, Paul Celan, Alfred Andersch, schreiben für den Funk und nutzen mit großer Aufgeschlossenheit die technischen Möglichkeiten, die sich ihnen bieten. Eine wichtige Rolle spielen dabei Versuche, politische und sozialkritische Zeitprobleme für das Hörspiel aufzubereiten. Spektakulär und richtungsweisend ist das Hörspiel *Ein Tag wie morgen*, das Ernst Schnabel für den Nordwestdeutschen Rundfunk nach einer Hörerbefragung aus über 70 000 Einsendungen zusammengestellt hat. Den ersten Versuch, auf diese Weise Schnappschüsse der Wirklichkeit einzufangen, hat er bereits 1947 mit dem Hörspiel *Der 29. Januar* gemacht.

495

1950

Die ersten Schlager-»Maschen«

Im Berliner Titania-Palast hat die siebenjährige Cornelia Froboess im Frühjahr in einer öffentlichen RIAS-Sendung ihren ersten großen Auftritt. Er bildet den Start einer märchenhaften Karriere, zu der Vater Froboess seiner Tochter mit selbstkomponierten Schlagern verhilft. Zwar trifft »Conny« in ihrem ersten Erfolgsschlager Pack die Badehose ein mit piepsiger Stimme manchmal etwas daneben – aber sie trifft offenbar den Ton, mit dem die Berliner trotzig die politischen Schwierigkeiten und Widrigkeiten in der »Frontstadt« übergehen. Die Berliner Göre wird zu einem Sinnbild für eine bessere, unbelastete Zukunft.

Zugleich bildet Klein-Cornelia den Auftakt zur »Masche« des Kinderstars – ein Phänomen, das freilich in den Vereinigten Staaten schon in den dreißiger Jahren vor allem durch Shirley Temple entstanden ist. In der Bundesrepublik folgen Mitte der fünfziger Jahre der singende Kinder-Filmstar Oliver Grimm und 1960 das Kinder-Duo Jan und Kjeld Wennick (Banjo-Boy). Eine zweite »Masche« der frühen fünfziger Jahre ist der deutsche Cowboy- und Westernschlager, der sich an die amerikanische »Hillbilly music« anlehnt. Mit Von den blauen Bergen kommen wir (1949), gesungen von Goldy und Peter de Vries, beweist dieses Genre seine Zugkraft: Die Polydor-Platte wird zum ersten deutschen Nachkriegsschlager, der eine Auflage von 100 000 Exemplaren erreicht. Die Western-Masche, die in engem Zusammenhang mit dem Massenimport von Westernfilmen nach dem Krieg steht, reicht bis zum Hit der Dänin Gitte Ich will 'nen Cowboy zum Mann im Jahr 1963.

Auch die Südsee-Masche hat ihren Beginn 1949, und zwar mit Märchen von Tahiti, gesungen von Willy Schneider. 1950 folgt die deutsche Fassung von Ik denk terug aan Hawaii unter dem Titel Mich zieht's zurück nach Hawaii. In der Tanzmusik gibt um 1950 der aus Brasilien stammende Samba Takt und Ton an.

Cornelia Froboess Anfang der fünfziger Jahre.

Musik

Premieren

● Boris Blacher: Uraufführung der Oper *Romeo und Julia* am 9. August in Salzburg.

● Boris Blacher: *Hamlet.* Uraufführung des Balletts am 19. November im Münchner Prinzregententheater. Libretto: Tatjana Gsovsky. Choreographie: Victor Gsovsky. Primaballerina: Irene Skorik.

● Paul Burkhard: *Feuerwerk.* Am 16. Mai wird die Operette in München uraufgeführt. Gesangstexte von Robert Gilbert und Jürg Amstein. Das Lied der Iduna *O mein Papa* wird ein populärer Schlager durch Lyss Assia und durch die Verfilmung mit Lilli Palmer 1954.

● Wolfgang Fortner: Ballettmusik *Die weiße Rose* im Zwölfton-Stil wird am 5. März im Südwestfunk erstaufgeführt.

● Frank Loesser: *Guys and Dolls.* Uraufführung des Musicals am 24. November am Broadway in New York. 1200 Aufführungen der amüsanten Heilsarmee-Geschichte (Text: Jo Swerling und Abe Burrows) bringen mehr als 12 Millionen Dollar ein und machen das Stück zu einem der großen Broadway-Hits.

● Gian-Carlo Menotti: *The Consul (Der Konsul).* Uraufführung der italienisch-amerikanischen Zeitoper am 1. März in Philadelphia (deutsche Erstaufführung am 23. Januar 1951 in Hamburg). In New York startet die Oper, die den Menschen als hilfloses Spielzeug eines allmächtigen kalten Staatsmechanismus zeigt, kurz darauf zu einem sensationellen Erfolg. Sie wird 269mal am Broadway gegeben und erhält den Preis der New Yorker Theaterkritiker.

● Darius Milhaud: *Bolívar.* Uraufführung der Oper am 11. Mai in der Grand Opéra in Paris. Bühnenbild von Fernand Léger.

Ereignisse

● Darmstadt: Im Rahmen des internationalen Ferienkurses für Neue Musik vom 12.–27. August tritt der italienische Komponist Luigi Nono erstmals mit einem Werk (*Variazioni canonistre*) in größerer Öffentlichkeit auf.

● Donaueschingen: Vom 9.–10. September Wiedereröffnung der Donaueschinger Musiktage für zeitgenössische Tonkunst mit Unterstützung des Südwestfunks Baden-Baden (maßgeblicher Initiator dort: Heinrich Strobel). Damit wird an die 1921 gegründeten Kammermusikfeste angeknüpft, die 1933 als »Brutstätte der Entartung« verboten worden sind. Uraufführung von Wolfgang Fortners *Fantasie über B-A-C-H für 2 Klaviere und Orchester* sowie Giselher Klebes *Die Zwitschermaschine* nach Paul Klee.

● Der 19jährige österreichische Pianist Friedrich Gulda gibt am 1. Februar erstmals in Deutschland ein umjubeltes Konzert.

● Während eines Gastspiels in West-Berlin entscheidet sich der Dresdener Mozart-Chor am 4. April zum Verbleib im Westen.

● Die Pianistin Elly Ney, Ehrenbürgerin der Stadt Bonn, darf auf Beschluß des Bonner Stadtrates wegen ihrer Nazi-Vergangenheit weiterhin nicht in städtischen Veranstaltungen auftreten. Sie spielt auf eigenes Risiko.

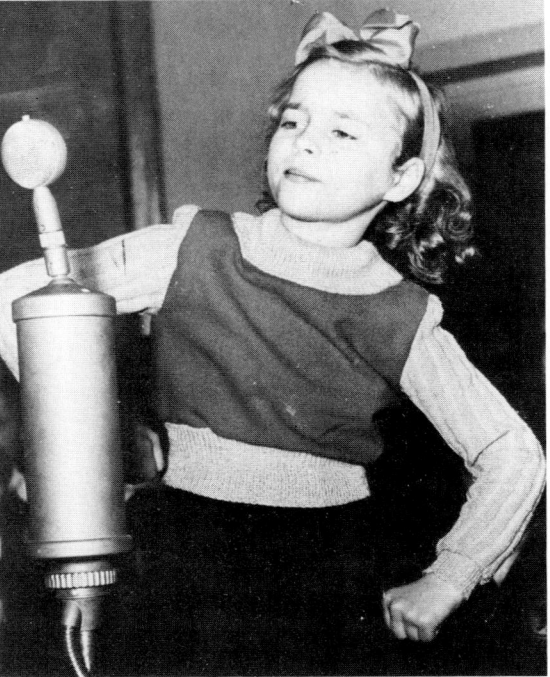

Biologische Schädlingsbekämpfung

Erstmals um das Jahr 1950 wird in Kanada im großen Stil eine biologische Methode zur Bekämpfung eines Forstschädlings angewendet.

Der Schädling, die Rotgelbe Kiefernbuschhornblattwespe, ist um die Jahrhundertwende aus Europa nach Kanada eingeschleppt worden. Da sie dort unbekannt war und keine natürlichen Feinde vorfand, konnte sie sich ungestört massenhaft vermehren und an den Kiefernbeständen der kanadischen Wälder schweren Schaden anrichten. Die Larven der Wespe leben von den Nadeln der Bäume.

Nun erinnert sich der Insektenforscher F. T. Bird, daß der Schädling in seiner europäischen Heimat periodisch an Virusinfektionen erkrankte und dadurch stark dezimiert wurde. Die Wissenschaft nimmt sich des Falls an. Man findet das Virus und identifiziert es als einen ausschließlich bei dieser Blattwespenart vermehrungsfähigen Zellparasiten. Die Viren werden im Labor gezüchtet, vermehrt und – mit einer Flüssigkeit vermischt – auf die Bäume gespritzt. Die Larven der Kiefernbuschhornblattwespe erkranken und sterben ab. Die Schäden gehen drastisch zurück.

Naturwissenschaft, Technik, Medizin

● Erwin Wilhelm Müller erreicht mit einem Feldelektronenmikroskop fast 10-millionenfache Vergrößerung. Erstmals können einzelne Atome und Moleküle sichtbar gemacht werden.

● Gösta Haeggqvist züchtet besonders große Haustiere (Kaninchen und Schweine) mit Hilfe des Zellteilungsgiftes Colchicin. Die Körperzellen können sich unter seinem Einfluß nicht mehr so oft teilen, statt dessen vergrößern sie sich.

● Die Wirksamkeit der Fluorbehandlung als vorbeugendes Verfahren gegen Zahnfäule (Karies) wird entdeckt.

● Der erste Bildtelegraph ist einsatzbereit. Mit ihm lassen sich Fotos drahtlos übermitteln, wovon die Presse profitiert. Als erste Zeitschrift erwirbt die »Münchner Illustrierte« das Gerät.

Willem de Kooning
Excavation (Ausgrabung)
1950

Ernst Wilhelm Nay
Mit blauer Dominante
1951

Brückenschlag zwischen Amerika und Europa

1950 ist das Jahr, in dem durch die ersten europäischen Einzelausstellungen Jackson Pollocks (Venedig und Mailand) der künstlerische Brückenschlag zwischen Amerika und Europa im Zeichen der Action painting deutlich wird, zumal sich in der Alten Welt nach Ende des Zweiten Weltkriegs im Rahmen des Abstrakten Expressionismus ähnliche Entwicklungen ergeben haben. Diesseits und jenseits des Atlantiks rückt die bildnerische Idee einer »physischen Inspiration« in den Mittelpunkt. Kennzeichnend hierfür ist, daß der (physische) Malvorgang ein wesentlicher Bestandteil des Kunstwerks wird.

Das angemessene Mittel zur Verdeutlichung der damit sich ergebenden Einbeziehung der zeitlichen Dimension in die bildende Kunst ist der Film. So dokumentieren Hans Namuth und P. Falkenberg 1951 die »Aktionsweise« Pollocks durch einen Film, zu dem der Maler selbst den Begleittext spricht. Er zeigt seine Technik, auf riesige Leinwände Farbe zu träufeln oder ganze Farbmassen auf den Malgrund zu schleudern.

Zu den Künstlern im Umkreis Pollocks gehört der gebürtige Niederländer Willem de Kooning, der seit 1926 in den Vereinigten Staaten lebt. Er geht oft von Buchstaben und anderen Zeichen aus. 1950 setzt er sich in seinem Vortrag The Renaissance and the Order *(New York, Studio 35) mit den durch die neue Malerei aufgeworfenen Fragen der bildnerischen Ordnung auseinander: »Die Annahme, Natur sei chaotisch und der Künstler ordne sie, erscheint mir recht absurd. Etwas Ordnung in uns selbst zu bringen ist alles, was wir hoffen können.« Ein Film über de Kooning entsteht 1956.*

Die Überzeugung, daß der Künstler an die Arbeit geht, »ohne zu wissen, was das Bild hergeben wird«, gehört auch zum Selbstverständnis Ernst Wilhelm Nays. Sein Bildtitel Mit blauer Dominante *deutet auf das Interesse an farblich-sinnlichen Ereignissen hin, während de Kooning mit* Ausgrabung *eher auf psychische Entdeckungen anspielt.*

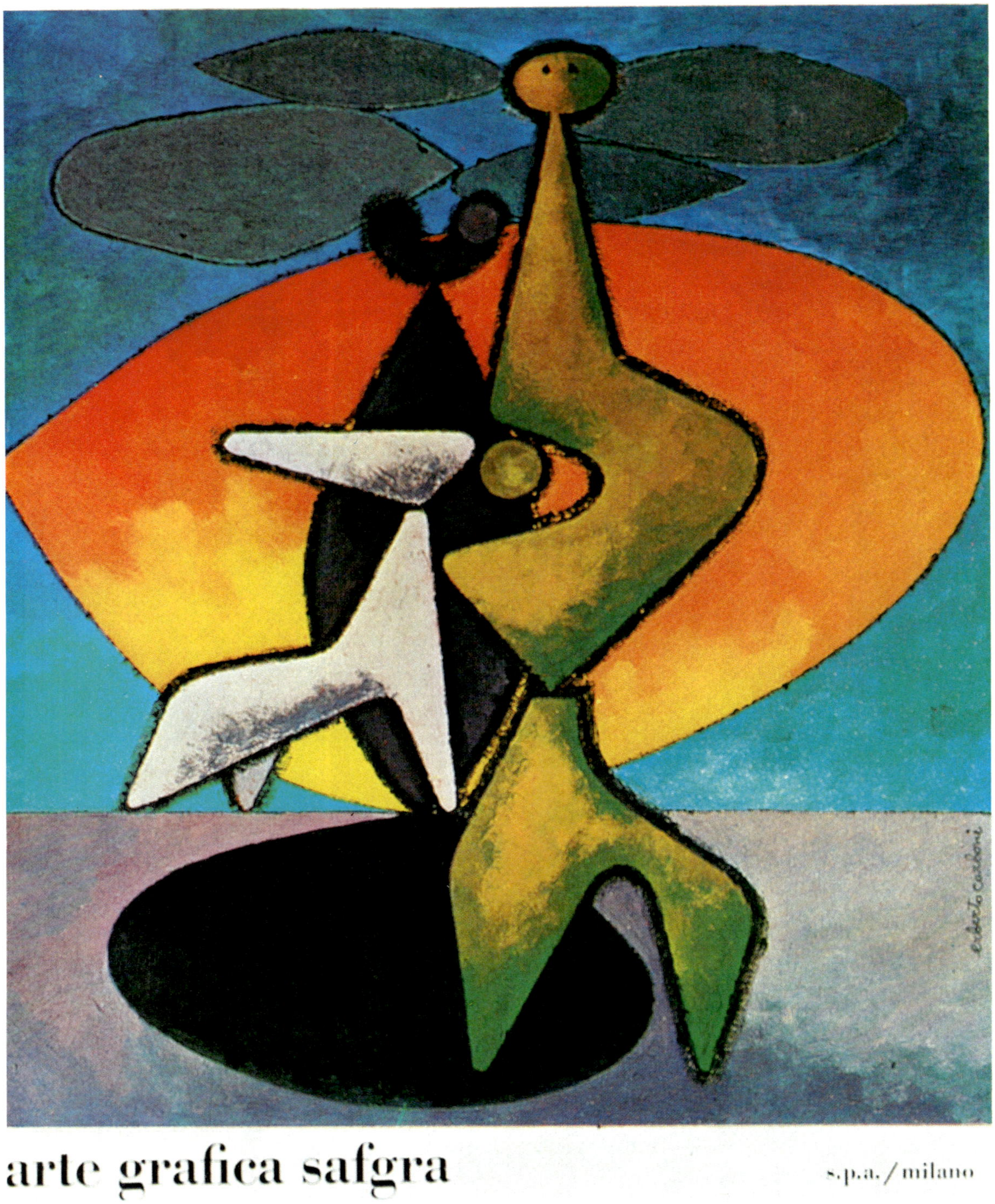

arte grafica safgra

s.p.a. / milano

Neue Formen in Design und Werbung

Die im Herbst 1951 stattfindende IX. Mailänder Triennale wird zum Forum für neues Design. In einer erstmals eingerichteten Abteilung Die Form des Nützlichen rückt die neue italienische Formensprache international in den Mittelpunkt und erregt Aufsehen: Bizarre Vasen aus Glas und Keramik, kühne Lampen- und Möbelformen. Italienische Designer beherrschen die Formkultur, deutsche Aussteller wirken dagegen bieder und einfallslos. Die Italiener überraschen die Besucher durch ihre Eleganz und ihren surrealistischen Luxus. Schon von weitem ist das neue Formexperiment sichtbar durch die freigeschwungene Plastik des Breda-Pavillons des Architekten Luciano Baldessari. Wie eine Skulptur ragt das Ausstellungsgebäude in einer dynamischen Betonschleife in die Höhe. Außen- wie Innenansicht präsentieren die Atmosphäre des neuen Formenrhythmus. In der Eingangshalle betont Baldessari die Haupttreppe durch eine 250 Meter lange gewundene Neonröhre, die in einer freien Raumkurve die Treppe begleitet; der Linoleumboden ist ein riesiges abstraktes Gemälde.

In Italien wird, anders als in der Bundesrepublik, seit dem Ende des Krieges über den äußeren Rahmen des Lebens in einer künftigen besseren Welt nachgedacht. Architektur und Produktgestaltung sind öffentliche Diskussionsthemen. Die Auseinandersetzungen zwischen einer mehr rationalistischen Richtung (mit Zentrum in Mailand) und einer eher organischen (in Turin) treiben die Entwicklung voran.

Der Elan ist auch in der Werbung bemerkbar. Macht sich Armando Testa in seinem Wermut-Plakat auch eine ältere Werbeidee – die »Verkleidung« einer Flasche – zunutze, so geschieht dies doch mit neuem Sinn für ebenso phantasievolle wie klare Gestaltung. Gleiches gilt für die beiden »Lockvögel« der Olivetti- und der Süßwaren-Werbung, wobei letzteres Plakat ein Beispiel für die in den fünfziger Jahren in der Schweiz zu außerordentlichen Leistungen gelangende Gebrauchsgraphik bildet.

Bildende Kunst

Ausstellungen

● Hamburg: Werke von Henri Matisse aus sechs Jahrzehnten in der Kunsthalle (Januar/Februar). Damit werden zum ersten Mal seit 1933 in Deutschland Werke des französischen Mitbegründers des Fauvismus ausgestellt.

● Hannover: Die Kestner-Gesellschaft zeigt vom 25. November bis 7. Januar 1952 zum ersten Mal in Deutschland Plastiken von Marino Marini. Fast lebensgroße Reiter und weibliche Akte sind vorherrschendes Thema des italienischen Bildhauers.

● Krefeld: Gedächtnisausstellung für den 1936 gestorbenen Architekten Hans Poelzig (17. Februar – 18. März), eröffnet durch Theodor Heuss, der 1939 eine Poelzig-Monographie verfaßte.

● München: Max-Beckmann-Gedächtnisausstellung im Juli mit 177 Werken des 1950 gestorbenen Malers (Haus der Kunst).

● Paris: *Bauarbeiter und farbige Plastiken* von Fernand Léger. Nach einer Periode kubistischer Malerei folgt die Wendung Légers zur Harmonisierung von Gegenstand und Person.

● Recklinghausen: Ausstellung *Junger Westen 51* im April.

● Saarbrücken: Der Exmediziner Otto Steinert stellt in der Werkkunstschule erstmals *Subjektive Fotografie* aus.

Ereignisse

● London: Einweihung der Royal Festival Hall von Robert H. Matthew und J. L. Martin.

● Ulm: Private Initiativen führen zur Gründung einer Hochschule für Gestaltung (HfG); sie soll die Tradition des Bauhauses weiterführen.

● Vence: Einweihung der Franziskanerkapelle »Chapelle Saint-Marie-Rosaire«, die Matisse entworfen und ausgemalt hat.

Weniger ist mehr

Der letzte Bauhaus-Direktor Ludwig Mies van der Rohe emigrierte 1937 in die Vereinigten Staaten und wurde im folgenden Jahr in Chicago Professor für Architektur am Illinois Institute of Technology, dessen Neubau-Gesamtplanung (ab 1939) und einzelne Bauten sein Werk sind.

In den USA findet Mies van der Rohe Gelegenheit, seine Vorstellungen vom Hochhausbau zu verwirklichen. Die Lake Shore Drive Apartments in Chicago sind ein typisches Beispiel für seine Skelettkonstruktionen aus Stahl und Glas. Mies van der Rohes berühmte Maxime »weniger ist mehr«, ein Bekenntnis zur Einfachheit, findet hier ihre Verwirklichung durch architektonische Strenge ohne Kargheit.

Die beiden Blöcke auf Stützen sind rechtwinklig gegeneinander versetzt. Der Komplex hat weder eine eigens gestaltete Vorder- oder Rückansicht, sondern ist ein ausgesprochen räumliches Gebilde, das zum Umschreiten auffordert. So sind beispielsweise die Fenster beim Blick entlang einer Wandfront durch die vertikalen Profile verdeckt und »öffnen« sich erst beim Umrunden, während sich die bisher sichtbaren Fenster »verschließen«.

Ein weiterer klassischer Wolkenkratzer, den Mies in den USA baut, ist das Seagram Building (1956–1958) in New York. Das kubische Bauwerk erhebt sich wie ein mächtiger Block aus dem Raum des vorgelagerten Platzes. Die Spannung zwischen Horizontale und Vertikale, wie sie beim Apartmenthaus Lake Shore Drive noch besteht, ist aufgehoben. Die Vertikale bestimmt die Konstruktion. Für Mies van der Rohe sind diese reinen Architekturformen »Dinge an sich«, die auf jedes überflüssige Raffinement verzichten können.

Mies van der Rohe bestimmt mit diesen Gebäuden wesentlich den funktionalen und rationalen Hochhausstil mit. Was bei ihm leidenschaftliches Streben nach reiner Form ist, verkommt bei vielen seiner Nachahmer zur anonymen »Behälterarchitektur«.

Ludwig Mies van der Rohe, Lake Shore Drive Apartments; 1951.

1951

Gottfried Benn wird Lieblingsdichter

Der seit 1945 halbvergessene Dichter Gottfried Benn fasziniert mit seinen »absoluten«, auf keinerlei Aktualität bezogenen Gedichten die Zeitgenossen. Nachdem 1948/49 sein Band *Statische Gedichte* in der Schweiz und in Deutschland Aufsehen erregt hat, findet jetzt die Sammlung *Fragmente* besondere Beachtung. Die Gedichte Benns, der nach vorübergehenden positiven Bekundungen zum Nationalsozialismus 1938 mit einem Schreibverbot belegt wurde, präsentieren einen morbiden Ausdruckszauber, mondän aufgetragene Formschönheit und monomanische Schwermut. Daß die Begeisterung für diese Lyrik, die sich aus jedem gesellschaftlichen Zusammenhang herauslöst, mit der Phase der Restauration zusammenfällt, gilt Kritikern als symptomatisch. Die hochstilisierten Wortwaren des literarischen Einzelgängers lassen sich wie Nippes verwenden.

Heinrich Bölls erste Ehrung

Der Schriftsteller Heinrich Böll ist knapp 34 Jahre alt, als er mit Wo warst du, Adam? *seinen ersten Roman veröffentlicht und mit dem diesjährigen Preis der Gruppe 47 ausgezeichnet wird. Vorausgegangen sind die Erzählung* Der Zug war pünktlich *(1949) und eine Sammlung von Erzählungen mit der Titelgeschichte* Wanderer, kommst du nach Spa... *(1950).*
Böll gehört zu der Generation von Schriftstellern, die in Schutt und Ruinen heimgekehrt sind. Böll bekennt später: »Die ersten schriftstellerischen Versuche unserer Generation nach 1945 hat man mit Trümmerliteratur bezeichnet, man hat sie damit abzutun versucht. Wir haben uns gegen diese Bezeichnung nicht gewehrt, weil sie zu Recht bestand: tatsächlich, die Menschen, von denen wir schrieben, lebten in Trümmern, sie kamen aus dem Kriege, Männer und Frauen in gleichem Maße verletzt, auch Kinder. Und sie waren scharfäugig: sie sahen.«
Der Krieg ist noch nicht bewältigt, und schon entflammt in der jungen Bundesrepublik erneut die Diskussion um die Wiederaufrüstung. Dagegen wendet sich Böll, wenn er in seinem Roman Wo warst du, Adam? *die totale Sinnlosigkeit der Kriegsmaschinerie darstellt: Deutsche Soldaten bauen eine von Partisanen zerstörte Brücke wieder auf, um sie anschließend zu sprengen. Der Krieg zerstört ein Liebesverhältnis: sie stirbt im KZ, er vor seinem Elternhaus, getroffen von der Kugel eines »Endsieg«-Kämpfers.*
Bölls Erzählungen und Romane sind erzählte Zeitgeschichte. Lehren aus der Vergangenheit zu ziehen, bedeutet ihm, für eine humane, gerechte Welt zu kämpfen. Sein gesellschaftspolitisches Engagement richtet sich gegen restaurative Zeittendenzen der Adenauer-Ära. Der durch Krieg und Faschismus beschädigte Mensch muß wieder Hoffnungen und Ideale entwickeln. Bölls Erzählstil ist einfach. »Aber«, so betont er, »gerade dieses Einfachwerden setzt eine ungeheure Verfeinerung der Mittel voraus, unzählige, komplizierte Vorgänge.«

Bildnisfoto Heinrich Böll, um 1951.

Kulturkampf in der DDR

Die DDR nimmt ihre Künstler immer härter an die Kandare. Unter dem Stichwort »Formalismus« läuten Kulturbürokraten Anfang des Jahres einen umfassenden Kulturkampf ein. Der Staat will sich damit die kompromißlose Unterstützung der Künstler bei seiner Aufbauarbeit einklagen. Ministerpräsident Otto Grotewohl verkündet im September das Motto: »Die Idee der Kunst muß der Marschrichtung des politischen Kampfes folgen ... Was sich in der Politik als richtig erweist, ist es auch unbedingt in der Kunst.« Was »formalistisch« ist, kann von Fall zu Fall unterschiedlich sein. Die Definitionen bleiben dehnbar. Stephan Hermlin erläutert: »Der Formalismus ist also der malerische, musikalische, literarische Ausdruck des imperialistischen Kannibalismus ...«
Am 31. September wird eine staatliche Kommission für Kunstangelegenheiten eingerichtet, die das Monopol der SED auf Regulierung des Kunstgeschmacks institutionalisiert. Die Formalismus-Kampagne wird von der SED offiziell auf dem 5. Plenum des ZK vom 15.–17. März ausgerufen. Sie fordert in der Folgezeit eine Reihe auch prominenter Opfer. So wird ein großes Wandbild von Horst Strempel übermalt, eine Ernst-Barlach-Ausstellung in der Akademie der Künste geschlossen, Falk Harnacks Film *Das Beil von Wandsbek* verboten.
Spektakulär ist der Fall Bertolt Brecht. Es geht um die Oper *Das Verhör des Lukullus,* zu der Brecht den Text und Paul Dessau die Musik geschrieben haben und die am 17. März uraufgeführt wird. Die pazifistische Parabel handelt vom geschmackssüchtigen Römer Lukullus, der seine einzige Leistung, den Kirschbaum nach Rom gebracht zu haben, mit 80 000 toten Soldaten bezahlt hat. Trotz angemeldeter Bedenken des Ministeriums für Volksbildung gegen die Oper hat Brecht durchgesetzt, daß sie, zur Probe, vor geladenem Publikum gespielt wird. Dieses spendet zwar rauschenden Beifall, doch die Oper darf kein weiteres Mal aufgeführt werden, weil sie als »formalistisch« gilt. Nachdem Brecht und Dessau gewünschte Änderungen vorgenommen haben und der Titel jetzt *Die Verurteilung des Lukullus* heißt, hat sie am 12. Oktober erneut Premiere.

Literatur

Neuerscheinungen
• Theodor W. Adorno: *Minima Moralia. Reflexionen aus dem beschädigten Leben.* Aphorismensammlung, die eine unübertroffene Diagnose der moralischen Situation der Zeit liefert.
• Samuel Beckett: *Molloy* (Molloy, deutsch 1954). Behandelt das Grundthema Becketts, den hoffnungslosen Zerfall des Menschen. Der Krüppel Molloy und ein Mann, der ihn vergeblich sucht, können in einer leeren und völlig sinnlosen Welt kein Ziel erreichen.
• James Jones: *From Here to Eternity (Verdammt in alle Ewigkeit).* Roman über das Schicksal von Soldaten, die in die unmenschliche Maschinerie der Militärjustiz geraten. Die zeitkritische Schilderung der amerikanischen Armee mit autobiographischen Elementen erntet sensationellen Erfolg.
• Wolfgang Koeppen: *Tauben im Gras.* Konzentrierte Bestandsaufnahme eines Tagesgeschehens im Nachkriegs-München. Souveräner Gebrauch moderner Stilmittel wie etwa der Montagetechnik zur epischen Bewältigung der Realität.
• Arthur Koestler: *Gottes Thron steht leer (The Age of Longing,* 1950). Gedankenspiel über das Endstadium des Verfalls der westlichen Welt.
• Hans Werner Richter: *Sie fielen aus Gottes Hand.* Roman um zwölf Menschen verschiedener Nationen, Stände und Bekenntnisse in einem deutschen KZ.
• Ernst von Salomon: *Der Fragebogen.* Sarkastischer Lebensbericht, entwickelt aus der Beantwortung der umfangreichen Fragebogen der amerikanischen Militärregierung.

Ereignisse
• Düsseldorf: Spaltung des deutschen PEN-Zentrums bei einer Tagung am 28. Oktober. Die westdeutschen Vertreter fühlen sich von DDR-Mitgliedern majorisiert. Das »Deutsche PEN-Zentrum Bundesrepublik« wird ein Jahr später international anerkannt.
• Das erste Mickymaus-Heft mit deutschen Sprechblasen kommt in den Kioskverkauf.

Werner Gilles
Engelskonzert
1951

Alfred Manessier
Dornenkrone
1951

Konventionelle Moderne

*Alfred Manessiers Bild Dornenkrone
steht in einer Tradition moderner Malerei, die in Georges Rouault ihre erste,
wichtigste Ausprägung erhalten hat.
Rouault und der 40 Jahre jüngere Manessier sind Maler, die sich mit Aufgaben und Themen der religiösen Kunst
auseinandersetzen; beide verwenden
die von der Avantgarde unseres Jahrhunderts entwickelte Formensprache,
um die Motive und Inhalte ihrer christlichen Botschaft zu vermitteln. Während der Ältere vom Handwerk der
Glasmalerei zur freien Malerei gekommen ist, übernimmt Manessier erst im
Laufe seiner Künstlerlaufbahn Aufträge zur Gestaltung von Kirchenfenstern
– die dunkel glühenden Farben und die
wie Stege wirkende schwarze Lineatur
etwa in Dornenkrone weisen auf diesen Zusammenhang hin.
Ein Vergleich der Dornenkrone mit
der »wilden« Malerei der Tachisten
oder Action-painters zeigt strukturelle
Ähnlichkeiten, denen jedoch eine tiefe
Differenz in der Auffassung vom Werk
und vom Malvorgang gegenübersteht.
Abstrakt verschlüsselt gibt es bei Manessier immer noch das (in diesem Fall
sinnbildliche) »Motiv«, und das expressive Pathos der Linien und Farben
erscheint letztlich doch als gebändigt,
sogar mit einer Tendenz zum Dekorativen. Dies alles ist aus den Werken der
zornigen jungen Malergeneration verbannt. Ihre Unmittelbarkeit der emotionalen Äußerung duldet keine ästhetische Sublimierung, keine »Komposition« im klassischen Sinne mehr, wie
sie allen Richtungen der modernen
Kunst bisher eigen war.
Stärker noch als bei Manessier wird
durch den Bauhaus-Schüler Werner
Gilles deutlich, wogegen die junge
Kunst rebelliert: Neue Konventionen
sind an die Stelle einer Herausforderung zu einem neuen Sehen getreten.
Das Engelskonzert macht diese Tendenz augenfällig: Anleihen bei den Expressionisten, bei Picasso und – etwa
durch das Motiv des übergroßen, in die
Bild-Bühne hereinragenden Vogelkopfes – bei Max Ernst sind unverkennbar. Seinen künstlerischen Ruf
gewinnt Gilles als Bewohner und Interpret der Insel Ischia.*

Zu Beginn der fünfziger Jahre wird in den Vereinigten Staaten die Meinung laut: »Der Film stirbt.« Begründet wird diese Befürchtung mit dem auffälligen Rückgang der Besucherzahlen. Man gibt dem Fernsehen die Hauptschuld. In Europa sieht die Situation nicht besser aus. Der Zweite Weltkrieg wirft noch seine Schatten. Die finanziellen Möglichkeiten sind im Filmgewerbe bescheiden. Für Experimente ist kein Geld da, oder es fehlt der Mut, denn gewünscht wird von den Produzenten der Publikumsschlager. Kritische Filme, die sich mit der unmittelbaren Vergangenheit auseinandersetzen, haben wenig Resonanz.

Ein Genre, das sein Publikum findet, ist der Historienfilm. So kommt 1951 der schon 1938 in den USA gedrehte Bilderbogen Marie Antoinette (mit Norma Shearer und Tyrone Power) in die deutschen Kinos. Das vergnügungssüchtige Leben der französischen Königin, das sein tragisches Ende durch die Hinrichtung findet, flimmert über die Leinwand. In der österreichischen Produktion Maria Theresia verkörpert Paula Wessely in der Titelrolle die Mutter Marie Antoinettes. Heroische Zeiten der Monarchie werden wiedererweckt, wobei historische Genauigkeit zweitrangig bleibt.

In den USA wird mit Gangster eine Neuauflage der Schwarzen Serie versucht. In der Bundesrepublik entsteht mit Die Martinsklause nach dem Roman (1894) von Ludwig Ganghofer ein Lichtspiel im Genre des Heimatfilms, dessen Zugkraft das 1950 geschaffene Schwarzwaldmädel bewiesen hat; 1951 folgt Grün ist die Heide, ebenfalls mit Sonja Ziemann sowie Rudolf Prack. Mehr als ein Fünftel aller zwischen 1947 und 1960 in der Bundesrepublik gedrehten Filme sind Heimatfilme. Gerade durch die Ausklammerung aktueller politischer und sozialer Probleme erfüllen sie ihre politische Funktion. Sie bieten Ersatz für den Verlust der realen oder ideologischen Heimat und entsprechen der Weigerung, nach der Katastrophe den radikalen Neubeginn zu wagen.

Doch es gibt auch Ausnahmen. So übt Billy Wilder mit Ace in the Hole bzw. The Big Carnival (Reporter des Satans, 1952) scharfe Gesellschaftskritik: Ein ehrgeiziger Reporter (Kirk Douglas) verzögert die Rettung eines Menschen um seines Exklusivberichts willen so lange, bis der Verschüttete stirbt. Elia Kazan verfilmt werkgetreu Tennessee Williams' im Jahr 1947 uraufgeführtes Drama A Streetcar Named Desire (Endstation Sehnsucht), mit Vivian Leigh und Marlon Brando; die Uraufführung findet im Rahmen der Biennale in Venedig statt.

Marie Antoinette, 1938
Plakat zur deutschen Fassung 1951

Maria Theresia, 1951

Gangster, 1951
Plakat zur deutschen Fassung 1953

Die Martinsklause, 1951

Ace in the Hole bzw.
The Big Carnival, 1951
Plakat zur deutschen Fassung
Reporter des Satans, 1952

A Streetcar Named Desire, 1951
Plakat zur deutschen Fassung
Endstation Sehnsucht, 1951

Filmfestival für die Bürger

Berlin eröffnet im feierlich geschmückten Titania-Palast in Steglitz am 6. Juni seine ersten »Internationalen Filmfestspiele«. Das vom Senat der Stadt organisierte Festival soll der Inselstadt Berlin, in welcher der deutsche Film vor Jahren Weltgeltung erlangt hat, beweisen, daß sie nicht vergessen oder vom Weltgeschehen abgeschnitten ist. Zum anderen sollen die Filmfestspiele als Demonstration westlicher Kultur gegenüber den Ländern des Ostblocks fungieren (die nur Beobachter schicken). 21 Nationen beteiligen sich mit 34 Hauptfilmen und 102 Dokumentarfilmen an dem zwölf Tage dauernden Spektakel.

Die Berlinale will sich ausdrücklich von den mondänen Festivals in Cannes, Venedig oder Locarno unterscheiden, die exklusivem Publikum und Fachkreisen vorbehalten sind. In Berlin sind auch wirklich die Berliner das Kinopublikum. Sie strömen abends mit Klapphockern in die riesige »Waldbühne«, die 20 000 Menschen faßt. Ausländische Beobachter vermerken diese Monstre-Vorstellung halb belustigt, halb bewundernd als Sensation. Dem Mann von der Straße bescheinigen sie jedoch viel Urteilskraft. Bis zur Mitte der fünfziger Jahre ändert das Festival allerdings seinen Charakter. Es gilt bei den Produzenten in aller Welt als gleichbedeutend mit Cannes und Venedig und als internationales Schaufenster besonderen Ranges.

Bei der ersten Berlinale wird auch mit der Verleihung goldener, silberner und bronzener Bären als Auszeichnung begonnen. Gold geht an den Schweizer Film *Die vier im Jeep* (Regie: Leopold Lindtberg), Silber an den italienischen Film von Pietro Germi *Der Weg der Hoffnung (Cammino della speranza)* und Bronze an den englischen Film *Konflikt des Herzens (The Browning Version)* von Anthony Asquith. Daß in Berlin kein einziger deutscher Spielfilm einen Preis erhält, gilt als Bestätigung, daß die deutsche Produktion noch längst nicht wieder konkurrenzfähig geworden ist.

Wiederkehr der Nazi-Kunst

Eine Ausstellung mit Werken von Altmeistern der Nazi-Kunst eröffnet das Münchener Haus der Kunst am 20. Oktober. Gezeigt werden 305 Bilder und Plastiken von 127 Künstlern aus der Gruppe um den Kunstmaler Gerhardinger, darunter Werke von Sepp Hilz und Josef Thorak, die als Verherrlicher des Nationalsozialismus bekannt sind. Gegen die Ausstellung werden zahlreiche Proteste laut. Der Deutsche Künstlerbund wendet sich gegen die betonte Unterstützung der Präsentation durch den bayerischen Staat.

Die betroffenen Aussteller reagieren mit dem Hinweis, keiner von ihnen habe einem Organ der nationalsozialistischen Kulturpolitik angehört. Der bayerische Kultusminister Josef Schwalber kommentiert: »Es können Bilder nicht deshalb verboten werden, weil sie einmal Nazigrößen gefallen haben« (zitiert in »Das Kunstwerk«).

Film

Premieren

● Christian-Jacque: *Fanfan la tulipe (Fanfan der Husar,* 1952). Französisch-italienische intelligente und spannende Abenteuerkomödie; sie spielt in der Zeit Ludwigs XV. und parodiert historischen Schlachtenruhm, Militärdrill und Hollywoodstil. Mit Gina Lollobrigida, Gérard Philipe, Marcel Herrand.

● Julien Duvivier: *Unter dem Himmel von Paris (Sous le ciel de Paris,* 1950) mit Jean Brochard, Raymond Hermantier und Christiane Lenier; zeigt heiter-melancholische Lebensskizzen.

● Veit Harlan: *Unsterbliche Geliebte.* Harlan, die Symbolfigur des Nazifilms, taucht mit diesem Streifen, in dem Kristina Söderbaum und Hans Holt die Hauptrollen spielen, wieder in der Filmszene auf. Der Regisseur des *Jud Süß* ist im Vorjahr von der An-

klage des »Verbrechens gegen die Menschlichkeit« freigesprochen worden.

● Alfred Hitchcock: *Strangers on a Train (Verschwörung im Nordexpreß/Der Fremde im Zug,* 1952). Thriller nach Patricia Highsmith; symmetrisch aufgebaute Handlung. Mit Robert Walker.

● Elia Kazan: *Viva Zapata (Viva Zapata,* 1952). Schicksal des mexikanischen Volkshelden Emiliano Zapata, der vom Revolutionär zum Präsidenten der Republik aufsteigt und 1911 ermordet wird (nach einem Roman von John Steinbeck). Mit Marlon Brando und Anthony Quinn.

● Peter Lorre: *Der Verlorene.* Ein Arzt wird wegen wichtiger Forschungsarbeiten von der Gestapo daran gehindert, den Totschlag an seiner Frau zu sühnen. Als ihn später die Vergangenheit in Person eines Gestapo-Agenten einholt, begeht er Selbstmord.

Darsteller: Peter Lorre, Karl John, Helmut Rudolf. Erhält 1952 den Bambi als künstlerisch bester Film 1951.

● Vincente Minelli: *An American in Paris (Ein Amerikaner in Paris,* 1952) mit Leslie Caron, Gene Kelly und Oscar Levant. Musik von George Gershwin. Das Filmmusical mit hinreißenden Ballettszenen beschreibt die Liebesgeschichten eines amerikanischen Malers und eines Komponisten in Paris. Arbeitet mit der Auflösung von Dialog und Handlung in Tanz. Der Film wird mit Auszeichnungen überhäuft, u. a. erhält er acht Oscars.

● Wolfgang Staudte: *Der Untertan.* Uraufführung in Ost-Berlin (die Aufführung im Westen Berlins erfolgt erst im März 1957). Mit Werner Peters und Renate Fischer. Gedreht nach dem gleichnamigen Roman von Heinrich Mann als ein satirisches Porträt des Untertanengeistes.

Gerät Prof. Traugott Hermann Nägler auf die schiefe Bahn?

Im Mittelpunkt stehen eine in Montevideo anzutretende Erbschaft und die daran geknüpfte Bedingung der einst als uneheliche Mutter ausgestoßenen Erblasserin, daß ihre ehrenwerte Familie binnen eines Jahres eine zweite uneheliche Mutter nachweisen müsse. Der Moralist Prof. Nägler unterliegt der Versuchung: Er animiert den Freund seiner ältesten Tochter (erfolglos), doch »die Süßspeise vor der Suppe« zu genießen. Das Spiel um die Unmoral im Dienst der Familie findet seine Lösung durch die Entdeckung, daß Näglers Ehe, aus der zwölf Kinder hervorgegangen sind, in formaler Hinsicht ungültig ist.

Curt Goetz verfilmt seine 1945 in New York uraufgeführte Komödie Das Haus in Montevideo *oder* Traugotts Versuchung *mit seiner Ehefrau Valérie von Martens. 1950 brachte er seine Komödie* Dr. med. Hiob Prätorius *(1934) auf die Leinwand, die Joseph L. Mankiewicz 1951 unter dem Titel* People Will Talk *erneut verfilmte.*

Das Haus in Montevideo, 1951; Szenenfoto mit Curt Goetz als Prof. Nägler.

1951

Hehre Tempel für Kinogänger

Auf die Goldenen Jahre des Kinos bereiten im In- und Ausland eine Reihe kühner Kinobauten vor. In diesem Jahr entstehen nach Entwürfen von Paul Bode in Mannheim die »Alhambra«, in Nürnberg das »Atlantik«, ein Jahr später in Kassel die »Kaskade«. Die edel verpackten Riesenräume betören durch sanfte Kurvenformen und ausgefallene Dekoration und lassen den Besucher eine Zeitlang die unwirtliche Außenwelt vergessen. Wände mit Stoffbespannungen, indirekte Beleuchtung, wellenförmige Emporen und gewölbte Decken, die wie lichterbesäte Sternenhimmel wirken, entführen in die Harmonie einer wirklichkeitsentrückten Welt. Die raffinierte Ausstattung richtet sich freilich erwartungsvoll auf Massenbesuch ein. Auch in Mittelstädten entstehen Häuser mit über tausend Plätzen. An der Spitze der Gigantenskala liegt der Metro-Palast in Berlin mit 2017 Sitzplätzen.

Sittenskandal um die »Sünderin«

Willi Forst liefert mit seinem Film *Die Sünderin* den Bundesdeutschen ihren größten Skandalfall des Nachkriegsfilms und macht Hildegard Knef zur Skandalnudel. Sie spielt die Hauptrolle der Martina in dem ziemlich verkitschten Problemgewirr um Liebe und Laster, Schuld und Sühne, bei dem sie auch eine kurze Nacktszene riskiert. Der Film stellt das Schicksal einer durch Kriegs- und Nachkriegsereignisse zur Prostituierten gewordenen jungen Frau dar, die durch die Liebe zu einem todkranken Maler geläutert wird. Um Geld für die Behandlung seiner Krankheit zu beschaffen, geht sie wieder auf den Strich. Als sich herausstellt, daß der Kranke keine Chance mehr hat, gibt sie ihm auf seinen Wunsch Schlaftabletten und geht mit ihm auf gleiche Weise in den Tod.

Der Film hat schon vor der Premiere am 18. Januar heftige Aufregung verursacht. Die Kirchenvertreter sind aus der Freiwilligen Selbstkontrolle ausgezogen, weil sie die Freigabe des Films nicht verhindern können. Jetzt kommt es zu Demonstrationen und Boykottmaßnahmen. Geistliche werfen in den Kinos Stinkbomben, Diskussionen im Rundfunk schüren die Stimmung. Als der Film in Köln anläuft, läßt der Kölner Erzbischof Josef Frings am 4. März ein Mahnwort verlesen: »Ich erwarte, daß unsere katholischen Männer und Frauen, erst recht unsere gesunde katholische Jugend in berechtigter Empörung und in christlicher Einmütigkeit die Lichtspieltheater meidet, die unter Mißbrauch des Namens der Kunst eine Aufführung bringen, die auf eine Zersetzung der sittlichen Begriffe unseres christlichen Volkes hinauskommt.« Stadt- und Kreisbehörden unterstellen dem Film »entsittlichende Wirkung und verfassungsfeindliche Tendenzen« und bewirken daher von Fall zu Fall das Verbot der Aufführung.

Polizeimaßnahmen gegen den Film, abgesegnet von Landes- und Oberlandesgerichten, werfen die Frage auf, ob die Freiheit des Filmes in der Bundesrepublik überhaupt garantiert ist. Erst das Karlsruher Bundesgericht entscheidet, daß der Film als Erzeugnis der Kunst in Zukunft vor Polizeizensur weitgehend geschützt sei.

Willi Forst selbst hat den Film im Januar als Hohelied der Frau angekündigt. Er wolle mit ihm zeigen, »daß es dicht neben Schmutz und Finsternis auch Reinheit, Helligkeit und Schönheit geben kann«.

Zögernde Anfänge des Fernsehens

Mit der Ausstrahlung einer CBS-Show beginnt am 7. Juli in den USA die Ära des Farbfernsehens. Gibt es in den Vereinigten Staaten bereits vier Millionen Fernsehempfänger und in Großbritannien eine halbe Million, so beginnt in der Bundesrepublik der Aufbau des Fernsehens zögernd. Als erster Sender erhielt 1948 der Nordwestdeutsche Rundfunk eine Lizenz.

Im September 1951 nimmt die Firma Deutsche Philips mit dem Tischgerät TD 1410 die erste Serienproduktion eines Heimempfängers auf. Die Berliner Industrieausstellung, die am 6. Oktober ihre Tore öffnet, zeigt eine »Fernsehstraße«, auf der 17 Firmen 40 verschiedene Geräte vorstellen. Es dauert freilich noch drei Jahre, bis die 1950 gebildete »Arbeitsgemeinschaft der öffentlich-rechtlichen Rundfunkanstalten der Bundesrepublik Deutschland« (ARD) ihr erstes Fernsehprogramm ausstrahlt. Die erste Fernsehsensation bildet 1951 die Übertragung einer Operation aus der Universitätsklinik Hamburg-Eppendorf.

Mitte: Fernsehstudio des Nordwestdeutschen Rundfunks, um 1950.
Oben: Die Sünderin, 1951; Szenenfoto mit Hildegard Knef und Gustav Fröhlich.

Zweifelhafte Hilfe für den Film

Die Bundesregierung wagt eine kulturpolitische Initiative, um die künstlerische Qualität des deutschen Films zu heben. Sie setzt einen »Deutschen Filmpreis« aus, mit dem jeweils die besten Jahresleistungen prämiert werden sollen. Am 27. Mai werden die Auszeichnungen zum ersten Mal vergeben. Sieger werden der Erich-Kästner-Film *Das doppelte Lottchen* als bester Spielfilm 1950 sowie ein Kulturfilm über Fledermäuse (*Kleine Nachtgespenster*). Zur Förderung des Filmschaffens hat sich die Bundesregierung schon im Vorjahr zur Übernahme von Ausfallbürgschaften für Filmproduktionen entschlossen. Auch die Länder vergeben parallele Bürgschaften, so daß in den ersten drei Jahren 62 Millionen Mark zur Verfügung stehen. Sie werden praktisch zur Subvention. So sichern sich Bund und Länder ein Mitspracherecht bei der Filmherstellung. Die betont unpolitischen Heimatfilme sind eine Folge dieser Subventionspolitik.

Ein weiterer Schritt, den deutschen Film zu stützen, ist das Filmquotengesetz, das in diesem Jahr verabschiedet wird. Es bedeutet, daß praktisch jeder dritte Film, der in deutschen Kinos läuft, auch in der Bundesrepublik produziert sein muß. Zum Förderungsinstrument wird auch die gemeinsame Filmbewertungsstelle der Länder (FBW), die Ende August in Wiesbaden ihre Arbeit aufnimmt. Mit der Vergabe von Prädikaten durch die FBW sind Steuervergünstigungen verbunden.

Theater

Premieren

● Jean Cocteau: *Bacchus*. Wird am 10. Oktober im Théâtre Marigny, Paris, uraufgeführt. Regie: Jean-Louis Barrault. (Deutsche Erstaufführung am 10. Oktober 1952 in Düsseldorf; Regie: Gustaf Gründgens). Tragödie des Individualismus, spielt in einem Weindorf zur Zeit der Reformation, wo nach altem Brauch ein Jüngling für acht Tage zum Herrscher über Leben und Tod gemacht wird.

● Max Frisch: *Graf Öderland*. Uraufführung am 10. Februar im

Zürcher Schauspielhaus, Regie Leonard Steckel. (Deutsche Erstaufführung am 4. Februar 1956, Städtische Bühnen, Frankfurt/Main). Ein Staatsanwalt läuft Amok gegen die Normen der Zivilisation.

● Fritz Hochwälder: *Virginia*. Uraufführung am Hamburger Schauspielhaus am 6. Dezember. Erwin Piscator hat mit seiner ersten Nachkriegsregie in Deutschland großen Erfolg.

● Eugène Ionesco: *La leçon (Die Unterrichtsstunde)*. Der Einakter wird am 20. Februar im Théâtre de Poche in Paris uraufgeführt; Regie: Marcel Cuvelier. (Deut-

sche Erstaufführung im Juni 1956 in den Mainzer Zimmerspielen.) Beklemmende Parabel über den Zusammenprall von blutleerer Wissenschaft mit spontaner Lebensfrische.

● Tennessee Williams: *The Rose Tattoo (Die tätowierte Rose)* wird am 3. Februar in New York uraufgeführt. (Deutsche Erstaufführung am 2. Oktober im Thalia-Theater, Hamburg.) Verherrlichung der natürlichen Instinkte des Menschen anhand der Liebesgeschichte zwischen der temperamentvollen Witwe Serafina della Rosa und dem Lastwagenfahrer Alvaro.

Imaginäre Welten im Rundfunk

Mit den Alpträumen von fünf Menschen aus verschiedenen Ländern schockiert am 19. April Günter Eich die Hörer des Nordwestdeutschen Rundfunks. In einer Szene seines Hörspiels *Träume* fährt eine Großfamilie, wie schon seit vielen Jahren, in dunklen Güterwagen durch eine Welt, die es für sie gar nicht mehr gibt, weil sie die Erinnerung an sie längst verloren hat. In einer anderen wird eine New Yorker Hausfrau durch das Geräusch nagender Termiten gepeinigt, denen Mutter und Ehemann zum Opfer fallen und die letzten Endes auch Haus und Stadt bedrohen. Provozierende Gedichte unterstreichen diese Ausgeburten der eschatologischen Angst des Menschen. Das Stück endet mit Gedichtzeilen, die in den Zitatenschatz Eingang finden: »Wacht auf, denn eure Träume sind schlecht … seid unbequem, seid Sand, nicht Öl im Getriebe der Welt.«

Nach der Sendung des Hörspiels hagelt es Proteste. Eich hat, seinem zitierten Motto entsprechend, gegen die Erwartungen der Hörer verstoßen. Der Lyriker, der schon 1929 begonnen hat, für den Rundfunk zu schreiben, setzt mit diesem Stück neue Maßstäbe. Er erweitert den Spielraum der an den Hörfunk gebundenen Literaturgattung Hörspiel, indem er Gestalten und Welten imaginiert, das Hörbare mit dem Irrealen verbindet. Durch die Einführung der Formensprache der Lyrik, durch die Arbeit mit den poetischen Qualitäten des gesprochenen Wortes bestimmt er die Gattung Hörspiel neu. 1952 erhält Günter Eich – für *Die andere und ich* – den im Jahr 1951 erstmals verliehenen Hörspielpreis der Kriegsblinden.

Sartre stellt die Gottesfrage

Mit einer philosophisch-theologischen Provokation liefert Jean-Paul Sartre das Theaterereignis des Jahres in Frankreich und Deutschland. In *Le diable et le bon Dieu (Der Teufel und der liebe Gott)*, das am 7. Juni im Théâtre Antoine in Paris uraufgeführt wird, stellt er radikal die Gottesfrage. Das ursprünglich auf sechs Stunden angelegte Drama, das durch Regisseur Jean-Louis Jouvet auf vier Stunden gekürzt worden ist, spielt im Deutschland der Reformationszeit – der aufgewühlten Krisenzeit, in der Sartre Parallelen zur Gegenwart sieht.

Der Landsknecht Götz versteht sich in maßloser Überheblichkeit als Gegenspieler Gottes und will

ihn zu einem Zeichen herausfordern. Zuerst, indem er radikal das Böse tut, dann, indem er das absolut Gute verwirklichen will. Als sich Gott versagt und die gottgefälligen Taten des Landsknechts nur Gewalt säen, verwirft Götz die Existenz Gottes und bekehrt sich zum Menschen. Aus dem Idealisten und Gottsucher wird ein Existentialist, der aus der Überzeugung »Gott ist tot« die Konsequenzen zieht. Für die Sache der sozialen Gerechtigkeit zieht er nun an der Spitze aufständischer Bauern sengend und mordend durch die Lande. »Man muß das Böse tun, damit das Gute wird« ist die Quintessenz.

Das Stück ist mit Spannung erwartet worden. Die Vorstellungen (mit Pierre Brasseur in der Hauptrolle) sind monatelang im voraus ausverkauft. Die deutsche Erstaufführung am 30. Oktober am Hamburger Schauspielhaus wird zu einem Triumph für den Autor, den Regisseur Karl-Heinz Stroux und die Darsteller Walter Franck, Werner Dahms, Edda Seipel und Maria Becker. Gerhard Sanden notiert in der »Welt« am 31. Oktober über die theologischen Streitreden innerhalb des Dramas: »In Wirklichkeit handelt es sich um ein Nebenwerk Luthers.«

Theater-Herrscher Gründgens

Gustaf Gründgens, der ehemalige Generalintendant des Preußischen Staatstheaters (bis 1945) und seit 1947 Leiter der Städtischen Bühnen Düsseldorf, erzwingt deren Umwandlung in die Düsseldorfer Schauspielhaus GmbH. Bis zur Übernahme der Leitung des Hamburger Schauspielhauses (1955) ist Gründgens in Personalunion Geschäftsführer, Intendant, erster Regisseur und erster Schauspieler. Diese ungewöhnliche Form des Subventionstheaters (getragen von Düsseldorf und Nordrhein-Westfalen) sichert ihm nahezu uneingeschränkte Gestaltungsmöglichkeiten. Am 13. September eröffnet er das neue Düsseldorfer Schauspielhaus mit einer als glanzvoller Auftakt bewerteten Inszenierung von Schillers Räubern.

Die Räuber, Düsseldorf 1951; Szenenfoto mit Hans Schalla als Pastor Moser und Gustaf Gründgens als Franz Moor.

1951

Premieren

● Boris Blacher: *Lysistrata*. Das Ballett (nach der Aristophanes-Fabel) wird am 20. September im Rahmen der Berliner Festwochen uraufgeführt. Blacher hat auch das Libretto geschrieben. Choreographie: Gustav Blank.

● Benjamin Britten: *Billy Budd*. Uraufführung der Oper am 1. Dezember in London (deutsche Erstaufführung am 1. März 1952 in Wiesbaden). Text nach einer Erzählung von Herman Melville. Die Handlung (nur Männerrollen) spielt Ende des 18. Jahrhun-

derts auf einem englischen Kriegsschiff.

● Hans Werner Henze: *Ein Landarzt*. Die Funkoper wird am 20. September im NWDR gesendet. In der Verbindung von Wort und Ton ein wegweisendes Stück: Ein Sprecher rezitiert die gleichnamige, erstmals 1918 veröffentlichte Novelle von Franz Kafka. Die Stimme erweitert sich zur Melodie, wenn der Landarzt über sich selbst reflektiert.

● Richard Rodgers: *The King and I (Der König und ich)*. Uraufführung des Musicals am 29. März in New York. Yul Brynner spielt den König.

● Igor Strawinski: *The Rake's Progress (Das Leben eines Wüstlings)*. Die Uraufführung seiner Oper dirigiert der Komponist selbst am 8. September in Venedig. Erfolgreiche deutsche Erstaufführung am 3. November in Stuttgart unter Ferdinand Leitner.

Ereignisse

● Essen: Mit den von Kurt Joos geleiteten Ballettaufführungen *Der grüne Tisch* und *Großstadt* stellt sich im Essener Opernhaus das wiedergegründete Folkwang-Tanztheater vor. Kurt Joos hat das berühmte Ballett bereits von 1927 bis 1933 geleitet.

Faszination der Zwölfton-Technik

Der Schöpfer der Zwölftonmusik, Arnold Schönberg, stirbt am 13. Juli in Los Angeles kurz vor Vollendung seines 77. Lebensjahres. Er genießt in der internationalen Musikwelt einen fast legendären Ruhm. In Deutschland steht er im Mittelpunkt intensiver Auseinandersetzungen, die eine verspätete Neuorientierung nach 1945 markieren. Am 2. Juli erlebte die Uraufführung seines Werkes Der Tanz um das goldene Kalb, Hauptszene in der unvollendet gebliebenen Oper Moses und Aron (Uraufführung am 6. Juni 1957 in Zürich), in Darmstadt einen triumphalen Erfolg.

Schönberg hat um die Jahrhundertwende das Tor zu musikalischem Neuland aufgestoßen. Er hat das überkommene tonale System erweitert, gesprengt und schließlich aufgelöst, um neue Gesetze einer musikalischen Logik zu schaffen. Sie basieren auf der »Reihe«, in der die zwölf Halbtöne der chromatischen Skala unabhängig und gleichberechtigt nebeneinander stehen. Die Kompositionsprinzipien, die auf der Variation dieser Reihe beruhen, veröffentlichte Schönberg zum ersten Mal 1923. Drei Jahre später folgte die Schrift Zwölftontechnik. Die Lehre von den Tropen des gleichfalls aus Österreich stammenden Komponisten Joseph Matthias Hauer, der unabhängig von Schönberg zur Zwölftontechnik gelangt ist. Schönbergs Berufung als Kompositionslehrer an die Preußische Akademie der Künste in Berlin (1925) galt als Anerkennung für die Schöpfung der neuen musikalischen Ausdrucksform. 1934 emigrierte der Komponist in die USA.

Wesentliche Bedeutung für die Kunstauffassung Schönbergs gewann seine Beziehung zu Wassily Kandinsky. Im Almanach »Der Blaue Reiter« ist er mit dem Beitrag Das Verhältnis zum Text und zwei Gemälden vertreten.

Mitte: Arnold Schönberg in einer Aufnahme aus dem Jahr 1950.
Unten: Schönbergs ehemaliger Kompositionslehrer Alexander von Zemlinsky und Schönberg in einer Karikatur, 1924.

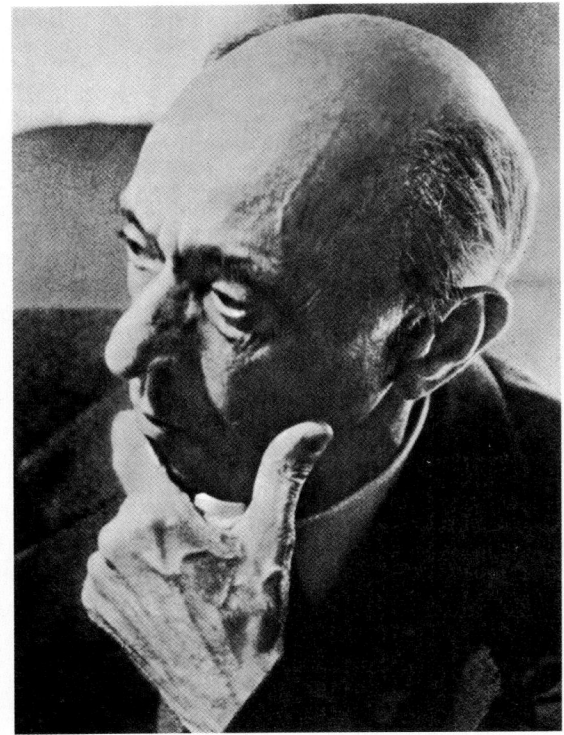

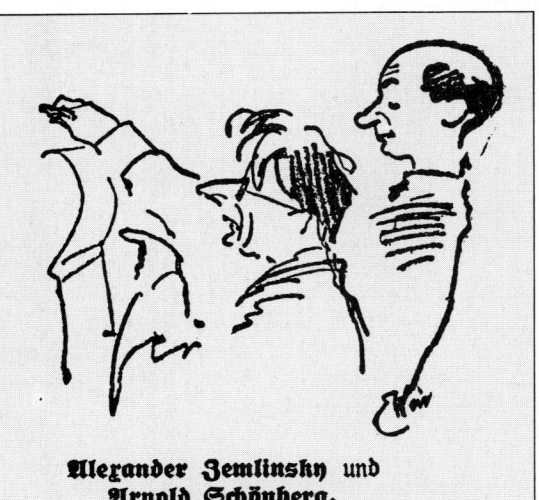

Alexander Zemlinsky und Arnold Schönberg.

Zur Uraufführung von Schönbergs „Die Erwartung" im Deutschen Landestheater zu Prag anläßlich des Prager Musikfestes.

Sonnenbrillen für die Seele

Eine neue Gruppe psychisch wirksamer Arzneimittel erlebt Anfang der fünfziger Jahre ihre Geburtsstunde. Französische Forscher der Firma Rhône-Poulenc sind auf der Suche nach einem neuen Medikament, das gegen allergische Krankheiten wie den Heuschnupfen helfen soll. Die Franzosen stoßen jedoch auf einen Stoff von weit größerer Bedeutung, nämlich auf die Verbindung »4560« – das spätere Chlorpromazin.

Dieses Medikament verstärkt einerseits die Wirkung der herkömmlichen Beruhigungsmittel beträchtlich, zum anderen kann man mit ihm die Körperfunktion eines Patienten so weit drosseln, daß er in eine Art künstlichen Winterschlaf verfällt. Eine noch interessantere Eigenschaft fällt den französischen Psychiatern Jean Delay und P. Deniker auf. Sie finden, daß das Chlorpromazin die krankhaften Erregungszustände ihrer Patienten soweit dämpft, daß sie wieder voll ansprechbar werden.

Ein zweites Medikament mit ähnlichen Eigenschaften wie das Chlorpromazin ist das Reserpin. Es ist aus Inhaltsstoffen der indischen Rauwolfiapflanze entwickelt worden, deren blutdrucksenkende uns psychisch beruhigende Wirkung der indischen Volksmedizin schon lange bekannt gewesen ist. In einem Versuch verabreicht der New Yorker Psychiater Nathan Kline das Reserpin, das später Serpasil, in den USA auch Raudixin genannt wird, mit großem Erfolg 400 seiner meist schizophrenen Patientinnen im Hospital. Mit dem Chlorpromazin hat das Reserpin gemeinsam, daß es entspannend und beruhigend, nicht aber unbedingt ermüdend wirkt.

Das dritte, von dem Deutschen Frank Berger zufällig gefundene Mittel dieser Gruppe ist das Meprobamat. Dessen auffälligste Eigenschaft schien zunächst nur eine muskelentspannende Wirkung zu sein. Später – Berger arbeitet inzwischen in den USA – zeigt sich, daß das Meprobamat auch die »Seele entspannt«. Als Codebezeichnung für das Präparat wählt Berger eine Stadt im Staat New Jersey mit dem Namen »Milltown«. Das eine »l« wird schließlich gestrichen und als »Miltown« geht das Medikament in die Geschichte ein.

Stürmisch drängen die Tranquilizer, wie man Beruhigungsmittel allgemein nennt, in den fünfziger Jahren auf den Arzneimarkt. Eine neue Wunderwaffe im Kampf gegen die Geisteskrankheiten scheint gefunden.

Max Brückner (nach Entwürfen
von Paul von Joukowsky)
Der Gralstempel
Bühnenbild der Parsifal-Uraufführ-
rung in Bayreuth am 26. Juli 1882

Wieland Wagner
Der Gralstempel
Szenenfoto der Bayreuther Parsifal-
Neuinszenierung 1951

Neu-Bayreuth

Am 30. Juli beginnen in Bayreuth die
ersten Richard-Wagner-Festspiele
nach dem Krieg. 75 Jahre sind seit der
Einweihung des Festspielhauses vergangen. Für traditionsbewußte Wagnerianer ist das Fest auf dem Grünen
Hügel allerdings ein böser Schock. Sie
werden mit einer Revolution des Musiktheaters konfrontiert. Wieland
Wagner, der künstlerische Leiter der
Festspiele, präsentiert den Parsifal,
teilweise auch den Ring und die Meistersinger, in Inszenierungen, die auf
jegliches Dekor und Pathos verzichten. Der Parsifal, im Programm nicht
mehr als »Weihespiel« ausgewiesen,
spielt auf einer fast leeren Bühne, in deren Mitte nur eine riesige Scheibe aufgebaut ist. Die Licht- und Schatten-
regie übernimmt weitgehend die glie-
dernde Funktion des traditionellen
Bühnenbilds. »Kein Denkmalschutz für
Wagner« ist die Devise, mit der die beiden Wagner-Enkel Wieland und Wolfgang die Ära Neu-Bayreuth einleiten.
Der politische Mißbrauch der Festspiele während des Nazi-Regimes ist
allerdings eine Hypothek, die auf dem
Neubeginn lastet. Die Veranstalter ap-
pellieren an Publikum und Mitwirkende: »Im Interesse einer reibungslosen
Durchführung der Festspiele bitten
wir von Gesprächen und Debatten politischer Art auf dem Festspielhügel abzusehen. Hier gilt's der Kunst.« Die
vorsichtige Abwehr NS-naher Haltungen ist offenbar nicht unbegründet.
Auf dem Weg zum Festspielhaus wird
die »Soldatenzeitung« verkauft. Eine
Buchhandlung stellt Wagners Abhandlung Das Judentum in der Musik
in einer alten Ausgabe aus, »mit einem
Vorwort, das an Deutlichkeit nichts zu
wünschen übrig läßt«, wie die Musik-
zeitschrift »Melos« notiert.
Dirigiert werden die Bayreuther Aufführungen von Wilhelm Furtwängler
und Herbert von Karajan. Die Resonanz auf die neuen Festspiele – 40 000
Besucher, davon 30 Prozent aus dem
Ausland – ist enorm. Nach der anfäng-
lich skeptischen, teilweise empörten
Reaktion des Publikums setzt sich die
künstlerische Auffassung Wieland
Wagners in den nächsten Jahren
durch.

Juan O'Gorman, Gustavo Saavedra
und Juan Martínez de Velasco
**Universitätsbibliothek
in Mexico City**
1952

Le Corbusier
Unité d'Habitation in Marseille
1947–1952

Brutalismus
und die Wiederbelebung
des Dekorativen

*In Marseille wird Mitte Oktober die
Unité d'Habitation von Le Corbusier
eingeweiht. Die überdimensionale
»Wohnmaschine« enthält Raum für
1700 Menschen. In dem 17stöckigen
Bauwerk auf Stützen sind die jeweils
zweigeschossigen Wohnungen nach
einem bestimmten Maßsystem, dem
Modulor, proportioniert, den Le Corbusier aus dem Höhenmaß 216 cm (Erwachsener mit in die Höhe gerecktem
Arm) entwickelt hat. Zwischen den
Wohnzellen unterschiedlicher Größe,
die wie an langen Straßen liegen, befinden sich Ladenzeilen, eine kleine Klinik, ein Café, ein Hotel und ein Kinder-
garten. Auf dem Dach sind Sportplatz
und Schwimmbad untergebracht.
Eine kleine Welt für sich; gerade darum
findet sie nicht ungeteilten Beifall. Die
französische Gesellschaft für Ästhetik
prozessiert gegen den Architekten: Der
Bau zerstöre die Landschaft und be-
raube die Bewohner ihrer Menschenwürde, weil sie abgeschlossen wie in
Käfigen in einem Eremitendasein verkümmern müßten. Die Gesellschaft
verliert den Prozeß, die aufgeworfenen
Probleme sind damit nicht erledigt.
Ein für Le Corbusiers Baugesinnung
kennzeichnendes Detail ist der Verzicht auf eine Bearbeitung der Beton-
oberfläche; vielmehr sind die Spuren
der Holzverschalung erkennbar. Diese
»ungeschöne« Erscheinungsweise des
Materials wird in Verbindung mit der
offenen Darbietung der Konstruktion
und funktionaler Beziehungen zum
Leitbild einer Bewegung innerhalb der
modernen Architektur, die als »(Neuer)
Brutalismus« bezeichnet wird.
Ein auf den ersten Blick entgegen-
gesetztes Streben nach einer Verschö-
nerung der Architektur durch Malerei
bzw. Mosaik läßt das Hauptgebäude
der Universitätsbibliothek in Mexico City erkennen. Als überwunden erscheint die Ornamentfeindlichkeit der
zwanziger Jahre. Dennoch entsprechen die riesigen, mit Motiven der heimischen Mayakunst geschmückten
glatten Wände des Baukubus der
strengen Rationalität des modernen
Bauens.*

508

Die Wasserstoffbombe

Am 1. November zünden die USA in einem Atomtest die erste, nicht transportable Wasserstoffbombe in der Eniwetok-Atollgruppe im Gebiet der Marshallinseln im Pazifik. Die Gewalt der Explosion entspricht etwa der von 600 Hiroshimabomben; sie ist doppelt so groß, wie vorherberechnet worden war. Das Hauptatoll wird vernichtet.

Die von Edward Teller entwickelte Wasserstoffbombe beruht auf dem Prinzip der Atomkernverschmelzung. Während bei der Atombombe herkömmlicher Bauart eine Kernspaltung zur Kettenreaktion der verwendeten Elemente Uran 238 oder Plutonium 239 führt, werden bei der Wasserstoff- oder H-Bombe Kerne des schweren Wasserstoffs (Deuterium) mit Tritiumkernen zu Helium verschmolzen. Dieser Vorgang läuft – gewissermaßen »verhalten« – auch im Innern der Sonne ab, wo durch Verschmelzung von je vier Wasserstoffkernen je ein Heliumatom entsteht. Er liefert eine ungeheure Energie. Die Zündung einer H-Bombe geschieht durch eine Atombombe. (»FFF«-Bomben sind kombinierte Bomben, in denen Kernspaltung, Kernverschmelzung und nochmals Kernspaltung ablaufen; »FFF« steht für »Fission, Fusion, Fission«.) Die Sprengkraft von Kernwaffen wird an der des Sprengstoffs Trinitrotoluol (TNT) gemessen und in Tonnen (t) TNT angegeben. Die Hiroshimabombe besaß eine Sprengkraft von etwa 40 000 t TNT. Die Wasserstoffbomben der achtziger Jahre erreichen bis zu 150 Millionen t TNT, mithin das 3750fache. Bei allen Kernwaffenexplosionen werden zahlreiche radioaktive Abfallprodukte frei, die die Umgebung sowie die Atmosphäre verseuchen und je nach herrschender Windrichtung auch über weite Landesteile verbreitet werden können. Besonders stark ist die Verseuchung durch radioaktiven Niederschlag (»Fallout«) bei der Kobaltbombe, einer Wasserstoffbombe mit einem Kobaltmantel.

Die Industrie fördert die Künste

Auf Schloß Mainau am Bodensee hält der »Kulturkreis im Bundesverband der deutschen Industrie«, der im Vorjahr in Brühl gegründet worden ist, am 23. September seine erste Jahrestagung. Der Kreis hat sich zur Aufgabe gestellt, »die deutsche Kunst zu fördern und jedem künstlerischen Bestreben zu Hilfe zu kommen, das nach dem Urteil der Berufenen der Förderung würdig ist«. Der Mäzenatenkreis schüttet in diesem Jahr zum ersten Mal 150 000 DM aus, unter anderem 15 000 DM für einen Malereipreis und je 10 000 DM für ein Stipendium für Musik und Literatur. Für das kommende Jahr stellt er 40 000 DM zum Wiederaufbau des durch Bomben zerstörten Folkwang-Museums in Essen zur Verfügung und die gleiche Summe zum Bau einer Orgel in Ottobeuren.

Neoklassizistische Repräsentation

Für die 1775 gegründete, nach dem 1765 verstorbenen russischen Universalgelehrten und Schriftsteller Michail Wassiljewitsch Lomonossow benannte Moskauer Universität entsteht ab 1949 auf den Leninbergen ein neuer Gebäudekomplex, der 1953 eingeweiht wird. Der Mittelturm, gekrönt vom fünfzackigen Sowjetstern, baut sich in 31 Stockwerken empor und erreicht eine Höhe von 240 Metern. Die Seitenflügel gliedern sich in 17 Stockwerke. Allein schon diese quantitativen Angaben verdeutlichen den monumentalen Repräsentationscharakter des Bauwerks, dessen neoklassizistischer Stil im Motiv des Säulenportikus als Haupteingang unmittelbar zutage tritt. Völlig wirkungslos sind die Konzeptionen der russischen Revolutionsarchitektur zu Beginn der zwanziger Jahre mit ihrer Betonung des Konstruktiven und dem Leitbild des Ingenieurbaus geblieben. Ein gemeinsames Streben der russischen wie der westeuropäischen avantgardistischen Architektur war eine Art von »Bodenflucht« etwa durch Bauten auf Stützen – ein Element, das vor allem Le Corbusier beibehalten hat. »Wollte der Bau eben noch auf wenigen Spitzen, womöglich nur in einer Spitze den Boden berühren, so lagert er nun massig und breit und stuft sich empor bis zu möglichst emphatisch aufragenden Himmelsspitzen« (Adolf Max Vogt).

Der Moskauer Universitätsneubau fällt in die letzten Jahre der stalinistischen Ära. Das Jahr ihrer Einweihung 1953 ist zugleich das Todesjahr Iossif Wissarionowitsch Stalins, der am 5. März im Alter von 73 Jahren stirbt. Es folgt die Ära der insbesondere gegen den Personenkult gerichteten Entstalinisierung. Einen eigenen Ansatz zur Überwindung des Stalinismus bot Stalin 1950 durch seinen Artikel Über den Marxismus in der Sprachwissenschaft (»Prawda« vom 20. Juni; Berlin 1951), der den Marxismus zum Feind des Dogmatismus erklärt.

Hauptturm der Lomonossow-Universität in Moskau, 1949–1953. Lenin- und Stalin-Denkmal.

Naturwissenschaft, Technik, Medizin

● Alberto Ruz entdeckt die erste Pyramidengrabstätte außerhalb Ägyptens in Palenque (Mexiko).
● Das Rhônekraftwerk wird als größtes westeuropäisches Wasserkraftwerk mit einer Leistung von jährlich zwei Milliarden kWh in Betrieb genommen.
● Rundfunkempfänger der gehobenen Preisklasse (ab etwa 300,– DM) werden mit einem »magischen Auge« ausgestattet, einem fluoreszierenden Lichtzeichen, mit dessen Hilfe der Sender optimal eingestellt werden kann.
● Am 25. Dezember wird die erste Fernsehsendung in der Bundesrepublik ausgestrahlt.

1952

Theater

Premieren

● Bertolt Brecht: *Der gute Mensch von Sezuan* (uraufgeführt in Zürich 1943). Mit der deutschen Erstaufführung des Parabelstücks am 16. November leitet Harry Buckwitz die Profilierung der Städtischen Bühnen Frankfurt als politisches Theater und seinen Ruhm als Brecht-Regisseur ein.

● Bertolt Brecht: *Der Prozeß der Jeanne d'Arc zu Rouen 1431*, nach dem gleichnamigen Hörspiel von Anna Seghers, Uraufführung am 23. November im Theater am Schiffbauerdamm in Ost-Berlin. Die Johanna-Gestalt wird von allem Überirdischen befreit; es geht um ihre gesellschaftliche Funktion im Freiheitskampf des Volkes.

● Friedrich Dürrenmatt: *Die Ehe des Herrn Mississippi*. Uraufführung am 26. März in den Münchener Kammerspielen unter Regie von Hans Schweikart. Thriller, in dem die Ideologen die Herrschaft über die Wirklichkeit antreten. Der Streit von fünf Personen als Vertretern von fünf unterschiedlichen Weltanschauungen endet in Mord und Revolution.

● Peter Ustinov: *Die Liebe der vier Obersten* (*The Love of Four Colonels*). Helmut Käutner inszeniert die deutsche Erstaufführung am 13. Februar im Schloßparktheater in Berlin. (Uraufführung am 23. Mai 1951 in London.) Mischung aus politischem Schwank, Märchenspiel und absurder Farce über vier Besatzungsoffiziere, die in einem deutschen Märchenschloß verhandeln und dort eine schlafende Prinzessin entdecken. Mit Edith Schneider, O. E. Hasse, Hannelore Schroth, Peter Mosbacher, Paul Tillmann, Herbert Wilk und Wilhelm Borchert.

Hemingways Parabel vom würdigen Verlierer

Im September veröffentlicht der 53jährige Ernest Hemingway den Kurzroman The Old Man and the Sea *(Der alte Mann und das Meer), der im gleichen Jahr noch in deutscher Übersetzung erscheint. Es ist die Geschichte von dem alten kubanischen Fischer Santiago, der nach 85 Tagen vergeblicher Ausfahrten aufs Meer in einem dreitägigen Kampf den größten Schwertfisch seines Lebens bezwingt und ihn dann doch auf der Heimfahrt an Haie verliert. Statt der Beute bringt er ein Skelett nach Hause.*

Hemingway hat den Roman aus einem Prosastück von 1936 entwickelt. Es ist zu einer Parabel von der moralischen Unbesiegbarkeit des wahren Helden geworden, der in der Niederlage noch seine persönliche Würde bewahrt. »Es ist, als wäre mir endlich gelungen, wonach ich mein ganzes Leben gestrebt habe«, sagt der Autor über sein Meisterwerk, das weltweit enthusiastisch begrüßt wird und alle frühere Kritik übertönt, der Schriftsteller habe sein Talent erschöpft.

1953 erhält Hemingway für Der alte Mann und das Meer *den Pulitzerpreis; in der Begründung für die Verleihung des Literaturnobelpreises 1954 wird das Werk ausdrücklich genannt.*

Ernest Hemingway, um 1952.

Bilder ohne Sicherheit: Paul Celan

Daß nach Auschwitz keine Gedichte mehr geschrieben werden könnten – dieser Satz von Theodor Adorno hat sich nach 1945 schnell überholt. Im Jahr 1952 erhält er eine besonders erschütternde Korrektur durch den Dichter Paul Celan, der nicht nur Gedichte, sondern auch Gedichte über Auschwitz schreibt. Unter dem Titel *Mohn und Gedächtnis* erscheint sein zweiter Lyrikband, in dem unter anderem die »Todesfuge« enthalten ist: eine Elegie auf die Ermordung der Juden in kühnster Bildübertragung, die den Autor schnell berühmt macht. »Der Tod ist ein Meister aus Deutschland sein Auge ist blau« beginnt der Text, der auf jeglichen Realismus verzichtet und eine entsetzliche Freundlichkeit als Symbol des totalen Erstarrens wählt.

Die Gedichte verschrecken und beunruhigen durch einen bisher nicht gehörten, suggestiven Schmerz, durch eine dunkle Melancholie und eine Bilderflut, die das Grauen selbsterlebten Schreckens in visionäre Chiffren kleidet.

Celan, als Paul Antschel in Czernowitz in Rumänien geboren, hat die Besetzung seiner Heimatstadt durch die Deutschen, Getto- und Lagerleben und die Ermordung seiner jüdischen Eltern erlitten. Der jetzt 32jährige, der zur Zeit als Übersetzer und Lektor in Paris lebt, vermittelt die Unmöglichkeit, irgendeiner Sicherheit zu trauen. Seine spröden Allegorien, aus denen sich nur mit großer Mühe Persönliches herauskristallisieren läßt, machen ihn zu dem modernen verschlüsselten Autor par excellence, zum Vertreter der antitraditionellen Dichtung.

Literatur

Werke

● Ilse Aichinger: *Rede unter dem Galgen*. Erzählungen mit zarten Parabeln, in denen die Bedrohung des empfindsamen Menschen dargestellt wird. Protokolle eines Rückzugs aus der durch Wissen verbürgten Wirklichkeit.

● Alfred Andersch: *Die Kirschen der Freiheit*. Rechenschaftsbericht über das eigene Leben bis zur Desertion 1944 (in Italien) als Akt des politischen Widerstands. Reportage, die eine neue Dimension des Realismus vorführt und in ihrer aufklärerischen Konsequenz auch über ihre Bedeutung in der Zeit der beginnenden Remilitarisierung hinausreicht.

● Werner Bergengruen: *Der letzte Rittmeister*. Eingebettet in eine Rahmenhandlung, schält sich aus zahlreichen Episoden der noble Charakter eines baltischen Rittmeisters heraus, eine anachronistische Gestalt in einer heillosen Welt.

● Heinrich Böll: *Nicht nur zur Weihnachtszeit*. Satire auf die Verewigung des Weihnachtsfestes, ein Gleichnis des Kulturbetriebs der Gegenwart.

● Günter Eich: *Der Tiger Jussuf*. Das Hörspiel wird am 15. August im NWDR gesendet. Ein Zirkustiger erzählt von seinem Wandel und seinen Verwandlungen unter den Menschen.

● Ralph Ellison: *Invisible Man* (*Unsichtbar*, 1954). Roman über das Rassenproblem der USA in den dreißiger Jahren, dargestellt als Problem des einzelnen gegenüber der Gesellschaft. Ein schwarzer anonymer Erzähler hält Rückschau auf die eigene Entwicklung.

● Leonhard Frank: *Links, wo das Herz ist*. Beispielhafte Autobiographie des nach eigenem Urteil »rebellischen Gefühlssozialisten«, der 1950 aus den USA nach Deutschland zurückgekehrt ist.

● Hans Egon Holthusen: *Labyrinthische Jahre*. Zweiter Gedichtband des Autors, der ihn als Lyriker bekannt macht.

● Robert Jungk: *Die Zukunft hat schon begonnen*. Bericht über die Perspektiven einer hochtechnisierten Massengesellschaft am Beispiel Amerikas.

● John Steinbeck: *East of Eden* (*Jenseits von Eden*, 1953). Geschichte einer weit verzweigten Familie im ländlichen Kalifornien: Paraphrase des Themas Kain und Abel, mit autobiographischen Zügen. Nach dem Urteil der »Times« das beste Werk des amerikanischen Autors.

Ereignisse

● Der S.-Fischer-Verlag startet am 18. März eine Taschenbuchreihe (fast gleichzeitig mit Erscheinen des 50. rororo-Titels) mit Werken von Thomas Mann, Joseph Conrad und Thornton Wilder. Auch Werke der Philosophie und Wissenschaft gehören in das Programm.

● Nach einer Umfrage des Instituts für Publizistik der Universität Münster im August geben die Deutschen in jedem Monat mehr Geld für Bücher aus (nämlich 6,75 DM) als für Theaterbesuch (4,85 DM) oder für Kino (3,47 DM).

● Die katholische Kirche setzt am 1. Juni die Werke von André Gide auf den Index verbotener Bücher.

Mac Zimmermann
Mythologischer Garten
1952

Kunststoff-Werbung

Fragmentarisches Leben und die bunte Plastikwelt

Der Mythologische Garten des 40jäh-rigen Mac Zimmermann schildert in der nun schon etablierten Bildsprache der Pittura metafisica Giorgio de Chiri-cos und des Surrealismus die Grunder-fahrung des Fragmentarischen, Bezie-hungslosen im Leben. »Narben – ge-störter Kreislauf der Schöpfungsfrühe, / die historischen Religionen von fünf Jahrhunderten zertrümmert, / die Wis-senschaft: Risse im Parthenon ...« heißt es in Gottfried Benns Gedicht Fragmente.

»Dieses Gefühl der Unwirklichkeit, die Suche nach einer wesentlichen, verges-senen, unbenannten Realität, außer-halb derselben ich nichts zu sein glau-be, wollte ich ausdrücken — mittels meiner Gestalten, die im Unzusam-menhängenden umherirren ...« Mit diesen Worten charakterisiert der aus Rumänien stammende französische Dramatiker Eugène Ionesco die Inten-tion seines Schauspiels Les chaises (Die Stühle, 1954), das am 22. April 1952 im winzigen Pariser Théâtre Lancry uraufgeführt wird. Es ist die grausame Parabel vom verschwatzten und verpaßten Leben und von der Lä-cherlichkeit der Illusion. Ein altes Hausmeisterehepaar spielt Abend für Abend vor leeren Stühlen Besucher-empfang und verspricht den imaginä-ren Gästen eine wichtige Botschaft. Be-vor deren Überbringer eintrifft, stür-zen sich die Alten aus dem Fenster. Der angekündigte Redner erweist sich als taubstumm. Das Stück bleibt, wie die beiden vorangegangenen, erfolglos, obwohl sich Samuel Beckett und Ray-mond Queneau für Ionesco einsetzen. Noch 1955 hält »Le Figaro« den Dra-matiker für einen »Luftikus«.

Lebenshilfe bietet die Kunststoffindu-strie an, die im Oktober 1952 in Düs-seldorf eine vielbeachtete Ausstellung veranstaltet. Eine Abteilung zeigt, wie sich der moderne Mensch von der Mor-gentoilette bis zum Gutenachtdrink an der Kunststoffbar in keimfrei geglätte-ter, pflegeleichter, unverwüstlicher Kunststoffumgebung bewegt. So geht es »auf keine Kuhhaut«, was der Ko-bold alles versucht hat, Kunststoff-platten zu ruinieren – vergeblich.

Erich Engel
Der fröhliche Weinberg, 1952

L. Comencini
Heidi, 1952

Julien Duvivier
Le petit monde de Don Camillo
1952
Plakat zur deutschen Fassung 1952

René Clair
Les belles de nuit, 1952
Szenenfotos mit
Gérard Philipe als Claude
mit Martine Carol als Edmée
sowie mit Magali Vendeuil
als Suzanne

**Verfilmte Populärliteratur und
ein Meisterwerk René Clairs**

*Nach der Filmversion aus dem Jahr
1927 entsteht unter der Regie von Erich
Engel die zweite Verfilmung des Lustspiels Der fröhliche Weinberg, dessen
Berliner Uraufführung 1925 den Beginn der steilen literarischen Karriere
Carl Zuckmayers bildete. Eine schwei-
zerische Produktion ist Heidi, die erste
Verfilmung der 1880 erschienenen
»Geschichte für Kinder und auch solche, welche die Kinder lieb haben« von
Johanna Spyri, mit Theo Lingen in seiner bewährten Rolle als Diener. In
französisch-italienischer Koproduktion verfilmt Julien Duvivier Giovanni
Guareschis Roman Mondo piccolo
»Don Camillo« (1948; Don Camillo
und Peppone, 1950). Fernandel spielt
die Rolle des streitbaren Priesters im
Kampf mit dem Kommunisten Peppone einerseits und in der Auseinandersetzung mit Christus bzw. dem Kruzifi-
xus der Pfarrkirche andererseits.*

*Im Genre der Filmkomödie entsteht
mit Les belles de nuit eine der schönsten Huldigungen an das wirkliche Leben – obwohl die Handlung vor allem
im Reich der Träume angesiedelt ist.
Der junge Musiklehrer Claude sucht
bei den Schönen der Vergangenheit
Zuflucht vor der Gegenwart und ihren
anscheinend so abgestumpften, verständnislosen Menschen. Er sieht sich
als berühmter Komponist der Jahrhundertwende an der Seite Edmées; als
Offizier bei der Eroberung Algeriens
begegnet er Leila, der Tänzerin im Harem; seine Träume führen ihn zurück
bis zur Französischen Revolution und
immer weiter, denn stets verhindern
unüberwindliche Widersacher die Erfüllung seines Liebesglücks, bis ihm
die Augen für die Liebe und Schönheit
Suzannes geöffnet werden, die in seiner
unmittelbaren Nähe lebt.*

*Les belles de nuit ist nach der moder-
nen Faust-Version von 1950 La beauté
du diable (Der Pakt mit dem Teufel,
1950) der zweite Film René Clairs mit
Gérard Philipe; 1955 folgt Les grandes
manœuvres (Das große Manöver,
1956), die Geschichte eines um-
schwärmten Leutnants, der die Wette
um eine schöne Frau gewinnt, das Herz
der Angebeteten aber verliert.*

Film

Premieren

● Gerhard T. Buchholz: *Postlagernd Turteltaube*. Der Regisseur gestaltet eine zeitpolitische Komödie über die Unterschiede im Osten und Westen Deutschlands: hier Angst und dort satte Sorglosigkeit. Darsteller: Horst Niendorf, Barbara Rütting.

● Charlie Chaplin: *Limelight* (*Rampenlicht*, 1954). Die Geschichte des alternden Clowns Calvero (Chaplin) und seiner jungen Ballerina (Claire Bloom) bietet eine Art Synthese von Chaplins künstlerischem Schaffen.

● René Clément: *Jeux interdits* (*Verbotene Spiele*, 1953). In subtiler Form und mit intellektuellem Hintergrund wird mit dem heimlichen Spiel zweier Kinder mit Tod und Begräbnis die grausame Welt des Krieges angeprangert. Mit Brigitte Fossey, Georges Poujouly, Lucien Hubert.

● Henri-Georges Clouzot: *Le salaire de la peur* (*Lohn der Angst*, 1953). Vier Männer fahren eine Ladung hochexplosiven Nitroglyzerins über unwegsame Straßen in Mittelamerika. Das Spiel mit dem Tod (für 2000 Dollar) wird mit eiskalter Präzision dargestellt. Mit Yves Montand, Charles Vanel, Vera Clouzot, nach dem gleichnamigen Roman von Georges Arnaud.

● John Huston: *Moulin Rouge* (*Moulin Rouge*). Lebensbild des verkrüppelten Malers Toulouse-Lautrec. Arbeitet mit Farbwirkungen, die denen in Bildern von Toulouse-Lautrec entsprechen. Hauptdarsteller: José Ferrer.

● Charles Walters: *Lili* (*Lili*, 1953). Poesievoller amerikanischer Farbfilm über eine 16jährige einsame Französin, die mit Hilfe von Holzpuppen einer Jahrmarktsbude aus der Kindheit in das Leben hineinfindet. Mit Leslie Caron und Mel Ferrer.

Werner Höfer lädt zum Frühschoppen

Im Hörfunkstudio des Westdeutschen Rundfunks im Bonner Bundeshaus hat am 6. Januar um 12 Uhr der »Internationale Frühschoppen« Premiere. Der 39jährige Journalist Werner Höfer beschreitet damit einen neuen Weg bei dem Versuch, Probleme transparent zu machen.

Er diskutiert mit fünf Journalistenkollegen vor den Hörern über aktuelle politische Probleme in Deutschland oder über außenpolitische Fragen, die Deutschland betreffen. An der ersten Runde nehmen Ian Fraser (Großbritannien), Henry Kohler (Frankreich), Arnold Kuenzli (Schweiz), Emlyn Williams (USA) und Fritz Brühl (Bundesrepublik Deutschland) teil.

Dieser Frühschoppen mit sechs Journalisten aus fünf Ländern, bei dem Höfer immer deutschen Wein kredenzt (»weil ich unseren Wein zu dem Besten zähle, was unser Land überhaupt zu bieten hat«), wird innerhalb kurzer Zeit zur festen Institution in der Bundesrepublik. Seit dem 30. August 1953 überträgt auch das Fernsehen die Sendung, die sich beim Publikum großer Beliebtheit erfreut und einen festen Zuschauerstamm gewinnt.

Die Diskussionsrunde (die später den Blickwinkel auf allgemeine politische Themen erweitert) spiegelt etwas vom Zeitgeist der Jahre, in denen die Deutschen auf dem Wege zu sich selbst sind und sich nicht mehr nur als Objekte der Weltpolitik fühlen, sondern als gleichberechtigte Gesprächspartner in der anhaltenden internationalen Debatte über Deutschland und die Deutschen.

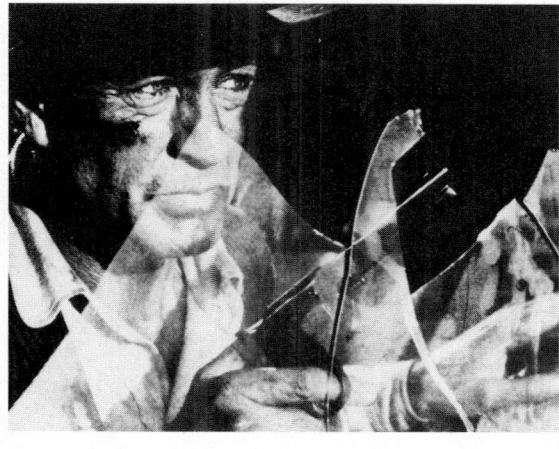

Die ungezügelte Tanzjugend

Die Deutschen leben im Boogie-Fieber. Bei einst verbotenen, weil »entarteten« amerikanischen Jazzklängen holen die Wiederaufbaubürger und ihre Söhne und Töchter nach, was den Deutschen in den Dreißigern und Vierzigern vorenthalten worden ist. Sie proben sich im »american way of life«, sie trinken Coca-Cola, kauen Wrigley's, tragen die Blue jeans des Mister Levi Strauss, die jetzt nach Europa kommen, und: Sie tanzen Jitterbug und Boogie-Woogie.

In artistischen Bewegungen toben sie über das Parkett und schlagen verklemmter Anstandsetikette à la Pappritz ein Schnippchen. Statt steifer Unauffälligkeit, die als Nonplusultra guten Lebensstils gepredigt wird, proben die Jungen eine Kultur der trotzigen Entfesselung und Auffälligkeit. Die »Süddeutsche Zeitung« berichtet am 6. September von einem Boogie-Woogie-Fest: »17 aktive Paare hatten sich zum Kampf um die Münchner Boogie-Woogie-Meisterschaft in der Zirkusgarderobe versammelt ... Fast alle lächelten milde, schlenkerten mit den ausgeschlagenen Achsschenkelbolzen und unterhielten sich in perfektem PX-Englisch ... Drei Stunden tanzten sie total ... Der Geheimfavorit wurde ... disqualifiziert, weil seine Hose zu einem gewagten Sprung energisch nein gesagt hatte.«

In Berlin werden, ebenfalls im September, vor 9000 johlenden Besuchern im Sportpalast die Meister im Jitterbug-Tanzen ermittelt. Evelyn Künneke liefert mit ihrem *Mäcki-Boogie* aus dem Film *Tanzende Sterne* von Geza von Cziffra deutschen Boogie-Fans die passende Begleitmusik.

Die Schwierigkeit, ein Held zu sein

In den USA ruft der Koreakrieg eine aggressive Propagandakampagne hervor: In Südostasien soll nach Meinung der Truman-Administration die entscheidende Schlacht gegen den Kommunismus geschlagen werden. Präsident Harry S. Truman fordert den raschen Ausbau der atomaren Bewaffnung. Innenpolitisch ist das Klima bestimmt durch die Kommunistenverfolgungen des McCarthy-Ausschusses. Das öffentliche Leben ist geprägt von einer Atmosphäre der Einschüchterung und Bedrohung.

In dieser Situation dreht der gebürtige Österreicher Fred Zinnemann seinen Western High Noon (Zwölf Uhr mittags, 1953). Zinnemann gehört zu den wenigen fortschrittlichen Regisseuren, die noch in Hollywood arbeiten können.

High Noon spiegelt kritisch die Zeitverhältnisse wider: Der Held Sheriff Kane, dargestellt von Gary Cooper, steht seinen Feinden, die sich an ihm rächen wollen, allein gegenüber. Die Mitbürger des Ortes ziehen sich ängstlich zurück, sie wollen mit dem Kampf nichts zu tun haben. Für sie existieren weder Recht noch Unrecht, weder Gerechtigkeit noch Ungerechtigkeit. Gary Cooper bleibt auf sich allein gestellt; erst im letzten Augenblick greift seine Frau Amy (Grace Kelly) rettend ein. Der Sheriff siegt, aber er ist ein einsamer Held, der seinen Sheriffstern den nun jubelnden Mitbürgern verächtlich vor die Füße wirft.

Der mit Oscars ausgezeichnete Film ist durch die Gegenüberstellung von verantwortungsbewußtem Individuum und feiger Menge ein Ausdruck der Enttäuschung innerhalb der isolierten amerikanischen Linken. Dies schließt jedoch nicht aus, daß er im zeitgeschichtlichen Zusammenhang als Appell zum Kampf gegen den Kommunismus und als Warnung vor der Ohnemich-Haltung verstanden wird.

Mitte links: Amerikanischer Soldat im Koreakrieg.
Mitte rechts: High Noon, 1952 (Zwölf Uhr mittags, 1953); Szenenfoto mit Gary Cooper als Sheriff Kane.

1952

Schwarzer Humor

Der 32jährige englische Zeichner, Gebrauchsgrafiker und »Punch«-Mitarbeiter Ronald Searle veröffentlicht seinen bitterbösen Bildbericht über die Schülerinnen des imaginären Mädcheninternats St. Trinian's: The Terror of St. Trinian's (deutschsprachige Ausgabe Zürich 1954 unter dem Titel Manch Mägdelein erkühnt sich). Die Erfindung der hemmungslos destruktiven Gören geht auf das Jahr 1941 zurück; 1948 sind sie in Hurrah for St. Trinian's erstmals gesammelt aufgetreten. Sie rauchen und saufen Whisky, spielen mit Maschinengewehren und halten Pythonschlangen als Haustierchen, spannen in der Spielstunde Kameradinnen auf ein mittelalterliches Streckbett und richten gemeinsam mit ihrer Direktorin kleine Kinder hin. Beim Pilzesammeln gilt selbstverständlich die Devise: »Schmeiß sie weg – die sind harmlos.« Dem deutschsprachigen Publikum wird 1952 eine Anthologie vorgelegt mit dem Titel: Weil noch das Lämpchen glüht. 99 boshafte Zeichnungen, gerechtfertigt durch Friedrich Dürrenmatt.

Mitte links: Ronald Searle, St. Trinian's-Schülerin.

Mitte rechts: Der Idiot; Szenenfoto aus dem Ballett von Hans Werner Henze nach dem Roman von Dostojewski, Berliner Festwochen 1952.

Raunzige Kabarettisten in Wien

Mit dem Programm »Brettl vorm Kopf« präsentiert sich den Wienern ein neues, namenloses Kabarett im »Kleinen Theater im Konzerthaus«. Es wird gemacht von vier Männern, die im Vorjahr mit einem Skandal bekannt geworden sind: Carl Merz, ein Karl-Kraus-Schüler, Michael Kehlmann, der Schlagerkomponist Gerhard Bronner und der korpulente einstige Medizinstudent und Gelegenheitsjournalist Helmut Qualtinger. Sie haben mit einer zeitkritisch-satirisch aufgemöbelten Version von Arthur Schnitzlers *Reigen*, dem »Reigen 51«, nicht nur viel Beifall geerntet, sondern auch einen Plagiatsprozeß des Schnitzlererben, den sie allerdings mit einem Freispruch überstehen.

Jetzt überraschen sie das Publikum mit einem Kabarett von überragender Qualität, mit einer ungewohnten Kombination von messerscharf geschliffenem Wort, musikalischer Perfektion und stilistischer Modernität. Mit einem Stil, der zwischen freundlichem Theatervergnügen und raunziger Skepsis angesiedelt ist.

Ihr Programm ist aus einer Radioserie hervorgegangen, in der Bronner mit der Szene »Sender Rot-Rot-Rot« unter anderem eine antisowjetische Nummer wagt (und das in Österreich, in dem nicht nur alliierte, sondern auch sowjetische Truppen stationiert sind).

Das zeitkritische Brettl, das während der fünfziger Jahre mit wechselnder Besetzung (aber immer mit Helmut Qualtinger und Gerhard Bronner als Hauptakteuren) und mit dauerndem Erfolg besteht, widmet sich weniger Tagesaktualitäten als allgemeineren Krisensymptomen der Gesellschaft. Es attackiert die Hörer mit makabren Moritaten – zum Beispiel der vom Bäcker, der aus Mitleid Leichen aus dem Kühlhaus des Beerdigungsinstituts holt und zu Hause am Backofen auftaut, oder mit den Folgen der um sich greifenden Jugendkrankheit Langeweile (»Und mit der Zeit da kriagst a Idee, und du zerlegst a Cafetier, weil dir so fad ist«).

Es packt auch mit harscher Kritik die Oberen an und steckt dafür immer wieder Proteste, Skandale, Schadenersatzforderungen ein. Symbolfigur in den Revuen wird eine Zeitlang der Herr Travnicek, den Helmut Qualtinger erfindet und auch immer spielt, der in Dialogen mit seinem Freund seine mürrische Besserwisserei, reaktionäre Weltsicht und beispiellose Ahnungslosigkeit an den Tag legt.

Hans Werner Henze macht Musiktheater

Der 25jährige Komponist Hans Werner Henze erregt Aufsehen in der Opernwelt mit der Uraufführung seines lyrischen Dramas *Boulevard Solitude* am 17. Februar in Hannover. Grete Weill hat in dem pädagogisch-moralischen Libretto nach Abbé Prévost den in Opern von Massenet und Puccini sentimental umgedeuteten Manon-Lescaut-Stoff in die Gegenwart projiziert und hat aus Armand des Grieux den gnadenlos Verlorenen des 20. Jahrhunderts gemacht.

Hans Werner Henze, Schüler von Wolfgang Fortner und René Leibowitz, präsentiert die Handlung, in der es um Rauschgift, Mord und Hehlerei, aber auch um Sehnsucht, Liebe und Menschlichkeit geht, in einer künstlerisch wegweisenden neuen Form. Ballett und gesprochenes Wort werden in die Opernszene einmontiert. Henze löst Gefühlsausdruck und Handlung teilweise durch stilisierten Tanz von den Akteuren ab, stellt die wichtigsten Szenen sozusagen auf doppelten Boden. Aus dem Unterbewußtsein flüsternde Stimmen sind zu hören, das Orchester arbeitet mit ungewöhnlichen 12-Ton-Konstruktionen und mit neuen Farben, von reiner Geräuschmusik bis zum Gesang von Vibraphon, Jazztrompeten und Mandolinen hin.

Bei der glänzenden Uraufführung mit dem Dirigenten Johannes Schüler und der Ausstattung des erst 19jährigen Jean-Pierre Ponnelle bleiben die Buh-Rufer in der Minderzahl. Die Front der Kritiker, die Henzes Oper als »Zivilisationskrankheit« bezeichnen, bröckelt bald ab.

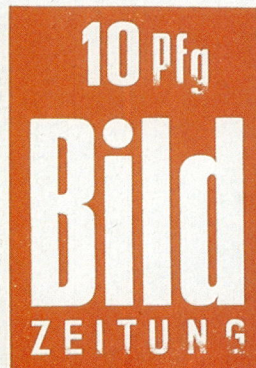

FAHNDUNG nach Hamburger Frauenmörder   GROSSE DREI beraten die Viererkonferenz   FUNKER Marshall steht vor dem Richter   BANDITEN fordern 12 Mill. Lire Lösegeld

30 000-DM-Bild-Wettbewerb
Grenze bei Helmstedt wird gesichert!

10 Pfg

Bild
ZEITUNG

Dienstag, 24. Juni 1952 · Hamburg · Nr. 1

Ist Churchill zu alt! Englische Presse diskutiert den Rücktritt des britischen Premierministers

Politisches Klima

»Ich war mir seit Kriegsende klar, daß der deutsche Leser eines auf keinen Fall will, nämlich nachdenken.« Diese Überzeugung setzt der 30jährige Verleger und Journalist Axel Caesar Springer mit seiner »Bild-Zeitung«, einer überregionalen Boulevardzeitung (Startauflage 250 000 Exemplare), in die Tat um. Der Preis von 10 Pfennigen gilt bis 1965. Im zweiten Jahr seines Erscheinens ist das Blatt bereits die meistverbreitete Tageszeitung der Bundesrepublik, im dritten Jahr überschreitet die Auflage die Millionengrenze. Das Erfolgsrezept: Aufhebung der Sachgebiete, Reduzierung der politischen Berichterstattung auf ein Minimum, Betonung des Allgemeinmenschlichen mit (Schlüsselloch-) Blick in die Welt der Großen, Bestärkung schaudernder Lüsternheit durch Sex-and-Crime-Geschichten, Antikommunismus und Bekenntnis zu Konsum und Marktwirtschaft – und alles kurz, knapp, leicht verdaulich, mit Schlagzeilen, die einen Großteil des verfügbaren Raumes füllen.
Seit 1946 erscheint im Springer-Verlag die Funkillustrierte »Hör-Zu«, seit 1948 das »Hamburger Abendblatt« (Untertitel »Mit der Heimat im Herzen die Welt umfassen«); im selben Jahr wandelte Springer seine anspruchsvollen »Nordwestdeutschen Hefte« in die Illustrierte »Kristall« um, die bis 1967 erscheint. Die »Bild-Zeitung« entwickelt sich zu einem Organ, das wie kein anderes die restaurative Hauptströmung im politischen Klima der Bundesrepublik widerspiegelt und festigt.
In diesem Zusammenhang steht die Wiederzulassung des öffentlichen Tragens von Band und Mütze durch Verbindungsstudenten. Das Landesverwaltungsgericht Bonn beendet mit dieser Entscheidung am 10. April 1952 die Auseinandersetzung zwischen der CV-Korporation »Staufia« und dem Senat der Universität Bonn, der das Farbentragen als Vertrauensbruch, Verstoß gegen die diesbezüglichen Beschlüsse der Tübinger Rektorenkonferenz und Beitrag zur wachsenden Radikalisierung des akademischen Lebens verurteilt hatte.

Olympiade der Bildhauer

Der englische Bildhauer Reg Butler bekommt im Frühjahr für einen Entwurf von eindringlicher Sinndichte den ersten Preis im Wettbewerb für das Denkmal des Unbekannten Politischen Gefangenen, den das Londoner Institute of Contemporary Arts im Herbst 1951 ausgeschrieben hat. Den 2. Preis erhalten gemeinsam die Brüder Naum Gabo und Antoine Pevsner. Dieser Wettbewerb ist zu einer vielbeachteten Olympiade moderner abstrakter Skulptur geworden; die Elite der modernen Bildhauer beteiligt sich daran. 3500 Einsendungen aus 57 Ländern liegen der deutsch-schweizerischen Jury vor. Allein aus Deutschland beteiligen sich 600 Künstler, darunter Bernhard Heiliger, Fritz Wotruba, Karl Hartung und Fritz König.

Reg Butlers Eisenplastik wird eine besondere künstlerische und moralische Gültigkeit zugesprochen. Sie zeigt einen Felsen, auf dem ein Drahtkäfig wie eine Art Wachturm, Galgen oder Guillotine hochragt, dazwischen ist eine Frauengruppe plaziert. Hans Egon Holthusen erkennt dieser Plastik die Ausdrucksweise »einer wahrhaft zeitgemäßen und unserem fortschrittlichen Begriff von Wirklichkeit entsprechenden Kunst« zu: »Es ist das Verhältnis des einzelnen zur Massenwelt überhaupt, genauer gesagt: es ist die dramatische Spannung zwischen Mensch und Technik, also ein Kardinalthema der Epoche, das hier dargestellt und gemeistert worden ist: die Freiheit des einzelnen, die sich durch die Technik, mit der Technik, gegen die Technik zu behaupten hat, die Selbstbewahrung des Individuums in der allgemeinen Verfallenheit ...«

In den Beiträgen zum Wettbewerb dokumentiert sich eine allgemein veränderte Sprache der Skulptur. Die Plastik gibt die traditionelle Isolierung auf und geht eine neue Verbindung zu Landschaft und Architektur im städtebaulichen Zusammenhang ein.

Der König der guten Form erinnert sich

Unter dem Titel *Häßlichkeit verkauft sich schlecht* erscheinen im November auf dem deutschen Büchermarkt die Memoiren des amerikanischen Designers Reymond Loewy und verzeichnen einen enormen Verkaufserfolg. Schon nach vier Wochen ist die zweite Auflage fällig. Loewy ist einer der erfolgreichsten Formgestalter der Zeit und hat den amerikanischen Lebensstil wie kein zweiter beeinflußt. Es wird geschätzt, daß 120 Millionen Amerikaner täglich wenigstens einmal mit einem Produkt in Berührung kommen, das von Loewy gestaltet ist. Vom Besteck bis zur Ölpumpe und zur Karosserie des Studebaker reicht die Palette der Artikel, die Loewy zu Symbolen der schönen neuen Welt der industriellen Formgestaltung macht. Zu seinen jüngsten Entwürfen gehört die Form »E« für ein Rosenthal-Porzellan, mit dem die Selber Porzellanfabrik sich auf den amerikanischen Markt wagen will.

Landschaftsraum und Bildraum

Bildende Kunst

Werke
● Alberto Burri: Mit *Komposition* (Guggenheim-Museum) beginnt die Serie seiner »Sackbilder«: informelle Materialbilder aus zerrissenem Stoff, bei denen durch brüchige Fetzen der Blick auf den mit Farbe gestalteten »Bildleib« freigegeben wird. Die Bilder, entstanden aus den Kriegserfahrungen des Arztes Burri, sind Metaphern für die unheilbar verletzte Welt.
● Alexander Calder: *Ein Gong als Mond.*
● Willem de Kooning: *Frau und Fahrrad.*
● Fernand Léger: *Die Landpartie.*
● Germaine Richier: *Stierkampf* (Plastik).
● Antoni Tapies: *Graues Relief.* Der 1923 geborene spanische Maler zieht mit einer Serie von »Mauerbildern«, die er beginnt, Aufmerksamkeit auf sich: Neuartige Materialbehandlung der Bildoberfläche durch Auftragen

mörtelartiger Reliefschichten, die teilweise wieder abgekratzt, eingeritzt, graviert werden, so daß sie wie geheimnisvolle alte Mauern wirken.

Ausstellungen
● Basel: 3000 Jahre alte ägyptische Plastik wird in der Kunsthalle von Mitte August bis Ende September gezeigt.
● Den Haag: Gedächtnisausstellung zum 100. Geburtstag von Vincent van Gogh (30. März) mit 240 Werken des Künstlers.
● Hamburg: Gesamtschau des Werkes von Ewald Mataré im Museum für Kunst und Gewerbe im Oktober. Im gleichen Monat wird erstmals in Deutschland eine Ausstellung mit Werken von Wassily Kandinsky, dem Begründer der gegenstandslosen Malerei, eröffnet. 30 Bilder aus dem Zeitraum von 1902 bis 1942 kommen aus der Sammlung der Witwe des Künstlers und sind mit einer Summe von einer Million Mark versichert worden.

● Hamburg: Im April eröffnet eine Ausstellung internationaler Freiplastik im neuen Alster-Park. Unter den Exponaten sind Werke von Henry Moore, Alexander Calder und Max Bill.
● Luzern: *Die deutsche Kunst, Meisterwerke des 20. Jahrhunderts* im Kunstmuseum.
● New York: *Younger European Painters* (abstrakte Kunst) im Guggenheim-Museum.
● Paris: *40 000 Jahre moderne Kunst.* Die Ausstellung zeigt prähistorische und primitive Malerei.
● Paris: Le Corbusier gibt im November in einer Ausstellung Einblick in sein bildnerisches Werk. Gezeigt werden 40 surrealistische Bilder, Wandteppiche und Skulpturen.
● Stuttgart: Ausstellung *Schönheit der Technik* im März, ein für Westdeutschland bislang einmaliger Appell an Künstler, Kaufleute und Konstrukteure, sich der Bedeutung der Formgebung bewußt zu werden.

»Bildhauerei ist eine Kunst des Freiraums ...Ich würde eines meiner Stücke lieber in einer Landschaft – ziemlich gleich, wie sie aussieht – aufstellen als in oder auf die prächtigste Architektur, die ich kenne.« Dieser Wunsch Henry Moores geht mit König und Königin in beispielhafter Weise in Erfüllung. Moores Archaik, die als Vorbild im Schaffen zahlreicher jüngerer Bildhauer wie Fritz Wotruba wirksam ist, besteht im Landschaftsraum ihre Bewährungsprobe. Als »Schlüssel zu der Gruppe« versteht Moore »das Haupt des Königs, das Kopf und Krone, Gesicht und Bart in einem ist ... und etwas leicht Panhaftes hat«.

Dem »Aufleben« der Freiplastik im Landschaftsraum steht in der Malerei beispielsweise Serge Poliakoffs die konsequente Beschränkung auf den durch ineinander verzahnte Farbflächen gefüllten Bildraum gegenüber.

Fritz Wotruba: Liegende Figur, 1953.

Gegenüberliegende Seite:
Oben: Henry Moore, König und Königin, 1953; Dumfries, Schottland.
Unten: Serge Poliakoff, Komposition; 1953.

1953

Menschen als Mystiker des Nichts

Im winzigen Théâtre Babylone in Paris wird am 5. Januar ein neues Kapitel Theatergeschichte geschrieben. Unter der Regie von Roger Blin gelangt das Stück *En attendant Godot (Warten auf Godot)* des gebürtigen Iren und Wahlparisers Samuel Beckett zur Uraufführung. In kurzer Folgezeit wird es auch auf 30 deutschen Bühnen gespielt, zum ersten Mal am 10. März unter Karlheinz Stroux im Schloßparktheater Berlin. Bei der Beurteilung des Dramas sind die Kritiker uneins wie selten sonst. Die einen preisen das absurde Stück als epochale Genietat, die anderen verteufeln es als Gipfel der Bedeutungslosigkeit.

Warten auf Godot ist wider alle traditionellen Bühnengesetze ein Zustandsbericht, ein Stück, in dem nichts passiert. Wladimir und Estragon, zwei clowneske Landstreicher, treiben zwei Akte lang Spielchen und Späße, um die Zeit zu überbrücken, bis Godot kommt. Keiner weiß, wer Godot ist, ob und wo er existiert. Aber die beiden versprechen sich von ihm alles, Nachtlager, Geborgenheit, Erlösung. Während sie nach immer gleichem Ritual dummes Zeug schwatzen, sich Gefühle vormachen, träumen, dämmern, sich beschimpfen, tritt als einzige Abwechslung der hoffärtige Reisende Pozzo auf, der den unterwürfigen Diener Lucky als menschliches Wrack am Halsband mit sich führt. Ein namenloser Bote, der zweimal auftritt, kündigt das Erscheinen Godots, seines Herrn, an. Am Ende kommt Godot nicht, und der Zuschauer ahnt, daß Wladimir und Estragon das auch die ganze Zeit wußten.

Die Deutungen des Stücks füllen mittlerweile Regale in Bibliotheken. Godot als Gott oder das Nichts, als Schuld oder Erlösung, als Glück, Wirklichkeit, als echtes Leben – es stimmt alles, und es stimmt nichts. Der Autor hüllt sich zu solchen Fragen in hartnäckiges Schweigen. Er hätte es schon gesagt, wenn er selbst wüßte, was »Godot« sei, meint Beckett in einem Interview. Und nach dem Premierenbeifall soll er zu Sartre gesagt haben: »Mein Gott, man muß sich getäuscht haben.«

Warten auf Godot wird zum Klassiker der Theaterrevolution, zum Klassiker des absurden Theaters. Es enthält die Grundaussage, die Beckett in allen Stücken und in seiner Prosa andeutet: Das Leben ist eine Folge sinnloser Aktionen. Um die Menschen herum ist das absolute Nichts, die Menschen versenken sich hinein, sie werden zu Mystikern des Nichts. Sie sind keine bürgerlichen Existenzen mehr. Der Mensch kann nur mit düsterer Clownerie versuchen, dem Unbegreiflichen ein zaghaftes Lachen entgegenzusetzen.

Im absurden Drama spiegelt sich die Existenzangst, die den Nachkriegsmenschen als Folge von Glaubens- und Ideologieverlust schüttelt; so empfindet er seine Welt in zunehmendem Maße als unberechenbar, unbegreiflich, fremd. Auf die Berliner Premiere reagiert das Publikum mit Befremdung und Verblüffung. Als das Stück zwölf Jahre später wieder gespielt wird, erhält es den Beifall freundlicher Zuneigung, wie er anderen Klassikern auch zuteil wird.

Sprachlosigkeit

Der französische Pantomime Marcel Marceau feiert auf zwei Tourneen durch Deutschland im Frühjahr und im Oktober Triumphe. Er tritt meist ganz allein auf leeren Bühnen auf, trägt wortlose Abstraktionen menschlichen Lebens vor. Er führt Dialoge mit dem Unsichtbaren und öffnet die Tür zu einer verloren geglaubten Phantasiewelt. In blitzschnellem Verwandlungsspiel mimt er den Kampf zwischen David und Goliath, rührt die Herzen der Zuschauer als trauriger Schmetterlingsjäger oder als Monsieur Bip.

Während die »eigentliche« Pantomime ihre »Sprachlosigkeit« durch die Steigerung körpersprachlicher Mittel vergessen läßt, dienen die pantomimischen Einlagen in Samuel Becketts Warten auf Godot als Spiegel des Verlusts an sprachlicher Kommunikation. Ein Beispiel ist die Pantomime des Hutvertauschens, veranlaßt durch den von Lucky vergessenen Hut, den Wladimir nimmt, während er seinen eigenen Estragon gibt. Dies löst ein Spiel mit drei Hüten aus, bis Wladimir endgültig Luckys Hut trägt.

Mitte links: Marcel Marceau.
Mitte rechts: Warten auf Godot, 1953; Szenenfoto aus der ersten deutschsprachigen Inszenierung am Berliner Schloßparktheater mit Hans Henling und Alfred Schieske.

Theater

Premieren

- Arthur Adamov: *Tous contre tous (Alle gegen alle).* Das Werk des in Paris lebenden russischen Dramatikers wird am 14. April in Paris uraufgeführt. (Deutsche Erstaufführung am 21. November in Pforzheim.) Absurdes Stück über die Unmenschlichkeit der Staatsmacht am Beispiel verfolgter Flüchtlinge.

- Jean Anouilh: *Jeanne ou l'alouette (Die Lerche)* in Paris am Théâtre Montparnasse am 16. Oktober uraufgeführt. (Deutsche Erstaufführung 1953 in Frankfurt.) Schmerzlich-heitere Geschichtsbetrachtung, die das Schicksal der französischen Nationalheiligen in einem Gerichtsspiel darstellt. Als »wahres Ende« der Geschichte steht die Krönung der Jeanne in Reims als Ermutigung für den einzelnen, gegen die Mächtigen der Welt sich zu behaupten.

- Sean O'Casey: *Der Preispokal (The Silver Tassie,* uraufgeführt 1929). Bei der deutschen Erstaufführung des Stückes am 20. Juni im Schillertheater Berlin kommt es zu einem Theaterskandal. Regisseur Fritz Kortner unterstreicht die pazifistischen Züge der Weltkriegs-Tragikomödie, die von einem jungen erfolgreichen Fußballspieler handelt, der im Krieg durch eine Verwundung gelähmt wird.

- Friedrich Dürrenmatt: *Ein Engel kommt nach Babylon.* Uraufführung der »fragmentarischen Komödie« am 22. Dezember in den Münchener Kammerspielen. Tiefgründige Weltdeutung im Märchenspiel vom König und vom Bettler, der sich in einer genormten Welt die Freiheit des Abenteuers bewahrt hat.

- T. S. Eliot: *The Confidental Clerc (Der Privatsekretär).* Uraufführung der Komödie am 25. August bei den Edinburgher Festspielen. (Deutsche Erstaufführung am 24. Juni 1954, Ruhrfestspiele Recklinghausen.)

- Max Frisch: *Don Juan oder die Liebe zur Geometrie.* Die Komödie wird am 5. Mai in Zürich und Berlin uraufgeführt. Frischs elegantestes Stück ist eine Heldenfarce: Don Juan als der Verführte, der vor der Liebe flieht und nach dem Reich der kühlen Abstraktion schmachtet.

- Franz Kafka: *Das Schloß,* dramatisiert durch Max Brod, Regie Rudolf Noelte. Uraufführung am 12. Mai in Berlin.

- Erwin Strittmatter: *Katzgraben.* Es geht um die Schwierigkeiten bei der Bodenreform in der DDR. Uraufführung am 23. Mai im Deutschen Theater in Ost-Berlin.

Ossip Zadkine
Die zerstörte Stadt
1951–1953

Ein Mahnmal gegen das Vergessen

Der 63jährige französische Bildhauer und Grafiker Ossip Zadkine, von Geburt Russe, vollendet sein Mahnmal Die zerstörte Stadt. Das auf einem Granitsockel postierte Bronzebildwerk wird am Quai de Leuvehaven im Hafen von Rotterdam aufgestellt. Es erinnert an die nahezu vollständige Zerstörung Rotterdams im Mai 1940 durch deutsche Luft- und Bodentruppen.

Zadkine greift das traditionelle Thema der Personifikation auf. Auch die Geste der verzweiflungsvoll emporgereckten Arme ist geläufig und erinnert nicht zufällig an eine Gestalt in Pablo Picassos Gemälde Guernica. Hier wie beim Rotterdamer Mahnmal gewinnen überlieferte Motive jedoch aufrüttelnde Ausdruckskraft als Aufschrei gegen Krieg und Zerstörung. Ein wesentliches Ausdrucksmittel ist hierbei die Zersprengung der Form in Gestalt des geöffneten, zerfetzten Rumpfes.

Solche Durchbrüche gehören schon in den zwanziger Jahren zu Zadkines Gestaltungsprinzipien. Er spricht vom »Öffnen der Formen«, von den Lufträumen, die ein Teil der Skulptur werden müssen, so daß die Bildwerke vom umgebenden Raum nicht mehr getrennt, sondern mit ihm verzahnt sind. Das formale Prinzip der durchbrochenen Formen wird jedoch beim Rotterdam-Mahnmal zur unmittelbaren inhaltlichen Aussage.

Einen wesentlichen Ausgangspunkt im Schaffen Zadkines bildete die Schulung am radikalen Antinaturalismus des Kubismus, der noch in Die zerstörte Stadt erkennbar ist. Über seine Auffassung der von Skulpturen ausgehenden Wirkung schreibt der Bildhauer: »Die geheimnisvolle Musik, die ein Gegenstand erklingen läßt, die Ehe der verschiedenen Formen, die tönende Stimme einer geraden Linie, die eine Fläche begrenzt, und das plötzliche Ende einer mit Sorgfalt gezeichneten Kurve, diese Fülle der Welt der Formen wird den Betrachter einer Plastik sehr bald zum Erlebnis der Stille und in die Tiefen der Philosophie führen, bald ins Wesen der dramatischen Tragödie, die sich zwischen hellen Lichtern und tiefen Schatten abspielt.«

Im westdeutschen Film haben die edlen, vertrauenerweckenden Männer Hochkonjunktur. Markige Offiziere sind noch verpönt, grüblerische Außenseiter passen nicht in die Gesellschaft des Wirtschaftswunders.

Dieter Borsche vermag in seinen Filmrollen all das auszudrücken, womit sich das Publikum identifizieren kann: tiefe Menschlichkeit, bescheidenen Heroismus, aufopferungsvolle Verantwortung und Güte. Königliche Hoheit, frei nach dem 1909 erschienenen Roman von Thomas Mann, ist die Geschichte einer strahlenden Liebe. Der sympathische, etwas linkische Prinz und Thronfolger (Dieter Borsche) heiratet eine erfrischend unkonventionelle amerikanische Milliardärstochter (Ruth Leuwerik). Das Fürstentum ist damit finanziell gerettet, doch die Heirat bleibt frei vom Makel der Berechnung. Thomas Mann, der sich den

Film Ende Dezember in Zürich in einer Privatvorführung ansieht, bedankt sich bei Regisseur Harald Braun »für den Genuß eines schönen, bunten, geistvoll betreuten Werkes«.

In der französischen Produktion Der Arzt und das Mädchen ist es das ernste Verantwortungsgefühl – ein bestimmendes Motiv in allen Arztfilmen der fünfziger Jahre –, das Vertrauen und Sicherheit geben soll. Dabei ist Dieter Borsche nie der rein angepaßte Typus, er hat auch innere Kämpfe und Leiden durchzustehen.

Zum Filmspektrum gehört auch ein Schuß Exotik. Der Tempelschatz von Bengalen ist hierbei ein Beispiel für die Hollywood-Machart. In einem anderen Film, der Aufsehen erregt, dem brasilianischen Streifen O Cangaceiro, wird exotisches Ambiente authentisch vorgeführt. Im Nordosten Brasiliens leben die Cangaceiros, die Gesetzlosen.

Sie überfallen ein Dorf, entführen dabei die junge Lehrerin, und es kommt zu einer Liebesgeschichte zwischen ihr und dem Vertrauten des Anführers der Gesetzlosen. Der Film nimmt ein tragisches Ende; von den tatsächlichen Lebensverhältnissen der Cangaceiros erfährt der Zuschauer wenig, aber die packende Spannung, die effektvolle Folkloremusik und die urtümlichen Landschaftsbilder bringen dem Film internationalen Erfolg.

Horrorfilme sind ein unverwüstlicher Bestandteil der Leinwandkunst, auch wenn die Effekte bescheiden sind wie in Der Vampyr von Soho. Erfolgreicher ist in der Bundesrepublik Deutschland der Film Keine Angst vor großen Tieren mit Heinz Rühmann. Er zeigt die Überwindung der Angst vor Autoritäten und beweist, daß auch der kleine Mann Charakterstärke hat.

Dieter Borsche und Ruth Leuwerik in
Königliche Hoheit
1953

Dieter Borsche in
Der Arzt und das Mädchen, 1953
Plakat zur deutschen Fassung 1954

Sabu in
Der Tempelschatz von Bengalen, 1953
Plakat zur deutschen Fassung 1958

Lima Barreto
O Cangaceiro, 1953
Plakat zur deutschen Fassung 1953

Der Vampyr von Soho, 1953
Plakat zur deutschen Fassung 1955

Heinz Rühmann in
Keine Angst vor großen Tieren
1953

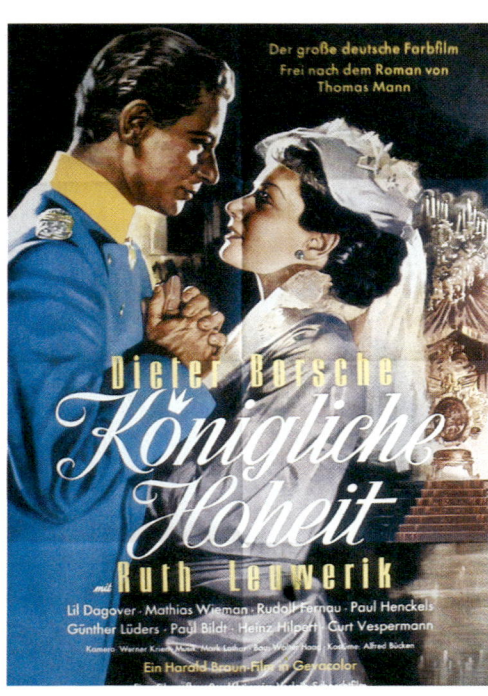

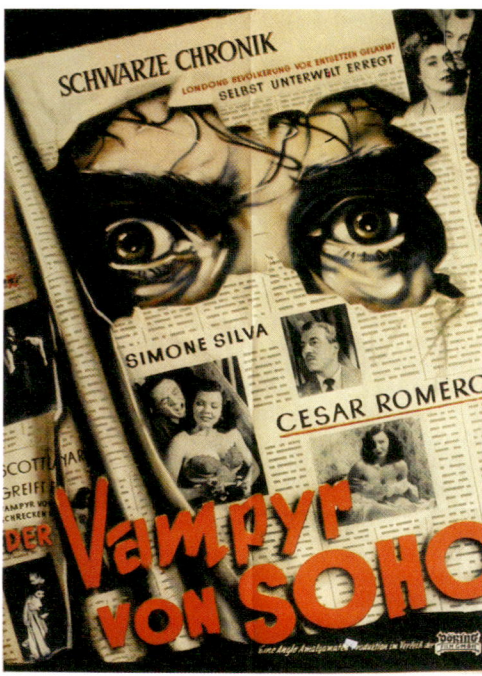

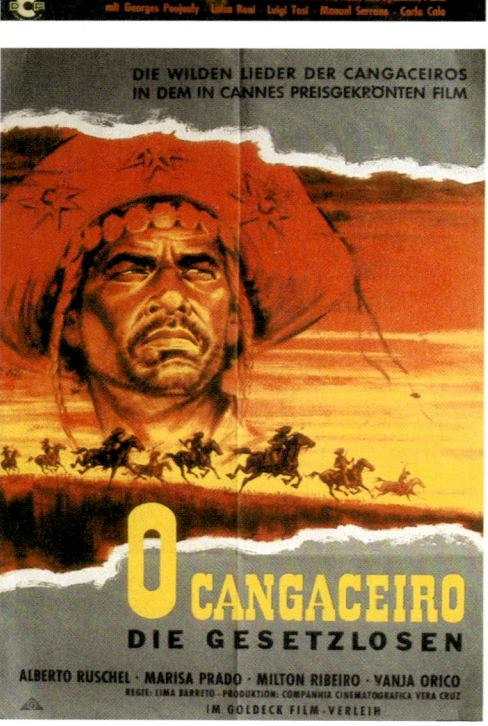

Die Breitwandfilme kommen

Hollywood verkündet den Anbruch einer neuen technischen Ära des Films. Um das Kino im Wettlauf mit dem Fernsehen attraktiver zu machen, werden Verfahren entwickelt, die dem Zuschauer ein möglichst plastisches Raumerlebnis vermitteln und ihm das Gefühl geben, mitten im Filmgeschehen zu sitzen. Das wird durch die Verbreiterung der Leinwand auf monumentale Ausmaße und durch neuentwickelte Aufnahme- und Reproduktionsmethoden erreicht.

Das Rennen um Publikumsgunst mit technischen Raffinessen, das im Vorjahr eingesetzt hat, wird in diesem Sommer auch nach Deutschland getragen, wo die Rolle des Kinos als Freizeitvergnügen allerdings noch unbestritten ist. In den USA dagegen befindet es sich schon längst in starker Bedrängnis. Seit 1947 hat das Fernsehen dort dem Film die Hälfte des Publikums abgejagt, seit jenem Jahr ist die Zahl der wöchentlichen Kinobesucher von 90 auf 46 Millionen geschrumpft. Täglich müssen als Folge dieser Entwicklung drei Kinos schließen.

Der erste Breitwandfilm, der Aufsehen erregt, ist der Cinemascope-Film (der Century Fox) *The Robe (Das Gewand)* nach dem Bestseller von Lloyd Douglas. Das Bibelspektakel mit Richard Burton, Jean Simmons und Victor Mature (Regisseur: Henry Koster) sprengt nicht nur die Leinwandmaße, sondern auch alle Erfolgskategorien. Innerhalb von neun Wochen spielt der Film 9,1 Millionen Dollar ein. Allerdings ruft er sofort auch Debatten über die Schwierigkeiten der Regisseure hervor, mit den neuen ästhetischen und dramatischen Möglichkeiten umzugehen, die sich durch die Erweiterung der Bildfläche ergeben. »Der Spiegel« urteilt in seiner Ausgabe vom 3. Februar 1954 vernichtend: »Mit Cinemascope gehen auf einen Schlag dreißig Jahre künstlerische Entwicklung über Bord.«

Ein anderes technisches Verfahren, Cinerama, erreicht eine höhere suggestive Raumkraft. Die Bilder werden durch drei verschiedene Kameras aus verschiedenen Blickwinkeln aufgenommen und durch drei Projektoren, gekoppelt mit Stereoton, wiedergegeben. Der Promotionfilm *This Is Cinerama*, der das neugierige Publikum in die Lichtspielhäuser lockt, schildert die Vorzüge der totalen Illusion. Als zum Beispiel ein kleiner Dampfer bei hohem Wellengang gezeigt wird, klammern sich die Zuschauer, berichten die Reporter, an ihre Stühle. Nachteil des Verfahrens sind die hohen Kosten, die für technische Umbauten in den Kinos erforderlich werden.

Wie ein Jahrmarktspektakel führt sich das dritte 3-D-Verfahren ein, das die überzeugendste Illusion eines dreidimensionalen Bildes erstellt; allerdings müssen die Zuschauer Polarisationsbrillen tragen. Mit dem Abenteuerfilm *Bwana, der Teufel (Bwana Devil)* von Arch Oboler (mit Robert Stack und Barbara Britton) wird dieses stereoskopische Verfahren dem Publikum in Deutschland im April vorgeführt. Der Gag, daß Löwen aus der Leinwand zu springen scheinen oder ein Blitz auf den Zuschauer selbst zielt, ersetzt allerdings langfristig nicht den Verdruß, den das Hantieren mit Pappbrillen vor und nach der Vorstellung bedeutet.

Jubel über Walt Disneys Wüstenmäuse

Unter der brennenden Sonne der Sierra Nevada, in glühendem Sand, in dem ein Leben kaum möglich erscheint, entdecken Walt Disneys Kameraleute unbekannte Abenteuer der Natur: Schildkrötenduelle und Ballette von Springmäusen, den Sieg einer kleinen Wespe über eine Tarantel und den Kampf des Bussards mit der Klapperschlange. *The Living Desert (Die Wüste lebt)*, unter Regie von James Algar gedreht, wird zu einem faszinierenden Naturfilm.

Walt Disney hat mit diesem Werk nach seinen Zeichentrickfilmen und den neuen, von ihm gestalteten Film-Märchenwesen ein weiteres Mal seinen Namen in die Filmgeschichte geschrieben. Er hat einen Dokumentarfilm geschaffen, der nicht gewissenhaft belehren, sondern Gleichnisse von der Schönheit und dem Geheimnis der Schöpfung liefern will, der in bisher nicht bekannter Weise Natur und Kunst verbindet. Die Fabeln, Balladen und Burlesken, die hier gleichsam in den Bewegungen und Aktionen der Tiere erzählt werden, fangen gleichzeitig aber auch die Welt eines Hieronymos Bosch ein, die grausame und fast schaurige Szenerie gespenstischen und giftigen Geziefers.

**Neuer Stern
am Hollywoodhimmel**

*Ein Busenstar alter Prägung ist die von Howard Hughes entdeckte Jane Russel (*The Outlaw, *1941/42, veröffentlicht 1946, deutsch 1951* Geächtet*).*

Mit drei großen Filmerfolgen in diesem Jahr steigt die 27jährige Marilyn Monroe zum neuen Hollywoodstar auf. In Howard Hawks' Gentlemen Prefer Blondes *(Blondinen bevorzugt, 1954) und in* How to Marry a Millionaire *(Wie angelt man sich einen Millionär?, 1954) von Jean Negulesco spielt sie die naive Blondine, die unschuldige Sexbombe, die die Männerwelt blamiert und schließlich den Mann bekommt, den sie will. Auch ihre Rolle in* Niagara, *wo sie unter der Regie von Henry Hathaway eine junge Frau darstellt, die ihren aus Korea heimkehrenden Mann mit Hilfe ihres Liebhabers umbringen will, beruht auf diesem Grundmuster. Im Unterschied zu anderen Kurvenstars parodiert die Monroe komödiantisch das Klischee, in das sie gezwängt wird. Das Publikum ist begeistert von den körperlichen Reizen, die sie zugleich offen zur Schau stellt, und von der hintergründig kindlichen Weise, in der sie mit den Männern »spielend« fertig wird.*

Gentlemen Prefer Blondes, *1953; Plakat zur deutschen Fassung 1954.*

Film

Premieren

● Marcel Carné: *Thérèse Raquin (Thérèse Raquin. Du sollst nicht ehebrechen,* 1954) versetzt die Handlung des gleichnamigen Romans von Zola über den Ehebruch einer kleinbürgerlichen Frau in die Gegenwart. Simone Signoret und Ralf Vallone spielen die Hauptrollen.

● Vittorio De Sica: *Stazione Termini (Rom, Station Termini,* 1954). De Sica beschreibt den Abschied einer jungen verheirateten Amerikanerin von ihrem Geliebten (mit Jennifer Jones und Montgomery Clift in den Hauptrollen).

● Federico Fellini: *I Vitelloni (Die Müßiggänger,* 1956). Milieustudie über junge Männer in der Provinz, die nicht arbeiten und in der schalen Leere ihres Alltags von der großen Chance träumen. Fellini erweist sich als scharfsinniger Beobachter des Sozialgefüges einer Kleinstadt.

● Max Ophüls: *Madame de … (Madame de …,* 1954). Der Regisseur erzählt in schwelgerischen Bildern die künstliche und kunstvolle Geschichte von einem Schmuckstück, das Verwirrung stiftet und die Degradierung der Liebe zum Intrigenspiel bloßlegt. Mit Charles Boyer, Danielle Darrieux, Vittorio De Sica.

● Victor Vicas: *Weg ohne Umkehr* mit Ivan Desny, René Deltgen und Ruth Niehaus. Eine Liebesgeschichte zwischen einem Russen und einer Deutschen vor dem politisch brisanten Hintergrund des geteilten Nachkriegs-Berlin. Ein Film ohne Phrasen und Propaganda.

● William Wyler: *Roman Holiday (Ein Herz und eine Krone).* Mit diesem Film gelingt Audrey Hepburn an der Seite Gregory Pecks, der einen Reporter spielt, der künstlerische Durchbruch.

● Fred Zinnemann: *From Here to Eternity (Verdammt in alle Ewigkeit,* 1954) nach dem gleichnamigen Roman von James Jones wird uraufgeführt. Melodrama vom Soldaten Prewitt und seiner Einheit bis zum Überfall auf Pearl Harbor. Der Hollywood-Männerfilm par excellence mit Montgomery Clift, Burt Lancaster, Frank Sinatra und Deborah Kerr.

1953

Ein Pfahl im Fleisch der Adenauer-Republik

Wolfgang Koeppen, dessen frühe Werke von den Nationalsozialisten scharf abgelehnt wurden, veröffentlicht Anfang der fünfziger Jahre in rascher Folge drei Romane: Tauben im Gras *(1951),* Das Treibhaus *(1953) und* Der Tod in Rom *(1954). Sie handeln im Spannungsfeld faschistischer Vergangenheit und kapitalistischer Gegenwart.*

In Tauben im Gras *beschreibt Koeppen das Geschehen eines Tages im Nachkriegsmünchen mit Schicksalen von Menschen, die sich fremd bleiben. Stößt er schon mit diesem Roman auf harte Kritik, so wird sein folgendes Werk* Das Treibhaus *zum Skandal. »Abtritt-Pornographie«, »pseudorevolutionäre Pubertät« oder »Ruinen-Existentialismus« lauten die Schlagworte der Kritiker, die den »Nestbeschmutzer« der Adenauer-Republik verurteilen. Mit* Das Treibhaus *trifft Koeppen ins Herz der Macht: Im Mittelpunkt steht der Antiheld Keetenheuve, Bundestagsabgeordneter der Opposition. Das Bonner Klima – eine Atmosphäre der Lüge, der Intrigen, der Heuchelei – nimmt Keetenheuve jeden Mut, an eine bessere Zukunft zu glauben. Keetenheuve reagiert mit Haß, Zynismus und Verachtung – für ihn ist ein demokratischer Wiederaufbau Deutschlands endgültig gescheitert. Das einzige, was ihm bleibt, ist der Freitod. Der letzte Satz des Romans lautet: »Ein Sprung von dieser Brücke machte ihn frei.« Koeppen ist von einer desillusionierenden Radikalität. Auch in* Der Tod in Rom *enthüllt er den verpaßten Wiederanfang, alte Nazigrößen genießen schon wieder gesellschaftliche Anerkennung. Trotz skandalumwitterter Kritik erreichen seine Romane nur geringe Auflagen. Sein abruptes Verstummen nach 1954 – er meldet sich in einer weiteren kurzen Phase literarischer Produktiviät 1958 bis 1962 mit Reiseberichten – wirft somit weniger ein Schlaglicht auf die Person Koeppens als auf die Gesellschaft.*

Konrad Adenauer am 11. April 1953 auf den Stufen des Capitol in Washington.

Verklärte Philosophie in Gedichten

Die junge Österreicherin Ingeborg Bachmann veröffentlicht ihr erstes Gedichtbändchen *Die gestundete Zeit,* das Herausgeber Alfred Andersch als »Beginn des Weges einer dichterischen Kraft, die sich ebenso unaufdringlich wie unüberhörbar erhebt« bezeichnet. Es ist auch der Beginn eines unter deutschsprachigen Nachkriegsautoren seltenen Ruhmes, der sie auf den weiteren Stationen ihres literarischen Lebens begleitet, selbst dann, als ihre Produktionen spärlicher werden. Als »Der Spiegel« Ingeborg Bachmann im August 1954 Titelfoto und Titelgeschichte widmet, ist ihr literarisches Charisma gefestigt. Sie lebt zu dieser Zeit bereits als freie Schriftstellerin in Rom. 1956 tritt sie mit ihrem zweiten Lyrikband *Die Anrufung des Großen Bären* hervor. Ingeborg Bachmann, 1926 in Klagenfurt geboren, hat 1950 in Graz über die Existenzialphilosophie Martin Heideggers promoviert und danach als Redakteurin und Lektorin des Wiener Rundfunks gearbeitet. Ihre frühe Lyrik mit reimlosen Zeilen wirkt wie lyrisch verklärte Philosophie. Sie kreist um existentielle Sinnerfahrungen und überrascht durch den Reichtum frappierender Bilder.

Der 17. Juni – kein Datum für den sozialistischen Realismus

Der Aufstand der Arbeiter am 17. Juni in der DDR findet nicht nur die Funktionäre, gegen die er sich richtet, völlig unvorbereitet. Er kommt auch für die Intellektuellen und Schriftsteller des sozialistischen Realismus, die sich um besonderen Bezug zur gesellschaftlichen Realität bemühen, wie aus heiterem Himmel und demonstriert ihren politischen wie künstlerischen Bankrott. In der Belletristik der Zeit ist nicht ein Hauch der schweren Erschütterung zu spüren, die sich in den Ereignissen Luft macht. Die Intellektuellen zeigen keine Solidarität mit dem Volk; die Aufbauliteratur setzt sich nach 1953 in verblüffender Lückenlosigkeit fort.

Der Generalsekretär des Schriftstellerverbandes, Kuba (eigentlich Kurt Barthel), der kurz zuvor noch die Bauarbeiter der Stalinallee (sie wird seit 1951 nach Plänen von Hermann Henselmann gebaut) hymnisch besungen hat, beschimpft sie am 20. Juni im »Neuen Deutschland«: »Es gibt keine Ausrede! Und es gab keine Ursache dafür, daß ihr an jenem, für euch – euch am allermeisten – schändlichen Mittwoch nicht Häuser bautet ... Da werdet ihr sehr viel und sehr gut mauern und künftig sehr klug handeln müssen, ehe euch diese Schmach vergessen wird.«

Auch Bertolt Brecht übernimmt die offizielle Version vom »Tag X«, der von langer Hand durch den Westen vorbereitet worden sei. Er erklärt am 17. Juni in einem Schreiben an Otto Grotewohl, Walter Ulbricht und den sowjetischen Hochkommissar Wladimir Semjonow seine Solidarität mit der SED. Im »Neuen Deutschland« wird sein Brief gekürzt abgedruckt, so daß er nur noch wie eine Gratulation zur Unterdrückung des Aufstandes wirkt. Obwohl Brecht diesen Eindruck korrigieren kann, wird der Vorgang im Westen zum Anlaß für einen – allerdings nicht konsequent durchgehaltenen – Brecht-Boykott genommen.

Daß Brecht im Westen bereits als quasi entrückter Klassiker behandelt wird, erweist sich am 17. Juni in Stuttgart bei einer Aufführung von *Der gute Mensch von Sezuan* durch das Frankfurter Ensemble. »Wenn in einer Stadt ein Unrecht geschieht, muß ein Aufruhr sein« skandiert Solveig Thomas in das Publikum hinein. Die Stuttgarter, die den ganzen Tag im Rundfunk von den Vorgängen in Ost-Berlin hören konnten, schweigen dazu.

Künstliche Klänge aus dem Labor

In Köln wird das Publikum des »Neuen Musikfestes« (25.–28. Mai) mit neuen Tönen konfrontiert. Mit Klängen, die nicht von den gewohnten Musikinstrumenten, von menschlichen Stimmen oder sonst irgendwelchen Umweltgeräuschen stammen, sondern von elektronischen Generatoren: Der Komponist und Musiktheoretiker Herbert Eimert führt elektronische Klangstudien und Kompositionen vor. Er hat zwei Jahre lang in dem elektronischen Studio experimentiert, das der Nordwestdeutsche Rundfunk ihm im Kölner Funkhaus eingerichtet hat.

Die Methode, durch Elektrizität Töne zu erzeugen, ist seit Mitte der zwanziger Jahre bekannt und bislang hauptsächlich zur Herstellung neuartiger Instrumente genutzt worden. Sie ist sozusagen der umgekehrte Vorgang einer Mikrofonaufnahme: Elektrische Wellen werden in Schallschwingungen verwandelt. Mit Hilfe der neuen Techniken können im Labor völlig neue Klangqualitäten erzeugt werden. Durch Ausfiltern aller Frequenzen bis auf eine einzige entsteht zum Beispiel der »Sinuston«, durch Mischen sämtlicher Frequenzen in der ganzen Bandbreite des Hörumfanges das »Weiße Rauschen«. Der Komponist wird auch zum Klangmaler, der fertige Bilder schafft: Elektronische Kompositionen sind auf Tonband fixierte Werke im Endzustand (es sei denn, elektronische Musik wird mit herkömmlichen Instrumenten oder Gesang kombiniert). Schon dieser Wegfall der Reproduktion versetzt den Musiker in eine bislang unbekannte ästhetische Situation. Hinzu kommt, daß die Möglichkeiten der Klangerzeugung für ihn ins Astronomische gewachsen sind.

Deshalb steht in der ersten Phase der elektronischen Musik das Bemühen im Vordergrund, gültige Ordnungsprinzipien zu finden. Herbert Eimert, der von der Zwölftontechnik herkommt, koordiniert die Elemente nach dem Prinzip der Reihe aus dem seriellen System.

Die elektronische Musik bewährt sich in der Folgezeit vor allem als illustratives Medium, etwa im Film oder als Bühnenmusik. Doch erregen eine Reihe von Kompositionen Aufmerksamkeit. So 1954 bei einem Kölner Konzert Karlheinz Stockhausens *Studie II*.

Der 1928 geborene Stockhausen bildet mit dem Italiener Luigi Nono (geboren 1924) und dem Franzosen Pierre Boulez (geboren 1925) die tonangebende Trias von Avantgardisten, die die serielle Musik installieren. Ein Gedenkkonzert 1953 in Darmstadt zum 70. Geburtstag von Anton Webern (der als Mitglied des Wiener Schönberg-Kreises posthum zur Vaterfigur der seriellen Musik wird) gilt als Proklamation der Bewegung, die bis etwa 1958 besteht. Die serielle Technik legt, über die Schönbergsche Reihenordnung hinausgehend, nicht nur die Tonfolgen, sondern auch Tondauer, Tonstärke und Klangfarbe fest. Sie treibt die Abstraktionslust in der Musik auf die Spitze: Es soll nur noch kontrollierbare, minutiöse Fahrpläne für den Ablauf von Musik geben. Die musikalische Öffentlichkeit begegnet der Entwicklung zunächst mit Unverständnis.

Ein weiterer Schritt ins Fernsehzeitalter

Seit dem 25. Dezember 1952 sendet der Nordwestdeutsche Rundfunk ein regelmäßiges Fernsehprogramm. Der Generalsekretär des NWDR, Adolf Grimme, kann am 23. Oktober 1953 in Hamburg-Lokstedt das erste für das Fernsehen erbaute Studio eröffnen.

Zum Fernsehereignis des Jahres wird die Krönung Elisabeths II. von England. »Sie winkte mit der rechten Hand«, schwärmt die »Welt«, »und es war in diesem Augenblick, als ob dieses Lächeln nur uns alleine galt.«

Solche Unmittelbarkeit des Zeitgeschehens wird überwiegend beim Bier in der Kneipe oder durch die Schaufenster der Fachgeschäfte erlebt: Drei Monate nach dem Start des regelmäßigen Sendebetriebs besteht die Hälfte der registrierten Teilnehmer aus Gastwirten und Rundfunkhändlern.

Die Krönung Königin Elisabeths II. von England am 2. Juni 1953 im Fernsehen.

Musik

Premieren

- Benjamin Britten: *Gloriana*. Die Auftragsarbeit zur Krönung Elisabeths II. wird am 8. Juni in Londons Covent Garden Opera uraufgeführt. Die Oper handelt von der Namensgefährtin der jungen Königin, Elisabeth I.
- Werner Egk/Boris Blacher: *Abstrakte Oper Nr. 1*. Szenische Ideen und Lautfolgen von Egk, Musik von Blacher. Das Werk wird am 17. Oktober im Mannheimer Nationaltheater uraufgeführt und endet fast mit einem Tumult. Es kreiert den Stil des absoluten handlungslosen Theaters. Die Szenen, die Grundsituationen wie Angst, Liebe, Schmerz darstellen, sind mit sinnentleerten Wörtern und gesungenen Silben unterlegt.

- Gottfried von Einem: *Der Prozeß*. Die Uraufführung der Oper, die am 18. August im Rahmen der Salzburger Festspiele erfolgt, wird von Karl Böhm dirigiert. Der Text von Boris Blacher und Heinz von Cramer basiert auf Kafkas Roman. Die Unerbittlichkeit des Schicksals von Josef K. wird durch starre rhythmische Wiederholungen symbolisiert.
- Carl Orff: *Trionfi di Afrodite*. Das »szenische Konzert« wird am 14. Februar an der Mailänder Scala durch Herbert von Karajan uraufgeführt (als Teil des »theatralischen Triptychons« mit *Carmina burana* und *Catulla Carmina*). Schilderung einer antiken Hochzeitszeremonie als leidenschaftlicher Gesang auf die Liebe; mit Texten von Catull, Sappho und Euripides in Latein und Griechisch.

- Cole Porter: *Can Can*. Das Musical wird am 7. Mai in New York uraufgeführt (Text: Abe Burrow). Das Stück spielt in der Pariser Nachtwelt um 1893 und erreicht mit seiner spritzigen Musik (bekannte Nummern: *Can Can*, *I love Paris*, *C'est magnifique*) 892 Broadwayvorstellungen. 1959 verfilmt mit Shirley MacLaine, Frank Sinatra und Maurice Chevalier.

Ereignisse

- Der amerikanische Jazzstar Lionel Hampton gibt im Rahmen einer Europatournee am 30. September in Düsseldorf ein Konzert (mit Cliff Brown in seiner Band).
- Erste Europatournee von Stan Kenton. Er vertritt den »Progressiven Jazz«, der mit großem Orchester eine Verbindung von Kunstmusik und Jazz versucht.

1953

DNS – Das »Atom« der lebendigen Welt

James D. Watson und Francis H. Crick enträtseln die Struktur des fadenförmigen Erbträgermoleküls Desoxyribonukleinsäure (DNS). Sie finden heraus, daß das Molekül die Form einer Doppelspirale besitzt, eine Gestalt, die man mit einer in der Längsrichtung verdrillten Strickleiter vergleichen kann. Das DNS-Molekül setzt sich aus Abertausenden chemischer Bausteine zusammen, den sogenannten Nukleotiden. Von ihnen gibt es vier Typen: Adenin und Thymin, Cytosin und Guanin. Sie hängen in vielfach wechselnder Reihenfolge am »Rückgrat« des Moleküls aus Phosphat und Zucker zusammen und bilden sozusagen die »Sprossen« der »Strickleiter«. Jeweils Adenin und Thymin sowie Guanin und Cytosin stehen sich gegenüber. Das DNS-Molekül hat im Strickleiterbild in der Mitte der Sprossen sozusagen Sollbruchstellen. Wenn sich die Zelle teilt, reißt das Molekül hier wie ein Reißverschluß in der Längsrichtung auf. Beide Halbsprossenstränge versorgen sich anschließend wieder mit einem komplementären Strang, so daß am Ende zwei komplette DNS-Moleküle mit identischer Aufeinanderfolge der Bauelemente entstanden sind.

Wichtigste Erkenntnis: Die DNS-Halbsprossenstränge enthalten in der Aufeinanderfolge der Nukleotide jene codierte »Sprache«, in der die Produktionsanweisungen für die verschiedenen Zellprodukte niedergelegt sind. Jeweils ein kürzeres oder längeres Teilstück des DNS-Stranges bildet als »Gen« das chemische Codewort, das »Strickmuster« für einen Bio-Stoff, den die Zelle zum Aufbau des Körpers oder zu anderen Zwecken (z.B. als Hormon oder Enzym) herstellt. Cricks und Watsons Entdeckung gibt das Startsignal für eine Fülle weiterer Forschungen auf dem neu entstehenden Wissensgebiet der Molekulargenetik. Crick und Watson erhalten 1962 für ihre Entdeckung den Nobelpreis.

Höhen- und Tiefenrekorde

Am 29. Mai erreichen der Neuseeländer Edmund Percival Hillary und der Sherpa Tenzing Norgay den Gipfel des höchsten Berges der Erde, des 8848 Meter hohen Mount Everest im Himalaja. Der Jubel in der ganzen Welt, besonders in Großbritannien, ist unermeßlich: »Eine Tat wie die Fahrten des Kolumbus – wie der Flug des Charles Lindbergh ...«

Möglich geworden ist diese Erstbesteigung durch eine generalstabsmäßig geplante Expedition unter Colonel John Hunt, an der sich 13 Bergsteiger, 36 Führer von der Volksgruppe der Sherpas und 360 Träger aus Nepal beteiligen. Ein erster Angriff auf den Bergriesen schlägt am 27. Mai fehl: Wenige hundert Meter unter dem Gipfel gibt das Team Tom Bourdillon und Charles Evans erschöpft auf. Schon am nächsten Tag brechen Hillary und Tenzing vom gleichen Lager aus auf. Sie biwakieren in 8500 Meter Höhe und treten am frühen Morgen des 29. Mai den Sturm auf den Gipfel an. Die Überwindung der letzten 382 Meter wird durch einen langen, gefahrvollen Grat erschwert. Hillary berichtet: »Die scharfe Schneide war in eine dünne Mörtelschicht aus Schnee und Eis gehüllt. Heimtückische, riesige Wächten hingen weit über die Ostwand hinaus. Unter einem sorglosen Tritt des Bergsteigers würden sie 3000 Meter zum Kangchungletscher hinabkrachen.« Hillary wird in den Adelsstand erhoben.

Im gleichen Jahr gelingt es dem Franzosen Auguste Piccard, einen neuen Tiefsee-Tauchrekord aufzustellen. Mit einem von ihm entwickelten Tauchgerät, das aus einem 15 Meter langen U-Boot-artigen Tragkörper und einer darunter befindlichen druckfesten Stahlkugel besteht, läßt er sich im Tyrrhenischen Meer in eine Tiefe von 3150 Metern hinab. Später unternimmt er mit einem Ballon Stratosphärenflüge, die ihn in 16 Kilometer Höhe führen.

Mitte links: Edmund Percival Hillary und der Sherpa Tenzing Norgay, 1953.
Mitte rechts: Auguste Piccard in der Stahlkugel seines Tauchgeräts.

Wie entstand das Leben?

Stanley L. Miller liefert einen wichtigen experimentellen Beitrag zur Frage der Lebensentstehung auf der Erde. In einer Glasapparatur mischt er kleine Mengen von Wasserstoff, Wasser, Ammoniak, Methan und anderen Bestandteilen der vermuteten irdischen Uratmosphäre – Gase also, die über der Erde vor vermutlich rund vier Milliarden Jahren eine ursprüngliche Atmosphäre gebildet haben, in der es noch keinen freien Sauerstoff gab.

In das Gasgemisch läßt er elektrische Funken zucken und simuliert damit Urzeitblitze. Nach einer Weile untersucht er, was aus den Gasen geworden ist. Er findet sogenannte Aminosäuren vor, die Urbausteine jener Eiweißmoleküle, die wir als Bestandteile lebender Zellen kennen.

Mit seinem Experiment erzeugt Miller nicht weniger als 17 von insgesamt 20 im lebenden Eiweiß vorkommenden Aminosäuren. Sein Versuch bringt neue Bewegung in die Diskussion über die Entstehung des Lebens. Er stützt die Auffassung, daß das Leben auf der Erde nicht durch einen göttlichen Schöpfungsakt, sondern in langen Zeiträumen über eine »chemische Evolutionsstufe« entstanden ist.

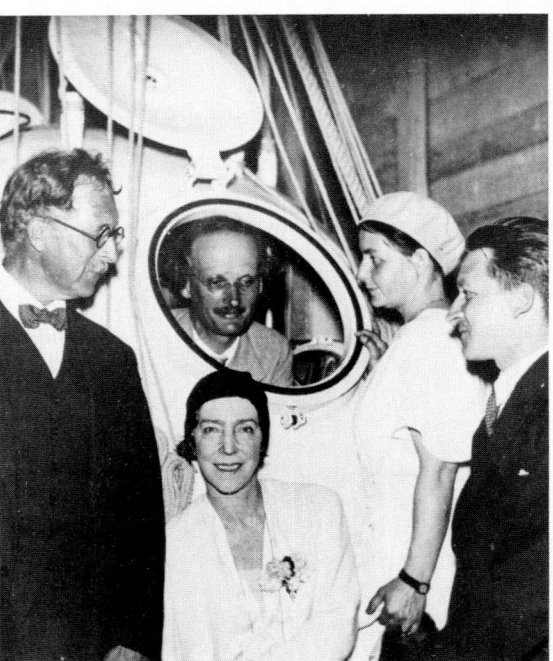

Kinsey-Report schockiert Moralhüter

Alfred C. Kinsey liefert einen weiteren Beitrag zum Thema »sexuelle Befreiung«. Der amerikanische Sexualforscher, dessen erster Bericht über das sexuelle Verhalten des Mannes (1948) Weltruhm erlangt hat, legt im August seine ergänzende Untersuchung über das sexuelle Verhalten des weiblichen Geschlechts vor: *Sexual Behavior in the Human Female (Das sexuelle Verhalten der Frau)*. Die Studie birgt, wie schon die erste Arbeit, in den Augen beflissener Moralhüter gefährlichen Sprengstoff, denn sie beweist den Durchschnittsamerikanerinnen, daß die Mehrheit ihrer Geschlechtsgenossinnen sich keineswegs den puritanischen Sittenkodex zueigen gemacht hat, sondern sich einige Freizügigkeiten leistet. So ergibt die statistische Auswertung der Kinseybefragungen, daß mehr als die Hälfte der Amerikanerinnen nicht mehr jungfräulich in die Ehe gehen. Solche Belege wirken wie eine Art Beruhigungspille für jene Frauen, denen ein Verstoß gegen die Spielregeln der offiziellen Prüderie ein schlechtes Gewissen verursacht hat. Nach dem Erscheinen der deutschen Ausgabe werden die entsprechenden Verhältnisse in der Bundesrepublik diskutiert.

Bildnisfotos von Max Ehlert

Hermann Höpker-Aschoff
Der Spiegel 7, 1953

Aga Khan III.
Der Spiegel 8, 1953

Charlie Rivel
Der Spiegel 14, 1953

Simone Signoret
Der Spiegel 15, 1953

Maria Schell
Der Spiegel 25, 1953

Clare Boothe Luce
Der Spiegel 27, 1953

»Wenn ein Yousuf Karsh oder ein Cecil Beaton oder sonst eine Kapazität ein Porträt macht, ist das ein gesellschaftliches Ereignis. Diese Leute kommen sich als Künstler vor, sie leuchten an und aus, sie korrigieren den Ausdruck, breiten Girlanden aus, und wehe, wenn ein Objekt einmal unprogrammgemäß lächelnd die Zähne zeigt. Sie wollen die Komposition, das schöne Bild, sei es auch inhaltslos. Der Spiegel will das lebendige Bild, sei es auch häßlich. Er will nicht das Feiertagsgesicht, sondern das Gesicht in seinem natürlichsten, sprechendsten Ausdruck. Der Spiegel will aus dem lebendigen Gesicht keine Studie machen. Er will keine Kunst, sondern Handwerk.« Diese Grundsatzerklärung Rudolf Augsteins zum Stil der stets mit einem Porträt gestalteten »Spiegel«-Titelbilder (in Heft 31, 1953) ist Teil einer Würdigung der Arbeit Max Ehlerts. Ihm vor

allem verdankt es das Nachrichtenmagazin, »daß Personen der Zeitgeschichte auf dem Spiegel schärfer und sprechender im Bilde gezeigt sind, als auf Porträts gemeinhin« (Augstein). Die Woche für Woche sich erweiternde Galerie, zugleich jeweils Hinweis auf die Titelgeschichte, legt allerdings auch die Auffassung nahe, daß die politische und kulturelle Zeitgeschichte die Geschichte von Personen ist. So erhält der Bericht über das 1951 eingerichtete Bundesverfassungsgericht anläßlich der Auseinandersetzung um den Beitritt zur geplanten Europäischen Verteidigungsgemeinschaft die Form eines Berichts über Wesen und Werdegang Hermann Höpker-Aschoffs, des ersten Präsidenten dieses Organs. Mit Aga Kahn III. wird das göttliche Oberhaupt der mohammedanischen Sekte der Ismailiten porträtiert.

Das Charlie-Rivel-Porträt verweist auf das 1952 von Grock initiierte Comeback des spanischen Artisten und Clowns. Die Titelgeschichte über Simone Signoret würdigt »den populärsten Repräsentanten eines in Frankreich erschreckend weit verbreiteten Typs: des linken Intellektuellen«. Maria Schell wird dagegen mit der Erklärung für ihre steile Erfolgskarriere zitiert: »Mein Typ paßt eben so gut ins Neo-Biedermeier.« Ein Anlaß für die Titelgeschichte ist die Tatsache, daß Johanna Matz und Hardy Krüger die Nachfolge des Filmpaars Schell/Borsche als beliebteste Nachwuchsschauspieler angetreten haben. Clare Boothe Luce schließlich, die US-Botschafterin in Italien, blickt auf eine Karriere als Journalistin, Dramatikerin und Politikerin zurück, die selbst für amerikanische Verhältnisse ungewöhnlich ist.

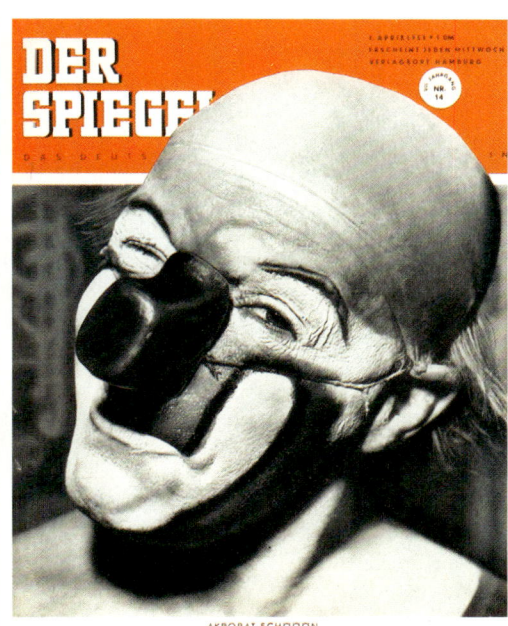

Nach vierjährigen Planungs- und Bauarbeiten vollendet Le Corbusier die Wallfahrtskirche Notre Dame du Haut in Ronchamp. Die Fachwelt ist verblüfft. Hat Le Corbusier sich zum Mystiker entwickelt? Tatsächlich hat der Architekt etwas Kühnes unternommen. Die Kirche, die wie eine riesige Plastik mit ganz unterschiedlichen Ansichten wirkt, ist in ihrer Form bestimmt durch die sie umgebende Hügellandschaft. Le Corbusier spricht vom »phénomène d'espace indicible« (Erscheinung des unsagbaren Raumes), in der er die höchste Vollendung der Architektur sieht. Die optischen Eindrücke der Landschaft sollen auf das Gebäude wirken, wie umgekehrt das Gebäude der Landschaft neue Dimensionen verleihen soll. Am gesamten Bau findet sich kaum ein rechter Winkel. Die Außenwände sind geschwungen, das Dach der Kapelle ist eine riesige ausgebauchte Betonschale. Innen- und Außenraum stehen in dynamischer Beziehung zueinander. Lockt das Äußere den Pilger zu sich heran, so gibt der Innenraum ihn plötzlich wieder frei durch den natürlichen Lichteinfall: Die Dachschale liegt nicht unmittelbar auf, sondern läßt einen schmalen Spalt frei, durch den das Licht eindringt; die Westwand hat verschieden große Öffnungen, durch die der Innenraum in nahezu magischer Weise farbig erhellt wird.

Le Corbusier, bekannt als ein Vertreter der rationalen Architektur aus Kuben und Zylindern, hat mit Notre Dame du Haut ein herausragendes Werk des Plastischen Stils geschaffen, ausgehend von der Frage: »Aber wo beginnt die Bildhauerkunst, die Malerei oder die Architektur? Ein Bau ist gemeinsamer Ausdruck all dieser Künste«, eine Überzeugung, der schon das Bauhaus neue Geltung verschafft hat, die aber bei Le Corbusier die Gestalt einer individuellen Schöpfung gewinnt. Reine Nachahmung muß hier, mehr noch als bei der rationalen Architektur, zu Mißgebilden führen.

Ab 1950 ist Le Corbusier zugleich mit der Planung und der Erbauung von Chandigarh beschäftigt, der Hauptstadt des indischen Bundesstaates Punjab. In großzügigem Stil ordnet er plastische Baukörper zu einem funktionalen Ganzen. Das spektakulärste Gebäude ist das Parlament von Chandigarh. Seine Vorhalle mit geschwungenem Dach beherrscht den davorliegenden 400 m² großen Platz, dessen gegenüberliegende Seite vom Obersten Gerichtshof begrenzt wird. Fast ohne jede Einschränkung kann Le Corbusier seine Vorstellungen von Bebauungszonen und Verkehrsplanung durchsetzen.

Le Corbusier
Notre Dame du Haut in Ronchamp
(Innen- und Außenansichten)
1950–1954

1954

Bildende Kunst

Werke
- Salvador Dalí: *Der Christus des heiligen Johannes vom Kreuz* (Glasgow Museum & Arts Galleries).
- Jean Dubuffet: *Fleckige Kuh.*
- Alberto Giacometti: *Stehende Figur im Atelier.*
- Jasper Johns: *Fahne* (erstes einer Reihe von »Flaggenbildern«).

Ausstellungen
- Hannover: Erste Liebermann-Ausstellung in Deutschland seit 27 Jahren.

- Krefeld: Im Januar wird zum ersten Mal in Deutschland das Gesamtwerk des Surrealisten Joan Miró gezeigt.
- London: Mit einer Gerhard-Marcks-Präsentation wird im August die erste repräsentative Ausstellung deutscher Kunst in England nach 1945 veranstaltet.
- Paris: Retrospektive René Magritte.
- Turin: *L'Espressionismo del novecento* im Museo Civico.
- Venedig: Edvard-Munch-Retrospektive auf der Biennale (Juni–Oktober) mit 43 Gemälden und 200 Blättern seiner Graphik. Auf der Biennale schockiert ein Raum mit Bildern von Francis Bacon, unter anderem die Variationen um das Papstbild *Innozenz X.* von Velázquez, bei denen Bacon einen grölend aufgerissenen Mund in das Papstgesicht setzt.
- Wiesbaden: Gedächtnisausstellung Alexej Jawlensky zum 90. Geburtstag des Künstlers.

Ereignisse
- London: Bei Bauarbeiten werden Reste eines antiken Mithras-Tempels freigelegt.
- Salzburg: Oskar Kokoschka hält erstmals seinen Malkursus »Schule des Sehens«.

Salvador Dalís abstruser Schmuck

Die X. Triennale in Mailand (September bis November) wird zu einer berauschenden Schau des »Stile novo«. Stärker noch als vor drei Jahren gerät diese einzigartige Schau für moderne Architektur, Inneneinrichtung und Baugestaltung zu einer totalen Inszenierung der Objekte. Die Bundesrepublik Deutschland hat neben Italien die räumlich größte Abteilung; es wird allerdings kritisiert, daß sie ihre Produkte von beachtlicher Qualität in recht einfältigen Arrangements präsentiert.

Während alle Nationen das Beste vom Besten ihres Formenvorrats in die Diskussion bringen, überrascht das faschistische Spanien mit einer unerhörten Ekstase von Kunst und Kitsch. Neben brutalen Schmiedeeisenplastiken wird in zwei Vitrinen Schmuck des Ex-Surrealisten Salvador Dalí gezeigt: Ein Fingerring in Korsettform zum Beispiel, oder ein geöffneter Mund als Brosche, bei der zwei Lippen aus roten Edelsteinen geformt sind und dazwischen zwei makellose Reihen von Perlenzähnen schimmern. Oder das diamantenbesetzte Herz der Königin, das in der Mitte aufgeschnitten ist und ein »blutendes Inneres« aus roten Rubinen zeigt, das sich, von einem kleinen Motor angetrieben, wie ein schlagendes Herz bewegt. Es erregt Aufsehen als technifizierte Devotionalie.

Eine Zeitschrift als Seismograph des modernen Lebens

Als eine Art Sprachrohr des aufgeklärten, diskussionsfreudigen und fortschrittsbegeisterten Zeitgeistes, der auch ein Charakteristikum der fünfziger Jahre ist, erscheint die Zeitschrift »Magnum«. Herausgegeben von Karl Pawek und Alfred Neven Du Mont in Wien und Frankfurt (der erste Jahrgang beginnt im Dezember 1953), trägt sie den Untertitel »Zeitschrift für das moderne Leben«. Modernität wird von ihr lange Zeit als Wert an sich verkündet – allerdings nicht als leere Floskel.

»Magnum« ist den neuen Seh- und Verhaltensweisen des Menschen auf der Spur und durchleuchtet alle erdenklichen Themen, um den Standort des modernen Menschen zu suchen und gesellschaftliche Zusammenhänge zu begreifen. Dabei verbreitet die Zeitschrift eine Atmosphäre fröhlicher Intellektualität. Das Blatt sei die »einzige geistig-dynamische Zeitschrift der Welt, die auch in Friseurgeschäften

aufliegen kann«, halten sich die Herausgeber zugute.

Dazu trägt nicht zuletzt auch der hervorragende optische Eindruck der großformatigen, vierteljährlich erscheinenden Hefte bei, die unkonventionell und typografisch raffiniert gestaltet sind. Großen Raum erhält die (Schwarzweiß-)Fotografie; hier entsteht also auch ein Forum für den engagierten Fotojournalismus.

»Magnum« leistet sich lange Zeit einen fast provozierenden Optimismus. »Wir sind überzeugt, daß wir Glück hatten mit der Stunde unserer Geburt und in einer interessanten und lebenswerten Zeit leben«, heißt es im Vorwort zur dritten Ausgabe im Sommer 1954. Und bald darauf, zwei Jahre nachdem in den USA die erste H-Bombe gezündet worden ist, in der Bundesrepublik Deutschland die Wiederaufrüstung auf vollen Touren läuft, fordert »Magnum«: »Heiterkeit bleibt für den Menschen eine geistige und sittliche Aufgabe.« Und: »Wir jedenfalls dementieren dieses Zeitalter der Angst.«

Bildhauerarbeit mit der Schere

1954 beginnt der 73jährige Pablo Picasso eine erste Serie von bemalten, in Blech ausgeführten Klappskulpturen. Der Schauplatz dieses Experiments ist die Werkstatt eines Schlossermeisters in Vallauris. Zugrunde liegen Papierschneidearbeiten, die ihrerseits durch Henri Matisse angeregt sein dürften, den Picasso mehrfach aufsucht. Matisse umschreibt die Herstellung seiner Kompositionen aus eingefärbten Papieren: »Ich zeichne mit der Schere.« Auch Picasso »zeichnet« seine zunächst in Papier oder Pappe ausgeführten Skulpturen mit der Schere. Bei der Ausführung in Blech achtet er peinlich genau darauf, daß auch die kleinsten Unregelmäßigkeiten des Ausschneidens erhalten bleiben. Als Klappskulpturen werden diese Arbeiten deshalb bezeichnet, weil sie erst durch das Falzen bzw. Umklappen ihren plastischen Charakter gewinnen, wobei sich die verschiedenen Ansichten durch extreme Veränderungen unterscheiden: Anders als bei der Rundplastik bedingt die Faltung abrupte Veränderungen beim Übergang von der Vorder- zur Seitenansicht. Am Anfang der Serie stehen die Sylvette-Köpfe. Das Modell, dessen Bildnis Picasso ebenfalls 1954 in Vallauris in mehreren Variationen als Ölgemälde gestaltet, ist Sylvette David – mit ihrem langen »Pferdeschwanz«, der zu Beginn der fünfziger Jahre bei Mädchen und jungen Frauen weit verbreiteten Frisur. Insofern bilden die Sylvette-Köpfe auch ein Stück Modegeschichte – ein Gesichtspunkt, der Picassos Arbeiten keinen Abbruch tut, sind sie doch letztlich von spielerischem, auf stets neue Seherfahrungen gerichtetem Geist geprägt, der eine Abgrenzung zwischen hoher und niederer Kunst ausschließt. Allerdings bleibt es nicht bei den etwa 70 cm hohen Skulpturen. Sie dienen als Modelle für in Beton und Granit ausgeführte Freiplastiken mit einer Höhe von über elf Metern (Universität in New York, 1968) bzw. acht Metern (Bowcentrum in Rotterdam, 1970).

Pablo Picasso, Sylvette; 1954.

1954

Bonjour Françoise – eine Studentin wird weltberühmt

Sie hat 1953 vier Sommerwochen gebraucht, um die Erzählung, die von einem jungen Mädchen von heute handelt, in ein kleines Schulheft zu schreiben. Sie ist gerade 18, als sie den Text dem Pariser Verleger Julliard anbietet. Sie ist 19, als sie 1954 mit einem Schlag berühmt wird und den »Grand Prix Critiques« erhält. Françoise Sagan, die eigentlich Quoirez heißt, legt mit Bonjour Tristesse einen Roman vor, der die Zeitgenossen bewegt, nicht nur in der literarischen Welt. Er wird verfilmt und in alle Weltsprachen übersetzt. Françoise Sagans Erstlingswerk handelt von der Tochter eines reichen Lebemanns, die die Heirat des Vaters durch eine böse Intrige verhindert und deren ungewollt tödlichen Ausgang mit Melancholie und Ratlosigkeit quittiert. Es ist eine Art Halbstarkenpoesie mit französischem Parfum und einer Portion Zynismus, ein Schlüssel zum Lebensgefühl der Nachkriegsgeneration, die sich international gleich unwohl fühlt: Mit dem, was ihre Eltern sich und anderen eingebrockt haben, identifizieren sie sich nicht; in einer Mischung von Trotz und Einsamkeitsgefühl blicken sie in eine Zukunft, die ihnen eigentlich gleichgültig ist. Der außerordentliche Erfolg von Bonjour Tristesse erklärt sich zu einem guten Teil daraus, daß Françoise Sagan, selbst Vertreterin der Pariser Spielart der »skeptischen Generation«, mit einem Mißverständnis aufräumt. Die oft besungene Klage über Resignation und Verlust der Illusionen erübrigt sich: Diese Jugend hat keine Illusionen verloren. Sie hat nie welche besessen. Der spektakuläre Erfolg bleibt der jungen Autorin, die ihr Studium aufgibt, lange treu. Die Schlagzeilen gründen allerdings weniger in der Qualität ihrer weiteren Werke, die fast alle Variationen des ersten Romans sind, sondern vor allem in ihrem exaltierten Lebensstil. Neben einer Reihe von Romanen wie Ein gewisses Lächeln (1956) und Lieben Sie Brahms? (1959) verfaßt sie Theaterstücke, Filmdrehbücher und ein Ballett.

Françoise Sagan, 1954.

Die Sehnsucht nach dem anderen Ich

»Ich bin nicht Stiller.« Mit diesem Satz beginnt der Roman *Stiller,* mit dem der Schweizer Schriftsteller Max Frisch die Zeitgenossen fasziniert und aufwühlt. Er rollt darin die verwickelte Geschichte vom Identitätsverlust und von den schmerzhaften Versuchen der Selbstfindung eines Menschen auf: Der Bildhauer Anatol Stiller ist in die USA geflohen, weil er sich selbst nicht mehr ertragen kann und weil die Verhältnisse daheim ihm widrig sind. Als er nach sieben Jahren zurückkehrt, nennt er sich Jim Larkin White und streitet beharrlich seine Identität ab. Im Gefängnis protokolliert er die strapaziöse Spurensuche zu seinem objektiven Ich, bei der ihm Freunde, Bekannte und die Polizei helfen. Als Erzähler gewinnt Stiller so Gestalt durch die Erzählung anderer über ihn.

Frisch verwendet zu der komplizierten Struktur des Geschehens raffinierte Erzähltechniken, die das

Dargestellte für den Leser allerdings immer verständlich bleiben lassen, ihn nicht im Stil der strapaziösen »Moderne« verunsichern. Den beiden Ichs, von denen Frisch berichtet, dem Schweizer Stiller und dem Amerikaner White, entsprechen die einander ständig überlagernden Zeitebenen der Vergangenheit und Gegenwart. Scheint die Umgebung, in die Stiller kommt, auf den ersten Blick höchst normal, so löst sich dieser Eindruck bei näherem Hinsehen schnell auf. Den Figuren wie dem Autor entgleitet der Boden langsam unter den Füßen, das Jonglieren mit scheinbar festen Normen ist nicht nur vordergründiger Trick. Die Restaurationsbürger der Bundesrepublik Deutschland, die Frischs Modernität, den Hauch von Welt und Exklusivität begeistert aufnehmen, finden mit viel Ironie und bitterer Zeitkritik auch etwas von ihrer eigenen Situation gespiegelt, von der Sehnsucht nach einem erfüllteren Leben, der Unbehaglichkeit in dieser gar nicht so heilen Welt.

Stiller und der 1957 erscheinende nächste Roman Frischs, *Homo faber* (über den modernen Ödipus, der alles für berechenbar hält und am Ende doch vom unberechenbaren Schicksal eingeholt wird), werden in der Schweiz und der Bundesrepublik Bestseller und auch vom Establishment der Literaturkritik mit großem Lob bedacht.

Die ersten literarischen Erfolge des 1911 geborenen Zürichers Frisch liegen schon in den dreißiger Jahren. Er hat zahlreiche lange Reisen unternommen, als Journalist und Architekt gearbeitet (seit 1941), als Dramatiker schon Erfolge verzeichnet und sich als Zeitkritiker einen Namen gemacht. Die Frage nach der Identität des Menschen zieht sich durch sein gesamtes Werk. Strahlende Helden gibt es bei ihm nie, sondern immer nur Opfer jeder Art, Gelangweilte, Sterbende, Verzweifelte, Gescheiterte, Dahinlebende.

Literatur

Neuerscheinungen

● Simone de Beauvoir: *Les mandarins* (*Die Mandarins von Paris*). Die Schilderung des Scheiterns ehemaliger (und im Roman leicht zu identifizierender) französischer Widerstandskämpfer nach der Befreiung gilt als Musterwerk existentialistischer Denkweise und Schlüsselroman der französischen Linksintellektuellen.

● Heinrich Böll: *Haus ohne Hüter.* Roman, der das Problem der vaterlosen Jugend thematisiert und die Erwachsenenwelt aus dem Blickwinkel des Kindes beschreibt.

● Caryl Chessman: *Cell 2455 Death Row* (*Todeszelle 2455*). Die Autobiographie des zum Tode Verurteilten, die zehn Tage vor dem ursprünglichen Hinrichtungstermin erscheint, wird Bestseller. Der 1948 inhaftierte Chessman wird 1960 hingerichtet.

● William Faulkner: *A Fable* (*Eine Legende*). Kriegsroman mit allegorischer Schilderung der Passion Christi. 1918 führen meuternde französische Unteroffizie-

re eine totale Waffenruhe im Schützengraben herbei, bis Generale eingreifen und der Anführer der Aktion erschossen wird.

● William Golding: *Lord of the Flies* (*Herr der Fliegen*, 1956). Roman über eine Gruppe 6- bis 12jähriger Jungen, die während eines Atomkrieges auf eine Pazifikinsel verschlagen werden und, sich selbst überlassen, ihr Überleben organisieren, das in Mord und Terror endet.

● Aldous Huxley: *The Doors of Perception* (*Die Pforten der Wahrnehmung*). Beschreibung des umstrittenen Versuches, durch Einnehmen von Mescalin (einer bei Indianern bekannten Droge) ins »Irrationale« vorzustoßen.

● Nikos Kazantzakis: *Die letzte Versuchung.* Der sofort auf den Index gesetzte Roman zeigt Christus in der Seelenangst eines gepeinigten Menschen der Gegenwart.

● Georg Lukács: *Die Zerstörung der Vernunft.* In der Geschichte des deutschen Irrationalismus weist der renommierte marxistische Theoretiker den Weg Deutschlands zu Hitler auf

dem Gebiet der Philosophie nach. Seine Grundthese: Es gibt keine unschuldige Weltanschauung.

● Thomas Mann: *Die Bekenntnisse des Hochstaplers Felix Krull. Der Memoiren erster Teil.* Fortsetzung eines Entwurfs von 1922, ein auf den Kopf gestellter Bildungsroman.

Ereignisse

● Berlin: Die Amerika-Gedenkbibliothek wird am 2. September eröffnet. Sie geht auf eine amerikanische Stiftung zurück und ist die modernste Bibliothek Europas mit 110 000 Bänden.

● Knokke: In der ersten Septemberwoche findet zum zweiten Mal eine »Biennale der Poesie« statt, an der sich Schriftsteller aus aller Welt beteiligen. Dabei erregt u. a. der schwarze Dichter Leopold Sédar Senghor aus Senegal Aufmerksamkeit.

● Im Februar erscheinen zum ersten Mal die »Akzente«. Die »Zeitschrift für Dichtung« ist herausgegeben von Hans Bender und Walter Höllerer und stellt poetische Texte und poetologische Standpunkte vor.

Tom Kelley
Marilyn Monroe
erstes
»Playmate of the Month«
des »Playboy«

**Dior-Modell im Stil
der H-Linie**
1954

Damenstrumpf-Werbung
1954

**Hochglanz-Erotik
und die Fortsetzung des
Mode-Alphabets**

Das im Vorjahr in Chicago gestartete,
von Hugh Hefner herausgegebene
Herrenmagazin »Playboy« macht für
ein breites Publikum – genauer: den
aufstrebenden weißen Mittelstand –
Erotik salonfähig. Es verzichtet auf pure Obszönitäten und bringt wohldosierte Erotik in sauberer Verpackung
(Mittelpunkt jedes Hefts die Aus-
klapptafeln mit dem »Playmate of the
Month«) mit einem Schuß Kulturbe-
flissenheit, Literatur, vorzüglichen
Cartoons, Lebensberatung und Kon-
sumanreiz unters Männervolk.
Ganz auf die Damenwelt eingestellt ist
der unumstrittene Pariser Modezar
Christian Dior. Er macht die Traum-
frau des Jahres 1954 zu einem schmalen, busen- und überhaupt kurvenlo-
sen Geschöpf. Mit dieser H-Linie
schreibt Dior das Mode-Alphabet fort,
an dessen Anfang 1950 die X-Linie mit
weit schwingendem Rock und Wes-
pentaille stand, gefolgt von O- und Tul-
penlinie. Die zweite Hälfte der fünfziger Jahre bringt Trompetenlinie, V-
Linie mit engem Rock und deren Umkehrung zur A-Linie, schließlich die
Sack-Linie.
In Berlin ist es Heinz Oestergaard, der
die Konzeption seiner französischen
Kollegen Dior, Jacques Fath oder Hubert de Givenchy vom zwar ständig
umzukostümierenden, jedoch zeitlos
kostbaren Renommierstück Frau auf
deutsche Verhältnisse überträgt.
Ein Pariser Modeereignis des Jahres
1954 ist die Rückkehr Coco Chanels,
die am 5. Februar ihren Modesalon
wiedereröffnet. Sie hat einst das kurze
»kleine Schwarze« kreiert, das Jersey-
kleid und das Schlagwort: »Eine Frau
sollte wichtiger sein als ihr Kleid.« Sie
bietet der modernen Frau die Alternative zu den Kapriolen der Linien-Schöp-
fer. Ihr »Cardigan Suite« mit der salop-
pen Jacke, die auch Taschen für Zigaretten und Schlüssel hat, wird zu einem Erkennungszeichen internationalen
Chics.
Was die Damenmode in erotischer
Hinsicht übergeht, macht das von der
Werbung propagierte Interesse am ny-
lonbestrumpften Damenbein wett.

Film

Premieren

● Edward Dmytryk: *The Caine Mutiny (Die Caine war ihr Schicksal)*. Verkürzte Verfilmung des Romans von Herman Wouk. Geschichte zweier Offiziere, die auf fernöstlichem Kriegsschauplatz den Kapitän eines Minenräumbootes des Kommandos entheben. Mit Humphrey Bogart, José Ferrer, Van Johnson.

● Federico Fellini: *La Strada (La Strada – Das Lied der Straße*, 1956). Fellinis symbolträchtiges Meisterwerk erzählt mit dem Drama eines naiven Mädchens, das einem gewalttätigen Jahrmarktartisten demütige Dienste leistet, das Problem der Ausbeutung der Frau durch den Mann. Neben dem sozialkritischen Aspekt vermittelt der Film auch die Botschaft von der Macht der Liebe. Es spielen Anthony Quinn und Giulietta Masina.

● Alfred Hitchcock: *Rear Window (Das Fenster zum Hof*, 1955). Hitchcock entwickelt den Mordfall aus der Sicht eines Zeitungsreporters (James Stewart), der wegen eines gebrochenen Beines zu Hause am Fenster seines Zimmers sitzt und Nachbarn beobachtet.

● Helmut Käutner: *Sauerbruch – Das war mein Leben*. Publikumswirksam zusammengestellte Episoden aus dem Leben des Chirurgen mit Ewald Balser in der Hauptrolle.

● Elia Kazan: *On the Waterfront (Die Faust im Nacken)*. Der Regisseur liefert mit dieser Geschichte über das Terrorregime einer Gangstergewerkschaft in einem amerikanischen Hafenviertel ein für Hollywood äußerstes Maß an Realität.

● Otto Preminger: *Carmen Jones (Carmen Jones)*. Georges Bizets Opernsujet wird in das schwarze Arbeitermilieu der USA verlegt.

Helmut Käutner dreht einen Versöhnungsfilm

Mit dem Film *Die letzte Brücke* gelingt dem 46jährigen Regisseur Helmut Käutner ein glänzendes Comeback. Er dreht nach einer Reihe von Mißerfolgen die dramatische Geschichte einer deutschen Ärztin, die im Zweiten Weltkrieg als Lazarettschwester arbeitet, von jugoslawischen Partisanen entführt wird, ihnen die dringend benötigte medizinische Hilfe gewährt und bei ihnen bleibt, obwohl sie einen deutschen Feldwebel liebt. Bei dem Versuch, für die Partisanen Medikamente zu beschaffen, wird sie entdeckt und zwischen den Fronten von einer Kugel tödlich getroffen.

Der Film wird bei der Uraufführung am 11. Februar vom Publikum und der Kritik als Beitrag zur politischen Versöhnung begeistert aufgenommen und mit Preisen geehrt. Die meisterhafte formale Gestaltung sowie die schauspielerischen Leistungen von Maria Schell und Bernhard Wicki in den Hauptrollen sind unumstritten.

Bemängelt wird später allerdings die Art und Weise, wie Käutner den hochbrisanten politischen Stoff gleichsam entschärft, indem er ihn auf einen privaten Konflikt reduziert. Die äußerst heikle Frage der Kollaboration wird zu einem eher privaten Drama mit der Frau und Ärztin im Mittelpunkt umgemünzt.

Protest gegen politischen Teufelskult

Als »McCarthy-Drama« feiert die *Hexenjagd (The Crucible)* von Arthur Miller in Deutschland große Erfolge. Am 10. Februar hat das antitotalitäre Drama (das am 22. Januar 1953 in New York uraufgeführt worden ist) im Berliner Schillertheater unter der Regie von Karlheinz Stroux deutsche Premiere. Der amerikanische Erfolgsautor *(Tod eines Handlungsreisenden)* stellt darin die Hexenverfolgungen in Salem im Staat Massachusetts im Jahr 1692 dar, wo religiös eiferndes Puritanertum der amerikanischen Kolonialzeit Massenhysterie und Verfolgungen hervorgerufen hat.

Schon in New York und nun überdeutlich auch in Deutschland werden Parallelen des historischen Stoffes zu den Kommunistenjagden des amerikanischen Senators McCarthy gezogen, entspinnen sich politische Debatten an dem Drama. Miller, der selbst unter den Auswirkungen der Aktivitäten McCarthys zu leiden hatte, weist auch auf die Prozesse in der Sowjetunion hin und sagt allgemein: »Überall dort, wo die Ablehnung des politischen Gegners grausame Formen annimmt…überall dort wirkt auch in unserem Jahrhundert der alte Hexenwahn.« Wenige Tage nach der Berliner Premiere wird eine Aufführung des Stückes unter Hans Schweikart in München zur Sensation und bekommt 32 Vorhänge.

Theater

Premieren

● Bertolt Brecht: *Der kaukasische Kreidekreis*. Die deutsche Erstaufführung am 7. Oktober im Theater am Schiffbauerdamm unter Regie des Autors (Uraufführung 1948 in England) wird zum Theaterereignis der DDR und gilt vielen Kritikern als Vermächtnis und als das Beste, was Brecht jemals auf der Bühne geglückt ist. Es spielen Helene Weigel, Barbara Berg, Angelika Hurwicz, Ernst Busch.

● Henry de Montherlant: *Port Royal (Port Royal*, 1962) wird am 8. Dezember an der Comédie Française Paris uraufgeführt. Das Glaubensdrama um den Konflikt zwischen Gewissen und Gehorsam gehört zu den bedeutendsten Werken des gegenwärtigen französischen Theaters.

● Tennessee Williams: *Camino Real (Camino Real*, 1953) erlebt durch Gustav R. Sellner in Darmstadt am 6. November die deutsche Erstaufführung und wird zur »stärksten Theaterprovokation nach dem Krieg« (»Welt«). Das schwer verständliche Bekenntnisstück des Autors beschreibt den Weg aus der Welt des Leidens, den nur ein poetisches oder ein tapferes Herz gehen kann. Das Stück hat, wie schon in den USA, starken Publikumszuspruch.

Ereignisse

● Berlin: Das Berliner Ensemble von Bert Brecht bezieht am 25. März das Theater am Schiffbauerdamm als eigenes Haus.

● Die Deutsche Grammophon GmbH nimmt in Düsseldorf Goethes *Faust* mit Gustaf Gründgens, Paul Hartmann, Käthe Gold und Elisabeth Flickenschildt auf. Damit wird zum ersten Mal ein deutsches Drama in dieser Form öffentlich zugänglich gemacht.

1954

Musik

Premieren

● Benjamin Britten: *The Turn of the Screw (Die sündigen Engel)*. Das Libretto der Oper schrieb Myfawy Piper nach einer Novelle von Henry James. Es geht um eine mysteriöse Mordserie in einem englischen Schloß und um den schlechten Einfluß, den die Geister der Toten ausüben. Anklänge an die Freudsche Psychoanalyse.

● John Cage/David Tudor: *Musik für zwei präparierte Klaviere*. Europäische Erstaufführung am 16./17. Oktober anläßlich der Do-naueschinger Musiktage. Cage verändert den Klangcharakter durch Löffel, Radiergummi, Metallschrauben und sonstige Gegenstände. Als »Anknüpfung an Dada-Experimente« wird die Aufführung von Musikkritikern und vom Publikum einhellig abgelehnt und als »schlechte Kabarettnummer« eingeordnet.

● Rolf Liebermann: *Penelope*. In Salzburg wird die Uraufführung der Oper am 17. August im Rahmen der Festspiele als Sensation gefeiert. Sie spielt auf zwei Ebenen: Die antike Penelope sieht als Zukunftsvision ihre Schicksalsgefährtin im 20. Jahrhundert, die sich wiedervermählt und durch diesen Schritt den ersten und zweiten Mann (durch Selbstmord) verliert.

● Luigi Nono: *La victoire de Guernica*. Die Kantate für gemischten Chor und Orchester wird bei den Internationalen Ferienkursen für Musik in Darmstadt vom 12. bis 30. August uraufgeführt. Spätestens bei diesem Werk ist das starke politische Engagement des jungen italienischen Komponisten, der überzeugter Kommunist ist, unübersehbar. Nono wird zu einem der entschiedensten Vertreter der politischen Musik.

Das Ende einer Epoche

Am 30. November stirbt 68jährig in der Nähe von Baden-Baden der Dirigent und Komponist Wilhelm Furtwängler. Sein unerwarteter Tod löst weltweit große Erschütterung aus und wird als Abschluß einer Epoche der Musikkultur empfunden. Furtwängler, Archäologensohn aus Berlin, begann seine Dirigentenkarriere als 20jähriger, als er in München seine erste Sinfonie herausbringen wollte und zur Ergänzung des Programms Bruckners Neunte dirigierte.

1922 wurde er Chef der Berliner Philharmoniker (1953 zum zweiten Mal) und hat damit die glanzvollste Zeit des Musiklebens in Berlin mitgestaltet. 1933 blieb er als einziger der berühmten Dirigenten in Deutschland und wurde so für viele zum einsamen Symbol deutscher Kultur während der Herrschaft der Nationalsozialisten. Sein politisch naiv begründetes Anliegen, die deutsche Musik im Dritten Reich zu bewahren und zu erhalten, führte nach 1945 zum Vorwurf der Mitläuferschaft und zu Entnazifizierungsaktionen. Schon zu Lebzeiten genoß Furtwängler als einer der bedeutendsten Dirigenten des Jahrhunderts fast bedingungslose Verehrung. Seine Konzerte, schreibt später der New Yorker Kritiker Harold Schonberg (Die großen Dirigenten), sind »intensive emotionale Erlebnisse für ihn selbst und für seine Zuhörer« gewesen. Der Musikkritiker Heinz Joachim umschreibt das Charisma des Interpreten in seinem Nachruf: »Furtwängler – das ist für zahllose Menschen die Erinnerung an unvergeßliche Feierstunden der Musik...in denen für sie zum denkbar vollkommenen Erlebnis wurde, was die Sprache der Töne an Geheimnis und Offenbarung, an freudigem Entzücken und tiefer Leiderfahrung auszusagen hat.« Furtwängler vertrat eine Art Prophetentum, das der Musik religiöse Funktion zuschreibt. Nach seinem Tod wird er Objekt und Zentralfigur eines unkritischen Heldenmythos. Furtwänglers Nachfolger als Leiter der Berliner Philharmoniker wird 1955 Herbert von Karajan.

Wilhelm Furtwängler

Schönbergs Vermächtnis: Die Oper »Moses und Aron«

In Hamburg dirigiert Hans Rosbaud die konzertante Uraufführung der nachgelassenen Oper *Moses und Aron* von Arnold Schönberg. Die Oper handelt von der Auseinandersetzung zwischen Moses und seinem Bruder, die konträre philosophische Grundhaltungen verkörpern: den Gegensatz von Geistigkeit und Erdverbundenheit.

Hermann Scherchen, unter dessen Leitung 1951, kurz vor dem Tod des Komponisten, schon ein Teil der Oper aufgeführt worden ist, hat aus der schwer zu entziffernden Handschrift der Komposition in mühevoller »Übersetzungsarbeit« eine Dirigierpartitur hergestellt.

Musikalisch ist die Oper aus einer einzigen Zwölftonreihe aufgebaut, auf die sich die mehr als 2000 Takte beziehen. Die Musik stellt jenseits von Tonalität und traditioneller Melodik eine ganze Spannbreite dramatischer Möglichkeiten unter Beweis.

Rundfunk nach Parteiproporz

Die Funklandschaft der Bundesrepublik erlebt eine Art Erdrutsch. Am 1. Juni nimmt der Sender Freies Berlin (SFB), der am 12. November 1953 gegründet worden ist, mit einem eigenen Programm seinen Betrieb auf. Der Sender sieht sich ausdrücklich in der Pflicht, den Deutschen jenseits des »Eisernen Vorhangs« die Stimme des »freien Berlin« vernehmlich zu machen. Der NWDR hat die bisherigen Sendefrequenzen, Einrichtungen und Mitarbeiter in Berlin an den SFB abgetreten.

Eine weitere Amputation des Supersenders NWDR wird in diesem Jahr vorbereitet. Am 11. Mai wird das Gesetz über die Teilung des NWDR verabschiedet. Damit erhält Nordrhein-Westfalen den WDR als eigenen Landesrundfunk mit dem neu erbauten hochmodernen Funkhaus in Köln. Am 1. Februar 1955 tritt das WDR-Gesetz in Kraft, das die unverhüllte Parteienherrschaft über den Funk festschreibt und als »Düsseldorfer Modell« in die Rundfunkgeschichte eingeht: Die 21 Mitglieder des Rundfunkrates werden vom Landtag entsprechend den dortigen Sitzverhältnissen gewählt. Die Besetzung der ersten Posten beim WDR spiegelt diese Parlamentarisierung der Anstalt: Die SPD erhält den Vorsitz im Rundfunkrat, die CDU den im Verwaltungsrat, die CDU schlägt den Intendanten vor. Der zerschlagene Rest-NDR gibt sich 1955 eine neue Rechtsgrundlage in Anlehnung an das »Düsseldorfer Modell«.

In das Jahr 1954 fallen auch zwei wichtige Fernsehereignisse. Am 1. November beginnt das Gemeinschaftsprogramm der ARD, der 1950 gegründeten »Arbeitsgemeinschaft der Rundfunkanstalten Deutschlands«.

Naturwissenschaft, Technik, Medizin

● Adolf Butenandt und Peter Karlson stellen das Verpuppungshormon »Ecdyson« der Insekten kristallisiert dar.

● In den Opel-Werken in Rüsselsheim arbeitet eine vollautomatische Maschinenstraße für Zylinderblöcke. Sie versieht täglich 680 Blöcke mit über 100 000 Bohrungen.

● E. C. Hammond und D. Horn ermitteln bei Zigarettenrauchern statistisch eine erhöhte Sterblichkeit.

● Georges Houot und P. Willm erreichen mit einem Tauchboot im Atlantik 4050 m Tiefe.

● In Hiroshima ist seit der ersten Atombombenexplosion von 1945 die Zahl der Mißbildungen an Neugeborenen von ein auf zwölf Prozent gestiegen.

● Die US-Marine stellt das erste mit Kernenergie angetriebene U-Boot in Dienst. Der Bau der »Nautilus« hat etwa 40 Millionen Dollar gekostet.

Messerschmitt-Kabinenroller

Musicbox

Mobilität und Kommerz

Als »Mann in Aspik« erscheint in umgangssprachlicher Sicht der Besitzer des Messerschmitt-Kabinenrollers, nachdem er sich in sein Fahrzeug geklemmt und – lediglich hierin dem Düsenjäger-Piloten vergleichbar – die Plexiglashaube über sich geschlossen hat. Das Mittelding zwischen Auto und Motorroller, mit 175 Kubikzentimetern, 75 Stundenkilometern Spitzengeschwindigkeit, Platz für zwei Personen und einem Anschaffungspreis von reichlich 2000 DM, wurde im Frühjahr 1953 auf der Internationalen Automobil-Ausstellung in Frankfurt/Main als sensationelle Neuheit vorgestellt und gehört bald ebenso zum Straßenbild wie die vielen anderen Klein- und Kleinstwagen. Allein in der Bundesrepublik sind es in den fünfziger Jahren rund 40 Hersteller, die ein kunterbuntes Angebot auf den Markt bringen, zumeist »Straßenwanzen«, auch wenn sie etwa als »Leukoplastbomber« einen geradezu martialischen Ehrennamen erhalten.

Der technischen Mobilität entspricht die Reiselust, der immer mehr Bundesbürger frönen – auch über die Grenzen hinweg. 1954 gibt das Kabinett jedem Einwohner 1500,– DM zum Umtausch in eine beliebige konvertierbare Währung frei.

Die steigenden Einkommen lassen auch das Taschengeld der Jugendlichen anwachsen und machen sie als Kunden interessant, wobei gilt: früh hat sich zu üben, wer ein rechter Konsumbürger werden soll. Hierbei läßt sich trefflich der Schein eines jugendspezifischen Angebots wahren: die Milchbar mit der glitzernden Musicbox wirkt ja so erfrischend. So erfrischend wie Wrigley's Kaugummi und Coca-Cola. Doch kaum hat sich die kommerzielle Jugend-Szene etabliert, da entsteht in den tonangebenden Vereinigten Staaten etwas Neues, in dem sich Kommerz und Rebellion verbinden: Die Rock'n Roll-Ära beginnt, wobei unbeachtet bleibt, daß die Parole (in der Bedeutung »Schaukeln und Wälzen«) ein Slangausdruck für Beischlaf ist und wenig mit der zur gleichen Zeit gepflegten Petticoat-Erotik gemeinsam hat.

534

Fotografen leuchten in das Alltagsleben

Am 24. Januar wird im New Yorker Museum of Modern Art die Fotoausstellung *The Family of Man (Die Menschenfamilie)* eröffnet, die einen Markstein in der Geschichte der Fotografie darstellt und alle bis jetzt erzielten Besucherrekorde im Museum bricht. Sie wird – nach einer Wanderung durch weitere 44 Großstädte der USA – von insgesamt neun Millionen Menschen gesehen.

Initiator der Schau mit 500 Bildern aus 68 Ländern ist Edward J. Steichen, Direktor der fotografischen Sammlung des Museums, der ein Resümee der zehn Nachkriegsjahre auf dem Gebiet der Fotografie ziehen will. In diesem Zeitraum hat sich ein neuer Typ von Fotografie herausgebildet; parallel zum Lebensgefühl der Erleichterung und ungezwungeneren Hinwendung zum Nächsten ist das Interesse auch an Kultur und Lebensart anderer Völker gewachsen. Diese Einstellung spiegelt sich in der Fotografie, die im übrigen durch die Ausweitung des Zeitschriftenmarktes und seines Hungers nach Bildern einen ungeheuren Aufschwung erlebt. Bildjournalisten interessieren sich für Alltag und Alltagsleben. »Human interest« ist ein immer breiter werdendes Betätigungsfeld für sie.

Die durch diese Entwicklung ins Uferlose angewachsene Sammlung von Live-Bildern wird von Steichen in der Ausstellung zum ersten Mal nach ungewohnten Kriterien und Motivreihen geordnet. Er stellt nicht die einzelnen Fotografen oder Länder vor, sondern zeigt Themenkreise wie Geburt, Liebe, Jugend, Alter, Ehe.

Damit wird *Family of Man* auch unter dem Aspekt der Völkerverständigung eine bemerkenswerte Veranstaltung, denn sie zeigt, daß Menschen durchaus ähnliche Verhaltensweisen haben, daß es mehr Verbindendes als Trennendes unter den Völkern gibt. 1956 kommt die Ausstellung nach Deutschland.

Aufholjagd in die Moderne

Am 15. Juli wird in Kassel die Ausstellung »documenta – die Kunst des zwanzigsten Jahrhunderts« eröffnet. Sie ist das erste internationale Kunstereignis in Deutschland seit 1927, ein Kraftakt, mit dem die junge Bundesrepublik den Anschluß an das internationale Kunstgeschehen gewinnen will. Zunächst nur als kulturelles Beiprogramm der Bundesgartenschau gedacht, wird die documenta durch die Initiative des Kasseler Akademieprofessors Arnold Bode und des Kunsthistorikers Werner Haftmann zu einem weithin ausstrahlenden Ereignis. Statt der erhofften 50 000 besuchen 130 000 Menschen die Ausstellung – ein Symptom des ungeheuren Nachholbedarfs an moderner Kunstentwicklung, die 12 Jahre lang unterdrückt worden war. Auf dieses Bedürfnis eingehend, zeigen die Veranstalter gemeinsam mit Werken neuester Kunst eine Retrospektive der »klassischen« Moderne. Betont wird die Kontinuität der Avantgardekunst des 20. Jahrhunderts, ihre innere Verflechtung. Mit 570 Werken von 148 Künstlern (davon 49 aus Deutschland, nur drei aus Amerika) bietet die Ausstellung eine Bildungsreise durch die Kunstgeschichte der ersten Jahrhunderthälfte.

Willi Baumeister, der als ein wesentlicher Repräsentant der gegenstandslosen Malerei auf der documenta vertreten ist, stirbt in Stuttgart im Alter von 66 Jahren. 1933 als »entartet« aus seinem Frankfurter Lehramt entlassen, erhielt er 1946 in Stuttgart eine Akademieprofessur. Sein Spätwerk verbindet in einzigartiger Weise die Ausdruckskraft von Form und Farbe mit mythischem Gehalt durch die »Hingabe an die in den Zeiten ruhenden und im Kosmos enthaltenen Symbole« (Oto Bihalij-Merin). 1947 ist Baumeisters Schrift Das Unbekannte in der Kunst (1943) erschienen.

Museum Fridericianum in Kassel, 1769 bis 1779 als erster Museumsbau in Deutschland errichtet, Schauplatz der documenta 1955.

Gegenüberliegende Seite:
Willi Baumeister, Bluxao 5; 1955.

Bildende Kunst

Werke
- Willi Baumeister: *Zwei Laternen.*
- Max Bill: *Transmutation.*
- Bernard Buffet: *Zirkus, Der Rochen.*
- Salvador Dalí: *Das Abendmahl.*
- Jean Dubuffet: *Der Alte in der Wüste.*
- Renato Guttuso: *La spaggia* (Galeria Nazionale, Parma).
- Hans Hartung: *Komposition T 55-18* (Museum Folkwang, Essen).
- Friedensreich Hundertwasser: *Die Insel, Der große Weg.*
- Franz Kline: *Komposition in Schwarzweiß.*
- Oskar Kokoschka: *Thermopylae.*
- René Magritte: *Reiseandenken.*
- Pablo Picasso: *Frauen in Algier.*
- Jackson Pollock: *Duftwellen.*
- Robert Rauschenberg: *Odaliske.*

- Antoni Tapies: *Painting.*
- Fritz Winter: *Wandlung.*

Ausstellungen
- Amsterdam: *Der Triumph des Manierismus* im Rijksmuseum mit über 500 Kunstwerken aus der Zeit von Michelangelo bis El Greco wird ein großer Erfolg (Juli–Oktober).
- Bern: *Tendences actuelles* präsentiert zum ersten Mal amerikanische und europäische Maler gemeinsam.
- Lausanne: *Vom Futurismus zur abstrakten Kunst. Die Bewegung in der zeitgenössischen Kunst* (Juni–September) mit 140 Werken von 50 Künstlern.
- München: Pablo Picasso wird von Oktober bis Dezember in einer der größten Kollektivschauen vorgestellt, die es bisher gab (und die das Haus der Kunst aus Paris übernimmt).
- Paris: *Le mouvement* in der Galerie Denise René. Bisher größte umfassende Kinetikausstellung.

- Zürich: *Kunst und Kultur der Etrusker* verzeichnet außerordentlich hohe Besucherzahlen und geht anschließend nach Mailand und Den Haag. Im Frühjahr findet in Zürich außerdem eine bedeutsame Jugendstil-Ausstellung statt.

Ereignisse
- Nürnberg: Das Germanische Nationalmuseum erwirbt eine der kostbarsten mittelalterlichen Handschriften, den Echternacher *Codex aureus,* vom Herzoghaus Sachsen-Coburg-Gotha für 1,1 Millionen DM.
- Mit seiner Collage *Bett* (Sammlung Castelli, New York) stellt sich der New Yorker Maler Robert Rauschenberg als »New Realist« und als Wegbereiter der amerikanischen Popart vor. Er verwendet die Technik des Combine painting mit Einfügen von Alltagsgegenständen in abstrakt gemalte Tafelbilder.

1955

Theater

Premieren

● Peter Hacks: *Eröffnung des indischen Zeitalters*, in den Münchener Kammerspielen am 17. März uraufgeführt. Lehrstück von Kolumbus als positivem Helden, der das neue Zeitalter der Vernunft eröffnet.

● Jean-Paul Sartre: *Nekrassow* (*Nekrassow*, 1956 in Ost-Berlin) wird in Paris uraufgeführt. Sartre greift mit der Farce vom Hochstapler, der Schauermärchen über russische Aggression verbreitet, auf kommunistischer Seite in den Kalten Krieg ein.

● Leo Tolstoi: *Krieg und Frieden*, für die Bühne nacherzählt von Alfred Neumann, Erwin Piscator und Guntram Prüfer (Musik Boris Blacher), am 20. März im Schillertheater uraufgeführt. Piscators pazifistische Inszenierung erntet heftige Kritik.

● Thornton Wilder: *A Life in the Sun*. Das Drama wird im Rahmen der Edinburgher Festspiele am 24. August uraufgeführt (*Die Alkestiade*, im Juni 1957 in Zürich). Neue Deutung der alten Euripides-Fabel vom freiwilligen Opfertod aus Gattenliebe.

● Tennessee Williams: *Cat on a Hot Tin Roof* am 24. März im Morosco Theatre in New York durch Elia Kazan uraufgeführt (*Die Katze auf dem heißen Blechdach*, 26. November 1955 in Düsseldorf). Am Kampf der vitalen jungen Frau um ihren Mann, der neurotischer Alkoholiker ist, werden die Lebenslügen, Haß- und Qualverzerrungen und der Verfall einer reichen Pflanzerfamilie geschildert. Auszeichnung mit dem Pulitzer-Preis.

● Carl Zuckmayer: *Das kalte Licht*. Uraufführung am 3. September in Hamburg, inszeniert von Gründgens. Zeitchronik, die Motive aus dem Leben des Atomspions Klaus Fuchs verarbeitet.

Thomas Manns Vermächtnis

Am 12. August stirbt Thomas Mann im Alter von 80 Jahren in seiner Wahlheimat Zürich. Drei Jahre zuvor ist er aus dem Exil zurückgekehrt. Thomas Mann sieht sich den USA zu Dank verpflichtet; dennoch stellt er fest: »Es ist eine seelische Tatsache, daß ich mir, je länger ich dort lebte, desto mehr meines Europäertums bewußt wurde; und trotz bequemster Lebensbedingungen ließ mir mein schon vorgeschrittenes Lebensalter den fast ängstlichen Wunsch nach Heimkehr zur alten Erde, in der ich einmal ruhen möchte, immer dringlicher werden.« Nach Deutschland kehrt er allerdings nicht zurück, wenn er auch mehrere Besuchsreisen unternimmt.

Wie im Goethe-Jahr 1949, so ist Thomas Mann auch im Schiller-Jahr der Repräsentant eines (in der kulturpolitischen Realität zerbrochenen) gesamtdeutschen Klassikererbes. In seinen Festreden in Stuttgart, Weimar und Amsterdam anläßlich Schillers 150. Todestag am 9. Mai 1955 appelliert er: »Entgegen politischer Unnatur fühle das zweigeteilte Deutschland sich eins in seinem Namen«, mehr noch: in seinem »Willen zum Schönen, Wahren und Guten, zur Gesittung, zur inneren Freiheit, zur Kunst, zur Liebe, zum Frieden ...« Ein Vermächtnis Thomas Manns ist sein Essay Versuch über Schiller, *der 1955 erscheint.*

Bildnisfoto Thomas Mann, 1955.

Pessimisten sind nicht gefragt

Die Probleme des Gegenwartstheaters stehen im Mittelpunkt des fünften Darmstädter Gesprächs, das vom 23.–25. April unter Leitung des Regisseurs Gustav Rudolf Sellner stattfindet. Der Soziologe Theodor W. Adorno frappiert die Theaterpraktiker durch fundamentale Zweifel an Sinn und Funktion des gängigen Theater- und Opernbetriebs. Die verletzten Theaterleute wehren sich gegen Adornos Vorwurf der perfekten Unproduktivität und reagieren mit Durchhalteparolen und Appellen zur Gesinnungstreue. Friedrich Sieburg resümiert die Situation in einem Nachwort zu der Debatte am 21. Mai in »Die Gegenwart«: »Alles in Deutschland ist Kultur, und wenn man es wagt, ein Haar in dem zu finden, was die Leutchen heute so auf dem kulturellen Sektor treiben, so ist man ein Kulturpessimist «, der mit einer Abneigung behandelt wird, »die man aufdringlichen Gespenstern entgegenbringt«.

Neues aus der Welt der Hobbits

John Ronald Reuel Tolkien, Professor für altgermanische und altnordische Kulturen an der Universität Oxford, veröffentlicht 1954/55 die Trilogie *The Lord of the Rings* (*Der Herr der Ringe*), in der er die Leser in die mythologische Vorzeit entführt, in denen die kleinen Bewohner eines Phantasiereichs, die Hobbits aus Middle Earth, gegen ihre Feinde in Mordor, dem Land der Orcs, bestehen müssen. Ein historischer Bericht sei das, sagt der Professor, der schon seit 1936 die sagenhafte Geschichte der Hobbits erkundet und erfindet. Tolkien bedient die Leser mit ausfernden wissenschaftlichen Details seiner skurrilen Privatmythologie. Die Fachkollegen sind verdutzt angesichts der gigantischen Utopie; die Leser dagegen sind hingerissen von dieser Philologenakrobatik. Der *Herr der Ringe* wird ein großer populärer Erfolg. In Deutschland beleben die Hobbits erst fünfzehn Jahre später den Büchermarkt.

Literatur

Neuerscheinungen

● Heinrich Böll: *Das Brot der frühen Jahre*. Liebesgeschichte zweier junger Menschen der Nachkriegszeit, ein Erlebnis, das dem jungen, auf materielles Vorwärtskommen bedachten Ich-Erzähler eine andere Wirklichkeit eröffnet.

● Karl Dietrich Bracher: *Die Auflösung der Weimarer Republik. Eine Studie zum Problem des Machtverfalls in der Demokratie*. Weist nach, daß das parlamentarische System in Deutschland bereits vor 1933 gescheitert ist.

● Theodor Eschenburg: *Staat und Gesellschaft in Deutschland*; wird zum staatswissenschaftlichen Standardwerk.

● Wolfgang Leonhard: *Die Revolution entläßt ihre Kinder*. Autobiographischer Bericht eines außergewöhnlichen politischen Werdegangs; der Autor versucht, westlichen Lesern das Denken und Fühlen geschulter Funktionäre des Ostblocks klarzumachen.

● Henry Miller: *Plexus* (*Plexus*, 1952). Zweiter Teil der autobiographischen Romantrilogie *The Rosy Crucifixion* (*Die fruchtbare Kreuzigung*). Hiermit erscheint erstmals ein Werk des als obszön verschrienen Autors öffentlich in Deutschland. (Bisherige Ausgaben im Rowohlt-Verlag nur in numerierter Subskriptionsauflage.) Es ist eine faszinierende Zeitbiographie von hoher literarischer Beschwörungskraft.

● Vladimir Nabokov: *Lolita. The Confessions of a White Widowed Male* (*Lolita*, 1959). Der Roman des russisch-amerikanischen Schriftstellers über die Leidenschaft des Hauslehrers Humbert für halbwüchsige Mädchen erscheint in Paris, weil er von amerikanischen Verlegern abgelehnt wird.

● Hans Werner Richter: *Du sollst nicht töten*. Versuch, am Beispiel der Schicksale in einer Kleinbürgerfamilie die wichtigsten Verhaltensweisen im Krieg darzustellen und damit eine Synthese zu schaffen, die über die eigene Kriegserfahrung hinausgeht.

Ereignisse

● Leipzig: Am 30. September wird das »Literaturinstitut« zur Ausbildung von Nachwuchsschriftstellern eröffnet. Unterricht in Ästhetik, Philosophie, politischer Ökonomie.

● Der 150. Todestag Friedrich Schillers am 9. Mai wird in beiden deutschen Staaten mit zahlreichen großen Feiern begangen. Thomas Mann hält in Stuttgart und Tage darauf in Weimar den Vortrag »Versuch über Schiller«.

● Im Januar erscheint, herausgegeben von Alfred Andersch, die erste Ausgabe der literarischen Zeitschrift »Texte und Zeichen«. Sie besteht nur bis 1957, repräsentiert aber hervorragend die geistige Substanz dieser Jahre.

Dornröschenschloß in Disneyland
eröffnet 1955

Ersatzwelt aus Märchen und Abenteuer

Das Schiller-Gedenkjahr gibt Anlaß zu kritischen Gegenwartsbetrachtungen. So spricht Thomas Mann als Festredner davon, es taumle »eine von Verdummung trunkene, verwahrloste Menschheit unterm Ausschreien technischer und sportlicher Sensationsrekorde ihrem schon gar nicht mehr ungewollten Untergange entgegen«. Friedrich Dürrenmatt begründet (in Theaterprobleme) die Verneinung seiner Frage, ob sich »die heutige Welt mit der Dramatik Schillers gestalten« lasse: »Die Kunst dringt nur noch bis zu den Opfern vor, dringt sie überhaupt zu Menschen, die Mächtigen erreicht sie nicht mehr. Kreons Sekretäre erledigen den Fall Antigone. Der Staat hat seine Gestalt verloren, und wie die Physik die Welt nur noch in mathematischen Formeln wiederzugeben vermag, so ist er nur noch statistisch darzustellen.«

Einsichten dieser Art erklären zugleich die Entstehung einer neuen Strömung innerhalb der Literatur, die mit dem Erscheinen des dritten Bandes von John Ronald Reuel Tolkiens Trilogie The Lord of the Rings 1955 zu einem ersten Höhepunkt gelangt, nämlich der phantastischen Literatur, gewoben aus Mythen und Alltagserfahrung. Wird hier die Vorstellungskraft angesprochen, so gibt Walt Disney dem Märchenhaften und Abenteuerlichen greifbare Gestalt.

1951 hat er in seiner erfolgreichen Verfilmung von Lewis Carrolls Kindergeschichte Alice's Adventures in Wonderland das Phantastische noch in bloße Bilder gefaßt. Nun eröffnet er Disneyland, einen Vergnügungspark in Gestalt eines Traumlandes für Kinder und Erwachsene. Für 100 Millionen Dollar ist in Anaheim südöstlich von Los Angeles eine phantastische Welt aus Märchenburgen, Hexengrotten, geheimnisvollen befahrbaren Höhlen und einem Mississippi-Raddampfer entstanden. Eine Mondrakete spannt den Bogen zu den Märchen der Zukunft. Nach Disneys Worten soll Disneyland »das glücklichste Land der Erde sein«, in dem es keine Konflikte gibt.

Elia Kazan
East of Eden, 1955
Szenenfotos

Cal(eb) Trask (James Dean) und sein Vater Adam (Raymond Massey).

Cal(eb) zeigt seinem Zwillingsbruder Aron (Richard Davalos) die zur Bordellbesitzerin herabgesunkene Mutter Cathy Ames (Jo van Fleet).

Ein Idol rast in den Tod

Am 30. September rast ein Porsche Spyder auf der Straße von Los Angeles nach Salina auf einer Kreuzung in eine schwere Plymouth-Limousine. Der junge Fahrer ist auf der Stelle tot. Es ist James Dean. Er hat erst seit sechzehn Monaten vor den Filmkameras Hollywoods gestanden. Sein erster Film, East of Eden (Jenseits von Eden, 1955), ist bisher als einziger in den Kinos zu sehen. »Aber«, so der James-Dean-Biograph John Howlett, »dieser eine Film hatte ihn schon als Kultfigur seiner Generation etabliert, und sein Tod löste eine Hysterie aus, wie es sie seit der Zeit von Rudolph Valentino nicht mehr gegeben hatte.«
East of Eden (Regie: Elia Kazan) liegt der gleichnamige, 1952 erschienene Roman von John Steinbeck zugrunde (Jenseits von Eden, 1953). James Dean verkörpert den vom angeblich verwitweten Vater gegenüber seinem Zwillingsbruder Aron zurückgesetzten, als Nichtsnutz verurteilten Caleb Trask. Was immer er auch versucht, die Achtung und Liebe des Vaters zu gewinnen, mißlingt. Zugleich ahnt er, daß sich dessen wohlanständige Existenz auf eine Lebenslüge gründet. Tatsächlich entdeckt er die vom Vater als verstorben ausgegebene Mutter als Bordellbesitzerin. Calebs Rache an Aron besteht darin, ihn mit dieser Tatsache zu konfrontieren. Zugleich trifft er damit den Vater, indem dieser seinen verzweifelnden Lieblingssohn verliert. Eingeflochten ist die Liebesgeschichte zwischen Caleb und Arons Braut Abra (Julie Harris).
Auch in Rebel Without a Cause von Nicholas Ray (... denn sie wissen nicht, was sie tun, 1956) verkörpert James Dean – hier im Halbstarkenmilieu – den sensiblen Außenseiter, der um Vertrauen und menschliche Wärme kämpft. Einsamkeit umgibt ihn ebenso in Giant von George Stevens, mit Rock Hudson und Elizabeth Taylor (Giganten, 1956).
Der Anti-Held ist tot, ein weltweiter James-Dean-Kult setzt ein, vielfach in Form eines Rausches von Todessehnsucht, vergleichbar dem Werther-Fieber: junge Mädchen etwa begehen aus Verzweiflung Selbstmord.

538

Die Rock-Ära ist im Anmarsch

Der Film schockiert mit Brutalitäten. Schüler vergewaltigen ihre Lehrerinnen, schlagen Lehrer halbtot, begehen Überfälle. Gewalt, Verzweiflung, Bösartigkeiten regieren den Schulalltag: *The Blackboard Jungle (Die Saat der Gewalt)* von Richard Brooks ist ein düsteres Halbstarken-Melodram. Auf der Biennale darf der Streifen nicht gezeigt werden, er ist schon deshalb eine Legende, als er im Herbst auch in Deutschland anläuft. Mehr noch freilich wegen seiner Musik. Bill Haley unterstreicht mit seinem suggestiv hämmernden »Rock around the clock« die Wirkung der Milieuschilderung. Und er schickt damit die Revolte der Teenager um die Welt, die in der tobenden Musik ein Fanal zum Aufstand gegen Werte und Gefühlswelt der wohlsituierten Mittelstandseltern sehen.

Begonnen hat das Ganze vor zwei Jahren, als der unbekannte Countrysänger Haley aus der schwarzen Gettomusik Rhytm & Blues den treibenden harten Rhythmus übernommen hat, um seine Folklore attraktiver zu machen. »Ich dachte mir«, erzählt der Musiker später in einem seiner Fanhefte, »wenn ich eine Dixieland-Melodie nehme und den ersten und dritten Rhythmusschlag weglasse, dafür aber den zweiten und vierten betone und einen Beat hinzugebe, nach dem die Zuhörer klatschen oder auch tanzen können – das wäre dann genau nach ihren Wünschen.«

Wie sehr das nach ihren Wünschen gewesen ist, hat der ungelenke und eher biedermännische Bill Haley nicht geahnt. Es scheint, als ob ganz Amerika auf diese Art von Musik gewartet hätte und jetzt wie ein ungeheurer Resonanzkörper in Schwingungen gerät. Haleys jagende Textfetzen »Rock, rock rock everybody« geben seiner Musik den Namen. Er wird zum ersten Popmusiker, der einen definitiven Rock-'n'-Roll-Stil entwickelt und damit einen Stein ins Rollen bringt.

Familienvater Haley, fast wider Willen zum Propheten der Aufsässigkeit geworden, wird jedoch schon bald von jüngeren ungehemmten Musikern als Rock-'n'-Roll-König entthront.

Wiederbewaffnung

Den Aufbau der Bundeswehr in der zweiten Hälfte des Jahres 1955 begleitet die bundesdeutsche Produktion von Kriegsfilmen mit mehr oder weniger kritischer Tünche. So wird die Landsertrilogie Nullacht/fünfzehn (1954/55) von Hans Hellmut Kirst unmittelbar nach dem Erscheinen der Bände auch auf der Leinwand gezeigt (08/15, I. und II. Teil, und 08/15 in der Heimat, 1954/55).

Helmut Käutners Verfilmung von Carl Zuckmayers Drama Des Teufels General (1946) mit Curd Jürgens in der Titelrolle beschränkt sich wie das Stück auf die Kritik an Hitlers Krieg. Andere Filme verurteilen zwar den Krieg »an sich«, zeigen aber zugleich, daß der brave Soldat auch unter Hitler seine Pflicht und nur diese getan hat. Als Militärklamotte steuert Österreich 1956 mit Gunther Philipp Wenn Poldi ins Manöver zieht bei.

Oben links: H. E. Köhler, Daran lag's also nicht, 1955; Bildtext: »(Die im Hintergrund): ›Und dabei hatten wir uns jahrelang bemüht, ja keine Bleisoldaten ins Schaufenster zu stellen.‹« Oben rechts: Bundeswehrfreiwillige beim Einrücken in die Kaserne, 1955. Mitte: Des Teufels General, Filmplakat 1955.

| Film |

Film

Premieren

● Alberto Cavalcanti: *Herr Puntila und sein Knecht Matti* mit Curt Bois, Heinz Engelmann, Maria Emo. Die Verfilmung des Bühnenstücks nach Bertolt Brecht (mit Billigung des Autors) zeigt eine glückliche Versöhnung von Brechts antiillusionistischen Absichten mit dem illusionsfreundlichen Charakter des Films.

● Jules Dassin: *Rififi (Rififi chez les hommes)* in Deutschland erstaufgeführt. Mit Jean Servais, Carl Möhner, Robert Manuel, nach dem Buch von Auguste Le Breton, der zusammen mit Dassin und René Wheeler das Drehbuch schreibt: Raffinierter Kriminalfilm, der den gnadenlosen Kleinkrieg von Gangstern und ihr tragikumwittertes Scheitern nach einem großen Einbruch mit poetischem Pessimismus darstellt.

● Helmut Käutner: *Himmel ohne Sterne*, mit Erik Schumann, Eva Kotthaus, Horst Buchholz. Beschäftigt sich mit dem Thema der deutschen Spaltung, sinnfällig gemacht an einem Liebesdrama, das über die Grenze hinweg spielt.

● Alexander MacKendrick: *The Ladykillers (Ladykillers,* 1957) mit Katie Johnson, Alec Guinness, Cecil Parker (Drehbuch: William Rose). Die absurde Kriminalposse über den Streit von fünf Gangstern, wer von ihnen eine alte Dame umbringen soll, wird der letzte Welterfolg der englischen Filmkomödie.

● Ernst Marischka: *Sissi.* Romy Schneider und Karlheinz Böhm werden mit der rührseligen Liebesgeschichte des jungen Franz Joseph und der bayrischen Elisabeth Traumpaar der 50er Jahre. Der Erfolgsfilm erhält noch zwei Fortsetzungen.

● Laurence Olivier: *Richard III.* Meisterhafte Shakespeare-Verfilmung (seine dritte nach *Heinrich V.* (1944) und *Hamlet* (1948), bei der Olivier selbst die Hauptrolle spielt.

● Billy Wilder: *The Seven Year Itch (Das verflixte siebente Jahr)* mit Marilyn Monroe, Tom Ewell, Oscar Homolka, nach der Bühnenkomödie *Meine Frau erfährt kein Wort.* Die Monroe brilliert in der Persiflage auf die Verführungsversuche eines Durchschnittsstrohwitwers, dem sie mitleidig seine Lüsternheit nachsieht.

Ereignisse

● Mit der Serie *Archive sagen aus* werden Annelie und Andrew Thorndike international bekannt. Sie stellen die Dossiersammlung über noch lebende prominente Nationalsozialisten im Auftrag der Defa her.

1955

Musik

Premieren

● Pierre Henry und Pierre Schaeffer: *La symphonie pour un homme seul* (*Die Sinfonie des einsamen Menschen*). Uraufführung des Balletts am 26. Juni durch Maurice Béjarts Truppe »Balletts de l'Etoile«. Als programmatisches Selbstporträt bestimmt das Werk Béjarts weitere Laufbahn als Tänzer und Choreograph lange Jahre. Er verfremdet darin eine schrittmäßig arme Tanztechnik durch pantomimische und akrobatische Elemente.

● Ernst Křenek: *Pallas Athene weint*. Die Oper wird am 17. Oktober uraufgeführt. Die Auftragsarbeit zur Eröffnung der Hamburgischen Staatsoper (Textbuch von Křenek) gestaltet ein Ideendrama, das an der Gestalt des Feldherrn Alkibiades das Problem menschlicher Freiheit und Demokratie zeigt.

● Cole Porter: *Kiss Me Kate* hat am 19. November deutschsprachige Premiere (Uraufführung am 30. Dezember 1948 in New York) und wird das erste Musical, das sich im deutschen Sprachraum durchsetzt. Die Dialoge sind von Günter Neumann in witzigen Reimen übersetzt.

● Dmitri Schostakowitsch: *I. Violinkonzert* uraufgeführt. Das Werk wird durch David Oistrach im Westen bekannt.

Ereignisse

● New York: Am 1. März gastieren die Berliner Philharmoniker unter Herbert von Karajan in New York. Während des Auftrittes kommt es zu antideutschen Demonstrationen.

● Der Dirigent Erich Kleiber, einer der wenigen Künstler, die noch in beiden deutschen Staaten auftreten, kündigt am 7. März seine Bindung an die Staatsoper Ost-Berlin.

Theaterbauten im alten und im neuen Stil

In Berlin, Wien und Hamburg werden die traditionsreichen Staatsopern wiedereröffnet. Den Auftakt macht mit einer Meistersinger-Inszenierung die Ostberliner Oper in dem wiederhergestellten Knobelsdorff-Bau. Berlin-Korrespondenten wundern sich über den Aufwand, mit dem die zerstörte Pracht von einst restauriert worden ist (Gesamtkosten 55 Millionen Mark).

In Wien haben die Architekten Boltenstern und Prossinger in die Ruine der Staatsoper ein modernes Theater im alten Stil eingepaßt, das am 15. Oktober mit einer Fidelio-Aufführung unter Karl Böhm eröffnet wird. Drei Wochen vor dem Umzug der Staatsoper ist auch das Wiener Burgtheater in den wiederhergestellten Semper-Bau an der Ringstraße zurückgekehrt.

Ebenfalls am 15. Oktober erleben die Hamburger mit einer Fidelio-Inszenierung die Eröffnung ihrer Hamburgischen Staatsoper, die jahrelang in einem Provisorium Zuflucht nehmen mußte. Jetzt besitzen sie den ersten Opernbau der modernen Sachlichkeit und nehmen dafür hin, daß die weit vorspringende Glasfassade zu einem Verkehrshindernis wird.

Furore macht allerdings ein ganz anderer Theaterbau, der am 2. Februar 1956 eingeweiht wird. Es ist das Stadttheater in Münster, das von dem jungen Architektenteam Deilmann/von Hausen/Rave/Ruhnau entworfen worden ist und von der Kritik als »kommunales Wunder« begrüßt wird. Die Architekten wollen den Abschied von der monumentalen »Einschüchterungsarchitektur« demonstrieren. Das Zuschauerhaus ist als gläsernes Oval dem Bühnenhaus vorgelagert. Die moderne Innenarchitektur signalisiert: Zuschauer aller Schichten sind willkommen.

Fast gleichzeitig mit Münster entsteht in Mannheim das neue Nationaltheater, gleichfalls ein moderner Glas- und Betonbau. Gerhard Weber hat es nach einer Idee von Ludwig Mies van der Rohe entworfen.

Wiener Staatsoper, wiedereröffnet 1955.

Eine neue Priesterin der Kunst

Am 29. September singt Maria Callas bei einem Gastspiel in Berlin unter Herbert von Karajan die Lucia di Lammermoor. Das Publikum erlebt, was die in New York geborene Griechin für fünfzehn Jahre zur Herrscherin über die Opernbühnen der Welt macht: Die Primadonna assoluta unterwirft ihre Zuhörer mit der Dramatik des Belcanto einer magischen Spannung, verkörpert die Leidenschaft der großen Tragödin. Triumphe und Launen der exzentrischen Sopranistin füllen in den kommenden Jahren die Feuilletons, und die Callas wird zu einem Mythos, der ihren Tod (1977) überdauert.

Die Deutschen lieben kühlen Jazz

Im Juni findet in Frankfurt zum zweiten Mal das Deutsche Jazzfestival statt. Es ist eine Mammutveranstaltung, die von mehr als 20 Bands bestritten wird und einen Eindruck davon vermittelt, daß der Jazz im Nachkriegsdeutschland nicht nur breiteste Anerkennung, sondern auch beachtliches Niveau errungen hat. Bei dem Festival dominiert die Richtung des (1949/50 in den USA entstandenen) Cool Jazz. Es handelt sich dabei um einen bürgerlich-gemäßigten intellektuellen Stil, an dem nichts mehr lärmend und aufsässig klingt wie im Hot Jazz der Vorkriegszeit.

Im Musikleben der Bundesrepublik Deutschland hat der Jazz nach anfänglichen Schwierigkeiten eine unangefochtene Stellung. Die großen Rundfunkanstalten senden jetzt regelmäßig eigene Jazzprogramme, und das nicht nur zu späten, den echten Fans vorbehaltenen Sendezeiten; an der Kölner Musikhochschule ist eine Jazzklasse eingerichtet, das jährliche Donaueschinger Avantgardetreffen reserviert einen Abend im Programm dem Jazz. Zu seiner Popularisierung nach den Jahren des Verbots durch die Nationalsozialisten haben nicht zuletzt drei große Orchester beigetragen; an vorderster Stelle die bald international renommierte Big Band von Kurt Edelhagen, dem einstigen Folkwangschüler, der Jazz als sprichwörtliche deutsche Präzisionsarbeit liefert. In diesem Jahr, 1955, erwächst ihm erstmals ernsthafte Konkurrenz in der Erwin-Lehn-Big-Band. Seit 1949/50 ist auch Max Greger mit seinem Tanzorchester populär.

Naturwissenschaft, Technik, Medizin

● Eduard Justi von der TH Braunschweig entwickelt ein »Brennstoffelement«. Mit ihm kann durch elektrochemische Oxydation (»kalte Verbrennung«) elektrische Energie ohne den Umweg über die Wärme mit hohem Wirkungsgrad gewonnen werden.

● Ein Großversuch mit dem Salkimpfstoff gegen die Kinderlähmung verläuft in den USA erfolgreich. Die Impfung wird daraufhin bald weltweit eingeführt.

● Transistoren finden als raumsparende Schaltelemente in den Großrechenanlagen Verwendung. Deren Abmessungen schrumpfen damit beträchtlich.

● Sechzig zerstückelte Skelette verkrüppelter Jugendlicher werden in einem Höhlenkultraum am Kyffhäuser entdeckt. Bei dem Fund handelt es sich wahrscheinlich um Menschenopfer aus der Zeit vor 2000 Jahren.

● Die Fruchtwasseruntersuchung macht von sich reden. Die durch Punktion gewonnene Fruchtwasserflüssigkeit enthält embryonale Zellen, die gefärbt und mikroskopisch auf Chromosomenanomalitäten hin untersucht werden können. So erkennt man bestimmte Erbkrankheiten des Ungeborenen.

Fernand Léger
Die Landpartie
1953 (zweite Fassung)

Citroën-Werbung für den DS 19
1958

Technische Sachlichkeit
als neuer Mythos

Auf dem Pariser Autosalon wird der neue Citroën DS 19 vorgestellt – eine Sensation in der Autogeschichte. Während in Europa noch chromblitzende amerikanische Traumkutschen mit ausladenden Kotflügeln als der letzte Chic gelten, präsentiert sich der DS 19 mit einem Design der kühlen Sachlichkeit.

Der neue Wagen wird zum Glaubensbekenntnis. Seine Karosserie ist nach strömungstechnischen Erkenntnissen gestaltet und nach dem Baukastenprinzip zusammengesetzt. Der Citroën DS 19 wird zum Inbegriff von Zweckmäßigkeit. Das Wortspiel DS, wie »de-esse«, macht ihn in Frankreich zur Göttin und erhebt ihn zum Mythos.

1956 wird diese Göttin auf der Mailänder Triennale ohne Räder wie ein futuristisches Kunstobjekt ausgestellt. Im »Spiegel« jubelt zwei Jahre später Alexander Spoerl: »Ich weiß nicht, ob der DS 19 überhaupt noch ein Auto ist, bestimmt aber ist er ein Fortschritt.«

Ein künstlerischer Prophet der technischen Sachlichkeit ist der französische Maler, Bildhauer und Filmkünstler Fernand Léger. »Er sieht, fühlt und denkt«, so sein Biograph Robert Delevoy, »auf dem Niveau der technischen Erfahrungen, die für das neue, besondere Gesicht einer Epoche verantwortlich sind, die vor allem durch die systematische Einführung der Maschine in das tägliche Leben gekennzeichnet ist.« Die vom Kubismus ausgehende Entwicklung Légers führt zu einer Allgegenwart technischer oder technisierter Formen, wobei auch Mensch und Natur wie aus Maschinenteilen zusammengesetzt in Erscheinung treten. »Es ist mir nicht entgangen«, äußert der alte Léger, »daß diese außerordentlich radikale Konzeption, die die menschliche Gestalt nur als Objekt gelten läßt, nicht wenige meiner Zeitgenossen empört. Aber was kann ich dafür?« Légers Landpartie ist als humorvolle Antwort auf diese Empörung zu betrachten, mit dem ironischen Detail des reparaturbedürftigen Vehikels. Léger stirbt am 17. August 1955 in Gif-sur-Yvette bei Paris mit 74 Jahren.

Fritz Leonhardt
Fernsehturm in Stuttgart
1955/56

**Werbeanzeigen der Firma
Knoll International**
1957

Adolf Abel, Rudolf Gutbrod
und Blasius Spreng
Liederhalle in Stuttgart
1955/56

Neues aus der Provinz

Im Februar wird der (mit Antenne) 216
Meter hohe Stuttgarter Fernsehturm
des Architekten Fritz Leonhardt eingeweiht. Der »schwäbische Eiffelturm«
gilt als Turmbau, der alle bisherigen an
technischer Raffinesse übertrifft. Auf
einem dünnen Betonschaft trägt er
einen Aufbau, dessen Durchmesser
größer ist als der des Turmfußes. Der
Rundkörper enthält ein zweigeschos-
siges Restaurant, dessen Decke
zugleich in 150 Meter Höhe eine Aus-
sichtsplattform bildet. Nicht allein wegen der statischen Meisterleistung,
sondern auch aufgrund seiner ästhetischen Eleganz findet der Stuttgarter
Bau zahlreiche Nachahmungen. Dies
gilt auch für die Verbindung von technischem Gerät und Aussichtslokal.
Als noch kühnere Leistung bewertet
die Architekturkritik die Stuttgarter
Liederhalle, die im Juli der Öffentlichkeit übergeben wird. Sie bildet den radikalen Bruch mit dem Typus des kulturellen Repräsentationsbaus, der
durch seine Fassade beeindruckt. Vielmehr sind drei unterschiedlich geformte Saalbauten durch ein zweigeschos-
siges Foyer mit Restaurant zu einem
vielgestaltigen Bauorganismus verbunden. Das besondere Lob der Musikfreunde findet die hervorragende
Akustik des Hauptsaals, der zugleich
durch Asymmetrie und den vom Parkett aus sich aufschwingenden Verlauf
der Empore überrascht.
Ein drittes, gleichfalls als Wendepunkt
traditioneller Entwicklungen bewerte-
tes Stuttgarter Ereignis ist die Niederlassung der Firma Knoll International.
Ein Plakat, mit dem das dem modernen Wohnen verpflichtete Unternehmen wirbt, zeigt Kreationen des Italieners Harry Bertoia aus dem Jahr 1952:
Stühle mit »Sitzkorb« aus geschweiß-
ten Eisenstäben. Im Vorjahr hat der
finnisch-amerikanische Architekt und
Designer Eero Saarinen für Knoll eine
Sitzmaschine entworfen, die eine Revolution im Möbelbau einleitet. Die
Sitzfläche ruht auf einem trompeten-
förmig modellierten Mittelfuß. Das
Gerät aus Plastik und Aluminium, das
ab 1958 serienmäßig hergestellt wird,
repräsentiert das Formideal des perfekt gestylten Industrieprodukts.

Musik

Premieren

● Frederic Loewe: *My Fair Lady*. Musical. Libretto von Alan Jay Lerner nach der Komödie *Pygmalion* von George Bernard Shaw (Uraufführung in New York am 15. März; deutsche Erstaufführung am 25. Oktober 1961 in Berlin). Die zauberhafte Geschichte von Professor Higgins und dem Blumenmädchen Eliza Doolittle wird in der Besetzung mit Rex Harrison und Julie Andrews sofort »klassisch« und bringt es zu einer Serie von 2727 Aufführungen.

● Marguerite Monnot: *Irma la Douce*. Musical. Text von Alexandre Breffort. (Uraufführung in Paris am 12. November, deutsche Erstaufführung am 24. Januar 1961 in Baden-Baden.) Die heitere Geschichte von einem französischen Straßenmädchen wird ein großer internationaler Erfolg.

● Luigi Nono: *Il canto sospeso*. Die Kantate wird im Herbst im WDR unter Herbert Scherchen uraufgeführt. Dem Werk liegen Abschiedsbriefe von zum Tode verurteilten Widerstandskämpfern zugrunde.

● Igor Strawinski: *Canticum sacrum*. Die Kantate zu Ehren von Sankt Markus wird unter Leitung des 74jährigen Komponisten in Venedig uraufgeführt.

Ereignisse

● London: In der Covent Garden Opera gibt am 3. Oktober das Moskauer Bolschoi-Ballett mit *Romeo und Julia* das erste ausländische Gastspiel seit 200 Jahren.

● Mit Feiern und Festkonzerten wird das »Mozartjahr« zum 200. Geburtstag des Komponisten (27. Januar) weltweit begangen.

● Eröffnung der »Deutschen Oper am Rhein« als Operngemeinschaft der Großstädte Düsseldorf und Duisburg.

Herr über Musik-Europa: Karajan

Der 48jährige österreichische Dirigent Herbert von Karajan wird am 13. Juni zum künstlerischen Leiter der Wiener Staatsoper ernannt. Damit ist eine im Musikbetrieb bisher nie dagewesene Machtfülle in die Hand eines Mannes gelegt. Karajan, der das in Österreich abgeschaffte Adelsprädikat als Teil seines Künstlernamens führen darf, besetzt jetzt alle Schlüsselpositionen in »Musik-Europa«. Er ist neben seinen neuen Wiener Aufgaben Chefdirigent der Berliner Philharmoniker auf Lebenszeit in Nachfolge Wilhelm Furtwänglers, seit 1950 Dirigent und Regisseur der Mailänder Scala, hat die künstlerische Oberleitung der Salzburger Festspiele (ebenfalls in Nachfolge von Furtwängler), wirkt bei den Luzerner Festspielen mit und übt eine maßgebende Dirigentenfunktion bei der international bedeutenden Schallplattenfirma Columbia aus. Der gebürtige Salzburger, dessen erstklassige Qualitäten als Dirigent unbestritten sind, wurde im Alter von 27 Jahren in Aachen jüngster Generalmusikdirektor (1934) und 1937 als »Wunder Karajan« in Berlin gefeiert. Jetzt macht er aus dem unaufhaltsamen Zerfall des Ensembles im Opernbetrieb die Tugend einer Konzeption. Er forciert das »Gastiertheater«, in dem Künstler mit festem Repertoire kurzfristig zusammentreffen, ihr Pflichtpensum in höchster Perfektion absolvieren und wieder abreisen, um sich an

anderem Ort erneut zusammenzufinden. Die Ära des weltweiten Opernmanagements beginnt. Karajan erhält nicht umsonst den ironischen Titel »Generalmusikdirektor der Welt«. Um den distinguierten Aristokraten im Musikbetrieb weht immer ein Hauch von Sensation. Die »Karajan-Trance« vor dem Heben des Taktstockes ist vielgedeuteter Legendenstoff, sein hohes Einkommen nicht minder. Es gibt aber auch kritische Stimmen wie die des Kulturhistorikers Theodor W. Adorno, der Karajan eine nur auf oberflächlichen Glanz bedachte Interpretationsweise vorwirft.

Literatur

Neuerscheinungen

● Albert Camus: *La chute* (*Der Fall*, 1957). Selbstentlarvend-ironische Beichte eines Büßers; gilt als Meisterwerk des Autors, ausschlaggebend für die Verleihung des Nobelpreises 1957.

● Heimito von Doderer: *Die Dämonen*. Zeitpanorama der 20er Jahre in Österreich mit dem Aufbrechen dämonischer und faschistischer Kräfte.

● Alfred Döblin: *Hamlet oder Die lange Nacht nimmt kein Ende* schildert die Situation des Menschen nach zwei Weltkriegen am

Beispiel eines körperlich verletzten und seelisch zerstörten Kriegsheimkehrers.

● Romain Gary: *Les racines du ciel* (*Die Wurzeln des Himmels*, 1957) gilt als musterhaftes Beispiel der »littérature engagée«: Protest gegen ein übertechnisiertes Zeitalter, das nicht nur die Natur (der Elefant ist ihr Symbol), sondern auch die Freiheit des Menschen bedroht.

● Jochen Klepper: *Unter dem Schatten deiner Flügel*. Erschütternde Tagebuchaufzeichnungen des Schriftstellers, der 1942 unter politischem Druck mit seiner jüdischen Frau und seiner

Stieftochter Selbstmord begangen hat.

● Günter Grass: *Die Vorzüge der Windhühner*. Spielerische Gedichte, die Sinn- und Satzgefüge, Welt- und Umweltzusammenhänge auseinandernehmen und beim Wiederzusammenfügen groteske Bedeutungsverschiebungen erreichen.

● Robert Jungk: *Heller als tausend Sonnen*. Schildert die menschlichen und damit politischen Verstrickungen, die zum Atomzeitalter geführt haben.

● Friedrich Sieburg: *Napoleon*. Historische Biographie, Lesestoff für das neue »Bürgertum«.

Ein Mädchen erschüttert die Nation

Das Tagebuch der Anne Frank hat am 1. Oktober an acht deutschsprachigen Bühnen, darunter Hamburg, Düsseldorf und München, deutsche Premiere. Anne Frank, Tochter eines jüdischen Bankiers in Frankfurt, mußte mit ihrer Familie 1933 vor den Nationalsozialisten fliehen. Die Familie suchte in den Niederlanden Zuflucht. Die Aufzeichnungen des jungen Mädchens, geboren 1929, schildern die Erlebnisse, Ängste und Träume in einem Amsterdamer Versteck, in dem sie zwei Jahre lebte, um den Nazihäschern zu entgehen. 1944 wurde sie entdeckt und im KZ Bergen-Belsen ermordet.

Ihr Tagebuch ist ein erschütterndes Dokument. Im Ausland ist das Buch seit 1946 (Het Achterhuis) längst Bestseller, in der Bundesrepublik wurde es lange Zeit ignoriert. Zwar ist 1950 in einem kleinen Verlag die erste deutsche Ausgabe erschienen, die aber weitgehend unbeachtet geblieben ist. Erst eine Taschenbuchausgabe im Fischer-Verlag (1955) macht diesen tragischen Lebensbericht bekannt. In drei Jahren werden 400 000 Exemplare verkauft. Die Dramatisierung des Tagebuchs durch Frances Goodrich und Albert Mackett, uraufgeführt 1955 in New York, bringt die Aufzeichnungen der jungen Anne Frank in die Schlagzeilen der deutschen Feuilletons.

In der Bundesrepublik tut man sich schwer mit der Aufarbeitung der Vergangenheit. Literatur, die anklagt, ist nicht erwünscht, kaum einer möchte gerne erinnert werden an Greuel und Terror der nationalsozialistischen Zeit. Die beklemmenden Alpträume eines jüdischen Kindes rütteln die Deutschen dennoch auf. Diskussionen über die Authentizität des Berichts können nicht verhindern, daß das Tagebuch der Anne Frank die verzweifelte Situation der Juden unter der Hitlerdiktatur vielen Deutschen unmißverständlich vor Augen führt. Ein Kind macht stellvertretend begreiflich, daß die abstrakte Zahl von sechs Millionen ermordeten Juden jeden Deutschen etwas angeht.

Anne Frank

Bertolt Brecht ist tot

Das moderne Welttheater verliert seinen einflußreichsten Dramatiker und Theoretiker. Bertolt
Brecht stirbt, erst 58 Jahre alt, am 14. August in Ost-
Berlin. Sein Tod ist für die Kulturwelt in Ost- und
Westdeutschland gewissermaßen die Befreiung
von einem absoluten Trauma und Stein des Ansto-
ßes. In der DDR ist der große Lehrmeister Brecht
permanent mit den Strategien der offiziellen Kulturpolitik kollidiert. Im Westen hat die antikommu-
nistische Empörung über seine – zumindest offizielle – Treue zum »real existierenden Sozialismus«
die Verehrung für den Schriftsteller überwogen.
Brecht ist, wie auf andere Weise Thomas Mann, ein
Heimatloser, ein Überlebender einer verschollenen
Kulturepoche gewesen. Trotzdem hat er die Theaterwelt in Atem gehalten, sich in Aktivitäten ver-
zehrt, diskutiert, polemisiert (zum Beispiel in einem
Brief an den Bundestag gegen die Wiedereinfüh-

rung der Wehrpflicht) und redigiert. Der geniale
Stückeschreiber, Lyriker, Balladen- und Moritaten-
dichter, einer der vielseitigsten und einflußreichsten Autoren des 20. Jahrhunderts, ist in den letzten
Jahren vor allem mit grandiosen Inszenierungen
und praktischer Theaterarbeit hervorgetreten. Sein
Berliner Ensemble hat als einziges deutsches
Schauspieltheater nach 1945 Weltruhm erlangt.
Der Augsburger Kaufmannssohn tat sich früh mit
Bürgerschreck-Stücken auf dem Theater hervor,
die anfangs noch starke Betroffenheit durch den Ersten Weltkrieg spiegeln. Seinen Weltruhm begründet er 1928 mit der *Dreigroschenoper*, einem so raffiniert und perfekt zubereiteten Bühnenfeuerwerk,
daß die Bürger dabei das mitgereichte bißchen Klassenkampf gern schluckten.
Gleichzeitig mit seiner Hinwendung zum Marxismus begann Brecht, konsequent seine Dichtung
und Dramaturgie in den Dienst seiner Weltanschauung zu stellen. Er wertete das alte Illusions-
theater zugunsten des dialektischen Theaters ab,
verlangte, daß der Zuschauer im Theater aktiviert,
zu intellektueller, moralischer, sozialer Entscheidung angeleitet werde. In dieser Phase entstanden
eine Reihe extrem doktrinärer »Lehrstücke«, parallel
zu den entsprechenden theoretischen Abhandlungen.
Der überzeugte Kommunist, der 1933 vor den Nationalsozialisten fliehen mußte, verfaßte im Exil seine
Meisterdramen wie das *Leben des Galilei*, *Mutter
Courage* und *Der gute Mensch von Sezuan*, in denen
er dichterisch vollendet eine Synthese seiner früheren Ansätze lieferte und zugleich zeitlos gültige
Bühnenwerke.
Schon kurz nach seinem Tod wird der widersprüch-
lich-geniale Mensch und Dichter in die von Theodor Heuss mit herausgegebene Walhalla der »Großen Deutschen« aufgenommen. Hier wird ihm endlich die überzeitliche Gültigkeit seines sprachmäch-
tigen Werkes zugebilligt. Endgültig zum Klassiker
macht ihn auch der Suhrkamp-Verlag mit einer
zehnbändigen Gesamtausgabe.

Ungeliebt in West und Ost

*Der Dramatiker Bertolt Brecht, der
wie kaum ein anderer durch seine Stük-
ke und theoretischen Abhandlungen
das moderne Theater prägte, stirbt am
14. August in Ost-Berlin im Alter von
58 Jahren. Brecht hat vor seinem Tode
festgelegt, daß er auf dem Friedhof neben seinem Haus in der Chaussee-
straße begraben werden will. Auch
seine Grabstätte hatte er schon ausgesucht, schräg gegenüber von Hegels
Grab.
Ungeliebt ist Brecht zum Zeitpunkt
seines Todes in beiden Teilen Deutschlands. In der Bundesrepublik gilt er als
bedingungsloser Anhänger des DDR-
Sozialismus und wird deshalb als
Bühnenautor zeitweise sogar boykottiert. In der DDR geriet Brecht im
Lauf der Jahre mehr und mehr in Konflikt mit der offiziellen Politik. Nach
dem 17. Juni 1953 hegte er die Hoffnung, daß Fehler der sozialistischen
Entwicklung nun ernsthaft korrigiert
würden, aber enttäuscht stellte der
Dichter und Theatermann fest, daß
sich nichts änderte. Dennoch blieb für
Brecht die DDR die bessere Hälfte
Deutschlands, denn eines sah er hier
konsequent verwirklicht – im Gegensatz zur Bundesrepublik: den Kampf
gegen Faschismus und Krieg.
In seinen späten Gedichten drückt
Brecht seine Trauer und Unruhe, auch
seine Skepsis über die Entwicklung in
der DDR aus:*

*Ich sitze am Straßenrand
Der Fahrer wechselt das Rad.
Ich bin nicht gern, wo ich herkomme.
Ich bin nicht gern, wo ich hinfahre.
Warum sehe ich den Radwechsel
mit Ungeduld?*

*Seine Arbeit am Theater am Schiff-
bauerdamm konzentrierte sich auf die
Überarbeitung älterer eigener Stücke,
die Bearbeitung von Klassikern und
die Aufführung einiger weniger zeitgenössischer Dramatiker. Das letzte
Theaterstück, an dem Brecht arbeitete,
war das Lustspiel* Turandot oder Der
Kongreß der Weißwäscher, *ein Werk,
das erst 1967 publiziert und zwei Jahre
später uraufgeführt wird.*

Arno Mohr, Bertolt Brecht; 1963.

Bildende Kunst

Werke
- Karel Appel: *Tragischer Akt.*
- Francis Bacon: *Porträtstudie.*
- Georges Braque: *Der Vogel und
sein Nest.*
- Jean Fautrier: *Otage – Bluer
than Blue.*
- Ernst Fuchs: *Moses und der
brennende Dornbusch.*
- Renato Guttuso: *Junge auf dem
Boot.*
- Rudolf Hausner: *Adam nach
dem Sündenfall.*
- Franz Kline: *Gelb, Rot, Grün,
Blau.*
- Oskar Kokoschka: *Stadt Köln
vom Messeturm.*
- Ernst Wilhelm Nay: *Dunkler
Klang.*
- Willi Sitte: *Völkerschlacht bei
Leipzig.*

Ausstellungen
- Basel: Marc Chagall – umfassender Überblick über das Werk

des Künstlers aus den vergangenen 25 Jahren.
- Bern: Große Paul-Klee-Ausstellung im Kunstmuseum (August–
September) mit über 700 Werken aus allen Schaffensperioden
des Künstlers; größte bisher gesehene Klee-Präsentation mit Leihgaben aus Beständen von Felix
Klee. Geht über Basel nach Hamburg und wird dort als Kunstereignis gefeiert.
- Essen: *Werdendes Abendland
an Rhein und Ruhr* in der Villa
Hügel erlebt von Mai bis September überwältigende Resonanz.
272 000 Besucher sehen die
Schätze aus 1500 Jahren.
- München: Gedächtnisausstellung für Cézanne (zum 50. Todestag) im Haus der Kunst verzeichnet überraschenden Besucheran-
drang aus dem In- und Ausland.

Ereignisse
- Paris: *Die Bibel* von Chagall erscheint mit einem Radierungszy-

klus und 18 Farblithographien.
- Recklinghausen: Am 31. Juli
wird das erste Ikonenmuseum
Westeuropas eröffnet.
- Georges Mathieu malt am
23. Mai im Théâtre Sarah Bernhardt in 20 Minuten vor 2000 Zuschauern sein Bild *Hommage aux
poètes du monde entier.*
- Henri Michaux beginnt mit
seinen »Meskalin-Zeichnungen«,
den Äußerungen halluzinato-
rischer Bewußtseinszustände
nach Drogengenuß.
- Die im Krieg ausgelagerte Büste der Nofretete wird im August
aus Wiesbaden nach Berlin zurückgeführt. Für ihre und die
Heimkehr anderer Museums-
schätze müssen aus dem alten
Berliner Kunstbesitz der Welfen-
schatz aus Braunschweig, das Lüneburger Ratssilber und der Hildesheimer Silberfund (Gesamt-
wert 43 Millionen Mark) an die
Ursprungsländer zurückgegeben werden.

Richard Hamilton
Was macht eigentlich unser Zuhause heute so ganz anders, so reizvoll?
1956

Pablo Picasso
1956

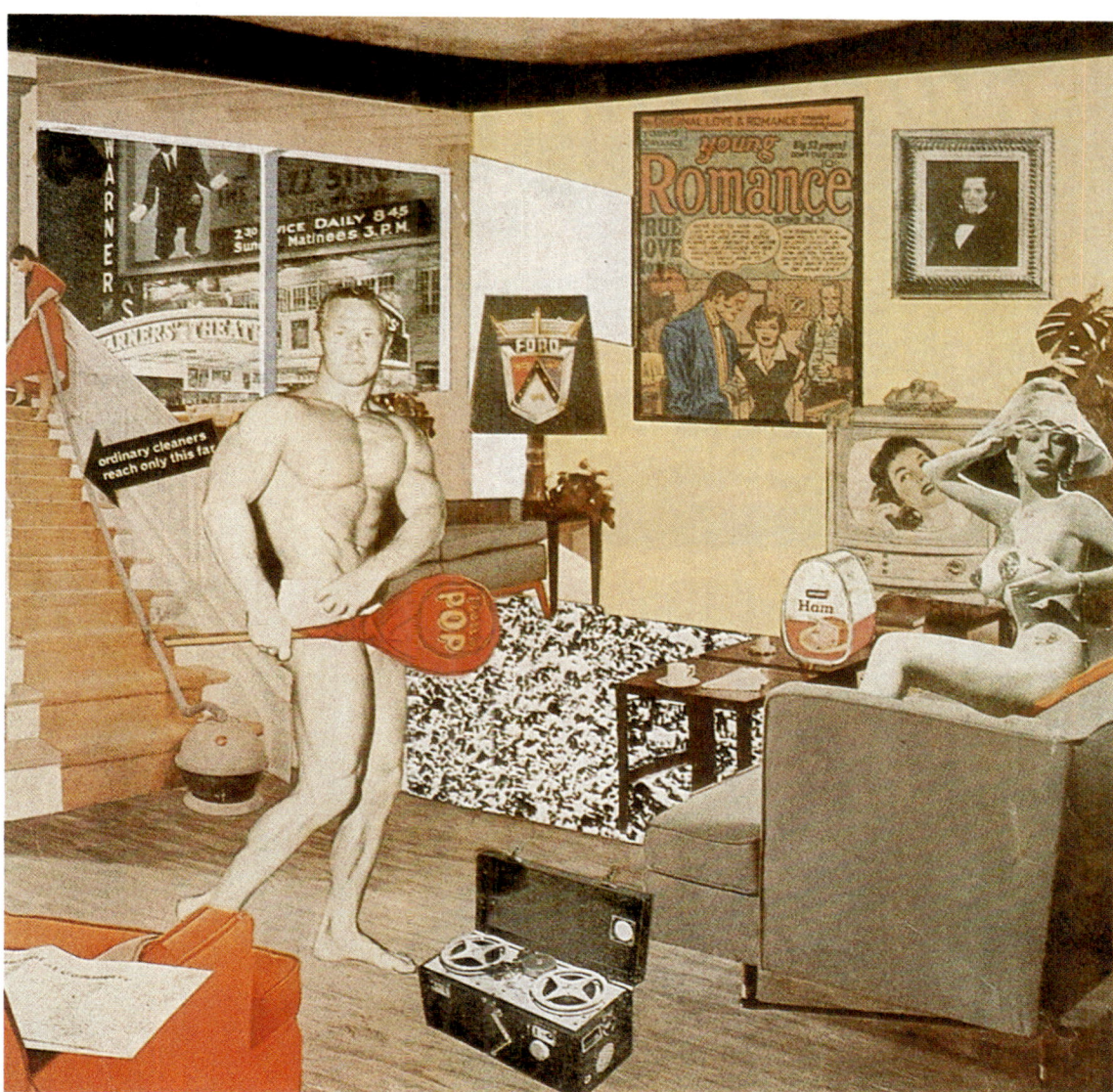

Erste Regungen der Pop-art und ein Künstler-Jubiläum

In London setzt sich die Ausstellung »This is Tomorrow« mit den Produkten und Erscheinungsformen der Konsumwelt auseinander und manifestiert insofern erstmals die sich in den USA und in England entwickelnde Pop-art.

Organisiert wurde die Ausstellung von Mitgliedern der 1952 gegründeten Independent Group am Institute of Contemporary Art in London. Zwölf Gruppen zeigen neue kreative Konzepte von Architekturentwürfen bis zu Warenhaus-Auslagen; sie ergreifen Partei für die als trivial aus dem Bereich der »eigentlichen« Kultur ausgeschlossene Volkskultur der modernen Industriegesellschaft. Die Bezeichnung »Pop«, die der Kunstkritiker Lawrence Alloway erstmals 1954/55 ins Gespräch gebracht haben soll, ist – in der Bedeutung »Schlag, Stoß, Knall« – ein Bestandteil von Richard Hamiltons Collage What it is, that makes todays homes so different, so appealing, die in der Ausstellung auch als Großfoto gezeigt wird. Später gilt »Pop« als Verkürzung von »popular art« (volkstümliche Kunst).

Das Ziel einer Überschreitung der um den Kunst- und Kulturbereich gezogenen Grenzen scheint Pablo Picasso erreicht zu haben, der am 25. Oktober 1956 seinen 75. Geburtstag feiert. Tatsächlich ist der in den vergangenen Jahren durch Ausstellungen in Mailand, Hamburg, Paris und München in umfassender Weise präsentierte Künstler bekannt wie kein anderer Vertreter der Moderne. Das Ergebnis einer Umfrage (1955) zeigt jedoch, daß 32 Prozent der Bürger der Bundesrepublik Picasso, den Inbegriff des Traditionsbruchs, schlichtweg ablehnen, 11 Prozent kein Urteil über sein Schaffen zu fällen vermögen und 51 Prozent sich nicht für ihn interessieren. Mit völligem Unverständnis wird registriert, daß seine Werke »die stabilste aller Währungen« bilden. Als Versuch, den schöpferischen Gestaltungsprozeß zu dokumentieren, dreht Henri Georges Clouzot 1956 mittels transparenter Malflächen den Film Le mystère Picasso.

Vico Torriani in
Santa Lucia
1956

Elvis Presley

Polarisierung der Unterhaltungsmusik

1956 erreicht die »Schnulzen«-Welle ihren Höhepunkt: für eine Million verkaufter Exemplare seines ersten Schlagers Heimweh (1954) erhält Freddy Quinn seine erste Goldene Schallplatte; bis 1971 folgen elf weitere. Bezeichnend für die mangelnde Übereinstimmung zwischen Fachkritik und Publikum ist die Tatsache, daß Heimweh der Durchbruch gelingt, obwohl 1956 ein Diskjockey die Platte mit dem vernichtenden Urteil »Schlimmer geht's nimmer« bewertet hatte.

Die touristische Variante der deutschen Italiensehnsucht findet Ausdruck und Förderung durch Schlager wie Komm ein bißchen mit nach Italien (in dem Musikfilm Bonjour Kathrin, 1955), interpretiert von Peter Alexander (Karrierebeginn 1953) sowie den Geschwistern Caterina Valente und Silvio Francesco, die 1956 einladen: Steig in das Traumboot der Liebe, während Vico Torriani von Santa Lucia schwärmt.

Bildet die Schnulze Balsam für gestreßte Wirtschaftswunder-Seelen, so findet die Jugend ihren Ausdruck im Rock 'n' Roll. Die musikalische Revolte gegen alles, was »Anstand« bedeutet, wurde 1955 ausgelöst durch die von Bill Haley in dem Richard-Brooks-Film Blackboard Jungle (Die Saat der Gewalt) gesungene Nummer Rock Around the Clock. Zum »King of Rock 'n' Roll« wird jedoch Elvis Presley, der seine offizielle Medienanerkennung 1956 durch den Auftritt am 9. September in Ed Sullivans Fernsehshow erhält (mit Heartbreak Hotel und Hound Dog). Den ersten Erfolg hatte der 19jährige Elvis 1954 mit dem Blues Alright Mama. Entscheidend wird die Verbindung von hartem Rock 'n' Roll und Bühnendarbietung. Wenn die Musik einsetzt, wird der schüchterne Mann zum Berserker. Er schüttelt seinen Körper wie im Krampf, läßt seine weit gespreizten Beine schlottern und zuckt mit den Hüften. »Elvis the pelvis« (Elvis das Becken) versetzt Teenager in orgiastische Zustände und wird zum Inbegriff rebellischer Obszönität.

Glanzzeit für die öffentlichen Spaßmacher

Mit dem Programm »Denn sie wissen nicht, was sie tun« stellt sich am 12. Dezember die »Münchner Lach- und Schießgesellschaft« vor. Die Eröffnungspremiere ist der Startschuß zu einer schnellen und ungewöhnlichen Karriere in der Kabarettgeschichte. Das Unternehmen um Dieter Hildebrandt und Klauspeter Schreiner als Textautoren und Sammy Drechsel als »Motor« wird zu einem der populärsten und einem der meistgeschmähten politisch-satirischen Kabaretts der Zeit.

Begonnen hat die »Lach- und Schießgesellschaft« im Schwabinger Fasching 1955 mit dem Studentenkabarett der »Namenlosen«. Der zupackende Geist dieser jungen Rebellen und die Unerbittlichkeit, mit der Zustände nicht nur karikiert, sondern auch auf ihre letzten Konsequenzen hin ausgelotet werden, bleibt auch ihr Ausweis, als sie Professionelle und als sie älter werden. Die politischen Analysen, die Dieter Hildebrandt in geistreicher Pointe zusammenschließt, werden nahezu repräsentativ für die linksintellektuelle Opposition der Adenauer-Ära, die »Lach- und Schießgesellschaft« wird zur Institution in der Bundesrepublik.

In Hamburg vertritt Hans Dieter Hüsch mit seiner »Arche Nova«, die er am 17. Oktober gründet, ein völlig anderes Konzept von »Brettl«. Er will »Anticabaret« machen, wie er selbst sagt, »Fluchtwege für eine sensible Menschheit« offenhalten. Er sucht sie mit der blauen Blume in der Hand, mit anspruchsvollem poetisch-literarischem Konzept.

Diese beiden Neugründungen sind Glanzlichter in der Blütezeit des Kabaretts Mitte der fünfziger Jahre. Zum Amüsement der Adenauer-Ära gehört die Muse mit der scharfen Zunge.

Zu den bekanntesten öffentlichen Spaßmachern zählen die »Amnestierten« aus Kiel, die als Studentenkabarett durch Deutschland und Europa zigeu-nern. Oder in Düsseldorf das »Kom(m)ödchen« von Kay Lorentz, das seit 1949 mit Lore Lorentz gehobenes literarisches Kabarett liefert.

In Berlin versuchen Günter Neumanns »Insulaner« seit 1948, den Selbstbehauptungswillen der Berliner zu stärken, geraten mit ihren volkstümlichen und mit Berliner Witz gespickten Programmen allmählich aber in brisante Nähe zu Strategien des Kalten Krieges. Ihre Konkurrenz, die oppositionellen »Stachelschweine« mit dem paukenschlagenden Wolfgang Neuss, verbindet komödiantischen und fast hemdsärmeligen Stil mit bitterernsten Aufrufen an ihr Publikum. Und in Frankfurt brilliert Rudolf Rolfs in seiner »Schmiere«, die er das »schlechteste Theater der Welt« nennt.

In München schließlich feiert die »Kleine Freiheit« von Trude Kolmann in der Helen Vita, Gertrud Kückelmann, Oliver Hassenkamp und Klaus Havenstein zu überregionalem Format wachsen, Erfolge mit Kabarettrevuen von Friedrich Hollaender.

Ein Remake

Helmut Käutner bringt in Zusammenarbeit mit Carl Zuckmayer dessen Schauspiel Der Hauptmann von Köpenick *(1931) in einer Neuverfilmung auf die Leinwand. Das Schauspielerverzeichnis nennt bewährte Komiker wie Bum Krüger, Josef Offenbach, Leonhard Steckel und Filmneulinge wie den Kabarettisten Wolfgang Neuss (»Die Stachelschweine«) in der Rolle des Zuchthäuslers Kallenberg. Es darf herzlich gelacht werden, wenn Heinz Rühmann zu Beginn des Films mühsam versucht, mit dem Paradeschritt der Uniformierten Schritt zu halten, und die Augen der Zuschauer werden feucht, wenn Rühmann zeigt, wie der kleine Mann so ungerecht behandelt wird.*

Das Remake der Erstverfilmung (1931) ordnet sich in die Reihe der publikumswirksamen Filme ein, deren historischer Stoff lediglich den Hintergrund für eine zu Gemüt gehende Handlung bildet, die hier mit kabarettistischen Arabesken angereichert ist. Eine Alternative bildet Wolfgang Staudtes Verfilmung von Heinrich Manns Roman Der Untertan, *die 1951 von der Defa produziert worden ist.*

Der Hauptmann von Köpenick, 1956; Szenenfoto mit Heinz Rühmann in der Titelrolle.

Film und Fernsehen

Premieren

● Alfred Braun: *Stresemann.* Mit Ernst Schröder, Anouk Aimé und Wolfgang Preiss. Epos über den Europaidealisten, der seiner Zeit weit voraus war. Der von der Bundesregierung (nach Änderung des Drehbuches von Axel Eggebrecht) geförderte Film wird beziehungsreich als »Stresenauer« karikiert.

● Elia Kazan: *Baby Doll (Babydoll – Begehre nicht des anderen Weib,* 1957) nach einem Drehbuch von Tennessee Williams mit Carroll Baker und Karl Malden. Studie über ein halbwüchsiges Mädchen, ihren alternden Mann und einen jungen Sizilianer, die in einem emotionalen Netz aus erotischer Tücke, Inferiorität, Fremdenhaß und Rachsucht zusammengeschlossen sind.

● Wolfgang Liebeneiner: *Die Trapp-Familie.* Nach den Erinnerungen der Baronin Maria Trapp, mit Ruth Leuwerik und Hans Holt. Die seichte Geschichte der ehemaligen Novizin, die ihre singende Großfamilie durch die Widrigkeiten des Weltkriegs steuert, wird ein Kinorenner.

● Max Ophüls: *Lola Montez (Lola Montez,* 1955). Der Film mit Martine Carol, Peter Ustinov, Adolf Wohlbrück, nach dem Roman von Cecil Saint Laurent, läuft in Deutschland in einer verstümmelten Fassung an, die das letzte Werk des Regisseurs seiner eigentlichen virtuosen Dimension beraubt. Das Leben der berühmten Kurtisane wird als Zirkusschau inszeniert.

● Alain Resnais: *Nuit et brouillard (Nacht und Nebel).* Der Dokumentarfilm über die Konzentrationslager des Dritten Reichs wird durch sensiblen und ungewöhnlichen Umgang mit dem Stoff zum besten und bedeutendsten Beitrag, der zu diesem Thema gedreht worden ist.

● Georg Tressler: *Die Halbstarken.* Mit Karin Baal, Horst Buchholz, Christian Doermer. Spektakuläre Ausnahme unter den es-kapistischen deutschen Nachkriegsfilmen; zeigt in Anlehnung an das Schlagzeilenthema der Zeit, wie ein 20jähriger zum Kriminellen wird.

Ereignisse

● Die Hochzeit von Grace Kelly mit dem Fürsten von Monaco am 18. April beendet die grandiose Karriere der jungen Schauspielerin, die Schlagzeilen als provokant kühle Konkurrenz zu den Busenstars Hollywoods gemacht und Oscar-prämiierte Leistungen erbracht hat.

● In München wird das Deutsche Institut für Film und Fernsehen gegründet.

● Die ARD beginnt am 1. Oktober mit der täglichen Ausstrahlung der »Tagesschau«.

● Im November beginnt der Bayerische Rundfunk mit der Ausstrahlung von Sendungen des Werbefernsehens.

● Die 18jährige Romy Schneider hat sich in zweieinhalb Jahren nach sechs Filmen an die Spitze der Starpyramide gesetzt.

1956

Ein zorniger junger Mann verteilt Hiebe

»Niemand denkt, niemand interessiert sich für irgend etwas, kein Glaube, keine Überzeugung, keine Begeisterung« tobt ein junger Mann von der Bühne herab. Er ist Sprachrohr der illusions- und hoffnungslosen jungen Generation nach dem Krieg und heißt Jimmy Porter: Hauptfigur in dem Drama *Look Back in Anger (Blick zurück im Zorn)* des Engländers John Osborne, das am 8. Mai in London uraufgeführt wird (deutsche Erstaufführung 1957 in Berlin) und in eine Karriere als Welterfolg startet. Jimmy Porter ist ein Intellektueller aus dem Arbeitermilieu, der sich gegen die gleichgültig konforme Gesellschaft auflehnt. Der sich selbst zuwider ist und seinen ohnmächtigen Zorn auf alle und alles an seiner duldsamen Frau Alison ausläßt. Er schleudert furiose Haßtiraden gegen alles, was den ehrenwerten Etablierten lieb und wert ist, er verteilt in lärmenden Ausbrüchen zynische Hiebe nach links und rechts und verdeckt damit die Sehnsucht nach elementaren Gefühlen, nach Liebe, Freundschaft, Mitleid.

Der 1929 geborene John Osborne begründet mit diesem Stück die wütend realistische und gesellschaftskritische Richtung im englischen Drama. Er greift einfach in die Wirklichkeit und liefert das Schlagwort von den »zornigen jungen Männern«. Osborne selbst ist ein Typ dieser Generation. Er kommt aus ärmlichen Verhältnissen des unteren Mittelstandes, hat sich als Privatlehrer, Regieassistent und Schauspieler durchgeschlagen und als bis dato erfolgloser Stückeschreiber. Von Jimmy Porter unterscheidet er sich freilich in einem wichtigen Punkt: der rebelliert und resigniert, John Osborne rebelliert und arriviert. Seine Weltanschauung steckt er ironisch in einen Werbeslogan: Seinem Auto verschafft er die Nummer AYM 1 für »angry young man 1« – hier fährt der zornige junge Mann Nummer eins.

Friedrich Dürrenmatt

Güllen ist überall

Der Schweizer Friedrich Dürrenmatt erobert mit seinem Drama Der Besuch der alten Dame *das Welttheater. Das bitterböse Stück, das am 29. Januar in Therese Giehse in der Hauptrolle in Zürich uraufgeführt wird, zeigt, wie sich die Bürger des armen Dorfes Güllen korrumpieren lassen und die Aussicht auf Wohlstand mit dem Mord an einem der ihren erkaufen. Die Multimillionärin Claire Zachanassian kommt wie eine Rachegöttin in ihr Heimatdorf zurück, um an ihrem Jugendgeliebten, der sie einst verlassen hat, das von ihr verhängte Todesurteil vollstrecken zu lassen. Die käuflichen Bürger verhelfen ihr zu diesem blutigen Triumph.*

Dürrenmatt, der schon einen Namen als Dramatiker besitzt, hat mit dieser »tragischen Komödie« das wohl bedeutendste deutschsprachige Drama der fünfziger Jahre geschrieben. Obwohl er betont, daß Güllen nicht auf eine bestimmte Realität zu übertragen sei, wird der Name zum Sinnbild für die moralische Verlogenheit und latente Brutalität der Gegenwart. Zu den Mitteln der Groteske und Parodie, die Dürrenmatt »verfremdend« einsetzt, gehört die »humanitäre« Begründung der Bürger zuerst gegen und dann für den Lynchmord. Das Stück sei, sagt der Autor, »geschrieben von einem, der sich von diesen Leuten durchaus nicht distanziert und der nicht so sicher ist, ob er anders handeln würde«.

Antibabypille bewährt sich im Test

Gregory Pincus und John Rock arbeiten in den USA seit mehreren Jahren an der Entwicklung einer »Antibabypille«. Zunächst konzentriert sich ihr Interesse auf das Geschlechtshormon Progesteron. Von ihm ist bekannt, daß es in der zweiten Hälfte des weiblichen Zyklus und während der Schwangerschaft die Reifung neuer Eizellen verhindert und neue Befruchtungen damit unmöglich macht. Die Überlegungen gehen etwa dahin: Wenn es gelingt, dem Körper in der ersten Hälfte des Zyklus vorzutäuschen, daß er sich schon in der zweiten – »sterilen« – Hälfte befinde, so müßte sich ein wirksamer Empfängnisschutz erreichen lassen. Die Überlistung müßte mit dem Progesteron oder einem ähnlichen, synthetischen Hormon versucht werden. Pincus findet die Wirkung des Progesterons in Tierversuchen bestätigt, später auch bei Frauen, die freiwillig an einem Versuch teilnehmen. Etwa zur gleichen Zeit testet der Bostoner Gynäkologe John Rock das Progesteron in einer ganz anderen Richtung. Ihm geht es sozusagen um das Gegenteil einer Antibabypille. Er versucht, solche Fälle weiblicher Sterilität zu heilen, in denen Eileiter und Gebärmutter unterentwickelt sind. Rock vermutet, daß die während einer Schwangerschaft zu beobachtende Vergrößerung dieser Organe vielleicht auf den erhöhten Progesterongehalt des Blutes zurückgeht. Trifft dies zu, so würden sich die unterentwickelten Organe vielleicht durch künstlich zugeführtes Progesteron normalisieren. Rocks Vermutung soll sich als richtig erweisen. Achtzig Frauen in seiner Klinik nehmen drei Monate täglich Progesteron mit einem Zusatz des synthetischen Östrogens Stilbestrol ein. Bei allen bleiben die Regelblutungen daraufhin aus. Nach Abschluß der Behandlung kehren die normalen Perioden zurück.

Inzwischen ist Pincus einer dem Progesteron ähnlichen, zuverlässiger wirkenden und besser verträglichen Verbindung auf der Spur, die er schließlich in dem Präparat »Noräthynodrel« findet. Daraus wird das sogenannte Enovid entwickelt.

1956 testen Pincus und Rock das Enovid auf der übervölkerten Antilleninsel Puerto Rico an 838 Frauen, die sich freiwillig zur Verfügung gestellt haben, und haben Erfolg. Ihr Bericht erscheint am 10. Juli 1959 in der amerikanischen Zeitschrift »Science«. In ihm heißt es, die Versuchsteilnehmerinnen hätten täglich vom 5. bis 25. Zyklustag je eine Tablette des Enovid eingenommen. Nach drei Jahren Beobachtungszeit, in denen insgesamt 8133 Menstruationszyklen verfolgt werden konnten, sei es nur in 16 Fällen zu ungewollten Schwangerschaften gekommen.

Nach den ermutigenden Versuchen von Pincus und Rock tritt die »Pille« ihren Siegeszug um die ganze Welt an. Von der katholischen Kirche erbittert bekämpft, sehen viele Menschen dennoch in der hormonalen Empfängnisverhütung nicht nur ein zuverlässiges Mittel zur eigenen Familienplanung, sondern auch die Möglichkeit, die immer bedrohlicher werdende Bevölkerungsexplosion auf der Erde zu bremsen.

Gewisse Nebenerscheinungen der Pille lassen sich später, zum Beispiel durch Herabsetzung des Östrogengehalts, weitgehend beheben. Trotzdem wird ärztlicherseits in bestimmten Fällen geraten, auf die Pille zu verzichten und andere Verhütungsmethoden anzuwenden.

**Isa und Jutta Günther,
Alice und Ellen Kessler** in
Vier Mädels aus der Wachau, 1957

Romy Schneider in
Sissi (I. Teil), 1955

Marion Michael in
Liane, das Mädchen aus dem Urwald,
1956

Marina Vlady in
Die Lumpen fahren zur Hölle, 1955
Plakat zur deutschen Fassung 1956

Brigitte Bardot in
Doktor ahoi!, 1955
Plakat zur deutschen Fassung 1956

Gina Lollobrigida in
Notre-Dame de Paris (Der Glöckner
von Notre-Dame), 1956

Der deutschsprachige Film der fünfziger Jahre und sein Publikum lieben die »Mädels«, seien es die vom Immenhof (1955, mit der jungen Heidi Brühl) oder die vier aus der Wachau (mit den beiden Zwillingspaaren Günther, bekannt durch die Verfilmung von Erich Kästners Roman Das doppelte Lottchen aus dem Jahr 1950, und Kessler). Als Mädel königlicher Herkunft hatte die 16jährige Romy Schneider 1954 in der Rolle der Prinzessin Viktoria von England ihren ersten Erfolg (Mädchenjahre einer Königin). Regisseur und Drehbuchautor Ernst Marischka ließ 1955 die Mädchenjahre einer Kaiserin folgen, nämlich der Prinzessin Elisabeth von Bayern, die am Ende des ersten Sissi-Films von Kaiser Franz Joseph I. von Österreich (Karlheinz Böhm) zum Traualtar geführt wird. 1956 ist Romy Schneider Sissi, Die junge Kaiserin, 1957 erleidet sie Schicksalsjahre einer Kaiserin. Im selben Jahr erfährt Ruth Leuwerik als Königin Luise von Preußen Liebe und Leid einer Königin.

Bringen die Historienfilme durch getreues Kostüm hin und wieder ein großzügiges Dekolleté zur Ansicht, so bietet der Schauplatz Urwald dem bundesdeutschen Film (in italienischer Koproduktion) die natürliche Möglichkeit, zur Busenfreiheit vorzustoßen. Die Protagonistin dieses (jugendfreien) Versuchs ist, an der Seite Hardy Krügers, Marion Michael als Liane, das Mädchen aus dem Urwald, das sich 1957 in Liane, die weiße Sklavin wandelt. Zur Pin-up-Pose einer Marina Vlady eignet sich das Liane-Mädel weniger.

Zum Star wird 1956 die 22jährige Brigitte Bardot durch Et dieu créa la femme (Und immer lockt das Weib, 1957). Unter der Regie ihres Ehemanns Roger Vadim und an der Seite von Curd Jürgens spielt sie ein Mädchen, dessen ungezügelte Triebhaftigkeit den Männern den Kopf verdreht, vom reichen Industriellen bis zum armen Werftarbeiter. Vorausgegangen sind Rollen in einigen zweitrangigen Filmen. Nun wird »BB« mit ihrem lasziven Schmollmund und dem wehenden Haar zur Symbolfigur weiblicher Emanzipation.

In Italien endet 1956 der Zweikampf zwischen Gina Lollobrigida und ihrer nicht weniger kurvenreichen Rivalin Sophia Loren. Letztere übernimmt im dritten Teil der Liebe, Brot und… -Serie Lollos Rolle als temperamentvolle Dorfschöne, die wie aus Versehen die Männerwelt verwirrt. Damit siegt im »Busenkrieg« der mit offenkundigem Raffinement durchgeführte Einsatz körperlicher Reize über den mit scheinbarer Naivität vollführten.

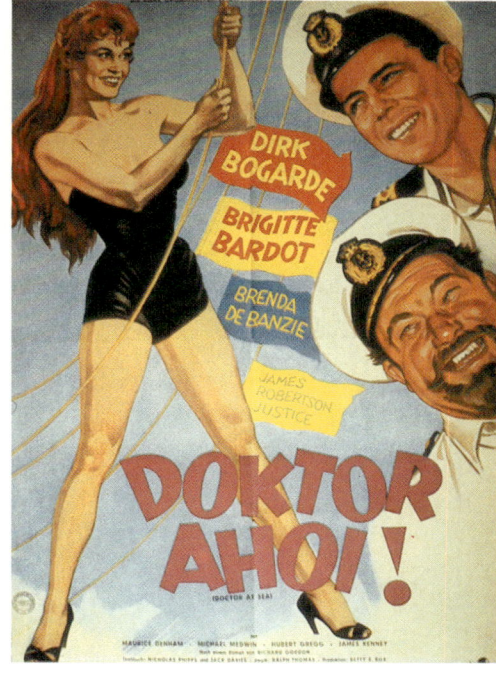

Erica von Pappritz
mit Bundeskanzler
Konrad Adenauer (links)
und Monsignore Munker

Interbau Berlin (Hansaviertel)
1957

WIEDERAUFBAU HANSAVIERTEL BERLIN

1

INTERBAU BERLIN 57

Internationales Renommee und korrektes Benehmen

Am 6. Juli wird in Berlin die Internationale Bauausstellung (Interbau) eröffnet, deren Bauten als Hansaviertel erhalten bleiben. Thema der Ausstellung ist »Die Stadt von morgen«. Nicht zufällig wird der Ort Berlin gewählt, denn immer noch wird die alte Metropole als zukünftige Hauptstadt gehandelt. Wichtiger aber ist noch ein anderer Aspekt: Berlin soll Schaufenster zum Osten sein. So erklärt denn auch der Berliner Bausenator Rolf Schwedler: »Es lag nahe, die städtebaulichen Chancen und die geistige Vielfalt des freien Berlin im Rahmen einer Bauausstellung besonders zu zeigen.«
53 international bekannte Architekten werden eingeladen, darunter so bedeutende Vertreter des modernen Bauens wie Le Corbusier, Oscar Niemeyer, Hans Scharoun, Alvar Aalto, um eine Repräsentativschau des deutschen Wirtschaftswunders zu bauen. Neue Wohnformen, moderne Bauformen und Baukonstruktionen sollen Sinnbild einer neuen westlichen Lebensordnung darstellen. Die späteren Mieter sind vielfach empört, wie radikal an ihren Wohnbedürfnissen vorbeigeplant wird. Aber auch in der Fachwelt regt sich Protest. Der englische Architekt Lewis Mumford kritisiert Le Corbusiers Wohnmaschine als »egozentrische Extravaganz, imposant wie eine ägyptische Pyramide, die einer Leiche Unsterblichkeit verleihen sollte, und … genauso trostlos«. Eines ist aber erreicht, man spricht über die gigantische Architekturschau. Und auch in Bonn wird das Parkett poliert. Das besorgt Erica von Pappritz, stellvertretende Protokollchefin des Bonner Auswärtigen Amtes, zusammen mit Karl-Heinz Graudenz durch ihr Buch der Etikette (1956). Das Anstandsbuch soll auch zur Ausbildung des Diplomatischen Corps dienen, denn die Bundesrepublikaner wollen gepflegt die Bühne der politischen Welt betreten. Die Benimm-Regeln der preußischen Offizierstochter sind von unfreiwilliger Komik. Die junge Republik entwirft hier einen Ehrenkodex, über den in den Massenmedien noch heftig polemisiert wird.

Musik

Premieren

● Werner Egk: *Der Revisor.* (Uraufführung der Oper am 7. Mai in Schwetzingen.) Das Libretto nach der hintergründigen Komödie von Gogol stammt vom Komponisten, der mit streng diatonischen Melodien nach Art russischer Volksmusik das lokale Kolorit herstellt.

● Wolfgang Fortner: *Bluthochzeit.* Die Oper nach dem gleichnamigen Drama von Federico García Lorca wird am 8. Juni in Köln uraufgeführt.

● Ernst Křenek: *Lamentatio Jeremiae Prophetae.* (Entstanden 1941/42, uraufgeführt in Kassel.) Mit dem a-capella-Chorwerk über biblische Texte versucht der Komponist, auf der Basis reihen- und zwölftontechnischer Verfahren eine Essenz seiner persönlichen Produktion und der musikhistorischen Situation des Jahrhunderts zu geben.

● Paul Hindemith: *Die Harmonie der Welt.* Uraufführung der Oper am 11. August in München unter Leitung des Komponisten, der sie als sein Hauptwerk konzipiert hat: Gestaltung des Lebens von Johannes Kepler (Libretto: Hindemith), bei der die Musik tönendes Gleichnis der Weltenharmonie sein soll.

● Rolf Liebermann: *Die Schule der Frauen* (*The School for Wives,* uraufgeführt am 3. Dezember 1955 in Louisville, Kentucky, USA), hat am 17. August in erweiterter Fassung in Salzburg Premiere. Geistvolle Parodie auf das 18. Jahrhundert.

Ereignisse

● Berlin: Glenn Gould, 25jähriger kanadischer Pianist, spielt sich am 28. Mai mit seinem Berliner Debüt unter Karajan in die erste Reihe der zeitgenössischen Virtuosen.

Musik, wie sie der Zufall will

Der Zufall bekommt bei den Avantgardisten der Neuen Musik eine Chance. Sechs Jahre, nachdem sie mit der seriellen und punktuellen Technik geradezu mathematische Verfahrensweisen favorisiert und Komponisten wie Interpreten in ein fast unerträglich starres Korsett exakter Regeln eingeschnürt haben, durchbrechen sie jetzt die Schranken, die sie selbst aufgestellt haben, und verschaffen sich wieder Luft und Raum für Spontaneität: Die definitive Gestaltung eines Klangbildes oder der Form einer Komposition soll dem Interpreten für den Augenblick der Aufführung überlassen bleiben.

In einem Vortrag unter dem Titel »Alea« während der XII. Internationalen Ferienkurse für Musik in Darmstadt verkündet Pierre Boulez im Juni eine Art Charta der »Aleatorik« (der Begriff wird vom lateinischen »alea« – Würfelspiel – abgeleitet). Mit dem aleatorischen Prinzip beginnt ein Umbruch im musikalischen Denken des mitteleuropäischen Raumes. In gewisser Weise wird dabei an uralte Traditionen angeknüpft, in denen der Akzent bei der Musik auf der Aktion und der ständigen Neuschöpfung gelegen hat.

Während John Cage, der schon 1951 als Initiator der Aleatorik aufgetreten ist, den absolut unkontrollierten Zufall zulassen will, nur die »Aktion des Spielers, nicht aber das Klangbild« festlegen möchte und danach die Aufhebung der Komposition als eines individuellen Werkes betreibt, soll bei Boulez sozusagen der vom Komponisten dirigierte Zufall gelten. Er erlaubt etwa, daß der Interpret aus vollständig ausgearbeiteten kompositorischen Teilstücken eine Anzahl von Kombinationen oder eine Abfolge von Partikeln oder bestimmte Fortschreibungen wählt. Pierre Boulez verwirklicht in diesem Jahr das aleatorische Prinzip in seiner *III. Klaviersonate.*

Rein formal kommt die Aleatorik in befremdlichem Gewand daher. Karlheinz Stockhausen etwa hat sein *Klavierstück XI,* das er in diesem Jahr komponiert, auf ein Riesenformat von einem halben mal einem Meter Papier niedergeschrieben, auf dem 19 Notengruppen in traditioneller Notierung angeordnet sind. Dazu findet der Pianist die Anweisung: »Der Spieler schaut absichtslos auf den Papierbogen und beginnt mit einer zuerst gesehenen Gruppe: diese spielt er mit beliebiger Geschwindigkeit ... Grundlautstärke und Anschlagsform ... Jede Gruppe ist mit jeder anderen verknüpfbar.«

Strawinskis Wettstreit für Tänzer

Igor Strawinskis Ballett *Agon* für zwölf Tänzer, choreographiert von George Balanchine, wird am 27. November in New York mit dem New York City Ballet uraufgeführt. Es ist eine Suite von Tänzen, ohne eine bestimmte Handlung und ohne Pantomime. Musikalisch gipfelt darin die Auseinandersetzung des jetzt 75jährigen Komponisten mit der seriellen Kompositionstechnik und führt seine Auffassung, Musik sei eine »absolute« Kunst ohne Bezug zur gesellschaftlichen Wirklichkeit, konsequent weiter. Die Choreographie Balanchines, die mit den Ideen Strawinskis in idealer Weise korrespondiert, gilt als eine der repräsentativsten Schöpfungen des europäischen Balletts. Der 1904 in Petersburg geborene Ballettschöpfer, der in den zwanziger Jahren unter anderem Choreograph des Ballets Russes Diaghilews gewesen ist, beginnt mit *Agon,* den klassischen Kodex des Bühnentanzes in Frage zu stellen.

Zur Interpretation des Werkes schreibt Balanchine in der New Yorker Zeitschrift »Ply Bill«: »Es ist weniger ein Kampf oder ein Wettstreit als eine Maßkonstruktion im Raum, realisiert durch die sich bewegenden Körper, basierend auf ganzen Mustern und Folgen und Rhythmen und Melodien in zahllosen Verknüpfungen.«

Leonard Bernsteins Welterfolg

Am 26. September wird im New Yorker Winter Garden Theatre das Musical Westside Story uraufgeführt. Komponist des Werkes ist der 39jährige Leonard Bernstein. Sein Musical ist die uralte Liebesgeschichte von Romeo und Julia in modernem Gewand. Schauplatz ist das von Rassenkonflikten zerrissene Manhattan. Maria ist Puertorikanerin im Slum von West-Manhattan, ihr »Romeo« ein Weißer. Barrikadenkämpfe und gewalttätige Auseinandersetzungen zwischen den verschiedenen Rassen prägen und zerstören das Liebesverhältnis. Die New Yorker Wirklichkeit wird ungeschminkt auf die Bühne gebracht und widerspricht den Erwartungen an das üblicherweise heitere Genre Musical. Das innerhalb von fünf Jahren mehrere tausendmal aufgeführte Bühnenwerk wird ein Welterfolg. Die hinreißend eindringliche Musik, wie auch die unbarmherzige Gesellschaftskritik, begeistern das Publikum. Songs wie Maria oder I like to be in America werden zu populären Hits.

Westside Story, 1961; Szenenfoto der Filmversion.

1957

Epos über das Zeitalter des Schreckens

Der Mailänder Verleger Feltrinelli bringt in den letzten Novembertagen ein Buch heraus, das sofort zu einem der meistdiskutierten Werke der Zeit wird: Boris Pasternaks Roman *Il dottore Zivago* (*Doktor Schiwago,* 1958). Das Werk, das nicht in der Sowjetunion, sondern im Westen erscheint, wird zu einer literarischen und politischen Sensation. Der russische Dichter breitet in dem realistischen Roman in einem machtvollen epischen Bogen den Geist einer Epoche aus. Er betreibt die Besichtigung eines schrecklichen Zeitalters. Die Leidensgeschichte und Liebestragödie des Doktor Schiwago schildert das Schicksal eines freiheitlich-liberal gesonnenen Individualisten in den Schrecken des Kriegs und der Oktoberrevolution, des Terrors der Gulaglager und der Stalinzeit. Das Epos will ein Dokument der Menschlichkeit sein, doch es berührt eine Menge politischer Tabus und wird in der Sowjetunion als konterrevolutionär verboten.

Der 1890 geborene Pasternak, berühmt auch als Lyriker, hat das Romanwerk zwischen 1946 und 1955 geschrieben. Auch in Deutschland wird sein Buch, schon vor der Auslieferung der deutschen Übersetzung im November 1958, zur Sensation. Nicht zuletzt durch die spektakuläre Ablehnung des Literatur-Nobelpreises 1958 durch den Autor, hinter der man politische Pressalien vermutet. Dieser weltweit beachtete Vorgang sowie der Roman Pasternaks selbst, der in 24 Sprachen übersetzt wird, werden von militanten westlichen Kreisen für ihre politischen Zwecke vereinnahmt. Das gleiche Schicksal widerfährt auch zwei anderen Werken der »Tauwetterperiode«, die in diesem Jahr im Westen erscheinen: Wladimir D. Dudinzews Roman *Der Mensch lebt nicht vom Brot allein* (*Ne chlebam edinym*), der den Konflikt zwischen Individuum und bürokratischem Apparat behandelt, und dem parteikritischen Buch *Die neue Klasse* des jugoslawischen Altkommunisten und Theoretikers des Titoismus, Milovan Djilas.

Eine neue Ordnung des Sehens

Boris Pasternaks Roman Doktor Schiwago *wurde 1956 nicht allein wegen inhaltlicher Bedenken (»mangelndes Verständnis« für die Bedeutung der Oktoberrevolution und den Aufbau der sozialistischen Gesellschaft) von einer Veröffentlichung in der Sowjetunion ausgeschlossen; auch die Art und Weise des Erzählens widerspricht den kulturpolitischen Richtlinien. Pasternaks Kompositionsprinzip ist in gewisser Weise »lyrisch«. Es bildet eine »Montage« aus einzelnen Prosastücken, Monologen, Dialogen, Betrachtungen und Gedichten. Eine überschaubare Romanhandlung fehlt. Pasternak legt seiner Titelgestalt die folgende Rechtfertigung in den Mund, ausgehend von einem Angriff auf die »Hirtenidyllen« der sozialistischen Kunst: »Das ungeordnete Aufzählen von äußerlich unvereinbaren Gegenständen und Begriffen ... stellt eine neue Ordnung des Sehens, der Wiedergabe von Eindrücken dar, die unmittelbar aus dem Leben und der Natur herrühren.«*

Boris Pasternak, um 1957.

Rochus Gliese
Bühnenbildentwurf zu Tartuffe
Volksbühne Berlin, 1957

Schwedisches Design auf der Mailänder XI. Triennale
Magnum, Heft 15, 1957

Der französische Nouveau roman

In Frankreich macht eine neue literarische Schule von sich reden. Es ist eine Gruppe von Schriftstellern, die im Nouveau roman den Bruch mit den herkömmlichen Formen des Erzählens konsequent zu Ende führt. Eliminiert ist der allwissende Erzähler und damit zugleich die unmittelbare Schilderung von Empfindungen, seelischen Regungen, aber auch der Handlungszusammenhang innerhalb der Kategorien Raum und Zeit. Was bleibt, ist die akribische Registrierung äußerer Erscheinungen, vor allem der Gegenstände. »Du mußt deine Aufmerksamkeit auf die Dinge lenken, die deine Augen sehen... um der inneren Bewegung, dem gefährlichen Aufrühren und Wiederkäuen von Erinnerungen ein Ende zu setzen«, heißt es in dem Roman La modification (1957) des 31jährigen Michel Butor (Paris–Rom oder Die Modifikation, 1958). Das Leben verbirgt sich gleichsam hinter Stellwänden, wie sie Rochus Gliese in seiner Inszenierung von Molières Tartuffe auf die Bühne stellt.

Das »Magnum«-Titelblatt unter Verwendung eines Fotos von der Mailänder XI. Triennale, das einem Gemälde im Stil Mondrians angenähert ist, läßt sich auf die beiden Bezeichnungen »Dingroman« und »gegenstandsloser Roman« beziehen, die der Nouveau roman in Deutschland erhält: Aus der Beschreibung von Gegenständen ergibt sich ein abstraktes System von Bezügen außerhalb des menschlichen Handlungsbereichs.

Programmatisch führt dies der 35jährige Alain Robbe-Grillet in La jalousie (1957) vor Augen (Die Jalousie oder Die Eifersucht, 1959): Der Leser muß annehmen, es handle sich um eine Dreiecksgeschichte, doch ist von dem betroffenen Ehemann nicht die Rede; wie durch die Ritzen einer Jalousie wird der ausschnitthafte Blick auf Vorgänge und Gegenstände freigegeben. Ein Wegbereiter des Nouveau roman ist Nathalie Sarraute; die 54jährige Autorin veröffentlicht 1957 eine Neufassung von Tropismes, einer Sammlung von Prosaskizzen, die erstmals 1938 erschienen ist (Tropismen, 1959).

Maria Schell in
Rose Bernd, 1957

Marilyn Monroe
und Laurence Olivier in
The Prince and the Showgirl
1957
Plakat zur deutschen Fassung 1957

Alec Guinness in
The Bridge on the River Kwai
1957

Harte Männer, enttäuschte Frauen

Zu einem internationalen Kassenschlager wird David Leans Film The Bridge on the River Kwai *(Die Brücke am Kwai) mit Alec Guinness in der Hauptrolle. Am Publikumserfolg ändert auch die heftige Kontroverse nichts, die über das monumentale Leinwandepos entsteht: Seine Verteidiger sehen in ihm eine Anklage gegen die Sinnlosigkeit des Kriegs und der militärischen Disziplin; die Kritiker verurteilen ihn als Verherrlichung heroischen Soldatentums. Die zwiespältige Hauptfigur, meisterhaft gespielt von Alec Guinness, ist ein britischer Offizier in einem japanischen Kriegsgefangenenlager. Die Gefangenen sollen eine Brücke über den strategisch wichtigen Kwai-Fluß bauen, doch Oberst Nicholson weigert sich, als Offizier an dieser Arbeit mitzuwirken. Als ihm der japanische Lagerchef das Kommando über den Bautrupp erteilt, ändert sich die Haltung des Briten; pflichtbesessen stürzt er sich in den jetzt seiner soldatischen Ehre entsprechenden Auftrag, der ihn in Konflikt bringt mit einem alliierten Sabotagetrupp, der die Brücke sprengen soll. Sterbend löst der Oberst selbst die Sprengladung aus. Auch in der Bundesrepublik ist der Andrang des Publikums gewaltig. Darin das Aufbrechen militaristischer Neigungen zu sehen, ist sicher ebenso falsch wie den symptomatischen Charakter zu verkennen. Die Eingliederung in das atlantische Bündnis fördert die Lust, harte Männer in Aktion zu sehen.*
Bei zwei Filmproduktionen desselben Jahres stehen Frauen im Mittelpunkt, die an Konventionen der Männerwelt scheitern. Wolfgang Staudtes erste Regiearbeit in der Bundesrepublik ist eine Filmversion von Gerhart Hauptmanns Schauspiel Rose Bernd *(1903). Der Film bestätigt die Einsicht: »Niemand weint so schön und schnell / Wie im Film Maria Schell.« Marilyn Monroe muß in* The Prince and the Showgirl *(nach einem Stück von Terence Rattigan) erfahren, daß Prinzen zwar menschlich empfinden, aber doch nicht wie andere Menschen handeln können.*

Film und Fernsehen

Premieren

• Kurt Hoffmann: *Das Wirtshaus im Spessart* mit Liselotte Pulver und Carlos Thompson nach Wilhelm Hauffs gleichnamigem Märchen von der Komtesse, die sich in einen Räuberhauptmann verliebt.
• Michail Kalatosow: *Letjat schurawli (Wenn die Kraniche ziehen, 1958)* mit Tatjana Samojlowa, Alexej Batalow, Wassili Merkurew: Private Liebesgeschichte im Krieg. Abkehr vom dogmatischen Stil der Stalinzeit.
• Sidney Lumet: *Twelve Angry Men (Die zwölf Geschworenen)* mit Henry Fonda, Lee J. Cobb und E. G. Marshall. Dialogstück als Plädoyer für Zivilcourage: ein einzelner bringt die Mitgeschworenen dazu, ihr Urteil in einem Mordfall zu revidieren.
• Robert Siodmak: *Nachts, wenn der Teufel kam* mit Claus Holm, Mario Adorf, Hannes Messemer. Stellt nach einem Tatsachenbericht von Will Berthold einen Fall von Rechtsbeugung im NS-Regime dar: Der Fall eines überführten Massenmörders wird aus Propagandagründen zynisch niedergeschlagen. Zahlreiche Auszeichnungen, auch im Ausland.

Ereignisse

• Die Fernsehfassung der *Dreigroschenoper* von Brecht gerät am 27. Februar mit 81,2 Prozent Einschaltquote an die Spitze der Beliebtheitsskala. Von 90 deutschen Fernsehproduktionen dieses Jahres sind 82 nach literarischen Vorlagen entstanden.
• Robert Lembkes »heiteres Beruferaten« mit dem Titel *Was bin ich* läuft im Fernsehen an.
• Die bundesdeutschen Zeitungsverleger verlieren im November einen Musterprozeß, in dem sie gegen das Werbefernsehen des Bayerischen Rundfunks geklagt haben.

Das hält kein Ionesco aus

Darmstadt erlebt einen explosiven Theaterskandal. Am 5. Mai inszeniert Gustav Rudolf Sellner Eugène Ionescos *Opfer der Pflicht* und erntet von einem verstörten Publikum für diese deutsche Erstaufführung lebhafte Proteste. Ein Konzert aus Trillerpfeifen und Hausschlüsselgeklapper erzwingt die Unterbrechung der Vorstellung. Sellner fordert die Unzufriedenen auf, das Haus zu verlassen. Eugène Ionesco, in Paris lebender Rumäne, ist bei dem Spektakel anwesend. Er erlebt, jetzt 45 Jahre alt, seinen etwas turbulenten Durchbruch auf der europäischen Bühne.

Das 1953 in Paris uraufgeführte Stück handelt von einem Polizisten, der zu einem Ehepaar kommt. Aus einem harmlosen Gespräch wird ein Verhör, eine inquisitorisch-tiefenpsychologische Jagd und schließlich Folter. Ein Dichter ersticht den Peiniger. Von Darmstadt aus beginnt jetzt die absurde Welle über die deutschen Theater zu wogen. Im November wird von der »Abendpost« Konjunktur für das absurde Theater vermeldet, im April 1958 heißt es nach der deutschen Premiere der Posse *Die Stühle* im »Münchener Merkur«: »Ionesco ist kein Talent, sondern eine Mode«, und kurz darauf, nachdem in Darmstadt das zweite abendfüllende Drama Ionescos, *Mörder ohne Bezahlung*, uraufgeführt worden ist (14. März 1958), registriert die »Süddeutsche Zeitung«: »Alle vierzehn Tage Erstaufführung: Das hält kein Autor, kein Ruhm, kein Ionesco aus.« Neben dem »Klassiker« Samuel Beckett gehören Fernando Arrabal, Arthur Adamov, Jean Tardieu, Boris Vian und die Deutschen Günter Grass und Wolfgang Hildesheimer zu den vielgespielten Autoren des absurden Theaters.

Auf der Suche nach Menschlichkeit

Der 39jährige Schwede Ingmar Bergman, seit 1944 beim Film tätig, gestaltet 1957 mit Smultronstället (Wilde Erdbeeren, 1961) als Autor und Regisseur eine Filmerzählung über menschliche Beziehungslosigkeit, die zugleich der Hoffnung auf Überwindung der aus Skepsis, Resignation und Egozentrik gebildeten Schranken Ausdruck gibt. Im Mittelpunkt steht ein Professor, der sich gemeinsam mit seiner Schwiegertochter (Ingrid Thulin) auf dem Weg zu einer Ehrung befindet, die seine wissenschaftliche Laufbahn krönt. Während der Fahrt im Auto wird er in Erinnerungsbildern zum Betrachter seines vergangenen Lebens. Nach und nach werden ihm – unter dem Eindruck unmittelbarer Gegenwartserlebnisse – die Augen über seine eigenen Versäumnisse geöffnet. Die Rolle des Professors verkörpert der 79jährige Victor Sjöström, dessen Schaffen als Regisseur (ab 1912) zu den Grundlagen des schwedischen Films gehört. Vor allem entwickelte er die Kunst der Gestaltung »sprechender« Landschaftsbilder, die bei Bergman den Erinnerungsbildern ihre Ausdruckskraft verleihen.

Victor Sjöström in Smultronstället, 1957 (Wilde Erdbeeren, 1961).

Theater

Premieren

• Arthur Adamov: *Paolo Paoli* wird am 29. Mai in Lyon uraufgeführt. (Deutsche Erstaufführung am 14. Februar, Ballhof-Theater, Hannover.) Übertragung des politischen Kräftespiels zu Beginn des Jahrhunderts in das Spießermilieu des Schmetterlingshändlers Paoli. Mit diesem Stück wendet sich Adamov vom absurden Theater ab und beginnt die Arbeit an einer Reihe gesellschaftskritischer Bilderbogen in der Nachfolge Brechts.
• Bertolt Brecht: *Leben des Galilei*. Wird in einer noch vom Autor begonnenen Inszenierung (Brecht starb 1956) am 15. Januar im Theater am Schiffbauerdamm in Ost-Berlin durch das Berliner Ensemble aufgeführt und auch im Westen als »der Vollendung nahe« gefeiert.
• Bertolt Brecht: *Schweyk im Zweiten Weltkrieg*. (Uraufführung am 15. Januar in Warschau). Fortsetzung des Schelmenromans von Jaroslav Hašek.
• Bertolt Brecht: *Die Gesichte der Simone Machard*. (Uraufgeführt am 8. März an den Städtischen Bühnen in Frankfurt in einer Inszenierung von Harry Buckwitz). Das nachgelassene Stück überträgt den Jeanne-d'Arc-Stoff auf den Zweiten Weltkrieg.
• Jean Genet: *Le balcon (Der Balkon)* wird am 22. April in London durch Peter Zadek uraufgeführt. (Deutsche Erstaufführung am 18. März 1959, Schloßparktheater, Berlin.) In einem Bordell zelebrieren die Besucher ihre Illusionen und Machtrituale. Auch die reale Welt wird, während »draußen« eine Revolution stattfindet, als Theater denunziert.
• Pavel Kohout: *Takováláska (So eine Liebe)* wird am 13. Oktober in Prag uraufgeführt. (Deutsche Erstaufführung am 27. April 1958 in Dresden.) Die psychologische Studie über die Vorgeschichte eines Selbstmordes wird ein ungewöhnlicher Erfolg in allen sozialistischen Ländern, obwohl sie formal gegen den sozialistischen Realismus verstößt.
• John Osborne: *The Entertainer (Der Entertainer)* wird am 11. April in London mit Laurence Olivier in der Titelrolle uraufgeführt. (Deutsche Erstaufführung am 28. September mit Gustaf Gründgens in Hamburg.) Satire über einen alt und fies gewordenen Conférencier aus der Gegenwartswelt der englischen Music Halls. Zugleich vermittelt das Stück, das 1956 während der Suez-Krise spielt, eine ätzende Zeitkritik.
• Georges Schéhadé: *Herr Bob'le (Monsieur Bob'le*, Uraufführung im Januar 1951 in Paris, Théâtre de la Huchette) hat in Darmstadt am 26. Oktober deutsche Erstaufführung als Teil des Programms von Gustav Rudolf Sellner, die französische Avantgarde bekanntzumachen. Bis ins Absurde gesteigertes Märchen poetischer Menschenliebe.
• Erwin Sylvanus: *Korczak und die Kinder*. (Uraufführung am 1. November in Krefeld.) Szenischer Bericht über den polnischen Arzt Korczak, der ihm anvertraute Kinder in das Vernichtungslager Treblinka begleitet.

1957

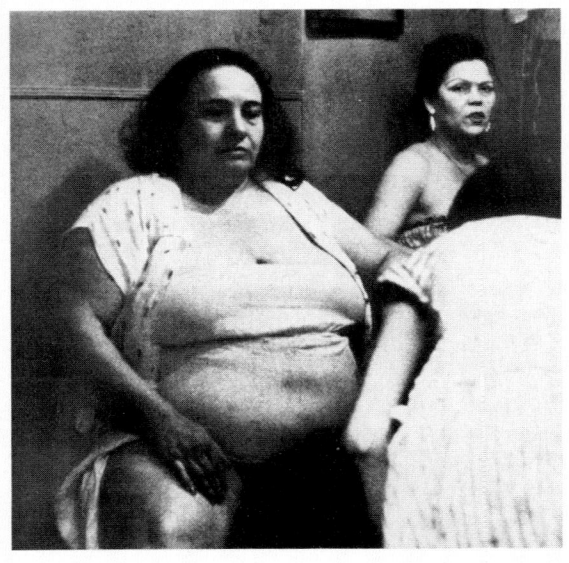

Bildargumentation

»Wir sind so anti-intellektualistisch, daß wir unseren Freunden empfehlen, mehr in den Bildern dieses Heftes zu lesen als in den Texten. Nicht weil wir der Meinung sind, daß die Texte zu schlecht wären; aber wir sind überzeugt, daß sie die Bilder nicht ausschöpfen. Unsere Bilder sind keine Illustrationen, sie sind Kontakte mit der Realität.« Mit diesen Sätzen im Einführungstext des Themenheftes »Die Gesellschaft, in der wir leben« (12, 1957) umreißt die Redaktion der seit 1953 erscheinenden Publikation »Magnum. Die Zeitschrift für das moderne Leben« ihre Konzeption der Bildargumentation.

Ein wesentliches Mittel der Visualisierung von Problembereichen, der »Welt-Anschauung«, ist in »Magnum« die Gegenüberstellung von Bildern. Das Beispiel aus dem Themenheft »Der neue Blick in der Photographie« (17, 1958) steht unter dem Motto Monumente aus der Gosse. Der beigegebene Text interpretiert das obere Bild nicht als bloße Sachaufnahme (zerbrochener Lampenschirm, Glühbirne), sondern »indem die Fliegen da sind, die sich auf die Birne wie auf ein Aas setzen, entsteht ein soziologisches Bild. Ein ganzes Milieu ist plötzlich da. Der Photograph hat nicht bloß einen Gegenstand aufgenommen, er hat ein Ereignis photographiert« – im Sinne des Nouveau roman, ließe sich ergänzen. »Jedes moderne Photo ist das Bild eines Ereignisses und insofern ein aktuelles Bild. In dieser Aktualität liegt das Mehr an Aussage, das uns die moderne Photographie anbietet. Die Lampe und die Dirne« – auf dem unteren Bild – »werden zum Monument, zum Monströsen, weil ihr reales Selbst zur Wirkung kommt. Das Phänomen des Gegenstandes bricht aus seinem Rahmen. Dieses Weib sitzt da wie ein Berg. Ist es kulturschänderisch, an die Venus von Willendorf zu denken? Aber auch hier bleiben die Dinge in ihrer Ordnung: die Venus von Willendorf ist eine Muttergöttin, dieses Weib aber will eine Venus sein.«

Bildgegenüberstellung aus »Magnum«, Heft 17, 1958.

Polemik gegen den Geist von links

Eine Äußerung des CDU-Außenministers Heinrich von Brentano vertieft die Kluft zwischen liberalen Gebildeten und konservativen Politikern in der Bundesrepublik. In einem Argumentationszusammenhang setzt er das späte lyrische Werk von Bertolt Brecht mit den Produkten des Nazidichters Horst Wessel gleich und provoziert damit einen Aufschrei der Empörung unter den Intellektuellen. Am 22. Mai richtet Peter Suhrkamp, der als Verleger im Dritten Reich erlebt hat, wie Politiker Künstler in demagogischer Form angriffen, in der »Welt« einen offenen Brief an ihn: »... Wie soll da noch Dichtung gedeihen, wo Staatsmänner sie so leichtfertig abtun.« Der Politiker unterstellt, ebenfalls in einem offenen Brief, Suhrkamp billige Verlagsinteressen (bei Suhrkamp erscheint das Werk Brechts) und beharrt: »Wo soll noch Freiheit bestehen, wo Dichter sie so leichtfertig wegwerfen.«

Keine Chance für freie Diskussionen

Die politischen Umwälzungen, die 1956 in Polen und Ungarn stattgefunden haben, lösen hektische Unruhe und Betriebsamkeit in der Kulturszene der DDR aus. Durch panische Aktionen versucht die Parteiobrigkeit, jeglichen Liberalismus, der sich in das Denken ihrer »Kulturschaffenden« eingeschlichen haben könnte, zu unterbinden und sie wieder auf den Weg der Partei zu zwingen.

Das Motto für einen unerbittlichen Kulturkampf hat am 21. November 1956 das »Neue Deutschland« mit einem Ministerzitat verkündet: »Es ist selbstverständlich, daß in der DDR keine sogenannte freie Diskussion geduldet werden kann.« Sichtbare praktische Folge sind eine Reihe spektakulärer Verhaftungen und Urteile. Prominentes Opfer etwa ist der Chefredakteur der »Deutschen Zeitschrift für Philosophie« und Philosophiedozent Wolfgang Harich. Er wird am 9. März wegen »Bildung einer konspirativen staatsfeindlichen Gruppe« zu zehn Jahren Zuchthaus verurteilt. Der 35jährige Harich, Schüler von Georg Lukács und Ernst Bloch, hatte zusammen mit anderen Intellektuellen als Antistalinist und Vertreter eines »humanen Sozialismus« ein Reformprogramm für die SED und ein Konzept für die Wiedervereinigung Deutschlands vorgelegt.

Der Leipziger Philosophieprofessor Ernst Bloch, »Nationalpreisträger« und Inhaber des »Vaterländischen Verdienstordens« in Silber, wird Ende März zwangsweise emeritiert und kaltgestellt. Er gehört zu den prominenten Intellektuellen, die die Entstalinisierung ernst nehmen und einer Entdogmatisierung des Marxismus das Wort reden. Im Zentrum heftiger Kampagnen gegen ihn stehen Vorwürfe gegen den »Mystizismus« und »Idealismus« in seinem philosophischen Hauptwerk *Das Prinzip Hoffnung*, von dem zwei Bände seit 1955 erschienen sind.

Der ungarische Literaturhistoriker und Kulturphilosoph Georg Lukács, der 1956 als Kulturminister der Revolutionsregierung Imre Nagy angehört hat und dafür nach Rumänien deportiert worden ist, wird Kulturbuhmann des Jahres in der DDR. Der bedeutendste marxistische Geisteswissenschaftler, dem viele die entscheidende Rolle in der Vorgeschichte des ungarischen Aufstandes zuschreiben, wird als »Konterrevolutionär« angeprangert.

Naturwissenschaft, Technik, Medizin

● Werner Heisenberg und Wolfgang Pauli entwickeln seit 1953 eine sogenannte »Weltformel«. In ihr werden die Wechselwirkungen der Elementarteilchen in der Materie berücksichtigt und der Begriff der kleinsten Länge benutzt. Der experimentelle Nachweis steht allerdings noch aus.

● Felix Wankel kann den ersten erfolgreichen Probelauf seines Drehkolbenmotors verzeichnen. Diese Maschine enthält keine hin- und hergehenden Massen und keine Ventile. Es handelt sich um einen laufruhigen Viertaktmotor, der durch einen annähernd dreieckigen Läufer im Brennraum gesteuert wird. Der Wankelmotor wird ab 1964 in Serie gebaut.

● 18 namhafte deutsche Kernphysiker unter Federführung von Otto Hahn veröffentlichen am 12. April das »Göttinger Manifest«, in dem sie der Bundesrepublik den freiwilligen Verzicht auf Atomwaffen vorschlagen.

● In der Technischen Hochschule in München nimmt der erste deutsche Kernreaktor den Betrieb auf. In der Bundesrepublik sind acht Kernreaktoren im Bau.

**Der sowjetische Erdsatellit
Sputnik I**
Start: 4. Oktober 1957
92 Tage im All

**Trägerrakete Jupiter-C
mit dem US-Erdsatelliten
Explorer I**
Start: 1. Februar 1958

Der Beginn des Weltraumzeitalters

*Am 4. Oktober 1957 startet die UdSSR
den ersten künstlichen Erdtrabanten,
Sputnik I. Der kugelförmige Satellit ist
83,6 kg schwer, hat einen Durchmesser von 58 cm und umrundet die Erde
auf einer stark elliptischen Bahn in
96 Minuten.*

*Die sowjetische Agentur TASS ver-
kündet den Start wie eine triumphale
Siegesmeldung. In den USA ist man
schockiert; das »Piep … piep … piep«,
die »Stimme« des Satelliten, tönt wo-
chenlang wie Hohngelächter in den
Ohren der amerikanischen Raum-
fahrtexperten. Der Direktor des astro-
physikalischen Instituts von Cambridge in Massachusetts erklärt: »Wir
haben die erste Runde mit der Wasserstoffbombe gewonnen, die Sowjets haben die zweite Runde mit dem Satelliten gewonnen.« Der demokratische Senator Jackson nennt den Start des
Sputnik »einen verheerenden Schlag
gegen das Prestige der Vereinigten
Staaten als Führerin in der Welt der
Wissenschaft und Technik.«*

*Nur einen Monat später wird in der So-
wjetunion Sputnik II gestartet. In der
Zeitschrift »Weltraumfahrt« ist darüber zu lesen: »Im Vorderteil der End-
stufe befand sich ein Gerät zur Mes-
sung der UV-Strahlung der Sonne und
ein kugelförmiger Behälter mit zwei
Sendern. Hinter ihm befand sich die
hermetische Kabine für die Steppen-
hündin Laika.« Laika ist das erste Lebewesen im Weltall – und das erste
Opfer: der Hund erstickt nach einer
Woche infolge Sauerstoffmangels.*

*Drei Monate später, am 1. Februar
1958, gelingt endlich den USA der erste
Start eines Satelliten. Mit einer Jupiter-
C-Rakete wird Explorer I in den Weltraum geschossen. Die Amerikaner atmen auf. Den Abstand zur UdSSR hat
die USA damit nicht aufgeholt. Sputnik II hat bereits ein Gewicht von
508 kg, der Explorer I wiegt 8 kg. Der
US-Direktor der Abteilung für Rake-
tenforschung, Wernher von Braun,
warnt denn auch vor allzu überspitz-
ten Hoffnungen. Seiner Meinung nach
besitzen die sowjetischen Forscher in
der Weltraumforschung einen Vorsprung von etwa fünf Jahren.*

Ungehemmte Freude am Fortschritt

»Bilanz einer Welt – für eine menschliche Welt« lautet das Motto der Weltausstellung in Brüssel, die am 17. April von König Baudouin I. eröffnet wird. Auf dieser Expo 58, die bis zum 17. Oktober von 42 Millionen Menschen besucht wird, soll nicht der technische Fortschritt, sondern der Mensch im Mittelpunkt stehen. Ein hoher Anspruch, den schon rein äußerlich das Wahrzeichen der Ausstellung, das Atomium, in unfreiwillige Ironie auflöst. Wie die anmaßende Allegorie des Atomzeitalters ragt das Bauwerk – die 165milliardenfache Vergrößerung eines Eisenkristall-Moleküls – in 102 Meter Höhe, gebildet aus neun zweigeschossigen Kugeln, die durch Stahlrohre (Durchmesser drei Meter) mit Rolltreppen bzw. einem Aufzug (Mittelmast) im Innern verbunden sind. Die Atomkraft ist denn auch, neben der Raumfahrt, eines der Hauptthemen, denen sich die Großmächte bei ihrer Selbstdarstellung widmen.

Die Expo 58 dient dem Leistungsvergleich zwischen Ost und West. Während die USA mit ihrem runden Prachtpavillon (Durchmesser 104 Meter) einen Supermarkt des Konsums, ihres »american way of life«, präsentieren, wartet der Ostblock mit Maschinengigantismus auf.

Eine der nachhaltigsten Überraschungen in Brüssel ist die Ausstellungsarchitektur. Die Kritik bejubelt die meist kühne, scheinbar schwerelose Betonakrobatik. Gipfel der Extravaganz ist der einer riesigen Libelle nachempfundene französische Pavillon; 90 Prozent der Last ruhen auf einem einzigen Punkt. Schöpfer des 12 000 Quadratmeter Fläche überwölbenden Stahlkunstwerks ist Guillaume Gillet. Auch Le Corbusiers Philips-Pavillon aus steilen Betonschalen erregt Aufmerksamkeit. Zugrunde liegt eine mathematische Formel als Entsprechung zu dem im Inneren als Verbindung von Ton, Licht und Farben dargebotenen »elektronischen Gedicht«. Der deutsche Pavillon von Egon Eiermann und Sep Ruf dagegen ist eine Musterschülerarbeit an Solidität, ein kubischer Bau aus Glas und Beton.

1958

Schwerer Strahlenunfall

Sechs jugoslawische Techniker, fünf Männer und eine Frau, die bei einem Unfall im Atomkraftwerk Vinca einer normalerweise tödlichen Strahlendosis ausgesetzt gewesen sind, werden im Pariser Curie-Hospital von den Radiologen Mathé und Jammet erfolgreich mit menschlichen Knochenmarkzellen behandelt.

Bei der Operation, die vorher noch nie glücklich verlaufen war, gelingt es zugleich, die gefürchtete Abwehrreaktion des Körpers zu überwinden. Zunächst wählten die Ärzte unter einer Gruppe von freiwilligen Knochemarkspendern solche aus, deren Blut in jeweils elf Eigenschaften mit dem des betreffenden Patienten übereinstimmte (bei Bluttransfusionen genügen im allgemeinen zwei übereinstimmende Eigenschaften). Dann entnahmen sie jedem der Spender, die außerdem noch in der Augen- und Haarfarbe den Patienten glichen, je 200 bis 300 Kubikzentimeter Knochenmarkzellen aus dem Brustbein und den Hüftknochen, um sie den Strahlenopfern in die Venen einzuspritzen.

Bis auf einen der Patienten überleben alle den Strahlenschock und erholen sich. Mathés und Jammets Erfolg geht durch die Weltpresse. Das Gespenst tödlicher Strahlendosen scheint besiegbar, wenn es gelingt, den Opfern Knochenmarkzellen zuzuführen, die den körpereigenen chemisch verwandt sind. Die Jugoslawen hatten allerdings Glück im Unglück. Die hohe empfangene Strahlendosis hatte die natürliche Abwehrreaktion des Körpers gegen die Knochenmarkspenden schon vor der Übertragung entscheidend geschwächt. Das kam der Behandlung zugute.

Jammet spricht später vor den Vereinten Nationen

über die Behandlung in Paris. Er empfiehlt dabei eine wichtige Schutzmaßnahme für die Arbeiter in Kernreaktoren: Wenn diese Männer im Notfall körpereigenes Knochenmark zur Verfügung hätten, sagt Jammet, sei ihnen wahrscheinlich in vielen Fällen zu helfen. Man solle daher von jedem Angestellten Knochenmarkzellen entnehmen und konservieren lassen, um bei einem Unfall nicht auf körperfremde Markzellen angewiesen zu sein.

Kampf dem Atomtod

Die Jahre 1957/58 sind innenpolitisch geprägt von der Auseinandersetzung um die Lagerung von US-Atomwaffen in der Bundesrepublik und die atomare Bewaffnung der Bundeswehr, für die sich die Adenauer-Regierung einsetzt. Die erste aufsehenerregende Stellungnahme gegen Atomwaffen gaben 18 deutsche Physiker im April 1957 ab, die sogenannte Erklärung der Göttinger 18. Auf dem Bild oben begeben sich Prof. Otto Hahn, Prof. Walther Gerlach und Prof. Carl Friedrich von Weizsäcker ins Palais Schaumburg, um mit dem Kanzler zu sprechen und ihn umzustimmen. In ihrer Erklärung heißt es: »Wir fühlen keine Kompetenz, konkrete Vorschläge für die Politik der Großmächte zu machen. Für ein kleines Land wie die Bundesrepublik glauben wir, daß es sich heute noch am besten schützt und den Weltfrieden noch am ehesten fördert, wenn es ausdrücklich und freiwillig auf den Besitz von Atomwaffen verzichtet.«

Der Aufruf findet breite Resonanz, laut einer Umfrage sprechen sich 72 Prozent der Bevölkerung gegen die atomare Bewaffnung aus. Am 22. Februar 1958 wird in Bonn der Ausschuß »Kampf dem Atomtod« gegründet. Vertreter beider Kirchen, der Parteien SPD und FDP, Schriftsteller, Wissenschaftler und Tausende Einzelpersonen schließen sich der Initiative an. In ihrer gemeinsamen Erklärung fordern sie »Bundestag und Bundesregierung auf, den Rüstungswettlauf mit atomaren Waffen nicht mitzumachen«.

Der Schriftsteller Erich Kästner gehört zu den Unterzeichnern eines Aufrufs von 500 Schriftstellern und Künstlern: »Wir protestieren gegen die atomare Bewaffnung der Bundeswehr, weil sie jede weitere Verständigung zwischen Ost und West unmöglich zu machen droht ... (und) die Gefahr einer dritten Katastrophe für das deutsche Volk heraufbeschwört.«

Oben: Die Professoren Hahn, Gerlach und Weizsäcker vor dem Palais Schaumburg, 17. April 1957.
Mitte: Erich Kästner spricht auf einer Protestkundgebung in München, 18. April 1958.

Naturwissenschaft, Technik, Medizin

● Am »Internationalen Geophysikalischen Jahr«, einem Jahr mit besonders starker Fleckenaktivität auf der Sonne, beteiligen sich 56 Nationen. Rund 2000 Meß- und Beobachtungsstationen in aller Welt liefern Beiträge zur Erforschung der Erde und des erdnahen Weltraums.

● Dem Start des ersten amerikanischen Erdsatelliten, *Explorer I,* folgen weitere Satellitenstarts durch die USA: am 13. März *(Vanguard I),* am 26. März *(Explorer III),* am 26. Juli *(Explorer IV)* und am 18. Dezember der mit einem Relais zur Nachrichtenübermitt-

lung versehene *Atlas-Score.* Am 15. Mai starten die Sowjets ihren *Sputnik III.*

● Das mit Atomkraft angetriebene amerikanische U-Boot »Nautilus« erreicht den Nordpol auf einer Fahrt unter dem ewigen Eis.

● Die Sowjetunion stellt den mit Atomkraft angetriebenen Eisbrecher »Lenin« in Dienst.

1958

Entmaterialisierung

Im Katalog zur Ausstellung 50 Jahre moderne Kunst im Rahmen der Brüsseler Weltausstellung heißt es:»Wenn wir noch auf die erstaunlichen Ergebnisse hinweisen, welche die moderne Kunst in der Erforschung der menschlichen Seele und des Unterbewußten erzielte, dürfen wir ruhig den Schluß ziehen, daß der kunstschaffende Mensch noch nie so vollständig die Schöpfung beherrscht hat wie in unserer Zeit.«

Solchem Optimismus steht das Bedürfnis gegenüber, eine »Zone des Schweigens vor dem Neubeginn« zu schaffen. Dieses Ziel hat sich die Düsseldorfer Künstlergruppe »Zero« gesetzt; der Name bezieht sich auf den Moment »Null« beim Countdown eines Raketenstarts. Als publizistisches Organ dient die Katalog-Zeitschrift Zero, von der 1958 zwei und 1961 eine dritte Ausgabe erscheinen.

Die Zero-Künstler um Otto Piene und Heinz Mack, die erstmals 1957 an die Öffentlichkeit getreten sind, stehen in der Tradition der Rebellion gegen die Vorherrschaft des Tafelbildes in der Malerei und des statischen Gebildes in der Bildhauerei. Beide Medien der Gestaltung erscheinen als ungeeignet, das Bewußtsein im fortschreitenden technischen Zeitalter künstlerisch zu reflektieren. Raum und Zeit (Bewegung) werden als Grundelemente der Erfahrung und ensprechend der Gestaltung verstanden. Auf der noch überwiegend der monochromen Malerei verpflichteten Düsseldorfer Zero-Ausstellung Das Rote Bild sind 1958 über 40 Künstler vertreten. Zugleich präsentiert in Paris Yves Klein mit der Ausstellung Le Vide die »blaue Sensibilität innerhalb der weißen Leere« im Sinne einer »immateriellen Raumeroberung«.

Abbildung (Ausschnitt) aus Zero 2, Katalog-Zeitschrift (Oktober 1958) zur 8. Abendausstellung der Gruppe Zero.

Georges Mathieu, der eilige Maler

Der französische Maler Georges Mathieu, einer der Begründer und Hauptvertreter des Tachismus, der durch öffentliche Demonstrationen seiner spontanen Malweise Aufsehen erregt, führt ein neues Element in die Malerei ein: das Tempo. 1956 hat er in Paris in zwanzig Minuten ein Riesenformat von vier mal zwölf Metern vor den Augen eines verwirrten Publikums bemalt. Jetzt demonstriert er, daß es noch schneller geht. Das Bild *Bulla omnium Datum* entsteht in vier Sekunden und ist immerhin zwei mal vier Meter groß. In einem Interview für die Zeitschrift »Das Kunstwerk« (April 1959) erklärt er zu seinen Malprinzipien: »Ich bin überzeugt, allein die Schnelligkeit des Handelns macht es möglich, das, was aus den Tiefen des Wesens aufsteigt, zu erfassen und auszudrücken, ohne daß sein spontaner Ausbruch durch rationale Überlegungen… zurückgehalten wird…«

```
VIBRATION VIBRATION VIBRATION VIBRATION VIBRATION VIBRATION
VIBRATION VIBRATION VIBRATION VIBRATION VIBRATION VIBRATION
VIBRATION VIBRATION VIBRATION VIBRATION VIBRATION VIBRATION
VIBRATION VIBRATION VIBRATION VIBRATION VIBRATION VIBRATION
VIBRATION VIBRATION VIBRATION VIBRATION VIBRATION VIBRATION
VIBRATION VIBRATION VIBRATION VIBRATION VIBRATION VIBRATION
VIBRATION VIBRATION VIBRATION VIBRATION VIBRATION VIBRATION
VIBRATION VIBRATION VIBRATION VIBRATION VIBRATION VIBRATION
VIBRATION VIBRATION VIBRATION VIBRATION VIBRATION VIBRATION
VIBRATION VIBRATION VIBRATION VIBRATION VIBRATION VIBRATION
VIBRATION VIBRATION VIBRATION VIBRATION VIBRATION VIBRATION
VIBRATION VIBRATION VIBRATION VIBRATION VIBRATION VIBRATION
VIBRATION VIBRATION VIBRATION VIBRATION VIBRATION VIBRATION
VIBRATION VIBRATION VIBRATION VIBRATION VIBRATION VIBRATION
VIBRATION VIBRATION VIBRATION VIBRATION VIBRATION VIBRATION
VIBRATION VIBRATION VIBRATION VIBRATION VIBRATION VIBRATION
VIBRATION VIBRATION VIBRATION VIBRATION VIBRATION VIBRATION
VIBRATION VIBRATION VIBRATION VIBRATION VIBRATION VIBRATION
VIBRATION VIBRATION VIBRATION VIBRATION VIBRATION VIBRATION
VIBRATION VIBRATION VIBRATION VIBRATION VIBRATION VIBRATION
VIBRATION VIBRATION VIBRATION VIBRATION VIBRATION VIBRATION
VIBRATION VIBRATION VIBRATION VIBRATION VIBRATION VIBRATION
VIBRATION VIBRATION VIBRATION VIBRATION VIBRATION VIBRATION
VIBRATION VIBRATION VIBRATION VIBRATION VIBRATION VIBRATION
VIBRATION VIBRATION VIBRATION VIBRATION VIBRATION VIBRATION
VIBRATION VIBRATION VIBRATION VIBRATION VIBRATION VIBRATION
VIBRATION VIBRATION VIBRATION VIBRATION VIBRATION VIBRATION
VIBRATION VIBRATION VIBRATION VIBRATION VIBRATION VIBRATION
```

Die subjektive Kamera

Auf der Kölner »Photokina«, die seit 1950 zu einem bedeutenden Forum der internationalen Fotografie geworden ist, wird unter einer Vielzahl von Einzelausstellungen eine Sonderschau »Subjektive Fotografie« gezeigt. Es ist die dritte große Präsentation dieser avantgardistischen Stilrichtung, die mittlerweile aus dem Stadium des Experimentierens herausgetreten und schon Mode geworden ist, und die sich mit dem Namen des 1915 in Saarbrücken geborenen Otto Steinert verbindet.

Steinert, der sich nach dem Krieg als Autodidakt eigentlich nur durch Fotografieren Geld für die Fortsetzung seines Medizinstudiums und die weitere Entwicklung seiner ärztlichen Karriere verdienen wollte, ist darüber 1948 zum Leiter der Fotoklasse und 1952 zum Direktor der Werkkunstschule in Saarbrücken geworden. 1951 hat er zum ersten Mal die Ergebnisse der »Subjektiven Fotografie« dort vorgestellt, mit der er an die Bauhaus-Fotografie anknüpfen wollte.

Diese Schule, die sich auf alle Bereiche der Fotografie vom Fotogramm über das Porträt bis zur Reportage erstrecken kann, verlangt nicht nur die formale Beherrschung fotografischer Gestaltungsmittel, sondern auch den Mut zur individuellen Erlebnisaussage. Sie soll eine ganz persönliche Interpretation der Wirklichkeit liefern. Steinert, der dazu ausführlich Beschreibungen und theoretische Analysen liefert, formuliert: »Subjektive Fotografie heißt vermenschlichte, individualisierte Fotografie, bedeutet Handhabung der Kamera, um den Einzelobjekten ihrem Wesen entsprechende Bildsichten abzugewinnen.«

Der Exmediziner, der wie kein anderer der zeitgenössischen Fotografie Impulse gegeben hat, ist lange Jahre der einzige deutsche Fotograf, der im Ausland bekannt ist, nicht zuletzt auch als Fotopädagoge. 1959 wird er als Professor an die Folkwangschule Essen berufen.

Bildende Kunst

Werke

- Karel Appel: *Zwei Köpfe in einer Landschaft*.
- Hans Arp: *Torso einer Frucht* (Marmorplastik, Kunsthalle Mannheim).
- William Baziotes: *Dämmerung*.
- Max Bill: *Vier komplementäre Farbgruppen*.
- Sam Francis: *Shining Black* (Guggenheim-Museum, New York).
- HAP Grieshaber: *Herbststrauß*.
- Jasper Johns: *Große weiße Zahlen*.
- Asger Jorn: *Ausverkauf einer Seele*.
- Franz Kline: *Siegfried*.
- Willem De Kooning: *Vorstadt von Havanna*.
- Richard Mortensen: *Calvados*.
- Hans Platschek: *Calamar*.
- Robert Rauschenberg: *Zapfenstreich*.
- Antoni Tàpies: *Porte rouge*.
- Emilio Vedova: *Zusammenprall von Situationen* (München, Neue Pinakothek).

Ausstellungen

- Düsseldorf: *Dada, Dokumente einer Bewegung* gibt erstmals einen umfassenden Überblick mit etwa 500 Exponaten über die 1916 gegründete Rebellenbewegung und will auf die Verbindungen Dadas mit unserer Zeit hinweisen.
- München: *Europäisches Rokoko. Kunst und Kultur des 18. Jahrhunderts*. Europarat-Ausstellung, deren extreme Qualität gerühmt wird und ein konventionelles Bild korrigiert: Epoche des üppigen Abschiednehmens vom feudalen Europa.
- Paris: Modigliani in der Galerie Charpentier, im Mai. Als erste umfassende Ausstellung des Künstlers markiert sie eine Modigliani-Renaissance, getragen von jähem Masseninteresse.
- Recklinghausen: *Schönheit aus der Hand – Schönheit aus der Maschine* (Juni) will ein neues Nachdenken über alte Kriterien erreichen.

Ereignisse

- Am 9. September holt Henri Nannen im »Stern« zu einem Vernichtungsurteil über zeitgenössische Avantgardekunst aus. Eine Rezension der Biennale Venedig stellt er unter den Titel »Blech und Bluff und Jutesäcke« und prangert darin die »Diktatoren des modernen Kunstbetriebs« an, die eine neue »Gleichmacherei« betreiben.
- Als erstes deutsches Museum bietet das Landesmuseum Darmstadt Tonbandführungen.
- Der deutsche Grafiker Wolf Vostell macht von sich reden mit seinem ersten Straßenhappening in Paris. Er fordert Passanten dabei auf, Plakattexte laut zu lesen oder Gesten zu ergänzen, die auf Plakatfragmenten zu sehen sind.

Peter Paul Rubens
**Der Raub der Töchter
des Leukippos**
1616/17

Friedrich Karl Gotsch
**Der Raub der Töchter
des Leukippos**
1958

Variationen über ein Thema

*Kaum ein Künstler der vergangenen
sechs Jahrhunderte, das heißt seit dem
(nach der Antike) neuerlichen Hervor-
treten des Künstlers als Individuum,
hat darauf verzichtet, sich in mehr oder
weniger freier Nachgestaltung mit
Werken seiner Vorgänger auseinanderzusetzen. Der Band Themes and
Variations (1958), dessen deutsche
Ausgabe 1960 unter dem Titel Bild
und Abbild erscheint, bietet Beispiele,
die bis zu einer Madonnenskulptur
(um 1330) von Nino Pisano zurückreichen, der offensichtlich eine gemalte
Madonna (um 1320) von Ambrogio
Lorenzetti zugrunde liegt.*

*Mit wahrer Schaffenswut widmet sich
Pablo Picasso in den fünfziger Jahren
der Auseinandersetzung mit fremden
Werken, und zwar in Serien, die den
Variationen eines Musikers über ein
Thema vergleichbar sind. Solche The-
men sind für Picasso 1950 Gustave
Courbets Mädchen am Ufer der Seine
(1856), im Jahr 1955 Eugène Delacroix'
Frauen von Algier (1834) und im Jahr
1958 Las Meninas (1658) von Diego
Velázquez.*

*Die Rubens-Nachschöpfung des 58-
jährigen Friedrich Karl Gotsch ist ein
Beispiel für die inhaltliche Neugestaltung eines Werkes, dessen Thema in
»reine Kunst« aufgelöst erscheint. Wie
harmonisch wirkt doch bei Rubens –
bedingt durch die umhüllende Kreisform der zugleich an den Diagonalen
orientierten Komposition, ferner die in-
nige Verbindung der Vierergruppe
durch Blickbezüge, die Variation der
Körperansichten als Rücken-, Seiten-
und Vorderansicht – das Geschehen.
Die Darstellungsweise zielt auf Ausgleich durch wechselseitige Ergänzung. Gotsch verzichtet auf alle genannten Gestaltungsmittel und zeigt,
was der Mythos berichtet: die Gewalt,
die zwei Frauen (namens Hilaeira und
Phoibe) durch zwei Männer (Kastor
und Pollux) angetan wird.*

*Was an kompositorischer und male-
rischer Raffinesse verlorengeht, wird
aufgewogen durch die Intensivierung
des Gesamteindrucks – wenn auch
die Abstrahierung der Köpfe und
Brüste zu Kugeln ans Lächerliche
grenzt.*

Teo Otto
**Szenenentwurf zur
Klassischen Walpurgisnacht
(Faust II)**
Hamburger Schauspielhaus, 1958

Robert Rauschenberg
**Combine painting
(Ausschnitt)**
1958

Rechte Seite:
Will Quadflieg als Faust in
Klassische Walpurgisnacht (Faust II)
Hamburger Schauspielhaus, 1958

Walpurgisnächte

*Eine der schwierigsten Aufgaben, die
das Theater zu bieten hat, ist die Bühnengestaltung der Klassischen Walpurgisnacht in Goethes Faust II. Für
Gustaf Gründgens' Inszenierung am
Hamburger Schauspielhaus entwirft
Teo Otto 1958 das Bühnenbild. Durch
die Gewalt der Goetheschen Sprach-
bilder, die alle dramaturgischen Regeln
von Raum, Zeit und Handlung sprengen, sieht sich der Bühnenbildner zu
äußerster Zurückhaltung in der Wahl
der optischen Mittel veranlaßt. Die
von Faust durchwanderte mythologische Landschaft ist angedeutet durch
ein einfaches Spielgerüst, Symbol der
Erde, und einen leuchtend blauen Pro-
spekt, auf dem Wasser und Luft ineinander verschwimmen. Alles übrige ist
den agierenden Personen überlassen –
und der Phantasie der Zuschauer. Die
ironische Distanz, die Goethe in seinem kolossalen Antikengemälde spürbar werden läßt, findet ihr Echo in den
Symbolfiguren am Götterhimmel und
auf der Erde, die an Cocteau oder auch
an den späten Chagall erinnern; wie
eine Persiflage auf die Neue Sachlichkeit erscheinen die dürren Gerüste, auf
denen die Sphinxen, Sirenen und Greifen hocken. Die gestalterischen Elemente sind nicht der Realität entnommen, sondern Zitate aus der Kunstwelt
unseres Jahrhunderts. Einen Eindruck
von der Realisierung der heiteren Vision Teo Ottos vermittelt das rechts
abgebildete Szenenfoto mit Will Quadflieg als Faust im Dialog mit den
Sphinxen.*
*Im gleichen Jahr gelingt einem jungen
amerikanischen Künstler der Durchbruch zu öffentlicher Anerkennung.
Robert Rauschenberg hat seine ersten
Ausstellungen in New York, dann in
Europa. Rauschenbergs Combine
paintings aus alltäglichen Fundstük-
ken wie Werbeanzeigen und abstrakter Malerei scheinen durch eine Welt
von Teo Ottos spielerischem Szenenentwurf getrennt zu sein. Sie sind zu-
packender, brutaler und beziehen den
ganzen Müll der Geschichte und der
Gegenwart ins Bild ein. Aber auch sie
sind »Inszenierungen« und bilden
gleichsam Bestandteile einer amerikanischen Walpurgisnacht.*

Die Biedermänner sind wir selbst

Wo die Lüge regiert, ist die Wahrheit die sicherste Maske. Aus dieser schon von Franz Grillparzer (*Weh dem, der lügt!*) auf die Bühne gebrachten Einsicht entwickelt Max Frisch die Fabel seines »Lehrstücks ohne Lehre« mit dem Titel *Biedermann und die Brandstifter*. Seine Entstehung reicht bis zu einer Skizze (1948) in Frischs *Tagebuch 1946–1949* zurück, 1953 sendete der Bayerische Rundfunk eine Hörspielfassung, am 29. März 1958 wird der Einakter zusammen mit *Die große Wut des Philipp Hotz* in Zürich uraufgeführt.

Frisch benutzt jene Einsicht dazu, den Abgrund an Feigheit, Unaufrichtigkeit, Blindheit und Konformismus des Bürgers an der Gestalt Jakob Biedermanns zu exemplifizieren: Er weiß doch, daß die Brandstifter umgehen; er sieht, wie sie in sein Haus eindringen, ohne ihre Absicht zu verschleiern (hat Hitler jemals einen Hehl aus seinen Absichten gemacht?), doch der brave Bürger reicht selbst noch das Streichholz, um die Benzinfässer, die von den Ganoven im Obergeschoß eingelagert wurden, in Brand zu stecken. Die gradlinige Handlung gewinnt ihre Spannung aus der Erwartung des Zuschauers, eine Wendung könnte eintreten; aus dem Wunsch, ein »Paß auf!« dem Biedermann zuzurufen – um zugleich zu merken, daß er ja selbst auf der Bühne steht. Nach antikem Vorbild kommentiert ein (parodistischer) Chor von Feuerwehrmännern in Versen das »unaufhaltsame« Geschehen.

Die deutsche Erstaufführung in Frankfurt (28. September 1958) zeigt ein *Nachspiel* in der Hölle, wo Biedermann erkennt, daß nur die kleinen Übeltäter gefangen werden; die großen entkommen, und alles bleibt, wie es war. Die Szene wird bei späteren Inszenierungen meist gestrichen.

1958

Das Ende einer kirchengeschichtlichen Epoche

Am 9. Oktober stirbt Papst Pius XII., der fast 20 Jahre hindurch die katholische Kirche durch politisch schwierige Zeiten geführt hat. Der 1876 geborene Eugenio Pacelli stand vor seiner Wahl auf den Stuhl Petri 1939 im Dienst der vatikanischen Außenpolitik, davon zwölf Jahre als päpstlicher Nuntius in München und Berlin. Nach vergeblichen Versuchen, den Kriegsausbruch zu verhindern, verfolgte Pius XII. eine Politik der Neutralität und diplomatischen Vermittlung. Nach seinem Tod mehren sich Vorwürfe, er habe sich nicht entschieden genug gegen die faschistischen Diktaturen gestellt.

Bekannt für seine Sympathien für die Deutschen, verurteilte Pius XII. die These von der deutschen Kollektivschuld und ernannte 1946 demonstrativ drei deutsche Kardinäle. Den Kommunismus hielt er auch nach 1945 für gefährlicher als zuvor den Nationalsozialismus: 1949 wurde Katholiken die Exkommunikation bei Mitgliedschaft in einer KP angedroht. Durch das Dogma der Himmelfahrt Mariä (1950) vertiefte er die Kluft zwischen Katholiken und Protestanten.

Am 28. Oktober wird der 76jährige Angelo Roncalli als Johannes XXIII. zum neuen Papst gewählt.

Papst Pius XII., um 1955.

Theater

Premieren

● Samuel Beckett: *Krapp's Last Tape* (*Das letzte Band*) wird am 28. Oktober in London uraufgeführt. (Deutsche Erstaufführung am 28. September 1959, Schillertheater, Berlin.) Clowneskes Monodrama über einen alten Mann, der in seiner Vergangenheit, in einst von ihm besprochenen Tonbändern, kramt und nach einem einzigen erfüllten Augenblick seines Lebens sucht.

● Bertolt Brecht: *Der aufhaltsame Aufstieg des Arturo Ui.* (Uraufführung am 10. November in Stuttgart durch den Brechtschüler Peter Palitzsch.) Die 1941 entstandene Hitlersatire läßt den Diktator als Gangster in Chicago auftreten und in den Jamben der elisabethanischen Zeit sprechen.

● Shelagh Delaney: *A Taste of Honey* (*Bitterer Honig*, 1961) wird am 27. Mai in London uraufgeführt. Milieustudie aus den englischen Slums als erstaunlich ausgereifte Talentprobe einer (jetzt 20jährigen) Autodidaktin, die damit auch ein Lob auf die Stärke der illusionslosen jungen Gene-

ration am Rande der Gesellschaft schreibt. Die Verfilmung (1961) macht das Drama zum Welterfolg.

● Thomas Stearns Eliot: *The Elder Statesman* (*Ein verdienter Staatsmann*, 29. Januar 1960, Köln) wird im Rahmen des Edinburgh Festival am 25. August uraufgeführt. Ein gar nicht sehr verdienter Staatsmann wird von seiner Vergangenheit eingeholt und erleichtert sich durch eine große wehleidige Beichte von seinen Lebenslügen und Delikten.

● Peter Hacks: *Der Müller von Sanssouci.* (Uraufführung am 5. März in Ost-Berlin, bundesdeutsche Erstaufführung am 28. April 1966.) Im Sinne Brechts wird die patriotische Lesebuchlegende vom Müller, der dem Preußenkönig gegenüber auf seinem Recht beharrt, auf den Kopf gestellt: Friedrich II. erzwingt mit Gewalt, daß ihm Gerechtigkeitssinn attestiert wird.

● Slawomir Mrożek: *Policja* (*Die Polizei*, 1. Dezember 1959, Frankfurt) wird am 27. Juni in Warschau uraufgeführt. Satire auf den Polizeistaat, mit der der 28jährige Autor eine eigene

Form absurder Dramatik vorstellt: Die Absurdität wird zur politischen Waffe.

● Harold Pinter: *The Birthday Party* (*Die Geburtstagsfeier*). (Uraufführung am 28. April am Arts Theatre, Cambridge; deutsche Erstaufführung am 10. Dezember 1959 in Braunschweig.) Das erste große Stück des Autors ist von der Undurchschaubarkeit der Menschen und der Vorgänge getragen: In einen gesicherten und friedlichen Alltag bricht in Gestalt von zwei Fremden das namenlose Grauen ein, dem ein Mensch zum Opfer fällt.

Ereignisse

● Der Schauspieler Wolfgang Kieling geht im März nach Ost-Berlin aus Protest gegen die gesellschaftlichen Zustände in der Bundesrepublik (und entscheidet sich 1970 bei Dreharbeiten in Wien wieder für den Westen).

● Der Zimmermann Horst Kleineidam, der 1951 in die Bundesrepublik gekommen ist, kehrt in die DDR zurück und verfaßt als »schreibender Arbeiter« Komödien.

1958

Exodus der DDR-Intelligenz?

Nikita Chruschtschow besucht im Juli die DDR. Er läßt sich feiern als Garant des Friedens und des Fortschritts. Innenpolitisch ist die DDR in einer prekären Situation: Immer mehr Akademiker verlassen das Land des »realen Sozialismus«. So kommt dem Besuch eine besondere Bedeutung zu mit der beschwörenden Propagandalosung: »Auf der Seite der Sowjetunion stehen, heißt zu den Siegern gehören.«

Vor allem seit der Einleitung einer rigorosen Kulturpolitik nach der dritten Hochschulkonferenz vom 28. Februar bis 2. März wird der Strom der DDR-Intelligenz in den Westen immer stärker. Sie entzieht sich dem wachsenden Druck, der nun auch auf die Akademiker ausgeübt wird. Hochschulprofessoren etwa sind jetzt verpflichtet, den dialektischen Materialismus zu studieren, Studenten müssen an militärischen Ausbildungskursen teilnehmen, von Lehrern wird verlangt, daß sie alle kirchlichen Bindungen lösen. In den ersten fünf Monaten des Jahres gehen 440 Ärzte, 1236 Lehrer und 107 Wissenschaftler der sechs DDR-Hochschulen in den Westen, hinzu kommen Ingenieure und Facharbeiter.

Viele der Auswanderer sind nicht »eingefleischte Reaktionäre«, wie es die DDR-Propaganda weismachen will; viele sind bewußt nach dem Krieg in die sowjetisch besetzte Zone gegangen, um hier am Aufbau eines sozialistischen Deutschland mitzuwirken; sie alle werden enttäuscht.

260 000 »Republikflüchtlinge« bedeuten für die DDR auch ein finanzielles Problem. Allein durch die Flucht von Medizinern gehen dem Staat nach Berechnungen des »Spiegel« in eineinhalb Jahren 37 Millionen Mark verloren. Walter Ulbricht drängt Chruschtschow zu einer Lösung; am 27. November wird sie präsentiert, das Berlin-Ultimatum, in dem die Sowjetunion die Umwandlung von Berlin (West) in eine entmilitarisierte Stadt fordert. Die Entwicklung, die 1961 zum Bau der Berliner Mauer führt, verstärkt sich.

Nikita Chruschtschow in Ost-Berlin, Juli 1958.

Literatur

Neuerscheinungen

● Bruno Apitz: *Nackt unter Wölfen.* Literarisch bedeutungsloser, aber menschlich ergreifender Roman über das Schicksal eines Kindes im KZ Buchenwald. Wird ein DDR-Bestseller.

● Louis Aragon: *La semaine sainte* (*Die Karwoche*, 1960). Faszinierender Roman über einen Maler, Hauptfigur in den Ereignissen um Napoleons Wiederkehr von Elba. Nimmt ein künftiges Grundthema des Autors auf: die prekäre Existenz des Künstlers in der modernen politischen Welt.

● Ingeborg Bachmann: *Der Gute Gott von Manhattan.* Das analytische Handlungshörspiel, das am 29. Mai von NDR, BR und SWF erstgesendet wird, dramatisiert die Unmöglichkeit absoluter Liebe und Selbstaufgabe.

● Simone de Beauvoir: *Mémoires d'une jeune fille rangée* (*Memoiren einer Tochter aus gutem Haus*, 1961) beschreibt autobiographisch die Emanzipation von der Leere des gutbürgerlichen Lebens. Das radikal aufrichtige Werk ist auch für die Sartreforschung von Bedeutung.

● Gerd Gaiser: *Schlußball,* zweiter Erfolgsroman des noch stark überschätzten Autors verbreitet elitär romantische, konservative Wohlstandskritik. Der Reutlinger Lehrer, der dem Nationalsozialismus nicht fern gestanden hat, ist innerhalb der Literatur schon isoliert.

● Nadine Gordimer: *A World of Strangers* (*Fremdling unter Fremden*, 1962). Der Roman spielt im heutigen Südafrika und bestätigt die 24jährige Südafrikanerin (Tochter eingewanderter jüdischer Eltern) als sensible Erzählerin von internationalem Rang.

● Hans Erich Nossak: *Der jüngere Bruder.* Die Suche nach einem Verschwundenen wird zur Satire über die deutsche Wirklichkeit von 1949, in der die Menschen so tun, als ob nichts gewesen wäre und jeder »christliches Abendland« spielt.

● Klaus Mehnert: *Der Sowjetmensch.* Sachbuch eines der besten westlichen Kenner der UdSSR und Chinas.

● Alan Sillitoe: *Saturday Night and Sunday Morning* (*Samstag Nacht und Sonntag Morgen*, 1961). Milieustudie über einen rebellischen Arbeiter, der seine angestauten Aggressionen und Leidenschaften durch alkoholische und sexuelle Exzesse an den Wochenenden abreagiert. Der Romanerstling macht den 30jährigen Autor sofort berühmt.

● Giuseppe Tomasi di Lampedusa: *Il gattopardo* (*Der Leopard*, 1959). Zu Lebzeiten des Autors von Verlagen abgelehnt, wird der Roman über den Verfall einer sizilianischen Adelsfamilie und die Formierung einer neuen Gesellschaft posthum und über Nacht zum internationalen Bestseller.

Ereignisse

● Eröffnung des deutschen Kulturinstituts in London am 31. Januar.

● Heinz G. Konsalik startet durch zum Massenproduzenten von Bestsellern. 1956 hat er mit *Der Arzt von Stalingrad* seinen Durchbruch erlebt. Jetzt liefert er mit *Sie fielen vom Himmel* einen weiteren Beitrag zur Konsumliteratur über den Krieg. Bis 1982 verfaßt der einstige Kriegsberichterstatter in der Sowjetunion 94 Romane und verzeichnet eine Gesamtauflage von über 51 Millionen Exemplaren und Übersetzungen in 18 Sprachen.

Psychogramm der Mörder von Auschwitz

Unter dem Titel *Kommandant in Auschwitz* erscheinen die autobiographischen Aufzeichnungen von Rudolf Höss jetzt auch in deutscher Buchfassung, herausgegeben durch das (1950 gegründete) Institut für Zeitgeschichte. Die Aufzeichnungen des am 2. April 1947 zum Tode verurteilten »Henkers von Auschwitz« sind im Krakauer Gefängnis als buchhalterisch knapper und exakt sachlicher Bericht entstanden. Höss hat ihnen den Titel *Meine Psyche, Werden, Leben und Erleben* gegeben und darin schaurige Passagen über Technik und Organisation der Massenvergasung geliefert. Die Bedeutung der 1951 zunächst in Auszügen und 1956 vollständig in Polen veröffentlichten Dokumente begründet Herausgeber Martin Broszat in einem Vorwort: »Am Falle Höss wird in aller Eindringlichkeit klar, daß Massenmord nicht mit persönlicher Grausamkeit, mit teuflischem Sadismus, brutaler Roheit und sogenannter Vertiertheit gepaart zu sein braucht … Höss' Aufzeichnungen widerlegen diese allzu einfachen Vorstellungen radikal und offenbaren statt dessen … einen Menschen, der alles in allem recht durchschnittlich geartet, keineswegs bösartig, sondern im Gegenteil ordnungsliebend, pflichtbewußt, tierliebend und naturverbunden …, sogar ausgesprochen moralisch ist.« Die Aufzeichnungen machen exemplarisch deutlich, warum Menschen wie Höss zu Gefolgsleuten Hitlers wurden.

Marcel Breuer, Pier Luigi Nervi
und Bernard Zehrfuss
**Sekretariatsgebäude der
UNESCO**
(Außen- und Innenansicht)
1955–1958

Architektur und Moral

*In Paris wird der Gebäudekomplex der
UNESCO, der Organisation der Vereinten Nationen für Erziehung, Wissenschaft und Kultur, eingeweiht; er
gliedert sich in Sekretariats-, Konferenz- und Delegationsgebäude. Die
Bauten sind Gemeinschaftswerke von
Marcel Breuer (USA), Pier Luigi Nervi
(Italien) und Bernard Zehrfuss
(Frankreich), deren Entwürfe von Lucio Costa (Brasilien), Walter Gropius
(USA), Le Corbusier (Frankreich),
Sven Markelius (Schweden) und Ernesto Rogers (Italien) begutachtet wurden. An der Ausstattung beteiligten
sich Pablo Picasso (Wandgemälde im
Konferenzgebäude), der Mexikaner
Rufino Tamayo (Wandgemälde Prometheus bringt das Feuer zu den
Menschen), Jean Arp, Karel Appel,
Joan Miró (Keramikwände Mauer der
Sonne und Mauer des Mondes) und
Isamu Noguchi (Japanischer Garten
beim Delegationsgebäude). Die programmatische Internationalität reicht
bis hin zu den verwendeten Materialien. Vor allem das Sekretariatsgebäude mit Y-förmigem Grundriß demonstriert nicht ohne Selbstgefälligkeit
die Errungenschaften des modernen
Bauens, beispielsweise durch das Vordach des Haupteingangs: zwei Betonschalen, die von einem parabolischen
Bogen ausgehen.*

*Im selben Jahr zieht der 30jährige
österreichische Maler Friedrich Stowasser, der sich seit 1949 Friedensreich
Hundertwasser nennt und dessen zentrales Motiv die Spirale bildet, öffentlich gegen die funktionelle Architektur
vom Leder. In seinem Verschimmelungs-Manifest (mit dem Kernsatz
»Die gerade Linie ist gottlos und unmoralisch«) erklärt er im Hinblick auf die
am Reißbrett entworfenen Massenquartiere und Geschäftsbauten: »Jede
moderne Architektur, bei der Lineal
oder Zirkel auch nur eine Sekunde
lang – und wenn auch nur in Gedanken – eine Rolle gespielt hat, ist zu verwerfen … Um die funktionelle Architektur vor dem moralischen Ruin zu
retten, soll man auf die sauberen Glaswände und Betonglätten ein Zersetzungsprodukt gießen, damit sich dort
der Schimmelpilz festsetzen kann.«*

565

Renato Guttuso
Rock 'n' Roll
1958

Elvis Presley als GI
1958

H. E. Köhler
Bonner Karneval
1958

Das Rock-'n'-Roll-Geschäft

Als Elvis Presley 1958 seinen Militärdienst antritt und im hessischen Fried-
berg stationiert wird, hat er 50 Millionen Platten verkauft. Die mit Hysterie verbundene Presley-Begeisterung
drückt sich in dem Bekenntnis »Elvis
Presley – mein Gott« aus, das Unbekannte an die Adamspforte des Bam-
berger Doms pinseln. Das Kalkül, das
der »King of Rock 'n' Roll« mit dem Eintritt in die US-Army verbindet, nämlich Befreiung vom Ruch der Unan-
ständigkeit, entgeht den Fans.
Die bundesdeutsche Musikindustrie
versucht, heimische Rock-'n'-Roll-
Stars aufzubauen, etwa Peter Kraus
(Sugar-Baby), der 1958 in dem Heinz-
Rühmann-Film Der Pauker einen
Halbstarken mit gutem Kern mimt.
Die deutsche Variante bleibt eine (erfolgreiche) äußerliche Imitation. Der
harte Rock 'n' Roll, dessen Tendenz zur
Freisetzung von Sexualität und Gewalttätigkeit der italienische Realist
Renato Guttuso 1958 in seinem Gemälde Rock 'n' Roll thematisiert, ist
eine amerikanische Domäne.
So liegt es nahe, den Rock-'n'-Roll-Tanz
als eine Form der Treue zu den USA zu
betrachten. H. E. Köhler tut dies in Gestalt des Tanzpaars John Foster Dulles
und Konrad Adenauer. Seine Karikatur Bonner Karneval (mit der an Harlekin Ollenhauer gerichteten Äußerung des Cowboy-Kanzlers: »Nä,
Erich, Polka is mich zu anstrengend –
ich bleib' bei Rock 'n' Roll!« als Bildtext) bezieht sich auf Adenauers ableh-
nende Haltung gegenüber dem Plan
einer atomwaffenfreien Zone, die Polen, die ČSSR und beide Teile Deutschlands umfassen soll. Der polnische Außenminister Adam Rapacki hat den
Vorschlag 1957 der UN-Vollversamm-
lung vorgelegt.
An dem allmählichen Abebben der
Rock-'n'-Roll-Welle ist der »Payola-
Skandal« (von »to pay« =bezahlen) ur-
sächlich mitbeteiligt: 1959/60 stellt
sich heraus, daß in den USA die Plat-
tenkonzerne, über 200 Diskjockeys
und 255 Sender durch ein Netz von Be-
stechung miteinander verknüpft sind.
Der Höhepunkt des Rock 'n' Roll erweist sich als Höhepunkt der Korruption im Musikgeschäft.

Der Aufstand der Rock-Jugend

In Deutschland stimmt die Welt nicht mehr. Die Rock-'n'-Roll-Welle rollt mit Radau, Skandalen, Krawallen und Verwüstungen über die Lande. Die Akteure und Anhänger des »Amigeheuls« werden von der unbeteiligten Mehrheit wie Wesen aus einem fernen Land bestaunt und beschrieben. Sie tragen Röhren- und Nietenhosen, Lederjacken und manchmal schon auch Fellkluft, Dufflecoats und »Windstoßfrisuren«. Und sie tragen den Bürgern beunruhigende Schlagzeilen in den Zeitungen an den Frühstückstisch.

Die absolute Explosion der Emotionen gibt es Ende Oktober bei einem Auftritt von Bill Haley im Berliner Sportpalast: »Jünglinge in malerischen Brando- und Presley-Kostümen schulterten ihre Bräute und drangen gliederschlenkernd, grimassenschneidend und blökend gegen den Saat-der-Gewalt-Musikanten vor.« (»Der Spiegel« vom 5. November.) Der Star streicht nach fünfzehn Minuten die Segel vor den entfesselten Energien seiner Fans. Der Veranstalter schätzt den Trümmerschaden im Sportpalast auf 60 000 Mark. Die lähmende Stille nach diesem Radau wird, wieder einmal, mit seitenlangem Rätselraten in den großen Zeitungen und Zeitschriften gefüllt: Was ist in die deutsche Jugend gefahren? Pädagogen, Soziologen, Psychologen haben ihre großen Auftritte. Studien erscheinen, um das, was jetzt unter dem Schlagwort »Generationenkonflikt« erfaßt wird, zu erklären. Curt Bondy vermutet in einer Untersuchung *Jugendliche stören die Ordnung* (1957) hinter dem Phänomen die eingeengte Stellung der Jugendlichen in der Gesellschaft. Sie seien im Berufsleben oft überfordert, einer streng durchrationalisierten Ordnung unterworfen und suchten einen Ausgleich zu Fließbandarbeit und Automation.

Daß der nicht mehr nur akustische Radau etwas mit der älteren Generation zu tun hat, bringt der italienische Schriftsteller Vespignani auf den bündigen Nenner: »Sie stampfen mit ihren Absätzen auf dem Tanzboden, als ob sie den Rücken eines besiegten

Feindes treten. Und ich habe den Verdacht, daß wir … es sind, die sie … treten.«

Symbol für die Selbstverwirklichung der Teenager, die nicht mehr »Backfisch« heißen wollen, ist ihre kühne Rock-Akrobatik. Da fällt bei den aggressiven Rhythmen der sittsame An- und Abstand zwischen Mann und Frau, da wird die Frau über den Kopf gewirbelt, da fliegen die luftigen Röcke und bleibt den Zuschauern der Atem stehen. Die bewußte Körperlichkeit des Tanzes ist Provokation. Und in »anständigen« Tanzschulen dieser Jahre gibt es den Rock'n'Roll deshalb natürlich nicht.

Da zeigen mehr oder weniger behütete Mädchen sich mit weiten, kniekurzen Röcken, und sie schwärmen weniger von Elvis Presley, der gerade seinen Militärdienst in Deutschland ableistet, als von seinem deutschen artigen Schüler Peter Kraus, der mit Conny Froboess frischwärts-harmlose Teenagerfilme dreht. Ballerinaschuhe, Pferdeschwanzfrisur, neckische Fischer- und Caprihosen gehören zu diesem Teil der deutschen Jugendkultur.

Musik

Premieren

● John Cage: *Concerto for Piano and Orchestra* in Köln uraufgeführt. Cages Komposition ist ein in beliebiger Länge und Besetzung aufführbares Werk der Aleatorik.

● Hans Werner Henze: *Undine*. Ballett nach Friedrich de la Motte-Fouqué. Choreographie von Frederick Ashton, wird in London uraufgeführt. Margot Fonteyn geht mit ihrer Gestaltung der Titelrolle als englische Assoluta in die Ballettgeschichte ein. Das Werk bleibt zehn Jahre im Repertoire des Royal Ballet.

● Hans Werner Henze: *Nachtstücke und Arie*: Vier Orchesterstücke und zwei Gesänge auf Gedichte von Ingeborg Bachmann. (Uraufführung in Donaueschingen im Oktober.)

● Ernst Křenek: *Karl V.* 1933 entstanden. (Uraufführung 1938; deutsche Erstaufführung am 11. Mai in München.) Politisches Bekenntniswerk in strenger Zwölftontechnik, dessen Partitur mit auffällig harten, kalten und abstrakten Intervallfolgen als unerhört kühn gilt.

● Robert Prince: *N. Y. Export Op. Jazz*. Abstraktes Ballett, choreographiert von Jerome Robbins. (Uraufführung am 8. Juni beim »Festival of two worlds« in Spoleto.) Spiegelt als »Jeans-Ballett« das Bewegungsgefühl amerikanischer Halbstarker und ihre Erfahrungssituationen von Straßenkrawallen bis zu Tanzdielen und Sportplatz wider. Erfolgreichstes Ballett des Westside-Story-Choreographen Robbins.

● Heinrich Sutermeister: *Titus Feuerfuchs* (Uraufführung am 14. April in Basel). Burleske Oper, die auf Johann Nestroys Lustspiel *Der Talisman* basiert und mit witziger, tänzerisch bewegter Musik ausgestattet ist.

Ereignisse

● Der 78jährige spanische Cello-Papst Pablo Casals hebt am 7. April in San Juan auf Puerto Rico das alljährlich stattfindende »Festival Casals« aus der Taufe.

● Am 14. April gewinnt der 24jährige Amerikaner Van Cliburn den Moskauer Tschaikowski-Wettbewerb und macht danach Weltkarriere als enthusiastisch gefeierter Klaviervirtuose.

● Im September werden in Deutschland die ersten Stereoschallplatten im Handel angeboten.

● Am 3. September beginnt mit der Uraufführung von Peter Kreuders Musical *Madame Scandaleuse* (Buch und Gesangstexte von Ernst Nebhut) in Wien das Comeback der 52jährigen Zarah Leander.

Kleinholzer

Die seit Beginn des Jahrhunderts in der Bedeutung »seine Erregung an Einrichtungsgegenständen auslassen; Möbel zertrümmern« verbreitete Redewendung »Kleinholz machen« findet in der zweiten Hälfte der fünfziger Jahre durch Großveranstaltungen mit Rock-'n'-Roll-Gruppen ihre drastische Bestätigung. Zugleich erweitert sich der umgangssprachliche Wortschatz durch die um 1958 gebildeten Vokabeln Kleinholzer bzw. Kleinhölzler als Bezeichnung für einen während oder nach dem Konzert randalierenden Zuhörer, während der Musiker als Kleinholz-Inspirator bezeichnet wird. Als solcher wirkt etwa der 37jährige Bill Haley, der 1958 mit seinen »Comets« in West-Berlin (Sachschaden 60 000 DM) und in der Bundesrepublik gastiert.

Über den Auftritt des US-Sängers Johnnie Ray im Berliner Sportpalast berichtet die »Frankfurter Allgemeine Zeitung« am 2. April 1958: »Der Klamauk wurde lauter, enghosige Mädchen hüpften quietschend auf die Bänke, bald flogen die ersten Bierflaschen, die ersten Stühle folgten, und alsbald krachte es überall im Saal. Johlend wurde das Mobiliar zertrampelt, Stühle flogen durch die Luft, Bänke krachten, Mädchen kreischten. Neben mir zertrampelten drei Jungen ernst und gesammelt ihre Bank. Ordnungsversuche des Personals gingen in drohendem Johlen unter…« Der Berichterstatter interpretiert die Vorgänge als »Entladung eingeschnürter Emotionen«, die sich in der »Masse« vollzieht. In diesem Zusammenhang steht die Wiederbelebung der Ende des 19. Jahrhunderts als meist abfällige Bezeichnung für einen jungen Burschen aufgekommenen Vokabel Halbstarker. Als »Lederjacke« (=Halbstarker) kam 1955 Marlon Brando in dem Film Der Wilde auf die deutsche Leinwand (The Wilde One, 1953). 1956 folgte Die Halbstarken mit dem »deutschen James Dean« Horst Buchholz und Karin Baal.

Jugendliche während des Bill-Haley-Konzerts in der Hamburger Ernst-Merck-Halle, 1958.

1958

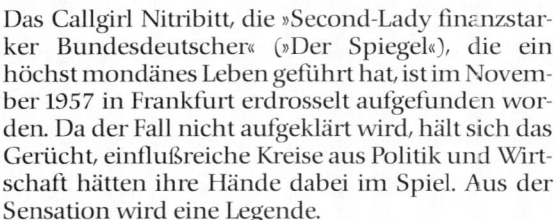

Der Familienfilm

Der gemeinsame Gang von Eltern, Kindern und Großeltern ins Kino ist eine in der Bundesrepublik der fünfziger Jahre ausgeprägte Erscheinung, auf die sich der »Familienfilm« eingestellt hat. Zu den erfolgreichsten Vertretern dieses Genres gehört Kurt Hoffmann, Sohn des Kameramanns Carl Hoffmann und seit 1931 beim Film tätig. Zehnmal ist Liselotte Pulver, Inbegriff burschikoser, unbeschwerter Heiterkeit, seine Hauptdarstellerin, so in den äußerst erfolgreichen Streifen Ich denke oft an Piroschka *(1955, nach dem gleichnamigen Hörspiel und Roman von Hugo Hartung) und* Das Wirtshaus im Spessart *(1958).*

»Familienfilm«, das bedeutet: überschaubare Handlung, Humor und Gefühl, die Guten mit allenfalls kleinen Schwächen, die Bösen im Grunde ungefährlich. Innerhalb dieser Grenzen verfilmt Hoffmann 1958 Hugo Hartungs im Vorjahr erschienenen Roman Wir Wunderkinder *als »politische Satire«. Der Handlungszeitraum reicht von 1913 bis 1955. Wolfgang Neuss hilft als kabarettistischer Erklärer auf die Sprünge (Mitarbeiter am Drehbuch: Günter Neumann).*

Im Mittelpunkt steht die Entwicklung der beiden Schulkameraden Hans Boeckel (Hansjörg Felmy) und Bruno Tiches (Robert Graf). Letzterer macht um jeden Preis Karriere, erst in der NSDAP, dann als Manager bei der Verfertigung des »Wirtschaftswunders« in der Bundesrepublik. Boeckel dagegen entwickelt sich zu einem aufrechten Journalisten, der am Ende in Schwierigkeiten gerät, als er seine Meinung über den Wirtschaftskapitän Tiches publiziert.

Der Streifen ist nicht allein an den Kinokassen, sondern ebenso bei Filmwettbewerben erfolgreich: 1959 erhält er das Filmband in Silber der Berliner Filmfestspiele sowie jeweils den Großen Preis in Acapulco und Moskau, 1960 den Golden Globe.

Wir Wunderkinder, 1958; Szenenfotos mit Hansjörg Felmy als Hans Boeckel und Johanna von Koczian als Kirsten Hansen/Boeckel sowie mit Robert Graf als Bruno Tiches.

Obszöner Umgang mit der Innerlichkeit

Das Callgirl Nitribitt, die »Second-Lady finanzstarker Bundesdeutscher« (»Der Spiegel«), die ein höchst mondänes Leben geführt hat, ist im November 1957 in Frankfurt erdrosselt aufgefunden worden. Da der Fall nicht aufgeklärt wird, hält sich das Gerücht, einflußreiche Kreise aus Politik und Wirtschaft hätten ihre Hände dabei im Spiel. Aus der Sensation wird eine Legende.

Der Journalist Erich Kuby verarbeitet den Fall in seinem Roman *Rosemarie, des deutschen Wunders liebstes Kind* und in einem Drehbuch, nach dem Rolf Thiele einen Film von kühler Intelligenz macht. *Das Mädchen Rosemarie*, mit Nadja Tiller und Peter van Eyck ideal besetzt, wird zu einer der wenigen Arbeiten, mit denen der deutsche Film der fünfziger Jahre Ehre einlegen kann.

Es ist keine hämische Dirnenballade, sondern eine gewitzte Satire und scharfe Analyse, welche die Mißverhältnisse in der aufstrebenden jungen Republik nach allen Richtungen hin augenfällig werden läßt. In einem Interview 1963 sagt Thiele dazu: »Ich bediente mich eines Lustmordes, um ein Stückchen Gesellschaftskritik loszuwerden. Ich bediente mich gewisser Obszönitäten, um darauf hinzuweisen, wie obszön wir heute mit unserer Innerlichkeit umgehen.«

Die Bundesregierung versucht, die Aufführung des Filmes auf der Biennale in Venedig zu hintertreiben. Die Filmselbstkontrolle setzt durch, daß vor dem Start des Streifens in 60 deutschen Premierenkinos Ende August im Vorspann jede Beziehung zur bundesdeutschen Wirklichkeit abgestritten und eine gegen die Wiederbewaffnung gerichtete Pointe gestrichen wird.

Film

Premieren

● Luis Buñel: *Nazarín*, 1967. Nach einem Roman von Benito Pérez Gladós mit Francisco Rabal und Rita Macedo. Der in Mexiko gedrehte Film ist ein Meisterwerk der Auseinandersetzung mit der Religion am Beispiel des Priesters Nazarín, der für die Erniedrigten Partei ergreift und dabei zum Outlaw wird.

● Heiner Carow: *Sie nannten ihn Amigo*. Mit Ernst-Georg Schwill in der Hauptrolle. Erstlingswerk des DDR-Regisseurs, das sehr differenziert über einen jungen KZ-Häftling erzählt.

● Charlie Chaplin: *Der große Diktator* (*The Great Dictator*, 1940) wird in der Bundesrepublik erstaufgeführt. Umstrittenster Film Chaplins; als Meisterwerk der Entlarvung gepriesen und als Mißgriff getadelt, weil Lächerlichkeit einen Hitler nicht töten könne.

● Peter Glenville: *Me and the Colonel* (*Jacobowsky und der Oberst*) mit Curd Jürgens und Danny Kaye. Meisterhafte Verfilmung des 1944 uraufgeführten Bühnenstücks von Franz Werfel.

● Alfred Hitchcock: *Vertigo* (*Aus dem Reich der Toten*, 1959), nach einem Roman von Boileau und Narcejac, mit Kim Novak und James Stewart in den Hauptrollen. Hitchcock arbeitet auch hier wieder mit dem Element wachsenden Verdachts und mit tiefenpsychologischen Komponenten. Ein Experiment Hitchcocks besteht darin, Spannung zu erzeugen, obwohl der Zuschauer relativ früh in die einen Mord verdeckenden Zusammenhänge eingeweiht wird. Kim Novak spielt die scheinbare Doppelrolle zweier Frauen, die in Wirklichkeit identisch sind.

● Stanley Kramer: *The Defiant Ones* (*Flucht in Ketten*) mit Tony Curtis und Sidney Poitier. Drama der Flucht zweier aneinander geketteter Gefangener, eines Weißen und eines Negers, aus einem Sträflingslager als Plädoyer für Humanität und Abbau von Rassenhaß.

● Franz Peter Wirth: *Helden*. Mit O. W. Fischer, Liselotte Pulver, Ljuba Welitsch. Gelungene Verfilmung der Komödie *Arms and the Man* von George Bernard Shaw um theatralisches Heldentum und vernünftige Feigheit, die streckenweise auch die bissige Ironie der Vorlage erreicht.

● Andrzej Wajda: *Popiól i diament* (*Asche und Diamant*, 1961). Mit Zbigniew Cybulski und Ewa Krzyanowska nach dem gleichnamigen Roman von Jerzy Andrzejewski über einen jungen polnischen Terroristen als Symbolfigur einer vom Krieg zerstörten Generation, die mit der verworrenen Gegenwart nicht fertig wird und sich hinter abgebrühtem Zynismus versteckt.

● Orson Welles: *Touch of Evil* (*Im Zeichen des Bösen*). Mit Orson Welles, Charlton Heston, Janet Leigh nach dem Roman von Whit Masterson. An der Grenze zur Parodie angesiedeltes Meisterwerk, das in dichter Atmosphäre explosive Spannung, Grausamkeiten und Perversion vermengt und Anhängern des »Film Noir« zum Kultfilm geworden ist.

Claude Chabrol
Les cousins, 1958
Szenenfoto mit Jean-Claude Brialy
und Gérard Blain als Vettern

Jacques Tati
Mon oncle, 1958
Szenenfotos mit Tati in der Titelrolle

Autorenfilme statt Filmkonfektion

*1954 hat der damals 22jährige Film-
kritiker François Truffaut in seinem
Aufsatz* Eine gewisse Tendenz des
französischen Films *(veröffentlicht in
der Pariser Filmzeitschrift »Cahiers du
Cinéma«) den Konfektionscharakter
des gegenwärtigen französischen
Films angeprangert, die Sterilität der
eingefahrenen Genres nach bewährten, publikumsgerechten Mustern.
Truffaut fordert statt dessen den »Film
der Autoren« nach dem Vorbild von
Regisseuren wie Jean Renoir, Roberto
Rossellini, Alfred Hitchcock, Max
Ophüls und Fritz Lang. Tatsächlich
gelingt es den Redakteuren und Mitarbeitern von »Cahiers du Cinéma« (zu
denen Jean-Luc Godard gehört), als Regisseure Bewegung in das französische
Filmgeschehen zu bringen.*
*Die ersten Beispiele des als »Nouvelle
vague« (Neue Welle) bezeichneten
Film-Nonkonformismus sind 1958
Truffauts autobiographische Schilderung einer von der Verständnislosig-
keit der Erwachsenen zerstörten Kindheit (Les quatres cents coups, deutsch
1959 Sie küßten und sie schlugen
ihn), Les amants (Die Liebenden,
1959) mit Jeanne Moreau als Frau, die
mit gesellschaftlichen Tabus bricht,
und zwei Filme von Claude Chabrol.
In Le beau Serge (Die Enttäuschten)
schildert er die lähmende ländliche
Idylle, in deren Beschränktheit der
»schöne Serge« zum Taugenichts verkommt. Les cousins (Schrei wenn du
kannst, 1959 bei den Berliner Filmfestspielen als bester Film ausgezeichnet)
spielt im Milieu der (wohlhabenden)
intellektuellen Pariser Jugend, in deren
zynischem Treiben der aus kleinstädtischen Verhältnissen stammende Vetter eines der Wortführer umkommt.
Weniger radikal in Form und Inhalt
(und damit zugleich die Gefahr des Melodramatischen meidend) ist der jüngste »Autorenfilm« des seit 1932 als
Drehbuchautor, Regisseur und Schauspieler tätigen Jacques Tati. Er zeigt
mit Mon oncle (Mein Onkel, 1959)
eine Satire auf den hemmungslosen
Modernismus der Konsumenten und
damit zugleich Opfer einer vollauto-
matischen, sterilen Plastikwelt.*

Billy Wilder
Some Like it Hot, 1959
Plakat zur deutschen Fassung 1959

Claude Autant-Lara
En cas de malheur, 1958
Plakat zur deutschen Fassung 1959

Wunschträume

Marilyn Monroes erster Auftritt in Some Like it Hot zeigt sie von hinten, aufreizend über den Bahnsteig trippelnd, gefolgt von zwei als Damen verkleideten und entsprechend mühsam stökkelnden Musikern (Tony Curtis und Jack Lemmon), die – als Augenzeugen eines Mafiamassakers in Lebensgefahr schwebend – in einer Damenkapelle Unterschlupf gefunden haben. Es darf gelacht werden, doch das Gelächter könnte auch in grimmiges Brüllen oder betroffenes Schweigen umschlagen, denn was Billy Wilder in diesem wie in den meisten seiner Filme zeigt, ist das Zappeln des einzelnen in einem Netz, das aus den Fäden unerfüllbarer Wünsche und unbeeinflußbarer Verhältnisse geknüpft ist. Wilder wendet als Drehbuchautor und Regisseur eine Vielzahl von Möglichkeiten der Distanzierung an. Die Handlung spielt Ende der zwanziger Jahre, zur Zeit der Prohibition; Zitate aus Gangsterfilmen wirken als Verfremdung; Marilyn Monroe ist in ihrem Kleid, das sie mehr nackt als bekleidet erscheinen läßt, nicht mehr die rollengerechte mittelmäßig begabte Sängerin, die stets auf den obligaten treulosen Saxophonisten hereinfällt, sondern der Sexstar auf der Höhe seiner Karriere. Dennoch kann die Verkleidungs- und Verfolgungskomödie nicht verbergen, daß ihr eigentliches Thema die gesellschaftlichen Zwänge sind, die das Leben zur Rolle deformieren. Der umjubelte, als Sexidol verehrte und abgestempelte, mit dem Markenzeichen »MM« versehene Star wird zum Sinnbild für die Übermacht einer Rolle. Diesem Zwang scheint sich Brigitte Bardot zu entziehen. Sie gilt als Rebellin der neuen Weiblichkeit. Ihr Sexappeal erscheint nicht als inszeniert, sondern als schlichte Selbstverständlichkeit. Ihre Botschaft ist die von der erotischen Selbstbestimmung der Frau. Doch die »BB nationale«, überwiegend in kommerziellen Filmen wie Mit den Waffen einer Frau (mit Jean Gabin) eingesetzt, ist in erster Linie Frankreichs derzeit erfolgreichster Exportartikel – und unternimmt 1960 einen (als Publicity-Trick beargwöhnten) Selbstmordversuch.

Zerstörtes Leben

Der 39jährige Bernhard Wicki, zunächst als Bühnen- und Filmschauspieler tätig, hatte sein Debüt als Regisseur 1958 mit Warum sind sie gegen uns?, einer kritischen Auseinandersetzung mit der Stellung der heutigen Jugend in der Gesellschaft. 1959 gelingt ihm mit Die Brücke (nach einem Roman von Manfred Gregor) die eindringliche Schilderung der verführten idealistischen Jugend, die im Zweiten Weltkrieg mit nationaler Begeisterung und Abenteuerlust ihren Kriegseinsatz erlebt und physisch wie innerlich daran zerbricht. Die Handlung konzentriert sich exemplarisch auf eine Jungengruppe, die in den letzten Kriegstagen eine Brücke verteidigen soll.

In seiner Gestaltungsweise knüpft Wicki an die Tradition des realistischen Films an. Er kann sich hierbei auf junge Akteure stützen, deren schauspielerische Leistung dem Film zu großer Aussagekraft verhilft.

Im französischen Film setzt sich die »Neue Welle« durch. Klischees werden von der Leinwand gefegt oder als solche kenntlich gemacht; auf die Kunst sorgsam arrangierter Bilder kann getrost verzichtet werden.

Mit Hiroshima mon amour (deutsch 1960) zeigt der 37jährige Dokumentarfilmer Alain Resnais seinen ersten Spielfilm; das Drehbuch verfaßte Marguerite Duras. Die kurze Liebesaffäre zwischen einer Französin und einem Japaner kann nicht die Erinnerung an das Grauen auslöschen, das der Krieg über die Völker und in jedes einzelne Leben gebracht hat.

Die Struktur des Films ist durch die Verzahnung von Gegenwartshandlung und Erinnerungsbildern bestimmt, die durch jene ausgelöst werden. In der Schilderung der Begegnung zwischen Mann und Frau entwickelt Resnais das Bild einer Gegenwart, in der sich das Leben als ohnmächtig erweist.

Film

Premieren

- Michelangelo Antonioni: *L'avventura* (*Die mit der Liebe spielen,* 1961). Mit Lea Massari, Gabriele Ferzetti, Monica Vitti. Pessimistische Bilanz über die Einsamkeit des Menschen, die durch differenzierte Beobachtungen, Stimmungen, Beziehungen und den fast völligen Verzicht auf »Handlung« das Publikum zunächst schockiert. Die deutsche Kinofassung zerstört durch Kürzungen die Stilprinzipien des Filmes.

- Alfred Hitchcock: *North by Northwest* (*Der unsichtbare Dritte,* 1960). Mit Cary Grant, Eva Maria Saint, Leo G. Carroll (Drehbuch: Ernest Lehman). Brillanter Verfolgungsfilm, in dem ein Werbefachmann mysteriöse Erlebnisse durchsteht bis hin zum Alptraum, seine eigene Identität beweisen zu müssen. Gilt nicht zuletzt durch seinen hintergründigen Humor als Meisterwerk.

- Wolfgang Staudte: *Rosen für den Staatsanwalt.* Mit Martin Held und Walter Giller. Exemplifizierung des politischen Opportunismus und der Unbelehrbarkeit der Ewiggestrigen.

- Konrad Wolf: *Sterne.* Mit Sascha Kruscharska und Jürgen Frohriep. Eines der eindringlichsten Werke des antifaschistischen DDR-Films.

Oben: Die Brücke, 1959; Szenenfoto mit Frank Glaubrecht, Volker Lechtenbrink, Michael Hinz.
Unten: Hiroshima mon amour, 1959; Szenenfoto mit Emmanuele Riva und Eiji Okada.

1959

Der Sprung ins schnaubende Kollektiv

In Düsseldorf bleibt dem Premierenpublikum am 31. Oktober das Lachen im Halse stecken. Eugène Ionesco schickt ihm als komödiantisch-satirische Tierfabel die bedrohliche und zugleich groteske Geschichte kollektiver Verblendung auf die Bühne. Die Nashörner (Les rhinocéros), uraufgeführt unter der Regie von Karlheinz Stroux, rufen Erinnerungen an die Schrecken totalitärer Machtausübung wach.

Der französische Dramatiker rumänischer Herkunft läßt in einem großen Wurf, der weit über seine früheren Einakter hinausreicht, die Ansteckungskraft des Bösen wuchern. Ein Nashorn taucht in einer typisch französischen Provinzstadt auf, die Spießer sind empört darüber. Doch je hysterischer sie sich wehren, desto ähnlicher werden sie den immer zahlreicher erscheinenden Tieren. Stampfender Egoismus, schnaubende Streitlust, dickhäutiger Starrsinn sehen plötzlich ganz anders aus – die Vernashornung der Bürger greift wie eine grassierende Epidemie um sich. Die Bewohner, die sich massenhaft der singenden, brüllenden Meute anschließen, die durch die Straßen zieht, plappern die makabre Litanei herunter, die noch allzu frisch klingt – das »Mit-der-Zeit-gehen-Müssen«, »Sich-Anpassen«, den »Widerstand von innen«. Auf offener Bühne wachsen den Kompromißlern die Hörner auf der Nase. Übrig bleibt der Kanzlist Behringer. Er ist kein Widerstandskämpfer, aber er rettet ein Fünkchen Mensch-Sein in der tobenden Nashorngesellschaft.

Ionesco nimmt in Düsseldorf den rauschenden Beifall für sein zwölftes Stück, wie der Kritiker Karl Korn schreibt, »ein bißchen verlegen, mit großen traurigen Augen ins Parkett schauend« entgegen. In Frankreich wird das Stück von Jean-Louis Barrault am 22. Januar 1960 erstaufgeführt. Sogar Ionescos französische Gegner vergleichen ihn jetzt mit dem Klassiker Molière.

Die Nashörner; Szenenfoto der Frankfurter Inszenierung (1960) mit Herbert Mensching als Behringer.

Bildende Kunst

Werke
- Giuseppe Capogross: *Superficie* (Musée Royaux des Beaux Arts, Brüssel).
- César (C. Baldaccini): *Moteur aérien* (Schrottplastik).
- Louise Nevelson: *Black Night Scape*, (Plastik).
- Robert Rauschenberg: *Monogramm*. Assemblage mit ausgestopfter Ziege und Autoreifen (Moderna Museet, Stockholm).
- Bernard Réquichot: *Reliquienschrein ländlicher Begegnungen*.
- Mark Rothko: *Black Over Light*.
- Antonio Saura: *Brigitte Bardot*.
- Jean Tinguely: *Méta-Matic Nr. 9* (Phantasiemaschine als abstrakte Plastik. Houston Museum of Fine Art).

Ausstellungen
- Essen: *5000 Jahre Kunst aus Indien* in der Villa Hügel (Mai bis September) mit Leihgaben aus 30 indischen Museen wird viel beachtet und betont besonders die Verbundenheit der indischen zur westeuropäischen Kunst.
- Hamburg: Die Marc-Chagall-Ausstellung gilt als bisher umfassendste Darstellung des Lebenswerkes des großen russischen Malers (April/Mai) mit Leihgaben großer Museen von New York bis Tel Aviv.
- Köln: *Kunst der Mexikaner* im Wallraf-Richartz-Museum unterstreicht die Beziehung Mexikos zur modernen Kunst.

Ereignisse
- Berlin: Der im Vorjahr mit anderen Kunstschätzen aus der Sowjetunion in die DDR zurückgekehrte Pergamonaltar, das zentrale Ausstellungsstück des Pergamon-Museums, ist nach 20 Jahren wieder der Öffentlichkeit zugänglich.

Theater

Premieren
- Edward Albee: *Die Zoogeschichte (The Zoo-Story)* wird am 28. September im Berliner Schillertheater uraufgeführt; amerikanische Erstaufführung am 14. Januar 1960 in New York. Absurdes Stück von der hoffnungslosen Isolation des Menschen.
- Jean Anouilh: *Becket ou l'honneur de dieu (Becket oder die Ehre Gottes)*. Uraufführung am 1. Oktober in Paris im Théâtre Montparnasse; deutsche Erstaufführung am 14. Januar 1961 im Berliner Schillertheater. Bilderbogenstück über den historischen Konflikt zwischen weltlicher und geistlicher Macht.
- Bertolt Brecht: *Die heilige Johanna der Schlachthöfe* wird am 30. April in Hamburg unter Regie von Gustaf Gründgens uraufgeführt, fast 30 Jahre nach der Entstehung. Das Agitationsstück über die Bekehrung der bürgerlichen Heldin zu Klassenkampf und Terror (mit der Brecht-Tochter Hanne Hiob in der Hauptrolle) wird zum Theaterereignis.
- Jean Genet: *Les nègres (Die Neger)* wird am 25. Oktober in Paris durch Roger Blin mit dem Negerensemble »Les Griots« uraufgeführt. Deutsche Erstaufführung am 30. Mai 1964 im Landestheater Darmstadt. Die »Clownerie« in einem Akt ist radikale Attacke gegen die Herrschaft der weißen Rasse: Die Neger verhalten sich entsprechend den rassischen Vorurteilen gegen sie.
- Wolfgang Hildesheimer: *Die Uhren* wird am 18. April in Celle, *Landschaft mit Figuren* in Berlin am 29. September uraufgeführt: Zwei der drei 1958 erschienenen »Spiele, in denen es dunkel wird«, in denen durch parodierende Verwendung der Wortklischees im Dialog die Hohlheit ins Groteske gesteigert wird, während sich die Bühne stetig verdüstert.
- Jean-Paul Sartre: *Les séquestrés d'Altona (Die Eingeschlossenen)*, uraufgeführt am 29. September im Théâtre de la Renaissance in Paris. Deutschsprachige Erstaufführung am 9. Juni 1960 im Zürcher Schauspielhaus. Familientragödie der Lebenslügen und ausweglosen Gewissensprüfung, die mit Thesen, Reflexionen und politisch-philosophischen Debatten überfrachtet ist.

Ereignisse
- Vom 2. bis 20. Dezember gastiert Gustaf Gründgens mit dem Ensemble des Deutschen Schauspielhauses Hamburg mit *Faust I* und dem *Zerbrochenen Krug* in der Sowjetunion.

Marino Marini
Miracolo, 1954
dokumenta 1959

Alberto Giacometti
Gruppe aus drei Menschen
documenta 1959

documenta 2
Kunst nach 1945

Kassels Etablierung als bundesdeutsche Hauptstadt der neuen Kunst ist perfekt. Am 11. Juli öffnet zum zweiten Mal die internationale documenta ihre Tore. Sie gewinnt den Charakter einer Alternative zur Biennale, der in zweijährigem Rhythmus in Venedig veranstalteten Schau moderner Kunst. Als Prestige-Großunternehmen ist das Kunstfestival von der Trägerschaft einer privaten Gesellschaft in die der »documenta GmbH« übergegangen, bei der die Stadt Kassel Mehrheitsgesellschafter ist.

Thema der documenta 2 ist die »Kunst nach 1945«, wobei der Schwerpunkt auf dem allerjüngsten Zeitraum liegt. Starkes Übergewicht erhalten die Maler des abstrakten Expressionismus, neue Strömungen des Realismus in England und Amerika werden kaum berücksichtigt. Die Entscheidung der Jury, die abstrakte Kunst als »Weltsprache« zu definieren, in die seit 1950 alle Kunstrichtungen gemündet seien, setzt erbitterte Diskussionen in Gang. Einer der Kritiker dieses Konzepts, Alfred Schmeller, spricht vom »Druck der Langeweile«, der den Besucher »in Gestalt der tachistischen Dampfwalze überrollte«.

Besonderes Gewicht erhält auf dieser zweiten documenta die Plastik, die sich nicht mehr als Lückenbüßer zwischen den Gemälden herumdrücken muß, sondern sich in eigenständiger Präsentation in der Orangerie und im Auepark vorstellt und als Gegengewicht zur abstrakten Ausrichtung der Abteilung Malerei gewertet wird. Vertreten sind unter anderem Marino Marini, Henry Moore mit seinen berühmten Frauenskulpturen, Alberto Giacometti und Reg Butler.

Ein wesentlicher Kritikpunkt an der documenta 2 ist, daß 62 Prozent der gezeigten Kunstwerke aus dem internationalen Kunsthandel stammen. Der Kritiker Wolfgang Christlieb rügt in der »Abendzeitung« vom 17. Oktober: »Die Kasseler documenta war kein Bericht, sondern eine Verkaufsmesse, eine Musterschau … Es war ein Meeting der Auguren, ein internationales Treffen der Kunstbörse …«

René Goscinny und Albert Uderzo
Asterix, der Gallier

Landser-Hefte

Alte Krieger

In Frankreich wird ein gallischer Comic-Held geboren, der nach etwas zurückgezogenen ersten Jahren im Sturm die Welt erobert. Es ist der kleine Krieger Asterix mit Flügelhelm und Clémenceau-Schnurrbart, den René Goscinny (Text) und Albert Uderzo (Bild) im Journal »Pilote« zu ersten Abenteuern mit römischen Legionären antreten lassen. Mit ihm erblicken die wahrhaft phantastischen, dank eines Zaubertranks von Fall zu Fall unüberwindlichen Bewohner eines gallischen Dorfes zur Zeit Cäsars das Licht der Welt, darunter Asterix' Freund, der tonnenbäuchige Hinkelsteinhauer Obelix mit roten Zöpfchen und stereotypen Sprüchen (»Die spinnen, die Römer!«).

Die Comicserie basiert auf der durch eine Umfrage ermittelten Tatsache, daß der Gallier Vercingetorix neben Napoleon I. und Jeanne d'Arc der beliebteste französische Nationalheld ist. Dies mag ein Grund für den nach Erscheinen des ersten Albums (1961) rasch um sich greifenden Erfolg sein, der sich ab 1968 in der Bundesrepublik fortsetzt. Entscheidender ist das visuelle wie intellektuelle Vergnügen (Text und Bild sind erstmals im Comic gleichrangig), das die Bildergeschichten bereiten, wobei auch die Erwartungshaltung einer breiten Betrachter- und Leserschaft befriedigt wird. Die alten Gallierkrieger verrichten ihr Zackbumm mit viel Witz und Freundlichkeit und spiegeln ironisch in Geschichte verpackte Gegenwart.

Auf dem Heftchenmarkt der Bundesrepublik wird dagegen vom Rastatter Pabel-Verlag mit zunehmendem Erfolg die als »Vergangenheitsbewältigung« ausgegebene Verherrlichung des deutschen Landsers verbreitet. Leser sind vor allem Jugendliche. In einer Analyse der militaristischen Schundhefte kommt Jürgen Usko im NDR zu dem Schluß: »Stil, Form, Aussage und Inhalt … decken sich auf unheimliche Weise mit (den Berichten) der sogenannten Propagandakompanien des Großdeutschen Reiches während des Zweiten Weltkriegs – in 50 von hundert Fällen haben sich nicht einmal die Autoren geändert.«

1959

Die DDR proklamiert die Arbeiterkultur

In der DDR wird eine Kulturrevolution von oben ausgerufen, mit der die Trennung von Kunst und Leben überwunden und die noch ausstehende sozialistische Nationalkultur erzwungen werden soll. Stichtag dafür ist der 23. April mit der »1. Bitterfelder Konferenz«: Ein ursprünglich vom Mitteldeutschen Verlag in Bitterfeld angesetztes Autorentreffen wird auf Anweisung der SED-Obrigkeit zu einer Mammutveranstaltung erweitert. Unter dem Motto »Dichter in die Produktion« und »Greif zur Feder, Kumpel« wird die Sozialisierung der Kultur anvisiert. Die Arbeiterklasse soll künftig auch im kulturellen Bereich die bestimmende Kraft werden. Avantgarde der Kulturrevolution sollen die mit der praktischen Arbeit im Betrieb vertrauten Berufsschriftsteller sein. Der »Bitterfelder Weg« bringt in der Folgezeit feste Kataloge von Stilmitteln hervor, in denen geregelt ist, was Schriftsteller der Parteilichkeit zu beachten haben. Er bedeutet das Ende der nur reflektierenden und auch das Ende der autonomen Literatur in der DDR. Literatur wird zum Gegenstand öffentlicher Auseinandersetzung. Die Stunde der »Arbeiterkultur« hat geschlagen. Allenthalben entstehen Bezirkshäuser für kulturelle Massenarbeit, Arbeiter- und Bauerntheater, Laienspielgruppen, Laienkabaretts, Zirkel schreibender Arbeiter, Bauern und Soldaten.

Nach fünf Jahren allerdings stellt sich heraus, daß trotz großzügiger staatlicher Unterstützung des Programms die Ergebnisse weit hinter den Erwartungen zurückbleiben. Als »Bitterfelder Literatur« im strengen Sinn entstehen vor allem Reportagenbände und Erzählungen, etwa von Franz Fühmann, Werner Bräunig, Erik Neutsch und der Roman *Ankunft im Alltag* von Brigitte Reimann.

Der Höhenflug der deutschen Literatur

Die bundesrepublikanische Literatur erlebt in diesem Jahr einen spektakulären Durchbruch. Auf der Frankfurter Buchmesse werden drei Romane vorgestellt, die den Anschluß an das Weltniveau bedeuten. Es sind *Billard um halbzehn*, *Die Blechtrommel* und *Mutmaßungen über Jakob*.

Heinrich Böll rollt in *Billard um halbzehn* die Zeitgeschichte von der Jahrhundertwende her auf. Er erzählt die Geschichte einer großbürgerlichen Architektenfamilie, die sich letztlich mit der Realität der Bundesrepublik nicht versöhnen kann.

Mit ungleich aggressiverer Kritik platzt Günter Grass in die Literaturszene. Er erzählt in der *Blechtrommel* die Abenteuer des trommelschlagenden und glaszersingenden Gnoms Oskar. In einer unerhörten Mischung aus rücksichtsloser Phantasie und harter Realität wird die jüngste Vergangenheit vorgestellt, in der Sicht eines monströsen Helden die kleinbürgerliche Gesellschaft Danzigs und das Szenario bundesrepublikanischer Nachkriegsjahre eingefangen. Der gebürtige Danziger Grass, Sohn deutsch-polnischer Eltern, Graphiker und Steinmetz, Lyriker und Dramatiker, fasziniert durch vitale Sprachkraft.

Uwe Johnsons Roman befaßt sich mit der deutschen Teilung. Das Buch erzählt von einem jungen Arbeiter bei der Reichsbahn, in dessen unauffälliges Leben sich Unsicherheit einschleicht, weil die Mutter und die Freundin, Gesine Cresspahl, in den Westen gegangen sind. Als er eines Tages auf den Schienen überfahren wird, bleiben nur (politische) Mutmaßungen über seinen Tod. Johnson löst den Gang der Handlung in artistischer Kühnheit auf und mischt stückchenweise Vergangenheit mit Gegenwart.

Ein moderner Schelmenroman

Der 32jährige Schriftsteller Günter Grass, in Danzig geboren, in Düsseldorf und Berlin zunächst als Bildhauer ausgebildet, veröffentlicht mit Die Blechtrommel seinen ersten Roman, für den er schon im Vorjahr den Preis der Gruppe 47 erhalten hat. Im Mittelpunkt steht der Ich-Erzähler Oskar Matzerath, der mit drei Jahren sein Wachstum eingestellt hat. Als Dreißigjähriger im Kindergitterbett einer Heil- und Pflegeanstalt halbwegs vor der Umwelt in Sicherheit, ruft er sich die Geschichte seiner Familie in Erinnerung. Die Autobiographie wird zu einem Spiegel deutscher Zeitgeschichte in freilich höchst eigenwilliger, an die Tradition des barocken Schelmenromans anknüpfender Gestaltung. Grass scheint zu beweisen, daß ein »Vollbluterzähler« nach wie vor aus der Fülle sprachlicher und literarischer Möglichkeiten schöpfen kann, ohne sich um literaturtheoretische Bedenken zu kümmern. Das reine »Fabulieren« legitimiert das Ekelerregende, das Blasphemische und die Unverblümtheit in der Darstellung des Sexuellen. Letzteres dürfte dafür verantwortlich sein, daß der von der Jury zuerkannte Literaturpreis der Stadt Bremen dem Autor schließlich verweigert wird.

Günter Grass mit seinem ersten Roman, 1959.

Literatur

Neuerscheinungen

● Paul Celan: *Sprachgitter*. Dritter Gedichtband des in Paris lebenden deutschsprachigen Autors, in dem sich eine verknappte und elliptische Sprache ankündigt, die für seine späteren Werke typisch wird.

● Hilde Domin: *Nur eine Rose als Stütze*. Erster Band der erst 1954 aus der Emigration heimgekehrten Schriftstellerin, der durch die Darstellung der intensiven Verletzung des Menschen durch Judenverfolgung und Unterdrückung erschüttert.

● Saul Bellow: *Henderson the Rain King* (*Der Regenkönig*, 1960). Tragikomischer Roman über Selbstentfremdung und Selbstfindung eines amerikanischen Erfolgsbürgers.

● William S. Burroughs: *The Naked Lunch* (*Junkie*, 1963). Unter Rauschgifteinfluß entstandenes satirisch anklagendes Tableau einer entstellten Welt mit monströsen Figuren. Das Erstlingswerk, das alle gesellschaftlichen und sexuellen Tabus mißachtet, macht den Autor zu einer der um-

strittensten Figuren der amerikanischen Literatur mit großem Einfluß auf die 60er Jahre.

● Pier Paolo Pasolini: *Una vita violenta* (*Vita violenta*, 1963). Die Reportage über einen Jungen aus den römischen Slums als Archetypus des Wilden ohne bürgerliches und moralisches Bewußtsein wird Mythos einer triumphierenden Vitalität.

● Rudolf Pörtner: *Mit dem Fahrstuhl in die Römerzeit* stellt journalistisch gewandt die geschichtliche, geistige und materielle Hinterlassenschaft der Römer in Deutschland vor und wird ein großer Sachbucherfolg.

● Raymond Queneau: *Zazie dans le Métro* (*Zazie in der Metro*, 1960) fängt die Erwachsenenwelt aus der Sicht einer altklugen Göre als surrealistisches Kaleidoskop grotesker Verzerrungen ein und arbeitet mit sprachlichen Verfremdungstechniken.

● Nathalie Sarraute: *Le planétarium* (*Das Planetarium*, 1960). Eine harmlose Familiengeschichte als Gerüst für die Sezierung der psychologischen Schicht verborgener und verschwiegener Regungen.

● Konstantin M. Simonow: *Zivye i mertvye* (*Die Lebenden und die Toten*, 1960) schildert im Rahmen eines vaterländischen Romanzyklus im Ringen um historische Wahrhaftigkeit die ersten Kriegsmonate bis zum sowjetischen Sieg bei Stalingrad und an der Wolga. Wird eines der richtungweisenden und meistdiskutierten Bücher der Sowjetliteratur, die vom Parteitag 1956 beeinflußt sind.

● Muriel Spark: *Memento Mori* (*Memento Mori*, 1960). Außergewöhnliches Buch über Alter und Tod. Die groteske Schilderung einer Gesellschaft von Greisen, die sich weigern, die Existenz des Todes zur Kenntnis zu nehmen, macht die englische Autorin international bekannt.

Ereignisse

● Mit zahlreichen Feierlichkeiten und einem Festakt in Marbach am 10. November wird der 200. Todestag von Friedrich von Schiller begangen.

● Im Claassen-Verlag wird, über 40 Jahre nach Ersterscheinen, *Der Untertan* von Heinrich Mann neu aufgelegt.

1959

Naturwissenschaft, Technik, Medizin

• Eine amerikanische Jupiterrakete mit zwei Äffchen (»Abel« und »Baker«) fliegt etwa 500 km hoch. Die Tiere überstehen den 15-Minuten-Flug in den Weltraum schadlos. Das Experiment dient als Test für die geplanten Raumflüge von Astronauten.

• Adolf Butenandt ermittelt die chemische Formel für den Sexuallockstoff des Seidenspinners, das Bombycol. Gelangen nur wenige Moleküle davon auf die Fühler des Schmetterlingsmännchens, so wittert dies das Weibchen und findet es über weite Entfernungen. Das Bombycol erweist sich als eines jener Pheromone, die später in der biologischen Schädlingsbekämpfung gute Dienste leisten.

• Grantly Dick Read entwickelt ein Trainingsprogramm für schwangere Frauen, um eine möglichst schmerzarme Geburt zu gewährleisten. Seine »Schwangerengymnastik«, in Gruppen durchgeführt, findet viel Zustimmung.

• Lejeune, Gautier und Turpin finden die Ursache des Mongolismus. Im Chromosomensatz mongoloider Kinder ist das Chromosom Nr. 21 dreifach vertreten statt doppelt. In der Eizelle der Mutter ist es doppelt statt einfach vorhanden, vom Vater kommt ein weiteres hinzu. Die Kinder leiden an Schwachsinn, haben Gesichtsfehlbildungen, schlitzförmige Augen, »Mongolenfalte« und bleiben kleinwüchsig. In der Folge dieser Entdeckung werden bald weitere Erbkrankheiten festgestellt, bei denen sich Abweichungen in Form oder Zahl der Chromosomen finden.

• In den USA empfängt ein Radioteleskop ein schwaches Radarecho von der Venus.

Wunder technischer Planung

Die niedersächsische Landeshauptstadt Hannover sonnt sich in ihrem Ruhm als erste deutsche autogerechte Stadt, als »Stadt des Jahres 2000«. Gemeint ist ein von Stadtbaurat Rudolf Hillebrecht entwickeltes Straßensystem, das die City mit einem Ring mehrspuriger Schnellstraßen umschließt, dem ein Ring kreuzungsfreier autobahnähnlicher Schnellstraßen durch die Außenbezirke entspricht. Raumaufwendige Kreisel sollen die Verkehrsströme reibungslos in die Stadt lenken. Durch das einstige Trümmerfeld sind große Schneisen als »City-Boulevards« geschlagen worden. Die Breschen in den Stadtwald werden als Preis für eine »landschaftlich wie straßenbau-technisch reizvolle Schnellfahrtstrecke« in Kauf genommen. Das »Wunder von Hannover« findet seine Gläubigen.

Noch weit größere Leistungen technischer Planung gelingen der Sowjetunion. Am 12. September wird eine Rakete in den Weltraum geschossen, deren Ziel der Mond ist. Nach 35stündigem Flug stürzt die Rakete, deren Flugbahn sich durch die Mondanziehungskraft in der zweiten Hälfte des Fluges mondwärts gekrümmt hat, auf den Erdtrabanten und zerschellt. Zuvor hat die Rakete mehrere 20 cm lange Metallstreifen ausgestoßen, auf denen Sowjetembleme und das Datum eingraviert sind, die Raketenspitze enthält einen Sowjetwimpel – im traditionellen Sinne Zeichen von Besitznahme, was jedoch von der UdSSR in Abrede gestellt wird. Vorhersagen über den Zeitpunkt, an dem der erste Mensch den Mond betreten wird, rechnen frühesten mit 1966, eher mit dem Zeitraum zwischen 1969 und 1979.

Ein weiterer Erfolg der sowjetischen Weltraumforschung sind Bilder von der erdabgewandten Seite des Mondes, die am 18. Oktober von der am 4. Oktober gestarteten interplanetaren Station Lunik III zur Erde gefunkt werden.

Mitte links: Schnellstraße am Aegidienplatz in Hannover.
Mitte rechts: Erdabgewandte Seite des Mondes.

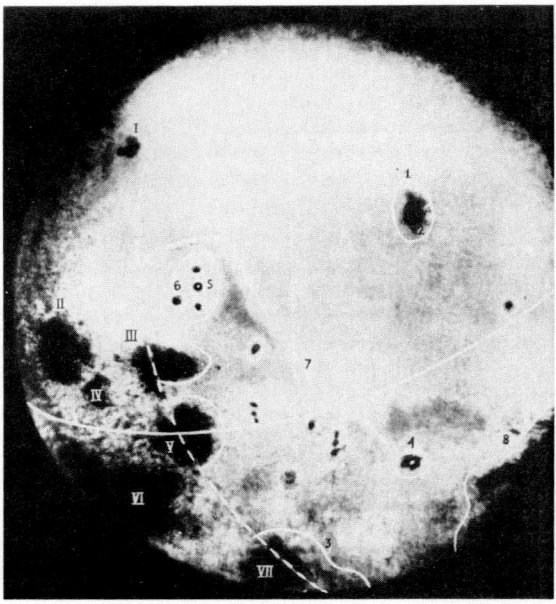

Musik

Premieren

• Paul Hindemith: *Pittsburgh Symphony* wird zur 200-Jahr-Feier der amerikanischen Stadt im Januar uraufgeführt. Letzte große Instrumentalmusik des jetzt 64jährigen Komponisten.

• Giselher Klebe: *Die tödlichen Wünsche.* (Uraufführung am 14. Juni in Düsseldorf.) Oper nach dem Roman *Das Chagrinleder* von Honoré de Balzac. Das Geschehen wird in die Gegenwart von 1956/57 verlegt.

• Rolf Liebermann: *Capriccio.* Das Konzert für Singstimme, Violine und Orchester wird uraufgeführt.

• Luigi Nono: *Diario Polacco 1958.* Uraufgeführt im Rahmen der Darmstädter Ferienkurse. Schonungslose Komposition, deren Thema der Gettomord der Deutschen in Polen ist.

• Henri Pousseur: *Rimes pour différentes sources sonores* für Orchester und Tonband uraufgeführt.

• Richard Rodgers: *The Sound of Music.* (Uraufführung am 16. November in New York.) Das Musical nach den Memoiren der Maria Augusta Trapp und nach dem Liebeneiner-Film *Die Trapp-Familie* gehört zu den klischeereichen Werken, in denen das »golden old Europe« auf die Bühne kommt.

• Dmitri Schostakowitsch: *1. Konzert für Violoncello und Orchester* wird in Moskau uraufgeführt.

Ereignisse

• Berlin: Die erste deutsche Bühnenaufführung von Arnold Schönbergs Oper *Moses und Aron* im Oktober im Rahmen der Berliner Festwochen wird durch Störaktionen militanter Schönberg-Feinde zum Skandal. Dirigent Hermann Scherchen, dem angedroht worden ist, man werde ihm Vitriol ins Gesicht schütten, wenn er es wage, die Oper zu dirigieren, kann erst nach einer Unterbrechung die Aufführung beenden.

• Bonn: Mit einem elftägigen Beethovenfest wird im September die Bonner Beethoven-Halle am Rheinufer (Architekt S. Wolks) eingeweiht.

• Donaueschingen: Eine Ausstellung *Musikalische Graphik* veranstaltet der israelische Komponist Roman Haubenstock-Ramati während der Donaueschinger Musiktage. Sie zeigt neue Notationsformen unter dem Aspekt ihrer optisch-ästhetischen Qualität und ist die erste dieser Art.

• Rolf Liebermann wird Intendant der Hamburgischen Staatsoper. Er fördert das zeitgenössische Opernschaffen.

Hawaii als 50. US-Bundesstaat
**Präsident
Dwight D. Eisenhower
enthüllt die neue
50-Sterne-Flagge**
18. März 1959

Géza von Cziffra
Blume von Hawaii
1953

Hula-Hoop

Unterhaltungsindustrie und Politik

Während die Ursachen und Anlässe der verschiedenen Modewellen im Bereich von Schlager, Freizeitsport und Hobby meist vielfältig und oft auch zufällig sind, besitzt der erneute Hawaii-Boom am Ende der fünfziger Jahre eine ganz bestimmte, von der Unterhaltungsindustrie in ihrer Tragfähigkeit erfolgreich einkalkulierte Grundlage. Durch die bevorstehende und 1959 vollzogene Erhebung Hawaiis zum 50. Bundesstaat der USA gerät der Pazifikarchipel in das Blickfeld der Weltöffentlichkeit.
Zumindest im musikalischen Sektor besteht allerdings eine nicht zuletzt deutsche Tradition, ausgehend etwa von der Operette Die Blume von Hawaii (1931) des gebürtigen Ungarn Paul Abraham; sie liegt Géza von Cziffras gleichnamigem Musikfilm von 1953 zugrunde. In den Schlagern derselben Zeit – etwa Unter Palmen am Meer in Hawaii *oder* In Honolulu in der Hafenbar *(1954) – ist Hawaii ein exotischer Ort paradiesischer oder abenteuerlicher Realitätsflucht.*
Neu ist 1958/59 die Verbindung von Hawaiisehnsucht, Musik, Freizeitsport und Mode. Der Hula-Hoop-Reifen (umgangssprachlich: Nabeläquator) – möglicherweise der Versuch einer Koppelung zwischen den vom Rock 'n' Roll her vertrauten Bewegungen mit angeblicher Hawaiifolklore – wird in der deutschen Version des amerikanischen Hula-Hoop-Songs (1958) folgendermaßen besungen:»Am Rio la Plata, am Ganges und am Rhein / werden alle Mädchen bald Hula-Mädchen sein. / Denn aus der Südsee kam ein neues Spiel. / Und wer bald schlank sein will, / der ist bald am Ziel.«
Schlank sein heißt zugleich, eine Bikinifigur besitzen. Obwohl der zweiteilige Badeanzug schon 1945 in Frankreich kreiert wurde, setzt er sich jetzt erst langsam durch. Auch er wird mit Hawaii in Verbindung gebracht. Während die amerikanische Originalfassung eines Schlagers lediglich vom Yellow Polkadot Bikini *handelt, spricht der deutsche Text (1960) vom »Itsy Bitsy Teenie Weenie Honolulu-Strandbikini«.*

577

Richard Estes
Hot Girls
1968

John Schneider
Vietnamesin beim Verhör
Zweite Weltausstellung
der Fotografie 1968

Vietnam-Demonstration
Berlin 1968

Dokumentation und Rebellion

In den sechziger Jahren, dem Jahrzehnt der Pop-art, entsteht auf künstlerischem Gebiet mit dem Fotorealismus zugleich eine neue Form der Reflexion von Bild und Abbild. Der Amerikaner Richard Estes macht sich zwar die Themen der Pop-art zu eigen, indem er Erscheinungsformen der Medien- und Konsumwelt dokumentiert. Grundsätzlich anders als das Collage-Verfahren eines Robert Rauschenberg ist jedoch seine fotorealistische Gestaltungsweise mittels verschiedener Dias desselben Objekts. Ihre unterschiedlichen Brennpunkte führen zur »unnatürlich« gleichmäßigen Schärfe der Wiedergabe des Gegenstandes im Gemälde. Was als reiner »Abklatsch« erscheint, erhält in Wirklichkeit irritierende Elemente einer künstlichen Exaktheit. Ebenso besteht nur eine scheinbare Neutralität gegenüber dem Gegenstand der Darstellung. Die Fassade des Porno-Schuppens annonciert eine zur Ware verkommene Sexualität. Estes bringt insofern mit Hot Girls Zweifel an der in den sechziger Jahren propagierten sexuellen Befreiung zur Geltung.

Die Frau ist das Thema der Zweiten Weltausstellung der Fotografie, die im April 1968 im Stadtmuseum München als Wanderausstellung eröffnet wird. Zu den Exponaten gehört das erschütternde Dokument des Verhörs einer Vietnamesin, der ein Soldat den Lauf seiner Maschinenpistole gegen die Schläfe preßt.

Der Protest gegen den immer stärker gegen die Zivilbevölkerung gerichteten Krieg der Vereinigten Staaten in Vietnam gehört zu den einigenden Elementen der Studentenbewegung, die 1968 vor allem in Frankreich die Form der Rebellion gewinnt. Die Berliner Vietnam-Demonstration vom Februar 1968 zeigt durch die mitgeführten Porträts von Karl Liebknecht, daß es in der Studentenbewegung auch darum geht, an die sozialistische und pazifistische Tradition in Deutschland anzuknüpfen. Karl Liebknecht stimmte im Dezember 1914 als einer von wenigen Abgeordneten des deutschen Reichstags gegen die Kriegskredite.

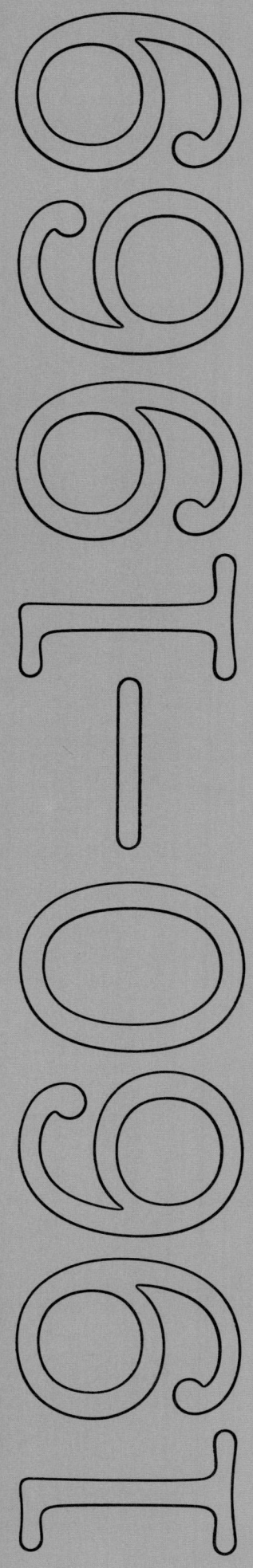

Ein Jahrzehnt des Optimismus beginnt, des Aufbruchwillens, des Glaubens an die Veränderbarkeit der Welt, ein Jahrzehnt der Jugend, der neuen Ideen, des Vertrauens in die Macht des Geistes jenseits allen materiellen Strebens, ein Jahrzehnt der sexuellen Befreiung, des Niederreißens traditioneller Schranken und der Euphorie des Gefühls. Ein Jahrzehnt freilich auch, dessen Sturm und Drang sich in sehr schnell ändernden Formen äußert: Von den etablierten Gewalten enttäuscht, wenden sich die treibenden Kräfte – und die verkörpern sich vor allem in jungen Menschen – schnell der Rebellion gegen das Bestehende zu. Aus der Erneuerung wird der Aufstand. Es ist ein Jahrzehnt des heftigen Generationenkonflikts – nicht zuletzt eine Folge der immer schneller werdenden technischen Entwicklung, die Erfahrung nicht mehr zum Schatz, sondern zum Ballast werden läßt, aber auch eine Folge davon, daß zum ersten Mal eine Generation aufgewachsen ist, für die Krieg und materieller Mangel keine eigene Erfahrung mehr sind, die die Welt nicht mehr am Möglichen, sondern am Wünschbaren mißt. Es ist dies aber auch ein Jahrzehnt, an dessen Ende schon die Ahnung vom Scheitern aller Träume, vom Katzenjammer der siebziger Jahre steht.

Aber was kommen soll, ist fern im Jahr 1960. Noch ist die Welt von den starren Mustern der späten vierziger Jahre und dem Kalten Krieg geprägt. Die Erde ist gespalten in zwei feindliche Blöcke, die sich mit einem erbitterten Wortkrieg überziehen, und über ihr schwebt der Schatten der Atombombe. Die Gesellschaft in Ost und West, erschöpft von den Schrecken des Zweiten Weltkriegs, hat sich in einen Immobilismus zurückgezogen, den sie mit Ruhe verwechselt. Die Großväter sind an der Macht: in Amerika Dwight D. Eisenhower, Jahrgang 1890, in der Sowjetunion Nikita S. Chruschtschow, Jahrgang 1894, in England Harold Macmillan, Jahrgang 1894, in Frankreich Charles de Gaulle, Jahrgang 1890, in der Bundesrepublik Deutschland Konrad Adenauer, Jahrgang 1876, und in der DDR Walter Ulbricht, Jahrgang 1893. Die Großväter stehen einer Welt vor, die von jungen Menschen nur so zu wimmeln beginnt.

Es ist eine Welt, deren politische Strukturen sich ändern. Das starre Schema der zweigeteilten Erde löst sich unmerklich, aber unaufhaltsam auf. Zwar behalten die Vereinigten Staaten und die Sowjetunion ihre Supermachtposition, aber ihre Allmacht wird zunehmend in Frage gestellt. 1960 beginnt sich der Bruch zwischen der Sowjetunion und China abzuzeichnen – wenn auch ideologisch verbrämt, kommt der alte Nationalismus wieder zum Vorschein. Albanien lehnt sich mehr und mehr an die chinesische Volksrepublik an und tritt 1968 aus dem Warschauer Pakt aus; Rumänien beginnt, außen- und wirtschaftspolitisch einen unabhängigen Kurs zu steuern. 1966 kündigt der französische Staatspräsident de Gaulle die militärische Zusammenarbeit Frankreichs in der NATO (Frankreich tritt am 7. März aus den militärischen, nicht aus den politischen Gremien aus). Die Dritte Welt emanzipiert und artikuliert sich. 1960 erlangen allein 17 afrikanische Staaten ihre Unabhängigkeit.

Im Jahr 1960 kommt in Amerika ein Vertreter der Vätergeneration an die Macht: John F. Kennedy, Jahrgang 1917, wird zum Präsidenten der Vereinigten Staaten von Amerika gewählt, der erste Katholik im Weißen Haus, eine unerhörte Neuerung. Er wird schon bald zum Mythos. Unerfreuliche persönliche Eigenheiten, sein Scheitern beim Versuch, den kubanischen Diktator Fidel Castro zu stürzen, die Eskalation der amerikanischen Beteiligung am Vietnamkrieg, der Auftakt zum Raketenwettrüsten, sein Zögern gegenüber der Bürgerrechtsbewegung der Schwarzen – vieles davon kann erst nachträglich erfaßt werden. Denn dann ist John F. Kennedy schon tot, am 22. November 1963 in Dallas/Texas einem Attentat zum Opfer gefallen.

Immerhin, der Kennedy-Mythos erweist sich als so stark, daß noch heute fast jeder, der diesen Tag bewußt miterlebt hat, weiß, was er damals gemacht hat. Selten zuvor und selten danach hat ein Politiker einen so wirksamen Aufruf an die Bürger gerichtet, der beinhaltet, daß man nicht fragen dürfe, was der Staat für einen tun könne, sondern was man selbst für den Staat tun kann. Es ist ein Appell, der Amerikas Jugend, müde der Lethargie der Eisenhower-Jahre, mobilisiert. Das Friedenskorps beispielsweise, ausgesandt in die Welt, um das Bild des häßlichen dollarschweren Amerikaners zu korrigieren, ist ein Ergebnis dieser Jahre. Kennedy, ungeachtet der Tatsache, daß er mehr Pose als Person bleibt, wird zum Idol der Jugend der westlichen Welt – und nicht nur dieser. Der Tod von Dallas verwehrt ihm die Chance, mehr als nur ein brillantes »Vielleicht« zu sein. Die Auswirkungen seines Todes aber bleiben entscheidend für das geistige Klima der sechziger Jahre – und sicher auch noch darüber hinaus. Kennedy

schien die Chance für eine Reform von oben zu bieten, für eine Erneuerung der Welt, Hand in Hand mit den etablierten Gewalten. Diese Illusion ist nun dahingegangen, sein Nachfolger Lyndon B. Johnson ist ein erprobter Drahtzieher aus dem Dschungel der amerikanischen Innenpolitik, der weder Kennedys Charisma besitzt noch seinen Zauber ausstrahlen kann – praktisch, beispielsweise in der Bürgerrechtsfrage, aber mehr ausrichtet als sein Vorgänger. Die optimistischen Jahre freilich sind nicht dahin. Die Jugend fällt nicht zurück in die Lethargie der fünfziger Jahre, sondern vertraut auf die eigene Kraft, und die heißt Rebellion.

Die Rebellion trifft am heftigsten die Länder, in denen es starken innenpolitischen Widerstand gegen die Regierungskräfte gibt. In Amerika suchen die Schwarzen, ihre Forderung nach den Bürgerrechten jetzt teilweise mit Gewalt einzutreiben. Sie wissen sich darin einig mit großen Teilen der Studentenschaft, die zudem heftig Front macht gegen den amerikanischen Krieg in Vietnam, der das Gewissen und das Ansehen der Nation in der Welt immer stärker belastet. Vietnam ist auch in Europa das Reizwort, das die Studenten auf die Straße treibt. Jeweilige nationale Besonderheiten kommen noch hinzu. In Frankreich sind nicht nur die Studenten über de Gaulle erbittert, der in seinem Traum von Frankreichs Größe die schlechte soziale Lage weiter Bevölkerungsteile übersieht. In der Bundesrepublik gibt es nach Adenauers Rücktritt 1963 keinen Generationswechsel an der Spitze. Und Ludwig Erhard, Jahrgang 1897, dem »Vater des deutschen Wirtschaftswunders«, folgt 1966 die Große Koalition zwischen CDU/CSU und SPD, ein Machtkartell fast ohne parlamentarische Kontrolle.

Dies ist eine Revolte, mit vorangegangenen nicht zu vergleichen ist. Sie hat keine konkreten Vorstellungen von dem, was »danach« kommen soll. Sie wird in erster Linie von Studenten getragen, die zwar unter der Überfüllung der Universitäten leiden, aber im großen und ganzen gesicherte Lebenschancen vor sich haben. Die Führer der Bewegung kommen oft aus großbürgerlichem Milieu und sind damit sogar sozial bevorzugt. Soziale Forderungen – sofern solche überhaupt gestellt werden – melden sie stellvertretend für die Arbeiter an, bei denen sie aber kaum Widerhall finden. Es ist eine Kulturrevolution, die über das Bewußtsein das Sein verändern will, und deshalb dort ansetzt, wo Bewußtsein geprägt wird: in den Universitäten und Kulturstätten.

Über die Gründe der deutschen Kulturrevolution wird in den sechziger Jahren heiß diskutiert, und ganze Bibliotheken füllen sich mit Schriften darüber. Die äußeren Anlässe liegen auf der Hand: der Immobilismus in der Gesellschaft, die überdies die Auseinandersetzung mit dem Nationalsozialismus lange verdrängt hat, das Scheitern der Europabewegung, die Lage an den Universitäten, der Vietnamkrieg. Daß der Protest sich jedoch in einer systemsprengenden Form äußert, dürfte daran liegen, daß die westliche Industriewelt vielen Jugendlichen keinen Lebenssinn mehr vermitteln kann, daß sie dabei stehengeblieben ist, nur materielle Werte zu geben, wobei darüber hinaus viele glauben, daß die finanzielle Sanierung nur auf Kosten der Dritten Welt vonstatten geht – Vietnam scheint das Paradebeispiel dafür zu sein.

Es macht sich ein rigoroser Moralismus hinter der Kulturrevolution bemerkbar, und das ist wohl auch der Hauptgrund, warum sie scheitert. Denn den unmittelbaren Erfahrungsbereich der Bevölkerung berührt sie nicht. Die sechziger Jahre sind dank billiger Energie nämlich auch ein Jahrzehnt des rapide zunehmenden privaten und öffentlichen Wohlstands. So steigt das bundesdeutsche Sozialprodukt von ca. 302,3 Milliarden Mark (1960) auf 752 Milliarden (1970). Die Arbeitslosenquote sinkt im gleichen Zeitraum von 1,2 auf 0,7 Prozent. 1960 wird die stufenweise Einführung der Vierzigstundenwoche vereinbart, 1965 gibt es etwa zehn Millionen Fernsehgeräte. 1967 zehn Millionen private Autos. Ferienreisen ins Ausland sind für weite Kreise eine Selbstverständlichkeit geworden, und die Freizeit wird zum Gegenstand ernsthafter wissenschaftlicher Auseinandersetzung sowie zum Tummelfeld einer neu erblühenden Industrie.

Es ist, als hätte sich ein Füllhorn aufgetan und schütte eine wachsende Flut von Gaben über diejenigen aus, die im richtigen Teil der Welt leben. Noch immer sieht eine Mehrheit das Heil im Konkreten, im Machbaren. Was unbegreifbar ist – tradierte Werte, Dinge, die sich nicht in Dollar oder Mark ausdrücken lassen – wird gering geschätzt. Nach diesem Muster wird auch die Entwicklungshilfe für die neuen Länder der Dritten Welt aufgezogen, die nur zu oft dazu beiträgt, alte kulturelle und gesellschaftliche Traditionen zu vernichten. Der Assuan-Staudamm in Ägypten, mit dessen Bau 1960 begonnen wird, ist ein gutes Beispiel für diese Denkweise. Unbesehen wird ein Industrieprodukt in ein Entwick-

Appelle und Träume

Die Deutsche Bundesbahn lieferte den Slogan, und der Sozialistische Deutsche Studentenbund brauchte lediglich das Bild beispielsweise einer Schnee und Eis trotzenden Eisenbahn durch die Porträts von Marx, Engels und Lenin zu ersetzen, um zumindest die Lacher auf seiner Seite zu haben. Das Plakat verbindet Polit-Clownerie, wie sie der Kommunarde Fritz Teufel Mitte der sechziger Jahre kreiert, mit dem Selbstbewußtsein, das der 1946 als Studentenverband der SPD gegründete SDS als treibende Kraft der Studentenbewegung und der Außerparlamentarischen Opposition demonstriert. Tatsächlich hat der SDS als erster die Forderung nach einer tiefgreifenden Hochschulreform erhoben; innere Gegensätze führen 1969 zu seiner Auflösung.

Selbstbewußtsein trägt auch die Großindustrie zur Schau. Ohne Rücksicht auf das umgangssprachliche Verständnis der »bunten Kuh« als Inbegriff der Geschmacklosigkeit benutzt der Chemiekonzern BASF 1968 dieselbe als Blickfang für die Werbebotschaft, daß die BASF-Chemiker »immer mehr, immer schönere Farbstoffe« entwickeln: »für das farbenfrohe Gesicht unserer Welt«.

Farbenfroh präsentieren sich die Blumenkinder, die Hippies. Ihr Protest richtet sich im Zeichen von Flower-power und unter der Losung »Make love, not war« gegen jene Gewalt und Unterdrückung, die nicht allein der Krieg bewirkt, sondern die ebenso von den Normen und Zwängen der Wohlstands- und Leistungsgesellschaft ausgehen. Als Mittel zur Realisierung des Traums von einer Welt der Harmonie und intensiven sinnlich-geistigen Empfindungen dienen vielfach Drogen, deren Wirkung in psychedelischen Festen imitiert wird. In diesem Zusammenhang steht die Poster-Welle mit Gestaltungsformen, die nicht zufällig an den Jugendstil anknüpfen.

Farbe, Licht und Bewegung sind die Gestaltungsmittel des gebürtigen Ungarn Nicolas Schöffer, dessen Lichtspiele und -architekturen auf ihre Weise dem Traum von einer neuen Schöpfung Gestalt verleihen.

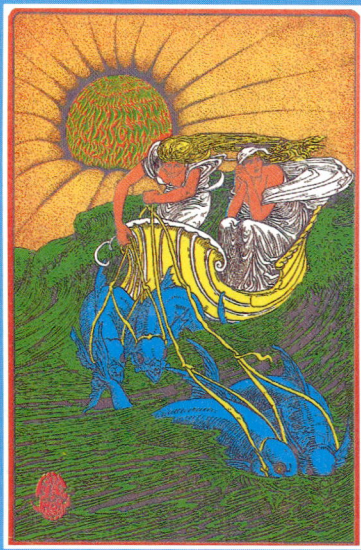

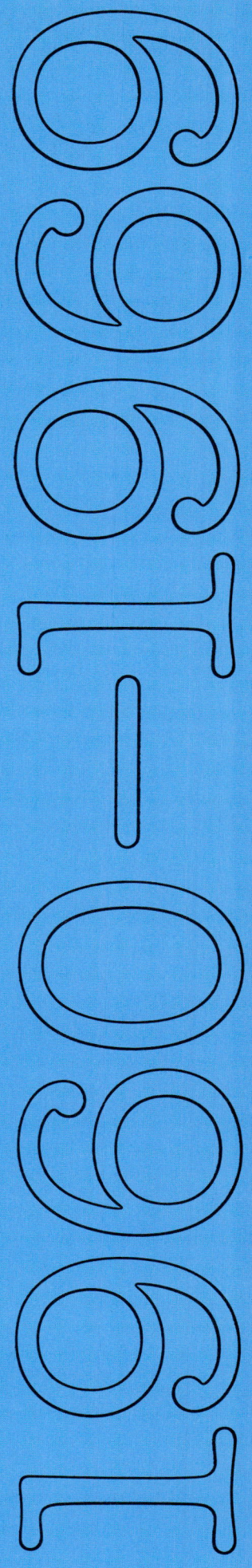

lungsland gesetzt, das zwar eine moderne Bewässerungswirtschaft ermöglicht, jedoch durch seine Existenz auch eine in Jahrtausenden gewachsene Ökologie durcheinanderbringt.

Mit großer Schnelligkeit fallen in den westlichen Industrieländern Tabus, die über Jahrhunderte hinweg Gültigkeit hatten. Eine eigene Jugendkultur bildet sich heraus, die sich bewußt von der Erwachsenenwelt und ihren Regeln absetzt – und dies auch durchsetzen kann, weil immer mehr Jugendliche über immer mehr Geld verfügen. Sie begeistern sich für Pop- und Rockmusik, vorgetragen von Musikstars ihres Alters. Eine eigene Mode etabliert sich; der »Mini« rafft die Rockhöhe bis weit übers Knie, der »Maxi« läßt sie dann wieder bis zur Wade fallen. Mutige Mädchen lassen sich in »Oben-ohne«-Badeanzügen sehen, und die »Antibaby-Pille« vollendet die sexuelle Revolution. Man betrachtet die Veränderung von Werten und Normen als Befreiung des Menschen von Zwängen, die ihn psychisch deformiert haben.

Auf politischem Sektor werden Anfang der sechziger Jahre Vereinbarungen getroffen, die die Erlösung von alten Ängsten versprechen. Nach der Kuba-Krise von 1962, die die Welt an den Rand eines Atomkrieges gebracht hat, werden die Entspannung und das Ende des Kalten Krieges eingeläutet. 1963 einigen sich die Atommächte auf das Ende aller Kernwaffenversuche in der Atmosphäre, unter Wasser und im Weltraum, 1967 folgt ein Vertrag, der eine weltweite Ausdehnung der Atombewaffnung verhindern soll. In der Kirchenpolitik läßt das Zweite Vatikanische Konzil 1962 erstmals den Gedanken an eine christliche Wiedervereinigung aufkommen. Die sechziger Jahre sind ein Jahrzehnt, in dem man glaubt, »es schaffen zu können«. Und das bezieht sich nicht nur auf die erste Mondlandung und auf die erste Herztransplantation, das gilt auch für das Selbstverständnis der kulturell Tätigen. Es ist eine Art Programm, das Arnold Bode, der Vorsitzende des documenta-Rates 1968 verkündet, wenn er betont, daß die Künstler, bisher Außenseiter der Gesellschaft, hofften, bald in ihrer Mitte zu stehen, »um sie mitzuverändern, und in einer verwandelten Gesellschaft könnte die Kunst mehr sein als nur ästhetisches Alibi für die Privilegierten.« In erster Linie machen sich neue Einflüsse in der bildenden Kunst und am Theater bemerkbar, in zweiter Linie in der Literatur und im Film, weniger dagegen auf der Opernbühne und im Konzertsaal. Aber vor allem

kommt der Zeitgeist auf einem Gebiet zum tragen, das die Bezeichnung Pop-Kultur erhält, und zu dem Musik, Mode, Literatur bis hin zu Comicstrips sowie das Lebensgefühl zählen. Die Hervorbringungen der Pop-Kultur hätte man früher wahrscheinlich als trivial und als Verfallserscheinung im Gegensatz zur »hohen« Kultur gewertet, jetzt aber wird das Triviale als eigenständiger Bereich anerkannt. Und in der bildenden Kunst dringt Pop in Gestalt der Pop-art ja auch in die Galerien und Museen ein. In der Kunst bewegt sich der Trend weg vom Einzelkünstler und vom einzelnen Kunstwerk als Ausdruck des schöpferischen, autonomen Individuums. Angestrebt wird die Zusammenarbeit in Gruppen. Für viele wird der künstlerische Schaffensprozeß, in den das Publikum eingebunden werden soll, wichtiger als das fertige Werk. Die Künstler wollen heraus aus der gesellschaftlichen Isolation, aus dem Ghetto der reinen Ästhetik. Die Neuen Realisten beispielsweise bemühen sich, durch die Konfrontation mit dem Zivilisationsmüll der Industriegesellschaft beim Betrachter Bewußtseinsreaktionen auszulösen. Auch »Zero« geht es um das Verhältnis des Menschen zu seiner Umwelt, allerdings will diese Gruppe den Weg über »schöne« Projekte nehmen. Im Zusammenfließen von Fluxus und Happening soll die traditionelle Schranke zwischen Künstlern und Publikum aufgehoben werden. Und mit der Pop-art schließlich bricht die Auseinandersetzung mit der Industrie- und Konsumwelt mit greller Aufdringlichkeit in den Kunstbetrieb ein. Bei der Concept-art wird dann vollends deutlich, daß die Idee den Vorrang vor ihrer Ausführung hat, daß der Betrachter in seiner eigenen Denk- und Einbildungskraft mobilisiert werden soll. Auch die Künstler der Minimal art, die den Hyperrealismus von Pop durch Rückkehr zur Abstraktion überwinden wollen, lassen sich bei der Verwendung der Form von ihrer Umwelt leiten.

Im Theaterbereich zeigt sich eine ähnliche Entwicklung. Je weiter die sechziger Jahre voranschreiten, desto stärker will das Theater politisch-moralische Anstalt sein, wehrt es sich dagegen, eine Entspannungsstätte für bürgerliche Abonnenten darzustellen, fern aller gesellschaftlicher Probleme. Man bemerkt dieses Phänomen an der Zusammensetzung der Spielpläne und der Wahl der Uraufführungsstücke. Zwar kommen die Großen der fünfziger Jahre, Henry de Montherlant, Eugène Ionesco, Tennessee Williams oder Jean Anouilh etwa, noch

mit neuen Stücken heraus, aber sie finden weniger Beachtung als zuvor. Auf deutschen Bühnen tritt Martin Walser als Dramatiker hervor und fragt, wie man es denn halte mit der Zeit zwischen 1933 und 1945. Rolf Hochhuths *Stellvertreter* wird 1963 aufgeführt, das erste einer Reihe von Dokumentardramen, die den Anspruch auf politisch-historische Wahrheit erheben. Im folgenden Jahr hat Peter Weiss mit dem *Marat/Sade* seinen großen Auftritt, und man spricht davon, daß die deutsche Bühnenliteratur wieder Weltrang habe. Freilich läßt die Begeisterung der breiten Masse bald nach, als Weiss sich zum Marxismus bekennt.

Die deutsche Literatur – in West und Ost – hat um 1960 die Aufarbeitung der Literaturtraditionen abgeschlossen, von denen der Nationalsozialismus sie abgeschnitten hatte. Man beginnt, nach deutscher Vergangenheit und Gegenwart zu fragen und auch hier den Anspruch zu erheben, den Weg in die Zukunft mitbestimmen zu wollen. Martin Walser hält in den Kristlein-Romanen *(Halbzeit, Das Einhorn)* der Wirtschaftswunderwelt den Spiegel vor, Uwe Johnson beschäftigt sich in *Das dritte Buch über Achim* aus westlicher Sicht mit der deutschen Teilung, Christa Wolf behandelt mit *Der geteilte Himmel* das gleiche Thema aus östlicher Perspektive Das größte Aufsehen aber erregen die beiden Werke *Hundejahre* von Günter Grass und *Ansichten eines Clowns* von Heinrich Böll, Bücher, in denen nach dem deutschen Standort gefragt wird – angesichts einer unseligen Vergangenheit und einer Gegenwart, in der sich vieles anders entwickelt hat, als es 1945 prognostiziert wurde. Und mit der Gründung des Verbandes Deutscher Schriftsteller im Jahr 1969, der sich bald der IG Druck und Papier anschließt, unterstreichen die Autoren ihren Anspruch, gesellschaftspolitisch gehört zu werden.

Auch der Film erneuert sich, vor allem in Frankreich und der Bundesrepublik. Die Filmindustrie Hollywoods dagegen gerät in den sechziger Jahren, vor allem durch den Siegeszug des Fernsehens, in eine schwere wirtschaftliche Krise, aus der sie sich durch eine künstlerische Erneuerung erst in den siebziger Jahren befreien kann. Am erfolgreichsten verläuft die Reform in Frankreich; die Nouvelle vague setzt neue künstlerische Maßstäbe und kann sich auch beim Publikum durchsetzen. Das Jahr 1960 markiert einen Generationswechsel in der französischen Filmbranche: 43 Erstlingsfilme entstehen. Die drei führenden Vertreter der neuen Richtung,

François Truffaut, Claude Chabrol und Jean-Luc Godard, sind vor ihrem Einstieg in die Regietätigkeit Filmkritiker gewesen. Sie entwickeln sich dann in unterschiedliche Richtungen: Truffaut beschäftigt sich in seinen Werken mit seiner Autobiographie und dem Problem des Filmemachens, Chabrol wird zum scharfen Kritiker des französischen Bürgertums, Godard leistet wichtige Beiträge zur Entwicklung einer neuen Filmsprache.

In Deutschland machen sie die »Neuen« erst Mitte des Jahrzehnts bemerkbar, nachdem der Filmmarkt praktisch zusammengebrochen ist – und zwar künstlerisch und finanziell. Der Neuanfang, der durch das *Oberhausener Manifest* von 1962 markiert wird, ist auch nur mit Hilfe öffentlicher Mittel möglich. 1966 kommen die ersten Filme von Alexander Kluge, Volker Schlöndorff, Peter und Ulrich Schamoni in die Kinos, denen sich dann Filme u. a. von Haro Senft, Christian Rischert, Johannes Schaaf, Edgar Reitz und Rainer Werner Fassbinder anschließen. Nicht anders als in der Literatur beschäftigt man sich hier mit Zeitkritik, gebrochen im Spiegel privater Schicksale. Freilich stellt sich bald heraus, daß der Neue deutsche Film eine Sache für die Eingeweihten ist und bleibt; bis Mitte der siebziger Jahre sinkt der deutsche Marktanteil am deutschen Kinoangebot auf unter zehn Prozent ab.

Am wenigsten macht sich der Geist der neuen Zeit im Bereich der »ernsten« Musik bemerkbar. Sei es, weil dies von Komponisten, Dirigenten und Regisseuren nicht gewollt wird, sei es, weil sich die Diskrepanz zwischen Form und Inhalt nicht überwinden läßt. Das markanteste Beispiel dafür ist vielleicht Hans Werner Henze, dem es trotz entsprechenden Engagements nicht gelingt, eine Musik zu komponieren, die nicht nur vom Bürgertum verstanden wird. Und auch dort wird nur ein Teil erreicht, denn gegenüber den Freunden der klassischen Musik bleiben die Anhänger der Zwölftontechnik und der seriellen Musik in der Minderheit. Als das Jahrzehnt zu Ende geht, ahnen bereits viele, daß der Zukunftsüberschwang auf einer Überschätzung der geistigen und materiellen Möglichkeiten beruht. Zum einen siegt der Wille zur Beharrung über den zur Veränderung. Die Kulturrevolution scheitert, und die meisten resignieren. Zum anderen hat der große Wohlstand der Sechziger eine gewaltige Umweltzerstörung zur Folge, die erst viel später zur Kenntnis genommen wird. Neue Sorgen sind damit vorprogrammiert.

Nonkonformismus und Ghettoarchitektur

Eine große Retrospektive im Musée des Arts Décoratifs in Paris und eine New Yorker Ausstellung machen 1960 einen Künstler bekannt, der kulturelle Normen radikal in Frage stellt. Jean Dubuffets Art brut fußt auf der Überzeugung, daß die nonkonformistischen bildnerischen Äußerungen von Kindern, Laien, »Primitiven« bis hin zu Geistesgestörten den »arts culturelles« an Vitalität weit überlegen sind. Seine eigenen Arbeiten erinnern bewußt an Kritzeleien, wie sie an Hauswänden oder Toilettentüren zu finden sind, und nehmen die Emanzipation dieser anonymen Volkskunst in Form der Graffiti der siebziger Jahre vorweg.

Das Scheitern des Nonkonformismus an der Gewalttätigkeit seiner Gegner ist das Thema des Films Easy Rider, *der die Motorrad-Odyssee zweier junger Amerikaner schildert. Sie werden das Opfer eines Lastwagenfahrers, der die »Herumtreiber« aus Haß auf ihre ungebundene Lebensweise erschießt. Für die amerikanische Filmindustrie wird der kommerzielle Erfolg von* Easy Rider *zum Signal, das Rezept der aufwendigen Produktionen zu überprüfen. Stilistisch gehört* Easy Rider *dem nach Authentizität strebenden Direct Cinema an, das sich mit der zu Beginn der sechziger Jahre in Frankreich entstandenen Nouvelle vague, der Neuen Welle, berührt.*

Als Betonbastionen, gegründet auf Kosten-Nutzen-Rechnungen und das Erfolgsstreben ihrer politischen Planer, sprechen Trabantenstädte wie das Märkische Viertel (etwa 30 000 Bewohner) der sozialen Sensibilität Hohn, die im Nonkonformismus zur Wirksamkeit gelangt. Die Summierung öder Wohnsilos schafft eine Ghettoatmosphäre, in der soziale Beziehungslosigkeit vorherrscht.

Als Beispiel für die Möglichkeit der Verbindung von Standardisierung und Variabilität ist der aus 158 (geplant: 1000) »Zellen« aufgetürmte Wohnberg Habitat des gebürtigen Israeli Moshe Safdie gedacht. Das Bauwerk wird 1967 als eine Attraktion der Weltausstellung in Montreal fertiggestellt.

Oscar Niemeyer
**Regierungsgebäude
am Platz der drei Gewalten
in Brasilia**
1957–1960

Oscar Niemeyer
Kathedrale in Brasilia
(während der Erbauung)
1957–1960

**Tummelplatz
der Beton-Phantasie**

Rio de Janeiro, die Vier-Millionen-Stadt an der brasilianischen Südost-küste, wird als Hauptstadt des seit 1822 von Portugal unabhängigen Staates Brasilien durch Brasilia abge-löst. Der offizielle Staatsakt findet am 21. April 1960 statt.
Der Wunsch, eine im Inneren des Lan-des und damit zentral gelegene Haupt-stadt zu errichten, wurde schon 1823 laut, doch erst unter dem 1955 bis 1961 amtierenden Staatspräsidenten Jusce-lino Kubitschek de Oliveira kommt er zur Durchführung. Aus einem 1956 veranstalteten Wettbewerb ging der Entwurf des Brasilianers Lúcio Costa als Sieger hervor. Er sieht die Grund-form des Kreuzes oder genauer eines Flugzeugs vor, dessen »Flügel« eine Achse mit Wohnbauten und Hochhäu-sern bilden, während der »Rumpf« die Regierungsgebäude aufnimmt. Brasi-lia ist nach Chandigarh, der Haupt-stadt des indischen Bundesstaates Punjab, an deren Aufbau (ab 1950) Le Corbusier beteiligt ist, die zweite große Stadtneuschöpfung der Moderne. Ein Element neuzeitlicher Stadtplanung ist die kreuzungsfreie Verkehrsfüh-rung. Der Entwurf der öffentlichen Bauten ist das Werk des Costa-Mitar-beiters Oscar Niemeyer, der längst in-ternationale Anerkennung gefunden hat und von der Überzeugung geleitet wird: »Es ist bedauerlich, daß unsere Achtung vor der Vergangenheit sich bislang in der Nachahmung kolonialer Bauweise erschöpfte. Wir glauben an die Zukunft des Eisenbetons.« So bil-det Niemeyer die Kathedrale aus einem Bündel gekurvter Rippen über rundem Grundriß. Am Platz der drei Gewalten markieren vor dem Hinter-grund des Doppelhochhauses des Kongreßgebäudes Kuppel und Schale Senat und Abgeordnetenkammer. Der Präsidentenpalast zeichnet sich da-durch aus, daß sein Dach auf Stützen in der Form geschwungener schmaler Dreiecke zu schweben scheint. Die Bauten spiegeln sich in einem großen künstlichen See. Niemeyers Bauphan-tasie kann freilich nicht gewährleisten, daß die »Retortenstadt« an sozialem Leben gewinnt.

Bildende Kunst

Werke

● David Aronson: *Garten Eden* (Gemälde).
● Jean Effel: *Die Erschaffung Evas* (deutsche Ausgabe).
● Robert Rauschenberg: *Allegorie* (Combine Painting).
● Reuben Tam: *Die Küsten des Lichtes* (nordamerikanisches Gemälde).
● Gert Tuckermann: *Berliner Destille* (Tuschezeichnung).

Ausstellungen

● Brügge: *Das Jahrhundert der Flämischen Primitiven* heißt eine Ausstellung im Museum Groeninge im Sommer des Jahres, deren Kern 70 Bilder flämischer Meister des 15. Jahrhunderts von den Brüdern van Eyck bis Hieronymus Bosch ausmachen.

● Brüssel: Im Palais des Beaux-Arts werden bis Ende Juni in der Ausstellung *5000 Jahre ägyptische Kunst* 227 Leihgaben aus Kairo und Alexandria gezeigt, die vorher noch nie außerhalb Ägyptens zu sehen waren. Die Ausstellung geht auch nach Amsterdam, Zürich und Essen.
● London: Zu Beginn des Jahres wird in der Königlichen Akademie eine der größten Ausstellungen italienischer Kunst aus sechs Jahrhunderten in englischem Besitz gezeigt.
● London: Im Sommer wird in der Tate Gallery der bisher umfassendste Überblick über das Schaffen Picassos geboten.
● München: 67 Leihgeber steuern zu der von Juni bis September stattfindenden bisher größten Maurice-Utrillo-Ausstellung im Haus der Kunst bei.

● Paris: Zum erstenmal wird im Sommer anhand vieler internationaler Leihgaben ein Überblick über das Werk von Nicolas Poussin (1594–1665) im Louvre gegeben.

Ereignisse

● Die Stadt Rotterdam kauft für 18 Millionen Gulden, eine allgemein als niedrig angesehene Summe, die Kunstsammlung des Kaufmanns van Beuningen, die sich schon seit langem im dortigen Boymans-Museum befindet. Das Schwergewicht der Sammlung liegt auf den Niederländern des 17. Jahrhunderts. Das Haus wird in Boymans-van-Beuningen-Museum umbenannt.
● Die Kunstsammlung des Ölmagnaten Gulbenkian wird von der Nationalgalerie Washington nach Lissabon verlagert.

Schandtat in Braunschweig

Trotz heftiger Proteste der Denkmalpfleger und der Öffentlichkeit wird im März auf Beschluß des Rates der Stadt Braunschweig das im Krieg ausgebrannte und zum Teil zerstörte Schloß abgetragen. Es war von 1830 bis 1838 von dem Schinkel-Schüler Carl Theodor Ottmer als letztes großes Residenzschloß Europas errichtet worden. Dagegen gelingt es 1963, das ebenfalls von Ottmer gebaute spätklassizistische Empfangsgebäude des alten Bahnhofs, das älteste Deutschlands überhaupt, zu retten. Eine Bank zieht dort ein.

Kunst von gestern

Wo die Kunstbiennale von Venedig noch aktuell sei, fragt »Die Welt« am 16. Juli in ihrer Übersicht über die XXX. Biennale. In der Tat, über die gerade aktuellen Kunsttendenzen kann man sich in Venedig nur wenig informieren. Gezeigt wird, sofern in den nationalen Pavillons überhaupt Schwerpunkte gesetzt werden, die 1960 nicht mehr ganz taufrische informelle Kunst (Signification de l'informel, »Be-

deutsamkeit des Formlosen«). Man sieht es an der Preisverleihung: Hans Hartung, Emilio Vedova und Pietro Consagra sind Preisträger. Ausgezeichnet wird ferner der Tachist Jean Fautrier. Aufsehen aber erregen die zum Teil mannshohen Eisenplastiken des Österreichers Rudolf Hoflehner.

Eine große Schenkung

Der Buchillustrator und Bühnenbildner Emil Preetorius vermacht seine Privatsammlung ostasiatischer Kunst dem Land Bayern. Sie erhält einen ständigen Platz im Münchener Museum für Völkerkunde.
Die Sammlung, die etwa fünfhundert Stücke umfaßt und einen Wert von fünf bis zehn Millionen Mark hat, gilt als die bedeutendste Privatsammlung ihrer Art in Europa. Ihr gehören nahezu zweihundert sorgfältig ausgewählte Werke aus Persien, Indien, Tibet, China und Japan an – zu denen noch ungefähr fünfhundert ostasiatische Holzschnitte, in der Mehrzahl aus China und Japan, kommen. Preetorius hat sich als Gegenleistung nur eine Leibrente für sich und seine Frau ausbedungen.

Pyrrhussieg der Architektur über die Malerei?

In New York wird das Guggenheim-Museum eingeweiht, durch das die Sammlung moderner Kunst des Industriellen Solomon R. Guggenheim der Öffentlichkeit zugänglich wird. Der schon 1943 bis 1946 entworfene Bau ist ein Werk des amerikanischen Architekten Frank Lloyd Wright. Das Motiv des »großen Einraumes mit fortlaufender Geschoßfläche« beschäftigt die moderne Architektur schon seit längerem und ist auch Hauptthema der letzten Werke von Frank Lloyd Wright. Der Bau schraubt sich als ausladende Stahlbetonrampe wie eine Sprungfeder mit immer größerem Durchmesser nach oben. Die Absicht des Architekten: »Das Auge wird nicht durch jähen Formenwechsel beunruhigt.« Der Rundbau wird durch eine Oberlichtkuppel abgeschlossen; zusätzlich dringt Licht durch Streifenfenster entlang der ansteigenden Rampe in den Innenraum.

Im Inneren entstand ein als unendlich gedachter Raum, der aber, wie der Architekturkritiker Wolfgang Pehnt bemerkt, »im obersten Geschoß etwas pointenlos« endet. Das Museum präsentiert sich von außen wie ein Denkmal, innen müßte es die Aufgabe als Ausstellungsraum erfüllen. Aber gerade darin liegt das Problematische des Bauwerks. Die Exponate sind in Nischen entlang der Spiralwand untergebracht. Einfallsreiche, komponierte Aufhängungen sind nicht möglich. Wegen der schrägen Wände sind die Bilder auf speziellen Halterungen befestigt. Da das Tageslicht ungenügend ist und noch dazu Blendwirkungen erzeugt, muß es durch Kunstlicht ersetzt werden. Dieses sind die Gründe, warum Kritiker von einem »Pyrrhussieg der Architektur über die Malerei« sprechen und damit zugleich auf ein Hauptproblem des modernen Museumsbaus hinweisen, der dazu neigt, als »reine« Architektur seine dienende Funktion zu vernachlässigen.

Frank Lloyd Wright: Solomon R. Guggenheim Museum in New York, Außen- und Innenansicht; Entwurf 1943–1946, Ausführung 1956–1960.

1960

Schrott als Kunst und als Wirklichkeit

Zu Beginn der sechziger Jahre wird in der Kunst die Realität auf neue Weise wiederentdeckt. Die Wirklichkeit der Konsumwelt mit ihren Deformierungen und Abfällen rückt ins Blickfeld. Junge Künstler befreien sich aus alten Konventionen und richten ihre Aufmerksamkeit auf die Umwelt. Gegenstände des alltäglichen Lebens werden in den Rang von Kunst erhoben, um eine engere Beziehung zwischen Kunst und Leben herzustellen. Ob das Material dabei »kunstwürdig« ist, spielt keine Rolle. Im Gegenteil, es soll provozieren, wie schon 40 Jahre zuvor die Künstler des Dadaismus oder Marcel Duchamp mit seinen Ready-mades ihr Publikum schockiert haben.

Hierbei wird vielfach der heilen Welt des wirtschaftlichen Aufschwungs die Kehrseite der Zerstörung entgegengehalten. Die Grenze, an der die Wirklichkeit aufhört und die Kunst anfängt, ist bewußt fließend. Muten nicht die verschrotteten Düsenjäger der US Air Force – stromlinienförmig auf Halde gestapelt, weil sie veraltet sind – wie ein durchdacht komponiertes Kunstwerk an, als ein Mahnmal gegen Zerstörung und Krieg? Dagegen erscheint das Objekt des Italieners César mit dem Titel Compression Mobil beinahe harmlos. »Wegwerfgesellschaft« heißt das Stichwort.

In der Gegenüberstellung schlägt die Realität der Kunst unversehens ein Schnippchen. Die Realität erscheint aussagekräftiger und »kunstvoller« als der mit künstlerischer Absicht geschaffene Gegenstand. Hierin liegt für die Objektkünstler jedoch kein Widerspruch, denn indem sie alltägliche Gegenstände mehr oder weniger unmittelbar reproduzieren, fordern sie den Betrachter auf, die Trennung zwischen Leben und Kunst als aufgehoben zu betrachten. »Stilgeschichtlich« gehört Césars in der Technik der Pressage (Pressung) hergestelltes Objekt zum Neuen Realismus.

Oben: Verschrottete Düsenjäger; um 1960.
Mitte: César (Baldaccini), Compression Mobil; 1960.

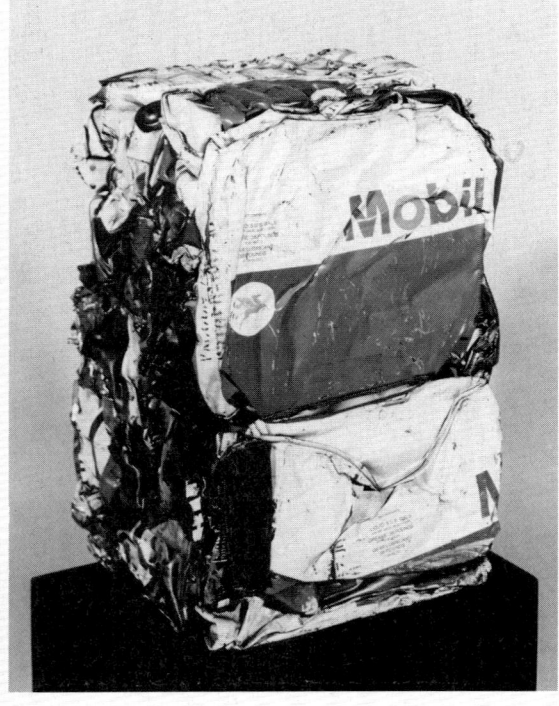

Dem Feind ins Schlafzimmer geblickt …

Am 1. Mai wird eine amerikanische Aufklärungsmaschine vom Typ »U 2« von einer sowjetischen Flugzeugabwehrrakete über russischem Territorium bei Swerdlowsk abgeschossen. Der Pilot Francis Gary Powers kann sich am Fallschirm retten, wird aber gefangengenommen. Premier Chruschtschow läßt daraufhin die Pariser Gipfelkonferenz platzen.

Die »U 2« ist eine Spezialmaschine für Spionageflüge in großen Höhen und über weite Entfernungen, die lange Zeit als unerreichbar für russische Raketen galt. Zahlreiche Aufklärungsflüge hat sie über der Sowjetunion unbehelligt durchgeführt. Nach dem Verlust verstärken die Amerikaner ihre Anstrengungen für den Bau eines verbesserten Modells, der mit zweieinhalbfacher Schallgeschwindigkeit fliegenden »SR-71« (»Blackbird«). Diese Maschine kann Höhen von 40 000 Metern erreichen, ist gespickt mit Elektronik und besitzt automatische, nach drei Seiten gerichtete Kameras. Die »U 2« und die »Blackbird« werden zwei Jahre später zu Spionageflügen über Kuba eingesetzt. Sie entdecken dort die im Bau befindlichen Raketenrampen, was zur Kubakrise führt. Mehr und mehr übernehmen jetzt auch Erdsatelliten die Luftaufklärung.

Der Kampf ist verloren

Am 2. Mai wird in der Gaskammer von St. Quentin Caryl Chessman hingerichtet. Zwölf Jahre hatte die Welt verfolgt, wie er mit allen Mitteln um sein Leben kämpfte, und sein Kampf trug wesentlich zur Mobilisierung des Gewissens gegen die Todesstrafe bei. Chessman, hochintelligent, aber moralisch unempfindsam, wurde 1948 wegen Raub, Menschenraub und Notzucht zum Tode verurteilt. Die Dauer dieses Kampfes ruft überall die Frage hervor, ob der Vollzug des Todesurteils nach zwölf Jahren noch moralisch vertreten werden kann. Vergeblich setzen sich unter anderen Albert Schweitzer und der »Osservatore Romano« für Chessman ein.

Naturwissenschaft, Technik, Medizin

● In den USA erfindet T. H. Maiman den »Laser«, ein elektronisches Gerät zur Erzeugung eines scharf gebündelten, hochenergiereichen Lichtstrahls (Laser = *Light amplification by stimulated emission of radiation*). Mit ihm lassen sich Diamanten bohren und Präzisionsmessungen anstellen. In der Medizin gelingt es mit Laserhilfe, abgelöste Netzhäute operativ zu schweißen.
● Am 15. Februar zündet Frankreich seine erste Atombombe – eine Plutoniumbombe – in der Sahara. General de Gaulle ruft aus: »Hurra für Frankreich. Seit heute morgen ist Frankreich noch stärker und stolzer!«

● Jacques Piccard, Sohn von Auguste Piccard erreicht im Marianengraben im Pazifik mit dem Tauchboot »Trieste« eine Rekordtiefe von 10 916 Metern.
Der Schweizer Sporttaucher Hannes Keller ertaucht im Lago Maggiore mit 155 Metern einen Rekord. Er benutzt ein Atemgerät, aus dem er ein Helium-Sauerstoff-Gemisch einatmet.

Yves Klein
**Schwammrelief,
monochrom blau**
1960

Der Neue Realismus

Eine Pariser Künstlergruppe, Yves Klein, Daniel Spoerri, César (Baldaccini), John Chamberlain, Jean Tinguely und der Kunstkritiker Pierre Restany, meldet sich mit zwei Manifesten zu Wort und erteilt der vorherrschenden informellen und geometrischen Kunst eine Absage im Namen des »nouveau réalisme«, des neuen Realismus. »Die Neuen Realisten betrachten die Welt als Gemälde, das große grundlegende Werk, dessen Fragmente, voll von umfassender Bedeutung, sie sich aneignen«, heißt es im zweiten, dem Pariser Manifest vom Mai 1961.

Die Neuen Realisten bemühen sich, durch unmittelbare Verwendung alltäglicher Objekte – etwa in Autowrackskulpturen (John Chamberlain: Trixie Dee, 1963), durch das Festkleben von Geschirr und anderen Überresten einer Mahlzeit auf ihrer Unterlage (Daniel Spoerri: Roberts Tisch, 1961), durch Verpackungsaktionen (Christos Verpackungsaktion im Kölner Hafen, September 1961) oder den Abdruck eingefärbter Aktmodelle auf Leinwänden (Yves Klein: Anthropométries de l'époque, Paris, März 1960) – ein ironisches Gegenbild der Existenz des Menschen im Spiegel seiner Produkte herzustellen. Dabei konzentrieren sie sich auf den Zivilisationsmüll der Industriegesellschaft.

Daß innerhalb des Neuen Realismus auch eine stärker meditative Strömung existiert, zeigt das abgebildete Werk des Franzosen Yves Klein. Er wird als der Begründer der »monochromen« Malerei betrachtet, die nur scheinbar im Widerspruch zum kritischen Realitätsbezug der Objektkünstler steht. Auch hier tritt der Künstler als Konstrukteur einer Bildkomposition hinter den Dingen zurück.

Der Neue Realismus unterscheidet sich von der im Ansatz vergleichbaren englischen und amerikanischen Pop-art durch seine kritische Intention, die sich in der Pop-art zumindest als zwiespältig erweist. Mit einem gewissen Maß an Penetranz zielt der Neue Realismus und das aus ihm hervorgehende Happening darauf ab, das Bewußtsein des Kunst-Konsumenten zu ändern.

Ein Indiz für die Popularität ausländischer Filmstars in der Bundesrepublik sind die Filme, die von den Verleihfirmen für die Weihnachtspremiere zurückgehalten werden, um an den trotz des Fernsehens noch traditionellen Kino-Festtagen einen um so größeren Starterfolg zu erzielen. Am 25. Dezember 1960 gehören zum Star-Angebot: die hinreißende komödiantische Sophia Loren (Die Millionärin), Elizabeth Taylor (Telefon Butterfield 8), Doris Day (Mitternachts-Spitzen) und der »weiche« Elvis Presley in Café Europa mit »Muß i denn, muß i denn zum Städtele hinaus …«

Ohne alle Termin-Taktik wird der jüngste Film des 40jährigen Federico Fellini auch in der Bundesrepublik ein sensationeller kommerzieller Erfolg – was zu bestätigen scheint, daß dem breiten Publikum nichts mehr behagt als das aus Lüsternheit und Entrü-

stung gemischte Vergnügen, die Ausschweifungen und den Lebensekel der High Society auf der Leinwand miterleben zu dürfen. Da nützt es wenig, daß Fellini in seinem in Cannes preisgekrönten Film La dolce vita (Das süße Leben) durch die Gestalt des Gesellschaftsreporters Marcello Rubini (Marcello Mastroianni) diese Form des Lustgewinns problematisiert. Den zwölf Episoden des Films, die durch Marcello verbunden sind, liegen zum Teil authentische Ereignisse zugrunde. Dies gilt etwa für die Szenen mit Anita Ekberg, die schlicht Anita Ekberg spielt. Fellini verbindet Elemente des Dokumentarstils mit Sinnbildern der Kontaktlosigkeit und des Todes. So spielt die letzte Szene, nach einer Orgie der sexuellen Selbstentblößung, Hysterie und Verzweiflung, im Morgengrauen am Strand, wo Fischer einen tot angeschwemmten Riesenkraken an

Land ziehen. Marcello, Zeuge der Szene, sieht von fern Paola, das madonnenhaft reine Mädchen; sie ruft ihm etwas zu, doch er versteht sie nicht. Handhabt Fellini die filmischen Gestaltungsmittel souverän, so setzt der 61jährige Alfred Hitchcock mit Psycho neue Maßstäbe. Die Ermordung Marions (Janet Leigh) durch den Psychopathen Norman Bates (Anthony Perkins) wird in einer Montage aus rund 100 Kameraeinstellungen gezeigt. Hier wie im gesamten Film nistet das Grauen – anders als im gängigen Thriller – im Gefüge der Bilder. Hitchcock sagt über die Funktion der Mordszene unter der Dusche: »Es ist die gewalttätigste Szene des Films. Hinterher gibt es, je weiter der Film fortschreitet, immer weniger Gewalt, denn die Erinnerung an diesen Mord reicht aus, um die späteren Suspense-Momente furchterregend zu machen.«

Sophia Loren in
The Millionairess, 1960
Plakat zur deutschen Fassung 1960

Federico Fellini
La dolce vita, 1960
Plakat (Ausschnitt)
zur deutschen Fassung 1960

**Der Schrecken schleicht
durch die Nacht,** 1958
Ausschnitt aus dem Plakat zur
deutschen Fassung 1960

Alfred Hitchcock
Psycho, 1960
Plakat (Ausschnitt)
zur deutschen Fassung 1960

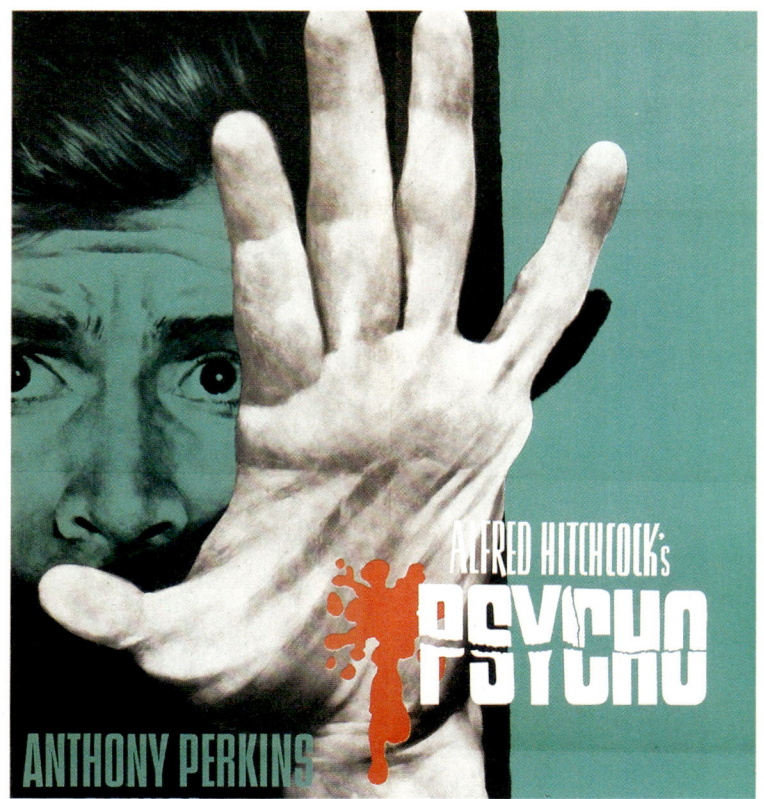

Neuer Taschenbuchverlag

Elf namhafte Verlage (Artemis, Beck-Biederstein, DVA, Hanser, Hegner, Insel, Kiepenheuer & Witsch, Kösel, Nymphenburger Verlagshandlung, Piper und Walter) gründen am 24. Juni gemeinsam den Deutschen Taschenbuchverlag (dtv), in dem Werke der beteiligten Verlage in Taschenbuchausgabe erscheinen sollen. Die Umschlaggestaltung übernimmt der Schweizer Celestino Piatti.

Am 1. September 1961 liegen die ersten neun Bände vor, die Nr. 1 ist Bölls *Irisches Tagebuch*, von dem in zwanzig Jahren 740000 Exemplare verkauft werden. Im gleichen Jahr erscheinen auch die ersten Bände einer auf 45 Bände angelegten Goethe-Gesamtausgabe auf der Grundlage der Artemis-Gedenkausgabe, der ersten im Taschenbuchformat überhaupt. Im April 1962 wird die »sonderreihe dtv« eröffnet, die zum Forum internationaler Literatur der Moderne wird.

Theater

Premieren
● Tankred Dorst: Das erste Stück des Dramatikers *Die Kurve* hat am 26. März in den Lübecker Kammerspielen Uraufführung. Ein Brüderpaar lebt an einer Kurve, an der regelmäßig Autos verunglücken, und sichert sich mit der Verwertung der Trümmer und der Beerdigung der Umgekommenen seine bürgerliche Existenz.

● Henry de Montherlant: *Der Kardinal von Spanien* (*Le Cardinal d'Espagne,* Paris 1960) wird am 15. Dezember im Wiener Akademietheater uraufgeführt. Es geht um Kardinal Francisco Ximénez de Cisneros, der 1517 für den erst sechzehnjährigen Karl V. in Spanien die Regierung führt. Regie: Willi Schmidt
● Françoise Sagan: *Château en Suède* (*Ein Schloß in Schweden,* Berlin, 5. Oktober 1961) wird am 11. März im Théâtre de l'Atelier in

Paris uraufgeführt. Eine schwarze Komödie, in der mit Überdruß und Lebensekel böser Scherz getrieben wird.

Ereignisse
Zum neuen Träger des Iffland-Ringes, der höchsten Auszeichnung, die einem deutschsprachigen Schauspieler verliehen werden kann, hat der verstorbene Werner Krauss, der letzte Inhaber des Ringes, den Burgschauspieler Josef Meinrad bestimmt.

Tod eines Existenzphilosophen

Am 4. Januar kommt bei einem Autounfall Albert Camus im Alter von 46 Jahren ums Leben. Das Versagen des Gewissens, die Nichtigkeit menschlichen Bemühens, die er mit der Arbeit des Sisyphos verglich, die Demut menschlichen Denkens vor geschaffenen, nie absolut zu setzenden Werten sind Themen seines Werkes. »Die Welt an sich hat keinen Sinn, erst der handelnde Mensch verleiht ihn ihr, indem er für die Geknechteten und Entrechteten eintritt.« Dieses Credo entzweite ihn mit Jean-Paul Sartre, der ihm nach seinem Tod jedoch einen »eigensinnigen Humanismus« bescheinigt.

Literatur

Neuerscheinungen
● Alfred Andersch: *Die Rote.* Andersch variiert sein Hauptmotiv, das der Flucht. Eine frustrierte deutsche Ehefrau flieht nach Venedig, wo sie auf eine Gesellschaft von Männern trifft, die vorwiegend aus politischen Gründen heimatlos geworden sind.
● Alberto Moravia: *La noia* (wörtl. übersetzt: Langeweile, Überdruß). In der Geschichte eines von der Mutter seit frühester Kindheit verhätschelten Ma-

lers, eines Bonvivants der römischen »dolce vita«, stellt Moravia sein Hauptthema dar: Gleichgültigkeit, Entfremdung, Langeweile und Überdruß.
● Arno Schmidt: *Kaff auch Mare Crisium.* Eine realistische Handlung ist mit einer aus der Realität hinausprojizierten Mondhandlung verknüpft.
● Martin Walser: *Halbzeit.* Der Auftakt zur Anselm-Kristlein-Trilogie, der *Das Einhorn* (1966) und *Der Sturz* (1973) folgen. Ein Mann zerbricht an den Erwartungen seiner Umwelt.

Ereignisse
● Der Brockhaus-Verlag und der Pariser Verlag Librairie Plon geben gemeinsam die erste authentische Ausgabe der 1798 vollendeten Memoiren Casanovas heraus.
● In England wird die ungekürzte, 1928 erschienene und seit über 30 Jahren als obszön verbotene Fassung des Romans *Lady Chatterley's Lovers* von D. H. Lawrence (*Lady Chatterley*) freigegeben. Der Versuch, die Herausgabe einer deutschen Ausgabe zu unterbinden, bleibt erfolglos.

Familienwechsel auf dem Bildschirm

Am 25. März erfaßt Wehmut die bundesdeutsche Fernsehgemeinde: zum letzten Mal ist auf dem Bildschirm Familie Schölermann zu sehen. Seit dem 29. September 1954 haben die 111 Fernsehsendungen, von denen 107 live ausgestrahlt wurden, Einschaltquoten von 70 bis 90 Prozent erreicht; 1956 erzielte eine Folge sogar die höchste Quote, die es jemals gegeben hat: 94 Prozent. Millionen Deutsche erkennen sich in der Familie wieder, die in ihrem Kern aus Vater und Mutter Schölermann (Willi Krüger und Lotte Rausch) sowie den Kindern Heinz (Charles Brauer), Evchen (Margitt Cargill) und »Jockeli« (Harald Martens) besteht. Noch viele Jahre später werden Willi Krüger und Lotte Rausch mit »Herr« bzw. »Frau Schölermann« angesprochen. Die Serie muß beendet werden, weil Lotte Rausch aus eben diesem Grund sich weigert, noch länger mitzumachen.

»Waren die Schölermanns in unserer abgehetzten Zeit nicht ein Symbol familiären Zusammenlebens?«, heißt es in einem Leserbrief an die »Bild-Zeitung«. Ersatz bildet die ursprünglich als Konkurrenz gedachte Serie Firma Hesselbach, bei der es um eine kleine Druckerei im Hessischen geht. Sie läuft bis 1967 in 87 Folgen, die vom Publikum genauso angenommen werden wie die Familie Schölermann. Initiator und Darsteller der männlichen Hauptrolle ist der Frankfurter Hörspielautor und Rundfunkregisseur Wolfgang Schmidt.

Das Heim- und »Pantoffelkino«, wie es vom Fernsehen geliefert wird, beginnt die Filmindustrie das Fürchten zu lehren. Neue Formen des Kinos sollen Zuschauer anlocken: In Frankfurt am Main wird am 31. März das erste Autokino eröffnet, gleichzeitig entstehen die Vorläufer des »Kunstkinos«.

Oben: Familie Schölermann; Gruppenfoto mit Willi Krüger und Lotte Rausch als Ehepaar Schölermann. Mitte: Firma Hesselbach; Szenenfoto mit Wolfgang Schmidt als »Babba« Hesselbach und Liesel Christ als »Mama«.

1960

Film

Premieren

● Michelangelo Antonioni: *La notte (Die Nacht,* 1961). Der Schwarzweißfilm schildert, wie der Schriftsteller Giovanni (Marcello Mastroianni) und seine Frau Lidia (Jeanne Moreau) zu der Einsicht gelangen, daß sie ohne jegliche innere Beziehung nebeneinander herleben. Der Versuch, während einer nächtlichen Party durch neue Partner aus der Isolierung befreit zu werden, bestätigt sie lediglich.

● Jacques Becker: *Le trou (Das Loch).* In seinem letzten, postum aufgeführten Film schildert Bekker die vergeblichen Vorbereitungen zu einem Gefängnisausbruch, bei denen sich die Freundschaft zwischen den in einer Zelle zusammengesperrten Schwerverbrechern bewährt.

● John Huston: *The Misfits (Misfits – Nicht gesellschaftsfähig,* 1961). Das Drehbuch wurde von Arthur Miller für seine Ehefrau Marilyn Monroe geschrieben. Clark Gable als abgehalfterter Rodeoreiter jagt die letzten Wildpferde Amerikas für Hundefutterfabriken. Er kann die Liebe der einsamen Roslyn (Marilyn Monroe) gewinnen, weil er mehr Sensibilität als seine hartgesottenen Kumpane zeigt und am Schluß dem Leithengst die Freiheit gibt. *The Misfits* ist der letzte Film sowohl Clark Gables als auch Marilyn Monroes.

● Louis Malle: *Zazie dans le métro (Zazie).* Malle hat versucht, einen Roman von Raymond Queneau, der von der Sprache lebt, in entsprechende filmische Kategorien zu übersetzen. Er schafft dabei ein höchst irreales Bild der Vorstellungswelt der zwölfjährigen Zazie (Cathérine Demongeot), die nach Paris gekommen ist, um einmal Metro zu fahren.

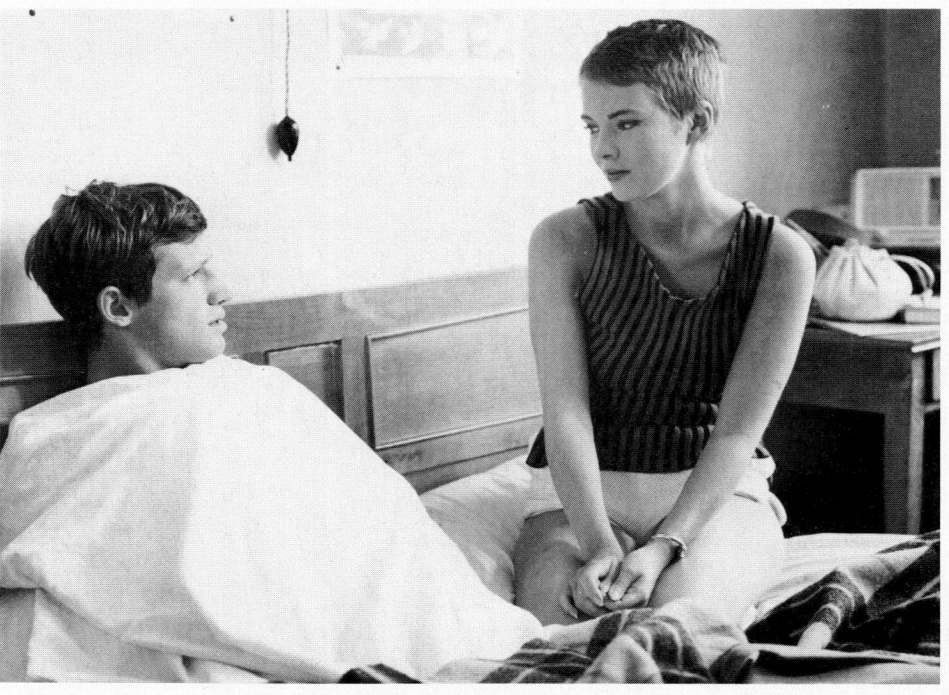

Kaltschnäuzig

Der 30jährige Jean-Luc Godard rückt mit seinem ersten Spielfilm A bout de souffle (Außer Atem) in die erste Reihe der Regisseure der »Neuen Welle«, die von Kritik und Publikum mit offenen Armen aufgenommen werden; die Zahl der Debütanten steigt sprunghaft.

Godard erzählt die Geschichte Michels (Jean-Paul Belmondo), eines Gauners und Polizistenmörders, und der amerikanischen Studentin Patricia (Jean Seberg), die ihn nach einer kurzen Liebesaffäre verrät; Michel wird von der Polizei auf offener Straße niedergeschossen. Michel lebt in einer aus Gangsterfilmen gespeisten Scheinwelt. Seine Kaltschnäuzigkeit ist die Reaktion auf eine fragwürdige Umwelt und löst, so wie Michel sich mit Humphrey Bogart identifiziert, beim jugendlichen Publikum einen Belmondo-Kult aus.

A bout de souffle (Außer Atem), 1960; Szenenfoto mit Jean-Paul Belmondo und Jean Seberg.

Von Kleist inspiriert

Am 22. Mai wird an der Hamburger Staatsoper Hans Werner Henzes *Der Prinz von Homburg* uraufgeführt. Das Libretto nach Kleists Schauspiel stammt von Ingeborg Bachmann. Sie hat das Drama zweckmäßigerweise auf drei Akte zusammengedrängt, ohne die typische Ausdruckskraft des Dichters anzutasten. Es gehe hier, sagt Henze, »um die Verherrlichung eines Träumers, um die Zerstörung des Begriffs vom klassischen Helden, um eine Kampfansage gegen Vermassung, gegen die Blindheit der Gesetze und um eine Verherrlichung menschlicher Güte...« Musikalisch werden Tonalität, Zwölftontechnik und serielle Arbeit zu Ausdrucks- und Charakterisierungsmitteln, wie sie die jeweilige Situation erfordert.

Regie bei der Hamburger Premiere, die während des Zwischenspiels vor der Schlußszene durch Lachen und Buh-Rufe gestört wird, führt Helmut Käutner. Die musikalische Leitung hat Leopold Ludwig. Die Kritik äußert sich zustimmend: »Hut ab, eine Oper!« ist die Besprechung von Josef Müller-Marein in der »Zeit« vom 27. Mai überschrieben.

Freiheit für den Jazz

In Anlehnung an eine von Ornette Coleman eingespielte Schallplatte bürgert sich ein neuer Name für eine neue Musikrichtung ein: Free Jazz. Das Aufkommen des Free Jazz bringt den radikalsten stilistischen Bruch in der Geschichte des Jazz mit sich. Gebrochen wird mit den harmonisch und metrisch gebundenen Jazzstilen, die auf einem relativ eng umgrenzten und stabilen System von Vereinbarungen beruhen, zugunsten einer Vielzahl unterschiedlicher Personalstile. Free Jazz ist von Improvisation und den Emotionen derer geprägt, die ihn spielen. Tonale Bezüge werden verschleiert oder negiert. Bedeutende Vertreter sind neben Coleman Charles Mingus, John Coltrane, Cecil Taylor, Archie Shepp und Albert Ayler.

Der »Ring« in der Untertasse

Der halb erwartete Schock bei der Neu-Inszenierung des *Ring des Nibelungen* für die Bayreuther Festspiele durch Wolfgang Wagner bleibt aus. Zwar stellt er die Szenerie in eine kreisrunde, nach innen gewölbte Scheibe, die an eine Fliegende Untertasse erinnert, ansonsten aber wird der abstrakte Neubayreuther Stil durch realistische Requisiten durchbrochen. Die sammelnde Schale symbolisiert die heile Welt der Götter und teilt sich bei deren Zerfall in Segmente. Die Symbolsprache, die sich dadurch ergibt, kommt vielen Kritikern aber zu rätselhaft – wenn nicht gar beliebig – vor. Einhellige Bewunderung aber ruft Birgit Nilssons sängerische Leistung als Brünnhilde hervor.

Die Pharaonen ziehen um

Die steigenden Wasser des Assuan-Stausees in Ägypten bedrohen die pharaonischen Denkmäler Nubiens. Im Rahmen der internationalen Bemühungen um ihre Rettung übernimmt die Bundesrepublik die Verlegung des Tempels von Kalabscha um 38 Kilometer von seinem bisherigen Standort. 1962 bewilligt die Bundesregierung für das Programm 13,8 Millionen Mark. Im selben Jahr wird mit der Zerlegung des Tempels in 16 000 Teile begonnen. Am 15. Mai 1964 kann dieses bedeutende Heiligtum aus ptolemäisch-römischer Zeit am neuen Ort eingeweiht werden. Zugleich beginnt die Rettung der Tempel von Abu Simbel.

Peter Blake
Selbstbildnis mit Ansteckern
1960

Malerei ohne Gewissensbisse

*Etwa gleichzeitig mit dem der ameri-
kanischen beginnt um 1960 der Siegeszug der englischen Pop-art. Einer ihrer
ersten und bedeutendsten Vertreter ist
Peter Blake, Jahrgang 1931. Von einer
Auseinandersetzung mit aktuellen
Kunstströmungen, wie dem abstrakten Expressionismus oder der informellen Kunst, ist nichts zu spüren, der
Pop-Künstler meldet sich unverblümt
und unbelastet vom Tiefsinn ästhetischen Krisenbewußtseins zur Stelle –
er ist plötzlich da, gegenständlich ma-
lend, ohne Gewissensbisse vor der Verpflichtung zur Modernität. Blakes
Selbstbildnis mit Ansteckern (1960),
drückt programmatisch diese Haltung
aus. Die künstlerischen Gestaltungsmittel wirken traditionell, es gibt Vordergrund und Hintergrund, einen realistisch gemalten Porträtkopf (lediglich der linke Arm erscheint als »verzeichnet«), die Andeutung eines Bau-
mes. Wir haben eine Gestalt vor uns,
die der jetzigen Generation angehört –
der Jeans-Anzug, die Turnschuhe, die
mit angesteckten Buttons geschmück-
te Jacke beweisen es. Hier ist die Welt
als Sammelsurium von Idolen, Schlagworten und Reklamefetzen präsent:
Elvis Presley, die amerikanische und
die britische Flagge samt einem Pepsi-
Cola-Markenzeichen. Von einer kritischen oder zumindest distanzierten
Haltung gegenüber den Insignien der
Konsum- und Unterhaltungsindustrie
ist nichts zu spüren.*

*Der große Erfolg, den Peter Blake in
den sechziger Jahren hat, bringt ihn
nicht von seinem eigenwilligen Weg
ab. »Es kann Zufall sein, doch meine
Entwicklung scheint sich in Dekaden
zu vollziehen«, sagt er von sich selbst.
1969 zieht er überraschend mit seiner
Familie aufs Land und vertieft sich in
die Kunst der Präraffeliten. Illustrationen zu William Shakespeares Sommernachtstraum und zu Lewis Carrolls Alice im Wunderland sind die
Hauptwerke dieser Zeit. Zehn Jahre
später bricht er die Idylle auf dem Lande wieder ab, unternimmt eine große
USA-Reise und kehrt nach London zurück, stilistisch und thematisch da wieder ansetzend, wo er angefangen hat:
in der Großstadt.*

Egon Eiermann
**Neubau der Berliner
Kaiser-Wilhelm-
Gedächtniskirche**
(Innen- und Gesamtansicht)
1959–1961

Hohler Zahn und Gebetsmühle

*Um den Wiederaufbau der 1943 weit-
gehend zerstörten Kaiser-Wilhelm-Ge-
dächtniskirche am Berliner Kurfürstendamm kam es Ende der fünfziger
Jahre zu heftigen Auseinandersetzungen. Kunsthistorisch ist der neuroma-
nische Bau, dessen Hauptturm noch
zu drei Vierteln steht, belanglos, politisch sogar fragwürdig. Die dem
»Reichsgründer« Wilhelm I., dem Großen, gewidmete Kirche wurde 1895 am
Sedantag eingeweiht. Doch die Berliner lieben ihren »hohlen Zahn«, wie die
Turmruine im Volksmund heißt.
Die Aufgabe einer Neubaulösung fiel
dem Architekten Egon Eiermann zu,
der nach dem Krieg durch Fabrik-,
Kaufhaus- und Ausstellungsbauten
hervorgetreten ist (1951 Taschentuch-
weberei in Blumberg und Kaufhaus
Merkur in Heilbronn, 1958 gemeinsam mit Sep Ruf Pavillon der Bundesrepublik auf der Expo in Brüssel, 1958
bis 1960 Versandhaus Neckermann in
Frankfurt am Main). Sein Plan, den
Turm abreißen zu lassen, stößt auf erfolgreichen Widerstand. Das nationale
Monument bleibt erhalten, flankiert
von dem über achteckigem Grundriß
errichteten Gebäude für den Gottesdienst und einem 53 Meter hohen Glok-
kenturm mit sechseckigem Grundriß,
der aufgrund seiner Formähnlichkeit
mit einer türkischen Kaffeemühle die
Bezeichnung »Gebetsmühle« erhält.
Kritik wird an der kühlen Sachlichkeit
der Außenansicht laut, so als gälten
noch die »Eisenacher Ratschläge«
(1898), »die Würde des evangelischen
Kirchengebäudes (sei) am sichtbarsten
durch den Anschluß an die älteren, ge-
schichtlich entwickelten und vorzugs-
weise im Dienst der Kirche verwendeten Baustile« zu erreichen. Anerkennung findet dagegen der im Inneren geschaffene Raumeindruck. Er wird von
dem in Beton eingegossenen blauen
Glas bestimmt und erinnert insofern
entfernt an die transparenten Farb-
wände der Gotik. Eiermann hat diese
Form der Wandgestaltung schon 1953
bei der Errichtung der Matthäuskirche
in Pforzheim angewandt, deren Wände gleichfalls aus Betonsteinen gebildet sind mit farbigem Gußglas in den
quadratischen Durchbrüchen.*

»Zero« hoch drei

Der Nagelkünstler Günther Uecker schließt sich der seit 1957 bestehenden Künstlervereinigung Zero an, die ihr Katalog-Magazin *Zero 3* erscheinen läßt. Heinz Mack, Mitbegründer der Gruppe, verkündet: »Die Kultureinrichtungen, erdacht, um unsere Interessen zu schützen, zeigen noch immer die Beständigkeit von Friedhöfen. Die Versuchungen täuschen uns darüber und fördern nur deren Konservierung. Morgen aber werden wir auf der Suche nach einer neuen Dimension der Kunst auch neue Räume aufsuchen müssen, in denen unsere Werke eine unvergleichliche Erscheinung gewinnen werden. Solche Räume sind: der Himmel, das Meer, die Antarktis, die Wüsten. In ihnen werden die Reservate der Kunst wie künstliche Inseln ruhen.«

Otto Piene setzt zwei Jahre später den »Neuen Idealismus« von Zero dem ironischen Materialismus der Neuen Realisten entgegen: Er will »nicht nur die Gegenwart als Folge der Vergangenheit (das Heute als Konglomerat der Gegenstände von gestern; die eigene Geste als Persiflage der gestrigen Gesten anderer; die Aktion als Reaktion), sondern mehr noch die Zukunft als Folge der Gegenwart … begreifen … Einer konfusen Welt versuchen wir nicht die exemplarische Konfusion, einer absurden Gesellschaft nicht die Absurdität, sondern Klarheit und Vitalität entgegenzustellen.«

Was Zero will, zeigt exemplarisch das Fest auf den Düsseldorfer Rheinwiesen, bei dem Mack in Zusammenarbeit mit Piene und Uecker seine Lichtfahnen zeigt. Zero reduziert das Figürliche und konzentriert sich auf die reine Farbe, auf Licht, auf Schatten. Es wird sorgfältig unterschieden zwischen künstlichem und natürlichem Licht, es werden die Einwirkungen von Zeit und Raum auf das Licht beachtet. Licht, Bewegung, Raum sollen zur Einheit verschmelzen. Zero will, damit eben dem Neuen Realismus genau entgegengesetzt, ein positives Verhältnis zur Welt der Dinge schaffen, die schön und nicht als Abfall gesehen werden. Mack arbeitet dabei vorwiegend mit Metall (*Bewegliches Lichtrelief*, 1959), Piene als Maler (*Lichtsirene*, 1959/60), Uecker mit seinen Nagelbildern und benagelten Objekten (*Organische Struktur*, 1960). Gemeinsam haben sie die Neigung zum Purismus, zur Verwendung genormter, serieller Grundelemente und zur Gestaltung nach einseitigen, überschaubaren Gesetzen in klar umrissenen Grenzen.

Zero baut auf den Ideen der konkreten Abstraktion beispielsweise von Mondrian und Malewitsch auf und erstellt die Voraussetzungen für die Entwicklung der Op-art und der kinetischen Lichtkunst. 1964 betont Piene in »The Times Library Supplement«: »Zero ist eine Gemeinschaft von Individuen, keine Partei und kein Kolchos. Die Zusammensetzung der Zero-Ausstellungen wechselt ständig. Es besteht weder eine Verpflichtung zur Teilnahme noch irgendein anderes ›Soll‹ oder ›Muß‹ …« 1967 löst sich die Gruppe auf, allerdings gehen dabei ihre Grundideen nicht verloren.

Die rettende Skulptur

Die Baubeobachter, die über den Bauzaun hinweg die 70 Meter lange und 13 Meter hohe Fassadenfront der neuen West-Berliner Deutschen Oper begutachteten, konnten sich des Eindrucks der Eintönigkeit kaum erwehren. Auch im Berliner Abgeordnetenhaus erregte die Frontfläche aus märkischen Feldstein- und Kieselplatten die Gemüter. Der von Fritz Bornemann, dem Sieger eines Ideenwettbewerbs aus dem Jahr 1953, entworfene Bau, der sich nur seitlich durch Fenster zum Treppenhaus hin öffnet, schien die Zahl der bunkerähnlichen öffentlichen Kulturbauten um ein weiteres Beispiel zu vermehren. Die Lösung brachte die Aufstellung der abstrakten, an einen flügelschlagenden Reiher mit gerecktem Hals erinnernden Eisenplastik von Hans Uhlmann. Sie steht, aus der Mittelachse nach links gerückt, als Senkrechte in optischer Wechselbeziehung zu dem breit gelagerten Bau. »Fraglich«, mutmaßt die »Welt«, »ob sie als autonomes Kunstwerk bestehen könnte, aber wie sie den Bau als Rückhalt benötigt, ist die Architektur auf diese Akzentsetzung angewiesen, und beide ergänzen sich im besten Sinne.« Die Deutsche Oper wird am 24. September mit Mozarts Don Giovanni eingeweiht. Am 25. September folgt die erste Uraufführung: Giselher Klebes Alkmene auf der Grundlage von Kleists Amphitryon; Regie führt Intendant Gustav Rudolf Sellner. Publikum und Kritik sind angetan.

Ein »Wermutstropfen in diese Freude« ist das erzwungene Ausbleiben der »Musikfreunde aus Ost-Berlin«. Anderthalb Monate zuvor hat der »Mauerbau« die Grenze durch die geteilte Stadt hermetisch geschlossen. Doch der »Tagesspiegel« erinnert an frühere Notzeiten, die schon damals dem Kulturgenuß nichts anhaben konnten: »Als die Städtische Oper in ihrem Notquartier am 4. September 1945 mit Beethovens Fidelio eröffnet wurde, hatten die Kanonen im Kampf um Berlin gerade erst geschwiegen …«

Hans Uhlmann, Eisenplastik vor der Westberliner Deutschen Oper; 1961.

1961

Der Athener Ehestreik auf dem Fernsehschirm

Am 17. Januar blendet sich der Bayerische Rundfunk aus dem ARD-Programm aus. Anlaß ist die vom NDR in Auftrag gegebene Fernsehinszenierung der von Fritz Kortner bearbeiteten Lysistrata des Aristophanes. Sie verletze das sittliche Empfinden, heißt es in der Begründung. Den Ehestreik der Frauen von Athen gegen den Peloponnesischen Krieg mag Clemens Münster, der Intendant des Münchener Senders, seinen Zuschauern nicht zumuten. Kritiker vermuten, daß die Zensurmaßnahme eher den aktuellen politischen Bezügen gilt, die Kortner in eine Rahmenhandlung eingearbeitet hat. Darin diskutieren Bürger der bundesrepublikanischen Gegenwart das von Aristophanes angeschnittene Thema von Krieg und Frieden aus ihrer Sicht. »Woran du auch immer herumbastelst«, sagt beispielsweise die Frau eines Chemikers zu ihrem Mann, »Düsen oder Treibstoff, oder was weiß ich, es werden Bomben.«

Der Lysistrata-Stoff ist seit dem 17. Jahrhundert immer wieder für die Bühne bearbeitet worden, meist in der Absicht, die sexuelle Frivolität des Stükkes entweder zu dämpfen oder zu akzentuieren. Auch Künstler wie Beardsley und Picasso sprach die erotische Thematik an.

Die Auffassung des Stücks als reine Posse um Ehepflichten begann sich mit Hugo von Hofmannsthals Prolog zur Lysistrata des Aristophanes (1908) zu ändern. Insbesondere nach 1945 entstanden Bearbeitungen, die den Akzent auf die Antikriegs-Thematik legen. Dazu gehört eine mit großem Erfolg in Ost-Berlin gespielte Bühnenfassung von Peter Hacks, und dazu gehört auch Kortners Fernsehbearbeitung. Er gibt mit ihr sein Debüt als Fernsehregisseur; in der Rolle der Myrrhine ist Romy Schneider, als Lysistrata Barbara Rütting zu sehen. Der von der Münchener Intendanz befürchtete Skandal bleibt aus, aber auch der Erfolg. Sicher nicht allein aus politischer Ablehnung ist dieses flaue Echo zu erklären.

Aubrey Beardsley, Lysistrata-Illustration; 1896.

Filme aus dem Alltag

Zwischen 1960 und 1962 erreicht das englische »Free Cinema« seinen Höhepunkt. Seine Wurzeln hat es in der Mitte der fünfziger Jahre, als junge Kritiker und Dokumentarfilmer gegen die Erstarrung des britischen Films protestierten. Während das Free Cinema sich in den fünfziger Jahren aber noch auf den kurzen Dokumentarfilm konzentriert, wendet es sich in den sechziger Jahren dem Spielfilm zu. Man bemüht sich, mit realen Dekors zu arbeiten, nichtprofessionelle Darsteller einzusetzen, die Themen im wirklichen Leben zu finden.

Die wichtigsten Regisseure sind Tony Richardson mit der John-Osborne-Verfilmung *Look Back in Anger (Blick zurück im Zorn)* von 1959: das Porträt eines von Haß erfüllten jungen Mannes, dessen Aggressionen ihren Ursprung in sozialer Entwurzelung und den fortbestehenden engen Grenzen der Klassengesellschaft haben; mit *A Taste of Honey (Bitterer Honig)* von 1961: ein junges Mädchen (gespielt von Rita Tushingham) lebt mit einem Homosexuellen zusammen, bis ihre Mutter die friedliche Idylle zerstört; mit *The Loneliness of the Long Distance Runner (Die Einsamkeit des Langstreckenläufers)* von 1962: ein Sträfling erlangt in der Haftanstalt als Sportler die Wertschätzung des Direktors, verweigert dann aber die Anpassung. *Saturday Night and Sunday Morning (Samstagnacht bis Montagmorgen),* 1960, von Karel Reisz schildert das trostlose Leben eines jungen Arbeiters (dargestellt von Albert Finney) und gilt wegen seiner genauen Beobachtung als Hauptwerk des Free Cinema. John Schlesinger porträtiert in *A Kind of Loving (Nur ein Hauch Glückseligkeit),* 1962, die Liebe zweier junger Menschen, die an widrigen Umständen zu scheitern droht. Mit Ausnahme von Lindsay Anderson (erster Spielfilm: *This Sporting Life,* 1963) entfernen sich die Regisseure Mitte der sechziger Jahre von ihren ursprünglichen Zielsetzungen und beginnen eine Hollywood-Karriere.

Was ist wahr?

In Frankreich uraufgeführt wird Alain Resnais' Film *L'année dernière à Marienbad (Letztes Jahr in Marienbad)* nach einem Drehbuch von Alain Robbe-Grillet. Dieser Film zertrümmert radikal die Strukturen des traditionellen Erzählkinos.

Ein Mann X (Giorgio Albertazzi) sieht in einem Luxushotel eine junge Frau A (Delphine Seyrig), mit der, wie er glaubt, er hier einmal ein Liebeserlebnis gehabt hat. Sie hätte damals versprochen, ihren Begleiter zu verlassen und mit ihm fortzugehen. Doch auch die Frau erinnert sich nicht richtig – oder gibt sie es nur vor? Genauso unklar bleibt, ob das alles ein reales Geschehen oder nur eine Traumvision ist. Diese unlösbare Doppeldeutigkeit, eine gespenstische, traumartige Stimmung wird durch die Ausstattung (geometrische Gärten, verschwenderische barocke Dekoration, endlose Korridore) hervorragend zur Geltung gebracht. Für den Zuschauer, der die Phantasie bemühen will, um zwischen Traum und Wirklichkeit, Vergangenheit und Gegenwart zu entscheiden, ein Film von hohem ästhetischen Reiz. Drehbuchautor Robbe-Grillet überträgt hier die Kategorien seines »nouveau roman« auf den Film: Darstellung der wahrnehmbaren Gegebenheiten, deren Realität mit Sinn zu füllen dem Betrachter selbst überlassen bleibt.

Leonardo da Vinci
Das letzte Abendmahl
1495–1498
(Kopie)

Luis Buñuel
Viridiana, 1961
Szenenfoto

Luis Buñuel, Spaniens bedeutendster Regisseur, dreht seinen ersten Spielfilm in seiner Heimat: Viridiana. Zwar wird das von Buñuel verfaßte Drehbuch durch die Zensur genehmigt, der Film nach der Fertigstellung aber sofort verboten. Er muß zwangsläufig eine Regierung schockieren, die sich zur Hüterin des katholischen Glaubens erklärt hat.

Erzählt wird die Geschichte der Klosternovizin Viridiana (Silvia Pinal), die auf den heruntergekommenen Gutshof ihres Onkels Don Jaime (Fernando Rey) kommt und nach heftigen Konflikten und dem Selbstmord des alternden Psychopathen dessen Besitz erbt. Bei dem Versuch, aus dem Gutshof ein Heim für Krüppel und Bettler zu machen, scheitert sie mitsamt ihrer Demonstration christlicher Mildtätigkeit: Knapp entgeht sie der Vergewaltigung durch ihre Schützlinge. Besonde-

ren Skandal erregt eine Szene des Films, die als Parodie auf das Gemälde Das letzte Abendmahl von Leonardo da Vinci arrangiert ist: Die Plätze der Jünger haben betrunkene Bettler eingenommen, an die Stelle der Christusfigur ist ein Blinder getreten; dazu erklingt das Halleluja von Georg Friedrich Händel.

Der Versuch der spanischen Behörden, den Film ganz zu unterdrücken, bleibt ohne Erfolg. Er erhält 1961 bei den Filmfestspielen in Cannes die Goldene Palme und wird von seinem mexikanischen Produzenten weltweit vertrieben.

Im gleichen Jahr wie Viridiana erregt wegen seiner antiklerikalen Tendenzen noch ein anderer Film Mißfallen und Aufsehen: Matka Joanna od aniołów (Mutter Johanna von den Engeln, 1964), ein Werk des polnischen Regisseurs Jerzy Kawalerowicz, bezieht sich

auf Ereignisse in Loudon (Frankreich) um 1730, die im Film nach Polen verlegt sind. Es ist die Geschichte einer Äbtissin, die sich von Dämonen besessen glaubt, und eines Teufelsaustreibers, die an ihrer in den Augen der Kirche sündigen Liebe scheitern. Von den polnischen Kanzeln herab wird aufgefordert, den Film zu boykottieren. Die Parteipresse schürt den Konflikt, indem sie ihn als Kritik an »religiösem Fanatismus« begrüßt.

Viridiana wird in bundesdeutschen Kinos 1962 mit kleineren, wenn auch nicht unwichtigen Zensurschnitten gezeigt. Der Film von Kawalerowicz gelangt als deutsche Fassung wegen »antikatholischer« Tendenzen erst 1964 in die Kinos. Jetzt wird die »Perversion mißverstandenen Christentums als Modellfall« verstanden, »um totalitäre Gefahr überhaupt zu demonstrieren« (»Die Zeit«, 15. Mai 1964).

Renato Guttuso
Straßenszene
1961

George Segal
Frau in einer Restaurantnische
1961

Erstarrte Bewegung

Der amerikanische Bildhauer George Segal stellt in diesem Jahr die ersten Environments mit lebensgroßen Gipsfiguren vor, durch die er bald zu einem der bekanntesten Künstler der Pop-Szene wird. Vorausgegangen sind Versuche mit figurativer Malerei und, in der Auseinandersetzung mit den Neuen Realisten, Happening-Inszenierungen.

Der Übergang zur Skulptur ist eine konsequente Fortsetzung des Happenings, denn Segal modelliert nicht nur Plastiken, sondern stellt sie fast immer in eine Szenerie, die auf einen alltäglichen Handlungszusammenhang hinweist. Nicht nachgebildete oder erfundene Gegenstände, sondern Dinge, die der Realität entnommen sind, bilden die Requisiten seiner Figuren. Diese wiederum bestehen aus Gipsabgüssen nach lebenden Personen, aus vielen Detailabdrücken zusammengesetzt und dann vom Künstler als Ganzes noch einmal überarbeitet. Die fast unheimlich wirkende Lebendigkeit dieser Gestalten ergibt sich aus der naturalistischen Technik, mit der Segal Menschen in ihrem Milieu darstellt. Doch er zeigt sie in ihrer Erstarrung, besonders wenn er sie nicht, wie in späteren Arbeiten, realistisch bemalt, sondern in dem gespenstisch weißen Gips beläßt. Der Effekt ist dem des Kinos verwandt, wenn mitten in einer Sequenz die Bewegung plötzlich zu einer Standaufnahme erstarrt.

Auf einem extremen Gegenpol zu dieser Gestaltungsabsicht scheint sich Renato Guttuso zu befinden, dessen Gemälde Straßenszene alles in Bewegung zeigt. Passanten hasten, ohne sich anzusehen, geschweige denn miteinander zu reden, aneinander vorbei. Insofern berühren sich in der Aussage Segals erstarrte und Guttusos scheinbar lebensvolle Gestalten.

Guttuso ist einer der prominentesten Künstler der Nachkriegszeit, die für eine politisch engagierte Kunst eintreten und mit ihren Werken agitatorisch-aufrüttelnd wirken wollen. Da er aus seiner Zugehörigkeit zur KP Italiens keinen Hehl macht, werden seine Arbeiten oft fälschlich als Beispiele eines »sozialistischen Realismus« etikettiert.

Von Gründgens geschätzt

Ohne den Intendanten des Hamburger Schauspielhauses, Gustaf Gründgens, wäre der britische Schriftsteller Lawrence Durrell vielleicht nie zum Dramatiker geworden. Auf jeden Fall verfaßt er auf dessen Anregung zwei Stücke (ein drittes arbeitet er um), die alle, von Gründgens und seinem Nachfolger Oskar Fritz Schuh selbst inszeniert, in Hamburg uraufgeführt werden.

Sappho (21. November 1959) ist die Geschichte einer Frau, die sich aus Rachedurst innerlich selbst vernichtet. Bei *Actis* (*Acte*, 22. November 1961) handelt es sich um ein Drama, das im Rom der Nerozeit spielt und die Liebe zwischen dem Feldherrn Fabius und der von den Römern geblendeten skythischen Prinzessin Actis zum Gegenstand hat – am Ende haben sich beide gegenseitig vernichtet.

Gegenüber diesen beiden Versdramen aus der hier erotisch-psychologisch verstandenen Antike wirkt das im Mittelalter spielende Schauspiel *Ein irischer Faust* (*An Irish Faust*, 18. Dezember 1963) legendär, magisch-düster und komisch zugleich. Nach anfänglichem Zögern werden die Kritiker sich einig, daß Gründgens sich in ein dramatisches Untalent verrannt hat – »Unfug in Rom« ist Christa Rotzolls Besprechung der *Actis* in »Christ und Welt« vom 8. Dezember überschrieben. Die Stücke können sich auf der Weltbühne dann auch nicht durchsetzen. Wie überhaupt nach 1960 Lawrence Durrells Stern auch als Romancier zu sinken beginnt und sich herausstellt, daß er ein in Deutschland überschätzter Modedichter ist. Das gilt auch für sein *Alexandria Quartet*, von dem er 1960 den letzten Band *Clea* vorlegt und in dem er psychologisierend dreimal das gleiche Geschehen aus jeweils unterschiedlicher persönlicher Sichtweise beleuchtet. Durell, am 27. Februar 1912 in Indien geboren, hat sich in England nie wohl gefühlt und seine geistige Heimat im Mittelmeerraum gefunden, wo er heute lebt.

Literatur

Neuerscheinungen
- Reinhart Baumgart: *Der Löwengarten*. In dem Roman werden die Medien Illustrierte und Film als ironischer »Modellfall für unsere Zeit« der Massenkommunikation gewertet.

- Uwe Johnson: *Das dritte Buch über Achim*. Ein westdeutscher Journalist will über den DDR-Rennfahrer Achim berichten, muß aber erkennen, daß die Entfernung zwischen beiden deutschen Staaten so groß geworden ist, daß man sich nicht mehr verständigen kann.

- Nelly Sachs: *Fahrt ins Staublose*, Sammlung von Gedichten.
- Léopold Sédar Senghor: *Nocturnes*, ein Lyrikband des senegalesischen Staatspräsidenten und Vertreters der Négritude-Bewegung. Diese ruft die Afrikaner zur Besinnung auf ihre Kulturtradition auf.

Es war doch Selbstmord

Als am 2. Juli die Nachricht durch die Welt geht, der amerikanische Schriftsteller Ernest Hemingway habe beim Gewehrreinigen durch einen Schuß den Tod gefunden, sind viele skeptisch, ob es denn wirklich ein Unglücksfall war. Aber Hemingways Witwe hält zunächst die Fiktion eines Unfalls aufrecht, bis sie im März 1966 gegenüber Oriana Fallaci für die Mailänder Wochenzeitung »L'Europeo« erklärt: »Er hat sich erschossen. Punkt und basta.« Als Grund gibt sie schwere nervliche Erschöpfung an. Und es war auch, wie sein Freund A. E. Hotchner in der im gleichen Jahr 1966 erschienenen Biographie »Papa Hemingway« enthüllt, die Furcht, literarisch ausgebrannt zu sein, vor der Aufgabe des Schreibens zu versagen.

Der amerikanische Schriftsteller hat ein abenteuerliches Leben geführt, z. B. war er Berichterstatter im spanischen Bürgerkrieg.

Ein kurzlebiger Preis

Sechs Verlage – Seix y Barral (Spanien), Einaudi (Italien), Grove Press (USA), George Weidenfeld (England), Gallimard (Frankreich), Rowohlt (Deutschland) – schufen 1960 den »Prix Formentor« in Höhe von 10 000 Dollar für ein Manuskript, das die Verlage jeweils in ihrem Land als Buch herausbringen wollen. Daneben wird ein internationaler Literaturpreis in gleicher Höhe ausgelobt. Der erste Formentor-Preis geht im Mai an den Spanier Juan Garcià Hortelano für *Sommergewitter*, der Literaturpreis an Samuel Beckett und Jorge Luis Borges. Differenzen hinsichtlich der Prämierung (kommerziell aussichtsreiche oder avantgardistische Texte) führen dazu, daß der Preis letztmals 1965 vergeben wird.

Preisverleihung als politisches Signal

Der indische Vizepräsident und Philosoph Sarvepalli Radhakrishnan wird am 20. Oktober in der Frankfurter Paulskirche als erster Vertreter der Dritten Welt mit dem diesjährigen Friedenspreis des Deutschen Buchhandels ausgezeichnet. In Anwesenheit des Bundespräsidenten Heinrich Lübke und seines Vorgängers Theodor Heuss, des hessischen Ministerpräsidenten, Angehöriger des Diplomatischen Korps sowie zahlreicher Professoren, Verleger, Autoren und Buchhändler überreicht der Vorsteher des Börsenvereins des Deutschen Buchhandels, Werner Dodeshöner, dem indischen Gast den Friedenspreis. Er wird seit 1950 jährlich einer Persönlichkeit verliehen, die sich durch ihr Wirken für den Frieden und die Verständigung zwischen den Völkern ausgezeichnet hat. Entscheidend hierbei sind »die geistige Leistung, das aus ihr geborene Werk, die Tat aus reiner Gesinnung« (Dodeshöner).

Der Philosoph und Politiker Radhakrishnan antwortet mit einem Aufruf zu Toleranz und internationaler Verständigung. Es sind Worte der Humanität, an die Adresse derjenigen gerichtet, die den Kalten Krieg betreiben. Aktualität behalten auch seine Sätze: »Jeder Atomkrieg kann nur in einer wilden Orgie der Zerstörung enden. Wir haben zwischen zwei Alternativen zu wählen: uns zu zerstören oder zu lernen, als Mitglieder einer einzigen Familie zu leben.«

Für die Bundesrepublik ist die Verleihung des Friedenspreises an Radhakrishnan von großer Bedeutung, die weit über den kulturpolitischen Bereich hinausreicht. Sie demonstriert Friedenswillen im Geiste Gandhis und beweist, daß die Bundesrepublik zu einem angesehenen Partner der Dritten Welt geworden ist. Der Kalte Krieg steigert sich jedoch im Jahr des Berliner Mauerbaus. Das Aufgebot an Prominenz und diplomatischen Vertretern in der Paulskirche kann über diesen Widerspruch nicht hinwegtäuschen.

Sarvepalli Radhakrishnan in der Frankfurter Paulskirche, 1961.

1961

Brecht-Boykott

Bertolt Brecht soll auf westdeutschen Bühnen nicht mehr gespielt werden. Verboten und abgesetzt werden in Berlin Herr Puntila und sein Knecht Matti, in Kassel Schwejk im Zweiten Weltkrieg, in Hamburg Aufstieg und Fall der Stadt Mahagonny, in Baden-Baden Mutter Courage und ihre Kinder. Der Ulmer Intendant Kurt Hübner weigert sich jedoch, Peter Palitzschs Inszenierung von Brechts Anna-Seghers-Bearbeitung Der Prozeß der Jeanne d'Arc zu Rouen 1431 abzusetzen. Auch der Generalintendant der Württembergischen Staatstheater, Hans Schäfer, mißbilligt den Boykott. In der Diskussion, ob der Kommunist Brecht nach dem 13. August, dem »Tag der Mauer«, noch gespielt werden könne, antwortet er mit dem Bekenntnis zu dem »mit Ausnahme Kafkas bedeutendsten Dichter deutscher Sprache in diesem Jahrhundert«. An vielen Theatern kommt es zu Protesten der Schauspieler, Regisseure und Intendanten; so auch in Lübeck, wo das Verbot des Stückes Pauken und Trompeten des Engländers George Farquhar damit begründet wird, es handle sich um eine Brecht-Bearbeitung.

In der Bundesrepublik entbrennt eine heftige Debatte um die Freiheit von Wissenschaft und Kunst, wie sie im Grundgesetz Artikel 5, Absatz 3 garantiert ist. Erwin Stein, Richter am Bundesverfassungsgericht, äußert: »Wer aus politischen Gründen in die Freiheit der Kunst eingreift, verkennt das Verhältnis von Politik und Recht. Die Unterordnung des Rechts unter die Politik ist Kennzeichen eines Unrechtsstaates.«

Im Februar 1962 greift der Theaterkritiker Jürgen Rühle mit Thesen zum Brecht-Boykott in die Diskussion ein. Rühle, der 1955 die DDR verlassen hat, erklärt: »Kunst und Freiheit sind verschwistert. Wie der Fall Brecht zeigt, wirkt Kunst immer freiheitlich, selbst wenn sie kommunistisch gemeint ist. Es ist das Plus der Demokratie, daß sie keine Zensur braucht, während die Diktatur selbst die Kunst ihrer Anhänger zensieren muß.«

Die Berliner Mauer, August 1961.

Die Nacht des Leguan

Am New Yorker Royal Theatre hat am 28. Dezember Tennessee Williams' Stück *The Night of the Iguana* (*Die Nacht des Leguan*) Uraufführung. In einem verkommenen mexikanischen Hotel hält Maxine den verstoßenen Priester Shannon zusammen mit einem Leguan, der aufs Verspeistwerden wartet, gefangen. In einem Moment der Klarheit gibt Shannon dem Leguan die Freiheit; er selbst fügt sich in sein Schicksal, abhängig und Maxines sexuelles Opfer zu sein. Bette Davis spielt in hervorragender Weise die Maxine.

Die deutsche Erstaufführung des Stücks findet am 21. Oktober 1962 gleichzeitig am Hamburger Thalia Theater (Regie: Willy Maertens) und am Kölner Schauspielhaus (Regie: Charles Regnier) statt. Zweifel, die an einer gekonnten Umsetzung für eine deutsche Bühne bestanden, werden jetzt bestätigt: »Diesmal ist im Hin und Her der zielstrebigen Geschwätzigkeit, der Ausbrüche seelischer und leiblicher Bedürfnisse, der Krankheit am Leben nur eine vage Skizze geglückt«, meint Christian Ferber in der »Welt« vom 23. Oktober.

Andorra

Starken Eindruck hinterläßt Max Frischs unter der Regie von Kurt Hirschfeld inszeniertes und am 2. November am Zürcher Schauspielhaus uraufgeführtes Stück *Andorra*, das den Rassenwahn brandmarkt. Das Stück ist eine Anklage gegen die bequeme Feigheit der Menschen, eine Minderheit zum Sündenbock für alle Übel der Welt zu stempeln, um das eigene schlechte Gewissen zu beruhigen.

In *Andorra*, einer Gemeinde, die überall zu finden sein könnte, wird der angebliche Jude Andri zum Ausgestoßenen gemacht. Als der totalitäre Nachbarstaat das Land besetzt und Andri hinrichten läßt, rechtfertigen die »braven« Andorraner in zwischengeschobenen Szenen ihr Verhalten – es klingt, als habe man Deutsche befragt, wie sie zwischen 1933 und 1945 zu den Juden gestanden haben.

»Frischs bestes Stück bisher«, urteilt Friedrich Luft in der »Welt« vom 6. November. Das Stück wird gleich von den Bühnen in Düsseldorf, Frankfurt und München zur deutschen Erstaufführung angenommen, weitere erfolgreiche Inszenierungen an etwa zwanzig Theatern folgen.

Theater

Premieren

● Samuel Beckett: *Happy Days* (*Glückliche Tage*, deutsche Erstaufführung, Berlin, 30. September) wird am 17. September im New Yorker Cherry Lane Theater uraufgeführt. Winnie und Willie sitzen in der Wüste bei ihren täglichen Verrichtungen – die Routine des Alltags ist viel wichtiger als jedes Gefühl oder Ideal.

● Christopher Fry: *Curtmantle* (*König Kurzrock*, deutschsprachige Erstaufführung, Wiener Burgtheater, September) wird am 1. März im niederländischen Tilburg uraufgeführt. Eine Variation des großen historischen Streits zwischen dem englischen König Heinrich II. und Erzbischof Thomas Becket um weltliche und kirchliche Macht.

● Jean Genet: *Wände überall* (*Les paravents*, heute: *Die Wände*) wird am 19. Mai in einer Inszenierung von Hans Lietzau am Berliner Schloßparktheater uraufgeführt. Der Araber Said flüchtet ins Böse, weil er in der Welt keinen Halt durch die Liebe findet.

● Hans Henny Jahnn: *Der staubige Regenbogen* hat in einer Inszenierung von Erwin Piscator am 17. März an den Städtischen Bühnen Frankfurt Uraufführung. Jahnn hat die Gestalt des Atomphysikers Jakob Chervat, der sich gegen seine eigene Wissenschaft wendet, benützt, um seine Theorie vom positiven Gegenpol Natur zur verderblichen Technik zu dramatisieren.

● John Osborne: *Luther* (deutsche Erstaufführung, Bremen 1962) wird in Nottingham am 26. Juni uraufgeführt. Der Reformator erscheint als »zorniger junger Mann«, zerstritten mit sich selbst, von der Leidenschaft nach Vollkommenheit erfüllt. Inszenierung: Tony Richardson, der auch als Regisseur sozialkritischer Filme einen Namen hat.

● Helmut Qualtinger: *Der Herr Karl*, ein Monolog, wird zum erstenmal vom Autor in Wien vorgeführt. Ein Spießbürger erzählt verharmlosend und sich reinwaschend von seiner Mitläufervergangenheit in Sozialdemokratie, Austrofaschismus und der Republik nach 1945.

Ereignisse

● Das Deutsche Schauspielhaus Hamburg tritt mit Gustaf Gründgens' *Faust*-Inszenierung in New York auf. Es ist das erste deutsche Theatergastspiel in Amerika nach dem Krieg.

Berlin-Schöneberg
Die Gräber der Brüder Grimm
Friedhof der St.-Matthäus-Gemeinde

Hannover
**Reiterstandbild des Königs
Ernst August von Hannover**
1861

**The Wonderful World
of the Brothers Grimm,** 1961
Szenenfotos mit
Karlheinz Böhm und Laurence
Harvey als Jacob und Wilhelm
Grimm, Russ Tamblyn und Yvette
Mimieux als Prinz und Aschenputtel

Das Nationalheiligtum der Muttersprache

102 Jahre nach dem Tod Wilhelms und 98 Jahre nach Jacobs Tod gelangt das Deutsche Wörterbuch der Brüder Grimm zum Abschluß. Es ist in gesamtdeutscher Zusammenarbeit in Ost-Berlin und Göttingen fertiggestellt worden. Die erste Lieferung des auf sechs bis sieben Bände angelegten, schließlich auf 32 Teilbände angewachsenen Werkes ist 1851 erschienen, der erste Band (A bis Biermolke) 1854. Bei Jacob Grimms Tod war das Manuskript bis zum Artikel »Frucht« gediehen. Dennoch gilt das Deutsche Wörterbuch als Werk der Brüder Grimm. Die Richtschnur blieb trotz mancher Eigenwilligkeiten der Nachfolger ihre Absicht, den gesamten Wortschatz der deutschen Sprache seit der Zeit Martin Luthers ohne normative Auswahl zu erfassen, und zwar ebenso philologisch exakt wie durch Textbeispiele anschaulich und lebendig. Das Wörterbuch sollte nicht nur als Nachschlagewerk, sondern auch als Lesebuch dienen.

Den Anlaß für die 1838 begonnene, von Freunden unterstützte Sammelarbeit des Exzerpierens bildete ein politischer Willkürakt. Jacob und Wilhelm Grimm wurden 1837 gemeinsam mit fünf weiteren Professoren entlassen und des Landes verwiesen, nachdem die »Göttinger Sieben« gegen die Aufhebung der Verfassung durch König Ernst August von Hannover Protest eingelegt hatten. Das Deutsche Wörterbuch eröffnete den beiden brotlosen Gelehrten ein neues Tätigkeitsfeld, wobei sie davon überzeugt waren, daß allein Sprache und Literatur das politisch zersplitterte Deutschland als Nation erhalten können.

Während die Vollendung des Wörterbuchs in Deutschland Anlaß zur Diskussion über die kulturelle Einheit der geteilten Nation gibt, erinnern die Amerikaner an die Wunderwelt der Brüder Grimm (deutscher Verleihtitel). Unter der Regie von Henry Levon (biographische Szenen) und George Pal (Märchenszenen) ist ein Bilderbogen entstanden, dessen Schauplätze einen Querschnitt durch das »romantische Deutschland« bilden.

Der Historiker Fritz Fischer, der in Hamburg einen Lehrstuhl für Neuere Geschichte und Zeitgeschichte innehat, verstört mit seinem Buch Griff nach der Weltmacht Berufskollegen, Politiker und die an zeitgeschichtlichen Fragen interessierte Öffentlichkeit. Fritz Fischer widerlegt in diesem Buch die griffige These von den ungeschickten deutschen Politikern, die wider Willen in den Ersten Weltkrieg hineinstolperten, und zerstört die Vorstellung vom Kaiserreich, das keine konkreten Kriegsziele gehabt habe, ausgenommen den verständlichen Wunsch, sich gegen die Mißgunst seiner Feinde zu behaupten.

Beim Studium noch nicht ausgewerteter Archiv-Akten entdeckte der Hamburger Historiker Pläne für ein gigantisches germanisches Reich. Fischer weist nach, daß die Kriegszielpolitik des Reichskanzlers Theobald von Bethmann Hollweg expansiv und aggressiv war. Im Westen wie im Osten sollten wichtige Gebiete annektiert werden, in Afrika ein »zusammenhängendes mittelafrikanisches Kolonialreich« von den Kapverdischen Inseln bis Madagaskar erobert werden. In einer weiteren Denkschrift ist der Plan einer Wirtschaftsgemeinschaft enthalten, die nicht nur europäische Staaten, sondern auch das gesamte Osmanische Reich einschließen sollte – nicht als gleichberechtigte Partner, sondern als Zulieferer und Abnehmer: »Dieser Verband ... muß die wirtschaftliche Vorherrschaft Deutschlands über Mitteleuropa stabilisieren.« Die Pläne sind kein Hirngespinst einzelner Politiker, sie fanden ihren Niederschlag in Bethmann Hollwegs Kriegszielprogramm vom September 1914 und wurden auch von der Industrie unterstützt.

Bis Anfang der sechziger Jahre galt als unbestritten, daß die Deutschen zwar die Verantwortung für den Zweiten Weltkrieg übernehmen müßten, aber doch im Hinblick auf den Ersten Weltkrieg ein reines Gewissen haben könnten. Fischers Thesen mit der Perspektive einer Kontinuität deutscher Geschichte von Wilhelm II. bis Hitler wirken wie ein Stich ins Wespennest. Die Professoren Gerhart Ritter, Egmont Zechlin und Karl-Dietrich Erdmann beziehen heftig gegen ihn Stellung. Die Vorwürfe sind weitreichend: Fischer handle politisch verantwortungslos, er verdunkle das Geschichtsbewußtsein der Deutschen. Der Tenor ist durchsichtig: die unbewältigte Vergangenheit soll nicht noch mehr Risse bekommen. Dennoch setzt sich auch bei den Kritikern die Erkenntnis durch, daß das Kaiserreich 1914 das Risiko eines Krieges eingegangen ist.

Franz Triebsch
Adolf Hitler
1941

V. Corcos
Wilhelm II.
1904

Stiftung Volkswagenwerk gegründet

Am 19. Mai wird eine neue Wissenschaftsstiftung ins Leben gerufen: die Stiftung Volkswagenwerk, mit Sitz in Hannover. Sie ist das Ergebnis eines unentwirrbaren Rechtsstreits über die Frage, wem das Volkswagenwerk in Wolfsburg, einst im Besitz der nationalsozialistischen Deutschen Arbeitsfront und vieler VW-Sparer, denn nun gehöre: dem Bund, dem Land Niedersachsen, den Gewerkschaften oder den Sparern.

Der gordische Knoten wird mit einem Vertrag vom 11./12. November 1959 zwischen dem Bund und Niedersachsen durchhauen. Das Volkswagenwerk wird in eine Aktiengesellschaft umgewandelt und zu 60 Prozent privatisiert. Der Verkaufserlös kommt der neuen Stiftung zugute, die restlichen 40 Prozent vom Aktienkapital behalten Bund und Land, die Dividenden gehen ebenfalls an die Stiftung. Heute ist sie mit einem Kapital von 1,3 Milliarden die viert-

reichste Wissenschaftsstiftung der Welt und nicht unbedingt auf die gelegentlich ausfallenden Wolfsburger Dividenden angewiesen.

Am 31. März 1962 wird der erste Generalsekretär der Stiftung berufen: Gottfried Gambke, der von der Deutschen Forschungsgemeinschaft kommt und bis 1975 amtiert. Bis 1971 ist die Stiftung in der Gefahr, als Lückenbüßer dazustehen und ihr Geld in allzu viele Kanäle rinnen zu lassen. Doch dann werden interdisziplinäre Schwerpunktprogramme geschaffen, außerhalb derer nichts mehr gefördert wird. In den ersten zwanzig Jahren ihres Bestehens unterstützt die Stiftung Volkswagenwerk mit 2,2 Milliarden Mark rund 7000 Forschungsprojekte auf dem Gebiet der Natur-, Geistes- und Sozialwissenschaften. Nachdem sie in den ersten Jahren ihres Bestehens besonders die Geistes- und Sozialwissenschaften gefördert hat, legt sie zu Ende der siebziger Jahre stärkeres Gewicht auf die Natur- und Ingenieurwissenschaften.

1961

Naturwissenschaft, Technik, Medizin

● In der Elektrotechnik bewähren sich zunehmend integrierte Schaltkreise. Die schon seit 1957 serienmäßig verwendeten, raumsparenden Schaltelemente erlauben es, insbesondere Rundfunkgeräte wesentlich kleiner zu

bauen, als es bisher möglich war.
● Der Teheraner Archäologe *Ezat O. Neghaben* entdeckt bei Ausgrabungen in Marlik am Kaspischen Meer einen »Königsfriedhof« aus der Zeit um 1000 vor Christus. Zahlreiche Bronzen von Jagdtieren neben Menschenfiguren zeugen von der Kultur jener Zeit.

● Die Entwicklung neuer Kunststoffe macht rasche Fortschritte. Es lassen sich jetzt Materialien herstellen, die eine Hitze bis zu 200 Grad Celsius schadlos überstehen.
● In den USA werden die ersten Stereo-Sendungen ausgestrahlt und die ersten stereophonen Rundfunkempfänger gebaut.

Das Zweite Fernsehen kommt

Mühselig und voller verfassungsrechtlicher Fallstricke ist der Weg zum Zweiten Deutschen Fernsehen. Schon seit 1951 gab es Überlegungen, neben den öffentlich-rechtlichen Landesrundfunkanstalten auch dem Bund Kompetenzen auf dem Gebiet des Rundfunks zu sichern.

Verhandlungen zwischen Bund und Ländern wurden 1958 vom Bundeskabinett wegen mangelnder Erfolgsaussicht abgebrochen, und Bundeskanzler Konrad Adenauer sieht jetzt die Möglichkeit, sich durch Schaffung eines zweiten Fernsehsystems Unterstützung für entsprechende Pläne bei der Öffentlichkeit zu holen. Mit Schreiben an den rheinland-pfälzischen Ministerpräsidenten Peter Altmeier kündigt Adenauer für den 25. Juli 1960 ultimativ die Unterzeichnung der Satzungen einer Deutschland-Fernsehen GmbH an, wozu er beitrittswillige Länder einlädt. Da die Länder dies ablehnen, übernimmt Justizminister Fritz Schäffer treuhänderisch die für die Länder vorgesehenen Anteile.

Am 28. Februar 1961 verkündet das Bundesverfassungsgericht auf Antrag der vier Bundesländer Hamburg, Niedersachsen, Bremen und Hessen, daß Adenauers Vorgehen verfassungswidrig sei. Für die Regelung von Organisations- und Programmfragen auf dem Gebiet des Rundfunks seien allein die Länder zuständig.

Am 6. Juni einigen sich die Länder auf einen Staatsvertrag über die Gründung des Zweiten Deutschen Fernsehens (ZDF) in Mainz, der am 1. Dezember in Kraft tritt. Am 12. März 1962 wird Karl Holzamer zum ersten Intendanten gewählt. Seine Tätigkeit nimmt das ZDF erst am 1. April 1963 auf, bis dahin strahlen ab 1. Juni 1961 die Sender der ARD proviso-

risch ein zweites Programm aus. Bis 1965 hat das ZDF große Finanzprobleme, weil der Bayerische Rundfunk sich weigert, seinen Gebührenanteil an den Mainzer Sender abzuführen. Er muß erst vom Bundesverwaltungsgericht dazu gezwungen werden.

Technisch ist der Start allerdings leichter: Das ZDF übernimmt Anlagen, Studios und vorproduzierte Filme aus der Konkursmasse des gescheiterten Bundesfernsehens.

Der erste Mensch im Weltraum

Seit dem 12. April gibt es erstmals einen Menschen, der von sich sagen kann, er habe die Erde als Planeten gesehen. Der 27jährige sowjetische Fliegermajor Juri Gagarin umrundet in dem Raumflugkörper Wostok I den Globus einmal auf einer elliptischen Bahn. Sein Flug erregt weltweites Aufsehen. »Die Sonne im Weltraum ist um ein Vielfaches heller als hier auf der Erde«, schildert Gagarin seine Eindrücke nach der Rückkehr. »Der Weltraum ist dunkel, sehr dunkel. Die Sterne sind hell und deutlich. Das ganze Bild vom Firmament ist viel kontrastreicher, als von der Erde aus gesehen. Die Erde selbst sieht aus wie ein herrlicher blauer Ball…«

Nach jahrzehntelangen Vorbereitungen und Experimenten öffnete sich nach dem Zweiten Weltkrieg ein neues Kapitel der Menschheitsgeschichte: die unbemannte und bemannte Raumfahrt. Von den ersten Anfängen ihrer praktischen Realisierung an ist sie ein Wettlauf zwischen den beiden Großmächten Sowjetunion und USA. Nachdem der Sowjetunion am 4. Oktober 1957 mit dem Start des Satelliten Sputnik I der erste Schritt ins Weltall geglückt war, folgte schon am 1. Februar 1958 der amerikanische Satellit Explorer I. Mit der Pioniertat Juri Gagarins – sein Flug um die Erde dauert 108 Minuten – kann sich die Sowjetunion vorübergehend wieder einen Vorsprung vor den USA sichern. Er ist jedoch nicht von langer Dauer. Am 20. Februar 1962 umkreist Oberstleutnant John Glenn als erster amerikanischer Astronaut dreimal die Erde; die Flugzeit seiner Mercury-Raumkapsel beträgt vier Stunden und 56 Minuten. Die atemberaubende Entwicklung wird in noch verschärfter Konkurrenz fortgesetzt. Neben wissenschaftlicher Forschung und friedlicher Nutzung der gewonnenen Erkenntnisse profitiert vor allem die Rüstungs-Technologie. Die kriegerische Austragung von Konflikten im All ist nicht mehr ausgeschlossen. Die Science-fiction beginnt, von der Realität eingeholt zu werden.

Juri Gagarin nach seinem ersten Weltraumflug, 1961.

1961

Eine neue Ära des Balletts

Der 1927 in Südafrika als Sohn engli-scher Eltern geborene John Cranko löst mit Beginn der neuen Spielzeit Nicolas Beriozoff als Ballettdirektor der Würt-tembergischen Staatstheater in Stutt-gart ab. Zuvor war er in Kopenhagen, Kapstadt, London, New York und Pa-ris tätig. Bereits im November stellt er in Stuttgart drei eigene choreographi-sche Arbeiten vor: Die Dame und der Narr, Antigone und Katalyse.

Cranko beginnt mit einer systemati-schen Nachwuchsschulung und erar-beitet ein Konzept, das der modernen Entwicklung im internationalen Bal-lettleben (vor allem der durch George Balanchine vertretenen) ebenso Rech-nung trägt wie der Wiederbelebung des klassischen Handlungsballetts. Der neue Ballettdirektor holt Stars wie Margot Fonteyn, Rudolf Nurejew und Lynn Seymour als Gäste nach Stutt-gart und macht seine Kompanie zur be-rühmtesten und international angese-hensten des deutschen Balletts. 1968 wird Cranko auch Chefchoreograph des Münchener Nationaltheaters. Das Debüt seiner Kompanie in New York wird von der Kritik begeistert gefeiert. Als Cranko am 26. Juni 1973, erst 46 Jahre alt, beim Rückflug von einer Amerika-Tournee überraschend stirbt, ist man nicht nur in Stuttgart, sondern in aller Welt bestürzt.

Worin der Zauber seiner Persönlich-keit und seiner Kunst bestanden hat, ist oft erörtert worden. Er war ein über-ragender Tanzpädagoge, der seine Tänzer mit Strenge schulte und zugleich begeisterte. Marcia Haydée, Birgit Keil, Richard Cragun und Egon Madsen wurden unter seiner Leitung zu individuellen Meistern ihres Fachs. Als Choreograph und Regisseur war er unerschöpflich in seinen Einfällen. In Présence (1970) etwa ließ er Figuren von James Joyce, Alfred Jarry und Cer-vantes in einem Ballett auftreten. Er dynamisierte die Klassiker, inszenierte den Schwanensee in den zartesten Tö-nen und überschlug sich in grotesken Kapriolen, etwa in Strawinskys Solda-ten oder in Pineapple Poll.

John Cranko, Katalyse; Szenenfoto (Stuttgart) 1961.

Lärm um Nono

Einen gewaltigen Theaterskandal ruft am 13. April die Uraufführung von Luigi Nonos Oper *Intolleran-za* im Teatro La Fenice bei der Biennale in Venedig hervor. Geschrei und Stinkbombenwürfe, Pfeifkon-zerte und der Abwurf von Flugblättern begleiten die Aufführung.

Es sind durchaus nicht nur politische Gegner des Kommunisten Nono, die sich hier äußern und sich gegen den Inhalt des Werks wenden: Ein Emigrant, der in die Heimat zurückkehrt, wird von einer Dik-tatur und einer bürokratisch verwalteten Welt ver-schlungen. Der Protest richtet sich genauso gegen die Musik.

Nono, Schwiegersohn Arnold Schönbergs, attak-kiert das Ohr durch ungewohnte Klangmittel. Das Hauptgewicht liegt auf den seriell behandelten Chorpartien, deren Stimmführung sich bis zu einer Aufteilung einzelner Wortsilben an verschiedene Gruppen verästelt. Im zweiten Teil lösen Sprech-chöre das Wort in Klangsubstanzen auf, um die Sinnentleerung kollektivistischer Begriffe und marktschreierischer Schlagzeilen anzudeuten.

Die meisten Kritiker bezeichnen Nonos Werk als noch unfertig. So stößt *Intolleranza* auch bei der deutschen Erstaufführung in Köln am 5. April 1962 überwiegend auf Ablehnung.

Tod im Eis

Hans Werner Henzes neueste Oper, *Elegie für junge Liebende*, die am 20. Mai in Schwetzingen uraufge-führt wird, spielt um 1910 im Berghotel »Zum Schwarzen Adler«, wo die Witwe Hilda Mack seit vierzig Jahren auf die Rückkehr ihres bei einer Berg-tour verschollenen Gatten wartet. An ihren Traum-visionen berauscht sich der Dichter Gregor Mitten-

hofer. Als das Eis des Berges die Leiche von Hildas Mann freigibt, kehrt sie in die Wirklichkeit zurück, Mittenhofer hetzt dafür seine ehemalige Geliebte Elisabeth und den jungen Toni in den Tod im Eis, um sich zu einer Elegie inspirieren zu lassen.

Eine Attacke gegen den Geniekult des 19. Jahrhun-derts. Das mit nur 24 Musikern besetzte Orchester gibt der Oper eine kammermusikalische Dimen-sion, die Instrumente werden meist solistisch einge-setzt. Henze führt erstmalig selbst Regie.

Von der Kritik besonders gelobt wird die Leistung Dietrich Fischer-Dieskaus als Mittenhofer. Was Henzes Musik angeht, sind die Kritiker allerdings etwas zurückhaltender. H. H. Stuckenschmidt schreibt in der »Frankfurter Allgemeinen Zeitung« vom 23. Mai, die vielfachen Lehren, die Henze aus der Berührung mit Verdi, Berg, Schönberg, Stra-winsky, Britten und Weill gezogen habe, seien seinem eigenen überragenden schöpferischen Klangdenken und dramatischen Disponieren zugute gekommen. Aber: »Der letzte Schritt in Frei-heit und Unabhängigkeit steht in seinem dramati-schen Schaffen noch aus.«

Neue Oper für ein neues Haus

Mit Mozarts *Don Giovanni* wird am 24. September der von Fritz Bornemann errichtete Neubau der Deutschen Oper Berlin eingeweiht. Seit Beginn der Spielzeit hat das Haus auch einen neuen Intendan-ten: Gustav Rudolf Sellner.

Am folgenden Tag findet die erste Uraufführung statt: *Alkmene* von Giselher Klebe nach Kleists *Am-phitryon*. Sellner führt selbst Regie. Es wird ein gro-ßer Erfolg. Der Komponist bleibt hier dem seriellen Prinzip treu, wenn auch mit einer erheblichen Aus-weitung des Klangraums. Er setzt ein großes Orche-ster ein.

Musik

Premieren
• Manuel de Falla: *Atlántida*. Die nachgelassene, fragmentarische szenische Kantate wird in Barce-lona in konzertanter Fassung uraufgeführt. Die szenische Ur-

aufführung des Werks folgt 1962 in Mailand.
• György Ligeti: *Atmosphères*, Konzertstück, wird bei den Do-naueschinger Musiktagen urauf-geführt. Das nur neun Minuten dauernde Werk begründet Lige-tis Ruf.

Ereignisse
• Erhard Mauersberger wird zum Leiter des Leipziger Thoma-nerchors als Nachfolger des in die Bundesrepublik gegangenen Kurt Thomas ernannt. 1972 scheidet Mauersberger aus Al-tersgründen aus seinem Amt aus.

Alan Jay Lerner/Frederick Loewe
My Fair Lady
Theater des Westens, 1961
Szenenfotos mit Karin Hübner
als Eliza Doolittle
und Paul Hubschmid
als Prof. Higgins
sowie Albrecht Schoenhals
(im rechten Bild links)

Richard Wagner/Wieland Wagner
Tannhäuser
Bayreuth, 1961
Szenenfoto mit Grace Bumbry
als Venus

Premierenzauber

*Im neueröffneten Theater des Westens
in Berlin feiert ein amerikanischer
Publikumsrenner Premiere: My Fair
Lady (Uraufführung 1956 in New
York). 64 Akteure singen und tanzen in
der ungewöhnlich luxuriös ausgestatteten Inszenierung. Unbekannt sind
der Komponist Frederic Loewe und der
Librettist Alan Jay Lerner, aber bekannt ist die Story des Spiels. Als Vorlage für das Musical diente die Komödie Pygmalion (Uraufführung 1913 in
Berlin) von George Bernard Shaw. Die
Verwandlung eines ordinären Blumenmädchens innerhalb von sechs
Monaten in eine feine Dame ist amüsanter und spritziger Stoff für ein Musical und vom Komponisten effektvoll
in Musik umgesetzt. In My Fair Lady
erzieht Professor Higgins die Blumen-
verkäuferin Eliza Doolittle, die »ekelerregende Laute ausstoßende Rinn-
steinpflanze« – in der Berliner Inszenierung spricht sie breiten Weddinger
Jargon – so perfekt, daß es zum Happy-
End kommt.
Eine gelungene Inszenierung im Broad-
way-Stil geht über die Bühne. Der Kritiker Friedrich Luft ist hingerissen:
»Ähnliches hat man in dieser Sphäre
nie gesehen.« Der Broadway hat Berlin
erobert. Songs wie das Aussprache-
Übungsstück Es grünt so grün, wenn
Spaniens Blüten blühen oder das seli-
ge Ich hätt' getanzt heut' nacht werden
zu populären Schlagern.
An einem anderen Ort, in Bayreuth,
sammelt sich alljährlich ein exklusive-
res Publikum. Die diesjährigen Festspiele präsentieren eine Neuinszenierung des Tannhäuser durch Wieland
Wagner. Der Skandal, den diese Inszenierung durch die Besetzung der Venus
mit der farbigen Sängerin Grace Bumbry hervorruft, ist beschämend. Pro-
testbriefe gehen in Bayreuth ein, es sei
eine Zumutung, wenn eine Schwarze
die Venus singe. Wieland Wagner erklärt gelassen: »Ich brauche keine nordischen Idealgestalten. Was ich suchte,
war die in Stimme und Erscheinung beste Venus.« Die rassistischen Kritiker
bleiben in der Minderzahl, die Mehrheit des Publikums ist bezaubert von
der Ausstrahlung der goldgekleideten
Venus-Sängerin.*

Marc Chagall
Daphnis und Chloë
1961

Georges Braque
Apollinaire-Illustration
1962

LES CHANTEURS BUCOLIQUES

Le charmant Daphnis faisant paître ses bœufs se rencontra, dit-on, avec Ménalcas qui paissait ses ouailles sur les hautes montagnes. Ils étaient blonds tous les deux, tous les deux encore enfants, tous les deux instruits à jouer de la syrinx, tous les deux instruits à chanter. Ménalcas, regardant Daphnis, lui adresse le premier la parole :
« Pasteur de vaches mugissantes, Daphnis, veux-tu chanter contre moi ? Je prétends te vaincre, en chantant aussi longtemps qu'il me plaira. »
Daphnis lui répond en ces termes : « Pasteur de brebis laineuses, joueur de syrinx, Ménalcas, jamais tu ne me vaincras, quand même tu te tuerais à force de chanter. »
MÉNALCAS
Eh bien! veux-tu l'essayer? Veux-tu déposer un enjeu?
DAPHNIS
Je veux l'essayer, je veux déposer un enjeu.
MÉNALCAS
Mais quel enjeu mettrons-nous qui corresponde à nos moyens?
DAPHNIS
Moi, je mettrai un veau; toi, mets un agneau déjà grand comme sa mère.
MÉNALCAS
Jamais je ne mettrai un agneau; car mon père est sévère, et ma mère aussi, et, le soir, ils comptent tous leurs moutons.
DAPHNIS
Alors que mettras-tu? Qu'est-ce que gagnera le vainqueur?
MÉNALCAS
Une belle syrinx à neuf voix, que j'ai faite moi-même et que j'ai enduite de cire blanche en bas et en haut. Celle-là, je peux l'engager; mais ce qui appartient à mon père, je ne l'engagerai pas.
DAPHNIS
Eh bien! moi aussi, j'ai une syrinx à neuf voix, enduite de cire blanche en

46

Altersidyllen von Jugend und Liebe

Zwei alte Männer, beide groß geworden in der Sturm-und-Drang-Zeit der modernen Malerei, gestalten etwa zur selben Zeit das gleiche Thema: der 80jährige Georges Braque in seinen Farbholzschnitten zu Apollinaires Si je mourais là-bas (1962), der 73jährige Marc Chagall in seiner Farblithographie Daphnis und Chloë (1961). An der Wahl des Motivs ist nichts eigentlich Ungewöhnliches. Schon in der kampferfüllten Zeit des ersten Vierteljahrhunderts sind Ausflüge in die bukolische Welt der Spätantike bei Künstlern wie Picasso, Apollinaire, Cocteau nicht selten anzutreffen gewesen. Mit einer gewissen Rührung erfüllt es aber den Betrachter, die beiden großen Alten gerade am Daphnis-Thema arbeiten zu sehen. Kein anderer Stoff der antiken Überlieferung ist so eng verknüpft mit der Vorstellung von Jugend und kindlich aufkeimender Erotik. Seine literarische Ausprägung hat er in dem Roman des Longos von Lesbos im dritten nachchristlichen Jahrhundert erhalten. Eine unermeßliche Literatur von Schäferromanen ist von ihm ausgegangen, schon in den Pastoralen der Renaissance, vor allem dann in der Dichtung des Rokoko. Daphnis und Chloë, Daphnis und Phyllis werden zu den am meisten zitierten Figuren einer romantisierenden Antike-Vorstellung, die Kulisse bilden arkadische Landschaften mit Hainen und Bächen, die Staffage Nymphen- und Hirtenchöre. Von Gluck über Jacques Offenbach bis zu Tschaikowsky und Ravel ist das Thema auch musikalisch bearbeitet worden.

Die lyrische Grundstimmung, um derentwillen die Geschichte von Daphnis und Chloë auch in der darstellenden Kunst immer wieder aufgegriffen wird, prägt sich bei Chagall und Braque jedoch in unterschiedlicher Weise aus. Während Chagall, wie in seinem gesamten Alterswerk, einen in den Farben prachtvoll leuchtenden harmonischen Akkord anschlägt und in seinen Figuren die Grenze der Süßlichkeit streift, ist die Graphik Braques voller innerer Spannung, so als würde er der Idylle nicht trauen.

Happening meets Fluxus

Bisher liefen beide parallel nebeneinander her: »Happening« und »Fluxus«. Daß sie sich treffen müssen, war eigentlich vorausgeplant – und damit die einzige (unabsichtliche) Planung, die beide Richtungen kennen. In beiden Fällen ist auch die Verbindung zu Dada und Neuem Realismus unübersehbar. Das erste Happening wurde 1958 von Allan Kaprow in New York veranstaltet, wo die Zuschauer aufgefordert wurden, zusammen mit den Akteuren Fässer zu rollen oder riesige Aluminiumfolien hin- und herzuschleppen. Daraus entwickelte Kaprow die Theorie des Happenings: »Die Grenze zwischen Happening und täglichem Leben sollte so flüssig wie unbestimmbar gehalten bleiben…Happenings sollten nicht geprobt werden und nur einmalig von Nicht-Professionellen aufgeführt werden.« Im Happening hebt sich der Unterschied zwischen Künstler und Publikum auf, das Kunstgeschehen gleicht sich an vorgefundene Situationen des täglichen Lebens an, die Teilnehmer sollen aus der Lethargie des Alltags aufgerüttelt und ihnen eine neue Erlebnisfähigkeit vermittelt werden. Als Richtung der Ak-

tionskunst setzt das Happening auf Imagination und Improvisation und lehnt den konstruktiv steuernden Verstand ab. Die Teilnehmer lassen sich in das Geschehen einbeziehen und sich von ihm ihre Handlungsimpulse vermitteln.

Fluxus geht noch weiter und versucht im Medienverband von Musik, Theater und bildender Kunst die Schranken zwischen den Künsten aufzuheben. Die ersten Fluxus-Aktionen werden von den Komponisten John Cage und Nam June Paik veranstaltet. Nach der Verbindung mit dem Happening verbreitet sich Fluxus über die ganze westliche Welt. Zentren sind Paris um Yves Klein und New York um Allan Kaprow, Claes Oldenburg, Jim Dine, Dick Higgins und Robert Rauschenberg. In Deutschland sind bei Fluxus besonders Wolf Vostell, Bazon Brock und Joseph Beuys zu finden. Wegen seiner musikalischen Elemente hat Fluxus großen Einfluß auf die Herausbildung neuer Tendenzen auf dem Theater und im Ballett. In der bildenden Kunst wirken Happening und Fluxus besonders auf die Prozeßkunst, da jeder Versuch der Strukturierung einer Aktion zugunsten der spontanen Reaktion des Publikums aufgegeben wird.

Sprechende Architektur

Eero Saarinen, amerikanischer Architekt finnischer Herkunft, gehört zu den bedeutendsten internationalen Architekten. Sein Frühwerk ist stark geprägt vom Einfluß Ludwig Mies van der Rohes, in seinen späteren Werken entwickelt er dynamische, symbolische Formen, vor allem in Gestalt seiner Schalendächer. Ende der fünfziger Jahre gehörte er zu den wegweisenden Architekten, die freie Formen konstruierten, den Raum stärker optisch auffaßten und als bewußtes Prinzip Konstruktionen offenlegten, technische Anlagen an Bauwerken sichtbar werden ließen.

Eines seiner letzten Werke ist das Empfangsgebäude des Kennedy Airport in New York, geplant und gebaut in den Jahren 1956 bis 1962. Ein Jahr nach dem Tode des Architekten wird das Gebäude eingeweiht. Über seine Intentionen hat Saarinen geäußert: »Die einzige Architektur, die mich interessiert, ist Architektur als bildende Kunst. Dieses Ziel möchte ich verfolgen.« Mit dem neuen Flughafengebäude schuf Saarinen ein Bauwerk, das durch seine geschwungenen Stahlbetonschalen eine eigene künstlerische und symbolische Bedeutung erhält. Die Konstruktion soll nach den Worten des Architekten »das Dramatische, das Besondere und Erregende des Reisens« widerspiegeln. Der Außenbau weckt das Bild eines Vogels, der sich gerade in die Lüfte erheben will.

Saarinen strebt insofern eine gleichsam sprechende, literarische Architektur an, die Gefühle zu erwecken vermag und bilderreiche Assoziationen hervorruft. Das Flughafengebäude soll zum Reisen durch die Luft einladen; deshalb formuliert Saarinen als architektonisches Ziel: »Wir wollten die erdgebundene Schwere vermeiden … Wir wollten einen Schwung nach oben erreichen. Aus diesem Grunde haben wir die konstruktive Form der Stützen dramatisiert, so daß die nach oben schwingende Bewegung betont wird.«

Eero Saarinen, Empfangsgebäude des Kennedy Airport in New York; 1956–1962.

Bildende Kunst

Werke
- Otto Herbert Hajek: *Große Plastik 1962.*
- Max Kaus: *Veneziana III* (abstraktes Gemälde).
- Konrad Klaphek: *Der Supermann* (surrealistisches Gemälde).
- Oskar Kokoschka: *Flut in Hamburg.*
- Ferdinand Lammeyer: *Turm* (abstraktes Temperabild).
- Roy Lichtenstein: *Takka-Takka.*
- Pablo Picasso: *Stiere und Toreros.*
- Stefan Samborski: *Stilleben – Blumen und Blätter* (Gemälde).
- Mitchell Siporin: *Der Tod und das Mädchen* (Gemälde).
- Andy Warhol: *Do it yourself – Landschaftsvorlage für Sonntagsmaler.*

Ausstellungen
- Darmstadt: *Fünftausend Jahre Kunst aus Pakistan.* Anschließend wird die Ausstellung in Augsburg, Bonn, Hamburg und München gezeigt; später geht sie auch in die Schweiz und nach Frankreich.
- Haarlem: Im Sommer wird eine große Franz-Hals-Ausstellung gezeigt.
- London: In der Tate Gallery ist die bisher größte Oskar-Kokoschka-Ausstellung zu sehen.
- London: Im Sommer zeigt die Tate Gallery eine Francis-Bacon-Ausstellung.
- München: Im Haus der Kunst findet im Herbst die bisher größte Toulouse-Lautrec-Ausstellung statt.
- Wien: Im Sommer ist im Kunsthistorischen Museum die

Europarats-Ausstellung *Europäische Kunst um 1400* zu sehen. Etwa 200 Leihgeber steuern ungefähr sechshundert Werke bei, die erkennen lassen, daß die Kunst um 1400 doch mehr war als nur ein matter Abglanz der Gotik.

Ereignisse
- Leicester (England): Der Stadtrat lehnt den Ankauf der Plastik *Liegende Frau* von Henry Moore mit der Begründung ab, das Werk sei »ein Haufen mittelmäßigen Blechs, das beansprucht, großartig zu sein«. Moore hatte die Plastik der Stadt für umgerechnet 22 000 Mark angeboten, einen Betrag, der weit unter den sonst für seine Arbeiten gezahlten Preisen liegt.
- Wien: Das »Museum des 20. Jahrhunderts« wird eröffnet.

1962

Der Mann mit der Pauke

Wolfgang Neuss schockiert die Fernsehnation, indem er per Zeitungsannonce bekanntgibt, wer der Mörder in Francis Durbridges Kriminalserie Das Halstuch ist. Der Fortsetzungskrimi hat eine Einschaltquote von rund 90 Prozent. Wolfgang Neuss verdirbt den Zuschauern den Spaß, indem er verrät: Dieter Borsche ist es. Ein Spielverderber zu sein, hat sich Wolfgang Neuss nie gescheut. Im folgenden Jahr gründet er ein eigenes politisches Kabarett Das jüngste Gerücht; besonders beliebt wird seine Ein-Mann-Show Mann mit der Pauke. Sie kommt allerdings nur bei einem Publikum an, das Neuss' bissige Satire auf die politischen und künstlerischen Verkrümmungen der fünfziger Jahre teilen kann. Dabei hat Neuss selbst in Unterhaltungsfilmen als Schauspieler mitgewirkt. Von Interesse sind aus dieser Zeit nur die beiden Filme, in denen er zusammen mit seinem Freund Wolfgang Müller auftritt: Wir Wunderkinder (1958) und Wir Kellerkinder (1960).

In den sechziger Jahren steht für Neuss das Kabarett im Vordergrund. Er ist ein Komiker des schwarzen Humors. Ende 1965 spottet sein »Neuss' Deutschland« über Zeitungsaufrufe, die zu einer Spendenaktion für die Hinterbliebenen der in Vietnam gefallenen US-Soldaten auffordern. Die Zeitungsverleger schlagen zurück, gegen Neuss wird ein Anzeigenboykott verhängt. Solche Einschüchterungsversuche können ihn nicht schrecken, er engagiert sich für die Befreiungsbewegung in Vietnam und gehört in Berlin zu den Mitgründern des Republikanischen Clubs. Seit Anfang der siebziger Jahre zieht Neuss sich aus der Öffentlichkeit zurück. Haschisch wird für ihn die neue Medizin, um zu sich selbst zu finden. Anläßlich seines 60. Geburtstags im Dezember 1983 erklärt er: »Ich habe erst den großen Kabarettisten, dann den heldenhaften Linken und nun einige Jahre den Kaputtnik gespielt«, und er legt Wert auf die Feststellung: »Auch der kaputte Mensch gehört in die Gesellschaft.«

Wolfgang Neuss, um 1960.

Wo bleibt das Filmarchiv?

Als Grund für den beklagenswerten Zustand des bundesdeutschen Films um 1960 wird auch genannt, daß es kein zentrales Filmarchiv, wie das britische National Film Archive, die französische Cinématèque Française oder das Staatliche Filmarchiv der DDR, gibt, wo junge Regisseure aus der Filmgeschichte lernen können. Zu dem bereits bestehenden Deutschen Institut für Filmkunde in Wiesbaden und dem Bundesarchiv – Filmarchiv in Koblenz kommt jetzt noch eine dritte Einrichtung hinzu: die Deutsche Kinemathek in Berlin. Grundstock ist die Sammlung des Regisseurs Gerhard Lamprecht, der auch zum ersten Direktor der Kinemathek ernannt wird. Das Land hat dazu die Filmsammlung Fidelius erworben.

1971 wird die Kinemathek in eine vom Land Berlin getragene Stiftung umgewandelt. Mit filmhistorischen Aufführungen ihrer Bestände in ihrem Kino »Arsenal« befassen sich die »Freunde der Deutschen Kinemathek e. V.«, die sich ebenfalls 1962 organisieren. 1984 geht das Wiesbadener Filminstitut in dem neuen Frankfurter Filmmuseum auf.

Papas Kino ist tot

Mitte der fünfziger Jahre hat der Kinomarkt in der Bundesrepublik Deutschland einen Höhepunkt erreicht: Im Jahr 1955 werden 110 deutsche Spielfilme gedreht, 1956 werden 817,5 Millionen Kinobesucher gezählt.

Von da an sinken – vornehmlich wegen der Ausbreitung des Fernsehens, aber auch wegen der schlechten Qualität der deutschen Filme – die Besucherzahlen um durchschnittlich zehn Prozent im Jahr, bis sie 1976 den Tiefstand von 115,1 Millionen erreichen. Die Zahl der Kinos geht im gleichen Zeitraum von 6438 auf 3092 zurück. Den künstlerischen Verfall demonstriert die Tatsache, daß die Jury des Deutschen Filmpreises unter der gesamten Produktion des Jahres 1961 keinen einzigen Film fand, den sie als »besten Spielfilm« oder für den sie eine »beste Regieleistung« auszeichnen konnte.

In dieser Situation tritt am 28. Februar bei den achten Westdeutschen Kurzfilmtagen in Oberhausen eine Gruppe junger, meist Münchener Kurzfilmregisseure auf. Ihr »Oberhausener Manifest« wird zum Wendepunkt des deutschen Nachkriegsfilms: »Wir erklären unseren Anspruch, den neuen deutschen Spielfilm zu schaffen. Dieser neue Film braucht neue Freiheiten. Freiheit von der Bevormundung durch Interessengruppen. Wir haben von der Produktion des neuen deutschen Films konkrete geistige, formale und wirtschaftliche Vorstellungen. Wir sind gemeinsam bereit, wirtschaftliche Risiken zu tragen. Der alte Film ist tot. Wir glauben an den neuen.« Unterzeichnet ist das Manifest von 26 Regisseuren, Kameraleuten und Produzenten, unter ihnen Bob Houwer, Alexander Kluge, Edgar Reitz, Peter Schamoni, Haro Senft und Herbert Vesely.

Bis die ersten Produktionen der »Jungfilmer« erscheinen, dauert es allerdings noch einige Jahre, auch ihre Finanzierungsvorschläge beginnen sich erst später zu verwirklichen: Im Februar 1965 wird das Kuratorium Junger Deutscher Film gegründet, das in den ersten drei Jahren seiner Existenz aus Mitteln des Bundesinnenministeriums insgesamt zwanzig Spielfilme mit Beträgen von meist 300 000 Mark fördert.

Film

Premieren

● Luis Buñuel: *El ángel exterminador* (*Der Würgeengel*, 1966). Eine bürgerliche Gesellschaft kann den Raum nicht mehr verlassen, in dem sie sich versammelt hat. Der Mensch ist der Gefangene seiner eigenen Welt.

● John Ford: *The Man Who Shot Liberty Valance* (*Der Mann, der Liberty Valance erschoß*). Einer der schönsten Western, die es gibt, in dem Ford die von ihm selbst besungenen Legenden und Mythen des Westerns in Frage stellt. Darsteller sind u. a. James Stewart, John Wayne und Lee Marvin.

● Jean-Luc Godard: *Vivre sa vie* (*Die Geschichte der Nana S.*). Die Prostituierte Nana (Anna Karina) geht an dem Zwiespalt Vermark-tung des Körpers und Bewahrung der Seele zugrunde.

● David Lean: *Lawrence of Arabia* (*Lawrence von Arabien*, 1963). Mit Peter O' Toole in der Hauptrolle versucht Lean, Thomas Edward Lawrence, dem legendären Führer des arabischen Aufstands gegen die Türken im Ersten Weltkrieg, auch psychologisches Format zu geben – eine Seltenheit unter den historischen Breitwandfilmen.

● Joseph L. Mankiewicz: *Cleopatra* (*Cleopatra*, 1963). Die Geschichte der ägyptischen Königin Cleopatra (Elizabeth Taylor), in die sich erst Caesar (Rex Harrison), dann Marcus Antonius (Richard Burton) verliebt. Die Produktion dieses Kolossalwerks wäre für sich schon eine Verfilmung wert gewesen: Die Kosten steigen von drei auf 40 Millionen Dollar. Sowohl der künstlerische als auch der finanzielle Ertrag des Films bleiben mager, was die Twentieth Century Fox fast ruiniert. Ihr Präsident Spyros Skouras muß deswegen zurücktreten.

● Roman Polanski: *Nóz w wodzie* (*Das Messer im Wasser*, 1963). In seinem ersten abendfüllenden Spielfilm schildert Polanski den Machtkampf zwischen einem erfolgreichen Journalisten und einem jungen Studenten, einem satten Angepaßten und einem hungrigen Aufsteiger.

● Darryl F. Zanuck: *The Longest Day* (*Der längste Tag*). Ein Mammutfilm über die angloamerikanische Invasion in der Normandie 1944. Der deutschen Seite versucht man Gerechtigkeit widerfahren zu lassen, indem Bernhard Wicki für die deutschen Szenen als Regisseur engagiert wird.

Andy Warhol
Marilyn Monroe
1964

Norman Mailer
**Marilyn-Monroe-
Biographie**
Einband der deutschen
Taschenbuchausgabe 1976

Andy Warhol
**One Hundred
Campbell's Soup Cans**
1962

Monroe-Kult und
Campbell's Soup

*Am 5. August wird die Filmschauspie-
lerin Marilyn Monroe in ihrer Wohnung in Brentwood, einem Vorort Hollywoods, tot aufgefunden. Als Ursache
wird eine Schlafmittelvergiftung festgestellt, also: Selbstmord. Bereits zu ihren
Lebzeiten ist Marilyn Monroe ein
Idol gewesen; nach ihrem Tode wird sie
zu einer Kultfigur. Nur wenigen Film-
schauspielern wird diese postume Verehrung zuteil, Humphrey Bogart zum
Beispiel. Während aber bei Bogart ein
bestimmtes Rollen-Image zum Gegenstand des Kults wird, ist es bei Marilyn
Monroe auch ihr Leben. Neben die als
etwas unbedarft geltende blonde Sex-
göttin tritt die Märtyrerin der rüden
Praktiken Hollywoods. Um so mehr
bleibt ihr Nachruhm ambivalent. Der
New Yorker Pop-Papst Andy Warhol
verarbeitet ihr Porträt in einer Sieb-
druckserie. Claes Oldenburg malt
Giant Lipstick, ein Bild, das Marilyns
schwellende Lippen zeigt. Salvador
Dalí widmet ihrem Andenken ein aus
ihren und den Gesichtszügen Maos
kombiniertes Bildnis. Norman Mailer
veröffentlicht 1973 ihre mit fiktiven
Elementen durchsetzte Biographie, die
sich zur nationalen Liebeserklärung
steigert: »Also gedenken wir Marilyns,
die jedermanns Liebschaft mit Amerika war, Marilyn Monroes, die blond
war und schön und eine allerliebste
kleine Stimme besaß und die ganze
Sauberkeit aller sauberen amerikanischen Vorgärten. Sie war unser Engel,
der süße Engel des Sex, und der
Schmelz des Sex ging von ihr aus gleich
dem klaren Klang, der machtvoll verstärkt dem Resonanzboden einer edlen
Geige entsteigt.«
Die Beschwörung von Klischees, das
Zitieren von Reizwörtern oder -bil-
dern, die von der Vergnügungsindustrie produziert werden, kennzeichnen
nicht nur diesen liebevoll-ironischen
Hymnus Norman Mailers; sie gehören
auch zum Produktionsverfahren Andy Warhols. Sein Siebdruck One Hundred Campbell's Soup Cans ist ein
präziser Spiegel der standardisierten
Konsumwelt, in die Marilyn Monroe
integriert wurde und an der sie
zugrunde gegangen ist.*

Hieronymus Bosch
Das Narrenschiff
um 1480

Die moderne Narrenwelt

Die Amerikanerin Katherine Anne Porter erregt 1962 mit ihrem Roman Ship of Fools (Das Narrenschiff) großes Aufsehen. Sie schildert die moderne Welt als verkehrte Welt. Auf einem deutschen Schiff befindet sich im Jahre 1931 eine Gesellschaft physisch und psychisch verkrüppelter Menschen, die sich den im Zwischendeck eingesperrten, aus Kuba ausgewiesenen spanischen Zuckerrohrarbeitern gegenüber als Menschen erster Klasse vorkommen. Ihre verdrängten Wünsche und Sehnsüchte, ihre Gemeinheiten und triebhafte Selbstsucht enthüllen eine zynische Gesellschaft, ein bösartiges Kollektiv von Narren, Spiegelbild des aufziehenden Faschismus. Daß der Roman in den sechziger Jahren erscheint und sich bewußt auf die spätmittelalterliche Moralsatire von Sebastian Brants Das Narren Schyff (1494) bezieht, ist kein Zufall: Ein gesteigertes Katastrophen- und Krisenbewußtsein drückt sich – hier wie dort – im Bilde des Narren und der Narrengesellschaft aus. Ein weiteres Zeugnis dieser historischen Weltsicht zu Beginn der Umwälzungen des Weltbilds ist das Narrenschiff von Hieronymus Bosch, das zu den wenigen »realistischen« Bildern des Ahnherrn des Surrealismus gehört.

In der Thematik verwandt ist Friedrich Dürrenmatts Schauspiel Die Physiker, das am 21. Februar 1962 in Zürich uraufgeführt wird. Der Wissenschaftler Möbius hat sich in eine private Heilanstalt geflüchtet, weil er erkannt hat, daß die Konsequenzen seiner Forschung für die Welt zerstörerisch sein würden. Zwei Fachkollegen, die ihre Irren-Rolle als Einstein und Newton spielen, in Wirklichkeit aber Agenten sind, versuchen, ihm sein Geheimnis zu entreißen. Ihr freiwilliges Opfer, in der Nervenklinik zu bleiben, weil die politische Wirklichkeit den Erkenntnissen der Physiker nicht mehr gewachsen ist, ist freilich umsonst. Die tatsächlich wahnsinnige Leiterin hat die angeblich Verrückten durchschaut und Möbius' Formel geraubt.

Flucht in die Narrheit ist auch das Thema von Heinrich Bölls Roman Ansichten eines Clowns, der 1963 erscheint.

Kulturfrost in der DDR

Peter Huchel muß zu Ende des Jahres die Chefredaktion der von Johannes R. Becher und Paul Wiegler gegründeten literarischen Zeitschrift »Sinn und Form« der Deutschen Akademie der Künste zu Berlin niederlegen. Der Grund ist, daß Huchel sich geweigert hat, aus dem weltoffenen Organ, das sich als Mittler im literarischen und geistigen Leben verstand, ein Sprachrohr der SED zu machen.

Wie der Präsident der Deutschen Akademie der Künste, Willi Bredel, erklärt, soll »Sinn und Form« jetzt »die Teilnahme der Akademie an der Entwicklung der sozialistischen Nationalkultur widerspiegeln«. Alfred Kurella, Leiter der Kulturkommission beim Politbüro der SED, richtet im Januar 1963 auf dem Parteitag der SED scharfe Angriffe gegen Huchel; er darf die DDR erst 1971 verlassen. Einige Zeit lebt er in der Villa Massimo in Rom, dann läßt er sich in Südbaden nieder.

Beginn der Dissidentenbewegung

Ein bisher unbekannter Schriftsteller wird in der Sowjetunion mit einem Schlag berühmt. Als die Zeitschrift »Nowy Mir« im November Alexander Solschenizyns Erstlingswerk *Odin den' Ivana Denisoviča (Ein Tag im Leben des Iwan Denissowitsch)* veröffentlicht, sind die 95 000 Exemplare der Zeitschrift binnen weniger Stunden ausverkauft. Geschildert wird darin der normale Tagesablauf eines ganz gewöhnlichen Strafgefangenen in einem sibirischen Lager im Jahre 1951. Es ist ein politisches, aber auch ein literarisches Ereignis: Zum erstenmal wird der Schleier vom Schicksal unzähliger unschuldiger Zwangsarbeiter der Stalin-Ära weggezogen.

Alexander Twardowskij, Chefredakteur von »Nowy Mir«, sagt im Vorwort: »*Ein Tag im Leben des Iwan Denissowitsch* ist kein Memoirenwerk im üblichen Sinne des Wortes. Zwar konnte nur persönliche Erfahrung dem Roman seine Echtheit geben, doch besteht er nicht nur aus Aufzeichnungen über persönliche Erfahrungen und Erinnerungen des Verfassers. Es ist ein Kunstwerk. Des Autors größte Leistung liegt jedoch darin, daß diese Bitterkeit und dieser Schmerz nicht zu einem Gefühl äußerster Verzweiflung führen. Ganz im Gegenteil. Dieser Roman, so ungewöhnlich in seiner Aufrichtigkeit und schrecklichen Wahrheit, befreit uns von Dingen, die bisher unausgesprochen blieben, die aber gesagt werden mußten.«

In der »Neuen Zürcher Zeitung« vom 20. Februar 1963 heißt es: »Auf knappen zweihundert Seiten ist es Solschenizyn gelungen, die Atmosphäre des Kon-

zentrationslagers in meisterhafter Einfachheit und unter Vermeidung jeglicher Gefühlsäußerungen heraufzubeschwören, eine lebendige Folge verschiedener Charaktere zu zeichnen, die alle verschiedenartig auf die Hölle reagieren…«

Solschenizyn, selbst Häftling der Straflager, wird nach erneuter Verschärfung des kulturpolitischen Klimas zum Kristallisationspunkt der sich bildenden Dissidentenbewegung in der Sowjetunion.

1970 erhält er den Nobelpreis für Literatur. 1974 wird er aus der Sowjetunion ausgewiesen und lebt nach einem Zwischenaufenthalt in der Schweiz seit 1976 in den Vereinigten Staaten.

Die Macht macht sich Sorgen

Wolfgang Langhoff, dem Intendanten des Deutschen Theaters in Ost-Berlin, wird zum Verhängnis, daß er am 2. Oktober Peter Hacks' Stück *Die Sorgen und die Macht* inszeniert (Uraufführung in Senftenberg am 15. Mai 1960). In satirischer Form behandelt das Stück, wie die sozialistische Produktionsweise mit der Wirklichkeit in Deckung gebracht wird. Hacks sehe die Gegenwart zu grau, wird ihm nach der Premiere vorgeworfen, und die Arbeiter und Parteifunktionäre seien zu negativ dargestellt. Nachdem organisierte Störtrupps das »Mißfallen der werktätigen Bevölkerung« durch Pfiffe und Buhrufe bekundet haben, wird das Stück abgesetzt. Langhoff muß trotz erniedrigender Selbstkritik zum 31. Juli 1963 von seinem Intendantenposten zurücktreten. Kurz vorher hatte schon Hacks als Dramaturg beim Deutschen Theater seine Kündigung erhalten.

Theater auf neuen Wegen

Nicht in Paris, sondern in einem Arbeitervorort von Lyon befindet sich das Theater, das über die Grenzen Frankreichs hinaus von sich reden macht. Seine Finanzmittel sind so knapp, daß sie selten zu mehr als einer Neuinszenierung pro Spielzeit reichen. Der Theaterleiter, Regisseur und Darsteller in vielen Hauptrollen wird in diesem Jahr 31 Jahre alt. Roger Planchon hat sein Théâtre de Cité de Villeurbanne 1957 gegründet und mit einer freien Bearbeitung des Musketiere-Romans von Alexandre Dumas schon ein Jahr später zu einem stürmisch umjubelten Erfolg geführt. Früher noch als Jean Vilar entdeckt und spielt er Brecht-Stücke, daneben Autoren wie Ionesco, Adamov, Armand Gatti. Die dritte Säule seines Repertoires sind Klassiker-Inszenierungen. Nach Molières George Dandin folgt 1962 Tartuffe.

Die Kritik hat mit einem frechen Feuerwerk theatralischer Einfälle gerechnet und ist verblüfft über die Textgenauigkeit und Sparsamkeit der Interpretation. Die Figur des Tartuffe ist anders als im herkömmlichen Theater angelegt, nicht als Verkörperung des heuchlerischen Schurken, sondern als junger Mann, der sich seiner Faszination bewußt ist und die verhängnisvollen Fehler von anderen begehen läßt. In die Atmosphäre der Bigotterie mischen sich Elemente unterschwelliger Erotik, die auch vom Bühnenbild akzentuiert werden: »…das Haus eines reichen, geschmackssicheren Bürgers…, und eingelassen in diese holzgetäfelten Wände schwarz-weiße Fotoreproduktionen von Gemälden der Epoche, Grablegungen beispielsweise, auf denen religiöse Inbrunst in eigentümlich erotischen Gebärden sich ausdrückt. Mit jedem Aufzug wird im Hintergrund eine Wand weggezogen, der Raum wird tiefer, je ernster die Tragödie von Orgons Familie sich zuspitzt. Das Skelett des Stücks wird sichtbar gemacht im Bühnenbild« (Ernst Wendt).

Tartuffe, 1962; Szenenfoto aus der Inszenierung von Roger Planchon, mit Michel Auclair und Anouk Ferjac; Bühnenbild unter Verwendung von Poussins »Beweinung Christi«.

1962

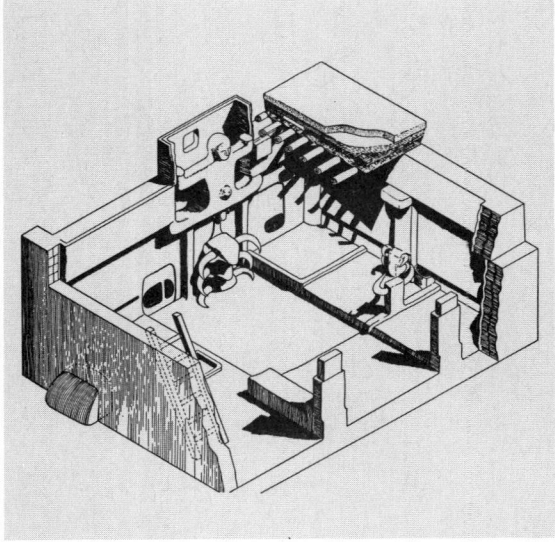

So alt wie Jericho

Britische Archäologen unter James Mellart legen am Rande der Konya-Ebene im südlichen Zentralanatolien auf dem Hügel Catal Hüyük einen jungsteinzeitlichen Baukomplex frei. Neben Jericho handelt es sich um die älteste bekannte stadtartige Siedlung der Welt. Man stößt auf 13 Bauschichten, die bis in die Zeit um 6000 v. Chr. zurückreichen. Die kleinen kubischen Häuser aus luftgetrockneten Lehmziegeln standen meist Wand an Wand. Man betrat sie durch Öffnungen im Dach und stieg auf Leitern, die bei Gefahr entfernt werden konnten, ins Innere hinab. Nach außen hatten die Häuser eine glatte, tür- und fensterlose Fassade; Wehranlagen wie das alte Jericho besaß die Stadt jedoch nicht. Die Toten wurden, nachdem sie im Freien bis aufs Skelett verwest waren, im Hause beigesetzt. Geschmückt waren die Häuser durch Wandmalereien und -reliefs mit Darstellungen von Frauen, Tieren, Jagd-, Tanz- und Kultszenen. An Kleinkunstwerken findet man Schmuckstücke, Spiegel aus Obsidian sowie Zeremonialdolche aus Feuerstein mit geschnitztem Knochengriff. Da die meisten in Catal Hüyük aufgefundenen Materialien nicht aus der näheren Umgebung stammen, muß die Siedlung zu einem handeltreibenden Kulturkreis gehört haben.

Daß die Entdeckung der jungsteinzeitlichen Stadt in Anatolien außer von Fachkreisen auch von der breiteren Öffentlichkeit zur Kenntnis genommen wird, ist zu bezweifeln. Unzweifelhaft hingegen ist das allgemeine Interesse an archäologischer Forschung, das in diesen Jahren gerade in der Bundesrepublik anzutreffen ist. C. W. Cerams populärwissenschaftliches Buch Götter, Gräber und Gelehrte (1949) erzielt eine Auflage nach der anderen; sein nachgeschobenes Werk über die Kultur der Hethiter Enge Schlucht und Schwarzer Berg (1955) wird ebenfalls zum Bestseller. Nicht ganz abwegig ist die Vermutung, daß das Gefühl der kulturellen »Auferstehung aus Ruinen« als unbewußtes Motiv mitwirkt.

Catal Hüyük, Rekonstruktion eines Wohnhauses.

Tragische Komödie

Ein Werk Federico Garcia Lorcas fand schon einmal Wolfgang Fortners Interesse. 1957 entstand die lyrische Tragödie *Bluthochzeit* (nach *Bodas de sangre*, uraufgeführt 1933), zu der unter dem Titel *Der Wald* schon 1953 eine Vorstudie vorlag und die später auch Zwischenspiele für Orchester ergibt.

Fortners neue Oper, *In seinem Garten liebt Don Perlimplin Belisa*, am 10. Mai bei den Schwetzinger Festspielen uraufgeführt, beruht ebenfalls auf einem Lorca-Stück (nach *Amor de Don Perlimplín con Belisa en su jardín*, Uraufführung 1933), in einer deutschsprachigen Nachdichtung von Enrique Beck.

Don Perlimplin, der als Ehemann bei seiner Frau Belisa körperlich versagt, tötet sich im Gewand ihres Liebhabers, um ihr den Weg zu der seelisch-geistigen Liebe zu zeigen, die ihn für sie erfüllte. Musikalisch hat Fortner eine Kammeroper auf der Grundlage der Zwölftonmusik geschaffen.

Der tödliche Eros

Zum drittenmal seit Neubelebung der Bayreuther Festspiele wird *Tristan und Isolde* in das Festspielprogramm aufgenommen. Nach Wieland Wagners (1952) und Wolfgang Wagners (1957) Inszenierungen wird Wielands zweiter Wurf als der bisher gelungenste gewertet.

»Wielands erster Tristan glich einer Entblößung. Wolfgangs Tristan blieb ohne Eros. Wielands zweiter Tristan hebt die Handlung, das Seelendrama in die Wesenheit, in die Wahrheit eines zeitlosen Existenzialismus hinein«, schreibt Heinrich Lindlar in der »Deutschen Zeitung« vom 26. Juli. Wagner arbeitet mit einer abstrakten Natur- und einer abgezirkelten Farbtonsymbolik.

Isolde erscheint als die Verkörperung der zum Eros Getriebenen, zu dem Tristan noch hinfinden muß und findet. »Das hat die Gewalt eines Elementarereignisses. Das ist wie ein ›Einschlag‹ des Verhängnisses, aus dem es kein Entrinnen gibt. Der tödliche Eros ist wie ein Blitz herniedergefahren und hat die Welt für Tristan und Isolde vernichtet«, heißt es bei K.-H. Ruppel in der »Süddeutschen Zeitung«.

Der frenetische Jubel am Ende der Premiere gilt gleichermaßen Birgit Nilsson (Isolde) und Wolfgang Windgassen (Tristan) wie Karl Böhm, der hier erstmals in Bayreuth dirigiert.

Eröffnung des Lincoln Center

Leonard Bernstein dirigiert am 23. September in New York das Konzert, mit dem das Lincoln Center eröffnet wird. Die Konzerthalle, die dem New Yorker Philharmonischen Orchester zum erstenmal in seiner hundertzwanzigjährigen Geschichte ein eigenes Haus beschert, ist als erstes von insgesamt fünf Baukomplexen, die das Lincoln Center bilden werden, fertiggestellt.

Bis 1969 ziehen in das Kulturzentrum noch die Metropolitan Opera, ein Tanz- und Musicaltheater des Staates New York, das Vivian Beaumont Theater, eine Musik- und Theaterbibliothek sowie die Juillard-Musikschule ein. Die Akustik der neuen Philharmonie freilich erweist sich als so katastrophal, daß Bernstein nach dem Eröffnungskonzert in Tränen ausbricht. Es bedarf langwieriger Arbeiten, um die Akustik noch einigermaßen den modernen Anforderungen anzupassen.

Der Hamburger Starclub und die Beatles

An der Reeperbahn in Hamburgs Vergnügungsviertel St. Pauli wird der Starclub gegründet. Er wird berühmt, weil dort im Mai und im Juni die damals noch unbekannten Beatles einen sechswöchigen Aufenthalt haben.

Bereits 1958 hatten sich die Liverpooler John Lennon (Rhythmusgitarre), Paul McCartney (Baßgitarre) und George Harrison (Melodiegitarre) zusammengeschlossen. Später gesellte sich Pete Best (Schlagzeug) hinzu, der sich aber im Sommer 1962 wieder von der Gruppe trennt. An seine Stelle tritt dann Ringo Starr (eigentlich Richard Starkey). Im September bringen sie ihre eigenen Kompositionen *Love Me Do* und *P. S. I Love You* heraus.

Im Vorjahr ist Brian Epstein auf die Gruppe aufmerksam geworden. Seiner Managertätigkeit verdanken die Beatles (so nennen sie sich seit 1960) ihren ungeheuren Erfolg. Epstein baut die Gruppe systematisch in der Öffentlichkeit auf; er ist es auch, der den vier Musikern ihre Pilzkopf-Frisur verordnet.

Die Pille ändert vieles

In der Bundesrepublik wird die »Antibabypille«, die bei regelmäßiger Einnahme durch eine bestimmte Menge von Gelbkörper- und Follikelhormonen den Eisprung und damit eine Befruchtung verhindert, im Handel erhältlich. Ob die »Pille« nun das Sexualleben der Deutschen befreit, läßt sich natürlich kaum feststellen. Auf jeden Fall aber ist der schnelle Wechsel in den Anschauungen zum vorehelichen Geschlechtsverkehr erstaunlich. 1962 spricht sich in einer Umfrage der Zeitschrift »Twen« die Mehrzahl der Befragten noch für die voreheliche Keuschheit der Frau aus. Bei einer Allensbacher Umfrage aus dem Jahre 1963 billigt es bereits ein Drittel der Befragten, wenn eine unverheiratete Frau Mutter wird, nur weniger als ein Fünftel lehnt es ab.

Auf die Bevölkerungsentwicklung wirkt sich das erst mit Verzögerung aus. Bis 1968 erlebt die Bundesrepublik einen »Babyboom«, weil die geburtenstarken Jahrgänge 1934 bis 1942 ins heiratsfähige Alter kommen. 1969 aber setzt ein Geburtenschwund ein, den viele Demographen auch auf die »Pille« zurückführen. Es ist fortan vom »Pillenknick« in der Bevölkerungsentwicklung die Rede.

Graham Sutherland
Wandteppich in der Kathedrale von Coventry
eingeweiht 1962

Petersdom in Rom
Zweites Vatikanisches Konzil
eröffnet 1962

Der Wille zur Überwindung von Gegensätzen, deren Ursachen im Völkermord des Krieges oder in der Feindschaft des Konfessionalismus liegen, kommt in zwei Ereignissen zum Ausdruck, von denen das eine zugleich musikalische, das andere kirchen- und weltpolitische Bedeutung besitzt.

Im Juni wird das War Requiem von Benjamin Britten uraufgeführt. Das Werk verbindet die Liturgie der Totenmesse, komponiert für großes Orchester, mit der Vertonung von neun Gedichten des 1918 gefallenen englischen Lyrikers Wilfred Owen; sie werden von zwei durch ein Kammerensemble begleitete Singstimmen vorgetragen. Der Schauplatz der Uraufführung ist die von Jugendlichen aus aller Welt in den Jahren 1954 bis 1962 neu erbaute Kathedrale von Coventry, die 1940 mitsamt der Stadt von deutschen Bombern zerstört wurde. An der Altar-

wand befindet sich ein riesiger, von Graham Sutherland entworfener Wandteppich mit der Darstellung des Apokalyptischen Christus, umgeben von den vier Evangelistensymbolen. Die expressive Gestaltung von Engel und Adler, Stier und Löwe gibt dem apokalyptischen Schrecken Ausdruck, der im Krieg zur grauenhaften Erfahrung wurde.

Die Kathedrale von Coventry bildet ein Zeichen der Aussöhnung vor allem zwischen Briten und Deutschen. In diesem Sinne wirken an der War Requiem-Uraufführung die Sänger Peter Pears und Dietrich Fischer-Dieskau als Solisten und zugleich Verteter ihrer beiden Völker mit.

Am 11. Oktober wird im Petersdom in Rom das von Papst Johannes XXIII. einberufene Zweite Vatikanische Konzil eröffnet, dem vor knapp einem Jahrhundert das Vaticanum I (1869/70)

vorausgegangen ist. Im Durchschnitt nehmen 2300 Prälaten an den Beratungen teil. Rund 30 nichtkatholische Kirchen und Gemeinschaften sind durch Beobachter vertreten.

Aufgaben des Konzils sind: die Lehre der katholischen Kirche neu zu durchdenken und zu formulieren, ihre Geltung für die Gegenwart zu betonen und nach Wegen zu suchen, die geeignet sind, die Einheit der Christen zu fördern sowie das Verhältnis zu den Nichtchristen zu verbessern.

Das Konzil endet unter Papst Paul VI. im Dezember 1965. Zu den – in der Folgezeit unterschiedlich ausgelegten – Ergebnissen gehören die Konstitution über die Neugestaltung der Liturgie, Dekrete über den Marienglauben, die Massenmedien, die Ostkirchen und den Ökumenismus sowie die Erklärung über die Kollegialität zwischen dem Papst und den Bischöfen.

Alle Wege des Marxismus
führen nach Moskau!

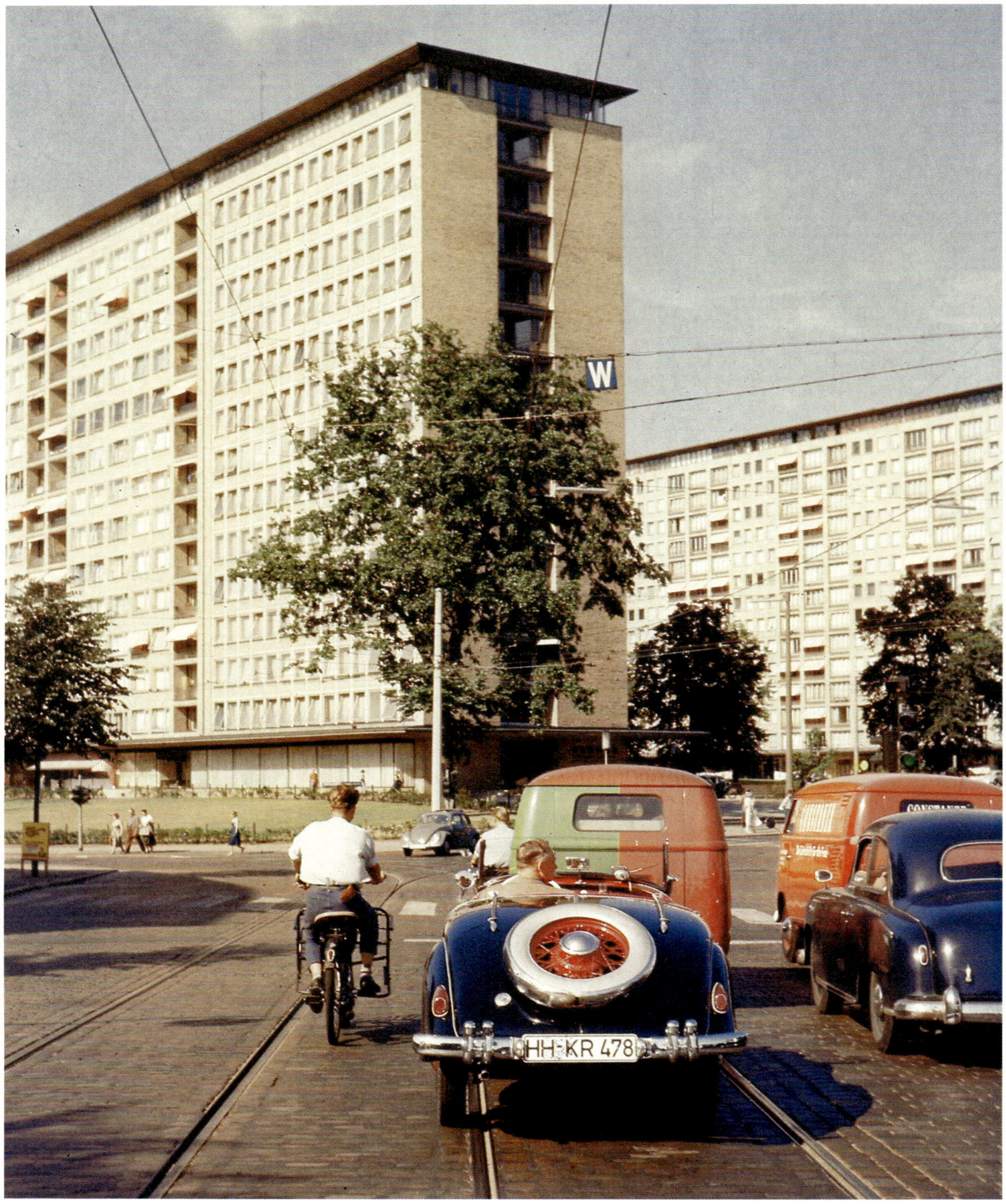

Ein Gelehrter engagiert sich

*Der Arzt und Psychologe Alexander
Mitscherlich findet immer größere
Beachtung mit seinen Kommentaren
zum inneren Zustand der durch Wie-
deraufbauleistung und Antikommunismus der Adenauer-Ära geprägten
Gesellschaft der Bundesrepublik, die
er aus sozialpsychologischer Sicht betrachtet. In seiner 1963 veröffentlichten Schrift Auf dem Weg zur vaterlosen Gesellschaft gibt er schon vor dem
Ausbruch der Studentenrevolte eine
Diagnose der Umstände, die sie her-
aufbeschwören. Der an Sigmund
Freud geschulte Psychologe sieht im
Erlöschen des Vaterbildes als unter-
weisender Instanz die Triebkraft für
die sich anbahnenden Konflikte. Erkennt Mitscherlich diesen Prozeß anfangs noch als durchweg positiv an, als
Befreiung des Individuums vom
Zwangsapparat des Über-Ich, als Möglichkeit zu größerer persönlicher Ent-
scheidungsfreiheit, so schlägt er in späteren Werken skeptischere Töne an.
In Die Unfähigkeit zu trauern (mit
Margarete Mitscherlich, 1967) beschreibt er die Schattenseiten der erweiterten persönlichen Autonomie,
die, wenn die psychischen und sozialen
Bedingungen für Selbstbestimmung
fehlen, auch Unsicherheit, Angst und
die Sehnsucht nach Autorität hervorrufen kann. In diesem Buch, das monatelang auf den Bestsellerlisten steht,
konstatiert Mitscherlich auch die Ge-
schichtslosigkeit der Deutschen, die
aus Verdrängungsenergie gespeiste
Weigerung, sich mit der Vergangenheit
zu beschäftigen und aus ihr Lehren zu
ziehen. Er sieht dies als Ergebnis einer
überstarken Fixierung auf Autorität,
die nach 1945 nicht in Emanzipation,
sondern in Lethargie umgeschlagen
sei. Aufsehen erregt Mitscherlich auch
mit seiner Streitschrift Die Unwirtlichkeit unserer Städte (1965), die den
gleichen Fragenkomplex beleuchtet.
Es ist selten in der deutschen Nachkriegsgeschichte, daß ein Wissenschaftler so umfassend zu aktuellen
Problemen der Gesellschaft Stellung
nimmt. Mit Adorno teilt Mitscherlich
die persönliche Tragik, nicht mehr verstehen zu können, was er in seinen Voraussetzungen analysiert hat.*

Bildende Kunst

Werke

- Georg Baselitz: *Nackter Mann* und *Große Nacht im Eimer* (Gemälde).
- Otto Herbert Hajek: *Raumknoten* (Bronze).
- Gerhard Marcks: *Der Befreite* (Skulptur).
- Heinz Trökes: *Vertrocknete Insel* (abstraktes Gemälde).

Ausstellungen

- Essen, Villa Hügel: *Koptische Kunst – Christentum am Nil*.
- Köln, Wallraf-Richartz-Museum: *Schätze aus Thailand*.

- Moskau: 200 Gemälde des französischen Malers Fernand Léger, eine Ausstellung von Mitte Januar bis Mitte März, lösen in der sowjetischen Presse eine heftige Polemik gegen moderne westliche Kunst aus. Ursprünglich vorgesehene Ausstellungen in Kiew und Leningrad finden nicht statt.
- München: In der Städtischen Galerie ist die bisher größte Franz-Marc-Ausstellung zu sehen.
- München: Das Haus der Kunst zeigt eine Georges-Braque-Ausstellung. Braque stirbt am 31. August dieses Jahres.

- New York / Basel: *Wassily Kandinsky*. Das Guggenheim-Museum bietet einen Gesamtüberblick, der später in der Kunsthalle Basel durch Leihgaben aus der Sowjetunion ergänzt wird.

Ereignisse

- München: Die Alte Pinakothek wird wiederhergestellt.
- Oslo: Eröffnung des mit einem Kostenaufwand von umgerechnet 4,5 Millionen Mark errichteten Edvard-Munch-Museums. Es beherbergt drei Viertel der Werke Munchs. 1026 Gemälde, 4473 Zeichnungen und Aquarelle, 15 391 Drucke und 6 Plastiken.

Bedrohte Intimsphäre

Ein innenpolitischer Skandal beschäftigt im September die Öffentlichkeit in der Bundesrepublik. Dem deutschen Bundesamt für Verfassungsschutz wird vorgeworfen, durch illegale Abhörpraktiken mittels winziger Lauschmikrophone die Privatsphäre von Bundestagsabgeordneten und anderen Politikern verletzt zu haben.

Tatsächlich sind ebenso kleine wie leistungsfähige elektronische Geräte in diesen Jahren dabei, den Alptraum vom »Big Brother« wahr werden zu lassen, jenem Monster aus dem George-Orwell-Roman *1984*, das seine elektronischen Augen und Ohren an jeder Straßenecke hat und selbst in die Wohnräume seiner Untertanen hineinsieht, um sie bei ihren Heimlichkeiten zu ertappen.

Die Geräte, die das frivole Spiel der Industriegesellschaft zu spielen erlauben, sind sehr verschiedener Art. Manche haben in einer Streichholzschachtel Platz. Andere lassen sich im unteren Teil einer Zigarettenpackung verbergen. Oben ragen dann teils echte, teils Attrappen von Zigaretten heraus. Das Ganze liegt als harmloses Raucherutensil auf dem Tisch und kann vertrauliche Gespräche auffangen. Der eingebaute Sender überträgt das Gespräch dem Mitarbeiter an der nächsten Straßenecke. Andere Modelle dieser »Wanzen« genannten Minigeräte sind als Armbanduhren und Schreibgeräte getarnt oder stecken in einer Olive im Cocktailglas. Wieder andere kann man als Anstecknadeln an der Kleidung befestigen.

Der Vorstoß der Elektronik in die Intimsphäre wird als wohl unerfreulichste Begleiterscheinung jenes Bestrebens empfunden, elektronische Geräte immer kleiner zu konstruieren. Dies ist möglich dank der gedruckten Schaltungen, aber auch dreidimensionaler »integrierter Schaltkreise« (ICs), bei denen extrem flache, gedruckte Bauteile schichtweise aufeinanderliegen. Schließlich tragen »Funktionsblöcke« zur Miniaturisierung von Sendern und Empfängern bei. In ihnen laufen die elektrischen Vorgänge auf so kleinem Raum ab, daß man schon von »Molekular-Elektronik« spricht.

Solche Fortschritte haben auf der einen Seite den Bau so segensreicher Geräte ermöglicht wie die »Heidelberger Kapsel«, ein verschluckbarer Sender für Magenuntersuchungen. Weitere Nutzanwendungen sind Kleinstgeräte für Schwerhörige und Neuerungen für die Datenverarbeitung. Auf der anderen Seite verlocken die kleinen Apparate jedoch zum Generalangriff auf das Privatleben, wie die Abhöraffäre dieses Jahres zeigt.

Polaroid-Farbbildkamera erfunden

Edwin H. Land konstruiert eine Sofortbildkamera (Polaroid- oder Land-Kamera) für Farbfotos. Mit Hilfe eines speziellen Films und einer Aktivierungspaste, die für jedes Bild aus einer zerquetschten Kapsel austritt, läuft der Entwicklungsprozeß in knapp einer Minute im Apparat selbst ab. Die entsprechende Kamera für Schwarzweiß-Sofortbilder existiert schon seit 1947.

Vergleiche in der Karikatur

Im Oktober tritt der 87jährige Konrad Adenauer nach 14jähriger Amtszeit als Kanzler zurück. Ernst Maria Lang, Karikaturist der »Süddeutschen Zeitung«, verlegt die vorausgehenden Ereignisse ins Theater. Seine Darstellung der Bonner Probenarbeit (Text: »Hilfsregisseur Brentano: ›Aber bei der Premiere ist er bestimmt gut…‹«) bezieht sich auf das noch im März von Adenauer gefällte Urteil über seinen Nachfolger Ludwig Erhard, er sei völlig ungeeignet als Kanzler. Wigg Siegls im »Simplizissimus« veröffentlichte Karikatur (Text: »Mende im Getriebe«) verbildlicht Adenauers Bedenken. Tatsächlich endet die »Ära Erhard« schon 1966, nachdem Erich Mende und seine drei FDP-Ministerkollegen aus der Regierung ausgetreten sind.

Beide Karikaturen veranlassen die Frage, inwiefern die Verwendung der geläufigen Vergleiche zwischen Politik und Theater (»hinter den Kulissen«, »Bonner Bühne«) bzw. Technik über das Vergnügen an der zutreffenden »Verfremdung« hinaus zur Kritik an einem System ermuntert, das diese Vergleiche herausfordert.

Mitte links: Ernst Maria Lang, Der Nachfolger, Trauerspiel in vielen Akten; 1963.
Mitte rechts: Wigg Siegl, Regierungsmaschine; 1963.

1963

Schockierend!?

Ein Film wird zum Skandal, besser gesagt, 108 Sekunden dieses Films. Es handelt sich um Tystnaden (Das Schweigen) *des schwedischen Regisseurs Ingmar Bergman. Was so großen Anstoß erregt, ist die erstmals in einem Film nachgestellte Koitus-Szene. Der Film hat jedoch mit Pornographie nichts zu tun. Zwei Schwestern, Ester und Anna (dargestellt von Ingrid Thulin und Gunnel Lindblom), werden mit Annas Sohn in eine Stadt verschlagen, in der die Menschen eine ihnen unverständliche Sprache sprechen. Die lungenkranke Ester wirbt um ihre Schwester Anna, die sich aber den Annäherungen entzieht und sich einem ihr wildfremden Mann hingibt. Die verzweifelte Ester will ihre Schwester von diesem Schritt zurückhalten, aber ihre Erpressungen sowie ihr flehendes Liebeswerben werden von der Schwester ignoriert. Emotional zerstört und alleingelassen sind beide Frauen.*

Die heftigen Reaktionen offizieller Stellen sind gegenstandslos, denn Bergman geht es um die Auseinandersetzung mit einer Welt, in der Gott nicht mehr auffindbar ist und in der so auch zwischen den Menschen das Schweigen herrscht. Die katholische Kirche jedoch sieht in dem Film einen schamlosen Angriff auf die moralische Würde des Menschen. Das erzbischöfliche Generalvikariat in Köln rät dringend vom Besuch des Films ab; an der Mosel läßt ein Landrat eigenmächtig den Film verbieten; zwei katholische Bundestagsabgeordnete wollen im Parlament wissen, warum die Regierung die Staatsanwaltschaften nicht zum Einschreiten auffordert.

In der Begründung der Filmbewertungsstelle Wiesbaden für die Vergabe des Prädikats »Besonders wertvoll« heißt es sibyllinisch: »Der Ausschuß ist der Überzeugung, daß der Film Das Schweigen *in voller Übereinstimmung mit der künstlerischen Gestaltung einen ethischen Wert enthält, und zwar im ›Kehrbild‹«.*

Tystnaden (Das Schweigen), 1963; Szenenfoto mit Ingrid Thulin als Ester, Gunnel Lindblom als Anna und Håkon Jahnberg als Kellner.

Die Trilogie eines Gottsuchers

Ingmar Bergmans Film *Das Schweigen* ist der letzte Teil einer Trilogie, deren gemeinsames Thema die Frage nach der Beziehung zwischen Mensch und Gott bildet. Bergman, Sohn eines Pfarrers, erscheint in diesen drei Filmen als Gottsucher in der Nachfolge Søren Kierkegaards.

Der religiöse Horizont der Filme Bergmans wird durch den Vergleich mit etwa gleichzeitigen filmischen Darstellungen von Einsamkeit deutlich. Während in Michelangelo Antonionis Film *Die Nacht* oder in *Hiroshima mon amour* von Alain Resnais der Verlust bzw. die Ohnmacht der Liebe mit sozialen oder politisch-zeitgeschichtlichen Bedingungen in Zusammenhang stehen, sind bei Bergman »Liebe und Gott die gleiche Erscheinung«.

Dies jedenfalls vermutet in *Wie in einem Spiegel* (*Såsom i en spegel*, erster Teil der Trilogie, 1961 uraufgeführt) Peter, der Sohn des Schriftstellers David, und dieser bestätigt: »Ich lege meine leere und schmutzige Hoffnungslosigkeit in diesen Gedanken.« Gemeint ist jede Art von Liebe: »Die höchste

und die niedrigste, die ärmste und die reichste, die lächerlichste und die schönste. Die besessene und die krasse.«

In *Wie in einem Spiegel* kommt dem Dialog eine wesentliche Bedeutung zu. Dies gilt auch noch für *Licht im Winter* (*Nattvardsgästerna*), den zweiten Teil der Trilogie, der 1963 uraufgeführt wird. Im Mittelpunkt steht der Pfarrer Thomas. »Ich habe an einen gütigen und väterlichen Gott geglaubt, der die Menschen von Herzen liebt, mich aber am meisten«, bekennt er. Von seinem Küster Algot werden ihm die Augen dafür geöffnet, worin der tiefste Schmerz eines Menschen besteht: »Kurz bevor Christus starb, wurde er von furchtbaren Zweifeln gepackt. Pastor, das muß doch wohl der Augenblick gewesen sein, in dem er am meisten gelitten hat. Ich meine, durch Gottes Schweigen.«

Damit ist zugleich das Kernthema des dritten Teils der Trilogie *Das Schweigen* (*Tystnaden*) genannt. In ihm tritt die Sprache hinter dem Bild zurück. Kennzeichnend ist die Einsicht Esters: »Es hat keinen Zweck mehr, über die Einsamkeit zu diskutieren.«

Augustin Tschinkel
Das Urteil des Mars
1963

Pardon-Titelbild
(Ausschnitt)
Macmillan in Not
Heft 7, 1963

Sicherheitspolitik

Im Jahr nach der Kuba-Krise, die bis an die Schwelle des Dritten Weltkriegs geführt hat, und 18 Jahre nach dem Abwurf der ersten Atombombe verzichten die USA, die UdSSR und Großbritannien auf Atomversuche, ausgenommen unterirdische. Zahlreiche Staaten treten dem Teststopp-Abkommen bei.

Weltweit regt sich die Hoffnung, daß die Gefahr zumindest eines Atomkriegs gebannt ist und Sicherheitspolitik als Politik zur Sicherung des Friedens verstanden wird. Dennoch behält – etwa in Vietnam – das in surrealistischer Manier gestaltete Urteil des Mars des 58jährigen Augustin Tschinkel seine Aktualität. Zugrunde liegt die Sage vom trojanischen Prinzen Paris, der zu entscheiden hat, welche denn die schönste Göttin sei: Hera, Athene oder Aphrodite. Schon diese Sage ist mit dem Thema des Krieges verbunden, denn die Entscheidung für Aphrodite und der daran sich anschließende Raub der Helena verursachen den Trojanischen Krieg. Augustin Tschinkel bedient sich des Motivs der mythologischen Schönheitskonkurrenz, um in krasser Realistik vor Augen zu führen, daß der Kriegsgott nur die entmenschte Gestalt als Schönheit anerkennen kann.

Eine ganz andere Deformation der Erotik schockiert Großbritannien. Im Mittelpunkt steht das 21jährige Callgirl Christine Keeler, das im Auftrag ihres Kunden Jewgenij Iwanow, Mitglied der sowjetischen Botschaft und des Militärnachrichtendienstes, ihren Kunden John Profumo, den britischen Heeresminister, darüber ausgehorcht haben soll, ob und wann die USA der Bundesrepublik Atomwaffen liefern. Profumo wird zum Sicherheitsrisiko und muß, zumal er das Parlament belogen hat, zurücktreten.

In Not gerät auch Premierminister Harold Macmillan. Nicht die auf dem Umschlag der im Vorjahr gegründeten Satirezeitschrift »Pardon« als Busenwürgegriff karikierte Verbindung von Sex und Politik bildet jedoch die offizielle Begründung für seinen Rücktritt im Oktober 1963, sondern eine Operation.

Playgirls in die Politik!

Neue Wege der Entspannung

Deutsche Literatur nach dem Mauerbau

*Durch den Bau der Mauer in Berlin im
August 1961 beginnen sich unmerklich auch die kulturellen Beziehungen
auf beiden deutschen Seiten eigenständiger zu entwickeln.*

*In der DDR, nun vollständig einge-
schlossen, findet in der Literatur eine
stärkere Konzentration auf die konkreten eigenen Lebensumstände statt.
Ein Anwachsen kritischer Tendenzen
in der DDR-Literatur läßt sich feststellen. Der Schriftsteller Volker Braun
stellt entgegen der offiziellen Kulturpolitik, die nun ein positives Bekenntnis
zum »ersten sozialistischen Staat auf
deutschem Boden« verlangt, fest, daß
es Etappenwidersprüche von »zähe-
rem, mächtigerem Gang« gebe, »als
daß sie sich mit einem Schritt überholen ließen«. So erscheint zum Beispiel
Erwin Strittmatters Roman Ole Bien-
kopp, in dem ein einzelner an den Widersprüchen zwischen subjektiven
Vorstellungen vom Aufbau des Sozialismus und der offiziellen Linie schließlich zugrunde geht. Der Roman ruft
eine angeregte Leserbriefkampagne
über die Frage hervor, wer für den Tod
Ole Bienkopps verantwortlich sei.
Mehr und mehr Druckverbote für Romane und Aufführungsverbote für
Theaterstücke signalisieren, daß die
Abkapselung der DDR Widersprüche
im Inneren provoziert. Besonders davon betroffen sind Wolf Biermann, Peter Hacks, Günter Kunert, Heiner Müller und Stefan Heym sowie Robert Ha-
vemann.*

*In der Bundesrepublik ist der Mauer-
bau nicht so einschneidend spürbar,
auch wenn zum Beispiel in der DDR-
Zeitschrift »Sinn und Form« seit 1962
keine Westautoren mehr abgedruckt
werden. Von Günter Grass erscheint
Hundejahre, von Heinrich Böll Ansichten eines Clowns. Herausforderungen sind diese beiden Romane deshalb, weil sie ein kritisches Bild der
westdeutschen fünfziger Jahre entwerfen.*

*Der Mauerbau intensiviert nicht lite-
rarische deutsch-deutsche Themen-
stellungen, sondern die Schriftsteller
ziehen sich auf die Problematik ihrer
jeweiligen Gesellschaft zurück.*

Durfte der Papst schweigen?

Es gibt einen Theaterskandal, der sich nicht im Theater selbst abspielt: Schon ehe am 20. Februar an der Berliner Freien Volksbühne Rolf Hochhuths Erstling *Der Stellvertreter* in einer Inszenierung von Erwin Piscator uraufgeführt wird, tobt der Meinungsstreit. Es geht dabei um einen schweren, an Papst Pius XII. gerichteten Vorwurf: Erst sein Schweigen habe die Judenvernichtung im Dritten Reich möglich gemacht. Hochhuth porträtiert ihn überdies als einen Mann, der zu jeder echten Gefühlsregung unfähig gewesen sei und dessen Leben sich im politischen Taktieren erschöpfte. Hitler habe er geduldet, um den Kommunismus von Europa fernzuhalten. Hochhuth erhebt den Anspruch, die Thematik korrekt aufgearbeitet zu haben.

Die Rolle des Papstes bei der Berliner Uraufführung spielt Dieter Borsche – »erstaunlich gut«, wie Friedrich Luft in der »Welt« vom 22. Februar befindet.

Bereits Anfang Februar beginnen aus katholischen Kreisen heftige Angriffe gegen Hochhuths Stück, bei der Premiere dagegen bleibt es (fast) ruhig. Einseitiger Umgang mit den Quellen wird Hochhuth von Monsignore Erich Klausener im »Rheinischen Merkur« vom 1. März vorgeworfen. Nach den Theaterkritikern aber haben die Theologen und offizielle katholische Stellen das Wort: Karl Fürst zu Löwenstein, der Präsident des Zentralkomitees der deutschen Katholiken, spricht in einer Erklärung davon, hier werde das Andenken Pius XII. »auf das häßlichste verunglimpft«. Dagegen äußert ein Kritiker der Amtskirche, Carl Amery, in der »Süddeutschen Zeitung« vom 2./3. März zurückhaltend formulierte Zustimmung zu Hochhuths Stück. Aus protestantischen Kreisen wendet sich der Berliner Bischof Otto Dibelius gegen Hochhuth, während Helmut Gollwitzer ihm beipflichtet.

Das Stück wird in sechzehn Sprachen übersetzt und in zwanzig Ländern aufgeführt.

Literatur

Neuerscheinungen

- Hannah Arendt: *Eichmann in Jerusalem*. Das Buch ruft heftige Diskussionen hervor. Eichmann erscheint bei der Judenvernichtung als viel zu unbedeutend, um in seiner Person mit dem ganzen Ausmaß der Schuld konfrontiert zu werden. Besonders angegriffen wird aber Hannah Arendts Darstellung von jüdischer Kollaboration mit dem NS-Regime.
- Richard Friedenthal: *Goethe. Sein Leben und seine Zeit*. Der Biograph verpflanzt den Olympier in die Niederungen des gewöhnlichen Menschseins – zum Ärger vieler dem klassischen Bildungsgut verpflichteter Leser.
- Konrad Lorenz: *Das sogenannte Böse*. Der Verhaltensforscher attackiert in dem Buch die These vom »Kampf ums Dasein« in der Natur. Gerade die wehrhaftesten Raubtiere führten ihre Kämpfe nicht bis zum Tode des Unterlegenen.
- Mary McCarthy: *The Group (Die Clique)*. Am Schicksal von neun Studentinnen einer amerikanischen Elite-Universität zeigt die Autorin, wie die Frauen in ihrem Emanzipationsstreben scheitern und sich dem »American way of life« anpassen.
- Henry de Montherlant: *Le chaos et la nuit (Das Chaos und die Nacht)*. Roman um einen spanischen Emigranten, der in Paris lebt und auf seinen Tod wartet.
- Nathalie Sarraute: *Les fruits d'or (Die goldenen Früchte)*. Ironisch schildert die Autorin den Literaturbetrieb an Hand der Rezeptionsgeschichte eines neu erschienenen Romans.

Fragen an einen Physiker

Selten im deutschen Theater: Ein Fernsehspiel gelangt auf die Bühne. Am 23. Januar wird Heinar Kipphardts »szenischer Bericht« *In der Sache J. Robert Oppenheimer* vom Hessischen Rundfunk auf den Bildschirm gebracht, am 11. Oktober folgt an der Berliner Freien Volksbühne und in den Münchener Kammerspielen die Uraufführung für das Theater. Kipphardts Stück ist kennzeichnend für eine Form des Theaters Mitte der sechziger Jahre: die dramatisierte Dokumentation, eine Mischung aus Geschichtsschreibung, Journalismus und Theater.

Im Verlauf der antikommunistischen Kampagne des Senators Joseph McCarthy muß sich 1954 der Physiker J. Robert Oppenheimer, der »Vater der Atombombe«, wegen angeblicher Linkstendenzen vor einem Sicherheitsausschuß verantworten. Ihm werden die Skrupel, die ihn nach dem Abwurf der Atombombe auf Hiroshima von jeder weiteren Atomforschung abhielten, als Hochverrat ausgelegt. Dahinter steht die Frage nach der Verantwortung des Wissenschaftlers für das Ergebnis seiner Tätigkeit. Oppenheimer selbst bezeichnet das Stück als Verfälschung seiner Beweggründe und der Fakten. Es entwickelt sich jedoch zum erfolgreichen Repertoirestück.

Ein Volkspapst stirbt

Trauer, nicht nur in der katholischen Welt, löst die Nachricht vom Tod Johannes XXIII. am 3. Juni aus. Der 1958 gewählte Papst, den viele anfangs nur als einen Übergangspapst ansahen, hat in den wenigen Jahren seines Pontifikats durch Einberufung des Zweiten Vatikanischen Konzils die Tore der Kirche zur Gegenwart geöffnet und eine neue Soziallehre praktisch vorzuleben begonnen.

Angelo Giuseppe Roncalli, so sein bürgerlicher Name, ist bis zu seinem Amtsantritt auf dem Stuhl Petri in vielen kirchlichen Funktionen tätig gewesen, unter anderem als Apostolischer Delegat in Bulgarien, in der Türkei und in Griechenland. 1944 wurde er Nuntius in Frankreich, 1953 Kardinal und Patriarch von Venedig. Als Papst bemühte sich Johannes XXIII. um die Aussöhnung mit der Ostkirche, die er auf dem Balkan persönlich kennengelernt hat. Aber auch in weltlichen Angelegenheiten bezog er – beispielsweise durch seine Friedensenzyklika Pacem in terris (1963) – Stellung. Er bewirkte durch sein Eintreten für die Unterdrückten in aller Welt einen Klimawechsel in der vatikanischen Politik. Sein Nachfolger wird Kardinal Giovanni Battista Montini als Paul VI.

Papst Johannes XXIII.

Theater

Premieren

- Friedrich Dürrenmatt: *Herkules und der Stall des Augias* hat am 20. März im Zürcher Schauspielhaus Uraufführung. Am Beispiel des Herkules der griechischen Sage demontiert Dürrenmatt mit kabarettistischen Mitteln jeden Heldenmythos.
- Peter Weiss: *Nacht mit Gästen* hat am 14. November in der Werkstatt des Berliner Schillertheaters Premiere. Eine »Moritat« hat Weiss sein erstes Drama genannt, das sich um die sinnlose Grausamkeit des Lebens dreht.
- Martin Walser: *Überlebensgroß Herr Krott* wird am 30. November am Stuttgarter Staatstheater uraufgeführt; eine Allegorie des absolut gesetzten Kapitalismus, dessen Bedrohlichkeit darin besteht, jeden Protest durch Geld zu ersticken und jeden Gegner so zu korrumpieren.

Ereignisse

- Berlin: Der nach den Plänen des Architekten Fritz Bornemann für 9,1 Millionen Mark errichtete Theaterneubau der Berliner Freien Volksbühne ist fertiggestellt. Intendant: nach wie vor Erwin Piscator.
- London: Das Britische Nationaltheater wird im Oktober im vorläufigen Ausweichtheater Old Vic mit *Hamlet* in einer Inszenierung von Laurence Olivier eröffnet.

1963

Die unspielbare Oper

Drei Jahre hat die Partitur des von den Kölner Bühnen bestellten Opernwerks *Die Soldaten* von Bernd Alois Zimmermann schon gelegen. Der Auftraggeber hatte es für unspielbar erklärt, vermutlich wegen der exorbitanten Orchesterbesetzung – mehr als hundert Musiker, zu denen noch ein umfangreicher technischer Apparat kommt – und der nötigen Probenzeit. Zugrunde liegt das 1776 erschienene Sturm-und-Drang-Drama *Die Soldaten* von Jakob Michael Reinhold Lenz, dessen Aktualität Zimmermann im »Thema der Vergewaltigung der Kreatur« sieht. Die Musik ist nach seriellen Zwölftonprinzipien gestaltet, verbunden mit der Collagetechnik – wie auch örtlich und zeitlich eigentlich voneinander unabhängige Szenen simultan auf die Bühne gebracht werden sollen. Drei Szenen werden Ende Mai unter Leitung des polnischen Dirigenten Jan Krenz im WDR konzertant uraufgeführt.

Ein neuer Figaro

Nach Beaumarchais, Mozart und Rossini befaßt sich nun auch Giselher Klebe mit dem Figaro-Motiv – freilich nicht allein, denn als Vorlage für seine Oper *Figaro läßt sich scheiden*, die am 29. Juni in der Hamburgischen Staatsoper uraufgeführt wird, dient ihm Ödön von Horváths gleichnamiges Drama aus dem Jahr 1937, das die Handlung von Beaumarchais' Stück fortschreibt. Figaro und Ehefrau Susanne müssen mit Graf und Gräfin Almaviva nach Ausbruch der Revolution im 18. Jahrhundert fliehen und befinden sich mit der Grenzüberschreitung im 20. Jahrhundert, aus dem sie nach einem Ehezerwürfnis und mancherlei Enttäuschungen wieder zurückkehren.

Das Hamburger Publikum ist nach der Uraufführung erfreut – z. T. deswegen, weil Klebe seine avantgardistischen Ansprüche um einiges zurückgeschraubt hat.

»Enkel, schafft Neues!«

Wieland Wagner inszeniert in Bayreuth die Meistersinger von Nürnberg. *Unter dem Druck, etwas Neues, Aufregendes zu schaffen, was bisher in Bayreuth noch nicht zu sehen war, entrümpelt Wieland Wagner die biedere Welt der Meistersinger und bringt ein buntgemischtes Zeitspiel auf die Bühne: proletarische Arbeitskleidung für die Lehrbuben, Kartenspiel von Halbstarken, Samba-Tanz und Twist-Gebärden. Der Wagner-Enkel ist modern, das alte Meistersinger-Pathos ist abgelegt – die Handwerkszunft mit ihrem Bierernst wird parodiert und persifliert.*

Das Publikum reagiert gespalten, die einen jubeln, die anderen sind empört. Das hat Tradition in Bayreuth. Doch selbst Alt-Wagnerianer mögen sich nicht dem Neuen verschließen.

Die Meistersinger von Nürnberg, 1963; Szenenfoto (III. Akt: Festwiese) aus der Bayreuther Neuinszenierung Wieland Wagners (Gesamtbild und Ausschnitt).

Der »Spatz von Paris« stirbt

Edith Piaf, der »Spatz von Paris« genannt, weil sie genauso zerbrechlich, ordinär und vital war wie der Gassenvogel, stirbt am 11. Oktober im Alter von 47 Jahren – am gleichen Tag wie Jean Cocteau. Cocteau verehrte sie glühend. Als ihm die Nachricht von ihrem Tod nur wenige Stunden vor seinem eigenen überbracht wird, seufzt er: »Ich muß sagen, daß mir der Tod Edith Piafs neue Atemnot bereitet.«

Edith Piaf – mit bürgerlichem Namen Edith Giovanna Gassion – erhielt den Beinamen »piaf«, das in der französischen Umgangssprache »Spatz« bedeutet, von ihrem ersten Manager. Sie wurde 1915 in Paris geboren und kam aus miserablen sozialen Verhältnissen. Der eigentliche Grund ihres Erfolgs lag wohl darin, daß sie mitteilen konnte, wie hier jemand mit aller Kraft gegen seine Vergangenheit und eine stets gebrechliche Gesundheit ansang, dabei Siege erringend, von denen jeder der letzte sein konnte. *La vie en rose, Milord* und *Non, je ne regrette rien*, das waren drei ihrer bekanntesten Chansons. Als sie auf dem Pariser Friedhof Père Lachaise beigesetzt wird, geben ihr an die hunderttausend Menschen das letzte Geleit.

Oper gegen den Rassenwahn

Kleist bleibt als Librettist für Opernkomponisten beliebt: Am 27. November hat am Münchener Nationaltheater Werner Egks *Die Verlobung von San Domingo* Uraufführung. Kleists Erzählung wird in eine Doppelhandlung hineingestellt: Herr Schwarz und Herr Weiß kommentieren das tragische Mißverständnis zwischen dem französischen Offizier Christoph von Ried und der Schwarzen Jeanne während eines Negeraufstands in San Domingo, das in Tod und Verderben endet, obwohl beide sich lieben. Dazu murmelt der Chor der Schatten: »Sie müssen lernen, miteinander zu leben, sonst werden sie aneinander sterben, so wie wir.« Egk hat versucht, dazu eine Art Programmusik zu schreiben, die die seelischen Zustände der Protagonisten widerspiegelt. Die Uraufführung wird von Egk selbst geleitet. Die Kritiker erkennen zwar an, daß er sich bemüht habe, zum traditionellen Operngenre zurückzugehen, können aber nicht ganz den Zweifel unterdrücken, ob es sich hier nicht doch um ein Stück von Epigonentum handele. »Diese ganze Oper stammt... nicht gerade von heute«, meint Heinz Joachim in der »Welt« vom 29. November.

Hans Scharoun
Neue Philharmonie
(Außen- und Innenansicht)
1960–1963

Architektur im Dienst von Musikerlebnissen

Am 15. Oktober wird in Berlin die Neue Philharmonie eingeweiht, die einen Höhepunkt im Schaffen des Architekten Hans Scharoun bildet. Von der harmonischen, oft klassizistischen Gestaltungsweise etwa eines Mies van der Rohe ist bei diesem Bauwerk nichts zu spüren. Mehr in Anlehnung an Le Corbusier, erscheinen die Bauformen als aufgewühlt und bewegt, eine massive, sich aufbäumende Welle.

Im Gegensatz zu vielen seiner Zeitgenossen legt Scharoun jedoch den Schwerpunkt nicht auf den Außenbau; ihm kommt es hauptsächlich auf die Gestaltung des Innenraumes an, und davon abgeleitet bestimmt sich die äußere Hülle. Räumliche Erlebnisse tun sich erst in den Foyers und im Konzertsaal auf. Wie ein verschachteltes Amphitheater sind die Plätze für die Zuschauer und Zuhörer auf unterschiedlichen Ebenen um das tiefliegende Orchesterpodest angeordnet. Der riesige Saal mit seinen 2200 Plätzen entfaltet durch diese Anordnung eine beinahe intime Atmosphäre. Das Ziel des Architekten ist es hierbei, daß die Besucher von jedem Platz aus eine gute Sicht auf Orchester und Dirigenten haben; vor allem aber, daß die Akustik selbst auf den billigsten Plätzen noch ausgezeichnet ist – ein soziales Anliegen des Architekten, das vor ihm ähnlich konsequent Richard Wagner im Bayreuther Festspielhaus verwirklichen ließ. In der Neuen Philharmonie verselbständigt sich die Architektur nicht, sondern dient der Aufgabe, Voraussetzungen für Musikerlebnisse zu schaffen.

Hausherr der Neuen Philharmonie ist Herbert von Karajan. Die »Berliner Schnauze« erweist sich als erwartungsgemäß respektlos, indem sie den Bau »Circus Karajani« tauft.

Die Neue Philharmonie am Rande des Tiergartens ist als Teil eines größeren Kulturzentrums gedacht. Ein Jahr nach Fertigstellung des Baus erhält Scharoun den Auftrag, schräg gegenüber der Philharmonie die neue Staatsbibliothek zu bauen. Sie wird 1978, sechs Jahre nach dem Tod des Architekten, fertiggestellt.

Kenzo Tange, Yoshikatsu Tsuboi
und Uichi Inoue
Olympiastadion in Tokio
1961–1964

Boeing 727

Verkehr und Architektur im Jet-Zeitalter

Die Ästhetik glitzernder Flugkörper mit rasender Geschwindigkeit, wie sie durch die Utopien der Futuristen geisterten, ist längst Wirklichkeit geworden, wobei sich zu bewahrheiten scheint, daß »der Krieg der Vater aller Dinge« ist: Der erste serienmäßig hergestellte Jet (von jet = Düse, Strahl) ist die Me 262 (1944) der Messerschmitt-Werke, ein Jagdflugzeug, ausgestattet mit zwei Düsen- bzw. Luftstrahltriebwerken.

In den Nachkriegsjahren bereitet sich durch die Weiterentwicklung der Düsentechnologie eine Revolutionierung des Luftverkehrs vor. 1954 bringen die Boeing-Werke die Boeing 367-80 zur Erprobung. Es handelt sich um den Prototyp der Boeing 707, des ersten und zugleich erfolgreichsten amerikanischen Langstrecken-Düsenverkehrsflugzeugs. Es wird ab 1959 auf der Route über den Nordatlantik eingesetzt, 1964 nimmt die Deutsche Lufthansa Maschinen des Typs 727 in Dienst. Am Ende des Jahrzehnts stellt die Boeing 747, besser bekannt unter der Bezeichnung Jumbo-Jet, ihre Vorgängerin an Ausmaßen weit in den Schatten: Statt knapp 200 Passagieren können nun knapp 500 mit einer Reisegeschwindigkeit von knapp 1000 Kilometern in der Stunde transportiert werden.

Die technologischen Innovationen der Konstrukteure machen sich ebenso in der Architektur bemerkbar, zumal im Bereich des sogenannten plastischen Stils.

Internationale Bedeutung gewinnt in diesem Zusammenhang der Japaner Kenzo Tange, der Erbauer des Friedenszentrums in Hiroshima (1949 bis 1955), seit 1946 Professor für Städtebau an der Universität in Tokio. Seine Bauten für die Olympischen Sommerspiele 1964 in Tokio werden wegweisend für plastisch aufgefaßte Dachkonstruktionen. Gemeinsam mit Yoshikatsu Tsuboi und Uichi Inoue entwickelte Tange für das Olympiastadion die Aufhängung vorgespannter Stahlnetze an Pylonen aus Stahlbeton. Das Hängedach der benachbarten Halle wird von nur einem Mast getragen und breitet sich wie ein Fächer aus.

1964

Bildende Kunst

Werke

- Horst Antes: *Figur mit blauem Arm* (surrealistisches Gemälde).
- Marc Chagall: Deckenölgemälde (200 m² in der Kuppel der renovierten Pariser Oper mit Figuren aus der Theater- und Musikwelt).
- Jean Dubuffet: *Ohne Titel* (abstraktes Gemälde).
- Ernst Fuchs: *Der Behälter des Weltalls* (Gemälde im Stil des Wiener Phantastischen Realismus).
- Allan Jones: *Green Girl*.
- Harald Metzkes: *Familie am Strand*.
- Henry Moore: *Moonhead* (Bronze).
- Pablo Picasso: *Der Maler und sein Modell* (Gemälde).
- Michelangelo Pistoletto: *Parteiversammlung*.
- Robert Rauschenberg: *Press*.

- Andy Warhol: *Jackie Kennedy* und *Marilyn Monroe* (Siebdrucke im Stil der amerikanischen Pop-art).

Ausstellungen

- Athen: *Byzantinische Kunst – europäische Kunst* heißt die 9. Kunstausstellung des Europarats, die bis zum 15. Juni zu sehen ist.
- Brüssel: Die Musées Royaux des Beaux-Arts de Belgique zeigen die Ausstellung *Bruegels Jahrhundert*, einen Überblick über die flämische Malerei des 16. Jahrhunderts, zu der Museen aus aller Welt 269 Bilder beigesteuert haben.
- Essen: Kunstschätze aus bulgarischen Museen und Klöstern werden bis zum 31. Juli in der Villa Hügel gezeigt.
- Hamburg: Der Hamburger Kunstverein veranstaltet die erste große Edouard-Vuillard-Ausstel-

lung. Anschließend geht sie in den Frankfurter Kunstverein und ins Zürcher Kunsthaus.
- London: Rund 350 000 Besucher werden bei einer Goya-Ausstellung in der Royal Academy gezählt. Es ist die erfolgreichste Ausstellung im fast zweihundertjährigen Bestehen des Instituts.
- Madrid: Fünfzehn bisher unbekannte Werke Manets, entstanden 1865 in Spanien, aus dem Besitz eines spanischen Sammlers werden in Madrid zum erstenmal der Öffentlichkeit gezeigt.
- Rom: Zum 400. Todestag Michelangelos wird eine Ausstellung gezeigt, die eine in dieser Vollständigkeit noch nie gebotene Übersicht über sein Schaffen gibt.

Ereignisse

- Duisburg: Eröffnung des von Manfred Lehmbruck errichteten Wilhelm Lehmbruck-Museums.

Einweihung der längsten Hängebrücke Europas

Am 5. September übergibt die britische Königin Elisabeth II. in einer feierlichen Zeremonie die zu diesem Zeitpunkt längste Hängebrücke außerhalb der USA mit einer Maximalspannweite von 1,006 Kilometern dem Verkehr. Diese Spannweite wird in Europa später lediglich von der 1966 fertiggestellten Tejo-Hängebrücke in Lissabon mit 1,013 Kilometern geringfügig übertroffen.

Die nun eröffnete Brücke überspannt als Straßenverkehrsbrücke mit einer Gesamtlänge von 2,4 Kilometern bei Queensferry den Firth of Forth im Osten Schottlands. Die mehr als ein Meter starken Hängegurte oder Tragkabel zwischen den Pylonen sind Ketten aus gelenkig miteinander verbundenen Flachstäben. Versteifungsträger halten die Fahrbahn. Sie sind mit Hängern an den Tragkabeln befestigt.

Eine Eisenbahnbrücke (Balkenkonstruktion) bei Queensferry existiert bereits seit 1889.

Mit Pan Am zur Weltausstellung – und durch die Neue Welt

Die Weltausstellung des Vergnügens

Nach Brüssel (1958) und Seattle (1962) ist New York der Schauplatz der dritten Weltausstellung nach dem Zweiten Weltkrieg, allerdings ohne Beteiligung der Sowjetunion. Auch die Bundesrepublik ist nur durch einzelne Unternehmen vertreten, etwa die Münchner Löwenbrauerei, deren bajuvarisches Idealdorf zugleich ein Stück Fremdenverkehrswerbung bildet.

Überhaupt dominieren die Großunternehmen mit ihren Pavillons und Attraktionen, die darauf abzielen, die Besucher zu unterhalten. »Nichts ist hier zu spüren von der industriellen Weltdarstellung, wie sie auf anderen großen Messen Brauch ist. Dies ist keine langweilige Show für Kurbelwellen und Zahnräder. Was hier an den Produkten vor allem noch interessiert, ist, daß sie funktionieren, aber nicht, wie sie es tun« (Peter Brügge).

Großgeschrieben wird der Spaß. So hat beispielsweise Walt Disney im Auftrag von Ford eine Gruppe von Neandertalern konstruiert, die auf Mammut- und Bärenjagd geht. General Motors läßt die Fahrt auf den Mond, in die Tiefsee und auf dem Highway durch den Dschungel erleben – als Vision des Lebens im Jahr 2014. Eines der ungelösten Probleme der Gegenwart bringt die Großdemonstration des Congress of Racial Equality am Tag der Eröffnung der World's Fair durch Präsident Lyndon B. Johnson zur Geltung. Das Ziel der weißen und farbigen Demonstranten: »Wir versperren die Eingänge, so wie man uns die bessere Erziehung, bessere Jobs und bessere Wohnungen versperrt.« Ein riesiges Polizeiaufgebot sorgt dafür, daß für mehr als 200 Demonstranten der 22. April in der Arrestzelle endet, während die Premierengäste von ihrem gigantischen Spielzeugladen Besitz ergreifen.

Oben: Weltausstellung in New York, 1964/65.
Unten: Pan-American-Anzeige (1964) mit dem 42 Meter hohen Stahlglobus Unisphere der Firma United States Steel, dem Wahrzeichen der Weltausstellung.

1964

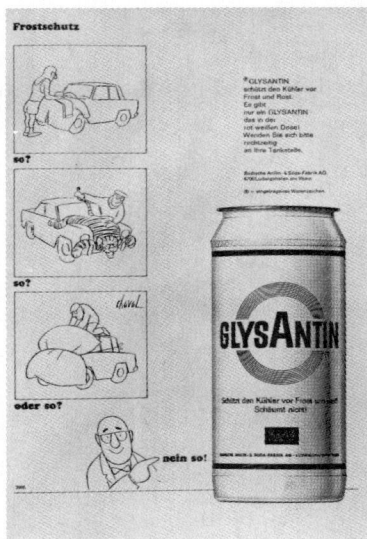

Warum wiegt der Volkswagen so viel?

Konsumsteigerung

Die Pop-art bemächtigt sich der Bild- und Objektsprache der Konsumwelt, um diese in den Bereich der Kunst zu integrieren. Was hierbei mit den Mitteln des Zitats, der Montage, der Verfremdung an Ironie zustande kommt, wirkt auf die Werbewirtschaft zurück, indem es die Notwendigkeit verdeutlicht, Kriterien effektiver Produktpräsentation zu entwickeln. So erscheint die erste Ausgabe des Jahrbuchs Werbung in Deutschland, in dem Herbert Gross proklamiert: »Es geht um Konsumsteigerung, die im Einklang mit unseren ethischen und moralischen Wertvorstellungen steht.« Das höchste Lob erhalten die Anzeigenserien der Firmen VW und Braun, denn sie sind »ehrlich, einfach, direkt und heiter, und ein bißchen intelligent auch«.

Zumindest heiter gestimmt sind daneben die Anzeigenserien der Firmen BASF und Scharlachberg, in denen die Karikaturisten Chaval und Loriot ihre Männlein ins Werbefeld führen.

Als riskant wird dagegen von einer Marktforschungs-Studie die Indienstnahme eines Schreckgespenstes namens Krawatten-Muffel im Jahr 1964 bewertet, da die Gefahr bestehe, daß die »Muffel-Figur … über die Krawatte hinauswächst und zum Spiegel menschlicher Befürchtungen über die eigene Unzulänglichkeit werden kann«.

Tatsächlich löst die vom Deutschen Krawatten-Institut getragene Gemeinschaftswerbung eine Wirkung aus, die mit der Umsatzsteigerung nichts mehr zu tun hat. Die »Muffel«-Vokabel erlebt eine ungeheure Aktivierung und erweist sich als nahezu unbegrenzt anwendbar. Entlarvt werden der Auto-, Bücher-, Fußball-, Kirchen-, Mini-, Pop-, der Vereins-Muffel und viele andere Zeitgenossen, die sich abseits halten.

Selbstverständlich reizt die Werbekampagne auch zur Parodie: dem Frauen-Muffel wird geraten: »Wer kein Muffel sein will, sollte zu jeder Gelegenheit zwei, drei passende Frauen haben … und regelmäßig wechseln« (Leserzuschrift in »Pardon« 1, 1965).

Anzeigen aus dem Jahr 1964.

Sie sind doch kein 'Krawatten-Muffel', oder?

Ein Krawatten-Muffel trägt immer nur dieselben paar Krawatten. Das tut ein Mann, der auf sich hält, bestimmt nicht.

Ein Mann, der auf sich hält, besitzt zu jedem Anzug drei, vier passende Krawatten. Er wechselt sie regelmäßig – und das fällt angenehm auf. (Sie brauchen morgens nur darauf zu achten, daß Sie nicht die von gestern umbinden.)

Museum der 100 Tage

Die *documenta* 3 in Kassel kommt nur unter allerlei Schwierigkeiten zustande.

Bei der Eröffnung der zweiten dieser modernen Kunstschauen 1959 hatte Hessens Ministerpräsident Georg-August Zinn versprochen, daß die *documenta* zur Institution werden und schon 1963 in das dann wiederhergestellte Schloß Wilhelmshöhe einziehen solle. Finanzielle Fragen führen jedoch zu einer Verschiebung um ein Jahr. 1963 kommt es erst mit Hilfe des Landes Hessen und der Stadt Kassel zur Gründung einer documenta GmbH; die Leitung eines *documenta*-Rates übernimmt Arnold Bode. Innere Querelen im Rat bleiben nicht aus, ebenso Angriffe von Künstlern, die nicht zur Teilnahme an der *documenta* aufgefordert werden. Mitten in den Schlußvorbereitungen stirbt der Sekretär, und acht Wochen vor der Eröffnung stellt sich heraus, daß das Geld nicht reicht. Darauf stiften 36 bekannte Künstler je ein Werk, das auf der *documenta* verkauft werden soll, was neuen Kredit sichert.

Am 27. Juni schließlich eröffnet das Museum der 100 Tage, wie Arnold Bode es nennt, die Tore. Am 6. Oktober schließen sie sich wieder, nachdem 200 000 Besucher die Werke von 280 Künstlern gesehen haben: 1000 Gemälde und Skulpturen, dazu 500 Handzeichnungen seit 1880.

Der Ansatz der *documenta* 3 geht, wie Werner Haftmann im Vorwort zum Katalog schreibt, von der Leitidee aus, »daß Kunst das ist, was bedeutende Künstler machen. Sie setzt auf die einzelne Persönlichkeit.« Das ist durchaus polemisch gemeint und richtet sich gegen die Künstlergruppen, die sich gegen die individuelle Kunstausübung wenden, für gemeinsame Arbeit im Kollektiv eintreten und das Formmaterial selbst so unpersönlich wie möglich aufgefaßt wissen wollen: »in den Standardformeln der Geometrie, in präfabrizierten Formelementen der technischen Welt, in rechnerisch überprüfbaren seriellen Entfaltungen von Formmotiven aus der Faszination an den Zahlengefügen, in denen sich die moderne Arbeitswelt bewegt.« Eine konservative Konzeption also. Gezeigt werden soll die beharrliche »Auseinandersetzung eines einzelnen Geistes mit sich und seiner Welt«.

So sind die anerkannten (und teilweise schon verstorbenen) Meister mit einer Fülle von Arbeiten vertreten: Jean Arp, Oskar Schlemmer, Max Beckmann, Pablo Picasso, Constantin Brancusi, Emil Nolde und viele andere. Auch sonst liest sich der Ausstellungskatalog streckenweise wie eine Liste der bereits Etablierten: Das Spektrum reicht von Francis Bacon bis Victor Vasarely, von Jean Dubuffet bis Antoni Tapiès, von Rolf Nesch bis Yves Klein. Freilich: Robert Rauschenberg, Joseph Beuys, R. B. Kitaj, Günther Uecker und Otto Piene sind auch vertreten.

Immerhin, die beginnende Hinwendung zur aktuellen Kunst läßt sich – wenn auch bislang nur durch einzelne Kunstwerke repräsentiert – bereits ablesen: Gezeigt werden in Kassel auch kinetische Objekte.

Nam June Paik
Klavier Integral
1964

Tom Wesselmann
Landschaft Nr. 2
1964

Konsumspiegelung

Die XXXII. Kunstbiennale in Venedig
wird zum Forum der Pop-art und gibt
dieser Alternative zum Individualismus des Abstrakten Expressionismus
die offizielle Weihe, indem der 39jähri-
ge Amerikaner Robert Rauschenberg
mit dem Großen Preis für Malerei ausgezeichnet wird. Rauschenberg zeigt
seine Montagen aus Plakatfetzen, In-
seraten, Zeitungsfotos, Kunstpostkar-
ten, die teilweise in tachistischer Manier übermalt und mit Objekten wie
Straßenschildern oder einem ausge-
stopften Adler kombiniert sind. Dieses
Verfahren zielt darauf ab, die zitierten
und montierten Materialien aus ihrem
ursprünglichen Verwendungszusam-
menhang herauszulösen und zugleich
als Produkte der Medien- und Konsumgesellschaft ironisch zu bestätigen. Leben und Kunst, so lautet die
Faustregel, finden auf diesem Weg der
Rückkehr zur Gegenständlichkeit wieder zusammen.

Tom Wesselmann demonstriert mit
Landschaft Nr. 2 in einfachster Form
die Pop-Variante der Frage nach der
Wirklichkeit. Er verbindet Malerei
und Materialnachahmung (Relief von
Baumrinde und Blättern) mit Bildzita-
ten aus der Werbung. »Aus derart synthetischer Kunst«, so kommentiert Peter Sager Landschaft Nr. 2, »entsteht
die künstliche Natur einer Werbewirk-
lichkeit, deren Realitätsverheißungen
illusionistisch imitiert und durch die
Collagetechnik zugleich denunziert
werden« – theoretisch zumindest, denn
die Pop-art erweist sich als der mitunter ungebärdige, aber letztlich konforme und daher auf dem Kunstmarkt
einträgliche Partner der Konsumgesellschaft.

Das Klavier Integral des südkoreani-
schen Komponisten Nam June Paik
verweist auf den Zusammenhang zwischen der Pop-Objektkunst und dem
Happening. Paik und seine Freunde,
die auf dem Klavier spielten, haben
dessen Verwandlung im Verlauf mehrerer Fluxus-Darbietungen vorgenommen, wobei die optische »Erweiterung« der von Nam June Paik und seinem Partner John Cage geschaffenen
Erweiterung von Klangmöglichkeiten
entspricht.

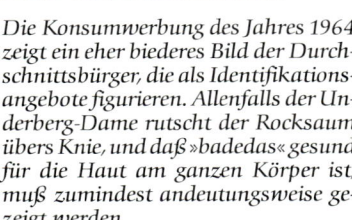

Streitpunkte
Knie- und Busenfreiheit

Die Konsumwerbung des Jahres 1964 zeigt ein eher biederes Bild der Durchschnittsbürger, die als Identifikationsangebote figurieren. Allenfalls der Underberg-Dame rutscht der Rocksaum übers Knie, und daß »badedas« gesund für die Haut am ganzen Körper ist, muß zumindest andeutungsweise gezeigt werden.

In diese durch die Werbung gespiegelte alltägliche Bekleidungs- und schickliche Entkleidungs-Szenerie kommt durch eine englische, ursprünglich mit Kindermode befaßte Modistin Bewegung. Mary Quant kreiert einen Mädchenrock, der weit über dem Knie endet und der als Minirock eine rasch international verbreitete Modewelle auslöst. Die aufsehenerregende Neuheit betrifft nicht allein den Kreis der aus Gründen des gesellschaftlichen Renommees Modebewußten. Vielmehr gewinnt das Auftreten im Mini allgemein Bekenntnischarakter.

Als Beginn eines neuen Trends in der Mode wird auch die noch weitergehende Initiative des in Hollywood tätigen Modeschöpfers Rudi Gernreich bewertet. Er läßt Badeanzüge vorführen, deren Oberteil lediglich aus schmalen Trägern besteht.

Zu der durch die Oben-ohne-Mode heraufbeschworenen Konfliktsituation erklärt ein hoher Polizeibeamter in San Francisco: »Nacktheit verstößt nicht gegen das Gesetz, wenn sie nicht als obszön empfunden wird.«

Diese Empfindung haben jedoch zahlreiche Badegäste, die angesichts von Topless-Badeanzügen nach der Polizei rufen, und ebenso die englischen und deutschen Richter, die über John Clelands 1749 verfaßte Bordellschilderung Memoirs of a Woman of Pleasure (Die Memoiren der Fanny Hill) urteilen müssen. Das bestehende Verbot wird bestätigt, wobei in England eine teure Luxusausgabe unbehelligt bleibt. 1969 hebt der Bundesgerichtshof das gegen den Kurt Desch Verlag gefällte Urteil auf. Als Begründung dient der allgemeine Wandel in der Anschauung, wie offen die menschliche Sexualität diskutiert und dargestellt werden dürfe.

Theater

Premieren

● Aimé Césaire: *Die Tragödie von König Christoph (Roi Christophe)* hat am 6. August am Salzburger Landestheater Uraufführung. Zu Beginn des 19. Jahrhunderts wird Christoph, der sich zum Herrscher über Haiti aufgeworfen hat, in seinem Eifer, einen neuen Staat aufzubauen und das Volk zu erziehen, zu einem schlimmen Tyrannen.

● Tankred Dorst: *Die Mohrin* wird am 25. Juni an den Städtischen Bühnen Frankfurt uraufgeführt. Aufbauend auf der altfranzösischen Novelle *Aucassin und Nicolette* aus dem 13. Jahrhundert, stellt Dorst das Wagnis der Liebe inmitten einer grausamen und absurden Welt als ironisch stilisierte Bilderbuchgeschichte dar.

● Julius Hay: *Das Pferd (A ló)* hat am 21. August am Salzburger Landestheater Uraufführung. Eine Parabel von der Selbsterniedrigung vor der Macht.

● Martin Walser: *Der schwarze Schwan* wird am 16. Oktober in Stuttgart am Württembergischen Landestheater uraufgeführt. Anhand eines Vater-Sohn-Konflikts spinnt Walser das Thema aus *Eiche und Angora* fort: die Probleme der Deutschen mit ihrer Vergangenheit zwischen 1933 und 1945.

● Carl Zuckmayer: *Das Leben des Horace A. W. Tabor* wird am 18. November am Zürcher Schauspielhaus uraufgeführt. Eine Pioniergeschichte aus Amerika, die vom Aufstieg und Fall des Silberkönigs Tabor handelt.

Ereignisse

● Bremen: Peter Zadek inszeniert am Theater am Goetheplatz Shakespeares *Heinrich V.* als politische Revue *Held Henry* (Premiere 23. Januar).

Ein neuer Skandalfilm

Hoch schlagen noch die Wellen der Kritik, als Vilgot Sjömans *491* anläuft. Selbst im freizügigen Schweden wird ein Verbot des Films erwogen. Es geht um ein mißlungenes Experiment der Resozialisierung krimineller Jugendlicher, das in Prostitution, Homosexualität, Gewalt, Selbstmord und Sodomie (mit einem Schäferhund) endet. Vom künstlerischen Standpunkt und auch von seiner Zielrichtung her ein eher dubioser Film, macht er vornehmlich durch seine sexuellen Szenen Furore. Wie bereits im Vorjahr bei Bergmans Film *Das Schweigen*, läuft in der Bundesrepublik die insbesondere von katholischen Kreisen gesteuerte Protestlawine an, ehe noch jemand den Film gesehen hat. Aber auch die unter Vorsitz von Landesbischof Hanns Lilje tagende Bischofskonferenz der Vereinigten Evangelisch-Lutherischen Kirche Deutschlands fordert diesmal »alle Christen« auf, gegen die Aufführung zu protestieren. Die beiden Kirchenvertreter drohen mit dem Austritt aus der Freiwilligen Filmselbstkontrolle (FSK). Ein Kuriosum am Rande: Auch der »Verein für deutsche Schäferhunde e. V.« macht sich bemerkbar, weil er die Tierwürde herabgesetzt sieht.

Die Massen, die mit diesem Werbegetrommel ins Kino gelockt werden, sind dann freilich enttäuscht: Die betreffenden Szenen sind der Schere der Freiwilligen Selbstkontrolle zum Opfer gefallen. »Welt«-Kritiker Helmuth de Haas (14. September 1964) kann denn auch die ganze Aufregung nicht verstehen: Nach den Schnitten blieb ein Torso zurück.

Film und Fernsehen

Premieren

● Michelangelo Antonioni: *Il deserto rosso (Die rote Wüste)*. Eine pessimistische Geschichte von einer Welt, in der sich nur in Angst leben läßt. Antonioni erzielt mit absichtlich verfärbtem Farbmaterial dramaturgische Wirkungen.

● Luis Buñuel: *Le journal d'une femme de chambre (Tagebuch einer Kammerzofe)*. Anhand des Aufstiegs der Kammerzofe Célestine (Jeanne Moreau) greift Buñuel die Stützen der bürgerlichen Gesellschaft an.

● Zoltán Fábri: *Húsz óra (Zwanzig Stunden)*. Ein Reporter besucht eine landwirtschaftliche Produktionsgenossenschaft und stößt überall auf die Spuren des Aufstandes von 1956.

● Jean-Luc Godard: *Une femme mariée (Eine verheiratete Frau, 1965)*. Ein Film über ein Frauenschicksal in unserer Welt: Als die vernachlässigte Ehefrau Charlotte ein Kind erwartet, weiß sie nicht, ob ihr Mann oder ihr Freund der Vater ist.

● Pier Paolo Pasolini: *Il vangelo secondo Matteo (Das 1. Evangelium – Matthäus, 1965)*. In schönen schlichten Bildern zeigt der erklärte Marxist Pasolini einen kämpferischen Christus, der Nächstenliebe und soziales Engagement predigt.

● István Szabó: *Almodozások kora (Die Zeit der Träumereien)*. Am Beispiel einer privaten Geschichte – der Ingenieur Jancsi verliebt sich in die Juristin Eva und trennt sich später wieder von ihr – malt Szabó ein Porträt der jüngeren ungarischen Generation.

● Konrad Wolf: *Der geteilte Himmel (1965 in der Bundesrepublik)*. Nach Christa Wolfs gleichnamiger Erzählung erzählt Konrad Wolf die Geschichte der jungen Lehrerin Rita, die sich von dem von der DDR enttäuschten Chemiker Manfred trennt, als dieser in den Westen geht.

Ereignisse

● Der Bayerische Rundfunk startet sein III. Fernsehprogramm, die anderen ARD-Anstalten schließen sich bis 1969 an.

Revolution und Wahnsinn

Am 29. April hat am Berliner Schiller-Theater ein Stück Premiere, das wie kein anderes der sechziger Jahre Aufsehen erregt und als Beendigung des »Interregnums der Mittelmäßigkeit« (Friedrich Luft) gefeiert wird. Der Autor von Die Verfolgung und Ermordung Jean Paul Marats, *dargestellt durch die Schauspielgruppe des Hospizes zu Charenton unter Anleitung des Herrn de Sade ist der 48jährige, in Schweden lebende Peter Weiss. Man bewundert die Bühnenwirksamkeit, nur am Rande wird darüber debattiert, worauf Weiss mit der Darstellung der Französischen Revolution im Irrenhaus von Charenton abzielt. Daß Revolution gleichbedeutend mit Wahnsinn sei, kann in das Stück ebenso hineininterpretiert werden wie die These, daß der bürgerliche Charakter dieser Revolution das Scheitern und den Wahnsinn in sich trage.*

In kürzester Zeit wird das Stück in London (Regie: Peter Brook), Stockholm (Regie: Ingmar Bergman) sowie von Roger Planchon auf die Bühne gebracht.

Die Verfolgung und Ermordung des Marat..., 1964; Szenenfoto (Schiller-Theater, Regie: Konrad Swinarski) mit Ernst Schröder (links) als Marquis de Sade.

1964

Buhrufe aus verschiedenen Richtungen

Die Hamburgische Staatsoper profiliert sich immer mehr als Pflegestätte der modernen Opernliteratur. Und das ist im Zuschauerraum immer gut für heftige Meinungsäußerungen. Als am 17. Juni Ernst Křeneks *Der goldene Bock* nach einem eigenen Libretto uraufgeführt wird, rebellieren die Feinde der Zwölftonmusik. Auch der Umgang mit der Antike mißfällt vielen: Denn *Der goldene Bock* ist der Widder der griechischen Mythologie, der das Goldene Vlies trägt. Křenek geht die Geschichte ironisch an und holt die antiken Helden, Jason und Medea, in die Gegenwart, wo er sie ihres Heldentums entkleidet. Regie führt Egon Monk. Vor allem für die Szenen, in denen auf der Bühne Zeit und Raum überwunden werden, hat Křenek eine streng serielle Musik geschrieben. Zum herkömmlichen Orchester kommen noch elektronische Klänge, Glocken, Rasseln und ähnliches hinzu.

Protest gibt es auch, als am 17. September Gottfried von Einems Oper *Der Zerrissene* (nach Nestroy) uraufgeführt wird. Doch diesmal kommt er aus der anderen Richtung: Denn war Křenek zu modern erschienen, wird Einem jetzt als zu altmodisch empfunden. Freilich, es sind hier lediglich die Experten, die Anstoß nehmen; der Großteil des Publikums jubelt.

Von Einem hat, wie Heinz Josef Herbort in der »Zeit« vom 25. September sagt, eine Oper »in der Väter Weise« geschrieben. »Er machte den Avantgardisten eine lange Nase.« Alles andere hatten sie erwartet als eine Musik dieser Art: Schönstes Dur-moll ist da überwiegend. Klassische Gesetze der Harmonie regieren über lange Strecken. Nur gelegentlich erfolgen Einblendungen aus der Moderne: Dissonanzen, aufgerissene Rhythmik, Sprechgesang. Die Kritiker sind sich über den Sinn des Ganzen im Unklaren: Protestiert Einem gegen die Avantgarde oder parodiert er sie? Oscar Fritz Schuh inszeniert.

Verweigerung

Am 10. Dezember wird dem Schriftsteller und Philosophen Jean-Paul Sartre der Nobelpreis für Literatur verliehen. Sartre lehnt den Preis jedoch ab und sorgt dadurch für großes Aufsehen in der Öffentlichkeit. Gegenüber der schwedischen Akademie erklärt er: »Diese Haltung liegt in meiner Auffassung von der schriftstellerischen Tätigkeit begründet. Ein Schriftsteller, der politisch und sozial Stellung nimmt, darf nur mit seinen eigenen

Mitteln handeln, nämlich dem geschriebenen Wort. Alle Auszeichnungen, die er verliehen bekommt, setzen seine Leser einem Druck aus, den ich nicht für wünschenswert halte. Es ist nicht mehr dasselbe, wenn ich Jean-Paul Sartre, Nobelpreisträger, zeichne. Ein Schriftsteller muß sich weigern, sich in eine Institution verwandeln zu lassen.«

Indirekt hat diese Haltung Sartres schon in seinem in diesem Jahr erschienenen Werk Les mots *(Die Wörter, 1965) ihre Begründung erhalten.* Les mots *handelt nicht zuletzt von der Ohnmacht des schriftstellerischen Schaffens; um so mehr muß der Literat ein aufrichtiger Zeitgenosse sein, der durch nichts korrumpiert ist.*

Jean-Paul Sartre

Eine glänzende Beichte

Jean-Paul Sartre legt seine Memoiren vor: *Les mots (Die Wörter)* – die mit landläufigen Lebenserinnerungen allerdings wenig zu tun haben. Es ist eine Reise zurück in die Kindheit, in die ersten zwölf Jahre seines Lebens, eine brillante, intelligente und sarkastische Abrechnung mit sich selbst und den Menschen, die ihn zu formen trachteten. Sartre, der vaterlos aufwuchs, sieht sich als Kind, das viel zu früh in die Welt der Erwachsenen eintrat und diese auch nur über die Bücher wahrnahm. »Nichts schien mir wichtiger als ein Buch.« So ist für ihn im Alter von neun Jahren die große Schriftstellerkarriere schon zur Gewißheit geworden.

Der Titel *Les mots* bezieht sich darauf, daß er die Worte für die Quintessenz aller Dinge hält. Und ein Hauch von Resignation schleicht sich ein, wenn er schreibt, lange habe er geglaubt, seine Feder sei ein Degen – jetzt aber wisse er um ihre Ohnmacht. Gleichwohl: »Ich habe mein Leben begonnen, wie ich es zweifellos beenden werde: inmitten von Büchern.«

»Ich stelle mir vor…«

Mit dieser Zeile beginnen viele Absätze in Max Frischs Roman *Mein Name sei Gantenbein*, und sie ist kennzeichnend dafür, wie hier das Thema Identitätsproblem und Rollenspiel variiert wird. Drei Geschichten lösen sich ab, durchdringen sich gelegentlich oder werden durch neutrale Episoden voneinander geschieden.

Gantenbein simuliert nach einem Unfall Blindheit, um die Betrügereien seiner Frau einerseits nicht mehr sehen zu müssen, andererseits sie aber gleichzeitig besser durchschauen zu können. Gantenbein begegnet der Prostituierten Camilla, die vorgibt, Maniküre zu sein, und beide gehen auf die Täuschung des anderen ein. Enderlin verführt Gantenbeins Frau, die vorher Swoboda verlassen hat. Logik und Entwicklung sind von Frisch weitgehend unbeachtet geblieben, vielmehr werden Situationen aus individueller psychologischer Sicht dargestellt. Für den Leser sind die Handlungsstränge oft schwer zu entwirren, geben Frisch aber die Möglichkeit, alle Register seiner Fabulierkunst zu ziehen.

Ungenutzte oder mißbrauchte Kapazitäten

Der 1933 in die USA emigrierte, seit 1954 als Professor lehrende Sozialphilosoph Herbert Marcuse veröffentlicht One-Dimensional Man (Der eindimensionale Mensch, 1967). Die »Studien zur Ideologie der fortgeschrittenen Industriegesellschaft« werden zu einer theoretischen Grundlage der Neuen Linken. Vor allem aber geben sie Anstöße zur Studentenbewegung, deren Mittelpunkt zunächst Berkeley bildet.

Die von Marcuse vorgelegte Analyse hat den folgenden Ausgangspunkt: »Die (geistigen und materiellen) Fähigkeiten der gegenwärtigen Gesellschaft sind unermeßlich größer als je zuvor – was bedeutet, daß die Reichweite der gesellschaftlichen Herrschaft über das Individuum unermeßlich größer ist als je zuvor.« Zentrale Begriffe sind Repression bzw. repressive Toleranz als Kennzeichen moderner Herrschaftsausübung: »Unsere Gesellschaft ist dadurch ausgezeichnet, daß sie die zentrifugalen Kräfte mehr auf technischem Wege besiegt als mit Terror: auf der doppelten Basis einer überwältigenden Leistungsfähigkeit und eines sich erhöhenden Lebensstandards.« Zur Absicht der zu entwickelnden kritischen Theorie gehört die Analyse der Gesellschaft im »Lichte ihrer genutzten und ungenutzten oder mißbrauchten Kapazitäten zur Verbesserung der menschlichen Lage«.

Zumindest von »unproduktivem Ödland« spricht auch die Firma Krupp. Mit ihrer Forschung, Planung und Fertigung »für die Welt von morgen« wirbt sie 1964 durch die Anzeigenserie Blick auf 2000. Dieser Blick treibt den Pädagogen Georg Picht im selben Jahr zu seinem Alarmruf Die deutsche Bildungskatastrophe. Er rechnet vor, daß die Bundesrepublik mit ihren einklassigen Zwergschulen, ihrer im internationalen Vergleich viel zu geringen Anzahl von Abiturienten (1970 voraussichtlich nur 6,8 % des Jahrgangs; in Schweden 20 %) und ihrem drohenden Lehrermangel wirtschaftlich konkurrenzunfähig wird. Picht löst mit seinem Buch vor allem eine massive Bildungswerbung aus.

Blick auf 2000

Eine Schule im Moor? Heute kaum vorstellbar, morgen notwendige Wirklichkeit. In 36 Jahren wird es 6 Milliarden Menschen geben — zwei, wo heute einer lebt. Sie brauchen Wohnung, Brot und Arbeitsplätze. Dazu müssen die weißen Flächen auf der Wirtschaftskarte der Erde farbig werden • Die Welt von morgen fordert dort, wo heute noch unproduktives Ödland ist: Erschließung aller Bodenschätze, intensive Landwirtschaft, Industrialisierung, Verkehrsnetze, Wohnstädte. Diese Aufgabe ohne Beispiel verlangt die Konzentration der Kräfte und die enge Zusammenarbeit aller Industrienationen • Zu denen, die für die Welt von morgen schon heute forschen, planen und fertigen, gehört Krupp. Mit Anlagen und Erzeugnissen, die in Qualität und Konstruktion Zukunft sichern • Wo immer es um Zukunft geht —

627

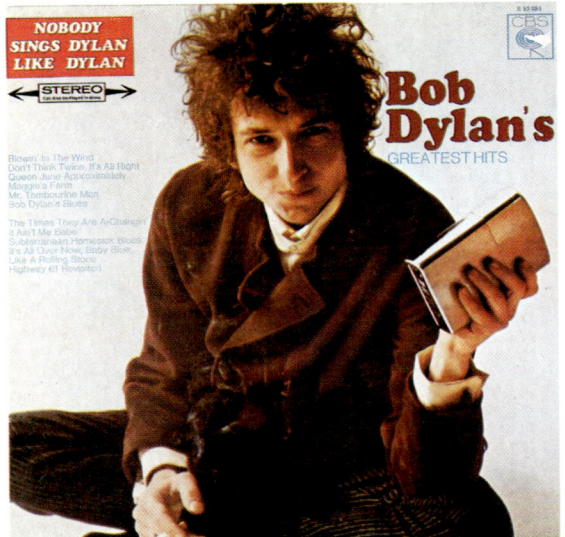

Bob Dylan
Plattencover

Joan Baez
Plattencover

Hippie-Mutter

Protest gegen Krieg und Gesellschaft

Der weltweit sich entwickelnde Protest gegen den Krieg in Vietnam findet in Amerika auch musikalischen Ausdruck. Vorbilder sind ältere Volkslieder, die oft Ausdruck der sozialen Auflehnung sind. Aus der Folksong-Bewegung treten einzelne Sänger hervor, die in der durch Vietnam verursachten Krise des amerikanischen Selbstbewußtseins zu Symbolfiguren der Opposition werden, allen voran Bob Dylan und Joan Baez.

Vom Blues und vom Country-Folk herkommend, begründet Bob Dylan um 1964 den Folk-Rock und schlägt zugleich mit einer härter werdenden Musik schärfere Töne der Sozialkritik und des antimilitaristischen Engagements an. Joan Baez schließt sich noch unmittelbarer der Widerstandsbewegung gegen den Völkermord in Vietnam an – sie singt nicht nur, sie spricht auch, bei Versammlungen und bei Demonstrationen; ihr musikalischer Beitrag besteht in couragierten Protestsongs und Antikriegsballaden.

Die Opposition gegen den Vietnam-Krieg in den USA spaltet sich schon früh in zwei Richtungen: in eine sich radikalisierende Protestbewegung und die große Zahl von Aussteigern, die ein eigenes Leben unabhängig von der als korrupt verstandenen Gesellschaft führen wollen. Vor allem an der amerikanischen Westküste sammeln sich die Hippies, Scharen von bunt kostümierten, freundlichen, in ihrer Haltung der Verweigerung aber entschlossenen jungen Leuten. »Flower Power« lautet eine ihrer Parolen, »Selbstfindung«, »Bewußtseinserweiterung« sind andere. Die Droge LSD (Lysergsäurediäthylamid) ist ein willkommenes Hilfsmittel. 1943 von einem Schweizer Chemiker entdeckt, macht LSD, anders als die »harten« Drogen Heroin oder Morphium, nicht süchtig, führt aber zu Halluzinationen. Viele LSD-Freunde scharen sich um den Psychologen Timothy Leary, der wegen seiner Experimente mit der Droge von der Universität Harvard entlassen und wegen Marihuana-Schmuggels zu 30 Jahren Gefängnis verurteilt, später aber auf freien Fuß gesetzt wird.

Vorstöße zum Meeresgrund

In diesem Sommer führt der französische Meeresforscher Jacques Yves Cousteau vor der französischen Mittelmeerküste sein Tauch-Unternehmen »Pre-Continent 3« durch. In 110 Metern Wassertiefe bietet ein zweistöckiges, unten offenes Stahlgehäuse sechs Tauchern für drei Wochen eine wohnliche Unterkunft. Niemals zuvor haben Menschen so lange und so tief unter dem Meeresspiegel zugebracht. In dem Cousteauschen Tauchgehäuse atmen sie nicht normale Druckluft wie die Froschmänner in geringeren Wassertiefen, sondern ein Gasgemisch, das vor allem aus Helium besteht. Dies hat sich bewährt, um den berüchtigten »Tiefenrausch« zu vermeiden, der durch übermäßige Anreicherung von Kohlendioxid unter Druck im Blut entsteht und die Sinne verwirrt.

Zur gleichen Zeit, da die Franzosen ihre »Pre-Continent«-Aktion durchführen und dabei Ausflüge auf den 125 Meter tief liegenden Meeresgrund machen, sind auch amerikanische Taucher vor der kalifornischen Küste bei La Jolla aktiv. Hier wird unter Leitung von Kapitän George F. Bond eine zigarrenförmige Unterkunft – das »Sealab II« – waagerecht in 63 Meter Tiefe verankert. Während 45 Tagen beherbergt das mit einigem Komfort eingerichtete Gehäuse eine Anzahl Froschmänner, unter ihnen den ehemaligen Astronauten Scott Carpenter, der sich 30 Tage ununterbrochen in der Tiefe aufhält.

Wie die Franzosen atmen auch die Amerikaner ein Gasgemisch, das zu 85 Prozent aus Helium besteht, um den Tiefenrausch zu vermeiden. Da das Helium die menschliche Stimme zu einem blechernen Fal-

sett verändert (ähnlich der Sprache der Walt-Disney-Figuren), müssen die Taucher möglichst tief und langsam sprechen, um sich verständlich zu machen. Ein abgerichteter Delphin (»Tuffy«) übernimmt Nachrichten- und Zubringerdienste vom Versorgungsschiff »Berkone« zur Tauchstation. Es werden neue heizbare Taucheranzüge erprobt, auch eine automatische Meßstation zur Kontrolle von Meeresströmungen und Wassertemperatur wird am Meeresgrund installiert.

Tauchunternehmungen wie diese sollen helfen, die Voraussetzungen für die Ausbeutung untermeerischer Ölquellen und anderer Rohstoffe zu schaffen. Außerdem wird an die Anlage von Algenzuchten im Meer gedacht.

Naturwissenschaft, Technik, Medizin

● Manfred von Ardenne veröffentlicht seine Erfahrungen mit der von ihm entwickelten Krebs-»Mehrschritt-Chemotherapie«. Sie besteht aus einer medikamentösen Behandlung, nachdem der Körper des Kranken auf bis zu 44 Grad Celsius aufgewärmt worden ist.

● In den USA wird durch Penzias und Wilson die kosmische »Hintergrundstrahlung« entdeckt. Dabei handelt es sich um eine Radiostrahlung im Zentimeterbereich, die als »Mikrowellenrauschen« gleichförmig über den Himmelshintergrund verteilt ist. Sie wird als Überbleibsel eines frühen, sehr heißen Entwicklungsstadiums des Universums unmittelbar nach dem »Urknall« gedeutet.

● Der genetische Code ist durch Marshall Nirenberg und seine Mitarbeiter weitgehend entziffert worden. »Code« steht für die funktionelle Bedeutung der Abfolge von DNS-Bausteinen auf dem Erbträgermolekül. Es bestätigt sich, daß Zellprodukte wie Hormone, Enzyme usw. aufgrund von »Bauanweisungen« entstehen, die in der DNS chemisch verschlüsselt enthalten sind.

Sozialer Brutalismus

Nach vierjähriger Planungs- und Bauzeit beginnt mit dem Sommersemester der Lehrbetrieb an der Universität Bochum, der ersten Universität im Ruhrgebiet. Geplant war eine Reformuniversität, die dem Ansturm großer Studentenzahlen gerecht wird. Gemäß dem alten Humboldtschen Ideal der Einheit der Wissenschaften sollte organisatorisch wie architektonisch ein Bogen von der Theologie bis zu den Ingenieurwissenschaften geschlagen werden; »Verflechtung der Disziplinen« lautete das Schlagwort.

Entstanden ist eine überdimensionale Lehr- und Lernstadt. Auf einer Fläche von vier Quadratkilometern befindet sich ein kompliziertes System von Flach- und Hochbauten, Innenhöfen, Übergängen, Querverbindungen und Foren; eine Doppelreihe von insgesamt dreizehn Hochhäusern, durch Flachbauten miteinander verbunden, soll architektonische und geistige Geschlossenheit zum Ausdruck bringen. Die Geschlossenheit ist so perfekt, daß der Komplex ein verwirrendes, undurchdringliches Labyrinth bildet, in dem selbst ältere Studenten, Angestellte und Lehrende sich auch nach Jahren nicht zurechtfinden. Brüstete man sich früher, einen »futuristischen Bau« zu verwirklichen, ist nach Fertigstellung der Hochschule nur noch von der »brutalen Beton-Uni« die Rede. Aber selbst diese Charakterisierung ist zu harmlos, denn schon nach kurzer Inbetriebnahme der Gebäude wird die Lehr- und Lernstätte zur »Selbstmord-Uni«. Selbstmordversuche von Studenten, die mit der Vereinzelung in dieser Betonburg nicht mehr fertig werden, führen dazu, daß eine »Selbstmord-AG« in Bochum gegründet wird. Das Konzept einer modernen und humanistischen Hochschule ist gescheitert.

Viel bescheidener sind die Aufbauschritte für die Universität Konstanz, die 1966 eröffnet wird. Besonders die katastrophalen Fehler von Bochum sollen nicht wiederholt werden.

Oben: Ruhruniversität Bochum, eröffnet 1965.
Mitte: Provisorium der Universität Konstanz, eröffnet 1966.

1965

Bildende Kunst

Werke

● Alexander Calder: *Têtes et Queue* (Stahlstabile).
● Marc Chagall: *Blumenbukett mit Liebespaar.*
● David Hockney: *California* (Gemälde im Stil der englischen Pop-art).
● Konrad Klaphek: *Vergessene Helden* (Gemälde).
● René Magritte: *Im Freien* (surrealistisches Gemälde).
● E. W. Nay: *Menschlichkeit* (abstraktes Gemälde).
● Paul Wunderlich: *Leda 65* (Farblithographie).

Ausstellungen

● Aachen: Vom 26. Juli bis 19. September 10. Ausstellung des Europarats: *Karl der Große – Werk und Wirken* mit mehr als tausend Exponaten aus der Zeit des Karolingers.
● Brüssel: *Das Jahrhundert des Peter Paul Rubens* im Königlichen Museum für Alte Kunst.

Ereignisse

● Berlin: Das Berlin-Museum wird eröffnet, das seine Errichtung vor allem dem Kunsthistoriker Edwin Redslob verdankt.
● Frankfurt und Hamburg: Der Frankfurter Kunstverein (bis 4. Juli) und der Hamburger Kunstverein (ab 28. Juli) veranstalten die zweite große Picasso-Ausstellung in Deutschland nach dem Krieg. Mit 152 Blättern ist sie ausschließlich dem Zeichner Picasso gewidmet.
● Hannover: Die erste Ausstellung der Sammlung Sprengel wird vom 10. Oktober bis Mitte November in den Räumen des Kunstvereins Hannover veranstaltet. Die mehr als 600 Werke umfassende Sammlung des Schokoladenfabrikanten und Kunstförderers Bernhard Sprengel ist eine der größten und reichsten ihrer Art in Deutschland.

Ideen statt visueller Erlebnisse

René Magritte hat in La révolution surréaliste *(1929) ein Verfahren beschrieben, das die verschiedenen Ebenen der Realität demonstriert: »Ein Gegenstand kommt in Berührung mit seinem Abbild, ein Gegenstand kommt mit seinem Namen in Berührung.« Genau dies verwirklicht der New Yorker Vorkämpfer der Concept-art Joseph Kosuth mit seinem Triptychon* One and Three Chairs, *in dem er das Phänomen Stuhl als Gegenstand, Foto und lexikalische Definition präsentiert.*

Der Text lautet: »Chair, I. s. der Stuhl, Sessel; (seat) der Sitz; das Schienenlager (Railw.); die Würde or das Amt (des Lord Mayor); (presidency) der Vorsitz; – ! – ! zur Ordnung! easy- –, der Lehnstuhl; folding –, der Klappstuhl; professorial –, der Lehrstuhl; sedan –, der Tragsessel; unholsteres –, der Polsterstuhl; 1. (with verbs) address the –, den Vorsitzenden anreden; a new – was founded, eine Professur or ein Lehrstuhl wurde gegründet; hold the – of German, den Lehrstuhl für Deutsch innehaben; take the –, den Vorsitz übernehmen; 2. (with prepositions) with Dr. J. in the –, unter dem Vorsitz von Dr. J.; Dr. J. in the –, Dr. J. als Vorsitzender; be called to the –, zum Vorsitzenden (einer Versammlung) berufen werden. II. attrib.: – back, die Stuhllehne; – caning, das Rohrgeflecht. III. v.a. auf den Schultern tragen.« Es folgen Komposita. Was der neben Stuhl und Stuhlfoto plazierte Text zum Bewußtsein bringen kann, ist die vielfältige Verwendung der Vokabel »chair« im übertragenen Sinne, also in einer Bedeutung, die »vermittelt« ist.

Ein Anstoß zur Konzeptkunst ist die Tatsache, daß die Gegenstände im Medienzeitalter mehr denn je als vermittelt in Erscheinung treten. Ein einfaches Beispiel zeigt die Abbildung neben One and Three Chairs. *Die mit dem Medium der Fotografie gestaltete Anzeige verweist zugleich auf das Medium Fernsehen bzw. Trickfilm, in dem das 1958 ins Werbeleben getretene HB-Männchen agiert.*

Mitte links: Joseph Kosuth, One and Three Chairs, 1965.
Mitte rechts: Anzeige, 1965.

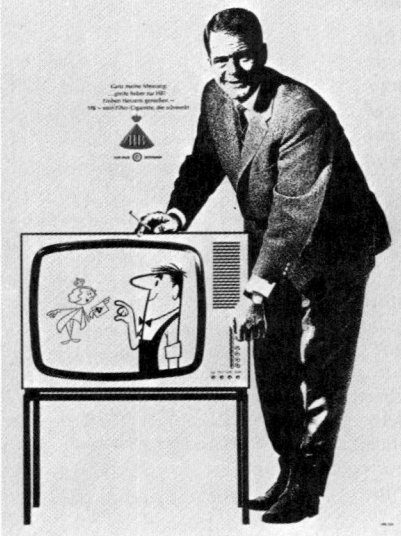

Kunst im Kopf

Die Entdinglichung der Kunst schreitet in der Concept-art weiter voran. Die Aussage des Kunstwerks tritt gegenüber seiner Konzipierung zurück. Die Concept-Künstler verzichten auf eine materielle Realisation ihrer Ideen und stellen nur Skizzen, schriftliche Entwürfe und Projektpläne vor. Sie fühlen sich an eine immer komplexer gewordene Wirklichkeit gebunden, auf die es den Betrachter hinzuweisen gilt. Er soll aus seiner passiven Rolle herausgeführt und in seiner Denk- und Einbildungskraft aktiviert werden – als Teilhaber an der künstlerischen Produktion. Und weil die Concept-art sich mit Wirklichkeit befaßt, wird der »Benutzer« gleichzeitig aufgefordert, diese zu verändern. Damit wird gleichzeitig der künstlerische Vorgang zum Diskussionsthema. Der Künstler demonstriert, aus wie vielen Richtungen man sich dem gleichen Objekt nähern kann.

Joseph Kosuth demonstriert das beispielhaft mit seinem Objekt *One and Three Chairs* (1965), das aus einem realen Stuhl besteht, der Fotografie eines Stuhls und einem Lexikonabschnitt über den Stuhl. Kosuth definiert die Concept-art so: »In ihrem strengsten und radikalsten Extrem ist die Kunst, die ich konzeptuell nenne, eben dergestalt, weil sie auf einer Untersuchung über das Wesen von Kunst beruht. Daher besteht sie nicht einfach in der Tätigkeit der Anfertigung von Kunstaussagen, sondern im Ausarbeiten und Durchdenken sämtlicher Implikationen in allen Aspekten des Begriffs Kunst … Das Publikum der Conceptual Art setzt sich vorwiegend aus Künstlern zusammen – was besagt, daß ein von den Beteiligten getrenntes Publikum nicht existiert. Daher wird Kunst in gewissem Sinn so ernsthaft wie Wissenschaft oder Philosophie, die gleichfalls kein Publikum haben.« Die neue Kunst ist, so konstatiert Kosuth, »interessant oder nicht, je nachdem, ob jemand informiert ist oder nicht«.

Weitere Concept-Künstler sind die Amerikaner Lawrence Weiner (*Eine Sprühdose von 400 Gramm Emailfarbe bis zur Entleerung direkt auf den Boden gesprüht,* 1967/68), Douglas Huebler (*The point above, exactly at the instant that is perceived, locates itself in the center of gravity of its percipient and rests fixed in that location for an instant,* 1969) und Robert Barry (*Something I was once conscious of but have now forgotten,* 1969).

Barry treibt das Konzept der Entdinglichung auf die Spitze. Vorzeigbare Kunst lehnt er ab und besteht statt dessen darauf, daß die Arbeit aus den Ideen und Vorstellungen bestehe, die die Leute hätten, die seine Äußerungen darüber lesen würden. Sprache soll die Situation andeuten, in der Kunst existiert. Die aber ist für jeden eine andere.

Daniel Spoerri
Gebauchpinselt
1965

Wort-Falle

*Um 1560 hat Pieter Bruegel d. Ä. mit
seinem Gemälde Die niederländischen Sprichwörter das Gesamtbild
einer »verkehrten Welt« geschaffen, in
der man mit dem Kopf gegen die Wand
rennt, den Mantel nach dem Wind
hängt und den Aal am Schwanz
packen will.*

*400 Jahre nach Bruegel erweist sich die
Nachgestaltung bildhafter Ausdrücke
und Redewendungen der Umgangssprache erneut als gestalterische Aufgabe. Ein weiblicher Torso, bestückt
mit drei Pinseln und bekleckert, dazu
ein ausgestopfter Piepmatz: kein
Zweifel, hier wurde/wird gebauchpinselt, was soviel heißt wie: »umschmeicheln, betörend beschwatzen, pinseln
=streichen, streicheln: Anspielung auf
eine dem Leib (insbesondere wohl der
Schamgegend) geltende Liebkosung«
(Heinz Küpper). Das Objekt Gebauchpinselt des 35jährigen gebürtigen Rumänen Daniel Spoerri trägt die
Gattungsbezeichnung Wort-Falle. Mit
diesen Arbeiten nähert sich der Neue
Realist Spoerri der Pop-Objektkunst.
Kennzeichnend hierfür ist, daß Gebauchpinselt wie eine erstarrte Aktion
anmutet und daß die Verbildlichung
eines populären Ausdrucks Berührungspunkte mit der Werbung besitzt,
die sich ihrerseits mit Vorliebe allgemein verbreiteter und bildhafter
sprachlicher Mittel bedient. In diesem
Zusammenhang ist Spoerris Objekt
als Erkundung der Bildwelt zu verstehen, die der Sprache innewohnt.*

*Vorausgegangen sind zu Beginn der
sechziger Jahre Spoerris Fallenbilder:
Reliefs aus Gegenständen, die in der
Anordnung auf ihrer Unterlage befestigt sind, die sich zufällig ergeben hat.
Im Hinblick auf die von Spoerri vorgelegte Beschreibung eines solchen Fal-
lenbildes schreibt Willy Rotzler: »In
der beklemmenden Ansammlung von
disparaten und doch verbundenen
Fakten, von Erinnerungsfetzen, Assoziationen und Randbemerkungen er-
steht das detailreiche Panorama eines
Mikrokosmos, das uns eindrücklich
belehrt: jedes Stück Realität, selbst das
unscheinbarste, ist unserer Beachtung
würdig, auch in unserem Papierkorb
ist Welt.«*

Georges Mathieu
Potencé contre potencé
(Gesamtansicht und Ausschnitt)
1965

Roy Lichtenstein
Great Painting No. 6
1965

Aktion und Reaktion

Die Pop-art der sechziger Jahre ist die unmittelbare Reaktion auf den Abstrakten Expressionismus, die Informelle Kunst, die Action-painting bzw. den Tachismus. Allen diesen Bestrebungen ist eines gemeinsam: der radikale Versuch, die Kunst aus jeglicher Abhängigkeit von einer nachzubildenden »Vorlage«, und sei dies auch nur eine abstrakte Ordnungsvorstellung, zu befreien. Hierzu erklärte der französische Maler Georges Mathieu 1960 in seinem Aufsatz De la dissolution des formes (deutsch in der ausschließlich der Informellen Malerei gewidmeten Sammlung Theorien zeitgenössischer Malerei, 1963): »Wenn tatsächlich zu allen Zeiten die Bedeutung dem Zeichen vorausgegangen war, ist von nun an die Beziehung Zeichen-Bedeutung umgekehrt … Zu allen Zeiten fand man Zeichen für eine erfundene Sache; von nun an wird ein gegebenes Zeichen lebendig und wahrhaftig ein Zeichen sein, sobald es sich verkörpert« – und zwar durch den Malakt, den Mathieu vielfach als öffentliche Malaktion vorführte.

Die vollkommen entgegengesetzte Grundhaltung der Pop-art läßt sich kaum deutlicher vor Augen führen als durch die Gegenüberstellung der beiden im selben Jahr entstandenen Gemälde des 44jährigen Mathieu und des 42jährigen Roy Lichtenstein, dessen »Markenzeichen« die überdimensionale Nachgestaltung von Comic-strip-Motiven bildet. Mathieus Gemälde ist bis ins Detail der unmittelbare Ausdruck von Dynamik, Spontaneität, Entladung, die in Farbsubstanz und Formenergie manifestierte schöpferische Aktion weniger Augenblicke. Lichtenstein dagegen verweist lediglich auf ein Gebilde, das die Form mehrerer Pinselschwünge besitzt und insofern gleichfalls Bewegung, Spontaneität zum Thema hat. Dieses Dokument bildet die Vorlage für das eigentliche Gemälde mit seiner Technik der verfremdenden Nachbildung. Von hier aus wird verständlich, weshalb Lichtenstein in einem Interview die Hoffnung ausdrückt, daß die »formale Bedeutung« in seinem Werk »mit der Zeit deutlicher wird.«

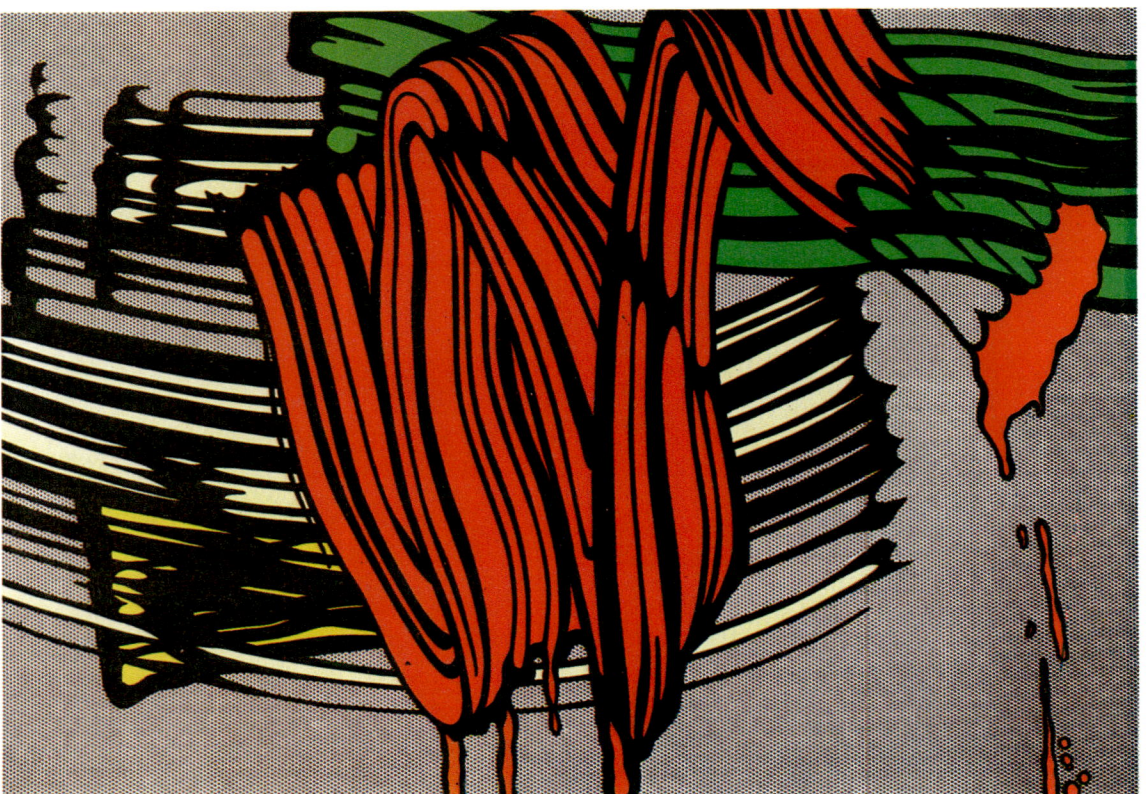

Angriff auf das Publikum

Das Living Theatre geht ins Exil nach Berlin. Nach einem Steuerprozeß ist den Gründern, Julian Beck und Judith Malina, in New York das Theaterhaus beschlagnahmt worden. Dort bestand das Theater seit den fünfziger Jahren. Gegenüber dem gefälligen Broadway-Theater praktiziert das Living Theatre die Theorien des französischen Literaten Antonin Artaud (1896–1948): In seinem »Theater der Grausamkeit« wollte Artaud das Publikum durch Exzesse und Ekstase aus seiner Lethargie aufschrecken. Die Ziele des Theaters, die die Mitglieder auch für sich zu verwirklichen suchen, sind Pazifismus, Gewaltlosigkeit, Verzicht auf Besitz, freie Entwicklung des einzelnen. Gegner sind deshalb der Staat und das Geld.

Das Living Theatre ist anarchistisch, und diese Lebenshaltung findet auf der Bühne ihre Entsprechung. Theater wird zum Mittel der Verbindung

zwischen den einzelnen. Keiner ist Berufsschauspieler im traditionellen Sinn, keiner übernimmt eine vorgeschriebene Rolle, sondern lebt sie aus sich selbst heraus. Das Stück ist dann das Ergebnis eines Reifeprozesses, den alle zusammen mitgemacht haben.

Es gibt auch kein Bühnenbild und keine Kostüme – so wird demonstriert, daß hier Kunst und Leben zusammenfließen. Und deswegen werden die Zuschauer auch stärker einbezogen als bei jedem klas-

sischen Theater. Die Schauspieler agieren mitten unter den Zuschauern; diese werden manchmal auf die Bühne gebracht und aufgefordert, sich selbst zu äußern, an der gemeinsamen Erfahrung des Ensembles teilzunehmen. Das Kollektiv, als Zusammenschluß freier, sich selbst bestimmender Individuen, läßt den Einzelhelden zurücktreten und damit auch das Wort. Die körperliche Gebärde, die das Gefühl und die Stimmung des Schauspielers ausdrückt, dominiert.

Bildende und darstellende Kunst

Die auf der gegenüberliegenden Seite durch die Konfrontation zweier Gemälde angedeutete Divergenz zweier Grundhaltungen innerhalb der bildenden Kunst läßt sich in entsprechender Weise im Bereich des Theaters beobachten.

Mit dem Living Theatre gastiert 1965 in West-Berlin eine Truppe, deren Arbeits- und Darbietungsweise als Aktionstheater der Aktionsmalerei ähnelt. Selbst wenn die Absicht vorherrscht, ein reales (jedoch kaum in der Vorstellung realisierbares) Geschehen nachzubilden, erfolgt diese Darstellung mit den Mitteln der körperlichen Aktion. Ein Beispiel ist die Szene Tod in der Gaskammer aus dem Programm Mysteries: »Auschwitz kann nicht nachgespielt werden – man muß es, so scheint die Überlegung zu dieser Szene gewesen zu sein, man muß es nacherleben, nachvollziehen. Da quillt nun die Bühne über vor zuckenden, stöhnenden, sich wälzenden und verkrampfenden Menschenleibern, verzerrten Gesichtern, denen unartikulierte Schreie sich entringen oder stummer, anklagender Schmerz…« (Ernst Wendt).

Wie die Aktionskunst bringt das Aktionstheater Zeichen hervor, die ihre Bedeutung durch ihre Verkörperung gewinnen.

Äußerste Distanz zu ihrem Gegenstand demonstrieren dagegen Peter Zadek (Regie) und Wilfried Minks (Bühnenbild) 1966 bei ihrer Bremer Inszenierung von Schillers Räubern. Den Pop-Charakter der Inszenierung verdeutlicht nicht allein der Rundhorizont mit seinen Comic-strip-Motiven im Stil Roy Lichtensteins. Auch die handelnden Personen sind in »Zitate« aus der populären Typologie verwandelt: Franz Moor ist eine Ausgeburt des Horrorfilms, und Karl tritt als blondgelockter Westernheld in engen Lederhosen auf.

Oben: Friedrich Schiller/Peter Zadek/Wilfried Minks, Die Räuber; Bremen 1966.
Mitte: Living Theatre, Mysteries; Berlin 1965.

Theater

Premieren

● Peter Hacks: *Moritz Tassow,* wird am 5. Oktober an der Volksbühne Ost-Berlin uraufgeführt. Das Stück spielt im Herbst 1945 in einem mecklenburgischen Dorf und zeigt, wie der Traum vom Idealkommunismus an der Wirklichkeit zerbricht.

● Henry de Montherlant: *La guerre civile (Der Bürgerkrieg)* wird am 26. Januar am Pariser Théâtre de l'Œuvre uraufgeführt. Im Spiegel des römischen (zwischen Pompeius und Caesar) scheint der Weltbürgerkrieg unserer Tage auf.

● John Osborne: *A Patriot for Me (Ein Patriot für mich,* Bremen 21. September 1966) wird am 30. Ju-

ni am Londoner Royal Theatre uraufgeführt. Osborne benutzt den Spionagefall des österreichischen Obersten Redl vor dem Ersten Weltkrieg, Straffreiheit für Homosexualität zu fordern.

Ereignisse

● Am 11. Juni wird das neue Haus der Ruhrfestspiele Recklinghausen eröffnet.

1965

Auschwitz auf dem Theater

Die Diskussion über das Stück setzt lange vor der Uraufführung ein: Peter Weiss' *Die Ermittlung*, ein *Oratorium in elf Gesängen*. Weiss hat darin die Aussagen des Frankfurter Auschwitz-Prozesses von 1963/64 zusammengefaßt und verdichtet. Die Angeklagten und Zeugen werden nicht als ganz bestimmte Personen vorgeführt, sondern stehen für Typen, Meinungen, Richtungen. Dramaturgisch äußerst karg – das Werk ist mehr eine Lese- als ein Theaterstück –, macht es über die Sprache der damaligen Zeit und die Phraseologie der Täter die moralische Perversion des NS-Staates deutlich.

Schon vor der Aufführung werden Bedenken gegen das Stück laut. Joachim Kaiser schreibt in der »Süddeutschen Zeitung« unter der Überschrift »Plädoyer gegen das Theater-Auschwitz«: »Auschwitz ... sprengt den Theaterrahmen, ist unter ästhetischen Bühnenvoraussetzungen schlechthin nicht konsu-

mierbar.« Er fragt, ob nicht das schlechte Gewissen die Theaterleute zur Annahme des Stückes getrieben habe. Die Uraufführung am 19. Oktober findet gleichzeitig auf 14 Bühnen in beiden Teilen Deutschlands sowie im Londoner Aldwych Theatre statt. In der DDR-Volkskammer wird das Stück gelesen, zwischen dem 26. Oktober und 21. November wird es von neun Rundfunkanstalten der Bundesrepublik gesendet, eine Fernsehfassung von Egon Monk folgt.

Die Skepsis bestätigt sich für viele durch die Aufführungen. Angesichts der grauenvollen Dimensionen des tatsächlich Geschehenen, das hier vorgeführt wird, kann kein Instrumentarium zur Bewertung eines Theaterstücks noch fassen. Einige Intendanten, von der »Zeit« dazu befragt, meinen, hier müsse das Theater aber auch eine publizistische Aufgabe wahrnehmen, die Jugend über die deutsche Vergangenheit zu informieren – so Arno Assmann (Köln) und August Everding (Münchener Kammerspiele).

Politik und Kritik

»Nichts als Luft« lautet der Bildtext zu der rechts wiedergegebenen Karikatur, die der »Industriekurier« zur Einstellung der Ermittlungen gegen den »Spiegel« veröffentlicht. In diesen Worten lassen sich auch die meisten Kommentare der in- und ausländischen Presse zur juristischen Beendigung der zweieinhalb Jahre während den »Spiegel«-Affäre zusammenfassen, die im Oktober 1962 durch den angeblichen Verrat militärischer Geheimnisse im Bericht über die NATO-Übung Fallex 62 sowie die sich anschließende Durchsuchung der »Spiegel«-Redaktion und mehrere Verhaftungen (darunter Rudolf Augstein und Conrad Ahlers) ausgelöst worden ist. Vor allem die Aktivität des Verteidigungsministers Franz Josef Strauß, der schließlich vor dem Bundestag die Möglichkeit von »Fehlern« einräumen muß, wurden als Versuch der Zensur und Einschüchterung der kritischen Presse bewertet.

Die Karikatur rechts außen bezieht sich auf die Probleme, die Kanzler Ludwig Erhard im Umgang mit Schriftstellern wie Rolf Hochhuth, Uwe Johnson, Martin Walser und Günter Grass hat. Letzterer bedroht in der Ironimus-Darstellung den Kanzler als Pinscher – denn als solchen hat Erhard ihn und andere bezeichnet. Speziell über die von Hochhuth an der Wirtschaftspolitik geäußerte Kritik ergeht das Urteil: »Da hört bei mir der Dichter auf, und es fängt der ganz kleine Pinscher an, der in dümmster Weise kläfft.«

Zugrunde liegt das Eintreten der genannten Schriftsteller »für eine neue Regierung« (Untertitel eines bei Rowohlt erschienenen Bändchens). Grass macht sich obendrein unbeliebt als SPD-Propagandist im Vorfeld der Bundestagswahl am 19. September, die zu Erhards letztem politischen Triumph wird. 1966 muß er sein Amt an Kurt Georg Kiesinger, den Kanzler der Großen Koalition aus CDU/CSU und SPD, abtreten. Sie löst den Zusammenschluß der kritischen Intelligenz in der Außerparlamentarischen Opposition aus.

Karikaturen, 1965.

Wohin die Fahrt gehen soll

Der Lyriker Hans Magnus Enzensberger gründet eine neue Zeitschrift, und der Verlag Suhrkamp gibt sie heraus: das »Kursbuch«. Innerhalb von nur fünf Jahren entwickelt sich das »Kursbuch« zum unangefochten einzigen theoretischen Organ der marxistisch orientierten literarischen Linken in der Bundesrepublik. Freilich nicht der parteigebundenen. 1967/68 ist es Sprachrohr der Studentenrebellion. Mit einer Auflage von 20 000 Exemplaren bei vierteljährlicher Erscheinungsweise stellt es alle anderen Literaturzeitschriften bei weitem in den Schatten: die »Neue Rundschau« oder »Akzente« etwa, die es beide nur auf eine Auflage von je 7500 Exemplaren bringen. Auch reicht der Anspruch des »Kursbuchs« über die Literatur hinaus, abgehandelt werden ebenso politische Probleme, und es werden Do-

kumentationen (Dossiers) geboten. So bringt das erste »Kursbuch« neben polnischer und finnischer Lyrik, Texten von Samuel Beckett, Jürgen Becker und Uwe Johnson im ersten Dossier zwei Interviews mit Jean-Paul Sartre und eine Polemik gegen ihn, im zweiten ein Gedächtnisprotokoll von Peter Weiss aus dem Frankfurter Auschwitz-Prozeß, Vorstufe zur *Ermittlung*. Das »Kursbuch« will sich laut Enzensberger dem Pluralismus anderer deutscher Literaturzeitschriften verschließen und sich anstelle dessen »dadurch definieren, daß nicht alle in ihm schreiben«.

1970 trennt sich Suhrkamp-Verleger Siegfried Unseld vom »Kursbuch«, da dort verschiedentlich Polemik gegen seine Autoren betrieben wird. Die Zeitschrift wird von dem Berliner Verlag Wagenbach übernommen und erscheint seit 1973 im Kursbuch/Rotbuch Verlag.

Literatur

Neuerscheinungen
- Truman Capote: *In Cold Blood (Kaltblütig)*. Capote rollt dokumentarisch einen aufsehenerregenden Mordfall auf und bemüht sich um die Aufschlüsselung der Motive der Mörder.
- Wolfgang Hildesheimer: *Tynset*. Hildesheimers Grundthema: die Wirklichkeit des Absurden, was umgekehrt zur Folge hat, daß alles Wirkliche absurd ist. Für die Erzählweise bedeutet dies, daß die Realität sich in Monologe über Träume, Erinnerungen und Phantasien auflöst.
- Uwe Johnson: *Zwei Ansichten*. In Gestalt zweier Liebender, die sich nach dem Mauerbau trennen, werden die beiden deut-

schen Staaten einander konfrontiert.
- Hermann Kant: *Die Aula*. Am Beispiel der Geschichte einer Arbeiter-und-Bauern-Fakultät rollt Kant die Geschichte der DDR auf.
- Norman Mailer: *An American Dream (Der Alptraum)*. Eine scharfe Kritik am Amerika der frühen sechziger Jahre, die sich zur Untergangsvision verdichtet.

Friedensreich Hundertwasser
Narrenhaus –
Mausoleum der Maler –
Sie haben Bethäuser und
benutzen sie nicht
1964/1965

Allan Jones
Der gefältelte Rock
1965

Geheimnis und Appell
der Dinge

»Immer, wenn ich nicht weiß, womit ich anfangen soll, fange ich mit einem Haus an – oder mit einer Spirale.« Diesen Einblick in Friedensreich Hundertwassers Arbeitsweise überliefert Wieland Schmied im Nachwort zur Ausgabe von 24 Arbeiten des österreichischen Malers und Architekturkritikers aus den Jahren 1965/66, die 1967 unter dem Titel Der Weg zu Dir in Buchform erscheinen. Zu ihnen gehört das rechts oben wiedergegebene Blatt in Mischtechnik, das wie viele andere mehrere Titel hat. Den Rekord bilden 78, wobei Hundertwasser »die Assoziationskette nachvollzog, die das Bild in ihm auslöste. Diese Assoziationskette nannte er ›Individualfilm‹ – der Film, der im Inneren des Betrachters abläuft –, und er hat daraus eine Theorie des Anschauens von Bildern entwickelt, seine ›Grammatik des Sehens‹. Den Wert eines Bildes bestimmt für ihn der Reichtum und die Qualität der inneren Vorstellungen, der Assoziationen und Empfindungen, die es in einem Betrachter hervorzurufen vermag« (Schmied).

Die in gewisser Weise an Paul Klee anknüpfenden Kompositionen bilden insofern lediglich die Eingänge zu Vorstellungsbereichen. Narrenhaus – Mausoleum der Maler – Sie haben Bethäuser und benutzen sie nicht läßt sich unter diesem Gesichtspunkt als programmatisch betrachten, da hier das Motiv des Zugangs in Gestalt von Toren unmittelbar thematisiert ist.

Sie haben Bethäuser und benutzen sie nicht könnte auf einen Pop-Maler wie den Engländer Allan Jones gemünzt sein. Auch seine Bilder haben etwas mit Vorstellungen zu tun, die jedoch weniger aus dem »Innenraum« stammen, sondern im Bereich von Mode und Sexualität angesiedelt sind. Ein Markenzeichen von Allen Jones ist der high-heeled shoe, der Schuh mit Bleistiftabsatz. In Zeichnungen und Gemälden, Objekten und Multiples (vervielfältigten Objekten) huldigt Jones diesem Thema, das letztlich Ausdruck eines mit neuer Nahrung versehenen Schuhfetischismus ist.

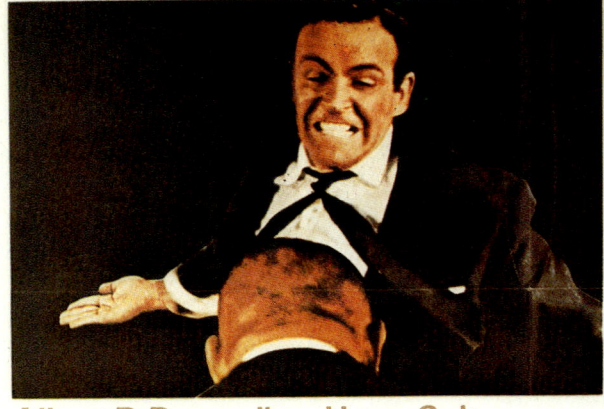

JAMES BOND IST WIEDER IN AKTION!

Albert R. Broccoli und Harry Saltzman zeigen

Sean Connery als Geheimagent

007 in Ian Fleming's

GOLDFINGER

in weiteren Hauptrollen

Gert Fröbe
als Goldfinger

Honor Blackman
als Pussy Galore

HARRY SALTZMAN und ALBERT R. BROCCOLI zeigen

SEAN CONNERY als James Bond 007 in IAN FLEMING'S

007 GREIFT ZU

FEUERBALL

Sean Connery in
Goldfinger, 1964
Plakat zur deutschen Fassung 1965

Sean Connery in
Thunderball, 1965
Plakat zur deutschen Fassung 1965

Ein westlicher Held im Gestrüpp der Geheimdienste

Thunderball (Feuerball) *läuft in den Kinos an. Mit diesem von Terence Young inszenierten Film setzt sich James Bond 007 auf der Leinwand endgültig durch. Es ist der vierte der James-Bond-Filme, denen Romane des im Vorjahr verstorbenen britischen Kriminalschriftstellers Ian Fleming zugrunde liegen. Fleming, der selbst während des Zweiten Weltkriegs im britischen Geheimdienst tätig war, kennt den Stoff, aus dem Bonds Abenteuer sind, aus eigener Anschauung. Hauptdarsteller der ersten James-Bond-Filme ist der schottische Schauspieler Sean Connery. James Bonds Dienstnummer 007 besagt, daß der Agent auch die Lizenz zum Töten hat. Mit allen Mitteln der Macht ausgestattet, kann er sich auf Verbrecher- und Agentenjagd begeben. Die Geheimdienste jagen ihn, wie er seinerseits im Auftrag Ihrer britischen Majestät fremden (östlichen) Geheimdiensten oder potentiellen (östlichen) Weltbeherrschern auf die Spur kommt. Kaltblütig und abenteuerlustig besteht er alle Gefahren. Mit Witz und coolem Charme nähert er sich der weiblichen Welt, die entweder in seinen Diensten steht oder ihn in Gestalt rassiger Agentinnen in ihre Netze locken soll.*
Trotz aller Brutalitäten darf aber James Bond kein ungehobelter Draufgänger sein: Er versteht etwas von gepflegten Weinen und kultiviertem Essen, er weiß sich in der großen Welt selbstsicher und elegant zu bewegen. Sein Männlichkeitswahn erleidet niemals Schaden. Für Männer stellt er die Verkörperung ihrer Omnipotenz dar, für Frauen soll er der geheime Traumheld sein.
Anfang der sechziger Jahre wurden kurz hintereinander die ersten Bond-Filme produziert, die den Weltruhm des westlichen Helden begründen: Dr. No (James Bond jagt Dr. No, 1962), From Russia with Love, 1963 (deutsch Liebesgrüße aus Moskau, 1964) und Goldfinger, 1964 (deutsch 1965).
»Es ist alles reine Phantasie«, sagte Fleming über seinen Helden, »geronnene Wunschträume eines jugendlichen Hirns.«

Film

Premieren

● Michael Cacoyannis: *Alexis Zorbas (Alexis Sorbas)*. Eine Tragikomödie um einen jungen Engländer, den es in den dreißiger Jahren in die archaische Welt Kretas verschlägt. Vor allem die persönliche Statur, die Anthony Quinn dem griechischen Schlitzohr Alexis Sorbas gibt, macht die Qualität des Films aus.

● Milos Forman: *Lásky jedné plavovlásky (Die Liebe einer Blondine*, 1966). In diesem tschechoslowakischen Film macht Forman sich über die Kleinbürger lustig, die auch der Kommunismus nicht hat aussterben lassen.

● Jean-Luc Godard: *Pierrot le fou (Elf Uhr nachts)*. Eine blutrünstige Geschichte um Liebe und Verbrechen, mit Jean-Paul Belmondo und Anna Karina in den Hauptrollen, deren Erzählfluß durch ironische Verfremdungseffekte immer wieder durchbrochen wird.

● Roman Polanski: *Repulsion (Ekel)*. Eine Horrorgeschichte um ein junges Mädchen (Cathérine Deneuve), dessen psychische Zerstörung in zwei Morden endet.

● Gillo Pontecorvo: *La battaglia di Algeri (Schlacht um Algier*, 1970). Ein halbdokumentarischer Film über den Aufstand der Algerier gegen die französische Herrschaft.

● John Schlesinger: *Darling* (1966 in der Bundesrepublik). Julie Christie spielt ein Fotomodell, dessen sozialer Aufstieg in eine zunehmende innerliche Leere führt.

Ereignisse

● In der Bundesrepublik Deutschland kämpft die »Aktion saubere Leinwand« gegen die immer freizügiger werdenden Sex-Szenen im Film.

Aus für »Hallo Nachbarn«

Das deutsche Fernsehen tut sich schwer mit der Satire. Seit der Norddeutsche Rundfunk (NDR) 1964 mit der Ausstrahlung der von Richard Münch moderierten Reihe *Hallo Nachbarn* begonnen hat, hat er ständig mit Klagen vor allem aus dem Lager der CDU/FDP-Koalition zu kämpfen. Anders als die Bühnenkabaretts, die auf der Brettl-Tradition aufbauen, nutzt *Hallo Nachbarn* alle Möglichkeiten des Mediums Fernsehen. Die Angriffsobjekte sitzen im Regelfall rechts von der SPD, sind Verbände oder die Industrie. Am 29. Dezember setzt der stellvertretende NDR-Intendant Ludwig von Hammerstein eine Sendung kurzfristig ab, weil »mehrere Beiträge auch die der politischen Satire im Fernsehen gesetzten Grenzen erheblich überschreiten«. Statt dessen gibt es einen Dokumentarfilm über die Fuchsjagd in England, und die Redaktion erfährt erst am Bildschirm, daß ihre Sendung gestrichen ist.

Der Proteststurm der Fernsehöffentlichkeit dauert Tage; schließlich lockte eine Sendung von *Hallo Nachbarn* an die 6,7 Millionen Zuschauer vor den Bildschirm. Geplant waren u.a. eine Glosse zur Übergabe von Freiheitsglocken durch Berliner Verleger an amerikanische Vietnam-Veteranen, ein Song über den Besuch von Bundeskanzler Ludwig Erhard beim amerikanischen Präsidenten Lyndon B. Johnson, ein Kommentar zu der Berichterstattung der bundesdeutschen Presse über den Selbstmord des DDR-Ministers Erich Apel, ein Song über Kungeleien zwischen SPD und CDU, ein Spiel über Fleischpreise, eine Szene über den Wechsel des Grafen Huyn, eines Beamten aus dem Auswärtigen Amt, zu Franz Josef Strauß und ein verfremdetes Andersen-Märchen über Erhards »formierte Gesellschaft« (»ein zauberhaftes Durcheinander, wie güldener Sauerkohl«). Der Programmbeirat billigt nachträglich die Absetzung der Sendung, fordert aber die Fortführung der Reihe.

Das geschieht im April 1966, und man ist vom Fernsehstudio auf die Bühne eines Hamburger Ateliertheaters mit anwesendem Publikum umgezogen. Wiederholt machen die Kabarettisten darauf aufmerksam, daß sie zwar noch angriffslustig sein dürften, dies aber »in netter Form«. Mag sein, daß es Absicht ist, mag sein, daß Satire unter Selbstzensur nicht möglich ist. *Hallo Nachbarn* wird immer lahmer und unverbindlicher – und im Herbst abgesetzt.

Farbiges Fernsehen

Auf der Grundlage des amerikanischen Farbfernseh-Systems NTSC (National Television System Committee) werden für die übrige Welt zwei technisch unterschiedliche Verfahren entwickelt: PAL (Phase Alternation Line) und SECAM (séquentiel à mémoire).

Beim Farbfernsehen wird das Bild in der Aufnahmekamera zunächst in die Grundfarben Rot, Grün und Blau zerlegt. Drei Aufnahmeröhren erzeugen drei Bildsignale, die zusammen übertragen werden und im Empfänger zu einer Braunschen Röhre mit drei Elektronenstrahl-Systemen gelangen. Entsprechend den drei Grundfarben, besteht die Leuchtschicht auf dem Bildschirm aus drei verschiedenen lumineszierenden Stoffen. Beim Auftreffen der Elektronenstrahlen leuchten sie in der jeweils zugehörigen Farbe auf und liefern das Farbbild.

PAL und SECAM unterscheiden sich in dem Prinzip, in dem etwa auftretende Farbfehler technisch korrigiert werden. Während PAL in der Bundesrepublik, den meisten europäischen Ländern, in Asien, Südamerika und den arabischen Staaten eingeführt wird, entscheiden sich Frankreich, die UdSSR und die Ostblockstaaten für das SECAM-System. PAL-Sendungen kann man mit SECAM-Geräten nicht empfangen, SECAM-Sendungen mit PAL-Empfängern nur in Schwarzweiß.

Selbstbefreiung der Frau als Selbstreflexion des Mannes

Mit Julia und die Geister (Giulietta degli spiriti) unternimmt der 45jährige Federico Fellini den Versuch, die Geschichte der Selbstbefreiung einer (von ihrem Mann betrogenen) Frau zu schildern. Im Mittelpunkt steht jedoch die Selbstreflexion des Mannes Fellini, der bekennt: »Ich habe mich mit Frauen Zeit meines Lebens beschäftigt, nicht nur von Jugend an, sondern schon vorher. Während meiner ganzen Kindheit war ich von Ammen, Kindermädchen, Müttern und Lehrerinnen umgeben.«

Durch die Tagträume Julias (verkörpert durch Fellinis Ehefrau Giulietta Masina) geistern Fellinis Frauen-Projektionen von der Erotomanin bis zur büßenden Nonne, daneben männliche Schreckbilder als Lustgreis oder nackter Wikinger.

Zu seiner Arbeitsweise erklärt Fellini: »Manchmal kommen mir neue Ideen, wenn ich neue Gesichter sehe. Auch die Wahl der Schauspieler ist für mich Teil des schöpferischen Prozesses.«

Giulietta degli spiriti, 1965 (Julia und die Geister); Szenenfotos mit Giulietta Masina (Mitte links) und Sandra Milo (Mitte rechts).

1965

Von Verzweiflung und Hoffnung

Am 4. Februar kommt in Hamburg Boris Blachers Oper *Zwischenfälle bei einer Notlandung* zur Uraufführung. Sie handelt von den Insassen eines notgelandeten Flugzeugs, die es in ein elektronisches Rechenzentrum verschlägt. In dieser Welt, in der sie sich nicht zurechtfinden, brechen die »antiquierten« Gefühle Angst, Mißtrauen und schlechtes Gewissen auf. Der alte Adam ist der neuen Welt noch nicht gewachsen und flüchtet in Maschinenstürmerei. Neben soviel Technik, im doppelten Sinne, kommt die Menschenmusik absichtlich zu kurz. Das Orchester ist ausgedünnt, selbst die Stimmen der Sänger werden zum Teil elektronisch bearbeitet und ergänzen nur die elektronische Partitur. Blacher selbst hält die Oper für ein einmaliges Experiment (»Den Beethoven-Komplex so manches modernen Komponisten kenn' ich nicht«), das Publikum macht »Buh«, und die Kritiker sind ein wenig ratlos. Regie führt Gustav Rudolf Sellner. Das Bühnenbild stammt von Max Bill.

Freundlicher sind die Reaktionen, als am 2. November in Hamburg Giselher Klebes *Jakobowsky und der Oberst* (nach Franz Werfel) zur Uraufführung gelangt: die Geschichte des polnischen Obristen Stjerbinsky und des polnischen Juden Jakobowsky, die 1940 in Frankreich auf der gemeinsamen Flucht vor den Deutschen voreinander Achtung bekommen. Musikalisch bedient sich Klebe der Reihentechnik, baut aber immer wieder tonale Partien ein. Und wiewohl eine Nummernoper, geht das Rezitativ fließend zum Aprioso über. Günther Rennert inszeniert die Oper realistisch mit donnernden Flak-Batterien und einem Auto, das über die Bühne rattert. Der Beifall ist einhellig. »Die Aufführung war so vollkommen, daß auch der Opernfeind seine Freude gefunden haben dürfte«, urteilt Wolf Eberhard von Lewinski in »Christ und Welt« vom 12. November.

Zimmermanns »pluralistische Dramaturgie«

Die bisher als unaufführbar geltende Oper Soldaten *von Bernd Alois Zimmermann, aus der 1963 in einem Konzert des Westdeutschen Rundfunks drei Szenen geboten wurden, gelangt in Köln zur Uraufführung. Geschildert wird der Niedergang des Bürgermädchens Marie Wesener, das als Offiziersliebchen von Hand zu Hand geht und als Soldatenhure verkommt.*

Aufführungsprobleme entstehen insbesondere beim IV. Akt mit seinen simultanen Handlungsszenen und dem Zusammenwirken von Gesang, Orchestermusik, Elektronik, Geräuschen, Kommandorufen, wobei der Zuschauer sich gleichsam im Mittelpunkt einer Klangkugel befindet, die von allen Seiten her auf ihn einwirkt. Die Kölner Inszenierung (Regie: Hans Neugebauer) setzt zudem Filmprojektionen ein und läßt am Ende die Beleuchtungsbrücke herab, um grelles Licht in den Zuschauerraum zu knallen, gedacht als eindringlicher Appell, das Bühnengeschehen als Gegenwart zu begreifen.

In einem Interview antwortet der Komponist auf die Frage nach dem idealen Theater für eine Aufführung der Soldaten *bzw. allgemein für die Realisierung seiner »pluralistischen Dramaturgie«: »Sie wissen, daß es mir um die Kugelgestalt der Zeit geht, in der Zukunft, Gegenwart und Vergangenheit austauschbar werden – etwas, was in der Literatur bei Joyce und Pound längst realisiert ist. Das ideale Theater hätte diese Gestalt, mit über den ganzen Raum verteilten Schauplätzen, zwischen denen Zuschauer in Gruppen sitzen...« »Es sollte auch möglich sein, »den ganzen Raum mit einem geschlossenen Filmprojektionsband zu umspannen«. Eine Überforderung des Publikums schließt Zimmermann aus: »Aber der Zuschauer lebt doch auch in seinem Alltag mit den verschiedensten gleichzeitigen Eindrücken.«*

Soldaten, Köln 1965; Szenenfoto: Zusammenbruch der geflohenen Marie (Edith Gabry) auf der Landstraße, im Hintergrund die Schatten gefallener Soldaten.

Neubayreuth erneuert sich

35 Minuten dröhnenden Beifall gibt es am Schluß der Neuinszenierung des *Ring des Nibelungen* durch Wieland Wagner unter der Stabführung von Karl Böhm. Die Nachkriegsdiskussion um Richard Wagner ist jetzt zu einem Ergebnis gekommen, der endlich akzeptierte Neubayreuther Bruch mit einer als Sackgasse empfundenen Tradition hat dazu geführt, daß wieder die Musik im Vordergrund steht, weniger die Person Richard Wagners. Und das ist auch Böhms Verdienst, der der Wagner-Interpretation das bombastische Pathos ausgetrieben hat, auf einer nur sparsam dekorierten Bühne, die vornehmlich durch Lichteffekte lebt.

Die Wiedergeburt der Opera buffa

Am 7. April wird in der Deutschen Oper Berlin Hans Werner Henzes *Der junge Lord* uraufgeführt. Das Libretto schrieb Ingeborg Bachmann nach einer Parabel von Wilhelm Hauff.

Es ist die erste komische Oper des Komponisten. »Es wäre... wohl das Thema einer Doktorarbeit«, sagte Henze dazu, »zu untersuchen, ob das Verkümmern der komischen Oper nicht auf die Abkehr von der Grundtonbezogenheit in der Neuen Musik zurückzuführen ist. Die Abwendung von der Tonalität ruft meiner Ansicht nach ein Gefühl von ›angoisse‹ hervor – und zwar in allen erdenkbaren Varianten; einer ungewissen Angst also, die Gegenspielerin der Heiterkeit ist... In meinen Arbeiten für das Theater habe ich daher die Grundtonbezogenheit nie ganz verlassen.« Und: »Es gibt einen Punkt im Leben, wo man ganz einfach lachen muß.«

Entsprechend ist *Der junge Lord* tonal komponiert, wobei Henze allerdings auch immer wieder polytonale oder atonale Mittel einbringt. Die Geschichte spielt in einem thüringischen Kleinstaat um 1830: Ein junger englischer Lord ist zu Besuch angekündigt; die feine Gesellschaft verschließt in ihrer Zudringlichkeit bis zuletzt die Augen vor der Tatsache, daß es sich bei ihm um einen dressierten Menschenaffen handelt.

Trotz Henzes Rückzug aus avantgardistischen Positionen wird die Oper nicht als rückschrittlich angesehen. In den Beifall des Publikums stimmen die Kritiker ein. Von einer »Wiedergeburt der Opera buffa im Geiste einer neuen, geläuterten Tonsprache« schreibt Heinz Joachim in der »Welt« vom 9. April.

Musik

Premieren
- Antonio Bibalo: *Das Lächeln am Fuße der Leiter* (nach Henry Miller), Oper, wird am 6. April in der Hamburgischen Staatsoper uraufgeführt. Bibalo, gebürtiger Italiener, lebt in Norwegen am Rande des Musiklebens. Es ist die Geschichte vom Clown Augusto, der sich selbst und das Glück sucht. Komponiert ist das Werk in Zwölftontechnik mit Anklängen an die italienische Oper.
- Aribert Reimann: *Ein Traumspiel* (nach August Strindberg) wird am 20. Juni in Kiel uraufgeführt. Die Göttertochter Indra kommt auf die Erde und betrachtet das menschliche Leben: »Es ist schade um die Menschen«. Reimann hat serielle Musik geschaffen, aber mit kantablen Passagen.

Ereignisse
- Die 23 Jahre alte Argentinierin Martha Argerich gewinnt beim 7. Internationalen Chopin-Wettbewerb in Warschau den ersten Preis.
- Die ersten Musikkassetten kommen auf den Markt.

**Große Proletarische
Kulturrevolution**
Rotgardisten
mit dem Roten Buch
(Worte des Vorsitzenden
Mao Tse-tung)
und mit Mao-Bildnis
um 1966

Vertraut den Massen

*Im Winter 1965/66 leitet Mao Tse-tung
gemeinsam mit Lin Piao, Ch'en Po-ta
und seiner Frau Chiang Ching in der
Volksrepublik China die Große Proletarische Kulturrevolution ein. Den
Ausgangspunkt seiner Initiative bildet die Entartung des Sozialismus in
der Sonjetunion, die nach Mao Tse-
tungs Ansicht den Marxismus-Leni-
nismus verraten hat. Die Gegner in
den eigenen Reihen sind die Vertreter
der Parteihierarchie: »Während der
Vergenossenschaftlichung gab es in
der Partei Leute, die dagegen waren,
und sie haben Widerwillen gegen die
Kritik am bürgerlichen Recht. Man
macht die Revolution und weiß nicht,
wo die Bourgeoisie sitzt; sie sitzt mitten
in der Kommunistischen Partei – es
sind die Parteimachthaber, die den kapitalistischen Weg gehen.«
Mao Tse-tung versucht, das revolutionäre Bewußtsein der Massen und besonders der Jugend zu wecken. Schüler
und Studenten ziehen, organisiert als
Rote Garden, durch das Land und propagieren die Revolution von unten.
Mao Tse-tung hat ihnen erklärt: »Vertraut den Massen, stützt euch auf sie
und achtet ihre Initiative … Die Massen müssen sich in dieser großen revolutionären Bewegung selbst erziehen…« Das Land wird in bürger-
kriegsähnliche Zustände gestürzt, die
1969 mit der Bestätigung Mao Tse-
tungs in der Parteiführung enden. Der
Verlauf der Kulturrevolution enttäuscht nicht zuletzt viele westliche Intellektuelle. Ihre Hoffnungen wurden
vielfach durch die Worte des Vorsitzenden Mao Tse-tung geweckt, eine in
China erstmals 1964 erschienene und
ab 1966 in riesigen Auflagen verbreitete Zusammenstellung von Zitaten aus
Reden und Schriften. Schon 1966 erscheint die »Mao-Bibel« in englischer
und 1967 in drei deutschen Ausgaben,
und zwar in der originalen Aufmachung in handlichem Format und mit
rotem Plastikumschlag. Zugleich veröffentlicht Electrola die Platte »Hannes
Messemer spricht Mao Tse-tung. Gedichte, Reden, Interviews, Schriften«.
Das Rote Buch wird in der Studentenbewegung zu einer Fundgrube revolutionärer Leitsätze.*

Kasongo
Fallschirmspringer über Stanleyville
1964

Rufus
Masken
1965

Afrika entdeckt seine Kultur

Die sechziger Jahre sind das Jahrzehnt der Entkolonisierung Afrikas: zwischen 1960 und 1969 erhalten rund 40 afrikanische Staaten ihre Unabhängigkeit. Vor allem bei der Bildung der aus Belgisch-Kongo hervorgehenden Demokratischen Republik Kongo (ab 1971 Zaire) löste die Unabhängigkeit Bürgerkrieg, Abspaltungen und wirtschaftliches Chaos aus: die Kongokrise. Die Intervention von UN-Truppen, auf die sich das links oben wiedergegebene Gemälde des afrikanischen Malers Kasongo bezieht, endete 1964.

Der politischen Selbständigkeit folgt der Versuch der kulturellen Selbstbesinnung. Im April 1966 finden in Dakar, der Hauptstadt des ab 1960 unabhängigen Senegal, die ersten Weltfestspiele der Negerkunst statt. Initiator ist der 60jährige Staats- und Ministerpräsident sowie Schriftsteller Léopold Sédar Senghor.

Er gehört zu den Repräsentanten der Négritude, einer Bewegung mit dem Ziel politischer und kultureller »schwarzer« Eigenständigkeit. Die Weltfestspiele zeigen allerdings, wie fragwürdig Négritude als Sammelbegriff ist, wie schwer sich beispielsweise Senghors an der französischen Literaturtradition orientierten Dichtungen mit nigerianischem Volkstheater, das in kaum noch verständlichem Englisch vorgetragen wird, verbinden lassen. Ohnehin beteiligen sich auch außerafrikanische Staaten mit schwarzem Bevölkerungsanteil wie die Vereinigten Staaten, Großbritannien, Frankreich und Brasilien an dem Festival. Indem das Tam-Tam afrikanischer Stämme dem Jazz Duke Ellingtons konfrontiert wird, sind Verbindungen kaum mehr erkennbar. Dennoch setzen die Festspiele Signale.

Ein weiteres Problem ist der anhaltende europäische Einfluß, ganz abgesehen von der pseudoafrikanischen Produktion für Touristen. Ein Bild wie das links unten wiedergegebene macht deutlich, daß der vor 60 Jahren von der afrikanischen Kunst (vor allem der Maskenskulptur) ausgegangene Einfluß auf die europäische Avantgarde nun auf die Form eines expressionistischen Afrikanismus zurückwirkt.

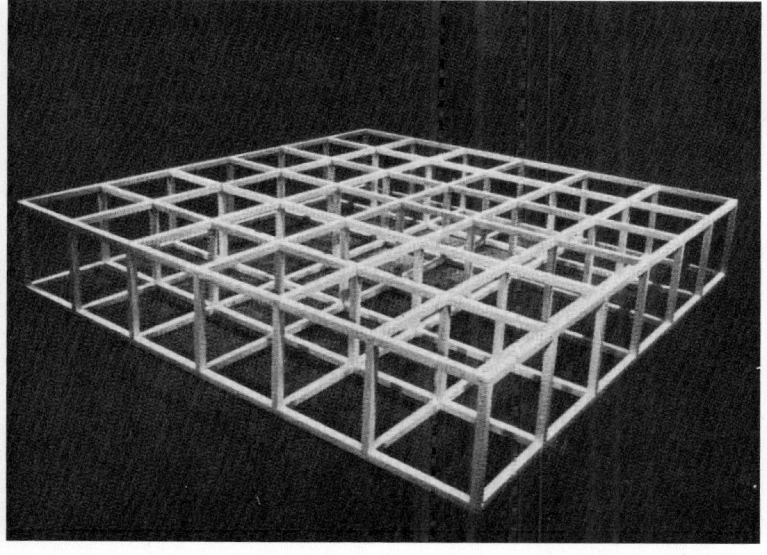

Zurück zur reinen Form

Es gibt eine Antwort auf die Pop-art: Hatte Pop die Wirklichkeit durch Hyperrealismus übertrieben, kehrt die Minimal-art durch Abstraktion zur Form zurück; Plastiker variieren immer wieder nur wenige Formkategorien, wollen zurück zur Primärstruktur. Freilich, zum autonomen Kunstwerk soll es nicht zurückgehen, die Form wird aus ihrer Umgebung abgeleitet. An der Form wird die Ursache deutlich, die den Würfel, die Schale, das Gitter zur Folge hat. Alles Beiwerk, das nur ablenken könnte, wird weggelassen. Damit sind die Objekte im Grunde Mittel, um den Betrachter auf ihre Funktion aufmerksam zu machen.

Als Material werden Holz, Steinfliesen, Neonröhren oder Stahlrahmen verwendet.

Einer der Minimal-Künstler, Robert Morris (*Corner Piece*, 1964/67), sagt dazu: »Entscheidend für die sechziger Jahre war die Notwendigkeit der Wiedereinsetzung des Objekts als Kunstwerk. Objekte waren ein erster einleuchtender Schritt weg vom Illusionismus . . .«. Andere Minimal-Künstler sind Carl Andre (*37 Pieces of Work*, 1969), Dan Flavin (*The Nominal Three. Cool Light*, 1963), Sol LeWitt (*Modular Cube*, 1965), John McCracken (*Untitled*, 1968), Donald Judd (*Untitled*, 1963).

Hellas nördlich der Alpen

Am 3. Mai wird in Basel ein Antikenmuseum eröffnet – eine Seltenheit für das 20. Jahrhundert, denn alle anderen den Griechen und Römern gewidmeten Museen nördlich der Alpen stammen aus dem vergangenen Jahrhundert. Gezeigt wird nur zum geringeren Teil alter Basler Besitz, das meiste stammt aus Schenkungen oder sind Leihgaben Schweizer Sammler. Man findet Stücke von hoher Qualität: so vor allem aus der attischen Vasenmalerei des sechsten und fünften vorchristlichen Jahrhunderts.

Zweierlei Provokation

New York, ein Ausgangspunkt und Zentrum der Pop-art, ist zugleich der Schauplatz einer extremen Gegenbewegung im Bereich der Skulptur. Was sollen, so läßt sich die neue Zielrichtung begründen, die Objekte aus Konsummüll oder die überdimensionalen Nachbildungen alltäglicher Gegenstände in der Manier der ironischen Verfremdung, wenn das Wesen der Skulptur doch in der Gestaltung von Beziehungen zwischen Form und umgebendem Raum besteht. So stellen die Vertreter der Minimal-art beispielsweise den Soft Sculptures eines Claes Oldenburg, etwa der Weichen Toilette aus Leinwand, ihre Konstruktionen aus stereometrischen Grundformen entgegen. Minimal-art bedeutet hierbei nicht, daß sich die Formate verringern. Im Gegenteil: das Modell für eine Skulptur ohne Titel des 38jährigen Amerikaners Sol Le Witt aus bemaltem Holz hat eine Grundfläche von 366 auf 366 cm bei einer Höhe von 61 cm. Minimal-art meint als Begriff vielmehr die Rückführung der Form bzw. des Volumens auf einfache Grunderscheinungen wie Würfel und aus diesen gebildete Strukturen. Dem Einwand, hier walte die pure Einfalt, setzt Robert Morris die Überzeugung entgegen: »Einfachheit der Form bedeutet nicht unbedingt auch Einfachheit des künstlerischen Erlebnisses. Einheitliche Formen reduzieren die Beziehungen nicht, sie ordnen sie. Wenn die beherrschende hieratische Natur der Einheitsform als Konstante agiert, werden alle partikularisierenden Beziehungen von Größenordnung, Proportion und so weiter dadurch nicht aufgehoben, sondern eher fester und untrennbar verbunden.« Die Diktion läßt erkennen, daß hier Theorie der Praxis zumindest gleichgeordnet ist. Tatsächlich beläßt beispielsweise LeWitt seine Skulpturen vielfach im Zustand der zeichnerischen Planung, woraus die Nähe der Minimal-art zur Concept-art ersichtlich wird.

Oben links: Claes Oldenburg, Weiche Toilette; 1965.
Oben rechts: Sol LeWitt, Modell für eine Skulptur ohne Titel; 1966.

1966

Film und Fernsehen

Premieren

• Luis Buñuel: *Belle de jour* (*Belle de jour – Schöne des Tages*, 1967). Séverine (Cathérine Deneuve), die unbefriedigte Bürgersgattin, »arbeitet« stundenweise in einem Luxusbordell und nimmt den Zuschauer mit auf eine Reise, bei der sich Traum und Realität unlösbar miteinander verbinden.

• Jean-Luc Godard: *Masculin féminin* (*Masculin – feminin oder: Die Kinder von Marx und Coca-Cola*, 1967). Anhand des Schicksals einer Reihe junger Leute liefert Godard eine Betrachtung über den geistigen Zustand der Jugend Mitte der sechziger Jahre. Zwischen den Produkten der Konsumwelt versucht sie, zu sich selbst zu kommen.

• David Lean: *Doktor Zhivago* (*Doktor Schivago*). Boris Pasternaks Roman wird zu einem aufwendigen Breitwandfilm, mit Omar Sharif und Geraldine Chaplin in den Hauptrollen.

• John Olden, (nach dessen Tod) Claus Peter Witt: *Die Gentlemen bitten zur Kasse*, ein Fernsehdreiteiler, der als eine der besten Sendungen des deutschen Fernsehens gilt. Es ist die penibel konstruierte und gut gespielte Dokumentation eines großen Raubes, der 1963 die britische Post eine hohe Millionensumme kostete. Horst Tappert in der Rolle des wohlerzogenen Gangsterbosses, der das Unternehmen in generalstabsmäßiger Manier durchführt, kommt durch den Film zu Ruhm. Die Sehbeteiligung steigt bis auf 84 Prozent.

• Francois Truffaut: *Fahrenheit 451*. Nach Ray Bradburys gleichnamigem Roman zeigt Truffaut einen geistfeindlichen Zukunftsstaat, in dem die Feuerwehr Bücher verbrennt. Ein Feuerwehrmann (Oskar Werner) rebelliert dagegen.

Polanski kommt

Der 33jährige Roman Polanski, aufgewachsen in Frankreich und ausgebildet an der Filmakademie in Lodz, festigt seine 1962 mit dem politischen Film Nóż w wodzie (Das Messer im Wasser, 1963) gewonnene internationale Anerkennung.

Wenn Katelbach kommt (Cul-de-sac, 1966) handelt von den drei auf Jan Lenicas Plakat aufgereihten Personen: einem Paar, das sich auf einer einsamen Insel vom bürgerlichen Leben zu lösen versucht, und einem verletzten Gangster, der in diese scheinbare Idylle eindringt, um Kontakt zu Katelbach aufzunehmen – der freilich (wie Samuel Becketts Godot) nicht in Erscheinung tritt. Der Film ist außerhalb der Gesellschaft angesiedelt und zeigt um so deutlicher deren Zwänge.

Die gleichfalls englische Produktion Dance of the Vampiers (Tanz der Vampire, 1967) erscheint demgegenüber als das souveräne Spiel mit Motiven des Vampirfilm-Genres.

Cul-de-sac; Plakat von Jan Lenica zur deutschen Fassung 1966.

Der deutsche Film lebt auf

Die ersten Filme der »Oberhausener« kommen in diesem und im nächsten Jahr heraus. Sie erheben den Anspruch, abseits der schönen Scheinwelt, die bisher im deutschen Nachkriegsfilm meist gemalt worden ist, Gegenwartsprobleme anzusprechen. Da die Regisseure noch jung sind – und deshalb auch »Jungfilmer« genannt werden –, geht es hier zumeist um Probleme junger Menschen. Damit beginnt ein neuer Aufschwung des deutschen Films – allerdings vorwiegend ein künstlerischer, denn der deutsche Marktanteil am Angebot der Kinos bleibt gering, und ohne die allmählich beginnende Filmförderungspolitik könnten nur wenige Projekte in die Tat umgesetzt werden.

Es, von Ulrich Schamoni bereits 1965 gedreht, gilt als erster der »neuen« Filme. Er schildert die Beziehung zweier junger Menschen, gespielt von Sabine Sinjen und Bruno Dietrich, die eine Belastung – das Mädchen wird schwanger – nicht übersteht.

Volker Schlöndorffs *Der junge Törless* (nach dem Roman *Die Verwirrungen des Zöglings Törless* von Robert Musil, 1906) ist eine Studie über die Faszination der Gewalt als eine der Grundvoraussetzungen für den Faschismus. Die Geschichte spielt vor dem Ersten Weltkrieg in einem vornehmen Internat. Törless (Matthieu Carrière) beobachtet, wie zwei Jungen den Mitschüler Basini quälen, weil sie ihn wegen eines Diebstahls in der Hand haben. Er fühlt sich von der gegenüber dem Hilflosen ausgeübten Gewalt gleichermaßen angezogen wie abgestoßen, dem Opfer hilft er nicht – bis er zu lange geschwiegen hat. Basini wird von der aufgestachelten Mitschülerschaft gelyncht. Schlöndorff, der Regieassistent von Louis Malle, Jean-Pierre Melville und Alain Resnais war, hat gleich mit seinem ersten Spielfilm ein Beispiel für Professionalität und kühle Beobachtungsgabe abgelegt. Die Quäler: die Nationalsozialisten; das Opfer: die Juden; Törless, der Beobachter: das deutsche Volk – so bringt Schlöndorff selbst den Film auf einen Nenner. Dennoch kein Thesenfilm, sondern eine Schilderung der psychologischen Situation der beteiligten jungen Leute. Musik: Hans Werner Henze.

Alexander Kluge kommt mit *Abschied von gestern* heraus. Mit seiner Schwester Alexandra in der Hauptrolle, erzählt er vom Schicksal der Anita G., die mit der bundesrepublikanischen Gesellschaft nicht zurechtkommt (oder umgekehrt), weil niemand ihre Geschichte im Rahmen der deutschen Geschichte beachtet. Die Story ist allerdings nicht sonderlich wichtig. Kluge demonstriert hier seinen Stil, den Zuschauer nicht über das Gefühl, sondern über den Verstand anzusprechen, durch Zwischentitel und aus dem Film herausgenommene Kommentare kritische Distanz zu schaffen. Der Zuschauer soll am Beispiel Anitas Einsichten in den Zustand der Gesellschaft gewinnen. Wie Kluge sagt, will er Assoziationen auslösen, so daß der fertige Film nicht auf der Leinwand, sondern erst im Kopf des Betrachters existiert.

Auch in Peter Schamonis Film *Schonzeit für Füchse* geht es um junge Leute in der Bundesrepublik, hier jedoch um solche, die sich angepaßt haben, und sei es auch nur widerwillig, und darüber in Resignation verfallen. Zwei Freunde, gutsituierter Großbürgersohn der eine, auf seine Arbeit angewiesener Journalist der andere, spüren zwar die Fehler und Schwächen der Älteren, können ihnen außer Zynismus aber nichts Eigenes entgegenstellen. Dahinter steht Resignation oder Trauer über einen verlorenen Welt- und Lebenssinn. In dem Film dokumentiert sich ein Lebensgefühl, das nur ein Jahr später, mit Einsetzen der Studentenrebellion, als überholt gelten wird.

Sergio Corbucci
Django, 1966
Szenenfotos mit Franco Nero
in der Titelrolle

Lex Barker als Old Shatterhand und
Pierre Brice als Winnetou in
Winnetou I
1963

Der europäische Western

Anfang der sechziger Jahre erhält Hollywood europäische Konkurrenz in seinem ureigensten Genre, dem Western. Die Entwicklung beginnt 1962 mit der Karl-May-Verfilmung Der Schatz im Silbersee. 1963 wird der in deutsch-französisch-jugoslawischer Koproduktion entstandene Film Winnetou (Prädikat: wertvoll, freigegeben ab 6 Jahren) uraufgeführt, dem noch im selben Jahr ein zweiter und 1965 ein dritter Teil folgen, 1966 Winnetou und das Halbblut Apanatschi sowie Winnetou und sein Freund Old Firehand und schließlich 1968 Winnetou und Old Shatterhand im Tal der Toten. Parallel dazu starten die Italiener ihre Dollar-Serie (1964: Für eine Handvoll Dollar von Sergio Leone, 1966: Für ein paar Dollar mehr, beide freigegeben ab 16 Jahren).

Zum Klassiker des Italo-Western wird jedoch Sergio Corbuccis Django. Der Film ist so erfolgreich, daß die deutschen Filmverleiher in den folgenden vier Jahren rund 25 Filmtitel mit dem Zusatz »Django« versehen.

Django (freigegeben ab 18 Jahren) spielt in einem verschmutzten Dorf an der Grenze zwischen den USA und Mexiko, das abwechselnd von mexikanischen Rebellen und der Bande eines Rassenfanatikers beherrscht wird. In dieser Szenerie taucht Django auf, einen Sarg hinter sich her ziehend. Der enthält, was keiner ahnen kann, ein Maschinengewehr, das den letzten Kampf des einsamen Wolfs entscheidet. Django ist der schweigsame Einzelgänger, der nur eines will: den Goldschatz. Dafür verliert er sein Mädchen, seine Hände werden von Gewehrkolben zerstampft und von Pferdehufen zertrampelt.

Neu und kennzeichnend für den Italo-Western ist der radikale Verzicht auf Pionierideale, Halunkenjagd, Cowboyromantik, den Sieg des Guten. Statt dessen: heruntergekommene Gestalten in einer tristen Umgebung; Staub, Schlamm, Blut sind Bestandteile einer beklemmenden optischen Atmosphäre, die in Enno Morricones Musik ihre akustische Steigerung findet. In kürzester Zeit übernimmt Hollywood den Stil des Brutalo-Western.

Winnetou ist wieder da!
Der erfolgreichste deutsche Film seit 25 Jahren · Ein unvergeßliches Erlebnis!

Pierre Brice
Lex Barker
Mario Adorf
Marie Versini

Karl May's

WINNETOU

Papst Paul VI. im geteilten Jerusalem
Bildnisse des Papstes und des jordanischen Königs Husain II.
1965

Antisemitismus in der Bundesrepublik
Friedhof mit geschändeten jüdischen Grabsteinen
1966

Katholischer Priester mit seinen Schäfchen

Gottesdienst der Stuttgarter russisch-orthodoxen Gemeinde

Bewegungen zwischen und innerhalb der Konfessionen

Das im Dezember 1965 zu Ende gegangene Zweite Vatikanische Konzil hat Voraussetzungen für eine Öffnung der katholischen Kirche gegenüber anderen Kirchen und Konfessionen geschaffen. 1928 hatte die Enzyklika Mortalium animos die Teilnahme am ökumenischen Gespräch verboten; ein Dekret von 1949 ließ die Teilnahme zu. Nun wird neben der Betonung der Unterschiede »vor allem in der Interpretation der offenbarten Wahrheit« ein Weg für den »ökumenischen Dialog über die Anwendung des Evangeliums auf den Bereich der Sittlichkeit« aufgezeigt (Dekret über den Ökumenismus).
Innerhalb des Protestantismus lebt zugleich der seit Mitte der fünfziger Jahre geführte Streit um die vor allem von Rudolf Bultmann vertretene »Entmythologisierung« der biblischen Überlieferung erneut auf. Anfang März 1966 tritt die Bekenntnisbewegung »Kein anderes Evangelium« in der Dortmunder Westfalenhalle durch eine Kundgebung an die Öffentlichkeit. Ihr theologischer Wortführer Walter Künneth fordert dazu auf, »Gottes Spuren, Gottes Reden und Wirken im Raum der Geschichte immer wieder neu zu entdecken«.
Lange Zeit hat die katholische Kirche zum christlich-jüdischen Verhältnis geschwiegen. Das Konzil verabschiedete gegen den Widerstand der arabischen Konzilsteilnehmer eine Erklärung, in der das gemeinsame Erbe beschworen und der Abscheu vor »Manifestationen des Antisemitismus« ausgedrückt wird. In diesem Zusammenhang steht der Besuch des Papstes Paul VI. in Palästina und im zwischen Israel und Jordanien geteilten Jerusalem im Jahr 1965.
Antisemitische Manifestationen häufen sich Mitte der sechziger Jahre in der Bundesrepublik in Form von Grabmalsschändungen auf jüdischen Friedhöfen. Andererseits wird der Friedenspreis des deutschen Buchhandels 1965 an die jüdische Lyrikerin und Dramatikerin Nelly Sachs vergeben, die 1966 zusammen mit dem in Palästina lebenden Samuel Josef Agnon den Literaturnobelpreis erhält.

Theater

Premieren

● Edward Albee: *A Delicate Balance* (*Empfindliches Gleichgewicht*, deutsche Erstaufführung Kammerspiele München am 25. April 1967) wird am 17. September am New Yorker Martin Beck Theatre uraufgeführt. Albee beschäftigt sich auch hier mit der Frage, inwieweit der Mensch im Netz gesellschaftlicher Normen und Zwänge noch er selbst sein kann. Aufgehängt ist das Stück an einer Familiengeschichte.

● Friedrich Dürrenmatt: *Der Meteor* wird am 20. Januar am Züricher Schauspielhaus uraufgeführt. In dieser Komödie parodiert Dürrenmatt den Mythos der literarischen Unsterblichkeit.

● Martin Sperr: *Jagdszenen aus Niederbayern* hat am 27. Mai am Bremer Theater Uraufführung. Anhand einer Dorfgeschichte aus Niederbayern zeigt Sperr, wie die »normale« Masse haßerfüllt ihre eigenen Frustrationsgefühle auf Außenseiter projiziert.

Ereignisse

● Augsburg: Mit einer Festaufführung seines Stücks *Im Dik-* *kicht der Städte* im Stadttheater, einer Ausstellung und einem Vortrag von Hans Mayer wird Bertolt Brecht anläßlich seines 10. Todestages am 14. August von seiner Heimatstadt zum ersten Mal offiziell anerkannt.

● Bremen: Peter Zadek inszeniert Schillers Räuber als wildes, überzeichnetes Groteskspiel (Uraufführung am 20. Februar). In Anlehnung an Thomas Mann nennt er das Stück »höheres Indianerspiel«. Theater, sagt Zadek, sei nicht dazu da, Werte oder Sprache zu erhalten.

● Recklinghausen: Das Ruhrfestspielhaus wird eröffnet.

Eine deutsche Revolution

Ein zwiespältiges Echo findet Günter Grass' Theaterstück *Die Plebejer proben den Aufstand*, das am 15. Januar am Berliner Schillertheater uraufgeführt wird. Es spielt am 17. Juni 1953, und Grass beschäftigt sich darin mit der Rolle Bert Brechts während des Volksaufstands. Brecht probt gerade Shakespeares *Coriolan*, den Aufstand der Plebejer, als die Wirklichkeit in das Theater eindringt: Streikende fordern Solidarität. Brecht lehnt ab, eine Revolution ist für ihn nur auf der Bühne wirklich. Diese Haltung betrachtet Grass als beispielhaft für viele Dichter und Intellektuelle in jenen Tagen.

Daß das Stück dem »Neuen Deutschland« (»ein idiotisches Stück«) nicht gefallen würde, war abzusehen gewesen. Aber auch Urs Jenny kritisiert in der »Süddeutschen Zeitung« vom 17. Januar, das Schauspiel sei »bei aller Kunstfertigkeit und Kunst schwerfällig …, arm an Dramatik, ohne rechte Durchschlagskraft«. Vor allem wird das unklare und verschwommene Bild bemängelt, das Grass von Brecht zeichnet.

Die meisten anderen deutschen Theaterkritiker pflichten diesem Urteil bei. Regie bei der allgemein als mittelmäßig empfundenen Inszenierung führt Hansjörg Utzerath, die Hauptrolle, den »Chef«, spielt Rolf Henniger.

Ende 1964 hatte Grass das Stück in einer Rede vor der Berliner Akademie der Künste angekündigt. Die Brecht-Erben erhoben bereits vor der Uraufführung wegen »Verfälschung« Protest.

Wörter

Am 8. Juni findet am Frankfurter Theater am Turm die Uraufführung von Peter Handkes Publikumsbeschimpfung statt, inszeniert von Claus Peymann. Der Titel hält, was er verspricht: Vier Schauspieler treten vor das Publikum, ohne Bühnenbild, ohne Handlung, und provozieren und attackieren die Zuhörer.

»Die Methode bestand darin«, erläutert der 24jährige österreichische Autor, »daß kein Bild mehr von der Wirklichkeit gegeben wurde, daß nicht mehr die Wirklichkeit gespielt oder vorgespielt wurde, sondern daß mit Wörtern und Sätzen der Wirklichkeit gespielt wurde.« Handke zeigt, wie sich Realität in der Sprache entfaltet.

Eine extreme Gegenposition im Verständnis von Wörtern als künstlerischem Material liegt der visuellen Dichtung zugrunde. Hier gewinnt das Wort seine Bedeutung in Gestalt eines Textbildes, dessen Form umgekehrt aus einer bestimmten Bedeutung hergeleitet sein kann. Der Österreicher Ernst Jandl, neben Eugen Gomringer und Franz Mon ein Hauptvertreter der visuellen Dichtung, veröffentlicht 1966 die experimentellen Gedichte Laut und Luise sowie die Sammlung Sprechblasen.

Mitte links: Publikumsbeschimpfung, 1966; Szenenfoto (Frankfurt am Main) mit (von links) Ulli Hass, Michael Gruner, Rüdiger Vogler und Klaus-Dieter Reents.

Mitte rechts: Reinhard Döhl, Apfelgedicht (Apfel mit Wurm); 1965.

1966

Premieren

● Günter Bialas: *Hero und Leander*, Oper, hat am 10. September in Mannheim Uraufführung. Nach Grillparzers *Des Meeres und der Liebe Wellen* hat Bialas seine erste Oper in traditioneller Form geschrieben, in der sowohl tonale als auch Zwölfton-Elemente verwendet werden.

● Benjamin Britten: *The Burning Fiery Furnace (Gesang im Feuerofen)* wird in Aldeburgh uraufgeführt. Eine Kirchenoper, die ihren Stoff aus dem Alten Testament bezieht.

● Paul Dessau: *Puntila*, Oper, wird an der Deutschen Staatsoper in Ost-Berlin im November uraufgeführt. Text: Bertolt Brecht. Dessau bringt in eine traditionelle Nummernoper dissonant Tonales und Zwölfton-Elemente ein. Ruth Berghaus inszeniert.

● Hans Werner Henze: *Die Bassariden* (nach den *Bacchen* des Euripides) werden am 6. August in Salzburg uraufgeführt. Teils bewegt sich die einaktige Oper im tonalen, teils im polytonalen Bereich. In der Geschichte von der Rache, die Dionysos an der abtrünnigen Stadt Theben nimmt, schimmern auch moderne Formen von Massenhysterie durch, was die Inszenierung von Gustav Rudolf Sellner noch unterstreicht.

● John Kander: *Cabaret*. Das Musical wird am 20. November am Broadhurst Theatre in New York uraufgeführt (deutsche Erstaufführung im Theater an der Wien, 14. November 1970). Clifford Bradshaw, ein junger Amerikaner, hat im Berlin des Jahres 1930 eine Liaison mit der Cabaret-Sängerin Sally Bowles und erlebt den Untergang der Weimarer Republik mit. Die meisten der Songs sind im Stil der späten zwanziger Jahre gehalten.

Eine Kulturkatastrophe

Durch dreiwöchige schwere Regenfälle werden Norditalien und Teile Österreichs in ein riesiges Überschwemmungsgebiet verwandelt. In Italien kommen fast 120 Menschen zu Tode, der Sachschaden beläuft sich auf etwa 10 Milliarden DM. Besonders schwer getroffen ist die Kulturmetropole Florenz, wo es am 4. November zu einer verheerenden Überschwemmung kommt: 450 000 Tonnen Schlamm werden in die Stadt gespült, 15 000 Menschen verlieren ihre Wohnungen. Die Schreckensbilanz für die Kunstschätze: Das Kruzifix von Cimabue ist zu 75 Prozent zerstört; Brunelleschis Holzmodell der Domkuppel zerschlagen; die Sammlung alter Musikinstrumente des Museums Bardini geht verloren; 300 000 Bände der Bibliothek mit Renaissance-Handschriften werden unter dem Schlamm begraben; 400 Bilder aus den Depots der Uffizien werden vom Wasser überflutet; die etruskischen Gräber im archäologischen Museum werden weggeschwemmt. Sämtliche Florentiner Museen, Kirchen und Privatsammlungen erleiden schwere Schäden. Der Versuch, die Schäden zu beheben, ist ein Beispiel für eine internationale Hilfsaktion. In Florenz entsteht die größte Restauratorenwerkstatt der Welt.

Flutkatastrophe in Florenz, 1966.

Zwölftönige Gregorianik

Am 30. März wird im Dom zu Münster die *Lukas-Passion* des Polen Krzysztof Penderecki uraufgeführt. »Ein großes, bedeutendes Meisterwerk ist entstanden, eine Komposition, die den Anspruch erheben darf, in ihrer klanglichen Kühnheit und ihrem tiefen Ausdruck, in ihrer imposanten Bewältigung heikelster stilistischer und formaler Probleme eine für unsere Zeit repräsentative musikalische Schöpfung zu sein«, urteilt Wolfram Schwinger in der »Süddeutschen Zeitung« vom 1. April. Fragmente der Kapitel 22 und 23 des Lukas-Evangeliums hat Penderecki mit Hymnen, Psalmen und anderen, dem Geschehen der Karwoche zugehörigen liturgischen Texten kombiniert. Musikalisch versteht Penderecki es, Bach, die Gregorianik und die Zwölftonmusik zusammenzuführen.

Premiere mit einer Pleite

Am 16. September wird im New Yorker Lincoln Center das neue Haus der Metropolitan Opera eröffnet. Es ist ein Haus der Superlative, das fast 200 Millionen Mark gekostet hat – davon zehn Millionen als Spende der deutschen Bundesregierung. Damit hat Amerikas führende Oper, die von einem 1935 gegründeten Freundeskreis immer wieder vor dem drohenden Konkurs bewahrt wird, endlich ein neues Domizil gefunden. Das alte Haus, 1883 bezogen, hatte sich trotz mehrfacher Umbauten als unzureichend erwiesen.

Architektonisch sind Anklänge an das alte Gebäude nicht zu übersehen: das berühmte »goldene Hufeisen« ist geblieben. Doch während der Zuschauersaal annähernd gleich groß geblieben ist – 3600 Plätzen bisher stehen nun 4000 gegenüber –, hat sich das Bühnenareal versechsfacht: außer der 27 Meter tiefen Hauptbühne gibt es eine gleich große darunter, die links und rechts von zwei Nebenbühnen flankiert wird, dahinter liegt noch eine Drehbühne mit einem Durchmesser von 19 Metern. Jede Bühne ist in Minutenschnelle gegen die andere auswechselbar, auch einzelne Teile können ausgetauscht werden, denn die Böden sind in einzelne, fahrbare Längs- und Querstücke unterteilt.

Eröffnet wird mit der Uraufführung von Samuel Barbers Oper *Antonius und Cleopatra*, inszeniert von Franco Zeffirelli. Zeffirelli nutzt ausgiebig alle Möglichkeiten des technischen Apparats – als machte er für Hollywood einen Historienschinken auf Breitwand. Nachdem die Begeisterung darüber abgeklungen ist, läßt sich allerdings nicht überhören, daß Barbers Musik eklektisch ist. Nach acht Aufführungen wird die Oper schon abgesetzt.

● In England gelingt es, eine neuartige Handprothese zu konstruieren, deren Finger willkürlich bewegt werden können. Die Impulse für die Bewegungen kommen aus den verbleibenden Muskelstümpfen des Patienten. Diese sogenannte myoelektrische Steuerung wird in den folgenden Jahren noch weiter verbessert.

● Im Osten Transvaals (Südafrika) werden in 3,1 Milliarden Jahre alten Mineralien fossile Bakterien entdeckt. Der Fund läßt darauf schließen, daß primitive Lebensformen auf der Erde noch vor dieser Zeit existiert haben müssen.

● Der Züricher Mediziner S. Heyden erstellt eine Studie über die Ursachen des Herzinfarkts. Danach sind vor allem fettreiche Ernährung, Nikotin- und Alkoholmißbrauch für den oft tödlich endenden Verschluß der Herzkranzgefäße verantwortlich.

Abu Simbel
Haupt einer Kolossalstatue des Pharao Ramses II.

Internationale Zusammenarbeit zur Erhaltung von Kulturgütern

Durch die 1960 begonnene Errichtung des neuen Assuanhochdamms in Oberägypten droht einem der bedeutendsten Baudenkmäler des ägyptischen Altertums die Überflutung durch den nach Gamal Abd el Nasser benannten Stausee. Es handelt sich um die beiden Felsentempel von Abu Simbel am westlichen Nilufer. Sie wurden unter Pharao Ramses II. (1290–1224 v. Chr.) errichtet und zeugen nicht zuletzt von der wirtschaftlichen Blüte, die Ägypten unter seiner Herrschaft erlebt hat. Der Große Tempel ist der Dreiergottheit Re, Amun und Ptah sowie dem vergöttlichten König geweiht. Seine architektonische Besonderheit ist das sogenannte Sonnenwunder: Zweimal im Jahr, bei der Tagundnachtgleiche, fallen die ersten Strahlen der aufgehenden Sonne 60 Meter tief in den Felsen und beleuchten das zentrale Kultbild des Tempels. Vor seiner Fassade befinden sich vier 20 Meter hohe Sitzstatuen des Pharao. Der Kleine Tempel ist dem Kult der Göttin Hathor geweiht.

Um nicht der Überflutung zum Opfer zu fallen, müssen die beiden Tempelanlagen ihren Standort verlassen, um 65 Meter höher und 140 Meter landeinwärts neu aufgebaut zu werden. Hierzu ist Ägypten finanziell nicht in der Lage. Die UNESCO leitete daher eine internationale Hilfsaktion ein, durch die 150 Millionen DM aufgebracht wurden.

Italienische Steinmetzen zerlegen die Bauten mit eigens hierfür entwickelten, zum Schutz der Reliefs besonders feinen Steinsägen. Die bis zu 30 Tonnen schweren Sandsteinblöcke werden mit chemischen Mitteln haltbarer gemacht und zum neuen Standort transportiert. Dies gilt ebenso für die Kolossalstatuen, wobei das Bild der gleichsam in der Luft hängenden steinernen Pharaonenhäupter zu einem Sinnbild der gesamten Rettungsaktion wird.

Die in diesem Umfang bisher einzigartige internationale Anstrengung zur Erhaltung von Kulturgütern gelangt 1968 zu ihrem Abschluß.

Gutenberg-Museum in Mainz
Rekonstruktion der Gutenberg-Werkstatt
Wiedereröffnung 1962

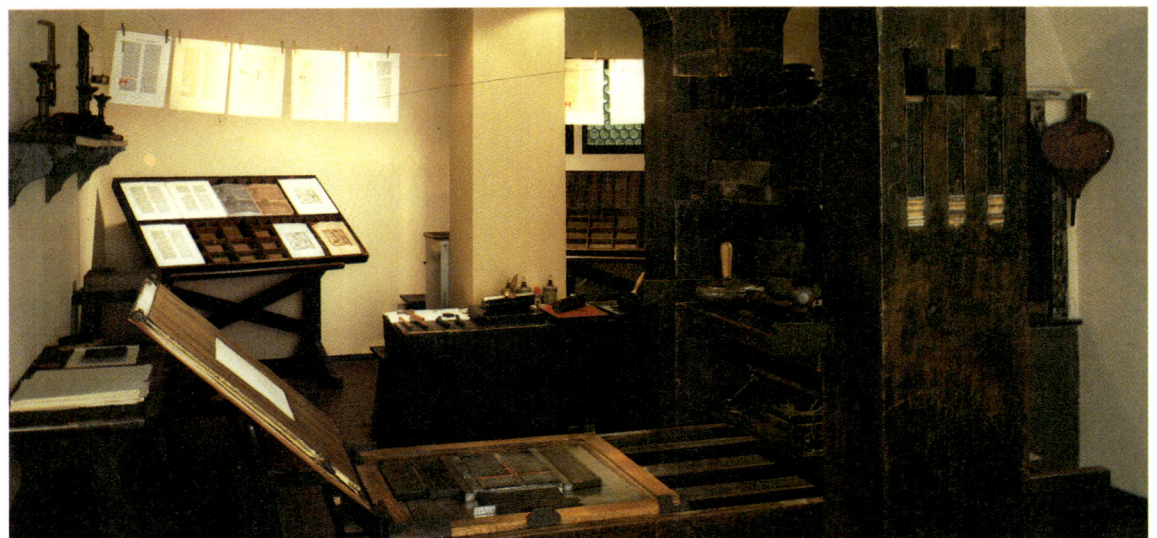

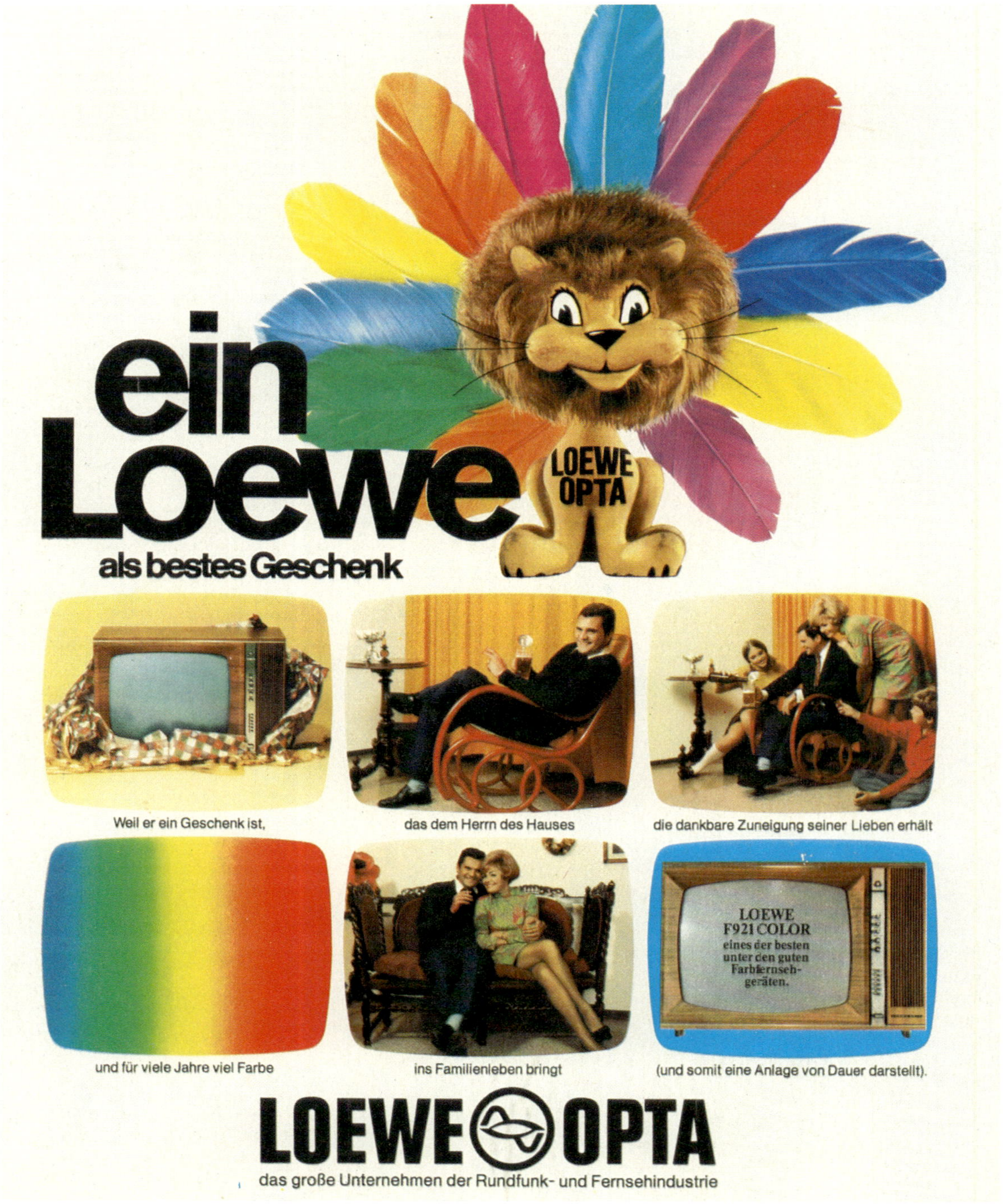
ein
Loewe
als bestes Geschenk
LOEWE
OPTA
Weil er ein Geschenk ist,
das dem Herrn des Hauses
die dankbare Zuneigung seiner Lieben erhält
und für viele Jahre viel Farbe
ins Familienleben bringt
(und somit eine Anlage von Dauer darstellt).
LOEWE
F921 COLOR
eines der besten unter den guten Farbfernsehgeräten.
LOEWE OPTA
das große Unternehmen der Rundfunk- und Fernsehindustrie

Werbung für Fernsehgeräte
1968

Das Ende des Gutenberg-Zeitalters?

Der kanadische Medien- und Kommunikationswissenschaftler Herbert Marshall McLuhan veröffentlicht sein Hauptwerk The Medium Is the Message. *Vorausgegangen sind 1962* The Gutenberg Galaxy (Die Gutenberg-Galaxis), *worin er das Ende des mit Gutenbergs Erfindung des Buchdrucks mit beweglichen Lettern eingeleiteten Zeitalters des Buches beschreibt, und 1964* Understanding Media (Die magischen Kanäle, *1968). McLuhan vertritt die These, daß die epochale Neuerung in der öffentlichen wie privaten Kommunikation nicht von neuen Inhalten gekennzeichnet ist, sondern die Medien – allen voran das Fernsehen – eine Umformung der Zivilisation verursacht hätten. Sie sind als solche »die Botschaft«. McLuhan stimmt nicht in den schon vernehmbaren Chor der Medienkritiker ein, sondern spricht von der »Erweiterung der menschlichen Sinnesorgane«. Die elektronischen Medien verwandeln die Welt in ein »globales Dorf«.*
Tatsächlich erleben am 25. Juni 1967 600 Millionen Menschen in 24 Ländern die Mondo-Vision, eine weltweite Sendung über Unsere Welt *– die Sowjetunion und drei weitere Ostblockstaaten haben sich allerdings fünf Tage zuvor aus dem Unternehmen zurückgezogen.*
Technisch bietet die von der BBC London in zweijähriger Arbeit mit einem Aufwand von 8,5 Millionen DM vorbereitete Sendung keinerlei Schwierigkeiten: Die Szenerie wechselt von Melbourne nach Tunis, von Rom nach Bayreuth, von Paris nach New York, von London nach Tokio. Anders steht es mit der inhaltlichen Einlösung des Vorhabens, die alltäglichen Freuden und Sorgen der Menschen in unserer Welt zu zeigen. Die Szenenfolge mit spanischen Thunfischfängern, österreichischen Stahlwerkern, kanadischen Cowboys und dänischen Babies entspricht einem mittelmäßigen Kulturfilm. Die Bundesrepublik wird durch Wieland Wagner vertreten, der für die Bayreuther Festspiele Lohengrin probt. »Ist unsere Welt wirklich so langweilig?« seufzt die »Bild-Zeitung«.

Die älteste europäische Kultur

Jugoslawische Archäologen graben auf einer niedrigen, Lepenski Vir genannten Donauterrasse in der Djerdap-Schlucht die Reste einer Hochkultur aus, die in der Jungsteinzeit um 5300 v. Chr. dort geblüht hat.

In sieben großen, nacheinander angelegten Niederlassungen werden die Reste kunstvoll geplanter Bauten entdeckt, Gräber, die auf seltsame Bestattungsrituale hinweisen, eine Fülle von meisterhaft aus Stein, Knochen und Hirschgeweih gefertigten Werkzeugen, verschiedene Schmucksachen, Gegenstände mit eingekerbten, einer Schrift ähnlichen Zeichen und monumentale Steinskulpturen. Danach waren die Menschen von Lepenski Vir die ersten Europäer, die in komplexen wirtschaftlichen und sozialen Verhältnissen lebten. Bis 1971 können im Djerdap-Gebiet noch zehn weitere Ansiedlungen aus der gleichen Zeit entdeckt werden.

Bildung per Bildschirm

Im dritten Fernsehprogramm des Bayerischen Rundfunks startet eine Bildungsreihe, die dem lernwilligen Zuschauer den Erwerb der Fachschulreife ermöglicht: das Telekolleg.

Jeden Werktag wird eine halbe Stunde eine neue Sendung ausgestrahlt und eine halbe Stunde lang die vorangegangene wiederholt. Zusätzlich gibt es die Kollegtage, die an jedem dritten Sonnabend in zentral gelegenen Orten abgehalten werden und bei denen die Fernsehschüler mit Lehrern offengebliebene Fragen klären können.

Nach je zwei Trimestern folgt eine Zwischenprüfung, nach 6mal 13 Wochen (und zusammen 468 Sendungen) kommt die staatliche Abschlußprüfung. Zwar gibt es viele »Abspringer«, aber von den rund 11 000 Schülern, die als erster Telekolleg-Jahrgang anfangen, schaffen immerhin 2176 die Abschlußprüfung.

1967

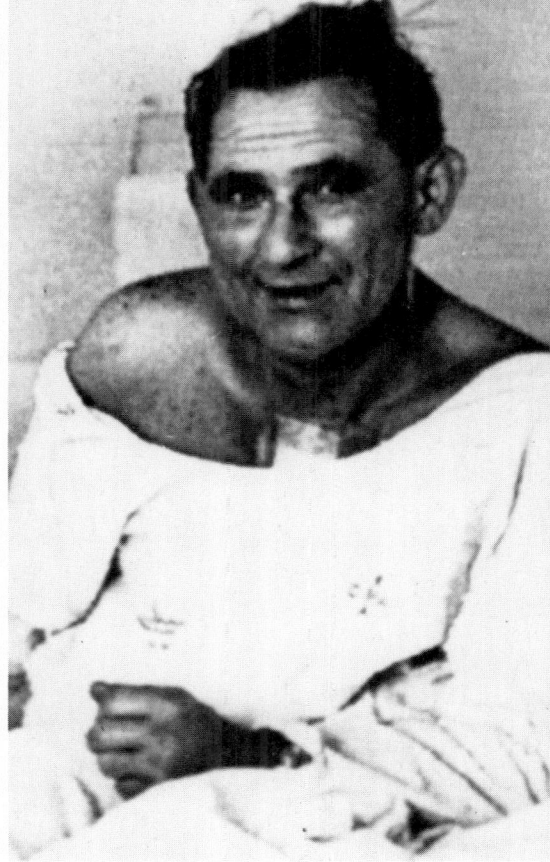

Erste Herztransplantation

Am 3. Dezember gelingt es zum ersten Mal, einem todkranken Patienten durch eine Herzverpflanzung das Leben zu verlängern. Der Mann, dem die historische Operation glückt, ist der südafrikanische Chirurg Professor Christiaan Barnard vom Groote-Schuur-Krankenhaus in Kapstadt. Sein Patient ist der 55jährige Kaufmann Louis Washkansky. Mit Hilfe eines vielköpfigen Ärzte-Teams tauscht Barnard das Herz Washkanskys gegen das Herz der 25jährigen Südafrikanerin Denise Dervall aus, die kurz zuvor bei einem Autounfall ums Leben gekommen ist. 18 Tage nach der Operation stirbt der Patient, doch Barnards Beispiel macht Schule. Weitere Herzverpflanzungen in anderen Ländern werden gewagt. Barnard operiert am 2. Januar 1968 den Kapstädter Zahnarzt Dr. Philip Blaiberg, der 227 Tage überlebt.

Barnards Herztransplantationen erweisen sich als problematisch und lösen in aller Welt erregte Diskussionen aus. In die wissenschaftliche Debatte mischen sich ethisch-religiöse Einwände, wie weit dem Arzt Eingriffe in den natürlichen Lebensablauf erlaubt seien. Untergründig wirkt die schockartige Erkenntnis weiter, daß auch das Herz, im Volksglauben noch immer der Sitz der »Seele« des Menschen, wie jedes andere Organ ausgetauscht werden kann. Während Barnard von Papst Paul VI. in Privataudienz empfangen wird, sprechen prominente Wissenschaftler von ehrgeizigen und unverantwortlichen Experimenten. Das schwerwiegendste Problem, auf das sie hinweisen, ist die sogenannte Immun- oder Antikörperreaktion. Der Körper wehrt sich grundsätzlich gegen jedes fremde Gewebe. Viele Chirurgen geben deshalb dem »künstlichen Herzen«, also mechanischen Pumpen, die von äußeren Energiequellen getrieben werden, die größeren Zukunftschancen.

Mitte links: Prof. Christiaan Barnard mit Gracia Patricia und Fürst Rainier von Monaco, 1968.
Mitte rechts: Herzpatient Louis Washkansky, 1967.

Naturwissenschaft, Technik, Medizin

● Bei einem Brand ihrer Weltraumkapsel während einer Startprobe kommen die amerikanischen Astronauten Virgil Grissom, Edward White und Roger Chaffee ums Leben.

● Den Amerikanern Richard und Beatrice Gardner gelingt es, der Schimpansin »Washoe« eine Zeichensprache mit mehreren Dutzend Zeichen sowie satzartige, aus zwei bis drei Zeichen bestehende Kombinationen beizubringen.

● Das erste Satelliten-Farbbild der gesamten Erde nimmt der amerikanische ATS-3-Satellit aus 35 800 km Höhe auf.

● Antony Hewish und seine Mitarbeiter entdecken den ersten »Pulsar« am Himmel mit Hilfe eines Radioteleskops. Pulsare sind »Neutronensterne«, die von der Schwerkraft (Gravitation) zu Bällen von wenigen hundert km Durchmesser zusammengepreßt worden sind. Wegen ihrer extremen Dichte würde ein Fingerhut der Materie eines Pulsars rund 100 Millionen Tonnen wiegen. Die Atomkerne in einem solchen Stern sind »zusammengequetscht«. Pulsare haben auf ihrer Oberfläche extrem starke Magnetfelder und drehen sich schnell um ihre Achsen. Was »pulsiert«, sind abgestrahlte Radiowellen. Sie entstehen durch Ablenkung und Beschleunigung von Elektronen in der Umgebung der Sterne fast auf Lichtgeschwindigkeit.

1967

Bildende Kunst

Werke

- Alexander Camaro: *Orchestrion* (Gemälde).
- Jorge Castillo: *Composition* (Diptychon, Gemälde).
- Marc Chagall: *Das blaue Dorf.*
- Otto Dix: *Günther Grzimek* und *Max Frisch* (Porträs).
- Richard Estes: *Telefonzellen* (Fotorealismus).
- Conrad Felixmüller: *Selbstbildnis* (Gemälde).
- Hannah Höch: *Industrielandschaft* (Collage).
- Willi Sitte: *Höllensturz in Vietnam.*
- Antoni Tapiès: *Peinture aux bois de lit* (Gemälde).

Ausstellungen

- Basel, Kunsthalle: In einer Paul-Klee-Ausstellung, die zum großen Teil das New Yorker Guggenheim-Museum zusammengestellt hat, werden unter 222 Exponaten viele Werke gezeigt, die vorher in Europa noch nie öffentlich zu sehen waren.
- Essen, Villa Hügel: *Nepal – Kunst aus dem Königreich im Himalaya.*
- München, Haus der Kunst: Bis zum 7. Januar 1968 wird die bisher umfangreichste Ausstellung von Werken des Romantikers Carl Spitzweg und seines Freundeskreises gezeigt.
- Paris, Petit Palais: Tutanchamun-Ausstellung.
- Paris, Petit Palais: Ausstellung von Werken des französischen Malers und Zeichners Jean Ingres (vom 8. Oktober bis 28. Januar 1968).
- Eine sechs Monate lang in der Sowjetunion gezeigte Wanderausstellung *Zeitgenössische Architektur in der Bundesrepublik* wird in Leningrad von 230 000, in Kiew von 190 000 und in Moskau von 160 000 Menschen besucht.

Mario Merz, Iglu.

Gehäuse

Zum Spektrum der antirealistischen Kunst der sechziger Jahre gehört eine vor allem von Italienern vertretene Ausprägung der Objektkunst, die Arte povera. Sie berührt sich sowohl mit der Minimal-art als auch mit der Konzeptionskunst. Zu ihren Initiatoren gehört Mario Merz, der mit Vorliebe Gehäuse in Gestalt von Iglus baut. Sein Objet cache-toi über kreisförmigem Grundriß mit einem Durchmesser von zwei Metern besteht aus gelbem Ton und Neonleuchtröhren. Im selben Jahr entsteht ein halbkugelförmiges Gebilde aus einem Aluminiumgestänge, das mit Glasplatten belegt ist; ein winziges Spielzeugauto im Inneren läßt die Halbkugel als riesige Kuppel erscheinen, wie sie in utopischen Architekturentwürfen zum Schutz oder als Kapsel für die Atemluft über die Städte der Zukunft gespannt werden.

Kunst der Armut

»Minimal-art« und »Concept-art« entwickeln sich weiter: Die »Arte povera«, die »Kunst der Armut«, nimmt das Objekt, um Bezüge in unserer Welt deutlich zu machen. Bewußt karg gestaltet, soll es zum Nachdenken und zur kritischen Stellungnahme anregen. Auch das Material, das verwendet wird, ist ganz alltäglich und wird nur wenig verändert. Gerade durch die Knappheit der Mittel sollen Gedankenprozesse und Assoziationen in Gang gesetzt werden. Damit wird aber auch ein Gegengewicht zu den rationalistischen Primärstrukturen der »Minimal-Art« ins Spiel gebracht: Gerade im Einfachen äußert sich Komplexität.

Die wichtigsten Vertreter der »Arte povera« sind der Deutsche Reiner Ruthenbeck (Aschehaufen II, 1968), die Italiener Mario Merz (Versteck-Objekt, 1968), Giuseppe Penone, Giulio Paolini, Jannis Kounellis (Zugemauerte Tür, 1968) sowie die Amerikaner Douglas Huebler, Lawrence Weiner und Richard Serra.

Neue Museen am Rhein

Die rheinische Museumslandschaft belebt sich. Gleich drei Museen werden eröffnet oder wiedereröffnet: die Kunsthallen in Köln und Düsseldorf sowie das Rheinische Landesmuseum in Bonn. In Köln ist Auftakt mit einer glanzvollen kulturhistorischen Ausstellung *Die Römer am Rhein*, in Düsseldorf mit *Kunst des 20. Jahrhunderts aus nordrheinwestfälischem Privatbesitz*. In beiden Fällen handelt es sich um reine Ausstellungshäuser, die nebenbei auch den örtlichen Kunstvereinen Unterkunft bieten. In Zusammenarbeit mit den städtischen Museen können so Sonderausstellungen präsentiert werden, die sonst den normalen Betrieb beeinträchtigen würden. Architektonisch zeichnen sich die neuen Häuser allerdings nicht gerade durch Originalität aus.

Das Rheinische Landesmuseum zieht nach kriegsbedingtem Exil an seinen alten Ort zurück und kann nun wieder seine Schätze richtig präsentieren. Die Reise geht durch die rheinische Geschichte vom Neandertaler bis in die Gegenwart. Dazu spezialisiert das Museum sich auf eine Fülle von Wechselausstellungen. Ein weiterer Schwerpunkt liegt bei der Fotografie, die als eigenständige Kunstrichtung zunehmend Bedeutung gewinnt.

Ein Museum der Stifter

In Berlin-Dahlem wird am 15. September ein staatliches Museum eröffnet, das seine Existenz der Initiative privater Spender zu verdanken hat. Das neue Haus ist der bis 1913 bestehenden Künstlergemeinschaft »Brücke«, dem Sammelpunkt des deutschen Expressionismus, gewidmet. Ihr gehörten die vier Gründer L. Kirchner, E. Heckel, K. Schmidt-Rottluff und F. Bleyl sowie M. Pechstein, E. Nolde, O. Mueller und C. Amiet an.

Am Anfang stand eine Schenkung: Karl Schmidt-Rottluff übergab 1965 Berlin 74 seiner Werke und stellte auch einen Baukostenzuschuß für ein Museum in Aussicht. Vor allem Erich Heckel schloß sich mit der Stiftung von 880 weiteren Arbeiten an. Aber auch andere Brücke-Künstler beteiligten sich an den Schenkungen.

Der Architekt Werner Düttmann entwirft als Unterkunft für das Museum ein Ensemble niedriger langgestreckter Baukörper, die sich in die waldige Umgebung einfügen.

Sergei Fjodorowitsch Bondartschuk
als Pierre Besuchow in
Krieg und Frieden
1965–1967

Geli Korschew
Abschied
1967

Ein russisches Nationalepos

Knapp 100 Jahre nach dem Erscheinen der ersten Ausgabe von Lew N. Tolstois historischem Roman Vojna i mir (Krieg und Frieden) *wird die erste russische Filmbearbeitung des Epos fertiggestellt. (Vorangegangen ist 1956 eine amerikanisch-italienische Koproduktion mit Audrey Hepburn, Anita Ekberg, Mel Ferrer und Henry Fonda in den Hauptrollen, wobei böse Zungen vorgeschlagen haben, der Film müsse eigentlich den Titel »Viel Lärm um Natascha« oder »Napoleon war an allem Schuld« tragen.) Drehbuchautor, Regisseur und Darsteller des Pierre Besuchow ist Sergei Fjodorowitsch Bondartschuk, der mit seinem (dreiteiligen) Filmepos Weltruhm erlangt. Die Kosten werden auf 600 Millionen Dollar geschätzt, als Komparsen der Schlachtenszenen kamen 30 000 Rotarmisten zum Einsatz.*

Wie stark Tolstoi als russischer Nationaldichter auch in der Sowjetunion verankert ist, beleuchtet streiflichtartig eine Anekdote aus dem Zweiten Weltkrieg, derzufolge ein Artillerieoffizier zu kommandieren pflegte: »Für Krieg und Frieden – Feuer frei! Für Anna Karenina – Feuer frei!«

Bondartschuks Film ist jedoch weit entfernt von patriotischem Pathos – hierin Geli Korschews Gemälde Abschied vergleichbar. Über seine Absicht äußert Bondartschuk: »Der mächtige und grenzenlose Reichtum des Lebens, ein getreues Bild dieses Seins, die Ernsthaftigkeit der Gefühle, die Treue gegenüber der Wirklichkeit, gepaart mit einem hohen Grad an Objektivität, die ganze Welt in ihrer Fülle an Charakteren und Geschehnissen, die Historie, die Schrecken des Krieges, die Leidenschaften, Freuden und Kümmernisse, die Feigheit und der Mut, alle Dinge, die es gibt von Anbeginn bis zur Ewigkeit – sie sind Inhalt und Wesen von Tolstois Krieg und Frieden. In diesem Geist versuchten wir mit allen uns zur Verfügung stehenden Mitteln, in den Menschen, die unseren Film sehen, Gefühle der Menschlichkeit wachzurufen, sie von falschem Pathos und Böswilligkeit wegzuführen zur Bejahung des Lebens in all seinen Wesens- und Erscheinungsformen.«

David Hemmings in
Blow-up
1966

Francis Bacon
**Porträt der
Isabel Rawsthorne
in einer Straße von Soho**
1967

Londoner Szene

Michelangelo Antonionis 1966 in Großbritannien nach einem Drehbuch von Edward Bond entstandener Film Blow-up wird zum Kultfilm des Jahres. Angesiedelt im »swinging London« der sechziger Jahre, gibt er das Lebensgefühl der Beat-Generation wieder, die, von alten moralischen Fesseln befreit, ihre Freiheit in vollen Zügen genießt. Antonioni fügt jedoch Irritationen in diese Szenerie ein. Sie ergeben sich aus der Entdeckung, die der Starfotograf Thomas (David Hemmings) auf einer Fotoserie macht. Was wie die Ablichtung eines Pärchens in einem Park erscheint, erweist sich bei näherer Betrachtung möglicherweise als Mordszene. Mit dem Mittel des Blow-up, der Ausschnittvergrößerung, versucht Thomas, sich Klarheit zu verschaffen, doch je weiter er vordringt, desto mehr verflüchtigt sich sein Material zu abstrakten Chiffren.

Fotos sind (neben Kunstreproduktionen) auch das Ausgangsmaterial der Bildnisse, die der Engländer Francis Bacon meist in Serien gestaltet. Wie ein Vergleich der verschiedenen Fassungen von Porträts der Malerin Isabel Rawsthorne zeigt, behalten die Gesichtszüge bei aller malerischen Deformation den Ausdruck unverwechselbarer Individualität. Er ist zugleich von einem Schrecken geprägt, dessen Ursachen sich kaum bestimmen lassen. Er besitzt halluzinatorischen Charakter – so jedenfalls läßt sich das Motiv der dreifachen Erscheinungsweise Isabels auf einer Studie im Zusammenhang des links wiedergegebenen Porträts verstehen. Das bekannteste Beispiel für Bacons Technik der Verfremdung ist Der schreiende Papst (1951), dem das 1650 von Diego Velázquez geschaffene Bildnis des Papstes Innozenz X. zugrunde liegt.

Das Grauen, das im Alltäglichen aufbricht, ist ein Thema von Bonds Drama Saved (Gerettet), in dem Londoner Jugendliche ein Kind im Kinderwagen steinigen. 1967 kommt es im Werkraum der Münchener Kammerspiele unter der Regie von Peter Stein in einer bayerischen Dialektfassung von Martin Sperr zur deutschen Erstaufführung.

Die wilden Jahre

Für fünf Jahre bis Ende der Spielzeit 1966/67 wurde Bremen zur deutschen Theatermetropole: Eine zum großen Teil von den Städtischen Bühnen Ulm kommende Mannschaft übernahm das Ruder, Kurt Hübner als Intendant, Peter Zadek als Regisseur, Wilfried Minks und Jürgen Rose als Bühnenbildner. Zusammen prägten sie das, was »Bremer Stil« genannt wird. Es war vor allem Zadek, der von sich reden machte in seinem unablässigen Bestreben, Theater, auch die Klassiker, so darzustellen, daß es die Gegenwärtigen etwas angeht. Und er kritisierte, daß Unterhaltung auf deutschen Bühnen offenbar für etwas Unanständiges gehalten wird.

Peter Zadek wurde am 19. Mai 1926 in Berlin als Sohn jüdischer Eltern geboren. 1933 emigrierte die Familie nach London. Hier hat Zadek auch die ersten Theatererfahrungen gesammelt. 1957 inszenierte er die Uraufführung von Jean Genets *Balkon* – gegen den Protest des Autors. Ende der fünfziger Jahre kam Zadek nach Deutschland zurück. Er bescheinigte den deutschen Schauspielern, daß sie nur von einer deklamatorischen Sprache, nicht aber von der körperlichen Gebärde lebten.

Zadek versucht, dem Theater den Charakter des Weihetempels zu nehmen. Seine Inszenierungen zielen bewußt auf Unterhaltung bis hin zum Klamauk ab, auf Polemik und Unfertigkeit, sprechen den einzelnen Theaterbesucher an und wollen ihn über den bei ihm erzeugten Widerspruch zum eigenen Nachdenken anregen. Die Verbindung zur Pop-art scheut er nicht, viele Zadek-Inszenierungen gemahnen an lebendig gewordene Comicstrips. Das Theater als Instrument der politischen Indoktrination aber lehnt er entschieden ab.

Dem Bremer Theater freilich bekommt der »Bremer Stil« nicht so gut: Von den 12 000 Abonnenten des Jahres 1959 haben bis 1967 die Hälfte die Segel gestrichen.

1967

Theater

Premieren

● Aimé Césaire: *Une saison au Congo (Im Kongo)* wird am 22. September im Teatro La Fenice in Venedig uraufgeführt. Das Stück soll eine Ehrung für den ermordeten kongolesischen Ministerpräsidenten Patrice Lumumba sein.

● Peter Hacks: *Das Volksbuch vom Herzog Ernst oder Der Held und sein Gefolge* wird in Mannheim am 21. Mai uraufgeführt. Herzog Ernst, vom Kaiser verfolgt, muß nach Byzanz fliehen und übersteht alle Gefahren auf Kosten der kleinen Leute.

● Pavel Kohout: *August, August*, Komödie, wird in Prag am 12. Mai uraufgeführt (deutschsprachige Erstaufführung in Wien am 12. April 1969). Ein dummer August will Lippizzaner dressieren, man schickt ihm aber Tiger, die ihn fressen. Für Kohout ist das Stück eine »Allegorie auf das Schicksal des schöpferischen Menschen«.

● Martin Sperr: *Landshuter Erzählungen* wird am 3. Oktober an den Münchner Kammerspielen uraufgeführt. Anhand einer umgedrehten Romeo-und-Julia-Geschichte – der Sohn erwürgt den störrischen Vater – tut Sperr einen Blick in das korrupte Innenleben einer Kleinstadt.

● Tom Stoppard: *Rosencrantz and Guildenstern Are Dead (Rosenkranz und Güldenstern*, Akademietheater des Wiener Burgtheaters, 14. Oktober 1967) hat nach einer Vorpremiere durch eine studentische Theatergruppe bei den Edinburgher Festspielen im August 1966 am 11. April am Londoner Nationaltheater offizielle Uraufführung. Die tragikomische Paraphrase von Shakespeares Hamlet-Tragödie wird von der Warte Rosenkranz' und Güldensterns angegangen. Beide, eigentlich unbeteiligt, finden in ihr den Tod, darin ein Sinnbild des modernen Menschen in einer ihn verwaltenden Welt.

● Martin Walser: *Die Zimmerschlacht* wird am 7. Dezember an den Münchner Kammerspielen uraufgeführt (Regie Fritz Kortner). Das Bild einer Ehe, die nur noch auf gegenseitig akzeptierten Lügen aufgebaut ist.

Ereignisse

● München: Im Werkraumtheater der Münchner Kammerspiele debütiert Peter Stein als Regisseur mit Edward Bonds *Gerettet* in einer Münchener Vorstadtdialektfassung.

● Stuttgart: Peter Palitzsch inszeniert an zwei Abenden unter dem Titel *Der Krieg der Rosen* Shakespeares Trilogie *Heinrich VI.*

● Wuppertal: Peter Zadek inszeniert am 21. November an den Wuppertaler Bühnen unter dem Titel *Der Pott* und in einer Übertragung von Tankred Dorst Sean O'Caseys *Der Preispokal* als grelle Antikriegsrevue.

Ein verpuffter Skandal

Wieder gibt es viel Aufregung um ein Stück von Rolf Hochhuth. In Soldaten wirft der Autor dem britischen Kriegspremier Winston Churchill vor, einen unmenschlichen Luftkrieg gegen die deutsche Zivilbevölkerung geführt zu haben und unter anderem verantwortlich zu sein für die Bombardierung Dresdens am 13./14. Februar 1945. Außerdem unterstellt Hochhuth dem früheren Premier den Befehl zur Ermordung des polnischen Exil-Ministerpräsidenten Wladyslaw Sikorski, weil dieser Stalin beschuldigte, den Massenmord an 4000 polnischen Offizieren angeordnet zu haben. Das habe die Kriegsallianz mit der Sowjetunion gefährdet. Sikorski ist am 4. Juli 1943 durch einen Flugzeugabsturz bei Gibraltar ums Leben gekommen.
Die geplante Uraufführung des Stückes in London kommt nicht zustande, weil der Aufsichtsrat des Britischen Nationaltheaters es ablehnt. Sie findet am 9. Oktober unter Hans Schweikarts Regie an der Freien Volksbühne in Berlin statt. In London werden die Soldaten erst ein Jahr später, nach Abschaffung der Zensur, aufgeführt. Der erwartete Theaterskandal bleibt aus, statt dessen folgt eine Serie von Prozessen.

Die zerstörte Innenstadt Dresdens, 1945.

Revue von der Revolution

Am 20. Januar hat in Stockholm Peter Weiss' Oratorium *Gesang vom Lusitanischen Popanz* Uraufführung, in dem der Autor, oft vergröbernd und plakativ, den Krieg in Portugals Überseeprovinz Angola als Paradigma für den Aufstand der Dritten Welt gegen den weißen Westen nimmt. Der Kapitalismus wird als Triebkraft für einen weltweiten Ausbeutungsfeldzug angeprangert. Inszeniert ist das ganze im Stile eines flotten Agitprop-Musicals. Den Theaterkritikern freilich stößt Weiss' Schwarzweißmalerei sauer auf, wenn sie auch die Arbeit des Regisseurs Etienne Glaser als gelungen würdigen.

Nach der deutschen Erstaufführung (Berliner Schaubühne, Regie: Karl Paryla) am 7. Oktober werden die Kritiken nicht besser. »Das Stück bleibt tot« ist Günther Rühles Besprechung in der FAZ vom 9. Oktober überschrieben. Und Karena Niehoff findet am gleichen Tag in der »Süddeutschen Zeitung«: »Ein ziemlich miserables Theaterstück«.

Der geförderte Film

Die Filmwirtschaft der Bundesrepublik nähert sich immer mehr dem Zusammenbruch. 1966 werden nur noch 60 Filme produziert. Deshalb soll an den Kinokassen eine Abgabe auf die Eintrittskarte erhoben werden und ihr Ertrag unter den deutschen Produzenten verteilt werden. Am 22. Dezember 1967 verabschiedet der Bundestag das Filmförderungsgesetz (FFG). Es hat nicht den Zweck, das Niveau des deutschen Films zu heben, denn das würde als Eingriff in die Kulturhoheit der Länder betrachtet werden. Es ist ein Wirtschaftsförderungsgesetz und soll »die Qualität des deutschen Films auf breiter Grundlage ... steigern.« In der Tat gelingt es auch, die Produktionsziffern wieder auf mehr als hundert Filme im Jahr hochzudrücken, aber die inhaltliche Qualität des deutschen Films bleibt weiterhin schlecht, der Besucherrückgang hält unvermindert an. In der Folge sinkt auch die Produktion wieder auf den Stand von 1966.

1967

Film und Fernsehen

Premieren

● Jean-Luc Godard: *La chinoise, ou plutôt à la chinoise (Die Chinesin,* 1968). Godard schildert das Scheitern einer Wohnkommune und bricht die traditionelle Erzählstruktur des Films immer wieder so auf, daß die Fiktion des Dargestellten deutlich wird.

● Jean-Luc Godard: *Week-end (Weekend,* 1969). Eine Geschichte vom Zusammenbruch unserer Zivilisation.

● Arthur Penn: *Bonnie and Clyde (Bonnie und Clyde).* Mit Warren Beatty und Faye Dunaway in den Hauptrollen, erzählt Penn den Fall eines Gangsterpärchens, das während der Weltwirtschaftskrise in den amerikanischen Südstaaten Banken ausraubte.

● István Szabó: *Vater (Apá):* Ein Junge wird erwachsen, indem in seiner Vorstellung das Bild seines früh gestorbenen Vaters vom Helden- auf Normalmaß schrumpft.

● May Spils: *Zur Sache, Schätzchen.* In ihrem Erstlingsfilm zeigt die Filmemacherin eine amüsante Gammeltype aus Schwabing (Werner Enke), die für jede Lebenslage einen pseudophilosophischen Spruch parat hat.

● François Truffaut: *La mariée était en noir (Die Braut trug schwarz,* 1968). Ein »schwarzer« Film: Jeanne Moreau in der Rolle einer Frau, die ihren bei der Trauung erschossenen Mann rächt.

Ereignisse:

● Am 25. August beginnt das ZDF in der Bundesrepublik mit dem Farbfernsehen, die ARD folgt am nächsten Tag. 5800 Farbfernsehgeräte gibt es zu der Zeit, zehn Jahre später sind es 9,2 Millionen. Rund vierzig Länder in aller Welt übernehmen das deutsche Pal-Farbfernsehsystem.

Die übertriebene Generation

Unter diesem Titel berichtet der »Spiegel« Anfang Oktober über die »Jugend 1967«, eine »nicht nur neue Generation, sondern eine neue Art von Generation«. Identifikationsangebote und modische Sprachmuster bietet May Spils mit ihrem Schätzchen-Film aus dem Schwabinger Milieu. Das Plakat zeigt Martin (Werner Enke) und Barbara (Uschi Glas) in der Straßenbahn-Szene, in der Martin das Fummeln definiert: Barbara: »Fummeln, was ist denn das?« Martin: »Na ja, wenn ich so mache. (Er berührt ihren Hals.) So, das ist noch nicht gefummelt. (intensiver) Aber so, das ist eindeutig gefummelt. (weniger) So ist vielleicht noch nicht ganz gefummelt. (Er streichelt ihren Hals. Barbara hat das offensichtlich nicht ungern. Martin zieht seine Hand weg.) Verflixt, ich hab' ganz klar gefummelt ... Na ja, wer fummelt nicht mal gern. Alle Welt fummelt.«

Derlei Plauderei steht die schon 1964 in einer soziologischen Erhebung ermittelte Bereitschaft von Studenten gegenüber, »politisches Engagement in einer kritischen Situation« einzugehen. Diese Bereitschaft ist mit 26 Prozent bei Studenten der Westberliner Freien Universität doppelt so hoch wie bei Studenten an den Universitäten der Bundesrepublik. Die Reihe studentischer politischer Demonstrationen in der geteilten »Frontstadt« beginnt im Dezember 1964 (gegen den Kongo-Premier Moïse Tschombé) und reicht über die Kampagnen gegen den amerikanischen Krieg in Vietnam bis zur Demonstration gegen das Gewaltregime in Persien anläßlich des Berlinbesuchs von Schah Reza Pahlewi. Während dieser am 2. Juni an einer Opernaufführung teilnimmt, wird der (an den Auseinandersetzungen zwischen Demonstranten, »Jubelpersern« aus Mitgliedern des persischen Geheimdienstes Savak und der Polizei nicht unmittelbar beteiligte) Student Benno Ohnesorg auf der Straße von einem Polizisten erschossen.

Zur Sache, Schätzchen, 1967; Plakat (Wiederaufführung Ende der siebziger Jahre) mit Werner Enke und Uschi Glas.

Schwieriger Neubeginn

Nach dem Tode Wieland Wagners am 17. Oktober 1966 führt sein Bruder Wolfgang die Bayreuther Festspiele allein weiter. Den Einstand gibt er mit einer Neuinszenierung des *Lohengrin.* Sein Verhältnis zu Wieland war nie besonders gut gewesen, was sich jetzt auch beim *Lohengrin* zeigt: In den Neu-Bayreuther Stil dringen wieder romantisierende Elemente ein.

Musik und Politik

Ein Entführungsfall erregt die Öffentlichkeit: Im Juni wird der südkoreanische Komponist Isang Yun, der seit 1964 in Berlin lebt und arbeitet, zusammen mit anderen in der Bundesrepublik lebenden Südkoreanern, darunter auch seine Frau, in sein Heimatland verschleppt. Im Dezember wird er in Seoul wegen »landesverräterischer Beziehungen« (das waren Besuche in Ost-Berlin und Pjöngjang) zu lebenslangem Freiheitsentzug verurteilt. Auf Druck aus der Bundesrepublik wird die Freiheitsstrafe schrittweise reduziert und Isang Yun im März 1969 nach Deutschland entlassen. Er nimmt dann die deutsche Staatsangehörigkeit an.

Nur wenige Tage vor Isang Yuns Rückkehr findet in Nürnberg die Uraufführung seiner Kurzoper *Die Witwe des Schmetterlings* statt, eine Auftragsarbeit des Stadttheaters Bonn, die er im Gefängnis in Seoul fertiggestellt hat. Dazu wird der bereits 1965 in Berlin uraufgeführte Einakter *Der Traum des Liu-Tung* zu Gehör gebracht; beides zusammen ist unter dem Titel *Träume* lose miteinander verbunden.

Das erste Werk entstand nach einem taoistischen Lehrstück, das zweite setzt nach dem Prinzip des Satyrspiels den Stoff als Paraphrase fort. Es geht erst um einen jungen Mann, der die Nichtigkeit des Seins erfährt, dann um einen Hofbeamten, der seine Frau loswerden will, weil sie ihn in seinen Träumen stört, ein von den irdischen Realitäten losgelöster Schmetterling zu sein. Musikalisch verbindet Isang Yun traditionelle ostasiatische Musik mit europäischer Zwölftontechnik.

Literatur

Neuerscheinungen

● Alfred Andersch: *Efraim.* Der jüdische Journalist und Schriftsteller Efraim kommt während der Kuba-Krise und der »Spiegel«-Affäre 1962 in seine Geburtsstadt Berlin, wo aus den Reflexionen über sein Leben und seine Zeit ein tagebuchartiger Bericht entsteht.

● André Malraux: *Antimémoires (Antimemoiren).* Aufzeichnungen von Gesprächen mit Nehru, Mao Tse-tung und de Gaulle wechseln mit Kunstbegegnungen aus allen Zeiten und Erlebnisberichten aus Krieg und Résistance.

Ereignisse

● Dänemark hebt das Verbot pornographischer Schriften auf, im folgenden Jahr auch das Verbot pornographischer Abbildungen.

● Nach fast fünfzigjähriger Auseinandersetzung muß Dänemark aufgrund einer Entscheidung des Obersten Gerichtshofs in Kopenhagen rund 2000 mittelalterliche Handschriften, darunter die Edda, an Island zurückgeben. Sie waren der Kopenhagener Universität von dem isländischen Gelehrten Arne Magnusson (1663–1730), der sie in Island gesammelt hatte, testamentarisch vermacht worden.

The Beatles
Sergeant Pepper's
Lonely Hearts
Club Band
Plattencover von
Peter Blake
1967

Im April erscheint mit dem schon gewohnten Welterfolg eine neue Langspielplatte der Beatles: Sergeant Pepper's Lonely Hearts Club Band. Zu diesem Zeitpunkt können die vier jungen Leute aus den Vororten Liverpools – Paul McCartney, John Lennon, George Harrison und Ringo Starr – bereits auf eine märchenhafte Musiker- und Filmkarriere zurückblicken. Die neue Platte bringt in einer Reihe von Nummern die Beschäftigung der Beatles mit fernöstlicher Musik und Meditation zur Geltung; Peter Blakes Plattencover versammelt dagegen eine eher westliche Gemeinde von Edgar Allan Poe bis Marlon Brando. Ganz rechts wird der kaum weniger erfolgreichen Rockgruppe Rolling Stones (erster Auftritt 1962) gedacht. Begonnen hat alles 1958, als Lennon und McCartney sich unter dem Namen Nurk Twins zusammenschlossen. Im folgenden Jahr war ein Quartett komplett, das unter wechselnden Namen auftrat. Im Dezember 1960 war dann der endgültige Name The Beatles gefunden.

Zwischen 1962 und 1967, dem Todesjahr ihres Managers (ab 1961) Brian Epstein, haben sie 230 Songs geschrieben, fast jede Woche einen, und mehr als 200 Millionen Schallplatten verkauft. Den ersten Höhepunkt ihrer Karriere erreichen sie 1964, als die ersten fünf Plätze der US-Hitlisten von Titeln der Beatles (darunter I Want to Hold Your Hand) belegt wurden. Auch wenn die Vertreter der »ernsten« Musik es lange nicht wahrhaben wollten: die Beatles sind musikalische Naturtalente, deren kompositorisches Können beachtlich ist. Manche ihrer musikalischen Elemente haben sie vom amerikanischen Rock'n'Roll, das Gruppen-Image von den Gospelmusikern, und aus der britischen Music-Hall-Tradition stammt einiges ihrer Kunst, sich in Szene zu setzen. Zusammen aber ergibt das etwas Neues, das die Jugend nicht nur der westlichen Welt in seinen Bann schlägt. Auch der Aufstieg aus dem Nichts der Liverpooler Kneipen und die Ironie, mit der sie ihren plötzlichen Reichtum zur Schau stellen, tragen zu ihrer Aura bei. Zusammen mit Elvis Presley stehen sie am Beginn einer spezifischen Jugendkultur, die sich von der Welt der Erwachsenen bewußt abgrenzt.

Der Großbetrieb des internationalen Musikgeschäfts und die unzähligen Tourneen gehen an der aus vier Individualisten gebildeten Gruppe nicht spurlos vorüber. Die Sergeant-Pepper-Platte präsentiert die Beatles noch einmal in einer Einheit, die schon in Auflösung begriffen ist. 1970 gehen die fast ein Jahrzehnt hindurch Unzertrennlichen auseinander.

Wolf Vostell
Miss Amerika
1968

Gegen die Verfälschung der Wirklichkeit

Die Kritik am Krieg der europäischen Schutzmacht USA in Vietnam wird zum Kristallisationspunkt der Protestbewegung, in der sich Studenten, Künstler und Intellektuelle in der Bundesrepublik, in Frankreich und Italien zusammenschließen.

Ein Beispiel für den Versuch, die Bevölkerung aufzurütteln, ist die Collage Miss Amerika des Happening-Künstlers Wolf Vostell. Sie verbindet das durch die Presse gegangene Foto der Erschießung eines Vietcong durch den Polizeichef von Saigon, Nguyen Ngoc Loan, im Februar 1968 mit einem Werbemotiv als Sinnbild der radikalen Verdrängung, wie sie Herbert Marcuse analysiert hat.

Als Vertreter des Dokumentartheaters beteiligt sich der Dramatiker Peter Weiss an der Herstellung einer kritischen Gegenöffentlichkeit, beruhend auf der »Kritik an der Verschleierung … in Presse, Rundfunk und Fernsehen« als »Kritik an Wirklichkeitsfälschungen«. Weiss verfaßt das Stück Diskurs über die Vorgeschichte und den Verlauf des lang andauernden Befreiungskrieges in Viet Nam als Beispiel für die Notwendigkeit des bewaffneten Kampfes der Unterdrückten gegen die Unterdrücker sowie über die Versuche der Vereinigten Staaten von Amerika die Grundlagen der Revolution zu vernichten. Am 20. März kommt der Diskurs an den Städtischen Bühnen in Frankfurt am Main zur Uraufführung, inszeniert von Harry Buckwitz. Peter Weiss hat im Brechtschen Sinne ein Lehrstück geschrieben; die Kritiker reagieren reserviert. Im Anschluß an die Aufführung wird eine Geldsammlung für Waffen für die vietnamesische Befreiungsbewegung Vietcong durchgeführt. Diese Geldsammlungen geraten zum Theaterskandal, obwohl sie durchaus in der Intention des Stückes liegen. An den Münchener Kammerspielen wird das Stück ihretwegen nach drei Aufführungen abgesetzt, ebenso 1969 in Berlin, wo die Direktion der Schaubühne die Inszenierung von Peter Stein und Wolfgang Schwiedrzik »aus künstlerischen Gründen« zurückzieht.

1968

Der »Prager Frühling«

Im Januar wird Alexander Dubček Parteivorsitzender der Kommunistischen Partei der ČSSR. Er ist die Symbolfigur für einen demokratischen Sozialismus. Schon seit 1964 wurden in der ČSSR umfangreiche Reformen des ökonomischen Systems vorbereitet, die eine Dezentralisierung der Leitung, eine Lockerung des zentralistischen Plans und eine Demokratisierung der Machtstrukturen in der Kommunistischen Partei und innerhalb des Staatsapparates vorsahen.

Formen der Selbstverwaltung sollten in allen gesellschaftlichen Bereichen entwickelt werden. Mit der Absetzung Antonin Novotnýs, eines Vertreters des Moskauer Kurses, und dem Beginn der Ära Dubček nimmt die Entwicklung einen stürmischen Verlauf. Nachdem sich vorher schon zwei Filmregisseure öffentlich gegen einen Abgeordneten der Nationalversammlung ausgesprochen hatten, der ein Verbot ihrer Filme forderte, gärt es nun auch unter den Schriftstellern. Auf ihrem IV. Kongreß im Juni 1967 in Prag wandten sich Schriftsteller wie Milan Kundera, Pavel Kohout, Eduard Goldstücker, Václav Havel und Ludvik Vaculík nicht nur gegen Zensur und bürokratische Bevormundung, sondern auch gegen die Degeneration der Partei und ihre unkontrollierte Machtausübung. Noch reagierte die Partei hart mit dem Ausschluß einiger Schriftsteller aus dem Verband und mit der Entlassung des alten Redaktionskollektivs der »Literarni Noviny«, dem Organ des Schriftstellerverbandes, am 29. September 1967. Das Blatt wurde dem Informationsministerium unterstellt. Auch die Kasse zur Unterstützung von Schriftstellern wurde dem Verband entzogen, eine Maßnahme, die Ende Oktober Studentendemonstrationen auslöste.

Ab Januar herrscht ein neues politisches und kulturelles Klima. Der Schriftstellerverband wählt den gemaßregelten Eduard Goldstücker zu seinem Vorsitzenden, die alte Redaktion von »Literarni Noviny« gibt das neue Organ »Literarni Listy« heraus. Am 4. März wird de facto die Zensur aufgehoben. Ludvik Vaculík veröffentlicht am 27. Juni sein *Manifest der 2000 Worte*, mitunterzeichnet von 70 prominenten Vertretern des Prager Reformkurses. Darin heißt es: »Die fehlerhafte Linie der Führung hat diese Partei aus einer politischen Partei und einem idealistischen Verband in eine Machtorganisation verwandelt, die eine gewaltige Anziehungskraft auf

herrschsüchtige Egoisten ausübte, auf skrupellose Feiglinge und Leute mit schlechtem Gewissen.«
Am 20. August überrollen die Panzer des Warschauer Paktes Prag. Der Frühling muß einem eiskalten Winter weichen. Mißliebige Intellektuelle werden mit Publikations- und Berufsverbot belegt, ehemalige Reformer werden an den Rand der Gesellschaft gedrängt oder emigrieren, so Goldstücker und Kohout. Verhaftungen und Bespitzelungen sind an der Tagesordnung.

Die Kunst gehört dem Volk

Mit dieser Parole Mao Tse-tungs und angeregt durch Inhalte der chinesischen Kulturrevolution rebellieren die Studenten gegen Kultur- und Kunstveranstaltungen, die ihrer Meinung nach nur die Kunst der Herrschenden repräsentieren.
In Mailand versuchen Studenten, die XIV. Triennale für angewandte Kunst, moderne Industrieprodukte und Architektur – die größte europäische Design-Ausstellung – zu verhindern.
Auch auf der XXXIV. Kunstbiennale in Venedig kommt es zu studentischen Protesten. Ein Aufgebot von 5000 Polizisten verwandelt die Kunstmesse in eine Polizeifestung. Die Studenten sprechen ironisch von einem neuen Kunstwerk, der »Poliz-art«. Zwar kann die Biennale stattfinden, der Glanz ist ihr jedoch genommen.

Solidarisierung

Das staatliche Pariser Théâtre de France wird zeitweise Hauptquartier der rebellierenden Studenten. Jean-Louis Barrault, der Direktor des Theaters, unterstützt die Forderungen der Studenten. Als Kulturminister André Malraux die Räumung des Theaters fordert, lehnt Barrault ab. Der berühmte Schauspieler wird aus staatlichen Diensten entlassen.
In Cannes findet im Mai das Filmfestival statt. Pariser Filmschaffende fordern den Abbruch als Protest gegen die gaullistische Herrschaft und undemokratische Strukturen in der Filmwirtschaft. Es kommt zum Eklat: Mitglieder der Jury von Cannes, darunter Roman Polanski, Louis Malle, Terence Young und Monica Vitti, treten aus dem Preisgericht zurück und machen es damit funktionsunfähig. Demonstranten besetzen den Festspielsaal und verhindern weitere Filmvorführungen. Eine Reihe von Regisseuren zieht ihre Filme zurück.

Brecht die Macht der Manipulateure!

Am 11. April wird Rudi Dutschke, ein Repräsentant der westdeutschen Studentenbewegung, auf dem Kurfürstendamm von dem Arbeiter Josef Bachmann durch drei Pistolenschüsse lebensgefährlich verletzt. Ein noch am selben Tag verbreitetes SDS-Flugblatt erklärt: »Ungeachtet der Frage, ob Rudi das Opfer einer politischen Verschwörung wurde: Man kann jetzt schon sagen, daß dieses Verbrechen nur die Konsequenz der systematischen Hetze ist, welche Springer-Konzern und Senat in zunehmendem Maße gegen die demokratischen Kräfte in dieser Stadt betreiben haben.«
Unter den Parolen »›Bild‹ hat mitgeschossen!« und »Enteignet Springer!« entwickelt sich in West-Berlin und der Bundesrepublik eine breite Kampagne gegen den Pressekonzern. »Der Springer-Journalismus ist Pogrom-Journalismus«, erklärt die Berliner Evangelische Studentengemeinde. »Das Angriffsziel ist seit dem Dritten Reich ausgetauscht worden: Die krumme Judennase im ›Stürmer‹ wurde in der Karikatur von ›Bild‹ und ›BZ‹ zum Bart des Studenten, der Untermensch zum Gorilla. Die Forderung ›Juden raus!‹ war das Vorspiel für die Gaskammern. Jesus Christus hat für die von der Gesellschaft geächteten Gruppen Partei ergriffen. Eine Kirche in seiner Nachfolge muß diesen Pogrom-Journalismus beim Namen nennen und bekämpfen« (Flugblatt vom 15. April).
In Frankreich ist Paris das Zentrum der Revolte. Vom 5. Mai an kommt es im Studentenviertel Quartier Latin zu harten Auseinandersetzungen mit der Polizei, Barrikadenkämpfe sind an der Tagesordnung. Am 13. Mai rufen die Gewerkschaften zum Generalstreik auf, am folgenden Tag beginnt die Besetzung von Fabriken; Staatspräsident Charles de Gaulle ist zum Handeln gezwungen. Die Anhebung der Mindestlöhne in der Industrie um 30 Prozent ist einer der Gründe dafür, daß der »Pariser Mai« zusammenbricht.

Oben links: Rudi Dutschke am Rednerpult, 8. Februar 1968.
Oben rechts: Paris im Mai 1968.

1968

Triumph des rechten Winkels

Nach dreijähriger Bauzeit wird am 15. September in West-Berlin die Neue Nationalgalerie eröffnet, von der Kritik als das »schönste Kunst-Haus Deutschlands« gepriesen. Der Architekt ist Ludwig Mies van der Rohe, der damit erstmals wieder seit seiner Emigration (1937) einen Auftrag in Deutschland ausgeführt hat. Er variiert mit den modernen Mitteln des Stahl- und Glasbaus ein altes Thema: die (griechische) Säulenhalle auf flachem Sockel.

Allerdings ist die von drei Seiten her als eingeschossig erscheinende Baugestalt in Wirklichkeit in zwei Teile gegliedert: der obere Hallenbau mit einem Grundriß von 55 mal 55 Metern ruht auf einem halb im Boden versenkten Sockelgeschoß (90 mal 90 Meter), das sich nach Westen hin zum Skulpturengarten hin öffnet bzw. von diesem ihr Tageslicht empfängt. Hier findet der durch die Nationalsozialisten ausgeplünderte, durch Kriegsverluste und eine Ost-West-Aufteilung dezimierte Besitz der Nationalgalerie seine Ausstellung. Das rundum verglaste Obergeschoß mit seinem von acht Stahlstützen getragenen Flachdach ist dagegen wechselnden Präsentationen vorbehalten. Den Anfang macht, gleichsam als malereigeschichtliche Bestätigung der klaren rechtwinkligen Architektur, eine Mondrian-Ausstellung.

Der erste Hausherr der Neuen Nationalgalerie ist der Kunsthistoriker und Förderer moderner Kunst, Werner Haftmann (Malerei im 20. Jahrhundert, 1944–1955, erweiterte Neuausgabe 1962). Seine Aufgabe ist es, mit einem Jahresetat von einer Million DM Lücken in der Sammlung zu schließen und zugleich »mit der Zeit zu gehen«. Hierbei ist er nicht zuletzt auf das Mäzenatentum großer Unternehmen angewiesen. So stiftet Axel Cäsar Springer ein Stabile von Alexander Calder, von der Schering AG erhält die Nationalgalerie eine von Marino Marini gestaltete Bronzebildnisbüste Mies van der Rohes.

Ludwig Mies van der Rohe, Neue Nationalgalerie (mit Stabile von Alexander Calder); 1966–1968.

Aus in Ulm

Wegen der Streichung eines Bundeszuschusses von 200 000 Mark im Jahr muß die Ulmer Hochschule für Gestaltung in diesem Jahr ihre selbständige Existenz aufgeben. 1955 war sie auf Bemühungen von Inge Aicher-Scholl, der überlebenden Schwester der 1943 wegen ihres Widerstandes gegen die Nationalsozialisten hingerichteten Hans und Sophie Scholl, gegründet worden. Eine Geschwister-Scholl-Stiftung, aufgestockt durch amerikanische Zuwendungen, hatte den Zweck, in Ulm ein Forschungs- und Entwicklungsinstitut für Produktgestaltung zu unterhalten. Festgelegt wurde auch, das Schwergewicht auf sozial relevante und für die industrielle Fertigung gedachte Produkte zu legen. Max Bill, der erste Rektor der Hochschule, erklärte zum Ziel der neuen Institution: »Eine Schule zu machen, die so wäre, als ob das Bauhaus sich ohne Unterbrechung seit 1933 hätte weiterentwickeln können.«

Bald mußten sich das Land Baden-Württemberg, die Stadt Ulm und der Bund finanziell beteiligen, um den Betrieb der Schule aufrechtzuerhalten, da das Stiftungskapital dafür nicht ausreichte und auch die erhofften Entwicklungsaufträge nicht im notwendigen Maße hereinkamen. Innerhalb der Schule herrschte ständiger Streit um die Frage, ob Produkte (bis hin zu Städten) durch reine Rationalität oder durch etwas anderes ihre optimale Form finden sollten. Immerhin brach sich die Erkenntnis Bahn, daß das Einzelprodukt nicht losgelöst von seiner Umwelt betrachtet werden darf. Die Industrie fühlte sich verprellt, weil die Ulmer mehr wollten als den formschönen Gebrauchsgegenstand und immer stärker sozialkritische Tendenzen entwickelten.

Als der Bund im Jahr 1967 seine Subventionen streicht, wird 1968 die Schule verstaatlicht und unter dem Namen »Institut für Umweltplanung« der Stuttgarter Universität angegliedert. Tatsächlich aber kümmert sie in den Folgejahren nur dahin. Die erforderlichen Summen für einen großzügigen Ausbau fehlen, so daß die Zuwendungen für das Ulmer Institut mit dem Sommersemester 1972 auslaufen.

documenta 4

**Eingangshalle der
Galerie Schöne Aussicht
in Kassel**

Robert Indiana
The Great Love
und Escobar Marisol
The Couple und **The Dealers**
documenta 4

Das Ende der Bewunderung

*Die documenta 4 bietet mit rund 1000
Werken von 150 Künstlern einen Überblick über das zeitgenössische Kunstschaffen seit 1964. Als zeitgemäßes
Ziel formuliert Arnold Bode, der Vorsitzende des documenta-Rates: »Die
Künstler, bisher Außenseiter der Gesellschaft … werden, so hoffen wir,
bald in ihrer Mitte stehen, um sie mitzuverändern, und in einer verwandelten Gesellschaft könnte die Kunst
mehr sein als nur ästhetisches Alibi für
die Privilegierten.«*

*Zum Wahrzeichen wird die »documen-
ta-Wurst«, ein 85 Meter langer Poly-
äthylen-Ballon des Verpackungskünst-
lers Christo. In den Ausstellungsräumen herrscht die Pop-art vor, etwa mit
Environments von George Segal, den
Buchstaben- und Zahlen-Bildern von
Robert Indiana oder den lebensgroßen figürlichen, durchaus satirischen
Gruppen aus Holz und verschiedenen
anderen Materialien der aus Venezuela stammenden, in New York tätigen
Künstlerin Escobar Marisol.*

*Die in der Eingangshalle der Galerie
Schöne Aussicht versammelten
Skulpturen verdeutlichen die Spannweite innerhalb der Pop-art. Um das
zentrale Thema der verfremdenden
Wiedergabe von Gegenständen, die
uns alltäglich umgeben, gruppieren
sich einerseits abstrakte stereometrische, an technische Gegenstände anknüpfende Skulpturen, andererseits
effektvolle Installationen mit den Elementen Licht und Bewegung. Die Abbildung rechts oben zeigt den von Carl
Andre aus Industriezementplatten zu-
sammengesetzten Pfad, der zur flimmernden Montage Straßen über Straßen von Peter Brüning hinführt; rechts
das Glashaus Solstice mit sich automatisch öffnenden und schließenden
Türen von Robert Rauschenberg.*

*Im Presse-Echo kommt die Befriedi-
gung darüber zum Ausdruck, daß »der
Unterschied zwischen Kunst und
Kunstgewerbe aufgehoben« sei: »Die
begehbaren oder bewegten Ojekte stören den Betrachter aus seiner Grundhaltung bewundernden und etwas ver-
legenen Schweigens vor den Werken
der hohen Kunst auf« (Geno Hartlaub
im »Sonntagsblatt«).*

Sergio Leone
C'era una volta di West, 1968
Plakat zur deutschen Fassung und Szenenfoto mit Henry Fonda

Stanley Kubrick
2001: A Space Odyssey, 1968
Plakat zur deutschen Fassung

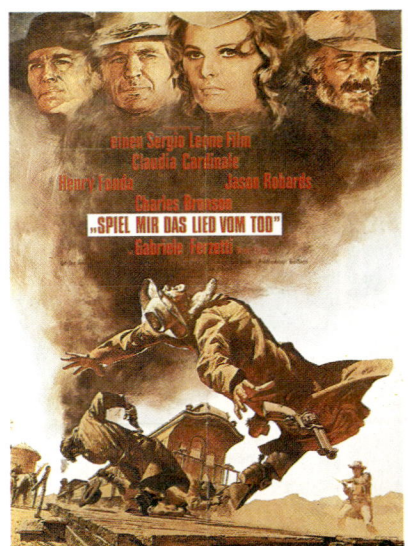

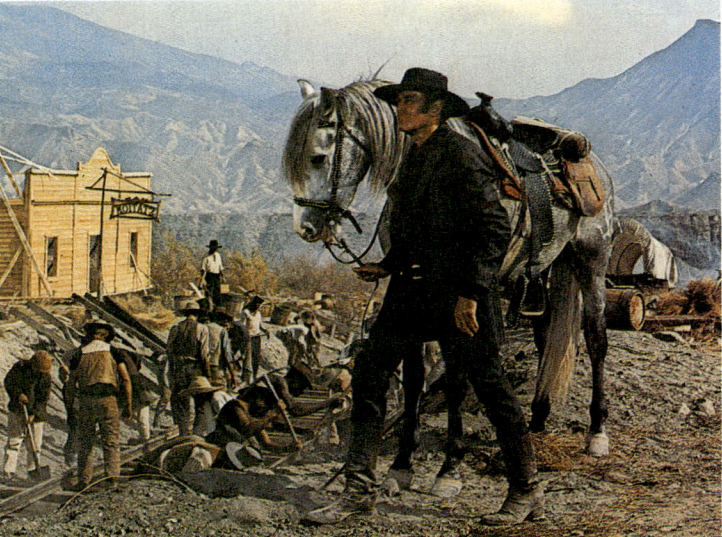

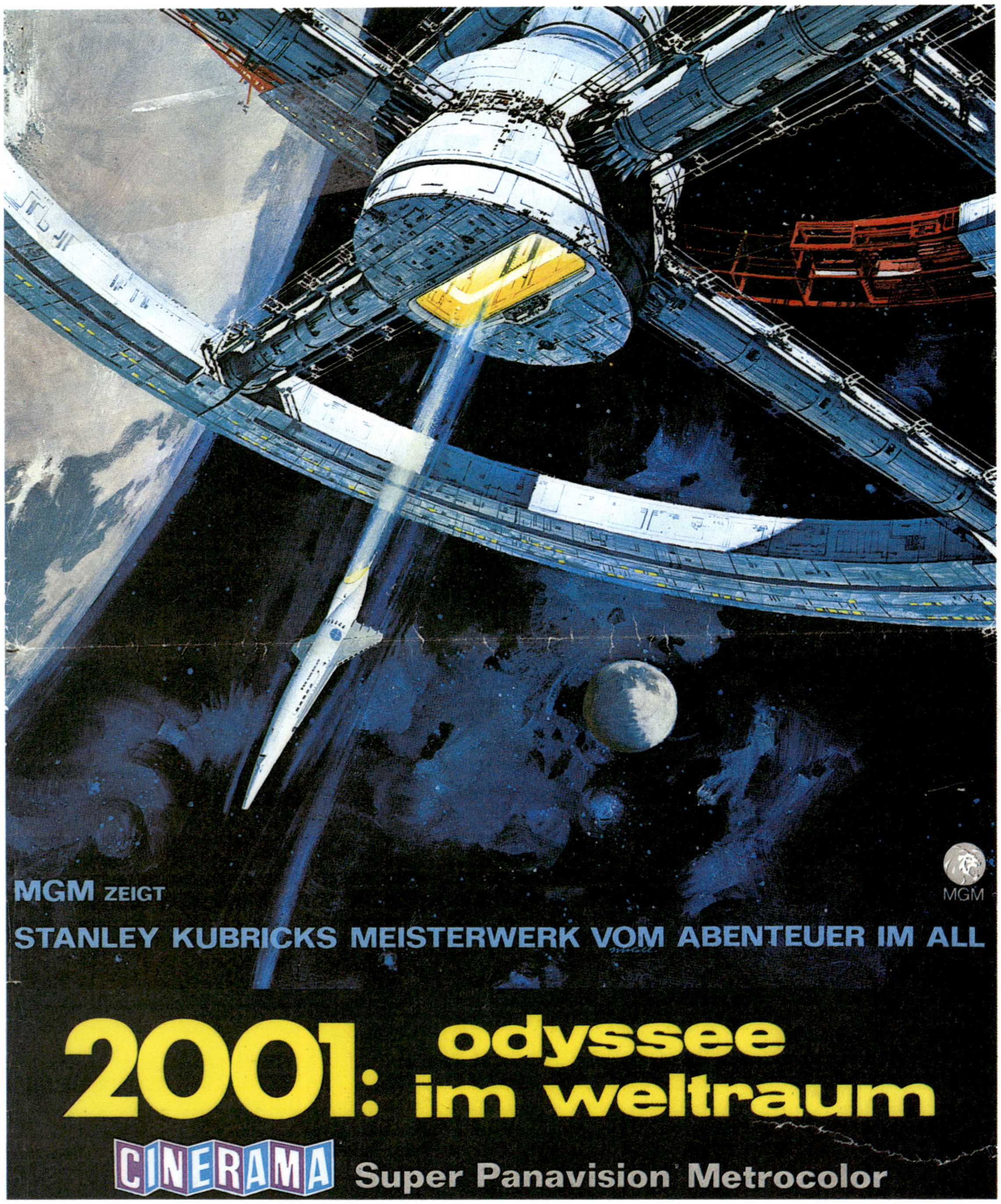

Science-fiction- und Western-Mysterien

Der Schweizer Amateurarchäologe Erich von Däniken erzielt mit Erinnerungen an die Zukunft *einen ungewöhnlichen Publikumserfolg und löst eine angeregte Diskussion über die »Wissenschaftlichkeit« seiner Erkenntnisse aus. Er entschlüsselt nämlich die Göttermythen als Berichte über die Anwesenheit von Raumfahrern auf der Erde, die hier in grauer Vorzeit kultivierend tätig waren. Dänikens Beweismaterial sind Bilddokumente (Felszeichnungen in der Sahara, die Gestalten mit »Raumfahrerhelmen«, der Maya-Gott Kukumatz auf einem »Raketenfahrzeug«) und biblische Berichte, etwa über Sodom und Gomorrha (»Atombombenexplosion«) oder die Bundeslade (»Gegensprechanlage zwischen Erde und Raumschiff«).*
Im selben Jahr kommt ein in vierjähriger Arbeit hergestellter Film in die Kinos, der sich auf die Kenntnisse und Prognosen führender Weltraumforscher stützt und dennoch nicht auf mysteriöse Elemente verzichtet. Stanley Kubrick schildert in 2001: A Space Odyssey (2001: Odyssee im Weltraum) *eine Raumexpedition zum Jupiter. Sie geht vom Mond aus, in dessen Krater Tycho eine graue Säule Funksignale in Richtung des Planeten aussendet, und endet angesichts einer entsprechenden riesigen, schimmernden Säule. Sie versinnbildlicht nichtbiologisches Leben, eine übersinnliche Intelligenz, deren Wesen optisch in einer Art psychedelischem Rausch realisiert wird, der die Raumfahrer erfaßt. Die Alternative, nämlich die Begegnung mit außerirdischen Lebewesen, wurde von den Wissenschaftlern als zu unwahrscheinlich abgelehnt.*
Als menschlich erweisen sich die Raumschiff-Computer: das Hauptgerät tötet einen Raumfahrer, worauf der andere die Gedächtniszellen des Elektronenhirns zerstört. Tötungsrituale kultiviert Sergio Leone in seinem Italo-Western Spiel mir das Lied vom Tod *mit der Gestalt eines mysteriösen Rächers (Charles Bronson), wobei im Science-fiction- wie im Western-Genre die »optischen Happenings« (»Time« über 2001) dominieren.*

1968

Film

Premieren

● Alexander Kluge: *Die Artisten in der Zirkuskuppel: ratlos.* Kluge beschäftigt sich hier verschlüsselt – es geht um die Gründung eines »Reformzirkus« – mit seiner eigenen Rolle als Filmemacher und seinen Möglichkeiten, gesellschaftliche Änderungen zu bewirken.

● Roman Polanski: *Rosemary's Baby (Rosemaries Baby).* Eine junge Frau (Mia Farrow) zieht mit ihrem Mann (John Cassavetes) in ein altes Haus, das von Magiern und Hexen bevölkert ist. Dort empfängt sie ein Kind des Teufels. Mittelalterlicher Horror wird in einer modernen amerikanischen Großstadt angesiedelt.

● Eric Rohmer: *Ma nuit chez Maud (Meine Nacht bei Maud,* 1971). Eine der moralischen Geschichten des Regisseurs: Es geht um Ethik und Moral in den Beziehungen zwischen Mann und Frau. Die Hauptrollen spielen Jean-Louis Trintignant, Francoise Fabian, Marie-Christine Barrault. Kamera: Nestor Almendros.

● Konrad Wolf: *Ich war neunzehn.* Persönliche Lebenserfahrungen Wolfs spiegeln sich in diesem Film wider, in dem ein neunzehnjähriger Sowjetoffizier, der als Achtjähriger mit seinen Eltern aus Deutschland emigrierte, 1945 in die Heimat zurückkehrt.

● Peter Yates: *Bullitt* (1969 in der Bundesrepublik). In diesem Polizeifilm – ein Polizist jagt den Mörder eines Gangsters, den er im Auftrag eines ehrgeizigen Politikers beschützen sollte – ist eine der aufregendsten Autoverfolgungsjagden der Filmgeschichte zu sehen. Die Hauptrolle spielt Steve McQueen.

● Peter Zadek: *Ich bin ein Elefant, Madame.* Der ganz individuelle anarchistische Aufstand des Schülers Jochen Rull, der sich ebenso vom Establishment wie von den ideologisierenden Studenten absetzt.

Ereignisse

● Der Schauspieler und Bundesfilmpreisträger Wolfgang Kieling siedelt im März aus Protest gegen die gesellschaftlichen Zustände in der Bundesrepublik und den amerikanischen Vietnamkrieg nach Ost-Berlin über. Im Sommer 1970 kehrt er zurück, weil er sich in die DDR nicht einfügen kann.

Alternativen zu Hollywood

Der engagierte politische Film, der Underground-Film und die perfekte Stilisierung vorgegebener filmischer Muster sind drei der Alternativen zu den Hollywood-Produktionen, die sich Ende der sechziger Jahre abzeichnen.

Mit Z (für griechisch »zei« = er lebt) verfilmt der Exilgrieche Constantin Costa-Gavras den gleichnamigen Roman seines gleichfalls im Exil lebenden Landsmannes Vassilis Vassilikos. Es handelt sich um die Rekonstruktion der wahren Umstände, unter denen im Mai 1963 der sozialistische Oppositionspolitiker Grigorios Lambrakis (dargestellt von Yves Montand) umgekommen ist, nämlich nicht durch einen Verkehrsunfall, sondern durch Polizisten. Als Hintermänner werden die Politiker und Militärs entlarvt, die 1967 in Griechenland die Diktatur errichtet haben. Costa-Gavras siedelt die Handlung zwar in einem imaginären Staat an, doch steigert dies die aktuelle politische Wirkungsmöglichkeit. Symptomatisch ist es allerdings, daß in der deutschen Fassung (1969) die Vorspannzeile »Ähnlichkeit mit lebenden Personen ist nicht zufällig, sondern gewollt« unübersetzt bleibt.

Mit Flesh (Fleisch, 1970) stellt Andy Warhol bzw. sein Regisseur Paul Morrissey einen Underground-Film her, der trotz seiner sexuellen Freizügigkeit über den engen Kreis des Underground-Publikums hinaus das kommerzielle Kino erreicht.

Unter dem Titel Der eiskalte Engel kommt der im Vorjahr entstandene, formal unübertreffliche Gangsterfilm Le samourai von Jean-Pierre Melville in die bundesdeutschen Kinos. Alain Delon verkörpert den Berufskiller Jeff Costello, der, einsam wie ein »Samurai oder ein Tiger im Dschungel«, zwischen Polizei und Auftraggeber gerät, sein letztes Opfer schont und sich ungerührt von der Polizei erschießen läßt. Sein einziger Partner ist ein im Käfig eingesperrter Sittich.

Oben links: Z, 1968; Szenenfoto.
Oben rechts: Flesh, 1968; Szenenfoto mit Joe Dalessandro.
Unten: Le samourai, 1967; Szenenfoto mit Alain Delon.

1968

Spielplan und Zeitgeist

»Folgt auf die Jahre der aufklärenden Lehrspiele, der politischen Dokumentarstücke, der vom Glauben an Vernunft und Erziehbarkeit geprägten Weltverbesserungsdramatik eine Epoche trister Träume, rätselhafter Poesie, resignierter Endzeitvisionen? Auch wenn man restaurative Verkalkungserscheinungen, nationalistische Blasenbildung im deutschen Gemüt und Stimmenzuwachs der NPD nicht in umgekehrtem Verhältnis zum Versickern des Optimismus von aufklärerischen Parabelspielen sehen mag, fällt die Gleichzeitigkeit im politischen und künstlerischen Leben auf.« Unter diesen Gesichtspunkten betrachtet Rolf Michaelis (in »Theater heute« 3, 1968) zwei Inszenierungen von Jean Genets Schauspiel *Les Paravents* (*Die Wände* bzw. *Wände überall*). *Hans Lietzau, der Regisseur der Berliner Uraufführung (1961), inszeniert das Stück erneut in München, Roger Blin, der Regisseur der französischen Erstauffführung (1966), in Essen.*

Genets Folge von 17 Bildern bezieht sich auf den Algerienkrieg und enthält zugleich durch die Gestalt des von allen verachteten, am Ende schmählich umgebrachten Said eine Nachbildung des Christus-Mythos. Die beiden Inszenierungen akzentuieren jeweils einen der damit angedeuteten Bereiche: Lietzau bringt den politischen, Blin den poetischen Genet auf die Bühne.

Eine entsprechende Divergenz zeigen zwei Inszenierungen der Dreigroschenoper in diesem Jahr, in dem Bert Brecht 70 Jahre alt geworden wäre. In Stuttgart bietet der Brecht-Schüler Peter Palitzsch (Bühnenbild: Wilfried Minks) ästhetische Sensationen, während Günter Büch in Oberhausen eine Politisierung um jeden Preis vornimmt. Themen wie Macht, Unterdrückung, Ausbeutung werden durch großformatige aktuelle Fotos illustriert, das Finale mündet in den Gesang der Internationale.

Die Wände, München 1968; Szenenfoto: Soldaten der Kolonialarmee mit dem von Arabern niedergeschossenen Leutnant.

Das Leben – ein Gefängnis

Max Frisch beschäftigt sich in seinem neuen Stück *Biografie* mit der alten Fiktion, man könne sein Leben wiederholen, wieder neu anfangen und einmal begangene Fehler dabei vermeiden. Diese Möglichkeit wird dem Verhaltensforscher Kürmann von dem »Registrator« geboten. Der entscheidende Punkt ist die Bekanntschaft, die Kürmann mit seiner späteren Frau Antoinette macht, der er entgehen will. Aber es geht nicht: Auch als Kürmann in die Kommunistische Partei eintritt und sich so um seine Karriere bringt, trifft er Antoinette, heiratet sie und wird von ihr betrogen. Kürmann erschießt sie; es folgt die dritte Fassung seines Lebens: Antoinette kehrt zu dem krebskranken Mann zurück. Als der Registrator nun auch Antoinette eine zweite Chance bietet, verläßt sie Kürmann nach der ersten Liebesnacht – er erschießt sich. Die Quintessenz: Niemand kann aus seiner Biografie heraus, das Leben ist ein Gefängnis.

Vor der Uraufführung gibt es einen handfesten Theaterskandal, der später im Gerichtssaal endet. Die für den 7. Oktober 1967 am Zürcher Schauspielhaus angesetzte Premiere platzt am 28. September, weil Frisch sich mit dem Regisseur Rudolf Noelte überworfen hat – obwohl er sich ihn gewünscht hatte. Das Schauspielhaus kostete der Vorfall eine Viertelmillion Mark. Ein Grund für den Streit war, daß Noelte die Änderung der Szene verlangte, in der Kürmann wegen seines Eintritts in die Kommunistische Partei relegiert wird: Sie sei unlogisch, denn wäre die Partei legal, sei die Relegation unrechtens, wäre sie illegal, dann die Relegation rechtens. Außerdem will Noelte den Rotstift derart intensiv ansetzen, um zu kürzen und zu ändern, daß Frisch in dieser Version sein Stück nicht wiedererkennt.

Der erwartete Prozeß freilich spielt sich auf unerwarteter Ebene ab. Noelte verlangt vom Suhrkamp-Verlag, wo Frischs Stück erscheint, als Bearbeiter mit entsprechenden Ansprüchen anerkannt zu werden. Nachdem das Landgericht Berlin seine Klage abgewiesen hat, gibt das Kammergericht im Berufungsprozeß Noelte recht. 1971 dann stellt der Bundesgerichtshof das Urteil der ersten Instanz wieder her.

Der Hintergrund des Streitfalls ist die Frage, wieweit Noeltes Redaktionstätigkeit in die jetzt gültige Version der *Biografie* Eingang gefunden hat, die am 1. Februar in Zürich ihre Uraufführung erlebt, jetzt in der Regie von Leopold Lindtberg, (noch) Hausherr in Zürich (Showmaster Peter Frankenfeld spielt den Registrator).

Biografie markiert einen bemerkenswerten Bruch in Frischs bisheriger Überzeugung, über das Theater lasse sich Politik machen. Er ist um so bemerkenswerter, als er gerade in die Jahre der europäischen Kulturrevolution fällt. »Schreiben ist für mich eine Notwehr gegenüber der eigenen Existenz, gegen das, was man sonst nicht verkraftet«, sagt Max Frisch in einem »Spiegel«-Interview. »Eine Zeitlang war Theater für mich auch ein Wirkungsinstrument gesellschaftsbildender, schlicht politischer Art . . . Dann kam ich in einen ziemlichen Zweifel oder Skepsis zumindest über die Wirksamkeit der politisch engagierten Literatur. Jetzt glaube ich eigentlich an eine ganz geringe, wenn überhaupt direkte Wirkung.« Damit bringt Frisch nun sein dramatisches Schaffen in eine Reihe mit dem als Romancier.

Am 3. Februar schließen sich die deutschen Erstaufführungen des Stücks in Düsseldorf, München und Frankfurt an. Die Kritiker äußern sich anerkennend, aber nicht gerade überschwenglich. »Dieses Stück«, urteilt Friedrich Torberg in der »Welt« vom 3. Februar, »ist nicht aus solchem Stoff wie dem zu Szenenapplaus. Vielmehr ist es ein bitter ehrliches Stück, und etwas von seiner Bitterkeit bleibt auch in den heiteren Effekten spürbar«.

Ansichten aus einem Gefängnis

Zwei neue Bücher von Alexander Solschenizyn liegen vor: *V pervom kruge (Der erste Kreis der Hölle)* und *Rakovy korpus (Krebsstation)*. Es sind Bücher über die stalinistische Sowjetunion, die dem Regime nach Chruschtschows Sturz – der Solschenizyn zwar kritisierte, ihn aber doch arbeiten ließ – als so brisant erscheinen, daß sie nicht mehr verlegt werden dürfen und nur noch im Ausland erscheinen können. *Der erste Kreis der Hölle* spielt in der Neuen Klasse der Sowjetunion und in einem Lager, wo aufgrund ihrer Spezialkenntnisse privilegierte Häftlinge Abhörgeräte bauen. Ein unschuldig Verurteilter verrät mit Hilfe eines solchen Apparates einen Angehörigen der Neuen Klasse, der einen alten Freund vor der Verhaftung gewarnt hat – Stalins System macht selbst die Unschuldigen schuldig. Viele Nebengeschichten, Bilder und Motive sind eingewoben, so daß ein riesiges Fresko entsteht.

Ähnlich monumental ist *Krebsstation*, was belegt, daß Solschenizyn fest in der russischen Romantradition des 19. Jahrhunderts verwurzelt ist. Hier geht es um einen Machtkampf, den in einem Krebskrankenhaus ein entlassener Gefangener und ein Angehöriger der Neuen Klasse, ein Opfer und ein Handlanger Stalins während der Entstalinisierungskampagne miteinander ausfechten, wobei ihr jeweiliger Gesundheitszustand davon abhängt, wieweit diese gerade vorangekommen ist. Ähnlich wie in Thomas Manns *Zauberberg* steht die Krankheit des Individuums in einem Zusammenhang mit dem Zustand der Gesellschaft. Daß das Buch stilistische Mängel aufweist, wird damit erklärt, daß es im unfertigen Zustand in den Westen geschmuggelt wurde. In einem zweiten Teil spiegelt sich bereits das Scheitern der Entstalinisierung wider: der Funktionär wird in den bequem gepolsterten Tod entlassen, der Häftling zwar geheilt, doch muß er dafür den Preis der Impotenz zahlen.

Schon im Januar 1967 richtet die »Prawda« einen Angriff gegen Alexander Twardowskij, Chefredakteur der Literaturzeitschrift »Nowy Mir« und Gönner Solschenizyns, und fordert ihn auf, die Stalin-Zeit nun endlich ruhen zu lassen. Zwar war im November 1966 *Krebsstation* von der Moskauer Abteilung des Schriftstellerverbandes schon zur Veröffentlichung empfohlen, dies aber nicht in die Tat umgesetzt worden. Im Mai 1967 schreibt Solschenizyn einen offenen Brief an die Delegierten des IV. Sowjetischen Unionsschriftstellerkongresses und protestiert darin unter Berufung auf die Unterdrückung seines Romanes gegen die Zensurverhältnisse in der Sowjetunion. Am 22. September berät das Sekretariat des Schriftstellerverbandes den Fall; der Nobelpreisträger Michail Scholochow denunziert Solschenizyn dabei als »antisowjetischen Verleum-

Die Entdeckung der Vergangenheit

Siegfried Lenz' erfolgreichster Roman *Deutschstunde*, der überdies in zahlreiche Sprachen übersetzt wird, ist ein Beispiel für die Entdeckung der nahen Vergangenheit durch die deutsche Literatur der sechziger Jahre. In einer Rahmenhandlung, die 1954 spielt, schreibt der Junge Siggi Jepsen – der Ich-Erzähler – in einer Erziehungsanstalt eine Strafarbeit über das Thema »Freuden der Pflicht«. Mit der Niederschrift beginnt die Haupthandlung: ein Konflikt, der sich im Dritten Reich zwischen seinem Vater, einem Landgendarmen, und einem verfolgten Maler, der Züge realer Personen trägt, ergeben hatte. Der Roman ist vielschichtig und in der Perspektive mehrfach gebrochen: Die Zeit des Dritten Reiches und der Versuch ihrer Bewältigung in der Gegenwart wird mit moralischen Kriterien durchleuchtet. Gleichzeitig bemüht sich die junge Generation, ihren Standort für die Zukunft zu bestimmen.

Hölderlin.

der«. Die Reaktion des Regimes läßt nicht lange auf sich warten: Im November 1969 wird Alexander Solschenizyn aus dem Schriftstellerverband ausgeschlossen. Er läßt sich dadurch jedoch nicht einschüchtern: Vor allem die Dokumentarberichte *Archipel GULAG* (1973–75) und *Prusskie noci*, 1974 (*Preußische Nächte*), setzen die Abrechnung mit dem Stalinismus fort.

Hölderlin 1968

Der französische Germanist Pierre Bertaux legt sein Buch Hölderlin und die Französische Revolution *vor. Bertaux, der sich bereits in seiner Dissertation von 1936 mit Friedrich Hölderlin befaßt hat, vertritt die These, der Dichter sei keineswegs der wirklichkeitsferne, schließlich im Wahnsinn verdämmernde Seher und Verkünder einer Religion der Innerlichkeit gewesen, als den ihn die Germanisten bisher interpretiert haben. Bertaux porträtiert ihn als deutschen Jakobiner, der sich aus Protest gegen die politischen und sozialen Verhältnisse in Deutschland gleichsam in die innere Emigration des Wahnsinns zurückgezogen habe.*

»Abgezogenheit von allem Lebendigen, das war es, was ich suchte«, ließ der 25jährige Hölderlin im Thalia-Fragment des Hyperion seinen Helden sagen. In seiner Scheltrede über die Deutschen gibt er aber auch den Grund für die Einsamkeit der Dichter an: »Die Guten! Sie leben in der Welt, wie Fremdlinge im eigenen Hause... Ich sprach für alle, die in diesem Lande sind und leiden, wie ich dort gelitten.« Schon zu seinen Lebzeiten galten sein Verhalten in den 36 Jahren von 1807 bis zum Tod 1843, die er im Tübinger »Hölderlin-Turm« verbracht hat, sowie die hinterlassene Manuskripte als Beweise einer Geisteserkrankung – obwohl schon Gustav Schwab, der erste Betreuer des Nachlasses, erklärt hat, er habe von Hölderlin nie einen unsinnigen Vers gelesen.

Bertaux' Buch ist kein bloßer innerwissenschaftlicher Diskussionsbeitrag, sondern auch Symptom eines neuen Zeitgeistes, der nicht zuletzt in den Bereichen der Geisteswissenschaften die Geschichte gleichsam mit eigenen Augen neu betrachten will. Peter Weiss legt die Thesen Bertaux' seinem Schauspiel Hölderlin *zugrunde, das 1971 in Stuttgart uraufgeführt wird.*

Friedrich Hölderlin. Schattenriß im Handexemplar seines Hyperion (1797); auffallend ist außer dem hochstehenden Rockkragen das kurzgeschnittene, in die Stirn fallende Haar – eine in der Französischen Revolution aufgekommene Mode.

Literatur

Neuerscheinungen
● Horst Bienek: *Die Zelle*. Anhand eigener Erfahrungen in DDR-Haft schildert Bienek die Methode der Justizmaschinerie eines totalitären Staates.
● Günter Eich: *Maulwürfe* und *Ein Tibeter in meinem Büro*. Eich montiert in diesen poetischen Prosaskizzen Ironismen und Sarkasmen, Kalauer und Wortspiele zu einem Kaleidoskop der Zeitkritik.
● Norman Mailer: *The Armies of the Night (Heere aus der Nacht)*. Ein Bericht von der Vietnam-Demonstration im Oktober 1967 in Washington.

Ereignisse
● Die Moskauer Literaten Juri Galanskow, Alexander Ginsburg und Alexei Dobrowolski werden vor Gericht gestellt und erhalten wegen ihrer Zugehörigkeit zu der Dissidentenbewegung Strafen zwischen einem und sieben Jahren Arbeitslager unter verschärften Bedingungen.

1968

Naturwissenschaft, Technik, Medizin

● Das größte Kriegsschiff der Welt, der Flugzeugträger »John F. Kennedy«, wird am 9. September in die US-Flotte eingegliedert. Das Schiff ist für eine Tragkapazität von 80 Düsenkampfbombern ausgelegt und faßt 5000 Soldaten. Acht Turbinen entwickeln eine Leistung von 28 000 PS, die eine Geschwindigkeit von 35 Knoten ermöglichen.

● Seit dem Jahre 1947 sind mehr als 12 000 sogenannte nicht-identifizierte fliegende Objekte (»Ufos«) allein über dem Gebiet der USA beobachtet worden. Rund 90 Prozent davon erwiesen sich als natürliche Phänomene wie Kugelblitze, Spiegelungen, Elmsfeuer, auch als Wetterballone. Für den Rest kann eine außerirdische Herkunft nicht nachgewiesen werden.

● Das amerikanische Forschungsschiff »Glomar Challenger« beginnt mit seinen Tiefseebohrungen im Atlantik. Unter anderem wird die Wegenersche »Kontinentalverschiebungstheorie« bestätigt, wonach sich die Kontinente allmählich voneinander entfernen bzw. aufeinander zudriften. Der Atlantikboden beispielsweise driftet jährlich um etwa vier Zentimeter auseinander.

● Der Göttinger Anthropologe Gerhard Heberer vermutet aufgrund neuerer Erkenntnisse, daß sich die gemeinsame Vorfahrenslinie von Menschenaffen und Menschen vor etwa 25 Millionen Jahren geteilt und der Mensch mit dem in Asien gefundenen »Ramapithecus« seine eigene Entwicklungslinie begonnen hat. Das Tier-Mensch-Übergangsfeld datiert Heberer in einen Zeitraum vor zehn bis zwei Millionen Jahren, die eigentliche »humane Phase« rechnet er seit etwa zwei Millionen Jahren.

Bittere Erkenntnis

Mehr und mehr wird offenkundig, daß das thalidomidhaltige Schlafmittel »Contergan« zu Mißbildungen bei Neugeborenen führt, wenn die Mütter das Präparat während der ersten drei Schwangerschaftsmonate eingenommen haben. Der erste Wissenschaftler, der darauf aufmerksam machte, war der Münsteraner Humangenetiker Widukind Lenz. 1968 kommt es zu einem Prozeß gegen sieben leitende Angestellte der Herstellerfirma »Chemie Grünenthal GmbH«, die beschuldigt wird, das Mittel trotz laut gewordener Warnungen nicht sofort aus dem Handel gezogen zu haben. Bei Prozeßbeginn sind 2625 Kinder bekannt, die mit körperlichen Schäden, vor allem stummelförmigen Armen, geboren worden sind.

Das Strafverfahren soll eines der aufwendigsten und längsten der deutschen Rechtsgeschichte werden. Es wird allerdings nach zweieinhalb Jahren eingestellt, da zwar eine fahrlässige Verhaltensweise der Firma vorgelegen habe, nicht jedoch ein persönliches Verschulden einzelner.

Heiß serviert, aber Haare in der Suppe

Die Münchener »Szene« freut sich: Am 24. Oktober wird im Theater an der Brienner Straße das Hippie-Musical Hair (Haare) aufgeführt, das ein halbes Jahr zuvor in New York seine Weltpremiere feierte. Es ist eine mit viel Rockmusik servierte Geschichte von der Zerstörung der friedlichen Hippie-Illusionen durch den Vietnamkrieg. Zwar reißen die Inszenierung des Regisseurs Bertrand Castelli und die Musik Galt MacDermots das jugendliche Publikum mit, aber es gibt auch kritische Stimmen, die nicht nur als Nörgelei der älteren Generation abzutun sind. Die einst als bürgerfern gescholtene Hippie-Bewegung, so heißt es, werde da sehr bürgerlich kommerzialisiert. Noch jemand übt Kritik: Das Amt für öffentliche Ordnung in München findet Hair teilweise unschicklich und verlangt die Streichung von Textstellen und Bewegungen. Es folgt ein kurzer Rechtsstreit, den die Ordnungshüter verlieren.

Hair; Szenenfoto (München) 1968.

Musik

Premieren

● Jerry (Jerrold Lewis) Bock: *Anatevka (Fiddler on the Roof,* 1964), Musical, nach einer Erzählung von Scholem Aleichem, wird am 1. Februar am Hamburger Operettenhaus erstmals in der Bundesrepublik aufgeführt. Vor allem durch den israelischen Schauspieler Schmuel Rodensky, der die Rolle des Milchmanns Tevje übernimmt, wird das Musical, das das jüdische Leben 1905 im russischen Dorf Anatevka beschreibt, ein großer Erfolg.

● Luigi Dallapiccola: *Odysseus* wird am 29. September bei den Berliner Festwochen uraufgeführt. Nach der Vorlage Homers hat Dallapiccola Zwölftonmusik für ein riesiges Schlagwerk und ein großes Sinfonieorchester komponiert. Odysseus erscheint als Symbol für den ruhelosen, jeder Gefährdung ausgesetzten modernen Menschen.

● Gian-Carlo Menotti: *Hilfe, Hilfe, die Globolinks* wird am 21. Dezember an der Hamburgischen Staatsoper uraufgeführt. Eine Kinderoper über eine heitere Invasion aus dem Weltall, der bei der Uraufführung der Lichtkünstler Nicolas Schoeffer und der Choreograph Alwin Nikolais zum Erfolg verhelfen. Kompositorisch greift Menotti auf einen vertrauten Kanon zurück.

● Carl Orff: *Prometheus* wird am 24. März am Württembergischen Staatstheater Stuttgart uraufgeführt. Als Vorlage diente die Tragödie des Aischylos. Orff versucht hier, Sprache, Musik und Gebärde im Stil des altgriechischen Theaters zu vereinen – und altgriechisch wird auch gesungen und gesprochen.

● Humphrey Searle: *Hamlet* wird am 5. März an der Hamburgischen Staatsoper uraufgeführt. Nach der Zwölftontechnik hat Searle eine Oper komponiert, die das Schwergewicht auf effektvolle Auftritte legt und ironisch die Oper des 19. Jahrhunderts zitiert.

Ereignisse

● Donaueschingen: Die diesjährigen Musiktage stehen im Zeichen moderner Musik aus der Tschechoslowakei. Es zeigt sich, daß Virtuosentum zum Impuls der Komposition geworden ist.

● Berlin (West): Von der Akademie der Künste und der Technischen Universität wird die *Internationale Woche für experimentelle Musik* veranstaltet. Themen sind: »Raum Musik, Visuelle Musik, Medien Musik, Wort Musik, Elektronik Musik, Computer Musik«.

Günther Schneider-Siemssen
Szenenentwurf zu
Le sacre du printemps
Wien 1968

Théodore Géricault
Das Floß der »Medusa«
1819

Musik und Revolution

*Der Skandal, den Igor Strawinskis in
Klang und Rhythmus expressionistisches Ballett Le sacre du printemps
(Frühlingsriten) 1913 bei der Uraufführung hervorgerufen hat, gehört der
Musikgeschichte an, als das Werk
1968 in Wien zur Aufführung gelangt.
Aktuell ist dagegen der Skandal, den
Hans Werner Henzes Oratorium Das
Floß der Medusa hervorruft – allerdings nicht durch Thema oder Gestaltung, sondern durch die Begleitumstände des Versuchs der Uraufführung.*
*Henze hat die Wendung zur politi-
schen Linken vollzogen: »Notwendig
sind nicht Museen, Opernhäuser und
Uraufführungen ... Notwendig ist die
Schaffung des größten Kunstwerks der
Menschheit: die Weltrevolution.« In
diesem Sinne widmet er sein (vom
NDR für 80 000 DM in Auftrag gegebenes) Oratorium Ernesto »Che« Gue-
vara, dem Mitkämpfer Fidel Castros,
der 1967 in Bolivien als Guerillaführer
erschossen worden ist. Als Das Floß
der Medusa am 9. Dezember in einer
Live-Sendung seine Premiere feiern
soll, verstören die vom Komponisten
nach Hamburg eingeladenen sozialistischen Studenten durch eine rote
Fahne den Chor, der sich unter diesen
Umständen weigert, zu singen. Henze,
der dirigieren sollte, räumt das Feld.
Die Rundfunkhörer müssen sich mit
Ausschnitten aus der Generalprobe
zufriedengeben.*
*Die Vorgänge sind symptomatisch für
die kulturelle Szene der späten sechziger Jahre, in denen Kunst und Revolution eine Mesalliance eingehen. Das
Mißverständnis wird gerade am Fall
Henzes deutlich, da dessen Musik keineswegs den Radikalismus enthält,
den er fordert, und das Thema seines
Oratoriums historisch entrückt ist. Es
bezieht sich auf jenes Drama, dessen
Ende Théodore Géricault in seinem
gleichnamigen Gemälde dargestellt
hat. 1816 erlitt das von der französischen Regierung fahrlässig einem untauglichen Offizier unterstellte Expe-
ditionsschiff Medusa Schiffbruch; 145
Menschen retteten sich auf ein Floß;
von ihnen waren noch 15 am Leben, als
die Fregatte Argus dem Floß begegnete.*

Licht, so hat Paul Cézanne erklärt, kommt auf der Palette des Malers nicht vor; es gibt nur die Farben, mit denen er Licht ausdrücken kann. Mit diesem strengen, in seiner Logik unwiderlegbaren Satz waren zwar nicht generell Lichtwirkungen aus der modernen Malerei verabschiedet, wohl aber die illusionistischen Effekte von Licht und Schatten, von denen die Malerei jahrhundertelang gelebt hatte – und die vom Surrealismus auf seine Weise wiederentdeckt wurden. In der Pop-art taucht die Frage des Lichts in anderer Gestalt wieder auf. Glühbirnen und Neonröhren werden als Produkte der Warengesellschaft in Assemblagen einmontiert. Schon in den fünfziger Jahren wurde der amerikanische Ingenieur und Künstler Frank J. Malina mit der Erfindung des »Lumidyne-Systems« zum Pionier der lichtkinetischen Kunst.

In Deutschland gehört Heinz Mack zu den Künstlern, die das Phänomen des Lichts in das Zentrum ihrer Arbeit rücken. Er begann um 1956 mit in Schwarz und Weiß gehaltenen Bildern, die er Dynamische Strukturen nannte.

Aufsehen erregt das Sahara-Projekt, das Mack seit 1958 plante. Ideenbeiträge lieferten die »Zero«-Genossen Otto Piene und Günther Uecker sowie Arman (Armand Fernandez), Yves Klein, Piero Manzoni, Jean Tinguely. Über das Projekt schreibt Mack in »Zero 3« (1961): »Glücklicherweise erlaubt es die Natur der Erde noch nicht, daß das gesamte Inventar unserer Welt sich gleichförmig im Raum ausbreitet; unter dem gleichen Himmel finden wir noch immer die Reservate der Natur, deren außerordentliche Räume von großer Dimension sein müssen, scheint es doch so, daß sich in ihnen

selbst Atomexplosionen verlieren.« Ein solcher Raum ist die Sahara. In ihr gilt es, den »zweiten übersehbaren Raum, den Raum der Kunst« zu verwirklichen, wobei die reflektierenden Stelen, Mauern, Kuben, Ballone zu Trägern von vibrierenden Lichterscheinungen werden, »deren Ausdehnung den klassischen Regeln von Maß, Volumen und Proportionen nicht mehr entspricht«. Die Lichtkrone ist eine Form der Lichtreliefs; durch die eingeprägten Reliefstrukturen »ist es nicht das Metall, das zur Erscheinung kommt sondern das Relief des Lichtes ist es, das die Materialität des Metalls überstrahlt«. Letztlich ist das Ziel eine Steigerung sinnlicher Wahrnehmung und Erfindung als Befreiung »von der beklemmenden Melancholie der alten Gewohnheiten, deren archaische Oxydation wir die Kultur Europas nennen«.

Heinz Mack
Lichtkrone
1968/69

Bildende Kunst

Werke

- Alexander Camaro: *Tauros* (Gemälde).
- R. B. Kitaj: *In unserer Zeit* (Siebdruckfolge im Stil der Pop-art).
- Nicolas Schöffer: Entwurf einer kybernetischen Stadt der Zukunft mit einer 450 m hohen turmartigen Arbeitsstadt und erotisch sensibilisierendem Freizeitzentrum mit Farb- und Duftprogrammen.

Ausstellungen

- Fondation Maeght, Saint Paul: Ausstellung von Mobiles und Stabiles des amerikanischen Plastikers Alexander Calder.
- Hamburg: Anläßlich ihres 100. Gründungstages am 28. August eröffnet die Kunsthalle die Ausstellung *Meister Francke und die Kunst um 1400*, die bis zum 19. Oktober dauert.
- London, Buckingham-Palast: Mit fast 400 Zeichnungen Leonardo da Vincis ist die bisher umfangreichste Werkauswahl des italienischen Künstlers zu sehen.
- Zagreb: In der bisher größten internationalen Ausstellung für Computerkunst, Op-art und Kinetik werden mit der entsprechenden Technik hergestellte Bilder, Zeichnungen und Plastiken gezeigt.
- Zürich: Im Kunsthaus wird die Ausstellung *Kunstschätze aus Japan* gezeigt, 116 Werke aus mehr als 2000 Jahren.

Ereignisse

- In Berlin wird das Internationale Design-Zentrum (IDZ) gegründet.
- Der im August gestorbene Bankier Robert Lehman überläßt dem New Yorker Metropolitan Museum of Art seine Kunstsammlung, eine der größten privaten der Welt.

Undank ist der Welt Lohn

Der hannoversche Schokoladenfabrikant Bernhard Sprengel schenkt der Stadt Hannover seine Sammlung moderner Kunst, deren Wert auf mehr als zehn Millionen Mark geschätzt wird. Vier Bilder Max Beckmanns sind darunter, sechs von Max Ernst, sieben von Picasso, vier von Fernand Léger, fünf von Emil Nolde und allein 39 Werke von Paul Klee. Dazu kommt eine Sammlung von rund 800 grafischen Blättern. Über die Schenkung dieser Werke hinaus stiftet Sprengel der Stadt einen Betrag von 2,5 Millionen Mark, der zum Bau eines hannoverschen Kunstmuseums verwendet werden soll.

Die Sammlung Sprengel gilt als die wohl wichtigste deutsche Privatsammlung der klassischen Moderne. Und in ihr ist das Engagement des Sammlers zu erkennen, der den Erwerb der Bilder nicht als Kapitalanlage, sondern als Bekenntnis auffaßte.

Leider erweist die Stadt Hannover sich der Gabe als wenig würdig. 1973 will ein einflußreicher Kern der hannoverschen Rathaus-Sozialdemokraten die Schenkung nachträglich ausschlagen. Er argumentiert, »daß es heute nicht mehr darauf ankommt, Leichenschauhäuser der Kunst« zu bauen, die »ohnehin nur einer kleinen Gruppe des Bildungs- und Kleinbürgertums offenstehen.« Statt ein Museum zu bauen, sollten Jugendzentren und Ausländerunterkünfte errichtet werden.

Trotzdem wird die erste Baustufe des Museums im Juni 1979 eröffnet – den Namen »Sprengel-Museum« trägt es freilich nicht, statt dessen werden der Bezeichnung »Kunstmuseum Hannover« nur die Worte »mit Sammlung Sprengel« angehängt. Sprengels Werke machen die Hälfte der dort versammelten Kunstwerke aus, der Rest kommt vor allem aus Landesbesitz. Im April 1984, zum 85. Geburtstag des Stifters, erhält das Museum dann doch noch seinen Namen.

Das Ende der Bescheidenheit

Die Schriftsteller der Bundesrepublik schließen sich zusammen, um gemeinsam ihre soziale Lage zu verbessern. Schon im Februar, als in Berlin die Bundesvereinigung der bisher regional organisierten Schriftstellerverbände zusammentritt, werden die Weichen gestellt. Aus dem locker assoziierten berufsständischen Verein soll eine Organisation werden, die die wirtschaftlichen und sozialen Interessen ihrer Mitglieder wahrzunehmen versteht. Am 8. Juni wird in Köln der Verband deutscher Schriftsteller (VS) aus der Taufe gehoben. Hierbei verkündet Heinrich Böll das »Ende der Bescheidenheit«.

Der zum Vorsitzenden gewählte Münchener Romancier Dieter Lattmann äußert ein halbes Jahr später in einem Interview vorsichtigen Optimismus: »Jenes »Ende der Bescheidenheit« ist in gewisser Hinsicht ein Fernziel. Immerhin ist mit der Gründung des Verbandes ein erster Schritt zu einer Formierung der Schriftsteller getan worden. Eine tatkräftige und niveauvolle Organisation – fernab von Vereinsmeierei – ist ein erster Anfang, den Schriftsteller vor der Gefahr zu bewahren, ein Dinosaurier des kybernetischen Zeitalters zu werden.«

Tatsächlich sind die Bedingungen, unter denen die Autoren ihren Lebensunterhalt verdienen, mehr als bescheiden. »Der Spiegel« schreibt dazu: »Sie werden steuerlich als Unternehmer veranlagt, ohne daß ihnen deren Abschreibungsmöglichkeiten eingeräumt wären; sie können ihr geistiges Eigentum, anders als ein Eigenheim, nur für 70 Jahre vererben; sie können geeigneter Texte schon zu Lebzeiten enteignet werden, wenn die für den Lesebuch-Nachdruck taugen; für die Ausleihe ihrer Bücher in Bibliotheken erhalten sie keinerlei Vergütung; es gibt keine Musterverträge für Buchpublikationen, keine Tarifverträge für Fernseh- und Rundfunkmitarbeit, keine Altersversorgung.« In der Beseitigung dieser Mißstände sieht der Verband seine wichtigste Aufgabe.

Thilo Koch, Günter Grass, VS-Vorsitzender Dieter Lattmann und Heinrich Böll bei einer VS-Veranstaltung 1970.

1969

Zwei unbequeme Denker

Am 26. Februar stirbt in Basel im Alter von 86 Jahren der Philosoph Karl Jaspers. Ursprünglich Psychiater, wandte er sich Anfang der zwanziger Jahre der Philosophie zu. 1937 verlor er seinen Lehrstuhl in Heidelberg, blieb aber, den Weg der »inneren Emigration« wählend, in Deutschland. 1948 nahm Jaspers einen schon 1940 ergangenen Ruf an die Baseler Universität an, enttäuscht, wie er sagte, über die Indifferenz der Deutschen angesichts der nationalsozialistischen Vergangenheit.

Philosophisch gilt Jaspers als einer der bedeutendsten Vertreter des Existentialismus. Kant folgend, geht er von der Trennung zwischen den Dingen, über die wir nachdenken, und uns, den Nachdenkenden, aus. Zwischen der Erfahrung der Existenz und der Transzendenz des Seienden gibt es Möglichkeiten der Annäherung, nicht absolute Erkenntnis oder Wahrheit. Die Freiheit des Menschen besteht darin, sich in Gemeinschaft mit anderen der relativen Wahrheit zu nähern.

Von dieser Position aus hat Jaspers sich nach 1945 mehrfach vehement auch zu politischen Auseinandersetzungen geäußert: 1958 mit seiner Schrift Die Atombombe und die Zukunft des Menschen, 1966 in Wohin treibt die Bundesrepublik? mit der Befürchtung, die westdeutsche Gesellschaft sei auf dem Wege in einen neuen autoritären Staat.

Am 6. August stirbt in Frankfurt im Alter von 65 Jahren der Philosoph, Soziologe und Musiktheoretiker Theodor W. Adorno, ein anderer unbequemer Denker. Adorno, der von 1934 bis 1949 in der Emigration gelebt hat, gilt als einer der Ziehväter der Apo-Generation, nicht zu Unrecht: Seine Angriffe auf das »falsche Bewußtsein« bürgerlicher Ideologie und seine Kritik der modernen »verwalteten Welt« finden unter den rebellierenden Studenten starken Widerhall. Adorno selbst ist freilich kein Weltveränderer: »Ist das Zeitalter der Interpretation der Welt vorüber und gilt es, sie zu verändern, dann nimmt die Philosophie Abschied.«

Karl Jaspers (oben links) und Theodor W. Adorno.

Die Irrwege der Kulturpolitik

Christa Wolfs neuer Roman, *Nachdenken über Christa T.*, bereitet den Verantwortlichen der DDR-Kulturpolitik wieder Kopfschmerzen. Dabei hatte es anfangs gar nicht danach ausgesehen. Angekündigt wurde das Buch vom Mitteldeutschen Verlag in Halle für die Leipziger Herbstmesse 1968, es erscheint dann aber erst im April 1969.

Kritische, aber wohlwollende Besprechungen wurden in der DDR-Zeitschrift »Sinn und Form« und in »neue deutsche literatur«, der Zeitschrift des DDR-Schriftstellerverbandes, lobende in der Moskauer »Literaturnaja Gazeta« und der Warschauer »Polityka« abgedruckt. Der Deutschlandsender brachte Auszüge in Fortsetzungen.

Dann aber schwenkt die offizielle Meinung in der DDR um. Auf dem 10. Plenum des Zentralkomitees der SED sagt Heinz Adameck, Intendant des DDR-Fernsehfunks, unter anderem zu dem Buch von Christa Wolf: »Offensichtlich stimmt doch bei den Autoren dieser Werke und auch bei den verantwortlichen Lektoren und Verlagsdirektoren die ideologische Konzeption nicht.« Der Mitteldeutsche Verlag übt darauf Selbstkritik und kündigt für die Zukunft eine strenge ideologische Selbstkontrolle an.

Prompt kommt kaum ein DDR-Leser an das Buch heran, von den 20 000 Vorbestellungen sollen höchstens 4000 ausgeliefert worden sein. Im Herbst erscheint das Buch dann in der Bundesrepublik.

Offensichtlich stört die Ideologen, daß diese Christa T., in der man wohl nicht ganz zu Unrecht eine Lebensverwandte der Christa Wolf vermutet, kein Vorbild für den sozialistischen Aufbau sein will. Auch hat die Schreibweise nichts mit dem Sozialistischen Realismus zu tun. Die Geschichte einer jungen Frau im Dritten Reich und den frühen Jahren der DDR, die mit ihrem Tod durch Leukämie endet, von einer Erzählerin kommentiert, wird mosaikartig aus Erinnerungen und Reflexionen, Rückblenden und Gedanken zusammengesetzt. Einen kontinuierlichen Handlungsablauf gibt es nicht. Gegenüber dem Anspruch der SED, das Individuum in den Dienst der gesellschaftlichen Entwicklung zu stellen, gibt Christa Wolf dem einzelnen Menschen den Vorrang, und damit dem »Versuch, man selbst zu sein«. Ihren Kritikern hat sie schon im Buch geantwortet: »Wer den Kopf jetzt wegwendet, wer die Achseln zuckt, wer von ihr, Christa T., weg und auf größere Lebensläufe zeigt, hat nichts verstanden.«

Tod eines Phantoms

Am 26. März stirbt in Mexiko City ein Mann, den die Welt als B. Traven kennt, als Verfasser sozialkritischer abenteuerlicher Romane und Erzählungen vor allem aus Mexiko. Zu nennen sind u. a. *Das Totenschiff*, 1926, *Die Baumwollpflücker*, 1926, *Der Schatz der Sierra Madre*, 1927, *Die Brücke im Dschungel*, 1929, oder *Die weiße Rose*, 1929. Insgesamt erschienen 17 Bücher mit einer Gesamtauflage von 25 Millionen Exemplaren. Es handelt sich um leidenschaftliche Proteste gegen Gewalttätigkeit.

Aber als fast noch interessanter als seine Werke wird die Frage angesehen, wer sich hinter dem Pseudonym B. Traven verbirgt. Eine Reihe von Kandidaten wird genannt: ein illegitimer Sohn Kaiser Friedrichs III. oder Wilhelms II., ein desertierter amerikanischer Seemann, ein vor den Kommunisten geflüchteter russischer Großfürst, Jack London, der seinen Selbstmord nur vorgetäuscht hat, ein Schriftstellerteam von sechs Autoren, ein seinerzeit am Kapp-Putsch beteiligter deutscher Offizier, der mexikanische Präsident Alfredo Lopez Mateos, ein in Amerika geborener Norweger, ein während des Ersten Weltkrieges verschwundener Slowene namens Franz Traven.

1948 war der mexikanische Journalist Luis Spota B. Traven auf die Spur gekommen: er lebte damals als Berick Traven Torsvan in Acapulco. 1967 machte ihn der »Stern«-Reporter Gerd Heidemann in Mexiko City ausfindig. 1966 fand der Leipziger Literaturwissenschaftler Rolf Recknagel heraus, daß B. Traven identisch mit dem Schauspieler Ret Marut ist, der von 1917 bis 1921 in München die anarchistische Zeitschrift »Der Ziegelbrenner« herausgab und sich dort an der Räterepublik beteiligte.

Wer aber war Ret Marut? Erst 1979 findet der BBC-Journalist Will Wyatt den letzten Stein zur Lösung des Rätsels. Über ein Foto aus der Londoner Verbrecherkartei – Traven hatte sich 1923 ohne gültige Papiere in der britischen Hauptstadt aufgehalten – kommt er Hermann Albert Otto Max Wienecke, geboren am 28. Februar 1882 in Schwiebus im heutigen polnischen Teil der Mark Brandenburg, auf die Spur. Dieser wurde später durch seinen Vater, einen Ziegelbrenner, per Eheschließung als Otto Feige legitimiert: Ret Marut alias B. Traven. Feiges Geschwister, die noch in dem niedersächsischen Dörfchen Wallensen leben, bestätigen die Identität mit dem lange gesuchten Schriftsteller.

Halluzinationen

1969 kommt eine in Zusammenarbeit zwischen der Universität von Chicago, der New Yorker Künstlervereinigung Associated American Artists und der Nationalbibliothek in Paris entstandene E. T. A.-Hoffmann-Edition zum Abschluß, gedacht als eine Hommage an den deutschen Schriftsteller, Musiker und Maler im Übergang von der Spätromantik zum Realismus. Sie besteht aus einer Mappe mit zwanzig Farblithographien des 52jährigen amerikanischen Malers und Grafikers Jacob Landau und einer zweibändigen Werkausgabe (mit der ersten englischen Übersetzung des Kater Murr), die mit Landaus Illustrationen ausgestattet ist. Das hier wiedergegebene Blatt trägt den Titel Kingdom of Dreams (zugleich Titel der Mappe insgesamt) und bezieht sich auf Hoffmanns Künstlernovelle Ritter Gluck. Landaus Darstellung ist ein Beispiel für die Möglichkeiten einer (hier von Pop-art und psychedelischer Kunst beeinflußten) »wortwörtlichen« und zugleich in der Bilderfindung eigenständigen Nachgestaltung literarischer Texte.

Hoffmanns Erzählung handelt von der Diskrepanz zwischen der inneren Schau des Künstlers, dem »Königreich der Träume«, und der Realität, in der diese Schau Gestalt gewinnen muß. Eine Form der Überwindung dieses Zwiespalts ist im Werk Hoffmanns der Wahnsinn. Die Gestalt des »Ritter Gluck« ist ein Musiker, der sich für den längst verstorbenen Komponisten hält. »Ängste und Schmerzen« scheinen den Künstler zu foltern; »grinsende Larven der Ungeheuer« stürmen auf ihn ein. Wie von »unsichtbaren Banden« hochgezogen, wirbelt er umher. Arme und Hände fehlen ihm – Sinnbild der Unfähigkeit, den inneren Reichtum gestaltend zu verarbeiten. Das im Zentrum der oberen Bildhälfte glänzende Auge ist ein Teil seiner Visionen: »Das Auge war verschwunden und ich im Kelch«, erinnert er sich im Gespräch mit dem Erzähler, doch er ist »verdammt, zu wandeln unter den Unheiligen, wie ein abgeschiedener Geist – gestaltlos«, bis ihn »die Sonnenblume wieder emporhebt zu den Ewigen«.

Der Niedergang
der Hippie-Bewegung

Noch einmal erfüllt sich der Hippie-Traum von einer Welt voller friedlicher und freundlicher Menschen, die in Liebe und Toleranz zusammenleben: vom 15. bis 17. August in White Lake, 96 Kilometer südlich von Woodstock im US-Bundesstaat New York – beim legendär gewordenen Woodstock-Festival, das Michael Wadleigh in seinem Film Woodstock festhält.

400 000 Jugendliche finden sich trotz fast pausenlosen Regens zur »größten Show seit der Bergpredigt« (so das Magazin »Rolling Stone«) zusammen, zu einem Pop-Festival, das trotz dieser riesigen Menschenmenge von keinem häßlichen Zwischenfall gestört wird und auf dem die Hippie-Ideologie tatsächlich gelebt wird.

Führende Interpreten und Gruppen der Pop-Musik treten auf: The Who, Ten Years After, Joan Baez, Joe Cocker, Jefferson Airplane, Santana, Jimi Hendrix, Janis Joplin. Befragte Bürger äußern ihre Ansicht, die Jugendlichen dort seien »wundervolle, wirklich liebe Menschen«. Nicht wenige beneiden die Hippies zutiefst um ihre Freiheit.

Das Mißtrauen, das Amerika dennoch hegt, zeigt sich erst nach der Aufführung von Wadleighs Film. Weil es darin einige Rauschgift- und Nacktszenen gibt, werden in verschiedenen Bundesstaaten solche Festivals verboten, Kinoaufführungen des Films erst ab 18 Jahren freigegeben. Und bereits am 6. Dezember zeigt sich, wie einmalig Woodstock war. Beim Festival von Altamont, wo die Rolling Stones vor 300 000 Menschen auftreten, terrorisiert die als »Ordner« engagierte Rokkergruppe Hell's Angels die Besucher, ein Mann wird vor der Bühne erstochen. Dies ist nur der Auftakt zu einer ganzen Reihe unfriedlich verlaufender Pop-Festivals.

Tiefes Entsetzen breitet sich aus, als bekannt wird, daß am 9. August Mitglieder einer der Hippie-Szene angehörenden Gruppe um Charles Manson die hochschwangere Filmschauspielerin Sharon Tate, Frau des Regisseurs Roman Polanski, und vier andere Menschen ohne jeden Grund bestialisch ermordet haben.

Der Beginn einer bundesdeutschen Film-Ära

Nach den beiden Kurzfilmen Der Stadtstreicher *(1965) und* Das kleine Chaos *(1966) dreht der 23jährige Rainer Werner Fassbinder nun Spielfilme. Der 23jährige Schauspieler, Regisseur und Autor stieß als ehemaliger Schauspielschüler 1967 zum Münchener »action theater« und gründete nach dessen Auflösung mit mehreren Mitgliedern dieser Gruppe (u. a. Hanna Schygulla, Kurt Raab und Peer Raben) 1968 das »antitheater«. Mit ihm zusammen produziert er auch den ersten seiner drei Spielfilme, die von der Kritik weitgehend als die seit langem originellsten bundesdeutschen Regieleistungen bewertet werden.*

Liebe ist kälter als der Tod (mit Hanna Schygulla, Ulli Lommel, Hans Hirschmüller und Fassbinder) zitiert den amerikanischen Gangsterfilm, jedoch auf überaus kunstlose und auf deutsche Verhältnisse übertragene Weise, wobei die Faszination der Vor-Bilder (der kleine Gangster, der vom Syndikat unter Vertrag genommen werden soll, der Pistolen-Fetischismus) gleichsam aus Distanz zur Schau gestellt wird. Schon die meist weißen Wände der Dekoration haben »abkühlende« Wirkung. Hinzu kommt ein überaus langsames, gedehntes Agieren der Personen. Mit Katzelmacher begibt sich Fassbinder ins Milieu Münchener Jungproletarier, doch auch hier herrscht Stilisierung vor. Vier Schauplätze – Hausfront, Hinterhof, Kneipe und Bett – genügen, um ein tristes, abwechslungsarmes Alltagsleben vorzuführen. Durch lange, überbelichtete Einstellungen mit oft nur einer Geste zwingt Fassbinder den Zuschauer in eine kritische Beobachterrolle.

Als dritter Film entsteht 1969 Götter der Pest, wie die vorangegangenen nach einem Drehbuch Fassbinders. Ein Kennzeichen seiner frühen Filmarbeit sind der minimale Aufwand und die Kürze der Drehzeit: Liebe ist kälter als der Tod wurde in 24, Katzelmacher in zehn Tagen gedreht.

Liebe ist kälter als der Tod, 1969; Szenenfoto mit Hanna Schygulla, Ulli Lommel, Rainer Werner Fassbinder.

Film

Premieren
- Luis Buñuel: *La voie lactée,* (*Die Milchstraße,* 1971). Zwei Clochards, auf dem Weg zum Wallfahrtsort Santiago de Compostela, durchstreifen Zeit und Raum sowie die Kirchengeschichte. Ein Film, der versucht, bei der Wahrheit ewiger Wahrheiten nicht ganz so sicher zu sein.
- Glauber Rocha: *Antonio das Mortes* (1970 in der Bundesrepublik). Der Bandit wird von einem Großgrundbesitzer im Nordosten Brasiliens angeheuert, um eine Widerstandsbewegung zu bekämpfen. Aber er läuft über.
- Andrei Tarkowski: *Andrei Rubljow.* Die Handlung spielt um 1400 und kreist um das Problem des Künstlers, der ein Werkzeug in der Hand der Mächtigen und ihrer Ideologie ist. Der Film, schon 1966 gedreht, wird erst jetzt in Cannes uraufgeführt und 1971 in der Sowjetunion gezeigt. Es stört wohl das Plädoyer für die Freiheit des Künstlers.

Fassbinders zweiter Spielfilm

Rainer Werner Fassbinder, der ehemals vom Theater kam, präsentiert bei der Mannheimer Filmwoche seinen zweiten Film: *Katzelmacher,* nach seinem gleichnamigen Stück. Der griechische Gastarbeiter Jorgos (gespielt von Fassbinder) bricht in eine Vorstadtclique junger Münchener ein, die nur von Frustrationen und Spießerhaß zusammengehalten wird. Als Jorgos die Sympathien der Mädchen erringt, reagieren die Männer mit Ausländerhaß, Potenzneid, Brutalität und schlagen den »Griech aus Griechenland« zusammen. Diesmal sind die Kritiker von Fassbinders kargem Stil überzeugt, der sich auf das Wesentliche konzentriert und so den latenten Faschismus im Alltag vorführt.

Ein gewöhnliches Dorf?

Peter Fleischmanns sozialkritischer Film *Jagdszenen aus Niederbayern* stellt den Versuch dar, die Realität eines bundesdeutschen Dorfes einzufangen. Es ist die Verfilmung des Stückes von Manfred Sperr (Uraufführung 1966).
Die zunächst offensichtliche Idylle im niederbayerischen Dorf Reinöd trügt. Die Terror- und Denunziationspraktiken der Nazizeit leben weiter. Ohne Erbarmen macht man Jagd auf alle, die sich nicht völlig den herrschenden Normen anpassen; auf Abram, einen Homosexuellen (gespielt von Manfred Sperr), Maria, die Bäuerin, die mit Volker, dem Knecht, zusammenlebt, auf Rovo, als »Dorftrottel« verleumdet, und Tonka, diffamiert als »Dorfhure«.

Theater

Premieren
- Bert Brecht: *Turandot oder Der Kongreß der Weißwäscher* wird am 5. Februar am Zürcher Schauspielhaus uraufgeführt. Den Märchenstoff von der Prinzessin Turandot benutzt Brecht für eine politische Satire. Sterben muß hier, wer dem Volk nicht erklären kann, warum die Baumwollernte verschwunden ist – der Kaiser hat sie unterschlagen lassen, um die Preise für sein Monopol hochzuhalten.
- Günter Grass: *Davor* (Uraufführung, Berliner Schillertheater, 14. Februar). Es geht um eine Tat, die zerredet und daher nicht ausgeführt wird: Der Schüler Scherbaum, genannt Flip, will aus Protest gegen den Vietnamkrieg und den Einsatz von Napalmbomben seinen Dackel verbrennen. Am Ende geht Flip die Reformpolitik mit Vernunft an. *Davor* stellt sich als dramatisiertes Kapitel aus dem Roman *Örtlich betäubt* heraus, der wenige Monate später erscheint.
- Peter Hacks: *Margarete in Aix* wird am 23. September am Basler Theater uraufgeführt. Anhand eines für sie tragisch ausgehenden Rachefeldzuges, den die vertriebene englische Königin Margarete im 15. Jahrhundert gegen ihr Land führt, macht Hacks die Ränke der hohen Politik lächerlich. Das Interesse des Autors gehört den kleinen Leuten.
- Hartmut Lange: *Die Gräfin von Rathenow* wird am 11. September an den Städtischen Bühnen Köln uraufgeführt. Eine freie Dramatisierung von Kleists Novelle *Die Marquise von O.,* die zwischen Gesellschaftssatire und psychologischer Studie zur Emanzipation der Frau schwankt.

1969

Musik

Premieren

- Boris Blacher: *200 000 Taler* wird am 25. September an der Deutschen Oper Berlin uraufgeführt. Als Vorlage dient eine Erzählung von Scholem Aleichem, in der ein Schneider vermeintlich in der Lotterie gewinnt, ein Luxusleben beginnt und ins Elend zurückkehrt, nachdem sich das Glückslos als Niete herausgestellt hat. Die Oper besteht ausschließlich aus Sprechgesang.
- Paul Dessau: *Lanzelot* wird am 21. Dezember an der Ostberliner Staatsoper uraufgeführt. Dessau wandelt die mittelalterliche Geschichte in ein politisches Gleichnis um: Der sozialistische Held Lanzelot kämpft gegen die Drachen des Faschismus und der bürgerlichen Demokratie.
- Hans Werner Henze: *6. Sinfonie* (Uraufführung, Havanna, unter Leitung des Komponisten). Sie thematisiert das gestörte Verhältnis Europas zur Kultur der Dritten Welt.
- Giselher Klebe: *Das Märchen von der schönen Lilie* wird bei den Schwetzinger Festspielen uraufgeführt. Als Vorlage dient *Das Märchen* von Goethe. Menschen, Tiere und Pflanzen treten in Beziehung zueinander und errichten das Reich des Lichts. Verschmelzung traditionell-harmonischer mit Zwölftonmusik.
- Henri Pousseur: *Votre Faust* wird am 18. Januar an der Mailänder Piccolo Scala uraufgeführt. Eine Oper, voller Zitate aller Faust-Bearbeitungen der Weltliteratur.
- Lars Johan Werle: *Die Reise* (Uraufführung, Hamburger Staatsoper, 2. März). Geschildert werden kleine Schicksale von Großstadtmenschen unserer Zeit. Eine Reise durch das vorhandene Repertoire von der Gregorianik bis zum Beat.

Trost für Millionen

Vor dem Hintergrund des Übergreifens der Studentenunruhen auf die Schulen und dem damit in zahlreichen Familien verschärften Autoritätskonflikt zwischen Eltern und Kindern macht ein Kinderstar eine beispiellose Karriere. Verstörten Müttern bietet er den musikalischen Trost: »Mama, Du sollst doch nicht um Deinen Jungen weinen./Mama, bald wird das Schicksal wieder uns vereinen.«

Der Sänger ist Heintje aus den Niederlanden. Am 21. Dezember 1967 sang der Zehnjährige sein Lied Mama, mit dem 1961 der italienische Kinderstar Robertino bekannt geworden war, in Vico Torrianis Fernsehshow »Der Goldene Schuß«. Am 23. Dezember war die Auflage von 40 000 Mama-Platten vergriffen, bis Mitte 1970 stieg der Verkauf auf zwei Millionen.

Bis 1972 ersingt sich Heintje mehr als 40 Goldene Schallplatten. Der Film steigt 1969 ein und präsentiert Heintje in Hurra, die Schule brennt (mit Peter Alexander) und Heintje – Ein Herz geht auf Reisen.

Hendrik Nikolas Theodor Simons, genannt Heintje, in: Heintje – Einmal wird die Sonne wieder scheinen.

Ein Fall von Massenwahn

Zu einem sensationellen Erfolg wird am 20. Juni die Uraufführung von Krzysztof Pendereckis erster Oper *Die Teufel von Loudun* an der Hamburgischen Staatsoper. Penderecki hat bei seinem Libretto nach Aldous Huxleys *The Devils of Loudun* und der Dramatisierung von John Whiting viel Sinn für die dramatischen Möglichkeiten der Bühne bewiesen. Im Hintergrund steht ein historischer Fall, der sich 1634/35 in der südfranzösischen Stadt Loudun zugetragen hat. In einem Nonnenkloster bricht, ausgelöst durch frustrierte Sinnlichkeit der Oberin, ein Massenwahn aus; die Schwestern beschuldigen einen Pfarrer, er stecke mit den Teufeln im Bunde, von denen sie besessen seien. Die weltliche Obrigkeit durchschaut zwar, daß es sich hier um eine Selbstsuggestion handelt, läßt im Interesse von Ruhe und Ordnung aber den Geistlichen foltern und hinrichten.

Penderecki bietet ein großes Orchester auf – vor allem 32 Bläser und 42 Streicher –, in dem das Schlagzeug stark vertreten ist, und stellt es in den Dienst kühner Klangmontagen, woraus den einzelnen Instrumenten ungewöhnliche und ungewohnte Aufgaben erwachsen. Die Singstimmen bewegen sich oft im Raum zwischen Singen und Sprechen sowie in unbestimmter Tonhöhe. Häufig wendet Penderecki »Tontrauben« (»clusters«) an: sämtliche Töne innerhalb eines bestimmten Tonumfanges erklingen gleichzeitig, was bis zum Einsatz aller zwölf Halbtöne der Oktave gesteigert werden kann, so daß eine bestimmte Tonhöhe nicht wahrgenommen werden kann. Ja, die Musik als Komposition tritt fast zurück zugunsten ihrer Funktion, im Rahmen einer reichen Geräuschpalette für Atmosphäre zu sorgen. Die Kritiker bekunden dann auch dem Hamburger Orchester, das sich mit technisch wie stilistisch neuen Forderungen zurechtfinden muß, ihren Respekt.

Mit Sturmgebraus und Wogenschwall

August Everding inszeniert in Bayreuth den *Fliegenden Holländer* – ganz unverhohlen als romantische Oper und nicht als symbolbeladenes Erlösungsdrama. Die Natur bricht in das Bühnenbild ein; mit Sturmgebraus und Wogenschwall muß des Holländers Schiff kämpfen. Die Inszenierung ist ein weiterer Schritt weg von Wieland Wagner.

Naturwissenschaft, Medizin, Technik

- Der Münchner Chirurg Werner Klinner führt die erste Herzverpflanzung in Deutschland durch. Der Patient stirbt kurz nach der Operation. In den USA wird einem Patienten eine Herzklappe aus Kunststoff eingesetzt.
- Die Sowjets können die erfolgreiche Durchführung einer »Venus-Erkundung« durch die beiden Sonden »Venus 5« und »Venus 6« melden.
- Das britisch-französische Überschall-Verkehrsflugzeug vom Typ »Concorde« absolviert seinen ersten Probeflug. In 16 600 Metern Höhe kommt die Maschine auf max. 2300 km/st. Reisegeschwindigkeit. Wegen der Lärmentwicklung stößt das Projekt auf heftigen Widerstand in der Öffentlichkeit.
- Einem US-Forscherteam an der Harvard Medical School in Boston gelingt die Isolierung eines einzelnen Gens und seine optische Sichtbarmachung.

Apollo XI
Die ersten Menschen auf dem Mond
21. Juli 1969
Edwin Aldrin beim Verlassen der
Mondlandefähre Eagle und
mit der amerikanischen Flagge,
fotografiert von Neil Armstrong

Rudolf Hausner
Laokoon in der Umlaufbahn
1969

Ein großer Schritt für die Menschheit?

Am 21. Juli betreten die ersten Menschen den Mond: die amerikanischen Astronauten Neil Armstrong und Edwin Aldrin. Als Armstrong die vom Raumschiff Apollo XI zum Erdtrabanten gesteuerte Mondlandefähre Eagle verläßt und um 3.56 Uhr MEZ den Boden des Mondes berührt, spricht er die Worte: »Dies ist ein kleiner Schritt für einen Menschen, aber ein großer für die Menschheit.« Eine mitgeführte Fernsehkamera überträgt das Ereignis live zur Erde. Auf dem Mond wird das Sternenbanner gehißt und eine Edelstahlplatte mit der Inschrift angebracht: »Hier betraten Menschen vom Planeten Erde zum erstenmal den Mond, 1969 A.D. Wir kamen in Frieden für die gesamte Menschheit.« Der anfängliche Begeisterungstaumel in der westlichen Welt über diese einzigartige Leistung weicht langsam einem Nachdenken über Notwendigkeit und Sinn solcher Unternehmungen.

Rudolf Hausner, der Maler der Wiener Schule des Phantastischen Realismus, greift diese Frage in seinem Gemälde Laokoon in der Umlaufbahn *auf. Der trojanische Apollonpriester Laokoon warnte seine Landsleute vor dem hölzernen Pferd der Griechen und wurde mit seinen Söhnen von zwei Schlangen erwürgt. Die Trojaner deuteten dies als Strafe der Göttin Athene und holten unter Jubel das mit griechischen Kriegern besetzte Pferd in die Stadt, die damit dem Untergang geweiht war. Hausner projiziert die um 50 v. Chr. entstandene, 1506 wiederentdeckte antike Laokoon-Gruppe in einer als Auge gestalteten Raumkapsel an den Himmel – als Sinnbild für zwei Zeitalter, die sich ablösen.*

»Ein merkwürdiger Mensch, dieser Laokoon«, schreibt Hausner, »er erkennt in einer kritischen Situation als einziger die Wahrheit und hat auch den seltenen Mut, sie zu bekennen – für konformistische Suggestionen ist er unempfindlich, politische Begeisterung macht ihn mißtrauisch.« Für Hausner bedeutet Laokoon in der Gegenwart »eine Warnung und gleichzeitig eine Aufforderung zur Humanisierung der Technik«.

Ernst Fuchs
**Aphrodite auf der Augeninsel
vor der Mauer des Himmels**
(Ausschnitt) 1974

Horst Haitzinger
Vampire
1976

Schülerin im Sprachlabor

Folon
Architekturmaschine
1972

**Mythologie kontra
Technologie**

*Als Altmeister der Wiener Schule des
Phantastischen Realismus vertritt
Ernst Fuchs in den siebziger Jahren eine kulturelle Grundströmung, die zunehmend an Resonanz gewinnt: die
Beschäftigung mit Mythologie und
Mystik. Während Rudolf Hauser in einem Gemälde aus dem Jahr 1969 Laokoon als Sinnbild vergeblicher Warnung vor Hybris in einer augenförmi-
schen Raumkapsel in eine Umlaufbahn um die Erde schickt, verbannt
Fuchs ein üppiges Abbild der Liebes-
göttin auf die teilweise von versteiner-
ten Horrorgestalten bevölkerte Augeninsel. Über den kulturgeschichtlichen,
sozial- und tiefenpsychologischen
Gehalt soll durchaus gerätselt werden
– auf die Empfänglichkeit für
Geheimnisvolles können die Vertreter der surrealistischen Tradition
bauen.
Horst Haitzingers Vampire mit der
neuen Preisliste unterm Arm karikie-
ren im Wahljahr 1976 das Verhalten
der bundesdeutschen Unternehmer.
Die Illustration zu einem satirischen
»Pardon«-Beitrag von Peter Härtling
(Unsere Zeit kommt! Ein Brief des
Hemdchen-Fabrikanten Winfried L.
an seinen Unternehmer-Freund)
wird durch den Bildtext erläutert:
»Wenn man bedenkt, daß hier noch vor
wenigen Monaten die Pleitegeier flogen…« – nämlich als Folge der 1973
durch drastische Preissteigerungen
hervorgerufenen Ölkrise.
1972 warnt der Club of Rome mit seinem Bericht Die Grenzen des Wachstums vor den katastrophalen Folgen
der rücksichtslosen Ausbeutung der
natürlichen Ressourcen sowie der Umweltbelastung. Doch noch herrscht
technologischer Fortschrittsoptimis-
mus, der sich im Schulwesen in der verstärkten Verwendung technischer
Hilfsmittel wie der Sprachlabors
äußert. In der Architektur gedeihen
Entwürfe technisierter Städte – ein Anlaß für die Schweizer Kulturzeitschrift
»du«, ihr Heft Utopia – Visionärer
Städtebau gestern und heute (1/1972)
mit der Karikatur einer Architekturmaschine, Modell Aufzieh-Männchen,
einzuleiten.*

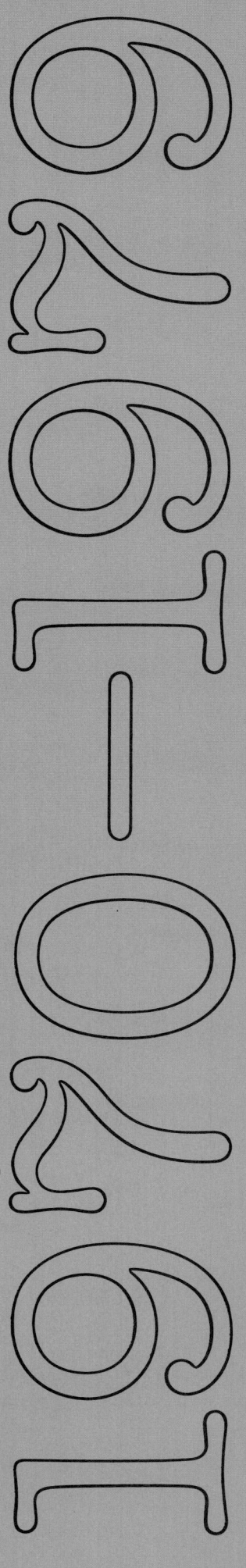

Wenn in der Silvesternacht 1979/80 zwei mittlerweile auch nicht mehr ganz so junge Jungsozialisten der stürmischen, sendungsbewußten 68-Generation zusammensäßen und an der Wende des Jahrzehnts der 3652 vergangenen Tage gedächten, dann könnte allzu viel Champagner der Euphorie eigentlich nicht fließen. Eine Dekade, die schwungvoll das Erbe der späten sechziger Jahre übernommen hatte, seine Aufbruchsstimmung, seinen Bildungs- und Reformeifer, die mitreißenden Parolen der neuen sozialliberalen Regierung unter einem Bundeskanzler Willy Brandt wie »Mehr Demokratie wagen«, eine solche Dekade verebbt in allgemeiner Ernüchterung, ja Erschöpfung. Ein Jahrzehnt, das unter dem hoffnungsvollen Wunsch »Entspannung zwischen Ost und West« begonnen hatte, endet mit einer beängstigenden Forderung: »Nachrüstung«. Das Erbe, das man an die achtziger Jahre weiterzugeben hat, ist mit vielen Hypotheken belastet. »Nichts«, so sagt der dem Reformkanzler Brandt gefolgte pragmatische Kanzler Helmut Schmidt kurz vor der Jahreswende, »nichts wird in den achtziger Jahren so sein wie in den siebzigern – nichts.«

Und so fingen sie an, die Siebziger: Das Volkseinkommen hat sich seit 1960 fast verdoppelt, ebenso wie der private Konsum des Bundesbürgers. Es gibt 15 Millionen Fernsehgeräte statt 3,2 wie 1960 und statt 68 Autos je 1000 Einwohner sind es jetzt 200. In Bonn beginnt die konsequente Entspannungspolitik der Koalition. Ein wenig fassungslos sieht die APO, daß sie ausgedient hat, ganz abgesehen davon, daß sich viele der Ihren den Dreißigern nähern, ein Alter, dem bekanntlich nicht mehr zu trauen ist. Man zerstreut sich. Einige Barrikadenstürmer von einst kehren gezähmt in den Schoß der bürgerlichen Gesellschaft zurück, einige treten den »langen Marsch durch die Institutionen« an und erlangen einflußreiche Ämter, und einige schließlich gehen fanatisiert den blutigen Weg in den Terrorismus, um die Gesellschaft zu verändern.

Ulrike Meinhof ist es leid, nur radikale Leitartikel in »Konkret« zu schreiben. Sie geht zusammen mit Andreas Baader, Gudrun Ensslin und anderen in den Untergrund. Die Bombenanschläge der sogenannten Baader-Meinhof-Gruppe verbreiten ein Klima der Angst und Hysterie im Land. Als der Kern der Gruppe 1972 verhaftet wird, geht der Terror dennoch weiter. Die »zweite Generation« tritt an. Ihr Weg ist gezeichnet von Überfällen, Entführungen, Sprengstoffanschlägen und vielen Morden. 1977 begehen Gudrun Ensslin, Andreas Baader und Jan-Carl Raspe nach mehreren vergeblichen Freipressungsversuchen der Genossen gemeinsam Selbstmord; Ulrike Meinhof war schon zuvor freiwillig in den Tod gegangen.

Politterror mit Bombenanschlägen, Flugzeugentführungen, Geiselnahmen und Morden überzieht weite Teile der Welt: die palästinensische PLO, die japanische Rote Armee, die irische IRA, die italienischen Neofaschisten und Roten Brigaden. Die USA stecken durch den Watergate-Skandal und den katastrophalen Vietnamkrieg in einer der schwersten Krisen ihrer Geschichte.

1973 steht die Welt unter dem Schock der ersten Ölkrise. Der arabische Ölboykott und die anschließenden drastischen Preissteigerungen bringen die Wirtschaft der westlichen Wohlstandsländer ins Wanken. Die Grenzen des Wachstums, die Anfälligkeit seiner Sicherheit werden dem schockierten Bürger nachhaltig vor Augen geführt.

Mit Sonntagsfahrverboten für Autos und Energiesparappellen versucht man nur halbherzig, der Krise Herr zu werden. Kaum jemand mag es öffentlich aussprechen, obwohl es sich bald nicht mehr leugnen läßt: Die Zeit der Überflußgesellschaft ist vorbei. Die Zahl der Konkurse, Firmenfusionen und Kurzarbeiter steigt alarmierend. Im Winter 1974/75 beträgt die Arbeitslosenzahl in der Bundesrepublik Deutschland eine Million, das sind fünf Prozent. Unter ihnen Zehntausende von Jugendlichen; für sie beginnt der Weg in die Arbeitswelt ohne Beschäftigung.

Der Normalverbraucher, an jährlich steigende Wachstumsraten gewöhnt, wird von Zukunftsangst befallen. Andererseits beginnt er wacher, bewußter zu leben und Fragen zu stellen. Etwa, ob Lebensqualität ausschließlich eine Frage dieses Wachstums ist? Ob die Wunder der Technik wirklich immer zu bewundern sind? Ob es richtig ist, alles zu machen, was machbar ist? Ob der Mensch der Umweltzerstörung durch den Menschen noch Herr werden kann? Wie die Steuerung der menschlichen Psyche und Triebe durch Drogen oder Hirnelektroden, wie die Gen-Manipulationen selbst noch gesteuert werden können? Und was – so fragt er – kommt mit den Atomkraftwerken auf ihn zu? Er sieht, daß es friedliche Diskussionen und gewalttätige Schlachten um sie gibt. Er sieht friedfertige AKW-Gegner und brutale Freizeitanarchisten, ernsthafte umweltbewußte, junge Linke mit der Jute-statt-Pla-

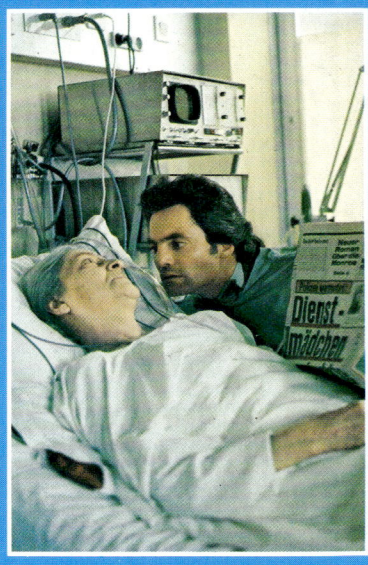
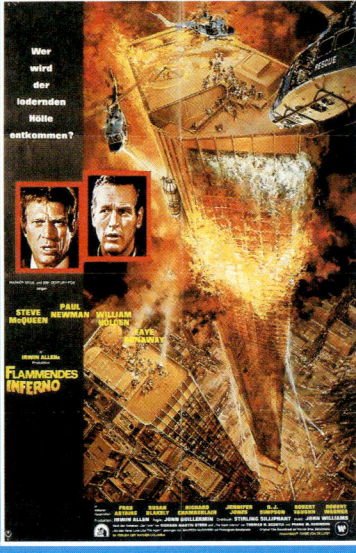

Volker Schlöndorff und
Margarethe von Trotta (Regie)
**Die verlorene Ehre der
Katharina Blum,** 1975
Szenenfoto mit Dieter Laser
als Journalist Werner Tötges
am Krankenbett von Katharina
Blums Mutter

John Guillermin (Regie)
The Towering Inferno, 1974
Plakat zur deutschen Fassung 1975

Straßenmusikant

Robert Smithson
Spiral Jetty

US-Raumstation Skylab
Start 1973, Absturz 1979

Satellitenfoto: Washington

stik-Tüte in der Hand und wüste Berufsprovokateure, die Steine schwingen. Und denen es allen nur scheinbar um dieselbe Sache geht.

Am Ende eines solchen Jahrzehnts muß Verunsicherung stehen, Zweifel an der Zukunft, Dämmerung des Fortschrittsglaubens. Das Füllhorn der frühen Jahre, vollgestopft mit Verheißungen, ist leer. Die etablierten Kirchen müssen erkennen, daß sie das Monopol auf Religion verloren haben. Wie eine giftige Droge breitet sich das Sektenwesen aus. Die »Vereinigungskirche« des Koreaners Mun, die »Kinder Gottes«, Hare Krischna, Bhagwan und unzählige andere religiöse Bewegungen bieten orientierungslos gewordenen Menschen die Flucht an in die familienähnliche Gruppe, die seelische Zuflucht in verantwortungsloser Geborgenheit und Hörigkeit gegenüber gewissenlosen Führern und Verführern. Weit mehr als hunderttausend Jugendliche, so wird geschätzt, verfallen in der Bundesrepublik Mitte der siebziger Jahre diesem religiösen Underground. Sie suchen Heilung für ihre seelischen Leiden an der seelenlosen, technokratisch-kalten Gesellschaft, sie nutzen die Möglichkeit, auszusteigen aus einem Leben, das scheinbar ohne Zukunft ist. Nicht umsonst wird der englische Begriff »no future« für einen Teil der Jugend zu einem deprimierenden Motto.

Die Flucht in die Droge ist ein anderer Aussteigerweg. Es fing an mit den friedlichen Haschtrips der Blumenkinder, der sanften, bunten Kiffer in den Parks. Doch der Traum von der Bewußtseinserweiterung, von einer Subkultur als kuscheliger Schmuseecke fürs Gemüt hat sich längst verflüchtigt. Immer mehr junge Menschen steigen gleich bei den harten Sachen ein. Todesdroge Nummer eins ist Heroin. 1979 hat die Bundesrepublik 600 Heroin-Tote zu verzeichnen, 1970 waren es 22.

Inzwischen hat sich die Drogenszene radikal verändert. Nicht mehr Studenten und Gymnasiasten bilden die stärkste Gruppe der Betroffenen, sondern Haupt- und Berufsschüler, vor allem jugendliche Arbeitslose. Parallel zum Drogenkonsum geht die Rauschgiftkriminalität. Das erbärmliche Leben eines Fixers von den euphorischen Anfängen bis zum dreckigen Ende in irgendwelchen Bahnhofstoiletten, der seltene Glücksfall des dauerhaften Entzugs ist das Thema vieler Bücher und Reports. Kaum einmal macht eine Schilderung so betroffen wie in dem authentischen Bericht und jahrelangen Bestseller der ehemaligen Fixerin Christiane F.: *Wir Kinder vom Bahnhof Zoo.*

»Tendenzwende« nennen es die einen, das Scheitern der hochfliegenden Träume von gestern die anderen. Fest steht, daß sich Mitte der siebziger Jahre die rauhe Wirklichkeit gegen viele schöne Utopien durchgesetzt hat. Es folgt der Rückzug vom öffentlichen in den privaten Bereich. Anstelle des Engagements wird der Weg zu sich selbst gesucht. Man erlebt eine »neue Innerlichkeit«. Die Mitte des Jahrzehnts ist die hohe Zeit der Seelenanalytiker und Therapeuten. Ein neuer Ich-Kult greift um sich. Die intensive, bisweilen wehleidige Beschäftigung mit sich selbst führt oft zur deprimierenden Diagnose einer inneren Leere.

Die Midlife-crisis ist in aller Munde. Zwei Bücher machen den Bundesdeutschen klar, woran viele von ihnen leiden: *In der Mitte des Lebens* von der Amerikanerin Gail Sheehy und *Midlife Crisis* von dem deutschen Autor Hermann Schreiber. Die Midlife-crisis – eine Lebenskrise zur Halbzeit des Lebens wie die Pubertät in der Jugend? Auf jeden Fall befällt sie viele Mittvierziger wie eine grassierende Modekrankheit. Da gibt es Männer, die ihre Familien verlassen und mit einer jungen Frau einen Neuanfang machen, die auf dem Höhepunkt ihrer Karriere noch einmal von vorn beginnen wollen und einen neuen Startwagen. Nach dem Motto »Das kann doch nicht alles gewesen sein« (nach einem Song von Wolf Biermann) fragen sich Männer und Frauen, was sie aus ihrem Leben gemacht haben, wieviel Zeit noch übrig bleibt, einstige Träume und Wünsche zu realisieren. Man hat vieles erreicht – aber war das schon alles? Man wird sich darüber klar, daß der »Rest des Lebens« beginnt, und diese Erkenntnis löst eine Art Torschlußpanik aus. Man ist auf der Suche nach der eigenen Identität – und findet eine Krise, verfällt in Hektik oder Depression. Ihre Überwindung wird mit den unterschiedlichsten Mitteln versucht. Man erhofft sein Heil im Fitneßtraining, einem neuen Gesundheitsbewußtsein oder der Körperpflege, im Wechseln des Partners, des Jobs oder der Wohnung. Und einige suchen es gar im generellen »Aussteigen« aus dem gesellschaftlichen Leben, so wie ihnen viele Jüngere zu Beginn der Siebziger vorgemacht haben, als sie sich, politisch desillusioniert, zur Selbstfindung in Landkommunen auf abgelegene Bauernhöfe zurückzogen.

Nicht ohne Wirkung bleibt die Psychoszene auf die Sprache. »Spontan sein« heißt eines ihrer Zauberworte, »Ängste abbauen« ein anderes, »zu seinen Ge-

Wo bleibt die Menschlichkeit?

Mit seinem Roman Die verlorene Ehre der Katharina Blum *(1974) reagiert Heinrich Böll, der Nobelpreisträger für Literatur des Jahres 1972, auf einen Aspekt des durch Terrorismus und Terroristenjagd geprägten gesellschaftlichen Klimas in der Bundesrepublik. Bölls Thema ist die Macht der Skandalpresse über den einzelnen Menschen, der in ihre Fänge gerät. Ein Film und eine Bühnenversion verbreiten Bölls Attacke im Namen der Menschlichkeit gegen skrupellose journalistische Methoden, die 1977 durch Günter Wallraffs Report Der Aufmacher. Der Mann, der bei ›Bild‹ Hans Esser war dokumentiert werden.*

Die Furcht vor der Macht von Attentätern greift der Film The Towering Inferno *(Flammendes Inferno, mit Steve McQueen und Paul Newman) auf: Ein Wolkenkratzer wird zur tödlichen Falle. Zugrunde liegen die Romane* Der Turm *von Richard Martin Stern und* The Glass Inferno *von Thomas N. Scortia und Frank M. Robinson. Der Regisseur ist John Guillermin; 1976 inszeniert er ein Remake des klassischen Horror- und Katastrophenfilms King-Kong.*

Für menschliches Maß, für Unmittelbarkeit und Improvisation in Kunst und Kommunikation treten unter anderen die Straßenkünstler ein, die in den siebziger Jahren zunehmend die Fußgängerzonen der Groß- und Kleinstädte bevölkern.

Zu überdimensionalen Werken strebt die neue Kunstgattung der Land-art. Die Jetty Spiral, die Robert Smithson in den Großen Salzsee im US-Bundesstaat Utah baut, bildet eine im Mikrowie im Makrokosmos, in Kunst, Religion und Technik anzutreffende Grundform. Eine Betrachtung des Kunstwerkes im Original ist nur dem Überflieger möglich. So ist der Land-art letztlich auf jenen Überblick berechnet, den auch Satelliten und Raumstationen verschaffen.

Das amerikanische »Himmelslabor« Skylab wird durch seinen Absturz am Ende der Dekade zu einem weiteren Symbol für die im technischen Fortschritt enthaltene Bedrohung des Menschen.

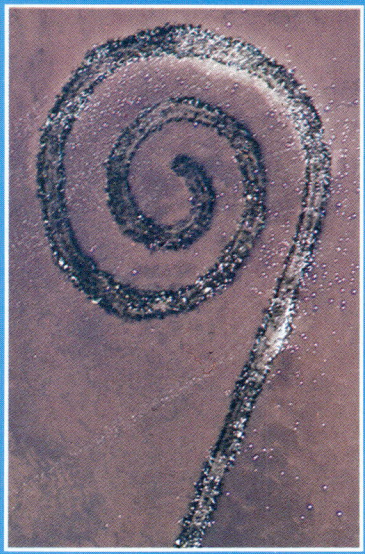

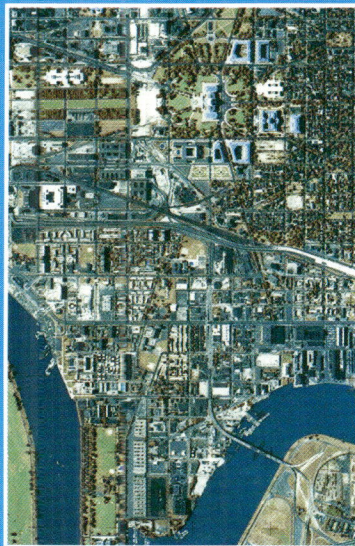
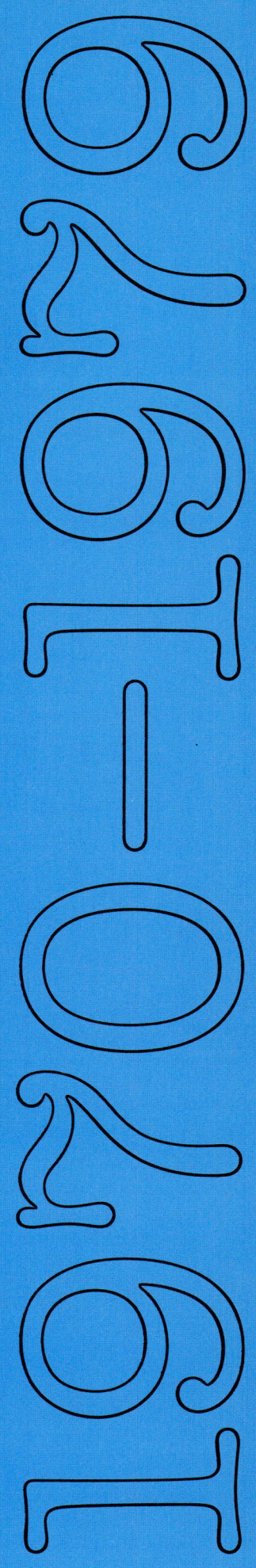

fühlen stehen«, »sich öffnen«, »unheimlich gut drauf sein« oder »sich einbringen«. Da ist etwas »geil«, nämlich gut, oder »ätzend«, nämlich schlecht. »Verkrustungen werden aufgebrochen« und »Gefühle ausgelebt«. Da hat man nicht mal eben Krach mit dem Freund, oder »Beziehungsprobleme«; da klönt man nicht mal miteinander, sondern da findet »Kommunikation« statt. Es ist eine Sprache der Superlative, der ständigen aufgeregten Ausrufungszeichen. Dieser Sprache der aufgeblähten Worthülsen stehen, wenn es wirklich ernst wird, keine treffenden Worte mehr zur Verfügung, weil sie ihre Bedeutungen längst inflationär verpulvert hat.

Und noch ein Wort aus dem Englischen bürgert sich unübersetzt im Deutschen ein: der »Single«. Das Single-Dasein beschreibt einen sich verstärkenden Trend, der zuerst Anfang der siebziger Jahre in Amerika registriert wird und einige Zeit später zunehmend auch in der Bundesrepublik: Immer mehr Menschen wollen in ihren jungen, den »besten« Jahren allein leben. Von den 1977 registrierten 24,1 Millionen bundesdeutschen Haushalten sind 7 Millionen Ein-Personen-Haushalte. Eine neue Gesellschaft der Einzelnen ist auf dem Vormarsch. Menschen, denen ihre Selbständigkeit wichtiger ist als das ständige Zusammensein mit einem Partner. Auch dies ein Zeichen für den neuen Geist der Zeit – das Leben für sich selbst, der Rückzug auf sich selbst. »Beziehungsängste« ist nicht umsonst eines der meist strapazierten Worte der siebziger Jahre. Nicht zu leugnen ist das neue Rollenverständnis der Frau; ihr kämpferischer Aufbruch in die Emanzipation wird zu einem der Ereignisse, die das Profil der siebziger Jahre stark geprägt haben. Als die Studenten der späten Sechziger auf die Barrikaden gingen, um die unrechte Welt zu verändern, haben sie ihre Frauen und Freundinnen Kaffee kochen und ihre Examensarbeiten abtippen lassen. Erst als die APO-Frauen dieser Rolle leid waren und den Genossen auf den Barrikaden den Platz streitig machten, begann sich eine emanzipatorische Frauenbewegung zu formieren, verstärkt durch den Kampf um die Reform des Paragraphen 218 (»Mein Bauch gehört mir«).

»Der Spiegel« spricht von einer epidemisch um sich greifenden Verunsicherung, »die mit der Demontage des hergebrachten Rollenverständnisses von Mann und Frau über das heterosexuelle Miteinander hereingebrochen ist«. Immer mehr Frauen weigern sich, sich mit der herkömmlichen Rolle inner-

halb der Familie zufriedenzugeben, zuständig zu sein für Kinder, Küche, Karriereverzicht. Viele wollen beides, Beruf und Familie, andere nur Beruf und Kind, ohne einen bleibenden Partner, oft in einer Wohngemeinschaft lebend, wieder andere finden die vielzitierte »Selbstverwirklichung« allein im Beruf.

Doch unvermutet, Mitte der siebziger Jahre, schlägt das Pendel wieder zurück. Viele Frauen wollen, sie sagen, lieber wieder »feminin statt feministisch« sein. Fragen tauchen auf, ob die absolute Gleichheit der Geschlechter wirklich erwünscht ist, ob Rollen von biologischen Funktionen wirklich unabhängig sind. Fragen, die Jahre zuvor undenkbar gewesen wären. Ebenso undenkbar wie das große Fruchtbarkeits-Epos *Die Mutter* von Karin Struck, in dem von dem Wunsch die Rede ist, »fruchtbar wie ein Acker« zu sein, in dem Schwangerschaften als ein Weg zur Freiheit gefeiert werden, zur »Großen Erotischen Mutter«. Zwar ist nun Weiblichkeit wieder Trumpf, aber eine generelle Rückwendung zur klassischen Frauenrolle früherer Zeiten scheint nicht mehr möglich zu sein. Ein unaufhaltsam gewachsener Emanzipationsprozeß läßt sich zwar verzögern, aber nicht dauerhaft aufhalten.

Wie reagiert nun die Kulturszene auf dieses Jahrzehnt mit seinen zahllosen unruhigen Suchbewegungen, seiner verbreiteten Melancholie, ja, reagiert sie überhaupt?

Den kurzen Jahren des Aufbruchs, als Theater und Kunst politisch motiviert waren und die Menschen motivieren wollten, folgen Jahre des Rückzugs, der Verdrängung, der Resignation, der Verletzlichkeit oder der quälenden Selbstbesinnung.

Doch allgemein ist zu registrieren: Das Theater, und das gilt weithin auch für das Musiktheater, ist auf dem Ego-Trip, und beklagt wird der Verlust des sinnlichen und geistigen Vergnügens. »Zurückgeblieben«, so schreibt die »Frankfurter Allgemeine Zeitung« 1979, ist nach der »großen Veränderung« und der nachfolgenden Erschöpfungsphase nun eine große Ratlosigkeit.« Und »Die Zeit der Dramen, der dramatischen Theaterstücke, scheint für immer vorbei zu sein …«Unsere« Dramen sind Psycho-Dramen der Einzelnen.«

Man nährt sich überwiegend aus dem Fundus. Ibsen, Strindberg, Tschechow, Horváth – nie waren sie so häufig auf den Bühnen zu sehen wie in diesen Jahren. Man schaut zurück und bemächtigt sich der Klassiker. Man spielt sie aber nicht länger vom Blatt,

sondern klopft sie auf aktuelle Fragen ab. Man zieht sich aus der Revolution ins Private zurück, dies aber mit schlechtem Gewissen. In Wim Wenders' Film *Falsche Bewegung* (1975) nach dem Buch von Peter Handke sagt die Hauptfigur einmal: »Ich wollte politisch schreiben und merkte dabei, daß mir die Worte dafür fehlten. Das heißt, es gab schon Worte, aber die hatten wieder nichts mit mir zu tun… Wenn nur beide, das Poetische und das Politische, eins sein könnten.«

Ähnlich ist es in der Kunst. Während große historische Ausstellungen von Caspar David Friedrich bis zu den Staufern zu den künstlerischen Ereignissen des Jahrzehnts gehören und den Museen ungeahnte Besucherscharen zutreiben, ist die Krise der Gegenwartskunst, ein Unbehagen an ihr, nicht zu leugnen. Auch hier spielt die »Enttäuschung vieler Hoffnungen«, die »Einsicht in die Unmöglichkeit unmittelbarer politischer Wirkung« eine Rolle, das »Scheitern allzu fixer Popularisierungsversuche«, wie der Kunsthistoriker Karl Ruhrberg es 1976 nennt. Aber auch das Spröderwerden der Kunst, das – in der Reaktion auf Op und Pop – bereits mit der kargen Minimal-art eingesetzt und mit der Concept-art fortgesetzt wird, trägt dazu bei. Das Auge hungert nach Bildern wie die Gefühle nach Lesestoff.

Doch nirgends wird der Rückzug ins Private so deutlich, wie in der Literatur. Hier beansprucht die Innenwelt der meisten Autoren derart alles Interesse, daß sie der Inbegriff der Wirklichkeit zu werden scheint. Die Literatur der siebziger Jahre ist weitgehend von den Autoren geprägt, die Erfahrungen, Schrecken und Schmerzen an sich selbst vorführen und den Leser wie in einer Art körperlichem Kontakt daran teilnehmen lassen. Diese Selbsterfahrungsliteratur führt von der Vergangenheitsforschung der Kindheit über die Abrechnung mit der Elterngeneration bis zu den schier unendlichen Beziehungsproblemen der Partnerschaft. Das Verhältnis zwischen den Geschlechtern, ihre Spannungen, Krisen und Konflikte sind das Thema zahlloser Bücher. Und der Gefühlshunger des Publikums wird unterdessen gestillt von den Neuauflagen alter Schinken, von Nostalgischem, das die Verlage aus intellektuellen Alibigründen mit dem Etikett der Ironie versehen.

Auch im Film war der Rauhreif der Ernüchterung auf die politischen Blütenträume der frühen Jahre gefallen. Vor allem der deutsche Film hatte mit seinen penetrant belehrenden Streifen die Besucher scharenweise aus dem Kino getrieben. Doch man hat daraus gelernt, nicht zuletzt unter dem Einfluß von Hollywood, und sich wieder aufs sinnliche Geschichtenerzählen besonnen, auf komische und tragische Geschichten, heitere und melancholische. Das Kino der Siebziger hat sich wieder zu einem Ort, oft sogar zu einer Kultstätte entwickelt, wo man seinen Erfahrungs- und Erlebnishunger stillen kann.

Schlimmster Katzenjammer herrscht in der Bildungspolitik. Die Reformen der frühen Jahre hatten ein optimistisches Ziel: so viel Bildung für so viele Menschen wie möglich. Aber bereits wenig später gilt es, irritiert festzustellen: Das Abitur ist nicht mehr das leichte Entree zur Universität; das abgeschlossene Studium nicht mehr die sichere Garantie für ein höheres Einkommen. Zu dem bedrückenden Heer der jugendlichen Arbeitslosen, die von der Hauptschule kommen, gesellen sich nun die arbeitslosen Akademiker.

Die sichtbar gewordenen Grenzen des Wachstums bekommt die Kultur als erste zu spüren. In der Zeit knappen Geldes sehen Bund, Länder und Städte bei der Kulturförderung oftmals die bequemste Möglichkeit, den Rotstift anzusetzen, ungeachtet der allerorts zu verzeichnenden Besucherströme in Museen, Konzerten, Kinos, Volkshochschulen. Es bedarf langer öffentlicher Debatten, den verantwortlichen Geldgebern klarzumachen, daß Kulturförderung nicht nur in Wohlstandszeiten fällig ist.

Dennoch müssen alle den Gürtel enger schnallen. Die Anschaffungsetats für Museen und Bibliotheken schrumpfen. Die Theater kalkulieren knapper. Experimentierstätten werden geschlossen. Kultureinrichtungen wie Goethe-Institute oder Fortbildungswerke reduzieren ihre Angebote. Der Denkmalschutz gibt Projekte auf. Filmförderungsgelder werden nicht mehr in jede ausgestreckte Hand gesteckt. Nicht immer ist das freilich von Nachteil.

Ende der Siebziger: *1984,* George Orwells »Großer Bruder« steht vor der Tür. Doch liest man jetzt, an der Schwelle der achtziger Jahre, einige Passagen aus dem Buch, das 1949 erschien, so sind es weniger die düsteren Visionen über künftige totalitäre Gesellschaften, die den Menschen schrecken. Es ist eher das fröstelnde Unbehagen, das er aus den vergangenen Siebzigern mitnimmt in die Achtziger, die ihm voll sichtbarer und anonymer Bedrohungen und Gefahren erscheinen, dieses panische Lebensgefühl des »Morgen-ist-es-vielleicht-schon-zu-spät«.

Grenzüberschreitungen

Die Intellektuellen und das Volk: im Thema Fußball finden sie zueinander – eine Nachwehe der Verbrüderungs-Theorie der sechziger Jahre. Zumindest durch ihren Titel reiht sich die noch im Erscheinungsjahr 1971 von Wim Wenders verfilmte Erzählung Die Angst des Tormanns beim Elfmeter *von Peter Handke ein. Tatsächlich ist der Held ein ehemals berühmter Fußballtorwart, der weiß, daß nur dem Tormann, der sich völlig ruhig verhält, der Schütze den Ball in die Hände schießt. Nachdem 1974 die Nationalmannschaft der Bundesrepublik zum zweiten Mal Fußballweltmeister geworden ist, melden sich die Sportler selbst zu Wort, und Franz Beckenbauer wird die Ehre zuteil, von Andy Warhol porträtiert zu werden.*

Grenzüberschreitungen zwischen Literatur und bildender Kunst dokumentiert 1974 der Band Berliner Malerpoeten. *Er vereinigt Arbeiten von 13 Künstlern, darunter Günter Grass, Wolfdietrich Schnurre, Friedrich Schröder-Sonnenstern und Hans-Joachim Zeidler, der sich 1976 in der Manier Giuseppe Arcimboldis als Bücherfreund präsentiert.*

Literatur und individuellen Sozialreport verbindet der in Andernach am Rhein geborene US-Schriftsteller Charles Bukowski, dessen Kurzgeschichten, Romane und Gedichte das Leben in den Randzonen der amerikanischen Gesellschaft schildern.

Das Szenenfotos aus Katastrophenfilmen nachempfundene Wandgemälde Die Insel Kalifornien *bezieht sich auf das Trauma, Kalifornien könnte durch ein Erdbeben vom Festland abgetrennt werden. Aus dem realen Auto und dem gemalten pazifischen Meer ragt das zertrümmerte, einem Dinosaurier nachgebildete Reststück Kaliforniens.*

Trümmer mögen die erste Assoziation beim Anblick der Kirche Zur heiligsten Dreifaltigkeit *des Bildhauers Fritz Wotruba sein. Die Schichtung megalithischer Steinblöcke bildet dennoch eine gleichsam dem Chaos abgerungene Ordnung, die Skulptur und Architektur als Hülle eines lichten Sakralraums verbindet.*

1970–1979

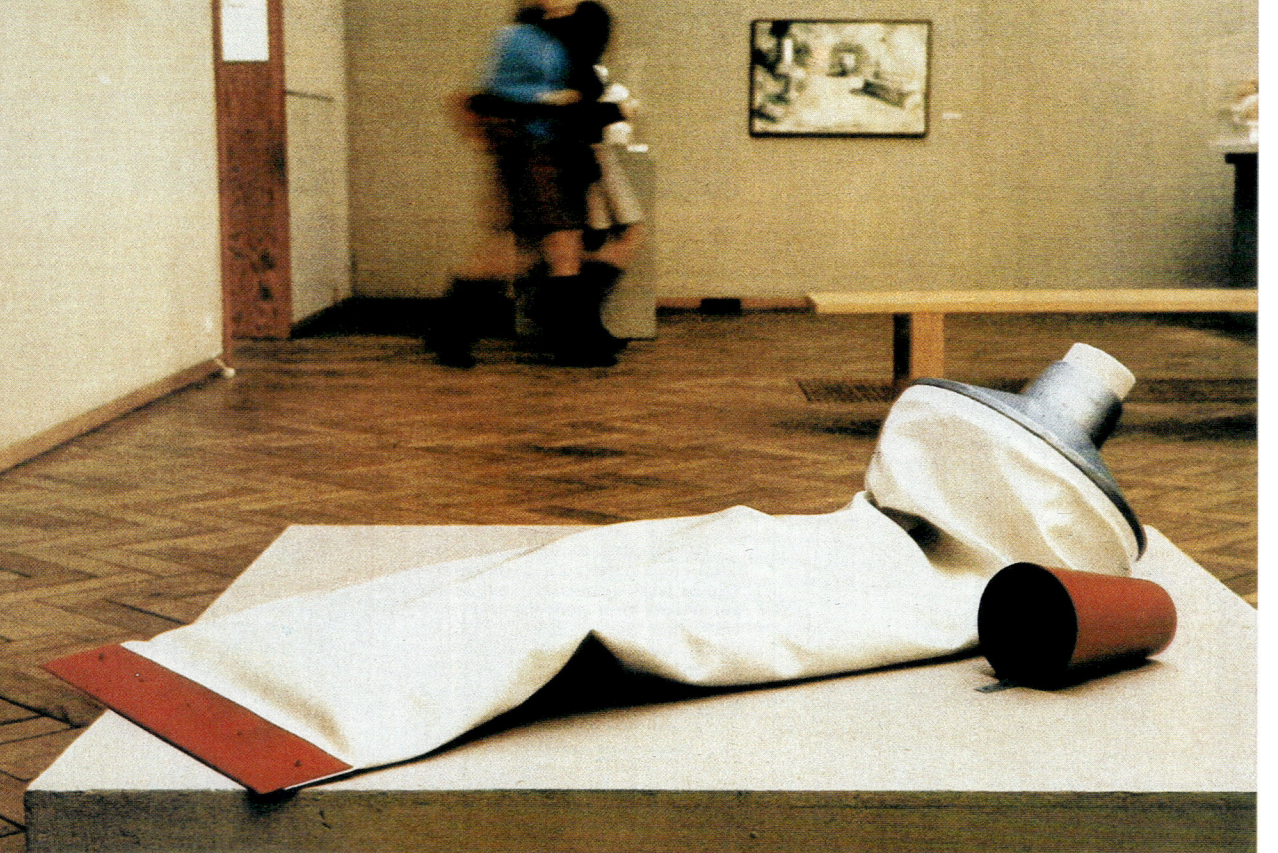

Niki de Saint Phalle
Nana
Hannover 1970

Claes Oldenburg
Riesen-Zahnpastatube
Düsseldorf 1970

Kunst zum Anfassen

*Der Rat der Stadt Hannover beweist
Mut: Die »Aktion der Straßenkunst«
ist ein Versuch (fast) ohne Beispiel. Sie
läuft vom 1. September 1970 bis zum
31. August 1973. Die Kunst soll auf die
Straße ziehen. Den Initiatoren
schwebt eine Art ständige Freilicht-do-
cumenta vor, eine »Kunstlandschaft
Stadt«, in der es zu neuen Erlebnissen
und Kommunikationsformen kommt:
durch asymmetrische Freiplastiken,
zusammengeschweißte Metallcolla-
gen, kinetische Objekte, die sich auf öffentlichen Plätzen drehen. Begleitet
wird die Ausstellung von Straßenhap-
penings, Straßentheater und Beatmu-
sik. Die Befreiung der Kunst aus dem
Museum soll den unbeschwerten Umgang mit der Kunst bewirken. Aber die
Bürger denken anders darüber.*
*Besonders die weiblich-schwellenden
Nana-Figuren der französischen Pla-
stikerin Niki de Saint Phalle bringen
die Gemüter in Rage. Bürgerinitiativen
formieren sich im Volkszorn gegen die
fröhlich-frech-frivolen Pop-Geschöpfe.
Aufschriften empörter Hannoveraner
wie »Schrott«, »Scheiße«, »dafür zahlen
wir keine Steuern« verunzieren die Objekte. Die mit viel Geld, Elan und Optimismus gestartete Kunstaktion endet
ohne große Resonanz beim Publikum.
Ähnlich ist es im Mai 1970 den Veran-
staltern einer allerdings bescheide-
neren Multi-Media-Schau mit dem Titel
»Umwelt-Akzente« ergangen: Die Pop-
Erzeugnisse zwischen den Fachwerk-
häusern des Eifelstädtchens Mon-
schau werden von den Bürgern, deren
Bewußtseinserweiterung sie gefälligst
zu dienen haben, zutiefst mißbilligt.
Der legitime Ort moderner Kunst
scheint das Museum zu bleiben, obwohl dies den Intentionen der Künstler
widerspricht. Claes Oldenburg, der
amerikanische Pop-Künstler schwedischer Herkunft, definiert: »Ich bin für
eine Kunst, die nicht nur im Museum
auf dem Hintern sitzt. Ich bin für
Kunst, die an- und ausgezogen wird
wie eine Hose, die Löcher kriegt wie
Socken und die gegessen wird wie ein
Stück Kuchen.« Er präsentiert in der
Düsseldorfer Kunsthalle seine überdimensionalen Objekte, die alltägliche
Gegenstände verfremden.*

1970

Theater

Premieren

● Thomas Bernhard: *Ein Fest für Boris* wird am 29. Juni am Hamburger Schauspielhaus uraufgeführt. Regie: Claus Peymann. Das erste Theaterstück des österreichischen Autors ist ein gespenstischer Totentanz.

● Hans Magnus Enzensberger: *Das Verhör von Habana.* Uraufführung am 8. Juni beim »jungen forum« in Recklinghausen. Regie: Hagen Mueller-Stahl. Polemisches Dokumentarspiel über die Verhöre der Soldaten, die an der Schweinebucht-Invasion auf Ku-

ba beteiligt waren. Dort scheiterte 1961 ein von der CIA geplanter Landungsversuch von Exilkubanern.

● Dieter Forte: *Martin Luther & Thomas Münzer oder Die Einführung der Buchhaltung* wird am 4. Dezember am Basler Theater uraufgeführt. Regie: Kosta Spaic. Das theaterwirksame Stück entwirft ein lebendiges Geschichtsbild, das einen übermächtigen Luther auf seine natürliche Größe bringt.

● Rolf Hochhuth: *Guerillas.* Uraufführung am 15. Mai am Württembergischen Staatstheater Stuttgart. Regie: Peter Pa-

litzsch. Verschwörerstück von der Vorbereitung eines Staatsstreichs in Nordamerika.

● Adolf Muschg: *Die Aufgeregten von Goethe.* Uraufführung am 10. Oktober im Schauspielhaus Zürich. Regie: Harry Buckwitz und Hermann Kutschera. Die Bearbeitung eines kaum bekannten Goethe-Textes zeigt die hilflose Verwirrung des Dichters vor der bürgerlichen Revolution.

● Harald Sommer: *Ein unheimlich starker Abgang.* Uraufführung am 31. Oktober bei den Vereinigten Bühnen in Graz. Regie: Bernd Fischerauer. Sozialkritik in heimatlicher Mundart.

Land-art: Die Wiederentdeckung der Landschaft

Ein Schlagwort des Jahres im Bereich der bildenden Kunst heißt Land-art. Es bedeutet die Wiederentdeckung der Landschaft als Alternative zur Abstraktion, als Protest gegen den traditionellen Kunsthandel und den Atelierbetrieb, gegen die Industriegesellschaft und die von ihr angebotenen vielfältigen Materialien.

In der Land-art wird der natürlich gewachsene oder industriell veränderte Natur- und Landschaftsraum zum künstlerischen Gestaltungsmaterial gemacht. Die Landschaft ist nicht länger Objekt der Darstellung, sondern gleichermaßen Material und Schauplatz neuer Kunst. So verlassen die Land-art-Künstler ihre Ateliers und reisen an ferne Strände, in die Wüste und andere entlegene Gebiete. Sie heben Gräben aus und bohren Löcher, sie pflügen vergängliche Furchen in den Sand, ziehen lange Linien mit Kalk über die Erde oder schichten Felsbrocken aufeinander.

Freilich bedarf diese Kunst, wenn sie wirken und überleben will, des Films beziehungsweise der Kamera. Nur durch die Formen optischer Dokumentation wird der künstlerische Prozeß wiederholbar, nur durch die Aufzeichnung kann der Betrachter später daran teilnehmen.

Eine weitere Problematik dieser neuen Kunst, nämlich ihre Unverkäuflichkeit, wird auf der Biennale in Venedig sichtbar. »Diese Biennale«, schreibt Rudolf Krämer-Badoni in der »Welt« vom 26. Juni, »ist eine grandiose Demonstration soziologischer Desorientierung. Sie will die Antiautoritäten und Antiexpositionisten überholen und doch eine Ausstellung sein.« Fazit: »Wer kauft ein Loch?«

Start der Berliner Schaubühne: Das Zentrum der Unzufriedenen

Zu Beginn der Spielzeit 1970/71 erfolgt die Aufmerksamkeit erregende Umstrukturierung der Berliner Schaubühne am Halleschen Ufer zu einem kollektiv geführten Theater. Die Regisseure Claus Peymann und Peter Stein, die in Frankfurt vergeblich versucht hatten, ihre Mitbestimmungsvorstellungen zu verwirklichen und eine demokratische Praxis am Theater einzuführen, treten neben die bisherigen Direktoren der Schaubühne Jürgen Schitthelm und Klaus Weiffenbach in die Leitung des Theaters ein. Fünftes Direktoriumsmitglied wird der frühere Dramaturg Dieter Sturm.

Dieses »ganz neue Zentrum der Unzufriedenen« (Peymann) kommt gleichsam unverhofft durch einen Beschluß des Berliner Senats zustande, der »Berlin im Bereich des Theaters … zum Startplatz und Teststand für eine ganz neue Idee« (Senatskommuniqué) ausbauen möchte. Man läßt sich das Projekt auch einiges kosten. Zunächst zwei Spielzeiten lang will der Senat den finanziellen Rahmen für das ehrgeizige Vorhaben garantieren und den bisherigen Zuschuß von 500 000 DM wesentlich aufstoken, auf zwei Millionen DM pro Jahr.

Dafür werden zwanzig in bisherigen Stein- und Peymann-Inszenierungen erprobte Darsteller wie Edith Clever, Jutta Lampe und Bruno Ganz am Halleschen Ufer zu Bedingungen spielen, die ihnen bislang keine deutschsprachige Bühne bieten konnte: Mindestgagen von 1200 DM monatlich, acht Wochen Probenzeit, Mitentscheidung über Spielplan, Regiekonzept und Engagements, Einsicht in alle wirtschaftlichen und künstlerischen Pläne des Theaters.

Schlachtfeste

Die Happenings der sechziger Jahre, die Handlungen des alltäglichen Lebens nachbildeten, um zugleich deren Fragwürdigkeit zu enthüllen, finden ihre Fortsetzung in rituellen Schlachtfesten der Wiener Aktionisten.

Hermann Nitsch entwickelt ein Orgien-Mysterien-Theater. Abreaktionsspiel nennt er das Zerfetzen der Kadaver notgeschlachteter Lämmer. Durch rhythmisches Schreien müssen die Teilnehmer laut Anweisung des Künstlers die »regression in richtung zu frühzuständen des menschlichen« erreichen, um dann unter Weihrauchdünsten mit der orgiastischen Aktion des Zerfleischens zu beginnen. Einen Schritt weiter geht Otto Muehl, indem er in Braunschweig öffentlich ein Schwein auf einem Bett schlachten läßt und die Gedärme über einer nackten Frau ausbreitet.

Die Wiener Aktionisten verstehen sich als Moralisten, die aufrütteln. Durch das Schockerlebnis der individuellen Enthemmung und die sinnlich erfahrbare Grausamkeit der Tierschlachtung soll Bewußtsein geweckt werden, und zwar für die in der bürgerlichen Gesellschaft enthaltene, in der Regel per Bildschirm konsumierte Grausamkeit von Völkermord und Polizeiterror.

Hermann Nitsch, Abreaktionsspiel; München 1970.

Bildende Kunst

Werke

● Dan Christensen: *Indianerboot.*

● Günter Fruhtrunk: *Grün im Quadrat.*

Ausstellungen

● Düsseldorf: Tableaus von Edward Kienholz in der Kunsthalle vom 16. Juni bis 2. August; die langerwartete Gesamtausstellung des amerikanischen Environment-Künstlers, dessen Werk zwischen Karikatur und Sozialkritik pendelt.

● Hannover: Dem italienischen Maler berühmter Traumweltbilder Giorgio de Chirico ist eine Re-

trospektive der Kestner-Gesellschaft vom 10. Juli bis 30. August gewidmet, die erstmals sein gesamtes Werk zeigt.

● Stuttgart: Bisher umfangreichste Max-Ernst-Ausstellung, zu der auch der Künstler aus Frankreich anreist, im Württembergischen Kunstverein (24. Januar bis 15. März).

1970

Literatur

Neuerscheinungen

● Peter Handke: *Die Angst des Torwarts beim Elfmeter*. Die Geschichte des Monteurs Josef Bloch, eines ehemaligen bekannten Fußballtorwarts, der sich aus den Zwängen des Berufslebens befreit und ganz unalltägliche Alltagserfahrungen macht. Die Verrätselung der Sprache durch extreme Vereinfachung gibt zu langen Diskussionen innerhalb der Literaturszene Anlaß.

● Uwe Johnson: *Jahrestage. Aus dem Leben der Gesine Cresspahl. Band 1*. In Tagebuchform erzählt die Heldin die Geschichte ihres Lebens in New York und Mecklenburg. Das auf Fortsetzung angelegte, von großem epischen Atem getragene Buch gilt als das Meisterwerk des Autors.

● Hans Küng: *Unfehlbar? Eine Anfrage*. Das umstrittene Werk über die Unfehlbarkeit des Papstes wird zu einem Verkaufsschlager und verschärft den schwelenden Konflikt des Autors mit der katholischen Kirche.

● Henry Miller: *Sexus* (*Sexus*, 1945), erster Teil der Romantrilogie *The Rosy Crucifixion* (*Die fruchtbare Kreuzigung*). Das berühmte Buch, in dem Miller, alle Konventionen sprengend, seine Erlebnisse in New York während der zwanziger Jahre schildert, erscheint ein Vierteljahrhundert nach seinem Entstehen in deutscher Sprache.

● Mario Puzo: *Der Pate* (*The Godfather*, 1969). Spannende Geschichte von dem Krieg zweier rivalisierender Mafia-Familien.

Ereignisse

● Swerdlowsk: Der sowjetische Schriftsteller Andrei Amalrik wird wegen »Verleumdung der sowjetischen Staats- und Gesellschaftsordnung« zu drei Jahren Straflager verurteilt.

Literatur für Auserwählte

Der 56jährige Schriftsteller Arno Schmidt sorgt mit seinem Roman Zettels Traum für die literarische Sensation des Jahres – obwohl der Autor vermutet, daß allenfalls sieben oder acht Leser sein Werk wirklich verstehen werden. Der Titel spielt auf Gelehrsamkeit und Sinnlichkeit an: auf Schmidts Zettelkästen (annähernd 130 000 Exzerpte sind in den Roman eingearbeitet) und auf Shakespeares Sommernachtstraum. In der Szene IV, 1 der Komödie erwacht der in einen Esel verwandelte Handwerker Zettel aus seiner Verzauberung, in der er mit Titania liebkosen durfte, und beschließt, seine Erlebnisse von Peter Squenz in einer Ballade mit dem Titel Zettels Traum nachdichten zu lassen. Schmidts in zehnjähriger Arbeit entstandenes Werk geht freilich über Form und Inhalt einer Ballade weit hinaus. Sein »Roman« wird als Faksimile des 1330 Seiten umfassenden Typoskripts im Format DIN A 3 vorgelegt, in 2000 handsignierten, 17 Pfund schweren Exemplaren, die sofort vergriffen sind. Auf die Frage, wie man ein solches Werk schreiben könne, antwortet Schmidt: »Ganz einfach: Sie müssen aufs Leben verzichten.«

Literarische Vorbilder sind – unter vielen anderen – James Joyce und Edgar Allan Poe, dessen Übertragung ins Deutsche ein Thema der in Zettels Traum geführten Gespräche bildet.

Aber Schmidt geht weiter als seine Anreger, bei ihm wird die Alltäglichkeit noch vieldeutiger. Er zerlegt die Sprache in Kerne (»Etyms«), spielt mit den Wörtern frei assoziierend, legt seinen Sprachspielen sexuelle Bedeutungen zugrunde, oder er vergnügt sich an Verballhornungen und Kalauern. Die Orthographie ist keinen Regeln mehr unterworfen, sie wird zu etwas Individuellem. Schmidts Belesenheit tobt sich in Mehrdeutigkeiten aus, bleibt jedoch immer einem kritisch-aufklärerischen Denken verpflichtet. Der Leser soll beständig Neues entdecken; vollständig entzifferbar wird das Textlabyrinth kaum sein.

Zettels Traum, 1970; Seite 25 mit einer Definition der »Etyms«.

– zettel 25 –

Solschenizyn zwischen Nobelpreis und Politik

Der Nobelpreis für Literatur wird am 8. Oktober dem sowjetischen Schriftsteller Alexandr Solschenizyn verliehen. Der nach der Veröffentlichung seines Kurzromans *Ein Tag im Leben des Iwan Denissowitsch* (erschienen 1962) verfemte und im Jahr 1969 aus dem sowjetischen Schriftstellerverband ausgeschlossene Dichter, der zurückgezogen und nur von der Unterstützung seiner Freunde lebt, übermittelt der schwedischen Akademie nach Stockholm folgende Antwort:

»Ich erachte die Entscheidung über den Nobelpreis als einen Tribut an die russische Literatur und an unsere schwere Geschichte. An dem traditionellen Tag beabsichtige ich, nach Stockholm zu kommen und den Preis persönlich in Empfang zu nehmen.«

Doch zur gleichen Zeit startet eine sowjetische Medienkampagne gegen Solschenizyn, angeführt vom Parteiorgan »Prawda«, in dem es heißt: »Das Nobelkomitee war von antisozialistischen Spekulanten beherrscht, als es Solschenizyn an die Spitze der Liste setzte, nicht wegen seines Talents, sondern weil er die sowjetische Wirklichkeit beschmutzte.« Immerhin wagen es 37 sowjetische Künstler und Wissenschaftler, die Stockholmer Entscheidung in einem Schreiben an ausländische Journalisten in Moskau zu begrüßen.

Als immer deutlicher wird, daß die sowjetischen Behörden Solschenizyn bei der Rückkehr von der am 10. Dezember stattfindenden Preisverleihung in Stockholm die Einreise in die UdSSR verweigern wollen, teilt der Dichter am 1. Dezember in einem offenen Brief an den Sekretär der Schwedischen

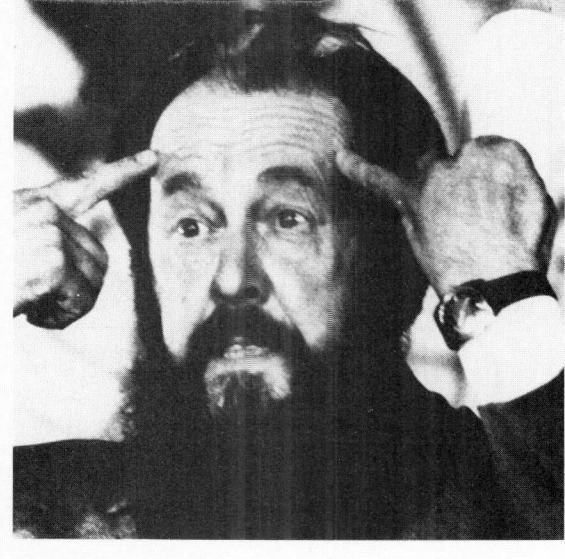

Akademie der Künste mit, daß er nicht nach Schweden reisen werde.

Solschenizyn schreibt: »In den letzten Wochen hat die feindselige Einstellung gegenüber dem Preis, den ich erhalten habe, und wie sie in der Presse meines Heimatlandes zum Ausdruck gekommen ist, sowie die Tatsache, daß meine Bücher wie früher verfolgte Objekte sind (Menschen werden entlassen, weil sie sie gelesen haben und werden von den Institutionen vertrieben), mich zu der Vermutung veranlaßt, daß meine Reise nach Stockholm ausgenutzt werden könnte, mich von meinem Heimatboden abzutrennen und zu verhindern, daß ich wieder nach Hause zurückkehren kann.«

Bestseller und Schnellschüsse

Deutschsprachige Verlage widmen sich nach amerikanischem Vorbild der Bestseller-Produktion. Abenteuerliche Lebensgeschichten mit der publicityträchtigen Verbindung von Buch und vorzeigbarer Person erweisen sich als besonders geeignet.

Im Vorjahr ist in Frankreich Papillon *erschienen, der autobiographische Bericht des ehemals als Schwerverbrecher auf die Gefängnisinsel Cayenne verbannten Henri-Antoine Charrière, der seiner Darstellung zufolge zehnmal ausgebrochen ist. Der französische Erfolg (knapp eine Million verkaufte Exemplare) und der Erfolg der Kritiker, die, gleichfalls in Buchform, zu beweisen versuchen, daß Charrière ein Lügner sei, lassen die deutsche Ausgabe als risikolos erscheinen; tatsächlich landet der »Lebensbericht von Erfahrungen äußerster Gemeinheit und äußerster Großmut« auf Platz 2 der Bestsellerliste.*

Platz 1 nimmt monatelang Der geschenkte Gaul *ein, die »erfrischend ehrliche und vitale« Autobiographie der Schauspielerin und Sängerin Hildegard Knef. Die Kritik ist gespalten, doch das Publikum verschlingt das Lebens-Abenteuer.*

Einen der oberen Ränge nimmt neben Mario Simmels Und Jimmy ging zum Regenbogen *die deutschsprachige Ausgabe des Berichts über Amerikas High Society ein, den die ehemalige Nachtklubsängerin Gwen Davis im Stil von Jacqueline Susann und Harold Robbins verfaßt hat. »Obszön« ist das zugkräftige Etikett von* Spiele, *und stolz zitiert die Verlagswerbung die Mutter der Autorin:»Es ist das schmutzigste Buch, das ich je gelesen habe.« Bestseller-verdächtig sind auch die »Schnellschüsse«, die sich die Tagesaktualität zunutze machen. So erscheint zehn Tage nach dem Tod des 28jährigen Rennfahrers Jochen Rindt am 3. September in Monza seine Biographie. Bestseller-Voraussetzungen schaffen auch politische Vorgänge wie die um den Nobelpreis für Solschenizyn.*

Oben: Alexandr Issajewitsch Solschenizyn.
Unten: Werbeanzeigen 1970.

1970

Sexismus

Der Underground-Zeichner Robert Crumb, dessen in den USA vor zwei Jahren noch verbotene Head Comix *in einer deutschen Ausgabe erscheinen, präsentiert neben Zeitgenossen wie Pimmel-Peter und Frl. Engelschleck den Herrn Weissmann, dessen Alltagsvisage sich zum Ausdruck seines »wahren Selbst« deformiert (Abbildung rechts oben). Für Crumb ist die Darstellung des Vulgären und Obszönen die realistische Widerspiegelung einer Wirklichkeit, in der die Frau in sexistischer Auffassung als reines Lustobjekt in Erscheinung tritt. Neu ist am Übergang von den sechziger zu den siebziger Jahren der von linken Ideologen unternommene Versuch, Pornographie als Ausdruck und Mittel des Widerstands gegen politische und soziale Unterdrückung umzudeuten.*

Auf eine wie auch immer geartete ideologische Begründung kann die in Offenbach veranstaltete erste Sex-Messe der Bundesrepublik (»Intim 70«) verzichten. Angeboten werden »seriöse und erlaubte Erotika«, deren Marktwert die Umsätze des Beate-Uhse-Versands verdeutlichen.

Im selben Jahr verfilmt Pier Paolo Pasolini Giovanni Boccaccios Il Decamerone. *Das Szenenfoto bezieht sich auf die zehnte Novelle des neunten Tages. Ein Priester versucht auf Bitten seines Freundes, dessen Frau in eine Stute zu verwandeln: »Als er dann über die Brust strich und sie fest und rund fand, erwachte einer, den niemand gerufen hatte, und stand auf, aber er sagte: ›Das sei eine schöne Stutenbrust‹, und so machte er's mit dem Rücken und dem Bauch und dem Kreuz und den Lenden und den Beinen. Und zuletzt, als ihm sonst nichts mehr zu machen übrigblieb als der Schwanz, hob er das Hemd und nahm den Nagel, womit er die Menschen pflanzte, und führte ihn hurtig in die Furche, die dazu bestimmt ist.« Trotz seiner Werktreue enttäuscht Pasolini seine Anhänger. Sie kritisieren die vordergründige Derbheit.*

Mitte: Robert Crumb, Herr Weissmann.
Unten: Il Decamerone, 1970 (Decameron, 1971); Szenenfoto.

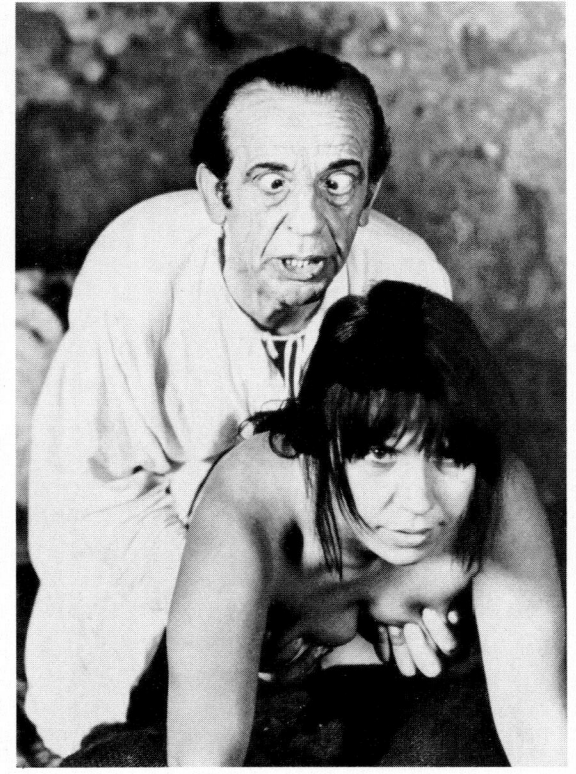

Der Auszug des Films aus dem Kino

Das deutsche Kino wird 1970 nahezu totgesagt: Seit 1965 haben 800 Filmtheater in der Bundesrepublik schließen müssen. Die übriggebliebenen versuchen, sich mit Monumentalschinken oder Klamotten über Wasser zu halten. Das letzte Aufgebot bilden Brutalität, Sadismus, Sex und immer unverhülltere Pornographie. Die Konkurrenz des Fernsehens, aber auch der elitär-arrogante Stil des Neuen deutschen Films, der sich oft in selbstverliebter Experimentalästhetik und belehrenden Agitationsfilmen ausdrückt, haben die Kinos leergefegt.

Währenddessen verlassen auch die wenigen diskussionswürdigen Filme die Lichtspielhäuser: Sie laufen überwiegend als deutsche Erstaufführung im Fernsehen. Beispielsweise Eric Rohmers *Meine Nacht bei Maud* (Ma nuit chez Maud, 1968) und *Die Sammlerin* (La collectionneuse, 1966), Luis Buñuels *Er* (El, 1952) und Jean-Luc Godards *Eins plus eins* (One Plus One, 1968).

In dieser Situation etabliert sich das sogenannte »andere Kino«. Im Januar 1970 gründen die »Freunde der deutschen Kinemathek« in Berlin das Kino »Arsenal«. Weitere Häuser dieser Art folgen schnell in anderen Städten. Ein neuer Kinotyp ohne Lüster, Plüschfalten und Mon Chéri, statt dessen eine entspannte Mischung aus Kino und Kneipe, eine Art Cineastentagesstätte mit gammeligem Clubcharakter. Hier werden Filme nicht mehr einzeln, sondern zu Themengruppen gebündelt vorgeführt; Reihen, Retrospektiven, Hommages, auch aus dem Bereich des Populärfilms. Auch der sogenannte unabhängige Film, der Experimentalfilm, die europäische und amerikanische Avantgarde, bislang fast nur auf Festivals und in kleinen Happening-Zirkeln zu sehen, streben in diese »Programmkinos«.

XY: Halali zur Volksjagd

Die Fahndungssendung *Aktenzeichen XY ... ungelöst,* die das Zweite Deutsche Fernsehen seit dem 20. Oktober 1967 ausstrahlt, gerät trotz hoher Einschaltquoten und unbestrittener Aufklärungserfolge zunehmend in den Brennpunkt heftigster Medienkritik. Wilhelm Bittorf hat gewagt, Eduard Zimmermanns Fahndungen als das zu entlarven, was sie zweifellos sind: »Unterhaltungssendungen, in denen das Unglück des Nachbarn zum Gruselmaterial aufbereitet wird.«

Wjacheslaw Kalinin
Teetrinkerinnen
1970

Karlheinz Ziegler
**Berliner Stadtlandschaft
mit dem Görlitzer Bahnhof
während seines Abrisses
und mit dem Wahlplakat
des Bausenators Schwedler**
1970

Politische Stadtlandschaften

*Auf den ersten Blick mag das obere der
beiden einander gegenübergestellten
Gemälde als das modernere erscheinen.
Der Wechsel der Perspektive (am
deutlichsten am Samowar auf der optisch nach vorn geklappten Tischplat-
te zu erkennen, dessen Fuß aus anderem Blickwinkel gesehen ist) gehört zum
Repertoire einer von Paul Cézanne ausgehenden Gestaltungsweise –
die 1970 allenfalls modernistisch ist.
Von Interesse sind Kalinins Teetrinkerinnen jedoch weniger unter stilge-
schichtlichem Gesichtspunkt, sondern
durch die Tatsache, daß die zaghaften
Anleihen beim Kubismus ebenso wie
die idyllische Thematik mit einem
Hauch von »dolce vita« den Versuch
des russischen Malers erkennen lassen, sich den Forderungen des Sozialistischen Realismus zu entziehen. Insofern hat seine aus Moskauer Motiven
zusammengesetzte Stadtlandschaft
politische Bedeutung.
Weist Kalinins Gemälde in gestalterischer Hinsicht eine »Verspätung« von
rund 60 Jahren auf, so scheint die
Stadtansicht des 35jährigen Berliner
Malers Karlheinz Ziegler stilistisch sogar im Biedermeier beheimatet zu sein,
in einer Zeit, in der etwa Eduard Gärtner seine liebevoll-realistischen Ansichten Berlins gemalt hat. Doch die
Szenerie ist radikal verändert. Was
sich dem Blick auf der Suche nach der
verlorenen Zeit darbietet, ist deren
restliche Zerstörung in Gestalt ihrer
Baudenkmäler. Die Mittelachse des
Gemäldes wird durch eine altertümli-
che Straßenlaterne markiert, an deren
Mast ein Wahlplakat für den umstrittenen SPD-Bausenator Kurt Schwedler lehnt; davor ein verletzter Demon-
strant. Links der Künstler selbst beim
Zeichnen, rechts eine Festnahme.
Zwischen Zieglers stilistischem »Biedermeier« der sorgfältigen Detaildar-
stellung und dem an figürlichen Details ablesbaren aktuellen politischen
Inhalt besteht ein Spannungsverhältnis, das auf die Berliner »Schule der
Neuen Prächtigkeit« vorausweist, an
deren Gründung im Jahr 1973 Ziegler
sich beteiligt. Ein Anliegen der Gruppe
ist »die Weiterentwicklung realistischer Kunst der Gegenwart«.*

Janis Joplin
Plattencover

Jimi Hendrix
Plattencover

Rolling Stones in Aktion
Mick Taylor (links, ab 1975 Nachfolger Ron Wood), Mick Jagger (Mitte) und Keith Richard
Hamburg (Ernst-Merck-Halle) 1970

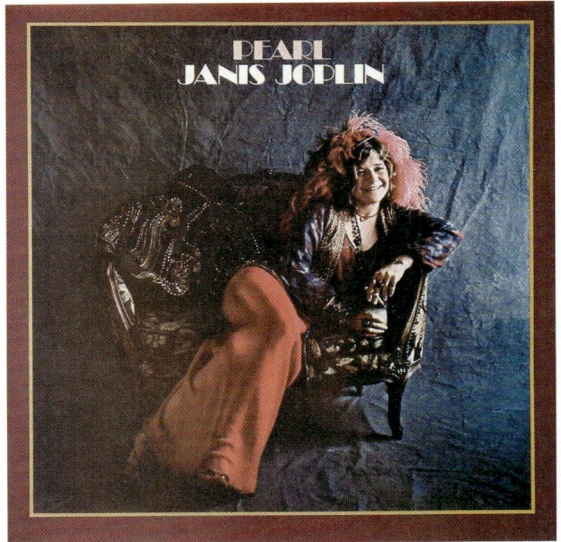

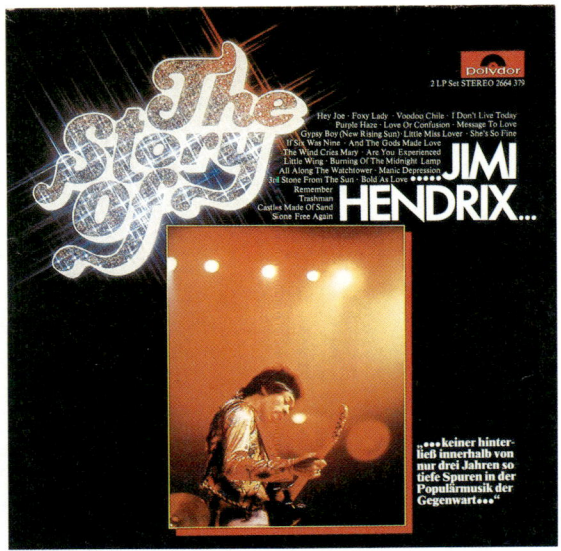

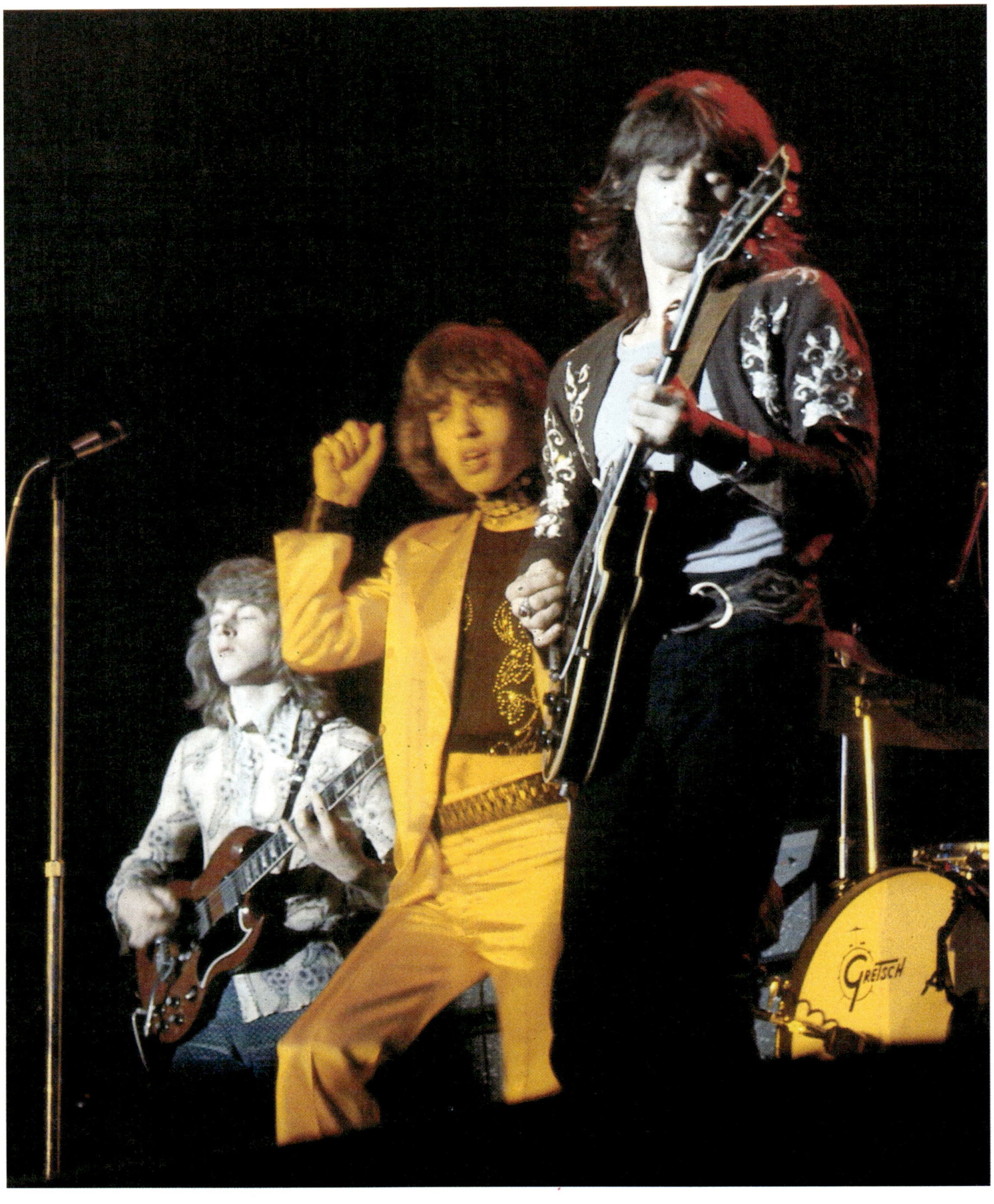

Die Gegenkultur von Beat, Rock und Pop

Am 18. September stirbt in London Jimi Hendrix, am 4. Oktober in Hollywood Janis Joplin. Beide haben sich, möglicherweise aus Versehen, eine Überdosis Rauschgift gespritzt, beide sind bei ihrem Tode noch keine 30 Jahre alt. Mit ihnen endet ein bis zur Konsequenz der Selbstzerstörung durchlebter Traum radikaler Selbstverwirklichung.
Janis Joplin, das Mädchen aus gutbürgerlichem Hause, war nicht nur eine überragende Blues-Sängerin, sondern auch eine geradezu entfesselt singende und auftretende Rock-Musikerin. Sie hatte, so urteilten Kritiker, eine der ungewöhnlichsten Frauenstimmen – sie schrie, röhrte, keuchte, röchelte, hauchte, jazzte, zwitscherte, jubelte, schwelgte in samtenen und rauhen Tönen. »Es war immer so«, notierte ein amerikanischer Rezensent, »als würde sie von der zweiten Etage eines Bordells herunterbrüllen: ›Los ihr Kerle, kommt rauf!‹«
Wie ein Sturmwind fegte auch Jimi Hendrix über die Bühne der Zeit, in der die Aussteigergeneration der Hippies und die Studentenrevolten die Gemüter erregten. Beiden Bewegungen lieferte der Superstar, dessen Vorfahren Schwarze und Indianer waren, die Musik. Ein absoluter Virtuose auf der elektrischen Gitarre, entlockte er seinem Instrument Töne, die niemand für möglich gehalten hätte.
Während sich die Beatles in diesem Jahr trennen, bleiben die ebenso erfolgreichen Rolling Stones mit Keith Richard, Charlie Watts, Bill Wyman und Mick Taylor (Nachfolger des 1969 unter mysteriösen Umständen ertrunkenen Brian Jones) als Gruppe erhalten. Die unangefochtene Führungsrolle hat Mick Jagger, der 1970 in dem Film Performance in der Rolle eines Popstars in die Kinos kommt. Die Rolling Stones bilden einen Mittelpunkt der in Deutschland Beat, in England Pop und in Amerika Rock genannten, im wesentlichen von der Musik geprägten Gegenkultur, die sich am klarsten in tagelangen Open-Air-Festivals mit einem Aufgebot zahlreicher Musikgruppen und riesigen Massen von Zuhörern artikuliert.

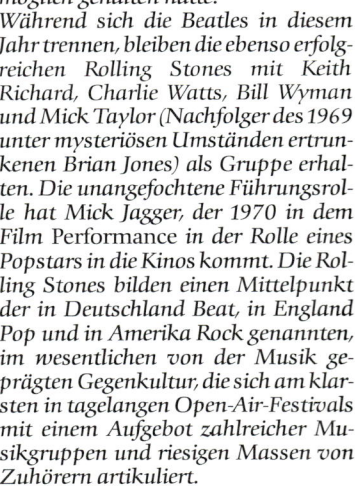

Hasch – harmloser Trip oder tödliche Reise?

Nur selten war eine Bewegung für die Jugend so attraktiv wie der sogenannte Underground, der aus den USA kam und auch in Europa seinen Namen unübersetzt behielt. Er wird zu einer Massenbewegung mit verschwommenen Visionen vom »neuen Menschen« und einem utopischen Sozialismus. Sein Spektrum ist breit: Es reicht vom Pop-Spaß bis zur rauschhaften Todessehnsucht, vom sanften Auftreten der Blumenkinder bis zum anarchistischen Terror. Für die meisten ist die Zeit des Undergrounds das Eintauchen in das Prickelbad einer Massenpsychose, an deren Ende die Rückkehr in die geschmähte Gesellschaft steht.

Mit zurück in die Gesellschaft freilich bringen sie ein Phänomen, das bald unter dem Stichwort »Haschwelle« Schlagzeilen macht. Man schwärmt von nie erahnten Rauschvisionen, Bewußtseinserweiterungen, Erfahrungen neuer mystischer Innenwelten. Die Suchtgefahr wird bestritten, auch die Möglichkeit, daß Hasch nur ein Einstieg für starke Drogen ist. Einige liberale Wissenschaftler fordern die Legalisierung des Haschkonsums.

Doch die Ausweitung der psychedelischen Subkultur von Hippiekreisen auf weite Teile der Gesellschaft wirft bereits düstere Schatten. Jeder fünfte Oberschüler hat Drogenerfahrungen; moderne Glückspillen wie Aufputsch- und Beruhigungsmittel von Preludin bis Valium haben Hochkonjunktur; stärkere Halluzinogene wie LSD, Meskalin und Heroin treten oft an die Stelle des Hasch. Die Verstöße gegen die Rauschmittelgesetze und die Rauschgiftkriminalität erhöhen sich im Vergleich zum Vorjahr zum Teil bis zu 400 Prozent.

Die auf verschiedenen Ebenen geführten Diskussionen kreisen – ohne Ergebnis – weiter um die Frage: Ist der Genuß von Hasch ein harmloser Trip, oder bedeutet er den Aufbruch zu einer letzten tödlichen Reise?

Pornographiediskussion

Die überbordende »Sexwelle« in der Bundesrepublik ist des einen Lust und des anderen Leid. Immer häufiger sehen sich Richter in die Rolle des Schiedsrichters versetzt, um in gerichtlichen Auseinandersetzungen zwischen Kunst und Pornographie zu entscheiden. Es ist eine Rolle, in der sich die meisten Juristen unwohl und überfordert fühlen.

Ein Dialog vor dem Frankfurter Amtsgericht im Juni: Angeklagt sind die Inhaber des Kohlkunst-Verlages wegen »Verbreitung unzüchtigen Schrifttums« und »ekelerregenden Darstellungen von nackten Personen beiderlei Geschlechts« sowie der Schilderung »extrem perverser sexueller Erlebnisse« in dem Buch *Mama und Papa – Materialaktionen*. Autor und Gestalter des Buches ist der durch spektakuläre Auftritte bekanntgewordene Wiener Aktionskünstler Otto Muehl.

Richter: »Kommen wir zu dem Foto auf Seite 10, was ist das?«

Sachverständiger: »Ja, das habe ich mich auch gefragt.«

Richter: »Soll das ein bemaltes Hinterteil sein?«

Sachverständiger: »Es handelt sich hier um den Überraschungseffekt, daß das Hinterteil schon gar nicht mehr als Hinterteil wahrgenommen wird.«

Richter: »Gut, das Bild ist klar, aber wo steckt denn der Sinngehalt, der geistige Aussagewert?«

Sachverständiger: »Das müssen Sie so verstehen, die moderne Kunst versteht sich als Kunst der Kunstlosigkeit, sie stellt das Schöne in seiner Schönheit und das Häßliche in seiner Häßlichkeit in Frage. Sie überschreitet die Grenzen des rein Ästhetischen.« Richter, ratlos über die Brille schauend: »Ich muß gestehen, daß ich mich mit diesen Dingen bislang nicht befaßt habe…«

Tatsächlich bekunden die meisten Rechtsprechungen in Fragen der Pornographie größte Verlegenheit, die Urteile gleichen Leerformeln, die mit moralischer Entrüstung ausgefüllt werden. Die Suche nach verbindlichen Kriterien ist mühsam. Im Lauf der Zeit werden allerdings die moralisierenden Verdikte zunehmend durch den Versuch psychologischer Argumentation verdrängt. Immer stärker tauchen Fragen auf wie: Hat Sexualität nicht allein durch ihre Existenz ein Recht auf Darstellung? Darf das Abweichen von den geltenden moralischen Kategorien noch länger zum Maßstab faktischer Zensur gemacht werden?

Auf der anderen Seite beklagen selbst progressive Sexualtheoretiker wie Hans Giese mit der sich ausbreitenden Pornographie den »Verlust der Zärtlichkeit«, … »die Verherrlichung der Sexualität« als »Heilung durch den Unterleib« für andere Probleme. Immer stärker werden auch die Warnungen vor der Koppelung von Sexualität mit Gewalt, Brutalität und Sadismus.

Mode, Anstand und Politik

Die Pariser Modeschöpfer versuchen, der jugendbetonten Mini-Mode ein Ende zu machen. Ihre Kollektionen verlängern die Röcke, Kleider und Mäntel übers Knie bis zu den Waden und bis zum Knöchel. Die neuen Schlagwörter sind rasch gefunden: Midi und Maxi. Couturiers und Moralprediger ziehen an einem Strang: die einen im Interesse der Textilindustrie und des Modemarktes, die anderen im Interesse des Anstands, der immer weniger politischen Schutz zu genießen scheint.

Diesen Verdacht wecken in der Bundesrepublik die Sozialdemokraten, die im Vorjahr gemeinsam mit den Freien Demokraten die Regierung unter Kanzler Willy Brandt übernommen haben. Der päpstliche »Osservatore Romano« gelangt zu der Erkenntnis: »Das Vordringen des Erotismus in Deutschland steht in direktem Verhältnis zum Fortschritt der Sozialdemokratie.« Bezugspunkt ist die Bemühung, die Gesetze über die Verbreitung unzüchtiger Schriften und über Kuppelei zu entschärfen.

Mitte links: Mini-, Midi- und Maxi-Mode um 1970.
Mitte rechts: Karikatur aus der »Basler National-Zeitung«, 1970.

1970

Beethoven und Stockhausen

Sonderbriefmarken der DDR und der Bundesrepublik ehren drei herausragende Gestalten der Musik-, Literatur- und Philosophiegeschichte, deren 200. Geburtstag es zu feiern gilt: Ludwig van Beethoven, Friedrich Hölderlin und Georg Wilhelm Friedrich Hegel.
Die stärkste Beachtung findet das Beethoven-Jubiläum, dessen Feiern im April in Bonn unter Beteiligung der Dirigenten Herbert von Karajan, Otto Klemperer und Karl Böhm beginnen. Dem Beethoven-Rummel bis hin zur verpopten Version der 5. Symphonie der Gruppe The BeAthovens ist der aus Argentinien emigrierte Mauricio Kagel, ein Vertreter des Instrumentalen Theaters, durch seinen satirischen Film Ludwig van zuvorgekommen, der allerdings als Anti-Beethoven-Film mißverstanden wird. Noch herrscht der Mythos vom titanischen Genie Beethoven vor.
Auf der Weltausstellung in Osaka präsentiert sich die Bundesrepublik nicht, wie vor allem von den Japanern erwartet, als Beethoven-Land, sondern weist ihre musikalische Avantgarde vor. Der von Fritz Bornemann entworfene Pavillon gliedert sich in vier unterirdische Rotunden und ein als Halbkugel über der Oberfläche aufragendes Kugelauditorium mit 500 Lautsprechern zur Rundumbeschallung. Hier agieren der 42jährige Karlheinz Stockhausen, Leiter des Studios für elektronische Musik des WDR, sowie Erhard Großkopf und Eberhard Schoener mit ihren Tonmaschinen. Die Elektronik ist ein wesentliches Thema der internationalen Leistungsschau.
Insgesamt führt die Weltausstellung mit dem Motto »Fortschritt und Harmonie für die Menschheit« vor Augen, in welchem Ausmaß sich Fortschritt und Harmonie ausschließen können. So muß es etwa dem architektonischen Gesamtplaner Kenzo Tange ein Dorn im Auge sein, daß die Computerfirma Furukawa ihre Produkte ausgerechnet in einer Pagode zur Schau stellt.

Oben: Deutscher Pavillon auf der Weltausstellung in Osaka 1970.
Mitte: Karlheinz Stockhausen in Osaka.

Neues Hochschulrecht

Die Wahl der Fachschaftsräte der Freien Universität Berlin löst Unruhe und lebhaften Protest unter den Professoren aus. Aber auch die Öffentlichkeit ist aufgeschreckt, und die Medien nehmen sich des Falles an.
Nicht nur Studenten, auch Sekretärinnen, Hausmeister und Putzfrauen haben in Fragen von Forschung und Lehre volles Stimmrecht. Dieser neuen nichtakademischen Mehrheit steht jetzt eine Minderheit der Akademiker gegenüber. Über Promotionen, Berufungen, Habilitationen kann ohne die Stimme eines einzigen Promovierten entschieden werden. Die Schlagzeilen der Zeitungen sprechen von einem »Putzfrauen-Stimmrecht«. Im Gegenzug zu dieser auf den Einfluß linker Gruppen zurückgeführten Entwicklung entsteht am 18. November der Bund »Freiheit und Wissenschaft«.

Reichweite: 12 Milliarden Lichtjahre

Das Bonner Max-Planck-Institut für Radioastronomie nimmt bei Bad Münstereifel das derzeit größte Radioteleskop in Betrieb. Die Reflektorfläche hat 100 Meter Durchmesser und wird über eine vertikale Dreh- und eine horizontale Kippachse bewegt. Das 2800 Tonnen schwere Gerät kann eine Entfernung von 12 Milliarden Lichtjahren überbrücken.

Inka-Schrift entschlüsselt

Der Tübinger Ethnologe Thomas Barthel hat es geschafft, altperuanische Ornamente als Wortzeichen der Inkas zu entschlüsseln. Bisher galt Alt-Peru als einziger Kulturstaat ohne eigenes Schriftsystem. Barthel hat diese These widerlegt und damit gezeigt: Ohne Schrift kann sich eine Hochkultur offenbar nicht entfalten.
Als einziges Verständigungsmittel der Inkas, das aufbewahrt und überliefert werden konnte, war nur die »Quipu« bekannt, die Knotenschrift. Sie bestand aus mehrere Meter langen Schnüren, von denen farbige Fransen herabhingen, auf denen wiederum in gewissen Abständen Knoten geschlungen waren. Die Knoten drückten hauptsächlich Zahlenwerte aus.
Barthels Augenmerk galt weniger diesen schon lange bekannten Schnüren, sondern einer Form von Ornamenten, die man »Tocapus« nennt: merkwürdige, in kleinen Rechtecken angeordnete geometrische Muster auf Vasen und Gewändern. Man hielt diese Ornamente bisher für bloße Verzierungen oder allenfalls für Rangabzeichen, wenn sie Kleidungsstücke schmückten.
Barthel kann 50 dieser Zeichen deuten. Er findet heraus, daß sich hinter den Ornamenten eine Wortzeichenschrift aus 300 bis 400 Symbolen verbirgt, die in Auf- und Ab-Manier gelesen wurde und als »Partialschrift« Kurzmitteilungen ermöglicht hat. Eines der zum Teil schon entzifferten Muster auf einem vorspanischen Prunkgewand enthält einen religiösen Text über den altperuanischen Schöpfergott Viracocha. Durch Barthels Arbeit können die frühen Zeugnisse der Inkas enträtselt werden.

Erster deutscher Nationalpark gegründet

Im Bayerischen Wald wird der erste deutsche Nationalpark gegründet. Er liegt in den Landkreisen Grafenau und Wolfstein und ist 12 800 Hektar groß. Obwohl das ursprüngliche Konzept die »Rückentwicklung des Waldes zum Urwald« vorsah, ist nun doch ein Mehrzweckunternehmen entstanden, das neben einer sogenannten Reservatzone, Ruhe- und Wandergebiete sowie Sport- und Erholungszentren einschließt. Interessenkonflikte zwischen dem Wunsch nach ungestörter Entwicklung von Flora und Fauna und den Touristen sind mithin vorprogrammiert.

Weltraumforschung
Mondsonde Luna 16
1970

Radioastronomie
Radioteleskop bei Bad Münstereifel
1970

Frühgeschichtliche Forschung
Thor Heyerdahls Papyrus-Segelschiff Ra II
1970

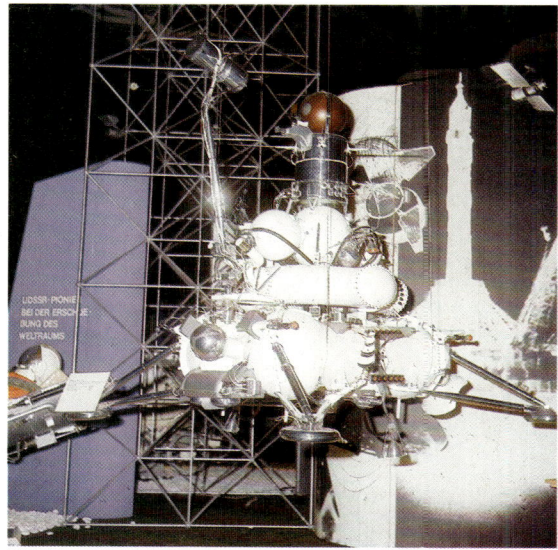

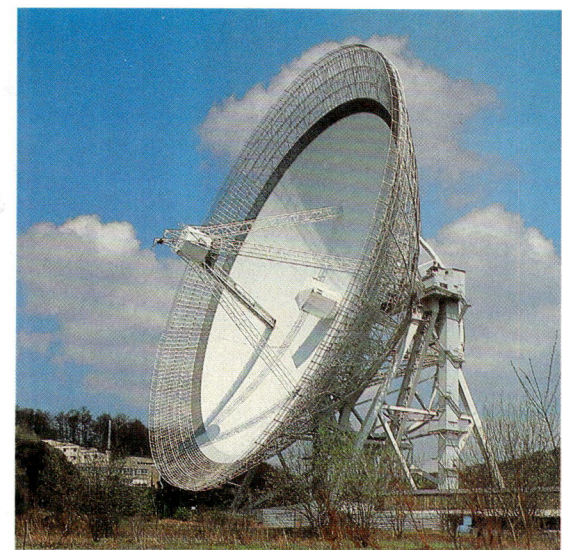

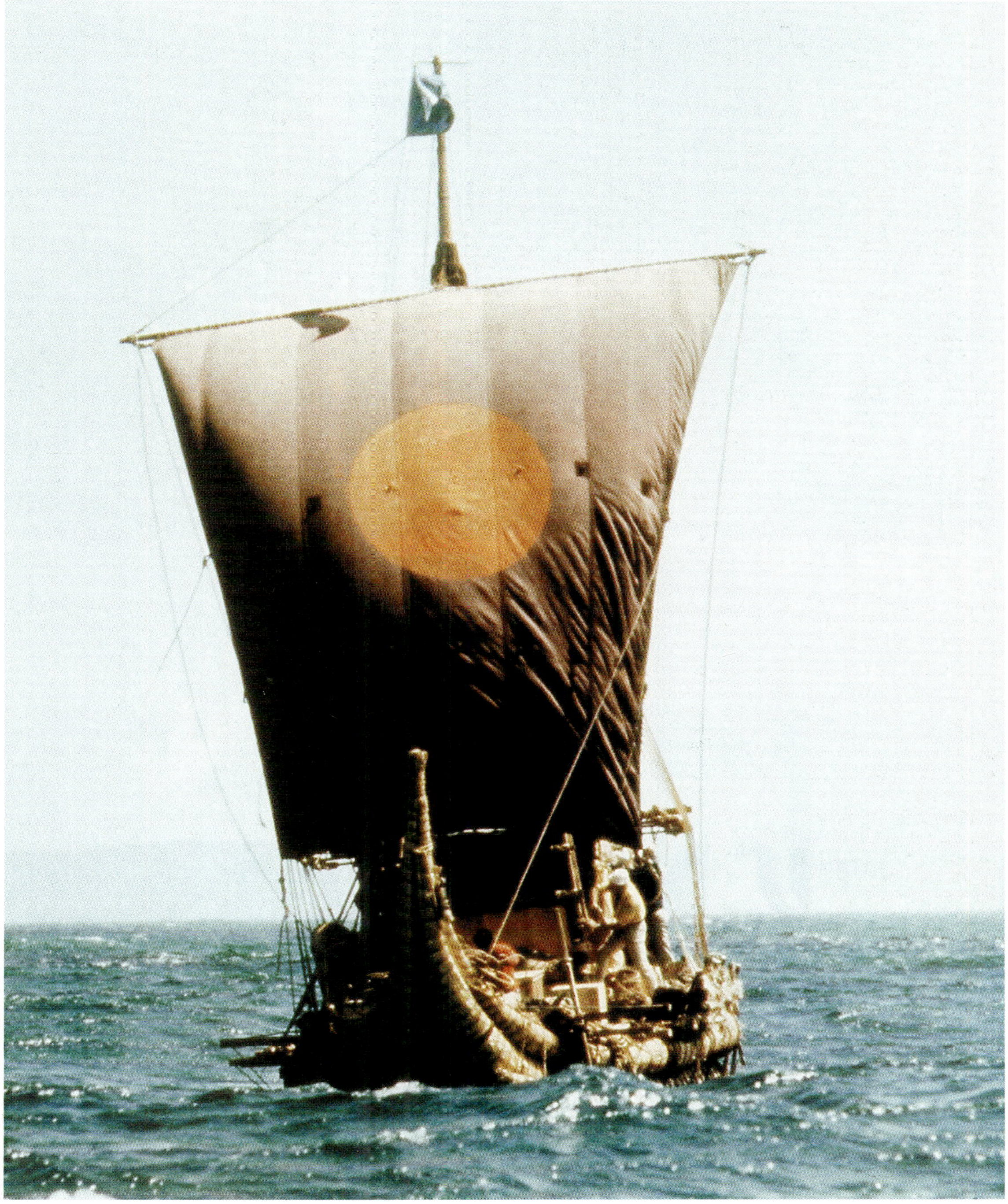

Hilfsmittel der Forschung

Während die Vereinigten Staaten ihr Apollo-Programm der bemannten Mondfahrt fortsetzen (zweite Mondlandung im November 1969, dritte Mondlandung im Januar 1971; die im April 1970 geplante Landung muß wegen einer Explosion an Bord vom Programm des Apollo-13-Flugs abgesetzt werden), beschränkt sich die Sowjetunion auf die Entsendung unbemannter Mondsonden. Im September 1970 gelingt die weiche Landung von Luna 16 auf der Mondoberfläche. Sie sammelt ferngesteuert Bodenproben und bringt sie zur Erde zurück. Im November wird mit Luna 17 zugleich das Mondfahrzeug Lunochod 1 abgesetzt, das 11 Monate lang arbeitet und in dieser Zeit Meßdaten überträgt. Mondfahrer im wörtlichen Sinne werden am 1. August 1971 zwei Mitglieder des Apollo-15-Flugs, die mit dem Mondjeep Lunar Roving Vehicle drei Exkursionen unternehmen.

Weit über die Erforschung des Erdtrabanten hinaus sind die Forschungsziele der Radioastronomie gerichtet. Ihr Hilfsmittel sind die Radioteleskope. Das derzeit größte schwenkbare Einzelteleskop wird 1970 bei Bad Münstereifel in Betrieb genommen.

Im Unterschied zu diesem Einsatz modernster Technik in der Forschung gehört es zur Methode des Norwegers Thor Heyerdahl, seine kulturgeschichtlichen Hypothesen mit frühgeschichtlichen Hilfsmitteln zu verifizieren. Sein Forschungsgebiet sind Zusammenhänge zwischen den frühen Hochkulturen. Nachdem er 1947 durch die Fahrt auf dem Balsafloß Kon-Tiki über den Pazifik nach Tahiti gezeigt hat, daß die Herkunft der polynesischen Kultur aus Altperu zumindest nicht ausgeschlossen ist, versucht er nun, ebenfalls durch eine von Meeresströmungen und Winden gelenkte Seefahrt die Herkunft der mittelamerikanischen Kultur von Ägypten zu beweisen. Während die Fahrt mit dem nach altägyptischem Vorbild erbauten Papyrus-Segelschiff Ra I 1969 abgebrochen werden mußte, gelangen Heyerdahl und seine sieben Begleiter mit Ra II von Safi aus zur westindischen Insel Barbados.

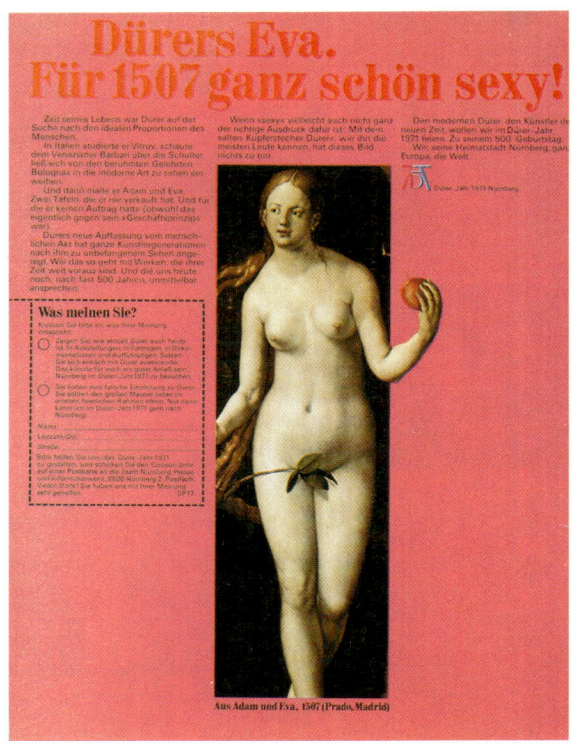

Dürer-Jahr
Gedächtnisausstellung des Germanischen Nationalmuseums
1971

Dürer-Jahr
Nürnberger Fremden-verkehrs-Werbung
1970

Was ehrt Albrecht Dürer?

Am 21. Mai wird der 500. Geburtstag Albrecht Dürers gefeiert. Trotz zahlreicher Ehrungen in ganz Deutschland spielt sich das Dürer-Jahr vorwiegend in der Heimatstadt des Künstlers ab, die ein in seinem Spektrum ansehnliches Kulturfestival veranstaltet.

Die unterschiedlichen Positionen, von denen aus die Aufgabe der Dürer-Ehrung in Angriff genommen werden konnte, markierte das Nürnberger Presse- und Informationsamt 1970 in einer Anzeigenserie, die zwei Motive für einen Nürnberg-Besuch im Dürer-Jahr zur Auswahl stellte: Gefragt wurde, ob eine kritische Auseinandersetzung unter aktuellen Fragestellungen oder eine Ehrung »im ernsten, feierlichen Rahmen« anziehender sein würde. Indem die Serie in ihrer Gestaltung offensichtlich die erstere Möglichkeit nahelegte, rief sie prompt Widerstand hervor.

Neben der Gedächtnisausstellung im Germanischen Nationalmuseum ist auch die zweite Nürnberger Biennale zeitgenössischer Kunst Dürer gewidmet; sie erhält als Motto dessen Bekenntnis: »Was die Schönheit sei, das weiß ich nicht.«

Ein dritter Komplex ist die Dürer-Hommage mehr oder weniger arrivierter Künstler, wobei die verfremdende Nachbildung von Werken Dürers im Vordergrund steht. Klaus Staeck schafft durch den Zusatz einer Flügel-schraube kritische Distanz zur frömmelnden Betrachtung und Verwendung der Betenden Hände (neuer Titel Zur Konfirmation). Ähnlich verfährt Walter Schreiber, indem er Dürers Hasen durch Karnickelstall-Maschendraht einer »neuen Sicht« zugänglich macht. Und Paul Wunderlich bearbeitet, seinem Interesse an erotischen Darstellungen folgend, in surrealistischer Manier Dürers Eva.

Demselben Ziel, die Kluft zwischen Kunst und einem staunenden bis verständnislosen Publikum zu verringern, ist eine Initiative des Berliner Kunstvereins gewidmet. In der im Dürer-Jahr eingerichteten Artothek werden nach dem Vorbild öffentlicher Bibliotheken Bilder, Grafiken und Skulpturen ausgeliehen.

Film

Premieren

- Stanley Kubrick: *A Clockwork Orange (Uhrwerk Orange)*. Britischer Film nach einem Roman von Anthony Burgess, mit Malcolm McDowell in der Rolle des Bandenchefs Alex. Zynisch-pessimistische Gewaltsatire über die grausame Resozialisierung junger Anarchisten durch die Gesellschaft. Technisch perfekt, eigenwillige Verwendung der Farbe und der Musik.
- Arthur Penn: *Little Big Man* mit Dustin Hoffman. Die Geschichte von einem weißen Jungen, der bei den Indianern aufwächst, zerstört radikal liebgewordene Mythen vom Wilden Westen und Indianerleben.
- Rosa von Praunheim: *Die Bettwurst*. Die groteske Persiflage des engagiert-aggressiven Regisseurs auf Berlin und die bügerlichen Gefühlsklischees.
- Jacques Tati: *Trafic (Trafic)*. Eine entlarvende Komödie über die Absurdität des modernen Straßenverkehrs und unsere neurotische Liebe zum Auto. Tati spielt die Hauptrolle des Monsieur Hulot.
- François Truffaut: *L'Enfant sauvage (Der Wolfsjunge)*. Klassisch-kühler Schwarzweiß-Film über die Zivilisierung eines aufgegriffenen »wilden« Kindes.
- Luchino Visconti: *Morte a Venezia (Tod in Venedig)*. Mit Dirk Bogarde und Silvana Mangano. Musik: 3. und 5. Sinfonie von Gustav Mahler. Die Verfilmung der Thomas-Mann-Erzählung ist das meisterhafte Verfallsgemälde der Fin-de-siècle-Gesellschaft in Venedig.

Ereignisse

- Berlin: Die Ateliers des CCC-Films des Produzenten Arthur Brauner werden wegen Auftragsmangels geschlossen.

AV – Der Traum vom Heimkino

Unabhängig von festen Sendezeiten – dieses Schlagwort fasziniert eine Menge Fernsehteilnehmer. Das Kassetten-Fernsehen ist die Vision von der Selbstbedienung am Bildschirm. Während die Sender um ihr Monopol fürchten, stürzen sich Heerscharen von Anbietern auf den neuen Großmarkt. Versprochen wird die »perfekte Realisierung des Traums vom Heimkino«. Die magische Formel lautet AV – Audiovision.

Im April findet in Cannes die 1. Internationale Kassettenmesse statt. Der Andrang ist groß, selbst von renommierten Verlagen. Im Kassettenboom werden unterschiedlichste Themen, von der Unterhaltung bis zum Lehrprogramm, abgehandelt, von Herbert von Karajan bis zur Körperpflege, vom Porno bis zur Kirchenpredigt. In der audiovisuellen Fachzeitschrift der bundesdeutschen Ärzte, »medicolloc«, bringt der Ullstein Verlag Behandlungsvorschläge von Ischias bis Haarausfall.

Eröffnung des ersten kommunalen Kinos

Der Hauptverband deutscher Filmtheater läuft Sturm. Die Frankfurter Kinobesitzer ziehen vor Gericht. Dennoch eröffnet am 5. Dezember durch eine Initiative des Kulturdezernenten Hilmar Hoffmann in Frankfurt das erste kommunale Kino der Bundesrepublik. Es wird zum Vorbild für rund weitere 150 solcher Einrichtungen, die in den nächsten Jahren folgen. Nur wenige Kommunalkinos werden ausschließlich von den Städten finanziert, die meisten verdanken ihr Entstehen privater Initiative oder sind mit Volkshochschulen gekoppelt. Dem kommunalen Kino liegt die Vorstellung zugrunde, daß Filme nicht nur Wirtschaftsprodukte sind, sondern auch Bildungsinstrumente, die öffentliche Förderung verdienen. Gezeigt werden anspruchsvolle Programme, Reihen zu einzelnen Themen wie etwa Umweltschutz, Literaturverfilmung, Psychiatrie oder Arbeitswelt, Retrospektiven, Länderproduktionen. Während das Verhältnis der kommunalen Kinos zu den kommerziellen Kinos sich schnell entspannt – man erkennt rasch, daß die kommunalen Kinos neue Besucherschichten für die kommerziellen Kinos heranziehen –, kommt es mit den zeitlich fast parallel entstehenden engagierten, aber nicht subventionierten Programmkinos häufig zu erheblichen Rivalitäten.

Der neue Heimatfilm: Die Idylle ist kaputt

Vom »sozialkritischen Heimatfilm« ist nach der Fernsehausstrahlung von Volker Schlöndorffs Film *Der plötzliche Reichtum der armen Leute von Kombach* am 26. Januar im Ersten Programm die Rede. Plötzlich sind sie wieder da, der gottesfürchtige Dörfler und der Gutsherr, das Bauernmädel und der Stallbursche. Aber sonst gibt es keine Gemeinsamkeit mit dem sentimental-reaktionären Heimatfilm der fünfziger Jahre, mit Silberwaldförster und Heideschulmeister. Die Geierwally und Curd Jürgens' bramarbasierender Schinderhannes gehören einer anderen Welt an.

Die neuen Heimatfilme wie *Niklashauser Fart, Pioniere in Ingolstadt* von Rainer Werner Fassbinder, *Jagdszenen aus Niederbayern* (1969) von Peter Fleischmann, *Mathias Kneissl* (1970/71) von Reinhard Hauff und andere sind eher Filme über die Unwirtlichkeit der Heimat: politisch-populäre, sozialkritische Erarbeitung der Geschichte für die Gegenwart. Die Idylle von einst ist kaputt. Die gute alte Zeit wird in all ihrer Ungerechtigkeit und Unzulänglichkeit gezeigt. Mit diesen Heimatfilmen jenseits aller verlogenen Klischees und Folklore gewinnt der deutsche Film wieder ein Stück seines stark lädierten Rufes zurück.

Arbeitswut

Der 25jährige Rainer Werner Fassbinder, Schwabinger Bohème in Rockerkleidung, schreibt, inszeniert und spielt in unglaublicher Produktivität. 1970 und 1971 entstehen neun Filme, darunter Warnung vor einer heiligen Nutte *mit Eddie Constantine und, als Auftragsarbeit des ZDF, die Filmversion von Marieluise Fleißers 1929 in Berlin uraufgeführtem Schauspiel* Pioniere in Ingolstadt. *1971 gründet er seine eigene Produktionsfirma Tango-Film. Auf die Frage, was ihn zu solcher Arbeitswut treibe, antwortet Fassbinder: »Ich tue es einfach. Ich würde ohne Arbeit total versacken.« Sein provozierendes Auftreten als Bürgerschreck: Schutz gegen die ihn umgebende Brutalität. Will er die Menschen verändern? »Natürlich denke ich mir, was das alles überhaupt für einen Sinn hat, was ich da mache … Wenn es gut ist, werden sie immerhin dadurch nicht dümmer, und wenn es richtig gut ist, schafft man es vielleicht sogar, bestimmte Möglichkeiten von Phantasie aufzureißen.«*

An Ablehnung wie an Anerkennung mangelt es nicht. Der volksnahe Münchner Kolumnist Sigi Sommer höhnt: »Wenn er schon glaubt, etwas ausdrücken zu müssen, dann die Pickel in seinem Gesicht.« Die »New York Times«, hingegen spricht vom »Messias des neuen deutschen Films«. 1970 wird ihm der Bundesfilmpreis für das Drehbuch zu Katzelmacher *(1969) verliehen, 1971 (zusammen mit Michael Fengler) für die Regie von* Warum läuft Herr R. Amok? *(1970), 1972 für die Gestaltung von* Der Händler der vier Jahreszeiten *(1971). Der etablierte Kulturbetrieb beginnt, das Schmuddelkind aus den Kellerkneipen in die Arme zu nehmen und an sich zu drücken. Fassbinder läßt es feixend zu und achtet darauf, sich nicht zähmen zu lassen. Auf der Strecke bleibt die mit dem »antitheater« verbundene Kommune-Idee. Immer mehr wächst Fassbinder über die Gefährten hinaus, die zu seinem Gefolge zu werden drohen, beispielsweise Harry Baer, Ulli Lommel, Kurt Raab und Peer Raben.*

Rainer Werner Fassbinder, um 1971.

691

1971

Ibsen-Renaissance

Der norwegische Dramatiker Henrik Ibsen ist, wie Marianne Thalmann im Untertitel ihrer 1928 erschienenen Monographie festgestellt hat, »ein Erlebnis der Deutschen«. Dies gilt auch für die fünfziger und sechziger Jahre, allerdings mit der Einschränkung, daß die Auswahl der auf die Bühne gebrachten Stücke (an der Spitze Nora oder Ein Puppenheim, Gespenster und Hedda Gabler) die Präsentation sogenannter Paraderollen des Welttheaters zum Ziel hat.

Dies ändert sich in den siebziger Jahren, wobei 1971 Peter Steins Inszenierung von Peer Gynt an der Berliner Schaubühne am Halleschen Ufer den Anfang macht. Die Aufführung ist auf zwei Abende, die Titelrolle auf mehrere Schauspieler verteilt. Ein Beispiel für Steins »pralle« Theaterarbeit ist die Hochzeitsfeier auf Haegstad, in deren Verlauf der von allen verlachte Prahlhans Peer die Braut ins Gebirge entführt. Andererseits enthält die Inszenierung Eingriffe, die der Absicht entsprechen, Peer Gynt als Inbegriff des inhaltslos gewordenen Individualismus zur Schau zu stellen. So treten nach und nach Arbeiter auf, zunächst bei Peers Hinwendung zur Archäologie, indem sie die Sphinx aus dem »Kulturboden« heben; am Ende tragen sie den im Schoß der blinden Solveig verstorbenen Peer zu Tale.

Günther Rühle erkennt in diesem Schlußbild, einer »mit fast zeremoniellem Pathos entwickelten Fotografierszene«, den bündigen Ausdruck der Zwiespältigkeit der Inszenierung: »Etwas wird als vergangen ausgestellt, aber der gegenwärtige Erfolg, die szenische Manifestation, die Arbeits- und Visionskraft der Schaubühnentruppe selbst ergibt sich im Grunde aus den Wirkungen der Reproduktion dessen, was man da verabschiedet hat« (»Theater heute« – Jahresheft 1971).

Peer Gynt, 1971; Szenenfotos (Schaubühne am Halleschen Ufer) mit Heinrich Giskes als Peer Nr. 1 in der Szene der Hochzeitsfeier auf Haegstad und mit Werner Rehm als Peer Nr. 7 in der Irrenanstalt von Kairo, verbunden mit der Sphinx-Szene.

Theater

Premieren

● Wolf Biermann: *Der Dra-Dra* wird in den Müchner Kammerspielen am 20. April uraufgeführt. Regie: Hansgünther Heyme. Provozierende Polit-Parabel gegen die totalitäre Macht.

● Peter Handke: *Ritt über den Bodensee.* Uraufführung am 23. Januar an der Schaubühne am Halleschen Ufer in Berlin. Regie: Claus Peymann. Handkes Stück ist eine Vision von der Welt als Theater, von dem Menschen als Rollenträger.

● Franz Xaver Kroetz: *Wildwechsel.* Uraufführung am 3. Juni im Dortmunder Schauspiel. Regie: Manfred Neu. Das düstere Sozialstück über die Hoffnungslosigkeit der Deklassierten und Unterprivilegierten schockiert mit detailliertem Sexualrealismus.

● Peter Weiss: *Hölderlin;* wird unter der Regie von Peter Palitzsch am Württembergischen Staatstheater Stuttgart am 18. September uraufgeführt.

Ereignisse

● Jahrzehntelang war Ödön von Horváth fast vergessen. Jetzt berufen sich moderne Stückeschreiber wie Rainer Werner Fassbinder, Franz Xaver Kroetz und Martin Sperr auf ihn: Der 1938 tödlich verunglückte österreichische Dramatiker, der realistisch-hintergründige Wiener Volksstücke schrieb, ist 1971 einer der meistgespielten Autoren (*Geschichten aus dem Wienerwald, Kasimir und Karoline*).

Der Erfolg der Love-Story

Die *Love Story* des 33jährigen Universitätsprofessors Erich Segal war zunächst als Filmdrehbuch konzipiert. Doch daraus wurde ein Buch (1970), ein Bestseller, und danach drehte Arthur Hiller einen Film, der bei seinem Start Weihnachten 1970 in drei Tagen seine Kosten einspielte. Das moderne Meisterwerk im Aufwärmen alter Courths-Mahler-Klischees dokumentiert einen Trend, der aus Amerika kommt und der sich in Europa rasch fortsetzt.

Die Zeit der Love-Ins, der Campus-Revolten und Konfrontationen ist vorbei. Der Widerspruch zwischen der propagierten Weltliebe der »Flower-Power« und der Weltzerstörung der radikalen Anarchisten ist sichtbar geworden. Die Hippie-Romantik wurde durch die Verbrechen eines Charles Manson und seiner »family« jäh zerstört. (Sie haben 1969 in einer Villa in Los Angeles fünf Menschen ermordet und werden 1971 zum Tode verurteilt.)

»Eine Generation«, so schreibt Hans Sahl am 20. Januar in der »Welt«, die vorgab, an nichts mehr zu glauben, erkennt plötzlich, daß sie die Möglichkeiten ihrer Selbstdarstellung erschöpft hat. An die Stelle von Massenaktionen ist der persönliche Kontakt getreten . . . Es scheint, daß sich auch in den Beziehungen der Geschlechter zueinander der Stil geändert hat. Man will nicht mehr Sex ohne Liebe.«

Literatur

Neuerscheinungen

● Ingeborg Bachmann: *Malina.* Der erste Roman der Lyrikerin, der in sehr dichter, intimer Sprache die Einsamkeit und Hilflosigkeit des Menschen in der Liebesbeziehung reflektiert.

● Heinrich Böll: *Gruppenbild mit Dame.* Gestalten- und episodenreiches Panorama der Vor- und Nachkriegszeit.

● Hans-Henning Claer: *Laß jukken, Kumpel.* Ein Kumpel greift selbst zur Feder und liefert einen deftigen erotischen Revier-Report, der in der Literaturszene große Resonanz findet.

● Walter Kempowski: *Tadellöser & Wolff.* Schrecklich-komischer Bürgerroman aus der Zeit des Dritten Reiches, der den realistischer Erzählfluß immer wieder durch die sprichwörtlich werdenden Kalauerdialoge ironisch bricht.

● Golo Mann: *Wallenstein.* Historisierender Roman, der die Figur des umstrittenen Feldherrn aus psychologischer Sicht deutet.

● Esther Vilar: *Der dressierte Mann.* Provozierendes »Männerrechtler«-Buch mit der Theorie, daß die Frau durch den erpresserischen Einsatz ihres Körpers den Mann zu ihrem geldverdienenden Sklaven dressiert.

Ereignisse

● Der Lyriker Peter Huchel siedelt nach jahrelanger Isolation in der DDR im April in den Westen über und zieht nach Rom.

Landkommune

Flohmarkt

Die Wege trennen sich

*Das Wort von der »Nostalgie« taucht
auf – von den Kritikern der Studentenbewegung mit Häme registriert. Ist die
aufmüpfige Generation müde geworden? Sucht sie eine heile, gemütvolle
Welt bei den bisher so radikal verachteten Werten der Altvorderen?
Wer nicht genau hinschauen will, kann
zu diesem voreiligen Schluß kommen.
In Wirklichkeit erfolgt am Ende der
Studentenbewegung eine erbittert geführte Diskussion über die Frage, wie
es weitergehen soll.
Ein Teil der sogenannten 68er Generation schließt sich in kommunistischen
Gruppen zusammen, die, an China
orientiert, die Auseinandersetzung mit
den Anhängern der moskautreuen
DKP und der Sozialistischen Einheits-
partei West-Berlins führen. Sie gehen
in die Betriebe und wollen ihr von der
harten Realität weitgehend losgelöstes
Intellektuellen-Dasein aufgeben.
Andere sind tatsächlich enttäuscht von
dem geringen Nachhall der Revolte und ziehen sich zurück. Die Losung
lautet: Wie können wir das Glück der
Menschheit wollen, wenn wir unser eigenes noch nicht verwirklicht haben?
Selbstfindung und Selbstbesinnung
kehren ein, erste Projekte von Landkommunen tauchen auf, Alternativ-
Läden mit einer Vielfalt von Produkten aus der Dritten Welt sprießen aus
dem Boden. Das individuelle Glück
wird gesucht in einer selbst gebastelten
Utopie, frei von den allgemeinen gesellschaftlichen Zwängen. Eine Gegenkultur beginnt sich zu entwickeln, die
oft nicht frei ist von rührend-naiven
Zügen, aber eines für sich beanspruchen kann: sich den rüden Gesetzen
der Leistungsgesellschaft nicht zu beugen.
»Aussteiger« ist das Schlagwort für diesen Teil der jungen Generation; es trifft
aber nur ungenau, denn kaum einer von ihnen war bisher wirklich einge-
stiegen. Aussteiger gibt es erst einige
Jahre später: Etablierte Leute aus dem
Geschäftsleben, die der Eintönigkeit
ihrer Arbeit und der Sinnentleerung
des täglichen Tuns überdrüssig werden und nun plötzlich in der alternativen Lebensweise einen Ausweg suchen
und sehen.*

Paul Delvaux
Hommage à Jules Verne
(Ausschnitt) 1971

**Studie zu
Hommage à Jules Verne**
(Ausschnitt) 1970

Ein Kindheits- und Jugendtraum

Der Vergleich der als Ölgemälde ausgeführten Hommage à Jules Verne *des 74jährigen belgischen Malers Paul Delvaux mit der vorausgehenden Aquarellstudie läßt als ein Ziel der fortschreitenden Arbeit erkennen, den jugendlichen Aktfiguren eine eigentümlich leblose Blässe zu geben. Andererseits erklärte Delvaux: »Ohne Sinnlichkeit wäre mir das Malen unmöglich. Besonders eines Aktes. Ein Akt ist erotisch – auch wenn er gleichgültig, auch wenn er kalt ist.«*
Kälte herrscht in der gesamten Farbgebung des Gemäldes, ausgenommen die rote Kopfbedeckung des Mädchens. Dieses ist auch die einzige Person, die durch Blickkontakt zu anderen in Beziehung tritt, allerdings nicht zu den bildinternen Gestalten, sondern zum Betrachter, der an die Stelle des Malers tritt.
Hier ist ein Hinweis auf den biographischen Gehalt dieses Gemäldes von Delvaux enthalten, der zumeist in einem Atemzug mit seinem Landsmann René Magritte genannt wird. Der damit vorgenommenen Etikettierung als Surrealist setzte Delvaux allerdings das Argument entgegen, er »verändere nicht die von der Natur gegebenen Formen«. Gerade sein »Naturalismus« bildet das Mittel zur Gestaltung einer »makabren Welt der Alpträume, der verdrängten Triebe …« (Oto Bihalji-Merin).
Worin liegt nun der autobiographische Gehalt, und worin liegt das möglicherweise Zeittypische dieses Gemäldes? Beides verbindet sich in der als Kindheits- und Jugenderinnerung dechiffrierbaren Gegenüberstellung von Traumbefangenheit und analysierender Gelehrsamkeit, die Jules Verne mit dem Phantastischen verknüpft hat. Aus jener Traumbefangenheit zu erwachen bedeutet, vor allem in Hinblick auf die sich entfaltende Sexualität, schutzlos einer beziehungslosen Umwelt ausgeliefert zu sein. Delvaux gestaltet diese Erfahrung in einer Zeit, in der die Frage nach der harmonischen Entwicklung der Sinnlichkeit im Mittelpunkt der pädagogischen Diskussion steht.

Grenzüberschreitung durch Multimedia?

Ein neuer Begriff ist im Bereich des Musiktheaters aufgetaucht: Multimedia. Er bezeichnet eine Verquickung traditioneller und modernster Medien, eine neue gesamttheatralische Form, die oft das Publikum in das Geschehen einbezieht. Multimediaverfechter und -autor Dieter Wellershoff definiert sie als eine längst fällige Kunst.

Sie »verwirklicht die Tendenz aller Künste, von avancierten Positionen aus ihre eigenen Grenzen zu überschreiten und sich zu einer neuen Totalität zu vereinen. Wenn gleichzeitig und in einem offenen Raum ein Judokampf vorgeführt wird, eine Solistin Vokalisen singt, im Lautsprecher surreale Texte über die Liebesvereinigung gesprochen werden und im Hintergrund mit riesigen Schatteneffekten stumme Maschinenteile wie Kolben, Pendel und Wippen ihre Arbeit tun, dann entsteht ein Erlebnisraum, der sich konventionellen Begriffen und Erklärungen entzieht. Aber auf dem Grunde dieser Fremdheit scheint etwas aufzutauchen, was wir wiedererkennen können… Der Zuschauer wird genötigt, die Einheit der Elemente selbst zu finden, oder besser, selbst zu erschaffen… und das ist so, als lerne er eine Sprache höherer Ordnung kennen…«

Piraterie mit der Musikkassette

Seit 80 Jahren dreht sie sich unangefochten: Jetzt bekommt die Schallplatte Konkurrenz. Die Musikkassette wird als die »tollste Erfindung seit dem Grammophon« von der Phono-Werbung gepriesen. Zu kaufen ist sie beinahe überall, im Fachhandel, im Warenhaus und in den Shops großer Tankstellen. In diesem Jahr verfügen rund 20 Prozent aller bundesdeutschen Haushalte über einen Kassettenrecorder. Die Schattenseiten des Kassettenbooms werden allerdings auch sichtbar: Der unübersehbare graue Markt der Selbstbedienung durch Mitschneiden. Leerkassetten verführen einladend und unkontrollierbar zum kostenlosen Überspielen.

Rettung für Venedig

Die Vereinten Nationen beschließen, Venedig zu konservieren. Die einstige »Königin der Meere« gehörte während des Mittelalters und der beginnenden Neuzeit zu den reichsten Städten der Erde. Die auf Pfahlkonstruktionen ruhenden Paläste Venedigs sinken bereits seit Generationen Jahr für Jahr ein Stückchen tiefer in die Lagune. Nun soll der Stadt mit einer Anleihe von 254 Milliarden Lire geholfen werden. Das im Herbst startende Rettungsprogramm läuft bis 1976.

Modehit Hot Pants

Modehit des Jahres sind die »Hot Pants« oder »heißen Höschen«. Zunächst als modischer Gag kreiert, entwickeln sie sich überraschend zum Verkaufsschlager. Leider für jedermann, denn ausgeliefert wird bis Konfektionsgröße 50. Das aufreizende Kleidungsstück, das die Industrie gern und erfolgreich mit dem Aufkleber von Mut, Freiheit und Fröhlichkeit verkauft, streifen sich der zarte Teenager und reifere Damen gleichermaßen unbefangen über.

Nacktes Theater

Schon 1970 wurde vom nordrheinwestfälischen Innenministerium Katastrophenalarm gegeben, im Stil eines Wehrmachtsberichts, wie der »Spiegel« süffisant anmerkt: »Die neuen ›Sexual-Lokale‹ breiten sich inzwischen schon mit Zielrichtung auf die Städte Köln, Düsseldorf, Essen und Bielefeld weiter aus. Vom Ruhrgebiet ziehen sich Ausläufer über Langenfeld nach Neuwied und Koblenz. Erster Vorposten im Harz ist Bad Lauterberg.« Das Auge des Gesetzes wacht, ist aber ohnmächtig angesichts der hereinbrechenden »Sex-Welle«. Neben den Sex-Lokalen entstehen Sex-Shops, Pornoliteratur klassischer und trivialer Ausprägung überschwemmt den Markt, die Illustrierten beginnen ihr Aussehen zu verändern, und natürlich bleibt das Kino nicht abseits stehen.

Am zurückhaltendsten zeigt sich noch das Theater. Mit um so größerer Spannung wird deshalb das Sex-Spektakel Oh! Calcutta erwartet, das am 8. März 1971 am Hamburger Operettenhaus seine westdeutsche Premiere hat. Ein kolossales Aufgebot von Polizei und Peterwagen ist vor dem Haus an der Reeperbahn aufgefahren. Bürger, die sich als Verteidiger guter Sitten verstehen, rufen im Sprechchor: »Diese Schweinerei schützt die Polizei!« Doch die so heiß diskutierte Sex-Show des Briten Kenneth Tynan läßt die Zuschauer ziemlich kalt. Das kleine Welttheater der Lüste, in dem Bademäntel der Reihe nach abgeworfen werden, hat seine Skandalzeit schon hinter sich oder hält der Konkurrenz härterer Darbietungen nicht stand.

»Tynans Idee von der höheren Heiterkeit des erotischen Entertainments, von Raffinement und Eleganz einer kultivierten Darstellung bisher tabuisierter Themen, erweist sich als unrealisierbarer Traum«, schreibt der Kritiker Klaus Geitel in der »Welt«. »Eine Show, wie sie Tynan erträumt, steht und fällt aber immer noch mit den Köpfen, die sie beschäftigt – und nicht mit den Popos, die sie wackeln läßt.«

Oh! Calcutta, 1971; Szenenfoto (Hamburg).

1971

Umstrittene Kinderläden

Die Auseinandersetzungen um die vorschulische Erziehung im antiautoritären Stil, wie sie seit einiger Zeit in den sogenannten Kinderläden in Frankfurt praktiziert wird, nehmen zu. Diesen Kinderläden, die vorwiegend in ehemaligen Ladenlokalen untergebracht sind, liegt das ideologische und pädagogische Konzept der Soziologin Monika Seifert, einer Tochter des Psychologieprofessors Alexander Mitscherlich, zugrunde.

Das Erziehungsprogramm beruht auf dem Prinzip der »Selbstregulierung kindlicher Bedürfnisse«: Nach dem Motto, daß Kinder selbst am besten wissen, was für sie gut ist, sollen sie versuchen, ihre »Interessen individuell und kollektiv zu erlernen und angemessen zu vertreten«. Kritiker weisen auf die späteren Probleme hin, wenn die antiautoritär erzogenen Kinder sich in konventionelle Schulklassen eingliedern müssen.

BAföG statt Honnef

Das neue Ausbildungsförderungsgesetz (BAföG) für Schüler und Studenten beinhaltet einen leistungsunabhängigen Rechtsanspruch auf Beihilfe, wenn der Auszubildende oder seine Unterhaltsverpflichteten nicht in der Lage sind, die Ausbildung zu bezahlen. Im Gegensatz zum »Honnefer Modell« kann ein Anspruch auch dann bestehen, wenn Eltern zwar zahlen könnten, aber nicht wollen.

Eine Illustrierte als sozialpolitischer Initiator

Der umstrittene Abtreibungsparagraph 218, der einen Schwangerschaftsabbruch nur bei medizinischer Indikation (gesundheitliche Gefährdung der schwangeren Mutter) zuläßt, fordert im Juni 374 Frauen zu einer Selbstanzeige heraus. In der Illustrierten »Stern« bezichtigen sie sich: »Wir haben abgetrieben.« Prominente Frauen wie Vera Tschechowa, Romy Schneider, Ursula Noack, Hanne Wieder, Senta Berger, Sabine Sinjen und Veruschka von Lehndorff geben öffentlich zu, was Hunderttausende jährlich heimlich tun.

Der Kampf gegen den Paragraphen 218 reicht bis zur Jahrhundertwende zurück. 1929 erregte das Schauspiel Cyankali – § 218 von Friedrich Wolf großes Aufsehen. Es richtete sich (nach der Anerkennung der medizinischen Indikation im Jahr 1927) gegen das menschliche Elend der Frauen, die sich vor allem aus sozialen Gründen zu einer illegalen Abtreibung gezwungen sahen.

Ermutigt durch die »Stern«-Aktion, gehen Frauen in allen Teilen der Bundesrepublik auf die Straße und fordern das »Selbstbestimmungsrecht« über ihren Körper. Gegner einer Liberalisierung des Paragraphen 218 gibt es viele, allen voran die katholische Kirche. Die Frauen fordern jedoch etwas, das in anderen demokratischen Verfassungen schon verankert ist: die ethische Indikation bei einer durch Vergewaltigung hervorgerufenen Schwangerschaft, die eugenische Indikation, wenn eine schwere gesundheitliche Schädigung des Kindes zu erwarten ist, und die soziale Indikation.

Diese drei Gründe für einen straffreien Schwangerschaftsabbruch werden zusammen mit der medizinischen Indikation und gebunden an bestimmte weitere Voraussetzungen und Fristen 1976 in das Strafgesetzbuch der Bundesrepublik aufgenommen, nachdem die 1974 beschlossene generelle dreimonatige Fristenlösung vom Bundesverfassungsgericht für verfassungswidrig erklärt worden ist.

»Stern«, Heft 24/1971.

Reformuniversität Bremen

Nach zwölfjähriger Vorbereitungszeit wird am 13. Oktober die Bremer Universität eröffnet. Die mit zwei Milliarden DM Baukosten errichtete Hochschule ist vor allem gedacht als Entlastungsuniversität für den norddeutschen Raum. Sie soll in den nächsten Jahren 8000 Studenten Platz bieten. Die Gründung keiner anderen Universität hat so im Mittelpunkt politischer Auseinandersetzungen gestanden. In diesem Streit ist in Bremen die 24 Jahre währende SPD/FDP-Koalition zerbrochen. Der im Juni 1970 gegen die Stimmen von FDP und CDU zum Gründungsrektor ernannte 33jährige ehemalige Jusovorsitzende Thomas von der Vring verfolgt, wie seine Kritiker beanstanden, eine »eindeutige linksorientierte, marxistisch inspirierte Linie«. Der Göttinger Philologe Walther Killy warnt als erster vor der Gefahr einer »marxistischen Kaderschmiede«. Die Hochschule, die unter dem Schlagwort »Reformuniversität« antritt, verheißt die volle Drittelparität und vermindert die staatlichen Aufsichtsrechte. Die praktizierte Berufungspolitik verfolgt das Ziel, überwiegend junge, linke, staatlich bereits bestallte Hochschullehrer nach Bremen zu holen. Ulrich Lohmar, SPD-Bundestagsabgeordneter und Vorsitzender des Kulturausschusses der Fraktion, hält als Resümee der Berufungspraxis fest: »Die meisten der nach Bremen berufenen Hochschullehrer sind eindeutig politisch festgelegt. Sie stehen meist auf dem linken Flügel der SPD oder links außerhalb der Sozialdemokratie.«

B-Waffen werden geächtet

Die USA beginnen mit der Vernichtung ihrer Bestände an bakteriologischen Waffen. Daß dies geschehen würde, war von Präsident Nixon schon im November 1969 in einem spektakulären Beschluß bekanntgegeben worden.

Während man die chemischen Kampfmittel mit Ausnahme derer, die zur Bekämpfung von Verbrechen oder gewalttätigen Demonstranten dienen, ins Meer versenkt, werden die Krankheitserreger mit stark überhitztem Wasserdampf unschädlich gemacht. Das zerstörte Material wird anschließend vergraben.

Die Gefahr ist trotzdem nicht gänzlich gebannt. Denn Krankheitserreger und giftproduzierende Pilze können im Ernstfall rasch und billig gezüchtet und als Massenvernichtungsmittel eingesetzt werden. Ein wirklich befriedigendes Abkommen über ein Herstellungs-, Lagerungs- und Anwendungsverbot sowohl chemischer als auch biologischer Waffen scheitert noch immer hauptsächlich an der Weigerung der Sowjetunion, ihre Produktionsstätten einem internationalen Kontrollgremium zugänglich zu machen.

Naturwissenschaft, Technik, Medizin

- Der kommerzielle Nachrichtensatellit, »Intelsat IV«, wird auf eine geostationäre Umlaufbahn gebracht. Er überträgt gleichzeitig vier TV-Programme und 6000 Ferngespräche.

- Die von Großbritannien, Frankreich, Italien und der Bundesrepublik gebaute Trägerrakete »Europa 2« explodiert nach dem Start.

- Die britische Wissenschaftlerin Jane Goodall berichtet über ihre Freilandbeobachtungen an Schimpansen in Tansania. Sie hat mehrere Monate in unmittelbarem Kontakt mit den Tieren gelebt und dabei das Verhalten dieser nächsten Verwandten des Menschen studiert.

- Im Dauerfrostboden der sibirischen Taiga entdecken Zoologen den bisher größten Kadaver eines ausgestorbenen Mammuts.

Richard Lindner
And Eve
1971

Nikolai Kormaschow
Sommer
1971

Chuck Close
Kent
1970/71

Malerei und Erfindung

In der Malerei der siebziger Jahre wird die Realismus-Diskussion fortgeführt, wobei sich zwei extreme Positionen unterscheiden lassen: die hyperrealistische Wiedergabe eines Wirklichkeitsausschnitts durch den Fotorealismus und die demonstrative Verweigerung in sich geschlossener Bilder in der Konzeptkunst. Beide Positionen problematisieren die künstlerische Erfindung von Gestalten, Gegenständen, Formen und Farben, die realistische Stilrichtungen wie die Pop-art und den Sozialistischen Realismus bei aller Unterschiedlichkeit in der Zielsetzung verbindet. Beispiele hierfür sind die beiden rechts oben wiedergegebenen Gemälde aus dem Jahr 1971.

Der 71jährige, 1941 in die USA emigrierte Richard Lindner variiert in And Eve sein zentrales Thema: das zur Künstlichkeit verfremdete Bild des Menschen. Der Apfel-Busen seiner Eva, nach dem die Plastikschlauch-Schlange züngelt, spielt auf den Mythos vom Sündenfall an, betont aber vor allem als realistisch wiedergegebenes »natürliches« Detail die Unnatur der beiden Pop-Gestalten. Entsprechende künstlerische Freiheit zeigt die abstrahierende Gestaltungsweise, mit der Nikolai Kormaschow seinem idyllischen Gemälde Sommer flächig-dekorativen Charakter gibt.

In demselben Jahr vollendet der 31jährige Amerikaner Chuck Close sein fotorealistisches, das heißt mit Hilfe eines Farbdias hergestelltes Bildnis Kent. Es gehört 1972 zu den Exponaten der documenta 5. In einem Originalbeitrag zu Peter Sagers Untersuchung Neue Formen des Realismus (1973) erklärt Close: »Ich bin daran interessiert, wie die Kamera sieht«, wobei »Ähnlichkeit« zwischen Darstellung und Dargestelltem ein »automatisches Nebenprodukt ist«. An die Stelle der Erfindung »interessanter Formen, Farben und Kombinationen« tritt – als die »derzeit ... interessantere Form des Erfindens« – die Untersuchung von Möglichkeiten, die Informationen der Kamera in ein Gemälde zu übertragen, das durch Überschärfe aller Details seine absichtliche Künstlichkeit gewinnt.

Howard Kanowitz
Komposition
1971

Werner Tübke
Bildnis eines sizilianischen Großgrundbesitzers
1972

Paolo Baratella
The Only System
1972

Konzeptkunst und Neuer Realismus

Der 42jährige Amerikaner Howard Kanowitz treibt mit seinem Gemälde Komposition *die Kunst der Augentäuschung auf die Spitze. Dargestellt ist ein Stück Atelierwand. Das Fenster ist ein Fensterbild. Darunter befindet sich eine Negativ-Schablone der Stadtsilhouette, die im Fensterbild enthalten ist. Somit gehört* Komposition *inhaltlich der Konzeptkunst mit ihrer Reflexion von Bild, Abbild und der Voraussetzung seines Zustandekommens an, während Kanowitz in handwerklicher Hinsicht zu den Fotorealisten zählt. Der Katalog zur documenta 5 (1972), auf der* Komposition *zu sehen ist, enthält ein Interview mit Kanowitz, in dem er über die in Kassel präsentierten »feindlichen Brüder« Fotorealismus und Konzeptkunst sagt: »Beide befassen sich mit Prozessen, damit, wie etwas gemacht ist und ausgedrückt wird. Konzeptualisten wollen das Kunstwerk von seinem Objekt- und Gebrauchs-Aspekt lösen. Dies tun die Realisten nicht, sie malen noch Bilder. Dennoch haben beide Richtungen mehr Gemeinsamkeiten als Gegensätze, z. B. die, daß sie Fotos benutzen, mittels derer sie Erfahrungen aufbewahren und sammeln.«*

Der 43jährige Werner Tübke, ab 1972 Professor an der Leipziger Hochschule für Grafik und Buchkunst, erweist sich in seinem Bildnis eines sizilianischen Großgrundbesitzers *als Vertreter einer »figuralen, gegenständlich ablesbaren Malerei«, wobei es »im Grunde stets politische Stoffe und Probleme sind, an und mit denen sich meine Formarbeit entzündet« (Tübke). So assoziiert das Bildnis das Thema Theater, mit einem dandyhaften Vertreter seiner Klasse, von den wehrhaft-bedrohlichen Gestalten des volkstümlichen Marionettentheaters umgeben.*

Eine politisch engagierte Variante des Fotorealismus ist The Only System *des 37jährigen Italieners Paolo Baratella. Die Konfrontation von Militärflugzeugen und Napalm-Opfern erfährt ihre Steigerung durch den lakonischen Befund über das Vernichtungsmittel: »Das einzige System, das sich im Feld bewährt hat . . .«*

699

Christo
Valley Curtain Project
1972

Günter Behnisch und Partner
Zeltdach der Olympischen Sportstätten in München
1967–1972

Kunstwerke auf Zeit

So nennt der aus Bulgarien stammende Neue Realist Christo seine Aktionen. Am 10. August verwirklicht der 37jährige Verpackungskünstler sein bisher größtes Vorhaben. Im Tal des Colorado spannt er einen 380 Meter breiten und bis zu 150 Meter langen Vorhang. Christos erster Versuch mit dem Valley Curtain Project im Vorjahr mißlang, da der Vorhang zerriß. Nun kann die Entfaltung des orangenen Tuchs in einem halbstündigen Dokumentarfilm festgehalten werden. Zugrunde liegt die Absicht, Kunst als Wahrnehmungsereignis bewußtzumachen, wobei die Natur die Dimensionen vorgibt. Neben dieser Nähe zur Land-art besteht eine Beziehung zur Konzeptkunst: Das Projekt ist durch zahlreiche Entwürfe vorbereitet, deren Verkauf beispielsweise an Museen zur Finanzierung beiträgt.

Christos »Talvorhang« besitzt in vielerlei Hinsicht eine Verbindung zum architektonischen Wahrzeichen der Olympischen Sommerspiele 1972 in München. Das an zwölf Masten aufgehängte Zeltdach weckt die Assoziation des Vorläufigen – zumindest aus der Ferne. Es kennzeichnet durch den Eindruck der Leichtigkeit die Gesamtkonzeption des Teams Günter Behnisch und Partner, das aus dem Wettbewerb um die Gestaltung des Olympiageländes auf dem Oberwiesenfeld als Sieger hervorgegangen ist. Als Berater wurde Frei Otto beteiligt, ein Pionier auf dem Gebiet der Hängedachkonstruktion, der 1966/67 gemeinsam mit Rolf Gutbrod den Pavillon der Bundesrepublik auf der Weltausstellung in Montreal als Stahlnetz-Zelt errichtet hat.

Entscheidend ist, daß Münchens »größtes Dach der Welt« die Vereinbarkeit von Architektur und Improvisation vor Augen führt – zumindest als Wunschbild. Auf einem anderen Blatt steht, daß sich die Realisierung als Kostenexplosion erweist und ein gerichtliches Nachspiel hat. Anders als bei Christos Aktion wird der spielerische Charakter allenfalls in der Imagepflege hochgehalten. So bekennt Frei Otto offen, daß der »große Durchbruch« noch nicht erreicht worden sei.

Ein olympisches Dorf für die Zukunft

Olympia-Städte machen oft deprimierende Erfahrungen mit der Hinterlassenschaft ihrer Spiele. Das Olympia-Dorf von München, so wollten es seine Planer, sollte die Ausnahme sein. »Diese neuartige Aufgabe, eine kleine Stadt für 12 000 bis 15 000 Menschen für zwei verschiedene Nutzungen zu planen, olympisch und nacholympisch, war außerordentlich lehrreich und reizvoll« schreibt der Architekt Erwin Heinle über die Planung, die eineinhalb Jahre in Anspruch nahm, während die Bauzeit selbst knapp drei Jahre betrug. Der Kostenaufwand: rund 480 Millionen DM.

Dafür wohnt die Sportlerjugend aus aller Welt während der Olympischen Spiele vom 26. August bis 11. September so komfortabel wie nie zuvor. In dem »schönsten aller olympischen Dörfer« ist außerdem zum erstenmal das Frauendorf von dem Männerdorf nicht durch einen echten, sondern nur durch einen symbolischen Zaun getrennt.

Ein Team von über 20 Architekten und Gutachtern hat das Dorf, das »so liberal wie möglich« sein sollte, geschaffen. Das Zentrum mit drei bis zu 18 Stockwerken hohen Wohnhäusern mit Hotel und Ärztezentrum, das Studentendorf und die drei Wohnarme mit Terrassenhäusern, einem Kinderspielplatz, dem Ladenzentrum und dem in zwei Ebenen gegliederten Verkehr (erste Ebene für den Straßenverkehr, darüber die zweite Ebene für die Fußgängerzone) bilden eine moderne Kleinstadt. Diese riesige Wohnmaschine, die jeden Konsumwunsch erfüllt, weckt dennoch auch leises Unbehagen. Kritiker sehen in der Skyline der olympischen City riesige weiße Klötze wie aus dem Baukasten eines Zyklopen. Mit dem Olympia-Park auf dem Oberwiesenfeld haben sich die Organisatoren selbst ein Denkmal gesetzt. Ausführung: Behnisch und Partner in Zusammenarbeit mit Frei Otto. Das Zeltdach weist in neue architektonische Dimensionen. 75 000 Quadratmeter Acrylglas, aufgehängt zwischen Stahlnetzen und gewaltigen Pylonen, überspannen Schwimm- und Turnhalle sowie einen Teil des Olympia-Stadions. Der Park mit seinen 800 000 Quadratmetern gilt als größtes Erholungs- und Sportzentrum Europas. Aber auch das Olympische Dorf wird nach den Spielen nicht, wie vielfach befürchtet, eine rostende Edelruine, sondern ein begehrtes Wohnviertel mit 92 Prozent Eigentumswohnungen und großzügigen Freiflächen.

Tutanchamun-Ausstellung in London

Es ist die Ausstellung des Jahres, die Sensation nicht nur für London, wo sich die Besucher diszipliniert zu drei- bis vierstündigen Wartezeiten vor dem Britischen Museum aufreihen, sondern für die Kunsttouristen aus aller Welt: Die Tutanchamun-Schau zum 50. Jahrestag der Entdeckung des sagenumwobenen Grabes im Tal der Könige zu Luxor am 4. November 1922 durch Howard Carter.

Aufwendige Vorbereitungen gehen der Ausstellung voraus: Die Grabschätze werden in Ägypten unter kugel- und bruchsicherem Glas verpackt, RAF-Bomber fliegen sie nach London; mit 85 Millionen DM garantiert die britische Regierung die unersetzlichen Goldschätze. Etwa 50 Objekte werden in der Ausstellung, die vom Frühjahr bis zum Herbst läuft, gezeigt. Das ist nur ein kleiner Teil der gefundenen Schätze aus dem Grab des junggestorbenen Königs, der ungefähr neun Jahre alt war, als er den Thron bestieg und weitere neun Jahre (um 1361–1352 v. Chr.) regierte. Es sind goldene Schreine, Truhen und Miniatursärge für die inneren Organe des Pharao, Halsketten, Kragenamulette und königliche Zepter, Alabasterkelche und Kopfstützen. Das Prunkstück der Ausstellung ist die Totenmaske des Tutanchamun, die über den mumifizierten Kopf des Königs gezogen wurde.

Optisches Esperanto

Die Olympischen Sommerspiele in München (und Kiel), die unter dem Druck des Vergleichs mit der politischen Funktion der Berliner Olympiade 1936 stehen, sollen durch ihre Gestaltung beweisen, daß die Bundesrepublik ein harmonischer, von protziger Geltungssucht freier Staat ist. Das Schlagwort von den »heiteren Spielen«, das der Überfall arabischer Freischärler auf die israelische Mannschaft und das blutige Ende der Geiselnahme nachträglich wie bitterer Hohn erscheinen läßt, geistert durch die gesamte Planungsarbeit.

Die Vorstellung, daß mit Formen und Farben für die gute Sache gestritten werden kann, vertritt vor allem der Designer Otl Aicher, ein ehemaliger Mitarbeiter Max Bills an der inzwischen geschlossenen Ulmer Hochschule für Gestaltung. Seine Konzeption einer durch Einheitlichkeit in ihrer Wirkung zwingenden visuellen Selbstdarstellung umfaßt Gegenstände von der Eintrittskarte über die Bekleidung der Offiziellen bis zum Fahnenschmuck. Aichers als aggressionshemmend gedachte Farbkombination von zartem Blau, sanftem Grün und Silber wird allerdings als allzu milde kritisiert und zum Spektrum des Regenbogens erweitert.

Wegweisend – im wörtlichen wie im übertragenen Sinne – für eine rasch um sich greifenden Entwicklung wird Aicher durch seine 155 für das Olympiagelände entworfenen Piktogramme. Die Bildsymbole sind gleichsam die optische Entsprechung zur Welthilfssprache Esperanto. Als späte Nachfahren beispielsweise ägyptischer Hieroglyphen sind sie durch ihre funktionale und ästhetische Gestaltung nicht allein Zeichen der Verbindung von Zweckmäßigkeit und Stil; auf der Grundlage der Allgemeinverständlichkeit abstrahierend dargestellter Gegenstände und Situationen enthalten die Piktogramme zugleich die Vorstellung einer die Sprachgrenzen überwindenden visuellen Kommunikation.

Otl Aicher, Piktogramme für das Olympiagelände in München; 1972.

1972

Der Notstand des öffentlichen Bewußtseins

Die amerikanische Filmschauspielerin Jane Fonda reist im Juli nach Nordvietnam und fordert von hier aus die in Südvietnam stationierten US-Piloten auf, die Bombardierung Nordvietnams einzustellen. Nach ihrer Rückkehr droht ihr die Anklage wegen Hochverrats.

Im Oktober wird Joseph Beuys fristlos aus seinem Lehramt an der Düsseldorfer Kunstakademie entlassen. Der Grund: Er hat mit 60 zurückgewiesenen Studienbewerbern das Sekretariat besetzt, um gegen den Numerus clausus zu protestieren; ab 1972 regelt in der Bundesrepublik die »Zentralstelle für die Vergabe von Studienplätzen« die Zulassung zum Studium.

Zwei Beispiele für ein weltweites Klima der Einschüchterung und Maßregelung, das sich in der Bundesrepublik vor allem im Zusammenhang mit den terroristischen Anschlägen der Roten Armee Fraktion ausbreitet. Durch den Prozeß gegen das RAF-Mitglied Karl-Heinz Ruhland erhält der Begriff des Sympathisanten eine gefährliche Wirkung. Ruhland bezichtigt zahlreiche Personen, die Terroristen unterstützt zu haben, darunter den in Hannover lehrenden Psychologieprofessor Peter Brückner, der daraufhin sofort vom Dienst suspendiert wird.

Ausgehend von der Berichterstattung der »Bild-Zeitung« über die »Baader-Meinhof-Bande« hat sich Heinrich Böll in der »Spiegel«-Ausgabe vom 10. Januar gegen jede Vorverurteilung gewandt: »Es ist Zeit, den nationalen Notstand auszurufen. Den Notstand des öffentlichen Bewußtseins, der durch Publikationen wie ›Bild‹ permanent gesteigert wird.« Böll fordert »freies Geleit« für Ulrike Meinhof und einen »öffentlichen Prozeß«, der ebenso dem Verleger Springer »wegen Volksverhetzung« gemacht werden sollte. Als Böll im Oktober den Literaturnobelpreis erhält, stößt die Ehrung in der Bundesrepublik teilweise auf Kritik: Böll ist in den Verdacht des »geistigen Sympathisantentums« geraten.

Oben links: Joseph Beuys, 1972.
Oben rechts: Heinrich Böll, 1972.

Schriftsteller auf dem Rückzug ins Private

Ist es ein Reflex auf den Boom der populären Memoirenschreiber? Wie auch immer – die deutsche Literatur zieht sich ins Autobiographische zurück. Man spricht von einer »Konjunktur des öffentlichen Privaten«. Zu den Schriftstellern, die ihr Innerstes, mehr oder weniger verschlüsselt, nach außen kehren gehört beispielsweise Gerhard Zwerenz, der bereits 1971 *Kopf und Bauch. Die Geschichte eines Arbeiters, der unter die Intellektuellen gefallen ist* veröffentlicht hat. In diesem Jahr folgen Peter Rühmkorf mit *Die Jahre, die ihr kennt* und Max Frisch mit seinem *Tagebuch 1966–1971*. In Frischs Gesamtwerk spielt das Tagebuch ohnehin eine eminent wichtige Rolle; hier wird die Welterfahrung des umgetriebenen, häufig auf Reisen weilenden Autors objektiviert und festgehalten. Private Einblicke geben Günter Grass mit *Aus dem Tagebuch einer Schnecke* (1972) oder Walter Kempowski, der sich nach *Tadellöser & Wolff* (1971) mit *Uns geht's ja noch gold* nun anschickt, die Aufarbeitung seiner Erlebnisse fortzusetzen; andere verstecken sich nur knapp hinter ihren literarischen Figuren. Die Ego-Manier, das Ich-Sagen ist ein neuer Ton in der deutschen Gegenwartsliteratur. »Auf allen literarischen Beeten«, so stellt der Kritiker Reinhard Baumgart fest, gibt es wieder »wie gedüngt hochschießende ... Intimgeschichten«.

Literatur

Neuerscheinungen

● Rudolf Augstein: *Jesus Menschensohn*. Das Buch des »Spiegel«-Herausgebers vertritt die radikale Ablehnung des ganzen Christentums. Augsteins heftig kritisierte Grundthese lautet: Theologen aller Konfessionen wissen genau, daß das Christentum in seinem eigentlichen Kern ein kapitaler Irrtum ist, wollen dies aber sich und den anderen nicht eingestehen.

● Ingeborg Bachmann: *Simultan*. Neue Erzählungen, die in dichter Milieuschilderung die psychologischen Porträts von fünf Wienerinnen widerspiegeln.

● Werner Finck: *Alter Narr – was nun? Die Geschichte meines Lebens*. Die außergewöhnliche Lebensrückschau eines mutigen »Wanderpredigers des Humors« (Friedrich Luft).

● Frederick Forsyth: *Der Schakal (The Day of the Jackal)*. Außerordentlich spannender Thriller über ein von der OAS geplantes Attentat auf Charles de Gaulle. Das Buch führt monatelang die Bestsellerlisten an.

● Günter Grass: *Aus dem Tagebuch einer Schnecke*. Episodenreicher Rechenschaftsbericht über die Erfahrungen eines Wahlkämpfers aus dem Jahre 1969, der zu Fragen des gesellschaftlichen Fortschritts keine Lösung anbietet, sondern »Zweifel schenkt«.

● Peter Handke: *Wunschloses Unglück*. Die autobiographisch-sozialkritische Erzählung ist die Rekonstruktion des Lebens von Handkes Mutter, die sich aus den Zwängen eines bäuerlichen Lebens nicht befreien kann.

● Peter Handke: *Der kurze Brief zum langen Abschied*. Psychologischer Entwicklungsroman, in dem die typisch Handkeschen Probleme der Vereinzelung und Entfremdung sich vor amerikanischer Szenerie entfalten.

● Rosemarie Heinikel: *Rosy-Rosy*. Obszön-romantische Lovestory aus dem Schwabinger Underground, die von der seriösen Literaturkritik mit Amüsement behandelt wird.

● Hermann Kant: *Das Impressum*. Entwicklungsroman des DDR-Autors über den Aufstieg eines Laufjungen zum Chefredakteur einer Illustrierten. Das Buch spiegelt mit Jargon, Witz und ironisierender Distanz auch die Verhältnisse in der DDR.

● Werner Maser: *Adolf Hitler. Legende, Mythos, Wirklichkeit*. In akribischer Kleinarbeit trägt der Autor Hitlers Hinterlassenschaft zusammen und gelangt damit zu einem eigenständigen Werk mit neuen historischen Erkenntnissen.

● Alexandr Solschenizyn: *August 1914 (Avgust cetyrnacatogo)*, erste Veröffentlichung in Paris, 1971. Der erste Teil einer Trilogie, die Solschenizyn selbst als sein Hauptwerk bezeichnet. Verwirrend zahlreiche Einzelepisoden gruppieren sich um den Ausbruch des deutsch-russischen Krieges im Sommer 1914. Das Werk fordert sowohl in der Sowjetunion als auch im Westen die Kritik heraus, Solschenizyn glorifiziere das vorrevolutionäre, das »ewige« Rußland.

Ereignisse

● Die Einführung des sog. Bibliotheksgroschens für Schriftsteller, deren Werke in öffentlichen oder gewerblichen Büchereien stehen, wird vom Bundestag am 14. Juni endgültig beschlossen.

● Die amerikanische Illustrierte »Life«, die größte Illustrierte der Welt, stellt zum Jahresende ihr Erscheinen ein.

Richard Wagner/Götz Friedrich
Tannhäuser
Szenenfoto mit Hugh Beresford
in der Titelrolle als von den
Wartburg-Fuedalherren
Ausgestoßener
Bayreuth 1972

Bernardo Bertolucci und
Marlon Brando
bei den Dreharbeiten zu
Der letzte Tango in Paris
1972

Verletzte Gefühle – Skandale auf Opernbühne und Kinoleinwand

Am 20. Juli werden die Bayreuther Festspiele mit einer spektakulären Tannhäuser-Inszenierung eröffnet. Regie führt der 42jährige Götz Friedrich, der von 1968 bis 1972 an der Ost-Berliner Komischen Oper tätig gewesen ist und 1973 an die Staatsoper nach Hamburg engagiert wird. Zu den bemerkenswerten Ansätzen einer Neuinterpretation der Liebesthematik in Tannhäuser gehört die Auffassung von Venus und Elisabeth von Thüringen als Doppelrolle, die Friedrich mit Gwyneth Jones besetzt. Empörung erregt jedoch das politische Engagement der Inszenierung. Friedrich sieht Tannhäuser als einen »suchenden Künstler, der sich gleichzeitig als gesellschaftliches Wesen verwirklichen will« und an den feudalen Verhältnissen auf der Wartburg scheitert. Diese gesellschaftspolitische Aktualisierung stößt ebenso auf lautstarkes Mißfallen wie das wild-wogende Venusberg-Bacchanal, das John Neumeier choreographiert hat. Mit ebenso wütenden Protesten reagieren Teile des Publikums und der Kritik auf den Chor in der Schlußszene, der in Arbeiterkluft hinter der Leiche Tannhäusers steht.

Am 14. Oktober hat der Film L'ultimo tango a Parigi (Der letzte Tango in Paris, 1973) Premiere, eine italienisch-französische Koproduktion unter der Regie von Bernardo Bertolucci. Die Hauptdarsteller sind Marlon Brando und Maria Schneider. Was diese beiden in einer leeren, kahlen Appartementwohnung treiben, erregt heftigste Proteste. Derart freizügige sexuelle Szenen hat es bisher auf der Leinwand noch nicht gegeben. Sie haben zur Folge, daß die eigentliche Thematik kaum wahrgenommen wird. Der Film ist eine beklemmende Studie zweier Menschen, die sich ganz auf die Sexualität zurückziehen, aber scheitern, denn zu erotischen Beziehungen sind sie nicht mehr fähig. Der letzte gemeinsame Auftritt ist ein lasziver Tango. Was als Affäre beginnt, endet als Kampf, aus dem die Frau als Siegerin hervorgeht. Sie erschießt den Mann, als er beginnt, ihre Gefühle zu fordern.

Duane Hanson
Putzfrau
1972

Dem Fotorealismus in der Malerei entspricht in der Skulptur der Abgußrealismus. Zu seinen konsequentesten Vertretern gehört der Amerikaner Duane Hanson. Wie George Segal fertigt er zunächst Gipsabgüsse seiner Modelle an. Die Hohlformen werden mit Polyester und Fiberglas ausgegossen, die einzelnen Glieder zusammengesetzt, bemalt, bekleidet und mit Requisiten versehen. Die Figuren nehmen die Mitte ein zwischen den verfremdeten Alltags-Environments Segals und den bis zum Horror gesteigerten Figurengruppen eines Edward Kienholz.

»In meiner Skulptur bin ich ganz von meinem Sujet distanziert«, erklärt Hanson, »wiewohl meine früheren Arbeiten ziemlich expressionistische Ausbrüche gegen Krieg, Unfälle, Mord und Gewalttätigkeit waren. Nun finde ich, daß meine geglücktesten Sachen weniger thematisch und ideografisch sind. Sie sind sehr naturalistisch und illusionistisch, was beim Betrachter zu einem gewissen Schock, zu verdutzter Kritik und zu heftiger psychischer Reaktion führt. Meine Arbeit geht jetzt mehr in Einzelheiten, einschließlich Wimpern, Haut, Pigmentflecken, Adern, Haarteilen, Quetschungen an den Beinen usw. Am liebsten habe ich die Sujets, die sich mit dem Vertrauten, den Gemeinplätzen, dem oft Stupiden, Leeren oder Grotesken befassen und die vor allem, wie ich meine, die wahre Lebensrealität durch die Unvollkommenheit von Menschen in einer komplexen, verworrenen und verqueren Welt widerspiegeln.«

Hanson über das Verhältnis zwischen der Realität der wirklichen Körper und der Realität der Skulpturen: »Die realen Körper der Personen dienen den Skulpturen als Prototypen«, die nicht einfach kopiert, sondern in »eine synthetische Version des Originals umgewandelt werden. Die jeweilige Arbeit wird als eine dauerhafte Manifestation des Originals zugespitzt, gehärtet und akzentuiert... Realität und Illusion sind etwas völlig Verschiedenes, werden aber dazu gebracht, als weithin das gleiche zu erscheinen, wenn man all diese Details so behandelt, daß sie sich auf die Gesamtarbeit beziehen. Auf diese Weise entdeckt der Betrachter, daß er getäuscht wurde, aber er fragt sich: ›Wie wurde ich getäuscht?‹ Falls er es herausbekommt, wird er finden, daß der Künstler von Anfang an durch die Wahl des Sujets, durch Anordnung, Bekleidung und Beachtung von Details das Problem dadurch gelöst hat, daß er sich um diese subtilen Beziehungen innerhalb der Arbeit kümmerte, statt daß er versuchte, sie vom Original zu übernehmen.«

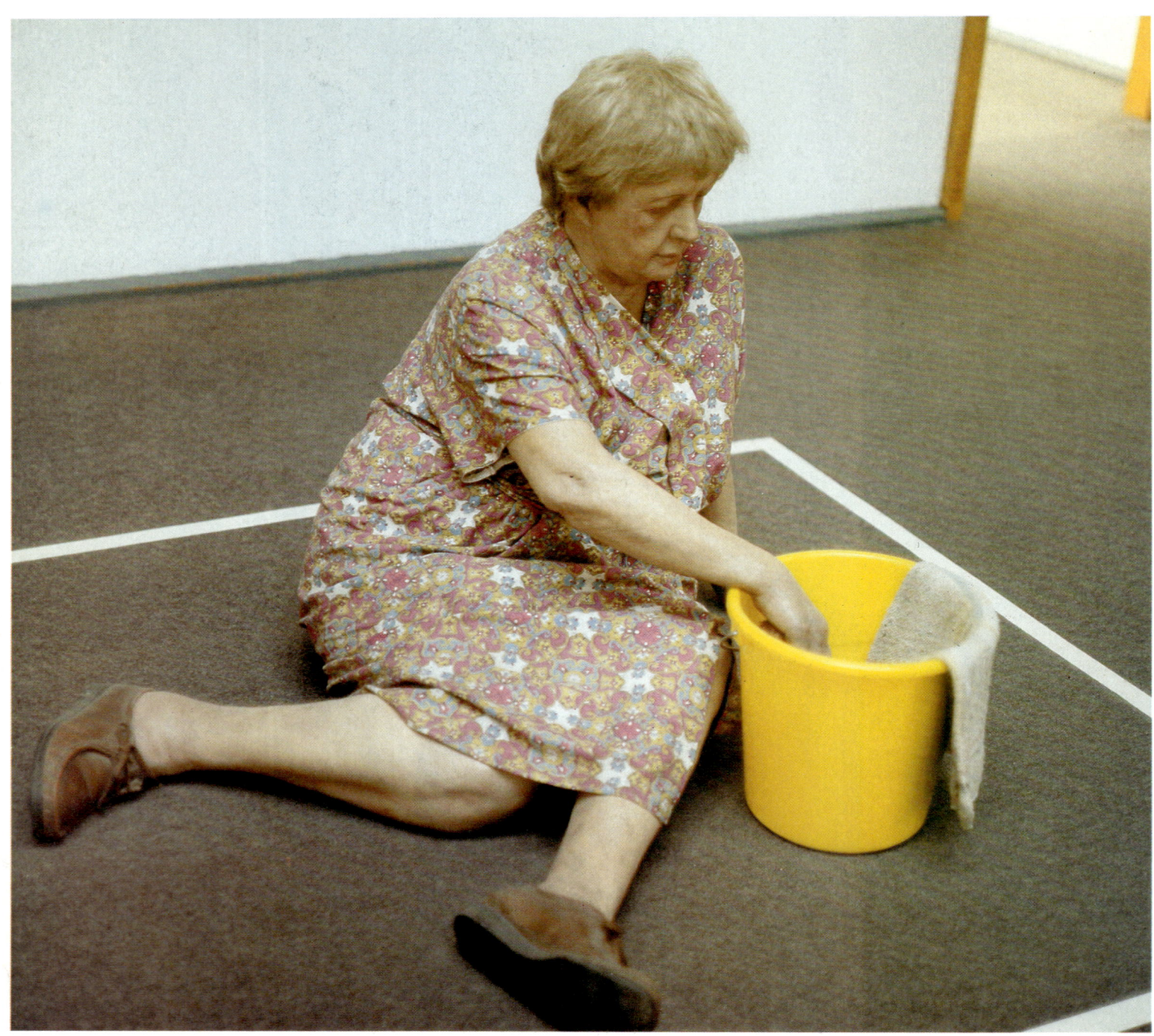

Die Jesus-Welle: Der Heiland als Superstar

Mit den Premieren der erfolgreichen amerikanischen Jesus-Musicals *Godspell* in Hamburg und *Jesus Christ Superstar* in Münster erreicht im Februar die von Amerika ausgehende religiöse Erweckungsbewegung auch die Bundesrepublik. Das neue Idol heißt Jesus.

»Jesus kommt«, kündigen Buchverlage, Filmverleiher und Musikproduzenten gleichermaßen an. George Harrison besingt *My Sweet Lord,* Bob Dylan in *New Morning* den Vater des Universums. Es gibt Beat-Oratorien und Rock-Requiems. Eine Flut populärer und seriöser Jesus-Bücher überschwemmt den Markt.

Die überraschende religiöse Oh-Mensch-Bewegung fällt in eine Zeit, in der sich Leben und Ideale von Jugendlichen radikal geändert haben. Viele von ihnen haben die unterschiedlichsten Fluchten vor der bürgerlichen Welt hinter sich: politische Barrikadenstürme, Sex- und Drogen-Trips, vergebliche Ich-Suche bei Buddha und Krischna. All diesen Fluchten folgt die ernüchternd-schmerzhafte Desillusionierung, der Wunsch nach einer gütigen, verstehenden Vaterfigur, die der eigene Vater nicht war. Der Religionspsychologe Dieter Stollberg: »Die Gruppe bietet dem einzelnen, was er so lange vermißt hatte – Geborgenheit wie an der Mutterbrust. Und Jesus ist für sie jene natürliche Autorität, die sie nötig haben, um aus ihrer Identitätskrise herauszukommen.«

TV-Zensur

Wenige Stunden nach einer Pressevorführung des Films *Nicht der Homosexuelle ist pervers, sondern die Situation, in der er lebt* von dem homosexuellen Regisseur Rosa von Praunheim im WDR beschließt die Koordinierungskonferenz der ARD die Absetzung der für den 31. Januar geplanten Ausstrahlung. Der Film läuft statt dessen im 3. Programm mit anschließender Diskussion. (Der Bayerische Rundfunk schließt sich als einziger aus.) Der bei der Berlinale 1971 gezeigte Streifen attackiert in erster Linie die Homosexuellen selbst, die sich nicht kämpferisch offen zu ihrer Veranlagung bekennen.

Chaplins Rückkehr nach Amerika und in die Kinos

Charlie Chaplin wird (nach dem 1929 für Circus *verliehenen Oscar) ein Ehren-Oscar zugesprochen für »die unschätzbaren Verdienste, die er sich darum erworben hat, den Film zur Kunstform des 20. Jahrhunderts zu machen«. Chaplin, der seit 20 Jahren im schweizerischen Exil lebt, folgt entgegen allen vorausgegangenen Beteuerungen der Einladung nach Hollywood; sein Auftritt wird zur großen Versöhnungsgeste zwischen dem ehemals verfemten Künstler und Amerika.*

Chaplin wurde wie viele seiner Berufskollegen Ende der vierziger Jahre wegen des Verdachts der »Sympathien mit dem Kommunismus« verfolgt und mehrfach vor das Komitee für unamerikanische Aktivitäten zum Verhör geladen. Als er sich 1952 auf einer Europareise befand, wies der US-Justizminister die Einwanderungsbehörde an, Chaplin bei seiner Wiedereinreise festzusetzen, bis er eine Loyalitätserklärung abgegeben habe. Chaplin entschloß sich, ins Exil zu gehen, und ließ sich in Vevey am Genfer See nieder; seine Filme nahm er unter Verschluß.

1969 forderte eine Gruppe französischer Cineasten den Meister der Komik auf, endlich seine Filme freizugeben und einer zunehmenden Geringschätzung seiner Werke entgegenzuwirken. Chaplin verkaufte zwei Jahre nach dem Appell die Rechte an elf seiner wichtigsten Filme, darunter Moderne Zeiten, Goldrausch *und* Der große Diktator.

Chaplins Reise in die USA wird von seinen Verehrern mit gemischten Gefühlen aufgenommen, denn sie sehen, daß es Hollywood vornehmlich um den Kommerz geht: Ehren-Oscar wie triumphaler Empfang dienen im Grunde der Publicity für die große Chaplin-Retrospektive, die 1972 in den USA und Europa startet.

Chaplin stirbt am 25. Dezember 1977 im Alter von 88 Jahren in seiner Schweizer Wahlheimat Vevey.

Oben links: The Gold Rush, 1925; Szenenfoto mit Charlie Chaplin.
Oben rechts: Chaplin mit seinem Ehren-Oscar, 1972.

Film und Fernsehen

Premieren

● Peter Bogdanovich: *Is' was, Doc?* (*What's up, Doc?,* 1971) mit Barbra Streisand und Ryan O'Neal. Finanzieller Überraschungserfolg und künstlerischer Durchbruch des Regisseurs, der mit nostalgischer Verehrung alte Hollywoodfilme, hier die »Screwball Comedy« (Komödiengenre mit Witz, Rhythmus und exzentrischen Charakteren) um einen Musikwissenschaftler, neu zu beleben versucht.
● Luis Buñuel: *Der diskrete Charme der Bourgeoisie* (*Le charme discret de la Bourgeoisie*), mit Fernando Rey, Delphine Seyrig. Die phantastisch-surreale Denunziation der – heimlich doch geliebten – Bourgeoisie zeigt die gute Gesellschaft, die mit ihrer Repräsentation, dem Heroinhandel und der gewaltsamen Aufrechterhaltung der Machtverhältnisse beschäftigt ist und dabei ihrer Schuldgefühle überführt wird.
● Francis Ford Coppola: *Der Pate* (*The Godfather,* 1971) mit Marlon Brando und Al Pacino. Werkgetreue Verfilmung des Mafia-Buches von Mario Puzo.
● Rainer Werner Fassbinder: Die fünfteilige Fernsehserie *Acht Stunden sind kein Tag* startet am 29. Oktober. Die kritischen Geschichten aus der Arbeitswelt, die sich an ein breites Publikum wenden wollen, sind mit den typisierenden Klischees der gängigen Familienserien inszeniert. Die Absicht, nebenbei Denkanstöße zu Problemen wie Mitbestimmung, Arbeitsentfremdung, Gastarbeiter usw. zu liefern, überwuchert schließlich den Unterhaltungswert bei weitem.
● Rainer Werner Fassbinder: *Der Händler der vier Jahreszeiten* mit Hanna Schygulla, Irm Hermann, Hans Hirschmüller. Mit dieser melodramatischen Tragikomödie macht der Regisseur einen seiner bisher besten Filme.
● Federico Fellini: *Roma.* Eine chaotische, von persönlichen Erfahrungen geprägte Nummernrevue zum Thema Fellini und Rom. Großes Welttheater zwischen hoher Tragödie und Schmieren-Effekten.
● Bob Fosse: *Cabaret* mit Liza Minnelli. Die Freundschaft eines englischen Studenten mit einer Variété-Sängerin in Berlin ist ein ebenso beklemmendes wie faszinierendes Zeitgemälde vor dem aufkommenden Chaos und Terror der Nazizeit.
● Roman Polanski: *Macbeth.* Wort- und werkgetreue, aber blutrünstige Verfilmung von Shakespeares Tragödie.

1972

Theater

Premieren

● Thomas Bernhard: *Der Ignorant und der Wahnsinnige.* Uraufführung am 29. Juli bei den Salzburger Festspielen (Landestheater). Regie: Claus Peymann. Eine Sängerin wird zur mechanisch funktionierenden Koloraturmaschine degradiert. Eine verhöhnende Attacke auf den kommerziellen Kulturbetrieb.

● Rolf Hochhuth: *Die Hebamme,* Uraufführung gleichzeitig im Schauspielhaus Zürich, den Kammerspielen München, den Bühnen der Stadt Essen, dem Deutschen Theater Göttingen und den Staatstheatern Wiesbaden und Kassel am 4. Mai. Der Autor erkennt angesichts gesellschaftlicher Mißstände in der Bundesrepublik: Nicht mit legalen Mitteln lassen sich die Zustände ändern, sondern nur durch Eigeninitiative.

● Botho Strauß: *Der Hypochonder,* Uraufführung am 22. November im Deutschen Schauspielhaus Hamburg. Regie: Claus Peymann. Vordergründig absurd-clowneskes Kriminalstück, das sich als psychologischer Alptraum vom ichbesessenen und neurotisch angstbestimmten modernen Menschen erweist.

● Peter Turrini: *Sauschlachten.* Uraufführung am 15. Januar in der Werkstatt der Münchner Kammerspiele. Regie: Alois Michael Heigl. Die Abfolge physischer und geistiger Grausamkeit macht *Sauschlachten* zu dem wohl brutalsten Stück, das die Volkstheaterwelle süddeutsch-österreichischer Milieu-Dialekt-Dramen hervorgebracht hat.

Ereignisse

● München: Im Oktober stellt die Lach- und Schießgesellschaft, Deutschlands populärstes Kabarett, ihren Betrieb ein.

Neue Volkstümlichkeit

Auf dem Theater zeichnet sich eine neue Entwicklung ab: Sozialkritisch-realistische Dialektstücke der Autoren Martin Sperr (er veröffentlicht 1972 seine Bayrische Trilogie), *Rainer Werner Fassbinder und Franz Xaver Kroetz erobern die Spielpläne. Literarisch stehen diese jungen Autoren in der Tradition Marieluise Fleißers und Ödön von Horváths. Zur Darstellung kommen bäuerlich-kleinbürgerliche Randzonen der Gesellschaft.*

Von Franz Xaver Kroetz wird am 24. Juni im Malersaal des Deutschen Schauspielhauses Hamburg das Drama Stallerhof *unter der Regie von Ulrich Heising uraufgeführt. Es handelt von einer debilen Bauerntochter (dargestellt von Eva Mattes), die sich in einen alternden Knecht verliebt. Die Liebesbeziehung dieser unterprivilegierten, abhängigen Menschen zerbricht an der Inhumanität und latenten Brutalität ihrer Umgebung. Die heile Welt des Dorfes wird demaskiert; sie gibt den Menschen keine Sicherheit, sondern zerstört sie.*

Setzen Sperr und Fassbinder den Dialekt ein, um atmosphärische Dichte zu erzeugen, so benutzt ihn Kroetz, um gesellschaftliche Unterprivilegierung zu demonstrieren. Seine Personen sind der Sprache kaum mächtig, die Spracharmut ist Sinnbild der Beschädigungen, denen die Menschen in dieser kleinbürgerlich-bäuerlichen Welt ausgesetzt sind. Kroetz äußert über seine Personen: »Ihre Probleme liegen so weit zurück und sind so weit fortgeschritten, daß sie nicht mehr in der Lage sind, sich wörtlich auszudrücken.« Sexuelle Repression und materielle Existenznot treiben die Menschen in unlösbare Konflikte, Selbstmord und Mord sind die ohnmächtigen Versuche, einen Ausweg zu finden.

Kroetz, der in diesem Jahr der DKP beitritt, stößt dort auf Kritik; er nimmt sie an und erklärt: »Weg von den Randerscheinungen, hin zu den Mächtigen auf der einen und zum Durchschnitt auf der anderen Seite.«

Stallerhof, 1972; Szenenfoto (Hamburg) mit Eva Mattes in der Rolle der debilen Bauerntochter.

Gereckte Black-Power-Fäuste

Waren Schwarze in Hollywoodfilmen zunächst nur Chauffeure und Hausdiener, Köchin und Kindermädchen, so begann mit Sidney Poitier in *Lilies of the Field,* 1963 *(Lilien auf dem Feld)* eine Übergangszeit: der Schwarze als Star, aber als einer, der sich weißen Verhaltensweisen anpaßte. Mit dem Detektivfilm *Shaft* von Gordon Park (1970 in den USA entstanden) beginnt eine neue Ära. Das Interesse der Black Community an Selbstdarstellung eröffnet einen neuen Markt, an dem erstaunlicherweise auch der europäische Kinogänger Anteil nimmt: Es sind aggressive Anti-Onkel-Tom-Filme mit Black-is-beautiful-Stimmung und gereckten Black-Power-Fäusten. Freilich gibt es viele unoriginelle Anleihen beim weißen Gangster- und Detektivfilm.

Terror in deutschen Schulen?

Die deutschen Schulen geraten in die Schlagzeilen. »Deutschlands Schulen – Zuviel Freiheit?« ist die Titelgeschichte des »Spiegels« vom 27. März. Sie macht deutlich, daß sich das einstmals so autoritäre Verhältnis zwischen Schüler und Lehrer gründlich gewandelt hat. Unruhe und Konflikte in den Klassen sind weit verbreitet. Das »Spiegel«-Resümee: Brutalität und Terror prägen zwar nicht, wie Alarmmeldungen vermuten lassen, den deutschen Schulalltag, aber die Schulen in der Bundesrepublik sind auch nicht mehr der Hort von Ruhe, Ordnung und Lerneifer, wie ihn sich viele Eltern wünschen. Die Schule steckt in einer tiefen Autoritätskrise. Aggression und Apathie haben sich unter den Schülern ausgebreitet. Das Amt allein gibt dem Lehrer keine Autorität mehr.

Naturwissenschaft, Technik, Medizin

● Der in Wolfsburg hergestellte VW-Käfer wird, soweit es die Verkaufszahlen betrifft, zum erfolgreichsten Auto der Welt. Mit über 15 Millionen Exemplaren übertrifft der Volkswagen an Stückzahl das bisher meistgebaute Auto, den amerikanischen Ford T, die legendäre »Tin Lizzie«.

● Am 3. März schicken die USA mit dem »Pioneer 10« eine Raumsonde ins All, die zunächst Fotos vom Jupiter zur Erde funken und anschließend das Sonnensystem verlassen soll. Für den Fall, daß sie auf eine extraterrestrische Zivilisation trifft, befindet sich eine Tafel mit einer Botschaft von der Erde an Bord, die zur Entzifferung für außerirdische Intelligenzler gedacht ist. Die Symbole zeigen eine Frau und einen Mann, kosmische Strahlungswellen, eine Darstellung des Wasserstoffatoms und eine Skizze des Sonnensystems mit der Erde als Herkunftsplaneten der Sonde.

Manfred Bluth
**Themse-Gruppenbild
mit J. Grützke, M. Koeppel
und G. Breitinger**
1973

Matthias Koeppel
Sport
1972

**Caspar David Friedrichs
Berliner Erben**

*In der Londoner Tate Gallery findet die
bisher umfangreichste Ausstellung
von Werken Caspar David Friedrichs
statt. Sie versammelt 58 Ölgemälde,
52 Handzeichnungen und 14 Arbeiten
von Schülern. Zu den Besuchern gehören drei Berliner Maler. Demonstrativ
weist Matthias Koeppel auf dem im
folgenden Jahr von Manfred Bluth gestalteten Erinnerungs-Gruppenbild-
nis den Ausstellungskatalog vor. Den
unmittelbaren Eindruck der Gemälde
Friedrichs gibt Koeppel 1972 in seinem
im Olympia-Jahr entstandenen Gemälde* Sport *wieder: Die Baumsil-
houette ist ein Friedrich-Bildzitat.
Sowohl das Gruppenbildnis als auch
die Landschaft à la Friedrich widersprechen allerdings gezielt der Gestaltungsweise des Romantikers. Wenn
dieser Personen in seine Landschaften
einbezogen hat, so sind sie nie dem Betrachter zugewandt, sondern lenken
seine Blicke gleichsam in die Weite des
Landschaftsraumes.
Insofern wandelt Koeppel allerdings
doch auf Friedrichs Spuren, indem er
seine Gestalten fern-sehen läßt. Demnach wäre die vom Medium vermittelte, sportliche Leistung eines Hoch-
springers, der auf dem Bildschirm zu
erkennen ist, die Entsprechung zum
Gegenstand der Andacht, die im Mittelpunkt des romantischen Land-
schaftserlebnisses steht. Oder enden
hier die Bezüge?
Zweifellos ist das Gemälde* Sport
*nicht bloße Ironisierung, sondern
steht im Zusammenhang einer Rückbesinnung auf Möglichkeiten realistischer Malerei. Sie gehört zum Programm der Berliner »Schule der Neuen
Prächtigkeit«, zu der sich Bluth, Koeppel, Johannes Grützke und Karlheinz
Ziegler im Januar 1973 zusammenschließen.
Im Hinblick auf die Wiederentdeckung
des Historismus, zu der auch die große
Makart-Ausstellung des Jahres 1972
gehört, erklären sie:* »Glaubt nicht, daß
die Schule der Neuen Prächtigkeit ver-
staubtes Dekor wiederbeleben will, sie
meint nicht den Prunk… Prächtigkeit
wird nur aus gesteigerter Empfindung
geboren.«*

Jørn Utzon
Sydney Opera House
1959–1973

**Skyline von Manhattan mit
dem World Trade Center**
von Minoru Yamasaki
als höchsten Gebäuden
eröffnet 1973

Monumentale Zeichen

*1973 werden zwei Bauwerke ihrer Be-
stimmung übergeben, die gleichermaßen spektakulär sind und zugleich
zwei Extreme bilden. Im einen Fall
herrscht das (bautechnisch schwach
untermauerte) Streben nach der Gestaltung eines allseitig plastischen, expressiven Zeichens mit vielfältigen
Assoziationswerten vor, in dem sich
der kulturelle Aufbruch einer ganzen
Nation versinnbildlicht. Im anderen
Fall reicht die Bündelung von Funktionen bis zu dem Triumph, alle umste-
henden Bauten zu überragen.*
*1957 ging der dänische Architekt Jørn
Utzon mit einem skizzenhaften, vom
Jurymitglied Eero Saarinen unter-
stützten Plan aus dem Wettbewerb für
ein neues Opernhaus der australischen Hafenstadt Sydney als Sieger
hervor. Dem Baubeginn 1959 folgten
ungeahnte Probleme, deren kostspielige und zeitraubende Bewältigung 1966
zur Ablösung Utzons durch die Architekten Ove Arup und Peter Hall führte.
Das in zwei Gebäude – einen (größeren) Konzert- und einen (kleineren)
Opernbau – gegliederte Bauwerk bildet die bisher radikalste Abkehr vom
Prinzip einer Entsprechung zwischen
Innen- und Außenbau. Die an geblähte
Segel oder geöffnete Muscheln erinnernden Dachschalen haben nichts
mit der tatsächlichen Deckengestalt
der Innenräume zu tun. Sie sind »reine«
Architektur im Sinne einer monumentalen Skulptur – »eine Extravaganz in
einer eintönigen Welt, etwas, worauf
man stolz sein darf« (John Prude).
Das World Trade Center in New York-
Manhattan, entworfen von dem aus
Seattle stammenden Architekten Minoru Yamasaki, bestätigt demgegenüber die im Hochhaus vorherrschende
Eintönigkeit. 110 Büroetagen sind
übereinandergestapelt zu einer Ge-
samthöhe von 415 Metern. Im Vorjahr
mußte in St. Louis ein von Yamasaki
erbauter Wohnblock gesprengt werden; Öde und Anonymität hatten die
Wohnmaschine zum Hort von Kriminalität und Vandalismus werden lassen. Der Höhenrekord des World Trade Center wird noch im selben Jahr in
Chicago durch das 445 Meter hohe
Sears Building gebrochen.*

Justus Dahinden
Schwabylon in München
Ausschnitt aus einer Werbeanzeige
für den Kauf von Schwabylon-
Eigentumswohnungen
1973

Karl Schwanzer
**BMW-Verwaltungsgebäude
in München**
1970–1973

Spekulation und Präzision
in Pop-Manier

*Der Augsburger Bauunternehmer Ot-
to Schnitzenbaumer ruft »die Schwabinger der Welt«, um sich in den 700
Appartements umfassenden Wohnblock an der Leopoldstraße in München-Schwabing einzukaufen. Dieser
bildet zusammen mit einem Einkaufs-
und Vergnügungszentrum die »erste
deutsche Freizeitstadt«. Schwabylon
ist die »Stadt-in-der-Stadt, in der alles
möglich ist ... Hier können Sie Schwabinger sein. Über Kunstmarkt und
Marktplatz bummeln. International
essen oder im Biergarten Brotzeit machen. Auf der Agora diskutieren. Ein-
kaufen. Sich im Schwimmbad erholen.
Auf der Eisbahn trainieren. Und überall sympathische Menschen treffen ...«
Doch das von dem Züricher Architekten Justus Dahinden entworfene Kernstück erweist sich als eine Art Pop-
Container mit zwar grell bemalter,
aber hermetischer Außenfront und
einer bizarren Bunkerlandschaft im
Inneren von bedrückender Wirkung.
Am Ende steht der Abriß.*

*Als erfolgreich erweist sich dagegen
das ebenfalls 1973 eröffnete Congreß
Centrum Hamburg (CCH), das gemeinsam mit dem Plaza Hotel das Erscheinungsbild der Innenstadt am
Dammtor prägt.*

*»Ein einzigartiges Stück verwirk-
lichter Pop-Architektur, ein Bau in
Form von vier riesigen aluminiumver-
kleideten Zündkerzen«, begeistert sich
der Kritiker P. Blake. Gemeint ist das
Münchner BMW-Verwaltungsgebäude, das die Abkehr von der Schachtel-
Grundform für Bürohochhäuser bestätigt. Vorausgegangen sind Bertrand Goldbergs zwei Marina City
Towers (1960–1964) in Chicago mit
rundem Grundriß. Das Münchner Gebäude ist 100 Meter hoch. Auf dem
Grundriß eines vierblättrigen Klee-
blatts erheben sich die vier Trommeln
um den zentralen Kern. Der österreichische Architekt Karl Schwanzer hat
ein Gebäude von höchster Präzision
geschaffen, als Ausdruck der technischen Perfektion des Produkts Auto.
Die Konstruktion entspricht zugleich
der Anforderung, vier Arbeitsteams pro
Stockwerkseinheit unterzubringen.*

Pablo Picasso
Massaker in Korea
1951

Pablo Picasso
**Weibliches Bildnis in Halbfigur
(nach Lukas Cranach d. J.)**
1958

Die Idee des Genies

*Im Juli zeigt die Westberliner National-
galerie grafische Arbeiten von rund 60
Malern, Bildhauern und Objektkünst-
lern, darunter Joan Miró, Jacques Lipchitz, Henry Moore, Roy Lichtenstein,
Andy Warhol und Joseph Beuys; ihr gemeinsames Thema: Hommage à Picasso. Ursprünglich als Festgabe zum
90. Geburtstag am 25. Oktober 1971
gedacht, bilden die auch als Mappen-
werk zur Subskription angebotenen
Drucke nun eine postume Ehrung. Der
Spanier und Wahlfranzose Pablo Ruiz
Picasso ist am 9. April in Mougins an
der Côte d'Azur gestorben.*
*Die Nachrufe überbieten sich in Super-
lativen: Picasso als der populärste,
vielseitigste, reichste, fleißigste Künstler aller Zeiten. Bei einer Anzahl von
über 50 000 verzeichneten Arbeiten in
den Bereichen Malerei, Grafik, Plastik,
Keramik und Bühnenausstattung, die
in acht Jahrzehnten entstanden sind,
läßt sich ein Tagewerk von ein bis zwei
Werken errechnen. Die Auseinandersetzung mit Picasso erscheint als abgeschlossen, obwohl viele Fragen offen
sind. Bemerkenswert bleibt die Feststellung des Picasso-Biographen John
Berger: »Der Erfolg Picassos hat wenig
mit seinem Werk zu tun. Er resultiert
aus der Idee des Genies, die es hervorruft.«*
*Die beiden hier wiedergegebenen Wer-
ke stammen aus den fünfziger Jahren,
in denen vor dem Hintergrund der im
Westen zur offiziellen Kunstform erhobenen gegenstandslosen Malerei und
Plastik deutlich wurde, daß Picassos
zentrales Thema das Bild des Menschen ist. Picassos Leben erscheint wie
ein Kampf um dessen Bewahrung.
Was wie willkürliche Deformation
wirkt, spiegelt auf vielfältige, mit stilgeschichtlichen Kategorien kaum faß-
bare Weise die Gefährdung des Menschen durch Einsamkeit, Armut, Krieg
und Gewalt. Das Ölgemälde Massaker in Korea gehört neben Guernica zu
den wenigen Bildern, die diesen Zusammenhang unmittelbar thematisie-
ren. Der farbige Linolschnitt Weibliches Bildnis in Halbfigur verweist auf
Picassos Auseinandersetzung mit dem
künstlerischen Menschenbild der Vergangenheit.*

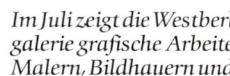

Kandinsky contra Buchheim

Nina Kandinsky, Witwe des 1944 gestorbenen russischen Malers Wassily Kandinsky, gewinnt einen seit langem schwelenden, grundsätzlichen Rechtsstreit gegen den Verleger, Schriftsteller, Maler und Kunstkenner Lothar-Günther Buchheim. Innerhalb von 13 Jahren hatten sich sieben Gerichte mit dem Fall befaßt. Der juristische Schwerpunkt lag in der Frage, in welchem Umfang bei Kunstbüchern Reproduktionen von der Zitatenfreiheit des Urhebergesetzes gedeckt sind. Nach der Entscheidung des Bundesgerichtshofes kann man die Reproduktion von 69 Werken, die der Verleger herausgegeben hatte, nicht mehr als Zitat ansehen. Buchheim muß die in seinem Besitz befindlichen Abbildungen Nina Kandinsky zurückgeben und die Klischees vernichten.

Mobile Sitzelemente kommen von COR.
Mobile Lehnen auch.

Mobile Wohnlandschaften

Die Bundesbürger werden der traditionellen »guten Stube« überdrüssig. Der massive, unverrückbare Wandschrank, die wuchtige Sitzgarnitur und die klobige Stereotruhe sollen einer offeneren, flexibleren Raumgestaltung weichen. Die Moderne kehrt ins Wohnzimmer ein. Schaumstoffdünen, Sitzmobiliar aus Acrylglas und körpergerechte, fließende Polsterlandschaften breiten sich aus. Die starre Schrankwand muß gelockerten, unregelmäßig kombinierten Schranktüren und Regalen weichen.

Auch der Raum verändert sich. Gemauerte Zimmerwände, die die Möblierung vorprogrammieren, sind nicht mehr beliebt. Das neue Wohnen fordert die Gestaltung mobiler Wohnlandschaften, die Wände werden durch variable Trennelemente ersetzt. Das Bedürfnis, seinen Wohnraum nach eigenen Vorstellungen zu gestalten, wächst. Freilich macht die »Revolution« im Wohnzimmer halt vor den Schlafzimmertüren – das traditionelle Schlafzimmer bleibt unangetastet.

Im Grunde handelt es sich beim »mobilen Wohnen« um die Übertragung von Prinzipien des Großraumbüros mit seinen Gruppierungen und Trennelementen auf den privaten Wohnbereich. Auch in modernen Museumsbauten hat sich der variabel zu unterteilende Großraum durchgesetzt. Zu den architekturgeschichtlichen Vorbildern gehören Bauten wie das von Ludwig Mies van der Rohe 1928 entworfene Haus Tugendhat in Brünn, dessen riesiger Wohnbereich durch Vorhänge unterteilt werden kann.

Die verlockenden Angebote der avantgardistischen Möbelhersteller und die Entwürfe der Innenarchitekten kollidieren allerdings mit den Gegebenheiten der durchschnittlichen Wohnbauarchitektur und deren Grundrißgestaltung von Zweieinhalb- bis Vier-Zimmer-Wohnungen. Der an die Bauherren gerichtete Appell »Weg vom mittelalterlichen Kammersystem« verhallt ungehört.

Oben: Großraumbüro.
Mitte: Werbung für neuzeitliches Wohnen, 1973.

Bildende Kunst

Ausstellungen
● Baden-Baden: Die große Präraffaeliten-Ausstellung in der Kunsthalle vom 23. November 1973 bis 24. Februar 1974 gibt dem Publikum erstmals Gelegenheit zur Konfrontation mit dieser lange Zeit vergessenen Stilrichtung.
● Essen: Die Ausstellung *Pompeji – Leben und Kunst in den Vesuvstädten* in der Essener Villa Hügel vom 19. April bis 15. Juli zeigt mehr Objekte zu diesem Thema, als der Reisende sie während eines mehrtägigen Aufenthaltes in Italien an Ort und Stelle zu sehen bekommt.
● Hamburg: Die Ausstellung *Kunst in Deutschland 1898 bis 1973* in der Kunsthalle vom 10. November 1973 bis 6. Januar 1974 wird zu einer der größten Kunstpräsentationen, die in den letzten Jahren in Deutschland zu sehen waren.
● Hamburg: Der Kunstverein präsentiert vom 8. Dezember 1973 bis 27. Januar 1974 Peter Bla-

kes Pop-art. Für den Artisten der britischen Pop-Szene der fünfziger und sechziger Jahre ist es die erste Ausstellung in Deutschland.
● London/Paris: Es wird ein Weltereignis, als China mit 400 Werken von der Steinzeit bis zum 14. Jahrhundert seine Schatzkammern für Europa öffnet. Die große China-Ausstellung, die mit 140 Millionen DM versichert ist, wird im Mai in Paris und im September in London gezeigt und löst einen ähnlichen Kunsttourismus aus wie im Jahr zuvor die Tutanchamun-Ausstellung.

Ereignisse
● Lascaux: Die berühmten Höhlenbilder geraten durch die ständig mit den Besuchern einströmende Luft in Gefahr. Die Höhle wird für das Publikum geschlossen, und man beginnt mit der Anfertigung von Duplikaten.
● Nizza: Marc Chagall, der am 7. Juli seinen 86. Geburtstag feiert, erhält aus diesem Anlaß vom französischen Staat ein Museum zum Geschenk. Das Haus

bei Nizza ist die Gegengabe für die Stiftung der 17 Ölgemälde zum Thema »biblische Botschaft«, die der Maler 1967 dem französischen Staat schenkte.
● New York: Amerikas Sgraffiti-Maler erobern die U-Bahnhöfe von New York. Während die Öffentlichkeit noch diskutiert, ob es sich hier um eine Form von Vandalismus oder um den Ausdruck einer neuen Subkultur handelt, wird der farbenfrohen Malkunst mit den dicken Filzstiften bereits die erste Ausstellung gewidmet.
● Rom: Papst Paul VI. eröffnet Ende Juni die Vatikanische Galerie der Kunst des 20. Jahrhunderts. Damit nimmt der Vatikan eine alte, aus der Zeit der Renaissance stammende Tradition wieder auf, die großen Werke zeitgenössischer Künstler zu sammeln.
● Die Malerin und Schöpferin der »Nanas«, Niki de Saint Phalle, macht zusammen mit dem Dokumentarfilmer Peter Whitehead den Film *Daddy*: ein Emanzipations-Happening, in dem der Mann und Vater dem Weiberingrimm ausgeliefert ist.

1973

Film

Premieren

● Sam Peckinpah: *Pat Garrett jagt Billy the Kid (Pat Garrett and Billy the Kid,* 1972) mit Kris Kristofferson, James Coburn und Bob Dylan. Die Geschichte von dem legendären Desperado des Wilden Westens, Billy the Kid, der als 21jähriger von seinem ehemaligen Freund erschossen wird, ist einer der schönsten und bei aller gezeigten blutigen Gewalt zugleich lyrischsten Spätwestern, die je gedreht wurden.

● Tonino Valerii, Sergio Leone: *Mein Name ist Nobody (Il mio no-*

me e *Nessuno).* Künstlerisch mißglückter, kommerziell erfolgreicher Versuch, aus Hollywood-, Italo- und Klamauk-Western eine neue Variante zu schaffen.

● Luchino Visconti: *Ludwig II.* mit Helmut Berger, Romy Schneider u. a. Die Vision eines dilettierenden Aristokraten, der das Reich der Kunst in der Welt errichten will, ist einer der schwergerischsten Filme aus dem Spätwerk Viscontis und nach den *Verdammten* (1970) und *Der Tod in Venedig* (1971) der dritte Teil seiner ›deutschen Triologie‹. Der Verfall eines Menschen spiegelt den Verfall der Zeit.

Ereignisse

● James Bond, der Drachentöter des Atomzeitalters, kehrt verjüngt auf die Leinwand zurück. Roger Moore verkörpert in *Leben und sterben lassen (Live and Let Die)* Ian Flemings Superagenten im Dienste Ihrer Majestät und löst damit seinen Vorgänger Sean Connery ab.

● Das alte Hollywood-Melodrama *Casablanca* von Michael Curtiz aus dem Jahre 1942 mit Ingrid Bergman und Humphrey Bogart wird wieder in den Programmkinos eingesetzt und zum erklärten Kultfilm der Cineasten und Intellektuellen.

Das Alibi der Zuschauer-Beteiligung

Die Fernsehanstalten der Bundesrepublik bemühen sich unter dem Schlagwort »Feedback« um den aktiven Zuschauer. Die Palette der angewandten Möglichkeiten, »die Einbahnstraße Sender – Empfänger für den Gegenverkehr zu öffnen« (Dieter Stolte, Programmchef des Südwestfunks), reicht von medienkritischen Fernsehdiskussionen mit Studiogästen (Sendereihen »Glashaus« und »Nachspiel«) über Ideenwettbewerbe bis zu eigenen Produktionen. So können etwa Jugendgruppen im Auftrag des Magazins »Direkt« Filme über Lehrlings-, Freizeit- und Sexualprobleme drehen.

Eine Gemeinschaftsarbeit von Fernseh-Profis und Laien ist eine dreistündige Sendung, die das ZDF am 23. September ausstrahlt. Im ersten Teil wird der Spielfilm Stationen gezeigt, in dem sich die 16jährige Marion gegen ihren tyrannischen Vater auflehnt, schließlich aber resigniert einen biederen Facharbeiter heiratet. Den zweiten Teil bilden Ausschnitte aus einer achtstündigen Diskussion, in der 50 Berliner Eltern, Schüler, Lehrlinge, Soziologen und Psychologen den Film analysieren und zu einer verbesserten Drehbuch-Konzeption gelangen: Der Vater hat nun auch sympathische Züge, während Marion sich als technische Zeichnerin auf eigene Füße stellt.

Eine als »Sozialisierung der Kunst« deklarierte unmittelbare Mitwirkung gehört zur Konzeption der »kybernetisch-luminodynamischen Experimente«, abgekürzt Kyldex I, die im Februar an der Hamburger Staatsoper vorgeführt werden. Die Zuschauer sollen mittels unterschiedlicher Handkellen über Wiederholungen, Unterbrechungen, Tempowechsel oder Einschaltung eines Moderators abstimmen – ein kümmerlicher Versuch angesichts der technischen Perfektion der Multimedia-Schau. Kyldex I ist das Abschiedsgeschenk des Intendanten Rolf Liebermann, der die Leitung der Pariser Oper übernimmt. Geschaffen hat das Werk der aus Ungarn stammende Franzose Nicolas Schöffer.

Studio mit Fernsehgästen.

Ein Herz und eine Seele: Alle lieben Alfred

Am Silvesterabend zur besten Sendezeit hält ein Ekel bundesweit Einzug im deutschen Fernsehen und wird mit verblüffender Geschwindigkeit zum Liebling der Nation. Mit *Silvesterpunsch* von Wolf-

gang Menge wird die TV-Serie *Ein Herz und eine Seele* erstmals vom Dritten Programm in das Erste übernommen.

Gezeigt werden die Geschichten von dem kleinbürgerlichen Fiesling Alfred Tetzlaff (Heinz Schubert) und seiner Familie, der Frau Else (Elisabeth Wiedemann), vom Gatten zumeist als »dusselige Kuh« bezeichnet, der Tochter Rita (Hildegard Krekel), der Tetzlaff nicht verzeihen kann, daß sie einst für Willy Brandt gestimmt hat, und dem Schwiegersohn Michael (Dieter Krebs), dem er von Fall zu Fall die Zugehörigkeit zu Gruppen unterstellt, die ihm selbst zutiefst zuwider sind: »Sozis, Hippies, Komsomolzen«.

Dennoch – (fast) alle lieben Alfred, einen biedermännischen Kraftmeier mit mieser Gesinnung, der allen Vorurteilen und Verdrehungen, den Gerüchten und dem Gesinnungsunflat immer wieder Hirn und Hand leiht. Er ist autoritär und borniert, ein ungezogener, stänkernder Giftzwerg, ein selbstgerechter Besserwisser. Er ist gegen die Regierung und Gastarbeiter, gegen Sozialisten und Studenten, Neger, gegen Juden und Liberale. Alfred ist die genial konstruierte Kunstfigur des reaktionären Radikalinskis, der aus jedermanns offenen wie verborgenen Vorurteilen lebt.

Als die Ära Brandt, Hauptangriffsziel Alfreds, zu Ende geht, ist auch die große Zeit des National-Ekels vorbei. Er lebt jetzt von der harmlosen bis albernen Klamotte. Seine Waffen: Juckpulver statt satirischer Salzsäure.

Theater

Premieren

● Brendan Behan: *Richards Korkbein (Richard's Cork Leg).* Deutsche Erstaufführung am 16. Februar bei den Städtischen Bühnen Frankfurt. Regie: Matthias Masuth. (Uraufführung beim Dublin Theatre Festival, Dublin, 1972). Das Stück, das von dem Kontrast zwischen Revoluzzern und Dirnen einerseits und den Spielern andererseits lebt, ist im politisch-sozialen Spannungsfeld Irlands angesiedelt. Behan,

selbst verurteilter Widerstandskämpfer, hat eine vitale, urwüchsige Tragikomödie geschaffen, die sich durch eine derbdrastische Sprache auszeichnet.

● Tankred Dorst: *Eiszeit.* Uraufführung am 17. März im Schauspielhaus Bochum. Regie: Peter Zadek. Ein Altersheim in Norwegen nach 1945: Das Stück nimmt die Situation des letzten Lebensjahres des Dichters Knut Hamsun zum Anlaß für eine erfundene Handlung mit erfundenen Personen. Dorst geht es nicht um historische Authentizität, son-

dern um eine weitere Variante seines Grundthemas: »die Existenz als Rolle«.

● Edward Bond: *Die See (The Sea).* Deutsche Erstaufführung am 17. November im Hamburger Schauspielhaus. Regie: Peter Giesing (Uraufführung am Royal Court Theatre, London, 22. Mai). Diese schwarze Komödie spiegelt eine Welt korrumpierter Institutionen, in der Gewalt herrscht, wodurch die Menschen zu neuer Gewalt provoziert werden, gleichzeitig aber auch eine Gegenwelt entwerfen können.

Marco Ferreri
La grande bouffe, 1973
Filmplakat zur deutschen Fassung

Ein gastronomisches Massaker

La grande bouffe, *der offizielle und preisgekrönte französische Beitrag der Filmfestspiele in Cannes, läuft Anfang Juni in 13 Pariser Kinos an. »Der Spiegel« (24, 1973) bereitet das Publikum der Bundesrepublik auf den westdeutschen Kinostart unter der Überschrift »Schockfilm vom ›Großen Fressen‹« vor: »Premierengäste, vom Brechreiz getrieben, schlichen sich vorzeitig davon; ein Parlamentarier sah ›französischen Geschmack und Geist‹ verraten…« Der Schriftsteller Jean Cai, einstiger Sekretär Jean-Paul Sartres, wird mit dem Lamento zitiert: »Schmach über den Produzenten des Films, Schmach über den Regisseur, Schmach über die Schauspieler … mein Land … unsere Epoche.«*

Als Gradmesser dient Bernardo Bertoluccis Letzter Tango von Paris. *Dessen Schockeffekt übertrifft* Das große Fressen *durch die Verbindung vulgärer Sexszenen mit einer Freßorgie, die das Schlagwort vom »Selbstmord mit Messer und Gabel« illustriert.*

Vier Lebemänner – ein Jet-Pilot, ein Gastronom, ein TV-Regisseur und ein Richter – versammeln sich zu einem »gastronomischen Seminar«. Sie werden von drei eher hageren Prostituierten und einer fülligen Lehrerin (Andrea Ferreol) begleitet, deren entblößtes Hinterteil auch gute Dienste leistet, um einen Pizzateig flachzudrücken.

Den vier Monstren der Männergesellschaft bereitet der 45jährige italienische Regisseur Marco Ferreri ein jeweils angemessenes Ende. Marcello erfriert, völlig überfüllt, in einem Rennwagen; Michel, der seine Darmblähungen schließlich nur noch durch ein Forte auf dem Piano übertönen kann, bricht inmitten seiner Exkremente zusammen; Ugo verendet beim Genuß einer Pastete; der Diabetiker Philippe wird durch einen Pudding erlöst.

Ferreri begegnet der Kritik an seiner Summierung von Geschmacklosigkeiten in dieser »Vulgär-Allegorie auf die Selbstzerstörungssucht der Konsumgesellschaft« mit dem Hinweis auf die hier Gestalt gewordene »profunde Verzweiflung«; er versteht sich als unerbittlicher und darum schockierender Moralist.

Das große Fressen

ein Film von MARCO FERRERI

Andrea Ferreol

Ugo Tognazzi

Philippe Noiret

Marcello Mastroianni

Michel Piccoli

Im Jahresheft 1973 der Zeitschrift »Theater heute« ist zu lesen: »Ein Blick auf die Kritikerumfrage in diesem Heft lehrt auch, was nicht neu ist, worauf aber eigens verwiesen sei: Die Schaubühne am Halleschen Ufer markiert heute die qualitative Spitze des deutschen Theaters. Der Zuspruch des Westberliner Publikums, das Interesse der westdeutschen Theaterleute, die Beachtung, die dieses Theater im Ausland findet (Gastspiele in vielen Teilen Europas werden immer häufiger) – dies alles zusammen läßt es gerechtfertigt erscheinen, in einer Bilanz des deutschsprachigen Theaters 1973 der Schaubühne ausführlichen Raum zu widmen.«

Nach wie vor rätseln Publikum und Kritik, wie dieses »Wunder« zustande gekommen ist; in den zahlreichen Würdigungen, werden verschiedene Erklärungsversuche angeboten. Der schlüs-sigste liegt in der Hervorhebung des Kollektivgedankens, den dieses Ensemble verwirklicht hat. Damit ist einerseits die demokratische Verfassung gemeint, die die Schaubühne sich 1970 gegeben hat. Der andere Gedanke ist die Einbeziehung aller Beteiligten in die inhaltliche Vorbereitung jeder einzelnen Inszenierung. In Seminaren und Arbeitsgruppen wird, bevor die Einstudierung der Rollen beginnt, der historische, soziale und psychologische Hintergrund der aufzuführenden Stücke erörtert. Diese auf die Brechtsche Theaterarbeit zurückgehende Methode erweist sich auch bei Klassiker-Aufführungen als außerordentlich produktiv.

Peter Steins Inszenierung von Kleists Prinz Friedrich von Homburg ist hierfür ein Beispiel. Sie reflektiert in der Gestalt des Prinzen die mißlingende Identifizierung des Dichters mit seiner Zeit, vor allem mit dem preußischen Staat. In dem grandiosen Schlußbild zerfällt der »Held« in zwei disparate »Unpersonen«. Während die Hofchargen ihn in Gestalt einer Puppe auf ihren Schultern von der Bühne tragen, stürzt der andere Homburg leblos und unbeachtet zu Boden.

Vorausgegangen ist in der Spielzeit 1972/73 Ödön von Horváths Geschichten aus dem Wienerwald (Regie: Klaus Michael Grüber), es folgen Fegefeuer in Ingolstadt von Marieluise Fleißer und Der Hypochonder, das erste Stück des Dramaturgen Botho Strauß (Regie: Wilfried Minks). Die breiteste Vorbereitung einschließlich einer Reise nach Griechenland erhält das Antikenprojekt, das 1974 zur Aufführung gelangt, mit einem Einführungsabend Übungen für Schauspieler und einer Inszenierung der Bakchen der Euripides.

Heinrich von Kleist/Peter Stein
Prinz Friedrich von Homburg
Szenenfoto mit Bruno Ganz
in der Titelrolle, 1973

Literatur

Neuerscheinungen

● Lothar-Günther Buchheim: *Das Boot.* Die mit autobiographischen Zügen versehene Odyssee eines U-Bootes auf Feindfahrt 1941; die Heldenmythen des Seekrieges werden demontiert.

● Michael Ende: *Momo.* Das surrealistische Kunstmärchen, keineswegs nur für Kinder geschrieben, wird auch zum Kultbuch für Aussteiger und Zivilisationsmüde. Endes bildkräftiges Plädoyer für die gefährdete Phantasie beruht auf einem Grundeinfall: Er nimmt das Gerede der Leute, die angeblich keine Zeit verlieren können, wörtlich.

● Joachim Fest: *Hitler.* Der Autor bringt umfangreiches, bislang unveröffentlichtes Foto- und Dokumentationsmaterial. Das brillant formulierte, bei aller Subjektivität dennoch die historischen Fakten nicht deutende Werk wird in 15 Sprachen übersetzt.

● Siegfried Lenz: *Das Vorbild.* Roman über drei in ihrem Privatleben gescheiterte Pädagogen, die für ein Lesebuch Vorbilder für die Jugend auswählen sollen.

● Norman Mailer: *Marilyn Monroe.* Umstrittene Biographie, in der Amerikas literarischer Superstar die Lebensgeschichte der 1962 gestorbenen Schauspielerin in recht spektakulärer Weise schildert.

Ereignisse

● Marbach: Der Neubau des Deutschen Literaturarchivs der Deutschen Schiller-Gesellschaft wird nach dreieinhalbjähriger Bauzeit eröffnet. Das Archiv enthält die umfassendste Quellensammlung zur Geschichte der neueren deutschen Literatur.

● Die Bestseller der Hedwig Courths-Mahler (z. B. *Die Bettelprinzeß,* 1914) erleben im Zuge der Nostalgie eine Renaissance.

Literarisches Tauwetter

Das Theaterstück *Die neuen Leiden des jungen W.* des DDR-Autors Ulrich Plenzdorf, ursprünglich als Erzählung angelegt, hat, kurz nach Erscheinen, in beiden deutschen Staaten großen Erfolg und leitet für einige Zeit ein literarisches Tauwetter ein. Plenzdorf, der als langjähriger DEFA-Dramaturg wichtige Erfahrungen gesammelt hat, erzählt mit Hilfe von Rückblenden die Leidensgeschichte eines 19jährigen »neuen Werther« in der DDR. Edgar Wibeau ist ein ausgeflippter Antiheld, ein überzeugter Pazifist, der längst »über den Jordan« ist, der seine Lehre »schmeißt« und dem Jeans nicht Kleidung, sondern Lebenseinstellung bedeuten, der eine unglückliche Liebe zu der Kindergärtnerin »Charlie« durchlebt und beim Ausprobieren einer von ihm entwickelten neuen Farbspritzpistole tödlich verunglückt.

Das Stück illustriert auf anschauliche und unterhaltsame Weise das neue Lebensgefühl der DDR-Jugend. Es ist eine Jugend, die sich zwar nicht vom Kommunismus abgewandt hat, aber mittlerweile unüberhörbar ihr Recht auf kleine Freiheiten und individuelle Persönlichkeit fordert. In der DDR selbst wird das Werk, das in einer aktuellen und authentischen Sprache geschrieben ist, die nicht vor dem Jargon zurückschreckt, öffentlich unterschiedlich aufgenommen. Die Reaktionen reichen von »Ekel vor dem Fäkalvokabular« bis zu »neuer Kunst«, wie der Schriftsteller Stephan Hermlin äußert.

Im Zeichen der Bestseller

Die 25. Frankfurter Buchmesse, die im Oktober nach großer Resonanz mit der neuen Rekordzahl von 147 610 Besuchern zu Ende geht, steht ganz im Zeichen der Bestseller. Es wird deutlich, daß bei den Verlagen eine zunehmende Bereitschaft besteht, immer mehr Public-Relation-Gelder in immer weniger Objekte zu stecken.

Von Kritikern wird diese Entwicklung als eine brutale Kommerzialisierung nach amerikanischem Vorbild angeprangert. Sie beklagen, daß aus einem geistigen Gut ein Konsumgut geworden sei, aus dem literarischen Verleger mit dem Gespür für Qualität und Tendenzen der kühl kalkulierende Produktmanager. Nicht zu leugnen ist: Der hektische Bestseller-Zirkus läßt viele wichtige Werke ohne begleitende Werbung untergehen.

VS: Anschluß an die IG Druck und Papier

Der Verband deutscher Schriftsteller (VS) unter seinem Vorsitzenden Dieter Lattmann, der sich in den vergangenen Jahren engagiert und erfolgreich für die gewerkschaftliche Organisation dieser Berufsgruppe eingesetzt hat, beschließt auf seinem 2. Kongreß in Hamburg im Februar den Anschluß an die Industriegewerkschaft Druck und Papier. Dem Verband gehören über 3000 Autoren in der Bundesrepublik Deutschland an.

Der für den 1. Januar 1974 vorgesehene Anschluß hat zum Ziel, die Mittel einer starken Gewerkschaft »gegen die wachsende Macht der Kulturindustrie« einzusetzen. Ein weiteres vorrangiges Ziel ist die Schaffung einer Sozial- und Altersversorgung für die Schriftsteller sowie die Durchsetzung steuerlicher Erleichterungen.

Tod einer Dichterin in einer Männerwelt

Am 17. Oktober stirbt Ingeborg Bachmann im Alter von 47 Jahren. Die österreichische Dichterin erliegt den schweren Verletzungen, die sie sich drei Wochen zuvor in ihrer römischen Wohnung zugezogen hatte, als sie mit einer brennenden Zigarette eingeschlafen war. In der Trauer und Bestürzung, die die literarische Welt bekundet, klingen auch Töne des schlechten Gewissens an: Um Ingeborg Bachmann, die früher hochgerühmte und vielfach preisgekrönte Dichterin, war es in ihren letzten Jahren still geworden; ihrer persönlichen Vereinsamung entsprach ein erkaltendes Interesse der literarischen Öffentlichkeit.

Zwei schmale Gedichtbände sind es gewesen, die den frühen Ruhm der Schriftstellerin begründeten: Ihr Erstlingswerk Die gestundete Zeit (1953) erhielt den Preis der Gruppe 47, der sie auch als Mitglied angehörte; ihr zweiter Gedichtband Anrufung des Großen Bären (1956) machte sie noch bekannter. Sie erhielt den Büchnerpreis, wurde die erste Dozentin auf dem an der Frankfurter Universität eingerichteten Lehrstuhl für Poetik. Aber sie veröffentlichte keine Gedichte mehr. Das Lob, das ihr als Lyrikerin zuteil wird, bleibt aus, als sie sich der Prosa zuwendet. Hatte ihr Hörspiel Der gute Gott von Manhattan noch begeisterten Zuspruch gefunden, standen ihre für Hans Werner Henze geschriebenen Opernlibretti Der Prinz von Homburg (1960) und Der junge Lord (1965) schon ganz im Schatten des erfolgreichen Komponisten.

Die »ungeheuerliche Kränkung, die das Leben ist«, Liebe und Tod, Verzweiflung an sich und der Welt sind die Motive ihrer folgenden Prosaarbeiten Das dreißigste Jahr (1961) und Ein Ort für Zufälle (1965). Ihren Roman Malina (1971) bezeichnet der Kritiker Marcel Reich-Ranicki als »trübes Gewässer«, und ein Kollege meint: »Zu verstehen ist es freilich, daß eine unglückliche Frau gelegentlich gezwungen ist, ihr weibliches Minus als ein Plus der Literatur zuzuschlagen.«

Ingeborg Bachmann

1973

Orientierungsstufe: Mehr Objektivität bei der Auswahl

Die sogenannte Orientierungsstufe steht im Mittelpunkt kultur- und schulpolitischer Diskussionen. Als Orientierungsstufe bzw. Förderstufe wird die Zusammenfassung der Klassen 5 und 6 bezeichnet. Sie hat eine stärkere Berücksichtigung der Individualität des einzelnen Schülers zum Ziel sowie mehr soziale Gerechtigkeit bei der Entscheidung, ob Kinder anschließend die Hauptschule, die Realschule oder das Gymnasium besuchen werden. Beim Unterricht in den Orientierungsstufen werden in den Fächern Mathematik, Englisch und teilweise Deutsch die Schüler nach ihrem Leistungsniveau in Lerngruppen zusammengefaßt. Der Unterricht in den anderen Fächern findet weiterhin im Klassenverband statt. Bei der Zuweisung der Schüler zu den weiterführenden Schulen spielen die Niveaukurse eine wesentliche Rolle.

Warten auf den Studienplatz: Was ist das Abitur noch wert?

Das bundesdeutsche Abitur ist ins Gerede gekommen. Der traditionsreiche Befähigungsnachweis für ein Hochschulstudium, der erstmals 1788 in Preußen an humanistischen Gymnasien eingeführt wurde, verliert an Wert. Selbst ein hervorragender Abiturient muß 1973 damit rechnen, nicht zum Studium eines Numerus-clausus-Faches zugelassen zu werden. An der neu eingerichteten »Zentrale für die Vergabe von Studienplätzen« in Dortmund führt kein Weg mehr vorbei. Die Chancen, einen Studienplatz zu finden, stehen zum Beispiel in Pharmazie 1:15, in Zahnmedizin 1:13, in Medizin 1:7, in Architektur 1:4. Abgesehen von Härtefällen und einem sehr komplizierten Klauselsystem, erfolgt die Bewertung zu 60 Prozent nach Abiturnoten und zu 40 Prozent nach der Länge der Wartezeit nach der Reifeprüfung.

Wie lange noch ist der Kölner Dom ein Originalbauwerk?

Wir haben eine Luft zum Steinerweichen. Sie macht den Bremer Roland ebenso mürbe wie die italienischen Palazzi und die Bauten der Athener Akropolis. Seit jeher verwittert und zerfällt Stein unter der Einwirkung von Naturkräften wie Hitze und Kälte und wird durch Wasser und Wind zerstört. Doch nun machen den Denkmalpflegern und Restauratoren andere Gefahren Sorge, nämlich die in der verschmutzten Luft enthaltenen chemischen Stoffe, die den Verfall in immer rascherem Tempo beschleunigen.

Ein Beispiel unter vielen ist der Kölner Dom, dessen Skulpturenschmuck am Außenbau so aussieht, als sei ein neuer Bauernkrieg mit seiner Bilderstürmerei über ihn hinweggegangen. Die Skulpturen sowie die einzelnen Bauteile leiden an »unnatürlicher Verwitterungserkrankung«. Die ursprüngliche Bausubstanz des Kölner Domes geht täglich Stück für Stück verloren. Resigniert stellt der Dombaumeister Arnold Wolff fest: »Man hat mich eingestellt, damit ich den Bau erhalte – und zwar im Original.« Statt dessen müssen am Kölner Dom immer mehr Skulpturen durch Kopien ersetzt werden.

Die Schwefeldioxyd-Emissionen sind die größte Gefahr für die Bausubstanz. Auf dem Dachreiter des Kölner Domes haben Messungen ergeben, daß dort jährlich pro Quadratmeter bis zu 40 Gramm Schwefeldioxyd anfallen – Werte, die in einer Stadt wie Duisburg im Ruhrgebiet gemessen werden. Natürliche und chemische Kräfte verbinden sich, sie dringen immer weiter durch Verwitterung in die Natursteine ein und machen sie mürbe. Experten prophezeien für die nächsten Jahrzehnte irreparable Schäden an der Substanz historischer Bauten sowie den Verlust des größten Teils der im Freien stehenden Kunstdenkmäler. Der Kölner Dom ist seit Anfang der siebziger Jahre Prüfobjekt für Abwehrmethoden, wobei die Erfolgsaussichten gering sind.

Skulptur am Schloßportal in Herten (Kreis Recklinghausen) 1908 und 1969.

Bürgerinitiativen machen stark

Sie schießen plötzlich wie Pilze aus dem Boden: In Bürgerinitiativen wehrt sich der einzelne mit Protestversammlungen, Eingaben und Resolutionen gegen die Übermacht der Ämter in einer total verwalteten Welt. In der Gemeinschaft fühlt der einzelne Bürger seine Ohnmacht schwinden. Er verschafft sich Gehör, er »schaut den Ämtern und Behörden erfolgreich auf die Finger« (»Die Welt«). Bürgerinitiativen formieren sich beispielsweise für die Sicherung von Straßenübergängen und gegen die Verschmutzung des örtlichen Flusses, für neue Spielplätze und gegen die geplante Hochhausbebauung, für den Schutz von alten Bäumen und gegen die Niederlassung von Industriebetrieben in Wohngebieten.

Die Mitglieder der Bürgerinitiativen sind keineswegs die schrulligen Lokalpatrioten, als die sie anfangs belächelt werden. Es sind Handwerker und Beamte, Rentner und Jugendliche, Hausfrauen und Professoren, die hier ein neues Demokratieverständnis entwickeln. Gelegentliche Versuche politischer Unterwanderung durch extreme Gruppen mißlingen meist. Man will keine große Politik machen, sondern die kleineren Probleme vor der eigenen Haustür lösen.

Extremistenbeschluß: Wehr oder Willkür?

Nach dem sogenannten Extremistenbeschluß vom 28. Januar 1972 werden Bewerber für den öffentlichen Dienst und die Beamtenlaufbahn jetzt auf ihre politische Gesinnung, das heißt ihre positive Einstellung zur freiheitlich demokratischen Grundordnung, überprüft. Damit wollen die Länder Radikale aus Schule und Gerichtssaal fernhalten. Das Verfahren, das in den einzelnen Bundesländern unterschiedlich gehandhabt wird, führt zu heftigen Auseinandersetzungen und Demonstrationen in der Öffentlichkeit.

Ölkrise regt Energiediskussion an

Die Ölkrise führt zu drastischen Sparmaßnahmen und Verteuerungen. Verstärkt werden die Möglichkeiten alternativer Energieformen diskutiert. Forschungsprojekte sollen Sonnen- und Windenergie, Erdgas und Kraftwerksabwärme besser nutzbar machen. Von den Kernkraftwerksbetreibern wird die Bedeutung der Kernenergie hervorgehoben; sie plädieren für Aus- und Neubau entsprechender Anlagen. Das Argument, die Ölvorräte der Erde gingen alsbald zu Ende, erweist sich in den kommenden Jahren jedoch als Zweckpessimismus.

Pragmatische Sprache
im Deutschunterricht
Werbeanzeigen

Vorschulerziehung durch
das Fernsehen
Sesamstraße-Puppen
Kermit der Frosch
und das Krümelmonster
Start in der Bundesrepublik 1973

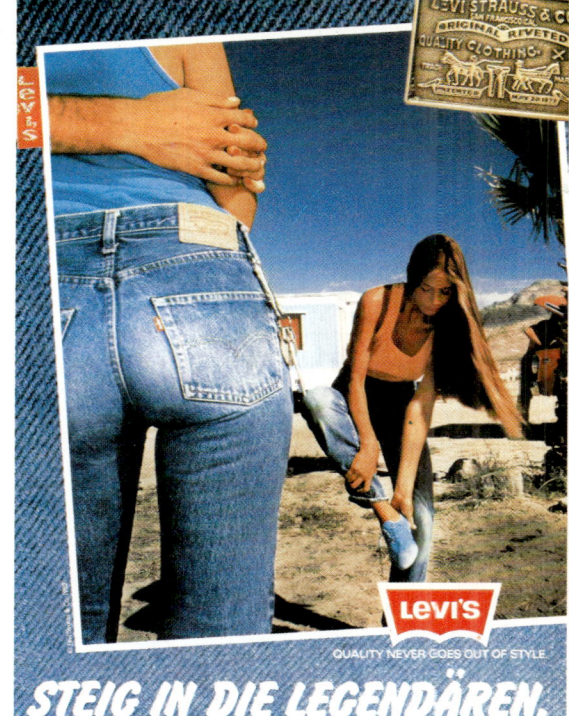

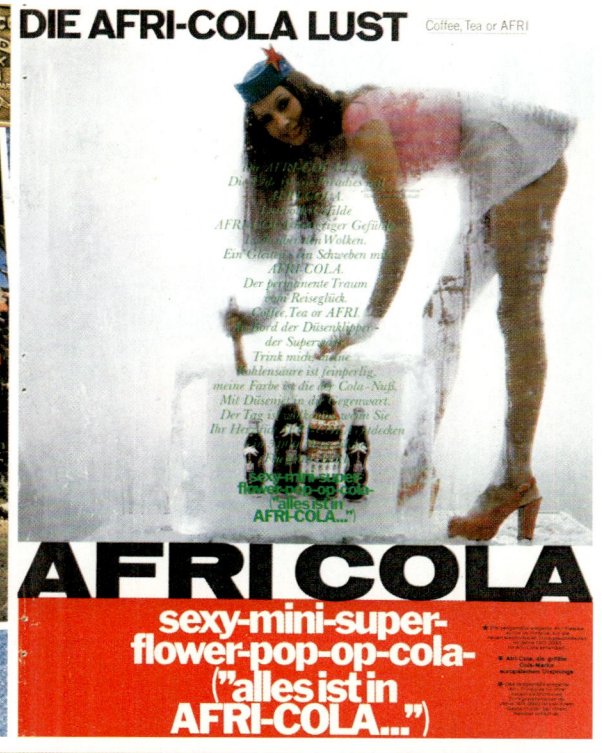

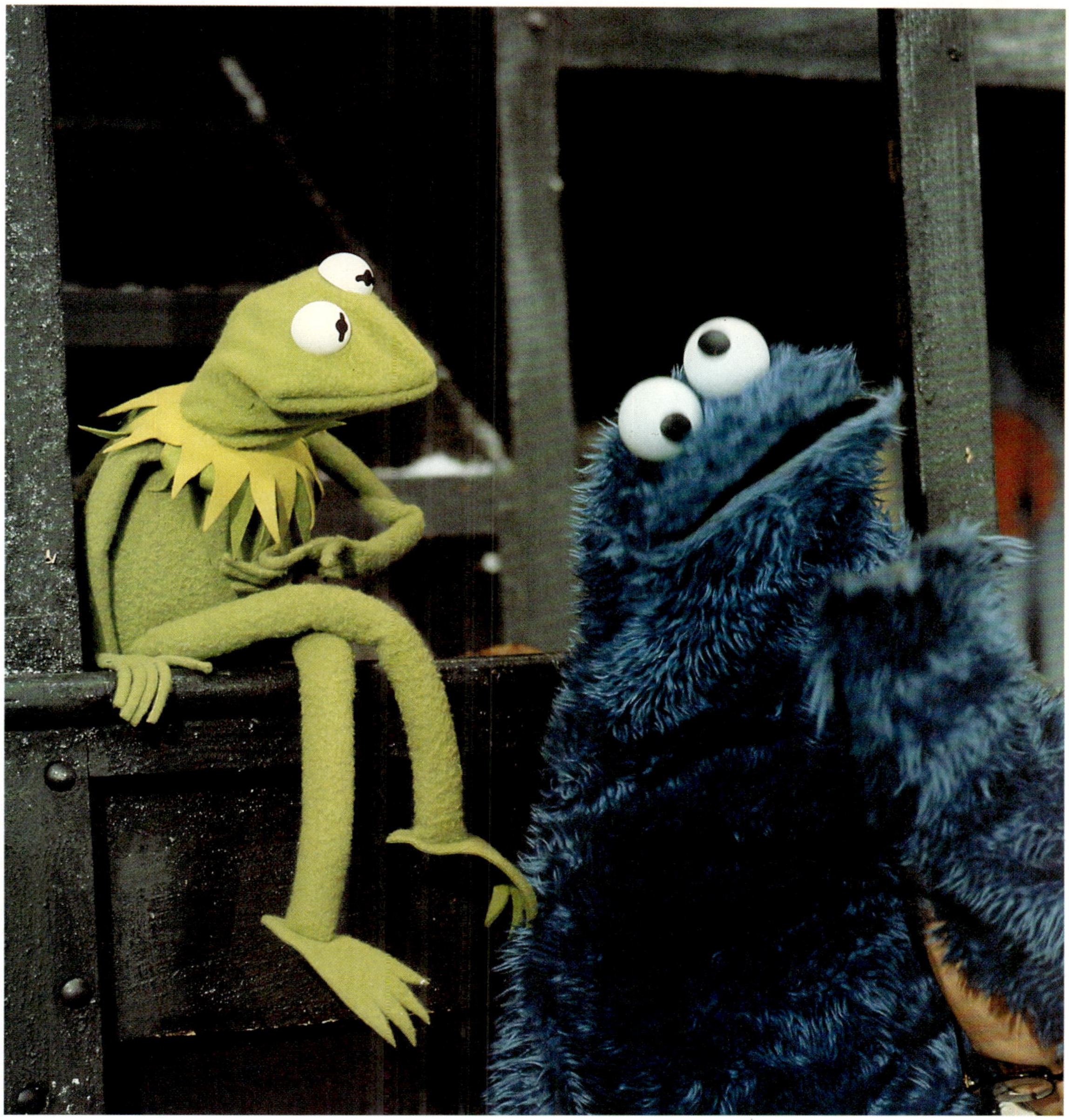

Brennpunkte der pädagogischen Diskussion

Der im Februar vom hessischen Kultusministerium erlassene »Rahmenrichtlinienentwurf für das Fach Deutsch in der Mittelstufe« steht im Kreuzfeuer der Kritik. Die Ablösung des traditionellen, auf die Beschäftigung mit Literatur eingeschränkten Deutschunterrichts durch eine »pragma-linguistische« Unterweisung wird von den Kritikern auf die Formel »Mikkymaus statt Goethes ›Faust‹« gebracht.
Das Ziel der Reformer ist, daß die Schüler »die Ausübung von Herrschaft per Sprache, die Manipulation der Massenmedien und die schichtspezifischen Sprechweisen« zu durchschauen lernen, um damit zugleich »ihre Interessen gegen die kritisierte Praxis« durchsetzen zu können. Zum Gegenstand des Unterrichts können nun beispielsweise Werbeanzeigen werden, wobei das gesellschaftliche Umfeld von Sprache ins Blickfeld rückt. Als Beispiele bieten sich die zu einer Art Weltuniform gewordene Jeans-Mode oder die Appellstruktur bestimmter Slogans an.
Die Debatte um Chancengleichheit durch Vorschulerziehung und den hierbei vom Fernsehen zu leistenden Beitrag belebt den Start der Serie Sesamstraße. Sie ist die vom NDR produzierte Bearbeitung der amerikanischen Serie Sesame Street, die 1970 beim Münchner Wettbewerb um den Prix Jeunesse vorgestellt wurde. Eingeleitet vom Titellied »Der, die, das, / wer, wie, was, / wieso, weshalb, warum? / Wer nicht fragt, bleibt dumm«, wird Kindern, aber auch begeisterten Erwachsenen eine Mischung aus Puppenspiel, Trickfilm, Spiel- und Dokumentarszenen geboten, die zum »fröhlichen Lernen« ermuntern soll. Kritiker rügen den psychedelischen Spot-Wirbel, während die Befürworter auf die Tatsache hinweisen, daß erstmals das Problem des Kinderfernsehens ernsthaft zur Diskussion steht. Favoriten der kleinen und großen Sesam-Süchtigen sind die Puppen: der kesse Ernie und sein seriöser Freund Bert, der Mülltonnenbewohner Oskar und das Krümelmonster.

Peter Amels
Selbstbildnis
Jeden Abend stehe ich
in meiner Kneipe hinter der Theke
1973

Sofia Erkens
Selbstbildnis
Spieglein, Spieglein an der Wand,
wer ist die schönste Oma
im ganzen Land?
1974

Johanna Margarete Riedel
Selbstbildnis
Ich bin ein gespaltenes Wesen,
halb biedere Hausfrau,
halb Künstlerin
1974

Selbsterfahrung

1970 wurde im Hamburger Naturpark Oberalster das Museum Rade eröffnet, in dem Werke der Naiven Malerei und außereuropäische Volkskunst vergleichend betrachtet werden können. Das Museum beruht auf der Privatsammlung des Ethnologen, Zeitgeschichtlers und Schriftstellers Rolf Italiaander.
1974 zeigt das Museum Rade eine Ausstellung von Selbstbildnissen, zu denen Italiaander eine Reihe sogenannter »Sonntags-« oder »Laienmaler« aufgefordert hat. Das Echo läßt darauf schließen, daß die Anregung ein symptomatisches Bedürfnis angesprochen hat, sich auf die Auseinandersetzung mit der eigenen Person einzulassen. Das Selbstbildnis gewinnt eine ähnliche Wirkung und Bedeutung wie die diagnostischen und therapeutischen Bemühungen von Selbsterfahrungs-Gruppen.
Fast alle der knapp 50 in Hamburg gezeigten Exponate, zu denen die drei hier wiedergegebenen Gemälde gehören, verbinden das Selbstbildnis mit der Darstellung oder zumindest Andeutung des eigenen, individuellen Lebens- und Arbeitsbereichs. So zeigt die rheinische Humoristin Sofia Erkens, Frau eines Antiquitätenhändlers, ihr Spiegel-Bild inmitten von Kunstgegenständen. Der ehemalige Matrose Peter Amels, der in Hamburg eine Studentenkneipe betreibt, gestaltet sein Brustbild so, wie ihn die Gäste hinter der Theke sehen.
Die ehemalige Mode-Entwerferin Johanna Margarete Riedel verbildlicht ihr durch die Eheschließung »gespaltenes Wesen«, wobei sie, wie Italiaander anmerkt, »Humor« beweist: »Ihrem nackten Busen hat sie einen Klingelknopf aufmontiert; ein Druck aufs Knöpfchen, und eine hinter dem Bild verborgene Klingel schellt fröhlich. So wurde aus einem Selbstporträt ein amüsantes Happening.« Zugrunde liegt die umgangssprachliche Bezeichnung der Brustwarze als Hausklingel. Die Herkunft dieses Wortgebrauchs erklären Verse wie die folgenden: »Klingelzug und Mädchenbusen, beide sind sie nah verwandt: hält ihn einer in der Hand, wird wohl unten einer stehn, der begehrt hineinzugehn.«

Arne Jacobsen und Otto Weitling
Rathaus in Mainz
1970–1974

Egon Jux
Köhlbrandbrücke in Hamburg
1963–1974

Architektur und Stadtbild

Im Januar 1974 wird in Mainz das neue Rathaus eingeweiht. Der 1971 verstorbene dänische Architekt Arne Jacobsen hat ein Bauwerk mit komplizierter Grundriß-Geometrie entworfen, in der sich Tendenzen der siebziger Jahre ausdrücken. Die Grundform bildet ein Dreieck, in dessen Spitze jedoch ein unregelmäßiges Rechteck, der Ratssaal, eingeschoben ist. Spitz vorstoßende Pfeiler, zwischen denen Gitterroste als dekorative Sonnenschutzblenden angebracht sind, gliedern die dem Rathausplatz zugewandte Fassade. Das Stahlbeton-Skelett ist mit norwegischem Marmor verkleidet.

Während die Architekturkritik einen Höhepunkt in der Entwicklung Jacobsens vom Neoklassizismus über den Internationalen Stil zu einer sehr persönlichen Deutung des rationalen Bauens erkennt, lehnen viele Bürger den Bau als Ausdruck eines kühlen, nordischen Lebensgefühls ab, das in der süddeutschen Atmosphäre befremdend wirke.

Als Gewinn für das Stadtbild wird dagegen die 1963 projektierte, im September 1974 mit einem dreitägigen Fest eingeweihte Köhlbrandbrücke empfunden. Sie überspannt, mit 500 Metern Länge die längste Flußbrücke Europas, den Elbe-Seitenarm Köhlbrand. Der Architekt der Hängebrücke mit obeliskartigen Pylonen, deren scheinbar schwerelose Konstruktion sich in der herben Kranlandschaft des Hafens durch ihre Eleganz zu behaupten vermag, ist Egon Jux. Er vertritt das Ziel, mit seinen Hoch- und Verkehrsbauten das vorgegebene Landschafts- und Stadtbild durch neue Akzente zu bereichern, wobei er das einzelne Bauwerk als Raumprozeß versteht. Zugrunde liegt eine religiös motivierte Idee der Ableitung von Architektur »aus der Schöpfung«.

Eine vornehmlich bautechnische Leistung, an der Jux durch das Südportal und das Lüftergebäude Süd beteiligt ist, bildet der 3,3 Kilometer lange Elbtunnel, der im Januar 1973 dem Verkehr übergeben worden ist. Die Baustelle bildete den internationalen Treffpunkt von Ingenieuren, die hier ihre Studien trieben.

719

Römisch-Germanisches Museum in Köln
Grabmonument des Lucius Poblicius und seiner Familie
um 30–40 n. Chr.

Antiker Alltag im Museum

Das im März eröffnete Römisch-Germanische Museum in Köln besitzt zwei herausragende Ausstellungsstücke: das 1941 beim Bunkerbau entdeckte Dionysosmosaik und das Grabmonument des Poblicius; es kam während der Erbauung des Museums zutage und hatte die Anpassung der Architektur an seine Ausmaße zur Folge. Im übrigen setzt sich der Besitz des Museums im wesentlichen aus eher alltäglichen Gegenständen zusammen, die von den Römern und den im Jahr 38 v. Chr. durch den römischen Feldherrn Marcus Vipsanius Agrippa angesiedelten germanischen Ubiern an Ort und Stelle hinterlassen wurden. Dennoch bestätigt das Publikumsinteresse die optimistische These des Museumsdirektors Prof. Hugo Borger: »Museum ist noch möglich.« Das wegweisende Kölner Beispiel zeigt eine Reihe von Voraussetzungen, die hierfür geschaffen werden müssen.

An erster Stelle steht der Verzicht auf eine formale Wissenschaftlichkeit. In Köln werden die Fundstücke so lebensnah wie möglich dargeboten, indem sie, auf sogenannten Sockelinseln gruppiert, thematisch geordnet sind: Römischer Reisekomfort, Agrippa vermißt das Land der Ubier, Gewerbe und Handel, Das Kind: Spielen und Lernen. Zur Erläuterung stehen Audio-Geräte mit Bild- und Sprechprogrammen zur Verfügung.

Ein zweiter Faktor ist die Betonung der lokalen Orientierung. Sie zeigt sich schon allein daran, daß der Museumsbau um das am ursprünglichen Ort belassene Bodenmosaik mit der Darstellung des Dionysos herum errichtet wurde. Die Schwellenangst vor dem Eintritt in ein Museum wird dadurch verringert, daß dessen Angebot schon auf der Straße zu besichtigen ist in Gestalt von Steindenkmälern.

Ganz ohne Attraktionen kommen freilich auch die Kölner nicht aus. So beeindruckt das 15 Meter hohe Grabmonument des aus Süditalien stammenden, in Vetera (Xanten) stationierten und nach seinem Ausscheiden aus der V. Legion im damaligen Colonia ansässigen Lucius Poblicius durch Größe und Erhaltungszustand.

Bildende Kunst

Ausstellungen

- Baden-Baden: Die Kunsthalle zeigt vom 19. Juli bis 29. September eine Gesamtschau des Werkes von Juan Gris. Es ist aus versicherungstechnischen Gründen die letzte umfassende Ausstellung des kubistischen Künstlers.
- Basel: Die Kunsthalle zeigt vom 15. Juni bis 8. September die größte Lukas-Cranach-Ausstellung aller Zeiten. Sie bringt das Kunststück fertig, gleichermaßen eine Ausstellung zu sein für den Spezialisten wie eine Augenweide für den Laien.
- Hamburg: Zu seinem 200. Geburtstag widmet die Hamburger Kunsthalle vom 14. September bis 3. November dem romantischen Maler Caspar David Friedrich eine Jubiläumsausstellung, die größte, die es je gab. Sie leitet die Wiederentdeckung des Künstlers mit all seiner Vielschichtigkeit und Problematik ein.
- Hamburg: *Ossian und die Kunst um 1800* ist der Titel einer Ausstellung, die in der Kunsthalle vom 9. Mai bis 23. Juni gezeigt wird. Der Schotte James Macpherson, der 1760 eigene Dichtungen als Übersetzungen der Lieder des sagenhaften keltischen Sängers Ossian herausgab, erzeugte dadurch eine Modewelle, die in vielen Ländern Europas die Kunst beeinflußte.
- München: Die Shakers, eine von den Quäkern ausgehende amerikanische Sekte, die vor 200 Jahren eine auf religiöser Basis beruhende neue Gesellschaftsordnung schuf, stehen im Mittelpunkt einer Ausstellung in der Neuen Sammlung in München vom 16. Februar bis 31. März. Zum ersten Mal werden damit in Europa diese Objekte eines radikal reinen und einfachen Lebensstils gezeigt.

Kreativität der Unbefangenheit?

Im Münchner Haus der Kunst wird Ende des Jahres die Ausstellung *Die Kunst der Naiven* mit rund 500 Exponaten gezeigt; verantwortlich ist der jugoslawische Experte Oto Bihalji-Merin. Sie bestätigt das vom Kunsthandel schon längst registrierte und geförderte Interesse an einer Malerei (die Skulptur ist eine Randerscheinung), die in Thematik und Gestaltungsweise mit der »eigentlichen« zeitgenössischen Kunst nichts zu tun hat oder zu haben scheint. Als Laien-, Hobby- oder Sonntagsmalerei wird sie von der Kunstkritik zumeist unter soziologischen Gesichtspunkten betrachtet: als Ausdruck des Anspruchs auf Kreativität, die sich weniger gegen die moderne Kunst richtet (obwohl sie von ihren Liebhabern vielfach so verstanden wird) als vielmehr gegen die Übermacht einer unpersönlichen Arbeitswelt. Um so fragwürdiger ist Bihalji-Merins Feststellung im Ausstellungskatalog, daß hier »nicht die Meisterschaft« zählen könne, »sondern der Zustand der Unbefangenheit«. Er unterstreicht dies durch die Einbeziehung von Kinderkunst als Vergleichsmaterial. Ästhetische Maßstäbe setzen 27 Werke von Henri Rousseau.

Theater

Premieren

- Wolfgang Bauer: *Gespenster*. Uraufführung am 5. Juni an den Münchner Kammerspielen. Regie: Bernd Fischerauer. Das scheinbare Boulevardstück über den Underground und die Grazer Intelligenz entpuppt sich als ein chaotisches Horrordrama zwischen Sex und Suff.
- Thomas Bernhard: *Die Macht der Gewohnheit*. Uraufführung am 27. Juli am Salzburger Theater. Regie: Dieter Dorn. Eine Komödie nicht zum Lachen, ein Lied von Tod und Verzweiflung, Kunst und Perfektion, Ignoranten und Wahnsinnigen. Im Mittelpunkt steht die Musikprobe einer tristen Zirkustruppe.
- Thomas Bernhard: *Die Jagdgesellschaft*. Uraufführung am 4. Mai im Wiener Burgtheater. Regie: Claus Peymann. Das Stück ist geprägt von der Wiederaufnahme des Bernhardschen Weltekels. In einem eingeschneiten Jagdhaus, das zu einer Totenkammer wird, vertreibt man sich die Zeit mit Kartenspiel.
- Peter Handke: *Die Unvernünftigen sterben aus*. Uraufführung am 17. April am Zürcher Theater am Neumarkt. Regie: Horst Zankl. Ein Unternehmer scheitert bei dem Versuch, sich zu verwirklichen. Die oft witzigen und oft groben Seelentableaus fügen sich nie zu einem einsichtigen Stück, allenfalls zu einem absurden Wortballett.
- Rolf Hochhuth: *Lysistrate und die Nato*. Uraufführung am 22. Februar am Essener Theater (Regie: Erich Schumacher) und am Volkstheater Wien (Regie: Peter Lotschak). Griechinnen wollen mit einem Liebesstreik verhindern, daß ihre Insel Nato-Stützpunkt wird.
- Franz Xaver Kroetz: *Maria Magdalena*. Uraufführung am 20. Februar im Berliner Schloßpark-Theater. Regie: Achim Freyer. Eine Hebbel-Variante der Kleinbürger-Welt mit verpoppten George-Grosz-Figuren.
- Peter Shaffer: *Equus*. Deutsche Erstaufführung am 29. Januar im Hamburger Schauspielhaus. Regie: Hans Schweikart. (Uraufführung am 26. Juli 1973 am National Theatre, London.) Die Psychotragödie eines in Neurosen verstrickten 17jährigen, der aufgrund traumatischer Erlebnisse Pferden die Augen aussticht.

Vergangenheitsbewältigung oder verführerische Nostalgie?

Kunst im Dritten Reich. Dokumente der Unterwerfung *lautet der Titel einer Ausstellung, die Ende des Jahres im Frankfurter Kunstverein und 1975 in Hamburg, Stuttgart, Ludwigshafen, Wuppertal und Berlin gezeigt wird. Dem Initiator Georg Bussmann werden lautere Absichten zugebilligt, doch besteht hier wie bei der mit 200 Abbildungen ausgestatteten Darstellung* Die Malerei im deutschen Faschismus *von Berthold Hinz Anlaß zu der Befürchtung, daß die Blut-und-Boden-Kunst eine mittelbare Rehabilitierung erfährt. So bildet sich im Vorfeld der Ausstellung eine Bürgerinitiative gegen das Projekt, der sich Persönlichkeiten wie Ernst Bloch, Ossip Kurt Flechtheim, Hans Erich Nossack und Max von der Grün anschließen.*

Rudolf Lipus, Kämpfer (Ausschnitt); ausgestellt 1943 in München (Große Deutsche Kunstausstellung) und 1974 in Frankfurt am Main.

1974

»Ein Mann sieht rot«: Blutige Privatrache

Michael Winners Film *Ein Mann sieht rot (Death Wish)* mit Charles Bronson in der Hauptrolle ist das radikalste Law-and-order-Drama des Jahres, die Geschichte eines Mannes, der angesichts seiner geschändeten Frau und Tochter zur Selbstjustiz schreitet. Nur des entschlossenen Bürgers Selbsthilfe, so lautet die perfide Botschaft des Films, kann angesichts einer liberal-laschen Polizei das Chaos verhindern und die Ordnung wiederherstellen. Der blutige Weg des Privaträchers hat, so erfährt es der Zuschauer, positive Folgen: Die Zahl der Verbrechen sinkt, denn hier ist endlich jemand, der kurzen Prozeß macht mit denen, die gegen das Gesetz verstoßen. Dieser Appell an die niedrigsten menschlichen Instinkte wird mit Empörung kritisiert. Doch die Kritik kann weder den Erfolg des Films verhindern noch den Rattenschwanz von Folgefilmen mit der gleichen Ideologie.

Mode im Gatsby-Fieber

In den Kinos läuft ein Film an, mit dem Hollywood nach den vierziger und fünfziger Jahren nun die zwanziger, die »Roaring Twenties«, entdeckt: *The Great Gatsby (Der große Gatsby)*. Regie führt Jack Clayton. Doch Scott Fitzgeralds 1925 erschienener Roman um den großen Gatsby, der vergeblich die Gunst seiner ehemaligen Geliebten wiederzugewinnen hofft, gerät in dem monströsen Paramount-Spektakel zum konfektionierten Alptraum und gigantischen Kostümfest. Das Drehbuch von Francis F. Coppola reduziert die exzentrischen Hauptfiguren, den Emporkömmling Gatsby und die kaltschnäuzige Geldaristokratin Daisy Buchanan, auf das Niveau eines Groschenromans. Nur die Modebranche profitiert und schwimmt im Kielwasser der zwanziger Jahre. Gatsby-Kollektionen rollen in die Kaufhäuser: für Damen pastellfarbene Hänger, für Herren weiße und rosa Leinenanzüge.

Bürgerliche Konventionen

Das in der Regel als Plädoyer für die Befreiung der Frau aus ihrer konventionellen Rolle aufgefaßte Schauspiel Nora oder Ein Puppenheim von Henrik Ibsen wurde im Vorjahr von Rainer Werner Fassbinder für das Fernsehen verfilmt. Nora Helmer läßt nichts von unmittelbarer kämpferischer Wirkungsabsicht spüren. Die Titelheldin (Margit Carstensen) erscheint etwa Momos alias Walter Jens als »eine Kunstfigur« aus Fassbinders »Kuriositätenkabinett« (»Die Zeit«, 8. Februar 1974). Ähnlich geht die Kritik mit Fassbinders Inszenierung von Ibsens Hedda Gabler an der Westberliner Freien Volksbühne um; die im Selbstmord endende Hedda erscheint Günther Rühle als eine »neurotisch-hysterische Frau«.

Nun bearbeitet Fassbinder für das Kino einen Roman, der den Zwangscharakter bürgerlicher Konventionen auf ebenso eindringliche wie distanzierte Weise darstellt. In Theodor Fontanes Effi Briest (1894/95) ist sich Baron von Instetten, nachdem er eine längst vergangene Liebesbeziehung seiner Ehefrau bzw. seine verletzte Ehre durch ein Duell gerächt hat, vollkommen bewußt, daß »alles nur einer Vorstellung, einem Begriff zuliebe« geschehen ist; dennoch glaubt er zu wissen: »Und diese Komödie muß ich nun fortsetzen und muß Effi wegschicken und sie ruinieren und mich mit...«

Fassbinder gelingt mit dem ihm eigenen kargen Stil eine überzeugende, Aktualität und historische Distanz gleichermaßen reflektierende Umsetzung der Romanvorlage. Seine Intention skizziert der ausführliche Filmtitel: Fontane Effi Briest oder Viele, die eine Ahnung haben von ihren Möglichkeiten und ihren Bedürfnissen und dennoch das herrschende System in ihrem Kopf akzeptieren durch ihre Taten und es somit festigen und durchaus bestätigen.

Fontane Effi Briest, 1974; Szenenfotos mit Hanna Schygulla in der Titelrolle und Ulli Lommel als Major Crampus sowie mit Wolfgang Schenck als Baron von Instetten und Karlheinz Böhm als Geheimrat Wüllersdorf.

Film und Fernsehen

Premieren:

● Hal Ashby: *Harold and Maude* (US-Premiere 1971) Schwarze Gruselkomödie. Hohnlächelnd und augenzwinkernd wird die Geschichte erzählt von Harold (20) und Maude (80), die aufgrund gemeinsamer Neigungen in Liebe zueinander entbrennen.

● Ingmar Bergman: *Schreie und Flüstern (Viskingar och Rop, 1972)*. In einem stillen schwedischen Landhaus stirbt, umgeben von zwei Schwestern und einer Hausangestellten, eine junge Frau den Krebstod. Der Film wird nach hitzigen Auseinandersetzungen nicht in deutschen Kinos, sondern am 10. März im Fernsehen gezeigt. Der sehr persönliche, eindringliche, stille und doch qualvolle Film aus dem Jahre 1972 gehört zu Bergmans Meisterwerken.

● Federico Fellini: *Amarcord*. Bildgewordene Erinnerungen an des Regisseurs Heimat Rimini in den dreißiger Jahren. Wenig Handlung, statt dessen eine teils deftig, teils zart-poetisch mit der Kamera gedichtete Provinzgroteske.

● Francis Girod: *Trio Infernal* mit Michel Piccoli und Romy Schneider. Eine schwarze erotische Kriminalkomödie, die sich kokett zugute hält, die Horrorkomik, Scheußlichkeit und Obszönität des *Großen Fressens* (Regie: Ferreri, 1973) bei weitem zu übertrumpfen.

● Louis Malle: *Lacombe Lucien*. Ein Zeitbild aus dem Vichy-Frankreich: Wie ein 17jähriger naiver Bauernjunge zum Nazi-Kollaborateur wird. So feinnervig, kritisch und menschlich ist diese umstrittene Zeit Frankreichs noch nie im Film dargestellt worden.

● John Milius: *Jagd auf Dillinger (Dillinger, 1972)*. Gezeigt wird die Jagd auf einen berüchtigten Großgangster der USA: Prototyp eines Trends der US-Filmindustrie. In Bildern, die auf ekelhafte Weise ästhetisch-schön sind, läuft eine Orgie von Blutbädern ab, gegen die sich etwa der Sadismus des Italo-Western wie ein harmloser Bubenstreich ausnimmt.

● Roman Polanski: *Chinatown* mit Jack Nicholson und Faye Dunaway. Die Darstellung einer kalifornischen Korruptionsaffäre gerät Polanski zu einem meisterhaften Ästheten-Thriller und Kassenknüller, der das Genre der schillernden Halbwelt amerikanischer Privatdetektive glanzvoll wieder aufnimmt.

Ereignisse

● Der China-Film von Michelangelo Antonioni wird nach langen diplomatischen Querelen nun doch am 11. Juni im deutschen Fernsehen gezeigt, ein unaufdringliches Werk über ein fernes Land und seine Leute, dessen Schönheit dennoch nie den Informationswert überspielt.

● Für den TV-*Einsatz in Manhattan* ist künftig der »häßliche Glatzkopf« Kojak zuständig. Telly Savalas spielt den lakonischen Lieutenant in New York City.

Zahnbehandlung
in schwerelosem Zustand
in der
Raumstation Skylab
1973/74

William Friedkin
Der Exorzist, 1973/74
Szenenfoto mit Linda Blair

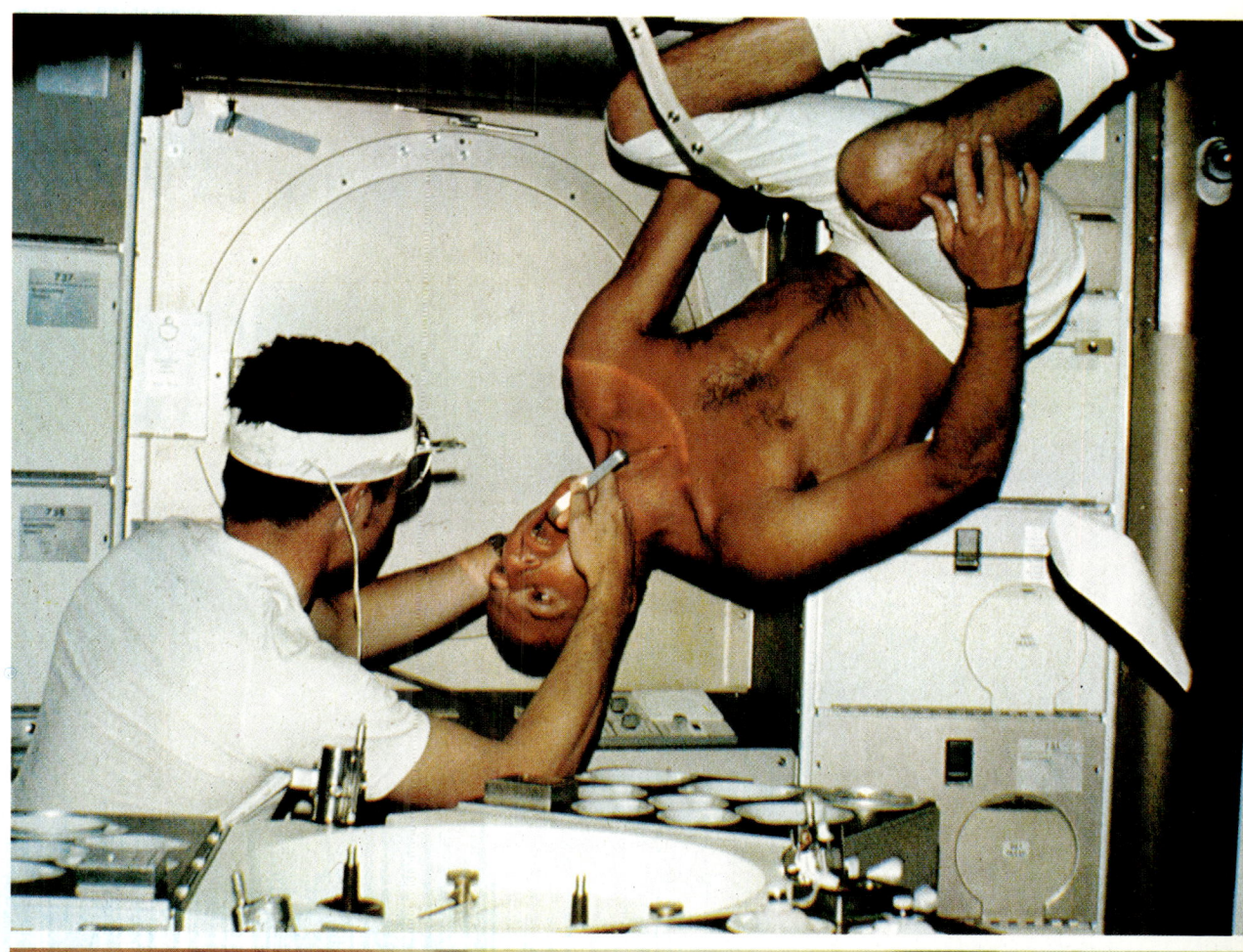

Skepsis gegenüber dem Fortschritt

Nachdem die UdSSR 1971 ihre erste Raumstation vom Typ Saljut in eine Erdumlaufbahn gebracht und durch die Koppelung mit Sojus 10 als Weltraumlaboratorium in Betrieb genommen hat, starten die USA 1973 ihr entsprechendes Skylab-Programm. Zwischen Februar 1973 und Februar 1974 lösen sich drei Mannschaften an Bord von Skylab ab, dann treten technische Defekte ein, die 1979 zum Absturz der Raumstation führen. Der wissenschaftlich-technische Triumph im Weltraum wandelt sich in eine Bedrohung des Lebens auf der Erde.

Der Vorgang bestätigt die in den siebziger Jahren zunehmende Skepsis gegenüber dem Fortschritt, die 1974 durch den Ölschock und dessen weltweite wirtschaftliche Folgen Nahrung erhält. Sie äußert sich unter anderem im Interesse an den sogenannten Psiphänomenen, wie sie der Israeli Uri Geller am 17. Januar 1974 in der Fernsehsendung »Drei mal neun« demonstriert: Er besiegt durch konzentrierte Geistestätigkeit die Materie und läßt Uhren falschgehen sowie Gabeln sich krümmen – Taschenspielertricks, wie sich später herausstellt.

Unübersehbares Zeichen für die Zuflucht zu Übersinnlichem ist der Erfolg des Romans The Exorcist von William Peter Blatty, dem eine angebliche Teufelsaustreibung in Rom im Jahr 1949 zugrunde liegt. Die gleichnamige, 1973 entstandene Filmversion des Regisseurs William Friedkin wird zum Kinohit des Jahres 1974. Die Ekelgrenze weit überschreitend, mischt er Brutalität, Obszönität und Okkultismus.

The Exorcist (Der Exorzist) schildert mit gnadenloser Detailfreudigkeit die Geschichte der 12jährigen Regan (Linda Blair), die vom Teufel besessen ist. Das niedliche Kindergesicht verwandelt sich in eine eitrig-blutige Fratze; die Stimme wird tierisch tief, die Sprache zu der einer sexbesessenen, gotteslästernden Hure.

Berichte über mysteriöse Zwischenfälle bei den Dreharbeiten tragen zur Publicity des Films ebenso bei wie die päpstliche Erklärung, daß nach wie vor mit dem Teufel zu rechnen sei.

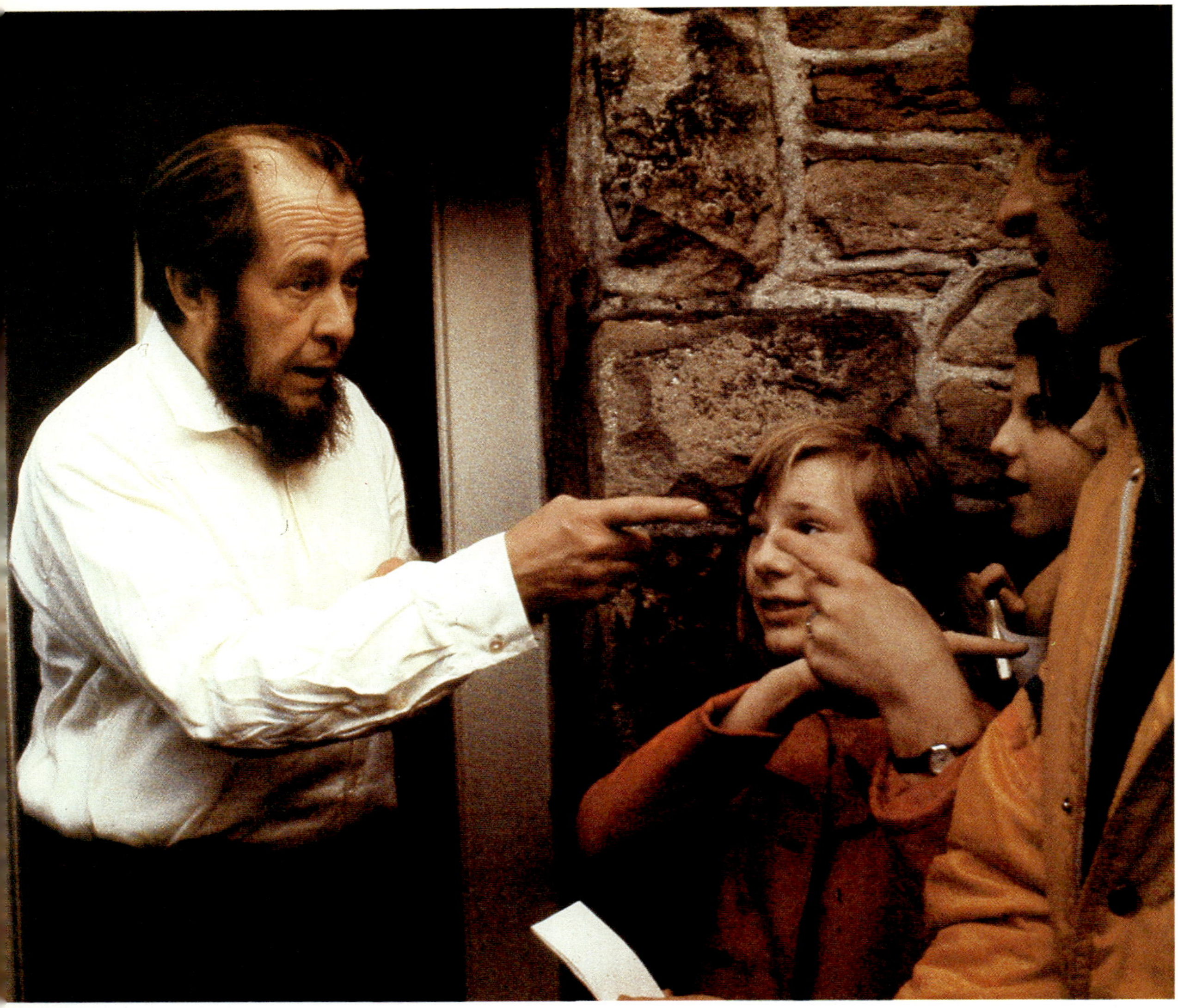

Alexandr Solschenizyn
als Gast Heinrich Bölls
1974

**Konzentrationslager auf der
griechischen Insel Jaros**

Schriftsteller
stellen Öffentlichkeit her

*Anfang Januar erscheint in der
Schweiz der erschütternde Bericht Der
Archipel GULAG von Alexandr Solschenizyn (GULAG ist die Abkürzung
der Bezeichnung der Hauptverwal-
tung von Straflagern).*
*Solschenizyn entschloß sich zur Veröf-
fentlichung, nachdem eine Vertraute
im August 1973 nach tagelangen Ver-
hören durch den Geheimdienst KGB
das Versteck des Manuskripts verraten und sich aus Verzweiflung erhängt
hatte. In Gefahr waren nun die über
200 Informanten Solschenizyns, deren
Namen oder Initialen im Manuskript
enthalten sind. Die Flucht an die Öffentlichkeit und das weltweite Echo
dieser bisher schärfsten Abrechnung
eines russischen Autors mit dem System von Terror und Verbannung erweisen sich insofern als Schutz, als
die UdSSR lediglich die Ausbürgerung vornimmt. Solschenizyn unterscheidet sich von Kritikern der Sowjetunion wie dem Wissenschaftler Andrei
Sacharow, der 1970 ein »Komitee zur
Durchsetzung der Menschenrechte in
der UdSSR« gegründet hat und 1975
den Friedensnobelpreis erhält, durch
die generelle Ablehnung des Sozialismus. Er läßt sich nach kurzem Aufenthalt in der Bundesrepublik in der
Schweiz und 1976 in den Vereinigten
Staaten nieder.*
*Um den Widerstand gegen die 1967 in
Griechenland errichtete Diktatur zu
unterstützen und in dem zu erwartenden Prozeß Öffentlichkeit herzustellen, kettet sich der Schriftsteller Günter Wallraff im Mai auf dem Syntag-
maplatz in Athen an einen Masten an
und verteilt Flugblätter. Ein Sondermi-
litärgericht verurteilt ihn zu 14 Monaten Gefängnis. Doch die Tage des Militärregimes sind gezählt. Der Sturz des
zyprischen Staatspräsidenten Maka-
rios durch einen von der Junta gelenk-
ten Putsch hat deren eigenes Ende zur
Folge. In der Zeitschrift »L'Europeo«
veröffentlicht die italienische Journalistin Oriana Fallaci den Bericht eines
der politischen Gefangenen, die von
der KZ-Insel Jaros zurückkehren: »ein
eisiger Monolog« als Spiegel un-
menschlicher Leiden.*

1974

Literatur

Neuerscheinungen

● Alfred Andersch: *Winterspelt*. Roman aus dem Zweiten Weltkrieg, der im Oktober 1944 in dem Dorf Winterspelt spielt. Spannende Lektüre von ästhetischem Reiz und hohem erzähltechnischem Aufwand.

● John le Carré: *Dame, König, As, Spion (Tinker, Sailor, Soldier, Spy)*. Ein Spionageroman der Sonderklasse mit dem Air der Authentizität, gelobt als Thriller von Verrat und Freundschaft, der mit seiner trickreichen Erzähltechnik nie an Spannung verliert.

● Bernt Engelmann: *Wir Untertanen*. Erster Teil eines dreibändigen »deutschen Antigeschichtsbuchs«, in dem der Autor die Vergangenheit von Pomp und Staub befreien und die »kleinen Leute« zu Hauptakteuren machen will. Teil zwei folgt mit *Einig gegen Recht und Freiheit* 1975, und Teil drei 1977, mit *Trotz alledem*. Das Buch erhält viel Lob (»treffende Fakten«) und Tadel (»gröbste Vereinfachungen«).

● Therese Giehse: *Ich hab nichts zum Sagen*. Gespräche mit Monika Sperr. In dem Viel-Stunden-Interview erweist sich »die Giehse« als eine große Persönlichkeit auch außerhalb der Bühne, mit eigenwilligen Ansichten über Politik, Theater und Literatur.

● Katja Mann: *Meine ungeschriebenen Memoiren*. Aufgezeichnete Erinnerungen nach Interviews. Die Frau Thomas Manns vermittelt Geistesgeschichte, mit der Teetasse in der Hand erzählt, rührend, pikant, erheiternd …

● Angelika Mechtel: *Das gläserne Paradies*. Das Buch führt in neuer Form die alte Tradition des Familienromans fort. Thema: eine Familie zwischen Krankheiten, Krisen und Neurosen.

● Lilli Palmer: *Dicke Lilli – gutes Kind*. Bestseller-Memoiren mit gutsitzenden Pointen und ein wenig hausbackenen Lebensweisheiten.

● Hans Weigel: *Antiwörterbuch*. Die überraschend erfolgreiche, witzige Persiflage der Soziologen- und Werbesprache.

● Morris L. West: *Der Salamander*. Der kinoreife Politreißer, in dem die Geschichte von Geheimdienstlern erzählt wird, ist spannend bis zur letzten Seite, gerät aber nie zur Kolportage.

● Gabriele Wohmann: *Paulinchen war allein zu Haus*. Das Schreckensbild eines »modern-fortschrittlichen« Elternpaares, sehr polemisch, amüsant, mit gelegentlichen Längen.

Ereignisse

● Sportbuch-Schwemme nach dem bundesdeutschen Sieg bei der Fußballweltmeisterschaft.

Erfahrungen aus dem Knast

Seine Beute aus dem Überfall auf eine Sparkasse betrug 5670 DM. Doch der Jurastudent Burkhard Driest konnte sich nicht an ihr erfreuen: Er bekam fünf Jahre Zuchthaus. Die Erfahrungen aus dieser Zeit im Zuchthaus Celle hat er jetzt in einem Drehbuch zu Reinhard Hauffs TV-Film *Die Verrohung des Franz Blum* vermarktet, der am 26. März im Ersten Programm ausgestrahlt wird.

Es ist »zu zwei Dritteln meine eigene Geschichte« (Driest): Wie ein Mensch in den Knast kommt und dort überleben lernt. Überleben, das heißt nicht, sich auf die Seite der Schwachen zu stellen und für die Gerechtigkeit zu kämpfen. Der Häftling erlernt das Gegenteil: Er denunziert und biedert sich an, er prügelt sich zur Führungsperson hoch und bringt Zucht und Ordnung in den schlappen Häftlingshaufen. Die Anstaltsleitung zeigt sich erkenntlich: Er wird vorzeitig entlassen. Die Kulturschickeria hat ihren neuen Star; Burkhard Driest wird zum Hätschelkind der Medien.

Der Fall Katharina Blum

Heinrich Bölls *Die verlorene Ehre der Katharina Blum* ist ein literarischer Schnellschuß im Spannungsfeld der Baader-Meinhof-Fahndung. Am Beispiel einer »belanglosen Zeitgenossin«, die sich während des Kölner Karnevals in einen gesuchten Anarchisten verliebt und ihn beherbergt, wird gezeigt, wie eine fanatisierte politische Hetzkampagne verläuft. Hinter dem Schild der Pressefreiheit beginnt der Reporter eines »ZEITUNG« genannten Boulevardblattes eine rufmörderische Treibjagd.

Bölls Erzählung ist ein hingeworfenes Pamphlet gegen den aufgeheizten Zeitgeist, gegen emotionalisierte Meinungsmache und die kalte Ausbeutung des Privatlebens durch eine verantwortungslose Presse. Film (1975) und Drama (Uraufführung 1976), die unter Mitwirkung von Margarethe von Trotta Bölls Buch folgen, lösen allerdings verallgemeinernd den Fall Katharina Blum aus dem Zusammenhang mit der bundesdeutschen Anarchistenszene.

Ein Philosoph informiert sich

Am 9. November stirbt in der Strafanstalt Wittlich (Eifel) nach fast zweimonatigem Hungerstreik und zwangsweiser künstlicher Ernährung der 33jährige Holger Meins, der zum »harten Kern« der Baader-Meinhof-Gruppe gezählt wird. Auf den als letzte Möglichkeit des Protests gegen die Haftbedingungen gewählten Hunger-Freitod reagieren Teile der linken Bewegung mit heftigen, zum Teil gewaltsamen Demonstrationen. Die Anwälte der Baader-Meinhof-Gruppe, darunter Otto Schily, machen die Justiz für den Tod von Meins mitverantwortlich.

In dieser Situation öffentlicher Diskussion um den Begriff der Isolationshaft, um Zwangsernährung und mangelnde medizinische Betreuung der Untersuchungshäftlinge erkämpft sich Jean-Paul Sartre gegen den Widerstand der Staatsanwaltschaft die Möglichkeit, Andreas Baader in dem zur Festung ausgebauten »Terroristen-Gefängnis« in Stuttgart-Stammheim zu besuchen. Seine Motive und Ziele erläutert er in einem Gespräch mit der ihm befreundeten Feministin Alice Schwarzer, das der »Spiegel« veröffentlicht.

Was Sartre vor allem interessiert »sind die Handlungsmotive der Gruppe, ihre Hoffnungen, ihre Aktionen und – allgemein – ihr Politikverständnis«. Auf die Frage nach der Gleichsetzung von Isolationshaft und Folter antwortet Sartre: »Nicht im Sinne der klassischen Folter, bei der das Opfer direkt einem bestimmten Folterknecht ausgeliefert ist. Aber das, was da so anonym und indirekt mit den Gefangenen geschieht, kommt auf dasselbe raus.« Als Linker fühlt er sich zwar mit der RAF solidarisch im Kampf gegen Repression, nicht aber mit den Aktionen und dem Ziel der Auslösung eines Volkskriegs. Zudem: »Revolutionäre Aktion ist nicht immer gleichzusetzen mit bewaffnetem Kampf! Sie hat viele Formen.«

Oben links: Rudi Dutschke und Baader-Meinhof-Anwalt Otto Schily bei der Beisetzung von Holger Meins, November 1974.

Oben rechts: Jean-Paul Sartre in Stuttgart-Stammheim, Dezember 1974.

1974

Blitzer: Gänsehaut und Geldstrafe

Ein neuer Gag kommt auf, das »Blitzen« oder »Flitzen«. Erstmals ausprobiert auf dem Campus amerikanischer Universitäten, greift diese Mode des Bürgerschocks schnell auf andere Länder über und wird ein internationales Phänomen. Der unerwartete Nacktsprint durch belebte Straßen, auf Plätzen, eben überall dort, wo sich Menschen ansammeln, ist für den Akteur mitunter ein zweifelhaftes Vergnügen: zur Gänsehaut kommt eine Geldstrafe. Die Aktion geschieht allerdings meist so schnell (deshalb »Blitzen« oder »Flitzen«), daß der Nacktsprinter die Reaktion seines Publikums, das er schockieren möchte, gar nicht mitbekommt. Er kann es sich nur in seiner Phantasie ausmalen, welche entsetzten oder auch amüsierten Gesichter die Leute wohl gemacht haben.

Das Moment der Überraschung liegt in der tabuisierten Nacktheit; mit ihr glaubt man, den prüden Kleinbürger am sichersten in seinen verklemmten Gefühlen zu treffen und Reaktionen auszulösen. Diese können ganz handfest sein, wie zum Beispiel bei den Marktfrauen auf dem Münchner Viktualienmarkt, die gemeinschaftlich Blitzer verprügeln.

Psychologisierende Alltagsdeuter stellen sofort wilde Spekulationen über die Motive der Blitzer an. Medienpapst Marshall McLuhan vermutet im Blitzen eine neue Form der Kommunikation. Die »New York Times« gibt offener zu: »Die präzise soziale Bedeutung ist bislang unklar.« Der amerikanische Psychologe Philip Zimbargo fürchtet einen Angriff »auf die dominierenden gesellschaftlichen Werte«. So umstürzlerisch ist das Blitzen nun auch wieder nicht. Es ist ein harmloser Ausläufer der Studentenbewegung mit dem Ziel, übermütig und ein wenig exzentrisch die Gesellschaft zu brüskieren. Der Blitz-Akteur gefällt sich in seinem Exhibitionismus; den Zuschauer zwingt er zum Voyeurismus, denn wer etwas sehen will, muß schnell und genau hinsehen.

Zeitungsredakteure als Blitzer im schwedischen Fernsehen, 1974.

Musik

Premieren

● Benjamin Britten: *Tod in Venedig.* Deutsche Erstaufführung am 24. September an der Berliner Staatsoper. (Uraufführung 1973 in Aldeburgh, England). Die Oper setzt Thomas Manns Erzählung gekonnt, aber ohne besondere Inspiration in Noten um; ein Werk, das auch im Zusammenhang mit dem großartigen Film (1971) von Luchino Visconti gesehen wird.

● Paul Dessau: *Einstein.* Uraufführung im Februar an der Ostberliner Staatsoper. Regie: Ruth Berghaus. Libretto: Karl Mickel. Es geht, anhand einer sehr freien Behandlung der Biographie Albert Einsteins, um das Gewissen eines Wissenschaftlers. Obwohl Dessau sich wie immer als Meister der musikalischen Collage erweist, scheitert der dramaturgische Versuch, Welt- und Notenbild auf der Bühne eins werden zu lassen.

● *Ballette um Meyerbeer und Schumann* werden in einer Inszenierung von John Neumeier am 12. Mai als Uraufführung in der Hamburgischen Staatsoper gezeigt. Es sind exquisite Bildungsballette in denen Neumeier auch seine große Begabung für eigenwillige Bühnenkonstruktionen beweist.

Neue Provokation von Hans Küng

Das Erscheinen des Buches *Christ sein* des Tübinger Theologieprofessors Hans Küng sorgt erneut für Schlagzeilen. Nach *Unfehlbar? Eine Anfrage* (1970) stellt Küng wieder traditionelle katholische Dogmen in Frage. So hält er beispielsweise die Jungfrauengeburt für einen »Mythos«, die irdische Auferstehung Jesu für »historisch« unrichtig, die Himmelfahrt für eine dem »heutigen Verständnis unvollziehbare Vorstellung«. Für ihn ist Jesus eine »ganz konkrete, menschliche, geschichtliche Person«, ein »Laie« und »öffentlicher Geschichtenerzähler« mit »hippieartigen Zügen«, kein Gottmensch, der Wunder bewirkte. Das Grollen Roms und der deutschen Bischöfe läßt angesichts solcher Thesen nicht lange auf sich warten. Es verstärkt sich die Drohung der kirchlichen Kreise, Küng die Lehrerlaubnis zu entziehen. Doch erst 1979 entschließt sich Rom tatsächlich zu diesem Schritt.

»BRD« wird zum Politikum

Zuerst erschien das umstrittene Kürzel im »Neuen Deutschland«. Die DDR, »im Zuge ihrer Abgrenzungspolitik« (»Die Welt«) darauf bedacht, das Wort »Deutschland« aus der Sprache möglichst zu verbannen, erfindet die DDR-ähnliche »BRD«. Der Kurzbegriff hält, überwiegend aus sprachlicher Bequemlichkeit, auch Einzug in die Bundesrepublik. Als jedoch offensichtlich wird, daß einige Gruppen das Kürzel auch aus politischen Gründen systematisch verwenden, wird die BRD zu einem Politikum. Die Ministerpräsidenten der Länder beschließen, daß künftig die Behörden nur noch mit einer Zunge sprechen sollen, wenn es um die Bezeichnung ihres Staates geht. Die korrekte Bezeichnung lautet »Bundesrepublik Deutschland«. BRD bleibt künftig, wo immer die Formel verwendet wird, weniger der Ausdruck sprachlicher Bequemlichkeit als kritischer Distanz zum Staat.

Naturwissenschaft, Technik, Medizin

● Auf einem internationalen Geologenkongreß in Zürich wird über die allgemeine Erdkrustenbewegung mitgeteilt: Europa nähert sich Nordamerika mit einer Geschwindigkeit von etwa 12 Zentimetern im Jahr. Die Alpen heben sich jährlich um etwa einen Zentimeter. Die minutiösen Messungen beruhen auf Laserblitzen, die vom Mond reflektiert werden.

● Auf Taiwan wird eine Zypresse entdeckt, die mit rund 6000 Jahren der wahrscheinlich älteste Baum der Erde ist.

● Am 1. Juli rollt der letzte VW-Käfer vom Band. Der »Käfer«, Symbol der Massenmobilisierung, wird nicht mehr in Wolfsburg, sondern in Mexiko, hergestellt.

● In den USA warnen elf führende Molekulargenetiker vor den möglichen Folgen der Genmanipulation (Manifest von Asilomar).

André Heller

Udo Lindenberg

Wiener Schmäh und deutscher Rock

Es ist eine Art Selbstverherrlichungs-Revue, zu der das ZDF am 19. März dem Wiener Literaten und Liederma-cher André Heller drei Tage vor seinem 28. Geburtstag die Gelegenheit gibt. Die vom Titel der Sendung »Wer war André Heller?« gestellte Frage findet allerdings keine Antwort. Eher weckt der exzentrische Einzelkämpfer und Gratwanderer zwischen Entertain-ment und Engagement neue Fragen. Heller, laut Paßeintragung von Beruf Poet, ist der Antipode zu Peter Alexan-der. Statt Praterseligkeit ein mutter-mörderischer Vorsatz: »Wien ist eine alte Frau, drum wart' ich bis zum Mut-tertag, daß ich erschlag die Sau.« Kenn-zeichnender jedoch ist das dunkle Rau-nen von Tod und Vergänglichkeit, ge-mischt mit süffisanten, von Gift ge-tränkten Bonmots und Wiener Schmäh, den Heller (nach Georg Krei-ler und dessen Frau Topsy Küppers) zu einem österreichischen Exportartikel macht. In seinem Gefolge wienern die Liedermacher Erich (Arik) Brauer, ein Maler der Wiener Schule des Phanta-stischen Realismus, Georg Danzer und Wolfgang Ambros. Den Traum vom Gesamtkunstwerk erfüllt sich Heller 1976 mit dem Zirkus Roncalli, beglei-tet von seinem Buch Es werde Zirkus. Ein poetisches Spektakel.

Mit Udo Lindenberg, der 1957 als Elf-jähriger seine ersten öffentlichen Auf-tritte als Schlagzeuger hatte, verliert der deutsche »Krautrock« sein Schat-tendasein. Lindenberg negiert das scheinbar eherne Gesetz, daß Beat-, Rock- und Popmusik nur mit engli-schen Texten zur Geltung kommt. Den Durchbruch zum Erfolg bringen die Gründung des »Panikorchesters« und dessen Langspielplatte Alles klar auf der Andrea Doria.

Lindenbergs deutsche Texte – flapsig, ironisch, empfindsam und aggressiv – handeln von den Ausgeflippten und Drogensüchtigen, von einer »Erotik ohne Morgenrot«, Alkoholismus, Ar-beitsfrust. Hellhörig trifft er die Spra-che und das Lebensgefühl der jungen Generation, die den vorgezeichneten Weg ins etablierte Erwachsenendasein ablehnt.

Carl Ottmer
**Ehemaliges Bahnhofsgebäude
in Braunschweig**
1843/44

Marktplatz in Warschau

Denkmalschutz

Was nicht den Bomben zum Opfer gefallen war, wurde in den deutschen Städten nach dem Zweiten Weltkrieg vielfach dem Bauboom geopfert. Es bedurfte erst der Erfahrung, daß der »Fortschritt« Betonwüsten hervorgebracht hat und Bauen auch Umweltzerstörung sein kann, um zu einem schrittweisen Umdenken zu gelangen, Denkmalschutz bzw. -pflege als gesellschaftliche Aufgabe von größter Bedeutung aufzufassen.

Zu Trägern des Denkmalschutz-Gedankens wurden der Europarat und dessen Rat für kulturelle Zusammenarbeit sowie der 1965 auf Anregung der UNESCO gegründete International Council of Monuments and Sites. Die Abkehr vom Schutz einzelner Monumente zugunsten ganzer historischer Ensembles wurde 1964 in der Charta von Venedig gefordert; die Resolutionen von Brüssel (1969) und Zürich (1973) stellten die Aufgabe, den Denkmalschutz in die Stadtplanung bzw. Stadterneuerung einzubeziehen.

Die beiden Abbildungen verweisen auf zwei Etappen dieser Entwicklung. Das spätklassizistische Empfangsgebäude des ehemaligen Braunschweiger Hauptbahnhofs verdankt seine Erhaltung nach Fertigstellung des neuen Bahnhofs (1960) der Bereitschaft der Norddeutschen Landesbank, diesen Überrest des ältesten, 1843/44 von Carl Ottmer errichteten Bahnhofsbaus in Deutschland in ihren Neubau einzubeziehen. Der Marktplatz in Warschau ist ein Beispiel für die Restaurierung einer Häusergruppe auch ohne große stilgeschichtliche oder historische Bedeutung. Polen ist führend in der Pflege des baulichen Erbes.

Im Januar 1975 folgen 28 europäische Länder der Aufforderung des Europarats, dieses Jahr als Jahr des Denkmalschutzes zu deklarieren. Wie spät es für die Rettung städtischer Wohnviertel sein kann, zeigt das Beispiel halb verfallener, ehemals respektabler Bürgerhäuser im Frankfurter Westend, die kurz vor dem Anrücken der Demolierungstrupps unter Denkmalschutz gestellt wurden. Die Zeitspanne bis zur gerichtlichen Klärung arbeitet den Befürwortern des Abbruchs in die Hände.

Bildende Kunst

Ausstellungen

● Augsburg: Mit der ersten Gesamtausstellung über Johann Liss (ca. 1597 bis 1629) wird in den Städtischen Kunstsammlungen Augsburg vom 2. August bis 2. November eine der stärksten deutschen Malerpersönlichkeiten des Barock wiederentdeckt.

● Berlin: *Pieter Breughel als Zeichner – Seine Herkunft und Nachfolge* ist der Titel der bislang umfassendsten Ausstellung von Zeichnungen des Malers im Kupferstichkabinett vom 19. September bis 16. November.

● Berlin: Das bisher größte Panorama über Kunst und Zeitgeschichte von 1945 bis 1950 zeigt die Berliner Akademie der Künste vom 7. September bis 2. November: *Als der Krieg zuende war.*

● Hamburg: William Blake, dem englischen Vertreter einer visionären Kunst um 1800, widmet die Kunsthalle vom 5. März bis 20. April eine sehr umfangreiche Retrospektive.

● Hamburg: Als direkte Anschauung überfällig ist die Ausstellung des Kunstvereins vom 12. April bis 16. Mai über Willi Sitte. Mit ihm wird der erste prominente Vertreter des sozialistischen Realismus in der DDR in der Bundesrepublik präsentiert.

Ereignisse

● Amsterdam: Ein offenbar geistesgestörter Lehrer verübt im Rijksmuseum im September einen Anschlag auf Rembrandts *Nachtwache.* Mit einem Messer zerschlitzt er eines der wertvollsten Gemälde der Welt. Nach komplizierter Restaurierung hat das stark nachgedunkelte Bild mehr Brillanz als vorher.

● Nach jahrelangen Prestige- und Konkurrenzkämpfen haben die beiden Kunstmessen von Köln und Düsseldorf fusioniert.

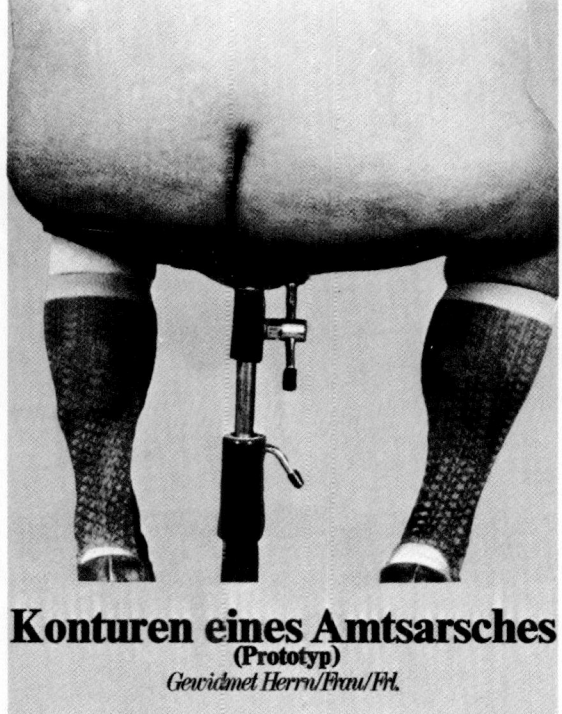

Juristenstreit um Beuys-Wanne

Ein obskurer Kunststreit sorgt für Verwirrung der Juristen und Erheiterung der Laien. Für eine Wanderausstellung zum Thema »Realität« hatte der Kunstsammler Lothar Schirmer 1972 eine emaillierte Kinderbadewanne zur Verfügung gestellt. Sie war, reich mit Mull, Fett und Heftpflaster versehen, ein Kunstwerk von Joseph Beuys.

Als der Kunstsammler Schirmer die Leihgabe zwei Jahre später, nach Beendigung der Ausstellung, zurückerhält, erwartet ihn eine unangenehme Überraschung: Die Wanne ist von allen künstlerischen Zusätzen befreit, sie ist reingescheuert – und damit ohne jeden Wert. Nun verklagt der Besitzer die Museen, bei denen die Wanne die Runde gemacht hat, und die Versicherer auf Schadenersatz.

Der Fall wird aufgerollt, und die Nachforschungen ergeben, daß der mit 40 000 DM versicherten Badewannen-Leihgabe in der Tat Böses zugestoßen ist. Zunächst verführte sie lose Besucher zu hämischen

Kommentaren. Schlimmer erging es ihr im Leverkusener Schloß Morsbroich, dem letzten Ausstellungsort. Bevor nämlich die Ausstellung aufgebaut werden konnte, fand dort eine lokale SPD-Feier statt. Auf der Suche nach einer geeigneten Kühlmöglichkeit für das Bier der Genossen geriet eine Aushilfskraft in den Magazinraum, entdeckte die Wanne, säuberte dieselbe energisch und stellte die Flaschen kalt. Die Ausstellung fand anschließend notgedrungen ohne die profan entweihte Kunst-Wanne statt.

Der Fall wurde nun zum Streitobjekt der Experten. Der Künstler erklärte sich zwar bereit, sein Werk zu restaurieren, behauptete jedoch, es bliebe dennoch im Wert gemindert. Das Landgericht der Stadt Wuppertal spricht dem Kläger schließlich 40 000 DM Schadenersatz zu. Die Juristen kommen zu dem Schluß, der »einmalige Schöpfungsakt« der Kunst-Badewanne sei nicht wiederholbar, und Beuys-Objekte seien seit der Schöpfung der Wanne erheblich im Wert gestiegen.

Kritische Kunst und »Kunstkritik«

Zunächst nahm niemand Anstoß, kein Mensch fühlte sich in seinen staatsbürgerlich-moralischen Prinzipien verletzt. Die vom Londoner Goethe-Institut unterstützte Ausstellung »Art into Society«, die den Engländern zeitgenössische deutsche Kunst präsentierte, fand im Gegenteil viel Lob und Zuspruch. Neben Arbeiten von Joseph Beuys sah man auch zwei Polit-Plakate des Heidelberger Grafikers Klaus Staeck: Die quellenden Konturen eines Amtsarsches und einen messerwetzenden Franz Josef Strauß im Schlachteranzug. Die »Times« klagte, daß es keinerlei englische Künstler dieses Ranges gäbe.

Der Ansicht, daß es sich überhaupt um Kunst handle, ist der CSU-Bundestagsabgeordnete Max Schulze-Vorberg nicht. Er läßt bei Bundesaußenminister Genscher anfragen, ob der es billigen könne, wenn mit Steuergeldern ein deutscher Politiker im Ausland diffamiert werde. Genscher kann das nicht gutheißen, ja er rügt öffentlich diese »diffamierenden« Plakate – und die Affäre Staeck ist da. Sie treibt Schriftsteller wie Heinrich Böll und Günter Grass auf die Barrikaden. Die Rede ist von Zensurmaßnahmen, von schwarzen Listen und der notwendigen Solidarität der Schriftsteller.

Ein Symptom ist dieser Vorgang nicht nur, weil er die Besorgtheit deutscher Politiker um den Ruf der »Wohlanständigkeit« verrät, die aber gerade den Spott über soviel Provinzialität hervorruft. Deutlich wird auch, daß eine politisch motivierte und sozialkritische Kunst wieder ihren Anspruch auf öffentliche Geltung anmeldet. Der Graphiker Klaus Staeck wird durch das Ereignis erst allgemein bekannt. In seinem Engagement, aber auch in der Technik seiner Fotomontagen knüpft er bewußt an Vorbilder in den zwanziger Jahren, vor allem an John Heartfield, an. Es ist kein Zufall, daß zur gleichen Zeit Schriftsteller wie Günter Wallraff die Tradition der Sozialreportage wiederbeleben.

Plakate von Klaus Staeck, 1975.

729

1975

Syberbergs Wagner-Film

Der Film heißt *Winifred Wagner und die Geschichte des Hauses Wahnfried von 1914–1975.* Gottfried Wagner, Wolfgangs Sohn, hat seine Großmutter überredet, ihr 30jähriges, von der Entnazifizierungsspruchkammer wegen ihrer NSDAP-Mitgliedschaft und der engen Freundschaft zu Hitler verordnetes Schweigen zu brechen und sich der Kamera des Dokumentarfilmers Hans-Jürgen Syberberg zu stellen. Zweifellos wird mit diesem Film die neue Phase der derzeitigen Hitler-Forschung bestätigt. Nach der ersten Verdrängung und der folgenden kühlen Historikeranalyse folgt nun der neugierige Blick auf den Privatmann, auf den Brandstifter als Biedermann. »Was ins Dunkle geht bei ihm« – so sagt Winifred Wagner, »ich weiß, daß es existiert – aber für mich existiert es nicht.« Es ist die bezeichnende Sprachregelung jenes unseligen Zeitgeistes, der nicht nur in Bayreuth zu Hause war.

Talk-Show als öffentliche Sprechstunde

Sie sind billig und beliebt und kommen damit dem deutschen Fernsehen gerade recht: In den amerikanischen Talk-Shows, in denen so witzig-intelligente Talk-Master wie Dick Cavett oder Johnny Carson seit Jahren Prominente aus Politik, Sport, Kultur und Showgeschäft zu improvisierten Plaudereien live vor die Fernsehkamera holen, wittern die deutschen TV-Macher ihre preiswerte Chance in sparsamen Zeiten.

Doch was im kommerziellen amerikanischen Fernsehen, das unterhalten muß um jeden Preis, prächtig gedeiht, kommt, trotz gelegentlicher Sternstunden, über ein Schattendasein hierzulande nicht recht hinaus. Zu oft geraten die deutschen Talk-Master in die Rolle der berühmten Plaudertaschen, der professionellen Muntermacher. Die vorgeführte Prominenz bleibt elektronisch entrückte Kunstfigur ihrer selbst.

Ein faschistisches Sodom

Auf einem Feldweg bei Ostia, 20 Kilometer von Rom entfernt, wird der 53jährige italienische Filmregisseur und Schriftsteller Pier Paolo Pasolini in der Nacht zum 2. November mit zertrümmertem Schädel aufgefunden. Er ist offenbar nach einem heftigen Kampf mit seinem Mörder gestorben. Und er starb in dem Milieu, dessen Brutalität er oft genug geschildert hat. Der 17jährige Bäckergeselle Giuseppe Pelosi gesteht die Tat. Er habe, um sich gegen homosexuelle Zudringlichkeit zu wehren, Pasolini niedergeschlagen und mehrmals mit seinem Auto überfahren. Dennoch halten sich in Rom hartnäckig Gerüchte, daß es für den Tod des skandalumwitterten Mannes, der sich stets offen zu seiner Homosexualität bekannt hat, politische Hintergründe gibt, daß rechtsradikale Kreise, die er oft genug attackiert hat, für den Mord verantwortlich seien. Die Erregung über das Verbrechen ist noch nicht abgeklungen, als es einen neuen Skandal um den Toten gibt. Ende November wird in Paris sein letzter und auch schockierendster, in Italien verbotener Film uraufgeführt: Salò o le 120 giornate di Sodoma. Zugrunde liegt ein 1785 entstandenes und 1904 erschienenes Buchfragment des Marquis de Sade, dessen Handlung Pasolini im Oberitalien der Faschistenzeit angesiedelt hat. Vier ältere Herren, ein Herzog, ein Richter, ein Bischof und ein Bankier, haben mit Hilfe ihrer Milizen junge Männer und Frauen wie Tiere einfangen lassen, um ihre perversen und sadistischen Spiele mit ihnen zu treiben, die in Folter und bestialischem Schlachten enden. Auch unter den Verteidigern des Films ist die Zustimmung gedämpft. Der »Spiegel« betrachtet den Film als »Dokument einer bis zum äußersten getriebenen Haßliebe gegen den eigenen Körper ...«
Mit Histoire d'O (Geschichte der O) öffnet ein anderer Regisseur, Just Jaeckin, die Folterkammern der Sadoliteratur und des Pornofilms.

Mitte links: Salò oder Die 120 Tage von Sodom, 1975; Szenenfoto.
Mitte rechts: Geschichte der O, 1975; Szenenfoto.

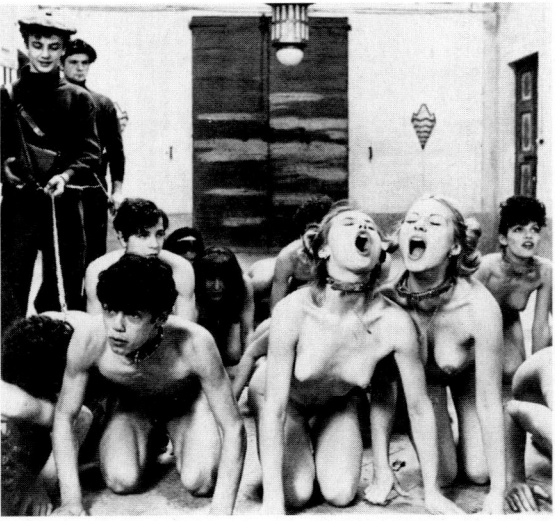

Film und Fernsehen

Premieren

● Ingmar Bergman: *Szenen einer Ehe (Scener ur ett aektenskap,* 1973) mit Liv Ullmann und Erland Josephson. Bergmans längster und erfolgreichster Kinofilm, aus einer sechsstündigen Fernsehfassung zusammengeschnitten. Eine Ehe wie aus dem Rezeptbuch einer Frauenzeitschrift, die dennoch scheitert. Das Inferno des Strindbergschen Totentanzes wird hier im Takt unserer Zeit vorgeführt.
● Luis Buñuel: *Das Gespenst der Freiheit (Le fantôme de la liberté,* 1974). Witzig-polemische Denunziation der Freiheit als Gespenst für eine großbürgerliche Gesellschaft, die eben vor dieser Freiheit Angst hat. Diese Bestandsaufnahme aller Buñuelschen Phantasmagorien, Träume und Alpträume ist ein großes Alterswerk, mit zärtlicher, aber nicht zittriger Hand geschrieben.
● Liliana Cavani: *Der Nachtportier (Il portiere di notte,* 1973) mit

Dirk Bogarde und Charlotte Rampling. Die Begegnung eines ehemaligen SS-Schergen, der als Nachtportier in einem Wiener Hotel untergetaucht ist, mit einer verheirateten Jüdin, die er als Vierzehnjährige in einem KZ zu seiner Geliebten gemacht hatte. Spekulativer Film, dessen üble Mischung aus Sex und Faschismus scharf kritisiert wird. Er löste eine Welle von Nazi-Filmen aus, die im schwül-morbiden Ästhetizismus, in nostalgischer Dekadenz und der Erotisierung des Faschismus schwelgen.
● Francis Ford Coppola: *Der Pate Teil II (The Godfather, Part II)* mit Al Pacino. Wie der Sohn und Erbe des Mafia-Imperiums sich als Chef des Familienclans durchsetzt, ihn aber im Kampf um die Macht zerstört. Einer der wenigen Fortsetzungsfilme, die dem Erstling ebenbürtig sind.
● Alain Resnais: *Stavisky ...* Mit Jean-Paul Belmondo. Das Porträt eines faszinierenden Gauners im Jahr 1933 ist zugleich das Porträt eines sterbenden Zeitalters. Sta-

visky als Sinnbild des moralischen Zerfalls einer politischen und gesellschaftlichen Ordnung.
● Bernhard Sinkel: *Lina Braake oder Die Interessen der Bank können nicht die sein, die Lina Braake hat.* Mit Lina Carstens. Wie eine alte, aus ihrer Wohnung vertriebene Frau einen scheinbar übermächtigen Gegner, eine Bank, auf raffinierte und unangreifbare Weise austrickst.
● Wim Wenders: *Falsche Bewegung.* Mit Hanna Schygulla und Rüdiger Vogeler. Peter Handkes Drehbuch ist sehr frei nach Goethes *Wilhelm Meisters Lehrjahre* geschrieben. Ein Leinwand-Essay über die hoffnungslose Jugend im Deutschland der siebziger Jahre, ein kühler, lakonischer Künstlerfilm. Er wird als neues Kino, filmische Bewußtseins- und Stilrevolution gefeiert.

Ereignisse

● Die 20teilige englische TV-Serie *Das Haus am Eaton Place* läuft im Januar in der Bundesrepublik an.

Steven Spielberg
Jaws, 1975
Plakat zur deutschen Fassung 1975

Jaws 2
Plakat zur deutschen Fassung 1978

Sexkino

Flucht aus der Krise, Flucht aus dem Alltag

»Spielberg hatte wirklich etwas Bemerkenswertes auf die Beine gestellt. Er hatte eine Horrorgeschichte gebracht, die nicht bis an die Haustür des Zuschauers reicht, sondern ›weit draußen‹ bleibt, zu der man hinausgehen muß.« Mit diesen Sätzen kennzeichnet Roy Loynd in seinem Bericht über die Dreharbeiten zu Jaws 2 (1977/78) sehr genau eine Voraussetzung für den ungeheuren Erfolg, den Jaws (Der weiße Hai, 1975) vom Kinostart im Sommer 1975 an erzielt.

Der 27jährige amerikanische Regisseur Steven Spielberg legte seinem 1974 gedrehten Film den gleichnamigen Bestseller von Peter Benchley zugrunde. Im Mittelpunkt steht ein riesiger weißer, mit mörderischem Instinkt ausgestatteter Hai, der gemeinsam mit Geschäftemachern, die alle Warnungen in den Wind schlagen, vor der Küste des Städtchens Amity sein Unwesen treibt.

Die Verstümmelungsorgie versetzt das Publikum in Schrecken, doch Horror- und Katastrophenfilme besitzen Konjunktur. Sie entsprechen einem weit verbreiteten Krisenbewußtsein, ohne dessen Ursachen und Bezugspunkte aufzugreifen. Sie bestätigen es und lenken zugleich davon ab.

Einen anderen Weg aus der Krise des Alltäglichen verbreitet die Freigabe der »einfachen« Pornographie, die am 28. Januar in der Bundesrepublik durch die Änderung des Paragraphen 184 des Strafgesetzbuchs in Kraft tritt. Zugleich verbreitet sich der in den Vereinigten Staaten entstandene Porno-Chic, den sich die amerikanische Künstler- und Intellektuellen-Schickeria zugelegt hat. Zu einem Kultfilm wird für sie der vor drei Jahren entstandene Streifen Deep Throat (Die tiefe Kehle) mit Linda Lovelace, deren sexempfänglichste Stelle sich im Hals befindet.

Daß bundesdeutsche Kinobesucher diesen und andere »harte« und damit eigentlich verbotene Filme sehen können, verdanken sie einer Gesetzeslücke, durch die eine Kette sogenannter PAM-Kinos schlüpft, die als Schankbetriebe geführt werden.

Franz Gertsch
Marina schminkt Luciano
1975

Kosmetikwerbung

**Befragung der
Geschlechter-Rollen**

Ein durch Kleidung, Frisur und Make-up maskulin wirkendes Mädchen namens Marina bemalt vornübergebeugt den mit schulterlangem Haar feminin wirkenden Luciano. Der Maler der Szene ist der 45jährige Schweizer Franz Gertsch, der 1972 auf der documenta 5 als ein Vertreter des Fotorealismus in Erscheinung getreten ist; das Thema einer Bildserie ist sein gleichfalls als Maler tätiger Landsmann Luciano Castelli.
Für die von Gertsch praktizierte Verwendung von Farbdias, die er mit Acrylfarben auf Leinwand überträgt, bildet die innere Beziehung zum Gegenstand der Darstellung eine wesentliche Voraussetzung. Definiert Gertsch seine Gemälde auch als »Bilder von Bildern von Bildern«, so sind sie doch einer persönlichen inhaltlichen Deutung zugänglich. Marina schminkt Luciano läßt sich als Ausdruck der Teilnahme am Vergnügen des Rollentauschs betrachten, wobei das von der Kosmetikwerbung vermittelte Bild der gepflegten Frau ironisiert wird. Indem Castelli »sich schminken läßt, pervertiert er den verbreiteten rituellen Charakter, der will, daß Make-up in narzißtischer Isoliertheit aufgetragen wird« (François Grundbacher).
Was die Frau mit welcher Absicht tut oder was sie tun sollte, ist Thema eines Streitgesprächs, das der WDR von Esther Vilar und Alice Schwarzer am Tag der rheinischen Weiberfastnacht 1975 führen läßt. Die Positionen sind durch zwei Publikationen abgesteckt. 1971 hat Esther Vilar in Der dressierte Mann die Frauen bezichtigt, ihre zum Erwerb des Lebensunterhalts verpflichteten Männer auszubeuten, wobei die Sexualität ein Mittel der Ausbeutung sei. Alice Schwarzer appelliert in ihrem soeben erschienenen Buch Der kleine Unterschied und seine Folgen an die Frauen, sich gegen das »Sexmonopol« des Penis zur Wehr zu setzen, das die Frau zur Prostituierten herabwürdige und ihre eigene Sexualität verelenden lasse.
Vor diesem Hintergrund mag Gertschs Gemälde als Botschaft aus einer Welt konfliktfreien Rollenspiels erscheinen.

Theater

Premieren

● Botho Strauß: *Bekannte Gesichter, gemischte Gefühle.* (Uraufführung am 2. September im Württembergischen Staatstheater Stuttgart. Regie: Niels-Peter Rudolph.) In einem »erstaunlichen Museum von Leidenschaften« leben ein Hotelbesitzer, seine Frau, ihr ehemaliger Geliebter und dessen Frau zusammen. Es ist eine Welt, die dem Menschen auch außerhalb der Arbeitswelt total entfremdet ist.

● Martin Walser: *Das Sauspiel.* (Uraufführung am 19. Dezember im Hamburger Schauspielhaus. Regie: Alfred Kirchner.) Dramatischer Bilderbogen mit Musik aus der Zeit der deutschen Reformation.

● Carl Zuckmayer: *Der Rattenfänger.* (Uraufführung am 22. Februar am Zürcher Schauspielhaus. Regie: Leopold Lindtberg.) Die alte Volkssage wird realistisch umgesetzt, wodurch der Rattenfänger alle Dämonie verliert.

Ereignisse

● Berlin: Die allseits gefeierte Berliner Schaubühne am Halleschen Ufer gerät mit der Inszenierung von Hölderlins Fragment *Empedokles* am 14. Dezember in die allgemeine Kritik. Regie: Klaus Michael Grüber. Man spricht von zwei Stunden Ereignislosigkeit.

● Frankfurt: Rainer Werner Fassbinder gibt die Leitung des Frankfurter Theaters am Turm (TAT) auf. Es geht um angeblich unzureichende finanzielle Ausstattung und unklare Mitbestimmungsverhältnisse.

● Molières *Menschenfeind*, inszeniert von Rudolf Noelte, erlebt am 9. März im Hamburger Schauspielhaus mit Will Quadflieg eine große Premiere.

Thomas Mann zwischen Weihrauch und Schmäh

Vor 100 Jahren, 1875, wurde er geboren: 1975 ist das Thomas-Mann-Jahr. Viel Weihrauchdüfte ziehen durch die literarischen Feiern. Im Osten und Westen Deutschlands beeilt man sich, das dichterische Erbe des Hundertjährigen für sich zu reklamieren.

Eine der interessantesten, weil kontroversesten Diskussionen ergibt sich am 27. November im Fernsehen, zu der die Experten Marcel Reich-Ranicki (Journalist), Martin Walser (Schriftsteller), Kurt Sontheimer (Politologe), Peter Wapnewski (Germanist), Walter Boehlich (Schriftsteller) und Gerd Haedecke (Journalist) geladen sind.

Walser qualifiziert Thomas Mann unversöhnlich als »Lebenskünstler« ab, dem es im Zickzackkurs sein Lebtag lang gelungen sei, sich Unverbindlichkeiten auch in den Zeiten zu bewahren, in denen sie Verrat an der Menschlichkeit waren, als Großbürger mit rückwärts gewandtem Sinn, der sich im Bodensatz seines »ganz und gar undemokratischen Werkes« niederschlägt. In der Gegenposition sehen auch Reich-Ranicki und Wapnewski den Dichter als einen konservativen Großbürger, aber als einen, der sich in strenger Selbstdisziplin in die Pflicht genommen hat.

Während Walser und Boehlich den Menschen Thomas Mann an dem letztlich unmenschlichen Maßstab politischer Vollkommenheit messen, gesteht Reich-Ranicki ihm das Recht zu, »Fehler zu machen«. Etwa den, sich erst spät öffentlich gegen den Nationalsozialismus gewandt zu haben. Reich-Ranicki plädiert auch dafür, die politischen Äußerungen Thomas Manns vor dem Hintergrund seiner Zeit zu sehen.

Literatur

Neuerscheinungen

● Charles Berlitz: *Das Bermuda-Dreieck.* Der Titel bezeichnet jenes geheimnisumwitterte Gebiet vor der Südküste der USA, wo bislang mehr als 100 Schiffe und Flugzeuge auf unerklärliche Weise verschwanden. Ein Buch, das mit Akribie Fakten und Fiktion zusammenträgt, spannend geschrieben ist, doch mit wohltuender Distanz.

● Manfred Bieler: *Der Mädchenkrieg.* Es geht um drei Bürgertöchter und ihre Herzensangelegenheiten im Prag der dreißiger und vierziger Jahre. Traditionellchronistischer Zeitroman als fesselnde Belletristik.

● Horst Bienek: *Die erste Polka.* Die Geschichte der Gleiwitzer Familie Piontek an einem einzigen Tag im August 1939, als der Zweite Weltkrieg beginnt. Kein Geschichtsroman, aber einer, dessen Figuren an historische Vorgänge gebunden sind. Das mit liebevoller Distanz geschriebene Oberschlesien-Epos über den Zerfall einer scheinbar in sich ruhenden, sicheren Welt bedeutet den Durchbruch des Autors zu einem großen Publikum.

● Max Frisch: *Montauk.* Die autobiographische Erzählung schildert ein amouröses Weekend auf Long Island in fast unverschlüsselter Form. Ob er die Enthüllung des Intimen nicht bis zur Peinlichkeit betrieben habe, ist der Streitpunkt der Kritik.

● Herbert Gruhl: *Ein Planet wird geplündert – Die Schreckensbilanz unserer Politik.* Das vielbeachtete Buch des Politikers über die Umweltzerstörung.

● Hildegard Knef: *Das Urteil.* Die Schilderung ihrer Krebskrankheit, der Operation und der Schmerzerfahrungen wird zum umstrittenen Bestseller. In einer Art Amateur-Expressionismus reitet die Knef wütende Attacken gegen Ärzte, Schwestern, Krankenhäuser, die den verunsicherten und hilflosen Patienten in eine entwürdigend-entmündigende Situation bringen.

● Verena Stefan: *Häutungen.* Autobiographischer Erstlingsroman: Wie aus einem neugierigen jungen Mädchen eine stumme Frau wird, die sich zurückzieht und mit Hilfe von Frauen wieder ein Mensch wird. Eines der ersten der zahlreichen Bücher der neuen Frauenbewegung, die die Fremdheit zwischen den Geschlechtern zum Thema hat.

● Karin Struck: *Die Mutter.* Mit diesem Roman, in dem sie die radikale Selbstentblößung noch konsequenter betreibt als in ihrem Erstling *Klassenliebe*, beschreibt die Autorin die Zeit einer Frau vor und nach der Geburt ihres Kindes. Er ist bis ins Extrem erfüllt vom Gedanken der Fruchtbarkeit, von einem »großen erotischen Mutterdasein«.

● Gabriele Wohmann: *Schönes Gehege.* Grundthema ist das schwierige eheliche Zusammenleben, das die Hauptfigur aber nicht mehr resignieren läßt. Ein Wendepunkt im Schaffen der Wohmann, die jetzt nicht mehr »das Schöne« unterschlägt, sondern sich »schreibend an die Ränder von Glückzuständen« heranarbeitet.

Tagebücher als Kassiber

Auf 24 800 Kalenderblättern, Formularen, Bestellscheinen und Toilettenpapier hatte der von den Alliierten 1946 als Kriegsverbrecher zu 20 Jahren Zuchthaus verurteilte Architekt und Rüstungsminister Hitlers, Albert Speer, während seiner Haftzeit in Berlin-Spandau seine Erfahrungen und Erlebnisse niedergeschrieben.

Diese Notizen, die ein junger holländischer Wärter aus dem Zuchthaus schmuggelte, bilden die Grundlage der Spandauer Tagebücher, die der 1966 entlassene Speer in der Freiheit verfaßt hat. Im Juli 1975 werden sie in der »Welt« erstmals veröffentlicht. Über 600 000 Exemplare der Spandauer Tagebücher werden in Buchform abgesetzt. Carl Zuckmayer bekennt: »Dieses Buch von Albert Speer ... verschlägt mir den Atem, und fast das Wort.« Jean Améry dagegen, der selbst Häftling war, und zwar in einem Konzentrationslager, das von Speer in offizieller Mission inszipiziert wurde, vermerkt mit Bitterkeit: »Es scheint mir, als habe keiner der einstigen Mittäter das moralische Recht, mit ergreifenden Expektorationen an die Öffentlichkeit zu treten. Sühne und Umkehr werden würdig nur in Einsamkeit vollzogen: ohne Geste an der Rampe.«

Albert Speer mit Adolf Hitler.

1975

Musik

Premieren

● Hans Werner Henze: Das Antikenprojekt *Die Bassariden*, denen die *Bakchen*-Tragödie des Euripides zugrunde liegt, hat am 11. Mai an den Städtischen Bühnen Frankfurt seine westdeutsche Erstaufführung. Dirigent: Klauspeter Seibel. (Uraufführung bei den Salzburger Festspielen 1966). Ein musikalischer Koloß, geboren aus dem Geist der Sinfonik, gewaschen mit allen Wassern des Theaters, vom Komponisten mit eindrucksvollem Pathos selbst inszeniert. Die Kritik nennt die große Tragödie des Welttheaters das gültigste Stück der Dekade.

● Hans Werner Henze: *La Cubana oder Ein Leben für die Kunst*. (Uraufführung am 28. Mai im Münchner Theater am Gärtnerplatz. Dirigent: Peter Falk. Regie: Imo Moszkowicz.) In dieser zweiten Zusammenarbeit zwischen Henze und Hans Magnus Enzensberger wird der Lebensweg einer kubanischen Tingeltangeleuse zwischen 1906 und 1934 verfolgt. Das mit Spannung erwartete Musikstück wird bei der Premiere mit Protest überhäuft. Es schockiert nicht, so heißt es, aus politischen oder künstlerischen Gründen, sondern durch seine Dürftigkeit.

● Udo Zimmermann: *Levins Mühle*. (Westdeutsche Erstaufführung am 14. März an den Wuppertaler Bühnen. Regie: Kurt Horres, Dirigent: Reinhard Schwarz. Uraufführung März 1973, Dresdner Staatsoper). Der Oper liegt der gleichnamige Roman von Johannes Bobrowski zugrunde. Es ist die Geschichte vom jüdischen Mühlenbesitzer Levin, der zur Zeit der Gründerjahre in Westpreußen am großdeutschen Herrenmenschentum zerbricht.

Subjektive Familien- und Musikgeschichte

»Die mich umgebende kleine Realität, behaupte ich, ist stellvertretend für die gesamte Realität. Demzufolge ist auch meine Person, behaupte ich, stellvertretend für alle Personen. Eine von mir gemalte Person ist einerseits mein Gegenüber, andererseits bin ich es selbst. Ich male Personen nach meinem Spiegelbild, sie haben meine Gesichtszüge und meine Gebärden.«
Den Beweis zumindest für den letzten Satz tritt der 38jährige Johannes Grützke in Gestalt der Nachkommen Johann Sebastian Bachs an, die er auf seinem 1975 entstandenen Gemälde Bach, von seinen Kindern gestört *versammelt. Eine weitere Äußerung des Mitbegründers der Berliner »Schule der Neuen Prächtigkeit« läßt sich heranziehen, nämlich »der Titel ist Poesie, sonst nichts. Deutungen sind unzulässig, Mißdeutungen möglich!« Von einer Störung des erhaben thronenden Musikers ist in der Tat nichts zu erkennen, obwohl er allen Grund hätte, dem Gezeter und Gezerre zu seinen Füßen Einhalt zu gebieten. Oder verwandelt sich in seinem Ohr der Mißklang zu polyphonem Wohlklang? Verhält sich Bach antiautoritär? Oder illustriert Grützke paradigmatisch ein Kapitel aus der Geschichte der Kindheit – unter diesem Titel erscheint 1975 die deutschsprachige Ausgabe der historischen, nicht zuletzt von Bilddokumenten ausgehenden Untersuchung* L'enfant et la vie familiale sous l'ancien régime *(1960) von Philippe Ariès, mit einem Vorwort Hartmut von Hentigs, der die Hypothese vertritt: »Die Kinder bauen sich Höhlen inmitten eines Chaos. Eine geordnete oder ordnende Gemeinschaft gibt es für sie nicht.« Grützkes Bilder werben durch ihre traditionell erscheinende Machart um Vertrauen. Als »sozialpsychologische Grotesken« (Peter Sager) bewirken sie jedoch das Gegenteil: sie lösen Unruhe und Irritation aus. Realismus und subjektiv erfahrene Realität sind, wie Grützke sagt, tatsächlich zweierlei.*

Gegenüberliegende Seite:
Johannes Grützke, Bach, von seinen Kindern gestört; 1975.

Küßchen, Küßchen!

Was östliche Politiker mit ihrem Bruderkuß schon lange vorführen, tritt jetzt einen internationalen Siegeszug an: Der Begrüßungs-Wangenkuß wird, ohne Ansehen des Geschlechts, in den Jagdrevieren der Snobiety zeremoniell ausgetauscht – auf häuslichem Parkett und auf der Straße, bei der Eröffnung einer Vernissage wie am Swimmingpool. Was sich – vornehmlich in kosmopolitisch oder künstlerisch gehobenen Kreisen – kennt, das herzt sich, streng nach russisch-orthodoxer Sitte, gleich dreimal, links, rechts, wieder links oder mit kurzem Wangenkontakt nur hingehaucht.

Blödel-Songs: »Mein Gott, Walther!«

In einer wahren Blödel-Welle wird der blühende Blödsinn bundesdeutscher Schlager veralbert. Sie begann in der sogenannten Hamburger Szene, im Dunstkreis der Kneipen von Hamburg-Eppendorf, einer durchwachsenen Gegend von Bürgerlichkeit und Alternativwohnen. Hier stimmt die »Rentnerband« in Hosenträgern und Zylindern Dixieland an, hier singt Willem bierverkatert *Laß die Morgensonne endlich untergehen*, hier produzieren sich Frank Zander, Knut Kiesewetter und die »Old Merry Tale Jazzband«.
Führender Blödelbarde ist jedoch unumstritten der Architekturstudent Mike Krüger mit seinem Stoßseufzer-Song *Mein Gott, Walther*. Der »pferdegesichtige Knittelbarde«, wie sich Krüger selbst bezeichnet, wird zum erfolgreichen Spezialisten für blödelnde Volkssprüche.

Frank Sinatra: Mehr Playback als Comeback

Im Frühjahr faßt Frank Sinatra, 59 Jahre alt, einen verhängnisvollen Entschluß: Er widerruft seinen vor Jahren gegebenen Abschied von der Bühne und begibt sich erneut auf Tournee. Doch der jahrzehntelang vom Erfolg verwöhnte Star erlebt eine böse Überraschung: Mag er auch bei einer Wohltätigkeitsgala der monegassischen Fürstenfamilie noch die Galionsfigur sein, vor dem »gemeinen« Volk muß er sich einschätzen lassen wie jeder andere Arbeitnehmer nach den harten Gesetzen des Marktes. Das Publikum, das sich daheim den unzerstörbar konservierten Musikgenüssen hingibt, ist keineswegs gewillt, für einen Alt-Star mit den gnädigen Krücken der Technik saftige Preise zu bezahlen. Die Tournee wird zur Pleite. Mag der zornige Sinatra auch über das »pöbelhafte Benehmen« der Deutschen toben, die in den großen Städten von den 10 000 angebotenen Karten rund 9000 verschmähen – das Publikum ist gnadenlos.

Eine Schirmmütze macht Mode

Die Teilnehmer beim EG-Gipfeltreffen in Dublin verhehlten ihre Überraschung nur mühsam. In dem bislang stets gut behüteten Kreis tritt der deutsche Bundeskanzler Helmut Schmidt erstmals mit dunkelblauer Prinz-Heinrich-Mütze auf. Doch die hanseatische Kopfbedeckung macht Furore wie einst Adenauers Cadenabbia-Hütchen. Die sportliche Mütze wird hierzulande zu einem Verkaufsschlager.

Naturwissenschaft, Technik, Medizin

● In den USA gelingt es, mit Hilfe von Mikrowellen einen Gleichstrom von 30 Kilowatt drahtlos zu übertragen. Das Experiment läßt hoffen, daß einmal Sonnenenergie von Erdsatelliten zur Erde gesandt, also Kraftwerke im Weltraum errichtet werden können.

● Als erste Frau besteigt die Japanerin Junko Tabei den Mount Everest. Begleitet wird sie von nur einem Sherpa.

● Bayerische Chemiker veröffentlichen einen alarmierenden Bericht über das Schädlingsgift DDT in der Muttermilch. In den folgenden Jahren werden die daraus entstehenden Risiken lebhaft diskutiert. Von einer längeren Stillzeit wird den Müttern abgeraten, jedoch die psychologische Bedeutung des Stillens für das Kind betont. Ihre Kinder wenigstens einige Monate zu stillen, wird jeder Mutter weiterhin empfohlen.

● Im amerikanischen Bundesstaat Texas werden, wie schon seit einigen Jahren, von Paläontologen die fossilen Reste von Flugsauriern entdeckt, die vor rund 150 Millionen Jahren gelebt haben. Nach den Skeletten zu urteilen, hatten die Tiere eine Flügelspannweite bis zu 16 Metern.

Caspar David Friedrich
Küstenlandschaft im Abendlicht

Fernand Khnopff
Die Kunst (Die Zärtlichkeiten; Die Sphinx)
1896

René Lalique
Brosche
um 1900

Alfons Mucha
Entwurf zu einem Glasbild
1900/01

Seelenstimmungen des 19. Jahrhunderts

Drei Beispiele aus dem Ausstellungsangebot des Jahres 1976 verdeutlichen das anhaltende Interesse an der Kunst des 19. Jahrhunderts, das sich zu Beginn des Jahrzehnts mit der Wiederentdeckung des Historismus angekündigt hat. Der Verdacht besteht, daß hierbei der nostalgische Wunsch nach Zuwendung zu einer angeblich noch heilen Welt mitwirkt. Zugleich wird die Bereitschaft erkennbar, Entsprechungen zwischen historischen und heutigen Fragestellungen wahrzunehmen.
Dies gilt vor allem für die Beschäftigung mit der Romantik, die sich nach und nach von den Schablonen »reine Geistigkeit« bzw. »reaktionäre Idylle« befreit. So fordert Caspar David Friedrich, dem 1972 in London und 1974 (anläßlich des 200. Geburtstags) in Hamburg große Ausstellungen gewidmet waren, dazu heraus, im Bild vergegenständlichten Seelenstimmungen mit hellem Bewußtsein nachzuspüren. Er steht im Mittelpunkt der Pariser Ausstellung Deutsche Malerei zur Zeit der Romantik.
88 Maler aus 15 Ländern vereinigt die Ausstellung Symbolismus in Europa, die im November 1976 in Rotterdam eröffnet wurde und nun über Brüssel und Baden-Baden nach Paris gelangt. Zum Wesen der hier erstmals in einer umfassenden Übersicht präsentierten Kunst gehört es, »Gegenbilder zur sichtbaren und naturwissenschaftlich erforschbaren Wirklichkeit aufzustellen« (Hans H. Hofstätter im Ausstellungskatalog); Gegenbilder, die naturgemäß die Eindeutigkeit zu vermeiden suchen. So besitzt das Gemälde Die Kunst des Belgiers Fernand Khnopff mehrere Titel; die zeitgenössische Kunstkritik sprach von einem »sehr interessanten Symbol des Kampfes zwischen dem Verlangen nach einer Beherrschung des Irdischen und dem nach der Hingabe an die Sinnlichkeit«. Enthält der Symbolismus nur eine mittelbar zum Ausdruck gelangte soziale Utopie der Verbindung zwischen Leben und Kunst, so bildet diese den Kern des Jugendstils, dem in Darmstadt (wie 1901) die Ausstellung Ein Dokument deutscher Kunst gewidmet ist.

Bildende Kunst

Werke

● Christo: *Running Fence*. Der 40 Kilometer lange und fünfeinhalb Meter hohe weiße Nylonzaun des bulgarischen Künstlers »wandert« unter weltweiter Anteilnahme in 14 Tagen durch Kalifornien, um schließlich im Pazifik zu versinken.

Ausstellungen

● Basel: Im Kunstmuseum ist vom 15. Juni bis 12. September eine große Picasso-Retrospektive zu sehen. Sie zeigt den Künstler als Anreger wie Reagierenden, zwischen höchstem Ernst und olympischem Gelächter, Intellekt und kindlicher Naivität.

● Frankfurt: *Russische Malerei 1890 bis 1917* im Städelschen Kunstinstitut vom 30. September bis 9. Januar 1977. Zum ersten Mal öffnen die Sowjets ihre jahrzehntelang verschlossenen Magazine und leihen Depot-Bilder ihrer ungeliebten Moderne aus.

● London: Die Royal Academy verzeichnet mit ihrer großen Pompeji-Ausstellung von Dezember bis Ende Februar 1977 einen neuen Besucherrekord.

● München: Das Gesamtwerk Wassily Kandinskys zeigt das Haus der Kunst vom 13. November bis 30. Januar 1977. Mit dieser monumentalen Ausstellung wird der Prophet der Abstraktion auf faszinierende Weise in die Gegenwart gerückt.

● Paris: Für einen Sommer kann sich Paris zweier Sonnenkönige rühmen: Neben dem »Roi Soleil«, Ludwig XIV., blendet Ramses II., einer der größten Pharaonen der ägyptischen Geschichte, Kunstbesucher aus aller Welt. Aus einem unerschöpflichen Fundus hat sich Kairo für diese Ramses-Ausstellung von 70 Stücken getrennt: Statuen, Reliefs, Mobiliar, Schmuck und Kleinplastik.

Aktion auf dem Markusplatz

Zur offiziellen Biennale in Venedig im März war er nicht geladen. Der »Macher« HA Schult kommt dennoch. Sein inoffizieller Beitrag ist eine Aktion auf dem Markusplatz in Venedig, ein konstruktives Environment, das die Bürger herausfordert. Die 15 000 Quadratmeter zu Füßen des Campanile bedeckt er mit 15 Tonnen Zeitungspapier, die er mit 64 Helfern zerknüllt hat. 50 000 DM Spesen erwachsen dem »Umweltkünstler« für Papier, Lastkähne und Arbeiter. Die venezianische Obrigkeit, von der eigenwilligen Umweltaktion doch überrascht, hatte zuvor ihren Segen für diese »Botschaft unserer Zeit« gegeben. Die Passanten knüllen und suhlen sich im Altpapier. Die Feuerwehr warnt vorm Rauchen und steht abwartend dabei. Fazit eines pikierten Venezianers: »Das ist die Saat unserer Zeit.« Zufälliger Mithörer HA Schult begeistert: »Genau! Genau meine Worte!«

Architektur zwischen Macht und Kommerz

Der Volksmund nennt es »Mausoleum der Macht«, das neue Bundeskanzleramt, das »ausladend, aber wenig einladend«, wie die Kritik meint, zwischen Palais Schaumburg und Bundestag liegt. (Architekt: Georg Pollich). Das 100-Millionen-Gebäude, das wie ein modisches Bürohaus aus Stahl und Glas wirkt, wirft die alte Frage auf: Wie kann die Demokratie sich darstellen? Muß ein Regierungsstil ohne Pomp und Gepränge zwangsläufig zu nüchtern-strengen Zweckbauten führen?

Ost-Berlin präsentiert ebenfalls seinen Renommierbau, den »Palast der Republik«, vom Volksmund bald »Ballast der Republik« genannt. Über eine Milliarde Mark hat der Baukoloß (Architekten: Kollektiv Korn und Graffunder) zwischen dem alten Berliner Dom und dem Gebäude der Volkskammer verschlungen. Bei dem äußerlich kostbar gediegenen Bauwerk geht Staatsrepräsentation mit Starrheit und Monotonie daher.

Die Kritik an den Apartmentburgen, die die Landschaften zwischen der Ostsee und dem Bayerischen Wald verschandeln, nimmt zu. Wie architektonische Meterware, mit rustikalem Kitsch und minimalem Komfort versehen, wuchern die Bettensilos zerstörerisch durch die Lande, von Landräten, Maklern und Abschreibungshaien gefordert und gefördert.

Comics für jung und alt

Die Comics haben das Kreuzfeuer der Kritik, dem sie in der Bundesrepublik ausgesetzt waren, überlebt. Verdammungsurteile wie »Analphabetenliteratur«, »Sprechblasen-Esperanto« oder »Bilder-Drogen« sind Rückzugsgefechte. Die pädagogische Verteufelung der fünfziger Jahre wird jetzt milde belächelt, die in den Comics sich ausdrückenden Mythen des Alltags sind Gegenstand wohlwollender Diskussionen geworden. Auf Kongressen, Ausstellungen und Seminaren fragen Erziehungswissenschaftler und Linguisten nicht mehr: »Machen Comics dumm?«, sondern: »Sind Comic-Leser die besseren Schüler?« Selbst Eltern sehen in dem Griff nach den Bilderheftchen nicht mehr den ersten Schritt in einen lebenslangen Bild-Idiotismus.

In der Bundesrepublik lesen 90 Prozent aller Kinder und mehr als 20 Prozent der Erwachsenen Comics. Um Großmeister der Zunft wie Frazetti, Richard Corben, Carl Barks, Robert Crumb, Charles Schulz, Uderzo und Goscinny haben sich wahre Anhängerscharen von Intellektuellen gebildet. Diese Tatsache veranlaßt Soziologen, Medienforscher und Literaturwissenschaftler, sich ernsthaft mit den Comics auseinanderzusetzen. Sie kommen zu dem Schluß: Die Unsicherheit im Umgang mit Comics beruht auf der falschen Voraussetzung, Literatur sei die zumindest in unserer Zeit vorrangige Ausdrucksform der Kultur, Sprache das wesentlichste Kommunikationsmittel. Wer also, wie die meisten Kritiker bisher, diesen Kulturbegriff zugrunde legt, muß zu dem auf unangemessene Voraussetzungen gegründeten Urteil kommen, es handle sich um »schlechte Literatur«. Daß die Comics sogar unter sprachlichem Gesichtspunkt besser sind als ihr Ruf, untermauert der Medienwissenschaftler Axel Brück mit empirischen Untersuchungen: Der Wortschatz auf 1000 überprüften Comic-Seiten ist größer als der eines Normalbürgers.

Mitte: Walt Disney, Donald und Dagobert Duck.
Unten: Jean-Claude Forest, Titelgestalt Barbarella.

1976

Science-fiction und Mythologie

Mit Star Wars (Krieg der Sterne) *gelingt George Lucas (Drehbuch und Regie) ein Film, dessen kommerzieller Erfolg erst 1982 durch E. T. übertroffen wird. Die im Grunde höchst simple Geschichte vom Kampf zwischen dem Guten, repräsentiert durch den Erzweisen Obi Wan Kenobi (Alec Guiness) und seinen Schüler Luke Skywalker, und dem vom Un-Menschen Darth Vader vertretenen Bösen ist in Meisterleistungen der Tricktechnik eingehüllt. Zu Publikumslieblingen werden zwei Roboter nach dem Muster von Dick und Doof. 1979 folgt als zweiter Teil des auf drei Trilogien angelegten Werks* The Empire Strikes Back (Das Imperium schlägt zurück), *1983* The Return of the Yedi *(Die Rückkehr der Jedi-Ritter).*

Der Slogan »Es war einmal in ferner Zukunft...« charakterisiert das Erfolgsrezept: die Verbindung von märchenhaften, mythologischen Elementen mit dem Science-fiction-Genre. Zugleich spekuliert der Film auf die Bereitschaft des Publikums, sich an bestimmte Stoffe und Genres binden zu lassen, so daß jenes in der Trivialkultur vorherrschende »Gesetz der Serie« auch hier zum kommerziellen Erfolg führt.

Star Wars, *1976; Anzeige zur deutschen Fassung 1978.*

Schatten der Vergangenheit

Da sagt jemand, er könne sich am Gasgeruch berauschen, der die Juden umgebracht hat. Oder ein Jude meint, ihn interessiere es nicht, ob Kinder und Alte krepierten, solange er nur einen Profit davon habe. Diese und ähnliche Worte fallen in dem neuen Film von Daniel Schmid: *Schatten der Engel*.

Das Drehbuch hat Fassbinder nach dem Roman *Die Stadt, der Müll und der Tod* von Gerhard Zwerenz geschrieben. Die Frage, um die es in den hitzigen Kommentaren der Presse geht, nämlich, ob der Schreiber solcher Sätze, Fassbinder also, ein Faschist sei, erledigt sich durch den Film rasch von selbst. Er ist es zweifellos nicht. In parzivalesker Unbefangenheit nimmt hier ein Nachkriegsgeborener sich das Recht zur Vergangenheitsbewältigung seiner Generation. Das Recht also, unbelastet von Schuld und schlechtem Gewissen aus einem Juden eine Negativfigur zu entwickeln.

Und auch diese Frage hat der Film beantwortet: Ist es in Deutschland wieder möglich, lange tabuisierte Worte unbefangen, ja möglicherweise mißverständlich auszusprechen? Das ist es zweifellos nicht. Fassbinder hat hier eine Parabel mit der Negativfigur des »reichen Jud« geschrieben, wie sie vom Thema her in der europäischen Literatur vergangener Jahrhunderte auch existierte. Er hat diese Parabel mit den Erfahrungen der Nazizeit dilettantisch-geschmäcklerisch durchsetzt und dabei offensichtlich die Sensibilität vieler Zeitgenossen unterschätzt. Und damit ist der Film in der Tat ein – im ursprünglichen Sinne – unerträgliches Machwerk geworden.

Kriegsfilme: Die Leinwand bebt wieder

Eine Welle von Kriegsfilmen rollt auf uns zu. Erst waren es die eher aufwendigen als kritischen Filme der Italiener Vittorio De Sica *(Der Garten der Finzi Contini)*, Luchino Visconti *(Die Verdammten)* und Bernardo Bertolucci *(Der Konformist)*, die die Zeit des Zweiten Weltkrieges eher aus der ästhetischen Weltschmerzecke sichteten. Dann kamen die lasziven Tingel-Tangel-Totentänze vom *Nachtportier* bis hin zum unsäglichen *Salon Kitty*, obszöne Abfolgen nazistischer Sex- und Kriegsspiele.

Nach diesen Vorstufen gibt es nun wieder Kriegsfilme als große Materialschlachten. Der Krieg als gigantische Ausstattungsoper (etwa *Cross of Iron / Steiner – Das eiserne Kreuz*, 1976, unter der Regie von Sam Peckinpah). Natürlich verstecken sich die teuren Shownummern wieder hinter der Rede von »ehrlichen Antikriegsabsichten«, davon, daß die blutrünstigen Spektakel in Wirklichkeit die Absurdität des Tötens darstellen wollen. Was auf uns zukommt, findet offene Ohren und füllt die Kassen.

Das Brautpaar des Jahres

Das Brautpaar des Jahres heißt Rosa von Praunheim (Jahrgang 1942) und Evelyn Künneke (Jahrgang 1921). Der Bräutigam gilt als einer der kämpferischsten Schwulen hierzulande. Sein Film *Nicht der Homosexuelle ist pervers, sondern die Situation, in der er lebt* war ein aggressives Pamphlet gegen die bürgerliche Gesellschaft und gegen angepaßte Gefährten, die ihre homosexuelle Gemeinschaft wie die Kopie einer Ehe führen.

Robert Altman
Nashville, 1975
Szenenfoto

Miloš Forman
**One Flew Over the
Cuckoo's Nest,** 1975
**(Einer flog über das
Kuckucksnest,** 1976)
Szenenfoto mit Jack Nicholson
(links)

Mel Brooks
Silent Movie, 1976
Szenenfoto mit Marty Feldman
und Burt Reynolds

Martin Scorsese
Taxi Driver, 1975
Szenenfotos mit Robert de Niro
als Taxifahrer und als Irokese

Amerikanisches Filmmosaik

*Die fünf Szenenfotos stammen aus
vier amerikanischen Filmen, die 1976
in den Kinos der Bundesrepublik anlaufen. Ihr gemeinsames Thema sind
Frustrationen und Versuche, sie zu
überwinden. Robert Altman schildert
in Nashville (1975, Originalfassung
mit deutschen Untertiteln 1976) durch
ein Geflecht von Handlungssträngen
die Vielzahl der verzweifelten Erwartungen, die sich an die allwöchentliche
Show in Nashville (Tennessee), dem
Mekka der Country- und Western-Mu-
siker, knüpfen. Das anonyme Duo am
Straßenrand macht die Hoffnungslosigkeit sinnfällig, entdeckt zu werden.
Wie Nashville ist One Flew Over the
Cuckoo's Nest (1975; Einer flog über
das Kuckucksnest, 1976) als Parabel
gedacht. Als Modell der Lebensverhältnisse dient die ständige Bevormundung, gegen die sich die Insassen
einer Nervenheilanstalt vergeblich zur
Wehr setzen. Der mit fünf Oscars ausgezeichnete Film des tschechoslowakischen, seit 1968 in den USA lebenden
Regisseurs Miloš Forman zieht sich die
Kritik zu, an der Oberfläche zu bleiben;
das Interesse konzentriert sich im
Grunde auf den Hauptdarsteller Jack
Nicholson.
Mit dieser Rolle hat sich Burt Reynolds
längst abgefunden; in Mel Brooks'
Slapstick-Stummfilm Silent Movie
(1976; Mel Brooks' letzte Verrücktheit: Silent Movie, 1976) beweist er die
Fähigkeit, sich selbst zu verulken –
was Marty Feldmans Frustration angesichts solcher Verkörperung aggressiver Männlichkeit um nichts verringert.
In Taxi Driver (1975, deutsch 1976)
von Martin Scorsese verkörpert Robert
de Niro einen zutiefst verunsicherten Vietnam-Veteranen, der sich in die
totale Isolation begibt, um als Einzelkämpfer unter Dealern und Zuhältern
ein Blutbad anzurichten.
Taxi Driver, so Wolfram Schütte, ist die
»phänomenologische Beschreibung
eines männlichen Typus, der die Verletzungen, Zurückweisungen und Frustrationen, welche ihm die ›Hölle‹ der
Metropole New York eingebrannt hat,
in religiösen Wahnideen verdichtet«,
die mörderisch explodiert.*

739

Festspielhaus in Bayreuth
eröffnet 1876

Richard Wagner/Patrice Chéreau
Der Ring des Nibelungen
Szenenfoto mit Heinz Zednik als
Mime
Bayreuth 1976

Hundert Jahre Bayreuther Festspiele

Die Familie Wagner bittet zur Jubiläumsfeier. Zugleich herrscht ein erbitterter Erbfolgekrieg: Der von Wolfgang Wagner geführte Wagner-Clan streitet um die Nachfolge in der Festspielleitung. Das Erbe Richard Wagners, 1973 aus Familienbesitz in eine Stiftung überführt, ist zum Zankapfel der vielköpfigen Familie geworden, deren Mitglieder sich mit Hausverboten und Prozessen bearbeiten.

Aber dies ist im Jubiläumsjahr nicht der einzige »Ring«-Kampf in Bayreuth: Patrice Chéreau provoziert mit einer Neuinszenierung des Ring des Nibelungen durch ungewohnte Bilder die alteingesessene Gemeinde. Mit Schmerzen hatte sie sich daran gewöhnt, daß Wieland Wagner die liebgewordenen Requisiten von der Bühne räumte. Mit einer kühnen Neumöblierung (Bühnenbild: Richard Peeluzzi) sowie mit einem Gunther im Smoking und Hagen im Straßenanzug will sie sich denn doch nicht abfinden.

Vor lauter Erregung übersehen die Altwagnerianer die Dichte der Darstellerführung, die Genauigkeit der Charakterzeichnung Chéreaus, wie sie auch irritiert sind von dem kühl-transparenten Dirigierstil, den Pierre Boulez praktiziert. Daß abermals eine neue Periode des Wagner-Festivals begonnen hat, wird vorerst durch die begeisterte internationale Kritik konstatiert.

Einen Trost für die Liebhaber einer ungestörten Pflege des Wagner-Andenkens gibt es: Im gleichen Jahr erscheint der erste Band der geheimnisumwitterten Tagebücher Cosima Wagners. Bisher hatten die Aufzeichnungen der Liszt-Tochter, geschiedenen Bülow-Gattin und einstigen Herrin von Bayreuth, im Archiv gelegen. Jetzt endlich sind alle rechtlichen Möglichkeiten vorhanden, sie zu publizieren. Es handelt sich um 21 Hefte; der erste Eintrag stammt vom 1. Januar 1869, der letzte vom 13. Februar 1883, wenige Stunden vor Wagners Tod im Palazzo Vendramin in Venedig. Sensationen enthüllen die Tagebücher nicht; dafür bieten sie eine Menge Fußnoten zur Wagner-Biographie.

Deutsch für Deutsche mit Dolmetscher?

Aus der Westberliner Zeitung »Der Tagesspiegel«, November 1974: »Noch sind etwa 97 Prozent des Wortschatzes in der DDR und in der Bundesrepublik identisch. Aber die unterschiedliche Sprachentwicklung schreitet mit Riesenschritten fort.«

Aus der DDR-Wochenzeitung »Volksarmee«, November 1974: »Es gibt keine Gemeinsamkeit der deutschen Sprache mehr.«

Sprechen wir in Ost und West zwei Sprachen? Kann es eines Tages zum sprachlichen Zusammenbruch kommen? Diese Fragen sind der Kernpunkt einer Tagung der Europäischen Akademie Berlin im November: »Zwei deutsche Staaten – zwei deutsche Sprachen?«

Man ist sich einig: Hier handelt es sich nicht um eine Sprachspaltung, sondern um – allerdings durchaus hinderliche und ernst zu nehmende – Sprachvarianten. Das Hauptproblem in der sprachlichen Ost-West-Auseinandersetzung liegt in der von der DDR praktizierten Methode, alte bekannte Wortkörper mit einem neuen Wortinhalt aufzuladen. Zum Beispiel »Westdeutschland« nicht – wie in der Bundesrepublik – als wertfreie geographische Bezeichnung zu gebrauchen, sondern als eine Art Schimpfwort; unter »Koexistenz« nicht friedliches Nebeneinanderleben zu verstehen, sondern »die Fortsetzung des Klassenkampfes mit anderen Mitteln«, oder »Freiheit« nur als marxistisch-leninistisch definierten Begriff im Sinne von »Einsicht in die Notwendigkeit« zu begreifen. Worte wie »Humanität«, »Solidarität«, »Kultur« usw. werden für die herrschende Ideologie monopolisiert und sind nur vor diesem Hintergrund zu interpretieren.

Das Problem ist kein rein innerdeutsches mehr, seit die Bundesrepublik und die DDR Mitglieder der Vereinten Nationen sind und UN-Dokumente auch in die deutsche Sprache übersetzt werden müssen. Der Alltag auf dem Feld internationaler Politik hat bereits gezeigt, wie schwer es ist, sich auf eine befriedigende und für alle Seiten unmißverständliche Sprachregelung zu einigen.

Hercule Poirot: Der Bart ist ab

Sie starben fast gemeinsam, Lady Agatha Christie, die Großmeisterin der erlesenen englischen Landhaus-Morde, und ihr Meisterdetektiv Hercule Poirot. Kurz vor ihrem Tod im Alter von 85 Jahren am 12. Januar veröffentlicht sie das seit dem Zweiten Weltkrieg im Safe gelagerte Buch *Curtain – Poirot's Last Case*, das in Deutschland unter dem Titel *Vorhang – Poirots letzter Fall* auf den Markt kommt.

Die Lösung für Poirots letzten Fall – er ist einem pathologischen Mörder auf der Spur – ist ähnlich verblüffend wie einst jene von *Alibi* (1926), als sich zur allgemeinen Überraschung der Ich-Erzähler als Mörder entpuppte. Sie ist enthalten in einem Abschiedsbrief Poirots an seinen treuen Helfer Captain Hastings. Und sie schockiert fast so sehr wie die Enthüllung, daß Poirots Eierkopf eine Perücke zierte, und auch der berühmte Schnurrbart falsch war.

Literatur

Neuerscheinungen

● Jean Améry: *Hand an sich legen*. Der österreichische Autor hält hier ein radikales Plädoyer für den Freitod als einen Akt »der äußersten möglichen Bekräftigung meiner Freiheit«. Zwei Jahre später, am 18. Oktober 1978, begeht Améry Selbstmord.

● Peter Härtling: *Hölderlin*. Episodenreicher Roman, der den Weg des Dichters in die Umnachtung in der Mischform von faktengetreuer Biographie und Phantasie erzählt.

● Peter Handke: *Die linkshändige Frau*. Bestseller zum bekannten Handke-Thema der Innerlichkeit und Selbstfindung, von ihm selbst verfilmt. Es ist die Geschichte einer Frau, die sich selbst befreit, indem sie aus einer hoffnungslosen gemeinsamen Beziehung ausbricht.

● Patricia Highsmith: *Ripley's Game oder Regel ohne Ausnahme* (*Ripley's Game*, 1974). Hier gerät der charmante Mörder in die Mangel der Mafia.

● Rolf Hochhuth: *Tod eines Jägers*. Studie über die letzten Stunden des amerikanischen Dichters Ernest Hemingway vor seinem Selbstmord. Aus einem lakonischen Abgang wird ein geschwätzig langes Melodram.

● Erica Jong: *Angst vorm Fliegen* (*Fear of Flying*, 1973). Eine Frau ringt jenseits aller Skrupel um Selbstverwirklichung. Zu einem Bestseller wird das Buch nicht zuletzt durch die Verwendung eines Sexual-Slangs, wie man ihn bisher bei weiblichen Autoren nicht kannte.

● Curd Jürgens: *...und kein bißchen weise*. Spektakulär-kokette Mischung aus Schlafzimmer-Report, Lebensbeichte und Anekdotenlese.

● Reiner Kunze: *Die wunderbaren Jahre*. Präzise, authentische Miniaturen über das Leben von Jugendlichen im militärischen Klima des Totalitarismus. Die ohne Kenntnis des Manuskripts genehmigte Veröffentlichung im Westen führt zum Bruch des Dichters mit der DDR. Das Buch wird bald ein Bestseller.

● Elisabeth Plessen: *Mitteilungen an den Adel*. Dieser Erstlingsroman wird als literarische Entdeckung eines vielversprechenden Talents gefeiert. Vor dem autobiographischen Hintergrund sagt sich hier eine Tochter aus altem Adelsgeschlecht von ihrer Herkunft und Klasse los.

● Liv Ullmann: *Wandlungen*, (*Forandringen*, 1975). Hier führt die Bergman-Schauspielerin die hohe Schule der offenherzigen, aber nie indiskreten, der gefühlvollen, aber nie sentimentalen Lebenserinnerungen vor.

Ausbürgerungen

Am 13. November soll die Tournee des Liedermachers aus der DDR in der Kölner Sporthalle beginnen. Es ist das erste Auftreten Wolf Biermanns in der Bundesrepublik nach seiner Übersiedlung in die DDR vor zwölf Jahren. Das Konzert in Köln wird ein Riesenerfolg. Der Polit-Sänger präsentiert sich erwartungsgemäß als ein rühriger Propagandist des Sozialismus. Die DDR, verkündet er optimistisch, ist das »bessere Deutschland«, sie müßte nur noch etwas sozialistischer werden. Ihm wird indessen klargemacht, daß diese Hoffnung verfrüht ist. In einer ADN-Meldung vom 16. November wird die Ausbürgerung Biermanns bekanntgegeben: mit seinem feindseligen Auftreten gegenüber der DDR habe er sich selbst den Boden für seine Staatsbürgerschaft entzogen. Unerwartet heftig für die DDR-Behörden ist die Heftigkeit des Protests, besonders bei den eigenen Schriftstellern. Fast alle schließen sich an, der oppositionelle Stefan Heym wie der staatsloyale Stephan Hermlin. Die weniger bekannten werden daraufhin ebenfalls ausgewiesen.

Wolf Biermann

741

1976

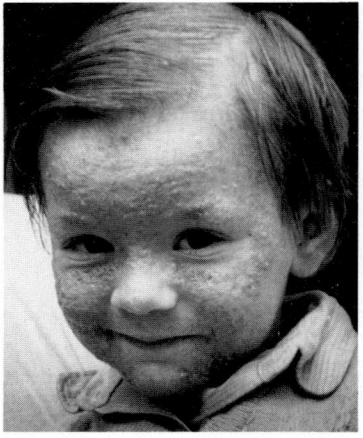

Giftgas-Katastrophe als Signal

Seveso, ein kleines Städtchen in der Nähe von Mailand, das nicht einmal die Mehrzahl der Italiener kennt, gewinnt weltweit traurige Berühmtheit. Am 10. Juli kommt es dort in einer Chemiefabrik zu einer Explosion, die eine Katastrophe nach sich zieht. Es entweichen bei der Herstellung von Trichlorphenol durch Überhitzung entstehende hochgiftige Dämpfe, die sich als dioxinhaltiges Gift (TCDD) in der Umgebung niederschlagen. Tiere bringen mißgebildete Junge zur Welt oder sterben, Pflanzen verdorren. Bei der Bevölkerung treten schwere Hautkrankheiten auf, über die Folgewirkungen durch Krebserkrankungen, Embryo- und Säuglingstod wagt noch niemand zu sprechen. Die Bewohner des 115 Hektar großen Gebietes werden evakuiert. Den Frauen wird empfohlen, mehrere Monate empfängnisverhütende Mittel zu benutzen. Gegen den Schweizer Pharmakonzern Hoffmann-La Roche, den Träger des Unternehmens, wird zum ersten, aber nicht zum letzten Mal ermittelt. Folgenlos, wie sieben Jahre später, als sich herausstellt, daß die Fässer mit dem »Seveso-Gift« verantwortungslos durch mehrere europäische Länder transportiert werden. Um die Opfer der Katastrophe wird es bald still. Seveso aber wird zu einer traumatischen Erfahrung.

Seveso-Opfer

Nahverkehr im Umbruch

Jahrelang war der öffentliche Nahverkehr ein Stiefkind. Wenn es um den Weg zur Arbeit ging, zogen es täglich zehn Millionen PKW-Besitzer vor, das eigene Auto zu benutzen. Der Schock der Ölkrise, aber auch die deprimierende Erfahrung, daß der Individualverkehr die Städte immer weniger passierbar machte, läßt ein neues Verhältnis zu öffentlichen Verkehrsmitteln sowie zum Fahrrad entstehen. Jetzt macht sich der Bürger für ihre Erhaltung und Modernisierung, für die Schaffung von Radfahrwegen stark. Damit stößt er bei den Stadtvätern, denen die Verkehrsmisere in den Innenstädten ein Alptraum ist, durchaus auf offene Ohren. Nur über das Vorgehen ist man uneinig. Man träumt vom »Nulltarif«, der Verbannung des Autos aus den Innenstädten, von Luftkissen- und Untergrundbahnen. Tatsache ist: Der jahrelang vernachlässigte Nahverkehr kann im gegenwärtigen Zustand die Millionen williger Autoaussteiger gar nicht aufnehmen, andererseits läßt sich mit Nulltarifen eine sinnvolle Modernisierung nicht vorantreiben, schon gar nicht die Träume des Millionen verschlingenden und sich über Jahrzehnte erstreckenden U-Bahn-Baus, denen selbst mittlere Städte nachhängen. Die Idee vom umweltfreundlichen, sozialen und schnellen Verkehrsmittel für alle zum Nulltarif bleibt Utopie. Der Kompromiß: Bei stetig steigenden Fahrpreisen wird einem Teil ehemaliger Autofahrer ein mittlerer Komfort in den vorhandenen, aber mit Nachdruck modernisierten Verkehrsmitteln geboten. Der Rest bleibt bei dem eigenen Wagen – oder steigt aufs Fahrrad um. Die Millionengemeinde der Radfahrer, die ihre Interessen entschlossen vertritt, wird zu einem neuen Faktor in der Verkehrspolitik.

Abenteuerurlaub im Aufwind

Immer mehr Bundesbürger lockt das Abenteuer mit Rückfahrkarte: Sie sind es leid, den Urlaub im sicheren, straff durchorganisiertem Rahmen mit Millionen anderen zu verbringen. Der Abenteuer-Tourismus hat Hochkonjunktur. Gefragt sind Abstecher in möglichst ferne, kaum zivilisierte Gegenden: zum Trekking nach Nepal, mit dem Hundeschlitten durch Grönland, auf dem Kamel durch die Sahara, mit der Eisenbahn durch Indien, auf dem Faltboot über kanadische Seen. Die Touristikbranche erfüllt fast jeden Wunsch. Die Zivilisationsmüden kommen aus allen Kreisen. Erfüllbar ist fast alles. Man braucht nur, so ein Veranstalter, »das nötige Geld und einen gewaltigen Spleen«.

Das neue Hochschulrahmengesetz

Die Hochschulerziehung war bislang eine Aufgabe der deutschen Bundesländer, von denen jedes seine eigenen Gesetze und Traditionen hat. Es gab keine Bundeskompetenzen in Universitätsfragen. Im Januar wird nach langer Debatte ein Bundesgesetz verabschiedet, das Hochschulrahmengesetz (HRG), das einheitliche Richtlinien für alle Universitäten vorsieht. Dieses fordert ausdrücklich, daß Beschlüsse in Fragen der Lehre und Forschung nur noch mit einer Mehrheit der Universitätslehrer gefaßt werden können.

Damit wird einem Kardinalprinzip Geltung verschafft. Andererseits hat das Gesetz auch die Wirkung, daß das Prinzip der Gruppenuniversitäten auf alle Universitäten in allen Ländern der Bundesrepublik ausgedehnt wird.

Gastronomische Polaritäten

Der jugendbewußte Biß in den Big Mac und das vornehme Stochern im möglicherweise doch nicht ganz frischen, obwohl vom Chefkoch am Marktstand eigenhändig ausgewählten Salat – beides sind Reflexe von mit viel Aufwand propagierten Neuheiten im Bereich der Gastronomie.

Auf der einen Seite setzt McDonald's, die größte Imbißkette der Vereinigten Staaten, den Siegeszug in Europa fort. Die in Ausstattung und Angebot vollständig genormten Schnellgaststätten mit Straßenverkauf drängen sich auf den Champs-Elysées ebenso zwischen die Gourmet-Tempel wie auf dem Kurfürstendamm.

Am anderen Ende der Skala gastronomischer Angebote haben Drei-Sterne-Köche der kalorienreichen Grandhotel-Küche den Kampf angesagt. Die Meister der neuen schlanken Schlemmerkost sitzen natürlich in Frankreich, aber nicht unbedingt in Paris. Paul Bocuse etwa verbreitet die Botschaft der nouvelle cuisine von Lyon aus, Michel Guérard ist im Pyrenäenort Eugénie-les-Bains tätig.

Zwei Kennzeichen der nouvelle cuisine sind der Kult der Frische und die Ächtung alles Fetten. »Wenn Sie ihr Lieblingsgericht heute nicht auf der Karte finden«, erläutert Meisterkoch Claude Peyrot im Pariser »Vivarois« seinen Gästen, »dann liegt es daran, daß wir die Zutaten, die Ihrer würdig sind, heute auf dem Markt nicht vorgefunden haben.«

Die Soßen sind leicht, die Brat- und Garzeiten kurz, damit Fleisch und Fisch rosig und das Gemüse knackig bleiben. Die figurbewußte Mager-Kost hat ihren Preis: ein Sechs-Gänge-Menü mit Miniportionen auf großen Tellern kostet zwischen 40 und 60 DM. Aber die Klientel der nouvelle cuisine kann es sich leisten. »Es sind«, so die französische Gourmet-Zeitschrift »Réalités«, »junge leitende Angestellte, Ingenieure, etablierte Intellektuelle. Diese Leute wollen nicht fressen, sondern ihren flachen Bauch behalten.« Grund genug für die Satire-Zeitschrift »Pardon«, bei ihrer Werbung in eigener Sache mit der Parole zu werben: »Dick ist wieder in ...«

743

Renzo Piano und Richard Rogers
Centre Pompidou in Paris
(Außen- und Innenansicht mit einem
Bildnis Pompidous)
1972–1977

Supermarkt der Kultur

*Ende Januar wird in Paris das Centre
National d'Art et de Culture Georges
Pompidou, kurz Centre Pompidou
genannt, eingeweiht. Zu Beginn seiner
Amtszeit 1969 hatte Staatspräsident
Pompidou beschlossen, in der französischen Metropole »ein Zentrum für
die zeitgenössische artistische Schöpfung und die öffentliche Lektüre« zu
schaffen.*

*166 Meter lang, 60 Meter breit und 42
Meter hoch ist das Centre Pompidou.
Eine Fülle von Kulturinstitutionen
wurde in der »Informationsmaschine«
untergebracht: eine öffentliche Bibliothek mit dem Saal der Aktualitäten,
das Nationalmuseum für moderne
Kunst, ein Zentrum für gewerbliches
Schaffen, das von Pierre Boulez geleitete Institut für akustisch-musikalische
Forschung (IRCAM), vier Kinos, Emp-
fangssäle, ein Atelier für Kinder und
großzügige Räumlichkeiten für wechselnde Ausstellungen. Geopfert wurde
diesem monströsen Gebäude der
»Bauch von Paris«, die Markthallen –
700 Jahre Stadtgeschichte eines belebten und aufregenden Viertels. Eine
schwere Hypothek für ein modernes
Kulturgebäude.*

*Die Architekten sind der Italiener Ren-
zo Piano und der Engländer Richard
Rogers. Sie beabsichtigten eine Architektur, die »Eindruck von Stärke,
Leichtigkeit und Lebendigkeit« vermittelt. Sie entwarfen eine hochtechni-
sierte Großhülse mit sechs Geschossen, die stützenfrei an den Außenwän-
den aufgehängt sind und der Konstruktion gerade keine Leichtigkeit,
sondern eher etwas Kraftprotzendes
verleihen. Die technischen Installationen sind im Sinne des Brutalismus
nach außen verlegt, ebenso die Fahr-
stühle und die raupenartigen Rolltreppen, die symbolische Bedeutung als
durchsichtige Kommunikationsröh-
ren besitzen. Die Fassaden sind »Bewe-
gungsdiagramme« einer technologisch
hochgezüchteten Architektur, die sich
gewaltig in das alte Pariser Stadtviertel hineinklemmt. Ein 60jähriger
Pariser gibt einem protestierenden
Studenten allerdings zu bedenken:
»Glauben Sie, daß der Eiffelturm zu seiner Zeit schöner gewesen ist!«*

Bildende Kunst

Ausstellungen

● Berlin: *Tendenzen der zwanziger Jahre.* Die 15. Europarats-Ausstellung an drei Schauplätzen, der Nationalgalerie, im Schloß Charlottenburg und in der Akademie der Künste, vom 14. August bis 16. Oktober leuchtet ein bewegtes Jahrzehnt aus.
● Frankfurt: Die Nazarener-Ausstellung im Städelschen Kunstinstitut vom 28. April bis 28. August führt zu einer Neueinschätzung der Stilrichtung, die lange Zeit durch ihre Verbreitung im Trivialbereich passé war.

● München: *Die dreißiger Jahre – Schauplatz Deutschland,* vom 11. Februar bis 17. April im Haus der Kunst. Das Panorama eines Jahrzehnts macht die Kunst-Öde schon vor 1933 sichtbar, als der herrschende Zeitgeist viele Künstler bereits in die Resignation getrieben hatte.
● Der 400. Geburtstag des flämischen Malers Peter Paul Rubens am 28. Juni veranlaßt viele Städte zu repräsentativen Ausstellungen. Die größte veranstaltet Antwerpen vom Juli bis September. Insgesamt verkürzen sie nicht länger das Bild des Künstlers auf das Klischee des Malers barocker

Sinneslust, sondern stellen auch heraus, daß Rubens ein überaus erfolgreicher Diplomat war.

Ereignisse

● Bundestagspräsident Karl Carstens lehnt im Mai endgültig den Plan des bulgarischen Künstlers Christo ab, den Berliner Reichstag mit 50 000 Quadratmetern Folie zwei Wochen lang zu verpacken und damit in ein Kunstwerk zu verwandeln. Carstens begründet seinen Entschluß damit, daß die zu erwartende heftige Diskussion um das Projekt dem Symbolcharakter des Reichstages abträglich wäre.

Staufer-Ausstellung – Meilenstein historischer Standortbestimmung

Zu Stuttgart hat man ein neues Tier entdeckt: die »Stauferschlange«. Sie windet sich täglich um das Alte Schloß herum, wo die Großausstellung *Die Zeit der Staufer – Geschichte – Kunst – Kultur* gezeigt wird. Die glanzvolle Geschichts- und Kulturschau ist aus Anlaß des 25jährigen Bestehens des Bundeslandes Baden-Württemberg arrangiert worden. Hier bestätigt sich einmal mehr, daß historische Ausstellungen in den siebziger Jahren zum Renner Nummer eins in der Publikumsgunst geworden sind. Die Staufer-Ausstellung (26. März bis 5. Juni) rechtfertigt den Andrang. Mit einem Etat von etwa 4,3 Millionen DM wurden in dreijähriger Vorbereitungszeit Dokumente und Kunstwerke der Epoche zusammengetragen. 1084 Exponate von 353 Leihgebern geben einen Überblick über die Zeit der Stauferkaiser, wie man ihn so vorher noch nie erhalten konnte.
Die Stuttgarter Ausstellung führt zu den Quellen zurück und bemüht sich, sie auch für den Laien lesbar zu machen. Und es zeigt sich, daß die Staufer, lange vergessen, beliebig oft mißdeutet, ihren Einfluß auf die deutsche Geschichte bis heute ausgeübt haben. Unter ihnen entschied sich endgültig, daß Deutschland in Mittel- und Westeuropa seinen Sonderweg gehen würde, dessen äußeres Merkmal die

staatliche Zerrissenheit war und ist. Während in England und Frankreich das Königtum zielstrebig an den Ausbau seiner Macht ging, jagten die Staufer in Italien der Schimäre des Imperium Romanum nach und errichteten die Fürsten in Deutschland ihre Adelsrepublik.
Die Stauferzeit, auch das macht die Ausstellung dem Besucher schnell deutlich, war die Zeit des Hochmittelalters. In dieser Epoche entwickelte sich der Rittermythos in seiner strahlendsten Form. Das Rittertum gab der Stauferzeit Glanz und Bedeutung und eine Faszination, die weit über das Zeitalter hinaus wirkte. Die Ritter im Dienst der staufischen Kaiser bildeten einen weltlichen Stand, der Macht, Zeitgeist und Lebensstil verkörperte. Maß und Beherrschung, Kraft und Leidenschaft der Ritter, ihre höfischen Tugenden und ihr selbstsicherer Glaube im rechten Spannungsbogen zwischen Diesseits und Jenseits prägten Kunst und Kultur. Aber die Staufer schufen auch die Grundlage für jene Schicht, die einmal die Ritterschaft ablösen sollte: Es war die große Zeit der Stadtgründungen; die städtefreundliche Politik der Kaiser förderte den Aufstieg des Bürgertums.
In diese Zusammenhänge führt die Stuttgarter Ausstellung mit einer Fülle von Urkunden, Münzen, Handschriften, Malereien, Skulpturen, Möbeln, kunsthandwerklichen Erzeugnissen, Paramenten und Kameen ein, deren Wert unschätzbar ist.

Gegen den visuellen Totalitarismus

Die Kasseler Weltkunstschau documenta 6 vom 24. Juni bis 2. Oktober kann Rekordbesuch vermelden, obwohl – oder gerade weil – sie Gegenstand heftiger öffentlicher Auseinandersetzung und Kritik ist. Am meisten Aufsehen erregt der Vertikale Erdkilometer des Amerikaners Walter de Maria, ein Messingstab von 1000 Meter Länge, der auf dem Friedrichsplatz senkrecht in die Erde getrieben wird und somit verschwindet. In die Höhe, wenn auch »nur« 12 Meter, geht Richard Serra mit seiner Eisenplastik Terminal, die von den Ausstellungsbesuchern zur Wandzeitung und »Mekkerecke« umfunktioniert wird. Joseph Beuys läßt in durchsichtigen Schläuchen drei Zentner Honig zirkulieren; die Honigpumpe, erklärt er, dient einer »radikalen Begriffserweiterung«. Einen Schwerpunkt dieser documenta bildet nach den Worten ihres künstlerischen Leiters Manfred Schneckenburger die Einbeziehung der modernen Medien: »Der Medienaspekt bleibt ein archimedischer Punkt, auf den sich das breite Panorama der Gegenwartskunst beziehen läßt, vom Videodschungel des elektronisch enthusiasmierten Nam June Paik bis zum Vertikalen Erdkilometer Walter de Marias, dessen a-visuelle Konzeptionalität eine fast schon therapeutische Gegenposition zum visuellen Totalitarismus unserer Dekade bedeutet.«
So viel Interpretationsmühe macht sich der Journalist Hans Habe nicht, für ihn ist diese documenta eine »schamlose Herausforderung an Geschmack und Gesinnung, Ordnung und Hoffnung, Glauben und Gestaltung unserer Gesellschaft«. Und in der »Welt« wird hinzugefügt: »Wer in jeder sozialen Handlung und in jedem minimalen Gedanken Kunst sieht, der wird in der 6. documenta ein Weltereignis sehen. Wer aber an dem strengen Begriff des ›Kunstwerks‹ festhält, wird diese Dinge als Spinnerei abtun.«

Mitte links: Richard Serra, Terminal (Endstation); 1976/77.
Mitte rechts: James Reineking, 7 m² umschreiben; 1977.

1977

Theater

Premieren

● Thomas Brasch: *Rotter*. (Uraufführung am 21. Dezember im Württembergischen Staatstheater, Stuttgart. Regie: Christof Nel.) »Ein Märchen aus Deutschland« nennt der Autor seinen mit Spannung erwarteten Beitrag zur Zeitgeschichte. Er zeigt im Zeitraum zwischen 1932 und 1965 exemplarisch deutsches Verhalten am Beispiel eines Kleinbürgers.

● Friedrich Dürrenmatt: *Die Frist* (Uraufführung am 6. Oktober im Schauspielhaus Zürich. Regie: Kazimierz Dejmek.) Ein Bündel von Reflexen auf Ereignisse dieser Welt. Mit einem einzigen, alles auslöschenden Seufzer, so die Kritik, hat Dürrenmatt Bilanz gezogen und sein Testament gemacht.

● Botho Strauß: *Trilogie des Wiedersehens*. (Uraufführung am 18. Mai im Hamburger Schauspielhaus. Regie: Dieter Giesing.) Der Kulturbetrieb entdeckt sich selbst. Freunde eines Kunstvereins palavern unentwegt vor der Eröffnung einer Vernissage.

Ereignisse

● Berlin: Rudolf Noeltes glänzende Inszenierung von Gerhart Hauptmanns Drama *Die Ratten* leitet am 24. September in der Freien Volksbühne die Renaissance des seit fast drei Jahrzehnten außer Mode gekommenen Dichters ein.

● Berlin: Hölderlins *Hyperion* wird von der Berliner Schaubühne am Halleschen Ufer als »Winterreise« inszeniert. Regie: Klaus Michael Grüber. Mitten im kalten Winter, am 1. Dezember, zieht man hinaus ins alte Olympiastadion.

● Manfred Krug, Sänger und Schauspieler Nummer eins in der DDR, übersiedelt im Juni in die Bundesrepublik.

Sympathisanten-Verdacht

In den »Göttinger Nachrichten« des Allgemeinen Studentenausschusses erscheint ein Nachruf auf den am Gründonnerstag von Mitgliedern der RAF erschossenen Generalbundesanwalt Siegfried Buback. Verfasser ist ein »Stadtindianer« mit dem Pseudonym Mescalero. Er schreibt unter anderm: »Ich konnte und wollte (und will) eine klammheimliche Freude nicht verhehlen.« 47 Wissenschaftler veröffentlichen in einer Dokumentation den Mescalero-Nachruf in vollem Wortlaut und versuchen zu belegen, daß der Verfasser kein Befürworter des individuellen Terrors ist, sondern ihn ablehnt. Einige der Wissenschaftler geraten in den Verdacht, zur »Sympathisanten-Szene« zu gehören und erhalten Strafanzeigen.

Das deutlichste Anzeichen der rechtsstaatlichen Krise in der Bundesrepublik ist der Verdacht, die am 18. Oktober im Stammheimer Gefängnis tot aufgefundenen Terroristen seien ermordet worden. Vorausgegangen sind die Entführung von Hanns Martin Schleyer und einer Lufthansa-Maschine mit dem Zweck der Gefangenen-Freipressung. Schleyer wird am 19. Oktober ermordet aufgefunden.

Hanns Martin Schleyer, Präsident des Bundesverbands der Deutschen Arbeitgeberverbände, als RAF-Gefangener; 1977.

Die »geistigen Väter« des Terrorismus

Der Terrorismus in der Bundesrepublik erreicht 1977 seinen Höhepunkt. Den Morden an Generalbundesanwalt Siegfried Buback und dem Sprecher der Dresdner Bank, Jürgen Ponto, folgt am 5. September die Entführung von Arbeitgeberpräsident Hanns Martin Schleyer, bei der seine vier Begleiter getötet werden, und die am 18. Oktober ebenfalls mit seiner Ermordung endet. Heftige Diskussionen entbrennen über die »geistigen Väter« des Terrorismus, seine Sympathisanten und Wegbereiter. In der allgemeinen Bestürzung und Hysterie herrschen gegenseitige Anschuldigungen vor, die eine sachliche Auseinandersetzung erschweren. Mit scharfen Worten greift der Schriftsteller und Historiker Golo Mann in die Diskussion ein. In der »Welt« vom 7. September schreibt er: »Die neueste, die Kölner Untat der Mordbanditen – nein doch, der ›mutmaßlichen Terroristen‹ – macht klar, was für Justiz und Politik schon vorher hätte klar sein dürfen und müssen: Man befindet sich in einem Ausnahmezustand. Man befindet sich in einer grausamen und durchaus neuen Art von Bürgerkrieg…«

Gegen die vielen, allzu pauschalen Verurteilungen setzt sich zuvor der Schriftsteller Günter Grass in der »Frankfurter Rundschau« zur Wehr: »…dieses Stochern mit der Stange im Nebel, der ungenaue Begriff ›Sympathisant‹, hat nur die zur Zeit laufende Hexenjagd gegen Schriftsteller, Intellektuelle und Männer der Kirche zur Folge gehabt.«

Die Affäre Peymann

Theaterdonner am Stuttgarter Theater. Der Vorsitzende der Stuttgarter CDU-Fraktion, Lothar Späth, hat die sofortige Entlassung von Schauspieldirektor Claus Peymann gefordert. Man wirft Peymann vor, »durch Taten« seine Sympathiehaltung zum Terrorismus bewiesen zu haben.

Was war geschehen? Die Mutter von Gudrun Ensslin hatte im Juni an 65 Bürger der Bundesrepublik einen Brief geschickt, in dem sie um finanzielle Unterstützung für eine sehr kostspielige Zahnbehandlung der in Stammheim einsitzenden Terroristen bat. Diesen Bittbrief hängte der Schauspieldirektor an das Schwarze Brett im Theater und spendete selbst 100 DM. Die insgesamt eingegangene Summe von 611 DM wurde Frau Ensslin überwiesen. Die Sache schien erledigt. Nach der Entführung von Hanns Martin Schleyer gerät sie jedoch für viele in ein neues Licht. Die Spende wird zur »Terrorbegünstigung« – Grund genug, nachträglich Peymanns Kopf zu fordern. Die »Frankfurter Allgemeine Zeitung« würdigt Peymanns Arbeit in Stuttgart und fährt fort: »Ihn stürzen, hieße nicht nur, diese Arbeit zu zerstören, sondern einen Mann zum Märtyrer zu machen, der dazu weder Eigenschaften hat, noch Absichten darauf.« Dennoch wird der Vertrag des Schauspieldirektors unter dem Eindruck dieser Ereignisse 1979 nicht mehr verlängert. Peymann geht mit dem größten Teil seines Teams an das Schauspielhaus Bochum.

Film und Fernsehen

Premieren

● Ingmar Bergman: *Das Schlangenei*. Mit Liv Ullmann. Bergmans erster Film außerhalb Schwedens hat die zwanziger Jahre in Berlin zum Thema; einmal die hungernde, geschundene Stadt und auf der anderen Seite die pompöse Talmiwelt des Kabaretts. Der Regisseur leuchtet das geistige, kulturelle und wirtschaftliche Chaos der Vor-Hitler-Ära mit beklemmender Präzision aus.

● Brian de Palma: *Carrie*. Ein junger Regisseur aus Hollywood, in dem viele schon einen neuen Hitchcock sehen, macht nervenzerrendes Kino der schockierenden Horroreffekte.

● Wolfgang Petersen: *Die Konsequenz*. Ein Homosexuellen-Film, der nach langen Diskussionen doch am 8. November im Fernsehen ausgestrahlt wird. Ein leiser, unspektakulärer Film.

● Luchino Visconti: *Die Unschuld* (*L'innocente*) nach dem gleichnamigen Roman von Gabriele D'Annunzio. Die Geschichte eines römischen Adligen um die Jahrhundertwende. Ein Hauch von Moder und Morbidität liegt über diesem formvollendeten Film des ein Jahr zuvor verstorbenen Regisseurs.

Ereignisse

● Nachfolger der *Kommissar*-Serie im ZDF wird *Der Alte* in Gestalt von Siegfried Lowitz.

● Der Regisseur Roman Polanski gesteht in Santa Monica (USA), ein 13jähriges Mädchen unter Drogeneinfluß verführt zu haben.

Woody Allen
**Annie Hall
(Der Stadtneurotiker)**
Szenenfoto mit
Diane Keaton und Woody Allen
1977

Wim Wenders
Der amerikanische Freund
Szenenfoto mit
Lisa Kreuzer und Dennis Hopper
1977

Psychiatrie des Alltags

*Der 42jährige Komiker und Regisseur
Woody Allen gelangt mit Annie Hall
(Der Stadtneurotiker, 1977) auf den
Höhepunkt seiner Karriere. Oscars für
den besten Film des Jahres 1977, für Regie, Drehbuch und Diane Keaton als
beste Hauptdarstellerin dokumentieren die Anerkennung durch das offizielle Hollywood.
Allen begann als Gagschreiber für verschiedene Fernsehkomiker, machte
sich 1962 selbständig und kam 1965
zum Film. Annie Hall gewinnt seine
Überzeugungskraft nicht zuletzt
durch die Tatsache, daß Allen, indem
er als Berufskomiker einen Berufskomiker verkörpert, autobiographische
Motive verwenden kann. Die Probleme seiner Beziehung zu einer exzentrischen jungen Frau (Diane Keaton, seit
1973 Allens Filmpartnerin) geben Anlaß zu treffenden, mit aberwitziger Respektlosigkeit geführten Hieben gegen
eine aufgeblasene Bildungsschickeria,
gegen Sexbesessenheit, Psychiater-
und Soziologen-Unwesen.
Zumindest die Aufmerksamkeit Hollywoods erregt der 32jährige Wim
Wenders mit Der amerikanische
Freund. Zugrunde liegt Ripley's Game (Regel ohne Ausnahme) von Patricia Highsmith, deren Romane man
nach Wenders' Ansicht »schon noch innerhalb des Genres ›Kriminalroman‹
einordnen« kann; was ihn jedoch fasziniert, ist die Schilderung »einfacher
und alltäglicher Vorkommnisse, die
aber einen unheimlichen Sog erzeugen«. Er charakterisiert damit zugleich
Atmosphäre und Handlungsgerüst
seines Films. Erzählt wird die Geschichte eines kleinen Antiquitätenhändlers (Bruno Ganz), der durch den
»amerikanischen Freund« Ripley (mit
maskenhaft perfekter Glätte dargestellt von Dennis Hopper) aus seiner
kleinbürgerlichen Welt herausgelöst
und in die des Verbrechens, des professionellen Tötens hineingezogen wird.
Ebenfalls ein Highsmith-Roman liegt
dem Film Die gläserne Zelle zugrunde, den Hans W. Geissendörfer
1977 mit einer dem Regiestil von Wenders vergleichbaren psychologischen
Präzision inszeniert. Geissendörfer erreicht eine Oscar-Nominierung.*

Frauenzeitschrift
Emma
Februarheft 1977

Frauenzeitschrift
Brigitte
1977

Frauenzentrum
in Stuttgart

Feminismus als neuer Weiblichkeitswahn?

Im Januar geht die von Alice Schwarzer herausgegebene, »für Frauen von Frauen« mit wenig Geld und viel Engagement gemachte Frauenzeitschrift »Emma« an den Start, mit einer Auflage von 200 000 Exemplaren, die sich jedoch bald auf etwa 80 000 reduziert. An die Stelle »klassischer« Frauenthemen wie Mode und Kosmetik treten Berichte über Männerjustiz, Frauen im Beruf oder Frauenhäuser.

In diesen nach englischem Vorbild nun auch in der Bundesrepublik von Initiativgruppen eingerichteten und teilweise staatlich subventionierten Häusern finden Frauen Zuflucht, die vor den Mißhandlungen ihrer Ehemänner oder Freunde fliehen. Es prügeln Arbeiter und Akademiker, doch sind es vor allem Frauen aus sozial schwächeren Schichten, die hier eine Notunterkunft finden.

Obwohl das soziale Engagement der Frauenbewegung unverkennbar ist, macht das Schlagwort vom »neuen Weiblichkeitswahn« die Runde. Die Rede ist sogar von der »feministischen Verweigerungskultur«. Gemeint sind die Frauenbuchläden, -kneipen, -verlage, -rockbands, -platten.

Über die Gründe dieser Abgrenzung heißt es im »Journal Frauenoffensive«: »Die Frauen haben diesen Punkt jetzt erreicht, ... daß sie ein Bewußtsein über sich selbst entwickelt haben, das sich nicht in den gegenwärtig existierenden Symbolen, Formen, Denksystemen, Sprachen, Künsten und Kulturen ausdrücken kann.« Demgegenüber merkt der »Spiegel« an: »Die traditionelle Sonderstellung der Frauen, ihre Verbannung aus dem öffentlichen Leben, die Feministinnen einerseits so heftig und mit Recht beklagen, wird andererseits in den Höhlen der Sub-Kultur nicht nur hingenommen, sondern überdies mit ›Autonomie gegenüber männlichen Ansprüchen‹ verwechselt.

Eine pervertierte Form jener »männlichen Ansprüche« bilden die Peep-Shows, deren erste im Vorjahr nach amerikanischem Vorbild im Münchner Bahnhofsviertel eröffnet worden ist.

1977 ist das Jahr des Auszugs und der Vertreibung kritischer Schriftsteller aus der DDR. Sie verlassen »mit Genehmigung der Behörden der DDR« das Land, das sie als Heimat lieben. Betroffen sind vor allem Autoren, die im November 1976 gegen die Ausbürgerung von Wolf Biermann protestierten. Thomas Brasch, Sohn eines hohen SED-Funktionärs, war im Dezember 1976 der erste, der in die Bundesrepublik übersiedelte. Es folgen unter anderm Reiner Kunze, der wegen seines im Westen veröffentlichten Buches »Die wunderbaren Jahre« aus dem Schriftstellerverband ausgeschlossen wurde, Sarah Kirsch, Jürgen Fuchs, Hans-Joachim Schädlich und Jurek Becker, der seine Kindheit in Polen im Getto und im KZ verbracht hat. Sie wichen »unerträglichem Druck«, wie Sarah Kirsch sagt, oder den »widerlichen Methoden der Staatssicherheit«, wie Jürgen Fuchs es nennt.

1977

Literatur

Neuerscheinunen

● Kenneth Anger: *Hollywood Babylon.* Fast 20 Jahre hat man gezögert, diese wahrhaft babylonische Sittengeschichte Hollywoods ins Deutsche zu übersetzen. Jetzt liegt die schlimme Chronique scandaleuse aus der Metropole des Glamours vor.

● Elias Canetti: *Die gerettete Zunge.* Das Buch wird als Modell einer Autobiographie gefeiert. Die früheste Erinnerung des Autors war die Drohung eines Mannes, der zu ihm sagte: »Jetzt schneiden wir ihm die Zunge ab.« Canetti rettete die Zunge, er überstand. Der zweite Teil seiner Autobiographie *(Die Fackel im Ohr)* bestätigt die enthusiastischen Urteile der Kritik.

● Erich von Däniken: *Beweise.* Der Meister des magischen Unfugs präsentiert neue Erkenntnisse über die Astronauten-Götter. Die Fans sind begeistert.

● Günther Grass: *Der Butt.* Der allgemein als »epochal« bezeichnete Roman ist von dem Märchen »Von dem Fischer un syne Frau« und vom Verhältnis von Mann und Frau zueinander inspiriert. In dem Buch, in das Grass Züge von Mythologie, Märchen und Utopie einbringt, erreicht er wieder die erzählerische Vitalität der *Blechtrommel.*

● Alex Haley: *Wurzeln (Roots).* Der amerikanische Journalist unternimmt den überaus erfolgreichen Versuch, seine Vergangenheit und damit die von 25 Millionen Schwarzen zu erforschen. Seine Familien-Saga zurück bis zum Urvater Kunta Kinte, der 1767 als Negersklave aus Afrika verschleppt wurde, war in den USA 1976 Bestseller. Das Epos über den Leidensweg von Amerikas Negern, das nun auch in deutscher Übersetzung vorliegt, ist eine teils dokumentarisch belegte, teils fiktive Geschichte, die an die Wurzeln der Nation geht. Die ebenfalls sehr erfolgreiche TV-Verfilmung wird ab Februar 1978 auch in der Bundesrepublik ausgestrahlt.

● Wolfgang Hildesheimer: *Mozart.* Es ist die »Reinigung eines im Lauf der Jahrhunderte mehrfach übermalten Freskos«, ein Aufräumen mit liebgewordenen Anekdoten. Hier schreibt ein Mozart-Liebhaber, der aber nicht durch die vergoldete, sondern tiefenscharfe Brille sieht.

● Shere Hite: *Hite-Report – Das sexuelle Erleben der Frau.* Die Sexualfibel, die nach ihrem Siegeszug in den USA (1976) nun auch in deutscher Übersetzung vorliegt, basiert auf den unverblümten Bekenntnissen von 3000 befragten Amerikanerinnen. Die Autorin plädiert rückhaltlos für eine stärkere sexuelle Aktivität der Frau.

● Brigitte Schwaiger: *Wie kommt das Salz ins Meer?* Eine Ich-Erzählerin denkt über ihre zu früh geschlossene Ehe nach, der sie sich zunächst durch Passivität entzieht, dann durch die Scheidung. In poetisch präziser, aber auch ironischer Sprache kommt die Autorin zu einer Analyse, die über das Persönliche hinaus auch exemplarischen Charakter zeigt.

● Botho Strauß: *Die Widmung.* Das Porträt eines Verliebten und Verlassenen, der das Maß seines Leidens nicht länger ertragen kann. Die Erzählung weist den Autor als eine große Hoffnung der deutschsprachigen Literatur aus.

Tagebücher

Auf der Frankfurter Buchmesse wartet der Verlag Hoffmann & Campe mit einer Sensation auf. Er bringt die Tagebücher des ehemaligen Propagandaministers Joseph Goebbels aus der Zeit vom 28. Februar bis zum 10. April 1945 auf den Markt. Die Aufzeichnungen hat der Journalist Erwin Fischer aus der DDR besorgt, wie, das bleibt ein Geheimnis.

Neue historische Aufschlüsse geben die Tagebücher nicht; sie bestätigen Goebbels' fanatischen Glauben an den »Endsieg« noch in der aussichtslosesten Situation. So hofft Goebbels Anfang April eine Wende im Luftkrieg durch den Einsatz deutscher »Rammjäger« zu erreichen: Piloten sollen sich mit ihren Flugzeugen in die englischen und amerikanischen Bomber hineinrammen, um sie und damit auch sich selbst zum Absturz zu bringen.

Der Schriftsteller Rolf Hochhuth verfaßt das Vorwort; zur Begründung für die Veröffentlichung schreibt er: »Daß Goebbels möglich war in jenem Volk, das den Autor des Nathan hervorgebracht hatte, ist die Mahnung, daß wir geistig ankämpfen müssen gegen die Tatsache, uns jedes Jahr um weitere 365 Tage zu entfernen von der Aufklärung.«

Die eigentliche literarische und zeithistorische Sensation des Jahres ist die Herausgabe der Tagebücher von Thomas Mann ab 1933. Seit Jahren schon lagen im Thomas-Mann-Archiv in Zürich vier versiegelte Pakete, die der Dichter noch in Amerika beschriftet hatte: »Tägliche Notizen von 1933–1951/Ohne jeden literarischen Wert/von niemandem zu öffnen vor zwanzig Jahren nach meinem Tod/Thomas Mann.« Der feierliche Augenblick der Entsiegelung kam am 12. August 1975.

Die Tagebücher werfen unter anderem ein Licht auf Manns Zögern, öffentlich gegen Hitler-Deutschland aufzutreten. Er, der deutsche Großbürger, fühlte sich »weit eher zum Repräsentanten geboren als zum Märtyrer«; daher die »Scheu, das Tischtuch zu zerschneiden«.

Joseph Goebbels

Günter Wallraff: Der Mann, der Hans Esser war

Es geht im Juli wie ein Lauffeuer durch die Redaktionen. Aus allen Himmelsrichtungen rufen Journalisten in Hannover an und wollen Einzelheiten wissen: Hans Esser, 33 Jahre alt, Reporter der »Bild«-Zeitung in Hannover, war gar nicht Hans Esser. Fast vier Monate lang hatte sich der Kölner Schriftsteller Günter Wallraff hinter diesem Namen verborgen. Er wollte einmal wissen, wie die »Bild«-Zeitung gemacht wird. Er hatte sich die Haare kurz schneiden lassen, den Schnurrbart abgenommen, eine andere Brille aufgesetzt und wurde so von dem Leiter der »Bild«-Redaktion als freier Mitarbeiter aufgenommen, der obendrein dem von Wallraff eingeweihten Reporter Jörg Gförer Dreharbeiten in der »Bild«-Redaktion für eine Reportage erlaubte.

Über seine Erlebnisse bei »Bild« Hannover, wo er aus Gründen der Tarnung sich bis zur »Mittäterschaft« verleugnet, veröffentlicht er den Erfahrungsbericht *Der Aufmacher – Der Mann, der bei »Bild« Hans Esser war.* Die »Hannoversche Allgemeine Zeitung« schreibt darüber: »Sein mit heißem Atem niedergeschriebener und mit Polemik gespickter Erfahrungsbericht enttäuscht. Er besteht zu einem großen Teil aus Analysen und Erkenntnissen, die jeder systematische »Bild«-Leser auch ohne spektakuläre Redaktionsspionage hätte gewinnen können ... Dort, wo ›Bild‹ der Lüge überführt wird, handelt es sich meist um Lappalien, deren verheerende Wirkung in der Penetranz der Wiederholung liegt.«

1977

Nationale Trauer für Elvis?

Am 16. August stirbt in seinem Geburtsort Memphis (Tennessee) Elvis Presley im Alter von 42 Jahren. Die Todesursache bleibt ungeklärt. Spekulationen sprechen von Herzversagen, Selbstmord, Drogenmißbrauch.

In den USA setzt eine Wallfahrt ein. 80 000 Menschen schieben sich weinend durch den Presley-Boulevard von Memphis. Sie wollen den Leichnam des Idols sehen, das vor seinem Anwesen in einem acht Zentner schweren Kupfersarg in weißem Anzug und blauem Hemd aufgebahrt ist. Nur 2000 kommen ans Ziel; zehn Sekunden dürfen sie von Elvis Abschied nehmen, dann werden sie von den Ordnungskräften weitergeschoben.

Hunderte von Telefonanrufern blokkieren die Leitungen des Weißen Hauses und verlangen von Präsident Carter Nationaltrauer für Elvis Presley. Der Präsident reagiert mit der Erklärung: »Mit Elvis Presley verliert unser Land ein Teil von sich selbst. Er war einmalig und ist unersetzbar.«

Noch Jahre nach seinem Tod veranstalten Fans Pilgerfahrten an sein Grab. Geschäftstüchtige Manager vermarkten die Trauer um Elvis durch eine gigantische Kitsch-Produktion von Andenken.

Wie es zu diesem legendären Ruf kommt, beschreibt der Rock-Spezialist Barry Graves: »Er war bereits im Teenageralter zum archetypischen Helden der amerikanischen Populärkultur aufgestiegen und verkörperte den Mythos des Rockers par excellence – mit Aggressivität, grobschlächtiger Sinnlichkeit und der Schwermut des Außenseiters. Später, als er ... in den Plüschtempeln von Las Vegas fülligen Damen seidene Schweißtücher zuwarf, blieb er dennoch glaubwürdig. Die Generation seiner Verehrer war mit ihm aus der Zeit halbstarker Unrast in die Hausfrauen- und Familienvätersphäre hinübergewachsen. Für die nachgewachsenen Rock-Fans aber war er das Symbol für die erste musikalische Auflehnung gegen die Welt der Erwachsenen.«

Elvis Presleys Grab in Memphis.

NOT MINE BUT THY WILL BE DONE

Vier Milliarden Menschen

Die Zahl der Menschen auf der Erde hat die Vier-Milliarden-Grenze überschritten. In immer kürzeren Abständen verdoppelt sich die Bevölkerungszahl. Die nächste Verdoppelung wird schon in 23 Jahren erwartet. Diese Prognose und die aus der Menschenlawine erwachsenden Probleme lassen erkennen, daß die Bevölkerungsexplosion eine der größten Gefahren darstellt, eine Art Zeitbombe, die unablässig tickt. Sarkastische Beobachter vergleichen die Menschheit mit einer Krebsgeschwulst, die sich auf der Erde ausbreitet und alles andere Leben erstickt.

Projekte für eine wirksame Geburtenkontrolle in den Entwicklungsländern, wo die Menschenquellen am stürmischsten sprudeln, haben sich nicht bewährt. Statt dessen wächst dort die Armut, und es herrschen Analphabetentum, Krankheiten und Hunger. In seinem bereits 1971 erschienenen Buch *World Dynamics* (*Der teuflische Regelkreis*, 1972) stellte der amerikanische Systemanalytiker Jay W. Forrester die Frage, wieweit Enwicklungshilfe in solchen Gegenden sinnvoll sei, in denen die Natur nur weit weniger Menschen ernähren kann als dort wohnen. Denn die Folge der Rettungs- und Hilfsmaßnahmen sei gewiß eine durch die verbesserten Lebensbedingungen weiterhin steigende Bevölkerungszahl, so daß es immer schwerer werde, das Problem in den Griff zu bekommen. Die humanen Taten der Hilfeleistung könnten daher auf die Dauer höchst inhumane Konsequenzen haben. Die Schlußfolgerungen aus solchen Überlegungen werden jedoch verdrängt, und die Menschheit wächst weiter – derzeit mit mehr als 220 000 zusätzlichen Erdenbürgern täglich.

Eine vorgeschichtliche Schatzkammer

In einem ehemaligen Ölschiefer-Bergwerk bei Darmstadt, der Grube Messel, stoßen Paläontologen auf das versteinerte Skelett eines Ur-Tapirs, das sie zunächst für die Reste des Urahnen unserer Pferde halten. Der Fund ist der interessanteste von insgesamt 15 300 Fossilien, die allein in diesem Jahr in der sieben Quadratkilometer großen und 60 Meter tiefen Grube zutage gefördert werden.

Die Ölschiefer von Messel offenbaren ferner, daß der europäische und der amerikanische Kontinent einst zusammengehangen haben – eine These, die nicht neu ist, durch die Entdeckungen aber aufs Eindrucksvollste bestätigt wird. So stoßen die Forscher auf das Skelett eines urweltlichen Alligators, eines Tiers, dessen Reste auch im amerikanischen Bundesstaat Wyoming ausgegraben wurden. Zu den paläontologischen Raritäten von Messel gehört schließlich das Gerippe eines Riesenlaufvogels. Die Grube erweist sich als Schatzkammer.

Um so unbegreiflicher ist der offenbar unwiderrufliche Beschluß der hessischen Landesregierung, dieses wissenschaftliche Eldorado in eine der größten Müllkippen Europas zu verwandeln. Industrie- und Hausabfälle aus dem gesamten Rhein-Main-Gebiet sollen hier abgelagert werden und würden weitere Ausgrabungen ein für allemal unmöglich machen. Ein internationaler Proteststurm erhebt sich gegen diesen Plan. Empörte Stimmen mehren sich, die von einem »unglaublichen Akt kulturpolitischer Barbarei« und einem »Unglück für die Wissenschaft« sprechen. Darüber hinaus befürchten die Bewohner der Gemeinde Messel Umweltbelastungen und Grundwasserverseuchungen. Ein Wettlauf mit der Zeit beginnt. Wissenschaftler des Frankfurter Senckenberg-Instituts und eine private Gruppe aus Darmstadt versuchen zu retten, was zu retten ist, während die Grube, da das Wasser nicht mehr abgepumpt wird, allmählich absäuft. 1984 entscheidet das Verwaltungsgericht Darmstadt endgültig für die Mülldeponie.

Hans Scharoun
**Staatsbibliothek
Preußischer Kulturbesitz**
1972–1978

Pflastermaler

Kulturpflaster

Im Selbstverständnis der West-Berliner
bildet ihre Stadt die heimliche Metropole der Bundesrepublik, wenn nicht
politisch, so zumindest kulturell. Eine
Bestätigung ist im Dezember die Eröffnung der Staatsbibliothek Preußischer
Kulturbesitz. Die Begeisterung über
das letzte Werk des 1972 verstorbenen
Architekten Hans Scharoun ist nahezu einhellig. Der Bau ergänzt das entstehende Kulturforum am Rande des
Tiergartens, wo bereits Scharouns
Philharmonie und Ludwig Mies van
der Rohes Nationalgalerie stehen. In
ästhetischer wie in funktionaler Hinsicht erfüllt die Staatsbibliothek die
meisten Wünsche. Äußerlich eher
streng, ist der Bau im Inneren von einer
phantasievollen Vielfalt, die es jedem Bibliotheksbenutzer angenehm
macht, hier zu arbeiten.
Der kulturpolitische Ehrgeiz ist noch
nicht gestillt. Auf dem ehemals öden
Gebiet unweit der Mauer sollen weitere Kultureinrichtungen entstehen: eine
Skulpturengalerie, die Kunstbiblio-
thek, das Kupferstichkabinett und die
Gemäldegalerie, neben der Philharmonie ein Kammermusiksaal und das
Musikinstrumentenmuseum mit dem
Institut für Musikforschung. Berlin
soll sich wieder als Kulturpflaster bewähren, als Stadt also, in der Kunst
und Wissenschaft gedeihen.
Zum Kunstpflaster im wörtlichen Sinne werden die Bürgersteige und Fußgängerzonen der Groß- und Kleinstädte durch das bunt gemischte Volk der
Straßenmusikanten, Gaukler, Pantomimen und Pflastermaler, die umgangssprachlich als Kreidezeitgenos-
sen ironisiert werden. Was zu Beginn
der siebziger Jahre von einzelnen städtischen Kulturämtern geplant und finanziert wurde, hat längst seine Eigen-
dynamik gewonnen, wobei die Grenzen zum Billigkommerz fliegender
Händler fließend sind.
So erheben sich Klagen über die Verwandlung der einst eleganten Flanier-
straßen in »Pizza-, Pop- und Porno-
Promenaden«, wie die »Frankfurter
Allgemeine Zeitung« im Hinblick auf
den Kurfürstendamm feststellt. Aus
Rom wird die »Vulgarisierung« der No-
belstraße Via Veneto gemeldet.

Bildende Kunst

Werke
- Salvador Dalí: *Galas Christus.*
- Gerd Winner: *Werkstattfenster.*

Ausstellungen
- Düsseldorf: Erste deutsche Ausstellung mit Werken von Nicolas Poussin vom 27. Januar bis 12. März in der Städtischen Kunsthalle.
- Frankfurt: *Deutsche Malerei 1890–1918* im Städelschen Kunstinstitut vom 14. September bis 12. November. Man spricht bei der Präsentation von einer »Spitzenversammlung« repräsentativer deutscher Werke des Impressionismus, Jugendstils, Symbolismus, Neoimpressionismus und Expressionismus.
- Hamburg: *Courbet und Deutschland* in der Kunsthalle vom 19. Oktober bis 17. Dezember. Die Ausstellung gilt als der geglückte Versuch, künstlerische und gesellschaftliche Zusammenhänge unter aktuellen Aspekten sichtbar zu machen.
- Köln: *Die Parler und der Schöne Stil 1350–1400* in der Kunsthalle vom 29. November bis 18. März 1979. Die grandiose Mittelalterschau, die als »Jahrhundertaus-stellung« gilt, gibt mit etwa 500 Originalwerken einen faszinierenden Überblick über das Schaffen der weitverzweigten Baumeister- und Bildhauerfamilie der Parler, die ihre spätgotischen Werke in ganz Mitteleuropa hinterließ, am eindrucksvollsten in Prag. Viele Leihgaben kommen aus der ČSSR.
- Paris: *Paris – Berlin* im Centre Pompidou vom Juli bis November. Für viele Franzosen ist dies eine Art Nachhilfestunde in deutscher Geschichte. Die Ausstellung zeigt kulturelle französisch-deutsche Beziehungen in der Zeit von 1900 bis 1933.

Gewalt im Fernsehen

Genau 127 Minuten täglich verbringen der bundesdeutsche Durchschnittsbürger und seine Kinder vor dem Fernsehschirm. Dabei sehen sie – herausgegriffen aus einer beliebigen Programmwoche – neben 416 Gewaltverbrechen 80 Leichen. Presse und Psychologen schlagen Alarm. Als Folge davon wird Gewalt im Fersehen radikal reduziert. So sieht es jedenfalls der soeben verkündete Maßnahmenkatalog der ARD-Programmverantwortlichen vor. Vor allem den Krimis geht es an den Kragen. Sie werden gestrichen, entschärft, in späte Sendezeiten abgeschoben.

Die freiwillige Selbstzensur kommt nicht von ungefähr. Nach den blutigen Ereignissen des Jahres 1977 hatten sich die Angriffe vieler Medienforscher und Wissenschaftler, aber auch der Eltern und Erzieher massiv verstärkt. Der Hauptvorwurf: Die übermäßige Gewaltdarstellung im Fernsehen führe zu einer Brutalisierung der Jugendlichen und sei vielfach als erster Schritt auf dem Weg in die Kriminal- und Terrorszene zu sehen. Doch auch der TV-Durchschnittskonsument, der bislang auf seine Entspannung durch Spannung bei Blutströmen und Pistolenknall bestand, gibt sich neuerdings einsichtiger. In einem Land, wo der Terror unmittelbar an den einzelnen herangetragen wird, reagiert auch er sensibler auf Gewalt und ihre Darstellung.

Doch bleibt die Streitfrage, inwieweit brutalisiert die Darstellung von Brutalität den Zuschauer selbst? Der Konsum von Gewalt leitet die eigenen Aggressionen ab, so die eine Theorie; der Konsum von Gewalt verführt zu eigener Gewalttätigkeit, so die andere.

Auf jeden Fall bleibt die angekündigte »weiche Welle« im Fernsehen in den Medien umstritten. Daß jetzt etliche Brutalo-Helden gefeuert werden, daß abstumpfende Bilder zerschmetterter Schädel und abgerissener Glieder verschwinden, wird nur begrüßt. Befürchtet wird freilich auch, daß man hier leicht des Guten zu viel tun kann und wieder jene scheinheilig-heile Welt errichtet, in der jeder Realitätsbezug zerschnippelt ist. Denn Gewalt, so die überwiegende Mehrheit, als mächtiges Element unseres täglichen Lebens muß sich in angemessener Weise im Fernsehen widerspiegeln: In Filmen, in denen sie nicht verherrlicht, sondern als stets gegenwärtiger und gefährlich faszinierender Teil unseres Lebens diagnostiziert wird.

Cartoon

Eine deutsche Neuerscheinung auf diesem Gebiet des Cartoon ist die Sammlung Die Frustrierten *(Les frustrés, 1976) der französischen Zeichnerin Claire Bretécher, die mit ihrer Kritik an Verhaltensmustern der linken Intelligenz und Schickeria in ihrer Heimat längst Furore gemacht hat. Ihre Akteure sind meist solche Zeitgenossen, die anderen die Praxis des linken Bewußtseins anvertrauen. Wesentlichen Anteil an der Wirkung der Bildgeschichten hat der Text, in dem sich die Phrasen austoben. »Unter den großen Neuen ist Flora lokkerer, more sophisticated; Loriot einfach komischer; Tomi Ungerer deftiger, origineller, unverschämter; Sempé philosophischer, eindringlicher, penetranter«, vergleicht Hartmut von Hentig im Vorwort zum Band* Gesellschaftsspiele, *den Kurt Halbritter 1978 kurz vor seinem Tod herausgibt; Halbritter ist der »Pädagoge«.*

Claire Bretécher, Die Frustrierten; deutsch 1978.
Kurt Halbritter, Entwicklungshilfe; 1978.

1978

Im Reich der Sinne: Kamikaze der Liebe

Anfang Februar befindet der Bundesgerichtshof, den japanischen Spielfilm *Im Reich der Sinne* von Nagisa Oshima, der bei einer spektakulären Aktion während der Berliner Filmfestspiele 1976 von der Staatsanwaltschaft beschlagnahmt wurde, nun doch ohne Schnitte freizugeben. Es handele sich, so heißt es, bei diesem Streifen, nicht um Gewaltpornographie.

Der Regisseur Nagisa Oshima erzählt die Geschichte einer jungen Teehaus-Geisha, die sich in ihren verheirateten Arbeitgeber verliebt. Was sich wie eine beiläufige amouröse Affäre anläßt, gerät in einen Kreis des Wahnsinns. Die junge Sada und der Lebemann Kichizo verfallen einander mit einer grausamen Besessenheit, die sie zu Gefangenen ihrer Leidenschaft macht. Radikal isoliert leben sie »im Reich der Sinne«. Der bis zum Wahnsinn gesteigerte Liebesexzeß, die zwanghafte sexuelle Verklammerung des Paares kann nur in einem letzten Höhepunkt, im Tod, enden. Kichizo bittet Sada um diesen letzten Liebesdienst. Die selbstmörderische Geschlechterliebe endet mit dem Erwürgen und der Kastration des Mannes durch die Frau.

Das lächerliche und zugleich unwürdige Gerichtsgerangel hat diesen Film in die diskriminierende Nachbarschaft schlüpfriger Pornographie gerückt. Nichts könnte falscher sein. Oshima hat *Im Reich der Sinne* die Stationen einer radikalen menschlichen Selbstaufgabe gezeigt, und zwar mit den Mitteln des radikalen Schocks. Doch die neuen Einsichten über den Menschen, die wir daraus gewinnen, wiegen letztlich zu gering, um diese qualvollen Bilder in letzter Konsequenz notwendig zu machen. Eingestehen muß sich hier der europäische Zuschauer aber auch, daß ihm letztlich der Zutritt zu diesem fremden fernöstlichen Kulturkreis mit seinen geheimnisvollen Erosritualen wohl nie ganz gelingen kann.

Politische Dokumentation und Reflexion

Die Regisseure Alexander Kluge und Volker Schlöndorff haben eine gemeinsame Filmproduktion engagierter Vertreter des Neuen deutschen Films initiiert. Ihr Ziel ist es, in der Form des kollektiven Episodenfilms das in der Bundesrepublik herrschende politische und kulturelle Klima zu dokumentieren und zu reflektieren. Der Titel Deutschland im Herbst *enthält die Frage, welche Auswirkungen der im Herbst 1977 eskalierten Auseinandersetzung zwischen Staat und Terrorismus sich erkennen lassen, welche Interessen und Widersprüche der Kampf des demokratischen Rechtsstaats gegen den Terrorismus aufgedeckt hat. Für die Filmemacher selbst stellt sich die Aufgabe, in einer nach wie vor gespannten, von innenpolitischer Aufrüstung gekennzeichneten Lage politisch Position zu beziehen.*

Zu den eindringlichsten Teilen gehört der mit den Mitteln der Montage durchgeführte Vergleich zwischen zwei Trauerfeiern: der für den ermordeten Hanns Martin Schleyer und jener für die toten Terroristen aus Stammheim. Es stellt sich die beklemmende Frage, welche Grenzen Staat und Gesellschaft der Anerkennung von Menschenwürde gezogen haben.

Den persönlichsten und zugleich provokativsten Beitrag liefert Rainer Werner Fassbinder in einer als exhibitionistisch empfundenen Telefonsequenz, in der Selbstisolierung und das Gefühl der Ohnmacht zum Ausdruck kommen.

Schlöndorff geht der Anpassung des Kulturbetriebs an die vorherrschende politische Tendenz nach. Als Beispiel dient ihm eine Inszenierung der Antigone von Sophokles für das Fernsehen. Die antike Tragödie hat durch das Thema der Beisetzung von Verfemten unerwartete tagespolitische Brisanz gewonnen. Die für die Abnahme der Inszenierung Verantwortlichen krümmen sich vor Verlegenheit.

Deutschland im Herbst, 1978; Volker Schlöndorff bei den Dreharbeiten mit Franziska Walser (links) und Angela Winkler.

Film

Premieren

● Ingmar Bergman: *Herbstsonate* (Autumn Sonata). Eine erfolgreiche Konzertpianistin (Ingrid *Bergman*) nimmt die Einladung ihrer Tochter (Liv Ullmann) an, in ihr abgelegenes norwegisches Landpfarrhaus zu kommen. Nachdem die Fesseln familiärer Zuneigung zerrissen sind wie ein brüchiges Gummiband, tragen Mutter und Tocher haßerfüllte Dialogschlachten aus. Kurze Rückblenden erhellen schlaglichtartig den mörderischen, stets verdrängten Haß. Ingrid Bergman und Liv Ullmann vollenden eine Schauspielkunst, die bis an die Grenze menschlichen Darstellungsvermögens geht.

● Mel Brooks: *Höhenkoller* (High Anxiety). Ein Psychiater, der unter Höhenangst leidet, übernimmt eine Nervenklinik mit verbrecherischen Machenschaften. Eine makabre komische Unfugsgeschichte, die die großen Hitchcock-Klassiker von *Psycho* bis zu *Die Vögel* parodiert.

● Luis Buñuel: *Dieses obskure Objekt der Begierde* (Cet obscur objet du désir, 1977). Während einer Reise erzählt ein begüterter, älterer Mann von einer unerfüllten Liebe. Mit dieser neuerlichen Demaskierung bürgerlichen Verhaltens zitiert Buñuel sich selbst, die ästhetischen Erfahrungen, Erkenntnisse und Überzeugungen seiner frühen Jahre.

● George Lucas: *Krieg der Sterne* (Star Wars, 1976). Es ist die utopische Märchengeschichte, wie eine gute Prinzessin aus den Händen galaktischer Bösewichter befreit wird. Für viele Kinogänger das optisch schönste und technisch perfekteste Zelluloidmärchen unserer Tage, eine Kinophantasie in der Tradition großer Comic strips der fünfziger Jahre.

● Sam Peckinpah: *Convoy*. Kris Kristofferson ist der legendäre Rebell, der einen Konvoi von Fernfahrern im Kampf gegen einen korrupten Sheriff anführt. Ein amerikanisches Highway-Märchen, spielerisch, glanzvoll, in dem Peckinpah seine berühmten Gewaltchoreographien selbstironisch verfremdet.

● Steven Spielberg: *Unheimliche Begegnung der dritten Art* (Close Encounters of the Third Kind, 1977). Der alte Traum und Alptraum vom direkten Kontakt zwischen Menschen und außerirdischen Wesen wird hier auf phantastische Weise realisiert. Es ist die Utopie einer von Glückseligkeit erfüllten Ufo-Welt, die Spielberg mit sprudelnder Fabulierlust und überwältigendem technischem Aufwand inszeniert.

● Paolo und Vittorio Taviani: *Padre Padrone*: Die authentische Geschichte eines sardischen Hirten, der nach Jahren der totalen Isolation in den Bergen mit der Zivilisation in Berührung kommt. Aus dieser verstörenden Begegnung erwächst ihm die Kraft der Befreiung, auch von dem übermächtigen Vater. Das Geheimnis dieses einzigartigen Films liegt in der Verbindung zwischen Reflexion und Sinnlichkeit, Verstand und Gefühl.

Ein erträgliches Universum

Anita Albus zählt sich zu dem »ver-sprengten Rest der Studentenbewe-gung, der die Dogmatisierungen nicht mitmachte«. Aus der Ratlosigkeit, die diese Bewegung, ob in ihren dogma-tischen oder undogmatischen Teilen, be-fallen hat, findet sie als Künstlerin einen individuellen Ausweg, der auf den ersten Blick überrascht: Sie wird als Miniaturmalerin tätig, die sich nicht nur in Technik und Stil, sondern auch in ihren Motiven den alten Mei-stern zuwendet.

Die Hommage à Elsheimer ist das Ti-telblatt ihrer 1978 im Insel Verlag ver-öffentlichten Liedersammlung Eia Po-peia et cetera. Auf der kleinen Fläche entfaltet sich eine Fülle ikonographi-scher Anspielungen und Assoziatio-nen. Von Adam Elsheimers Gemälde Flucht nach Ägypten ist die Land-schaft im Mondlicht entlehnt. Das Kind im Schoß der Frau, die an Madon-nenfiguren erinnert, parodiert eine Darstellung des Christuskindes bei dem italienischen Manieristen Parmi-gianino. Um eine Madonna handelt es sich indessen nicht, denn die Frau trägt die Attribute der heidnischen »wilden Männer« und »wilden Frauen« des mit-telalterlichen Schembartlaufs. ·

Ob es bei ihrer Technik des Zitierens einen Zusammenhang mit der Gegen-wartskunst gibt, diese Frage hält Ani-ta Albus für unerheblich, so wie sie überhaupt gegen Klassifizierungen ist: »Was Avantgarde sei, hat sich noch nie voraussagen lassen, und ich bezweifle, daß diesem Wort heute überhaupt noch ein Sinn zukommt.« Verstanden fühlt sie sich von Claude Lévi-Strauss, dem Ethnologen und Philosophen, dessen Gedanken die enttäuschten Re-bellen von 1968 in den siebziger Jahren nachhaltig beeinflußten. Lévi-Strauss prophezeite schon vor Jahren eine »anekdotische und im höchsten Grade gegenständliche Malerei…, die nicht versucht, der gegenständlichen Welt… vollständig zu entfliehen, die auch nicht versucht, sich mit der gegen-ständlichen Welt zu begnügen… Son-dern eine Malerei, die sich mit dem Fleiß der traditionellsten Malerei be-müht, rund um uns ein erträgliches Universum aufzubauen.«

Punker
vor dem Bahnhof in Hannover

Discothek
La Chalet in Straßburg

Tanzwut im Glitzerschein und No-future-Bewußtsein

Das neue Codewort für Alltagsflüchtige heißt Disco. Begonnen hat es in New York, jetzt grassiert auch in Westeuropa das Disco-Fieber. Neue Tanzpaläste mit Multi-Media-Effekten schießen wie Pilze aus dem Boden. Der Film Nur Samstag Nacht (Saturday Night Fever, 1977) mit der Musik der australischen Popgruppe Bee Gees schlägt alle Kassenrekorde. Es ist die Geschichte eines kleinen Angestellten, für den das Leben jeden Samstagabend als Disco-König beginnt und nach einer durchtanzten Nacht wieder endet. Ein Film, der Discotheken populär und John Travolta zum neuen Star macht.

Das Massenvergnügen »Disco« hat die lethargische Woodstock-Generation, die Musik nur noch passiv konsumierte, wieder auf die Beine gebracht – so argumentieren die Befürworter. Die Kritiker halten dagegen: Im elektronischen Phongewitter und in den knalligen Blitzen der rotierenden Laserkanonen kann keine Kommunikation mehr stattfinden. Die Tänzer werden zu narzißtischen Selbstdarstellern. Tatsache scheint zu sein, daß es den meisten Disco-Besuchern darum geht, sich den Alltagsfrust aus den Gliedern zu schütteln.

Einen ganz anderen sozialen Hintergrund hat die Punk-Bewegung, die in diesem Jahr auf die westeuropäischen Länder überzugreifen beginnt. Ihr Ursprung liegt in England und der dort herrschenden alarmierenden Arbeitslosigkeit. In diesem Milieu traf der Song der erfolgreichen Punk-Gruppe Sex-Pistols genau den richtigen Ton: »Ganz schön leer, keine Zukunft, arbeitslos und zu Tode gelangweilt.« Punk – das bedeutet so viel wie Schund, Müll, Abschaum. Punker tragen aussortierte Klamotten, bemalen ihre Gesichter und färben die Haare, stecken sich Sicherheitsnadeln durch die Backen oder ins Ohrläppchen, schmücken sich mit Hundeketten oder auch Nazi-Symbolen. Das Hamburger Rock-Blatt »Sounds« schreibt: »Ein Punk ist ein Mensch, der 'nen alten Opa die Treppe runterschubst und hämisch fragt: ›He, Opa, warum läufst du denn so schnell?‹«

Literatur

Neuerscheinungen

● Alfred Döblin: *November 1918.* Zum 100. Geburtstag des Schriftstellers erscheint ein Buch, das bislang in der Gesamtausgabe der Werke Döblins nicht enthalten war. Es entstand zwischen 1937 und 1943 und ist der Versuch eines Vertriebenen, aus der Vergangenheit eine Erklärung für die Gegenwart der Hitler-Zeit zu finden.

● Hans Magnus Enzensberger: *Untergang der Titanic.* In 33 »Gesängen« besingt der sozialistische Poet die Reise der Menschen durch die Welt der Katastrophen. Eine apokalyptische Komödie mit schwarzem Humor.

● Siegfried Lenz: *Heimatmuseum.* Der Romanheld Rogalla hat sein nach dem Zweiten Weltkrieg nach Egenlund bei Schleswig verlagertes masurisches Heimatmuseum in Brand gesteckt und vernichtet. Es bestand die Gefahr, daß einige Unbelehrbare des Masurischen Heimatvereins es für eine revanchistische Propaganda benutzen wollten. Rogalla liegt, mit Brandwunden, im Krankenhaus und hält Rückschau. Lenz zeigt ein beeindruckendes Panorama masurischen Lebens.

● Doris Lessing: *Das goldene Notizbuch (The Golden Notebook).* 16 Jahre nach seinem ersten Erscheinen kommt das von der Frauenbewegung gefeierte Buch auf den deutschen Literaturmarkt. An der Person einer Schriftstellerin, die mit der kommunistischen Partei gebrochen hat und in einer persönlichen Krise steckt, untersucht die Autorin spezifische Bewußtseinsstrukturen der Frau im politischen Kontext.

● Martin Walser: *Ein fliehendes Pferd.* Die Geschichte zweier Ehepaare, genau beobachtet und in meisterhafter Sprache erzählt.

Theater

Premieren

● Dario Fo: *Zufälliger Tod eines Anarchisten.* (Deutsche Erstaufführung am 9. April im Mannheimer Nationaltheater. Regie: Jürgen Bosse.) Eine Polit-Farce über den mysteriösen Todessturz eines Anarchisten im Mailänder Gefängnis.

● Trevor Griffith: *Komiker.* (Deutsche Erstaufführung am 26. Januar im Hamburger Thalia-Theater. Regie: Peter Zadek.) Eine Gruppe von englischen Dilettanten läßt sich in einem Volkshochschulkurs zu geprüften Komikern ausbilden. Die große Lach-Show wird zur großen Show der Lächerlichkeit.

● Barrie Keeffe: *Gimme Shelter.* (Deutsche Erstaufführung am 21. Januar im Düsseldorfer Schauspielhaus. Regie: Paris Kosmidis. Deutsche Fassung: Wolfgang W. Storch.) Der 32jährige englische Autor entwirft ein Stück über junge Leute von heute, die ihre Rolling-Stones-Platte »Gimme Shelter« (Gib mir Schutz) kennen und brauchen. Helden ohne Hoffnung suchen Hilfe.

● Heiner Müller: *Germania Tod in Berlin.* (Uraufführung am 20. April in den Münchner Kammerspielen. Regie: Ernst Wendt.) Eine Collage über Stationen aus deutscher Geschichte. Eine amüsiert aufgenommene Deutschland-Revue, die für den DDR-Dramatiker zu einem außerordentlichen Erfolg wird.

● Jérôme Savary: *In 80 Tagen um die Welt.* (Uraufführung im Hamburger Schauspielhaus am 23. November.) Sehr frei nach Jules Verne wird hier eine rasante Show zwischen Orgie und Märchen präsentiert; eine Attacke des Pariser Magiers auf konservative Theatergänger.

● Botho Strauß: *Groß und Klein.* (Uraufführung am 6. Dezember durch die Berliner Schaubühne am Halleschen Ufer in den CCC-Film-Studios am Stadtrand. Regie: Peter Stein.) Das Stück besteht formal aus den lose verbundenen Stationen einer Reise. Eine junge Frau, eine Art weltlicher Engel, versucht allen zu helfen – einsamen Alten, Kindern, Randgruppen. Das Stück zeigt die Problematik des Helfenwollens und oft nicht Helfenkönnens.

Kant reist nach Amerika

Im April wird unter der Regie von Claus Peymann am Stuttgarter Staatstheater ein neues Stück von Thomas Bernhard uraufgeführt: Immanuel Kant. *Seit Mitte der sechziger Jahre hat der österreichische Schriftsteller durch Prosawerke wie* Frost *(1963),* Amras *(1964) und* Verstörung *(1967) auf sich aufmerksam gemacht; seit Beginn der siebziger Jahre produziert er auch Bühnenstücke, die ihn rasch zu einem der bekanntesten jüngeren Dramatiker des deutschen Sprachgebiets werden lassen.* Ein Fest für Boris, *ein gespenstischer Totentanz unter Krüppeln, wurde 1970 am Deutschen Schauspielhaus in Hamburg uraufgeführt; 1972 folgt* Der Ignorant und der Wahnsinnige, *eine dramatische Phantasie über die Perfektionsbesessenheit einer Koloraturmaschine.* Die Jagdgesellschaft *(1974),* Die Macht der Gewohnheit *(1974),* Der Präsident *(1975) und die Schauspieler-Hommage* Minetti *(1976) schlossen sich an. Eine in schmerzhaften Dissonanzen empfundene, widersinnige Welt wird in allen diesen Stücken, die die Tradition des absurden Theaters wieder aufgreifen, zum Hauptthema. Es gibt in der Realität nichts, worauf der Mensch sich verlassen kann – als Kronzeuge für diese Aussage wird auch Immanuel Kant aufgeboten. Der Königsberger Philosoph, in seinem historischen Leben geradezu Verkörperung der Seßhaftigkeit und Zuverlässigkeit, wird vom Autor auf eine Schiffsreise nach Amerika geschickt, um sich einer Augenoperation zu unterziehen: der Erkenntnistheoretiker halbblind also, seine gesicherte Königsberger Existenz vertauscht mit einem schwankenden Schiffsboden, ein kleinbürgerlicher Zwangscharakter anstelle eines kühnen Geistes, schließlich das Opfer einer Verwechslung – bei der Ankunft in Amerika wird er nicht von den Beauftragten der Augenklinik, sondern versehentlich von Angestellten einer psychiatrischen Klinik abgeholt.*

Immanuel Kant, 1979; Szenenfoto (Stuttgart) mit Peter Sattmann (dritter von rechts) in der Titelrolle.

1978

Musik

Premieren

● György Ligeti: *Le grand macabre*. Uraufführung am 12. April in der Königlichen Oper Stockholm. Libretto: Ligeti und Michael Meschke. Musikalische Leitung: Elgar Howarth. Deutsche Erstaufführung am 15. Oktober in der Hamburgischen Staatsoper. Regie: Gilbert Deflo. Musikalische Leitung: Elgar Howarth. Ligeti suchte für seine erste Oper ein »comicartiges musikalisches und dramatisches Geschehen« und fand dies in Michel de Ghelderodes *Balade du grand macabre*, einem Text, der zwischen absurdem Theater, Symbolismus und Expressionismus pendelt. Der grelle apokalyptische Bilderbogen enthält die Lobpreisung der Sinnlichkeit ebenso wie die Untergangsbeschwörung und Todesverulkung.

● John Neumeier: *Die Kameliendame*. Ballett. Uraufführung am 4. November im Württembergischen Staatstheater, Stuttgart. Musikalische Leitung: Stewart Kershaw. Zu Chopin-Musik tanzt Marcia Haydée die Titelfigur des berühmten Liebesromans.

● Aribert Reimann: *Lear*. Uraufführung am 9. Juli in der Bayerischen Staatsoper zur Eröffnung der Münchner Festspiele. Regie: Jean-Pierre Ponnelle. Libretto: Claus H. Henneberg nach dem Drama von Shakespeare. Musikalische Leitung: Cord Albrecht. Dietrich Fischer-Dieskau, der den Komponisten zu diesem Stück angeregt hat, singt die Titelrolle.

Ereignisse

● Bayreuth: Zum Auftakt der Festspiele inszeniert am 25. Juli der Dresdener Opernchef Harry Kupfer Richard Wagners Oper *Der fliegende Holländer*.

Gedenkfeier für die sechziger Jahre

Rund 15 000 Fans sind gekommen, um eine Legende zu bestätigen: Bob Dylan in seinem ersten Konzert in der Bundesrepublik. Der Schauplatz ist die Dortmunder Westfalenhalle. Der 37jährige Rockpoet aus den USA, der zu Beginn der sechziger Jahre zur Leitfigur der amerikanischen Folksong-Bewegung wurde und unzählige Friedensmärsche und Bürgerrechts-Demonstrationen in Gang setzte, ist nach Jahren der Abstinenz von der Bühne zu einer Europa-Tournee aufgebrochen. Zwischen 20 und 45 Mark hat Dylans Gemeinde pro Kopf zu zahlen, um ihrem Heiligen huldigen zu können. Es ist eine merkwürdige Gemeinde. Die meisten: nachgewachsene Teenies und Früh-Twens, fast durchweg in jeansblauem Drillich, nur gelegentlich ein wenig Kostümexotik, die an den drogenverhangenen Underground-Geist von Woodstock gemahnt. Der Rest: jene Generation, die Alter und Geisteshaltung mit dem frühen Bob Dylan teilt, die Anfang- bis Mittdreißiger, die einst gegen die Atombombe marschierten, gegen den Vietnamkrieg protestierten und die dann nach und nach mit den Jeans auch den lauten Protest abgelegt haben. Dylan selbst hat bisher jede Rolle, auf die man ihn festlegen wollte, hinter sich gelassen – sei es die des Popstars, des Protestsängers, des politischen Wortführers.

Doch frenetischer Jubel brandet auf, wenn das Publikum die geliebten Töne und Texte von gestern wiedererkennt – von Like a rolling stone bis It's all over now, Baby Blue. Eine in den siebziger Jahren selten gewordene Verbrüderungseuphorie breitet sich aus. So wird die Westfalenhalle zur psychedelischen Oktoberwiese für eine leicht ironisch eingefärbte Gedenkfeier der wilden sechziger Jahre. Auch außerhalb der nostalgischen Gemeinde ist die Stimmung umgeschlagen. Die öffentlichen Medien, die sich einst vor Empörung über diese Generation überschlugen, lassen jetzt wohlwollende Töne vernehmen.

Bob Dylan in der Dortmunder Westfalenhalle, 1978.

Das erste Retortenbaby

Am 25. Juli wird in einer Klinik des nordwestenglischen Ortes Oldham Louise Brown geboren, das erste sogenannte Retortenbaby.

Die 32jährige Mutter von Louise, Leslie Brown, hatte neun Jahre lang vergeblich auf Nachwuchs gehofft. Ihre Eileiter sind undurchlässig, so daß Ei- und Samenzelle nicht zueinander finden können. Frau Brown galt nach allen gesicherten medizinischen Erkenntnissen als steril, dennoch konnte ihr geholfen werden.

Nach zahlreichen Tierversuchen machten ihr der Gynäkologe Patrick Steptoe und der Physiologe Robert Edwards neue Hoffnung. Sie entnahmen dem Eierstock der Frau eine reife Eizelle, befruchteten sie in einer Glasschale mit dem Sperma ihres Mannes, ließen das Ei sich einige Zeit entwickeln und verpflanzten den noch ganz jungen Keim in die Gebärmutter der Frau. Das Experiment gelang. Nach nicht ganz neun Monaten kommt das Baby, das außerhalb des Mutterleibes gezeugt wurde, durch einen Kaiserschnitt zur Welt und macht sofort Schlagzeilen in der Presse. Gegen alle Unkenrufe präsentiert sich die kleine Louise als gesunder Säugling. Die neue Methode wird »Embryotransfer« genannt.

In den folgenden Jahren gelingt das Verfahren immer öfter, auch Zwillinge und Drillinge werden geboren.

Naturwissenschaft, Technik, Medizin

● In der Galaxie »M 87« wird ein sogenanntes Schwarzes Loch vermutet. Schwarze Löcher sind außerordentlich dichtgepackte Materieansammlungen in der Größenordnung mehrerer Milliarden Sonnenmassen im Universum. Ihre Anziehungskräfte sind derart groß, daß sie alle in der Nähe befindliche Materie in sich einsaugen wie Riesenstaubsauger. »Schwarz« bzw. als »Löcher« für den Beobachter erscheinen diese Sterne deshalb, weil ihrer hohen Anziehungskräfte wegen nicht einmal Lichtstrahlen ihren Bereich verlassen können. Das in »M 87« angenommene Schwarze Loch soll fünf Milliarden Sonnenmassen auf kleinstem Raum vereinen.

● Auf der Photokina-Ausstellung in Köln wird eine Sofortbildkamera mit automatischer Scharfeinstellung vorgestellt. Ein Ultraschallstrahl tastet das scharf abzubildende Objekt ab und wird von ihm reflektiert. Die Zeitdifferenz zwischen Aussenden und Wiedereintreffen steuert die Entfernungseinstellung (»Fledermausprinzip«).

● Das US-Forschungsschiff »Glomer Challenger« entdeckt im Nordatlantik eine vor 40 Millionen Jahren versunkene Landbrücke.

● Drei amerikanische Ballonfahrer überqueren in einem sechstägigen Flug mit ihrem heliumgefüllten Ballon »Double Eagle II« den Atlantik erstmals nach zahlreichen Fehlschlägen anderer Ballonpiloten. Die erfolgreichen drei Männer, Ben Abruzzo, Maxie Anderson und Larry Newman, landen am 17. August, stürmisch begrüßt, bei Miserey in Frankreich.

● Schallplatten, deren Rillen von einem Laserstrahl abgetastet werden, ermöglichen eine weitere Steigerung der Wiedergabequalität.

Ernst Fuchs
Ortruds Traum
1978

Ernst Fuchs
**Szenenentwurf zu Lohengrin
I. Akt:
Aue am Ufer der Schelde**
1978

Am 28. Juli wird in München die Premiere einer Lohengrin-Inszenierung von August Everding gefeiert, der den österreichischen Maler Ernst Fuchs erneut als Bühnenbildner gewinnen konnte. Schon zwei Jahre zuvor war es zu einer ersten Zusammenarbeit gekommen; Fuchs hatte für eine Hamburger Neuinszenierung des Parsifal die Bühnenbilder entworfen.

Wagners Oper vom Schwanenritter nach Motiven Wolframs von Eschenbach fasziniert den Maler: »Das Erotische ist bei Richard Wagner eben einfach da, nicht mehr verkleidet und drapiert in hundert Wandlungen und Brechungen wie noch im 18. Jahrhundert …, sondern allumfassend und souverän, als Weltprinzip, als die unentrinnbare Wirklichkeit des Seins.«

Während der Beschäftigung mit den Bühnenbildentwürfen entstanden auch freie Gestaltungen zum Opernstoff, etwa das Blatt Ortruds Traum. Die eifersüchtige Gegenspielerin zu Elsa verkörpert für Fuchs ein zentrales Thema: »Sehen wir es wieder an, das sphinxhafte, irisierende Lächeln der Doppelnatur, die unsere eigene ist, die sich mit ihren vielen Rätseln aller Deutung und Eindeutigkeit entzogen hat und die in der Geschichte des Deutens und Bewertens zum riesenhaften Monument erwachsen ist. Forschend blickt jeder dieser Sphinx ins Angesicht, den Teufel oder Engel darin erkennend, der er selber ist.«

Der Szenenentwurf für den I. Akt von Lohengrin mit dem Schauplatz Aue am Ufer der Schelde, wo König Heinrich die Edelleute Brabants versammelt, beschwört eine düster-ahnungsvolle Stimmung, ohne die Neu-Bayreuther Scheu vor romantischen Versatzstücken.

Fuchs, einer der bekanntesten Vertreter der Wiener Schule des Phantastischen Realismus, bekennt hinsichtlich der Inhalte seiner Malerei: »Meine Thematik war von Anfang an eine religiöse oder mythologische gewesen.« Und über die Mitarbeit in der Wiener Gruppe äußert er: »Was zur Deklaration meiner Malerei als surrealistisch oder phantastisch noch fehlte, war die schärfere Akribie, eine besondere Malweise …« Fuchs entwickelte durch intensives Studium eine an den niederländischen und italienischen Meistern des Manierismus orientierte Farb- und Formgebung. Seine Bilder sind voll von ikonographischen Anspielungen auf seine Lehrmeister. Indem er Leib und Seele ineinanderfließen läßt, oft durch schwellende Jugendstil-Ornamentik unterstrichen, zaubert Fuchs religiös-erotische Visionen auf die Leinwand.

Valente Malangatana
To the Clandestine Maternity Home

Moises Limbine
**Confirmadores em Reunião
(Mitstreiter in der Versammlung)**
1976

Horizonte '79

Afrika ist das Thema des ersten Festivals der Weltkulturen, das im Sommer in West-Berlin unter dem Titel Horizonte '79 veranstaltet wird. Zum Programm gehört neben Theater-, Tanz- und Filmvorführungen die Ausstellung Moderne Kunst aus Afrika. Künstler aus Nigeria, Zaïre, Moçambique, Äthiopien, Zimbabwe, Ghana, Südafrika werden erstmals einem breiteren europäischen Publikum vorgestellt.

Durch die Kolonialherrschaft wurde die afrikanische Stammeskunst zerstört; mit der Erringung der politischen Unabhängigkeit beginnen junge Maler, eine neue und eigene Formen- und Farbenwelt zu entdecken. Die Anfänge der zeitgenössischen afrikanischen Malerei wurden allerdings von europäischen Berufskünstlern gefördert. Viele der in Berlin vorgestellten Künstler erhielten ihre Ausbildung in Europa oder besuchten Missionsschulen, wo ihre Talente entdeckt wurden. Ihre Malerei drückt vielfach den schwierigen Weg aus, alte, vergessene Stammestraditionen wiederzubeleben, ohne in einer neuen Archaik steckenzubleiben; das Neue zu formen, ohne einem oberflächlichen Modernismus zu verfallen. Der Maler und Schriftsteller Valente Malangatana aus Moçambique schreibt über seine Arbeit: »Für mich ist die Kunst eine wunderbare Möglichkeit, etwas darzustellen. Eine kollektive Ausdrucksform, die den Gewohnheiten und Gebräuchen der Menschen entspringt und zu ihrer sozialen, geistigen, kulturellen und politischen Entwicklung führt.«

Sein Bild To the Clandestine Maternity Home läßt die Frage nach heimischen kulturellen Grundlagen erkennen. Anknüpfend an alte Fruchtbarkeitsriten, erscheint die heimliche Versammlung der Schwangeren allerdings als eine bedrohliche Macht.

Das ein Jahr nach der Unabhängigkeit seiner Heimat Moçambique entstandene Gemälde von Moises Limbine mit dem Titel Confirmadores em Reunião (Mitstreiter in der Versammlung) zeigt eine Dorfversammlung. Im Stil plebejischer Naivität präsentiert sich die neue Kraft im Staat.

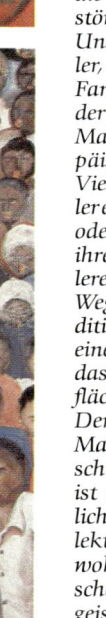

Berlin hat eine neue Attraktion

Das Internationale Congress Centrum Berlin, das im April eröffnet wird, gilt als das größte und teuerste Bauwerk der deutschen Nachkriegszeit (Kosten: rund 800 Millionen DM) und ist ein Dauerzankapfel der Berliner Parteien. Während die SPD das Projekt verteidigt, spricht die CDU-Opposition von einer »Halle Größenwahn«. Die Architekten Ralf Schüler und Ursulina Witte wurden mit der Planung des Neubaus beauftragt, der die technisch veraltete Kongreßhalle aus den fünfziger Jahren ablösen soll. Das Haus bietet Platz für 20 000 Kongreßteilnehmer. Seine Lage: wenige Minuten vom Kurfürstendamm entfernt. Seine Maße: 300 Meter lang, 85 Meter breit, 40 Meter hoch, außen rot und silbern, innen blau und gelb. Seine Ausstattung: 80 Räume zwischen 7 und 6000 Quadratmeter groß für jeweils 6 bis 5000 Menschen, eine achtsprachige Dolmetscheranlage.

Neue Herbergen für Kunstschätze

In Hannover hat man im Juni für 27,5 Millionen DM das neue »Kunstmuseum mit Sammlung Sprengel« fertiggestellt (Architektenteam Trint und Quast, Köln/Heidelberg). Der kühne experimentelle Neubau nimmt die Sammlung moderner Kunst auf, die der ehemalige Fabrikant Sprengel seiner Heimatstadt geschenkt hat. In Ludwigshafen wird im Mai das von dem Architektenteam Hagstotz und Kraft (Stuttgart) entworfene Wilhelm-Hack-Museum eröffnet (Kosten: 12,7 Millionen DM). In Berlin wird im Dezember das »Bauhaus-Archiv – Museum für Gestaltung« fertiggestellt. Den Neubau hatte noch der 1969 gestorbene Bauhausgründer Walter Gropius entworfen. Das Museum übernimmt das seit 1960 in Darmstadt beheimatete Bauhaus-Archiv: Gemälde und Möbel, Geschirr und Dokumente jener legendären Kunstschule aus Weimar (seit 1919), Dessau (seit 1925) und Berlin (1930–1933).

1979

Poesie aus der Sprühdose

An Bauzäunen, öffentlichen Gebäuden, in Unterführungen und an kahlen Häuserwänden blüht eine neue Form der Spruchweisheit. Gepinselt und gesprüht werden vielfach nicht mehr direkte politische Aktionsforderungen, sondern witzig formulierte Parodien auch auf die Polit-Kunst. »Freiheit für Grönland – weg mit dem Packeis« oder »Nieder mit den Alpen – Freie Sicht aufs Mittelmeer« ist da zu lesen. Sprachwitz und Ironie drücken sich in solch poetischen Parolen aus. Nonsens und schwarzer Humor sind aufmüpfig miteinander verquickt, und dennoch schimmert ein politischer Impuls durch, wenn es heißt: »Amis raus aus USA – Winnetou ist wieder da.«

Die Graffiti-Poesie will Nachdenken herausfordern, indem sie scheinbar eherne Realitäten auf den Kopf stellt. Im Gegensatz zu den Parolen der sechziger Jahre sind die Graffiti-Sprüche von koboldhaftem Übermut.

Ein ganzes Koboldvolk wächst an den Wänden (überwiegend öffentlicher) Züricher Gebäude heran, bis 1979 sein Urheber gefaßt wird. Die Polizei respektiert den Wunsch des »Sprayers von Zürich«, anonym zu bleiben; bekannt wird zunächst lediglich, daß es sich um einen 39jährigen Künstler und Psychologen handelt. Ohnehin hat sich den geharnischten Forderungen, die »Schmierereien« und »Sachbeschädigungen« auf Kosten des Übeltäters zu beseitigen, eine ganz andere Auffassung entgegengestellt. Die Wandzeichnungen werden nicht allein als ernst zu nehmendes Symptom der Unterdrückung von Ausdrucks- und Mitteilungsbedürfnissen gedeutet, die sich auf diesem Wege artikulieren. Darüber hinaus gelten sie als mit Sensibilität und Können vorgetragenes Plädoyer für eine Humanisierung der Stadt, indem die Strichmenschen mit ihren auf ein Auge reduzierten Köpfen das grotesk-verzweifelte Bemühen demonstrieren, sich auf den glatten, gesichtslosen Wänden zurechtzufinden.

Mitte links: Graffiti-Botschaft.
Mitte rechts: Strichmensch mit Augenkopf des »Sprayers von Zürich« Harald Nägeli.

Bildende Kunst

Ausstellungen

● Berlin: Am Vorabend des 100. Geburtstags von Ernst Ludwig Kirchner am 6. Mai 1980 zeigt die Nationalgalerie vom 29. November bis 20. Januar 1980 die umfangreichste Retrospektive, die diesem Künstler je gewidmet wurde. Die ehrgeizige Bestandsaufnahme, die den Blick auf den »schwierigen Maler« relativieren und erweitern will, setzt ihre Akzente auf Kirchners Berliner Zeit.

● Berlin: Die Ausstellung *Max Liebermann in seiner Zeit* in der Nationalgalerie vom 6. September bis 4. November wird allgemein als der zeitlich dringend notwendige und gelungene Versuch betrachtet, das Œuvre eines Malers neu auszuleuchten, der um die Jahrhundertwende mit der Berliner Sezession wider die wilhelminische Offizialkunst opponierte und später von der Kunstkritik lange Zeit wenig beachtet wurde.

● Köln: *Paul Klee – Das Werk der Jahre 1919 bis 1933* zeigt die Kunsthalle vom 11. April bis 4. Juni anläßlich des 100. Geburtstages des Künstlers. Die Schau umfaßt die Werke der produktivsten Jahre, der Zeit am Bauhaus in Weimar und Dessau sowie die an der Düsseldorfer Akademie bis zur Vertreibung durch die Nationalsozialisten.

● München: Die große Max-Ernst-Ausstellung im Haus der Kunst vom 17. Februar bis 29. April (Versicherungssumme: 140 Millionen DM) gibt einen nie gesehenen Überblick über sein Werk. Sie vermittelt immer noch neue und überraschende Entwicklungssprünge des einst so provokativen Künstlers.

● Paris: *Paris – Moskau 1900 bis 1930* im Centre Pompidou vom 31. Mai bis 5. November. Versuch der Selbstdarstellung des eingeladenen Landes. Die mit 2500 Exponaten üppige Schau, die vor allem die gegenseitige künstlerische Befruchtung der beiden Weltstädte vorführen soll, nimmt freilich zahlreiche kosmetische Beschönigungen der Geschichte der UdSSR vor.

Ereignisse

● Bonn: Die Großplastik *Large two Forms* von Henry Moore wird im September auf dem neuen Kanzleramts-Vorplatz aufgestellt. Sie ist eine unbefristete Leihgabe des englischen Künstlers. In der Öffentlichkeit wird lebhaft die Frage diskutiert, warum kein Werk eines deutschen Künstlers dort seinen Platz gefunden habe. Die »Frankfurter Allgemeine Zeitung« kommt zu dem Ergebnis: »Wir haben keine Bildhauer, die einem solchen Platz durch ein monumentales Werk zur Gestalt verhelfen könnten.«

● Zürich: Ein Unbekannter sprüht seit einiger Zeit nachts skurrile Figuren an die Wände öffentlicher Gebäude und Anlagen. Der »Sprayer von Zürich« erlangt rasch internationale Berühmtheit. Seine bizarren Männer- und Frauengestalten, einäugige Wesen, schlingpflanzenähnliche Kopffüßler, sind treffsicher der Umgebung angepaßt – als ironischer Kontrast zur phantasielosen Betonarchitektur. Während die einen den anonymen und blitzschnellen Akteur, der sich Polizeipatrouillen immer wieder entzieht, einen witzig-kritischen Zeitgeist nennen, sprechen die andern von »Schmierereien«.

1979

Premieren

• Thomas Bernhard: *Vor dem Ruhestand* (Uraufführung am 29. Juni im Württembergischen Staatstheater, Stuttgart. Regie: Claus Peymann). Dem Zuschauer wird das Porträt eines »furchtbaren Juristen« präsentiert. Bernhard verfremdet diese Fabel um einen verstockten, brutalen und sentimentalen alten Nazi derart ins Groteske, daß das brisante Thema den Zuschauer eher gleichgültig läßt.

• Hartmut Lange: *Pfarrer Koldehoff*. (Uraufführung am 15. Februar im Schloßparktheater, Berlin. Regie: Hartmut Lange.) Dem Stück liegt die Selbstverbrennung des DDR-Pfarrers Brüsewitz zugrunde. Es schneidet eine Fülle von Problemen an. Die Dramatik spiegelt sich allerdings nur in den Worten, nicht in der Aktion.

• Robert Wilson: *Death, Destruction & Detroit*. (Deutsche Erstaufführung am 12. Februar an der Berliner Schaubühne am Halleschen Ufer. Regie: Robert Wilson.) Theater als psychotherapeutisches Heilverfahren, audiovisuelle Kommunikation für umwelt- und kontaktgestörte Menschen. Theater der Zukunft oder prätentiöser Bluff? So gehen die Meinungen über die Riesenschau des amerikanischen Theatermachers auseinander. Die Reaktionen reichen von hymnischer Begeisterung bis zu heftigem Widerspruch.

Ereignisse

• Das der UNESCO angeschlossene »Internationale Theaterinstitut« (ITI) gastiert vom 16. April bis 15. Mai in Hamburg. Das Programm bestreiten u. a. die Peking-Oper, das Leningrader Gorki-Theater und die Royal Shakespeare Company aus Stratford.

Ein Kultfilm

Bier- und Cola-Dosen kreisen, auch Rotwein- und Schnapsflaschen. Grotesk kostümierte Menschen entrollen Klopapierrollen und werfen Reistüten durch die Luft. Wunderkerzen brennen ab. Die Leute reden, lachen, tanzen, jubeln – und das alles geschieht nicht auf einer Faschingsparty, sondern seit nunmehr zwei Jahren im Kino: die Rocky Horror Picture Show von Jim Sharman, bereits 1974 gedreht, ist zum Gemeinschaftserlebnis der subkulturellen Szene auch in der Bundesrepublik geworden.

Damit hatte anfangs kein Mensch gerechnet, es schien ein Film wie viele andere zu sein. Ein Liebespaar gerät in ein Schloß, das von monströsen Wesen unter der Herrschaft eines Transvestiten bevölkert ist. Eine groteske Pop-Parodie auf Horror-, Science-fiction- und Musikfilme rollt ab, bizarr, amoralisch, witzig bis aberwitzig, geschmacklos, offenkundig aber einen Nerv der Zeit treffend. Ein Kino zum Mitmachen, ein Fest fürs Publikum. Die Stammgäste kommen zwei- bis dreimal die Woche, am liebsten in die Nachtvorstellungen der kleinen Programmkinos, in denen die Show über die Leinwand flimmert, um die Dialoge mitzumurmeln und in die Refrains einzustimmen.

Als »Kultfilm« befriedigt The Rocky Horror Picture Show das Bedürfnis nach Möglichkeiten der Identifikation, die zugleich den Freiraum ironischer Brechung, eigener Lust, emphatischer Kapriolen erweitert.

Das Grundmuster des Films – die dem Horror-Genre entlehnte Orgie des Grauens in einem einsamen Schloß – übernimmt Helmer von Lützelburg in seinem 1979 begonnenen Debütfilm Die Nacht des Schicksals, der 1982 in den Kinos anläuft. Der Rocky Horror Picture Show-Star Tim Curry kommt 1982 als Rock-Moderator auf die Leinwand, der über den Sender zwei Punkerinnen in ihrem Kampf gegen die Erwachsenenwelt unterstützt (Times Square, inszeniert von Alan Moyle).

The Rocky Horror Picture Show, 1974; Szenenfoto.

Die Leinwand lebt

Eine Repräsentativerhebung der ARD/ZDF-Medienkommission widerlegt das Klischee vom Kino im Würgegriff des Fernsehens. Demnach geht ein Drittel der bundesdeutschen Bevölkerung regelmäßig ins Kino, überwiegend 14–30jährige, mehr Männer als Frauen. Ohne Zweifel hing der Niedergang des Kinos Ende der fünfziger Jahre mit dem Fernsehen zusammen. Doch schon seit den frühen siebziger Jahren verhalf die amerikanische Filmindustrie mit technisch überwältigenden Großproduktionen dem Kino zu einem Comeback. Kino und Fernsehen sind zudem an eine unterschiedliche Einstellung des Konsumenten zur Freizeitgestaltung gekoppelt. Junge Leute verbringen ihre Freizeit lieber außer Haus, der Kinobesuch ist eine Alternative zum elterlichen Wohnzimmer.

Film

Premieren

• Herbert Achternbusch: *Der Komantsche*. Ein im Koma liegender Indianer vertritt die These, daß der Mensch nur in der Welt der Träume lebenswert existieren kann. Eine weitere Kostprobe von Achternbuschs bösen, anarchistischen Gegenträumen zur etablierten Kultur.

• Woody Allen: *Manhattan*. Ähnlich wie im *Stadtneurotiker* hat dieser fast pausenlose Redefilm (Hauptdarsteller: Woody Allen) den komisch-deprimierenden Krieg der Geschlechter zum Thema. Wie er, der ewige Verlierer, am Ende wieder einmal allein dasteht, ist schon von chaplinesker Größe.

• John Carpenter: *Halloween – Die Nacht des Grauens* (Halloween, 1978). Ein geisteskranker Verbrecher entkommt und kehrt an den Tatort zurück. Der junge, hochtalentierte Hollywood-Regisseur und Anhänger von Hitchcock entfaltet eine Orgie des heillosen Schreckens.

• Francis Ford Coppola: *Apocalypse now* (US-Fassung 1976). Während des Vietnamkrieges wird ein amerikanischer Captain beauftragt, einen sich im Dschungel von Kambodscha als Herrscher aufspielenden Colonel zu liquidieren. Bei der Fahrt wird er mit der gnadenlosen Härte und den Schrecken des Krieges konfrontiert. Diese gigantische Vision ist wohl die zermürbendste Darstellung des Krieges, die je im Film zu sehen war.

• Richard Donner: *Superman*. Die Geschichte des Comic-Messias des technologischen Zeitalters wird mit einer gigantischen Technik und hohen Kosten (80 Millionen DM) ins Bild gesetzt.

• Rainer Werner Fassbinder: *Die Ehe der Maria Braun*. Die Geschichte einer schönen und skrupellosen Frau, die in den ersten Nachkriegsjahren den sozialen Aufstieg schafft, wird dargestellt vor dem Hintergrund der Entwicklung der jungen Bundesrepublik Deutschland.

• Werner Herzog: *Nosferatu – Phantom der Nacht*. Das Remake von Friedrich Wilhelm Murnaus berühmtem Stummfilm macht Herzog zu einer romantischen Schauermär von den Untoten (rumänisch: nosferatu), die nachts den Gräbern entsteigen. Lustvoller Schrecken, mit allen Kinoeffekten herausgeputzt.

• Edouard Molinaro: *Ein Käfig voller Narren (La cage aux folles)*. Eine Transvestitenkomödie, die zu einem der größten Publikumserfolge der letzten Jahre wird. Ein grandioser Leinwandspaß, der alle möglichen Peinlichkeiten, die sich bei diesem delikaten Thema ergeben können, elegant und witzig umgeht.

• Josef Rödl: *Albert – warum?* Die Lebensgeschichte eines geistig und sprachlich behinderten bayrischen Bauernsohnes, dessen Suche nach einem bescheidenen menschenwürdigen Leben zu einem einzigen Spießrutenlauf zwischen Intoleranz und Erbarmungslosigkeit wird.

• Volker Schlöndorff: *Die Blechtrommel*. Die weitgehend werkgetreue Verfilmung des Romans von Günther Grass.

»Judenaktion in Krakau«
Aufnahme von Hitlers
Leibfotograf Heinrich Hoffmann

Holocaust, 1978
Szenenfoto

Amerikanische Bewältigung deutscher Vergangenheit

34 Jahre nach der Befreiung vom Hitler-Faschismus wird in den dritten Programmen des bundesdeutschen Fernsehens an vier Abenden die amerikanische, im Vorjahr in den USA ausgestrahlte Serie Holocaust gezeigt. Es ist die bisher ausführlichste Fernsehproduktion über die Verbrechen der Nationalsozialisten an den Juden Europas. Die Fernsehzuschauer werden aufgeschreckt, der Film wird zum Tagesgespräch. Beklemmend ist, daß es sich nicht um eine deutsche Aufarbeitung der eigenen Geschichte handelt und daß eine kritische Auseinandersetzung mit der Serie angesichts der emotionalen Betroffenheit vieler Zuschauer als unangemessen erscheint. Das Dilemma der bundesdeutschen Nachkriegsgeschichte wird offen sichtbar: Eine tiefgreifende Bewältigung des Faschismus hat es nicht gegeben. Die Serie Holocaust wirkt unmittelbar auf das Gefühl und will hauptsächlich Mitleiden hervorrufen. Stellvertretend für das jüdische Volk treten einige wenige Personen in den Mittelpunkt, deren Schicksal die Stationen der Verfolgung und Ausrottung der Juden aufzeigt: Reichskristallnacht, Euthanasie in Hadamar, Buchenwald, Theresienstadt, Warschauer Ghettoaufstand, Auschwitz, Sobibor.

Da ist auf der einen Seite die Familie des jüdischen Arztes Josef Weiss in der Atmosphäre des kultivierten Berliner Großbürgertums. Die Familie besitzt Bildung, liebt klassische Musik, sie empfindet sich als deutsch und kann nicht glauben, daß ihre Heimat in die Hände von Mördern fallen kann. Auf der anderen Seite steht der arbeitslose Erik Dorf, ein strebsamer Mensch aus kleinbürgerlichen Verhältnissen, den eigene Schwäche und der Ehrgeiz seiner Frau der SS zutreiben, wo er als Assistent von Heydrich eine ungeheuerliche Karriere macht.

Der Film analysiert nicht, die persönlichen Schicksale bestimmen die Handlung. Am schmerzvollsten dringt die Realität an den Stellen durch, wo eingeblendete Dokumentaraufnahmen das ganze Ausmaß des Verbrechens enthüllen.

Michael Mathias Prechtl
Hermann Kesten im Café
1978/79

Michelangelo
Moses
1513

rororo-Monographie
Jesus Christus
1978

Ein biographisch-kultur-geschichtliches Bilderrätsel

Michael Mathias Prechtl ist ein in die Kulturgeschichte und ihre Gestalten vernarrter Maler. Vor allem aus dem Bereich der Literatur holt er sich seine Themen – Schiller und Theodor Körner, Homer, Casanova, E. T. A. Hoffmann, den braven Soldaten Schwejk, Don Quichotte und Sancho Pansa. Über die Idee seines 1978/79 entstandenen Gemäldes Hermann Kesten im Café äußert Prechtl: »Hermann Kesten, der Dichter, sitzt im imaginären Kaffeehaus der Literatur am Tisch zwischen Moses und Jesus. Es sitzen da also drei Juden zusammen, drei Moralisten, drei Schriftsteller, der Emanzipierte zwischen dem Alten und dem Neuen Testament. Die vielleicht als Anmaßung empfundene Sitzordnung des Weltkindes zwischen Figuren von sakrosankter Bedeutung erscheint mir ganz im Sinne der Beisitzer, wonach selbst dem Geringsten am Tisch des Herrn Platz gegeben werden soll.« Jesus, der auf den ersten Blick mit aufgestütztem Kopf zu schlafen scheint, liest in Wirklichkeit in einem rororo-Bändchen über sich selbst nach. Er ist der passiv leidende Judenkönig; der Davidstern auf der Brust verweist auf die Leidensgeschichte seines Volkes unter der faschistischen Diktatur. Mit der (Michelangelos Skulptur vom Julius-Grabmal nachgebildeten) Gestalt des großen Gesetzgebers Moses wird, wie Prechtl erläutert, »ein tätiger Mensch« dargestellt, der jedoch alt und fast erblindet ist.
Prechtl strebt hier wie in vielen anderen Bildnissen nach dem »biographischen Bild«, wobei er die Anspielungen auf Leben und Werk als Bilderrätsel für Eingeweihte gestaltet. Man muß wissen, daß der 1933 nach Amsterdam und von hier in die Vereinigten Staaten emigrierte Kesten 1939 den Roman Die Kinder von Gernika veröffentlicht hat, um den Ausschnitt aus Pablo Picassos Gemälde Guernica mit ihm in Zusammenhang bringen zu können. Oder es bedarf der Kenntnis, daß links oben aus der Hommage à Nürnberg von Richard Lindner zitiert wird, der ebenso wie Kesten in der Dürer-Stadt aufgewachsen ist.

Musik

Premieren

● Hans Werner Henze: *Orpheus.* Ballett. (Uraufführung am 17. März im Württembergischen Staatstheater Stuttgart. Choreographie: William Forsythe. Musikalische Leitung: Woldemar Nelsson. Libretto: Edward Bond.) Im *Orpheus '79* wird Eurydike nicht von der Schlange gebissen, sondern stirbt den Lärmtod. Henzes Partitur, so meint die Kritik, nimmt wegen ihrer Substanz und Raffinesse, unter den neuesten Ballettmusiken einen Spitzenrang ein.

● Krzysztof Penderecki: *Das verlorene Paradies (Paradise Lost).* (Deutsche Erstaufführung am 28. April im Württembergischen Staatstheater Stuttgart. Regie: August Everding. Musikalische Leitung: Janos Kulka. Libretto: Christopher Fry. Deutsche Übersetzung: Hans Wollschläger. Uraufführung im Dezember 1978 an der Lyric Opera of Chicago. Regie: Igal Perry. Musikalische Leitung: Bruno Bartoletti). Ein Werk in der Tradition der oratorischen Erbauungsmusiken, dem das John-Milton-Epos vom Sündenfall zugrunde liegt.

● Wolfgang Rihm: *Jakob Lenz.* Kammeroper nach Büchners Erzählung *Lenz.* (Libretto: Michael Fröhlnig.) (Uraufführung in der Hamburgischen Staatsoper am 8. März. Regie: Siegfried Schoenbohm. Musikalische Leitung: Klauspeter Seibel.)

Ereignisse

● Mit einer »Rock-Revue '79« ziehen Liedermacher Udo Lindenberg und Regisseur Peter Zadek in einer Tournee Anfang des Jahres durch 17 Städte. Choreographie: Samy Molcho. Die mit gewaltigem Aufwand inszenierte *Dröhnland Symphonie* ist eine Attacke auf zeitgenössische Mißstände.

Die Alternativpresse

Am 17. April erscheint in Berlin die erste überregionale alternative Tageszeitung »taz«. Damit geht ein alter Traum der neuen Linken in Erfüllung. Das Blatt will in »linkspluralistischer« Weise die Funktion einer Tageszeitung erfüllen, ohne jedoch mit der »desorientierenden Text- und Anzeigenflut der bürgerlichen Medien« zu konkurrieren. »Stadtmagazine« und »Szeneblätter« haben sich längst ihr Terrain gegenüber den etablierten Medien gesichert. Gern zückt man die spitze Feder gegen die Gefahren eines verfetteten Spießertums. Manche Blätter bleiben die mit viel Idealismus gemachten Sprachrohre von einzelnen Gruppen und Bürgerinitiativen, andere wandeln sich in proper herausgeputzte auflagenstarke Zeitungen, die Berichte über Kino, Kunst, Kneipen aufnehmen, professionell, frech und witzig. Großen Raum widmen sie den Kleinanzeigen, in denen »die Szene« alles anbietet, sucht und findet. Bestes Beispiel ist das Berliner Stadtmagazin »tip«, das an den Kiosken mehr verkauft wird als beispielsweise der »Stern« oder »Brigitte«.

Literatur

Neuerscheinungen

● Heinrich Böll: *Fürsorgliche Belagerung.* Hauptthema ist die Angst vor der totalen Bewachung in einem Staat, der mit dem Terrorismus zu kämpfen hat, in dem sich polizeiliche Aufsicht erstickend wie eine Glasglocke über die Bürger, Schuldige und Unschuldige legt. Ein Politkrimi, der auch die Motive der Trivialliteratur nicht scheut.

● Nicolas Born: *Die Fälschung.* Die Hauptfigur ist der Journalist Georg Laschen, der als Reporter für eine große Illustrierte das Inferno des libanesischen Bürgerkriegs ausgewogen schildern soll. Die verlangte Ausgewogenheit empfindet er immer mehr als Fälschung. Zu seinen beruflichen Konflikten kommen persönliche, die Born mit eindringlicher, fast beschwörend intensiver Sprache schildert.

● Ilse Gräfin von Bredow: *Kartoffeln mit Stippe.* Die erfrischend drastischen, unsentimentalen und ironischen Schilderungen einer Kindheit im gräflichen, aber äußerst bescheidenen Gutshaus in der Mark Brandenburg werden der Außenseiter-Bestseller des Jahres.

● Günther Grass: *Das Treffen in Telgte.* In seiner Geburtstagsgabe für den 70jährigen Hans Werner Richter, den Begründer der Gruppe 47, fabuliert Grass über ein barockes Dichter-Symposium gegen Ende des 30jährigen Kriegs. Die Parallelen zwischen 1647 und 1947 liegen in der chaotischen Zeit nach einem schrecklichen Krieg.

● Peter Handke: *Langsame Heimkehr.* Ein Bewußtseins-Essay mit stark meditativen, mystischen Elementen. Der Versuch, der eigenen Existenz in extremen psychischen Situationen restlose Auskunft abzuverlangen, wird als sprachliche Schwerarbeit vorgeführt.

● Peter Rühmkorf: *Haltbar bis Ende 1999.* Ein Fünfzigjähriger hält Rückschau und zieht Bilanz in Gedichten, effektvollen Versen, ruppig, schnoddrig und wortwitzig; melancholisch dann, wenn es um den Abschied von weltverbesserischen Jugendträumen geht.

● Martin Walser: *Seelenarbeit.* Seine Familie muß leiden, weil Chauffeur Xaver Zürn unter seinem Vorgesetzten zu leiden hat. Ein psychosomatischer Musterfall, wie Beziehungen zwischen den Menschen durch mißbrauchte Herrschafts- und Machtverhältnisse verdorben werden.

Politisches Bewußtsein

Frankfurt am Main ist im Juni der Schauplatz einer Demonstration, die unterschiedliche Gruppen, von den Antifaschisten bis zur Ökologischen Bewegung, zu einer gemeinsamen Aktion verbindet. Vor dem Hintergrund gewalttätiger Auseinandersetzungen zwischen Polizei und Demonstranten beispielsweise im Zusammenhang der Ausbaupläne für die Startbahn West des Frankfurter Flughafens wird das zweitägige Open-Air-Festival Rock gegen Rechts zu einem Beispiel für die Stärke gewaltloser Manifestationen von politischem Bewußtsein und Engagement. Etwa 30 000 Jugendliche versammeln sich, um gegen den am selben Ort geplanten Deutschlandtag der neofaschistischen NPD zu protestieren. Trotz eines massiven Polizeiaufgebots wird die Demonstration ein friedliches, fröhliches Meeting von Gewerkschaftsjugend, jungen Christen, Umweltschützern, Musikern und Musikfans.

Rock gegen Rechts; Frankfurt am Main 1979.

1979

MG-Roadster

Der King der Roadster wird zum Oldtimer

Eine kleine, exklusive Gemeinde erhält eine bestürzende Nachricht: Der britische Sportwagen MG, eine Art King der Roadster, wird nicht mehr gebaut. Der britische Staatskonzern British Leyland hat den offenen Sportwagen aus seinem Produktionsprogramm gestrichen. Der Autohersteller, dessen Bilanz seit Jahren rote Zahlen aufweist, hofft, sich so sanieren zu können.

Die Liebhaber des MG sind betroffen; der zünftige offene Sportwagen für »Männer, die Pfeife rauchen« wird eine Seltenheit auf den Straßen werden. MG-Fahrer zu sein, hieß immer, ein bestimmtes Lebensgefühl zur Schau zu tragen, so wie es auch die Reklame des Auto-Konzerns suggerierte, denn über die Fahreigenschaften des Sportwagens kann man geteilter Meinung sein: Er besitzt eine harte Federung, die nur ein kerngesundes Rückgrat auf die Dauer aushält, und erzeugt überlaute Fahrgeräusche, die jede Unterhaltung im offenen Wagen unmöglich machen. Es gibt schnittigere und schnellere Sportwagen, die aber dem passionierten MG-Fahrer nur ein Naserümpfen entlocken. Sein Sportwagen muß robust, kernig und etwas oldfashioned sein.

Die Nostalgie-Welle findet auch unter den Autofahrern ihre Liebhaber. Wer etwas Besonderes darstellen will, der verachtet die modern gestylten Karosserien, ein Oldtimer muß es sein. Die üppigen, weichen Polster, die elegant geschwungenen, ausladenden Karosserien vermitteln ein Gefühl von Exklusivität und Reichtum – der Oldtimer wird zum Statussymbol einer jungen, gut verdienenden, dynamischen Generation. Ein Auto zu besitzen, ist etwas Banales; einen Oldtimer in der Garage stehen zu haben, zeugt von erlesenem Geschmack.

Ein Abglanz fällt auch auf die Menge derer, die sich mit der Rolle des Zuschauers begnügen müssen. Oldtimer-Autorennen und Museen mit Oldtimern werden zu Anziehungspunkten.

Für und wider die Groß- und Kleinschreibung

Auf einem Kongreß in Mannheim im Mai und einem weiteren im Oktober in Wien stehen sich Gegner und Befürworter der Kleinschreibung aus den vier deutschsprachigen Staaten Österreich, Schweiz, DDR und Bundesrepublik Deutschland gegenüber. Die Befürworter der Kleinschreibung, die sich auf die vielzitierten »Wiesbadener Empfehlungen« von 1953 berufen, behaupten, mit der Kleinschreibung sei Bildungsgefälle abzubauen und der Chancengleichheit näherzukommen. Die Gegner der Kleinschreibung argumentieren mit Versuchsergebnissen, welche die angeblichen Vorteile einer Kleinschreibung keineswegs bestätigt haben. Aber auch sie plädieren für eine Reform der Duden-Regeln. Für den Bürger des technischen Zeitalters ist Lesen – anders als für unsere Ahnen – ein Teil seines Alltags. Computer und Bildschirm können zwar auf die Großbuchstaben verzichten, und Fachleute haben (wenn auch nach erheblichen Anfangsschwierigkeiten) sich damit arrangiert, aber für das ständige überfliegende Lesen im Alltag sind die Großbuchstaben der deutschen Schriftsprache ein erleichterndes optisches Hilfsmittel. Sie kommen dem Aufbau der deutschen Sprache entgegen. Bei den extrem weit auseinandergezogenen Wortstellungen erleichtern es gerade die Großbuchstaben dem Lesenden, Zusammenhänge zu schaffen. Sie sind ein Wegweiser durch verschachtelte Sätze. Der Kampf sprachlicher Flurbereiniger müßte den vielen, nur Einzelfälle betreffenden Schreibregeln gelten.

Beinah-Katastrophe bei Harrisburg

Am 28. März ereignet sich im Kernkraftwerk Three Mile Island bei Harrisburg im US-Staat Pennsylvania der bisher schwerste Unfall in der Geschichte der zivilen Atomkraftnutzung. Fälschlicherweise geschlossene und fehlerhaft funktionierende Ventile, mangelhafte Konstruktionen, Wartungs- und Betriebsfehler sowie irrtümliches Abschalten des Notkühlsystems führen dazu, daß sich die Uranstäbe des erst drei Monate in Betrieb befindlichen Atomkraftwerks überhitzen. Nur 15 Minuten fehlen bis zum Schmelzen des Reaktorkerns, ein Vorgang, der zur Katastrophe geführt hätte.

Da der Reaktor erst kurze Zeit in Betrieb war, ist die Nachzerfallswärme nach der Abschaltung zum Glück weniger als halb so groß, wie sie bei einem länger betriebenen Kraftwerk gewesen wäre. Am Nachmittag des Unfalltages kommt es zu einer Verpuffung von Wasserstoff im Sicherheitsbehälter. Eine Wasserstoffansammlung im Innern des Druckbehälters droht zu explodieren, wobei Druck- und Sicherheitsbehälter möglicherweise geborsten wären. Fünf Stunden nach Unfallbeginn versagen die Meßgeräte für Radioaktivität in den Abluftkaminen wegen Überlastung. Stark radioaktive Dämpfe strömen aus. In Albany, 375 Kilometer von Harrisburg entfernt, ergeben Messungen der Wissenschaftler, daß die Werte für die radioaktiven Isotope des Edelgases Xenon zeitweise mehr als tausendfach über dem von anderen Kernkraftwerken oder Atombombenfallout verursachten Pegel liegen.

Am zweiten Tag werden schwangere Frauen und Kleinkinder in einem Acht-Kilometer-Umkreis um das Werk von den Behörden evakuiert. Verseuchtes Kühlwasser wird in den Susquehanna-Fluß geleitet. Eine Woche nach dem Unfall kehren 200 000 Bewohner, welche die Gegend vorsorglich verlassen hatten, in ihre Häuser zurück. Obwohl die Entseuchung der Anlage noch Jahre beanspruchen wird, spielen die Betreiber den Vorfall herunter und sprechen lediglich von einem »Störfall«. Die Betriebsgesellschaft zahlt den 20 000 Geschädigten 25 Millionen Dollar (rund 62,5 Millionen DM). Davon gehen fünf Millionen Dollar an einen Krebsforschungsfond, 20 Millionen erhalten die 20 000 Menschen, die in einem 40-km-Umkreis wohnen.

Weltweit mehren sich nach dem Harrisburg-Schock die warnenden Stimmen vor den Risiken der Kernkraftwerke vor allem dort, wo diese in dichtbesiedelten Gebieten stehen. Kernkraftgegner sehen sich in ihren Befürchtungen bestätigt. Immer wieder wird auch darauf hingewiesen, daß die Probleme der Endlagerung des atomaren Mülls nicht gelöst seien.

Naturwissenschaft, Technik, Medizin

● Der Amerikaner Bryan Allen gewinnt 400 000 DM, nachdem er mit einem durch Muskelkraft angetriebenen Flugapparat den Ärmelkanal überflogen hat. Den Antrieb seines »Gossamer Albatross« besorgt ein Propeller, der von Allen über eine fahrradähnliche Konstruktion in Bewegung gehalten wird.

● Wie schon früher bei Amphibien gelingen bei der Maus Experimente, die zu genetisch identischen Nachkommen der Tiere führen. Theoretisch können beliebig viele solcher »klonierter« Mäuse erzeugt werden. Dazu entfernt man die Kerne zuvor befruchteter Eizellen und ersetzt sie durch Kerne aus Körperzellen. Das möglicherweise auch beim Menschen anwendbare Verfahren wird heftig diskutiert.

● Fortschritte verzeichnen die Bemühungen der Physiker, Energie statt aus der Kernspaltung (Fission) aus Kernverschmelzungsprozessen (Fusion) zu gewinnen. Das Hauptproblem ist die Erzeugung der dafür notwendigen hohen Temperaturen im Bereich vieler Millionen Grad Celsius. Ein Vorteil des Verfahrens läge darin, daß wesentlich weniger Radioaktivität erzeugt würde.

Günther Domenig
**Zweigstelle
Favoriten der Zentralsparkasse
der Gemeinde Wien**
1975–1979

Das Ende der Solidität?

Im Aprilheft 1979 der Zeitschrift »Architectural Review« vertritt der italienische Architekt Giancarlo de Carlo die Ansicht: »Bauten, denen die Widersprüchlichkeit fehlt, sind simpel, sogar dumm, und die Welt geht diesen Weg nur deshalb, weil sie den Argumenten folgt, die ihr von der Rentabilität vorgeschrieben sind.« Er könnte hierbei – als ein Beispiel für Widersprüchlichkeit – das von dem österreichischen Architekten Günther Domenig entworfene und 1979 eingeweihte Gebäude der Zweigstelle Favoriten der Zentralsparkasse der Gemeinde Wien vor Auge gehabt haben.

Zur herkömmlichen Vorstellung von einem Bankgebäude gehört, daß es Respekt einflößt und Vertrauen weckt, indem es ökonomische Solidität und Sicherheit zum Ausdruck bringt. Nichts weniger als dies vermittelt der Blick auf Domenigs Bau. Vielmehr scheint das Erdgeschoß das gesamte Bauwerk zum Einsturz zu bringen. Es wirkt wie von einer gewalttätigen Hand hochgeschoben. Geradezu als Parodie auf das ehrwürdige Bankgewerbe erscheint dieser Vor- und Unterbau, indem er an eine gefräßige Schnauze erinnert.

Domenig gehört zur sogenannten »Grazer Schule«, die durch eine individualistisch-expressive Formensprache gekennzeichnet ist. Sie erweist sich damit als Teil einer vor allem in Österreich zur Entfaltung gelangten Bewegung innerhalb der neuen Architektur mit dem Ziel, die jeweiligen Spannungen eines Ortes oder einer Aufgabe visuell zu steigern, statt Harmonie und Besänftigung zu vermitteln. Als »Schule des Staunens« versteht sich die 1967 in Wien gegründete, seit 1970 in Düsseldorf und seit 1971 auch in New York tätige Architektengruppe Haus-Rukker-Co., die unter anderem eine provisorische Architektur propagiert. Das Motiv aufgerissener, zersprengter Fassaden taucht bei mehreren Bauten des Wiener Architekten Hans Hollein auf. Er hatte maßgeblichen Einfluß auf die Entwicklung der 1968 gegründeten Architektengruppe Coop Himmelblau mit ihrer zum Programm erhobenen Aggressivität der Bauformen.

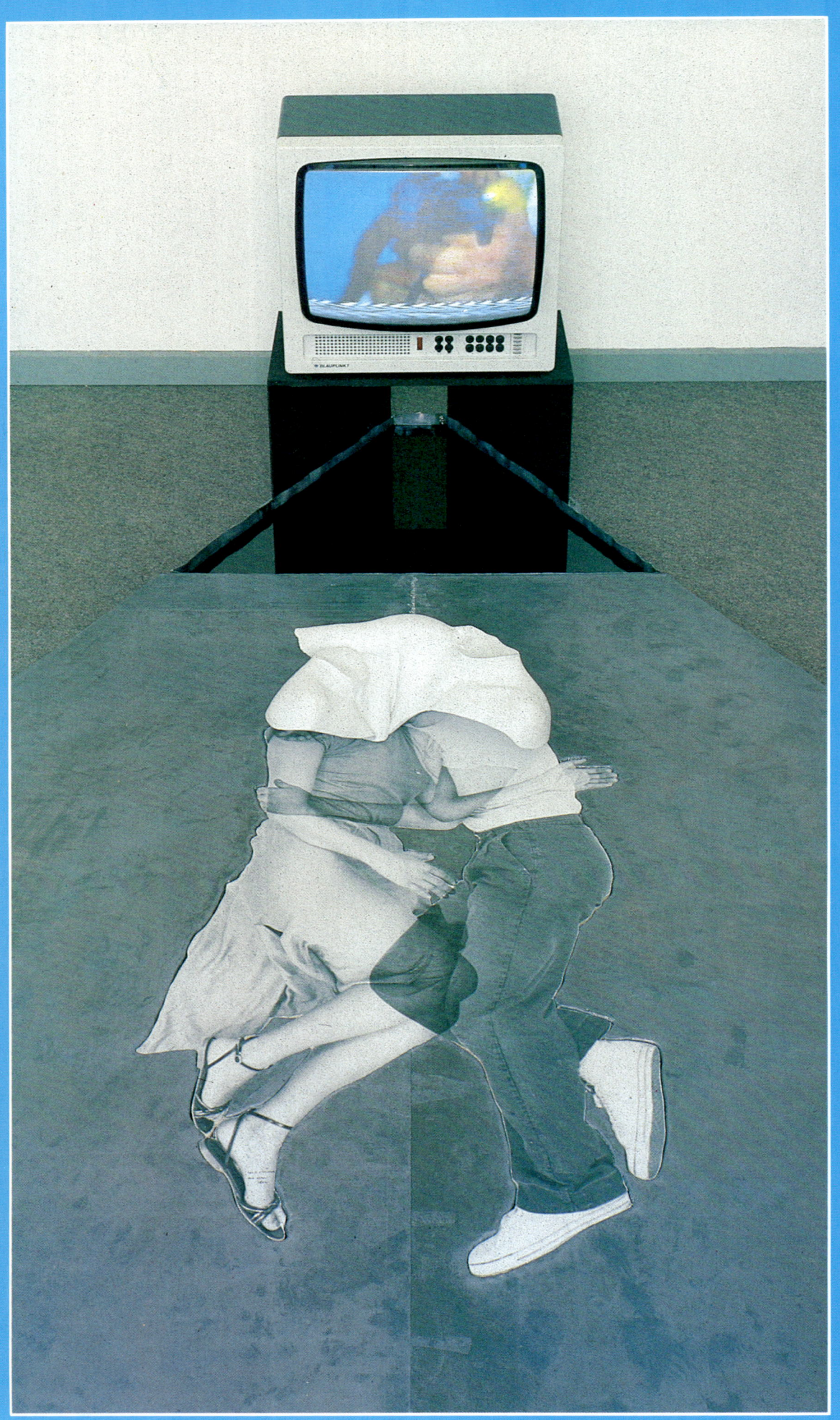

Valie Export
Split Monument
(Ausschnitt) 1982

Yilmaz Güney und Serif Gören
Yol, 1982
Szenenfoto

Friedensbewegung
Menschenkette
22. Oktober 1983

Gegen die Erstarrung

*Ein Liebespaar? Das Foto fixiert die
Bewegung, flächig, erstarrt. Doch die
Kopflosigkeit setzt Signale, und die Arme der Frau öffnen sich ins Leere. Die
Installation* Split Monument *der
Österreicherin Valie Export hat
menschliche Beziehungslosigkeit zum
Thema, wobei drei Videogeräte die
Mittelbarkeit als zentrales Problem
des Medienzeitalters ins Blickfeld rük-
ken. Mit vorgetäuschter Unmittelbarkeit provozierte Valie Export 1968 als
Vertreterin feministischer Aktionskunst durch ihr Tapp- und Tastkino:
einen vor die Brust geschnallten Ka-
sten mit der Aufforderung, hineinzu-
greifen. Sexualstereotypien sollten
durchbrochen, Rollenzuweisungen
und Rollenverhalten bewußt gemacht
werden.*

*Dieses Thema bildet einen Aspekt des
Films* Yol (Yol – Der Weg), *der 1982 bei
den Filmfestspielen in Cannes die
Goldene Palme erhält. Zugrunde liegt
ein Drehbuch des türkischen Schriftstellers, Schauspielers und Filmema-
chers Yilmaz Güney, der die Realisierung durch den Regisseur Serif Gören
vom Gefängnis aus geleitet und den
Film im Exil (er kehrte nach einem Haft-
urlaub nicht zurück) fertiggestellt hat.*
Yol *handelt von fünf türkischen politischen Gefangenen, die dank eines »Ur-
laubs auf Ehrenwort« ihre Familien
und Freunde besuchen können. Seyit
Ali (Szenenfoto) fühlt die von der Tradition auferlegte Pflicht, seine Frau zu
töten, die in seiner Abwesenheit die
Ehe gebrochen hat. Dieses archaische
Motiv ist eingebunden in die eindringliche Schilderung des gegenwärtigen
sozialen Klimas der Angst und Erstarrung unter dem Druck des türkischen
Militärregimes.*

*Das Durchbrechen erstarrter Denk-
und Verhaltensformen durch persönliches Engagement prägt die Friedensbewegung. Die Aktionswoche im Oktober 1983 gegen die Stationierung
neuer amerikanischer Mittelstreckenraketen in Europa findet ihren Abschluß
durch zahlreiche Großveranstaltungen
sowie eine Menschenkette, die sich zwischen Stuttgart und Ulm als unübersehbares Zeichen solidarischen Protests bildet: handgreifliches Bekenntnis.*

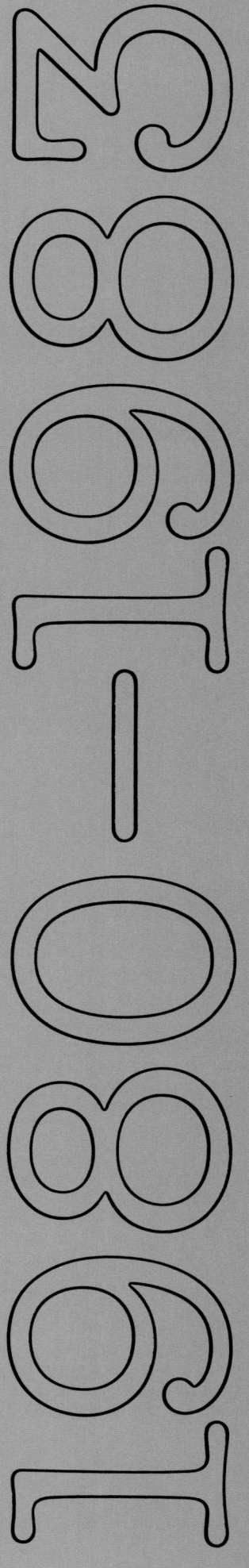

Ein Paukenschlag: Am 21. Mai 1980 kracht das Dach der Westberliner Kongreßhalle herunter. Aus dem Denkmal für den Überlebenswillen der Stadt und für die deutsch-amerikanische Freundschaft wurde »ein geborstenes Symbol« (so der Regierende Bürgermeister Stobbe). Doch nicht die transatlantische Partnerschaft liegt in Trümmern – auch wenn das einige Politiker meinen, die Kritik an der Politik aus Washington vorschnell als Antiamerikanismus abstempeln –, sondern der Glaube an die grenzenlose Machbarkeit. Das elegant gewölbte Kongreßhallendach ist abgebröckelt, und bald wird die beunruhigte Öffentlichkeit hören, daß auch manch anderer Spannbetonbau aus den fünfziger Jahren morsch ist. Der Schwung ist hin, und das Vertrauen in die Segnungen der Technik und in deren Sicherheit auch.

Grau ist die Farbe der Saison – und wird es lange bleiben. Was dazwischen grünt, sind Inseln der Hoffnung, aber auch Oasen der Irrationalität. Literaten und Liedermacher wetteifern auf der Wortrutsche des Pessimismus: So schwarz wie du, seh' ich die Welt noch alleweil. Da ist es für Barden wie Poeten von der Diagnose zur Depression nur eine Buchseite weit, von der Innerlichkeit bis zur Weinerlichkeit nur einen Saitensprung.

Gegen die Graumaler der Kunstsprachbilder treten die Wortschöpfer der Gebrauchs- und Verbrauchssprache an; Politiker wie Werbetexter überbieten sich im Erfinden von Euphemismen. Da wird nicht mehr entlassen, sondern freigesetzt, da findet man zwar plötzlich in halb Europa verschwundene Dioxin-Fässer nicht mehr, aber dafür so schöne Worte wie »Entsorgungspark«.

Was sich nicht umdeuten läßt, das kann vielleicht entwertet werden: Die Inflation der Stichworte nivelliert selbst die Angst. Von der Zukunftsangst bis zur Berührungsangst ist es nur eine Spann-Weite. Und gleichzeitig soll alles »zum Anfassen« sein: der Polizist und der Papst, der Künstler und der Künder. Man hat Mut zum Risiko, Mut zur Erziehung und Mut zur Angst. Selbst die überbordenden Friedensbilder können den täglichen Kleinkrieg nicht aus den Sprechblasen verdrängen: vom Heringskrieg in Fischgründen bis zum Familienkrieg in privaten Abgründen.

Da ist die Null schier unentbehrlich, als Sprach- und Denkpuffer. Daß ein Null-Wachstum ein Gipfel (auch so ein Modewort!) des Unsinns ist, kann den Siegeszug der Nullen nicht aufhalten.

Je undurchsichtiger alles wird, desto bestimmter tönt der Jargon-Spruch »Alles klar«.

Alles klar? Aus den Niederungen der Negation erheben sich die Künder. Zwei Österreicher setzen Zeichen: Thomas Bernhard (noch immer) und Peter Handke. Der eine als unermüdlicher Chronist des Scheiterns, der immer noch ein Buch, immer noch ein Theaterstück damit füllt, wie ein Künstler an seinem Anspruch verzweifelt und die Binnenwelt sowie die Bühnenwelt durch seine penetrante Wiederholungswut martert. Der andere als selbsternannter Seher, als Privat-Mystiker. Daß es bald Literaturseminare über »Handke und die Probleme der religiösen Sprache« gibt, kann nur den verwundern, der noch nicht registriert hat, wie sehr die desolate Arbeitsmarktlage auch aufmüpfige Studenten domestiziert hat.

Aber häufiger als autodidaktische Propheten sind die exhumierten Weisen. Daß immer mal wieder die Prophezeihungen des »Nostradamus« zitiert werden, damit kann leben, wer weiß, daß auch der Hundertjährige Kalender so wenig auszurotten ist wie die Bauernregel als metereologisches Signal. Wichtiger, weil symptomatischer, ist die Rückbesinnung auf alte Mythen und noch ältere Magier.

Nicht alle Totenausgräber sind dabei so ehrlich und so kritisch wie Tankred Dorst, der seinen – ganz im Trend liegenden – *Merlin* ja durchaus als scheiternden Helden zeigt. Viele flüchten eher unkritisch in Zeiten, in denen das Wünschen noch geholfen hat. Leben wir nur mehr aus zweiter Hand, im Rückblick? Ist Eklektizismus das Gebot der letzten Stunde?

Daß Volker Schlöndorff rund ein Jahrzehnt nach seiner Verfilmung der tagesaktuellen Heinrich-Böll-Erzählung *Die verlorene Ehre der Katharina Blum* jetzt ausgerechnet Marcel Prousts *Eine Liebe von Swann* verfilmt, ist mehr als nur ein Zufall. Auf der Suche nach der verlorenen Zeit scheinen viele zu sein. *Besuchen Sie Europa, solange es noch steht* – der Popsong-Titel der Gruppe Geier Sturzflug gilt manchem als Wegweiser, noch einmal zurückzublicken auf die abendländische Kultur – und nicht nur auf die. Besucherrekorde bei Großausstellungen sprechen dafür.

Je absurder die aktuelle Auf- und Abrüstungsdebatte geführt wird, je hirnrissiger der Streit verläuft, wieviel »Overkill«-Kapazität man braucht, um den Gegner abzuschrecken, desto deutlicher wird den Europäern (und den gespaltenen Deutschen im

Brennpunkt im besonderen) vor Augen geführt, an welchem Abgrund sie leben. Das Bewußtsein der atomaren Bedrohung, das in den sechziger und siebziger Jahren von fernen Kriegen und nahen Entspannungsdiskussionen verdrängt wurde, schreckt wieder auf. Und wenn im Laufe der frühen achtziger Jahre der schweifende Blick der nostalgischen Verklärung selbst Nierentisch und den eierköpfigen Sprücheklopfer jener Zeit, Heinz Erhardt, wiederentdeckt, dann steckt dahinter wohl auch die Sehnsucht nach einer Epoche, die noch erfolgreicher im Verdrängen der Ängste war als die unsere.

Doch die Flucht vor der Wirklichkeit in die Märchenwelten ist nicht ohne Tücken. Und das nicht nur, weil das Symbol schwermütiger deutscher Sehnsüchte tödlich bedroht ist: der Wald. Daran kann auch die Sprachregelung der Bayerischen Staatsregierung nichts ändern, die statt vom »Waldsterben« lieber vom »Baumsterben« spricht und vor lauter kranker Bäume den kaputten Wald nicht mehr sehen will. Wer mag noch vom dunklen Tann träumen, wenn der längst vom sauren Regen rostbraun eingefärbt ist?

Da ist Phantásien, die Traumwelt von Michael Endes Sensationserfolg *Die unendliche Geschichte*, doch um einiges realistischer: bedroht vom Nichts, das viele Namen haben könnte. Und im Gegensatz zu Tolkiens *Der Herr der Ringe* , der gut zehn Jahre früher hierzulande die Leser in seine Gegenwelt, seinen Parallelkosmos zog, ist Endes Mythos für viele verbindlicher.

Daß auch diese »Unendliche Geschichte«, die doch so sehr von der persönlichen Imagination, von der individuellen Bilderwelt des Lesers lebt, mit viel Aufwand (zur »unkenntlichen« Geschichte?) verfilmt wird, auch das ist wohl typisch für die achtziger Jahre mit ihrem Drang zur Festschreibung der Phantasie, ihrem Bedürfnis nach eindeutigen Bildern – und möglichst vielen Bildern, denn die »Medien« wollen bedient werden.

Große Gleichnisse für breite Kinoleinwände, Weltliteratur in Raten für die öffentlich-rechtlichen Fernsehanstalten und geschmacklose Kannibalismus für den heim(at)lichen Video-Grusel: schön bunt muß es sein – für ein Volk angehender Analphabeten?

Schön bunt ist auch die Devise der »Jungen Wilden«. Und vielleicht war dieser Dammbruch ja auch nötig, vielleicht hatte sich zuviel angestaut an Affekt und an Effekt. Aber diese hektisch gestikulierenden

Bilder, diese satten, grellen, schnell hingeworfenen Leinwandfüller entlarven ja nicht nur jenen Teil der Kunstkritik, die sich vor einem Urteil drückt, als bloße Bildbeschreibung, sondern signalisieren zudem einen selbstbewußten Rückzug vor der Realität. Frechheit siegt, aber über wen?

Noch ein anderes helles, grelles Signal sticht aus dem Nebel des Grau-in-Grau: der überraschende Sieg der singenden, der tanzenden »Carmen«. Und – als melancholische Kehrseite derselben Medaille – die Renaissance des Tangos, jener Traurigkeit, die man tanzen kann. Ob Carlos Sauras *Carmen*-Verfilmung wirklich die Wiedergeburt einer »neuen Erotik« ist, darf noch bezweifelt werden. Gewichtig aber ist, daß sich hier eine Sehnsucht nach großen, nach tödlichen Gefühlen widerspiegelt. Eine überfällige Reaktion auf eine Zeit, die ihre »Beziehungen« in »Beziehungskisten« verpackt, die den »Hunger nach starken Gefühlen« von einer emotionalen Essenins-Haus-GmbH stillen läßt: Partner mit beschränkter Haftung.

Mit vitalistischer Gebärde gelingt noch ein anderer Durchbruch. Die verkarstete Szene der zeitgenössischen Musik, in der das Prinzip der gleichzeitigen pluralistischen Entwicklung ja am stärksten durch dogmatische Wegweisungen außer Kraft gesetzt schien, wird durch unbekümmerte Kraftnaturen wie Wolfgang Rihm aufgebrochen, umgepflügt. Doch er trumpft nicht nur auf, er arbeitet souverän mit dem Erbe und schafft (sich) neu. Wie heikel diese Öffnung nach rückwärts sein kann, zeigen aber nicht nur Rihm-Epigonen, sondern auch die Mitläufer neuer Architektur-Moden. Um die »Post-Moderne« zu beherrschen und zum Personalstil formen zu können, braucht es eben vor allem: Persönlichkeit.

Der »déjà-vu«-Effekt als ästhetisches Prinzip trägt in keiner Kunstform. Aber auch mit dieser Verwechslung von gleichen Bildern und unterschiedlichen Urhebern und Ursachen ist die Kunst nur Spiegelbild der Wirklichkeit. Rund zweieinhalb Millionen Arbeitslose provozieren Politiker zu der Meinung, man müsse nur die Ärmel hochkrempeln, dann ginge es schon wieder vorwärts. Wohin? Die Strukturkrise bleibt unerkannt, unbegriffen – und wie sich die kulturellen Strukturen umwandeln, muß erst abgewartet werden. Auf dem Weg zur Freizeitgesellschaft mangels ausreichender Arbeit für alle – was das für die Kultur bedeutet, läßt sich jetzt allenfalls ahnen.

Die Wende rückwärts?

Reich bebilderte zeitgeschichtliche Darstellungen wie Die Gründerjahre der Bundesrepublik. Deutschland zwischen 1945 und 1955 oder Bikini. Die fünfziger Jahre. Kalter Krieg und Capri-Sonne (beide 1981) belegen das Interesse am Blick zurück auf das teils ironisch gebrochene, teils verklärte Bild der Jahre, in denen es »unaufhaltsam aufwärts ging«.»Aufschwung« ist die Parole, unter der Helmut Kohl 1982 als Kanzler der »Wende« das Erbe Konrad Adenauers anzutreten verspricht.

Tatsächlich schimmert an manchen Stellen die Äußerlichkeit der fünfziger Jahre durch. Etwa die von der Werbung aufgegriffene und ins Existentielle gewendete Mädchensorge um jugendfrische, reine Haut; sie wird im Beispiel oben links im Stil eines Gemäldes des Pop-Künstlers der sechziger Jahre, Roy Lichtenstein, ins Bild gebracht, der zu Beginn der achtziger Jahre beispielsweise in Köln mit neuen Werken an die Öffentlichkeit tritt. Alt und Neu auch im Jugenddreß: zur Punkermähne man die Lederjacke, die schon in der ersten Jugendrevolte des Rock'n'Roll manchen Hieb einsteckte. Neu ist der Offensichtlichkeit, mit der vor allem sozialpolitische Versprechen und deren Einlösung auseinanderklaffen: die Ausbildungsplatzgarantie fällt da glatt durch.

Mit dem polnischen Kardinal Karol Wojtyla wurde im Drei-Päpste-Jahr 1978 zum ersten Mal seit 1523 wieder ein Nichtitaliener zum Papst gewählt. Als Johannes Paul II. eröffnete er ein neues Kapitel der Kirchengeschichte: nicht als Reformer, sondern als Politiker – etwa durch den Rückhalt, den die polnische Kirche in der Auseinandersetzung zwischen freiheitlichem und doktrinärem Sozialismus in Polen erhält und bieten kann. Eher Zufall ist dagegen, daß in den ersten Regierungsjahren eines Papstes, der einst einer Schauspielertruppe angehört hat, in verstärktem Maße biblische Themen auf die (Musiktheater-)Bühne gelangen. Die 1980 in Wien uraufgeführte Oper Jesu Hochzeit von Lotte Ingrisch (Libretto) und Gottfried von Einem (Musik) entfacht dabei als vermeintlich blasphemisch einen Sturm im Weihwasserglas.

Daß da in einer Wende-Zeit, in der letztlich alles beim alten bleibt und nur ein paar provinzielle Lüftchen wieder stärker wehen (und sich ein Pornographie-Jäger mit der Beschlagnahme eines Buches über das Bikini-Atoll bundesweit lächerlich macht), in der nicht nur Worte mit Taten verwechselt werden, sondern die Sprüche schon die einzige Tat sind, daß da ein eigentlich satirisch gemeinter Pop-Song wie *Bruttosozialprodukt* (»Jetzt wird wieder in die Hände gespuckt, wir steigern das Bruttosozialprodukt…«) vielfach ernst genommen wird, auch das ist Signal für eine Gesellschaft, in der keiner so richtig hinhört, zuhört. Reizwort genügt.

Dies alles fällt ja auch nicht weiter auf in einer Zeit, die viele Kulturen kennt, aber auch Kultur? Es gibt »Wohnkultur«, »Eßkultur« und – zumindest in den Klagen über ihr Nichtvorhandensein – auch »politische Kultur«, aber was ist Kultur?

Was immer wieder ins Auge fällt, ist der Hang, der Drang zur Visualisierung, die Sucht nach neuen Bildern. Man liebt es »durchgestylt«. Nach dem Motto »Wie man zur Beerdigung geht, ist wichtiger als die Frage, wer beerdigt wird« stürzt man sich im Privatleben ebenso wie im Kulturleben in die Attitüde, ins Ambiente. Mag Erich Fromm noch so intensiv in seinem Psycho-Bestseller (*Haben oder Sein*) Haben und Sein voneinander scheiden, viele ziehen den Schein vor.

Da nimmt es kaum Wunder, daß unsere Theater und Musiktheater immer stärker auch von Bühnenbildnern bestimmt werden: immer mehr prominente Szeneriegestalter wollen nun auch die Szene beeinflussen: Herbert Wernicke und Karl Ernst Herrmann, Achim Freyer und Erich Wonder. Und daß einer der erfolgreichsten Opernregisseure einst als Bühnenbildner angefangen hat, ist fast vergessen: Jean-Pierre Ponnelle.

Doch gerade die Opernbesucher reagieren auf zu ungewohnte Bilder hektisch bis panisch. Was ein Wagner-Interpret im Zusammenhang mit Herbert Wernickes Münchner *Holländer*-Inszenierung formuliert (»Wagnerianer sind wie kleine Kinder – sie wollen das Märchen immer mit denselben Worten erzählt haben«), trifft auch für andere Opern zu. Und nicht zuletzt Hans Neuenfels zielt – vor allem mit Verdi-Opern – auf den wunden Punkt eines Abonnementpublikums, das eines nicht sehen will: worum es in den meisten Opern wirklich geht, um Mord und Totschlag, um tödliche Leidenschaften. So etwas hat stilisiert zu sein, genießbar.

Prompt taucht in der Kulturpolitik, ganz ohne Wende, der Slogan von der »sozialen Akzeptanz« auf. Was kann man dem Bürger zumuten? Was muß man ihm zumuten!

Othello hat Desdemona gefälligst diskret umzubringen, der ägyptische Triumphmarsch darf nicht blutbefleckt sein, die Walküren haben – Richard Wagners Anweisung hin oder her – keine nackten toten Krieger nach Walhall zu schleppen. Nur keine Irritationen. Wer Fernsehen mit Kultur verwechselt, mag auch die Kultur nur noch hinter einer Mattscheibe genießen.

Aber wer sich, etwa anläßlich Hans Neuenfels' Berliner *Macht des Schicksals*-Inszenierung über Krüppel auf der Bühne erregt, statt sich, mit Verdi, zu fragen, welche Rolle etwa die Kirche bei der Segnung der Krieger spielt, der neigt wohl auch sonst dazu, auf wohlfeil angebotene Nebenkriegsschauplätze auszuweichen. Aber nicht nur hierzulande erregen erschlagene Baby-Robben eben immer noch nachhaltiger als geschlagene Kinder, kann man mit dem Thema Tierversuche mehr Emtionen mobilisieren als mit den (durch Tierversuche nicht ausgeschalteten) manchmal tödlichen Nebenwirkungen von Medikamenten oder mit Hungerkatastrophen in fernen Ländern.

Wo zentrale Themen wie Frieden oder Umwelt aufgegriffen werden, gerät das Engagement oft zu wohlfeiler Münze. Soll man sich nun freuen über die Schlagermieze, die auch für ein bißchen Frieden ist, über den Landschaftsmaler, der seinen röhrenden Hirsch nun anklagend vor eine zeitgemäß kaputte Fichte stellt?

Es ist etwas falsch gelaufen in den letzten Jahren und Jahrzehnten, aber was, vermag kaum einer zu artikulieren. Und zuviele Bademeister der Nation schütten nun das Kind mit dem Bade aus. Die Bösewichter des angebrochenen Jahrzehnts sind – nicht nur in den Kultbüchern der Herrn Sloterdijk und Capra – die Naturwissenschaftler, die Väter der Logik, die Ahnherren des mechanistischen Weltbildes. Und ganz nebenbei gerät eine ehemals ehrenwerte, später verleumdete Sache auf die Anklagebank: die Vernunft.

Was Max Horkheimer und Theodor W. Adorno schon 1947 in ihrer *Dialektik der Aufklärung* schrieben (»Seit je hat Aufklärung im umfassendsten Sinn fortschreitenden Denkens das Ziel verfolgt, von den Menschen die Furcht zu nehmen und sie als Herren einzusetzen. Aber die vollends aufgeklärte Erde

Technik am Arbeitsplatz
Bildschirmgeräte
in der Zentralredaktion Wort der
Deutschen Presse-Agentur
1982

Freizeitmarkt
Hobby Teppichknüpfen

Wiederaufbau
Alte Oper in Frankfurt/Main
Eröffnung 1880
Wiedereröffnung 1981

Postmoderne
**Les Arcades du Lac in
Saint-Quentin-en-Yvelines
bei Paris**
1978–1982

strahlt im Zeichen triumphalen Unheils«), erobert ein Vierteljahrhundert später wieder einmal die Herzen. Ob die Pseudologik der angewandten Politik aber noch etwas mit Vernunft zu tun hat, wird kaum nachgefragt – verständlich wohl auch. Zum einen erkennt man, daß die Mächtigen der Welt ihren absurden Tanz auf dem Vulkan immer heftiger und immer näher am Abgrund drehen, zum anderen kann man beobachten, daß auf die Herausforderungen der Gegenwart – immer weniger Arbeit für immer mehr Menschen – kaum jemand mit vernunftgemäßen, logisch analysierenden Argumenten reagiert, sondern mit den Formeln von gestern bis vorgestern. Es fehlt ein vitaler Impuls Keiner weiß so recht, ob wir im Innern eines Orkans ruhen oder ob dies die Zeit der allumfassenden Flaute ist. Die Kulturszene reagiert darauf, wenn überhaupt, mit dem Feilbieten synthetischer Träume. Vorgekaut, homöopathisch dosiert. Manche Theatermacher brechen zumindest formal noch aus, indem sie dem vorgegebenen Maß des Nocherträglichen immer längere Theaterabende entgegensetzen. *Orestie*, Suppenfassen inbegriffen. Aber auch das provoziert kaum mehr. Wer dabeigewesen ist, wer es durchgehalten hat, darf stolz auf sich sein. Ob es ihn berührt hat, ist Nebensache.

Auch die Freibeuter des etablierten Theatersystems, die freien Gruppen, die Alternativbühnen, sind eingemeindet in eine Theaterlandschaft, die sich gern mit einem Kultur-Zirkus, einem Theaterfest schmückt. Wir haben zwar kaum Grund, zu feiern, aber das feste.

»Der Teufel steckt im Detail – und wo steckt Gott?« Dem Sprücheklopfen allerorten setzen die Piraten der ungekämmten Pointen ihre Wandsprüche entgegen. Hatten 1968 in Paris die Studenten noch an die Wand geschrieben, daß die Phantasie an die Macht gehöre, so macht die sich nun mit Graffiti Luft: kein schöner Wand in dieser Zeit, als jene, die von unbekannten Dichtern gebrandmarkt wurden. »Sie wollen nur unser Bestes – aber das bekommen sie nicht« oder »Es gibt viel zu tun, warten wir's ab« – pfiffiger wird es in diesen Jahren von keinem Literaten formuliert.

Daß auch in den Wandsprüchen der Schein-Heilige der achtziger Jahre, George Orwells »Großer Bruder« auftaucht, darf nicht verblüffen. Warum sollen die Wandschreiber der Nation überlesen, was die Lohnschreiber in allen Spalten ausbreiten. Daß dies letztlich ein Reflex auf einen Zufall ist, wen stört das

schon in dieser zufälligen Zeit? Hätte Orwell seine Utopie erst 1949 fertiggestellt und nicht ein Jahr früher, dann hätte sein Zahlenspiel für den Titel »1994« ergeben – und wir hätten noch zehn Jahre Ruhe vor falschen Parallelen gehabt. Wann allerdings Orwells ursprünglich geplanter Titel »Der letzte Mensch in Europa« zutreffen würde, das wüßte keiner. Und genau das trägt zur allgemeinen Verunsicherung bei.

So schwer es ist, einem heranwachsenden Jahrzehnt den Puls zu messen, die abwartende (abwägende?) Haltung dieser Tage kann auch ihr Gutes haben, solange sie nicht ins Phlegma abrutscht. Wer sagt denn, daß wir pausenlos mit Meisterwerken bombardiert werden müssen (und würden wir sie gleich erkennen?). Die Kulturgeschichte ist voll vom Wechsel zwischen innovativer Flut und beschauender, beschaulicher Ebbe.

Und natürlich spiegelt sich in der Kunst dieser frischen Jahre auch manche hoffnungsweckende Tendenz: eine verstärkte Sensibilität gegenüber der Umwelt, dem Gegenüber und der Natur. Zum Grabenkrieg verkrustete Gefechte zwischen den Geschlechtern weichen differenzierteren Abtastungen. Und das Verträumte ist längst nicht mehr verpönt, sondern als Spielwiese des Denkens und Fühlens etabliert.

Und wenn André Heller vor dem Berliner Reichstag eine Million Mark in die Luft jagt, dann würde dieses *Feuertheater* überzeugender wirken, wenn der Wiener Poetendarsteller mit den vielen Leuchtraketen nicht vor allem sein Selbstgefühl, seine ganz eigene Mischung aus Schmäh und messianischem Bewußtsein illuminiert hätte. Erstaunlich an diesem Sommerabend aber ist zweierlei: daß moralisierende Argumente über die Verschwendung kaum zu hören waren (wahrscheinlich dämmerte vielen, daß gerade in den Ländern des Hungers viel mehr Geld verpulvert wird – und nicht mit Feuerwerkskörpern, sondern mit scharfer Munition), und daß eine Viertelmillion Menschen teilweise von weit kam, um einen Moment der Vergänglichkeit zu erleben. Um den Zauber des Augenblicks live zu erfahren.

Es müssen ja nicht immer die Zauberer von gestern sein; der Zauber von heute wirkt manchmal immer noch – und die Hoffnung auf morgen auch. So ratlos diese Achtziger derzeit auch machen, ihr größter Vorzug ist, daß sie noch lange nicht vorbei sind. Es lebe die Neugier.

Auf der Suche nach Gefühlswerten

Ein Erbe der siebziger Jahre ist die radikale Technisierung der Arbeitswelt, wobei bisher getrennte Arbeitsbereiche bzw. -abläufe zusammengefaßt werden, beispielsweise in der am Bildschirmgerät tätigen Person des Autors und Setzers bzw. Übermittlers eines Textes. Der spielerische Umgang mit neuen Technologien, den etwa Heimcomputer vortäuschen, enthüllt seine Zwanghaftigkeit spätestens bei deren Funktion als Arbeitsmittel unter dem Gesichtspunkt der Rationalisierung. Stress-Ausgleich verspricht das Freizeitangebot bis hin zum traditionellen Hobbymarkt.

Ein Erbe der siebziger Jahre ist aber auch eine neue Sensibilität für die Bedeutung und Gefährdung der natürlichen wie der historischen, vor allem durch die Architektur geprägten Umgebung. So bildet der Wiederaufbau der Alten Oper in Frankfurt am Main, der 1981 abgeschlossen wird, mehr als nur einen Akt denkmalpflegerischer Pflichterfüllung, den sich eine wohlhabende Kommune leisten kann. Er entspricht vielmehr, ebenso wie das weit verbreitete Interesse an historischen Ausstellungen, der Suche nach Gefühlswerten, die offensichtlich von modernen Arbeitsplätzen, moderner Architektur und verkehrsgerechter Stadtgestaltung, modernen Wohnungseinrichtungen nicht mehr vermittelt werden.

Die Alternative lautet – statt »unmodern« – »postmodern«: als einer Zeit zugehörig, die unserer schon so oft als lästige oder beängstigende Gegenwart totgesagten Moderne folgen soll. Hierbei scheuen sich die Vertreter der postmodernen Architektur nicht vor Kulissenzauber, etwa in Gestalt eines antiken Tores. Es gehört zur Ausschmückung einer Wohnanlage in der Pariser Entlastungsstadt Saint-Quentin-en-Yvelines, die von dem spanischen Team Taller de Arquitectura entworfen worden ist.

Revision der Moderne – Postmodernes Bauen 1960–1980 lautet das Thema der Ausstellung, mit der am 1. Juni 1984 in Frankfurt am Main das erste deutsche Architekturmuseum eröffnet wird.

1980–1983

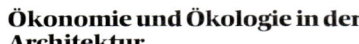

Calwer Passage in Stuttgart
eröffnet 1980

Friedensreich Hundertwasser
**Modell der
Krawina-Wohnanlage**
1980

Ökonomie und Ökologie in der Architektur

Vorbilder aus dem 19. Jahrhundert sollen dazu dienen, den Einkaufsbummel neu zu kultivieren und den Umsatz zu steigern. Nach dem Muster der Pariser und Mailänder glasüberdachten Galerien aus der Zeit der frühen Ingenieurbauten entstehen in deutschen Stadtzentren wetterunabhängige, nostalgisch angehauchte Ladenstraßen: in Bonn die Kaiserpassage, in Stuttgart die Calwer Passage; in Hamburg bietet sich auf engem Raum gleich eine ganze Reihe von Einkaufspromenaden an. Gepflegte kleine Lokale mischen sich zwischen die vielfach exquisiten Geschäfte. Im Kleinen wird hier unter ökonomischem Gesichtspunkt angeboten, was die Boulevards durch Sex-Shops und Schnellimbiß-Stationen verloren haben.

Herausforderungen der Ökologie an die Baugesinnung hat schon frühzeitig der Maler Friedensreich Hundertwasser zur Sprache gebracht, ausgehend von seinem Verschimmelungsmanifest (1958). In der Fernsehreihe »Wünsch Dir was« verblüffte er ein Millionen-Publikum mit seiner Idee einer Dachbewaldung. 1980 beginnt er mit den von der Stadt Wien in Auftrag gegebenen Planungsvorbereitungen für eine Wohnanlage. Zu den von Hundertwasser entwickelten Modellen (sie werden noch im selben Jahr im Museum Ludwig in Köln gezeigt) gehört das der Krawina-Wohnanlage mit bepflanzten Dachterrassen.

Hierbei geht es nicht allein um eine Rückgewinnung der durch die Bebauung verlorenen Grünflächen und Bäume etwa im Interesse der Reinigung der Luft. Bepflanzte Dächer bieten auch die Möglichkeit einer Verbindung ökologischer und ökonomischer Interessen. Wie der in Rodenbach ansässige Architekt Jens Drefahl mit seinem durch skandinavische Bauten mit Grasbedeckung angeregten »Blumenhügelhaus« bewiesen hat, gehen bei seinem begrünten Dach »Isolierung, Wärmespeicherung, Nutzung von Sonnenenergie und Abwärme die ideale Ehe ein« – Fakten und Argumente für die Bewegung des »Biologischen Bauens«.

Bildende Kunst

Ausstellungen

● Berlin: Große Christian Schad-Retrospektive in der Staatlichen Kunsthalle.

● Düsseldorf (später auch Hamburg und Baden-Baden): *Zwischen Revolutionskunst und Sozialistischem Realismus.* Mit knapp 60 Bildern und Zeichnungen aus Moskauer und Leningrader Sammlungen wird der »Suprematist« Kasimir Malewitsch als einflußreicher Neuerer der modernen Kunst gewürdigt.

● Hamburg: *Goya – Das Zeitalter der Revolutionen 1789–1830* in der Hamburger Kunsthalle. Vor allem die Zeichnungen, Radierungen und Lithographien eröffnen den Blick auf eine Bildwelt der Geschundenen: Bilder von Ungeheuern, die – so ein Bildtitel – der Traum der Vernunft erzeugt hat *(Der Traum der Vernunft gebiert Ungeheuer).*

● München: Größte deutsche Picasso-Ausstellung im Haus der Kunst mit Werken aus dem Besitz der Picasso-Enkelin Marina. Besonderes Interesse finden die »Carnets«, die Notiz- und Zeichenblöcke.

● München: Zum 100. Geburtstag von Franz Marc verweist die Städtische Galerie im Lenbachhaus, die einige der berühmtesten Marc-Gemälde beherbergt, auf die blaue Blume der Romantik, vor der sich der »Blaue Reiter« inspirieren ließ.

● Paris: *Le Gothique retrouvé* belegt die Herkunft und die Auswirkung der Neoromantik im 18. und 19. Jahrhundert.

● Venedig: Von Tizian bis El Greco reicht das Spektrum einer Ausstellung im Dogenpalast, die sich mit der *Geschichte des Manierismus in Venedig* zwischen 1540 und 1590 befaßt. Im Mittelpunkt stehen Tizian, Tintoretto und Paolo Veronese.

Die Ausstellung des Jahres

Im New Yorker »Museum of Modern Art« wird die wohl größte Picasso-Ausstellung mit fast 1 000 Werken gezeigt. Anlaß für diese Ausstellung sind das 50jährige Jubiläum des Museums und der Abschied von Pablo Picassos Gemälde *Guernica,* das nach 44 Jahren Exil nach Spanien gelangt. Das als Anklage gegen die Bombardierung der baskischen Stadt Guernica durch Flugzeuge der deutschen Legion Condor (26. April 1937) gemalte Bild hatte Picasso nach Francos Machtübernahme dem New Yorker Museum of Modern Art zur Aufbewahrung anvertraut, bis in seiner Heimat wieder demokratische Verhältnisse herrschen würden.

Als das Bild in Spanien angekommen ist, entbrennt prompt ein Streit, wo es ausgestellt werden soll. Guernica, Barcelona, Malaga und Madrid erheben Anspruch; die spanische Hauptstadt siegt, was baskische Politiker zu dem Kommentar provoziert: »Wir haben die Toten gestellt, und sie genießen das Bild«.

Die »Neuen Wilden« kommen

Deutsche Künstler machen von sich reden. Daß Joseph Beuys in der Rückblick-Schau der diesjährigen Biennale von Venedig als dominierende Figur der siebziger Jahre erscheint, verwundert wenige. Auch daß *Aperto 80 – Öffnung in die achtziger Jahre* den Pluralismus der Kunst fort- und festschreibt, war zu erwarten gewesen. Doch daß die süffige »Pattern-art«, die Kunst, mit ansehnlichen Mustern Leinwände zu füllen, ausgerechnet von »Neuen Wilden« gekontert wird, erstaunt. Die Biennale hat ihr Schlagwort der Saison, die Branche eine neue Mode. Die Neu-Expressionisten, die einerseits grelle und bunte Bilder malen, können andererseits auch sehr düster, pathetisch und gewalttätig ekstatisch sein, wie Georg Baselitz und Anselm Kiefer im deutschen Pavillon der Biennale belegen. Markus Lüpertz hatte abgesagt, weil er sich – wie es heißt – allein am größten fühlt, ein Aussage, die in das Bild der neuen Großartigkeit paßt. Immerhin überrascht Georg Baselitz, sonst durch auffahrende Bilder bekannt, durch den Verzicht auf Malerei und sein roh ausgeformtes »Modell für eine Skulptur«. Anselm Kiefers sehr deutsche Reflexionen auf die deutsche Geschichte kommen manchem schon vertrauter vor.

Roter Teppich, rote Fäden

Wenn wir unsere Vergangenheit feiern oder doch zumindest besichtigen, dann werden gleich mehrere Ausstellungen gebraucht. *Die Wittelsbacher und Bayern* werden in drei Präsentationen (zwei in München, eine in Landshut), *Florenz und die Toscana der Medici im 16. Jahrhundert* (16. Ausstellung des Europarats in Florenz) sogar an zehn Orten vorgestellt. Dabei geht es um die Jahre des Niedergangs der Medici zwischen 1520 und 1610. Neben Pracht und Macht am Arno spiegelt sich der Umbruch der Zeit, der Aufbruch in eine neue Epoche.

Zeitlich weiter gefaßt sind die Ausstellungen anläßlich des 800-Jahres-Jubiläums des Hauses Wittelsbach, und neben dem roten Teppich für die Chronik der Herrscher gibt es als – wenn auch manchmal dünnen – roten Faden der Geschichte auch noch Querverweise auf die Geschichte der kleinen Leute, des Volkes.

Daß nicht nur die Superlative des Staunens wert sind, zeigt schließlich auch eine Ausstellung im salzburgischen Hallein, die uns *Die Kelten in Mitteleuropa* vorführt: scheinbar eine Kultur aus zweiter Hand – und doch wichtig als Reflex auf latinischen Hochmut und germanischen Unmut. Asterix und Obelix lassen grüßen.

Der Ahnherr des Klassizismus

Ausstellungen in Vicenza und Venedig, Bassano und Padua würdigen den vor 400 Jahren verstorbenen Renaissance-Architekten Andrea Palladio.

Ein herausragendes Beispiel seiner Verarbeitung antiker Vorbilder ist die Villa Capra, genannt Rotonda, in Vicenza: ein streng symmetrischer Bau auf quadratischem Grundriß mit eingeschriebenem Kreis und je einem sechssäuligen Portikus an den vier Frontseiten. »Kein Architekt des 16. Jahrhunderts«, schrieb Jacob Burckhardt, »hat dem Altertum eine so feurige Hingabe bewiesen wie er, keiner auch die antiken Denkmäler so ihrem tiefsten Wesen nach ergründet und dabei doch so frei produziert.«

Kaum ein Architekt wurde seinerseits so oft imitiert, vor allem im englischen und amerikanischen Klassizismus. Ein aktueller Nachklang von Palladios dekorativer Säulenarchitektur ist die 1978 vollendete »postmoderne« Piazza d'Italia in New Orleans von Charles W. Moore.

Andrea Palladio, Villa Capra, genannt Rotonda, in Vicenza; 1566/67, vollendet 1591 durch Vincenzo Scamozzi.

1980

Literatur

Neuerscheinungen

● Elias Canetti: *Die Fackel im Ohr. Lebensgeschichte 1921 – 1931.* Eine Lebensgeschichte als Bilderbogen von Lebensgeschichten, in denen das Außergewöhnliche immer wieder durch die Folie des Alltäglichen bricht.

● John le Carré: *Smiley's people (Agent in eigener Sache).* Ein melancholisches Nachspiel zum Spionage-Meisterwerk *Dame, König, As, Spion,* in dem der alte müde Smiley nicht nur endgültig mit seinem Widerpart Karla aufräumt, sondern auch mit den letzten Leser-Illusionen über Geheimdienstromantik.

● Peter Handke: *Die Lehre der Sainte-Victoire* – oder was der provencalische Bergzug Sainte-Victoire, den schon Cézanne gemalt, aber erst Handke erschaut hat, uns über Gott und die Welt und vor allem die Kunst zu sagen hat. Handke macht Karriere als Seher.

● Botho Strauß: *Rumor.* Der sensible Bühnenporträtist der Berufsintellektuellen erweist sich in seinem Romanerstling als Pathologe der Wirklichkeit. Er zeigt nicht nur den ganz alltäglichen Untergang eines Menschen, sondern spiegelt auch die Möglichkeiten der Sprache, Thema und Werkzeug zu sein.

● William Styron: *Sophies Wahl (Sophie's Choice,* 1979). Musterbeispiel engagierter Unterhaltungsliteratur. NS-Vergangenheit, Psychosen sowie selbstironische Literatur- und Literatenreflexion ergeben ein spannendes 600-Seiten-Buch.

● Martin Walser: *Das Schwanenhaus.* Walser zürnt wieder einmal. Nicht der Chef-Fahrer Franz Xaver Zürn, sondern dessen Vetter Gottlieb ist diesmal der Nicht-Held einer Walserschen Niederlagen-Beschreibung.

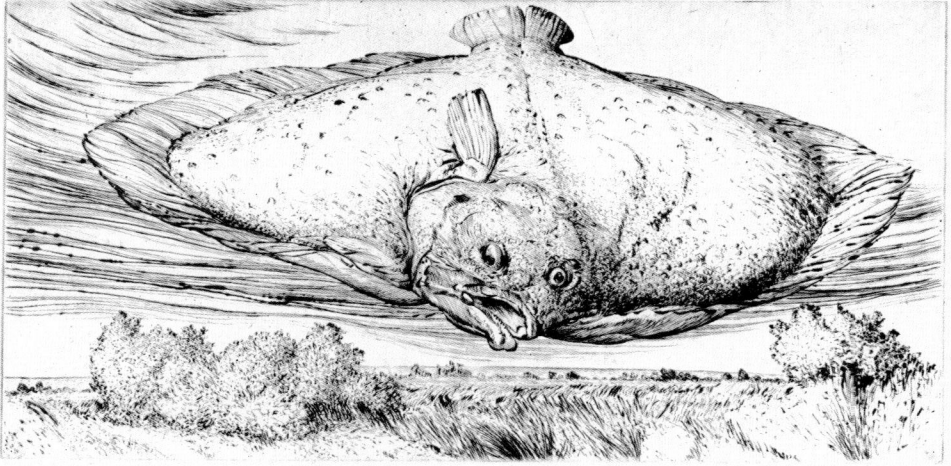

Hand und Kopf

Von Beginn seiner schriftstellerischen Laufbahn an hat Günter Grass, ehemaliger Student der Kunstakademien in Düsseldorf und Berlin (Karl Hartung), die literarische Produktion mit Grafiken begleitet. Die frühen Gedichtbände enthalten Bildbeigaben, die Schutzumschläge von Romanen wie Die Blechtrommel *oder* Hundejahre *sind vom Autor gestaltet.*

Die besondere Zuneigung des Grafikers gehört dem Titelhelden seines Romans Der Butt *(1977), den Grass – dem Gegenständlichen mit surrealen Anklängen verpflichtet – in einer Folge von Radierungen porträtiert. Die aus Kieselsteinen emporragende* Hand des Schreibers *(1979) scheint die Abdankung des Autors anzudeuten.*

Doch 1980 meldet sich dieser mit Kopfgeburten oder Die Deutschen sterben aus *erneut zu Wort. Eine der verschiedenen Erzählebenen bilden tagebuchartige Anmerkungen: Erinnerungen an Rudi Dutschke, an den sterbenden Kollegen Nicolas Born, an Gorleben.*

Das Credo des mit dem Zeitgeist zu Gericht gehenden politischen Schriftstellers: »Keiner der Mächtigen kann mir das Wasser reichen... Hochmütig spreche ich ihnen die Kompetenz ab, mich beim Schreiben zu stören.«

Günter Grass, Butt über Møn; 1980.

Endlich Erfolg für die »Unendliche Geschichte«

Als Michael Endes Roman *Die unendliche Geschichte* 1979 erschien, wurde sie unter dem Stichwort »Jugendbuch« registriert und abgehakt – und verpaßte knapp den »Deutschen Jugendbuchpreis 1980«.

Aber Mitte des Jahres kommt plötzlich der Durchbruch, der Roman erscheint erstmals auf der »Spiegel«-Bestseller-Liste. Auch wenn er in der Jahresbestenliste auf Platz zehn bleibt, im nächsten und übernächsten Jahr dominiert er den Büchermarkt – und zieht darüber hinaus das schon 1973 veröffentlichte Märchen *Momo,* die Geschichte von den Zeitdieben, verspätet mit auf den Weg zum Erfolg.

Der Schlüssel zum Erfolgsgeheimnis ist leicht und schwer zugleich zu finden. Ende entführt seine Leser wie seinen gar nicht heldisch wirkenden Helden Bastian Balthasar Bux ins ferne Reich »Phantásien«. 1968 schrieben Pariser Studenten den Slogan »Die Phantasie an die Macht« auf die Wände; *Die unendliche Geschichte* zeigt, wie realistisch jene kindliche Phantasie ist, die uns allen beim »Erwachsenwerden« verlorengeht. So kunstvoll die Verschränkung von Realität und Traumwelt im Roman ist (und noch dazu farbig abgesetzt, denn die Geschichte Phantásiens wird mit grünen Lettern erzählt, die »reale« mit roten), so befreiend unverkrampft erzählt Michael Ende dieses Märchen für Kinder und Erwachsene, in dem nicht nur der Held lernt, wo der Unterschied zwischen Egozentrik und bewußt gehandhabter Willensfreiheit liegt.

Film

Premieren

● Hal Ashby: *Being There (Willkommen Mr. Chance),* mit Shirley McLaine und Peter Sellers. Der Tele-Vidiot Chance, ein biederer Gärtner, wird ins Leben hinausgestoßen, das er bislang nur aus dem Fernsehen kennt. Als »Kaspar Hauser des Fernsehzeitalters« macht er mit banalen Bauernregeln Karriere als Weiser. Ein brillanter Film von leiser Bosheit.

● James Bridges: *The China Syndrom (Das China-Syndrom),* mit Jane Fonda und Jack Lemmon. Einer der atemraubendsten und unverfrorensten Katastrophenfilme, aber bemerkenswert, weil er die potentiellen Gefahren der Atomkraft zum Thema hat. Dennoch kein Antikernkraftstreifen, sondern Kintopp mit allen gängigen Klischees.

● Peter F. Bringmann: *Theo gegen den Rest der Welt,* mit Marius Müller-Westernhagen und Guido Gagliardi. Die eher kunstlos gefilmte Kohlenpott-Klamotte vom Auf und Ab des Stehaufmännchens Theo wird zum Überraschungshit der Saison. Ein modernes Märchen mit Zokker-Philosophie.

● John Cassavetes: *Gloria (Gloria),* mit Gena Rowlands. John Cassavetes »schwarzer« Gangsterfilm über die alternde Gangsterbraut Gloria, die sich mit der Mafia anlegt, macht den Regisseur über Cinéasten-Kreise hinaus bekannt und bringt ihm den »Goldenen Löwen« der Biennale in Vendig.

● Federico Fellini: *La città delle donne (Die Stadt der Frauen).* Marcello Mastroianni durchleidet als alter ego des Regisseurs die Misere des italienischen Mannes angesichts Tausender zu einem Kongreß versammelter Feministinnen. Ein üppig bebildertes Panoptikum männlicher Wünsche und Ängste.

● Akira Kurosawa: *Kagemusha.* Nach *Rashomon* und *Die sieben Samurai* und nach einer langen Pause dreht Akira Kurosawa wieder einen großangelegten und großartigen Eastern. Eine mittelalterliche Kriegerlegende um einen Doppelgänger (der Titel heißt wörtlich »Der Schatten des Kriegers«).

Michael Mathias Prechtl
**Hanna Schygulla,
Rainer Werner Fassbinder und
Alfred Döblin**
1980

Rainer Werner Fassbinder
Berlin Alexanderplatz, 1980
Szenenfotos mit
Günter Lamprecht als Biberkopf
und Gottfried John (Mitte links),
Franz Buchrieser (Mitte rechts)
Elisabeth Trissenaar (unten rechts)
sowie
Barbara Sukowa und
Hanna Schygulla

Proletarische Passion

Auf bundesdeutschen Fernsehschirmen wird es düster. In 14 Folgen einschließlich eines sehr eigenwilligen Epilogs erzählt Rainer Werner Fassbinder mit seiner Filmversion von Alfred Döblins Roman Berlin Alexanderplatz (1929) die Geschichte von Franz Biberkopf, einem im Grunde anständigen Menschen mit Gefängnis-Vergangenheit, dem in einer proletarischen Leidensgeschichte alle Sensibilität, alle Gefühle, alle Moral ausgetrieben werden.

Was als bislang aufwendigstes Projekt des deutschen Fernsehens angekündigt wurde, erweist sich bald auch als großes Ärgernis. Hauptvorwurf ist, die Aufnahmetechnik und die Lichtregie hätten zu wenig Rücksicht auf flimmernde Bildschirme genommen (für schwarz-weiß-Seher bietet der Film streckenweise ohnehin nur eine dunkle Ahnung). Die Einschaltquoten sinken. Doch wer sich über die häppchenweise Einlösung eines cineastischen Versprechens hinwegtrösten kann, erlebt einen faszinierenden Bilderbogen.

Daß Fassbinder Döblins Roman, der schon 1931 von Piel Jutzi mit Stefan George in der Hauptrolle verfilmt wurde, nicht als gefälliges historisches Spektakel inszenieren würde, war zu erwarten. Doch die Feinfühligkeit, mit der er den Weg des Franz Biberkopf (Günter Lamprecht) begleitet, überrascht auch den, der Fassbinders besondere Affinität zum Thema kennt. Wie hier einer zerbricht, der doch stark sein will, wie einer scheitert an dem, was »von außen kommt, das unberechenbar ist und wie ein Schicksal aussieht«, wie einer zugrunde geht an seiner Anhänglichkeit, bis er nur noch Opfer ist, das zeigt Fassbinder auf fesselnde Art. Zugleich hat ein Millionenpublikum die Chance zu der Einsicht, daß die »Goldenen Zwanziger« eine Legende sind.

Michael Mathias Prechtls zeichnerischer Kommentar zu den Dreharbeiten zeigt Fassbinder gleichsam als Schutzengel über dem eine schillernde Mohnkapsel studierenden Döblin, dessen Hauptwerk durch den Filmemacher eine kongeniale Umsetzung erfahren hat.

Seit 33 pausenlos in Sorge
um Deine innere Sicherheit.

Allunionschrift Filbinger (Marinestabsrichter a.D.)

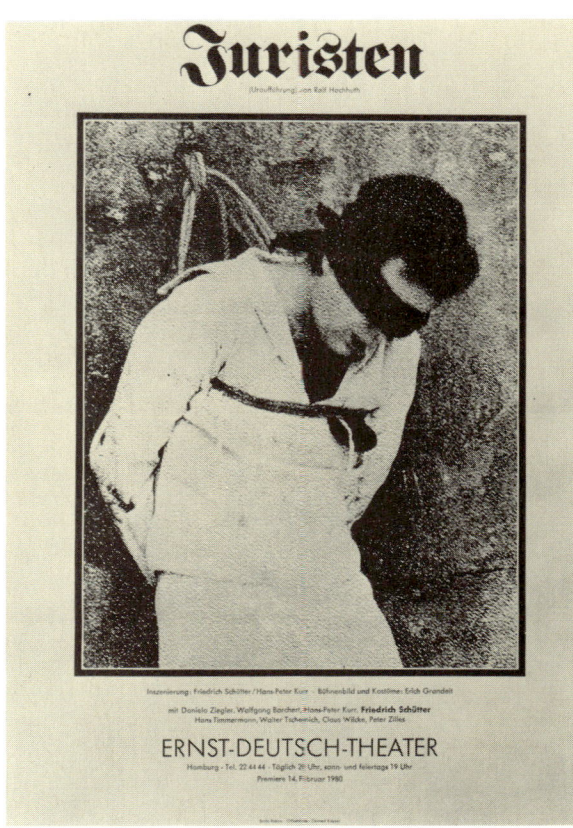

Juristen
(Uraufführung) von Rolf Hochhuth

Inszenierung: Friedrich Schütter / Hans-Peter Kurr – Bühnenbild und Kostüme: Erich Grundelt
mit Daniela Ziegler, Wolfgang Bonhert, Hans-Peter Kurr, Friedrich Schütter
Hans Timmermann, Walter Tschernich, Claus Wilcke, Peter Zilles

ERNST-DEUTSCH-THEATER
Hamburg – Tel. 22 44 44 – Täglich 21 Uhr, sonn- und feiertags 19 Uhr
Premiere 14. Februar 1980

Klaus Staeck
Filbinger-Collage, 1975
Postkarte aus der Serie
»Radikale im öffentlichen Dienst«

Rolf Hochhuth
Juristen
Plakat zur
Hamburger Uraufführung 1980

Rolf Hochhuth
Ärztinnen
Uraufführung 1980
Plakat(Ausschnitt) zur
Hamburger Inszenierung 1983

Die Bühne als moralische Anstalt

Wieder einmal rast Rolf Hochhuth – seit Der Stellvertreter. Ein christliches Trauerspiel (1963) Exponent des zeitgeschichtlichen kritischen Dokumentartheaters – mit der Sense statt mit dem Skalpell analytischer Schärfe durch die Berufsstände. Nach den Theologen, den Politikern, Militärs, Hebammen und Sozialhelfern sind die Vertreter der Justiz und der Medizin an der Reihe. Am 14. Februar kommt in Göttingen, Hamburg und Heidelberg das Stück Juristen zur Uraufführung, am 9. November in Mannheim Ärztinnen.

Bei den Vorarbeiten zu Juristen ist Hochhuth auf Material gestoßen, das den baden-württembergischen Ministerpräsidenten (ab 1966) und ehemaligen Marinerichter im »Dritten Reich«, Hans Filbinger, schwer belastet und den Dramatiker zu der Formulierung vom »furchtbaren Juristen« veranlaßt hat. Der Politiker wehrte sich juristisch. Doch Widersprüche in seinen Aussagen zwangen ihn 1978 zum Rücktritt. Empörung löste vor allem der in Filbingers öffentlichen Äußerungen erkennbare Mangel an Unrechtsbewußtsein des betont christlichen Landesvaters im Hinblick auf die unmittelbar vor Kriegsende gefällten Todesurteile aus. Klaus Staeck hat schon 1975 an Filbingers Richtertätigkeit erinnert.

Hochhuths Stück ist mehr als ein Filbinger-Schlüsseldrama; es soll zugleich als Abrechnung der jungen Generation mit den Vätern verstanden werden. Daß der Autor in der Gefahr schreibt, zum Oberlehrer der Nation zu werden, können geschickte Textarrangements nicht überspielen.

Auch in Ärztinnen, einer Anklage gegen unmenschliche Tendenzen der modernen Medizin, zeigt sich Hochhuth als Volksdramatiker in Sachen ethischer Sauberkeit. In einem Klima allgemeiner Korruption muß er allerdings den Zufall bemühen, um die skrupellosen Ärztinnen mit dem Unheil zu konfrontieren: Der Enkel wird, im Stil des Schicksalsdramas, Opfer inhumaner Experimente – Nemesis hat mitgeschrieben.

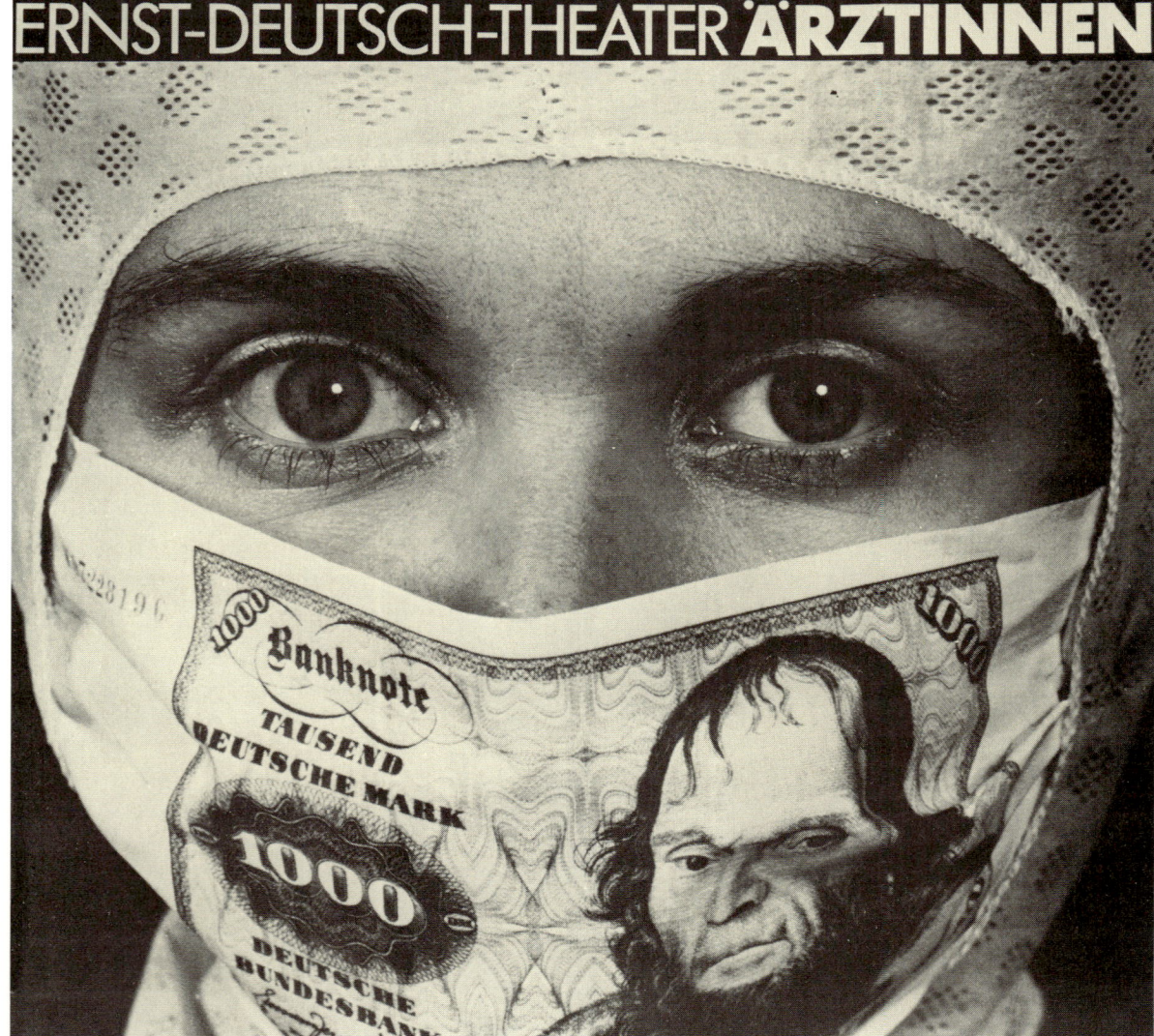

ERNST-DEUTSCH-THEATER **ÄRZTINNEN**

Theater

Premieren

● Thomas Bernhard: *Der Weltverbesserer* (Uraufführung am 6. September in Bochum). Bernhards Leib- und Magendarsteller Bernhard Minetti und der erprobte Bernhard-Exeget Claus Peymann stellen eine neue Variation zu Bernhards Dauerthema »Zerfall und Tod« vor. Diesmal malträtiert ein greiser Philosoph (s)eine fast stumme, aber dank Edith Heerdegens Interpretation sehr beredte Frau mit einem virtuosen, aber langatmigen Puzzle von Sentenzen.

● Thomas Brasch: *Lieber Georg* (Uraufführung am 2. Februar in Bochum). »Ein Eis-Kunst-Läufer-Drama aus dem Vorkrieg« über den expressionistischen Dichter Georg Heym, der 1912 beim Eislaufen auf der Havel ertrank.

● Jörg Graser: *Witwenverbrennung* (Doppel-Uraufführung am 6. September in Bonn und Düsseldorf). Grasers Debüt-Stück handelt von einem (entlassenen) Irrenwärter, der von der indischen Sitte der Witwenverbrennung deshalb nicht viel hält, weil er im Falle seiner Witwe nicht mehr dabei wäre. Also zerstört er seine Frau lieber selbst.

● Peter Greiner: *Kiez* (Uraufführung am 17. Mai in Köln). Die Geschichte vom Leben und Sterben (dies als Regieeinfall) des Zuhälters Knut, dem der Absprung nicht gelingt.

● Franz Xaver Kroetz: *Strammer Max* (Uraufführung durch das Essener Theater am 22. Mai bei den Ruhrfestspielen Recklinghausen). Das ursprünglich großangelegte Stücke über den Lakkierer Max, der von den Arbeitsbedingungen klein gemacht wird und mit blinder Wut reagiert, streicht Regisseur Wolf Seesemann wieder auf das übliche Kroetz-Format zusammen.

Grenz-Situationen

Eine »deutsche Geschichte« in vier Geschichten wollte Tankred Dorst erzählen. Auf dem Theater (*Auf dem Chimborazo*), in – vom Fernsehen – verfilmter Prosa (*Dorothea Merz*), erneut per Literatur (*Klaras Mutter*) und wiederum auf dem Theater (*Die Villa*). *Die Villa* wird am 20. September gleichzeitig in Stuttgart und Düsseldorf uraufgeführt. Während Günter Krämers Stuttgarter Version im Bühnenbild von Andreas Reinhardt einen Triumph des Regietheaters über einen Autor verbucht – und viele Kritiker zu Tschechow-Assoziationen treibt –, gibt sich Jaroslav Chundelas Inszenierung in der Szene von Klaus Stürmer textnäher.

In einer Villa an der Zonengrenze des Jahres 1948 (auf der östlichen Hälfte) zeigt Dorst Menschen in »Grenz-Situationen«: Eine Fabrikantenfamilie, Flüchtlinge, neue Machthaber und einen zynischen Grenzwechsler, der gerade mit Schmuggelware aus dem Westen zurückgekommen ist. Dorst interessiert sich mehr für Personen als für Geschichten.

Erfolg für eine Aussteigerin

Sie mag nicht mehr nett sein, nicht mehr adrett und keimfrei sexy. An ihrem 39. Geburtstag will Heather Jones nicht nur eine neue Show vorführen, sondern auch eine neue Heather Jones. Nicht mehr säuseln, daß sie da sein werde, wenn er sie braucht, sondern davon singen, wie ihr von Kindesbeinen an das Lächeln andressiert wurde. Es nicht nur in den Beinen haben, sondern auch im Köpfchen. Und als ihr Manager Joe Epstein das weder kapiert noch akzeptiert, weil man's angeblich dem Publikum nicht verkaufen kann, da kündigt sie ihren Vertrag und wagt den Alleingang: *Ich steig aus und mach 'ne eigene Show.* So heißt auch das Musical, das Gretchen Cryer und Nancy Ford geschrieben haben, und das seit der Uraufführung 1978 erfolgreich am Off-Broadway läuft. Auch die deutsche Erstaufführung im Berliner Schloßparktheater (Premiere am 18. Oktober, Regie: Helmut Baumann, musikalische Leitung: Rolf Kühn) wird ein großer Erfolg. Nicht zuletzt dank Nicole Heesters in der Titelrolle. Und weil diese kurzweilige Show über die Show und über die Zurschaustellung eines Menschen eine Bombenrolle für einen weiblichen Star birgt, steigen auch andere Bühnen gerne ein; das Kammer-Musical wird fleißig nachgespielt.

Wenn Hupfdohlen aus der Reihe tanzen

Die Helden kommen aus der zweiten Reihe: *A Chorus Line* heißt das Stück, und aus der »Chorus Line« stammen auch die Figuren der Handlung. Gemeint ist damit die »übliche singende Truppe, die in perfektem Einklang der Bewegungen eine harmonische Körperreihe bildet«. Das Fußvolk wird zum Star – und das ist nicht das einzige Ungewöhnliche an Michael Bennetts Stück, zu dem Marvin Hamlish die maßgeschneiderte Musik schrieb. Seit fünf Jahren ein Broadway Hit, seit dem 5. Oktober auch im Berliner »Theater des Westens« zu erleben – wenn auch mit Schützenhilfe aus New York: Regisseur Baayork Lee und Dirigent Tom Hancock.

Das Theater ist hier nicht nur Thema, sondern auch Kulisse. Es geht in diesem Zweistunden-Stück darum, wie ein Regisseur sich aus einer Schar von Bewerbern seine »Chorus Line« zusammenstellt. Für dieses Vorsingen und Vortanzen genügt als Hintergrund eine drehbare Spiegelwand: kein Flitter kein Operettenschein, kein Ausstattungs-Musical. Solcher Verzicht auf Illusionismus und dazu die bisweilen rüde-direkte Sprache der Show-Aspiranten, die hier ihren Werdegang schildern, das verstört manchen Premierenbesucher, für den das kein »richtiges Musical ist. Dafür ein wichtiges.

No chance for peace

Seine Hymne lautet Give peace a chance, *doch er selbst fällt der Friedlosigkeit zum Opfer. Am 7. Dezember wird John Lennon, der am 9. Oktober seinen 40. Geburtstag gefeiert hat, bei der Rückkehr von einer Studioaufnahme in sein Appartement im New Yorker Stadtteil Manhattan von dem 25jährigen Mark David Chapman aus Hawaii auf der Straße angesprochen und durch fünf Schüsse getötet. Die Polizei kennzeichnet den Täter als »offensichtlichen Exzentriker«.*

Lennon war nicht nur der Wortführer, sondern ist auch als der Gründer der legendären, 1970 auseinandergegangenen Pop-Gruppe The Beatles zu betrachten. Als Rock'n'Roll-Anhänger sorgte er, der Wortgewaltigste unter den vier Musikern, dafür, daß der proletarische Akzent ihrer Herkunft auch im Erfolgs-Sound nie ganz verloren ging.

Nach der Beatles-Ära erprobte Lennon sich und seine – nicht nur musikalischen – Möglichkeiten: Vom »bed in« 1969, als er zusammen mit seiner zweiten Frau, der Underground-Filmemacherin und Sängerin Yoko Ono, von einem Amsterdamer Hotelbett aus den Frieden verkündete, über Solidaritätskundgebungen mit klassenkämpferischen und emanzipatorischen Bewegungen bis zu seinen filmischen Ambitionen, nachdem er – abgesehen von den drei Beatles-Filmen – auch in Richard Lesters How I Won the War *(1967,* Wie ich den Krieg gewann) *eine Hauptrolle gespielt hat.*

Lennon artikulierte einst das Gefühl einer Epoche und hatte Teil an ihrem Niedergang. 1975 verkündete er singend, »eine Verschwörung der Stille« spreche »lauter als Worte«.

Die fünf Schüsse des herostratischen, durch den Mord aus der Anonymität an die Öffentlichkeit drängenden Lennon-Fans Chapman beenden nicht nur endgültig die Beatlemania und die Hoffnungen auf eine Wiedervereinigung des Quartetts, sondern auch eine nicht zuletzt durch Lennon verkörperte Ära unter dem Motto All you need is love.

Yoko Ono und John Lennon, 1968.

1980

Sturm im Weihwasserglas

Kaum ist das Aufgebot bestellt für *Jesu Hochzeit*, da gibt es auch schon Einspruch. Jesus von Nazareth als Held einer »Mysterienoper«, das hätte mancher ja noch hingenommen, aber die gleichnishafte Vermählung von Glaube und Tod (weiblichen Geschlechts) geht einigen Wienern doch gegen die rechte Lehre. Schon vor der Uraufführung am 18. Mai gab es Proteste gegen das Werk. Und mit allen Diskussionen ernten Gottfried von Einem (Musik) und Lotte Ingrisch (Libretto), was sie nicht gesät haben: Ernsthaftigkeit. Denn zu den angestrengt naiven Texten (modernistisch angehauchte Mystik), hat von Einem eine Patchwork-Komposition aus Tonteppichfetzen zusammengestellt. Dazu kommt eine Uraufführung, die im musikalischen Bereich (Dirigent: David Shallon) vor allem durch Standvermögen beeindruckt und im szenischen zu viele Rücksichten auf die TV-Live-Übertragung nimmt.

Rückversicherung in Bregenz

Die Bregenzer sind es leid, daß ihr Spiel auf dem See bei Regen ins Wasser fallen muß und haben an die Freilufttribüne ein »Festspiel- und Kongreßhaus« angebaut, das in diesem Sommer mit vielen Hymnen und Reden eingeweiht wird. Am nächsten Tag geht prompt Beethovens *Neunte* beim Festkonzert fast baden, weil die Wiener Symphoniker auf Karl Böhms sporadische Zeichengebung nicht so eingespielt sind wie ihre Philharmoniker-Kollegen, doch der Respekt vor dem großen alten Mann rettet den Abend.

Am Tag darauf gibt es als Premiere Mozarts *Entführung aus dem Serail*, aber weil der Wettergott gnädig ist, bleibt die architektonische Rückversicherung ungenutzt. Im Festspielhaus hätte allerdings auch nur ein Drittel der Besucher Platz gefunden. Nur die Inhaber von teureren Vorzugskarten dürfen bei Regen umziehen, der Rest muß nach Hause gehen.

Tier- und Landschaftsschutz

Seit 1948 besteht die von der französischen Regierung und der UNESCO gegründete »International Union for Conservation of Nature and Natural Resources« (deutsche Kurzbezeichnung »Internationale Union für Naturschutz«) mit Sitz in Morges am Genfer See.

Hier befindet sich ebenfalls die Zentrale des 1961 gegründeten unabhängigen World Wildlife Fund, dessen Emblem einen Panda- bzw. Bambusbären zeigt. (1980 wird zum zweiten Mal in einem Zoo – diesmal in Mexico City – eines dieser in Westchina heimischen Säugetiere geboren.)

Beide Organisationen stehen in einem nahezu aussichtslosen Kampf gegen das Aussterben von Tier- und Pflanzenarten, deren natürliche Lebensbedingungen rapide schwinden. So fallen nach einer jüngsten Schätzung der UNO gegenwärtig jede Minute weltweit etwa zehn Hektar tropischer Urwald von Menschen gelegten Bränden oder Bulldozern zum Opfer. Ökologen befürchten, daß der tropische Urwald bei diesem Vernichtungstempo in spätestens 40 Jahren bis auf kümmerliche Reste von der Erde verschwunden ist. Ein Beispiel für die drohende Zerstörung einzigartiger Biotope wie Feuchtwiesen und Altwässer in der Bundesrepublik ist der von Umweltschützern 1982 heftig bekämpfte Weiterbau des Rhein-Main-Donau-Kanals, der durch das Altmühltal führt.

Emblem des World Wildlife Fund.

Musik

Premieren

● Peter Maxwell Davies: *The Lighthouse (Der Leuchtturm)* (Uraufführung am 2. September beim Edinburgh-Festival). Zur Gespenstergeschichte um das Verschwinden dreier Leuchtturmwärter wurde eine spannende und anspielungsreiche Musik geschrieben.

● Philip Glass: *Satyagraha*. Libretto von Philip Glass und Constanze DeJong (Uraufführung am 5. September in Rotterdam). In sieben Bildern wird die Entwicklung Gandhis zum Führer des gewaltlosen Widerstands gezeigt. Zu den Sanskrit(!)-Texten hat Glass mit den Mitteln der »Minimal Music« ein mystisches Monotorium von Trance-weckendem Schönklang gefügt.

● Volker David Kirchner: *Die fünf Minuten des Isaak Babel*. Szenisches Requiem in zwölf Bildern. Libretto Harald Weinrich (Uraufführung am 19. April in Wuppertal). Regie: Friedrich Meyer-Oertel; musikalische Leitung: Hanns-Martin Schneidt. Aus der Lebensgeschichte des sowjetischen Literaten Isaak Babel wird hier ein Gleichnis auf das Scheitern des Intellektuellen an der brutalen Realität.

● Giselher Klebe: *Der jüngste Tag*. Libretto: Lore Klebe nach Ödön von Horváth (Uraufführung am 12. Juli in Mannheim). Inszenierung: Kurt Horres; musikalische Leitung: Hans Wallat. Noch eine Literatur-Oper: Zur 200-Jahr-Feier des Mannheimer Nationaltheaters vertonte Klebe »im Bereich der totalen Chromatik« Horváths eher schwachen Text vom Drama eines Stationsvorstehers, dessen Kuß für ein kesses Mädchen tödliche Signalwirkung hat.

● Hermann Reutter: *Hamlet*. Schauspiel für Musik frei nach Shakespeare (Uraufführung am 6. Dezember in Stuttgart). Inszenierung: Kurt Horres; Dirigent: Ferdinand Leitner. Auch die mindestens 20. *Hamlet*-Oper wird Shakespeare nur bedingt gerecht. Immerhin weckt das altmeisterliche Werk des über 80jährigen Komponisten durch kammermusikalische Sensibilität Respekt.

● Jan Van Gilse: *Thijl*. Libretto: Hendrik Lindt. (Uraufführung am 5. Juni in Scheveningen). Die späte Uraufführung dieses um 1940 vollendeten Werks während des Holland-Festivals gibt den Flandern eine Nationaloper. Mit eigenständigen spätromantischen Klängen schildert Van Gilse (nach Charles de Costers Prosaepos *Tyll Ulenspiegel und Lamm Goedzak*...eine Episode aus dem Freiheitskampf Flanderns gegen die spanische Besetzung – ein Gleichnis auf die nationalsozialistische Besatzung.

Kagel und die Minimal-Music

Ist die Endzeit nahe? Das Paradies scheint derzeit der liebste Spielort des Musiktheaters zu sein: die Oper kümmert sich mit Vorliebe um Ur- und Abgründiges. In Stuttgart ist man höheren Regionen besonders nahe. Dort bot man Pendereckis *Verlorenes Paradies*, und dort gibt es (am 9. Februar) die Uraufführung von Mauricio Kagels »szenischer Illusion in einem Akt« mit dem doppelbödigen Titel *Die Erschöpfung der Welt*, inszeniert von Kagel selbst. Dirigent: Bernhard Kontarsky.

Nicht nur in den »K(l)ageliedern« singt Kagel von der Vergeblichkeit der Schöpfung, sein Stück unterfüttert Ansätze der kritischen Theologie mit Skepsis ebenso wie mit Slapstick nach dem Motto: »Musik scheint ein ideales Feld zum Verschleudern theologischen Gedankengutes zu sein…«.

An der »Minimal-Music« scheiden sich die Geister. Die einen halten diese Endlosketten aneinandergereihter Wiederholungen kleinster Klangmuster für nervtötend. Die anderen sind fasziniert, weil die Minimalisten einen Schleichweg zurück zur Tonalität gefunden zu haben scheinen, der dennoch nicht rückwärts gerichtet ist, sondern seitwärts: in exotische Musikregionen etwa. Steve Reich, Phil(ip) Glass, Terry Riley und La Monte Young machen mit Kompositionen von sich reden, die Elemente aus der Weltmusik ebenso wie aus der Musikgeschichte aufgreifen. Weite Klangflächen werden aus einfachen, aber unermüdlich wiederholten Floskeln zusammengesetzt, ehe sich (teils schleichend, teils abrupt) eine neue Akkordebene ergibt. Die gute alte Kadenz-Harmonie (Tonika, Subdominante, Dominante) feiert Urständ', und zum Glaubensbekenntnis der Minimalisten gehört der Verzicht auf Themen-Dualität oder thematisch-dialektische Verarbeitung. Der meditative Charakter wird oft angestrebt. Immerhin erreicht die »Minimal Music« ihre teilweise hypnotische Wirkung mit Klangmitteln, die nicht nur bewußt eingesetzt sind, sondern auch bewußt erfahrbar sind.

Weltraumforschung
**Jupiter mit den Monden
Io und Europa**

Biotechnik
**Glasmesser zum Zerschneiden
von Chromosomen**

Dimensionen und Risiken der Forschung

Die beiden Abbildungen verweisen auf zwei Komplexe der Wissenschaft, in denen ungeheure Fortschritte erzielt wurden.

Im September 1989 sollen die beiden amerikanischen Raumsonden Voyager 1 und 2 den Planeten Neptun erreichen. Gestartet wurde das Unternehmen zur Erforschung der äußeren Planeten unseres Sonnensystems 1977. Nach anderthalbjährigem Flug erreichte Voyager 1 im März 1979 das Jupitersystem, im Juli folgte Voyager 2. Das Interesse der Wissenschaftler an den zur Erde gefunkten Bildern und Daten galt nicht zuletzt der Erforschung der 16 Jupiter-Monde, von denen Galileo Galilei 1610 die ersten vier entdeckte. Zu Galileis Entdeckungen gehören auch die Saturnringe. Neue Aufschlüsse über das Ringsystem und über die Saturn-Monde bringen die von Voyager 1 im November 1980 und die im Juli 1981 von Voyager 2 übermittelten Bilder.

Dank der Entdeckung spezieller Enzyme durch den Basler Nobelpreisträger Werner Arber gelingt es, Erbanlagen (Gene) aus den Erbträgermolekülen (DNS) von Lebewesen zu isolieren und sie in die DNS von Bakterien »einzuschleusen«. Begehrte Gen-Produkte wie Enzyme oder Hormone, die in den Zellen des Spender-Organismus nur in geringen Mengen hergestellt werden, lassen sich auf diese Weise von den beliebig vermehrungsfähigen Bakterien in großen Mengen gewinnen.

Die hier praktizierte genetische Manipulation hat einen neuen Zweig der Biotechnik entstehen lassen. Zahlreiche Unternehmen in aller Welt nutzen die lukrativen Möglichkeiten und wetteifern um Erfolge auf dem rasch expandierenden Markt für Biostoffe. Unter diesen sind so nützliche wie das Insulin und das Interferon, eine virushemmende Substanz, von der man sich auch Hilfe in der Krebstherapie erhofft. Die anfangs befürchtete Gefahr, genetisch manipulierte Bakterien könnten aus den Laboratorien entweichen und zu einem Risiko für den Menschen werden, erweisen sich bald als weitgehend unbegründet.

Alexander von Branca
Neue Pinakothek in München
erster Entwurf 1966/67,
Eröffnung 1981

Danilo Silvestrin
**Schreibtisch
Hommage à Mondrian**

Zitate

Die Postmoderne als eine Tendenz innerhalb der gegenwärtigen Architektur steht zur Diskussion, als am 28. März der Neubau der 1944 zerstörten Neuen Pinakothek in München eröffnet wird. Der Architekt Alexander von Branca, der unter 278 Wettbewerbskandidaten als Sieger hervorgegangen ist, betrachtet – vom Vorwurf der »Schnickschnacktümelei« und der »Neo-Neo-Historie« unbeeindruckt – den Bau als notwendige Absage an die »Attitüde der konstruktiven Wahrheit«, den »Schematismus der Moderne«. Die Anleihen bei unterschiedlichen Bau- und Stilformen, etwa bei der blockhaften, nur durch einige Erker und kleine Fenster aufgelockerten Geschlossenheit mittelalterlicher Wehrbauten oder bei romanischen Fensterarkaden – alle diese »Architekturzitate sind ganz bewußt, wenn auch vielleicht zum Teil nicht logisch« (Branca). Die Absage an die »konstruktive Wahrheit« äußert sich in der Verkleidung des Betonkerns der Mauern mit behauenem Naturstein. Insgesamt herrscht Vielfalt der Materialien: Eichenholz rahmt die Sprossenfenster, kontrastiert mit Stahlfensterrahmungen; im Inneren beeindrucken Marmor und Parkett, Leinwandbespannung und Mahagoni. »Die Neue Pinakothek«, so der Architekt, »ist wie eine begehbare Schatzkammer gedacht.« In ihr werden Meisterwerke der Malerei (und Plastik) des 19. Jahrhunderts gezeigt, wobei die »Nahtstelle« zur Sammlung der gegenüberliegenden Alten Pinakothek in der Mitte des 18. Jahrhunderts liegt.
Zitate begegnen dem Betrachter auch in einer neuen, vor allem von Italien ausgehenden Auffassung von Möbelbau und Raumgestaltung. Bei Danilo Silvestrins Schreibtisch Hommage à Mondrian ist es der Rückgriff auf den Frühkonstruktivismus des Stijl, wobei das »Zitat« spielerischen Charakter besitzt. Gerade hierdurch gewinnen die Entwürfe der 1981 von Ettore Sottsass mit Mailänder Kollegen gegründeten Gruppe »Memphis« ihre gegen Zweckrationalität und bloße Funktionsgerechtigkeit gerichtete Durchsetzungskraft.

1981

Bildende Kunst

Ausstellungen

● Berlin: *Realismus zwischen Revolution und Reaktion 1919 bis 1939.* Im Pariser Centre Pompidou hatte die Ausstellung noch »Die Realismen« versprochen, bei der Präsentation in der Staatlichen Kunsthalle verheißt der Titel zwar Eindeutigkeit, aber die Vielfalt des Ausgestellten belegt die Variationsbreite realistischer Darstellung.

● Hamburg: *Experiment Weltuntergang. Wien um 1900.* Mit Klimt und Kokoschka, Makart (das aufwendig restaurierte Mammut-

werk *Einzug Karls V. in Amsterdam*), Schiele, Kubin und Schönberg zeigt die Kunsthalle den Auf- und Ausbruch der Todesahnungen.

● Köln: Statt Weltkunst kann man in den Kölner Rheinhallen nur *Westkunst* präsentieren, dennoch ist die aktuelle Schau im Jahr vor der »documenta« hierzulande konkurrenzlos. Thema ist die »zeitgenössische Kunst seit 1939«.

● Paris: *Art allemagne aujourd'hui* ist im Musée d'Art Moderne de la Ville de Paris gesammelt; von Renate Anger bis Norbert Wolf und Joseph Beuys.

● Rom: Die Galleria Nazionale d'Arte Moderna belegt mit der Ausstellung *Die Nazarener in Rom*, welche Anziehungskraft Rom zwischen 1810 und 1825 auf deutsche Künstler hatte.

● Würzburg: *Tilman Riemenschneider – Frühe Werke.* Ein aufgefrischtes Bild des Bildschnitzers präsentiert das Mainfränkische Museum: den Plastiker als Freund von Farben und als Partner von Malern.

● Zürich: *Mythos und Ritual in der Kunst der 70er Jahre* werden im Kunsthaus ohne genauere Begriffsdefinition, aber mit signalhaften Beispielen vorgestellt.

Mit Glanz, aber ohne Gloria: Preußen

Als das Alliierte Kontrollratsgesetz Nr. 46 vom 25. Februar 1947 »den Staat Preußen« auflöste, gab es weder in Ost noch West große Empörung. So recht mochte niemand der Begründung widersprechen, Preußen sei »Träger des Militarismus und der Reaktion« gewesen oder – wie es Churchill kürzer formulierte – die »Wurzel allen Übels«.

34 Jahre später werden von den einen preußische Tugenden gepriesen, von den anderen deren Folgen und deren Erfolge ausgestellt: In Berlin wird am 15. August die Ausstellung *Preußen – Versuch einer Bilanz* eröffnet. Deren Ziel hatte der Regierende Bürgermeister von West-Berlin, Dietrich Stobbe vorher so formuliert: »Wir wollen die Historie veranschaulichen, und die Künste werden die Epoche lebendig machen. Wir wollen keine Verherrlichung dieses Preußens. Wir wollen auch seine Verketzerung nicht. Wir wollen, durchaus nicht auf Kosten von Engagement und Leidenschaft, die möglichst objektive Auseinandersetzung«.

Die große Preußen-Ausstellung erweist sich dann auch als Kombination von Aufklärung und Anschauung. Krupps »dicke Berta« (in Holz nachgebaut) und eine preußische Regimentsgalerie, die Offiziere nach Schablone porträtiert, philosophische Schriften und politische Parolen, Dokumente und Souvenirs sind die Steinchen, aus denen ein lehrreiches Mosaik gelegt wird. In elf Abteilungen erhält man einen facettenreichen Überblick über das Phänomen Preußen, von »Anfängen und Grundlagen« bis »Preußen und Polen. Polen in Preußen«. Anschaulich, greifbar und begreifbar.

Und die besten Perspektiven schafft die Wirklichkeit: beim Blick hinaus aus dem Martin-Gropius-Bau (dem ehemaligen preußischen Kunstgewerbemuseum) sieht man nicht nur deutsch-deutsche Realität, die Mauer, das DDR-»Haus der Ministerien« (früher das NS-Luftfahrtministerium) und das Springer-Verlagshaus, sondern man ahnt auch die Last der Geschichte: der mittlerweile planierte Standort des Gestapo-Hauptquartiers liegt vor den Fenstern.

Zur großen Geschichtsschau gehört eine Reihe von Begleitveranstaltungen, darunter die Ausgrabung von Heinrich Grauns Oper *Montezuma,* zu der Friedrich II. das Libretto geschrieben hat: ein Gleichnis von Macht und Moral, jetzt von Herbert Wernicke geistreich inszeniert.

Friedensbewegte Schriftsteller

Für Bernt Engelmann, den Vorsitzenden des westdeutschen Schriftstellerverbandes, war es »die erste Begegnung dieser Art seit Jahrzehnten«. Aber entscheidender als die Tatsache, daß ein gutes Dutzend westdeutscher Autoren zu einem deutsch-deutschen Schriftsteller-Treffen geladen wurde, war wohl, daß zum erstenmal in der Geschichte der DDR ostdeutsche Bürger öffentlich Kritik auch an der eigenen Staatsführung äußern durften – selbst vor Westkameras. Denn statt literarischer Themen standen Fragen der Abrüstung auf der Tagesordnung, schließlich nannte sich das Meeting »Berliner Begegnung zur Friedensförderung«. Und friedlich war auch der Umgangston – als der zu entgleisen drohte, warnte der Schweizer Adolf Muschg davor, »mit unfriedlichen Mitteln friedliche Positionen zu vertreten«. Daß außer den Deutschen aus zwei Staaten auch noch Künstler und Wissenschaftler aus Österreich, der Schweiz, der Sowjetunion, aus Großbritannien und Dänemark dabei waren, entkrampfte wohl die Atmosphäre. Jedenfalls konstatierte der – in Westdeutschland als Dramaturg tätige – ostdeutsche Schriftsteller Rolf Schneider: »Das ist die erste Begegnung unter Kollegen, in der mit solcher Offenheit gesprochen wurde«.

Ein gesamtdeutsches Jubiläum

Im Preußen-Jahr würdigen Ausstellungen in Ost- und West-Berlin das Schaffen des preußischen Baumeisters Karl Friedrich Schinkel, der auch als Maler, Bühnenbildner und »Designer« (er entwarf das Eiserne Kreuz) tätig gewesen ist. Den Anlaß bilden der 200. Geburtstag und der 140. Todestag des in der Romantik beheimateten Klassizisten, der zugleich den Historismus bzw. Eklektizismus eingeleitet hat. In den Vordergrund tritt jedoch im Zusammenhang einer allgemeinen Schinkel-Renaissance sein Bekenntnis zur Zweckmäßigkeit von Konstruktion, Raumverteilung und Verzierung: »In der Architektur muß alles wahr sein, jedes Maskieren, Verstecken der Konstruktion ist ein Fehler.« Schinkels Hauptwerk ist in dieser Hinsicht die 1836 eröffnete, 1962 abgerissene Berliner Bauakademie.

Ein Bestandteil des Schinkel-Jubiläums in gesamtdeutschem Sinne: Rückführung der von Schinkel entworfenen Skulpturen der Schloßbrücke von West- nach Ost-Berlin am 29. April 1981.

1981

Leben im Schatten des Faschismus

Francois Truffaut, Ende der fünfziger Jahre Mitbegründer der »Neuen Welle« im französischen Film, liefert mit seinem neuesten Film einen Beitrag zur Auseinandersetzung mit der Zeit des Nationalsozialismus am Beispiel von Paris unter deutscher Besatzung. Le dernier métro (Die letzte Metro) schildert das Schicksal des jüdischen Theaterdirektors Lucas Steiner, der sich vor den Okkupanten verstecken muß, und seiner Frau Marion, von der die Theaterleitung übernommen wird. Truffaut wollte »die Faszination eines Theaters zeigen, die Stimmung der Besatzungszeit wiedergeben und Cathérine Deneuve in der Rolle einer aktiven und selbstbewußten Frau präsentieren«. Alle drei Wünsche hat er sich und dem Kinopublikum erfüllt, in einem (so ein Kritiker) »betörend schönen Film über eine schmutzige Zeit«. Partnervon Cathérine Deneuve sind Heinz Bennent als Steiner und Gérard Depardieu als Ensemblemitglied und Widerstandskämpfer.

Cathérine Deneuve in
Le dernier métro (Die letzte Metro);
1981

Der Ruinenbaumeister

»Arbeit, einziges Mittel, um mich vom Absacken zu bewahren«, schreibt Peter Weiss in seinem Werk *Notizbücher 1971 – 1980,* das jetzt in zwei Bänden erscheint – gleichzeitig mit dem eindrucksvollen Beleg dafür, was und wie der in Stockholm lebende deutsche Schriftsteller in den letzten Jahren gearbeitet hat: *Die Ästhetik des Widerstands* wird mit ihrem dritten Band abgeschlossen. In den *Notizbüchern* hat Weiss auch den Aufbau seines umfassenden Prosawerks beschrieben: »Band I der kollektive Kampf um die Gewinnung der Kultur, die Eroberung des Ausdrucksmittels, mit dem sich die Erfahrungen der Benachteiligten, der Erniedrigten gestalten lassen – Band II Prozeß der Individuation, Versuch, die Ästhetik vom Werkzeug zur Erkenntnis kultureller Vorgänge, zum Instrument des Eingreifens zu machen – Band III nach den gewonnenen Erkenntnissen erzählen.« Ist der Untertitel »Roman« irritierend, weil das Buch allen gängigen Erwartungen an diese Erzählform widerspricht, so führt auch Weiss' Bemerkung von der »Wunschbiographie« in die Irre. Denn hier schreibt sich nicht etwa ein Fabrikantensohn die gewünschte proletarische Biographie zurecht, sondern hier spiegelt ein engagierter Linker die eigenen Widersprüche und die der linken Bewegung.

Denn Peter Weiss liefert eine grundsätzliche Auseinandersetzung mit Theorie und Praxis der Linken – und zugleich das Bild der Polarität zwischen Reform und Revolution, zwischen Sozialismus und Kommunismus, zwischen Reinheit der Lehre und Pragmatismus der (Macht-)Politik. Und ähnelt der Gegenstand seiner Beschreibung auch bisweilen einem historischen Trümmerhaufen, so gleicht Weiss dank der ausgetüftelten Konstruktion dieses Prosawerks einem Ruinenbaumeister, der aus den Splittern und Scherben einen funktionierenden Spiegel formt.

Film

Premieren

● John Carpenter: *Escape from New York (Die Klapperschlange),* mit Kurt Russell. Eine faszinierende Halluzination von Gewalt: Im Jahre 1997 wird Manhattan zum isolierten Hochsicherheitstrakt erklärt. In diese Hölle stürzt der US-Präsident ab und kann nur »Snake« gerettet werden. Ein Großstadtwestern in Science-Fiction-Kulisse.

● Rainer Werner Fassbinder: *Lili Marleen,* mit Hanna Schygulla und Giancarlo Giannini. Nach Motiven der Lale-Andersen-Memoiren *Der Himmel hat viele Farben* erzählt Fassbinder die Liebesgeschichte der deutschen Sängerin Wilkie und des jüdischen Komponisten Robert Mendelsson: eine Liebe, die (nicht nur) am »Dritten Reich« zerbricht. Ein teurer, sorgfältig konstruierter Film mit großen Effekten.

● David Lynch: *The Elephant Man (Der Elefantenmensch),* mit John Hurt und Anthony Hopkins. Die Leidensgeschichte von John Merrick, der wegen seiner monströsen Verwachsungen »Elefantenmensch« genannt wird. Mit Poesie und Realismus und ganz ohne Effekthascherei berichtet der Film über das Leiden einer edlen Seele in elender Gestalt – und über eine enge, beklemmende Epoche, das viktorianische England.

● Wolfgang Petersen: *Das Boot.* Nach Lothar-Günther Buchheims Bestseller-Vorlage entstand ein aufwendiges Spektakel um harte Männer auf hoher See.

● Alain Resnais: *Mon oncle d'Amérique (Mein Onkel aus Amerika).* Den Film um Jean, René und Janine, die auf den Onkel aus Amerika warten wie Becketts Figuren auf Godot, hat Resnais mit dokumentarischen Sequenzen versetzt – ein Denk-Spiel-Film.

● Martin Scorsese: *Raging Bull (Wie ein wilder Stier),* mit Robert de Niro. Mit böser Präzision und kalter Wut schildert Scorsese das Leben von Jake La Motta, der sich von den Straßen der New Yorker Bronx emporboxt bis zum Weltmeister 1948 – und dann von Geschäftemachern verheizt wird.

● Steven Spielberg: *Raiders of the Lost Ark (Jäger des verlorenen Schatzes),* mit Karen Allen und Harrison Ford. Spielberg und sein Co-Autor (und Produzent) George Lucas greifen Trivialmaschen der dreißiger und vierziger Jahre auf und häkeln daraus einen Action-Streifen.

● Margarethe von Trotta: *Die bleierne Zeit,* mit Jutta Lampe und Barbara Sukowa. Der Film über Gudrun und Christiane Ensslin wurde kurzschlüssig als Terroristenfilm mißverstanden. Er erzählt von Schwesterliebe und Schwesternhaß, vom Leiden an deutscher Vergangenheit und Gegenwart. Ein sensibler, unspektakulärer Film, der betroffen macht.

Théâtre du Soleil in Paris

Klaus Maria Brandauer in
Mephisto
1981

Der Teufelspakt eines Künstlers

Vor 15 Jahren haben Bundesgerichtshof und Bundesverfassungsgericht Klaus Manns Schlüsselroman Mephisto (1936 in Amsterdam erschienen, Neuauflagen Berlin 1956 und München 1965) zur Strecke gebracht – und damit an die Frage gerührt, welchen Vorrang die Kunst gegenüber Persönlichkeitsrechten besitzt; gilt doch als Vorbild für die Titelgestalt des »Romans einer Karriere« im Dritten Reich der 1963 verstorbene Gustaf Gründgens. Jetzt wird die Revision des Verfahrens ohne alle juristischen Winkelzüge vorgenommen. Der Rowohlt Verlag läßt zum Jahresbeginn 30 000 Exemplare drucken und ausliefern. Einen Monat später sind es schon eine Viertelmillion, und noch immer gibt es keine juristische Reaktion.

Schon zuvor hat Ariane Mnouchkine mit ihrem 1964 gegründeten, seit 1970 in einer ehemaligen Fabrikhalle am Stadtrand von Paris ansässigen Théâtre du Soleil eine dramatisierte Fassung des Romans auf die Bühne gebracht, als mit Elementen der Farce durchsetzte vehemente Attacke gegen die Korrumpierung eines Künstlers. Die Truppe gastiert mit dem Stück in Berlin. 1981 inszeniert es Hansgünther Heyme in Stuttgart.

Mit Karl Maria Brandauer in der Titelrolle jenes genialen Theatermannes Hendrik Höfgen alias Gründgens, dessen größter Erfolg die Rolle des (weiß – geschminkten) Mephisto in Goethes Faust bildet, verfilmt der Regisseur István Szabó in einer ungarisch-deutschen Co-Produktion den Roman. Ihm gelingt eine Umsetzung, die präziser noch als ihre Vorlage den Typus des karrierehungrigen, im Namen des künstlerischen Schaffens kompromißbereiten Intellektuellen vor Augen führt, der seinen »Teufelspakt« mit dem Faschismus schließt und dessen Machthabern er schließlich völlig ausgeliefert ist. In der Rolle Görings: der DDR-Schauspieler Rolf Hoppe. Ein wesentliches Verdienst des (1982 mit einem Oscar ausgezeichneten) Films liegt darin, daß die NS-Szenerie nicht durch bloße Ausstattungs-Fleißarbeit verharmlost wird.

Wolfgang Amadeus Mozart
Bildnis (Ausschnitt) von
unbekannter Hand
aus dem Jahr 1777

Antonio Salieri
Bildnis von unbekannter Hand

Tankred Dorst
Merlin oder Das wüste Land
Uraufführung 1981
Szenenfoto aus Dieter Dorns
Münchner Inszenierung (1982)
mit Thomas Holtzmann
als König Artus
und Peter Lühr als Merlin

Gerüchte und Mythen

Ein wohl auf Äußerungen Mozarts zurückzuführendes Gerücht behauptet, sein Rivale Antonio Salieri habe ihn vergiftet – eine Vermutung, die Alexandr Puschkin in seinem 1832 in Petersburg uraufgeführten Zweiakter Mozart und Salieri *als Tatsache auf die Bühne gebracht hat; 1898 in Moskau gelangte Nikolai Rimski-Korsakows Vertonung der psychologischen Studie zur Uraufführung. Nun hat sich der englische Erfolgsautor Peter Shaffer des Stoffs angenommen. Sein im Vorjahr in London uraufgeführtes Stück* Amadeus *hat am 27. Februar am Wiener Burgtheater seine deutschsprachige Premiere, mit Romuald Pekny als Salieri, der wenigstens durch jenes Gerücht am Ruhm seines Gegenspielers teilhat, und Michael Heltau als lastervoll-lästernder Mozart. Durch die Charakterisierung Mozarts im deftigen Stil seiner »Bäsle«-Briefe erscheint Shaffer als Denkmals-Schänder, was den Erfolg des Stückes zumindest nicht mindert.*

In seinem 1982 ausgestrahlten fünfteiligen Fernsehfilm Wolfgang Amadeus Mozart *(mit Christoph Bantzer in der Titelrolle) scheint Marcel Bluwal sich ebenfalls des Stils der spekulativen Enthüllungs-Biographik zu bedienen. Doch das Filmporträt bildet, gestützt auf Wolfgang Hildesheimers Mozart-Biographie (1977), den beachtlichen Versuch, ein ebenso historisch gesichertes wie für ein breites Publikum bestimmtes Bild Mozarts und seiner Zeit zu entwerfen.*

Hochkonjunktur besitzen im Zeichen der Fantasy-Bedürfnisse König Artus und der geläuterte Teufelssohn und Zauberer Merlin. Mit dem am 24. Oktober 1981 in Düsseldorf uraufgeführten Stück Merlin oder Das wüste Land *verzichtet Tankred Dorst jedoch auf eine Rekapitulation der Mythen. Er hat, wie Joachim Kaiser unter dem Eindruck von Dieter Dorns Münchner Inszenierung schreibt, »einen für ihn frischen, reizvollen Stoff gefunden und frei luftig-lustig behandelt, gelegentlich zu skeptischen Folgerungen vorstoßend« – geht es Dorst doch um die Darstellung einer von Idealen erfüllten Welt, die sich selbst verwüstet.*

Theater

Premieren

- Woody Allen: *Gott* (Deutsche Erstaufführung, Düsseldorfer Schauspielhaus, 4. April). Regie: Roberto Ciulli. Der altgriechische Schriftsteller Hepatitis und sein Protagonist Diabetes wissen nicht weiter und erfragen beim Publikum das Ende ihres Stückes. Damit sind sie mitten in einem anderen Spiel: über sich, das Theater, über Gott und die Welt. Metaphysischer Jux und manchmal auch »nur« Blödelei.
- Thomas Bernhard: *Am Ziel* (Uraufführung, Landestheater Salzburg im Rahmen der Salzburger Festspiele, 18. August). Regie: Claus Peymann. In einem Haus am Meer versammeln sich die Interpreten der Wortkaskaden-Partitur. Diesmal führt eine Mutter (Marianne Hoppe) das große Wort, Tochter (Kirsten Dene) und »ein dramatischer Schriftsteller« (Branko Samarowyski) dürfen kaum mehr als Stichworte geben, ein Mädchen (Julia von Sell) nicht einmal das. Es geht – wie meist bei Bernhard – um die Kunst, um das Leben und um die Kunst, zu überleben.
- Václav Havel: *Das Berghotel* (Uraufführung Wiener Akademietheater, 23. Mai). Regie: Peter Palitzsch. Die bereits 1976 geschriebene szenische Etüde verbindet Momente des absurden Theaters mit konkreter Poesie und Mitteln zeitgenössischer Musik: ein serielles Stück für dreizehn Darsteller.
- Franz Xaver Kroetz: *Nicht Fisch, nicht Fleisch* (Uraufführung, Düsseldorfer Schauspielhaus, 31. Mai). Regie: Volker Hesse. In kurzen, parallelen, manchmal auch simultanen Szenen zeigt das Vier-Personen-Stück, wie der Alltag zweier Maschinensetzer durch die Technisierung bedroht wird.

Von der Schaubühne zur Schau-Bühne

Elf Jahre lang erspielte sich Peter Steins Theatermannschaft in der Berliner Schaubühne am Halleschen Ufer (im Vortragssaal der Arbeiterwohlfahrt) und in Ausweichquartieren den Ruf, die wichtigste deutschsprachige Schauspielbühne zu sein.

Am 6. September nun kann sie endlich ein neues Domizil beziehen. Für 81 Millionen Mark ist der Mendelssohn-Bau am Lehniner Platz – 1927 von dem Avantgarde-Architekten Erich Mendelssohn als Ufa-Premierenkino entworfen – zu einer Theaterfabrik umgebaut worden: eher Mehrzweckhalle als Musentempel. Der Wunsch der Schaubühne nach einem eigenen Theater, in dem sie sich in angemessener Form verwirklichen kann, ist damit erfüllt; später allerdings vermutet Peter Stein, daß im neuen Haus die Etablierung und der Perfektionismus ihren Anfang nehmen werden.

Matthäus-Passion als Ballett

So einfach, wie seine Erklärung »Ich bin Christ und Tänzer« vielleicht vermuten bis befürchten läßt, hat es sich John Neumeier nicht gemacht, als er sich daran wagte, J. S. Bachs *Matthäus-Passion* zu einem Ballett umzugestalten.

Die provozierende Frage, ob es möglich und erlaubt sei, diese grandiose Musik zu vertanzen, ob es legitim und machbar sei, diese elementare Leidensgeschichte als Ballett zu erzählen – angesichts der Seriosität, mit der Neumeier und sein Hamburger Ballett ans Werk gehen, fällt die Antwort trotz möglicher Detaileinwände positiv aus.

Die Uraufführung am 25. Juni in Hamburg ist ein Erfolg. Neumeier bleibt immer skrupulös, geschmackvoll, dezent. Es dominieren der schreitende Tanz, die Verkörperung des Miteinanderumgehens, des Mitleidens und der Liebe.

Musik

Premieren

- Hans Werner Henze: *Pollicino* (Deutsche Erstaufführung in Schwetzingen, 2. Mai). Libretto: Giuseppe di Leva (Übersetzung: Henze). Regie: Ernst Poettgen; musikalische Leitung: Dennis Russell Davies. Die Geschichte vom Däumling Pollicino, der mit seinen sechs Brüdern von den armen Eltern ausgesetzt wird, ist eine optimistische Oper von Kindern für Kinder.
- Mauricio Kagel: *Aus Deutschland* (Uraufführung, Deutsche Oper Berlin, 9. Mai). Regie: Mauricio Kagel; musikalische Leitung: Michael Gielen. »Eine Liederoper« nennt Mauricio Kagel sein Auftragswerk für die Deutsche Oper Berlin. Kagels Libretto ist ein Puzzle aus bekannten Texten, das zusammengesetzt 27 Bilder über das deutsche Lied und dessen Kult ergibt. Kagels Musik dazu beschwört immer wieder Liedgesten, verzichtet aber – mit zwei (nicht heraushörbaren) Ausnahmen – auf Musikzitate.
- Volker David Kirchner: *Das kalte Herz* (Uraufführung, Hessisches Staatstheater Wiesbaden, 25. April). Libretto: Marc Günther (nach Motiven von Wilhelm Hauff). Inszenierung: V. D. Kirchner/Marc Günther; musikalische Leitung: Siegfried Köhler. Eine Märchen-, aber keine Kinderoper ist diese »szenische Ballade für Musik« vom Aufstieg und Fall des armen Köhlers Peter Munkel.
- Giuseppe Sinopoli: *Lou Salomé* (Uraufführung, Münchener Nationaltheater, 10. Mai). Libretto: Karl Dietrich Gräwe. Regie: Götz Friedrich; musikalische Leitung: Giuseppe Sinopoli. Lou Salomé scheint aus jenem Holz, aus dem man Opernheldinnen schnitzt. Sie hatte nicht nur Tbc (was sie auf das Stimmfach Sopran festlegt), sondern verkehrt auch, vielfach intim, mit den Geistesgrößen ihrer Zeit. Sinopoli löst bei seinem Opernerstling sein Versprechen, eine Belcanto-Oper zu schreiben, nur bedingt ein und schwankt zwischen Eklektizismus und Ekstase. Dafür beweist Sinopoli wieder einmal, daß er ein glänzender Dirigent ist.
- Karlheinz Stockhausen: *Donnerstag* aus *Licht* (Szenische Uraufführung am 15. März in der Mailänder Scala). Stockhausens gigantischer *Licht*-Zyklus (sieben abendfüllende Werke) erlebt nach dem häppchenweisen Vorstellen konzertanter Einzelteile seine erste szenische Teilerprobung. Wegen eines Chorstreiks konnte der 3. Akt in den ersten fünf Vorstellungen nicht gespielt werden. Deshalb blieb den Mailänder Opernfreunden verborgen, daß Held Michael in Stockhausens kosmologischem Welttheater (»Musik, Libretto, Tanz, Aktionen und Gesten von Karlheinz Stockhausen«) hier nicht nur seine Jugend und seine Reise um die Erde vorführt, sondern auch seine Heimkehr.

Brechts Baal als Aussteiger

Die Spur läßt sich bis zu dem 1917 veröffentlichten und uraufgeführten Stück Der Einsame von Hanns Johst zurückverfolgen, einer expressionistischen Deutung des Lebens von Christian Dietrich Grabbe. Das Stück beeindruckte den jungen Bertolt Brecht, weckte aber auch seinen Widerspruch, der sich 1919 in seinem ersten Bühnenstück Baal artikuliert hat (Uraufführung 1923): als Bild eines von Lust- und Mordphantasien erfüllten rüden Vaganten, »asozial, aber in einer asozialen Gesellschaft« (Brecht). Aus vier der fünf Fassungen des Dramas hat der Komponist Friedrich Cerha das Libretto für seine Oper Baal erarbeitet. Sie kommt am 7. August in Salzburg unter der Regie von Otto Schenk und der musikalischen Leitung Christoph von Dohnányis zur Uraufführung. Den Publikumserfolg sichert Theo Adam in der Titelrolle, die Cerha als Verkörperung des zeitgenössischen Aussteiger-Typus angelegt hat. Der Männlichkeitswahn der Brechtschen Gestalt geht hierbei in Sang und Klang der soliden und farbenreichen, durchaus auf Nähe zur Sprache bedachten Partitur unter.

Baal; Plakat zur Salzburger Uraufführung 1981.

1981

Riesenprojekt in Sibirien

Wasserbauliche Maßnahmen der Sowjets in Sibirien sollen die unwirtliche Region langfristig in fruchtbares Ackerland verwandeln. Das Projekt sieht unter anderem vor, die großen ins Nördliche Eismeer fließenden Ströme durch ein System von Dämmen aufzustauen. Das rückgestaute Wasser soll teilweise südwärts in den vom Austrocknen bedrohten Aralsee geleitet werden. Mit Hilfe von Kanälen sollen zwischen Ob und Jennisseij rund 60 Millionen Hektar Sumpfland entwässert werden. Westliche Klimafachleute halten derart weitreichende Eingriffe in den Naturhaushalt für bedenklich, sie befürchten z. B. klimatische Auswirkungen. Sorgen macht vor allem, daß mit der Drosselung des Süßwasserstroms ins Nördliche Eismeer sich weniger Eis bilden wird und dadurch dort die Temperaturen ansteigen. Eine Verschiebung der Klimagürtel nach Norden ist wahrscheinlich.

Die Bundesrepublik im Dallas-Fieber

Die Inkubationszeit war etwas länger – wie immer, wenn der Atlantik zwischen den Infizierten und den Noch-nicht-Opfern liegt. Aber nun ist es auch in der Bundesrepublik ausgebrochen: das *Dallas*-Fieber. Jeden Dienstagabend erleben wir mit, wie die Ewings um Macht und Mammon, um Glück und Sieg kämpfen. Allen voran J. R., das Ekel mit dem gefrorenen Grinsen im Mundwinkel. So fies war bislang noch keiner. Oder er wurde am Ende eines Films bestraft. Doch J. R. intrigiert immer weiter. Selbst sein braver Bruder Bobby wird in späteren Folgen noch diabolische Züge in sich entdecken. Hierzulande entfacht prompt eine Diskussion, ob dies alles nicht erstens antiamerikanisch und zweitens sittenverderbend ist. Und ein Münchner Institut für angewandte Psychologie muß die Gemüter mit dem Untersuchungsergebnis beruhigen, daß *Dallas* einen therapeutischen Effekt habe – zum Beispiel verbesserte sich angeblich das Sozialverhalten bei den männlichen Zuschauern um zwölf Prozent, bei den Frauen um sieben: »Je fieser sich die Ewings benehmen, desto positiver die Wirkung – weil viele Zuschauer sich freuen, daß es bei ihnen zu Hause viel harmonischer ist«.

Dabei führen die Ewings doch nur ein zeitgemäßes Kasperltheater vor: der alte Jock (hart, aber gütig) und seine Gattin Miß Ellie, die Schwiegertöchter Sue Ellen (mal trocken vom Alkohol, mal naß von Tränen) und Pamela, die Enkelin Lucy – von Spöttern »das laufende Meter« genannt und heiße Favoritin im Wettstreit um die schlechteste schauspielerische Leistung –, der ewige Verlierer Cliff Barnes und der bodenständige Ray Krebbs, dem nur manchmal der Erfolg seiner Frau Donna Culver über den Kopf wächst…

Der wirkliche Reiz dieser Serie ist das Kalkül, die dramaturgische Konstruktion, die mit den Holzschnitt-Dialogen Elemente der Comicstrips zitiert, und die Ökonomie der Mittel. Selten kommen so viele Schauspieler so lange mit so wenig Gesten und Grimassen aus. Niemand hat das auf einen besseren Nenner gebracht als der Regisseur Ingmar Bergman: »Es ist so faszinierend schlecht, daß ich keine Folge versäume. Die Handlung ist abstrus und unlogisch, die Kameraführung grauenhaft, die Regie entsetzlich, und unglaublich viele schlechte Schauspieler und Schauspielerinnen spielen unglaublich schlecht. Aber es ist irre faszinierend.«

Walkman

Früher hatte man einen Mann im Ohr, jetzt kann es gleich ein ganzes Sinfonieorchester sein. Aus Japan kommen winzige Kassettenrecorder, die man überall dabei haben kann.

Wieder gelingt es – wie beim Kaffeefilter oder beim Papiertaschentuch – einer Firma, ihren Markennamen zum Synonym der Erfindung zu machen: der »walkman« erobert Straßen und Plätze, er ist beim Joggen dabei und beim Radfahren, im Auto (für den Fahrer verboten!) und im Flugzeug, auf den Skipisten und in einsamen Parks. Die modischen Volksempfänger sind klein und handlich, am Gürtel zu tragen oder per Riemen um den Hals. Zum Winzling gehört auch ein federleichter Kopfhörer. Da ist es auch am Ohr nicht bedrückend, überall high-fidel zu sein. Wer in seinem tragbaren Klangfeld nicht alleine bleiben will, kann für den Partner einen Zweit-Kopfhörer anschließen.

Die Neue Deutsche Welle

Sie heißen »Fehlfarben« oder »Einstürzende Neubauten«, »Hans-a-Plast« oder »Rotzkotz«: neue Töne aus neuen Ecken. Auf eigenem Klein-Label und zunächst in Spezialläden machen deutsche Rock-Musiker von sich reden. Versuche mit deutschen Texten hat es früher schon gegeben, doch diesmal kommt zum selbstgestrickten Text noch eine Musik, der man das Handgemachte oft in jedem der zwei Akkorde anhört. Hauptsache, es ist die eigene Musik. »Die moderne Melodie ist Krach«, sagt der Schlagzeuger der Berliner Gruppe »Einstürzende Neubauten« dessen Vorbilder nicht Musiker sind, »die drei Akkorde können, sondern solche Leute, die gar keinen Akkord können«.

Die Unschuld der selbstbestimmten Aufmüpfigkeit können sich die meisten Bands nicht bewahren, als der Kommerz lockt. Die dank Einfallslosigkeit durch Krisenängste geplagten großen Plattenfirmen locken mit lukrativen Verträgen, kaufen Labels und Bands auf. Die »Neue Deutsche Welle« wird zum Marktrenner – zumindest für eine Saison. Doch bald kommt zum Aufmotzen auch die Albernheit; der (teilweise gewollte) Schlagerschwachsinn der zwanziger Jahre feiert Urstände. Da reimt sich »Klima« auf »prima« und »Spaß« auf »ich geb Gas.« Die Neue Deutsche Welle versandet oft ins Seichte. Und mit einigem Grund wird später die Erfolgsgruppe »Trio« mit ihren – nicht nur wegen des Erstlings-Hits *da-da-da* – dadaistisch eingefärbten Rocksongs darauf bestehen, sich als »Neue Deutsche Fröhlichkeit« vom allzu umfassend verteilten Etikett NDW abzusetzen.

Was zur Manie werden kann

Der ungarische Bildhauer, Designer und Innenarchitekt Ernö Rubik hat mit seinem »Zauberwürfel« ein Geduldsspiel geschaffen, das zum «Spiel des Jahrhunderts» stilisiert wird: einen sechsfarbigen Würfel aus 27 Würfelchen, die sich allseits gegeneinander verdrehen lassen. Im Urzustand zeigt »Rubik's Cube« auf jeder seiner sechs Flächen jeweils eine Farbe. Das US-Wirtschaftsmagazin »Omni« warnt: »Erfreue Dich der hübschen Symmetrie, solange sie da ist. Vielleicht siehst Du sie nie wieder.« Denn sind die Farbflächen erst einmal durch ein paar Drehbewegungen an den Einzelwürfeln kunterbunt durchmischt, beginnt schon das Spiel bzw. der Ärger: 43 252 003 274 489 856 000 verschiedene Farbkombinationen sind möglich, und nur eine davon ist die richtige, nämlich ursprüngliche. Grund genug für den »Stern«, die politischen Schwierigkeiten des Kanzlers Helmut Schmidt zu Beginn des Jahres 1982 als Suche nach dem »richtigen Dreh« zu verbildlichen. Weit in den Schatten gestellt wird die Würfel-Manie (mit dem neuen Krankheitsbild des »Kubologen-Daumens«, einer Sehnenscheidenentzündung durch zu heftiges Würfeldrehen) durch das Dallas-Fieber, das die Bundesrepublik 1981 erfaßt.

Mitte links: »Stern«-Titel 3/1982
Mitte rechts: Dallas; Gruppenbild der Familie Ewing.

Schweißstraße in einem Automobilwerk

Eine Umsatzsteigerung von 13 Millionen im Jahr 1980 auf 72 Millionen DM im Jahr 1982, die von der Augsburger KUKA, einer Tochterfirma der Industriewerke Karlsruhe-Augsburg KG, erreicht wird, ist nicht nur ein wirtschaftlicher Erfolg, sondern zugleich ein Indiz für eine sich beschleunigende Entwicklung. KUKA-Produkte sind Industrieroboter, in der Definition Manfred Schweizers vom Stuttgarter Fraunhofer Institut für Produktionstechnik und Automatisierung »universell einsetzbare Automaten mit mehreren Achsen, deren Bewegungsmöglichkeiten durch einen oder mehreren Arme realisiert werden«. 1975 waren in der Bundesrepublik 243 Geräte dieser Art installiert, 1982 werden 3 500 gezählt, wobei die Automobilindustrie einen Anteil von 60 Prozent besitzt, gefolgt von der Elektroindustrie mit 12 Prozent. Noch beläuft

sich das Verhältnis zwischen Arbeitsplätzen zu Industrierobotern auf 10 000 zu 2,6 (in Japan 10 000 zu 10,6). Einerseits als Jobkiller gefürchtet, andererseits als entscheidender Beitrag zur Humanisierung der Arbeitswelt bejubelt, bilden die Industrieroboter einen Mittelpunkt der sozialpolitischen Diskussion. Doch sie repräsentieren nur einen Teilbereich der produktionstechnischen Entwicklung. Hier trifft noch das Humanisierungs-Argument zu, indem die Automaten monotone oder durch die Einwirkung von Hitze, Gasen, Schmutz, Farbstoffen und dergleichen gesundheitsschädliche Arbeiten etwa an Schweiß- oder Lackierstraßen übernehmen. Eine Partnerschaft zwischen Robotern und Arbeitern erscheint als denkbar. Auf die Metalleiber gepinselte Namen deuten auf ein, wenn auch einseitiges, kollegiales Verhältnis hin.

Der Schwerpunkt der technologischen Entwicklung liegt jedoch bei den Mikroprozessoren und »denkenden« Robotern. Menschliche Arbeits- und Gestaltungskraft erscheint als generell ersetzbar. Menschenleere Produktionsstätten, vor Jahren noch Horrorvisionen ohne erkennbare Grundlage, zeichnen sich immer deutlicher ab. Zugleich entsteht die Aussicht auf ein zumindest für die moderne Industriegesellschaft völlig neues Verständnis von Arbeit. Vorausgesetzt, daß die neuen Technologien ein ausreichendes Sozialprodukt »erarbeiten«, das den Lebensunterhalt der Menschen sichert, könnte dies die Befreiung von scheinbar selbstverständlicher Arbeit um des Gelderwerbs willen bedeuten. Wir müssen dann, so der Mannheimer Industrie-Pfarrer Reinhold Schwerdt, »unser menschliches Zusammenleben zur Arbeit machen«.

documenta 7
Ausstellungsraum mit Werken von Gerhard Richter und Gilbert & George

Salomé
Großes Streifenselbstbildnis
1981

Renaissance des Tafelbildes?

Erschien 1977 auf der documenta 6 die Sektion Malerei als ein Anhängsel der dominierenden Objektkunst, so erweckt die von Juni bis September geöffnete documenta 7 den Eindruck einer Wiederbelebung der Malerei in ihrer traditionellen Form des Tafelbildes. Ein Signal setzte schon im Vorjahr eine Londoner Ausstellung mit dem Titel A New Spirit in Painting.

Drei Haupttendenzen lassen sich hierbei beobachten: Das Fortleben der abstrakten, gegenstandslosen Malerei, im oben abgebildeten Blick in einen der Kasseler Ausstellungsräume repräsentiert durch drei Gemälde von Gerhard Richter, und der Symbiose von Malerei und Fotografie (im Bild oben: Durchbohren von Gilbert & George, zusammengesetzt aus 30 Einzelteilen).

Zum Durchbruch auf dem Kunstmarkt gelangt daneben die an den Expressionismus des ersten Jahrzehnts unseres Jahrhunderts anknüpfende Malerei der »Neuen Wilden« bzw. »Jungen Heftigen«, allen voran die Berliner Rainer Fetting, Helmut Middendorf, Bernd Zimmer, Wolfgang Cilarz mit dem Künstlernamen Salomé und der aus der Schweiz stammende Wahlberliner Luciano Castelli.

Salomés Großes Streifenselbstbildnis kennzeichnet die Verbindung malerischer Impulsivität mit figürlicher Darstellungsweise, wobei das Thema des bemalten Körpers im Zusammenhang mit einer von den »Jungen Heftigen« in Anspruch genommenen neuen Sensibilität für körpersprachliche Ausdrucksmittel steht. Vorherrschend ist jedoch die neoexpressionistische Absage an den Intellektualismus, der sich selbst hinter der fotorealistischen und der zu altmeisterlicher Perfektion zurückgekehrten »prächtigen« Malerei vermuten läßt.

Verantwortlich für die documenta 7 ist der Niederländer Rudi Fuchs, Leiter des Museums in Eindhoven. Er fordert Liebe und Respekt beim Umgang mit Kunst und stellt sich die Frage, »ob es draußen in der Welt noch eine Kultur gibt, die fähig ist, diese Kunst aufzunehmen und zu tragen – das heißt, damit etwas anzufangen, was über das bloße Ausstellen hinausgeht«.

Kunst als Kunst

Im Gegensatz zur Kasseler *documenta*, die auf ein Motto verzichtet, hat die Biennale in Venedig eine Überschrift, doch die hilft auch nicht sehr viel weiter: *Kunst als Kunst: Beständigkeit des Werks (Arte come arte: persistenza dell'opera)*. Der Realismus beherrscht diese Biennale. Und seine lauteste Variante, die »Neuen Wilden«, die vor zwei Jahren von den alten venezianischen Salzlagern bei der Kirche Santa Maria della Salute auszogen, den Kunstmarkt zu erobern, setzen die Leuchtsignale im Meer der Realisten, in dem diesmal auch wieder die braven Russen mitschwimmen.

Das Modewort der Biennale heißt »Postmoderne« – und doch zeigen Sonderschauen wie jene, die dem Spanier Antoni Tàpies gilt, daß der Slogan von der »Beständigkeit des Werks« keine Hohlformel bleiben muß. Die Retrospektive des 1973 im Alter von 35 Jahren tödlich verunglückten Land-art-Künstlers

Robert Smithson dagegen leidet nicht nur daran, daß sich dessen großangelegte Projekte nicht schon durch das Archivieren seiner Baupläne und das Sammeln seiner Baumaterialien vergegenwärtigen lassen.

Bei Mutter Natur bedient sich auch Wolfgang Laib, einer der drei Stars im bundesdeutschen Pavillon: Er sammelt Pollen und verbreitet sie in Kunstformen auf dem Boden, er gießt Milchflächen auf Steinplatten: aus deutschen Landen frisch auf den Marmortisch.

Hanne Darboven dagegen markiert trotzig Denkzettel, wandfüllende Arrangements unerbittlichen Fleißes beim Führen von Strichlisten: *Schreibzeit, Weltansichten* aus Belegen der Lebens-Buchführung.

Dagegen wirkt Gotthard Graubners großer *Farbraumkörper*, ein etwa vier auf vier Meter messendes Bildobjekt in fließenden Rottönen, wie ein lichtes Signal.

Unter diesem Motto (mit dem Zusatz »Internationale Kunstausstellung Berlin 1982«) haben die beiden Organisatoren Christos Joachimides und Norman Rosenthal 45 Künstler aus den USA, aus Italien, Großbritannien, Frankreich, den Niederlanden und der Bundesrepublik zusammengeführt, um den West-Berliner Martin-Gropius-Bau »einzurichten« und »auszuschmücken«.

Am unmittelbarsten reagiert Jammis Kounellis auf den Ort der Ausstellung: er verbarrikadiert ein Fenster, das zuvor den Blick auf das Gelände des ehemaligen Gestapo-Hauptquartiers freigegeben hat. Arbeiten im traditionellen Verständnis künstlerischer Werke zeigen Georg Baselitz und Helmut Middendorf.

Im Atrium hat der sechzigjährige Joseph Beuys eine Werkstatt eingerichtet, um hier Hirschdenkmäler herzustellen. Ihr Material ist der rechts im Bild erkennbare (aus statischen Gründen im Inneren aus leichterem Styropor gebildete) Lehmhaufen. Zuvor hat Beuys während der documenta in Kassel durch sein Vorhaben verblüfft, die (imitierte) Krone des russischen Zaren Iwan IV. in einen Hasen zu verwandeln, dessen Versteigerungs-Erlös der von Beuys initiierten »Stadtbewaldung« zugute kommen soll.

Zum Stichwort »Zeitgeist« erklärt Beuys im Rückgriff auf seinen Begriff der »Sozialen Plastik«: »Ich behaupte, daß dieser Begriff eine völlig neue Kategorie der Kunst ist. Eine neue Muse tritt der alten Muse gegenüber auf! ... Sie trägt den zukünftigen Begriff von Plastik, der vor jedem anderen Begriff von Plastik Vorrang hat. Ich schreie sogar: es wird keine brauchbare Plastik mehr hienieden geben, wenn dieser soziale Organismus als Lebewesen nicht da ist. Das ist die Idee des Gesamtkunstwerks, in dem jeder Mensch ein Künstler ist.«

Zeitgeist, 1982; Josef Beuys im Atrium des West-Berliner Martin-Gropius-Baus bei der Arbeit an seinen Hirschdenkmälern aus Lehm; im Hintergrund Gemälde von David Salle.

Bildende Kunst

Ausstellungen

● Amsterdam: *60 – 80, attitudes, concepts, images* nennt das Stedelijk Museum einen chronologisch geordneten Überblick über die internationale zeitgenössische Kunst der letzten zwei Jahrzehnte.

● Berlin: Die *Pferde von San Marco* machen nach langer Rundreise durch die Museen der Welt zuletzt Station im Martin-Gropius-Bau, dem ehemaligen Kunstgewerbemuseum. Die restaurierten antiken Bronzepferde finden dort ein Hippodrom der Künste und neben vielen anderen Kunst-Pferden auch – in Skizzen und Abgüssen – die Quadriga vom Brandenburger Tor.

● Hamburg: *René Magritte und der Surrealismus in Belgien* nennt der Kunstverein seine Ausstellung, die nicht nur den jungen, weniger bekannten Magritte vorstellt, sondern auch die Eigenständigkeit des belgischen Surrealismus.

● Madrid: *El Greco de Toledo*. Der Titel dieser großen Bilder-Schau im Prado verweist darauf, daß unter den gut 70 Gemälden, die hier zu sehen sind, die Spätwerke des Domenikos Theotokopoulos, genannt El Greco, zu finden sind. In Toledo gibt es neben vielen Greco-Originalen eine Parallelausstellung *El Toledo de El Greco*.

● München: *Von Greco bis Goya* belegt eine Ausstellung im Haus der Kunst den Weg der spanischen Malerei anhand der Bestände aus ehemals habsburgisch-wittelsbachischem Besitz.

● Paris: Georges Braque steht anläßlich seines 100. Geburtstags im Mittelpunkt von Ausstellungen in Bordeaux, Straßburg und Paris, wo das Musée National d'Art Moderne im Centre Pompidou nicht nur ein Inventar der in Frankreich vorhandenen Werke Braques vorlegt, sondern viele davon auch zeigt.

● Rom: Zum 300. Todestag des lothringischen Malers Claude Gellée, genannt Lorrain, organisieren die Französische Akademie in Lorrains Sterbeort Rom und das Musée des Beaux Arts in Nancy eine Ausstellung *Claude Lorrain und die lothringischen Maler im Italien des 17. Jahrhunderts*.

● Tübingen: Eine Ausstellung der Aquarelle von Paul Cézanne in der Kunsthalle macht nicht nur Versicherungsmakler ob des Wertes schwindlig. In dieser Fülle sind die zauberhaften, harmonietrunkenen, vielfach als angebliche »Studien« vernachlässigten Blätter bisher nie zu sehen gewesen. Ein Besucherrekord belohnt das doppelte (thematische und finanzielle) Risiko.

1982

Das niedliche Monster

Er sieht aus wie eine mißglückte Mischung aus Mülltonne und Schildkröte mit Giraffenhals: eine Maulquappe, die mehr watschelt als geht. Er ist so häßlich, »daß wohl nur die eigene Mutter ihn lieben könnte«. Doch das sagt ein Erwachsener, und als solcher hat er (auch im Film) die falsche Perspektive für E. T.. Der Außerirdische (»Extra-Terrestrial«) ist der Kino-Held der Saison. Alt und Jung freunden sich mit dem niedlichen Monster aus dem All an; der Gnom mit dem greisenhaften Kindergesicht rührt die Herzen und treibt die Tränen. Nancy Reagan hat geweint, Lady Di bekam feuchte Augen, und auch abgebrühte Kritiker griffen nach dem Taschentuch: Steven Spielberg hatte mit seinem modernen Märchen den Seh-Nerv getroffen. Die Geschichte vom Außerirdischen, der von seinen Kameraden beim abrupten Aufbruch von der Erde zurückgelassen wurde, vereint raffiniert und wirkungsvoll das Anrührende mit sanftem Spott. E. T., der da hungernd und frierend drei Millionen Lichtjahre von zu Hause entfernt zurückgeblieben ist (sein mit rauchiger Stimme geröhrtes »Nach Hause« wird zum Spruch des Monats) signalisiert uns allen den Schmerz der Heimatlosigkeit. Der zehnjährige Elliott findet E. T., wird sein Freund und hilft ihm – auch auf den »american way of life«. Das ergibt eine sanft-bissige Satire auf den amerikanischen Alltag und entführt uns dennoch in ein Märchenreich, in dem auch das Wünschen noch hilft. Wenn E. T. im Sterben liegt, schluchzen auch hartgesottene Zeitgenossen, die sich dann gar nicht mehr wundern, daß sie am Schluß die Kinder fliegen können, wenn es gilt, ihren Freund E. T. vor den Erwachsenen zu retten. Wie bedrohlich die Welt der Großen, der Erwachsenen, der Experten für die Kinder und den kindlichen Weisen aus dem Weltall wirken kann (oder muß), auch das gehört zu den Botschaften dieses aktuellen Märchens, in dem das Herz wichtiger ist als technischer Klimbim. Prädikat: besonders liebenswert.

E. T., 1982; Szenenfoto mit dem Titelhelden.

Mann, oh Mann

Das ist die Stunde der Requisiteure, das Jahr der Fundusverwalter: wer die schönste Belle-Epoque-Kulisse findet, hat einen Vorsprung im Wettlauf um die bilderreichste Thomas-Mann-Verfilmung. Das Schicksal der *Buddenbrooks* wird in elf wohlgekleideten Fernsehhäppchen serviert, die *Bekenntnisse des Hochstaplers Felix Krull* werden an fünf Fernsehabenden aufgeblättert – und auf dem *Zauberberg* wird gleich in zwei Versionen gehustet, geliebt und gestorben: für einen langen Kino-Film und eine fünfstündige TV-Fassung. Bei so viel mannhaftem Engagement für die Literatur fällt auch noch eine *Dr. Faustus*-Verfilmung ab. Die Liebe zu Thomas Mann ist nicht neu, es gab in den fünfziger und sechziger Jahren manche hausgemachte Lösung aus deutschen Studios und 1970 mit Viscontis *Tod in Venedig* auch eine angemessen polyglotte Umsetzung. Daß man jetzt die wortreichen Prosavorlagen zu Drehbüchern umgießt, hat wohl weniger mit Zeitgeist-Parallelen zu tun als mit dem Bilderhunger des Fernsehens: Dort braucht man Sendestoff – manchmal auch auf höherem Niveau.

Geliebt, gehaßt – und unvergessen?

Beide verkörperten Stationen des deutschen Films – und konnten doch zueinander nicht kommen. Rainer Werner Fassbinder hat Romy Schneider die Maria Braun, die Titelrolle seines Erfolgsfilms, monatelang an- und nachgetragen, doch sie mochte nicht zusagen, weil sie dem deutschen Jungfilm nicht traute. Jetzt sind sie doch vereint: in den Schlagzeilen. Kurz hintereinander sterben beide an Herzversagen. Man wird später von Tabletten und Drogen munkeln, und man wird ihre Lebensgeschichte(n) ausplündern. Man zahlt ihnen heim, daß sie widerborstig waren, eigensinnig, daß sie sich nicht vereinnahmen ließen.

Romy Schneider wurde blutjung die Kronprinzessin des alten deutschen Films. Sie verkörperte die heiratsfähige Hocharistokratie, bis man keinen Unterschied mehr zwischen »Sissy« und Romy machte. Sie entfloh dem Klischee – nach Frankreich und verschreckte hiesige Bürger durch Lebenswandel und freche (Film-)Bilder. Rund sechzig Filme drehte sie, etliche mit bekannten Regisseuren, doch auch in weniger bedeutenden Streifen blieb sie »die Schneider«. Zur Tragik ihres Lebens gehörte, daß sie als Privatperson manchmal ebenso sehr im Scheinwerferlicht der Öffentlichkeit stand wie als Künstlerin. Der Tod ereilte sie im Morgengrauen, als sie einen Brief wegen eines Interviewtermins schreiben wollte.

Rainer Werner Fassbinder steckte mitten in Filmplänen. Doch bei dem 36jährigen kam der Tod vielleicht weniger unerwartet: zu hektisch war er von Projekt zu Projekt gehetzt, hatte er sich und andere immer wieder vorwärtsgetrieben. In den späten sechziger Jahren hatte er – zusammen mit seiner späteren Leib-Muse Hanna Schygulla – in Münchner Kellertheatern angefangen: dem »actiontheater« und dem »antitheater«, 1969 drehte er seinen ersten langen Spielfilm *Liebe ist kälter als der Tod* und schon sein zweiter Film, *Katzelmacher*, bescherte ihm fünf Bundesfilmpreise. Über 40 Filme hat er gedreht und dabei die gegensätzlichsten Meinungen provoziert. Er verblüffte Freund und Feind immer wieder durch stilistische Kehrtwendungen und durch die Spannweite seiner Empfindsamkeit.

Film

Premieren

● Woody Allen: *Eine Sommernachts-Sexkomödie (The Midsummer Night Sex Comedy)*, mit Mia Farrow und Woody Allen. Zu Mendelssohns Musik tanzen drei Paare einen erotischen Reigen im Land, wo die Neurosen blühen. So täppisch Filmheld Woody Allen als Erfinder und als Liebhaber ist, so raffiniert hat er dieses mit Zynismus getränkte Liebesspiel inszeniert.

● Claude Chabrol: *Die Fantome des Hutmachers (Les fantômes du chapelier)* mit Michel Serrault und Charles Aznavour. Der Bürgerschreck Chabrol hat sich diesmal nicht die großbürgerlichen Salons als Revier seiner Menschenjagd ausgesucht, sondern die Enge der Hafenstadt La Rochelle. Dort treibt ein ehrenwerter Hutmacher sein Unwesen als Frauenmörder. Chabrol hielt sich liebevoll an Georges Simenons Romanvorlage.

● Rainer Werner Fassbinder: *Querelle*, mit Brad Davis, Franco Nero und Jeanne Moreau. Nach Jean Genets Roman drehte Fassbinder mit der düsteren Ballade vom amoralischen Matrosen Querelle nicht nur ein Schwulen-Mysterienspiel, sondern auch ein Gleichnis auf das Leid- und Liedmotiv »Jeder Mensch tötet die Dinge, die er liebt«.

● Yilmaz Güney: *Der Weg (Yol)*. Ein Politfilm, der formales Können mit humanistischem Engagement vereint und die Goldene Palme in Cannes erhält. Nach authentischen Berichten schildert Güney den Weg einiger Strafgefangener auf Urlaub. Private Schicksale als Symbol für den Weg eines unterdrückten Volkes.

● Werner Herzog: *Fitzcarraldo*, mit Klaus Kinski. Im irischen Bankrotteur Fitzcarraldo, der mitten im Urwald die große Oper heimisch machen will, hat Herzog einen Helden nach seinem Bild: unerbittlich dem Außergewöhnlichen strebend. Prompt war das Drehen des Films aufregender als der Film selbst. Dennoch bleiben Filmbilder im Gedächtnis: wo kommt schon ein Schiff über den Berg, ehe es den Bach hinuntergeht?

● Wim Wenders: *Der Stand der Dinge*, mit Patrick Bauchau und Allen Goorwitz. Wenders neues Werk handelt nicht nur von der Liebe zum Film, sondern von der – tödlichen – Leidenschaft des Filmens. Während seine Helden beim Filmemachen scheitern, erhält Wenders nicht nur den »Goldenen Löwen« in Venedig, sondern auch den Kritikerpreis.

Steven Lisberger
Tron, 1981/82
Werbemotiv

Miles O'Keeffe in
Ator, Herr des Feuers
Anzeige zum Kinostart in der
Bundesrepublik 1982

Computergrafik
Automobilanzeige 1982

Welche Informationen die bunten Blöcke auf der rechts unten wiedergegebenen Werbeanzeige zu vermitteln vermögen, ist wohl zweitrangig. Der Eindruck, daß hier modernste Technik der Visualisierung im Spiel ist, mag genügen. Das Bild knüpft an Sehgewohnheiten an, wie sie durch Videobzw. Computerspiele eintrainiert werden. Eine winzige Textzeile erläutert: »Abbildung zeigt eine dreidimensionale Computer-Grafik von Drehzahl/Geschwindigkeitsdiagrammen der neuen BMW 4-Gang-Automatic.«

Eine überdimensionale, abendfüllende Computergrafik bildet der Film Tron der Walt Disney Production. Sein Regisseur Steven Lisberger (ein Computerspiel-Fan, wie die Werbung mitteilt) begnügt sich mit einer recht einfachen Geschichte: Ein Computergenie namens Flynn (Jeff Bridges) wird per Laserstrahl in das Innere eines Großrech-

ners katapultiert; hier muß er zum Kampf gegen ein – zu menschenähnlichen Wesen materialisiertes – Computerprogramm antreten. Inhalt und Herstellungsweise gehen ineinander über, denn was die Leinwand an Räumen, Maschinen, Ausrüstung der Kämpfer zeigt, ist tatsächlich das Werk von Computern. »Kein anderes Genre«, so der Filmkritiker Hans Günther Pflaum, »verhält sich gegenüber dieser Auslieferung an die Technik so willfährig wie der Science-fiction-Film, dessen Zukunfts-Visionen schon seit jeher vor allem um die technischen Perspektiven kreisen; früher, selbst bei literarischen Ahnen wie Jules Verne, dienten sie freilich eher als Beiwerk oder Vehikel für Geschichten, nun sind sie Selbstzweck geworden. Die Technik wurde zum eigentlichen Gegenstand, hinter dem der Mensch verschwindet – parallel zu jenem Spielzeug, für dessen

Bedienung man keines menschlichen Partners mehr bedarf…«

Mit umso größerem Erfolg befriedigt die Filmindustrie zugleich das Bedürfnis nach Bildern aus einer von jeglicher Technik freien Vorzeit. Hierbei garantiert Mister Universum Arnold Schwarzenegger als Conan, der Barbar ebenso volle Kassen wie der ehemalige Tarzan-Darsteller Miles O'Keeffe als Ator, Herr des Feuers oder Peter McCoy als Gunan, König der Barbaren:»Das friedliche Dorf der Solmen«, so ein Werbetext, »wird vom Barbarenstamm der Ungat überfallen. Gunan, einer der beiden Überlebenden, schwört, den Stamm der Ungat auszurotten. Als auch noch seine Geliebte Lenne entführt wird, kommt es zum alles entscheidenden Kampf« – womit sich der Ring zwischen dem Computergenie Flynn und dem Barbaren Gunan wieder schließt.

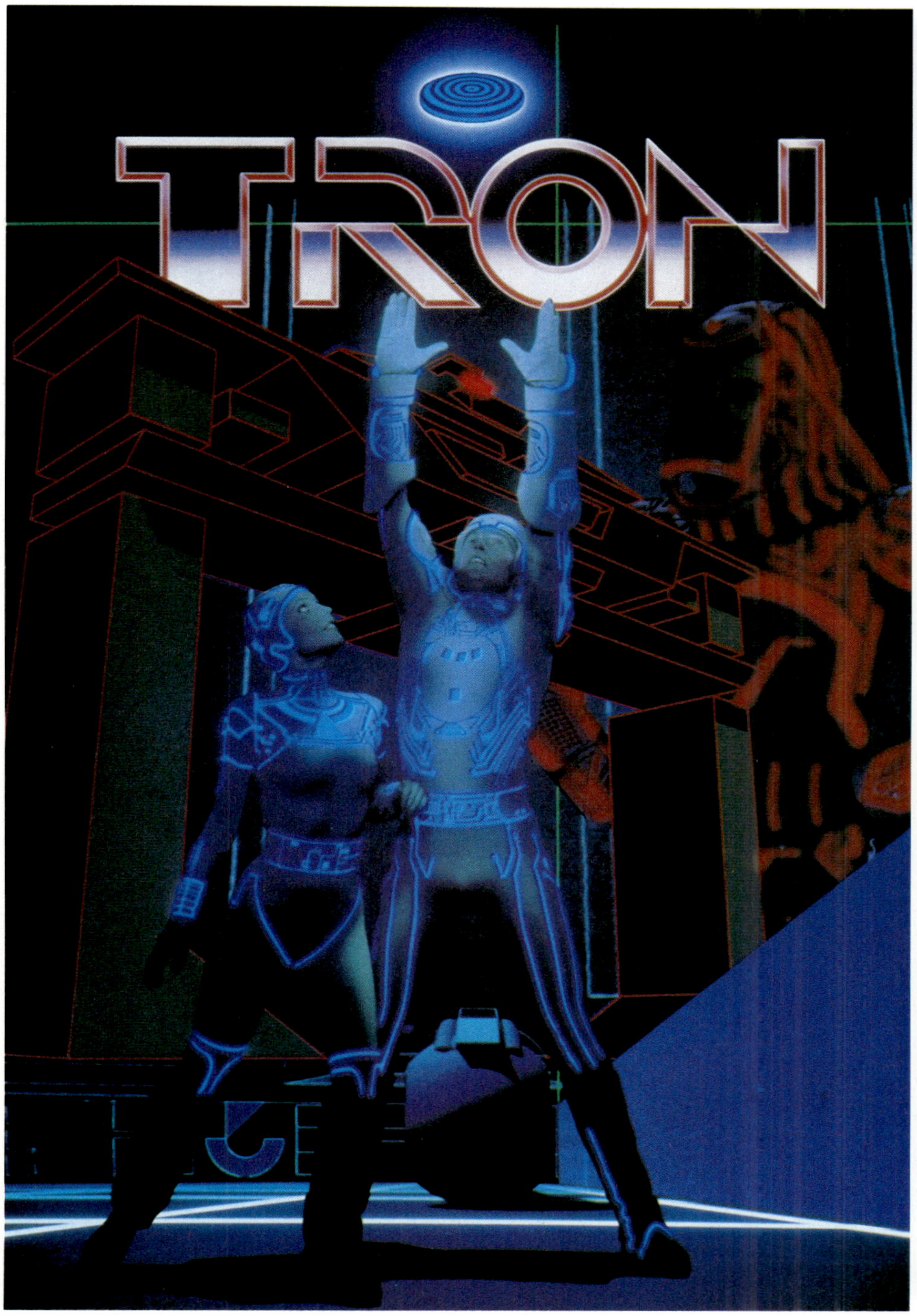

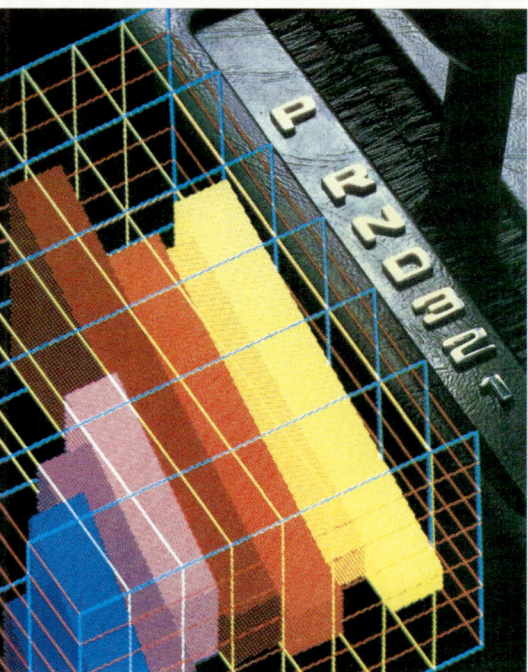

Botho Strauß
Kalldewey, Farce
Plakat zur
Hamburger Uraufführung 1982
und Szenenfoto mit
Hannelore Hoger als Die Frau
und Gerhard Garbers als Kalldewey

Peter Handke
Über die Dörfer
Szenenfoto aus der
Salzburger Uraufführung 1982
mit (rechts oben) Libgart Schwarz
als Nova

Sprach-Exerzitien

Keiner ist dem Jargon des Zeitgeistes so auf der Spur wie Botho Strauß, von Sentenzen (»Man fürchtet sich vor dem, der das letzte Wort behält«) bis zum Slang der lesbischen Emanzen K und M: »Besorg du mal die Kohle! Mach was! Mußt hier nicht alles verkullern, und ich brauch nicht so viel Zombies ansingen.«/»Tja, won, was? Also ein wahres Ding du!«/»Bleib sitzen, Mieke, bleib sitzen.«/»Aber echt! Ding-Dong! Ich bin eben nicht so'n Kingsize-Ego wie du!«/»Okay, spül's runter.«
Doch in seinem neuen Stück Kalldewey, Farce, das am 31. Januar in Hamburg unter der Regie von Niels-Peter Rudolph (Bühnenbild: Erich Wonders) uraufgeführt wird, will Strauß mehr. Zwar entspricht das Bühnengeschehen, in dem es vordergründig um eine gescheiterte Ehe geht, der im Titel enthaltenen Gattungsbezeichnung. Doch am Ende erklärt ein Epilog: »Es war dies nur ein Spiel mit tieferen Spielen/ Nicht wirkliche Magie: nach Katalog bestellte Therapie/Ein Wühlen in der Krabbelkiste Seele…« Spätere Inszenierungen verdeutlichen den Blick auf Abgründe hinter dem wortgewandten und wortverliebten Spiegelbild intellektueller Schickeria.
Peter Handke, der 1966 mit seiner Publikumsbeschimpfung Theater als reine Demonstration von Sprache vorgeführt hat, bietet mit seinem neuen Stück ein liturgisch durchfärbtes Sprach-Mysterienspiel: Über die Dörfer kommt am 8. August in Salzburg in der Felsenreitschule unter der Regie von Wim Wenders und Hannes Klett zur viereinhalbstündigen Uraufführung. Zunächst geht es um Gregor, den »Mann aus Übersee«, der ins heimatliche Dorf zurückkehrt. Als Ältester hat er Haus und Grundstück geerbt, nun bittet ihn der Bruder, zugunsten der Schwester zu verzichten. Jedoch nicht Auseinandersetzung, sondern Predigt ist die Grundform der Bühnenaktion, etwa wenn Gregors Gefährtin von einer Leiter herab verkündet: »Seht den Pulstanz der Sonne und traut eurem kochenden Herz…Haltet euch an dieses dramatische Gedicht. Geht ewig entgegen. Geht über die Dörfer.«

1982

1982

Theater

Premieren

● Eugène Ionesco: *Reise zu den Toten.* (Übersetzung: Elmar Tophoven). Uraufführung am 26. November in Basel. Regie: Wolfgang Quetes; Bühnenbild: Erich Fischer. Ionescos Todesangst-Tiraden werden diesmal dem Schriftsteller Jean in den Mund gelegt, der mit seiner lebenden und seiner toten Familie Abrechnung hält.

● Elfriede Jelinek: *Clara S..* Uraufführung am 24. September in Bonn. Regie: Hans Hollmann; Bühnenbild: Hans Hoffer. Trotz Parallelen keine Künstler-Biographie, sondern eine gleichnishafte Attacke auf den Kulturbetrieb, in dem sich Frauen nicht verwirklichen können.

● Heiner Müller: *Quartett.* Uraufführung am 7. April in Bochum. Regie: B.K. Tragelehn; Bühne: Kazuko Watanabe. Nach Motiven von Choderlos de Laclos' Briefroman *Die gefährlichen Liebschaften* hat Müller ein tiefschwarzes Stück über den Sieg des Bösen geschrieben. Ein Spiel von der Macht der Verführung und der Verführung zur Macht.

● Friederike Roth: *Ritt auf die Wartburg.* Uraufführung am 2. Oktober in Stuttgart. Regie: Günter Krämer; Bühne: Elke Lang. Vier junge Frauen aus der Bundesrepublik fahren in »das exotischste Reiseland der Gegenwart«, in die DDR.

● Peter Weiss: *Der neue Prozeß.* Uraufführung am 12. März in Stockholm. Regie: Peter Weiss; Bühne: Gunilla Palmstierna-Weiss. Im Gegensatz zu seiner Kafka-Adaption *Der Prozeß*, die Mitte der 70er Jahre herauskam, greift Weiss in den Stoff ein. Nicht mehr ein ominöses Gericht ist das Schicksal des Josef K., sondern seine Firma, die ihn fördert und mißbraucht.

Mord im Kloster

Zwei Jahre nach dem Erscheinen des Originals (*Il nome della rosa*) lockt Umberto Ecos *Der Name der Rose*, ein theologischer Kriminalroman aus dem Mittelalter, auch bei uns scharenweise die Leser in eine den meisten fremde Welt.

In einer Abtei in den italienischen Abruzzen geschieht Ende November 1327 Merkwürdiges: Ein Mönch kommt durch Fenstersturz zu Tode – Mord, Selbstmord oder Unglücksfall? Da trifft es sich, daß gerade der englische Gelehrte und Franziskanermönch William von Baskerville zu Gast ist. Dem ehemaligen Inquisitor traut man zu, dieses und folgende Rätsel zu lösen. Mit dem blutigen Handlungsstrang verknüpft der Essayist, Semiotiker und Polemiker Umberto Eco noch einen zweiten Handlungsfaden: Während dieser Schreckenstage treffen sich hier Abgesandte des Papstes und des Kaisers, um über theologische Streitfragen (und über Macht) zu diskutieren.

Anspielungsreich und doppelbödig erzählt Eco seine Geschichte und spiegelt mit subtiler Ironie nicht nur sein Wissen, sondern auch seine Skepsis. Am Ende bleibt Resignation.

Literatur

Neuerscheinungen

● Brigitte Arens: *Katzengold.* Der Roman-Erstling der 34jährigen Autorin erhält den »Preis der Klagenfurter Jury« beim diesjährigen Ingeborg-Bachmann-Wettbewerb und gilt als bemerkenswertes Debüt – vielleicht weil er gleich alle drei derzeit modischen Sujets vereint: Großmutter-, Väter- und Sterberoman.

● Joyce Carol Oates: *Bellefleur.* Auf fast 800 Seiten entwirft Joyce Carol Oates ein bizarres Familiengemälde, das anmutet, als habe Balzac nach der Sigmund-Freud-Lektüre einen amerikanischen Alptraum festgehalten.

● Max Frisch: *Blaubart.* Dr. med. Felix Schaad wird verdächtigt, seine sechste Frau umgebracht zu haben. Obwohl freigesprochen, plagt ihn sein Bild in der Öffentlichkeit. Ein zutiefst melancholisches Echo auf viele Frisch-Motive.

● Graham Greene: *Monsignore Quichote.* Der Titel ist schon Programm. Zum Lobe der begnadeten Narrheit benutzt Greene einen Helden, dessen Väter Cervantes und Guareschi heißen: Quijote und Sancho Pansa gleich Don Camillo und Peppone kämpfen gegen zeitgenössische spanische Windmühlenflügel.

● Hans Werner Richter: *Ein Julitag.* Beim Begräbnis seines jüngsten Bruders trifft der Erzähler Christian Wahl dessen Witwe, die vor einem halben Jahrhundert seine große Liebe gewesen war. Anlaß zum ebenfalls autobiographisch getönten Rückblick – diesmal auf die Jahre des Exils.

● Jonathan Schell: *Das Schicksal der Erde.* Gefahr und Folgen eines Atomkriegs will Jonathan Schell in seinem Buch aufzeigen, das in den USA zur »Bibel der Friedensbewegung« wurde.

● Peter Schneider: *Der Mauerspringer.* Der sensible Chronist neuester Stimmungen im Westen blickt diesmal auch in den Osten: über die Berliner Mauer. Dabei (er)findet er sehr deutsche Geschichten.

● Martin Walser: *Brief an Lord Liszt.* Walsers Kriegsbericht aus den Schützengräben der Angestellten-Reviere diesmal in Form einer Brief-Novelle. 19 Postscripta braucht der Handelsvertreter Franz Horn, um dem erfolgreicher Rivaler Liszt Herz und Galle auszuschütten.

Ein Jahrhundertsrätsel

Vor 100 Jahren wurde Richard Wagners Bühnenweihfestspiel Parsifal in Bayreuth uraufgeführt. Im Jubiläumsjahr erweist es sich als vieldeutig wie selten zuvor. Rolf Liebermann inszeniert es in Genf als Endzeit-Apokalypse, in Bayreuth (Regie: Götz Friedrich) muß sich der Titelheld in einem umgestürzten Tempel zurechtfinden, Ruth Berghaus versetzt den »reinen Toren« in ein archaisches Niemandsland, wobei unklar bleibt, ob den neuen Gralskönig am Ende ein Lachen oder ein Schluchzen schüttelt.

Rätselhaftigkeit gehört zum Gestaltungsprinzip der Parsifal-Filmversion von Hans-Jürgen Syberberg (Uraufführung in Cannes), beispielsweise durch die Aufspaltung Parsifals nach Kundrys Kuß in eine männliche und eine weibliche Gestalt.

Parsifal, 1982; Szenenfoto aus Syberbergs Filmversion mit Edith Clever als Kundry und Karin Kride als weiblicher Parsifal.

1982

Tutuguri – der Ritus der schwarzen Sonne: Wolfgang Rihms vitalistisches Trommel-Feuer

Eine Expedition in hitzige Welten ermöglicht die Uraufführung von Wolfgang Rihms Ballett Tutuguri *am 12. November an der Deutschen Oper West-Berlin.*

In seinem Poem Tutuguri – der Ritus der schwarzen Sonne *verarbeitete der französische Surrealist Antonin Artaud Erlebnisse während einer Forschungsreise zum mexikanischen Indianerstamm der Tarahumars. Der Komponist Wolfgang Rihm hat sich zum Ziel gesetzt, diesen Text mit einem rituellen Tanztheater umzusetzen, das selbst Subjekt ist.*

Dafür sorgt in Berlin Moses Pendleton, der das »Poème dansé« nicht nur inszeniert hat, sondern mit Artauds Momo auch die hinführende Rolle innerhalb dieser Choreographie verkörpert: den Narren, den staunenden Reisenden, der die fremde Welt nicht versteht und an ihr scheitert.

Pendleton, einer der provozierendsten Avantgardisten im Tanztheater der USA, hat eine Fülle von rituellen Tänzen erfunden und so eine Partitur in Bewegung umgesetzt, die sich mit den Mitteln des klassischen Balletts nicht gestalten läßt. Denn Wolfgang Rihm hat mit dieser »Musikplastik« einen »dunklen und grellen Kult« in ebenso dunklen und grellen Klangfarben beschworen.

Nach dem vorsichtigen, zögernden Beginn der Solo-Flöte reißt ein abendfüllender musikalischer Vulkanausbruch den Hörer und Betrachter mit. Pausen der Erschöpfung und Momente lyrischer Verzücktheit sind die Inseln in einem Meer der klingenden Leidenschaften. Das halbstündige Finale dieser archaischen Klangexplosion ist ein Trommel-Feuer von sechs Schlagzeugern. Das verstört manchen Hörer durch die vitalistische Unerbittlichkeit, die in der Berliner Inszenierung unter Arturo Tamayos musikalischer Leitung glanzvoll ausgespielt wird.

Tutuguri, 1982; Szenenfoto (fünfte Szene) aus der West-Berliner Uraufführung.

Meister-Stücke?

Ungeschoren kommt Johann Wolfgang von Goethe im Jahr seines 150. Todestages nicht davon: Zwei Theaterstücke bringen ihn oder doch jenen Geniekult auf die Bühne, der in Goethe seinen liebsten Helden hat.

Martin Walser führt den Meister nicht nur im Titel, er zeigt ihn auch leibhaftig. *In Goethes Hand* ist zunächst Johann Peter Eckermann, der eigentliche Held des Dramas. Im zweiten Teil der »Szenen aus dem 19. Jahrhundert« (Untertitel) ist Goethe tot – und nun umgekehrt in Eckermanns Hand. Walsers Stück über den armen Eckermann, der zwar von Goethe ausgenutzt wurde, aber eben auch dank Goethe überlebte, erringt bei der Uraufführung im Wiener Akademietheater (am 18. Dezember) nicht zuletzt dank einer hochkarätigen Besetzung und Karl Fruchtmanns werkdienlicher Inszenierung im Szenenrahmen von Ezio Toffoluti einen Publi-

kumserfolg. Schließlich steht mit Paul Hoffmann ein Schauspieler auf der Bühne, der »so sehr nach Goethe« aussieht, »daß sich neben ihm der echte wie eine Kopie ausnehmen würde« (Otto F. Beer). Wesentlich schemenhafter ist Goethe in Thomas Bernhards Dichter-Stück *Über allen Gipfeln ist Ruh* präsent, das vom Bochumer Schauspielhaus am 25. Juni im Rahmen der Ludwigsburger Schloß-Festspiele uraufgeführt wird. Es gibt Anspielungen nicht nur im Titel: der Held, der ein »Leben in Goethe« führt, heißt Moritz Meister. Im übrigen geht es um den Dichterkult an sich – und da hat Bernhards Schilderung eines »Dichtertags um das Jahr 1980« (Untertitel) seine Tücken. Einen solchen Großdichter, der schier endlose Arien der Eitelkeit zelebriert, gibt es derzeit nirgends. Auch Traugott Buhre als Moritz Meister kann in Claus Peymanns Inszenierung nicht darüber hinwegtäuschen, daß die Großdichterpose seit Stefan George und Gerhart Hauptmann ausgestorben scheint.

Musik

Premieren

● Kalevi Aho: *Der Geburtstag.* Deutschsprachige Erstaufführung am 4. November in Hamburgs Opera stabile. Inszenierung: Dieter Reible, Ausstattung: Raimond Schoop, musikalische Leitung: Klauspeter Seibel. Der junge finnische Komponist (Jahrgang: 1949) hat mit dem abendfüllenden Monolog des Juhani Puntti eine Herausforderung für jeden Charakterdarsteller geschrieben. Im Studio der Hamburgischen Staatsoper demonstriert Toni Blankenheim rund anderthalb Stunden lang seine Präsenz.

● Luciano Berio: *La Vera Storia (Die wahre Geschichte).* Libretto: Italo Calvino. Uraufführung am 9. März in der Mailänder Scala. Regie: Maurizio Caparro, Bühnenbild: Carlo Tommasi; musikalische Leitung: Luciano Berio. Um Duelle und Duette geht es in

dieser stilistisch ausgetüftelten Oper über die Oper. Die Uraufführungsinszenierung ist leider bei weitem nicht so virtuos wie Berios Musik, die Archetypen des Musiktheaters mit heterogenen Klangschichtungen verknüpft: Zwischen »Troubadour«-Paraphrase und Avantgarde.

● Ingomar Grünauer: *Die Schöpfungsgeschichte des Adolf Wölfli.* Uraufführung am 20. März in Basel. Inszenierung Erich Holliger; Ausstattung: Jos Hutter; Dirigent: Jürg Wyttenbach. Lebensstationen und Traumbilder des Sonderlings Adolf Wölfli, der 35 seiner 66 Lebensjahre in der Irrenanstalt verbrachte, sind hier zu einer aussagestarken Kammeroper verknüpft. Grünauers Musik ist von eindringlicher Zurückhaltung; die Präsentation überzeugt durch Bildkraft und Spielfreude.

● Zygmunt Krauze: *Die Kleider.* Text von Helmut Kajzar nach seinem Theaterstück *Star.* Uraufführung am 7. April in Mann-

heim. Inszenierung: Peter Rasky, Dirigent: Donald Runnicles. Das Auftragswerk des Mannheimer Nationaltheaters präsentiert das Seelenporträt einer Schauspielerin, die zwischen Sein und Schein, Spiel und Ernst nicht mehr unterscheiden kann. Astrid Schirmer überzeugt als Diva mehr als Zygmunt Krauze, der die Zurückhaltung übertreibt und kaum mehr als Bühnenmusik liefert.

● Jens-Peter Ostendorf: *William Ratcliff.* Uraufführung am 15. September in Hamburgs Opera stabile. Inszenierung: Fred Berndt (der auch die Ausstattung schuf) und Jens-Peter Ostendorf; musikalische Leitung Manfred Schandert. Nach Heinrich Heines gleichnamigem Schauerdrama textete und komponierte Jens-Peter Ostendorf eine schaurig-schöne Grusel-Ballade, in der Nebel wallen, Schleier fallen und Doppelgänger ihr blutiges Opfer suchen.

Pina Bausch
Blaubart, 1977
Szenenfoto mit
Tjitzke Broersma

Wofgang Amadeus
Mozart/Achim Freyer
Die Zauberflöte
Tamino und die drei Damen
der Königin der Nacht
Hamburg 1982

Neue Bühnen-Bilder

Achttausend rosa Papiernelken auf der Bühne und ein Schild mit der Aufschrift »10 Jahre Wuppertaler Tanztheater«, das sieht nach Selbstfeier aus. Kritiker erkennen bei der Premiere des neuen Stücks, das Premiere heißt, prompt zu viele Selbstzitate. Und die eigentliche Jubiläumsfeier wird von der Intendanz der Wuppertaler Bühnen ohnehin ein Jahr später gefeiert, denn Ballettdirektorin wurde Pina Bausch 1973. Doch ihre Arbeit als Choreographin hatte sie hier schon 1971 begonnen – und der Durchbruch vom Ballett zu ihrer Form des Tanz-Theaters erfolgte dann endgültig 1976 mit einem Brecht-Weill-Abend.

Mit abendfüllenden Stücken machte Pina Bausch sich und ihr Team weltweit zum Begriff. Blaubart, Komm tanz mit mir, Kontakthof, Macbeth, Arien, Keuschheitslegende, Bandoneon, 1980, Walzer und eben jetzt Premiere sind Stationen dieses Wegs zu einem ganz eigenen Theatertyp: Weitgespannte Collagen, die Raum lassen für die Selbstdarstellung der Akteure und für die Schilderung alltäglicher Kümmernisse und Freuden, Obsessionen und Depressionen, dargestellt durch fesselnde Pantomimen und glänzende Reihentänze.

Eine entsprechende »hautnahe« Verbildlichung menschlicher Empfindungen, Erfahrungen und Beziehungen ist das Ziel des seit 1972 in der Bundesrepublik tätigen Brecht-Schülers Achim Freyer als Bühnenbildner und Regisseur, dessen ursprüngliches, inzwischen wieder in den Vordergrund getretenes Gestaltungsmittel die Malerei bildet. Beispiele seiner Kunst des Bühnen-Bildes sind die Ausstattungen der Stuttgarter Inszenierungen von Kleists Käthchen von Heilbronn (1976) mit einer »traumwandlerisch« auf einem Seil balancierenden Titelheldin und Goethes Faust I und II (1977). Die Hamburger Inszenierung von Mozarts Zauberflöte gewinnt durch Freyers Bildkraft eine neue Zugänglichkeit, wobei Modernismen, wie ein mit Fernglas die Bühne betretender Tamino, als integraler Bestandteil einer auf »Einsicht« zielenden Gestaltungsweise dienen.

Technologien gegen die Energie-Katastrophe

Auf einer internationalen Konferenz in Stresa (Italien) diskutieren 1982 Energiefachleute über die Möglichkeiten, aus dem Sonnenlicht elektrischen Strom zu gewinnen. Das Prinzip ist schon seit dem vorigen Jahrhundert bekannt. Ausgenutzt wird der sogenannte lichtelektrische Effekt, wie er bei fotografischen Belichtungsmessern verwendet wird. In ihnen wandeln präparierte Foto- oder Solarzellen das Licht in elektrischen Strom um. Japanische Fachleute kündigen in Stresa schon für die nächste Zukunft verbesserte Fotozellen an. Diese könnten statt der bislang 6–8 bis zu 25 Prozent der eingestrahlten Sonnenenergie in Strom umwandeln.

Eine Perspektive ist die Einrichtung geostationärer Erdsatelliten mit mehreren Kilometern Spannweite, die hauptsächlich aus Fotozellen bestehen. Der hier gewonnene Strom soll in Mikrowellen umgewandelt werden und wie ein Radarstrahl zur Erde gelangen, um sich hier wieder in elektrischen Strom zurückzuverwandeln.

Die Bemühungen zur Gewinnung von Solarenergie stehen im Zusammenhang der – für mittelfristige Lösungen vielleicht schon zu spät einsetzenden – Entwicklung einer breiten Palette von Energiequellen. Den Anlaß bildete 1973 der »Ölschock«: das Resultat von Geheimverhandlungen zwischen den USA und den OPEC-Staaten mit dem Ziel, einen entscheidenden Schlag gegen die prosperierende, jedoch von arabischem Öl abhängige europäische und japanische Wirtschaft zu führen.

Kommt es zur Energie-Katastrophe, so vor allem durch das Vertrauen der politischen Instanzen auf die Selbsthilfekräfte der Wirtschaft und die nur halbherzige Förderung von Alternativen zur mit hohen Risiken behafteten Gewinnung von Kernenergie. Als das derzeit einzige ökologisch unbedenkliche Konzept erscheinen die Sonnenkollektoren, wobei selbst eine Million mit Sonnenkollektoren ausgestattete Einfamilienhäuser erst 1,5 Prozent des Energiebedarfs der Bundesrepublik decken würden.

Udo Lindenberg beim
**Friedensfest der FDJ
in Ost-Berlin**
Oktober 1983

Teilnehmer an der
**Friedensdemonstration
in Bonn**
Oktober 1982

Demonstrationen gegen die Kriegskatastrophe

*Begriffe wie »Aufrüstung«, »Vorrü-
stung«, »Nachrüstung« und der Zah-
lenstreit um Berechnungsgrundlagen
verhüllen kaum die Entschlossenheit
der Militärblöcke, ihr atomares Waf-
fenpotential mittels neuer Trägerwaf-
fen zu verstärken, und ihre Bereitschaft, den atomaren Erstschlag in die
konkreten strategischen Planungen
einzubeziehen. Vor diesem Hintergrund gewinnt die Friedensbewegung
weltweit an Stärke – von Politikern im
Westen als kommunistisch, von Politikern im Osten als vom Westen »unter-
wandert« gebrandmarkt.*

*Die Bereitschaft der Bürger unter-
schiedlicher politischer Haltungen, gegen die Verschärfung der Kriegsgefahr
zu protestieren, zeigt in der Bundesrepublik im Oktober 1982 die Friedensdemonstration in Bonn. Sie unterstützt den »Krefelder Appell« (1981) an
die Bundesregierung, die Stationierung neuer Mittelstreckenraketen zu
verhindern. Ein Bochumer Festival
steht unter dem Motto Künstler für
den Frieden, mit über hundert aktiven
Teilnehmern, darunter Harry Belafon-
te, Udo Lindenberg (1983 Gast der FDJ
in Ost-Berlin), Franz Josef Degen-
hardt, Ulla Meinecke bis hin zu Katja
Ebstein. Daß hierbei die Grenze gegenüber einer rein kommerziellen »Frie-
denswelle« fließend zu werden beginnt,
hat mit der Friedensbewegung selbst
nichts zu tun. Dagegen erklärt Nicole
(Hohloch), sie musiziere »nicht für die
Friedensbewegung«, sondern nur »für
den kleinen persönlichen Frieden«. Gemeint ist ihr Liedchen Ein bißchen
Frieden, mit dem sie 1982 den ersten
deutschen Sieg beim Grand Prix Euro-
vision de la Chanson ersingt.*

*Zumindest für den christlichen Teil der
Friedensbewegung gewinnt eine kleine
Publikation Bedeutung, die der Fern-
sehjournalist Franz Alt zum Ärgernis
seiner CDU-Parteifreunde 1983 veröffentlicht: Frieden ist möglich. Die Politik der Bergpredigt – eine ebenso kritische wie kompetente Nachfrage nach
der christlichen Leitlinie in der inzwischen von Christdemokraten zu ver-
antwortenden Politik in Sachen Wehr-
technik und Rüstungsstrategien.*

Carl Emil Doepler
Walküren
Platte für die
Laterna magica-Projektion
des Walkürenrittes
in der ersten Bayreuther
»Ring des Nibelungen«-Inszenierung
1876

Hans Scharoun
Der Volkshausgedanke
1919

Philipp Otto Runge
Der Morgen
Fassung von 1808
(»Der kleine Morgen«)

Der Hang zum Gesamtkunstwerk

Unter diesem Titel zeigt das Kunsthaus Zürich vom 11. Februar bis zum 30. April eine unter der Leitung von Harald Szeemann erarbeitete, auf »Europäische Utopien seit 1800« begrenzte Ausstellung; sie ist anschließend in Düsseldorf und Wien zu sehen.
Das Projekt bildet indirekt einen, vielleicht sogar den wichtigsten Beitrag zum Wagner-Jubiläum anläßlich des 100. Todestages des Komponisten, der den Begriff Gesamtkunstwerk geprägt hat. Musik, Dichtung, bildende und darstellende Kunst einschließlich technisch geprägter Medien (die Laterna magica-Projektionen der ersten Bayreuther Ring des Nibelungen-Inszenierung lassen sich als Vorform der Verbindung von Theater und Film verstehen) tendieren bei Richard Wagner zur Einheit – wie allgemein bekannt. Die Bedeutung der Ausstellung liegt daher vor allem im Spektrum, das sie darbietet, wobei deutlich wird, daß das Gesamtkunstwerk in den vergangenen 180 Jahren vor allem als Idee in Erscheinung getreten ist. Dies beginnt bei Philipp Otto Runge, der sich als Maler auf die Gestaltungsmittel von Allegorie und Symbol verwiesen sah, während sein künstlerisches Wesen das »Universalkunstwerk« ersehnte, das Ludwig Tieck in seinem Roman Franz Sternbalds Wanderungen (1798) mit dem Satz angedeutet hat: »Wenn ihr doch diese wunderliche Musik, die der Himmel heute dichtet, in eure Malerei hineinlocken könntet!«
Die Ausstellung spannt den Bogen von der französischen Revolutionsarchitektur (Etienne-Louis Boullée) über das philanthropische und heilsgeschichtlich geprägte Lebenswerk Henry Dunants, über Rudolf Steiner, Wassily Kandinsky, Arnold Schönberg, das Bauhaus, Kurt Schwitters (Rekonstruktion des ersten Merzbaus) hin zu Joseph Beuys. Einen Schwerpunkt bilden architektonische Utopien, wie sie vor allem die »Gläserne Kette« entwickelt hat, mit dem zentralen Gedanken einer letztlich kosmisch orientierten Volkshaus-Architektur, die der Entwurf von Hans Scharoun aufleuchten läßt.

Sloeterdijks Philosophiekritik

Peter Sloeterdijks fast tausendseitige *Kritik der zynischen Vernunft* wird zum (zweibändigen) Kultbuch der Saison und bestätigt den Verdacht, daß Kultbücher Bände sind, über die die (fast) jeder spricht, die viele loben, wenige lesen und, vielleicht, noch weniger Leute begreifen. Sloeterdijks Philosophiekritik jedenfalls erntet in den Feuilletons viel Zustimmung – und bei Philosophen den Verdacht, ihr Kollege habe es mit den Fakten zu leicht genommen.
Grundthese des Buches ist der Gegensatz zwischen Zynismus und Kynismus. Sloeterdijk beruft sich auf Heinrich Heine, »der das bis heute nicht übertroffene Kunststück geboten hat, Theorie und Satire, Erkenntnis und Erheiterung zu vereinen«. Der Autor will »Erheiterungsarbeit« leisten, »bei welcher von Anfang an feststeht, daß sie nicht so sehr Arbeit ist als Entspannung von ihr«. Die Erheiterung erreicht er. Viele lachen mit ihm, einige über ihn.

Boccioni-Retrospektive

Er war ein Futurist, der der Zukunft nicht recht trauen mochte, ein »Übersetzer des Chaos, das die Dinge umhüllt«. Als Mitverfasser des *Manifestes der futuristischen Malerei* (1910) und als Autor der *Technischen Manifeste* (1910 und 1912) gilt Umberto Boccioni als Haupttheoretiker des Futurismus.
Zum 100. Geburtstag am 19. Oktober 1982 ist (mit kleiner Verspätung) erst im Mailänder Palazzo Reale (*Boccioni e Milano*), dann – um einige wichtige Werke erweitert – im Kunstmuseum Hannover eine große Boccioni-Retrospektive zu sehen. Die Bilder belegen, was im Katalog zu lesen ist: »Boccionis Futurismus ist anders als der aller anderen Futuristen. Er projiziert uralte Gefühle in die Zukunft. Er ist kein Optimist.« Wo der dynamische Unruhestifter Boccioni seine stilistische Zukunft gefunden hätte, bleibt auch nach dieser umfassenden Werkschau ein Rätsel. Er starb 1916, vom Pferd stürzend.

Capra plädiert für »verlorene Spiritualität«

Ein weiteres Kultbuch macht von sich reden. Diesmal ist der Autor kein Philosoph, sondern ein philosophierender Atomphysiker.
Fritjof Capras *Wendezeit. Bausteine für ein neues Weltbild* (Originaltitel: *The Turning Point*) diagnostiziert nicht nur eine »tiefgreifende, weltweite Krise«, sondern propagiert auch die Lösung. Bösewichte sind Descartes, Newton, Galilei und Co. samt ihrem mechanistischen Weltbild, weil »die Überbetonung der wissenschaftlichen Methode und des rationalen, analytischen Denkens« die Menschen im Lauf eines langen Entwicklungsprozesses zu antiökologischem Verhalten geführt habe. Dagegen hilft nur die Wende zurück zur »verlorenen Spiritualität«, zu einem »Systemdenken«, das »komplex statt linear, in Netzen und Bögen statt in Zielgeraden … verläuft. Das Schlagwort heißt »Ganzheit« – und geplant wird der »Übergang zum Sonnenzeitalter«.

Bildende Kunst

Ausstellungen
● Berlin: Das plastische Werk von Pablo Picasso wird in der Berliner Nationalgalerie und anschließend (um zwölf Plastiken erweitert) in Düsseldorf gezeigt. Wieder einmal ein Superlativ mit und dank Picasso. Knapp 200 Beispiele möblieren ein Wunderland von Formfindung und -erfindung.
● Bremen: Aus Winterthur kommt ein Überblick über das Schaffen Odilon Redons in die Bremer Kunsthalle. Diese erste Redon-Ausstellung in Deutschland zeigt den Weg des französischen Eigenbrötlers von nachtschwarzen Zeichnungen und Drucken zu lichten Blumenbildern.
● Köln: *Thesaurus Hiberniae – irische Kunst aus drei Jahrtausenden* ist im Kölner Wallraf-Richartz-Museum (und anschließend in Berlin) zu bewundern.

Die Arbeiten irischer Steinmetze, Buchmaler und Kunstschmiede untermauern die These, daß Irland »in seiner wechselvollen Geschichte mehrmals eines der kulturellen Zentren Europas gewesen« ist.
● London: *The Genius of Venice 1500–1600*. »Venezia totale« im Burlington House der Royal Academy of Arts. Opulent wird die Pracht der venezianischen Hochrenaissance vorgeführt.
● Madrid: Eine für Spanien »historische Ausstellung« (so der Kulturminister) ist erst in Madrid, dann in Barcelona zu sehen – die erste große Dalí-Retrospektive. Die Ausstellung dokumentiert den Rang Salvador Dalís ebenso wie die angekratzte Reputation des Künstlers: man zweifelt an der Echtheit einiger Werke.
● Paris: 100 Jahre nach seinem Tod wird im Grand Palais der ehemalige Bürgerschreck Édouard Manet gewürdigt und gefeiert.

Auch hinter den populär gewordenen Meisterwerken sind noch Abgründe zu entdecken – und Manets selbstbewußte Aufarbeitung der Kunstgeschichte.

Ereignisse
● Der österreichische Spätsurrealist Leherb klebt aus mehr als 2000 Keramikplatten einen Kunstsuperlativ zusammen: vier Wandbilder von je acht auf acht Metern Größe schmücken die Halle der Wiener Wirtschaftsuniversität. Vier Kontinente (beim Würfeln für den Platz an den vier Wänden blieb Australien auf der Strecke) aus Fayence; abwaschbare Welt-Bilder.
● Claes Oldenburg ist wieder einmal der Größte. In der Grünanlage eines Freiburger Berufsschulzentrums hat er diesmal keine Riesenhacke (wie bei der Kasseler *documenta* vom Vorjahr), sondern einen Mammut-Gartenschlauch samt Wasserhahn-Attrappe installiert.

Ein öffentliches Kulturgut?

Das um 1175 in der Helmarshausener Werkstatt des Benediktinermönchs Herimanus entstandene Evangeliar Heinrichs des Löwen ist nicht nur ein Juwel mittelalterlicher Buchkunst, sondern auch ein verschlüsselter Kommentar zum Machtkampf zwischen Heinrich dem Löwen und Kaiser Friedrich I., genannt Barbarossa.
Jahrzehntelang war das Erbstück der Welfenfamilie verschollen, jetzt taucht es im Londoner Auktionshaus Sotheby Parke Bernet & Co. auf. Es gelingt dem Land Niedersachsen mit mehreren Partnern (Bundesrepublik, Bayern, Stiftung Preußischer Kulturbesitz und private Spender), den Prachtband in seine Heimat zurückzuholen – wo er zunächst in einem Banktresor verschwindet, denn der Schatz hat sich als überaus wertvoll erwiesen: Der Zuschlag wurde bei 32 Millionen DM (plus Provisionen) erteilt; ein neuer Versteigerungs-Weltrekord.
Die Tatsache, daß unklar ist, was die Welfen mit dem Kulturgut gemacht haben und wer nun das viele Geld bekommt, weckt Mißbehagen.

Pressevorführung des Evangeliars Heinrichs des Löwen am 28. Mai 1983 in Hannover.

1983

Gespenster

Zwei Gespenster geistern über Kinoleinwände und durch die Zirkel der Filmemacher in der Bundesrepublik. Das erste heißt Das Gespenst und ist ein Streifen des emsig-eigenbrötlerischen Bayern Herbert Achternbusch. Das zweite heißt Zensur – als sein Vater wird allenthalben der neue Innenminister Friedrich Zimmermann dingfest gemacht.

Achternbuschs Film erzählt von einem Christus, der in einem bayerischen Kloster vom Kreuz steigt und Welt und Kirche nicht mehr versteht. Zusammen mit der Oberin des Klosters (Annamirl Bierbichler) zieht er als »Ober« durch die Lande und erlebt Wundersames. Diese monomanische, manchmal auch monotone Geschichte eines Möchtegern-Buñuel gilt den einen als bajuwarischer Anarcho-Nonsense, anderen aber als Blasphemie. Auch kirchliche Filmbeobachter geraten sich in die Haare, verbotslüsterne Staatsanwälte kommen jedoch nicht zum Zug.

Dieser Streit um einen eher spinnerten als spöttelnden Film wäre Insiderthema von Kritikern und Kirchenführern geblieben, wenn das Bundesinnenministerium die Auseinandersetzung nicht zum willkommenen Anlaß genommen hätte, die Weichen der Filmpolitik anders zu stellen. Ein Verbot findet zwar nicht statt, aber eine Förderung wird von geänderten Bedingungen abhängig gemacht, wobei es laut Zimmermann darum geht, »dem deutschen Film qualitativ und quantitativ wieder eine Position in den Kinos der Bundesrepublik Deutschland und auch im Ausland zu geben« (Schreiben an die Mitglieder der Filmförderungskommission).

Mit neuen Männern in wichtigen Positionen und Gremien will man sicherstellen, daß künftig pflegeleichte Filme gefördert werden, die beim Publikum auch sicher ankommen. Mut zum Experiment ist nicht gefragt, denn manchen gruselt davor mehr als vor jedem Gespenst.

Das Gespenst, 1983; Szenenfoto mit Herbert Achternbusch als vom Kreuz gestiegener, auf dem Wasser wandelnder Christus.

Leichtfüßige Kostümfilme

Ein Schauspieler, der als Mann keine Rollen findet und deshalb in Frauenkleider schlüpft, eine Sängerin, die keiner hören will, und die vorgibt, ein Mann zu sein, der Frauen imitiert – Hollywood bringt zwei komische (Alp-)Träume von den Folgen und Erfolgen des Bäumchen-wechsle-dich-Spiels in die Kinos.

Doch weder *Tootsie* noch *Victor/Victoria* sind Kinder von *Charly's Tante*; beide balancieren mit Geschmack und Berechnung auf der Grenze der Geschlechter. Blake Edwards hat mit *Victor/Victoria* ein weiteres Remake (manche Fachleute kommen bei ihrer Zählung schon bis zum fünften) des Stoffes vorgelegt, der zum erstenmal im Deutschland der dreißiger Jahre verfilmt worden war.

Auch *Tootsie* stürzt ihre Umgebung in Liebesnöte. Und das glaubt man Dustin Hoffmann auch: Wie er als Schauspieler Michael Dorsey in die Rolle der Schauspielerin Dorothy Michaels schlüpft, das ist so glaubwürdig wie amüsant – ein trippelnder Teufelskerl.

Beide Filme spielen mit Kostümen, aber nicht mit der Klamotte: hinter dem teils melancholischen, teils bissigen Jux gibt es viel ironisches Wissen über eine Welt, in der die Kleider Leute machen.

Wie geölt

92 Folgen lang hatten die Ewings die deutschen Bildschirme für sich, jetzt kommt Konkurrenz. Gegen den ARD-Hit *Dallas* setzt das ZDF *Dynasty* alias *Der Denver-Clan*. Die Carringtons aus Denver, Colorado sind ebenso reich, ebenso ölig und fast noch fieser als die Ewings. Und mit Alexis (Joan Collins) als attraktive Oberintrigantin haben die Denver-Leute einen durchtriebenen Trumpf: Bosheit, dein Name sei Alexis.

Doch der hochstilisierte Familienk(r)ampf im Marmorpalais hat nicht nur das Handicap, daß er die liebgewonnene Southfork-Ranch von seinem etablierten Platz in der Gunst der Zuschauer verdrängen muß. Die eher biederen Ewings eignen sich offenbar leichter zum Wiedererkennen (J. R. – ein Ekel wie du und ich): Sie spielen ihr mit Fallstricken zusammengewobenes Kasperltheater, während die Carringtons mit kaum größerem mimischen Repertoire so tun, als würden sie griechische Familientragödien oder Shakespear'sche Dramen rezitieren.

Ein rekonstruierter Napoleon-Film

Eine Filmlegende darf besichtigt werden: Abel Gances *Napoleon*-Epos. Am 7. April 1927 wurde es als bisher erster und einziger Film in der Pariser Oper uraufgeführt, aber bald verändert, zerstückelt, schließlich vergessen.

1980 rekonstruierte der britische Filmhistoriker Kevin Brown die Vier-Stunden-Originalfassung, die jetzt auf einer Tournee durch Deutschlands Kongreßhallen und Konzertsäle zu sehen ist. Den Zuschauer erwartet totales Kino, mit rasanter Kameraführung, sogweckender Montage und rauschhafter Bewegtheit. Selbst Kritiker, die dem Film die Verherrlichung des Führerkults vorwerfen und den Slogan von der »Schule des Faschismus« prägen, können dem Regisseur Abel Gance die Referenz vor dem filmischen Können, der cineastischen Innovation nicht verweigern. Getrübt wird das Erlebnis allerdings durch die mit viel Aufwand präsentierte Begleitmusik von Carmine Coppola (die Originalmusik von Arthur Honegger ist keineswegs verschollen), ein seichtes Potpourri heroischer und französischer Weisen, durch die grelle Einfärbung der Filmbilder und durch die falsche Bildgeschwindigkeit, mit der dieses Geschichtspanorama vorgeführt wird.

Teresa Stratas und
Placido Domingo in
Franco Zeffirellis
La Traviata, 1983
Plakat zur deutschen Fassung

Jennifer Beals in
Flashdance, 1983
Plakat zur deutschen Fassung

Carlos Saura
Carmen, 1983
Szenenfoto

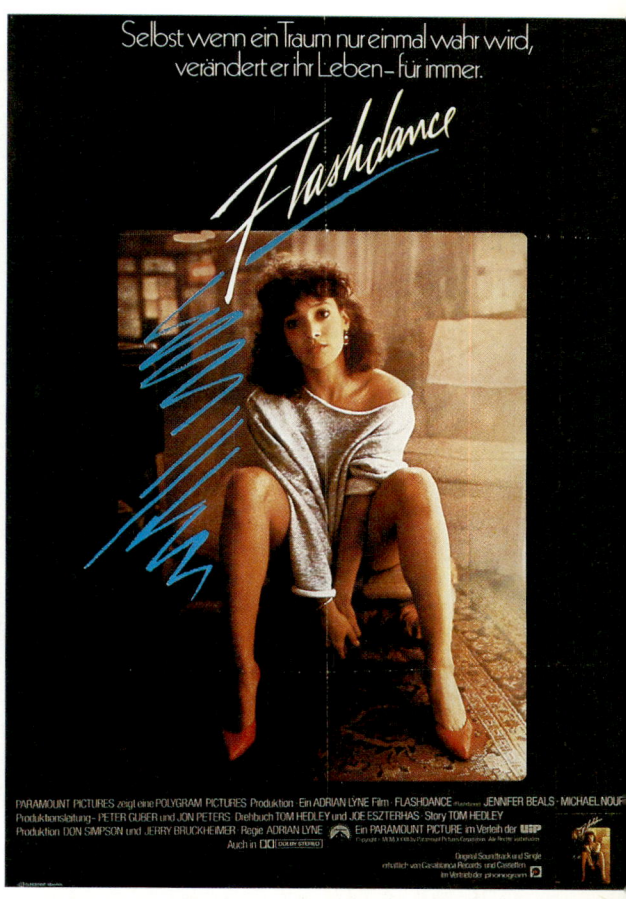

Filmisches Musik- und Tanztheater

Mit Placido Domingo als Alfred Germont und Teresa Stratas als schwindsüchtige Kurtisane Violetta Valery verfilmt Franco Zeffirelli Giuseppe Verdis 1853 uraufgeführte Oper La Traviata (1853), der Die Kameliendame (1848) von Alexandre Dumas d. J. zugrundeliegt – ein Stück, in dem Eleonora Duse und Sarah Bernhard brillierten und das seit 1907 über zwanzig Verfilmungen erfahren hat. »Oper als üppiger Augen- und Ohrenschmaus, als bittersüßes Labsal für jedermann, so demokratisiert man die Künste« (Wolf Donner).

Wie ein Film durch das Zusammenwirken von Videoprogrammen, Marketing und Mode Popularität gewinnen kann, lehrt Flashdance. Einzelne Tanzszenen wurden im Music-TV gezeigt, einem US-Kabelsender, der rund um die Uhr Musik mit Videobebilderung liefert. Als immer mehr Mädchen mit zu weiten, durch (künstliche) Schweißflecken verzierten Pullovern auftreten, zeigt dies: Flashdance (Titelsong What a feeling mit Irene Cara) ist »angekommen«. Durch ihn wird bewiesen, daß sich mit Montage fast alles bewerkstelligen läßt: Kein einziger der Tänze wurde von der Hauptdarstellerin Jennifer Beals (sie spielt eine 18jährige Schweißerin, die ihrem Traumberuf Prima Ballerina bis zum Vorstellungstanz treu bleibt, dann aber doch lieber ihrem ehemaligen Chef das Ja-Wort gibt) selbst getanzt; lediglich ihr Gesicht ist in die Darbietungen der Französin Marine Jahan eingeschnitten.

Hinreißende, in blutige Realität umschlagende Flamenco-Tanzszenen präsentiert Carlos Saura in seiner Carmen-Version, die Prosper Mérimées Novelle ebenso verpflichtet ist wie Georges Bizets Oper (1872) und in der die Geschichte doch auf ganz eigene Weise erzählt wird. Der Choreograph Antonio (Antonio Gades) findet die ideale Carmen (Laura del Sol) in einer Tanzschule. Während der Carmen-Einstudierung wird aus dem Lehrmeister ein ohnmächtiger Eifersüchtiger, wobei sich Kunst und Wirklichkeit vermischen: der Mord könnte ein Bestandteil der Theaterprobe sein.

Monty Python
Der Sinn des Lebens
Anzeige zum Kinostart
in der Bundesrepublik 1983

Werbung für
Video-Kassetten
1983

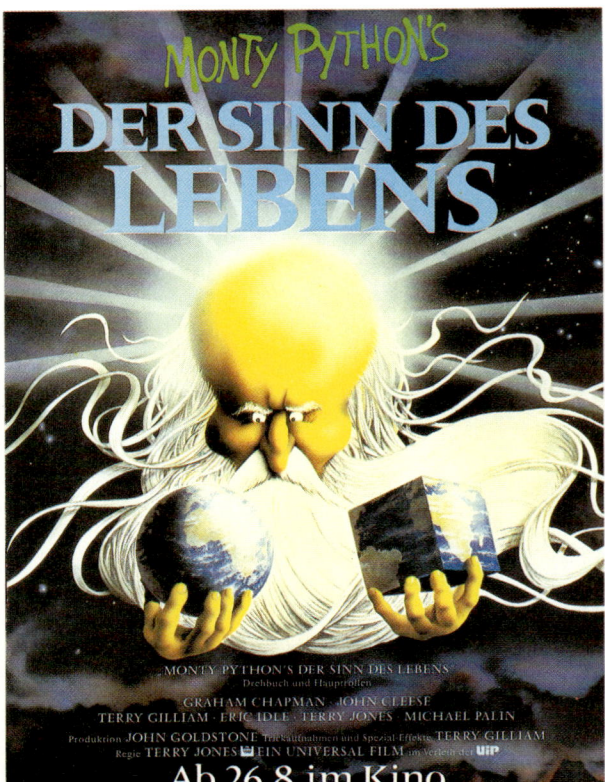

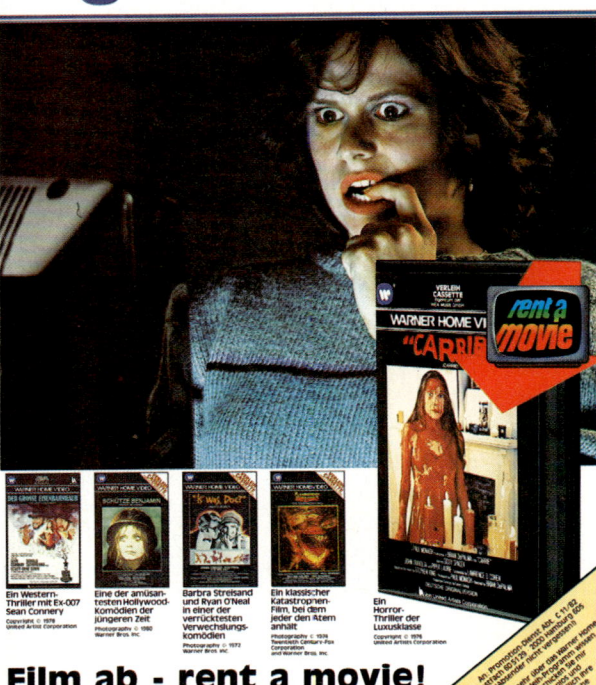

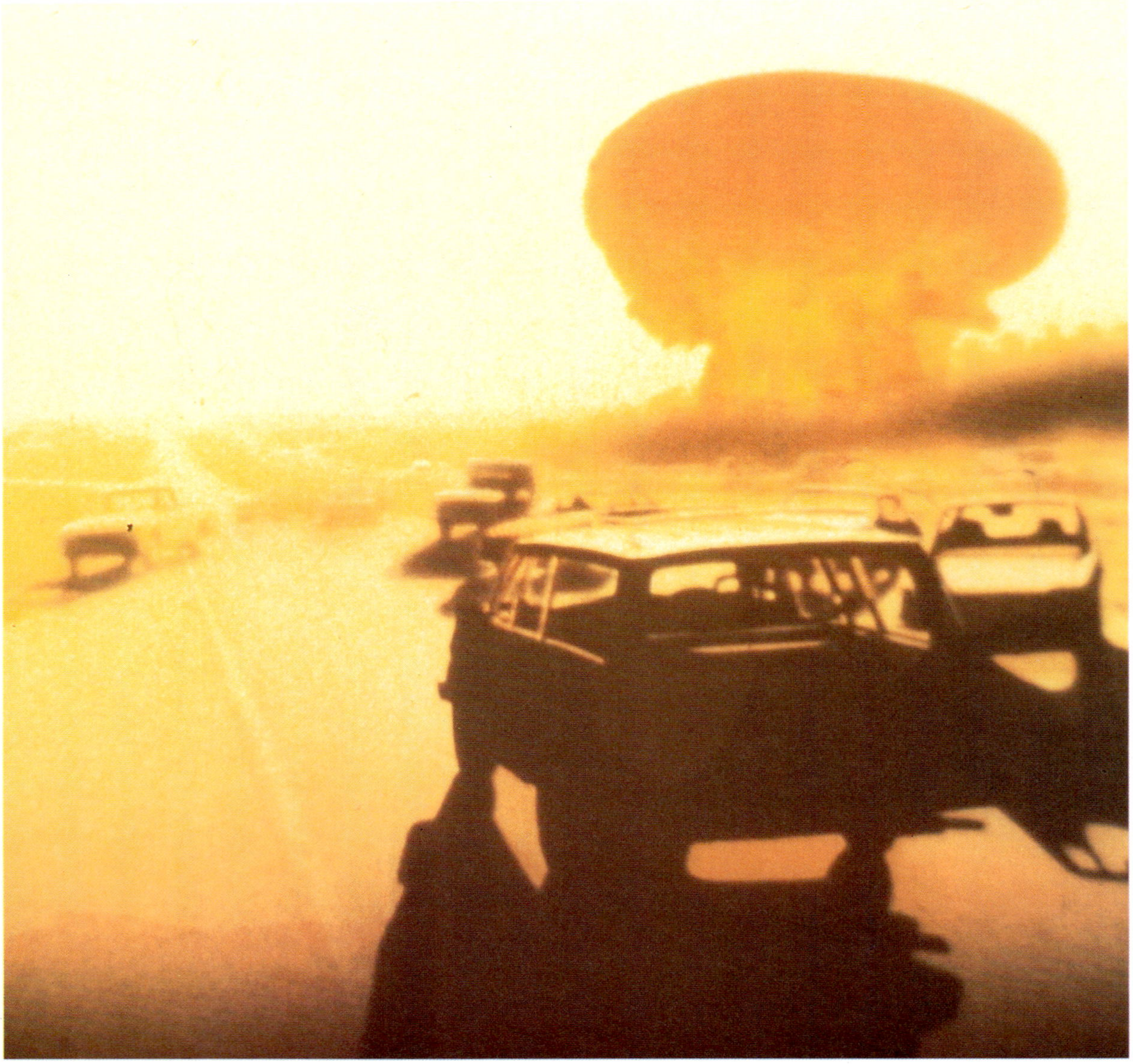

The Day After, 1983
Szenenfoto

Medien-Angebot von der alltäglichen bis zur universellen Katastrophe

Der Sinn des Lebens *bleibt für die englische Filmemacher-Gruppe* Monty Python *eine rhetorische Frage. Ihr Episodenfilm, eingeleitet durch den blutigen Aufstand von* Büro-Opas, *erreicht auf Schauplätzen wie einem Operationssaal oder einem Restaurant, in den ein unablässig fressender und kotzender Koloß schließlich platzt, jene Ekelgrenze, mit deren Überschreitung der Markt der Video-Kassetten erfolgreich wirbt, zumal im regulären Fernsehprogramm vornehmlich Platz für die Katastrophen des Alltags zu sein scheint.*

Wenn es auf dem Bildschirm auf realistische Weise Ernst werden soll, wenn Apocalypse now *angesagt ist, geraten die Medien-Zaren ins Schwitzen. Jüngstes Beispiel ist die Absicht des WDR, ein Fernsehspiel zu zeigen, das die Folgen eines Atom-Unfalls in einem niedersächsischen Dorf ausmalt. Der Sender stößt auf Widerstand, noch ehe* Im Zeichen des Kreuzes *ausgestrahlt ist. Der Streit endet auf typisch öffentlich-rechtliche Art: Der Film wird aus lauter Furcht vor der Katastrophen-Angst in den Dritten Programmen versteckt und durch reichliche Diskussionen abgewiegelt. Dabei kommt fast zu kurz, daß der Provinz-Thriller aus naher Zukunft dramaturgische Schwächen besitzt und wirklichkeitsfremd wirkt.*

Auf dem flachen Land findet auch ein anderer Untergang statt, der die Fernsehinstitutionen fast ebenso erschüttert wie die Zuschauer – diesmal allerdings in den Vereinigten Staaten. Dort zeigt der Film The Day After *Beginn, Verlauf und Ende eines Atomkriegs zwischen den Supermächten, dargestellt am Beispiel der Stadt Kansas. Politische Pressionsversuche gegen die Ausstrahlung bleiben erfolglos, die Gestaltungsweise und -absicht des Films umstritten. In der Bundesrepublik läuft er in den Programmkinos: als peinigendes Mahnmal aus der Sicht der einen, als ein peinliches Beispiel mehr aus dem Genre des Katastrophenfilms im Urteil der anderen.*

Theater

Premieren

● Michael Ende: *Gauklermärchen*. (Uraufführung am 18. April in Heidelberg). Regie: Christian Sorge und Johann Kresnik; Bühnenbild: Erich Fischer. Eine ärmliche Komödiantentruppe könnte Karriere als Werkzirkus einer Chemiefirma machen, wenn man sich vom (giftgasgeschädigten) geistesbehinderten Kind Eli trennen würde.

● Christopher Hampton: *Geschichten aus Hollywood* (Übersetzung: *Alissa und Martin Walser*; Europäische Erstauffüh-rung am 26. März in Düsseldorf). Regie: Peter Palitzsch; Bühnenbild: Manuel Lütgenhorst. Witzig, ironisch, facettenreich und mit dichterischer Freiheit gegenüber biographischen Fakten erzählt das Stück das Schicksal deutscher Literaten im amerikanischen Exil.

● Gert Heidenreich: *Der Wetterpilot* (Uraufführung am 9. Dezember in Osnabrück). Regie: Goswin Moniac. Ein Drama über aktuelle Abrüstungsdiskussionen hinaus: Ein US-Bomberpilot, der in der militärischen Nervenheilanstalt auch noch den Atombomberpiloten Eatherly kennen-gelernt hat, kommt mit Schulderkenntnis nach Hause und verstört seine Angehörigen, die – wie viele – alles gar nicht so genau wissen wollen.

● Heiner Müller: *Verkommenes Ufer Medeamaterial Landschaft mit Argonauten* (Uraufführung am 22. April in Bochum). Regie: Manfred Karge und Matthias Langhoff. Eine höchst eigenwillige Montage aus antikem Stoff und Müllerschen Selbstzitaten. Zur Metaphernflut gibt es ein Programmbuch von fast 500 Seiten, das neben dem Text (rund 10 Seiten davon) einen Lexikonteil als Dechiffrierhilfe anbietet.

Die Chronik der Gesine Cresspahl

Ein Jahrzehnt hat Uwe Johnson sich Zeit gelassen, um seinen Romanzyklus *Jahrestage. Aus dem Leben von Gesine Cresspahl* zu vollenden. Waren die ersten drei Bände Anfang der siebziger Jahre rasch hintereinander erschienen, so kommt der vierte, abschließende erst jetzt heraus und rundet Johnsons Prosa-Panorama zum fast 2000 Seiten umfassenden Zeitgemälde ab. Erzählt wird die Geschichte von Gesine Cresspahl aus dem – erfundenen – Ort Jerichow in Mecklenburg. Jahrgang 1933, wächst sie in der Hitler- und Stalin-Zeit auf und erfährt die Ulbricht-Ära. Nach der Emigration in den Westen lebt sie – nicht heimisch geworden – in New York, sammelt dort zeitgenössische Lesefrüchte aus der »New York Times« sowie Kindheitserinnerungen und führt Gedankendialoge mit Toten sowie hintersinnige Gespräche mit ihrer altklugen Tochter Marie. Eine Chronik der laufenden Ereignisse.

Literatur

Neuerscheinungen

● Italo Calvino: *Wenn ein Reisender in einer Winternacht*. Ein ebenso ironisches wie phantasievolles Geflecht von Erzählungen führt als Schmuggelgut Literaturtheorien mit sich. Die verwickelten Handlungsfäden sind in prallen Lesestoff eingewebt.

● John le Carré: *Die Libelle (The Little Drummer Girl)*. John le Carré greift das heikle Thema der Palästinenser-Frage auf, ohne einen tragischen Konflikt zu billiger Münze zu machen: Die junge englische Schauspielerin Charlie spielt nach einem Drehbuch des israelischen Geheimdienstes die Rolle ihres Lebens, eine Rolle um ihr Leben. Raffiniert geschrieben und dabei um Fairneß gegenüber den Beteiligten bemüht.

● Peter Handke: *Der Chinese des Schmerzes*. Auf seinem Weg vom Sensibilissimus der deutschen Literatur zum raunenden Son-derling legt Handke eine Erzählung vor, die mehr Traktat über die Fähigkeit ist, das Leben durch die Sprache auf Distanz zu halten. Die Erlebnisse des Ich-Erzählers Andreas Loser bleiben nebensächlich: Was zählt, ist nur Wahrnehmung als Anlaß zur Sprachgestaltung.

● Wolfgang Hildesheimer: *Mitteilungen an Max über den Stand der Dinge und anderes*. Dieser offene Brief an den Freund und Kollegen Max Frisch ist zugleich eine Huldigung an den Kollegen und Freund Günter Eich.

● Elfriede Jelinek: *Die Klavierspielerin*. Eine herrische Mutter treibt ihre Tochter ans Klavier, doch statt der Künstlerkarriere erreicht die nur privaten und beruflichen Frust. Als Klavierlehrerin wird sie von einem jüngeren Schüler in ein Doppelkonzert von Masochismus und Sadismus verstrickt.

● Irmtraut Morgner: *Amanda – Ein Hexenroman*. Zwischen Ost-Berlin und Blocksberg hext Irmtraud Morgner einen facettenreichen Montage-Roman von Realität und Frauenträumen, erzählt Geschichten und Geschichte, mischt Abenteuer mit Aktualität, greift nach Windeln und nach Sternen. Ihre Heldin Trobadora Beatriz hat zwar ihre Stimme verloren, aber nicht die Phantasie.

● Sten Nadolny: *Die Entdeckung der Langsamkeit*. John Franklin, der Seefahrer und Entdecker, ist weder rast- noch ratlos: langsam, aber exakt entdeckt er seine Welt. Sten Nadolny spürt mit seinem Helden der inneren Spannung der Bedächtigkeit nach. Nichts für eilige Leser.

● Christa Wolf: *Kassandra*. Konjunktur für Seherinnen? Die mahnende und doch auch todessüchtige Kassandra spiegelt auch aktuelle Untergangsängste. Christa Wolfs Bestreben, ein Meisterwerk zu schreiben, enthebt den Stoff allerdings manchmal ins Erhabene.

Kipphardts Eichmann

Als Heinar Kipphardt im November 1982 starb, hatten die Proben zu seinem letzten großen Werk schon begonnen. Man erwartete von dem wohl grüblerischsten Vertreter des dokumentarischen Theaters ein zentrales Opus, zumal Kipphardt mit Bruder Eichmann noch einmal zur Auseinandersetzung mit dem deutschen Faschismus zurückgekehrt war.

Nach der Uraufführung am 21. Januar am Münchner Residenztheater ist die Verstörung groß. Kipphardt hat nicht nur betroffen gemacht, sondern offenkundig auch getroffen. Kernszenen bilden die (authentischen) Verhöre Eichmanns durch den israelischen Polizeihauptmann Avner Less – der Einspruch erhebt, weil er, im Gegensatz zu Deutungsmöglichkeiten des Stücks, keine Sympathie für seinen Gegner entwickelt habe; in künftigen Aufführungen bleibt der Vernehmende namenlos.

Kipphardts Hauptthese spiegelt sich schon im Titel: Für ihn ist Eichmann kein der Hölle entwichener Bösewicht der Sonderklasse, sondern – analog zu Hannah Arendts These von der »Banalität des Bösen« – ein Biedermann, ein Jedermann. Die Kritik vermerkt erbost, daß Kipphardt »versucht, uns einzureden, daß Eichmann ein Mensch wie wir alle sei«. Auf noch mehr Widerspruch stoßen die »Analog-Szenen« (so von Kipphardt bezeichnet), in denen der Autor zeigen will, daß Eichmanns Mentalität ebensowenig tot ist wie der Neonazismus: Italienische Terroristenfahnder schildern ihre Verhörmethoden, Israels Verteidigungsminister Sharon entblößt sich ebenso als Rädchen einer Maschine (»Ich interessiere mich nicht für die persönlichen Fälle«) wie Bomberpiloten.

Kipphardts Witwe und sein Theaterverlag bestehen darauf, daß zwei Drittel dieser Analogie-Szenen (nach freier Wahl) gespielt werden, denn »gerade auf diesen Bezug zur Gegenwart kam es dem Autor an«. Einige große Bühnen verzichten unter dieser Bedingung.

Bruder Eichmann, 1983; Szenenfoto mit Horst Sachtleben (Less) und Hans-Michael Rehberg (Eichmann).

1983

Erinnerung an den Einklang von Gottsuche und Liebe zur Kreatur

Ein Musiker, dessen Herz dem Katholizismus und dessen Ohr dem Vogelgesang gehört, müßte wohl zwangsläufig bei dem heiligen Franz von Assisi landen.

Gut acht Jahre lang arbeitete Olivier Messiaen an seiner (ersten) Oper Saint François d'Assise, *die am 28. November von der Pariser Oper im Palais Garnier, der Grande Opéra, mit José van Dam in der Titelrolle und unter der musikalischen Leitung von Seija Ozawa uraufgeführt wird. Und seine »Scènes Franciscaine«, deren Libretto Messiaen aus franziskanischen Schriften zusammengestellt hat, bereiten manchen Zuschauern Kopfzerbrechen, anderen Ohrensausen – und entwaffnen doch über weite Strecken durch ihre Schönheit. Neben dem Titelhelden, einem Engel und einem Aussätzigen treten nur noch sechs Klosterbrüder und der Chor auf. Doch bei Messiaen stimmt die Mystik, die Gottsuche. »Das Kreuz« heißt das erste der acht Bilder, »Der Tod und das neue Leben« das letzte. Messiaens fast fünfstündige Partitur ist dialogisch angelegt, die Gesangspartien sind meist rezitativisch, seltener arios, aber immer – in eigentümlicher Messiaen-Harmonik, die sich aus seinen »Modi« ergibt – melodisch. Messiaen hat wieder in seinem Vogelstimmenkatalog geblättert, aber die Zitate höchst kunstvoll versteckt und verarbeitet. Nur im zentralen Bild der Oper, der »Vogelpredigt«, gibt der französische Komponist die artifizielle Deckung auf, läßt er die Vögel elektronisch zwitschern – und das wirkt doch ein bißchen wie ein Quiz für Vogelfreunde.*

Als sich der mittlerweile gebeugte Messiaen (wenige Tage vor seinem 75. Geburtstag) dem Publikum stellt, gibt es viel Jubel. Auch wer mit dem Stück seine Schwierigkeiten hat, kann weder überhören noch übersehen, daß hier ein großer lebender Komponist sein Opus Magnum, *die Bilanz seines Schaffens, präsentiert hat.*

Giotto di Bondone, Der hl. Franziskus predigt den Vögeln; um 1310.

Musik für Kopf-Hörer

Die Musik-Regel ist es nicht, daß das Lebenswerk eines Komponisten in gut vier Stunden zu erfahren ist. Doch die Junge Deutsche Philharmonie macht es sich schwer: In zehn Programmen stellt sie nicht nur das *Opus Anton Webern* vor, sondern dessen Musik auch in den geschichtlichen Zusammenhang. In Kompaktkursen in Frankfurt und Berlin (und beim Flandern-Festival sowie, aufgesplittert, in Nordrhein-Westfalen) leiten die jungen Musiker Anton Webern aus der Tradition her, stellen ihm Zeitgenossen zur Seite und bedenken auch »Webern und die Folgen«. Zum 100. Geburtstag des Komponisten beweist die exemplarische Aufführung durch die Junge Deutsche Philharmonie, daß Weberns Musik nicht nur für Kopf-Hörer geeignet ist, sondern auch ihre sinnlichen Seiten hat.

Compact Disc: Konkurrenz der Langspielplatte

So klein das Ding ist, um das es geht, so groß sind die vollmundigen Worte, mit denen es angepriesen wird: »Compact Disc – die digitale Vollendung«. Was jetzt auf den Markt kommt, ist die konsequente Fortsetzung der Computerisierung der Musikaufzeichnung: Die Compact Disc enthält digitale Signale, die von einem Laserstrahl, also optisch, abgetastet werden. Das garantiert, daß es keine mechanische Abnutzung mehr gibt. Außerdem ist die silbern glänzende Scheibe handlich (12 Zentimeter Durchmesser), weitgehend unempfindlich gegen Staub oder Fingerabdrücke (beides läßt sich abwischen) – und (noch) teurer als normale Langspielplatten, die zur Unterscheidung bald »Black Discs« genannt werden.

Die kompakten CDs fassen nicht nur mehr als sechzig Minuten Musik, sondern auch Zusatzinformationen, die vom Plattenspieler gelesen werden können. Das und verschiedene Verbesserungen technischer Übertragungswerte haben ihren Preis. Doch schon am Jahresende bröckeln die Preise für die neuen Plattenspieler ab, und die Compact Disc erweist sich durchaus als Verkaufserfolg: ein überfälliger Silberschein am Krisenhorizont der Plattenindustrie.

Während über die Ästhetik des CD-Klangbilds kleinere Glaubenskriege unter HiFi-Puristen geführt werden, sind sich alle einig, daß die akustische Vergrößerungslupe der Digitaltechnik auch einiges ins Ohr rückt, was nicht unbedingt erfreut: vom Quietschen des Klavierstuhls bis zur U-Bahn, die unter der als Aufnahmeort beliebten Kingsway Hall in London hinwegführt. Das neue Medium bleibt eine Herausforderung, die aber von immer mehr Musikfreunden angenommen wird, etwa beim »handlichsten« *Parsifal* aller Zeiten.

Musik

Premieren

● Hans Werner Henze: *Die englische Katze.* Libretto von Edward Bond (nach Balzacs *Peines de cœur d'une chatte anglaise*). Uraufführung am 2. Mai in Schwetzingen. Regie: Hans Werner Henze; Ausstattung: Jakob Niedermeier, Dirigent: Dennis Russell Davies. Ein subtiles Katz-und-Maus-Spiel mit doppelbödiger Moral lehrt eine Adoptivmaus die heuchlerischen Tricks der edlen Katzengesellschaft, in der für naive Liebe kein Platz ist. Henzes Partitur überzeugt stärker als seine zu brave Inszenierung samt seiner Scheu, das Werk etwas zu kürzen.

● Hans-Joachim Hespos: *Itzo-Hux.* Libretto von Peter Wagenbreth nach Aldous Huxleys Roman *After Many A Summer*. Uraufführung am 6. Mai in Oldenburg. Regie: Perry S. White; Ausstattung: Horst Jaeger; Dirigent: Wolfgang Schmid. Der Avantgarde-Einzelgänger Hespos will zuviel (in »integraler Inszenierung«) und versteigt sich mit musikalischer Verweigerungsgebärde in einem kaum verständlichen Gleichnis. Was »Anlaß zur Sinnlichkeit« sein soll, reizt eher zum Gähnen als zum Widerspruch.

● Giselher Klebe: *Die Fastnachtsbeichte.* Libretto: Lore Klebe nach Zuckmayer. Uraufführung am 20. Dezember in Darmstadt. Regie: Kurt Horres; Bühnenbild: Andreas Reinhardt; musikalische Leitung: Hans Drewanz. Auch bei seiner zwölften Oper stützt sich Klebe auf einen literarischen Erfolg. Zu Carl Zuckmayers Motiven von Schuld und Sühne während der Karnevalstage schreibt er eine Musik, die sich zu Alban Berg und Igor Strawinski ebenso bekennt wie zur kalkulierten Mischung aus Volkstümlichkeit und dem Rüstzeug gemäßigter Avantgarde: der Mord im Dom wird zum Publikumserfolg.

● Arghyris Kounadis: *Lysistrate.* Uraufführung am 31. März in Lübeck. Regie: Hans Thoenies; Bühnenbild: Michael Goden; Dirigent: Matthias Aeschbacher. Schon vor der Premiere gibt es Aufregung um die Neuübersetzung des Aristophanes-Textes durch Traute Hensch und Ludger Lütkehaus. Kounadis' Musik zu diesem Lehrstück der pazifistischen Verweigerung kann im Vergleich dazu weniger amüsieren, das Musiktheater zeigt wenig Profil. Am Schluß freundlicher Beifall, der zeigt, daß ein Stück noch so radikal im Wortsinne sein mag, man kann ihm den Zahn schon ziehen.

● Kurt Schwertsik: *Fanferlieschen Schönefüßchen.* Libretto: Karin und Thomas Körner nach Clemens von Brentano. Uraufführung am 24. November in Stuttgart. Regie und Ausstattung: Axel Manthey; Dirigent: Dennis Russell Davies. Ein kleines Stück, das ein Märchen nicht nacherzählt, sondern mit Märchenelementen geistvoll und anspielungsreich jongliert. Schwertsiks Musik ist so freizügig wie freimütig, Hindemith verpflichtet und plündert mit skrupellosem Eklektizismus die Musikgeschichte.

Wenn Bäumen
die Lebenschance fehlt ...

*Nicht Raubbau, sondern die Beseiti-
gung der erkrankten Bäume hat die
Bergkuppe im Oberharz, auf der noch
vor wenigen Jahren hohe Fichten standen, zur kahlen Schreckenslandschaft
gemacht.*

*Es ist dies eines von unzähligen bestür-
zenden Bildern aus der Bundesrepublik, ja ganz Europa, die beweisen, daß
unsere Wälder sterben. Im Herbst
1983 stellt die Bundesregierung fest,
daß 34 Prozent des Waldes geschädigt
sind. Schuld daran ist mit an Sicherheit grenzender Wahrscheinlichkeit
die Luftverschmutzung durch Sticko-
xide und Schwefeldioxid. Diese Che-
mikalien vor allem sind es, die den Regen »sauer« machen, so daß er stellenweise, wie in Schottland, mit einem
pH-Wert von 2,4 schon den Säuregrad
von Weinessig erreicht hat.*

*Der »saure Regen« läßt Blätter und Na-
deln erkranken und schädigt vor allem
in kalkarmen Böden das Feinwurzel-
system der Bäume. Mitbeteiligt an den
teils schon dramatischen Auswirkungen (stellenweise erkrankten mehr als
ein Drittel der Bäume) sind möglicherweise auch sogenannte Photooxydan-
tien. Das sind Umwandlungsprodukte von Stoffen in der Luft, die unter dem
Einfluß des ultravioletten Sonnen-
lichts entstehen.*

*Die Bundesregierung beschließt, den
Schwefelausstoß der Kraftwerke
durch eine drastische Verschärfung der
Verordnung für Großfeuerungsanla-
gen zu begrenzen. Außerdem werden
die »Technische Anleitung zur Reinhal-
tung der Luft« überarbeitet und ein Ge-
setzentwurf diskutiert, nach dem ab
1986 nur noch Kraftfahrzeuge mit Ka-
talysatoren zur Benutzung bleifreien
Benzins zugelassen werden sollen. Es
wird darauf hingewiesen, daß das
Waldsterben internationale Vereinbarungen erfordert.*

*Die Naturschützer halten die
beschlossenen Maßnahmen für
unzureichend. Hinzu kommt die
Einsicht, daß Verordnungen allein
kaum das Bewußtsein eines notwendigen Einklangs zwischen
Mensch und Natur zu stärken vermögen.*

James Stirling
Neue Staatsgalerie in Stuttgart
Eröffnung 1984

Oswald Matthias Ungers
**Deutsches Architektur-
museum in Frankfurt am Main**
Eröffnung 1984

Architektur im Zeichen der Postmoderne

Zehn Jahre nach einem allgemeinen Ideenwettbewerb für den Erweiterungsbau öffnet die Neue Staatsgalerie in Stuttgart ihre Pforten, genauer: ihre in knallroten Trommeln verborgenen Drehtüren. Das Bauwerk des gebürtigen Schotten James Stirling ist eine entschiedene Absage an jegliche Form moderner »Kastenarchitektur«. Die postmoderne Grundhaltung kommt in Anklängen an staufische Burganlagen zum Ausdruck. Das Zentrum bildet eine offene Rotunde, aus Treppen und Rampen ergibt sich ein rhythmisches Gefüge. Urbanen und museumspädagogischen Zwecken dient ein Fußgängerweg mitten durch den Baukomplex. Kennzeichnend ist aber vor allem der an Willkür grenzende »frivole« Pluralismus der Stilformen und Materialien: Wuchtige Fassadenteile aus Travertin und Sandstein wechseln mit gleichsam geblähten Fensterfronten, als Geländer dienen pinkfarbene Kunststoffröhren, Einfahrten und Zugänge werden durch buntbemalte Metallgestänge markiert.

Daß postmoderne Architekten nicht von Berührungsängsten mit historischen Bauwerken geplagt werden, zeigt das Deutsche Architekturmuseum am Frankfurter Schaumainkai, das am 1. Juni eröffnet wird. Oswald Matthias Ungers hat einer Patriziervilla einen lichten Hausturm eingefügt und den Außenbau mit weiteren Ausstellungstrakten umgeben.

Die erste Ausstellung des Deutschen Architekturmuseums trägt den Titel Revision der Moderne – Postmodernes Bauen 1960–1980 und umfaßt etwa 800 Exponate. Zu den als Modelle präsenten Gründungsbauten der Postmoderne gehört My Mother's House von Robert Venturi, erbaut 1960 bis 1962: ein an den Farmhaus-Typus des 19. Jahrhunderts anknüpfendes Wohngebäude mit gespaltenem Giebeldreieck. Den Auftrag des Museums sieht Direktor Heinrich Klotz u. a. darin, »die Rolle der Architektur als entscheidendes Mittel der Umweltgestaltung einer fragmatisch informierten Öffentlichkeit ständig vor Augen zu führen und ins Bewußtsein zu rufen«.

Bildende Kunst

Ausstellungen
- Berlin: *Willem de Kooning.* Erste umfassende Präsentation des Mitbegründers des Abstrakten Expressionismus in Deutschland (anschließend in Paris).
- Hannover: *Bild als Waffe* im Wilhelm-Busch-Museum (anschließend in Dortmund, Göttingen und München). Ein Überblick über die Entwicklung der Karikatur.
- Köln: *Skulptur des Expressionismus.* Die zuvor in Los Angeles gezeigte Ausstellung (33 Künstler mit 150 Werken) dokumentiert den oft vernachlässigten Anteil der Plastik am Expressionismus. Zu den Exponaten gehören Skulpturen der »Brücke«-Mitglieder Heckel, Kirchner und Schmidt-Rottluff.
- London: Der 1848 von Millais, Rossetti und Hunt gegründeten *Pre-Raphaelits Brotherhood* ist eine umfassende Ausstellung in der Tate-Gallery gewidmet. Die Präzision der *Präraffaeliten* kann als Frühform des Hyperrealismus betrachtet werden.
- München: *Max Beckmann.* Mit rund 300 Exponaten bildet die Ausstellung im Haus der Kunst (anschließend in Berlin, Saint Louis und Los Angeles) den Höhepunkt der Beckmann-Ehrungen zum 100. Geburtstag.
- München: Im Lenbachhaus werden als *Träume des Orpheus* Werke italienischer Künstler vorgestellt (u. a. Enzo Cucchi, Claudio Parmiganino, Michelangelo Pistoletto), in denen sich der »postmoderne« Rückgriff auf mythologische Themen bekundet.
- Recklinghausen: Die Kunstausstellung der Ruhrfestspiele ist unter dem Titel *Wer hat Dich Du schöner Wald. Natur zwischen Illusion und Ideal* dem wiederentdeckten Thema Landschaft gewidmet.

Biennale in Venedig

Aus der Sicht des Ausstellungsleiters Maurizio Calvesi, Kunstgeschichtsprofessor in Rom, sind die Schranken zwischen »zeitgenössischer und vergangener Kunst« endgültig gefallen. Entsprechend lautet eines der beiden Zentralthemen der Biennale '84 *Kunst im Spiegel.* Gemeint ist die im Grunde für die gesamte kunstgeschichtliche Entwicklung kennzeichnende Tatsache, daß die Kunst mehr oder weniger unmittelbar ihre eigene Geschichte reflektiert bzw. zitiert. Letzteres erscheint als das ausschließliche Ziel der italienischen, in Venedig stark vertretenen »pittura colta«, die als »gebildete Malerei« mit vorwiegend mythologischen Themen zugleich klassizistische Elemente aufweist. Das zweite Biennale-Motto lautet *Kunst, Umwelt, Bühne,* realisiert in einer Vielzahl von Environments.

In den Länderpavillons sind teils Gruppenausstellungen arrangiert (im Pavillon der USA zum Themenbereich des verlorenen und des wiedergefundenen Paradieses), teils stehen einzelne Künstler im Mittelpunkt (Miriam Cahn als Repräsentatin der Schweiz, Armando als Repräsentant der Niederlande). Im Pavillon der BRD dient der Fußboden als Exponat. Der Künstler-Ethnologe Lothar Baumgarten hat ihn mit der Schriftintarsie *America* gestaltet, bestehend aus den Namen südamerikanischer Flüsse. Sie dient wie 1982 der Kassler Schriftfries mit Staatsnamen als »Monument für die indianischen Nationen Südamerikas«, denen sich Baumgartner nach einem Aufenthalt unter den Yanomari in Venezuela verbunden sieht. Als zweiter Vertreter der BRD zeigt Ralf Winkler alias R. A. Penck seine monumentalen Kompositionen aus Strichfiguren und abstrakten Bildzeichen. Sie markieren den Weg des Künstlers »über das Eis des Rationalismus in die Wüste der Konzeption und von da in die Nacht der Gesetzlosigkeit« (*Auf Penck zurückblicken,* 1978).

Kunstlandschaften

Im Sommer präsentiert die Simultanausstellung Kunstlandschaft Bundesrepublik, ein gemeinsames Projekt von über 40 Kunstvereinen, das Kunstschaffen der Gegenwart in seiner topographischen Ausbreitung und Differenzierung. Im Herbst folgt eine Zusammenfassung der »neuen deutschen Kunst« an einem Ort. In der Halle 13 der Düsseldorfer Messe veranstaltet die »Gesellschaft für aktuelle Kunst« die Ausstellung von hier aus. Der Titel (nicht zuletzt ein Hinweis auf die von Düsseldorf bzw. dem Rheinland ausgegangenen Impulse) stammt von Joseph Beuys, dessen Environment Wirtschaftswerte zu den zentral plazierten Werken gehört.

Das Ausstellungskonzept Kaspar Königs verzichtet auf die Unterscheidung verschiedener Stilrichtungen bzw. Trends. Entsprechend hat der Ausstellungsarchitekt Hermann Czech ein System aus Gassen, Passagen und Plätzen geschaffen, das dem Vorbild einer organischen Stadtlandschaft folgt. Die Vielzahl der Bewegungsrichtungen korrespondiert mit der Vielfalt des ästhetischen Angebots. Es umfaßt im Bereich der Malerei die illusionistische »Trickmalerei« Holger Bunks, die »wilde« Malerei Walter Dahns, Abstraktes von Gerhard Richter und ein auf transparente Verpackungsfolie mit Silbersalzen gemaltes Wachtturm-Bild von Sigmar Polke, das sich im Verlauf der Ausstellung »entwickelt«.

Besondere Beachtung findet die überdimensionale Fotomontage Endzeitgefühle (440 x 690 cm) aus dem Jahr 1982 von Astrid Klein, die mit ihren Arbeiten erstmals 1980 an die Öffentlichkeit getreten ist. Sie erarbeitet ihre Bilder in bewußtem Gegensatz zur plakativen Politkunst etwa Klaus Staecks. Die Verwendung von Fotos gründet sich auf ihre Überzeugung: »Die Kälte dieses Mediums entspricht unserer Zeit.«

Astrid Klein, Endzeitgefühle; Exponat der Düsseldorfer Ausstellung »von hier aus«, 1984.

1984

Film

Premieren

- Marco Ferreri: *Die Zukunft heißt Frau (Il futuro è domna)*, mit Ornella Muti und Hanna Schygulla. Theorie und Praxis der Mutterschaft.
- Milos Forman: *Amadeus* (nach Peter Shaffers Bühnenstück, 1980, dt. 1981), mit Tom Hulce als infantiles Genie Mozart und F. Murray Abraham als Salieri.
- Terry Gilliam: *Brazil*, mit Jonathan Price und Robert De Niro. Horrorvision des Überwachungsstaats im »Monthy Python«-Stil.

- Jean-Luc Godard: *Maria und Joseph (Je vous salue Marie)*, mit Myriem Roussel; als Vorfilm *Das Buch von Marie* von Anne-Marie Miéville. Moderne, von der katholischen Kirche heftig attackierte Darstellung der Jungfrau und Mutter Maria nach der Devise: «Das Unglaubliche glauben – das ist Kino.«
- Werner Herzog: *Wo die grünen Ameisen träumen*. Im Mythos verwurzeltes Leben am Beispiel australischer Ureinwohner.
- Eric Rohmer: *Vollmondnächte (Les nuits de la pleine lune)*, mit Pascal Ogier. Porträt der jungen, vom Mißtrauen gegen emotiona-

le Bindungen geprägten Pariserin Louise.
- Ula Stöckl: *Der Schlaf der Vernunft*, mit Ida di Benedetto. Der Kampf der Gynäkologin Dea um ihr Selbstverständnis als Frau, dargestellt in einer Mischung aus Traum und Realität.
- Wim Wenders: *Paris, Texas*, mit Harry Dean Stanton und Nastassja Kinski, Buch: Sam Shepard. Die Rückkehr eines Verschollenen zu Sohn und Frau, die er in einer Peep-show wiederfindet. Ein Film der eindringlichen Bilder (Kamera: Robby Müller). Kinostart in der BRD nach Streitigkeiten mit dem Verleih 1985.

Geschlechterkampf auf der Bühne

Angesichts des von Kritikern als ermüdend empfundenen Sprech-Theaters bieten drei Bühnen skandalträchtiges Handlungs-Theater. Das gemeinsame Thema ist der Geschlechterkampf in der Nachfolge Edward Albees (Who's Afraid of Virginia Woolf?, 1962) und August Strindbergs.

In München (Theater im Marstall) inszeniert Maria Reinhard das Vergewaltigungs-Drama Extremities *des Amerikaners William Mastrosimone (1986 folgt die Filmversion der Broadway-Inszenierung): Bis zum Äußersten handelt vom Kampf zwischen Majorie und dem sadistischen Joe; der Gepeinigten gelingt es, die »menschliche Kakerlake« in ihre Gewalt zu bringen.*

Der Stockholmer Uraufführung des Ehe- und Familiendramas Demoner *von Lars Norén folgt unter der Regie von Claus Peymann in Bochum die deutsche Erstaufführung von* Dämonen. *Zwei Ehepaare vollführen eine Demaskierungs-Orgie, wobei u. a. eine zur Beisetzung vorgesehene Urne zu Bruch geht und die Asche von Franks Mutter das Schlachtfeld überstäubt. Der Drang nach symbolischer Überhöhung gipfelt in Franks Kreuzigung durch seine Frau Katarina.*

In Hamburg findet die europäische Erstaufführung von Losing Time *(Uraufführung 1979 in New York) des Engländers John Hopkins statt. Im Mittelpunkt von* Verlorene Zeit *stehen die geschiedene und vergewaltigte Ruth und ihre Freundin Joanne. Ihre lesbische Beziehung erweist sich als hilfloses Echo des männlichen Sexualgebarens, das im Mittelteil des Stücks demonstriert und demontiert wird. Zadeks Inszenierung erreicht ein Höchstmaß an realistischer Bühnenkunst:»In Hamburg wird Theater zum Spiegel der Einsamkeit der promiskuitiven Gesellschaft. Man kann prüfen, wie weit man sich vor den Figuren auf der Bühne sicher weiß – und das ist nicht weit« (Hellmuth Karasek).*

Verlorene Zeit, 1984; Plakat zur Hamburger Inszenierung (Peter Zadek, mit Eva Mattes und Ilse Ritter) von Gottfried Helnwein.

EUROPÄISCHE ERSTAUFFÜHRUNG

VERLORENE ZEIT

JOHN HOPKINS

DEUTSCHES SCHAUSPIELHAUS
IN HAMBURG

Die Heimat-Bewegung im Film

1979 stand der Volkskunde-Jahreskongreß unter dem Motto *Heimat und Identität*. Im selben Jahr begann der aus dem Hunsrück stammende Filmregisseur Edgar Reitz mit den Recherchen zu einer filmischen Chronik des fiktiven Hunsrück-Dorfes Schabbach vom Beginn des 20. Jahrhunderts bis zur Gegenwart. Sie wird vom September 1984 an als elfteilige Fernsehserie mit dem programmatischen Titel *Heimat* ausgestrahlt und erreicht ein Millionenpublikum, eine Kinoversion erregt auf den Filmfestspielen in Venedig Aufsehen und gehört zu den Höhepunkten des Münchner Filmfests.

Reitz hat in seinem vorwiegend mit Laiendarstellern besetzten Film Elemente der neuen Heimat-Bewegung gebündelt: das Interesse am ländlichen, provinziellen Leben, an der Kulturgeschichte des Alltags, am Dialekt, am Leben der einfachen Menschen. Fragen wie der nach »der schuldhaften Verstrickung der Kleinbürger in die Verhältnisse« steht die Überzeugung gegenüber, »daß das wirkliche Leben auf eine geheimnisvolle Weise all das berührt und dennoch nicht beantwortet« (Reitz). Der Münchner Kritiker Peter Buchka prophezeit, daß *Heimat* »für den Neuen Deutschen Film das werden wird, was *Die Blechtrommel* für die Nachkriegsliteratur geworden ist«.

Theater

Premieren

- Thomas Bernhard: *Der Schein trügt*. Uraufführung am 21. Januar in Bochum, Regie: Claus Peymann. Als »Existenzchoreographie« des Alterns konzipiertes 2-Personen-Stück: In der Auseinandersetzung der Brüder Karl (Artist) und Robert (Schauspieler) tritt Stagnation ein.
- Hans Magnus Enzensberger: *Der Menschenfreund* (nach Denis Diderots Komödie *Est-il bon? Est-il méchant?*, 1781). Uraufführung am 26. Oktober am Berliner Schloßpark-Theater, Regie: Hanns Zischler. Im Mittelpunkt stehen der Aufklärer Diderot und

der fatalistische Diener Jacques; Menschenfreundlichkeit erweist sich als genußreiches Spiel des Intellektuellen mit den Bedürfnissen seiner Partner.
- Franz Xaver Kroetz: *Furcht und Hoffnung der BRD*. Uraufführung am 27. Januar in Bochum (Regie: Horst Siede) und Düsseldorf (Regie: Peter Palitzsch). Die 15 zumeist monologisch ablaufenden »Szenen aus dem deutschen Alltag des Jahres 1983« lehnen sich formal an Brechts Szenenfolge *Furcht und Elend des Dritten Reiches* (1938) an. Das zentrale Thema bildet die Arbeitslosigkeit mit ihren Folgen Angst, Anpassung, Wut, Isolation und Identitätsverlust.

- Klaus Pohl: *Das Alte Land*. Uraufführung am 13. März am Wiener Burgtheater, Regie: Achim Benning. Scheitern eines Versuchs zur Landreform in einer Region bei Hamburg nach Kriegsende.
- Botho Strauß: *Der Park*. Uraufführung am 4. Oktober in Freiburg i. Br., Regie: Dieter Bitterli, gefolgt von Inszenierungen in Berlin (Regie: Peter Stein) und München (Regie: Dieter Dorn). Die Neufassung von Shakespeares *Sommernachtstraum* mündet in die Einsicht, daß die entmythologisierte, vom Riß zwischen Trieb und Vernunft geprägte Gesellschaft in jeder Hinsicht zur Lustlosigkeit verdammt ist.

Neil Jordan
The Company of Wolves, 1984
(Die Zeit der Wölfe, 1985)
Szenenfotos:
Rosaleen (Sarah Patterson) im
Zauberwald und Verwandlung eines
Jägers in einen Wolf

Wolfgang Petersen
Die unendliche Geschichte,
1984
Plakatentwurf von Renato Casaro
mit Tami Stronach als
»Kindliche Kaiserin«

Film und Märchen

*Mit der suggestiven Verbildlichung
von Vorstellungen bekennt sich der
Film zu seinen spezifischen Gestal-
tungs- und Wirkungsmitteln. Dies verdeutlichen zwei Fantasy-Filme, die zugleich das Eintauchen in die Welt der
Träume, der Wünsche und Ängste the-
matisieren. In einem Fall ist es das
Mädchen Rosaleen, das sich in den
Erzählungen ihrer Großmutter vom
Treiben der Werwölfe wiederfindet, im
anderen der Junge Bastian, dem ein altes Buch den Zugang zum Reich Phantásien eröffnet.*
*Der Film The Company of Wolves des
Iren Neil Jordan basiert auf der gleichnamigen preisgekrönten Shortstory
von Angela Carter, die ihrerseits dem
durch die Brüder Grimm popularisier-
ten Rotkäppchen-Stoff verpflichtet ist
(der deutsche Kinostart 1985 ist ein
Beitrag zum Grimm-Jahr anläßlich
des 200. Geburtstags von Jacob
Grimm). Jordans Überzeugung, daß
Märchen bei Kindern »die schlimmste
Art von Horror« erzeugen, spiegelt sich
in Trickszenen wie der Verwandlung
eines Jägers, dem Rosaleen im Zauberwald begegnet, in einen Wolf.*
*Den Vorwurf der Verschandlung eines
tiefgründigen Märchenstoffes durch
Tricktechnik ziehen sich der Regisseur
Wolfgang Petersen und der Produzent
Bernd Eichinger zu. Der Autor Michael
Ende verurteilt ihre Filmversion seines
Bestsellers Die unendliche Geschichte (1979) als »gigantisches Melodram
aus Kitsch, Kommerz und Plastik«. 60
Millionen DM wurden aufgewandt,
um – nicht zuletzt im Blick auf den
amerikanischen Filmmarkt – ein
Höchstmaß an filmischen Illusionismus zu erreichen. Dies gilt vor allem
für die elektronisch belebten Fabelwe-
sen: den Werwolf Gmork, der den In-
dianerjungen Atréju durch eine gespenstische Moorlandschaft hetzt, den
Steinbeißer, die Rennschnecke, die Rie-
senschildkröte und den 15 m langen
fliegenden Glücksdrachen Fuchur, der
von einer 18köpfigen Mannschaft gesteuert wird. Der USA-Erfolg von The
Never Ending Story bestätigt die Spekulation mit der Anziehungskraft
technischer Perfektion gerade bei der
Gestaltung des Phantastischen.*

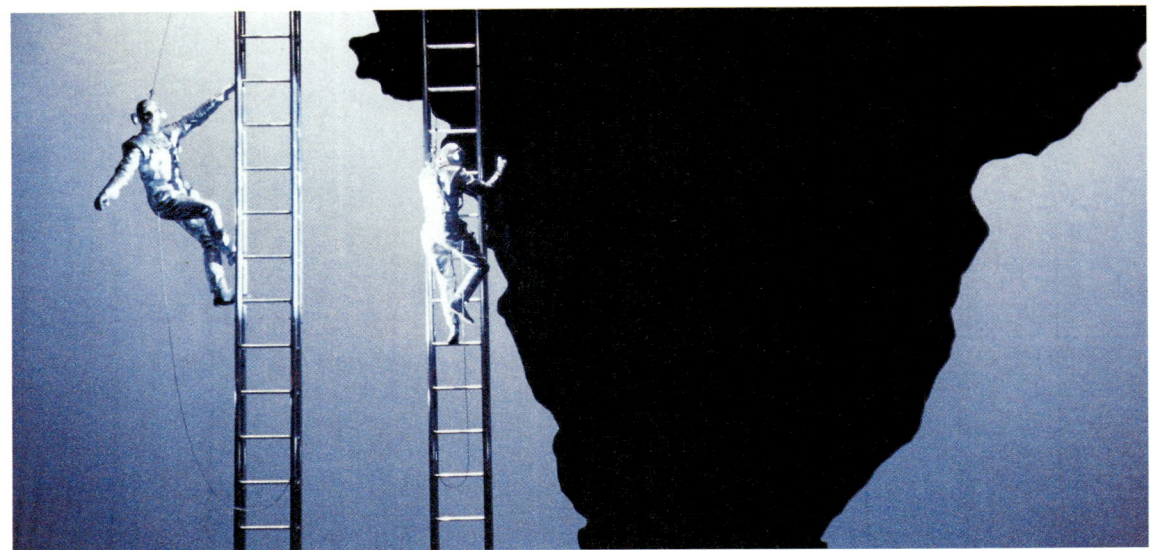

Philip Glass, Heiner Müller,
Robert Wilson
the CIVIL warS, 1984
Szenenfotos der Inszenierung des
deutschen Beitrags am
Schauspielhaus Köln

Das gescheiterte Welttheater des Robert Wilson

Für das Kulturprogramm der Olympischen Spiele in Los Angeles plant Robert Wilson eine 20stündige theatralische Darbietung, deren Einzelteile in den Niederlanden und den USA, in Frankreich, Italien, Japan sowie in der Bundesrepublik vorbereitet werden: the CIVIL warS (Die Bürgerkriege). Der weltweiten Entstehung entspricht thematisch der weltgeschichtliche Rahmen, in den als Kernstück eine Darstellung des amerikanischen Sezessionskriegs eingefügt ist.

Das schließlich eingestellte Projekt ist kennzeichnend für Wilsons Streben nach einer neuen Sinnlichkeit des Theaters. An die Stelle einer schlüssigen Handlung und sprachlich-rationaler Gestaltungsmittel treten Raumbilder (Wilson war ursprünglich Architekt), Klang- und Lichteffekte sowie trancehaftes pantomimisches Spiel.

Der in Köln uraufgeführte deutsche Beitrag ist das gemeinsame Werk Wilsons, des DDR-Dramatikers Heiner Müller und des amerikanischen Minimal-Komponisten Philip Glass. Zu Beginn des Prologs schweben zwei Astronauten über bzw. vor dem Schwarzen Kontinent, der nach einer Parade von Märchenfiguren zerreißt; dem aus Candide zitierenden Voltaire tritt der Militarist (»Vorwärts Preußen!«) Friedrich der Große entgegen, verkörpert durch Ingrid Andree. Zu den szenischen Arrangements mit dem Preußenkönig gehört der Aufmarsch von Infanteristen, die schießen und niedergeschossen werden, bis ihr Befehlshaber allein ein historisches Stadtmodell Berlins überragt. Der König im Waffenrock ist zugleich Symbolfigur des Vater-Sohn-Konflikts und verweist hierdurch auf mörderische Familienbeziehungen als Keimzelle des Krieges. Diesen Aspekt verdeutlicht der 1983 in Rotterdam uraufgeführte erste Teil von the CIVIL warS: Ein Junge begegnet im Himmel seinem Vater als Menschenfresser. Im Schlußbild des deutschen, als 4. Akt vorgesehenen Teils wird dieses Thema mit einem Zitat aus Gretchens Kerkerlied in Goethes Faust aufgegriffen: »Mein Vater, der Schelm, der mich gegessen hat.«

Literatur

Neuerscheinungen

● Herbert Achternbusch: *Wind.* Autobiographische Reflexionen über den Liebesverlust, der mit der Geburt begonnen hat.

● Isabel Allende: *Das Geisterhaus (La casa de los espíritus).* Chilenische Familiensaga der in Venezuela lebenden Nichte des 1973 ermordeten Präsidenten Allende. Die Helden sind die Frauen, die Machos und Militärs die Stirn bieten.

● Michael Ende: *Der Spiegel im Spiegel: ein Labyrinth.* 30 Erzählungen mit dem Grundmotiv der Verwandlung von »Außenbildern« in »Innenbilder«, ausgestattet mit Grafiken des Surrealisten Edgar Ende (Vater des Autors).

● Stefan Heym: *Schwarzenberg.* Das Scheitern einer deutschen »Revolution aus eigener Kraft« am (authentischen) Beispiel des 1945 unbesetzt gebliebenen, von ehemaligen Widerstandsgruppen verwalteten Kreises Schwarzenberg in Thüringen.

● Heinz G. Konsalik: *Die strahlenden Hände.* 100. Roman des Autors (Thema: eine dämonische Wunderheilerin); Konsalik-Weltauflage: 65 Millionen in 22 Sprachen.

● Gerhard Roth: *Landläufiger Tod.* Nach *Der Stille Ozean* (1980) zweiter Teil eines auf vier Bände angelegten Romanzyklus. Im Mittelpunkt steht der Versuch des stummen, in einer Heilanstalt lebenden Franz Lindner, die Welt neu zu entwerfen. Die Sprache reicht vom realistisch-dokumentarischen bis zum surreal-assoziativen Erzählen. Der Roman wird von einer *Dorfchronik zum »Landläufigen Tod«* begleitet.

● Botho Strauß: *Der junge Mann.* Ich-Erzählung des Theologen und Theatermenschen Leon Pracht in Form eines »Romantischen Reflexions-Romans«.

Antisemitismus-Verdacht

Vor neun Jahren verhinderten öffentliche Proteste die Aufführung von Rainer Werner Fassbinders Frankfurt-Drama *Die Stadt, der Müll und der Tod;* zustande kam lediglich Daniel Schmids Filmversion *Schatten der Engel* (1975). Nun soll das Stück über das Treiben von Häuserspekulanten im Rahmen der »Frankfurt Feste 84« an der Alten Oper unter dramaturgischer Leitung von Heiner Müller zur Uraufführung kommen. Doch der auf die Gestalten eines »reichen Juden« und eines Altnazis als mutmaßliche Indetifikationsfigur bezogene Verdacht antisemitischer Tendenzen erweist sich auch jetzt wie bei neuen Anläufen in den beiden folgenden Jahren als unüberwindliche Barriere.

Die in Frankfurt verhinderte Tabuverletzung erfolgt auf andere Weise in Berlin. Peter Zadek inszeniert an der Freien Volksbühne das auf Ereignissen in Wilna 1942/43 basierende Drama *Ghetto* des Israelis Joshua Sobol. Im Mittelpunkt steht ein machtgieriger jüdischer Vorsitzender des Judenrats und Kommandant der jüdischen Ghettopolizei. Sobols zuvor in Israel uraufgeführtes Stück bildet durch die Darstellung einer von Selbstmaß und wechselseitiger Anziehung bestimmten Beziehung zwischen Tätern und Opfern einen Angriff auf das Tabu der Frage nach einer Mitschuld der Juden am Holocaust.

Musik

Premieren

● Philip Glass: *Echnaton.* Uraufführung an der Stuttgarter Staatsoper. Inszenierung (Regie und Bühnenbild): Achim Freyer, musikalische Leitung: Glass. Opernbeschwörung des alten Ägypten zur Zeit des Reformpharao Amenophis IV. (Echnaton) im monotonen Stil der »Minimal Music«. Das Libretto (Glass) zitiert altägyptische, hebräische und akkadische Texte.

● Jens-Peter Ostendorf: *Murieta.* Uraufführung an der Kölner Oper. Inszenierung: Hans Neugebauer, musikalische Leitung: Steuart Bedford. Der Oper in drei Akten liegt das 1967 uraufgeführte Schauspiel *Glanz und Elend Joaquín Murietas* von Pablo Neruda zugrunde; im Mittelpunkt steht der chilenische Volksheld, ein Robin Hood der südamerikanischen Einwanderer in Kalifornien zur Zeit des Goldrausches. Die musikalische Gestaltung spannt den Bogen vom Sprechgesang bis zu vielstimmig aufgefächerten Chorsätzen; sie wird, einschließlich ihrer Verbindung mit opulentem Bühnengeschehen, von Kritik und Publikum als Beweis für die Lebensfähigkeit der Oper bewertet.

● Karlheinz Stockhausen: *Samstag,* aus *Licht.* Szenische Uraufführung an der Mailänder Scala. Zweiter Teil (nach *Donnerstag,* 1981) des siebenteiligen kosmischen Zyklus mit der Zentralgestalt Luzifer.

● Andrew Lloyd Webber: *Starlight Express.* Musical des Komponisten von *Jesus Christ Superstar* (1971), *Evita* (1978) und *Cats* (1981). Uraufführung am Apollo-Victoria-Theater in London. Inszenierung: Trevor Nunn. Als Helden dienen (männliche) Lokomotiven mit (weiblichem) Waggonanhang, verkörpert durch Schauspieler, die auf Rollschuhen über Achterbahnen sausen. Im Rennen um den Titel der schnellsten Eisenbahn siegt das Gute Alte: eine Dampflokomotive.

Popmusik und Videoclip

Der 25jährige Sänger und Entertainer Michael Jackson ist auf dem besten Weg, alle bisherigen Erfolge von Popstars in den Schatten zu stellen. 20 Jahre Erfahrung liegen hinter ihm. Der Sohn eines Stahlarbeiters Gittaristen gehörte 1964 als Fünfjähriger gemeinsam mit vier Brüdern dem Soul-Quintett »Jackson 5« an, das 1969 von der auf farbige Musiker spezialisierten Plattenfirma »Motown« verpflichtet wurde. Bei Tournee- und Fernsehauftritten brillierte Michael mit Soloauftritten als akrobatischer Tänzer. Nach dem Wechsel der Gruppe zum Medienmulti CBS brachte das Michael-Jackson-Album Off The Wall (1979), eine Mischung aus Pop, Funk, Soul, Rock und Disco, Verkaufserfolge, die mit Thriller (1982) noch überboten wurden (Mitte 1984 sind 35 Millionen Exemplare verkauft.

Jackson bzw. seinen Marktstrategen gelang es, die in den USA noch immer bestehende Trennung zwischen schwarzer und weißer Musik aufzuheben: Die Musikredaktionen der Rundfunkstationen akzeptierten das aus der Thriller-LP ausgekoppelte Duett von Jackson und Paul McCartney The Girl Is Mine. Den entscheidenden Marktimpuls bildete jedoch der konsequente Einsatz des neuen Mediums Musikvideo, auf das Fernsehkanäle wie »MTV« mit einem ausschließlich aus Videoclips bestehenden Programm rund um die Uhr eingestellt sind. Als einer von wenigen Schwarzen war Jackson mit seinen aufwendig inszenierten Videos bei »MTV« vertreten. Neue Maßstäbe setzt sein 13minütiger Clip zum Titelsong der Thriller-LP, ein Gruselfilm des Hollywoodregisseurs John Landis mit Jackson als Werwolf und Zombie – ein Image, das sich mit seiner Zuneigung zu einer Boa constrictor als Haustier verbindet und gleichsam die Kehrseite des schüchternen, asketischen Zeugen Jehova Jackson bildet. Das Magazin »Time« widmet dem Super-Popstar der 80er Jahre im März 1984 eine Titelgeschichte unter dem Motto „Why He's a Thriller".

Michael Jackson im Videoclip »Billie Jean«.

1984

Chaos-Forschung

Ein in den 70er Jahren entstandener neuer Ansatz der physikalischen Forschung erweist sich als universell: die Frage nach Gesetzmäßigkeiten, die dem Anschein nach völlig ungeregelten Abläufen zugrunde liegen. Eine erste Orientierung bot das nach dem amerikanischen Physiker Mitchell Feigenbaum benannte Chaos-Muster, erarbeitet an den scheinbar willkürlichen Fehlleistungen überforderter Computer. Das »Feigenbaum-Phänomen« fand sich bei der Untersuchung des Verhaltens von Flüssigkeiten wieder. Inzwischen ist die Chaos-Forschung ein Instrument der Friedensforschung. Eine Untersuchung des Wettrüstens führt zu dem Ergebnis, es befinde sich noch »diesseits der Chaos-Schwelle«, die jedoch schon aufgrund eines geringfügigen Anlasses »analog zum Übergang von geordneten zu einer turbulenten Strömung« überschritten werden könne (Alvin Saperstein).

Was war vor dem Urknall?

Der englische Physiker Stephen W. Hawking stellt neue Weichen für die Suche nach einem übergreifenden mathematischen Denkmodell, das eine schlüssige Antwort auf die Frage nach Anfang und Ende des Weltalls gestattet (*Die Kante der Raumzeit*, in: »American Scientist«). In einem Abriß der kosmologischen Forschung weist er die Notwendigkeit eines Brückenschlags zwischen Einsteins Allgemeiner Relativitätstheorie und der Quantenmechanik bzw. Heisenbergs Unschärferelation nach, um Phänomene wie die sog. Schwarzen Löcher im Universum interpretieren zu können. Hawking selbst betrachtet sie als Anhaltspunkte für eine neue kosmologische Vorstellung, derzufolge das Weltall einem Schwarzen Urloch entsprungen ist. Der »Quantität, die wir als Zeit messen«, billigt er einen Anfang zu, »was aber nicht bedeutet, daß sie eine Grenze hat«.

Kabel- und Privatfernsehen

Am ersten Tag des »Orwell-Jahres« beginnt auch für die Bundesrepublik das »neue Medienzeitalter«: Ein Pilotprojekt im Raum Ludwigshafen bietet 1200 Versuchsteilnehmern mit Kabelanschluß acht zusätzliche Fernsehkanäle. Am 1. April folgt der Start des Münchner Kabelfernsehens mit insgesamt 16 Fernsehprogrammen. Hier wie dort gehört der englischsprachige »Sky Channel« des Pressezaren Rupert Murdoch zum Angebot; das Unterhaltungsprogramm wird vom »Europäischen Kommunikationssatelliten« ECS 1 ausgestrahlt und von der Bundespost in die Kabelnetze geleitet. Auf demselben Weg gelangt ab 1. Januar 1985 das Fernsehprogramm SAT 1 eines Verlegerkonsortiums (Bauer, Burda, Holzbrinck, Springer u. a.) in die bis dahin verkabelten Haushalte.

Die Kritik an dieser nach der Bonner »Wende« 1982 vorangetriebenen medienpolitischen Entwicklung bezieht sich zum einen auf deren technischen Aspekt. Die Verkabelung erscheint als ungeheure Fehlinvestition zu Lasten des Haushalts der Bundespost sowie der Kabelkunden, zumal die Kabeltechnik in absehbarer Zeit überholt ist. Dies demonstriert das deutschsprachige Fernsehprogramm RTL Plus von Radio Luxemburg (mit einem Bertelsmann-Programmteil von 40 Prozent). Es kann im Südwesten der BRD mit konventionellen Hausantennen und ab 1986 mit Parabolantennen via Direktsatellit TDF bundesweit empfangen werden.

Die zum anderen inhaltlich begründete Kritik am Konzept einer privatwirtschaftlichen Vergrößerung der »Medienvielfalt« wird unmittelbar vor dem offiziellen Start in Ludwigshafen durch einen im »Offenen Kanal« ausgestrahlten Video-»Rückblick auf 1984« (mit Orwell-Zitaten) einer Gruppe namens »Cut« artikuliert: Fernsehen total als Ende des Privatlebens des von den Verfechtern des Privatfernsehens ins Feld geführten »mündigen Bürgers«.

Werbung der Deutschen Bundespost für das Kabel- und Privatfernsehen, 1984.

Humanes Sterben

Der Mediziner Julius Hackethal verhilft einer Patientin seiner Eubios-Klinik durch die Beschaffung von Zyankali zum Freitod und entfacht damit die Diskussion um ärztliche Sterbehilfe neu; Ausschnitte aus einer filmischen Dokumentation des Sterbewillens der unheilbar erkrankten, von Krebs entstellten Frau werden im »heute-journal« ausgestrahlt. Unterstützung erhält Hackethal durch die »Deutsche Gesellschaft für Humanes Sterben«, die (wie die britische Gesellschaft »Exit«) für das Recht auf Freitod und aktive Sterbehilfe eintritt, aber auch durch einzelne Mediziner, die Kritik an der Orientierung der ärztlichen Praxis am technisch Machbaren üben.

Naturwissenschaft, Technik, Medizin

- Ein Neutronenstern in der Großen Magellanschen Wolke (Bezeichnung E 0540-69.3) ist der erste außerhalb der Milchstraße entdeckte Pulsar.
- Ein Objekt im Sternbild Schlangenträger wird als erster außerhalb unseres Sonnensystems entdeckter Planet identifiziert.
- Erstmals bewegen sich zwei Astronauten, Mitglieder der Space-Shuttle-Mannschaft, ohne Sicherheitsleine frei im Weltraum.
- Die Einpflanzung eines Pavianherzens in ein Baby durch den amerikanischen Chirurgen Bernhard Baily wird von Herzspezialisten als Fortschritt auf dem Gebiet der Xenosplantation bewertet.
- Trotz noch begrenzter Anwendungsmöglichkeiten findet ein neues Diagnoseinstrument Verbreitung: der Kernspin-Tomograph. Er mißt die Resonanzeffekte an Atomkernen und setzt sie in Bilder um.
- In Indien kommt es zur bisher größten Industriekatastrophe: Den 30 Tonnen Giftgas, die aus der Chemiefabrik der US-Firma Union Carbide in Bhopal entweichen, fallen 3000 Menschen zum Opfer, 20 000 erblinden, Hunderttausende werden verletzt.

Horst Baumann
**Laser-Performance
in Frankfurt**
1984

Seinem Feuerwerk Teatro de Fogo im Hafen von Lissabon (Juni 1983) läßt André Heller im Juli 1984 ein Berliner Feuertheater folgen. Es gehört trotz traditioneller Technik zur modernen Sky Art, deren Vertreter den Himmel als »die größte Leinwand, die es je gab« nutzen (Otto Piene, Gestalter des Münchner Olympia-Regenbogens 1972). Technisch auf dem neuesten Stand ist der Sky-Artist und Laser-Spezialist Horst Baumann. Auf seinem Programm stehen 1984 die Beteiligung an der Eröffnung des Frankfurter Filmmuseums mit einer den Main überbrückenden Laser-Performance, ein Berliner Wannseetraum aus Farbspektren und eine Laserstrahlbrücke über den Ärmelkanal.

Die Lasertechnik bildet die Grundlage der Holographie, deren Anwendungsbereiche das Thema eines Internationalen Kongresses in Frankfurt unter der Schirmherrschaft des Bundesministers für Forschung und Technik, Heinz Riesenhuber, bilden (Werbeslogan »Die Holographie ist ins Gerede gekommen, wir bringen sie ins Gespräch«). Die holographische Speicherung und Wiedergabe sämtlicher optischen Informationen eines mit kohärentem Licht beleuchteten Gegenstandes ermöglichen die perfekte Illusion von Räumlichkeit und Körperlichkeit, das dreidimensionale und zugleich immaterielle Abbild. Als fotografische Skulpturen und Raumbilder haben sich die Hologramme zu einer neuen künstlerischen Gestaltungsform entwickelt, der 1985 in Hamburg eine Ausstellung gewidmet ist. Im technischen und wissenschaftlichen Bereich dient die Holographie dazu, sich rasch verändernde räumliche Vorgänge zu fixieren, um sie nachträglich auszuwerten; doppelt belichtete Hologramme erlauben den Nachweis geringfügiger Verformungen.

Baumanns Laserstrahlen veranschaulichen ungewollt einen militärischen Bestandteil des »Star Wars«-Programms SDI, das der amerikanische Präsident Ronald Reagan nach seiner Wiederwahl 1984 vorantreibt. Das den Verbündeten durch die Aussicht auf Beteiligung an den SDI-Forschungsprojekten schmackhaft gemachte Raketenabwehrsystem im Weltraum sieht Großsatelliten mit Laserkanonen vor; von der Erde ausgesandte Laserstrahlen sollen über Spiegel im All auf die Sprengköpfe feindlicher Nuklearraketen gelenkt werden. Ein Kernpunkt des von fachkundigen Kritikern als selbstmörderisch verurteilten Programms bilden Röntgen-Laser, die ihre Energie aus der Explosion kleiner Atombomben beziehen sollen.

Wanderausstellung
»Die Frau im Alten Ägypten«
Ägyptische Müllerin
Kalksteinstatuette aus dem Grab eines Beamten in Gise aus dem Alten Reich

Etruskerjahr 1985
Etruskisches Ehepaar
Terrakottaskulptur aus Caere (Cerveteri), 6. Jahrhundert v. Chr.

Ausstellung
»Der Keltenfürst von Hochdorf«
Weibliche Trägerfigur der Totenliege
Bronzefigur, um 550 v. Chr.

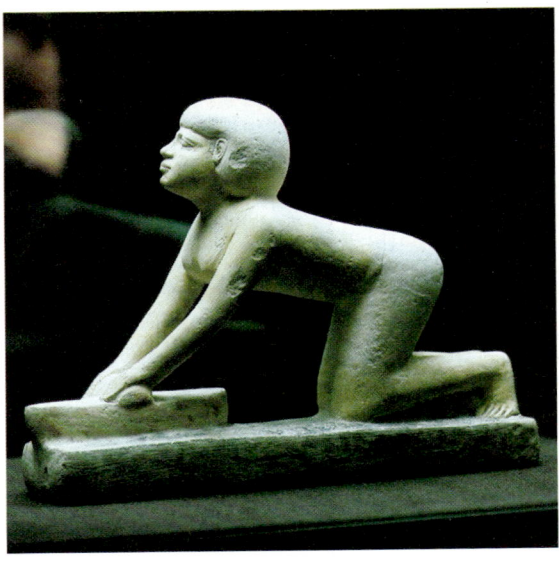

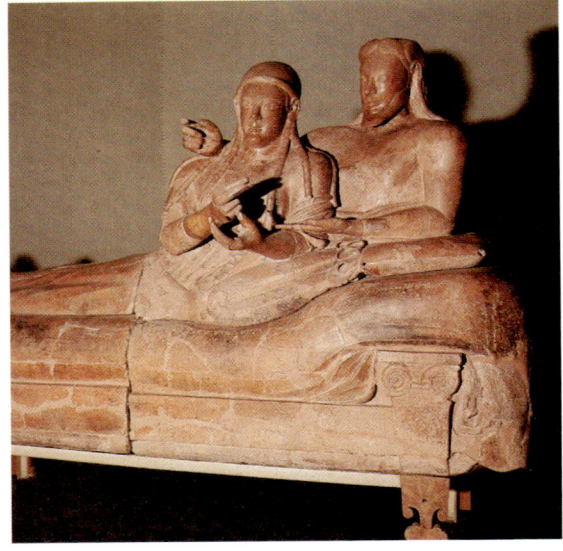

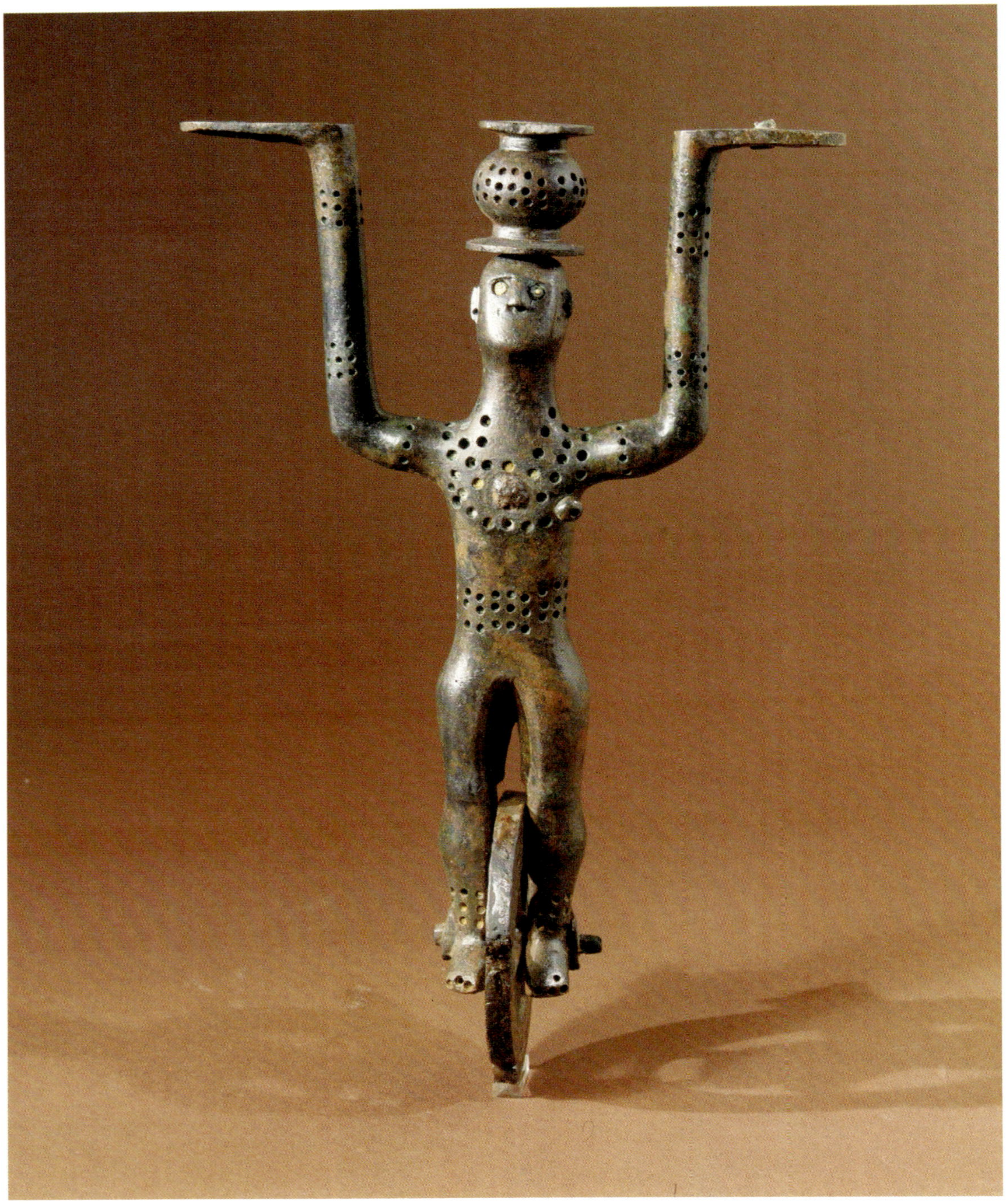

Entdeckungen aus dem Altertum

Unter dem Titel Nofret – Die Schöne *und dem Untertitel* Die Frau im Alten Ägypten *bietet eine Wanderausstellung des Ägyptischen Nationalmuseums (Kairo) in München, West-Berlin und Hildesheim, später in den USA und in Japan einen Querschnitt durch 3000 Jahre altägyptische Kunst und Kultur. Die thematische Eingrenzung dient zugleich der Erweiterung des Blickfelds, indem sie neben höfischem Prunk auch das alltägliche Leben der Frau zur Anschauung bringt.*
Der weitgehenden rechtlichen Gleichstellung von Mann und Frau im Alten Ägypten entspricht die Gemeinsamkeit des geselligen Lebens bei den Etruskern. Wie beim Gelage, so ruhen die beiden abgebildeten Gestalten auch auf ihrem Doppelsarkophag nebeneinander. Die Griechen mit ihrem Hang zur Homophilie verurteilten derlei Gemeinsamkeit als Ausdruck weiblicher Lasterhaftigkeit und männlicher Verweichlichung. Erst recht setzten die Römer alles daran, Lebensweise und Leistung ihrer etruskischen Lehrmeister herabzusetzen oder in Vergessenheit geraten zu lassen. Insofern besitzt die Etruskologie insbesondere in Italien den Charakter einer Wiedergutmachung. Das Jahr 1985 begeht Italien als Jahr der Etrusker. Vielbesuchte Ausstellungen zeigen die Ergebnisse reger Forschungsarbeit. In Florenz findet ein Weltkongreß der Etruskologen statt.
Als »keltischer Tutanchamun« wird der unbekannte Edle bezeichnet, dessen 1978 und 1979 archäologisch geborgenes Grab bei Hochdorf (Kreis Ludwigsburg) wie das jenes Pharao vor Grabräuberei verschont geblieben ist. Die Funde werden 1985 in Stuttgart ausgestellt. Prunkstücke sind ein mit Bronzegeschirr beladener Speichenwagen, ein Bronzekessel und die Bronzeliege, die von acht weiblichen Figuren (Höhe 32 bzw. 35 cm) getragen wird. So wenig diese streng stilisierten Plastiken auf den ersten Blick mit der antiken Kunst der mediterranen Völker zu tun haben, so deutlich verweist die Liege als Ganzes auf Vorbilder, die südlich der Alpen zu suchen sind.

Bildende Kunst

Ausstellungen

● Berlin (West): *Antoine Watteau* (zuvor in Washington und Paris), aus Anlaß des 300. Geburtstags. Die Gegenüberstellung der beiden Fassungen der *Einschiffung nach* (oder *auf?*) *Kythera* erleben nur die Besucher der Pariser Version der Ausstellung.

● Hannover: *Henri Laurens*, Retrospektive aus Anlaß des 100. Geburtstags des kubistischen Bildhauers, der Anregungen sowohl der klassischen antiken als auch der romanischen Kunst verarbeitet hat.

● Köln: *Ornamenta Ecclesiae*, Ausstellung religiöser Kunst vom 11. bis 13. Jahrhundert anläßlich des »Jahres der romanischen Kirchen«, in dem die Renovierung der Kölner Sakralbauten der Romanik zum Abschluß gelangt. Eine Parallelveranstaltung *Raum – Zeit – Stille* untersucht religiös-meditative Elemente in der Gegenwartskunst.

● Lausanne: *Das Selbstporträt im Zeitalter der Fotografie* (anschließend in Stuttgart). Innerhalb thematischer Gruppen wird die Entwicklung von der Daguerreotypie bis zum Polaroidfoto, vom klassizistischen bis zum neoexpressionistischen Selbstbildnis verfolgt, um den Wechselbeziehungen zwischen Malerei und Fotografie nachzugehen.

● München: *Otto Dix*, mit rund 475 Exponaten die bisher größte Retrospektive des Hauptvertreters der Neuen Sachlichkeit.

● Wien: Die Ausstellung *Traum und Wirklichkeit* im Künstlerhaus verdeutlicht Kontraste im Wiener Kunst- und Kulturleben zwischen 1870 und 1930, etwa durch die Rekonstruktion von Josef Hoffmanns *Secessionsraum* mit Gustav Klimts *Beethovenfries* und von Adolf Loos' *Fassade der Kärtner-Bar* (1907).

»Neue Biennale« in Paris

An die Stelle der 1959 begründeten, Künstlern bis zum Alter von 35 Jahren vorbehaltenen Pariser Kunstausstellung im Zwei-Jahres-Rhythmus tritt die »Nouvelle Biennale de Paris« ohne Altersbegrenzung. Als Schauplatz dient statt der Räume des Musée d'Art Moderne die 1867 erbaute Große Halle des Schlachthofgeländes von La Villette am nordöstlichen Stadtrand. Die Subventionen von zehn Millionen France sind das Zehnfache des 1982 für die Biennale alten Stils verfügbaren Betrages.

Das mehr oder weniger offiziöse kulturpolitische Ziel ist es, aus dem Schatten der »documenta« des deutschen Nachbarn herauszutreten. Gleichwohl begegnet der Besucher gleich nach Betreten der Halle einem Objekt von Jörg Immendorff, das schon 1982 in Kassel zu sehen war: einem als Bilderrätsel gestalteten bronzenen Brandenburger Tor. Statistisch gesehen hat die internationale Jury bei der Premiere der »Neuen Biennale« dem Gastgeberland einen Bonus eingeräumt; stark vertreten sind daneben Künstler aus Lateinamerika.

Gibt es eine weibliche Ästhetik?

Im Wiener Museum des 20. Jahrhunderts sind unter dem Titel Kunst im Eigen-Sinn Arbeiten von 80 Künstlerinnen ausgestellt. Die Katalogbeiträge polemisieren gegen die traditionelle Trennung zwischen männlichem Künstlertum und allenfalls vergleichbarer Genialität der Frau »im Leben und in der Liebe«, gaben aber auch der Warnung vor dem Verlust weiblicher Unmittelbarkeit durch die »Erfindung von Zeichen« Raum. Eine theoretische Definition der weiblichen Ästhetik wird vermieden; der »Eigen-Sinn« scheint sich pragmatisch aus der Tatsache herzuleiten, daß Künstlerinnen im Kunstbereich noch immer die Minderheit bilden. Erwartungsgemäß dominiert inhaltlich das Thema Frau, vielfach in Form eines malerisch oder fotografisch fixierten Rollenspiels; dies gilt etwa für die Österreicherin Maria Lassing oder die Amerikanerin Cindy Sherman. Die Französin Lea Lublin knüpft mit einer Folge von Grafiken an ein Werk der frühbarocken, von einem Malerkollegen in Verruf gebrachten Artemisia Gentileschi an, deren berühmtes Bild der *Enthauptung des Holofernes* als »Rache« für eine Vergewaltigung betrachtet wird. Bei Lublin entwickelt sich aus der Mord- eine Geburts-

Geliebt · verkauft · getauscht · geraubt

Zur Rolle der Frau im Kulturvergleich

Josef-Haubrich-Kunsthalle Köln
26. Juli–13. Oktober 1985
täglich 10–17 Uhr
dienstags und freitags bis 20 Uhr
Eine Ausstellung des Rautenstrauch-Joest-Museums
Stadt Köln

DIE BRAUT

szene, mit der Entmannung des Holofernes als Zwischenphase. Neben dieser Ausdeutung von Gentileschis »Ikone des Feminismus« entfaltet die Installation *Gefallene Rahmen* der Engländerin Rose Garrard ironische Wirkung: Eine Prozession von Madonnenstatuen verheddert sich in am Boden aufgestapelten, entleerten Rahmen; sie haben ursprünglich männliche Bildnisse enthalten, von denen eines noch drohend an der Wand hängt.

Ethnologische Einsichten

Die Besucher der Kölner Ausstellung Die Braut *werden mit einer imposanten Puppe der Pariser Künstlerin Niki de Saint Phalle konfrontiert, die sich bei näherer Betrachtung in ein Horrorobjekt verwandelt: Über das Spitzenkleid der Braut kriechen deformierte Babys und Reptilien aus Plastik. Die Figur vergegenständlicht eine These der Ethnologinnen Gisela Völger und Karin von Welck, die rund 3000 Exponate zum Thema Braut zusammengetragen haben: Der Prunk, mit dem der Brautstand und die Eheschließung in nahezu sämtlichen Kulturen verherrlicht werden, kaschiert lediglich die soziale Entwürdigung der verheirateten Frau. Zugleich differenziert die Ausstellung zwischen den ethnologisch unterschiedlichen Rollen der Frau, um die Spielarten ihrer Abhängigkeit deutlich zu machen.*

Völkerkunde verliert auf diese Weise den Hauch des Exotischen. Der turkmenische Brautschmuck liegt im selben Blickfeld wie das »traumhafte« Brautkleid von »Lady Di«, das wiederum beispielhaft auf den Stellenwert verweist, den das aufwendige Braut- und Hochzeitszeremoniell in den hochindustrialisierten Staaten mit zugleich zunehmender Frauenarbeitslosigkeit wieder gewonnen hat. Über die Wirkungsmöglichkeiten einer gegenwartsbezogenen, anschaulichen Ethnologie schreibt der Soziologe René König im Ausstellungskatalog optimistisch: »Ein uns selbst betreffendes Problem in den Focus einer kulturvergleichenden Ausstellung zu rücken und im Spiegel anderer Kulturen zu reflektieren weitet den Blick, relativiert unsere Sicht und kann zu Problemlösungen beitragen.«

Nach siebenjähriger Schließung wird in Stuttgart das umgebaute und neu gestaltete Linden-Museum mit völkerkundlichen Sammlungen und »Erlebnisbereichen« aus Amerika, Ozeanien, Afrika und Asien wiedereröffnet.

Brautpaar aus Surinam; Plakat zur Ausstellung des Kölner Rautenstrauch-Joest-Museums für Völkerkunde in der Josef-Haubrich-Kunsthalle, 1985.

1985

Theater

Premieren

● Rolf Hochhuth: *Judith.* Nach der Uraufführung in Glasgow (1984) deutschsprachige Erstaufführung am Wiener Akademietheater, mit Erika Pluhar als Titelheldin; sie ermordet einen (Ronald Reagan nachgebildeten) US-Präsidenten, nachdem dieser die Aufrüstung mit chemischen Waffen angeordnet hat. Modernisierung der biblischen Geschichte von Judith und Holofernes.

● Franz Xaver Kroetz: *Bauern sterben.* Uraufführung an den Münchner Kammerspielen, Regie: Kroetz. Das »irgendwo zwischen Landshut und Kalkutta« angesiedelte Stück in forciert-künstlichem bayerischem Dialekt entfaltet sich in alptraumhaften Bildern. Als Handlungsgerüst dient der Weg der Geschwister Reithmaringer vom Land in die Stadt, ihre Flucht aus der Stadt und die Unmöglichkeit ihrer Heimkehr.

● Frank Moritz: *Einschnitt.* Uraufführung an den Frankfurter Kammerspielen, Regie: Moritz. Die Beziehung zwischen der querschnittgelähmten Hanni und Heinz wird durch dessen eigene Erkrankung zerstört.

Heiner Müller: *Anatomie Titus – Fall of Rome – Ein Shakespearekommentar.* Uraufführung der *Titus Andronicus*-Bearbeitung in Bochum, Regie: Manfred Karge und Matthias Langhoff.

Ereignisse

● Das von Rolf Hochhuth und Martin Walser angeregte, vom Staatstheater Konstanz und der Stadt Meersburg getragene »Meersburger Sommertheater« nimmt seinen Spielbetrieb auf. Gezeigt werden *Der tollste Tag* von Peter Turrini und die Dramatisierung von Walsers Novelle *Ein fliehendes Pferd* (1978).

Märchenhafte Theaterwelt

Im Rahmen des Festival d'Avignon bringt der englische Regisseur Peter Brook seine gemeinsam mit Jean-Claude Carrière in zehnjähriger Arbeit entwickelte und mit einem internationalen Ensemble realisierte Bühnenfassung des indischen Sanskrit-Versepos *Mahabharata* zur Uraufführung. Auf einer vom Abend bis zum Morgen reichenden Reise durch ein fernes Land der Mythen: der Paarungen von Mensch und Tier, des Geschlechtswandels, der vom Dharma vorbestimmten Siege und Niederlagen, der bedingungslosen Empfindungen, entstehen märchenhafte Bilder, in denen sich die Masse und Gewalttätigkeit des Stoffs in reines Spiel verwandelt. Den ursprünglichen Plan einer Premiere in Indien hat Brook aufgegeben: Seine *Mahabharata*-Bildwelt ist Shakespeares *Sommernachtstraum* näher als der indischen Wirklichkeit.

Die Leinwand-Traumwelt

Woody Allens Film *The Purple Rose of Cairo* setzt den Fall, daß Wirklichkeit wird, was nur Wunsch bleiben soll: eine wunderschöne Leinwand-Kunstfigur weckt nicht nur Liebe, sondern verliebt sich selbst in eines der vom Leben benachteiligten Geschöpfe, beispielsweise in die von Mann und Arbeitgeber geschundene Cecilie (Mia Farrow). Ein Traum nimmt Gestalt an und endet um so schmerzlicher.

Kiss of the Spiderwoman (Der Kuß der Spinnenfrau) von Hector Babenco (nach dem gleichnamigen Roman des Argentiniers Manuel Puig aus dem Jahr 1976) läßt Filmerinnerungen und -gestalten in die Zelle zweier Gefangener eindringen. Ihre Faszination weicht der menschlichen Beziehung, die sich zwischen den beiden Opfern eines diktatorischen Regimes entwickelt.

Klausjürgen Wussow-Brinkmann als Autor, 1985.

Heile Welt im Glottertal

Die Entscheidung des ZDF-Programmchefs Alois Schardt für die neue Serie Schwarzwaldklinik *des Traumschiff-Produzenten Rademann gründet sich auf die Überzeugung, daß »das Triviale« als »Transmissionsriemen für die Hervorhebung positver Grundwerte unserer Gesellschaft« dient. Zumindest gelingt es dem Doktorspiel, mehr als 20 Millionen Zuschauer anzulokken; »Bild« hat zum Serienstart angekündigt: »In turbulenter Folge jagen sich kleine und große Geschichten um Personal und Patienten der Klinik. Gleich heute stirbt eine Frau an Krebs.« Unter der Leitung von Prof. Brinkmann alias Klausjürgen Wussow vom Wiener Burgtheater konzentriert sich in der Klinik im Glottertal alles, was im Alltäglichen fehlt: statt Apparatemedizin die bis in die geheimsten Regungen vordringliche und zugleich taktvolle ärztliche Zuwendung, das unverbindliche Klischee, die klare Ordnung von Gut und Böse, Oben und Unten: Das Öffentlich-rechtliche Fernsehen ist auf dem besten Weg zur kommerziellen Befriedigungsanstalt öffentlicher Bedürfnisse.*

Film

Premieren

● Mehdi Charef: *Tee im Harem des Archimedes (Le thé an harem d'Archimède).* Zwei Jugendliche, der Algerier Madjid und der Franzose Pat, in einer Pariser Trabantenstadt; eine packende Millieuschilderung der tristen Verhältnisse ohne Tristesse.

● Doris Dörrie: *Im Innern des Wals,* mit Janna Marangosoff und Eisi Gulp. Die Suche eines Mädchens nach seiner Mutter dient dem »road movie« als Rahmen für alltägliche Impressionen.

● Federico Fellini: *Ginger und Fred (Ginger e Fred),* mit Giulietta Masina und Marcello Mastroianni. Ein gealterter Steptänzer und seine ehemalige Partnerin als Rädchen im Getriebe einer gigantischen TV-Show.

● Hajo Gies: *Zahn um Zahn,* mit dem ruppigen »Tatort«-Schimanski Götz George als suspendierten Kommissar, der seinen Fall auf eigene Faust löst.

● Alexander Kluge: *Der Angriff der Gegenwart auf die übrige Zeit,* mit Jutta Hoffmann, Rosel Zech und Armin Müller-Stahl. Ein filmischer Essay über Erinnerungs- und Erlebnisfähigkeit.

● Fredi M. Murer: *Höhenfeuer.* Subtile Darstellung des Inzests zwischen dem taubstummen Sohn eines Berglers und seiner Schwester.

● Luis Puenzo: *Die offizielle Geschichte (Historia Oficial),* mit Norma Aleandro. Abrechnung mit der jüngsten Vergangenheit Argentiniens; als Protagonistin dient eine Lehrerin, die sich den »Müttern der Plaza del Mayo« anschließt.

● Nicolas Roeg: *Insignificance – Die verflixte Nacht,* mit Theresa Russel und Michael Emil. Komödie um Sex und das Leben im Atomzeitalter mit den Kunstfiguren Albert Einstein und Marilyn Monroe.

● Helma Sanders-Brahms: *Flügel und Fesseln,* mit Brigitte Fossey und Hildegard Knef. Rollen-

konflikt einer Schauspielerin und Mutter.

● Volker Schlöndorff: *Der Tod eines Handlungsreisenden (Death of a Salesman),* mit Dustin Hoffman. Filmversion des Dramas (1949) von Arthur Miller.

● Hans-Jürgen Syberberg: *Die Nacht,* mit Edith Clever. Ein sechsstündiger Abgesang auf die abendländische Kultur in Form von Lesungen, beginnend mit der Rede des Häuptlings Seattle an den US-Präsidenten.

● Agnes Varda: *Vogelfrei (Sans toit ni loi),* mit Sandrine Bonnaire. Porträt einer jungen Vagabundin, die weder in Besitz genommen noch Besitz ergreifen will.

● Otto Waalkes: *Otto – Der Film.* Nummernrevue in bester Blödelmanier mit Otto als Einfalt vom Lande in der Großstadt, geplagt von drei Problemen: »Kein Job, kein Geld, keine Ahnung!«

● Lina Wertmüller: *Camorra,* mit Angela Molina und Franzisco Rabal. Der Kampf neapolitanischer Frauen gegen die Drogenmafia.

»The Observer«-Karikatur
»Ronbo« Ronald Reagan
1985

Sylvester Stallone
Rambo II, 1984
Plakat zur deutschen Fassung 1985

Ivan Reitman
Ghostbusters, 1984
Plakat zur deutschen Fassung 1985

Jerry Paris
Police Academy II, 1984
Plakat zur deutschen Fassung 1985

Den Mikrophontest vor seiner Fernsehansprache anläßlich der Freilassung von in Beirut festgehaltenen Geiseln (Ende Juni 1985) nutzt der US-Präsident Reagan zu einer nur scheinbar witzigen Bemerkung: »Jungs, ich bin froh, daß ich Rambo gesehen habe. Jetzt weiß ich, was ich das nächste Mal tun werde.« Knapp ein Jahr später, im April 1986, bombardieren US-Flugzeuge die libyschen Städte Tripolis und Bengasi; rund 100 Personen, überwiegend Zivilisten, werden getötet. Als Anlaß für diese seit dem Vietnamkrieg schwerste Militäraktion der USA diente ein Terroranschlag auf eine von US-Soldaten besuchte Diskothek in West-Berlin mit drei Todesopfern, für den Reagan den libyschen Revolutionsführer Gaddhafi verantwortlich macht.

Reagans Vorbild Rambo ist ein Vietnamveteran, ausgebildet als perfekte »Kampfmaschine«. Im 2. Teil Der Auftrag kehrt Rambo zehn Jahre nach dem verlorenen Krieg nach Vietnam zurück, um verschollene US-Soldaten zu suchen. Von seinem Auftraggeber, einem zwielichtigen Beamten des US-Kongresses, im Stich gelassen und von seinen Feinden gefoltert, richtet Rambo schließlich unter den Vietnamesen und deren sowjetischen Militärberatern ein Blutbad an. Auf entsprechende Weise nimmt Drehbuchautor, Regisseur und Hauptdarsteller Sylvester Stallone im 4. Teil seiner Boxerserie Rocky Rache für alle Demütigungen des amerikanischen Nationalgefühls: Der von Höchstleistungsforschern getrimmte Russe Drago muß sich dem Naturburschen Rocky beugen. Bei der Rocky IV-Vorschau in amerikanischen Kinos erfährt das Publikum im Klartext: »Macht euch bereit für den nächsten Weltkrieg!«

Als ironisch angehauchte Variante des Mythos vom Einzelkämpfer bietet Ghostbusters ein Kampfspektakel, in dem aus der Antike zurückkehrende Dämonen einerseits und Geisterkanonen in den Händen von drei beherzten »Geisterjägern« andererseits die Hauptrollen spielen. Der zeitgemäße Seitenhieb auf bürokratischen Unverstand: Ein mit Geistern gefüllter Container wird zum »nichtdeklarierten Sondermüll« erklärt; kaum ist dem Strahlenschrank der Strom abgedreht, entweichen die gefangenen Gespenster. Der Unmut über die berufsmäßigen Garanten von Ordnung und Sicherheit verhilft der 1984 gestarteten Police Academy-Serie über Vollidioten in Uniform zum Erfolg; zugrunde liegt die Idee des schon 1960 entstandenen britischen Films Ist ja irre – diese strammen Polizisten, der 1986 vom ZDF ausgestrahlt wird.

Animierende Pop-Stars

Das größte Konzert der Popgeschichte beginnt am 13. Juli im Wembleystadion in London und wird in einem Stadion in Philadelphia fortgesetzt. Die 15stündige, durch Rundfunk und Fernsehen weltweit übertragene Benefizveranstaltung wurde von dem Musiker Bob Geldof bzw. dem »Band Aid Trust« initiiert und dient dem Kampf gegen den Hunger in Afrika. Vorausgegangen sind unter dem Motto »Aid« (Hilfe) Wohltätigkeits-Schallplatten von Geldofs britischer »Band Aid« und der Formation »USA for Africa« (mit dem Song We are the world).

Geldof ist es gelungen, auf die Spitzenmusiker Beteiligungszwang auszuüben. Zu hören und zu sehen sind u. a. David Bowie, Eric Clapton, Phil Collins, Bob Dylan, Elton John, Paul McCartney, Sting, Stevie Wonder, die Gruppen Dire Streets, Queen, U 2, The Who sowie der neue Superstar Madonna (als Filmschauspielerin in Susan – Verzweifelt gesucht von Susan Seidelmann erfolgreich) und Tina Turner, die nach ihrem Rückzug aus dem Showgeschäft Mitte der 70er Jahre ein beispielloses Comeback erlebt; der gemeinsamer Auftritt mit Mick Jagger erinnert an ihre Beteiligung am Vorprogramm der Rolling Stones während der US-Tournee 1969. Durch eine Live-Einspielung vom Kölner Domplatz ist die bundesdeutsche »Band für Afrika« (u. a. BAB, Herbert Grönemeyer, Udo Lindenberg und Nena) beteiligt.

Der Verzicht auf Gage sowie Spenden, zu denen das Milliardenpublikum aufgerufen wird, erbringen einen Erlös von rund 100 Millionen Dollar. Das Ziel ist, über die Lieferung von Lebensmitteln und Medikamenten (vor allem nach Äthiopien) hinaus zu langfristigen Hilfsmaßnahmen zu gelangen: »Wir haben Millionen Menschen am Leben erhalten, nun müssen wir ihnen ein Leben geben« (Geldof).

Dem Protest gegen die Apartheid-Politik in Südafrika dient das »Sun City«-Projekt von rund 50 Pop- und Jazzstars (Miles Davis, Bruce Springsteen), benannt nach dem südafrikanischen Las Vegas. Der Erlös dient der Unterstützung von politischen Gefangenen und Anti-Apartheid-Gruppen.

Heinrich Bölls Vermächtnis

Am 16. Juli stirbt in Hürtgenwald in der Eifel der 67jährige Heinrich Böll an einer Gefäßerkrankung. Der Nobelpreisträger (1972) hinterläßt ein in 45 Sprachen übersetztes literarisches Lebenswerk (Gesamtauflage über 30 Millionen), das dem Kampf gegen das Vertuschen geschichtlicher Zusammenhänge und der menschlichen Misere der Wohlstandsgesellschaft, gegen Chauvinismus, Militarismus und Klerikalismus gewidmet ist.

Bölls persönliches politisches Engagement reichte bis hin zur Teilnahme an der Blockade des US-Raketenstützpunkts in Mutlangen im September 1983 aus Protest gegen die atomare »Nachrüstung«. Sein künstlerischer Dilemma klingt in der Feststellung an, daß »Betrug stattfindet, wenn ein Autor seiner guten Gesinnung wegen gelobt, ihm die Form, in der er sie bietet, verziehen wird«.

Als letztes Werk erscheint postum *Frauen vor Flußlandschaft*, ein »Roman in Dialogen und Selbstgesprächen« über Bonn, über Politiker und ihre Frauen, die ohnmächtig das Getriebe aus Verdrängung, Machtstreben und innerer Leere wahrnehmen, ein »zorniger Trauerparlando«, dessen »Wortstrom die Umrisse mancher Figuren überspült und

die vielleicht beabsichtigte Dramatik einiger Szenen zerfließen läßt«, zugleich ein »sanfter und beharrlicher Protest gegen die vorhandene Welt« (Reinhard Baumgart).

Europäisches Jahr der Musik

Fünf bevorstehende Jubiläen bewogen 1982 den Straßburger Europarat und die Brüsseler EG-Kommission, »alle Mitbürger, Medien, Institutionen und Verbände« aufzufordern, 1985 als Europäisches Jahr der Musik zu begehen. Gedacht wird des 400. Geburtstags von Heinrich Schütz, des 300. Geburtstags von Johann Sebastian Bach, Georg Friedrich Händel und Domenico Scarlatti sowie des 100. Geburtstags von Alban Berg.

Der Schwerpunkt liegt auf dem Jubiläum Bachs. Die DDR würdigt ihn als »zentrale Erscheinung bürgerlicher Emanzipation in der deutschen Musikkultur«, ein Leipziger Kongreß ist Bachs »Weltbild, Menschenbild, Notenbild, Klangbild« gewidmet; der entsprechende Stuttgarter Kongreß wird von der wirkungsgeschichtlichen Ausstellung *300 Jahre J. S. Bach* begleitet. Totz der Vielzahl von Konzerten sowie Fernseh-, Buch- und Schallplattenproduktionen kann sich Wolfgang Hildesheimer, Mozart-Biograph (1977) und Stuttgarter Referent (*Der ferne Bach*), nicht vorstellen, »daß irgendein ernstzuneh-

mender Musiker oder ernsthaft an Musik Interessierter, außer den vielen Geschäftemachern der Branche, mit dieser merkwürdigen Jahresveranstaltung etwas anfangen konnte«.

Es trifft sich, daß Bach der deutschsprachigen Leserschaft auch aus mathematisch-philosophischer Sicht vorgestellt wird, und zwar durch die Übersetzung des »Kultbuchs« *Gödel, Escher, Bach* (1979) mit dem Untertitel *Eternal Golden Braid (Endloses Goldenes Band)* des amerikanischen Professors für Computerwissenschaft Douglas R. Hofstadter. Im Mittelpunkt steht der österreichische, in den USA tätige Logiker und Mathematiker Kurt Gödel († 1978), dessen Unvollständigkeitstheorem die Mathematik in ähnlicher Weise erschüttert hat wie Einsteins Relativitätstheorie die Physik. Die Bezüge zur Kompositionsweise Bachs und zu den perspektivischen Irritationen des niederländischen Grafikers Maurits Cornelis Escher († 1972) sind eingebettet in ein Mosaik aus nicht-euklidischer Geometrie und Zen-Buddhismus, Molekularbiologie und Computertechnik, Teilchenphysik und Theorien über künstliche Intelligenz.

Persönlicher Einsatz

Um demaskieren zu können, muß man sich verkleiden – diese Erfahrung liegt den Rollenreportagen Günter Wallraffs zugrunde, deren neueste unter dem Titel Ganz unten *erscheint und zu einem völlig unerwarteten Bucherfolg wird. Sie enthält Wallraffs Erlebnisse in der Rolle des Arbeiters türkisch-griechischer Herkunft namens Ali als Landarbeiter, Toilettenreiniger und Mitglied von Arbeitskolonnen zur Säuberung von Industrieanlagen unter Mißachtung sämtlicher Schutzbedingungen; die spektakulärste Enthüllung bieten Verhandlungen über den Einsatz in einem KKW (der betreffende Vermittler Hans Vogel wird Ende 1986 wegen Betrugs und Verstoßes gegen das Arbeitnehmerüberlassungsgesetz zu einer geringfügigen Geldstrafe und Haft auf Bewährung verurteilt). Zeitweise arbeitete Wallraff in Begleitung des Kameramanns Jörg Gfrörer; der Film kommt Anfang 1986 in die Kinos.*

Mitte links: Annemarie und Heinrich Böll sowie Klaus Staeck in Mutlangen, September 1983.
Mitte rechts: Günter Wallraff als Ali Levent, Buchumschlag 1985.

1985

Weltfrauenkonferenz

1975 wurde in Mexico-City die »Dekade der Frau« eröffnet; sie findet Mitte 1985 in Nairobi mit einer Weltfrauenkonferenz der UNO ihren offiziellen Abschluß. Das Zusammentreffen von 10 000 Frauen aus rund 140 Ländern dient vor allem dem Dialog zwischen Vertreterinnen der Dritten Welt und der Industriestaaten, beispielsweise über den Feminismus, der in den Entwicklungsländern vor Jahren noch unter dem Verdacht stand, als westliches Instrument den Kampf gegen den Neokolonialismus durch Spaltung zwischen Mann und Frau zu schwächen. Inzwischen sind auch in der Dritten Welt Frauenbewegungen entstanden, etwa die indische »Tschipko«-Kampagne zum Schutz der Umwelt gegen ihre von Männern betriebene kommerzielle Ausplünderung. Erfolglos bleibt der Versuch, im Interesse der Frau »vorausblickende Strategien für das Jahr 2000« zu verabschieden.

Die Seuche der achtziger Jahre?

1980 wurden in New York die ersten Todesopfer einer bisher unbekannten Viruserkrankung registriert; sie erhielt den Namen »Acquired Immune Deficiency Syndrome« (Erworbener Mangel an Abwehrkraft), abgekürzt Aids. Erst 1984 gelingt es, das ein Tausendstelmillimeter kleine Aids-Virus aus der Gruppe der Retroviren zu identifizieren, und 1985, seine Wirkungsweise im menschlichen Organismus zu analysieren. Das wissenschaftliche Kürzel HTLV-III/LAV setzt sich aus den Abkürzungen der Namen zusammen, die seine Entdecker, der Franzose Luc Montagnier (Lymphadeno-assoziiertes Virus) und der Amerikaner Robert Gallo (Human-T-Lymphotrope-Virus III), gegeben haben.
Übertragen wird Aids durch Körpersäfte wie Blut, Speichel, Sperma oder Urin; als unterste Grenzdosis wird 0,1 Milliliter angenommen, ein stecknadelkopfgroßer Tropfen, in dem sich schätzungsweise 10 000 Aids-Viren befinden können. Die Wirkungsweise des Virus besteht darin, daß es vom Blut in die sog. »T 4-Helferzellen« eindringt und diese durch den Zwang zu ständiger Virenproduktion abtötet. Da die »Helferzellen« dazu bestimmt sind, die Abwehrkräfte des Körpers zu alarmieren, führt das Absterben dieser Bestandteile des Immunsystems zu dessen Zusammenbruch. Als »Der Spiegel« Mitte

Aids und Hollywood

Am 2. Oktober, kurz vor seinem 60. Geburtstag, stirbt Rock Hudson an Aids. Wie viele andere Hollywoodstars mit dem Image des unwiderstehlichen Frauenhelden – von Errol Flynn und Tyrone Power bis zu Montgomery Clift und Cary Grant – gehörte er zur Aids-Risikogruppe der Homosexuellen. Seine Erkrankung und sein Tod machen schlagartig bewußt, daß die Verbindung von Homosexualität und Aids nicht auf den schmuddeligen Bereich der Schwulenszene beschränkt ist. »Wenn Rock Hudson das kriegen kann, dann bedeutet das: Auch die besseren Leute kriegen das«, bringt William Hoffman, der Autor des Aids-Schauspiels Wie Du, die neue Einsicht auf eine einfache Formel. Sie wird durch Zahlen belegt: Mitte 1985 sind im Bezirk Hollywood-Wilshire von Los Angeles knapp 1000 Aids-Erkrankungen gemeldet, während die Anzahl in den anderen Bezirken unter 100 liegt. Hollywood reagiert mit Benefizveranstaltungen zugunsten der Aids-Forschung, z. B. mit Elizabeth Taylors »Celebration-for-Life«-Dinners mit Gastgebern wie Burt Lancaster.
1985 ist zugleich das Jahr, in dem Aids zum Filmthema wird. Buddies von Arthur J. Bressan jr. schildert in Form eines Kammerspiels die Beziehung zwischen dem an Aids erkrankten Robert und seinem Betreuer David, der an einem Buch über die Krankheit arbeitet. Die Fernsehserie An Early Frost handelt von einem Ehepaar, dessen homosexueller Sohn sich infiziert hat. In der Bundesrepublik entstehen Aids – Gefahr für die Liebe, eine Kolportage aus dem Fixermilieu von Hans Noever, Aids – Die schleichende Gefahr, ein Episodenfilm von Peter Grandl, und Rosa von Praunheims Satire Ein Virus kennt keine Moral, mit Praunheim als Rüdiger, der seinen Status als »armes Aids-Opfer« dazu benutzt, seinen Freund zu tyrannisieren.

Elizabeth Taylor erhält am 27. Januar 1985 im Rahmen der Goldenen Globe-Verleihung den Cecil B. De Mille-Preis; er wird überreicht von Rock Hudson (ihrem Partner in Giganten, 1956) und Liza Minelli.

Der Zerfall des Bhagwan-Imperiums

Die Kommune Rajneeshpuram im US-Staat Oregon, Sitz des indischen Guru Sri Bhagwan Rajneesh und wirtschaftliches Verwaltungszentrum der weltweit von Sanyasin betriebenen Unternehmungen, wird zum Schauplatz polizeilicher Fahndung. Nachdem sich die von der engsten Bhagwan-Vertrauten zur Bhagwan-Feindin gewandelte Ma Anand Sheela mit Getreuen in die Schweiz und den Schwarzwald abgesetzt hat und hier inhaftiert worden ist, kommt auch das Oberhaupt der Sekte selbst wegen Verstößen gegen das Einwanderungsgesetz in Haft, die Ermittler gehen Hinweisen auf Mordverschwörungen nach. Aus den USA ausgewiesen, kehrt der Bhagwan nach Pune (Poona) im indischen Bundesstaat Maharashtra zurück, dem Ausgangspunkt seiner Sammlung einer weltweiten Anhängerschaft als Leiter des 1974 gegründeten Meditations- und Therapiezentrums.

1983 der »Tödlichen Seuche Aids« eine Titelgeschichte widmete (»Aids: ›Eine Epidemie, die erst beginnt‹«), wurde ihm Panikmache und Mithilfe zu einer neuen Hetzkampagne gegen die von Aids betroffenen Homosexuellen angelastet. In der Bundesrepublik gab es zu diesem Zeitpunkt rund 100 Verdachtsfälle und sechs nachweislich an Aids Verstorbene; in den USA waren 1500 eindeutig diagnostizierte Aids-Erkrankungen und 560 Aids-Tote bekannt. Mitte 1985 hat sich in den USA die Zahl der Erkrankten auf 12 000 verachtfacht, in der Bundesrepublik sind 230 Erkrankungen und 95 Todesfälle gemeldet. 1986 liegt die Schätzung der Anzahl der Infizierten in der Bundesrepublik zwischen 100 000 und 400 000, in den USA bei einer Million, in Zentralafrika, den vermutlichen Ursprungsland der Seuche, bei zehn Millionen.
Neben dem rapiden Anstieg der Anzahl von Erkrankten wirkt die Einsicht alarmierend, daß Aids nicht – wie zunächst vermutet oder erhofft – auf Randgruppen wie Homosexuelle, Fixer, Bluterkranke und allenfalls Prostituierte beschränkt ist und im übrigen die gerechte Strafe für sexuelle Promiskuität bildet. »Life« erklärt auf der Titelseite der Julinummer 1985: »Now no one is safe from Aids.« Ferner wird klar, daß als Virus-Träger auch solche Menschen in Frage kommen, die weder an Aids erkrankt sind noch die inzwischen durch einen Aids-Test nachweisbaren Aids-Antikörper gebildet haben.
Da Aids eine in erster Linie sexuell übertragbare Krankheit ist, berührt die Diskussion und praktische Bemühung um einen Schutz vor Infektion einen Kernbereich der menschlichen Existenz. Das zentrale Schlagwort lautet »Safer Sex«, sei es durch die Verwendung von Kondomen oder beiderseitiger Monogamie als der Enthaltsamkeit am ehesten nahekommende Form der Verhütung. Vor allem aber ist die Aids-Aufklärung darum bemüht, die Infektionsrisiken einzugrenzen. Nichtsexuelle Kontakte mit Infizierten beinhalten keine Risiken, so erklären die mit Aids befaßten Wissenschaftler angesichts der Tendenzen, Aids-Infizierte namentlich zu registrieren, zu isolieren und zu stigmatisieren. Die bisher erfolglosen Bemühungen um die Entwicklung eines Aids-Impfstoffes, geschweige denn eines Heilmittels lassen Prognosen über den Zeitpunkt, an dem sich Aids nicht allein durch Verhaltensänderungen in der Ausbreitung behindert, sondern auch medizinisch bekämpft werden kann, als beliebig erscheinen.

Europäische Raumforschung
Emblem der Erprobung des europäischen Weltraumlabors »Spacelab«
1981

Deutsche Raumforschung
Emblem der »Deutschen Spacelab-Mission D 1«
1985

Explosion der Raumfähre Challenger
28. Januar 1986

Der Preis des Fortschritts?

1981 konnte das Bremer Unternehmen MBB-ERNO nach rund zehnjähriger Entwicklungsarbeit das Raumlabor »Spacelab« ausliefern. An der Entwicklung des für wissenschaftliche Untersuchungen im Weltraum bestimmten Gehäuses waren die NASA und die 1975 gegründete europäische Weltraumorganisation ESA (European Space Agency) beteiligt. 1983 erfolgte die bemannte Erprobung.

1985 bildet das Unternehmen D 1 einen weiteren Schritt der Bundesrepublik auf dem »Weg ins All«. Mitglieder der Mission sind neben fünf Amerikanern und dem Niederländer Wubbo Ockels die deutschen Wissenschaftler Reinhard Furrer und Ernst Messerschmid. Während die Bodenkontrolle für die Raumfähre (das Space Shuttle) in Houston erfolgt, liegt die Leitung des wissenschaftlichen Programms beim GSOC (German Space Operation Center) in Oberpfaffenhofen bei München. Während des siebentägigen Fluges der Raumfähre, in deren Laderaum sich das »Spacelab« befindet (Dauer einer Erdumrundung 87,5 min), werden rund 70 Experimente zur Verhaltensweise von Mensch und Materialien im Weltraum durchgeführt. Der Tagessatz beträgt 60 Millionen Mark. Die eigentliche Bedeutung von D 1 liegt in ihrer Funktion innerhalb des Unternehmens Columbus, das die Errichtung einer europäischen Weltraumstation vorsieht.

Ende Januar 1986 wirft die bisher schwerste Katastrophe im Zusammenhang mit der Erforschung und Nutzung des Weltraums erneut die Frage nach der Notwendigkeit der bemannten Raumfahrt auf: Kurz nach dem Start explodiert die Raumfähre Challenger mit sieben Besatzungsmitgliedern an Bord. Während in Ost und West vom Opfermut des Menschen als Voraussetzung des menschlichen Fortschritts gesprochen wird, kommt eine Untersuchungskommission zu dem Ergebnis, daß nicht zuletzt Mißmanagement bei der NASA und der Vorrang kommerzieller Interessen dafür verantwortlich waren, daß Hinweise auf mögliche Schadstellen unbeachtet blieben.

PERSICHA

Die neue Sixtina und der
neue Michelangelo

*Seit Beginn der 80er Jahre arbeiten die
Restauratoren des Vatikan unter der
Leitung des Chefkonservators Prof.
Gianluigi Colalucci an der Reinigung
der Wandgemälde in der Sixtinischen
Kapelle. Das auf zwölf Jahre und drei
Millionen Dollar veranschlagte Unternehmen wird von der japanischen
Fernsehgesellschaft Nippon Television Network finanziert, die dafür
sämtliche Rechte an Bildveröffentli-
chungen während der Restaurierungs-
phase erworben hat.
Als die päpstliche Kapelle 1484, im Todesjahr ihres Bauherrn Sixtus IV., eingeweiht wurde, fehlten noch die Fresken Michelangelos; die Wandzonen
schmückten Gemälde von Sandro Bot-
ticelli, Domenico Ghirlandaio und Pe-
rugino. Erst unter Julius II. schuf Michelangelo 1508 bis 1512 das Decken-
gemälde, 1534 bis 1541 folgte unter
Paul III. das Jüngste Gericht an der Al-
tarwand. In den seitdem vergangenen
450 Jahren haben der Ruß der Kerzen
und Fackeln sowie Ablagerungen von
Weihrauch und Kerzenwachs eine
Schmutzschicht über den Gemälden
gebildet; der Verdunkelungsprozeß
wurde durch eine im 18. Jahrhundert
aufgetragene Schutzschicht aus Tier-
leim beschleunigt. Ausschlaggebend
für die Entscheidung, eine durchgrei-
fende Restaurierung in Angriff zu nehmen, war die Entwicklung eines Reini-
gungsmittels mit der Bezeichnung AB-
57, das nach Ansicht der vatikanischen Experten die Freskofarben unangetastet läßt.
Überrascht schon der neue farbige
Glanz der Wandgemälde, zu denen die
Phantasiebildnisse von 30 Päpsten
aus der Zeit der Spätantike gehören, so
entfacht die mitunter grelle Buntheit
der zunächst freigelegten Lünettenbil-
der mit Darstellungen der Vorfahren
Christi heftigen Gelehrtenstreit. Falls
es den Restauratoren tatsächlich gelungen sein sollte, den Originalzu-
stand von Michelangelos Fresken wie-
derherzustellen, so erscheint der Maler
Michelangelo in einem völlig neuen
Licht, nämlich als herausragender, ungeheuer kühner Kolorist des »antiklas-
sischen« Manierismus.*

S. ANICET VS SIRVS I. EAN X I MII E
D I III MAR CORONAT VR AN
XPI CE XVI M V III

IGINVS GRECVS EX ATHENIS
SEA NIII EM HII D N MAR CORON
AT VR AN X PI CL IIII M XDXX 8

824

Bildende Kunst

Ausstellung

● Aachen: Anläßlich des Katholikentags werden *Spuren des Heiligen in der Kunst heute* gezeigt.
● Hannover: Nach Ausstellungen in New York und London bisher größte Retrospektive des MERZ-Künstlers *Kurt Schwitters*.
● Leverkusen: Nach der *Primitivismus*-Ausstellung in New York (1984) nun *Ägyptische und moderne Skulptur*.
● New York: Teilausstellung des bisher weitgehend unbekannten Schatzes der *Skizzenbücher Picassos*; 6 werden publiziert.

● Stuttgart: *Deutsche Kunst im 20. Jahrhundert*. Zuvor in London gezeigte Retrospektive über 80 Jahre Malerei und Skulptur.
● Venedig: Die mit 2500 Werken von 600 Künstlern aus 42 Ländern bisher größte *Biennale* hat als Zentralthema *Kunst und Wissenschaft*. Im Pavillon der Bundesrepublik: *Sigmar Polke* mit thermoempfindlichen Bildern, veränderlicher Silbersalz- und reflektierender Lackmalerei.
● Wien: Als »Probelauf« erlebt die Donaustadt anläßlich der Festwochen eine Invasion avantgardistischer Kunst, z. B. unter dem Thema *Wien Fluß*. 1986 im Seces-

sionsgebäude. – Anläßlich des 100. Geburtstages *Oskar Kokoschkas* wird ein Denkmal von *Alfred Hrdlicka* enthüllt.

Ereignisse

● *Der Mann mit dem Goldhelm* (West-Berlin, Gemäldegalerie) soll aus dem Œuvrekatalog Rembrandts gestrichen werden; offen bleibt, welcher Schüler oder Nachfolger als Maler dieses Meisterwerks in Frage kommen könnte. In den vergangenen 60 Jahren hat sich die Anzahl der als eigenhändig anerkannten Rembrandt-Gemälde von etwa 750 auf etwa 340 verringert.

Joseph Beuys ist tot

Am 23. Januar stirbt in Düsseldorf im Alter von 64 Jahren Joseph Beuys. Wie kaum ein anderer Künstler der Moderne hat der ehemalige Biologiestudent und Akademieprofessor um die Überwindung des Zwiespalts zwischen Leben und Kunst, zwischen dem »Normalbürger« und dem »schöpferischen Menschen« gerungen – als bildender (Aktions-) Künstler, Hochschullehrer, anthroposophisch geprägter Gesellschaftstheoretiker mit politischen Ambitionen und als medienwirksamer Prophet des »erweiterten Kunstbegriffs«, der »sozialen Plastik«. Die Verbindung zwischen persönlicher Erfahrung und künstlerischem Schaffen verdeutlichen die bevorzugt verwendeten Materialien Filz und Fett; ihnen verdankte Beuys nach eigener Einschätzung sein Überleben, nachdem er als Luftwaffenpilot 1943 über der Krim abgeschossen worden war und von Tartaren gesundgepflegt wurde; sein Hut bedeckte eine Silberplatte, die einen Teil seines Schädelknochens ersetzte. Zum Inbegriff des Märtyrers der Avantgarde wurde Beuys, als er 1964, bei einem »Festival der neuen Kunst« in Aachen tätlich angegriffen, blutend mit einem Kruzifix in der Hand vor das Publikum trat. 1979 widmete ihm das Guggenheim-Museum in New York die bislang größte Einzelausstellung eines deutschen Künstlers der Nachkriegszeit. Zu seinen letzten Vorhaben gehörte die Begrünung eines Hamburger Schlickfeldes; seine letzte Auszeichnung bildete der Anfang 1986 verliehene Düsseldorfer Lembruck-Preis.

Neue Kulturzentren

In der Bundesrepublik hält das »Museumswunder« an: In Düsseldorf wird der Neubau für die Kunstsammlung Nordrhein-Westfalen eröffnet, in Frankfurt das Kulturzentrum Schirn, in Köln das vom Rhein zum Domplateau ansteigende, zinkverkleidete Doppelmuseum Wallraf-Richartz/Ludwig mit Philharmonie, im ostfriesischen Emden die von Henri Nannen gestiftete Kunsthalle.
Historische Architektur mit neuer Funktion: In Venedig dient der Palazzo Grassi fortan als Ausstellungszentrum (zur Eröffnung: *Futurismus und Futurismen*), im ehemaligen Pariser Bahnhof Gare d'Orsay (1900) wird das Musée d'Orsay für Kunst der 2. Hälfte des 19. Jahrhunderts (»Salonkunst« wie Avantgarde) eröffnet.

Von androgyn zu feminin(-maskulin)

Dem Misch- bzw. Einheitswesen aus Mann und Frau ist die Ausstellung *Androgyn* des Neuen Berliner Kunstvereins gewidmet (sie wird Anfang 1987 in Hannover gezeigt). Der Mythos vom Urwesen, das der (u. a. in der Erschaffung Evas aus einer Rippe Adams gespiegelten) Spaltung der Geschlechter vorausgegangen ist, findet sich in afrikanischen Objekten wie in Werken der klassischen Kunst oder des Surrealismus. Eigens für die Ausstellung Geschaffenes (etwa von Timm Ulrichs) verweist auf die Aktualität des Themas, das der Untertitel als Ausdruck der *Sehnsucht nach Vollkommenheit* deutet.
Die nach Motiven und Kompositionsmustern gegliederte Ausstellung *Das Bild der Frau seit der Französischen Revolution* (Kunsthalle Hamburg) führt nicht allein diesen Wandel vor Augen, sondern belegt ihn zugleich als ein Stück Entwicklungsgeschichte der männlichen Betrachtungsweise – die Abteilung *Künstlerinnen* bildet eine Randerscheinung. Um so mehr bietet das historische Panorama Ansatzpunkte, das Oppositionsverhältnis zwischen feminin und maskulin zu überprüfen – ein Angebot, das nicht zuletzt die Bedeutung der kunstgeschichtlichen Wahrnehmung für die Bewußtseinsbildung verdeutlicht.

Architektonisches Sinnbild der Weltreligion

Als neunteilige Lotosblüte bietet sich der 1986 vollendete Tempel in Neu-Delhi dar, den Anhänger der Mitte des 19. Jahrhunderts in Iran entstandenen Baha'i-Religion finanziert bzw. durch eigene Handarbeit (beispielsweise Verkleidung der Betonschalen mit griechischen Marmorplatten) miterrichtet haben; Architekt ist der Perser Fariburz Sahba. Die siebenblättrige Lotosblüte versinnbildlicht die neun Weltreligionen, als deren Zusammenfassung und Krönung die Gründer des Bahaismus, Baha Ullah (»Glanz Gottes«), die von ihm ins Leben gerufene Offenbarungsreligion verstanden hat. Architekturkritiker geben dem 34 m hohen Bauwerk den Rang eines »Tadsch Mahal des 20. Jh.s«, wobei Sahbas Assistent E. Husseini als Unterschied hervorhebt: »Der Tadsch wurde von einem tyrannischen König aus Liebe zu einer Frau gebaut. Unser Tempel aber wurde von Menschen aus Liebe zur Menschheit errichtet.«

Baha'i-Tempel in Neu-Delhi, erbaut 1980–1986.

1986

Theater

Premieren

● William Hoffman: *Wie Du (As Is,* Uraufführung in New York 1983). Deutsche Erstaufführung am Stuttgarter Staatstheater, Regie: Arie Zinger. Das Sterben des jungen Schriftstellers Rich an Aids, durchsetzt von Rückblenden auf sein Zusammenleben mit Saul, der schließlich zu Rich zurückkehrt und ihn akzeptiert, wie er ist (»as is«). Zwei Benefizvorstellungen kommen der Deutschen Aids-Hilfe zugute.

● Arno Holz: *Ignorabimus.* Nach der Uraufführung des auf die Hälfte gekürzten Stücks 1927 erste zwölfstündige Gesamtinszenierung des naturalistischen Okkultismus-Dramas durch Luca Ronconi in Prato bei Florenz.

● Thomas Petz: *Erfolg.* Uraufführung am Münchner Residenztheater, Regie: Hans Hollmann. Sechsstündige Bühnenfassung des gleichnamigen Romans (1930) von Lion Feuchtwanger über Bayern zur Zeit des frühen Nationalsozialismus 1921–1924, mit Revue-Elementen bis hin zum *Fasching der Faschisten.*

● Harold Pinter: *Noch einen Letzten (One for the Road).* Deutsche Erstaufführung am Stuttgarter Staatstheater, Regie: Dieter Giesing. Vier-Personen-Stück mit einem verbal agierenden Folterer und einer Familie als Opfer.

● Klaus Pohl: *Der Spiegel.* Uraufführung in Münster. Adaption von Gogols Hochstaplerkomödie *Der Revisor* mit einem angeblichen »Spiegel«-Korrespondenten als Nutznießer.

● Botho Strauß: *Die Fremdenführerin.* Uraufführung an der Berliner Schaubühne, Regie: Luc Bondy. Selbstzerstörerische Beziehung eines Lehrers in der Midlife-Krise zu einer jungen Frau während seines Bildungsurlaubs in Olympia.

Mattscheiben-Provokation

Nach zweieinhalbjähriger Arbeit bringt der Regisseur und Drehbuchautor Helmut Dietl seine sechsteilige Satire Kir Royal (benannt nach dem Modegetränk aus Champagner und Chassis) in das Abendprogramm der ARD; Mitautor ist Patrick Süskind. Im Mittelpunkt steht der Gesellschaftsreporter bzw. Klatschkolumnist der Münchner Allgemeinen Tageszeitung »Matz«, Baby Schimmerlos. Franz Xaver Kroetz verkörpert dieses »gesellschaftliche Trüffelschwein« inmitten der »Schickimicki«-Society der Erfolgreichen aus Wirtschaft, Politik und Unterhaltungsindustrie als melancholischen Skeptiker, der gleichwohl rastlos seiner »Weltsensation« nachjagt. Zu seinen Partnern gehört Dieter Hildebrandt als Fotograf.

Die erste Folge zeigt einen von Babys Schilderung des großstädtischen Luxuslebens angelockten Provinzfabrikanten (Mario Adorf), in der letzten spürt Schimmerlos Deutschlands reichsten Mann auf, der mit einem schwulen Freund am Arm König Ludwig II. nachspielt (1986 wird nicht allein der 200. Todestag Friedrichs II. von Preußen begangen, sondern auch der 100. Todestag des bayerischen »Märchenkönigs«).

Trotz gesellschaftskritischer Schärfe erreicht Kir Royal Dallas- und Denver-Einschaltquoten. Zugleich beweist die vom WDR produzierte Serie die Fähigkeit des mit dem kommerziellen Fernsehen konkurrierende öffentlich-rechtliche Mediums, Alternativen zum Unterhaltungs-Einerlei zu entwickeln. Allerdings ist die Freude an dem bissigen Spiel nicht allgemein: Eine Szene der 3. Folge (in einem Beichtstuhl werden Schmiergelder übergeben) veranlaßt das Bistum Eichstätt, für die »elektronischen Medien eine Selbstkontrolle« zu fordern. In diesem Sinne hat sich der Bayerische Rundfunk schon zuvor, am 22. Mai, aus der neuen »Scheibenwischer«-Ausgabe zum Thema »strahlende Umwelt« von und mit Dieter Hildebrandt ausgeblendet.

Franz Xaver Kroetz und Dieter Hildebrandt, in der 6. Folge von *Kir Royal,* 1986.

Der neue englische Film

Ein geringes Budget und die nüchterne, meist perspektivisch gebrochene Darstellung der sozialen Wirklichkeit kennzeichnen eine Reihe englischer Filmproduktionen, die an das »Free Cinema« der 60er Jahre anknüpft. Chris Bernards *Letter to Brezhnev (Brief an Breschnew)* handelt von der schüchternen, arbeitslosen Elaine, die gegen den Widerstand von Familie und Bürokratie durchsetzt, dem russischen Matrosen Peter ans Schwarze Meer zu folgen. *My Beautiful Laundretts (Mein wunderbarer Waschsalon)* von Stephen Frears (Drehbuch: Hanif Kureishi) spielt in einem der Einwanderslums im Süden Londons; im Mittelpunkt stehen der junge Pakistani als erfolgreicher Betreiber eines Waschsalons und sein weißer Intimfreund Johnny. Neil Jordan schildert in *Mona Lisa* die blutig endende Odyssee des aus dem Gefängnis entlassenen George durch die Halb- und Unterwelt der Londoner Drogenszene, der Peep-shows und Edelprostitution.

Film

Premieren

● Woody Allen: *Hannah und ihre Schwestern (Hannah and her Sisters),* mit Woody Allen, Mia Farrow, Barbara Hershey und Dianne Wient. Zwei Jahre im Leben dreier Schwestern, ihrer Männer und Liebhaber als Bündelung der Krisen der »Mittelstand-Intelligentia«.

● Tevfik Baser: *40 Quadratmeter Deutschland,* mit Özay Fecht. Die Marter einer jungen Türkin, die von ihrem Mann aus Furcht vor schädlichen Einflüssen von der Außenwelt isoliert wird.

● Jim Jarmusch: *Down by Law,* mit Roberto Benigni, John Lurie und Tom Waits. Eine »Neo-Beat-Noir-Komödie« (Flucht eines Zuhälters, eines Discjockeys und eines Touristen aus dem Gefängnis) unter dem Motto: »Die Welt ist traurig und schön.«

● Romand Joffé: *Mission,* mit Robert De Niro und Jeremy Irons. Der Historien- und Abenteuerfilm über die kirchlich sanktionierte Zerstörung einer Indio-Missionsstation kann auch als Reflex der Theologie der Befreiung betrachtet werden.

● David Lynch: *Blue Velvet,* mit Isabella Rosselini, Kyle Mac Lachlan und Dennis Hopper. Enthüllung der Alpträume hinter der Fassade des Kleinstadtlebens, zugleich die Geschichte einer sexuellen Initiation.

● Roman Polanski: *Piraten (Pirates),* mit Walter Matthau, eine Hommage an den aktionsgeladenen Abenteuerfilm.

● Peter Schamoni: *Caspar David Friedrich. Grenzen der Zeit,* mit Sabine Sinjen und Helmut Griem. Der Romantiker im Spiegel seiner Landschaftsmotive sowie der postumen Urteile seiner Freunde und Feinde.

● Steven Spielberg: *Die Farbe Lila (The Colour Purple),* nach dem gleichnamigen Roman von Alice Walker, mit Whoopi Goldberg. Das Südstaaten-Drama unter Farbigen, Spielbergs erster »ernsthafter« Film, handelt vom Versuch der von Kind an unterdrückten Celie, ihr Leben selbst in die Hand zu nehmen.

● Johannes Schaaf: *Momo* (nach Michael Endes Bestseller, 1973), mit Radost Bokel als Momo und John Huston als Meister Hora.

● Andrej Tarkowskij: *Opfer,* mit Erland Josephson, Susan Fleetwood und Valerie Mairesse. Filmische Meditation über die verlorene und wiederzugewinnende Eigenverandwortlichkeit vor dem Hintergrund einer drohenden Weltkatastrophe.

● Margarethe von Trotta: *Rosa Luxemburg,* mit Barbara Sukowa. Gefühlsbetonte dokumentarische Biographie.

Werbefigur Boris Becker
1986

Werbefigur Steffi Graf
1986

Sir Richard Attenborough
A Chorus Line, 1985
deutscher Kinostart 1986

Das Prinzip Auslese

600 Millionen Fernsehzuschauer erlebten am 7. Juli 1985 die »Geburt eines neuen Stars«: Der 17jährige Boris Becker aus Leimen bei Heidelberg mit Wohnsitz im steuergünstigen Monte Carlo besiegte im Herrenfinale des 99. Wimbledon-Turniers den um zehn Jahre älteren südafrikanischen US-Bürger Kevon Curren. Am 6. Juli 1986 entkräftet Becker den Verdacht, am Erfolg des Vorjahres habe der Zufall mitgewirkt, indem er über Ivan Lendl (Platz 1 der Weltrangliste) triumphiert. Entdeckt wurde Becker 1978 durch den rumänischen Trainer Günther Bosch, dessen Landsmann Ian Tiriac ihn seit 1984 managt – mit 30 Prozent Anteil an den Werbeeinnahmen.

Im Gegensatz zur unverkennbaren Rigidität der Firma »Becker, Tiriac & Co« besitzt die von ihrem Vater trainierte und gemanagte Steffi Graf die Aura der »Natürlichkeit«. 1986 siegt die 16jährige Heidelbergerin bei den Internationalen Deutschen Meisterschaften im Damentennis in West-Berlin im Einzel (gegen Martina Navratilova) und (gemeinsam mit Helena Sukova) im Doppel. Die Sportjournalisten der Bundesrepublik wählen sie zur Sportlerin des Jahres 1986, während Becker zum zweiten Mal Sportler des Jahres wird. Der Weltsportler des Jahres 1986, Diego Maradona, verkörpert wie kaum ein anderer Sportler den Sieg um jeden Preis: Durch ein (nachträglich eingestandenes) Handspiel bringt er Argentinien ins Finale der Fußball-WM in Mexiko, in dem die Mannschaft der BRD mit 2:3 unterliegt.

Der unerbittliche Auswahlprozeß unter den Bewerbern um einen Platz in einer Musical-Produktion ist das Thema des 1975 am Brodway uraufgeführten Musicals A Chorus Line des Choreographen Michael Bennett (Musik: Marvin Hamlisch). Die Filmversion des Regisseurs Sir Richard Attenborough durchbricht die hermetische Geschlossenheit des Schauplatzes, einer leeren Bühne. Erhalten bleibt die Kumpanei zwischen dem Zuschauer und dem selektierenden Regisseur Zach (Michael Douglas), der sich nichts weniger leisten kann als einen Funken Mitgefühl.

Doris Dörrie
Männer, 1986
Szenenfoto mit Heiner Lauterbach
(als Ehemann mit Affenmaske),
Ulrike Kriener und
Uwe Ochsenknecht

Coline Serreau
Trois hommes et un coffin, 1985
Plakat zur deutschen Fassung 1986

DIE NEUEN VÄTER KOMMEN!!!

JEAN-FRANÇOIS LEPETIT zeigt

ROLAND GIRAUD

ANDRÉ DUSSOLLIER

MICHEL BOUJENAH

CÉSAR '86 / BESTER FILM

* Eine zärtliche Komödie

3 MÄNNER und ein Baby

Männer in Frauenfilmen

Mit ihrem dritten Spielfilm (nach Mitten ins Herz, 1983, und Im Innern des Wals, 1985) schien Dories Dörrie allenfalls einen Film für Freunde der Münchner WG-Szene gedreht zu haben, doch Ende des Jahres haben sich rund fünf Millionen Zuschauer die vom ZDF finanzierte Dreiecksgeschichte Männer zu Gemüte geführt; in den USA läuft Men als der seit Jahren erfolgreichste europäische Film.

Männer kontrastiert zwei Schauplätze, zwei Milieus: die Wohngemeinschaft in München und das feine Heim im Prominentenvorort Grünwald. Die Ehefrau ist nur allzugern bereit, aus der gepflegten Langeweile des Bungalow-Lebens auszubrechen, als ein WG-Chaot ins Blickfeld kommt. Doch der gehörnte Ehemann weiß Rat: Er braucht den Konkurrenten nur ins bürgerliche Normalleben mit Aufstiegschancen zu ziehen, um den Reiz des Kreativ-Anarchischen auszulöschen. Der Aussteiger wird zum gereiften Yuppie mit angemessenem Karrierebewußtsein.

In Paradies stellt Doris Dörrie einen etablierten Mann zwischen zwei Frauen: die verwöhnte Ehefrau und deren lustbetonte Freundin; ihr folgt er bis zum Hamburger Kiez, auf dem die Komödie der unverhofften Leidenschaft ihr melodramatisch-blutiges Ende findet, dargestellt aus der spezifischen Dörrie-Perspektive distanzierter Anteilnahme.

Eine Liebe zu Dritt ist das Thema des Films Pourquoi pas! (Warum nicht?), mit dem die französische Regisseurin Coline Serreau 1977 Aufsehen erregte. In ihrem neuen Film gibt sie zu verstehen, daß Männer – ganz auf sich gestellt – eigentlich die besseren Mütter sind, wenn sie nur wollen. Eine Schlüsselszene zeigt, wie einer der drei unfreiwilligen Pflegeväter mit dem ihnen untergeschobenen Baby traumverloren spielt. Die drei Trendsetter suchen »ein Nest, eine Familie« (Serreau) und sprechen damit ein breites Publikum an. Trois hommes et un cauffin übertrifft in Frankreich bei weitem den Erfolg der konkurrierenden Männlichkeits-Rituale, die Belmondo oder Alain Delon auf die Leinwand bringen.

Bernhard Sinkel
Väter und Söhne, 1986
Szenenfoto mit Burt Lancaster
und Herbert Grönemeyer

Reinhard Hauff
Stammheim, 1986
Szenenfoto mit Ulrich Tukur als
Andreas Baader und
Sabine Wegner als Gudrun Ensslin

Markus Imhoof
Die Reise, 1986
Plakat mit Markus Boysen
als Bertram Voss

Väter und Söhne

*Der Aufstieg der deutschen Chemie
vor und während des Ersten Weltkriegs, die Gründung der I.G. Farben-
industrie AG 1925, deren Zusammenarbeit mit dem NS-Regime bis hin zur
Giftgasproduktion für die Vernichtungslager sind Themen des vierteiligen Fernsehfilms Väter und Söhne.
Bernhard Sinkel hat seinen Stoff weitgehend als Geschichte der Familie
Deutz strukturiert, um den Anteil der
persönlichen Verantwortung der einzelnen Familienmitglieder sowie den
Generationenkonflikt herauszuarbeiten
zu können.
Als Repräsentant einer zutiefst un-
glaubwürdigen, nach wie vor vom
Obrigkeitsgehorsam geprägten Vätergeneration gehört der (schließlich abgelöste) Vorsitzende Richter Prinzing
zu den Hauptfiguren des Films
Stammheim. In ihm rekonstruiert
Reinhard Hauff den 1976/77 in Stuttgart-Stammheim geführten Prozeß gegen den »harten Kern« der »Rote Armee-
Fraktion« (RAF) Andreas Baader, Gudrun Ensslin, Ulrike Meinhof und Jan-
Carl Raspe.
Dem auf der Berlinale mit dem Goldenen Bären ausgezeichneten Spielfilm
liegt die Dokumentation Der Baader
Meinhof Komplex von Stefan Augst
zugrunde. Aus den hier zusammenge-
stellten Materialien hat Hauff eine
Darstellungsform entwickelt, die es
ermöglicht, den Prozeß auch aus der Perspektive der Angeklagten und ihrer
Verteidiger mitzuverfolgen und den
politischen Handlungsmotiven der
Terroristen nachzugehen, die im Prozeß als nicht zur Sache gehörig unterdrückt wurden.
Zu Grudrun Ensslins engsten Freunden der APO-Zeit gehörte Guntram
Vesper, der Sohn des im Dritten Reich
erfolgreichen Schriftstellers Will Vesper. 1977 ist postum Guntram Vespers
autobiographischer Roman Die Reise
erschienen. In Markus Imhoofs Filmversion (mit Will Quadflieg als tyran-
nischem Vater) tritt Vesper alias Bertram Voss als RAF-Sympathisant
(Motiv: Haß auf den Vater) in Erscheinung, der – nachdem er selbst einen
Sohn hat – an diesem Wiedergutmachung zu leisten versucht.*

Die Schuld der Väter ist der Zorn der Söhne.

Die Reise

Ein Film von Markus Imhoof
mit Markus Boysen, Corinna Kirchhoff, Claude Oliver Rudolph,
Christa Berndl, Alexander und Gero – und Will Quadflieg

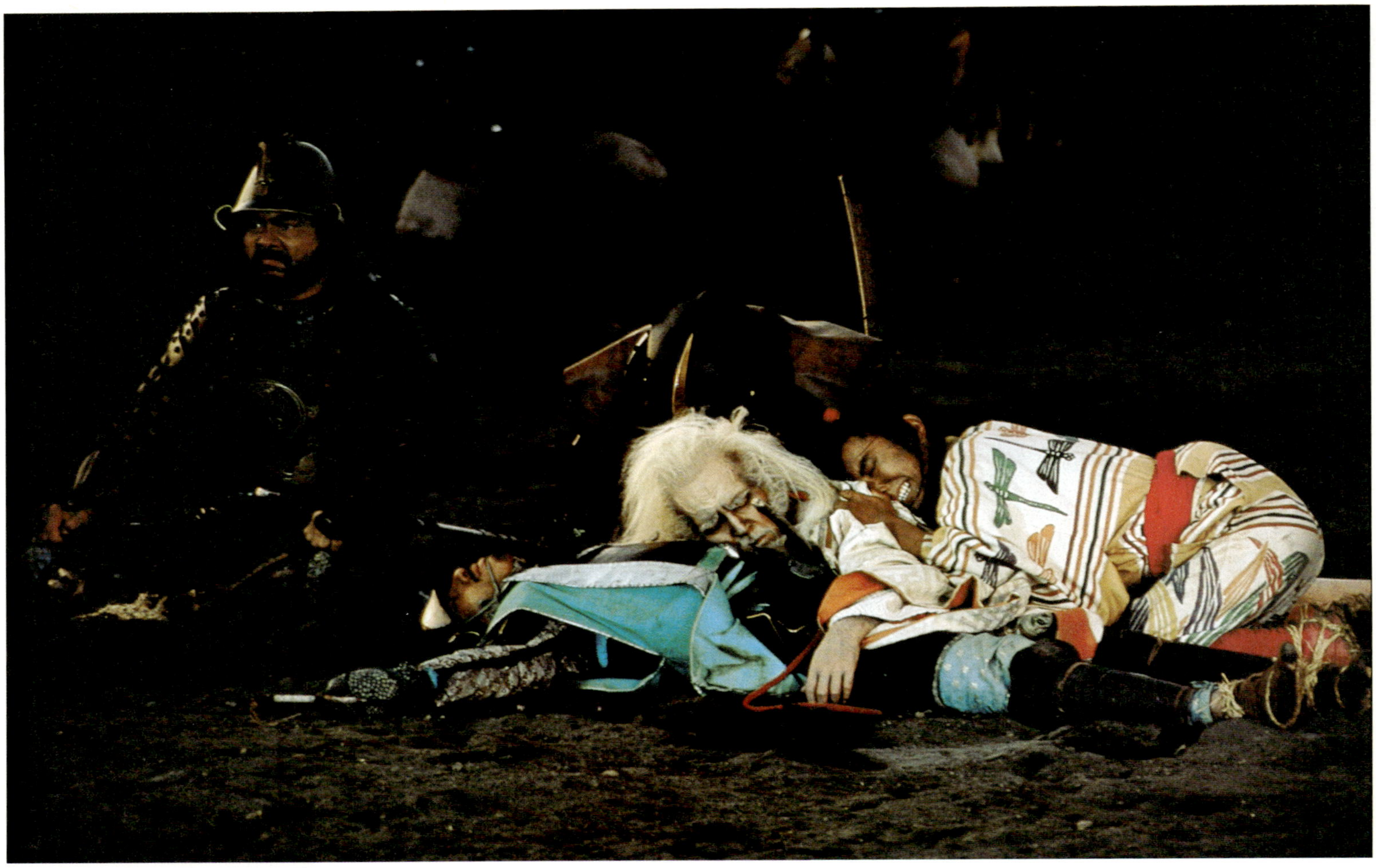

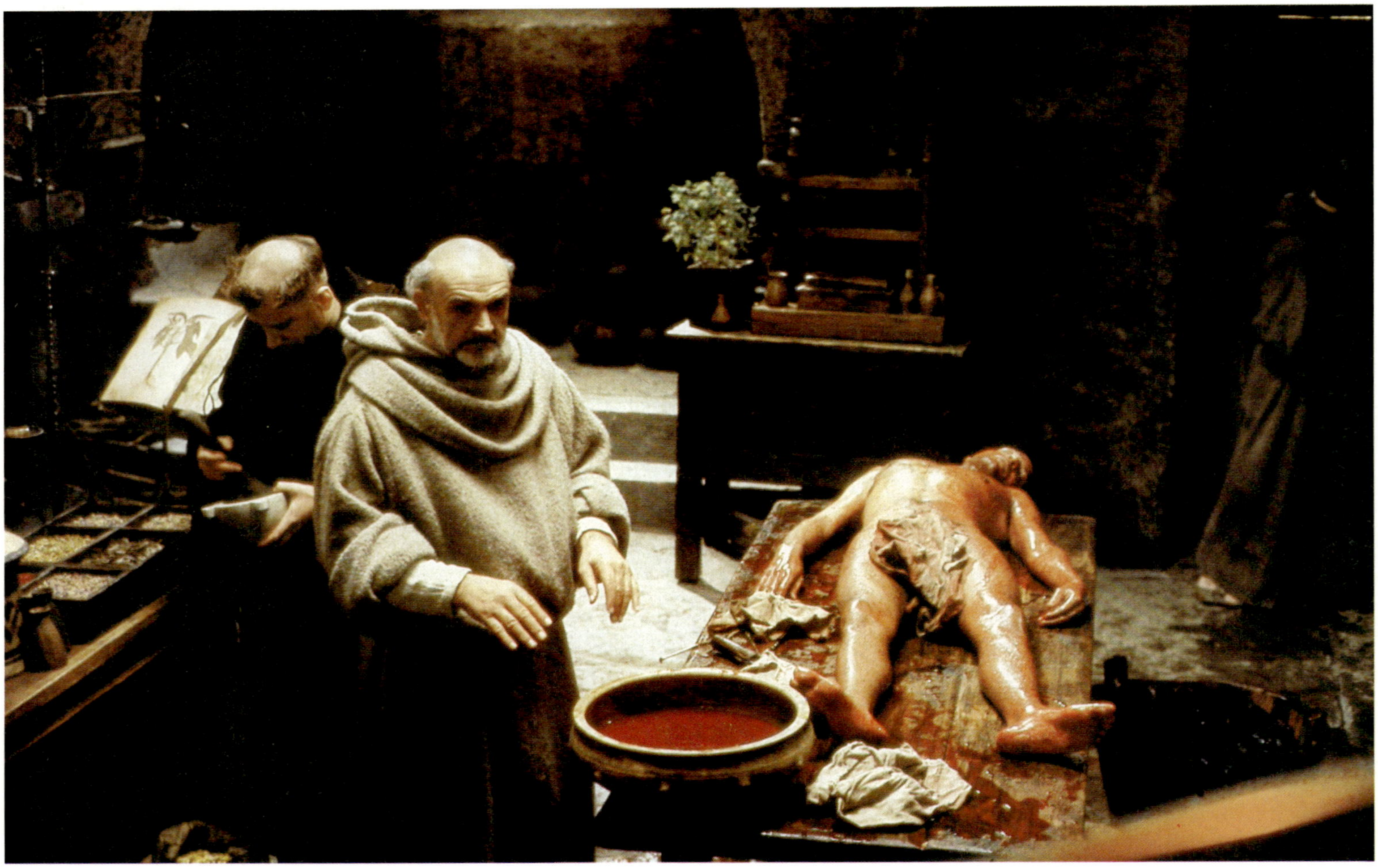

Literatur

Neuerscheinungen

● Jurek Becker: *Bronsteins Kinder*. 1973/74 in der DDR angesiedelter Roman über den Generationenkonflikt in einer jüdischen Familie, deren Oberhaupt auf eigene Faust Rache an einem ehemaligen KZ-Wächter nimmt.

● Thomas Bernhard: *Auslöschung*. Erinnerungsmonolog eines Literaten unter der Devise von Bernhards *Weltverbesserer*: »Wir können die Welt nur verbessern/wenn wir sie abschaffen.«

● Peter Handke: *Die Wiederholung*. Filip Kobal aus dem »Dörf-ler-Knechtsvolk« auf dem Weg der Erlösung durch die befreiende Wirkung des Erzählens.

● Brigitte Kronauer: *Berittener Bogenschütze*. Das Erwachen des Literaturdozenten Roth zur Fähigkeit, dank des »tieferen Blicks« dem »Üblichen« standzuhalten und auch in der Frau mehr zu sehen als nur den Tod.

● Reiner Kunze: *Eines jeden einziges Leben*. Gedichte ungeschützter Innerlichkeit.

● Hans-Werner Richter: *Im Etablissement der Schmetterlinge*. Mehr oder weniger diskrete Erinnerungen des Gründers der »Gruppe 47«.

● Hans-Joachim Schädlich: *Tallhover*. Roman einer Karriere: Tallhover als personifizierte Polizei von 1842 bis 1955, vom königlich-preußischen bis zum DDR-Staatsdienst.

● Johanna Walser: *Die Unterwerfung*. Das Leiden der jungen Lisa an Kierkegaards »Krankheit zum Tode« gemildert durch Kunst und Musik.

Ereignisse

● Saarbrücken: Rund 5000 *Perry-Rhodan*-Experten treffen sich anläßlich des 25jährigen Bestehens der deutschen Science-fiction-Serie (rund 1600 Titel).

»Palatina«-Gastspiel

1623 gelangten rund 8000 Handschriften und Druckwerke aus der »Palatina« (der »Pfälzischen« Bibliothek) in Heidelberg in den Besitz der Biblioteca Vaticana. Sie bildeten vermutlich den Kaufpreis, den der bayerische Herzog Maximilian für die pfälzische Kurwürde entrichtete. Anläßlich der 600-Jahr-Feier der Heidelberger Universität kehren rund 600 der einstigen Beutestücke als Leihgabe auf ihren ursprünglichen Platz auf der Empore der Heiliggeistkirche zurück und lösen einen Massenandrang zu den Meisterwerken mittelalterlicher Buchmalerei aus.

Therapeutische Musik

Als Zielgruppe wurden die »Idealisten der 60er und frühen 70er Jahre« ausgemacht, »Leute in den Dreißigern, berufstätig, obere Mittelklasse, mit Hochschulbildung« (Gitarrist und Produzent William Ackerman); sie bevorzugt die östlich inspirierte Musik, die unter der Bezeichnung »New Age« die Hoffnung auf eine schöne neue Welt tröstlich untermalt. Zu den erfolgreichsten Therapeuten der sanften Klänge gehört der Harfenist Andreas Vollenweider.

Korrekturen des Ost-West-Schemas

Auf dem 48. Internationalen PEN-Kongreß in New York, dem ersten seit 1966 in den USA, treten unerwartete Divergenzen im westlichen Lager zutage. Sie werden durch Günter Grass ausgelöst, der in seinem Beitrag zum Kongreßthema *Die Vorstellungskraft des Schriftstellers und die des Staates* alle diejenigen als Heuchler verurteilt, die den American Way of Life noch für gangbar halten. Der noch im selben Jahr in Hamburg veranstaltete 49. Kongreß (zugleich 65jähriges PEN-Jubiläum) dient dem (wenn auch nicht unwidersprochenen) deutsch-deutschen Brückenschlag, indem Bundespräsident Richard von Weizsäcker erklärt: »Die Welt bezeugt, daß Werte und Ehre deutscher Sprache durch die Literatur aus der Deutschen Demokratischen Republik gemehrt worden ist.«

Vor allem aber wird das neokonservative Ost-West-Schema durch die außen- und innenpolitischen Initiativen des (seit 1985) sowjetischen Parteichefs Michail Gorbatschow in Frage gestellt. Zu diesen Initiativen gehört die Aufhebung der Verbannung nach Gorki (seit 1980) des Regimekritikers und Friedensnobelpreisträgers (1975) Andrei Sacharow und seiner Frau Jelena Bonner.

Geschichte als Spiegel der Gegenwart

Von Akira Kurosawa, der mit Rashamon (1950) dem japanischen Film zu internationaler Anerkennung verholfen hat, stammt auch der Film, mit dem 1985 das erste »Internationale Filmfest von Tokio« eröffnet wird: Ran (wörtlich: Aufruhr, Chaos). Das im 16. Jahrhundert angesiedelte Filmepos bildet eine Adaption von Shakespeares Tragödie Lear, verbunden mit einer entsprechenden japanischen Erzählung über die Aufteilung eines mit Gewalt geschaffenen Reiches, das durch Gewalt untergeht. Der Abgesang auf die Epoche der Samurai am Beispiel der Selbstzerfleischung des Hauses Ichimonji endet mit Bildern, in denen sich das historische Trauma mit dem gegenwärtigen Zukunftstraume verbindet: Als einziger Überlebender tastet sich vor glutrotem Himmel ein Blinder einem Abgrund zu.

Als unmittelbare Spiegelung der Gegenwart in Bildern der Vergangenheit läßt sich die Filmversion von Umberto Ecos Roman Der Name der Rose (1982) betrachten. Abgesehen von den starken Emotionen erkennt der »Verstand vieles Heutige in dem fernen Spiegel wieder. Zum Beispiel die Radikalen im öffentlichen Dienst (als peinlich befragte Ketzer); die Grünen (als zu einem bescheiden-gottgefälligen Leben mahnende Franziskaner); den Weltuntergangsglauben (der sich freilich erst heute kraft Atomphysik erfüllen kann). Oder auch die Abfallrutsche, auf der die Klosterbrüder Essensreste den Berg hinabkippen, um die darbende Bauern sich prügeln. Es ist ein eindrucksvolles Bild für das Verhältnis zwischen Erster und Dritter Welt, wie es heute herrscht« (Wilhelm Bittorf).

Gegenüberliegende Seite:
Oben: Akira Kurosawa, *Ran*, 1985, deutscher Kinostart 1986; Szenenfoto mit Tatsuya Nakadai als japanischer Lear.
Unten: Jean-Jacques Annaud, *Der Name der Rose*, 1986; Szenenfoto mit Sean Connery als Franziskaner William von Baskerville beim Waschen des Leichnams des ermordeten Negermönchs Venantius.

Musik

Premieren

● Benny Andersson und Björn Ulvaeus (von der ehemaligen Pop-Gruppe »Abba«) sowie Tom Rice: *Chess*. Durch konzertante Aufführungen und eine Doppel-LP (mit *One Night in Bangkok*) getestetes Musical über Ost-West-Verwicklungen um einen russischen Schachweltmeister.

● Krzysztof Penderecki: *Die schwarze Maske*. Uraufführung im Rahmen der Salzburger Festspiele, Regie: Harry Kupfer, musikalische Leitung: Woldemar Nelsson. Dem Libretto liegt der gleichnamige Einakter (1930) von Gerhart Hauptmann zugrunde: Eine 1662 in einer schlesischen Stadt versammelte Tafelrunde wird durch die »schwarze Maske« (Sinnbild vergangener Schuld) in einen Totentanz verwandelt. Die musikalische Gestaltung ist vorwiegend illustrativ.

● Aribert Reimann: *Troades*. Uraufführung an der Bayerischen Staatsoper in München, Regie: Jean-Pierre Ponnelle, musikalische Leitung: Gerd Albrecht. Vertonung der *Troerinnen* von Euripides in der Textfassung von Franz Werfel als expressive Anklage gegen den Krieg.

● Hans Zender: *Stephen Climax*. Uraufführung in Frankfurt, Regie: Alfred Kirchner. Auf der »wie in zwei Gehirnhälften« geteilten Bühnen spielen sich synchron das Leben des syrischen Säulenheiligen Simeon und das Treiben in einem Dubliner Bordell ab, wie es James Joyce in *Ulysses* geschildert hat. Die Partitur bildet eine sinnfällige Collage. Das Gestaltungsmittel der Simultaneität knüpft an die »pluralistische Dramaturgie« Bernd Alois Zimmermanns an (*Die Soldaten*, 1963).

Ereignisse

● Bayreuth. Die erstmals 1976 veranstalteten Festspiele feiern ihr 75. Jubiläum; zur Eröffnung wird Jean-Pierre Ponnelles Inszenierung von *Tristan und Isolde* geboten.

● Wien. Erstmals dient die Staatsoper als Premierenkino. Zur Uraufführung kommt Franco Zeffirellis Filmversion von Verdis *Otello*, mit Placido Domingo, musikalische Leitung: Lorin Maazel.

1986

Vor uns die Endzeit?

Was als Finale dienen könnte, steht am Anfang des Romans: »Schluß! sagte sie. Euch gab es mal. Gewesen seid ihr, erinnert als Wahn. Nie wieder werdet ihr Daten setzen. Alle Perspektiven gelöscht. Ausgeschissen habt ihr. Und zwar restlos. Wurde auch Zeit!« Es sind dies die Feststellungen der Rättin, die dem Erzähler im Traum erscheint, nachdem sein Weihnachtswunsch, eine graubraune Wanderratte (im Unterschied zu weißen Laborratten, wie sie »bei Schering oder Bayer-Leverkusen in Gebrauch sind«), erfüllt worden ist. Sie wird zum Dialogpartner im Sinne einer noch offenen Auseinandersetzung, die jedoch in Gefahr ist, ins Leere zu laufen, da alles, was sich noch sagen läßt, zum »Nachtrag« wird.

Die Prophezeiungen der Rättin hat der Dramatiker Harald Mueller, zu Beginn der 70er Jahre mit seinen Stücken Großer Wolf (über eine Bande marodierender Kinder) und Halbdeutsch bekannt geworden, in seinem Drama Totenfloß Bühnenwirklichkeit werden lassen. Ein einarmiger, Blut hustender Mann namens Checker, ausgerüstet mit Instrumenten, halbwegs intakte Lebewesen auszuschlachten, reist im Jahr 2050 durch eine verstrahlte Bundesrepublik nach Xanten: Die vor 40 Jahren »neutronisierte« Stadt bildet angeblich ein »total intaktes Biotop«, »toxiclean und bodyleer«. Unterwegs trifft Checker einen Erblindeten, einen Greis und ein Mädchen, die ein einarmiges, augen- und mundloses Monstrum gebiert.

Als Muellers Totenfloß 1984 in Oberhausen uraufgeführt wurde, fand es kaum Resonanz. Nach Tschernobyl jedoch wird es in einer Neufassung zum meistgespielten Zeitstück: Im Oktober hat es in Stuttgart, Düsseldorf und Basel Premiere, 20 weitere Bühnen folgen.

Gegenüberliegende Seite:
Oben: Günter Grass, *Die Rättin*, 1986; Schutzumschlag mit einer Grafik des Autors.
Unten: Harald Mueller, *Totenfloß*; Plakat von Gottfried Helnwein zur Stuttgarter Inszenierung unter der Regie von Henning Rühle, 1986.

Internationaler Empfang für Halley

Zwischen Dezember 1984 und August 1985 wurden fünf Sonden ins Weltall geschickt, um den alle 76 Jahre unser Sonnensystem durchquerenden Kometen Halley (benannt nach dem englischen Mathematiker Edmond Halley, der die Identität der 1531, 1607 und 1682 beobachteten Kometen entdeckt hat) aus nächster Nähe (d. h. minimal 5000 km Abstand) zu beobachten. Nach den beiden japanischen und den beiden sowjetischen Sonden kommt die europäische Sonde »Giotto« dem »Gast aus dem Universum« am 14. März am nächsten; das Kontrollzentrum befindet sich in Darmstadt. Bestätigt wird die 1950 vermutete Eissubstanz des etwa 11 km langen Kerns mit einer Querachse zwischen 3 bis 6 km; er wird von mikroskopisch kleinen Teilchen aus Silikatstaub umschwirrt. Vorbereitung, Durchführung und Auswertung des Halley-Unternehmens erfolgen in internationaler Zusammenarbeit.

Der erste GAU

1966 kam es beim Forschungsreaktor »Enrico Fermi« in der Nähe von Detroit zu einer partiellen Kernschmelze, 1975 wurde beim Reaktor »Browns Ferry« im US-Bundesstaat Alabama durch einen Kabelbrand das gesamte elektrische Steuerungssystem außer Betrieb gesetzt, die Hauptnotkühlung versagte. 1979 trat aus dem Reaktor »Three Mile Island« bei Harrisburg in US-Bundesstaat Pennsylvania eine radioaktive Wolke aus, eine totale Kernschmelze konnte knapp verhindert werden. 1984 stand im französischen Atomkraftwerk Bulgey ein Ausfall der Kühlanlage unmittelbar bevor, nachdem eine Störung der Stromversorgung eingetreten war. In allen diesen Fällen drohte ein GAU: der Größte Anzunehmende Unfall, bei dem das Sicherheitssystem wirkungslos wird.

In der Nacht vom 25. zum 26. April tritt dieser Fall in Block IV der Kernkraftanlage in Tschernobyl in der Ukraine ein. Innerhalb weniger Sekunden erhöht sich durch eine »Reaktivitätsexplosion« die Reaktorleistung von sieben Prozent der möglichen 1000 Megawatt auf über 100 Prozent, das Wasser in den Kühlkanälen verdampft, Brennstäbe schmelzen, eine Luft-Wasserstoff-Explosion zerfetzt das Dach des Reaktorgebäudes, die einströmende Luft entfacht Feuer im Graphitblock. Die austretende radioaktive Wolke breitet sich von der Ukraine aus nach Polen und Skandinavien, dann über weiten Teilen Mitteleuropas aus; erhöhte Radioaktivität wird selbst in den USA und in Japan gemessen. 28 Menschen sterben an den unmittelbaren Folgen, unabsehbar sind die mittelbaren Folgen zu genetischer Schäden. Grenzwerte der Strahlenbelastung werden neu definiert und zwischenstaatlich ausgehandelt, Berech-

Konjunktur des Übersinnlichen

Die ZDF-Übertragung einer Massenveranstaltung in Hannover mit dem Schweizer Geistheiler-Ehepaar Wallimann entspricht dem Zulauf, den Geist- und Fernheiler, Handaufleger, Wünschelruten-Diagnostiker und Reinkarnationstherapeuten finden. Eine »Stern«-Umfrage ergibt, daß 70 Prozent der Befragten fest glauben oder für möglich halten, »daß es Menschen gibt, die Krankheiten heilen können, selbst dann, wenn die Ärzte nicht mehr weiter wissen«. Hierbei sind die Grenzen gegenüber dem Glauben an magische Kräfte fließend. Das Interesse an Naturreligionen und der neue Hexenkult weisen in dieselbe Richtung und besitzen zugleich einen ökologischen Bezugspunkt: Wenn es stimmt, daß Umweltkatastrophen letztlich durch Entfremdung des Menschen von der Natur und damit von sich selbst verursacht sind, so bedarf es der radikalen, »postrationalen« Rückkehr zur »Mutter Natur«.

nungen über die Folgen eines Ausstiegs aus der Atomenergie angestellt und Reizgasgranaten gegen Atomkraftgegner eingesetzt.

Zugleich fordert Tschernobyl zur grundsätzlichen Wertbestimmung heraus. Während Adolf Birkhofer, Vorsitzender der Reaktor-Sicherheitskommission, auf den Rang der Bundesrepublik als »eine der wenigen hochindustrialisierten Nationen« verweist und es im Hinblick auf die Forderung nach Verzicht auf atomtechnische Fortentwicklung als »egoistisch« empfindet, »wenn ausgerechnet wir uns aus dieser anspruchsvollen Technik verabschiedeten«, versteht der Arzt und Psychoanalytiker Horst-Eberhard Richter die in Ost und West treibende Kraft als »an den technischen Fortschritt delegierten gigantischen Machtwillen, eine statt aus Ehrfurcht vor dem Leben auf dessen absolute Bemächtigung ausgerichtete Grundhaltung der führenden Industriegesellschaften«. Der Schweizer Philosoph Walther Christoph Zimmerli betrachtet Tschernobyl unter ethischem Gesichtspunkt: »»Verantworten« können im strengen Sinne hat bisher keiner den Betrieb von Kernkraftwerken. »Verantworten« heißt für die Folgen seiner Handlungen einstehen. Das aber wird im vorliegenden Fall doppelt widersinnig: Was sollte irgendein menschliches Individuum, dem Versagen nachgesagt wird, in die Waagschale zu werfen haben, um für die hier angerichteten Schäden geradestehen zu können? Und welcher Mensch wäre (…) so vermessen, für die nächsten 25 000 (oder seien es auch »nur« 1000) Jahre die Verantwortung zu übernehmen? (…) Eine Handlung aber, für die niemand die Verantwortung übernehmen kann, gilt nach Kriterien einer Verantwortungsethik als ethisch nicht legitimierbar: Wir hätten nie gedurft, was wir da tun (…).«

»Ein Prosaentwurf von geradezu explosiver Phantasie, eine Unheilprophetie säkularen Ausmaßes.«
Fritz J. Raddatz, DIE ZEIT
Grass
Die Rättin
Günter Grass
Die Rättin
Luchterhand

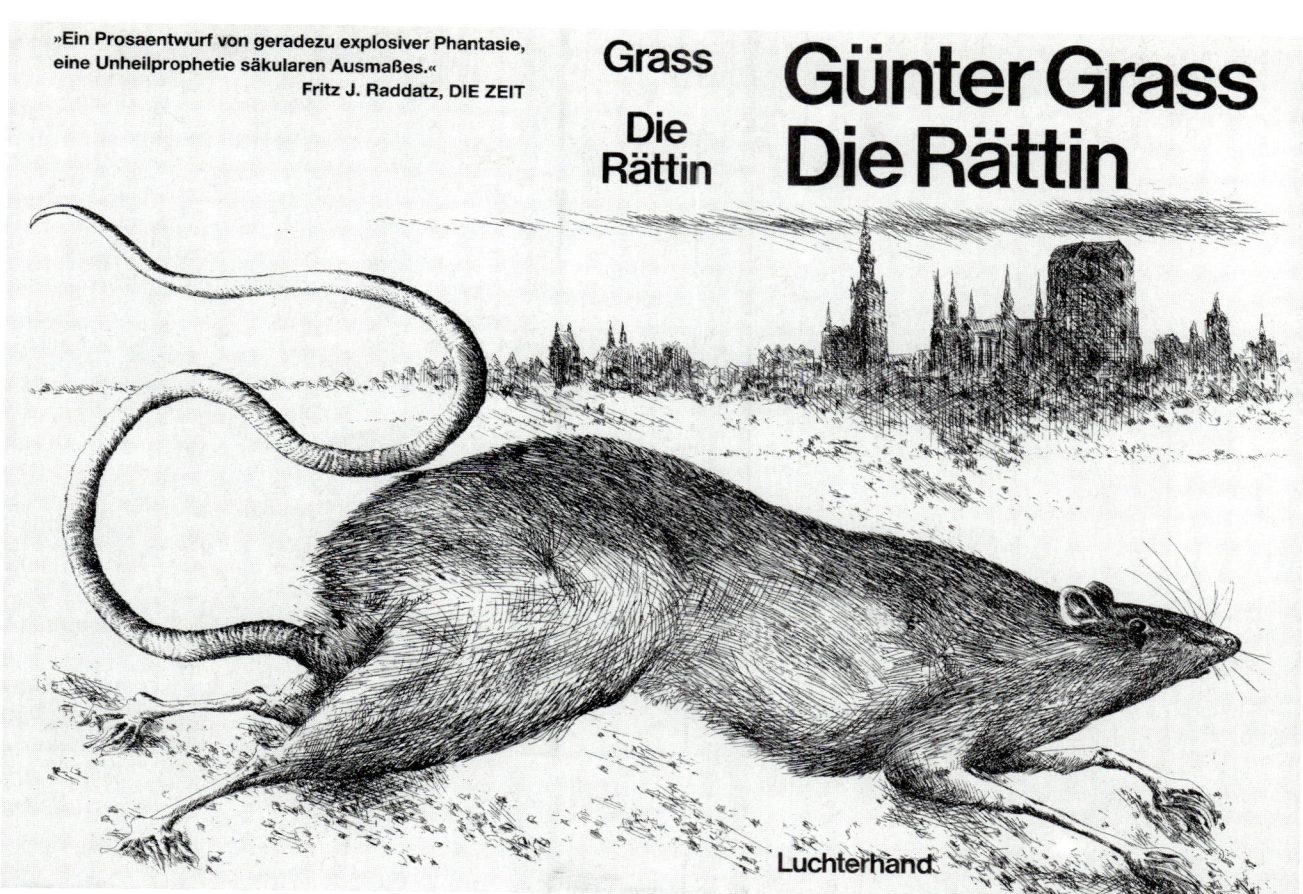

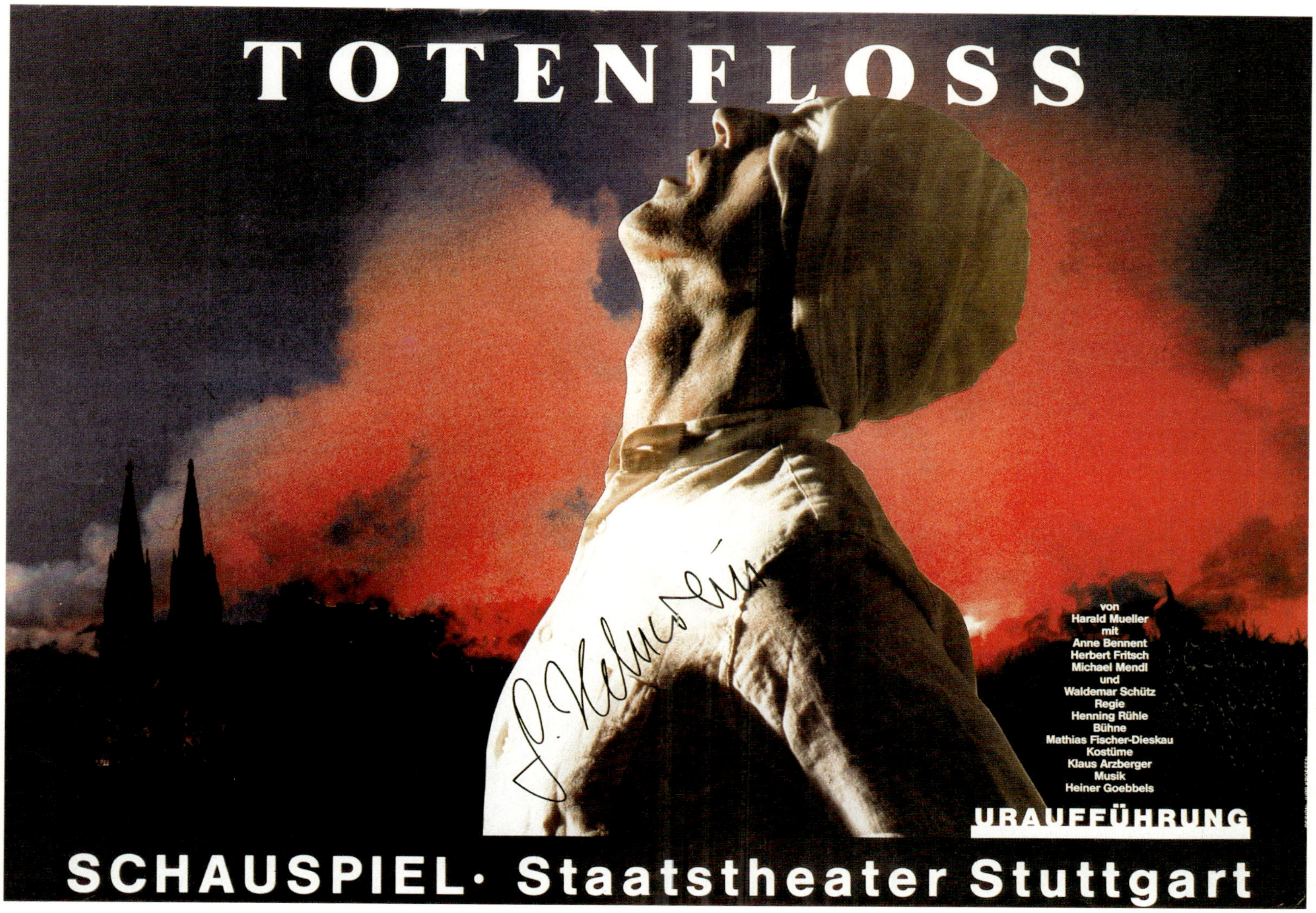
TOTENFLOSS
von
Harald Mueller
mit
Anne Bennent
Herbert Fritsch
Michael Mendl
und
Waldemar Schütz
Regie
Henning Rühle
Bühne
Mathias Fischer-Dieskau
Kostüme
Klaus Arzberger
Musik
Heiner Goebbels
URAUFFÜHRUNG
SCHAUSPIEL · Staatstheater Stuttgart

843

Bildquellen

Aar Verlag, Wiesbaden: 494 r.; action press/sipa: 798 u. l.; ADN, Berlin (Ost): 220; Agence de Presse Bernard, Paris: 609; Akademie der Künste, Berlin: 800 o. r.; Amt für Wirtschafts- und Verkehrsförderung, Abt. Fremdenverkehr, Kiel: 286; Andres, Erich, Hamburg: 252 o., 612; Anthony-Verlag, Starnberg: 772 r.; Archiv Joachim Ernst Berendt, Baden-Baden: 378; Archiv Dr. Karkosch: 350 (2), 351, 358 l., 423 o. l., 468 o. l., 637 l., 637 r., 643 o. l., 643 o. r., 652 o. l., 652 o. r., 660 o. r., 660 u., 670, 672, 676 o. l., 739 M. r., 739 u. r., 739 u. l., 747 o., 747 u., 762, 784, 795; Archiv für Kunst und Geschichte, Berlin: 2/3, 13 o. l., 15 (3), 17 o., 22 (2), 25, 26 (3), 29 o., 33 o. r., 35, 38 (2), 39 (2), 44, 49 l., 51 l., 58, 59, 61 (3), 64 r., 65 u., 71, 72 r., 75 (2), 76 u. l., 76 u. r., 77 (2), 79 o. l., 79 u., 86, 90, 93 M., 99 o., 107 o., 108 M., 108 u., 109 l., 115 o. r., 116 l., 120, 122 (2), 124 (3), 128, 133 (2), 135 u., 139 l., 140 (2), 143 (3), 150 (2), 152 u., 153 o., 160 o., 160 u. r., 161, 162 o., 163, 165, 174 (4), 181 (3), 184 (2) 185 u. l., 192 (3), 193 o., 195 (2), 198 u., 199, 200 r., 201 u., 206 o. l., 210 l., 216 o. l., 216 o. r., 222 M. l., 222 u. r., 229 u. l., 230, 237 o., 237 u., 239, 241 o. l., 242 o., 243 o. l., 243 o. r., 248 u., 250 M., 253 M., 257, 259 M., 266 M., 266 u., 268 o., 268 M., 268 u., 273 o. l., 273 o. r., 276 o., 281 o., 284, 292, 293, 298 o. r., 298 u., 299 r., 301 o. l., 301 o. r., 301 u., 313 u., 317 (2), 318, 324 u., 325 r., 328, 330 u., 332, 340 (2), 341 o., 343 o., 343 M., 344, 345 (2), 346, 348 o. r., 362, 371 o. r., 371 o. l., 372 M. (3), 379 (2), 381 o. l., 385 l., 386, 387, 393, 401, 403 o. r., 406 o., 410 o., 413 o., 413 u., 420 o., 420 u., 427 l., 427 r., 430 u., 437 u., 440 o., 444 l., 444 r., 452, 460, 463, 468 o. r., 471 o., 471 u., 476 o. l., 489 l., 491 o., 500, 509 r., 522, 544, 559 o., 559 M., 564 o., 582 l., 586 o., 595 u., 599 M., 599 u., 600 l., 668 l., 702 r., 721, 733, 749, 783; Archives D'Architecture Moderne, Brüssel: 96 l.; Archiv Gatz, Murnau: 55 M.; Archiv Kröner Verlag, Stuttgart: 213 r.; Argus, Hamburg: 814; Arnold, Karl »Frei ist der Bursch«. Karikatur aus dem Simplicissimus, Foto: Verlag Kurt Desch, München: 267 M. l.; ART, Hamburg: 809; Art Institut of Chicago: 380 o., 421 o., 421 u.; Artothek, Planegg: 20 (2), 29 u., 33 u., 69 u., 91 o., 97 u. l., 110, 147 u., 223 o., 223 u., 561 o., 600 r.; Atomic Energy Commission: 453 o.; Atrium-Verlag, Zürich: 324 o.; Babey, Maurice, Basel: 508 u.; BASF, Ludwigshafen: 580 r., 622 o. M.; Bastei/Lübbe, Bergisch Gladbach: 818; Bauhaus-Archiv, Berlin: 155 M., 233 u. r., 233 u. l., 270 u. r., 271 o., 271 M., 499; Baus-Mattar, Köln: 812 (3); Bavaria-Verlag, Gauting, Foto: Bauer: 644 o. r., Foto: E. Baumann: 678 o. l., Foto: Dag Kempe: 624 u., Foto: Friedhelm Thomas: 487 u.; Bayerische Staatsgemäldesammlung, München: 131 r.; Benziger Verlag, Zürich/Nippon Television Network Corporation, Tokio: 824; Bildagentur Schuster GmbH, Oberursel: 558; Bildarchiv Bayreuther Festspiele: 507 u., 618 (2), 740 u., 800 o. l.; Bildarchiv der Landesbildstelle Württemberg, Stuttgart: 287 u.; Bildarchiv Foto Marburg: 775; Bildarchiv Huber, Garmisch-Partenkirchen: 700 u., 774 o.; Bildarchiv Alexander Koch, München: 129 u.; Bildarchiv Preußischer Kulturbesitz, Berlin: 36 r., 48 (2), 52, 92 u., 185 u. r., 197 u. l., 198 o., 211 o., 258, 261 M., 267 M. r., 273 u., 275, 287 o., 291 o. r., 305 r., 319 o., 323, 330 o., 334 o., 347, 380 u., 445, 465 u., 483 o. r., 550 u., 608, 652 u.; Bilderberg, Hamburg, Foto: R. Drexel: 693 u., Foto: M. Horacék: 274 u., Foto: W. Volz: 700 o.; Galerie Bischofsberger, Zürich: 631; Blum, K., Bern: 197 o.; BMW, München: 325 l., 793 u. r.; Buhs, Ilse, Berlin: 692 l., 692 r.; Bulloz, Paris: 53; Bundesarchiv, Koblenz: 577 o.; CBS: 628 o. l.; Centre de Documentation du Costume, Paris: 204 o. l.; Cinema, Hamburg: 811 o. l., 811 o. r.; Clausen, Rosemarie, Hamburg: Umschlag (Faust), 563 l.; Colorphoto Hans Hinz, Allschwill: 10; Concorde Filmverleih, München: 827 u., 828 u.; R. & G. Contact Renato Casaro – Gabriele Bäumler, München: 811 u.; Cor-Sitzkomfort: 711 M.; Costa, Mailand: 41 o.; Courtauld Institute Galleries, London (Courtauld Collection): 57 o.; Dargaud Editeur, Malesherbes: 574 o.; Ernst-Deutsch-Theater, Hamburg: 778 (2); Deutsche Grammophon, Hamburg: 686 o. r.; Deutsche Presse-Agentur: 9 o. r., 509 l., 513 l., 515 u., 518 l., 524 r., 540, 563 r., 572, 576 r., 579 r., 583 u., 584 o., 584 u., 589 o., 611 l., 611 r., 621 o., 639 o., 639 u., 649 l., 649 r., 657 l., 657 r., 667, 673 o., 677 o. M., 678 o. r., 683 o., 686 u., 688 o., 689 o. l., 689 u., 691, 702 l., 708 o., 708 u., 709 u., 711 o., 717 u., 719 u., 724 o., 725 r., 726, 744 o., 744 u., 746, 750, 758, 761 r., 765, 769 r., 771 l., 772 l., 779, 788 r., 799 o., 801, 821 M. l., 822, 823 u., 825; Deutsche Akademie der Künste, Berlin-Ost: 109 r.; Deutsches Architekturmuseum, Frankfurt: 808 u.; Deutsches Filmmuseum, Frankfurt: 164 o. r.; Deutsches Institut für Filmkunde, Frankfurt/M.: 21 (3), 47 (2), 60 u., 64 l., 98, 116 r., 135 o., 164 o. l., 164 u., 203 o. r., 214 o. l., 214 o. r., 214 M. l., 215 o., 216 u. r., 216 u. l., 229 M., 229 u. r., 249 o., 259 u. l., 259 u. r., 265 o. l., 265 o. r., 280 o. r., 288, 300 o. l., 300 o. r., 306 (2), 312 (2), 313 o. r., 322 (2), 326 (2), 358 r., 359 o., 367, 374 r., 375 (2), 382, 390 (2), 397 o. M., 406 u., 407 o. l., 407 o. r., 408 l., 408 r., 414 o., 415 o. l., 415 o. r., 422, 423 o. r., 438 o. l., 438 o. r., 438 u., 447 o. l., 447 o. r., 449 o., 449 u. r., 449 u. l., 457, 469 o. l., 469 o. M., 469 o. r., 469 M., 469 u., 476 o. r., 476 M., 485 o. r., 486 l., 492, 493 o. l., 493 o. r., 502 (6), 503, 504 o., 512 (5), 513 r., 520 (6), 521, 530 (4), 538 o., 538 u., 539 M., 546 o., 547, 549 (5), 554 (3), 555, 568 (2), 569 o., 569 u. l., 569 u. r., 570 o., 570 u., 571 o., 571 u., 577 u. l., 582 r., 588 u. r., 588 M. l., 588 M. r., 589 u., 590, 595 u., 614, 661 o. l., 661 o. r., 661 u., 671, 684 u., 705 l., 722 l., 722 r., 730 l., 730 r., 754; Deutsches Krawatten-Institut, Krefeld: 622 M.; Deutsches Museum, München: 269; Deutsches Textilmuseum, Krefeld: Foto: R. Giesen: Vorsatzpapier; Deutsches Theatermuseum, München: 248 o.; Walt Disney Productions, Frankfurt/M.: 737 o., 793 l.; documenta archiv, Kassel: 545 o., 573 o., 573 u., 650, 745 l., 790 (2); Dohrmann, W., Berlin: 599 o. l.; Droemersche Verlagsanstalt Th. Knaur Nachf., GmbH & Co., München: 607 o. r.; DuMont Buchverlag GmbH & Co. KG, Köln: 641 l., 641 r., 681; D. D. Duncan: 545 u.; DVA-Bildarchiv: 781 u.; Erik Eckermann, Seeshaupt: 304 l.; ESA: 823 o. l., 823 o. r.; Editions du Seine, Paris: 18 r. u.; Erdmann, Dirk: 488; Fagus – Grecon, Alfeld: 117 M.; Filmlandpresse, München: 313 o. l., 366, 588 u. l., 636 o., 636 u., 643 u., 660 o. l., 676 o. M., 713, 723 u., 731 o. l., 731 o. r., 739 o., 739 M. l., 802, 803 o. r., 803 u.; Filmverlag der Autoren: 654, 828 o., 829 u.; Frauen-Verlags-GmbH, Köln: 748 o. l.; Focus: 789; Fotostudio Bergerhausen, Mannheim: 246 o., 281 u.; Fotostudio Hartmut Noeller, Süßen: 78; Frankfurter Allgemeine Zeitung: 566 u. r.; Fratelli Fabbri Editore, Mailand: 117 o., 117 u., 154 (2), 206 o. M., 240 o., 240 u., 241 o. r., 581 o. r.; Freies Deutsches Hochstift, Frankfurter Goethemuseum: 477; Freilichtmuseum für Plastik, Middelheim b. Antwerpen: 157; Reinhard Friedrich, Berlin: 619 u.; Futurafilm, München: 829 o. r.; Galerie der Stadt Stuttgart: 290 u.; Gallerie Civica dell'Arte Moderna, Turin: 596 o.; Gruner + Jahr, Hamburg: 468 l., 696, 748 o. r., 788 l.; Axel Carp / Gruner + Jahr, Hamburg: 807 u.; Gutenberg-Mus., Mainz: 23 u., 648 o.; Hamlyn Group, Picture Library, Feltham: 526 l.; Hannoversche Allgemeine Zeitung: 576 l.; Harenberg-Archiv, Schwerte: 50 (2), 761 l.; Harzfoto Barke, Clausthal-Zellerfeld: 807 o.; Hedrich-Blessing, Chicago: 14 l.; Herzog-August-Bibliothek, Wolfenbüttel: 682; Hessisches Landesmuseum, Darmstadt: 31 u.; Hessisches Staatsarchiv, Darmstadt (Foto: Grimm): 30 u., 31 o., 31 M.; v. d. Heydt-Museum, Wuppertal: 231; Historisches Museum der Stadt Wien: 127; Historia-Photo, Hamburg: 36 l., 123; U. Höch, Stuttgart: 751; H. Hoffmann, München: 353, 763 o.; Holle-Bildarchiv, Baden-Baden: 272; Illustrierte Filmbühne: 549 u. l.; Imperial War Museum, London: 176 o., 397 o. l.; Interfoto München: 60 o., 172 l.; IVB, Heiligenhaus: 766; Jaeger + Goergen: 372 u. Japanische Fremdenverkehrszentrale, Frankfurt/M.: 620 o.; Hubert Josse, Paris: 16 (2), 70, 82 o. l.; Jürgens, Köln: 453 u., 728 u.; Karl Ernst Osthaus Museum, Hagen: 43 r.; Katholische Nachrichten Agentur, Köln: 644 o. l.; Keystone Pressedienst GmbH, Hamburg: 103 o., 400 o. l., 465 o. r., 504 M., 510, 523, 524 l., 528, 536, 539 o. r., 550 o. l., 550 o. r., 551, 565 o., 565 u., 566 u. l., 577 u. r., 579 l., 598, 628 u., 646 l., 646 r., 658, 668 r., 725 l., 727 o., 727 u.; Kiepenheuer & Witsch, Köln: 821 M. r.; H. Kilian, Stuttgart: 602, 757; Kleinhempel, Hamburg: 141 o., 337, 379 u., 458; Ulrich Kolb, Stuttgart: 6, 8. o. r., 28, 42, 87 (2), 134 (2), 433 o., 433 u., 535, 542 u., 592 o., 616, 619 o., 644 M., 644 u., 676 o. r., 679 u., 731 u., 743 o., 748 u., 752 o., 767, 770 o. M.; Kommunes Kunstsamlinger, Oslo: 84 o.; Konzertdirektion K. Collin, Hamburg: 695; Köster, Berlin: 603 o. l., 603 o. r., 603 u., 633 M.; Kövesti, München: 763 u. 826, 829 o. l.; Krupp, Essen: 627 u.; Kulturgeschichtliches Museum, Osnabrück: 396; Kunsthalle Hamburg: 141 o., 337, 379 u., 800 u.; Kunstmuseum Düsseldorf: 587; Kunstverlag K. Bernhard, Hannover: 599 o. r.; Landesdenkmalamt Baden-Württemberg, Stuttgart: 816 u.; Landeshauptstadt Hannover: 680 o.; Landeshauptstadt München – Stadtarchiv: 139 r., 194 o.; Leitz, Wetzlar: 151 r.; Jean-Pierre Leloir: 394; Ingrid Lettow, Frankfurt: 815; Lindig, Stuttgart: 142; Herbert List: 479 o.; Theo Löbsack, Konstanz: 664; Loewe-Opta: 648 u.; Louvre, Paris: 24, 384; Luchterhand Verlag, Neuwied: 833; Galerie Maenz, Köln: 630 l., Peter Maibach, Braunschweig: 537; Thomas Mann-Archiv, Zürich: 261 o.; März Verlag: 684 o.; Mauritius, Mittenwald Foto: Globe Team: 508 o., Foto: Dr. Grünert: 205 r., Foto: P. Koch: 487 o. Foto: Mayrhofer: 9 o. l.; Norbert Mehler, Mannheim: 400 o. r.; Carl Valentin Milch, Essen: 88 o.; Mittendorf, Hamburg: 483 o. l.; Mondadori Press, Mailand: 27; Musée de L'Ecole de Nancy (Foto: G. Mangin): 54 u.; Musée des Baux-Arts, Lyon: 62 o.; Musée d'Orsay, Paris: 57 u.; Museen der Stadt Köln: 720; Musee D'Unterlinden, Colmar: 399 r.; Musée Royaux des Baux-Arts de Belgique, Brüssel: 62 u.; Museum der Stadt Rüsselsheim: 352 o. r.; Museum für Kunst und Kulturgeschichte der Hansestadt Lübeck: 33 o. l.; Museum für mechanische Musikinstrumente – Jan Brauers, Baden-Baden: 355 u.; Museum Ludwig, Köln: 232, 235 o., 235 u., 623 u., 656, 732 o.; Museum Moderner Kunst, Wien: 586 M., 596 u., 623 o.; NASA: 9 u. r., 781 o.; Nationalbibliothek, Paris: 185 o., 669; National Zeitung, Basel: 687 r.; Naturhistorisches Museum, Wien: 102 (2); Neue Galerie der Stadt Linz: 186 u.; W. Neumeister: 9 u. l.; Newsweek, New York: 419; Niederländisches Büro für Tourismus, Köln: 519; Nimatallah-Ziole: 219 M.; Novosti, Moskau: 601; Observer: 819 M. l.; Stefan Odry, Köln: 638; Österreichisches Museum für angewandte Kunst, Wien: 96 M. r., 96 u. r.; Erich Pabel Verlag, Rastatt: 574 u. r., 574 u. l.; Pan America: 621 u.; Pandora/Concorde-Film: 769 l.; Pandis/Sygma, München: 830 o.; Pardon Verlagsgesellschaft mbH, Hamburg: 675 o. l., 743 u.; Peter Peitsch, Hamburg: 794 o. r., 797 u.; Photo-Center, Greiner & Meyer, Braunschweig: 409 u., 696, 716, 748 o. r.; Photographie Giraudon, Paris: 119, 218 M., 219 u., 665 u.; Photo Selection, Hamburg: Foto: Corbijn: 820, Foto: LFI: 813; Rabanus Presse Photos, Hamburg: 794 u., 805; Rapho/Gerster: 647; Uwe Rau, Berlin: 467; Karl Rauch Verlag KG, Düsseldorf: 429; Wilhelm Rauh, Bayreuth: 740 o.; Rautenstrauch-Joest-Museum für Völkerkunde der Stadt Köln: 817; Peter Reinstorff: 556; Verlag Ricordi & Co., Buenos Aires: 115 o. M.; Hecht/Rizzoli: 724 u.; Roger-Viollet, Paris: 41 u.; Michael Rosenfeld, Hamburg: 8080; Rosenthal AG, Selb: 782 u.; Rowohlt Verlag GmbH, Reinbek b. Hamburg: 455, 472, 753 o., 764 u. r.; Sammlung Tremaine, New York: 434 u.; Scala, Florenz: 241 u., 764 u. l.; Deidi van Schaeren, Paris: 733 u.; Scharlachberg: 622 o. l.; Schauspielhaus, Hamburg: 810; Schauspielhaus Zürich: 412, 428 l., 428 r.; Schiller-Nationalmuseum, Marbach: 37 o., 663; H. Schmidt-Brümmer (Vista Point Verlag), Köln: 679 o.; H. Schnierle, Bad Teinach: 277 u. r., 277 u. l.; Schnitzenbaumer Wohnungsbau AG, München: 709 o.; Gerhard Schuh: 303 o. M.; Gerd M. Schulz: 782 o.; Marion Schweitzer, München: 546 u.; Science-Museum, London: 12 o. M.; Scotia: 819 M. r.; David O. Selznick Prod., Hollywood: 391 (4); Service Documentation Photographique (Musée National d'Art Moderne, Centre Pompidou), Paris: 182 (2), 434 o., 441 u., 488; Service Photographique du Musée des Arts Décoratifs, Paris: 270 o.; Walter Siebert: 556; Sven Simon, Bonn: 799 u.; Smolan/Contact/Focus: 693 o.; Snark International, Paris: 80 u.; Gerry Souter/Photo Researches 581 o. l.; Sovfoto: 111 o. (3); Der Spiegel, Hamburg: 525 (6), 552, 716 (2), 770 o. r.; E. Spiess, Frankfurt: 148 (3); Sprengel Museum, Hannover: 208 o., 244 M.; Axel Springer Verlag AG, Berlin: 515 o.; Staatliche Kunsthalle, Karlsruhe: 34 u., 307; Staatsgalerie Stuttgart: 186 o., 236 u. l., 236 u. r.; Staatstheater, Stuttgart: 833 u.; Stadt Nürnberg: 690 o., 690 u. r., 690 u. l.; Stalling Verlag GmbH, Oldenburg/Oldb.: 494 l.; Gerhard Steidl, Druckerei u. Verlag, Göttingen: 729 l., 729 r., 778 o. l.; Hildegard Steinmetz, Gräfelfing: 30 o.; STERN/Meffert, Hamburg: 830 u.; Oda Sternberg, München: 786 u.; Stiftung Deutsche Kinemathek, Berlin: Foto: Kranichphoto: 333; Story-Press, Berlin: 518 r., 791, 796; G. Strutz, Salzgitter: 533 o.; Der Stürmer: 305 l.; Süddeutsche Zeitung, München: 634 r.; Süddeutscher Verlag, München: 225, 299 l., 315, 355 o. l., 369, 374 l., 385 r., 392 l. M., 397 o. r., 400 o. M., 404, 411, 413, 439, 448, 495, 496, 505, 548, 567, 575, 606, 617, 653, 688 M., 705 r., 741, 742; Theater am Turm, Frankfurt/M.: 645 l.; Theatermuseum des Instituts für Theaterwissenschaft der Universität Köln, Schloß Wahn: 37 u., 84 u., 130 o., 138 (5), 155 o., 173, 188, 212 o., 212 u., 213 l., 227 o., 227 u., 277 o., 282 o., 282 u., 290 o., 297 o., 297 u., 341 u., 553 o., 562 o.; Theater-Museum, London: 111 u.; Theatermuseum, München: 149; Time-Life-Films, Inc., New York: 398 o. l., 398 o. M.; Tobis Filmverleih, Berlin: 785 u., 803 o. l., 804 u.; Toulouse-Lautrec Musée, Albi: 92 o.; TVA (Tennessee Valley Authority): 398 o. r.; U.I.P.: S. 792; Ullstein Bilderdienst, Berlin: 93 u., 113 (2), 146 (2), 152 o., 155 u., 156, 196 l., 206 o. r., 214 M. r., 221 o., 221 M., 226, 233 o., 238, 247 o., 279, 295 o., 295 u., 311 (2), 331, 336, 339 (2), 370, 373 u., 389, 486 r., 532; Herbert Urban, Wien: 14 r.; USIS (U.S. Information Service), Bonn: 557 u., 723 o.; Vanguard U.S.A. Recording: 628 o. r.; V-Dia Verlag, Heidelberg: 17 u.; Verlag Hatje, Stuttgart: 63 o.; Victoria + Albert Museum, London: 69 o.; J. M. Voss, Berlin: 8 o. r.; VW-Fotozentrale Wolfsburg: 622 o. r.; Richard Wagner-Museum Bayreuth, Haus Wahnfried: 507 o.; Warner/Columbia, München: 819 u. l., 819 u. r.; WDR, Köln: 712, 777 u. (4); Ulli Weiß, Wuppertal: 797 o.; Welttheater Gesellschaft, Einsiedeln: 260; Werksarchiv Henkel, Düsseldorf: 115 o. l.; Rüdiger Werle, Stuttgart: 785 o.; Westermann-Bildarchiv, Braunschweig: 4/5, 11 (2), 12 o. l., 12 o. r., 19, 23 o., 32 (2), 34 o., 40 (2), 43 l., 45, 46 (2), 49 r., 55 u., 56 r., 63 u., 65 o., 66 (2), 67, 72 l., 73 u., 74 (2), 76 M., 81 (2), 82 o. r., 82 u., 83 o. r., 83 u., 88 u., 91 u. l., 91 u. r., 93 o. l., 93 o. r., 94, 95 (2), 97 o. l., 97 u. r., 99 u., 100, 101 r., 104, 105, 106 (2), 107 u., 108 o., 112, 114 o. l., 114 o. M., 118, 121 (3), 125, 126 (2), 129 o., 130 u., 131 l. o., 131 l. u., 132, 136, 137 (2), 141 u., 144 (2), 145, 147 o., 150 M., 151 l., 153 u., 158, 166, 168 M., 168 u., 169, 170, 176 u., 177, 178 (2), 179, 183, 189 (2), 190, 193 u., 194 u., 196 r., 200 l., 201 o. l., 201 o. r., 202, 203 o. M., 204 o. M., 204 o. r., 205 l., 207, 208 u., 209 o., 215 u., 217, 222 M. r., 222 u. l., 224, 228, 242 u., 245, 246 u., 251, 254, 255 o., 255 u., 256, 263 o., 263 u., 274 o., 278 o., 278 u., 285 o. r., 285 l., 289 o., 289 u., 303 o. l. 303 o. r., 304 r., 309 (2), 310 (2), 314 (2), 316 (2), 319 u., 320, 321, 327 (2), 334 u., 335, 338, 342, 348 o. l., 352 o. l., 352 u., 354, 356 (3), 357, 359 u., 360 o., 360 u. l., 360 u. r., 363 (2), 364, 365, 371 u., 373 M., 376, 377 (2), 381 o. r., 381 u., 383 (2), 388 (2), 392 l. u., 392 r., 395-399 l., 402, 405 o., 405 u., 409 o., 410 u., 417, 418, 424, 425 o., 426, 430 o. l., 430 o. r., 432, 435 l., 482, 483 o. M., 484 l., 485 o. l., 485 o. M., 489 r., 490 l., 490 r., 491 u., 493 M., 497 u., 501 o. 501 u., 506, 511 o., 514 r., 516 o., 516 u., 517, 533 u., 534, 541 o., 541 u., 543, 557 o., 561 u., 578, 580 l., 581 o. M., 585 o. l. 585 o. r., 591, 593, 594, 597, 604 o., 604 u., 607 o. l. 607 u., 610, 615 o., 632 o., 632 M., 633 o., 635 o., 640 o., 640 u., 645 r., 651 u., 655, 659 o., 659 u., 665 o., 666, 673 u., 674, 675 o. M., 677 o. l., 677 o. r., 678 o. M., 680 u., 685 o., 685 u., 687 l., 694 o., 694 u., 697 o. l., 697 o. r., 697 u., 698, 699 o., 699 u., 701, 706, 707 o., 707 u., 710 o., 710 u., 715, 718 o. l., 718 o. r., 718 u., 735, 736 o., 736 M., 736 u. l., 736 u. r., 753 u., 755, 759 M., 759 u., 760 o., 760 u., 764 o., 768, 774 u., 776, 777 o., 786 o. r., 786 o. l., 787, 806, 816 o. l., 816 o. r.; Chr. Wetzel, Stuttgart: 13 o. M., 13 o. r., 18 l., 51 r., 54 o., 56 l., 73 o., 79 o. r., 80 M. l., 80 M. r., 83 o. l., 85, 101 l., 114 o. r., 160 u. l., 171, 172 r., 180, 197 u. r., 203 o. l., 209 u. r., 209 u. l., 210 r., 211 u., 218 u., 234 o., 234 u., 236 o., 243 u., 244 M. l., 244 u. r., 246 o., 247 M., 247 u., 250 u., 252 u., 253 o., 262, 276 M. l., 280 o. l., 283 o. l., 283 o. r., 285 u., 291 o. l., 294 (4), 296, 298 o. l., 329, 348 u., 349 (2), 368 (4), 403 o. l., 414 u., 425 u., 431, 436, 437 o. l., 437 o. r., 446 o. l., 446 o. r., 454 u., 461 o., 461 u., 479 M., 484 r., 497 o., 498 u. l., 498 u. M., 498 u. r., 498 o., 511 u., 514 l., 527, 539 o. l., 542 o. r., 553 u., 562 u., 566 o., 605, 613 l., 613 r., 615 u., 625, 626, 629 M., 630 r., 632 u., 634 l., 635 u., 642, 651 o., 662, 675 o. r., 770 o. l., 793 M. r., 804 o. r., 804 o. l.; Gerhard Wiese, Stuttgart: 18 o. r., 704; Anno Wilms, Berlin: 355 o. r., 714; World-Wildlife-Fund: 780; Württembergische Landesbibliothek, Stuttgart: 68, Foto: G. v. Voithenberg: 8 u. r.; Die Zeit (Zeitmagazin), Hamburg: 703 u., 745 r.; Zentrale Farbbild Agentur, Düsseldorf: 302, 798 o., Foto: Braennhage: 308, Foto: Damm: 629 o., Foto: Dr. Fühler: 773 o., Foto: Hifkisch: 526 o. + u. r., Foto: G. Kalt: 620 u., Foto: Kramarz: 627 o., Foto: Lehnartz: 583 o., Foto: Marcke: 756 u., Foto: Mueller: 542 o. l., Foto: Schneiders: 103 u., Foto: Schroeter: 752 u., Foto: Teasy: 756 o., Foto: Wölk: 719 o.; »Zero«: 560; Ziolo: 219 o.

Bildrechte

Wir danken folgenden Künstlern bzw. deren Vertretern für ihre freundliche Abdruckgenehmigung:

Francis Bacon, London: 652 u.; Balla Erben, Rom: 145; Paolo Baratella, Mailand: 699 u.; Magarete Baumeister, Stuttgart: 534; Peter Blake, London: 591, 655; Paul Cadmus, Weston: 383 u.; Janacheff Christo, New York: 700 o.; Charles Close, New York: 697 u.; Thomas Corinth, New York: 23 o., 29 u., 83 u., 173, 222 m. r.; © 1987, Copyright by Cosmopress, Genf: 36 l., 55 u., 91 u. l., 91 u. r., 105, 121 o. r., 157, 186 u., 196 r., 197 (3), 215 u., 228, 244 l., 244 m., 278 (2), 360 o., 379 u., 405 u., 474, 478, 491 u., 543, 611 l.; Marianne Feilchenfeldt, Zürich: 46 u., 163, 337; Galleria Henze, Campione d'Italia: Umschlag, 125, 131 l. o., 136, 162 u.; Galerie Welz, Salzburg: 66 l., 96; Franz Gertsch, Rüschegg: 732 o.; Gruener Janura AG, Glarus: 635 o., 774 u.; Johannes Grützke, Berlin: 735; Renato Guttuso, Rom: 566 o., 596 o.; Elise Halbritter: 753 u.; Richard Hamilton, Oxon: 545 o.; Rudolf Hausner, Wien: 470 u., 673 u.; Gottfried Helnwein: 833 u.; L. Hofer, Berlin: 360 u. l.; Karl Hubbuch, Karlsruhe: 264 u.; Allen Jones, London: 635 u.; Alexander Kanoldt Erben: 264 o.; Astrid Klein, Düsseldorf: 809; Howard Kanovitz, New York: 698; Max Klinger Erben: 49 l., 76 u. l., 493 m.; Anna von König, München: 99 u.; Matthias Koeppel, Berlin: 707 u.; Willem de Kooning, New York: 497 o.; Joseph Kosuth, New York: 630 l.; Sol LeWitt, New York: 641 r.; Heinz Mack, Mönchengladbach: 666; Georges Mathieu, Paris: 632; Mario Merz, Turin: 650; Laszlo Moholy-Nagy Erben: 321; Roland Miller, London: Umschlag, 410 u., 450, 516 o.; Georg Muche, Lindau: 246 u.; Gabriele-Münter-Stiftung, München: 104; Munch-Museum, Oslo: 18 r. o., 84 o., 95 r., 435 r.; Nachlaßverwaltung E. Heckel, Hemmenhofen: 121 o. l., 141 o.; Elisabeth Nay, Köln: 497 u.; Hermann Nitsch, Prinzendorf: 681; Richard Oelze, Hameln: 363 u.; Meret Oppenheim, Bern: 365; Otto Dix Stiftung, Vaduz: 211 u., 255 o., 290 u., 307, 395; Nam June Paik, New York: 623 o.; Max Pechstein Archiv, Hamburg: 201 o. l., 201 o. r., 342; Michael Mathias Prechtl, Nürnberg: 764 o., 777 o.; Helene Rohlfs, Essen: 242 u.; C. Raman Schlemmer, Mailand: 236, 320, 426; George Segal, North Brunswick: 596 u.; Klaus Staeck, Heidelberg: 729 (2), 778 o. l.; Saul Steinberg, New York: 482; Stiftung Seebüll, Ada und Emil Nolde, Neukirchen: 80 m. l., 289 u., 310 u.; Stuck-Erben: 147 u.; United Feature Syndicate, Inc.: 494 r.; Copyright 1987 by VG Bild-Kunst, Bonn: 11 o. l., 13 o. l., 16 u., 30 u., 31 r., 32 r., 33 u., 56 r., 58, 65 o., 66 r., 67, 70, 73 u., 74 u., 80 u., 82 o. r., 83 o. l., 83 o. r., 91 o., 92 u., 93 o. l., 97 o. r., 97 u. l., 97 u. r., 100, 102 o., 106 u., 114 o. l., 118, 119, 129 o., 130 u., 131 u. r., 137 (2), 140 u., 143 o., 144 u., 150 o. l., 160 u. l., 168 m., 177, 178 o., 179, 180, 182 (2), 189 u., 202, 204 m., 205 l., 218 (3), 219 (3), 223 (2), 224, 231, 232, 235 (2), 243 u., 244 r., 245, 247 m., 247 u., 254, 255 u., 256, 263 (2), 284, 286, 288, 291 r., 294 u. l., 309 u., 310 o., 311 (2), 319 u., 324 o., 329, 338, 349 u. r., 363 o., 364, 371 o. r., 373 m., 380 o., 381 o. r., 381 u., 383 o., 399 (2), 405 o., 417, 418, 425 u., 431, 434 (2), 435 m. l., 441 (2), 442, 451, 458, 461 u., 470 o., 473, 480, 484 r., 488, 489 r., 501 u., 511 o., 516 u., 527, 541 o., 544, 562 u., 573 u., 581 r., 582 l., 586 m., 587, 604 (2), 607 o. l., 607 u., 623 u., 632 u., 656, 658, 669, 674, 694 (2), 699 o., 707 u., 710 (2), 718 o. l., 736 u. l., 736 u. r., 745 l., 759 (2), 776, Umschlag (Chirico); Worpsweder Archiv, Worpswede: 23 u.; Han-Joachim Zeidler, Berlin: 678 o. m.; Karlheinz Ziegler, Berlin: 685 u.